DUDEN

Das große Wörterbuch
der deutschen Sprache

Band 6: Lein – Peko

Noch Fragen?

Die DUDEN-Sprachberatung hilft Ihnen prompt und zuverlässig
bei der Lösung sprachlicher Zweifelsfälle zum Beispiel aus folgenden Bereichen:

- Rechtschreibung und Zeichensetzung
- Grammatik und Wortbedeutung
- Stil und Anreden
- formale Textgestaltung

Sie erreichen uns montags bis freitags von 9.00 bis 17.00 Uhr
unter der Telefonnummer 01 90/87 00 98 (3,63 DM/Min.).

DUDEN

Das große Wörterbuch
der deutschen Sprache

IN ZEHN BÄNDEN

3., völlig neu bearbeitete und erweiterte Auflage
Herausgegeben vom Wissenschaftlichen Rat
der Dudenredaktion

Band 6: Lein – Peko

DUDENVERLAG
Mannheim · Leipzig · Wien · Zürich

Redaktionelle Bearbeitung:

Dr. Werner Scholze-Stubenrecht (Projektleiter)
Dieter Mang (stellvertretender Projektleiter)

Anette Auberle, Ulrike Braun M. A., Maria Grazia Chiaro M. A.,
Birgit Eickhoff M. A., Angelika Haller-Wolf, Dr. Annette Klosa,
Ursula Kraif, Dr. Kathrin Kunkel-Razum, Ralf Osterwinter,
Dr. Christine Tauchmann, Olaf Thyen, Marion Trunk-Nußbaumer M. A.,
Dr. Matthias Wermke

Unter Mitarbeit von:
Dr. Brigitte Alsleben, Dr. Jochen A. Bär, Jürgen Folz, Evelyn Knörr,
Anja Konopka, Dr. Martha Ripfel, Magdalena Seubel, Wolfgang Worsch
Beratende Mitwirkung:
Gesellschaft für deutsche Sprache, Wiesbaden

Typographie: Norbert Wessel, Mannheim

Umschlaggestaltung: Mischa Acker, Mannheim

Herstellung: Monika Schoch, Mannheim

Die Deutsche Bibliothek – CIP-Einheitsaufnahme
Duden »Das große Wörterbuch der deutschen Sprache«: in zehn Bänden /
hrsg. vom Wissenschaftlichen Rat der Dudenredaktion.
[Red. Bearb.: Werner Scholze-Stubenrecht (Projektleiter) …
Unter Mitarb. von Brigitte Alsleben …]. – [Ausg. in 10 Bd.]. –
Mannheim; Leipzig; Wien; Zürich: Dudenverl.
ISBN 3-411-04733-X
Bd. 6. Lein – Peko
3., völlig neu bearb. und erw. Aufl. – 1999
ISBN 3-411-04793-3

Das Wort DUDEN ist für den Verlag
Bibliographisches Institut & F. A. Brockhaus AG
als Marke geschützt.

Das Werk wurde in neuer Rechtschreibung verfasst.

© Bibliographisches Institut & F. A. Brockhaus AG, Mannheim 1999
Satz: Bibliographisches Institut & F. A. Brockhaus AG (alfa Integrierte Systeme)
Druck: Druckhaus Langenscheidt KG, Berlin
Bindearbeit: Schöneberger Buchbinderei, Berlin
Printed in Germany
Gesamtwerk: ISBN 3-411-04733-X
Band 6: ISBN 3-411-04793-3

Lein, der; -[e]s, -e [mhd., ahd. līn, urspr. viell. = der Bläuliche, nach der Farbe der Blüten]: *(zu den Leingewächsen gehörende) Pflanze mit schmalen Blättern u. kleinen blauen, weißen, gelben od. roten Blüten.*

-lein, das; -s, - [mhd. -[e]līn, ahd. -[i]līn /Bildungen z.T. dichter., altertümelnd, landsch./: kennzeichnet in Bildungen mit Substantiven die Verkleinerungsform: Bettlein, Geißlein; ⟨mit gleichzeitigem Umlaut:⟩ Figürlein; ⟨mit Umlaut und Verlust des -e-:⟩ Äuglein.

Lein|acker, der: *Feld, auf dem Lein angebaut wird.*

Lein|blatt, das: *zu den Leinblattgewächsen gehörende Pflanze mit kleinen, weißen, trichterförmigen, in Trauben od. Rispen herabhängenden Blüten.*

Lein|blatt|ge|wächs, das (Bot.): *in vielen Arten vorkommende, überwiegend als Wurzelparasit lebende Pflanzenfamilie mit ungeteilten Blättern u. meist kleinen Blüten.*

Lein|dot|ter, der: *zu den Kreuzblütlern gehörende Pflanze mit pfeilförmigen Blättern u. gelben Blüten, die vereinzelt als Ölpflanze angebaut wird.*

¹Lei|ne, die; -, -n [mhd. līne, ahd. līna, zu ↑Lein, urspr. = ein aus Flachs hergestelltes Seil: a) *Seil, Tau von mittlerer Stärke:* etw. mit einer L. festbinden, absperren; (Seemannsspr.:) die -n losmachen, loswerfen; die L. einholen, aufschießen; **b)** *dünnes Seil o. Ä., auf das Wäsche [im Freien] zum Trocknen aufgehängt wird; Wäscheleine:* eine L. spannen, ziehen; die L. abnehmen; Wäsche auf die L. hängen, von der L. [ab]nehmen; *** L. ziehen** (ugs.; *sich davonmachen, verschwinden;* die Binnenschiffe wurden früher vom Leinpfad aus mit Zugleinen vorwärts bewegt, also eigtl. = dafür sorgen, dass man von der Stelle kommt: die Iwans packten schon, zogen L., latschten davon ab (Kempowski, Uns 80); Zieh L., oder ich pfeffere dich durch die Tür, dass die Scheiben scheppern, du Rotzlöffel! (Bieler, Bär 158); **c)** *am Halsband befestigter Riemen aus Leder o. Ä., an dem ein Tier, bes. ein Hund, geführt wird; Hunde-, Pferdeleine:* den Hund an die L. nehmen, an der L. führen, haben, halten; die Gestalt eines Jägers mit seinen Hunden, die kurz an der L. gingen (Langgässer, Siegel 447); das Tier von der L. losmachen; *** jmdn. an der [kurzen] L. haben/halten** (ugs.; *jmdn. in der Gewalt haben u. lenken können);* **jmdn. an die L. legen** (ugs.; *jmdn. unter Kontrolle bekommen, [streng] über jmdn. bestimmen);* **an langer/an der langen L.** (ugs.; *mit einem gewissen, bewusst zugestandenen Freiraum):* Erst als ich ... mein Verhalten völlig unkontrolliert, konnte ich meinen Mann – an langer L. – an mich binden (Hörzu 16, 1973, 141); Deshalb bleiben die ehemaligen Fixer ... in der zweiten Phase der Behandlung zunächst noch an der langen L. (Spiegel 23, 1977, 200).

²Lei|ne, die; -: Nebenfluss der Aller.

¹lei|nen ⟨Adj.⟩ [mhd. līnīn, zu ↑Lein]: *aus Leinen hergestellt:* einem ... Wagen mit

rundem -em Verdeck (Jahnn, Geschichten 196).

²lei|nen ⟨sw. V.; hat⟩ [zu ↑¹Leine] (selten): *(ein Tier, bes. einen Hund) an die Leine nehmen; anleinen.*

Lei|nen, das; -s, - [Subst. aus ↑¹leinen]: **1. a)** *Flachsfaser;* **b)** *aus Flachsfasern hergestelltes, dauerhaftes u. gut waschbares Gewebe in Leinwandbindung:* grobes, weißes, gestärktes L.; Kleidung, Bettwäsche, Tischtücher aus L. **2.** (Buchw.) *fester Bucheinband aus Leinen od. einem ähnlichen Gewebe:* eine Ausgabe in L.

lei|nen|ar|tig ⟨Adj.⟩: *ähnlich wie Leinen* (1).

¹Lei|nen|band, das ⟨Pl. ...bänder⟩: ¹Band (I 1) aus Leinen.

²Lei|nen|band, der ⟨Pl. ...bände⟩: *in Leinen* (2) *gebundenes Buch.*

Lei|nen|ba|tist, der: *Batist aus sehr feinen Leinengarnen.*

Lei|nen|bett|tuch, das: *Betttuch aus Leinen.*

Lei|nen|bin|dung, die: *Leinwandbindung.*

Lei|nen|da|mast, der: *[groß] gemustertes Leinengewebe.*

Lei|nen|drell, der: *geköpertes Leinengewebe.*

Lei|nen|ein|band, der: *Leinen* (2).

Lei|nen|fa|den, der: *Faden aus Leinengarn.*

Lei|nen|fa|ser, die: *Flachsfaser.*

lei|nen|füh|rig ⟨Adj.⟩ (Jägerspr.): *führig* (1).

Lei|nen|garn, das: *aus Flachsfasern hergestelltes Garn.*

Lei|nen|ge|we|be, das: *Leinen* (1 b).

Lei|nen|ho|se, die: *Hose aus Leinen.*

Lei|nen|imi|ta|ti|on, die: *(aus Chemiefaser-, Baumwollgarn o. Ä. gesponnenes) leinenartiges Gewebe, das für Freizeithemden, Tischdecken o. Ä. verwendet wird.*

Lei|nen|kleid, das: *Kleid aus Leinen.*

Lei|nen|kos|tüm, das: *Kostüm aus Leinen.*

Lei|nen|la|ken, das (landsch.): *Laken aus Leinen.*

Lei|nen|pa|pier, das: *Papiersorte mit einer Oberflächenstruktur, die an Leinen* (1) *erinnert.*

Lei|nen|schuh, der: *Schuh, der mit Ausnahme der Sohle aus Leinen od. ähnlichem Stoff besteht.*

Lei|nen|schür|ze, die: *Schürze aus Leinen.*

Lei|nen|stoff, der: *Stoff aus Leinen.*

Lei|nen|tuch, das ⟨Pl. ...tücher⟩: *Tuch aus Leinen.*

Lei|nen|wä|sche, die ⟨o. Pl.⟩: *Bett-, Tischwäsche aus Leinen.*

Lei|nen|we|ber: ↑Leinweber.

Lei|nen|we|be|rei, die: vgl. Weberei.

Lei|nen|we|be|rin, die: w. Form zu ↑Leinenweber.

Lei|nen|zeug: ↑Leinzeug.

Lei|nen|zwang, der ⟨o. Pl.⟩: *behördliche Anordnung, nach der Hunde in bestimmten Fällen, an bestimmten Orten an der Leine zu führen sind.*

Lei|ne|we|ber: ↑Leinweber.

Lei|ne|we|be|rin, die: w. Form zu ↑Leineweber.

Lein|ge|wächs, das (Bot.): *(in vielen Arten vorkommende) Pflanzenfamilie mit ungeteilten Blättern u. in ähren- od. doldenförmigen Blüten, zu der u. a. der Flachs gehört.*

Lein|kraut, das [die Blätter ähneln dem Flachs (1 a)]: *(zu den Rachenblütlern gehörende) Pflanze mit schmalen hellgrünen Blättern u. leuchtend gelben, um den Stängel angeordneten Blüten.*

Lein|ku|chen, der (Landw.): *bei der Herstellung von Leinöl anfallender, gepresster Rückstand, der als Futtermittel verwendet wird.*

Lein|öl, das: *aus Leinsamen gewonnenes Öl, das u. a. als Speiseöl verwendet wird.*

Lein|öl|brot, das: *unter Verwendung von Leinöl hergestelltes Brot.*

Lein|öl|säu|re, die: *Linolsäure.*

Lein|pfad, der: *Treidelpfad.*

Lein|saat, die ⟨o. Pl.⟩: *Leinsamen.*

Lein|sa|men, der: *stark ölhaltiger Samen des Flachses.*

Lein|sa|men|brot, das: *Leinsamen enthaltendes Brot.*

Lein|tuch, das ⟨Pl. ...tücher⟩ (landsch., schweiz.): *Betttuch:* Ein glattes, weißes L. spannt sich über drei durchgedrückte Federmatratzen (Zenker, Froschfest 114).

Lein|wand, die [mhd. līnwāt = Leinengewebe, im Frühnhd. nach ↑Gewand umgebildet; vgl. mhd. līngewant = Leinenzeug, Leinengewand]: **1.** ⟨o. Pl.⟩ *festes Gewebe in Leinwandbindung, vor allem aus Leinen u. Hanf:* grob gewebte L.; Säckchen aus L.; *** L. / Leiwand sein** (österr. ugs., bes. wiener.: *großartig, toll sein;* zu Leinwand, das früher im Haushalt als wertvoller Besitz angesehen wurde): der Song ist einfach L.; **alles L. / Leiwand** (österr. ugs., bes. wiener.: *alles in Ordnung*). **2.** *auf einen Holzrahmen gespanntes Stück Leinwand* (1), *auf das der Kunstmaler seine Farben aufträgt:* eine L. grundieren. **3.** *Projektionswand für Filme [im Kino] u. für Dias; Filmleinwand, Kinoleinwand:* eine transportable L.; Ü einen Roman auf die L. bringen, übertragen (*verfilmen);* einen Schauspieler auf der L. (*im Film) sehen,* von der L. (*vom Film, vom Kino) kennen;* eine saubere L. (*Filme, die über ein gewisses Maß an Freizügigkeit nicht hinausgehen)* fordern.

lein|wand|bin|dig ⟨Adj.⟩ (Textilind.): *in Leinwandbindung gewebt.*

Lein|wand|bin|dung, die ⟨o. Pl.⟩ (Textilind.): *einfachste Bindungsart, bei der die Kettfäden abwechselnd über bzw. unter dem Schussfaden gehen.*

Lein|wand|grö|ße, die (scherzh.): *bekannter Filmschauspieler, -schauspielerin.*

Lein|wand|held, der (scherzh.): *Held* (3) *in einem Film:* Er schritt ... wie ein im Filmtod schreiten (Kirst, 08/15, 218).

Lein|we|ber, Leinenweber, (veraltet:) Leineweber, der: *Weber, der Leinwand herstellt (Berufsbez.).*

Lein|we|be|rin, die: w. Form zu ↑Leinweber.

Lein|zeug, Leinenzeug, das ⟨o. Pl.⟩: *Wäsche od. anderes aus Leinen* (1) *Hergestelltes.*

lei|po|gram|ma̲|tisch ⟨Adj.⟩ [mgriech. leipográmmatos, lipográmmatos = woran ein Buchstabe fehlt, zu: griech. leipein = (ver)lassen u. grammatikós, ↑Grammatik]: *einen bestimmten Buchstaben nicht aufweisend (bezogen auf Texte, in denen der Dichter aus literarischer Spielerei einen Buchstaben, meist das r, vermieden hat).*

Leip|zig: Stadt in Sachsen.

¹Leip|zi̲|ger, der; -s, -: Ew.

²Leip|zi̲|ger ⟨indekl. Adj.⟩: L. Allerlei *(Gemüsegericht aus jungen Möhren, Erbsen, Bohnen, Spargel [und Morcheln], garniert mit Krebsschwänzchen);* L. Messe.

Leip|zi̲|ge|rin, die; -, -nen: w. Form zu ↑¹Leipziger.

Leis, der; - u. -es, -e[n] [mhd. leis, gek. aus ↑Kyrie eleison]: *geistliches Lied des MA., das auf den Refrain »Kyrieleis« endet.*

leis: ↑leise.

lei̲|se ⟨Adj.⟩ [mhd. lise, ahd. (Adv.) liso = sanft, sacht, schwach hörbar, H. u.]: **1.** *nur schwach hörbar, nicht laut:* ein -s Geräusch; eine l. Stimme; ein l. laufender Motor; sie ist ein ganz -s Kind *(ist sehr ruhig, nicht sehr temperamentvoll);* über uns wohnen ganz l. Mieter *(Mieter, die keinen Lärm machen);* l. singen, lachen; die Tür l. *(lautlos, ohne ein Geräusch zu verursachen)* öffnen; das Radio -r stellen; ihr müsst ein wenig -r sein *(nicht so viel Lärm machen).* **2. a)** *kaum merklich, kaum wahrnehmbar:* ein -r Regen, Duft, Lufthauch; Ein -r Dunstschleier lag vor ihnen im Himmel (Rehn, Nichts 61); sie hat einen sehr -n Schlaf *(wacht beim geringsten Geräusch auf);* bei der -sten *(geringsten)* Berührung; die Soße darf nur l. (ugs.; *ganz leicht, nicht stark)* kochen; sie lächelte l.; die Veränderung, die sich l. *(fast unmerklich)* am Himmel vollzog (R. Walser, Gehülfe 9); **b)** *[nur] schwach ausgeprägt, in Andeutung vorhanden, leicht (3):* ich habe l. Zweifel, einen -n Verdacht, eine l. Hoffnung; er hatte nicht die -ste *(überhaupt keine)* Ahnung; sie verspürte ein -s Unbehagen; sie hatte eine l. Andeutung gemacht; mit -m Bedauern von etw. sprechen; Sie schien mit Zufriedenheit, aber auch -r Enttäuschung festzustellen, ... (Kronauer, Bogenschütze 33); ich quälle l. an dem Erfolg der Aktion; * **nicht im Leisesten** (ugs.; *nicht im Mindesten, überhaupt nicht).*

Lei̲|se|fuß, der (abwertend): *Leisetreter.*

lei̲|se|tre|ten ⟨st. V.; ist⟩ [zu ↑Leisetreter] (abwertend): *sich möglichst unauffällig, wie ein Leisetreter verhalten:* August Kühn war längere Zeit leisegetreten, hatte sich nicht ... gemuckst (Kühn, Zeit 100); sollte Loewe nun lieber l.? (Spiegel 1, 1977, 21).

Lei̲|se|tre|ter, der: **1.** (abwertend) *jmd., der es vermeidet aufzufallen, der sich unterordnet, keine Zivilcourage hat.* **2.** (scherzh.) *Schuh mit weichen Sohlen, mit dem man unhörbar geht:* Herbert warf sich in Schale und zwängte sich in seine L. (Grass, Blechtrommel 222).

Lei̲|se|tre|te|rei̲, die ⟨o. Pl.⟩: *das Leisetreten.*

Lei̲|se|tre|te|rin, die; -, -nen (abwertend): w. Form zu ↑Leisetreter (1).

lei̲|se|tre|te|risch ⟨Adj.⟩ (abwertend): *in der Weise eines Leisetreters:* der alte -e Klügler ... musste verschwinden (Fussenegger, Haus 37).

Leish|ma̲|nia [laɪʃ...], die; -, ...ien [nach dem brit. Tropenarzt W. B. Leishman (1865–1926)] (Biol., Med.): *schmarotzendes, verschiedene Krankheiten übertragendes Geißeltierchen.*

Leish|ma̲|ni|a̲|se, Leish|ma̲|ni|o̲|se, die; -, -n (Med.): *durch Leishmanien hervorgerufene Tropenkrankheit.*

¹Leist, der; -[e]s [zu ↑Leisten] (Tiermed.): *entzündliche Erkrankung von Bändern u. Sehnen am Fuß bei Pferden.*

²Leist, der; -es, -e [rückgeb. aus ↑leisten] in der Wendung: Gesellschaft leisten] (schweiz.): **a)** *von Zeit zu Zeit sich versammelnde Gesellschaft;* **b)** *Gesellschaftslokal.*

Leis|te, die; -, -n [mhd. liste, ahd. lista, H. u.]: **1.** *schmale Latte aus Holz od. Band aus Kunststoff bzw. Metall, das als Randleiste zur Verzierung od. zum Abdecken von Fugen dient:* die Tapete hat ein Mäanderband als abschließende L.; Er machte sich am Fenster zu schaffen, klopfte irgendeine L. fest (Leonhard, Revolution 86); etw. zur Zierde, zum Abdichten mit -n einfassen; Die ... Wandtafelung war so ordentlich mit goldenen -n abgesetzt (Hausmann, Abel 133). **2.** kurz für ↑Knopfleiste. **3.** (Weberei) *Webkante eines Stoffs.* **4.** (Anat.) *(beim Menschen u. bei Säugetieren) seitlicher Teil der Bauchwand am Übergang zum Oberschenkel bzw. beim Tier zu den hinteren Extremitäten:* Im Juni bekam der Motorenschlosser ... plötzlich zusätzlich kolikartige Schmerzen, die von der L. in den Unterleib ausstrahlten (Hackethal, Schneide 72). **5.** (Bergsteigen) *sehr schmaler horizontaler Felsabsatz (der gerade einem Fuß Platz bietet).*

leis|ten ⟨sw. V.; hat⟩ [mhd., ahd. leisten = befolgen, erfüllen, ausführen, zu ↑Leisten; also eigtl. = einer Spur nachgehen]: **1. a)** *schaffen, vollbringen, zustande bringen, erreichen:* er hat etwas, Erstauntliches, Außerordentliches geleistet; Anfangs wurde er (= der Junge) auch ganz rau behandelt, weil er noch zu wenig l. konnte (Wimschneider, Herbstmilch 46); Er ist ein Symbol dafür, dass der Mensch Positives zu l. vermag (H. Gerlach, Demission 77); Was sie als Schriftstellerin zu l. vermochte, das lassen ... viele ihrer glänzend formulierten Briefe erkennen (Reich-Ranicki, Th. Mann 180); das Buch leistet keine echte Kritik, keine Neuorientierung; **b)** *(Arbeit o. Ä.) verrichten, tun, machen:* gute [politische], ganze, hervorragende Arbeit l.; zehn Überstunden l.; **c)** *(nutzbare Leistung) erbringen:* der Motor leistet 80 PS, zu wenig; **d)** ⟨verblasst⟩: Beistand l. *(beistehen);* Hilfe l. *(helfen);* einen Beitrag l. *(beitragen zu etw.);* jmdm. einen guten Dienst, gute Dienste l. *(von Nutzen sein);* Ersatz l. *(etw. ersetzen);* einen Eid l. *(schwören);* Ob wir damit sagen wollten, der Herr Bezirkskommissär hätte einen Meineid geleistet (Kühn, Zeit 59); [bei] jmdm. Abbitte l. *(jmdm. etw. abbitten);* [jmdm.] Gehorsam l. *(gehorchen);* [jmdm.] Gefolgschaft l.; Widerstand l. *(sich widersetzen);* Gewähr, Garantie l. *(garantieren);* Verzicht l. *(verzichten);* eine Anzahlung l. *(einen Betrag anzahlen);* eine Zahlung l. *(einen Betrag bezahlen);* eine Unterschrift l. *(unterschreiben).* **2.** (ugs.) **a)** *sich etw. Besonderes, was mir größeren Ausgaben verbunden ist, gönnen, anschaffen:* sich ein neues Auto, eine große Reise, einen Maßanzug l.; Der Luxus ... bestand für seine Mutter beispielsweise darin, sich eine Tube Mousoncreme zu l. (Kronauer, Bogenschütze 78); Wenn man sich heute Kinder leistet, muss man sehr sparsam wirtschaften (Kühn, Zeit 117); (scherzh.:) heute leiste ich mir mal ein Eis mit Sahne; * **sich** ⟨Dativ⟩ **etw.,** (auch:) **jmdn. l. können** *(die finanziellen Mittel für etw. od. auch jmdn. haben):* kannst du dir das auch l.?; von seinem Gehalt kann er sich kein Auto l.; Albert könnte sich diesen Lebensstandard nicht l. ohne Hilde (Schwaiger, Wie kommt 20); keiner von uns kann sich mehr einen Knecht l. Dafür sitzt jeder ... auf seinem eigenen Traktor (Frischmuth, Herrin 18); **b)** *etw. zu tun wagen, ohne auf Normen o. Ä. Rücksicht zu nehmen:* was der sich heute wieder dem Chef gegenüber geleistet hat!; Er ist vierundzwanzig, was denkst du, was ich mir in dem Alter alles geleistet habe (Danella, Hotel 68); sich eine Frechheit, unverschämte Bemerkung l. *(herausnehmen);* Dabei leistet er sich die Dreistigkeit, in öffentlichen Lokalen den Mund über das landesübliche Maß hinaus aufzutun (Meier, Paracelsus 218); ich kann es mir nicht l. *(erlauben),* so spät zu kommen; sie kann sich trotz ihres Alters diese jugendliche Frisur noch l.; er kann sich jetzt keine Fehler mehr l. *(ohne dass es ihm schadet; er darf jetzt keine Fehler mehr machen);* da hast du dir einen groben Schnitzer geleistet *(da ist dir ein grober Schnitzer unterlaufen).*

Leis|ten, der; -s, - [mhd., ahd. leist, auch: Spur, Weg; eigtl. = (Fuß)abdruck]: **1.** *bei der Schuhmacherarbeit gebrauchtes Modell in Form eines Fußes:* Pantoffeln werden nur über einen L. gearbeitet, geschlagen; * **alles über einen L. schlagen** (ugs.; *alles mit dem gleichen Maßstab messen; ohne Rücksicht auf wesentliche Unterschiede alles gleich behandeln;* wohl nach dem Bild eines nachlässig arbeitenden Schusters, der alle Schuhe über einen Leisten schlägt und so nur Schuhe gleicher Größe anfertigt). **2.** *Schuhspanner:* die Schuhe auf L. spannen.

Leis|ten|band, das ⟨Pl. ...bänder⟩ [zu ↑Leiste (4)] (Anat.): *unterer Abschluss der Bauchdecke, an dem die Bauchmuskeln ansetzen.*

Leis|ten|beu̲|ge, die (Anat.): *Leiste (4).*

Leis|ten|bruch, der (Med.): *Eingeweidebruch oberhalb des Leistenbandes.*

Leis|ten|drei̲|eck, das (Med.): *unterhalb*

der Leistenbeuge liegende dreieckige Region zwischen dem Leistenband u. dem Schneidermuskel an der vorderen Innenseite des Oberschenkels.

Leis|ten|ge|gend, die (Anat.): *Gegend der Leisten.*

Leis|ten|her|nie, die (Med.): *Leistenbruch.*

Leis|ten|ho|den, der (Med.): *anormale Lage des Hodens in der Bauchhöhle od. im Leistenkanal.*

Leis|ten|ka|nal, der (Anat.): *Kanal (3) in der Leistengegend zwischen Bauchhöhle u. Schamgegend, der beim Mann den Samenstrang, bei der Frau das runde Mutterband enthält.*

Leis|ten|pilz, der: *(zu den Ständerpilzen gehörender) Pilz mit meist offenem Fruchtkörper, dessen Fruchtschicht sich auf oft gabelig verzweigten Leisten an der Unterseite des Hutes (2) befindet.*

Leis|ten|zer|rung, die (Med.): *Zerrung im Bereich der den Oberschenkel anziehenden Muskeln.*

Leist|ling, der; -s, -e: *Leistenpilz.*

Leis|tung, die; -, -en [mhd. leistunge, zu ↑leisten]: **1.** ⟨o. Pl.⟩ *das Leisten (1).* **2. a)** *das Geleistete; geleistete körperliche, geistige Arbeit; unternommene Anstrengung u. das erzielte Ergebnis:* eine hervorragende, gute, schlechte, mangelhafte, schwache L.; eine große sportliche, technische L.; diese Erfindung ist eine großartige L.; die -en des Schülers lassen nach; gute -en vollbringen, bieten, aufweisen können, erzielen; die Mannschaft hat eine reife, geschlossene L. gezeigt; Das bedeutet, dass auch im Training L. gebracht werden muss (ugs.; *etwas geleistet werden muss):* Tagespost 7. 12. 82, 19); ... lieferte ... eine mehr als ansprechende L. als linker Verteidiger (Kicker 6, 1982, 36); die -en steigern, erhöhen; das beeinträchtigte ihre L.; reife L.! (ugs.; *großartig!*); **b)** ⟨Pl. selten⟩ *das durch eine Tätigkeit, ein Funktionieren [normalerweise] Geleistete:* die L. eines Mikroskops, des menschlichen Auges, des Gedächtnisses, des Denkvermögens; die L. der Fachsprachen; die L. *(den Ausstoß, die Produktion)* einer Fabrik, einer Maschine steigern, verbessern; **c)** ⟨Pl. selten⟩ (Physik) *Verhältnis aus der (bei einem physikalischen Vorgang) verrichteten Arbeit (5) zu der benötigten Zeitspanne; Fähigkeit, in der Zeiteinheit eine bestimmte Arbeit (5) zu verrichten:* die L. des Elektromotors beträgt 100 Watt; der Motor hat eine L. von 100 PS, von 85 kW; ausgestrahlte L. [des Senders]: 20 Kilowatt. **3.** *(im Rahmen einer [finanziellen] Verpflichtung) Geleistetes, Gewährtes, bes. geleisteter, gezahlter Betrag:* die sozialen -en der Firma, der Krankenkasse; -en beziehen; Es wurden rund 600 Personen festgestellt, die beim Arbeitsamt Mannheim -en erhielten ... und gleichzeitig in Beschäftigung standen (Rheinpfalz 7. 7. 84, 16).

Leis|tungs|ab|fall, der: *Abfall in der Leistung (2), in der Leistungsfähigkeit:* ... weil die Durchschnittswerte bereits durch eine kleine Gruppe von Personen

mit großem L. stark nach unten gedrückt werden (Brauchbar, Zukunft 270).

Leis|tungs|ab|ga|be, die (Technik): *Abgabe von Leistung (2 c).*

Leis|tungs|ab|zei|chen, das (Sport): *eines der verschiedenen Abzeichen für abgelegte sportliche o. ä. Prüfungen.*

Leis|tungs|an|reiz, der: *Anreiz dazu, eine gute Leistung (2 a) zu erzielen.*

Leis|tungs|an|spruch, der (Amtsspr.): *Anspruch auf Leistungen (3).*

Leis|tungs|an|stieg, der: vgl. Leistungsabfall.

Leis|tungs|aus|weis, der (schweiz.): *Leistungsnachweis.*

leis|tungs|be|rech|tigt ⟨Adj.⟩ (Amtsspr.): *berechtigt, Leistungen (3) zu empfangen.*

leis|tungs|be|reit ⟨Adj.⟩: *bereit, etw. zu leisten (1), eine Leistung (2 a) zu erbringen:* eine -e Belegschaft; Wenn Sie zuverlässig und l. sind, rufen Sie unsere Personalabteilung ... an (Heilbronner Stimme 12.5.84, 11); Mobil muss man sein ... und l. und belastbar (SZ 24.9.97, 901).

Leis|tungs|be|reit|schaft, die ⟨o. Pl.⟩: *das Leistungsbereitsein.*

Leis|tungs|be|tei|li|gung, die: *Gewinnbeteiligung nach der in einem bestimmten Zeitraum erbrachten Arbeitsleistung.*

leis|tungs|be|wusst ⟨Adj.⟩: *darauf bedacht, Leistung (2 a) zu erbringen:* Unsere neue Führungskraft sollte energisch, aktiv und l. arbeiten (Presse 30. 3. 84, 17); Diese sensiblen Experten sind l. und kreativ zugleich (FR 15. 8. 96, 12).

leis|tungs|be|zo|gen ⟨Adj.⟩: *auf die Leistung (2 a) bezogen, der Leistung (2 a) entsprechend:* ein -es Einkommen, Gehalt; eine -e Prämie; Wenn Sie gewohnt sind, selbstständig zu arbeiten und l. zu verdienen, werden Sie sich in unserem guten Betriebsklima wohl fühlen (FR 1.3.85, A 44); ... was alle Lehrer wissen: Noten sind ... nicht nur l. (FR 19.11.98, 12).

Leis|tungs|bi|lanz, die (Wirtsch.): *in der Zahlungsbilanz enthaltene Teilbilanz, in der die Exporte von Waren u. Dienstleistungen den Importen gegenübergestellt werden.*

Leis|tungs|dich|te, die (Sport): *Vorhandensein einer Vielzahl guter Sportler u. guter Leistungen in einer Sportart:* Der Rennanzug spielt deshalb eine bedeutende Rolle, weil unter den ersten 15 der Weltelite die L. so eng ist, dass Hundertstelsekunden ausschlaggebend sind (Saarbr. Zeitung 7. 12. 79, 8).

Leis|tungs|druck, der ⟨o. Pl.⟩: *psychischer Druck durch Zwang zu hoher Leistung (2 a):* Der L. an Japans Schulen hat ... die Schülerselbstmordrate rapide anschwellen lassen (Report 21, 1977, 6).

Leis|tungs|durch|schnitt, der: *Durchschnitt des Geleisteten.*

leis|tungs|fä|hig ⟨Adj.⟩: **1.** *von einer Beschaffenheit, Verfassung, die [gute] Leistungen ermöglicht; fähig od. geeignet, etwas zu leisten (1):* -e Betriebe, Computer, Maschinen; ... sei dabei besonders entscheidend, dass eine -e Gastronomie für den Zoo erhalten bleibe (Saarbr. Zeitung 12./13. 7. 80, 18); Denn die

meisten der 12 500 Azubis seien »hoch motiviert und l.« (FR 18. 2. 99, 23); Ein Land, das polititsch, wirtschaftlich und militärisch nicht l. ist und auf Hilfe von außen angewiesen bleibt (SZ 26. 3. 99, 4); gesund und l. bleiben; ... dass externe Wirtschaftsprüfer... erstmals das Rathaus überprüfen sollen, ob es wirtschaftlich und l. ist (FR 13. 3. 99, 4). **2.** *in der Lage, angemessene, beträchtliche Leistungen (3) zu erbringen:* eine -e [Kranken]versicherung; Steuerpflichtige mit Kindern seien steuerlich weniger l. als Kinderlose (SZ 20. 1. 99, 1).

Leis|tungs|fä|hig|keit, die ⟨o. Pl.⟩: *Eigenschaft, leistungsfähig zu sein.*

leis|tungs|för|dernd ⟨Adj.⟩: *die Leistung (2 a) fördernd.*

leis|tungs|ge|recht ⟨Adj.⟩: *der Arbeitsleistung entsprechend:* -e Entlohnung; Nach ausgeglichenem Spiel trennte man sich l. unentschieden (Saarbr. Zeitung 24. 12. 79, 18, 20, 22); Im Krankenhaus wird immer noch überwiegend nicht l. vergütet (FR 11. 3. 99, 18).

Leis|tungs|ge|sell|schaft, die: *Gesellschaft (1), in der vor allem die persönlichen Leistungen des Einzelnen für dessen soziale Stellung, Ansehen, Erfolg usw. ausschlaggebend sind:* Dazu kommt, dass sie (= Kinder) in einer L. aufwachsen, deren Leitbilder Schönheit, Gesundheit und Power sind (FR 9. 1. 99, 10); Mit ihrer Spezialisierung auf die Ansprüche einer profitorientierten L. geriet aber die Familie in eine Sackgasse (Wohngruppe 8); Nie zuvor bedeutete Altsein einen derartigen sozialen Makel wie in der gegenwärtigen L. (Hörzu 25, 1980, 24).

Leis|tungs|ge|wicht, das (Technik, Kfz-W.): *(bei Motoren, Fahrzeugen) das Verhältnis des Gewichts zur Höchstleistung.*

Leis|tungs|grad, der (Wirtsch.): *Grad (1) der Leistung (eines Arbeitnehmers), die tatsächlich erbracht worden ist im Verhältnis zur Normalleistung.*

Leis|tungs|gren|ze, die ⟨o. Pl.⟩: *Grenze der Leistungsfähigkeit:* Das Studium ist sehr hart – man lernt seine L. kennen (H. Weber, Einzug 32); Die alte Kläranlage aus dem Jahre 1966 ist an ihrer L. angelangt (NZZ 21. 12. 86, 32).

Leis|tungs|grup|pe, die: *Gruppe von Personen, die eine bestimmte Leistung erbringen:* sie startet in einer schwächeren L.; Die Gesellschaft gliedert sich in -n und Lebensgruppen (Fraenkel, Staat 109).

Leis|tungs|gym|nas|tik, die (Sport): *Wettkampfgymnastik.*

Leis|tungs|kla|ge, die (Rechtsspr.): *Klage auf Leistung (3), auf Erfüllung eines Anspruchs.*

Leis|tungs|klas|se, die: **1.** (bes. Sport) *Klasse, in die bes. Wettkämpfer od. Mannschaften nach Können, Leistung[sfähigkeit] o. Ä. eingestuft werden.* **2.** (seltener) *Qualitätsklasse eines Produkts.*

Leis|tungs|knick, der: *Knick in der Leistungskurve, Leistungsabfall.*

Leis|tungs|kon|trol|le, die: *Kontrolle der [schulischen] Leistung* (2 a).

Leis|tungs|kraft, die: *Leistungsfähigkeit.*

Leis|tungs|kurs, der (Schulw.): *universitären Arbeitsformen ähnelnder Unterricht, der im Gegensatz zum Grundkurs zusätzliche Kenntnisse in einem Lehrfach vermitteln soll.*

Leis|tungs|kur|ve, die: *[gedachte] Kurve zur grafischen Darstellung der Entwicklung einer Leistung:* die L. eines Sportlers, Arbeiters, Politikers fällt mit zunehmendem Alter; ihre L. verlief erstaunlich gleichmäßig nach oben (Maegerlein, Triumph 14); die L. eines Motors aufzeichnen.

Leis|tungs|lohn, der (bes. DDR): *nach der Arbeitsleistung berechneter Lohn.*

Leis|tungs|mas|se, die (Technik, Kfz-W.): *Leistungsgewicht.*

Leis|tungs|mes|ser, der: **1.** (Elektrot.) *Gerät zum Messen der Wirkleistung eines elektrischen Stroms.* **2.** (Technik) *Gerät zum Messen der mechanischen Leistung.*

Leis|tungs|mo|ti|va|ti|on, die: *Motivation dazu, etw. zu leisten, eine Leistung zu erbringen.*

Leis|tungs|nach|weis, der: *Nachweis, dass man etw. geleistet hat, eine geforderte Leistung erbracht hat:* Schulzeugnisse und andere -e; froh darüber, dass ... er von ihr keinen politischen L. verlangte (Ossowski, Liebe ist 356).

Leis|tungs|ni|veau, das (bes. Päd.): *Niveau der Leistungen* (2 a) *[einer Gesamtheit von Personen].*

Leis|tungs|norm, die: *Norm für die Quantität [u. Qualität] der Arbeitsleistung.*

leis|tungs|ori|en|tiert ⟨Adj.⟩: *an Leistung orientiert:* eine -e Gesellschaft; Wir bieten ein interessantes und vielseitiges Aufgabengebiet und eine -e Bezahlung (Augsburger Allgemeine 22./23. 4. 67, XVI); Viele Eltern forderten auch, der Sportunterricht müsse ... weniger l. sein (FR 20. 2. 99, 5).

Leis|tungs|ort, der ⟨Pl. -e⟩ (Rechtsspr.): *Erfüllungsort.*

Leis|tungs|po|ten|zi|al, das: *Leistungsfähigkeit.*

Leis|tungs|prä|mie, die: *Geldprämie für gute Leistungen* (2 a).

Leis|tungs|prin|zip, das ⟨o. Pl.⟩ (Wirtsch., Päd.): *in der heutigen Gesellschaft* (1) *praktizierte Auffassung, nach der sich die materiellen u. sozialen Chancen des Einzelnen allein nach der Qualität u. dem Umfang seiner Leistung bemessen sollen.*

Leis|tungs|prü|fung, die: **1.** (Schulw.) *Prüfung zur Ermittlung der Lern- u. Arbeitsleistung.* **2.** (Pferdesport, Motorsport u. a.) *Prüfung in Form eines Leistungsvergleichs, Leistungswettbewerbs.* **3.** (Landw.) *Prüfung zur Erfassung der Leistungen u. besonderen Qualitäten von Nutztieren bzw. der Zuchtleistung bei Nutztieren od. Pflanzen.*

Leis|tungs|re|ak|tor, der (Technik): *Kernreaktor, der hauptsächlich der Erzeugung nutzbarer Wärmeenergie dient.*

Leis|tungs|rech|nung, die (Wirtsch.): *Erfassung u. Verrechnung der in einem bestimmten Zeitraum entstandenen Leistungen im Verhältnis zu den zur ihrer Erstellung aufgewendeten Kosten.*

Leis|tungs|re|ser|ve, die (bes. Technik, Med.): *Reserve an Leistungskraft.*

Leis|tungs|schau, die (Wirtsch., Landw.): *Schau, bei der bestimmte Leistungen, Produkte ausgestellt, vorgeführt werden.*

Leis|tungs|schild, das (Technik): *Schild auf Maschinen u. Geräten mit Angaben über die Leistung* (2 c).

Leis|tungs|schutz, der (Rechtsspr.): *urheberrechtlicher Schutz für bestimmte wissenschaftliche, technische, organisatorische od. künstlerische Leistungen.*

leis|tungs|schwach ⟨Adj.⟩: *in der Leistung nur schwach, von geringer Leistungsfähigkeit:* ein -er Schüler; ... und den anderen Schulen ... nur der leistungsschwächere Schülerteil bleibt (FR 19. 11. 98, 12); die Maschine ist l.

Leis|tungs|schwä|che, die: *geringe Leistungsfähigkeit.*

Leis|tungs|spit|ze, die: **1.** *Höhepunkt der Leistungsfähigkeit.* **2.** (Technik) *Maximum der Leistung* (2 c).

Leis|tungs|sport, der: *Sport zur Erzielung besonderer [Wettkampf]leistungen.*

Leis|tungs|sport|ler, der: *jmd., der Leistungssport betreibt.*

Leis|tungs|sport|le|rin, die: *w. Form zu* ↑ Leistungssportler.

Leis|tungs|stand, der: *vgl. Leistungsniveau:* ein hoher L. [in] der Technik; der L. des Schülers ist gut.

Leis|tungs|stan|dard, der: *Leistungsniveau.*

leis|tungs|stark ⟨Adj.⟩: *bes. gute Leistungen erbringend; sehr leistungsfähig:* ein -er Schüler, Sportler; Dass das Gymnasium nach der Grundschule die leistungsstärkeren Schüler anzieht (FR 19.11.98, 12); eine -e Wirtschaft; -es Benzin; die Maschine ist l.; Empfangen werden konnte der Sender Kairo, der l. über Mittelwelle strahlte (Konzelmann, Allah 13).

Leis|tungs|stär|ke, die: *große Leistungsfähigkeit.*

Leis|tungs|stei|ge|rung, die: *vgl. Leistungsabfall.*

Leis|tungs|stu|fe, die: **1.** *Stufe des Geleisteten, der Leistung* (2 a). **2.** (Technik) *Stufe der Leistung[sabgabe].*

Leis|tungs|test, der: *Test zur Erfassung der Leistung* (2) *bzw. der Leistungsfähigkeit.*

Leis|tungs|tief, das (Sport): *Tiefpunkt in der Leistungskurve; tiefes Leistungsniveau.*

Leis|tungs|trä|ger, der (bes. Sport): *jmd., der durch die eigene Leistung entscheidend zu einer Gesamtleistung, zu einem Gesamterfolg beiträgt.*

Leis|tungs|trä|ge|rin, die: *w. Form zu* ↑ Leistungsträger.

Leis|tungs|tur|nen, das: *wettkampfmäßiges Turnen.*

Leis|tungs|ver|gleich, der: **1.** *Wettbewerb zur vergleichenden Feststellung des Leistungsstandes, der Leistungsfähigkeit:* ein sportlicher, internationaler L.; ein L. zwischen Betrieben *(mit anderen Betrieben).* **2.** *Vergleich der Leistungen bzw. der Unterschiede in Leistungsstand od. -fähigkeit.*

Leis|tungs|ver|mö|gen, das ⟨o. Pl.⟩: *Leistungsfähigkeit.*

Leis|tungs|ver|wei|ge|rung, die: **1.** (bes. Soziol., Päd.) *gegensätzlicher Einstellung entspringendes Verhalten bes. Jugendlicher im Hinblick auf das, was andere (Lehrer, Eltern, die Gesellschaft) an Leistung von ihnen erwarten, verlangen als Protest gegen Leistungsprinzip, Leistungsdruck u. Leistungsgesellschaft.* **2.** (Rechtsspr.) *Verweigerung einer vertraglichen Leistung* (1).

Leis|tungs|ver|zug, der (Rechtsspr.): *Schuldnerverzug.*

Leis|tungs|wett|be|werb, der: **1.** *Wettbewerb, bei dem die bessere Leistung über den Sieg entscheidet.* **2.** (Wirtsch.) *Wettbewerb auf dem Gebiet der Produktionsleistungen u. der wirtschaftlichen Leistungsfähigkeit.*

Leis|tungs|wil|le, der: *Wille, etwas zu leisten.*

Leis|tungs|zen|trum, das: *Sportstätte, in der Hochleistungssportler durch intensives Training gefördert werden; Trainingszentrum.*

Leis|tungs|zeug|nis, das: *Zeugnis über berufliche, schulische o. ä. Leistungen* (2 a).

Leis|tungs|zu|la|ge, die: *vgl. Leistungszuschlag.*

Leis|tungs|zu|schlag, der: *Zuschlag zum Grundgehalt, -lohn für zusätzliche Leistungen* (2 a).

Leis|tungs|zu|wachs, der: *Zuwachs an Leistung; Leistungsanstieg, -steigerung.*

Leis|tungs|zwang, der (bes. Soziol.): *das Gezwungensein, das Sich-gezwungen-Fühlen, möglichst hohe Leistungen* (2 a) *zu erbringen:* der L. in der Schule, im Beruf; Das ganze System einschließlich der Professoren geriete unter einen heilsamen L. (SZ 24. 10. 98, 4).

Leit|an|trag, der (bes. Politik): *(auf Parteitagen o. Ä.) von einem leitenden Gremium (z. B. Parteivorstand) eingebrachter Antrag* (1), *dessen Inhalt für alle weiteren gestellten Anträge als Leitlinie* (1) *gilt:* dem Parteitag lag ein L. des Parteivorstands vor.

Leit|art, die (Biol.): *Pflanzen- od. Tierart, die hauptsächlich in einem bestimmten Lebensraum vorkommt u. für diesen charakteristisch ist; vgl. Leitpflanze.*

Leit|ar|ti|kel, der [LÜ von engl. leading article] (Zeitungsw.): *kommentierender Artikel an bevorzugter Stelle einer Zeitung od. Zeitschrift zu wichtigen aktuellen Themen:* Der Chefredakteur wird dem Leben und Wirken der Firmengründer ... einen L. widmen (Chotjewitz, Friede 265); Und um diese Gruppe (= unentschlossene Wähler) wird gekämpft in Fernsehdiskussionen, Radioprogrammen und -n (SZ 28. 5. 98, 11).

leit|ar|ti|keln ⟨sw. V.; hat⟩ (Zeitungsw. Jargon): **1.** *Leitartikel schreiben:* die »Augsburger Allgemeine« ..., in der Herbert Wehner hin und wieder leitartikelt (Spiegel 4, 1976, 20); Die nationalistische Aufwallung ließ den Chefredakteur ... auf der Titelseite l.: «Explosion des Selbstbewusstseins» (SZ 13.5.98, 4). **2.** *als Leitartikel veröffentlichen; (als Thema) in einem Leitartikel behandeln:* Die »Kronen-Zeitung« leitartikelte vor kurzem tagelang über den großen »Sportler-Versicherungsskandal« (Erfolg, Nov./Dez. 1983, 14); Dann wäre der Finanzmarkt ... vollends zusammengebrochen. Keine Regierung der Welt könne das aber tatenlos hinnehmen, leitartikelte erst dieser Tage das angesehene ...Journal de Brasil (SZ 5.6.96, 22).

Leit|ar|ti|kel|schrei|ber, der: *jmd., der regelmäßig Leitartikel verfasst.*

Leit|ar|ti|kel|schrei|be|rin, die: w. Form zu ↑ Leitartikelschreiber.

Leit|ar|tik|ler, der; -s, - (Zeitungsw. Jargon): *Leitartikelschreiber.*

Leit|ar|tik|le|rin, die; -, -nen: w. Form zu ↑ Leitartikler.

Leit|auf|satz, der: *zentraler bzw. das Thema umreißender Aufsatz bes. in einer Zeitschrift od. in einem Buch.*

leit|bar ⟨Adj.⟩: *sich leiten lassend.*

Leit|bar|keit, die: *das Leitbarsein.*

Leit|be|griff, der: *zentraler Begriff.*

Leit|bein, das (Sport): *Sprungbein beim Stabhochspringen, das nach dem Absprung gestreckt nach vorn geschleudert wird.*

Leit|be|trieb, der (DDR): *Betrieb, der innerhalb eines Produktionsbereichs die besten Voraussetzungen hat [u. als Leitbild fungiert]:* der L. für chemische Anlagen.

Leit|bild, das: *leitende Vorstellung od. deren Verkörperung; Ideal, Vorbild:* Stars und andere -er der Mode; ein L. der Jugend/für die Jugend; Sein L. ist der »pater familias«, der treu sorgende Familienvater (Chotjewitz, Friede 9); dass die gesellschaftlichen -er der Bedürfnisbefriedigung den Menschen zum »Mithaltenmüssen« zwingen (Rhein. Merkur 18. 5. 84, 10); Die Schule der Zukunft wird durch ein neues L. geprägt sein:... die Methoden moderner Wissensaneignung (SZ 14. 4. 99, 1).

Leit|block, der ⟨Pl. ...blöcke⟩ (Schiffbau): *Block zur Führung eines Taus.*

Leit|bün|del, das (Bot.): *strangförmiger Verband von Leitgewebe.*

¹Lei|te, die; -, -n (schweiz.): **1.** *Wasserleitung.* **2.** *Holzrutschbahn.*

²Lei|te, die; -, -n [mhd. līte, ahd. (h)līta, verw. mit ↑ lehnen, eigtl. = die Geneigte] (südd., österr.): *Berghang, Abhang.*

Leit|ein|rich|tung, die ⟨meist Pl.⟩ (Verkehrsw.): *Einrichtung (2 b) zur Markierung des Fahrbahnverlaufs, der Fahrtrichtung.*

lei|ten ⟨sw. V.; hat⟩ [mhd. leiten, ahd. leit(t)an, Veranlassungswort zu ↑ leiden in der urspr. Bed. »gehen, fahren«; also eigtl. = gehen, fahren machen]: **1.** *verantwortlich führen:* eine Arbeitsgruppe, einen Betrieb, eine Schule l.; einen Chor l.; eine Expedition l.; eine Sitzung, eine Diskussion, die Verhandlungen l.; M. Scotus, der diese Experimente leitete (Stern, Mann 33); ein [Fußball]spiel l. (Sport; *bei einem [Fuß-*

ball]spiel als Schiedsrichter tätig sein); ⟨auch ohne Akk.-Obj.:⟩ der Schiedsrichter hat gut geleitet; ⟨1. Part.:⟩ leitender Angestellter, Beamter, Ingenieur; eine leitende Stellung, Funktion haben; Herrn leitenden Ingenieur Meier; ⟨subst. 1. Part.:⟩ der, die Leitende. **2. a)** *begleitend, geleitend [hin]führen, [hin]gelangen lassen:* jmdn. ins Zimmer, durch die Räume l.; Ü mein Instinkt, ein Gefühl leitete mich an die richtige Stelle; **b)** *hinweisend, durch bestimmenden Einfluss lenken:* diese Bemerkung leitete [uns] auf die richtige Spur; sich schwer l. lassen; sich nur von wirtschaftlichen Gesichtspunkten l. lassen; ⟨1. Part.:⟩ der leitende Gedanke war ...; es fehlt die leitende Hand; **c)** *in eine bestimmte Bahn bringen, irgendwohin lenken:* Erdöl, Gas durch Rohre l.; der Bach wird in einen Kanal, in ein anderes Bett geleitet; den Verkehr über eine Umgehungsstraße l.; Akten, ein Gesuch an die zuständige Stelle l. **3.** (Physik, Technik) *Energie hindurchgehen lassen, weiterführen:* Metalle leiten Strom, Elektrizität, Wärme; Medien, die den Schall leiten; ⟨auch o. Akk.-Obj.:⟩ dieser Stoff leitet gut; leitende Materialien.

¹Lei|ter, der; -s, - [mhd. leitære, ahd. leitāri = Führer]: **1.** *jmd., der etw. leitet (1), der leitend an der Spitze von etw. steht:* ein technischer, kaufmännischer, künstlerischer L.; der L. einer Firma, Schule, Abteilung, Expedition, Delegation, Diskussion, eines Orchesters; L. sein; Die Aussortierung erfolgte ausschließlich in den jeweiligen Ressorts von deren -n (Weber, Tote 233); der L. (Sport; Schiedsrichter) des Spiels. **2.** (Physik, Technik) *Stoff, der Energie leitet:* ein guter, schlechter L.; als L. wirken.

²Lei|ter, die; -, -n [mhd. leiter(e), ahd. leitara, verw. mit ↑ ¹lehnen, also eigtl. = die Angelehnte]: *Gerät mit Sprossen od. Stufen zum Hinauf- u. Hinuntersteigen:* eine hohe, ausziehbare L.; die L. anstellen, an die Wand stellen, lehnen; die L. *(Drehleiter, Feuerwehrleiter usw.)* ausschwenken, ausfahren; die L. hinauf-, hinuntersteigen; auf die L. steigen; auf der L. stehen; an der [schwedischen] L. *(Gitterleiter)* turnen; über eine L. ins Freie gelangen; Er ... stieg von der L. herab und sagte (Sommer, Und keiner 209); Ü die L. des Erfolgs, Ruhms emporsteigen.

lei|ter|ar|tig ⟨Adj.⟩: *von, in der Art einer Leiter.*

Lei|ter|baum, der: *¹Holm (1 b) der Leiter.*

Lei|te|rin, die; -, -nen [mhd. leitærinne = (An)führerin]: w. Form zu ↑ ¹Leiter (1).

Lei|ter|schlei|fe, die (Elektrot.): *System von langer Erstreckung, das aus zwei elektrischen ¹Leitern (2), je einem für die Hin- u. für die Rückleitung besteht.*

Lei|ter|spros|se, die: *Sprosse einer ²Leiter.*

Lei|ter|wa|gen, der: *Pferde- od. Handwagen mit leiterartigen Seitenteilen.*

Leit|fa|den, der [1: wohl unter Anlehnung an ↑ Ariadnefaden für ↑ Vademecum]: **1.** *kurz gefasste Darstellung zur Einführung in ein Wissensgebiet; Lehrbuch:* ein L. der Physik; Für diesen Le-

bensstil ist der »Playboy« heute eine Art L. (Spiegel 10, 1989, 136); In einem eigens verfassten L. wird die Reform als »pädagogisch schädlich ... « bezeichnet (SZ 6.3.99, 1). **2.** *den Fortgang von etw. Leitendes, Bestimmendes:* die Leitfäden seiner Politik; ... und findet so am L. seines eigenen Denkens ... den Zugang zum Ganzen (Enzensberger, Einzelheiten I, 157).

leit|fä|hig ⟨Adj.⟩ (Physik, Technik): *leitend (3); so beschaffen, dass Energie geleitet werden kann; die Beschaffenheit von Stoffen aufweisend, die Energie leiten [können]:* -e Stoffe; Die hochspannungsführenden Teile der Zündanlage ... verschmutzen durch Feuchtigkeit, Staub und Öldämpfe. Diese Schmutzschicht ist l. (NNN 16. 10. 84,5); Doch die Wissenschaftler aus Lausanne sind zuversichtlich, das neue Material besser l. machen zu können, indem sie es mit weiteren Substanzen versetzen (SZ 13. 10. 98, 9).

Leit|fä|hig|keit, die: *leitfähige Beschaffenheit.*

Leit|feu|er, das (Schifffahrt): *Leuchtfeuer, dessen schmales Strahlenbündel den Kurs im Fahrwasser anzeigt.*

Leit|fi|gur, die: *als Leitbild angesehene Person:* An Adam Michnik scheiden sich in Polen die Geister. Moralische L. ist er den einen, verhasster Strippenzieher den anderen (SZ 10. 3. 99, 8); Schon hatte eine separatistische Bewegung Siziliens Naso zur L. erhoben (Ransmayr, Welt 138).

Leit|form, die (Zool.): vgl. Leitart.

Leit|fos|sil, das (Geol.): *für einen bestimmten geologischen Zeitabschnitt charakteristisches Fossil:* Ü holländische Telefonanlagen, englische Düsentriebwerke, schwedische Kompressoren sind ja alles andere als -ien einer zwar glanzvollen, aber rasch zurücksinkenden industriellen Vergangenheit (Schweizer Maschinenbau 16. 8. 83, 54).

Leit|funk|strahl, der (Flugw., Milit.): *Leitstrahl.*

Leit|geb, der; -en, -en, **Leit|ge|ber,** der [mhd. lītgebe(r), aus: līt = Obstwein u. geber = Geber] (landsch. veraltet): *Wirt.*

Leit|ge|be|rin, die (landsch. veraltet): w. Form zu ↑ Leitgeber.

Leit|ge|dan|ke, der: *leitender Gedanke, Grundgedanke:* der L. eines Buchs, einer Epoche.

Leit|ge|we|be, das (Bot.): *pflanzliches Gewebe, das Nähr- u. Aufbaustoffe transportiert.*

Leit|ha, die; -: *rechter Nebenfluss der Donau.*

Leit|haar, das (Zool.): *steifes, gerades Deckhaar.*

Leit|ham|mel, der: **1.** *Leittier (2) einer Schafherde.* **2.** (abwertend) *jmd., dem andere willig u. gedankenlos folgen:* beide ragten aus der Mannschaft heraus, waren dort L. (Kirst, 08/15, 84); den einst zum L. der Generation X ernannten Vedder (SZ 16. 1. 98, 8).

Leit|hengst, der: vgl. Leithammel (1).

Leit|hund, der: **1.** *Hund, der die Meute führt.* **2.** *Blindenhund.* **3.** *am Leitseil (1 a)* *geführter Hund des Gespanns, das den Hundeschlitten zieht.* **4.** (Jägerspr.) *am Leitseil* (1 a) *arbeitender Jagdhund, der die Fährte u. den Aufenthalt des Wildes ausmacht.*

Leit|idee, die: vgl. Leitgedanke.

Leit|in|sti|tut, das (DDR): vgl. Leitbetrieb.

Leit|kar|te, die (Bürow.): *jeweils vorangestellte Karteikarte mit leitendem Hinweis, der sich auf die folgenden Karteikarten bezieht.*

Leit|kauf: ↑ Leikauf.

Leit|ke|gel, der (Verkehrsw.): *kegelförmiges Verkehrszeichen, das zur provisorischen Markierung bzw. Abgrenzung der Fahrbahn reihenweise aufgestellt wird.*

Leit|kur|ve, die (Geom.): *Trajektorie der erzeugenden Geraden einer Regelfläche.*

Leit|li|nie, die: **1.** *bestimmender Grundsatz, leitender Gesichtspunkt, richtungweisender Anhaltspunkt (für das Handeln):* die -n der Politik festlegen; Nie aber sind die -n ihrer persönlichen Entwicklung weiter auseinander als in der Lebensmitte (Schreiber, Krise 27); wenn wir das eigene historische Gedächtnis als L. für unser Verhalten in der Gegenwart ... nutzen (R. v. Weizsäcker, Deutschland 30); Ist er tatsächlich nicht in der Lage, die Abteilung nach den neuen -n zu organisieren? (Härtling, Hubert 326). **2.** (Verkehrsw.) *abgrenzende Fahrbahnmarkierung in Form einer weißen od. gelben, meist unterbrochenen Linie:* -n dürfen überfahren werden, wenn dadurch der Verkehr nicht gefährdet ist (Straßenverkehrsrecht, StVO 75). **3.** (Geom.) *senkrecht auf der Hauptachse von Kegelschnitten stehende Gerade, mit deren Hilfe sie definiert werden können.*

Leit|mo|tiv, das: **1.** *leitendes, bewegendes Motiv, Leitgedanke:* ein L. seines Denkens, Schaffens; »Englands Feinde sind Irlands Freunde« – dieses traditionelle L. irischer Freiheitsbestrebungen hatte sich für die deutsche Politik ... bewährt (Weber, Tote 50); das europäische Konzept der Stabilität – welches die europäische Mittelmeerpolitik wie ein L. dominiert (FR 14.4.99, 21). **2. a)** (Musik) *häufig wiederkehrendes charakteristisches Motiv mit fester Zuordnung zu einer bestimmten (auftretenden od. vorgestellten) Person, Situation, Stimmung usw. (bes. in Opern, sinfonischen Dichtungen o. Ä.);* **b)** (Literaturw.) *häufig wiederkehrende, einprägsame Formulierung, Aussage, die in der Art eines musikalischen Leitmotivs* (2 a) *fest mit einer bestimmten Person, Sache, Situation, Stimmung usw. verbunden ist.*

leit|mo|ti|visch ⟨Adj.⟩: **a)** *das Leitmotiv betreffend;* **b)** *in der Form, Art eines Leitmotivs.*

Leit|pflan|ze, die (Bot.): **1.** *einen Lebensraum od. eine Pflanzengesellschaft kennzeichnende Pflanze[nart]; Leitart.* **2.** *Indikatorpflanze.*

Leit|pfos|ten, der: *als seitliche Begrenzung einer Straße dienender halbhoher [weiß u. schwarz gestrichener] Pfosten mit reflektierenden Teilen.*

Leit|plan|ke, die: **1.** *seitliche Planke aus*

Stahl, Beton o. Ä., *die von der Fahrbahn abkommende Fahrzeuge aufhalten soll:* der Wagen prallte gegen die L., wurde über die L. geschleudert; dann rutsche ich ... und krache in die -n (Sobota, Minus-Mann 248); Ü dass die Kulturpolitik des Bundes eine Verfassungsgrundlage und gewisse -n benötigt (NZZ 14. 3. 85, 25). **2.** (Technik) *Führungsschiene.*

Leit|rad, das (Technik): *feststehender Ring von Drall vermittelnden Schaufeln in Turbinen bzw. von Drall entziehenden Schaufeln in Pumpen o. Ä.*

Leit|rie|men, der (Jägerspr.): *lederne Hunde-, Pferdeleine.*

Leit|satz, der: *leitender Grundsatz:* So macht Adolf sich die Leitsätze des handwerklichen Kleinbürgertums zu Eigen (Chotjewitz, Friede 8).

Leit|schie|ne, die: **1.** (österr.) *Leitplanke.* **2.** (Technik, bes. Eisenb.) *Schiene innen neben der Fahrschiene, bes. zum Schutz gegen Entgleisen.*

Leit|schnur, die (selten): *Richtschnur.*

Leit|seil, das: **1. a)** (Fachspr., auch südd. österr., schweiz.) *Leine zum Führen des Hundes, Zugtiers;* **b)** (veraltend, oft abwertend) *das Handeln Leitendes, Bestimmendes:* am L. einer Idee, Partei hängen. **2.** *Schleppseil.*

Leit|sei|te, die: *Homepage* (a): Unsere Homepage, die L., wurde gestern 430-mal abgerufen (Zeit 4. 8. 95, 58); das World Wide Web sucht man ... jedoch ebenso vergeblich wie die Homepage und ihre nationale Konkurrentin, die L. (Zeit 11. 7. 97, 62).

Leit|spin|del, die (Technik): *mit Gewinde versehene Spindel am Werkzeugschlitten von Drehbänken, die den Vortrieb beim Gewindeschneiden erzeugt.*

Leit|spruch, der: *Wahlspruch, Motto:* Bei Hubert wurde darüber kaum gesprochen und wenn, dann unter dem L.: Uns Kleinen kann sowieso nix passieren (Härtling, Hubert 194).

Leit|stand, der: *Schaltzentrale:* der L. eines Atomkraftwerks; 1,5 Millionen Mark kostet der neue L., von dem aus die Schleusen zentral gefahren werden (Hamburger Abendblatt 5. 9. 84, 30); Er sitzt im Flugsimulator, der L. befindet sich ... im Nebenraum (Bauern-Echo 12. 7. 76, 4).

Leit|stel|le, die: *zentrale Stelle, Einrichtung, von der aus etw. geleitet, gelenkt, befehligt wird:* die L. der Feuerwehr, der Autobahnmeisterei; die Abstimmung der Magistratsvorlage zur Einrichtung des multikulturellen Bürgerbüros »L. Zusammenleben in Offenbach« (FR 13. 3. 99, 1).

Leit|stern, der [mhd. leit(e)sterne = der die Schiffer leitende Polarstern, auch übertr. von der Jungfrau Maria]: *Stern, der als richtungweisender Orientierungspunkt dient:* Ü (geh.:) der L. eines Menschen, eines Zeitalters.

Leit|strahl, der: **1.** (Flugw., Milit.) *als Navigationshilfe dienender gerichteter Sendestrahl, der die exakte Kursführung von Flugzeugen, Flugkörpern u. Schiffen gewährleistet.* **2. a)** (Geom.) *Verbindungsstrecke zwischen einem Punkt eines*

Kegelschnittes u. seinem Brennpunkt; Fahrstrahl, Radiusvektor; **b)** (Physik) *bei einer Zentralbewegung die gerichtete Verbindungslinie (Vektor) vom Kraftzentrum zum jeweiligen Ort des Massenpunktes od. Körpers; Fahrstrahl, Radiusvektor.*

Leit|stu|die, die: *Pilotstudie.*

Leit|tech|nik, die ⟨o. Pl.⟩: *alle Informationen verarbeitenden u. steuernden Einrichtungen, Schaltungen u. Ä., die der automatischen Führung von technischen Anlagen, Prozessen u. Ä. dienen.*

Leit|the|ma, das: *durchgehend bestimmendes Thema.*

Leit|tier, das: **1.** (Jägerspr.) *weibliches Tier, das ein Rudel Rotwild od. Damwild führt.* **2.** (Zool.) *ranghöchstes, führendes Alttier (in Herden mit Rangordnung).*

Leit|ton, der (Musik): *Ton, der nach harmonischer bzw. melodischer Auflösung in einen um einen Halbtonschritt entfernten Ton strebt, (im Dur-Moll-System) bes. der Halbton unter der Tonika.*

Leit|trieb, der (Bot., Gartenbau): *(bei bestimmten [Obst]bäumen während des Jugendwachstums) der Haupt-, Mitteltrieb in der Krone, von dem die Äste u. Zweige abgehen.*

Lei|tung, die; -, -en: **1. a)** ⟨o. Pl.⟩ *Tätigkeit, Funktion, Amt des Leitens* (1): die L. der Firma, der Expedition, der Diskussion übernehmen; jmdm. die L. von etw. übertragen, anvertrauen; die L. niederlegen; die Abteilung steht unter der L. einer Diplomkauffrau; unter [der] L. eines Managers tätig sein, durchgeführt werden; es spielt das Orchester des Staatstheaters unter der L. von N. N.; einem [Fußball]spiel die L. haben (Sport; Schiedsrichter sein); **b)** *leitende Personen, Führungsgruppe:* der kaufmännische L. eines Warenhauses angehören. **2.** ⟨o. Pl.⟩ *Führung, Betreuung:* der Jugendliche braucht eine feste, straffe L. **3. a)** *Rohr bzw. mehrere aneinander angeschlossene Rohre zum Leiten* (2 c) *von Stoffen; Rohrleitung:* eine L. für Gas, Wasser legen; Da trank man eben Wasser aus der L. (Wasserleitung) Eppendorfer, Ledermann 11); **b)** *Energie transportierende, bes. Elektrizität leitende Anlage von langer Erstreckung; Draht, Kabel zum Transport von elektrischem Strom:* die L. steht unter Strom, Hochspannung; Nach einigem Hin und Her werden aus dem Bürgerhaus ein Mikrofon und ein tragbarer Lautsprecher geholt – sie verlegt und dann geht es los (FR 17. 3. 99, 2); eine L. ziehen, anzapfen; **c)** *Leitung* (3 b) *für die Übermittlung elektrischer Signale; Telefonleitung:* die L. ist besetzt, frei, überlastet, unterbrochen, gestört; die L. ist tot (ugs.; übermittelt kein Zeichen); eine L. anzapfen, abklemmen; die direkte L. zum Ort des Geschehens einrichten, schalten; Er ruft an und bekommt im Gewirr der Funkhausvermittlung tatsächlich Trude an die L. (H. Weber, Einzug 245); Während Debitel (= eine Telefongesellschaft) bisher die -en anderer Gesellschaften mietete, soll nun ein eigenes Festnetz aufgebaut werden (FR 16. 3. 99, 14); es knackt in der

L.; Auch für Stefan, der in ihrer Nähe blieb, war das Freizeichen in der L. deutlich ... hörbar (Rolf Schneider, November 168); es ist jmd. in der L. (ugs.; 1. *jmd. hört mit.* 2. *jmd. spricht auf derselben Leitung*); gehen Sie aus der L.!; R lange L., kurzer Draht! (ugs.; *er, sie begreift schwer, du begreifst schwer;* eigtl. = langwierige Übermittlung, auch bei kurzem Draht 2 b); bei ihm steht einer auf der L. (ugs.; *er versteht, erfasst das nicht sofort, ist begriffsstutzig*); * **eine lange L. haben** (ugs.; *schwer begreifen, begriffsstutzig sein;* zurückgehend darauf, dass in den Anfangstagen der Fernmeldetechnik die Verständigung bei größeren Entfernungen [= langen Leitungen] oft sehr schwierig war, da die Verbindungen recht störanfällig waren); **auf der L. stehen/sitzen** (ugs.; *etw. nicht sofort verstehen, erfassen, begriffsstutzig sein*).

Lei|tungs|an|äs|the|sie, die (Med.): *Anästhesie durch Betäubung der Nerven, deren (Leitungs)bahnen in das zu betäubende Körpergebiet führen.*

Lei|tungs|bahn, die (Fachspr.): *Bahn, Weg, auf dem etw. an eine bestimmte Stelle, in ein bestimmtes [Körper]gebiet geleitet wird* (z. B. Blutgefäß).

Lei|tungs|draht, der: *Draht einer elektrischen Leitung.*

Lei|tungs|ge|we|be, das (Med.): *Reize weiterleitendes Gewebe* (z. B. Nervenzellen).

Lei|tungs|gre|mi|um, das: *leitendes (1) Gremium.*

Lei|tungs|hahn, der: *Hahn an der Wasserleitung.*

Lei|tungs|hei|mer, der; -s [geb. nach ↑Hohenastheimer] (ugs. verhüll. scherzh.): *Leitungswasser.*

Lei|tungs|ka|der, der (DDR): *leitender (1) Kader* (2): Tags darauf referierte der Kreissekretär zu den -n einer Spinnerei über das jüngst stattgehabte Plenum des Zentralkomitees (Loest, Pistole 232).

Lei|tungs|kol|lek|tiv, das (DDR): *leitendes (1) Kollektiv* (2).

Lei|tungs|kraft, die: *leitende (1) Kraft* (3).

Lei|tungs|mast, der: *tragender Mast für Strom- od. Telefonleitungen.*

Lei|tungs|netz, das: *Netz, System von Leitungen* (3 a, b).

Lei|tungs|rohr, das: *Rohr der Leitung* (3 a).

Lei|tungs|schnur, die: ¹*Schnur* (2), *die den Strom zu einem elektrischen Gerät leitet.*

Lei|tungs|tä|tig|keit, die ⟨o. Pl.⟩: *Ausübung der Leitung* (1 a).

Lei|tungs|ver|mö|gen, das: *Leitfähigkeit.*

Lei|tungs|was|ser, das ⟨o. Pl.⟩: *Wasser [aus] der Wasserleitung:* ..., bevor er mit L. gurgelte (Bieler, Mädchenkrieg 480).

Lei|tungs|wi|der|stand, der (Physik, Elektrot.): *Widerstand einer elektrischen Leitung* (3 b).

Leit|ver|merk, der (Bürow.): *(bei Schriftstücken, Akten usw.) Vermerk über die Weiterleitung.*

Leit|ver|mö|gen, das: *Leitfähigkeit.*

Leit|wäh|rung, die (Wirtsch.): *international weit verbreitete Währung, an deren Kurs sich andere Währungen orientieren.*

Leit|weg, der (Fachspr.): *Übermittlungsweg (bei Ferngesprächen od. Telegrammen).*

Leit|werk, das: **1.** (bes. Flugw., Waffent.) *Gesamtheit der Steuerflächen eines Flugzeugs, Flugkörpers (bes. am Heck).* **2.** (EDV) *Steuerwerk.* **3.** (Schifffahrt) *Bauwerk (an einer Schleuse, engen Durchfahrt o. Ä.) zur Führung einfahrender Schiffe.*

Leit|wert, der (Physik, Elektrot.): *Kehrwert des elektrischen Widerstands.*

Leit|wolf, der: vgl. Leittier (2): Der L. ... ist aber meist durch sein Imponiergehabe ... zu erkennen (Tier 12, 1971, 56); Ü der Münchener Libero möchte auch in der Nationalmannschaft der L. sein.

Leit|wort, das: **a)** ⟨Pl. ...worte⟩ *Leitspruch;* **b)** ⟨Pl. ...wörter⟩ (Bürow.) *im Weiteren maßgebendes Stichwort* (z. B. einer Kartei); **c)** ⟨Pl. ...wörter⟩ *Wort, das einen Leitgedanken ausdrückt; Ausdruck, der einen Leitgedanken zur Geltung bringt:* Die Bundesministerin ..., die ihre Arbeit unter das L. von Willy Brandt »Entwicklungspolitik ist Friedenspolitik« gestellt hat (FR 11.1.99, 5). »Friede«, »Freiheit« sind Leitwörter der Sozialdemokraten.

Leit|zahl, die (Fot.): *(bei Blitzlichtgeräten) Kennzahl, die durch das Produkt aus einzustellender Blendenzahl u. Entfernung gegeben ist.*

Leit|zins, der (Wirtsch.): **1.** *Diskontsatz.* **2.** *Eckzins.*

¹**Lek,** der; -, - [alban. lek, eigtl. = Kurzf. des männl. Vorn. Alexander, nach der Abbildung Alexanders d. Gr. auf den älteren Münzen]: *Währungseinheit in Albanien* (1 Lek = 100 Qindarka).

²**Lek,** der; -: *Mündungsarm des Rheins.*

Lek|ti|on, die; -, -en [kirchenlat. lectio = Lesung aus der Bibel < lat. lectio = das Lesen, Vorlesen, zu: legere (2. Part.: lectum) = auflesen, sammeln; auswählen; lesen]: **1. a)** (Päd.) *Übungseinheit, Unterrichtspensum, Pensum einer Unterrichtsstunde, Kapitel in einem [fremdsprachlichen] Lehr- u. Übungsbuch:* die zehnte L. eines Lehrbuchs durchnehmen; seine L. [in Französisch] lernen, gut können; **b)** (Päd. veraltend, noch regional) *Unterrichts-, Lehrstunde (bes. in einem Kurs, in einer Vortragsreihe):* eine L. [über ein Thema] ausarbeiten, vorbereiten, halten, geben; Beginn der -en um 8 Uhr (St. Galler Tagblatt 3.10.68, 5); **c)** (Fechten) *Übungseinheit, Trainingsstunde;* **d)** (Reiten) *Aufgabenteil einer Dressurprüfung.* **2. a)** (bildungsspr.) *einprägsame Lehre, Belehrung (bes. in Form einer Äußerung, einer beziehungsvollen Handlung, einer lehrreichen Erfahrung):* eine gründliche, bittere L.; das soll dir eine L. sein; diese Niederlage dürfte eine heilsame L. für die Mannschaft sein; Die L. lautet also, dass die Alternative zwischen einer neuen Welt-

ordnung und neorassistischen Nationalisten keine ist (Zeit 31.3.99, 39); eine L. [in Höflichkeit] bekommen, erhalten; die L. begreifen; jmdm. eine scharfe L. *(Zurechtweisung)* erteilen, geben; **b)** *Lesung* (1 b).

Lek|ti|o|nar, das; -s, -e u. -ien [1 : mlat. lectionarius, lectionarium] (christl. Kirche): **1.** *liturgisches Buch mit im Gottesdienst zu lesenden Bibelabschnitten.* **2.** *Lesepult, an dem aus dem Lektionar* (1) *vorgelesen wird.*

Lek|ti|o|na|ri|um, das; -s, ...ien [kirchenlat. lectionarium, zu lat. lectio, ↑Lektion] (christl. Kirche): **1.** *liturgisches Buch mit den im Gottesdienst zu lesenden Bibelabschnitten in der Reihenfolge ihrer Verlesung im Kirchenjahr* (Sammelbez. für Epistolar 1 u. Evangeliar). **2.** *Lesepult, an dem die Verlesung der nach der kirchlichen Ordnung vorgeschriebenen Bibelabschnitte vorgenommen wird.*

Lek|tor, der; -s, ...oren [lat. lector = Leser, Vorleser, zu: legere, ↑Lektion]: **1.** *Lehr[beauftragt]er, bes. an einer Hochschule, der [ergänzende] Kurse gibt u. [praktische] Übungen erteilt* (Berufsbez.): ein L. für Sprecherziehung; der französische L. erteilt einen guten Sprachunterricht. **2.** *Mitarbeiter, bes. bei einem Verlag, der Manuskripte prüft u. bearbeitet, Projekte vorschlägt u. Kontakt mit Autoren aufnimmt bzw. unterhält* (Berufsbez.). **3.** (christl. Kirche) **a)** (ev. Kirche) *Laie (2), der in Vertretung des Pfarrers Lesegottesdienste hält;* **b)** (kath. Kirche) *Laie (2), der während der* ¹*Messe* (1) *liturgische Texte vorliest;* **c)** (früher) *Person mit dem zweiten Grad der katholischen niederen Weihen.*

Lek|to|rat, das; -[e]s, -e: **1.** (Hochschulw.) *Lehrauftrag eines Lektors* (1). **2.** (Verlagswesen) **a)** *[Verlags]abteilung, in der die Lektoren* (2) *arbeiten;* **b)** *Gutachten (eines Lektors), in dem die Prüfung u. Beurteilung eines Manuskripts, Buchs o. Ä. zusammengefasst wird:* von einem Manuskript ein L. anfertigen.

lek|to|rie|ren ⟨sw. V.; hat⟩ (bes. Verlagswesen): *[als Lektor (2)] (ein Manuskript, Buch o. Ä.) prüfen, begutachten:* ein Buch[manuskript] gründlich, nachlässig l.; die synthetische Herstellung eines Bestsellers, wie Scarlett, im Auftrag geschrieben, mit Kalkül lektoriert, mit Millionen weltweit beworben (Zeit 4.3.99, 46); ⟨auch ohne Akk.-Obj.:⟩ er lektoriert in einem Frankfurter Verlag.

Lek|to|rin, die; -, -nen: w. Form zu ↑Lektor.

Lek|tü|re, die; -, -n [frz. lecture < mlat. lectura = das Lesen, zu lat. legere, ↑Lektion]: **1.** ⟨o. Pl.⟩ **a)** *das fortlaufende, den inhaltlichen Zusammenhang verfolgende Lesen (bes. eines längeren Textes):* aufmerksame, kursorische L.; ... als Eremit, dem keine andere Beschäftigung oblag als die L. der Bibel (Stern, Mann 223); bei der L. [des Buches, Briefs] fiel mir auf, dass ...; Wenn Frau Holle in ihre L. vertieft war, ... (Hilsenrath, Nazi 75); ein Buch zur L. empfehlen; **b)** (Päd.) *Lesen [u. Übersetzen] im Rahmen des Unterrichts:* im Englischunterricht nehmen wir als L. »Animal Farm« durch; L. haben. **2.** ⟨Pl. selten⟩ *Lesestoff:* [eine] gute, wertvolle, erbauliche, spannende, leichte, schwierige L.; der Bestseller ist nicht die richtige L. für dich, für den Urlaub; etw. als L. empfehlen.

Lek|tü|re|stun|de, die: *Unterrichtsstunde, in der man sich mit der Lektüre (1 b) eines Buches, literarischen Werkes o. Ä. befasst.*

Le̲|ky|thos, die; -, ...ythen [griech. lḗkythos = Ölflasche] (Archäol.): *altgriechischer, als Ölgefäß dienender Tonkrug mit schlankem Hals u. Henkel.*

Le-Mans-Start [lə'mã...], der [nach der früheren Startart auf der Rennstrecke bei Le Mans] (Motorsport früher): *Start bei Autorennen, bei dem die Fahrer erst quer über die Fahrbahn zu ihrem Wagen (mit abgestelltem Motor) laufen.*

Lem|ma, das; -s, -ta [lat. lemma = Titel, Überschrift; Sinngedicht < griech. lḗmma, eigtl. = alles, was man nimmt, zu: lambánein = nehmen]: **1.** (Fachspr.) *Stichwort in einem Nachschlagewerk (bes. Wörterbuch od. Lexikon):* eine Wortform als L. ansetzen; etw. unter einem L. suchen. **2. a)** (Math., Logik) *Hilfssatz (bei einer Beweisführung);* **b)** (antike Logik) *Prämisse.* **3.** (veraltet) *Überschrift, Motto o. Ä. zur Inhaltsanzeige.*

lem|ma|ti|sie|ren   ⟨sw. V.;   hat⟩ (Fachspr.): **1.** *mit Stichwort versehen [u. entsprechend ordnen]:* Karteikarten l. **2.** *zum Lemma (1) machen:* dieses Wort ist in dem Wörterbuch nicht lemmatisiert.

Lem|ma|ti|sie|rung, die; -, -en: *das Lemmatisieren.*

Lem|ming, der; -s, -e [dän. lemming, H. u.]: *(zu den Wühlmäusen gehörendes) Nagetier, das in großen Gruppen wandert:* da die Arbeiter wie die -e aus den Dörfern ins Volkswagenwerk ziehen (B. Vesper, Reise 429).

Lem|nis|ka|te, die; -, -n [zu lat. lemniscatus = mit Bändern geschmückt, zu: lemniscus = Band, Schleife < griech. lḗmnískos] (Math.): *ebene algebraische Kurve vierter Ordnung von der Form einer liegenden Acht.*

Lem|pi|ra, die; -, -s ⟨aber: 5 Lempira⟩ [nach dem Namen eines Indianerhäuptlings]: *Währungseinheit in Honduras* (1 Lempira = 100 Centavos).

Le|mur, der; -en, -en, **Le|mu|re,** der; -n, -n ⟨meist Pl.⟩ [1: lat. lemures ⟨Pl.⟩ = Seelen der Abgeschiedenen; 2: nach dem lauten nächtlichen Treiben der Tiere]: **1.** (röm. Myth.) *Geist eines Verstorbenen, der als Spukgeist, Gespenst umgeht.* **2.** *(auf Madagaskar heimischer) Halbaffe mit dichtem, weichem Fell, langem Schwanz u. langen Hinterbeinen; Maki.*

le|mu|ren|haft ⟨Adj.⟩ (bildungsspr.): *Lemuren (1), Gespenstern ähnlich, eigentümlich:* S. H. blickt aus der geöffneten Schiebetür des Waggons – aus dem Grau tauchen Gestalten auf, l., einzelne zunächst, dann immer mehr (Heym, Nachruf 393).

Le|mu|ria, die; - (Geol., Zool.): *früher zur Deutung der Verbreitung der Lemu-*

ren (2) *für die Triaszeit vermutete Landmasse zwischen Vorderindien u. Madagaskar.*

le|mu̲|risch ⟨Adj.⟩ (bildungsspr.): **a)** *zu den Lemuren (1), Gespenstern gehörend;* **b)** *den Lemuren (1) ähnlich, eigentümlich.*

Le̲|na, die; -: Strom in Sibirien.

Le|nä̲|en ⟨Pl.⟩ [lat. lenaea < griech. Lḗnaia, zu: lēnós = Kelter]: *Fest im alten Athen zu Ehren des Gottes Dionysos mit Aufführungen von Tragödien u. Komödien.*

Lend|chen, das; -s, - (Kochk.): *kleines Stück Lende (2).*

Len|de, die; -, -n [mhd. lende = Lende, ahd. lentī = Niere (Pl. = Lenden), Benennungsmotiv unklar]: **1. a)** ⟨meist Pl.⟩ (bes. Anat.) *Körperteil, -gegend über Hüfte u. Gesäßhälfte bzw. entsprechender Teil beim Körper der Säugetiere:* er arbeitete, bis ihm die -n schmerzten; Das Mäuerchen der Brüstung reichte die knapp bis zu den -n (Geiser, Wüstenfahrt 44); **b)** ⟨Pl.⟩ (geh.) *Körperteil, der die Gegend der Lenden (1 a), Leisten u. Geschlechtsteile umfasst:* Lust schert sich bekanntlich nicht um Kissen und Laken ..., wenn es in den -n zuckt (*wenn sich sexuelle Begierde regt;* Coupé 4, 1991, 48). **2.** *(beim Schlachtvieh) Fleisch der Lendengegend:* ein Stück L.; die L. braten.

Len|den|bra|ten, der (Kochk.): vgl. Lende (2).

Len|den|ge|gend, die: *Gegend der Lenden (1 a).*

len|den|lahm ⟨Adj.⟩: *lahm in den Lenden (1 a), kreuzlahm: von der Arbeit l. werden;* Ü eine -e (abwertend; *sehr schwache) Ausrede.*

Len|den|schmerz, der: *Schmerz in der Lendengegend.*

Len|den|schurz, der (Völkerk.): *Geschlechtsteile u. Gesäß bedeckendes Kleidungsstück:* einen L. tragen.

Len|den|steak, das (Kochk.): *Steak von der Lende (2).*

Len|den|stich, der (Med.): *Lumbalpunktion.*

Len|den|stück, das (Kochk.): *Stück Fleisch von der Lende (2).*

Len|den|wir|bel, der (Anat.): *einer der Rückenwirbel zwischen Kreuzbein u. Brustwirbel.*

Le̲|nes: Pl. von ↑Lenis.

Le̲ng, der; -[e]s, -e [aus dem Niederd. < mniederd. lange, wohl zu ↑¹lang, nach dem länglichen Körper]: *(zu den Dorschen gehörender) großer Raubfisch mit braungrauer Oberseite u. weißlichem Bauch.*

Le̲ng|fisch, der: *Leng.*

le̲|ni|ens [...ɛns] ⟨Adv.⟩ [lat. leniens, 1. Part. von: lenire, ↑Lenierung] (Med., Pharm.): *lindernd [wirkend]* (z. B. von Salben).

Le|nie̲|rung, die; - [zu lat. lenire = schwächer machen, zu: lenis, ↑Lenis] (Sprachw.): *Schwächung von Konsonanten, bes. in den keltischen Sprachen.*

Le̲|nin|grad: Name von Sankt Petersburg 1924–1991.

¹Le̲|nin|gra|der, der; -s, -: Ew.

²Le̲|nin|gra|der ⟨indekl. Adj.⟩.

Le̲|nin|gra|de|rin, die; -, -nen: w. Form zu ↑¹Leningrader.

Le|ni|nis|mus, der; -: *Weiterentwicklung des Marxismus durch W. I. Lenin (1870–1924), in der versucht wird, die von den marxschen Prognosen abweichende Entwicklung der kapitalistischen Gesellschaft zu erklären; Bolschewismus (1).*

Le|ni|nist, der; -en, -en: *Vertreter des Leninismus.*

Le|ni|nis|tin, die; -, -nen: w. Form zu ↑Leninist.

le|ni|nis|tisch ⟨Adj.⟩: *den Leninismus betreffend.*

Le̲|nis, die; -, Lenes ['leːneːs; lat. lenis = (ge)linde] (Sprachw.): *mit schwachem Druck u. ungespannten Artikulationsorganen gebildeter Verschluss- od. Reibelaut.*

le|ni|sie̲|ren ⟨sw. V.; hat⟩ (Sprachw.): *(stimmlose Konsonanten) zu stimmhaften Konsonanten erweichen.*

Le|ni|sie̲|rung: ↑Lenierung.

le|ni|tiv ⟨Adj.⟩ [zu lat. lenire, ↑Lenierung] (Med., Pharm.): *lindernd:* eine -e Salbe; das Mittel wirkt l.

Le|ni|ti|vum, das; -s, ...va (Med.): *mildes Abführmittel.*

Lenk|ach|se, die (Eisenb.): *beweglich gelagerte Achse an Lokomotiven u. langen Schienenfahrzeugen.*

lenk|bar ⟨Adj.⟩: **a)** *sich lenken (1 a) lassend; steuerbar:* ein -es Luftschiff; Fahrzeuge müssen leicht l. sein (Straßenverkehrsrecht, StVZO 195); **b)** *sich leicht lenken (2 b), führen lassend; lenksam:* ein -es Kind.

Lenk|bar|keit, die; -: **1.** *lenkbare (1 a) Beschaffenheit, lenkbarer Zustand; Steuerbarkeit.* **2.** *lenkbare [Wesens]art, Lenksamkeit.*

len|ken ⟨sw. V.; hat⟩ [mhd. lenken, zu: lanke, ↑Gelenk]: **1. a)** *steuern; mithilfe der Steuerung, der Zügel (einer Sache, einem Tier) eine bestimmte Richtung geben:* ein Auto, ein Fahrrad, ein Fuhrwerk l.; ein Reittier [am Zügel] l.; den Wagen nach links l.; sehr sicher l. können; lass mich mal l.!; **b)** (geh. veraltend) *[s]eine Richtung nehmen:* nach Hause l. (*nach Hause gehen);* der Pfad lenkte (*führte) in die Schlucht.* **2. a)** *veranlassen, dass sich etw. auf etw. richtet bzw. in eine bestimmte Richtung bewegt:* den Ball ins Aus l.; Die Polizisten lenkten den Protestzug außerhalb der Landtagsbannmeile in Seitenstraßen (Kühn, Zeit 223); seinen Schritt/seine Schritte zum Bahnhof l.; Ü das Gespräch in eine andere Richtung, auf ein anderes Thema l.; jmds. Gedanken auf etw. l.; den Verdacht auf jmdn. l.; seinen Blick, seine Aufmerksamkeit auf etw. l. (*richten);* ⟨l. + sich:⟩ der Verdacht lenkte (*richtete) sich auf den Ehemann;* **b)** *leiten, führen:* er lässt sich schwer l.; sie hatte eine Art, ihn trotz ihrer Sprachlosigkeit zu l. und ihren Willen durchzusetzen (Heym, Schwarzenberg 162); es fehlt [bei] ihm die lenkende Hand; das Gespräch, den Gang der Verhandlungen l. (*richtunggebend bestimmen);* Der Alltagsverkehr muss vernünftig gelenkt werden (natur 3,

1991, 48); Die Agrarpolitik kennt verschiedene Mittel, um die landwirtschaftliche Produktion zu l. (NZZ 23. 10. 86, 31); einen Staat l. *(führen, regieren);* die Wirtschaft, die Presse, die Sprache l. (oft abwertend; *durch Reglementierung, weitgehende Eingriffe, Vorschriften od. Weisungen maßgeblich bestimmen, beeinflussen);* eine gelenkte *(durch Lenkung, Weisung beeinflusste od. zustande gekommene)* Meldung.

Lẹn|ker, der; -s, -: **1. a)** *Lenkrad, Lenkstange:* den L. loslassen; ... rief Tissler, der, sein Fahrrad am L. führend, am Samstagnachmittag vor dem Haus erschien (B. Vesper, Reise 462); * **sich** ⟨Dativ⟩ **den goldenen L. verdienen** (ugs. spött.; *sich durch kriecherisches Verhalten bei Vorgesetzten, Lehrern o. Ä. einschmeicheln;* nach der übertr. Bed. von ↑Radfahrer) **b)** (Maschinenbau) *Konstruktionsteil, das der Führung eines bestimmten Bauteils dient.* **2. a)** *jmd., der ein Fahrzeug lenkt:* der L. des Wagens; (österr., schweiz. häufig ohne Genitivattribut; *Kraft-, [Motor]radfahrer, Fahrer:)* die Fahrdisziplin der L. (Sonntagspost 3.12.67, 2); Als in der Amtshausgasse ein Polizist kam, fuhr der L. schon auf einen vor ihm haltenden Personenwagen auf (Basler Zeitung 11.5.84, 33); Benzin und andere Kraftstoffe werden um sechs Pfennig teurer – ein Grund mehr für deutsche L., den Tank in der Schweiz zu füllen (Basler Zeitung 10.3.99, 9); **b)** (geh.) *jmd., der etw., jmdn. lenkt* (2 b), *leitet:* der L. des Staates, einer Schlacht, unseres Schicksals; die L. der Politik saßen im Berliner Reichstag (Zeit 28.1.99, 43); Die Allianz ist der heimliche L. der Deutschland AG, obwohl nur die wenigsten um ihre Macht wissen (Zeit 4.3.99, 17).

Lẹn|ke|rin, die; -, -nen: w. Form zu ↑Lenker (2).

Lẹnk|flug|kör|per, der (bes. Waffent.): *Flugkörper, der durch Fern- od. Eigenlenkung die Flugrichtung [u. die Geschwindigkeit] ändern kann.*

Lẹnk|ge|trie|be, das (Kfz-T.): *Getriebe, das die Drehbewegung des Lenkrads untersetzt, sodass ein Lenken ohne großen Kraftaufwand möglich ist.*

Lẹnk|ku|fe, die: *bewegliche Kufe zum Lenken.*

Lẹnk|rad, das: *Steuerrad:* wenn du ab und zu auch mal das L. in die Hand nehmen könntest *(Auto fahren könntest)* (Becker, Tage 153).

Lẹnk|rad|schal|tung, die (Kfz-T.): *Gangschaltung, deren Hebel an der Lenksäule angebracht ist.*

Lẹnk|rad|schloss, das (Kfz-T.): *das Lenkrad blockierendes Schloss.*

lẹnk|sam ⟨Adj.⟩ (selten): *lenkbar* (b).

Lẹnk|sam|keit, die; - (selten): *Lenkbarkeit.*

Lẹnk|säu|le, die (Kfz-T.): *Steuersäule.*

Lẹnk|stan|ge, die: *(bes. bei Zweirädern) einer Stange ähnliches Teil mit zwei Griffen zum Lenken.*

Lẹn|kung, die; -, -en: **1.** ⟨o. Pl.⟩ **a)** *das Lenken* (1 a): die L. eines Wagens, eines Schiffes; **b)** *das Lenken* (2 b); *Führung,*

Leitung (1 a): die L. eines Staates; die L. der Wirtschaft. **2.** *Vorrichtung zum Lenken eines Fahrzeugs:* die L. eines Fahrzeugs reparieren.

Lẹn|kungs|aus|schuss, der (bes. Politik): *Ausschuss für die [wirtschaftliche] Lenkung* (1 b).

Lẹnk|waf|fe, die: *Fernlenkwaffe.*

Lẹnk|zeit, die (Amtsspr.): *Zeit, die ein Lastkraftwagen- od. Busfahrer ein Fahrzeug fährt:* Vorgeschriebene -en und Ruhepausen werden häufig nicht eingehalten (ADAC-Motorwelt 9, 1984, 12); Übermüdung durch Überschreiten der zulässigen L. gilt als Hauptunfallursache bei Lkw-Fahrern (SZ 7. 3. 98, 34).

len|ta|mẹn|te ⟨Adv.⟩ [ital. lentamente, zu: lento, ↑lento] (Musik): *langsam.*

len|tạn|do ⟨Adv.⟩ [ital. (s)lentando, zu: lentare = verlangsamen, zu: lento, ↑lento] (Musik): *nach u. nach langsamer; zögernd.*

Len|tạn|do, das; -s u. ...di: *nach u. nach langsamer werdendes Zeitmaß.*

len|te|mẹnt [lãt'mã] ⟨Adv.⟩ [frz. lentement, zu: lent < lat. lentus = langsam] (Musik): *langsam.*

Len|tị|go, die; -, ...igines [...gine:s; lat. lentigo, zu lat. lens (Gen.: lentis) = Linse] (Med.): *kleines, linsenähnliches Muttermal.*

len|ti|ku|lạr, len|ti|ku|lạr ⟨Adj.⟩ [lat. lenticularis, zu: lenticula, Vkl. von: lens (Gen.: lentis) = Linse] (Med.): **1.** *linsenförmig.* **2.** *zur Linse des Auges gehörend.*

Len|ti|ku|la|ris|wol|ke, die; -, -n (Met.): *linsenförmige Wolke.*

Len|ti|zẹl|len ⟨Pl.⟩ [zu lat. lens (Gen.: lentis) = Linse] (Bot.): *dem Gasaustausch dienende, nach außen warzenförmige Erhebungen bildende Kanäle in der Korkschicht von Holzgewächsen.*

lẹn|to ⟨Adv.⟩ [ital. lento < lat. lentus = langsam] (Musik): *langsam* (etwa wie largo).

Lẹn|to, das; -s, -s u. ...ti: **1.** *langsames, gedehntes Zeitmaß.* **2.** *Musikstück mit der Tempobezeichnung »lento«.*

Lẹn|to|form, die (Sprachw.): *beim langsamen Sprechen verwendete volle Form; vgl. Allegroform.*

lẹnz ⟨Adj.⟩ [niederd. lens = leer, vgl. gleichbed. niederl. lens] (Seemannsspr.): *leer, frei (von Wasser).*

Lẹnz, der; -es, -e [mhd. lenze, ahd. lenzo, zu ↑¹lang, nach den länger werdenden Tagen]: **1.** (dichter.) *Frühling:* der L. ist da; Ü ein L. des Lebens *(die Jugend);* * **einen sonnigen/schönen/ruhigen/faulen usw. L. haben; einen ruhigen/faulen/ schlauen usw. L. schieben** (salopp abwertend; *ein angenehmes, bequemes Leben bzw. eine leichte, bequeme Arbeit haben):* du hast vielleicht einen [schönen] L.!; **sich** ⟨Dativ⟩ **einen schönen L. machen** (salopp abwertend; *sich das Leben bzw. die Arbeit bequem machen):* Winter auf Mallorca erinnern zuallererst an Omis und Opis, die sich in südlichen Gefilden einen schönen L. machen (tango 9, 1984, 54); ... vom Schicksal des invaliden Werkzeugmachers Franz Rothmann, der ... die fette schwarze Mama Bonzo als seine Ehefrau ins Dorf holt und sich mit

ihr und dem ... erpressten Geld bis zu seinem Tod einen schönen L. macht (taz 10. 10. 92, 17). **2.** ⟨Pl.⟩ (scherzh.) *Lebensjahre:* sie zählt erst 17 -e; mit 20 -en; dort war Scheinz am Werk, der Humorschreiber, der sonnige Junge trotz seiner vierzig -e (Loest, Pistole 138).

¹lẹn|zen ⟨sw. V.; hat⟩ [mhd. lenzen] ⟨unpers.⟩ (dichter.): *Frühling werden:* es lenzt.

²lẹn|zen ⟨sw. V.; hat⟩ [zu ↑lenz, eigtl. = leer machen] (Seemannsspr.): **1. a)** *(einen Schiffsraum von Leck- od. Ballastwasser) leer pumpen:* einen Ballasttank l.; Sie war am Sonntag vor Göteborg auf Grund gelaufen ... Das Schiff kann jedoch gelenzt werden (BM 28. 8. 79, 22); **b)** *durch Lenzen* (1 a) *entfernen:* das Wasser aus dem Kohlenbunker... l. (Ott, Haie 173). **2.** *mit kleinster Segelfläche vor dem Sturm laufen.*

Lẹn|zing, der; -s, -e [zu ↑Lenz] (veraltet): *März.*

lẹnz|lich ⟨Adj.⟩ (dichter. veraltet): *wie im Lenz.*

Lẹnz|mo|nat, der (veraltet): **1.** *Frühlingsmonat.* **2.** *März.*

Lẹnz|mond, der (veraltet): *Lenzmonat.*

Lẹnz|pum|pe, die (Seemannsspr.): *Pumpe zum ²Lenzen* (1).

Lẹnz|tag, der (veraltet): *Frühlingstag.*

Lẹnz|zeit, die ⟨o. Pl.⟩ (veraltet): *Frühlingszeit.*

Lẹo, der; -s, -s [1: H. u.; viell. nach einer löwenähnlichen Abbildung auf der Verpackung (lat. leo = Löwe); 2: H. u.]: **1.** (landsch. salopp) *Zigarrenstummel.* **2.** (Fußball Jargon) *Abspiel mit dem Absatz:* einen L. spielen.

Le|on|ber|ger, der; -s, - [nach der Stadt Leonberg (Baden-Württemberg)]: *großer Hund mit Hängeohren, langem Schwanz u. langem, gelb- bis rotbraunem Fell.*

le|o|ni|nisch ⟨Adj.⟩: ↑Vers, ↑Vertrag.

le|o|nisch ⟨Adj.⟩ [nach der nordspan. Stadt León] (Textilind.): *mit Metallfäden umwickelt od. umsponnen:* -e Garne, Gespinste.

Le|on|ti|a|sis, die; -, ...iasen [griech. leontíasis, zu: léõn (Gen.: léontos) = Löwe] (Med.): *krankhafte [durch Verdickung der Schädelknochen hervorgerufene] Veränderung des Gesichts zu löwenartigem Aussehen.*

Le|o|pạrd, der; -en, -en [spätlat. leopardus < griech. leópardos; das griech. Wort formal beeinflusst von lat. leo (griech. léõn) = Löwe u. pardus (griech. párdos) = Parder]: *(in Afrika u. Asien heimisches) dem Jaguar ähnliches Raubtier mit meist fahl- bis rötlich gelbem Fell mit gleichmäßig über den ganzen Körper verteilten, kleineren schwarzen Flecken:* ◆ ⟨auch -s, -e:⟩ Löwen u. -e füttern ihre Jungen, Raben tischen ihren Kleinen auf dem Aas (Schiller, Räuber I, 2).

Le|o|pạr|den|fell, das: *Fell eines Leoparden.*

Le|o|pọl|di ⟨o. Art.⟩, **Le|o|pọl|di|tag,** der (österr.): *Tag des heiligen Leopold (15. November).*

Le|o|tard [lɪə'ta:d], das; -s, -s [engl. leotard, nach dem frz. Artisten J. Léotard,

(1830–1870)] (veraltet): *einteiliges, eng anliegendes [ärmelloses]* ²*Trikot.*

le|pi|do|blas|tisch ⟨Adj.⟩ [zu griech. lepis (Gen.: lepidos) = Schuppe u. blastós = Spross, Trieb] (Geol.): *(von Gesteinen) aus blättchen- od. schuppenförmigen Mineralen aufgebaut.*

Le|pi|do|den|dron, das; -s, ...ren [zu griech. déndron = Baum] (Paläobotanik): *Schuppenbaum.*

Le|pi|do|lith [auch: ...lɪt], der; -s u. -en, -e[n] [↑-lith]: *in schuppiger od. blättriger Form vorkommendes, zartrotes, weißes od. graues Mineral.*

Le|pi|do|me|lan, der; -s, -e [zu griech. mélas = schwarz] (Mineral.): *tiefschwarzer, eisenreicher Glimmer.*

Le|pi|dop|te|ren ⟨Pl.⟩ [zu griech. pterón = Flügel] (Biol.): *Schmetterlinge.*

Le|pi|dop|te|ro|lo|ge, der; -n, -n [↑-loge]: *Fachmann, Wissenschaftler auf dem Gebiet der Lepidopterologie.*

Le|pi|dop|te|ro|lo|gie, die; - [↑-logie]: *Schmetterlingskunde.*

Le|pi|dop|te|ro|lo|gin, die; -, -nen: w. Form zu ↑Lepidopterologe.

le|pi|dop|te|ro|lo|gisch ⟨Adj.⟩: *die Lepidopterologie betreffend.*

Le|po|rel|lo, das, auch: der; -s, -s [nach der langen Liste der Geliebten des Don Giovanni, die sein Diener Leporello – in Mozarts Oper – angelegt hat] (Druckw., Buchw.): *harmonikaartig gefalteter, breiter u. längerer Streifen Papier, bes. Leporelloalbum:* Zur Ausstellung erscheint ein L., der diese seltenen Sammlerstücke in Text und Bild vorstellt (Szene 6, 1983, 84).

Le|po|rel|lo|al|bum, das: *harmonikaartig gefaltete Bilderreihe (z. B. Ansichtskartenreihe, Bilderbuch).*

Le|po|rel|lo|buch, das: vgl. Leporelloalbum.

Le|po|rel|lo|lis|te, die: *Liste der Geliebten.*

Le|pra, die; - [lat. lepra < griech. lépra, zu: leprós = schuppig, uneben, rau, aussätzig]: *in den Tropen u. Subtropen verbreitete Infektionskrankheit, die bes. zu entstellenden Veränderungen der Haut führt; Aussatz:* Nach der Ansteckung können zwei bis fünf Jahre vergehen, bevor die L. ausbricht (Spiegel 1, 1988, 101); An L. leiden in den USA allerdings nicht mehr als etwa 7000 Menschen (Zeit 10. 10. 97, 51).

le|pra|krank ⟨Adj.⟩: *an Lepra erkrankt.*

Le|pra|kran|ke, der u. die: *jmd., der leprakrank ist.*

Le|prom, das; -s, -e (Med.): *Knoten unter der Haut bei Erkrankung an Lepra.*

le|prös, le|prös ⟨Adj.⟩ [spätlat. leprosus] (Med.): **1. a)** *in der Art der Lepra;* **b)** *auf Lepra beruhend.* **2.** *an Lepra leidend, aussätzig.*

Le|pro|so|ri|um, das; -s, ...ien (Med. veraltet): **1.** *Krankenhaus zur Pflege Leprakranker.* **2.** *Siedlung, Dorf od. Kolonie, in der Leprakranke isoliert sind u. medizinisch versorgt werden.*

Lep|ta: Pl. von ↑¹Lepton.

Lep|tit [auch: ...'tɪt], der; -s, -e [zu griech. leptós, ↑lepto-, Lepto-] (Mineral.): *sehr feinkörniger, meist heller Gneis.*

lep|to-, Lep|to- [zu griech. leptós] ⟨Best. in Zus. mit der Bed.⟩: *schmal, dünn, klein* (z. B. leptosom, Leptosome).

lep|to|ke|phal usw.: ↑leptozephal usw.

Lep|tom, das; -s, -e [gek. aus griech. leptomerēs = aus feinen Teilen bestehend] (Bot.): *Phloem.*

Lep|to|me|nin|gi|tis, die; -, ...itiden (Med.): *Entzündung der weichen Hirnhaut.*

lep|to|morph ⟨Adj.⟩ [zu griech. morphē = Gestalt]: *leptosom.*

¹**Lep|ton,** das; -s, Leptá [1: ngriech. leptó(n); 2: griech. leptón, zu: leptós = schmal, dünn, klein]: **1.** *Währungseinheit in Griechenland (100 Lepta = 1 Drachme).* **2. a)** *sehr kleines altgriechisches Gewicht;* **b)** *kleine altgriechische Münze.*

²**Lep|ton,** das; -s, ...onen (Physik): *nicht der starken Wechselwirkung unterworfenes Elementarteilchen mit halbzahligem Spin:* dass sich Atome aus Protonen und Elektronen zusammensetzen. Und die wiederum aus Quarks und -en (Tempo 1, 1989, 88).

lep|to|som ⟨Adj.⟩ [zu griech. sōma = Körper] (Med., Anthrop.): *(in Bezug auf den Körperbautyp) schmal, schlankwüchsig:* -er Typ, Körperbau; Neben Ella stand ein dürrer, -er, grauschopfiger Mann, dessen Augen hinter Brillengläsern verschwammen (Heckmann, Benjamin 322); l. sein.

Lep|to|so|me, der u. die; -n, -n ⟨Dekl. ↑Abgeordnete⟩: *(als Körperbautyp) Mensch von schmalem, schlankwüchsigem Körperbau:* Und unser Führer ist ja auch eher ein -r (Härtling, Hubert 121).

Lep|to|spi|re, die; -, -n [zu lat. spira < griech. speîra, ↑Spirale] (Biol., Med.): *spiralförmiger Krankheitserreger.*

Lep|to|spi|ro|se, die; -, -n (Med.): *durch Leptospiren hervorgerufene Infektionskrankheit (oft mit Gelbsucht einhergehend).*

lep|to|ze|phal, leptokephal ⟨Adj.⟩ [zu griech. kephalē = Kopf] (Biol., Med.): *dolichozephal.*

Lep|to|ze|pha|le, Leptokephale, der u. die; -n, -n ⟨Dekl. ↑Abgeordnete⟩ (Biol., Med.): *Mensch mit Dolichozephalie.*

Lep|to|ze|pha|lie, Leptokephalie, die; - (Biol., Med.): *Dolichozephalie.*

LER [εllə:'εr], das; - ⟨meist o. Art.⟩ = Lebensgestaltung – Ethik – Religionskunde (Unterrichtsfach in Brandenburg).

-ler, der; -s, -: *kennzeichnet in Bildungen mit Substantiven – seltener mit Verben (Verbstämmen) – eine Person, die durch etw. charakterisiert ist, die etw. hat, ist, tut, zu etw. gehört:* Abstinenzler, Fremdsprachler, Geheimdienstler, Ruhestandler, Südstaatler, Übergewichtler; ABM-ler.

Ler|che, die; -, -n [mhd. lerche, lērche, ahd. lērahha]: *am Boden nistender Singvogel von unauffälliger Färbung, der mit trillerndem Gesang steil in die Höhe fliegt:* die L. trillert, jubiliert.

Ler|chen|sporn, der: *(im Frühjahr blühende) Pflanze mit in Trauben wachsenden rosafarbenen, weißen od. gelben Blüten, die in einen Sporn auslaufen.*

Lern|ak|tiv, das [zu ↑²Aktiv] (DDR

Schulw.): *zur Vertiefung u. Erweiterung des Wissens freiwillig außerhalb des Unterrichts arbeitende Gruppe von Schülern, Lehrern od. Studenten; Arbeitsgemeinschaft:* ein L. für Mathematik bilden.

lern|bar ⟨Adj.⟩: *sich lernen lassend:* Es war vollkommen l., viel leichter als er gedacht hatte, in einem japanischen Haus Schwiegersohn zu spielen (Muschg, Sommer 221).

Lern|be|gier, Lern|be|gier|de, die: vgl. Lerneifer.

lern|be|gie|rig ⟨Adj.⟩: vgl. lerneifrig.

lern|be|hin|dert ⟨Adj.⟩ (Päd.): *schwach begabt, leicht minderbegabt (u. daher im Unterricht der normalen Grundschule nicht zu fördern).*

Lern|be|hin|der|te, der u. die ⟨meist Pl.⟩: *jmd., der lernbehindert ist:* ... konnte die durchschnittliche Klassenstärke in den Sonderschulen für L. in den letzten vier Jahren von 13,4 auf 11,2 Schüler ... gesenkt werden (Nds. Ä. 22, 1985, 32).

Lern|be|hin|der|ten|pä|da|go|gik, die: *Pädagogik zur Förderung lernbehinderter Kinder.*

Lern|ei|fer, der: *Eifer, Fleiß im Lernen:* den L. der Schüler anregen, belohnen.

lern|eif|rig ⟨Adj.⟩: *eifrig, fleißig im Lernen:* -e Schüler; Lerneifrig und wissbegierig wie er war, bildete er sich noch sprachlich und fachlich in England weiter (LNN 31. 7. 84, 10).

ler|nen ⟨sw. V.; hat⟩ /vgl. gelernt / [mhd. lernen, ahd. lernēn, lernōn, verw. mit ↑leisten in dessen urspr. Bed. »einer Spur nachgehen«]: **1. a)** *sich [in bestimmter Weise] Wissen, Kenntnisse aneignen:* gerne, leicht, schwer, schlecht, gut l.; bis in die Nacht hinein l.; man kann nie genug l.; Mutter lernt mit ihm (ugs.; *hilft ihm beim Lernen u. Üben*); **b)** *sich, seinem Gedächtnis einprägen:* eine Sprache, Französisch, ein Gedicht, Vokabeln l.; die Hauptstädte (ugs.; *ihre Namen*) l.; etw. auswendig l.; **c)** *Fertigkeiten erwerben:* gehen, sprechen, lesen, rechnen, schwimmen, kochen, schreiben, Stenografie und Schreibmaschine l.; Autofahren l.; ein Instrument, Geige, Klavier[spielen] l.; er lernt jetzt auch noch Saxophon (*Saxophon spielen; Musik und Medizin 4, 1977, 64*); etw. lernt sich leicht/lässt sich leicht l.; l., Englisch zu sprechen; er lernte die Maschine bedienen/er lernte, die Maschine zu bedienen; ich habe schnell [zu] arbeiten gelernt; Ich lernte als Halbwüchsiger mit Anstand zu Pferde sitzen und einen Jagdfalken fliegen (Stern, Mann 66); von/bei jmdm. noch etw. l. können; etw. an Beispiel, aus Büchern l.; R etw. will gelernt sein (*man muss etw. intensiv gelernt bzw. geübt haben, wenn man es beherrschen will*); gelernt ist gelernt (*was man richtig gelernt hat, beherrscht man dann auch*)!; **d)** *im Laufe der Zeit [durch Erfahrungen, Einsichten] zu einer bestimmten Einstellung, inneren Haltung, einem bestimmten Verhalten, Handeln gelangen:* er hat verzichten gelernt; du hast nicht gelernt zu warten; dass ihre Kinder Sinn und Wert der Arbeit zu schätzen lernen (Wiener 1,

1989, 11); Schon haben einige von denen gelernt, dass man am meisten an einem Krieg verdienen kann (Kühn, Zeit 55); etw. durch [die] Erfahrung l.; etw. aus der Erfahrung l.; aus Fehlern, aus der Geschichte l.; Pünktlichkeit, Manieren l. *(sich zu Eigen machen, angewöhnen);* da kann man das Fürchten l. *(da kann auch ein sonst Furchtloser sich fürchten);* er lernt es nie/wird es nie l., diplomatisch zu sein, seinen Mund zu halten; ℞ mancher lernts nie [und auch dann nicht/und auch dann nur unvollkommen] (salopp; drückt ärgerliche Verstimmung od. leichte Resignation darüber aus, dass jmd. sich in seinem Verhalten o. Ä. nicht geändert hat, sich nicht verhalten hat, wie man es gewünscht hätte). **2.** *[ein Handwerk] erlernen:* einen Beruf l.; Ich habe nichts gelernt. Ich habe keinen Beruf (Danella, Hotel 25); ⟨auch ohne Akk.:⟩ sie muss drei Jahre l. *(ihre Ausbildungszeit beträgt drei Jahre);* er lernt noch *(ist noch in der Ausbildung);* (ugs.:) er hat Bäcker, Kaufmann gelernt; Und später lerne ich Gärtnerin (Bastian, Brut 86); Bevor sie in einem Konsumgeschäft Verkäuferin lernte, ... (Grass, Butt 636); (landsch.:) er lernt auf Dreher (Spiegel 50, 1976, 112). **3.** (in landsch. Umgangsspr., hochspr. nicht korrekt) *lehren:* Eine andere Nachbarin kam, um mir das Kochen und Flicken zu l. (Wimschneider, Herbstmilch 9); Der (= der Lehrer) hat uns ... das Telefonieren gelernt (Kempowski, Immer 52).

Ler|nen|de, der u. die; -n, -n ⟨Dekl. ↑Abgeordnete⟩: *jmd., der etw. lernt.*

Ler|ner, der; -s, - [LÜ von engl. learner] (Sprachw.): *jmd., der (eine Sprache) lernt.*

Lern|er|folg, der: *Erfolg, der durch Lernen erzielt wird:* rasche -e; Die Forscher untersuchten die Schulleistungen von Schülern zwischen 1992 und 1995 ... Untersucht wurde ... der L. anhand eines am Lehrplan entwickelten Tests (Zeit 12. 12. 97, 41).

Ler|ne|rin, die; -, -nen (Sprachw.): w. Form zu ↑Lerner.

lern|fä|hig ⟨Adj.⟩: *fähig zu lernen:* Andere sehen in ihm einen -en Gewerkschaftsführer, der auch zur Korrektur der eigenen Auffassung bereit ist (Hörzu 41, 1985, 67); Mir geht es also darum, dass wir sexuell ebenso l. bleiben wie im Erlernen immer neuer Sprachen (Wiedemann, Liebe 33).

Lern|fä|hig|keit, die ⟨o. Pl.⟩: *Fähigkeit zu lernen:* Ich bin überzeugt von der L. des Menschen (Alt, Frieden 114).

Lern|fra|ge, die (Päd.): *den Lernvorgang u. die Lernfähigkeit dialogisch fördernde (methodische) Frage.*

lern|ge|stört ⟨Adj.⟩ (Psych., Päd.): *in der Lernfähigkeit gestört.*

Lern|hil|fe, die: *Hilfe, Mittel od. Anhaltspunkt beim Lernen von etw.*

Lern|in|halt, der (Päd.): *Inhalt, Gegenstand des Lernens (bes. im Unterricht).*

Lern|ma|schi|ne, die (Päd.): *mechanisches od. elektronisches Hilfsmittel für den programmierten Unterricht.*

Lern|mit|tel, das ⟨meist Pl.⟩ (Päd.,

Schulw.): *Hilfsmittel für den Lernenden (z. B. Lehrbücher, Hefte):* freie L.

Lern|mit|tel|frei|heit, die ⟨o. Pl.⟩ (Schulw.): *kostenloses Überlassen der Lernmittel bzw. ihres Gebrauchs für den Schüler.*

Lern|mo|ti|va|ti|on, die (Päd.): *Motivation* (1) *zum Lernen.*

Lern|pro|gramm, das (Päd.): *einen Lerninhalt vermittelndes Programm im programmierten Unterricht.*

Lern|pro|zess, der: **1.** (Psych., Päd.) *Vorgang des Lernens.* **2.** (bildungsspr.) *Prozess, bei dem man durch Erfahrungen, Erleben usw. Einsichten gewinnt, Zusammenhänge begreift u. daraus lernt:* sich in einem langwierigen, schwierigen L. befinden; Für mich sollte dieser Film eine Selbstanalyse und ein wichtiger L. sein, mich nicht nur als Einzelschicksal und begabten Künstler zu begreifen (Praunheim, Sex 261); Die angestrebte Gleichberechtigung aller Mitglieder der Gemeinschaft lässt sich für traditionelle Geschlechterrollen keinen Spielraum, deren Überwindung aber mit einem schwierigen L. verbunden ist (Wohngruppe 36).

Lern|psy|cho|lo|gie, die: *psychologische Wissenschaft, die das Lernen (Lernfähigkeit, Lernprozesse usw.) zum Gegenstand hat.*

Lern|schritt, der (Päd.): *Schritt auf dem Wege zu einem Lernziel.*

Lern|schwes|ter, die: *weibliche Person, die zur Krankenschwester ausgebildet wird.*

Lern|soft|ware, die: *Computerprogramm, das bestimmte Lerninhalte vermittelt:* Doch ebenso rasant wie die Entwicklung einfacher, anwenderfreundlicher Programme verfolgen kann, wird sich die Qualität der L. verbessern (Saarbr. Zeitung 30./31.5.85, 26); Faszinierende Spielsequenzen und lehrplangerechte Lerninhalte! So einfach klingt das Lernen mit L. – wenn man den Werbesprüchen der Anbieter glaubt (SZ 15.4.99, 4).

Lern|spiel, das (Päd.): *Spiel, bei dem gleichzeitig etw. gelernt wird.*

Lern|stoff, der (Päd.): *zu lernender Stoff:* den L. kaum bewältigen können.

Lern|ver|mö|gen, das: *Vermögen zu lernen:* Nicht immer verfügt der Computer über solch wichtige Zusatzdaten; auch ist sein L. beschränkt (Welt 6. 1. 92, 15).

Lern|vor|gang, der: *Vorgang des Lernens.*

lern|wil|lig ⟨Adj.⟩: *gerne bereit zu lernen:* Der Markt Indien hat Potenzial: mehrere hundert Millionen Menschen, arbeitsam und l. (NZZ 31. 8. 86, 36).

Lern|zeit, die: *Zeitraum, in dem man etwas lernt.*

Lern|ziel, das (bes. Päd.): *angestrebtes Ziel des Lernens.*

Les|art, die: **1.** *unterschiedliche Fassung einer Textstelle in Handschriften od. verschiedenen [historisch-]kritischen Ausgaben:* die -en einer Handschrift miteinander vergleichen, im kritischen Apparat zusammenstellen. **2.** *Deutung, Interpretation, Darstellung eines Vorgangs o. Ä. in*

einem bestimmten Sinne: die amtliche L. lautet ...; Bei den Schlacken und Aschen gelangen den Betrieben im Bezirk Halle nach offizieller L. Wiederverwertungsraten von rund 30 Prozent (natur 4, 1991, 33); er weigert sich, seine L. zu verwerfen oder auch nur infrage zu stellen (Reich-Ranicki, Th. Mann 255); Zu Guillaume wird der Bundestag ... zwei -en in zwei getrennten Drucksachen entgegennehmen müssen (Zeit 7. 2. 75, 2).

les|bar ⟨Adj.⟩: **1.** *für die Augen zu entziffern u. sich lesen lassend:* eine -e Schrift, Preisauszeichnung; ein Versuch, die Hieroglyphen l. zu machen; Ü Am Eingang erhält jeder Besucher eine elektronisch -e Steckkarte mit Bild (natur 2, 1991, 49); in alten Bauwerken brennt es täglich, werden von Stunde zu Stunde zwar nicht schriftlich festgehaltene, aber für die Fachleute durchaus -e Zeugnisse städtischer und ländlicher Vergangenheit zerstört (NZZ 21. 8. 83, 21); wie war sie (= die Zukunft) dann l.? (Th. Mann, Joseph 342). **2.** *verständlich geschrieben, sodass die Lektüre keine Schwierigkeiten bereitet:* das anatomische Lehrbuch war nicht l.; der knappe Stil macht das Buch gut l.; Eine profunde Einleitung des Kunsthistorikers Friedrich Piel ... erweist sich, von einigen Passagen abgesehen, als durchaus l. auch für Laien (Wochenpresse 46, 1983, 50).

Les|bar|keit, die; -: *das Lesbarsein.*

Les|be, die; -, -n (ugs.): kurz für ↑Lesbierin (2): -n, die sich vom Mann nicht zur Heterosexualität bekehren lassen (Spiegel 36, 1974, 62); Gefühlsmäßig kann ich mich noch nicht als L. akzeptieren (Jaekel, Ghetto 47).

Les|bi|a|nis|mus, der; - [engl. lesbianism; nach der vor der Westküste der Türkei gelegenen griech. Insel Lesbos mit Bezug auf die griech. Dichterin Sappho (etwa 600 v. Chr.), die hier lebte u. diese Form der Liebe bevorzugt haben soll]: *Homosexualität bei Frauen.*

Les|bi|er, der; -s, -: Ew. zu ↑Lesbos.

Les|bi|e|rin, die; -, -nen [2: zu ↑Lesbos, ↑Lesbianismus]: **1.** w. Form zu ↑Lesbier. **2.** *homosexuell veranlagte weibliche Person.*

les|bisch ⟨Adj.⟩: **1.** zu ↑Lesbos. **2.** *(in Bezug auf Frauen) homosexuell:* ein -es Verhältnis; -e Liebe; eine -e Partnerschaft, Beziehung; Lesbischen Müttern wird oftmals von Gerichten das Sorgerecht für ihre Kinder abgesprochen (Grossmann, Schwul 122); sie ist l. [veranlagt].

Les|bos; Lesbos': Insel im Ägäischen Meer.

Le|se, die; -, -n [1: zu ↑²lesen (a); 2: zu ↑²lesen (b)]: **1.** *Ernte, bes. von Wein.* **2.** (geh.) *Auswahl aus dichterischen Werken.*

Le|se|abend, der: *am Abend veranstaltete [Autoren]lesung.*

Le|se|au|to|mat, der: *Gerät, das auf einem Datenträger niedergeschriebene Zeichen abtastet u. zugeordnete Schaltvorgänge in Maschinen auslöst.*

Le|se|bril|le, die: *zum Lesen u. für den Nahbereich eingerichtete Brille.*

Le|se|buch, das: *Buch, das eine [für Kin-*

der, Schüler] zusammengestellte Lektüre enthält.

Le|se|dra|ma, das: *mehr zum Lesen als für eine Aufführung geeignetes Drama.*

Le|se|ecke, die: *zum Lesen geeignete Zimmerecke.*

Le|se|exem|plar, das: *[noch ungebundenes] Exemplar eines Buches, das jmdm. zugeleitet wird, damit er sich über den Text informieren kann:* der Verlag verschickte -e an die Buchhändler.

Le|se|fer|tig|keit, die ⟨o. Pl.⟩: *Fähigkeit, selbstständig Texte zu lesen u.* mit dem Verstand zu erfassen: *nach zwei Jahren Deutschunterricht in der Schule war die L. nur schwach entwickelt.*

le|se|freund|lich ⟨Adj.⟩: *zum Lesen gut geeignet:* l. gestaltete Bücher, Texte; Der Stoff ist fachkundig recherchiert, sorgfältig redigiert und wird l. präsentiert (Zeit 30.8.96, 64); Die unzähligen alten Bilder, die Fotografien und Pläne sind nicht immer l. platziert (Zeit 25.8.95, 55).

Le|se|frucht, die ⟨meist Pl.⟩ (geh.): *etw., was man durch Lektüre weiß, sich angeeignet hat:* Erst jetzt konnte ich ... Intuition und L. recht voneinander trennen (Jens, Mann 72).

Le|se|fut|ter, das (salopp): *Lesestoff:* L. für den Urlaub.

Le|se|ge|rät, das: **1.** *Vergrößerungsgerät, mit dem man auf Mikrofilme aufgenommene Texte lesen kann.* **2.** *Leseautomat.*

Le|se|ge|schwin|dig|keit, die: **a)** *Geschwindigkeit des Lesens:* eine L. von 200 Wörtern pro Minute; **b)** *Geschwindigkeit automatischer Zeichenerkennung:* die höchste L. beträgt 1 200 Zeichen pro Sekunde.

Le|se|hal|le, die: **a)** *öffentliche Bibliothek;* **b)** *größerer [öffentlicher] Raum, in dem man [ausgelegte Zeitschriften o. Ä.] lesen kann.*

Le|se|heft, das: *Heft, das einen bestimmten Lesestoff, z. B. einen [Trivial]roman, enthält.*

Le|se|hun|ger, der: *starkes Bedürfnis zu lesen:* der jugendliche L.; seinen L. stillen.

Le|se|kar|te, die: *Ausweis für den Benutzer einer Bibliothek.*

Le|se|kreis, der: *kleine Gruppe, die regelmäßig zu gemeinsamem Lesen [von Dramen] zusammenkommt.*

Le|se|lam|pe, die: *kleine Lampe zum Lesen.*

Le|se|lu|pe, die: *Lupe zum Lesen.*

Le|se|map|pe, die: *Mappe mit Zeitschriften, die [wochenweise] von einem Lesezirkel an Abonnenten vermietet wird.*

Le|se|ma|schi|ne, die: *Leseautomat.*

¹**le|sen** ⟨st. V.; hat⟩ [mhd. lesen, ahd. lesan, urspr. = zusammentragen, sammeln: die Bedeutungsentwicklung zu »Geschriebenes lesen« wohl nach lat. legere, ↑Lektion]: **1. a)** *etw. Geschriebenes, einen Text mit den Augen u. dem Verstand erfassen:* laut, leise, schnell, langsam l.; l. lernen; das Kind kann schon l.; abends im Bett noch l.; etw. aufmerksam, nur flüchtig l.; viel l.; einen Satz zweimal l. müssen; die Zeitung, einen Roman, einen Bericht, die Post l.; das Kind neben ihr las ein Comic-

heft (Handke, Frau 26); ein Drama mit verteilten Rollen l.; etw. am schwarzen Brett l.; etw. in einem Buch l.; lange an einem Buch l.; in einem Buch l.; wo hast du das gelesen?; man konnte überall l., dass ...; Noten, eine Partitur l. *(in Töne umsetzen, verstehen);* Sie wird Autokarten l. *(sich nach ihnen richten, orientieren)* können (Schwaiger, Wie kommt 164); einen Autor [im Original] l.; ein Gesetz l. *(Politik; vor dem Parlament beraten);* Korrekturen, Fahnen l. *(Druckw.: neu gesetzten Text auf seine Richtigkeit durchlesen);* eine Messe l. *(kath. Kirche: eine Messe halten, zelebrieren);* seine Handschrift ist schlecht zu l. *(zu entziffern);* etw. nicht l. *(entziffern)* können; der Text ist so zu l. *(verstehen, interpretieren),* dass ...; hier ist zu l. *(steht geschrieben),* dass ...; Ich habe darüber, davon gelesen; Seine eigene farblose Existenz war im Vergleich zu den Taten der Ritter, über die er las, unbedeutend und erbärmlich (Missildine [Übers.], Kind 278); ⟨subst.:⟩ bring dir was zum Lesen mit!; **b)** *vorlesen, lesend vortragen:* aus eigenen Werken l.; der Schriftsteller, die Autorin las eine Erzählung; **c)** *eine Vorlesung halten:* an der Heidelberger Universität, zweimal in der Woche l.; sie muss nur vier Stunden l.; er liest [über] neue Geschichte, [über] moderne Lyrik; **d)** ⟨l. + sich⟩ *in einem bestimmten Stil geschrieben sein u. sich entsprechend lesen* (1 a) *lassen:* das Buch liest sich leicht, flüssig, schwer; Fünf Jahre Fernstudium ...! So was liest sich bloß in der Zeitung schön (Brot und Salz 194); Seit wir dies wissen, liest sich sein Werk anders (Reich-Ranicki, Th. Mann 76); der Bericht las sich wie ein Roman; Hacks hat sich einmal über Erwin Strittmatters dramatische Versuche lustig gemacht; denn es liest sich wie eine Selbstkritik (Raddatz, Traditionen I, 429); **e)** ⟨l. + sich⟩ *[unter Mühen] ein umfangreiches Werk bis zum Ende lesen* (1 a): sich durch einen Roman l.; Ein Kleinbürgertum ... las sich hier durch Storm und Keller (Enzensberger, Einzelheiten I, 161). **2.** *etw. aus etw. erkennend entnehmen:* aus jmds. Zeilen einen Vorwurf, gewisse Zweifel l.; Beate sah von einem zum anderen und las aus Hertlings Augen ein Mitleid, das sie schmerzte (M. L. Fischer, Kein Vogel 11); in seiner Miene konnte man die Verbitterung l.; aus seinem Blick, Gesicht war deutlich zu l., was er dachte; sie ... sah ihrem Besucher überrascht ins Gesicht, das darin das Verlegenheit eines ertappten Eindringlings und von seinen Lippen eine Entschuldigung (Ransmayr, Welt 193); der Genuss war ihm doch von der blanken und geröteten Miene zu l. (Th. Mann, Krull 23); in jmds. Augen l. *(jmds. Blick zu deuten versuchen);* Gedanken l. *(erraten)* können; sie liest aus der Zukunft *(versucht die Zukunft zu deuten;* Sieburg, Robespierre 231). **3.** (EDV) *(vom Leser 2) Daten aus einem Datenspeicher od. -träger entnehmen.*

²**le|sen** ⟨st. V.; hat⟩ [↑¹lesen]: **a)** *einzeln [sorgfältig] von etw. abnehmen, aufnehmen:* Ähren, Beeren, Trauben l.; etw.

vom Boden l.; Die Armen lasen ihr Brennholz im Walde (Th. Mann, Hoheit 24); sie las ihm die Wollspinne von dem Ärmel (Langgässer, Siegel 583); **b)** *einzeln [sorgfältig] in die Hand nehmen u. Schlechtes dabei aussondern:* Erbsen, Mandeln, Rosinen l.; Salat l. *(schlechte od. die äußeren Blätter davon entfernen).*

le|sens|wert ⟨Adj.⟩: *die Lektüre lohnend, rechtfertigend; wert, gelesen zu werden:* ein -es Buch; dieser Roman ist durchaus l.

Le|se|pro|be, die: **1.** *gesondert veröffentlichter od. gelesener Abschnitt aus einem Buch, durch den man einen Eindruck gewinnen soll:* eine Buchbesprechung im Rundfunk mit einer L. **2.** *Theaterprobe, bei der die Rollen noch weitgehend abgelesen u. Textänderungen o. Ä. festgelegt werden.*

Le|se|pu|bli|kum, das: *aus Lesern (1) bestehendes Publikum.*

Le|se|pult, das: *kleineres [schmales] Pult zum Auflegen eines Buches.*

Le|ser, der; -s, - [mhd. lesære]: **1. a)** *jmd., der in einem einzelnen Fall, momentan etw. liest:* ein aufmerksamer, kritischer L.; lieber, geneigter L.! *(Anrede des Lesenden durch den Autor);* der Erzähler des Romans wendet sich wiederholt an den L.; **b)** *jmd., der sich mit Lesen [in Bezug auf bestimmte Lektüre] befasst:* jugendliche, weibliche, westliche L.; die L. einer Zeitung; für eine Biographie im Umfang von 4 000 bis 5 000 Seiten gibt es keine L. (Reich-Ranicki, Th. Mann 264); Zuschriften von -n erhalten. **2.** *Teil eines Leseautomaten, der eine Folge von Zeichen elektronisch erfasst u. einer Verarbeitung zuführt.*

Le|ser|ana|ly|se, die: *aufgrund einer repräsentativen Umfrage durchgeführte Analyse einer bestimmten Leserschaft:* eine L. durchführen.

Le|se|rat|te, die (ugs. scherzh.): *jmd., der sehr viel liest.*

Le|se|raum, der: *Lesehalle (b).*

Le|ser|brief, der: *Brief eines Lesers (1) an den Autor, den Herausgeber o. Ä. eines publizierten Textes:* -e an eine Zeitung, an die Redaktion einer Zeitung, an einen Autor; wie auch aus alten, in der Zeitschrift veröffentlichten -en ersichtlich (Hohmann, Engel 324).

Le|ser|echo, das: *Resonanz beim Lesepublikum.*

Le|se-Recht|schreib-Schwä|che, die (Psych., Med.): *Legasthenie.*

Le|se|rei, die; -, -en: *[als lästig empfundenes]* ¹*Lesen.*

le|ser|freund|lich ⟨Adj.⟩: *für den Leser (1 a, b) angenehm, gut geeignet:* l. gestaltete Bücher, Texte; Die kleine Schrift mancher Texte, teils sogar auf gerastertem Grund, ist wenig l. und hätte ...vermieden werden können (FR 11. 7. 98, 6).

Le|se|rin, die; -, -nen: w. Form zu ↑Leser (1).

Le|se|ring, der: *Lesezirkel.*

Le|ser|kreis, der: *die Leser (1) eines Buches, einer Zeitung o. Ä.:* die Zeitung hat einen großen L.; dies Buch wendet sich besonders an volkstümliche -e.

le|ser|lich ⟨Adj.⟩: *in deutlicher Handschrift geschrieben:* eine -e Handschrift; sie schreibt nicht besonders l.

Le|ser|lich|keit, die: *das Leserlichsein.*

le|ser|nah ⟨Adj.⟩: *auf den Leser (1) ausgerichtet, dessen Interesse man wecken u. dem man etw. verständlich machen will:* die -e Darstellungsweise einer Zeitung.

Le|ser|pu|bli|kum, das: *Lesepublikum.*

Le|ser|schaft, die; -, -en ⟨Pl. selten⟩: *Gesamtheit der Leser (1) von Büchern, Zeitungen, Zeitschriften u. anderen Publikationen.*

Le|ser|schicht, die: *bestimmte Schicht des Lesepublikums:* die Autorin spricht sehr verschiedene -en an.

Le|ser|stim|me, die: *in einem Leserbrief dargestellte Auffassung, Meinung o. Ä.*

Le|ser|um|fra|ge, die: *Umfrage unter den Lesern (1) einer Zeitung o. Ä.*

Le|ser|wer|bung, die: *Werbung neuer Abonnenten einer Zeitung o. Ä.*

Le|ser|wunsch, der: *Wunsch, den Leser (1) gegenüber einer Zeitung o. Ä. äußern.*

Le|ser|zahl, die: *Anzahl von Lesern (1):* eine Zeitschrift mit großer L.

Le|ser|zu|schrift, die: vgl. Leserbrief.

Le|se|saal, der: *Saal in einer Bibliothek, in dem entliehene od. dort als Präsenzbibliothek bereitstehende Bücher u. Zeitschriften gelesen werden können.*

Le|se|stoff, der: *das, was zur Unterhaltung, zur Erweiterung des Wissens, zur Bildung, Information o. Ä. gelesen wird:* sich mit L. versorgen, eindecken; Franz brachte deshalb dem verhockenden Kühn L. mit, um ihn auf andere Gedanken zu bringen (Kühn, Zeit 48).

Le|se|stück, das: *kürzerer Text für die Lektüre im Unterricht.*

Le|se|wut, die (ugs.): *große Begierde zu* ⌐*lesen.*

Le|se|zei|chen, das: *etwas (ein langer, schmaler Karton-, Papierstreifen, ein am Buch befestigtes Stoffbändchen o. Ä.), was als Zeichen zwischen zwei Seiten eines Buches gelegt wird, um eine bestimmte Stelle schneller wieder aufzufinden.*

Le|se|zim|mer, das: vgl. Leseecke.

Le|se|zir|kel, der: *gewerbliches Unternehmen, das Lesemappen an Abonnenten vermietet.*

Les|gin|ka, die; -, -s [russ. lesginka, nach dem Namen des kaukas. Volksstammes der Lesgier]: *kaukasischer Tanz.*

Les|gis|tan, der; -s, -s [nach der kaukasischen Landschaft Lesgistan]: *meist blaugrundiger Teppich mit buntfarbiger Musterung im Fond u. stilisierten Blättern u. Blüten in den Borten.*

Les|ley [ˈlɛzlɪ], **Les|lie,** das; -s, -s [nach dem Namen des Herstellerfirma]: *(bes. bei moderner Unterhaltungsmusik verwendetes) hauptsächlich durch Umlenkung des Schalls mithilfe rotierender Lautsprecher od. einer um einen Lautsprecher rotierenden Trommel bewirktes Vibrato.*

Le|so|ther, der; -s, -: Ew.

Le|so|the|rin, die; -, -nen: w. Form zu ↑ Lesother.

le|so|thisch ⟨Adj.⟩: *Lesotho, die Lesother betreffend.*

Le|so|tho; -s: Staat in Afrika.

Les|te, der; - [span. leste < frz. l'est = (der) Osten]: *warmer Wüstenwind aus der Sahara in Richtung auf die Kanarischen Inseln u. Madeira.*

les|to ⟨Adv.⟩ [ital. lesto] (Musik): *flink, behänd.*

Le|sung, die; -, -en: **1. a)** *das Vorlesen (aus dem Werk eines Autors als Veranstaltung, aus der Bibel im Gottesdienst):* Nun ist die L. zu Ende, und die Feriengäste drängen vor, halten die Bücher am Busen (Kempowski, Zeit 254); eine L. veranstalten, halten; eine L. aus dem Alten Testament; Mitschriften seiner -en aus den Metamorphoses (Ransmayr, Welt 95); Die Briefe waren ein Bankauszug und die Bitte um eine öffentliche L. in der Stadtbibliothek (Rolf Schneider, November 96); **b)** (christl. Kirche) *gelesener Abschnitt aus der Heiligen Schrift:* Vier chinesische Priester verlasen sowohl L. als auch Evangelium (Glaube 3, 1967, 3). **2.** *Beratung eines Gesetzentwurfs vor dem Parlament:* bei der zweiten L. können Abänderungsanträge gestellt werden; Der Deutsche Bundestag hat in zweiter und dritter L. das Baugesetzbuch beschlossen (CCI 12, 1986, 13). **3.** *Lesart* (1).

Let, das; -[s], -s [engl. let] (bes. Tennis): *Schlag, Aufschlag, der nicht zählt u. wiederholt werden muss.*

le|tal ⟨Adj.⟩ [lat. letalis, zu: letum = Tod] (Med.): *tödlich, zum Tode führend, todbringend:* das vorzeitige -e Ende einer Krankheit; eine Krankheit mit -em Ausgang.

Le|tal|do|sis, die (Med.): *bestimmte Menge schädigender Substanzen, die tödlich ist* (Abk.: LD).

Le|tal|fak|tor, der (Med.): *krankhafte Erbanlage, die zum Ausfall einer lebenswichtigen Funktion führt u. damit bereits in der Entwicklung den Tod zur Folge hat.*

Le|ta|li|tät, die; - (Med.): *Wahrscheinlichkeit, an einer Krankheit zu sterben:* Die L. bei einem akuten Herzinfarkt beträgt in der Prähospitalphase rund 95 Prozent (Neue Ärztliche 24./25. 7. 85, 4).

Le|thar|gie, die; - [lat. lethargia < griech. lēthargía = Schlafsucht, zu: lēthargos = schlafähnlicher Zustand, wohl urspr. Adj. aus: lēthē (↑ Lethe) u. argós = untätig, träge, also eigtl. = Vergessen untätig od. träge]: **1.** *Zustand körperlicher u. seelischer Trägheit, in dem das Interesse ermüdet ist, sodass man sich zu nichts mehr aufrafft:* eine allgemeine L. scheint sich auszubreiten; jmdn. aus seiner L. erwecken, rütteln; Er ... sprach, wenn er nüchtern war, nur noch vom Tod. Ich versuchte ihn gewaltsam aus seiner L. herauszureißen (Ziegler, Konsequenz 249); in die alte L. zurückfallen. **2.** (Med.) *Schlafsucht; starkes Schlafbedürfnis mit Bewusstseinsstörungen.*

le|thar|gisch ⟨Adj.⟩ [lat. lethargicus < griech. lēthargikós = **1.** *durch Lethargie (1) gekennzeichnet:* Lethargisch, mit hängenden Schultern marschieren die Männer in die Werkstätten (Sobota, Minus-Mann 106). **2.** (Med.) *durch Lethargie (2) gekennzeichnet.*

Le|the, die; - [lat. lethe < griech. lḗthē (Unterweltsfluss der griech. Sage), eigtl. = Vergessen] (dichter.): *Vergessen, Vergessenheit, Vergessenheitstrank:* L. trinken.

Let|kiss, der; -, - [anglisierende Umdeutung (nach dem lautlichen Anklang an engl. let kiss = lasst uns küssen) von finn. ugs. letkis, Kurzf. von letkajenkka = Schlangentanz (die Tanzenden bilden eine Kette)]: *Modetanz der späten Sechzigerjahre mit folkloristischem Charakter.*

let|schert ⟨Adj.⟩ [zu bayr., österr. letschen, lätschen, ↑latschen] (bayr., österr. mundartl.): **a)** *schlapp, matt; kraftlos:* hart und brutal, aber ... was sind wir jetzt, Kanaken, weich und l. (Sobota, Minus-Mann 65); **b)** *fade:* eine -e Suppe.

let|schig ⟨Adj.⟩ (bayr., österr. ugs.): *letschert.*

Let|scho, das; auch: der; -[s] [ung. lecsó]: *ungarisches Gemüsegericht aus Paprika, Tomaten u. Zwiebeln.*

Let|te, der; -n, -n: Ew. zu ↑Lettland.

Let|ten, der; -s, (Arten:) - [mhd. lette, ahd. letto, H. u.]: *Ton, Lehm.*

Let|ter, die; -, -n [frz. lettre < lat. littera = Buchstabe, Schrift; älter: Litter, mhd. litter; vgl. Literal]: **1.** *Druckbuchstabe:* weiße -n auf schwarzem Grund; malaiische und chinesische -n, die Viktor nicht zu entziffern vermag (Heim, Traumschiff 302); in gotischen -n; mit flüchtigen -n; in großen, fetten -n stand auf der Titelseite: ... **2.** (Druckw.) *Drucktype:* die ersten mit beweglichen -n gedruckten Bücher.

Let|tern|gieß|ma|schi|ne, die: *Maschine zur Herstellung von Lettern (2).*

Let|tern|gut, das ⟨o. Pl.⟩: *Letternmetall.*

Let|tern|me|tall, das: *Blei-Zinn-Antimon-Legierung zur Herstellung von Lettern (2).*

Let|ter|set, Let|ter|set|druck, der ⟨o. Pl.⟩ [zusgez. aus engl. letterpress = Hochdruck u. ↑ Offset] (Druckw.): *Hochdruckverfahren, bei dem der Abdruck zunächst auf einen Gummizylinder u. von hier auf das Papier erfolgt.*

let|tig ⟨Adj.⟩ [mhd. lettec, ahd. lettig, zu ↑Letten]: *tonhaltig, lehmhaltig.*

Let|tin; die; -, -nen: w. Form zu ↑ Lette.

let|tisch ⟨Adj.⟩.

Let|tisch, das; -[s] u. ⟨nur mit best. Art.:⟩

Let|ti|sche, das; -n: *die lettische Sprache.*

Lett|land; -s: Staat in Nordosteuropa.

Let|tner, der; -s, - [spätmhd. lettener, mhd. lectener, lecter = Lesepult im Chor < mlat. lectorium, lectionarium = Lesepult]: *in mittelalterlichen Kirchen den Chor vom Langhaus trennende, plastisch ausgestaltete, hohe Schranke mit mehreren Durchgängen u. einer Art Empore, auf der liturgische Schriftlesungen stattfanden u. auch die Chorsänger Aufstellung nahmen.*

Let|tres de Ca|chet [lɛtrədəkaˈʃɛ] ⟨Pl.⟩ [frz., zu: lettre (↑ Letter) u. cachet, ↑Cachet; die Befehle trugen das königliche Siegel: *(in Frankreich bis zur Französischen Revolution 1789 im Namen des Königs geschriebene) Geheimbefehle, die u. a. Beförderungen, aber auch Verhaf-*

tung od. Verbannung ohne ordentliches Gerichtsverfahren anordnen konnten.

Let|tris|mus, der; - [frz. lettrisme]: *literarische Bewegung in Frankreich nach 1945, für die in Weiterführung des Dadaismus u. Surrealismus Dichtung nur im Klang u. z. T. optischen Reiz willkürlich aneinander gereihter Vokale u. Konsonanten bestand.*

Let|trist, der; -en, -en [frz. lettriste]: *Vertreter des Lettrismus.*

Let|tris|tin, die; -, -nen: w. Form zu ↑ Lettrist.

let|tris|tisch ⟨Adj.⟩: *den Lettrismus betreffend, dazu gehörend; in der Art des Lettrismus:* ein -es Gedicht.

letz ⟨Adj.⟩ [mhd. letze, lez, ahd. lezze, verw. mit ↑¹lass, also urspr. wohl = gehemmt]: **1.** (südd., schweiz. mundartl.) *verkehrt, falsch:* ◆ ⟨subst.:⟩ wenn's einmal zu bösen Häusern geht, und der Letze kommt über uns *(wenn wir an den Falschen geraten),* so ist's mir nimmer angst für euch, aber für mich (Hebel, Schatzkästlein 26). **2.** (österr. mundartl.) *schlecht, mühsam.*

let|zen ⟨sw. V.; hat⟩ [mhd. letzen, ahd. lezzen, eigtl. = schlaff machen, zu ↑¹lass] (veraltet): *laben, erquicken:* jmdn., sich an etw. l.; die Fliegen ... letzten sich an Plinsenresten (Strittmatter, Wundertäter 25).

Let|zi, die; -, -nen [mhd. letze = Hinderung; Schutz, Wehr] (schweiz.): *mittelalterliche Grenzbefestigung.*

◆ **Letz|kopf**, der [zu ↑letz (1)]: (landsch.) *Querkopf:* der ist ein L., ... und ich bin meins Lebens neben ihm nicht ... sicher (Mörike, Hutzelmännlein 120).

◆ **letzt** ⟨Adv.⟩ [↑letzt...]: *beim letzten, vorigen Male; jüngst:* Wär' ich l. dabei gewesen, Ihr hättet die Armbrust nicht verloren (Goethe, Götz I).

Letzt, die [mit sekundärem t statt älterem Letze (mhd. letze = Abschiedsmahl, eigtl. = Hinderung, dann: Ende, Abschied, zu: letzen [↑letzen] = hemmen, hindern; mit etw. ein Ende machen, dann: Abschied feiern, vgl. Letzi; heute als zu »letzt...« gehörig empfunden)]: in der Wendung **zu guter L.** *(ganz zum Schluss; schließlich doch noch):* zu guter L. fiel es ihm noch ein.

letzt... ⟨Adj.⟩ [aus dem Mittel- u. Niederd. < mniederd. letst, mhd. lest, aus: lezist, ahd. laʒōst, leʒist, eigtl. Sup. von ↑¹lass]: **1.** *das Ende einer [Reihen]folge bildend:* das letzte Haus [in der Straße]; im letzten Stock wohnen; der letzte Buchstabe des Alphabets; der Artikel steht auf der letzten Seite; am letzten Tag des Jahres; Der erste Sieg des Clubs ... hing bis zur letzten Sekunde am seidenen Faden (Kicker 6, 1982, 34); zum letzten Mal[e]; die letzte Möglichkeit; ein letzter Versuch; sie war seine letzte Liebe; er hat den Prozess in letzter Instanz doch noch gewonnen; letzte *(abschließende)* Vorbereitungen treffen; das ist mein letztes Angebot *(ich mache kein neues, noch günstigeres Angebot);* die letzten beiden (einer Gruppe) ⟨subst.:⟩ er ist der Letzte, der heute angekommen ist; er ist, wurde Letzter; er ging als Letzter ins Ziel; du bist der Letz-

te, dem ich es sagte *(dir würde ich es am allerwenigsten sagen);* die beiden Letzten (von zwei Gruppen); als Letztes *(zuletzt)* möchte ich noch darauf hinweisen ...; am Letzten *(letzten Tag)* des Monats; ein Letztes habe ich noch zu sagen *(am Schluss möchte ich noch etwas sagen);* Spr die Letzten werden die Ersten sein [und die Ersten werden die Letzten sein] *(der Letzte in einer Reihenfolge kann schließlich doch der Begünstigte sein [u. umgekehrt];* nach Matth. 19, 30); Ü im letzten Moment *(gerade noch vor dem Eintreten von etw.).* **2.** *schließlich noch [als Rest] übrig geblieben:* das ist mein letztes Geld; das sind die letzten Exemplare; Hungrige Rinder fraßen die letzte Vegetation (natur 2, 1991, 26); Im Herbst reichte den Gebüschen ein letztes Licht, um im beinahe Finstern noch zu schwelen (Kronauer, Bogenschütze 392); auf sein letztes bisschen Bequemlichkeit nicht verzichten wollen; ⟨subst.:⟩ er ist der Letzte seines Geschlechts; Ü jmdm. einen letzten Wunsch erfüllen; etw. ist jmds. letzte Hoffnung; für jmdn. die letzte Rettung sein. **3.** (drückt einen stärksten Grad aus) *äußerst ...:* mit der letzten Perfektion, Beherrschung; Auch stehe noch nicht mit letzter Sicherheit fest, ... (NZZ 10.8.84, 2); zum letzten Mittel greifen; mit letzter Kraftanstrengung; nach den letzten *(eigentlichen, tiefsten, hinter etw. verborgenen)* Sinn fragen; das rührt an die letzten *(tiefsten)* Geheimnisse; ⟨subst.:⟩ jmdm. das Letzte an Kraft, an Technik abverlangen; aus jmdm. das Letzte herausholen; das Letzte hergeben; bis zum Letzten gehen; jmdn. zum Letzten *(Äußersten)* treiben; das ist doch das Letzte *(Unerhörteste)* an Frechheit; das wäre das Letzte *(niemals käme das infrage);* *** bis aufs Letzte** *(völlig, total):* Eine Mieterhöhung hat ihr Finanzbudget bis aufs Letzte erschöpft (Zeit 24. 3. 95, 20); **bis ins Letzte** *(bis in alle Einzelheiten genau):* »Viele Abläufe im Wirtschaftsleben, vor allem im Finanzbereich, verstehen wir nicht bis ins Letzte«, verkündete jüngst die Bank für Internationalen Zahlungsausgleich (Zeit 31. 10. 97, 25); **bis zum Letzten** *(sehr, in äußerstem Maße):* Extrembergsteiger ... Ihr Heldentum ist unschuldig. Die Tugenden, die sie verkörpern, sind soldatisch und sportlich: Einsatz bis zum Letzten ..., Stählung des Willens, Konzentration von Psyche und Geist auf ein Ziel, optimale Körperbeherrschung (Zeit 4.3.99, 45). **4.** *das Ende einer Rangfolge bildend; hinsichtlich seiner Qualität, Bedeutung, seinem Rang o. Ä. am geringsten, schlechtesten:* die Erbsen waren von der letzten Sorte; das ist doch das letzte *(schlechteste)* Auto; ⟨subst.:⟩ er ist Letzter; der Letzte in der Hierarchie; sie war die Letzte *(schlechteste Schülerin)* in der Klasse; *** das Letzte sein** (ugs.; 1. *nichts taugen, nicht den geringsten Wert haben:* diese Show war wirklich das Letzte; sie seien alle das Letzte [Rechy (Übers.), Nacht 128]. 2. *unfassbar sein:* das ist doch wohl das Letzte, dass ihr mich jetzt im Stich lasst!). **5.** *gerade erst vergangen;*

als Ereignis, Zeitpunkt od. -abschnitt in der zeitlichen Reihenfolge (aufgrund der Betrachtungsweise) unmittelbar vor der gegenwärtigen Entsprechung liegend: den letzten Urlaub verbrachten wir am Mittelmeer; bei meinem letzten Besuch war er verreist; im letzten Jahr; [am] letzten Sonntag; Er war jedenfalls letzte Weihnachten auf Urlaub in Kentucky (Danella, Hotel 27); in letzter/der letzten Zeit besuchte er uns öfter; in letzter Zeit/der letzten Zeit *(seit neuestem)* besucht er uns wieder öfter; letztes Mal/ beim letzten Mal[e]; die letzte *(gerade erst mitgeteilte)* Nachricht; die letzte *(gerade erst aufgekommene)* Neuheit; Klaus Speer, der sich nach letzten Informationen vermutlich im Ausland aufhalten soll (Prodöhl, Tod 66).

letz|te Mal: s. ¹Mal.

letzt|end|lich ⟨Adv.⟩: *schließlich:* wir haben uns l. doch dazu entschlossen; das Zielfoto war l. ausschlaggebend; bei ständigem Missbrauch geht l. die Gesundheit verloren; Aber l. war so eine Zensur Schicksal (H. Weber, Einzug 120).

letz|ten Mal: s. ¹Mal.

letz|tens ⟨Adv.⟩: **1.** *kürzlich* (mit Bezug auf die Gegenwart des Sprechenden): darüber habe ich l. etwas gelesen. **2.** (in Verbindung mit anderen Zahladverbien) *als Letztes, an letzter Stelle:* drittens und l.

letz|ter... ⟨Adj.⟩: *(von zweien) zuletzt genannt, gesagt:* im letzteren Falle; letzteres modernes Hörspiel; ⟨subst.:⟩ Letzteres glaube ich nicht; die Letteren sind meine Brüder; 53 Prozent hatten eine Realschule, 32 Prozent eine Hauptschule und 14 Prozent ein Gymnasium besucht, 87 Prozent haben eine abgeschlossene Berufsausbildung. Von Letzteren hatte ein knappes Drittel eine kaufmännische Lehre absolviert (Hamburger Abendblatt 21. 5. 85, Beilage S. 10).

letzt|ge|bo|ren ⟨Adj.⟩: *als letztes Kind in einer Geschwisterreihe geboren:* der -e Sohn.

Letzt|ge|bo|re|ne, **Letzt|ge|bor|ne**, der, die, das; -n, -n ⟨Dekl. ↑Abgeordnete⟩: *letztgeborenes Kind.*

letzt|ge|nannt ⟨Adj.⟩: *an letzter Stelle in der gerade aufgeführten Reihenfolge genannt:* die -e Möglichkeit; diese beiden -en Tatsachen; ⟨subst.:⟩ die Letztgenannte jeder Gruppe.

letzt|hän|dig ⟨Adj.⟩: *noch zu Lebzeiten eigenhändig vorgenommen, ausgeführt:* -e Änderungen.

letzt|hin ⟨Adv.⟩: **1. a)** *kürzlich [einmal, bei einer Gelegenheit]:* die Partei hätte l. mehr Stimmen gewinnen können, wenn ...; als ich ihn l. sah, machte er einen kranken Eindruck; **b)** *über den gerade vergangenen Zeitraum hin; in letzter Zeit:* sie hat l. sehr viel Pech gehabt. **2.** *letztlich:* die ... Psychosen, deren l. körperliche Ursachen zu erforschen ... ein aussichtsreiches Forschungsprogramm bildet (Natur 95).

letzt|in|stanz|lich ⟨Adj.⟩ (Papierdt.): **a)** *von der letzten Instanz ausgehend, verfügt:* Ein ... verbraucherfeindliches Urteil, das leider als -er Spruch künftig beim Gebrauchtwagenkauf beachtet werden muss (ADAC-Motorwelt 4, 1985, 16); **b)** *[bei einem gerichtlichen Verfahren] als letzte Instanz fungierend:* ... und nur noch der Weg über die Verwaltungsgerichtsbarkeit als -er Konfliktregelungsstelle offen bleibe (Nds. Ä. 22, 1985, 34); Das Oberste Gericht kann sich aus den Hunderten von Fällen und Grundsatzentscheidungen ... jene aussuchen, zu denen es l. Stellung nimmt (Weltwoche 26. 7. 84, 7).

letzt|jäh|rig ⟨Adj.⟩: *vom letzten Jahr stammend; im letzten Jahr stattgefunden habend:* das -e Produkt der Serie; auf der -en Veranstaltung; Der -e Sieger ... hatte zu Beginn seiner Karriere bereits das Derby in Frauenfeld gewonnen (NZZ 29. 8. 86, 44).

letzt|lich ⟨Adv.⟩: **a)** *wenn man es genau bedenkt; im Grunde genommen; schließlich [doch]:* ein l. nutzloses Bemühen; l. kommt es nur darauf an; Wer gegen Wasserkraft auftritt, der stellt l. die gesamte Energieversorgung infrage (Furche 6.6.84, 16); Zu seinem Rücktritt führten aber 1. seine unpassenden, manchmal beleidigenden Bemerkungen (Bund 11.10.83, 4); **b)** *in einem letzten Stadium; schließlich, endlich, zum Schluss:* das führt l. dazu, dass ...; Werden sie oft im Winterschlaf gestört, kommt es zu großen Energieverlusten und 1. zum Tod der geschwächten Tiere (Jagd 3, 1987, 80); für die Planung der nächsten Erkundungsschritte, die l. zur Landung ... auf dem Mond führen sollen (Kosmos 1, 1965, 17); ⟨mit Verbalsubstantiv auch attr.:⟩ durch eine -e *(schließlich erreichte)* Verständigung der Völker und Staaten (Bundestag 199, 1968, 10 161).

letzt|ma|lig ⟨Adj.⟩: *zum letzten Mal, beim letzten Mal vorkommend, vorgenommen o. Ä.:* die -e Auszahlung; bei der -en Untersuchung; An diesem Tag wurde sie l. am Rostocker Hauptbahnhof gesehen (NNN 3. 9. 86, 6).

letzt|mals ⟨Adv.⟩: *zum letzten Mal:* der Rennfahrer startete l. vor drei Jahren.

letzt|mög|lich ⟨Adj.⟩: *noch als Letztes möglich:* zum, beim -en Termin; die -e Anmeldung.

letzt|ver|bind|lich ⟨Adj.⟩: *letztlich verbindlich:* die -e Entscheidung in Verfassungsrechtsfragen.

Letzt|ver|bind|lich|keit, die ⟨o. Pl.⟩: *das Letztverbindlichsein.*

Letzt|ver|brau|cher, der (Wirtsch.): *Endverbraucher.*

Letzt|ver|brau|che|rin, die (Wirtsch.): w. Form zu ↑Letztverbraucher.

Letzt|ver|brau|cher|preis, der (Wirtsch.): *Endverbraucherpreis.*

letzt|wil|lig ⟨Adj.⟩: *als letzter Wille erklärt; testamentarisch:* kraft -er Bestimmung; sein Vater habe 67 Bände selbst verfasster französischer Sonette hinterlassen und l. verfügt, sie dürften nur ... (Carossa, Aufzeichnungen 85).

letzt|wö|chig ⟨Adj.⟩ (schweiz.): *in der letzten Woche vor sich gegangen, aus der letzten Woche stammend:* Außenminister

Raimond stellte einen französischen Beschluss ... im Anschluss an die durch die -e Demarche bei der UNO eingeleitete »diplomatische Aktion« in Aussicht (NZZ 27. 8. 86, 4).

Let|zung, die; -, -en [älter = Abschiedsmahl, zu ↑letzen] (dichter.): *etw., woran man sich letzen kann:* ohne Labe noch L. (Th. Mann, Joseph 575).

¹Leu, der; -en, -en [mhd. leu, leuwe, löuwe, Nebenf. von: lewe, ↑Löwe] (dichter.): *Löwe.*

²Leu, der; -, Lei [rumän. leu, eigtl. = Löwe < lat. leo, wohl nach der Abbildung eines Löwen auf älteren Münzen]: *rumänische Währungseinheit* (1 Leu = 100 Bani; Abk.: l).

Leucht|ba|ke, die (Verkehrsw.): *Bake* (1 a) *mit einem Leuchtfeuer.*

Leucht|bak|te|rie, die (Biol.): *Bakterie, die das Meeresleuchten od. Leuchten von [toten] Fischen verursacht.*

Leucht|bo|je, die (Seew.): vgl. Leuchtbake.

Leucht|bom|be, die: *von Flugzeugen vor dem Angriff zur Beleuchtung des Ziels abgeworfene Leuchtkugel an einem Fallschirm.*

Leucht|buch|sta|be, der: *für Leuchtreklame verwendeter Buchstabe:* Ich versuche vergeblich, die -n auf der Stadtbahnbrücke ... zu lesen (Rolf Schneider, November 239); gegenüber an einem anderen Dach liefen -n in fliegender Eile (Lentz, Muckefuck 52).

Leucht|dich|te, die (Optik): *gemessener Helligkeitsgrad, den eine leuchtende Fläche hervorruft.*

Leucht|di|o|de, die: *Lumineszenzdiode.*

Leuch|te, die; -, -n [1: mhd. liuhte, ahd. liuhta, zu ↑licht]: **1. a)** (Fachspr.) *Lampe:* Für das Ärztezentrum lieferten wir alle elektromedizinischen Ausstattungen. Für die Stromversorgung des Olympiastadions sämtliche Leitungsnetze, ... 100 km Kabel und 4 000 -n (Delius, Siemens-Welt 64); **b)** *etw. (Kerze, Taschenlampe o. Ä.), womit man [jmdm.] leuchten kann:* eine L. mit in den Keller nehmen; seine L. ausmachen. **2.** (ugs.) *großer Geist, kluger Kopf:* die Schule war sie nicht gerade eine L.; er gilt als eine L. seines Faches; Die Autorin, die zu den -n der Geschichtsschreibung gehört, ... (Basler Zeitung 27. 7. 84, 7).

leuch|ten ⟨sw. V.; hat⟩ [mhd., ahd. liuhten, zu ↑licht]: **1. a)** *als Lichtquelle Helligkeit verbreiten, abgeben:* die Kerze, das Feuer, die Sonne, der Mond leuchtet; einige Sterne leuchten in der Nacht; die Lampe leuchtet von der Decke; der Mond leuchtet ins Zimmer; Welche Fackel aber leuchtet uns greller ins Gesicht als die unserer Todesstunde? (A. Kolb, Schaukel 57); ⟨subst.:⟩ das Leuchten des Meeres *(Meeresleuchten);* **b)** *Licht widerstrahlen:* das Meer, das bunte Kirchenfenster leuchtete in der Sonne; im Westen leuchtete der Himmel rot; seine Augen leuchteten wie Vogelaugen (Brand [Übers.], Gangster 54); eine leuchtende Frühlingslandschaft; **c)** *aufgrund seiner Farbe den Eindruck von Licht, Helligkeit hervorrufen:* der Schnee, der weiße Mar-

mor leuchtete; die Bäume im Herbst leuchteten golden; die Gischt leuchtet über den See; sein Gesicht leuchtete rot vom Wind; sanft leuchtende Farben; ein leuchtendes Blau; leuchtende blaue Augen; leuchtend blaue Augen; Ü der Herr lasse sein Antlitz l. über dir (Teil der Segensformel am Schluss des ev. Gottesdienstes; nach 4. Mos. 6, 25); seine Augen leuchteten vor Freude; Sein Knollengesicht begann verwegen zu l. (Kirst, 08/15, 571); auf ihrem Gesicht leuchtete eine große Freude; aus ihren Augen leuchtete die Hoffnung; ein leuchtendes *(großartiges)* Vorbild; ein leuchtendes *(hohes)* Ziel vor Augen haben; er wollte sie in eine leuchtende *(glänzende)* Zukunft führen. **2. a)** *eine Lichtquelle auf jmdn., etw. richten, um etw. Bestimmtes zu erkennen o. Ä.:* mit einer Taschenlampe, einer Kerze durch den Türspalt, in den Keller, unter den Schrank, jmdm. ins Gesicht l.; Professor Sartorik ... leuchtete ihr in die Augen, fühlte den Puls (Sebastian, Krankenhaus 154); Ü Wir wollen doch, wenn wir diskutieren, ... in jede Ecke l. (Dönhoff, Ära 194); **b)** *mit einer Lampe o. Ä. den Weg erhellen:* kannst du mir bitte einmal l.?

leuch|tend blau ⟨Adj.⟩: s. leuchten (1 c).

Leuch|ter, der; -s, - [mhd. liuhtære]: *Vorrichtung für eine od. mehrere Kerzen bzw. kleine [wie Kerzen geformte] Lampen:* ein siebenarmiger, holzgeschnitzter L.; ein L. aus Messing, aus Porzellan; ein L., der drei Kerzen mit lebenden rötlichen Flammen hielt (Jahnn, Nacht 21).

Leucht|ter|blu|me, die [nach der Ähnlichkeit der Pflanze mit einem Beleuchtungskörper]: *Judenbart.*

Leucht|er|schei|nung, die: *leuchtende Erscheinung* (1).

Leucht|far|be, die (Physik): *durch einen zugesetzten Leuchtstoff Licht aussendende Farbe.*

Leucht|feu|er, das (Verkehrsw.): *Orientierungshilfe für Schiffe u. Flugzeuge in Form einer starken Lichtquelle, die in gleichmäßigem Rhythmus Lichtsignale aussendet.*

Leucht|gas, das ⟨o. Pl.⟩: *Stadtgas.*

Leucht|ge|schoss, das: *Leuchtkugel.*

Leucht|kä|fer, der: *(in zahlreichen Arten bes. in wärmeren Ländern verbreiteter) Käfer, der auf der Bauchseite des Hinterleibs Leuchtorgane hat.*

Leucht|kraft, die ⟨o. Pl.⟩: **a)** *leuchtende Wirkung einer Farbe bzw. einer Sache aufgrund ihrer Farbe[n]:* die L. einer Farbe, einer Blume, eines Bildes; **b)** (Astron.) *von einem Stern ausgestrahlte Energie.*

Leucht|ku|gel, die: *mit einer Leuchtpistole o. Ä. abgeschossene Patrone, deren abbrennender Leuchtsatz als farbige Kugel sichtbar ist [u. als Signal dient].*

Leucht|lu|pe, die: *Lupe mit einer kleinen Lampe, die das unter der Lupe Betrachtete beleuchtet.*

Leucht|mas|se, die (Physik): *Leuchtstoff.*

Leucht|mu|ni|ti|on, die: *Munition, deren abbrennender Leuchtsatz zur Be-*

*leuchtung des Geländes od. als Signal
dient.*

Leucht|öl, das ⟨o. Pl.⟩: *Kerosin.*

Leucht|or|gan, das (Biol.): *Licht erzeu-
gendes od. Licht ausstrahlendes Organ
bestimmter, bes. im Meer lebender Tiere.*

Leucht|pis|to|le, die: *Pistole zum Ver-
schießen von Leuchtmunition.*

Leucht|pla|ket|te, die: *(bei Verdunke-
lung im Krieg getragene) mit Leuchtstof-
fen versehene Plakette.*

Leucht|rah|men|su|cher, der (Fot.):
*Sucher an Fotoapparaten, bei dem die
Bildbegrenzung als heller Rahmen in et-
was größeren Sehfeld markiert ist.*

Leucht|ra|ke|te, die: vgl. Leuchtkugel.

Leucht|re|kla|me, die: *Reklame in Form
von Schrift od. Figuren aus Leuchtstoff-
röhren:* die L. flammte auf; an der Haus-
wand war eine L. angebracht.

Leucht|röh|re, die (Elektrot.): *für
Leuchtreklame verwendete, röhrenförmi-
ge Gasentladungslampe.*

Leucht|salz, das (Physik): *Metallsalz,
dem Leuchtstoffe beigemengt sind.*

Leucht|satz, der (Technik): *in der Feuer-
werkerei verwendetes Gemenge von Stoffen, die unter [farbigem] Leuchten verbrennen.*

Leucht|schalt|bild, das (Technik):
*Nachbildung einer Schaltanlage mit ver-
schiedenfarbig leuchtenden Symbolen.*

Leucht|schiff, das: *Feuerschiff.*

Leucht|schirm, der (Physik): *mit fluo-
reszierenden Substanzen beschichtete
Auffangfläche, die beim Auftreffen von
Elektronenstrahlen u. Röntgenstrahlen
aufleuchten.*

Leucht|schrift, die: *Reklame in Leucht-
buchstaben.*

Leucht|si|gnal, das: *[in bestimmten Ab-
ständen] aufleuchtendes Signal.*

◆**Leucht|span,** der: *als Fackel dienender
[Kien]span:* der Spätherbst ... mit den
langen Abenden, an welchen die Knechte in der Stube aus Kienscheiten Leucht-
späne schnitzten (Rosegger, Waldbauernbub 101).

Leucht|spur|ge|schoss, das (Milit.):
*Geschoss mit einem Leuchtsatz, das wäh-
rend seines Fluges eine leuchtende Spur
hinterlässt.*

Leucht|spur|mu|ni|ti|on, die (Milit.):
vgl. Leuchtspurgeschoss.

Leucht|stoff, der (Physik): *Stoff, der,
wenn er dem Licht ausgesetzt war, im
Dunkeln längere Zeit nachleuchtet od.
bei Bestrahlung mit unsichtbaren Strahlen sichtbares Licht aussendet.*

Leucht|stoff|lam|pe, die (Elektrot.):
*Lampe, deren Innenseite mit einem
Leuchtstoff beschichtet ist, sodass verschiedene Farben erreicht werden können.*

Leucht|stoff|röh|re, die (Elektrot.):
*Leuchtröhre, deren Innenseite mit einem
Leuchtstoff beschichtet ist.*

Leucht|tech|nik, die: *Beleuchtungstech-
nik.*

Leucht|ton|ne, die (Seew.): *Leuchtboje.*

Leucht|turm, der: *Turm (an od. vor einer
Küste) mit einem starken Leuchtfeuer.*

Leucht|turm|wär|ter, der: *jmd., der die
Anlage eines Leuchtturms bedient.*

Leucht|turm|wär|te|rin, die: w. Form
zu ↑Leuchtturmwärter.

Leucht|uhr, die (selten): *Uhr mit Leucht-
zifferblatt.*

Leucht|wer|be|mit|tel, das: vgl.
Leuchtreklame.

Leucht|zei|chen, das: *Leuchtsignal.*

Leucht|zei|ger, der: vgl. Leuchtziffer.

Leucht|zif|fer, die: *durch Leuchtstoff
leuchtende Stundenzahl auf einem Zifferblatt.*

Leucht|zif|fer|blatt, das: *Zifferblatt mit
Leuchtziffern.*

leug|nen ⟨sw. V.; hat⟩ [mhd. löugenen,
lougenen, ahd. louganen, zu einem
Subst. mit der Bed. »Verborgenheit; Ver-
heimlichung, Lüge«, verw. mit ↑lügen]:
a) *(etw., was einem zur Last gelegt od. in
Bezug auf seine Person behauptet wird)
für nicht zutreffend od. bestehend erklären:* standhaft, weiterhin hartnäckig l.;
seine Schuld, seine Mittäterschaft, seine
Tat, seine Identität l.; er leugnete nicht,
den Mann gesehen zu haben/dass er den
Mann gesehen hatte; ⟨subst.:⟩ alles
Leugnen half ihm nichts; b) *(etw. Offen-
kundiges wider besseres Wissen) für un-
wahr od. nicht vorhanden erklären u.
nicht gelten lassen* (meist verneint): seine
Tüchtigkeit hat niemand geleugnet; ich
kann nicht l. (gebe gerne zu), dass es mir
gut geht; es war nicht zu l. (stand eindeutig fest), dass das Geld fehlte; c) *(etw.,
was als Lehre, Weltanschauung o. Ä. od.
allgemein anerkannt ist u. vertreten wird)
für nicht bestehend erklären:* das Dasein
Gottes, die Unsterblichkeit l.; diese
Staaten leugnen Grundrechte des Menschen; Bulgarien und Griechenland ...,
welche die Existenz einer selbstständigen
mazedonischen Nation bis heute leugnen
(NZZ 26. 8. 86, 3); wenn man sie (= eine
Frage) nicht beantworten kann, dann
möchte man sie am liebsten ihre Existenz l.
(R. v. Weizsäcker, Deutschland 53).

Leug|ner, der; -s, - [mhd. lougener]: *jmd.,
der etw. leugnet.*

Leug|ne|rin, die; -, -nen: w. Form zu
↑Leugner.

Leug|nung, die; -, -en [mhd. lougenun-
ge]: *das Leugnen.*

leugst, leugt: ↑²liegen.

leuk-, Leuk-: ↑leuko-, Leuko-.

Leuk|ä|mie, die; -, -n [zu griech. leukós
(↑leuko-, Leuko-) u. haïma = Blut]
(Med.): *bösartige Erkrankung mit einer
Überproduktion an weißen Blutkörperchen; Blutkrebs; Weißblütigkeit:* an L.
leiden; Heute können ... nahezu 80 Prozent aller an L. erkrankten Kinder gerettet werden (Spiegel 33, 1984, 129).

leu|kä|misch ⟨Adj.⟩ (Med.): a) *die Leu-
kämie betreffend, zum Krankheitsbild
der Leukämie gehörend; weißblütig* (a);
b) *an Leukämie leidend; weißblütig* (b).

leu|ko-, Leu|ko-, (vor Vokalen gelegtl.)
leuk-, Leuk- [zu griech. leukós] ⟨Best. in
Zus. mit der Bed.⟩: *weiß, glänzend* (z. B.
Leukozyten, Leukonychie).

Leu|ko|ba|se, die (Chemie): *bei der Her-
stellung künstlicher Farbstoffe auftretende chemische Verbindung, die nicht selbst
färbt, aber für die Färbung wichtige Salze
bildet.*

Leu|ko|blast, der; -en, -en ⟨meist Pl.⟩ [zu
griech. blastós = Spross, Trieb] (Med.):
weiße Blutkörperchen bildende Zelle.

leu|ko|derm ⟨Adj.⟩ [zu griech. leukós =
weiß, glänzend u. dérma = Haut]
(Med.): *(von der Haut) pigmentarm; hell-
häutig.*

Leu|ko|derm, Leu|ko|der|ma, das; -s,
...men (Med.): *durch Pigmentschwund
bedingte rundliche weiße Flecken in der
Haut.*

leu|ko|krat ⟨Adj.⟩ [zu griech. krateïn =
(vor)herrschen] (Geol.): *(von bestimmten Erstarrungsgesteinen) überwiegend
helle Bestandteile (wie Quarz, Feldspat
u. a.) aufweisend u. deshalb hell erschei-
nend.*

Leu|ko|ly|se, die; -, -n [gek. aus Leuko-
zytolyse, ↑Lyse] (Med.): *Auflösung, Zer-
fall der weißen Blutkörperchen.*

Leu|ko|ly|sin, das; -s, -e ⟨meist Pl.⟩ [zu
↑Leukolyse] (Med.): *Substanz, die den
Abbau u. die Auflösung der weißen Blut-
körperchen bewirkt.*

Leu|kom, Leu|ko|ma, das; -s, -e (Med.):
*weißer Fleck, weißlich verfärbte Wuche-
rung od. Narbe auf der Hornhaut des Auges.*

Leu|ko|ma|to|se, die; -, -n [zu ↑Leukom]
(Med.): *Bildung weißer Flecken auf der
Haut.*

Leu|ko|me|lal|gie, die; -, -n [zu griech.
mélos = Glied u. álgos = Schmerz]
(Med.): *(als Folge von Durchblutungsstörungen auftretende) anfallartige Schmerzen in Armen u. Beinen (in Verbindung
mit Kältegefühl u. Blässe der Haut).*

Leu|ko|me|ter, das [↑-meter (1)] (Tech-
nik): *Gerät zur photoelektrischen Messung des Reflexionsgrades weißer od. heller Objekte bzw. Stoffe.*

Leu|ko|ny|chie, die; -, -n [zu griech.
ónyx (Gen.: ónychos) = Nagel] (Med.):
[teilweise] Weißfärbung der Nägel.

Leu|ko|pa|thie, die; -, -n [↑-pathie]
(Med.): *Leukoderm.*

Leu|ko|pe|nie, die; -, -n [gek. aus ↑Leu-
kozytopenie, zu griech. penía = Mangel,
Armut] (Med.): *krankhafte Verminde-
rung der weißen Blutkörperchen.*

Leu|ko|pla|kie, die; -, -n [zu griech. pláx
(Gen.: plakós) = Fläche, Fleck] (Med.):
*das Auftreten weißlicher Flecke, Verdi-
ckungen der [Schleim]haut (bes. an der
Zunge).*

¹Leu|ko|plast, der; -en, -en [zu griech.
plastós = gebildet, geformt, zu: plássein
= bilden, formen] (Biol.): *z. T. in Knol-
len, Wurzeln o. Ä. vorkommender, meist
Stärke bildender u. speichernder Bestandteil der pflanzlichen Zelle.*

²Leu|ko|plast®, das; -[e]s, -e [zu griech.
émplastron, ↑Pflaster]: *Zinkoxid enthal-
tendes Heftpflaster ohne Mullauflage.*

Leu|ko|plast|bom|ber, der [nach der
Vorstellung, die Einzelteile würden
durch ²Leukoplast zusammengehalten]
(salopp scherzh.): *kleines, klappriges [al-
tes] Auto (bes. der Firma Lloyd) [dessen
Karosserie aus Kunststoff besteht]:* Im
Kino lief das Knef-Skandalstück »Die
Sünderin«; Autonarren zwängten sich in
ihren L. (»Wer den Tod nicht scheut,
fährt Lloyd«) (Spiegel 10, 1977, 151).

Leu|ko|po|e|se, die; - [zu griech. poíē-sis = das Machen] (Med.): *Bildung weißer Blutkörperchen.*

leu|ko|po|e|tisch ⟨Adj.⟩ (Med.): *die Leukopoese betreffend; weiße Blutkörperchen bildend.*

Leu|kor|rhö, die; -, -en [zu griech. rheĩn = fließen] (Med.): *Weißfluss.*

leu|kor|rhö|isch ⟨Adj.⟩ (Med.): *zur Leukorrhö gehörend.*

Leu|ko|se, die; -, -n (Med.): *Leukämie.*

Leu|ko|to|mie, die; -, -n [zu griech. tomḗ = der Schnitt, das Schneiden] (Med.): *operativer Eingriff in die weiße Gehirnsubstanz bei bestimmten Geisteskrankheiten.*

Leu|ko|to|xin, das; -s, -e (Med.): *Bakteriengift, das die Funktion der weißen Blutkörperchen hemmt od. aufhebt.*

Leu|ko|tri|chia, **Leu|ko|tri|cho|sis,** die; - [zu griech. thríx (Gen.: trichós) = Haar] (Med.): *das Weißwerden der Haare.*

Leu|ko|zyt, der; -en, -en ⟨meist Pl.⟩ [zu griech. kýtos = Höhlung, Wölbung] (Med.): *farbloser, fester Bestandteil des Blutes; weißes Blutkörperchen.*

Leu|ko|zy|to|ly|se: ↑ Leukolyse.

Leu|ko|zy|to|pe|nie: ↑ Leukopenie.

Leu|ko|zy|to|se, die; - (Med.): *[krankhafte] Vermehrung der weißen Blutkörperchen.*

Leu|ko|zy|tu|rie, **Leu|ku|rie,** die; -, -n [zu griech. oũron = Harn] (Med.): *Ausscheidung weißer Blutkörperchen mit dem Harn.*

Leu|mund, der; -[e]s [mhd. liumunt, ahd. (h)liumunt, eigtl. = Gehörtes, verw. mit ↑ laut]: *guter od. schlechter Ruf, in dem jmd. aufgrund seines Lebenswandels bei seiner Umgebung steht:* sein L. ist schlecht; jmdm. einen guten L. bescheinigen; Wir erwarten von Ihnen eine gute Allgemeinbildung, sicheres Auftreten und einen einwandfreien L. (SZ 1. 3. 86, 90); Es verurteilte den Offizier, der einen tadellosen zivilen und militärischen L. besaß, zu 14 Tagen scharfem Arrest (NZZ 30. 8. 86, 7); Damit sich kein Nazi einschleicht, suchen sie jemand, der den politischen L. der Kandidaten bestätigt (Bieler, Bär 94); Er hat nichts gestohlen ... Die Rupp gibt ihm den besten L. *(weiß nur Gutes über ihn zu sagen;* Baum, Paris 32); ein Mensch mit gutem L.; * **böser L.** *(üble Nachrede; Verleumdung).*

Leu|munds|zeu|ge, der: *jmd., der ein Leumundszeugnis über jmdn. abgibt.*

Leu|munds|zeu|gin, die: w. Form zu ↑ Leumundszeuge.

Leu|munds|zeug|nis, das: **a)** *über jmds. Leumund abgegebenes Zeugnis:* ein L. über jmdn. abgeben; jmdn. um ein L. ersuchen; Sie fordern mich auf, einen Mann festzunehmen, ... dem ich jederzeit ein L. *(ein Zeugnis über seinen guten Leumund)* ausstellen würde (Erné, Fahrgäste 225); **b)** (schweiz. Rechtsspr.) *Führungszeugnis.*

Leu|na: Stadt an der Saale.

Leut, das; -s, -e (südd.): *Mensch, [weibliche] Person:* sie war eben ein sehr altes L. (Feuchtwanger, Erfolg 663).

Leut|chen ⟨Pl.⟩ (ugs.): Vkl. zu ↑ Leute:

wegen der paar L. lohnt es sich doch gar nicht; Die alten L. brauchen jemanden, der ihnen hilft (Singer [Übers.], Feinde 222).

Leu|te ⟨Pl.⟩ [mhd. liute, ahd. liuti, zu mhd., ahd. liut = Volk, eigtl. = Wuchs, Nachwuchs, Nachkommenschaft]: **1.** *mit anderen zusammen auftretende, als Menge o. Ä. gesehene Menschen:* junge, alte, erwachsene, verheiratete, tüchtige, kluge, einflussreiche, ordentliche, fremde, vornehme, nette, viele, manche L.; es waren etwa 20 L. da; die feinen L.; weil es auch L. mit Rückgrat *(Leute, die entschlossen für ihre Überzeugungen eintreten)* gibt (Hörzu 5, 1979, 10); L. von Rang und Namen; auf, L.!; (ugs.:) hört mal her, L.!; (ugs.:) L., wird das was geben!; das vergessen diese L. gern; Die L. wollen gar nichts drüber wissen (Grossmann, Liebe 122); kleine *(einfache, in bescheidenen Verhältnissen lebende)* L.; (ugs.:) was werden die L. *(die andern, unsere Bekannten, wird man [in der Öffentlichkeit])* dazu sagen?; die jungen L. wohnen *(das junge Ehepaar wohnt)* bei den Eltern der Frau; wenn du das tust, sind wir geschiedene L. *(will ich nichts mehr mit dir zu tun haben);* im Gerede, Geschrei der L. sein *(von andern kritisiert werden);* ehrlicher L. Kind sein (veraltend; *aus einer ordentlichen, wenn auch nicht wohlhabenden Familie stammen);* etw. nur der L. wegen *(um nicht unangenehm aufzufallen)* tun; (iron.:) auf L. wie Sie haben wir gerade gewartet; mit -n umzugehen wissen, verstehen; du musst wieder unter L. gehen *(gesellschaftliche Kontakte pflegen);* (abwertend:) was will, soll man von solchen -n anderes erwarten?; vor allen -n *(vor der Öffentlichkeit);* R als Kindern werden den L. (drückt das Erstaunen darüber aus, dass ein junger Mensch, den der Sprechende noch als Kind in Erinnerung hat, mittlerweile erwachsen ist); hier ist es [ja/doch] nicht wie bei armen -n (scherzh.; *etw., dessen man den Gast sich zu bedienen bittet, ist im Haushalt [immerhin in ausreichendem Maße] vorhanden);* * **in aller L. Munde/in der L. Mäuler[n] sein** *(viel beredet werden; Gegenstand des Klatsches sein);* **unter die L. kommen** (ugs.; *bekannt werden):* dass es die Klugen ... im eigenen Interesse verschweigen. Sie sorgen dafür, dass es nicht unter die L. kommt (Erh. Kästner, Zeltbuch 139); **etw. unter die L. bringen** (ugs.; *dafür sorgen, dass etw. bekannt wird).* **2. a)** (ugs.) *Personen, die unter jmds. Leitung arbeiten, bei jmdm. angestellt sind, Mitarbeiter eines Unternehmens o. Ä.:* sich für seine L. einsetzen; der Betrieb braucht neue, fähige L.; Wir haben ein gutes Team (Spieler) in der Nationalmannschaft (Simmel, Stoff 78); der Bundesnachrichtendienst entsendet keine seiner L. in die Kommission? (Zwerenz, Quadriga 7); der General, Offizier hatte ein gutes Verhältnis zu seinen -n *(Untergebenen);* ... zusammen mit sieben -n ein Spähtruppunternehmen auszuführen (Jens, Mann 142); **b)** (veraltet) *Arbeiter, Hausangestellte auf einem*

Guts-, Bauernhof; Gesinde: seine L. schinden. **3.** ⟨nur mit Possessivpron.⟩ (ugs.) *jmds. Familienangehörige:* ich hoffe, dass sie mit deiner Familie gut zurechtkommen. Natürlich sind sie ein bisschen älter als deine L. (Kemelman [Übers.], Dienstag 13); über die Feiertage fahre ich wieder zu meinen -n; ... bin ich einmal eine Woche lang als Erntehelferin bei seinen -n gewesen (Wimschneider, Herbstmilch 71).

-leu|te ⟨Pl.⟩: *bezeichnet in Bildungen mit Substantiven zusammenfassend eine Gruppe von Menschen (Männern oder Männern und Frauen), die sehr allgemein durch etw. charakterisiert sind oder [beruflich] mit etw. zu tun haben:* Ehe-, Fach-, Geschäfts-, Nachbarsleute.

Leu|te|ar|beit, die (veraltet): *Arbeit, die die Arbeiter, Hausangestellten auf einem Guts-, Bauernhof zu verrichten haben:* Oh, Baron, es war mir heute sofort möglich ... Die Einteilung der L. ist eine Kleinigkeit (Nachbar, Mond 114).

Leu|te|haus, das (veraltet): *Haus, in dem die Arbeiter, Hausangestellten eines Guts- od. größeren Bauernhofs leben:* Wenn auf Poenichen ein Fest gefeiert wurde, wurde immer auch in den Leutehäusern gefeiert, aber die einen feierten für sich und die anderen auch (Brückner, Quints 209).

leu|te|scheu ⟨Adj.⟩ (selten): *menschenscheu:* Man hielt sie für stolz und l., denn sie redete nur das Nötigste (Rinser, Jan Lobel 14).

Leu|te|scheu, die (selten): *Menschenscheu.*

Leu|te|schin|der, der (abwertend): *jmd., der seine Untergebenen roh behandelt u. in gemeiner Weise ausnutzt:* unter den Rekruten war er als L. berüchtigt; Weil er es ablehnte, in die Partei der L., wie er die Nazipartei nannte, einzutreten, blieb er auf seinem Paketwagen sitzen (Kühn, Zeit 363).

Leu|te|schin|de|rei, die (abwertend): *rohe Behandlung von Untergebenen u. deren schamlose Überbeanspruchung.*

Leu|te|schin|de|rin, die (abwertend): w. Form zu ↑ Leuteschinder.

Leu|te|stu|be, die (veraltet): *Aufenthalts- u. Essraum für die Arbeiter, Hausangestellten auf einem Guts-, Bauernhof.*

Leut|nant, der; -s, -s, selten: -e [frz. lieutenant, eigtl. = Stellvertreter (eines milit. Führers) ← afrz. luetenant = Statthalter (= Stellvertreter des Königs) ← mlat. locumtenens, zu lat. locus = Ort, Stelle u. tenere = haben, halten]: **a)** ⟨o. Pl.⟩ *unterster Offiziersdienstgrad:* jmdn. zum L. befördern; Abk.: Lt.; **b)** *Träger des Dienstgrades eines Leutnants* (a): *ein junger L.; daneben der baumlange L. mit den Schläfenschuss* (Plievier, Stalingrad 327); Jeder 6. L. in den amerikanischen Streitkräften ist eine Frau (Spiegel 7, 1991, 146); **c)** *Mitglied der Heilsarmee im dem Leutnant (a) entsprechenden Rang.*

Leut|nan|tin, die; -, -nen: w. Form zu ↑ Leutnant (c): L. Müller wirkt sehr ernst und rührend mit ihrem schleifenverzierten Schutenhut (Brigitte 23, 1974, 112).

Leut|nants|rang, der: *Rang eines Leutnants.*

Leut|nants|uni|form, die: *Uniform des Leutnants.*

Leut|pries|ter, der (kath. Kirche veraltet): *Weltgeistlicher.*

leut|se|lig ⟨Adj.⟩ [mhd. liutsælec = anmutig, zierlich, eigtl. = den Leuten gefallend, dann = den armen Leuten wohlgesonnen; ↑selig]: *wohlwollend, von einer verbindlichen, anteilnehmenden Freundlichkeit im Umgang mit Untergebenen u. einfacheren Menschen:* ein -er Chef; eine -e Freundlichkeit, Laune; Es gab kein joviales Getue, kein -es Schulterklopfen (Weber, Tote 104); ein ... Druckereibesitzer, der bei einem Rundgang durch den Setzersaal ... zu einem -en Plauderminütchen stehen blieb (Erné, Kellerkneipe 162); der Herr Amtsvorsteher hatte einen -en Tag (*war an diesem Tag einmal besonders leutselig*; Kühn, Zeit 96); er ist, gibt sich l.; Die Spannung ist von ihr gewichen, sie wird umgänglich, ja beinah l. (Frischmuth, Herrin 78); jmdm. l. zuwinken.

Leut|se|lig|keit, die [mhd. liutsælecheit]: *leutselige Art.*

Leu|wa|gen, der [1. Bestandteil zu (m)niederd. leu, loi, lei = faul, träge, in Zus. oft zur Bez. eines der Bequemlichkeit des Benutzers dienenden Hilfsmittels; 2. Bestandteil viell. zu niederd. wage = Waage, urspr. = Hebel(stange), verw. mit ↑²bewegen; volksetym. fälschlich angelehnt an »Wagen«]: **1.** (nordd.) *Schrubber:* Frau Hardekopf ... fuhrwerkte ... mit L. und Feudel in den großen Räumen der Bank herum (Bredel, Väter 81). **2.** (Seemannsspr.) *Stahlbügel od. Schiene für den Seitenwechsel der Segel.*

Leu|zis|mus, der; - [zu: griech. leukós, ↑leuko-, Leuko-] (Tierzucht): *unerwünschte Weißfärbung des Fells von Hunden, wobei im Unterschied zum Albinismus die Augen normal gefärbt bleiben.*

Leu|zit [auch: ...'t͜sit], der; -s, -e [zu griech. leukós, ↑leuko-, Leuko-]: *glänzendes, weißliches bis graues, zu den Feldspaten gehörendes Mineral.*

Le|va|de, die; -, -n [zu frz. lever < lat. levare = heben] (Reiten): *das Sichaufrichten des Pferdes auf der Hinterhand (als Figur der hohen Schule).*

Le|van|te, die; - [vgl. Levantiner] (veraltet): *die Mittelmeerländer östlich von Italien.*

Le|van|ti|ne, die; - [frz. levantine, eigtl. = die Levantinische (Seide), da dieser Stoff früher bes. in der Levante hergestellt wurde]: *für Steppdeckenbezugstoffe, Futter- u. Kleiderstoffe verwendetes Seiden- od. Chemiefasergewebe in Köperbindung.*

Le|van|ti|ner, der; -s - [nach der ital. Bez. levante (eigtl. = Sonnenaufgang, zu: levare < lat. levare, ↑Lever) für die Küstenländer des östl. Mittelmeers]: *jmd., der als Kind eines Europäers u. einer Orientalin in der Levante geboren u. aufgewachsen ist.*

Le|van|ti|ne|rin, die; -, -nen: w. Form zu ↑Levantiner.

le|van|ti|nisch ⟨Adj.⟩: *die Levante, die Levantiner betreffend.*

Le|va|tor, der; -s, ...oren [nlat. levator, zu lat. levare, ↑Lever] (Anat., Med.): *Muskel mit Hebefunktion.*

Le|ve|che [lɛbɛtʃɛ], der; -, -s [span. leveche, H.u.]: *dem Schirokko entsprechender, trockener, heißer, oft Staub u. Sand mitführender Südost- bis Südwestwind an der Südostküste Spaniens.*

Le|vee [lə've:], die; -, -s [frz. levée, zu: lever = ausheben (5), ↑Lever] (veraltet): *Aushebung von Rekruten.*

Le|vée en Masse [ləveã'mas], die; - - - [frz., eigtl. = Groß-, Massenaushebung] (veraltet): *allgemeines Aufgebot der männlichen Bevölkerung (zuerst 1793 vom französischen Nationalkonvent veranlasst).*

Le|vel, der; -s, -s [engl. level, eigtl. = Waage < lat. libella, ↑Libelle] (bildungsspr.): *Niveau, Rang, den etw. erreicht hat, auf dem sich etw. bewegt:* ein hoher, niedriger L.; verschiedene sprachliche -s; der qualitative L. der Antiquitätenmesse ist etwas gestiegen; Unterschiede auf dem bestmöglichen L. ausgleichen; Grundfreibeträge zwar angehoben, aber noch immer nicht auf den von Karlsruhe markierten L. (MM 21. 2. 91, 5); Solche Gespräche ... laufen am Anfang sehr vorsichtig, das heißt auf einem abstrakten politischen L. ab (Spiegel 31, 1980, 41); Die Jahresgebühr ist mit rund 2000 Mark weit unter dem L. vergleichbarer Golfplätze (SZ 9. 4. 99, V).

Le|vel|ler, der; -s, -s ⟨meist Pl.⟩ [engl., eigtl. = Gleichmacher]: *(zur Zeit Cromwells) Angehöriger einer radikalen demokratischen Gruppe mit dem Streben nach völliger bürgerlicher u. religiöser Freiheit.*

Le|ver [lə've], das; -s, -s [frz. lever, zu: se lever = aufstehen < lat. levare = hochheben, (sich) erheben] (früher): *Audienz eines Fürsten o. Ä. (bes. des französischen Königs) während der Morgentoilette:* ◆ und denn musst' ich ja auch bei dem L. zugegen sein und Seiner Durchlaucht das Wetter verkündigen (Schiller, Kabale I, 6).

Le|ver|sze|ne, die (Theater): *das Erwachen u. Aufstehen am Morgen darstellende Szene in der Komödie.*

Le|vi|a|than, (ökum.:) **Le|vi|a|tan** [auch: levja'ta:n], der; -s, -e [1: hebr. liwyatan, wohl = gewundenes Tier; 2: wohl nach der langen Reihe der Waschbottiche]: **1.** ⟨o. Pl.⟩ (*im A. T.) Ungeheuer in Gestalt eines Drachens, Krokodils als Sinnbild des Chaos u. der gottfeindlichen Weltmächte.* **2.** (Textilind.) *Waschmaschine für die Entfettung u. Reinigung von Wolle.*

Le|vi|rat, das; -[e]s, -e, **Le|vi|rats|ehe,** die [zu spätlat. levir = Bruder des Ehemannes] (Völkerk.): *Ehe eines Mannes mit der Frau seines kinderlos verstorbenen Bruders zur Zeugung eines Erben für den Verstorbenen.*

Le|vit, der; -en, -en [kirchenlat. levita, levites, griech. leuïtēs, nach den jüd. Stamm Levi (nach dem Stammvater Levi, hebr. Lewî), dessen Angehörige mit den Aufgaben des Priesteramtes betraut waren]: **1.** *jüdischer Tempeldiener aus dem Stamm Levi.* **2.** ⟨Pl.⟩ (kath. Kirche früher) *Subdiakon u. Diakon u. Assistenten des Priesters beim feierlichen Hochamt:* *jmdm. die Leviten lesen (ugs.; jmdn. wegen eines tadelnswerten Verhaltens nachdrücklich zur Rede stellen u. ihn energisch auf seine Obliegenheiten hinweisen; urspr. = aus den Vorschriften für Leviten 2 vorlesen).*

Le|vi|ta|ti|on, die; -, -en [engl. levitation, zu lat. levitas = Leichtigkeit] (Parapsych.): *freies Schweben eines Körpers im Raum (als Traumerlebnis od. als parapsychologische Erscheinung).*

Le|vi|ten: Pl. von ↑Levit.

le|vi|tie|ren ⟨sw. V.; hat⟩ [zu ↑Levitation] (Parapsych.): **a)** *sich erheben lassen, frei schweben lassen:* ... die (= Psychokinetikerin) unter wissenschaftlicher Kontrolle Gegenstände levitierte, die bis zu 200 Gramm wogen (Spiegel 5, 1974, 123); **b)** *sich erheben u. frei schweben.*

Le|vi|ti|kus, der; - [mlat. Leviticus]: *3. Buch Mose.*

le|vi|tisch ⟨Adj.⟩: *auf die Leviten (1, 2) bezüglich, sie betreffend.*

Le|vit|town ['lɛvitaʊn], die; -, -s [nach der Stadt Levittown (nach dem Namen der Firma A. S. Levitt) im Staat New York, dem Vorbild dieser Bauweise]: *(in den Außenbezirken amerikanischer Großstädte) große Wohnsiedlung aus einheitlichen Fertighäusern.*

Lev|koje: älter für ↑Levkoje.

Lev|ko|je, die; -, -n [griech. (mit ngriech. Aussprache) leukóïon, eigtl. = Weißveilchen, zu: leukós = weiß u. íon = Veilchen, nach den hell leuchtenden, veilchenartig duftenden Blüten]: *Pflanze mit länglichen, blassgrünen Blättern u. weiß bis violett gefärbten, meist stark duftenden Blüten in Trauben.*

Lew, der; -[s], Lewa [bulgar. lev, eigtl. = Löwe]: *bulgarische Währungseinheit (1 Lew = 100 Stotinki; Abk.: Lw).*

Le|wi|sit [lui'zi:t], das; -s (Arten:) -e [nach dem amerik. Chemiker W. L. Lewis (1878–1943)]: *chemischer Kampfstoff in Form einer stark geranienartig riechenden Flüssigkeit, die schmerzhafte Hautrötungen mit Blasenbildung verursacht.*

Lex, die; -, Leges [...e:s; lat. lex, ↑legal] (Parl.): *Gesetz, das (unter Anspielung auf die altrömische Gesetzgebung) mit dem Namen des Antragstellers od. der betreffenden Sache versehen wird:* die L. Heinze; Der Bundestag verabschiedete am Donnerstag die so genannte L. St. Pauli, die den Behörden neue Möglichkeiten zur Einschränkung der Straßenprostitution gibt (MM 27. 2. 70, 15).

Lex.-8° = Lexikonoktav.

Le|xem, das; -s, -e [russ. leksema, zu griech. léxis, ↑Lexikon] (Sprachw.): *Einheit des Wortschatzes, die die begriffliche Bedeutung trägt; Bestandteil des Lexikons.*

le|xe|ma|tik, die; - (Sprachw.): *Lehre von den Lexemen.*

le|xe|ma|tisch ⟨Adj.⟩ (Sprachw.): *die Lexematik betreffend.*

Lex ge|ne|ra|lis, die; - -, Leges generales

[...e:s ...e:s; aus ↑Lex u. generalis, ↑General] (Rechtsspr.): *allgemeines Gesetz;* vgl. Lex specialis.

le|xi|gra|phisch, (auch:) lexigrafisch ⟨Adj.⟩ (selten): *lexikographisch.*

Le|xik, die; - [↑Lexikon] (Sprachw.): *Wortschatz einer Sprache:* Sprachlenkung im Bereich der politischen L.

Le|xi|ka: Pl. von ↑Lexikon.

le|xi|kal, le|xi|ka|lisch ⟨Adj.⟩: **1.** *das Lexikon (1, 2) betreffend:* die -e Gestaltung eines Buches, Stoffes; Der lexikale Teil umfasst das Schlagwortverzeichnis, ein ... Verzeichnis der ... Forscher (Buchanzeige in: Börsenblatt 75, 1959, 3 561). **2.** (Sprachw.) *die Untersuchung von isolierten Wörtern ohne Berücksichtigung des Textzusammenhangs betreffend:* -e Begriffe, Stilwerte; die -e Bedeutung eines Wortes; -e Paradigmen.

le|xi|ka|li|sie|ren ⟨sw. V.; hat⟩ (Sprachw.): *als ein neues Lexem festlegen, zum festen inhaltlich-begrifflichen Bestandteil der Sprache machen:* ein Neuwort l.; ein Teil dieser Zusammensetzung wurde inzwischen lexikalisiert; diese Ableitung ist noch nicht lexikalisiert.

Le|xi|ka|li|sie|rung, die; -, -en (Sprachw.): **a)** *das Lexikalisieren:* die L. eines Wortes; **b)** *lexikalisiertes Wort.*

Le|xi|ken: Pl. von ↑Lexikon.

Le|xi|ko|graf usw.: ↑Lexikograph usw.

Le|xi|ko|graph, (auch:) Lexikograf, der; -en, -en [zu griech. lexikográphos = ein Wörterbuch schreibend]: **a)** *jmd., der auf dem Gebiet der Lexikographie tätig ist; Verfasser, Bearbeiter [einzelner Artikel] eines Wörterbuchs;* **b)** (selten) *Verfasser, Bearbeiter eines Lexikons (1).*

Le|xi|ko|gra|phie, (auch:) Lexikografie, die; - [↑-graphie]: *[Wissenschaft von der] Aufzeichnung u. Erklärung des Wortschatzes in Form eines Wörterbuchs.*

Le|xi|ko|gra|phin, (auch:) Lexikografin, die; -, -nen: w. Form zu ↑Lexikograph.

le|xi|ko|gra|phisch, (auch:) lexikografisch ⟨Adj.⟩: *die Lexikographie betreffend:* eine -e Methode.

Le|xi|ko|lo|ge, der; -n, -n [↑-loge]: *Wissenschaftler auf dem Gebiet der Lexikologie.*

Le|xi|ko|lo|gie, die; - [↑-logie]: *Bereich der Sprachwissenschaft, der sich mit der Erforschung des Wortschatzes (bes. mit der Struktur des Wortschatzes) befasst [u. die theoretischen Grundlagen für die Lexikographie schafft].*

Le|xi|ko|lo|gin, die; -, -nen: w. Form zu ↑Lexikologe.

le|xi|ko|lo|gisch ⟨Adj.⟩: *die Lexikologie betreffend.*

Le|xi|kon, das; -s, ...ka u. ...ken [griech. lexikón (biblíon) = Wörterbuch, zu: lexikós = das Wort betreffend, zu: léxis = Rede, Wort, zu: légein = auflesen, sammeln; reden]: **1.** *nach Stichwörtern alphabetisch geordnetes Nachschlagewerk für alle Wissensgebiete od. für ein bestimmtes Sachgebiet:* ein elektronisches, medizinisches, mehrbändiges, umfassendes L.; ein L. in fünfzehn Bänden; ein L. der Kunstwissenschaft; L. für Justiz, Verwaltung, Wirtschaft und Handel

(Buchanzeige in: Börsenblatt 95, 1966, 7 240); L. zur Sexualität (Buchanzeige in: Börsenblatt 13, 1969, 936); ein L. bearbeiten, herausgeben, herausbringen; Lexika auf CD-ROM werden immer beliebter; Ü er ist ein wandelndes/lebendes L. (ugs. scherzh.; *weiß auf allen Gebieten Bescheid, sodass man ihn immer fragen kann).* **2.** (veraltet) *Wörterbuch:* dass der Schüler sich bemüht, mithilfe des ihm zur Verfügung stehenden -s eine ... ungefähre Übersetzungslösung vorzuschlagen (G. Gutzmann in: PAKS-Arbeitsberichte 5, Universität Stuttgart 1970, 150). **3.** (Sprachw.) **a)** *Gesamtheit der selbstständigen bedeutungstragenden Einheiten einer Sprache; Wortschatz im Unterschied zur Grammatik einer Sprache;* **b)** *(in der generativen Grammatik) Sammlung der Lexikoneinträge einer Sprache.*

Le|xi|kon|ein|trag, der (Sprachw.): *(in der generativen Grammatik) formale Beschreibung eines Lexems anhand der phonologischen, syntaktischen u. semantischen Merkmale.*

Le|xi|kon|for|mat, das: vgl. Lexikonoktav.

Le|xi|kon|ok|tav, das: *bei Lexika übliches Buchformat von etwa 25 bis 30 cm* (Abk.: Lex.-8°).

Le|xi|kon|ver|lag, der: *Verlag, der sich auf die Herausgabe von Lexika spezialisiert hat.*

Le|xi|ko|sta|tis|tik, die (Sprachw.): **a)** *Sprachstatistik;* **b)** (selten) *Glottochronologie.*

le|xisch ⟨Adj.⟩ (Sprachw.): *die Lexik betreffend.*

Le|xo|thek, die; -, -en [zu griech. léxis, ↑Lexikon u. ↑-thek]: *in Rechenanlagen gespeichertes, in Morpheme zerlegtes Wortmaterial, das nach Bedarf unter verschiedenen Gesichtspunkten abgerufen, sortiert u. ausgedruckt werden kann; maschinelles Wörterbuch.*

Lex spe|ci|a|lis, die; - -, Leges speciales [...e:s ...e:s; aus ↑Lex u. lat. specialis, ↑spezial] (Rechtsspr.): *Sondergesetz (das Vorrang hat vor der Lex generalis).*

Le|zi|thin, (fachspr.:) Lecithin, das; -s, -e [griech. lékithos = Eigelb] (Chemie, Biol.): *als Bestandteil aller Zellen wichtiger, phosphorhaltiger, fettähnlicher Stoff.*

LG = Landgericht.

L'hom|bre ['lõ:bʀ]: ↑Lomber.

¹Li = Lithium.

²Li, das; -, - [chin.]: **a)** *chinesisches Längenmaß unterschiedlicher Größe* (zwischen 400 u. 700 m); **b)** *chinesisches Gewicht* (0,038 g).

Li|ai|son [liɛ'zõ:], die; -, -s [frz. liaison, zu: lier, ↑liieren]: **1.** (bildungsspr. veraltend) *Liebesverhältnis, Liebschaft:* eine L. mit jmdm. haben; seine Frau hat von seiner L. erfahren; Ü die L. *(enge Verbindung, Zusammenarbeit)* zweier Firmen; die L. zwischen den beiden Staaten besteht hauptsächlich auf wirtschaftlichem Gebiet. **2.** (Sprachw.) *im Französischen das Aussprechen eines sonst stummen Konsonanten am Wortende vor einem vokalisch beginnenden Wort.* **3.** (Kochk.) *Mischung aus Ei, Sahne u. Butter od.*

Mehl, Fleischbrühe u. a. zur Herstellung von Soßen, Cremes o. Ä.

Li|a|ne, die; -, -n ⟨meist Pl.⟩ [frz. liane, H.u.]: *bes. in tropischen Regenwäldern wachsende Schlingpflanze mit herabhängenden, sehr starken Ausläufern.*

Li|as, der od. die; - [frz. lias < engl. lias, zu frz. liais = feinkörniger Sandstein] (Geol.): *älteste Abteilung (2 d) des ²Jura.*

li|as|sisch ⟨Adj.⟩ [frz. lias(s)ique] (Geol.): *zum Lias gehörend.*

Li|ba|ne|se, der; -n, -n: Ew. zu ↑¹Libanon.

Li|ba|ne|sin, die; -, -nen: w. Form zu ↑Libanese.

li|ba|ne|sisch ⟨Adj.⟩: *den Libanon, die Libanesen betreffend; von den Libanesen stammend, zu ihnen gehörend:* -er Abstammung sein.

¹Li|ba|non, -s, (auch:) der; -[s]: Staat im Vorderen Orient: das/der südliche L.; Syrien wolle ein unabhängiges L. ..., heißt es von syrischer Seite weiter (NZZ 17. 3. 84, 2).

²Li|ba|non, der; -[s]: Gebirge im Vorderen Orient.

Li|ba|ti|on, die; -, -en [lat. libatio, zu: libare = er hatte ausgießen] *[altrömisches] Trankopfer für Götter u. Verstorbene:* während Joseph ... an dem Stein ... seine Gebete und -en darbrachte (Th. Mann, Joseph 532).

Li|bell, das; -s, -e [lat. libellus = Büchlein, Vkl. von: liber = Buch]: **1.** *altrömische Klageschrift.* **2.** (veraltet) *Schmäh-, Streitschrift.*

Li|bel|le, die; -, -n [lat. libella = kleine Waage, Wasserwaage; 1: nach dem gleichmäßigen Flug mit waagerecht ausgespannten Flügeln; 3: nach der einer Libelle (1) ähnlichen Form]: **1.** *am Wasser lebendes, größeres räuberisches Insekt mit langem, schlankem Körper u. zwei Paar schillernden Flügeln:* über dem silbernen See tanzten flirrend -n (Simmel, Affäre 106). **2.** *Teil von Messinstrumenten, bestehend aus einem mit Flüssigkeit gefüllten Glasröhrchen, in dem eine Luftblase die horizontale od. vertikale Lage anzeigt.* **3.** *Haarspange bestimmter Art.*

Li|bel|len|waa|ge, die: *Wasserwaage.*

¹li|bel|lie|ren ⟨sw. V.; hat⟩: *mithilfe der Libelle (2) prüfen, messen.*

◆ **²li|bel|lie|ren** ⟨sw. V.; hat⟩ [zu ↑Libell (1)]: *eine Klageschrift abfassen, einreichen:* ⟨subst.:⟩ so währte das Libellieren gemeiniglich so lange, als es die Mittel der Parteien wahrscheinlicherweise aushalten konnten (Wieland, Abderiten IV, 3).

Li|bel|list, der; -en, -en (bildungsspr. veraltet): *Verfasser eines Libells (2).*

Li|bel|lis|tin, die; -, -nen (bildungsspr. veraltet): w. Form zu ↑Libellist.

Li|ber, der; -, Libri [lat. liber, eigtl. = Bast (als Schreibmaterial)]: lat. Bez. für *Buch.*

li|be|ral ⟨Adj.⟩ [frz. libéral < lat. liberalis = freiheitlich; freigebig; edel, zu: liber = frei]: **1.** *dem Einzelnen wenige Einschränkungen auferlegend, die Selbstverantwortung des Individuums unterstützend; freiheitlich:* ein -er Chef; ein -es Gesetz; Dabei waren sich die Diskussionsteilnehmer ... einig in der Forderung nach Beibehaltung des im Grundgesetz verankerten -en Asylrechts (Saarbr. Zeitung 8.10.79, 15); diese Verordnungen sind sehr l.; die Lehrerin geht l. mit ihren Schülern um. **2.** *die Weltanschauung des Liberalismus* (1) *betreffend, sie vertretend:* -e Politik; -e Grundsätze; eine -e Partei, Gruppe; ein -er Staatsmann; seine [politischen] Vorstellungen sind ausgesprochen l.; ein -er Scheißer (derb abwertend; *jmd., der sich nicht festlegt, nicht eindeutig Stellung bezieht, nach allen Seiten offen ist*). **3.** *eine den Liberalismus vertretende Partei betreffend, vertretend, zu ihr gehörend:* ein -er Abgeordneter; die -e Parlamentarierin; eine -e Zeitung; die -e Fraktion; l. wählen.

Li|be|ra|le, der u. die; -n, -n ⟨Dekl. ↑Abgeordnete⟩: *Mitglied, Anhänger[in] einer liberalen Partei:* als -r vertritt er die Grundsätze der freien Marktwirtschaft; die -n *(die liberale Partei)* müssen ihre Politik ändern, wenn sie die Wahl gewinnen wollen.

li|be|ra|li|sie|ren ⟨sw. V.; hat⟩ [frz. libéraliser]: **1.** *von Einschränkungen befreien; liberal* (1) *machen:* das Abtreibungsgesetz l.; Die Eisenbahner protestieren gegen Pläne der EU-Kommission, den Bahnverkehr in der Europäischen Union weiter zu l. (FR 24.11.98, 2); Hausordnung im Mütterwohnheim wurde liberalisiert (MM 1.6.79, 27); ein liberalisiertes Strafrecht. **2.** (Wirtsch.) *Einfuhrverbote u. -beschränkungen im Außenhandel beseitigen:* Man kann Gütermärkte l., ohne gleich den gesamten Kapitalverkehr freizugeben (Zeit 17.9.98, 27); Die Bundesrepublik ... zähle nicht zu den Staaten, die ... ihre Einfuhren gelockert oder gar völlig liberalisiert haben (Welt 21.11.64, 9).

Li|be|ra|li|sie|rung, die; -, -en: **1.** *das Liberalisieren* (1): man strebt eine L. des Sexualstrafrechts an. **2.** *das Liberalisieren* (2): die L. des Handels mit den USA.

Li|be|ra|lis|mus, der; - [engl. liberalism, frz. libéralisme]: **1.** *im 19. Jh. entstandene, im Individualismus wurzelnde Weltanschauung, die in gesellschaftlicher u. politischer Hinsicht die freie Entfaltung u. Autonomie des Individuums fordert u. staatliche Eingriffe auf ein Minimum beschränkt sehen will.* **2.** *liberales* (1) *Wesen; liberaler Zustand:* während eine Verminderung der Gefahr das Bedürfnis nach L. und mehr Freiheit weckt (Dönhoff, Ära 132).

Li|be|ra|list, der; -en, -en: *Vertreter, Anhänger des Liberalismus* (1).

Li|be|ra|lis|tin, die; -, -nen: w. Form zu ↑Liberalist.

li|be|ra|lis|tisch ⟨Adj.⟩: **a)** *den Liberalismus betreffend, auf ihm beruhend; im Sinne des Liberalismus denkend, handelnd:* -e Auffassungen; **b)** *extrem liberal.*

Li|be|ra|li|tät, die; - [lat. liberalitas = edle Gesinnung, Freigebigkeit]: *liberale* (1) *Wesen, Denken; liberale Gesinnung:* ein Mensch von großer L.; die L. des Lehrers wurde missbraucht; eine L. der Auffassung, deren ein deutscher Natio-

nalsozialist nicht fähig gewesen wäre (Niekisch, Leben 268).

Li|be|ra|li|um Ar|ti|um Ma|gis|ter [- ...ts... -], der; - - - [vgl. Artes liberales]: *Magister der freien Künste* (Titel mittelalterlicher Universitätslehrer).

Li|be|ra|ti|on, die; -, -en [frz. libération < lat. liberatio] (veraltet): *Befreiung, Entlastung.*

Li|be|ria; -s: Staat in Westafrika.

Li|be|ri|a|ner, der; -s, -: Ew.

Li|be|ri|a|ne|rin, die; -, -nen: w. Form zu ↑Liberianer.

li|be|ri|a|nisch ⟨Adj.⟩: *Liberia, die Liberianer betreffend; von den Liberianern stammend, zu ihnen gehörend:* die -e Hauptstadt.

Li|be|ro, der; -s, -s [ital. libero, eigtl. = der Freie, zu: libero < lat. liber, ↑liberal] (Fußball): *Abwehrspieler ohne unmittelbaren Gegenspieler, der sich aber ins Angriffsspiel einschalten kann:* [als] L. spielen; die Position des -s einnehmen.

Li|ber Pon|ti|fi|ca|lis, der; - - [mlat., aus lat. liber = Buch u. pontificalis, ↑pontifikal]: *mittelalterliche Sammlung der ältesten Papstbiografien.*

li|ber|tär ⟨Adj.⟩ [frz. libertaire, zu: liberté < lat. libertas = Freiheit] (bildungsspr. selten): *extrem freiheitlich; anarchistisch:* der -e Sozialismus; ... und zeigt Farinet als -n Kämpfer für Individualismus (Tages Anzeiger 28. 7. 84, 5).

Li|ber|tas (röm. Myth.): Göttin der Freiheit.

Li|ber|tät, die; -, -en [lat. libertas = Freiheit]: **1.** (früher) *ständische Freiheit.* **2.** (selten) *Freiheit, Unabhängigkeit:* Den Drang nach »Libertät«, nach großer, wirtschaftlicher, politischer, kultureller Unabhängigkeit von der Sowjetunion (MM 28. 1. 66, 15).

Li|ber|té, Éga|li|té, Fra|ter|ni|té [libɛr'te, egali'te, fratɛrni'te; frz.]: Freiheit, Gleichheit, Brüderlichkeit (Losungsworte der Französischen Revolution).

li|ber|tin ⟨Adj.⟩ [frz. libertin, zu lat. liber = frei] (geh. veraltend): *zügellos, schrankenlos:* Der -e Bildhauer war Hitler-Gegner, und von ihm hat sies gelernt (FAZ 24.4.61, 57); Auden, schon in Berlin, hatte ihn auf die -e Hauptstadt »hungrig« gemacht (Spiegel 6, 1977, 137).

Li|ber|tin [...'tɛ̃], der; -s, -s [frz. libertin]: **1.** (veraltet) *Freigeist.* **2.** (geh. veraltet) *ausschweifend, zügellos lebender Mensch.*

Li|ber|ti|na|ge [...'naːʒə], die; -, -n [frz. libertinage] (bildungsspr.): *moralische Freizügigkeit; Zügellosigkeit:* Der ihm durch seinen Hang zum Anrüchigen und Exzentrischen, zur sexuellen L. ohnehin dubios war, störte auch noch seine beruflichen Kreise (Reich-Ranicki, Th. Mann 209); Harriet Andersson interpretiert ihre zwischen bürgerlicher Verhärmtheit und fröhlicher L. angelegte Rolle durchaus überzeugend (Welt 28. 8. 65, Film).

Li|ber|ti|nis|mus, der; - (bildungsspr.): *ausschweifende Lebensführung, Haltung; Zügellosigkeit.*

Li|ber|ty, der; -[s] [nach dem Namen einer Londoner Textilfirma]: *feiner Stoff*

in Atlasbindung aus Seide od. Chemiefasern.

Li|ber|ty-Ship ['lɪbətɪ 'ʃɪp], das; - -[s], - -s, (auch:) **Li|ber|ty|ship,** das; -[s], -s [engl.; eigtl. = Freiheitsschiff; die Schiffe wurden bes. zur Versorgung der amerik. Truppen in Europa eingesetzt; aus: liberty = Freiheit (< frz. liberté < lat. libertas) u. ship = Schiff]: *(im Zweiten Weltkrieg verwendetes) amerikanisches Standardfrachtschiff (mit 10 000 t Tragfähigkeit).*

Li|be|rum Ar|bi|tri|um, das; - - [lat. = freie Entscheidung, aus: liber = frei u. arbitrium, ↑Arbitrium] (Philos.): *Willens- u. Wahlfreiheit.*

li|bi|di|ni|sie|ren ⟨sw. V.; hat⟩ [zu ↑Libido] (Psych.): *libidinös besetzen; ganz auf die Libido* (1) *ausrichten:* Masochisten, die Strafzufügung zum erotischen Genuss libidinisiert zum haben (Hacker, Aggression 244).

Li|bi|di|nist, der; -en, -en (Psych.): *sexuell triebhafter Mensch.*

Li|bi|di|nis|tin, die; -, -nen (Psych.): w. Form zu ↑Libidinist.

li|bi|di|nös ⟨Adj.⟩ [lat. libidinosus, zu: libido, ↑Libido] (Psych.): *auf die Libido bezogen; die sexuelle Lust betreffend, sexuell:* -e Energie; Es besteht heute kein Zweifel mehr darüber, dass -e Lustempfindungen bereits zum Erfahrungsbestand des kindlichen Lebens gehören (Schelsky, Soziologie 67); Er ... sprach vom, wie er sagte, -en Verhältnis der Sizilianer zum Tod (Fest, Im Gegenlicht 142).

Li|bi|do [auch: li'biːdo], die; - [lat. libido = Lust, Begierde]: **1.** (bildungsspr., Psych.) *auf sexuelle Befriedigung gerichteter Trieb; Bedürfnis, Trieb, sexuelle Lust zu empfinden; Geschlechtstrieb.* **2.** (Psych.) *allen psychischen Äußerungen zugrunde liegende psychische Energie:* die rebellische L. ist nicht weniger explosiv als der revolutionäre Klassenkampf (K. Mann, Wendepunkt 329).

Li|bra, die; -, -[s] [1: lat. libra, ↑¹Lira; 2: span., port. libra < lat. libra, ↑¹Lira]: **1.** *altrömisches Gewichtsmaß.* **2.** *früheres Gewichtsmaß in Spanien, Portugal u. Brasilien.*

Li|bra|ri|us, der; -, ...rii [lat. librarius, Substantivierung von: librarius = zu den Büchern gehörend, Buch-, zu: liber (Gen.: libri) = Buch]: *(im alten Rom) Bücherabschreiber [u. Buchhändler].*

Li|bra|ti|on, die; -, -en [lat. libratio = das Wägen, zu: librare = wägen] (Astron.): *auf der Ungleichförmigkeit der Bahnbewegung des Mondes, optischen Effekten o. Ä. beruhende, scheinbare teilweise Drehbewegung des Mondes um die eigene Achse nach beiden Seiten.*

Li|bres|so, das; -[s], -s [geb. aus ital. libro (< lat. liber) u. ↑²Espresso] (in Österreich Kaffeehaus mit Büchern, Zeitungen u. Zeitschriften.

li|bret|tie|ren ⟨sw. V.; hat⟩: *in die Form eines Librettos bringen.*

Li|bret|tist, der; -en, -en: *Verfasser eines Librettos.*

Li|bret|tis|tin, die; -, -nen: w. Form zu ↑Librettist.

Li|bret|to, das; -s, -s u. ...tti [ital. libretto, eigtl. Vkl. von: libro < lat. liber = Buch]: *Text[buch] von Opern, Operetten, Singspielen, Oratorien.*

Li|bre|ville [librə'vil]: Hauptstadt der Republik Gabun.

Li|bri: Pl. von ↑Liber.

Li|by|en, -s: Staat in Nordafrika.

Li|by|er, der; -s, -: Ew.

Li|by|e|rin, die; -, -nen: w. Form zu ↑Libyer.

li|bysch ⟨Adj.⟩: *Libyen, die Libyer betreffend; von den Libyern stammend, zu ihnen gehörend:* die -e Hauptstadt; die Libysche Wüste.

lic. (schweiz.) = Lic.

Lic. = Licentiatus; vgl. ²Lizenziat.

li|cet ['li:tsɛt; lat., zu: licere, ↑Lizenz] (bildungsspr. veraltet): *es ist erlaubt.*

-lich [mhd. -lich, ahd. -lich, ursp. selbstständiges Wort u. identisch mit mhd. lîch, ahd. lîh, ↑Leiche]: **1.** kennzeichnet in Bildungen mit Substantiven die Zugehörigkeit zu diesen: grundgesetzlich, programmlich, reiterlich. **2.** drückt in Bildungen mit Verben (Verbstämmen) aus, dass mit der beschriebenen Person oder Sache etw. gemacht werden kann: **a)** bestechlich, erklärlich; **b)** /verneint in Verbindung mit un-/ unauflöslich, unauslöschlich. **3.** drückt in Bildungen mit Verben (Verbstämmen) aus, dass die beschriebene Person oder Sache etw. macht: dienlich, einbringlich. **4.** drückt in Bildungen mit Adjektiven eine Abschwächung oder Differenzierung aus: gelblich, rundlich, schläulich. **5.** drückt in Bildungen mit Substantiven (Zeitangaben) eine Wiederholung aus: halbjährlich, stündlich.

Li|chen ['li:çe:n], der; -s [lat. lichen < griech. lichēn = Flechte] (Med.): *Knötchenausschlag.*

Li|che|ni|fi|ka|ti|on, die; -, -en [zu ↑Lichen u. lat. -ficatio (in Zus.) = das Machen, das Bewirken] (Med.): *Vergröberung u. Verdickung der Haut, Vertiefung der Hautfurchen mit teilweisem Auftreten von Knötchen.*

Li|che|nin, das; -s, -e [zu lat. lichen, ↑Lichen] (Bot.): *zelluloseähnlicher Stoff in den Zellwänden der Flechten.*

Li|che|ni|sa|ti|on, die; -, -en: *Lichenifikation.*

li|che|no|id ⟨Adj.⟩ [zu lat. lichen (↑Lichen) u. griech. -oeidēs = ähnlich] (Med., Biol.): *flechtenartig, flechtenähnlich.*

Li|che|no|lo|ge, der; -n, -n [↑-loge] (Bot.): *Botaniker, der sich auf Lichenologie spezialisiert hat.*

Li|che|no|lo|gie, die; - [↑-logie] (Bot.): *auf Flechten (2) eingegrenztes Spezialgebiet der Botanik.*

Li|che|no|lo|gin, die; -, -nen: w. Form zu ↑Lichenologe.

Li|che|no|me|trie, die; - [zu lat. lichen (↑Lichen) u. ↑-metrie]: *Verfahren zur Altersbestimmung von geologischen Ablagerungen (z. B. Moränen) sowie von vor- u. frühgeschichtlichen Steinbauwerken mithilfe von Flechten.*

licht ⟨Adj.⟩ [mhd. lieht, ahd. lioht, ursp. = leuchtend, strahlend]: **1. a)** (geh.) of-

fen u. dadurch angenehmerweise von viel [Tages]licht erhellt; voll freundlicher Helligkeit; lichtdurchflutet: ein -er Raum; Die Neue Ermitage, im 19. Jahrhundert ... erbaut, empfängt uns mit ihren hohen, -en Sälen (Berger, Augenblick 105); ein -er Morgen brach an; am -en Tag (bei Tageslicht, am Tag); der Nebel hob sich, es wurde -er; Ü befassen wir uns einmal mit -eren (angenehmeren) Aspekten (Weiss, Marat 75); Zugleich begann die -ere (freundlichere, heiterere) römische und griechische Mythologie die Sagenwelt des Nordens zu verdrängen (Fest, Im Gegenlicht 131); Die alte Teinsko ... hat ihm den Ring noch einmal als -er in ihrem Kopfe war (als sie noch mehr bei Verstand war; Strittmatter, Der Laden 930); **b)** von angenehm heller Farbe: ein -es Rot; das -e Grün der jungen Birken. **2.** dünn bewachsen, große Zwischenräume aufweisend; spärlich: eine -e Stelle im Wald; -e (weite) Maschen; der Wald wurde -er; sein Haar ist schon ziemlich l.; die Bäume stehen l.; Ü die Reihen der alten Kameraden wurden -er (es sind schon einige gestorben). **3.** (von Öffnungen o. Ä.) von der einen zur anderen inneren Begrenzungsfläche gemessen: das Rohr hat eine -e Weite von 20 Zentimetern; Dabei hat das Gewölbe eine -e Höhe von 70 mm (CCI 10, 1986, 15).

Licht, das; -[e]s, -er u. (veraltet, dichter.:) -e [mhd. lieht, ahd. lioht, ursp. = das Leuchten, Glanz; 5: der Nasenschleim wird mit einem überlaufenden Talglicht verglichen]: **1.** ⟨o. Pl.⟩ **a)** *etw., was die Umgebung hell macht, erleuchtet u. dadurch Dinge sichtbar macht; Helligkeit; von einer Lichtquelle ausgehender Schein:* helles, schwaches, mildes, fahles L.; natürliches, ultraviolettes L.; das L. der Sonne, der Lampe; Das L. der Taschenlampe tastet die Wände ab (Ossowski, Flatter 64); das grelle L. blendet; Das blasse L. war der Widerschein der Straßenlampe, die seit einigen Tagen wieder brannte (H. Gerlach, Demission 202); L. fällt durch den Türspalt; das L. bricht sich im Prisma; die dunkle Tapete schluckt viel L.; geh mir aus dem L.! (tritt aus dem Lichtschein, der auf mich auftreffen soll u. der im Moment auf dich auftrifft, heraus!); etw. gegen das L. halten; jmdm. das L. nehmen, im L. stehen; An einem Winterspätnachmittag saß sie in dem gelben L., das von außen kam, im Fenster des ausgedehnten Wohnraums an einer elektrischen Nähmaschine (Handke, Frau 7); der Raum ist von künstlichem L. erhellt; Spr wo [viel] L. ist, ist auch [viel] Schatten (wo es [viel] Positives gibt, gibt es auch [viel] Negatives); Ü das göttliche L.; das L. des Geistes; *das L. der Welt erblicken (geh.; geboren werden); L. auf jmdn., etw. werfen (jmdn., etw. in bestimmter Weise erscheinen lassen; jmdn., etw. [in bestimmter Weise] deutlich werden lassen):* sein wirkliches Bild ergibt sich ... auch aus jenen nüchternen Dokumenten, die etwas L. auf sein alltägliches Leben werfen (Reich-Ranicki, Th. Mann 20); das Verfahren ... wirft ein so schreckliches L. auf

die berufliche Fähigkeit unserer Dorfpolizei (Dürrenmatt, Richter 16); So was wirft bloß ein schlechtes L. auf meine Station (Sebastian, Krankenhaus 51); *L. in etw. bringen (eine Angelegenheit aufklären, aufhellen):* sein Geständnis hat L. in die Affäre gebracht; *jmdn. hinters L. führen (jmdn. täuschen; eigtl. = jmdn. nach der Seite führen, nach der ihn der Lichtstrahl einer Lampe abgeschirmt ist):* wenn wir uns nicht seit zehn Jahren kennen würden, könntest du mich vielleicht hinters L. führen (Becker, Tage 21); *jmdn., etw. ins rechte L. rücken/setzen/stellen (dafür sorgen, dass jmd., etw. vorteilhaft o. ä. erscheint); etw. in rosigem, im rosigsten L. sehen/darstellen (etw. sehr positiv beurteilen); etw. in einem milderen L. sehen (etw. für nicht so schlimm halten); sich selbst im L. stehen (sich selbst schaden);* **b)** *Tageslicht:* das L. kommt durch zwei Fenster; die richtige Farbe kann man nur am L. sehen; ans L. gehen; der Baum vor dem Fenster nimmt viel L. weg; * *das L. scheuen (etw. zu verbergen haben); L. am Ende des Tunnels sehen (in schwieriger Lage Anzeichen für eine Besserung, einen Hoffnungsschimmer entdecken):* Die Genossen sahen L. am Ende des Tunnels: Auf Kosten des Staates wird ihnen ein Teil ihrer Altschulden erstattet (Spiegel 44, 1983, 18); *etw. ans L. bringen/ziehen/zerren/holen (etw. [Verheimlichtes] an die Öffentlichkeit bringen); ans L. kommen (von etw. Verheimlichtem, Verborgenem bekannt werden, offenbar werden):* irgendwann werden dein Taten ans L. kommen; *ans L. treten (geh.; erscheinen, auftauchen):* ein riesiges Arsenal aller subversiven Ideen, die im Laufe der letzten Generationen ans L. getreten waren (Friedell, Aufklärung 17); *bei L. besehen (genauer betrachtet):* Bei L. besehen, ist nämlich »Tonio Kröger« weder novellistisch noch lyrisch oder balladesk (Reich-Ranicki, Th. Mann 94); **c)** *Beleuchtung (1 a):* schlechtes L.; im Keller gibt es kein L.; weil es ja in der ausgebombten Nietzschestraße noch kein elektrisches L. gab (Hilsenrath, Nazi 75); bei diesem L. kann ich nicht arbeiten; L. machen (die Beleuchtung einschalten); * *in einem guten/günstigen/schlechten o. ä. L. erscheinen/stehen (einen guten, günstigen, schlechten o. ä. Eindruck machen).* **2. a)** ⟨Pl. -er⟩ *Lampe, Lichtquelle:* ein spärliches, helles L.; offenes L. (Lichtquelle mit einer brennenden Flamme); das L. ist an, brennt, geht aus, ist aus; das L. anknipsen, anmachen, ein-, ausschalten; im Wohnzimmer brennen alle -er; Feuer und offenes L. (frei brennende Lichtquelle) verboten!; * *grünes L. geben (die Erlaubnis geben, etw. in Angriff zu nehmen;* nach dem grünen Licht von Verkehrsampeln o. Ä.); *das ewige L.* (kath. Kirche; ununterbrochen brennende rote Lampe als Zeichen der Gegenwart Christi); *in einem Land, an einem Ort gehen die -er aus (um etw. sieht es düster aus, ist es schlecht bestellt):* in Deutschland gingen damals die -er aus; **b)** ⟨Pl. auch: -e⟩ *Kerze:* das L. flackert, brennt ruhig; die -er anzünden, ausblasen; die -er am Christbaum aufstecken; *kein/ nicht gerade ein großes L. sein (ugs.; ↑ Kirchenlicht); ein kleines L. sein (ugs.; *eine unbedeutende Person sein*): Natürlich ist sie nur ein kleines L. in dieser umfangreichen Propagandamaschinerie (Weber, Tote 72); jmdm. geht ein L. auf (ugs.; *jmd. versteht, durchschaut plötzlich etw.*); sein L. leuchten lassen (*sein Wissen, Können zeigen, zur Geltung bringen;* nach Matth. 5, 16); sein L. [nicht] unter den Scheffel stellen (*seine Leistungen, Verdienste [nicht] aus Bescheidenheit verbergen;* nach Matth. 5, 15); jmdm. ein L. aufstecken (ugs.: *jmdn. [tadelnd, vorwurfsvoll] in Bezug auf eine bestimmten Sachverhalt belehren, aufklären; jmdm. erklären, wie sich die Dinge in Wirklichkeit verhalten;* nach dem Bild des Aufsteckens einer Kerze auf einen Kerzenleuchter); das L. [bei etw.] halten (*bei der Ausführung einer unrechten Tat behilflich sein;* eigtl. = jmdm. bei seinem unrechten Tun im Dunkeln leuchten): Warum soll's Ruprecht just gewesen sein? Hat Sie das L. dabei gehalten (Kleist, Krug 9); c) ⟨o. Pl.⟩ (ugs. veraltend) *elektrischer Strom, bes. zur Speisung von Beleuchtungskörpern:* die Großeltern ließen sich damals L. (*elektrische Leitungen*) legen; die Rechnung für L. und Gas war sehr hoch. 3. ⟨Pl. -er⟩ (meist bild. Kunst) *Glanzlicht (b):* wenn man ... dann mit dem Schabeisen -er herausholt (Bild. Kunst III, 89); kastanienbraunes Haar mit goldenen -ern; Ü Mutter und Tochter, deren Beschreibung du mit einigen ironischen -ern versiehst (Th. Mann, Krull 402). 4. ⟨Pl. -er; meist Pl.⟩ (Jägerspr.) *Auge des Haarwildes.* 5. ⟨Pl. -er⟩ (bes. berlin. ugs.) *herabhängender Nasenschleim:* Der Junge zog ein kräftiges L. hoch (Tucholsky, Zwischen 115).

Licht|ab|le|ser, der (ugs. veraltend): *Stromableser.*

Licht|ab|le|se|rin, die (ugs. veraltend): w. Form zu ↑ Lichtableser.

Licht|an|la|ge, die: *elektrische Beleuchtungsanlage.*

licht|arm ⟨Adj.⟩: *nicht gut beleuchtet, düster:* wenn man den ganzen Tag in den -en Kellern Champignons sticht (Schnurre, Ich 76).

Licht|bad, das (Med.): *Bestrahlung des Körpers mit künstlichem Licht od. mit Sonnenlicht zu Heilzwecken.*

Licht|be|hand|lung, die (Med.): *Behandlung mit Lichtbädern.*

licht|be|stän|dig ⟨Adj.⟩: *sich unter der Einwirkung von Licht nicht verändernd.*

Licht|bild, das: a) (Amtsspr.) *Passbild:* mit dem Antrag sind zwei -er einzureichen; b) (veraltend) *im Verfahren der Fotografie hergestelltes Bild; Fotografie (2);* c) (veraltend) *Diapositiv.*

Licht|bil|der|abend, der: *Abendveranstaltung, bei der Dias gezeigt werden.*

Licht|bil|der|vor|trag, der: *Diavortrag.*

Licht|bild|ner, der (veraltet): *Fotograf.*

licht|blau ⟨Adj.⟩: *von einem hellen Blau.*

Licht|blick, der: *erfreuliches Ereignis, erfreuliche Aussicht während eines sonst eintönigen od. trostlosen Zustandes:* der

Feiertag ist ein L., der einzige L.; Ein Rededuell Dr. Schwarme – Dr. Behrendsen war immer ein L. im sonst tristen Gerichtsalltag (Konsalik, Promenadendeck 470); diese Begegnungen gehörten zu den wenigen -en seines Daseins; Zu den -en in Österreichs Olympiateam zählen die Florettfechter (Neue Kronen Zeitung 3. 8. 84, 18); Ü Daphne fühlte wohl, dass sie nunmehr Antoniens einziger Trost und L. geworden war (A. Kolb, Daphne 93).

licht|blond ⟨Adj.⟩: vgl. lichtblau.

Licht|bo|gen, der (Technik): *hell leuchtende elektrische Entladung zwischen zwei Elektroden führenden Elektroden.*

Licht|bo|gen|lam|pe, die (Elektrot.): *Bogenlampe.*

Licht|bo|gen|ofen, der (Technik): *Ofen zum Schmelzen von Metallen, der mithilfe eines Lichtbogens erhitzt wird.*

Licht|bo|gen|schwei|ßung, die (Technik): *Schweißung mithilfe eines Lichtbogens.*

◆ **Licht|bra|ten,** der [eigtl. = Braten, der zu Beginn der Zeit, in der bei Licht gearbeitet werden muss, gereicht wird]: *Braten, der den Gesellen eines Handwerksmeisters zu Winteranfang gereicht wird:* Nun hatten sie einsmal ein Schweinchen gemetzelt, das zweite, seitdem man den L. hatte (Mörike, Hutzelmännlein 160).

licht|braun ⟨Adj.⟩: vgl. lichtblau.

licht|bre|chend ⟨Adj.⟩ (Optik): *Licht in eine andere Richtung lenkend.*

Licht|bre|chung, die (Physik): *Brechung (1) des Lichts.*

Licht|bün|del, das: *durch eine relativ kleine Öffnung tretender Lichtstrahl, der sich deutlich von der Umgebung abhebt:* die L. der starken Scheinwerfer.

Licht|chen, das; -s, - u. Lichterchen: Vkl. zu ↑ Licht (2 a, b).

licht|dicht ⟨Adj.⟩: *lichtundurchlässig.*

Licht|dom, der: (bei nationalsozialistischen Großveranstaltungen) *bei Dunkelheit von einer großen Zahl senkrecht in die Höhe gerichteter Scheinwerfer erzeugter Lichteffekt, der die Illusion eines gotischen Doms erweckt:* Hand in Hand marschierten sie geradewegs in einen mächtigen L. hinein, wieder flatterten Fahnen (Harig, Wehe dem 79).

Licht|druck, der: 1. ⟨o. Pl.⟩ (Physik) *Druck, den ein auf eine Fläche auftreffender Lichtstrahl ausübt.* 2. a) ⟨o. Pl.⟩ *Flachdruckverfahren zur Vervielfältigung von Gemälden, Fotografien u. Ä.;* b) ⟨Pl. -e⟩ *einzelnes, im Verfahren des Lichtdrucks (2 a) hergestelltes Bild.*

licht|durch|flu|tet ⟨Adj.⟩: *von Licht (1 a, b) erfüllt:* ein -er Raum.

licht|durch|läs|sig ⟨Adj.⟩: *für Licht durchlässig:* ein -er Stoff, Vorhang.

Licht|durch|läs|sig|keit, die: *Durchlässigkeit für Licht.*

Lich|te, die; -: *lichte (3) Weite.*

licht|echt ⟨Adj.⟩: *(von Farben) sich unter der Einwirkung von [Tages]licht im Farbton nicht verändernd:* -e Druckfarben; der Stoff, die Gardine ist l.

Licht|echt|heit, die: *das Lichtechtsein.*

Licht|ef|fekt, der: *durch Licht erzeugter*

Effekt: auf der Bühne wurde viel mit -en gearbeitet.

Licht|ein|fall, der: *das Einfallen (3) von Licht:* die Pupille verengt sich bei L.; Vom plötzlichen L. geblendet, sah Cotta zunächst nur mit Tüchern und Decken verhängte Möbel (Ransmayr, Welt 195).

Licht|ein|heit, die (Physik): *Maßeinheit in der Photometrie.*

Licht|ein|strah|lung, die: *Einstrahlung von Licht.*

Licht|ein|wir|kung, die: *Einwirkung von Licht:* bestimmte Farben verändern sich unter L.

licht|elek|trisch ⟨Adj.⟩ (Physik): *die beim Auftreffen von Licht auf bestimmte Stoffe hervorgerufene Elektrizität betreffend:* -e Zelle *(Photozelle).*

lich|teln ⟨sw. V.; hat⟩ (landsch.): *(bes. zur Weihnachtszeit) Kerzen brennen lassen.*

licht|emp|find|lich ⟨Adj.⟩: a) *unter Lichteinwirkung auf bestimmte Weise [leicht] reagierend:* -es Filmmaterial; b) *überempfindlich gegen Lichteinwirkung:* -e Haut; weil ihre Augen sehr l. sind, trägt sie eine dunkle Brille.

Licht|emp|find|lich|keit, die (Pl. selten): *das Lichtempfindlichsein.*

Licht|emp|fin|dung, die: *durch Licht ausgelöste Empfindung in den Augen.*

¹**lich|ten** ⟨sw. V.; hat⟩ [zu ↑ licht]: 1. a) *bewirken, dass bestimmte Dinge weniger dicht stehen; ausdünnen:* den Baumbestand, das Unterholz, die aufgegangene Saat l.; In der Morgenfrühe versuche ich mich mit der Sense oder mit der Axt, um den Dschungel zu l. (Frisch, Montauk 196); Ü der Krieg hat die Reihen der ehemaligen Klassenkameraden gelichtet; b) ⟨l. + sich⟩ *weniger dicht werden:* der Wald lichtet sich; sein Haar ist schon stark gelichtet; Das Netz der rund 38 000 Tankstellen wird sich l. (Rhein. Merkur 2.2.85, 13); Ü die Reihen lichten sich (*von einer bestimmten Anzahl Menschen werden es immer weniger):* nach und nach lichtete sich Helenes Bekanntenkreis (*wurde kleiner;* Zwerenz, Quadriga 116). 2. (geh.) a) *heller machen:* die Sonne lichtet das Dunkel; Ü Bis zu jener Begegnung, die die Verworrenheit ihres Lebens mit einem Schlag lichtet (Joho, Peyrouton 175); b) ⟨l. + sich⟩ *heller werden:* der Himmel, das Dunkel lichtet sich; Ü das Dunkel über dem Mordfall beginnt sich zu l.

²**lich|ten** ⟨sw. V.; hat⟩ [mniederl. lihten = leicht machen, niederl. Form von veraltet leichten, ↑ ²Leichte] (Seemannsspr.): *(den Anker) hochziehen [um wegzufahren]:* das Schiff lichtete den Anker.

Lich|ter, der; -s, -: *Leichter.*

Lich|ter|baum, der (gek.): *Weihnachtsbaum mit angezündeten Kerzen.*

Lich|ter|chen: Pl. von ↑ Lichtchen.

Lich|ter|fest, das: *jüdisches Fest der Tempeleinweihung im Dezember.*

lich|ter|füllt ⟨Adj.⟩ (geh.): *von Licht erfüllt.*

Lich|ter|glanz, der: *Glanz, Helligkeit von vielen Lichtern:* das Zimmer erstrahlte im L. des Weihnachtsbaumes.

Lich|ter|ket|te, die: *Kette aus aneinan-*

der gereihten Lampen: die L. am Weihnachtsbaum befestigen; Neben -n und Lampions werden auch solche Farbtransparente ... den Luisenpark beim großen Fest schmücken (MM 24. 6. 81, 17); die Straßen waren mit -n geschmückt; Ü Er ... schaut in den frühen Abend über der Stadt. Die L. der Autos, die regnerische Dämmerung (Strauß, Niemand 183); die Demonstranten wollen eine L. über die Rheinbrücke bilden; Großdemonstrationen, -n oder Rockkonzerte gegen rechts (Spiegel 2, 1993, 48).

lich|ter|loh ⟨Adj.⟩ [aus älterem li(e)hter Lohe = mit heller Flamme]: *mit hellen, aufschlagenden Flammen brennend:* der -e Brand der Nixon-Puppe wurde stürmisch beklatscht (MM 4. 5. 70, 2); die Scheune brannte l.; ... steht das Gebäude l. in Flammen (Chotjewitz, Friede 263); Ü sein Herz brannte l. *(er war leidenschaftlich verliebt).*

Lich|ter|meer, das: *große Menge von hell leuchtenden Lampen u. Lichtern:* das L. der Stadt; Weich in den Knien stehe ich im L. der sündigsten Meile Thailands (Hörzu 41, 1976, 6).

lich|tern ⟨sw. V.; hat⟩: leichtern.

Licht|fil|ter, der, Frachspr. meist: das: *Filter* (2).

Licht|fleck, der: *von Licht verursachte helle Stelle in einer dunkleren Umgebung.*

Licht|flut, die (geh.), Licht|fül|le, die (geh.): *viel helles Licht.*

Licht|ga|den, der (Archit.): *Gaden* (1).

Licht|gar|be, die (geh.): *Lichtbündel.*

Licht|geld, das (ugs. veraltend): *Geld, das man für elektrischen Strom bezahlen muss.*

Licht|ge|schwin|dig|keit, die: *Geschwindigkeit, mit der sich Licht ausbreitet.*

Licht|ge|stalt, die (geh.): *leuchtende Gestalt, die aus Licht zu bestehen scheint:* Schließlich begegnet ihm eine L., ... eine liebevolle, warmherzige Erscheinung (Spiegel 26, 1977, 87).

licht|grau ⟨Adj.⟩: vgl. lichtblau.

Licht|grif|fel, der (EDV): 1. *handgeführtes Gerät zum Lesen von Strichcodes* (z. B. an Kassen). 2. *Stift, in dessen Spitze eine an den Computer angeschlossene lichtempfindliche Zelle eingebaut ist u.* mit dem durch Berühren der Bildschirmfläche Punkte u. Linien gezeichnet od. Markierungen vorgenommen werden können: die direkte Eingriffsmöglichkeit über das Bild mittels L., Maus oder gar nur mit dem Finger (CCI 6, 1987, 31).

licht|grün ⟨Adj.⟩: vgl. lichtblau.

Licht|hal|ter, der (landsch.): *Kerzenhalter.*

Licht|hof, der: 1. *von mehrgeschossigen Gebäudeteilen umschlossener Hof, von dem aus Licht in die angrenzenden Räume fällt:* Sie ist aus dem Fenster gesprungen. In den L. (Zenker, Froschfest 33). 2. (Fot.) *Schleierbildung an stark belichteten Stellen einer Fotografie.* 3. (selten) *heller Schein um einen leuchtenden Körper:* der Mond hat einen L.; die Motten tanzen im L. der Laterne.

Licht|holz, das (Forstw.): *Baumart, die zum Gedeihen viel Licht braucht.*

licht|hung|rig ⟨Adj.⟩: *ein großes Bedürfnis nach Sonnenlicht habend:* -e Pflanzen; nach einem so langen Winter ist man richtig l.

Licht|hu|pe, die: *(in Kraftfahrzeugen) Vorrichtung, die dazu dient, mit den Scheinwerfern Lichtsignale zu geben:* die L. benutzen, betätigen; Mit der L. forderte er den Funkwagen auf, nach Möglichkeit schneller zu werden (Bastian, Brut 168); Viele der entgegenkommenden Autofahrer machten ihn mit der L. darauf aufmerksam, dass er am hellen Tag mit Licht fuhr (Brückner, Quints 73).

Licht|jahr, das (Astron.): *Strecke, die das Licht in einem Jahr zurücklegt* (Maßeinheit für die Entfernung von Himmelskörpern): dieser Stern ist viele -e entfernt; Ü Zum Teil bin ich zwar noch -e (emotional; *sehr weit*) vom Ziel entfernt (Dierichs, März 206).

◆ Licht|karz, der; -es, -e [H. u.]: (schwäb.) *abendliche Zusammenkunft der Frauen in der Spinnstube:* Damit sie ihres Kummers eher vergesse, lud ihr Frau Betha einen L. ein (Mörike, Hutzelmännlein 132).

◆ Licht|karz|stu|be, die: (schwäb.) *Spinnstube:* drum beten und singen sie in den -n und spinnen dazu (Hauff, Jud Süß 443).

Licht|kas|ten, der: *medizinisches Gerät für Wärmebehandlungen.*

Licht|ke|gel, der: *von einer Lampe, einem Scheinwerfer o. Ä. ausgehender kegelförmiger Schein:* der schmale L. war so stark, dass man nichts außerhalb erkennen konnte (Remarque, Triomphe 388); im L. des Scheinwerfers stand ein Mann; Über seine Schulter hinweg sah sie hinter dem Fenster die vorbeiwischenden L. der Autos (Ossowski, Liebe ist 132); Man konnte den Polizisten kaum sehen, weil er hinter dem L. der Taschenlampe stand (Hilsenrath, Nacht 276); Halogenstrahler gibt es ..., die einen richtigen L. werfen (Basler Zeitung 2. 10. 85, 27).

Licht|kreis, der: vgl. Lichtkegel.

Licht|kunst, die: *Kinetik* (2).

Licht|leh|re, die ⟨o. Pl.⟩ (selten): *Optik.*

Licht|lei|tung, die (ugs.): *elektrische Stromleitung:* In diesem Augenblick zerriss der Schneesturm die L. (B. Vesper, Reise 427).

licht|los ⟨Adj.⟩: *ohne [Tages]licht:* Wir hockten uns in dem fast -en Keller auf die Knie (Lentz, Muckefuck 195); eine Welt -er Hinterhöfe und Gitterzäune (Melos 3, 1984, 103).

Licht|man|gel, der: *Mangel an Tageslicht:* die Pflanzen gingen wegen -s ein.

Licht|mann, der (ugs. veraltend): *Stromableser.*

Licht|ma|schi|ne, die (Kfz-T.): *vom Motor über einen Keilriemen angetriebener Generator, der Strom für die elektrischen Anlagen eines Fahrzeugs liefert.*

Licht|maß, das (Technik): *lichtes* (3) *Maß.*

Licht|mast, der: *Mast für elektrische Leitungen, bes. für die Straßenbeleuchtung.*

Licht|men|ge, die (Physik): *Menge an Licht, die eine Lichtquelle abgibt:* Zum Waldklima, wenigstens äußerlich gesehen, gehört auch die L. (Mantel, Wald 33).

Licht|mess ⟨o. Art.; indekl.⟩ [mhd. liehtmesse, nach der an diesem Tag stattfindenden Kerzenweihe u. Lichterprozession] (kath. Kirche): *kirchlicher Festtag (2. Februar):* Mariä L.; zu/(bes. südd.:) an L.; An L. gingen Otto Donath und Eduard Witte mit ihren Söhnen nach Aken zum Schlachtfest (Bieler, Bär 9).

Licht|mes|ser, der: *Photometer.*

Licht|mes|sung, die: *Photometrie.*

Licht|mi|nu|te, die (Astron.): vgl. Lichtjahr.

Licht|mot|te, die: *Zünsler.*

Licht|nel|ke, die [nach dem lat. Gattungsnamen Lychnis, zu griech. lýchnos = Leuchte] (Bot.): *in vielen Arten vorkommende Pflanze mit meist behaarten Blättern u. Stängeln u. roten od. weißen Blüten.*

Licht|netz, das (ugs. veraltend): *Stromnetz.*

Licht|or|gel, die: *Beleuchtungsanlage in Diskotheken o. Ä. mit vielen [verschiedenfarbigen] Lampen, die im Rhythmus der Musik aufleuchten:* Die Show ist von einer vulgären Schönheit. Lichtorgeln, perfekt mit den Soloinstrumenten synchronisiert ... (Spiegel 47, 1977, 230).

Licht|pau|se, die: *Kopie einer transparenten Zeichnung od. Schrift auf lichtempfindlichem Papier.*

licht|pau|sen ⟨nur im Inf. gebr.⟩: *Lichtpausen herstellen; als Lichtpause vervielfältigen.*

Licht|paus|ge|rät, das: *Gerät zum Lichtpausen.*

Licht|paus|ver|fah|ren, das: *Verfahren zur Herstellung von Lichtpausen.*

Licht|punkt, der: *punktförmige Lichtquelle:* die -e der Scheinwerfer entgegenkommender Autos; Ü das war ein kleiner L. *(Lichtblick).*

Licht|putz|sche|re, die: *Dochtschere.*

Licht|quant, das: *Photon.*

Licht|quel|le, die: *etw., was Licht ausstrahlt, bes. künstlicher Beleuchtungskörper:* eine nackte Glühbirne war die einzige L.; beim Lesen sollte die L. über dem Kopf sein; Haltende Fahrzeuge sind außerhalb geschlossener Ortschaften mit eigener L. zu beleuchten (Straßenverkehrsrecht, StVO 32).

Licht|rech|nung, die (ugs. veraltend): *Stromrechnung.*

Licht|re|flex, der: *von einer spiegelnden Fläche reflektierter Lichtschein:* Er patschte ins Wasser, und die -e zersprangen, schwankend und funkelnd (Tucholsky, Werke II, 277).

Licht|re|gie, die: *nach bestimmten [künstlerischen] Erwägungen vorgenommenes Einsetzen, Steuern von Beleuchtung u. Lichteffekten bei Theateraufführungen, Filmen o. Ä.:* der Regieassistent macht auch L.

Licht|reg|ler, der: *Helligkeitsregler.*

Licht|reiz, der: *von Licht auf etw. ausgeübter Reiz:* die Netzhaut reagiert auf -e.

Licht|re|kla|me, die: *Leuchtreklame:* wo

die grelle L. ... sich im glitzernden Asphalt spiegelte (Böll, Mann 10).

Licht|satz, der (Druckw.): *besondere Art des Fotosatzes.*

Licht|schacht, der: **1. a)** *mit Glas gedeckter Schacht innerhalb eines Gebäudes;* **b)** *[mit einem Rost gedeckter] Schacht vor Kellerfenstern, die unterhalb der Erdoberfläche liegen.* **2.** (Fot.) *Schacht im Sucher einer Spiegelreflexkamera.*

Licht|schal|ter, der: *Schalter zum Ein- u. Ausschalten der elektrischen Beleuchtung:* nach dem L. suchen, tasten; Ich tastete mich am Gemäuer entlang, in der Hoffnung, einen L. zu finden (Innerhofer, Schattseite 22).

Licht|schein, der: *von einer Lichtquelle ausgehender Schein:* ein greller, matter, fahler L.; ein L. fiel heraus zu mir (Fallada, Trinker 79).

Licht|sche|re, die: *Lichtputzschere.*

licht|scheu ⟨Adj.⟩: **1.** *das [Tages]licht meidend; überempfindlich auf Licht reagierend:* ein -es Tier: sogar Seezungenfilets harmonieren ... ganz besonders mit dem -en Spargel (Augsburger Allgemeine 27./28. 5. 78, 40); Manche Gummisorten sind nämlich besonders l. (Augsburger Allgemeine 11./12. 2. 78, 13); Die kleinen Flattertiere (= Fledermäuse) gelten zwar als hässlich und l., sind aber als Insektenvertilger höchst nützlich (SZ 22. 9. 97, 11). **2.** *die Öffentlichkeit aus Angst vor Entdeckung fürchtend, weil man etw. zu verbergen hat:* -es Gesindel, Volk; Für euch sind wir Spinner, Schweine, ... -e Schmarotzer (Degener, Heimsuchung 59); Man kann nämlich Newt Gingrich vieles vorwerfen, aber sicher nicht, dass er sich nahezu unsichtbar und l. auf dem Kapitolshügel herumdrücken würde (SZ 11. 11. 94, 4).

Licht|scheu, die: *das Lichtscheusein.*

Licht|schim|mer, der: vgl. Lichtschein.

Licht|schran|ke, die: *Vorrichtung, bei der eine Sperre, Alarmanlage o. Ä. ausgelöst wird, wenn ein auf eine Photozelle fallender Lichtstrahl unterbrochen wird:* der Aufzug, die Maschine, die Rolltreppe hat eine L.; In der Nähe von Herrhausens Wohnung ... zerstörte eine per L. gezündete Bombe die gepanzerte Limousine des Vorstandssprechers der Deutschen Bank (SZ 23. 11. 96, 1); Mit einer an das alte System angeschlossenen L. wird bei der Einfahrt die Länge des Autos festgestellt und ein entsprechender Parkschein ausgegeben (SZ 23. 11. 96, 1).

Licht|schutz, der: *Schutz vor [schädlichen Einwirkungen von] Licht.*

Licht|schutz|fak|tor, der: *(als Zahl ausgedrückter) Faktor, der angibt, wie stark ein Sonnenschutzmittel die Haut schützt:* Sonnenmilch mit L. 18; Durch ein spezielles Färbe- und Wirkverfahren werden die Textilien aus Nylon, Lycra oder Baumwolle mit einem besonders hohen L. ausgestattet (Woche 8. 8. 97, 41); (Abk.: LSF).

Licht|schutz|mit|tel, das (seltener): *Sonnenschutzmittel.*

licht|schwach ⟨Adj.⟩: *wenig Licht ausstrahlend.*

Licht|sei|te, die: *günstige, gute Seite einer Sache:* nur die -n des Lebens sehen; alles hat seine Licht- und Schattenseiten.

Licht|setz|ma|schi|ne, die (Druckw.): *Maschine für den Lichtsatz.*

Licht|si|gnal, das: *mithilfe von Lichtern* (2 a) *gegebenes Signal zur Verkehrsregelung, Übermittlung einer Nachricht o. Ä.:* ein rotes, blinkendes L.; Er blickte noch einmal in die Richtung des Turms und sah in Abständen kürzere und längere -e nach Westen zucken (Bieler, Mädchenkrieg 361); der Verkehr wird mit -en *(Verkehrsampeln)* geregelt.

Licht|sinn, der (Biol.): *Fähigkeit von Lebewesen, mithilfe bestimmter Organe Lichtsinnesreize aufzunehmen.*

Licht|sin|nes|reiz, der: *Sinnesreiz, der von Licht ausgelöst wird.*

Licht|spalt, der: *Spalt, durch den Licht fällt.*

Licht|spiel, das (veraltend): *Film* (3 a): Das als Appell gegen die Todesstrafe angekündigte L. erwies sich als mäßig spannender ... Psychokrimi (Hörzu 41, 1974, 48).

Licht|spiel|haus, das (veraltend): *Kino:* Die Gründungszeremonie ... war sogar gefilmt worden. Ausschnitte davon wurden ... in allen Lichtspielhäusern Moskaus gezeigt (Leonhard, Revolution 232).

Licht|spiel|the|a|ter, das (veraltend): *Kino:* Während wir beide ganz hinten im L. der Uraufführung unseres Filmes beiwohnten, ... (Grzimek, Serengeti 13).

licht|stark ⟨Adj.⟩: *von großer Lichtstärke* (1, 2).

Licht|stär|ke, die: **1.** (Physik) *messbare Stärke des von einer Lichtquelle ausgestrahlten Lichts:* die L. wird in Candela gemessen. **2.** (Fot.) *größtes mögliches Verhältnis zwischen Blendenöffnung u. Brennweite bei einem fotografischen Objektiv.*

Licht|stift, der (EDV): *Lichtgriffel.*

Licht|strahl, der: *Strahl* (1): ein schmaler L.; Fußgänger tauchten in den hellen L. der Scheinwerfer und sanken zurück ins Dunkel (Erné, Fahrgäste 19); Ein wenig weiter im Raum, in einem von Staub tanzenden L. (Hildesheimer, Legenden 161); Ü ein kleiner L. fiel in sein Leben.

Licht|strei|fen, der: *streifenförmiger Lichtstrahl:* ein schmaler L. fiel auf den Boden; Die Frühlingssonne warf grelle L. in den Raum (Kirst, 08/15, 754).

Licht|strom, der (Physik): *Strahlungsfluss einer Lichtquelle.*

Licht|stumpf, der: *Kerzenstumpf.*

Licht|tech|nik, die: *Zweig der Technik, der sich mit Lichtmessung, der Erzeugung von Licht u. Fragen der Beleuchtung befasst.*

licht|tech|nisch ⟨Adj.⟩: *die Lichttechnik betreffend:* l. perfekte Leuchten (Wohnfibel 9).

Licht|te|le|gra|fie, die: *Übermittlung von Nachrichten mithilfe von Lichtsignalen.*

Licht|the|ra|pie, die (Med.): *Lichtbehandlung.*

Licht|ton|ver|fah|ren, das (Film): *Verfahren zur fotografischen Aufzeichnung von Schallwellen beim Tonfilm.*

licht|trun|ken ⟨Adj.⟩ (dichter.): *trunken von Licht:* Um die Tischlampe ... gaukelten zwei -e Schmetterlinge (Sebastian, Krankenhaus 144).

licht|un|durch|läs|sig ⟨Adj.⟩: *undurchlässig für Licht.*

Lich|tung, die; -, -en [zu ↑ ¹lichten]: **1.** *von Bäumen freie Stelle im Wald:* Sie durchquerten eine L., wo am Rand sich Rehe aneinander drängten (Handke, Frau 104). **2.** (Med.) *Lumen* (2 b).

Licht|ver|hält|nis|se ⟨Pl.⟩: *das Licht* (1 a) *betreffende Gegebenheiten:* in diesem Zimmer herrschen ungünstige, erstklassige L.; Es ist stattdessen notwendig, für die jeweiligen L. den entsprechenden Film in die Kamera einzulegen (Foto-Magazin 8, 1967, 62).

licht|voll ⟨Adj.⟩ (geh.): **1.** *einen Sachverhalt erhellend, verdeutlichend:* sie machte -e Ausführungen; was er sagte, war nicht gerade l. **2.** *freudvoll, glücklich:* wir haben eine -e Zukunft vor uns; **3.** *lichtdurchflutet, hell:* trägt er (= der Spiegel) dazu bei, den Räumen neue Dimensionen zu geben, sie l. zu weiten (Wohnfibel 170).

Licht|wech|sel, der: **1.** (Astron.) *Änderung der [scheinbaren] Helligkeit eines Himmelskörpers.* **2.** *Wechsel der Beleuchtung:* L.! rief der Schauspieler und trat ab (Kuby, Sieg 310).

Licht|wel|le, die (Physik): *von einer Lichtquelle ausgestrahlte elektromagnetische Welle.*

licht|wen|dig ⟨Adj.⟩ (Biol.): *phototropisch.*

Licht|wen|dig|keit, die ⟨o. Pl.⟩ (Biol.): *Phototropismus.*

Licht|wert, der (Fot.): *Zahl, mit deren Hilfe sich mögliche Kombinationen von Belichtungszeit u. Blendenöffnung bei einem Fotoapparat errechnen lassen.*

Licht|wir|kung, die: *durch Licht erzeugte Wirkung:* mit indirekter Beleuchtung eine besondere L. erzielen.

Licht|zei|chen, das: *Lichtsignal.*

Licht|zei|chen|an|la|ge, die (Amtsspr.): *Ampel* (2).

Licht|zeit, die (Astron.): *Zeit, die ein Lichtstrahl benötigt, um von einem Gestirn zur Erde zu gelangen.*

Li|cker, der; -s, - [mit eindeutschender Aussprache geb. zu engl. (fat) liquor]: *Fettemulsion, mit der der Leder nach dem Gerben eingefettet wird.*

li|ckern ⟨sw. V.; hat⟩: *Leder nach dem Gerben mit Licker einfetten.*

Lic. theol. = Licentiatus theologiae; vgl. ²Lizenziat.

Lid, das; -[e]s, -er [mhd. lit, ahd. (h)lit = Deckel, Verschluss, eigtl. = das Angelehnte, verw. mit ↑ ¹lehnen]: *Haut, die beim Öffnen u. Schließen des Auges von oben u. unten bewegt wird; Augenlid:* das obere, untere L.; entzündete, gerötete -er; ihre -er zuckten; seine -er flatterten (Bieler, Mädchenkrieg 49); die -er senken, aufschlagen, schließen; die -er wurden ihr schwer (geh.; *sie wurde müde, schlief bald ein*).

Lid|ent|zün|dung, die: *Entzündung des Lidrandes.*

Li|de|rung, die; -, -en [zu mhd. lideren = gerben, zu ↑Leder] (veraltet): *Abdichtung aus Leder.*

Lid|krampf, der (Med.): *krampfartiges Schließen der Lider.*

Lid|lohn, Liedlohn, der [mhd. lit-, lidlōn = Dienstbotenlohn, viell. eigtl. = der nach Beendigung der Arbeit (beim Weggang) gezahlte Lohn, vgl. ahd. līdan = gehen, fahren (↑leiden)] (Rechtsspr.): **a)** *Lohn, der bei einem Konkurs bevorzugt ausgezahlt werden muss;* **b)** *(in der Schweiz) Geld, auf das mündige Kinder, die im Haushalt der Eltern mitgeholfen haben, bei deren Tod od. bei Zwangsversteigerung Anspruch haben;* ◆ **c)** *Lohn (für geleistete Arbeit):* Wir hatten einmal einen thüringischen verunglückten Pfarrer in Lidlohn *(in Stellung)* genommen (Raabe, Alte Nester 97).

Li|do, der; -s, -s, auch: Lidi [ital. lido < lat. litus = Strand]: *schmaler, lang gestreckter Landstreifen vor einer Küste; Nehrung zwischen Lagune und offenem Meer:* der L. von Venedig.

Lid|rand, der: *Rand des Lides:* am L. wachsen die Wimpern.

Lid|sack, der: *erschlaffte Haut unter den Augen.*

Lid|schat|ten, der: **1.** *Färbung des Lides mit Schminke zum Betonen der Augen:* sie trägt auffallenden L. **2.** *kosmetisches Mittel (Puder, Paste od. Stift) zum Schminken der Lider.*

Lid|schlag, der: *das Heben und Senken des Augenlids:* ich ... blickte in die blauen Augen über mir. Aber nichts, kein Zwinkern, kein L. (Erné, Fahrgäste 221).

Lid|spal|te, die: *Öffnung zwischen oberem u. unterem Lid.*

Lid|strich, der: *mit Eyeliner gezogener Strich am Lidrand.*

lieb ⟨Adj.⟩ [mhd. liep, ahd. liob, eigtl. = geliebt u. zu einem Verb mit der Bed. »liebhaben, gern haben«]: **1. a)** *Liebe, Freundlichkeit, Zuneigung, Herzlichkeit zum Ausdruck bringend:* dein -er Brief; ein paar -e Worte; jmdm. viele -e Grüße senden; alle waren sehr l. zu mir; sei so l. und komm nicht zu spät; das ist sehr l. von Ihnen; er schaut sie l. an; ⟨subst.:⟩ jmdm. etwas Liebes tun; **b)** *durch seine liebenswerte, angenehme Wesensart, Freundlichkeit Zuneigung auf sich ziehend:* er ist wirklich ein -er Kerl; ein -es Mädchen, Gesicht; seine Frau ist sehr l., sieht l. aus; **c)** *mit seinem Verhalten Freude bereitend:* ein -es Kind; das ist aber ein -er Hund; bist du heute l. (brav) gewesen?; sei schön l.! *(sei brav!)*. **2.** *jmds. Liebe, Zuneigung besitzend; geliebt, geschätzt:* meine -e Mutter; deine -e Frau; er hat sie immer l. behalten; man muss sie einfach l. haben; ich habe dich l.; sie hat ihn immer l. gehabt; er hat sie immer l. gehabt; dieses Erbstück ist mir l. und wert/teuer; wenn dir dein Leben l. ist, dann verschwinde!; (in vertraulichen Anreden:) -er Hans, -ste Mutter; ⟨als Anwesende; (iron. od. verblasst:) die -en Verwandten; das -e Geld; der -e Gott; jetzt scheint die -e Sonne wieder; ich brauche das so nötig wie das -e Brot; ⟨subst.:⟩ er freut sich, wenn er alle seine

Lieben *(Angehörigen, seine ganze Familie)* um sich hat; (in vertraulichen Anreden:) mein Lieber; meine Liebe; mein Liebes; ◆ ⟨mit durch elliptisch ausgespartes »Ihr« bedingter sw. Beugung:⟩ Lieben Freunde, Es gab schönre Zeiten als die unsern (Schiller, An die Freunde). **3.** *willkommen, angenehm:* ein -er Gast; -er Besuch; der Organist, ein ernster Mann, der sich aus -er Gewohnheit auf die Orgelbank gesetzt hatte (Muschg, Gegenzauber 266); eine l. gewordene Gewohnheit *(eine Gewohnheit, die einem so wichtig geworden ist, dass man sie nicht mehr missen möchte);* Welche Willenskräfte erforderte es, sich von l. gewordenen Gegenständen zu trennen! (Zwerenz, Erde 15); es wäre mir l., wenn du die Post holen könntest; Mir war sein Verhalten in dem Moment ganz l. (Heym, Schwarzenberg 60); das ist mir gar nicht l.; es wäre mir -er, wenn ...; je länger/mehr/öfter, je -er; das wirst du noch früher erfahren, als dir l. ist; wir hatten im Skiurlaub mehr Schnee, als mir l. war.

Lieb, das; -s (dichter.): ¹Geliebte (2), ²Geliebte (2): komm zu mir, mein L.!

lieb|äu|geln ⟨sw. V.; hat⟩: **a)** *sich in Gedanken mit etw., was man gern hätte, beschäftigen; etw. Bestimmtes gerne haben, erreichen wollen:* ich liebäugele mit diesem roten Sportwagen; Dort liebäugeln Gemeindevertreter mit dem Bau von Golfplätzen (natur 3, 1991, 59); dieses Fach scheint ihr vielseitiger als die Physik, mit der sie ursprünglich liebäugelte (Tages Anzeiger 28. 7. 84, 29); **b)** (selten) *mit jmdm. flirten:* er liebäugelt mit seiner Tischdame; Ü die Chinesen liebäugeln mit den afrikanischen Staaten.

lieb be|hal|ten: s. lieb (2).

Lieb|chen, das; -s, - [spätmhd. liebchīn] (veraltet): **a)** *geliebte Frau; Schatz* (meist in der Anrede): komm zu mir, mein L.!; **b)** (abwertend) ²*Geliebte* (1 b): sie ist das L. eines bekannten Gangsters; Einst ... schleppte ein Mönch eine Schütte Stroh über eine Brücke. In der Schütte Stroh aber war sein L. versteckt (Berger, Augenblick 16).

Lieb|den, die; - (veraltet): *ehrende Anrede an Adlige:* Euer L.; Es sollte eigentlich ein Geheimnis sein ..., aber Dero L. dürfen es schon wissen (Fallada, Herr 3); Ich glaube nicht nötig zu haben, Euer L. zu erinnern, wie wenig es für einen General und zumal für Sie schicklich sei, sich heimlich von Ihrem Regiment und von der Armee zu entfernen (A. Schmidt, Massenbach 43).

Lie|be, die; -, -n [mhd. liebe, ahd. liubī, zu ↑lieb]: **1.** ⟨o. Pl.⟩ **a)** *starkes Gefühl des Hingezogenseins; starke, im Gefühl begründete Zuneigung zu einem [nahe stehenden] Menschen:* mütterliche, kindliche, reine, innige L.; die L. der Eltern; seine L. zu ihr war groß; Gottes L.; um L. bitten, flehen; R bei aller L. *(bei allem Verständnis, bei dem ich dafür habe)*, aber das ist mir zu viel; das tut der L. keinen Abbruch (ugs.; 1. *das schadet nichts, ist einerlei.* 2. *das beeinträchtigt, mindert nicht die Liebe, Sympathie, Zuneigung);*

b) *auf starker körperlicher, geistiger, seelischer Anziehung beruhende Bindung an einen bestimmten Menschen [des anderen Geschlechts], verbunden mit dem Wunsch nach Zusammensein, Hingabe o. Ä.:* die wahre, große, richtige L.; eine verschwiegene, heimliche, leidenschaftliche L.; eheliche, gleichgeschlechtliche, platonische L.; eine L. unter Männern; bevor sie ihn kennen lernte, wusste nicht, was L. ist; seine L. zu ihr erlosch, erkaltete; Natürlich ist die L. eine hormonelle Angelegenheit (Schwaiger, Wie kommt 127); sie erwiderte seine L. nicht; [keine] L. für jmdn. empfinden, fühlen; jmdm. seine L. gestehen, zeigen, beteuern, verheimlichen; jmdm. L. und ewige Treue schwören; an die L. glauben; sie haben aus L. geheiratet; R alte L. rostet nicht; die L. [des Mannes] geht durch den Magen (scherzh.; *die Liebe eines Mannes zu seiner Frau hängt davon ab, ob sie gut kocht*); L. macht blind; wo die L. hinfällt (Ausspruch der Verwunderung im Zusammenhang mit dem Partner, den jmd. gewählt hat); * **Brennende L.** *(Pflanze mit behaarten Blättern u. scharlachroten, in Trugdolden wachsenden Blüten);* **L. auf den ersten Blick** *(das spontane Empfinden von Liebe bei der ersten Begegnung);* **c)** *sexueller Kontakt, Verkehr:* heterosexuelle, genitale L.; käufliche L. *(Prostitution);* Ich heile Leute von Hautkrankheiten, von den Folgen leichtsinniger L. (Rolf Schneider, November 175); Mönch, der bei einer Herzogin die verbotene L. erlebt (IWZ 48, 1990, 17); Es geht um die »schnelle L.« einer Nacht (Freizeitmagazin 26, 1978, 37); L. machen (ugs.; *koitieren;* LÜ von engl. to make love). **2.** ⟨o. Pl.⟩ **a)** *gefühlsbetonte Beziehung zu einer Sache, Idee o. Ä.:* L. zur Kunst, zur Wahrheit, zum Geld, zum Beruf; Ebenso hegen ein die Unmusikalischen häufig eine stille verzweifelte L. zu Liederkränzen (Sommer, Und keiner 29); Mich beeindruckt besonders seine Kreativität, sein Bienenfleiß, seine L. zum Detail (Hörzu 39, 1978, 22); meine ganze L. gehört dem Meer; Viebig L. gehörte der Brief- und Paketpost (Heym, Schwarzenberg 192); aus L. zur Sache; **b)** * **mit L.** *(mit großer Sorgfalt u. innerer Anteilnahme):* mit L. kochen, den Tisch decken; etw. mit L. schmücken. **3.** ⟨o. Pl.⟩ *Gefälligkeit; freundschaftlicher Dienst:* jmdm. eine L. erweisen; tu mir die L. und geh ins Kino; R eine L. ist der anderen wert. **4.** (ugs.) *geliebter Mensch:* sie war meine erste, große L., ist eine alte L. von mir; Und Franz? Diese späte L. inspiriert Thomas Mann zu dem ... Aufsatz über »Die Erotik Michelangelos« (Reich-Ranicki, Th. Mann 78).

lie|be|be|dürf|tig ⟨Adj.⟩: *viel Zuwendung benötigend:* ein -es Kind; er ist nicht selbstbewusst und sehr l.

Lie|be|die|ner, der (veraltend abwertend): *jmd., der liebedienert:* ... den faulen Märchen, die ... von den Geheimdiensten und ihren -n in die Welt gesetzt werden (Habe, Namen 180).

Lie|be|die|ne|rei, die; - (abwertend): *un-*

terwürfige, kriecherische Schmeichelei: wie Cäsar von Muck ... in demutsvoller L. zerfließen zu wollen schien (K. Mann, Mephisto 261).

Lie|be|die|ne|rin, die: 1. (veraltend abwertend) w. Form zu ↑Liebediener. 2. (scherzh.) Liebesdienerin (1).

lie|be|die|ne|risch ⟨Adj.⟩ (abwertend): unterwürfig, kriecherisch, schmeichelnd.

lie|be|die|nern ⟨sw. V.; hat⟩ (abwertend): sich mit unterwürfiger, kriecherischer Dienstfertigkeit bei einem Vorgesetzten o. Ä. einschmeicheln.

lie|be|leer ⟨Adj.⟩ (geh.): ohne Liebe: ein -es Dasein, Leben.

Lie|be|lei, die; -, -en [zu ↑liebeln] (abwertend): kurze, unverbindliche Liebesbeziehung: eine kurze, flüchtige L.; für -en war sie nicht zu haben.

lie|beln ⟨sw. V.⟩: 1. (veraltet) flirten. 2. (Jägerspr.) abliebeln.

lie|ben ⟨sw. V.; hat⟩ / vgl. ¹, ²Geliebte / [mhd. lieben, ahd. liuben, -ōn, -ēn = jmdm. etw. angenehm machen]: 1. a) Liebe (1 a) für jmdn. empfinden u. zum Ausdruck bringen: seine Mutter, sein Kind, die Eltern, seinen Nächsten l.; sie haben sich l. gelernt; jmdn. von ganzem Herzen l.; eine liebende Mutter; mein geliebtes Kind; b) eine besonders starke geistige, körperliche, emotionale Bindung zu einem bestimmten Menschen haben: er liebt seine Frau; ich werde ihn immer l.; Ich geniere mich zum Beispiel manchmal, meinem Freund zu sagen, dass ich ihn liebe (Amendt, Sexbuch 244); Dass es Frauen gibt, die Frauen lieben (Spiegel 46, 1988, 228); jmdn. leidenschaftlich, heiß, innig, abgöttisch, zärtlich, eifersüchtig l.; die beiden lieben sich; eine liebende Ehefrau; ein geliebter Mann; er ist unfähig zu l. (hat nicht die Fähigkeit, Liebe zu empfinden); Spr was sich liebt, das neckt sich; c) ein stark gefühlsbetontes, positives Verhältnis zu einer Sache, Idee o. Ä. haben: das Vaterland, seinen Beruf l.; er liebt nur sein Geld; einen Ort l. lernen. 2. mit jmdm. Geschlechtsverkehr haben: Rolf ist beschwipst, er will mich l. (Schwaiger, Wie kommt 83); wir ... krochen in das Bett und liebten uns (Simmel, Stoff 684); er liebte sie mehrmals in einer Nacht; Sie lieben sich – meist ungeschützt (MM 26. 10. 89, 33). 3. a) eine besondere Vorliebe, Schwäche für etw. haben: den Luxus, teure Kleider, gutes Essen l.; die Pflanze liebt sandigen Boden (gedeiht darin besonders gut); Das Gedächtnis des Menschen liebt Fixpunkte, feste Zahlen oder Ereignisse, die man zwangsläufig besser behält (Kicker 6, 1982, 4); b) etw. gern haben, mögen: ich liebe es, im Mittelpunkt zu stehen; er liebt es nicht, wenn man ihn unterbricht.

Lie|ben|de, der u. die; -n, -n ⟨meist Pl.; Dekl. ↑Abgeordnete⟩: jmd., der einen bestimmten Menschen liebt (1 b).

lie|ben ler|nen: s. lieben (1 a, 1 c).

lie|bens|wert ⟨Adj.⟩: von anziehender, gewinnender Art; von so einnehmendem Wesen, dass man ihn (sie, es) liebt: ein -er Mensch; Nichts gegen Andreas, wir fanden ihn ganz l. (Danella, Hotel 147); sei-

ne Art ist richtig l.; das ... macht dich direkt l. (Ott, Haie 136).

lie|bens|wür|dig ⟨Adj.⟩ [für älter: Liebens würdig]: freundlich u. zuvorkommend: ein -er Mensch; sie begrüßte uns mit -em Lächeln; Loket bleibt mir durch die weiblichen Wesen, die ich da traf, in -er (angenehmer) Erinnerung (Berger, Augenblick 101); wenig l. zu jmdm. sein; das ist sehr l. von Ihnen (höfliche Dankesformel); seien Sie so l. und schließen Sie das Fenster (bitte schließen Sie das Fenster).

lie|bens|wür|di|ger|wei|se ⟨Adv.⟩: aus Liebenswürdigkeit: er hat ihr l. beim Umzug geholfen; ... bedauerte sie schon, dass Sophie nicht zu sprechen sei, weil sie l. einen Einkauf erledige (Bieler, Mädchenkrieg 279).

Lie|bens|wür|dig|keit, die; -, -en: 1. ⟨o. Pl.⟩ liebenswürdige Art: seine L. war wohltuend; Der Delikatessenhändler und seine Frau empfangen meine Mutter immer mit besonderer L. (Schwaiger, Wie kommt 45); er konnte von ausnehmender, entwaffnender L. sein; er war die L. selbst (war sehr liebenswürdig); würden Sie [bitte] die L. haben, das Fenster zu schließen (würden Sie bitte das Fenster schließen). 2. liebenswürdige Äußerung, Handlung: Das sowohl Geistreiche wie Bizarre seiner Sitten, ... die unvermuteten -en (Bamm, Weltlaterne 91); Er wollte den Leuten dort etwas Nettes sagen, freundliche Worte, eine L. (Bastian, Brut 53); jmdm. einige -en (iron.: Unverschämtheiten) sagen, an den Kopf werfen.

lie|ber [mhd. lieber, ahd. lieber, liuber, ↑lieb]: I. ⟨Adj.; Komp. von ↑gern⟩ mehr als gern: etw., jmdn. l. mögen als etw., jmdn.; das mag ich noch l.; er macht diese Arbeit l. als ich. II. ⟨Adv.⟩ 1. vorzugsweise: ich trinke l. Tee als Kaffee; ich würde l. mit dem Auto fahren; l. heute als morgen. 2. besser; klugerweise: ich hätte l. warten sollen; das hättest du l. nicht tun, sagen sollen; mach es l. gleich.

Lie|bes|aben|teu|er, das: kurze [romantische] Liebesbeziehung.

Lie|bes|af|fä|re, die: Liebesabenteuer: Widerspruchslos, wenn auch mit leiser Missbilligung hatte sie zwei kurze -n geduldet (Danella, Hotel 95).

Lie|bes|akt, der (geh.): Geschlechtsakt: Wegen eines -s auf dem Rücksitz eines Linienbusses (MM 26. 8. 91, 13).

Lie|bes|an|trag, der: Vorschlag an jmdn., eine Liebesbeziehung einzugehen: sein L. wurde zurückgewiesen.

Lie|bes|ap|fel, der [a: wohl mit Bezug auf Rot als Farbe der Liebe u. auf den Apfel als häufig verwendetes Symbol des Liebeszaubers; b: wohl wegen der roten Glasur an (a) angelehnt]: a) (veraltet) Tomate; b) [auf Jahrmärkten o. Ä. verkaufter] Apfel mit roter Zuckerglasur.

Lie|bes|ban|de ⟨Pl.⟩ (dichter.): enge Verbindung zwischen Liebenden.

Lie|bes|be|dürf|nis, das ⟨o. Pl.⟩: Bedürfnis nach Liebe (1 a), Zuwendung: das Kind hat ein großes L.

Lie|bes|be|tä|ti|gung, die (selten): sexuelle Betätigung.

Lie|bes|be|weis, der: Liebe, Zuneigung ausdrückende Handlung: als L. schickte er ihr Blumen.

Lie|bes|be|zei|gung, die (veraltet): Liebesbeweis.

Lie|bes|be|zie|hung, die: von Liebe (1 b) bestimmte Beziehung zwischen zwei Menschen: eine L. eingehen; zwischen uns besteht eine L.; eine L. zu jmdm. haben; Damit aber Höfgen ein Sexualleben hat, ... wird seine masochistische L. zu einer Halbnegerin geschildert (Reich-Ranicki, Th. Mann 197).

Lie|bes|blick, der (geh.): Liebe ausdrückender Blick.

Lie|bes|bo|te, der (veraltet): jmd., der zwischen Liebenden Nachrichten übermittelt.

Lie|bes|bo|tin, die (veraltet): w. Form zu ↑Liebesbote.

Lie|bes|brief, der: Brief, den jmd. an die Person, die er liebt (1 b) schreibt u. in dem er seine Liebe ausdrückt: -e schreiben; einen L. bekommen.

Lie|bes|dich|tung, die: Dichtung, die vor allem den seelisch-geistigen Bereich von Liebesbeziehungen zum Thema hat.

Lie|bes|die|ne|rin, die: 1. (verhüll.) Prostituierte: Dabei wurde er von einer jungen Frau, die sich als L. ausgab, angesprochen (NZZ 26. 8. 86, 20); Der Gang zur L. gilt in Italien nicht als Ehebruch (Spiegel 49, 1965, 133). 2. (veraltet) Liebedienerin (1).

Lie|bes|dienst, der: aus Freundlichkeit erwiesene Hilfe, Gefälligkeit: jmdm. einen L. erweisen; als handle es sich um einen persönlichen L. (Th. Mann, Krull 239).

Lie|bes|din|ge ⟨Pl.⟩: mit Liebe (1 b) zusammenhängende Dinge, Angelegenheiten: in -n kannte sie sich aus.

Lie|bes|ehe, die: vgl. Liebesheirat.

Lie|bes|ent|zug, der (Psych.): [zu psychischen Schäden führender] Entzug von Zuwendung [vor allem bei Kindern]: mit L. drohen.

Lie|bes|er|klä|rung, die [LÜ von frz. déclaration d'amour]: das Offenbaren seiner Liebe gegenüber dem Geliebten, dem Geliebten: jmdm. eine L. machen; seine L. war ihr peinlich; Ü L. an die Bergstraße (MM 13. 11. 86, 19).

Lie|bes|er|leb|nis, das: sexuelles, erotisches Erlebnis: ihr erstes L. war enttäuschend.

Lie|bes|fä|hig ⟨Adj.⟩ (Psych.): fähig, Liebesbeziehungen einzugehen u. aufrechtzuerhalten: ausgeglichene Menschen sind meist auch l.; Diese Trennung war für ihn Beweis dafür, dass er im Grunde weder liebenswert noch l. war (Dierichs, Männer 64).

Lie|bes|fä|hig|keit, die ⟨o. Pl.⟩ (Psych.): Fähigkeit, Liebesbeziehungen einzugehen u. aufrechtzuerhalten: sie war in ihrer L. gehemmt.

Lie|bes|film, der: Film, der eine Liebesbeziehung zum Thema hat.

Lie|bes|ga|be, die (geh. veraltend): aus Mildtätigkeit gegebene Spende an Notleidende o. Ä.: -n für Häftlinge; -n verteilen; Teta ... sandte dem Schützling weitere -n (Werfel, Himmel 34).

Lie|bes|ga|ben|pa|ket, das (geh. veraltend): *Paket mit Liebesgaben:* Personen seiner Generation sind daran gewöhnt, dass man -e an die Front verschickt (Pohrt, Endstation 91).

Lie|bes|gar|ten, der (Kunstwiss.): *bildliche Darstellung eines Liebespaares od. von Liebespaaren in einem Garten.*

Lie|bes|ge|dicht, das: *Gedicht, in dem die Liebe zu jmdm. ausgedrückt wird.*

Lie|bes|ge|fühl, das (selten): *Gefühl von Liebe* (1).

Lie|bes|ge|schich|te, die: **1.** *Geschichte* (2), *die eine Liebesbeziehung zum Thema hat.*: eine L. schreiben, lesen. **2.** *Liebesabenteuer:* er prahlt immer mit seinen -n.

Lie|bes|ge|ständ|nis, das: *das Eingestehen seiner Liebe gegenüber der Geliebten, dem Geliebten.*

Lie|bes|glück, das ⟨o. Pl.⟩ (geh.): *Glück* (3 a), *das man empfindet, wenn man in den Genuss von Liebe* (1 b) *kommt.*

Lie|bes|gott, der (Myth.): *Gott der Liebe:* Amor war der L. der Römer.

Lie|bes|göt|tin, die (Myth.): w. Form zu ↑Liebesgott: die griechische L. Aphrodite.

Lie|bes|hei|rat, die: *Heirat aus Liebe* (1 b): Soviel ich weiß, hat sie früh geheiratet, L., gegen den Willen ihrer Eltern (Brot und Salz 346).

Lie|bes|kno|chen, der [wohl nach der Form u. weil das Gebäck »süß wie die Liebe« schmeckt] (landsch.): *Eclair.*

Lie|bes|kraft, die ⟨o. Pl.⟩ (selten): *sexuelle Potenz:* Er traute seiner unverbrauchten L. viel zu (Strittmatter, Wundertäter 217).

lie|bes|krank ⟨Adj.⟩: *sich aus Verliebtheit in einem Zustand der Übererregtheit befindend.*

Lie|bes|kum|mer, der: *durch eine unglückliche Liebesbeziehung verursachte gedrückte Stimmung:* er, sie hat L.; Fräulein Dr. Engel hat sich nicht aus L. umbringen wollen (Sebastian, Krankenhaus 179).

Lie|bes|kunst, die: **a)** ⟨o. Pl.⟩ *verfeinerte Art des Umgangs zwischen Liebenden:* die indische L.; **b)** *sexuelle Praktik, Technik:* in allen Liebeskünsten erfahren sein; Es gab Frauen, die mit ihren Liebeskünsten Männer zugrunde richteten (Baum, Paris 107).

Lie|bes|la|ger, das (geh.): *Lager* (2 a), *auf dem sich zwei Menschen lieben* (2): sie machten sich ihr L. auf weichem Moos.

Lie|bes|lau|be, die: *versteckt gelegenes Häuschen o. Ä., wo Verliebte sich ungestört treffen können.*

Lie|bes|le|ben, das ⟨o. Pl.⟩: *Sexualleben:* ein ausschweifendes L. führen; das L. bestimmter Tiere beobachten.

Lie|bes|leu|te ⟨Pl.⟩ (veraltend): *Liebespaar; Personen, die ineinander verliebt sind:* ein Krach unter -n.

Lie|bes|lied, das: vgl. Liebesgedicht.

Lie|bes|lohn, der (oft scherzh. od. spött.): *Entgelt, das eine Prostituierte für die Preisgabe ihres Körpers zu sexuellen Zwecken erhält:* ein abgeschlaffter Prostituiertenmord um zehn Pfund L. (Prodöhl, Tod 253).

Lie|bes|lust, die (geh.): *bei der Liebe* (1 b) *empfundene Freude.*

Lie|bes|ly|rik, die: vgl. Liebesgedicht.

Lie|bes|mahl, das: **1.** (Rel.) *gemeinsames Mahl in den frühchristlichen Gemeinden.* **2.** (früher) *gemeinsames Essen des Offizierskorps.*

Lie|bes|müh, die, **Lie|bes|mü|he,** die: in der Wendung **verlorene/vergebliche L. sein** (keiner Anstrengung wert sein, vergeblich sein; LÜ von engl. Love's labour's lost, dem Titel eines Lustspiels des engl. Dichters W. Shakespeare [1564–1616]): So unternimmt man denn auch herzlich wenig, um die »Knackis« ... wieder auf den »Pfad der Tugend und des Rechts« zurückzuführen, das wäre nämlich ... »alles verlorene Liebesmüh« (Ziegler, Kein Recht 181).

Lie|bes|nacht, die (geh.): *Nacht, in der man sich liebt* (2): Heute, ... wo bei den raschen Löscharbeiten und teuren Liegezeiten im Hafen immer weniger Seeleute unter immer weniger Gelegenheit zu ausschweifenden Liebesnächten finden (Erné, Fahrgäste 262).

Lie|bes|nest, das [wohl LÜ von frz. nid d'amour]: *Wohnung o. Ä., wo Verliebte sich [heimlich] treffen:* Dort also ... werde ich Zaza und mir ein L. einrichten (Th. Mann, Krull 290).

Lie|bes|ob|jekt, das: *derjenige, auf den jmds. Liebe, Zuwendung gerichtet ist.*

Lie|bes|paar, das: *Paar, das sich liebt:* ein junges L.; im dem Abteil saß ein L.

Lie|bes|pär|chen, das: *junges, sich unbeschwert gebendes Liebespaar.*

Lie|bes|part|ner, der: *Partner, zu dem man eine Liebesbeziehung hat, den man liebt* (2).

Lie|bes|part|ne|rin, die: w. Form zu ↑Liebespartner.

Lie|bes|per|len ⟨Pl.⟩: *kleine, bunte Perlen aus Zuckermasse, die meist zur Verzierung von Torten od. bestimmtem Gebäck verwendet werden.*

Lie|bes|qual, die ⟨meist Pl.⟩ (geh.): *Qual* (b), *die jmd. durch eine unglückliche Liebesbeziehung erleidet.*

Lie|bes|ro|man, der: vgl. Liebesfilm.

Lie|bes|schwur, der: *Schwur, jmdn. [immer] zu lieben.*

Lie|bes|spiel, das: *erotisch-sexuelle Handlungen wie Streicheln, Küssen o. Ä. [als Vorbereitung od. Einleitung des Geschlechtsverkehrs]:* ein langes, ausgedehntes L.; ... verlangte der Angeklagte neben den üblichen sexuellen Beziehungen ... immer wieder verschiedene Stellungen im Sinne eines intensiven -es (Ziegler, Kein Recht 261); Das Anlegen des Kondoms wird zum angenehmen Teil des -s (Spiegel 20, 1980, 117).

Lie|bes|sze|ne, die: *erotische Szene in einem Roman, Film, Theaterstück o. Ä.:* alle -n fielen der Zensur zum Opfer.

Lie|bes|tat, die (selten): *wohltätige Handlung:* der Lehrer, der den Kindern Papier und Buntstifte verschafft hatte, war für sie L. ermordet worden (Kaschnitz, Wohin 71).

Lie|bes|tä|tig|keit, die (veraltend): *Aktivitäten der christlichen Kirchen in der Hilfe für Bedürftige.*

lie|bes|toll ⟨Adj.⟩: *im Übermaß verliebt u. im Bemühen, den geliebten Partner zu besitzen, zu unnormalen Handlungen u. Verhaltensweisen fähig:* ein -er Kater; der -e Mann wartete die ganze Nacht vor ihrem Haus; Wahrscheinlich ist sie noch verschossen in ihn. Und worauf kann eine -e Frau nicht alles kommen! (Kranz, Märchenhochzeit 32).

Lie|bes|tö|ter ⟨Pl.⟩ (ugs. scherzh.): **a)** *Damenunterhose mit knielangem Bein;* **b)** *lange Männerunterhose.*

Lie|bes|tra|gö|die, die: *tragisch ausgehende Liebesgeschichte.*

Lie|bes|trank, der: *Zaubertrank, der jmds. Liebe* (1 b) *zu einer bestimmten Person wecken soll.*

lie|bes|trun|ken ⟨Adj.⟩ (dichter.): *trunken vor Liebe.*

lie|bes|un|fä|hig ⟨Adj.⟩ (Psych.): *unfähig, eine Liebesbeziehung einzugehen u. aufrechtzuerhalten:* Narzissmus ist eine Selbstbezogenheit, die l. macht (Ruthe, Partnerwahl 167).

Lie|bes|un|fä|hig|keit, die ⟨o. Pl.⟩ (Psych.): *Unfähigkeit, eine Liebesbeziehung einzugehen u. aufrechtzuerhalten.*

Lie|bes|ver|hält|nis, das: vgl. Liebesbeziehung.

Lie|bes|ver|lust, der ⟨o. Pl.⟩ (Psych.): *Verlust der Zuwendung, die jmd., bes. ein Kind, erleidet:* die Angst vor L. macht ein Kind folgsam.

Lie|bes|wer|ben, das; -s: *das Werben* (3) *um jmds. Liebe* (1 b).

Lie|bes|werk, das: vgl. Liebestat.

Lie|bes|wie|se, die (ugs. scherzh.): *großes, breites Bett.*

Lie|bes|zau|ber, der: *Zauber* (1 a), *durch den jmds. Liebe, sexuelles Verlangen geweckt werden soll.*

lie|be|voll ⟨Adj.⟩: **1. a)** *zärtlich besorgt, fürsorglich:* eine -e Behandlung; da seine -e Aufmerksamkeit keine Scheu aufkommen ließ, erzählte ich alles, was da zu berichten war (Hagelstange, Spielball 115); den Kranken l. pflegen, umsorgen; **b)** *mit großer Sorgfalt, Mühe u. innerer Anteilnahme:* ein Geschenk l. verpacken; An einem Haus in der Hafenstraße hingen mit 1. gemalten Bärten die deutschen Philosophen Marx und Engels (Koeppen, Rußland 116). **2.** *Liebe zum Ausdruck bringend; zärtlich:* eine -e Umarmung; jmdn. l. anschauen; zu diesem kleinen Mädchen spricht niemand l. (R. Walser, Gehülfe 68).

lieb ge|win|nen: s. lieb (2).

lieb ge|wor|den: s. lieb (3).

lieb ha|ben: s. lieb (2).

Lieb|ha|ber, der; -s, - [mhd. liephaber]: **1. a)** ¹*Geliebter* (1 a): einen L. haben; sie legte sich einen L. zu; ... verliebt Vanessa sich in Duncan Grant, den L. ihres homosexuellen Bruders Adrian (Spiegel 22, 1991, 216); wenn ihr Mann abends weg ist, geht sie zu ihrem L.; Gegen die Ehefrau ... und ihren L. ... hat der zuständige Richter Haftbefehl erlassen (MM 20. 12. 82, 12); **b)** (veraltend) *Mann, der um eine Frau wirbt:* ein stürmischer, leidenschaftlicher, aufmerksamer, verschmähter L.; **c)** *Mann als Sexualpartner:* er ist ein guter, schlechter, erfahrener L.; genau so wie große Sporthelden oft schlechte L. abgeben (Musil, Mann 525); **d)** (Theater veraltend) *Rollenfach des Liebhabers* (1 b): der Schauspieler spielt die Rolle des jugendlichen -s; er wechselte vom L. ins Charakterfach über. **2.** *jmd., der an einer Sache ein besonderes Interesse hat; jmd., der eine besondere Vorliebe für jmdn., etw. hat:* ein L. alter Bücher, von schönen Teppichen; Prinz Hendrik ... galt als L. von Frauen und Alkohol (MM 7. 1. 87, 19); dieses Stück ist etwas für L.; Jetzt ... kamen sie ... an einem von einem renovierungsbereiten L. gekauften Landhaus vorbei (Kronauer, Bogenschütze 315). **3.** (veraltet) *Dilettant* (a).

Lieb|ha|ber|aus|ga|be, die: *besonders wertvolle u. teure Ausgabe eines Buches.*

Lieb|ha|ber|büh|ne, die: vgl. Liebhabertheater.

Lieb|ha|be|rei, die; -, -en: *meist künstlerische od. wissenschaftliche Tätigkeit, die jmd. als Autodidakt in seinen Mußestunden ausübt u. die er mit Freude u. Eifer betreibt:* etw. sammeln ist eine L. von jmdm.; bei meiner Erziehung auf dem Schloss wurde aufs Mythologische immer viel Wert gelegt. Eine persönliche L. meines Hauslehrers (Th. Mann, Krull 310); ◆ *** mit L.** *(mit Liebe* 2 b *u. Sachverstand):* er kaufte sich einen schönen Strauß, den er mit L. anders band (Goethe, Lehrjahre II, 4).

Lieb|ha|be|rin, die; -, -nen: w. Form zu ↑Liebhaber (1 d, 2, 3).

Lieb|ha|ber|preis, der: *dem Wert einer Sache nicht entsprechender, hoher Preis, den ein Liebhaber* (2) *für eine Sache zu zahlen bereit ist.*

Lieb|ha|ber|stück, das: *Gegenstand mit Liebhaberwert.*

Lieb|ha|ber|the|a|ter, das (veraltet): *(bes. im 18. u. 19. Jh. bei der höfischen Gesellschaft beliebtes) Theater, Bühnenspiel von Laien.*

Lieb|ha|ber|wert, der: *Wert, den eine [alte, seltene] Sache vor allem deshalb hat, weil sich ein Liebhaber* (2) *dafür interessiert.*

lieb|ko|sen [auch: '– – –] ⟨sw. V.; hat⟩ [mhd. liepkosen, zusgez. aus: einem ze liebe kosen = einem zuliebe sprechen; vgl. kosen] (geh. veraltend): *zärtlich streicheln, an sich drücken, küssen o. Ä.:* er liebkoste ihre Hand; sie liebkoste zärtlich sein Haar; Ich liebkoste sie bis zum Ansatz ihrer Brüste (Perrin, Frauen 284); sie hat das Kind liebkost, (auch:) geliebkost; ◆ (mit Dativobj.:) Er nahm ... Emerentia auf den Schoß, liebkoste ihr zärtlich (Immermann, Münchhausen 78); Der Vater ... liebkoste ihr (Novalis, Heinrich 127).

Lieb|ko|sung [auch: '– – –], die; -, -en (geh. veraltend): *zärtliche Berührung, Streicheln o. Ä.:* jedes Mal, wenn ich sie auch nur berühre, entwindet sie sich geschickt meinen -en (Kinski, Erdbeermund 125).

lieb|lich ⟨Adj.⟩ [mhd. lieplich, ahd. liublîh] (geh.): **a)** *voller Anmut, Liebreiz; entzückend:* ein -es Kind, Mädchen; sie hat ein -es Gesicht; eine -e Landschaft

(eine in Formen u. Farben sanfte, friedlich anmutende Landschaft); ein -er Anblick; l. aussehen; **b)** *einen angenehmen Sinneseindruck hervorrufend:* der -e Duft des Flieders; man hörte -e Töne, -e Musik; der Braten duftet l.; Diese Essenz roch nicht mehr l. Sie roch beinahe schmerzlich intensiv, scharf und beizend (Süskind, Parfum 225); der Wein ist l. (von milder Süße); **c)** (ugs. iron.) unangenehm, unerfreulich: das ist ja eine -e Geschichte; das kann ja l. werden.

Lieb|lich|keit, die; -: **1. a)** *liebliches Aussehen, Wesen:* sie bezauberte ihn mit ihrer L.; **b)** *lieblicher Sinneseindruck:* der Hall der Vogelstimmen ... mit seiner feinen L. (Geissler, Wunschhütlein 138). **2.** Anrede der Fastnachtsprinzessin: Ihre L. Prinzessin Christine.

Lieb|ling, der; -s, -e: **1.** *jmd., der von jmdm. besonders geliebt wird:* die Mutter brachte ihren kranken L. zum Arzt; ich werde doch meinen kleinen L. nicht allein lassen; (in vertrauter Anrede:) L., kannst du mal kommen?; nein, L., das mache ich nicht; Ja, so meine ich das, mein kleiner L. (Wendtland, Eisprinzeßchen 18); Ü die vierbeinigen und die gefiederten -e (Haustiere). **2.** *jmd., der in besonderem Maße jmds. Gunst, Sympathie genießt, der von jmdm. bevorzugt wird:* L. des Lehrers, des Chefs; ein L. des Publikums; der Jüngste ist der L. der Mutter; Göring war für den Aufbau einer neuen Luftwaffe zuständig, deshalb gab es bald eine neue, noch eindrucksvollere Montur für die fliegenden -e des prunkliebenden Luftmarschalls (Kühn, Zeit 365); Klar, dass hier Angela von all ihren -en ein paar Autogramme holte (Freizeitmagazin 10, 1978, 2).

Lieb|lin|gin, die; -, -nen (veraltet): w. Form zu ↑Liebling: dass der Mensch bin, den L. später den niederschlesischen Neurotiker nennen wird (Strittmatter, Der Laden 587).

Lieb|lings-: drückt in Bildungen mit Substantiven aus, dass jmd. oder etw. in höchster Gunst steht, den Vorzug vor allen anderen Personen oder Sachen erhält/ liebst...: Lieblingsblume, -buch, -schauspielerin.

Lieb|lings|be|schäf|ti|gung, die: *Beschäftigung, die jmd. vor jeder anderen liebt.*

Lieb|lings|dich|ter, der: *Dichter, den jmd. am meisten schätzt.*

Lieb|lings|dich|te|rin, die: w. Form zu ↑Lieblingsdichter.

Lieb|lings|es|sen, das: vgl. Lieblingsbeschäftigung.

Lieb|lings|fach, das: vgl. Lieblingsbeschäftigung: Sport war ihr L.

Lieb|lings|far|be, die: *Farbe, die jmd. vor jeder anderen liebt:* Blau ist meine L.

Lieb|lings|frau, die: *besonders bevorzugte Haremsfrau:* Die ehrgeizige einstige L. des Propheten sah den Zeitpunkt für Rache gekommen (Konzelmann, Allah 105).

Lieb|lings|ge|richt, das: *Gericht, das jmd. vor jedem anderen schätzt:* aus der überfüllten Mülltüte riecht es nach vergammeltem Heringsfilet in Tomatenso-

ße; Herrn Pieschs L. (Ossowski, Flatter 80).

Lieb|lings|jün|ger, der: vgl. Lieblingsdichter: Johannes war der L. Jesu.

Lieb|lings|kind, das: *Kind, das von den Eltern, einem Elternteil am meisten geliebt wird.*

Lieb|lings|leh|rer, der: vgl. Lieblingsdichter: ... dass sie früher immer von einer großen Hochzeit geträumt hatte. Alle ihre Freundinnen hatten dabei sein sollen, auch ihr L. (M. L. Fischer, Kein Vogel 153).

Lieb|lings|leh|re|rin, die: w. Form zu ↑Lieblingslehrer.

Lieb|lings|lied, das: vgl. Lieblingsbeschäftigung.

Lieb|lings|platz, der: vgl. Lieblingsbeschäftigung.

Lieb|lings|schrift|stel|ler, der: vgl. Lieblingsdichter: Mein L. ist lange Zeit Lion Feuchtwanger gewesen (Rolf Schneider, November 68).

Lieb|lings|schrift|stel|le|rin, die: w. Form zu ↑Lieblingsschriftsteller.

Lieb|lings|schü|ler, der: *Schüler, der von einem Lehrer (od. einer Lehrerin) vor jedem anderen geschätzt wird:* er lächelte jetzt leicht tadelnd, wie ein Lehrer seinem L. zulächelt, der etwas völlig Unsinniges gefragt hat (Weber, Tote 166).

Lieb|lings|schü|le|rin, die: w. Form zu ↑Lieblingsschüler.

Lieb|lings|spei|se, die: Lieblingsgericht.

Lieb|lings|the|ma, das: vgl. Lieblingsbeschäftigung.

Lieb|lings|wort, das: vgl. Lieblingsbeschäftigung: was dort auf den frischen Jungenschaftsführer einstürmte, war, um mit einem L. (äußerst beliebten Wort) dieser Zeit zu sprechen, gigantisch (Loest, Pistole 49).

lieb|los ⟨Adj.⟩: **a)** *auf eine die Gefühle, die Erwartung nach Zuneigung, Zuwendung verletzende Art unfreundlich, barsch, herzlos:* -e Worte; Die Spätfolgen solcher -en Kindheit schlagen sich in der Gesellschaft nieder (Ruthe, Partnerwahl 165); jmdn. l. behandeln; **b)** *ohne Sorgfalt; ohne innere Anteilnahme erfolgend:* ein l. ausgestattetes Buch; l. kochen; ein l. angerichtetes Essen.

Lieb|lo|sig|keit, die; -, -en: **a)** *liebloses* (a) *Verhalten, lieblose Behandlung, Art:* Sie hatte es nicht böse gemeint, spürte aber die L. ihrer Worte und wollte sie mildern (Frisch, Stiller 355); **b)** ⟨o. Pl.⟩ *lieblose* (b) *Art u. Weise:* die L., mit der hier der Tisch gedeckt ist.

lieb|reich ⟨Adj.⟩: **a)** (geh.) *liebevoll:* ein -es Lächeln; Konnte ich mehr für sie tun, und war es nicht l. geredet? (Th. Mann, Krull 245); **b)** (selten) *angenehm:* der -e Duft der Rosen.

Lieb|reiz, der ⟨o. Pl.⟩ (geh.): **a)** *nettes, reizendes Aussehen:* der L. ihrer Erscheinung; mit einem ... Lächeln, das ihrem Gesicht einen überraschenden L. gab (Ott, Haie 101); **b)** *natürlicher, nicht auf Wirkung bedachter Charme:* der L. ihres Wesens.

lieb|rei|zend ⟨Adj.⟩ (geh. veraltend): *Liebreiz besitzend; voller Anmut, Charme.*

Lieb|schaft, die; -, -en [mhd. liep-, liebeschaft]: *nicht sehr ernsthaftes Liebesverhältnis:* Er erinnerte sich an die bezaubernde L., die er als Student mit einer kleinen Malerin gehabt hatte (Baum, Paris, 52); ich war nicht gesonnen, auf Pas-en unbeschränkt Rücksicht zu nehmen (Muschg, Gegenzauber 285).

liebst... ⟨Adj.; Sup. von ↑ gern⟩: *in höchstem Maße od. Grade gern:* sein liebstes Spielzeug; ich mag am liebsten Prosecco.

¹Liebs|te, der; -n, -n ⟨Dekl. ↑ Abgeordnete⟩ (veraltet): *Mann, den eine Frau liebt:* ihr -r war nicht gekommen; Heute habe ich mit einem netten Mann gesprochen, der einmal mein -r war (Kant, Impressum 143); sie hat einen -n.

²Liebs|te, die; -n, -n ⟨Dekl. ↑ Abgeordnete⟩ (veraltet): *Frau, die ein Mann liebt:* ... dass er nun gleich bei seiner -n sein würde (K. Mann, Mephisto 67); zur -n gehen.

Lieb|stö|ckel, das od. der; -s, - [spätmhd. liebstock, mhd. liebstück, lübestecke, ahd. lubistechal < mlat. levisticum < lat. ligusticum, eigtl. = aus Ligurien (Norditalien) stammende Pflanze]: *hoch wachsende Pflanze mit würzig riechenden, dem Sellerie ähnlichen Blättern, die bes. als Suppengewürz verwendet werden.*

lieb|wert ⟨Adj.⟩ (veraltet, noch scherzh.): *lieb (3), teuer:* Sie sammeln, ein -es Lasterchen (Frisch, Cruz 33); in der Anrede: -er Herr!

Liech|ten|stein ['lıç...]; -s: kleiner, zwischen der Schweiz u. Österreich gelegener Staat.

¹Liech|ten|stei|ner, der; -s, -: Ew.

²Liech|ten|stei|ner ⟨indekl. Adj.⟩.

Liech|ten|stei|ne|rin, die; -, -nen: w. Form zu ↑ ¹Liechtensteiner.

liech|ten|stei|nisch ⟨Adj.⟩: *Liechtenstein, die Liechtensteiner betreffend; von den Liechtensteinern stammend, zu ihnen gehörend.*

Lied, das; -[e]s, -er [mhd. liet, ahd. liod, H. u.]: **1.** *auf eine bestimmte Melodie gesungenes [lyrisches] (meist aus mehreren gleich gebauten u. gereimten Strophen bestehendes) Gedicht; Melodie, die einem Gedicht unterlegt ist:* ein ernstes, heiteres, fröhliches, trauriges L.; ein altes, volkstümliches, geistliches L.; das L. (der Gesang) der Amsel, Nachtigall; das L. hat drei Strophen; -er ohne Worte (Musik; *einem Lied ähnliche Instrumentalstücke*), ich besauf mich nicht in der Öffentlichkeit, und ich sing' auch keine schmutzigen -er *(Lieder mit derbem, vulgärem Text),* wenn ich blau bin (H. Gerlach, Demission 168); ein L. intonieren, schmettern, anstimmen; ein L. auf der Gitarre spielen, vor sich hin summen; Ü es ist immer das alte L. mit dir (ugs.; *immer dasselbe; es ändert sich nichts zum Guten*); * **von etw. ein L. singen können/ zu singen wissen** *(über etw. aus eigener unangenehmer Erfahrung zu berichten wissen):* die Krankenhäuser und Pflegeheime wissen ein L. zu singen, wie schwer jemand für Dienstleistungen zu gewinnen ist (Gruhl, Planet 156). **2. a)** *epische Dichtung:* die -er der Edda;

das L. von der Glocke; **b)** * **das Hohe L.** *(Buch des Alten Testaments):* im Hohen L., in Salomos Hohem L.

Lie|der|abend, der: *Konzertabend mit Liedern.*

Lie|der|buch, das: *Buch mit Text [u. Musik] von Liedern.*

Lie|der|dich|ter, der: *Dichter von Liedern.*

Lie|der|dich|te|rin, die: w. Form zu ↑ Liederdichter.

Lie|der|hand|schrift, die: *Sammlung von handschriftlich aufgezeichneten mittelalterlichen Liedern:* die Große, Kleine Heidelberger L.

Lie|der|jan, der; -[e]s, -e [urspr. ostmd., für älter: liederlicher Jan, vgl. Dummerjan] (ugs.): *liederlicher Mensch.*

Lie|der|kom|po|nist, der: *Komponist von Liedern.*

Lie|der|kom|po|nis|tin, die: w. Form zu ↑ Liederkomponist.

lie|der|lich ⟨Adj.⟩ [mhd. liederlich = (leicht)fertig, oberflächlich, eigtl. = schlaff, schwach]: **1. a)** *nicht fähig, Ordnung zu machen od. zu halten:* ein -er Mensch; er war schon immer ein bisschen l.; **b)** *keine Ordnung, Sorgfalt aufweisend; nachlässig; unordentlich:* eine -e Arbeit; sie hat eine -e Frisur; jmd. macht einen -en Eindruck; jmd. l. wühlte in dem Kram, der l. im Kasten durcheinander lag (Apitz, Wölfe 99). **2.** (abwertend) *moralisch verwerflich; ausschweifend:* sie ist ein -es Weibsstück; Außerdem traf an solchen Abenden langbeinige, schwärmerische und entsprechend -e junge Damen (Bieler, Mädchenkrieg 94); in -e Gesellschaft geraten; einen -en Lebenswandel führen.

Lie|der|lich|keit, die; -: *das Liederlichsein.*

Lie|der|ma|cher, der: *jmd., der zu Liedern mit aktuellem Inhalt Text u. Musik schreibt [u. sie selbst vorträgt].*

Lie|der|ma|che|rin, die: w. Form zu ↑ Liedermacher.

Lie|der|sän|ger, der: *Liedsänger.*

Lie|der|sän|ge|rin, die: w. Form zu ↑ Liedersänger.

Lie|der|schatz, der (geh.): *Liedgut.*

Lie|der|zy|klus, der: *Anzahl zusammengehörender Lieder.*

◆ **lie|des|wert** ⟨Adj.⟩: *wert, in einem Lied besungen zu werden:* herrlich ist die -e Tat (Goethe, Torquato Tasso II, 1).

Lied|form, die (Musik): *vom Volkslied abgeleitete, einfachste musikalische Form.*

Lied|gut, das: *Gesamtheit der überlieferten Lieder, die einer Gruppe, einem Volk, einem Zeitabschnitt o. Ä. eigen sind:* das französische, kirchliche, mittelalterliche L.; das L. der Bergleute.

lied|haft ⟨Adj.⟩ (Musik): *in der Art eines Liedes:* eine L. Komposition.

Lied|lohn: ↑ Lidlohn.

Lied|ri|an, der; -[e]s, -e: Liederjan.

Lied|sän|ger, der: *Sänger, der sich dem Kunstlied widmet.*

Lied|sän|ge|rin, die: w. Form zu ↑ Liedsänger.

Lied|text, der: *Text eines Liedes.*

lief: ↑ laufen.

Lie|fe|rant, der; -en, -en [mit romanisierender Endung zu ↑ liefern]: *jmd., der an jmdn. eine Ware liefert:* diese Firma ist der L. für Ersatzteile; meine -en von Zubehör haben mich im Stich gelassen; der Zahlmeister hatte verschiedene -en, aber mittwochs kam nur Szarka (Böll, Adam 30).

Lie|fe|ran|ten|ein|gang, der: *besonderer Eingang, den die Lieferanten beim Abliefern von Waren benutzen:* Kamen die Kinder in der Schule heim, so läuteten sie nicht an der großen Haustür, sondern benutzten den L. zum Keller oder Souterrain (Reich-Ranicki, Th. Mann 260).

Lie|fe|ran|tin, die; -, -nen: w. Form zu ↑ Lieferant.

Lie|fer|auf|trag, der: *Auftrag an jmdn., eine Ware zu liefern.*

Lie|fer|au|to, das: vgl. Lieferwagen.

lie|fer|bar ⟨Adj.⟩: *(von Waren) vorrätig, sodass es geliefert werden kann; erhältlich:* ein Verzeichnis der -en Bücher; etw. ist zurzeit nicht l.; das Auto ist auch mit Schiebedach l.; Und um die Backlist l. zu halten, muss ein Lager finanzierbar bleiben (Spiegel 48, 1998, 237).

Lie|fer|be|din|gun|gen ⟨Pl.⟩: *Bedingungen, unter denen eine Ware geliefert wird.*

Lie|fer|be|trieb, der: *Betrieb, der eine Ware [herstellt u.] ausliefert.*

Lie|fe|rer, der; -s, -: *Lieferant.*

lie|fer|fä|hig ⟨Adj.⟩: *in der Lage, eine Ware zu liefern:* die Firma ist nicht l.

Lie|fer|fir|ma, die: vgl. Lieferbetrieb.

Lie|fer|frist, die: *Frist für die Lieferung einer Ware:* eine lange, kurze L.

Lie|fe|rin, die; -, -nen: w. Form zu ↑ Lieferer.

Lie|fer|land, das: *Land, das eine Ware [herstellt u.] ausliefert.*

Lie|fer|mo|no|pol, das (Wirtsch.): *Monopol, eine bestimmte Ware liefern zu dürfen:* die Stadtwerke haben ein L. auf Strom.

lie|fern ⟨sw. V.; hat⟩ [aus der niederd. Kaufmannsspr. < mniederd., mniederl. lēveren < frz. livrer < mlat. liberare = freilassen; ausliefern < lat. liberare = befreien, zu: liber = frei]: **1.** *bestellte od. gekaufte Waren dem Empfänger bringen, zustellen, aushändigen:* Heizöl, Möbel, Ersatzteile l.; wir liefern frei Haus l.; pünktlich, in vierzehn Tagen l.; das Werk kann zurzeit nicht l.; jmdm. etw. l.; wir liefern auch an Privatpersonen; Aber Frau Rakitsch hatte mir ja gesagt, dass wir nur an privat lieferten (Gaiser, Schlußball 50); etw. per Post, per Nachnahme l. **2.** *erzeugen, hervorbringen:* das Land liefert Rohstoffe; der Boden liefert nur geringe Erträge; die Biene liefert Honig; Alle Energie wird zunächst von der Sonne geliefert (Gruhl, Planet 31); Von den drei großen Mundspeicheldrüsen liefert die Ohrspeicheldrüse ... einen relativ dünnflüssigen Speichel (Medizin II, 26). **3. a)** *beibringen, vorlegen, geben:* den Beweis, Nachweis für etw. l.; (oft verblasst:) die Geschichte liefert uns dafür genug Beispiele; die Ereignisse lieferten reichlich Gesprächsstoff; Überall in der Welt lieferten grauenhafte Verbrechen dicke Schlagzeilen (Kirst, Aufruhr 99); jmdn. jmdm. in die Hände l. *(verraten u. ausliefern);* der Neuzugang aus Köln lieferte gegen den Solinger Wolf eine solide Partie *(spielte zufriedenstellend, ganz gut;* Kicker 6, 1982, 47); **b)** *mit jmdm. austragen:* sich einen Kampf, ein Duell, eine blutige Auseinandersetzung l.; sich eine Schlacht l. *(miteinander kämpfen);* bei Marienberg liefert er sich mit einer Ulanenstreife ein Pistolengefecht (Loest, Pistole 14).

Lie|fer|schein, der: *Schein, auf dem bestätigt wird, dass eine bestimmte Ware geliefert wurde:* Im Vorraum zum Lager sitzt der Herr Hammerl ... und füllt -e aus (Zenker, Froschfest 138).

Lie|fer|schwie|rig|keit, die ⟨meist Pl.⟩: *Schwierigkeit (1), die eine Firma o. Ä. hat, die bestellte od. gekaufte Ware zu liefern:* die Autofirma hat -en.

Lie|fer|stra|ße, die: *Andienungsstraße.*

Lie|fer|tag, der: vgl. Liefertermin.

Lie|fer|ter|min, der: *Zeitpunkt, zu dem eine Ware geliefert wird od. geliefert werden soll:* der L. wurde nicht eingehalten.

Lie|fe|rung, die; -, -en: **1.** *das Liefern* (1): pünktliche, termingerechte L.; die L. der Waren erfolgt in vier Wochen; die L. quittieren; L. nur gegen Barzahlung; die Rechnung ist innerhalb von acht Tagen nach L. zu bezahlen. **2.** *bestimmte Menge einer zu liefernden, gelieferten Ware:* eine lang erwartete L.; die letzte der drei -en wurde beanstandet; die L. ist eingetroffen. **3.** (Buchw.) *Teil eines nach u. nach erscheinenden, größeren Werkes:* das Wörterbuch erscheint in -en.

Lie|fe|rungs|be|din|gun|gen ⟨Pl.⟩: *Lieferbedingungen.*

Lie|fe|rungs|frist, die: *Lieferfrist.*

Lie|fe|rungs|ge|schäft, das (Wirtsch.): *Geschäft, bei dem die Ware eine bestimmte Zeit nach Abschluss des Kaufes geliefert wird.*

Lie|fe|rungs|ort, der: *Erfüllungsort.*

Lie|fe|rungs|sper|re, die (Börsenw.): *Sperrfrist bei der Ausgabe von Wertpapieren.*

Lie|fe|rungs|ter|min, der: *Liefertermin.*

Lie|fe|rungs|ver|trag, der (Wirtsch.): *Vertrag über ein Lieferungsgeschäft.*

lie|fe|rungs|wei|se ⟨Adv.⟩: *in Lieferungen* (3).

Lie|fe|rungs|zeit, die (selten): *Lieferzeit.*

Lie|fer|ver|trag, der: *Vertrag über die Lieferung* (1) *von etw.*

Lie|fer|wa|gen, der: *kleiner, meist geschlossener Lastkraftwagen zum Transport leichterer Güter.*

Lie|fer|werk, das: vgl. Lieferbetrieb.

Lie|fer|zeit, die: *Zeit, bis die Lieferung einer Ware erfolgt:* eine lange, kurze L.

Lie|ge, die; -, -n: *zum Liegen, Ausruhen usw. dienendes, gepolstertes, flaches Möbelstück ohne Rücken- u. Seitenlehnen:* Sie können auf der L. schlafen (H. Weber, Einzug 204).

Lie|ge|bank, die ⟨Pl. ...bänke⟩: *Bank zum Liegen.*

Lie|ge|geld, das (Schifffahrt): *Entgelt, auf das der Verfrachter Anspruch hat,*

wenn das Be- u. Entladen des Schiffes nicht innerhalb der Liegezeit erfolgt.

Lie|ge|hal|le, die: *offene, windgeschützte Halle für Liegekuren.*

Lie|ge|hang, der (Turnen): *Hang* (3) *mit gestreckten Armen, bei dem gleichzeitig ein Teil des Körpers auf dem Gerät liegt:* ein L. vorlings am Stufenbarren, Reck.

Lie|ge|korb, der: *Strandkorb mit zurückzuklappender rückwärtiger Wand.*

Lie|ge|kur, die: *Heilbehandlung, bei der die Patienten viel liegen müssen (bes. an der frischen Luft):* jmdm. eine L. verordnen; 5 Stunden L. *(Liegen im Rahmen einer Liegekur)* täglich; Die Ärztin ahnt nicht, dass ich weder die L. noch die Diät und Trinkkur einhalte (Zeller, Amen 76).

Lie|ge|mö|bel, das ⟨meist Pl.⟩: *Möbel, das zum Daraufliegen bestimmt ist.*

¹lie|gen ⟨st. V.; hat, südd., österr., schweiz.: ist⟩ [mhd., ahd. ligen, altes idg. Verb]: **1. a)** *eine waagerechte Lage einnehmen; in ruhender, [fast] waagerechter Lage, Stellung sein; [der Länge nach ausgestreckt] auf einer Unterlage ruhen:* wenn sie liegt, hat sie keine Beschwerden; Weinflaschen sollen l., nicht stehen; flach, ausgestreckt, ruhig l.; Dabei lag sie so steif, dass ihre Knie zu schmerzen begannen (Loest, Pistole 154); der Kranke muss hoch, tief l.; gerne hart, weich l.; sie hat die ganze Nacht wach gelegen *(hat nicht schlafen können);* Ich habe den ganzen Nachmittag gelegen (Domin, Paradies 24); auf dem Rücken, auf dem Bauch, auf der Seite l.; du bist auf dem Rücken im Sand gelegen und warst nicht ansprechbar (Handke, Frau 106); auf dem Sofa l.; auf dem/am Boden, im Sand, in der Sonne l.; bleibt liegen!; lange [im Bett] l. bleiben *(im Bett bleiben, nicht aufstehen);* er war auf den Knien l. geblieben *(in vorgebeugter, zu Boden gebeugter, kniender Stellung geblieben);* der Spieler blieb verletzt l.; krank, schon früh im/zu Bett l.; Es amüsierte sie bäuchlings auf dem Bett zu l., zugedeckt, die Tür im Blick zu haben (Alexander, Jungfrau 97); Da sei sie auf einer Tragbahre gelegen (M. Walser, Seelenarbeit 71); im Krankenhaus l. *(krank sein);* Frau Weber weiß, dass ihr Mann auf der Intensivstation lag (Hackethal, Schneide 78); er kam unter das Auto zu l.; auf dem Friedhof [begraben] l.; (oft verblasst:) der Hund liegt an der Kette *(ist angekettet);* der Gefangene liegt in Ketten *(wird angekettet, in Fesseln gefangen gehalten);* im Hinterhalt l. *(im Hinterhalt lauern);* eine liegende Acht *(horizontale Schleifenlinie);* in liegender Stellung *(liegend)* arbeiten; liegender Anschlag (Milit., Jägerspr.; Schießsport; *liegende Stellung beim Schießen);* liegender (Technik; *horizontal angeordneter)* Motor; Ü die Kugel, der Diskus liegt *(ist nach dem Wurf zur Ruhe gekommen);* liegende *(schräge, kursive)* Schrift; liegende Kreuze *(Kreuze mit schräg gerichteten Aufwärtsbalken);* **b)** (schweiz.) *sich legen:* zu jmdm. l.; auf eine Bank l.; **c)** *(an etw.) lehnen:* die Leiter liegt [schräg] am Baum; er lag an ihrer Brust; **d)** *eine bestimmte Lage*

(auf einer Unterlage, in etw. Umgebendem usw.) haben: der Griff des Gerätes liegt bequem in der Hand; der Wagen liegt gut, sicher [auf der Straße] *(hat eine gute, sichere Straßenlage);* der Skispringer lag fast waagrecht in der Luft. **2. a)** *(auf einer Fläche) [in bestimmter Weise] vorhanden sein, sich über etw. hin ausdehnen, erstrecken:* der Schnee liegt meterhoch; Schnee liegt auf den Dächern; es liegt Schnee *(es hat geschneit);* bei dieser Kälte bleibt der Schnee sicher l.; Nebel liegt auf/über den Feldern; die Landschaft liegt öde, wüst vor dem Betrachter; der Stoff liegt *(die Bahn 4 ist)* 80 cm breit; Der See lag glatt und leckte den Strand (Grass, Butt 693); Das späte Tageslicht lag glanzlos über den Straßen (H. Gerlach, Demission 177); **b)** *gelegt, angelegt, verlegt sein:* Reifen liegen um das Fass *(sind um das Fass gelegt);* ein Riegel liegt vor dem Tor *(ist vorgelegt);* wann werden die Gleise, Rohre, Fliesen endlich l.?; **c)** *in bestimmter Weise gelegt sein, sich legen:* eine bestimmte Lage haben: das Haar liegt in Locken, in Wellen, liegt gut; der Teppich liegt schief, gerade; die Tischdecke liegt schief (Schmidt, Strichjungengespräche 84); **d)** *mit etw. bedeckt sein:* der Tisch liegt voller Bücher; die Straße liegt übersät mit/von Papier. **3.** *irgendwo, in einer bestimmten Weise an einer Stelle sein, sich befinden:* gesondert l.; etwas zurück Schwester Petra mit ihrem Instrumentiertisch, auf dem die Instrumente fein säuberlich geordnet liegen (Hackethal, Schneide 30); die Pläne liegen ausgebreitet auf dem Tisch; auf dem/am Boden liegen Steine, Papierschnitzel; An Weihnachten war dann unter dem Baum eine ganze Mozartoper gelegen (M. Walser, Seelenarbeit 168); hast du das Buch irgendwo l. sehen?; die Bücher blieben auf dem Schreibtisch l.; das Buch war auf dem Katheder l. geblieben; pass auf, dass dein Schirm nicht l. bleibt *(dass du deinen Schirm nicht vergisst);* sie hat das Tuch im Restaurant l. lassen; er hat die Sachen auf dem Boden l. lassen/(seltener:) l. gelassen; ich ließ den Kuli unter dem Schreibtisch l. und nahm den Bleistift; der Einbrecher hat alles l. und stehen lassen und ist geflüchtet; die Gangster ließen ihn l.; das Schiff liegt auf [der] Reede, in der Werft, am Kai; mit einer Panne l. bleiben *(seinen Weg nicht fortsetzen können);* Beim Abschleppen eines auf der Autobahn l. gebliebenen Fahrzeugs ist die Autobahn ... bei der nächsten Ausfahrt zu verlassen (Straßenverkehrsrecht, StVO 31); im Keller, im Schrank liegen Vorräte; das Originalschreiben liegt [bei der Firma] in Stuttgart; das Geld liegt auf der Bank *(ist auf ein Bankkonto eingezahlt u. wird als Guthaben geführt);* das Geld bleibt auf der Bank l.; der Wein liegt auf Flaschen (Gewerbespr.; *ist auf Flaschen gezogen);* ich habe 50 Flaschen Wein [im Keller] l. *(habe sie vorrätig, verfüge über sie);* das Fallobst blieb l. *(wurde nicht aufgelesen);* was liegt, liegt (Kartenspiel; *die einmal auf den Tisch gelegte, hingelegte Karte darf*

nicht zurückgenommen werden); Ü einen Brief l. lassen (nicht absenden); die Post ist l. geblieben (nicht abgesendet worden); ich habe noch viel Arbeit l. (habe noch viel unerledigte Arbeit); die Arbeit bleibt l. (bleibt unerledigt), kann bis Donnerstag l. (aufgeschoben werden); eine Arbeit [einstweilen] l. lassen; der Roman blieb l. (blieb [einstweilen] unvollendet); die Ware bleibt l. (kann nicht verkauft werden); ein spöttisches Lächeln lag um ihren Mund; die Erbsen liegen [mir] schwer im Magen (sind [für mich] schwer verdaulich); es lag mir wie Blei in den Gliedern; der Ton liegt auf der ersten Silbe; die große Last, Verantwortung liegt auf mir. **4. a)** an einem Platz (in der Landschaft, in einem Gebäude o. Ä.) zu finden sein; seine (feste) [geographische] Lage haben: verkehrsgünstig, zentral, nördlich, sehr hoch, ruhig, mitten im Wald l.; Die Bitterfelder »Straße der 1 000 Düfte« liegt nicht in der ehemaligen DDR (natur 2, 1991, 37); ein einsam liegender/ gelegener Bauernhof; ein Ort, der an der Elbe, an einer Bahnlinie, bei Kassel liegt/ gelegen ist; Kreisstadt. Hier lagen alle Ämter, auch das Arbeitsamt (Fels, Sünden 69); etw. rechts, links l. lassen (so daran vorbeigehen, -fahren usw., dass es rechts, links liegt); das Haus blieb links l. (wurde links liegen gelassen); das Zimmer, das Fenster liegt nach vorn, zur Straße, nach Süden; * jmdn., etw. links l. lassen (↑ links 1 a); **b)** einen Platz, Stelle im Raum od. in der Zeit einnehmen: die Einschläge der Geschütze lagen alle zu weit; der Punkt liegt auf der Diagonalen; etw. liegt in der Zukunft, schon in der Vergangenheit, noch vor, schon hinter mir; dazwischen liegen drei Tage; der Turm lag plötzlich im Scheinwerferlicht; er blieb im Scheinwerferlicht liegen; Ü die Wahrheit liegt in der Mitte [zwischen zwei Gegensätzen]. **5.** seinen Aufenthaltsort haben; verweilen: (bes. Milit.:) wir liegen in, bei Holzdorf; er liegt bei uns im Quartier; in Garnison l.; den ganzen Tag im Wirtshaus l. (abwertend; sich lange im Wirtshaus aufhalten u. trinken); den ganzen Tag auf der Straße l. **6.** seine Lage, Position, Stufe, seinen Platz, Rang in einem Zusammenhang haben: [im Rennen, im Wettbewerb] an der Spitze l.; auf dem fünften [Tabellen]platz l.; Mit 25 Treffern liegt Klaus Fischer in der »ewigen Torjägerliste« der Nationalelf schon an sechster Stelle (Kicker 82, 1981, 12); im Rückstand, in Führung l.; niemand erreichte im ersten Wahlgang die absolute Mehrheit. Walter Jens und Ingeborg Bachmann lagen stimmengleich (H. W. Richter, Etablissement 164); die Preise liegen höher, niedriger, über, unter dem Durchschnitt, bei etwa 5 000 Mark; Die Einnahmen der Krankenkassen lagen also im 1. Halbjahr 1985 höher als die Ausgaben (Nds. Ä. 22, 1985, 16); 1981 sei die Gesamtsumme der Schulden noch bei 97 Mrd. ... $ gelegen (habe etwa 97 Mrd. $ betragen; Vaterland 27. 3. 85,5); die Temperatur liegt bei 38 Grad; sie liegt gut [im Wettbewerb]; Er lag gut in der Zeit, er würde ...

ungefähr pünktlich sein (Fels, Afrika 114); Der Neubau des Städtischen Krankenhauses ... liegt gut in der Terminplanung (entspricht der Terminplanung; Kieler Nachrichten 30. 8. 84, 23); die Verhältnisse liegen [etwas] anders; diese Angelegenheit scheint schwierig zu l.; die Sache liegt (steht) gut; wie liegen (stehen, verhalten sich) die Dinge?; [so] wie die Dinge liegen (unter den gegebenen Verhältnissen). **7.** verblasst in bestimmten Verbindungen; sich befinden: mit jmdm. im Streit, im Wettbewerb, in scharfer Konkurrenz l.; Seit der Führer auch mit Amerika im Krieg liegt, ist die Heimatfront wichtig (Lentz, Muckefuck 219); in Scheidung l.; Taube war entschlossen, eine Gesellschaft anzuklagen, in der Biologie des Menschen und seine Gesellschaftlichkeit miteinander im Widerspruch lagen (H. Weber, Einzug 319); unter Beschuss l. (beschossen werden). **8.** enthalten, eingeschlossen, inbegriffen, zu finden sein: der Fehler lag im Getriebe; die Unfallursache liegt an/ in einem technischen Fehler; das Übel liegt tiefer; darin liegt eine große Gefahr; es liegt nun einmal nicht in ihm (ist nicht in ihm angelegt, ist ihm nicht gegeben); Sorge liegt in ihren Mienen (spiegelt sich darin, kommt darin zum Ausdruck); Triumph lag in seiner Stimme (Loest, Pistole 110); Nach dem Vorgeplänkel ... lag dennoch große Spannung über dem Auslosungsakt (Kicker 6, 1982, 29); das liegt mit in ihren Worten; in seiner Behauptung liegt etwas Wahres; in dem Spruch liegt eine tiefe Weisheit verborgen; es liegt im, außer dem Bereich des Möglichen; das liegt nicht in meiner Absicht, in meinem Interesse (ich beabsichtige das nicht, ich habe kein Interesse daran); der Unterschied liegt (besteht) im Silbergehalt. **9. a)** von jmdm. abhängen, in jmds. Macht, Entscheidung[sfreiheit] stehen: etw. liegt in jmds. Ermessen, Belieben, Macht, Hand, Gewalt; es liegt ganz allein an/bei dir, ob du teilnimmst; der Zeitpunkt der Evakuierung liegt bei uns (Apitz, Wölfe 244); die Verantwortung liegt bei dir (fällt dir zu); die Schuld liegt bei dir; **b)** ⟨unpers.⟩ durch jmdn., etw. verschuldet, begründet, verursacht sein; auf etw. zurückzuführen sein: ich weiß nicht, woran es liegt; es liegt an ihm; an mir soll es nicht l. (ich will kein Hindernis sein). **10. a)** jmds. Begabung, Neigung od. Einstellung entsprechen, entsprechen, sodass ein Verhältnis, eine Beziehung dazu haben kann; ansprechen u. gemäß sein: das, diese Arbeit liegt mir nicht; die Konservativen, die mir auch nicht liegen (Erné, Kellerkneipe 295); er liegt mir mehr als sein Bruder (ist mir sympathischer); das liegt mir nicht, mich dauernd anzupreisen; **b)** zu den Menschen, Dingen usw. gehören, auf die jmd. Wert legt bzw. die jmd. schätzt u. für sich zu gewinnen sucht: es lag mir viel, einiges, nichts an ihm, an seiner Mitarbeit; Swoboda – der sogar ins Feld führte, dass ihm als altem Mann nicht mehr viel am Leben liege – lehnte es ab, ohne die Entführten zu verhandeln

(W. Brandt, Begegnungen 281); an jenem Schmuckstück war ihm gelegen; es liegt mir daran/ist mir daran gelegen (liegt in meinem Interesse), dass er dazu kommt; Beiden Seiten war, wenn auch aus sehr verschiedenen Gründen, in hohem Maße daran gelegen, einen offenen Konflikt zu vermeiden (Reich-Ranicki, Th. Mann 210).

♦ ²**lie|gen** ⟨unr. V.; liege, leugt, leugte, geleugt⟩ [mhd. liegen, ↑lügen]: ↑lügen: Natur, so leugst du nicht (Lessing, Nathan I, 5).

lie|gen blei|ben: s. liegen (1 a, 2 a, 3, 4).

Lie|gen|de, das; -n ⟨Dekl. ↑Junge, das (2)⟩ (Bergmannsspr.): Gesteinsschicht unter einer Lagerstätte.

Lie|gend|kampf, der (Sport): Schießwettbewerb, der in liegender Stellung ausgeführt wird.

lie|gen las|sen: s. liegen (3, 4 a).

Lie|gen|schaft, die; -, -en: **a)** ⟨meist Pl.⟩ (bes. Rechtsspr.): Grundstück, Grundbesitz: der Sohn eines reichen, längst verstorbenen Vaters, der ihm eine Reihe stattlicher Zinshäuser und andere -en hinterlassen hatte (Fallada, Trinker 102); **b)** (schweiz.) bebautes Grundstück; Anwesen: Eine unbekannte Täterschaft wuchtete in Arlesheim das Wohnzimmerfenster eines Einfamilienhauses auf und durchsuchte die ganze L. (Nordschweiz 29. 3. 85, 11).

Lie|ge|platz, der: Platz, an dem ein Schiff festmachen u. liegen können: Liegeplätze im Fischereihafen; Der Saßnitzer Hafen ist vor allem L. für Fischkutter und Logger (Berger, Augenblick 5).

Lie|ge|pols|ter, das: Polster zum Liegen.

Lie|ger, der; -s, - (Seemannsspr.): **1.** Wachmann auf einem außer Dienst befindlichen Schiff. **2.** Fass für Trinkwasser (als Notvorrat). **3.** (früher) (bei den Kaufleuten) jmd., der sich für seinen ¹Prinzipal (2) an einem anderen Ort aufhält, um dessen Geschäfte zu besorgen.

Lie|ge|rad, das: Fahrrad mit einer Rahmenkonstruktion, die eine halb liegende Sitzposition erlaubt: Die Füße hochlegen – das macht's möglich (Zeit 20. 8. 98, 56); ein aerodynamisch verkleidetes L.; Liegeräder sind vielseitig und universell.

♦ **Lie|ger|statt,** die; -, ...stätten (bes. landsch.) Lagerstatt: Nun, wenn du dreschen willst, so kannst bleiben. Kost und L. wirst dir noch verdienen (Rosegger, Waldbauernbub 150).

Lie|ge|sitz, der: verstellbarer Sitz, der auch ein Liegen ermöglicht (bes. in Auto od. Eisenbahn): Er hatte -e im Wagen und war immer auf Mädchen aus (Chotjewitz, Friede 75).

Lie|ge|so|fa, das: Sofa zum Liegen.

Lie|ge|statt, die; -, ...stätten (geh.): zum Liegen, Ruhen, Schlafen eingerichteter Platz: Er nahm sich aus Gewohnheit den Fußboden zur L. (Stern, Mann 215).

Lie|ge|stuhl, der: zusammenklappbares u. verstellbares [Holz]gestell mit einer Bahn aus festem Stoff zum Sitzen u. Liegen im Freien.

Lie|ge|stütz, der (Gymnastik, Turnen): Übung, bei der der auf den Fußspitzen od.

Innenseiten der Füße ruhende gestreckte Körper von den sich streckenden bzw. gestreckten Armen gestützt wird: mal sehen, ob Sie sportlich gelebt haben, machen Sie fünfundzwanzig -e (Sobota, Minus-Mann 65); in den L. gehen.

Lie|ge|tag, der: **1.** (Schifffahrt) *Tag der Liegezeit.* **2.** (nordd.) *Rasttag.*

Lie|ge|ter|ras|se, die: vgl. Liegewiese (1).

Lie|ge|wa|gen, der: *Eisenbahnwagen, dessen Sitzplätze in übereinander angeordnete Liegebänke umgewandelt werden können.*

Lie|ge|wa|gen|ab|teil, das: *abgeteilter Raum in einem Liegewagen.*

Lie|ge|wie|se, die: **1.** *besondere Wiese zum Liegen, Ruhen, Sichsonnen o. Ä.:* ein Schwimmbad, ein Hotel mit großer L. **2.** (ugs. scherzh.) *breite Liege o. Ä.*

Lie|ge|zeit, die (Schifffahrt): *Zeit, während deren ein Schiff im Hafen liegt.*

lieh: ↑ leihen.

Liek, (selten:) Leik, das; -[e]s, -en [mniederd. lik, leyk] (Seemannsspr.): *Tauwerk als Einfassung eines Segels:* die Segel fliegen knatternd aus den -en, die Kanonen torkeln ... übers Deck (Radecki, Tag 113).

lie|ken ⟨sw. V.; hat⟩: einlieken.

Li|en [auch: liᵉːn], der; -s, Lienes [lat. lien] (Med.): *Milz.*

li|e|nal [lie...] ⟨Adj.⟩ (Med.): *die Milz betreffend, zu ihr gehörend.*

Li|e|ni|tis, die; -, ...itiden (Med.): *Milzentzündung.*

Li|en|te|rie, die; - [zu griech. leîos = glatt u. ↑ Enteron] (Med.): *Durchfall mit Abgang unverdauter Speisereste.*

Li|er|ne, die; -, -n [frz. lierne, wohl zu: lier = verbinden < lat. ligare] (Archit.): *Neben- od. Zwischenrippe zur Teilung der Laibungsfläche eines Kreuzgewölbes.*

lies: ↑ ¹·²lesen.

Liesch, das; -[e]s [spätmhd. liesche, ahd. lisca = Farn, H. u.]: kurz für ↑ Lieschgras.

¹Lie|schen ⟨Pl.⟩: *Hüllblätter des Maiskolbens.*

²Lies|chen [Kurz- u. Kosef. des w. Vorn. Elisabeth]: **1.** *L. Müller (die durchschnittliche, keine großen Ansprüche stellende Frau;* zu beziehen auf die Durchschnittlichkeit der Vorn. »Lieschen« u. die Häufigkeit des Namens »Müller«): L. Müllers Ansichten, Gewohnheiten. **2.** das; -s, -: *¹Liese:* sie ist ein vergessliches L.; *Fleißiges L. (das ganze Jahr über reich blühende Pflanze mit roten, rosa od. weißen Blüten an einem langen Sporn;* wohl weil die Pflanze sehr lange blüht).

Liesch|gras, das [↑ Liesch]: *zu den Süßgräsern gehörendes Gras mit kolbenförmigem Blütenstand.*

¹Lie|se, die; -, -n [Kurzf. des w. Vorn. Elisabeth] (ugs. abwertend): *Mädchen, Frau:* eine dumme, liederliche L.

²Lie|se, die; -, -n [H. u.] (Bergmannsspr.): *enge Kluft.*

Lie|sen ⟨Pl.⟩ [mniederl. liese, liesse, liesche] (nordd.): *Fett von der Bauchwand des Schweins.*

ließ, lie|ßest, ließt: ↑ lassen.

liest: ↑ ¹·²lesen.

Liest, der; -[e]s, -e [H. u.]: *(im afrikanisch-asiatisch-australischen Raum heimischer) Eisvogel mit kräftigem, langem, spitzem Schnabel.*

Liet|ze, die; -, -n [ost(nieder)d., wohl aus dem Slaw., vgl. poln. łyska] (landsch.): *Blesshuhn.*

Li|eue [liøː], die; -, -s [frz. lieue < spätlat. leuca, aus dem Kelt.]: *altes französisches Längenmaß.*

♦ **Li|eu|te|nant** [liøːtᵊ·nãː], der; -s, -s [frz. lieutenant, ↑ Leutnant]: frz. Bez. für *Leutnant:* ... hat den alten Hieber ... mit dem Paradedegen eines herzoglich württembergischen -s vertauscht (Hauff, Jud Süß 385).

Life|is|land, (auch:) **Life-Is|land** [ˈlaɪf ˈaɪlənd], das; -[s], -s [engl. life island, eigtl. = Lebensinsel] (Med.): *steriles Plastikgehäuse, in dem ein Patient für einige Zeit untergebracht wird, wenn seine körpereigenen Abwehrreaktionen nicht mehr funktionieren; Patientenisolator:* Man brachte mich für eine knappe Woche in ein so genanntes Life-Island. Das sieht wie ein viereckiges Zelt aus, völlig hermetisch steril abgeschlossen (Hörzu 45, 1989, 141).

Life|style, (auch:) **Life-Style,** [ˈlaɪfstaɪl], der; -s [engl. life style, aus: life = Leben u. style = Stil]: *Lebensstil; [moderne] charakteristische Art u. Weise, das Leben zu gestalten:* Aber der BMW unter den Kombis ist ja auch kein Nutzfahrzeug für scharf kalkulierende Gewerbetreibende, sondern ein Stück Luxus und Lifestyle (Woche 11. 4. 97, 36); die Fernsehserie vermittelt neuesten L.; Bücher aus den Bereichen Sport, L., Wissenschaft.

Life|time|sport [ˈlaɪftaɪm...], der [engl. lifetime sport, aus: lifetime = lebenslang, auf Lebenszeit u. sport = Sport]: *Sportart, die von Menschen jeder Altersstufe ausgeübt werden kann:* Schwimmen ist ein L.

¹Lift, der; -[e]s, -e u. -s [engl. lift, zu: to lift = in die Höhe heben]: **1.** *Aufzug (2):* der L. ist außer Betrieb; das Hotel hat vier -s; den L. benutzen; mit dem L. fahren; Der L. wurde gerade repariert, ein häufiges Vorkommnis im Hotel de Bourgogne (Baum, Paris 40); Ich sah den Leuten zu, die die Treppe hinauf- oder herunterstiegen oder aus dem L. kamen und die Halle durchquerten (Seghers, Transit 244). **2.** kurz für ↑ Skilift, ↑ Sessellift: Die Schweiz bietet 776 -e (Spiegel 53, 1966, 34); mit dem L. hinauffahren.

²Lift, der od. das; -s, -s [engl. lift = das Hochheben, zu: to lift, ↑ ¹Lift]: *kosmetische Operation zur Straffung der alternden Haut (bes. des Gesichtes).*

Lift|boy, der: *junger Fahrstuhlführer.*

lif|teln ⟨sw. V.; ist/hat⟩ (landsch.): *¹liften:* In vielen Wintersportregionen lifteln auch die Senioren zu Sonderkonditionen (ADAC-Motorwelt 11, 1986, 94).

¹lif|ten ⟨sw. V.; ist⟩ [zu ↑ ¹Lift (2)]: *mit dem Skilift fahren:* Für 262,60 DM ... kann (man) 6 Tage unbegrenzt l. in die nahe gelegenen Skigebieten (ADAC-Motorwelt 10, 1972, 19).

²lif|ten ⟨sw. V.; hat⟩ [zu engl. to lift, ↑ ¹Lift]: **1. a)** (Med.) *durch ²Lift heben, straffen:* die Gesichtshaut l.; eine Art Schönheitschirurg ..., der schlaffe Busen liftete (Spiegel 9, 1990, 180); Ü Das letzte Mal geliftet hat Opel die Ascona-Modelle vor dem Modellwechsel 1988 (ADAC-Motorwelt 11, 1989, 13); **b)** (ugs.) *jmdn. einem ²Lift unterziehen:* sich l. lassen. **2. a)** (bes. Technik) *in die Höhe heben, wuchten:* Mit Gabelstaplern werden die Gerüsttürme geliftet (MM 16. 11. 74, 17); Menschlein ... liftete die leicht verschmelten, von Jahr zu Jahr mehr zertrümmerten, mit Strippe geflickten Behältnisse als Tageslicht (Lentz, Muckefuck 59); Ü Erst 1943 ... traf ihn der Ritterschlag der Kritik und liftete ihn nunmehr endgültig ins Pantheon der geigenden Superstars (Spiegel 14, 1999, 226); **b)** (Jargon) *anheben, erhöhen:* Indonesien ... wagte seine Preise um nur drei Prozent zu l. (Spiegel 9, 1976, 93); ... liftete nun auch die Versicherungswirtschaft ihre Tagegelder für unfallgeschädigte Autos (ADAC-Motorwelt 1, 1979, 44).

Lif|ter, der; -s, - [engl.-amerik. lifter] (Fachspr.): *Person, Unternehmung, die einen ¹Lift (2) betreibt.*

Lif|ting, das; -s, -s [engl. lifting = das Heben]: **1.** *²Lift:* durch unzählige -s katzenhaft wirkende Augen (Konsalik, Promenadendeck 13). **2.** (Leichtathletik) *Übung, bei der nur die Fersen vom Boden abfedern, während die Fußspitzen auf dem Boden bleiben.*

Lift|kurs, der [zu engl. to lift, ↑ ¹Lift] (Jargon): *Stützkurs.*

Lift|schwin|del, der: *Form des Schwindels (1), bei der man das Gefühl hat, zu sinken od. gehoben zu werden.*

Lift|van [ˈlɪftvɛn], der; -[s], -s [engl. lift van, aus: lift (↑ Lift) u. van = Möbelwagen]: *Spezialmöbelwagen für Umzüge nach Übersee ohne Umladung.*

Li|ga, die; -, Ligen [span. liga = Bündnis, zu: ligar = binden, vereinigen < lat. ligare, ↑ legieren]: **1.** *Bund, Zusammenschluss mit politischer od. weltanschaulicher Zielsetzung; Bündnis; Vereinigung:* die Arabische L.; die L. der Nationen; die L. für Menschenrechte. **2.** (Sport) *Spielklasse, Wettkampfklasse bes. im Mannschaftssport, in der einzelne Mannschaften eines Gebietes, die sich qualifiziert haben, zusammengefasst sind:* in die 1. L. aufsteigen; in die 2. L. absteigen; in welcher L. spielt dieser Verein?

Li|ga|de, die; -, -n [span. ligada = das Binden, zu: ligar, ↑ Liga] (Fechten): *das Zur-Seite-Drücken der gegnerischen Klinge.*

Li|ga|ment, das; -[e]s, -e, **Li|ga|mentum,** das; -s, ...ta [lat. ligamentum, zu: ligare, ↑ legieren] (Anat.): *¹Band (2 g).*

Li|gan: ↑ Lagan.

Li|gand, der; -en, -en [zu lat. ligandus, Gerundiv von: ligare, ↑ legieren] (Chemie): *Atom, Molekül od. Ion, das in einer chemischen Verbindung höherer Ordnung dem zentralen Atom od. Ion angelagert ist.*

Li|ga|se, die; -, -n [zu lat. ligare, ↑ legieren] (Chemie): *Enzym, das eine Verknüpfung von zwei Molekülen katalysiert.*

li|ga|to [ital. (mundartl.) ligato]: ↑legato.

Li|ga|tur, die; -, -en [spätlat. ligatura = Band, Bündel, zu: lat. ligare, ↑legieren]: **1. a)** (Druckw.) *Buchstabenverbindung auf einer Drucktype* (z. B. ff, æ); **b)** (Paläographie) *das Zusammenziehen von Buchstaben in der Schrift (das ein flüssigeres Schreiben ermöglicht).* **2.** (Musik) **a)** *Haltebogen;* **b)** *(bes. in der Mensuralmusik) auf bestimmte Weise notierte Zusammenfassung mehrerer [auf einer Silbe gesungener] Noten zu einer Gruppe.* **3.** (Med.) *Unterbindung bes. von Blutgefäßen mithilfe einer Naht.*

Li|gen: Pl. von ↑Liga.

Li|ger, der; -s, - [engl. liger, zusgez. aus: **li**on = Löwe u. ti**ger** = Tiger] (Zool.): *Tier. das durch die Kreuzung aus einem Löwenmännchen und einem Tigerweibchen entsteht.*

light [laɪt] ⟨Adj.⟩ [engl. light = leicht, verw. mit ↑leicht]: *(von Nahrungs- u. Genussmitteln) weniger von dem Inhaltsstoff enthaltend, der gesundheitsschädigend od. -gefährdend sein kann:* Ob Wurst, Käse, Schokolade, ... Brot oder Gebäck – der Zusatz l. ... ist überall zu entdecken (Barmer 3, 1992, 8); Bier l.; Fett ist zwar natürlicher Bestandteil vieler Lebensmittel, aber absolut megaout. Die neue Zauberformel heißt: »light« (natur 3, 1996, 64); Ü Preise l. *(reduzierte Preise)* zur Winterzeit (MM 7./8. 1. 95, 59); Staatsbürgerschaft l. *(Staatsbürgerschaft zur Probe);* Ehen und Trauschein ... Selbst in der konservativen Schweiz gibt es Bestrebungen zur Ehe l. (Spiegel 43, 1996, 89).

Light|pro|dukt, (auch:) **Light-Produkt,** das [zu ↑light]: *Produkt (aus dem Nahrungs- u. Genussmittelbereich), das wenig[er] von dem Inhaltsstoff enthält, der gesundheitsschädigend od. -gefährdend sein kann:* zucker- und fettreduzierte -e; Bei den stark bearbeiteten Light-Produkten schreckt die Künstlichkeit ab (Focus 33, 1994, 146).

Light|show, (auch:) **Light-Show,** ['laɪtʃoʊ], die [engl. light show, aus: light = Licht u. show, ↑Show]: **a)** *Darbietung von Lichteffekten u. anderen optischen Effekten zur Verstärkung der Wirkung von Popmusiktiteln (bei Konzerten, Shows, in Diskotheken o. Ä.):* Die nächtliche L. flutet aus Strahlern, die der Popstar Phil Collins für Bühnenauftritte von Genesis entwickelt hat (Focus 34, 1997, 102); Warum bekam Katja Ebstein als Einzige optische Unterstützung durch die L.? (Hörzu 16, 1980, 145); Bevor sich die Diskobesucher zu flackernder L. tummeln konnten, ... (MM 26. 8. 88, 9); Ü Direkt aus der Wanne blickt man durch achteckige Scheiben auf die Skyline und die nächtliche L. von Singapur: das Hafenbecken, die Wolkenkratzer, das neu gewonnene Land vor der Insel (Woche 29. 1. 99, 42); **b)** *Anlage, die eine Lightshow (a) liefert:* Das »Hendersen« hat ... eine spektakuläre L. installieren lassen (Spiegel 42, 1978, 231).

Light|ver|si|on, (auch:) **Light-Version,** die [zu ↑light]: *Version (3) eines Produktes od. einer Idee, die auf die wichtigsten Bestandteile beschränkt ist; reduzierte Fassung:* Zigaretten als L. im andersfarbigen Päckchen; dabei ist nur eine L. herausgekommen; ... weil bislang ungünstige Lebensmittel in der Light-Version negative Eigenschaften verlieren (Furtmayr-Schuh, Ernährung 119); Zunächst wird es nur eine Light-Version auf Infobasis geben (Focus 12, 1996, 268); Selbst der preußische Obrigkeitsstaat kannte nur eine Light-Version der heutigen Bannmeile: Er erlaubte das Demonstrieren wenigstens in sitzungsfreien Wochen (Zeit 11. 4. 97, 6); Es sollen Ausbildungsgänge in der Light-Version für eher praktisch begabte Jugendliche eingerichtet werden? (Woche 27. 6. 97, 13).

li|gie|ren ⟨sw. V.; hat⟩ [älter: legieren < ital. legare < lat. ligare, ↑legieren] (Fechten): *die gegnerische Klinge zur Seite drücken.*

Li|gist, der; -en, -en (bes. Sport): *Angehöriger einer Liga (2).*

li|gis|tisch ⟨Adj.⟩ (selten): *die Liga (1) betreffend, dazu gehörend.*

li|gni|kol ⟨Adj.⟩ [zu lat. lignum = Holz u. colere = (an einem bestimmten Ort) wohnen] (Biol.): *in Holz lebend (z. B. von Holzwespen, Bockkäfern).*

Li|gni|kul|tur, die; -, -en [zu lat. lignum = Holz]: *Anpflanzung (1) von Bäumen außerhalb des Waldes.*

Li|gnin, das; -s, -e [zu lat. lignum = Holz] (Chemie): *Verholzung bewirkender, farbloser, fester Stoff, der neben der Zellulose wichtigster Bestandteil des Holzes ist; Holzstoff (b).*

Li|gnit [auch: ...'nɪt], der; -s, -e: **1.** *junge Braunkohle, in der die Holzstruktur noch mit bloßem Auge erkennbar ist.* **2.** (veraltet) *Xylit (2).*

li|gni|vor ⟨Adj.⟩ [zu lat. vorare = verschlingen] (Biol.): *Holz fressend, sich von Holz ernährend.*

Li|gni|vo|re, der; -n, -n: *zu den Pflanzenfressern gehörendes Tier, das an od. in Holz lebt u. sich von Holz ernährt; Xylophage.*

Li|gno|se, die; -: **1.** *Zellulose.* **2.** *früher gebräuchlicher Sprengstoff aus Nitroglyzerin u. nitriertem Holzmehl.*

Li|gno|ze|rin|säu|re, die; - [zu lat. lignum = Holz u. ↑Zerin]: *in Erdnussöl, Wachsen u. a. vorkommende gesättigte Fettsäure.*

Li|gro|in, das; -s [Kunstw.]: *als Treibstoff u. als Lösungsmittel für Öle u. Fette verwendetes Leichtöl.*

Ligue ['liːg], die; -, -s [frz. ligue < älter ital. liga, zu lat. ligare, ↑legieren]: *Liga (1).*

Li|gu|la, die; -, ...lae [...lɛ; lat. li(n)gula, eigtl. = kleine Zunge, Vkl. von: lingua = Zunge]: **1.** *bei vielen Gräsern der Sprossachse eng anliegendes, dünnes, durchsichtiges Blättchen.* **2.** *Riemenwurm.*

Li|gu|o|ri|a|ner, der; -s, - [nach dem heiligen Alfons Maria von Liguori (1696–1787), der 1732 die Kongregation der Redemptoristen gründete]: *Redemptorist.*

Li|gu|ri|en; -s: *italienische Region.*

li|gu|risch ⟨Adj.⟩: *Ligurien betreffend, aus Ligurien stammend.*

Li|gus|ter, der; -s, - [lat. ligustrum]: *(Hecken anpflanzter) Strauch mit glänzend grünen Blättern, weißen Blütenrispen u. schwarzen Beeren.*

Li|gus|ter|he|cke, die: *Hecke aus Liguster.*

Li|gus|ter|schwär|mer, der: *großer, brauner Schmetterling, dessen Raupe bes. auf Liguster lebt.*

Li|gus|ter|strauch, der: *Liguster.*

li|ie|ren, sich ⟨sw. V.; hat⟩ [frz. (se) lier < lat. ligare, ↑legieren]: **1.** (bildungsspr.) *eine Liaison, ein Liebesverhältnis eingehen:* sich mit jmdm. l.; ⟨meist im 2. Part.:⟩ mit jmdm. liiert sein *(ein Liebesverhältnis haben).* **2.** *sich zum Zwecke einer [geschäftlichen] Zusammenarbeit mit jmdm. verbinden:* das britische Unternehmen hat sich mit zwei deutschen Firmen liiert; ⟨meist im 2. Part.:⟩ die Herrschaft ⟨einer mit der Aristokratie eng liierten Oberschicht (Fraenkel, Staat 68).

Li|ier|te, der u. die; -n, -n ⟨Dekl. ↑Abgeordnete⟩ (veraltet): *Vertraute[r].*

Li|ie|rung, die; -, -en: *das Sichliieren.*

Like|li|hood ['laɪklɪhʊd], die; - [engl. likelihood, eigtl. = Wahrscheinlichkeit, zu: likely = wahrscheinlich] (Statistik): *Maß, das die Wahrscheinlichkeit verschiedener unbekannter Werte eines Parameters (1 a) angibt.*

◆ **Li|king** ['laɪkɪŋ], das; -s, -s [engl. liking, zu: to like = mögen]: *Vorliebe, Faible:* und da er ein L. für Sie hat (Fontane, Effi Briest 102).

Li|kör, der; -s, -e [frz. liqueur, eigtl. = Flüssigkeit < lat. liquor, ↑Liquor]: *süßes, mit Geschmacksstoffen o. Ä. versetztes alkoholisches Getränk:* um zwei Tischchen entfernt, saß bei einem Gläschen grünen -s ein einsames Fräulein (Th. Mann, Krull 135); Servierkellner, Platten mit scharfen -en und Appetitbissen ... auf den gewinkelten Armen tragend (Langgässer, Siegel 225); Die Bonbons waren ... mit süßem L. und fein parfümierter Crème gefüllt (Th. Mann, Krull 57).

Li|kör|es|senz, die: *Essenz zur Bereitung von Likör.*

Li|kör|fa|brik, die: *Fabrik, in der Likör hergestellt wird.*

Li|kör|fla|sche, die: *(oft mit einer bes. Form versehene) Flasche für, mit Likör.*

Li|kör|glas, das ⟨Pl. ...gläser⟩: *(kleines) Glas, aus dem Likör getrunken wird.*

Li|kör|ser|vice, das: *aus Likörgläsern mit Karaffe bestehendes Service.*

Li|kör|wein, der: *Wein mit einem hohen ¹Gehalt (2) an Restzucker u. Alkohol.*

Lik|tor, der; -s, ...oren [lat. lictor, zu: ligare, ↑legieren]: *Amtsdiener als Begleiter hoher Beamter im alten Rom (Träger des Liktorenbündels).*

Lik|to|ren|bün|del, das: *Fasces.*

Li|kud|block, (auch:) **Li|kud-Block,** der; -[e]s [zu hebr. likūd = Einigung, Zusammenfassung, zu: lakad = fassen, ergreifen, fangen]: *Bündnis von fünf Parteien in Israel:* Hier (= in Israel) stehen die traditionell wohlhabenden und gebildeten Schichten der Arbeitspartei nahe, der kleine Mann dagegen unterstützt den rechtsgerichteten L. (Zeit 8. 8. 97, 5). **li̱|la** 〈indekl. Adj.〉 [1: gek. aus: lilafarben, zu ↑Lila; 2: viell. weil Lila nicht eindeutig als Rot od. Blau zu bestimmen ist od. entstellt aus ↑lala]: **1.** *fliederblau, hellviolett:* Ich erinnere mich noch an die l. Strümpfe, die ich damals trug (Kempowski, Immer 178); Wie wär's aber mal ... mit exotischen l. Orchideen und braven weißen Maiglöckchen in einem Strauß? (Petra 11, 1966, 129); ein l. Kleid; 〈nicht stan­dardsprachl.:〉 ein lila[n]es Kleid. **2.** (ugs.) *mittelmäßig:* es geht mir l.

Li̱|la, das; -s, -, ugs.: -s [frz. lilas, älter: lilac = Flieder(blütenfarbe) < arab. lilak, pers. lĩlak, nĩlak = Flieder < aind. nĩla = schwärzlich, bläulich]: *lila Farbe:* ein kräftiges L.; Kleider in L.

li̱|la|far|ben, li̱|la|far|big 〈Adj.〉: *lila (1).*

Li̱|li|a|zee, die; -, -n [zu spätlat. liliaceus = aus Lilien, Lilien-, zu lat. lilia, ↑Lilie] (Bot.): *Liliengewächs.*

Li̱|lie, die; -, -n [mhd. lilje, ahd. lilia < lat. lilia, Pl. von: lilium, aus einer Spr. des östl. Mittelmeerraums]: **1.** *hoch wachsende Pflanze mit schmalen Blättern u. duftenden, trichterförmigen Blüten.* **2.** (Heraldik) *stark stilisierte Blüte der Lilie: die L., drei -n im Wappen führen.*

Li̱|li|en|ban|ner, das (hist.): *Flagge Frankreichs (weiß, mit Lilien besät).*

Li̱|li|en|fries, der (Kunstw.): *Spitzbogenfries, dessen Bogen lilienähnliche Abschlüsse haben.*

Li̱|li|en|ge|wächs, das (Bot.): *in vielen Arten vorkommende Pflanze mit Knollen od. Zwiebeln u. meist strahlenförmig angeordneten Blüten (z. B. Tulpe, Zwiebel).*

li̱|li|en|grün 〈Adj.〉: *blass gelbgrün.*

Li̱|li|en|kreuz, das (Heraldik): *Kreuz mit gleich langen Balken, die in stilisierten Lilien enden.*

Li̱|li|en|schweif, der: *Eremurus.*

li̱|li|en|weiß 〈Adj.〉: **1.** *weiß mit schwacher Abtönung ins Gelbe.* **2.** (dichter.) *weiß wie Lilien.*

Li̱|li|put; -s [nach »Lilliput«, dem Zwergenland in Jonathan Swifts Roman »Gullivers Reisen« (1726)]: *Märchenland, dessen Bewohner winzig klein sind.*

Li̱|li|pu|ta|ner, der; -s, - [engl. lilliputian = winzig, Mini-; Liliputaner]: (ugs.) *kleinwüchsiger Mensch.*

Li̱|li|pu|ta|ne|rin, die; -, -nen: w. Form zu ↑Liliputaner.

li̱|li|pu|ta|nisch 〈Adj.〉 (selten): *winzig klein.*

Li̱|li|put|bahn, die: *in einem weitläufigen Ausstellungsgelände o. Ä. eingesetztes Bähnchen für die Besucher.*

Li̱|li|put|for|mat, das: *sehr kleines Format (1): ein Buch in L.*

Lille [lil]: Stadt in Nordfrankreich.

Li̱|long|we: Hauptstadt von Malawi.

lim = Limes (2).

lim., Lim. = limited.

Li̱|ma: Hauptstadt von Peru.

Li̱|ma|ko|lo|gie, die; - [zu griech. leĩmax (Gen.: leĩmakos) = Nacktschnecke u. ↑-logie] (veraltet): *Wissenschaft von den (Nackt)schnecken.*

Li̱|ma̱n, der; -s, -e [russ. liman < türk. liman, eigtl. = Hafen < mgriech. liménion, Vkl. von griech. limến]: *lagunenartiges Gewässer an der Küste des Schwarzen Meeres.*

Li̱m|ba, das; -s [westafrik. Wort]: *afrikanisches [Furnier]holz von gelb- bis grünlich brauner Farbe.*

Li̱m|bi: Pl. von ↑Limbus.

li̱m|bisch 〈Adj.〉 [zu ↑Limbus] in der Fügung **-es System** (Med.; *Randgebiet zwischen Großhirn u. Hirnstamm, das die hormonale Steuerung u. das vegetative Nervensystem beeinflusst u. von dem gefühlsmäßige Reaktionen auf Umweltreize ausgehen).*

Li̱m|bo, der; -s, -s [karib. Wort]: *akrobatischer Tanz westindischer Herkunft, bei dem der Tänzer, die Tänzerin den Körper von den Knien an zurückbeugt u. sich mit schiebenden Tanzschritten unter einer Querstange hindurchbewegt.*

Li̱m|burg: 1. hessische Stadt an der Lahn. **2.** belgische u. niederländische Landschaft. **3.** Stadt in Belgien.

¹Li̱m|bur|ger, der; -s, -: Ew.

²Li̱m|bur|ger 〈indekl. Adj.〉.

³Li̱m|bur|ger, der; -s, - [urspr. nur in der belg. Landschaft Limburg hergestellt]: *stark riechender, pikanter Weichkäse mit etwas schmieriger, rötlich gelber Oberfläche.*

Li̱m|bur|ge|rin, die; -, -nen: w. Form zu ↑¹Limburger.

Li̱m|bur|ger Kä̱|se, der; - -s, - -: ³Limburger.

Li̱m|bus, der; -, ...bi [1: kirchenlat. limbus < lat. limbus = Rand, Saum]: **1.** 〈o. Pl.〉 (kath. Rel.) *Vorhölle.* **2.** (Technik) *Grad-, Teilkreis an Winkelmessinstrumenten.* **3.** (Bot.) *oberer, nicht verwachsener Teil, Saum einer Blüte.*

Li̱|me|rick, der; - [-s], -s [engl. limerick, nach der gleichnamigen Stadt in Irland]: **1.** *nach festliegendem Reim u. Versschema verfasstes Gedicht humorvoll-ironischen od. grotesk-komischen Inhalts.* **2.** *in der Mode des 17. Jh.s Handschuh aus Fell ungeborener Kälber.*

li̱|me|ri|cken 〈sw. V.; hat〉: *Limericks (1) verfassen.*

Li̱|mes, der; -, - [lat. limes (Gen.: limitis) = Grenzwall, -weg, (Acker)grenze; Grenzmark]: **1.** *von den Römern angelegter Grenzwall zur Befestigung der Reichsgrenzen: der obergermanische, rätische L.* **2.** (Math.) *Grenzwert (2) (Zeichen: lim).*

Li̱|mes|kas|tell, das: *Kastell an einem Limes (1).*

Li̱|met|ta (seltener), **Li̱|met|te,** die; -, ...ten [frz. limette, Vkl. von: lime = kleine süße Zitrone, rückgeb. aus: limon, ↑Limonade]: *dünnschalige westindische Zitrone.*

Li̱|met|ten|saft, der: *Saft der Limette.*

li̱|mi|kol 〈Adj.〉 [zu lat. limus = Schlamm u. colere = (an einem bestimmten Ort) wohnen] (Biol): *(von Tieren) im Schlamm lebend.*

Li̱|mit, das; -s, -s, auch: -e [engl. limit < frz. limite < lat. limes, ↑Limes]: **a)** *festgelegte Grenze, die räumlich, zeitlich, mengenmäßig nicht über- bzw. unter-*

---

schritten werden darf: das [obere, oberste] L. für etw.; das L. über-, unterschreiten; »Er hat gesagt, du wirst ein L. setzen, wie hoch?«, sagt Jasmin. »Zwölfhundert Schilling ...«, sage ich (Sobota, Minus-Mann 326); **b)** (Wirtsch., bes. Finanzw., Börsenw.) *obere od. untere Preisgrenze (für etw. Geschäft);* **c)** (Sport) *für die Qualifikation festgelegte Mindestleistung;* **d)** (Boxen) *Grenze der jeweiligen Gewichtsklasse.*

Li̱|mi|ta|ti|on, die; -, -en [lat. limitatio = Festsetzung] (Fachspr.): *das Limitieren.*

li̱|mi|ta|tiv 〈Adj.〉 (Fachspr.): *begrenzend, einschränkend:* -es Urteil (Philos.; *Satz, der der Form nach bejahend, dem Inhalt nach aber verneinend ist).*

Li̱|mi|te, die; -, -n [frz. limite, zu lat. limes, ↑Limes] (schweiz.): *Limit.*

li̱|mi|ted ['lɪmɪtɪd; engl., 2. Part. von: to limit = begrenzen < frz. limiter < lat. limitare, ↑limitieren] (Wirtsch.): *Zusatz bei Handelsgesellschaften mit beschränkter Haftung in Großbritannien* (Abk.: Ltd., lim., Lim. od. Ld.).

li̱|mi|tie|ren 〈sw. V.; hat〉 [lat. limitare = abgrenzen, bestimmen, zu: limes, ↑Limes] (Fachspr.): **a)** (bes. Fachspr.): *im Umfang begrenzen, beschränken:* etw. ist nach oben, nach unten [nicht] limitiert; eine Auflage von 300 Exemplare l.; *limitierte Order (Order mit Angabe eines Limits* b); ◆ **b)** *eingrenzen (1):* Wenn er glaubt, etwas Übereiltes, Allgemeines, Halbwahres gesagt zu haben: so hört er nicht auf zu l., zu modifizieren und ab- und zuzutun (Goethe, Werther I, 12. August).

Li̱|mi|tie|rung, die; -, -en (bes. Fachspr.): *das Limitieren.*

Li̱m|mat, die; -: rechter Nebenfluss der Aare.

lim|ni|kol 〈Adj.〉 [zu griech. límnē = See, Teich u. lat. colere = (an einem bestimmten Ort) wohnen] (Biol.): *(von Organismen) im Süßwasser lebend.*

Li̱m|ni|me|ter, das; -s, - [↑-meter]: *Pegel zum Messen u. selbstständigen Aufzeichnen des Wasserstandes.*

li̱m|nisch 〈Adj.〉: **1.** (Biol.) *(von Pflanzen u. Tieren) im Süßwasser lebend od. entstanden.* **2.** (Geol.) *im Süßwasser entstanden od. abgelagert:* -e *(in Süßwasserbecken entstandene)* Kohle.

Li̱m|no|bi|os, der; - [zu griech. bios, ↑Bios]: *Gesamtheit der im Süßwasser lebenden Organismen.*

Li̱m|no|gramm, das; -s, -e [↑-gramm]: *Aufzeichnung des Wasserstandes durch ein Limnimeter.*

Li̱m|no|graph, der; -en, -en [↑-graph]: *Limnimeter.*

Li̱m|no|lo|ge, der; -n, -n [↑-loge] o. *Wissenschaftler auf dem Gebiet der Limnologie.*

Li̱m|no|lo|gie, die; - [↑-logie]: *Seenkunde.*

Li̱m|no|lo|gin, die; -, -nen: w. Form zu ↑Limnologe.

lim|no|lo|gisch 〈Adj.〉: *die Limnologie betreffend.*

Li̱m|no|plank|ton, das; -s: *Plankton des Süßwassers.*

Li̱|mo [auch: 'li:mo], die, auch: das; -, -[s] (ugs.): Kurzf. für ↑Limonade: In der klaren L. blubbern neongelbe Bläschen (Zeit 20. 8. 98, 43).

Li|mo|na|de, die; -, -n [frz. limonade, eigtl. = Zitronenwasser, wohl unter Einfluss von ital. limonata zu: limon = Limone, ↑Limone]: *alkoholfreies, kohlensäurehaltiges Getränk aus Obstsaft od. entsprechender Essenz, Zucker u. Wasser:* als wir ... in einem Café eine schwächliche L. tranken (Thieß, Frühling 101).

Li|mo|na|de[n]|fla|sche, die: *Flasche für den Transport u. die Aufbewahrung von Limonade:* Was sie liebte, war der rotbestreute Platz und die grünen ... Limonadeflaschen auf den weißen Tischen (Böll, Haus 123).

Li|mo|ne, die; -, -n [ital. limone < pers., arab. limun = Zitrone(nbaum)]: **1.** (selten) *Zitrone.* **2.** *Limette.*

Li|mo|nel|le, die; -, -n [frz. limonelle, Vkl. von: limon, ↑Limonade]: *Limette.*

Li|mo|nen, das; -s, -e [zu ↑Limone]: *nach Zitrone riechender flüssiger Kohlenwasserstoff, der in vielen ätherischen Ölen enthalten ist.*

Li|mo|nit [auch: ...'nɪt], der; -s, -e [zu griech. leimṓn = Wiese, weil das Mineral oft offen auf dem Erdboden liegend zu finden ist]: *Brauneisenstein.*

li|mos, li|mös ⟨Adj.⟩ [lat. limosus, zu: limus = Schlamm] (Biol.): *schlammig, sumpfig.*

Li|mo|si|ner Email, das; --s [nach der frz. Stadt Limoges]: *(bes. im 15. u. 16. Jh.) in Limoges hergestelltes Maleremail* (2).

Li|mou|si|ne [limu...], die; -, -n [frz. limousine, eigtl. = weiter (Schutz)mantel, urspr. bes. der Fuhrleute in der frz. Landschaft Limousin]: *Personenwagen mit festem Verdeck:* Den Frontalzusammenstoß zwischen einer schweren L. und einem Kleinwagen ... (MM 16.4. 85, 11); Immerhin wird dem Ex-Kanzler auch künftig noch ein Fahrer nebst L. zur Verfügung stehen (Spiegel 43, 1998, 115).

lim|pid ⟨Adj.⟩ [lat. limpidus, zu: limpa = Wasser]: *klar, hell, durchsichtig.*

Li|na|lo|ol, das; -s, -e [zu engl. linaloe = ein mexikanischer Balsambaum, eigtl. = Aloe (zu spätlat. lignum aloes = Holz der Aloe) u. ↑Alkohol]: *nach Maiglöckchen riechender Alkohol* (1), *der in zahlreichen ätherischen Ölen vorkommt.*

Lin|crus|ta: ↑Linkrusta.

lind ⟨Adj.⟩ [mhd. linde, ahd. lindi = weich, zart, mild; urspr. = biegsam]: **1. a)** (geh.) *angenehm mild, nicht rau od. kalt:* ein -er Sommerabend; Die Luft ist l.; Klaus Heinrich beschritt eine steinerne, hell erleuchtete und l. durchwärmte Halle (Th. Mann, Hoheit 152); **b)** (selten) *sanft, zart:* Linder Septemberwind kämmte die Trauben (Jacob, Kaffee 59); Die abendliche Stille über den Gärten wurde durch einen -en Windstoß gestört (Brecht, Geschichten 137); es handelt sich hier nicht um eine heftigere oder -ere Gewalt des Inhalts der großen Aussage (Bloch, Wüste 143); Die Folge ist ein -er *(gelinder)* Größenwahn des Redakteurs auf allen Gebieten, wo es ungefährlich ist (Tucholsky, Werke II, 229).

2. ⟨indekl.; attr. nachgestellt od. präd.⟩ *lindgrün:* ein schöner Stoff, l., mit apartem Muster.

Lin|dau: Stadt in Bayern am Bodensee.

Lin|de, die; -, -n [mhd. linde, ahd. linta, wahrsch. eigtl. = die Biegsame, nach dem weichen, biegsamen Bast (1)]: **1.** *Laubbaum mit ausladener Krone, herzförmigen, gesägten Blättern u. gelblichen, duftenden Blüten:* -en ... beschatten eine Chaussee (Fallada, Trinker 165); Ich ... klopfte den Takt zu der Musik, die von den Ohio-Boys unter der westfälischen L. gemacht wurde (Bieler, Bonifaz 126). **2.** ⟨o. Pl.⟩ *Holz der Linde.*

lin|den ⟨Adj.⟩ [mhd. lindin] (selten): *aus Lindenholz [bestehend].*

Lin|den|al|lee, die: *mit Lindenbäumen bestandene Allee.*

Lin|den|baum, der: *Linde* (1).

Lin|den|blatt, das: *Blatt des Lindenbaums.*

Lin|den|blü|te, die: *Blüte des Lindenbaums.*

Lin|den|blü|ten|ho|nig, der: *Lindenhonig.*

Lin|den|blü|ten|tee, der: *Tee aus Lindenblüten.*

Lin|den|ge|wächs, das (Bot.): *Gewächs einer Familie, zu der Linde, Jute u. zahlreiche andere, vor allem tropische Bäume u. Sträucher gehören.*

Lin|den|holz, das: *Linde* (2).

Lin|den|ho|nig, der: *von Linden* (1) *gewonnener Honig.*

Lin|den|schwär|mer, der: *gelblich bräunlicher, weißlich grüner Schwärmer, dessen Raupe vor allem an Blättern von Linden frisst.*

lin|dern ⟨sw. V.; hat⟩ [spätmhd. lindern, zu ↑lind]: *mildern, erträglich[er] machen:* jmds. Schmerzen l.; das Elend der Flüchtlinge l.; Um die Langeweile ... zu l., ersann schon 1841 der Leipziger Verleger Tauchnitz die Reiselektüre als Palliativ (Enzensberger, Einzelheiten I, 203); lindernde Umschläge.

Lin|de|rung, die; -: *das Lindern:* Wenig später fühlte ich eine plötzliche L. der Schmerzen (Thorwald, Chirurgen 37); die Arzneien ... hatten ihm wenigstens etwas L. gebracht (Schaper, Kirche 219); dass die Speicher zur L. der Not geöffnet werden (Weiss, Marat 65).

Lin|de|rungs|mit|tel, das: *Mittel zur Linderung von Schmerzen.*

lind|grün ⟨Adj.⟩ [zu ↑Linde, nach der Farbe des geflügelten Samens]: *zart gelbgrün.*

Lind|heit, die; -: *das Lindsein* (1).

Lind|wurm, der [mhd. lintwurm, zu ahd. lint = Schlange, Drache; also eigtl. verdeutlichend = Schlangenwurm] (Myth., Heraldik): *dem Drachen ähnliches [aber ungeflügeltes] Fabeltier.*

Li|ne|age ['lɪnɪɪdʒ], die od. das; -, -s [engl. lineage, zu lat. linea, ↑Linie] (Völkerk.): *soziale Einheit, deren Angehörige alle von einem gemeinsamen väterlichen od. mütterlichen Ahn abstammen u. meist an einem Ort wohnen.*

li|ne|al ⟨Adj.⟩ [spätlat. linealis]: *linealisch.*

Li|ne|al, das; -s, -e [zu spätlat. linealis =

in Linien bestehend, in Linien gemacht, zu lat. linea, ↑Linie]: *einfaches Gerät mit [Längenskala u.] gerader Kante, längs deren man Linien ziehen kann:* das L. anlegen; Er ... zog mit Bleistift und L. Striche über das Bild (Kant, Impressum 236); er geht, als hätte er ein L. verschluckt (spött.; *steif u. in unnatürlich gerader Haltung*).

li|ne|a|lisch ⟨Adj.⟩ (Bot.): *(von Blättern) lang u. mit parallelen Rändern:* -e Blätter.

Li|ne|a|ment, das; -[e]s, -e [lat. lineamentum = Umriss, Grundriss, zu: linea, ↑Linie]: **1.** (bild. Kunst) *Gesamtheit von gezeichneten, sich abzeichnenden Linien in ihrer besonderen Anordnung, in ihrem eigentümlichen Verlauf:* mit rhythmisch proportionierten Farbpartikeln, die leuchtkräftig das zeichenhafte L. umstellen (MM 8. 11. 71, 24); die -e *(Linien)* der Hand, des Gesichts. **2.** (Geol.) *Geofraktur.* **3.** (Med.) *Linie in der Hand od. im Gesicht.*

li|ne|ar ⟨Adj.⟩ [lat. linearis = aus Linien bestehend]: **1. a)** (bildungsspr.) *geradlinig, linienförmig:* dass dieses -e Gebilde (= Rand eines Teppichs) bei ihnen (= den Turmfalken) ... die Vorstellung einer Bewegung wachrief (Lorenz, Verhalten I, 105); (Physik:) *-e Bewegung, Beschleunigung;* **b)** (Kunstwiss.) *zeichnerisch; das Zeichnerische betonend:* Die Figuren sind flach u. l. angelegt, die Falten, die Haare sind tief mit dem Bohrer unterrissen (Bild. Kunst I, 14). **2. a)** (bildungsspr.) *geradlinig, einfach u. stetig [verlaufend]:* Irgendwie lag dem vergangenen Jahrhundert die Vorstellung eines -en Prozesses (Wieser, Organismen 11); einen Fehler zu korrigieren, der ... von der Geschichtskonzeption herrührt (Adorno, Prismen 116); **b)** (Sprachw.) *sukzessiv, in Form einer Abfolge:* die -e Redekette; **c)** (Musik) *nicht den harmonischen Zusammenklang, sondern den gleichzeitigen Verlauf selbstständiger Melodien, Stimmen in den Vordergrund stellend:* -e Musik; der -e Stil. **3.** (Math.) *eindimensional, [nur] der Länge nach:* der -e Ausdehnungskoeffizient. **4. a)** (Fachspr.) *für alle in gleicher Weise erfolgend:* -e Zunahme, Lohnerhöhung; -e Abschreibung *(Abschreibung gleich bleibender Beträge);* **b)** (Math.) *unbestimmte Größen in erster Potenz enthaltend:* -e Gleichungen *(Gleichungen ersten Grades).*

Li|ne|ar|be|schleu|ni|ger, der [LÜ von engl. linear accelerator] (Kernphysik): *Beschleuniger, in dem Elementarteilchen in eine geradlinige, beschleunigte Bewegung gebracht werden.*

Li|ne|ar|erup|ti|on, die (Geol.): *von Erdspalten ausgehende vulkanische Tätigkeit.*

Li|ne|a|ri|tät, die; - [zu ↑linear] (Fachspr.): *lineare Beschaffenheit.*

Li|ne|ar|mo|tor, der (Elektrot.): *Elektromotor, bei dem eine geradlinige Bewegung erzeugt wird.*

Li|ne|ar|or|na|men|tik, die; - (bild. Kunst): *ausschließlich aus Linien bestehende Verzierung bes. der griechischen*

Vasen in der Zeit der geometrischen Kunst.

Li|ne|ar|per|spek|ti|ve, die; - (bild. Kunst): *geometrisch angelegte perspektivische Wirkung eines Bildes.*

Li|ne|ar|schrift, die (Schriftw.): *weiterentwickelte Bilderschrift, deren ursprünglich figürliche Formen mit einfachen Strichen dargestellt sind.*

Li|ne|ar|vul|kan, der (Geol.): *entlang einer Spalte ausbrechender Vulkan.*

Li|ne|ar|zeich|nung, die (Fachspr.): *Umrisszeichnung, Riss.*

Li|ne|a|tur, die; -, -en [zu lat. linea, ↑Linie]: **1.** *Linierung* (2) (z. B. von Schulheften, Notenpapier). **2.** (bild. Kunst) *Linienführung:* sie (= die Künstlerin) reduziert die Erscheinungsform des Menschen... auf knappe grafische L. (MM 8. 11. 71, 24).

Li|ner ['lainɐ], der; -s, - [engl. liner, zu: line = Linie (6 a)]: **1.** (Schifffahrt) *Überseedampfer, Linienschiff.* **2.** *Linien-, Passagierflugzeug.*

Li|net|te, die; - [frz. linette, eigtl. Vkl. von: linon, ↑Linon]: *auf beiden Seiten appretierter Linon.*

-ling, der; -s, -e (Bildungen meist ugs. abwertend): kennzeichnet in Bildungen mit Adjektiven – seltener mit Substantiven oder Verben – eine Person, die durch etw. (Eigenschaft oder Merkmal) charakterisiert ist: Konservativling, Seichtling.

Lin|ga, Lin|gam, das; -s [sanskr. liṅgam]: *Phallus als Sinnbild Schiwas, des indischen Gottes der Zeugungskraft.*

Linge [lɛ̃:ʒ], die; - [frz. linge, Substantivierung von: afrz. linge < lat. lineus = ¹leinen] (schweiz. Hotelw.): *Wäsche.*

Lin|ge|rie [lɛ̃ʒə'ri:], die; -, -n [frz. lingerie] (schweiz.): **a)** *Wäsche[raum];* **b)** *zu einem Betrieb gehörende Wäscherei;* **c)** *Wäschegeschäft.*

Lin|gua fran|ca ['lɪŋgua 'fraŋka], die; -- [ital., eigtl. = fränkische Sprache, aus: lingua < lat. lingua = Sprache (↑lingual) u. franco < mlat. Francus, ↑frank]: **1.** *mit arabischen Elementen vermischte romanische, vorwiegend italienische Verkehrssprache des MA. meist für Handel u. Seefahrt im östlichen Mittelmeer.* **2.** *Verkehrssprache eines größeren mehrsprachigen Raums.*

Lin|gua ge|ral ['lĩŋgua ʒe'ral], die; -- [port. língua geral, eigtl. = allgemeine Sprache, Hauptsprache, aus: língua = Zunge, Sprache u. geral = allgemein]: **1.** *portugiesische Schriftsprache.* **2.** *Verkehrssprache zwischen den europäischen Siedlern Brasiliens u. den Indianerstämmen.*

lin|gu|al ⟨Adj.⟩ [zu lat. lingua = Zunge; Sprache] (bes. Med.): *auf die Zunge bezüglich.*

Lin|gu|al, der; -s, -e (Sprachw.): *mit der Zunge gebildeter Laut* (z. B. das Zungen-R).

Lin|gu|a|lis, die; -, ...les (veraltet): *Lingual.*

Lin|gu|al|laut, der (Sprachw.): *Lingual.*

Lin|gu|al|pfei|fe, die: *Orgelpfeife, bei der durch ein schwingendes Metallblättchen der den Ton erzeugende Luftstrom periodisch unterbrochen wird.*

Lin|gu|ist, der; -en, -en: *Sprachwissenschaftler.*

Lin|gu|is|tik, die; - [als Bez. für die moderne Sprachw. (frz. linguistique) eingef. von dem Schweizer Sprachwissenschaftler F. de Saussure (1857–1913)]: *Sprachwissenschaft, bes. der modernen (systembezogenen) Prägung:* Die L. mit ihren Spezialgebieten und Nebenzweigen ist nun einmal kein Fach, dass sich auf einen einfachen Nenner bringen lässt (Zeit 22. 10. 98, 84); Die eigens auf den Laut stand gerichtete L. (Johnson, Mutmaßungen 66); die feministische L.; Universitätsübungen über slawische L. (Rolf Schneider, November 52).

Lin|gu|is|tin, die; -, -nen: w. Form zu ↑Linguist.

lin|gu|is|tisch ⟨Adj.⟩: *sprachwissenschaftlich.*

lin|gu|is|ti|sie|ren: ↑linguistizieren.

Lin|gu|is|ti|sie|rung: ↑Linguistizierung.

lin|gu|is|ti|zie|ren ⟨sw. V.; hat⟩ (bildungsspr.): *zu stark unter linguistischen Gesichtspunkten betrachten, behandeln.*

Lin|gu|is|ti|zie|rung, die; -, -en (bildungsspr.): *das Linguistizieren, Linguistiziertwerden.*

Li|nie, die; -, -n [mhd. linie, ahd. linna < lat. linea = (mit einer Schnur gezogene) gerade Linie; Faden, zu: lineus = aus Leinen, zu: linum = Leinen; Faden; 7: nach den genealogischen Linien von Stammbäumen]: **1. a)** *längerer, gerader od. gekrümmter (gezeichneter o. ä.) Strich:* Die mit Tinte gezogenen -n liefen aus (H. Gerlach, Demission 81); die -n verwischen; mit dem Lineal eine L. ziehen; Briefpapier mit -n *(liniertes Briefpapier);* die -n *(leichten Einkerbungen)* der Hand; die -n eines Spektrums (Physik; *Spektrallinien);* *eine L. ziehen/legen* (Drogen Jargon; *Kokain zu sich nehmen, schnupfen;* nach der Anordnung des Kokains in einer Linie): ... während Paulin eine L. Kokain zieht (Spiegel 1, 1991, 94); **b)** (Math.) *zusammenhängendes, eindimensionales geometrisches Gebilde ohne Querausdehnung:* eine gerade L. *(Gerade);* **c)** (Sport) *Markierungslinie, Begrenzungslinie:* L.! *(Zuruf beim Tennis, wenn der Ball die Linie berührt hat);* den Ball über die L. [ins Aus] schlagen; der Torwart klebte auf der L.; Auf der L. des verlassenen Kölner Gehäuses klärte Cullmann (Kicker 6, 1982, 33); die blaue, rote L. (Eishockey; *Drittel-, Mittellinie);* **d)** (Seew.) kurz für ↑Wasserlinie. **2.** *Umriss[linie], Kontur:* etw. tritt in scharfen -n hervor; auf die [schlanke] L. (ugs. scherzh.; *Figur)* achten; Auch Ciny bleibt standhaft: Wegen der L. (ugs. scherzh.; *Figur;* Freizeit Revue 33, 1976, 4 [Zeitschrift]). **3. a)** *gedachte, angenommene Linie, die etw. verbindet:* auf der L. Freiburg–Basel; **b)** ⟨o. Pl.⟩ (Seemannsspr.) *Äquator:* die L. passieren, kreuzen; **c)** (Schach) *einer der acht senkrechten, ein Feld breiten Abschnitte des Schachbretts;* **d)** (Fechten) kurz für ↑Fechtlinie: L. bieten, geben; Klinge in L. **4.** *Reihe:* eine L. bilden; in einer L. stehen; sich in einer L. *(nebeneinander)* aufstellen; in L. (Militär, Sport; *nebenei-*

nander, Schulter an Schulter) antreten; die Gebäude stehen in einer L. *(Fluchtlinie);* *L. halten (Druckw.; eine gerade Zeile bilden):* die Schrift hält [nicht] L. **5. a)** (Milit.) *Front, Kampfgebiet mit den Stellungen der Truppen:* die feindlichen -n durchbrechen; in der vordersten, in vorderster L. liegen, kämpfen; Beim fünften Rückflug schleppte er seine Maschine gerade noch über die deutschen -n und fiel mit brennenden Motoren in die Steppe (Loest, Pistole 92); *in vorderster L. stehen [im Kampf um, gegen etw.]* im Vordergrund, mit an der Spitze stehen); **b)** (Milit.) *die in gleichmäßigen Abständen nebeneinander aufgestellten Truppen;* **c)** ⟨o. Pl.⟩ (Milit. früher) *die Truppen des stehenden Heeres.* **6. a)** *von [öffentlichen] Verkehrsmitteln regelmäßig befahrene, beflogene Verkehrsstrecke zwischen bestimmten Orten, Punkten:* die L. Hamburg–London; die L. *(Straßenbahn-, Buslinie)* 8; eine L. *(den Linienverkehr auf einer bestimmten Strecke)* einrichten, stilllegen, einstellen; nicht Charter, sondern L. fliegen; Flüge ausschließlich mit L. (Saarbr. Zeitung 30. 11. 79, 22); **b)** *die Verkehrsmittel, Fahrzeuge einer bestimmten Linie:* die L. 12 fährt nach Neustadt, zum Bahnhof, nur werktags; er fährt die L., auf der L. 12 (Jargon: *ist als Fahrer, Schaffner dort eingesetzt).* **7.** *Folge von Nachkommen:* die ältere, weibliche L.; die männliche L. ist ausgestorben; in gerader, direkter L. von jmdm. abstammen; Verwandte in aufsteigender L. (bes. Genealogie; *Eltern, Großeltern, Urgroßeltern usw.),* in absteigender L. *(Kinder, Enkel, Urenkel usw.);* Die Zerstörung jedes einzelnen Eiablageplatzes vernichtet auch die Fortpflanzungsmöglichkeiten aller zu dieser L. gehörenden Tiere (natur 4, 1991, 55). **8.** *gemeine Richtung, die bei einem Vorhaben, Verhalten o. Ä. eingeschlagen, befolgt wird:* die politische L. [einer Gruppe]; eine gemäßigte, radikale L. vertreten; die Arbeit lässt keine [klare] L. erkennen; sich auf eine [einheitliche] L. festlegen; etw. auf eine L., auf die gleiche L. stellen *(gleich behandeln);* (Sport:) die Mannschaft bemühte sich, in das Spiel zu bringen *(das Spiel planvoll anzulegen, aufzubauen),* verlor vorübergehend jede L. *(verlor völlig das Konzept).* **9.** *in erster/zweiter L. (an erster/zweiter, weniger wichtiger Stelle):* in erster L. geht es darum, dass wir gewinnen; diese Angelegenheit interessiert uns erst in zweiter L. **10.** (Druckw.) *Metallstreifen mit Druckbild zum Drucken einer Linie.* **11.** (früher) *kleines Längenmaß (zwischen 2 u. 2¹/₂ mm):* *auf der ganzen L. (völlig; in jeder Beziehung):* er hat auf der ganzen L. versagt.

Li|ni|en|ball, der (Tennis): **1.** *Ball, der eine Linie (1 c) berührt.* **2.** *entlang der Seitenlinie geschlagener Ball.*

Li|ni|en|blatt, das: *Blatt mit aufgedruckten Linien, das, unter das Schreibpapier gelegt, als Hilfsmittel zum Schreiben gerader Zeilen dient.*

Li|ni|en|blitz, der (Met.): *linienförmiger Blitz.*

Li|ni|en|bus, der: *im Linienverkehr eingesetzter Bus.*

Li|ni|en|damp|fer, der: vgl. Linienbus.

Li|ni|en|dienst, der: *Linienverkehr, bes. von Flugzeugen u. Schiffen.*

Li|ni|en|flug, der: *Flug mit einem Linienflugzeug.*

Li|ni|en|flug|zeug, das: vgl. Linienbus.

li|ni|en|för|mig ⟨Adj.⟩: *in Form einer Linie* (1 a).

Li|ni|en|füh|rung, die (bes. Fachspr.): **1. a)** *Art u. Gestaltung der zeichnerischen bzw. grafischen Linie:* Die L. wird einheitlicher und harmonischer, der Kontrast von Liniengefüge und weißer Fläche ästhetisch ausgewertet (Bild. Kunst III, 83); Sparsame, sachliche L., übersichtlicher Bildaufbau bei kleinstem Format (Bild. Kunst III, 79); **b)** *Führung, Gestaltung der formprägenden Umrisslinien:* das Kleid ist schlicht in der L.; eine Plastik mit strenger L. **2.** *festgelegter Verlauf einer Verkehrslinie, bes. einer Straßenbahn, Buslinie.*

Li|ni|en|ma|schi|ne, die: *Linienflugzeug.*

Li|ni|en|netz, das: **1.** *Netz von Verkehrslinien.* **2.** (selten) *Netz von Linien, Strichen.*

Li|ni|en|om|ni|bus, der: *Linienbus.*

Li|ni|en|pa|pier, das: *Papier mit aufgedruckten Linien; liniertes Papier:* auf L. schreiben.

Li|ni|en|re|gi|ment, das (Milit. früher): *aktives, aber nicht zur Garde* (1 a) *gehörendes Regiment.*

Li|ni|en|rich|ter, der (Ballspiele): *Helfer des Schiedsrichters, der vom Spielfeldrand aus besonders die Grenzlinien überwacht.*

Li|ni|en|rich|te|rin, die (Ballspiele): w. Form zu ↑Linienrichter.

Li|ni|en|schiff, das: **1.** vgl. Linienbus. **2.** (früher) *(mit anderen Schiffen in linienförmiger Formation fahrendes) schweres Kriegsschiff.*

Li|ni|en|schiff|fahrt, die: *fahrplanmäßige Schifffahrt auf festgelegten Routen.*

Li|ni|en|schrei|ber, der (Technik): *Kurvenschreiber, der die Messwerte in einer fortlaufenden Linie* (1 a) *aufzeichnet.*

Li|ni|en|spek|trum, das (Physik): *aus Spektrallinien bestehendes Spektrum der Atome eines Gases.*

Li|ni|en|spie|gel, der (österr.): *Linienblatt.*

Li|ni|en|ste|cher, der: *Guillocheur.*

Li|ni|en|sys|tem, das (Musik): *zur Notenschrift gehörendes System paralleler Linien (Notenlinien).*

Li|ni|en|tau|fe, die: *Äquatortaufe.*

li|ni|en|treu ⟨Adj.⟩ (abwertend): *streng einer Ideologie, Parteilinie folgend:* Lisbeth P., eine Figur zum Vorzeigen, verlogen, wie sie sich -e kommunistische Literaten aus den Fingern saugen (Rolf Schneider, November 121); Unsere Nachbarn zeigten sich ... -er als das Laubenvolk (Lentz, Muckefuck 86).

Li|ni|en|treue, die (abwertend): *linientreue Art, Gesinnung; linientreues Verhalten.*

Li|ni|en|trup|pen ⟨Pl.⟩ (Milit. früher): *Linie* (5 c).

Li|ni|en|ver|kehr, der: *regelmäßiger Verkehr auf einer [Verkehrs]linie:* im L. fahren.

li|nie|ren (österr. nur so), liniieren ⟨sw. V.; hat⟩ [mlat. lineare = mit einer Linie unterstreichen < lat. lineare = nach dem Lot einrichten, zu: linea, ↑Linie]: *mit Linierung versehen:* lini[i]ertes Papier.

Li|nier|ge|rät, das: *Gerät zum Ziehen von Linien.*

Li|nier|ma|schi|ne, die: *Maschine zum Ziehen von Linien.*

Li|nier|plat|te, die: *Druckplatte für den Druck einer Linierung.*

Li|nie|rung (österr. nur so), Liniierung, die; -, -en: **1.** *das Linieren.* **2.** *Gesamtheit der Linien auf liniertem Papier o. Ä.*

li|ni|ie|ren: ↑linieren.

Li|ni|ie|rung: ↑Linierung.

Li|ni|ment, das; -[e]s, -e [spätlat. linimentum = Schmiere, zu lat. linere = (auf)schmieren] (Med.): *dickflüssiges Einreibemittel, bes. zur Rheumabehandlung.*

link ⟨Adj.⟩ [aus der Gaunerspr., zu ↑link...] (ugs.): *falsch, verkehrt, anrüchig, fragwürdig; nicht vertrauenswürdig:* -e Geschäfte machen; ein -er Vogel *(ein zwielichtiger Mensch):* Mein Vater meinte ... Und das kam ganz l. (Schmidt, Strichjungengespräche 103).

Link, der, auch das; -s, -s [engl. link = Verbindung, verw. mit ↑Gelenk]: Kurzf. von ↑Hyperlink: »Links«, auch »Hyperlinks« genannt, sind die zentralen Elemente einer Bildschirmseite im global vernetzten Computernetz Internet (Rheinpfalz 19. 6. 97, 3); Elektronische Dokumente im »Hypertext«-Format enthalten so genannte Links, hervorgehobene Textstellen, die auf andere Dokumente irgendwo im Netz verweisen. Ein Mausklick auf den L. genügt, um die Information abzurufen (Spiegel 30, 1998, 138).

link... ⟨Adj.⟩ [mhd. linc, lenc, auch: linkisch; unwissend, urspr. = schlaff, matt; 2: nach frz. (côté) gauche, zu ↑²Linke (2)]: **1. a)** *auf der Seite befindlich, die beim Menschen der von ihm selbst aus gesehenen Lage des Herzens im Brustkorb entspricht:* die -e Hand; der -e Schuh; das -e Ufer *(in Flussrichtung linke Ufer)* eines Flusses; -er (Boxen: *mit dem linken Arm ausgeführter)* Haken; * **-er Hand** (↑Hand 1); **b)** *(bei Stoffen, Wäsche o. Ä.) innen, hinten, unten befindlich (u. normalerweise nicht sichtbar):* die -e Seite eines Hemds, Strumpfs, Tischtuchs; -e Maschen (Handarb.): *Maschen [auf der Innenseite bzw. linken Seite], bei denen mit der rechten Stricknadel nach links vorn in die Masche der linken Nadel eingestochen u. im vorgelegter Faden durchgezogen wird).* **2.** *zur* ²Linken (2) *gehörend, ihr eigentümlich:* -e Ansichten, Zeitungen; der -e Flügel einer Partei; ⟨subst.:⟩ er ist ein Linker; Es geht den Linken ferner um die Aufhebung des monopolkapitalistischen Eigentums von Produktionsmitteln (Ruthe, Partnerwahl 130).

¹Lin|ke, der; -n, -n ⟨Dekl. ↑Abgeordnete⟩ (Ballspiele Jargon): *Linksaußen.*

²Lin|ke, die; -n, -n ⟨Dekl. ↑Abgeordnete⟩ [1 a: schon ahd. lenka = linke Hand; 1 b: engl. left; 2: im Anschluss an frz. gauche nach der Sitzordnung im Parlament (vom Präsidenten aus gesehen)]: **1. a)** ⟨Pl. selten⟩ *linke Hand:* etw. in der -n halten; (Boxen:) seine L. einsetzen; * **zur -n** *(auf der linken* 1 a *Seite):* er saß zur -n der Gastgeberin, zu ihrer -n; **b)** (Boxen) *mit der linken Faust ausgeführter Schlag.* **2.** ⟨Pl. selten⟩ *Parteien, politische Gruppierungen, Strömungen, die den Sozialismus, Kommunismus vertreten:* eine Vertreterin der radikalen, äußersten -n; die neue L. (vor allem von Studenten u. Intellektuellen getragene marxistisch-sozialistische Gruppierung bes. in den 60er-Jahren in den USA u. den westeuropäischen Demokratien).

Lin|ke|hand|re|gel, die ⟨o. Pl.⟩ (Physik): *an Daumen, Zeige- u. Mittelfinger der linken Hand veranschaulichte Regel für die Richtung im Magnetfeld auf einen Strom wirkenden Kraft.*

lin|ken ⟨sw. V.; hat⟩ [zu ↑link] (ugs.): *täuschen, hereinlegen:* Das hier ist doch eine heiße Sache. Ihr habt mich gelinkt (Spiegel 6, 1976, 30).

Lin|ker, der; -s, -[s] [zu engl. to link = verbinden] (EDV): *Programm* (4), *das mehrere Programme* (4) *od. Teile eines Programms zu einem arbeitsfähigen Programm* (4) *verbindet.*

lin|ker|seits ⟨Adv.⟩: *auf der linken Seite; links:* die Tür l.

lin|kisch ⟨Adj.⟩ [zu ↑link...] (abwertend): *unbeholfen u. ungeschickt; ungewandt:* sie näherten sich ihr je und je mit ihren kleinen, -en Liebkosungen (Hesse, Narziß 33); Dann erhob sich hinter dem Tisch der Wachhabende, ein ungeschickter bebrillter Mensch, zu einer -en Ehrenbezeigung (Gaiser, Jagd 106).

Lin|krus|ta, Lincrusta, die; - [Kunstwort]: *abwaschbarer Wandbelag mit reliefartiger Prägung.*

Lin|krus|ta|pe|te, die: vgl. Linkrusta.

links [spätmhd. lincks, urspr. = Gen. Sg. von ↑link...]: **I.** ⟨Adv.⟩ **1. a)** *auf der linken* (1 a) *Seite:* die zweite Tür, [Quer]straße l.; l. vom Eingang; l. halten; l. überholen; Abraham ... gab ihm l. und rechts eins in die Fresse (Zwerenz, Erde 29); l. *(nach links)* abbiegen; der Stürmer spielt l. außen *(auf der äußeren linken Seite des Spielfelds;* Ballspiele); die Stürmerin konnte l. außen durchbrechen; die Augen l.! *(nach links;* militär. Kommando); l. um! *(nach links umdrehen!;* militär. Kommando); l., zwei, drei, vier (Schrittangabe beim Marschieren); von l. *(von der linken Seite)* kommen; von rechts nach l.; l. und rechts verwechseln; * **jmdn., etw. l. liegen lassen** (ugs.; *jmdn., etw. bewusst nicht beachten, sich um jmdn., etw. nicht kümmern);* **weder l. noch rechts schauen** (↑rechts I 1 a); **nicht [mehr] wissen, was l. und [was] rechts ist** (↑rechts I 1 a); **b)** (ugs.) *mit der linken Hand:* l. schreiben; * **l. sein** (ugs.; *Linkshänder sein*); **mit l.** (ugs.; *nebenbei, mit Leichtigkeit*): das mache ich mit l.; **c)** *auf bzw. von der linken* (1 b) *Seite:* die Tischdecke l. auflegen; den Stoff [von] l. bügeln; ein Kleidungsstück [nach] l./(ugs.:) auf l. drehen, wenden; *jmdn. [auf] l. drehen (salopp; *jmdn. gründlich prüfen, ausfragen o. Ä.*); d) (Handarb.) *mit linken Maschen:* das Bündchen zwei l., zwei rechts stricken; der Pullover ist l. gestrickt. 2. *zur* ²*Linken (2) gehörend:* [weit] l. stehen; [politisch] l. stehende Abgeordnete; [stark] l. eingestellt, l. (ugs.; *links eingestellt*) sein; Zwei Drittel der Berliner Studentenvertreter stehen l. außen (Politik Jargon; *ganz links 2;* MM 26. 1. 74, 30). **II.** ⟨Präp. mit Gen.⟩ (seltener) *auf der linken Seite von etw.:* l. des Rheins, der Straße.

Links|ab|bie|ger, der; -s, - (Verkehrsw.): *jmd., der mit seinem Fahrzeug nach links abbiegt.*

Links|ab|bie|ge|rin, die; -, -nen (Verkehrsw.): w. Form zu ↑ Linksabbieger.

Links|ab|bie|ger|spur, die: *Fahrspur, auf der sich ein Linksabbieger einordnen muss.*

Links|ab|weich|ler, der (kommunist. abwertend): *Abweichler mit stärkerer Linksorientierung, als die Parteilinie zulässt.*

Links|ab|weich|le|rin, die (kommunist. abwertend): w. Form zu ↑ Linksabweichler.

Links|an|walt, der (ugs.): a) *schlechter Rechtsanwalt; Winkeladvokat;* b) *politisch links stehender Anwalt:* Als Frontmann der SPD für verzwickte Fragen musste der ehemalige »Linksanwalt« und Grüne manch alten Freund verschrecken (Woche 26. 2. 99, 8).

Links|an|wäl|tin, die (ugs. abwertend): w. Form zu ↑ Linksanwalt.

Links|aus|fall, der (Boxen): *schnelle Vorwärtsbewegung mit dem linken Bein, bei der das Standbein gestreckt bleibt.*

Links|aus|la|ge, die (Boxen): *Auslage (3 b) des rechtshändigen Boxers, der das linke Bein vorsetzt u. dessen linke Hand die Führhand ist.*

Links|aus|le|ger, der (Boxen): *Boxer mit Linksauslage.*

Links|aus|le|ge|rin, die; -, -nen: w. Form zu ↑ Linksausleger.

Links|au|ßen, der (Ballspiele): *Stürmer auf der äußersten linken Seite des Spielfeldes:* Auf den Bildern im Schaukasten... stand er ohne namhaften Unterschied zwischen dem L. und dem Mittelläufer der Handballmannschaft I (Johnson, Mutmaßungen 16).

links au|ßen: s. ↑links (I l a; 2).

links|bün|dig ⟨Adj.⟩ (Fachspr.): *an eine [gedachte] senkrechte linke Grenzlinie angeschlossen, angereiht:* Ein zweiter Punkt, der bei der Änderung für die Post besonders wichtig ist, ist die Vorschrift, künftig »linksbündig« zu schreiben (BM 19. 7. 75, 3).

Links|drall, der: 1. (Fachspr.) *linksdrehender Drall.* 2. (ugs.) *Tendenz zur Abweichung nach links:* Der Bugspriet hatte einen L. (Bieler, Bonifaz 218); Ü ein Schriftsteller mit starkem L. (*starker Linksorientierung*).

links|dre|hend ⟨Adj.⟩: 1. (bes. Technik) *einer nach links (dem Uhrzeigersinn entgegen) gerichteten bzw. ansteigenden*

Drehung um die Längsachse folgend: -es Gewinde. 2. (Chemie, Physik) *die Ebene des polarisierten Lichts nach links drehend:* Rechts- und linksdrehende Milchsäure haben zwar dieselbe chemische Formel, unterscheiden sich aber in der räumlichen Gestalt (Reform-Rundschau 8, 1986, 12).

Links|dre|hung, die: *Drehung nach links:* eine L. machen.

Link|ser, der; -s, - (landsch. ugs.): *Linkshänder:* Heidenreich ist nämlich L. (Kicker 6, 1982, 38).

links|ex|trem ⟨Adj.⟩ (seltener): *linksextremistisch.*

Links|ex|tre|mis|mus, der ⟨o. Pl.⟩ (Politik): *linker (2) Extremismus.*

Links|ex|tre|mist, der (Politik): *Vertreter des Linksextremismus.*

Links|ex|tre|mis|tin, die (Politik): w. Form zu ↑ Linksextremist.

links|ex|tre|mis|tisch ⟨Adj.⟩ (Politik): *extremistisch im Sinne der äußersten* ²*Linken (2).*

Links|fa|schis|mus, der (Politik): *linksorientierter Faschismus (2 a):* Seither beschwören alle Rechtsfaschisten die Gefahr des L. (Zwerenz, Kopf 251).

Links|fa|schist, der (oft abwertend): *Vertreter des Linksfaschismus:* Dann bekam Habermas auf dem hannoverschen Treffen, als der erschossene Ohnesorg beigesetzt wurde, Streit mit Dutschke und sprach... von »Linksfaschisten« (Zwerenz, Kopf 251).

Links|fa|schis|tin, die (oft abwertend): w. Form zu ↑ Linksfaschist.

Links|ga|lopp, der (Reiten): *Galopp, bei dem das Pferd mit dem linken Vorderfuß am weitesten ausgreift.*

links|gän|gig ⟨Adj.⟩ (Technik): *linksdrehend (1).*

links|ge|rich|tet ⟨Adj.⟩: *linksorientiert.*

Links|ge|win|de, das (Technik): *linksdrehendes Gewinde.*

links|gläu|big ⟨Adj.⟩ (Politik Jargon): *einer linken Ideologie anhängend.*

Links|hän|der, der; -s, -: *jmd., der linkshändig ist:* Er... hat aber gehört, dass geniale Menschen häufig L. seien (Chotjewitz, Friede 50).

Links|hän|de|rin, die; -, -nen: w. Form zu ↑ Linkshänder.

links|hän|dig ⟨Adj.⟩: 1. *mit der linken Hand geschickter als mit der rechten:* Das Gewehr... war ein Drilling, eine Maßanfertigung für einen -en Peer (Kant, Impressum 262). 2. *mithilfe der linken Hand:* eine Tätigkeit l. verrichten.

Links|hän|dig|keit, die; -: *das Linkshändigsein.*

links|her ⟨Adv.⟩ (veraltet): *von links her.*

links|he|rum ⟨Adv.⟩: *(in der Richtung) nach links:* eine nette Sitte..., sich auf dem Bahnhof zu umarmen, unrasiert Wange an Wange, rechtsherum, dann l. (Grzimek, Serengeti 214).

links|hin ⟨Adv.⟩ (selten): *nach links hin:* Er folgte l. ... einem Pfade, der eben hinauf lief (Th. Mann, Zauberberg 168).

Links|in|nen, der (Ballspiele): *in halblinker Position spielender Stürmer.*

Links|in|tel|lek|tu|el|le, der u. die (Politik): *links stehende[r] Intellektuelle[r].*

Links|ka|tho|li|zis|mus, der (Politik): *linksorientierter Katholizismus.*

Links|ko|a|li|ti|on, die (Politik): *linke Koalition.*

Links|kon|ter, der (Boxen): *mit der linken Faust geschlagener Konter.*

Links|kurs, der: 1. (Pferdesport) *Kurs, der linksherum gelaufen wird.* 2. (Politik) *linksorientierter Kurs einer Regierung, Partei o. Ä.*

Links|kur|ve, die: *nach links gekrümmte Kurve.*

links|las|tig ⟨Adj.⟩: 1. *links zu stark belastet.* 2. (Politik Jargon abwertend) *unverhältnismäßig stark linksorientiert:* Mithin wird sich der Konflikt zwischen der -en Hochschule und der ... aufgeschreckten Bürokratie eher noch verschärfen (Spiegel 3, 1974, 29); Christdemokraten werfen dem Sender -e Programme vor (Spiegel 18, 1975, 57).

Links|las|tig|keit, die; -: *das Linkslastigsein.*

links|läu|fig ⟨Adj.⟩: 1. (Technik) *linksdrehend* (1): -e Gewinde. 2. (Fachspr.) *(bes. von der Schrift) von rechts nach links laufend:* die arabische Schrift ist l. 3. (Graphologie) *nach links, entgegen der Schreibrichtung laufend:* eine [stark] -e Handschrift.

Links|len|ker, der (Kfz-W.): *linksseitig (vom linken Vordersitz aus) gelenktes Kraftfahrzeug.*

links|li|be|ral ⟨Adj.⟩ (Politik): *links orientiert u. liberal:* ... sind sie (= die jüdischen Familien) im Allgemeinen ihrer... -en Weltanschauung treu geblieben (Wolfe [Übers.], Radical 30).

Links-links-Wa|re, die: *beiderseitig gleich aussehende Wirk- od. Strickware mit abwechselnd rechten u. linken Maschenseiten, von denen die linken das Bild bestimmen.*

Links|op|po|si|ti|on, die (Politik): *linke Opposition.*

links|ori|en|tiert ⟨Adj.⟩ (Politik): *an einer linken Ideologie, Parteilinie o. Ä. orientiert:* dass zu Fragen von allgemeiner Bedeutung in unserer Zeitung sowohl links- wie rechtsorientierte Politiker oder Fachleute Stellung nehmen können (Dönhoff, Ära 17); Aus der Ferne und der Lektüre italienischer -er Darstellungen ergibt sich folgender Eindruck: ... (Sonntag 7. 11. 76, 12).

Links|ori|en|tie|rung, die ⟨o. Pl.⟩ (Politik): *das Linksorientiertsein.*

Links|par|tei, die (Politik): *linke (2) Partei.*

links|ra|di|kal ⟨Adj.⟩ (Politik): *radikal im Sinne der äußersten Linken.*

Links|ra|di|ka|le, der u. die: *jmd. mit linksradikaler Einstellung.*

Links|ra|di|ka|lis|mus, der (Politik): *linker Radikalismus.*

Links-rechts-Kom|bi|na|ti|on, die (Boxen): *rasche Folge von Schlägen, bei der einem Schlag mit der linken ein Schlag mit der rechten Faust folgt.*

Links|re|gie|rung, die (Politik): *linke Regierung.*

links|rhei|nisch ⟨Adj.⟩: *auf der linken Seite des Rheins [gelegen o. Ä.].*

Links|ruck, der (Politik Jargon): a) *hoher*

2439 Lip-

Stimmengewinn der ²Linken (2) *bei einer* *Wahl;* **b)** *Stärkung des Einflusses eines* *linksorientierten Parteiflügels (innerhalb* *einer Partei, der Regierung o. Ä.).*

links|rum ⟨Adv.⟩ (ugs.): *linksherum:* Im Auftrag von Madame Walzer l. (Hör-zu 52, 1972, 63).

Links|schnitt, der (bes. Tennis, Tischtennis): *Schnitt, der dem Ball durch ein* *von rechts nach links gerichtetes An-* *schneiden gegeben wird.*

Links|schuss, der (Fußball): *mit dem* *linken Fuß ausgeführter Schuss.*

Links|schwen|kung, die: *Schwenkung* *nach links.*

links|sei|tig ⟨Adj.⟩: *auf der linken Seite:* l. gelähmt sein.

Links|sek|tie|rer, der (kommunist. abwertend): *linker Sektierer; sektiereri-* *scher Abweichler.*

Links|sek|tie|re|rin, die (kommunist. abwertend): w. Form zu ↑ Linkssektierer.

links|sek|tie|re|risch ⟨Adj.⟩ (kommunist. abwertend): *sektiererisch im Be-* *reich einer linken Ideologie; auf sektiere-* *rische Weise abweichlerisch:* Mit aller Entschlossenheit lehnt unsere Partei die -en, abenteuerlichen Angriffe der Führer der Kommunistischen Partei Chinas ... gegen den Marxismus-Leninismus ... ab (Neues D. 13. 6. 64, 7).

links ste|hend: s. ↑ links (I 2).

Links|steu|e|rung, die (Kfz-W.): *links-* *seitige Steuerung.*

links|uf|rig ⟨Adj.⟩: *auf dem linken Ufer* *(gelegen, verlaufend):* der -e Teil der Stadt.

links|um [auch: '– –] ⟨Adv.⟩ (bes. in militär. Kommandos): *nach links herum,* *linksherum:* l. kehrt!; Linksum wenden Spielmannszug, Stabsmusikkorps und Wachregiment (Schädlich, Nähe 150).

Links|un|ter|zeich|ne|te, der u. die: *jmd., der links seinen Namen unter ein* *Schriftstück gesetzt hat.*

Links|ver|bin|der, der (Ballspiele): *halb-* *linker Verbinder; Linksinnen.*

Links|ver|bin|de|rin, die (Ballspiele): w. Form zu ↑ Linksverbinder.

Links|ver|kehr, der ⟨o. Pl.⟩ (Verkehrsw.): *Form des Verkehrs (1 a), bei der links ge-* *fahren u. rechts überholt wird.*

Links|vor|tritt, der (schweiz. Verkehrsw.): *Vorfahrt von links.*

Links|wen|dung, die: *Wendung nach* *links.*

Links|wich|ser, der (derb): *Wichser (2).*

li|n|nen ⟨Adj.⟩ [mniederd. linen, asächs. līnīn] (veraltet): ¹*leinen.*

Li|n|nen, das; -s, - [mniederd. linen, asächs. līnīn] (veraltet): *Leinen.*

lin|né|sche Sys|tem [lɪˈneːʃə], das; -n -s (Bot.): *von dem schwedischen Naturfor-* *scher C. von Linné (1707–1778) geschaf-* *fenes System, in dem das Pflanzenreich* *nach den Merkmalen der Blüte eingeteilt* *ist.*

Li|no|fil, das; -s [zu lat. linum (↑ Linie) u. filum = Faden]: *aus Abfällen von Flachs* *hergestelltes Garn.*

Li|no|le|um [auch: linoˈleːʊm], das; -s [engl. linoleum, zu lat. linum (↑ Linie) u. oleum = Öl, nach dem wesentlichen Bestandteil, dem Leinöl]: *Fußbodenbelag*

aus starkem Jutegewebe, auf das eine Masse aus Leinöl, Kork, Farbstoffen, Harzen o. Ä. aufgepresst ist: Sie befanden sich in einem sauberen, mit L. belegten, freundlichen Gang (Musil, Mann 989).

Li|no|le|um|schnitt, der (bild. Kunst): *Linolschnitt.*

Li|nol|säu|re, die [vgl. Linoleum] (Chemie): *(u. a. im Leinöl enthaltene) unge-* *sättigte Fettsäure.*

Li|nol|schnitt, der: **1.** ⟨o. Pl.⟩ *grafische* *Technik, bei der die Darstellung mit* *scharfem Messer aus einer später als* *Druckstock dienenden Linoleumplatte* *herausgeschnitten wird.* **2.** *Abzug in der* *Technik des Linolschnitts (1).*

Li|non [liˈnõː, auch: ˈlɪnɔn] der; -[s], -s [frz. linon, über das Mfrz. zu lat. li-num = Leinen] (Textilind.): *leinenähnli-* *ches Baumwollgewebe in Leinwandbin-* *dung.*

Li|no|type® [ˈlaɪnotaɪp], die; -, -s [engl. li-notype; zu: line = Linie, Zeile u. type = Druckbuchstabe] (Druckw.): *Maschine,* *die Zeilen setzt u. gießt.*

Li|no|type|satz, der (Druckw.): *mit der* *Linotype-Setzmaschine hergestellter* *Schriftsatz.*

Li|no|type|set|zer, der: *Setzer für die Li-* *notype-Setzmaschine.*

Li|no|type|set|ze|rin, die: w. Form zu ↑ Linotypesetzer.

Li|no|type-Setz|ma|schi|ne, die: *Lino-* *type.*

Lin|se, die; -, -n [1: mhd. linse, ahd. linsi, H. u.; 2: nach der einer Linse (1 a) ähnli-chen Form, 4: wohl nach der flachen Form]: **1. a)** *krautige Gemüsepflanze mit* *in rautenförmigen Hülsen sitzenden klei-* *nen, flachen, kreisrunden Samen von* *gelbbrauner, roter od. schwarzer Farbe:* -n anbauen; **b)** *Frucht der Linse (1 a):* -n pflücken; **c)** *als Nahrungsmittel verwen-* *deter Samen der Linse (1 a):* -n einwei-chen, kochen. **2. a)** (Optik) *ein- od. bei-* *derseitig kugelig gekrümmter Körper aus* *durchsichtigem Material, der durch Bre-* *chung des hindurchgehenden Lichts eine* *optische Abbildung vermittelt:* eine bi-konkave L.; stark vergrößernde -n; -n schleifen; die Brennweite, Krümmung einer L.; **b)** (ugs.) *Objektiv einer Kamera:* Ich legte mich auf ein Eisbärenfell ... und sah zum Schluss noch mal so wie ich es war in die L. (Bieler, Bonifaz 119); Promi-nentenjäger Albert Krogmann hat ... »Dallas«-Star Audrey Landers vor die L. bekommen (*fotografieren können;* Spie-gel 13, 1983, 250); **c)** (Med.) *in Form u.* *Funktion einer Linse (2 a) ähnlicher,* *glasklarer Teil des Auges:* **die L.** span-nen (ugs. veraltend: *scharf hinsehen*); **d)** (Physik, Technik) *elektrisches bzw.* *magnetisches Feld, das durch Brechung* *der hindurchgehenden Elektronenstrah-* *len eine elektronenoptische Abbildung* *vermittelt:* die -n eines Elektronenmikro-skops; **e)** kurz für ↑ Kontaktlinse: eine L. verlieren; die -n säubern u. einsetzen. **3.** (Geol.) *große Einlagerung, Lagerstätte* *von der Form einer Linse.* **4.** ⟨Pl.⟩ (ugs.) *Geldmünzen.*

lin|sen (sw. V.; hat) [zu ↑ Linse (2)] (ugs.): *verstohlen blicken; spähen:* Mein Bruder

und ich kicherten und linsten dabei um die Ecke, ob der Tyrann womöglich an-geschlichen kam (Wilhelm, Unter 66); und außerdem kann gerade einer durch den Spion l., wenn er auf dem Tisch steht (Fallada, Blechnapf 16); bei der Klas-senarbeit l. (Schülerspr.; *beim Mitschü-* *ler abschreiben*); Ü Immerzu linst die un-tergehende Sonne vom ... Wald her schräg über die Sportanlagen (Grass, Hundejahre 209).

Lin|sen|erz, das (Mineral.): *linsenförmi-* *ges, blaugrünes Kupfer-Aluminium-Ar-* *sen-Mineral.*

Lin|sen|feh|ler, der (Optik): *Fehler in ei-* *ner Linse (2 a).*

Lin|sen|fleck, der: *Leberfleck.*

lin|sen|för|mig ⟨Adj.⟩: *in seiner Form an* *Linsen (1 c) erinnernd.*

Lin|sen|ge|richt, das: *Gericht aus Lin-* *sen (1 c):* ein L. kochen; ***für ein L.** (geh.; *für etw. Geringes, das nur im Augenblick* *ein Gegenwert zu sein scheint;* nach 1. Mos. 25, 29–34): etw. für ein L. herge-ben.

Lin|sen|sup|pe, die: *[dicke] Suppe aus* *[getrockneten] Linsen (1 c); [Speck,] Ge-* *würzen u. a.*

Lin|sen|sys|tem, das (Fachspr.): *opti-* *sches System aus mehreren Linsen (2 a).*

Lin|sen|trü|bung, die (Med.): *Trübung* *der Linse des Auges.*

Lin|sen|wi|cke, die [nach der Form der Frucht]: *als Futterpflanze angebaute Wi-* *ckenart.*

Lin|ters ⟨Pl.⟩ [engl. linters (Pl.), zu (mundartl.): lint = Flachs < lat. lin-teum = Leinwand]: *Fasern des Baum-* *wollsamens, die für das Verspinnen zu* *kurz sind.*

Linz: Landeshauptstadt von Oberöster-reich.

¹**Lin|zer,** der; -s, -: Ew.

²**Lin|zer** ⟨indekl. Adj.⟩.

Lin|ze|rin, die; -, -nen: w. Form zu ↑ ¹Lin-zer.

Lin|zer Tor|te, die; - -, - -n [nach der Stadt Linz]: *flacher [runder] Kuchen aus Mür-* *beteig (mit Mandeln, Zimt u. Nelken),* *der mit Marmelade bestrichen u. gitterar-* *tig mit Streifen aus Teig belegt ist.*

Li|o|der|ma, das; -s [zu griech. leĩos = glatt u. dérma = Haut] (Med.): *angebo-* *rene od. als Folge einer Krankheit ent-* *standene dünne, glänzende, trockene* *Haut mit Schwund des Gewebes der Un-* *terhaut.*

Li|on [ˈlaɪən], der; -s, -s [engl. Lion]: *Mit-* *glied des Lions Clubs.*

Li|ons Club [ˈlaɪənz ˈklʌb], der; - -s, - -s [engl. Lions Club]: **1.** ⟨o. Pl.⟩ *Lions Inter-* *national.* **2.** *zu Lions International gehö-* *render örtlicher Klub.*

Li|ons In|ter|na|tio|nal [ˈlaɪənz ɪntəˈ-næʃnl], der; - - [gek. aus engl. Internatio-nal Association of Lions Clubs; gedeutet als »die Löwen« (= engl. lions, nach den Löwen im Wappen des Klubs), urspr. Abk. von Liberty, Intelligence, **Our** Na-tions' Safety]: *karitativ tätige, um interna-* *tionale Verständigung bemühte Vereini-* *gung führender Persönlichkeiten des* *öffentlichen Lebens.*

lip-, Lip-: ↑ lipo-, Lipo-.

Li|pa|ci|dä|mie, Lipazidämie, die; -, -n [zu ↑lipo-, Lipo-, ↑Acid... u. griech. haĩma = Blut] (Med.): *krankhafte Erhöhung des Gehalts an Fettsäure im Blut.*

Li|pa|cid|urie, Lipazidurie, die; -, -n [zu griech. oũron = Harn] (Med.): *vermehrte Ausscheidung von Fettsäuren mit dem Harn.*

Li|pä|mie, die; -, -n [zu haĩma = Blut] (Med.): *Vermehrung des Fettgehaltes im Blut.*

li|pä|misch ⟨Adj.⟩ (Med.): *die Lipämie betreffend.*

Li|pa|ri|sche In|seln ⟨Pl.⟩: Inselgruppe nordöstlich von Sizilien; Äolische Inseln.

Li|pa|rit, der; -s, -e [nach dem Namen der Liparischen Inseln]: *graues, gelblich grünes od. rötliches junges vulkanisches Gestein.*

Li|pa|se, die; -, -n [zu ↑lipo-, Lipo-] (Biochemie): *Fett spaltendes Enzym.*

Li|pa|zi|dä|mie: ↑Lipacidämie.

Li|pa|zid|urie: Lipacidurie.

Lip|gloss ['lɪpglɔs], das; --, -- [engl. lip gloss, aus: lip = Lippe u. gloss = Glanz]: *kosmetisches Mittel, das den Lippen Glanz verleiht.*

Li|pid, das; -[e]s, -e [zu ↑lipo-, Lipo-] (Biochemie): **a)** ⟨meist Pl.⟩ *Fett od. fettähnliche Substanz;* **b)** ⟨nur Pl.⟩ *Sammelbezeichnung für alle Fette u. Lipoide.*

Li|pi|do|se, die; - (Med.): *Störung des Fettstoffwechsels.*

Li|piz|za|ner, der; -s, - [nach dem (heute slowen.) Gestüt Lipizza (Lipica) bei Triest]: *edles Warmblutpferd, meist Schimmel, mit leicht gedrungenem Körper, breiter Brust u. kurzen, starken Beinen.*

li|po-, Li|po-, (vor Vokalen auch:) lip-, Lip- [griech. lipos = Fett] ⟨Best. in Zus. mit der Bed.⟩: *fetthaltig, fettähnlich* (z. B. Lipolyse, Lipämie).

Li|po|chrom, das; -s, -e ⟨meist Pl.⟩ [zu ↑Chrom]: *Karotinoid.*

Li|po|dys|tro|phie, die; -, -n (Med.): *auf einer Störung des Fettstoffwechsels beruhende Abmagerung.*

li|po|gram|ma|tisch: ↑leipogrammatisch.

li|po|id ⟨Adj.⟩ [zu ↑lipo-, Lipo- u. -oeidḗs = ähnlich] (Biochemie): *fettähnlich.*

Li|po|id, das; -s, -e (Biochemie): **a)** *lebenswichtige, in tierischen u. pflanzlichen Zellen vorkommende fettähnliche Substanz;* **b)** ⟨nur Pl.⟩ *fettähnliche organische Substanzen.*

Li|po|i|do|se, die; -, -n (Med.): *krankhafte Einlagerung von Lipoiden in den Geweben.*

Li|po|ly|se, die; -, -n [↑Lyse] (Biochemie, Med.): *Fettspaltung.*

Li|pom, das; -s, -e, **Li|po|ma**, das; -s, -ta (Med.): *gutartige Fettgeschwulst.*

Li|po|ma|to|se, die; -, -n (Med.): **a)** *vermehrtes Auftreten von Lipomen;* **b)** *Fettsucht.*

li|po|phil ⟨Adj.⟩ [zu griech. phileĩn = lieben, gern haben]: **1.** (Chemie) *in Fett leicht löslich.* **2.** (Med.) *zu übermäßigem Fettansatz neigend.*

Li|po|phi|lie, die; -, -n (Med.): *Neigung zu übermäßigem Fettansatz.*

li|po|phob ⟨Adj.⟩ [zu griech. phobeĩn = fürchten] (Chemie): *in Fett nicht löslich.*

Li|po|plast, der; -en, -en ⟨meist Pl.⟩ [zu ↑plastisch] (Med.): *Fettgewebe bildende Zelle.*

Li|po|pro|te|id, das (Biochemie): *bes. als Bestandteil des Blutplasmas vorkommendes, physiologisch wichtiges Proteid mit einem Fettanteil.*

Li|po|som, das; -s, -en [zu griech. sõma = Körper] (Med., Pharm.): *künstlich hergestelltes, kleines bläschenartiges Gebilde, das sich mit einer Zellmembran vereinigen u. dadurch Substanzen in die Zelle gelangen lassen kann.*

Li|po|ze|le, die; -, -n [zu griech. kḗlē = Geschwulst, Bruch] (Med.): *Bruch (2), der Fett od. Fettgewebe enthält.*

¹Lip|pe, die; -, -n [aus dem Md., Niederd. < md., mniederd. lippe, urspr. = schlaff Herabhängendes]: **1. a)** *fleischiger oberer od. unterer Rand des [menschlichen] Mundes:* schmale, volle, dicke, aufgeworfene, wulstige, aufgesprungene, rote, blaue, warme -n; Glühend trafen unsere -n zusammen (Hesse, Steppenwolf 200); die -n öffnen, runden, vorschieben, [zum Kuss] spitzen; sie kräuselte, schürzte verächtlich die -n; Nachher kämmte sie sich vor dem Spiegel und zog sorgfältig die -n nach (Andersch, Rote 16); sich ⟨Dativ⟩ die -n schminken, anmalen, lecken, [mit der Zunge] anfeuchten; das Glas an die -n setzen; er setzte die Trompete an die -n; auf ihren -n lag ein Lächeln; den Finger auf die -n legen *(den Zeigefinger auf die Lippen legen, um zum Stillsein, zum Schweigen aufzufordern);* sich ⟨Dativ⟩ auf die -n beißen (bes. um ein Lachen zu unterdrücken od. weil man eine unmittelbar vorher gemachte Äußerung sofort bereut); einen Laut mit den -n bilden; jmdm. etw. von den -n ablesen; ... dass sich der Ausruf »Labyrinth« auch dem einfachsten Besucher von den -n rang (Ceram, Götter 78); *** an jmds. -n hängen** *(einem Sprechenden konzentriert, gespannt zuhören [u. ihn dabei anblicken]);* **etw. auf den -n haben** *(etw. gerade äußern, von sich geben [wollen]):* ein Wort auf den -n haben; **etw./ mit etw. auf den -n** *(etw. äußernd, singend o. Ä.):* ein fröhliches Lied auf den -n, wanderten sie durch das Tal; mit einem Fluch auf den -n *(fluchend)* kam er hereingestolpert; **jmdm. auf den -n liegen/gehen** *(jmdm. auf der Zunge liegen);* **[jmdm.] auf den -n ersterben** (geh.; *unter einem starken Eindruck o. Ä. plötzlich nicht ausgesprochen, geäußert werden):* das Wort erstarb ihr auf den -n; **sich [jmdm.] auf die -n drängen** *(unwillkürlich in jmdm. zur Äußerung drängen);* **[nicht] über jmds. -n/jmdm. [nicht] über die -n kommen** *([nicht] von jmdm. ausgesprochen werden können);* **etw. [nicht] über die -n bringen** *(es [nicht] fertig bringen, etw. auszusprechen, zu äußern);* **jmdm. leicht, glatt o. ä. von den -n fließen/gehen** *(von jmdm. ohne Bedenken geäußert werden);* **b)** ⟨o. Pl.⟩ (salopp) *Mundwerk:* das ist die freche Berliner L.; ***eine [dicke/große] L. riskieren** (ugs.; *großsprecherisch reden).* **2.** (Bot.)

oberer od. unterer hervorstehender Teil der Blumenkrone (z. B. an Lippenblütlern).

²Lip|pe, die; -: rechter Nebenfluss des Rheins.

Lip|pen|bär, der: *in Vorderindien u. auf Sri Lanka lebender Bär, der bei der Nahrungsaufnahme seine Schnauze rüsselförmig vorstülpt.*

Lip|pen|be|kennt|nis, das (abwertend): *jmds. Bekenntnis zu etw., das sich nur in Worten, nicht aber in Taten äußert:* Ihm war der Gedanke der Humanität mehr als ein L. (Niekisch, Leben 78); Das Öl durch andere Energiearten zu ersetzen blieb bisher L. (BM 16. 11. 76, 5).

Lip|pen|blüt|ler, der; -s, - (Bot.): *Pflanze einer Familie, deren zahlreiche Arten lippenförmige Blüten aufweisen.*

lip|pen|för|mig ⟨Adj.⟩: *die Form einer Lippe aufweisend.*

Lip|pen|gau|men|laut, der (Sprachw.): *Labiovelar (1).*

Lip|pen|lack, der: *farblose lackartige Substanz, die dazu dient, den aufgetragenen Lippenstift zu fixieren [u. glänzen zu lassen].*

Lip|pen|laut, der (Sprachw.): *Labial.*

Lip|pen|le|sen, das; -s: *Ablesen der stummen od. nicht gehörten Sprechbewegungen von den Lippen.*

Lip|pen|pfei|fe, die: *Labialpfeife.*

Lip|pen|pflock, der (Völkerk.): *in die durchbohrte Lippe gesteckter Pflock o. Ä., der als Schmuck getragen wird.*

Lip|pen|plas|tik, die (Med.): *Cheiloplastik.*

Lip|pen|po|ma|de, die: *pomadeähnliche Substanz [in Stiftform] zum Fetten der Lippen.*

Lip|pen|rot, das: **a)** *auf die Lippen aufgetragene rote Schminke;* **b)** *Lippenstiftfarbe:* Braun- od. Rottöne, die sich als Lidschatten, L. u. Rouge einsetzen lassen.

Lip|pen|spal|te, die (Med.): *angeborene Spalte in der Oberlippe als vererbbare Fehlbildung; Cheiloschisis.*

Lip|pen|stift, der: **1.** *meist rot getönter, fetthaltiger Stift zum Schminken der Lippen:* ein kussechter L.; Sie hatte keinen L. benutzt, und über dies hinaus waren ihre Lippen ohne Farbe, fast weiß (Baum, Paris 92). **2.** *Lippenstiftfarbe:* Ich fand an seinem Oberhemd ein paar verwischte Flecken von L. (Faller, Frauen 6).

Lip|pen|stift|far|be, die: *Farbe eines Lippenstifts.*

lip|pen|syn|chron ⟨Adj.⟩ (Film): *in der Weise synchron, dass Lippenbewegung u. Ton zeitlich genau parallel gehen:* die -e Vertonungsmöglichkeit: Bei sieben der ... Fabrikate kann der Ton gleichzeitig mit dem Bild aufgenommen werden (MM 24. 5. 75, 44); Bild und Ton gleichzeitig, und dazu noch l., auf Film aufzuzeichnen (MM 22. 5. 1974, 35).

Lip|pen|syn|chro|ni|sa|ti|on, die (Film): *lippensynchrone Synchronisation.*

Lip|pen|zahn|laut, der (Sprachw.): *Labiodental.*

Lipp|fisch, der: *(in tropischen u. gemäßigten Meeren vorkommender) barsch-*

ähnlicher Knochenfisch mit dicken Lippen u. kräftigen Zähnen.

-lip|pig: in Zusb., z. B. dünnlippig, schmallippig.

Lip|sa|no|thek, die; -, -en [mlat. lipsanotheca, zu griech. leipsanon = Überbleibsel, Überrest u. ↑-thek]: *Reliquiar.*

Lip|si, der; -s, -s [nach Lipsia = nlat. Name von Leipzig, wo dieser Tanz in den 60er-Jahren des 20. Jh.s entstand]: *Tanz im ⁶/₄-Takt:* L. ist ... ein neuer Modetanz, und zwar ein sowjetzonaler! (Zeit 14, 1959, Beilage IV).

Lip|tau|er, der; -s, - [nach dem dt. Namen der betr. Landschaft]: *slowakischer Schafskäse.*

Lip|urie, die; -, -n [zu ↑lipo-, Lipo- u. griech. oûron = Harn] (Med.): *Ausscheidung von Fett über den Harn.*

Liq. = Liquor.

Li|que|fak|ti|on, die; -, -en [spätlat. liquefactio, zu lat. liquefacere = flüssig machen; zu: liquidus, ↑liquid] (Chemie): *Überführung eines festen Stoffes in flüssige Form; Verflüssigung.*

Li|ques|zenz, die; - [zu lat. liquescere, ↑liqueszieren] (Chemie): *das Flüssigsein.*

li|ques|zie|ren ⟨sw. V.; ist⟩ [lat. liquescere, Intensivbildung von: liquere, ↑liquid] (Chemie): *flüssig werden; schmelzen.*

li|quet [lat., zu: liquere (↑liquid) in der übertr. Bed. »hell, klar werden«] (bildungsspr.): *es ist klar, erwiesen.*

li|quid (österr. nur so), **liquide** ⟨Adj.; ...der, ...deste⟩ [lat. liquidus = flüssig, zu: liquere = flüssig sein]: **1.** (Wirtsch.) *verfügbar:* -e Gelder, Mittel. **2.** (Wirtsch.) *zahlungsfähig:* ein -es Unternehmen. **3.** (Chemie) *flüssig.* **4.** (Sprachw.) *die Eigenschaften einer Liquida aufweisend:* ein -er Laut (eine Liquida).

Li|quid, der; -s, -e (Sprachw.): *Liquida.*

Li|qui|da, die; -, ...dä u. ...iden [lat. (consonans) liquida] (Sprachw.): *bei kontinuierlich ausströmender Luft gebildeter stimmhafter Laut (z. B. »l« u. »r«).*

Li|qui|da|ti|on, die; -, -en [frz. liquidation, ital. liquidazione < mlat. liquidatio, zu: liquidare, ↑liquidieren]: **1.** *das Liquidieren* (1–3). **2.** *das Liquidiertwerden* (1, 3).

Li|qui|da|ti|ons|bi|lanz, die: *bei Beginn u. nach Abschluss einer Liquidation zu erstellende Bilanz.*

Li|qui|da|ti|ons|mas|se, die: *gesamtes Vermögen eines Unternehmens bei Eintritt in die Liquidation.*

Li|qui|da|ti|ons|wert, der: *Wert der Liquidationsmasse.*

Li|qui|da|tor, der; -s, ...oren: **1.** (Wirtsch.) *jmd., der etw. liquidiert* (1 a, c). **2.** *jmd., der einen anderen umbringt, liquidiert* (3 b).

Li|qui|da|to|rin, die; -, -nen: w. Form zu ↑Liquidator.

li|qui|de: ↑liquid.

Li|qui|den: Pl. von ↑Liquida.

li|qui|die|ren ⟨sw. V.; hat⟩ [ital. liquidare < mlat. liquidare = flüssig machen, zu lat. liquidus, ↑liquid; 3 b: unter Einfluss von gleichbed. russ. likvidirovat']: **1.** (Wirtsch.) **a)** *(ein Unternehmen) auflösen u. die damit verbundenen Rechtsge-*

schäfte abwickeln: eine Firma, einen Verein l.; **b)** *(von einem Unternehmen) sich auflösen u. die damit verbundenen Rechtsgeschäfte abwickeln; in Liquidation gehen:* die Firma liquidiert; **c)** *(Sachwerte) in Geld umwandeln:* einen Nachlass, das Inventar l.; **d)** *(Schulden o. Ä.) begleichen:* eine finanzielle Verpflichtung l. **2.** *(bei freien Berufen für eine erbrachte Leistung) eine Rechnung ausstellen:* für ärztliche Bemühungen einen Betrag l.; Der Philosoph hatte 3 300 Taler Reisekosten liquidiert (Goldschmidt, Genius 133). **3.** (bildungsspr.) **a)** *nicht länger bestehen lassen; beseitigen; tilgen:* eine Staatsordnung, alte Traditionen l.; einen Konflikt l. *(beilegen);* Alles ist eingeordnet, und liquidiert sind die Widerstände (Adorno, Prismen 54); **b)** *(bes. aus politischen o. ä. Gründen) töten, hinrichten, umbringen [lassen]:* Gefangene l.

Li|qui|die|rung, die; -, -en: *das Liquidieren* (1 a, b, 3).

Li|qui|di|tät, die; - (Wirtsch.): **1.** *Fähigkeit eines Unternehmens, seine Zahlungsverpflichtungen fristgerecht zu erfüllen.* **2.** *flüssige Mittel (wie Bargeld, Bankguthaben o. Ä.).*

Li|qui|di|täts|eng|pass, der (Wirtsch.): *Engpass in der Liquidität* (1).

Li|qui|di|täts|grad, der (Wirtsch.): *Grad der Liquidität* (1).

Li|qui|di|täts|re|ser|ve, die (Wirtsch.): *flüssige Mittel eines Kreditinstituts als Reserve zur Aufrechterhaltung seiner Zahlungsbereitschaft.*

Li|qui|di|täts|stei|ge|rung, die (Wirtsch.): *Steigerung der Liquidität* (1).

Li|quid|laut, der (Sprachw.): *Liquida.*

Li|quor, der; -, -es [li'kvo:re:s; lat. liquor = Flüssigkeit, zu: liquere, ↑liquid]: **1.** (Anat.) *seröse Körperflüssigkeit.* **2.** (Pharm.) *flüssiges Arzneimittel* (Abk.: Liq.).

¹Li|ra, die; -, Lire [ital. lira < lat. libra = Waage; Gewogenes; Pfund]: *italienische Währungseinheit* (1 Lira = 100 Centesimi; Abk.: L., Lit.).

²Li|ra, die; -, -s [türk. lira < ital. lira, ↑¹Lira]: *türkische Währungseinheit* (1 Lira = 100 Kuruş; Abk.: TL).

li|ri|co [ital. lirico < lat. lyricus, ↑lyrisch] (Musik): *lyrisch.*

lisch, lischst, lischt: ↑²löschen.

Li|se|ne, die; -, -n [zu frz. lisière, ↑Lisiere] (Archit.): *flach hervortretender, pfeilerartiger Mauerstreifen zur Gliederung der [Außen]wand.*

Li|si|e|re, die; -, -n [frz. lisière = Saum, Kante] (veraltet): **1.** *Rand, Saum (an Kleidern o. Ä.).* **2.** *Waldrand, Feldrain.*

lis|men ⟨sw. V.; hat⟩ [mhd. (ge)lismen] (schweiz.): *stricken.*

lis|peln ⟨sw. V.; hat⟩ [Weiterbildung zu mhd., ahd. lispen = lispeln, urspr. lautm.]: **1.** *beim Artikulieren der Zischlaute fehlerhaft mit der Zunge an die oberen Vorderzähne stoßen.* **2.** (geh.) *mit tonloser Stimme u. einer gewissen Scheu od. Zaghaftigkeit sprechen:* unverständliche Worte l.; »Ich komme wieder«, lispelte sie ihm ins Ohr; ein gelispeltes Merci; Ü ein zartes, wie sehnsüchtig lispelndes

Rauschen im ... Laub der Bäume (Maass, Gouffé 240).

Lisp|ler, der; -s, -: *jmd., der lispelt* (1).

Lisp|le|rin, die; -, -nen: w. Form zu ↑Lispler.

Lis|sa|bon [auch: ...'bɔn]: *Hauptstadt von Portugal.*

Lis|sa|bon|ner, der; -s, -: Ew.

Lis|sa|bon|ne|rin, die; -, -nen: w. Form zu ↑Lissabonner.

lis|sa|bon|nisch ⟨Adj.⟩: *Lissabon betreffend, aus Lissabon stammend.*

Lis|se, die; -, -n [viell. md. für spätmhd. leuchse, mhd. liu(c)hse] (landsch.): *Seitenstütze am Leiterwagen.*

Lis|seu|se, die; -, -n [frz. lisseuse, eigtl. = Glätterin, zu: lisser, ↑lissieren]: *(in der Kammgarnspinnerei) Maschine zum Strecken, Waschen u. Trocknen der Fäden, aus denen das Kammgarn gesponnen wird.*

lis|sie|ren ⟨sw. V.; hat⟩ [frz. lisser = glätten < mlat. lixare = auskochen, zu spätlat. lix = Lauge]: *die Fäden, aus denen das Kammgarn gesponnen wird, mithilfe der Lisseuse waschen, trocknen u. glätten.*

List, die; -, -en [mhd., ahd. list, urspr. = Wissen]: **a)** *Mittel, mit dessen Hilfe man (andere täuschend) etw. zu erreichen sucht, was man auf normalem Wege nicht erreichen könnte:* eine teuflische L.; Nun konnte nur eine tollkühne L. helfen (Hartung, Piroschka 19); Er hatte eine schreckliche L. angewandt, um sie zu halten (Hollander, Akazien 159); So greift er zu einer raffinierten L. (St. Zweig, Fouché 200); **b)** ⟨o. Pl.⟩ *listige Wesensart; das Listigsein:* Jetzt sehe ich die grausame L. in seinen blutigen Augen (H. Mann, Stadt 262); Der Elefant vereint L. mit Stärke (Brecht, Geschichten 178); Der Staatsanwalt ... spricht vorsichtig mit staatsanwältlicher L., zunächst nur von einem Gerücht (Mostar, Unschuld 90); ***mit L. und Tücke** (ugs.): *unter Aufbietung aller Überredungskünste).*

Lis|te, die; -, -n [ital. lista < mlat. lista = Leiste; (Papier)streifen, Verzeichnis, aus dem Germ.]: **a)** *schriftliche Zusammenstellung, Aufstellung nacheinander, bes. untereinander unter einem bestimmten Gesichtspunkt aufgeführter Personen od. Sachen:* eine lange L.; die L. der Kunden; die L. enthält unsere Bücherwünsche; eine L. aufstellen; jmdn., etw. auf die L. setzen, in einer L. führen, in eine L. aufnehmen; jmdn., etw., sich in eine (seltener:) einer L. eintragen; Ü diese L. *(Aufzählung [von Dingen, Sachverhalten, die einem missfallen o. Ä.])* ließe sich noch beliebig verlängern; ich habe ihn längst von meiner L. gestrichen (er zählt nicht mehr zu meinen Freunden); ***schwarze L.** (ugs.): *Zusammenstellung verdächtiger Personen;* »schwarz« bezieht sich auf etw. im Verborgenen Liegendes): Verhafteten anhand einer schwarzen L. Parteifeinde aller Art (Feuchtwanger, Erfolg 726); bei jmdm. auf der schwarzen L. stehen *(bes. bei einem Regime zu den verdächtigen Personen gehören);* **b)** kurz für ↑Wahlliste: eine

L. einreichen, wählen; jmdn. auf die L. setzen.

¹lis|ten ⟨sw. V.; hat⟩: **a)** *auflisten:* Wortmaterial l.; **b)** *als Serie führen:* Taschenbuch-Verlag ... mit ... 25 ... Sachbuchtiteln – in allen Kaufhauskonzernen in Präsenz gelistet – zu verkaufen (Anzeige in: Börsenblatt 30, 1970, 2339); Rewe Pirmasens dagegen hat die 1, 5-l-Flasche nicht gelistet, hier wartet man auf Töpfers Entscheidung zum Zwangspfand (MM 13. 9. 88, 7).

²lis|ten ⟨sw. V.; hat⟩ [mhd., ahd. listen = listig sein, zu ↑List] (Sport): *mit einem Trick irgendwohin gelangen lassen:* den Ball ins Tor l.

Lis|ten|aus|zug, der: *Auszug aus einer Liste* (a).

Lis|ten|füh|rer, der: **1.** *jmd., der eine Liste* (a) *führt.* **2.** *Spitzenkandidat auf einer Liste* (b).

Lis|ten|füh|re|rin, die: w. Form zu ↑Listenführer.

Lis|ten|füh|rung, die: *das Führen einer Liste* (a).

lis|ten|mä|ßig ⟨Adj.⟩: *in einer Liste, in Listen [aufgeführt]:* Standardausführungen ... stehen l. zur Verfügung (Elektronik 11, 1971, A 48).

Lis|ten|platz, der: *Platzierung eines Kandidaten auf einer Wahlliste.*

Lis|ten|preis, der: *Bruttopreis in einer Preisliste.*

lis|ten|reich ⟨Adj.⟩ (geh.): *sich vieler Listen bedienend:* der -e Odysseus; Hermes ist ... berühmt für seine Behändigkeit, eine heitere und -e Behändigkeit, womit er die Sterblichen gern zum Narren hält (Frisch, Gantenbein 225).

Lis|ten|samm|lung, die: *Sammlung, bei der die gespendeten Beträge mit den Namen der Spender in eine Liste eingetragen werden.*

Lis|ten|ver|bin|dung, die (Politik): *Aufstellung eines gemeinsamen Wahlvorschlags zweier od. mehrerer Parteien:* doch konnte Letzterer (= der Deutsche Handels- und Industrieangestelltenverband) sich dank der L. mit dem Verband Weiblicher Angestellter ... und anderen, dem Christlichen Gewerkschaftsbund angeschlossenen Organisationen behaupten (MM 15. 6. 68, 1).

Lis|ten|wahl, die (Parl.): *Art der Wahl, bei der in Listen zusammengestellte Personengruppen gewählt werden.*

Lis|te|ria, die; -, ...ien u. ...iae [...i̯ɛ; nach dem britischen Chirurgen J. Lister (1827–1912)] (Med.): *Bakterie, die in der Natur weit verbreitet ist (z. B. in tierischen u. menschlichen Fäkalien).*

Lis|te|ri|o|se, die; -, -n (Med.): *durch Listerien hervorgerufene, auf den Menschen übertragbare Infektionskrankheit von Haus- u. Wildtieren.*

l'is|tes|so tem|po [ital.] (Musik): *dasselbe Zeitmaß; im selben Tempo wie zuvor.*

lis|tig ⟨Adj.⟩ [mhd. listec, ahd. listīg, zu ↑List]: *über die Fähigkeit verfügend, sich Umstände zur Erreichung seiner Absichten zu bedienen, die anderen verborgen sind; von List zeugend:* ein -er Bursche; So entschuldigten wir ... unsern -en Plan, der allerdings gründlich misslang (And-

res, Liebesschaukel 11); Zwar ist der Märchenheld ... öfters l. und verschlagen (Lüthi, Es 105); Er ... grinst uns so l. an, dass wir schon erschrecken (Remarque, Westen 107); Der Gefreite ... nickte eselhaft, aber seine Augen funkelten l. (Kirst, 08/15, 653).

lis|ti|ger|wei|se ⟨Adv.⟩: *aufgrund einer List.*

Lis|tig|keit, die; -: *das Listigsein.*

Lit = ¹Lira.

lit., Lit. = Litera.

Li|ta|nei, die; -, -en [mhd. letanīe < kirchenlat. litania = Bittgesang < griech. litaneía = das Bitten, Flehen]: **1.** *bes. in der katholischen Liturgie zwischen Vorbeter u. Gemeinde wechselndes Bittgebet:* Sie redete tonlos, wie mechanisch, es klang wie eine L. (Rinser, Jan Lobel 51); eine L. beten, singen. **2.** (abwertend) **a)** *langatmige, monotone Aufzählung von etw.:* Eine ganze L. von Flüchen hatte sie für die Kartoffel bereit (Böll, Haus 105); Während ... die Zeitungsverkäufer mit monotoner Insistenz ihre L. wiederholten (K. Mann, Wendepunkt 135); **b)** *immer wieder vorgebrachte Ermahnung, Klage o. Ä.:* Diese L. höre ich nun schon alle Tage (Fallada, Herr 13).

Li|tau|en [auch: ˈliːt...]; -s: Staat in Nordosteuropa.

Li|tau|er [auch: ˈliːt...], der; -s, -: Ew.

Li|tau|e|rin [auch: ˈliːt...], die; -, -nen: w. Form zu ↑Litauer.

li|tau|isch [auch: ˈliːt...] ⟨Adj.⟩: **a)** *Litauen, die Litauer betreffend; von den Litauern stammend, zu ihnen gehörend;* **b)** *in der Sprache der Litauer.*

Li|tau|isch [auch: ˈliːt...], das; -[s] u. ⟨nur mit best. Art.:⟩ **Li|tau|i|sche** [auch: ˈliːt...], das; -n: *die litauische Sprache.*

Li|te, der; -en, -en [mhd. līt, mlat. litus, aus dem Germ.] (hist.): *in fränkischer Zeit Halbfreier, der an Grund u. Boden gebunden u. seinem Herrn gegenüber zins- u. dienstpflichtig war.*

Li|ter [auch: ˈliːtɐ], der (schweiz. nur so), auch: das; -s, - [frz. litre < mfrz. litron (ein Hohlmaß) < mlat. litra < griech. lítra =] *Hohlmaß von einem Kubikdezimeter:* zwei L. Milch; ein L. spanischer Rotwein/(geh.:) spanischen Rotweins; mit drei L. Wein, mit [den] zwei -n kommen wir aus; (Technik:) ein Rauminhalt von 1 000 -n; der Motor hat einen Hubraum von 6,3 -n (Zeichen: l).

Li|te|ra, die; -, -s u. ...rä [lat. littera = Buchstabe]: **a)** (veraltet) *Buchstabe:* Absatz 4, L. 3; Abk.: Lit. od. lit.; **b)** (Bankw.) *auf Banknoten o. Ä. Buchstabe zur Kennzeichnung der Emission* (1 a).

Li|te|ral|sinn, der; -[e]s: *buchstäblicher Sinn einer Textstelle, bes. in der Bibel.*

li|te|rar|ge|schicht|lich ⟨Adj.⟩: *literaturgeschichtlich.*

Li|te|rar|his|to|ri|ker, der: *Wissenschaftler auf dem Gebiet der Literaturgeschichte.*

Li|te|rar|his|to|ri|ke|rin, die: w. Form zu ↑Literarhistoriker.

li|te|rar|his|to|risch ⟨Adj.⟩: *literaturgeschichtlich.*

li|te|ra|risch ⟨Adj.⟩ [lat. litterarius = die Buchstaben, die Schrift betreffend]:

a) *die Literatur als Kunstgattung betreffend:* eine -e Zeitschrift; die -e Kritik; das -e Leben unserer Zeit; Hier stand das Buch von Anfang an im Dienste der -en (schriftlichen) Verbreitung der humanistischen Geisteskultur (Bild. Kunst III, 59); die -e Ausbeute (das Buch) zum Thema Weltmeisterschaft (Welt 22. 9. 62, 17); seine Begabung ist im Wesentlichen l.; l. hervorgetreten sein; l. interessiert sein; **b)** (bildungsspr.) *mit allzu viel Bildungsgut befrachtet; vordergründig symbolisierend:* seine Gemälde sind sehr l.

li|te|ra|ri|sie|ren ⟨sw. V.; hat⟩ (selten): **a)** *literarisch* (a) *gestalten:* Der Drang, Autobiographisches zu l. (Spiegel 38, 1974, 10); **b)** *in allzu literarischer* (b) *Weise gestalten.*

Li|te|ra|ri|sie|rung, die; -, -en (selten): *das Literarisieren.*

Li|te|rar|kri|tik, die: **a)** *literaturwissenschaftliches Verfahren bes. der biblischen Exegese, mit dem die verschiedenen Quellen eines Textes isoliert werden, um eine Geschichte seiner Entstehung zu rekonstruieren;* **b)** *Literaturkritik.*

li|te|rar|kri|tisch ⟨Adj.⟩: *die Literarkritik betreffend.*

li|te|rar|so|zi|o|lo|gisch ⟨Adj.⟩: *literatursoziologisch.*

Li|te|rat, der; -en, -en [urspr. = Schriftkundiger, Sprachgelehrter, zu lat. litteratus = schriftkundig, gelehrt]: *[unschöpferischer, ästhetisierender] Schriftsteller:* Es kamen sehr viele Leute in die Arcisstraße, auch -en, besonders aber Musiker und Maler (Katia Mann, Memoiren 12).

Li|te|ra|té, das: *besonders von Literaten besuchtes Café.*

Li|te|ra|ten|tum, das; -s: *jmds. Handeln, Verhalten als Literat.*

Li|te|ra|tin, die; -, -nen: w. Form zu ↑Literat: Die französische L. Viviane Forrester ist zur Symbolfigur einer neuen Protestbewegung geworden (Zeit 2. 5. 97, 30).

Li|te|ra|tor, der; -s, ...oren [lat. litterator = Sprachgelehrter] (bildungsspr. veraltet): *Schriftsteller, Gelehrter:* sein Nimbus ... des raffinierten -s (Adorno, Prismen 235).

Li|te|ra|tur, die; -, -en [älter = (Sprach)wissenschaft, Gelehrsamkeit; Literatur (a) < lat. litteratura = Buchstabenschrift; Sprachkunst]: **1.** ⟨o. Pl.⟩ **a)** *[gesamtes] Schrifttum, veröffentlichte [gedruckte] Schriften:* wissenschaftliche L.; belletristische, schöngeistige, schöne L. (Literatur 2); graue L. (Schrifttum von Behörden, Instituten, Firmen, Parteien u. Ä., das nicht über den Buchhandel vertrieben wird); **b)** *[fachliches] Schrifttum über ein Thema, Gebiet:* die einschlägige, philosophische, scholastische, medizinische L.; die L. über etw., zu einem bestimmten Thema; die L. kennen, lesen, zusammenstellen, zitieren, [in Fußnoten] angeben; **c)** (Musik) *in Form von Notentexten vorliegende Werke für Instrumente od. Gesang:* die L. für Violine, gemischten Chor; die Pianistin spielt hauptsächlich die romantische L. (Musik der Romantik). **2.** *künstlerisches Schrifttum;*

Belletristik: die zeitgenössische [deutsche, französische] L.; die L. des Expressionismus; die -en einzelner Nationen; jmd., etw. ist in die L. eingegangen *(ist Thema der Literatur geworden); dieses Buch zählt zur L. (ist literarisch wertvoll).*

Li|te|ra|tur|an|ga|be, die ⟨meist Pl.⟩: *bibliographische Angabe der für eine wissenschaftliche Arbeit in einem bestimmten Zusammenhang benutzten [Fach]literatur.*

Li|te|ra|tur|äs|the|tik, die: *Ästhetik (2) der Literatur (2).*

li|te|ra|tur|äs|the|tisch ⟨Adj.⟩: *die Literaturästhetik betreffend.*

Li|te|ra|tur|aus|tausch, der: *Austausch auf dem Gebiet der Literatur.*

Li|te|ra|tur|bei|la|ge, die: *literarische Beiträge enthaltende Beilage einer Zeitung.*

Li|te|ra|tur|be|trach|tung, die ⟨o. Pl.⟩: *Auseinandersetzung mit Literatur:* Walter Jens liefert eine Blütenlese völkischer L. (Welt 23. 6. 62, Forum).

Li|te|ra|tur|be|trieb, der ⟨o. Pl.⟩ (oft abwertend): *literarisches Leben:* Der »Premio Viareggio« ... ist ... für den L. und die Verlagspolitik ein wichtiges Ereignis (Welt 23. 7. 65, 7).

Li|te|ra|tur|brief, der ⟨meist Pl.⟩: *(bes. im 18. Jh.) literaturkritische Erörterung in Form eines fingierten Briefes.*

Li|te|ra|tur|denk|mal, das: *literarisches Werk, das als wertvolles Zeugnis, z. B. einer Literaturgattung od. -epoche, bewahrt wird.*

Li|te|ra|tur|epo|che, die: *Epoche der Literatur (2).*

li|te|ra|tur|fä|hig ⟨Adj.⟩: *literarischen Ansprüchen genügend:* Das deutsche Couplet, das keineswegs l. ist (Tucholsky, Werke II, 17).

Li|te|ra|tur|for|scher, der: *Literaturwissenschaftler.*

Li|te|ra|tur|for|sche|rin, die: w. Form zu ↑Literaturforscher.

Li|te|ra|tur|gat|tung, die: *Gattung der Literatur (2):* Einen philosophischen Roman werde er es (= sein Buch) nennen, eine solche L. gebe es noch nicht (Ott, Haie 203).

Li|te|ra|tur|ge|schich|te, die: **1.** ⟨o. Pl.⟩ **a)** *Geschichte (1 a) der Literatur:* fast alle waren Autoren des Insel-Verlages, den Anton und Katharina Kippenberg zu einem Literaturreich ausbauten, das in der jüngeren L. kaum ein Gegenstück hat (Welt 23. 7. 65, 7); **b)** *Literaturwissenschaft.* **2.** *Werk, das die geschichtliche Darstellung einer Literatur (2) enthält.*

li|te|ra|tur|ge|schicht|lich ⟨Adj.⟩: *die Literaturgeschichte (1) betreffend.*

Li|te|ra|tur|ge|spräch, die: *veranstaltetes Gespräch von Fachleuten über Literatur (2):* Das gute moderne L. (Welt 18. 11. 61, Geist. Welt 4).

Li|te|ra|tur|hin|weis, der ⟨meist Pl.⟩: *mit bibliographischen Angaben versehener Hinweis auf [weitere] Literatur zu einem Thema, Stichwort.*

Li|te|ra|tur|his|to|ri|ker, der: *Literarhistoriker.*

Li|te|ra|tur|his|to|ri|ke|rin, die: w. Form zu ↑Literaturhistoriker.

li|te|ra|tur|his|to|risch ⟨Adj.⟩: *literaturgeschichtlich.*

Li|te|ra|tur|ka|len|der, der: *Kalender mit Daten, Beiträgen, Abbildungen aus dem Bereich der Literatur (2).*

Li|te|ra|tur|kri|tik, die: *[wissenschaftliche] Beurteilung von [zeitgenössischer] Literatur (2):* Escapism, das gestrenge Wort, mit dem eine puritanisch-progressive angelsächsische L. vielleicht etwas zu häufig operiert (K. Mann, Wendepunkt 333).

Li|te|ra|tur|kri|ti|ker, der: *jmd., der sich auf dem Gebiet der Literaturkritik betätigt.*

Li|te|ra|tur|kri|ti|ke|rin, die: w. Form zu ↑Literaturkritiker.

li|te|ra|tur|kri|tisch ⟨Adj.⟩: *die Literaturkritik betreffend.*

Li|te|ra|tur|le|xi|kon, das: *Lexikon zur Literatur (2).*

Li|te|ra|tur|nach|weis, der: vgl. Literaturangabe.

Li|te|ra|tur|papst, der (iron., scherzh.): *maßgebender Literaturkritiker.*

Li|te|ra|tur|preis, der: *für bedeutende literarische Leistungen verliehener Preis.*

Li|te|ra|tur|pro|du|zent, der (Jargon): *jmd., der als Autor Literatur hervorbringt.*

Li|te|ra|tur|pro|du|zen|tin, die: w. Form zu ↑Literaturproduzent.

Li|te|ra|tur|pro|pa|gan|da, die (DDR): *Werbung für Literatur.*

Li|te|ra|tur|sa|ti|re, die: *literarisches Werk als Satire gegen das Werk anderer Autoren od. eine Stilrichtung.*

Li|te|ra|tur|sei|te, die: *Zeitungsseite, -teil mit literarischen Beiträgen.*

Li|te|ra|tur|so|zio|lo|ge, der: *Wissenschaftler auf dem Gebiet der Literatursoziologie.*

Li|te|ra|tur|so|zio|lo|gie, die: *Wissenschaft von der Wechselwirkung zwischen Literatur (2) u. Gesellschaft.*

Li|te|ra|tur|so|zio|lo|gin, die: w. Form zu ↑Literatursoziologie.

li|te|ra|tur|so|zio|lo|gisch ⟨Adj.⟩: *Literatursoziologie betreffend.*

Li|te|ra|tur|spra|che, die (Sprachw.): **1.** *in der Literatur (2) verwendete Sprache, die oft von der Gemeinsprache abweicht.* **2.** (DDR) *einheitlich genormte Schriftsprache.*

li|te|ra|tur|sprach|lich ⟨Adj.⟩ (Sprachw.): *die Literatursprache betreffend.*

Li|te|ra|tur|stu|di|um, das: ⟨o. Pl.⟩: *Fachstudium der Literatur (2):* ... besuchte er das Gymnasium, später L. bei Staiger (Ziegler, Konsequenz 126).

Li|te|ra|tur|theo|rie, die: *Theorie der Literatur (2).*

Li|te|ra|tur|un|ter|richt, der: *[Schul]unterricht in Literatur (2).*

Li|te|ra|tur|ver|weis, der (selten): *Literaturhinweis.*

Li|te|ra|tur|ver|zeich|nis, das: *Verzeichnis, in dem die Literaturangaben zusammengestellt sind.*

Li|te|ra|tur|wis|sen|schaft, die ⟨Pl. selten⟩: *Wissenschaft, die sich mit der Literatur im Hinblick auf Geschichte, Formen, Stilistik u. a. befasst.*

Li|te|ra|tur|wis|sen|schaft|ler, der: *Wissenschaftler auf dem Gebiet der Literaturwissenschaft.*

Li|te|ra|tur|wis|sen|schaft|le|rin, die: w. Form zu ↑Literaturwissenschaftler.

li|te|ra|tur|wis|sen|schaft|lich ⟨Adj.⟩: *die Literaturwissenschaft betreffend.*

Li|te|ra|tur|zeit|schrift, die: **a)** *Zeitschrift mit literarischen Originalbeiträgen;* **b)** *Fachzeitschrift, die Mitteilungen über philologisch-literaturwissenschaftliche Forschungsergebnisse u. Besprechungen literaturwissenschaftlicher Werke enthält;* **c)** *Zeitschrift mit Berichten u. Besprechungen literarischer Neuerscheinungen.*

Li|te|ra|tur|zir|kel, der: *literarischer Zirkel.*

Li|ter|fla|sche [auch: ˈliːtɐ-], die: *Flasche von einem Liter Fassungsvermögen.*

Li|ter|glas [auch: ˈliːtɐ-], das: vgl. Literflasche.

Li|ter|leis|tung [auch: ˈliːtɐ-], die (Technik): *Leistung eines Kraftfahrzeugmotors aus jeweils 1 000 cm³ Hubraum.*

Li|ter|maß [auch: ˈliːtɐ-], das: *Messgefäß, mit dem nach Litern gemessen werden kann.*

Li|ter|topf [auch: ˈliːtɐ-], der: vgl. Literflasche.

li|ter|wei|se [auch: ˈliːtɐ-] ⟨Adv.⟩: *in Litern:* etw. l. verkaufen; Er hätte sich gerne böse gesoffen, sich l. (ugs.; *begierig in großen Mengen)* Schnaps zum Gemeinwerden einverleibt (Fels, Unding 329).

Li|tew|ka, die; -, ...ken [poln. litewka, eigtl. = litauischer (Rock), zu: Litwa = Litauen] (früher): *zweireihig geknöpfter Uniformrock mit Umlegekragen.*

Lit|faß|säu|le, die [nach dem Drucker E. Litfaß, der sie erstmals 1855 in Berlin aufstellte]: *frei stehende, niedrigere Säule von größerem Durchmesser, auf die Bekanntmachungen, Plakate geklebt werden:* An den -n waren gerade große Plakate angebracht worden, eine Ankündigung für ein... Volksfest (Leonhard, Revolution 69); er ist verschwiege wie 'ne L. (iron. berlin. veraltend; *plaudert alles aus).*

lith-, Lith-: ↑litho-, Litho-.

-lith [auch: ...ˈlɪt; griech. líthos = Stein]: Grundwort in Zus., z. B. Eolith, Gastrolith.

Li|thal|go|gum, das; -s, ...ga [zu ↑litho-, Litho- u. griech. agōgós = (ab)führend, zu: ágein = (ab)führen] (Med.): *Medikament, das die Ausschwemmung von Gallen- u. bes. Blasen- od. Nierensteinen herbeiführt.*

Li|ther|gol, das; -s, -e [zu ↑litho-, Litho- u. ↑Ergosterol]: *Raketentreibstoff.*

Li|thi|a|sis, die; -, ...sen [griech. lithíasis, zu: líthos = Stein] (Med.): *Steinleiden.*

Li|thi|kum, das; -s, ...ka: *Lithagogum.*

Li|thi|um, das; -s [zu griech. líthos = Stein; das Element wurde zuerst in Mineralien festgestellt]: *nur in Verbindungen vorkommendes, silberweißes, sehr weiches, mit Wasser u. feuchter Luft schnell reagierendes Alkalimetall, das als Zusatz bei Legierungen, als Katalysator u. a. verwendet wird (chemisches Element; Zeichen: Li).*

Li|tho [auch: 'lɪto], das; -s, -s: Kurzf. von ↑ Lithographie (2).

li|tho-, Li|tho-, (vor Vokalen auch:) lith-, Lith- [griech. lithos = Stein] ⟨Best. in Zus. mit der Bed.:⟩ stein-, gestein[s]-, Stein-, Gestein[s]- (z. B. lithologisch, Lithograph, Lithagogum).

li|tho|gen ⟨Adj.⟩ [↑-gen]: **1.** (Geol.) *aus Gesteinen entstanden.* **2.** (Med.) *zur Bildung von Konkrementen führend.*

Li|tho|ge|ne|se, die; -, -n (Geol.): *Gesamtheit der Vorgänge bei der Entstehung von Sedimentgesteinen (wie Verwitterung, Abtragung usw.).*

Li|tho|gly|phik: ↑ Lithoglyptik.

Li|tho|glyp|tik, Lithoglyphik, die; - [↑ Glyptik]: *Steinschneidekunst.*

Li|tho|graph, (auch:) Lithograf, der; -en, -en: **1.** *in der Lithographie, im Flachdruckverfahren ausgebildeter Drucker.* **2.** *Künstler, der Lithographien herstellt.*

Li|tho|gra|phie, (auch:) Lithografie, die; -, -n [↑-graphie]: **1. a)** ⟨o. Pl.⟩ *grafische Technik, bei der auf eine präparierte Steinplatte mit fetthaltiger Kreide od. lithographischer Tusche die Zeichnung aufgebracht u. im Flachdruckverfahren vervielfältigt wird;* **b)** *Originalplatte für Stein- u. Offsetdruck.* **2. a)** *grafisches Kunstblatt in Steindruck;* **b)** *künstlerische Zeichnung für eine Vervielfältigung in Steindruck.*

li|tho|gra|phie|ren, (auch:) lithografieren ⟨sw. V.; hat⟩: **1. a)** *in Steindruck wiedergeben:* Chéret und Toulouse-Lautrec gehören mit ihren lithographierten Plakaten ... zu den Pionieren der modernen Werbegrafik (Bild. Kunst III, 90); **b)** *im Flachdruckverfahren arbeiten.* **2.** *Lithographien (2) herstellen.*

Li|tho|gra|phin, (auch:) Lithografin, die; -, -nen: w. Form zu ↑ Lithograph.

li|tho|gra|phisch, (auch:) lithografisch ⟨Adj.⟩: *die Lithographie betreffend.*

Li|tho|klast, der; -en, -en [zu griech. klastós = zerbrochen, zu: klãn = (zer)brechen] (Med.): *Instrument zum Zertrümmern von Blasensteinen.*

Li|tho|la|pa|xie, die; -, -n [zu griech. lapázein = ausleeren, abführen] (Med.): *Beseitigung von Steintrümmern aus der Blase.*

Li|tho|lo|ge, der; -n, -n [↑-loge]: *Wissenschaftler auf dem Gebiet der Lithologie.*

Li|tho|lo|gie, die; - [↑-logie]: *Gesteinskunde.*

Li|tho|lo|gin, die; -, -nen: w. Form zu ↑ Lithologe.

li|tho|lo|gisch ⟨Adj.⟩: *die Lithologie betreffend, auf ihr beruhend.*

Li|tho|ly|se, die; -, -n [↑ Lyse] (Med.): *Auflösung von Steinen (8) durch Arzneimittel.*

Li|tho|pä|di|on, das; -s, ...ia u. ...ien [zu griech. paidíon = Knäblein, Kindlein, Vkl. von: paĩs = Kind] (Med., Biol.): *abgestorbener, verkalkter Fetus bei Mensch u. Tier.*

li|tho|phag ⟨Adj.⟩ [zu griech. phageĩn = fressen]: *(von Tieren, z. B. der Bohrmuschel) [unter Abgabe von gesteinsauflösender Säure] sich in Gestein einbohrend.*

Li|tho|pha|nie, die; -, -n [zu griech. phanós = hell, leuchtend]: *reliefartig in eine*

Platte aus dünnem Porzellan eingepresste bildliche Darstellung, die bei durchscheinendem Licht in verschiedenen Helligkeitsabstufungen erscheint.

li|tho|phil ⟨Adj.⟩ [zu griech. phileĩn = lieben, gern haben]: **1.** (Geol.) *(von chemischen Elementen wie z. B. Sauerstoff) in der Lithosphäre angesammelt, im Wesentlichen die Lithosphäre bildend.* **2.** (Zool.) *(von Tieren) auf Gestein als Untergrund angewiesen.*

Li|tho|phy|sen ⟨Pl.⟩ [zu griech. phýsis = das Erzeugte] (Geol.): *vulkanische Gesteine mit besonderer Struktur (oft mit Hohlräumen).*

Li|tho|phyt, der; -en, -en ⟨meist. Pl.⟩ [zu griech. phytón = Pflanze]: *Pflanze, die auf der Oberfläche von Felsen wächst.*

Li|tho|po|ne, die; - [zu griech. pónos = Mühe, Arbeit]: *gut deckende weiße Farbe bes. für Innenanstriche.*

Li|tho|sphä|re, die; - (Geol.): *bis in 1 200 km Tiefe reichende Gesteinshülle der Erde.*

Li|tho|tom, der od. das; -s, -e (Med.): *chirurgisches Messer zur Durchführung der Lithotomie.*

Li|tho|to|mie, die; -, -n [zu griech. tomḗ = das Schneiden] (Med.): *operative Entfernung von Steinen.*

Li|tho|trip|sie, die; -, -n [zu griech. tríbein, ↑ Lithotriptor] (Med.): *Zertrümmerung von Blasensteinen.*

Li|tho|trip|tor, der; -s, ...oren [zu griech. tríbein = zertrümmern] (Med.): *durch die Harnröhre eingeführtes Instrument zur Zertrümmerung von Blasensteinen.*

Li|thur|gik, die; - [zu griech. lithourgikós = die Bearbeitung von Stein betreffend]: *Lehre von der Verwendung u. Verarbeitung von Gesteinen u. Mineralien.*

Li|ti|gant, der; -en, -en [zu lat. litigans (Gen.: litigantis), 1. Part. von: litigare, ↑ litigieren (veraltet): *jmd., der vor Gericht einen Rechtsstreit führt.*

Li|ti|ga|ti|on, die; -, -en [lat. litigatio = Zank, Streit] (veraltet): *Rechtsstreit.*

li|ti|gie|ren ⟨sw. V.; hat⟩ [lat. litigare = zanken, streiten, zu: lis (Gen.: litis) = (Rechts)streit] (veraltet): *einen Rechtsstreit führen.*

Li|tis|pen|denz, die; - [mlat. litispendentia] (veraltet): *mit der Klageerhebung eintretende Zugehörigkeit eines Streitfalles zur Entscheidungsbefugnis eines bestimmten Gerichts.*

li|to|ral ⟨Adj.⟩ [lat. litoralis, zu: litus (Gen.: litoris) = Küste] (Geogr.): *die Ufer-, Strandzone betreffend.*

Li|to|ral, das; -s, -e, **Li|to|ra|le,** das; -s, - [ital. litorale < lat. litoralis, ↑ litoral] (Geogr.): *Uferregion, -zone.*

Li|to|ral|fau|na, die: *Tierwelt der Uferregionen.*

Li|to|ral|flo|ra, die: *Pflanzenwelt der Uferregionen.*

Li|to|ri|na, (Fachspr.:) Littorina, die; -, ...nen [nlat., zu lat. litus, ↑ litoral]: *an der Nord- u. Ostsee häufig vorkommende Strandschnecke.*

Li|to|ri|na|meer, (Fachspr.:) Littorinameer, das ⟨o. Pl.⟩ (Geol.): *Stadium in der nacheiszeitlichen Entwicklung der Ostsee mit der Litorina als Leitfossil.*

Li|to|ri|na|zeit, (Fachspr.:) Littorinazeit, die ⟨o. Pl.⟩ (Geol.): *Zeitraum der Existenz des Litorinameeres (5500–2000 v. Chr.).*

Li|to|ri|nen: Pl. von ↑ Litorina.

Li|to|tes [auch: li'to:tes], die; -, - [griech. litótēs, eigtl. = Sparsamkeit, Zurückhaltung (im Ausdruck), zu: litós = schlicht, einfach] (Rhet., Stilk.): *rhetorische Figur, die einen Sachverhalt mit dem Mittel der doppelten Verneinung od. der Verneinung des Gegenteils (oft in ironisierender Absicht) umschreibt* (z. B. nicht wenig = sehr viel; nicht unbekannt = sehr bekannt).

Lit|schi, die; -, -s, **Lit|schi|pflau|me,** die [chines. lizhi]: *pflaumengroße, erdbeerähnlich schmeckende Frucht mit rauer Schale u. saftigem Fleisch.*

litt: ↑ leiden.

Lit|to|ri|na: usw. ↑ Litorina usw.

Lit|tre|i|tis, die; -, ...itiden [nach dem frz. Arzt A. Littre (1658–1725)] (Med.): *Entzündung der Schleimdrüsen der Harnröhre.*

Li|tu|a|nist, der; -en, -en [zu Lituania, dem nlat. Namen von Litauen]: *Wissenschaftler auf dem Gebiet der Lituanistik.*

Li|tu|a|nis|tik, die; -: *Wissenschaft von der litauischen Sprache u. Literatur.*

Li|tu|a|nis|tin, die; -, -nen: w. Form zu ↑ Lituanist.

li|tu|a|nis|tisch ⟨Adj.⟩: *die Lituanistik betreffend, zu ihr gehörend.*

Li|turg, der; -en, -en, **Li|tur|ge,** der; -n, -n [mlat. liturgus < spätlat. liturgus < griech. leitourgós = Staatsdiener, zu: leĩtos, ↑ Liturgie] (christl. Kirchen): *den Gottesdienst, die Liturgie haltender Geistlicher im Unterschied zum Prediger.*

Li|tur|gie, die; -, -n [kirchenlat. liturgia < griech. leitourgía = öffentlicher Dienst, zu: leĩtos = das Volk betreffend u. érgon = Arbeit, Dienst] (christl. Kirchen): **a)** *offiziell festgelegte Form des christlichen Gottesdienstes: eine bestimmte L. festlegen;* * **ambrosianische L.** *(Form des Gottesdienstes in der Kirchenprovinz Mailand);* **b)** *(ev. Kirche) Teil des Gottesdienstes, bei dem Geistlicher u. Gemeinde im Wechsel bestimmte Textstücke singen bzw. sprechen:* bei dem Festgottesdienst hält der Gemeindepfarrer die L.

Li|tur|gik, die; - (bes. ev. Theol.): *theologische Beschäftigung mit der Liturgie u. deren Geschichte.*

li|tur|gisch ⟨Adj.⟩ [kirchenlat. liturgicus < griech. leitourgikós] (christl. Kirchen): *die Liturgie betreffend:* -e Texte, Handschriften, Geräte; Manche scheinen ... völlig darin aufzugehen, -e Ordnungen der Kirche aufzubauen und über die Gestalt der Gottesdienste nachzudenken und sie zu reformieren (Thielicke, Ich glaube 297); -e Gewänder *(vom Geistlichen beim Gottesdienst getragene Kleidungsstücke);* -es Jahr (kath. Kirche; Kirchenjahr); -e Farben (kath. Kirche; *Farben der liturgischen Gewänder u. Tücher für Altar, Kanzel o. Ä.);* -e Formeln *(formelhafte Wendungen der Liturgie).*

Li|tu|us, der; -, Litui [lat. lituus]: **1.** *Krummstab der Auguren im antiken Rom.* **2. a)** *altrömische Trompete für mi-*

litärische Signale; **b)** (16.–18. Jh.)
Krummhorn (1 a).

Lit|ze, die; -, -n [mhd. litze = Schnur, Litze < lat. licium = Faden, Band]: **1.** schmale, flache, geflochtene od. gedrehte Schnur als Besatz, zur Einfassung, als Rangabzeichen an Uniformen: ... trug er ... eine silberne L. um die Mütze wie ein Offizier (Loest, Pistole 66); ein Himmelbett mit Vorhängen aus rotem, mit goldener L. besetztem Wollstoff beherrschte das Zimmer (Th. Mann, Krull 138). **2.** (Technik) Strang eines Drahtseils. **3.** (Elektrot.) Leitungsdraht aus dünnen, verflochtenen o. ä. Einzeldrähten. **4.** (Weberei) in der Mitte mit einem Öhr versehener, feiner Stahldraht zum Durchziehen der Kettfäden.

Lit|zen|flech|ter, der: jmd., der Litzen (1) flicht (Berufsbez.).

Lit|zen|flech|te|rin, die; -, -nen: w. Form zu ↑ Litzenflechter.

live [laif, engl.: laiv] ⟨indekl. Adj.⟩ [engl. live, eigtl. = lebend]: **a)** (Rundf., Ferns.) als Direktsendung, in einer Direktsendung: Die wichtigsten Turniere ... wurden zudem durch die Glasaugen der TV-Kameras l. übertragen (Spiegel 42, 1966, 157); In der 200. Sendung interviewen »Bilanz«-Redakteure den österreichischen Bundeskanzler ... l. zur Weltwirtschaftslage (Spiegel 9, 1975, 143); **b)** in realer Anwesenheit: Im Zuschauerraum erlebte Angela dann ... die Rollers l. auf der Bühne (Freizeitmagazin 10, 1978, 2); Und das Saalpublikum wieder wird seine Lieblinge nur teilweise l. hören können, weil mit Playback gearbeitet wird (Express 1. 10. 68, 1); da (= bei früheren deutschen Schlagerwettbewerben) wurde auch l. (nicht im Play-back-Verfahren) gesungen (Hörzu 38, 1973, 157); Musik ... kommt aus Lautsprechern und zugleich l. von einer kleinen Band (direkt von einer anwesenden Band; MM 4. 3. 69, 22).

Li|ve, der; -n, -n: Livländer.

Live|act, (auch:) **Live-Act** ['laiflɛkt], der; -s, -s [engl. live act, aus engl. live (↑ live) u. act = Darbietung < lat. actus, ↑ Akt]: **a)** (Jargon) musikalische Vorstellung, bei der die Sänger, Musiker live (b) singen, spielen usw.: Breiter und Kempf aber lassen Stepahead als L. im Rahmen einer Krankenkassen-Promotion auftreten (Focus 41, 1997, 280); **b)** direkter, persönlicher Auftritt eines Künstlers: Beim Sommerfest... staunten am Donnerstag vorvergangener Woche 1 600 Gäste über einen nicht eingeplanten L.: Auf der Empore des Festsaals ließ sich ... Leo Kirch ... vom Publikum bestaunen (Focus 31, 1996, 126).

Live|auf|zeich|nung, (auch:) **Live-Aufzeich|nung,** die [zu ↑ live] (Rundf., Ferns.): zu einem späteren Zeitpunkt gesendete, ungekürzte u. unveränderte Aufzeichnung einer Veranstaltung.

Live|be|richt, (auch:) **Live-Be|richt,** der (Rundf., Ferns.): Direktbericht; live (a) übertragener Bericht.

Live|dis|kus|si|on, (auch:) **Live-Diskus|si|on,** die (Rundf., Ferns.): live (a) übertragene Diskussion.

Live|fo|to, (auch:) **Live-Fo|to,** das: vgl. Livefotografie.

Live|fo|to|gra|fie, (auch:) **Live-Fo|togra|fie,** die ⟨o. Pl.⟩ (Fot.): bes. bei Bildjournalisten übliche Art des Fotografierens, bei der es weniger auf die technische Vollkommenheit als auf die Aussage des Bildes ankommt.

Live|kon|zert, (auch:) **Live-Kon|zert,** das (Rundf., Ferns.): live (b) gestaltetes Konzert (von Gruppen, Interpreten u. Ä.).

Live|mit|schnitt, (auch:) **Live-Mitschnitt,** der: (bes. für eine Schallplattenproduktion verwendeter) Mitschnitt.

Live|mu|sik, (auch:) **Live-Mu|sik,** die: live (b) gespielte Musik: seit zehn Jahren gibt es in Berlin diesen gastronomischen Typ: ... täglich L., Disco (zitty 13, 1984, 30).

♦ **Li|ve|rei,** die; -, -en [spätmhd. liberey < frz. livrée, ↑ Livree]: Livree: Ich kann Ihnen das nicht bezahlen, und wenn Sie mir vollends die L. nehmen, die ich auch noch nicht verdient habe (Lessing, Minna I, 8); Blässe der Armut und sklavische Furcht sind meine Leibfarbe! In diese L. will ich euch kleiden (Schiller, Räuber II, 2).

Live|re|por|ta|ge, (auch:) **Live-Re|por|ta|ge,** die [zu ↑ live] (Rundf., Ferns.): direkt vom Ort des Geschehens aus, von einer Veranstaltung, vom Schauplatz eines Ereignisses aus gesendete Reportage.

Li|ver|pool ['lɪvəpu:l]: Stadt in England.

Live|sen|dung, (auch:) **Live-Sendung,** die [zu ↑ live] (Rundf., Ferns.): Direktsendung; Originalübertragung.

Live|show, (auch:) **Live-Show,** die: **1.** (Rundf., Ferns.) live (a) übertragene Show: Sie (= Ulla Kock am Brink) navigiert die L. souverän über die Untiefen des verzwickten Spielregelwerks, über die Trostlosigkeit der Songeinlagen und die Sprachlosigkeit der überrumpelten Gewinner hinweg (Zeit 3. 9. 98, 56); Wenn in Carrells L. ... einem tüchtigen Kandidaten ... Unrecht widerfährt (Spiegel 8, 1975, 130). **2. a)** (verhüll.) Vorführung sexueller Handlungen (in Nachtlokalen): -s in privatem Rahmen. Sex, Erotik, Spannung, auch für Paare (Abendpost 11. 10. 74, 12); **b)** Peepshow.

li|vid, li|vi|de ⟨Adj.; ...der, ...deste⟩ [lat. lividus = bläulich]: **1.** (Med.) bläulich, blassblau, fahl (von Haut u. Schleimhäuten). **2.** (veraltet) neidisch.

Li|vin, die; -, -nen: w. Form zu ↑ Live.

Li|ving-Wage, (auch:) **Li|ving|wage** ['lɪvɪŋ 'weidʒ], das; - [engl. living wage, aus: living = Leben(sunterhalt) u. wage = Lohn] (Wirtsch.): für den Lebensunterhalt unbedingt notwendiger Lohn; Existenzminimum.

Liv|land; -s: historische Landschaft in Estland u. Lettland.

Liv|län|der, der; -s, -: Ew.

Liv|län|de|rin, die; -, -nen: w. Form zu ↑ Livländer.

Li|vre, der od. das; -[s], -[s] ⟨aber: 6 Livre⟩ [frz. livre < lat. libra, ↑ ¹Lira]: **1.** alte französische Gewichtseinheit. **2.** französische Münze bis zum Ende des 18. Jh.s.

Li|vree, die; -, ...een [frz. livrée, eigtl. = gestellte (Kleidung), zu: livrer, ↑ liefern]:

mit Litzen o. Ä. besetzte uniformartige Kleidung für Diener, Bedienstete (bes. im Hotelgewerbe): ein Chauffeur in L.

li|vriert ⟨Adj.⟩: mit einer Livree bekleidet, Livree tragend: Ein -er Boy schleppte einen braunen, mit Holzleisten beschlagenen Koffer in die Halle (Bieler, Mädchenkrieg 560); zwischen die -en Bediensteten, die Getränke anbieten (Wolfe [Übers.], Radical 10).

Li|wan, der; -s, -e [arab. (mit Art.) al-īwān < pers. aiwān = überdeckte Galerie, Terrasse]: **1.** nach dem Hof zu offener, überwölbter Raum mit anschließenden kleinen, geschlossenen Zimmern (orientalische Bauform des arabischen Hauses). **2.** Moschee mit vier auf einen Hof sich öffnenden Hallen in der als Schule dienenden persischen Sonderform der Medresse (2).

Li|wan|ze, die; -, -n [tschech. livanec, eigtl. = Gießkuchen]: beidseitig gebackenes Hefestückchen, das mit Pflaumenmus bestrichen u. mit Zucker bestreut wird.

¹·²Li|zen|ti|at: ↑ ¹·²Lizenziat.

Li|zenz, die; -, -en [lat. licentia = Freiheit, Erlaubnis, zu: licere = erlaubt sein]: **a)** [gegen eine Gebühr erteilte] rechtskräftige Genehmigung (z. B. zur Ausübung eines Gewerbes, zur Nutzung eines Patents, zur Übersetzung od. Übernahme eines Werks): eine L. erwerben; jmdm. eine L. erteilen; eine L. auf eine andere Firma übertragen; etw. in L. herstellen; Ü L. (bildungsspr.; Erlaubnis) für mich, prohibitiv gegen Verbrechen entschieden aufzutreten (Hochhuth, Stellvertreter 18); Nur eine politische L. (bildungsspr.; Freiheit, die ich mir gestatte; Remarque, Obelisk 147); **b)** (Sport) durch einen Verband erteilte Erlaubnis, einen Sport beruflich ausüben od. im Sport als Schiedsrichter o. Ä. zu fungieren: eine L. als Berufsboxer, Rennfahrer haben.

Li|zenz|aus|ga|be, die (Buchw.): Ausgabe eines Buches, für die der berechtigte Verlag einem anderen Verlag das Recht zur Veröffentlichung erteilt hat.

Li|zenz|ent|zug, der: Entzug einer Lizenz.

Li|zenz|ge|ber, der: jmd., der eine Lizenz erteilt.

Li|zenz|ge|be|rin, die: w. Form zu ↑ Lizenzgeber.

Li|zenz|ge|bühr, die: für die Überlassung eines Nutzungsrechts errichtete Gebühr.

¹Li|zen|zi|at, (auch:) Lizentiat, das; -[e]s, -e: im MA. dem Bakkalaureat folgender, heute noch in der Schweiz, sonst nur noch im Bereich der katholischen Theologie verliehener akademischer Grad: L. der Theologie.

²Li|zen|zi|at, (auch:) Lizentiat, der; -en, -en [mlat. licentiatus = mit der Erlaubnis Versehene, subst. 2. Part. von: licentiare = die Erlaubnis erteilen, zu lat. licentia, ↑ Lizenz]: Inhaber eines ¹Lizenziats; Abk.: Lic. [theol.], (in der Schweiz:) lic. phil. usw.

Li|zen|zi|a|tin, (auch:) Lizentiatin, die; -, -nen: w. Form zu ↑ ²Lizenziat.

li|zen|zie|ren ⟨sw. V.; hat⟩: für etw. [be-

hördlich] Lizenz erteilen: ein Patent l.; Unter den zunächst lizenzierten demokratischen Parteien (Fraenkel, Staat 248); Das dritte in England lizenzierte Auto gehörte ihm (Ceram, Götter 193).

Li|zenz|in|ha|ber, der: *Inhaber einer Lizenz.*

Li|zenz|in|ha|be|rin, die: w. Form zu ↑ Lizenzinhaber.

li|zen|zi|ös ⟨Adj.⟩ [frz. licencieux = allzu frei; liederlich, zu: licence = Freiheit, Erlaubnis < lat. licentia, ↑ Lizenz] (bildungsspr.): *sehr frei in den vertretenen Anschauungen; zügellos.*

Li|zenz|neh|mer, der: *jmd., dem eine Lizenz erteilt wird.*

Li|zenz|neh|me|rin, die: w. Form zu ↑ Lizenznehmer.

Li|zenz|num|mer, die (Buchw.): *Nummer einer Lizenzausgabe.*

li|zenz|pflich|tig ⟨Adj.⟩: *eine Lizenz erfordernd.*

Li|zenz|spie|ler, der (Sport): *Sportler, der über eine Lizenz (b) verfügt u. als Angestellter eines Vereins von diesem feste monatliche Bezüge erhält.*

Li|zenz|spie|le|rin, die (Sport): w. Form zu ↑ Lizenzspieler.

Li|zenz|trä|ger, der (Rechtsspr.): *jmd., dem eine Lizenz (a) erteilt worden ist.*

Li|zenz|trä|ge|rin, die (Rechtsspr.): w. Form zu ↑ Lizenzträger.

Li|zenz|ver|trag, der: *Vertrag, durch den jmdm. eine Lizenz erteilt wird.*

Li|zi|tant, der; -en, -en [zu lat. licitans (Gen.: licitantis), 1. Part. von: licitari, ↑ lizitieren] (veraltend): *Bieter bei einer Versteigerung.*

Li|zi|tan|tin, die; -, -nen (veraltend): w. Form zu ↑ Lizitant.

Li|zi|ta|ti|on, die; -, -en [lat. licitatio = Gebot (4)]: *Versteigerung.*

li|zi|tie|ren ⟨sw. V.; hat⟩ [lat. licitari = auf etw. bieten (1 b)] (veraltend): *versteigern.*

Ljo|da|hattr, der; -, - [anord., zu: ljóða = dichten, singen u. háttr = Art, Weise; Metrum] (Literaturw.): *Strophenform der Edda.*

Lkw, (auch:) **LKW** [ɛlka'veː, auch: 'ɛlkaveː], der; -[s], -s, selten: -: = Lastkraftwagen.

Lkw-Fah|rer, (auch:) **LKW-Fah|rer,** der: *Fahrer eines Lkws:* er ist, arbeitet als L.

Lkw-Fah|re|rin, (auch:) **LKW-Fah|re|rin,** die: w. Form zu ↑ Lkw-Fahrer, LKW-Fahrer.

Lla|ne|ra [lja...], die; -, -s [span. llanera]: *Bewohnerin eines Llanos.*

Lla|ne|ro [lja...], der; -s, -s [span. llanero]: *Bewohner eines Llanos.*

Lla|no [lja:no], der; -s, -s ⟨meist Pl.⟩ [span. llano = Ebene, zu: llano = flach < lat. planus]: *baumlose od. baumarme Ebene in den lateinamerikanischen Tropen u. Subtropen.*

Lloyd [lɔyt], der; -[s] [nach dem Londoner Kaffeehausbesitzer E. Lloyd]: *Name von Seeversicherungs-, auch von Schifffahrtsgesellschaften; Name von Zeitungen* [mit Schiffsnachrichten].

lm = Lumen.

lmA [ɛlɛm'laː]: salopp verhüll. für: *leck mich am Arsch!*

Ln., Lnbd. = Leinen[ein]band.

Loa, die; -, -s [span. loa = Lob, zu: loar < lat. laudare = loben] (Literaturw.): *mit einem Lob des Autors verbundenes Vorspiel (1 b) im älteren spanischen Drama* (1 a).

Load [loʊd], die; -, -s [1: engl. load, eigtl. = Ladung, Last; 2: engl. load = Ladung (3)]: **1.** *altes britisches Maß, bes. Hohlmaß unterschiedlicher Größe.* **2.** (Jargon) *für einen Rauschzustand benötigte Dosis eines Rauschgiftes.*

¹Lob, das; -[e]s, -e ⟨Pl. selten⟩ [mhd., ahd. lop, rückgeb. aus ↑ loben]: *anerkennend geäußerte, positive Beurteilung, die man jmdm., seinem Tun, Verhalten o. Ä. zuteil werden lässt:* ein großes, hohes L.; das L. der Lehrerin ermunterte ihn; Gott sei L. und Dank! *(Gott sei gelobt, u. ihm sei gedankt!);* jmdm. L. spenden, zollen; für etw. ein L. erhalten, bekommen; sie verdient [ein] L. für ihren Fleiß; Er ... verteilte -e und Tadel (Strittmatter, Wundertäter 329); aus L. einer Person, Sache singen (ugs.; *jmdn., etw. überschwänglich immer von neuem loben);* des -es voll sein [über jmdn., etw.] (geh.; *jmdn., etw. sehr loben);* er geizte nicht mit L.; über jedes/alles L. erhaben sein; das muss zu ihrem -e (veraltend; *um ihr gerecht zu werden)* gesagt werden.

²Lob, der; -[s], -s [engl. lob]: **1.** (Tennis, Badminton, Squash) *hoch über den am Netz angreifenden Gegner hinweggeschlagener Ball.* **2.** (Volleyball) *angetäuschter Schmetterball, der an den am Netz verteidigenden Spielern vorbei od. hoch über sie hinweggeschlagen wird.*

lo|bär ⟨Adj.⟩ [zu ↑ Lobus] (Med.): *den Lappen (3 d) eines Organs (z. B. der Lunge) betreffend.*

lob|ben ⟨sw. V.; hat⟩ ⟨engl. to lob⟩ (Tennis, Badminton, Squash, Volleyball): *einen ²Lob schlagen.*

Lob|by ['lɔbi], die; -, -s [...bis; 1: engl. lobby = Vor-, Wandelhalle < mlat. lobia = Galerie, ↑ Laube (aus dem Germ.); 2: engl. lobby, zu ↑ Lobby (1)]: **1.** *Wandelhalle im [britischen, amerikanischen] Parlamentsgebäude, in der die Abgeordneten mit Wählern u. Interessengruppen zusammentreffen.* **2.** *Interessengruppe, die [in der Lobby (1)] versucht, die Entscheidung von Abgeordneten zu beeinflussen [u. die diese ihrerseits unterstützt]:* eine wirkungsvolle L. haben; über keinerlei L. verfügen. **3.** (bildungsspr.) *Vestibül, Hotelhalle:* Aber ehe ich mich in die L. Ihres Hotels setzte, um auf Sie zu warten (Andersch, Rote 115).

Lob|by|ing ['lɔbiɪŋ], das; -s, -s [engl. lobbying, zu: lobby, ↑ Lobby (1, 2)]: *Beeinflussung von Abgeordneten durch Interessengruppen:* Dank Vereinbarungen mit anderen Vereinigungen und dem Mieterverband ... oder dem Schrebergartenverein können die Grauen Panther ihr L. von Fall zu Fall verstärken (Brauchbar, Zukunft 302).

Lob|by|is|mus, der; - [engl. lobbyism]: *[ständiger] Versuch, Gepflogenheit, Zustand der Beeinflussung von Abgeordneten durch Interessengruppen.*

Lob|by|ist, der; -en, -en [engl. lobbyist]: *jmd., der Abgeordnete für seine Interessen zu gewinnen sucht.*

Lob|by|is|tin, die; -, -nen: w. Form zu ↑ Lobbyist.

Lo|bek|to|mie, die; -, -n [zu ↑ Lobus u. ↑ Ektomie] (Med.): *operative Entfernung des Lappens (3 d) eines Organs.*

Lo|be|lie, die; -, -n [nach dem flandrischen Botaniker M. de l'Obel (latinis.: Lobelius; 1538–1616)]: *(in vielen Arten im Hochgebirge vorkommende) niedrige, buschige Pflanze mit zahlreichen blauen, seltener violetten od. weißen Blüten.*

Lo|be|lin, das; -s (Pharm.): *aus der Lobelie gewonnenes giftiges Alkaloid, das die Atemtätigkeit anregt.*

lo|ben ⟨sw. V.; hat⟩ [mhd. loben, ahd. lobōn = für lieb halten; gutheißen, verw. mit ↑ lieb]: **a)** *jmdn., sein Tun, Verhalten o. Ä. mit anerkennenden Worten (als Ermunterung, Bestätigung o. Ä.) positiv beurteilen u. damit seiner Zufriedenheit, Freude o. Ä. Ausdruck geben:* jmdn., jmds. Leistung l.; jmdn. öffentlich, uneingeschränkt, überschwänglich l.; der Lehrer lobte die Schülerin [für ihre gute Arbeit, wegen ihres Fleißes]; lobe ihm ... die menschlichen Vorzüge dieses jungen Mannes (hob sie ihm gegenüber anerkennend hervor; Frisch, Stiller 264); dieses Getränk ist sehr zu l. *(ist sehr gut);* er lobte sich für seine Vorsicht *(fand sie richtig);* das lob ich mir *(das gefällt mir);* da lob ich mir eine kräftige Scheibe Schwarzbrot *(sie schmeckt mir besser);* lobende *(Lob, Anerkennung ausdrückende)* Worte; etw. lobend erwähnen; **b)** *loben* (ugs.) *da sagen:* »Bravo!«, lobte er; **c)** *Gott, das Schicksal o. Ä. preisen u. ihm danken:* Gott sei gelobt; Warum wohl lobte er Gott für seine geringe Herkunft? (Nigg, Wiederkehr 32); gelobt sei Jesus Christus (katholische Grußformel); das Leben, den milden Abend l. *(schön finden).*

lo|bens|wert ⟨Adj.⟩ [zusgez. aus älter: lobens werth = eines Lobes wert]: *als Tun, Verhalten, Denken o. Ä. Lob, Anerkennung verdienend:* Aber dieser -e Entschluss, für das Amt des Bundespräsidenten zu kandidieren, ist offenbar inzwischen ... wieder über den Haufen geworfen worden (Dönhoff, Ära 134); Kam er selbst auf diese -e Idee? (Hochhuth, Stellvertreter 163).

lo|bens|wer|ter|wei|se ⟨Adv.⟩: *in Lob, Anerkennung verdienender Weise.*

lo|bel|sam ⟨Adj.⟩ (meist attr. nachgestellt) [mhd. lobesam, ahd. lobosam] (veraltet): *verdienstvoll.*

Lo|bes|er|he|bung, die ⟨meist Pl.⟩ (geh.): *in hochtrabenden Worten vorgebrachtes, übertriebenes Lob:* Die ... von -en Sternes überfließende Vorrede seines Buches verbirgt nur mühsam seine Unsicherheit (Greiner, Trivialroman 56).

Lo|bes|hym|ne, die (oft iron.): *überschwängliches Lob:* Die Veranstalter von Meisterschaften und Schaulaufen ... brechen nicht umsonst in -n aus, wenn sie von Sjoukje sprechen (Maegerlein, Triumph 30); * **eine L./-n auf jmdn., etw. sin-**

gen/anstimmen (ugs.; *jmdn., etw. vor andern überschwänglich loben*).

Lo|bes|wor|te ⟨Pl.⟩: *Worte, die ein besonderes Lob enthalten:* Man muss den Sinn von »hübsch« und »reizend« ganz hoch hinauf, auf seinen Gipfel, aufs Äußerste treiben, dann hat man die rechten L. für diesen Kreuzgang (Th. Mann, Krull 415).

Lob|ge|sang, der (dichter.): *Gesang, Dank[lied] zum Lobe Gottes:* dann wäre der L. der Engel allerdings eine maßlose Übertreibung (Sommerauer, Sonntag 106); **ambrosianischer L. ([fälschlich auf die Kirchenväter Ambrosius, Bischof von Mailand, u. Augustinus zurückgeführtes] Tedeum).*

Lob|gier, die (geh.): *Gier nach Lob.*

lob|gie|rig ⟨Adj.⟩ (geh.): *gierig nach Lob.*

Lob|hu|de|lei, die [zu ↑lobhudeln] (abwertend): *übertriebenes, unberechtigtes Lob, mit dem man sich bei jmdm. einschmeicheln will.*

Lob|hu|de|ler: ↑Lobhudler.

Lob|hu|de|le|rin: ↑Lobhudlerin.

lob|hu|deln ⟨sw. V.; hat⟩ [urspr. = durch Lob plagen, vgl. hudeln] (abwertend): *jmdn. auf übertriebene Weise unverdientermaßen loben, um sich bei ihm einzuschmeicheln:* man hat dem/den Minister gelobhudelt.

Lob|hud|ler, Lobhudeler, der (abwertend): *jmd., der sich durch Lobhudelei bei andern einzuschmeicheln sucht.*

Lob|hud|le|rin, Lobhudelerin, die; -, -nen (abwertend): w. Form zu ↑Lobhudler.

Lo|bi: Pl. von ↑Lobus.

löb|lich ⟨Adj.⟩ [mhd. lob(e)lich, ahd. lob(e)līh] (oft iron.): **a)** *zum Lobe gereichend, lobenswert:* Aber es waren eher -e Absichten als überzeugende Erfolge (Zeit 20. 11. 64, 16); Diese Ungleichmäßigkeit in der Ausübung seines Amtes fand ich nicht l. (Th. Mann, Krull 176); ◆ **b)** *lobend:* wenn ... jemand des Verstorbenen nicht allzu l. gedachte (Droste-Hülshoff, Judenbuche 14).

löb|li|cher|wei|se ⟨Adv.⟩: *lobenswerterweise.*

Lob|lied, das: *Lobgesang:* In dem Priester Zacharias, der dieses L. anstimmt..., ist wohl etwas vom Propheten (Goes, Hagar 139); Ü das Buch ist ein L. auf ihre (= der Archäologie) Ergebnisse (Ceram, Götter 14); **ein L. auf jmdn., etw. anstimmen/singen (eine Person od. Sache vor andern sehr loben, um ihr besondere Beachtung zu verschaffen).*

Lo|bo|to|mie, die; -, -n [zu griech. lobós = (Ohr)läppchen u. tomḗ = Schnitt] (Med.): *Leukotomie.*

Lob|preis, der ⟨Pl. selten⟩ (dichter.): *jubelndes Preisen [der Werke Gottes].*

lob|prei|sen ⟨sw. u. st. V.; lobpreiste/lobpries, hat gelobpreist/lobgepriesen⟩ (dichter.): *durch Lob verherrlichen; überschwänglich loben:* Graff lobpreiste darin seinen – inzwischen längst verblichenen – Führer (Börsenblatt Leipzig 7, 1965, 159); Eduard Wallnöfer ..., der den Klubchef immer wieder vor allem wegen dessen »großer Bedeutung für das Einigkeitsdenken in der Partei« lobpreis (Wo-

chenpresse 25. 4. 79, 2); Eigenschaftswörter taugen nicht, um jemand zu l. (Frisch, Montauk 187).

Lob|prei|sung, die (dichter.): *das Lobpreisen.*

Lob|re|de, die: *Rede zu jmds. Lob; schmeichlerisches, überschwängliches Loben.*

Lob|red|ner, der: *jmd., der Lobreden hält:* Obwohl Jesus ... kein L. der Jungfräulichkeit war (Ranke-Heinemann, Eunuchen 50).

Lob|red|ne|rin, die: w. Form zu ↑Lobredner.

lob|red|ne|risch ⟨Adj.⟩: *in schmeichlerischer Absicht überschwänglich lobend.*

lob|sin|gen [auch: -'--] ⟨st. V.; hat⟩ (dichter.): *Gott durch Lobgesang preisen:* lobsinget [dem Herrn]!; Ü da sie (= die Engel) ... Überdruss an ihrer lobsingenden Reinheit dahinter (= hinter Gottes Teilnahme für die Schöpfung der guten und bösen Lebenswelt) vermuten (Th. Mann, Joseph 47).

Lob|spruch, der ⟨meist Pl.⟩: *[in schmeichlerischer Absicht vorgebrachte] überschwänglich lobende Äußerung.*

lo|bu|lär ⟨Adj.⟩ [zu ↑Lobus] (Med.): *einzelne Läppchen eines Lobus betreffend.*

Lo|bu|lär|pneu|mo|nie, die; -, -n (Med.): *fibrinöse Entzündung eines Lappens (3 d) der Lunge.*

Lo|bus, der; -, ...bi [lat. lobus < griech. lobós = (Ohr)läppchen] (Med.): *Lappen (3 d) eines Organs.*

Lo|can|da, die; -, ...den [ital. locanda, zu lat. locandus, Gerundivum von: locare = unterbringen, eigtl. = (an einen Ort) stellen] (veraltet): *Gasthaus, Schenke; Herberge.*

Lo|car|ner, der; -s, -: Ew.

Lo|car|ne|rin, die; -, -nen: w. Form zu ↑Locarner.

Lo|car|ne|se, der; -n, -n: Locarner.

Lo|car|ne|sin, die; -, -nen: w. Form zu ↑Locarnese.

Lo|car|no: Stadt am Lago Maggiore.

Lo|ca|tion [lɔˈkeɪʃən], die; -, -s [engl. location < lat. locatio = Stellung; Anordnung] (Jargon): **1.** *Örtlichkeit, Lokalität:* Inzwischen könne man auch hier von Freitagnacht bis Montag früh abtanzen, ohne die gleiche »Location« zweimal zu betreten (MM 8. 2. 95, 13); Sie (= Schwangere) begeben sich auf groteske Kreißsaal-Besichtigungstouren, um die optimale L. für das einmalige Ereignis zu recherchieren (Woche 5. 3. 99, 29). **2.** (Film) *Drehort im Freien:* Ich wollte das Nützliche mit dem Sinnvollen verbinden und meine Kollektion in den Black Hills der Lakota fotografieren. Die L. war egal, ich brauchte nur blauen Himmel und Grün (Zeit 10. 9. 98, 67).

¹Loch, das; -[e]s, Löcher [mhd. loch = Verschluss; verborgener Aufenthaltsort; Versteck, Höhle, Loch, ahd. loh = Loch, Öffnung, Höhle, zu einem untergegangenen Verb mit der Bed. »verschließen, zumachen«]: **1.** *durch Beschädigung, [absichtliche] Einwirkung o. Ä. entstandene offene Stelle, an der die Substanz nicht mehr vorhanden ist:* ein großes, rundes, tiefes L.; ein L. graben, [in die Wand]

bohren, [ins Eis] schlagen, zuschütten, zuschmieren, stopfen; ein L. im Strumpf, im Zahn haben; sich ein L. in die Hose reißen, in den Kopf schlagen; die Zigarette hat ein L. in den Stoff gebrannt; sich in einem L. verkriechen; durch ein L. im Zaun sehen; Ü ein L. stopfen *(ein Defizit, Schulden beseitigen);* dieser Kauf hat ein großes L. in den Geldbeutel gerissen (ugs.; *hat viel Geld gekostet);* er machte das eine L. zu und ein anderes auf (ugs.; *er machte neue Schulden, um alte zu tilgen);* * schwarzes L. (Astron.; *infolge hoher Gravitation völlig in sich zusammenstürzender Stern);* saufen wie ein L. (derb; *sehr viel Alkohol trinken);* jmdm. ein L./Löcher in den Bauch fragen (salopp; *jmdm. pausenlos Fragen stellen);* jmdm. ein L./Löcher in den Bauch reden (salopp; *pausenlos auf jmdn. einreden);* ein L./Löcher in die Luft gucken/starren (ugs.; *geistesabwesend vor sich hin starren);* ein L./Löcher in die Wand stieren (ugs.; *starr, geistesabwesend irgendwohin sehen);* ein L./ Löcher in die Luft schießen (ugs.; *beim Schießen nicht treffen);* ein L. zurückstecken (ugs.; *sich mit weniger zufrieden geben, in seinen Ansprüchen zurückgehen);* nach dem Gürtel, den man enger schnallt) auf/(selten:) aus dem letzten L. pfeifen (salopp; *mit seiner Kraft o. Ä. am Ende sein, nicht mehr können;* nach dem (von unten gezählt) letzten Loch einer Flöte, mit dem der höchste, dünn klingende Ton gespielt wird). **2. a)** (salopp abwertend) *kleiner, dunkler [Wohn]raum; kleine, dunkle Wohnung:* das Zimmer ist ein elendes, furchtbares L.; in einem kalten, feuchten, schmutzigen L. hausen; Einige (= Treppen) führten in Läden, dunkle Löcher mit winzigen Schaufenstern (Kuby, Sieg 62); **b)** (ugs.) *Gefängnis:* ins L. kommen; jmdn. ins L. stecken; womöglich saß er schon im L.! (Fallada, Jeder 91); **c)** *Höhle bestimmter Tiere:* der Fuchs fährt aus seinem L. **3.** (derb) *After.* **4. a)** (vulg.) *Vagina:* ... indem das »Loch« (Vagina) die unbehagliche Vorstellung der Kastration weckt (Graber, Psychologie 43); **b)** (vulg. abwertend) *weibliche Person.* **5.** (Golf) *rundes Loch (1) im Boden, in das der Ball geschlagen werden muss.*

²Loch, der; -[s], -s [engl. (schott.) loch < air. loch]: *Binnensee, Fjord in Schottland.*

Loch|band, das ⟨Pl. ...bänder⟩: *Lochstreifen.*

Loch|bei|tel, der: *Beitel zum Ausarbeiten von Löchern an Tür- u. Fensterrahmen.*

Loch|bil|lard, das [zu ↑¹Loch (4 a)]: **1.** *Poolbillard.* **2.** ** [eine Partie] L. spielen* (verhüll. salopp scherzh.; *koitieren).*

Loch|blen|de, die (Optik): *Blende mit konstantem Durchmesser.*

Loch|ei|sen, das: *Werkzeug mit kegelförmigem Stahlkeil zum Ausarbeiten von Erdlöchern für Pfähle o. Ä.*

lo|chen ⟨sw. V.; hat⟩ [mhd. lochen]: **1. a)** *mit der Lochzange o. Ä. mit einem od. mehreren Löchern versehen:* den Gürtel, den Lederriemen l.; dass die wackeren, in derbe Mäntel gekleideten

Schaffner ... den Ausweis nachprüften und ihn mit ihrer Zwickzange lochten *(mit einem Loch versahen und dadurch entwerteten;* Th. Mann, Krull 143); **b)** *mit dem Locher, der Lochmaschine für die Ablage, das Abheften o. Ä. mit [zwei] Löchern versehen:* Belege, Rechnungen l. **2.** (EDV früher) *(durch Einstanzen von Löchern) Daten auf Lochkarten übertragen, festhalten:* Der Facit 4060 locht deshalb in Rekordzeit bis zu 150 Zeichen/s (Elektronik 11, 1971, A 23).

Lo|cher, der; -s, -: **1.** *Gerät, das ein Blatt Papier o. Ä. mit zwei Löchern versieht.* **2.** (EDV früher) **a)** *Maschine zum Übertragen von Daten auf Lochkarten;* **b)** *jmd., der mit einer Maschine Daten auf Lochkarten überträgt* (Berufsbez.).

lö|che|rig, löchrig ⟨Adj.⟩ [mhd. locherecht]: *zahlreiche Löcher aufweisend:* hinter ihm, hinter diesem löcherigen Bretterzaun, fing die Orgel der Schiffsschaukel leise an zu leiern (Böll, Adam 57); ... bekam ich dunkle Ringe um die Augen und ganz löchrige *(eingefallene)* Backen (Schnurre, Bart 39).

Lo|che|rin, die; -, -nen: w. Form zu ↑ Locher (2 b).

lö|chern ⟨sw. V.; hat⟩ [mhd. löchern] (ugs.): *durch hartnäckiges Fragen od. Bitten belästigen, jmdm. keine Ruhe lassen:* provozierend auch die Fragen, mit denen Eva Renzi ihren Gast Gunter Sachs löchert (Hörzu 43, 1973, 21); Die Lehrer löcherten uns und fragten, ob wir nicht wüssten, wo Ute wäre (Hornschuh, Ich bin 16).

Loch|fraß, der: *auf kleinere Stellen begrenzte, dort aber tief eindringende Korrosion* (1, 2), *durch die sich enge Vertiefungen u. Löcher bilden:* Kunststoffrohre sind normgerecht 50 Jahre lang bis zehn bar Betriebsdruck und 70 Grad Celsius zuverlässig einsetzbar ... Kontaktkorrosion und L. haben keine Chance (Leipziger Volkszeitung 1. 8. 98, 1).

Lo|chi|en ⟨Pl.⟩ [zu griech. locheîa = Reinigung der Wöchnerin] (Med.): *Wochenfluss.*

Lo|chi|o|me|tra, die; -, ...tren [zu griech. métra = Gebärmutter] (Med.): *Stauung des Wochenflusses in der Gebärmutter.*

Loch|ka|me|ra, die: *Camera obscura.*

Loch|kar|te, die (EDV früher): *Karte, in die zur späteren maschinellen Abtastung durch Lochung bestimmter Felder Verschlüsselungen von Schriftzeichen od. von Arbeitsanweisungen zur Steuerung einer Maschine eingestanzt werden:* Morgens die -n stechen! (Jaeger, Freudenhaus 148); Daten auf -n festhalten; Heute wirds für viele noch gruselig, dass Erklärungen eines Menschen in eine L. übersetzt werden (Noelle, Umfragen 31).

Loch|kar|ten|ma|schi|ne, die (EDV früher): *Maschine, bei der Lochkarten als Datenträger verwendet werden.*

Loch|kar|ten|tech|nik, die ⟨o. Pl.⟩ (EDV früher): *Technik der Speicherung u. Verarbeitung von Daten mittels Lochkarten.*

Loch|kar|ten|ver|fah|ren, das ⟨o. Pl.⟩ (EDV früher): *Hollerithverfahren.*

Loch|ku|gel, die (Kegeln): *Kegelkugel*

mit [zwei] Löchern für die Finger der Wurfhand.

Loch|leh|re, die (Technik): *zum Ausmessen verschieden starker Bolzen dienende, mit Löchern verschiedener Durchmesser versehene Stahlplatte.*

Löch|lein, das; -s, -: Vkl. zu ↑ ¹Loch (1).

Loch|ma|schi|ne, die: *Maschine zum Lochen.*

löch|rig: ↑löcherig.

Loch|sä|ge, die: *Säge mit spitz zulaufendem od. kreisförmig gebogenem Sägeblatt zum Aussägen von Löchern.*

Loch|schwa|ger, der (vulg. scherzh.): *jmd., der den gleichen weiblichen Geschlechtspartner hat wie ein anderer.*

Loch|stein, der (Bauw.): *Hohlziegel.*

Loch|sti|cke|rei, die (Handarb.): **a)** ⟨o. Pl.⟩ *Art der Stickerei, bei der die ausgeschnittene Löcher verschiedener Form u. Größe mit engen überwendlichen Stichen eingefasst werden;* **b)** *mit Lochstickerei* (a) *verzierte Handarbeit.*

Loch|strei|fen, der (EDV früher): *mit Lochungen* (2) *versehener Papierstreifen zur Eingabe von Daten in Fernschreiber, Datenverarbeitungsanlagen u. a.*

Loch|strei|fen|ma|schi|ne, die (EDV früher): vgl. Lochkartenmaschine.

Lo|chung, die; -, -en: **1.** *das Lochen.* **2.** *gelochte Stelle.*

Loch|zan|ge, die: *Zange zum Lochen* (1 a).

♦ **Lock,** der; -[e]s, -e u. Löcke: ¹*Locke:* Entwischt mir ein L. Haare (Schiller, Fiesco II, 15).

Löck|chen, das; -s, -: Vkl. zu ↑ ¹Locke (a).

¹**Lo|cke,** die; -, -n [mhd., ahd. loc, urspr. = die Gebogene, Gewundene]: **a)** *geringeltes Haarbüschel:* Eine L., die dunkel in ihrn Stirn und über die Augenbraue fiel (Zuckmayer, Herr 15); -n haben; sich -n legen lassen; das Haar in -n legen; Es (= das Haar) ... ringelte sich in natürlichen -n um ihr kapriziöses Gesichtchen (Bernstorff, Leute 21); **b)** (Kürschnerhandwerk) *geringeltes Haarbüschel im Fell bestimmter Tiere:* Persianermäntel ... eine tief glänzende L. (MM 3. 10. 68, 27); liebster Pelz ist immer noch der Persianer, wobei jetzt eine Neuzüchtung ... mit sensationell flachen -n ... sich immer mehr durchsetzt (MM 5. 7. 69, 57).

²**Lo|cke,** die; -, -n [zu ¹locken] (Jägerspr.): **a)** *Instrument zum Nachahmen des Lockrufs;* **b)** *Lockvogel* (1).

¹**lo|cken** ⟨sw. V.; hat⟩ [mhd. locken, ahd. lockōn, wahrsch. verw. mit ↑lügen]: **1. a)** *(ein Tier) mit bestimmten Rufen, Lauten, durch ein Lockmittel veranlassen, sich zu nähern:* den Hund mit einer Wurst l.; die Henne lockt ihre Küken; Wenn man nun im Stehen zu l. beginnt, so rennen die kleinen Enten nicht sofort zu einem zurück (Lorenz, Verhalten I, 174); Ü Die Flöte lockte (Langgässer, Siegel 583); ich hörte das dunkle lockende Aneinanderder Kirchenglocken im Hörer (Böll, Und sagte 44); **b)** *durch Rufe, Zeichen, Versprechungen o. Ä. bewegen, von seinem Platz, Standort irgendwohin zu kommen, zu gehen od. durch Verspre-*

chungen zu etw. zu veranlassen suchen: den Fuchs aus dem Bau l.; einen Künstler an ein Theater l.; jmdn. auf eine falsche Fährte, in eine Falle, in einen Hinterhalt l.; Ü selbst dieser Vorschlag konnte ihn nicht aus seiner Reserve l.; das schöne Wetter lockte [sie] ins Freie, zu Spaziergängen. **2.** *jmdm. sehr gut, angenehm erscheinen u. äußerst anziehend auf ihn wirken:* es lockte mich, ins Ausland zu gehen; Das hätte ihn gelockt, Fußballspielen am Tag seines Begräbnisses (Frisch, Gantenbein 390); ein lockendes Angebot; lockende Düfte; die lockende Ferne.

²**lo|cken** ⟨sw. V.; hat⟩ [mhd. nicht belegt, ahd. lochōn, zu ↑ ¹Locke]: **a)** *in* ¹*Locken legen, drehen:* das Haar [etwas, leicht] l.; er lässt sich die Haare l.; **b)** *(l. + sich) sich in* ¹*Locken legen; in* ¹*Locken fallen:* sein Haar lockte sich in wenig im Nacken; sie hat [von Natur aus] gelocktes Haar.

³**lo|cken** ⟨sw. V.; hat⟩ [mhd. lecken = mit den Füßen ausschlagen] (geh.): *etw., was als Einschränkung der persönlichen Freiheit empfunden wird, nicht hinnehmen u. sich dem widersetzen;* ³*lecken:* Denn wider die Weibesrat soll der Mann sich nicht setzen, noch l. wider der Frauen Beschluss (Th. Mann, Joseph 333); meist in der Wendung *wider/(auch:) gegen den Stachel l.* (nach dem Ochsen, der gegen den Stachelstock des Treibers ausschlägt; nach Apg. 26, 14).

Lo|cken|fri|sur, die: *Frisur, bei der das Haar in* ¹*Locken gelegt ist.*

Lo|cken|fül|le, die: *schönes, volles gelocktes Haar.*

Lo|cken|haar, das: *gelocktes Haar.*

Lo|cken|haupt, das (geh.): *Lockenkopf.*

Lo|cken|kopf, der: **1.** *Kopf mit Lockenhaar.* **2.** (fam.) *Kind, junger Mensch mit Lockenhaar:* Mit einer Gitarre in der Hand fühlt er sich der L. aus Ostberlin am wohlsten (Hörzu 21, 1972, 58); Wichtiger als das Schillerhaus in Marbach ist dem kleinen L. ein Spaziergang auf dem Brunnen (Augsburger Allgemeine 29. 4. 78, 34).

lo|cken|köp|fig ⟨Adj.⟩: *einen Lockenkopf* (1) *aufweisend; gelockt.*

Lo|cken|pe|rü|cke, die: *Perücke mit Lockenhaar.*

Lo|cken|pracht, die (scherzh.): *Lockenfülle.*

Lo|cken|stab, der: *stabförmiges elektrisches Gerät zur Herstellung von Lockenlegen.*

Lo|cken|wi|ckel (selten), **Lo|cken|wick|ler,** der: *kleine Rolle aus Metall od. Plastik, auf die [für eine Lockenfrisur] jeweils eine nasse Haarsträhne gewickelt wird.*

lo|cker ⟨Adj.⟩ [md. (15. Jh.), wohl verw. mit ↑Lücke u. ↑ ¹Loch; vgl. mhd. lücke, lugge = locker]: **1. a)** *nicht [mehr] fest sitzend, mit etw. verbunden:* ein -er, l. sitzender Zahn; die Schraube, der Nagel ist l. geworden, sitzt l.; Ü der Revolver sitzt ihm l. (er ist schnell bereit, den Revolver zu ziehen); Locker wie nie saß ... den Verbrauchern ihre Deutsche Mark (sie gaben so viel Geld aus wie noch nie; Spiegel 52, 1965, 19); Da war wieder der Hass in ihnen l. *(entfesselt;* Jahnn, Geschichten 75); **b)** *nicht dicht [sodass Zwischenräume bleiben]; durchlässig; nicht festgefügt:* -er Boden; l. stricken, häkeln; zwischen Bergen und Hügeln, die l. mit Bäumen bestanden sind (Grzimek, Serengeti 87); die Eigenart der ... Wasserfarbe, eine Darstellung atmosphärisch duftig und l. zu gestalten (Bild. Kunst III, 13); **c)** *nicht straff [gespannt], nicht starr; nicht fest:* eine -e Haltung; sich in -er Ordnung aufstellen; die Zügel l. lassen; l. *(unverkrampft)* laufen; eine l. gebundene Krawatte; Ü eine -e *(nicht feste, nicht enge)* Beziehung; Vorschriften l. handhaben; es geht hier immer [sehr] l. (ugs.; *zwanglos, leger)* zu; sie macht das ganz l. *(leger, lässig).* **2.** *sich nicht an moralische, gesellschaftliche Vorschriften gebunden fühlend u. leichtfertig in seiner Art zu leben, sich zu benehmen od. von einer entsprechenden Haltung zeugend:* eine -e Dame; »Ja, ich weiß«, sagte Klaus Heinrich; »was man einen Bruder Liederlich nennt, einen -en Zeisig oder Lebemann ...« (Th. Mann, Hoheit 175); ein -es Mundwerk; ein -er Lebenswandel; ein so -es Gebaren auf der Straße, ich bitte Sie (Fries, Weg 237).

Lo|cker|heit, die; -: *lockere Art.*

lo|cker|las|sen ⟨st. V.; hat⟩ (ugs.): *von etw., was man sich vorgenommen hat, ablassen* (meist verneint): Die haben nicht lockergelassen, bis ich zusagte (Lenz, Brot 129); Doch Piëch ließ nicht locker. Im September steckte er »vertraulich« zwei Journalisten, dass Stefan Quandt verkaufswillig scheine (Zeit 14. 1. 99, 23).

lo|cker|ma|chen ⟨sw. V.; hat⟩ (ugs.): **a)** *Geld für jmdn., etw. hergeben:* ein paar Tausender l.; Die Bundesregierung hat 30 Millionen Mark für arbeitslose Jugendliche lockergemacht (Hörzu 13, 1976, 107); **b)** *jmdn. bewegen, für jmdn., etw. Geld herzugeben, zu bewilligen:* die Kriegerwitwe ..., die für sie (= die Kriegsopfer und Hinterbliebenen), seit 1949 CSU-Abgeordnete im Bundestag, bei den Finanzministern aller Legislaturperioden Milliardenbeträge lockermachte (Spiegel 10, 1967, 190).

lo|ckern ⟨sw. V.; hat⟩: **1. a)** *locker* (1 a) *machen:* eine Schraube l.; **b)** *(Erde) mit einem Gerät locker* (1 b) *machen, auflockern:* vor dem Einsäen die Erde l.; über die frisch gelockerten Gartenbeete (Winckler, Bomberg 172); **c)** *locker* (1 c) *machen, weniger fest anziehen:* die Krawatte l.; seinen Griff, seine Muskeln l.; Ü dass wir Engländer ... gern ein wenig nachhelfen möchten, l. und entspannen (Dönhoff, Ära 138); etw. lockert eine Bindung; die scharfen Bestimmungen, Gesetze l. *(liberaler fassen);* lockerter *(gelöster)* Stimmung. **2.** ⟨l. + sich⟩ **a)** *locker* (1 a) *werden:* ein Zahn hat sich gelockert; die Schwellen, die Bremsen hatten sich gelockert; **b)** *locker* (1 b) *werden, an Dichte verlieren:* der Nebel lockert sich; **c)** *locker* (1 c) *werden; in seiner Anspannung, seinem Druck o. Ä. nachlassen:* die Starrheit ihrer Glieder, der Druck ihrer Finger, ihr Griff lockerte

sich; Ü ihre innere Spannung, Verkrampfung lockerte sich; die Verbindung, Beziehung, das Verhältnis hatte sich inzwischen gelockert; die Sitten haben sich gelockert *(sind nicht mehr so streng);* Zwar lockerte sich die staatliche Einflussnahme *(war sie nicht mehr so stark;* Mantel, Wald 95).

Lo|cker|schnee, der (Fachspr.): *Pulverschnee.*

Lo|cke|rung, die; -, -en ⟨Pl. selten⟩: *das Lockern* (1, 2).

Lo|cke|rungs|gym|nas|tik, die: vgl. Lockerungsübung.

Lo|cke|rungs|mit|tel, das: *Treibmittel* (2), *Triebmittel.*

Lo|cke|rungs|übung, die ⟨meist Pl.⟩: *gymnastische Übung zur Lockerung der Gelenke u. verkrampfter Muskelpartien:* das Training beginnt mit einigen einfachen -en; Ü So geht der Krieg in Europa ... mit sprachlichen -en einher: Je nach Bedarf wird das heroische oder das pragmatische Repertoire gewählt, um Realitäten zum Durchbruch zu verhelfen, denen allein die schwerfällige Semantik im Wege stand (FR 15. 5. 99, 8).

lo|ckig ⟨Adj.⟩ [für mhd. lockecht]: ¹*Locken aufweisend; gelockt; mit,* in ¹*Locken:* -es Haar.

Lock|in|stru|ment, das: ²*Locke* (a).

Lock|jagd, die (Jägerspr.): *Jagd, bei der das Wild durch Nachahmung seiner eigenen od. anderer Laute angelockt wird.*

Lock|mit|tel, das: *Mittel zum Anlocken:* ihr Mann hatte ihr nur als L. gedient, die Menschen herbeizuschaffen (Niekisch, Leben 178).

Lock|out [lɔk'|aʊt], das, (auch:) der; -[s], -s, (selten:) die; -, -s [engl. lockout, zu: to lock out = aussperren (2)] (Wirtsch.): *Aussperrung von Arbeitern als Gegenmaßnahme zu einem Streik.*

Lock|pfei|fe, die: vgl. Lockinstrument.

Lock|ruf, der: *Ruf, Laut zum Anlocken [bes. von Vögeln]:* der L. der Glucke.

Lock|spei|se, die (geh.): *Köder.*

Lock|spit|zel, der (abwertend): *Agent provocateur.*

Lock|tau|be, die: vgl. Lockvogel (1).

Lock|ton, der: vgl. Lockruf.

Lo|ckung, die; -, -en [mhd. lockunge, ahd. lochunga]: **a)** *verführerisches* ¹*Locken* (2), *das von jmdn., etw. ausgeht:* die L. der Fernen und Höhen ... war stark in Hans Castorps Gemüt (Th. Mann, Zauberberg 664); ... Taktiken, mit denen er den -en dieser Personen entgangen war (Böll, Erzählungen 381); **b)** *das* ¹*Locken* (1 b): so bleibt da doch die L. mit der Zigarette, die gegen den weich macht, der sie sich nicht kaufen kann (Mostar, Unschuldig 8).

Lock|vo|gel, der: **1.** *gefangener Vogel, der bes. durch seinen Lockton andere Vögel anlocken soll.* **2.** (abwertend) *jmd., der andere zu verbrecherischen Zwecken anlocken soll:* Micheline war L. des Wettbetrügers William Roper (Saarbr. Zeitung 19. 12. 79, 6).

Lock|vo|gel|wer|bung, die: *(verbotene) Werbung mit besonders günstigen Artikeln, die die Preisgünstigkeit der übrigen Waren suggerieren sollen.*

Lock|wel|le, die: *(bes. 1950–60) Lockenfrisur mit kleineren Wellen.*

lo|co, loko ['lo:ko, 'lɔko] [lat. loco = am (rechten) Platze, zu: locus = Ort]: **1.** (Kaufmannsspr.) **a)** *am Ort, hier, greifbar, vorrätig;* **b)** (in Verbindung mit einer Ortsbezeichnung) *ab:* l. Berlin. **2.** (Musik) *wieder in der gewöhnlichen Tonhöhe, Lage.*

lo|co ci|ta|to [lat.] (bildungsspr.): *an der angeführten Stelle [eines Buches];* Abk.: l. c.

lo|co lau|da|to [lat.] (selten): *loco citato;* Abk.: l. l.

lo|co si|gil|li [lat.] (bildungsspr.): *anstatt des Siegels (auf Abschriften gesiegelter Urkunden);* Abk.: l. s. od. L. S.

Lo|cus amoe|nus [-a'mø:nʊs], der; --, Loci ...ni [lat. locus amoenus = lieblicher Ort] (Literaturw.): *aus bestimmten Elementen zusammengesetztes Bild einer lieblichen Landschaft als literarischer Topos (bes. der Idylle).*

Lo|cus com|mu|nis, der; --, Loci ...nes [- ...ne:s; lat. locus communis = allgemeiner Ort] (bildungsspr.): *bekannte Tatsache, allgemein verständliche Redensart.*

Lod|de, die; -, -n [dän., norw. lodde]: *Kapelan.*

Lod|del, der; -s, -, (auch:) -s [wohl zu nordostd. loddern = müßig gehen, faulenzen, Nebenf. von ↑lottern] (salopp): *Zuhälter:* Zwei Typen ..., zwei ausgewachsene -s, drängen sich durch eine der grauen Haustüren auf die Straße und drehen beim Gehen demonstrativ ihre enormen Siegelringe in die richtige Position (Degener, Heimsuchung 175).

lod|de|rig, lodd|rig: ↑lotterig.

Lo|de, die; -, -n [aus dem Niederd. < mnieder. lode, lose – Auswuchs]: **1.** *[einmal umgepflanzter] Schössling.* **2.** ⟨Pl.⟩ (berlin.) *[zu lange] Haare.*

Lo|den, der; -s, - [mhd. lode, ahd. lodo = grobes Wollzeug, H. u.]: *imprägnierter, grüner, brauner od. grauer, haariger od. filziger Wollstoff bes. für Jäger-, Wander- od. Trachtenkleidung.*

Lo|den|jop|pe, die: vgl. Lodenmantel.

Lo|den|kos|tüm, das: vgl. Lodenmantel.

Lo|den|man|tel, der: *Mantel aus Loden.*

Lo|den|stoff, der: *Loden.*

lo|dern ⟨sw. V.; hat/selten auch: ist⟩ [spätmhd. (niederd., md.) lodern, wahrsch. eigtl. = emporwachsen, verw. mit ↑Lode]: *mit großer Flamme in heftiger Aufwärtsbewegung brennen; hochschlagen* (2 b): das Feuer lodert; Im Rayonzentrum Spitak, wo ... Flammen aus den Ruinen lodern (NNN 10. 12. 88, 1); die Flammen sind zum Himmel gelodert; Ü ihre Augen loderten [vor Zorn]; Lara misst bereits mit lodernden, wie Flammen züngelnden Locken in der Futterküche die Abendration in die Kübel (Frischmuth, Herrin 46).

Lodge [lɔdʒ], die; -, -s [...ɪz] [engl. lodge = Sommer-, Gartenhaus; Hütte < mengl. log(g)e < afrz. loge, ↑Loge]: **1.** *Anlage mit Ferienhäusern, -wohnungen; Feriendorf, -hotel.* **2.** (veraltet) *Hütte, Wohnung eines Pförtners.*

Lo|di|cu|lae [...lɛ] ⟨Pl.⟩ [lat. lodiculae, Pl.

von: lodicula = kleine (gewebte) Decke, zu: lodix = Decke] (Bot.): *zwei kleine Schuppen (2) am Grund der einzelnen Blüten von Gräsern, die das Öffnen der Blüte regulieren.*

Lodsch, Lodz: dt. Schreibungen von ↑Łódź.

Łódź [juts̨j]: Stadt in Polen.

Löfifel, der; -s, - [mhd. leffel, ahd. leffil, Instrumentalbildung zu einem germ. Verb mit der Bed. »lecken, schlürfen« (vgl. mhd. laffen, ahd. laffan)]: **1. a)** *[metallenes] [Ess]gerät, an dessen unterem Stielende eine schalenartige Vertiefung sitzt u. das zur Aufnahme von Suppe, Flüssigkeiten, zur Zubereitung von Speisen o. Ä. verwendet wird:* silberne, verchromte L.; ein L. aus Zinn; man nehme zwei L. [voll] Zucker, dreimal täglich 10 Tropfen auf einen L. Zucker; etw. mit dem L. essen; *** den L. sinken lassen/fallen lassen/hinlegen/wegwerfen/ wegschmeißen/abgeben** (salopp; *sterben*); **etw. (bes. die Weisheit) [auch nicht] mit -n gefressen** o. Ä. **haben** (ugs.; oft iron.; *etw., bes. Intelligenz, Klugheit, [nicht gerade] in sehr hohem Maße besitzen*): die, welche die Tugend mit -n geschluckt haben (Thieß, Reich 330); **mit einem goldenen/silbernen L. im Mund geboren sein** (ugs.; *reich geboren sein*); **jmdn. über den L. barbieren/balbieren** (ugs.; *jmdn. plump betrügen;* viell. nach einer früher bei den Barbieren üblichen Gewohnheit, zahnlosen Männern zur leichteren Rasur einen Löffel in den Mund zu schieben, um die eingefallenen Wangen nach außen zu wölben); **b)** (Med.) *Kürette;* **c) * scharfer L.** (Med.; *löffelförmiges Instrument mit scharfem Rand, das zur Entfernung von Wucherungen auf der Haut od. an Knochen od. zur Ausräumung von abszessartigen Eiterherden dient*). **2.** (Jägerspr.) *Ohr von Hase u. Kaninchen:* die L. zurücklegen, anlegen, stellen, spitzen; ***** (salopp:) **die L. aufsperren/spitzen** (↑Ohr); **jmdm. eins/ein paar hinter die L. geben** usw. (↑Ohr); **eins/ein paar hinter die L. kriegen/bekommen** (↑Ohr); **sich** ⟨Dativ⟩ **etw. hinter die L. schreiben** (↑Ohr).

Löfifel|bag|ger, der: *Bagger mit löffelförmigen Schaufeln.*

Löfifel|bis|kuit, das, auch: der: *Biskuit in länglicher, an den Enden gerundeter Form.*

Löfifel|chen|stel|lung, die [nach dem Anordnungsprinzip von Löffelchen im Besteckkasten]: (ugs.) **a)** *das eng aneinander geschmiegte Hintereinanderliegen von Personen, wobei sich der Po der einen Person u. der Bauch der anderen Person berühren:* Die Neuvermählten betteten sich zur Hochzeitsnacht, schliefen aber nur ein, L. (Berliner Zeitung 1. 3. 99, 20); **b)** *Stellung beim Geschlechtsverkehr, wobei die beiden Partner mit angewinkelten Beinen hintereinander auf der Seite liegen:* Die L. praktizieren, ist gut geeignet für den Geschlechtsverkehr in der fortgeschrittenen Schwangerschaft.

Löfifel|en|te, die: *Ente mit löffelförmigem Schnabel.*

Löfifel|erb|sen ⟨Pl.⟩: *Erbseneintopf.*

löfifel|för|mig ⟨Adj.⟩: *von der Form eines Löffels.*

Löfifel|kraut, das: *(zu den Kreuzblütlern gehörende) Pflanze mit löffelförmigen Blättern, weißen od. violetten Blüten u. kleinen Schotenfrüchten.*

löfifeln ⟨sw. V.; hat⟩: **1. a)** *mit dem Löffel essen:* eine Suppe l.; sie löffelten alle aus einer Schüssel; **b)** *mit dem Löffel herumrühren:* weil sie für ihr Leben gern in dem Vorgarten einer kleinen Konditorei saß und ... in ihrem Eis löffelte (Musil, Mann 22); **c)** *mit dem Löffel in etw. füllen:* Suppe aus der Terrine l. **2.** (landsch. ugs.) *verstehen:* Ich stimmte ihm zu, nur um nicht weiter diskutieren zu müssen. Ehrlich, ich löffelte das nicht (ND 13. 6. 64, Beilage 2). **3.** (bes. [Tisch]tennis Jargon) *den Ball mit einer Aufwärtsbewegung des Schlägers von unten schlagen, wobei der Schläger ziemlich waagerecht gehalten wird.* **4. *** *jmdm.* **eine l.** (ugs.; *jmdn. ohrfeigen*).

Löfifel|rei|her, der: *[weißer] Ibis mit langem, am Ende löffelförmig verbreitertem Schnabel.*

Löfifel|stel|lung, die [vgl. Löffelchenstellung]: (ugs.) **a)** *Löffelchenstellung* (a): sich in L. aneinander kuscheln und schmusen; **b)** *Löffelchenstellung* (b): Die Demoskopen wissen auch, in welchem Bundesland die L. bevorzugt wird und was Ost und West im Bett unterscheidet (Spiegel 21, 1998, 20).

Löfifel|stiel, der: *Stiel eines Löffels.*

löfifel|wei|se ⟨Adv.⟩: *in einer Menge von jeweils einem od. mehreren Löffeln:* eine Medizin l. einnehmen.

Löfifiler, der; -s, -: **1.** *Löffelreiher.* **2.** (Jägerspr.) *junger Damhirsch mit löffelförmigen Geweihansatz.*

Lo|foten [auch: -'--] ⟨Pl.⟩: Inselgruppe vor der Küste Nordnorwegens.

Loft, der; -[s], -s [engl. loft = Dachboden; Empore < anord. lopt = Luft, Himmel; höher gelegener Raum]: **1.** *aus der Etage einer Fabrik o. Ä. umgebaute Wohnung.* **2.** ⟨o. Pl.⟩ *Winkel zwischen Schlagfläche u. Sohle beim Golfschläger.*

Loft|jazz, der: *in alten Industrieanlagen, Fabriken o. Ä. (ohne Konzertveranstalter) zu Gehör gebrachter (stilistisch neuartiger) Jazz.*

Log, das; -s, -e [engl. log, eigtl. = Holzklotz (der an der Logleine hinter dem Schiff hergezogen wurde)] (Seew.): *Gerät zur Messung der Schiffsgeschwindigkeit.*

log-, Log-: ↑logo-, Logo-.

log: ↑lügen.

-log: ↑loge.

Lo|ga|rith|mand, der; -en, -en (Math.): *zu logarithmierende Größe.*

Lo|ga|rith|men: Pl. von ↑Logarithmus.

Lo|ga|rith|men|ta|fel, die (Math.): *tabellenartige Zusammenstellung der Logarithmen.*

lo|ga|rith|mie|ren ⟨sw. V.; hat⟩ (Math.): **a)** *den Logarithmus von etw. bilden, feststellen;* **b)** *mit Logarithmen rechnen.*

lo|ga|rith|misch ⟨Adj.⟩ (Math.): *den Logarithmus betreffend; auf einem Logarithmus beruhend, ihn anwendend:* im

-en Messbereich; ein nichtlinearer Verstärker, der für -e Radar-ZF-Verstärker entwickelt wurde (Elektronik 12, 1971, A 21); **-es** Dekrement (Math., Physik; *Größe, die den Vorgang des Abklingens gedämpfter freier Schwingungen kennzeichnet*).

Lo|ga|rith|mus, der; -, ...men [nlat., zu griech. lógos (↑Logos) u. árithmos = Zahl] (Math.): *Zahl, mit der man eine andere Zahl, die Basis (3 c), potenzieren muss, um eine vorgegebene Zahl, den Numerus (2), zu erhalten* (Zeichen: log).

Lo|gas|the|nie, die; -, -n [zu ↑logo-, Logo- u. ↑Asthenie] (Med.): *Gedächtnisstörung, die sich in Form von Sprachstörungen (Verdrehen od. Vergessen von Wörtern) äußert.*

Log|buch, das [zu ↑Log] (Seew.): *Tagebuch auf Seeschiffen, in das alle für die Seefahrt wichtigen Beobachtungen eingetragen werden.*

Lo|ge ['lo:ʒə], die; -, -n [1: frz. loge = abgeschlossener Raum < afrz. loge < mlat. lobia, aus dem Germ.; 2: engl. lodge < afrz. loge, ↑Loge (1)]: **1. a)** *kleiner, durch Seitenwände abgeteilter [überdachter] Raum mit mehreren Sitzplätzen im Theater o. Ä.:* die königliche L. im Teatro San Carlo (Thieß, Legende 81); Unser Weg führte uns durch die zunächst der Bühne gelegene und schon finstere L. des Theaterdirektors (Th. Mann, Krull 37); ein mit Blumen und Bändern aufgeputztes Maultiergespann machte den Schluss des Zuges, der sich geradewegs durch das gelbe Rund gegen die prinzliche L. hin bewegte, wo er sich auflöste (Th. Mann, Krull 430); **b)** *kleiner Raum [in einem größeren Gebäude], in dem der Pförtner o. Ä. hinter einer Art Schalter sitzt:* der Pförtner saß in seiner L. **2. a)** *geheime Gesellschaft von Freimaurern:* ich ... gründe eine Sekte, Partei oder auch nur eine L. (Grass, Blechtrommel 730); Jean-Baptiste ist nicht nur Freidenker, er ist auch Freimaurer und gehört der L. der »Beständigen Freunde des Orients« an (Fussenegger, Zeit 24); **b)** *Versammlungsort einer Loge (2 a).*

lö|ge: ↑lügen.

-lo|ge, (seltener:) -log, der; -logen, -logen [zu griech. lógos, ↑Logos]: in Zus., z. B. Ethnologe, Graphologe.

Lo|ge|ment [loʒə'mã:], das; -s, -s [frz. logement, zu: loge, ↑Loge]: **1.** (veraltet) *Wohnung, Bleibe, Quartier:* ein neues L. beziehen. **2.** (früher) *Verteidigungsanlage auf [noch nicht ganz] eingenommenen Festungsanlagen.*

Lo|gen|bru|der, der: *Mitglied einer Loge (2 a).*

Lo|gen|brüs|tung, die: *Brüstung einer Loge (1 a).*

Lo|gen|die|ner, der: *Logenschließer.*

Lo|gen|die|ne|rin, die; -, -nen: w. Form zu ↑Logendiener.

Lo|gen|ge|schoss, das: *aus Logen bestehendes Geschoss im Zuschauerraum eines Theaters.*

Lo|gen|platz, der: *Platz in einer Loge (1 a).*

Lo|gen|schlie|ßer, der: *Türschließer im Theater.*

Lo|gen|schlie|ße|rin, die; -, nen: w. Form zu ↑ Logenschließer.

Lo|gen|the|a|ter, das: *Theater mit Logengeschossen.*

Lo|gen|tür, die: *Tür einer Loge* (1 a).

Log|gast, der (Seew.): ²*Gast, der das Log bedient.*

Log|ge, die; -, -n [schwed., norw. logg < engl. log, ↑ Log] (Seew.): *Log.*

log|gen ⟨sw. V.; hat⟩ [engl. to log] (Seew.): *die Schiffsgeschwindigkeit mit dem Log messen.*

Log|ger, der; -s, - [niederl. logger < engl. lugger] (Seew.): *kleines Schiff für den Heringsfang.*

Log|gia ['lɔdʒ(i)a], die; -, ...ien [...(i)ən; ital. loggia, eigtl. = Laube < afrz. loge, ↑ Loge]: 1. *nicht od. kaum vorspringender, nach der Außenseite hin offener, überdachter Raum im [Ober]geschoss eines Hauses:* in der Lage ..., die hintere L. zu erkennen, da sie etwas in die Gärten vorsprang (Augustin, Kopf 35). 2. (Archit.) *zu einer od. mehreren Seiten hin offene, von Säulen, Pfeilern getragene Halle als selbstständiger Bau od. als Teil des Erdgeschosses.*

Log|glas, das (Seew.): *Sanduhr zur Bedienung des Logs.*

Lo|gi|cal ['lɔdʒɪkl], das; -s, -s [zu engl. logical = logisch, wohl geb. nach ↑ Musical]: *nach Gesetzen der Logik* (2 a) *aufgebautes Rätsel.*

-lo|gie, die; -, -n [zu griech. lógos, ↑ Logos] in Zus., z. B. Ethnologie, Graphologie.

Lo|gier|be|such, der: 1. *Besuch* (2)*, den jmd. für eine gewisse Zeit in seiner Wohnung aufnimmt:* er war bei uns ein häufiger L.; sie haben oft L. 2. *Besuch* (1 a)*, bei dem der Gast für eine gewisse Zeit in jmds. Wohnung aufgenommen wird:* auf L. zu uns zu kommen (K. Mann, Wendepunkt 272).

lo|gie|ren, ⟨sw. V.; hat⟩ [frz. loger, zu: loge, ↑ Loge]: 1. *an einem Ort, an dem man sich vorübergehend aufhält, in einem Hotel od. Privatquartier wohnen:* ich werde nur im »Halben Mond« am Markt l. (Fallada, Herr 6); Da ... diese Figuranten vielfach weit draußen in den Vorstädten logierten (Thieß, Reich 353); Fritz Verzetnitsch logiert im noblen Penthouse im ersten Bezirk (profil 39, 1993, 44). 2. (veraltend) *als Gast aufnehmen, unterbringen:* der Veranstalter, der seine Gäste so unter dem angekündigten Niveau logiere (Gute Fahrt 4, 1974, 39); die dort logierten Gäste (MM 27. 6. 79, 20).

Lo|gier|gast, der: *Logierbesuch* (1).

Lo|gier|nacht, die (schweiz.): *Übernachtung in einem Hotel o. Ä.:* ... stiegen die Logiernächte von Schweizern um etwa 1,5 Prozent (Vorarlberger Nachr. 26. 11. 68, 3).

Lo|gik, die; - [spätlat. logica < griech. logikē = Wissenschaft des Denkens, zu: logikós = zur Vernunft gehörend, zu: lógos, ↑ Logos]: 1. *Lehre, Wissenschaft von der Struktur, den Formen u. Gesetzen des Denkens; Lehre vom folgerichtigen Denken, vom Schließen aufgrund gegebener Aussagen; Denklehre:* die formale L. *(auf der Dreiteilung Begriff, Urteil, Schluss beruhende* auf der wissenschaftlichen Methodenlehre beruhende Logik); die mathematische L. *(Logik, die sich eines strengen Formalismus bedient).* 2. **a)** *Folgerichtigkeit des Denkens:* eine zwingende L.; seiner Äußerung fehlt jede L.; das ist/verstößt gegen alle L.; **b)** *in einer Entwicklung, in einem Sachzusammenhang o. Ä. liegende [zwangsläufige] Folgerichtigkeit:* dass ... die geschichtliche L. nicht für den Fortbestand eines Blockes spricht (Dönhoff, Ära 206).

Lo|gi|ker, der; -s, -: 1. *Wissenschaftler auf dem Gebiet der Logik* (1). 2. *rein logisch Denkender:* Nicht ein scharfsinnig zergliedernder Analytiker, ... sondern ein engbrüstiger L. (Thieß, Reich 465).

Lo|gi|ke|rin, die; -, -nen: w. Form zu ↑ Logiker.

Lo|gi|on, das; -[s], ...ien [griech. lógion = Orakelspruch, zu: lógos, ↑ Logos] (Theol.): *Ausspruch, Wort Jesu Christi.*

Lo|gis [lo'ʒi:], das; - [...i:(s)], - [...i:s; frz. logis, zu: loge, ↑ Loge]: 1. *[nicht besonders komfortable] Unterkunft, Wohnung [bei jmdm.]:* bei jmdm. Kost und [freies] L. haben; sie hat ihr L. im Souterrain, unter dem Dach. 2. [auch: 'lo:gis] (Seemannsspr.) *[Gemeinschafts]wohnraum auf Schiffen für Mannschaft u. niedrige Dienstgrade:* James Botters zog ins L. der Matrosen (Jahnn, Geschichten 158).

lo|gisch ⟨Adj.⟩ [lat. logicus < griech. logikós, ↑ Logik]: 1. *die Logik* (1) *betreffend, dazu gehörend, sich damit befassend:* -e Übungen. 2. *den Gesetzen der Logik* (1) *entsprechend; folgerichtig:* -es Denken; das steht in keinem -en Zusammenhang; er bemüht sich, l. zu sein; l. denken, handeln. 3. (ugs.) *sich von selbst ergebend:* die -e Konsequenz war, den Antrag abzulehnen; na l.! *(selbstverständlich!)*; Na sicher hab' ich 'ne Freundin, ist doch l. (Aberle, Stehkneipen 76).

lo|gi|scher|wei|se ⟨Adv.⟩: *aus Gründen der Logik* (2): l. stimmt das nicht; dass er, als der Dienstälteste und Ranghöhere..., l. *(natürlich, selbstverständlich auch)* zu gewinnen habe (Kirst, 08/15, 161).

lo|gi|sie|ren ⟨sw. V.; hat⟩ (Philos.): *der Vernunft, der Erkenntnis zugänglich machen.*

Lo|gi|sie|rung, die; -, -en (Philos.): *das Logisieren.*

Lo|gis|ma, das; -s, Logismata [griech. lógisma (Gen.: logismatos) = das Berechnen, zu: lógos, ↑ Logos] (Philos.): *(nach A. von Pauler) eines der letzten Elemente, aus denen sich Wahrheiten zusammensetzen.*

Lo|gis|mus, der; -, ...men [griech. logismós = das Rechnen, die Berechnung, zu: lógos, ↑ Logos] (Philos.): 1. *Vernunftschluss.* 2. ⟨o. Pl.⟩ *Auffassung, dass die Welt logisch aufgebaut ist.*

Lo|gis|tik, die; - [1: griech. logistikē (téchnē) = Rechenkunst, zu: logistikós = zum (Be)rechnen gehörend, zu: lógos, 2: frz. logistique < spätlat. logisticus = die Finanzverwaltung betreffend < griech. logistikós = zum (Be)rechnen gehörend, 3: engl. logistics (Pl.) < frz. logistique = Logistik (2)]:

1. *mathematische Logik* (1). 2. (Milit.) *Planung, Bereitstellung u. Einsatz der für militärische Zwecke erforderlichen Mittel u. Dienstleistungen zur Unterstützung der Streitkräfte; Versorgung[sapparat] einer Truppe.* 3. (Wirtsch.) *Gesamtheit aller Aktivitäten eines Unternehmens, die die Beschaffung, die Lagerung u. den Transport von Materialien u. Zwischenprodukten, die Auslieferung von Fertigprodukten, also den gesamten Fluss von Material, Energie u. Produkt betreffen.*

Lo|gis|ti|ker, der; -s, -: 1. *Vertreter der Logistik* (1). 2. *Fachmann, Spezialist auf dem Gebiet der Logistik* (3).

Lo|gis|ti|ke|rin, die; -, -nen: w. Form zu ↑ Logistiker.

Lo|gis|tik|trup|pe, die (Milit.): *(bei der Bundeswehr) Kampfunterstützungstruppe, deren Truppen für die Aufgaben der Logistik* (1) *ausgebildet u. ausgerüstet sind* (z. B. Nachschubtruppe).

lo|gis|tisch ⟨Adj.⟩: 1. *die Logistik* (1) *betreffend:* Die Kriterien sind rein -er Art (Enzensberger, Einzelheiten I, 87). 2. *die Logistik* (2, 3) *betreffend:* im Materialamt der Bundeswehr im Mat-Fachstab »F-104«, dem gleichfalls -e Aufgaben obliegen (Spiegel 6, 1966, 18).

Lo|gi|zis|mus, der; - [zu ↑ Logik]: 1. (Philos.) *(in der Erkenntnistheorie) Bevorzugung der logischen Argumentation gegenüber der psychologischen.* 2. (Math.) *Rückführung der mathematischen Begriffe u. Methoden auf eine allgemeine Logik.* 3. (bildungsspr. abwertend) *Überbewertung der Logik.*

Lo|gi|zis|tik, die; - (bildungsspr. abwertend): *Logizismus* (3).

lo|gi|zis|tisch ⟨Adj.⟩: 1. (Philos.) *den Logizismus* (1) *betreffend.* 2. (Math.) *den Logizismus* (2) *betreffend, auf ihm gehörend, auf ihm beruhend.* 3. (bildungsspr. abwertend) *die Logik überbewertend:* -e Richtungen der Linguistik.

Lo|gi|zi|tät, die; - (Philos.): *das Logischsein, logischer Charakter eines Sachverhalts; Folgerichtigkeit des Denkens.*

Log|lei|ne, die (Seew.): *mit Knoten versehene Leine am Log zum Messen der Schiffsgeschwindigkeit.*

lo|go ⟨indekl. Adj.⟩ (salopp, bes. Jugendspr.): *logisch* (3): »Kommst du mit?« – »Ist doch l.!«.

Lo|go, der oder das; -s, -s [engl. logo, gek. aus: logotype, zu griech. lógos (↑ Logos) u. engl. type, ↑ Type]: *Signet* (1b).

lo|go-, Lo|go-, ⟨vor Vokalen auch:⟩ log-, Log- [zu griech. lógos, ↑ Logos] ⟨Best. in Zus. mit der Bed.⟩: *wort-, Wort-, Rede-, Vernunft-* (z. B. logopädisch, Logogramm, Logasthenie).

Lo|go|gramm, das; -s, -e [↑ -gramm]: *Schriftzeichen für eine bedeutungstragende Einheit eines Wortes.*

Lo|go|graph, der; -en -en [griech. logográphos]: *frühgriechischer Geschichtsschreiber; Prosaschriftsteller der ältesten griechischen Literatur:* rhetorischer L. *(im Athen der Antike Person, die Reden zum Vortrag bei Gericht für die Bürger entwarf [die ihre Sache stets selbst vertreten mussten]).*

Lo|go|gra|phie, die; - [↑-graphie]: *aus Logogrammen gebildete Schrift.*

lo|go|gra|phisch ⟨Adj.⟩: *die Logographie betreffend.*

Lo|go|griph, der; -s u. -en, -e[n] [zu griech. grîphos = Rätsel]: *Buchstabenrätsel, bei dem durch Wegnehmen, Hinzufügen od. Ändern eines Buchstabens ein neues Wort entsteht.*

Lo|goi: Pl. von ↑Logos.

Lo|go|klo|nie, die; - [zu griech. kloneîn = verwirren, eigtl. = in heftige Bewegung setzen] (Psych., Med.): *rhythmisches Wiederholen des Endes von Wörtern od. Sätzen (z. B. bei bestimmten Krankheiten).*

Lo|go|kra|tie, die; - [↑-kratie]: *Herrschaft der Vernunft in der Gesellschaft.*

Lo|go|ma|chie, die; - [griech. logomachía] (Philos.): *Wortstreit, Haarspalterei.*

Lo|go|neu|ro|se, die; -, -n (Med.): *neurotisch bedingte Sprachstörung.*

Lo|go|pä|de, der; -n, -n: *Spezialist auf dem Gebiet der Logopädie* (Berufsbez.).

Lo|go|pä|die, die; - [zu griech. paideía = Lehre, Ausbildung]: *Wissenschaft u. Behandlung von (physiologisch od. psychisch bedingten) Sprachstörungen; Sprachheilkunde.*

Lo|go|pä|din, die; -, -nen: w. Form zu ↑Logopäde.

lo|go|pä|disch ⟨Adj.⟩: *die Logopädie betreffend, darauf beruhend.*

Lo|go|pa|thie, die; -, -n [↑-pathie] (Med.): *Sprachstörung aufgrund von Veränderungen im Zentralnervensystem.*

Lo|gor|rhö, die; -, -en [zu griech. rheîn = fließen] (Med.): *krankhafte Geschwätzigkeit.*

lo|gor|rho|isch ⟨Adj.⟩ (Med.): *die Logorrhö betreffend; an Logorrhö leidend.*

Lo|gos, der; -, Logoi ⟨Pl. selten⟩ [griech. lógos = Rede, Wort; Vernunft; Überlegung; philosophischer Lehrsatz; (philosophische) Lehre, zu: légein = (auf-, er)zählen; reden, sprechen]: **1.** (antike Philos., Rhet.) *auf Verstehen angelegte Rede, Sprache.* **2.** ⟨o. Pl.⟩ (antike Philos.) *menschliche od. göttliche Vernunft; umfassender Sinn; Weltvernunft.* **3.** (antike Philos.) *logisches Urteil; Begriff.* **4.** ⟨o. Pl.⟩ (Theol.) *Gott, Vernunft Gottes als Weltschöpfungskraft.* **5.** ⟨o. Pl.⟩ (Theol.) *Offenbarung, Wille Gottes u. Mensch gewordenes Wort Gottes in der Person Jesu.*

lo|go|the|ra|peu|tisch ⟨Adj.⟩: *die Logotherapie betreffend, darauf beruhend.*

Lo|go|the|ra|pie, die; -, -n (Psych.): *auf die Existenzanalyse gegründete psychotherapeutische Methode zur Behandlung von Neurosen, die aus geistigen Problemen entstanden sind.*

Lo|go|ty|pe, die; -, -n (Druckw. früher): *beim Handsatz verwendete Drucktype mit häufig vorkommender Buchstabenverbindung.*

lo|go|zen|trisch ⟨Adj.⟩: *dem Geist im Sinne der ordnenden Weltvernunft vor dem Leben den Vorrang gebend:* eine -e Weltanschauung.

Log|rol|le, die (Seew.): *Rolle, Spule für die Logleine.*

loh ⟨Adj.⟩ [rückgeb. aus ↑lichterloh] (dich-

ter.): *lodernd:* wie die -e Flamme (Th. Mann, Joseph 104).

¹Loh, das od. der; -[e]s, -e [mhd., ahd. loh] (bayr., hess.): *kleiner Wald mit buschartigem Baumbestand.*

²Loh, die; -, -en [spätmhd. lo, mhd. la, H. u.] (bayr.): *Sumpfwiese.*

Lo|han, der; -[s], -s [chin. luohan, zu sanskr. árhat = würdig]: *als Gott verehrter buddhistischer Heiliger der höchsten Stufe.*

Loh|bad, das (Med.): *hydroelektrisches Vollbad mit ²Lohe als Zusatz.*

◆ **Loh|bau|er**, der: *Bauer, der mit ²Lohe düngt:* der Knecht des -s spannte einen dicken Rotschimmel vor den Streifwagen (Ebner-Eschenbach, Spitzin 26).

Loh|bei|ze, die: ¹Beize (1 c).

Loh|blü|te, die: *auf faulendem Eichenlaub im Wald od. auf ²Lohe wachsender, dottergelber niederer Pilz.*

Loh|brü|he, die (Gerberei): *mit Wasser aufgefüllte ²Lohe für die Gerbung.*

¹Lo|he, die; -, -n [mhd. lohe, ahd. loug = Flamme, Feuer, verw. mit ↑licht] (geh.): *in heftiger Aufwärtsbewegung brennende, große Flamme[n]:* Aber Walhall ist versunken in wabernder L. (Erné, Kellerkneipe 60); Ü Eine L. Ruß fuhr heraus (= aus dem Bäckereischornstein) und beschmutzte ihn (Strittmatter, Wundertäter 110).

²Lo|he, die; -, -n [mhd., ahd. lõ, urspr. = Abgeschältes, Losgelöstes]: *zum Gerben verwendete, zerkleinerte Rinde, bes. von jungen Eichen u. Fichten; Gerberlohe.*

¹lo|hen ⟨sw. V.; hat⟩ [mhd. lohen, ahd. lo(h)ēn, zu ↑¹Lohe] (geh.): *lodern.*

²lo|hen ⟨sw. V.; hat⟩ (Gerberei): *mit ²Lohe gerben:* Tierhäute l.

loh|gar ⟨Adj.⟩ (Gerberei): *mit ²Lohe gegerbt.*

Loh|ger|ber, der: *mit pflanzlichen Gerbstoffen arbeitender Gerber* (Berufsbez.).

Loh|ger|be|rei, die: *mit pflanzlichen Gerbstoffen arbeitende Gerberei.*

Loh|ger|be|rin, die: w. Form zu ↑Lohgerber.

Loh|ger|bung, die: *das Gerben mit pflanzlichen Stoffen.*

Loh|gru|be, die (Gerberei): *Grube für die Lohgerbung.*

Loh|müh|le, die: *Mühle, in der Baumrinde zu Gerbstoff verarbeitet wird.*

Loh|mül|ler, der: *Handwerker, der in einer Lohmühle Baumrinde zerkleinert u. zu Gerbstoff verarbeitet* (Berufsbez.).

Loh|mül|le|rin, die; -, nen: w. Form zu ↑Lohmüller.

Lohn, der; -[e]s, Löhne [mhd., ahd. lõn, urspr. = (auf der Jagd od. im Kampf) Erbeutetes]: **1.** *[nach Stunden berechnete] Bezahlung für geleistete Arbeit [die dem Arbeiter täglich, wöchentlich od. monatlich ausgezahlt wird]:* ein fester, niedriger, tariflicher L.; der wöchentliche L.; beträgt ...; Löhne und Gehälter sind gestiegen; höhere Löhne zahlen; die Löhne erhöhen, kürzen, senken, drücken; sich [restlichen] L. auszahlen lassen; für einen bestimmten L. arbeiten; der Alte, der gemahlen hat gegen L. (Bobrowski, Mühle 175); * **in L. und Brot stehen** (veraltend; *eine feste Anstellung ha-*

ben); **jmdn. um L. und Brot bringen** (veraltend; *jmdm. seine Arbeit, Erwerbsquelle nehmen).* **2.** ⟨o. Pl.⟩ *etw., womit man für eine Leistung, Mühe o. Ä. entschädigt wird; Belohnung:* ein [un]verdienter, königlicher L.; seinen L. für etw. empfangen; Heute tritt er jenem Alten seine Geliebte ab und nimmt dafür den L. (H. Mann, Stadt 427); Die Frauen! Sie geben uns große Handlungen ein, die ihren L. in sich tragen! (*die keines Lohnes bedürfen;* H. Mann, Stadt 185); als/zum L. dafür; Ü er wird schon noch seinen L. *[vom Schicksal] seine Strafe, Vergeltung)* bekommen.

Lohn|ab|bau, der: *[indirekte] Verringerung, Senkung des Lohns.*

lohn|ab|hän|gig ⟨Adj.⟩: *durch seinen Lohn vom Arbeitgeber abhängig:* eine zunehmende Entpolitisierung der -en Massen (Stamokap 89).

Lohn|ab|hän|gi|ge, der u. die; -n, -n ⟨Dekl. ↑Abgeordnete⟩: *jmd., der lohnabhängig ist.*

Lohn|ab|rech|nung, die: *Abrechnung über den Lohn.*

Lohn|ab|schluss, der: *Tarifabschluss über Löhne.*

Lohn|ab|zug, der: *Abzug einer bestimmten Summe vom Lohn.*

Lohn|ar|beit, die: **a)** ⟨o. Pl.⟩ *gegen Lohn von einem Arbeiter geleistete Arbeit:* sie hat von ihrer Arbeit erzählt, L. (Frisch, Montauk 114); **b)** (Wirtsch.) *zur Durchführung eines Produktionsauftrags von einem Betrieb in einem anderen gegen Bezahlung geleistete Arbeit.*

Lohn|ar|bei|ter, der: *Lohn beziehender Arbeiter:* Die Ursache für das Aufkommen der Arbeiterbewegung liegt in der Entstehung des modernen Kapitalismus und der durch die industrielle Revolution der letzten zwei Jahrhunderte neu geschaffenen Schicht der L. (Fraenkel, Staat 25).

Lohn|ar|bei|te|rin, die: w. Form zu ↑Lohnarbeiter.

Lohn|auf|wand, der: *Personalkosten.*

Lohn|aus|fall, der: *Ausfall von Lohn.*

Lohn|aus|gleich, der: *durch den Arbeitgeber [über einen bestimmten Zeitraum] erfolgende Zahlung der Differenz zum Nettolohn, wenn die Arbeit aus bestimmten Gründen (z. B. Krankheit) nicht geleistet werden kann:* kürzere Arbeitszeit bei vollem L.

Lohn|aus|zah|lung, die: *Auszahlung des Lohns.*

◆ **Lohn|be|dien|te**, der: *nur auf Zeit, nicht fest angestellter Diener:* Damit ich ... das Haus nicht verfehlte, berief ich einen auf (Goethe, Italien. Reise 12. 3. 1787, abends [Neapel]).

Lohn|be|schei|ni|gung, die: *Bescheinigung über die Höhe des Lohns einer bestimmten Person.*

Lohn|buch, das: *Heft, in das die Lohnauszahlungen eingetragen werden.*

Lohn|buch|hal|ter, der: *Buchhalter in der Lohnbuchhaltung.*

Lohn|buch|hal|te|rin, die: w. Form zu ↑Lohnbuchhalter.

Lohn|buch|hal|tung, die: **1.** ⟨o. Pl.⟩ *Berechnung des Lohns.* **2.** *Abteilung eines*

Betriebs, in der der Lohn berechnet u. seine Auszahlung veranlasst wird.

Lohn|bü|ro, das: *Lohnbuchhaltung (2).*

Lohn|die|ner, der: *stundenweise bezahlter Diener zur Aushilfe [bei bestimmten Anlässen]:* Stadthotel sucht L. (Kronen-Zeitung 2996, 41); Bei großen und offiziellen Festlichkeiten ... ist es vielfach üblich, einen so genannten L. zu nehmen (Horn, Gäste 81).

Lohn|dik|tat, das ⟨Jargon⟩: *Diktat (2), das die Höhe der Entlohnung vorschreibt:* Diesem Sektor gilt das harte L. vor allem; denn die Regierung hat ... konsequent bei den öffentlichen Ausgaben gespart (NZZ 14. 4. 85, 2).

Lohn|drift, die ⟨Wirtsch.⟩: *Unterschied der statistisch gemessenen Veränderungsraten zwischen Lohntarif u. Verdienst.*

Lohn|drü|cker, der (ugs. abwertend): *billige Arbeitskraft, die bei einem Überangebot an Arbeitskräften ein Steigen der Löhne verhindert.*

Lohn|drü|cke|rin, die; -, -nen: w. Form zu ↑Lohndrücker.

Lohn|emp|fän|ger, der: *jmd., der Lohn bezieht.*

Lohn|emp|fän|ge|rin, die: w. Form zu ↑Lohnempfänger.

loh|nen ⟨sw. V.; hat⟩ [mhd. lōnen, ahd. lōnōn = Lohn geben, vergelten]: **1. a)** ⟨l. + sich⟩ *in ideeller od. materieller Hinsicht von Nutzen sein:* der Aufwand hat sich gelohnt; das Geschäft lohnte sich für ihn nicht; ⟨auch ohne »sich«:⟩ lohnt das?; die Mühe hat gelohnt; ich wusste doch, dass es mit dir lohnt (Wiechert, Jeromin-Kinder 138); **b)** *aufzuwendende Mühe od. Kosten rechtfertigen:* das alte Auto lohnt keine Reparatur mehr; das lohnt die/(geh. veraltend:) der Mühe nicht; Es lohnt die Anstrengung (Koeppen, Rußland 163). **2.** *eine gute Tat, ein gutes Verhalten [mit etw. Gutem] vergelten:* jmdm. seine Hilfe l.; er hat dir deinen Einsatz übel gelohnt.

löh|nen ⟨sw. V.; hat⟩ [mhd. lœnen, Nebenf. von: lōnen, ↑lohnen]: **a)** *jmdm. Lohn auszahlen:* die Landarbeiter l.; **b)** (ugs.) *[als Lohn] zahlen:* 40 000 Mark will Ellenbeck für den »Job« l. (Stern 11, 1970, 37).

loh|nend ⟨Adj.⟩: *(die für einen Gewinn, ein positives Ergebnis aufzuwendenden) Mühen u. Kosten rechtfertigend:* eine -e Aufgabe; sie waren seine -sten Gäste (Chr. Wolf, Himmel 73); Was das Studium der Glosse so l. macht (Enzensberger, Einzelheiten I, 59).

loh|nens|wert ⟨Adj.⟩: *lohnend, nutzbringend:* er ... weiß seine starke Lebensenergie für -e Ziele einzusetzen (Hörzu 43, 1976, 153).

Lohn|er|hö|hung, die: *Erhöhung der Löhne.*

Lohn|fol|ge|kos|ten ⟨Pl.⟩: *Kosten außer dem Lohn, die dem Arbeitgeber durch die Sozialleistungen entstehen.*

Lohn|fonds, der ⟨DDR⟩: *Fonds (1 b) für die Auszahlung der Löhne.*

Lohn|for|de|rung, die ⟨meist Pl.⟩: *Forderung eines höheren Lohnes in bestimmter Höhe.*

Lohn|fort|zah|lung, die: *Fortzahlung*

des Lohnes über einen bestimmten Zeitraum durch den Arbeitgeber im Krankheitsfall.

Lohn|front, die ⟨Wirtsch. Jargon⟩: *Bereich der Auseinandersetzungen um Lohnerhöhungen.*

Lohn|grup|pe, die: ¹*Gruppe (1 b), in die Arbeitnehmer eines Berufszweigs aufgrund ihrer Tätigkeitsmerkmale eingestuft werden u. nach der sich die Höhe des Lohns richtet.*

Lohn|hie|rar|chie, die ⟨Jargon abwertend⟩: *Lohnskala.*

lohn|in|ten|siv ⟨Adj.⟩ ⟨Wirtsch.⟩: *mit hohem Anteil der Lohnkosten an den Gesamtkosten arbeitend od. verbunden:* Die Verwirklichung dieses Anspruchs würde das -e grafische Gewerbe ... vor eine schwierige Lage stellen (Welt 4. 8. 62, 9); Trotz aller Rationalisierung und Konzentration bleibt die Hutindustrie sehr l. (Herrenjournal 3, 1966, 22).

Lohn|kampf, der: *Kampf der gewerkschaftlich organisierten Arbeitnehmer um höhere Löhne.*

Lohn|kon|to, das: *Konto, auf das der Lohn überwiesen wird.*

Lohn|kos|ten ⟨Pl.⟩ ⟨Wirtsch.⟩: *Kostenaufwand für Bruttolöhne.*

Lohn|kür|zung, die: vgl. Lohnabzug.

Lohn|kut|sche, die (veraltet): *gemietete Kutsche.*

Lohn|leit|li|nie, die: *Leitlinie für Lohnforderungen:* ... wandte sich Friderichs gegen eine -n, weil sonst jeder meine, diese »Messlatte« noch besonders hoch überspringen zu müssen (MM 21. 8. 1974, 1).

Lohn|lis|te, die: *Liste eines Betriebs o. Ä., in der die Löhne der Arbeitnehmer eingetragen sind.*

Lohn|ne|ben|kos|ten ⟨Pl.⟩: *Lohnfolgekosten.*

Lohn|ni|veau, das: *Niveau der Löhne in einem bestimmten Bereich, Gebiet:* dass die Unternehmen Produktionsverlagerungen in Länder mit niedrigerem L. vornehmen (Stamokap 20).

Lohn|pau|se, die: *Verzicht auf Lohnerhöhungen für eine bestimmte Zeit.*

Lohn|pfän|dung, die: *Pfändung eines Teils des Lohns zugunsten eines Gläubigers.*

Lohn|po|li|tik, die: **a)** *Maßnahmen des Staates, der Arbeitgeber- u. Arbeitnehmerverbände zur Einflussnahme auf das allgemeine Lohnniveau;* **b)** ⟨Wirtsch.⟩ *Überlegungen u. Maßnahmen eines Unternehmens auf dem Sektor der Löhne.*

lohn|po|li|tisch ⟨Adj.⟩: *die Lohnpolitik betreffend.*

Lohn-Preis-Spi|ra|le, die ⟨Wirtsch.⟩: *Wechselwirkung von Lohnerhöhungen u. Preissteigerungen:* auf einem Plakat, mit dem überall in Japan gegen die L. argumentiert wird (MM 27. 2. 74, 24).

Lohn|quo|te, die: *Anteil der Löhne am Umsatz od. am Bruttosozialprodukt.*

Lohn|raub, der ⟨Jargon abwertend⟩: *Verringerung des Effektivlohns (durch ein bestimmtes Vorgehen, Verhalten von Arbeitgebern).*

Lohn|rech|nung, die (bes. DDR): *Berechnung des Brutto- u. Nettolohns.*

Lohn|run|de, die: *[jährlich wiederkehrende] Phase, in der zwischen Gewerkschaften u. Arbeitgeberverbänden neue Löhne ausgehandelt werden.*

Lohn|sen|kung, die: **1.** *Lohnabzug.* **2.** *Verminderung des Reallohns.*

Lohn|ska|la, die: *Staffelung, Rangfolge der Löhne.*

Lohn|skla|ve, der ⟨Jargon abwertend⟩: *jmd., der gegen Entlohnung eine Tätigkeit ausübt, die mit völliger Abhängigkeit verbunden ist.*

Lohn|stei|ge|rung, die: *Lohnerhöhung.*

Lohn|steu|er, die: *Steuer für Einkünfte aus unselbstständiger Tätigkeit.*

Lohn|steu|er|jah|res|aus|gleich, der: *Jahresausgleich bei zu viel entrichteter Lohnsteuer.*

Lohn|steu|er|kar|te, die: *von der Gemeinde ausgestellte Urkunde mit Angaben über Familienstand, Religionszugehörigkeit u. a. als Unterlage zur Berechnung der Lohnsteuer.*

Lohn|steu|er|ta|bel|le, die: *Tabelle, in der die zu berechnende Lohnsteuer jeder Steuerklasse für einzelne Lohnbeträge abzulesen ist.*

Lohn|stopp, der: *staatliches Verbot von Lohnerhöhungen [bei gleichzeitigem Preisstopp] als Mittel der Wirtschaftspolitik.*

Lohn|strei|fen, der: **a)** (früher) *Papierstreifen, auf dem die Lohnabrechnung vermerkt ist [u. der dem bar ausbezahlten Lohn beiliegt];* **b)** *Lohnabrechnung.*

Lohn|sum|me, die: *Gesamtheit aller Lohnkosten, die ein Betrieb aufbringen muss.*

Lohn|sum|men|steu|er, die: *Gewerbesteuer, die auf der Grundlage der Lohnsumme erhoben wird.*

Lohn|tag, der: *Tag, an dem der Lohn ausgezahlt wird.*

Lohn|ta|rif, der: *Tarif der Löhne.*

Lohn|ta|rif|ver|hand|lung, die: *Lohntarife betreffende Verhandlung der Tarifpartner.*

Lohn|ta|rif|ver|trag, der: *Vertrag zwischen Arbeitgeber u. Gewerkschaft über Löhne u. Gehälter sowie über Arbeitsbedingungen.*

Lohn|tü|te, die: *Tüte mit dem ausgezahlten Lohn u. dem Lohnstreifen:* Am Monatsletzten hatte ich immer wenigstens dreißig bis vierzig Stunden mehr in der L. als andere Fahrer (v. d. Grün, Glatteis 16).

Löh|nung, die; -, -en: **a)** *Auszahlung des Lohns, Wehrsolds:* viele versuchen, mich um die Leihgebühr zu prellen, besonders Soldaten, kurz vor der L. (Kirst, 08/15, 103); **b)** *ausgezahlter Lohn, Wehrsold:* Niemand konnte von seiner L. solche Sprünge machen wie dieser ... Leutnant (Böll, Adam 55).

Lohn|ver|ede|lung, die ⟨Wirtsch.⟩: *Veredelung einer Ware, eines Produkts im Ausland gegen Bezahlung.*

Lohn|ver|hand|lung, die: *Lohn betreffende Verhandlung der Tarifpartner.*

Lohn|ver|tei|lung, die: *Verteilung des Gesamtlohns auf die [einzelnen Schichten der] Bevölkerung.*

Lohn|ver|zicht, der: *Verzicht auf Lohn:*

mehr Arbeitsplätze durch Rente mit 58, flexible Arbeitszeit, L. (Spiegel 9, 1983, 222)).

Lohn|zet|tel, der: vgl. Lohnstreifen.

Loh|rin|de, die [zu ↑ ²Lohe]: *Rinde für die Bereitung von Gerbmitteln.*

♦ **Loh|stampf,** der; -[e]s, -e: (landsch.) *Lohmühle:* hörten sie seine Walkmühle und seinen L., die er an seinem Bache für Tuchmacher und Gerber angelegt hatte (Stifter, Bergkristall 22).

♦ **Loh|werk,** das: *Lohmühle:* als die Kinder bis zu den Loh- und Walkwerken des Großvaters gekommen waren (Stifter, Bergkristall 27).

Loi|pe, die; -, -n [norw. løype] (Skisport): *markierte Bahn, Piste für den Langlauf:* Dazu gehören fünf präparierte -n ..., gepflegte Promenaden und Spazierwege (Zeit 7. 2. 75, 51); Auf halber Höhe ist eine zwölf Kilometer lange L. rund um die Bergkuppe gespurt (MM 31. 12. 76, Reisebeilage 8); Auf unserem Bild geht Walter Demel... als Schlussläufer in die L. (MM 25. 1. 71, 14).

Loi|pen|be|trei|ber, der: *Betreiber einer Loipe.*

Loire [lwa:r], die; -: *französischer Fluss.*

Lok, die; -, -s: Kurzf. von ↑ Lokomotive.

lo|kal ⟨Adj.⟩ [frz. local < spätlat. localis = örtlich, zu lat. locus = Ort, Platz, Stelle]: **a)** *örtlich [beschränkt], für einen bestimmten Ort od. Bereich geltend:* -e Nachrichten; l. *(an einer Körperstelle)* betäuben; ⟨subst.:⟩ das Lokale *(der lokale Teil der Zeitung);* **b)** (Sprachw.) *den Ort, die räumliche Erstreckung ausdrückend:* -e Adverbien; eine -e Umstandsbestimmung.

Lo|kal, das; -s, -e [älter = Örtlichkeit, frz. local = Ort, Raum, der einem bestimmten Zweck dient, Substantivierung von: local, ↑ lokal]: **1.** *Raum od. Örtlichkeit, wo man gegen Bezahlung essen u. trinken kann; Gaststätte, [Schank]wirtschaft:* ein gut besuchtes L.; unser L. ist montags geschlossen; das L. wechseln *(in ein anderes Lokal gehen);* verlassen Sie sofort mein L.!; in diesem L. isst man gut. **2.** *Raum für verschiedene Zwecke der Zusammenkunft; fester Versammlungsraum eines Vereins, Klubs, der örtlichen Organisation einer Partei u. Ä.:* Joseph ging an einem Polizeigebäude vorüber, aus dessen einem L. ihm ... der Schrei eines misshandelten Menschen entgegentönte (R. Walser, Gehülfe 82); Es handelte sich (= beim Kino vor dreißig Jahren) um elende, schlecht gelüftete -e (Brecht, Geschichten 140).

Lo|kal|an|äs|the|sie, die (Med.): *örtliche Betäubung.*

Lo|kal|au|gen|schein, der (österr.): *Lokaltermin.*

Lo|kal|bahn, die: *Eisenbahn, die nur zu den Vororten od. auf einem begrenzten Streckenabschnitt [als Kleinbahn] verkehrt.*

Lo|kal|be|ben, das: *lokales Erdbeben, das nur in einem bestimmten Gebiet spürbar ist.*

Lo|kal|be|hör|de, die: *örtliche Behörde.*

Lo|kal|be|richt, der: *[Zeitungs]bericht, der sich auf örtliches Geschehen bezieht.*

Lo|kal|be|richt|er|stat|ter, der: *Berichterstatter für Lokalberichte.*

Lo|kal|be|richt|er|stat|te|rin, die: w. Form zu ↑ Lokalberichterstatter.

Lo|kal|blatt, das: **1.** *kleine Zeitung mit räumlich begrenztem Verbreitungsgebiet.* **2.** *Lokalteil einer Zeitung.*

Lo|kal|der|by, das (Sport): *²Derby (2) zwischen zwei Mannschaften, die aus der gleichen Region stammen.*

Lo|kal|far|be, die (Malerei): *einem Gegenstand eigentümliche Farbe, wenn sie auf dem Bild nicht durch Schattierungen od. Anpassung an die Farben der Umgebung verändert wird.*

Lo|kal|grup|pe, die (Völkerk.): *kleine soziale Einheit, Gemeinschaft von Zusammenlebenden.*

Lo|ka|lis, der; -, ...les [...le:s; zu spätlat. localis, ↑ lokal] (Sprachw. veraltet): *Lokativ.*

Lo|ka|li|sa|ti|on, die; -, -en [frz. localisation, zu: localiser, ↑ lokalisieren] (Fachspr.): **1.** *Ortsbestimmung, Zuordnung zu einer bestimmten Stelle:* die L. von Schmerzen ist oft nicht einfach. **2.** *Niederlassung, Ansammlung an einem bestimmten Platz:* In den Tropen und Subtropen finden sich auch andere -en ... von Würmern (Medizin II, 137).

lo|ka|li|sier|bar ⟨Adj.⟩: *sich lokalisieren (1, 2) lassend:* der Schmerz ist in der Lendengegend l.; Das Fühlen lokalisierte man in der nicht -en Seele (Marek, Notizen 105).

lo|ka|li|sie|ren ⟨sw. V.; hat⟩ [frz. localiser] (bildungsspr., Fachspr.): **1.** *örtlich bestimmen, festlegen, zuordnen:* einen Ort geographisch l.; einen Krankheitsherd l. **2.** *auf einen bestimmten Punkt od. Bereich begrenzen, eingrenzen:* einen Konflikt, ein Feuer l.; Die Entzündung ist ... geeignet ..., schädigende Fremdstoffe im Gewebe zu l. (Medizin II, 170).

Lo|ka|li|sie|rung, die; -, -en (bildungsspr.): *das Lokalisieren (1, 2).*

Lo|ka|li|tät, die; -, -en [frz. localité < spätlat. localitas]: **a)** *Örtlichkeit, Raum (bes. in seiner Lage u. Beschaffenheit):* die -en genau kennen; das fahle Licht, das alle Bahnhöfe der Welt zu so herzbrechenden -en macht (Baum, Paris 12); wo ist hier die L. (verhüll.; *Toilette)?;* **b)** (scherzh.) *Lokal (1).*

Lo|kal|ko|lo|rit, das: *besondere Atmosphäre einer Stadt od. Landschaft; [in einem Kunstwerk, einer Schilderung o. Ä. eingefangene] örtliche Färbung:* Das L. stimmt, und der Autor scheint ebenfalls das Argot der Bauern ... an der Kanalküste zu beherrschen (Welt 14. 12. 63, Die geistige Welt 3).

Lo|kal|ma|ta|dor, der (bes. Sport): *örtliche Berühmtheit, gefeierter Held in einem Ort, in einem begrenzten Gebiet.*

Lo|kal|ma|ta|do|rin, die: w. Form zu ↑ Lokalmatador.

Lo|kal|nach|richt, die ⟨meist Pl.⟩: *lokale Nachricht, [Zeitungs]meldung.*

Lo|kal|pa|tri|o|tis|mus, der: *[übertrieben] starke Liebe zur Heimatstadt od. heimatlichen Landschaft.*

Lo|kal|po|li|ti|ker, der: *Politiker auf dem Gebiet der Kommunalpolitik.*

Lo|kal|po|li|ti|ke|rin, die: w. Form zu ↑ Lokalpolitiker.

Lo|kal|pos|se, die: *meist mundartliche Posse mit viel Lokalkolorit.*

Lo|kal|pres|se, die ⟨o. Pl.⟩: *Gesamtheit der lokalen Zeitungen, Zeitschriften u. ihrer Mitarbeiter(innen).*

Lo|kal|ra|dio, das (bes. schweiz.): *Rundfunk[sender] für ein räumlich eng begrenztes Gebiet.*

Lo|kal|re|dak|teur, der: *Redakteur für das Lokale.*

Lo|kal|re|dak|teu|rin, die: w. Form zu ↑ Lokalredakteur.

Lo|kal|re|dak|ti|on, die: **1.** *Redaktion (2 a) einer Zeitung, die die Lokalnachrichten bearbeitet.* **2.** *Geschäftsstelle einer Zeitung, die für die Erstellung der Lokalseite verantwortlich ist.*

Lo|kal|re|por|ter, der: *Reporter für das Lokale.*

Lo|kal|re|por|te|rin, die: w. Form zu ↑ Lokalreporter.

Lo|kal|run|de, die (ugs.): *Runde Bier od. Schnaps für alle in einem Lokal (1) Anwesenden:* eine L. ausgeben, werfen.

Lo|kal|satz, der (Sprachw.): *Umstandssatz des Ortes.*

Lo|kal|schla|ger, der (Sport): *Lokalderby.*

Lo|kal|sei|te, die: *Zeitungsseite mit Nachrichten u. Berichten über Vorgänge u. Ereignisse im engsten Verbreitungsgebiet der entsprechenden Zeitungsausgabe.*

Lo|kal|sen|der, der: *Lokalradio.*

Lo|kal|spit|ze, die (Zeitungsw. Jargon): *Glosse (1 b) zu einem lokalen Ereignis.*

Lo|kal|stück, das: vgl. Lokalposse.

Lo|kal|teil, der: vgl. Lokalblatt.

Lo|kal|ter|min, der: *Gerichtstermin am Tatort, Ort des Geschehens:* für den Prozess einen L. in einem ehemaligen Konzentrationslager Auschwitz zu veranstalten (Neues D. 13. 6. 64, 7); Auf der breiten Hauptstraße des württembergischen Kirchdorfs ... versammelt sich das ... Schwurgericht zum L. (Noack, Prozesse 96).

Lo|kal|ton, der: **1.** *Lokalfarbe.* **2.** *Mundart, Redeweise des Ortes:* Aber Berlin ist in dem Buche. Es muss einer geschrieben haben, der sonst überhaupt nicht schreibt, und diese Leute treffen manchmal den L. am besten (Tucholsky, Zwischen 53).

Lo|kal|ver|bot, das: *[vom Wirt ausgesprochenes] Verbot, ein bestimmtes Lokal [wieder] zu betreten:* L. bekommen, haben.

Lo|kal|ver|kehr, der: *innerörtlicher [Berufs]verkehr.*

Lo|kal|zei|tung, die: vgl. Lokalblatt (1).

Lo|kal|zug, der: *Zug der Lokalbahn.*

Lo|ka|tar, der; -s, -e (veraltet): *Pächter; Mieter.*

Lo|ka|ti|on, die; -, -en [lat. locatio = Stellung, Anordnung, zu: locare = an einen Platz stellen; zu: locus, ↑ lokal]: **1.** *moderne Wohnsiedlung.* **2.** *Bohrstelle (bei der Erdölförderung).* **3.** *Ort, Standort:* Ein Konzert auf britischem Boden. L.: »Ronnie Scott's Club« (Focus 21, 1998, 232).

Lo|ka|tiv, der; -s, -e (Sprachw.): **1.** *den Ort bestimmender Kasus* (Frage: wo?; z. B. lat. Romae = in Rom). **2.** *Wort, das im Lokativ* (1) *steht.*

Lo|ka|tor, der; -s, ...oren [1: mlat.; 2: lat. locator]: **1.** *[im MA., bes. in der deutschen Ostkolonisation] jmd., der im Auftrag eines Landes- od. Grundherrn Siedlungen gründete, die Siedler hierfür anwarb u. die Grundstücke verteilte.* **2.** (veraltet) *Verpächter; Vermieter.*

Lok|füh|rer, der: kurz für ↑Lokomotivführer.

Lok|füh|re|rin, die: w. Form zu ↑Lokführer: Sybille Pfefferler ist die erste L., die in Rheinland-Pfalz ihre Prüfung abgelegt... hat (Rheinpfalz 2. 3. 93, 11).

Lo|ki (germ. Myth.): *Feind Baldrs, der dessen Ermordung durch Hödr veranlasst u. dadurch den Untergang der Götter einleitet.*

lo|ko: ↑loco.

Lo|ko|ge|schäft, das: *an einer Warenbörse zur sofortigen Erfüllung abgeschlossenes Geschäft.*

Lo|ko|mo|bil, das; -s, -e, **Lo|ko|mo|bi|le,** die; -, -n [frz. locomobile = fahrbare Dampfmaschine, zu: locomobile = von der Stelle bewegbar, zu lat. locus = Ort, Stelle u. mobilis = beweglich]: *fahrbare Dampf-, Kraftmaschine:* ◆ Die Gemeinde... kaufte für ihre bisher von einem Pferdegöpel betriebene Dreschmaschine ein L. (Ebner-Eschenbach, Gemeindekind 128).

Lo|ko|mo|ti|on, die; -, -en [zu lat. locus = Ort, Stelle u. motio = Bewegung] (Biol.): *das Fortbewegen, die Fortbewegung, Gangart bei Mensch u. Tier.*

Lo|ko|mo|ti|ve, die; -, -n [engl. locomotive (engine) = sich von der Stelle bewegend(e Maschine), zu lat. locus = Ort, Stelle u. movere (2. Part.: motum) = (sich) bewegen]: *mit Strom, Dampf o. Ä. angetriebenes Fahrzeug auf Schienen zum Ziehen der Eisenbahnwagen:* eine elektrische L.; Eine pfiff lange und traurig eine L. (Simmel, Stoff 82); so ruckt eine L. auf Güterwagen (A. Zweig, Grischa 27); Sie hörten die L. jetzt in zahllosen eilig-keuchenden Ausstößen den Dampf hervorpuffen (Doderer, Wasserfälle 9); Ü Tatsächlich präsentiert sich Rainer Barzel nicht als L. *(treibende Kraft, zugkräftiger Kandidat)* der vorandrängenden jungen CDU-Führungsschicht (Spiegel 13, 1966, 42).

Lo|ko|mo|tiv|füh|rer, der: *jmd., der berechtigt ist, selbstständig eine Lokomotive zu führen u. zu warten* (Berufsbez.).

Lo|ko|mo|tiv|füh|re|rin, die: w. Form zu ↑Lokomotivführer: Keine Nervosität hat die frisch gebackene L. Sybille Pfefferler auf ihrer ersten Fahrt im Führerstand gezeigt (Rheinpfalz 2. 3. 93, 11).

Lo|ko|mo|tiv|schup|pen, der: *Abstellhalle für Lokomotiven.*

lo|ko|mo|to|risch ⟨Adj.⟩ (Biol.): *den Gang, die Fortbewegung betreffend, ihr dienend:* dass ein bestimmter Bewegungsrhythmus -er Muskeln bei Molchen selbst dann aufrechterhalten bleibt, wenn ... (Wieser, Organismen 132).

Lo|ko|ver|kehr, der (Kaufmannsspr.):

Geschäftsverkehr mit sofortiger Lieferung.

Lo|ko|wa|re, die (Kaufmannsspr.): *sofort lieferbare Ware.*

Lo|kus, der; - u. -ses, - u. -se [wohl in der Schülerspr. verkürzt aus lat. locus necessitatis = Ort der Notdurft] (ugs.): *Toilette* (2), *Klosett:* als mache er Anstalten, sich auf einen L. zu setzen (Kirst, 08/15, 485); Hätte der Commanding Officer ... sich an mir vorbei in den verbotenen L. drängen wollen (K. Mann, Wendepunkt 396).

Lo|kus|bril|le, die (ugs.): *Klosettbrille.*

Lo|kus|de|ckel, der (ugs.): *Klosettdeckel.*

Lo|kus|tür, die (ugs.): *Toilettentür.*

Lo|ku|ti|on, die; -, -en [lat. locutio = Rede(nsart), zu: locutum, 2. Part. von: loqui = reden] (Sprachw. selten): *lokutiver Akt.*

lo|ku|ti|o|när, lo|ku|tiv ⟨Adj.⟩: in der Fügung **lokutionärer/lokutiver Akt** (Sprachw.; *Sprechakt im Hinblick auf Artikulation, Konstruktion u. Bedeutungsfestlegung*).

Lolch, der; -[e]s, -e [mhd. lulch, ahd. lolli < lat. = Trespe]: *(zu den Süßgräsern gehörendes) Gras mit vielen Blüten u. kleinen Ähren in zwei Zeilen; Raigras* (1).

Lo|li|ta, die; -, -s [nach dem gleichnamigen Roman von Vladimir Nabokov (1899–1977)]: *Kindfrau* (1).

Lol|lar|de, der; -n, -n [engl. Lollard < mniederl. Lollaert, eigtl. = Murmler, zu: lollen = (Gebete) murmeln]: **1.** *Mitglied einer im 13./14. Jh. entstandenen, in der Krankenpflege u. Armenfürsorge tätigen, mit den Beginen vergleichbaren Gemeinschaft.* **2.** *Anhänger des englischen Vorreformators Wyclif (14. Jh.).*

Lol|li, der; -s, -s [viell. zu ↑lullen (2 a) od. gek. aus engl. lollipop] (ugs.): *Lutscher* (1).

Lol|lo, der; -s, -s [nach der ital. Filmschauspielerin G. Lollobrigida (geb. 1928)] (salopp scherzh. veraltend): *großer, üppiger Busen.*

Lom|bard [auch: –'–], der od. das; -[e]s, -e [frz. lombard, gek. aus: Maison de Lombard = Leihhaus, nach den vom 13.–15. Jh. als Geldverleiher privilegierten Kaufleuten aus der Lombardei (frz. Lombard = Lombardei)] (Bankw. Jargon): *Lombardgeschäft, Lombardkredit.*

Lom|bar|de, der; -n, -n: *Bewohner der Lombardei.*

Lom|bar|dei, die; -: *italienische Region.*

Lom|bard|ge|schäft, das (Bankw.): *von einer Bank mit Lombardkrediten getätigtes Geschäft.*

Lom|bar|din, die: *Bewohnerin der Lombardei.*

lom|bar|disch ⟨Adj.⟩: *zur Lombardei gehörend; zu den Lombarden gehörend, sie betreffend:* -er Rhythmus, -er Geschmack (Musik; *seit dem späten 16. Jh. bei musikalischen Verzierungen verbreitete Spielweise gleichwertig notierter Tonfolgen, bei der jeweils die erste von zwei Noten in der Art eines Vorschlags 2 einge-*

schoben u. verkürzt wird, die zweite durch Punktieren 2 verlängert wird).

Lom|bard|kre|dit, der (Bankw.): *Kredit gegen Verpfändung beweglicher Sachen, kurzfristige Beleihung von Waren od. Wertpapieren.*

Lom|bard|satz, der (Bankw.): *von der Notenbank festgesetzter Zinsfuß für Lombardgeschäfte.*

Lom|bard|zins|fuß, der (Bankw.): *Lombardsatz.*

Lom|ber, das; -s [frz. l'hombre < span. hombre = Mann, Mensch (hier im Sinne von »Spielmacher« gebraucht) < lat. homo]: *ein Kartenspiel für 3 bis 5 Personen mit französischen Karten (ohne 8, 9, 10).*

Lom|ber|spiel, das; -[e]s: **1.** Lomber. **2.** *das Lomberspielen.*

Lo|mé ['lo:me]: *Hauptstadt von Togo.*

Lon|don: *Hauptstadt von Großbritannien und Nordirland u. von England.*

¹Lon|do|ner, der; -s, -: Ew.

²Lon|do|ner ⟨indekl. Adj.⟩.

Lon|do|ne|rin, die; -, -nen: w. Form zu ↑¹Londoner.

Lon|ga, die; -, ...gae [...ɛ] u. ...gen [mlat. longa, zu lat. longus = lang] (Musik): *zweitlängster Notenwert der Ars nova.*

Lon|gä|vi|tät, die; - [zu lat. longus = lang u. aevitas = Lebenszeit, Lebensdauer] (Med.): *Langlebigkeit.*

Long|drink, der; -[s], -s [engl. long drink, aus: long = lang u. drink, ↑Drink]: *mit Soda- od. Mineralwasser, Fruchtsäften, Eiswürfeln u. Ä. verlängertes alkoholisches Getränk.*

Long|drink|glas, das: *Glas für Longdrinks.*

Lon|ge ['lõ:ʒə], die; -, -n [frz. longe, zu: long = lang u. lat. longus = lang]: **a)** (Reiten) *sehr lange Leine, mit der ein Pferd im Kreis herumgeführt u. dabei dressurmäßig korrigiert wird:* ein Pferd an die L. nehmen; aus diesem Grunde werden wir später noch Wochen ohne Zügel an der L. reiten (Dwinger, Erde 81); **b)** (Turnen, Schwimmen) *an einem Sicherheitsgurt befestigte Leine zum Abfangen von Stürzen bei gefährlichen Übungen od. beim Schwimmunterricht.*

Long|horn [...hɔːn], das; -[s] -s [engl. long-horn, aus: long = lang u. horn = Horn]: *in England gezüchtetes, braun, rot od. schwarz geschecktes Rind mit langen, nach vorn gebogenen Hörnern u. langer, dichter Behaarung.*

lon|gie|ren [lõ'ʒi:rən] ⟨sw. V.; hat⟩ [zu ↑Longe]: *(ein Pferd) an der Longe laufen lassen:* Zwei bis drei Wochen haben wir mit ihm longiert, und dann dauerte es noch zwei Monate, bis wir die Kinder aufsitzen lassen konnten (MM 12. 7. 67, 4).

Lon|gi|me|trie, die; - [zu lat. longus = lang u. ↑-metrie] (veraltet): *Längenmessung.*

lon|gi|tu|di|nal ⟨Adj.⟩ [zu lat. longitudo = Länge]: **a)** *in der Längsrichtung verlaufend, längsgerichtet, längs...:* -e Forschung; **b)** (Geogr.) *die geographische Länge, den Längengrad betreffend.*

Lon|gi|tu|di|nal|schwin|gung, Lon|gi|tu|di|nal|wel|le, die (Physik): *Welle, bei der die Schwingungsrichtung der Teil-*

chen übereinstimmt mit der Richtung, in der sie sich ausbreitet.

long|line ['lɔŋlaɪn] ⟨Adv.⟩ [aus engl. long = lang u. line = Linie, eigtl. = lange Linie] (Tennis): *an der Seitenlinie entlang:* den Ball l. schlagen, spielen.

Long|line, der; -[s], -s (Tennis): *Schlag, mit dem der Ball an der Seitenlinie entlang ins gegnerische Feld gespielt wird:* einen L. schlagen.

Long|line|ball, der: *Longline.*

Long|sel|ler, der [aus engl. long = lang und ↑Seller]: *Buch, das über einen langen Zeitraum gut verkauft wird.*

Long|ton [...tᴂn], die; -, -s [engl. long ton]: *Gewichtseinheit in Großbritannien u. den USA (1,016 t).*

Look [lʊk], der; -s, -s [engl. look, zu: to look = (aus)sehen]: *Aussehen, Note, Moderichtung, Mode[erscheinung]* (meist in Zus.): der sportliche L.; einen neuen L. kreieren.

loo|pen ['lu:pn̩] ⟨sw. V.; hat⟩ [engl. to loop (the loop), zu: loop, ↑Looping] (Flugw.): *einen Looping, Loopings ausführen:* Ü Ein Lichtseil loopte wahnsinnige Kurven am Himmel (FAZ 15. 4. 61, 54).

Loop|garn ['lu:p...], das; -[e]s, -e [zu engl. loop, ↑Looping] (Textilind.): *Garn mit Schlingen, die beim Zwirnen von einem ohne Spannung laufenden Faden gebildet werden.*

Loo|ping ['lu:pɪŋ], der, auch: das; -s, -s [engl. looping (the loop) = das Drehen eines Loopings, zu: loop = Schleife] (Fliegerspr.): *Flug, bei dem das Flugzeug einen vertikalen Kreis beschreibt:* in großer Höhe drehte ein Doppeldecker einen L. nach dem andern (Kempowski, Tadellöser 68).

lo|pho|dont ⟨Adj.⟩ [zu griech. lóphos = Hals, Nacken, Kamm (3) u. odoús (Gen.: odóntos) = Zahn] (Zool.): *(von den Backenzähnen bestimmter Pflanzen fressender Säugetiere) statt einzelner Höcker zusammenhängende, gekrümmte Kämme od. Leisten tragend.*

Lo|qua|zi|tät, die; - [lat. loquacitas, zu: loquax = geschwätzig] (Med.): *Geschwätzigkeit.*

Lo̱r|bass, der; -es, -e [lit. liùrbis, lett. luȓbis] (nordostdt. veraltend): *Lümmel, Taugenichts.*

Lo̱r|beer, der; -s, -en [mhd. lōrber, ahd. lōrberi = Beere des Lorbeerbaums, zu lat. laurus = Lorbeer(baum)]: **1.** *(im Mittelmeerraum heimischer) immergrüner Baum mit ledrigen (getrocknet als Gewürz dienenden) Blättern, gelblich weißen Blüten u. blauschwarzen Steinfrüchten.* **2.** *Blatt des Lorbeers (1), das als Gewürz verwendet wird:* das Fleisch mit L. und einigen Gewürzkörnern schmoren. **3.** *Lorbeerkranz od. -zweig [als Sinnbild des Ruhms, Sieges-, Ehrenzeichen]:* dass das dunkle Moos und die starre L. ihres Totenkranzes von Gänseblümchen und Stiefmütterchen... durchflochten gewesen ist (Langgässer, Siegel 162); Ü Er fügte zwar seinen dichterischen -en keine militärischen hinzu (Niekisch, Leben 99); **blutiger L. (kriegerischer Ruhm, der unter allzu großen Opfern erworben wurde);* -en pflücken/ernten *(viel Erfolg*

haben, Lob bekommen);* **mit etw. keine -en pflücken/ernten können** *(mit etw. keinen Eindruck machen, nichts erreichen können);* **jmdm. den L. reichen** *(jmdn. öffentlich ehren, anerkennen):* Erst spät hat Helmholtz dem großen Naturforscher Mayer den L. gereicht (Goldschmit, Genius 20); **[sich] auf seinen -en ausruhen** (ugs.: *nach einmal errungenem Erfolg sich nicht mehr anstrengen).*

Lo̱r|beer|baum, der: *Lorbeer (1).*

Lo̱r|beer|blatt, das: *Lorbeer (2): ein L. in der Suppe finden; *Silbernes L. (höchste Auszeichnung f. sportliche Leistungen in Deutschland).*

Lo̱r|bee|re, die: *Frucht des Lorbeerbaums.*

Lo̱r|beer|ge|wächs, das (Bot.): *Baum od. Strauch mit ledrigen Blättern, kleinen Blüten [in Rispen] u. Beeren- od. Steinfrüchten.*

lo̱r|beer|grün ⟨Adj.⟩: *von der Farbe der Lorbeerblätter.*

Lo̱r|beer|kir|sche, die: *Kirschlorbeer.*

Lo̱r|beer|kranz, der: *Kranz aus Lorbeerzweigen.*

Lo̱r|beer|laub, das: *Lorbeer (3).*

Lo̱r|beer|öl, das: *grünes, salbenartiges Öl der Lorbeere.*

Lo̱r|beer|wald, der: *Pflanzenformation mit hohen Bäumen mit lorbeerartigen Blättern.*

Lo̱r|beer|zweig, der: *Zweig vom Lorbeerbaum.*

Lo̱r|chel, die; -, -n [unter Einfluss von Morchel wohl zu niederd. Lorch, Lork, ↑Lork]: *(zu den Schlauchpilzen gehörender) Pilz mit [weißem] Stiel u. braunem, wulstigem Hut.*

Lord, der; -s, -s [engl. lord < mengl. lōverd < aengl. hlāford = Herr, zu: hlāf = Brot(laib) u. weard = Schutzherr, Wart, also eigtl. = Brotherr, -schützer]: **1.** ⟨o. Pl.⟩ *hoher englischer Adelstitel.* **2.** *Träger dieses Titels.*

Lord|kanz|ler, der [engl. Lord Chancellor]: *höchster britischer Staatsbeamter, Präsident des Oberhauses u. des Obersten Gerichtshofs.*

Lord May̱or [-'me:ɐ], der; -, -s [engl. Lord Mayor, ↑Mayor]: *Oberbürgermeister einer großen Stadt im britischen Commonwealth.*

Lor|do|se, die; -, -n [zu griech. lordós = vorwärts gekrümmt] (Med.): *Krümmung der Wirbelsäule nach vorn.*

lor|do|tisch ⟨Adj.⟩ (Med.): *zur Lordose gehörend, mit Lordose einhergehend.*

Lord|schaft, die; -, -en: *Lordship.*

Lord|ship ['lɔ:dʃɪp], die; -, -s [engl. lordship]: **1. a)** ⟨o. Pl.⟩ *Rang, Titel eines Lords;* **b)** *englische Anrede an einen Lord.* **2.** *Grundbesitz, Herrschaftsbereich eines Lords.*

Lord|sie|gel|be|wah|rer, der [für engl. Lord Privy Seal, aus ↑Lord u. engl. privy seal = Geheimsiegel]: *Träger eines hohen Amtes in Großbritannien, der als Minister ohne Geschäftsbereich u. Kabinettsmitglied das königliche Siegel führt.*

Lo̱re, die; -, -n [älter: Lori < engl. lorry, H. u.]: *offener, auf Schienen laufender [kippbarer] Wagen zum Transport von Gütern in Bergwerken, Steinbrüchen*

u. Ä.: ... erkannte Thiel den Kieszug, der mit geleerten -n zurückging und die Arbeiter mit sich führte (Hauptmann, Thiel 44).

Lo̱re|ley [auch: '– – –], (auch:) Lorelei, die; -: **1.** Rheinnixe. **2.** Felsen am rechten Rheinufer bei St. Goarshausen.

Lo̱ret|te, die; -, -n [frz. lorette, nach der in einem Prostituiertenviertel gelegenen Kirche Notre-Dame de Lorette in Paris] (veraltet): *Lebedame; leichtfertiges Mädchen (bes. im Paris des 19. Jh.s).*

Lo̱r|gnet|te [lɔrn'jɛtə], die; -, -n [frz. lorgnette, zu: lorgner = verstohlen betrachten]: *bügellose, an einem Stiel vor die Augen zu haltende Brille.*

lor|gnet|tie|ren [...jɛ'ti:rən] ⟨sw. V.; hat⟩ (veraltet): *durch die Lorgnette betrachten, scharf mustern:* Mama, die schon während des ganzen Frühstücks den fremden Anzug von Bessys Bruder lorgnettiert hatte, sagte streng... (Fallada, Herr 211).

Lor|gnon [lɔrn'jõ:], das; -s, -s [frz. lorgnon, zu: lorgner, ↑Lorgnette]: **a)** *Einglas mit Stiel:* ein L. vors Auge halten; **b)** *Lorgnette.*

¹Lo̱|ri, der; -s, -s [engl. lory < malai. luri, nuri]: *(in Australien u. Polynesien heimischer) sperling- bis taubengroßer Papagei mit meist buntem Gefieder.*

²Lo̱|ri, der; -s, -s [frz. loris, H. u.]: *(im tropischen Asien u. Afrika heimischer) Halbaffe mit Greifhänden u. -füßen u. großen Augen.*

Lo̱rk, der; -[e]s, -e [niederd. Form von ↑Lurch] (nordd.): *Kröte.*

Lo̱r|ke, die; - [viell. zu mhd. lure, ↑²Lauer] (landsch.): *dünner, schlechter Kaffee:* wie er drei Tassen von der L. in sich hatte, kramte er aus (Döblin, Alexanderplatz 199); Ü die Parteien, denen die Jugend zu verdanken hat, dass sie in der L. sitzt (sich in einer misslichen Lage befindet; Hiller, Radioaktiv 219).

Lo̱ro|kon|to, das [ital. il loro conto = das Konto jener (anderen Bank)] (Bankw.): *bei einer Bank geführtes Konto einer anderen Bank.*

los [mhd., ahd. lōs, eigtl. = (ab)geschnitten, abgelöst]: **I.** ⟨Adj.⟩ **1.** *nicht mehr fest[gehalten], gelöst, abgetrennt:* der Knopf ist l.; der Hund ist von der Leine l.; **jmdn., etw. l. sein* (ugs.; l. *von jmdm., einer Sache befreit sein:* den lästigen Frager endlich l. sein; meine Erkältung bin ich immer noch nicht l.; ♦ ⟨mit dem Gen.⟩ der Person od. Sache:) weil man meiner l. sein wollte (Kleist, Kohlhaas 15). **2.** *jmdn., etw. verloren, vertan haben:* dein Geld bist du l.!); **l. und ledig** *(frei u. unbehindert, von allen Bindungen gelöst).* **2.** ** etwas ist l.* (ugs.; *etwas [Ungewöhnliches] geschieht; eine besondere Lage ist eingetreten; entstanden aus der Vorstellung, etwas habe sich gelöst, sodass es nicht mehr funktioniert):* was ist [denn hier] l.?; was ist l.? *(was hast du gesagt?);* da drüben muss etwas l. *(passiert)* sein; in diesem Lokal ist viel, wenig, immer etwas l. *(ist viel, wenig, immer Betrieb, kann man viel, wenig, immer etwas erleben);* in unserer Stadt ist nichts l. *(geht es langweilig zu, kann man nichts erleben);*

wo ist denn hier was l.? *(wo kann man sich denn hier amüsieren?);* mit dem neuen Automodell ist nichts, nicht viel l. *(es taugt nichts, nicht viel);* wenn er zu wenig geschlafen hat, ist mit ihm nichts l. *(ist er schlecht gelaunt, nicht in Stimmung);* was ist denn mit dir l.? *(was hast du denn, was fehlt dir denn?);* er sieht schlecht aus, mit ihm ist nicht mehr viel l. *(er ist kränklich, nicht mehr leistungsfähig).* **II.** ⟨Adv.⟩ **1.** (als Aufforderung) *schnell!; ab!:* l., beeil dich!; nun aber l.!; Achtung, fertig, l.! (Startkommando). **2.** ⟨in Verb. mit der Präp. »von«⟩ *weg:* (hist.:) l. vom Reich, von Rom. **3.** (ugs.) **a)** ⟨kurz für los- + Verb der Bewegung im 2. Part.⟩: der war gleich raus aus dem Bett und auf ihn l. *(losgesprungen;* Sebastian, Krankenhaus 87); Sag ihr, dass der Junge extra mit dem Wagen l. *(losgefahren)* ist, um das Holz zu holen (Borchert, Geranien 23); ich will schon l. *(losgehen),* bitte komm schnell nach!; **b)** ⟨kurz für los- + »gedreht, geschraubt« o. Ä.⟩ *gelöst:* ich habe die Schraube, das Brett schon l.

Los, das; -es, -e [mhd. lōz, auch = Losungswort, Orakel, ahd. hlōz, zu einem in mhd. liezen, ahd. hliozan = losen; wahrsagen, zaubern erhaltenen germ. Verb; 3: urspr. wohl das jmdm. durch Auslosung Zugefallene]: **1. a)** *verdeckt gekennzeichneter Zettel od. sonstiger Gegenstand, durch den eine Zufallsentscheidung herbeigeführt werden soll:* das L. soll entscheiden; das L. werfen; ein L. ziehen; jmdn., die Reihenfolge durch das L. ermitteln, bestimmen; **b)** *mit einer hohen Zahl od. Zahlenkombinationen versehener, käuflich zu erwerbender Zettel [für den die Gewinnzahlen erst nach dem Kauf ausgelost od. ermittelt werden];* Lotterieanteilschein: ein halbes, ganzes L. (der Klassenlotterie); jedes zweite L. gewinnt; das L. war eine Niete; ich habe drei -e gekauft; auf das L. Nr. ... entfiel ein Gewinn von 10 000 DM; * **das große L.** *(der Hauptgewinn);* **mit jmdm., etw. das große L. ziehen/gezogen haben** *(mit jmdm., etw. Glück haben, eine besonders gute Entscheidung getroffen haben).* **2.** (geh.) *Schicksal, Geschick:* ein bitteres, beneidenswertes L.; das L. der Flüchtlinge; ihm war ein schweres L. beschieden; dass es unser aller L. ist, einmal alt zu werden (v. d. Grün, Glatteis 218); sein L. tragen müssen; jeder hat sein L., und leicht ist keines (Hesse, Steppenwolf 22); mit seinem L. zufrieden sein. **3.** (Wirtsch.) *bestimmte Mengeneinheit:* die Bundeswehr bezieht ihre Munition in -en; Kaffee wird nach der Güte und nach der Herkunft in Serien und -e eingeteilt (Jacob, Kaffee 218).

los-: **1.** drückt in Bildungen mit Verben das Beginnen mit etw., den Anfang von etw. aus: loskichern, -rocken. **2.** drückt in Bildungen mit Verben das Lösen, eine Trennung aus: losketten, -koppeln.

-los drückt in Bildungen mit Substantiven aus, dass etw. nicht vorhanden ist, dass die beschriebene Person oder Sache etw. nicht hat: baum-, motiv-, schnur-, wohnsitzlos.

Lo|sa|ment, das; -[e]s, -e [umgebildet aus

↑Logement] (veraltet, noch landsch.): *Wohnung, Unterkunft.*

Los An|ge|les [lɔs ˈɛndʒələs]: größte Stadt Kaliforniens.

Los|an|teil, der: *Teilos in der Lotterie.*

los|ar|bei|ten ⟨sw. V.; hat⟩: **1.** *zu arbeiten beginnen.* **2.** *auf ein Ziel hinarbeiten:* Die Führer arbeiten stramm und erfolgreich auf den nächsten Krieg los (Hesse, Steppenwolf 174).

los|bal|lern ⟨sw. V.; hat⟩ (ugs.): *plötzlich anfangen zu schießen.*

lös|bar ⟨Adj.⟩: **1.** *sich [auf]lösen lassend:* eine nicht -e Aufgabe; Theoretisch l. ist dieses Problem nur in einer dirigistischen Planwirtschaft (Mantel, Wald 67). **2.** (selten) *löslich.*

Lös|bar|keit, die; -: *das Lösbarsein.*

los|be|kom|men ⟨st. V.; hat⟩ (ugs.): *lösen können, abbekommen (3).*

los|bel|len ⟨sw. V.; hat⟩: *plötzlich anfangen zu bellen.*

los|bin|den ⟨st. V.; hat⟩: *von einer Befestigung, Leine lösen:* ein Tier l.; Er band seinen Südwester los (Hausmann, Abel 63).

los|brau|sen ⟨sw. V.; ist⟩ (ugs.): vgl. losrasen.

los|bre|chen ⟨st. V.⟩: **1. a)** *abbrechen, mit schnellem, hartem Griff abmachen* ⟨hat⟩: einen Ast l.; **b)** *sich plötzlich von etw. lösen; abbrechen* ⟨ist⟩. **2.** ⟨ist⟩ **a)** *plötzlich [u. lautstark] beginnen:* lauter Jubel, ein Aufruhr brach los; **b)** *zu schimpfen beginnen:* »Aber das ist doch ... Wahnsinn!«, brach er plötzlich los (Plievier, Stalingrad 199).

los|brin|gen ⟨unr. V.; hat⟩: losbekommen.

los|brül|len ⟨sw. V.; hat⟩: *zu brüllen beginnen:* wenn er so losbrüllte und um sich schlug (Wilhelm, Unter 94); Ü dann brüllten die Motoren los (Gaiser, Jagd 102).

losch: ↑löschen.

Lösch|ap|pa|rat, der: *Feuerlöschapparat.*

Lösch|ar|beit, die: *Arbeit des Feuerlöschens.*

lösch|bar ⟨Adj.⟩: *sich löschen lassend.*

Lösch|blatt, das: *Blatt aus Löschpapier.*

Lösch|boot, das: *Feuerlöschboot.*

Lösch|ei|mer, der: *Wassereimer zum Feuerlöschen.*

¹lö|schen ⟨sw. V.; hat⟩ [mhd. leschen, ahd. lescen, leschen, eigtl. Veranlassungswort zum st. V. ↑²löschen]: **1. a)** *nicht weiterbrennen lassen; auslöschen, ersticken:* die Kerzen, die Glut l.; **b)** *ein Feuer, einen Brand bekämpfen u. zum Erlöschen bringen:* einen Brand l.; ⟨auch o. Akk.-Obj.:⟩ die Feuerwehrleute löschten mit Schaum; **c)** (geh.) *ausschalten, ausmachen:* das Licht l.; ich selber war zum Umfallen müde, und Stiller löschte den Kronleuchter mit seinem wächsernen Licht (Frisch, Stiller 514); Er löschte die Scheinwerfer, und sie waren in völliger Finsternis (Dürrenmatt, Richter 34); **d)** *nach dem Brennen mit Wasser übergießen, vermischen:* gelöschter Kalk; **e)** *(den Durst) stillen:* seinen Durst [mit Wasser] l.; ich muss erst einmal meinen Brand l. **2.** *beseitigen, tilgen:*

das Geschriebene auf der Tafel l.; eine Eintragung l.; ein Konto, eine Schuld l.; die Firma wurde im Handelsregister gelöscht; eine Tonbandaufzeichnung l.; Das Tonband lässt sich l., nicht das Gedächtnis (Frisch, Gantenbein 416); Beim Ausschalten wird der Thyristor durch Stromunterbrechung gelöscht (Funkschau 21, 1971, 2204); einen Tadel, die Erinnerung [aus dem Gedächtnis] l.; die Zeit, so heißt es ..., tilge, sie lösche alles (A. Kolb, Schaukel 163). **3.** *mit Löschpapier trocknen:* einen Tintenklecks l.; dieses Löschblatt löscht nicht gut; * **jmdm. eine/ein paar l.** (landsch.; *jmdm. eine Ohrfeige, ein paar Ohrfeigen geben):* Stanislaus schwieg. »Ich hätt' mit keine l. lassen« (Strittmatter, Wundertäter 91).

²lö|schen ⟨st. V.; ist⟩ [mhd. leschen, ahd. (ir)lescan, eigtl. = sich legen, wohl Weiterbildung zu ↑liegen] (veraltet): *er-, verlöschen:* die Flamme lischt; Ü das Leben lischt.

³lö|schen ⟨sw. V.; hat⟩ [(m)niederd. lossen = ausladen, zu ↑los, also eigtl. = frei, leer machen] (Seemannsspr.): **a)** *ausladen:* die Ladung, Fracht, Rohöl l.; die Säcke wurden aus dem Schiff in Waggons gelöscht; **b)** *leer machen:* Schiffe l.

Lö|scher, der; -s, - [zu ↑¹löschen]: **1.** *Löschrolle, Löschwiege.* **2.** kurz für ↑Feuerlöscher.

Lösch|fahr|zeug, das: *Feuerwehrfahrzeug mit Anlage u. Ausrüstung zum Feuerlöschen.*

Lösch|ge|rät, das: *Feuerlöschgerät.*

Lösch|hüt|chen, das: *kleine, an einem Stiel befestigte Kappe, die über eine brennende Kerze gestülpt wird, um sie auszulöschen.*

Lösch|kalk, der: *gelöschter Kalk (1 b).*

Lösch|kom|man|do, das: *Löschmannschaft.*

Lösch|kopf, der (Elektronik): *ringförmiges Bauteil an Tonbandgeräten zum Löschen magnetischer Aufzeichnungen.*

Lösch|mann|schaft, die: *[im Einsatz befindliche] Mannschaft der Feuerwehr.*

Lösch|pa|pier, das: *sehr saugfähiges Papier zum Trocknen von Tinte.*

Lösch|rol|le, die: *als Rolle od. über eine Rolle gelegtes Löschpapier.*

Lösch|sand, der: **1.** *Sand, mit dem ein kleineres Feuer erstickt werden kann.* **2.** (früher) *Streusand (2) zum Trocknen von Tinte.*

Lösch|tas|te, die: *Taste an Tonbandgeräten, mit der der Löschkopf betätigt wird.*

Lösch|teich, der: *Feuerlöschteich.*

Lösch|trupp, der: vgl. Löschmannschaft.

¹Lö|schung, die; -, -en: *das Löschen, Tilgen:* zugleich ordnete das Gericht die L. der Firma im Öffentlichkeitsregister an (NJW 19, 1984, 1104).

²Lö|schung, die; -, -en: *das Löschen einer Ladung.*

Lösch|was|ser, das ⟨o. Pl.⟩: *zum Feuerlöschen gebrauchtes Wasser.*

Lösch|wie|ge, die: *Gerät (auf dem Schreibtisch), dessen untere, mit Löschpapier bespannte Fläche abgerundet ist u.*

sich zum Trocknen der Tinte wie eine Wiege hin u. her bewegen lässt.

Lösch|zug, der: Feuerlöschzug.

los|don|nern 〈sw. V.〉 (ugs.): **1.** sehr schnell u. mit lärmendem Motor losfahren 〈ist〉. **2.** laut zu schimpfen anfangen 〈hat〉.

los|dre|hen 〈sw. V.; hat〉: durch Drehen lockern, lösen.

los|dre|schen 〈st. V.; hat〉 (ugs.): auf jmdn., etw. heftig einhauen: Mit Stuhlbeinen aufeinander losgedroschen. Oh, das knackte! (Kempowski, Tadellöser 184).

los|drü|cken 〈sw. V.; hat〉: [den Abzug einer Schusswaffe drücken u.] einen Schuss abfeuern.

los|dür|fen 〈unr. V.; hat〉 (ugs.): vgl. losmüssen: wir dürfen noch nicht los.

lo|se 〈Adj.; -r, -ste〉 [urspr. Nebenform von ↑los, mhd. lōse (Adv.)]: **1. a)** nicht [mehr] fest [an]haftend; nicht [mehr] fest verbunden, nicht [mehr] eng aneinander grenzend: ein -r Nagel, Knopf; -s Gestein; Bestimmte Nervenbahnen entwickeln ihre ursprünglich l. Verknüpfung zu festen Schaltungen (Woche 28. 3.97, 1); der Knoten ist zu l.; im Buch sind einzelne Seiten l.; die Tür hängt l. in den Angeln; l. aufgestecktes Haar; Carla ... wippte mit einer Fußspitze, auf der l. ein Schuh hing (Lenz, Brot 134); Betontrakt, Operationstrakt, Verwaltungstrakt sind ... l. verbundene Objekte (Bild. Kunst III, 45); Ü l. Bekanntschaften; **b)** nicht eng anliegend, locker: Sein -r Jackenärmel flattert um ihn herum, im dem Rest des Armstummels macht er wilde Bewegungen (Remarque, Obelisk 331); Lose fällt der Kleiderstoff über das Halbrund der Mädchenhüfte (Fries, Weg 236); ein Polokleid ... spielt l. um die Figur (Petra 11, 1966, 30); Ü während ein einige halbfertige Sätze zu dem l. Umarmten spricht (Hochhuth, Stellvertreter 87); **c)** (geh.) aufgelockert, nicht dicht: wenn er den -n Halbkreis (= der Kameraden) vor sich hatte (Th. Mann, Hoheit 63); die Straßen erschienen nach und nach unregelmäßiger und -r (R. Walser, Gehülfe 82). Ü auch im ein zelnen Stücken: l. Ware ist billiger; sie stand da mit der grünen Flasche in der Hand, ein paar l. Zigaretten zwischen den Fingern (Böll, Adam 59); Er hatte seine Not, die Aprikosen in der -n (aus einem Blatt Papier gedrehten) Tüte zusammenzuhalten (Böll, Adam 57); auf den -n (einzelnen) Blättern der Manuskripte, die man aufgefunden hat (Chr. Wolf, Nachdenken 7); das Geld l. in der Tasche tragen; In einer Lade des Arbeitstisches waren ihr ... l. liegende Papiere aufgefallen (Musil, Mann 1239). **3. a)** (veraltend) leichtfertig, ohne sittlichen Halt, unmoralisch: ein -s Mädchen; (noch scherzh.:) du Loser!; **b)** frech, dreist: Hans Apel ... büßte für sein -es Mundwerk, indem er sich einem zweistündigen Schulbesuch in Hamburg unterzog (Spiegel 3, 1975, 106).

Lo|se, die; -, -n (Seemannsspr.): schlaffes, durchhängendes Tau[stück]: die L. durchholen.

Lo|se|blatt|aus|ga|be, die; -, -n: in einzelnen [gelochten] Blättern od. Karteikarten mit den zugehörigen Ordnern erscheinende Ausgabe (4 a) (z. B. von Gesetzen), die laufend ergänzt u. auf den neuesten Stand gebracht werden kann.

Lo|se|blatt|buch|füh|rung, die; -, -en (Buchf.): Buchführung mit einzelnen, in Ordnern lose zusammengehefteten Blättern.

Lo|se|blatt|samm|lung, die; -, -en: vgl. Loseblattausgabe.

Lö|se|geld, das: Geld[betrag], mit dem ein Gefangener, eine Geisel freigekauft werden soll od. wird: [ein] L. fordern.

los|ei|sen 〈sw. V.; hat〉 [eigtl. = ein festgefrorenes Schiff aus dem Eis befreien] (ugs.): **a)** (jmdn., sich) mit Mühe frei machen; erreichen, dass jmd. sich [vorübergehend] von einer Verpflichtung löst od. von den Menschen, bei denen er sich gerade aufhält, weggeht: jmdn. von seiner Verwandtschaft, aus dem Gefängnis l.; ... mit dem Auftrage und der Absicht, energisch nach den Rechten zu sehen, den säumigen jungen Verwandten, wie er sich innerlich ausdrückte, »loszueisen« und daheim wieder einzuliefern (Th. Mann, Zauberberg 7); können wir uns hier nicht endlich l.?; **b)** (etw., bes. Geld) mit Geschick irgendwo auftreiben u. herbeibringen: bei jmdm. ein paar Mark l.; Ich habe ... für verschiedene Vereine Anträge durchgepaukt und Gelder losgeeist (Hörzu 20, 1971, 116).

Lö|se|mit|tel, das: Lösungsmittel.

¹lo|sen 〈sw. V.; hat〉 [mhd. lōzen]: durch das Los bestimmen, das Los entscheiden lassen: wir wollen l. [wer anfängt]; um das Urlaubsziel l.; Das Ende ... war ..., dass um die Geliebte gelost wurde (Jahnn, Geschichten 75).

²lo|sen, lusen 〈sw. V.; hat〉 [mhd. losen, lusen, ahd. hlosen, verw. mit ↑laut; vgl. lauschen] (südd., österr., schweiz. mundartl.): horchen, zuhören: los mal!; sie hat scharf gelost.

lö|sen 〈sw. V.; hat〉 [mhd. lœsen, ahd. lōsen, urspr. = losmachen, zu ↑los]: **1. a)** bewirken, dass etw. lose wird, nicht mehr fest verbunden ist, nicht mehr [an]haftet: eine Briefmarke [mit Wasserdampf] l.; das Fleisch von den Knochen l.; dieses Mittel löst den Schmutz; die Taue l.; Habernagel ... löste das Floß von der Vertauung (Ott, Haie 173); Sie löste vorsichtig das Papier von der Butter (entfernte es) und kam mit dem Tablett auf mich zu (Böll, Und sagte 33); sie löste seine Hände von ihrem Kleid (Seidel, Sterne 127); Ü den Blick von jmdm., etw. nicht l. können; etw. aus dem Zusammenhang l.; **b)** 〈l. + sich〉 lose werden, nicht mehr fest verbunden sein, nicht mehr [an]haften; abgehen: die Tapete löst sich [von der Wand]; eine Lawine hat sich gelöst; Wenn sich der Teig als Klumpen vom Topf löst, zieht man ihn vom Herd (Horn, Gäste 175); Ü ihre Blicke lösen sich voneinander; **c)** 〈l. + sich〉 sich von etw. frei machen, trennen: sich aus

jmds. Umarmung l.; Ü eine Gestalt löste sich aus der Gruppe, aus der Dunkelheit; Captain Boernes ... löste sich dann vom Fenster und schritt in den Raum hinein (Kirst 08/15, 753); ein Läufer löste sich aus dem Feld und ging in Führung; sich aus dem Elternhaus, von seinen Freunden l.; sich aus einer Verpflichtung, von Vorurteilen l. **2. a)** lockern, lockerer machen: eine Schraube, die Krawatte, die Haare l.; die Handbremse l.; Milch mit Honig löst den Schleim, den Husten; die Spritze hat den Krampf gelöst; Ü jmds. Hemmungen l.; Sie haben den Priester im Tempel, der wird die Trance l. (Baum, Bali 190); der Wein löste ihr die Zunge (brachte sie zum Reden); **b)** 〈l. + sich〉 lose werden, sich lockern: eine Schraube löst sich; der Krampf, mein Husten hat sich gelöst; Ü der Schmerz löste sich in Tränen. **3. a)** durch Nachdenken herausfinden, wie etw. Schwieriges zu bewältigen ist; etw. klären, entwirren: ein Rätsel, eine Gleichung, eine Aufgabe l.; das Problem, der Widerspruch konnte nicht gelöst werden; **b)** 〈l. + sich〉 erkennen lassen, wie etw. Schwieriges zu bewältigen ist; sich klären, entwirren: das Rätsel, das Problem hat sich gelöst. **4.** auflösen, annullieren, für nichtig erklären: einen Vertrag, eine Verbindung l.; sie lösten ihre Beziehungen; Und wenn sie sich auf juristische Spitzfindigkeiten verlegen wollen, dann ist es vielleicht besser, wir lösen unser Verhältnis (Goetz, Prätorius 40). **5. a)** zergehen lassen, [in einer Flüssigkeit] auflösen, verteilen: in Wasser gelöste Mineralien; **b)** 〈l. + sich〉 zergehen, sich auflösen, sich verteilen: Salz löst sich in Wasser. **6.** (geh.) **a)** durch Betätigung des Abzugs auslösen: einen Schuss l.; **b)** 〈l. + sich〉 versehentlich ausgelöst werden: plötzlich löste sich ein Schuss. **7.** (einen Berechtigungsschein) käuflich erwerben: eine Karte l.; Fahrscheine [am Automaten, im Zug] l. **8.** (veraltet, noch landsch.) als Erlös einbringen: Orang-Babys lösen bis zu 1 000 Franken (MM 22. 11. 74, 3); Der Preis, den die Gemeinschaft dafür noch löst (erzielt), liegt etwa bei 3 % des ursprünglichen Einstandswertes (NZZ 26. 10. 86, 15).

Los|ent|scheid, der: Entscheid[ung] durch das Los.

¹Lo|ser, Luser, der; -s, - [zu ↑²losen] (Jägerspr.): Lauscher (2).

²Lo|ser ['lu:zɐ], der; -s, - [engl. loser, zu: to lose = verlieren] (salopp): Versager, Verlierer: Ich bin der L. Ich bin der Mann, der immer den Kürzeren zieht (Spiegel 21, 1994, 126); Kaurismäkis L. sind stark, sie wehren sich trotzig und rebellisch gegen ein Schicksal, das dem Zuschauer längst klar umrissen vor Augen steht (Wiener 3, 1994, 25).

los|fah|ren 〈st. V.; ist〉: **1.** sich fahrend in Bewegung setzen; abfahren, starten: Dann stieg er vergnügt auf seinen Wagen und fuhr los (Bergengruen, Rittmeisterin 190). **2.** auf etw. zufahren: zweitens fuhren die Fischkutter komischerweise nicht direkt auf den Ballon los (Hausmann, Abel 100). **3.** gegen jmdn. drohend *od. handgreiflich vorgehen:* Er fährt auf den Kellner los wie ein Schießhund (Johnson, Mutmaßungen 98); dass zwei Hunde einander oft unentschlossen anknurren, dass sie aber in dem Augenblick, wo man sie beruhigen will, aufeinander losfahren (Musil, Mann 1263). **4.** *aufbrausen, wütend zu reden beginnen:* Was grinsen Sie, Fink, fährt der Alte verdutzt los (Gaiser, Jagd 125).

los|flie|gen ⟨st. V.; ist⟩: **1.** *sich fliegend in Bewegung setzen; abfliegen:* der Luftballon fliegt los; Ü Die Leine flog abermals los (Seemannsspr.; *wurde weit durch die Luft geworfen;* Hausmann, Abel 55). **2.** *in Richtung auf ein bestimmtes Ziel fliegen:* Der Ballon flog jetzt mitten auf die Schwärze los (Hausmann, Abel 112).

los|flit|zen ⟨sw. V.; hat⟩ (ugs.): *lossausen.*

los|flu|chen ⟨sw. V.; hat⟩: vgl. losschimpfen.

los|ga|lop|pie|ren ⟨sw. V.; ist⟩: *galoppierend losreiten.*

los|ge|ben ⟨st. V.; hat⟩ (selten): *entlassen, freigeben:* Gib all die Geiseln los, ehe es zu spät ist (Reinig, Schiffe 62).

Los|ge|bun|den|heit, die [vgl. losbinden] (selten): *Ungebundenheit, Freiheitlichkeit:* Das Feuer, das man im Freien anzündete, erhöhte das Gefühl romantischer L. (Fussenegger, Zeit 109).

los|ge|hen ⟨unr. V.; ist⟩: **1.** *sich gehend in Bewegung setzen; aufbrechen, weggehen:* Am ersten Tag ging ich viel zu früh los. Ich war um viertel vor acht in der Schule (Thor [Übers.], Ich 7); Ü geh [mir] los *(lass mich in Ruhe)* mit deiner ewigen Fragerei!; Ich hatte nicht gedacht, dass ich gleich so bei ihr l. *(forsch drauflosgehen)* würde (Plenzdorf, Leiden 71). **2. a)** *auf etw. zugehen; etw. zum Richtpunkt, Ziel nehmen:* Ü auf ein Ziel l.; Den Leuten, die in der Wirtschaft sitzen und auf die Politiker entweder mit Häme oder mit guten Ratschlägen losgehen (Woche 7. 3.97, 3); **b)** *in feindlicher Absicht auf jmdn. zugehen:* ... hat unser Chauffeur ... sich betrunken und ist mit zwei Messern auf ... Alan losgegangen (Grzimek, Serengeti 214); aufeinander l. **3.** (ugs.) *seinen Anfang nehmen, beginnen:* die Vorstellung geht um 20 Uhr l.; jetzt geht es erst richtig los!; es geht los/ los gehts/jetzt gehts los!; gleich wird es wieder l. mit dem Rummel; R (scherzh.:) auf »los!« gehts los! **4.** (ugs.) *sich lösen, abgehen:* ein Knopf ist losgegangen. **5. a)** *sich lösen (der Schuss ging nach hinten los; das Gewehr ging plötzlich los;* **b)** *[zünden u.] explodieren:* Dann ist die Bombe losgegangen, und der Gipskopf ... kippt vom Regal, ihm auf den Kopf und schlägt ihm den Schädel ein (Kemelman [Übers.], Dienstag 75).

los|ha|ben ⟨unr. V.; hat⟩: in der Wendung **etwas, viel, wenig, nichts l.** (ugs.; *etwas, viel, wenig, nichts [auf einem bestimmten Gebiet] können, verstehen u. leisten):* sie hat in ihrem Beruf viel los; mit den Radios hat er wirklich losgehabt (Fallada, Jeder 323).

los|ha|cken ⟨sw. V.; hat⟩ (ugs.): *auf jmdn. einhacken:* Hier hacken gerade die Spitzentiere mit besonderer Wut auf die

schwächsten Käfiginsassen los (Lorenz, Verhalten I, 253).

los|ha|ken ⟨sw. V.; hat⟩: *aus einem Haken lösen:* Ü die Kette der Stunden war losgehakt, und die Zeit war so lautlos, als stände sie still (Remarque, Triomphe 348).

los|hal|ten ⟨st. V.; hat⟩ (Seemannsspr.): *in einer bestimmten Richtung auf ein Ziel zusteuern:* halt mal lieber auf die erste Pricke dahinten los! (Hausmann, Abel 31).

los|häm|mern ⟨sw. V.; hat⟩: *zu hämmern anfangen.*

los|hau|en ⟨unr. V.; hat⟩ (ugs.): vgl. losschlagen (1,2).

los|heu|len ⟨sw. V.; hat⟩: **a)** *zu heulen (1) anfangen;* **b)** (ugs.) *zu weinen anfangen.*

Los|kauf, der: *das Loskaufen:* er gewährte den L. eines Gefangenen (Hagelstange, Spielball 135).

los|kau|fen ⟨sw. V.; hat⟩: *durch ein Lösegeld freikaufen:* eine Geisel l.

los|kei|fen ⟨sw. V.; hat⟩ (ugs. abwertend): vgl. losschimpfen.

los|ket|ten ⟨sw. V.; hat⟩: *von der Kette lösen.*

los|kil|chern ⟨sw. V.; hat⟩: vgl. loslachen.

los|knal|len ⟨sw. V.; hat⟩ (ugs.): *zu knallen, schießen anfangen.*

los|knat|tern ⟨sw. V.; hat⟩: **a)** *zu knattern anfangen;* MG knatterte los; **b)** (ugs.) *knatternd losfahren.*

los|kom|men ⟨st. V.; ist⟩ (ugs.): **1.** *weg-, fortkommen:* ich hatte noch so viel zu tun, dass ich nicht eher loskam; mach, dass du loskommst! **2.** *auf jmdn. zukommen:* Als er mich sieht, kommt er gleich auf mich los (Remarque, Obelisk 149). **3.** *sich (von jmdm., etw.) lösen, trennen; freikommen:* der Gefangene versuchte, von den Ketten loszukommen; Ü von jmdm., vom Alkohol, von einem Gedanken nicht l.

los|kön|nen ⟨unr. V.; hat⟩ (ugs.): vgl. losmüssen: wann können wir endlich los?

los|kop|peln ⟨sw. V.; hat⟩: *abkoppeln* (1, 2).

los|krä|hen ⟨sw. V.; hat⟩ (ugs.): *zu krähen, mit lauter, sich überschlagender Stimme zu reden anfangen:* still, flüsterte Viehmann, aber der Alte krähte erst richtig los (Degenhardt, Zündschnüre 17).

los|krie|gen ⟨sw. V.; hat⟩ (ugs.): **1.** *lösen, entfernen können; abbekommen:* kriegst du den Deckel los? **2. a)** *loswerden:* Auch mochte sie keine Betrunkenen, die ... nur schwer oder gewaltsam wieder loszukriegen waren (Zuckmayer, Fastnachtsbeichte 35); **b)** *verkaufen können:* ob wir diesen alten Wagen noch loskriegen?

los|kup|peln ⟨sw. V.; hat⟩: *abkoppeln* (2).

los|la|chen ⟨sw. V.; hat⟩: *plötzlich zu lachen anfangen.*

los|las|sen ⟨st. V.; hat⟩: **1. a)** *nicht mehr festhalten:* das Steuer l.; lass mich los!; ihre Hand ließ nicht los; Ü jmdn. nicht mehr l. *(fest an sich binden);* seine Blicke ließen sie nicht mehr los *(er blickte sie unverwandt an);* ein Gedanke lässt mich nicht los *(beschäftigt mich immer wieder);* **b)** *[aus einem Gefängnis, Zwinger o. Ä.] freilassen, der Fesseln ent-*

ledigen, von der Leine lassen: die Hunde wurden losgelassen; sie war heute wie losgelassen (landsch.; *war ausgelassen, übermütig).* **2.** (ugs. abwertend) *jmdn. [ohne entsprechende Qualifikation] auf einem Arbeitsgebiet andern gegenüber frei u. unkontrolliert wirken, sich betätigen lassen:* unqualifizierte Ärzte auf die Menschheit l.; Der Graf hatte ... ihn (= seinen Feldwebel) dann wieder auf die Rekruten losgelassen (Kant, Impressum 53). **3.** (ugs.) *redend od. schreibend von sich geben, verfassen u. verlautbaren:* einen Fluch l.; ein Rundschreiben l.

los|lat|schen ⟨sw. V.; ist⟩ (salopp): *losgehen* (1).

los|lau|fen ⟨st. V.; ist⟩: *sich laufend in Bewegung setzen.*

los|le|gen ⟨sw. V.; hat⟩ (ugs.): **a)** *stürmisch, ungestüm anfangen, etw. zu sagen, zu äußern:* sie hat sofort losgelegt und ihrem Ärger Luft gemacht; na, leg schon los! *(erzähl schon!);* Berta Niehus hatte eine ganze Weile überhaupt nichts gesagt ... Dann hatte sie aber losgelegt (Degenhardt, Zündschnüre 57); **b)** *stürmisch, ungestüm anfangen, etw. zu tun:* sofort [mit der Arbeit] l.; Ü Übermorgen würden sie wieder nach Hause fahren und dann konnte er gezielt mit Bewerbungen l. (CCI 1, 1999, 39); Wenn du Kinder hättest, würdest du nicht so schnell fahren, hat Joachim jedes Mal gesagt, wenn ich loslegte *(anfing, immer schneller zu fahren;* Andersch, Rote 14).

lös|lich ⟨Adj.⟩ [zu ↑losen]: *sich [in Flüssigkeit] auflösen lassend:* -er Kaffee; leichter -e, für die Wurzeln aufnehmbare Verbindungen (Mantel, Wald 24).

Lös|lich|keit, die; -: *lösliche Beschaffenheit.*

los|lö|sen ⟨sw. V.; hat⟩: **a)** *lösen* (1 a): eine Briefmarke [vom Umschlag] l.; **b)** ⟨l. + sich⟩ *sich lösen* (1 b): der Anhänger hat sich [vom Wagen] losgelöst; Ü sich aus den überkommenen Bindungen l.

Los|lö|sung, die: *das Loslösen:* die L. der Kolonien vom Mutterland.

los|ma|chen ⟨sw. V.; hat⟩: **1.** (ugs.) *[etw. Angebundenes] lösen, loslösen, befreien:* die Leine l.; sie machte sich los *(löste sich aus der Umarmung);* Ü während er sich losmacht von allem, was nun so lange sein Leben gewesen ist (K. Mann, Vulkan 89); * **einen/was l.** (ugs., bes. Jugendspr.; *sich ausgelassen amüsieren, in übermütiger Weise feiern):* die Jungs langweilen sich weniger, die machen immer was los (Hornschuh, Ich bin 49). **2.** (Seemannsspr.) *ablegen* (5). **3.** (ugs.) *sich beeilen:* nun mach doch los!

los|mar|schie|ren ⟨sw. V.; ist⟩: vgl. losgehen.

los|müs|sen ⟨unr. V.; hat⟩ (ugs.): *losgehen od. -fahren müssen:* ihr müsst jetzt los!

Los|nacht, die [zu ↑Los in dessen alter Bed. »Orakel; Zauberspruch«] (Volksk.): *eine der nach altem Volksglauben für Liebesorakel mit Bleigießen u. Ä. besonders günstigen Nächte* (z. B. die Nacht vor dem Barbaratag).

Los|num|mer, die: *Nummer eines [Lotterie]loses.*

los|plär|ren ⟨sw. V.; hat⟩ (ugs.): vgl. losweinen.

los|plat|zen ⟨sw. V.; ist⟩ (ugs.): **a)** *unbeherrscht, plötzlich etwas sagen:* Giocondi in seiner Loge ... platzte lärmend los: »O Gott, ich kann nicht mehr. Wie das komisch ist! ...« (H. Mann, Stadt 201); **b)** *unbeherrscht, plötzlich loslachen:* alle Falten um den breiten Mund ... begannen zu spielen, aber er platzte nicht los (Broch, Versucher 198).

los|pol|tern ⟨sw. V.; hat⟩: **a)** *zu poltern anfangen:* wenn ein Schlag (= Donner) mal so richtig l. wollte (Schnurre, Bart 109); **b)** (ugs.) *zu schelten anfangen.*

los|pras|seln ⟨sw. V.; ist⟩ (ugs.): *zu prasseln anfangen:* Ü in den losprasselnden Beifall rein sagte er ... (Schnurre, Bart 39).

los|pre|schen ⟨sw. V.; ist⟩: vgl. loslaufen: Dann ... preschten wir beide los und hasteten hinter ihr her (Heym, Schwarzenberg 167).

los|prus|ten ⟨sw. V.; hat⟩ (ugs.): *prustend loslachen.*

los|ra|sen ⟨sw. V.; ist⟩: **a)** *sich sehr schnell entfernen:* die Beschenkten ... sind im letzten Moment losgerast und haben ... etwas eingekauft (Zwerenz, Quadriga 53); **b)** *in Richtung auf jmdn., etw. rasen:* Ü Schwärzere Dunkelheiten als die Nacht rasen mit Riesenbuckeln auf uns los, über uns hinweg (Remarque, Westen 52).

los|rat|tern ⟨sw. V.; ist⟩: vgl. losknattern.

los|re|den ⟨sw. V.; hat⟩: **a)** (ugs.) *zu reden anfangen;* **b)** *gegen jmdn. reden:* die Schwestern redeten aufeinander los (Degenhardt, Zündschnüre 71).

los|rei|ßen ⟨st. V.; hat⟩: **a)** *herunter-, heraus-, abreißen, gewaltsam aus der Verbindung od. Befestigung lösen:* der Sturm hat einige Dachziegel losgerissen; Ü um den Blick von dem Bild eines Wachtraums loszureißen (Schaper, Kirche 68); **b)** ⟨l. + sich⟩ *sich [gewaltsam] lösen:* das Kind reißt sich [von der Hand der Mutter] los; Ü ich kann mich [von dem Buch, dem Anblick] nicht l.

Los|rei|ßung, die; -: *das Losreißen:* Das bedeute praktisch die Beseitigung der Deutschen Demokratischen Republik und die »Losreißung« der Westgebiete von Polen (FAZ 24. 6. 61, 3).

los|rei|ten ⟨st. V.; ist⟩: *sich reitend in Bewegung setzen.*

los|ren|nen ⟨unr. V.; ist⟩: *loslaufen.*

los|rin|gen, sich ⟨st. V.; hat⟩ (geh.): *sich gewaltsam ringend lösen.*

Löss, (auch:) **Löß,** der; -es, -e [1823 gepr. von dem dt. Geologen C. C. von Leonhard (1779–1862), wahrsch. zu alemann. lösch = locker, zu ↑los] (Geol.): *[größtenteils in der Eiszeit vom Wind zusammengetragene] stark kalkhaltige, gelbliche, poröse Ablagerung.*

los|sa|gen, sich ⟨sw. V.; hat⟩: *sich von jmdm. trennen, loslösen, mit jmdm., etw. nichts mehr zu tun haben wollen:* sich von einer Überzeugung l.; sie sagte sich von den alten Freunden los; er hatte sich losgesagt, machte nicht mehr mit (Gaiser, Jagd 70).

Los|sa|gung, die; -, -en: *das Sichlossagen.*

Löss|an|we|hung, (auch:) **Löß|an|we-hung,** die; -, -en (Geol.): vgl. Löss.

los|sau|sen ⟨sw. V.; ist⟩ (ugs.): *sehr schnell loslaufen od. -fahren.*

Löss|bo|den, (auch:) **Löß|bo|den,** der (Geol.): *Boden aus Löss.*

los|schi|cken ⟨sw. V.; hat⟩ (ugs.): *auf den Weg schicken, [mit einem bestimmten Auftrag] wegschicken:* ein Telegramm l.; die Kinder zum Einkaufen l.

los|schie|ben ⟨st. V.; ist⟩ (salopp): *losgehen* (1): schieb endlich los!

los|schie|ßen ⟨st. V.⟩ (ugs.): **1.** *zu schießen anfangen* ⟨hat⟩. **2.** ⟨ist⟩ **a)** *sich plötzlich, schnell in Bewegung setzen:* Jürgen ... gibt Gas. Der Wagen schießt los und streift fast einen Wagen (Chotjewitz, Friede 247); **b)** *auf jmdn., etw. zustürzen:* der Hund schießt zielstrebig auf das Haus Nummer 23 los (Spoerl, Maulkorb 24). **3.** *zu sprechen anfangen; (aus einem inneren Bedürfnis heraus) eilig etw. sagen od. berichten* ⟨hat⟩: nun schieß schon los!

los|schimp|fen ⟨sw. V.; hat⟩: *plötzlich anfangen zu schimpfen.*

los|schla|gen ⟨st. V.; hat⟩: **1.** *durch Schlagen [mit einem Werkzeug] loslösen, entfernen; abschlagen:* den Verputz [von der Wand] l. **2.** *auf jmdn., etw. einschlagen:* Er hat ... auf mich losgeschlagen (Zenker, Froschfest 108); aufeinander l. **3.** (bes. Milit.) *überraschend angreifen:* Passt auf, wenn er (= der Führer) kommt, schlagen die Kommunisten los (Hilsenrath, Nazi 42); ⟨subst.:⟩ Die Sowjettruppen hatten die rumänische Grenze überschritten ... Der Augenblick zum Losschlagen war günstig (MM 22. 8. 69, 10). **4.** (ugs.) *[notgedrungen] billig verkaufen:* Handelsorganisationen, die das König-Pils auch einmal im Sonderangebot l. wollten (Spiegel 44, 1976, 89); dass der Sultan das ehemalige Hotel ... wieder l. wolle (MM 25. 1. 75, 12).

los|schmei|ßen ⟨st. V.; hat⟩ (ugs.): *loswerfen.*

los|schmet|tern ⟨sw. V.; hat⟩: *anfangen zu schmettern.*

los|schnal|len ⟨sw. V.; hat⟩: *jmdn., etw., was an-, festgeschnallt ist, lösen.*

los|schnei|den ⟨st. V.; hat⟩: *durch Zerschneiden eines Stricks o. Ä. lösen, befreien.*

los|schrau|ben ⟨sw. V.; hat⟩: *abschrauben.*

los|schrei|en ⟨st. V.; hat⟩: *plötzlich zu schreien anfangen.*

los|se|geln ⟨sw. V.; ist⟩: **1.** *sich segelnd in Bewegung setzen; fortsegeln.* **2.** *auf etw. zusegeln:* auf die Wendemarke l.

Löss|ge|biet, (auch:) **Löß|ge|biet,** das (Geol.): *Gebiet mit abgelagertem Löss.*

löss|ig, (auch:) **lö|ßig** ⟨Adj.⟩ (Geol.): *[hauptsächlich] aus Löss bestehend.*

Löss|kin|del, (auch:) **Löß|kin|del,** das [Kindel = landsch. Vkl. von ↑Kind] (Geol.): *bizarr geformte Konkretion von versickertem Kalk aus höher gelegenen Lössschichten.*

Löss|land|schaft, (auch:) **Löß|land-schaft,** die (Geol.): vgl. Lössgebiet.

Löss|männ|chen, (auch:) **Löß|männ-chen,** das (Geol.): *Lösskindel.*

los|sol|len ⟨unr. V.; hat⟩ (ugs.): vgl. losmüssen.

los|spre|chen ⟨st. V.; hat⟩: **1. a)** *(von einer Schuld, Verpflichtung o. Ä.) freisprechen:* dass Julika dich von diesem Leben l. kann und umgekehrt (Frisch, Stiller 508); In seinem Innern sprach er sich ... von jeder Verantwortung los (Chr. Wolf, Himmel 174); ich habe dennoch mitgetan; ich will mich nicht l. (Kant, Impressum 314); **b)** (Rel.) *erklären, dass jmdm. seine Sünden vergeben sind:* »Ich werde Sie jetzt nicht l.«, sagte er (= der Beichtiger) (Fussenegger, Zeit 214). **2.** (Handw.) *freisprechen* (2).

Los|spre|chung, die; -, -en: *das Losspre-chen* (1, 2); *Absolution.*

Los|spre|chungs|fei|er, die (Handw.): *Feier zur Übergabe des Gesellen- od. Facharbeiterbriefs.*

los|spren|gen ⟨sw. V.⟩: **1.** *durch Sprengen lösen; absprengen* ⟨hat⟩: das überhängende Gestein musste losgesprengt werden. **2.** *schnell wegreiten; im Galopp davonreiten* ⟨ist⟩.

los|sprin|gen ⟨st. V.; ist⟩: **1.** (ugs.) *abspringen* (1 c). **2. a)** (landsch.) *loslaufen:* spring schnell los, und hol frische Brötchen!; **b)** *[in feindlicher Absicht] auf jmdn. zuspringen:* Hinter der Tür springt jemand auf mich los (Remarque, Obelisk 314).

los|spru|deln ⟨sw. V.; hat⟩: *überstürzt, sprudelnd zu reden anfangen.*

Löss|schicht, (auch:) **Löß|schicht,** die: vgl. Lössboden.

los|ste|chen ⟨st. V.; hat⟩ (ugs.): vgl. losschlagen (1, 2).

los|steu|ern ⟨sw. V.; ist⟩: *sich in Richtung auf ein bestimmtes Ziel bewegen, (jmdn., etw.) ansteuern:* auf den Hafen l.; Ü Wenn sie (= die Stenotypistin) ... mit festem Willen auf ein Ziel lossteuert (DM 45, 1965, 49); statt blind und besessen auf einen neuen Krieg loszusteuern (Hesse, Steppenwolf 80).

los|stie|feln ⟨sw. V.; ist⟩ (ugs.): *losgehen* (1).

los|stür|men ⟨sw. V.; ist⟩: vgl. losrasen.

los|stür|zen ⟨sw. V.; ist⟩ (ugs.): **a)** *in großer Eile u. mit Vehemenz davonlaufen;* **b)** *sich [in feindlicher Absicht] auf jmdn., etw. stürzen:* mit einem Tigersprung stürzte er auf Sibylle los, und zwar so schrecklich wütend (Geissler, Wunschhütlein 57).

Lost, der; -[e]s [Deckname nach den Chemikern **L**ommel u. **St**einkopf, die den Kampfstoff mit entwickelten] (Milit.): *Gelbkreuz, Senfgas.*

Los|tag, der [zu ↑Los in der alten Bed. »Weissagung«] (Volksk.): *einer der nach altem Volksglauben für das Wetter der kommenden Wochen (u. damit für die Verrichtung bestimmter landwirtschaftlicher Arbeiten) bedeutsamen Tage* (z. B. Siebenschläfer 2, Lichtmess).

los|täu|en ⟨sw. V.; hat⟩ (Seemannsspr.): *von den Tauen lösen, losmachen:* Um Mittag täuten das Bootsleute das Schiff vom Pflocke los (Th. Mann, Joseph 762).

lo stes|so tem|po: ↑ l'istesso tempo.

Lost Ge|ne|ra|tion [ˈlɔstdʒenəˈreɪʃən], die; - -, (auch:) **Lost|ge|ne|ra|tion,** die;

- [engl. = verlorene Generation, wohl gepr. von der amerik. Schriftstellerin G. Stein (1874–1946)]: **a)** *Gruppe der jungen, durch den Ersten Weltkrieg desillusionierten u. pessimistisch gestimmten amerikanischen Schriftsteller;* **b)** *junge amerikanische u. europäische Generation nach dem Ersten Weltkrieg.*

los|to|ben ⟨sw. V.⟩ (ugs.): **1.** *zu toben anfangen* ⟨hat⟩: Die Witwe tobt sofort wieder los (Remarque, Obelisk 274). **2.** *[wütend] loslaufen* ⟨ist⟩: Ich ließ alles stehen und liegen und tobte sofort los (Plenzdorf, Leiden 117).

los|tra|ben ⟨sw. V.; ist⟩ (ugs.): *sich in Trab setzen.*

los|tren|nen ⟨sw. V.; hat⟩: *[ab]trennen, [los]lösen.*

los|tre|ten ⟨st. V.; hat⟩: *durch Darauf-, Dagegentreten ablösen:* ⟨subst.:⟩ Das Lostreten einer Lawine, ... Ausbrechen von Tritten und Griffen usw. lernt man mit zunehmender Erfahrung kennen (Eidenschink, Fels 84); Ü Mit Genuss ... tritt der Kärntner FP-Chef die Lawine eines Volksbegehrens gegen Politikerprivilegien los (Presse 22. 11. 83, 4).

Los|trom|mel, die: *[rotierender] trommel- od. kugelförmiger Behälter, in dem die Lose für die Ziehung gemischt u. dann gezogen werden.*

¹Lo|sung, die; -, -en [mhd. lōʒunge = das Werfen von Losen; zu ↑Los]: **1. a)** *Leitwort, Parole, Wahlspruch, nach dem jmd. sich richten will:* eine L. ausgeben; die Monotonie und Langeweile der als Nachrichten verbrämten -en (Enzensberger, Einzelheiten I, 32); **b)** (ev. Rel.) *als Tagesspruch mit dem Los ermittelte Bibelstelle (bei der Herrnhuter Brüdergemeine):* die L. lesen. **2.** (Milit.) *vereinbartes Kennwort zum Passieren der Wachen:* Nachts schleichen Patrouillen durch den Park, kriegerische -en werden verlangt und gerufen (Koeppen, Rußland 48).

²Lo|sung, die; -, -en [zu weidm. veraltet losen = den Kot loslassen, zu ↑los] (Jägerspr.): *Kot vom Wild u. vom Hund:* ein Wild an der L. erkennen.

³Lo|sung, die; -, -en [zu ↑lösen (8)] (Kaufmannsspr.): *Tages-, Kasseneinnahme in einem Einzelhandelsgeschäft od. Kaufhaus.*

Lö|sung, die; -, -en [mhd. lœsunge, ahd. lōsunga, zu ↑lösen]: **1. a)** *das Lösen (3 a), Bewältigen einer [schwierigen] Aufgabe:* eine L. des Problems versuchen; sich um eine friedliche L. des Konflikts bemühen; etwas zur L. beitragen; **b)** *Auflösung; das Ergebnis des Nachdenkens darüber, wie etw. Schwieriges zu bewältigen ist:* das ist des Rätsels L.; Das wäre sicherlich die eleganteste L. (Spiegel 52, 1983, 36); es gibt verschiedene -en; die, eine L. finden. **2.** *das [Sich]lösen, Befreien, Loslösen (4) der Fesseln;* Die Entwicklungstendenz liegt in der ... L. der Figur aus Relief- und Blockzwang (Bild. Kunst III, 53). **3.** *das Lösen (4), Auflösen, Annullieren:* die L. der Ehe, des Arbeitsverhältnisses. **4.** (Physik, Chemie) **a)** *das [Sich]auflösen eines Stoffes in einer Flüssigkeit;* **b)** *Flüssigkeit, in der ein anderer Stoff gelöst ist:* eine hochprozen-

tige, wässrige, gesättigte L. **5.** (schweiz.) *das Auslösen, Erwerben einer Steuermarke o. Ä. für Fahrräder u. Mopeds; Fahrradlösung.*

Lö|sungs|an|satz, der: **1.** (Chemie) *das Ansetzen einer Lösung.* **2.** vgl. Lösungsversuch: Es juckt sie, »darüber hinaus einige Problemschwerpunkte, Bedingungszusammenhänge und Lösungsansätze aufzuzeigen« (Enzensberger, Mittelmaß 38).

Lö|sungs|druck, der (Physik): *Neigung bestimmter Stoffe (bes. Metalle), sich durch Abgabe von Ionen in einer Flüssigkeit zu lösen.*

Lö|sungs|mit|tel, das (Physik, Chemie): *Flüssigkeit, in der ein Stoff aufgelöst wird.*

Lö|sungs|mög|lich|keit, die: *Möglichkeit zur Lösung eines Problems, einer mathematischen Aufgabe.*

Lö|sungs|ver|such, der: *Versuch einer Lösung (1).*

Lö|sungs|vor|schlag, der: vgl. Lösungsmöglichkeit.

Lö|sungs|wär|me, die (Physik): *beim Lösen eines Stoffes frei werdende od. verbrauchte Energie.*

Lö|sungs|weg, der: vgl. Lösungsmöglichkeit.

Lö|sungs|wort, das ⟨Pl. ...wörter⟩: *einzelnes Wort als ¹Losung (1 a).*

Lö|sungs|wort, das ⟨Pl. ...wörter⟩: *Wort, das die Lösung (1 b) eines Rätsels darstellt.*

Los|ver|fah|ren, das: *Verfahren, bei dem das Los über die Vergabe von etw. entscheidet:* Wehrpflichtige, die nach 18 Monaten Dienstzeit durch das L. benachteiligt werden (Bundestag 189, 1968, 10193).

Los|ver|käu|fer, der: *Verkäufer von Losen.*

Los|ver|käu|fe|rin, die: w. Form zu ↑Losverkäufer.

los|wei|nen ⟨sw. V.; hat⟩: *zu weinen anfangen.*

los|wer|den ⟨unr. V.; ist⟩: **1. a)** *sich von jmdm., einer Sache befreien; erreichen, dass jmd. nicht mehr von jmdm. belästigt, mit einer Sache behelligt wird:* den lästigen Besucher l.; ich werde das Gefühl nicht los, dass Gefahr im Verzug ist; **b)** *etw., was einem sehr am Herzen liegt, endlich aussprechen können:* Er muss seinen Spruch l. (Remarque, Westen 64); Er will etwas l., dachte Kreysler (Gaiser, Jagd 137). **2.** (ugs.) *verkaufen, absetzen können:* diesen Ladenhüter werden wir nicht mehr los. **3.** (ugs.) *abgenommen bekommen, einbüßen, verlieren:* sein Geld, seinen Koffer, seinen Meistertitel l.; als er für sechs Monate seinen Führerschein losgeworden sei (Noll, Häupter 43).

los|wer|fen ⟨st. V.; hat⟩ (Seemannsspr.): *(die Vertäuung) zur Abfahrt lösen:* die Leinen l.; das Schiff hat losgeworfen (abgelegt).

los|wet|tern ⟨sw. V.; hat⟩ (ugs.): vgl. losschimpfen.

los|wet|zen ⟨sw. V.; ist⟩ (ugs.): vgl. loslaufen.

los|wol|len ⟨unr. V.; hat⟩ (ugs.): vgl. losmüssen: wir wollen jetzt los.

los|zer|ren ⟨sw. V.; hat⟩ (ugs.): *durch Zerren lösen:* Sie greift nach meiner Krawatte und zerrt sie los (Remarque, Obelisk 233).

los|zie|hen ⟨unr. V.; ist⟩ (ugs.): **1.** *losgehen (1), davonziehen (1):* gemeinsam l.; Und macht er nicht solche Sachen wie jetzt, einfach l. übers Wochenende (Lenz, Brot 45); Teilt der Bornemann prompt mit, dass sie mit einem Kerl loszieht (Lederer, Liebe 20). **2.** (abwertend) *schimpfend über jmdn., etw. herziehen:* wenn er erst einmal recht angefangen habe, über sein Weib loszuziehen (Hesse, Sonne 26); Alle staunen, wie der ruhige Ohm Ernest jetzt loszieht (Fr. Wolf, Menekel 231).

Los|zie|hung, die: *Ziehung.*

¹Lot, das; -[e]s, -e [mhd. lōt, auch: Blei, gießbares Metall, verw. mit od. entlehnt aus mir. lūaide = Blei; 4: urspr. ein Gewicht aus Blei (etwa 16 g)]: **1.** (Bauw.) **a)** *an einer Schnur hängendes, spitz zulaufendes Stück Blei, das durch sein Gewicht die Schnur immer genau in der Senkrechten hält; Senkblei:* die Mauer mit dem L. messen; die Wand muss nach dem L. ausgerichtet werden (veraltet), für Kaffee im Haushalt nicht ge- gebräuchlich) *kleine Gewichtseinheit:* es gab sehr schlechte Monate, in denen er das Brot ... hundertgrammweise, un dem Kaffee per L. kaufte (Böll, Haus 14); Spr Freunde in der Not gehen hundert auf ein L. (die so genannten Freunde sind im Ernstfall nichts wert); Ü Sie wissen beide – nur sie immer ein L. mehr als er (Tucholsky, Werke I, 235). **5.** (Technik) *Material, das beim Löten aufgetragen wird* (z. B. Lötzinn).

²Lot, das; -[s], -s [engl. lot = Menge (zusammengehörender Dinge]): **a)** *zusammengestellter Posten einer bestimmten Zucht od. Ware:* Das ... lieferte aus ihm (= dem Haflingergestüt) ... jährlich ein L. von zehn Remonten für die Gebirgsjäger (Dwinger, Erde 33); **b)** (Philat.) *abgepackte, geschlossen angebotene Zusammenstellung von Briefmarken od. Markensätzen:* als rund 750 Sammlungen, -s, und Händlerposten ... unter den Hammer kamen (MM 9. 8. 69, 52).

Lötlaplpalrat, der: *Apparat zum Löten.*
lötlbar ⟨Adj.⟩: *zum Löten geeignet.*
Lötlbarlkeit, die; -: *das Lötbarsein.*
Lotlblei, das: *Bleigewicht zum Loten.*
Lötldraht, der: ¹*Lot (5) in Form eines Drahts.*
lolten ⟨sw. V.; hat⟩ [zu ↑¹Lot]: **1.** (Bauw.) *die senkrechte Lage bestimmen:* die Mauer [mit der Wasserwaage] l. **2.** (Seew.) *die Wassertiefe bestimmen:* die Tiefe l.; Ü Stiller ... hatte seinerseits nicht das mindeste Bedürfnis, in dieser Geschichte tiefer zu l. (Frisch, Stiller 167).
lölten ⟨sw. V.; hat⟩ [1: mhd. lœten, zu: lōt, ↑¹Lot; 2: urspr. Gaunerspr. vgl. Lötkolben (2)]: **1.** (Technik) *[Metallteile] mithilfe einer geschmolzenen Legierung miteinander verbinden:* ein Loch l.; Ein Schirmständer, aus Blech gelötet und mit Email bemalt (Musil, Mann 1064). **2.** (salopp scherzh.) *verlöten (2).*
Lötlfulge, die: vgl. Lötstelle.
Lötlgelrät, das: *Arbeitsgerät, Werkzeug zum Löten.*
Lothlrinlgen; -s: Region in Nordostfrankreich.
¹**Lothlrinlger,** der; -s, -: Ew.
²**Lothlrinlger** ⟨indekl. Adj.⟩.
Lothlrinlgelrin, die; -, -nen: w. Form zu ↑¹Lothringer.
lothlrinlgisch ⟨Adj.⟩: **a)** *Lothringen, die Lothringer betreffend; von den Lothringern stammend, zu ihnen gehörend;* **b)** *in der Mundart der Lothringer.*
Loltilon [engl.: ˈloʊʃən], die; -, -en u. (bei engl. Ausspr.:) -s [unter Einfluss von engl. lotion < frz. lotion = Waschung, Bad < spätlat. lotio, zu lat. lavare = waschen]: *flüssiges Kosmetikum in Form einer [milchigen] Lösung od. einer Emulsion zur Reinigung u. Pflege der Haut:* Auch ... -s mit »Tiefenwirkung« bleiben in der obersten ... Schicht der Haut ... kleben (MM 12. 4. 75, 33); Diese -en gelten als besonders hautverträglich (MM 7. 5. 87, 35).
Lötlkollben, der [2: nach dem Bild des erhitzten rot glühenden Lötkolbens (1)]: **1.** *Werkzeug aus einem isolierten Griff u. einem vorn zugespitzten Kupferstück, das [elektrisch] erhitzt wird u. dadurch das aufzutragende* ¹*Lot (5) an der vorgesehenen Lötstelle zum Schmelzen bringt.* **2.** (salopp) *dicke, rote [Trinker]nase.*
Lötllamlpe, die: *Brenner zum Löten.*
Lötlleilne, die (Seew.): ¹*Lot (2).*
Lötlmaltelrilal, das: *zum Löten benötigtes Material, Lötmetall u. Flussmittel.*
Lötlmeltall, das: *Metalllegierung zum Löten.*
Lötlmitltel, das: vgl. Lötmaterial.
Lötlnaht, die: *Nahtstelle, an der gelötet wurde.*
Lötlofen, der: *zum [Hart]löten benutzter Ofen.*
Loltos, der; -, - [lat. lotos, lotus < griech. lōtós]: *(zu den Seerosen gehörende) Pflanze mit aus dem Wasser ragenden, großen, schildförmigen Blättern u. lang gestielten rosa od. weißen Blüten:* Ü Lieber den Tod, ehe dass ein Dreister meinen L. pflücke (*mich entjungfere*; Hacks, Stücke 37).
Loltoslblulme, die: *Lotos.*

Loltoslblülte, die: *Blüte des Lotos.*
Loltoslsäulle, die (Archäol.): *altägyptische Säule mit einem stilisierten Pflanzenkapitell.*
Loltoslsitz, der ⟨o. Pl.⟩ [die Sitzhaltung ähnelt einer offenen Lotosblüte] (Yoga): *Schneidersitz, bei dem die Füße auf den Oberschenkeln liegen.*
Lötlpisltolle, die: *pistolenartig geformtes Lötgerät.*
lotlrecht ⟨Adj.⟩ [zu ↑¹Lot]: *senkrecht [stehend]; im rechten Winkel, gerade nach oben gerichtet:* eine fast -e Felswand; den Mast l. stellen.
Lotlrechlte, die: *Senkrechte:* von der -n abweichen.
Lötlrohr, das: *gebogenes Messingrohr, durch das eine [Gas]flamme mit einem Luftstrom auf eine bestimmte Stelle gerichtet u. verstärkt werden kann.*
Lötlrohrlanallylse, die (Chemie): *Prüfverfahren mithilfe des Lötrohrs, bei dem durch Schmelzrückstände Rückschlüsse auf die Zusammensetzung der untersuchten Substanz möglich werden.*
Lotlschnur, die (Seew.): ¹*Lot (2).*
Lotlse, der; -n, -n [gek. aus älter niederd. Lootsmann < engl. loadsman = Geleitsmann, Steuermann, zu: load = Weg, Straße] (Seew.): *jmd., der Schiffe durch schwierig zu befahrende Gewässer, in denen er sich genau auskennt, leitet* (Berufsbez.): der L. kommt an/geht von Bord; Ü jmdm. als L. die fremde Stadt zeigen.
lotlsen ⟨sw. V.; hat⟩: **1. a)** (Seew.) *als Lotse dirigieren, hinleiten:* ein Schiff in den Hafen l.; **b)** (Flugw.) *vom Boden aus (auf die richtige Flug- u. Landebahn) dirigieren:* der Flugleiter lotste das Flugzeug per Funk durch den Nebel [auf die dritte Landebahn]; **c)** (Verkehrsw.) *durch unbekanntes Gebiet od. starken Verkehr leiten:* jmdn. durch die Stadt, Schüler über die Straße l.; Er ... lotste ihre schweren Wagen über die Kanalbrücke (Fries, Weg 189); er ... lotste uns durch einen der trüben Korridor (Lenz, Brot 131); Ü nicht sachkundige Genossen durch wissenschaftliche Prüfungen zu l. (Spiegel 3, 1974, 50). **2.** (jmdn.) *durch Überredungskunst od. Versprechungen dazu bringen, dass er etw. unternimmt, was er ursprünglich gar nicht vorgehabt hatte:* Arlecq lotste McIntosh in den Tanzbums im Elstertal (Fries, Weg 195); ... den eigenwilligen, sich gern rar machenden Künstler für die Ein-Mann-Show ... vor die Kamera gelotst zu haben (Hörzu 19, 1973, 20).
Lotlsenlboot, das: *Boot, das den Lotsen an Bord des zu betreuenden Schiffes bringt.*
Lotlsenldienst, der: **1.** *Bereitstellung, Dienst von Lotsen.* **2.** (Verkehrsw.) *Bereitstellung, Dienst von Verkehrslotsen.*
Lotlsenlfisch, der [wohl nach der Vorstellung, dieser Fisch locke die Haie zur Beute]: *(in [sub]tropischen Meeren beheimateter) großer Raubfisch mit silbrigem, blauschwarze Querbinden aufweisendem Körper, der im Schwärmen nahe den Hai begleitet.*
Lotlsenlflaglge, die: *Signalflagge zur Anforderung eines Lotsen.*

Lotlsenlgeld, das: *Entlohnung eines Lotsen.*
Lotlsenlmütlze, die: *Mütze eines Lotsen.*
Lotlsenlsilgnal, das: vgl. Lotsenflagge.
Lotlsenlstalltilon, die: *Leitstelle an Land, von der aus die Lotsen eingesetzt werden.*
Lotlsenlzwang, der ⟨o. Pl.⟩: *gesetzliche Vorschrift, dass in einem bestimmten Gebiet kein Schiff ohne einen Lotsen fahren darf.*
Lotlsin, die; -, -nen: w. Form zu ↑Lotse.
Lötlspitlze, die: *Spitze eines Lötgeräts, mit der das Lot auf das zu bearbeitende Werkstück aufgetragen wird.*
Lötlstellle, die: *gelötete od. zu verlötende Stelle.*
♦ **lotlter** ⟨Adj.⟩ [mhd. lot(t)er, ↑Lotter]: (landsch.) *locker* (1 a), *lose:* Dies alles aufzuputzen und zu leimen, was l. war, saß die Frau Wirtin am Tisch beim Licht (Mörike, Hutzelmännlein 132).
Lotlter, der; -s, - [zu mhd. lot(t)er, ahd. lotar = locker, schlaff; nichtig; leichtfertig, verw. mit ↑liederlich] (veraltet): *Lotterbube.*
Lotlterlbett, das: **a)** (veraltend) *weiches [altes, ein wenig schlampiges] Bett, das von einem Liebespaar benutzt wird:* Was übrig bleibt, ist eine armselige Schnulze vom L., aufgetakelt allein von üppiger Phantasie (Noack, Prozesse 21); **b)** (veraltet) *Sofa, Couch;* * **auf dem L. liegen** (veraltet; *faulenzen*).
Lotlterlbulbe, der (veraltet abwertend): *jmd., der sich herumtreibt; Faulenzer.*
Lotltelrei, die; -, -en (abwertend): *liederliche Lebensart, liederliches, anstößiges Verhalten.*
lotlterlhaft ⟨Adj.⟩ (abwertend): *liederlich.*
Lotltelrie, die; -, -n [niederl. loterij, zu: lot = Los]: *[staatliche] Auslosung von Gewinnen, an der jmd. durch Kauf eines Loses teilnimmt:* L./in der L. spielen.
Lotltelrielanlleilhe, die (Wirtsch.): *Anleihe, für die keine Zinsen gezahlt, stattdessen aber Prämien unter den Einzahlern verlost werden.*
Lotltelrieleinlnehlmer, der: *Kaufmann, der mit staatlicher Konzession Lotterielose vertreibt.*
Lotltelrieleinlnehlmelrin, die; -, -nen: w. Form zu ↑Lotterieeinnehmer.
Lotltelrielkollleklteur, der (veraltet): *Lotterieeinnehmer; Kollekteur* (a).
Lotltelrielkolllekltilon, die (veraltet): *Verkaufsstelle für Lotterielose.*
Lotltelriellos, das: *Los, mit dem jmd. am Lotteriespiel teilnimmt.*
Lotltelriellspiel, das: *Spiel in der Lotterie:* Ü Die Aufstellung waldbaulicher ... Betriebsziele kommt aber einem L. gleich (ist eine unsichere Sache); denn niemand sieht die Entwicklung voraus (Mantel, Wald 102); Böiger Wind machte das Springen zu einem L. und führte zu einem bösen Sturz des Kanadiers (Abendzeitung 23. 1. 85,6).
lotltelrig, lottrig, lodderig, loddrig ⟨Adj.⟩ [zu ↑Lotter] (ugs. abwertend): **1.** *unordentlich, schlampig, liederlich:* Sein Häuschen war das lottrigste im ganzen Dorf (Frisch, Stiller 82). **2.** *moralisch*

nicht einwandfrei: weil es da drin (= in der Haupt- und Residenzstadt) lotterig wie in einem Babel zugeht (Kühn, Zeit 160).

Lot|te|rig|keit, die; -, -en (ugs. abwertend): *lotteriges Wesen; Liederlichkeit.*

Lot|ter|le|ben, das ⟨o. Pl.⟩ (abwertend): *ausschweifendes, moralisch nicht einwandfreies Leben:* Da hat eine Frau in Saus und Braus ein L. geführt – weit über ihre Verhältnisse (Frau im Spiegel 10, 1977, 12); Entweder verabschiedet sie (= Ihre Tochter) das L., oder Sie schalten das Jugendamt ein (TV 21, 1978, 73).

löt|ter|len ⟨sw. V.; hat⟩ [zu ↑Lotterie, wohl mit bewusster Anlehnung an ↑Lotter] (schweiz.): *in der Lotterie spielen.*

Löt|ter|ler, der; -s, - (schweiz.): *jmd., der [leidenschaftlich] Lotterie spielt.*

Löt|ter|le|rin, die; -, -nen: w. Form zu ↑Lötterler.

lot|tern ⟨sw. V.; hat⟩ [zu ↑Lotter]: **1.** (landsch.) *liederlich leben, schlampen:* Doch ihr lottert noch immer in Unzucht (Grass, Butt 43). **2.** (schweiz.) *aus den Fugen gehen.*

◆ **Lot|ter|nest,** das: *Schlupfwinkel, Nest* (4 a) *von Nichtstuern, Lotterbuben:* Kannst du nicht in deinem -e bleiben, du Seldwyler Lumpenhund (Keller, Romeo 30).

Lot|ter|wirt|schaft, die ⟨o. Pl.⟩ (abwertend): *liederliche, schlampige Wirtschaftsführung; Lotterigkeit:* eine L. unter freiem Himmel ... da war er ... im Lumpazius (Lynen, Kentaurenfährte 25).

Lot|to, das; -s, -s [ital. lotto = Losspiel, Glücksspiel < frz. lot = Los, aus dem Germ.]: **1.** *Art der Lotterie, bei der einzelne Zahlen aus einer begrenzten Anzahl ausgelost u. die Gewinne nach der Anzahl der richtig angekreuzten Nummern gestaffelt werden; Zahlenlotto:* vier Richtige im L. haben. **2.** *Gesellschaftsspiel, bei dem Tafeln mit Bildern od. Zahlen durch die zugehörigen einzelnen (wahllos aus einem Beutel gezogenen u. ausgerufenen) Karten zugedeckt werden müssen.*

Lot|to|an|nah|me|stel|le, die: *Stelle (Geschäft, Kiosk o. Ä.), die Lottoscheine annimmt.*

Lot|to|block, der ⟨Pl. ...blöcke⟩: *Zusammenschluss mehrerer regionaler Lottogesellschaften:* die öffentliche Ziehung der Gewinnzahlen im deutschen L.

Lot|to|fee, die (ugs. scherzh.): *Fernsehansagerin bei der Ziehung der Lottozahlen.*

Lot|to|ge|sell|schaft, die: *Gesellschaft mit der Konzession, Lottospiele zu veranstalten.*

Lot|to|ge|winn, der: *Gewinn im Lotto.*

Lot|to|kol|lek|tur, die (österr.): *Lottoannahmestelle.*

Lot|to|kö|nig, der (ugs.): *jmd., der durch einen sehr hohen Lottogewinn reich geworden ist.*

Lot|to|kö|ni|gin, die: w. Form zu ↑Lottokönig.

Lot|to|ku|gel, die: *mit einer Nummer versehene Kugel, die mit der entsprechenden Anzahl gleichartiger zusammen in die Lostrommel kommt.*

Lot|to|mit|tel, ⟨Pl.⟩: *durch die Einsätze im Lotto zusammengekommene Beträge.*

Lot|to|schein, der: *vorgedruckter Schein, mit dem jmd. an der Ausspielung teilnimmt, nachdem er Zahlen [in mehreren Tippreihen] angekreuzt hat.*

Lot|to|spiel, das: *Lotto* (1).

Lot|to|trom|mel, die: *Lostrommel für die Lottokugeln.*

Lot|to|zah|len ⟨Pl.⟩: *Gewinnzahlen im Lotto.*

Lot|to|zen|tra|le, die: *Zentrale* (1 a), *in der die Lottoscheine verwaltet werden:* Schein A blieb in seinen Händen, die Abschnitte B und C wanderten samstags, getrennt gebündelt, in die L. (Noack, Prozesse 171); Außerdem registrierte man in der L. noch drei »Fünfer« mit Zusatzzahl (Welt 6. 12. 65,9).

Lot|to|zet|tel, der: *Lottoschein.*

lot|trig: ↑lotterig.

Lo|tung, die; -, -en: *das Loten.*

Lö|tung, die; -, -en: *das Löten.*

Lo|tus, der; -, - [lat. lotus, ↑Lotos]: **1.** Hornklee. **2.** Lotos.

Löt|ver|fah|ren, das: *Verfahren des Lötens.*

Löt|was|ser, das [2: urspr. gaunerspr.]: **1.** *wässrige Lösung von Zinkchlorid [u. Salmiak], mit der die Oxidschicht von dem zu lötenden Werkstück entfernt werden soll.* **2.** (ugs. scherzh.) *Schnaps.*

lot|wei|se ⟨Adv.⟩ (selten): *nach* ¹*Lot* (4) *gerechnet:* Kaffee l. abmessen.

Löt|zinn, das: *Zinnlegierung zum [Weich]löten.*

Lou|is ['luːi], der; - ['luːi(ːs)], - ['luːiːs; frz. Louis = Ludwig, viell. in Anlehnung an die gleichnamigen frz. Könige im 17./18. Jh., die wegen ihrer zahlreichen Mätressen bekannt waren] (ugs.): *Zuhälter:* Die Huren brachten ihre L. und ihre Kunden mit (Genet [Übers.], Tagebuch 66).

Lou|is|dor [lui'doːɐ̯], der; -s, -e ⟨aber: 5-⟩ [frz. louis d'or, eigtl. = goldener Ludwig] (früher): *(erstmals unter Ludwig XIII. [1601–1643] geprägte) französische Goldmünze.*

Lou|i|sette [lui'zɛt], die; -, -n ⟨älter frz. louisette, nach dem frz. Arzt A. Louis (1723–1792), der über eine in England u. Schottland seit dem 17. Jh. verwendete ähnliche Hinrichtungsmaschine berichtete]: erste Bez. für ↑Guillotine.

Lou|i|si|a|na [lui..., engl.: luɪzɪ'ænə]; -s: *Bundesstaat der USA.*

Lou|is-qua|torze [lwika'tɔrz], das; - [aus frz. Louis = Ludwig u. quatorze = vierzehn] (Kunstwiss.): *französischer [Barock]stil zur Zeit Ludwig XIV.* (1638–1715).

Lou|is-qua|torze-Mö|bel, das ⟨meist Pl.⟩: *Möbel aus dem Louis-quatorze.*

Lou|is-qua|torze-Stuhl, der: vgl. Louis-quatorze-Möbel.

Lou|is-quinze [...'kɛ̃ːz], das; - [frz. quinze = fünfzehn] (Kunstwiss.): *französischer [Rokoko]stil zur Zeit Ludwig XV.* (1710–1774).

Lou|is-quinze-Uhr, die: *Uhr aus dem Louis-quinze.*

Lou|is-seize [...'sɛːz], das; - [frz. seize = sechzehn] (Kunstwiss.): *französischer*

Kunststil zur Zeit Ludwigs XVI. (1754–1793).

Lou|is-treize [... 'trɛːz], das; - [frz. treize = dreizehn] (Kunstwiss.): *französischer Kunststil zur Zeit Ludwigs XIII.* (1601–1643).

Lounge [laʊndʒ], die; -, -s [...ʒɪz; engl. lounge, zu: to lounge = faulenzen]: *Gesellschaftsraum in einem Hotel o. Ä.; Hotelhalle.*

Lounge|chair [...tʃɛ:ɐ̯], der; -s, -s [engl. lounge-chair, zu: lounge (↑Lounge) u. chair, ↑Chairman]: *bequemer Sessel, Klubsessel.*

Lourdes [lurd]: *französischer Wallfahrtsort.*

Loure [luːɐ̯], die; -, -n ['luːrən; H. u.] (Musik): *Tanz im gemäßigten ⁶/₄-Takt, der Ende des 17. Jh.s Eingang in die französische Suite fand u. von dort in die Suite übernommen wurde.*

love [lʌv; engl., gek. aus: to be love = umsonst sein] (Sport, bes. Tennis): engl. Bez. für [zu] null.

Love-in [lʌv'ɪn], das; -s, -s [engl. love-in, wohl geb. nach ↑Go-in]: *(bes. in den 60er-Jahren) aus einer Protesthaltung hervorgehende Veranstaltung jugendlicher Gruppen, bei der es zu öffentlichen erotisch-sexuellen Handlungen kommt.*

Love|pa|rade, (auch:) **Love-Pa|rade,** ['lʌvpəreɪd], die; -, -s: *(jährlich in Berlin stattfindender) Umzug der Raver:* 200 000 Raver bringen Berlins Flaniermeile bei der morgigen L. zum Beben (MM 7. 7. 95, 3).

Lo|ver ['lʌvɐ], der; -s, -[s] [engl. lover, zu: to love = lieben]: *Freund u. Liebhaber; Liebespartner:* Sie wacht in einem fremden Bett neben einem noch fremderen Toten auf – ihrem L. vom Vorabend steckt ein Küchenmesser in der Brust (MM 27. 2. 87, 18); das »Coming-out« von Frank, dessen L. 1987 nebenbei einen Schwulenpuff in der Wohnung des Abgeordneten betrieb (Spiegel 18, 1990, 287).

Love|sto|ry ['lʌvstɔːrɪ], die [engl. love story, aus: love = Liebe u. ↑Story; nach dem Roman von E. Segal u. dem gleichnamigen Film]: **1.** *Liebesgeschichte* (1): Diese argentinische L. (1974) um einen verwitweten Bürovorsteher und eine junge Sekretärin (Spiegel 35, 1976, 144). **2.** *Liebesgeschichte* (2): Ü die überraschende L. zwischen Leopold Gratz und Erhard Busek ...: Wiens ÖVP-Chef ... zeigt Bereitschaft, die vier Bedingungen der Wiener SPÖ einzugehen (profil 23, 1984, 14).

Low Church ['loʊ'tʃɜːtʃ], die; - - [engl. Low Church]: *vom Methodismus beeinflusste, evangelikale Richtung in der anglikanischen Kirche.*

Lö|we, der; -n, -n [mhd. lewe, ahd. le(w)o < lat. leo < griech. léōn, H. u.]: **1.** (in Afrika heimisches) großes katzenartiges Raubtier mit kurzem graugelbem bis ockerfarbenem Fell, langem Schwanz u. beim männlichen Tier langer Mähne um Nacken u. Schultern: der L. brüllt, schlägt, reißt seine Beute; kämpfen wie ein L. (sehr tapfer, mit letztem Einsatz); R gut gebrüllt, L.! (meist scherzh.; treffend

gesagt, schlagfertig bemerkt; nach engl. well roared, lion! [Shakespeare, Ein Sommernachtstraum V, 1]); *der L. des Tages/Abends sein (veraltend; im Mittelpunkt des Interesses stehen; der Held des Tages, des Abends sein; LÜ von engl. lion of the day, weil früher im Londoner Tower als besondere Sehenswürdigkeit für die Besucher Löwen gehalten wurden); nicht den schlafenden -n wecken (nicht jmdn. unnötig auf etw. hinweisen, was nur seinen Zorn erregen würde). 2. Wappentier in Gestalt eines Löwen: der bayrische L. 3. (Astrol.) a) ⟨o. Pl.⟩ Tierkreiszeichen für die Zeit vom 23. 7. bis 23. 8.; b) jmd., der im Zeichen Löwe (3 a) geboren ist: sie ist [ein] L. 4. ⟨o. Pl.⟩ Sternbild beiderseits des Himmelsäquators.
Lö|wen|äff|chen, das: meist goldgelber Krallenaffe mit löwenartiger Mähne.
Lö|wen|an|teil, der [nach einer Fabel Äsops, in der der Löwe als der Stärkste den größten Teil der Beute für sich beansprucht] größter u. bester Anteil von etw.: sich den L. [von etw.] sichern; Die insgesamt 20 ehemaligen französischen Kolonien erhielten stets den L. der Pariser Entwicklungshilfe (Woche 27. 3. 98, 21).
Lö|wen|bän|di|ger, der: Dompteur, der mit Löwen arbeitet.
Lö|wen|bän|di|ge|rin, die: w. Form zu ↑Löwenbändiger.
Lö|wen|frei|ge|he|ge, das: Freigehege für Löwen.
Lö|wen|ge|brüll, das: Gebrüll eines Löwen.
Lö|wen|jagd, die: Jagd auf Löwen.
Lö|wen|kä|fig, der: Käfig für Löwen.
Lö|wen|kraft, die: unbändige Kraft.
Lö|wen|mäh|ne, die: 1. Mähne des Löwen. 2. (ugs.) ziemlich langes, sehr fülliges Haar (das jmdm. ein würdevolles Aussehen verleiht): dann saß einem kein alter Mann mehr gegenüber, sondern ein besessener Jüngling mit einer schlohweißen L. (Ziegler, Labyrinth 74).
Lö|wen|maul, das ⟨o. Pl.⟩ [nach der mit einem aufgesperrten Löwenrachen verglichenen Blüte]: (zu den Rachenblütlern gehörende) in vielen bunten Farben blühende Pflanze mit meist in Trauben stehenden zweilippigen Blüten.
Lö|wen|mäul|chen, das: Löwenmaul.
Lö|wen|mut, der: großer Mut.
Lö|wen|ra|chen, der: Rachen eines Löwen.
Lö|wen|stär|ke, die: Löwenkraft.
Lö|wen|stim|me, die (ugs.): besonders laute, kräftige Stimme.
Lö|wen|zahn, der ⟨o. Pl.⟩ [wohl nach den spitz gezahnten Blättern]: (zu den Korbblütlern gehörende) bes. auf Wiesen wachsende Pflanze mit länglichen, gezähnten, eine Rosette bildenden Blättern, hohlen, Milchsaft führenden Stängeln u. gelben Blüten, die sich zu einem kugeligen Samenstand entwickeln; Pusteblume.
Lö|wen|zwin|ger, der: vgl. Löwenkäfig.
Low|im|pact [ˈloʊˈɪmpɛkt], der; -s, -s, (auch:) **Low Im|pact,** der; - -s, - -s [engl., aus: low = niedrig u. ↑Impact] (Sport): niedriger Grad, geringe Belastung, schwächere Wirkung: L. I. reduziert diesen Stress, indem zu jeder Zeit wenigstens ein Fuß auf der Erde ist (kein Hüpfen, kein Joggen) (MM 17. 2. 88, 17).
Lö|win, die; -, -nen: w. Form zu ↑Löwe.
lo|xo|drom ⟨Adj.⟩ [griech. loxodrómos = schräg (ver)laufend, zu: loxós = schief u. drómos = Lauf] (Math.): (von Kurven) die Meridiane einer Kugel, bes. der Erdkugel, unter gleichem Winkel schneidend.
Lo|xo|dro|me, die; -, -n (Math., Geogr.): Verbindungslinie zweier Punkte [der Erdoberfläche], die alle Meridiane unter gleichem Winkel schneidet.
lo|xo|dro|misch ⟨Adj.⟩ (veraltet): loxodrom.
lo|xo|go|nal ⟨Adj.⟩ [zu griech. gōnía = Winkel] (Math.): schiefwinklig.
Lo|xoph|thal|mus, der; - [zu griech. ophthalmós = Auge] (Med. selten): Strabismus.
lo|yal [loaˈjaːl] ⟨Adj.⟩ [frz. loyal < lat. legalis, ↑legal] (bildungsspr.): a) den Staat, eine Instanz respektierend: -e Truppen; Gegen die Obrigkeit muss man l. sein (Johnson, Mutmaßungen 8); b) vertragstreu, redlich; nach Treu u. Glauben [handelnd]: Die Engländer sind ... Verbündete (Dönhoff, Ära 147); ... will sich Gerstenmaier an die -e Zusammenarbeit mit den drei westalliierten Schutzmächten halten (Welt 16. 1. 65, 2); im Gefühl, l. zu handeln, indem sie die Partei der Dame ergriff (A. Kolb, Daphne 120); c) anständig, auch den Gegner respektierend: das (= das Zweiparteiensystem) durch das Gegeneinander von Regierungspartei und -er Opposition gekennzeichnet ist (Fraenkel, Staat 245); Warum können fromme Menschen so selten l. sein, Eugenie? (Remarque, Triomphe 81); Der Kommandeur hatte sich Schliemann gegenüber stets l. verhalten (Ceram, Götter 62).
Lo|ya|list, der; -en, -en [frz. loyaliste] (bildungsspr. selten): jmd., der loyal (a) ist, regierungstreu, gesetzestreu handelt.
Lo|ya|lis|tin, die; -, -nen: w. Form zu ↑Loyalist.
Lo|ya|li|tät, die; -, -en ⟨Pl. selten⟩ [nach frz. loyauté]: loyale Gesinnung, Haltung, Verhaltensweise: L. dem Staat gegenüber; die L. aufgeben; dass Herr Krause die L. der Beamtenschaft zu ihrem Dienstherrn infrage gestellt hat (Welt 1. 10. 66, 3); Begriffe mit klaren, überschaubaren -en (Bindungen, Verpflichtungen; Dönhoff, Ära 104).
Lo|ya|li|täts|er|klä|rung, die: Loyalität bekundende Erklärung.
lo|zie|ren ⟨sw. V.; hat⟩ [lat. locare, zu: locus = Ort, Stelle] (veraltet): 1. an einen Ort setzen od. stellen, einordnen. 2. verpachten.
¹LP [ɛlˈpeː, auch: ɛlˈpiː], die; -, -[s] [aus engl. long-playing record]: kurz für ↑Langspielplatte: Drei Millionen LPs hat die Gruppe bis heute verkauft (Hörzu 40, 1978, 8).
²LP = Läuten u. Pfeifen (Eisenbahnzeichen).
LPG, die; -, -[s] (DDR): = landwirtschaftliche Produktionsgenossenschaft.
Lr = Lawrencium.
LSD, das; -[s] [kurz für: Lysergsäurediäthylamid]: aus Bestandteilen des Mutterkorns gewonnenes Rauschgift, das bewusstseinsverändernd wirkt: Wenn Hugo jetzt LSD nehmen würde, hätte er eine Vision (Jägersberg, Leute 148).
LSF = Lichtschutzfaktor.
LSG = Landessozialgericht.
lt. = ²laut.
Lt. = Leutnant.
Ltd. = limited.
LTH = luteotropes Hormon (↑luteotrop).
Ltq = türkisches Pfund.
Lu = Lutetium.
Lu|an|da: Hauptstadt von Angola.
Lu|ba, auch: Baluba, der; -[s], -[s] u. die; -, -[s]: Angehöriger, Angehörige eines Bantustammes in Zaire.
Lü|beck: Hafenstadt an der Ostsee.
¹Lü|be|cker, der; -s, -: Ew.
²Lü|be|cker ⟨indekl. Adj.⟩: die L. Bucht.
Lü|be|cke|rin, die; -, -nen: w. Form zu ↑Lübecker.
lü|be|ckisch, lü|bisch ⟨Adj.⟩: Lübeck, die Lübecker betreffend; von den Lübeckern stammend, zu ihnen gehörend.
Lu|bri|ka|ti|on, die; - [zu lat. lubricus = schlüpfrig] (Med.): bei sexueller Erregung durch Sekrete bewirkte Gleitfähigkeit der Scheide (2).
Luch, die; -, -e, auch: das; -[e]s, -e [mniederd. luch, H. u.] (landsch.): Sumpfwiese, Moor: das L., das ich auf dem Weg von der Bahn schon durchwandert hatte (Bruyn, Zwischenbilanz 329).
Luchs, der; -es, -e [mhd., ahd. luhs, eigtl. = Funkler, nach den funkelnden bernsteingelben Augen]: 1. kleines, hochbeiniges katzenartiges Raubtier mit gelblichem, häufig dunkel geflecktem Fell, kleinem, rundlichem Kopf u. kurzem Schwanz: *aufpassen wie ein L. (scharf aufpassen auf das, was um einen herum vorgeht). 2. Fell des Luchses: ein Mantel aus L.
Luchs|au|ge, das: Auge des Luchses: Ü Diese Schwäche nahm Gossmann mit -n (mit höchster Aufmerksamkeit) wahr (Hasenclever, Die Rechtlosen 414).
luchs|äu|gig ⟨Adj.⟩: mit Augen wie ein Luchs [versehen].
luch|sen ⟨sw. V.; hat⟩ (ugs.): 1. angespannt, aufmerksam spähend schauen, nach jmdm., etw. ausschauen: Nach dem Gutenachtkuss luchsten Margot und Irene auf das helle Schlüsselloch (Bieler, Bär 368). 2. auf listige Weise herausholen, an sich bringen: jmdm. einige Briefmarken aus seiner Sammlung l.; sie sagt auch noch ihren leichtgläubigen Mitmenschen die Zukunft voraus ... mit Hilfe des trinklustigen und spät verliebten Briefträgers ..., dem sie die Briefe aus der Posttasche luchst (Hamburger Abendblatt 27. 8. 85, 12).
Lucht, die; -, -en [mniederd. lucht, eigtl. = Luft, niederd. -cht entspricht hochd. -ft, vgl. Schacht] (nordd. veraltend): Dachboden.
Lu|ci|fer [...ts...]: ↑Luzifer.
Lu|ci|fe|rin: ↑Luziferin.
Lü|cke, die; -, -n [mhd. lücke, lucke, ahd. luccha, verw. mit ↑Loch]: a) offene, leere Stelle; Stelle, an der etw. fehlt (in einem

zusammenhängenden Ganzen), *durch die etw. unvollständig erscheint:* eine L. im Zaun; ihr Gebiss hat erhebliche -n *(es fehlen ihr viele Zähne);* eine L. lassen *(an einer Stelle einen freien Platz lassen für etw. später Einzufügendes);* eine L. füllen, schließen; etw. auf L. stellen *(gegeneinander versetzt aufstellen);* Ü *ihr Tod hinterlässt,* reißt eine L.; die Neuerscheinung schließt eine L.; (Sprachw.:) eine semantische L.; eine L. im Wortschatz; **b)** *etw. nicht ausreichend Vorhandenes und als Mangel Empfundenes:* sein Wissen hat einige -n; eine L. im Gesetz *(Fall, der vom Gesetz nicht erfasst ist);* es fehlt ihr der Mut zur L. *(das Sicheingestehen von u. Sichabfinden mit Unzulänglichkeiten, mit Unvollständigkeiten);* Mut zum Risiko und zur didaktischen L. im mitunter von Routine und Langeweile geprägten ... Schulalltag (FAZ 18. 6. 97, 39); Er (= Organisator einer Gemäldeausstellung) nimmt Bewertungen vor, setzt Akzente und zeigt damit den Mut zur L. *(hat den Mut, eine Auswahl unter den Gemälden zu treffen;* FAZ 30. 10. 98, 44).

Lü|cken|bü|ßer, der [zu älter: die Lücke büßen = die Lücke ausbessern]: **a)** *jmd., der für den eigentlich für etw. Bestimmtes Ausersehenen [in letzter Minute] als Ersatz angefordert wird:* Es freut sie, dass er sie zumindest in Erwägung zieht, aber sie sieht sich nicht als L. (Frischmuth, Herrin 138); Ü Bonn ist dann bereit, als L. einzuspringen (Spiegel 5, 1975, 16); **b)** *etw., was in Ermangelung von Besserem od. Geeigneterem für etw. verwendet wird:* Gedichte ... haben allenfalls die Aufgabe von -n in Zeitungen zu erfüllen (Brückner, Quints 195).

Lü|cken|bü|ße|rin, die: w. Form zu ↑ Lückenbüßer (a).

Lü|cken|fül|ler, der: Lückenbüßer.

lü|cken|haft ⟨Adj.⟩: **1.** *Lücken (1) aufweisend:* ein -es Gebiss. **2.** *unvollständig; Mängel aufweisend:* seine Erinnerung an die Vorgänge ist l.; Unterschätzen sollten Outdoor-Aktivisten das felsige Inselinnere auf gar keinen Fall, denn die Infrastruktur ist l. (a & r 9, 1998, 63).

Lü|cken|haf|tig|keit, die; -: *lückenhafte Beschaffenheit.*

lü|cken|los ⟨Adj.⟩: **1.** *keine Lücke (1) aufweisend:* ein -es Gebiss; die Teile lassen sich l. ineinander fügen. **2.** *absolut vollständig; ohne dass etw. fehlt:* ein -er Lebenslauf; etw. l. darstellen, dokumentieren.

Lü|cken|lo|sig|keit, die; -: *lückenlose Beschaffenheit.*

Lü|cken|sprin|ger, der (ugs.): vgl. Kolonnenspringer.

Lü|cken|test, der (Psych.): *Intelligenztest, bei dem Leerstellen in einem Text bzw. in einer bildlichen Darstellung ergänzt werden sollen.*

Lü|cken|text, der: *Text auf Formularen u. Ä., der Leerstellen zum Einsetzen der individuellen Daten aufweist:* ein vorgedrucktes Formular mit L. (Kempowski, Uns 233).

◆ **lu|cker:** Nebenf. von ↑ locker: Ihr seid ... freilich halt ein bisschen l. gewesen ...

Wie's eben das junge Fleisch meistens ist (Schiller, Räuber IV, 3).

lu|ckig ⟨Adj.⟩ [zu ↑ Lücke] (Bergmannsspr.): *(vom Gestein) großporig.*

lü|ckig ⟨Adj.⟩ (selten): **a)** *Lücken (1) aufweisend:* dass damals der Wald auf weiten Flächen ... l. und ertragsarm geworden war (Mantel, Wald 30); **b)** *mit Zwischenräumen:* Ein geschlossener Belag ist besser als l. verlegte Schrittplatten (= im Garten; Bergsträßer Anzeiger 25. 12. 69, 6).

lud: ↑ ¹,² laden.

Lud|dis|mus, der; - [engl. Luddism, vgl. Luddit]: *(bes. in der 1. Hälfte des 19. Jh.s in England) das Zerstören von [Spinn- u. Web]maschinen durch Arbeiter od. Handwerker, weil sie in ihnen die Ursache für Arbeitslosigkeit u. Armut sehen.*

Lud|dit, der; -en, -en [engl. Luddite, angeblich nach dem Namen eines engl. Arbeiters Ned Lud(d)]: *(in England in der 1. Hälfte des 19. Jh.s) Maschinenstürmer.*

Lu|de, der; -n, -n [Kurzf. von: Lud(e)wig, für ↑ Louis] (salopp abwertend): **1.** *Zuhälter:* Ich wär ganz gerne ihr L. gewesen (Lynen, Kentaurenfährte 39). **2.** (veraltend) *Herumtreiber.*

lü|de: ↑ ¹,² laden.

Lu|der, das; -s, - [mhd. luoder, H. u.]: **1.** (salopp) *meist weibliche Person, die als durchtrieben, böse angesehen wird:* ein blondes, geschminktes L. Und da hat dies L. es noch nötig, mich um meine sauer verdienten drei Millionen zu betrügen? (Prodöhl, Tod 39); »Deine Weiber haben dich ruiniert«, sagte sie ... »Besonders das Rothaarige, das L.« (Bieler, Bär 57); ein armes L. *(jmd., der einem Leid tut);* sie ist ein freches, raffiniertes L. *(sie ist auf gerissene Art frech, raffiniert);* »Das dumme L.!« *(diese dumme Person),* konnte Duftermann wohl schimpfen (Fallada, Trinker 102); Vorwärts, faules L. *(faule Person;* Werfel, Himmel 106); (mit dem Unterton widerstrebender Anerkennung:) sie ist ein kleines L. *(eine gewitzte, kokette o. ä. Person);* Sie sei ein zähes L. *(sei zäh),* habe der Arzt gesagt (Kempowski, Tadellöser 304). **2.** (Jägerspr.) **a)** *totes Tier, das als Köder für Raubwild verwendet wird;* **b)** *Federspiel, mit dem der zur Beizjagd abgerichtete Greifvogel angelockt wird.*

Lu|de|rer, der; -s, - [mhd. luoderære] (veraltet abwertend): *liederlicher Mensch.*

lu|der|haft ⟨Adj.⟩ (veraltet abwertend): *sehr, äußerst schlecht.*

lu|de|rig ⟨Adj.⟩ [mhd. luoderic] (veraltet abwertend): *schlampig, liederlich:* Sie sind begabt ..., aber l. (Hacks, Stücke 175).

Lu|der|jan, der; -[e]s, -e (ugs. selten): *Liederjan:* Die alte Babett versorgte sich und ihren L. von Sohn allein (H. Grzimek, Tiere 73).

Lu|der|le|ben, das ⟨o. Pl.⟩ (abwertend): *Lotterleben:* dem Vater das Geld für ein weiteres Jahr Lieder- und Luderleben abzujagen (Fallada, Herr 19).

lu|der|mä|ßig ⟨Adv.⟩ (landsch. emotional verstärkend): *sehr, überaus:* es ist l. kalt.

lu|dern ⟨sw. V.; hat⟩ [mhd. luodern] (veraltet abwertend): *ausschweifend, liederlich leben.*

Lu|der|platz, der (Jägerspr.): *Platz, an dem ein Köder ausgelegt ist.*

Lu|der|wirt|schaft, die (abwertend): *Unordentlichkeit, Schlampigkeit (in der Lebensführung):* Aber einer, der auf sich hielt, wollte nichts mit der L. bei den Frankls zu tun haben (Kühn, Zeit 194).

Lu|di: Pl. von ↑ Ludus.

lu|dol|fsche Zahl, die; -n - (veraltend), **Lu|dolf|zahl,** die; - [nach dem Mathematiker Ludolf van Ceulen (1540–1610)] (Math. selten): *die Zahl Pi.*

Lu|dus, der; -, Ludi [lat. ludus = Spiel]: **1.** *öffentliches Fest u. Schauspiel im Rom der Antike.* **2.** (Literaturw.) *geistliches Drama des Mittelalters.*

Lud|wigs|ha|fen am Rhein: Stadt in Rheinland-Pfalz.

Lu|es, die; - [lat. lues = Seuche, Pest]: *Syphilis.*

lu|e|tisch, luisch ⟨Adj.⟩: *syphilitisch.*

LUF = internationaler Währungscode für: luxemburgischer Franc.

Luf|fa, die; -, -s [arab. lūf]: *(in den Tropen heimische, zu den Kürbissen gehörende) kletternde Pflanze mit gurkenähnlichen Früchten, aus denen Badeschwämme hergestellt werden.*

Luf|fa|schwamm, der: *Schwamm aus der Frucht der Luffa.*

Luft, die; -, Lüfte [mhd. luft, ahd. luft, H. u.]: **1.** ⟨o. Pl.⟩ **a)** *(die Lufthülle der Erde bildender) besonders aus Sauerstoff u. Stickstoff bestehender gasförmiger Stoff, den Mensch u. Tier zum Atmen brauchen; Atmosphäre* (1 a): dünne, feuchte L.; Die weiche italienische L. (Thieß, Legende 173); flüssige L. (Physik; *durch Kühlung u. Kompression verflüssigte Luft);* der Motor wird mit L. gekühlt; an die [frische] L. gehen *(ins Freie gehen, spazieren gehen);* den ganzen Tag in der L. *(im Freien, draußen)* sein; * **die L. ist rein/ sauber** (ugs.; *es ist niemand da, der horcht, beobachtet, eine Gefahr darstellt o. Ä.);* **irgendwo ist/herrscht dicke L.** (ugs.; *es herrscht eine gespannte Atmosphäre, eine gereizte Stimmung;* zu ↑ dick in der alten Bed. »dicht«); **aus etw. ist die L. raus** (ugs.; *etw. hat seine Aktualität, seine Bedeutung, Wirkung o. Ä. verloren, ist verpufft);* **L. für jmdn. sein** *[in Bezug auf Personen] von jmdm. demonstrativ nicht beachtet werden);* **heiße L. sein** (ugs.; *nichts sagend, nicht von Belang sein; so geartet, dass nichts dahinter steckt):* was er geredet hat, war nur heiße L.; mein Magen beginnt schon wieder zu streiken, aber nichts als heiße L. (-ky, Blut 133); **die L. aus dem Glas lassen** (ugs. scherzh.; *Wein, Bier o. Ä. in das Glas nachfüllen);* **die L. rauslassen** (ugs.; *sich in seiner Erregung mäßigen);* **sich in L. auflösen** (ugs.; 1. *[meist von Dingen] spurlos verschwinden, unauffindbar werden.* 2. *[von Plänen, Vorhaben] nicht verwirklicht werden, fallen gelassen werden);* **jmdn. wie L. behandeln** (ugs.; *jmdn. demonstrativ nicht beachten);* **b)** *Atemluft:* schlechte, verbrauchte, stickige L.; Das Fenster stand keinen Spalt breit auf, die L. war zum Schneiden (*es war sehr stickig;* Noll, Häupter 141); vor Schreck blieb ihr die L. weg (ugs.; *vergaß sie zu atmen*); die L. einziehen, anhalten; tief L. holen *(tief einatmen);* etw. schnürt jmdm. die L. ab; Der stechende Dunst ... nahm Belfontaine die L. (*ließ ihn schwer atmen;* Langgässer, Siegel 244); Er ging ... zum Fenster, um L. zu schnappen (*frische Luft zu atmen;* Böll, Adam 64); keine L. bekommen, kriegen *(nur schwer atmen können);* nach L. ringen; R na, [dann] gute L.! (ugs. iron.; *da steht ja noch Schlimmes bevor!*); * **jmdm. bleibt die L. weg** (ugs.;*jmd. ist sehr erstaunt, erschrocken o. Ä.*); **jmdm. geht die L. aus** (↑Atem 2); **jmdm. die L. abdrehen/abdrücken** (ugs.; *jmdn. wirtschaftlich ruinieren*); **jmdm., etw. die L. [zum Atmen] nehmen** *(jmdn., etw. sehr einengen, zerstören):* Eine Art »gute Inflation« ..., die den Geldwert hebt, ohne der Wirtschaft die L. zu nehmen (Woche 3. 1.97, 9); **L. holen/**(geh.:) **schöpfen** (↑Atem 2); **wieder L. holen/schnappen können** (ugs.; *nicht mehr so sehr unter Druck stehen);* **gesiebte L. atmen** (ugs. scherzh.; *eine Freiheitsstrafe verbüßen;* die Gitter des Gefängnisfensters werden scherzh. mit einem Sieb verglichen); **die L. anhalten** (ugs.; *bei etw. große Bedenken haben im Hinblick auf seinen guten, glücklichen Verlauf, Ausgang o. Ä.*); **halt die L. an!** (ugs.; *1. hör auf zu reden!; sei mal still! 2. übertreibe nicht so!);* **nach L. schnappen** (ugs.; *geschäftlich, wirtschaftlich in einer schlechten Lage sein):* du lebst wohl von L. und Liebe?; **nicht von der L./von L. und Liebe leben können** (ugs.; *nicht ohne materielle Grundlage existieren können).* **2.** ⟨Pl. geh.⟩ *freier Raum über dem Erdboden; Himmel[sraum]:* Die L. war blau, noch voller Schatten (Schnabel, Marmor 74); die Aufnahmen sind aus der L. *(von einem Luftfahrzeug aus)* gemacht; Trümmer flogen durch die L.; das Flugzeug erhebt sich in die L.; ein Gebäude in die L. sprengen (*es sprengen, um es zu zerstören od. zu beseitigen);* das Silo flog/ging in die L. (ugs.; *explodierte).* * **jmdn. an die [frische] L. setzen/befördern** (ugs.; *1. jmdn. aus der Wohnung, aus dem Haus o. Ä. hinauswerfen. 2. jmdn. aus einer Stellung entlassen);* **aus der L. gegriffen/geholt sein** (*nicht den Tatsachen entsprechen, frei erfunden sein);* **in der L. liegen** (*1. bevorstehen, sich zu entladen drohen:* ein Gewitter lag in der L. *2. dem Zeitgeist entsprechen:* solche Erfindungen lagen in der L.); **in der L. hängen/schweben** (ugs.; *1. noch ganz ungewiss, unsicher, noch nicht entschieden sein:* die ganze Angelegenheit hängt [noch] in der L. *2. ohne finanziellen Rückhalt sein);* **[schnell/leicht] in die L. gehen** (ugs.; *[sehr leicht] häufig aus nichtigem Anlass in einen heftigen Ausbruch seinem Ärger, seiner Wut freien Lauf lassen);* **in die L. reden** (↑Wind 1); **in die L. gucken** (ugs.; ↑Röhre 3); **jmdn. in der L. zerreißen** (salopp; *1. [im Hinblick auf eine künstlerische*

o. ä. Leistung] jmdm. eine vernichtende Kritik zuteil werden lassen. **2.** [als Drohung; in Verbindung mit »können«] *auf jmdn. sehr wütend sein:* ich könnte sie in der L. zerreißen); **per L.** (veraltend; *mit dem Flugzeug).* **3.** ⟨Pl. nur dichter.⟩ *schwacher Wind; Brise; Luftbewegung:* es weht eine scharfe, kalte L.; linde, säuselnde Lüfte; Die L. bringt Hunderte Wiesengerüche mit sich (Musil, Mann 1140); * **frische L. in etw. [hinein]bringen** *(etw. in Schwung bringen; einer Sache neue Impulse geben).* **4.** ⟨o. Pl.⟩ (ugs.) *freier Raum, Platz, Spielraum [der an einer Stelle (unerwarteterweise) vorhanden ist]:* in dem Bücherschrank etwas L. schaffen, machen; an der nächsten Haltestelle wird es L. geben *(steigen so viele Leute aus, dass wieder mehr Platz vorhanden ist);* Ü sich etwas L. (*Bewegungsfreiheit für seine Handlungen*) [ver]schaffen; * **in etw. ist noch L. [drin]** (ugs.; *bei etw. gibt es noch einen Spielraum zum Handeln, eine bestimmte Handlungsfreiheit o. Ä.*); **sich** ⟨Dativ⟩ **L. machen** (ugs.; *1. sich entlastenden Ausdruck verschaffen:* das unregelmäßige Atmen ihrer Brust ..., in dem sich die ... Erregung L. machte [Zuckmayer, Fastnachtsbeichte 119]. *2. aufgestauten Ärger o. Ä. aussprechen u. sich dadurch Erleichterung verschaffen:* ich musste mir erst einmal L. machen); **einer Sache L. machen** (ugs.; ↑Herz 2): seinem Ärger L. machen.

Luft|ab|schluss, der ⟨o. Pl.⟩: *Abgeschlossensein von jeder Luftzufuhr:* die (= Koniferen, Palmen, Laubbäume der Tertiärzeit) unter L. von Erdschichten einen langen Oxidationsvorgang unterworfen waren (Gruhl, Planet 55).

Luft|ab|wehr, die (Milit.): **a)** *aus der Luft (2) vorgenommene Abwehr feindlicher Flugobjekte;* **b)** *Einheit, die in der Luftabwehr (a) eingesetzt ist.*

Luft|ab|zug, der: **1.** ⟨o. Pl.⟩ *das Abziehen der Luft durch einen Schacht, Kamin o. Ä.:* der L. ist schlecht, funktioniert nicht. **2.** *Entlüftung (2).*

Luft|akro|bat, der: *Akrobat, der seine Kunststücke auf dem Seil ausführt.*

Luft|akro|ba|tik, die: *Akrobatik auf dem Seil.*

Luft|akro|ba|tin, die: w. Form zu ↑Luftakrobat.

Luft|akt, der (Kunstkraftsport): *in der Luft, am Trapez ausgeführte Übung.*

Luft|alarm, der: *Fliegeralarm.*

Luft|an|griff, der (Milit.): *Angriff auf ein gegnerisches Ziel mit Flugzeugen, Luftlandetruppen od. Flugkörpern.*

Luft|an|sicht, die: vgl. Luftaufnahme.

Luft|ar|mee, die (DDR Milit.): *Verband der Luftstreitkräfte.*

Luft|auf|klä|rung, die (Milit.): *aus der Luft (2) vorgenommene Aufklärung (4).*

Luft|auf|nah|me, die: *von einem Luftfahrzeug aus gemachte fotografische Aufnahme eines Teils der Erdoberfläche.*

Luft|auf|sicht, die: *Flugleitung.*

Luft|aus|tausch, der (Met.): *Austausch von Luftmassen.*

Luft|bad, das (veraltend): **a)** *Aufenthalt im Freien in wenig od. unbekleidetem Zu-*

stand, bei dem der Körper [aus gesundheitlichen Gründen] der Luft u. der Sonne ausgesetzt wird; **b)** *zum Luftbaden vorgesehenes Gelände mit Liegewiese.*

luft|ba|den ⟨sw. V.; nur im Inf. u. im 2. Part. gebr.⟩: *ein Luftbad (a) nehmen.*

Luft|bal|lon, der: **1.** *bunter Ballon (1 b) von verschiedener, meist runder Form, der an einem Stöckchen aus Draht od. einem Bindfaden gehalten wird (Spielzeug für Kinder):* ein schwarzer Riesensarg ... öffnete sich, und grabesschwarze -s stiegen in die kühle Luft (Woche 28. 2.97, 5). **2.** *mit Luft gefüllter Ballon (1 a).*

Luft|be|feuch|ter, der; -s, -: *in beheizten Räumen aufzustellendes Gerät, das der Luft durch Verdampfen von Wasser Feuchtigkeit zuführt.*

Luft|be|feuch|tung, die: *Befeuchtung der Luft durch Luftbefeuchter.*

Luft|be|rei|fung, die: *mit Luft gefüllte Reifen (eines Fahrzeugs).*

Luft|be|tan|kung, die: *das Betanken eines Flugzeugs in der Luft.*

Luft|be|we|gung, die (Met.): *Bewegung der Luft (2); schwacher Wind:* Schwache L. aus östlicher Richtung (MM 9. 8. 69, 1).

Luft|bild, das: **1.** *Luftaufnahme.* **2.** (dichter.) *Luftspiegelung.*

Luft|bild|ar|chä|o|lo|gie, die: *Verfahrensweise der Archäologie, bei der mithilfe von fotografischen Aufnahmen aus der Luft archäologische Gegebenheiten ausgemacht werden:* Durch den kombinierten Einsatz modernster Prospektionsmethoden wie der L. und geophysikalischer Verfahren ist es mittlerweile möglich, ohne Ausgrabung detailliertere Pläne zu erstellen (Archäologie 2, 1997, 41).

Luft|bild|ka|me|ra, die: *Kamera für Luftaufnahmen.*

Luft|bild|kar|te, die: *aus Luftaufnahmen zusammengesetzte Karte, die ein bestimmtes Areal wiedergibt.*

Luft|bild|mes|sung, die: *Aerophotogrammetrie.*

Luft|bläs|chen, das: *kleine Luftblase.*

Luft|bla|se, die: *mit Luft gefüllte Blase (1 a):* im Wasser aufsteigende -n; Darum zergeht mir auch mein bisschen Religiosität wie eine L., wenn ich mit den ... Realitäten ... konfrontiert bin (Thielicke, Ich glaube 147).

Luft-Bo|den-Ra|ke|te, die (Milit.): *aus der Luft abgeschossene Rakete, die gegen Ziele auf dem Boden eingesetzt wird.*

Luft|brem|se, die (meist Pl.): *am Tragflügel eines Luftfahrzeugs angebrachte ausfahrbare Klappe, die zur Bremsung in Tätigkeit gesetzt wird.*

Luft|brü|cke, die [nach engl. airlift]: *bes. zur Versorgung eines von der Außenwelt abgeschnittenen Gebietes errichtete Verbindung mit Luftfahrzeugen.*

Luft|brust, die: *Pneumothorax.*

Luft|bu|chung, die (Wirtsch. Jargon): *Buchung (1), die [in betrügerischer Absicht] nur zum Schein durchgeführt wird.*

Lüft|chen, das; -s, - ⟨Pl. selten⟩ [Vkl. zu ↑Luft (3)]: *[plötzlich aufkommender] schwacher Wind:* ein leises L. wehte; Kein L. rührte sich (*es war windstill;* Strittmatter, Wundertäter 102).

luft|dicht ⟨Adj.⟩: *undurchlässig für Luft* (1 a): *ein -er Verschluss; etw. l. abpacken.*

Luft|dich|te, die (Physik, Met.): *Dichte* (2) *der Luft.*

Luft|drib|beln, das (Basketball): *Form des Dribbelns, bei der der Ball in die Luft geworfen* u. *vom Spieler wieder berührt wird, bevor er den Boden berührt.*

Luft|druck, der ⟨o. Pl.⟩: **1.** (Physik) *Druck, den die Luft* (1 a) *infolge der Schwerkraft auf eine Fläche ausübt; atmosphärischer Druck: ein hoher L.; der L. steigt, fällt.* **2.** *Druckwelle, die durch eine Explosion hervorgerufen wird:* ... *war sie* ... *durch den L. der* ... *Bomben und Minen lebensgefährlich verletzt worden* (H. Grzimek, Tiere 43).

Luft|druck|krank|heit, die: *Caissonkrankheit.*

Luft|druck|mes|ser, der: *Gerät, mit dem der atmosphärische Druck gemessen wird; Barometer.*

Luft|druck|waf|fe, die: *Schusswaffe (Luftgewehr, Luftpistole) mit Druckluft od. Kohlendioxid als Treibladung.*

Luft|druck|wel|le, die: *Druckwelle.*

luft|durch|läs|sig ⟨Adj.⟩: *durchlässig für Luft* (1 a): *-e Stoffe.*

Luft|durch|läs|sig|keit, die: *Durchlässigkeit für Luft.*

Luft|du|sche, die (Med.): *das Einblasen von Luft durch die Ohrtrompete in den Mittelohrraum zu diagnostischen od. therapeutischen Zwecken.*

Luft|elek|tri|zi|tät, die (Physik, Met.): *Gesamtheit der in der Atmosphäre auftretenden Formen von Elektrizität.*

Lüf|tel|ma|le|rei: ↑ Lüftlmalerei.

Luft|em|bo|lie, die (Med.): *durch das Eindringen von Luft in die Blutbahn entstehende Embolie.*

lüf|ten ⟨sw. V.; hat⟩ [mhd. lüften = in die Höhe heben]: **1. a)** *durch Öffnen der Fenster, mithilfe von Durchzug o. Ä. frische Luft in einen Raum hereinlassen:* [das Zimmer] *gründlich l.;* ⟨subst.:⟩ *in der Luft lag* ... *Pfeifenrauch, der selbst durch beständiges Lüften nicht zu vertreiben war* (Langgässer, Siegel 437); ◆ Ü *Drum frisch, Kameraden, den Rappen gezäumt, die Brust im Gefechte gelüftet* (Schiller, Wallensteins Lager 11); **b)** *etw., bes. Kleidung, eine gewisse Zeit (zum Entfernen daran haftender Gerüche) der Luft aussetzen:* *den Mantel auf dem Balkon l.; die Betten l.* **2. a)** *etw. ein wenig hochheben, von der Stelle, an der es sich befindet, kurz wegnehmen:* *den Deckel l.; den Hut zum Gruß l.; Lüftet gefälligst eure Hintern (erhebt euch;* Kirst, 08/15, 767); ◆ **b)** ⟨l. + sich⟩ (landsch.) *sich [von seinem Sitzplatz] erheben, aufstehen:* Nach dem Essen durften sie sich l. (Stifter, Bergkristall 22). **3.** *etw. nicht länger aufrechterhalten, bestehen lassen:* ein Inkognito l.; sie lüftete schließlich ihr Geheimnis (gab es preis).*

Lüf|ter, der; -s, -: **1.** *Ventilator.* **2.** *Heizlüfter.*

Luft|fah|rer, der (selten): *Pilot [eines privaten Luftfahrzeugs].*

Luft|fah|re|rin, die: w. Form zu ↑ Luftfahrer.

Luft|fah|rer|schein, der (Amtsspr.): *Pilotenschein.*

Luft|fahrt, die: **1.** ⟨o. Pl.⟩ **a)** *Gesamtheit aller mit der Nutzung des Luftraums durch Luftfahrzeuge zusammenhängenden Tätigkeiten, Einrichtungen* u. *Techniken;* **b)** *das Fliegen mit Luftfahrzeugen; Flug:* die zivile L. **2.** (selten) *Fahrt durch die Luft (mit einem Luftschiff od. Ballon).*

Luft|fahrt|for|schung, die: *Forschung auf dem Gebiet der Luftfahrt.*

Luft|fahrt|ge|sell|schaft, die: *Geschäftsunternehmen, das einen planmäßigen Flugverkehr unterhält; Fluggesellschaft.*

Luft|fahrt|in|dus|trie, die: *Luftfahrzeuge* u. *Zubehör herstellende Industrie.*

Luft|fahrt|kar|te, die (Flugw.): *spezielle Navigationskarte für den Flugverkehr; Fliegerkarte.*

Luft|fahrt|me|di|zin, die: *Spezialgebiet der Medizin, das sich mit der medizinischen Forschung* u. *Praxis auf dem Gebiet der Luftfahrt befasst.*

Luft|fahrt|psy|cho|lo|gie, die: *Teilgebiet der angewandten Psychologie, das sich mit den psychischen Bedingungen des Fliegens einschließlich der Raumfahrt befasst.*

Luft|fahr|zeug, das: *Fahrzeug, das sich in der Luft fortbewegt.*

Luft|fe|de|rung, die (Kfz-T.): *Federung von Kraftfahrzeugen, bei der luftgefüllte Bälge die Aufgabe der Stoßdämpfung übernehmen.*

Luft|feuch|te, die (bes. Fachspr.), **Luft|feuch|tig|keit,** die (Met.): *in Form von Wasserdampf in der Luft vorhandene Feuchtigkeit.*

Luft|fil|ter, der, Fachspr. meist: das (Technik): *Filter* (1 b), *der Verunreinigungen aus der Luft abfängt.*

Luft|flot|te, die (Milit.): *großer Verband der Luftwaffe.*

Luft|fracht, die: **1.** *Fracht* (1), *die mit dem Flugzeug befördert wird.* **2.** *Fracht* (2) *für die Beförderung mit dem Flugzeug.*

Luft|gas, das: *Generatorgas.*

Luft|ge|fahr, die ⟨o. Pl.⟩: *aus der Luft, durch Bombenflugzeuge drohende Gefahr.*

Luft|ge|fecht, das (Milit.): *Luftkampf.*

luft|ge|füllt ⟨Adj.⟩: *mit Luft gefüllt.*

Luft|geist, der: *zu den Elementargeistern gehörendes, in der Luft lebendes Wesen.*

luft|ge|kühlt ⟨Adj.⟩ (Technik): *mithilfe von Luft gekühlt:* ein -er Motor.*

Luft|ge|päck, das: *bei einer Flugreise mitgeführtes Gepäck.*

Luft|ge|schäft, das (selten): *vorgetäuschtes, fingiertes Geschäft.*

luft|ge|schützt ⟨Adj.⟩: vgl. windgeschützt: ein -er Ort.*

Luft|ge|schwin|dig|keit, die (Technik): *Geschwindigkeit bewegter Luft.*

luft|ge|trock|net ⟨Adj.⟩: *an der Luft getrocknet:* -e Mettwurst; die Innenwände mit -en Lehmziegeln ausgemauert (natur 2, 1991, 64).*

Luft|ge|wehr, das: *Sportwaffe, bei der das Geschoss durch Druckluft aus dem Lauf getrieben wird.*

Luft|ha|fen, der (selten): *Flughafen.*

luft|hal|tig ⟨Adj.⟩ (Fachspr.): *mit Luft durchsetzt, Luft enthaltend; porös.*

Luft|han|sa, die; -: kurz für: Deutsche Lufthansa AG (deutsche Luftverkehrsgesellschaft).

Luft|här|ten, das; -s (Metallbearb.): *das Härten von Stahl durch Abschrecken an der Luft.*

Luft|hauch, der (geh.): *kaum spürbare Luftbewegung:* von den Olivenhainen ... kam ein kaum spürbarer L. herüber (Schnurre, Ich 46).*

Luft|hei|zung, die: *Heizung* (1 a), *bei der die Luft als Wärmeträger dient.*

Luft|herr|schaft, die (Milit.): *(in Bezug auf die Luftstreitkräfte eines Landes) Beherrschung des [gegnerischen] Luftraums.*

Luft|heu|ler, der: *Heuler* (2).

Luft|hieb, der: **1.** (Fechten) *fehlgehender Hieb.* **2.** (Rudern) *Ruderbewegung, bei der das Ruderblatt zu spät ins Wasser eintaucht.*

Luft|ho|heit, die: *Hoheit, Souveränität eines Landes über den zugehörigen Luftraum.*

Luft|ho|len, das; -s: *Atemholen.*

Luft|hül|le, die ⟨o. Pl.⟩: *die Erde wie eine Hülle umgebende Schicht atmosphärischer Luft; Atmosphäre* (1 a).

Luft|hun|ger, der: *starkes Bedürfnis nach frischer Luft, nach Sauerstoff.*

luft|hung|rig ⟨Adj.⟩: *Lufthunger habend, zeigend.*

Luft|hut|ze, die (Kfz-T.): *Hutze, die [bei Rennwagen] zum Ansaugen zusätzlicher Luft für den Vergaser dient.*

luf|tig ⟨Adj.⟩ [mhd. luftec]: **1. a)** (bes. in Bezug auf einen Raum) [hell u. groß u.] *mit genügend Luftzufuhr:* zwischen den Türen waren jene -en Vorhänge aus Rohr und bunten Perlenschnüren befestigt (Th. Mann, Krull 13); Ü dass wir uns bis jetzt in den -sten Räumen bewegen und auf nichts Gegenständliches ... überhaupt schon zu sprechen gekommen sind? (Th. Mann, Krull 283); **b)** *hoch in der Luft, in der Höhe angesiedelt o. Ä.:* auf der ... Dachterrasse ... zu dinieren, von deren -er Höhe man ... sich eines weiten Blicks über die Stadt ... erfreute (Th. Mann, Krull 267). **2.** (bes. in Bezug auf Kleidung) *leicht u. luftdurchlässig:* -e Sommerkleider; du bist zu l. (nicht warm genug) angezogen. **3.** (selten, abwertend) **a)** (in Bezug auf Personen) *flatterhaft, nicht zuverlässig:* ein -er Bursche; **b)** *nicht stichhaltig, nicht ernst zu nehmen:* eine -e Begründung; der Vorwand ist sehr l.

◆ **lüf|tig** [mhd. lüftec, Nebenf. von ↑ luftig): *luftig* (3 a): *und dem Kerlchen, die freilich leicht und l. genug waren* (Goethe, Werther I, 8. Julius).

Luf|tig|keit, die; -: *das Luftigsein.*

Luf|ti|kus, der; -[ses], -se [Studentenspr. mit latinis. Endung zu älter: (der) Luft = leichtsinniger Mensch] (ugs. abwertend): *leichtsinniger, oberflächlicher, wenig zuverlässiger Mann.*

Luft|ka|bel, das (Technik): *über der Erde verlegtes Kabel.*

Luft|kalb, das: *Dunstkalb.*

Luft|kalk, der (Bauw.): *Kalziumoxid.*

Luft|kampf, der: *Gefecht von Kampfflugzeugen in der Luft.*

Luft|kis|sen, das: **1.** *aufblasbares Kissen aus Gummi o. Ä., das als [Sitz]polster dient.* **2.** (Technik) *komprimierte Luft (von der das Luftkissenfahrzeug getragen wird).*

Luft|kis|sen|boot, das: vgl. Luftkissenfahrzeug.

Luft|kis|sen|fahr|zeug, das: *für die Überquerung von Wasserflächen u. unwegsamem Gelände geeignetes Fahrzeug, das von einem Luftkissen (2) getragen wird; Hovercraft.*

Luft|kis|sen|zug, der: *auf komprimierter Luft gleitender Eisenbahnzug.*

Luft|klap|pe, die: **1.** *Klappe, mit deren Hilfe die Luftzufuhr reguliert werden kann.* **2.** *Choke.*

Luft|kof|fer, der: *besonders leichter Koffer (speziell für Flugreisen).*

Luft|kon|den|sa|tor, der (Technik): *elektrischer Kondensator, bei dem die Isolierung durch die Luft bewirkt wird.*

Luft|kor|ri|dor, der (Flugw.): *festgelegte Luftstraße, die Flugzeuge beim Überqueren eines fremden Staates benutzen müssen.*

Luft|krank|heit, die: *beim Fliegen auftretendes Unwohlsein.*

Luft|krieg, der: *Krieg mit Luftstreitkräften.*

Luft|küh|lung, die (Pl. selten) (Technik): **1.** *Kühlung durch Luft bei Verbrennungsmotoren.* **2.** *Einrichtung zur Kühlung von Räumen u. Ä.:* Die künstliche L. war damals in amerikanischen Zügen noch nicht eingeführt (K. Mann, Wendepunkt 169).

Luft|kur|ort, der: *Kurort, der sich durch günstige klimatische Verhältnisse, bes. durch gesunde Luft, auszeichnet.*

Luft|kut|scher, der (ugs. scherzh.): *Luftfahrer.*

Luft|kut|sche|rin, die: w. Form zu ↑ Luftkutscher.

Luft|la|ge, die (Milit.): *Verhältnisse im Luftraum eines im Krieg befindlichen Landes im Hinblick auf eingeflogene feindliche Flugzeuge:* Ob wir nicht ... einen Drahtzum einrichten können? zum Abhören der L. (Lentz, Muckefuck 218).

Luft|lan|de|ar|til|le|rie, die (Milit.): *Truppenteil der Waffengattung Artillerie, der speziell für den Einsatz bei einer Luftlandung ausgebildet u. ausgerüstet ist.*

Luft|lan|de|ein|heit, die (Milit.): vgl. Luftlandetruppe.

Luft|lan|de|trup|pe, die (Milit.): *für die Luftlandung ausgebildete u. ausgerüstete Truppe.*

Luft|lan|dung, die (Milit.): *das Absetzen von Truppen in einem bestimmten Kampfgebiet durch Flugzeuge.*

Luft|la|wi|ne, die (Met.): *kurzer, stoßartiger Fallwind.*

luft|leer ⟨Adj.⟩: *keine Luft (1) enthaltend:* ein -er Raum (Physik; *Vakuum*).

Luft|li|nie, die: **1.** ⟨Pl. selten⟩ *kürzeste gedachte Entfernung zwischen [zwei] geographischen Punkten:* die Entfernung beträgt 50 km L.; Sie hausen in L. hundertdreißig Kilometer ... entfernt (Grzimek, Serengeti 57). **2.** (selten) *Fluggesell*

schaft: Ab Mai fliegt die L. unter anderem auch zu den norwegischen Zielen Tromsö, Bodö, Nordkap (a & r 2, 1997, 126).

Lüftl|ma|ler, der: *jmd., der Lüftlmalerei (1) betreibt.*

Lüftl|ma|le|rei, Lüftelmalerei, die [die Malerei befindet sich an der Luft = im Freien]: **1.** ⟨o. Pl.⟩ *Malerei an den Fassaden bayerischer Häuser u. Kirchen.* **2.** *einzelne Darstellung in der Technik der Lüftlmalerei (1).*

Luft|loch, das: **1.** *Öffnung, durch die Luft ein- u. austreten kann.* **2.** (ugs.) *wechselnde Geschwindigkeit bzw. Richtung der Luftströmung, die ein Luftfahrzeug für einen kurzen Moment absacken lässt:* die Maschine geriet in ein L.

luft|los ⟨Adj.⟩: **1.** *ohne Luft:* l. arbeitende Sprühsonden (NNN 24. 3. 87, 5). **2.** (schweiz.) *luftleer.*

Luft-Luft-Ra|ke|te, die (Milit.): *aus der Luft abgeschossene Rakete, die gegen Ziele in der Luft eingesetzt wird.*

Luft|man|gel, der ⟨o. Pl.⟩: **a)** *Atembeschwerden:* Da begann Jandell ganz unvermittelt zu lachen, litt unter L., riss sich die Krawatte vom Hals (Zwerenz, Quadriga 190); **b)** *Mangel an frischer Luft, an Sauerstoff.*

Luft|ma|sche, die (Handarb.): *(bes. beim Beginn einer Häkelarbeit notwendige) Masche, die dadurch entsteht, dass die Häkelnadel den Faden durch eine Schlinge des Garns durchzieht.*

Luft|mas|se, die ⟨meist Pl.⟩ (Met.): *über einem größeren Bereich lagernde od. zirkulierende Luftmenge mit einheitlichen Eigenschaften:* – daher mit erneuter Zufuhr kalter -n zu rechnen ist (Hildesheimer, Tynset 49).

Luft|mas|sen|gren|ze, die (Met.): *Grenze zwischen Luftmassen verschiedener Herkunft.*

Luft|ma|trat|ze, die: *aufblasbare Matratze aus Gummi od. Kunststoff, die als Liegepolster dient.*

Luft|men|ge, die: *bestimmte Menge Luft.*

Luft|mi|ne, die: *dünnwandige, große, von einem Flugzeug aus abgeworfene Bombe mit großer Sprengwirkung.*

Luft|of|fen|si|ve, die: vgl. Luftkampf.

Luft|pa|ra|de, die: *von Flugzeugen der Luftwaffe gezeigte [kunst]fliegerische Vorführung.*

Luft|pas|sa|gier, der (seltener): *Flugpassagier.*

Luft|pas|sa|gie|rin, die: w. Form zu ↑ Luftpassagier.

Luft|per|spek|ti|ve, die (Kunstwiss.): *(in der Landschaftsmalerei) Bildhintergrund, der durch bestimmte Farbgebung den Eindruck von Raumtiefe bewirkt.*

Luft|pfei|fe, die (Technik): *Öffnung in einer Gießform, durch die Luft entweichen kann.*

Luft|pi|rat, der: *Flugzeugentführer, Hijacker.*

Luft|pi|ra|te|rie, die: *Flugzeugentführung.*

Luft|pi|ra|tin, die; -, -nen: w. Form zu ↑ Luftpirat.

Luft|pis|to|le, die: vgl. Luftgewehr.

Luft|po|li|zist, der: *bewaffneter Flugbegleiter, der Flugzeugentführungen verhindern soll.*

Luft|po|li|zis|tin, die: w. Form zu ↑ Luftpolizist.

Luft|pols|ter, das: vgl. Luftkissen.

Luft|post, die ⟨o. Pl.⟩: **a)** *Beförderung von Postsendungen mit dem Flugzeug:* etw. per, mit L. schicken; L. ... die Nachricht ist dann übermorgen in New York (Andersch, Rote 97); **b)** *mit dem Flugzeug beförderte Post.*

Luft|post|brief, der: *mit Luftpost beförderter Brief.*

Luft|post|leicht|brief, der: *besonders leichter Luftpostbrief im Auslandsverkehr.*

Luft|post|pa|pier, das: *besonders dünnes Schreibpapier, das für Luftpostbriefe verwendet wird.*

Luft|pum|pe, die: *Gerät, mit dessen Hilfe Luft in einen Hohlraum o. Ä. hineingepumpt od. aus einem Hohlraum o. Ä. abgesaugt wird.*

Luft|qua|li|tät, die ⟨o. Pl.⟩: *Qualität der Luft in einem bestimmten Gebiet.*

Luft|raum, der: *freier Raum über der Erdoberfläche [der jeweils zu dem Hoheitsgebiet des Landes gehört, über dem er sich erstreckt]:* den L. eines Landes verletzen.

Luft|recht, das ⟨o. Pl.⟩ (Rechtsspr.): *Gesamtheit der die Nutzung des Luftraums durch Luftfahrzeuge betreffenden Rechtsvorschriften.*

Luft|rei|fen, der: *mit Luft gefüllter Reifen eines Fahrzeugs.*

Luft|rein|hal|tung, die: *Teilbereich des Umweltschutzes, der sich mit gesetzlichen Maßnahmen u. technischen Entwicklungen zur Verringerung der Schadstoffimmissionen befasst.*

Luft|rei|ni|gung, die: *Reinigung der Luft.*

Luft|re|kla|me, die: *Luftwerbung.*

Luft|röh|re, die (Anat.): *knorpeliges röhrenförmiges Verbindungsstück zwischen Kehlkopf u. Bronchien, durch das die Luft in die Lunge gelangt.*

Luft|röh|ren|ka|tarrh, der (Med.): *Tracheitis.*

Luft|röh|ren|schnitt, der (Med.): *operativer Eingriff bei bestimmten akuten Erkrankungen, bei dem durch einen Einschnitt in die Luftröhre die Atmung erleichtert wird; Tracheotomie.*

Luft|rol|le, die: **1.** (Turnen) *Salto über den Holmen.* **2.** (Flugw.) *Drehung eines Flugzeugs um seine Längsachse im Flug.*

Luft|sack, der: **1.** (Zool.) *sackförmige Anhänge der Lunge bei Vögeln.* **2.** Airbag.

Luft|sau|er|stoff, der: *in der Luft enthaltener Sauerstoff.*

Luft|säu|le, die (Physik): *sich über einer Bodenfläche in vertikaler Richtung erstreckender Bereich der Luft.*

Luft|schacht, der: *der Belüftung dienender Schacht.*

Luft|schad|stoff, der: *in der Luft (1 a) enthaltener Schadstoff:* Dass die vom Menschen erzeugten -e – nämlich das Schwefeldioxid ... und die Stickoxide ... – ... dem Wald schaden, ist wohl unbestritten (FR 29. 12. 84, M 8).

Luft|schall, der (Physik): *sich über die Luft ausbreitender Schall.*

Luft|schau|kel, die (landsch.): *Schiffschaukel.*

Luft|schicht, die (Met.): *atmosphärische Schicht einer bestimmten Temperatur.*

Luft|schiff, das: *aus einem großen, lang gestreckten, mit Gas gefüllten Körper bestehendes Luftfahrzeug.*

Luft|schif|fer, der (selten): *Führer eines Luftschiffs od. Ballons.*

Luft|schif|fe|rin, die: w. Form zu ↑Luftschiffer.

Luft|schiff|fahrt, die: 1. ⟨o. Pl.⟩ *Luftfahrt (1) mit Luftschiffen.* 2. (selten) *Fahrt, Reise mit einem Luftschiff.*

Luft|schlacht, die: *Luftkampf.*

Luft|schlan|ge, die ⟨meist Pl.⟩: *(bes. bei Karnevalsveranstaltungen verwendetes) farbiges, aufgerolltes Papierband, das sich [beim Werfen] in seiner ganzen Länge schlangenförmig auseinander rollt.*

Luft|schleu|se, die (Technik): *hermetisch abschließbarer, kammerartiger Verbindungsraum zwischen zwei Räumen mit unterschiedlichem Luftdruck, der den Druckausgleich zwischen den Räumen verhindert.*

Luft|schlitz, der (Technik): *Schlitz für die Belüftung, die Luftzufuhr.*

Luft|schloss, das ⟨meist Pl.⟩: *etw. Erwünschtes, was sich jmd. in seiner Fantasie ausmalt, was aber nicht zu realisieren ist: * **Luftschlösser bauen** *(sich seinen Wunschträumen überlassend, in seiner Fantasie Pläne machen, die sich nicht realisieren lassen).*

Luft|schrau|be, die (Technik): *Propeller.*

Luft|schutz, der: **a)** *Gesamtheit der Maßnahmen zum Schutz der Zivilbevölkerung bei Luftangriffen im Krieg;* **b)** *für den Luftschutz (a) gebildete Organisation: Der L. hatte ihn entdeckt und in seinen Einsatzkarten eingeplant* (Grass, Hundejahre 309).

Luft|schutz|bun|ker, der: *Betonbunker zum Schutz bei Luftangriffen.*

Luft|schutz|kel|ler, der: *Keller als Schutzraum bei Luftangriffen.*

Luft|schutz|raum, der: *Schutzraum bei Luftangriffen.*

Luft|schutz|si|re|ne, die: *Sirene bei Fliegeralarm.*

Luft|schutz|übung, die: *Übung (4) im Rahmen des Luftschutzes (a).*

Luft|schutz|wart, der (früher): *jmd., der für Maßnahmen des Luftschutzes in einem Stadtbezirk verantwortlich ist.*

Luft|seil|bahn, die: *Seilschwebebahn.*

Luft|si|che|rung, die: *Flugsicherung.*

Luft|sper|re, die (Milit.): *Sperrung des Luftraumes über einem bestimmten Gebiet [für die zivile Luftfahrt].*

Luft|sperr|ge|biet, das: *Teil des Hoheitsgebietes eines Landes, dessen Überfliegen untersagt ist.*

Luft|spie|ge|lung, Luft|spieg|lung, die: *durch Brechung der Lichtstrahlen an verschieden dichten Luftschichten verursachte optische Täuschung, bei der ein entferntes Objekt mehrfach od. auch auf dem Kopf stehend gesehen wird.*

Luft|spit|ze, die (Textilind.): *maschinell hergestellte Stickerei, bei der die Stoff-*

zwischenräume nachträglich mithilfe von Säure entfernt werden.

Luft|sport, der (seltener): *alle mit dem Fliegen zusammenhängenden sportlichen Disziplinen; Flugsport.*

Luft|sprung, der: *kleiner Sprung in die Höhe (als Ausdruck der Freude o. Ä.):* ich mache einen L.: Ich bin frei! Ich habe die Schule hinter mir (B. Vesper, Reise 527).

Luft|ste|war|dess, die: *zum fliegenden Personal einer Fluggesellschaft gehörende Stewardess.*

Luft|stick|stoff, der: *in der Luft enthaltener Stickstoff.*

Luft|stra|ße, die (Flugw.): *festgelegte Flugstrecke im Luftverkehr.*

Luft|streit|kräf|te ⟨Pl.⟩ (Milit.): *Teil der Streitkräfte, der den Krieg in der Luft führt.*

Luft|strom, der: *als Sog spürbarer starker Luftzug.*

Luft|stütz|punkt, der (Milit.): *Stützpunkt für die Luftwaffe.*

Luft|tan|ken, das; -s: *(von Flugzeugen) das Tanken von Treibstoff in der Luft.*

Luft|ta|xe, die, **Luft|ta|xi,** das: *Hubschrauber od. Kleinflugzeug, das Fluggäste über kurze Strecken befördert.*

Luft|tem|pe|ra|tur, die (Met.): *in der Luft gemessene Temperatur.*

Luft|tor|pe|do, der (Milit.): *Torpedo, der von einem Flugzeug aus abgeschossen wird.*

Luft|trich|ter, der (Technik): *Vorrichtung zur Regulierung der Luftmenge bei Verbrennungsmotoren.*

luft|tro|cken ⟨Adj.⟩: *(durch längeres Lagern) an der Luft getrocknet: Das verfeuerte Holz müsse l. ... sein* (CCI 12, 1986, 5).

luft|tüch|tig ⟨Adj.⟩: **a)** *(von einem Luftfahrzeug) intakt u. flugbereit;* **b)** *(von Personen) das Fliegen gut vertragend.*

Luft|über|le|gen|heit, die (Milit.): vgl. Luftherrschaft.

Lüf|tung, die; -, -en: **1.** *das Lüften.* **2.** *Vorrichtung, technische Anlage, mit deren Hilfe Räume o. Ä. belüftet werden.*

Lüf|tungs|an|la|ge, die: *Anlage zur Lüftung.*

Lüf|tungs|klap|pe, die: *zur Lüftung dienende Klappe.*

Luft|ver|än|de|rung, die: *(aus gesundheitlichen Gründen notwendiger) Wechsel des Klimas, Aufenthalt an einem Ort mit anderem Klima:* eine L. wird empfohlen; dringend eine L. benötigen.

Luft|ver|flüs|si|gung, die: *Verfahren bes. mithilfe der Kältetechnik, bei dem Luft vom gasförmigen in den flüssigen Aggregatzustand übergeführt wird.*

Luft|ver|kehr, der: *Flugverkehr.*

Luft|ver|kehrs|ge|sell|schaft, die: *Luftfahrtgesellschaft.*

Luft|ver|pes|ter, der; -s, - (emotional abwertend): *etw., was die Luft mit üblen Gerüchen erfüllt, mit schädlichen, übel riechenden Stoffen verdirbt:* Firmenautos und Behördenwagen sind die schlimmsten L. (Spiegel 40, 1994, 81).

Luft|ver|pes|tung, die (emotional abwertend): vgl. Luftverunreinigung.

Luft|ver|schlech|te|rung, die: vgl. Luftverunreinigung.

Luft|ver|schmut|zung, die: vgl. Luftverunreinigung.

Luft|ver|tei|di|gung, die: *Verteidigung eines Landes gegen Angriffe aus der Luft.*

Luft|ver|un|rei|ni|gung, die: **a)** *das Verunreinigen der Luft durch Fremdstoffe;* **b)** *Zustand der Verunreinigung, Verschmutzung der Luft.*

Luft|waf|fe, die: *für den Luftkrieg bestimmter Teil der Streitkräfte eines Staates, Landes.*

Luft|waf|fen|di|vi|si|on, die (Bundesrepublik Deutschland, Milit.): *Großverband der Luftwaffe.*

Luft|waf|fen|hel|fer, der: *(gegen Ende des Zweiten Weltkriegs) als Helfer bei der Luftverteidigung eingesetzter Jugendlicher.*

Luft|waf|fen|hel|fe|rin, die: w. Form zu ↑Luftwaffenhelfer.

Luft|war|nung, die: *Warnung vor Fliegergefahr.*

Luft|wech|sel, der: *Luftveränderung.*

Luft|weg, der: **1.** ⟨o. Pl.⟩ *Weg der Beförderung durch Flugzeuge o. Ä.:* den L. wählen; auf dem L. **2.** ⟨Pl.⟩ (Anat.) *Atemwege:* Dieses (= das Atmungssystem) umfasst die oberen -e (äußere Nase, Nasenhöhle, Nasennebenhöhlen, Nasenrachenraum) und die unteren -e (Kehlkopf, Luftröhre, Bronchien und Lungen) (Medizin II, 20).

Luft|wer|bung, die: *Werbung aus der Luft (mit Ballon, durch Flugzeug, Flugblätter u. a.).*

Luft|wi|der|stand, der (Physik): *der Bewegung eines Körpers entgegenwirkender Druck, der von der umgebenden Luft ausgeübt wird.*

Luft|wi|der|stands|bei|wert, der (Technik): c_w-Wert.

Luft|wir|bel, der: *sehr schnell um einen Mittelpunkt kreisende Bewegung von Luft.*

Luft|wur|zel, die (Bot.): *(bei verschiedenen Pflanzen auftretende) über der Erde wachsende Wurzel.*

Luft|zie|gel, der: *an der Luft getrockneter Ziegel.*

Luft|zu|fuhr, die: *Zufuhr von Luft:* Es gibt eine chemische Nase, welche die Rauchgase prüft und je nach dem Ergebnis ... die L. der Heizung regelt (Menzel, Herren 36).

Luft|zug, der ⟨Pl. selten⟩: *spürbare, strömende Bewegung der Luft:* In Sekundenabständen trifft ein scharfer kühler L. den Gast (Koeppen, Rußland 17).

Lug [mhd. luc, ahd. lug, zu ↑lügen]: in der Fügung **L. und Trug** (geh.; *Betrug, Täuschung*): alles [war] L. und Trug; nichts als L. und Trug.

¹Lu|ga|ner, der; -s, -: Ew.

²Lu|ga|ner ⟨indekl. Adj.⟩: die L. Seepromenade.

Lu|ga|ne|rin, die; -, -nen: w. Form zu ↑¹Luganer.

Lu|ga|ne|se, der; -n, -n: ¹Luganer.

Lu|ga|ne|sin, die; -, -nen: w. Form zu ↑Luganese.

lu|ga|ne|sisch ⟨Adj.⟩: *Lugano, die Luganer betreffend; von den Luganern stammend, zu ihnen gehörend.*

Lu|ga|no: Stadt in der Schweiz.

Lug|aus, der; -, - [zu ↑lugen] (landsch.): *Aussichtsturm.*

Lü|ge, die; -, -n [mhd. lüge, ahd. lugī, zu ↑lügen]: *bewusst falsche, auf Täuschung angelegte Aussage; absichtlich, wissentlich geäußerte Unwahrheit:* eine grobe, faustdicke, glatte, niederträchtige, gemeine, raffinierte L.; Wenn er solches jetzt behauptete, so war es einfach eine freche, frivole L. (R. Walser, Gehülfe 51); eine barmherzige L. *(Unwahrheit, durch die jmd. einen anderen zu schonen sucht);* sich eine L. ausdenken; -n erfinden; jmdm. haarsträubende -n auftischen; Die halbamtliche L. wurde so weit getrieben, dass man schließlich ... verkünden ließ, ... (Böll, Erzählungen 175); jmdn. der L. bezichtigen, zeihen; er verstrickte sich immer mehr in -n; Spr -n haben kurze Beine *(es lohnt nicht, zu lügen; die Wahrheit kommt oft rasch zutage);* L. vergeht, Wahrheit besteht; Ü ihre Ehe war eine einzige L. *(war auf Täuschung aufgebaut);* *eine fromme L. (↑Betrug);* **jmdn. -n strafen** *(jmdn. der Unwahrheit überführen); etw. -n strafen (beweisen, offenbar werden lassen, dass etw. unwahr ist).*

lu|gen ⟨sw. V.; hat⟩ [mhd. (md.) lügen, luogen, ahd. luogēn, H. u., wahrsch. verw. mit engl. to look = sehen, blicken] (geh. veraltend, noch landsch.): **1.** *aufmerksam, spähend [aus]schauen, [nach jmdm., etw.] blicken:* als die Morgendämmerung über die Gipfel kroch, zog er sich die flache Mauer hoch ... und lugte vorsichtig auf den Hof (Funke, Drachenreiter 337); Ich luge vorsichtig aus dem Fenster (Remarque, Obelisk 178); Der (= der Major) lugt erst durch den Spion (Fries, Weg 311); jetzt lugt Auge um Auge nach seinem (= des Feldherrn) allseitigen Blick (Kaiser, Villa 36); Ü Nervös ... lugt der Ehrgeiz Fouchés nach allen Seiten auf der Suche nach einer Aufgabe (St. Zweig, Fouché 145). **2.** *hervorgucken (2):* eine Zeitung lugt aus seiner Manteltasche.

lü|gen ⟨st. V.; hat⟩ [mhd. liegen, ahd. liogan]: **1.** *bewusst u. absichtsvoll die Unwahrheit sagen:* sie lügt; da lügst du doch! *(was du da sagst, ist doch nicht wahr!);* ich müsste l., wenn ich sagte, es gefiele mir; ⟨selten mit Akk.-Obj.:⟩ das lügst du; wenn er Verständnis lüge, so sei das Diebstahl (R. Walser, Gehülfe 16); ⟨gebr. im Passiv:⟩ das ist gelogen! *(das ist doch nicht wahr!);* R wer lügt, der stiehlt; Spr wer einmal lügt, dem glaubt man nicht, und wenn er auch die Wahrheit spricht; ⟨subst.:⟩ sich aufs Lügen verlegen; *l. wie gedruckt* (ugs. emotional; *unglaublich lügen;* nach der Erfahrung, dass Gedrucktes oft nicht der Wahrheit entspricht); ♦ ⟨auch l. + sich:⟩ Der unsinnige Tropf lügt sich zum Schelm (Ebner-Eschenbach, Gemeindekind 51). ♦ **2. a)** *jmdn. belügen:* der lügt, weil man ihm log (Grillparzer, Weh dem V); Könnt' es mir nutzen, wenn ich euch löge (Goethe, Reineke Fuchs 4, 291); In der Tat! Ein Schelm, wenn ich dir lüge (Kleist, Hermannsschlacht III, 3); **b)** *heucheln (2):* da stand er grimmig, log Gelassenheit (Goe-

the, Egmont V); Deswegen logst du tückisch mir Versöhnung (Schiller, Braut v. Messina 1902); **c)** ⟨selten auch sw. V.:⟩ wenn meine Augen mir nicht lügten (Schiller, Räuber I, 5 [Mannheimer Souflierbuch]); **d)** *auf jmdn. l. (Lügen über jmdn. verbreiten, jmdn. verleumden):* du hast mir so vieles Übel getan, gelogen auf mich (Goethe, Reineke Fuchs 12, 90 f.); wenn ihr niemanden schindet und plackt; ... niemand verlästert, auf niemand lügt (Schiller, Wallensteins Lager 8).

Lü|gen|beu|tel, der (landsch. abwertend): *Lügner (oft als Schimpfwort).*

Lü|gen|bold, der; -[e]s, -e [zum 2. Bestandteil vgl. ↑Witzbold] (ugs. abwertend): *jmd., der häufig oder gewohnheitsmäßig lügt (oft als Schimpfwort).*

Lü|gen|de|tek|tor, der: *Detektor (1), mit dem unwillkürliche körperliche Reaktionen eines Befragten registriert werden, die möglicherweise Rückschlüsse auf den Wahrheitsgehalt gemachter Aussagen zulassen.*

Lü|gen|dich|tung, die (Literaturw.): *erzählende Dichtung, die unwahrscheinliche od. fantastische Geschichten zum Inhalt hat.*

Lü|gen|feld|zug, der: *Kampagne, die mit Lügen arbeitet, um einer Person od. Sache zu schaden.*

Lü|gen|ge|bäu|de, das: *Lügengespinst.*

Lü|gen|ge|schich|te, die: *erlogene Geschichte.*

Lü|gen|ge|spinst, das (geh.): *aus lauter Unwahrheiten bestehende Darstellung o. Ä.*

Lü|gen|ge|we|be, das: *Lügengespinst.*

lü|gen|haft ⟨Adj.⟩ (abwertend): **a)** *unwahr, voller Lügen:* eine -e Darstellung; der Bericht war l.; **b)** (seltener) *(von Menschen) zum Lügen neigend:* Es gibt nur ein -es Wesen, das ist der Mensch (Grzimek, Serengeti 160).

Lü|gen|haf|tig|keit, die; -: *lügenhafte [Wesens]art.*

Lü|gen|het|ze, die: vgl. Lügenfeldzug.

Lü|gen|kam|pa|gne, die: *Lügenfeldzug.*

Lü|gen|mär|chen, das: *Lügengeschichte:* Eines von den vielen L., wie wir sie seit dem Kriege nicht anders kennen (Spiegel 18, 1983, 21).

Lü|gen|maul, das (ugs. abwertend): *Lügner (oft als Schimpfwort).*

Lü|gen|netz, das: *Lügengespinst.*

Lü|gen|pe|ter, der [zum 2. Bestandteil vgl. Heulpeter] (ugs.): *Lügner (oft als Schimpfwort).*

Lü|gen|pro|pa|gan|da, die: *lügenhafte Propaganda.*

Lü|ge|rei, die; -, -en (abwertend): **1.** ⟨o. Pl.⟩ *jmds. beständiges Lügen.* **2.** *lügenhafte Äußerung o. Ä.*

Lug|ger: ↑Logger.

Lug|ins|land, der; -[e]s, -e [zu ↑lugen] (veraltend): **1.** *Wachturm.* **2.** *Aussichtsturm.*

Lüg|ner, der; -s, - [mhd. lügenære, ahd. luginäri]: *jmd., der zum Lügen neigt, der häufig lügt:* ein erbärmlicher L.; Ich nenne Sie einen gemeinen L. (Simmel, Affäre 232).

Lüg|ne|rin, die; -, -nen: w. Form zu ↑Lügner.

lüg|ne|risch ⟨Adj.⟩ (abwertend): **a)** *unwahr, voller Lügen:* im Gefolge von Schergen ..., die ihn ... seiner -en Reden wegen vor den Alkalden führten (Schneider, Erdbeben 88); **b)** *zum Lügen neigend, verlogen:* ich wär ein beispiellos -es, ungezogenes Kind (Keun, Mädchen 135).

lu|gu|ber ⟨Adj.⟩ [frz. lugubre < lat. lugubris, ↑lugubre] (bildungsspr.): *traurig, düster:* eine lugubre Stimmung.

lu|gu|bre ⟨Adv.⟩ [ital. lugubre < lat. lugubris = traurig] (Musik): *klagend, traurig.*

Lu|gu|bri|tät, die; - (bildungsspr. selten): *Traurigkeit; Düsterkeit.*

Lu|i|ker, der; -s, - [zu ↑Lues] (Med.): *an Syphilis Erkrankter.*

Lu|i|ke|rin, die; -, -nen: w. Form zu ↑Luiker.

lu|isch: ↑luetisch.

Lu|i|si|ne, die; - [frz. luisine, zu: luisant = leuchtend, glänzend, 1. Part. von: luire = leuchten, glänzen < lat. lucere]: *aus Naturseide od. Chemiefäden bestehendes weiches Gewebe in Taftbindung, das bes. als Hutfutter verwendet wird.*

Luk, das; -[e]s, -e [↑Luke] (Seemannsspr.): *viereckige, wasserdichte Luke (2) im Deck eines Schiffes.*

Lu|kar|ne, die; -, -n [frz., afrz. lucarne < lat. lucerna = Leuchte, Lampe, zu: lucere = leuchten]: **1.** (landsch.) *Dachfenster, Dachluke.* **2.** (Archit.) *Zwerchhaus mit meist reicher Verzierung (bes. in der Baukunst der französischen Spätgotik).*

Lu|kas [auch: ˈlukas], der; -, - [H. u.]: *auf Jahrmärkten aufgestellter Apparat, an dem jmd. seine Kraft erproben kann, indem er auf die dafür vorgesehene Fläche einen Schlag mit einem großen Hammer od. auch mit der bloßen Faust ausführt:* Ü hau den L.! *(anfeuernder Ausruf eines Zuschauers bei einer Schlägerei).*

Lu|kas|evan|ge|li|um, das ⟨o. Pl.⟩: *Evangelium (2 b) nach dem Evangelisten Lukas.*

Lu|ke, die; -, -n [aus mniederd. < mniederd. lūke, zu asächs. lūkan = schließen, also eigtl. = Verschluss]: **1.** kurz für ↑Dachluke. **2.** *verschließbare, als Ein- u. Ausstieg u. a. dienende Öffnung bes. bei Schiffen:* die -n öffnen, dichtmachen; Aus den -n der Panzer sahen Soldaten mit Lederhelmen (Simmel, Affäre 50). ♦ **3.** (nordd.) *Fensterladen:* der Sturm drückt uns die Scheiben ein, die -n müssen angeschroben werden (Storm, Schimmelreiter 132).

Lu|ken|de|ckel, der: *Deckel, Abdeckung eines Luks, einer Luke.*

lu|kra|tiv ⟨Adj.⟩ [lat. lucrativus = gewonnen, mit Gewinn verbunden, zu: lucrari = gewinnen] (bildungsspr.): *einträglich, Gewinn bringend u. dadurch für jmdn. erstrebenswert:* -e Angebote; ein -er Job; Ob der DFB indes künftig überhaupt noch als zentraler Vermarkter der -en Senderechte ... auftreten kann, ist keineswegs sicher (Woche 7. 11. 97, 26); das Geschäft war nicht sehr l.; -er arbeiten.

lu|krie|ren ⟨sw. V.; hat⟩ [lat. lucrari, ↑lukrativ] (Wirtsch. österr., sonst veraltet):

gewinnen, einen Gewinn (bei etw.) machen.

Luk|sor: ↑Luxor.

Lu|ku|bra|ti|on, die; -, -en [lat. lucubratio, zu: lucubrare = bei Nacht, bei Licht arbeiten, zu: lucere, ↑lukulent] (veraltet): *[wissenschaftliches] Arbeiten bei Nacht.*

lu|ku|lent ⟨Adj.⟩ [lat. luculentus, zu: lucere = leuchten, zu: lux = Licht] (bildungsspr. selten): **a)** *hell, lichtvoll;* **b)** *augenscheinlich, klar.*

lu|kul|lisch ⟨Adj.⟩ [nach dem röm. Feldherrn Lucullus (etwa 117–57 v. Chr.)] (bildungsspr.): *(von einem Essen) üppig u. dabei erlesen:* ein -es Menü; l. speisen.

Lu|kul|lus, der; -, -se (bildungsspr. scherzh.): *jmd., der gern erlesen isst.*

Lul|latsch, der; -[e]s, -e [H. u.] (ugs.): *schlaksiger, hoch aufgeschossener [junger] Mann:* Sohn Max (ein L. von 1,90) (Hörzu 18, 1977, 16); er ist ein langer L.

Lul|la|by [ˈlʌləbaɪ], das; -, -s [...baɪs; engl. lullaby, zu: to lull = lullen u. bye, ↑goodbye]: engl. Bez. für *Schlaflied, Wiegenlied.*

Lul|le, die; -, -n [zu ↑lullen (2 a)] (ugs.): *Zigarette:* Die kaum angezündete L. fliegt in die Kloschüssel (Ossowski, Flatter 81).

lul|len ⟨sw. V.; hat⟩ [eigtl. = saugen; urspr. lautm.]: **1.** *leise u. in einförmigem Rhythmus singend o. Ä. in einen bestimmten Zustand versetzen, bes. zum Einschlafen bringen:* das Kind in den Schlaf l.; Ü Die ... Schwüle, die meine Gefährten in ein nickendes Dösen lullte (Th. Mann, Krull 105). **2.** (landsch.) **a)** *saugen;* **b)** *urinieren.*

Lul|ler, der; -s, - [zu ↑lullen (2 a)] (südd., österr. landsch.): *Schnuller.*

lul|lern ⟨sw. V.; hat⟩ (landsch. ugs.): *urinieren.*

◆ **Lul|li,** das; -s, -s (landsch.): *Schnuller:* da kam schon wieder die Hebamme mit dem schön eingewickelten Kinde, ... steckte ihm das süße L. ins Mäulchen (Gotthelf, Spinne 13).

Lu|ma|chel|le [...ˈʃɛlə], die; -, -n [frz. lumachelle < ital. lumachella, Vkl. von: lumaca = Schnecke, über das Vlat. zu lat. limax (Gen.: limacis) < griech. leímax = Wegschnecke) (Geol.): *aus dem Resten von Muschel- u. Schneckenschalen zusammengesetzter Kalkstein mit großen Poren.*

Lumb, der; -[e]s, -e [norw. lubbe (fisk), schwed. lubb; im Dt. wohl angelehnt an engl. lump(fish) = Seehase]: *(in den arktischen Gewässern lebender) großer, lang gestreckter, hellgrauer Fisch.*

Lum|ba|go, die; -, - [lat. lumbago = Lendenlähmung, zu: lumbus = Lende] (Med.): *von der Wirbelsäule im Bereich der Lenden ausstrahlende Schmerzen; Hexenschuss.*

lum|bal ⟨Adj.⟩ [zu lat. lumbus = Lende] (Med.): *die Lenden (1 a), die Lendenwirbel betreffend, zu ihnen gehörend, von ihnen ausgehend.*

Lum|bal|an|läs|the|sie, die (Med.): *örtliche Betäubung des Rückenmarks im Bereich der Lenden (1 a).*

Lum|bal|ge|gend, die ⟨Pl. selten⟩

(Med.): *Bereich der Lenden (1 a), der Lendenwirbel.*

Lum|bal|gie, die; -, -n [zu lat. lumbus = Lende u. griech. álgos = Schmerz] (Med.): *Schmerz in der Lendengegend.*

Lum|bal|punk|ti|on, die (Med.): *Punktion zwischen den Lendenwirbeln.*

Lum|bal|wir|bel, der (Med.): *Lendenwirbel.*

lum|be|cken ⟨sw. V.; hat⟩ [nach dem dt. Erfinder E. Lumbeck (1886–1979)] (Buchbinderei): *Bücher (bes. Broschüren, Taschenbücher) durch das Aneinanderkleben der einzelnen Blätter ohne Fadenheftung binden.*

Lum|beck|ver|fah|ren, das ⟨o. Pl.⟩ (Buchbinderei): *Verfahren des Lumbeckens.*

Lum|ber [ˈlʌmbɐ], der; -s, -: kurz für ↑Lumberjack.

Lum|ber|jack [ˈlʌmbədʒæk], der; -s, -s [zu engl. lumberjack = Holzfäller, nach der Jacke der Holzfäller]: *kurze, hochgeschlossene sportliche Jacke aus Kord, Leder o. Ä., meist mit Reißverschluss u. [gestricktem] Bund an Taille u. Ärmeln.*

Lu|men, das; -s, - u. Lumina [lat. lumen (Gen.: luminis) = Licht]: **1.** (Physik) *photometrische Einheit für den Lichtstrom* (Zeichen: lm). **2.** (Med., Biol.) **a)** *Hohlraum eines (röhrenförmig) hohlen Organs;* **b)** *innerer Durchmesser eines röhrenförmig hohlen Organs.* **3.** (veraltet) *kluger Mensch, Könner; Kirchenlicht, Leuchte (2).*

Lu|men na|tu|ra|le, das; - - [lat. = natürliches Licht] (bes. scholastische Philos.): *das menschlich-endliche Erkenntnisvermögen mit seiner Abhängigkeit vom »übernatürlichen Licht« der göttlichen Offenbarung.*

Lu|men|stun|de, die (Physik): *photometrische Einheit für die Lichtmenge* (Abk.: lm h).

Lu|mie, die; -, -n [ital. lumia, aus dem Arab.]: *im Mittelmeergebiet heimisch, meist nur noch als Schmuckbaum angepflanzte Zitrusfrucht.*

Lu|mi|nal®, das; -s [Kunstwort]: *Schlafmittel; Mittel gegen Epilepsie u. andere Krankheiten.*

Lu|mi|nanz|si|gnal, das; -s, -e [zu engl. luminance = Leuchtkraft, zu lat. lumen, ↑Lumen] (Ferns.): *beim Farbfernsehen zur Übertragung der Helligkeitswerte ausgestrahltes Signal.*

Lu|mi|nes|zenz, die; -, -en [engl. luminescence] (Physik): *Leuchten eines Stoffes, das nicht durch Erhöhung der Temperatur bewirkt wird.*

Lu|mi|nes|zenz|di|o|de, die: *spezielle Diode, die beim Durchfließen von Strom Licht aussendet; Leuchtdiode.*

Lu|mi|nes|zenz|schirm, der: *Leuchtschirm.*

lu|mi|nes|zie|ren ⟨sw. V.; hat⟩ (Physik): *Lumineszenz aufweisen, zeigen.*

Lu|mi|neux [lymiˈnøː], der [zu frz. lumineux, ↑luminös] (Textilind.): *glanzreicher Kleider- od. Futterstoff in Taftbindung.*

Lu|mi|no|gra|phie, die; - [zu lat. lumen (↑Lumen) u. ↑-graphie] (Fachspr.): *Verfahren zur Herstellung von Fotokopien*

(ohne Kamera) mithilfe von Lumineszenzschirmen, Leuchtstofffolien o. Ä. als Lichtquelle.

Lu|mi|no|phor, der; -s, -e [zu griech. phorós = tragend] (Physik): *Leuchtstoff.*

lu|mi|nös ⟨Adj.⟩ [frz. lumineux < lat. luminosus, zu: lumen, ↑Lumen] (bildungsspr. veraltet): **1.** *hell, leuchtend, voller Licht.* **2.** *deutlich; vortrefflich.*

Lum|me, die; -, -n [dän., schwed. lom < isl. lómr < anord. lómr, wohl lautm.]: *(in großen Kolonien auf steilen Felsenküsten der Nordmeere nistender) Vogel mit schwarzer Oberseite, weißer Unterseite u. kurzen Flügeln.*

Lüm|mel, der; -s, - [mhd. lumbel(e) = Lendenfleisch, ahd. lumbal < lat. lumbulus, Vkl. von: lumbus = Lende] (südd.): *Lendenbraten, -stück.*

Lüm|mel, der; -s, - [zu veraltet lumm = schlaff, locker, ablautende Bildung zu ↑lahm]: **1. a)** (abwertend) *[junger] Mann, der als frech, ungezogen, als Person mit flegelhaftem Benehmen angesehen wird:* ein frecher L.; Du erbärmlicher, niederträchtiger, hinterlistiger, hämischer, feiger, gemeiner L.! (Hauptmann, Thiel 17); **b)** (ugs., fam.) *Bursche, Kerl:* na, du L.; Der kleine, sommersprossige L. ... schielt ihn erwartungsvoll an (Langgässer, Siegel 417). **2.** (salopp) *Penis:* Von den Bildern einer Operation werden wir nicht verschont: Längsschnitt durch den L. und hinein mit dem künstlichen Dauerständer, der nach Gebrauch nach unten weggeklappt wird (taz 27. 5. 91, 20).

Lüm|me|lei, die; -, -en (abwertend): *große Ungezogenheit, Frechheit; Flegelei.*

lüm|mel|haft ⟨Adj.⟩ (abwertend): *sehr ungezogen, frech; flegelhaft.*

lüm|meln, sich ⟨sw. V.; hat⟩ (ugs. abwertend): *sich in betont nachlässiger, unmanierlicher Weise irgendwohin setzen, legen, irgendwo stehen, sich rekeln:* sie lümmelte sich aufs Sofa; Der Leutnant lümmelte sich tief in einen Sessel und streckte die Beine aus (Kirst, 08/15, 161); ⟨auch ohne sich:⟩ Wagner lümmelt in einer Imbissstube am Stehtisch, spült mit Bier nach (Köhler, Hartmut 44); Bodo und Philipp, der Lehrling, lümmeln rauchend auf der Bank (Frischmuth, Herrin 38).

Lüm|mel|tü|te, die (salopp): *Kondom:* Während die Soldatengewerkschaft von einem Verschleiß von 74 400 Kondomen berichtet, sind von Verteidigungsministerium jedoch nur schlappe 24 000 -n geschickt worden (taz 15. 10. 93, 20).

Lüm|mer, der; -s, - [wohl Nebenf. von ↑Lummel] (landsch., Fachspr.): *Lendenbraten, -stück; Lummel.*

Lump, der; -en, -en [gek. aus spätmhd. lumpe, ↑Lumpen, eigtl. = Mensch in zerlumpter Kleidung] (abwertend): *Person, die als charakterlich minderwertig, gesinnungslos, betrügerisch, gewissenlos handelnd angesehen wird* (oft als Schimpfwort): ein elender L.; du feiger L.!; ◆ ⟨auch -, -e:⟩ Brich doch mit diesem Lump sogleich (Goethe, Zahme Xenien V) Nur die -e sind bescheiden, Brave freuen sich der Tat (Goethe, Rechenschaft).

Lum|pa̱|zi, der; -s, -s, **Lum|pa̱|zi|us**, der; -, -se [scherz. latinis. Bildung zu ↑Lump] (scherz. veraltend): *Gauner, Vagabund.*

Lum|pa̱|zi|va|ga|bu̱n|dus, der; -, -se u. ...di [nach der Titelgestalt einer Posse des österr. Dichters J. N. Nestroy (1801–1862)]: *Lumpazius.*

Lu̱mp|chen, das; -s, -: Vkl. zu ↑Lumpen (1).

lu̱m|pen ⟨sw. V.; hat⟩ [zu ↑Lump] (ugs.): **1.** *unsolide leben, bes. mit viel Alkohol tüchtig feiern:* ihr habt wohl wieder die ganze Nacht gelumpt? **2.** **sich nicht l. lassen* (*sich großzügig, freigebig zeigen;* eigtl. = sich nicht für einen Lumpen ansehen lassen): ich werde mich doch nicht l. lassen; Viele Krankenkassen lassen sich im Übrigen nicht mehr l., wenn es um Kuren im Ausland geht (MM 7. 9. 72, 13).

Lu̱m|pen, der; -s, - [mhd. lumpe = Lappen, Fetzen, ablautende Bildung zu: lampen = welk niederhängen, also eigtl. = schlaff Herabhängendes]: **1. a)** *altes, verschmutztes [abgerissenes] Stück Stoff; Lappen, Stofffetzen:* er sammelt L. und Papier; aus [alten] L. hergestelltes Papier; Er greift in die blutgetränkten L., der die Wunde Anders' bedeckte (Jahnn, Nacht 152); **b)** (landsch.) *Putzlappen, Scheuertuch:* Die Wirtin hatte die Glasscherben mit einem großen nassen L. aufgewischt (M. Walser, Seelenarbeit 250). **2.** ⟨meist Pl.⟩ (abwertend) *abgetragene, zerschlissene [u. verschmutzte] Kleidung:* die malerischen L. der älteren Bettlerknaben (Musil, Mann 1303); in L. herumlaufen; **jmdn. aus den L. schütteln* (salopp; *jmdn. sehr heftig tadeln; jmdm. ordentlich die Meinung sagen).*

Lu̱m|pen|ball, der: *Fastnachtsball, bei dem die Teilnehmer in Lumpen erscheinen.*

Lu̱m|pen|ge|sin|del, das (abwertend, emotional verstärkend): *Gesindel.*

Lu̱m|pen|händ|ler, der: *Altwarenhändler.*

Lu̱m|pen|händ|le|rin, die: w. Form zu ↑Lumpenhändler.

Lu̱m|pen|hund, der (abwertend): *jmd., der als gemein, niederträchtig angesehen wird; Lump.*

Lu̱m|pen|kerl, der (abwertend): *Lumpenhund.*

Lu̱m|pen|mann, der ⟨Pl. ...männer⟩ (veraltet): *Lumpensammler (1).*

Lu̱m|pen|pack, das (abwertend, emotional verstärkend): vgl. Lumpengesindel.

Lu̱m|pen|pro|le|ta̱|ri|at, das (marx.): *unterste Gesellschaftsschicht ohne Klassenbewusstsein.*

Lu̱m|pen|pro|le|ta̱|ri|er, der: *Angehöriger des Lumpenproletariats.*

Lu̱m|pen|pro|le|ta̱|ri|e|rin, die: w. Form zu ↑Lumpenproletarier.

Lu̱m|pen|samm|ler, der: **1.** (veraltend) *jmd., der gewerbsmäßig alte Kleider, unbrauchbar gewordene Textilien, Altpapier, Altmetall o. Ä. sammelt u. zur weiteren Verwertung verkauft:* in der Stimme des -s, der auf der Straße nach Altpapier schrie (Schnurre, Bart 7). **2.** (scherzh.)

öffentliches Verkehrsmittel, das in der Nacht die letzte Möglichkeit der Beförderung bietet: sie erreichten gerade noch den L.

Lu̱m|pen|samm|le|rin, die: w. Form zu ↑Lumpensammler (1).

Lu̱m|pen|zeug, das (ugs. abwertend): *wertloses Zeug* (1 a).

Lu̱m|pe|rei̱, die; -, -en [zu ↑Lump]: **1.** (abwertend) *betrügerische, gewissenlose Tat; üble, gemeine Handlungsweise:* Sie ... verziehen ihm seine -en als mannsbildhafte Verfehlung (Fels, Unding 122). **2.** (ugs., meist abwertend) *Nichtigkeit, Kleinigkeit, Lappalie:* schon gegen eine Wette so solch einer L. wie hunderttausend Mark (Remarque, Obelisk 165).

lu̱m|pig ⟨Adj.⟩: **1.** (abwertend) *gemein* (1 b), *niederträchtig, nichtswürdig:* ungleich den Streifenden vom Lande Sinai und -en Räubern vom Lande Arabaja (Th. Mann, Joseph 118); Aber ich will nicht l. sein, ich will mich nicht vor mir schämen müssen (Fallada, Mann 65). **2.** (selten) *heruntergekommen, armselig; zerlumpt:* Ein -es Quartier (Lynen, Kentaurenfährte 13); eine Art ... Landstreicher, ... vielleicht sogar barfuß oder höchstens in -en Sandalen (Rolf Schneider, November 207); du bist ja nur ein Kellner, von dem der Tscherski nicht einen Wodka angenommen hätte, so l. bist du (Kaiser, Villa 146). **3.** (ugs. abwertend) *[in ärgerlicher Weise] gering, unbedeutend; erbärmlich wenig; kümmerlich; nichts wert:* Sie wollten mir wohl ein paar -e Mark auf den Tisch legen? (Fallada, Jeder 225); So mussten wir uns mit einer -en Bahnschranke ... begnügen (Küpper, Simplicius 20); und wenn der Lohn noch so l. ist! (Brecht, Mensch 114).

Lu̱m|pig|keit, die; - (selten): *lumpige* (1) *Art, lumpiges Wesen.*

Lu̱|na: 1. (röm. Myth.) Göttin des Mondes. **2.** (dichter.) (weibliche) Personifikation des Mondes.

Lu̱|na|park, der [viell. nach dem ehemaligen Vergnügungspark in Berlin] (veraltet, noch landsch.): *Vergnügungspark, Rummelplatz:* Auf dem Platz vor dem Stadttheater hatte sich ein L. etabliert (K. Mann, Vulkan 63); In hell erleuchteten -s ... sah man Zwerge und Riesendamen (Jacob, Kaffee 85).

lu̱|nar ⟨Adj.⟩ [lat. lunaris, zu: luna, ↑Luna] (Astron., Raumf.): *den Mond betreffend, von ihm ausgehend, zu ihm gehörend:* die Möglichkeit einer Umbenennung des -en »Meeres der Stürme« ... zu prüfen (MM 18. 8. 68, 25); die Mondlandefähre erstmals in ihre *-er (um den Mond führender) Umlaufbahn bemannt zu erproben (MM 25. 5. 69, 3).

lu̱|na|risch ⟨Adj.⟩ (veraltet): *lunar.*

Lu̱|na|ri|um, das; -s, ...ien [zu lat. lunaris, ↑lunar] (früher): *Gerät zur Veranschaulichung der Bewegung des Mondes um die Erde.*

Lu|nar|or|bit, der [engl. lunar orbit, aus: lunar = den Mond betreffend, Mond- (< lat. lunaris, ↑lunar) u. ↑Orbit] (Astron., Raumf.): *Umlaufbahn um den Mond.*

Lu̱|na|ti|ker, der; -s, - [zu (spät.)lat. luna-

ticus, ↑lunatisch] (Med. selten): *Mondsüchtiger, Schlafwandler.*

Lu̱|na|ti|ke|rin, die; -, -nen: w. Form zu ↑Lunatiker.

Lu̱|na|ti|on, die; -, -en [zu lat. luna = Mond] (Astron.): *Umlauf des Mondes von Neumond zu Neumond.*

lu̱|na|tisch ⟨Adj.⟩ [(spät)lat. lunaticus = dem Mondwechsel unterworfen; epileptisch, zu: luna = Mond, ↑Luna] (Med. seltener): *mondsüchtig, somnambul.*

Lu̱|na|tis|mus, der; - (Med. seltener): *Mondsüchtigkeit, Somnambulismus.*

Lu̱|naut, der; -en, -en [gek. aus ↑Lunonaut] (schweiz.): *Astronaut.*

Lu̱|nau|tin, die; -, -nen: w. Form zu ↑Lunaut.

Lunch [lanʃ, lantʃ, engl.: lʌntʃ], der; -[e]s u. -, -[e]s u. -e [engl. lunch, urspr. = Brocken, Bissen]: *(in der angelsächsischen Ländern) kleinere, leichte Mahlzeit in der Mittagszeit:* Christine traf sich mit Amery ... zum L. beim »Pelikan« (Bieler, Mädchenkrieg 92).

lun|chen ['lanʃn, 'lantʃn] ⟨sw. V.; hat⟩ [engl. to lunch]: *den, einen Lunch einnehmen.*

Lunch|pa|ket, das: *kleines Paket mit Verpflegung für die Teilnehmer an einem Ausflug o. Ä.*

Lun|dist [lœ'dɪst], der; -en, -en [frz. lundiste, zu: lundi = Montag < lat. Luna dies = der Mondgöttin Luna geweihter Tag] (veraltet): *Herausgeber einer Montagszeitung.*

Lü̱|ne|bur|ger Hei̱|de, die; - -: Teil des Norddeutschen Tieflandes.

Lü|ne̱t|te, die; -, -n [frz. lunette, eigtl. = Möndchen, Vkl. von: lune < lat. luna = Mond]: **1.** (Archit.) *bogenförmiges bis halbrundes Feld über Türen u. Fenstern od. als Bekrönung eines Rechtecks (bes. im Barock).* **2.** (Technik) *mit Rollen versehene Vorrichtung an Drehbänken, Schleifmaschinen o. Ä., mit der das Durchbiegen langer Werkstücke verhindert wird.* **3.** (früher) *Form des Grundrisses im Festungsbau bei Schanzen u. Forts.*

Lu̱n|ge, die; -, -n ⟨häufig auch im Pl. mit singularischer Bed.⟩ [mhd. lunge, ahd. lunga, lungu(na), eigtl. = die Leichte; nach der Beobachtung, dass die Lunge geschlachteter Tiere auf Wasser schwimmt]: *Organ, das beim Menschen u. den Luft atmenden Wirbeltieren der Atmung dient (indem es den Gasaustausch 2 mit dem Blut besorgt):* ihre L. ist angegriffen; Das Kind schreit, was die -n hergeben (Quick 28, 1958, 57); eine kräftige, starke, gute, gesunde, schwache L. haben; um seine -n mit der kühlen, nerischen Abendluft zu füllen (Zuckmayer, Fastnachtsbeichte 12); schone deine L.! (scherzh.; *rede nicht so viel!*); sie hat es auf der L. (ugs.; *ist lungenkrank*); er raucht aus L./(seltener:) durch die L. (*inhaliert den Rauch, macht einen Lungenzug*); Neuer, in die L. gelangender Staub ... staut sich in den -n an (Medizin II, 156); Haben Sie schon mal was mit der L. (ugs.; *schon einmal eine Lungenkrankheit*) gehabt? (Aberle, Stehkneipen 54); **grüne L. (Parkanlage, Grünfläche in [der Umgebung] einer*

Stadt): weil dafür (= für den Ausbau einer Rennbahn) ein Waldstück, grüne L. der Bürger, abgeholzt werden muss (MM 22. 10. 80, 32); diese reizvollen und stadtnahen Phantasieschöpfungen (= Gärten) als »grüne Lungen« zu haben (Hörzu 38, 1974, 54); **eiserne L.** (Med.; *Gerät zur künstlichen Beatmung bei Atemlähmung, das durch Druckeinwirkung die Lunge in Tätigkeit hält);* **eine gute L. haben** (scherzh.; *laut, kräftig schreien können);* **sich** ⟨Dativ⟩ **die L. aus dem Hals/Leib schreien** (ugs.; *sehr laut schreien);* **aus voller L. singen/schreien** *o. Ä. (sehr laut singen, schreien o. Ä.).*

Lun|gen|at|mer, der; -s, - (Zool.): *Tier, das eine Lunge als Atmungsorgan hat:* Molche sind L. (Kosmos 3, 1965, 133).

Lun|gen|at|mung, die (Med., Zool.): *Atmung durch die Lunge.*

Lun|gen|bläs|chen, das ⟨meist Pl.⟩: *kleiner blasenähnlicher Hohlraum der Lunge, durch dessen dünne Wand der Gasaustausch (2) stattfindet.*

Lun|gen|bra|ten, der [1. Bestandteil zu ↑Lummel, volksetym. an Lunge angelehnt] (österr.): *Lendenbraten, Rinderfilet.*

Lun|gen|egel, der: *in der Lunge von Raubtieren, Schweinen u. des Menschen parasitär lebender Saugwurm.*

Lun|gen|em|bo|lie, die (Med.): *Embolie in der Lunge.*

Lun|gen|em|phy|sem, das (Med.): *krankhafte Aufblähung der Lunge durch Luft od. Fäulnisgase.*

Lun|gen|ent|zün|dung, die: *Entzündung in der Lunge; Pneumonie:* Aber natürlich müsste man gleich am Ufer ... frottieren ..., sonst gibt es L. (Johnson, Ansichten 203); Wolf ist sogar an L. gestorben (Remarque, Westen 25).

Lun|gen|fell, das (Med.): *Teil des Brustfells, der die Lunge außen überzieht.*

Lun|gen|fisch, der ⟨meist Pl.⟩ (Zool.): *in Süßwasser lebender Fisch, der abwechselnd durch Kiemen u. Lunge atmen kann.*

Lun|gen|flech|te, die: *(früher bei Lungenkrankheiten verwendete) bes. auf Rinden u. Holz wachsende große, graugrüne Laubflechte.*

Lun|gen|flü|gel, der: *einer der beiden Teile, Flügel (2 a) der Lunge.*

lun|gen|gän|gig ⟨Adj.⟩ (Fachspr.): *(von Staub o. Ä.) in die Lunge eindringend:* Als l. gelten Partikel mit einem Durchmesser unterhalb von 5 mm (CCI 12, 1986, 4).

Lun|gen|ha|schee, das (Kochk.): *aus der Lunge bestimmter Schlachttiere zubereitetes Haschee.*

Lun|gen|heil|stät|te, die: *Heilstätte zur Behandlung von Lungenkrankheiten.*

Lun|gen|in|farkt, der (Med.): *Infarkt in der Lunge.*

Lun|gen|kar|zi|nom, das: *Lungenkrebs.*

lun|gen|krank ⟨Adj.⟩: *an einer Lungenkrankheit, bes. an Lungentuberkulose, leidend.*

Lun|gen|kran|ke, der u. die: *jmd., der lungenkrank ist.*

Lun|gen|krank|heit, die: *Erkrankung der Lunge.*

Lun|gen|kraut, das: *(früher bei Lungenkrankheiten verwendete, zu den Raublattgewächsen gehörende) Pflanze, die als niedrige Staude mit blauen od. rötlichen Blüten bes. in Laubwäldern wächst.*

Lun|gen|krebs, der: *Krebs in der Lunge.*

Lun|gen|lei|den, das: vgl. Lungenkrankheit.

lun|gen|lei|dend ⟨Adj.⟩: vgl. lungenkrank.

Lun|gen|ödem, das (Med.): *Ödem in der Lunge.*

Lun|gen|schlag, der: *plötzlicher Tod bei Lungenembolie.*

Lun|gen|schne|cke, die: *Schnecke, die mit einem in der Funktion einer Lunge ähnlichen Organ den Sauerstoff aus der Luft aufnimmt.*

Lun|gen|schwind|sucht, die (volkst. veraltend): *Lungentuberkulose.*

Lun|gen|spit|ze, die: *oberes spitz auslaufendes Ende eines Lungenflügels.*

Lun|gen|spit|zen|ka|tarrh, der (Med.): *Katarrh der Lungenspitzen.*

Lun|gen|tu|ber|ku|lo|se, die: *Tuberkulose im Bereich der Lunge.*

Lun|gen|tu|mor, der: *Tumor in der Lunge.*

Lun|gen|zug, der: *das Einziehen des Zigarettenrauchs bis in die Lunge:* einen L. machen.

Lun|ge|rer, der; -s, - (selten): *jmd., der irgendwo herumlungert.*

Lun|ge|rin, die; -, -nen: w. Form zu ↑Lungerer.

lun|gern ⟨sw. V.; hat⟩ [urspr. = lauern; zu mhd. lunger, ahd. lungar = schnell, flink, ablautende Bildung zu ↑gelingen in dessen urspr. Bed. »schnell vonstatten gehen«] (selten): *herumlungern:* Die Gäste trinken, lungern auf den Ledermatten (Imog, Wurliblume 156); Soldaten lungern vor einer Schenke (Koeppen, Rußland 198).

lun|go ⟨Adv.⟩ [ital. lungo < lat. longus = lang] (Musik): *lange gehalten.*

Lü|ning, der; -s, -e [mniederd. lunink, H. u.] (nordwestd.): *Sperling.*

lu|ni|so|lar ⟨Adj.⟩ [engl. lunisolar, zu lat. luna = Mond u. solarius, ↑solar] (Astron.): *Mond u. Sonne betreffend; von Mond u. Sonne ausgehend.*

Lu|ni|so|lar|jahr, das (Astron.): *Zeitraum, der sowohl die Wechsel der Mondphasen als auch den Ablauf der Jahreszeiten berücksichtigt.*

Lu|ni|so|lar|prä|zes|si|on, die; -: *das durch die Anziehung von Sonne u. Mond bewirkte Fortschreiten der Punkte mit Tagundnachtgleiche der Erde auf der Ekliptik.*

Lun|ker, der; -s, - [zu rhein. lunken = hohl werden] (Gießerei): *fehlerhafter Hohlraum in Gussstücken.*

Lu|no|naut, der; -en, -en [zu lat. luna = Mond u. griech. naútēs = Seemann] (Raumf. selten): *Mondfahrer.*

Lu|no|nau|tin, die; -, -nen: w. Form zu ↑Lunonaut.

Lün|se, die; -, -n [mniederd. luns(e) = altsächs. lunisa, dafür mhd. lun(e), ahd. lun(a)]: *vor das Rad gesteckter Splint, der das Lösen von der Achse verhindert.*

Lun|te, die; -, -n [urspr. = Lappen, Fet-

zen, H. u.; 2: nach der feuerroten Farbe]: **1.** (früher) *langsam glimmende Zündschnur:* die L. anzünden; Er ... legt L. an eine Kanone (Hacks, Stücke 153); **L. riechen* (ugs.; *eine Gefahr, Bedrohung, etw. Unangenehmes, was auf jmdn. zukommt, schon im Voraus merken; nach dem scharfen Geruch einer glimmenden Zündschnur, die den Standort eines verborgenen Schützen verriet);* **die L. ans Pulverfass legen** *(durch eine bestimmte Äußerung, Handlung einen bereits vorhandenen Konflikt, eine gespannte Situation zum offenen Streit werden lassen).* **2.** (Jägerspr.) *Schwanz des Fuchses u. des Marders.* **3.** (Textilind.) *schwach gedrehtes Vorgarn.*

Lu|nu|la, die; -, ...lae u. Lunulen [lat. lunula, Vkl. von: luna = Mond]: **1.** *halbmondförmiger, um den Hals getragener, kragenähnlicher Schmuck aus der Bronzezeit.* **2.** (kath. Kirche) *von Glas umschlossener Behälter für die Hostie in der Monstranz.* **3.** (Anat.) *Nagelmöndchen.*

lu|nu|lar ⟨Adj.⟩ (Fachspr.): *halbmondförmig.*

Lu|pa|nar, das; -s, -e [lat. lupanar, zu: lupa = Prostituierte, eigtl. = Wölfin]: *altrömisches Bordell.*

Lu|pe, die; -, -n [frz. loupe, H. u.]: *einfaches Vergrößerungsglas mit Fassung u. Griff od. Vorrichtung zum Aufstellen:* eine scharfe, schwache L.; etw. durch die L., mit der L. betrachten; der Webfehler wird unter der L. sichtbar; **jmdn., etw. unter die L. nehmen* (ugs.; *jmdn., etw. sehr genau beobachten, kontrollieren, betrachten, kritisch prüfen);* **jmdn., etw. mit der L. suchen können** (ugs.; *jmdn., etw. [mit solchen positiven Eigenschaften] nur selten finden, antreffen).*

lu|pen|rein ⟨Adj.⟩: **1.** *(von Diamanten) bei einer bestimmten starken Vergrößerung große Reinheit zeigend, keinen Einschluss erkennen lassend:* ihre Brillanten waren l. (Andersch, Rote 216); Ü ein -er Sound: -e Akustik; sie spricht ein -es Hochdeutsch; sie sang l. **2.** *ein einwandfreies Exemplar, eine mustergültige Verkörperung von etw. darstellend:* ein -er Amateur; ... bekennt sich das Gesetz zu einem fast -en Gruppenprinzip (MM 8. 5. 70, 2); Der gebürtige Bremer hat eine -e Konzernkarriere absolviert (Woche 2. 1. 98, 20); die Beweisführung ist alles andere als l.

Lu|per|ka|li|en ⟨Pl.⟩ [lat. lupercalia, zu: Lupercus = Beiname des Faun]: *altrömisches Fest (ursprünglich zu Ehren des Hirtengottes Faunus).*

Lupf, der; -[e]s, -e [mhd. lupf, rückgeb. aus ↑lupfen] (schweiz. mundartl.): **1. a)** *das Lüpfen, das Hochheben, Anheben [mit einem Ruck];* **b)** *Last, die man eben noch heben kann.* **2.** *Hosenlupf.*

lupf|fen (südd., schweiz., österr.), **lüp|fen** ⟨sw. V.; hat⟩ [mhd. lupfen, H. u., viell. im Sinne von »in die Luft heben« verw. mit ↑Luft]: *lüften (2):* die Mütze l.; Dr. Henrici, der eben den dunklen Vorhang seines hölzernen Gelasses ein wenig gelüpft hatte (Zuckmayer, Fastnachtsbeichte 6); Aber keine der Sportdisziplinen ... vermag ihn vom Stuhl zu lüpfen (einzuneh-

men, zu begeistern; Grass, Hundejahre 528).

Lu|pi|ne, die; -, -n [mhd. nicht belegt, ahd. luvina < lat. lupinus, zu: lupus = Wolf; die Beziehung zum Tiernamen ist ungeklärt]: *(zu den Schmetterlingsblütlern gehörende) Pflanze mit gefingerten Blättern u. in dichten Trauben wachsenden [mehrfarbigen] Blüten (die bes. als Grünfutter u. zur Gründüngung verwendet, aber auch als Zierpflanze kultiviert wird).*

Lu|pi|nen|krank|heit, die (Tiermed.): *Lupinose.*

Lu|pi|no|se, die; -, -n (Tiermed.): *nach dem Füttern mit bestimmten Arten von Lupinen bes. bei Schafen auftretende Vergiftung.*

lu|pös ⟨Adj.⟩ [zu ↑ Lupus] (Med.): *den Lupus betreffend, auf ihm beruhend; an Lupus erkrankt.*

Lup|pe, die; -, -n [frz. loupe = Klumpen im flüssigen Eisen, H. u.] (Gießerei): *rohes, von Schlacken durchzogenes Eisen.*

lup|pen ⟨sw. V.; hat⟩ (Gießerei): *gerinnen lassen.*

Lu|pu|lin, das; -s [zu nlat. (humulus) lupulus = Hopfen]: *aus Hopfen gewonnener Stoff, der u. a. bei der Bierbrauerei verwendet wird.*

Lu|pus, der; -, - u. -se [mlat. lupus < lat. lupus = Wolf; die Krankheit wird mit einem gierig fressenden Wolf verglichen] (Med.): *meist chronische tuberkulöse Hautflechte.*

Lu|pus in fa|bu|la [lat. = der Wolf in der Fabel; nach Terenz, Adelphoe] (bildungsspr.): *Ausruf, wenn jemand kommt, von dem gerade gesprochen wurde.*

Lurch, der; -[e]s, -e [älter: Lorch, niederd. lork = Kröte, H. u.]: *Amphibie.*

Lurch|fisch, der: *Lungenfisch.*

Lu|re, die; -, -n [norw. lur < aisl. luðr]: *germanisches Blasinstrument mit einem langen s-förmigen Rohr, das in einer verzierten Scheibe endet.*

Lu|rex®, das; - [Kunstwort]: *mit metallisierten Fasern hergestelltes Garn, Gewebe.*

Lu|sa|ka: Hauptstadt von Sambia.

¹Lu|sche, die; -, -n [1: nach Lusche (2) zur Bez. der Minderwertigkeit; 2: wohl zu ostmd. Lusche = (läufige) Hündin; 3: H. u.] (ugs.): **1.** *Spielkarte, die nichts zählt, die beim Zusammenrechnen keine Punkte einbringt:* ich habe wieder nur -n auf der Hand; Ü Sein Plattenangebot ist ... fast dürftig, aber auch ohne -n (Spiegel 25, 1985, 157); Der hält uns doch alle für Nullen und -n (Spiegel 42, 1990, 47). **2.** (landsch. abwertend) **a)** *Person, die als liederlich, als Schlampe angesehen wird;* **b)** *Prostituierte.* **3.** (landsch.) *Zigarette.*

²Lu|sche, die; -, -n [aus dem Slaw., vgl. russ. luža] (ostmd.): *Pfütze.*

lu|schig ⟨Adj.⟩ [zu ↑¹Lusche (2 a)] (landsch. abwertend): *liederlich, schlampig, flüchtig, oberflächlich, ungenau:* Die Kriminalpolizei muss sich den Vorwurf machen lassen, in der Spurensicherung ... l. gearbeitet zu haben (Kieler Nachrichten 12. 11. 74, 20).

lu|sen: ↑²losen.

Lu|ser: ↑¹Loser.

Lu|si|ta|nis|mus, der; -, ...men [nach Lusitania, dem lat. Namen für Portugal] (veraltet): *Übertragung einer für das Portugiesische bzw. Erscheinung auf eine nicht portugiesische bzw. nicht brasilianische Sprache im lexikalischen od. syntaktischen Bereich.*

Lu|si|ta|nis|tik, die; - (veraltet): *Wissenschaft von der portugiesischen bzw. brasilianischen Sprache u. Literatur.*

Lust, die; -, Lüste [mhd., ahd. lust, wohl eigtl. = Neigung]: **1.** ⟨o. Pl.⟩ **a)** *inneres Bedürfnis, etw. Bestimmtes zu tun, haben zu wollen; auf die Befriedigung eines Wunsches gerichtetes Verlangen:* in ihm erwachte die L., ihn überkam, erfasste die L., ihn kam die L. an, etw. zu tun; keine L. verspüren, etw. zu tun; sie hatte, bekam plötzlich L., dorthin zu fahren; Sie zeigte nicht die geringste L., ihre Hände in die Sache zu stecken (Niekisch, Leben 38); die L. dazu ist mir vergangen; große, keine L. zu etw. haben; nach der aktuellen Stimmungsanalyse der Gesellschaft für Konsumforschung entwickeln die Deutschen wieder L. zum Geldausgeben (Woche 19. 12. 97, 47); ich hätte jetzt L. auf ein Stück Torte *(würde jetzt gerne ein Stück Torte essen);* seine L. auf Sonne befriedigen; die L. auf Auseinandersetzung zügeln; Er hatte in diesem Augenblick wieder nicht übel L. *(wollte wieder gern),* Diotima den schlichten Zusammenhang mit den Ölfeldern zu erklären (Musik, Mann 818); das kannst du machen, wie du L. hast *(wie es dir gefällt);* du kannst es behalten, solange du L. hast *(solange du willst);* * **L. und Laune** *(ganz nach eigenem Belieben, Geschmack);* **b)** *aus der Befriedigung, der Erfüllung eines Wunsches, dem Gefallen an etw. entstehendes angenehmes, freudiges Gefühl; gesteigerte Freude; Vergnügen:* es ist eine [wahre] L., ihr zuzusehen; Es ist eine L., Laut zu geben in ausgeräumten Ruinen (Grass, Hundejahre 442); sie sangen so schön, dass es eine L. war (geh. veraltend; *dass es allen sehr gefiel);* bei einer solchen Arbeit kann einem die ganze L. vergehen; L. am Leben, am Untergang; L. an etw. haben, bei etw. empfinden; ... empfing ich als Knabe den Impetus zur L. an der Mathematik (Stern, Mann 323); ... die Polizisten aber verlieren die L. an Wilddiebaktionen (Grzimek, Serengeti 220); er tat es aus purer L. am Bösen; * **L. und Liebe** (geh. veraltend; ↑ Freude 1); **L. und Liebe** *(bei etw. vorhandene innere Bereitschaft, Freudigkeit; Vergnügen, Freude an etw.):* etw. aus, mit, ohne L. und Liebe tun. **2.** (geh.) **a)** *heftiges, auf die Befriedigung sinnlicher, bes. sexueller Bedürfnisse gerichtetes [triebhaftes] Verlangen:* weltliche, sinnliche Lüste; In Dänemark, Schweden und den Niederlanden gilt die Darstellung sexueller L. nicht als pornografisch (Woche 31. 1. 97, 1); ... obwohl sie bereits losgelöst war von aller fleischlichen L. (Roth, Beichte 61); die Lüste des Fleisches *(Fleischeslüste);* plötzlich hatte er eine große L. auf seine Frau und große Mühe, nicht sofort nach ihr zu greifen (Plenzdorf, Legende 206);

seine L. befriedigen, stillen, zügeln; jmdm. die L. nehmen; Nur eben, dass es nicht um die Erzeugung von Nachkommenschaft willen geschah, sondern ganz ohne Zweck, nur um die L. zu kosten (Nossack, Begegnung 326); **b)** *aus der Befriedigung sinnlicher, bes. geschlechtlicher Genüsse entstehendes Gefühl; Erfüllung einer Begierde; Wollust:* sie gab, bot ihm, fand bei ihm die höchsten Lüste; ... seine Unterlippe fiel herab, als wäre er aller Lüste, der schon genossenen und auch der zukünftigen, überdrüssig (Jahnn, Geschichten 191).

Lust|bar|keit, die; -, -en [mhd. lustbærecheit, zu: lustbære = Freude, Vergnügen bereitend] (geh. veraltend): *Veranstaltung, bei der sich jmd. vergnügt, sich angenehm die Zeit vertreibt:* Anlass der L.: der Abschluss eines Lehrgangs im Tanzen (Gaiser, Schlußball 140); Es kam vor, dass er auch nach dem Dienst mit anderen zusammenblieb und die etwas rohen ein dieser halbselbständigen jungen Menschen verkostete (Musil, Mann 1498).

Lust|bar|keits|steu|er, die (veraltet): *Vergnügungssteuer.*

lust|be|tont ⟨Adj.⟩: **1.** *von einem sehr angenehmen Gefühl begleitet; von einem Wohlgefühl entscheidend bestimmt:* -e Freizeitgestaltung; Die Tränenszenen sind ... ausgesprochen l. (Greiner, Trivialroman 49). **2.** *von einem auf die Befriedigung sinnlicher, bes. sexueller Bedürfnisse gerichteten Verlangen bestimmt:* -e Beziehung; -er Sex.

Lüst|chen, das; -s, -: Vkl. zu ↑ Lust (1 a).

Lust|emp|fin|den, das: vgl. Lustgefühl.

◆ **lüs|ten** ⟨sw. V.; hat⟩ [mhd. lüsten, ↑¹lüstern]: *gelüsten:* Mich lüstet nicht nach seiner Bekanntschaft (Hebbel, Agnes Bernauer I, 9); Mich lüstete nach einem Menschen (Schiller, Don Carlos V, 10); Auch sollen dich belohnen ... vortreffliche Makronen und was dir l. kann *(worauf immer du Lust hast;* Bürger, Stutzerballade).

Lus|ter, der; -s, - (österr.): *Lüster* (1).

Lüs|ter, der; -s, - [frz. lustre < ital. lustro = Glanz, zu: lustrare < lat. lustrare, ↑lustrieren]: **1.** *meist prunkvoller, mit Prismen aus Glas o. Ä. reich verzierter Kronleuchter:* in einem Raum mit hohen goldenen Spiegeln, der hell erleuchtet war vermittels eines -s voller Kerzen (Dürrenmatt, Grieche 91); Ich ... schoss direkt in den großen, mit vielen hundert Glasflittern behängten L. (Fallada, Herr 215); Die von elektrischen -n erhellte Atmosphäre atmet Langeweile (Genet [Übers.], Tagebuch 50). **2.** *stark glänzender, meist in verschiedenen Farben schillernder Überzug auf Glas, Porzellan, Keramik.* **3.** *leichter, glänzender, dicht gewebter Stoff meist aus Baumwolle:* ein dünner grauer, abgeschabter Rock war es aus billigem L. (Fussenegger, Zeit 42). **4.** (Druckw.): *metallähnlicher, samtiger Glanz in Farben (der auf glatte Flächen gedruckt sind).* **5.** (Gerberei) *Appretur, die dem Leder einen leichten Glanz verleiht od. die Leuchtkraft der Farben erhöht.*

Lüs|ter|far|be, die: *für den Lüster (2) verwendete Farbe, die etwas Metall enthält.*

Lüs|ter|klem|me, die [aus ↑Lüster (1) u. ↑Klemme (1 b)]: *isoliertes Verbindungsstück für elektrische Leitungen, das mit Schrauben befestigt wird.*

¹lüs|tern ⟨Adj.⟩ [aus: lüsternd, 1. Part. von veraltet lüstern = Lust haben, zu mhd. lüsten, ahd. lusten, zu ↑Lust] (geh.): **1.** *von einem auf Besitz od. Genuss gerichteten Verlangen erfüllt, das auf versteckte Weise zu stillen gesucht wird:* Sie (= die Riesenbrezel) ... verheißt der -en Zunge Honigsüßigkeit außen, ... Mandelköstlichkeit innen (Augsburger Allgemeine 24. 4. 78, 12); Er ... schlenderte durchs Städtchen, l. nach Abenteuern (Augsburger Allgemeine 27. 5. 78, 18); barbarische Volksstämme, die stets nach Plünderungen und Zerstörungen l. waren (Thieß, Reich 454); Einige Leute gab es immer, die sich an solchen Geschichten noch l. machten (Bastian, Brut 147). **2.** *von sexueller Begierde erfüllt, sie aber nur auf versteckte Weise andeutend:* ein -er Kerl; -e Gedanken; Wie Giorgiones schlummernde Venus wirken sie (= die steinernen Wassernymphen) erotisch, aber nicht l. (Berger, Augenblick 48); l. blicken.

◆ **²lüs|tern** ⟨sw. V.; hat⟩ [Iterativbildung zu ↑lüsten]: *gelüsten:* Uns lüstert, uns hungert schon lange nach euch (Bürger, Neuseeländische Schlachtlied).

-lüs|tern: drückt in Bildungen mit Substantiven aus, dass die beschriebene Person begierig auf etw. ist, ein gieriges Verlangen nach etw. hat: angriffs-, karriere-, machtlüstern.

Lüs|tern|heit, die; - (geh.): *das Lüsternsein; lüsterne Art, lüsternes Wesen.*

Lüs|ter|weib|chen, das [zu ↑Lüster (1)] (veraltend): *weibliche Figur als Kronleuchter.*

Lust|fahrt, die (veraltet): *Vergnügungsfahrt.*

lust|feind|lich ⟨Adj.⟩: *der Lust (2 a) feindlich gegenüberstehend, sie ablehnend:* In diesem -en Klima hat es auch die Wissenschaft schwer (Spiegel 5, 1991, 180); ein solcher ... -er Erlöser ist Jesus nach der Auffassung der zölibatären Theologen tatsächlich immer gewesen (Ranke-Heinemann, Eunuchen 10); Van Ackerens Melodramen sind lustvoll und l. zugleich (Szene 6, 1983, 66).

Lust|feind|lich|keit, die; -: *das Lustfeindlichsein.*

Lust|gar|ten, der (früher): *parkartiger Garten.*

Lust|ge|fühl, das: *Gefühl von Lust (1 b, 2 b).*

Lust|ge|winn, der ⟨o. Pl.⟩: *das Erlangen von Lust (1 b, 2 b).*

Lust|greis, der (ugs. abwertend): *älterer Mann, der in übersteigerter Weise an geschlechtlichen Dingen interessiert ist, sich sexuell betätigt.*

Lust|haus, das (früher): *in einem Park errichtetes pavillonartiges Haus, das dazu dient, sich darin beim Promenieren zu verweilen u. sich die Zeit zu vertreiben:* ◆ verkündigte ... des Grafen Ausrufer,

dass gestern im Bupfinger Forst, unfern dem L., ein Nuster mit Perlen verloren gegangen (Mörike, Hutzelmännlein 151).

◆ **Lust|he|bel,** der: *Wippe:* das große Schaukelrad, ... andere Schaukeleien, Schwungseile, L. ... und was nur alles erdacht werden kann, ... eine Menge Menschen ... zu erlustigen (Goethe, Wanderjahre I, 8).

lus|tig ⟨Adj.⟩ [mhd. lustec = vergnügt, munter]: **1. a)** *von ausgelassener, unbeschwerter Fröhlichkeit erfüllt; Vergnügen bereitend; vergnügt, fröhlich, heiter, ausgelassen:* ein -er Mensch, Bursche; -e Leute; eine -e Gesellschaft; es war ein -er Abend; sie hat, macht ein -es Gesicht; -e Augen haben; die -e Person (*der Hanswurst* 1); sie waren an dem Abend alle sehr l.; hier ist es immer sehr l., gehts immer sehr l. zu; R das kann ja l. werden! (ugs. iron.; *da steht uns noch einiges bevor; das kann noch unangenehm werden*); Ü Stoffe in vielen -en (bunten, fröhlich stimmenden) Farben; Zum 17. Mai war ... in Oslo eine -e Zeltstadt aufgeschlagen worden (Jahnn, Geschichten 78); das Feuer brannte l. (lebhaft bewegt u. so einen fröhlichen Eindruck vermittelnd) im Kamin; die Fahnen flattern l. im Wind; ***sich über jmdn., etw. l. machen** (jmdn. seinen Spott fühlen lassen, auslachen, jmdn., etw. mit Ironie, Schadenfreude, Hohn betrachten, verspotten u. sich dabei amüsieren); **b)** *Heiterkeit erregend; auf spaßhafte Weise unterhaltend; komisch:* -e Einfälle, Geschichten, Streiche; So beschränke ich mich darauf, ihm einige -e Sachen zu erzählen (Remarque, Westen 120); es war sehr l., dem Affen zuzuschauen; er kann sehr l. erzählen; ⟨subst.:⟩ ihm fällt immer etwas Lustiges ein. **2.** *munter, unbekümmert:* sie unterhielten sich l. weiter, während die Kunden im Laden warteten; Jetzt sprießt aus dem Kies ... das Unkraut hervor (MM 27./28. 5. 67, 39). **3. *solange/wie/wozu o. Ä. jmd. l. ist** (ugs.; *solange, wie, wozu o. Ä. jmd. Lust hat; solange, wie es jmd. will, jmdm. gefällt, wonach es jmdn. verlangt*): du kannst damit spielen, solange du l. bist.

-lus|tig: drückt in Bildungen mit Substantiven oder Verben aus, dass die beschriebene Person etw. gern macht, zu etw. stets bereit ist: aggressions-, trinklustig.

Lus|tig|keit, die; -: *das Lustigsein; lustige [Wesens]art.*

Lust|kna|be, der (geh.): *männlicher Jugendlicher, mit dem ein Mann (meist ein Homosexueller) ein Verhältnis hat:* -n zählten zur Entourage von Herrschern und Heerführern, die gleichwohl mit ihren Konkubinen Scharen von Nachkommen zeugten (Spiegel 5, 1996, 99); dass reiche Leute sich als Statussymbol eine Schar sorgfältig gepflegter -n hielten (Riess, Cäsar 37); Einer, der seine -n auf die Schule schickt, damit sie was Besseres werden (Ziegler, Konsequenz 154).

Lüst|ling, der; -s, -e (veraltend abwertend): *Mann, der in übersteigerter Weise*

an geschlechtlichen Dingen interessiert ist, sich sexuell betätigt: dass ich auf Grund dieser besonderen natürlichen Mitgift zum L. und Weiberhelden geworden sei (Th. Mann, Krull 62).

lust|los ⟨Adj.⟩: **1.** *keine Lust (1 a) zu etw. verspürend, erkennen lassend; ohne inneren Antrieb:* mit -er Miene zuschauen; Lustlose Auftritte wie die der Nationalelf in Freundschaftsspielen gibt es bei uns nicht (Woche 11. 4. 97, 41); wie er l. die kalt gewordene Suppe löffelte (Apitz, Wölfe 24). **2.** (Börsenw.) *einen Mangel an Kauflust aufweisend, kennzeichnend:* Aktienkurse zum Wochenende gedrückt – Renten l. (MM 27. 9. 86, 7).

Lust|lo|sig|keit, die; -: *Mangel an Lust, innerem Antrieb.*

Lust|molch, der [2. Bestandteil zu ↑Molch (b)] (ugs., oft scherzh.): *Lüstling.*

Lust|mord, der: *der Befriedigung des Geschlechtstriebs dienender Mord, der meist unter übersteigerter sexueller Begierde verübt wird.*

Lust|mör|der, der: *männliche Person, die einen Lustmord begangen hat.*

Lust|mör|de|rin, die: w. Form zu ↑Lustmörder: Den Gouverneur von Texas ... hat die Welle der Sympathie für die bekehrte L. in eine Zwickmühle versetzt (FR 31. 1. 98, 9).

Lust|ob|jekt, das: *jmd., der zum bloßen Objekt der geschlechtlichen Lust gemacht wird, der nur dazu benutzt wird, sexuelle Bedürfnisse zu befriedigen:* Allgemein gilt die Frau immer noch als L. des starken Mannes (Wohngruppe 20).

Lust|par|tie, die (veraltet): *Vergnügungsfahrt:* ◆ Eine der ... unterhaltendsten -n, die ich mit verschiedenen Gesellschaften unternahm (Goethe, Dichtung u. Wahrheit 5).

Lust|prin|zip, das ⟨o. Pl.⟩ (Psych.): *Prinzip des Verhaltens, bei dem der psychische Antrieb von dem Streben nach unmittelbarer Befriedigung der Triebe u. Bedürfnisse bestimmt wird.*

Lus|tra: Pl. von ↑Lustrum.

Lus|tra|ti|on, die; -, -en [lat. lustratio, zu: lustrare, ↑lustrieren] (Rel.): *feierliche kultische Reinigung durch Sühnopfer o. Ä.*

lus|tra|tiv (Rel.): *kultische Reinigung bewirkend.*

◆ **Lus|tre** [ˈlʏstrə], der; - [frz. lustre, ↑Lüster]: *Glanz (b):* die Scharte ... wieder auszuwetzen, wozu die »Griechische« (= Griechische Gesellschaft) mit dem L., das sie gibt, das immerhin beste Mittel ist (Fontane, Jenny Treibel 63).

Lus|tren: Pl. von ↑Lustrum.

lus|trie|ren ⟨sw. V.; hat⟩ [lat. lustrare = beleuchten; (durch Sühnopfer) reinigen] (Rel.): *eine kultische Reinigung vornehmen.*

lüs|trie|ren ⟨sw. V.; hat⟩ [frz. lustrer, zu: lustre = Glanz < lat. lustro, zu: lustrare < lat. lustrare, ↑lustrieren] (Textilind.): *(von Garnen, bes. Baumwoll- u. Leinengarnen) durch Appretieren, Bürsten u. Strecken glänzend machen.*

Lüs|tri|ne, die; - [frz. lustrine, zu: lustrer,

↑lüstrieren]: *stark glänzendes, leichtes Hutfuttergewebe in Taftbindung.*

Lus|trum, das; -s, ...ren u. ...ra [lat. lustrum]: **1.** (Rel.) *alle fünf Jahre stattfindendes, der kultischen Reinigung dienendes altrömisches Sühnopfer:* ◆ Ü Warum ließ der Himmel gerade in die Jugend das L. der Liebe fallen (Jean Paul, Wutz 16). **2.** *(in der römischen Antike) Zeitraum von fünf Jahren.*

Lust|schloss, das: *kleineres Schloss, in dem sich ein Herrscher gelegentlich für kürzere Zeit aufhielt, im Sommer residierte.*

Lust|seu|che, die: **1.** ⟨o. Pl.⟩ (veraltet) *Syphilis:* Mit ... Schnelligkeit ... wird die L. Herrscherin über eine bislang lebenslustige und im Allgemeinen keineswegs leibfeindliche Epoche (Meier, Paracelsus 252); ◆ Sie werden noch aus der Guillotine ein Spezifikum gegen die L. machen (Büchner, Dantons Tod III, 6). **2.** (geh.) *Geschlechtskrankheit:* durch die tödliche L. Aids (Wendt, Sexbuch 9); obwohl die neue L. in Frankreich schon mehr Opfer gefordert habe als in den meisten anderen Ländern Westeuropas (Scholl-Latour, Frankreich 162); Aus der Miene des untersuchenden Wundarztes schlossen John und Sherard, dass sie wahrscheinlich nicht an einer L. litten (Nadolny, Langsamkeit 90).

Lust|spiel, das [seit dem 18. Jh. für »Komödie«]: *Komödie* (1 a, b).

Lust|spiel|dich|ter, der: *Komödiendichter.*

Lust|spiel|dich|te|rin, die: w. Form zu ↑Lustspieldichter.

Lust|trop|fen, der (salopp): *(beim Geschlechtsverkehr) vor dem Samenerguss austretende Flüssigkeit:* ... da Sperma und vorher austretende Flüssigkeit (Lusttropfen) virushaltig sein können (Prospekt Deutsche Aids-Hilfe 1987); Viel Unsicherheit bereitet der L. Er tritt bei vielen Männern bei großer Erregung lange vor dem Abspritzen an der Mündung der Harnröhre aus (Broschüre zur Aufklärung, Zürich 1990, S. 5).

lust|voll ⟨Adj.⟩ (geh.): *von einem sehr angenehmen Gefühl begleitet; voller Lust:* viele -e Stunden erleben; er ... murmelte mit einer Art -er Grimmigkeit, beinah wie für sich: »Süße Kleine ...« (Maass, Gouffé 63); ihre Augen waren ein wenig gedreht, ihr Blick l. verschwommen (Zuckmayer, Herr 87); Mal biss er l. in ein Stück Seife (Frau im Spiegel 30, 1978, 16); Während sie das Zusatzfutter in den Hafer mischt, lässt sie die Körner durch die Finger rinnen, l. (Frischmuth, Herrin 6).

Lust|wäld|chen, das (früher): *kleiner gepflegter Wald, Boskett zum Spazierengehen.*

lust|wan|deln ⟨sw. V.; ist/(auch:) hat⟩ (geh. veraltend): *in einem Park o. Ä. langsam u. gemächlich spazieren gehen, sich ergehen:* ... sollten Sie ... die Bäume ansägen, unter denen sie lustwandle (Musil, Mann 1324).

Lust|wie|se, die (ugs. scherzh.): *breites Bett, breite Couch.*

◆ **Lust|zelt,** das: *Zelt, das auf längeren*

Wanderungen, Ausritten o. Ä. mitgeführt wird u. bei einer Rast aufgeschlagen wird: ... hatte schon die Hand in der Tasche, aus der ich Zeuge, Stangen, Schnüre, Eisenwerk, kurz alles, was zu dem prachtvollsten L. gehört, herauskommen sah (Chamisso, Schlemihl 20).

Lu|te|in, das; -s [lat. luteus = mit Wau gefärbt, (gold-, rötlich) gelb, zu: lutum = Wau]: *gelber Farbstoff in Blättern von Pflanzen u. im Eidotter.*

Lu|te|o|lin, das; -s [zu lat. luteolus = gelblich, Vkl. von: luteus, ↑Lutein]: *in der Reseda u. im Fingerhut vorkommender gelber Pflanzenfarbstoff.*

lu|te|o|trop ⟨Adj.⟩ [zu lat. luteus (↑Lutein) u. griech. trópos = (Hin)wendung; das Hormon bewirkt die Entwicklung des Gelbkörpers durch vermehrte Bildung von Gelbkörperhormon] (Med.): in der Fügung **-es Hormon** *(Prolaktin;* Abk.: LTH).

Lu|te|o|tro|pin, das; -s, -e [vgl. luteotrop] (Med.): *Prolaktin.*

Lu|te|ti|um, das; -s [nach Lutetia, dem lat. Namen von Paris]: *ein Seltenerdmetall (chemisches Element;* Zeichen: Lu).

Lu|the|ra|ner, der; -s, - [nach dem dt. Reformator Martin Luther (1483–1546)]: *Anhänger Luthers; Angehöriger einer evangelisch-lutherischen Kirche.*

Lu|ther|bi|bel, die: *Bibel in Luthers Übersetzung.*

lu|the|risch [veraltet: luˈteːrɪʃ] ⟨Adj.⟩: **1.** *Luther, seine Lehre betreffend; im Sinne, nach der Art Luthers:* In allen -en Gebieten blieb die Staatskirche ein Träger des politischen Konservatismus (Fraenkel, Staat 154); Das mit der -en Taufe dagegen stachelte einen ersten, tief sitzenden Groll gegen ihren Mann auf (Kühn, Zeit 90). **2.** kurz für ↑evangelisch-lutherisch.

Lu|ther|rock, der: *einreihiger, bis zum Hals geknöpfter, schwarzer Gehrock mit kleinem Stehkragen als Amtstracht evangelisch-lutherischer Geistlicher.*

Lu|ther|ro|se, die [Luther führte diese Rose als Wappen]: *(heraldische) Darstellung einer Rose, deren Mitte ein rotes Herz mit einem schwarzen Kreuz bildet.*

Lu|ther|tum, das; -s: **1.** *auf Luther gegründeter Protestantismus, evangelisch-lutherische Glaubenslehre:* Das L. wurde die herrschende Konfession im Norden und Osten Deutschlands (Fraenkel, Staat 153). **2.** *Wesen der auf Luther gegründeten Glaubenslehre, die davon geprägte Lebens- u. Geisteshaltung.*

Lutsch|beu|tel, der: *mit einer Flüssigkeit gefüllter kleiner Beutel zum Auslutschen:* ein mit einem Antazidum gefüllter L.

lut|schen ⟨sw. V.; hat⟩ [lautm.]: **a)** *[saugend] im Mund zergehen lassen [u. auf diese Weise verzehren]:* Bonbons, ein Eis l.; Er lutschte schon wieder Cebion-Tabletten (Grass, Katz 107); **b)** *an etw., was in den Mund gesteckt worden ist, saugen:* am Daumen l.; an der Angeklagte ... das Mädchen schließlich dazu überredete, sein Glied in den Mund zu nehmen und daran bis zum Samenerguss zu l. (Ziegler, Kein Recht 260).

Lut|scher, der; -s, -: **1.** *Bonbonmasse am Stiel* (1 b). **2. a)** (ugs.) *Schnuller;* **b)** *Gummisauger.*

Lutsch|fleck, der (ugs.): *Knutschfleck.*

lütt ⟨Adj.⟩ [niederd. Entsprechung von mhd. lütze(l), ahd. luz(z)il, H. u.] (nordd. ugs.): *klein:* ... musste ich ... zum Schluss noch ein -es Heft mit reinschieben (Hornschuh, Ich bin 47); Und von Walterli das -e (= Bild), das mit dem Tornister (Kempowski, Tadellöser 379).

Lüt|te, die; -, -n [H. u.] (Bergbau): *Röhre zum Abführen verbrauchter Luft in einer Grube.*

Lüt|ter, der; -s, - [zu ↑¹lauter]: *Fuselöl enthaltende Flüssigkeit mit geringem Gehalt an Weingeist, die sich bei der Herstellung von Branntwein bildet.*

Lüt|tich: *Stadt in Belgien.*

lut|tu|o|so ⟨Adj.⟩ [ital. luttuoso < lat. luctuosus = traurig] (Musik): *schmerzvoll, traurig.*

Lutz, der; -, - [nach dem österr. Kunstläufer A. Lutz (1899–1918)] (Eis-, Rollkunstlauf): *mit einem Bogen rückwärts eingeleiteter Sprung, bei dem der Läufer mit der Fußspitze auf den Boden tippt, abspringt, eine Drehung in der Luft entgegen der im Anlauf eingeschlagenen Richtung macht u. mit dem anderen Fuß wieder aufkommt.*

Luv, die; - od. (Geogr. nur:) das; -s ⟨Seemannsspr. meist o. Art.⟩ [aus dem Niederd. < niederl. loef, gek. aus: loefzijde = Luvseite, eigtl. = Ruderseite, ablautend verw. mit ahd. laffa, lappo = flache Hand; Ruderblatt] (Seemannsspr., Geogr.): *dem Wind zugekehrte Seite (bes. eines Schiffes, eines Gebirges):* die Insel liegt in L.; der Bug des Schiffes dreht nach L.; im L. der Alpen.

Luv|bo|je, die (Segeln): *beim Rennsegeln die am weitesten in Luv ausgelegte Bahnmarke, in deren Nähe das Ziel liegt.*

lu|ven [ˈluːfn̩] ⟨sw. V.; hat⟩ (Seemannsspr.): *(ein Schiff) luvwärts drehen.*

luv|gie|rig ⟨Adj.⟩ [zu ↑²gieren] (Seemannsspr.): *(von Schiffen) mit dem Bug gegen die Windrichtung drehend; zum Wind hindrehend.*

Luv|gie|rig|keit, die; - (Seemannsspr.): *luvgierige Neigung eines Schiffes.*

Luv|mar|ke, die (Segeln): *Luvboje.*

Luv|sei|te, die (Seemannsspr., Geogr.): *Luv.*

luv|wärts ⟨Adv.⟩ [↑-wärts] (Seemannsspr.): **a)** *nach Luv;* **b)** *auf der Luvseite.*

Lux, das; -, - [lat. lux (Gen.: lucis) = Licht]: *Einheit der Beleuchtungsstärke:* 60 bis 120 L. stellten die Lichtstärkeprüfest (MM 14. 12. 65, 7; Zeichen: lx).

Lu|xa|ti|on, die; -, -en [lat. luxatio, zu: luxare, ↑luxieren] (Med.): *Verrenkung eines Gelenks.*

Lu|xem|burg, -s: **1.** belgische Provinz. **2.** Großherzogtum in Mitteleuropa. **3.** Hauptstadt von Luxemburg (2).

¹Lu|xem|bur|ger, der; -s, -: Ew.

²Lu|xem|bur|ger ⟨indekl. Adj.⟩: die L. Kreditinstitute.

Lu|xem|bur|ge|rin, die; -, -nen: w. Form zu ↑¹Luxemburger.

lu|xem|bur|gisch ⟨Adj.⟩: **a)** *Luxemburg,*

die Luxemburger betreffend; von den Luxemburgern stammend, zu ihnen gehörend; b) *in der Sprache der Luxemburger.*

lu|xie|ren ⟨sw. V.; hat⟩ [lat. luxare, zu: luxus, ↑Luxus] (Med.): *(ein Gelenk) verrenken.*

Lux|me|ter, das [aus ↑Lux u. ↑-meter]: *Messgerät für den Lichtstrom; Beleuchtungsmesser.*

Lu|xor, Luksor: ägyptische Stadt.

Lux|se|kun|de, die: *photometrische Einheit der Belichtung* (Zeichen: lx s).

lu|xu|rie|ren ⟨sw. V.; hat⟩ [lat. luxuriare, zu: luxuria = Üppigkeit, Schwelgerei, zu: luxus, ↑Luxus]: **1.** (veraltet) *üppig leben, schwelgen; sehr großen Aufwand machen.* **2.** (Biol.) a) *(nach bestimmten Kreuzungen) gegenüber der Elterngeneration an Wuchs, Vitalität zunehmen, sich üppig entwickeln:* dass die Nachkommen aus der Mischung etwa zweier sehr rein durchgezüchteter ... Hühnerrassen lebenskräftiger und größer werden als ihre Eltern; die Kinder »luxurieren« (Grzimek, Serengeti 175); b) *sich übermäßig entwickeln, wuchern:* Bei seelisch retardierten Kindern finden wir sehr häufig noch im Schulalter den luxurierenden *(übermäßigen)* Bewegungsüberschuss des Spielkindes (FAZ 21. 10. 61, 58).

lu|xu|ri|ös ⟨Adj.⟩ [lat. luxuriosus]: *großen Luxus aufweisend, mit Luxus ausgestattet; sehr komfortabel, prunkvoll, verschwenderisch:* eine -e Wohnung; ein -es Leben führen; Sie war ein -es *(an Luxus gewöhntes),* schönes Geschöpf (Remarque, Triomphe 163); der Wagen ist l. ausgestattet.

Lu|xus, der; - [lat. luxus, zu lat. luxus = verrenkt u. viell. eigtl. = Abweichung vom Geraden, Normalen]: *kostspieliger, verschwenderischer, den normalen Rahmen (der Lebenshaltung o. Ä.) übersteigender, nicht notwendiger, nur zum Vergnügen betriebener Aufwand; Pracht, verschwenderische Fülle:* ein solches Auto ist reiner L. *(ist nicht notwendig);* großen L. treiben; im L. leben; Imma Spoelmanns Studio war ... mit großzügigem, herrenhaftem und zweckmäßigem L. hergerichtet (Th. Mann, Hoheit 198); Ü so einen L. *(so etwas Überflüssiges)* wie Moral, das können wir uns nicht leisten (v. d. Grün, Glatteis 254).

Lu|xus|ar|ti|kel, der: *Gegenstand, der in den Bereich des Luxus gehört.*

Lu|xus|aus|füh|rung, die: *mit besonderem Luxus ausgestattete Ausführung von etw.*

Lu|xus|aus|ga|be, die: *besonders kostbare, schöne, prunkvolle Ausgabe eines Buches.*

Lu|xus|au|to, das: *mit besonderem Komfort u. technischen Raffinessen ausgestattetes Auto.*

Lu|xus|damp|fer, der: *mit viel Komfort u. Eleganz ausgestatteter großer Dampfer.*

Lu|xus|er|zeug|nis, das: vgl. Luxusartikel.

Lu|xus|ge|gen|stand, der: *Luxusartikel.*

Lu|xus|ge|schöpf, das (oft abwertend):

hohe Ansprüche stellende, verwöhnte Person.

Lu|xus|gut, das: vgl. Luxusartikel.

Lu|xus|her|ber|ge, die (ugs. scherzh.): *Luxushotel.*

Lu|xus|ho|tel, das: *mit viel Komfort u. Eleganz ausgestattetes Hotel.*

Lu|xus|jacht, die: vgl. Luxusdampfer.

Lu|xus|ka|bi|ne, die: vgl. Luxusdampfer.

Lu|xus|klas|se, die: *Klasse, Kategorie, die mit besonderem Luxus verbunden ist.*

Lu|xus|li|mou|si|ne, die: vgl. Luxusauto.

Lu|xus|li|ner, [...laɪnɐ], der: vgl. Luxusdampfer.

Lu|xus|nut|te, die (salopp): *Edelnutte.*

Lu|xus|schlit|ten, der (ugs.): *Luxusauto.*

Lu|xus|steu|er, die: *auf Luxusartikel erhobene Steuer.*

Lu|xus|vil|la, die: vgl. Luxuswohnung.

Lu|xus|wa|gen, der: *Luxusauto.*

Lu|xus|weib|chen, das (meist abwertend): *hohe Ansprüche stellende, verwöhnte Frau.*

Lu|xus|woh|nung, die: *mit viel Komfort u. Eleganz ausgestattete große Wohnung.*

Lu|zern: Stadt u. Kanton in der Schweiz.

Lu|zern|biet, das; -[e]s [↑Biet] (schweiz.): Kanton Luzern.

Lu|zer|ne, die; -, -n [frz. luzerne < provenz. luzerno, eigtl. = Glühwürmchen < lat. lucerna = Leuchte, zu: lucere = leuchten, wegen der glänzenden Samen]: *(zu den Schmetterlingsblütlern gehörende) Pflanze mit meist blauen bis violetten od. gelben Blüten u. dreiteiligen Blättern, die als Futterpflanze angebaut wird.*

¹Lu|zer|ner, der; -s, -: Ew. zu ↑Luzern.

²Lu|zer|ner (indekl. Adj.).

Lu|zer|ne|rin, die; -, -nen: w. Form zu ↑¹Luzerner.

lu|zer|nisch ⟨Adj.⟩: *Luzern, die Luzerner betreffend; von den Luzernern stammend, zu ihnen gehörend.*

lu|zid ⟨Adj.⟩ [lat. lucidus, eigtl. = lichtvoll, zu: lux, ↑Lux] (bildungsspr.): **1.** *klar [u. eindeutig]; verständlich, einleuchtend:* -e Erläuterungen; Ohne -e Bewusstheit entsteht keine Kunst (Deschner, Talente 163). **2.** (veraltet) *hell, durchsichtig, klar.*

Lu|zi|di|tät, die; - [spätlat. luciditas]: **1.** (bildungsspr.) *luzide* (1) *Art, Beschaffenheit.* **2.** (bildungsspr. veraltet) *Helle, Durchsichtigkeit, Klarheit.* **3.** (Parapsych.) *das Hellsehen.*

Lu|zi|fer, der; -s [kirchenlat. Lucifer, eigtl. = Lichtbringer]: *Teufel, Satan.*

Lu|zi|fe|rin, das; -s [zu lat. lucifer = Licht bringend] (Chemie, Biol.): *chemische Verbindung, die das Leuchten bei bestimmten Tieren (z. B. Glühwürmchen) od. bei faulendem Holz hervorruft.*

lu|zi|fe|risch ⟨Adj.⟩ [zu ↑Luzifer] (bildungsspr.): *teuflisch, bösartig:* ein Grinsen, das diese weichen -en Züge in bösem Glanz aufleuchten ließ (Thieß, Frühling 135).

Lu|zi|me|ter, das; -s, - [↑-meter] (Met. veraltet): *Gerät zur Messung der auf die Erde treffenden Sonnenstrahlen.*

LVA [ɛlfau'aː], die; -, -[s]: Landesversicherungsanstalt.

Lw = Lew.

lx = Lux.

ly [Abk. von engl. light-year] = Lichtjahr.

Ly|a|se, die; -, -n [zu griech. lýein, ↑Lyse] (Biochemie): *Enzym, das organische Stoffe aufspaltet.*

Ly|chee ['lɪtʃi]: ↑Litschi.

Ly|co|po|di|um: ↑Lykopodium (1).

Ly|cra® [auch: 'laɪkra], das; -[s] [Kunstwort]: *äußerst elastische Kunstfaser.*

Ly|der, der; -s, -: Ew. zu ↑Lydien.

Ly|de|rin, die; -, -nen: w. Form zu ↑Lyder.

Ly|di|en; -s: historische Landschaft in Kleinasien.

Ly|di|er, der; -s, -: Ew. zu ↑Lydien.

Ly|di|e|rin, die; -, -nen: w. Form zu ↑Lydier.

ly|disch ⟨Adj.⟩: a) *Lydien, die Lyder betreffend; von den Lydern stammend, zu ihnen gehörend:* die -e Kunst; -er Kirchenton *(auf dem Grundton f stehende Kirchentonart);* b) *in der Sprache der Lyder [verfasst]:* -e Inschriften.

Ly|dit [auch: ...'dɪt], der; -s, -e [zu ↑Lydien, eigtl. = lydischer Stein, lat. Lydius lapis]: *(als Probierstein dem Erkennen der Echtheit von Gold- u. Silberlegierungen dienender) schwarzer Kieselschiefer.*

Ly|kan|thro|pie, die; - [zu griech. lýkos = Wolf u. ánthrōpos = Mensch]: *Lykomanie.*

Ly|ki|en; -s: historische Landschaft in Kleinasien.

Ly|ki|er, der; -s, -: Ew.

Ly|ki|e|rin, die; -, -nen: w. Form zu ↑Lykier.

ly|kisch ⟨Adj.⟩: a) *Lykien, die Lykier betreffend; von den Lykiern stammend, zu ihnen gehörend:* die -e Kunst; -e Städte; b) *in der Sprache der Lykier [verfasst]:* -e Inschriften.

Ly|ko|ma|nie, die; - [↑Manie]: *(im Mittelalter häufige) Wahnvorstellung, in einen Werwolf od. in ein anderes wildes Tier verwandelt zu sein; Lykanthropie.*

Ly|ko|po|di|um, das; -s [zu griech. lýkos = Wolf u. poús (Gen. podós) = Fuß, wohl nach der Ähnlichkeit der Zweigspitzen mit dem Fuß eines Wolfes]: **1.** *Bärlapp.* **2.** *Pulver aus Bärlappsporen.*

Ly|ko|re|xie, die; - [zu griech. órexis = Streben, Begierde] (Med.): *krankhaft gesteigerter Appetit; Heißhunger.*

Lyme|krank|heit ['laɪm...], die; - [nach der Stadt Lyme in Connecticut, USA, wo die Krankheit 1976 zuerst diagnostiziert wurde] (Med.): *durch eine bestimmte Zeckenart übertragene Erkrankung der großen Gelenke, bes. des Kniegelenks.*

Lymph|ade|ni|tis, die; -, ...itiden [zu ↑Lymphe u. ↑Adenitis] (Med.): *Lymphknotenentzündung.*

Lymph|ade|no|gra|phie, die; -, -n [zu griech. adén = Drüse u. ↑-graphie] (Med.): *Lymphographie.*

Lymph|ade|nom, das; -s, -e [↑Adenom] (Med. veraltet): *Lymphom.*

Lymph|an|gi|om, das; -s, -e [zu ↑Lymphe u. griech. aggeīon = Gefäß] (Med.): *gutartige Geschwulst an den Lymphgefäßen.*

Lymph|an|gi|tis, die; -, ...itiden (Med.): *Lymphgefäßentzündung.*

lym|pha|tisch ⟨Adj.⟩ [zu ↑Lymphe; b: eigtl. = (farblos) wie Lymphe]: **a)** (Med.) *die Lymphe, die Lymphknoten, -gefäße betreffend:* der Wurmfortsatz gehört zu den -en Organen (Hackethal, Schneide 52); *-e Diathese (Lymphatismus);* ♦ **b)** *farblos* (2): Hulda Niemeyer ..., eine -e Blondine (Fontane, Effi Briest 7).

Lym|pha|tis|mus, der; -, ...men (Med.): *auf besonders ausgeprägter Reaktionsbereitschaft des lymphatischen Systems beruhender, bereits im Kindesalter erkennbarer krankhafter Zustand mit blassem Aussehen, träger Atmung, Neigung zu Drüsen- u. Schleimhautentzündungen, Milzschwellung u. chronischen Schwellungen der lymphatischen Organe; lymphatische Diathese.*

Lymph|bahn, die: *Lymphgefäß.*

Lymph|drai|na|ge, die (Med.): *mit den Fingerkuppen ausgeführte Streichmassage in Richtung der Lymphbahnen zum Zweck der Entstauung der Lymphgefäße.*

Lymph|drü|se, die (Med. veraltet): *Lymphknoten.*

Lym|phe, die; -, -n [lat. lympha = Quell-, Flusswasser, dissimiliert aus griech. nýmphē, ↑Nymphe] (Med.): **1.** *Gewebsflüssigkeit.* **2.** *aus Lymphe (1) von Kühen od. Kälbern gewonnener Impfstoff gegen Pocken.*

Lymph|ge|fäß, das (Med.): *Gefäß (Leitungsbahn), worin die Lymphe [gesammelt u.] in die Venen geleitet wird.*

Lymph|ge|fäß|ent|zün|dung, die (Med.): *Entzündung eines od. mehrerer Lymphgefäße.*

Lymph|kno|ten, der (Med.): *kleines, rundliches Organ in den Lymphgefäßen, das die Lymphozyten bildet u. gleichzeitig eine Art Filter gegenüber Krankheitserregern darstellt.*

Lymph|kno|ten|ent|zün|dung, die (Med.): vgl. Lymphgefäßentzündung.

lym|pho|gen ⟨Adj.⟩ [↑-gen] (Med.): *vom Lymphknoten ausgehend, durch die Lymphgefäße weitergeleitet.*

Lym|pho|gra|nu|lo|ma|to|se, die; - (Med.): *Granulomatose des lymphatischen Gewebes.*

Lym|pho|gra|phie, die; -, -n [↑-graphie] (Med.): *röntgenologische Darstellung von Lymphbahnen u. Lymphknoten.*

lym|pho|id ⟨Adj.⟩ [zu griech. -oeidēs = ähnlich] (Med.): *(bezogen auf die Beschaffenheit von Zellen u. Flüssigkeiten) lymphartig, lymphähnlich.*

Lym|phom, das; -s, -e (Med.): *gutartige Schwellung der Lymphknoten.*

Lym|pho|pe|nie, die; -, -n [zu griech. pénēs = arm] (Med.): *krankhafte Verminderung der Zahl der Lymphozyten im Blut.*

Lym|pho|po|e|se, die; - [zu griech. poíēsis = das Machen, Verfertigen] (Med.): **a)** *Bildung der zellarmen Lymphe in den Gewebsspalten;* **b)** *Ausbildung u. Entwicklung der Lymphozyten im lymphatischen Gewebe der Lymphknoten, der Tonsillen u. der Milz; Lymphozytopoese.*

Lym|pho|szin|ti|gra|phie, die; -, -n (Med.): *Szintigraphie der Lymphgefäße u. -knoten.*

Lym|pho|zyt, der; -en, -en ⟨meist Pl.⟩ [zu

griech. kýtos = Wölbung] (Med.): *im lymphatischen Gewebe entstehendes, im Blut, in der Lymphe u. im Knochenmark vorkommendes weißes Blutkörperchen.*

Lym|pho|zy|to|po|e|se, die; - (Med.): *Lymphopoese* (b).

Lym|pho|zy|to|se, die; -, -n (Med.): *[krankhafte] Vermehrung der Lymphozyten im Blut.*

lyn|chen [auch: 'lınçn] ⟨sw. V.; hat⟩ [engl. to lynch, zugrunde liegt der Familienname Lynch, viell. der eines W. Lynch, des Vorsitzenden eines selbst ernannten Bürgergerichts in Virginia (USA) gegen Ende des 18. Jh.s]: *an jmdm. Lynchjustiz üben, ihn wegen einer (als Unrecht angesehenen) Tat grausam misshandeln od. töten:* Kurz nach seiner Festnahme ... wollten empörte Bürger ... den Sittlichkeitsverbrecher l. (Bild 24. 6. 64, 6); Da stand derselbe Mensch, ... den sie, wären sie damals seiner habhaft geworden, in wütendem Hass gelyncht hätten (Süskind, Parfum 299); (oft emotional übertreibend od. scherzh.:) ich könnte dich l.; Und wie die Bauern schimpften! ... die lynchten ihn, wenn er mit seinen Scheißrussen ankomme (Kempowski, Tadellöser 178).

Lynch|jus|tiz, die: *(meist durch eine aufgebrachte Volksmenge vorgenommene) Misshandlung od. Tötung eines Menschen ohne vorherige Gerichtsverhandlung als (ungesetzliche) Bestrafung für etw., was dieser begangen hat od. begangen haben soll:* L. üben; ein Graf, ... der ... der L. seiner Bauern und Diener nur mit knapper Mühe entrinnen konnte (Habe, Namen 119).

Lynch|mord, der: *Mord durch Lynchjustiz.*

Ly|on [li̯õ:]: *Stadt in Frankreich.*

¹Ly|o|ner, der; -s, -: Ew.

²Ly|o|ner ⟨indekl. Adj.⟩.

³Ly|o|ner, die; -, - [wohl nach der frz. Stadt Lyon]: *Fleischwurst.*

Ly|o|ne|rin, die; -, -nen: w. Form zu ↑¹Lyoner.

Ly|o|ner Wurst, die; - -, - Würste: *³Lyoner.*

ly|o|phil ⟨Adj.⟩ [zu griech. lýein (↑Lyse) u. phileīn = lieben, gern haben] (Chemie): *Lösungsmittel aufnehmend; leicht löslich.*

Ly|o|phi|li|sa|ti|on, die; -, -en: *Gefriertrocknung.*

ly|o|phob ⟨Adj.⟩ [zu griech. lýein (↑Lyse) u. phobeīn = fürchten] (Chemie): *Lösungsmittel abstoßend; schwer löslich.*

Ly|pe|ma|nie, die; - [zu griech. lýpē = Betrübnis, Trauer, Traurigkeit u. ↑Manie] (Med. veraltet): *schwere Depression; Monomanie mit depressiven Zuständen.*

Ly|ra, die; -, ...ren [lat. lyra < griech. lýra; vgl. Leier]: **1.** *altgriechisches, der Kithara ähnliches Zupfinstrument mit zuerst bis sieben Saiten.* **2.** *Drehleier.* **3.** *altes, der Violine ähnliches Streichinstrument.* **4.** *bei Militärkapellen gebrauchtes, dem Schellenbaum ähnliches Glockenspiel.* **5.** *kurz für ↑Lyragitarre.*

Ly|ra|gi|tar|re, die: *(im frühen 19. Jh. beliebte) einer Kithara ähnliche Gitarre.*

Ly|ri|den ⟨Pl.⟩ [zu Lyra = wissenschaftl.

Name des Sternbildes Leier, in dem der scheinbare Radiant des Schwarms liegt]: *im April regelmäßig zu beobachtender Sternschnuppenschwarm.*

Ly|rik, die; - [frz. poésie lyrique, zu: lyrique < lat. lyricus < griech. lyrikós = zum Spiel der Lyra gehörend]: *literarische Gattung, die mit den formalen Mitteln von Reim, Rhythmus, Metrik, Takt, Vers, Strophe u. a. bes. subjektives Empfinden, Gefühle, Stimmungen od. Reflexionen, weltanschauliche Betrachtungen o. Ä. ausgedrückt werden; lyrische Dichtkunst:* die französische, moderne L.; im Deutschunterricht L. durchnehmen; ... und L. zu schreiben ist im Allgemeinen leichter als zu arbeiten (A. Schmidt, Massenbach 141).

Ly|ri|ker, der; -s, -: *Dichter, der Lyrik verfasst.*

Ly|ri|ke|rin, die; -, -nen: w. Form zu ↑Lyriker.

ly|risch ⟨Adj.⟩ [frz. lyrique, ↑Lyrik]: **1. a)** *die Lyrik betreffend, kennzeichnend, zur Lyrik gehörend:* Untersuchungen über die visuellen Sinneseindrücke in Shakespeares -en und epischen Dichtungen (Seidler, Stilistik 153); **b)** *in der Art der Lyrik, ihr entsprechend, ähnlich u. dabei bestimmte Stimmungen, Gefühle ausdrückend, hervorrufend:* -e Passagen in einer Oper; Ich hatte in einem Aufsatz eine Landschaft beschrieben, so richtig schön l. (Kempowski, Immer 106). **2. a)** (Musik) *(von Gesangsstimmen) weich, von schönem Schmelz u. daher bes. für stimmungs-, gefühlsbetonte Musik geeignet:* ein -er Tenor, Sopran; das -e Fach 4b für lyrische Stimmen); **b)** (Ballett) *im Unterschied zum Charaktertänzer einen gefühlvoll-weichen, nicht dramatischen Tanzstil verkörpernd:* ein -er Tänzer; Der Preis für das beste -e Tanzpaar des internationalen Tanzfestivals von Paris wurde Maria Tallchief und Peter van Dyk vom Hamburger Opernballett zuerkannt (MM 10. 12. 65, 44). **3.** *voller Empfindungen; gefühlvoll, stimmungsvoll:* einer der Schauplätze, bei denen Wilma mehrfach zu dieser und jener -en Verlautbarung verleitet haben (Wohmann, Absicht 420); Sie, die ... Sie l. werden, wenn Sie einmal vom Pferdefleisch kosten (Plievier, Stalingrad 272); Der ... (= letzte Schwalbenflug) leitete den Morgen l. ein (Fries, Weg 67).

ly|ri|sie|ren ⟨sw. V.; hat⟩ (bildungsspr. selten): *[dichterisch, musikalisch] (übertrieben) stimmungsvoll, gefühlsbetont gestalten, darbieten.*

Ly|ri|sie|rung, die; -, -en (bildungsspr. selten): *das Lyrisieren:* die (= die Ausstellung) Beispiele einer neuen L. als Ausweg aus der technisierten Welt aufzeigen soll (MM 4. 6. 69, 34).

Ly|ris|mus, der; -, ...men (bildungsspr.): **a)** ⟨o. Pl.⟩ *lyrische (1 b) Art einer literarischen od. musikalischen Darstellung, Gestaltung, Darbietung:* Jünger schrieb ... einen Bericht, der alle Töne des Grauens vermeidet und sich in den L. zurückzieht (Sprache im technischen Zeitalter 6, 1963, 439 [Zeitschrift]); **b)** *lyrische* (1 b)

Stelle, Passage in einem Werk der Literatur od. der Musik: Die Lyrismen Nebels vollends ... könnten in jeden beliebigen Reiseprospekt nahtlos eingehen (Enzensberger, Einzelheiten I, 185); wie sie die ... Lyrismen debussyischer Lieder für das eigene – lyrische – Temperament ausmünzte (Welt 17. 9. 66, 14).

Ly|se, die; -, -n [griech. lýsis = (Auf)lösung, zu: lýein = (auf)lösen]: **1.** *Lysis.* **2.** (Chemie) *Vorgang des Lösens einer Substanz in einem Lösungsmittel u. der damit verbundenen Spaltung ihrer Moleküle.*

ly|si|gen ⟨Adj.⟩ [↑-gen] (Med., Biol.): *durch Auflösung entstanden:* -e Gewebslücken.

Ly|si|me|ter, das; -s, - [↑-meter]: *Gerät für wasser- u. landwirtschaftswissenschaftliche Untersuchungen zur Messung des Niederschlags, zur Bestimmung von Boden- u. Pflanzenverdunstung.*

Ly|sin, das; -s, -e ⟨meist Pl.⟩ (Med.): *Antikörper, der die Fähigkeit hat, Bakterien, Blutzellen, fremde Zellen u. Krankheitserreger im Körper aufzulösen.*

Ly|sis, die; -, Lysen [griech. lýsis, ↑Lyse]: **1.** (Med.) *langsamer, kontinuierlicher Abfall des Fiebers.* **2.** (Med., Biol.) *Auflösung von Zellen (z. B. Bakterien, Blutkörperchen) nach Zerstörung ihrer Membran.* **3.** (Psych.) *Auflösung des charakterlichen Gefüges; Persönlichkeitszerfall.*

Ly|so|form®, das; -s [Kunstwort]: *Desinfektionsmittel, das aus einer wässrigen Alkalilösung besteht.*

Ly|sol®, das; -s: *als Desinfektionsmittel u. zur Wundbehandlung verwendete, karbolsäureartig riechende ölige Flüssigkeit.*

Ly|so|som, das; -s, -en ⟨meist Pl.⟩ [zu griech. sõma = Leib, Körper] (Med., Biol.): *bläschenartiges Zellteilchen mit Enzymen, die bei Freiwerden die Zelle auflösen u. eine wichtige Rolle bei der intrazellulären Verdauung spielen.*

Ly|so|zym, das; -s, -e [zusgez. aus ↑Lyse u. ↑Enzym] (Med., Biol.): *Bakterien tötender Stoff in zahlreichen tierischen u. menschlichen Geweben, bes. in Drüsenabsonderungen (z. B. in Tränen, im Speichel).*

Lys|sa, die; - [griech. lýssa] (Med. selten): *Tollwut.*

ly|tisch ⟨Adj.⟩ [zu ↑Lysis]: **1.** (Med.) *(vom Fieber) allmählich sinkend, abfallend.* **2.** (Biol.) *eine Lysis (2) bewirkend.*

ly|ze|al ⟨Adj.⟩ (veraltet): *das Lyzeum betreffend.*

Ly|ze|um, das; -s, Lyzeen [lat. Lyceum < griech. Lýkeion = Name einer Lehrstätte: Schule für Mädchen: das L. besuchen; er ließ seine Töchter alle aufs L. gehen; Ich interessierte mich mehr fürs L. *(für die Schülerinnen des Lyzeums)* als fürs Gymnasium (Tagesspiegel 23. 5. 99,3); ℝ *von hinten L., von vorne Museum* (ugs. scherzh. veraltend; *von Frauen, die – wenn man ihre Figur [u. Kleidung] von hinten betrachtet – jugendlich wirken, während ihr Gesicht – wenn man sie also von vorne sieht – ihr tatsächliches Alter verrät)* **b)** *Gebäude eines Lyzeums (a).* **2.** (schweiz. regional) *Oberstufe des Gymnasiums.*

LZ = Ladezone; Landezone; Lebenszeit; Leistungszulage; Lesezirkel.

Lz. = Lizenz.

LZB [ɛltsɛt'beː], die; -, -[s]: Landeszentralbank.

M

m, M [ɛm] das; - (ugs.: -s), - (ugs.: -s) [mhd., ahd. m]: *dreizehnter Buchstabe im Alphabet; ein Konsonant:* ein kleines m, ein großes M schreiben.

m = Meter; Milli...; (Astron.: ...ᵐ) Minute.

M = ¹Mark; Modell; Mega...; Mille; Mach[zahl].

M [entstanden aus ⊂⊃, daraus im MA. »M«, wohl beeinflusst von lat. **mille** = tausend]: römisches Zahlzeichen für 1 000

µ = Mikro...; Mikron.

µ, M: ↑My.

M′ = Mac.

M. = Monsieur.

m² = Quadratmeter.

m³ = Kubikmeter.

mA = Milliampere.

Ma = Mach[zahl].

ma. = mittelalterlich.

MA. = Mittelalter.

M. A. = Magister Artium; Magistra Artium; Master of Arts.

Mä|an|der, der; -s, - [lat. Maeander < griech. maíandros, nach dem Fluss Mäander]: **1.** (Geogr.) *(bei Wasserläufen)* eine der Windungen, Schleifen, die in dichter Aufeinanderfolge den Verlauf des Fluss-, Bachbettes bestimmen. **2.** (Kunstwiss.) *Mäanderband.*

Mä|an|der|band, das ⟨Pl. ...bänder⟩: *bandförmiges Ornament, das aus einer rechtwinklig gebrochenen Linie od. einer fortlaufenden Spirale besteht.*

Mä|an|der|bo|gen, der (Geogr.): *Mäander* (1).

Mä|an|der|li|nie, die: *mäandrisch verlaufende Linie.*

mä|an|dern, mä|an|drie|ren ⟨sw. V.; hat⟩: **1.** (Geogr.) *(von Wasserläufen) in Mäandern* (1) *verlaufen:* Der Talweg der Elbe mäandert, er windet sich schlangenförmig von einem Ufer zum anderen (Bayernkurier 19. 11. 77, 4); Nach Süden liegt das mäandernde Bachbett in die grasbewachsenen Hügel hinein (Berger, Augenblick 123); Eine mäandrierende Linienführung und Stufen fördern den Sauerstoffgehalt des Wassers (NZZ 30. 8. 83, 19). **2.** (Kunstwiss.) *mit Mäandern* (2) *verzieren.*

mä|an|drisch ⟨Adj.⟩: *in Mäandern* (1, 2) *verlaufend.*

Maar, das; -[e]s, -e [wohl zu mlat., vlat.

mara = stehendes Gewässer, See < lat. mare = Meer] (Geogr.): *meist mit Wasser gefüllte, kraterförmige Senke vulkanischen Ursprungs.*

Maas, die; -: Fluss in Westeuropa.

Maat, der; -[e]s, -e[n] [aus dem Niederd. < mniederd. mat(e) = Kamerad]: **1.** (Seemannsspr. früher) *Gehilfe des Steuermanns od. des Bootsmanns auf Segelschiffen.* **2. a)** ⟨o. Pl.⟩ *Dienstgrad des Unteroffiziers bei der Bundesmarine;* **b)** *Inhaber des Dienstgrades Maat* (2 a).

¹Mac: Bestandteil von schottischen u. irischen Namen (z. B. MacAdam; Abk.: M′, Mc).

²Mac, der; -[s], -s [frz. mac, kurz für: maquereau, ↑Maquereau] (Jargon): *Maquereau.*

Ma|ca|da|mia|nuss, die; -, ...nüsse [nach dem austral. Naturforscher J. Macadam (1827–1865)]: *haselnussartiger Steinkern eines in Australien beheimateten Gewächses mit fettreichem, wohlschmeckendem Samen.*

Ma|cal|lu|ba, Mac|ca|lu|be: ↑Makkalube.

Ma|cao (älter), **Ma|cau** [maˈkau]; -s: *portugiesisch verwaltetes Territorium an der südchinesischen Küste.*

mac|ca|ro|nisch: ↑makkaronisch.

Ma|chia [ˈmakja], **Mac|chie** [ˈmakjə], die; -, ...ien [ital. macchia, eigtl. = Fleck, zu lat. macula = Fleck]: *(für den Mittelmeerraum charakteristisches) immergrünes niedriges Gehölz.*

Mach, das; -[s], - [nach dem österr. Physiker E. Mach (1838–1916)] (Physik): *Verhältnis der Geschwindigkeit eines Flugkörpers zur Schallgeschwindigkeit* (Zeichen: Ma, M).

Ma|chan|del, der; -s, - [mniederd. machandel, Nebenf. von: wachandel = Wacholder] (nordd.): **1.** *Wacholder.* **2.** *Wacholderschnaps:* sein Frühstück hob an mit M. (Grass, Hundejahre 283).

Ma|chan|del|baum, der (nordd.): *Wacholderstrauch.*

Mach|art, die: *Art, in der etw. gefertigt ist, bes. Schnitt, Form eines Kleidungsstücks:* Bekleidungsstücke verschiedener M. Keine Mode herrscht vor (Grass, Hundejahre 43); das Tischchen ..., seinerseits umstanden von Stühlen verschiedener M. (Muschg, Gegenzauber 173); ein Dach mit neuen Ziegeln alter M. (Saarbr.

Zeitung 8. 10. 79, 18); Ü einige krepieren, viele andere sterben den Heldentod. Aber die M. ist schließlich immer die gleiche (Kirst, 08/15, 774); Der bald 30-jährige Minnesinger moderner M. (Hörzu 48, 1972, 36); ◆ Ü Dass Recha eine Christin ist, das freuet Euch ... nicht mehr? – Besonders, da sie eine Christin ist von Eurer M. (*so wie Ihr sie macht, heranbildet;* Lessing, Nathan III, 10).

mach|bar ⟨Adj.⟩: **a)** *sich (bei gegebenen Voraussetzungen, bei gutem Willen o. Ä.) ausführen, verwirklichen lassend; realisierbar:* technisch m. sein; ein »Abschied in Ehren« – das ist für Amerika in Kambodscha noch m. (Zeit 14. 3. 75, 1); man könne in zwanzig Jahren schaffen, was bis dahin auch in hundert nicht m. schien (Kant, Impressum 434); ⟨subst.:⟩ die Kunst des Machbaren; sich am Machbaren orientieren; **b)** *so zu gestalten o. Ä., wie es gewünscht wird od. wie jmd. es sich vorstellt; manipulierbar:* eine -e Zukunft; ... dass Konjunktur beliebig m. sei (Zeit 7. 2. 75, 1).

Mach|bar|keit, die; -: *das Machbarsein.*

Ma|che, die; -: **1.** (ugs. abwertend) *unechtes [auf Vortäuschung von großer Bedeutsamkeit o. Ä. abzielendes] Gehabe:* Sein Keuchen war geschickte M. (Kirst, 08/15, 548); Diese Kinderfunkgeschichten ... Ist doch letzten Endes nichts als bemühte M. (Grass, Hundejahre 568). **2.** (Jargon) *Form (bei einem literarischen Produkt):* die M. eines Theaterstücks. **3.** * etw. in der M. haben (ugs.; *mit der Herstellung, Bearbeitung von etw. beschäftigt sein);* **jmdn. in der M. haben** (salopp; 1. *jmdn. mit etw. heftig zusetzen.* 2. *jmdn. verprügeln);* **etw. in die M. nehmen** (ugs.; *sich etw. zur Bearbeitung vornehmen);* **jmdn. in die M. nehmen** (salopp; 1. *jmdm. mit etw. heftig zusetzen.* 2. *jmdn. verprügeln);* **in die M. geben** *(zur Reparatur geben):* arme Poeten, die keinen Schuh anzuziehen hatten, weil sie ihr einziges Paar in die M. gegeben (Schiller, Räuber II, 3).

-ma|che, die; -: drückt in – meist abwertenden – Bildungen mit Substantiven aus, dass etw. mit unlauteren Mitteln hervorgerufen, herbeigeführt wird, dass etw. auf unredliche Art beeinflusst wird: Meinungs-, Panik-, Sensationsmache.

ma|chen ⟨sw. V.; hat⟩ [mhd. machen,

ahd. mahhōn, urspr. = (den Lehmbrei zum Hausbau) kneten, formen]: **1.** häufig anstelle eines Verbs, das die entsprechende Tätigkeit genauer benennt **a)** *herstellen, fertigen, anfertigen, produzieren:* Spielzeug aus Holz m.; die Firma macht Möbel, Schuhe; sie macht *(schreibt)* Gedichte; ein Foto von jmdm. m. *(jmdn. fotografieren);* das Essen m. *(bereiten);* ich habe mir eine Tasse Kaffee gemacht *(aufgebrüht, bereitet);* von einem Film Abzüge m.; sich einen Anzug m. *(arbeiten)* lassen; Der Hauswirt lässt nichts m. *(lässt keine Reparaturen ausführen;* Gaiser, Schlußball 174); *(verblasst:)* das Zimmer m. *(in Ordnung bringen);* die Betten m. *(aufschütteln u. glatt u. ordentlich hinlegen);* jmdm., sich die Haare m. (ugs.; *jmdn., sich frisieren);* **b)** *verursachen, bewirken, hervorrufen u. a.* (häufig verblasst): jmdm. Arbeit m.; Es gab eine Art von englischer Musik ..., die meinem William beim Zuhören immer wieder ... nasse Augen machte (Henze, Reiselieder 268); Lärm m. *(lärmen);* sich einen Fleck auf die Bluse m.; diese Arbeit macht keine Mühe; sich mit etw. Freunde, viele Feinde m. *(erwerben);* großen Eindruck m. *(beeindrucken);* Feuer, Licht m.; Musik m. *(musizieren);* jmdm. Sorgen, Freude m. *(bereiten);* jmdm. Mut m. *(jmdn. ermutigen);* **c)** *ausführen, durchführen; erledigen u. a.* (häufig verblasst): eine Arbeit, den Haushalt, seine Hausaufgaben m.; eine Mitteilung, eine Bestellung m.; sie hat alles ganz allein gemacht; Fehler, Dummheiten m.; ein Examen, das Abitur m. *(ablegen);* einen Spaziergang m. *(spazieren gehen);* eine Reise m. *(verreisen);* ein Spiel m. *(spielen);* eine Beobachtung m. *(etw. beobachten);* Sport m. *(treiben);* eine Verbeugung m. *(sich verbeugen);* einen Besuch m. *(jmdn. besuchen);* R wie mans macht, macht mans falsch; * **es nicht unter etw. m.** (ugs.; *eine bestimmte Menge, Summe als Mindestes fordern).* **2. a)** *in einen bestimmten [veränderten] Zustand bringen, versetzen:* etw. neu, größer m.; jmdn. neugierig m.; sie hatte sich für den Abend besonders hübsch gemacht; du hast dich unbeliebt gemacht; man hatte ihn betrunken gemacht; **b)** *in eine bestimmte Stellung, einen bestimmten Status o. Ä. bringen, erheben; zu etw. werden lassen:* sie hat etwas aus ihren Kindern gemacht *(hat ihnen eine Erziehung zuteil werden lassen, die sie zu tüchtigen Menschen werden ließ);* jmdn. zu seinem Vertrauten m.; er machte sie zu seiner Frau (veraltet; *heiratete sie).* **3.** *(durch Geschäfte o. Ä.) verdienen, erzielen:* er hat bei dem Auftrag ein Vermögen gemacht; ein großes Geschäft machen *(sehr viel verdienen);* Die kennen nur ein Gesetz, das heißt Gewinn oder Profit m. (Kühn, Zeit 54); ..., der seine erste Million bereits mit 24 Jahren als Immobilienmakler gemacht hatte (Woche 3. 7. 98, 9). **4.** *etw. tun, unternehmen; sich mit etw. [Bestimmtem] beschäftigen:* was machst du gerade?; was willst du mit den alten Sachen m. *(was hast du damit vor)?;* ich weiß nicht [mehr], was ich noch m. soll

(bin ratlos); dagegen kannst du nichts m. *(nichts ausrichten);* R mach was dran! (ugs.; *das ist leider so);* ich weiß nicht, wie mans macht *(ich kenne mich damit nicht aus);* mit mir könnt ihr es ja m. (ugs.; *ihr nutzt meine Gutmütigkeit aus)!;* ⟨auch ohne Akk.:⟩ lass mich nur m. (ugs.; *überlass die Sache nur mir)!;* ich mach sowieso nicht mehr lang (ugs.; *ich lebe nicht mehr lange;* Aberle, Stehkneipen 55); mach ich!; wird gemacht! (ugs.; als Bekräftigung der Zusicherung einer Hilfeleistung o. Ä.); *(verblasst:)* was macht deine Frau *(wie geht es deiner Frau)?;* was macht die Arbeit, deine Gesundheit *(wie ist es darum bestellt)?;* Was soll man da groß m., solchen Leuten ist man doch hilflos ausgeliefert (v. d. Grün, Glatteis 197); was habt ihr denn da wieder gemacht *(angestellt)?;* machs gut (ugs.; als Abschiedsgruß; *lass es dir gut gehen)!;* gemacht! (ugs.; Bekräftigungsformel; *abgemacht, einverstanden!).* **5.** ⟨m. + sich⟩ *mit etw. beginnen, eine bestimmte Tätigkeit aufnehmen:* sich an die Arbeit m.; sie haben sich ans Werk gemacht *(mit der Arbeit begonnen).* **6.** ⟨m. + sich⟩ (ugs.) *sich in bestimmter, meist positiver Weise entwickeln:* das Wetter macht sich wieder *(wird wieder besser);* das Baby hat sich gut gemacht *(es gedeiht sichtlich);* das kranke Bein wird sich schon wieder m. *(wird wieder gesund werden, wieder heilen).* **7.** (ugs.) *jmdn. durch Protektion o. Ä. in eine bestimmte Position bringen; jmdn. aufbauen:* einen Schlagersänger m.; Ein Eiskunstläufer wird »gemacht«, er muss wachsen (Maegerlein, Triumph 70). **8.** (salopp) *[als Schauspieler] einen bestimmten Part übernehmen, eine bestimmte Rolle spielen:* er macht den Hamlet; sie hat den Nikolaus gemacht; Heute macht Genosse Brech den Bootsführer und Genosse Geist den Maschinisten (Wochenpost 23. 7. 76, 18). **9.** (ugs., oft abwertend) *auf eine plumpe, aufdringliche o. ä. Weise etw. mimen, in eine bestimmte Rolle schlüpfen:* auf cool m.; Machen Sie doch nicht auf mitfühlenden Bullen (Prodöhl, Tod 97); sie macht zurzeit in Großzügigkeit *(gibt sich betont großzügig);* die Partei macht in gedämpftem Optimismus; * **[einen] auf ... machen** (salopp, oft abwertend; *auf eine plumpe, aufdringliche o. ä. Weise etw., ein bestimmtes Verhalten o. Ä. mimen):* Wir machen einen auf superlässig, sodass der Türsteher denkt, wir müssen einfach superwichtig sein (a & r 9, 1998, 107); er glaubt, wenn er auf Macho macht, hat er mehr Chancen bei den Frauen. **10.** ⟨in Verbindung mit Inf. + Akk.⟩ *bewirken, dass etw. Bestimmtes geschieht; zu etw. veranlassen:* etw. an der Äußerung hat machen gemacht/(seltener:) m.; jmdn. leiden m.; Wenn Schwestertracht gedacht war ..., durch Uniform Formen vergessen zu m. (Kant, Impressum 282). **11.** ⟨m. + sich⟩ *(an einer Stelle) in bestimmter Weise passen, sich einfügen, harmonisieren:* die Blumen machen sich sehr schön in der Vase; dass ein Aquarium sich in seinem Zimmer gut m. würde (H. Gerlach,

Demission 155); ⟨unpers.:⟩ Du kannst mich gern der Dame ... vorstellen, wenn es sich gerade so macht *(ergibt;* Th. Mann, Zauberberg 62). **12.** (ugs. verhüll.) *seine Notdurft verrichten:* ein Vogel hat ihr auf den Hut gemacht; das Kind hat in die Hose, ins Bett gemacht. **13.** (ugs.) *ein bestimmtes Geschäft o. Ä. betreiben; in einer bestimmten Branche tätig sein:* er macht seit einiger Zeit in Lederwaren. **14.** (ugs.) **a)** *(in Bezug auf einen zu entrichtenden Geldbetrag) ausmachen, betragen:* das Reinigen macht 15 Mark; alles zusammen macht 1 000 Mark im Jahr; was macht das/es *(wie viel kostet das)?;* **b)** *(in Bezug auf das Ergebnis einer Addition, Subtraktion od. Multiplikation) ergeben:* 4 und 3 macht 7; 4 minus 3 macht 1; 4 mal 3 macht 12. **15.** (ugs.) *rufen, ausrufen (bei Interjektionen u. Ä.):* »Oh«, machte der Leutnant (H. Mann, Stadt 108). **16.** (ugs.) *sich beeilen:* Und dann machen wir, dass wir zu Lung kommen (Funke, Drachenreiter 109); nun mach schon! *(beeil dich!).* **17.** * **es m.** (salopp; *koitieren* a): sie macht es mit jedem; ich habe es schon mal mitbekommen, wenn sie es gemacht haben (Schmidt, Strichjungengespräche 124); **es jmdm. m.** (salopp; *jmdn. geschlechtlich befriedigen):* sie hat es sich selbst [mit der Hand] gemacht. **18.** (landsch.) *an einen bestimmten Ort gehen, fahren, sich begeben* ⟨auch: ist⟩: er ist in die Stadt, sie sind aufs Land gemacht. **19.** * **macht nichts!** (ugs.; *schon gut, nicht weiter schlimm!);* **mach dir, macht euch nichts daraus/draus** (ugs.; *ärgere dich nicht, ärgert euch nicht darüber);* **sich** ⟨Dativ⟩ **wenig/nichts o. Ä. aus jmdm., etw. m.** (ugs.; *jmdn., etw. nicht [besonders] gern mögen; für jmdn., etw. nicht viel übrig haben):* wir machen uns kaum was aus Pflanzen. Uns sind Pflanzen weitgehend egal (Wohmann, Absicht 332). **20.** * **zu/für etw. [nicht] gemacht sein** *(zu/für etw. [nicht] geschaffen sein):* wie es ein Missverständnis ist, dass wir zum Glück gemacht sein sollen (Chr. Wolf, Nachdenken 78).

Ma̱chen|schaft, die, -, -en ⟨meist Pl.⟩ (abwertend): *sich im Verborgenen abspielende, unlautere Handlung, Unternehmung, die auf sich jmd. einen Vorteil zu verschaffen od. einem anderen zu schaden sucht:* üble, dunkle -en; jmds. -en durchkreuzen; -en gegen jmdn. aufdecken.

Ma̱cher, der, -s, - [1: mhd. macher, ahd. (ga)mahhari]: **1.** *jmd., der etw. Bestimmtes in die Tat umsetzt; Handelnder, Ausführender:* jener (= Schriftsteller), der seinen Unterhaltungskram für Dichtung hält, und welcher M. täte das heute nicht! (Tucholsky, Werke II, 284); Da er (= der extrovertierte Mensch) ein »Macher« ist, interessiert er sich für Taten, für andere Leute und die sichtbare Welt (Hörzu 12, 1976, 97); wenn ich dafür nach und nach den wirklichen -n des Giftmüllgeschäftes das Handwerk legen könnte (Prodöhl, Tod 214). **2.** *jmd. [in einer Führungsposition], der sich durch große Durchsetzungskraft, durch die Fä-

higkeit zum Handeln auszeichnet: Über-einstimmung schließlich bei den -n wie den Mitwirkenden (Zeit 6. 6. 75, 35).

-ma|cher, der; -s, -: **1.** (Jargon) kennzeichnet in Bildungen mit Substantiven eine männliche Person, die beruflich etw. macht, die etw. herstellt, produziert: Bücher-, Platten-, Theatermacher. **2.** kennzeichnet in Bildungen mit Substantiven eine männliche Person, die etw. macht: Faxen-, Radaumacher. **3.** kennzeichnet in Bildungen mit Adjektiven eine Person oder Sache, die etw. bewirkt, die in einen bestimmten Zustand versetzt: Fröhlich-, Süchtigmacher.

Ma|che|rin, die; -, -nen: w. Form zu ↑Macher.

-ma|che|rin, die; -, -nen: w. Form zu ↑-macher (1, 2).

Ma|cher|lohn, der ⟨Pl. selten⟩: *für die Herstellung, Anfertigung bes. eines Kleidungsstücks geforderte Geldsumme.*

Ma|che|te [auch: maˈtʃeːtə], die; -, -n [span. machete, wohl zu: ↑Hammer]: *südamerikanisches Buschmesser.*

Ma|che|tik, die; - [griech. machētikḗ (téchnē); zu: machētikos = zum Kampf gehörend, zu: máchē = Gefecht, Kampf] (veraltet): *Gefechts-, Kampflehre.*

Ma|chi|a|vel|lis|mus [makjavɛ...], der; - [nach dem ital. Staatsmann N. Machiavelli (1469–1527)]: *politische Lehre u. Praxis, die der Machtpolitik den Vorrang vor der Moral gibt.*

Ma|chi|a|vel|list, der; -en, -en: *Anhänger des Machiavellismus.*

Ma|chi|a|vel|lis|tin, die; -, -nen: w. Form zu ↑Machiavellist.

ma|chi|a|vel|lis|tisch ⟨Adj.⟩: *nach der Lehre, im Sinne des Machiavellismus; den Machiavellismus betreffend.*

Ma|chi|na|ti|on [...x...], die; -, -en [lat. machinatio = List, Kunstgriff, zu: machinari = aussinnen, erdenken, zu: machina, ↑Maschine]: **1.** ⟨Pl.⟩ (geh.) *Winkelzüge, Machenschaften, Ränke.* **2.** (veraltet) *Kniff, Trick, Kunstgriff.*

ma|chi|nie|ren ⟨sw. V.; hat⟩ [lat. machinari, ↑Machination] (veraltet): *intrigieren.*

Ma|chis|mo [maˈtʃismo], der; -[s] [span. machismo, zu: macho < lat. masculus = männlich] (bildungsspr.): *übersteigertes Gefühl männlicher Überlegenheit u. Vitalität.*

Ma|cho [ˈmatʃo], der; -s, -s (ugs.): *sich [übertrieben] männlich gebender Mann:* Ein M. ist ein männlich-kerliger Typ, der sich in seinem Erscheinungsbild und Verhalten bewusst von den Softies absetzt (Schwamborn, Schwulenbuch 13); Über Aids wird gewitzelt ..., und jeder echte Marseiller kehrt bei diesem Thema für Schwule den M. heraus (Scholl-Latour, Frankreich 268).

¹Ma|chor|ka, der; -s, ⟨Sorten:⟩ -s [russ. mahorka, wahrsch. zu: mohor = Franse, Faser]: *[grob geschnittener] russischer Tabak.*

²Ma|chor|ka, die; -, -s: *Zigarette aus* ¹Machorka.

mach|sche Zahl, die; -n -, -n -en: Mach.

Mach|sor, der; -s, -s u. -im [hebr. mahă-

zôr = Zyklus]: *jüdisches Gebetbuch für die Festtage.*

Macht, die; -, Mächte [mhd., ahd. maht, zu ↑mögen]: **1.** ⟨o. Pl.⟩ *Gesamtheit der Mittel und Kräfte, die jmdm. od. einer Sache andern gegenüber zur Verfügung stehen; Einfluss:* unumschränkte M. haben; wenig M. haben, etw. an den Verhältnissen zu ändern; seine ganze M. aufbieten, etw. zu erreichen; große M. in Händen haben; ihre M. reicht nicht weit; seine M. ausspielen, gebrauchen, missbrauchen; M. über jmdn., etw. haben, gewinnen, ausüben; über große M. verfügen; Freilich wird er bis zu seinem Ende der Zauberer sein, und den Leuten M. über die Herzen rücksichtslos gebraucht (Sieburg, Blick 77); dass nur Wissen M. und Herrschaft über Dinge und Menschen verleiht (Bamer, Mann 161); Ü die M. der Verhältnisse; im Exil hat Fouché die M. des Geldes erkannt und dient ihr wie jeder M. (St. Zweig, Fouché 86); R [das ist] die M. der Gewohnheit; *eine M. sein (Jugendspr.; ↑Wucht 4); [alles] was in jmds. M. steht (alles, was jmd. vermag):* er versprach, [alles] zu tun, was in seiner M. steht; mit [aller] M. (1. *mit allen Kräften:* mit aller M. versuchte sie, das Unheil aufzuhalten. 2. *mit Vehemenz:* der Frühling kommt jetzt mit M.). **2.** ⟨meist Pl.⟩ *etw., was eine besondere bzw. geheimnisvolle Kraft darstellt, besitzt:* dämonische, geheimnisvolle Mächte; die himmlischen Mächte; eine höhere M.; sich von guten Mächten getragen wissen; das von dunklen Mächten gewirkte Verhängnis (Plievier, Stalingrad 343); Die blutigen Jahre der Christenverfolgungen hatten die Mächte der Tiefe aufgerührt (Thieß, Reich 324); die Mächte der Finsternis; keine M. der Erde (geh.; *niemand*); zugleich wusste er, dass keine M. der Welt (geh.; *niemand*) ihn zwingen könnte, wieder heimzugehen (Thieß, Legende 191). **3.** ⟨o. Pl.⟩ *aus dem Besitz einer politischen, gesellschaftlichen, öffentlichen Stellung u. Funktion verbundene Befugnis, Möglichkeit od. Freiheit, über Menschen u. Verhältnisse zu bestimmen, Herrschaft auszüüben:* die politische, staatliche, weltliche, geistliche, wirtschaftliche M.; M. ausüben, haben; seine M. festigen, missbrauchen; die M. einer Clique brechen; die M. *(Staatsgewalt, Herrschaft)* übernehmen, an sich reißen; an die/zur M. kommen, gelangen *(die Regierungsgewalt erlangen);* an der M. sein, bleiben *(die Regierungsgewalt haben, behalten);* Spr M. geht vor Recht *(in der Realität erweist sich Macht stärker als Recht).* **4. a)** *politisch u. wirtschaftlich einflussreicher Staat:* eine verbündete, feindliche M.; die M. führenden Mächte *(Staaten);* **b)** *mächtige, einflussreiche Gruppe, Schicht o. Ä.:* die geistliche und die weltliche M. *(Kirche u. Staat)* im Mittelalter; In der Demokratie sind die Medien ... die M. im Staat (Hörzu 25, 1996, 26). **5.** (veraltend) *Heer, Truppen:* mit bewaffneter M. anrücken, angreifen.

Macht|an|häu|fung, die; vgl. Machtballung.

Macht|an|spruch, der: *Anspruch auf Macht (3).*

Macht|an|tritt, der (selten): *Übernahme der Macht (3):* Bei Hitlers M. war der Vater in die Sowjetunion emigriert (Zwerenz, Quadriga 280).

Macht|ap|pa|rat, der (Politik): *der Aufrechterhaltung der politischen Macht (3) dienender Apparat (2):* der staatliche M.; ... schuf sich der Eliteverband der SS ... neben Partei und Staat einen unabhängigen M. (Fraenkel, Staat 208); Die klaren Linien des ursprünglichen Reformwerks sind im Gezerre der Interessengruppen und im Gezänk des Bonner -s verwischt worden (Woche 18. 4. 97, 9).

Macht|aus|übung, die: *Ausübung der Macht (3):* Die gewerkschaftliche Tätigkeit ist ein wesentlicher Teil der M. der Arbeiterklasse und ihrer Verbündeten (Morgen 29. 6. 77, 5).

Macht|bal|lung, die: *Ballung politischer Macht (3).*

Macht|be|fug|nis, die: *Befugnis, Macht (3) auszuüben:* staatliche -se; M. haben; das überschreitet meine M.; jmdn. mit -sen ausstatten.

Macht|be|reich, der: *Bereich, in dem Macht (3) ausgeübt wird:* einen M. ausweiten; im kommunistischen M.

macht|be|ses|sen ⟨Adj.⟩: *von dem Wunsch besessen, möglichst viel Macht (3) auszuüben:* ein -er Minister; m. sein.

macht|be|wusst ⟨Adj.⟩: *Machtbewusstsein besitzend.*

Macht|be|wusst|sein, das: *Bewusstsein der eigenen Macht (3).*

Macht|block, der ⟨Pl. ...blöcke, selten: -s⟩: *Block (4), der bedeutende [politische] Macht (3) besitzt:* Die Hoffnungen ... auf eine ... Entspannung zwischen den Machtblöcken sind durch den Einmarsch ... in die Tschechoslowakei schwer erschüttert worden (MM 22. 8. 68, 1).

Macht|de|mons|tra|ti|on, die: *Demonstration (2) der Macht (3).*

Mäch|te|grup|pe, die (Politik): *Gruppe von Mächten (4 a).*

Mäch|te|grup|pie|rung, die (Politik): *Gruppierung von Mächten (4 a).*

Macht|ent|fal|tung, die: *Entfaltung von Macht (3).*

Macht|er|grei|fung, die (Politik): *Ergreifung der Macht (3):* bei der M. der Kommunisten in Osteuropa nach 1945 (Fraenkel, Staat 299); Nach Hitlers M. hatte sie ... illegal in Berlin gearbeitet (Leonhard, Revolution 9); Dies geschah zu Berlin, nicht lang vor der »Machtergreifung« (Ergreifung der Macht durch Hitler; K. Mann, Wendepunkt 239).

Macht|er|halt, der: *Erhalt (2) der Macht (3).*

Macht|fak|tor, der: *etw., was als Macht (4) od. in Bezug auf die Macht (3) ein bedeutender Faktor ist.*

Macht|fra|ge, die: *Frage der [politischen] Macht (3).*

Macht|fül|le, die; vgl. Machtentfaltung: Die M. des Königs ist dort unbeschränkt, wo nicht ... eine Mitwirkung der Kammern angegeben wird (Fraenkel, Staat 201).

Macht|gier, die: *Gier nach Macht* (3).
macht|gie|rig ⟨Adj.⟩: *gierig nach Macht* (3).
Macht|grup|pe, die (Politik): *Macht* (3) *ausübende Gruppe:* Die ... Vorstellung des Nebeneinander von Staat und sozialen -n (Fraenkel, Staat 256).
Macht|ha|ber, der; -s, - (oft abwertend): *die Macht* (3), *Regierungsgewalt Besitzender, Ausübender:* Die sowjetischen M. hatten nämlich ihre Taktik geändert (Dönhoff, Ära 90).
Macht|ha|be|rin, die; -, -nen: w. Form zu ↑ Machthaber.
Macht|hun|ger, der (meist abwertend): *heftiges Streben nach Macht* (3).
macht|hung|rig ⟨Adj.⟩: vgl. machtgierig.
mäch|tig ⟨Adj.⟩ [mhd. mehtic, ahd. mahtig]: **1. a)** *große Macht* (3), *Gewalt besitzend od. ausübend, von großer Wirkung, einflussreich:* ein -er Staat; ein -es Reich; -e Bosse, Unternehmer; der -ste Mann Russlands; wenn sie wenn, dann zittern die scheinbar so -en Parteivorstände (Dönhoff, Ära 50); die Gewerkschaften waren zu m.; ... dass Worte -er sind als Handlungen (Roth, Beichte 63); ⟨subst.:⟩ die Mächtigen dieser Welt; **b)** *** einer Sache m. sein** (geh.; *etw. aufgrund entsprechender Fähigkeit[en] können, beherrschen):* des Englischen, der Rede m. sein; **einer Sache, seiner [selbst] m. sein** (*etw., sich [selbst] in der Gewalt haben):* seiner Sinne, Worte, seiner [selbst kaum] noch m. sein. **2. a)** *beeindruckend groß, umfangreich, ausgedehnt, stark; von beeindruckendem Ausmaß, Grad; gewaltig* (2 a): ein -es Felsmassiv; ein -er Wald; eine -e Eiche, Woge; -e Kuppeln; der Hirsch hat ein -es Geweih; Sein Kopf steckte tief zwischen -en runden Schultern (Rinser, Jan Lobel 53); ein -er (*mit viel Schwung ausgeführter, weiter*) Sprung, Satz; ein -er (*überaus kraftvoller*) Schlag; mit -er Stimme sprechen; Noch einmal schien der Komsomol einen -en Aufschwung zu nehmen (Leonhard, Revolution 55); Es besteht aber ein -er Unterschied zwischen der Liebe, die man als Überzeugung besitzt, und der Liebe, die einen besitzt (Musil, Mann 1304); **b)** (landsch.) *sehr sättigend; schwer:* Er (= der Windbeutel) ist eine ... zum Kuchen ausgehöhlte Semmel, mit -er Schlagsahne angefüllt (Jacob, Kaffee 191); das Essen ist mir zu m.; **c)** (bes. Bergmannsspr.) *(von Schichten o. Ä.) dick* (2 a): eine etwa 10 Meter -es Flöz. **3.** (ugs.) **a)** *sehr groß, stark, beträchtlich:* -en Hunger, -e Angst, -es Glück haben; **b)** (intensivierend bei Adj. u. Verben) *sehr, überaus; bes. stark, heftig:* m. viel, groß, erstaunt; Da muss irgendwas m. faul dabei sein (Remarque, Obelisk 19); Es ist in m. feines Haus gegen das, wo ich gewesen bin, was? (Fallada, Jeder 333); sich m. beeilen; sich m. freuen, amüsieren; Hermanns Geschenke hatten ihr im Waldkrankenhaus m. geholfen (Bieler, Bär 242); Und nachher in Travemünde hatten es alle Damen m. mit ihm (Hausmann, Abel 123).
Mäch|tig|keit, die; -, -en [mhd. mehticheit]: **1.** ⟨o. Pl.⟩ *das Mächtigsein, Reich-*

tum an Macht (3), *Einfluss.* **2.** ⟨o. Pl.⟩ *mächtige* (2 a) *Beschaffenheit.* **3.** (bes. Bergmannsspr.) *(von Schichten o. Ä.) Dicke.* **4.** (Math.) *Größe, Beschaffenheit einer Menge in Bezug auf das (im Vergleich zu einer anderen Menge) mehr od. weniger zahlreiche Enthaltensein von Elementen:* die [unendliche] Menge C ist von geringerer, größerer M. als die Menge D.
Mäch|tig|keits|sprin|gen, das (Sport): *Wettbewerb im Springreiten über eine kurze Strecke mit schweren Hindernissen, bei dem bes. das Springvermögen der Pferde geprüft wird.*
Macht|in|stru|ment, das (Politik): *Instrument, Werkzeug der Machtausübung:* Der Staat wird im Marxismus ... als das M. der herrschenden Klasse gesehen (Fraenkel, Staat 191).
Macht|kampf, der (bes. Politik): *Kampf um mehr Macht* (3): politische, soziale Machtkämpfe; In dieser Folge geht es um ... den M. zwischen Kindern und Eltern (Hörzu 25, 1976, 46).
Macht|kon|zen|tra|ti|on, die: *Konzentration von Macht* (3).
macht|los ⟨Adj.⟩: *nicht über die nötigen Mittel, über die nötige Macht* (1, 3), *Autorität verfügend, um etwas ausrichten zu können:* -e Splitterparteien; sie waren m. gegen den, gegenüber dem Eindringling; gegen so viel Engstirnigkeit ist man m. (*kann man nichts machen*); R da stehst du m. vis-à-vis (ugs.; *dagegen kann man nichts machen*).
Macht|lo|sig|keit, die; -: *das Machtlossein.*
Macht|mensch, der: *Mensch mit ausgeprägtem Machtstreben.*
Macht|miss|brauch, der: *Missbrauch, den ein Herrscher o. Ä. mit der ihm übertragenen Macht* (3) *treibt.*
Macht|mit|tel, das: *Hilfsmittel, das dazu dient, Macht* (3) *auszuüben:* die staatlichen M. (Fraenkel, Staat 323); ... gehen selbst diejenigen, die über die militärischen M. verfügen, auf die Seite der Revolution über (Fraenkel, Staat 300).
Macht|or|gan, das (Politik): *staatliches Organ der Machtausübung.*
Macht|po|li|tik, die: *einseitig auf die Entfaltung u. Behauptung von Macht* (3) *gerichtete Politik.*
macht|po|li|tisch ⟨Adj.⟩: *politisch im Sinne der Machtpolitik:* Es handelt sich hier (= beim Sturz Chruschtschows) um reine -e Erwägungen (Welt 17. 10. 64, 2).
Macht|po|si|ti|on, die (bes. Politik): *mit dem Besitz u. der Ausübung von Macht* (3) *verbundene Position:* Die ... Verteilung ist ... häufig die Folge einer Ausnutzung wirtschaftlicher -en (Fraenkel, Staat 376).
Macht|pro|be, die: vgl. Kraftprobe: es auf eine M. ankommen lassen; ... wenn die Arbeitgeber nicht die Absicht gehabt hätten, eine M. zu provozieren (Welt 4. 5. 63, 2).
Macht|rausch, der ⟨o. Pl.⟩: *rauschhaftes Gefühl, Überwältigtsein durch den Besitz von Macht* (3).
Macht|spruch, der: vgl. Machtwort.
Macht|stel|lung, die: vgl. Machtposition.

Macht|stre|ben, das; -s: *Streben nach [politischer] Macht* (3).
Macht|struk|tur, die (Politik): *Struktur der Machtverhältnisse.*
Macht|über|nah|me, die: vgl. Machtergreifung: ... um eine kommunistische M. in Vietnam zu verhindern (Spiegel 1/2, 1966, 6).
Macht|ver|hält|nis, das: **1.** *Machtverteilung:* Reformvorhaben, die das M. zwischen den Klassen verändern können (Stamokap 163); wohin es ... mit dem Heiligen Römischen Reich und seinem ... M. zwischen Kaiser und Papst gekommen ist (Stern, Mann 229). **2.** ⟨Pl.⟩ *Verhältnisse* (4) *aufgrund von Machtpositionen:* die Entwicklung der internationalen -e nach 1945 (Fraenkel, Staat 351); widerstandsloses Unterordnen unter Autoritäts- und -se (Heiliger, Angst 9).
Macht|ver|lust, der: *Verlust* (3) *der Macht* (3).
Macht|ver|schie|bung, die: *Verschiebung der Machtverhältnisse:* National- und Territorialstaaten ..., welche ... trotz beträchtlicher -en ... das Entstehen einer Hegemonialmacht verhinderten (Fraenkel, Staat 17).
Macht|ver|tei|lung, die: *Verteilung* (3) *der Macht* (3): die M. zwischen einfachen Mitgliedern, Funktionären und Parteiführung (Fraenkel, Staat 244); Sie (= Eltern) zeigen einfach keine Bereitschaft zur Veränderung der M. (Ossowski, Liebe 316).
macht|voll ⟨Adj.⟩: **1.** *mit Entfaltung, Einsatz großer Macht* (1) *[geschehend, handelnd]:* Die -e Protestaktion brachte das wirtschaftliche Leben des südamerikanischen Landes zum Erliegen (NNN 29. 6. 84, 2); ... legen Jung und Alt ihr -es Bekenntnis zum proletarischen Internationalismus und zur antiimperialistischen Solidarität ab (horizont 13, 1978, 4); Mit einer -en Kundgebung (horizont 13, 1978, 11). **2.** *kräftig, wuchtig:* er ... ließ sie (= die Waschschüssel) m. auf den Schädel seines unbewaffneten Feindes herabsausen (Hesse, Sonne 37).
Macht|voll|kom|men|heit, die: *Uneingeschränktheit der Macht* (3); *umfassende Berechtigung, Macht auszuüben:* hier hatte der Gouverneur ... ganz außergewöhnliche M. (Dönhoff, Ära 81); in, kraft eigener M. handeln, entscheiden; *** aus eigener M.** (*eigenmächtig*).
Macht|wech|sel, der (Politik): *Wechsel der Machtverhältnisse, bes. durch Übergang der Macht* (3), *Regierungsgewalt in andere Hände.*
Macht|wil|le, der: *Wille, Macht* (3) *zu besitzen, auszuüben.*
Macht|wort, das ⟨Pl. -e⟩: *Aufforderung od. Entscheidung, die keinen Widerspruch zulässt u. aufgrund entsprechender Machtverhältnisse durchgesetzt werden kann:* ohne ein M. des Parteidenkers (Spiegel 53, 1971, 31); *** ein M. sprechen** (*seinen Einfluss geltend machen u. entscheidend eingreifen*): Aber Vater und mit der gleichen Bestimmtheit auch die Mutter hatten ihr M. gesprochen (H. Grzimek, Tiere 12).

Macht|zen|trum, das: *Zentrum der Macht* (3).

Macht|zu|sam|men|bal|lung, die: *Machtballung.*

Macht|zu|wachs, der: *Zuwachs an Macht* (3).

ma|chul|le ⟨Adj.⟩ [zu jidd. mechulle = krank, zu hebr. mahālä = Krankheit]: in der Verbindung **m. sein** (salopp; 1. *pleite sein.* 2. *ermüdet sein.* 3. *verrückt sein*).

Macht|werk, das (abwertend): *schlecht gemachtes, minderwertiges Werk, Erzeugnis:* wann ist dieses M. entstanden?; Und Pallenberg torkelt in -en übelster Beschaffenheit umher (Tucholsky, Werke I, 243).

Macht|zahl, die (Physik): *Mach.*

Ma|cis: ↑ Mazis.

Ma|cke, die; -, -n [jidd. macke = Schlag, auch: Fehler < hebr. makkā = Schlag; Verletzung]: **1.** (salopp) *absonderliche Eigenart, Verrücktheit, Tick, Spleen:* Er spricht ein grausames Deutsch, hat sonst aber nicht mehr -n als andere auch (Hörzu 45, 1973, 136); das ist bei ihr zur M. geworden; du hast wohl 'ne M. *(bist wohl verrückt)* ! **2.** *Fehler, Schaden, Mängel, Defekt:* der Motor hat -n; das Kühlsystem hatte aber noch andere -n (ADAC-Motorwelt 3, 1986, 54); Nennenswerte -n kamen schließlich an die Karosserie zum Vorschein (ADAC-Motorwelt 6, 1982, 37). **3.** *****stumpfe M.** (Jugendspr. veraltet; *stumpfsinnige, langweilige Sache*).

Ma|cker, der; -s, - [aus dem Niederd., eigtl. = Kamerad; z. T. für ↑ Macher]: **1.** (Jugendspr.) *Freund (bes. eines Mädchens):* das ist ihr neuer M.; sie kam mit ihrem M.; Soll sie doch mit dem anderen abziehen! ... Ja, soll sie, Ernst gönnt ihr ihren »Macker« (Heim, Traumschiff 55); In der Disco haben Illi und ich die ganze Zeit auf M. und Tussi gemacht (Grossmann, Schwul 30). **2.** (Jugendspr.) *Bursche, Kerl:* was will der M. hier?; Der miese M. in der Ecke, der noch immer mit seinen Millionen angibt (Heim, Traumschiff 153); Sehnen sich die Frauen wieder nach dem starken M. an ihrer Seite? (Szene 8, 1985, 12). **3.** (salopp) *Anführer, Macher:* sich als M. aufspielen; Selbst Baff und Horst, die anfangs versucht hatten, den »Macker« herauszukehren ... (Ossowski, Bewährung 122); Aber die Thatcher ist doch noch mehr M. als mancher Mann (Spiegel 17, 1986, 65). **4.** (nordd.) *Arbeitskollege:* als M. auf dem Kutter arbeiten; Permien schickte ihn fort, obwohl er keinen anderen M. fand (Miethe, Rang 141).

Ma|ckin|tosh [ˈmækɪntɔʃ], der; -[s], -s [engl. mackintosh, nach dem engl. Chemiker Ch. Mackintosh, gest. 1843]: **1.** *mit Kautschuk imprägnierter Baumwollstoff.* **2.** *Regenmantel aus Mackintosh* (1).

mack|lich ⟨Adj.⟩ [1: mniederd. makelik] (nordd.): **1.** *ruhig, gemächlich.* **2.** (Seemannsspr.) *(vom Schiff) ruhig auf dem Wasser liegend.*

Ma|cra|mé: ↑ Makramee.

MAD [ɛmlaˈdeː], der; -[s] [Abk. für Militärischer Abschirmdienst]: *militärischer Geheimdienst der Bundesrepublik.*

MAD = internationaler Währungscode für: marokkanischer Dirham.

Ma|da|gas|kar; -s: Inselstaat vor der Ostküste Afrikas.

Ma|da|gas|se, der; -n, -n: Ew.

Ma|da|gas|sin, die; -, -nen: w. Form zu ↑ Madagasse.

ma|da|gas|sisch ⟨Adj.⟩: a) *Madagaskar, die Madagassen betreffend; von den Madagassen stammend, zu ihnen gehörend;* b) *in der Sprache der Madagassen [verfasst].*

Ma|dam, die; -, -s u. -en [↑ Madame] (ugs.): a) (veraltet) *Hausherrin, gnädige Frau:* meine M. war sehr gut zu mir; b) (scherzh.) *[dickliche, behäbige] Frau;* c) (landsch. scherzh.) *Ehefrau:* bringst du heute Abend deine M. mit?

Ma|dam|chen, das; -s, - (ugs. scherzh.): *junge Frau.*

Ma|dame [maˈdam], die; -, Mesdames [meˈdam] ⟨meist o. Art.⟩ [frz. madame, eigtl. = meine Herrin, ↑ Dame]: titelähnlich od. als Anrede gebrauchte frz. Bez. für *Frau:* Der (= Taxifahrer) gönnte ihr einen Blick über den Innenspiegel und sagte: »Das steht Ihnen frei, M.« (Kant, Impressum 282); Abk.: Mme. (schweiz.: Mme), Pl.: Mmes. (schweiz.: Mmes).

Mäd|chen, das; -s, - [für älter: Mägdchen, eigtl. Vkl. von ↑ Magd]: **1.** a) *Kind weiblichen Geschlechts:* ein blondes, liebes [kleines] M.; sei ein braves M.!; eine gemeinsame Mannschaft aus Jungen und M.; sie hat ein M. bekommen *(eine Tochter zur Welt gebracht);* ***für kleine M. müssen** (scherzh. verhüll.; *die Toilette aufsuchen müssen*); b) *junge, jüngere weibliche Person:* ein hübsches, anständiges [junges] M.; ein leichtes M. *(eine leichtlebige junge Frau);* ein käufliches M. (verhüll.; *eine Prostituierte*); ein gefallenes M. (↑ fallen 1 d); sie träumt, sie wäre noch einmal ein M., träumt, wie sie ihre Unschuld noch einmal verlöre (Frisch, Cruz 40); ein M. kennen lernen, verführen, sitzen lassen, heiraten; ein altes, älteres, spätes M. (veraltet; *eine nicht mehr junge, unverheiratete Frau*); ◆ ⟨mit Bezug auf das natürliche Geschlecht:⟩ Das M. selbst, mit welcher er mich körnt (Lessing, Nathan IV, 4). **2.** (veraltend) *Freundin (eines jungen Mannes):* Da ist unser Leutnant, der immerfort Schach spielt, wenn er kein M. hat (Frisch, Nun singen 116); er kam mit seinem M. **3.** (veraltend) *Hausmädchen, Hausangestellte, Haushilfin:* Im Hause war alles verreist außer dem M., das hinten hinaus schlief (Gaiser, Schlußball 192); dem M. klingeln; das Mädchen *(Zimmermädchen)* machte die Betten; ***M. für alles** (ugs.; *Person für alle anfallenden Arbeiten, Aufgaben*): er, sie ist M. für alles.

Mäd|chen|al|ter, das ⟨o. Pl.⟩: vgl. Knabenalter.

Mäd|chen|fuß|ball, der ⟨o. Pl.⟩ (ugs.): *Frauenfußball.*

Mäd|chen|ge|schich|ten ⟨Pl.⟩ (ugs.): *Liebeserlebnisse, -affären mit Mädchen.*

Mäd|chen|ge|sicht, das: *Gesicht eines Mädchens; mädchenhaftes Gesicht.*

mäd|chen|haft ⟨Adj.⟩: *einem Mädchen*

eigentümlich, gemäß; wie ein Mädchen: eine -e Gestalt; -e Anmut; ihr Gesicht ist noch ganz m.

Mäd|chen|haf|tig|keit, die; -: *das Mädchenhaftsein.*

Mäd|chen|han|del, der ⟨o. Pl.⟩: vgl. Frauenhandel.

Mäd|chen|händ|ler, der: *jmd., der Mädchenhandel betreibt.*

Mäd|chen|händ|le|rin, die: w. Form zu ↑ Mädchenhändler.

Mäd|chen|herz, das: *Herz* (2) *eines jungen Mädchens:* da schlug manches M. höher *(war manches Mädchen freudig erregt).*

Mäd|chen|hirt, der (schweiz.): *Zuhälter.*

Mäd|chen|jah|re ⟨Pl.⟩: *jmds. Zeit als junges Mädchen:* sie erinnerte sich an ihre M.

Mäd|chen|kam|mer, die (früher): *Kammer für das Dienstmädchen:* Es war eins von den Bädern der Gründerjahre, dem noch der Raum für eine M. abgeknapst worden war (Johnson, Ansichten 111).

Mäd|chen|klas|se, die: vgl. Mädchenschule.

Mäd|chen|kleid, das: *Kleid für ein Mädchen.*

Mäd|chen|na|me, der: **1.** *weiblicher Vorname.* **2.** *Familienname einer Frau vor ihrer Verheiratung:* Er las: Schütze Ewald Stüwe, geb. 28. 12. 1911 ... Vor- und M. der Ehefrau: ... (Plievier, Stalingrad 212).

Mäd|chen|pen|si|o|nat, das: *Pensionat für Mädchen:* sie besuchte drei Jahre lang ein M.; Ü im Vergleich zu unserer Parallelklasse sind wir ein richtiges M.! *(wir sind harmlos, wohlerzogen);* unser Sport ist nichts für ein M. *(nichts für sanfte Gemüter, ist sehr rau).*

Mäd|chen|raub, der (bes. früher, auch Völkerk.): *Raub, gewaltsame Entführung eines Mädchens bes. zur Eheschließung.*

Mäd|chen|schu|le, die: *Schule, die nur von Mädchen besucht wird.*

Mäd|chen|sport, der: *Sport für Mädchen.*

Mäd|chen|stim|me, die: vgl. Kinderstimme.

Mäd|chen|ta|ge ⟨Pl.⟩: vgl. Mädchenjahre.

Mäd|chen|wei|he, die (Völkerk.): *Initiationsfeier für Mädchen.*

Mäd|chen|zim|mer, das: **1.** *Zimmer eines Mädchens.* **2.** *Zimmer für das Dienstmädchen.*

Ma|de, die; -, -n [mhd. made, ahd. mado, H. u.]: *wurmähnliche Insektenlarve:* im Fleisch sind -n; der Käse wimmelt von -n; Er staunte, als Josefine ihm sagte, dass er den Schinken ja nur wegen der -n bekommen habe (Alexander, Jungfrau 365); ***leben wie die M. im Speck** (ugs.; *im Überfluss leben*).

made in ... [ˈmeɪd ɪn ...; engl. = hergestellt in ...]: Aufdruck auf Waren in Verbindung mit dem jeweiligen Herstellungsland (z. B. made in Italy = hergestellt in Italien).

Ma|dei|ra [maˈdeːra], der; -s, -s [nach der port. Insel Madeira]: *Süßwein aus Madeira.*

Ma|dei|ra|sti|cke|rei, die: *Lochsticke-rei.*

Ma|dei|ra|wein, der: *Madeira.*

Ma|del, Madl, das; -s, -n (südd., österr.): *Mädchen* (1 a, b, 2, 3).

Mä|del, das; -s, - u. -s, (bayr., österr.:) -n [Vkl. zu ↑Magd] (ugs.): *Mädchen* (1 a, b, 2, 3).

Made|moi|selle [madəmŏạ'zɛl], die ⟨meist o. Art.⟩; -, Mesdemoiselles [medəmŏạ'zɛl; frz. mademoiselle = mein Fräulein, ↑Demoiselle]: titelähnlich od. als Anrede gebrauchte frz. Bez. für *Fräulein;* Abk.: Mlle. (schweiz.: Mlle), Pl.: Mlles. (schweiz.: Mlles).

Ma|den|fraß, der ⟨o. Pl.⟩: *Fraß* (2) *von Maden.*

Ma|den|fres|ser,　　Ma|den|ha|cker, der: **1.** *in Amerika heimischer, Insekten fressender, schwarzer Kuckuck mit hohem, seitlich zusammengedrücktem Schnabel.* **2.** *in Afrika heimischer, kurzschnäbeliger Star, der Großwild u. -vieh von Zecken, Maden u. a. befreit.*

Ma|den|wurm, der: *weißlicher Fadenwurm, der als Parasit im Darm des Menschen lebt.*

Mä|derl, das; -s, -n (österr. ugs.): **1.** *[kleines] Mädchen* (1 a). **2.** (Kosef.) *[junges] Mädchen* (1 b).

Mä|de|süß, das; -, - [aus niederd. mede soet (nd. soet = süß); wohl Umdeutung eines nord. Pflanzennamens mit der Bed. »Metkraut«]: *(zu den Rosengewächsen gehörende) Pflanze mit großen Fiederblättern u. duftenden, gelblich weißen od. rötlichen Blüten in Trugdolden.*

ma|dig ⟨Adj.⟩ [mhd. madic]: *von Maden angefressen, zerfressen; voller Maden:* -e Früchte; der Käse ist m.; *** jmdn., etw. m. machen** (ugs.; *schlecht machen, herabsetzen*); **jmdm. etw. m. machen** (ugs.; *etw. gründlich kritisieren, schlecht machen u. dadurch jmdm. die Freude daran nehmen, es jmdm. verleiden*); **sich m. machen** (ugs.; *sich unbeliebt machen*).

Ma|di|son ['mædɪsn], der; -[s], - [nach der US-amerik. Stadt Madison]: *dem Twist ähnlicher, aber langsamer Modetanz Anfang der 1960er-Jahre im ⁴/₄Takt.*

Mad|jar, der; -en, -en [ung. magyar]: *Ungar.*

Mad|ja|ren|reich, das ⟨o. Pl.⟩: *Ungarn.*

mad|ja|risch ⟨Adj.⟩: *ungarisch.*

mad|ja|ri|sie|ren ⟨sw. V.; hat⟩: *ungarisch machen:* im 19./20. Jh. wurden große Teile der in Ungarn lebenden Nationalitäten madjarisiert.

Mad|ja|ri|sie|rung, die; -: *das Madjarisieren, Madjarisiertwerden.*

Madl: ↑Madel.

Ma|don|na, die; -, ...nen [ital. madonna = meine Herrin, ↑Donna] (christl. Rel.): **1.** ⟨o. Pl.⟩ *die Gottesmutter Maria.* **2.** *bildliche od. plastische Darstellung der Madonna* (1) *[mit Kind].* ♦ **3.** ohne Nennung des Vornamens gebrauchte Anrede an eine Donna (1): Nein, wirklich, M.! Dieser Auftritt ist sonderbar (Schiller, Fiesco III, 3).

Ma|don|nen|bild, das: *Bild der Madonna.*

Ma|don|nen|ge|sicht, das: *madonnenhaftes Gesicht.*

ma|don|nen|haft ⟨Adj.⟩: *wie eine Madonna aussehend; wie bei einer Madonna:* ein -es Gesicht; m. lächeln.

Ma|don|nen|kult, der (abwertend): *Marienkult.*

Ma|don|nen|li|lie, die [weil die Blume im MA. oft auf religiösen Bildern dargestellt wurde]: *hoch wachsende Lilie mit stark duftenden, großen weißen, trichterförmigen Blüten.*

Ma|don|nen|schei|tel, der [nach der Darstellung auf vielen Madonnenbildern]: *Mittelscheitel (bei lang getragenem Haar von Mädchen, Frauen).*

Ma|don|nen|sta|tue, die: vgl. Madonnenbild.

¹Ma|dras: Stadt in Vorderindien.

²Ma|dras, der; -: *feinfädiger, gitterartiger [Gardinen]stoff mit [Karo]musterung.*

Ma|dras|ge|we|be, das: ²Madras.

Ma|dras|ka|ro, das: *Karomuster des* ²Madras.

Ma|dre|po|ra|rie, Ma|dre|po|re, die; -, -n ⟨meist Pl.⟩ [frz. madrépore < ital. madrepora]: *Steinkoralle.*

Ma|dre|po|ren|kalk, der: *aus Skeletten fossiler Steinkorallen gebildeter Kalk.*

Ma|dre|po|ren|plat|te, die (Zool.): *siebartige Kalkplatte auf der Rückenseite von Seesternen u. Seeigeln.*

Ma|drid: Hauptstadt Spaniens.

¹Ma|dri|der, der; -s, -: Ew.

²Ma|dri|der ⟨indekl. Adj.⟩.

Ma|dri|de|rin. die; -, -nen: w. Form zu ↑¹Madrider.

Ma|dri|gal, das; -s, -e [ital. madrigale, H. u.]: **1.** (Literaturw.) *aus der italienischen Schäferdichtung entwickelte Lyrik in zunächst freier, dann festerer Form mit verschieden langen Zeilen.* **2.** (Musik) **a)** *(im 14. Jh.) meist zwei- bis dreistimmiger, mit Solostimmen besetzter Gesang;* **b)** *(im 16./17. Jh.) vier- od. mehrstimmiges weltliches Lied mit reichen tonmalerischen Klangeffekten.*

Ma|dri|gal|chor, der (Musik): *kleinerer bes. für Madrigale o. Ä. geeigneter Chor.*

ma|dri|ga|lesk ⟨Adj.⟩ [frz. madrigalesque, zu: madrigal = Madrigal] (Musik): *madrigalistisch.*

Ma|dri|ga|let|to, das; -s, -s u. ...tti [ital. madrigaletto, Vkl. von: madrigale, ↑Madrigal]: *kurzes, einfaches Madrigal* (2 b).

Ma|dri|ga|list, der; -en, -en [frz. madrigaliste, zu: madrigal = Madrigal] (Musik): **a)** *Komponist von Madrigalen* (2); **b)** *Vertreter des Madrigalstils.*

Ma|dri|ga|lis|tik, die; - (Musik): *Kunst der Komposition von Madrigalen* (2).

ma|dri|ga|lis|tisch ⟨Adj.⟩ (Musik): **a)** *das Madrigal* (2) *betreffend;* **b)** *nach der Art des Madrigals* (2).

Ma|dri|gal|ko|mö|die, die (Musik): *nach Inhalt u. Anlage der Komödie aufgebautes Madrigal* (2 b).

Ma|dri|gal|lon, das; -s, -e [ital. madrigalone, Vgr. von: madrigale, ↑Madrigal] (Literaturw.): *Madrigal* (1) *mit mehr als 14 Zeilen.*

Ma|dri|gal|stil, der ⟨o. Pl.⟩ (Musik): *mehrstimmiger, die Singstimme artikulierender Kompositionsstil (seit dem frühen 16. Jh.).*

Ma|dri|le|ne, der; -n, -n [span. madrileño]: ¹Madrider.

Ma|dri|le|nin, die; -, -nen: Madriderin.

Ma|du|ra|fuß, der; -es [nach der ind. Stadt Madura (heute Madurai)] (Med.): *in tropischen Ländern (bes. in Indien) durch verschiedene Pilzarten hervorgerufene chronische Infektion nach Fußverletzungen (z. B. durch Barfußgehen) mit Knotenbildung, Geschwüren u. klumpenförmiger Deformierung des Fußes.*

Ma|es|tà [...ta], die; - [ital. maestà, eigtl. = Erhabenheit < lat. maiestas, ↑Majestät] (bild. Kunst): *Darstellung der inmitten von Engeln u. Heiligen thronenden Muttergottes.*

ma|es|to|so ⟨Adv.⟩ [ital. maestoso, zu: maestà, ↑Maestà] (Musik): *feierlich, würdevoll, gemessen.*

Ma|es|to|so, das; -s, -s u. ...si (Musik): *feierliches, getragenes Musikstück.*

Ma|es|tro, der; -s, -s, auch: ...stri [ital. maestro < lat. magister, ↑Magister]: **a)** *großer Musiker, Komponist;* **b)** (veraltend) *Musiklehrer.*

Mä|eu|tik, die; - [zu griech. maieutikḗ téchnḗ, eigtl. = die Fertigkeit der Hebamme]: *(von Sokrates entwickelte) Methode, durch geschicktes Fragen die im Gesprächspartner schlummernden, ihm aber nicht bewussten richtigen Antworten u. Einsichten ans Licht zu bringen.*

mä|eu|tisch ⟨Adj.⟩: *die Mäeutik betreffend, auf ihr beruhend.*

Ma|fa, die; -, -s (DDR): Kurzwort für ↑Maschinenfabrik.

Maf|fia usw.: ↑Mafia usw.

Ma|fia, (auch:) Maffia, die; -, -s [ital. maf(f)ia = erpresserischer sizilianischer Geheimbund, eigtl. = Überheblichkeit]: *erpresserische Geheimorganisation:* einer M. angehören; die Bauindustrie dieses Gebietes wird von der M. kontrolliert; Ü Wenn ... Axel von Ambesser etwa wider die »M. der intellektuellen Quatschköpfe« poltert und Klassiker so auf der Bühne sehen möchte, »wie der Dichter sie geschrieben hat« (Spiegel 35, 1983, 199).

-ma|fia, die; -: **1.** kennzeichnet in Bildungen mit Substantiven eine Verbrecherorganisation auf einem bestimmten Gebiet: Diamanten-, Drogen-, Kokainmafia. **2.** (ugs. abwertend) kennzeichnet in Bildungen mit Substantiven eine einflussreiche Personengruppe, die ihre Interessen unter Ausnutzung der ihr zur Verfügung stehenden Macht- und Druckmittel skrupellos gegenüber Konkurrierenden o. Ä. durchsetzt: Akademiker-, Kritiker-, Kunstmafia.

Ma|fia|boss, der (ugs.): *Anführer einer Mafia.*

Ma|fia|me|tho|den ⟨Pl.⟩: *verbrecherische Methoden einer Mafia od. wie bei einer Mafia.*

ma|fios ⟨Adj.⟩: *die Mafia betreffend, zu ihr gehörend; nach Art der Mafia:* Der Ucciardino, das berüchtigte Gefängnis von Palermo, war immer ein Schauplatz -er Auseinandersetzungen (NZZ 1. 5. 83, 7); die Aufdeckung -er Infiltrationen in den Spielcasinos von Campione d'Italia (NZZ 23. 12. 83, 2); Ü eines jener -en Gerüchte, die ... auf dem ... Wiener Politikparkett umherschwirren (Basta 6, 1984, 4).

Ma|fi|o|so, der; -[s], ...si [ital. mafioso]: *Angehöriger einer Mafia.*

Ma|fi|o|te, der; -n, -n (selten): *Mafioso.*

ma|fisch ⟨Adj.⟩ [Kunstwort aus Magnesium u. lat. ferrum = Eisen]: *femisch.*

Mag. = Magister.

mag: ↑mögen.

Ma|ga|zin, das; -s, -e [ital. magazzino = Vorratshaus, Lagerraum < arab. maḫāzin, Pl. von: maḫzan = Warenlager; später beeinflusst von frz. magasin = Warenhaus; 4: engl. magazine, eigtl. = Sammelstelle (von Neuigkeiten)]: **1. a)** *Lager* (4 a): etw. im M. aufbewahren; **b)** (selten) *Warenhaus (bes. im Ausland).* **2.** *Lager-, Aufbewahrungsraum für die Bücher einer Bibliothek od. für die nicht ausgestellten Sammelstücke eines Museums o. Ä.:* die Grafiken werden im M. gelagert. **3. a)** *Behälter in od. an Handfeuerwaffen, aus dem die Patronen durch einen Mechanismus nacheinander in den Lauf geschoben werden:* das M. leer schießen, wechseln; ein neues M. einlegen, in die Pistole stecken; In der Zeit hat dir dein Gegner schon sein ganzes M. *(alle im Magazin befindlichen Patronen)* in den Bauch geknallt (Fallada, Herr 194); **b)** (Fot.) *Kasten zum Einstecken, Vorführen, Aufbewahren von Diapositiven;* **c)** (Technik) *Behälter an einer Werkzeugmaschine zur Versorgung mit Material.* **4. a)** *reich bebilderte, unterhaltende od. populär unterrichtende Zeitschrift:* Das Landgericht ... hat gegen das Juliheft der Zeitschrift »Hobby – Das M. der Technik« ... Verbreitungsverbot verfügt (MM 26. 7. 67, 10); das gab es zumeist nur in Romanen und -er. (Kirst, 08/15, 162); **b)** *berichtende u. kommentierende Rundfunk-, Fernsehsendung mit Beiträgen zu aktuellen Ereignissen, Problemen:* ein politisches M.

Ma|ga|zin|ar|bei|ter, der: *Arbeiter in einem Magazin* (1 a).

Ma|ga|zi|ner, der; -s, - (schweiz.): *Lagerverwalter*

Ma|ga|zi|ne|rin, die; -, -nen: w. Form zu ↑Magaziner.

Ma|ga|zi|neur [...'nø:ɐ̯], der; -s, -e [zu ↑Magazin (1)] (österr.): *Magazin-, Lagerverwalter.*

Ma|ga|zin|ge|wehr, das (Fachspr.): *Gewehr mit Magazin* (3 a).

ma|ga|zi|nie|ren ⟨sw. V.; hat⟩: *im Magazin* (1, 2) *lagern:* Bilder m.; ↑Während ... Groths Soldatenhirn das Herkömmliche und Regelhafte magazinierte (bildungsspr.; *speicherte;* Kant, Impressum 55).

Ma|ga|zin|sen|dung, die: *Magazin* (4 b).

Ma|ga|zin|ver|wal|ter, der: *Verwalter eines Magazins* (1 a).

Ma|ga|zin|ver|wal|te|rin, die: w. Form zu ↑Magazinverwalter.

Magd, die; -, Mägde [mhd. maget, ahd. magad = Mädchen, Jungfrau, zu einem untergegangenen Subst. mit der Bed. »Knabe, Jüngling«]: **1.** (veraltend) *dienende, zur Verrichtung grober Arbeiten (bes. von Haus- od. landwirtschaftlicher Arbeit) angestellte weibliche Person:* die

Knechte und Mägde des Bauernhofs; als M. dienen; Ü Eine Kritik, die keinen anderen Ansatz hat ..., wird sich stets zur M. der Ereignisse machen (Enzensberger, Einzelheiten I, 91). **2.** (veraltet) *Jungfrau, Mädchen:* eine holde M.; (christl. Rel.:) Maria, die reine M.

Mag|da|lé|ni|en [...le'niɛ̃:], das; -[s] [frz., nach dem frz. Fundort, der Höhle La Madeleine]: *Stufe der Jüngeren Altsteinzeit.*

Mag|de|burg: Landeshauptstadt von Sachsen-Anhalt.

¹Mag|de|bur|ger; der; -s, -: Ew.

²Mag|de|bur|ger ⟨indekl. Adj.⟩.

Mag|de|bur|ge|rin; die; -, -nen: w. Form zu ↑¹Magdeburger.

mag|de|bur|gisch ⟨Adj.⟩: *Magdeburg, die Magdeburger betreffend; von den Magdeburgern stammend, zu ihnen gehörend.*

Mägd|de|lein, Mägdlein, das; -s, - [mhd. magetlīn, Vkl. von: maget, ↑Magd] (veraltet): *Mädchen* (1 a, b).

Mägd|de|stu|be, die (früher): vgl. Gesindestube.

Mägd|lein: ↑Mägdelein.

◆ **magd|lich** ⟨Adj.⟩ [mhd. magetlich]: *jungfräulich* (1): so himmlisch dünke sie stets allen! Aber meiner Liebe zu gefallen, hold und m. meinem Blick allein (Bürger, Adeline).

Magd|tum, das; -s (veraltet): *Jungfräulichkeit* (1): Trauerte sie um ihr M., weil nun die Zeit ihrer Blüte zur Neige ging ...? (Th. Mann, Joseph 287).

Ma|ge, der; -n, -n [mhd., ahd. māg, altes germ. Wort, vgl. anord. māgr = Verwandter durch Heirat] (Rechtsspr. veraltet): *Blutsverwandter.*

Ma|gen, der; -s, Mägen, auch: - [mhd. mage, ahd. mago, urspr. wohl = Beutel]: *beutelförmiges inneres Organ, das die zugeführte Nahrung aufnimmt u. (nachdem sie bis zu einem bestimmten Grad verdaut ist) an den Darm weitergibt:* mein M. streikt (ugs.; *ich kann nichts mehr essen*); mir knurrt der M. (ugs.; *ich habe Magenknurren [vor Hunger]*); ich habe mir den M. verdorben, voll geschlagen; jmdm. den M. auspumpen, aushebern; etw. auf nüchternen M. *(ohne etw. gegessen od. getrunken zu haben)* trinken, einnehmen; und das auf nüchternen M.! (ugs.; *und so etwas [Unangenehmes] passiert einem ganz unvermittelt, ohne dass man sich darauf einstellen könnte*); die Aufregung schlägt [sich]/legt sich/geht ihr jedes Mal auf den M. *(verursacht bei ihr eine Magenverstimmung);* etw., nichts im M. haben (ugs.; *etw., nichts gegessen haben*); die Erbsen liegen mir [schwer] im M. *(verursachen mir Magenbeschwerden);* im M. kommt ja doch alles zusammen (scherzh.; *die Reihenfolge ist nicht wichtig*); mit leerem M. *(hungrig)* zu Bett gehen; das Essen steht mir vor dem M. (landsch.; *ist mir nicht bekommen*); die vier Mägen eines Wiederkäuers; R lieber den M. verrenken als dem Wirt etwas schenken!; *jmdm. hängt der M. in die/in den Kniekehlen

(salopp; *jmd. hat großen Hunger*); **jmdm. dreht sich der M. um** (ugs.; *jmd. fühlt sich so angewidert, dass ihm schlecht werden könnte*); **jmdm. [schwer] im/ (auch:) auf dem M. liegen** (ugs.; *jmdm. sehr zu schaffen machen, sehr unangenehm sein*); **jmdn. im M. haben** (ugs.; *jmdn. [über den man sich bei einer bestimmten Gelegenheit geärgert hat] nicht [mehr] leiden können, auf ihn zornig sein*).

Ma|gen|ato|nie, die [↑Atonie] (Med.): *Gastroparese.*

Ma|gen|aus|gang, der: *Ausgang* (2 c) *des Magens.*

Ma|gen|aus|he|be|rung, die: *Ausheberung.*

Ma|gen|be|schwer|den ⟨Pl.⟩: *Beschwerden in der Magengegend.*

Ma|gen|bit|ter, der; -s, -: *bitterer Kräuterlikör, der den Magen beruhigt, das Völlegefühl behebt.*

Ma|gen|blu|ten, das; -s, **Ma|gen|blu|tung,** die (Med.): *arterielle od. venöse Blutung in den Magen (z. B. bei Geschwüren od. Magenschleimhautentzündung); Gastrorrhagie.*

Ma|gen|brem|se, die: *Magendassel.*

Ma|gen-Darm-Ent|zün|dung, die (Med.): *Gastroenteritis.*

Ma|gen-Darm-Ka|nal, der (Anat.): *aus Magen u. Darm bestehender Teil des Verdauungskanals.*

Ma|gen-Darm-Ka|tarrh, der (Med.): *Gastroenteritis.*

Ma|gen|das|sel, die: *pelzig behaarte Fliege, deren Larven im Magen u. Darm von Einhufern schmarotzen.*

Ma|gen|drü|cken, das; -s: *Druck[gefühl] im Magen.*

Ma|gen|durch|bruch, der (Med.): *Durchbruch, Perforation der Magenwand.*

Ma|gen|ein|gang, der: *Eingang* (1 c) *des Magens.*

Ma|gen|er|wei|te|rung, die (Med.): *krankhafte Ausdehnung, Erweiterung des Magens; Gastrektasie.*

Ma|gen|fahr|plan, der (ugs. scherzh.): *Küchenzettel.*

Ma|gen|fis|tel, die (Med.): **1.** *zur künstlichen Ernährung angelegte Fistel, die vom Magen durch die Bauchdecke nach außen führt.* **2.** *Fistel, die den Magen mit einer benachbarten Darmschlinge verbindet.*

Ma|gen|ge|gend, die: *Region* (3) *des Körpers, in der sich der Magen befindet:* er verspürte ich ein leichtes Stechen in der M.; Sie alle fünf haben ein ungutes Gefühl in der M. *(ein ungutes Gefühl wegen einer bestimmten Sache;* Express 6. 10. 68, 14).

Ma|gen|ge|schwür, das: *Geschwür in der Magenschleimhaut.*

Ma|gen|gru|be, die: *Grube* (4), *Vertiefung unterhalb des Brustbeins; Herzgrube.*

Ma|gen|ha|ken, der (Boxen): *in den Magen geschlagener Haken.*

Ma|gen|in|halt, der: *etwas, was jmd. zu sich genommen hat u. was sich noch in seinem Magen befindet:* den M. erbrechen.

Ma̱|gen|ka|tarrh, der: *Magenschleim-hautentzündung.*

Ma̱|gen|knur|ren, das; -s: *knurrendes Geräusch im Magen.*

Ma̱|gen|krampf, der: *Gastrospasmus.*

ma̱|gen|krank ⟨Adj.⟩: *an einer Magen-krankheit leidend.*

Ma̱|gen|krank|heit, die: *Erkrankung des Magens.*

Ma̱|gen|krebs, der: *Krebs (3 a) im Be-reich des Magens.*

Ma̱|gen|lei|den, das: vgl. Magenkrank-heit.

ma̱|gen|lei|dend ⟨Adj.⟩: vgl. magen-krank.

Ma̱|gen|mit|tel, das (Med.): *Mittel (2 a), das den Appetit u. die Verdauung anregt; Stomachikum.*

Ma̱|gen|mund, der (Anat.): *Mageneingang.*

Ma̱|gen|ner|ven ⟨Pl.⟩: *Nerven in der Ma-genwand.*

Ma̱|gen|ope|ra|ti|on, die: *Operation am Magen.*

Ma̱|gen|per|fo|ra|ti|on, die (Med.): *Ma-gendurchbruch.*

Ma̱|gen|pfört|ner, der (Anat.): *Schließ-muskel am Magenausgang.*

Ma̱|gen|re|sek|ti|on, die (Med.): *Resek-tion eines Teiles des Magens.*

Ma̱|gen|saft, der: *im Magen abgesonder-te, Verdauung bewirkende Flüssigkeit.*

Ma̱|gen|säu|re, die (Med.): *im Magen-saft enthaltene Salzsäure.*

Ma̱|gen|schleim|haut, die (Anat.): *Schleimhaut, mit der der Magen innen ausgekleidet ist.*

Ma̱|gen|schleim|haut|ent|zün|dung, die: *Entzündung der Magenschleimhaut; Gastritis.*

Ma̱|gen|schluss, der (ugs.): *etw., was ei-ne Mahlzeit beschließt.*

Ma̱|gen|schmerz, der ⟨meist Pl.⟩: *Schmerz in der Magengegend; Gastralgie.*

Ma̱|gen|sen|kung, die (Med.): *Gastrop-tose.*

Ma̱|gen|son|de, die (Med.): *schlauch-förmige Sonde, die (bes. zur Entnahme von Mageninhalt od. zur künstlichen Er-nährung) durch die Speiseröhre in den Magen eingeführt wird.*

Ma̱|gen|spie|gel, der (Med.): *Gastro-skop.*

Ma̱|gen|spie|ge|lung, die (Med.): *Gas-troskopie.*

Ma̱|gen|spü|lung, die (Med.): *Entlee-rung u. Spülung des Magens durch einen Schlauch.*

ma̱|gen|stär|kend ⟨Adj.⟩: *sich heilsam auf den Magen, auf die Funktionen des Magens auswirkend:* -e Mittel.

Ma̱|gen|stei|fung, die (Med.): *Gastro-spasmus.*

Ma̱|gen|stein, der: *hauptsächlich aus Salzen bestehendes Konkrement im Ma-gen.*

Ma̱|gen|ta [ma'dʒɛnta], das; -s [nach ei-nem Ort in Italien]: *Anilinrot.*

Ma̱|gen|trop|fen ⟨Pl.⟩: *Tropfen (2) gegen Magenbeschwerden.*

Ma̱|gen|übel, das (geh.): *Magenleiden.*

Ma̱|gen|über|säue|rung, die: *Über-säuerung.*

Ma̱|gen|ver|stim|mung, die: *vom Ma-*

gen ausgehende, leichtere Verdauungsstö-rung.

Ma̱|gen|wand, die: *Wand (2 b) des Ma-gens.*

ma̱ger ⟨Adj.⟩ [mhd. mager, ahd. magar, verw. z. B. mit lat. macer = dünn, ma-ger]: **1.** *wenig Fleisch u. Fett am Körper, an den Knochen habend; dünn:* ein -es Schwein; ein -er Mensch; -e Arme; zu m. sein. **2.** *kaum Fett enthaltend, fett-arm:* -er Schinken; m. (ugs.; *magere Kost*) essen; Ü da bekanntlich der Motor immer heißer wird, je -er das Kraftstoff-luftgemisch ist (*je geringer dessen Ölge-halt ist;* Woche 14. 2. 97, 11); **3. a)** *nicht üppig, nicht ertragreich:* -e Wiesen, Felder; der Boden ist m.; Ü eine -e Ernte; die Ausbeute war m.; **b)** *arm, dürftig, karg; im Ertrag o. Ä. nicht üppig, nicht wirklich ausreichend:* -e Jahre; sie lebt von einer -en Rente; ein -es Pro-gramm; ein -er Bericht; Von 100 Mark Umsatz bleiben ihm -e 1,50 Mark Ge-winn (Woche 14. 2. 97, 11); damit seine Tochter in dem -en Beamtenhaushalt nicht vom Fleisch fiel (Kühn, Zeit 40); Das Gehalt der Forscher – Angestellten-tarif Ost – ist m. (Woche 7. 2. 97, 43). **4.** (Druckw. Jargon) *(von gedruckten Buchstaben) nicht fett (3):* -e Schrift; ein Wort m. drucken.

Ma̱ger|be|ton, der (Bauw.): *Beton, bei dem der Anteil des Bindemittels verhält-nismäßig niedrig ist.*

Ma̱ger|fleisch, das (Fachspr.): *mage-res, fettarmes Fleisch.*

Ma̱ger|kä|se, der: vgl. Magerfleisch.

Ma̱ger|keit, die; -: **1.** *magere* (1) *[Kör-per]form, Beschaffenheit.* **2.** *magere* (3, 4) *Beschaffenheit.*

Ma̱ger|koh|le, die (Fachspr.): *mit kur-zer Flamme brennende, besonders koh-lenstoffreiche Steinkohle.*

Ma̱ger|milch, die: *stark entrahmte Milch.*

Ma̱ger|mo|tor, der (Kfz-T. Jargon): *mit einem speziellen Benzin-Luft-Gemisch betriebener Motor, der dadurch weniger Treibstoff verbraucht.*

Ma̱ger|quark, der: *fettarmer Quark.*

Ma̱ger|sucht, die ⟨o. Pl.⟩ (Med.): *orga-nisch od. psychisch bedingte krankhafte Abmagerung.*

ma̱ger|süch|tig ⟨Adj.⟩ (Med.): *an Ma-gersucht leidend:* Amerikanische Psy-chiater haben die Motive süchtiger Jog-gens erforscht. Läufer und -e Frauen ... seien seelisch verwandt (Spiegel 10, 1983, 246).

Ma̱ger|wie|se, die (Landw.): *Wiese, die einmal pro Jahr gemäht wird und wenig Heu bringt.*

Mag|gi®, das; -[s] [nach dem Schweizer Industriellen J. Maggi (1846–1912), dem Gründer der gleichnamigen Firma]: *flüssige, dunkelbraune, bes für Suppen u. Soßen verwendete Speisewürze.*

Mag|gi|kraut, das ⟨o. Pl.⟩ [der Geruch der Pflanze ähnelt dem der Maggiwürze] (volkst.): *Liebstöckel.*

mag|gio|re [ma'dʒoːrə; ital. maggiore = größer < lat. maior, ↑Major] (Musik): ital. Bez. für Dur.

Mag|gio|re, das; -, -s (Musik): *Teil in Dur*

eines in einer Molltonart stehenden Stü-ckes.

Mag|gi|wür|ze, die ⟨o. Pl.⟩: *Maggi.*

Ma̱ghreb, der; -: Tunesien, Nordalge-rien u. Marokko umfassender westlicher Teil der arabischen Welt.

Ma̱ghre|bi|ner, der; -s, -: Bewohner des Maghreb.

Ma̱ghre|bi|ne|rin, die; -, -nen: w. Form zu ↑Maghreb.

ma̱ghre|bi|nisch ⟨Adj.⟩: *den Maghreb, die Maghrebiner betreffend; vom Maghreb stammend.*

Ma̱|gie, die; - [spätlat. magia < griech. mageía = Lehre der Magier; Zauberei]: **1. a)** *geheime* (b) *Kunst, die sich übersinn-liche Kräfte dienstbar zu machen sucht; Zauberei:* M. treiben; * **schwarze M.** (*Magie, die sich mit der Beschwörung bö-ser Geister befasst);* **b)** *Tricks des Zauber-künstlers (im Varieté):* ein Meister der M. **2.** *faszinierende, geheimnisvoll wir-kende Kraft:* Jetzt aber erfuhr ich ... die unerklärliche M. des Wortes; des ge-schriebenen, des aufgeschriebenen Wor-tes (Roth, Beichte 102); Diese M. (= Kraft der Verzauberung) teilt das Schachspiel mit dem Kartenspiel (Rei-nig, Schiffe 133).

Ma̱|gier, der; -s, - [zu lat. magi, griech.: magus < griech. mágos = Zauberer; aus dem Pers.]: **a)** *jmd., der Magie* (1 a) *be-treibt; Zauberer:* Sie sah nur einen M. ... in ihm und war der ... Meinung, dass er den Kontakt mit seiner Ausstrahlung ihre Krankheit wegzaubern würde (Thieli-cke, Ich glaube 32); **b)** *jmd., der die Ma-gie* (1 b) *beherrscht; Zauberkünstler, Illu-sionist:* in Las Vegas gibt es ein eigenes Zauberkaufhaus, in dem sich die Elite der M. mit neuen Tricks eindeckt (Han-delsblatt 22. 12. 98, 48)

Ma̱|gie|rin, die; -, -nen: w. Form zu ↑Magier.

Ma̱|gi|ker, der; -s, - (selten): *Magier* (1 a).

ma̱|gisch ⟨Adj.⟩ [lat. magicus < griech. magikós]: **1.** *auf Magie* (1 a) *beruhend:* eine -e Formel; -e Kräfte besitzen; -es Denken (Psych., Völkerk.; *Form des Denkens, bei dem kausale Vorgänge ge-heimnisvoll erlebt, nicht rational gedeutet werden*). **2.** *auf Magie* (2) *beruhend, ge-heimnisvoll [wirkend], zauberisch:* eine -e Anziehungskraft haben, ausüben; die Steingutzwerge erschienen in -em Licht (Th. Mann, Krull 22); was ihn hier im-mer wieder m. anzog, war die alte, zer-fallene Kirche (Kirst, 08/15, 496); Ich glaube insgesamt, dass sich Musik weni-ger durch Worte als vielmehr gera-dezu m. dem Unbewussten mitteilt (Wo-che 2. 1. 98, 44). **3.** *als etw. sehr Erstre-benswertes, jedoch nur schwer Erreichba-res od. als etw. Bedrohliches u. möglichst zu Vermeidendes eine besondere Faszina-tion ausübend, besondere Aufmerksam-keit auf sich ziehend:* Unter diesen Be-dingungen sind 7.000 Meter eine -e Schallgrenze im Bereich der Todeszone (a & r 9, 1998, 131); Seit Monaten gehen die Befürworter des Kampfjets mit der -en Arbeitsplatzzahl 18 000 hausieren (Woche 1. 11. 97, 5); Der Dollar hatte in Frankfurt die -e Grenze von 1,45 Mark nach unten durchbrochen (Wirtschaftswoche 31, 1992, 18).

Ma|gis|ter, der; -s, - [lat. magister = Leiter; Lehrer, zu: magis = mehr, in höherem Grade, Adv. von: magnus, ↑Magnat]: **1. a)** kurz für ↑Magister Artium: den M. machen, haben; **b)** (Österr.) *in einigen Hochschulfächern verliehener, einem Diplom gleichwertiger Grad;* Abk.: Mag.; **c)** (früher) *zum Lehren an Universitäten berechtigender akademischer Grad.* **2. a)** *Inhaber des Grades eines Magisters* (1 a); **b)** (Österr.) *jmd., der ein Pharmaziestudium abgeschlossen hat, Apotheker.* **3.** (veraltet, noch scherzh. od. abwertend) *Lehrer, Schulmeister.*

Ma|gis|ter|ar|beit, die: *schriftliche Arbeit als Teil der Magisterprüfung.*

Ma|gis|ter Ar|ti|um, der; -s -, - - [eigtl. = Meister der (Freien) Künste]: *in den geisteswissenschaftlichen Hochschulfächern verliehener, mit einem Diplom gleichwertiger Grad;* Abk.: M. A. (z. B. Franz Meyer M. A.).

Ma|gis|ter|grad, der: *Grad eines Magisters* (1).

Ma|gis|ter phar|ma|ci|ae [...'tsi:ɛ], der; -s -, - - (Österr.): *Magister der Pharmazie;* Abk.: Mag. pharm.

Ma|gis|ter phi|lo|so|phi|ae, der; -s -, - - (Österr.): *Magister der Philosophie (in einem Fach der philosophischen Fakultät);* Abk.: Mag. phil.

Ma|gis|ter re|rum na|tu|ra|li|um, der; -s - -, - - - (Österr.): *Magister der Naturwissenschaften;* Abk.: Mag. rer. nat.

Ma|gis|ter the|o|lo|gi|ae, der; -s -, - - (Österr.): *Magister der Theologie;* Abk.: Mag. theol.

Ma|gis|tra Ar|ti|um, die; - -, ...ae -: w. Form zu ↑Magister Artium; Abk.: M. A.

Ma|gis|tra|le, die; -, -n (bes. Verkehrsw.): *Hauptverkehrslinie, -straße [in einer Großstadt]:* Porscheastraße ist die M. Wolfsburgs (MM 22. 7. 72, 24); womit dann ... eine ... Entlastungsstrecke, besonders für den Güterzugverkehr, für die M. Hannover–Uelzen–Hamburg zur Verfügung steht (Rad und Schiene 6, 1968, 2 [Zeitschrift]).

◆ **Ma|gis|trand,** der [nlat. zu; ↑-and]: *jmd., der an seiner Magisterarbeit schreibt, vor seiner Magisterprüfung steht:* Es werden wenige schottische Meister, akademische Senate und -en leben (Jean Paul, Wutz 20).

¹Ma|gis|trat, der; -[e]s, -e [lat. magistratus, zu: magister, ↑Magister]: **1. a)** *(im alten Rom) hoher Beamter* (z. B. Konsul); **b)** *(im alten Rom) öffentliches Amt;* **c)** *(im alten Rom) Behörde, Obrigkeit.* **2.** *(in einigen Städten) Verwaltungsbehörde, Stadtverwaltung*

²Ma|gis|trat, der; -en, -en (schweiz.): *Mitglied der Regierung bzw. der ausführenden Behörde.*

Ma|gis|ter|be|am|te, der: *Beamter eines ¹Magistrats* (2).

Ma|gis|trats|be|am|tin, die: w. Form zu ↑Magistratsbeamte.

Ma|gis|trats|be|schluss, der: *Beschluss eines ¹Magistrats* (2).

Ma|gis|trats|ver|tre|ter, der: vgl. Magistratsbeamte.

Mag|ma, das; -s, Magmen [lat. magma < griech. mágma = geknetete Masse, Bodensatz] (Geol.): *glühend flüssige Masse im od. aus dem Erdinnern, die beim Erkalten zu Gestein wird.*

mag|ma|tisch ⟨Adj.⟩ (Geol.): **a)** *aus dem Magma kommend:* -e Gase; **b)** *aus Magma entstanden:* -e Gesteine.

Mag|ma|tis|mus, der; - (Geol.): *mit dem Magma zusammenhängende Vorgänge.*

Mag|ma|tit [auch: ... 'tɪt], der; -s, -e: *Eruptivgestein.*

Ma|gna Char|ta, die; - - [mlat. Magna C(h)arta (libertatum) = Große Urkunde (der Freiheiten)]: *englisches [Grund]gesetz von 1215, in dem der König dem Adel grundlegende Freiheitsrechte garantieren musste:* Ü ... haben sich als Bruderschaft der deutschen Freimaurer zusammengeschlossen und sich in einer »Magna Charta« das Grundgesetz gegeben (FAZ 114, 1958, 5).

ma|gna cum lau|de [lat. = mit großem Lob]: *sehr gut (zweitbestes Prädikat bei der Doktorprüfung).*

Ma|gnat, der; -en, -en [1: spätlat. magnatus = Oberhaupt, zu lat. magnus = groß; 2: poln. magnat, ung. mágnás < mlat. magnatus = (hoher) Adliger]: **1.** *Inhaber [branchenbeherrschender] wirtschaftlicher Macht:* ... stellt sich der M. deshalb zum ersten Mal wieder einer TV-Kamera (Hörzu 6, 1973, 6). **2.** (früher) *hoher Adliger (bes. in Polen u. Ungarn).*

Ma|gne|sia, die; - [mlat. magnesia < griech. magnēsiē (lithos) = Magnetstein (↑Magnet); nach der Ähnlichkeit mit dem Magnetstein] (Chemie): *beim Verbrennen von Magnesium entstehendes, im Wasser unlösliches Pulver, das vor allem als Mittel gegen Magenübersäuerung u. zum Einreiben u. Trockenhalten der Handflächen beim Geräteturnen gebraucht wird.*

Ma|gne|sia|bin|der, der (Fachspr.): vgl. Magnesiazement.

ma|gne|sia|hal|tig ⟨Adj.⟩: *Magnesia enthaltend.*

Ma|gne|sia|stein, der: *Magnesitstein.*

Ma|gne|sia|ze|ment, der (Fachspr.): *zementähnliches Bindemittel, das im Wesentlichen aus Magnesia besteht, die sich bei Zusatz bes. von gelöstem Magnesiumchlorid mit Wasser verbindet u. allmählich steinartig erstarrt.*

Ma|gne|sit [auch: ...'zɪt], der; -s, -e: *weißes bis gelbliches, technisch wichtiges Mineral, das u. a. zu feuerfesten Steinen verarbeitet wird u. ein wichtiger Rohstoff für die Herstellung von Magnesium ist.*

Ma|gne|sit|stein, der: *feuerfester Stein.*

Ma|gne|si|um, das; -s: *(nur in Verbindungen vorkommendes) silberweißes, glänzendes, dehnbares, weiches Leichtmetall, das sich bei Erhitzung entzündet u. mit blendend hellem Licht verbrennt (chemisches Element; Zeichen: Mg).*

Ma|gne|si|um|chlo|rid, das (Chemie): *farbloses Salz, das im Meerwasser u. in Salzseen vorkommt.*

Ma|gne|si|um|fa|ckel, die (Technik): vgl. Magnesiumlicht.

Ma|gne|si|um|le|gie|rung, die (Technik): *als Hauptbestandteil Magnesium enthaltende Legierung.*

Ma|gne|si|um|licht, das (Chemie, Technik): *durch verbrennendes Magnesium erzeugtes, blendend helles Licht.*

Ma|gne|si|um|oxid, das (Chemie): *Magnesia.*

Ma|gne|si|um|sul|fat, das: *Bittersalz.*

Ma|gne|si|um|ver|bin|dung, die (Chemie): *Verbindung, die Magnesium enthält.*

Ma|gnet, der; -en u. -[e]s, -e, seltener: -en [mhd. magnet(e) < lat. magnes (Gen.: magnetis) < griech. mágnēs, lithos magnētēs = Magnetstein, eigtl. = Stein aus Magnesia, einer Landschaft im alten Griechenland]: **1. a)** *Eisen- od. Stahlstück, das die Eigenschaft besitzt, Eisen, Kobalt u. Nickel anzuziehen u. an sich haften zu lassen:* ein M. in Hufeisenform; Wie wenn ein M. die Eisenspäne loslässt und sie wieder durcheinander geraten (Musil, Mann 57); die Pole des -en; **b)** *Elektromagnet.* **2.** *Sache od. Person, die auf viele Menschen eine große Anziehungskraft hat:* Der Nord-Ostsee-Kanal soll ein Magnet für Urlauber werden (Wirtschaftswoche 10, 1999, 10); er betrachte sich als einen -en (Niekisch, Leben 277).

Ma|gnet|auf|zeich|nung, die: *Aufzeichnung* (2 a) *von Rundfunksendungen od. Fernsehbildern auf magnetischem* (2) *Wege.*

Ma|gnet|bahn, die: *Magnetschwebebahn.*

Ma|gnet|band, das ⟨Pl. ...bänder⟩ (Technik): *mit einer magnetisierbaren Schicht versehenes ¹Band* (I), *auf dem Informationen in Form magnetischer Aufzeichnungen gespeichert werden können.*

Ma|gnet|band-Fern|seh|auf|zeich-ner, der; -s, -: MAZ.

Ma|gnet|band|ge|rät, das (Technik): *zur Ein- u. Ausgabe sowie als Speicher von Daten verwendetes Gerät.*

Ma|gnet|berg, der: *(nach der Vorstellung in der Antike u. im Mittelalter) Berg, der durch magnetische Kräfte Schiffe anzieht u. an sich zerschellen lässt.*

Ma|gnet|ei|sen, das, **Ma|gnet|ei|sen-erz,** das, **Ma|gnet|ei|sen|stein,** der: *Magnetit.*

Ma|gnet|feld, das (Physik): *durch [Elektro]magneten entstehendes magnetisches Feld* (7).

Ma|gne|tik, die; - (Physik): *Lehre vom Verhalten der Materie im magnetischen Feld.*

ma|gne|tisch ⟨Adj.⟩: **a)** *die Eigenschaften eines Magneten* (1) *aufweisend:* -es Erz; **b)** (Technik) *mithilfe der Eigenschaften des Magnetismus; auf der Eigenschaft des Magnetismus beruhend:* eine -e Bildaufzeichnung; das -e Feld (Physik; Magnetfeld); Heute dagegen wirkt die Regierung wie ein -es Feld, das eine ungeahnte Anziehungskraft ausübt (Dönhoff, Ära 189); der -e Pol (Physik; Magnetpol); -e Stürme (Geophysik; starke Schwankungen des erdmagnetischen Feldes); etw. m. speichern; Ü Magnetische Nordsee – Die beliebtesten Urlaubsregionen Deutschlands – Nordsee 15,2 % – Bayern 13,8 % – Ostsee 8,5 % (a & r 2, 1997, 125); Überall richteten sich die Völker m. nach seiner (= Napoleons) Existenz, teils angezogen, teils abgestoßen (Jacob, Kaffee 231).

Ma|gne|ti|seur [...'zø:ɐ̯], der; -s, -e [frz. magnétiseur, zu: magnétiser = magnetisieren]: *jmd., der (als Heilpraktiker o. Ä.) mithilfe der Magnetisierung Heilwirkungen zu erzielen sucht.*

Ma|gne|ti|seu|rin [...'zø:rɪn], die; -, -nen: w. Form zu ↑Magnetiseur.

ma|gne|ti|sier|bar ⟨Adj.⟩: *geeignet, magnetisiert zu werden; sich magnetisieren lassend:* Die ... Filtertypen können den ... Suspensionen -e Schadstoffe entziehen (Freie Presse 15. 2. 90, 3).

Ma|gne|ti|sier|bar|keit, die; -: *das Magnetisierbarsein.*

ma|gne|ti|sie|ren ⟨sw. V.; hat⟩: **1.** (Physik) *magnetisch machen:* eine Nadel m.; Danach wird es (= das Tonband) im magnetischen Feld des Sprechkopfes magnetisiert (Funkschau 20, 1971, 2104). **2.** *mit Magnetismus (2) behandeln:* einen Patienten m.

Ma|gne|ti|sie|rung, die; -, -en: *das Magnetisieren, Magnetisiertwerden.*

Ma|gne|tis|mus, der; -: **1. a)** *Eigenschaft bestimmter Stoffe, in einem magnetischen Feld Wirkungen bestimmter Kräfte zu erfahren; Gesamtheit der magnetischen Erscheinungen:* Ü Ich weiß nicht, durch welchen M. *(welche geheime Anziehungskraft) sie angelockt worden waren* (Seghers, Transit 32); **b)** *Magnetik.* **2.** *Mesmerismus.*

Ma|gne|tit [auch: ...'tɪt], der; -s, -e: *schwarzes, metallisch glänzendes Mineral, das natürlichen Magnetismus aufweist; Magnet[eisen]stein.*

Ma|gnet|kar|te, die: *Kunststoffkarte mit einem magnetisierbaren Streifen zur Aufnahme bestimmter Kenndaten.*

Ma|gnet|kern, der (Physik): *aus Eisen bestehender Kern eines Elektromagneten.*

Ma|gnet|kies, der: *bräunliches, metallisch glänzendes, undurchsichtiges ferromagnetisches Mineral.*

Ma|gnet|kom|pass, der: *Kompass, der mit einem Magneten (1 a) arbeitet; Bussole.*

Ma|gnet|kopf, der: *aus einem od. mehreren Elektromagneten mit weichem Magnetkern bestehendes Bauelement in Geräten der Audio- u. Videotechnik sowie in Datenverarbeitungsanlagen, das zur Aufnahme, Wiedergabe u. zum Löschen von Informationen in Form magnetischer Aufzeichnungen dient.*

Ma|gnet|na|del, die: *sich zum magnetischen Nordpol hin einpendelnde Nadel in einem Kompass.*

Ma|gne|to|hy|dro|dy|na|mik, die; -: *Lehre von den Wechselwirkungen zwischen elektrisch leitfähigen, strömenden Medien u. Magnetfeldern.*

ma|gne|to|kal|lo|risch: ↑Effekt (2).

Ma|gne|to|me|ter, das; -s, - [↑-meter] (Physik): *Instrument zum Messen magnetischer Feldstärke u. des Erdmagnetismus.*

Ma|gne|ton [auch: ...'to:n], das; -s, -[s] ⟨aber: 2 Magneton⟩ [frz. magnéton] (Kernphysik): *Einheit des magnetischen Moments.*

Ma|gne|to|op|tik, die; -: *Wissenschaft von den optischen Erscheinungen, die durch die Einwirkung eines magnetischen Feldes auf Licht entstehen.*

Ma|gne|to|path, der; -en, -en [zu ↑Magnetopathie]: *Magnetiseur.*

Ma|gne|to|pa|thie, die; - [↑-pathie]: *Therapie, die eine heilende Wirkung durch magnetische Kräfte zu erreichen sucht.*

Ma|gne|to|phon®, das; -s, -e [zu ↑Magnet u. griech. phonḗ = Stimme]: *Tonbandgerät:* ein Band auf einem M., aus dem eine monotone, rücksichtslose Stimme spricht (Lynen, Kentaurenfährte 177).

Ma|gne|to|phon|band, das ⟨Pl. ...bänder⟩: *Tonband.*

Ma|gne|to|phon|band|ge|rät, das: *Magnetophon.*

Ma|gne|to|sphä|re, die; -: *Teil der die Erde umgebenden Atmosphäre, in dem die Elektronen u. Ionen durch das Magnetfeld der Erde beeinflusst werden.*

Ma|gne|to|strik|ti|on, die; -, -en (Physik): *Änderung der geometrischen Abmessungen, die an einem ferromagnetischen Körper unter Einfluss eines magnetischen Feldes auftritt.*

Ma|gnet|plat|te, die (EDV): *Datenträger in Form einer Platte, auf die eine dünne magnetisierbare Schicht aufgetragen ist, die der Aufnahme der Daten dient.*

Ma|gnet|pol, der (Physik): **a)** *Pol eines Magneten;* **b)** *magnetischer Pol (der Erde):* der nördliche, südliche M.

Ma|gne|tron, das; -s, ...one, auch: -s [zu ↑Magnet u. griech. -tron = Suffix zur Bez. eines Gerätes, Werkzeugs] (Physik): *Elektronenröhre, die magnetische Energie verwendet (für hohe Impulsleistungen).*

Ma|gnet|schwe|be|bahn, die: *Schnellbahn, bei der die räderlosen Wagen mithilfe von Magnetfeldern an eisernen Schienen schwebend entlanggeführt werden.*

Ma|gnet|spu|le, die: *Spule eines Elektromagneten.*

Ma|gnet|stab, der: *Magnet (1 a) von der Form eines Stabes.*

Ma|gnet|stein, der: *Magnetit.*

Ma|gnet|strei|fen, der (EDV): *magnetisierbarer Streifen zur magnetischen Aufzeichnung.*

Ma|gnet|ton|ge|rät, das: *Tonbandgerät.*

Ma|gnet|ton|ver|fah|ren, das ⟨o. Pl.⟩ (Technik): *Verfahren der Film- u. Fernsehtechnik zur Aufzeichnung u. Wiedergabe von Musik, Sprache u. Ä.*

Ma|gnet|zün|dung, die (Kfz-T.): *(bei einem Verbrennungsmotor) Zündung, die mit einer sich im Kraftfeld eines Magneten drehenden Spule arbeitet.*

ma|gni|fik [manji...] ⟨Adj.⟩ [frz. magnifique < lat. magnificus] (bildungsspr. veraltet): *großartig, herrlich, wunderbar.*

Ma|gni|fi|ka, die; -, ...kae [...kɛ]: w. Form zu ↑Magnifikus.

Ma|gni|fi|kat, das; -[s], -s [lat., zu: mag-

nificare = rühmen, nach dem ersten Wort des Gesangstextes]: **1. a)** ⟨o. Pl.⟩ (kath. Kirche) *urchristlicher Gesang (im Neuen Testament [Luk. 1,46–55] Maria, der Mutter Jesu, zugeschrieben), der in der kath. Kirche Teil der Vesper ist;* **b)** *auf den Text von Luk. 1,46–55 komponiertes Chorwerk:* eine Aufführung des -s von Bach. **2.** (landsch. veraltet) *katholisches Gesangbuch:* Alles zur Kommunionausstattung: Kerzen, Kränze, Kleider, ... -s, Rosenkränze und sonstiger Zubehör (MM 27. 2. 74, 7).

Ma|gni|fi|kus, der; -, ...fizi (veraltet): *Rektor einer Hochschule.*

Ma|gni|fi|zen|tis|si|mus, der; -, ...mi: *Rector magnificentissimus.*

Ma|gni|fi|zenz, die; -, -en [lat. magnificentia = Erhabenheit, zu: magnificus, ↑magnifik]: **a)** ⟨o. Pl.⟩ *Titel für den Rektor einer Hochschule;* **b)** *Träger des Titels Magnifizenz:* Seine M. lässt bitten; in der Anrede: Eure, Euer M.; Ew. M.

Ma|gni|fi|zi: Pl. von ↑Magnifikus.

Ma|gni|tu|de, die; -, -n [lat. magnitudo = Größe, Weite, zu: magnus = groß] (Geogr.): *Messgröße für die Stärke eines Erdbebens:* stärkere Stöße mit -n bis zu 6,4 (MM 3. 9. 68, 3; Zeichen: M).

Ma|gni|tu|do, die; - [lat. magnitudo, ↑Magnitude] (Astron.): *Messgröße für die Helligkeit eines Gestirns (Abk.: mag).*

Ma|gno|lie, die; -, -n [nach dem frz. Botaniker P. Magnol (1638–1715)]: *Strauch od. Baum mit sehr früh im Frühjahr erscheinenden großen, weißen bis rosafarbenen, an Tulpen erinnernden Blüten.*

Ma|gno|li|en|ge|wächs, das (Bot.): *Strauch od. Baum (wie Magnolie, Tulpenbaum u. a.) mit ungeteilten Blättern u. häufig großen, schönen, einzeln stehenden Blüten.*

Ma|gnum, die; -, ...gna u. -s [engl. magnum, eigtl. = etw., was Übergröße hat < lat. magnum, Neutr. von: magnus = groß]: **1.** *Wein- od. Sektflasche mit doppeltem Fassungsvermögen:* da man nur zwischen einer Zwölferkiste oder einer Sechser mit -s (insgesamt jeweils neun Liter) für jeweils rund 1200 Mark wählen kann (Woche 2. 1. 98, 41). **2.** (Waffent.) *spezielle Patrone (1) mit verstärkter Ladung (2).*

Ma|got, der; -s, -s [frz. magot, urspr. = barbarische Völker, aus dem Hebr.]: *in Nordafrika u. auf Gibraltar heimischer, zu den Makaken gehörender Affe mit dichtem, braunem Fell.*

Mag. pharm. (österr.) = Magister pharmaciae.

Mag. phil. (österr.) = Magister philosophiae.

Mag. rer. nat. (österr.) = Magister rerum naturalium.

Mag. theol. (österr.) = Magister theologiae.

Ma|gus, der; -, ...gi [lat. magus, ↑Magier] (selten): *Magier (a).*

Ma|gyar [ma'dja:ɐ̯] usw.: ↑Madjar usw.

mäh ⟨Interj.⟩: lautm. für das Blöken von Schafen.

Ma|ha|go|ni, das; -s [wahrsch. karib. Wort]: *wertvolles, rotbraunes, hartes*

Holz, das bes. für Möbel u. im Bootsbau verwendet wird.

Ma|ha|go|ni|baum, der: *(in Tropengebieten heimischer, zu den Zedrachgewächsen gehörender) Baum, der das echte Mahagoniholz liefert.*

ma|ha|go|ni|braun ⟨Adj.⟩: *die Farbe des Mahagoniholzes aufweisend.*

ma|ha|go|ni|far|ben ⟨Adj.⟩: vgl. mahagonibraun.

Ma|ha|go|ni|holz, das: *Mahagoni.*

Ma|ha|go|ni|mö|bel, das ⟨meist Pl.⟩: *Möbel aus Mahagoni.*

ma|ha|go|ni|rot ⟨Adj.⟩: vgl. mahagonibraun.

Ma|ha|go|ni|schrank, der: vgl. Mahagonimöbel.

Ma|ha|ja|na: ↑Mahayana.

Ma|hal, der; -[s], -s [nach dem iran. Ort Mahallat]: *meist rotgrundiger, lose geknüpfter Perserteppich von mittlerer Qualität.*

Ma|ha|ra|dscha, der; -s, -s [Hindi mahārāja < sanskr. mahārāja(n), aus: maha(t) = groß u. rāja(n), ↑Radscha]: **a)** ⟨o. Pl.⟩ *Titel eines indischen Großfürsten;* **b)** *Träger des Titels Maharadscha.*

Ma|ha|ra|ni, die; -, -s [Hindi mahārānī, zu: rānī = Königin]: **a)** ⟨o. Pl.⟩ *Titel für die Frau eines Maharadschas;* **b)** *Trägerin des Titels Maharani.*

Ma|ha|ri|schi, der; -[s], -s [Hindi maharṣi < sanskr. maharṣi, eigtl. = großer Seher]: **a)** ⟨o. Pl.⟩ *(in Indien) Ehrentitel für einen geistig-religiösen Führer;* **b)** *Träger des Ehrentitels Maharischi.*

Ma|hat|ma, der; -s, -s [sanskr. mahātmān = mit großer Seele]: **a)** ⟨o. Pl.⟩ *(in Indien) Ehrentitel für eine geistig hoch stehende Persönlichkeit, einen Weisen od. Heiligen;* **b)** *Träger des Ehrentitels Mahatma.*

Ma|ha|ya|na, Mahajana, das; - [sanskr. mahāyāna = großes Fahrzeug (der Erlösung)]: *Richtung des Buddhismus, die vielen Menschen das Erlangen des Heils ermöglichen will.*

Mäh|bin|der, der: *Maschine, die das Getreide mäht u. gleichzeitig zu Garben bindet.*

¹Mahd, die; -, -en [mhd. māt, ahd. mad, zu ↑¹mähen] (landsch.): **a)** *das Mähen:* Das Gras stand reif zur M. unter der schrägen Mittagssonne (Th. Mann, Hoheit 190); **b)** *das gemähte Gras o. Ä.:* die M. trocknet.

²Mahd, das; -[e]s, Mähder (österr.): *Bergwiese.*

¹Mäh|der, der; -s, - (landsch.): *Mäher* (2).

²Mäh|der: Pl. von ↑²Mahd.

Mah|di ['maxdi, auch: 'ma:di] der; -[s], -s [arab. mahdī, eigtl. = der auf den richtigen Weg Geführte]: *von den Muslimen erwarteter Welt-, Glaubenserneuerer.*

Mäh|dre|scher, der: *große landwirtschaftliche Maschine, die in einem Arbeitsgang bes. Getreide mäht u. drischt:* Viele Stunden Schinderei sind nötig, um die Menge an Korn einzufahren, die ein moderner M. binnen Minuten auf flacher Flur erntet (a & r 2, 1997, 19).

Mäh|drusch, der (Landw.): *das Mähen u. Dreschen mit dem Mähdrescher.*

¹mä|hen ⟨sw. V.; hat⟩ [mhd. mæjen, ahd. māen, H. u.; wahrsch. verw. mit griech. amáein = schneiden; mähen]: **a)** *mit der Sense, mit einer Mähmaschine dicht über dem Erdboden abschneiden:* Getreide, Gras, Klee [mit der Sense] m.; Ü ... der rasende Wagen sprang meterhoch von den Schienen, die Stehenden, übereinander stürzend, wurden auf die Polster gemäht (L. Frank, Wagen 32); ⟨auch ohne Akk.-Obj.:⟩ er hat den ganzen Tag gemäht; **b)** *durch Mähen* (a) *von_zum Schnitt reifem Gras, Getreide u. Ä. frei machen:* das Feld m.; die Wiese, der Rasen muss gemäht werden.

²mä|hen ⟨sw. V.; hat⟩ [zu ↑mäh]: *(von Schafen) blöken.*

Mä|her, der; -s, -: **1.** (ugs.) *Mähmaschine.* **2.** (veraltend) *jmd., der mäht.*

Mä|he|rin, die; -, -nen: w. Form zu ↑Mäher.

Mah-Jongg, Ma-Jongg [ma'dʒɔŋ], das; -s, -s [engl. ma(h)-jong(g), aus dem Chines.]: *(ursprünglich chinesisches) Gesellschaftsspiel mit Spielsteinen od. -karten, aus denen bestimmte Bilder zusammengestellt werden müssen.*

¹Mahl, das; -[e]s, Mähler u. ⟨Pl. selten⟩ [mhd. mal, eigtl. = zu einer festgesetzten Zeit aufgetragenes Essen u. urspr. identisch mit ↑¹Mal] (geh.): **1.** ¹*Essen* (2), *Speise:* ein kärgliches, opulentes M.; ein M. einnehmen. **2.** *das Einnehmen einer Mahlzeit* (1): man aß nach der Vorstellung zu dreien. Es wurde ein behagliches M. (Feuchtwanger, Erfolg 565); beim M. sitzen; Des freute sich unser Herz, und froh setzten wir uns zum -e (Tucholsky, Werke I, 451).

²Mahl, das; -[e]s, -e [mhd. mahel-, māl- (nur in Zus.), ahd. mahal, ↑¹Gemahl]: *altgermanische Gerichtsverhandlung.*

Mäh|la|der, der: *landwirtschaftliche Maschine, die bes. Futterpflanzen mäht u. gleichzeitig auf ein nebenherfahrendes Fahrzeug lädt.*

¹mah|len ⟨unr. V.; hat⟩ [mhd. malen, ahd. malan, verw. u. z. B. mit gleichbed. lat. molere (vgl. Mühle)]: **a)** *(körniges, bröckliges o. ä. Material) in einer Mühle, mithilfe einer Mühle durch Zerquetschen od. Zerreiben mehr od. weniger fein zerkleinern:* Getreide [zu Mehl] m.; den Kaffee fein, grob, zu Pulver m.; gemahlener Pfeffer; gemahlenes Fleisch (landsch.; Hackfleisch); ⟨auch ohne Akk.-Obj.:⟩ der Müller mahlt nicht mehr *(übt seinen Beruf nicht mehr aus);* Spr wer zuerst kommt, mahlt zuerst *(wer zuerst da ist, hat ein Vorrecht gegenüber dem später Kommenden;* nach der in alten Gesetzessammlungen überlieferten Vorschrift, dass derjenige, der sein Getreide zuerst in der Mühle abliefert, ein Anrecht darauf hat, dass es auch zuerst gemahlen wird); Ü jmds. Kiefer, Zähne mahlen *(kauen langsam u. gründlich);* Die Hinterräder des Jeeps mahlten im Sand *(drehten sich, ohne zu greifen;* Cotton, Silver-Jet 115); **b)** *durch Mahlen* (a) *herstellen:* Mehl m.

♦ ²mah|len ⟨sw. V.; hat⟩ [zu ↑¹Mahl; geb. von Goethe]: *essen, speisen:* Ein Zimmer, worin man sonst zu m. pflegte (Goethe, Lehrjahre V, 12).

Mäh|ler: Pl. von ↑¹Mahl.

Mahl|gang, der [zu ↑¹mahlen] (Technik): *Maschine in der Mahlgut durch horizontale, sich gegeneinander bewegende runde Steine zerrieben, zerkleinert wird.*

Mahl|gut, das (Fachspr.): *in einer Mühle, einem Mahlgang zu zerkleinerndes Material.*

mäh|lich ⟨Adj.⟩ [spätmhd. melich] (geh.): *allmählich:* es wurde m. dunkel; m. schien ihm zu dämmern: Hier stimmt etwas nicht! (Kant, Impressum 236).

Mahl|knecht, der (veraltet): *Müllerbursche.*

Mahl|müh|le, die (veraltet): *Mühle, die Getreide mahlt (im Unterschied zur Ölmühle u. a.):* ♦ die Wasser ..., welche einen See ... speisen und den Bach erzeugen, der ... die Brettersäge, die M. und andere kleine Werke treibt (Stifter, Bergkristall 8).

Mahl|sand, der (Seemannsspr.): *feinkörniger Sand einer Sandbank, Treibsand, der durch Wellen u. Gezeitenstrom in ständiger Bewegung ist u. in den sich ein aufgelaufenes Schiff immer tiefer eingräbt:* das Schiff steckte unretbar im M. fest; Ü plötzlich ... gerät er ... in den türkischen M. ... politischer Verdächtigungen (Hörzu 40, 1976, 55).

Mahl|schatz, der [zu ↑²Mahl] (Rechtsspr. veraltet): *Gabe, die der Bräutigam der Braut bei der Verlobung überreicht:* ♦ alle die Geschenke, die ich zum -e mitgebracht habe (Chr. F. Gellert, Die Betschwester II, 4).

Mahl|statt, Mahl|stät|te, die: *Gerichts- u. Versammlungsstätte der Germanen im Freien:* ♦ Ü Vom Gesicht, von der Mahlstatt deiner Küsse, nimm, solang' ich ferne von dir bin, halb zum mindesten die Schattenrisse für die Fantasie die Abschrift hin (Bürger, Mollys Abschied).

Mahl|stein, der: *Mühlstein:* Ü zwischen die -e der Bürokratie geraten (Strittmatter, Wundertäter 329).

Mahl|strom, der, Malstrom (niederl. maalstrom, zu: malen = drehen]: *gefährlicher Strudel, Wirbel:* Ü Die Begeisterung für den Fußballsport gerät immer mehr in den M. des Wandalismus (BM 9. 11. 76, 1).

Mahl|werk, das (Technik): vgl. Mahlgang.

Mahl|zahn, der: *(bei Säugetier u. Mensch) einer der hinteren Zähne, der eine breite Krone hat u. zum Zermalmen der Nahrung dient; Backenzahn.*

Mahl|zeit, die; -, -en [spätmhd. mālzīt, urspr. = festgesetzte Zeit eines ¹Mahls]: **1.** *(regelmäßig, zu bestimmten Zeiten des Tages eingenommenes) ¹Essen* (2), *das aus verschiedenen kalten od. warmen Speisen zusammengestellt ist:* eine leichte, schwere, deftige M.; eine M. in einem Lokal einnehmen, zu sich nehmen; die -en zubereiten; der Säugling bekommt fünf -en am Tag *(wird fünfmal gefüttert);* Wer Zeit hatte, zog sich zudem aus diesem Wässerlein eine M. *(die für eine Mahlzeit ausreichende Menge)* Kleinfische (Strittmatter, Wundertäter 439).

2. *[gemeinschaftliches] Einnehmen der Mahlzeit* (1): *an einer gemeinsamen M. teilnehmen; er hält sich nicht an die* -en *(er isst unregelmäßig);* die Arznei ist nach den -en zu nehmen; M. halten (veraltend; *Essen einnehmen);* gesegnete M.! (Formel zu Beginn od. am Ende einer Mahlzeit); M.! (ugs.; Gruß in der Mittagszeit, bes. zwischen Arbeitskollegen); * [na dann] prost M.!; M.! (ugs.; *das ist ja eine schöne Bescherung!; das kann ja heiter werden!).*

Mäh|ma|schi|ne, die: *landwirtschaftliche Maschine zum Mähen von Gras u. Getreide.*

Mahn|be|scheid, der (Rechtsspr.): *Aufforderung, eine bereits fällig gewordene Zahlung zu leisten.*

Mahn|brief, der: *Brief, der jmdn. (bes. einen Schuldner) an etw., was jmd. von ihm erwartet (bes. die Rückzahlung einer geschuldeten Summe), erinnert.*

Mäh|ne, die; -, -n [frühnhd. mene (Pl.), mhd. man(e), ahd. mana, urspr. = Nacken, Hals, dann übergegangen auf das den Nacken od. Hals bedeckende Haar]: **1.** *langes, herabhängendes Haar am Kopf u. bes. an Hals u. Nacken bestimmter Säugetiere:* eine zottige M.; galoppierende Pferde mit fliegenden -n; der Löwe schüttelt seine M. **2.** (scherzh.) *(beim Menschen) Haarschopf mit langem, dichtem, wallendem Haar:* eine lange, lockige, blonde M.; Er hat sich seine M. kurz schneiden lassen (Remarque, Obelisk 332).

mäh|nen ⟨sw. V.; hat⟩ [mhd. manen, ahd. manōn, urspr. = überlegen, denken; vorhaben]: **1.** *nachdrücklich zu einem bestimmten, geboten erscheinenden Verhalten od. Tun auffordern, drängen:* jmdn. zur Eile, zur Vorsicht m.; jmdn. eindringlich, nachdrücklich m.; »Bleiben Sie ernst«, mahnte Solnemann väterlich (Sebastian, Krankenhaus 38); jmdn. mahnend, mit einem mahnenden *(er-mahnenden)* Blick ansehen; der Portier ... mahnte zum Aufbruch ⟨Th. Mann, Tod 34⟩; Ü die immer zu Ausdauer und Beständigkeit mahnenden felsigen Riesen (Maegerlein, Triumph 143). **2. a)** *nachdrücklich an etw., bes. eine eingegangene Verpflichtung u. Ä., erinnern:* jmdn. an sein Versprechen m.; er hat uns wegen der versprochenen Sachen gemahnt; einen Schuldner schriftlich m. *(ihn schriftlich zur Zahlung auffordern);* Ü Die Glocke mahnte ihn (brachte ihm zum Bewusstsein), wie weit schon die Nacht vorgeschritten ⟨Th. Mann, Tod u. a. Erzählungen 191⟩; **b)** (geh.) *gemahnen* (b): Jede dieser Galerien ist vergittert, sodass ihre Fassade an einen riesigen ... Käfig mahnt (Ziegler, Labyrinth 123). **3.** (Jägerspr.) *(von weiblichem Rotwild) einen kurzen, näselnden Lock- bzw. Warnlaut ausstoßen.*

mäh|nen|ar|tig ⟨Adj.⟩: *wie eine Mähne beschaffen.*

Mäh|nen|gers|te, die: *(in Nordamerika heimisches) Gras mit vornübergeneigten, lange Grannen aufweisenden Ähren.*

Mäh|nen|rob|be, die: *Robbe mit mähnenartigem Nackenhaar.*

Mah|ner, der; -s, -: *jmd., der (bes. in öffentlichen Dingen) als Mahnender auftritt, vor etw. warnt.*

Mah|ne|rin, die; -, -nen: w. Form zu ↑Mahner.

Mahn|ge|bühr, die: *Gebühr, die für einen amtlichen Mahnbescheid erhoben wird.*

mäh|nig ⟨Adj.⟩ (selten): *mit einer Mähne:* ein -er junger Mann (Spiegel 43, 1966, 3).

Mahn|mal, das ⟨Pl. -e, selten: ...mäler⟩: *Denkmal, das etw. im Gedächtnis halten soll, so dass man zu hoffen ist, dass es nicht wieder ereignet:* ein M. in einem ehemaligen Konzentrationslager errichten.

Mahn|ruf, der (geh.): *zu etw. auffordernder, an etw. gemahnender Zuruf.*

Mahn|schrei|ben, das: vgl. Mahnbrief.

Mahn|stät|te, die: vgl. Gedenkstätte.

Mahn|ung, die; -, -en [mhd. manunge]: **1.** *das Mahnen* (1); *mahnende Äußerung:* eine M. zur Vorsicht, Eile, Geduld; eine M. überhören, befolgen, beherzigen; Ü ... hatten sie vom Schicksal eine besondere M. mitbekommen (Hesse, Narziß 25). **2. a)** *nachdrückliche Aufforderung, etw. Bestimmtes zu erledigen, Erinnerung an eine Verpflichtung:* er reagierte auf keine M.; **b)** *Mahnbrief, -schreiben:* jmdm. eine M. ins Haus schicken; eine M. bekommen.

Mahn|ver|fah|ren, das (Rechtsspr.): *vereinfachtes gerichtliches Verfahren, bei dem einem Schuldner ein Mahnbescheid ohne vorherige gerichtliche Verhandlung zugestellt wird.*

Mahn|wa|che, die: *Zusammenkunft von Personen, die an einem öffentlichen Ort gegen etw. protestieren, indem sie schweigend über längere Zeit dort verharren:* eine M. vor einem Raketendepot halten; ... zogen vor dem ... Mietshaus ... in Hamburger Stadtteil Eppendorf -en auf (NNN 18. 8. 84, 2).

Mahn|wort, das ⟨Pl. -e; meist Pl.⟩ (geh.): *mahnendes Wort; Ermahnung.*

Mahn|zei|chen, das (selten): *Warnzeichen* (3).

Mahn|zet|tel, der: vgl. Mahnbrief.

Ma|hoî|tres [ma'ọa:trǝ] ⟨Pl.⟩ [frz. mahoîtres (Pl.) < afrz. mahoistre = Schulter, H. u.]: *Schulterpolster an der Männerkleidung des 15. Jh.s.*

Ma|ho|nie, die; -, -n [nach dem amerik. Gärtner B. MacMahon (1775–1816)]: *(der Stechpalme ähnliche) Pflanze mit dornig gezähnten Blättern, gelben Blüten u. meist blauen, runden Früchten.*

Mahr, der; -[e]s, -e [mhd. mar(e), ahd. mara, urspr. viell. = Zermalmerin]: ²Alb.

¹**Mäh|re,** die; -, -n [mhd. merhe, ahd. mer(i)ha = Stute, altes Fem. zu einem germ. u. kelt. Wort für »Pferd« (vgl. mhd. marc[h], ahd. marah = Pferd; vgl. Marschall); 2:schon mhd.]: **1.** (veraltend) *[altes] abgemagertes Pferd, das nicht mehr zu gebrauchen ist:* eine alte, lahme M. ◆ **2.** *leichtlebige [junge] Frau, die sich wahllos mit Männern einlässt; Flittchen:* das Kind ist des Vaters Arbeit ... Wer das Kind eine M. schilt, schlägt den Vater ans Ohr (Schiller, Kabale II, 6).

²**Mäh|re,** der; -n, -n: Ew. zu ↑Mähren.

Mäh|ren; -s: Gebiet in Tschechien.

mäh|ren: ↑mären.

Mäh|rer, der; -s, -: ²Mähre.

Mäh|re|rin, die; -, -nen: w. Form zu ↑Mährer.

Mäh|rin, die; -, -nen: w. Form zu ↑²Mähre.

mäh|risch ⟨Adj.⟩: *Mähren, die ²Mähren betreffend, von den Mähren stammend, zu ihnen gehörend.*

Ma|hut, der; -s, -s [engl. mahout < Hindi mahāut, mahāvat < Sanskrit mahāmātra]: *Elefantenführer in Indien:* Mit seiner ausgefeilten Technik schwimmt Chandi (= Arbeitselefant) schneller als der Mensch. Durch das kühle Bad spart sein M. die teure Überführung mit dem Lastschiff (Focus 3, 1995, 8).

Mai, der; -[e]s u. -, ⟨dichter. auch noch: -en, -e ⟨Pl. selten⟩ [mhd. meie, ahd. meio < lat. (mensis) Maius (vermutlich nach einem italischen Gott des Wachstums)]: *fünfter Monat des Jahres:* der Wonnemonat M.; ein kühler M.; der Erste M. *(Demonstrations- u. Feiertag der internationalen Arbeiterbewegung; Feiertag der Werktätigen);* Spr M. kühl und nass, füllt dem Bauer Scheuer und Fass; Ü er steht noch im M. seines Lebens (geh.; *ist noch sehr jung);* * am 17. M. geboren sein (ugs. scherzh. od. verhüll. veraltet; *homosexuell sein;* nach dem ehemaligen § 175 des Strafgesetzbuches, gelesen als Datumsangabe 17. 5.); **wie einst im M.** (wie früher, wie einst in glücklicheren Tagen; Kehrreim des Gedichts »Allerseelen« von Hermann von Gilm [1812–1864]): Mama, gegen die Vater noch immer so galant war wie einst im M. (Kranz, Märchenhochzeit 37).

Mai|an|dacht, die (kath. Kirche): *im Mai im Allgemeinen täglich [am Abend] stattfindende Andacht zu Ehren Marias.*

Mai|baum, der: **a)** *nach altem Brauch in der Zeit zwischen Frühling u. Frühsommer bes. bei Volksfesten aufgestellter, hoher, von Rinde und Ästen befreiter Baum, an dessen Spitze ein mit bunten Bändern umwundener Tannenkranz hängt:* um den M. tanzen; **b)** *geschlagenes Birkenbäumchen, Birkengrün, das zu Maifesten als Schmuck an die Türpfosten des Hauses gebunden wird.*

Mai|blüm|chen, das: *Maiglöckchen.*

Mai|blu|me, die: *im [zeitigen] Frühjahr blühende Pflanze* (z. B. Maiglöckchen, Waldmeister, Löwenzahn).

Mai|bow|le, die: *unter Zusatz von frischem Waldmeister hergestellte Bowle.*

Maid, die; -, -en [mhd. meit, zu: maget, ↑Magd] (veraltet, noch spött.): *junges Mädchen.* ◆ **Mai|del,** das; -s, -s [Vkl. von ↑Maid]: *junges Mädchen:* Eure Tochter ist ein junges Blut und kennt den Teufel der Männer Ränken, warum sie sich an die -s henken (Goethe, Pater Brey).

Mai|de|mons|tra|ti|on, die: *zum Ersten Mai stattfindende Demonstration.*

Mai|den ['meɪdn], das; -[s], - [engl. maiden, eigtl. = Jungfrau, verw. mit ↑Magd] (Pferdesport): *auf der Rennbahn noch unerprobtes Pferd.*

Mai|den|ren|nen, das [nach engl. maiden race] (Pferdesport): *mit Maiden veranstaltetes Rennen.*

◆ **maid|lich** ⟨Adj.⟩ [zu ↑Maid]: *jungfräulich* (1); *mädchenhaft: Des Mutes und der Verwegenheit war ein Überfluss. Aber die -e Scham und Zucht ... taten Einspruch* (C. F. Meyer, Page 143).

Maie, die; -, -n (auch:) der; -n, -n (veraltend): **a)** ⟨meist Pl.⟩ *junge Birke od. Birkengrün als Laubschmuck für Häuser u. Kirchen bes. zu Pfingsten:* Schmücket das Fest mit -n bis an die Hörner des Altars (Psalm 118, 27); **b)** *geschmückter Maibaum* (a).

maien ⟨sw. V.; hat; unpers.⟩ (dichter.): **a)** *Mai werden:* draußen grünt und mait es; ◆ *trag ihn in die blaue Ferne ..., wo es in der Seele maiet* (Uhland, An den Tod); ◆ **b)** *zum Mai machen:* Deine Seele, ... silberklar und sonnenhelle, maiet noch den trüben Herbst um dich (Schiller, Melancholie an Laura).

Mai|en, der; -s, - (schweiz. mundartl.): **1.** *[Feld]blumenstrauß.* **2.** kurz für ↑Maiensäß.

Mai|en|blü|te, die ⟨o. Pl.⟩ (dichter.): *Zeit des Blühens im Mai.*

Mai|en|grün, das: *Maie* (1).

mai|en|haft ⟨Adj.⟩: *wie im Mai:* das Wetter ist fast schon m.

Mai|en|luft, die (dichter.): *von Duft erfüllte, linde Luft im Mai.*

Mai|en|nacht, Mainacht, die (dichter.): *von Duft erfüllte, milde Nacht im Mai.*

Mai|en|säß, das; -es, -e [2. Bestandteil schweiz. Säß, Sess (mhd. se̜ʒʒe) = unterste Stufe einer Alm] (bes. schweiz.): *Weide, auf die das Vieh im Mai gebracht wird, bevor es auf die Almen weiterzieht.*

Mai|en|zeit, die ⟨o. Pl.⟩ (dichter.): *Zeit im Mai, bes. im Hinblick auf die frühlingshafte Frische der Natur, des frühlingshaft milden Wetters.*

Mai|fei|er, die: *offizielle Feier zum Ersten Mai.*

Mai|fei|er|tag, der: *Erster Mai.*

Mai|feld, das; -[e]s, -er [eigtl. = Mähfeld, zu ostfries. maien = ¹mähen]: *(an der Nordsee) außerhalb der Deiche u. oberhalb des mittleren Hochwassers gelegenes, mit Gras bewachsenes Marschland.*

Mai|fest, das: *im Mai traditionsgemäß stattfindendes Volksfest.*

Mai|fisch, der: *zu den Heringen gehörender Fisch, der zur Laichzeit im Mai aus der Nordsee in die Flüsse wandert.*

Mai|glöck|chen, das: *im Frühjahr blühende Pflanze mit oft zwei elliptischen Blättern u. kleinen, weißen, glockenförmigen, stark duftenden Blüten, die eine Traube bilden.*

Mai|kä|fer, der: *größerer Käfer mit braungelben Flügeldecken, Fühlern , die in lamellenartig gefächerten Blättchen enden, oft schwarzem, behaartem Kopf u. weißen Flecken an beiden Seiten des Hinterleibs , der im Mai schwärmt u. sich von Laubblättern ernährt:* heute eine Seltenheit. M. leiden unter der Überdüngung von Feld und Flur (Zeit 9. 5. 97, 35); * *strahlen wie ein M.* (ugs.; *über das ganze Gesicht lachen, strahlen).*

Mai|kä|fer|jahr, das: *Jahr, in dem es besonders viele Maikäfer gibt.*

mai|kä|fern ⟨sw. V.; hat⟩ [wohl nach dem Bild eines Maikäfers, der zum Flug ansetzt u. dabei zuerst sorgsam seine Flügel zu ordnen scheint u. so auch den Anschein erweckt, als zögere er wegzufliegen] (ugs. scherzh.): **1.** *über eine zu haltende Rede nachdenken:* so kann man doch »maikäfern«: während eines Festessens über die Rede nachdenken, die man noch zu halten hat – so wie der Maikäfer schon vor dem Abflug heftig seine Flügel bewegt (Woche 2. 5. 97, 34). **2.** *still vor sich hin arbeiten.* **3.** *unschlüssig sein, zögern.*

Mai|kätz|chen, das: *Kätzchen* (4).

Mai|kö|nig, der (Volksk.): *junger Mann, der bei einem Volksfest im Mai je nach Brauch als Sieger bei bestimmten Spielen od. Wettkämpfen, als Gewinner bestimmter Trophäen od. auch, weil er von andern dazu bestimmt wird, die Hauptperson des Festes ist.*

Mai|kö|ni|gin, die (Volksk.): *Mädchen, das bei einem Volksfest je nach Brauch als Siegerin einer Wahl, als Gewinnerin bei einer Art Versteigerung o. Ä. die Hauptperson des Festes ist.*

Mai|kraut, das ⟨o. Pl.⟩ (landsch.): *Waldmeister.*

Mai|kund|ge|bung, die: vgl. Maidemonstration.

Mail [meɪl], die; - -s (EDV): kurz für ↑E-Mail: Gibt es Werbemittel wie E-Mail: Gibt es Werbemittel wie E-Mail: Preisausschreiben, landen schon mal 500 -s täglich im E-Mail-Pool (Woche 11. 4. 97, 16).

Mai|land: italienische Stadt.

¹Mai|län|der, der; -s, -: Ew.

²Mai|län|der ⟨indekl. Adj.⟩: die Mailänder Scala.

Mai|län|de|rin, die; -, -nen: w. Form zu ↑¹Mailänder.

mai|län|disch ⟨Adj.⟩: *Mailand, die ¹Mailänder betreffend; von den ¹Mailändern stammend, zu ihnen gehörend.*

Mail|box [ˈmeɪlbɔks], die; -, -en [engl. mailbox, eigtl. amerik. Bez. für: (Haus)briefkasten, aus: mail = Post(sendung) u. box, ↑Box] (EDV): *Speicher* (2b) *eines Datenendgeräts, in dem Nachrichten hinterlegt u. vom Benutzer abgerufen werden können.*

Mai|le|hen, das (Volksk.): *Brauch, bei einem Maifest die Mädchen zu versteigern.*

mailen [meɪlən] ⟨sw. V.; hat⟩ [engl. to mail, eigtl. = mit der Post senden, zu: mail, ↑Mailbox] (EDV): *als E-Mail senden:* [jmdm.] eine Nachricht m.; hast du ihm schon gemailt?; mailst du ihr, dass wir morgen kommen?

Mai|ling [ˈmeɪlɪŋ], das; -[s] [engl. mailing, zu: to mail = mit der Post senden] (Werbespr.): *Versendung von Werbematerial mit der Post.*

Mai|ling|lis|te, die [engl. mailing list] (EDV): *Liste im Internet mit den E-Mail-Adressen einer Gruppe von angemeldeten u. registrierten Teilnehmern, die Informationen, Beiträge über den für die Gruppe interessanten Themenbereich versenden u. empfangen können:* Tips für Diplomanden ... bietet die Internetseite http://www.imafdi.de. Sie enthält eine M., in der sich mehrere 100 Teilnehmer regelmäßig über ihre Forschungsergebnisse austauschen (Wirtschaftswoche 2, 1999, 69); Über eine M. mit dem unscheinbaren Namen ›Nachtleben Berlin‹ ... tauschen die Partyknacker Fragen aus wie: Gibt es einen Hintereingang, welche Kleidung tragen die Caterer, wie kommt man auf die Gästeliste, und kann man die Karten fälschen? (Stern 9, 1999, 228).

Mail|or|der [ˈmeɪlˈɔːdə], die; -, -s [engl. mail order, aus: mail = Post(sendung) u. order = Auftrag, Bestellung] (Kaufmannsspr., Werbespr.): *postalisch erteilte Bestellung von Waren [im Versandhandel].*

Main, der; -[e]s: Nebenfluss des Rheins.

Mai|nacht, die: vgl. **a)** ↑Maiennacht; **b)** *Nacht im Monat Mai:* es geschah in der letzten M.

Mai|nau, die; -: Insel im Bodensee.

Maine [meɪn]; -s: Bundesstaat der USA.

Mai|nel|ke, die: *rote Papiernelke, die am Ersten Mai als Ansteckblume getragen wird.*

Main|li|ner [ˈmeɪnlaɪnə], der; -s, - [engl. mainliner, zu: to mainline = intravenös injizieren, zu: mainline (Jargon) = Vene, eigtl. = Hauptlinie, -strecke] (Drogenjargon): *Drogensüchtiger, -abhängiger, der sich Rauschgift injiziert.*

Main|li|ning [meɪnlaɪnɪŋ], das; -s [engl. mainlining]: *das Injizieren von Rauschgift.*

Main|me|tro|pole: Bez. für: Frankfurt: Neue Akzente will die Messe Frankfurt auf der ISH '97 in der M. setzen (CCI 2, 1997, 2).

Main|stream [meɪnstriːm], der; -[s] [engl. mainstream, eigtl. = Hauptstrom]: **1.** (Musik) *stark vom Swing* (1 b) *beeinflusste Form des modernen Jazz, die keinem Stilbereich eindeutig zuzuordnen ist.* **2.** (oft abwertend) *vorherrschende gesellschaftspolitische, kulturelle o. ä. Richtung* (2): *Wir wollen vom M. der Wissenschaft gehört werden, uns mit ihm auseinander setzen* (Woche 11. 4. 97, 21).

Mainz: Stadt am Rhein; Landeshauptstadt von Rheinland-Pfalz.

¹Main|zer, der; -s, -: Ew.

²Main|zer ⟨indekl. Adj.⟩.

Main|ze|rin, die; -, -nen: w. Form zu ↑¹Mainzer.

main|zisch ⟨Adj.⟩: *Mainz, die Mainzer betreffend.*

Mai|pa|ra|de, die (bes. DDR): *Militärparade aus Anlass des Ersten Mai.*

Mai|pilz, der: Mairitterling.

Maire [mɛːɐ̯], der; -s, -s [frz. maire < afrz. maire = Herr, eigtl. = der Größere < lat. maior, ↑Major]: *Bürgermeister in Frankreich.*

Mai|re|gen, der: *im Mai fallender Regen.*

Mai|rie [mɛˈriː], die; -, -n [frz. mairie]: *Bürgermeisterei in Frankreich.*

Mai|rit|ter|ling, der; -s, -e [der Pilz wächst vor allem im Mai]: *weißlicher Blätterpilz mit welligem Hut.*

Mais, der; -es, (Sorten:) -e [frz. maïs, span. maiz < Taino (Indianerspr. der Karibik) mays]: **a)** *(aus Mittelamerika* stammende) hoch wachsende Pflanze mit breiten, langen Blättern u. einem großen, als Kolben wachsenden Fruchtstand mit gelben Körnern, die als Nahrungsmittel u. als Viehfutter verwendet werden; **b)** Frucht des Maises (a): Brot aus M.

Mais|bir|ne, die (Boxen): [mit Mais gefüllter] birnenförmiger, an einem Seil von der Decke herabhängender Lederball, an dem der Boxer Schlagkraft u. Genauigkeit trainiert.

Mais|brei, der: mit Mais hergestellter Brei.

Mais|brot, das: mit Mais hergestelltes Brot.

Maisch, der; -[e]s, -e, **Mai|sche,** die; -, -n [mhd. meisch, urspr. wohl = Brei] (Fachspr.): **1.** (bei der Bierherstellung) mit Wasser verrührtes, geschrotetes Malz. **2.** (bei der Spiritusherstellung) Gemisch aus stärkehaltigen Rohstoffen mit auf der Darre getrocknetem Malz u. Wasser. **3.** (zur Weinherstellung) gekelterte Trauben. **4.** (für die Herstellung von Obstwasser) zum Vergären zerkleinertes Obst.

Mai|sche|maß, das: Maßgefäß für Maische.

mai|schen ⟨sw. V.; hat⟩ (Fachspr.): **a)** zu Maische verarbeiten: Trauben m.; **b)** Maische herstellen.

Mai|schwamm, der: Mairitterling.

Mais|flo|cken ⟨Pl.⟩: vgl. Haferflocken.

mais|gelb ⟨Adj.⟩: von der Farbe reifer Maiskörner.

Mais|kol|ben, der: großer, zylinderförmiger Fruchtstand des Maises, der rundherum dicht mit gelben Körnern besetzt ist.

Mais|korn, das ⟨Pl. ...körner⟩: einzelnes Korn des Maiskolbens.

Mais|mehl, das: aus Maiskörnern hergestelltes Mehl.

Mais|öl, das: aus Maiskörnern gewonnenes Speiseöl.

Mai|so|nette [mɛzo'nɛt], (auch:) Maisonnette die; -, -s [engl. maisonette < frz. maisonnette, Vkl. von: maison = Haus]: zweistöckige Wohnung, bes. in einem Wohnhaus, mit eigener, innerhalb der Wohnung liegender Treppe.

Mai|so|nette|woh|nung, die: Maisonette.

Mai|son|nette usw.: ↑Maisonette usw.

Mais|pa|pier, das (Tabakind.): gelbliches Zigarettenpapier, das in der Farbe an ein echtes Maisblatt erinnern soll.

Maiß, der; -es, -e od. die; -, -en [mhd. meiʒ, eigtl. = Einschnitt, zu: meiʒen, ↑Meißel] (bayr., österr.): **a)** Holzschlag; **b)** junger Wald.

Mais|stär|ke, die: aus Mais gewonnene Stärke.

Mais|stär|ke|pu|der, der: Maisstärke.

Mais|stau|de, die: Mais (a).

Mais|stroh, das: Stroh des Maises.

Mai|tanz, der: [im Freien stattfindender] Tanz (3) im Mai.

Maî|tre ['mɛːtrə], der; -, -s ['mɛːtrə] frz. maître < afrz. maistre < lat. magister, ↑Magister]: **a)** frz. Bez. für Herr, Gebieter; Lehrer, Meister; **b)** ⟨o. Pl.⟩ Titel juristischer Amtspersonen in Frankreich; **c)** Träger des Titels Maître (b).

Maî|tre de Plai|sir ['mɛːtrə də plɛ'ziːɐ̯], der; - - -, -s - ['mɛːtrə --; frz., aus: maître, plaisir, ↑Maître u. ↑Pläsier] (veraltet, noch scherzh.): jmd., der bei einer Veranstaltung das Unterhaltungsprogramm leitet, der bei einem Fest für die Unterhaltung der Gäste sorgt.

Mai|tres|se: ↑Mätresse.

Mai|trieb, der: junger, hellgrüner Trieb an Nadelbäumen.

Mai|wein, der: Maibowle.

Mai|ze|na®, das; -s [Kunstwort]: zum Kochen u. Backen verwendeter Maisstärkepuder.

Ma|ja, die; - [sanskr. māyā = Trugbild]: (in der wedischen u. brahmanischen Philosophie) als Blendwerk angesehene Erscheinungswelt (die als verschleierte Schönheit dargestellt wird).

Ma|jes|tas Do|mi|ni, die; -- [lat., eigtl. = die Herrlichkeit des Herrn] (bild. Kunst): frontale Darstellung des in einer Mandorla thronenden Christus.

Ma|jes|tät, die; -, -en [mhd. majestät < lat. maiestas = Größe, Erhabenheit, zu: maior, ↑Major]: **1. a)** ⟨o. Pl.⟩ Titel u. Anrede von Kaisern u. Königen: Kaiserliche, Königliche M.!; Seine M.; Ihre M.; Eure, Euer M. haben/⟨seltener:⟩ hat befohlen; **b)** Träger des Titels Majestät (1 a): Seine M., der König, betritt den Saal; Ihre -en wurden (das kaiserliche, königliche Paar wurde) festlich empfangen. **2.** ⟨o. Pl.⟩ (geh.) **a)** Erhabenheit, Größe, die einer Sache innewohnt, von ihr ausgeht: die M. der Berge, des Todes; In den weiten Raum des Himmels, der sich in der wolkenlosen M. seiner tiefen Bläue über der Stadt erhob, ragte die Kuppeln ... der Kirchen (Kasack, Birkenwäldchen 51); **b)** hoheitsvolle Würde: sein Wesen strahlte M. aus.

ma|jes|tä|tisch ⟨Adj.⟩: **a)** Erhabenheit, Größe erkennen lassend: der -e Anblick der Berge; Kosaken und Spanier ..., blickten über den m. dahinfließenden Strom (Böll, Erzählungen 418); **b)** hoheitsvoll, würdevoll: die großen Tiere schreiten m. durch die Menge.

Ma|jes|täts|be|lei|di|gung, die: **1.** (Rechtsspr. veraltet) Majestätsverbrechen. **2.** (spött.) Äußerung, Handlung, mit der jmd. einer anderen Person in höherer Stellung zu nahe tritt u. sie damit beleidigt.

Ma|jes|täts|ver|bre|chen, das (Rechtsspr. veraltet): Verbrechen, das sich gegen den Kaiser od. König u. das Reich richtet.

ma|jeur [ma'ʒøːɐ̯; frz., < lat. maior, ↑Major] (Musik): frz. Bez. für Dur.

Ma|jol|li|ka, die; -, ...ken u. -s [ital. maiolica, nach Majorica, dem spätlat. Namen Mallorcas]: Töpferware mit Zinnglasur.

Ma|jo|nä|se: ↑Mayonnaise.

Ma-Jongg: ↑Mah-Jongg.

¹Ma|jor, der; -s, -e [span. mayor = größer, höher; Vorsteher, Hauptmann < lat. maior = größer; zu: magnus = groß] (Milit.): **a)** ⟨o. Pl.⟩ unterster Dienstgrad bei den Stabsoffizieren; **b)** Offizier des Dienstgrades Hauptmann (a).

²Ma|jor ['meɪdʒɐ], die; -, -s ⟨meist Pl.⟩ [engl. major, Substantivierung von: major = wichtig, bedeutend, Haupt-] (Jargon): große, [mit wenigen anderen] den Markt dominierende Firma, bes. der Filmindustrie.

Ma|jo|ran [auch: majo'raːn], der; -s, -e [mhd. maiorān, spätahd. maiolan < mlat. majorana, wohl (unter Anlehnung an lat. maior = größer) umgebildet aus lat. amaracum = Majoran < griech. amárakon]: **a)** (zu den Lippenblütlern gehörende, in den Mittelmeerländern heimische) Pflanze mit kleinen, weißen Blüten; **b)** als Gewürz verwendete, getrocknete Blätter des Majorans (a).

Ma|jo|rat, das; -[e]s, -e [mlat. maioratus, zu lat. maior, ↑Major] (Rechtsspr.): **1.** Ältestenrecht (2). **2.** nach dem Ältestenrecht (2) zu vererbendes Gut.

Ma|jo|rats|gut, das (Rechtsspr.): Majorat (2).

Ma|jo|rats|herr, der (Rechtsspr.): Gutsherr eines Majorats (2).

Ma|jor|do|mus, der; -, - [spätlat. maior domus (regiae) = königlicher Hausverwalter, aus: maior = Meier (1), domus = Haus] (hist.): Hausmeier.

ma|jo|renn ⟨Adj.⟩ [mlat. majorennus, zu lat. maior = größer, älter u. annus = Jahr] (Rechtsspr. veraltet): volljährig, mündig.

Ma|jo|ren|ni|tät, die; - (Rechtsspr. veraltet): Volljährigkeit, Mündigkeit.

Ma|jo|rette [majo'rɛt], die; -, -s u. -n [...tn; engl. (drum) majorette, eigtl. = weibl. Tambourmajor]: junges Mädchen in Uniform, das bei festlichen Umzügen paradiert.

Ma|jo|ret|ten|grup|pe, die: Gruppe von Majoretten.

Ma|jo|rin, die; -, -nen: **1.** weibliches Mitglied der Heilsarmee im Majorsrang. **2.** (veraltet) Frau eines Majors: ◆ Dass Lady Milford M. von Walter wird, ist Ihnen gewiss etwas Neues? (Schiller, Kabale I, 6).

ma|jo|ri|sie|ren ⟨sw. V.; hat⟩ [zu lat. maior, ↑Major] (bildungsspr.): (durch Stimmenmehrheit) überstimmen u. damit beherrschen: eine Tochterfirma m.; Damit keine Seite die andere m. kann (Hamburger Rundschau 15. 3. 84, 18); Die Liberalen fühlen sich majorisiert (Bieler, Bär 133).

Ma|jo|ri|sie|rung, die; -, -en (bildungsspr.): das Majorisieren, Majorisiertwerden.

Ma|jo|rist, der; -en, -en (kath. Kirche): (bis zur Abschaffung der niederen Weihen) Träger der höheren Weihen (vom Subdiakon aufwärts).

Ma|jo|ri|tät, die; -, -en [frz. majorité < mlat. majoritas]: Mehrheit (2a): bei einer Wahl die M. erringen, gewinnen, verlieren; mit der überwältigenden M. von 334 Stimmen gegen nur 32 wird der Mann ... für Lebenszeit aus Frankreich verbannt (St. Zweig, Fouché 219).

Ma|jo|ri|täts|be|schluss, der: Mehrheitsbeschluss.

Ma|jo|ri|täts|prin|zip, das: Mehrheitsprinzip.

Ma|jo|ri|täts|wahl, die: Mehrheitswahl.

Ma|jors|rang, der ⟨o. Pl.⟩: Rang eines Majors (a).

Ma|jorz, der; -es [geb. nach ↑Proporz] (schweiz.): *Majoritätswahl.*

Ma|jus|kel, die; -, -n [zu lat. maiusculus = etwas größer, Vkl. von: maius, Neutr. von: maior, ↑Major] (Druckw.): *Großbuchstabe (in einer lateinischen Schrift); Versal.*

Ma|jus|kel|schrift, die (Druckw.): *Druckschrift, die nur aus Großbuchstaben besteht.*

ma|ka|ber ⟨Adj.; ...b[e]rer, -ste⟩ [frz. macabre, gek. aus: danse macabre, ↑Danse macabre] (bildungsspr.): **a)** *durch eine bestimmte Beziehung zum Tod unheimlich:* Das Drama ... ereignete sich vor der makabren Szene, der Omama im eigenen Hause beiwohnen musste (K. Mann, Wendepunkt 36); Ü Angesichts von über vier Millionen Arbeitslosen ein makabrer *(verhängnisvoller, sich folgenschwer auswirkender)* Preis, den die Anhänger umfassend ausgestalteter Flächentarifverträge schlicht ignorieren (Wirtschaftswoche 15, 1996, 19); **b)** *mit Tod u. Vergänglichkeit scherzend:* -er Scherz, Witz; geschüttelt von einem Gelächter, in dem sich die herzlichste Heiterkeit mit einem leichten Grauen vor so viel makabrer Komik zu mischen schien (K. Mann, Wendepunkt 71).

Ma|ka|ber|tanz, der (selten): *Danse macabre.*

Ma|ka|dam, der od. das; -s, -e [nach dem schott. Straßenbauingenieur J. L. McAdam (1756–1836)] (Tiefbau): *Straßenbelag, in dem sich zahlreiche Hohlräume befinden.*

Ma|ka|dam|de|cke, die: *Makadam.*

ma|ka|da|mi|sie|ren ⟨sw. V.; hat⟩ [engl. macadamize] (Tiefbau): *Makadam aufbringen.*

Ma|kak [auch: maˈka(:)k], der; -s u. -en, -en [maˈka(:)kn̩; port. macaco, afrik. Wort]: *zu den Meerkatzen gehörender Affe mit gedrungenem Körper.*

Ma|ka|me, die; -, -n [arab. maqāmaʰ, eigtl. = (bei einer Zusammenkunft gehaltene) Rede] (Literaturw.): *alte arabische Stegreifdichtung.*

Ma|kao [auch: maˈkau], das; -s [nach der port. Kolonie Macau (älter: Macao), die bekannt ist für ihre Spielhöllen]: *Glücksspiel mit Würfeln u. Karten.*

Ma|ka|ris|mus, der; -, ...men ⟨meist Pl.⟩ [griech. makarismós = das Glücklichpreisen] (Rhet., Stilistik): *altgriechische u. biblische Stilform des [Lob]preises* (z. B. in der Bergpredigt des Neuen Testaments).

Ma|kart|bu|kett, das, **Ma|kart|strauß,** der [nach dem österr. Maler H. Makart (1840–1884)] (veraltet): *dekorativer Strauß aus getrockneten Blüten, Blättern u. a.*

Ma|ke|do|ne, der; -n, -n: Angehöriger eines Volkes im nordwestlichen Griechenland der Antike.

Ma|ke|do|ni|en, -s: Region im nördlichen Griechenland.

Ma|ke|do|nin, die; - -nen: w. Form zu ↑Makedone.

ma|ke|do|nisch ⟨Adj.⟩: *Makedonien, die Makedonier betreffend; aus Makedonien stammend.*

Ma|kel, der; -s, - [mhd. makel < lat. macula = Mal; (Schand)fleck] (geh.): **1.** *etw. (ein Fehler, Mangel o. Ä.), was für jmdn., in seinen eigenen Augen od. im Urteil anderer, als Schmach, als herabsetzend gilt:* etw. als M. empfinden; es bleibt ein ewiger M. auf dem Schilde der Stadt Florenz, dass es Dantes Größe verkannt hatte (Thieß, Legende 41 f.); Irgendein geheimer M. schien an der Geburt Goldmunds zu haften (Hesse, Narziß 24); Wer zu früh die Nerven verliert, ist mit dem M. der Obstruktion behaftet (Woche 18. 4. 97, 1). **2.** *Fehler, fehlerhafte Beschaffenheit von etw., die etw. als unvollkommen erscheinen lässt, die seinen Wert herabsetzt:* Der Pflücker ... wird nur für Ware ohne jeden M. bezahlt (Frisch, Stiller 52); Warum die beiden hier als schönste stadtnahe Strände bezeichneten Buchten mit solchen -n behaftet sind? Die Erklärung dafür liegt in der touristischen Besiedlung (a & r 9, 1998, 103).

Mä|kel|lei, die; -, -en (abwertend): **a)** ⟨o. Pl.⟩ *dauerndes Mäkeln, Nörgeln;* **b)** (seltener) *mäkelnde Äußerung:* deine Mäkeleien kannst du dir sparen.

mä|ke|lig, mäklig ⟨Adj.⟩ (abwertend): *[häufig] mäkelnd:* Sie hatten ein Wort miteinander, das voll von dem Ausdruck ihres mäkligen und aristokratischen Wesens war (Th. Mann, Hoheit 54); weil sie sehr verwöhnt und mäklig war (Kempowski, Immer 59); Die Lehrersfrau trank mäkelig wie die Ziege (Strittmatter, Wundertäter 22).

ma|kel|los ⟨Adj.⟩: *ohne Makel (2), ohne einen beeinträchtigenden Fehler od. Mangel:* eine -e Figur, Haut; Ein -er Himmel. Nirgends auch nur ein Wölklein (Trenker, Helden 261); in päpstlich -em Weiß (Hochhuth, Stellvertreter 69); Ü Bei Polizeikontrollen hatten wir einen -en Beruf, wir waren Gymnasiasten auf Abruf (Küpper, Simplicius 209); Als der sanfte Rebell mit -em Examen nach London kam, ließ er die Haare kurz schneiden (Woche 11. 4. 97, 3).

Ma|kel|lo|sig|keit, die; -: *das Makellossein.*

ma|keln ⟨sw. V.; hat⟩ [aus dem Niederd.(-Niederl.), Iterativbildung zu niederd.(-niederl.) maken = machen]: **1.** (Wirtsch. Jargon) *[mit etw.] Maklergeschäfte, Vermittlergeschäfte machen:* er makelt Häuser, Grundstücke; er will seine Stelle aufgeben und nur noch m. **2.** (Fernspr. Jargon) *zwischen den Gesprächspartnern einer mit diesen gleichzeitig hergestellten Telefonverbindung nach Bedarf wechseln (wobei der jeweils nicht Beteiligte stets abgeschaltet ist).*

mä|keln ⟨sw. V.; hat⟩ [aus dem Niederd. < mniederd. mekelen, urspr. = makeln, später (zuerst im Niederd.) = bemängeln, nach dem Versuch der Händler, durch das Feststellen von Mängeln bei der Ware den Preis zu drücken]: **1.** (abwertend) *an jmdm., etw. beständig etw. auszusetzen haben u. seiner Unzufriedenheit durch nörgelnde Kritik Ausdruck verleihen:* Er mäkelte sogar sofort an dem Haus, fand die Holzleiter ... unzu-

länglich (Th. Mann, Joseph 235); Schließlich mäkelt man nicht, wenn man zu Gast sitzt, über das Essen (Plievier, Stalingrad 256); »Ihr Mund ist zu klein«, mäkelte Christine (Bieler, Mädchenkrieg 276); ♦ ⟨mit Akk.-Obj.:⟩ Nur muss der eine nicht den andern m. (Lessing, Nathan II, 5). **2.** (selten) *makeln.*

Mä|kel|sucht, die ⟨o. Pl.⟩ (abwertend): *übersteigertes Bedürfnis zu mäkeln.*

mä|kel|süch|tig ⟨Adj.⟩ (abwertend): *gerne, häufig mäkelnd:* Das sei nicht wohl gedacht ..., sondern schief, überfein und m. (Th. Mann, Joseph 342).

Ma|ket|te: ↑Maquette.

Make-up [meɪkˈʌp], das; -s, -s [engl. make-up, eigtl. = Aufmachung]: **1. a)** *kosmetische Präparate, die der Verschönerung, der dekorativen Kosmetik dienen:* keinerlei M. verwenden; **b)** *getönte [flüssige] Creme, mit der die Flächen des Gesichts bedeckt werden:* M. auflegen, auftragen. **2.** *kosmetische Verschönerung des Gesichts mit Make-up (1):* ein gekonntes M.; kein M. tragen (sich nicht schminken, geschminkt haben).

Ma|ki, der; -s, -s [frz. maki < madagassisch maky]: *Lemure (2).*

Ma|ki|mo|no, das; -s, -s [jap. = Rollenbild]: *(für die ostasiatische Kunst typische) Bildrolle im Querformat, die in einzelnen Abschnitten betrachtet werden kann.*

Ma|king of [meɪkɪŋ ˈɔv], das; - - [engl.] (Film Jargon): *[filmischer] Bericht über die Entstehung u. Produktion eines Films:* Spezialeffekte wie die fliegenden Autos in den Straßen der Großstadt werden in einem 23-minütigen »Making of« ... erläutert (Tages Anzeiger 5. 7. 99, 47).

Mak|ka|bi|a|de, die; -, -n [nach dem jüd. Volkshelden Judas Makkabäus (2. Jh. v. Chr.)]: *alle vier Jahre stattfindende, den Olympischen Spielen vergleichbare Sportveranstaltung, deren Teilnehmer nur jüdischer Herkunft sind.*

Mak|ka|lu|be, die; -, -n [ital. mac(c)aluba, zu arab. maqlūb, Part. Pass. von: qalaba = umkehren, umstülpen; umformen] (Geol.): *Salse (1).*

¹Mak|ka|ro|ni ⟨Pl.⟩ [ital. (mundartl.) maccaroni (Pl.), zu: maccarone, ↑Makrone]: *lange, röhrenförmige Nudeln.*

²Mak|ka|ro|ni, der; -[s], -s (salopp abwertend): *Italiener.*

Mak|ka|ro|ni|fres|ser, der (derb abwertend): *Italiener.*

mak|ka|ro|nisch ⟨Adj.⟩ in den Fügungen **-e Dichtung, Poesie** (scherzhafte Dichtung, in die [bes. lateinische od. lateinisch deklinierte] Wörter einer anderen Sprache eingestreut sind; älter ital. poesia maccaronica, eigtl. = Knödeldichtung, zu: maccaroni, ↑Makkaroni).

Mak|ler, der; -s, - [aus dem Niederd. < mniederd. makeler, zu ↑makeln]: *jmd., der Verkauf, Vermietung, den Abschluss von Verträgen in verschiedenen Bereichen vermittelt* (Berufsbez.): einen M. einschalten; Ü ein ehrlicher M. (ein uneigennütziger Vermittler; nach dem dt. Reichskanzler O. v. Bismarck, der sich selbst so bezeichnete): In der Regierung ringen die M. der Globalisierung mit den letzten Traditionalisten, die Gesellschaft noch als Auftrag zu sozialer Heimat verstehen (Woche 20. 12. 96, 1).

¹Mäk|ler, der; -s, - [mniederd. mekeler] (landsch., sonst seltener): *Makler.*

²Mäk|ler, der; -s, - [zu ↑mäkeln] (abwertend): *jmd., der häufig mäkelt.*

Mak|ler|fir|ma, die: *Firma, gewerbliches Unternehmen eines Maklers.*

Mak|ler|ge|bühr, die: *Gebühr, die ein Makler für seine Vermittlung verlangt.*

Mak|ler|ge|wer|be, das: *Gewerbe, berufliche Tätigkeit des Maklers.*

Mak|le|rin, die; -, -nen: w. Form zu ↑Makler.

¹Mäk|le|rin, die; -, -nen: w. Form zu ↑¹Mäkler.

²Mäk|le|rin, die; -, -nen: w. Form zu ↑²Mäkler.

mäk|le|risch ⟨Adj.⟩ (seltener): *mäkelnd: Er hatte eine -e Bemerkung gemacht über die Masten für die Oberleitung* (Johnson, Ansichten 188).

Mak|ler|pro|vi|si|on, die: *Maklergebühr.*

mäk|lig: ↑mäkelig.

Ma|ko, die; -, -s od. der od. das; -[s], -s [nach dem Ägypter Mako Bey, dem maßgeblichen Förderer des ägypt. Baumwollanbaus im 19. Jh.]: 1. *ägyptische Baumwolle mit langen, gelblichen, leicht glänzenden Fasern.* 2. *Gewebe aus Mako* (1): *Unterwäsche, Tischdecken aus M.*

Ma|ko|baum|wol|le, die: *Mako* (1).

Ma|ko|ré [...'re:], das; -[s] [frz. makoré, afrik. Wort]: *rotbraunes Hartholz des afrikanischen Birnbaums.*

makr-, Makr-: ↑makro-, Makro-.

Ma|kra|mee, das; -[s], -s [ital. macramè, zu arab. miqram = bestickter Schleier]: **a)** ⟨o. Pl.⟩ *Knüpftechnik, bei der Fäden mit Fransen zu kunstvollen Mustern verknüpft werden;* **b)** (seltener) *Knüpfarbeit in Makramee* (a).

Ma|kre|le, die; -, -n [mhd. macrēl < mniederl. mak(e)reel < afrz. maquerel < mlat. maquerellus, macarellus, H. u.]: *in Schwärmen im Meer lebender, größerer Raubfisch mit grünlich schimmerndem, von blauen Querbändern bedecktem Rücken, der wegen seines schmackhaften Fleisches als Speisefisch geschätzt wird.*

Ma|kren|ze|pha|lie, die; -, -n (Med.): *Megalenzephalie.*

Ma|kro, der od. das; -s, -s (EDV): kurz für ↑Makrobefehl.

makro-, Makro-, (vor Vokalen meist:) makr-, Makr- [griech. makrós]: **1.** bedeutet in Bildungen mit Substantiven od. Adjektiven *lang, groß, im Großen:* Makrokosmos; Makrostruktur; makroökonomisch. **2.** bedeutet in Bildungen mit Substantiven od. Adjektiven *groß, größer als normal:* Makromolekül; makrozephal.

Ma|kro|ana|ly|se [auch: 'ma:kro...], die; -, -n (Chemie): *chemische Analyse, bei der Substanzmengen von etwa 0,5–10 g eingesetzt werden.*

Ma|kro|äs|the|sie, die; -, -n [zu griech. aísthēsis = Wahrnehmung, Empfindung] (Med.): *Empfindungsstörung, bei*

der *Gegenstände größer wahrgenommen werden, als sie sind (z. B. bei Hysterie).*

Ma|kro|auf|nah|me, die; -, -n: *Makrofotografie* (2).

Ma|kro|be|fehl, der; -[e]s, -e [LÜ von engl. macro instruction, zu: macro- (< griech. makrós) = groß u. instruction = Befehl] (EDV): *zu einer Einheit zusammengefasste Folge von Befehlen* (1 b).

Ma|kro|bi|o|se, die; - [zu griech. bios = Leben] (Med.): *Langlebigkeit eines Organismus.*

Ma|kro|bi|o|tik, die; - [zu griech. biōtikós, ↑biotisch]: 1. (Med.) *Kunst, das Leben zu verlängern.* 2. *spezielle, hauptsächlich auf Getreide u. Gemüse basierende Ernährungsweise.*

ma|kro|bi|o|tisch ⟨Adj.⟩: 1. *die Makrobiotik* (1) *betreffend.* 2. *die Makrobiotik* (2) *betreffend:* -e Kost *(Kost, die sich hauptsächlich aus Getreide u. Gemüse zusammensetzt).*

Ma|kro|chei|lie, die; -, -n [zu griech. cheĩlos = Lippe] (Med.): *abnorme Verdickung der Lippen.*

Ma|kro|chei|rie, die; -, -n [zu griech. cheĩr = Hand] (Med.): *abnorme Größe der Hände.*

Ma|kro|dak|ty|lie, die; -, -n [zu griech. dáktylos = Finger; Zehe] (Med.): *abnorme Größe u. Dicke der Finger u. Zehen.*

Ma|kro|evo|lu|ti|on [auch: 'ma:kro...], die; -, -en (Biol.): *bedeutsamer Evolutionsschritt, der einen neuen Zweig des Stammbaums entstehen lassen kann.*

Ma|kro|fau|na, [auch: 'ma:kro...], die; -, ...nen (Biol): *Arten der Tierwelt, die mit bloßem Auge sichtbar sind.*

Ma|kro|fo|to|gra|fie, die; -, -n: 1. ⟨o. Pl.⟩ *fotografisches Aufnahmeverfahren mit vergrößernder Abbildung speziell für Aufnahmen im Nahbereich (z. B. von Pflanzen, Mineralien).* 2. *Aufnahme in natürlicher Größe od. mit nur geringer Verkleinerung; Nahaufnahme.*

Ma|kro|ga|met [auch: 'ma:kro...], der; -en, -en (Biol.): *größere u. meist auch weniger bewegliche weibliche Geschlechtszelle bei niederen Lebewesen.*

Ma|kro|ge|fü|ge, das; -s, - (Metallographie): vgl. Makrostruktur.

Ma|kro|glos|sie, die; -, -n [zu griech. glõssa = Zunge] (Med.): *Vergrößerung der Zunge.*

ma|kro|ke|phal usw.: ↑makrozephal usw.

Ma|kro|kli|ma, das; -s, -s u. (Fachspr.:) ...mate: *Großklima.*

ma|kro|kos|misch [auch: 'ma:kro...] ⟨Adj.⟩: *den Makrokosmos betreffend.*

Ma|kro|kos|mos,   **Ma|kro|kos|mus** [auch: 'ma:kro-], der; -: *Weltall, Universum.*

ma|kro|kris|tal|lin, (veraltend:) **ma|kro|kris|tal|li|nisch** ⟨Adj.⟩: *(von Gesteinen) aus großen ¹Kristallen bestehend.*

Ma|kro|lin|gu|is|tik [auch: 'ma:kro...], die; - (Sprachw.): *Gesamtbereich der Wissenschaft von der Sprache.*

Ma|kro|me|lie, die; -, -n [zu griech. mélos = Glied] (Med.): *Form des Großwuchses mit Vergrößerung bzw. Verlängerung vor allem der Gliedmaßen.*

Ma|kro|mo|le|kül [auch: 'ma:kro...],

das; -s, -e (Chemie): *aus tausend u. mehr Atomen aufgebautes Molekül.*

ma|kro|mo|le|ku|lar [auch: 'ma:kro...] ⟨Adj.⟩ (Chemie): **a)** *Makromoleküle betreffend;* **b)** *aus Makromolekülen bestehend.*

Ma|kro|nähr|stoff, der; -[e]s, -e (Biol.): *von Pflanzen in größeren Mengen benötigter Nährstoff (z. B. Sauerstoff, Stickstoff).*

Ma|kro|ne, die; -, -n [frz. macaron = Mandeltörtchen < ital. mundartl. maccarone = Makkaroni, wohl zu ngriech. makaría = (verhüll.) Leichenschmaus]: *aus gemahlenen Mandeln, Haselnüssen od. Kokosflocken, Eiweiß u. Zucker hergestelltes kleines Gebäck:* * **jmdm. auf die M. fallen/gehen** (landsch.; *jmdm. lästig werden).*

Ma|kro|öko|no|mie [auch: 'ma:kro...], die; - [zu ↑makro-, Makro-] (Wirtsch.): *Teilgebiet der Wirtschaftstheorie, dessen Gegenstand die Untersuchung gesamtwirtschaftlicher Zusammenhänge ist.*

ma|kro|öko|no|misch [auch: 'ma:kro...] ⟨Adj.⟩ (Wirtsch.): *die Makroökonomie betreffend.*

Ma|kro|pha|ge, der; -n -n ⟨meist Pl.⟩ [zu griech. phageĩn = essen, fressen] (Zool., Med.): *Makrozyt.*

Ma|kro|phy|sik [auch: 'ma:kro...], die; -: *Teilbereich der Physik, der den atomaren Aufbau der Materie nicht berücksichtigt.*

Ma|kro|phyt, der; -en, -en [zu griech. phytón = Pflanze] (Biol.): *mit dem bloßen Auge sichtbarer pflanzlicher Organismus.*

Ma|kro|pla|sie, die; -, -n [zu griech. plássein = bilden, formen] (Med.): *übermäßige Entwicklung von Körperteilen od. Geweben.*

Ma|kro|po|de, der; -n, -n ⟨meist Pl.⟩ [zu griech. makrópous (Gen.: makrópodos) = langfüßig, nach den großen Schwanz- u. Rückenflossen]: *zu den Labyrinthfischen gehörender Aquarienfisch.*

Ma|kro|p|sie, die; -, -n [zu griech. ópsis = das Sehen] (Med.): *Sehstörung, bei der die Gegenstände größer erscheinen, als sie in Wirklichkeit sind.*

ma|kro|seis|misch ⟨Adj.⟩ (Geol.): *(von Erdbeben) ohne Instrumente wahrnehmbar.*

ma|kro|sko|pisch ⟨Adj.⟩ [zu griech. skopeĩn = betrachten, (be)schauen]: *ohne optische Hilfsmittel, mit bloßem Auge erkennbar.*

Ma|kros|mat, der; -en, -en [zu griech. osmé = Geruch] (Biol.): *Tier mit gut entwickeltem Geruchssinn.*

Ma|kro|so|mie, die; -, -n [zu griech. sõma = Körper] (Med.): *Hochwuchs.*

Ma|kro|so|zi|o|lo|gie [auch: 'ma:kro-], die: *Soziologie der großen gesellschaftlichen Einheiten.*

Ma|kro|spo|re, die ⟨meist Pl.⟩ (Bot.): *große weibliche Spore einiger Farnpflanzen.*

Ma|kro|struk|tur, die; -, -en (Fachspr.): *ohne optische Hilfsmittel erkennbare Struktur (z. B. bei pflanzlichen Geweben).*

Ma|kro|the|o|rie, die; -, -n: *Teilbereich*

der wirtschaftswissenschaftlichen Theorie, dessen Gegenstand die gesamte Volkswirtschaft darstellt.

Ma|kro|tie, die; -, -n [zu griech. oûs (Gen.: ōtós) = Ohr] (Med.): *abnorme Größe der Ohren.*

ma|kro|ze|phal ⟨Adj.⟩ [zu griech. makroképhalos = langköpfig] (Med.): *einen abnorm großen Kopf aufweisend.*

Ma|kro|ze|pha|le, der u. die; -n, -n ⟨Dekl. ↑Abgeordnete⟩ (Med.): *jmd., der einen abnorm großen Kopf hat.*

Ma|kro|ze|pha|lie, die; -, -n (Med.): *anomale Vergrößerung des Kopfes.*

Ma|kro|zyt, der; -en, -en ⟨meist Pl.⟩ [zu griech. kýtos = Höhlung, Wölbung] (Med.): *(bei bestimmten Blutkrankheiten) rotes Blutkörperchen von abnormer Größe.*

Ma|kru|lie, die; -, -n [zu griech. oûlon = Zahnfleisch] (Med.): *Wucherung des Zahnfleischs.*

Ma|ku|ba, der; -s [frz. macouba, nach einem Bezirk der frz. Antilleninsel Martinique]: *Schnupftabak einer bestimmten Sorte.*

Ma|ku|la|tur, die; -, -en [mlat. maculatura = beflecktes, schadhaftes Stück, zu lat. maculare, ↑makulieren]: **1.** (Druckw.) *beim Druck schadhaft gewordene od. fehlerhafte Bogen.* **2.** *Altpapier, das aus wertlos gewordenem bedrucktem Papier (z. B. Zeitungen, alte Akten o. Ä.) besteht:* eine ganze Buchauflage als M. einstampfen; Ü In den Ländern des »realen Sozialismus« gab es ... Parteiprogramme, die ... in dem Augenblick M. wurden *(keine Gültigkeit mehr hatten),* als die Kommunisten fest im Sattel saßen (Spiegel 3, 1978, 8); Ein »Herr K.« soll am Kohlmarkt wiederholt mit Taschen voller Bargeld aufgetreten sein. Doch das erscheint plötzlich als M. *(scheint plötzlich nicht mehr wahr, ganz unwichtig zu sein),* interessiert allenfalls noch die Steuereintreiber (Woche 17. 1. 97, 17); *M. reden (ugs. abwertend; Unsinn reden).*

ma|ku|lie|ren ⟨sw. V.; hat⟩ [lat. maculare = fleckig machen, besudeln, zu: macula, ↑Makel] (Druckw.): *zu Makulatur (2) machen; einstampfen.*

MAK-Wert [ɛm|a:ˈka:...], der; -[e]s, -e [MAK = Abk. für: **m**aximale **A**rbeits**p**latz**k**onzentration]: *höchste nicht gesundheitsschädliche Konzentration von Schadstoffen am Arbeitsplatz.*

mal ⟨Adv.⟩ [zu ↑¹Mal]: **1.** Ausdruck der Multiplikation; *malgenommen, multipliziert mit:* vier m. zwei ist acht; Ü künstliche Entzündung m. Entzündung gleich Beseitigung der Entzündung (Pr. Wolf, Menetekel 86); Zeichen: · od. × **2.** (ugs.) kurz für ↑einmal.

¹Mal, das; -[e]s, -e [mhd., ahd. māl = Zeit(punkt); Markierung, Ziel, urspr. = Abgemessenes]: *durch eine bestimmte Angabe od. Reihenfolge gekennzeichneter Zeitpunkt eines sich wiederholenden od. als wiederholbar geltenden Geschehens:* das, dieses eine M. nur; Dieses M. geht es um einen bizarren Kunstraub (Woche 3. 7. 98, 35); ein anderes M.; jedes M.; [k]ein einziges M.; beide, einige,

mehrere, verschiedene, unzählige, hunderte M.; ein paar M.; ein Dutzend M.; ein halbes hundert M.; drei Millionen M.; ein oder mehrere -e; das erste M.; dies war das erste und [zugleich] das letzte M. *(dies wird sich nicht wiederholen);* ein für alle M.; nächstes/das nächste M.; das habe ich schon manch liebes/manches [liebe] M. gedacht; er hat es mehrere -e, [so] viele -e versucht; ein und das andere M., ein oder das andere M. begleitete er uns; ein M. über das andere kommt sie dran; beim ersten M. ist alles noch ungewohnt; für dieses [eine] M.; »So ist das Leben«, sagte sie ein ums andere M. und selbstverständlich hatte sie damit Recht (Theisen, Festina 11); zum ersten M. in ihrem Leben war sie wirklich glücklich; ich habe dir das jetzt zum dritten, letzten Mal[e] gesagt; das geschah zu wiederholten -en; *M. für M. (jedes Mal erneut);* **mit einem Mal[e]** *(plötzlich, unerklärlicherweise);* **von M. zu M.** *(jedes Mal in fortschreitendem Maße):* die Begeisterung ließ von M. zu M. nach.

²Mal, das; -[e]s, -e u. Mäler [in der nhd. Form sind zusammengefallen mhd., ahd. meil = Fleck, Zeichen; Sünde, Schande u. eine Vermischung aus mhd. māl (↑¹Mal) mit mhd. māl, ahd. māl(i) = Zeichen, Fleck, Markierung]: **1.** ⟨Pl. meist -e⟩ *kennzeichnender Fleck, Verfärbung in der Haut, oft als Wundmal od. Muttermal:* ein dunkel unterlaufenes M.; das frische M. einer Wunde; sie hatte ein M. am linken Bein; Ü Wollt ihr diesen Makel auf euch tragen, der euch mit einem scharfen M. zeichnet ...? (Kaiser, Bürger 20). **2.** ⟨Pl. meist Mäler⟩ (geh.) *größeres plastisches, architektonisches Gebilde als Denkmal, Mahnmal o. Ä.:* ein M. aufrichten. **3.** ⟨Pl. -e⟩ (Sport) **a)** *Markierung innerhalb eines Spielfelds od. einer Sportanlage:* der Schlagballspieler hat das M. berührt; **b)** (Rugby) *von den Malstangen gebildetes Tor;* **c)** (Rugby) kurz für ↑Malfeld.

²Ma|la, die; -, -s [sanskr. mālā = Kranz]: *(im Buddhismus u. Hinduismus) Perlenkette o. Ä., die bei der Rezitation von Gebetsformeln u. Buddhas Namen zum Zählen der Wiederholungen verwendet wird.*

¹Ma|la: Pl. von Malum.

Ma|la|bo: Hauptstadt von Äquatorialguinea.

Ma|la|chit [auch: ...ˈxɪt], der; -s, -e [mhd. melochites < lat. molochitis < griech. molochîtēs, zu: molóchē = Malve; nach der Farbe der Malvenblätter]: *in schwärzlich grünen Kristallen od. smaragdgrünen Aggregaten (3) vorkommendes Kupfererz, das als Schmuckstein verarbeitet wird:* ein nierenförmig gebuckelter M. aus dem Ural (Wellershoff, Körper 13).

ma|la|chit|grün ⟨Adj.⟩: *grün wie Malachit.*

Ma|la|chit|grün, das: *grüner, wasserlöslicher Farbstoff.*

ma|lad (bes. südd.), **ma|la|de** ⟨Adj.⟩ [frz. malade < vlat. male habitus = in schlechtem Zustand befindlich] (oft

emotional): *[leicht] krank u. sich deshalb unwohl, elend fühlend:* ich bin heute ganz m.; Ü ... bewertet sie (= die Veba-Aktien) die Börse wie die maladen VW-Papiere (Zeit 6. 6. 75, 25).

ma|la fi|de [lat.] (bildungsspr.): *in böser Absicht, arglistig; trotz besseren Wissens.*

Ma|la|ga, der; -s, -s: *brauner Süßwein aus Málaga.*

Má|la|ga [ˈma...]: spanische Hafenstadt u. Provinz.

Ma|la|gas|si, das; -: *Sprache der Madagassen.*

Ma|la|gue|ña [malaˈɡɛnja], die; -, -s [span. malagueña, zu: malagueño = aus Málaga]: *südspanischer, dem Fandango ähnlicher Tanz, dessen ständig wiederholtes Thema Grundlage für eine meist improvisierte Melodie ist.*

Ma|laie, der; -n, -n: Angehöriger mongolischer Völker Südostasiens.

Ma|lai|in, die; -, -nen: w. Form zu ↑Malaie.

ma|lai|isch ⟨Adj.⟩: **a)** *die Malaien betreffend, zu ihnen gehörend;* **b)** *in malaiischer Sprache [verfasst].*

Ma|lai|isch, das; -[s] u. ⟨nur mit best. Art.:⟩ **Ma|lai|i|sche,** das; -n: *auf der Malaiischen Halbinsel u. im westlichen Indonesien gesprochene Sprache.*

Ma|lai|se [maˈlɛ:zə], die; -, -n, schweiz.: das; -s, -s [frz. malaise, zusgez. aus: (être) mal à l'aise = missgestimmt (sein)] (bildungsspr.): **1.** *Unbehagen, Missstimmung:* die Boulevardpresse, die krass und subtil mit der M. ihrer Leserinnen spielt (Spiegel 6, 1977, 46). **2.** *unbefriedigende Situation; Misere:* Gidrons Lebensweg spiegelt mehr wieder als die M. von Hunderten von amerikanischen Cadillac-Händlern, die angesichts rückläufiger Umsätze in den letzten Jahren ihre Pforten schließen mussten (Woche 4. 4. 97, 36); Grosser ... hat ... die Gründe für das gegenwärtige M. in unserem Nachbarland untersucht (Börsenblatt 16, 1968, 1177); Die ökologische Steuerreform also eine Art Geheimrezept gegen alle -n des Standortes Deutschland? (Woche 4. 4. 97, 1).

Ma|la|jal|am: ↑Malayalam.

Ma|la|kie: ↑Malazie.

Ma|la|ko|lo|ge, der; -n -n [↑-loge]: *Wissenschaftler auf dem Gebiet der Malakologie.*

Ma|la|ko|lo|gie, die; - [zu griech. malakós = weich u. ↑-logie]: *Lehre von den Weichtieren.*

Ma|la|ko|lo|gin, die; -, -nen: w. Form zu ↑Malakologe.

ma|la|ko|lo|gisch ⟨Adj.⟩: *die Malakologie betreffend.*

Ma|la|ko|phi|le, die; -, -n ⟨meist Pl.⟩ [zu griech. phileîn = lieben, gern haben]: *Pflanze, deren Blüten durch Schnecken bestäubt werden.*

Ma|la|ko|zo|o|lo|gie, die; -: *Malakologie.*

Ma|la|ko|zo|on, das; -s, ...zoen ⟨meist Pl.⟩ [zu griech. zŏon = Lebewesen, Tier] (veraltet): *Weichtier.*

mal-à-pro|pos [malaproˈpo:] ⟨Adv.⟩ [frz., aus: mal = schlecht u. à propos

↑apropos] (veraltet): *ungelegen, zur Unzeit.*

Ma|la|ria, die; - [ital. malaria, zusgez. aus: mala aria = böse, schlechte Luft, Sumpfluft]: *bes. in den Tropen auftretende, durch schmarotzende Einzeller hervorgerufene, durch Stechmücken übertragene Infektionskrankheit mit periodisch auftretendem, hohem Fieber.*

Ma|la|ria|an|fall, der: *bei Malaria auftretender Fieberanfall.*

Ma|la|ria|er|re|ger, der: *Erreger der Malaria.*

ma|la|ria|krank ⟨Adj.⟩: *an Malaria erkrankt.*

Ma|la|ri|a|lo|gie, die; - [↑-logie]: *Erforschung der Malaria.*

Ma|la|ria|mü|cke, die: *Anopheles.*

Ma|la|wi; -s: Staat in Afrika.

Ma|la|wi|er, der; -s, -: Ew.

Ma|la|wie|rin, die; -, -nen: w. Form zu ↑Malawier.

ma|la|wisch ⟨Adj.⟩: *Malawi, die Malawier betreffend; von den Malawiern stammend, zu ihnen gehörend.*

Ma|la|ya|lam, Malajalam, das; -: *drawidische Sprache, die in Südindien gesprochen wird.*

Ma|lay|sia; -s: Bundesstaat in Südostasien.

Ma|lay|si|er, der; -s, -: Ew.

Ma|lay|si|e|rin, die; -, -nen: w. Form zu ↑Malaysier.

ma|lay|sisch ⟨Adj.⟩: *Malaysia, die Malaysier betreffend; von den Malaysiern stammend, zu ihnen gehörend.*

Ma|la|zie, Malakie, die; -, -n [griech. malakia = Weichheit, zu: malakós = weich] (Med.): *Erweichung, Auflösung der Struktur eines Organs od. Gewebes.*

Mal|buch, das: *Buch, Heft, dessen in Umrissen vorgedruckte Bilder von Kindern ausgemalt werden.*

Ma|le: Hauptstadt der Malediven.

ma|le|dei|en ⟨sw. V.; hat⟩ [zu lat. maledicere, ↑Malediktion] (veraltet): *verwünschen.*

Ma|le|dik|ti|on, die; -, -en [lat. maledictio, zu: maledicere = schmähen, eigtl. = Böses sagen] (veraltet): *Verwünschung, Fluch; Schmähung.*

Ma|le|dik|to|lo|gie, die; - [zu ↑Malediktion]: *Wissenschaft, Lehre von den Schimpfwörtern.*

Ma|le|di|ven ⟨Pl.⟩: Inselstaat im Indischen Ozean.

Ma|le|di|ven|nuss, die: Seychellennuss.

Ma|le|di|ver, der; -s, -: Ew.

Ma|le|di|ve|rin, die; -, -nen: w. Form zu ↑Malediver.

ma|le|di|visch ⟨Adj.⟩: *die Malediven, die Malediver betreffend; von den Maledivern stammend, zu ihnen gehörend.*

ma|le|di|zie|ren ⟨sw. V.; hat⟩ [lat. maledicere, ↑Malediktion] (veraltet): *verwünschen.*

Ma|le|fi|kant, der; -en, -en [zu lat. maleficus, ↑Malefiz] (veraltet): *Missetäter, Übeltäter:* Immer scheitert der ehemalige M. vermeintlich daran, dass die Gesellschaft ihn hartnäckig behindert, Fuß zu fassen (MM 24. 1. 70, 21).

Ma|le|fi|kus, der; -, - u. ...izi [lat. maleficus, ↑Malefiz]: **1.** (Astrol.) *Unheil*

bringender Planet. **2.** (veraltet) *Malefikant.*

Ma|le|fiz, das; -es, -e [lat. maleficium, zu: maleficus = Böses tuend, zu: malefacere = Böses tun]: **1.** (veraltet) *Missetat, Verbrechen.* **2.** (landsch.) *Strafgericht.*

Ma|le|fi|zer, der; -s, - (landsch., bes. südd. salopp): *Malefizkerl* (2): tat grad so, als hätte er einen Deppenhaufen vor sich, der M. (Fels, Sünden 62).

Ma|le|fiz|kerl, der (landsch., bes. südd. salopp): **1.** *Draufgänger.* **2.** *jmd., der Ärger verursacht, jmdm. unangenehm ist.*

ma|len ⟨sw. V.; hat⟩ [mhd. mālen, ahd. mālōn, mālēn = mit Zeichen versehen, zu mhd. māl, ahd. māl(i), ↑²Mal]: **1. a)** *mit Pinsel u. Farbe (ein Bild) herstellen:* ein Bild [in Öl, nach der Natur] m.; ein Porträt m.; Schilder m. *(anfertigen);* ⟨auch ohne Akk.-Obj.:⟩ er malt in Öl; Ü Vor ihm kippte eine Ju ab und malte eine schwarze Fahne ins Nebelgrau (Loest, Pistole 106); in der (= der Sprache) er ... das Bild der Verführerin malte (Maass, Gouffé 294); **b)** *mit Pinsel u. Farbe im Bild [künstlerisch] darstellen:* jmdn. in Lebensgröße, ein Motiv in Pastell m.; das Kind hat ein Haus gemalt *(mit Farbstiften, Wasserfarben o. Ä. gezeichnet);* Ü seine Jugend in düsteren, schwarzen Farben m. *(negativ schildern);* die Figuren des Dramas sind in dieser Inszenierung zu sehr schwarz-weiß gemalt *(nicht differenziert beurteilt, sondern einseitig positiv od. negativ dargestellt);* die Zukunft allzu rosig m. *(allzu optimistisch sehen);* er ... malt üppige Formen in die Luft *(deutet sie mit den Händen in Umrissen an;* Remarque, Obelisk 165); **c)** *mit Pinsel u. Farbe künstlerisch tätig sein:* in seiner Freizeit m.; mein Freund malt. **2.** *langsam, mit Mühe malend* (1 c) *schreiben, Zeichen auf etw. aufbringen:* schreib bitte etwas schneller, du brauchst nicht zu m.; ein Wort mit Druckbuchstaben auf Papier m. **3. a)** *(landsch.) mit Farbe streichen; Farbe auf etw. auftragen:* die Türen m.; Ü der Herbst malt *(färbt)* die Blätter bunt; **b)** *als, in Farbe auftragen:* ... hatten die Maler auf jedes Möbelstück ... »Paradies« gemalt (Bieler, Bonifaz 6); Auf die senkrechte Schwanzflosse sind ... die schwarzrotgoldenen deutschen Farben gemalt (Grzimek, Serengeti 24). **4.** (ugs.) *Lippenstift, Nagellack auf etw. auftragen:* sich die Lippen m.; Joy malte ihre Fingernägel (Frisch, Homo 84). **5.** ⟨m. + sich⟩ *sich in etw. ausdrücken, widerspiegeln:* auf ihrem Gesicht malte sich Entsetzen.

Ma|le|par|tus, der; - [nlat. Umbildung von älter frz. malepertuis = schlimmer Durchgang]: *Wohnung des Fuchses in der Tierfabel.*

Ma|ler, der; -s, - [mhd. mālære, ahd. mālari]: **1.** *Künstler, der Bilder malt:* ein berühmter, unbekannter, niederländischer M.; ein M. des Impressionismus. **2.** *Handwerker, dem mit Farbe arbeitet* (Berufsbez.): der M. streicht die Küche, weißt die Decke; nächste Woche kommt der M.

Ma|ler|be|trieb, der: *Handwerksbetrieb eines selbstständigen Malers* (2).

Ma|ler|dich|ter, der: *jmd., der Maler* (1)

u. *Dichter zugleich ist:* der M. ... Friedrich Müller (Hörzu 49, 1977, 74).

Ma|ler|dich|te|rin, die: w. Form zu ↑Malerdichter.

Ma|le|rei, die; -, -en: ⟨o. Pl.⟩ *das Malen* (1 c) *als Kunstgattung:* die moderne, zeitgenössische, abstrakte M. **2.** *einzelnes Werk der Malerei* (1): -en in Museen; Schmuckgirlanden legen sich ... über Kühlergrill und Frontscheibe, naive M. verpasst den Flanken pastorale Lieblichkeit (a & r 2, 1997, 42).

Ma|ler|email, das; -s, -s: **1.** ⟨o. Pl.⟩ *Technik der Emailkunst, bei der auf eine Metallplatte mit Emailüberzug mit nacheinander aufgeschmolzenen Glasflüssen gemalt wird.* **2.** *mithilfe von Maleremail* (1) *hergestelltes Kunstwerk.*

Ma|ler|far|be, die: *zum Malen* (1, 3) *dienende Farbe, bes. Farbe des Malers* (2).

Ma|ler|ge|hil|fe, der: *Gehilfe eines Malers* (2).

Ma|ler|ge|hil|fin, die: w. Form zu ↑Malergehilfe.

Ma|ler|ge|sel|le, der: *Geselle des Malerhandwerks.*

Ma|ler|ge|sel|lin, die: w. Form zu ↑Malergeselle.

Ma|ler|hand|werk, das ⟨o. Pl.⟩: *Handwerk des Malers* (2).

Ma|le|rin, die; -, -nen [mhd. mālærinne]: w. Form zu ↑Maler.

Ma|ler|in|nung, die: *Innung der selbstständigen Maler* (2).

ma|le|risch ⟨Adj.⟩: **1.** *die Malerei betreffend, dazu gehörend; für die Malerei typisch:* die -e Auffassung eines Künstlers; die Landschaft als -es Motiv; ein -es Talent. **2.** *sehr schön, wie zum Malen geschaffen:* ein -er Anblick; Die Küstenstraße ... lässt urplötzlich den Blick frei auf eine -e Bucht (a & r 2, 1997, 100); der Ort liegt m. in einem Tal.

Ma|ler|kit|tel, der: *Kittel* (1) *eines Malers.*

Ma|ler|lehr|ling, der: vgl. Malergeselle.

Ma|ler|lein|wand, die: *Leinwand für Ölgemälde.*

Ma|ler|meis|ter, der: *Meister im Malerhandwerk.*

Ma|ler|meis|te|rin, die: w. Form zu ↑Malermeister.

Ma|ler|mu|schel, die [die Schalen der Muschel wurden zum Anrühren von Wasserfarben benutzt]: *olivgelbe bis schwärzlich grüne, häufig in Bächen und Seen vorkommende Muschel mit lang gestreckter dicker Schale.*

ma|lern ⟨sw. V.; hat⟩ (ugs.): *sich als Maler* (2) *betätigen.*

Ma|ler|pin|sel, der: *Pinsel eines Malers* (2).

Ma|le|sche, die; -, -n [wohl zu frz. malaise, ↑Malaise] (nordd. ugs.): *Unannehmlichkeit.*

Mal|far|be, die: *zum Malen* (1) *dienende Farbe:* 3000 Kinder haben mit -n, bunten Stiften und viel Phantasie wunderschöne Bilder zu dem Märchen im Stadttheater Trier gemalt (Saarbr. Zeitung 26. 3. 99, 14).

Mal|feld, das [zu ↑²Mal (3)] (Rugby): *hinter der Balllinie gelegener, nicht mehr als 23 m tiefer Streifen.*

Mal|ge|rät, das: *Malutensilien.*

Mal|grund, der (Kunstwiss.): *aufgetragene Schicht als farblich einheitlicher Untergrund eines Bildes.*

Mal|heur [ma'løːɐ̯], das; -s, -e u. -s [frz. malheur, aus: mal (< lat. malus = schlecht) u. älter heur = glücklicher Zufall, zu lat. augurium = Vorzeichen]: **1.** (ugs.) *nicht sehr folgenschweres Missgeschick, Unglück, das den Betroffenen in eine peinliche Situation bringt:* mir ist ein [kleines] M. passiert; das ist doch kein M.! *(nicht so schlimm!).* **2.** (veraltet) *Unglück, Unfall.*

mal|ho|nett ⟨Adj.⟩ [frz. malhonnête] (veraltet): *unredlich, unfein.*

Ma|li; -s: Staat in Afrika.

Ma|li|ce [ma'liːsə], die; -, -n [frz. malice < lat. malitia, ↑maliziös] (veraltend): **1.** *Bosheit* (a). **2.** *boshafte Äußerung, bissige Bemerkung:* in den Zeichnungen sei eigentlich alles schon gesagt, was sich an -n über alte und neue Zeiten sagen lässt (FAZ 26. 8. 61, 47); ◆ ... flüstert Romeo einen Kalauer ins Ohr oder wohl auch eine M. (Fontane, Effi Briest 76).

Ma|li|er, der; -s, -: Ew. zu ↑Mali.

Ma|lie|rin, die; -, -nen: w. Form zu ↑Malier.

-ma|lig [zu ↑¹Mal]: in Zusb., z. B. achtmalig *(acht Male stattfindend, geschehend, wiederkehrend),* einmalig *(nur ein [einziges] Mal vorkommend).*

ma|li|gne ⟨Adj.⟩ [lat. malignus, zu: malus = schlecht, böse] (Med.): *(bes. von Tumoren) bösartig.*

Ma|li|gni|tät, die; - [lat. malignitas] (Med.): *(bes. von Tumoren) Bösartigkeit.*

Ma|li|gnom, das; -s, -e [zu ↑maligne] (Med.): *bösartige Geschwulst.*

¹Ma|li|mo, die; -, -s [Kunstwort; nach dem Erfinder H. **Ma**uersberger (1909–1982) aus **Li**mbach/Sachsen u. zu ↑**Mo**lton]: *Maschine zur Herstellung von Stoffen, bei der die Techniken des Webens, Nähens u. Wirkens kombiniert sind.*

²Ma|li|mo, das; -s, -s: *auf der ¹Malimo hergestelltes Gewebe.*

Ma|lines [ma'lin] ⟨Pl.⟩ [nach dem frz. Namen der niederl. Stadt Mecheln]: *Klöppelspitzen mit Blumenmuster.*

¹Ma|li|pol, die; -, -s [Kunstwort; aus ↑**Ma**limo u. **Pol**fäden]: *Maschine, die Textilien herstellt, die einseitig eine genoppte Oberfläche haben.*

²Ma|li|pol, das; -s, -s: *auf der ¹Malipol hergestelltes Gewebe (z. B. Frottee).*

ma|lisch ⟨Adj.⟩: *Mali, die Malier betreffend.*

ma|li|zi|ös ⟨Adj.⟩ [frz. malicieux < lat. malitiosus, zu: malitia = Arglist, zu: malus, ↑Malus] (bildungsspr.): *boshaft* (b): Ja, meint er, »früher ist das einfacher gewesen«, zu den aktiven Zeiten seiner Vorgänger, die ihm heute gern -e Ratschläge erteilen (Woche 2. 1. 98, 3); Ginge es nach dem durch und durch -en Verschen, dann ... (Th. Mann, Krull 412); m. lächeln; sie hätten sie sich m. angesehen (Fries, Weg 247); ... fragte der Kommissar m. (Zwerenz, Quadriga 33).

Mal|kas|ten, der: *Kasten mit Farben zum Malen; Farbkasten.*

Mal|klas|se, die: *Klasse (an einer Kunsthochschule o. Ä.), in der im Malen unterrichtet wird:* niemand in der Familie besucht die M. in der Volkshochschule (Fischer, Wohnungen 62).

mal|kon|tent ⟨Adj.⟩ [frz. malcontent, zu: mal (↑Malaise) u. content < lat. contentus = zufrieden] (veraltet, noch landsch.): *[mit den politischen Zuständen] unzufrieden:* ◆ ⟨subst.:⟩ ich habe Korrespondenz mit allen Malkontenten in der ganzen Welt (Goethe, Die Vögel).

Mal|krei|de, die: *Kreide für Pastellmalerei.*

Mal|kunst, die: **1.** ⟨o. Pl.⟩ *Kunst der Malerei.* **2.** (ugs.) *malerische Fähigkeit.*

mall ⟨Adj.⟩ [aus dem Niederd. < mniederl. mal = töricht, närrisch, H. u.]: **1.** (Seemannsspr.) *(vom Wind) umspringend, plötzlich aus einer anderen Richtung kommend.* **2.** (ugs., bes. nordd.) *nicht ganz bei Verstand; wunderlich:* Fiete Lassahn, den die anderen für einen »Spinner« und für »ein büschen m.« halten, weil er gern allein sitzt (Nachbar, Mond 70).

¹Mall, das; -[e]s, -e [niederl. mal (landsch. auch: molde), wohl zu afrz. molle, modle < lat. modulus = Einheit, Maßstab] (Seew.): *Schablone od. Modell für Schiffsteile.*

²Mall [mɔːl], die; -, -s [engl. mall, urspr. = Straße, in der ↑Pall-mall gespielt wurde]: *(bes. in den USA) großes überdachtes Einkaufszentrum:* Die -s sind in Deutschland nicht sozialisiert, die Leute wollen echten Himmel über sich (Woche 9. 1. 98, 33).

Mal|lauf, der [zu ↑²Mal (3)] (Baseball): *Homerun.*

¹mal|len ⟨sw. V.; hat⟩ [zu ↑¹Mall] (Seemannsspr.): *nach einem ¹Mall arbeiten.*

²mal|len ⟨sw. V.; hat⟩ [niederl. mallen = Possen treiben, zu: mal, ↑mall] (Seemannsspr.): *(vom Wind) umspringen.*

mal|le|o|lar ⟨Adj.⟩ [zu spätlat. malleolus = kleiner Hammer, Vkl. von lat. malleus, ↑Malleus] (Med.): *zum Knöchel gehörend.*

Mal|le|us, der; -, ...lei [lat. malleus = Hammer; 2: nach der übertr. Bed. »Rotz (2)« von lat. malleus]: **1.** (Anat.) *Hammer* (4). **2.** (Med.) ⟨o. Pl.⟩ *auf den Menschen übertragbare Zoonose.*

Mal|li|nie, die (Rugby): *das Malfeld begrenzende u. durch das Mal verlaufende Linie.*

Mal|lor|ca [auch: ma'jɔrka], -s: größte Insel der Balearen.

Mal|lor|qui|ner [...'kiː...], der; -s, -: Ew.

Mal|lor|qui|ne|rin, die; -, -nen: w. Form zu ↑Mallorquiner.

mal|lor|qui|nisch ⟨Adj.⟩: *Mallorca, die Mallorquiner betreffend; von den Mallorquinern stammend, zu ihnen gehörend.*

¹Mal|lung, die; -, -en (Seemannsspr.): **1.** *das ²Mallen.* **2.** *Gebiet schwacher Winde.*

²Mal|lung, die; -, -en (Seemannsspr.): *das Arbeiten mit einem ¹Mall.*

Malm, der; -[e]s [engl. malm = kalkreicher Lehm, verw. mit mhd. malm, ↑malmen] (Geol.): *obere Abteilung des ²Juras.*

mal|men ⟨sw. V.; hat⟩ [zu mhd. malm,

melm, ahd. melm = Staub, Sand] (geh.): *die Zähne in langsamer Bewegung laut aneinander reiben [u. Nahrung zermahlen]:* mit den Zähnen m.; die Kinnladen malmten *(waren in kauender Bewegung),* blau gabelte sich eine Ader auf seiner Stirn (Hahn, Mann 16); darauf (= auf der Streu) lagen sie (= die Reitkamele), hochmütig malmend (Th. Mann, Joseph 371) Ü Wenn er es schafft, wagt sich das nächste Boot in die malmenden, tobenden Wassermassen (a & r 2, 1997, 111).

Mal|mi|gnat|te [malmɪn'jatə], die; -, -n [ital. malmignatta, zu: malo = schlecht, übel u. mignatta = Blutegel; Blutsauger]: *(in den Mittelmeerländern heimische) Giftspinne.*

Mal|mö: Hafenstadt in Schweden.

mal|neh|men ⟨st. V.; hat⟩: *multiplizieren.*

Mal|nu|tri|ti|on, die; - [zu lat. malus = schlecht u. ↑Nutrition] (Med.): *Mangelernährung.*

Ma|loc|chio [ma'lɔkjo], der; -s, -s u. Malocchi [...ɔki; ital. malocchio, zu: malo = böse u. occhio = Auge] (bildungsspr.): *böser Blick.*

Ma|lo|che [auch: ...'lɔ...], die; - [jidd. melocho < hebr. mᵉlā̱k̲ā̱] (salopp): *[schwere] Arbeit:* dreiundfünfzig Mark Einkauf hat er gehabt, Arbeitsverdienst für einen ganzen Monat M. (Hohmann, Engel 44); Eigentlich stünde ihr Geld vor der Berufsgenossenschaft zu, weil sie von der M. in einer Mosaiksteinfabrik eine Staublunge hat (Woche 21. 3. 97, 30); sie fluchten über die M. unter Tage.

ma|lo|chen [auch: ...'lɔ...] ⟨sw. V.; hat⟩ (salopp): *[körperlich] schwer arbeiten:* in der Fabrik m.; Man malocht, um dafür eine Schlafstelle und etwas zu essen zu bekommen (Klee, Pennbrüder 95); ⟨subst.:⟩ Wenn wir fixfertig sind vom Malochen, bleibt nur noch die Glotze (Grass, Butt 543); Die Senioren und ihre Enkel bestimmen das Ortsbild, die anderen sind m. (a & r 2, 1997, 79).

Ma|lo|cher [auch: ...'lɔ...], der; -s, - (salopp): *Arbeiter* (b): Erwin heißt nun mal tatsächlich eher ein M. aus dem Kohlenpott als der Sohn einer Münchner Opernsängerin (Woche 2. 1. 98, 33); Gastarbeiter-Anwerbung: Südosteuropa nach -n abgesucht (Spiegel 14, 1977, 176).

Ma|lo|che|rin [auch: ...'lɔ...], die; -, -nen: w. Form zu ↑Malocher.

Ma|lon|säu|re, die; - [zu lat. malum < griech. (dorisch) mālon = Apfel] (Chemie): *organische Säure, die bei der Oxidation von Apfelsäure entsteht.*

Ma|los|sol, der; -s [zu russ. malosol'nyj = wenig gesalzen]: *schwach gesalzener Kaviar.*

mal|pro|per ⟨Adj.⟩ [frz. malpropre, aus: mal (↑Malaise) u. propre, ↑proper] (landsch., sonst veraltet): *unsauber, unordentlich:* eine malpropre Schürze, Person.

Mal|säu|le, die [zu ↑²Mal] (veraltet): *Grenzstein; Gedenksäule.*

Mal|spie|ler, der (Baseball): *Spieler, der das erste, zweite od. dritte ³Base deckt.*

Mal|stan|ge, die (Rugby): *Pfosten od. Querlatte des* ²*Mals* (3 b).

Mal|stock, der: *dünner Stock mit einer Kugel am vorderen Ende, den der Maler beim Malen an der Staffelei verwendet, um ein Verwischen der schon aufgetragenen Farbe zu verhindern.*

Mal|strom: ↑ Mahlstrom.

Mal|ta; -s: Inselstaat im Mittelmeer.

Mal|ta|fie|ber, das ⟨o. Pl.⟩ [nach der häufigen Verbreitung im Mittelmeergebiet]: *meist durch infizierte Ziegen übertragene Infektionskrankheit mit Fieberanfällen, Milz- u. Leberschwellung od. auch mit typhusartiger Ausprägung.*

Mal|ta|lent, das: *malerisches Talent* (1).

Mal|ta|se, die; -, -n [zu nlat. maltum = Malz] ([Bio]chemie): *in Hefe, Gerstenmalz, Bauchspeicheldrüsen- u. Darmsaft vorkommendes Enzym, das Malzzucker in Traubenzucker spaltet.*

Mal|tech|nik, die: *Technik im Malen* (1).

Mal|ter, der od. das; -s, - [mhd. malter, ahd. maltar = Getreidemaß, urspr. = auf einmal gemahlene Menge Korn, zu ↑ mahlen]: **1.** *(früher) Hohlmaß unterschiedlicher Größe (zwischen 1,5 u. etw. 7 Hektolitern) für Getreide od. Holz.* **2.** *(österr. ugs.) Mörtel.*

Mal|te|ser, der; -s, -: **1.** *Ew. zu* ↑ Malta. **2.** *Angehöriger des Malteserordens.* **3.** *Schoßhund mit weißem, langhaarigem Fell.*

Mal|te|ser-Hilfs|dienst, der: *Hilfsdienst, dessen freiwillige Helfer im Sanitätsbereich, im Katastrophenschutz u. in der Unfallhilfe tätig sind.*

Mal|te|ser|hünd|chen, Mal|te|ser Hünd|chen, das: *Malteser* (3).

Mal|te|se|rin, die; -, -nen: w. Form zu ↑ Malteser (1).

Mal|te|ser|kreuz, das [nach dem Zeichen des Malteserordens]: **1.** *Kreuz, dessen vier Arme in je zwei Spitzen auslaufen.* **2.** *in der Form einem Malteserkreuz (1) ähnelndes Teil am Filmprojektor zur ruckweisen Fortbewegung des Films.*

Mal|te|ser|or|den, der ⟨o. Pl.⟩: *katholischer Zweig des Johanniterordens (dessen Sitz von 1530 bis 1798 auf Malta war).*

Mal|te|ser|rin, die: *Malteser* (2).

mal|te|sisch ⟨Adj.⟩: **a)** *Malta, die Malteser* (1) *betreffend;* **b)** *in maltesischer Sprache [verfasst].*

Mal|te|sisch, das; -[s] u. ⟨nur mit best. Art.:⟩ **Mal|te|si|sche,** das; -n: *als Amtssprache auf Malta gesprochene Mundart des Maghrebinischen.*

Mal|thu|si|a|ner, der; -s, -: *Vertreter des Malthusianismus.*

Mal|thu|si|a|nis|mus, der; - [nach dem engl. Nationalökonomen u. Sozialphilosophen Th. R. Malthus (1766–1834)]: *wirtschaftspolitische Bewegung, die (nach den Erkenntnissen, dass die Bevölkerung tendenziell schneller zunimmt als die Produktion der Nahrungsmittel) für eine Regelung u. Beschränkung der Geburten eintritt.*

mal|thu|si|a|nis|tisch ⟨Adj.⟩: *den Malthusianismus betreffend, darauf beruhend.*

Mal|tin, das; -s [zu nlat. maltum = Malz] (veraltet): *Amylase.*

Mal|to|se, die; - [zu nlat. maltum = Malz] (Chemie): *in Malz u. Biermaische enthaltener Zucker, der aus Stärke u. Glykogen entsteht; Malzzucker.*

mal|trä|tie|ren ⟨sw. V.; hat⟩ [frz. maltraiter, aus: mal (↑ Malaise) u. traiter < lat. tractare = behandeln]: *misshandeln; mit jmdm., etw. übel umgehen:* jmdn. mit Fäusten und Füßen m.; als wenn Sie Ihr Pferd mit sichtlicher Angabe reiten, im Effekt dabei nur dilettantisch malträtieren (Dwinger, Erde 167); der infernalische Lärm ließ die Luft vibrieren und malträtiert das Trommelfell (a & r 2, 1997, 86); der General ... malträtierte weiter seine Lederhandschuhe und mit ihnen seine Reithose (Kirst, 08/15, 559); Ü In Wirklichkeit schießen sie über das Ziel hinaus und malträtieren ... das Ohr des Hörers und die deutsche Sprache (Bund 3. 10. 68, 11).

Malt|whis|ky, (auch:) Malt-Whis|ky [ˈmɔːlt...], der; -s, -s [engl. malt whisky, aus: malt = Malz u. whisky, ↑ Whisky]: *schottischer Whisky, der aus reinem Malz hergestellt wird.*

Mal|lum, das; -s, Mala [lat. malum = das Schlechte, subst. Neutrum von: malus, ↑ Malus] (Med.): *Krankheit, Übel.*

Mal|lus, der; - u. Malusses, - u. Malusse [zu lat. malus = schlecht]: **1.** (Kfz-W.) *nachträgliche Erhöhung der zu zahlenden Prämie bei Häufung von Schadensfällen.* **2.** (Schulw., Sport) *zum Ausgleich für eine bessere Ausgangsposition erteilter Punktnachteil.*

Mal|uten|si|li|en ⟨Pl.⟩: *zum Malen* (1) *benötigte Utensilien.*

¹**Mal|va|sier,** der; -s [nach dem ital. Namen Malvasia für die griech. Stadt Monemvassia]: *likörartig süßer u. schwerer, goldfarbener Weißwein mit reichem Bukett.*

◆ ²**Mal|va|sier,** die; -, -: *wegen ihres Geschmacks nach dem* ¹*Malvasier benannte Birnensorte:* da bin ich doch mehr für eine ausgekernte M., die runtergeht wie Butter (Fontane, Jenny Treibel 190).

Mal|ve, die; -, -n [ital. malva < lat. malva, aus einer Mittelmeerspr.]: *(in zahlreichen Arten vorkommende) kriechend bzw. aufrecht wachsende Pflanze mit teller- bis trichterförmigen rosa bis blasslila Blüten.*

mal|ven|far|ben, mal|ven|far|big ⟨Adj.⟩: *von der Farbe der Malve; blasslila.*

Mal|ven|ge|wächs, das ⟨meist Pl.⟩ (Bot.): *Pflanze einer als Kraut, Strauch od. Baum vorkommenden Pflanzenfamilie mit Blütenständen od. einzelnen Blüten.*

Mal|ver|bot, das: *(in Diktaturen) Verbot, als Maler tätig zu sein:* im Dritten Reich hatte er M.

Mal|wech|sel, der (Schlagball): *zwischen den beiden Mannschaften stattfindender Wechsel des* ²*Mals* (3 a).

Mal|wei|se, die: *Art, in der jmd. malt.*

Malz, das; -es [mhd., ahd. malz, eigtl. = weiche Masse]: *bes. zur Herstellung von Bier u. verschiedenen Nährpräparaten dienendes Produkt aus Getreide (meist Gerste), das zum Keimen gebracht u. danach gedarrt wurde.*

Malz|bier, das: *süßes, malzhaltiges dunkles Bier mit geringem Alkoholgehalt.*

Malz|bon|bon, der od. das: *[Husten]bonbon, der einen Zusatz von Malz enthält.*

Malz|dar|re, die: *Darre zum Trocknen von Malz.*

Malz|zei|chen, das [zu ↑ mal]: *Zeichen zum Malnehmen, Multiplizieren; Multiplikationszeichen (Zeichen: · od. ×).*

mal|zen (veraltet), **mäl|zen** ⟨sw. V.; hat⟩ [mhd. malzen] (Brauereiwesen): *aus etw. Malz bereiten:* Gerste m.

Mäl|zer, der; -s, -: *Arbeiter in einer Mälzerei.*

Mäl|ze|rei, die; -, -en: *zu einer Brauerei gehörender Betrieb, in dem Malz hergestellt wird.*

Mäl|ze|rin, die; -, -nen: w. Form zu ↑ Mälzer.

Malz|zeug, das: *Malutensilien.*

Malz|ex|trakt, der, Fachspr. auch: das: *als Nähr- u. Stärkungsmittel dienender Extrakt aus Gerstenmalz.*

malz|hal|tig ⟨Adj.⟩: *Malz enthaltend.*

Malz|kaf|fee, der: **1.** *Kaffee-Ersatz aus zum Keimen gebrachter, getrockneter u. gerösteter Gerste.* **2.** *Getränk aus gemahlenem, mit kochendem Wasser übergossenem Malzkaffee* (1).

Malz|zu|cker, der: *Maltose.*

Ma|ma [geh. veraltend: maˈma:], die; -, -s [frz. maman, verw. mit lat. mamma, ↑ Mamma] (fam.): *Mutter:* liebe M.; M. bekam Kopfschmerzen, und Kalle wollte nicht in den Kindergarten, solange Anton und ich zu Hause waren (Thor [Übers.], Ich 7); wie geht es Ihrer Frau M. [maˈma:]?

Ma|ma|chen, das; -s, -: Kosef. für Mama.

Ma|ma|pup|pe [auch: ´– – –], die: *Puppe, die mittels einer eingebauten Mechanik einen als »Mama« zu deutenden Laut von sich gibt.*

Mam|ba, die; -, -s [Zulu (südafrik. Spr.)]: *(in Afrika heimische) giftige Natter von grüner bzw. schwarzer Färbung, die auf Bäumen u. im Gebüsch lebt.*

Mam|bo, der; -[s], -s, auch: die; -, -s [wohl aus dem Kreol. Haitis]: *südamerikanisch-kubanischer Gesellschaftstanz im* ⁴/₄*-Takt, mit schnellen Schritten u. ruckartigen Hüftbewegungen.*

Ma|me|luck, der; -en, -en [ital. mammalucco < arab. mamlūk = Sklave]: **1.** *Söldner islamischer Herrscher.* **2.** *Angehöriger eines ägyptischen Herrschergeschlechts (des 13.–16. Jh.s).*

Ma|mi, die; -, -s: Kosef. von ↑ Mama.

Ma|mil|la, Mamille, die; -, ...llae [...lɛ; lat. mamilla, Vkl. von: mamma, ↑ Mamma] (Anat., Med.): *Brustwarze.*

Ma|mil|la|ria, Mammillaria, die; -, ...ien [nlat., zu ↑ Mamilla]: *Warzenkaktus.*

Ma|mil|le, die; -, -n (Anat., Med.): ↑ Mamilla.

Mam|ma, die; -, Mammae [...mɛ; lat. mamma = Mutter(brust), Amme < griech. mámma, Lallwort der Kinderspr.]: **1.** (Med.) *weibliche Brust, Brustdrüse.* **2.** (Tiermed.) *Euter.*

Mam|ma|kar|zi|nom, das (Med.): *Brustkrebs.*

Mam|ma|lia ⟨Pl.⟩ (Zool.): *Säugetiere.*

Mam|ma|lo|ge, der; -n, -n [↑-loge]: *Wissenschaftler auf dem Gebiet der Mammalogie.*

Mam|ma|lo|gie, die; - [↑-logie]: *Teilgebiet der Zoologie, das sich mit den Säugetieren befasst.*

Mam|ma|lo|gin, die; -, -nen: w. Form zu ↑Mammaloge.

Mam|ma|tus|wol|ke, die; -, -n [zu lat. mammatus = mit Brüsten versehen] (Met.): *bes. während od. nach Gewittern auftretende Wolke mit beutelförmiger Quellung an der Unterseite.*

Mam|mil|la|ria: ↑Mamillaria.

Mam|mo|gra|phie, die; -, -n [zu ↑Mamma u. ↑-graphie] (Med.): *röntgenologische Untersuchung der weiblichen Brust zur Feststellung bösartiger Geschwülste.*

Mam|mon, der; -s [kirchenlat. mammona(s) < griech. mamōnās < aram. ma̱môna̱ = Besitz, Habe] (meist abwertend od. scherzh.): *Geld als [leidige] materielle Voraussetzung für etw., zur Erfüllung luxuriöser Bedürfnisse o. Ä.:* dem M. nachjagen; Manch alter Ingenieur ist bescheiden geblieben, obwohl er heute in M. baden könnte (Woche 7. 11. 97, 19); er tut alles um des schnöden -s willen.

Mam|mo|nis|mus, der; - (seltener): *Geldgier, Geldherrschaft.*

Mam|mo|plas|tik, die [zu ↑Mamma u. ↑¹Plastik] (Med.): *plastische Operation der weiblichen Brust.*

Mam|mut, das; -s, -e u. -s [frz. mammouth < russ. mamont, viell. aus dem Jakut.]: *(gegen Ende der Eiszeit ausgestorbener) Elefant mit dichter, langer Behaarung u. langen, gebogenen Stoßzähnen.*

Mam|mut- (emotional verstärkend): drückt in Bildungen mit Substantiven aus, dass etw. von gewaltiger Anzahl, Menge, räumlich od. zeitlich von besonders großer Ausdehnung ist: Mammutgebilde, -tournee.

Mam|mut|an|la|ge, die: *überdimensionale Anlage (3, 4).*

Mam|mut|auf|ge|bot, das: *übergroßes Aufgebot.*

Mam|mut|bau, der ⟨Pl. -ten⟩: vgl. Mammutanlage.

Mam|mut|baum, der: *(im westlichen Nordamerika heimischer) sehr hoch wachsender Baum mit rissiger, hellbrauner Borke, schuppenförmigen Nadeln u. pyramidenförmiger Krone.*

Mam|mut|be|trieb, der: vgl. Mammutanlage.

Mam|mut|film, der: *aufwendiger Film mit Überlänge; Kolossalfilm.*

mam|mut|haft ⟨Adj.⟩ (emotional verstärkend): *überdimensional in Bezug auf Ausmaß, Umfang, Anzahl, Menge, räumliche od. zeitliche Ausdehnung.*

Mam|mut|kno|chen, der: *erhaltener Knochen eines Mammuts.*

Mam|mut|kon|zert, das: vgl. Mammutveranstaltung.

Mam|mut|pro|duk|ti|on, die: vgl. Mammutveranstaltung.

Mam|mut|pro|gramm, das: vgl. Mammutveranstaltung.

Mam|mut|pro|zess, der: vgl. Mammutveranstaltung.

Mam|mut|sit|zung, die: vgl. Mammutveranstaltung.

Mam|mut|ske|lett, das: vgl. Mammutknochen.

Mam|mut|un|ter|neh|men, das: vgl. Mammutveranstaltung.

Mam|mut|ver|an|stal|tung, die (emotional verstärkend): *Veranstaltung in sehr, übermäßig großem Rahmen mit sehr vielen Beteiligten.*

mamp|fen ⟨sw. V.; hat⟩ [eigtl. = mit vollem Munde sprechen u. nur undeutliche Laute hören lassen] (salopp): *behaglich [mit vollen Backen] essen:* ... während die Männer mampften (Grass, Butt 545); ich ... mampfte im Fahren Streuselkuchen (Martin, Henker 92); Vorbei die Zeiten, wo man Silvester noch vor dem Fernseher feierte, roten Heringssalat mampfte und den Adressteil des Taschenkalenders übertrug (Woche 19. 12. 97, 33); Ein schweigend mampfender Mann ist zufrieden (Bild 31. 3. 64, 3); Ü ⟨subst.:⟩ er liebte das Mampfen der Knetmaschine (Böll, Haus 140).

Mam|sell, die; -, -en u. -s [frz. ugs. mam'selle, Kurzf. von ↑Mademoiselle]: **1.** Angestellte, die in einer Gaststätte für die Zubereitung u. Ausgabe der warmen u. kalten Speisen verantwortlich ist (Berufsbez.): jmdn. als kalte M. (Kaltmamsell) einstellen. **2.** (veraltet) Hausgehilfin: Als mich eine saubere M. in den Salon führte (Quick 16, 1958, 22). **3.** (veraltet, noch spött. od. scherzh.) Fräulein (1 a, 2 a): ◆ Sonst meinte ich so - die Sternberg. - Die M. Sternberg? (Iffland, Die Hagestolzen II, 2); Sie sehen, dass meine Absichten auf M. Luisen ernsthaft sind (Schiller, Kabale I, 2). **4.** (veraltend) Hauswirtschafterin auf einem Gutshof (Berufsbez.).

¹man ⟨Indefinitpron. im Nom.; zu den gebeugten Fällen ↑¹ein (II 2 b)⟩ [mhd., ahd. man (↑Mann), eigtl. = irgendeiner, jeder beliebige (Mensch)]: **1.** *jemand (sofern er in einer bestimmten Situation stellvertretend für jedermann genommen werden kann):* von dort oben hat man eine herrliche Aussicht; Wenn man in unserem Alter ist, gibt es ja nicht gerade viele Plätze, wo man hingehen kann (Thor [Übers.] Ich, 20); in Koch-, Backrezepten: man nehme ...; oft in sentenzhaften Formulierungen: man kann nie wissen, wozu es gut ist. **2.** *irgendjemand od. eine bestimmte Gruppe von Personen (im Hinblick auf ein bestimmtes Verhalten, Tun; oft anstelle einer passivischen Konstruktion):* Aufgrund von Zahlungsunfähigkeit hat man nun Kunden und Gläubiger aufgefordert, durch den Verzicht auf Leistungen die Firma weiter am Leben zu erhalten (CCI 1, 1999, 29); man vermutet *(es wird allgemein vermutet)*, dass er es selbst getan hat; man hat die Kirche wieder aufgebaut *(die Kirche wurde wieder aufgebaut);* wie sagt man dazu *(wie heißt das)* auf Italienisch? **3. a)** *die Leute (stellvertretend für die Öffentlichkeit):* man ist heute in diesem Punkt viel toleranter; man trägt das heute *(das ist jetzt Mode);* **b)** *jemand, der sich an bestimmte gesellschaftliche Normen, Gepflogenhei-*

ten hält: so etwas tut man nicht; schäm dich, sagt man so ein böses Wort? **4.** *ich, wir (wenn der Sprecher, die Sprecherin in der Allgemeinheit aufgeht od. aufgehen möchte):* man versteht ja sein eigenes Wort nicht!; ehe man sichs versah; wenn man sich die Sache richtig überlegt; Dann hing ich eine Weile an den Kniekehlen. Es ist lustig, wenn alles auf dem Kopf steht ... Es war, als ob die ganze Welt auf dem Kopf stände, und nur man selber war noch richtig herum (Thor [Übers.]. Ich, 8). **5.** *du, ihr, Sie; er, sie (zum Ausdruck der Distanz, wenn jmd. die direkte Anrede vermeiden will):* hat man sich gut erholt?; (spött.:) man ist wohl eingeschnappt, wie?

²man ⟨Adv.⟩ [niederd. man = nur, über eine nicht belegte Form mit -m- zu: ne-wan = nur, ausgenommen < asächs. ne-, nowan, aus ne- = nicht u. wan = nur, außer] (nordd. ugs.): *nur* (als Bekräftigung, zur Verstärkung des Gesagten): lass man gut sein!; na, denn man los!; er soll man ruhig sein!; Und was den Genossen Michels angehe ..., der solle m. aufpassen, dass ihn seine Rede nicht allzu weit nach links trage (Grass, Butt 559).

Man, der od. das; -s, -s ⟨aber: 3 Man⟩ [pers. man]: *altes persisches Gewicht.*

Ma|na, das; - [nach der Vorstellung der Südseeinsulaner eine geheimnisvolle, übernatürliche Kraft, eine numinose Macht in Menschen, Tieren u. Dingen, die Außergewöhnliches bewirkt.

Mä|na|de, die; -, -n [lat. maenas (Gen.: maenadis) < griech. mainás = weibliche Person im Gefolge des Weingottes Dionysos, eigtl. = die Verzückte] (bildungsspr.): *sich wild gebärdende, rasende Frau.*

Ma|nage|ment ['mænɪdʒmənt], das; -, -s [engl. management, zu: to manage, ↑managen]: **1.** ⟨o. Pl.⟩ Leitung, Führung eines Großunternehmens o. Ä., die Planung, Grundsatzentscheidungen u. Erteilung von Anweisungen umfasst: ein Mitspracherecht beim M. haben. **2.** Führungskräfte in Großunternehmen o. Ä.: das mittlere, obere; dem M. angehören; Weitere Aktionäre sind das M. der Bank und die Mitarbeiter (FAZ 31. 3. 99, 28).

Ma|nage|ment-Buy-out, das; -s, -s [zu engl. buyout = Kauf (einer Mehrheitsbeteiligung, zu: to buy out = aufkaufen] (Wirtsch.): *Übernahme einer Firma durch die eigene Geschäftsleitung:* Im wilden Osten kann man dann und wann noch Ideen durchziehen, die in den »alten Ländern« am Strukturkonservativismus scheitern. Eine zwölfjährige Schulzeit zum Beispiel ... eine intelligente Unterstützung für -s (Woche 3. 1. 97, 42).

ma|na|gen ['mænɪdʒn] ⟨sw. V.; hat⟩ [engl. to manage = handhaben; leiten < ital. maneggiare = handhaben, zu: mano < lat. manus = Hand]: **1.** (ugs.) *handhaben u. bewerkstelligen od. bewältigen; leiten:* etw. geschickt m.; Und sogar für den südafrikanischen Präsidenten Nelson Mandela ... managte er den ersten Wahlkampf (Woche 1. 11. 97, 6). **2.** *(jmdn., bes.*

einen Künstler, einen Berufssportler o. Ä.) geschäftlich betreuen; lancieren (2): der Fußballspieler wird noch immer von seiner Frau gemanagt; Idealbilder, Typen und Idole können durch Kommunikationsmittel sozusagen gemanagt werden (Ruthe, Partnerwahl 43).

Ma|na|ger [ˈmɛnɪdʒɐ], der; -s, - [engl. manager]: **1.** *mit weitgehender Verfügungsgewalt u. Entscheidungsbefugnis ausgestattete, leitende Persönlichkeit eines Großunternehmens:* Das Unternehmen suchte einen M.; Erst das katastrophale öffentliche Echo auf den kippenden Kleinwagen brachte die hoch bezahlten M. ... dazu, den Test ernst zu nehmen (Woche 14. 11. 97, 13); Der professionelle Verkäufer handelt eigenverantwortlich wie ein M., setzt sich Ziele, plant Aktionen, führt sie durch und überprüft die Ergebnisse kritisch (CCI 13, 1998, 56). **2.** *geschäftlicher Betreuer von Künstlern, Berufssportlern o. Ä.:* Meine M. haben die Deutschlandhalle gemietet (Kinski, Erdbeermund 10); der Star trennte sich von seinem M.

Ma|na|ge|rin, die; -, -nen: w. Form zu ↑Manager.

ma|na|ger|krank ⟨Adj.⟩ (volkst.): *an der Managerkrankheit leidend.*

Ma|na|ger|krank|heit, die ⟨o. Pl.⟩ (volkst.): *bes. bei Männern mittleren Alters infolge körperlicher u. seelischer Überbeanspruchung auftretende Erkrankung mit Störungen des Kreislaufs.*

Ma|na|ger|typ, der: *Typ des Managers* (1); *jmd., der gerne managt:* Das Ergebnis ist der aalglatte, hochgezüchtete M., der die Spielregeln beherrscht, wie er am besten vorankommt, aber nicht der Typ, der den Mut hat, auch mal unkonventionelle Entscheidungen zu treffen (Wirtschaftswoche 10, 1994, 148); Die Bürde muss ... verteilt werden, am besten auf die ... Schultern von -en (Welt 25. 11. 61, 15).

Ma|na|gua: Hauptstadt von Nicaragua.

Ma|na|ma: Hauptstadt von Bahrain.

Ma|na|ti, der; -s, -s [span. manatí, wohl karib. Wort] (Zool.): *Lamantin.*

man|can|do ⟨Adj.⟩ [ital. mancando, **1.** Part. von: mancare = mangeln, fehlen, zu: manco, ↑Manko] (Musik): *abnehmend; die Lautstärke zurücknehmend.*

manch ⟨Indefinitpron. u. unbest. Zahlwort⟩ [mhd. manec, manig, ahd. manag, gemeingerm. Wort, vgl. z. B. aengl. manig (> engl. many); der ch-Auslaut wurde im Frühnhd. aus den Mundarten übernommen]: **1.** mancher, manche, manches; ⟨unflekt.:⟩ manch ⟨Sg.⟩; *einzelne Person od. Sache, die sich mit andern ihrer Art zu einer unbestimmten, aber ins Gewicht fallenden Anzahl summiert:* ⟨attr.:⟩ die Ansicht -es Gelehrten; aufgrund -en/(seltener:) -es Missverständnisses; in -em schwierigen Fall; ich habe mich schon so -es Mal *(schon öfter)* gewundert; ⟨unflekt.:⟩ manch n. einer; So m. eines der 41 Koloniemitglieder wird seine Wochenendzuflucht bald aufgeben (Woche 27. 3. 98, 10); Selbst m. Manager-Kollege verortet ihn »am Rande der

Brutalität« (Woche 28. 3. 97, 3); Manch alter Ingenieur ist bescheiden geblieben (Woche 7. 11. 97, 19); die Ansicht m. eines Gelehrten; Was Wunder bei der Qualität m. kirchlicher Hochzeit oder Beerdigung (Woche 17. 1. 97, 27); in m. schwierigem Fall; ⟨allein stehend:⟩ so -er musste das erleben!; gar -es ist wahr geworden, was unmöglich schien. **2.** manche ⟨Pl.⟩; einige, in ihrer Anzahl aber trotzdem ins Gewicht fallende Personen od. Sachen unter anderen: ⟨attr.:⟩ -e schöne/schönen Aussichten; -e ältere/älteren Menschen; an -en Stellen ist das Gewebe schon brüchig; An -en Abenden saßen kaum 100 Leute im 1000-Sitze-Saal (Woche 4. 4. 97, 39); ⟨allein stehend:⟩ -e der, von den, unter den Verletzten; es waren viele da, darunter -e, die ich nicht kannte.

man|chen|orts: ↑mancherorts.

man|cher|lei ⟨unbest. Gattungsz.; indekl.⟩ [↑-lei]: *verschiedene einzelne [ins Gewicht fallende] Dinge, Arten o. Ä. umfassend:* ⟨attr.:⟩ m. Unbilden, Ursachen; Geruch nach ... Butter und m. Käse (Broch, Versucher 87); ⟨allein stehend:⟩ m. mit jmdm. gemeinsam haben; Probiert haben Frankreichs Politiker m.: Denunziation, moralische Entrüstung, Verbotsdrohungen (Woche 14. 2. 97, 3); auf m. verzichten müssen; ◆ ⟨mit dem best. Art.:⟩ hinunterschauern dürfte mein Aug' auf die m. Folterschrauben der sinnreichen Hölle (Schiller, Fiesco V, 13).

man|cher|or|ten (selten): ↑mancherorts.

man|cher|orts ⟨Adv.⟩ (geh.): *an manchen, einigen Orten:* m. werden die alten Bräuche noch gepflegt.

man|cher|wärts ⟨Adv.⟩ [↑-wärts] (geh.): *mancherorts:* dass die Akzente sich m. verschoben haben oder dass anderwärts sich neue Möglichkeiten abzeichnen (Dönhoff, Ära 73).

¹Man|ches|ter [ˈmɛntʃɛstɐ, engl.: ˈmæntʃɪstə]: *englische Stadt.*

²Man|ches|ter [ˈmɛntʃɛstɐ, manˈʃɛstɐ], der; -s [nach der gleichnamigen engl. Stadt]: *strapazierfähiger, steifer, gerippter Baumwollsamt bes. für Arbeitsanzüge.*

Man|ches|ter|an|zug, der: vgl. Manchesterhose.

Man|ches|ter|dok|trin, die; -: *wirtschaftspolitische Doktrin, nach der der Egoismus des Einzelnen allein die treibende Kraft in der Wirtschaft darstellt.*

Man|ches|ter|ho|se, die: *Hose aus* ²Manchester.

Man|ches|ter|ja|cke, die: vgl. Manchesterhose.

Man|ches|ter|samt, der: ²Manchester.

Man|ches|ter|stoff, der: ²Manchester.

Man|ches|ter|tum [ˈmɛntʃɛstɐtuːm], das; -s [¹Manchester war im 19. Jh. Zentrum dieser Richtung]: *wirtschaftspolitischer Liberalismus mit der Forderung nach völliger Freiheit der Wirtschaft ohne jeden staatlichen Eingriff.*

manch|mal ⟨Adv.⟩ [zusgez. aus unflekt. ↑manch u. ↑¹Mal]: **a)** *nicht regelmäßig, unterschiedlich häufig, mehr od. weniger*

oft; hin u. wieder: ich treffe ihn m. auf meinem Weg ins Büro; m. will es mir scheinen, als ob es Absicht wäre; **b)** *in einigen Fällen:* m. ist diese Vorliebe gerechtfertigt; Der Mensch sucht Schutz in natürlichen, m. aber auch künstlichen Höhlen (Bild. Kunst III, 14).

manch|mal|lig ⟨Adj.⟩: *manchmal* (a) *vorkommend:* sich durch die ergangenen Verbote und ihre -en Wiederaufhebungen hindurchzufinden (Zeitschrift für deutsche Sprache 3, 1967, 181).

Man|chon [mãˈʃõː], der; -s, -s [frz. manchon, zu: manche = Ärmel < lat. manica = kurzer Ärmel an der Tunika] (Papierherstellung): *Filzüberzug der Gautschwalze bei Maschinen zur Papierherstellung.*

Man|dä|er ⟨Pl.⟩ [zu ostaram. mandā = Einsicht]: *(im Irak u. im Iran heute noch verbreitete) alte gnostische Sekte, die einen Erlöser aus dem Reich des Lichtes erwartet.*

man|dä|isch ⟨Adj.⟩: *die Mandäer, ihre Lehre u. Sprache betreffend.*

Man|da|la, das; -[s], -s [sanskr. mandala = Kreis]: **1.** *in den indischen Religionen als Meditationshilfe dienende abstrakte od. bildhafte Darstellung (meist in Kreis- od. Viereckform).* **2.** (Psych.) *Traumbild od. von Patienten angefertigte bildliche Darstellung als Symbol der Selbstfindung.*

Man|dant, der; -en, -en [zu lat. mandans (Gen.: mandantis), 1. Part. von: mandare = anvertrauen] (Rechtsspr.): *Klient eines Rechtsanwalts:* jmdn. als -en annehmen; Die Verteidiger ... wollen Rücksprache mit ihrem -en nehmen (Noack, Prozesse 19).

Man|dan|tin, die; -, -nen: w. Form zu ↑Mandant.

¹Man|da|rin, der; -s, -e [port. mandarim (in Anlehnung an: mandar = befehlen) < malai. mantari < Hindi mantri < sanskr. mantri = Ratgeber, Minister]: *(bis zur Revolution von 1911) zur politischen u. sozialen Führungsschicht gehörender chinesischer Staatsbeamter.*

²Man|da|rin, das; -[s]: *Dialekt von Peking, der heute die Hochsprache Chinas ist.*

Man|da|ri|ne, die; -, -n [frz. mandarine < span. (naranja) mandarina, eigtl. = Mandarinenorange (wohl nach der gelben Amtstracht der Mandarine u. auch weil die Frucht als erlesen galt)]: *der Apfelsine ähnliche, aber kleinere u. flachere Zitrusfrucht mit süßerem Aroma u. leicht ablösbarer Schale.*

Man|da|ri|nen|baum, der: *kleiner, immergrüner Baum mit lanzettförmigen Blättern, weißen, duftenden Blüten u. Mandarinen als Früchten.*

Man|da|ri|nen|en|te: ↑Mandarinente.

Man|da|ri|nen|kern, der: *Kern einer Mandarine.*

Man|da|ri|nen|öl, das: *aus den Schalen der Mandarine gewonnenes ätherisches Öl.*

Man|da|ri|nen|saft, der: vgl. Orangensaft.

Man|da|ri|nen|scha|le, die: *Schale der Mandarine.*

Man|da|ri|nen|schei|be, die: vgl. Apfelsinenscheibe.

Man|da|rin|en|te, Mandarinenente, die; -, -n [LÜ von engl. mandarin duck]: *(in Ostasien heimische) Ente mit orangeroten Schulterfedern beim Männchen.*

Man|dat, das; -[e]s, -e [lat. mandatum = Auftrag, Weisung, subst. 2. Part. von: mandare, ↑Mandant]: **1. a)** (bes. Rechtsspr.) *Auftrag, etw. für jmdn. auszuführen, jmdn. in einer Angelegenheit juristisch zu vertreten:* ein M. übernehmen; sein M. niederlegen; Unsere Buchhaltungsabteilung betreut die -e Kunden der Produktions-, Handels- und Dienstleistungsbranchen (Bund 9. 8. 80, 12); **b)** *Auftrag, den Abgeordnete durch eine Wahl erhalten haben:* imperatives *(an Weisungen gebundenes)* M.; freies *(nicht an Weisungen gebundenes)* M.; politisches M. *(Berechtigung einer Körperschaft, Erklärungen zu allgemeinen politischen Fragen abzugeben);* Sie bringt auch zum Ausdruck, wie verzweifelt die Konservativen nach 18 Regierungsjahren um ein weiteres M. *(einen weiteren Auftrag zum Regieren)* kämpfen (Woche 25. 4. 97, 20). **2.** *auf einer Wahl beruhendes Amt eines Abgeordneten mit Sitz u. Stimme im Parlament; Abgeordnetensitz:* sein M. niederlegen; die Partei hatte eine größere Anzahl -e gewonnen, erworben; die Berechnung der auf die einzelnen Parteien entfallenden -e. **3.** *(im Auftrag des früheren Völkerbundes) von einem fremden Staat in Treuhand verwaltetes Gebiet:* die Kolonien des Deutschen Reiches wurden in -e umgewandelt. **4.** (früher) *Erlass, Auftrag an einen Untergebenen.*

Man|da|tar, der; -s, -e [mlat. mandatarius, zu lat. mandatum, ↑Mandat]: **1.** *jmd. (z. B. ein Rechtsanwalt), der im Auftrag, kraft Vollmacht eines anderen handelt.* **2.** (österr.) *Abgeordneter:* der Zwang, ihr (= der mächtigen industriellen Lobby) entgegenzukommen, um sich mit ihr zu vergleichen, erfasste selbst -e der ökologischen Partei (Woche 27. 3. 98, 6).

Man|da|ta|rin, die; -, -nen: w. Form zu ↑Mandatar.

Man|da|tar|staat, der: *Staat, der ein Mandat* (3) *in Treuhand verwaltet.*

man|da|tie|ren ⟨sw. V.; hat⟩ (Rechtsspr. veraltet): *beauftragen, bevollmächtigen.*

Man|da|tor, der; -s, ...oren [lat. mandator = Auftraggeber]: *kaiserlicher Bote* (a) *im byzantinischen Reich.*

Man|dats|ge|biet, das: *Mandat* (3).

Man|dats|trä|ger, der: *jmd., dem ein Mandat* (1) *übertragen worden ist:* die Kontrolle der eigenen M. im Betriebsrat (Stamokap 92).

Man|dats|trä|ge|rin, die: w. Form zu ↑Mandatsträger.

Man|dats|ver|lust, der: *Verlust des Mandats* (2).

Man|da|tum, das; -s, ...ta [kirchenlat. mandatum, eigtl. = Auftrag, nach Joh. 13, 14 f.: So wie ich ... euch die Füße gewaschen habe, so sollt ihr auch euch untereinander die Füße waschen] (kath. Kirche): *Zeremonie der Fußwaschung in der Gründonnerstagsliturgie.*

¹Man|del, die; -, -n [mhd. mandel, ahd. mandala < spätlat. amandula, Nebenf. von lat. amygdala < griech. amygdálē]: **1. a)** *von einer braunen Haut umgebener, gelblich weißer Samenkern des Steinfrüchte des Mandelbaums, der für die Herstellung von Süßwaren u. zum Backen verwendet wird:* süße, bittere -n; gebrannte -n; -n überbrühen und abziehen; -n hacken, reiben, durch die Mandelmühle drehen; **b)** *glatter Steinkern mit kleinen Vertiefungen, der in den Steinfrüchten des Mandelbaums sitzt u. die Mandel* (1 a) *enthält.* **2.** ⟨meist Pl.⟩ **a)** *Gaumenmandel:* die -n sind geschwollen, leicht gerötet, entzündet; vereiterte -n haben; sich die -n herausnehmen lassen; **b)** (Anat.) *mandelförmiger Gewebslappen bzw. Organ aus lymphatischem Gewebe* (z. B. Rachen-, Zungenmandel). **3.** (Geol.) *Geode* (2).

²Man|del, die; -, -[n] [spätmhd. mandel < mlat. mandala = Bündel, Garbe, im Sinne von »eine Hand voll« wohl zu lat. manus = Hand] (veraltet): **a)** (bes. von Eiern) *Menge von 15 od. 16 Stück:* drei -[n] Eier; eine kleine M. *(15 Stück);* eine große M. *(16 Stück);* **b)** *Gruppe von etwa 15 aufgestellten Getreidegarben.*

Man|del|au|ge, das ⟨meist Pl.⟩: *mandelförmiges Auge:* ob die ... -n schön schwarz und bis in die Winkel hinein umrandet waren (FAZ 20. 5. 61, 58); Mongolen seien harmlos, heiße es (er machte die -n nach) (Kempowski, Uns 44).

man|del|äu|gig ⟨Adj.⟩: *Mandelaugen besitzend:* Mit einer Japanerin als Ehefrau und süßen, -en Kindern (Hörzu 18, 1971, 14).

Man|del|baum, der: **a)** *kleiner Baum mit weißen od. rosa, vor den Blättern erscheinenden Blüten u. abgeflacht eiförmigen Steinfrüchten mit einem Steinkern, der die ¹Mandel* (1 a) *enthält;* **b)** *(aus China stammender) oft als Hochstamm veredelter Zierstrauch mit kleinen gefüllten rosa Blüten.*

Man|del|bäum|chen, das: *Mandelbaum* (b).

Man|del|ent|zün|dung, die: *Entzündung u. Schwellung der [Gaumen]mandeln mit Schluckbeschwerden.*

man|del|för|mig ⟨Adj.⟩: *von der Form einer ¹Mandel* (1), *[abgeflacht] eiförmig u. an den beiden Enden spitz auslaufend:* -e Augen.

Man|del|ge|bäck, das: *Kleingebäck, dessen Teig hauptsächlich aus geriebenen Mandeln besteht.*

Man|del|kern, der: *¹Mandel* (1 a).

Man|del|kleie, die: *Reinigungsmittel für empfindliche Haut aus den kleieartigen Rückständen bei der Gewinnung von Mandelöl.*

Man|del|ku|chen, der: *mit [geraspelten o. ä.] ¹Mandeln* (1 a) *belegter, bestreuter, zubereiteter Kuchen.*

Man|del|milch, die: *Mittel zur Hautpflege aus geschälten ¹Mandeln* (1 a) *mit bestimmten Zusätzen.*

Man|del|mühl|le, die: *Küchengerät zum Mahlen von ¹Mandeln* (1 a).

Man|del|öl, das ⟨o. Pl.⟩: *Öl aus den Früchten des Mandelbaums.*

Man|del|ope|ra|ti|on, die: *Tonsillektomie.*

Man|del|rei|be, die: vgl. Mandelmühle.

Man|del|säu|re, die: *aus bitteren ¹Mandeln* (1 a) *gewonnene Säure.*

Man|del|scha|le, die: *Schale der ¹Mandel* (1 b).

Man|del|sei|fe, die: *Seife aus Mandelöl.*

Man|del|stein, der [nach der Form des Hohlraums im Innern der Geode] (Geol.): *Geode* (1).

Man|derl: ↑Mandl.

Man|derl|steh|lauf das; -s, -s (österr. ugs.): *Stehaufmännchen.*

Man|di|beln ⟨Pl.⟩ [zu spätlat. mandibula = Kinn(lade), zu lat. mandere = kauen] (Zool.): *Oberkiefer, erstes Paar der Mundgliedmaßen bei Gliederfüßern.*

Man|di|bu|la, die; -, ...lae [...lɛ]; spätlat. mandibula, ↑Mandibeln] (Anat.): *Unterkiefer.*

man|di|bu|lar, man|di|bu|lär ⟨Adj.⟩ (Med.): *zum Unterkiefer gehörend.*

Man|di|bu|la|re, das; -, -n (Zool.): **1.** *knorpeliger Unterkiefer der Haifische.* **2.** *Unterkiefer der Wirbeltiere.*

Man|din|go, der; -s, -s [aus einer afrik. Spr.]: *Godemiché.*

Man|di|o|ka, die; - [span. mandioca < Tupi (südamerik. Indianerspr.) mandioca, manioca]: *Stärkemehl aus den Wurzelknollen des Manioks.*

Mandl, das; -s, -n [mundartl. Vkl. von ↑Mann] (bayr., österr. ugs.): **a)** *Männlein; kleiner [alter] Mann:* ein steinaltes M.; *M. mit Kren (jmd., der imponieren will, der als starker Mann auftritt);* wie's **M. beim Sterz** *(in einer bestimmten Situation ratlos; wie der Ochs vorm Scheunentor);* **b)** *etw. in der Form eines Männleins* (z. B. Vogelscheuche).

Man|do|la, die; -, ...len [ital. mandola, älter: mandora, viell. umgestaltet aus: pandora < lat. pandura < griech. pandoūra = ein dreisaitiges Musikinstrument]: **a)** *aus dem Orient stammendes, kleines, lautenähnliches Zupfinstrument mit vier [Doppel]saiten;* **b)** *(neapolitanische) Mandoline in Altlage.*

Man|do|li|ne, die; -, -n [frz. mandoline < ital. mandolino, Vkl. von: mandola, ↑Mandola]: *lautenähnliches Musikinstrument mit bauchigem Schallkörper, kurzem Hals u. vier Doppelsaiten aus Stahl, die mit einem Plektron angerissen werden.*

Man|do|lo|ne, der; -[s] -s u. ...ni [ital. mandolono, Vgr. von: mandola, ↑Mandola]: *Mandoline in Basslage.*

Man|do|ra, die; -, ...ren [älter ital. mandora, ↑Mandola]: **1.** *Mandola.* **2.** *(bis zum 19. Jh. übliche) kleine Laute mit 4 bis 24 Saiten.*

Man|dor|la, die; -, ...dorlen [ital. mandorla = Mandel, älter: mandola < spätlat. amandula, ↑¹Mandel] (bild. Kunst): *(bei Christus- u. Mariendarstellungen) mandelförmiger Heiligenschein um die ganze Figur.*

Man|dra|go|ra, Man|dra|go|re, die; -, ...oren [lat. mandragoras < griech. mandragóras]: *(zu den Nachtschattengewächsen gehörende) stängellose Pflanze mit großen Blättern u. glockigen Blüten.*

Man|drill, der; -s, -e [engl. mandrill, zu: man = Mann, Mensch u. drill, ↑³Drill]: *(in Westafrika heimischer) in Herden lebender, dunkelbrauner, meerkatzenartiger Affe mit großem, buntfarbigem Kopf u. Stummelschwanz.*

Man|drin [mãˈdrɛ̃], der; -s, -s [frz. mandrin < provenz. mandre = Balken, H. u.] (Med.): **1.** *fester Führungsstab für Katheter aus weichem Material.* **2.** *Metalldraht, der in Kanülen zur Verhütung von Verstopfungen eingeführt wird.*

Mand|schu|rei, die; -: nordöstlicher Teil Chinas.

mand|schu|risch ⟨Adj.⟩: *die Mandschurei betreffend.*

-ma|ne: ↑-omane.

Ma|ne|ge [maˈneːʒə], die; -, -n [frz. manège = das Zureiten, Reitbahn < ital. maneggio, zu: maneggiare = handhaben, ↑managen]: *runde Fläche für Darbietungen in einem Zirkus, in einer Reitschule:* M. frei!; wenn er (= der Liliputaner Emil) auf seinen kurzen Beinchen durch die M. wirbelte, das Sägemehl aufstäubend (Jaeger, Freudenhaus 5); die Vorführung Sakuntalas ... fand in der M. *(Reitbahn)* der Spanischen Reitschule statt (Thieß, Frühling 138).

Ma|nen ⟨Pl.⟩ [lat. manes, zu älter lat. manus = gut, wohl eigtl. = gute Geister]: *(bes. im Rom der Antike) gute Geister eines Toten:* So erklärte er sein Wärterhäuschen und die Bahnstrecke ... für geheiligtes Land, welches ausschließlich den M. der Toten gewidmet sein sollte (Hauptmann, Thiel 7).

mang ⟨Präp. mit Dativ u. Akk.⟩ [mhd., mniederd. mang, manc, asächs. an gimang, eigtl. = Akk. von: gimang = Schar, Haufen, verw. mit ↑mengen] (nordd., berlin.): *mitten unter, zwischen:* m. die Kartoffeln; die Brille liegt m. den Zeitungen; ... siehst du ihn gerade mal quer durch den Ginster krauchen oder auch m. die Büsche (H. Kolb, Wilzenbach 157).

Man|ga, das od. der; -s, -s [jap. manga aus: man = bunt gemischt, kunterbunt u. ga = Bild]: *aus Japan stammender handlungsreicher Comic, der durch besondere grafische Effekte gekennzeichnet ist:* Steve Dillon, der »Preacher« in naturalistischen Bildern, allerdings in einer an der Schnitttechnik von Videoclips und japanischen -s geschulten Dramaturgie in Szene setzt (Woche 20. 12. 96, 39).

Man|ga|be, die; -, -n [nach der Landschaft Mangaby auf Madagaskar]: *(in Äquatorialafrika heimischer) meerkatzenartiger Affe mit dunkelgrauer Oberseite, weißlicher Unterseite, langem Schwanz u. hellen Augenlidern.*

Man|gan, das; -s [gek. aus älter: Manganesium < frz. manganèse < ital. manganese = Mangan < mlat. magnesia, ↑Magnesia]: *silberweißes, sehr sprödes Metall (chemisches Element; Zeichen: Mn).*

Man|ga|nat, das; -s, -e: *Salz einer Mangansäure.*

Man|gan|bron|ze, die: vgl. Manganerz.

Man|gan|erz, das: *Erz, das Mangan enthält.*

man|gan|hal|tig ⟨Adj.⟩: *Mangan enthaltend.*

Man|ga|nin®, das; -s: *für elektrische Widerstände verwendete Kupfer-Mangan-Nickel-Legierung.*

Man|ga|nit [auch: ...ˈnɪt], der; -s, -e: *vorwiegend in rhombischen Kristallen vorkommendes, metallisch glänzendes Mineral.*

Man|gan|knol|len ⟨Pl.⟩: *in den Ablagerungen von ¹Ton in der Tiefsee knollenartig angereicherte Manganerze.*

Man|gan|säu|re, die: *Sauerstoffsäure des Mangans.*

Man|gan|spat, der ⟨o. Pl.⟩: *rosarotes, auch graues od. braunes, durchscheinendes, glänzendes, in derben körnigen od. traubenartigen Verwachsungen vorkommendes Manganerz.*

Man|ge: ↑²Mangel.

¹Man|gel, der; -s, Mängel [mhd. mangel, zu ↑¹mangeln]: **1.** ⟨o. Pl.⟩ *[teilweises] Fehlen von etw., was vorhanden sein sollte, was gebraucht wird:* M. an Geld, Lebensmitteln; M. an Pflichtgefühl, Takt, Vertrauen; es herrscht M. an Arbeitsplätzen; An Modellen zur Bewältigung der Krise in der Altersversicherung herrscht kein M. (*davon gibt es [mehr als] genug;* Woche 14. 11. 97, 13); der M. machte sich immer stärker bemerkbar; einen M. empfinden; keinen M. leiden *(keine Not leiden, in verhältnismäßigem Wohlstand leben; reichlich zu essen haben);* einem M. abhelfen; jmdn. aus M./wegen -s an Beweisen freisprechen. **2.** ⟨meist Pl.⟩ *etw., was an einer Sache nicht so ist, wie es sein sollte, was die Brauchbarkeit beeinträchtigt u. von jmdm. als unvollkommen, schlecht o. ä. beanstandet wird:* technische Mängel; an der Maschine traten später größere Mängel zutage; der Sache haften einige Mängel an; die Mängel *(Unzulänglichkeiten)* des irdischen Daseins (Langgässer, Siegel 222); Mängel aufdecken, beheben; ... da Veranstalter nicht für Mängel an öffentlichen Bauten einstehen müssen (a & r 2, 1997, 127); mit Mängeln behaftet sein.

²Man|gel, die; -, -n [mhd. mange = Glättpresse, deren Walzen mit Steinen beschwert wurden, urspr. = Steinschleudermaschine < mlat. manga(na), manganum < griech. mágganon = Schleudermaschine]: *größeres Gerät, in dem Wäsche zwischen zwei rollenden Walzen geglättet wird:* Bettwäsche durch die M. laufen lassen, drehen; * jmdn. durch die M. drehen/in die M. nehmen/in der M. haben (salopp; jmdm. heftig zusetzen): Gehörte man zu denen, die von der Polizei schon einmal nach allen Regeln der Kunst durch die M. gedreht worden waren, dann konnte man einen Sinn in diesem Trip entdecken (Wolfe [Übers.], Radical 93); hier an diesem belebten Ort konnte er keinen der drei derart in die M. nehmen, dass ihre Auftraggeber herausbekäme (Zwerenz, Quadriga 58); sie hatten ihn bei der Prüfung ganz schön in der M.

Män|gel|an|zei|ge, die (Rechtsspr.): *Mängelrüge.*

Män|gel|be|richt, der (Technik): *Bericht, in dem Mängel (an einer Maschine, einem Fahrzeug o. Ä.) aufgeführt sind.*

Män|gel|be|ruf, der: *Beruf, in dem Arbeitskräfte fehlen, der Bedarf an Arbeitskräften [noch] nicht gedeckt ist.*

Man|gel|er|kran|kung, die: *Mangelkrankheit.*

Man|gel|er|näh|rung, die (Med.): *einseitige od. nicht ausreichende Ernährung, bei der ein Mangel an bestimmten lebenswichtigen Stoffen besteht.*

Man|gel|er|schei|nung, die (Med.): *Symptom dafür, dass dem Körper bestimmte lebenswichtige Stoffe fehlen.*

man|gel|frei, män|gel|frei ⟨Adj.⟩: *keinerlei Mängel aufweisend:* Der hätte, so die Begründung, die »organisatorischen Voraussetzungen schaffen müssen, um sachgerecht beurteilen zu können, ob das Bauwerk bei Abfederung mangelfrei ist« (Capital 4, 1996, 268); Der mitlaufende Uniroyal M + S Plus überstand den Nürburgring-Test dagegen mängelfrei (ADAC-Motorwelt 10, 1985, 56).

man|gel|haft ⟨Adj.⟩ [zu ↑¹Mangel]: *nicht ausreichend in Quantität od. Qualität u. bestimmten Anforderungen nicht entsprechend:* eine -e Leistung; bei -er Beleuchtung arbeiten; die -e Verpflegung an Bord (a & r 2, 1997, 12); Zu ihrem -en *(schlechten)* Personengedächtnis kam ein absoluter Mangel an Humor (H. Gerlach, Demission 266); die Note »mangelhaft«; ein recht m. vorbereitetes Schülermaterial (Th. Mann, Hoheit 243).

Man|gel|haf|tig|keit, die; -: *das Mangelhaftsein.*

Män|gel|haf|tung, die (Rechtsspr.): *Haftung für Mängel an etw.; Gewährleistung (2).*

Man|gel|kost, die (Med.): vgl. Mangelernährung.

Man|gel|krank|heit, die (Med.): *durch mangelhafte, einseitige o. ä. Ernährung bedingte Krankheit.*

Män|gel|lis|te, die: vgl. Mängelbericht.

¹man|geln ⟨sw. V.; hat⟩ [mhd. mang(e)len, ahd. mangolōn, H. u.] (oft geh.): **a)** ⟨unpers.⟩ *nicht od. nur in unzureichendem Maß [bei jmdm.] vorhanden sein, [jmdm.] zur Verfügung stehen:* es mangelt [jmdm.] an allem, an Geld, an Gelegenheit; es mangelt ihm an Erfahrung; eine gute optische Aufbereitung der Folien, an der es selbst im Zeitalter von Computer und Farbdrucker stellenweise noch mangelt (CCI 2, 1999, 15); er lässt es an gutem Willen m. *(zeigt keinen guten Willen);* mangelnde Menschenkenntnis; **b)** *als etw. Wichtiges bei jmdm., etw. nicht vorhanden sein:* jmdm. mangelt der rechte Ernst; dass ... mir nichts m. kann *(ich nichts entbehren muss;* Th. Mann, Joseph 428).

²man|geln, (südd.:) mangen ⟨sw. V.; hat⟩ [mhd. mangen]: *(fast) trockene Wäsche) auf der ²Mangel glätten:* Handtücher m.; ⟨subst.:⟩ Wäsche zum Mangeln bringen.

Män|gel|rü|ge, die (Rechtsspr.): *Mitteilung über Mängel an einer gekauften Ware, einer bestellten Arbeit o. Ä.*

man|gels ⟨Präp. mit Gen.⟩ [analog geb. zu ↑betreffs u. a.] (Amtsdt.): *aus Mangel an:* m. notwendiger Geldmittel; m. eindeutiger Beweise; ⟨bei allein stehenden, stark deklinierten Substantiven im Pl. mit Dativ:⟩ er wurde m. Beweisen freigesprochen; ⟨bei allein stehenden, stark deklinierten Substantiven im Sg. oft schon mit unflekt. Form:⟩ Freispruch m. Beweis.

Man|gel|si|tu|a|ti|on, die: *Situation, wirtschaftliche Lage, in der Mangel an etw. besteht.*

Man|gel|wa|re, die: *Ware, die überaus geschätzt u. gefragt ist, aber nur schwer od. überhaupt nicht zu erhalten ist:* Butter, Kaffee war zu dieser Zeit M.; Ü Männer waren auf dem Fest M.; in den Breiten, in denen der Schnee oft M. ist (*in denen es oft keinen Schnee gibt, er oft ausbleibt;* Gast, Bretter 76).

Man|gel|wä|sche, die; -: *zu* ²*mangelnde od. gemangelte Wäsche.*

Man|gel|zeit, die: vgl. Mangelsituation.

man|gen: ↑²mangeln.

Mang|le|baum, der; -[e]s, ...bäume [span. mangle < Taino (südamerik. Indianerspr.) mangle]: *(zu den Mangrovebäumen gehörender) dauerhaftes Holz liefernder Baum der amerikanischen u. westafrikanischen Mangrove.*

Mang|ler, der; -s, -: *jmd., der im Wäschereigewerbe o. Ä. die Tätigkeit des Mangelns ausübt.*

Mang|le|rin, die; -, -nen: w. Form zu ↑Mangler.

Man|go, die; -, ...onen od. -s [port. manga < Tamil mānkāy]: *große rote, grüne od. gelbe Frucht des Mangobaums mit saftigem Fruchtfleisch u. einem großen, flachen Steinkern.*

Man|go|baum, der: *(in den Tropen heimischer) großer Baum mit kugeliger Krone, länglich zugespitzten Blättern u. Mangos als Früchten.*

Man|go|frucht, die: *Mango.*

Man|gold, der; -[e]s, (Sorten:) -e [mhd. man(e)golt, H. u.]: *Gemüsepflanze mit großen, hellgrünen gewellten Blättern u. fleischigen, weißen Blattstielen.*

Man|go|pflau|me, die: *Mango.*

Man|gos|tan|baum, der; -[e]s, ...bäume [zu malai. mangustan]: *(in den Tropen heimischer) Obstbaum mit etwa apfelgroßen Früchten, von denen nur die fleischige, weiße Schale des Samens essbar ist.*

Man|gro|ve, die; -, -n [engl. mangrove, zu span. mangle = eine Mangrovenart ↑Manglebaum u. engl. grove = Gehölz]: *Wald an Küsten der Tropen, dessen Bäume mit ihren Wurzeln aus dem Wasser herausragen.*

Man|gro|ve|baum, der: *kleiner Baum der Mangrove mit dicken, lederartigen Blättern u. kurzem Stamm, der am unteren Ende in Stelzwurzeln übergeht, die eine Verwurzelung in der schlammigen Uferregion ermöglichen.*

Man|gro|ve|küs|te, die: *mit Mangrove bestandene Küste.*

Man|gro|ven|baum: ↑Mangrovebaum.

Man|gro|ven|küs|te: ↑Mangroveküste.

Man|gus|te, die; -, -n [frz. mangouste < port. mangu(s), älter: manguço < Marathi mungūs]: *(in Südeuropa u. Afrika heimische) Schleichkatze mit schlankem Körper, oft kurzen Beinen u. braunem bis grauem [quer gestreiftem] Fell.*

Man|hat|tan [mɛn'hɛtən]: Stadtteil von New York.

ma|ni|a|bel ⟨Adj.; ...bler, -ste⟩ [frz. maniable, zu: manier = handhaben, zu: main < lat. manus = Hand] (bildungsspr. veraltet): *leicht zu handhaben, handlich.*

ma|ni|a|ka|lisch ⟨Adj.⟩ [zu griech. manikós = zur Manie gehörend] (veraltet): *manisch.*

Ma|ni|chä|er, der; -s, - [nach dem pers. Religionsstifter Mani (216–277); 2: im Anklang an mahnen]: **1.** Anhänger des Manichäismus. **2.** (salopp scherzh.) *Gläubiger, der den Schuldner häufig mahnt.*

Ma|ni|chä|is|mus, der; -: *von Mani gestiftete gnostische Religion der späten Antike u. des frühen Mittelalters, deren Ausgangspunkt ein radikaler Dualismus (von Licht u. Finsternis, Gut u. Böse, Geist u. Materie) ist.*

Ma|nie, die; -, -n [spätlat. mania < griech. manía = Raserei, Wahnsinn]: **1.** (bildungsspr.) *Besessenheit, Zwang, sich in bestimmter Weise zu verhalten; krankhafte Sucht:* das Kaufen ist bei ihr zur M. geworden. **2.** (Psych.) **a)** *bes. durch Enthemmung u. Selbstüberschätzung gekennzeichneter heiter-erregter Gemütszustand als Phase der manisch-depressiven Psychose;* **b)** (veraltet) *Wahnsinn:* Wie Drähte eine Marionette, so schüttelte ihn die M. (Jacob, Kaffee 276).

Ma|nier, die; -, -en [mhd. maniere < (a)frz. manière = Art u. Weise, zu: main < lat. manus = Hand]: **1.** ⟨Pl. selten⟩ **a)** *charakteristische Art u. Weise, wie sie zu jmdm., etw. gehört:* Nun ist ... die Angewohnheit des joking und teasing, des Witzelns und Spöttelns, eine typische angelsächsische M. (Dönhoff, Ära 193); Er ... trug ein Anliegen auf eine nahezu bravouröse M. vor (Thieß, Legende 9); Diese als »Zertifikation« bekannte Prozedur, die die USA seit 1986 in imperialistischer M. auf derzeit 31 Staaten anwendet (Woche 21. 3. 97, 24); ◆ Und mit handlichen -en setzte die Hebamme die Gote hinter den Tisch (Gotthelf, Spinne 9); **b)** *typischer Stil eines Künstlers, einer Kunst[gattung], einer Darstellungsform:* Mit ... der in rembrandtscher M. gezeichneten »Anbetung der Hirten« (= den Traum aus Märchenhainen, olympischen Vögeln und Asphodeloswiesen) hier in der M. des Picasso im Salon einer neuen Livia sehen (Koeppen, Rußland 180); ein Mann, der ... über Cricket und Jockeis in ähnlicher M. schreibt wie ... (Welt 18. 1. 64, 15); **c)** (bildungsspr. abwertend) *Künstelei, Manieriertheit:* Er möchte den Reiz und die Gewalt der Verfremdung ohne Risiko einheimsen. Ohnmächtige M. wäre die Folge (Adorno, Prismen 259). **2.** ⟨meist Pl.⟩ *Benehmen, Umgangsform[en]:* gute, feine, schlechte -en; er hat keine -en; Er hat die -en eines Räubers (*unzivilisierte, üble Manieren;* Remarque, Obelisk 47); das ist keine M. (ugs.; *das gehört sich nicht*)!; Ü Die politischen -en der Männer an unserer Spitze sind ... schlecht (Augstein, Spiegelungen

38); ◆ *mit M. (auf anständige Weise; glimpflich):* Wie wär's, wenn sie uns freien Abzug eingestünden ... Wir vergrüben Gold und Silber, ... überließen ihnen das Schloss und kämen mit M. davon (Goethe, Götz III). **3.** (Musik) *Verzierung.*

Ma|ni|e|ra gre|ca, die; - - [ital. maniera greca = griechischer Stil]: *byzantinisch geprägte italienische Malerei, bes. des 13. Jh.s.*

ma|nie|riert ⟨Adj.⟩ [frz. maniéré] (bildungsspr. abwertend): *in einer bestimmten Manier (1 a, b) erstarrt; gekünstelt:* dieser ausdrucksvolle, ein wenig -e Linienstil klingt noch in den Illustrationszyklen ... des 13. Jh.s nach (Bild. Kunst III, 69); Lilli Palmer spielt ... die alte Lotte, m. wie meist und mit dem Kopfwackeln, das Mann vorschreibt (Spiegel 45, 1975, 175).

Ma|nie|riert|heit, die; -, -en: *manierierte Art, wie sie in den verschiedenen Ausdrucksformen eines Menschen zutage tritt:* Deine Schrift ist nicht ohne M. (Th. Mann, Krull 399).

Ma|nie|ris|mus, der; -, ...men: **1.** ⟨o. Pl.⟩ **a)** (Kunstwiss.) *Stil im Übergang zwischen Renaissance u. Barock, der durch eine Auflösung u. Verzerrung der Formen der Renaissance, durch groteske Ornamentik, überlange Proportionen u. a. gekennzeichnet ist;* **b)** (Literaturw.) *Stil der Übergangsphase zwischen Renaissance u. Barock, der durch eine Verbindung von Ungleichartigem zu einer künstlichen Einheit, durch eine Sprache mit überreichen Metaphern, mythologischen Anspielungen u. a. gekennzeichnet ist;* **c)** *Epoche des Manierismus (1 a, b):* Der M. zählt zu den Lieblingsepochen der Kunstgeschichte unseres Jahrhunderts. Auch wenn ihn unmittelbar am Ende des »langen« 19. Jahrhunderts noch das Verdikt Heinrich Wölfflins traf, der ihn als »Entartung der Renaissance« stigmatisierte (Zeit 1. 10. 98, 55); **d)** (Kunstwiss., Literaturw.) *in verschiedenen Epochen (z. B. Hellenismus, Romantik, Jugendstil, Hermetismus) dominierender gegenklassischer Stil.* **2.** *manieristische Ausprägung, Form, Äußerung o. Ä.:* Wie würden Sie es denn sonst nennen? ... Eine Angewohnheit, einen M., übernommen von denjenigen, die ... (Kemelman [Übers.], Mittwoch 18); ... Plauderstil, der manchen angegrauten Manierismen zum Trotz immer noch mehr Spaß am Theater weckt (Westermanns Monatshefte 2, 1980, 29 [Zeitschrift]); Kissin (= Pianist) bändigt das mit wundervoller Einsicht in Schumanns gebrochene Poesie. Er unternimmt Ausritte ins Extreme und landet doch nie im M. der Brillanz (Zeit 14. 1. 99, 34).

Ma|nie|rist, der; -en, -en: *Vertreter des Manierismus (1 a, b, d).*

ma|nie|ris|tisch ⟨Adj.⟩: *in der Art des Manierismus (1 a, b, d).*

ma|nier|lich ⟨Adj.⟩: **a)** *sich gut u. anständig benehmend u. nicht zu Klagen Anlass gebend:* Es sind wirklich sehr -e, ja sogar gut erzogene Tiere (Fr. Wolf, Menetekel 47); Willuhn ist ein Schulmeister ... Zum Glück ist er sonst m. (Bobrowski, Mühle

249); Ihr Chauffeur ... benahm sich m. (Kesten, Geduld 60); Gilbert saß jetzt wieder m. vor mir (Broch, Versucher 181); **b)** (ugs.) *einigermaßen gut, den Erwartungen, Ansprüchen weitgehend entsprechend:* Damals gab es noch ganz ausgeprägte Untersteurer unter den Autos, denen erst diese Gürtelreifen -e Eigenschaften beibrachten (auto 8, 1965, 48); Der Garten sieht wider Erwarten ganz m. aus (Straessle, Herzradieschen 79); ... benimmt sich der Ford in dieser Beziehung (= Benzinverbrauch) sehr m. (Basler Zeitung 26. 7. 84, 29).

ma|ni|fest ⟨Adj.⟩ [lat. manifestus = sichtbar gemacht, eigtl. = handgreiflich gemacht; 1. Bestandteil zu: manus = Hand, 2. Bestandteil H. u.]: **a)** (bildungsspr.) *eindeutig als etw. Bestimmtes zu erkennen, offenkundig:* der Konflikt wird an diesem Beispiel m.; etw. m. machen; wenn sie (= die Wochenschau) kaum m. politische Informationen vermittelt (Enzensberger, Einzelheiten I, 127); **b)** (Med.) *im Laufe der Zeit deutlich erkennbar:* die Krankheit ist bei ihm m. geworden.

Ma|ni|fest, das; -[e]s, -e [mlat. manifestum, subst. Neutrum von lat. manifestus, ↑manifest]: **1.** *öffentlich dargelegtes Programm einer Kunst- od. Literaturrichtung, einer politischen Partei, Gruppe o. Ä.:* politisch-ideologische -e; das Kommunistische M. *(von Marx u. Engels unter dem Titel »Manifest der Kommunistischen Partei« 1847 verfasste programmatische Schrift mit der Darstellung der marxistischen Theorie);* ein M. verfassen. **2.** (Seew.) *Verzeichnis der Güter auf einem Schiff.*

Ma|ni|fes|tant, der; -en, -en [frz. manifestant, zu: manifester < lat. manifestare, ↑manifestieren]: **1.** (österr., schweiz., sonst veraltet) *Teilnehmer an einer [politischen] Kundgebung o. Ä.; Demonstrant.* **2.** (Rechtsspr. veraltet) *jmd., der den Offenbarungseid leistet.*

Ma|ni|fes|tan|tin, die; -, -nen: w. Form zu ↑Manifestant.

Ma|ni|fes|ta|ti|on, die; -, -en [spätlat. manifestatio]: **a)** *das Deutlich-, Sichtbarwerden, Bekundung von etw. Bestimmtem:* -en des Geistes, der Volksseele; **b)** (Med.) *das Manifestwerden (z. B. einer Krankheit);* **c)** *das Manifestieren; öffentliche Bekundung:* ... auf dieser M. an besonders erfolgreiche Grundorganisationen der FDJ das Wilhelm-Pieck-Banner zu verleihen (ND 20. 5. 76, 1).

Ma|ni|fes|ta|ti|ons|eid, der (Rechtsspr. veraltet): *Offenbarungseid.*

ma|ni|fes|tie|ren ⟨sw. V.; hat⟩ [lat. manifestare, eigtl. = handgreiflich machen]: **1.** (bildungsspr.) **a)** ⟨m. + sich⟩ *sich als etw. Bestimmtes offenbaren, sich zu erkennen geben, sichtbar werden:* hierin manifestieren sich bestimmte Widersprüche; Grenzen dieses Variationsspielraums manifestieren sich als Garanten geschichtlicher Kontinuität (Habermas, Spätkapitalismus 18); **b)** *als etw. Bestimmtes offenbaren, zum Ausdruck bringen:* Ein Rembrandt kann das Wesen der bürgerlichen Kultur im Bild m.

(Reinig, Schiffe 130). **2.** (Rechtsspr. veraltet) *den Offenbarungseid leisten.* **3.** (veraltet) *demonstrieren (1):* gegen den Krieg m.

Ma|ni|hot, der; -s, -s [frz. manihot < Guarani (Indianerspr. des südöstl. Südamerika) manihot, eigtl. = Maniok] (Bot.): *zu den tropischen Wolfsmilchgewächsen gehörende Pflanze (z. B. Kautschukpflanzen u. bes. Maniok).*

Ma|ni|kü|re, die; -, -n [frz. manu-, manicure, zu lat. manus = Hand u. cura = Sorge, Pflege]: **1.** ⟨o. Pl.⟩ *Pflege der Hände, bes. der Fingernägel; Handpflege:* M. machen. **2.** *Kosmetikerin od. Friseurin mit Zusatzausbildung in Maniküre (1).* **3.** *Necessaire für die Geräte zur Nagelpflege.*

Ma|ni|kü|re|etui, **Ma|ni|kü|re|kästchen,** das: *Maniküre (3).*

ma|ni|kü|ren ⟨sw. V.; hat⟩: *die Hände, bes. die Nägel pflegen:* der Captain ..., der ... immer noch mit Hingabe seine Fingernägel manikürte (Kirst, 08/15, 699); Der Besitzer eines Frisiersalons nahebei ... manikürte ihn später auch (Föster, Nachruf 120); Nur widerstrebend nahm er die manikürte Hand (Sebastian, Krankenhaus 62).

Ma|ni|la: Hauptstadt der Philippinen.

Ma|ni|la|fa|ser, die; -, -n, **Ma|ni|lahanf,** der; -[e]s: *weiße bis ockerfarbene Hartfaser aus einer philippinischen Faserpflanze von hoher Reißfestigkeit, die bes. zur Herstellung von Seilen, Tauen, Netzen u. Säcken verwendet wird.*

¹**Ma|nil|le** [ma'nɪljə], die; -, -n [frz. manille < span. malilla, zu älter: mala < lat. mala, fem. von: malus = schlecht]: *zweithöchste Trumpfkarte in verschiedenen Kartenspielen.*

²**Ma|nil|le** [ma'nɪljə], die; -, -n [frz. manille, über das Aprovenz. zu lat. manicula = Handgriff, eigtl. Händchen, Vkl. von: manus = Hand] (veraltet): *Armband.*

Ma|ni|ok, der; -s, -s [frz. manioc < span. mandioca, ↑Mandioka]: *(zu den Wolfsmilchgewächsen gehörende) in den Tropen angebaute) Pflanze, deren stärkereiche Wurzelknollen als Kartoffelersatz dienen.*

Ma|ni|ok|wur|zel, die: *Wurzel des Maniok.*

Ma|ni|pel, der; -s, - [1: lat. manipulus, eigtl. = eine Hand voll, zu: manus = Hand u. plere = füllen; 2: mlat. manipulus = Schweiß-, Handtuch]: **1.** *Unterabteilung der altrömischen Kohorte:* Ü Ein M. der weltbeherrschenden Armee schlendert ... zurück zu den Lagerbaracken (A. Zweig, Grischa 491). **2.** ⟨auch: die; -, -n⟩ *(früher) am linken Unterarm getragenes, gesticktes Band als Teil des katholischen Messgewandes.*

Ma|ni|pu|lant, der; -en, -en [zu ↑manipulieren; ↑-ant]: **1.** (bildungsspr.) *Person od. Einrichtung, die manipuliert (1), durch direkte od. unterschwellige Beeinflussung bestimmte Verhaltensweisen auslöst od. steuert:* Der Band richtet sich nicht gegen die Jugend, sondern ihre -en (Börsenblatt 74, 1960, 4129). **2.** (österr. Amtsspr. veraltend) *Hilfskraft; Amtshel-*

fer: Der Fahrer und die zwei -en sind gut geschult (Fussenegger, Zeit 470).

Ma|ni|pu|lan|tin, die; -, -nen: w. Form zu ↑Manipulant.

Ma|ni|pu|la|ti|on, die; -, -en [frz. manipulation = Handhabung, zu: manipule = [eine] Hand voll < lat. manipulus, ↑Manipel]: **1.** (bildungsspr.) *das Manipulieren* (1): auf dem Weg ... der scheinrechtlichen M. demokratischer Institutionen (Fraenkel, Staat 329); Die ... Hemmnisse bei der Entwicklung von Klassenbewusstsein beschränken sich keinesfalls auf »Konsumgewohnheiten, auf -en von Bedürfnissen und Meinungen« (Stamokap 150). **2.** ⟨meist Pl.⟩ (bildungsspr.) *undurchschaubares, geschicktes Vorgehen, mit dem sich jmd. einen Vorteil verschafft, etw. Begehrtes gewinnt:* betrügerische, geschickte -en; dass solche -en des Bergbaus dem Selbsterhaltungstrieb entsprachen (Welt 21. 11. 64, 10); dass Studioaufnahmen für -en *(Kunstgriffe, Verfremdungstechniken)* nach der Aufnahme besonders geeignet sind (Foto-Magazin 8, 1968, 38). **3.** **a)** (bildungsspr. veraltend) *das Manipulieren* (3 a, b); *das Hantieren:* gemordet haben will er, um die Zeuginnen (und Opfer) seiner unsittlichen -en stumm zu machen (Spiegel 9, 1966, 61); **b)** (Med.) *bestimmter Eingriff (z. B. zur Einrenkung von Gelenken):* ihr Kind ist das Geschöpf einer M. ... Es ist das Ergebnis einer künstlichen Befruchtung (Petra 10, 1966, 68). **4.** (Technik) *Handhabung.* **5.** (Kaufmannsspr.) *das Manipulieren (4).*

Ma|ni|pu|la|ti|ons|ge|bühr, die (österr. Amtsspr.): *Bearbeitungsgebühr.*

ma|ni|pu|la|tiv ⟨Adj.⟩ [engl. manipulative] (bildungsspr.): *auf Manipulation (1, 2) beruhend; durch Manipulation:* -e Absichten; etw. m. verschleiern.

Ma|ni|pu|la|tor, der; -s, ...oren [frz. manipulateur]: **1.** (bildungsspr.) *Manipulant (1):* Industriekartelle ... als -en von Menschen und Nationen (Börsenblatt 69, 1968, 4826). **2.** (Technik) *Vorrichtung zur Handhabung glühender, radioaktiver o. ä. Substanzen aus größerem Abstand od. hinter Schutzwänden.* **3.** (bildungsspr. veraltend) *Zauberkünstler, Taschenspieler, Jongleur:* Zum Schluss zeigt dann ... Wesly, wie weit ein M. seine Illusionen treiben können (MM 3. 5. 73, 44).

Ma|ni|pu|la|to|rin, die; -, -nen: w. Form zu ↑Manipulator (1, 3).

ma|ni|pu|la|to|risch ⟨Adj.⟩ (bildungsspr.): *als Manipulation (1, 2) wirkend:* Zweifel ... an einer -en Pressekonzentration (MM 21. 2. 69, 28).

ma|ni|pu|lier|bar ⟨Adj.⟩ (bildungsspr.): **1. a)** *sich manipulieren (1) lassend:* den Menschen als -es Objekt zu betrachten (FAZ 14. 8. 61, 14); diese (= Ur- und Primärbedürfnisse) sind konjunkturpolitisch nicht m. (MM 4. 11. 67, 5); Ist der gläubige Mensch durch seine Jenseitshoffnung leichter m.? (MM 9. 5. 66, 20); **b)** *sich manipulieren (2) lassend:* leicht -e Fotos; die Schecks sind kaum m. **2.** *zu handhaben:* Die Kräuselung zwischen den Vorhangrollen ist durch ... Ziehen an den Schnüren m. (Wohnfibel 155).

Ma|ni|pu|lier|bar|keit, die; - (bildungsspr.): *das Manipulierbarsein.*

ma|ni|pu|lie|ren ⟨sw. V.; hat⟩ [frz. manipuler = handhaben, zu: manipule, ↑Manipulation]: **1.** (bildungsspr.) *durch bewusste Beeinflussung in eine bestimmte Richtung lenken, drängen:* die Sprache, die Öffentlichkeit m.; Unter dem Deckmantel der Religionsfreiheit habe sich hier »ein Menschen verachtendes Kartell, eine verbrecherische Geldwäscheorganisation« gebildet, die ihre Mitglieder mit »krimineller Gehirnwäsche« manipuliere (Woche 17. 11. 97, 3); eine manipulierende Werbung. **2.** (bildungsspr.) *Manipulationen (2) bei etw. anwenden:* die Zusammensetzung eines Gremiums m.; Auf die gleiche Weise manipulierte er auch einige Postbarschecks, mit denen er sich 3 390 Mark verschaffte (MM 29. 7. 67, 4); Das manipulierte *(durch Tricks verfremdete)* Aktbild (Foto-Magazin 8, 1968, 36); manipulierte Währung *(staatlich gesteuerte Währung, bei der die ausgegebene Geldmenge an keine Deckung durch Gold, Silber o. Ä. gebunden ist).* **3.** (bildungsspr.) **a)** *geschickt handhaben, mit etw. kunstgerecht umgehen:* eine Handgranate vorsichtig m.; Ü Er manipuliert mit Frauen wie ein Jongleur mit bunten Bällen (Thieß, Frühling 77); **b)** *bestimmte Handgriffe an jmdm., etw. ausführen, hantieren:* an dem Schloss ist manipuliert worden; Das Leichentuch des toten Bischofs war zurückgeschlagen, sein Kopf verdreht, und an seinen Beinkleidern war manipuliert worden (MM 11. 4. 74, 1); **c)** *mit bestimmten Handgriffen an eine bestimmte Stelle bringen:* Der »Berg« manipulierte geschickt das Rinderstück auf den Tisch und griff zum Messer (Brecht, Geschichten 87). **4.** (Kaufmannsspr.) *eine Ware an die Bedürfnisse des Verbrauchers durch Sortieren, Auszeichnen, Mischen, Veredeln (z. B. bei Tabak) o. Ä. anpassen.*

Ma|ni|pu|lie|rer, der; -s, - (ugs.): *Manipulant (1).*

Ma|ni|pu|lie|re|rin, die; -, -nen: w. Form zu ↑Manipulierer.

Ma|ni|pu|lie|rung, die; -, -en (bildungsspr.): *das Manipulieren, Manipuliertwerden.*

Ma|nis, die; -, - [wohl zu lat. manes (↑Manen), wegen ihrer nächtlichen Aktivitäten]: *chinesisches Schuppentier.*

ma|nisch ⟨Adj.⟩ [griech. manikós = zur Manie gehörend]: **1.** (bildungsspr.) *einer Manie (1) folgend, entspringend; krankhaft übersteigert:* eine -e Eifersucht; Im Sturme -er Einbildungskraft (Jacob, Kaffee 163). **2.** (Psych.) **a)** *für die Manie (2 a) kennzeichnend; krankhaft heiter, erregt:* -e Zustände; **b)** (veraltet) *für die Manie (2 b) kennzeichnend; wahnsinnig:* ein -es Stammeln und schon den Wahnsinn in den Augen (Hochhuth, Stellvertreter 224).

ma|nisch-de|pres|siv ⟨Adj.⟩ (Psych.): *im raschen Wechsel manisch (2 a) u. depressiv (1):* -e Psychose; sie ist m.

Ma|nis|mus, der; - [zu lat. manes, ↑Manen] (Völkerk.): *Ahnen-, Totenkult.*

Ma|ni|tu, der; -s [aus dem Algonkin

(nordamerik. Indianerspr.), urspr. = geheimnisvoll, heilig]: *allem innewohnende, unpersönliche, auch als Geist personifizierte Macht des indianischen Glaubens.*

Man|kal|la, Man|kal|la, das; -s, -s [arab. manqalah, zu: naqala = fortbewegen, -rücken]: *afrikanisches u. asiatisches Brettspiel.*

man|kie|ren ⟨sw. V.; hat⟩ [frz. manquer < ital. mancare, ↑mancando] (landsch., sonst veraltet): **a)** *fehlen, mangeln:* ♦ Sie haben alle keinen Kopf, der Königin selbst mankieret der Kopf (Heine, Romanzero [Marie Antoinette]); **b)** *verfehlen.*

Man|ko, das; -s, -s [ital. manco, zu lat. mancus = verstümmelt, unvollständig]: **1.** *etw., was einer Sache [noch] fehlt, sie beeinträchtigt:* Das größte M. des Romans aber ist seine Sprache (Deschner, Talente 27); Er kann auch nicht kungeln ... Ein M., das noch schwerer wiegt, da er über gar keine Hausmacht mehr verfügt (Woche 7. 3. 97, 3); Seitens der Partei kann dieses entscheidende M. nur verbessert werden, wenn ... (Stamokap 190); Eine etwas sorgfältigere Verarbeitung ... würde dieses M. sicher ausgleichen (DM 49, 1965, 74). **2.** (Wirtsch.) *Fehlbetrag, Fehlmenge:* Ü Gerade durch unser M. an Bildungspolitik (Eppendorfer, Ledermann 94).

Man|ko|geld, das ⟨meist Pl.⟩: *pauschale Vergütung für Arbeitnehmer, die beruflich sehr häufig mit dem Zählen von Geld beschäftigt sind (z. B. Kassenangestellte), zum Ausgleich eventueller [selbst verschuldeter] Verluste.*

Mann, der; -[e]s, Männer, -en u. (als Mengenangabe nach Zahlen:) - [mhd., ahd. man, viell. urspr. = Denkender]: **1.** ⟨Pl. Männer⟩ *erwachsene Person männlichen Geschlechts:* ein junger, gut aussehender, alter, betagter, berühmter, gestandener, höflicher M.; er ist ein ganzer M.; er ist ein M. der raschen Entschlüsse; ein M. der Tat *(ein entschlussfreudiger, tatkräftiger Mann);* sei ein M.! *(zeige dich als mutiger Mann!);* typisch M.! (ugs.; *das entspricht ganz der männlichen im Unterschied zur weiblichen Art; so kann auch nur ein Mann denken, handeln, fühlen);* (ugs.) als Anrede: junger M., können Sie mir mal helfen?; für solche Arbeiten benötigen wir kräftige Männer; Auch das russische Katamaran-Paddelboot kann zwei M. tragen (a & r 2, 1997, 108); er ist durch diese Ereignisse zum M. geworden, gereift; (verblasst:) der gemeine M. (veraltet; *der Durchschnittsbürger);* der dritte M. *(Mitspieler)* beim Skat; ein M. des Todes (geh.; *jmd., der dem Tode nahe ist);* ein M. der Feder (geh.; *ein Literat);* ein M. des Volkes *(jmd., der mit dem Volk eng verbunden ist u. in seiner übergeordneten Stellung dessen Vertrauen hat);* der M. am Klavier *(Klavierspieler bei einer geselligen Veranstaltung, im Lokal o. Ä.);* ein M. aus dem Volk *(jmd., der aus dem Volk, aus einem einfachen Milieu kommt u. in seiner übergeordneten Stellung das Vertrauen des Volkes hat);* ein M. von Geist, Charakter, Format,

hohem Einfluss *(jmd., der Geist, Charakter, Format, hohen Einfluss hat);* ein/sein freier M. sein *(aufgrund seiner Lebensverhältnisse, seiner Stellung o. Ä. unabhängig sein);* er ist für uns der geeignete, richtige M. *(Mitarbeiter);* die Männer *(die Regierenden, die Parlamentarier)* von Bonn (Hörzu 51, 1975, 5); M. über Bord! (Seemannsspr.); Notruf, wenn jmd. vom Schiff ins Wasser gefallen ist); alle M. an Bord! (Seemannsspr.; *alle sind anwesend*); alle M. an Deck! (Seemannsspr.; Aufforderung, sich an Deck zu begeben); morgen fahren wir alle M. [hoch] (ugs.; *alle zusammen*) nach München; meine Männer (fam.; *Ehemann u. Sohn, Söhne*) sind nicht zu Hause; der Verteidiger konnte seinen M. (bes. Fußball; *Gegenspieler*) nicht halten; sie standen dicht gedrängt, M. an M. *(einer am anderen);* M. für M. *(einer nach dem anderen)* traten sie vor; ein Kampf M. gegen M. *(zwischen Einzelnen);* die Kosten betragen 5 Mark pro M. (ugs.; *für jeden*); die Kompanie kämpfte bis zum letzten M. *(Soldaten);* R ein M., ein Wort (in Bezug auf einen Mann, auf der Verlass ist); selbst ist der M. *(jeder muss sich selbst helfen);* nach Goethe, Faust II, 4. Akt, 10 467); ein alter M. ist doch kein D-Zug (ugs. scherzh.; *ich kann mich nicht so schnell bewegen, wie es gewünscht wird*); * der kleine M. (1. ugs.; *jmd., der finanziell nicht besonders gut gestellt ist.* 2. salopp scherzh.; *Penis*); der böse/schwarze M. *(Schreckgestalt für Kinder);* freier M. (bes. Fußball; *Libero);* letzter M. (bes. Fußball; *Ausputzer 1*); alter/toter M. (Bergmannsspr.; *abgebauter, nicht mehr benutzter Stollen eines Bergwerkes);* der Wilde M. (Myth.; *[in der Volkssage, Volkskunst] am ganzen Körper mit langen Haaren bedeckter, meist mit einer Keule in der Hand dargestellter, im Wald lebender Riese);* der M. des Tages *(männliche Person, die gegenwärtig das öffentliche Interesse auf sich zieht);* der M. auf der Straße *(der den Durchschnitt der Bevölkerung repräsentierende Bürger;* viell. nach engl. the man in the street); der M. im Mond *(aus den Mondflecken gedeutete Sagengestalt);* ein M. von Welt *(jmd., der gewandt im [gesellschaftlichen] Auftreten ist);* [mein lieber] M.! (salopp; Ausruf des Erstaunens, des Unwillens); M. [Gottes]! (salopp; ärgerliche od. warnende Anrede; nach 5. Mose 33, 1 u. a.): M. [Gottes], stell dich nicht so an!; wie ein M. *(ganz spontan einmütig, geschlossen;* nach Richter 20; 1, 8, 11): sie protestierten dagegen wie ein M.; ein gemachter M. sein (ugs.; *[von männlichen Personen] aufgrund eines wirtschaftlichen Erfolges in gesicherten Verhältnissen leben);* ein toter M. sein (ugs.; *[von männlichen Personen] erledigt sein, keine Zukunftsaussichten mehr haben);* der M. sein, etw. zu tun *(geeignet sein, die Fähigkeit besitzen, etw. Bestimmtes zu tun):* er ist genau der M., uns aus dieser misslichen Lage zu befreien; du bist nicht der M., diese Belastungen zu ertragen; jmds. M. sein (ugs.; *für jmdn., für jmds. Zwecke, Pläne genau* *der Richtige sein*): er hat jahrelange Erfahrung auf diesem Gebiet, das ist genau unser M.; **jmds. M. für etw. sein** (ugs.; *für jmdn. bestimmte Dinge [die ihm selbst nicht liegen, nicht angemessen erscheinen] erledigen, für ihn bestimmte Arbeiten o. Ä. übernehmen*): das ist unser M. fürs Praktische; Kohls M. fürs Menschliche ist bei den Medien immer noch eine Nummer (Woche 17. 1. 97, 3); **der erste M. an der Spritze sein** (salopp; *[von männlichen Personen] in einem bestimmten Bereich eine entscheidende Funktion haben;* im älteren Feuerlöschwesen leistete der erste Mann an der Spritze entscheidende Arbeit); **ein M. von Wort sein** *([von männlichen Personen] ein Mensch sein, auf den Verlass ist)*; **den toten M. machen** (ugs. scherzh.; *sich ohne Bewegung auf dem Rücken im Wasser treiben lassen*); **den starken, großen o. ä. M. markieren/mimen** (salopp; *sich als besonders stark, bedeutend, einflussreich o. ä. darstellen*): es ist Wahlkampf in Niedersachsen und die SPD will den harten M. markieren (Woche 9. 1. 98, 5); **den wilden M. spielen/machen** (ugs.; *unbeherrscht, [ohne Berechtigung] wütend sein; toben*); **seinen M. stehen/stellen** *(auf sich gestellt tüchtig sein u. sich bewähren)*: sie musste schon früh im Leben ihren M. stehen; **[wohl] einen kleinen M. im Ohr haben** (salopp; *anscheinend nicht ganz normal sein;* nach der Vorstellung, dieser kleine Mann flüstere einem die merkwürdigsten Einfälle zu); **seinen M. gefunden haben** *(einen ebenbürtigen Gegner gefunden haben)*; **M. decken** (Ballspiele; *seinen unmittelbaren Gegenspieler decken*); **seinen M. ernähren** *(jmdm. genügend Geld einbringen, ein ausreichendes Einkommen garantieren)*: ein solcher Job kann niemals seinen M. ernähren; **-s genug sein, etw. zu tun** *(die [Entschluss]kraft, Energie, den Mut besitzen, es fertig bringen, etw. Nötiges zu tun):* Man wird es uns aufs Wort glauben, dass sein Gegenspieler -s genug war, ihm die Antwort nicht schuldig zu bleiben (Th. Mann, Zauberberg 725); **etw. an den M. bringen** (ugs.; 1. *etw. verkaufen):* Auf die Menschen ... muss ein Verkäufer eingehen, sie verstehen lernen, um sein Produkt erfolgreich an den M. oder die Frau zu bringen (CCI 13, 1998, 56). 2. *im Gespräch o. Ä. etw. mitteilen, äußern, erzählen);* **an/in den M. gehen** (bes. Fußball; *den Gegenspieler mit körperlichem Einsatz angreifen, decken*); **mit M. und Maus untergehen** *(untergehen, ohne dass einer gerettet wird);* **von M. zu M.** *(unter Männern u. dabei vertraulich u. sachlich):* ein Gespräch von M. zu M. **2.** ⟨Pl. Männer⟩ Ehemann (hebt weniger die gesetzmäßige Bindung als die Zusammengehörigkeit mit der Frau hervor): ihr [verstorbener, geschiedener, zweiter] M.; als M. und Frau, wie M. u. Frau *(wie Eheleute)* leben; grüßen Sie bitte Ihren M.!; sie stellte uns ihren M. vor; sie hat keinen M. *(ist nicht verheiratet);* sie hat dort einen M. gefunden *(kennen gelernt u. geheiratet);* sie lebte von ihrem M. getrennt; sie hat ihn zum M. genommen

(geheiratet); ***jmdn. an den M. bringen** (ugs. scherzh.; *eine weibliche Person verheiraten):* sie hat ihre Tochter endlich an den M. gebracht. **3.** ⟨Pl. -en⟩ Lehns-, Gefolgsleute: der König und seine -en; Ü seine -en (bes. Sport scherzh.; *Anhänger; Mannschaft)* um sich scharen; der Kanzler und seine -en *(sein Kabinett);* Vor allem waren Mielkes -en enttäuscht, dass die Terroristen aus ihrer Sicht keine klare politische Linie besaßen (Woche 28. 11. 97, 13).

-mann, der; -s, -männer ⟨Bildungen häufig ugs.⟩: kennzeichnet in Bildungen mit Substantiven – seltener mit Adjektiven oder Verben (Verbstämmen) – eine männliche Person, die sehr allgemein durch etw. charakterisiert ist od. [beruflich] mit etw. zu tun hat: Pistolen-, Post-, Saubermann.

Man|na, das; -[s], auch: die; - [mhd. manna (brōt) < spätlat. manna < griech. mánna < hebr. mạn, wohl = Manna (2)]: **1.** (bibl.) *durch eine Wunder vom Himmel gefallene Nahrung für die Israeliten in der Wüste nach ihrem Auszug aus Ägypten; Himmelsbrot (nach 2. Mose 16, 11 ff.):* Ü die Milch, jenes M., das es auch im allerletzten Nest in Irland ... gibt (Böll, Tagebuch 57); Schinken, Wurst, Käse, Wein – korsisches M. für ausgepowerte Sportler (a & r 9, 1998, 63). **2.** *Honigtau der Mannaschildlaus.* **3.** *zuckerhaltiger, leicht eintrocknender Saft der Mannaesche.*

Man|na|esche, die: *in Südeuropa u. Kleinasien wachsende Esche, deren Rinde einen zuckerhaltigen Saft liefert.*

Man|na|flech|te, die: *essbare Flechte der Steppen und Wüstensteppen Nordafrikas u. des Vorderen Orients.*

Man|na|schild|laus, die: *auf Tamarisken lebende Schildlaus, deren eingedickter Honigtau als Manna (2) gesammelt wird.*

mann|bar ⟨Adj.⟩ [1 a: mhd. manbære] (geh.): **1. a)** *(von Mädchen) heiratsfähig:* -e Mädchen; ♦ Vor dreißig Jahren war ich noch ein Kind. – Aber doch schon ein ziemlich -es (Lessing, Die alte Jungfer II, 3); **b)** *(von jungen Männern) geschlechtsreif, zeugungsfähig.* **2.** (selten) *männlich in seinem Verhalten, seiner Haltung o. Ä.*

Mann|bar|keit, die; -: *das Mannbarsein.*

Mann|bar|keits|ri|tus, der ⟨meist Pl.⟩ (Völkerk.): *Initiationsritus.*

Männ|chen, das; -s, -: **1.** *kleiner [bedauernswerter] Mann:* ein altes, verhutzeltes M.; M. *(kleine menschliche Figuren)* [aufs Papier] malen. **2.** *männliches Tier:* das M. hat im Gegensatz zum Weibchen ein buntes Gefieder; ***M. machen** *(von Tieren) sich aufrecht auf den Hinterpfoten halten):* der Hase, der Hund macht M.; **[sein] M. machen/bauen** (Soldatenspr.; *vor einem militärischen Vorgesetzten strammstehen u. militärisch grüßen);* **nicht mehr wissen, ob man M. od. Weibchen ist** (ugs.; 1. *völlig durcheinander sein.* **2.** *völlig erschöpft sein).*

Mann|de|ckung, die (Ballspiele): *Deckung, bei der jeder Spieler seinen unmittelbaren Gegenspieler deckt.*

Män|ne (landsch.): Kosef. zu ↑ Mann (2).

Män|ne|ken, das; -s, -s (nordd., bes. berlin.): Männchen (1).

man|nen ⟨sw. V.; hat⟩ (Seemannsspr.): *von Mann zu Mann reichen; bringen, herbeischaffen.*

Man|ne|quin [ˈmanəkɛ̃, auch: ...ˈkɛ̃:], das, selten: der; -s, -s [frz. mannequin, eigtl. = Modellpuppe < mniederl. mannekijn = Männchen, Vkl. von: man = Mann]: **1.** *weibliche Person, die Modekollektionen, Modellkleider vorführt:* -s auf dem Laufsteg; sie hat die Figur eines -s *(ist sehr schlank).* **2. a)** (selten) *Schaufensterpuppe:* -s in den Schaufenstern von Kaufhäusern und Textilgeschäften (Börsenblatt 14, 1971, 294); **b)** (früher) *Gliederpuppe.*

Män|ner|ar|beit, die: *bes. für Männer geeignete Arbeit od. Verrichtung.*

Män|ner|art, die ⟨o. Pl.⟩: *Männer betreffende Eigentümlichkeit:* das ist so M.; nach M.

Män|ner|be|kannt|schaft, die: *Herrenbekanntschaft.*

Män|ner|be|ruf, der: *Beruf, der bes. für Männer geeignet ist, vorwiegend von Männern ausgeübt wird.*

Män|ner|bor|dell, das: *Bordell, in dem sich männliche Personen prostituieren.*

Män|ner|bund, der ⟨Pl. ...bünde⟩: **a)** (Völkerk.) *(bei Naturvölkern) Zusammenschluss der erwachsenen Männer eines Stammes od. einer Siedlung;* **b)** *Geheimbund für Männer.*

Män|ner|chor, der: ¹*Chor (1 a), der nur aus Männerstimmen besteht.*

Män|ner|fang, der: nur in der Wendung **auf M. [aus]gehen/aus sein** (salopp abwertend od. scherzh.; *versuchen, Herrenbekanntschaften zu machen).*

män|ner|feind|lich ⟨Adj.⟩: *den Männern gegenüber feindlich, nicht wohlwollend eingestellt.*

Män|ner|freund|schaft, die: *Freundschaft zwischen Männern.*

Män|ner|ge|sang|ver|ein, der: vgl. Männerchor.

Män|ner|ge|schich|te, die (ugs.): *Liebeserlebnis, Liebschaft mit einem Mann:* Seit ihr diese M. passiert war (Kühn, Zeit 325).

Män|ner|ge|spräch, das: *Gespräch unter Männern, wie es unter Männern üblich ist, ihrer Art entspricht.*

Män|ner|hand, die (meist geh.): *Hand eines Mannes:* eine schmalknochige, zügelfeste M. (A. Zweig, Grischa 468).

Män|ner|haus, das (Völkerk.): *(bei Naturvölkern) Gebäude, in dem sich die Männer zu Beratungen, religiösen Zeremonien u. Ä. versammeln.*

Män|ner|heil|kun|de, die: *Fachrichtung der Medizin, die sich mit den [geschlechtsabhängigen] Erkrankungen des Mannes befasst; Andrologie.*

Män|ner|herz, das: *Gefühlswelt, Empfindungen, Gemüt eines Mannes.*

Män|ner|ho|se, die: vgl. Männerkleider.

Män|ner|kind|bett, das: Couvade.

Män|ner|klei|der ⟨Pl.⟩: *üblicherweise von Männern getragene Kleidung:* in dieser Bühnenrolle trug sie M.

män|ner|los ⟨Adj.⟩: *ohne Mann, Männer:* eine -e Familie.

män|ner|mor|dend ⟨Adj.⟩ (ugs.): **a)** (scherzh.) *als Frau in gefährlichem Maße verführerisch:* der Typ des -en Vamps; **b)** *Männer in starkem Maße beanspruchend u. verschleißend:* Das Verteidigungsministerium ist ein -es Amt (Spiegel 53, 1966, 100).

Män|ner|or|den, der (kath. Rel.): *männliche Ordensgemeinschaft.*

Män|ner|pul||lo|ver, der: vgl. Männerkleider.

Män|ner|rock, der: ¹*Rock* (2).

Män|ner|sa|che, die: *Sache, Angelegenheit von Männern.*

Män|ner|schuh, der: vgl. Männerkleider.

Män|ner|sei|te, die: *[Süd]seite im Kircheninnern, auf der früher (bes. im Mittelalter) die Männer saßen.*

Män|ner|sta|ti|on, die: *Station für männliche Patienten in einem Krankenhaus.*

Män|ner|stim|me, die: *männliche Sprech- od. Singstimme:* eine tiefe, dröhnende M.

Män|ner|treu, die; -, - [die Blüten werden scherzh. mit der angeblich nicht lange währenden Treue der Männer verglichen] (volkst.): *Pflanze mit leicht abfallenden Blüten* (z. B. Ehrenpreis).

Män|ner|über|schuss, der: *Überschuss an Männern gegenüber der Zahl von Frauen.*

Män|ner|ulk, der: vgl. Männergespräch: Wenn ... es hieß ... »kleinen M. machen«, so meinten manche in der Klasse und vor allem Mädchen Wunder was (Gaiser, Schlußball 191).

Män|ner|un|ter|ho|se, die: vgl. Männerkleider.

Män|ner|ver|ein, der: *Verein, dem nur Männer angehören:* Eine Ehe lebt, anders als ein M., nicht vom Gleichschritt, sondern davon, dass ... (Sommerauer, Sonntag 14); Ü dieser Haushalt ist ein reiner M. (scherzh.; *ist ein frauenloser Haushalt).*

Män|ner|welt, die ⟨o. Pl.⟩ (oft scherzh.): *Gesamtheit der [irgendwo anwesenden] Männer:* Ganze Mädchenklassen bieten sich, verlockend entkleidet in bunten Oktavheftchen, die in vielen Telefonzellen ausliegen, der M. zur Prostitution an (Zeit 26. 12. 97, 4); Muss eine Frau, die sich in der geschäftlichen M. (in der von Männern dominierten Geschäftswelt) geschickt behauptet, vor dem Älterwerden kapitulieren? (Wirtschaftswoche 31, 1995, 40).

Män|ner|wirt|schaft, die (scherzh.): *von einem Mann, von Männern geführte Hauswirtschaft in einem frauenlosen Haushalt:* Randall spielt in der Serie »Männerwirtschaft« die Rolle seines Lebens (Hörzu 42, 1972, 18); Komödie über die M. zwischen einem peniblen Hausmann ... und einem schlampigen Sportreporter (Spiegel 22, 1988, 240).

Män|ner|wohn|heim, das: *Wohnheim für Männer.*

Man|nes|al|ter, das: *Lebensalter des erwachsenen Mannes:* er war im besten M. *(auf der Höhe seiner Schaffenskraft).*

Man|nes|jah|re ⟨Pl.⟩: vgl. Mannesalter.

Man|nes|kraft, die: **a)** (veraltend) ⟨o. Pl.⟩ *Potenz* (1); **b)** (dichter.) *Leistungskraft, Schaffenskraft des Mannes.*

Man|nes|län|ge, die: *Länge, Höhe von der Größe eines Mannes (als ungefähre Maßangabe).*

Man|nes|mut, der (geh.): *den Mann auszeichnende mutige Haltung.*

Man|nes|schwä|che, die (selten): *Impotenz* (1).

Man|nes|stamm, der: *männliche Linie einer Familie.*

Man|nes|stär|ke, die (veraltend): *einem Mann entsprechende Stärke.*

Man|nes|treue, die (veraltend): *Treue eines Mannes.*

Man|nes|tu|gend, die (veraltend): *sittlich wertvolle männliche Eigenschaft.*

Man|nes|tum, das; -s (geh.): *das Mannsein:* spartanische Zucht, spartanisches M. (Hagelstange, Spielball 206).

Man|nes|wort, das ⟨Pl. -e⟩ (veraltend): *Aussage eines Mannes, auf die Verlass ist:* wo M. vor Thronen Notwendigkeit ... gewesen wäre (Plievier, Stalingrad 283).

Man|nes|wür|de, die ⟨o. Pl.⟩ (geh.): *jmds. männliche Würde.*

Man|nes|zucht, die ⟨o. Pl.⟩ (veraltend): *Haltung eines Mannes, der sich in der Gewalt hat:* M. ist die Seele der Heere (Hacks, Stücke 195).

Mann|geld, das: *Wergeld.*

mann|haft ⟨Adj.⟩ [mhd. manhaft = mutig, tapfer] (geh.): *einem Mann geziemend, gemäß; in männlicher (mutiger, tapferer, entschlossener o. ä.) Haltung:* ein -er Entschluss; m. Widerstand leisten; Nun stand er da, m. aufgerecht (H. Mann, Unrat 122).

Mann|haf|tig|keit, die; - (geh.): *mannhafte Art, einem Mann geziemende Haltung.*

Mann|heim: Stadt an der Mündung des Neckars in den Rhein.

¹**Mann|hei|mer,** der; -s, -: Ew.

²**Mann|hei|mer** ⟨indekl. Adj.⟩: der M. Wasserturm.

Mann|hei|me|rin, die; -, -nen: w. Form zu ↑¹Mannheimer.

Mann|heit, die; - [mhd. manheit] (veraltet): **1. a)** *Männlichkeit:* es ist Zeit, dass man ... auf die Probe stellt deine M. (prüft, wieweit du schon ein Mann bist; Th. Mann, Joseph 525); **b)** *Mannhaftigkeit:* Ein ... Mann von großer Frömmigkeit und M. (Hacks, Stücke 16). **2.** *Potenz* (1).

man|nig|fach ⟨Adj.⟩ [mhd. manecvach, 1. Bestandteil die urspr. Form von ↑manch]: *in großer Anzahl u. von verschiedener Art, auf verschiedene Art:* -e Möglichkeiten, Beschränkungen; in -e Ausführung; sie hat uns m. *(auf vielerlei Art)* geholfen.

man|nig|fal|tig ⟨Adj.⟩ [mhd. manecvaltec, spätahd. manicfaltig] (geh.): *[in großer Anzahl vorhanden u.] auf vielerlei Art gestaltet:* Arbeiten -ster Art; Die kulturellen Aufgaben der Gemeinde sind m. und umfassend (Fraenkel, Staat 163).

man|nig|fäl|tig ⟨Adj.⟩ (bayr.): *mannigfaltig:* Eine »Mundartkunde« muss ... in sich breit und m. geraten (Alois Brand-

stetter in: Germanistik 1, 1965, 35 [Zeitschrift]).

Man|nig|fal|tig|keit, die; -: *mannigfaltige Art:* die kulturelle M. der Völker (Wirtschaftswoche 40, 1985, 84); ◆ ⟨Pl. -en:⟩ dann entzückte mich wieder die Vorstellung einer neuen Welt mit allen ihren wunderbaren -en (Tieck, Eckbert 14).

¹**män|nig|lich** ⟨indekl. Indefinitpron. u. unbest. Zahlwort⟩ [mhd. menneclîch, ahd. mannogalîh, eigtl. = gleichviel, welcher von den Menschen] (schweiz., sonst veraltet): *jeder ohne Ausnahme; allgemein:* In einer Zeit, ... in der ... man m. zu den ... Faustregeln primitiver Epochen greife (Dürrenmatt, Grieche 92); ◆ weil sich holder Friedenskünste Alte, Junge, Hohe, Niedre m. befleißigten (Goethe, Vorspiel 1807, 166 ff.); ⟨im Dativ:⟩ Es wundert euch vielleicht, wie eine Frau wie ich zu solchen Dingen kommt, die selbst dem Fürstenstamme verborgen sind und sonsten m. (Wieland, Oberon 4, 42); ⟨im flektierten Dativ:⟩ haben die Vorfahren meines Prinzipals an diesem Gute die dermalen im Streit verfangne Aussicht innegehabt, besessen und genossen, von -en ungehindert und unangefochten (Wieland, Abderiten IV, B); ⟨attr.:⟩ Es käme jetzt nur auf einen ruhigen Monat an, so sollte das Werk (= übrigen Monat an, so sollte das Werk (= den »Faust«) zu -er Verwunderung und Entsetzen ... aus der Erde wachsen (Goethe an Schiller, 1. 7. 1797); ⟨nachgestellt:⟩ dankt dem Geschicke m. gut (Goethe, Zum neuen Jahr).

◆ ²**män|nig|lich** ⟨Adj.⟩ (selten): *wie ein Mann, mannhaft:* dies Herz ist wohl gewöhnt zu leiden, allein zu leiden m. (Goethe, Satyros V).

Män|nin, die; -, -en [mhd. menninne]: **a)** (bibl., veraltet) *Frau als Gefährtin des Mannes:* in der höheren Welt, wo der Mann anständig die M. besucht (Th. Mann, Joseph 862); **b)** (selten) *männlich wirkende, heldenhafte Frau:* Sie begafften die jünglingshafte, schön gewachsene M. und ihr kleines Gefolge (Hagelstange, Spielball 299).

man|nisch ⟨Adj.⟩ (dichter.): *männlich (in einer abwehrenden Haltung gegenüber allem Weiblichen):* das -e Aufbegehren gegen die weibliche Welt (Fussenegger, Haus 221).

Man|nit [auch: ...'nɪt], der; -s, -e [zu ↑Manna]: *in der Natur weit verbreiteter sechswertiger, kristalliner Alkohol, der für Kunstharze u. Heilmittel verwendet wird.*

Männ|lein, das; -s, -: **1.** *Männchen* (1). **2.** (ugs. scherzh., in Verbindung mit Weiblein) *Mann:* dass man ..., gleichgültig ob M. oder Weiblein, auf Bergfahrt gehen kann (Eidenschink, Fels 31).

◆ **männ|lich|:** ↑mannlich: Der Rudenz war es, der das Sarner Schloss mit m. kühner Wagetat gewann (Schiller, Tell V, 1).

männ|lich ⟨Adj.⟩ [mhd. menlich, manlich, ahd. manlich = dem Mann angemessen; tapfer, mutig]: **1.** *dem zeugenden, befruchtenden Geschlecht* (1 a) *angehörend:* eine -e Person; ein -er Erbe; die

-e Linie eines Adelsgeschlechts; ein -er *(einen Mann darstellender)* Akt; das -e Geschlecht *(die Männer);* -e Wesen *(Männer)* haben hier keinen Zutritt; das -e Tier *(das Männchen* 2); -e (Bot.; *Staubgefäße tragende)* Blüten. **2.** *zum Mann als Geschlechtswesen gehörend:* das -e Glied; -e Geschlechtsmerkmale; -e Vornamen, Berufe; -e Kleidung; sie braucht -e Begleitung, -en Schutz *(die Begleitung eines Mannes);* eine -e Stimme *(Männerstimme)* meldete sich am Telefon; er spricht schon ganz m. *(mit einer Männerstimme).* **3.** *für den Mann typisch, charakteristisch:* eine typisch -e Eigenschaft; ein -er Zug in ihrem Gesicht; ein -es Auftreten, Wesen; -e Haltung, Kraft, Stärke, Energie; ein -er Entschluss; die -e Eitelkeit; das galt früher als besonders m.; das war nicht m. *(eines Mannes würdig)* [gehandelt]; ⟨subst.:⟩ er hat wenig Männliches in seinem Wesen. **4. a)** (Sprachw.) *dem grammatischen Geschlecht Maskulinum zugehörend; im Deutschen mit dem Artikel »der« verbunden:* ein -es Substantiv; dasselbe Wort ist im Französischen m.; dieses Substantiv hat -es Geschlecht, ist m.; **b)** (Verslehre) *mit einer Hebung (4) endend; stumpf:* ein -er Reim.

Männ|lich|keit, die; -: **1.** *männliches (3) Wesen:* Ein seltener Ernst klingt durch diese Sätze, früh gereifte, stolze M. (Trenker, Helden 93). **2. a)** *das Mannsein in Bezug auf die Potenz, Zeugungsfähigkeit:* Zweifel, alte M. betrafen (Küpper, Simplicius 147); **b)** (verhüll.) *männliche Geschlechtsteile:* Ekaterini ... befiehlt einem Helfer, dem Miltiades die M. auszureißen (Spiegel 28, 1966, 25).

Männ|lich|keits|wahn, der; -[e]s: *übertriebener Kult mit der Männlichkeit (1, 2 a);* Machismo.

Mann|loch, das: *Öffnung zum Einsteigen in große Behälter, Kessel, Tanks o. Ä. (z. B. zum Ausführen von Reparaturen).*

◆ **mann|lus|tig** ⟨Adj.⟩: *(von einer Frau) Verlangen nach einem Mann verspürend:* ⟨subst.:⟩ Mannlustige du, so, wie verführt, verführende (Goethe, Faust II, 8777).

Mann|mo|nat, der (bes. Industrie): *Monat pro Mann:* für die Arbeit braucht man 3 -e.

Man|no|mann ⟨Interj.⟩ [zusgez. aus »Mann, o Mann«] (salopp): Ausruf des Erstaunens; *Mann!*

Man|no|se, die; - [zu ↑Manna]: *in der Schale von Apfelsinen vorkommender Zucker.*

Manns|bild, das [mhd. mannes bilde, urspr. = Gestalt eines Mannes] (ugs., bes. südd., österr.): *Mann* (meist mit Betonung des Körperlichen, Äußeren der männlichen Gestalt): »gestandene -er« (Hörzu 4, 1975, 86); Im Übrigen kommt ein M. überall durch, wenn es allein ist (Gaiser, Schlußball 139).

Mann|schaft, die; -, -en [mhd. manschaft = Lehnsleute; Gefolgsleute]: **1. a)** *Gruppe von Sportlern, die gemeinsam einen Wettkampf bestreiten:* die siegreiche M.; eine M. aufstellen; **b)** Be-

satzung eines Schiffes *(seltener eines Flugzeugs o. Ä.):* die M. auf dem Deck antreten lassen; **c)** *Gesamtheit der Soldaten einer militärischen Einheit:* der Gefreite wurde vor versammelter M. getadelt; Ü jmdn. vor versammelter M. (ugs.; *vor allen Anwesenden)* abkanzeln; **d)** (ugs.) *Arbeitsteam:* Unternehmen mit junger M. sucht Mitarbeiterinnen; eine tüchtige M. *(Regierungsmannschaft)* aufbieten. **2.** ⟨Pl.⟩ *einzelne gemeine Soldaten im Unterschied zu Offizieren:* dass auch ein die Ritterkreuz bekämen (Kempowski, Tadellöser 120); mit Oberleutnant ... und fünf -en (Spiegel 8, 1967, 40).

mann|schaft|lich ⟨Adj.⟩ (Sport): *das Zusammenspiel in einer Mannschaft betreffend; als Mannschaft:* -e Geschlossenheit.

Mann|schafts|auf|stel|lung, die (Sport): **a)** *das Aufstellen einer Mannschaft (1 a):* er war bei der M. nicht anwesend; **b)** *festgelegte Zusammensetzung einer Mannschaft (1 a):* die M. bekannt geben.

Mann|schafts|dienst|grad, der (Milit.): *Dienstgrad (a, b) von Mannschaften (2).*

Mann|schafts|fah|ren, das; -s (Radsport): *Mannschaftsrennen.*

Mann|schafts|füh|rer, der (Sport): **a)** *Funktionär, der eine Mannschaft (1 a) nach außen vertritt, repräsentiert;* **b)** *Spielführer.*

Mann|schafts|füh|re|rin, die: w. Form zu ↑Mannschaftsführer.

Mann|schafts|füh|rung, die (Sport): *[Gruppe der] Mannschaftsführer (a).*

Mann|schafts|geist, der ⟨o. Pl.⟩ (Sport): *Zusammengehörigkeitsgefühl innerhalb einer Mannschaft (1).*

Mann|schafts|ka|me|rad, der (Sport): *Mitspieler in jmds. Mannschaft (1 a).*

Mann|schafts|ka|me|ra|din, die (Sport): w. Form zu ↑Mannschaftskamerad.

Mann|schafts|kampf, der (Sport): *Wettkampf von Mannschaften (1 a), die aus Einzelsportlern bestehen.*

Mann|schafts|kan|ti|ne, die (Milit.): *Kantine für die Mannschaften (2).*

Mann|schafts|ka|pi|tän, der (Sport): *Spielführer.*

Mann|schafts|lei|tung, die (Sport): *Mannschaftsführung.*

Mann|schafts|meis|ter|schaft, die (Sport): *Meisterschaft in Mannschaftskämpfen.*

Mann|schafts|mes|se, die (Seemannsspr.): [3]*Messe für die Mannschaften.*

Mann|schafts|rang, der (Milit.): *Mannschaftsdienstgrad.*

Mann|schafts|raum, der (Seew.): *Raum, in dem die Besatzung auf einem Schiff untergebracht ist:* die Mannschaftsräume reinigen.

Mann|schafts|ren|nen, das (Radsport): *Radrennen, bei dem drei Fahrer der vierköpfigen Mannschaft (1a) geschlossen das Ziel erreichen müssen, wobei die Zeit des dritten Fahrers gewertet wird.*

Mann|schafts|sie|ger, der: *Mannschaft, die in einem Mannschaftskampf gesiegt hat.*

Mann|schafts|spiel, das (Sport): **1.** *zwischen zwei Mannschaften (1 a) ausgetragenes Spiel:* in einem M. müssen alle den gleichen Einsatz zeigen. **2.** ⟨o. Pl.⟩ *planvolles, harmonisches Zusammenspiel innerhalb der Mannschaft (1 a):* das M. muss noch besser werden.

Mann|schafts|sport, der: *Sportart, die durch Wettkämpfe zwischen zwei Mannschaften (1 a) gekennzeichnet ist.*

Mann|schafts|sprin|gen, das; -s (Reiten): *Wettbewerb im Springen (2) für Mannschaften (1 a), die aus drei od. vier Reitern bestehen.*

Mann|schafts|stär|ke, die (Milit., Sport): *zahlenmäßige Stärke einer Mannschaft (1 a, c).*

Mann|schafts|ver|fol|gungs|ren|nen, das (Radsport): *Mannschaftsrennen über 4 000 od. 5 000 m zwischen zwei Mannschaften (1 a).*

Mann|schafts|wa|gen, der: *Transportwagen für eine größere Anzahl Soldaten, Polizisten.*

Mann|schafts|wer|tung, die (Sport): *Wertung, nach der bei Mannschaftskämpfen die siegende Mannschaft (1 a) ermittelt wird.*

Mann|schafts|wett|be|werb, der (Sport): *Mannschaftskampf.*

Mann|schafts|zeit|fah|ren, das; -s (Radsport): *Mannschaftsrennen.*

manns|dick ⟨Adj.⟩ (selten): *etwa so dick wie ein Mann.*

manns|hoch ⟨Adj.⟩: *so hoch, wie ein Mann groß ist:* ein mannshoher Zaun; Unsere Zeltübernachtungen sind von ansprechendem Komfort: mannshohe bequeme Zelte mit Feldbetten (a&r 9, 1998, 115).

Manns|hö|he, die ⟨o. Pl.⟩: *Höhe von der Größe eines Mannes.*

◆ **Manns|klei|der** ⟨Pl.⟩: *Männerkleider:* Leonore in -n (Schiller, Fiesco V, 5; Bühnenanweisung).

Manns|leu|te ⟨Pl.⟩ (ugs. veraltend): *Männer:* Cäcilie hatte einen Riesenspaß daran, auch noch andere M. kennen zu lernen (Bredel, Väter 389).

Manns|per|son, die (ugs. veraltend): *[jmdm. nicht näher bekannter] Mann.*

manns|toll ⟨Adj.⟩ (ugs.): *nymphoman:* Die Frau Bürgermeister wurde als -e Hexe verschrien (Fels, Sünden 103); Proserpina, die unter den Frauen ... als m. galt (Ransmayr, Welt 37).

Manns|toll|heit, die ⟨o. Pl.⟩ (ugs.): *das Mannstollsein.*

Manns|volk, das (ugs. veraltend): *Männer:* ... hatte er richtig wie alles andere M. gepoltert (Winckler, Bomberg 174).

Mann|weib, das [LÜ von griech. andrógynos = Zwitter, zusgez. aus: anér (Gen.: andrós) = Mann u. gynḗ = Frau] (abwertend): *große, starke, männlich wirkende Frau.*

ma|no des|tra [ital., zu lat. manus = Hand u. dexter = recht...] (Musik): *mit der rechten Hand [zu spielen];* Abk.: m. d.

ma|no|li (indekl. Adj.) [nach einer früheren Zigarettenmarke u. ihrer Lichtreklame, deren kreisende Bewegung mit der Handbewegung verglichen wird, mit der man andeutet, dass jmd. nicht ganz normal ist] (ugs. veraltend): *nicht recht bei Verstand; leicht verrückt:* du bist wohl m.; m. rechtsrum! (mit der entsprechenden kreisenden Bewegung des Fingers an der Stirn gesagt).

Ma|no|me|ter, das; -s, - [frz. manomètre, zu griech. manós = dünn, locker u. ↑-meter; 2: verhüll. für: Mann!]: **1.** (Physik) *Druckmesser für Gase u. Flüssigkeiten.* **2.** (salopp) *Ausruf des Erstaunens, des Unwillens; Mann!, Menschenskind!:* M., ist das ein Baum!; M., bist du ein Trottel!

Ma|no|me|trie, die; - [↑-metrie] (Physik): *das Messen von* ¹*Druck* (1), *von Drücken.*

ma|no|me|trisch ⟨Adj.⟩ (Physik): *mit dem Manometer [gemessen].*

ma non tan|to [ital.] (Musik): *aber nicht so sehr:* allegro m. n. t.

ma non trop|po [ital.] (Musik): *aber nicht zu sehr:* allegro m. n. t.

ma|no si|nis|tra [ital., zu lat. manus = Hand u. sinister = link...] (Musik): *mit der linken Hand [zu spielen]*; Abk.: m. s.

Ma|nos|tat, der; -[e]s u. -en, -e[n] [zu griech. manós = dünn, locker u. statós = stehend, gestellt]: *Druckregler.*

Ma|nö|ver, das; -s, - [frz. manœuvre, eigtl. = Handhabung; Kunstgriff, zu vlat. manuoperare < lat. manu operari = mit der Hand bewerkstelligen]: **1.** *große militärische Übung im Gelände, bei der Truppenbewegungen zweier gegnerischer Heere simuliert werden; Feldübung:* ein M. abhalten; ins M. ziehen, rücken. **2.** *geschickt ausgeführte Wendung, taktische Bewegung (eines Truppenteils, Schiffes, Flugzeugs, Autos o. Ä.):* das waghalsige M. des Piloten missglückte; mit einem geschickten M. wendete er das Boot. **3.** (abwertend) *geschicktes Ausnutzen von Menschen u. Situationen für eigene Zwecke; Winkelzug:* ein plumpes M. zur Ablenkung; finanzpolitische M.; die Auflösung der Komintern sei lediglich ein Trick, ein M. (Leonhard, Revolution 205).

Ma|nö|ver|ge|biet, das: *gesamtes Gebiet, in dem ein Manöver* (1) *stattfindet.*

Ma|nö|ver|ge|län|de, das: vgl. Manövergebiet.

Ma|nö|ver|kri|tik, die: *kritische Besprechung der Erfahrungen u. Ergebnisse nach einem Manöver* (1): die Heeresführung hielt M. ab; Ü Nach der Premiere ... war nun hinter den Kulissen ... eine M. fällig (MM 6. 5. 75, 18).

Ma|nö|ver|scha|den, der: *Schaden, der durch ein Manöver* (1) *verursacht worden ist.*

ma|nö|vrie|ren ⟨sw. V.; hat⟩ [frz. manœuvrer]: **1. a)** *ein Manöver* (2) *ausführen:* das Schiff manövrierte sicher; Trotzdem wir ... mit nur vier Stürmern manövrierten, gingen wir ... in Führung (Walter, Spiele 123); **b)** *ein Fahrzeug geschickt an einen Ort od. durch eine schwierige Strecke lenken:* den Wagen durch die enge Gasse, in eine Einfahrt m. **2.** (meist abwertend) **a)** *durch ge-*

schicktes Handeln od. Verhandeln etw. zu erreichen suchen: So schlecht hatte er politisch manövriert, dass er sich am Ende in schimpflicher Weise ... den Stuhl vor die Tür setzen lassen musste (Niekisch, Leben 173); **b)** *geschickt in eine bestimmte Lage, Stellung bringen:* jmdn. in eine einflussreiche Position m.

ma|nö|vrier|fä|hig ⟨Adj.⟩: *fähig, Manöver* (2) *auszuführen, manövriert zu werden:* das Schiff ist nicht mehr m.

Ma|nö|vrier|fä|hig|keit, die ⟨o. Pl.⟩: *das Manövrierfähigsein.*

Ma|nö|vrier|mas|se, die: *etw. (z. B. Kapital), was jeweils an die eine od. andere Stelle geschoben werden kann, wo es gerade gebraucht wird, um etw. auszugleichen, od. womit verhandelt werden kann, um etw. anderes dafür zu erreichen:* Die Angelegenheiten von Frauen ... gehören nicht zum Besitzstand einer Partei und insofern nicht als M. unter die Parteienkonkurrenz (Spiegel 39, 1988, 87); von einer türkischen Außenpolitik, die die Interessen der im Ausland lebenden Staatsbürger wahrnimmt, kann nicht die Rede sein. Die Auslandstürken sind allenfalls M., um »höhere« politische Interessen durchzusetzen (Woche 11. 4. 97, 17).

ma|nö|vrier|un|fä|hig ⟨Adj.⟩: *nicht manövrierfähig.*

Ma|nö|vrier|un|fä|hig|keit, die ⟨o. Pl.⟩: *das Manövrierunfähigsein.*

Man|pow|er ['mæn...], die; - [engl., aus: man = Mensch, Mann u. power, ↑Power] (Jargon): *Personal* (a); *Arbeitskräfte:* Wer die M. nicht hat, der sollte es mit dem E-Mail-Angebot vorerst sein lassen (Woche 11. 4. 97, 16); ... dass der strategische Wert der Informationstechnologie nicht in der Anhäufung von Computern, Programmen und M. besteht, sondern in der Lösung von Problemen (FAZ 22. 3. 93, B 11).

manque [mãːk; frz. manque, eigtl. = Mangel, Weniges, nach dem geringeren Gewinn im Gegensatz zu ↑passe, zu: manquer = fehlen < ital. mancare, ↑mancando]: *die Zahlen 1–18 betreffend (in Bezug auf eine Gewinnmöglichkeit beim Roulette).*

Manque [mãːk], die; -: *depressiver Zustand, der durch einen Mangel an Drogen hervorgerufen wird.*

♦ Manque|ment [mãːkˈmãː], das; -s, -s [frz. manquement]: *mangelnde Kenntnis; Manko:* Und doch offenbaren Sie hier ... ein furchtbares M. (Fontane, Jenny Treibel 131).

Man|sard|dach, Mansardendach, das (Archit.): *Dach, dessen Flächen durch ein Gesims unterbrochen werden, wobei die unteren Flächen steiler sind als die oberen.*

Man|sar|de, die; -, -n [frz. mansarde, nach dem frz. Baumeister J. Hardouin-Mansart (1646–1708)]: **1.** *Raum im ausgebauten Dachgeschoss [mit schräger, vom Dach gebildeter Wand]:* Die kleine M. war von der Pflegeschwester in einen leidlich wohnlichen Zustand versetzt worden (Hauptmann, Schuß 58); Dieses Haus mit fünf Wohnungen und ausbaufähigen -n habe sie allein erworben (Jae-

ger, Freudenhaus 30). **2.** *(beim Stoffdruck) mit Heißluft beheizte Vorrichtung zum Trocknen bedruckter Gewebe.*

Man|sar|den|dach: ↑Mansarddach.

Man|sar|den|kam|mer, die: *kleine Mansarde.*

Man|sar|den|stu|be, die (landsch.): *Mansardenzimmer.*

Man|sar|den|woh|nung, die: *aus Mansardenzimmern bestehende Wohnung.*

Man|sar|den|zim|mer, das: *Zimmer im ausgebauten Dachgeschoss.*

Mansch, der; -[e]s [zu ↑manschen] (ugs. abwertend): *unansehnliche trübe Flüssigkeit, breiige Masse; Matsch.*

man|schen ⟨sw. V.; hat⟩ [nasalierte Form von ↑matschen] (ugs.): *in einer breiigen Masse herumwühlen, matschen:* mansch nicht so im Essen!; Ü Von der Wolga her manschte ein von »T 34« schluchtaufwärts durch klafterhoch liegende Leichen (Plievier, Stalingrad 331).

Man|sche|rei, die; -, -en (ugs. abwertend): **a)** *dauerndes Manschen;* **b)** *durch Manschen entstandene wässerige, unappetitliche Masse; Mansch.*

Man|schet|te, die; -, -n [frz. manchette = Handkrause, eigtl. = Ärmelchen, zu: manche < lat. manica = Ärmel, zu: manus = Hand]: **1. a)** *verstärkter Abschluss des Ärmels an einem Herrenhemd, einer Hemdbluse, einem Kleid:* steife, frisch gestärkte -n; braune, durchstoßene -n, auf denen goldene Knöpfe saßen (Bieler, Bonifaz 160); Darunter trug er ein weißes Zivilhemd, dessen umgeschlagene -n, von Perlmutterknöpfen gehalten, aus der Uniform hingen (Kuby, Sieg 12); Eduard zupfte die -n zurecht und hob die Hände mit dem Kamm wie ein Dirigent den Stab (Zeit 20. 11. 64, 55); Ü Ich stieg von der Leiter, als die M. *(Handschelle)* einschnappte an meinem Handgelenk (Lynen, Kentaurenfährte 160); **-n haben* (ugs.; *Angst haben; sich eingeschüchtert fühlen;* eigtl. spöttische Anspielung auf die bis auf die Hand reichenden Spitzenmanschetten, die beim Führen des Degens behindern konnten): Dass so 'n Paster nie Hemmungen hat ... Also ich hätt ganz schön -n (Schnurre, Ich 139); Gerade Entwicklungspolitik ist ein ungeheuer schwieriges Ressort, vor dem auch Routiniers -n haben (Spiegel 15, 1977, 25); **b)** (Med.) *um den Oberarm zu legender, aufblasbarer breiter, flacher Schlauch (zur Blutdruckmessung).* **2.** *zierende [mit einem abstehenden Rand versehene] Umhüllung aus Krepppapier o. Ä. um einen Blumentopf.* **3.** (Sport) *[verbotener] Würgegriff beim Ringen:* eine M. ansetzen. **4.** (Technik) *Dichtungsring aus Gummi, Leder od. Kunststoff mit eingestülptem Rand.*

Man|schet|ten|dich|tung, die: *Manschette.*

Man|schet|ten|knopf, der: *[doppelter] Knopf, mit dem die Manschette* (1) *geschlossen wird.*

Man|su|be, die; -, -n [arab.]: *Vorform des modernen Schachproblems.*

Man|ta, der; -s, -s, **Man|ta|ro|chen,** der [span. (südamerik.) manta, aus einer südamerik. Indianerspr.]: *Teufelsrochen.*

Man|teau [mã'to:], der; -s, -s [frz. manteau < lat. mantellum, ↑Mantel]: frz. Bez. für ↑Mantel.

Man|tel, der; -s, Mäntel [mhd. mantel, ahd. mantal < lat. mantellum = Hülle, Decke]: **1.** *längeres Kleidungsstück mit langen Ärmeln, das [zum Schutz gegen die Witterung] über der sonstigen Kleidung getragen wird:* ein leichter, warmer, gefütterter M.; den M. ablegen; den M. offen tragen, über den Arm nehmen; jmdm. in den M. helfen; in Hut und M.; mit offenem M., ohne M. gehen; Ü den M. des Schweigens über etw. breiten, decken; im M. der Nacht; *****den M. nach dem Wind[e] hängen/kehren/drehen** (abwertend; *sich immer zum eigenen Vorteil der herrschenden Meinung, den herrschenden [Macht]verhältnissen anpassen;* den Mantel, der früher die Form eines weiten, ärmellosen Umhangs hatte, drehte man zu der Seite hin, aus der Wind u. Regen kamen); *etw. mit dem M. der [christlichen Nächsten]liebe bedecken/zudecken* (über eine Verfehlung o. Ä. großzügig hinwegsehen). **2.** (bes. Fachspr.) *äußere Hülle, [zum Schutz] um etw. gelegte Umhüllung:* der M. eines Rohres, eines Kabels, eines Geschosses; der M. einer Glocke (*Glockenmantel 1*); mit ... einem feinen M. edler Schokolade (Freizeitmagazin 12, 1978, 21). **3.** *um den Schlauch eines Reifens gelegte feste Umhüllung aus einem Gewebe, auf das eine dicke Gummischicht mit entsprechenden Profilen aufgetragen ist.* **4.** (Zeitungsw. Jargon) *allgemeiner, bei den verschiedenen Ausgaben einer Tageszeitung gleich lautender Teil, zu dem der jeweilige Lokalteil hinzukommt.* **5.** (Wirtsch.) *(bei einer Kapitalgesellschaft) Gesamtheit der Rechte u. Anteile.* **6.** (Finanzw.) *(bei Wertpapieren o. Ä.) Urkunde, die den entsprechenden Anteil am Besitz garantiert u. der die Coupons für die jeweiligen Gewinne beigefügt sind.* **7.** (Geom.) *[gekrümmte] Oberfläche eines Körpers mit Ausnahme der Grundfläche[n]:* wenn man den M. eines Zylinders auf einer Ebene abrollt, erhält man ein Rechteck. **8.** (Jägerspr.) *(beim Federwild) Rückengefieder.* **9.** (Forstw.) *kurz für* ↑Waldmantel.

Man|tel|är|mel, der: *Ärmel eines Mantels.*

man|tel|ar|tig ⟨Adj.⟩: *wie ein Mantel; in der Art eines Mantels.*

Man|tel|auf|schlag, der: *Aufschlag (4), Revers am Mantel.*

Män|tel|chen, das; -s, -: Vkl. zu ↑Mantel (1): Ü solange es zwei deutsche Staaten gibt, wird der 20. Juli für jede Art Frontwechsel das moralische M. herleihen müssen (Augstein, Spiegelungen 39); *****das M. nach dem Wind[e] hängen/kehren/drehen** (↑Mantel 1); **einer Sache ein M. umhängen** (etw. bemänteln).

Man|tel|fut|ter, das: ²Futter (1) eines Mantels (1).

Man|tel|ge|schoss, das: *aus einem Bleikern mit einer Umhüllung aus härterem Metall bestehendes Geschoss.*

Man|tel|ge|setz, das: *Rahmengesetz.*

Man|tel|kind, das [das Kind wurde nach altem Recht dadurch legitimiert, dass die Mutter es bei der späteren Eheschließung unter ihrem Mantel mitnahm] (früher): *unehelich geborenes Kind:* ◆ Ü Ich habe nach und nach einen Familienzirkel von abstrakten Wesen (man nennt sie im gemeinen Leben Sünden und Fehler) zusammengezeugt, die ganz des Teufels sind und ihrem guten Vater ... viele Streiche spielen: indessen sind's allemal meine leiblichen Kinder und keine -er (Jean Paul, Aus des Teufels Papieren 2, 42).

Man|tel|kleid, das: *wie ein Mantel geschnittenes, vorn durchgeknöpftes Kleid.*

Man|tel|knopf, der: *größerer Knopf für einen Mantel.*

Man|tel|kra|gen, der: *Kragen eines Mantels* (1).

Man|tel|kro|ne, die (Zahnmed.): *Krone, die den erhaltenen Stumpf eines Zahnes wie ein Mantel umhüllt u. in Form u. Funktion der natürlichen Zahnkrone angeglichen ist.*

Man|tel|let|ta, die; -, ...tten [ital. mantelletta, eigtl. = Schultermantel, wohl über das Mlat. zu lat. mantellum, ↑Mantel]: *vorn offenes, knielanges Gewand katholischer Prälaten, das nach dem Rang in Farbe u. Stoff verschieden ist.*

Man|tel|lo|ne, der; -s, -s [ital. mantellone, Vgr. mantello < lat. mantellum, ↑Mantel]: *von bestimmten päpstlichen Beamten getragener langer, ärmelloser Mantel mit herabhängendem langem Streifen an beiden Schultern.*

Man|tel|mö|we, die: *sehr große Möwe mit schwarzem Rücken u. weit gespannten, an der Oberseite schwarzen, mantelartig ausgebreiteten Flügeln.*

Man|tel|pa|vi|an, der: *Pavian mit einer beim Männchen mantelartigen, langen Mähne um Kopf u. Schultern.*

Man|tel|rohr, das (Technik): *um ein mehrteiliges [Geschütz]rohr gelegte äußere Röhrenschicht.*

Man|tel|sack, der (veraltet): [hinter dem Sattel aufs Pferd zu legender] Reisesack für Proviant, Kleidung u. Ä.: ◆ Eine alte Frau vermisste ein Bagagestück und durchstöberte ... den kleinen Berg von Mantelsäcken und Bündeln (Ebner-Eschenbach, Gemeindekind 164).

Man|tel|saum, der: *Saum eines Mantels.*

Man|tel|stoff, der: *bes. für Mäntel geeigneter Stoff.*

Man|tel|ta|rif, der (Wirtsch.): *Tarif, in dem die Arbeitsbedingungen (Arbeitszeit, Urlaub, Fragen der Einstellung u. Kündigung) geregelt werden.*

Man|tel|ta|rif|ver|trag, der (Wirtsch.): *Vertrag über einen Manteltarif.*

Man|tel|ta|sche, die: *Tasche eines Mantels* (1): die Hände in die -n stecken.

Man|tel|tier, das: *(zu den Chordaten gehörendes) kleines Meerestier, dessen Körper vor einem gallertigen od. knorpeligen Mantel umgeben ist.*

Man|tel-und-De|gen-Film, der: *Abenteuerfilm, der in der Zeit der degenerativen Kavaliere spielt.*

Man|tik, die; - [griech. mantikē (téchnē), zu: mántis = Seher, Wahrsager, zu: maínesthai = rasen, verzückt sein]: *Kunst des Sehens* (5 b) *u. Wahrsagens.*

Man|til|le, die; -, -n [span. mantilla < lat. mantellum, ↑Mantel; 2: frz. mantille < span. mantilla]: **1.** [man'tɪl(j)ə] *um Kopf u. Schultern getragener Spitzenschleier [der traditionellen Festkleidung der Spanierin]:* Während alle Damen ihre grauen Häupter schüttelten und ... mit den -n raschelten (K. Mann, Mephisto 68); ... erscheint seine Frau ... in einer Art von schwarzer M. mit Krausen und Bändern (Remarque, Westen 186). **2.** [mã'ti:j(ə)] **a)** *Fichu;* ◆ **b)** *von Frauen getragener leichter Mantel:* ein Frauenzimmer ..., das mir ... unter einer seidnen M. sehr wohlgebaut schien (Goethe, Dichtung u. Wahrheit 5); hatte seiner Dame den Arm gereicht und ... gebeten, ihr die M. tragen zu dürfen (Fontane, Jenny Treibel 133).

Man|ti|nell, das; -s, -s [geb. mit dem ital. Verkleinerungssuffix -ell(o) zu ital. manto < lat. mantus = kurzer Mantel]: ²Bande (1) des Billardtisches.

Man|tis, die; -, - [zu griech. mántis = Seher, eigtl. = Verzückter, weil die Insekten mit ihren ausgestellten Vorderbeinen eine Haltung wie ein Betender einnehmen]: *Gattung der Fangheuschrecken, zu der u. a. die Gottesanbeterin gehört.*

man|tisch ⟨Adj.⟩ [zu griech. mantikós = zum Wahrsager gehörig]: *die Mantik betreffend.*

Man|tis|se, die; -, -n [lat. manti(s)sa = Zugabe]: **1.** (Math.) *Reihe der beim [dekadischen] Logarithmus hinter dem Komma stehenden Ziffern.* **2.** (veraltet) *Zugabe, Anhängsel* (2).

Man|tra, das; -[s] -s [sanskr. mantra = Spruch]: *(im Hinduismus, Buddhismus u. a. verwendete) magische Formel.*

Man|tra|ja|na, das; - [zu sanskr. mantra (↑Mantra) u. yāna = Fahrzeug (der Erlösung)]: *buddhistische Richtung (z. B. Lamaismus), die die Erlösung durch ständige Wiederholung der Mantras sucht.*

Mantsch usw.: ↑Mansch usw.

¹Ma|nu|al, das; -s, -e [zu lat. manualis = zur Hand gehörend, zu: manus = Hand]: **1.** *mit den Händen zu bedienende Tastatur an Orgel, Harmonium, Cembalo u. Ä.* **2.** (veraltet) *Handbuch, Tagebuch.*

²Ma|nu|al ['mænjuəl], das; -s, -s [engl. manual < mlat. manuale, ↑Manuale] (bes. EDV): *ausführliche schriftliche Bedienungsanleitung; Handbuch.*

Ma|nu|a|le, das; -[s] -[n] [mlat. manuale, zu lat. manualis, ↑¹Manual]: ¹Manual.

ma|nu|a|li|ter [lat. manualiter, Adv. von: manualis, ↑Manual] ⟨Adv.⟩ (Musik): *auf dem Manual [der Orgel] zu spielen.*

Ma|nu|bri|um, das; -s, ...ien [lat. manubrium = Griff, Stiel, zu: manus = Hand]: **1.** (Anat.) *handgriffartig geformter Teil eines Organs od. Knochens.* **2.** (veraltet) *Knopf od. Griff in den Registerzügen der Orgel.*

ma|nu|ell ⟨Adj.⟩ [frz. manuel < lat. manualis, ↑Manual]: **a)** *mit der Hand [ausgeführt], von Hand:* -e Tätigkeiten; das Gerät kann m. oder durch eine externe Gleichspannung abgestimmt werden (Elektronik 12, 1971, A 30); **b)** *die Hand betreffend:* -e Ungeschicklichkeit.

Ma|nu|fakt, das; -[e]s, -e [zu spätlat. ma-

Manufaktur

nufactus = mit der Hand hergestellt, zu lat. manus = Hand u. factus, 2. Part. von: facere = machen, tun] (veraltet): *Erzeugnis menschlicher Handarbeit.*

Ma|nu|fak|tur, die; -, -en [engl. manufacture, eigtl. = Handarbeit < mlat. manufactura, zu lat. manus = Hand u. factura = das Machen] (veraltet): 1. *[vorindustrieller] gewerblicher Großbetrieb, in dem Waren serienweise mit starker Spezialisierung u. Arbeitsteilung, aber doch im Wesentlichen in Handarbeit hergestellt werden.* 2. *in Handarbeit hergestelltes gewerbliches Erzeugnis.* 3. *Handarbeit.* 4. *Web- u. Wirkwaren.*

Ma|nu|fak|tur|be|trieb, der (früher): *Manufaktur* (1).

ma|nu|fak|tu|rie|ren ⟨sw. V.; hat⟩ (veraltet): *in Handarbeit ver-, anfertigen, bearbeiten:* Teppiche, Porzellan m.

Ma|nu|fak|tu|rist, der; -en, -en (veraltet): 1. *Leiter einer Manufaktur* (1). 2. *jmd., der mit Manufakturwaren handelt; Kurzwarenhändler.*

Ma|nu|fak|tur|wa|ren ⟨Pl.⟩ (veraltet): *Textilwaren, die nach Maßgabe des Käufers als Meterwaren geschnitten u. verkauft werden; Kurzwaren.*

Ma|nul|druck, der; -[e]s, ...drucke [nach dem Erfinder F. Ullmann durch Umstellung seines Namens] (Druckw.): **a)** ⟨o. Pl.⟩ *Spezialverfahren zur Vervielfältigung von Strichzeichnungen od. schon gedruckten Textvorlagen im Offsetdruck ohne Verwendung der ursprünglichen Druckformen;* **b)** *im Verfahren des Manuldrucks* (a) *hergestellter Druck.*

ma|nu pro|pria [auch: - ˈprɔ...] [lat. = mit eigener Hand]: *eigenhändig;* Abk. m. p.

Ma|nus, das; -, - (österr., schweiz.): kurz für ↑Manuskript: Geben Sie mir das M., Doktor (Doderer, Dämonen 341).

Ma|nu|skript, das; -[e]s, -e [mlat. manuscriptum = eigenhändig Geschriebenes, zu lat. manus = Hand u. scriptum, 2. Part. von: scribere = schreiben]: 1. **a)** *Niederschrift eines literarischen, wissenschaftlichen o. ä. Textes als Vorlage für den Setzer:* ein fertiges M.; das M. überarbeiten; an seinem M. arbeiten; das Werk ist im M. fertig; als M. gedruckt (Rechtsspr.; Vermerk auf einem nicht für die Allgemeinheit bestimmten Druckwerk); Abk.: Ms. od. Mskr., Pl.: Mss.; **b)** *vollständige od. stichwortartige Ausarbeitung eines Vortrags, einer Vorlesung, Rede u. Ä.:* er hat ohne M. gesprochen. Abk.: Ms. od. Mskr., Pl.: Mss. 2. *Handschrift, handgeschriebenes [u. kunstvoll ausgemaltes] Buch der Antike u. des Mittelalters:* ein M. aus dem 13. Jh.

Ma|nu|skript|blatt, das: vgl. Manuskriptseite.

Ma|nu|skript|sei|te, die: *Seite eines Manuskripts.*

ma|nus ma|num la|vat [lat.] (bildungsspr.): *eine Hand wäscht die andere.*

Ma|nus mor|tua, die; -- [lat.] (veraltet): *Tote Hand (Bezeichnung der Kirche im Vermögensrecht, da sie erworbenes Vermögen nicht veräußern durfte).*

Man|za|nil|la [mantsaˈnɪlja, (auch:) man-sa...], der; -s [span. manzanilla, eigtl. = Kamille, nach der Ähnlichkeit der Knospen des Weinstocks mit denen der Kamille]: *trockener, leichter, bes. würziger südspanischer Weißwein.*

Man|za|nil|lo|baum [mantsaˈnɪljo..., (auch:) mansa...], der; -[e]s [span. manzanillo, eigtl. Vkl. von: manzano = Apfelbaum]: *(zu den Wolfsmilchgewächsen gehörende) mittelamerikanische Pflanze mit giftigem Milchsaft.*

Man|zi|nel|la [mantsiˈnɛlja, (auch:) man-si...], die; - [span.]: *Manzanillobaum.*

Mao|is|mus, der; - [nach dem chinesischen Parteivorsitzenden Mao Tse-tung (1893–1976)]: *Ideologie nach dem Vorbild der von Mao Tse-tung entwickelten Variante des Marxismus-Leninismus; am chinesischen Kommunismus orientierte Weltanschauung.*

Mao|ist, der; -en, -en: *Anhänger, Vertreter des Maoismus.*

Mao|is|tin, die; -, -nen: w. Form zu ↑Maoist.

mao|is|tisch ⟨Adj.⟩: *den Maoismus betreffend, seinen Prinzipien folgend:* eine -e Partei, Einstellung.

Mao-Look, (auch:) **Mao|look,** der ⟨o. Pl.⟩ [nach der Kleidung, in der Mao Tse-tung aufzutreten pflegte]: *aus einem Anzug mit hochgeschlossener, einfacher [blauer] Jacke bestehende Kleidung:* er kandidiert im Mao-Look (MM 23. 1. 75, 13).

¹Ma|o|ri [auch: ˈmauri], der; -[s], -[s]: *Angehöriger eines polynesischen Volkes in Neuseeland.*

²Ma|o|ri, das; -: *Sprache der ¹Maoris.*

ma|o|risch ⟨Adj.⟩: *die ¹Maoris, das ²Maori betreffend.*

Ma|pai, die; - [hebr. mapa'y (Kurzwort)]: *gemäßigte sozialistische Partei Israels.*

Ma|pam, die; - [hebr. mapam (Kurzwort)]: *Vereinigte Arbeiterpartei Israels.*

Ma|pho|ri|on, das; -s, ...ien [mgriech. maphórion = Mantel, wohl aus dem Semit.]: *blaues od. purpurfarbenes, Kopf u. Oberkörper bedeckendes Umschlagtuch in byzantinischen Darstellungen der Madonna.*

Map|pa, die; - [mlat. mappa, ↑Mappe]: 1. (kath. Kirche früher) *Altartuch in der katholischen Kirche.* 2. (kath. Kirche früher) *Schultertuch des Akolythen.* 3. (veraltet) *Landkarte.*

Mäpp|chen, das; -s, -: Vkl. zu ↑Mappe (1).

Map|pe, die; -, -n [frühnhd. = Umschlag[tuch] für Landkarten < mlat. mappa mundi = Weltkarte, eigtl. = Tuch mit einer Darstellung der Welt, zu lat. mappa = (Vor)tuch u. mundus = Welt]: 1. *aufklappbare Hülle aus zwei steifen, durch einen Rücken verbundenen od. aneinander gehefteten Deckeln zum Aufbewahren von Akten, Briefen, Kunstblättern o. Ä.:* Er schlug die M. auf, zeigte die erste Skizze in Kohle, blätterte weiter (Jaeger, Freudenhaus 213); Die Materialien waren nicht nur in -n geordnet, sondern jeder M. war eine genaue Inhaltsangabe beigeheftet (Leonhard, Revolution 220). 2. *rechteckige, flache Tasche, bes. für Akten, Hefte o. Ä.:* Hugo hat die M. unter den Arm geklemmt und die Hände

in die Hosentaschen gesteckt (Jägersberg, Leute 266); Mit diesen Worten öffnete er seine M., um das Buch ... herauszunehmen (Leonhard, Revolution 24).

Map|peur [maˈpøːɐ̯], der; -s, -e [älter frz. mappeur, zu mfrz. mappe < mlat. mappa, ↑Mappe] (veraltet): *Kartograph.*

map|pie|ren ⟨sw. V.; hat⟩ (veraltet): *kartographisch aufnehmen u. zeichnen.*

Map|pie|rung, die; -, -en (veraltet): *kartographische Aufnahme u. Wiedergabe.*

Ma|pu|to: Hauptstadt von Moçambique.

Ma|qam, der; -, -en od. ...amat [arab. maqām = Ort, Standort] (Musik): **a)** *Melodienmodell auf 17 Stufen im arabischen Tonsystem;* **b)** *liedartiger Zyklus, der den Maqam* (a) *variiert.*

Ma|que|reau [makəˈroː], der; -, -s [frz. maquereau < mniederl. makelāre, makelær = Makler, Vermittler, zu ↑makeln] (Jargon): *Zuhälter.*

Ma|quet|te [maˈkɛtə], die; -, -n [frz. maquette < ital. macchietta, eigtl. kleiner Fleck, Vkl. von: macchia = Fleck < lat. macula, ↑Makel] (bild. Kunst): *erster Entwurf (in Wachs od. Ton) für eine Skulptur.*

Ma|quil|la|ge [makiˈjaːʒə], die; - [frz. maquillage; zu: maquiller = schminken]: 1. (bildungsspr. selten) *Make-up.* 2. *erstbares Kenntlichmachen von Spielkarten durch Falschspieler.*

Ma|quis [maˈkiː], der; - [...i:(s); frz. Form von ↑Macchia]: 1. *französische Widerstandsorganisation im Zweiten Weltkrieg:* dem M. angehören; Ü In Berlin-Kreuzberg, dem M. der Linken, ... zeichnen sie ihr Künstlerleben kritisch nach (Spiegel 46, 1969, 222). 2. *frz. Bez. für* ↑Macchia.

Ma|qui|sard [makiˈzaːɐ̯], der; -, -s u. -en [...ˈzardn̩; frz. maquisard]: *Angehöriger des Maquis.*

Mär, die; -, -en, (seltener:) **Märe,** die; -, -n [mhd. mære, ahd. māri, zu mhd. mæren, ahd. māren = verkünden, rühmen] (geh., oft iron. od. scherzh.): *Erzählung, seltsame Geschichte, unglaubwürdiger od. unwahrer Bericht:* eine alte M.; die M. vom Klapperstorch; Eliezer ... wahrte so den Doppelsinn des »Einst«, seine Mischung aus Mär und Verkündigung (Th. Mann, Joseph 34); ... um mit der Mär von den »tiefen Einschnitten ins soziale Netz« aufzuräumen (Woche 17. 1. 97, 3).

Ma|ra, die; -, -s [span. mará, aus einer südamerik. Indianerspr.]: *Meerschweinchen der Pampas in Argentinien, das so groß ist wie ein Hase.*

Ma|ra|bu, der; -s, -s [frz. marabout, eigtl. = mohammedan. Asket (wegen des würdigen Aussehens des Vogels) < port. marabuto < arab. murābiṭ = Einsiedler, Asket]: *(in Afrika u. Südasien heimischer) großer Storch mit dunklem, auf der Unterseite weißem Gefieder, einem großen, kräftigen Schnabel u. meist kropfartigem, aufblasbarem Hautsack unter der Kehle.*

Ma|ra|but, der; -[s], -[s] [frz. marabout, ↑Marabu]: *muslimischer Einsiedler, Heiliger.*

Ma|ra|ca, die; -, -s [span. maraca, aus einer südamerikan. Indianerspr.]: *Rumba-kugel.*

Ma|ra|cu|ja, die; -, -s [port. maracujá, aus einer südamerik. Indianerspr.]: *Frucht der Passionsblume, aus der ein wohlschmeckender Saft gewonnen wird.*

Ma|ra|cu|ja|saft, der: *aus der Maracuja gewonnener wohlschmeckender Saft.*

Ma|rae, die; -, -[s] [polynes.]: *polynesische Kultstätte in Form einer Stufenpyramide mit Plattform für Götterbilder.*

Ma|ral ['ma:ral], der; -s, ...ale [pers. marāl]: *(im Kaukasus u. in Kleinasien heimischer) Rothirsch mit großem, oft wenig verzweigtem Geweih.*

Ma|ra|na|tạ (ökum.), **Ma|ra|na|thạ** [aram. marana thā = unser Herr, komm! bzw. maran athā = unser Herr ist gekommen]: im Neuen Testament überlieferter, formelhafter Gebetsruf der altchristlichen Abendmahlsfeier.

Ma|rä|ne, die; -, -n [H. u.] (nordostd.): *Felchen.*

Ma|ra|ne: ↑Marrane.

Ma|ran|ta, Ma|ran|te, die; -, ...ten [nach dem venezian. Botaniker B. Maranta, 1500–1571]: *Pfeilwurz.*

ma|ran|tisch [griech. marantikós = schwach machend, zu: maraínein, ↑Marasmus]: ↑marastisch.

Ma|ras|chi|no [...'ki:no], der; -s, -s [ital. maraschino, zu: (a)marasca = Sauerkirsche, zu: amaro < lat. amarus = bitter, sauer]: *farbloser Likör aus dalmatinischen Sauerkirschen.*

Ma|ras|mus, der; -, ...men [griech. marasmós, zu: maraínein = verzehren] (Med.): *fortschreitender Verfall der körperlichen u. geistigen Kräfte (durch Alter od. Krankheit):* M. senilis *(Kräfteverfall im Greisenalter, Altersschwäche);* Ü der M. der Demokratie (Musil, Mann 1344).

ma|ras|tisch, marantisch ⟨Adj.⟩ (Med.): **a)** *den Marasmus betreffend, durch ihn hervorgerufen;* **b)** *an Marasmus leidend.*

Ma|ra|the, der; -n -n: *Angehöriger eines Volkes in Indien.*

Ma|ra|thi, das; -: *Sprache der Marathen.*

¹Ma|ra|thon [auch: 'maratɔn]: *Ort nördlich von Athen.*

²Ma|ra|thon, der; -s, -s [nach dem gleichnamigen griech. Ort, von dem aus ein Läufer die Nachricht vom Sieg der Griechen über die Perser (490 v. Chr.) nach Athen brachte]: *Marathonlauf.*

³Ma|ra|thon, das; -s, -s (ugs.): *etw. übermäßig lange Dauerndes u. dadurch Anstrengendes:* Als Frohnatur übersteht man -s (= lange Sitzungen bei der EWG) am besten (MM 8. 1. 72, 16).

Ma|ra|thon- (emotional verstärkend): drückt in Bildungen mit Substantiven aus, dass etw. überaus lange dauert: Marathondiskussion, -prozess.

-ma|ra|thon, das; -s, -s (emotional verstärkend): drückt in Bildungen mit Substantiven – seltener mit Verben (Verbstämmen) – aus, dass etwas überaus lange dauert: Aussprache-, Sitzungs-, Verhandlungsmarathon.

Ma|ra|thon|film, der (emotional verstärkend): vgl. Marathonveranstaltung.

Ma|ra|thon|lauf, der: *Langstreckenlauf über 42,195 km.*

Ma|ra|thon|läu|fer, der: *auf den Marathonlauf spezialisierter Läufer.*

Ma|ra|thon|läu|fe|rin, die: w. Form zu ↑Marathonläufer.

Ma|ra|thon|re|de, die (emotional verstärkend): vgl. Marathonsitzung.

Ma|ra|thon|sit|zung, die (emotional verstärkend): *überlange Sitzung.*

Ma|ra|thon|stre|cke, die: *beim Marathonlauf zurückzulegende Strecke.*

Ma|ra|thon|ver|an|stal|tung, die (emotional verstärkend): *überlange Veranstaltung.*

Ma|ra|thon|ver|hand|lung, die (emotional verstärkend): vgl. Marathonsitzung.

Ma|ra|ve|di, der; -, -s [span. maravedí < arab. murābiṭīn (Pl.) = Almoraviden (Name eines moslemischen Dynastie im 11. u. 12. Jh.), eigtl. = die Einsiedler, Asketen, zu: murābiṭ, ↑Marabu]: *alte spanische [Gold]münze.*

Mạr|bel, Mạr|bel, die [spätmhd. marbel, märbel, mhd. marmel, ↑¹Marmel] (landsch.): *Murmel:* Wenn das alte Spiel mit ... Märbeln oder Marmeln beginnt, ist der Winter endgültig vorbei (MM 9. 5. 70, 12).

Mar|ble|wood ['ma:blwʊd], das; -[s] [engl. marblewood = ein Ebenholzbaum, aus: marble = Marmor u. wood = Holz]: *Handelsbezeichnung für Ebenholz.*

Mạr|burg: hessische Universitätsstadt an der Lahn.

Mạr|bur|ger, der; -s, -: Ew.

Mạr|bur|ge|rin, die; -, -nen: w. Form zu ↑Marburger.

Marc [frz.: ma:r], der; -s [frz.: ma:r; frz. marc (de raisin), zu: marcher = mit den Füßen treten, ↑marschieren]: *starker Branntwein aus den Rückständen der Trauben beim Keltern.*

mar|cạn|do ⟨Adv.⟩ [ital. marcando, zu: marcare; ↑marcato]: *marcato.*

mar|ca|tịs|si|mo ⟨Adv.⟩ [Superlativ zu ↑marcato] (Musik): *in verstärktem Maße marcato.*

mar|cạ|to ⟨Adv.⟩ [ital. marcato, 2. Part. von: marcare = markieren, betonen, aus dem Germ.] (Musik): *markiert, betont.*

March, die; -, -en [mhd. march, südd. Nebenf. von mark, ↑²Mark] (schweiz.): *Flurgrenze, Grenzzeichen.*

mạr|chen ⟨sw. V.; hat⟩ (schweiz.): *eine Grenze festsetzen.*

Mạ̈r|chen, das; -s, - [spätmhd. (md.) merechyn, Vkl. von mhd. mære, ↑Mär]: **1.** *im Volk überlieferte Erzählung, in der übernatürliche Kräfte u. Gestalten in das Leben der Menschen eingreifen u. meist am Ende die Guten belohnt u. die Bösen bestraft werden:* die M. der Brüder Grimm; ein M. klingt wie ein M.; M. erzählen, aufzeichnen; so etwas gibt es bloß im M.; Ü ein so reines M. an Schönheit und Grazie, eine so echte kleine Dame (Dürrenmatt, Grieche 18). **2.** (ugs.) *unglaubwürdige, [als Ausrede] erfundene Geschichte:* erzähle mir nur keine M.!; das M. soll ich dir auch noch glauben?; Man wird wieder einmal dem deutschen Volke das M. vom Überfall auftischen (Hasenclever, Die Rechtlosen 403).

Mạ̈r|chen|buch, das: *[Kinder]buch mit Märchen.*

Mạ̈r|chen|dich|ter, der: *jmd., der Märchen dichtet.*

Mạ̈r|chen|dich|te|rin, die: w. Form zu ↑Märchendichter.

Mạ̈r|chen|dich|tung, die ⟨o. Pl.⟩: vgl. Sagendichtung.

Mạ̈r|chen|er|zäh|ler, der: *jmd., der Märchen erzählt.*

Mạ̈r|chen|er|zäh|le|rin, die: w. Form zu ↑Märchenerzähler.

Mạ̈r|chen|fi|gur, die: *in einem Märchen vorkommende Figur.*

Mạ̈r|chen|film, der: vgl. Märchenoper.

Mạ̈r|chen|for|schung, die: *Wissenschaft, die sich mit Herkunft u. Verbreitung der Märchen u. mit ihren Motiven befasst.*

Mạ̈r|chen|ge|stalt, die: vgl. Märchenfigur.

Mạ̈r|chen|glanz, der (geh.): *zauberhafter, unwirklicher Glanz.*

mạ̈r|chen|haft ⟨Adj.⟩: **1.** *von der Art eines Märchens, für Märchen charakteristisch:* -e Motive einer Dichtung. **2. a)** *zauberhaft schön:* eine -e Schneelandschaft; -e Fernen bauten sich ... auf (Jacob, Kaffee 80); **b)** (ugs. emotional) *(von etw. Positivem, Angenehmem) unvorstellbar in seinem Ausmaß, seiner Art, sagenhaft* (2 a): sie hat eine -e Karriere gemacht; obgleich er über ein -es Taschengeld verfüge, kaufe er nur getragene Sachen (Grass, Hundejahre 194); **c)** ⟨intensivierend bei Adj.⟩ *überaus, in unvorstellbarem Ausmaß; sagenhaft* (2 b): er ist m. reich; Ein m. geringer Mietzins (Frisch, Stiller 461); ein neues, für baschkirische Verhältnisse m. gut eingerichtetes Gebäude (Leonhard, Revolution 218).

Mạ̈r|chen|held, der: vgl. Märchenfigur.

Mạ̈r|chen|hel|din, die: w. Form zu ↑Märchenheld.

Mạ̈r|chen|land, das ⟨o. Pl.⟩: **1.** *Bereich, Land der Märchen; Land in einem Märchen:* eine herzensgute und manchmal schrecklich einsame Fee aus dem M. (Stern 28, 1998, 3); der Erzähler führt die Kinder ins M. **2.** *Land, Gebiet von märchenhafter Schönheit, Beschaffenheit:* Ein Landstrich, dem die Geschichte alles angetan hat, was sie an Grausamkeiten bereithält. Und doch noch immer ein M. (Zeit 14. 2. 97, 53); der lange, flache Sandstrand, die Heide und Moore, die mit Ginster und Schlehdorn bewachsenen Hügel, die wild zerklüftete Steilküste. Das war schon ein M. (Stern 39, 1998, 148).

Mạ̈r|chen|mo|tiv, das: *typisches, in vielen Märchen* (1) *wiederkehrendes Motiv, Thema.*

Mạ̈r|chen|on|kel, der: **1.** (fam.): *Märchenerzähler (z. B. im Radio, Fernsehen).* **2.** (ugs., oft scherzh.) *jmd., der [häufig] unwahre, erfundene Geschichten, Märchen* (2) *erzählt.*

Mạ̈r|chen|oper, die: *Oper mit einer märchenhaften* (1) *Handlung, mit einer Handlung, der ein Märchen zugrunde liegt.*

Mạ̈r|chen|pracht, die: *märchenhafte Pracht.*

Mär|chen|prinz, der: **1.** vgl. Märchenfigur. **2.** *(als Partner erwünschter) idealer Mann:* Der alles versorgende M. taucht in den Gesprächen, auch mit jungen Frauen, immer wieder auf (FR 18. 7. 97, 2); Der Wunsch vieler Frauen nach einem -en ohne Fehl und Tadel (Hörzu 13, 1986, 115).

Mär|chen|prin|zes|sin, die: w. Form zu ↑Märchenprinz.

Mär|chen|samm||lung, die: *Sammlung von Märchen.*

Mär|chen|schach, das: *modernes Teilgebiet des Problemschachs mit zum Teil neu erfundenen Figuren od.* mit verändertem Schachbrett; Fairychess.

Mär|chen|schatz, der ⟨Pl. selten⟩ (geh.): *Sammlung von Märchen* (1).

Mär|chen|schloss, das: *Schloss in einem Märchen* (1): Dornröschens M.; dort wohnt man wie in einem M.

Mär|chen|spiel, das: *Theaterstück mit märchenhaftem Inhalt, mit einer Handlung, der ein Märchen zugrunde liegt.*

Mär|chen|stun|de, die: *Veranstaltung, Sendung bes. für Kinder, in der Märchen vorgelesen, dargeboten werden:* Am Freitag, 9. April, um 15 Uhr lädt die Stadtteilbücherei, Offenbacher Landstraße 365, zur M. ein (FR 1. 4. 99, 16); Ü Gila Altmann ... bezeichnete Wissmanns Vortrag als »eine weitere M. *(realitätsferne, nicht an den wirklichen Gegebenheiten orientierte Rede)* in der gewohnten Form« (Handelsblatt 15. 5. 97, 1).

Mär|chen|tan|te, die: vgl. Märchenonkel.

Mär|chen|wald, der: vgl. Märchenschloss.

Mär|chen|welt, die ⟨o. Pl.⟩: *Bereich der Märchen; Märchendichtung.*

Mar|che|sa [mar'ke:za], die; -, -s od. ...sen [ital. marchesa]: w. Form zu ↑Marchese.

Mar|che|se, der; -, -n [ital. marchese, eigtl. = Markgraf, zu: marca = Grenze, Grenzland, aus dem Germ.]: **a)** ⟨o. Pl.⟩ *hoher italienischer Adelstitel;* **b)** *Träger des Titels Marchese.*

Mar|ching|band ['mɑ:tʃɪŋˌbænd], die; -, -s (auch:) **Mar|ching Band,** die; --, -s [engl. marching band, zu: to march = marschieren u. ↑³Band]: *durch die Straßen ziehende (bes. im New-Orleans-Stil spielende) Kapelle.*

March|zins, der; -es, -en [schweiz. March = (zeitliche) Begrenzung, ↑March] (schweiz. Bankw.): *Stückzins.*

Mar|cia ['martʃa], die; -, -s [ital. marcia < frz. marche, ↑¹Marsch] (Musik): ital. Bez. für *Marsch:* M. funebre *(Trauermarsch).*

mar|cia||le [mar'tʃa:lə] ⟨Adv.⟩ [ital.] (Musik): *marschmäßig.*

Mar|ci|o|ni|te, der; -n, -n [nach dem Sektengründer Marcion]: *Anhänger einer bedeutenden (vom Alten Testament verworfenen) gnostischen Sekte (im 2. bis 4. Jh.).*

Mar|co|ni-An|ten|ne, die; -, -n [nach dem Erfinder G. Marconi (1874–1937)]: *geerdete Sendeantenne der einfachsten Form.*

Mar|dell, der; -s, -e, **Mar|del|le,** die; -, -n [H. u.] (Fachspr.): **1.** *durch den Tagebau von Erz entstandene Mulde.* **2.** *Unterbau von prähistorischen Wohnungen [als Vorratsraum].*

Mar|der, der; -s, - [mhd. marder, ahd. mard(ar); H. u.]: *kleineres, hauptsächlich von Nagetieren lebendes, gewandt kletterndes Raubtier mit lang gestrecktem Körper, kurzen Beinen, langem Schwanz u. dichtem, feinem Fell, das sein Revier mit einem oft übel riechenden Sekret markiert:* Moderne Motorentechnik nützt nichts, wenn der M. Zündkabel annagt (Handelsblatt 31. 1. 97, 20).

-mar|der, der; -s, - (Jargon): *kennzeichnet in Bildungen mit Substantiven eine Person, die etw. aufbricht, in etw. einbricht, um es auszurauben:* Briefkasten-, Flugzeug-, Telefonmarder.

Mar|der|fell, das: *Fell eines Marders.*

Mar|der|hund, der [nach der Ähnlichkeit mit einem Marder]: *(ursprünglich in Asien beheimatetes) kleines, waschbärartiges Raubtier, dessen langhaariges, drahtiges Fell sehr begehrt ist.*

Mar|der|ja|cke, die: *Jacke aus Marderpelz.*

Mar|der|pelz, der: vgl. Marderfell.

Ma|re, das; -, - od. ...ria [lat. mare = Meer]: *als dunkle Fläche erscheinende große Ebene auf dem Mond od. dem Mars.*

Mä|re: ↑Mär.

♦ **Ma|re|chaus|see** [mare:ʃo'se:], die; - [frz. maréchaussée, zu: maréchal (Pl.: maréchaux), ↑Marschall]: *(im 18. Jh. in Frankreich) berittene Gendarmerie:* Desgrais, ein Beamter der M., wurde ihr nachgesendet (E. T. A. Hoffmann, Fräulein 10).

Ma|rel|le: ↑Marille.

Ma|rem|men ⟨Pl.⟩ [ital. maremma < lat. maritima = Küstengegenden, subst. Neutr. Pl. von: maritimus = zur Küste, zum Meer gehörend, ↑maritim]: *sumpfiges, heute zum Teil in Kulturland umgewandeltes Küstengebiet in Mittelitalien.*

mä|ren ⟨sw. V.; hat⟩ [mhd. mer(e)n = eintauchen, -brocken; umrühren, wohl zu mhd. mer[ō]t, ahd. merōde = flüssige Speise aus Brot u. Wein, Abendmahl < spätlat. merenda, ↑Märte] (landsch. abwertend): **1.** *herumwühlen, -rühren:* Mar nicht so im Dreck! **2. a)** *langsam u. umständlich sein;* **b)** *umständlich reden, sehr viel erzählen.*

Ma|rend, das; -s, -i [rätoroman. marenda < ital. merenda < spätlat. merenda, ↑Märte] (schweiz. mundartl.): *Marende.*

Ma|ren|de, die; -, -n (tirol.): *Zwischenmahlzeit, Vesper.*

ma|ren|go ⟨indekl. Adj.⟩ [nach dem oberital. Ort Marengo]: *(von einem Gewebe) grau od. braun mit weißen Punkten.*

Ma|ren|go, der; -s: *grau melierter Kammgarnstoff für Mäntel u. Kostüme.*

Ma|re|o|graph, der; -en, -en [zu lat. mare = Meer u. ↑-graph]: *selbst registrierender Pegel* (1 a).

Mä|re|rei, die; -, -en (landsch. abwertend): *dauerndes Mären.*

Mar|ga|re|ten|blu|me, die; -, -n [volkst. Verbindung mit dem w. Vorn. Margarete]: *Margerite.*

Mar|ga|ri|ne, die; - [frz. margarine, geb. aus: acide margarique = perlfarbene Säure, zu: acide = Säure u. margarique, zu griech. márgaron = perlweiße Farbe; Perle]: *streichfähiges, der Butter ähnliches Speisefett aus pflanzlichen [u. zu einem geringen Teil aus tierischen] Fetten:* M. zum Kochen nehmen; Bei uns frisst jeder M. Seit Jahren schon (Fries, Weg 223).

Mar|ga|ri|ne|fa|brik, die: *Fabrik, in der Margarine hergestellt wird.*

Mar|ga|ri|ne|in|dus|trie, die: vgl. Margarinefabrik.

Mar|ga|ri|ne|wür|fel, der: *in Form eines Würfels abgepackte Margarine.*

Mar|ge ['marʒə], die; -, -n [frz. marge = Rand, Spielraum < lat. margo = Rand]: **1.** *Unterschied, Spielraum, Spanne.* **2.** (Wirtsch.) **a)** *Differenz zwischen Selbstkosten u. Verkaufspreis; Handelsspanne:* Zweifellos lassen sich in vielen Geschäftsfeldern nur noch durch Massenproduktion auskömmliche M. erzielen (Woche 7. 11. 97, 15); **b)** *Differenz zwischen den Preisen für die gleiche Ware an verschiedenen Orten;* **c)** *Differenz zwischen Ausgabekurs u. Tageskurs eines Wertpapiers;* **d)** *Bareinzahlung beim Kauf von Wertpapieren auf Kredit, die an verschiedenen Börsen zur Sicherung der Forderungen aus Termingeschäften zu hinterlegen ist;* **e)** *Differenz zwischen dem Wert eines Pfandes u. dem darauf gewährten Vorschuss.*

Mar|ge|ri|te, die; -, -n [frz. marguerite, eigtl. = Maßliebchen < afrz. margarite = Perle < lat. margarita < griech. margarítēs, wohl nach dem Vergleich der Blütenköpfe mit Perlen]: *(zu den Korbblütlern gehörende) Pflanze mit sternförmiger Blüte, deren großes, gelbes Körbchen von einem Kranz zungenförmiger, weißer Blütenblätter gesäumt ist.*

Mar|ge|ri|ten|blu|me, die: *Margerite.*

Mar|ge|ri|ten|strauß, der: ¹*Strauß von Margeriten.*

mar|gi|nal ⟨Adj.⟩ [zu lat. margo = Rand; 2: engl. marginal]. **1.** (bildungsspr.): *am Rande liegend:* bei einem relativ -en Thema wie der Einbeziehung der Sonn- und Feiertagszuschläge in die Rentenbeitragspflicht (Augsburger Allgemeine 27. 5. 78,2); Nicht ≈ Änderungen der Freizeit wollen wir nun diskutieren (Universitas 8, 1970, 797); zuungunsten der nicht organisierten Erwerbstätigen und anderer -er Gruppen *(Randgruppen;* Habermas, Spätkapitalismus 58); Der Einfluss der Presse auf Wahlentscheidungen ist allenfalls m. (Woche 4. 4. 97, 16). **2.** (Soziol., Psych.) *in einer Grenzstellung befindlich; nicht fest einem bestimmten Bereich zuzuordnen:* -e Persönlichkeit. **3.** (Bot.) *(von Samenanlagen) am Rande eines Fruchtblattes angeordnet.*

Mar|gi|nal|ana|ly|se, die (Wirtsch.): *Untersuchung der Auswirkung einer geringfügigen Veränderung einer od. mehrerer Variablen auf bestimmte ökonomische Größen mithilfe der Differenzialrechnung.*

Mar|gi|nal|be|mer|kung, die (bildungsspr.): *Randbemerkung.*

Mar|gi|na̲|le, das; -[s], ...lien ⟨meist Pl.⟩ (Sprachw., Literaturw.): *Marginalie.*
Mar|gi|na̲l|exis|tenz, die; -, -en (Soziol.): *Zustand des Übergangs, in dem jmd. der einen von zwei sozialen Gruppen od. Gesellschaftsformen nicht mehr ganz, der anderen hingegen noch nicht angehört.*
Mar|gi|na̲l|glos|se, die (Sprachw., Literaturw.): *an den Rand geschriebene Glosse (2).*
Mar|gi|na̲|lie, die; -, -n: 1. ⟨meist Pl.⟩ (Sprachw., Literaturw.) a) *handschriftliche Glosse (2), kritische Anmerkung o. Ä. in Handschriften, Akten od. Büchern;* b) *auf den Rand einer [Buch]seite gedruckter Verweis (mit Quellen, Zahlen, Erläuterungen o. Ä. zum Text).* 2. (bildungsspr.) *Angelegenheit von weniger wichtiger Bedeutung, Nebensächlichkeit, Randerscheinung:* Die Frage der Rentenbesteuerung ist eine M. (Woche 14. 2. 97, 8); oft geht es ganz schnell, in den Vereinsunterlagen der SKV das Wichtige von einer M. zu trennen (FR 19. 12. 98, 4).
mar|gi|na|li|sie̲|ren ⟨sw. V.; hat⟩: 1. *mit Marginalien (1) versehen.* 2. *ins Abseits schieben, zu etw. Unwichtigem, Nebensächlichem machen:* dass ausgerechnet die »Tendenz«, die am stärksten auf marktwirtschaftlichen Realismus ausgerichtet ist, die Gruppe um den Planungsminister Michel Rocard, in den letzten Wochen marginalisiert worden ist (FAZ 19. 10. 81, 1); Das »wunderbare Ereignis Regierungsumzug« dürfe nicht durch buchhalterische Bedenken marginalisiert werden (Handelsblatt 4. 2. 99, 4).
Mar|gi|na|li|sie̲|rung, die: 1. *das Marginalisieren (1).* 2. *das Marginalisieren (2), Abschiebung ins Abseits:* Aber die Arbeit an sich nimmt ab, die M. von immer mehr Menschen beschleunigt sich (Woche 17. 1. 97, 18).
Mar|gi|na|li̲s|mus, der; -: *volkswirtschaftliche Theorie, die mit Grenzwerten u. nicht mit absoluten Größen arbeitet.*
Mar|gi|na|li|tät, die; - [engl. marginality] (Soziol.): *Existenz am Rande einer sozialen Gruppe, Klasse od. Schicht.*
Ma̲|ria, -s, auch: ...iens, ...iä: die Mutter Jesu: eine Darstellung -s, Mariens mit dem Jesusknaben; die Verkündigung Mariä; **[Jesus,] M. und Josef!; Jesses M.!* (Ausrufe des Erschreckens, Erstaunens o. Ä.).
Ma̲|ri|a|ge [ma'ri:ʒə], die; -, -n [frz. mariage, zu: marier < lat. maritare = verheiraten]: 1. (bildungsspr. veraltet) *Heirat, Ehe.* 2. (Kartenspiel) *Zusammentreffen von König u. Dame ein und derselben Farbe in einer Hand:* eine M. haben. 3. (veraltet) *dem Sechsundsechzig ähnliches Kartenspiel.*
ma|ri|a̲|nisch ⟨Adj.⟩ [mlat. Marianus] (kath. Kirche): *Maria als Gottesmutter betreffend:* -e Theologie; Marianische Antiphonen *(in der katholischen Liturgie Lobgesänge zu Ehren Marias).*
Ma̲|ri|a̲|nist, der; -en, -en: *Angehöriger der Societas Mariae.*
Ma̲|ri|a̲|nis|tin, die; -, -nen: w. Form zu ↑Marianist.

Ma̲|ri|a|vit, der; -en, -en [poln. Mariawici]: *Angehöriger einer von Rom unabhängigen katholischen Glaubensgemeinschaft in Polen, die in sozialer Arbeit dem Leben Marias nacheifern will.*
Ma̲|ri̲e, die; - [viell. nach dem Mariatheresientaler] (salopp): *Geld:* keine M. haben; bei mir wird M. vorneweg abgelegt, jeden Ersten wird angetanzt, junger Mann (Fallada, Mann 128); zu Ihnen kommt ein Jüngling ... mit haushoher M. und wünscht sich einzupuppen bei Ihnen, vom Kopf bis zum Scheitel auf neu (Fallada, Mann 217).
Ma̲|ri|en|al|tar, der (kath. Kirche): *Maria geweihter Altar.*
Ma̲|ri|en|an|dacht, die (kath. Kirche): *besonderer Gottesdienst zu Ehren Marias.*
Ma̲|ri|en|bild, das (bild. Kunst): *bildliche Darstellung Marias.*
Ma̲|ri|en|dich|tung, die (Literaturw.): *Dichtung in legendärer Form für das Leben Marias darstellt od. in der Maria verherrlicht u. angerufen wird.*
Ma̲|ri|en|fä|den ⟨Pl.⟩ (österr. veraltend) [nach der volkst. Vorstellung von der spinnenden Jungfrau Maria]: *Altweibersommer (2):* Die M. flogen sacht und zärtlich über ihn dahin (Roth, Kapuzinergruft 39).
Ma̲|ri|en|fest, das (kath. Kirche): *Fest zu Ehren Marias.*
Ma̲|ri|en|glas, das ⟨o. Pl.⟩: *Alabasterglas.*
Ma̲|ri|en|kä|fer, der [vgl. Herrgottskäfer]: *kleiner Käfer mit fast halbkugelig gewölbtem Körper u. oft roten Flügeldecken mit schwarzen Punkten.*
Ma̲|ri|en|kir|che, die: *Maria geweihte Kirche.*
Ma̲|ri|en|kult, der: *Marienverehrung.*
Ma̲|ri|en|le|ben, das (Literaturw., Kunstwiss.): *künstlerische Darstellung des Lebens Marias [in einzelnen Szenen od. Bildern].*
Ma̲|ri|en|le|gen|de, die: vgl. Mariendichtung.
Ma̲|ri|en|ly|rik, die (Literaturw.): vgl. Mariendichtung.
Ma̲|ri|en|sei|de, die ⟨o. Pl.⟩: *Marienfäden.*
Ma̲|ri|en|sta|tue, die: vgl. Marienbild.
Ma̲|ri|en|tag, der: *Marienfest.*
Ma̲|ri|en|ver|eh|rung, die: *Verehrung Marias in der katholischen Kirche u. in den Ostkirchen.*
Ma̲|ri|hua̲|na, das; -s [span. marihuana, wohl zusgez. aus den w. Vorn. María u. Juana]: *aus getrockneten, zerriebenen Blättern, Stängeln u. Blüten des in Mexiko angebauten indischen Hanfs gewonnenes, im Aussehen einem fein geschnittenen, grünlichen Tabak ähnliches Rauschgift:* M. rauchen.
Ma̲|ril|le, Marelle, die; -, -n [wohl nach ital. armellino < lat. armeniacum (pomum) = Aprikose, eigtl. armenischer Apfel] (österr., sonst landsch.): *Aprikose:* ... halten die Weiber die leckeren Erdbeeren feil, die glänzenden Schwarzbeeren, die feurigen Marillen (Fussenegger, Haus 378).
Ma̲|ril|len|brand, der (österr., schweiz.): *Marillengeist.*

Ma̲|ril|len|geist, der ⟨Pl. -e⟩: *aus Aprikosen hergestellter Branntwein.*
Ma̲|ril|len|knö|del, der (österr.): *Knödel aus Kartoffelteig mit einer Aprikose in der Mitte.*
Ma̲|ril||len|koch, das [↑²Koch]: *Marillenmarmelade, -mus.*
Ma̲|ril||len|li|kör, der: vgl. Marillengeist.
Ma̲|ril||len|mar|me|la|de, die: *Aprikosenmarmelade.*
Ma̲|ril||len|schnaps, der: vgl. Marillengeist.
Ma̲|ril||len|was|ser, das ⟨Pl. ...wässer⟩: vgl. Marillengeist.
Ma̲|rim|ba, Marymba, die; -, -s [span. marimba, port. marimba, aus dem Kimbundu (Bantuspr. in Angola)] (Musik): *(bes. in Guatemala) dem Xylophon ähnliches Musikinstrument aus auf einem Rahmen ruhenden Holzplättchen mit darunter liegenden einzelnen Resonanzkörpern.*
Ma̲|rim|ba|phon, das; -s, -e [zu griech. phōné = Ton, Schall] (Musik): *Marimba mit Metallröhren als Resonanzkörpern.*
ma|ri̲n ⟨Adj.⟩ [lat. marinus, zu: mare = Meer]: 1. *zum Meer gehörend, das Meer betreffend:* -e Fachzeitschriften (auto 6, 1965, 91); -e und terrestrische Vorgänge (Wohmann, Absicht 168). 2. *im Meer lebend; aus dem Meer stammend:* doch kommt solche direkte Entwicklung bei manchen niederen Gliederfüßern und auch bei wenigen einfachen -en Lebensformen vor (Medizin II, 40).
Ma̲|ri̲|na, die; -, -s [engl.(-amerik.) marina < ital. marina, span. marina = Marine, zu: marino < lat. marinus, ↑marin]: *Jacht-, Motorboothafen.*
Ma̲|ri|na̲|de, die; -, -n [frz. marinade, zu: mariner = Fische (in Salzwasser, Meerwasser) einlegen, zu: marin < lat. marinus, ↑marin]: 1. a) *mit Essig, Zitronensaft, Kräutern u. Gewürzen bereitete Flüssigkeit zum Einlegen von Fleisch, Fisch, Gurken o. Ä.;* b) *Salatsoße.* 2. *in einer Marinade konservierter Fisch.*
Ma̲|ri̲|ne, die; -, -n [frz. marine, eigtl. = die zum Meer Gehörende, zu: marin, ↑Marinade]: 1. a) *Gesamtheit der Seeschiffe eines Staates mit den dazugehörenden Einrichtungen:* ... dass die Ägypter, die Phönizier und Venezianer höchst respektable -n besessen haben! (Kisch, Reporter 186); b) *für den Seekrieg bestimmter Teil der Streitkräfte eines Staates, Landes; Kriegsmarine:* die M. griff in die Kämpfe ein; bei der M. sein; Die -n der NATO haben ... die Gleichzeitigkeit der zwei großen sowjetischen Seemanöver zur Kenntnis genommen (Saarbr. Zeitung 9. 7. 80, 2). 2. (bild. Kunst) *Seestück.*
Ma̲|ri̲|ne|ar|til|le|rie, die: *der Kriegsmarine unterstehende Abteilung der Artillerie.*
Ma̲|ri̲|ne|at|ta|ché, der: vgl. Militärattaché.
ma|ri̲|ne|blau ⟨Adj.⟩: *tief dunkelblau (wie die Farbe von Marineuniformen).*
Ma̲|ri̲|ne|blau, das: *marineblaue Farbe.*
Ma̲|ri̲|ne|flie|ger, der (ugs.): *Angehöriger der Marineluftwaffe.*
Ma̲|ri̲|ne|in|fan|te|rie, die: *der Kriegs-*

marine unterstehende u. für Kämpfe an Land (nach Landungen) besonders ausgebildete Truppe.

Ma|ri|ne|in|fan|te|rist, der: *Soldat der Marineinfanterie.*

Ma|ri|ne|luft|waf|fe, die: *zur Marine gehörende [auf Flugzeugträgern stationierte] Luftstreitkräfte.*

Ma|ri|ne|ma|ler, der (bild. Kunst): *Maler von Seestücken.*

Ma|ri|ne|ma|le|rei, die ⟨o. Pl.⟩: *Malerei (1), in der das Meer, Flüsse, Küsten u. Häfen dargestellt werden.*

Ma|ri|ne|of|fi|zier, der: *Offizier der Marine (1 b).*

Ma|ri|ner, der; -s, - (Jargon): *Angehöriger der Marine; Matrose.*

Ma|ri|ne|sol|dat, der: vgl. Marineoffizier.

Ma|ri|ne|sta|ti|on, die: *Ort, an dem Marine (1 b) stationiert ist.*

Ma|ri|ne|stütz|punkt, der: *von Seestreitkräften geschützter Stützpunkt, den ein Land außerhalb seiner Grenzen unterhält: Ein Massenaufgebot ... sucht ... den Pazifik zwischen dem amerikanischen M. Guam und den Philippinen ... ab (Welt 17. 3. 62, 1).*

Ma|ri|ne|uni|form, die: *Uniform der Marine.*

Ma|ri|niè|re [mari'njɛ:rə], die; -, -n [frz. (à la) marinière = nach Matrosenart, zu: marin, ↑ Marinade]: *locker fallende Damenbluse, Matrosenbluse.*

ma|ri|nie|ren ⟨sw. V.; hat⟩ [frz. mariner, ↑ Marinade]: *in eine Marinade (1 a) einlegen od. mit Marinade beträufeln:* Weich gekochter Spargel wird mit Salz, Zitronensaft oder Essig mariniert (Horn, Gäste 198); marinierte Heringe; Besonders schmackhaft ist mit Joghurt mariniertes Grillhuhn (a & r 2, 1997, 48).

¹Ma|ri|nis|mus, der; - [zu ↑ Marine] (Politik selten): *das Streben eines Staates nach Aufbau u. Unterhaltung einer möglichst starken Flotte.*

²Ma|ri|nis|mus, der; - [ital. marinismo, nach dem ital. Dichter G. Marino (1569–1625)] (Literaturw.): *literarische Ausprägung des Manierismus (b) in Italien.*

¹Ma|ri|nist, der; -en, -en: *Vertreter des ²Marinismus.*

²Ma|ri|nist, der; -en, -en [zu ↑ Marine] (Politik selten): *Vertreter des ¹Marinismus.*

Ma|ri|nis|tin, die; -, -nen: w. Form zu ↑ ¹·²Marinist.

ma|rin|mar|gi|nal ⟨Adj.⟩ (Geol.): *(von Salzlagern) sich in Meeresbuchten absetzend.*

Ma|ri|o|la|trie, die; - [zu ↑ Maria u. griech. latreía = (Opfer)dienst]: *Marienverehrung.*

Ma|ri|o|lo|ge, der; -n, -n [↑ -loge]: *Vertreter der Mariologie.*

Ma|ri|o|lo|gie, die [↑ -logie] (kath. Theol.): *Lehre von der Gottesmutter Maria.*

Ma|ri|o|lo|gin, die; -, -nen: w. Form zu ↑ Mariologe.

ma|ri|o|lo|gisch ⟨Adj.⟩: *die Mariologie betreffend:* -e Dogmen.

Ma|ri|o|net|te, die; -, -n [frz. marionnette, eigtl. = Mariechen, Abl. vom frz. w. Vorn. Marion]: *Puppe zum Theaterspielen, die mithilfe vieler an den einzelnen Gelenken angebrachter u. oben an sich kreuzenden Leisten befestigter Fäden od. Drähte geführt wird:* das Stück wurde mit -n gespielt; Es war gespenstisch und war wie das Tun von -n (Plievier, Stalingrad 176); Ü Sie braucht einen Mann, aber keine M. *(keinen unselbstständigen, von einem anderen als Werkzeug benutzten Mann;* Kirst, 08/15, 279).

Ma|ri|o|net|ten|büh|ne, die: *Marionettentheater.*

ma|ri|o|net|ten|haft ⟨Adj.⟩: *einer Marionette ähnlich, wie bei einer Marionette:* -e Bewegungen; dass sich aber unter diesen hinabgestürzten und m. steifen Bündeln auch Verwundete befanden (Plievier, Stalingrad 332).

Ma|ri|o|net|ten|re|gie|rung, die (abwertend): *von einem fremden Staat eingesetzte u. von ihm abhängige Regierung eines Landes:* Südafrika bescherte Namibia, der deutschen Exkolonie Südwest, eine M. (Spiegel 26, 1985, 114).

Ma|ri|o|net|ten|spiel, das: *mit Marionetten gespieltes Theaterstück.*

Ma|ri|o|net|ten|spie|ler, der: *Puppenspieler in einem Marionettentheater.*

Ma|ri|o|net|ten|spie|le|rin, die: w. Form zu ↑ Marionettenspieler.

Ma|rio|net|ten|staat, der (abwertend): vgl. Marionettenregierung.

Ma|ri|o|net|ten|the|a|ter, das: *Theater, auf dem mit Marionetten gespielt wird.*

Ma|rist, der; -en, -en [frz. mariste, zu Marie = Maria]: *Angehöriger einer 1816 gegründeten kath. Priesterkongregation.*

Ma|ris|tan, der; -s, -e [pers. māristān = Krankenhaus]: *Anlage (3) im islamischen Kulturraum, zu der ein Hospital, eine Moschee mit einer Medrese u. das Grab des Stifters gehören.*

ma|ri|tim ⟨Adj.⟩ [lat. maritimus, zu: mare, ↑ Mare]: **1.** *das Meer betreffend, von ihm beeinflusst, geprägt:* -es Klima; die -e Fauna. **2.** *das Seewesen, die Schifffahrt betreffend:* -e Mächte.

Mar|jell, die; -, -en, **Mar|jell|chen,** das; -s, - [lit. mergelė = Magd; Mädchen] (ostpreuß.): *Mädchen:* als vor zwei Jahren etwa die Torpedobootflottille aus Pillau hier festmachte ... und die Marjellchen meschugge wurden (Grass, Blechtrommel 215).

¹Mark, die; -, - u. (ugs. scherzh.:) Märker [mhd. marc, marke = Silber- od. Goldbarren mit amtlichem Zeichen, urspr. identisch mit ↑ ²Mark]: *deutsche Währungseinheit:* die Deutsche M. (Abk.: DM; 1 DM = 100 Pfennig); die M. der DDR (früher; *Einheit in der DDR*; Abk.: M; 1 M = 100 Pfennig); der Eintritt kostet zwei M. fünfzig; kannst du mir fünfzig M. *(einen Fünfzigmarkschein)* wechseln?; ich habe meine letzte M. ausgegeben; Lüders hat seine paar Märker hingelegt (Döblin, Alexanderplatz 126); auf eine M. mehr oder weniger soll es mir nicht ankommen; fünf M. sind zu viel; R zehn M. haben oder nicht haben sind zwanzig M. Unterschied; * **keine müde M.** (ugs.; *überhaupt kein Geld, nicht der*

kleinste Betrag): er hatte keine müde M. mehr in der Tasche; Ein Stricher kriegt von mir keine müde M. (Eppendorfer, Ledermann 136); Keine müde M. Entwicklungshilfe (Spiegel 14, 1975, 84); **je-de M. [dreimal] umdrehen** (↑ Pfennig); **mit jeder M. rechnen müssen** (↑ Pfennig).

²Mark, die; -, -en [mhd. marc, march = (Grenz)zeichen, Grenzland, ahd. marcha = Grenze]: *(in karolingischer u. ottonischer Zeit) Gebiet an den Grenzen des Reiches:* die M. Brandenburg.

³Mark, das; -[e]s [mhd. marc, ahd. mar(a)g, urspr. = Gehirn]: **1. a)** *inneres Gewebe, meist weichere Substanz in den Knochen, in verschiedenen Organen bei Mensch u. Tier sowie im Zentrum pflanzlicher Sprosse:* Die Nervenzellen des Gehirns sind die verlängerten -es und am empfindlichsten (Medizin II, 161); der Knochen ist bis ans M. gespalten; Ü Geld verdienen mit dem Schweiß der andern ..., leben vom M. der andern (Tucholsky, Werke II, 83); * **kein M. in den Knochen haben** (1. *anfällig, kränklich sein.* 2. *keine Energie haben, entschlusslos sein*); **jmdm. das M. aus den Knochen saugen** (ugs.; *jmdn. bis aufs Letzte ausbeuten, jmdn. aussaugen* 2); **bis ins M.** (*in einer Weise, dass die negative Wirkung innerste seelische Bezirke erreicht*): bis ins M. erschüttert, verdorben sein; jmdn. mit einer Äußerung bis ins M. treffen; **[jmdm.] durch M. und Bein/**(ugs. scherzh.:) **Pfennig gehen, dringen/fahren** (*als besonders unangenehm, als quälend laut empfunden werden*); **b)** *weiche, gelbliche, fettreiche Masse aus dem Inneren von [Rinder]knochen:* ... backt die Schnitten in der Röhre, bis das M. glasig und durchgegart ist (Horn, Gäste 173); das M. aus den Knochen lösen; Klößchen aus M. **2.** *konzentriertes, zu einem einheitlichen Brei verarbeitetes Fruchtfleisch:* M. von Erdbeeren, Tomaten.

mar|kant ⟨Adj.⟩ [frz. marquant = sich auszeichnend, hervorragend, 1. Part. von: marquer, ↑ markieren]: *stark ausgeprägt:* eine -e Erscheinung; -e Gesichtszüge; ein -es Profil; das -este Beispiel für diese Entwicklung; Die Schellenburg von Nordwesten. Im Luftbild zeigt sich ihre -e *(auffallende, beeindruckende u. einprägsame)* Lage hoch über den Tälern von Anlauter, Altmühl und Schwarzach am besten (Archäologie 2, 1997, 38); m. gestaltete Wände (Wohnfibel 127).

Mar|ka|sit [auch: ...'zɪt], der; -s, -e [mlat. marca(s)sita, H.u.]: *gelbes Mineral aus einer Verbindung von Schwefel u. Eisen.*

Mark|be|trag, der: *in Mark angegebener Betrag.*

mark|durch|drin|gend ⟨Adj.⟩: *(von akustischen Eindrücken) in unangenehmer Weise durchdringend (1):* ein -er Schrei.

Mar|ke, die; -, -n [frz. marque = (Kenn)zeichen, zu: marquer, ↑ markieren]: **1. a)** kurz für ↑ Erkennungsmarke; **b)** kurz für ↑ Dienstmarke; **c)** kurz für ↑ Garderobenmarke; **d)** kurz für ↑ Lebensmittelmarke; **e)** kurz für ↑ Beitragsmarke; **f)** kurz für ↑ Briefmarke. **2. a)** *unter einem bestimmten Namen, Warenzei-*

chen hergestellte Warensorte: eine bekannte M.; diese Zigarette ist nicht meine M.; eine neue M. ausprobieren, rauchen; ... ist sowohl ein Pokal für den besten Fahrer als auch für die beste M. *(Automarke)* ausgeschrieben (auto 7, 1965, 56); **b)** (salopp) *seltsamer Mensch:* eine komische M.; du bist [mir] vielleicht eine M.! *(du benimmst dich aber ungewöhnlich, hast ja seltsame Ansichten).* **3.** *an einer bestimmten Stelle [als Messpunkt] angebrachtes Zeichen, angebrachte Markierung [für einen erreichten Wert]:* am Pfeiler ist die M. vom letzten Hochwasser zu sehen; Alle zehn Schritte machte ich eine M. aus Ruß (Frisch, Stiller 190); sie hat die alte M. *(den bisherigen Rekord)* um 12 Zentimeter verbessert, überboten.

Mär|ke, die; -, -n (österr.): *Namenszeichen bes. auf der Wäsche.*

mar|ken ⟨sw. V.; hat⟩ (Seemannsspr.): *mit Marken (3) versehen:* die Lotleine wurde in Abständen von je einem Meter gemarkt.

mär|ken ⟨sw. V.; hat⟩ (österr.): *zeichnen (2):* Dort schichtet er es (= das Holz) auf und märkt die Stöße mit blauer Kreide auf seinen Namen (Waggerl, Brot 208).

Mar|ken|ar|ti|kel, der (Wirtsch.): *vom Hersteller durch ein Markenzeichen gekennzeichneter Artikel (3), für den gleich bleibende Qualität verbürgt wird.*

Mar|ken|ar|tik|ler, der; -s, - (Wirtsch.): **a)** *Vertreter, der Markenartikel anbietet u. vertreibt;* **b)** *Hersteller von Markenartikeln:* Bemühungen der M., ... die Preise des Großhandels zu binden (FAZ 11. 11. 61, 7).

Mar|ken|ar|tik|le|rin, die; -, -nen: w. Form zu ↑Markenartikler.

Mar|ken|block, der ⟨Pl. ...blocks⟩: *Briefmarkenblock.*

Mar|ken|but|ter, die: *Butter einer Handelsklasse mit gesetzlich festgelegten Qualitätsmerkmalen.*

Mar|ken|er|zeug|nis, das, **Mar|ken|fa|bri|kat,** das: vgl. Markenartikel.

mar|ken|frei ⟨Adj.⟩ (früher): *ohne Abgabe von Lebensmittelmarken erhältlich:* Es war zwar -e Wurst, so graues Zeug, aber ... (Rinser, Jan Lobel 67); er bekommt auch noch m. zu essen (Fallada, Jeder 82).

Mar|ken|ge|rät, das: vgl. Markenartikel.

Mar|ken|heft, das (Postw.): *zu einem kleinen Heftchen zusammengefügtes Sortiment von Briefmarken.*

Mar|ken|li|kör, der: vgl. Markenartikel.

Mar|ken|na|me, der: *Name einer Marke (2 a).*

Mar|ken|samm|ler, der: *Briefmarkensammler.*

Mar|ken|samm|le|rin, die: w. Form zu ↑Markensammler.

Mar|ken|schutz, der: *gesetzliche Regelung, durch die eingetragene Markennamen vor Nachahmung geschützt werden.*

mar|ken|treu ⟨Adj.⟩: *bei einer Marke (2 a) bleibend, an einer Marke (2 a) festhaltend:* Die meisten Käufer japanischer Autos sind nicht m. Sie waren schon immer bereit, bei einem Neukauf zu einer anderen Marke zu wechseln (ADAC-Motorwelt 10, 1980, 32).

Mar|ken|wa|re, die: *Markenartikel.*

Mar|ken|zei|chen, das: **a)** *in bestimmter grafischer Form gestaltetes u. geschütztes Zeichen, mit dem alle Artikel einer Marke (2 a) gekennzeichnet werden; Warenzeichen:* Ein internationaler Designwettbewerb zeichnet unter dem M. Roter Punkt Designer und Hersteller für vorbildliches innovatives Design aus (Wirtschaftswoche 50, 1998, 150); **b)** *etw., was für jmdn. od. eine Sache bezeichnend, typisch ist:* bunte Hemden sind sein M.; Der Konsens mit denjenigen, die Arbeitsplätze schaffen, muss zum M. der Regierung werden (Wirtschaftswoche 7, 1999, 16).

Mar|ker [auch: ˈmaːkɐ], der; -s, -[s] [engl. marker, eigtl. = Kenn-, Merkzeichen]: **1.** (Sprachw.) **a)** *Merkmal eines sprachlichen Elements, dessen Vorhandensein mit + u. dessen Fehlen mit − gekennzeichnet wird;* **b)** *Darstellung der Konstituentenstruktur in einem Stemma;* **c)** *Darstellung der Reihenfolge von Transformationsregeln.* **2.** (Biol.) *genetisches Merkmal bei Viren.* **3.** (Med.) *biologische Substanz (z. B. Protein, Hormon), deren Vorhandensein im Körper auf einen Krankheitszustand hindeutet.* **4.** *Stift zum Markieren (1 a).*

¹Mär|ker, der; -s, - [zu ↑²Mark] (früher): *Markgenosse.*

²Mär|ker: Pl. von ↑¹Mark.

mar|ker|schüt|ternd ⟨Adj.⟩: *durchdringend laut [u. Schrecken, Mitgefühl auslösend]:* ein -er Schrei.

Mar|ke|ten|der, der; -s, - [ital. mercatante = Händler, zu: mercatare = Handel treiben, zu: mercato < ˈlat. mercatus, ↑Markt] (früher): *die Truppe bei Manövern u. im Krieg begleitender Händler.*

Mar|ke|ten|de|rei, die; -, -en [zu 1] **a)** ⟨o. Pl.⟩ *Verkauf von Marketenderwaren an Angehörige der Truppe;* **b)** *[mobile] Verkaufsstelle für Marketenderwaren.*

Mar|ke|ten|de|rin, die; -, -nen: w. Form zu ↑Marketender: Verschwunden ist Mutter Courages legendärer Planwagen. Die M. zieht nun mit einem kaputten kleinen Lastauto übers Schlachtfeld (Zeit 14. 4. 95, 55).

mar|ke|ten|dern ⟨sw. V.; hat⟩ (veraltet, noch scherzh.): *Marketenderware feilbieten, weniger wertvolle Dinge des Alltagsgebrauchs verkaufen:* Im inneren Halbrund marketenderten junge Leute mit Schmuck, T-Shirts, Taschen und Gürteln (MM 28. 6. 71, 10).

Mar|ke|ten|der|wa|gen, der (früher): *mit der Truppe mitfahrender [Plan]wagen mit Marketenderwaren.*

Mar|ke|ten|der|wa|re, die ⟨meist Pl.⟩: *für den Bedarf der Soldaten zum Verkauf stehende Lebens- u. Genussmittel, Gebrauchsgegenstände:* Der eine Lkw enthielt M., der andere Bekleidung (Kirst, 08/15, 630).

Mar|ke|te|rie, die; -, -n ⟨meist Pl.⟩ [frz. marqueterie, zu: marqueter = mit Intarsien versehen, eigtl. = besprenkeln, zu: marque, ↑Marke] (Kunstwiss.): *Intarsie, bei der gesägte Furnierblätter auf eine Grundfläche geleimt werden.*

Mar|ke|ting [auch: ˈmaːkɪtɪŋ], das; -[s] [engl. marketing, zu: to market = Handel treiben, zu: market < lat. mercatus, ↑Markt] (Wirtsch.): *Ausrichtung eines Unternehmens auf die Förderung des Absatzes durch Betreuung der Kunden, Werbung, Beobachtung u. Lenkung des Marktes sowie durch entsprechende Steuerung der eigenen Produktion:* operatives M.; Der Zwang zu Automation, rationellen Großserien, Forschung und M. ist die Klippe, die nur wenige überwinden (Spiegel 23, 1966, 49); das M. professionalisieren; Zwar verfügte das Gros der Stadtwerker über hervorragendes fachliches Know-how, in Sachen Kundenorientierung, M. und Innovationsmanagement mussten die vermeintlichen Apparatschiks allerdings einige Nachhilfestunden nehmen (Wirtschaftswoche 15, 1999, 80).

Mar|ke|ting|ab|tei|lung, die (Wirtsch.): *für das Marketing zuständige besondere Abteilung eines Unternehmens:* Genauso gleichgültig... ist es offenbar manchen -en, was ihre Onlinebeauftragten so treiben (Wirtschaftswoche 12, 1999, 111).

Mar|ke|ting|agen|tur, die (Wirtsch.): *Werbebüro, das das Marketing für andere Firmen durchführt.*

Mar|ke|ting|di|rek|tor, der: *Marketingmanager.*

Mar|ke|ting|di|rek|to|rin, die: w. Form zu ↑Marketingdirektor: Ute Hagen verdankt ihre heutige Position als M. ... vor allem ihrer zweijährigen Erfahrung als Produktmanagerin (Focus 3, 1997, 168).

Mar|ke|ting|in|stru|ment, das: *als Marketingmethode eingesetztes Instrument (2):* Immer mehr Museen stellen ihre Exponate auch im Internet aus und nutzen es als M. (Wirtschaftswoche 12, 1999, 143).

Mar|ke|ting|ma|na|ger, der (Wirtsch.): *in einem Unternehmen für das Marketing verantwortlicher Manager.*

Mar|ke|ting|ma|na|ge|rin, die: w. Form zu ↑Marketingmanager.

Mar|ke|ting|me|tho|de, die: *innerhalb des Marketings angewandte Methode (2):* Seit die Geschäfte nur noch schleppend gehen, greifen mehr und mehr Hoteliers zu einer besonders feinsinnigen M.: Sie hängen moderne Kunst in Halle, Flure und Zimmer (Wirtschaftswoche 19, 1994, 84).

Mar|ke|ting|mix, das [engl. marketing mix] (Wirtsch.): *Kombination verschiedener Maßnahmen zur Absatzförderung im Hinblick auf eine bestimmte Zielsetzung.*

mar|ke|ting|ori|en|tiert ⟨Adj.⟩ (Wirtsch.): *das Marketing besonders berücksichtigend:* Direktionsassistent für Fachverlag, jüngerer Dipl.-Kfm., m. (Anzeige in: Capital 2, 1980, 65).

Mar|ke|ting-Re|search, das (Wirtsch.): *Absatzforschung.*

Mar|ke|ting|stra|te|gie, die: vgl. Marketingmethode: In Phase zwei wird die »Marketingstrategie« aufgebaut: Es wird festgelegt, welche Zielgruppen angesprochen werden sollen und mit welchen Methoden (Zeit 11. 10. 96, 28).

Mar|keur [marˈkøːɐ̯], der: ↑Markör.

Mark|ge|nos|se, der (früher): jmd., der an gemeinschaftlichem Weide- u. Waldgebiet teilhatte.

Mark|graf, der [1: mhd. markgrāve]: **1.** königlicher Amtsträger in den Grenzlanden; Befehlshaber einer ²Mark. **2. a)** ⟨o. Pl.⟩ Adelstitel eines Fürsten im Rang zwischen ³Graf (1) u. Herzog (1 b): bei den Zähringern vererbte sich der Titel M. von Baden; **b)** Träger des Titels Markgraf (2 a).

Mark|grä|fin, die: w. Form zu ↑Markgraf.

Mark|gräf|ler, der; -s, -: leichter, säurearmer Tischwein aus der Landschaft zwischen dem Rhein bei Basel u. dem Breisgau (= Markgräfler Land).

mark|gräf|lich ⟨Adj.⟩: [zu] einem Markgrafen gehörend.

Mark|graf|schaft, die: Herrschaftsbezirk eines Markgrafen.

mar|kie|ren ⟨sw. V.; hat⟩ [frz. marquer < ital. marcare = kennzeichnen, zu: marca = Marke, Zeichen, aus dem Germ.]: **1. a)** durch ein Zeichen kenntlich machen: die Fahrrinne durch Bojen m.; Zugvögel [durch Ringe] m.; eine Stelle auf der Landkarte m.; eine Karte des südlichen Böhmerwalds, auf der das ... Jagdhaus mit einem Bleistiftkreuz markiert war (Bieler, Mädchenkrieg 155); ein markierter (mit Wegzeichen versehener) Wanderweg; Ein verzweigtes Rinnsal ausgetretener Pfade führte ... auf den markierten Hauptweg (Plievier, Stalingrad 185); (Fachspr.:) mit radioaktivem Stickstoff markierte Aminosäure; **b)** etw. anzeigen, kenntlich machen: Bojen markieren die Fahrrinne; Es ging durch Wegstrecken, von ragendem Pferdegebein markiert (Plievier, Stalingrad 346); Ü der Kongress markiert eine bedeutsame Etappe. **2. a)** hervorheben, betonen: beim Sprechen jede Silbe m.; der Anzug markiert die Schultern; **b)** ⟨m. + sich⟩ sich abzeichnen, hervortreten: die Körperformen markieren sich in dem Kleid besonders stark; die Baumgrenze ... markiert sich ... auffallend scharf (Th. Mann, Zauberberg 18). **3.** (österr.) entwerten (1). **4. a)** einen Part, eine Bewegung o. Ä. nur andeuten; [bei der Probe] nicht mit vollem Einsatz spielen, singen: eine Verbeugung m.; der Sänger markierte nur, um seine Stimme zu schonen; die Begleiterin musste den Part des Chores am Klavier m.; ich begnügte mich, ... die Achtungsbezeugung lediglich zu m. (Niekisch, Leben 328); **b)** (ugs.) vortäuschen; so tun, als ob: Schmerzen m.; die Dumme m.; er ist nicht krank, er markiert bloß; ein [zur Übung] markierter Unfall. **5.** (Sport) **a)** einen Treffer, einen Rekord o. Ä. erzielen; durch einen Treffer einen bestimmten Spielstand erreichen: die Tore Nr. 3 und 4 markierte der Mannschaftskapitän; Das längst fällige ... 2 : 2 markierte Schneider in der 82. Minute (Vorarlberger Nachr. 25. 11. 68, 10); Auf ihrem 300-Runden-Weg markierten sie gleich zwei neue Bahnrekorde (Freie Presse 13. 12. 84, 6); **b)** (einen gegnerischen Spieler) decken: der Stürmer wurde von seinem Bewacher

genau markiert. **6.** (Gastr.) ein ²Gericht vorbereiten. **7.** (Sprachw.) mit einem Marker (1 a) versehen: ⟨meist im 2. Part.:⟩ Junggeselle ist im Hinblick auf das Geschlecht markiert.

Mar|kie|rung, die; -, -en: **a)** das Markieren; das Kennzeichnen; der Wanderverein übernimmt die M. der Wege; die M. eines Elements mit Radioisotopen; **b)** Kennzeichnung, [Kenn]zeichen; eine deutliche, gut sichtbare M.; die M. ist kaum noch zu erkennen; etw. durch -en kennzeichnen; Ü De Gaulles Besuch war eine wichtige emotionale M. der Nachkriegsgeschichte (W. Brandt, Begegnungen 134); Der Tag hatte viele religiöse -en. Jeden Morgen die schon erwähnte Andacht, zu der alle Kinder und alle Hausleute erschienen (Dönhoff, Ostpreußen 25).

Mar|kie|rungs|bo|je, die: Boje, mit der eine Gefahrenstelle, ein Fahrwasser o. Ä. markiert wird.

Mar|kie|rungs|fähn|chen, das: Zeichen in Form eines Fähnchens, das zur Markierung von etw. auf eine Landkarte o. Ä. gesteckt wird.

Mar|kie|rungs|li|nie, die: Linie, mit der etw. markiert wird.

Mar|kie|rungs|na|gel, der (Verkehrsw.): der Markierung einer Fahrbahn o. Ä. dienender flacher [in die Decke der Fahrbahn eingelassener] Gegenstand: Er musste den Wagen jäh abstoppen und schrammte über die Markierungsnägel, die seine Fahrspur begrenzten (Wellershoff, Körper 214).

Mar|kie|rungs|punkt, der: vgl. Markierungslinie: Ü wie sie zu betrachten sind, wie sie zu lehren sei: nämlich nach -en (nach herausragenden Ereignissen; Heym, Schwarzenberg 150).

Mar|kie|ver|hal|ten, das; -s (Verhaltensf.): Verhaltensweise zur Abgrenzung eines Territoriums od. zur Kennzeichnung von Artgenossen.

mar|kig ⟨Adj.⟩ [zu ↑³Mark]: **a)** kraftvoll u. kernig: eine -e Stimme; -e Worte, Sprüche; »Bitte Herrn Feldwebel melden zu dürfen«, rief er m. (Kirst, 08/15, 34); ⟨subst.:⟩ Von jeher war das Markige die Kehrseite der Sentimentalität (Enzensberger, Einzelheiten I, 169); **b)** kräftig; nicht weichlich: eine -e Gestalt; da erscheint er in der Tür, groß, breit und m. wie eh und je (Erné, Kellerkneipe 60).

Mar|kig|keit, die; -: markige Art.

mär|kisch ⟨Adj.⟩: aus der ²Mark stammend, sie betreffend.

Mar|ki|se, die; -, -n [1: frz. marquise, in der Soldatenspr. scherzh. Bez. für das zusätzliche Zeltdach über dem Zelt eines Offiziers (= älter frz. marquis, ↑Marquis), das es von dem der einfachen Soldaten unterscheiden sollte; 2: H. u.]: **1.** aufrollbares, schräges Sonnendach vor einem [Schau]fenster, über einem Balkon o. Ä.: die M. herunterlassen; Die -n der Obstläden und Cafés winkten gestreift und gepunktet (Bieler, Bonifaz 150); Dann kam eine Türkin, die erklärte ihm, wie mithilfe einer Kurbel die M. zu bedienen sei (M. Walser, Seelenarbeit 154). **2.** (Edelsteinkunde) **a)** Edelsteinschliff

mit schiffchenförmiger Anordnung der Facetten; **b)** Schmuckstein mit Markise (2 a).

Mar|ki|sen|drell, der: sehr fester u. dichter Stoff für Markisen (1).

Mar|ki|sen|stoff, der: sehr fester u. dichter Stoff für Markisen (1).

Mar|ki|se|schliff, der: Markise (2 a).

Mar|ki|set|te: ↑Marquisette.

Mark|ka, die; -, - ⟨aber: 10 Markkaa⟩ [finn. markka < schwed. mark < anord. mark]: Finnmark (Abk.: mk).

Mark|klöß|chen, das (Kochk.): kleiner Kloß aus Paniermehl, Mark, Eiern u. Gewürzen, der als Suppeneinlage gegessen wird.

Mark|kno|chen, der: viel ³Mark (1 b) enthaltender Knochen.

mark|los ⟨Adj.⟩ (selten): kraftlos.

Mark|mün|ze, die: auf einen Markbetrag lautende Münze.

Mark|na|gel|lung, die (Med.): Nagelung von Knochenbrüchen bei Röhrenknochen, bei der der Nagel in die das Mark enthaltende Höhlung des Knochens getrieben wird.

Mar|kolf, der; -[e]s, -e [nach dem Namen des Spötters in der volkstüml. ma. Dichtung] (landsch. veraltend): Häher.

Mar|ko|man|ne, der; -n, -n: Angehöriger eines germanischen Volksstammes.

Mar|kör, Marqueur, der; -s, -e [1: frz. marqueur, zu: marquer, ↑markieren]: **1.** Schiedsrichter, Punktezähler beim Billardspiel. **2.** (österr. veraltet) Kellner: Schon mein Urgroßvater ... soll ... in dem sehr beliebten »Café Jüngling«, ... Kellner oder, richtiger, Markör gewesen sein (Habe, Namen 27). **3.** (Landw.) Gerät zur Anzeichnung der Reihen, in denen angepflanzt od. ausgesät wird.

Mark|schei|de, die: **a)** (veraltet) Grenze, Grenzlinie; **b)** (Bergbau) Grenze eines Grubenfeldes.

Mark|schei|de|kun|de, **Mark|schei|de|kunst**, die: ⟨o. Pl.⟩: bergbauliche Vermessungskunde.

Mark|schei|der, der; -s, -: Ingenieur für bergbauliche Vermessungen (Berufsbez.).

Mark|schei|de|rin, die; -, -nen: w. Form zu ↑Markscheider.

Mark|schein, der (früher): Geldschein mit dem Wert von einer Mark.

Mark|stamm|kohl, der: als Viehfutter verwendete Art des Kohls.

Mark|stan|ge, die: zu einer Rolle zusammengefügte Zehnpfennigstücke im Wert von einer Mark: sie sortiert die Geldscheine und sie rollt je zehn Groschen in Papier und macht -n draus (Strittmatter, Der Laden 131).

Mark|stein, der [mhd. marcstein = Grenzstein]: **1.** (veraltet) Grenzstein: Eine Fahrt über den Sankt Gotthard ... Kurz darauf komme ich in dichten Nebel; man muss sich anstrengen, um die -e zu erkennen (Frisch, Montauk 150). **2.** wichtiges, entscheidendes Ereignis in einer Entwicklung: das Ereignis ist ein M. in der Geschichte des Landes; Grübers ... Inszenierung gilt als M. auf einem Weg, den die Avantgarde ... seit einiger Zeit geht (Wiener 6, 1984, 20).

Mark|stück, das: *Einmarkstück.*

mark|stück|groß ⟨Adj.⟩: *von der Größe eines Markstücks.*

Markt, der; -[e]s, Märkte [mhd. mark(e)t, ahd. markāt, merkāt < lat. mercatus = Handel, (Jahr)markt, zu: mercari = Handel treiben, zu: merx (Gen.: mercis) = Ware]: **1.** *Verkaufsveranstaltung, zu der in regelmäßigen Abständen an einem bestimmten Platz Händler u. Händlerinnen zusammenkommen, um Waren des täglichen Bedarfs an [fliegenden] Ständen zu verkaufen:* dienstags und freitags ist M., wird M. abgehalten; den M. [mit Waren] beschicken; die Bauern bringen ihr Gemüse auf den M.; sich auf dem M. mit Gemüse und Obst eindecken; auf dem M. herrscht großes Gedränge; auf den, über den, zum M. gehen. **2.** *[zentraler] Platz in einer Stadt, auf dem Markt* (1) *abgehalten wird od. früher wurde; Marktplatz:* alte Häuser am M. **3. a)** *Angebot u. Nachfrage in Bezug auf Waren, Kauf u. Verkauf; Warenverkehr:* der M. für Haushaltsgeräte; der M. ist übersättigt (Kaufmannsspr.; *das Angebot ist größer als die Nachfrage*); der M. liegt danieder *(ist übersättigt);* den M. genau studieren; Kunststoffe überschwemmen den M.; den M. drücken (Kaufmannsspr.; *viel u. billig verkaufen);* etw. wird am M. angeboten; neu am M. erscheinen; sich am M. behaupten können; nach Ansicht der Branchenkenner haben allenfalls zehn Firmen ... eine Chance am M. (Spiegel 20, 1983, 74); neue Produkte auf den M. werfen; diese Ware ist nicht, fehlt auf dem M., ist nicht am M. (Kaufmannsspr.; *wird nicht angeboten, nicht gehandelt);* ein neues Kochbuch auf den M. bringen; ein neues Produkt auf den M. gekommen; Wer sich im M. behaupten will, darf den ... Leistungsvergleich ... nicht scheuen (CCI 11, 1985, 26); mit einem verbesserten Produkt in den M. gehen, eindringen; So musste die hessische Firma Milupa ihre Babykost vor Jahren gleich massenhaft vom M. nehmen, weil im Erpresser – fälschlicherweise – behauptet hatte, Rattengift unter den Kinderbrei gemischt zu haben (Spiegel 19, 1996, 92); dieser Artikel ist ganz vom M. verschwunden; * **der Gemeinsame M.** *(die Europäische Wirtschaftsgemeinschaft;* LÜ von frz. Marché Commun); **Neuer M.** (Börsenw.; *Aktienmarkt für junge, auf Wachstum ausgerichtete Unternehmen aus zukunftsorientierten Branchen);* **schwarzer M.** *(Bereich des illegalen Handels mit verbotenen od. rationierten Waren):* etw. auf dem schwarzen M. besorgen; Nach dem Ende des »tausendjährigen Reiches« tauchte Helmcke in Berlin auf und nutzte seine kaufmännischen Fähigkeiten auf dem schwarzen M. (Prodöhl, Tod 6); Schokolade gab es nur auf dem schwarzen M. (Kühn, Zeit 418); **grauer M.** *(unregulierter Handel mit Waren od. Dienstleistungen außerhalb des organisierten Marktes);* **b)** *Absatzgebiet:* die Industrieländer versuchen, für ihre Produkte neue Märkte zu gewinnen, zu erschließen; in

den Entwicklungsländern einen M. für Industrieprodukte suchen. **4.** kurz für ↑Supermarkt.

Markt|ab|spra|che, die (Wirtsch.): *Absprache (zwischen Firmen) über die Aufteilung des Marktes u. den Absatz von Produkten.*

Markt|ana|ly|se, die (Wirtsch.): *Analyse der Marktlage, der wirtschaftlichen Möglichkeiten für den Absatz eines bestimmten Produkts.*

Markt|an|teil, der (Wirtsch.): *prozentualer Umsatzanteil eines Unternehmens am Umsatz aller Anbieter:* der M. dieser Firma liegt etwa bei vier Prozent; seinen M. zu vergrößern/zu erobern; um -e kämpfen; In einem gnadenlosen Preiskampf rangeln die Großen der Branche um Kunden, -e und Gewinnspannen (Zeit 25. 2. 99, 27).

Markt|auf|kom|men, das (Wirtsch.): *Gesamtmenge der auf den Markt gebrachten landwirtschaftlichen Erzeugnisse:* großes M. drückt die Preise.

markt|be|herr|schend ⟨Adj.⟩ (Wirtsch.): *eine monopolartige Stellung auf dem Markt besitzend:* ein -es Unternehmen; eine -e Stellung einnehmen.

Markt|be|herr|schung, die (Wirtsch.): *herrschende Stellung auf dem Markt mit der Macht, die Preise zu diktieren.*

Markt|be|o|bach|ter, der (Wirtsch.): *jmd., der im Rahmen der Marktforschung die wirtschaftliche Entwicklung beobachtet.*

Markt|be|o|bach|te|rin, die: w. Form zu ↑Marktbeobachter.

Markt|be|richt, der (Wirtsch.): *Bericht über Angebote auf dem Markt u. über die Preisentwicklung.*

Markt|be|schi|cker, der: *Markthändler.*

Markt|be|schi|cke|rin, die: w. Form zu ↑Marktbeschicker: Eine 76-jährige M. ... wurde »Opfer von zwei Handtaschenräubern« (MM 24. 7. 90, 17).

markt|be|wusst ⟨Adj.⟩: *auf die Gegebenheiten des Marktes u. der Preise achtend:* Familien müssen -er werden; m. einkaufen.

Markt|brun|nen, der: *Brunnen auf einem Marktplatz.*

Markt|bu|de, die: *Marktstand.*

Markt|chan|ce, die ⟨meist Pl.⟩: *Chance, sich auf dem Markt* (3 a) *durchzusetzen, zu behaupten:* alle Mitglieder der EG sollen gleiche -n haben; Es sollten zunächst Produkte mit guten -n wie Brennstoff, Kompost und Eisenschrott aus dem Müll gewonnen werden (VDI nachrichten 18. 5. 84, 26).

mark|ten ⟨sw. V.; hat⟩ (selten): *zäh um günstigere Preise und Bedingungen verhandeln; feilschen:* Wir markten mit uns selbst, damit wir Ihnen gegenüber großzügig sein können (MM 31. 8. 67, 10 [Inserat]); ◆ Ü ich ... willigte endlich ... ein, ihn zu begleiten. Ich marktete, bis er versprach, in einer Stunde mich freizugeben (C. F. Meyer, Amulett 63).

markt|fä|hig ⟨Adj.⟩ (Wirtsch.): *(von Waren) für den [Massen]absatz geeignet:* dieses neue Produkt ist noch nicht m.

Markt|fah|rer, der (österr.): *Händler, der von Markt zu Markt fährt.*

Markt|fah|re|rin, die: w. Form zu ↑Marktfahrer.

Markt|fie|rant, der (österr., schweiz.): *Fierant.*

Markt|fle|cken, der: *kleiner Ort, der das Marktrecht hat [u. in dem Markt abgehalten wird].*

Markt|for|schung, die (Wirtsch.): *nach wissenschaftlichen Kriterien erfolgende Untersuchung des Marktes* (3): die Firmen geben große Summen für M. aus; es ist sehr wichtig, M. zu betreiben.

Markt|frau, die: *Händlerin, die ihre Waren auf dem Markt verkauft.*

Markt|frie|de[n], der (MA.): *besonderer Rechtsschutz für Markt u. Marktbesucher.*

markt|füh|rend ⟨Adj.⟩ (Wirtsch.): *die größten Marktanteile besitzend:* Die Agentur ... ist mit etwa einer Million digitalisierten Motiven m. (Focus 16, 1997, 182).

Markt|füh|rer, der (Wirtsch.): *in seiner Branche marktführendes Unternehmen:* der M. des Bankgewerbes; M. sein, werden.

Markt|füh|re|rin, die: w. Form zu ↑Marktführer: El País, die ... als unbestrittene M. anerkannte Tageszeitung Spaniens (Börsenblatt 76, 1987, 2550).

markt|gän|gig ⟨Adj.⟩ (Wirtsch.): *leicht absetzbar, problemlos zu verkaufen:* -e Ware; dieser Gerätetyp ist m.

Markt|ge|bühr, die, **Markt|geld,** das: *für die gewerbliche Teilnahme am Markt u. die Errichtung eines Verkaufsstandes zu entrichtende Gebühr.*

Markt|ge|mein|de, die (südd., österr.): *Marktflecken.*

markt|ge|recht ⟨Adj.⟩: *den Bedingungen des Marktes* (3) *entsprechend:* die -e Aufbereitung eines Themas; Der Traum der Reformer: Sobald ein Lehrstuhl frei wird, engagieren sie die bestmögliche Koryphäe und bezahlen sie auch m. (Focus 43, 1998, 3); m. kalkulierte Preise; Im Glauben, sich m. zu verhalten, wichen immer mehr junge Leute auf andere Studiengänge aus (Stern 1, 1998, 62).

Markt|hal|le, die: *große Halle mit festen Ständen, in der bes. Großmärkte untergebracht sind.*

Markt|händ|ler, der: *Händler, der seine Ware auf einem Markt* (2) *anbietet.*

Markt|händ|le|rin, die: w. Form zu ↑Markthändler.

Markt|hel|fer, der: *auf einem Markt* (2) *tätiger Gehilfe.*

Markt|hel|fe|rin, die; -, -nen: w. Form zu ↑Markthelfer.

markt|kon|form ⟨Adj.⟩ (Wirtsch.): *mit den Gesetzen des Marktes* (3) *übereinstimmend:* -e Bedingungen; sich m. verhalten.

Markt|korb, der: **1.** *Einkaufskorb.* **2.** (früher) *großer Tragekorb, mit dem die Marktfrauen ihre Ware auf den Markt brachten.*

Markt|la|ge, die (Wirtsch.): *Verhältnis von Angebot u. Nachfrage (in einem bestimmten Bereich); Wirtschaftslage:* die M. untersuchen.

Markt|lea|der, der: *Marktführer:* Die Produkte dieser Sparte Konsumgüter sind ... M. in der Schweiz (NZZ 2. 9. 86, 24).

markt|lich ⟨Adj.⟩: *den Markt betreffend:* die -en Gegebenheiten.

Markt|lü|cke, die: *fehlendes Angebot einer Ware, einer Warenart o. Ä., für die Bedarf besteht:* eine M. entdecken, aufspüren, auftun, füllen, schließen; Arbeitslose und Hausfrauen ... stießen in die M., die der neue Sternenglaube eröffnet (Spiegel 49, 1981, 234); »Radreisen sind eine echte Marktlücke«, sagte Paul (FR 18. 3. 99, 18).

Markt|ni|sche, die: *Marktlücke.*

Markt|ord|nung, die (Wirtsch.): **1.** *staatliche Bestimmungen, die Angebot u. Preise in gewissem Umfang regeln (bes. bei landwirtschaftlichen Erzeugnissen zur Schaffung gleicher Wettbewerbsbedingungen für alle Staaten der EG):* dass Europa mehr ist als eine Frage von ten (W. Brandt, Begegnungen 320). **2.** *Vorschriften zur Abhaltung von Wochen- u. Jahrmärkten.*

markt|ori|en|tiert ⟨Adj.⟩: *auf die Gesetze des Marktes (3) u. die jeweilige Marktlage gerichtet:* -e Produktion; -es Verhalten; Reformschritte in Richtung auf eine mehr -e Wirtschaft (MM 2. 1. 86, 5); die Republik würde nach dem Muster des VW-Konzerns getrimmt, technologisch modern, effizient, m. (Zeit 19. 5. 95, 4).

Markt|ort, der ⟨Pl. -e⟩ (selten): vgl. Marktflecken.

Markt|platz, der: *Markt (2).*

Markt|po|li|tik, die: *Gesamtheit der Bestrebungen, die sich mit dem Absatz von Produkten, mit dem Markt (3) befassen.*

markt|po|li|tisch ⟨Adj.⟩: *die Marktpolitik betreffend:* -e Maßnahmen.

Markt|po|si|ti|on, die: *Position eines Unternehmens im Markt (3):* eine starke, die führende M. haben; etw. stärkt, schwächt die M.; die M. sichern; das Verschenken von Software ist aber oft die einzige Methode, sich im Netz eine M. zu erkämpfen (Spiegel 11, 1999, 130).

Markt|preis, der (Wirtsch.): *Preis, der sich auf dem freien Markt (3) im Zusammenspiel von Angebot u. Nachfrage gebildet hat.*

Markt|pro|duk|ti|on, die ⟨o. Pl.⟩: **1.** (Wirtsch.) *Massen- u. Serienfertigungsverfahren, bei dem erst nach erfolgter Produktion die Käuferwerbung beginnt.* **2.** (DDR) *landwirtschaftliche Produktion für den direkten Verkauf u. Verbrauch:* Erfüllung des Planes der M. (Neues D. 1. 6. 64, 1).

Markt|psy|cho|lo|gie, die (Wirtsch.): *Teilgebiet der Psychologie, das die psychologischen Grundlagen von Angebot u. Nachfrage u. den Trend der Kundenwünsche untersucht.*

Markt|recht, das (früher): **1.** *einem Ort verliehenes Recht, Markt abzuhalten.* **2.** *für die Abhaltung des Marktes geltende Rechtsbestimmungen.*

Markt|schrei|er, der (abwertend): *Markthändler, der seine Ware in aufdringlicher Weise lautstark anpreist:* auf dem Fischmarkt gibt es noch so einen richtigen M.; Ü dass gerade die M. der neuen Einfachheit ... ihrerseits durch die

moderne und nihilistische Schule der Raffinessen, des Bluffs und der Täuschung gegangen sind (Sloterdijk, Kritik 850).

Markt|schrei|e|rin, die; -, -nen: w. Form zu ↑ Marktschreier.

markt|schrei|e|risch ⟨Adj.⟩ (abwertend): *lautstark, aufdringlich werbend:* -e Reklame; der Film mit dem -en Untertitel »Nachruf auf eine Bestie« (Föster, Nachruf 233); -e Propaganda; das Plakat wirkt grell und m.

Markt|schwan|kun|gen ⟨Pl.⟩: *[kurzzeitige] Schwankungen der den Markt (3) bestimmenden Faktoren.*

Markt|seg|ment, das (Wirtsch.): *Segment (1) des Marktes:* Über eine Zuwachsrate ... im M. Mikrocomputer freuen sich die Manager (Wochenpresse 48, 1983, 34).

Markt|si|tu|a|ti|on, die: *Marktlage:* die M. hat sich verschlechtert.

Markt|spie|gel, der: vgl. Marktbericht.

Markt|stand, der: *auf einem Markt (2) gebrauchter, leicht auf- u. abzubauender [mit einem Zeltdach überspannter] Verkaufstisch.*

Markt|stel|lung, die: *Marktposition.*

Markt|tag, der: *Wochentag, an dem Markt gehalten wird:* Donnerstag ist M.

Markt|ta|sche, die: *große Einkaufstasche.*

Markt|trend, der: *Entwicklung[stendenz] des Marktes (3 a).*

markt|üb|lich ⟨Adj.⟩: *wie auf dem freien Markt (3) üblich:* -e Mieten, Tarife, Zinsen, Konditionen.

Markt|weib, das (salopp, meist abwertend): *[kräftige, derbe] Marktfrau:* Sie hatte wie ein M. die Fäuste in die Hüften gestemmt (Augustin, Kopf 121).

Markt|wert, der (Wirtsch.): *augenblicklicher Wert, den eine Ware auf dem Markt (3) hat:* der M. eines Produktes steigt, fällt; Ü mit der Stellenanzeige will er seinen M. testen; ihr Vater ... sträubte sich jahrelang, seine Tochter einem Weinbauernsohn auszuliefern und somit tief unter ihrem M. abzugeben (Erné, Fahrgäste 138).

Markt|wirt|schaft, die (Wirtsch.): *auf dem Mechanismus von Angebot u. Nachfrage u. der Grundlage privatwirtschaftlicher Produktion beruhendes Wirtschaftssystem:* freie M.; soziale M. *(Marktwirtschaft, bei der der Staat zur Minderung sozialer Härten u. zur Sicherung des freien Wettbewerbs eingreift;* 1947 gepr. von dem dt. Ökonomen u. Soziologen A. Müller-Armack, 1901–1978); In der M. regeln Angebot und Nachfrage den Preis (Gruhl, Planet 235); setzt Montenegros heutiger Präsident seit langem auf das westliche Konzept einer Verbindung von parlamentarischer Demokratie und M. (taz 6. 4. 99, 7).

markt|wirt|schaft|lich ⟨Adj.⟩: *die Marktwirtschaft betreffend, nach ihr ausgerichtet:* ein -es System; m. orientierte Staaten; -e Mittel; Verbesserter Umweltschutz bedeutet m. Konsumverzicht (CCI 3, 1986, 11); Studieren wir nur, um uns m. ausbeuten zu lassen? (Woche 5. 12. 97, 10).

Mar|kung, die; -, -en (veraltet): *Grenze.*

Mar|kus|evan|ge|li|um, das ⟨o. Pl.⟩: *Evangelium (2 b) nach dem Evangelisten Markus.*

Mär|lein, das; -s, - (veraltet): *Märchen.*

mar|len ⟨sw. V.; hat⟩ [niederl. marlen, wohl zu mniederl. marren = (fest)binden] (Seemannsspr.): *ein Segel am Mast anschlagen (7 b).*

Mar|lei|ne, die [zu niederl. marlen, ↑ marlen] (Seemannsspr.): *Leine, mit der ein Segel am Mast angeschlagen (7 b) wird.*

Mar|schlag, der (Seemannsspr.): *Knoten, der beim Marlen verwendet wird.*

Marl|spie|ker, der (Seemannsspr.): *Dorn (2 b) aus Metall od. Hartholz, der zum Spleißen von Tauwerk verwendet wird.*

Mar|ly, der; - [nach der frz. Stadt Marly-le-Roi]: *der Gaze ähnliches [Baumwoll]gewebe.*

¹Mar|mel, die; -, -n [mhd. marmel, ahd. marmul, murmul = Marmor, eigtl. = marmorne Spielkugel] (landsch.): *Murmel.*

²Mar|mel, der; -s, - (veraltet): *Marmor.*

Mar|me|la|de, die; -, -n [port. marmelada = (Quitten)marmelade, zu marmelo = Quitte < lat. melimelum < griech. melimēlon = Honigapfel]: **1.** *als Brotaufstrich verwendete, mit Zucker eingekochte Früchte:* eine M. aus Erdbeeren und Rhabarber; M. kochen, aufs Brot streichen. **2.** (nach einer Verordnung der Europäischen Gemeinschaft) *süßer Brotaufstrich aus Zitrusfrüchten.*

Mar|me|la|de|brot usw.: vgl. Marmeladenbrot usw.

Mar|me|la|den|brot, das: *mit Marmelade bestrichenes [Butter]brot.*

Mar|me|la|den|ei|mer, der: *Eimer, der Marmelade enthält od. in dem sich Marmelade befunden hat.*

Mar|me|la|den|fa|brik, die: *Fabrik, in der Marmelade hergestellt wird.*

Mar|me|la|den|fül|lung, die: *Füllung (2 a) aus Marmelade:* ein Pfannkuchen mit M.

Mar|me|la|den|glas, das ⟨Pl. ...gläser⟩: *[Einmach]glas für Marmelade.*

Mar|me|la|den|schnit|te, die: vgl. Marmeladenbrot.

Mar|me|la|den|sor|te, die: *Sorte von Marmelade.*

Mar|me|la|den|topf, der: vgl. Marmeladenglas.

mar|meln ⟨sw. V.; hat⟩ (landsch.): *mit Murmeln spielen.*

Mar|mel|stein, der (veraltet): *Marmor:* Reiterstandbilder in Bronze oder M. gab es sehr viele (Bild. Kunst I, 13); Sie führte ihn ins Esszimmer, vor den Kamin aus schwarzem M. (Dorpat, Ellenbogenspiele 61).

Mar|mor, der; -s, -e [lat. marmor < griech. mármaros, eigtl. = Felsblock, gebrochener Stein]: *weißes od. farbiges, häufig geädertes, sehr hartes Kalkgestein, das bes. in der Bildhauerei u. als Baumaterial verwendet wird:* weißer, schwarzer, glatter, polierter M.; ... kostbare Ausstattung. Eigens karelischer M. hatte herbeigeschafft werden müssen (Schädlich, Nähe 111); Das Vorderhaus ist mit falschem M. ... dekoriert (Hartlaub, Muriel 284]; eine Statue aus M.

Mar|mor|ar|beit, die: *[künstlerischer] Gegenstand aus Marmor.*

mar|mor|ar|tig ⟨Adj.⟩: *wie Marmor [aussehend o. ä.]:* -er Kunststein.

Mar|mor|bank, die ⟨Pl. ...bänke⟩: *Sitzbank aus Marmor:* Eine M. in der Laube und eine Venusfigur ... deuten ein sentimentales Rokokoarrangement an (Hacks, Stücke 207).

Mar|mor|bild, das: *Standbild, Plastik aus Marmor.*

Mar|mor|block, der ⟨Pl. ...blöcke⟩: *unbehauener Block aus Marmor.*

Mar|mor|bruch, der: *Steinbruch, in dem Marmor gebrochen wird.*

Mar|mor|büs|te, die: *Büste (1) aus Marmor.*

mar|mor|ge|tä|felt ⟨Adj.⟩: *mit einer Täfelung aus Marmor versehen.*

Mar|mor|gips, der (Bauw.): *doppelt gebrannter, mit Alaun getränkter Gips.*

Mar|mor|gru|be, die: *Grube (3 a), in der Marmor gehauen wird.*

Mar|mor|grup|pe, die: *Gruppe von Marmorstatuen.*

mar|mo|rie|ren ⟨sw. V.; hat⟩ [nach lat. marmorare = mit Marmor überziehen]: *mit einem der Zeichnung von Marmor ähnliche Muster versehen:* eine marmorierte Platte aus Kunststoff.

Mar|mo|rie|rung, die; -, -en: a) *das Marmorieren;* b) *das Marmoriertsein.*

Mar|mor|ka|min, der: *Kamin (1) mit marmornem Sims.*

Mar|mor|ku|chen, der: *Rührkuchen, bei dem der mit Kakao vermengte Teil des Teiges mit dem hellen Teig so in die Kuchenform gefüllt wird, dass die aufgeschnittenen Scheiben marmoriert aussehen.*

mar|morn ⟨Adj.⟩: **1.** *aus Marmor [hergestellt]:* eine -e Tischplatte. **2.** (geh.) *wie [aus] Marmor:* ein -es Antlitz; -e Blässe.

Mar|mor|pa|pier, das: *Buntpapier mit Marmorierung.*

Mar|mor|plas|tik, die: *Plastik, Standbild aus Marmor.*

Mar|mor|plat|te, die: *Platte aus Marmor:* Tische mit -n.

Mar|mor|saal, der: *Saal, dessen Wände mit Marmor ausgekleidet sind.*

Mar|mor|säu|le, die: vgl. Marmorplatte.

Mar|mor|schlei|fer, der: *Handwerker, der Marmor bearbeitet* (Berufsbez.).

Mar|mor|schlei|fe|rin, die: w. Form zu ↑Marmorschleifer.

Mar|mor|skulp|tur, die: vgl. Marmorplastik.

Mar|mor|so|ckel, der: *Sockel aus Marmor.*

Mar|mor|sta|tue, die: vgl. Marmorplastik.

Mar|mor|stein, der: *behauener Stein aus Marmor.*

Mar|mor|ta|fel, die: *Gedenktafel o. Ä. aus Marmor:* eine M. mit einer Inschrift.

Mar|mor|tisch, der: *Tisch mit Marmorplatte.*

Mar|mor|tisch|chen, das: *kleiner Marmortisch.*

Mar|mor|trep|pe, die: vgl. Marmorplatte.

Mar|mor|ze|ment, der: *Marmorgips.*

Mar|mot|te, die; -, -n [frz. marmotte, H. u.]: *in den Alpen lebendes Murmeltier.*

Mar|ne, die; -: *Fluss in Frankreich.*

Ma|ro|cain [...'kɛ̃:], der od. das; -s, -s [frz. (crêpe) marocain, eigtl. = marokkanisch(er Stoff)]: *fein geripptes [Kunst]seidengewebe in Taftbindung.*

ma|rod ⟨Adj.⟩ (österr. ugs.): *leicht krank:* Schuhe, die den Absatz vorne haben, sollen -e Füße kurieren (Wiener 10, 1983, 98).

ma|ro|de ⟨Adj.⟩ [urspr. Soldatenspr. des 30-jährigen Krieges = marschunfähig u. während des Nachziehens plündernd, zu frz. maraud = Lump, Vagabund, H. u.]: **1. a)** (Soldatenspr. veraltet) *marschunfähig:* die ... Hälfte (= der Soldaten) lag m. in den Bunkern (Plievier, Stalingrad 173); **b)** (veraltend, noch landsch.) *erschöpft, ermattet:* »Na, mein Jung'«, sagte meine Mutter, »müde, matt, m.?« (Kempowski, Tadellöser 169). **2.** *heruntergekommen, ruiniert, abgewirtschaftet:* eine -e Firma; ein -es Unternehmen; Die Gewerkschaften werden ihren ... -en Wohnungskonzern ... verkaufen (MM 20./21. 9. 86, 7); ausländisches Kapital als Allheilmittel für unsere -e Wirtschaft (Freie Presse 3. 1. 90, 1); ein -r Haufen; eine Welt, m. vom Wohlstand.

Ma|ro|deur [...'dø:ɐ̯], der; -s, -e [frz. maraudeur] (Soldatenspr. früher): *plündernder Nachzügler einer Truppe.*

ma|ro|die|ren ⟨sw. V.; hat⟩ [frz. marauder] (Soldatenspr. früher): *als Nachzügler einer Truppe plündern.*

Ma|rok|ka|ner, der; -s, -: *Ew. zu* ↑Marokko.

Ma|rok|ka|ne|rin, die; -, -nen: w. Form zu ↑Marokkaner.

ma|rok|ka|nisch ⟨Adj.⟩: *Marokko, die Marokkaner betreffend; von den Marokkanern stammend, zu ihnen gehörend.*

Ma|rok|ko; -s: *Staat in Nordwestafrika.*

Ma|ron, das; -s: *ins Violett gehendes Kastanienbraun.*

Ma|ro|ne, die; -, -n [frz. marron < ital. marrone, H. u.]: **1.** ⟨Pl. auch: ...ni⟩ *[geröstete] Esskastanie:* an einem Stand gibt es heiße Maroni. **2.** *Maronenpilz.*

Ma|ro|nen|pilz, der, **Ma|ro|nen|röhr|ling,** der: *essbarer Röhrenpilz mit kastanienbraunem Hut.*

Ma|ro|ni: 1. die; -, - (südd., österr.): *Marone (1):* Es war noch lange nicht die richtige Saison der M. angebrochen (Roth, Kapuzinergruft 38). **2.** Pl. von ↑Marone (1).

Ma|ro|ni|bra|ter, der; -s, - (österr.): *jmd., der im Freien Esskastanien röstet u. verkauft:* dass mein Vetter ... Frühling, Sommer und Herbst ein Bauer war ..., winters war er in M. (Roth, Kapuzinergruft 9).

Ma|ro|ni|bra|te|rin, die; -, -nen: w. Form zu ↑Maronibrater.

Ma|ro|nit, der; -en, -en ⟨meist Pl.⟩ [nach dem Kloster am Grab des hl. Maro, das Ausgangspunkt der Vereinigung wurde]: *Angehöriger der mit Rom unierten syrischen Kirche im Libanon.*

Ma|ro|ni|tin, die; -, -nen: w. Form zu ↑Maronit.

ma|ro|ni|tisch ⟨Adj.⟩: *die Maroniten betreffend.*

Ma|ro|quin [...'kɛ̃:], der, auch: das; -s [frz. maroquin, zu: Maroc = Marokko, da diese Art Leder hier zuerst gefertigt worden sein soll]: *feines, genarbtes Ziegenleder:* Er las in einem ... Buche, das in hellrotes M. gebunden war (B. Frank, Tage 32).

Ma|rot|te, die; -, -n [frz. marotte = Narrenkappe, Narrheit, urspr. = kleine Heiligenfigur (der Maria), Puppe, dann: Narrenzepter mit Puppenkopf, Vkl. von: Marie, ↑Maria]: *seltsame, schrullige Eigenart, Angewohnheit:* seine M. ist, nie ohne Schirm auszugehen; Wir kannten ... so einen uralten Onkel in der Familie ..., er hatte die und die Gewohnheiten, die und die -n (Bergengruen, Rittmeisterin 138); Uns fiel auf, dass Mrs. Kahn beim Tee den Hut aufbehielt ... – eine gewiss sehr elegante, aber doch nicht besonders kostspielige M. (K. Mann, Wendepunkt 168).

Mar|quess ['markvɪs], der; -, - [engl. marquess < älter engl. marquis < afrz. marchis, ↑Marquis]: **1.** ⟨o. Pl.⟩ *englischer Adelstitel.* **2.** *Träger des Titels Marquess.*

Mar|que|te|rie [markə...]: ↑Marketerie.

Mar|quis [mar'ki:], der; - [...ki:(s)], - [...ki:s; frz. marquis (afrz. marchis) = Markgraf, zu: marche = Grenzland, Grenze, zu ↑²Mark]: **1.** ⟨o. Pl.⟩ *französischer Adelstitel im Rang zwischen Graf u. Herzog.* **2.** *Träger des Titels Marquis.*

Mar|qui|sat, das; -[e]s, -e [frz. marquisat]: **1.** *Würde eines Marquis.* **2.** *Herrschaftsbereich eines Marquis.*

Mar|qui|se, die; -, -n: **1.** w. Form zu ↑Marquis. **2.** *Ehefrau eines Marquis:* -n, Herzoginnen und Hofdamen stürzten mit gerafften Brokatröcken der Terrasse zu (Remarque, Triomphe 354).

Mar|qui|set|te, die; -, auch: der; -s [Fantasiebez., eigtl. Vkl. von ↑Marquise]: *durchsichtiger Gardinenstoff.*

Mar|ra|ne, Marane, der; -n, -n ⟨meist Pl.⟩ [span. (volkst.) marrano = Schwein, viell. < aram. mahram = etw. Verbotenes, weil den Juden u. Muslimen das Essen von Schweinefleisch untersagt ist]: *Schimpfname für die im 15. Jh. zwangsweise christianisierten, zum Teil heimlich mosaisch gebliebenen spanischen Juden.*

Mar|ris|mus, der; - [nach dem russ. Sprachwissenschaftler N. J. Marr (1865–1934)]: *Japhetitologie.*

Mar|ro|ni (schweiz.): ↑Maroni (1).

¹Mars, der (röm. Myth.): *Kriegsgott.*

²Mars, der; - (von der Sonne aus gerechnet) vierter Planet unseres Sonnensystems: *Der M. bleibt fast die ganze Nacht, Venus hingegen verschwindet um Mitternacht unter dem Westhorizont. Am 1. Mai erreicht M. ... seine geringste Entfernung von der Erde (FR 29. 4. 99, 34).*

³Mars, der; -, -e [mniederd. mars, merse < mniederl. me(e)rse, eigtl. = Waren(korb) < lat. merces (Pl.) = Waren] (Seemannsspr.): *Plattform am unteren Ende der Marsstenge.*

Mar|sa|la, der; -s, -s [nach der gleichnamigen sizilianischen Stadt]: *Süßwein von goldgelber Farbe.*

Mar|sa|la|wein, der: *Marsala.*

Mars|be|woh|ner, der: vgl. Marsmensch.

marsch ⟨Interj.⟩ [älter: marche < frz. marche, Imp. von: marcher, ↑marschieren]: **a)** militärisches Kommando loszumarschieren: Abteilung m.!; links, rechts schwenkt m.!; ohne Tritt m.!; im Gleichschritt m.!; kehrt m.!; **b)** (ugs.) Aufforderung wegzugehen, sich zu beeilen o. Ä.: m. [m.], ins Bett!; m., an die Arbeit!; Ich handelte mir bei jedem Exerzieren ein extra »Hinlegen! Aufstehen! Sprung auf! Marsch, m.!« ... ein (Hörzu 44, 1979, 70).

¹Marsch, der; -[e]s, Märsche [frz. marche, zu: marcher, ↑marschieren]: **1. a)** *das Marschieren* (1 a): die Truppe war nach stundenlangen Märschen erschöpft; **b)** *das Marschieren* (1 b): ein M. von zwei Stunden, über zwanzig Kilometer; einen langen M. hinter sich haben; Adolf Hitler ... erzählte vom M. zur Feldherrnhalle (Hilsenrath, Nazi 48); *** der lange M. durch die Institutionen** (nach dem Langen Marsch der chinesischen Roten Armee unter Mao Tse-tung 1934/1935 von Kiangsi nach Schensi; *die geduldige, zähe Arbeit innerhalb des bestehenden Systems mit dem Ziel der Verwirklichung gesellschaftspolitischer Veränderungen*): Die Mehrheit hat den langen M. durch die Institutionen angetreten: Sie will Reformgesetze durchpauken (Spiegel 8, 1980, 157); Keine Kommunalpolitik, keine Landespolitik. Kein langer M. durch die Parteihierarchie (Brückner, Quints 198); **c)** (Milit.) *das Marschieren* (2): die Einheiten, Panzer waren auf dem M. an die Front; *** jmdn. in M. setzen** *(jmdn. veranlassen loszumarschieren, etw. zu tun, zu erledigen):* Du wirst morgen früh in M. gesetzt. Zunächst nach Wien ..., dann ab nach Osten (Loest, Pistole 117); **sich in M. setzen** *(losmarschieren):* Wir beschlossen, uns sofort in M. zu setzen und unsere Ausrüstung ... nachkommen zu lassen (Cotton, Silver-Jet 121). **2.** *Musikstück in geradem Takt u. im Rhythmus des Marschierens [zur Unterstützung des Gleichschritts]:* einen M. spielen, komponieren; Marinesoldaten ..., deren aufmunterndes Blech-, Trommel- und Triangelgeschmetter ... einen lustigen M. in den tiefblauen Frühlingshimmel schickte (Thieß, Legende 18); *** jmdm. den M. blasen** (salopp; *jmdn. zurechtweisen*).

²Marsch, die; -, -en [aus dem Niederd. < mniederd. marsch, mersch, asächs. mersc, verw. mit ↑Meer]: *flaches, sehr fruchtbares Land hinter den Deichen an der Nordseeküste:* Seewärts vom Kanal beginnt Dithmarschen, und hier ist ... die Grenze zwischen Geest und M., und hinter der ein- oder beginnen die Kooge (Kant, Aufenthalt 8).

Mar|schall, der; -s, Marschälle [frz. maréchal, aus dem Fränk., vgl. mhd. marschalc, ahd. marahscalc = Pferdeknecht; zu mhd. marc(h), ahd. marah = Pferd (vgl. Mähre) u. mhd. schalc, ahd. scalc, ↑Schalk) (früher): **1.** *hoher höfischer Beamter; Hofmarschall.* **2. a)** ⟨o. Pl.⟩

hoher militärischer Dienstgrad: die Nationale Volksarmee ... führt den bombastischen Titel des -s ein (Spiegel 16, 1982, 138); **b)** *Offizier des Dienstgrades Marschall* (2 a): er gehört zu den Marschällen der Armee; Ü Lambsdorff war aber keineswegs immer ... der ... M. Vorwärts (nach der volkstümlichen Bez. für den preußischen Feldmarschall Fürst Blücher; Spiegel 9, 1983, 45).

Mar|schalls|stab usw.: ↑Marschallstab usw.

Mar|schall|stab, der: *Stab als Zeichen des Ranges eines Marschalls* (2): *** den M. im Tornister tragen** *(Aussichten auf eine große [militärische] Karriere haben;* vermutlich nach einem Ausspruch Napoleons I.).

Marsch|bau|er, der: *Bauer in der* ²Marsch.

Marsch|bäu|e|rin, die: w. Form zu ↑Marschbauer.

Marsch|be|fehl, der (Milit.): *Befehl, sich [zu einem bestimmten Ziel] in Marsch zu setzen.*

marsch|be|reit ⟨Adj.⟩: *fertig, bereit zum Abmarsch:* wir waren alle schon m. (ugs.; *fertig zum Weggehen*), als plötzlich Besuch kam.

Marsch|be|reit|schaft, die: *das Marschbereitsein.*

Marsch|block, der ⟨Pl. ...blöcke u. -s⟩: *in sich geschlossener Teil marschierender Personen:* einen M. bilden.

Marsch|bo|den, der: *Boden der* ²Marsch.

Mar|schen|dorf, das: *Dorf in der* ²Marsch.

Marsch|er|leich|te|rung, die (Milit.): *Erleichterung beim Marschieren* (z. B. durch Öffnen enger Uniformkragen): sich M. verschaffen.

marsch|fer|tig ⟨Adj.⟩: vgl. marschbereit.

Marsch|flug|kör|per, der (Milit.): *unbemannter militärischer Flugkörper, der sehr niedrig fliegen u. mit einem konventionellen od. mit einem nuklearen Sprengsatz ausgerüstet werden kann:* M. stationieren.

Marsch|fox|trott, der: *Foxtrott im Marschtempo* (b).

Marsch|ge|päck, das (Milit.): *vorschriftsmäßige Ausrüstung eines Soldaten für einen Marsch.*

Marsch|glie|de|rung, die: vgl. Marschordnung.

mar|schie|ren ⟨sw. V.; ist⟩ [frz. marcher < afrz. marcher = mit den Füßen treten, wahrsch. zu einem altfränkischen Verb mit der Bed. »eine Fußspur hinterlassen«, verw. mit ↑²Mark]: **1. a)** *(von geordneten Gruppen od. Formationen) sich in gleichmäßigem Rhythmus [über größere Entfernungen] fortbewegen:* im Gleichschritt m.; die Soldaten marschieren durch die Stadt; marschierende Kolonnen; **b)** *in relativ schnellem Tempo mit großen Schritten [eine größere Strecke] zu Fuß gehen:* wir sind heute drei Stunden marschiert; Von den beiden Adlaten gefolgt, marschierte er zielstrebig durch die steinernen Korridore (Maass, Gouffé 94); **c)** (ugs.) *sich [unaufhaltsam] vorwärts auf ein Ziel zubewegen:* der Fort-

schritt marschiert; von der zweiten Runde an marschierte der Weltmeister (Sport; *strebte auf den Sieg zu*); die Sache marschiert *(läuft in vorhergesehener Weise ab);* das Unternehmen marschiert unaufhaltsam in die Pleite. **2.** (Milit.) *(von Truppen[verbänden]) sich geordnet in geschlossenen Gruppen fortbewegen:* Panzerdivisionen marschierten gen Osten.

Mar|schie|rer, der; -s, -: *jmd., der zügig marschiert* (1 b), *sich im Marschtempo* (a) *fortbewegt:* Am Vormittag nahmen 55 M. am Volkswandertag teil (Göttinger Tageblatt 30. 8. 85, 12).

Mar|schie|re|rin, die; -, -nen: w. Form zu ↑Marschierer.

Marsch|ko|lon|ne, die (Milit.): *marschierende Kolonne.*

Marsch|kom|pass, der: *einfacher, bes. beim Marschieren verwendeter Kompass.*

Marsch|land, das ⟨o. Pl.⟩: ²Marsch.

Marsch|lied, das: *beim Marschieren gesungenes Lied im Marschrhythmus.*

◆ **Mar|schloss,** das; -es, ...schlösser [auch: Malschloss, mhd. mal-, malchslo; zu: malhe = Ledertasche, Mantelsack]: (schwäb.) *Vorhängeschloss:* Dafür zieht er aus seinem Korb hervor ein alt schwer M., vorgebend, es sei vor der Truchen gelegen (Mörike, Hutzelmännlein 167).

marsch|mä|ßig ⟨Adj.⟩: **1.** *wie es für einen* ¹Marsch (1) *nötig ist.* **2.** *in der Art eines* ¹Marschs (2).

Marsch|me|lo|die, die: vgl. Marschmusik.

Marsch|mu|sik, die: *Musik in Form von* ¹Märschen (2).

Marsch|or|der, die (Milit.): *Marschbefehl.*

Marsch|ord|nung, die (Milit.): *Ordnung* (5 b), *in der marschiert wird:* sich in M. aufstellen.

Marsch|pau|se, die: *Pause, Rast während eines Marsches:* eine M. einlegen; Nach kurzen -n am Wege stauten sie sich in Erdlöchern (Plievier, Stalingrad 346).

Marsch|rhyth|mus, der ⟨o. Pl.⟩: *Rhythmus eines* ¹Marsches (2).

Marsch|rich|tung, die (Milit.): *Richtung, in die ein Marsch geht:* die M. festlegen, angeben; Ü die außenpolitische M. der Regierung; dass der Kampf um die künftige M. *(politische Richtung)* der portugiesischen Militärs noch keineswegs entschieden ... ist (Spiegel 37, 1976, 141).

Marsch|rou|te, die (Milit.): *Route für einen Marsch:* die M. festlegen; Ü die M. *(die Vorgehensweise)* für die Verhandlungen besprechen.

Marsch|säu|le, die: *großer [beeindruckender] Zug marschierender Personen bei Paraden, Demonstrationen o. Ä.*

Marsch|schritt, der: *gleichmäßiger Schritt beim Marschieren.*

Marsch|stie|fel, der: *fester Stiefel zum Marschieren.*

Marsch|tem|po, das: **a)** *[schnelles] Tempo, in dem marschiert wird;* **b)** *Tempo eines* ¹Marsches (2).

Marsch|tritt, der: *Marschschritt.*

Marsch|ver|pfle|gung, die (bes. Milit.): *Verpflegung für einen Marsch.*

Marsch|ziel, das (Milit.): *Ziel* (1 a) *eines Marsches.*

Mar|seil|lai|se [marsɛ'jɛ:zə, frz.: ...'jɛ:z], die; - [frz. Marseillaise; das Lied wurde zuerst von Revolutionären aus Marseille gesungen, die 1792 zu einem Fest nach Paris gekommen waren]: *französische Nationalhymne.*

Mar|seille [mar'sɛ:j]: Stadt in Südfrankreich.

¹Mar|seil|ler [mar'sɛ:jɐ], der; -s, -: Ew.

²Mar|seil|ler ⟨indekl. Adj.⟩.

Mar|seil|le|rin, die; -, -nen: w. Form zu ↑¹Marseiller.

Mar|shall|plan ['marʃal..., engl.: 'mɑ:-ʃəl...], der [nach dem US-amerik. Außenminister G. C. Marshall (1880 bis 1959)]: *Hilfsprogramm der USA für Europa nach dem Zweiten Weltkrieg.*

Mars|männ|chen, das: vgl. Marsmensch: In den Vereinigten Staaten glauben mehr junge Leute daran, dass es »grüne Marsmännchen« gibt, als daran, dass sie jemals eine Rente von der staatlichen Altersversicherung bekommen (Zeit 14. 3. 97, 28).

Mars|mensch, der: *fiktives menschenähnliches Lebewesen vom* ²Mars: Wahrscheinlich weiß O'Donnell, dass er sich als M. verkleiden müsste, um nicht von seinen Landsleuten als der berühmteste aller Durchschnittsamerikaner erkannt zu werden (Focus 24, 1997, 178).

Mars|mo|bil, das: *zur Erkundung und Analyse der Marsoberfläche eingesetztes computergesteuertes kleines Forschungsfahrzeug:* das M. »Sojourner«, das so telegen zwischen den Felsbrocken hin und her gerollt ist (Woche 3. 10. 97, 49).

Mars|ober|flä|che, die: *Oberfläche des* ²Mars.

Mars|ra|he, die [zu ↑³Mars] (Seemannsspr.): *Querholz am Mast.*

Mars|ra|ke|te, die: *zum* ²Mars *gesandte Rakete.*

Mars|son|de, die: *Raumsonde zur Erforschung des* ²Mars.

Mars|sten|ge, die [zu ↑³Mars] (Seemannsspr.): *Verlängerung eines Mastes.*

Mar|stall, der; -[e]s, ...ställe [mhd. mar(ch)stal, ahd. marstal = Pferdestall; vgl. Marschall] (früher): **1.** *Stallungen für Pferde und Wagen eines Fürsten.* **2.** *Gesamtheit der Pferde eines Fürsten.*

Mar|su|pi|a|li|er, der; -s, - [nlat., zu lat. marsup(p)ium = Geldsäckchen, -beutel < griech. marsípion, Vkl. von: mársipos = Sack, Beutel] (Zool.): *Beuteltier.*

Mär|te, die; -, -n [mhd. mer(ō)t, ahd. meröde < spätlat. merenda = Vesperbrot, zu lat. merere = bekommen, erwerben] (md.): *Kaltschale aus Milch u. Brot.*

mar|tel|lé [...'le:] ⟨Adv.⟩ [frz. martelé, eigtl. = gehämmert, zu spätlat. martellum = kleiner Hammer] (Musik): *(bei Streichinstrumenten) mit fest gestrichenem Bogen:* eine Phrase mit m. spielen.

Mar|tel|lé, das; -s, -s (Musik): *(bei Streichinstrumenten) Spiel mit fest gestrichenem Bogen.*

mar|tel|lan|do, mar|tel|la|to ⟨Adv.⟩ [ital.] (Musik): *martelé.*

Mar|tel|la|to, das; -s, -s u. ...ti (Musik seltener): *Martelé.*

Mar|tel|le|ment [martɛl'mã:], das; -s, -s [frz. martèlement = das Hämmern] (Musik): **1.** (veraltet) *Mordent.* **2.** *schnelle mehrfache Wiederholung des gleichen Tones auf der Harfe.*

Mar|ter, die; -, -n [mhd. marter(e), ahd. martira, martara < kirchenlat. martyrium, ↑Martyrium] (geh.): *[absichtlich zugefügte] seelische Qual:* Die ewig gebückte Körperhaltung war Pröll schon längst zur furchtbaren M. geworden (Apitz, Wölfe 321); höllische -n erdulden, erleiden; jmdm. körperliche, seelische -n zufügen, bereiten.

Mar|ter|bank, die ⟨Pl. ...bänke⟩ (veraltet): *Folterbank.*

Mar|ter|ge|rät, das (veraltet): *Foltergerät.*

Mar|ter|holz, das (dichter.): *Kreuz Christi.*

Mar|ter|in|stru|ment, das: *Foltergerät.*

Mar|ter|kam|mer, die (veraltet): *Folterkammer.*

Mar|ter|knecht, der (veraltet): *Folterknecht.*

Mar|terl, das; -s, -n [zu veraltet Marter = Darstellung des gegeißelten Christus] (bayr., österr.): *Tafel mit Bild u. Inschrift, Holz- od. Steinpfeiler mit Kruzifix od. Heiligenbild [zur Erinnerung an ein Unglück]:* Ein steinernes M. ist alles, was den Wanderer ... an die Bluttat erinnert (Augsburger Allgemeine 3./4. 6. 78, 5).

mar|tern ⟨sw. V.; hat⟩ [mhd. marter(e)n, ahd. martirōn, martarōn] (geh.): **a)** *foltern; physisch quälen:* jmdn. zu Tode m.; Während die oppositionellen Priester aus Polen ins KZ kamen und manchmal fürchterlich gemartert wurden (Hochhuth, Stellvertreter 241); **b)** *jmdm., sich [seelische, geistige] Qual, Pein bereiten:* jmdn., sich mit Vorwürfen m.; schreckliche Träume marterten sie; mich marterte das zehnte, zwölfte Magengeschwür (Loest, Pistole 125).

Mar|ter|pfahl, der: *(früher bei nordamerikanischen Indianern üblicher) hölzerner Pfahl, an den Gefangene gebunden [u. an dem sie gefoltert] wurden:* sein Opfer an den M. binden; am M. sterben.

Mar|ter|qual, die ⟨meist Pl.⟩ (geh.): *große Qual:* -en leiden.

Mar|ter|tod, der (geh.): *Tod durch Folter; Märtyrertod:* den M. erleiden, sterben.

Mar|te|rung, die; -, -en (geh.): *das Martern; das Gemartertwerden.*

mar|ter|voll ⟨Adj.⟩ (geh.): *qualvoll:* Die Verwüstungen des Krieges nehmen ein -es Ausmaß an (Hacks, Stücke 21).

Mar|ter|werk|zeug, das: *Folterwerkzeug:* etw. als M. benutzen.

Mar|ter|wo|che, die (dichter.): *Karwoche.*

mar|ti|a|lisch ⟨Adj.⟩ [lat. Martialis = zum Kriegsgott Mars gehörend] (bildungsspr.): *kriegerisch, furchteinflößend, grimmig:* -es Aussehen, Äußeres; -e Polizisten stehen müßig herum (Koeppen, Rußland 13); m. drohen, aussehen; (scherzh.:) Heyst ... eine kraftstrotzende Erscheinung ... mit -em Schnurrbart (Kronauer, Bogenschütze 194).

Mar|tin|gal, das; -s, -e [frz. martingale <

provenz. martegalo] (Reiten): *im Pferdesport verwendeter Hilfszügel, der zwischen den Vorderbeinen des Pferdes hindurchführt.*

Mar|tin-Horn®, das; -[e]s, ... Hörner [nach dem Namen der Herstellerfirma Max B. Martin KG]: *akustisches Warnsignal von Polizeiautos, Feuerwehr und Krankenwagen.*

Mar|ti|ni, das; - ⟨meist ohne Art.⟩: *Martinstag.*

Mar|tins|gans, die: *nach altem Brauch am Martinstag gegessener Gänsebraten.*

Mar|tins|horn, das ⟨Pl. ...hörner⟩: *Martin-Horn:* Alle sahen zu, wie der Rettungswagen mit Blaulicht und M. ... davonfuhr (Rolf Schneider, November 245).

Mar|tins|tag, der: *Fest des heiligen Martin (Bischof von Tours, etwa 316–397) am 11. Nov.*

Mar|ty|rer, der; -s, - [im 16. Jh. nach lat.-griech. Vorbild für mhd. marterære, marterer, ahd. martirāri < kirchenlat. martyr < griech. mártyr = (Blut)zeuge] (kath. Theol.): ↑Märtyrer.

Mär|ty|rer, der; -s, - [im 16. Jh. nach lat.-griech. (↑Martyrer) für mhd. (md.) merterēre]: **a)** *jmd., der um des christlichen Glaubens willen Verfolgungen, schweres körperliches Leid, den Tod auf sich nimmt:* die frühchristlichen M.; dieser Heilige starb als M.; **b)** *(bildungsspr.) jmd., der sich für seine Überzeugung opfert od. Verfolgungen auf sich nimmt:* nicht wie ein Verbannter oder gar wie ein M. lebte Thomas Mann im Exil (Reich-Ranicki, Th. Mann 51); er spielt gern den M. (nimmt eine Leidenspose ein); ... arrivierte er nun über Nacht zum nationalen M., fast zum Heros (K. Mann, Wendepunkt 425); nicht zum M. geboren sein; jmdn. zum M. machen.

Mar|ty|re|rin, Martyrin, die; -, -nen [vgl. Martyrer; mhd. dafür marterærinne]: w. Formen zu ↑Martyrer.

Mär|ty|re|rin, Märtyrin, die; -, -nen [17. Jh., vgl. Märtyrer; dafür älter nhd. märterin]: w. Formen zu ↑Märtyrer.

Mär|ty|re|kro|ne, die; -, -n: *Würde, Rang eines Märtyrers, einer Märtyrerin:* die M. tragen *(als Märtyrer[in] gelitten haben).*

Mär|ty|rer|tod, der: *Tod als Märtyrer[in]:* den M. erleiden.

Mär|ty|rer|tum, das; -s: *das Märtyrersein.*

Mar|ty|rin: ↑Martyrerin.

Mär|ty|rin: ↑Märtyrerin.

Mar|ty|ri|um, das; -s, ...ien [kirchenlat. martyrium = Blutzeugnis für die Wahrheit der christl. Religion < griech. martýrion = (Blut)zeugnis]: **1.** *schweres Leiden [bis zum Tod] um des Glaubens od. der Überzeugung willen:* ein M. auf sich nehmen; Delp ist heute, 40 Jahre nach seinem M., bekannt als Musterbeispiel eines unbeugsamen Christen (Rheinischer Merkur 2. 2. 85, 24); Ü die Ehe war für sie ein einziges M.; ... hatten die 51 Air-France-Passagiere ... bei glühender Hitze ein wahres M. in der Gewalt wahnsinniger Sadisten durchmachen müssen (Neue Kronen Zeitung 3. 8. 84, 3). **2.** *Grabkirche eines christlichen Märtyrers, einer christlichen Märtyrerin.*

Mar|ty|ro|lo|gi|um, das; -s, ...ien [mlat. martyrologium] (kath. Kirche): *liturgisches Buch mit Verzeichnis der Märtyrer[innen] u. Heiligen u. ihrer Feste:* M. Romanum *(amtliches Verzeichnis aller Heiligen der römisch-katholischen Kirche [seit 1584]).*

Ma|run|ke, die; -, -n [aus dem Slaw., vgl. tschech. meruňka = Aprikose, poln. (mundartl.) mierunka, marunka < lat. (prunus) armeniaca = armenische Pflaume] (ostmd.): *Eierpflaume; gelbe Pflaume.*

Ma|ruts ⟨Pl.⟩ [sanskr. mǎruta, mārutá]: *Geister der wedischen Religion, Begleiter des Gottes Indra.*

Mar|xis|mus, der; -, ...men [nach dem dt. Philosophen u. Nationalökonomen K. Marx (1818–1883)]: **1.** ⟨o. Pl.⟩ *von Marx u. Engels begründete Lehre, die auf einer mit der Methode des dialektischen Materialismus erfolgende Betrachtung der Gesellschaft beruht u. die die revolutionäre Umgestaltung der Klassengesellschaft in eine klassenlose Gesellschaft zum Ziel hat:* die Lehre des M.; In den Sechzigern und frühen Siebzigern gab es den Konflikt zwischen Antiautoritarismus und M. (taz 22. 12. 98, 14); den M. studieren, weiterentwickeln; Kritik am M. üben; die Verbindung von M. und Psychoanalyse. **2.** *aus dem marxistischen Jargon stammendes sprachliches od. stilistisches Element in gesprochenen od. geschriebenen Texten.*

Mar|xis|mus-Le|ni|nis|mus, der; -: *von Lenin weiterentwickelter Marxismus mit der Interpretation des zeitgenössischen Kapitalismus als Imperialismus.*

Mar|xist, der; -en, -en: *Vertreter, Anhänger des Marxismus:* ein überzeugter M.

Mar|xis|tin, die; -, -nen: w. Form zu ↑ Marxist.

Mar|xis|tin-Le|ni|nis|tin, die; -, Marxistinnen-Leninistinnen: w. Form zu ↑ Marxist-Leninist.

mar|xis|tisch ⟨Adj.⟩: *den Marxismus betreffend, ihm entsprechend:* -e Literatur; -es Gedankengut; ein -er Politiker; etw. m. interpretieren, analysieren.

mar|xis|tisch-le|ni|nis|tisch ⟨Adj.⟩: *den Marxismus-Leninismus betreffend; den Grundsätzen des Marxismus-Leninismus entsprechend:* die -e Staatstheorie; eine -e *(den Marxismus-Leninismus vertretende)* Partei.

Mar|xist-Le|ni|nist, der; des Marxisten-Leninisten, die Marxisten-Leninisten: *Vertreter, Anhänger des Marxismus-Leninismus.*

Mar|xo|lo|gie, die; - [↑-logie] (veraltend, meist scherzh. od. abwertend): *Wissenschaft, die sich mit dem Marxismus beschäftigt.*

Ma|ry Jane [ˈmɛəri ˈdʒeɪn], das; - - [nach der Erklärung von ↑Marihuana (engl. marijuana) aus den span. w. Vorn. María (engl. Mary) u. Juana (engl. Jane)] (Jargon verhüllend): *Marihuana.*

Ma|ry|land [ˈmɛərɪlænd]; -s: Bundesstaat der USA.

Ma|rym|ba: ↑ Marimba.

März, der; -[es], (dichter. auch noch:) -en, -e ⟨Pl. selten⟩ [mhd. merz(e), ahd. merzo, marceo < lat. Martius (mensis) = Monat des Kriegsgottes Mars]: *dritter Monat des Jahres.*

März|be|cher: ↑ Märzenbecher.

März|bier: ↑ Märzenbier.

Mär|zen|be|cher, der: *im frühen Frühjahr blühende Pflanze mit schmalen, riemenförmigen Blättern u. weißen, hängenden Blüten, deren Blütenblätter an der Spitze einen gelben bzw. grünen Fleck aufweisen.*

Mär|zen|bier, das [weil es urspr. im März gebraut wurde]: *dunkles Bockbier.*

Mär|zen|fle|cken ⟨Pl.⟩ [wohl weil die Wirkung der Sonnenstrahlen im März (u. April) bes. stark ist u. dadurch vermehrt Sommersprossen hervorgerufen werden können] (schweiz.): *Sommersprossen.*

Mär|zen|veil|chen, das: **1.** *Märzveilchen.* **2.** (iron.) *Märzgefallene (2).*

Mär|zen|fal|le|ne, der: **1.** *im Zusammenhang mit der Revolution im März 1848 Gefallener.* **2.** (iron.) *jmd., der nach den Reichstagswahlen im März 1933 aus Opportunismus in die NSDAP eintrat:* In den Rechtszirkeln machen ... wie nach den Reichstagswahlen vom März 1933, die höhnischen Worte von den »Märzenveilchen« oder den »Märzegefallenen« die Runde (Spiegel 22, 1989, 29).

März|glöck|chen, das: *Märzenbecher.*

Mar|zi|pan [auch: ʹ−−−], das, österr., sonst selten: der; -s, -e [ital. marzapane, H. u.]: *weiche Masse aus fein gemahlenen Mandeln, Puderzucker u. Rosenwasser, aus der Süßigkeiten hergestellt werden:* gerne M. essen; Figuren, eine Torte aus M.; ich esse lieber M. als Nougat.

Mar|zi|pan|brot, das: *brotähnlich geformtes Gebilde aus Marzipan [mit einem Schokoladenüberzug].*

Mar|zi|pan|ei, das: vgl. Marzipanbrot.

Mar|zi|pan|fer|kel, das: *Marzipanschwein.*

Mar|zi|pan|kar|tof|fel, die: *kleine, mit Kakao bestäubte Kugel aus Marzipan.*

Mar|zi|pan|roh|masse, die: *Masse aus fein gemahlenen Mandeln, Puderzucker und Rosenwasser, die durch weitere Zugabe von Puderzucker [und anderen Zutaten] zu Marzipan[produkten] verarbeitet wird.*

Mar|zi|pan|schwein, Mar|zi|pan|schwein|chen, das: *aus [rosa eingefärbtem] Marzipan hergestellten Figürchen in Form eines kleinen Schweins:* mit seiner rosa Haut sieht der Dicke wie ein M. aus.

Mar|zi|pan|tor|te, die: *Torte mit einer Füllung u./od. einem Überzug aus Marzipan.*

märz|lich ⟨Adj.⟩: *wie im März; den Frühling ahnen lassend.*

März|nacht, die: *Nacht im Monat März:* eine kalte M.

März|re|vo|lu|ti|on, die: *revolutionäre Vorgänge in den deutschen Staaten von 1848.*

März|son|ne, die ⟨o. Pl.⟩: *im Monat März (schon stärker) scheinende Sonne.*

März|veil|chen, das: *Veilchen (1).*

Mas|ca|ra, die; -, -s u. der; -[s], -s [engl. mascara < span. máscara, älter ital. mascara, ↑ Maske]: *pastenförmige Wimperntusche.*

Mas|car|po|ne, der; -s [ital. mascarpone]: *streichfähiger, milder, sahniger Doppelrahmfrischkäse, der meist für Cremes od. Füllungen verwendet wird.*

Ma|schad: ↑ Maschhad.

masch|allah [arab. mā šā'a'allāh = was Gott will]: *in islamischen Ländern üblicher Ausruf der Bewunderung, Verwunderung o. Ä.*

Ma|sche, die; -, -n [mhd. masche, ahd. masca, urspr. = Geknüpftes; 3: wohl nach der alten Bed. »Fangnetz, zur Jagd verwendete Schlinge«]: **1.** *Schlinge aus Garn, Draht o. Ä., die beim Stricken od. Häkeln od. durch Verknüpfen entsteht:* -n aufnehmen, abketten; eine rechte, linke M. stricken; feste -n häkeln; eine M. fallen lassen *(beim Stricken von der Nadel gleiten lassen);* an ihrem Strumpf läuft eine M.; der Fisch ist in den -n des Netzes hängen geblieben; den Ball in die -n donnern (Sport Jargon; *in das hinter dem Tor aufgespannte Netz schießen);* Ü durch die -n des Gesetzes schlüpfen *(der Bestrafung entgehen);* Mehlig schlüpft durch die -n der lasch gehandhabten Entnazifizierung (Chotjewitz, Friede 85). **2.** (österr. u. schweiz.) *Schleife:* das Mädchen trägt eine rote M. im Haar; die M. des Schuhbands ist aufgegangen. **3.** (ugs.) *überraschende, schlaue Vorgehensweise [die zur Lösung eines Problems führt]; Trick:* »Was fehlt ihm denn?«, fragte Dammers. »Fieber«, sagte der Kompanieschreiber. »Seine neueste M.« (Kuby, Sieg 42); Weil ich früher irgendwie ne M. drauf hatte, wie ich mit jedem Typen noch am selben Abend ins Bett steigen konnte (Merian, Tod 15); sich eine neue M. ausdenken; Ich machte so auf die M.: der Maler und sein Modell (Plenzdorf, Leiden 54); es mit einer neuen M. versuchen; immer nach der gleichen M. verfahren, vorgehen.

Ma|schek|sei|te: ↑ Maschikseite.

Ma|schen|draht, der: *flächiges Drahtgeflecht für Zäune o. Ä.*

Ma|schen|draht|zaun, der: *Zaun aus Maschendraht.*

ma|schen|fest ⟨Adj.⟩: *(von Damenstrümpfen) so hergestellt, dass sich keine Laufmaschen bilden können.*

Ma|schen|mo|de, die: *Strickwarenmode.*

Ma|schen|netz, das: *in Maschen geknüpftes Netz.*

Ma|schen|pan|zer, der (früher): vgl. Kettenhemd.

Ma|schen|pro|be, die (Handarb.): *[quadratisches] Stückchen Strickwerk, mit dessen Hilfe die Anzahl der für ein bestimmtes Strickmuster nötigen Maschen ermittelt wird.*

Ma|schen|stich, der (Handarb.): *Stickstich, der wie eine rechte Masche aussieht.*

Ma|schen|wa|re, die: *Strick- u. Wirkware.*

Ma|schen|werk, das: *Geflecht aus Maschen.*

Ma|schen|zahl, die (Handarb.): *Anzahl der Maschen (1), die für eine Strickarbeit aufgenommen werden od. wurden.*

Ma|scherl, das; -s, -n (österr.): *Schleife; Fliege (2).*

Masch|had, Maschad [mæʃ'(h)æd], Mesch[h]ed, der; -[s], -s [nach der iran. Provinzhauptstadt Maschhad]: *handgeknüpfter Orientteppich.*

-ma|schig: in Zusb., z. B. engmaschig *(aus engen Maschen bestehend).*

Ma|schik|sei|te, die; -, -n [zu ung. másik = andere] (ostösterr.): *entgegengesetzte Seite, Rückseite:* er kommt von der M.; *Ü* sie hat im Leben immer auf der M. *(der Schattenseite des Lebens)* gestanden.

Ma|schi|ne, die; -, -n [frz. machine < lat. machina = (Kriegs-, Belagerungs)maschine < griech. (dorisch) māchanā für: mēchanē, ↑ mechanisch]: **1. a)** *mechanische, aus beweglichen Teilen bestehende Vorrichtung, die Kraft od. Energie überträgt u. mit deren Hilfe bestimmte Arbeiten unter Einsparung menschlicher Arbeitskraft ausgeführt werden können:* eine moderne, einfache, komplizierte M.; elektronische, landwirtschaftliche -n; die M. läuft, steht still, ist in Betrieb, ist kaputt, ist reparaturbedürftig; eine M. in Betrieb setzen, in Betrieb nehmen, ölen, putzen, pflegen; eine M. erfinden, konstruieren; eine M. warten, anstellen, bedienen; eine M. bauen, reparieren; das Zeitalter der M.; sie arbeitet wie eine M. *(salopp; unaufhörlich u. schafft entsprechend viel);* an einer M. arbeiten *(eine Maschine bedienen);* **b)** *(ugs.) Motor eines Autos:* die M. hat 70 PS. **2. a)** *bestimmtes Flugzeug:* eine M. der Lufthansa; die M. startet, landet; meine M. hatte Verspätung; er nahm die planmäßige M. nach Berlin; Nach Köln ... war sie vom Westberliner Flughafen Tegel aus mit einer M. von Air France geflogen (Rolf Schneider, November 115); **b)** *(ugs.) Motorrad:* eine schwere, leichte M.; bei dem Rennen kamen nur drei -n ans Ziel; **c)** *(selten) [Dampf]lokomotive:* die M. steht unter Dampf; mit der M. rangieren, die Wagen über den Ablaufberg drücken. **3. a)** kurz für ↑Schreibmaschine: ich schreibe M., habe M. geschrieben; sie kann schnell und fehlerfrei M. schreiben; sich an die M. setzen; auf der M. schreiben, klappern; Papier, einen Bogen in die M. spannen; der Chef diktiert [der Sekretärin] einen Brief in die M. *(die Sekretärin tippt den Brief unmittelbar, ohne ein Stenogramm aufzunehmen);* einen Brief mit der M. schreiben; **b)** kurz für ↑Nähmaschine: eine Naht auf, mit der M. nähen; **c)** kurz für ↑Waschmaschine: die M. hat vier Waschgänge; die M. wäscht, spült, schleudert; die M. hat mehrere Programme; drei -n *(Maschinenfüllungen)* Wäsche zu waschen haben; die Hemden in der, mit der M. waschen. **4.** *(salopp) große, dicke Frau:* ist das eine M.!

ma|schi|ne|ge|schrie|ben: ↑maschinengeschrieben.

ma|schi|nell ⟨Adj.⟩ [nach frz. machinal < lat. machinalis]: **a)** *mithilfe einer Ma-*

schine: *die -e Herstellung eines Produktes;* eine -e Übersetzung; ein m. *(mit Maschinen als Hilfsmitteln)* modern eingerichteter Betrieb; ein m. lesbarer *(maschinenlesbarer)* Ausweis; die Verpackung der Waren geschieht m.; **b)** *eine Maschine betreffend; in der Art einer Maschine:* er bewegte sich mit -er Gleichmäßigkeit; So sehr es auf einer Rundstrecke auf den Fahrer ankommt, ... so sehr hängt die Leistung ... von den -en Gegebenheiten ab (Frankenberg, Fahren 126).

Ma|schi|nen|an|trieb, der: *Antrieb durch Maschinen (1 a).*

Ma|schi|nen|ar|beit, die: *Arbeit mit Maschinen (1 a).*

Ma|schi|nen|ar|bei|ter, der: *Arbeiter, der eine Maschine (1) bedient.*

Ma|schi|nen|ar|bei|te|rin, die: w. Form zu ↑Maschinenarbeiter.

ma|schi|nen|ar|tig ⟨Adj.⟩: *einer Maschine (1 a) ähnlich.*

Ma|schi|nen|bau, der ⟨o. Pl.⟩: **1.** *das Bauen von Maschinen (1 a).* **2.** *Lehrfach an einer technischen Hochschule, in dem die Konstruktion von Maschinen (1 a) gelehrt wird:* M. studieren.

Ma|schi|nen|bau|er, der; -s, -: *jmd., der Maschinen (1 a) konstruiert od. herstellt.*

Ma|schi|nen|bau|e|rin, die: w. Form zu ↑Maschinenbauer.

Ma|schi|nen|bau|in|ge|ni|eur, der: *Ingenieur im Fach Maschinenbau.*

Ma|schi|nen|bau|in|eu|rin, die: w. Form zu ↑Maschinenbauingenieur.

Ma|schi|nen|bau|me|cha|ni|ker, der: *jmd., der unterschiedliche Werkstücke anfertigt u. diese zu Maschinen zusammenbaut.*

Ma|schi|nen|bau|me|cha|ni|ke|rin, die: w. Form zu ↑Maschinenbaumechaniker.

Ma|schi|nen|be|die|ner, der; -s, -: *Operator (2).*

Ma|schi|nen|be|die|ne|rin, die: w. Form zu ↑Maschinenbediener.

Ma|schi|nen|code, der (EDV): *interner Code für die Verschlüsselung aller Befehle (1 b), wobei die Befehle von der Maschine unmittelbar, ohne Umsetzung, ausgeführt werden.*

Ma|schi|nen|de|fekt, der: *Maschinenschaden.*

Ma|schi|nen|ein|satz, der ⟨o. Pl.⟩: *das Einsetzen von Maschinen (1) für bestimmte Arbeiten.*

Ma|schi|nen|ele|ment, das ⟨meist Pl.⟩ (Technik): *Bauelement, das für die verschiedensten Maschinen (1) verwendet wird u. jeweils dem gleichen Zweck dient.*

Ma|schi|nen|fa|brik, die: *Fabrik, in der Maschinen (1 a) hergestellt werden.*

Ma|schi|nen|garn, das: *spezielles Nähgarn zur Verwendung in der Nähmaschine.*

ma|schi|nen|ge|schrie|ben, maschinegeschrieben ⟨Adj.⟩ (ugs.): *mit der Schreibmaschine geschrieben:* ein -er Brief.

Ma|schi|nen|ge|schütz, das: *Maschinenkanone.*

ma|schi|nen|ge|stickt ⟨Adj.⟩: vgl. maschinengestrickt.

ma|schi|nen|ge|strickt ⟨Adj.⟩: *mit einer Strickmaschine gestrickt.*

Ma|schi|nen|ge|wehr, das: *auf einer entsprechenden Vorrichtung aufliegende automatische Schnellfeuerwaffe mit langem Lauf, bei der (nach Betätigen des Abzugs) das Laden u. Feuern automatisch erfolgt;* Abk.: MG: ein leichtes, schweres M.; ein M. rasselt, tackt.

Ma|schi|nen|ge|wehr|feu|er, das: *Feuer (4) eines Maschinengewehrs.*

Ma|schi|nen|ge|wehr|sal|ve, die: vgl. Maschinengewehrfeuer.

Ma|schi|nen|hal|le, die: vgl. Maschinenraum.

Ma|schi|nen|ham|mer, der (Technik): *durch eine Maschine (1) angetriebener Hammer.*

Ma|schi|nen|haus, das: vgl. Maschinenraum.

Ma|schi|nen|ka|no|ne, die (Milit.): *zu den Maschinenwaffen zählende, leichte Kanone.*

Ma|schi|nen|kraft, die: *Kraft, Leistung einer Maschine (1):* M. ersetzt menschliche Arbeitskraft.

Ma|schi|nen|kun|de, die: *Maschinenlehre.*

Ma|schi|nen|lärm, der: *von Maschinen ausgehender Lärm:* der Raum ist von M. erfüllt.

Ma|schi|nen|leh|re, die: *Lehrfach an Berufsschulen, in dem Bau u. Funktionsweise von [bestimmten, für einen Beruf notwendigen] Maschinen (1) gelehrt werden.*

ma|schi|nen|les|bar ⟨Adj.⟩ (EDV): *für einen Computer o. Ä. lesbar:* ein -er Ausweis; -e Datenträger.

Ma|schi|nen|les|bar|keit, die (EDV): *das Maschinenlesbarsein.*

ma|schi|nen|mä|ßig ⟨Adj.⟩: *maschinell (b).*

Ma|schi|nen|meis|ter, der: **1.** *jmd., der für die Wartung der Maschinen (1 a) eines Betriebes verantwortlich ist.* **2.** *jmd., der für die maschinellen Anlagen eines Theaters verantwortlich ist.* **3.** *(Druckw. veraltet) Drucker, der eine Maschine (1 a) bedient.*

Ma|schi|nen|meis|te|rin, die: w. Form zu ↑Maschinenmeister (1, 2).

Ma|schi|nen|mensch, der (selten): *Roboter:* »Dynamo Joe«, ein M., den Studenten der Universität Bristol zusammenbastelten, hat sogar das Radfahren gelernt (Menzel, Herren 12).

Ma|schi|nen|mes|ser, das: *Messer als Teil einer Maschine (1).*

Ma|schi|nen|mo|dell, das: *Vorstellung vom maschinenartigen psychophysischen Funktionieren des Menschen.*

ma|schi|nen|nah ⟨Adj.⟩ (EDV): *Art der Programmierung, die sich weitgehend an der Hardware orientiert:* eine -e Programmierung.

Ma|schi|nen|nä|he|rin, die: *Arbeiterin, die in einem Konfektionsbetrieb an einer Nähmaschine arbeitet.*

Ma|schi|nen|öl, das: *Schmieröl für Maschinen (1 a).*

ma|schi|nen|ori|en|tiert ⟨Adj.⟩ (EDV): *maschinennah.*

Ma|schi|nen|pa|pier, das: **1.** *maschinell*

hergestelltes Papier. **2.** *Schreibmaschinenpapier.*

Ma|schi̱|nen|park, der: *Gesamtheit der Maschinen* (1) *eines Betriebes:* ein moderner M.; den M. vergrößern.

Ma|schi̱|nen|pis|to|le, die: *automatische Schnellfeuerwaffe mit kurzem Lauf für den Nahkampf* (Abk.: MP, MPi).

Ma|schi̱|nen|raum, der: *Raum, z. B. auf Schiffen, in dem sich die Maschinen* (1 a) *befinden.*

Ma|schi̱|nen|re|vi|si|on, die (Druckw.): *letzte Überprüfung des Druckbogens vor Beginn des Druckes.*

Ma|schi̱|nen|ring, der: *Zusammenschluss von Landwirten zur besseren Ausnutzung von landwirtschaftlichen Maschinen* (1) *u. Geräten.*

Ma|schi̱|nen|saal, der: vgl. Maschinenhalle.

Ma|schi̱|nen|satz, der ⟨o. Pl.⟩ (Druckw.): *mit einer Setzmaschine [die ganze Zeilen setzt u. gießt] hergestellter Satz.*

Ma|schi̱|nen|scha|den, der: *Schaden, Defekt an einer Maschine, bes. an einem Motor, in einem Flugzeug, Schiff, Auto o. Ä.:* die Lokomotive hatte einen M.; wegen -s gab es eine Verspätung.

Ma|schi̱|nen|schlos|ser, der: *jmd., der in einem Industriebetrieb große, komplizierte Maschinen zusammensetzt, baut* (Berufsbez.).

Ma|schi̱|nen|schlos|se|rin, die: w. Form zu ↑ Maschinenschlosser.

Ma|schi̱|nen|schrei|ben, das; -s: *Schreiben auf einer Schreibmaschine.*

Ma|schi̱|nen|schrei|ber, der: *jmd., der [gut] auf einer Schreibmaschine schreiben kann:* In den Stab war er eingeteilt worden, weil ein geübter M. gebraucht wurde (Kühn, Zeit 317).

Ma|schi̱|nen|schrei|be|rin, die: w. Form zu ↑ Maschinenschreiber.

Ma|schi̱|nen|schrift, die: *mit einer Schreibmaschine geschriebene Schrift.*

ma|schi̱|nen|schrift|lich ⟨Adj.⟩: *mit einer Schreibmaschine geschrieben:* ein -er Text.

Ma|schi̱|nen|sei|de, die: *Nähseide zur Verwendung auf der Nähmaschine.*

Ma|schi̱|nen|set|zer, der: *jmd., der Maschinensatz herstellt* (Berufsbez.).

Ma|schi̱|nen|set|ze|rin, die: w. Form zu ↑ Maschinensetzer.

Ma|schi̱|nen|spit|ze, die (Textilind.): *auf einer Maschine hergestellte Spitze.*

Ma|schi̱|nen|spra|che, die (EDV): *Programmiersprache.*

Ma|schi̱|nen|stri|cken, das; -s: *das Stricken auf einer Strickmaschine.*

Ma|schi̱|nen|stun|de, die: *einzelne Stunde, während der eine Maschine* (1) *in Betrieb ist:* wir berechnen 45 DM für die M.

Ma|schi̱|nen|stür|mer, der: *Arbeiter od. Handwerker, der sich an der Maschinenstürmerei beteiligt:* die Bewegung der M. begann in England; Ü wir sind keine M. (wehren uns nicht gegen technischen Fortschritt).

Ma|schi̱|nen|stür|me|rei, die; -: *(zu Beginn der industriellen Revolution) Zerstörung der neu eingeführten [Spinn- u.*

Web]maschinen, die als Ursache für Arbeitslosigkeit u. Armut angesehen wurden: Ü Ich halte das Vorgehen der Grünen gegen die Kraftwerke für M. (Spiegel 33, 1982, 160).

Ma|schi̱|nen|te|le|graf, der (Technik): *Vorrichtung auf Schiffen, mit der Kommandos (die die Geschwindigkeit betreffen) von der Kommandobrücke in den Maschinenraum gegeben werden.*

Ma|schi̱|nen|the|o|rie, die ⟨o. Pl.⟩ (Philos.): *(auf Descartes zurückgehende) Auffassung der Lebewesen als seelenlose Automaten.*

Ma|schi̱|nen-und-Trak|to̱|ren-Sta|ti|on, die [LÜ von russ. mašinno-traktornaja stancija] (DDR): *Stelle, bei der landwirtschaftliche Produktionsgenossenschaften Maschinen ausleihen können;* Abk.: MTS.

Ma|schi̱|nen|waf|fe, die (Milit.): *automatische Waffe.*

Ma|schi̱|nen|wär|ter, der: vgl. Maschinenmeister (1).

Ma|schi̱|nen|wär|te|rin, die: w. Form zu ↑ Maschinenwärter.

Ma|schi̱|nen|wä|sche, die: **1.** *das Waschen von Wäsche mit der Waschmaschine.* **2.** ⟨o. Pl.⟩ *Wäsche, die mit der Waschmaschine gewaschen wird.*

Ma|schi̱|nen|wech|sel, der: *das Auswechseln einer Lokomotive.*

Ma|schi̱|nen|zeit|al|ter, das: *Zeitalter, das von Existenz u. Einsatz von Maschinen* (1 a) *geprägt ist.*

Ma|schi̱|ne|rie, die; -, -n [zu ↑ Maschine]: **1. a)** *[komplizierte, aus mehreren zusammenarbeitenden Teilen bestehende] maschinelle Einrichtung:* eine einfache, genial ausgedachte M.; (Sie) führte mich zu dem Tisch, auf dem die M. stand, um die Daumenabdrücke der Transitare festzuhalten (Seghers, Transit 210); **b)** (Theater) *maschinelle Bühneneinrichtungen.* **2.** (bildungsspr. abwertend) *System, in dem bestimmte Vorgänge automatisch ablaufen u. ein Eingreifen nur schwer od. gar nicht möglich ist:* die seelenlose M. des Staatsapparates; Am nächsten Tag erst begann sich die komplizierte M. der ... Polizei in Bewegung zu setzen (Prodöhl, Tod 180); Die Sachzwänge, das Gefeilsche in diesem Machtzentrum der Brüsseler M. kennt keiner besser als er (Zeit 12. 12. 97, 3); in die gnadenlose M. der Justiz geraten.

Ma|schi̱|ne schrei|ben: s. Maschine (3 a).

ma|schi̱|nie|ren ⟨sw. V.; hat⟩ [eigtl. = mit einer Maschine bearbeiten, frz. machiner] (Kürschnerhandwerk): *bei der Pelzveredelung die zarten Grannen* (2) *des Fells abscheren.*

Ma|schi̱|nis|mus, der ⟨o. Pl.⟩ (Philos.): *auf der Maschinentheorie beruhender, alle Lebewesen als Maschine* (1 a) *auffassender Materialismus.*

Ma|schi̱|nist, der; -en, -en [frz. machiniste]: **1.** *Facharbeiter, der Maschinen* (1 a) *bedient u. überwacht.* **2.** *Leiter des Personals, das auf Schiffen die Maschinen bedient u. wartet.* **3.** *Vertreter des Maschinismus.*

Ma|schi̱|nis|tin, die; -, -nen: w. Form zu ↑ Maschinist (1, 2).

ma|schi̱n|schrei|ben ⟨sw. V.; hat⟩ (österr.): *mit der Schreibmaschine schreiben.*

Ma|schi̱n|schrei|ben, das; -s (österr.): *Maschinenschreiben.*

Ma|schi̱n|schrei|ber, der; -s, - (österr.): *Maschinenschreiber.*

Ma|schi̱n|schrei|be|rin, die (österr.): w. Form zu ↑ Maschinschreiber.

Ma|schi̱n|schreib|kraft, die (österr.): *Maschinenschreiberin.*

ma|schi̱n|schrift|lich ⟨Adj.⟩ (österr.): *maschinenschriftlich.*

Masch.-Schr. = Maschine[n]schreiben.

Ma̱s|dschid, Mesdschid, der od. das; -[s], -s [arab. masǧid, eigtl. = Haus, wo man sich niederwirft, zu: saǧada = sich (beim Gebet) niederwerfen]: *kleine Moschee.*

Ma̱|sel, das; -s (österr.): ¹*Massel:* Heiratsvertrag ... Sie schüttelten uns die Hand, riefen »M. Tov!«, riefen: »Soll sein mit M.!« (Hilsenrath, Nazi 350).

¹**Ma̱|ser,** die; -, -n [mhd. maser, ahd. masar, H. u.]: *unregelmäßige, wellige Zeichnung, Musterung in bearbeitetem Holz:* Die -n des gelben Holzes sehen feinem Geäder gleich (Th. Mann, Joseph 448); Ü der Junge ist fein nach Faser und M. (Th. Mann, Joseph 610).

²**Ma̱|ser** ['meɪzɐ], der; -s, - [engl. maser, Kurzwort aus: microwave amplification by stimulated emission of radiation] (Physik): *Gerät zur Erzeugung bzw. Verstärkung von Mikrowellen.*

Ma̱|ser|holz, das: *Holz mit* ¹*Masern.*

ma̱|se|rig ⟨Adj.⟩: *Maserung aufweisend; gemasert.*

ma̱|sern ⟨sw. V.; hat; meist im 2. Part.⟩ [mhd. masern, spätahd. masarōn = knorrige Auswüchse bilden]: *mit Maserung versehen:* gemasertes Holz.

Ma̱|sern ⟨Pl.⟩ [wohl Pl. von ↑ ¹Maser, viell. beeinflusst von niederd. maseln = Masern (vgl. mniederd. masel[e] = Pustel, Pickel; mhd. masel, ahd. masala = Furunkel)]: *[im Kindesalter auftretende] Infektionskrankheit mit hohem Fieber u. rotem Hautausschlag:* die Kinder haben [die] M.

Ma̱|se|ru: Hauptstadt von Lesotho.

Ma̱|se|rung, die; -, -en: *wellige Musterung in Holz, Marmor, Leder o. Ä.:* eine lebhafte, unruhige, schöne M. aufweisen; die M. eines Schrankes; das Muster des Teppichs ... geriet in eine ... geheimnisvolle Entsprechung zur M. der Tapete (Jens, Mann 164).

Ma̱|set|te, die; -, -n [ital. mazzetto, Vkl. von: mazzo = Kartenstoß, -block, H. u.] (österr.): *Block mit Eintrittskarten.*

Ma̱|shie ['mɛʃi, engl.: mæʃi], der; -s, -s [engl. mashie, mashy, H. u.]: *mit Eisenkopf versehener Golfschläger.*

Mas|ka|ri̱ll, der; -[s], -e [span. mascarilla, eigtl. = kleine Maske, Vkl. von: máscara, ↑ ¹Mascara] (Theater): *typisierte Figur des als Marquis verkleideten Dieners im spanischen Lustspiel.*

Mas|ka|ro̱n, der; -s, -e [frz. mascaron < ital. mascherone, eigtl. = große Maske, Vgr. von: maschera, ↑ Maske] (Archit.):

Menschengesicht od. Fratze als Ornament in der Baukunst [des Barock].

Mạs|kat: Hauptstadt von Oman.

Mạs|ke, die; -, -n [frz. masque < ital. maschera, älter: mascara, wohl zu arab. masḥaraʰ = Verspottung; Possenreißer; drollig]: **1. a)** *vor dem Gesicht getragene, das Gesicht einer bestimmten Figur, einen bestimmten Gesichtsausdruck darstellende [steife] Form aus Pappe, Leder, Holz o. Ä. als Requisit des Theaters, Tanzes, der Magie:* eine tragische, groteske M.; eine M. tragen, umbinden, vorbinden; die M. ablegen, abnehmen; sein Gesicht erstarrte zur M. *(wurde maskenhaft starr);* Helga schwieg, ... ihr Gesicht über dem schwarzen Kleid war eine starre M. *(war maskenhaft starr;* Danella, Hotel 457); Ü hier zeigt sich das Laster ohne M. *(unverhüllt);* er trägt die M. des Unschuldigen *(tut so, sieht so aus, als ob er unschuldig sei);* Hinter der M. *(dem nach außen gezeigten Aussehen u. Verhalten)* eines Biedermannes verbirgt sich ein notorischer Wüstling (Kempowski, Uns 145); * **die M. fallen lassen/von sich werfen** *(eine Verstellung aufgeben; sein wahres Gesicht zeigen):* Die Gräfin ist eine Antisemitin! In der letzten Zeit hat sie die M. ganz fallen lassen (Hilsenrath, Nazi 191); **jmdm. die M. vom Gesicht reißen** *(jmdn. entlarven, jmdn. zwingen, sein wahres Gesicht zu zeigen);* **b)** *maskierte, verkleidete Person:* die M. flüsterte ihm etwas zu; die schönsten -n wurden prämiert; **c)** *mithilfe eines Gipsabdrucks hergestellte Nachbildung eines Gesichts; Gipsmaske; Totenmaske.* **2. a)** *Gegenstand, der zu einem bestimmten Zweck vor dem Gesicht getragen wird* (z. B. Atemmaske, Gasmaske, Schutzmaske): die Feuerwehrleute mussten eine M. tragen; **b)** *kurz für* ↑ Gesichtsmaske (2): eine erfrischende, kühlende M. **3.** (Theater) *durch Schminke, Bart, Perücke entsprechend seiner Rolle verändertes Gesicht eines Darstellers:* die M. des Mephisto; die Schauspieler waren schon in M. *(geschminkt).* **4.** (Zool.) *Zeichnung am Kopf von Tieren, die sich farblich deutlich abhebt:* der Hund hat eine schwarze M. **5.** (Fot.) **a)** *Schablone zum Abdecken eines Negativs beim Belichten od. Kopieren;* **b)** *halbdurchlässiger Filter, mit dem die Farb- und Tonwerte bei der Reproduktion von Fotografien korrigiert werden können.* **6.** (Fachspr.) *Kopfhaut des geschlachteten Schweines (die z. B. als Einlage in Sülzen verwendet wird).* **7.** (bes. Fernsehen) *Raum, in dem die vor die Kamera Tretenden geschminkt werden; Schminkraum:* sich in die M. begeben; in der M. hergerichtet werden; die Teilnehmer an der Gesprächsrunde müssen noch in die M. Sie hat es sogar abgelehnt, morgens wie alle anderen um sieben in der M. zu erscheinen. Einem Star wie ihr sei das nicht zuzumuten (Hörzu 44, 1982, 16). **8.** (EDV) *wie ein Formular aufgebaute Bildschirmoberfläche eines Computers, die zum Eintragen von strukturierten Daten auf dem Bildschirm abgerufen werden kann.*

Mạs|ken|ball, der: **1.** *Ball, bei dem die Teilnehmenden maskiert sind.* **2.** (Soldatenspr.) **a)** *schikanöse Übung, bei der die Rekruten innerhalb kurzer Zeit mehrfach in verschiedenen Ausrüstungen antreten müssen;* **b)** *Exerzierübung mit aufgesetzter Gasmaske.*

Mạs|ken|bild|ner, der: *jmd., der bei Theater, Film, Fernsehen die Schauspieler schminkt u. frisiert* (Berufsbez.).

Mạs|ken|bild|ne|rin, die: w. Form zu ↑ Maskenbildner.

Mạs|ken|fest. das: vgl. Maskenball.

Mạs|ken|ge|sicht, das: **1.** (Med.): *maskenhaft starrer Gesichtsausdruck bei bestimmten Erkrankungen.* **2.** *maskenhaft wirkendes Gesicht.*

mạs|ken|haft ⟨Adj.⟩: *in der Art einer Maske; starr, unbeweglich:* ihr Gesicht war bleich und m.

Mạs|ken|haf|tig|keit, die; -: *maskenhaftes Aussehen.*

Mạs|ken|kos|tüm, das: *Kostüm* (3 b).

Mạs|ken|nar|ko|se, die (Med.): *Narkose, bei der der anästhesierende Stoff über eine Atemmaske zugeführt wird.*

Mạs|ken|spiel, das: *Theaterstück, bei dem die Schauspieler[innen] Masken* (1 a) *tragen.*

Mạs|ken|trei|ben, das; -s: vgl. Maskenzug.

Mạs|ken|ver|fah|ren, das (Fot.): *mithilfe von Masken* (5 b) *durchgeführtes fotografisches Verfahren.*

Mạs|ken|ver|leih, der: *Unternehmen, das Kostüme [u. Masken] verleiht.*

Mạs|ken|zug, der: *Umzug maskierter Personen zum einem Maskenfest.*

Mạs|ke|ra|de, die; -, -n [span. mascarada = frz. mascarade < älter ital. mascarata = Maskenzug, zu: mascara, ↑ Maske]: **1. a)** (geh. veraltend) *Verkleidung, Kostümierung:* eine fantasievolle M.; Ü in einer solchen M. kannst du doch nicht herumlaufen (abwertend; *so unmöglich angezogen kannst du dich nicht zeigen);* ich wünsche nicht, dass du noch einmal in diesem Aufzug erscheinst ... dort wirst du ihr in dieser M. nicht gefallen (Danella, Hotel 12); ... »So glaubst du, wie gern ich die M. in den Spind hängen würde!« (Heim, Traumschiff 344); **b)** (bildungsspr.) *Verstellung, Heuchelei:* seine Freundlichkeit ist nur M. **2.** (veraltend) *Kostümfest, Maskenball.*

mạs|kie|ren ⟨sw. V.; hat⟩ [frz. masquer, zu: masque, ↑ Maske]: **1. a)** *das Gesicht [mit einer Maske] verändern od. unkenntlich machen:* die Gangster waren maskiert; ein maskierter Bankräuber; **b)** (landsch.) *kostümieren* (a): die Kinder waren als Indianer maskiert; sie haben sich maskiert. **2.** *hinter etw. verbergen; verdecken, tarnen:* seine Schwäche mit forschem Auftreten m.; das schief-wissende Lächeln ..., mit dem sie so notdürftig ihre Unsicherheit maskiert (Strauß, Niemand 97); Ein solches Buch (= über cäsarische und tyrannische Naturen) wäre mit seinen Anzüglichkeiten ein maskiertes Pamphlet gegen Hitler gewesen (Niekisch, Leben 280). **3.** (Kochk.) *eine Speise mit einer Soße, Glasur o. Ä. über-*

-ziehen. **4.** (Fot.) *Farb- und Tonwerte mithilfe einer Maske* (5 b) *korrigieren.*

Mas|kie|rung, die; -, -en: **1. a)** *das Verkleiden;* **b)** *die Verkleidung.* **2.** *das Verbergen, Tarnen.* **3.** (Zool.) *mithilfe von Steinchen, Schmutz, Blättern o. Ä. erzeugte Schutztracht bei bestimmten Tieren.* **4.** (Chemie) *(bei der chemischen Analyse) Ausschaltung fremder Ionen durch Überführung in einen stabilen chemischen Komplex.* **5.** (EDV) *Unterdrückung einer Aufforderung zur Unterbrechung eines Programms (4) mithilfe einer Maske* (8).

Mas|kott|chen, das; -s, -, (seltener:) **Mas|kot|te,** die; -, -n [frz. mascotte < provenz. mascoto = Zauberei, zu: masco = Zauberin, Hexe < mlat. masca, wohl aus dem Germ.]: *[als Anhänger verwendete] kleine Figur (z. B. Tier, Püppchen), selten auch Lebewesen, die bzw. das Glück bringen soll:* ein M. haben; die Fußballmannschaft hat als M. einen Ziegenbock; wenn er mal traurig war, würde er sich Tante Millie als Maskottchen auf die Kühlerhaube setzen (Keun, Mädchen 140).

mas|ku|lin ⟨Adj.⟩ [lat. masculinus, zu: masculus = männlichen Geschlechts, Vkl. von: mas = männlich]: **1. a)** (selten) *für den Mann charakteristisch, männlich:* das -e Geschlecht; **b)** *betont männlich; (in Bezug auf die äußere Erscheinung) das Männliche betonend:* ein -er Typ, Mann; er sieht sehr m. aus; die Herrenmode ist dieses Jahr sehr m.; **c)** *als Frau männliche Züge habend, nicht weiblich:* sie ist ein etwas -er Typ; die Eigentümerin eines Modeladens ... ganz und gar Lady, ein bisschen m. (Härtling, Hubert 302). **2.** (Sprachw.) *mit männlichem Geschlecht:* ein -es Substantiv.

mas|ku|li|nisch ⟨Adj.⟩ (veraltend): *maskulin.*

Mas|ku|li|ni|sie|rung, die; -, -en: **1.** (Med.) *Vermännlichung der Frau im äußeren Erscheinungsbild.* **2.** (Biol.) *Vermännlichung weiblicher Tiere.*

Mas|ku|li|num [auch: ...'li:nʊm], das; -s, ...na [lat. (genus) masculinum] (Sprachw.): **a)** *Substantiv mit männlichem Geschlecht:* »Hund« und »Stuhl« sind Maskulina; **b)** ⟨o. Pl.⟩ *männliches Geschlecht eines Substantivs.*

♦ **Mạs|mei|ster,** der; -s, - [älter schwed. masmästare]: *Aufseher eines Bergwerks:* Elis Fröbom erfuhr auf Befragen, dass der Mann Pehrson Dahlsjö sei, M., Altermann und Besitzer einer schönen Bergsfräse (E. T. A. Hoffmann, Bergwerke 20).

Mạ|so, der; -s, -s (Jargon): Kurzf. von ↑ Masochist.

Ma|so|chịs|mus, der; -, ...men [nach dem österr. Schriftsteller L. v. Sacher-Masoch (1836–1895)]: **a)** ⟨o. Pl.⟩ *Variante des sexuellen Erlebens, bei der die volle sexuelle Befriedigung erst im Erleiden von Demütigung, Schmerz od. Qual einhergeht;* **b)** *masochistisches (a) Verhalten;* **c)** *selbstquälerisches Verhalten:* Jaguar zu fahren galt lange Zeit als M. Die lauten Windgeräusche und der Krach von der

Hinterachse waren äußerst lästig (Wirtschaftswoche 12, 1995, 66).

Ma|so|chist, der; -en, -en: **a)** jmd., der nur durch Erleiden von Demütigung, Schmerz od. Qual volle sexuelle Befriedigung erreicht: M. sein; einige ihrer Kunden waren -en; **b)** jmd., der zu selbstquälerischem Verhalten neigt: bei Kopfweh nehme ich eine Tablette, ich bin doch kein M.; Wenn die Matura selber ins Auge geht, ist das ... Pech. Natürlich lege ich es nicht darauf an; ich bin ja kein M. (Muschg, Gegenzauber 13).

Ma|so|chis|tin, die; -, -nen: w. Form zu ↑Masochist.

ma|so|chis|tisch ⟨Adj.⟩: **a)** den Masochismus (a) betreffend; von Masochismus (a) bestimmt, geprägt: ... ein -es Verhalten; -e Züge haben; m. veranlagt sein; **b)** selbstquälerisch: es ist doch schon sehr der Kälte auszusetzen; wenn ich fortgehe von hier, dieser Gedanke gefällt mir auf irgendeine -e Weise (Mayröcker, Herzzerreißende 143); Manch Urlauber, so scheint es, sucht nachgerade m. danach, das gediegene Ambiente seines sicheren und gemütlichen Schlafzimmers hinzugeben für ein Lager, das ... karger ist als die Pritsche einer Klosterzelle (Zeit 11. 7. 97, 55).

Ma|so|ra usw.: ↑Massora usw.

¹Maß, das; -es, -e [spätmhd. mʒ (Neutr.), vermischt aus mhd. mʒe (Fem.), ahd. mʒa = Zu-, Angemessenes; Art und Weise; Mäßigung u. mhd. meʒ (Neutr.) = Ausgemessenes, Richtung, Ziel; zu ↑messen]: **1. a)** Einheit, mit der die Größe od. Menge von etw. gemessen wird; beim Messen geltende, verwendete Norm: deutsche, englische -e; der Meter ist das M. für die Bestimmung der Länge; in anderen Ländern wird mit anderen -en gemessen, nach anderen -en gerechnet; **b)** genormter Gegenstand (wie Metermaß, Litermaß) zum Messen von Größe od. Menge: die -e eichen lassen; das M. an etwas anlegen; etw. mit einem M. nachmessen; Ü (geh.:) das M. unserer Leiden ist voll (Plievier, Stalingrad 272); *** ein gerüttelt M. [an/von etw.]** (geh.; [bezogen auf etw. Negatives, auf etw. als unangenehm, als Zumutung Empfundenes] sehr, ziemlich viel; nach Luk. 6, 38): dazu gehört doch schon ein gerüttelt M. [an/von] Unverschämtheit; **das M. ist voll** (die Geduld ist zu Ende, es ist genug); **das M. voll machen** (über die Grenzen des Erlaubten, Erträglichen, Zumutbaren o. Ä. hinausgehen); **mit zweierlei M. messen** (unterschiedliche Maßstäbe anlegen; nicht nach objektiven Gesichtspunkten u. daher ungerecht urteilen). **2.** ⟨meist Pl.⟩ durch Messen festgestellte Zahl, Größe: die -e eines Zimmers, eines Fensters; für die Anfertigung der Vorhänge brauchen wir die genauen -e; der Schneider hat bei ihm M. genommen (die Körpermaße festgestellt); sie hat ideale -e (eine ideale, sehr gute Figur); Ich muss Ihre -e wissen, weil ich doch Kleider für Sie kaufen muss (Simmel, Stoff 370); er hat für diese Sportart die idealen -e (den idealen Körperbau); die Sendung wurde auf M. und Gewicht

überprüft; der Schrank wurde nach angegebenen -en gefertigt; wir können mit der Auslosung ... zufrieden sein. Das ist wie nach M. geschneidert (Kicker 6, 1982, 31); ***jmdn. M. nehmen** (ugs.: 1. jmdn. in scharfem Ton zurechtweisen. 2. jmdn. gehörig verprügeln). **3.** Grad (1 a), Ausmaß, Umfang (2): Der Gesetzgeber muss ... das erforderliche M. an Ermessensfreiheit einräumen (Fraenkel, Staat 348); im Essen, im Energieverbrauch M. halten (Mäßigung üben); er sollte seine Kritik auf ein erträgliches M. reduzieren; die Anschuldigungen gingen über das übliche M. weit hinaus; ein hohes, höheres, gewisses M. an/von etw.; das erforderliche M. an etw. haben; etw. auf sein normales M. zurückführen; Ihr Interessentenkreis sind vornehmlich die Künstler, aber auch in steigendem -e die Sammler (Bild. Kunst III, 77); sie hat das alles in vollem, in höchstem Maß[e] (ausgiebig, außerordentlich, sehr) genossen; in demselben, im gleichen Maß[e] (ebenso) wie früher; in besonderem, gewissem Maß[e] (besonders, in gewisser Weise); in höherem, stärkerem Maß[e] (mehr, stärker); in zunehmendem -e (immer mehr, immer stärker) als jemals; *** weder M. noch Ziel kennen** (maßlos sein, sich selbst keine Grenzen setzen); **ohne M. und Ziel** (maßlos u. ohne Überlegung, ohne rechten Sinn); **in/mit -en** (sehr maßvoll, gemäßigt; zu dem veralteten Femininum Maße): er isst und trinkt gern, aber immer in, mit -en; **über die/alle -en** (geh.; sehr, außerordentlich; überaus; zu dem veralteten Femininum Maße): die Prinzessin war über alle -en schön; Dann stand er neben seiner schönen Maschine, ... über die -en schwitzend (Kronauer, Bogenschütze 258).

²Maß, die; -, -[e] ⟨aber: 3 Maß [Bier]⟩ [mhd. mʒe, ↑¹Maß] (bayr., österr.): Menge von einem Liter Bier: er hat zwei M. Bier getrunken; der Preis für eine M. ist gestiegen.

◆ **³Maß,** die; -, -en [Nebenf. von ↑Maße, spätmhd. mʒ (Fem.), Nebenf. von ↑mʒe, ↑¹Maß]: Maß: Da hofft' ich aller meiner Sünden Vergebung reiche M. zu finden (Goethe, Faust I, 3768 f.).

◆ **Mäß,** das; -es, -e [mhd. meʒ, ↑¹Maß]: (landsch., bes. südd.) Hohlmaß für Getreide (151): er solle ihm doch ... für sechs Kreuzer von dem gelben Pulver bringen, ein M. oder anderthalbes (Gotthelf, Spinne 12); eine reiche Müllerstochter ... aus einem der Häuser, von denen ehedem ... die Sage ging, bei Erbschaften und Teilungen sei das Geld nicht gezählt, sondern mit dem M. gemessen worden (Gotthelf, Elsi 121).

maß: ↑messen.

Mas|sa, der; -s, -s [verstümmelt aus engl. master, ↑Master] (früher): bes. von den schwarzen Sklaven in den amerik. Südstaaten verwendete Bez. für Herr.

Mas|sa|chu|setts [mæsəˈtʃuːsɛts]: Bundesstaat der USA.

Mass-Ac|tion [ˈmæsˈækʃən], die; - [engl. mass action, eigtl. = Massenwirkung, aus: mass = Masse u. action, ↑Action] (Psych.): unspezifische Reaktion eines

Säuglings (od. tierischen Organismus) auf Reize.

Mas|sa|ge [maˈsaːʒə], die; -, -n [frz. massage, zu: masser, ↑¹massieren]: der Lockerung u. Kräftigung der Muskeln sowie der Förderung der Durchblutung o. Ä. dienende Behandlung des Körpergewebes mit den Händen (durch Kneten, Klopfen, Streichen o. Ä.) od. mit mechanischen Apparaten: M. bekommen; jmdm. -n verordnen; etw. mit M. behandeln.

Mas|sa|ge|bank, die ⟨Pl. ...bänke⟩: tischähnliches Möbel, auf das sich der od. die zu Massierende legt.

Mas|sa|ge|in|sti|tut, das: **1.** Praxis eines Masseurs, einer Masseurin. **2.** (verhüll.) vgl. Massagesalon (2).

Mas|sa|ge|öl, das: Öl, das bei der Massage verwendet wird.

Mas|sa|ge|pra|xis, die: Praxis eines Masseurs, einer Masseurin.

Mas|sa|ge|sa|lon, der: **1.** (veraltend) vgl. Massageinstitut (1). **2.** (verhüll.) einem Bordell ähnliche, meist nicht offiziell geführte Einrichtung, in der bes. masturbatorische Praktiken geübt werden: Manila ... Seitenstraßen mit ihren schummrigen Bars und den als -s getarnten Bordellen (MM 29. 8. 89, 3).

Mas|sa|ge|stab, der: mit Vibration arbeitendes stabförmiges Gerät zur sexuellen Reizung.

Mas|sai [auch: ˈma...], der; -, -: Angehöriger eines Nomadenvolkes in Ostafrika.

Mas|sa|ker, das; -s, - [frz. massacre, H. u.]: das Hinmorden einer großen Anzahl [unschuldiger, wehrloser] Menschen; Blutbad: ein M. anrichten, verüben; in Kiew ... dort hat eines der entsetzlichsten M. stattgefunden (Erné, Kellerkneipe 171); es ist kam zu einem fürchterlichen M.; In Bosnien haben die Europäer dann aber fünf Jahre lang bei einem M. einfach zugesehen, obwohl es für die großen europäischen Mächte ein Leichtes gewesen wäre zu intervenieren (Wirtschaftswoche 26, 1998, 40).

mas|sa|krie|ren ⟨sw. V.; hat⟩ [frz. massacrer]: **1.** in grausamer, brutaler Weise umbringen: der legendäre Aufstand von 1949, in dem ... bis 40000 Taiwanesen von der festländischen Ordnungsmacht massakriert wurden (Zeit 12. 6. 64, 3); Sie waren Spanier ... Ihre Vorfahren hatten die Guanchen beinahe vollständig massakriert (Jahnn, Geschichten 195). **2.** (ugs., meist scherzh.) quälen: haben uns in der zweiten Halbzeit ganz schön massakriert.

Mas|sa|krie|rung, die; -, -en: das Massakrieren, Massakriertwerden.

Maß|ana|ly|se, die (Chemie): Analyse zur Bestimmung des quantitativen Gehalts eines in einer Lösung gelösten Stoffes.

maß|ana|ly|tisch ⟨Adj.⟩ (Chemie): die Maßanalyse betreffend.

Maß|an|ga|be, die: Angabe eines Maßes.

Maß|an|zug, der: für jmdn. eigens nach seinen Körpermaßen gearbeiteter Anzug: er trägt nur Maßanzüge.

Maß|ar|beit, die: Anfertigung von Möbeln, Kleidung o. Ä. genau nach angegebenen *Maßen:* der Frack ist M.; hätte ... ein paar ... Anzüge noch hier in M. geben können (Th. Mann, Krull 297); Ü er schoss den Ball genau in die Ecke, das war M. (ugs.; *sehr gut ausgeführt*); mit diesem Schuss hat er M. geleistet.

Maß|be|zeich|nung, die: vgl. Maßangabe.

mä|ße: ↑ messen.

◆ **Ma|ße,** die; -, -n [mhd. mãȝe (Fem.), ↑ ¹Maß]: ¹*Maß:* ... umgeben von den interessantesten Gegenständen, denen wir doch diesmal wenig Aufmerksamkeit schenkten, vielmehr Lust und Scherz in voller M. walten ließen (Goethe, Italien. Reise 18. 1. 1787 [Rom]); denn bald verglichen sich beide, Wolf und Bär, das Urteil in dieser M. *(auf diese Art u. Weise)* zu fällen (Goethe, Reineke Fuchs 9, 262 f.).

Mas|se, die; -, -n [mhd. masse, spätahd. massa < lat. massa < griech. mâza = Teig aus Gerstenmehl, Fladen]: **1.** *unge-formter, meist breiiger Stoff; unstrukturierte, meist weiche Materie:* eine weiche, klebrige, zähe M.; eine glühende M. zum Gießen, Formen. **2.** *große Anzahl, Menge:* beim Verkauf dieses Artikels macht es nur die M. *(bringt nur die große Menge an Verkauftem einen Vorteil);* eine M. faule[r] Äpfel/von faulen Äpfeln lag/(seltener:) lagen auf dem Boden; die M. *(der Großteil)* der Befragten war dagegen; er verdient eine M. (ugs.; *sehr viel)* Geld; mit dem Bus fahren 'ne M. Leute (Kemelman [Übers.], Freitag 32); die große Bühne, auf der die -n von Eisnebel wabern (Freizeitmagazin 26, 1978, 34); die Zuschauer kamen in -n; In -n einschwebende Einkaufstouristen vom Kontinent (Spiegel 1, 1977, 73); der Täter verschwand in der M. *(in der Menschenmenge).* **3. a)** (oft abwertend) *großer Teil der Bevölkerung bes. im Hinblick auf das Fehlen individuellen, selbstständigen Denkens u. Handelns:* die breite, namenlose, anonyme M.; die M. ist in Bewegung geraten; sie hat die -n hinter sich; eine Illustrierte für die M.; **b)** ⟨Pl.⟩ (marxist.) *unterdrückter Teil der Gesellschaft, der nach Emanzipation strebt u. daher [auf revolutionäre Weise] gesellschafts-politisch besonders aktiv ist.* **4. a)** (Wirtsch.) kurz für ↑ Konkursmasse: das Konkursverfahren wurde mangels M. eingestellt; seine Sammlungen fallen nicht in die M., wurden zur M. geschlagen; Ü einen so teuren Wagen können wir uns mangels M. (scherzh.; *aus Mangel an den notwendigen Geldmitteln)* nicht leisten; **b)** (Rechtsspr.) kurz für ↑ Erbmasse: auch der kostbare Familienschmuck ist Teil der M. **5.** (Physik) *Eigenschaft der Materie* (1 b), *die Ursache u. Maß der Trägheit eines Körpers u. dessen Fähigkeit ist, durch Gravitation einen anderen Körper anzuziehen od. von ihm angezogen zu werden.*

Mas|se|be, die; -, -n [hebr. massēbāh, eigtl. = was aufrecht steht]: *meist unbeschrifteter u. unbehauener antiker semitischer Steinpfeiler (urspr. als Behausung einer kanaanäischen Gottheit).*

Maß|ein|heit, die: *Einheit* (2) *zum Mes-* sen: *physikalische* -en; der Meter als M. der Länge.

Maß|ein|tei|lung, die: *Einteilung nach einer Maßeinheit:* die M. auf dem Messbecher.

¹**Mas|sel,** der, österr.: das; -s [jidd. massel < hebr. mazzạl = Stern; Schicksal] (salopp): *unverdientes, unerwartetes Glück:* Der hat einen unglaublichen M. (Bredel, Prüfung 277); Man kann es Fortuna nennen oder M., etwas herber Schwein oder Dusel (Tages-Anzeiger 5. 11. 91, 14); alle sagen M. Tow, viel Glück, und der Bräutigam küsst die Braut (Kemelman [Übers.], Dienstag 12).

²**Mas|sel,** die; -, -n [ital. massello, eigtl. Vkl. von: massa < lat. massa, ↑ Masse] (Gießerei, Hüttenw.): *durch Gießen in einer Form hergestellter, plattenförmiger Metallblock.*

mas|se|los ⟨Adj.⟩ (Physik, Astron.): *keine Masse* (5) *besitzend:* -e Elementarteilchen.

ma|ßen ⟨Konj.⟩ [erstarrter Dativ Sg. von veraltet Maße = ¹Maß] (veraltet): *weil, da.*

Mas|sen-: **1.** kennzeichnet in Bildungen mit Substantiven etw. als von sehr vielen Leuten gemacht, getan oder in großer Menge erfolgend: Massenkriminalität, -motorisierung, -start. **2.** drückt in Bildungen mit Substantiven aus, dass sehr viele Leute von etw. betroffen sind: Massensuggestion, -verhaftung. **3.** drückt in Bildungen mit Substantiven aus, dass etw. für sehr viele Leute bestimmt ist: Massenbedarfsartikel, -unterkunft.

-ma|ßen: wird mit 2. Partizipien und dem Fugenzeichen -er- zur Bildung von Adverbien verwendet/ was ... ist, wird; wie allgemein ...: angeborener-, bewusster-, zugegebenermaßen.

Mas|sen|ab|fer|ti|gung, die (oft abwertend): *Abfertigung einer großen Anzahl von Personen ohne Berücksichtigung individueller Unterschiede, Wünsche.*

Mas|sen|ab|füt|te|rung, die (salopp abwertend): *Verköstigung einer großen Zahl von Menschen:* Ehe ich auf der Wachturm klettere, hatte ich der M. von mehreren hundert Häftlingen beigewohnt (Scholl-Latour, Frankreich 49).

Mas|sen|ab|satz, der: *Absatz, Verkauf von Waren in großen Mengen:* durch Werbung geförderter M.

Mas|sen|ab|wan|de|rung, die: *Abwanderung einer großen Zahl von Personen:* die M. von Arbeitskräften.

Mas|sen|ak|ti|on, die: *Aktion, an der eine große Zahl von Menschen beteiligt ist:* -en gegen, für etw.

Mas|sen|an|drang, der: *Zustrom vieler Menschen an einem Ort:* an der Kasse herrschte M.

Mas|sen|an|zie|hung, die (Physik, Astron.): *Gravitation.*

Mas|sen|ar|beit, die ⟨o. Pl.⟩ (DDR): *politisch-ideologische Propaganda bei Massen* (3 b).

Mas|sen|ar|beits|lo|sig|keit, die: *Arbeitslosigkeit, von der eine große Anzahl von Menschen betroffen ist.*

Mas|sen|ar|mut, die: *Armut, von der*

große Gruppen von Menschen betroffen sind.

Mas|sen|ar|ti|kel, der: *in großen Mengen hergestellter u. verkaufter Artikel.*

Mas|sen|auf|ge|bot, das: *Aufgebot* (1) *einer großen Anzahl von Menschen, Material o. Ä.:* ein M. an Polizisten, Hubschraubern; der Film wurde mit einem M. von Statisten gedreht.

Mas|sen|auf|la|ge, die: *sehr große Auflage eines Buches, einer Zeitung o. Ä.*

Mas|sen|auf|marsch, der: vgl. Massenaufgebot.

Mas|sen|ba|sis, die (bes. Politik): *durch die Zustimmung, Mithilfe breiter Kreise der Bevölkerung geschaffene Basis:* die Partei bemüht sich um eine M.

Mas|sen|be|darf, der: *bei einer großen Anzahl von Menschen bestehender Bedarf.*

Mas|sen|be|darfs|ar|ti|kel, der: *Artikel, nach dem eine Nachfrage in großer Menge besteht.*

Mas|sen|be|darfs|gut, das ⟨meist Pl.⟩: vgl. Massenbedarfsartikel.

Mas|sen|be|för|de|rung, die: *Beförderung* (1) *von Menschen, Gütern, Waren in großen Mengen.*

Mas|sen|be|för|de|rungs|mit|tel, das: *der Massenbeförderung dienendes Beförderungs-, Verkehrsmittel.*

Mas|sen|be|trieb, der (abwertend): vgl. Massenandrang: an den Universitäten herrscht allenthalben M.

Mas|sen|be|we|gung, die: *weltanschauliche o. ä. Bewegung* (3 a), *von der sehr viele Menschen erfasst werden.*

Mas|sen|blatt, das: *in einer Massenauflage erscheinende, von sehr vielen Menschen gelesene, auf einem nicht sehr hohen Niveau stehende Zeitung.*

Mas|sen|de|fekt, der (Kernphysik): *Differenz zwischen der Masse eines Atomkerns u. der Summe der Massen seiner Nukleonen.*

Mas|sen|de|mons|tra|ti|on, die: vgl. Massenaktion.

Mas|sen|dra|ma, das (Literaturw.): *Drama, in dem nicht einzelne Personen, sondern ganze Gruppen mit ihren Schicksalen im Vordergrund stehen.*

Mas|sen|druck|sa|che, die (Postw. früher): *in großer Menge zu ermäßigter Gebühr versandte Drucksache.*

Mas|sen|elend, das: vgl. Massenarmut: das M. in der Dritten Welt.

Mas|sen|ent|las|sung, die ⟨meist Pl.⟩: *Entlassung einer großen Anzahl von Arbeitnehmern* (innerhalb kurzer Zeit): -en vornehmen; dass die Betriebsleitung beim Arbeitsamt den Antrag auf M. gestellt ... habe (Chotjewitz, Friede 267); Mit der Aufhebung der Autonomie des Kosovo 1989 ... gingen -en albanischer Arbeiter und Angestellter einher (taz 6. 4. 99, 8).

Mas|sen|er|zeu|gung, die: *[serienmäßige] Erzeugung, Herstellung von Waren, Artikeln in großen Mengen.*

Mas|sen|fa|bri|ka|ti|on, die: *Fabrikation in großen Mengen.*

Mas|sen|fach, das: *Fach* (4 a) *an der Universität, das von sehr vielen Studierenden belegt wird.*

Mas|sen|fer|ti|gung, die: vgl. Massenerzeugung.

Mas|sen|ge|sell|schaft, die (Soziol.): *Gesellschaft, die durch Nivellierung u. anonymes Leben, durch Mangel an Individualität gekennzeichnet ist.*

Mas|sen|ge|stein, das (Geol.): *kompaktes, nicht geschichtetes u. nicht stark zerklüftetes Gestein, das meist durch Erstarrung von Magma entstanden ist.*

Mas|sen|grab, das: *Grab, in dem eine große Zahl von Menschen, die einer Ermordung, Erschießung o. Ä. zum Opfer gefallen sind, beigesetzt sind:* zu Winniza waren wieder Massengräber entdeckt worden (Kempowski, Tadellöser 307); Aber wo sind die Leichen? Massengräber werden am alten Stadtfriedhof vermutet, ebenso am Fuß der Hügel, die Orahovac einsäumen (Spiegel 33, 1998, 122).

Mas|sen|gut, das ⟨meist Pl.⟩: **1.** vgl. Massenartikel. **2.** *in großen Mengen u. meist regelmäßig transportiertes Frachtgut.*

mas|sen|haft ⟨Adj.⟩ (oft emotional): *in großer Zahl, Menge [vorhanden]:* -es Auftreten von Schädlingen; dort wachsen m. (ugs.; *sehr viel*) Pilze; Geld hat er m. (ugs.; *im Überfluss*).

Mas|sen|her|stel|lung, die: vgl. Massenerzeugung.

Mas|sen|hin|rich|tung, die: vgl. Massenmord.

Mas|sen|hys|te|rie, die: *Hysterie (2), von der aus gleichem Anlass viele Menschen gleichzeitig od. innerhalb einer kurzen Zeit erfasst werden.*

Mas|sen|il|lus|trier|te, die: vgl. Massenblatt.

Mas|sen|in|va|si|on, die: *(unerwünschtes od. als Bedrohung empfundenes) massenhaftes Eindringen, Auftreten von Tieren od. Menschen:* eine M. von Schädlingen in den Plantagen; Massentourismus oder M.? (Spiegel 33, 1995, 180).

Mas|sen|ka|ram|bo|la|ge, die: *Karambolage (1 a), an der viele Fahrzeuge beteiligt sind:* eine M. auf der Autobahn.

Mas|sen|kom|mu|ni|ka|ti|ons|mit|tel, das: *Massenmedium.*

Mas|sen|kon|sum, der: *durch eine sehr große Anzahl von Verbrauchern bewirkter Konsum.*

Mas|sen|kon|sum|gut, das: *Massenware.*

Mas|sen|kund|ge|bung, die: vgl. Massenveranstaltung.

Mas|sen|me|di|um, das ⟨meist Pl.⟩: *Kommunikationsmittel (z. B. Fernsehen, Rundfunk, Zeitung), das auf breite Kreise der Bevölkerung einwirkt:* das M. Fernsehen; dass dieses Problem von den Massenmedien ... hochgespielt wird (Schreiber, Krise 107).

Mas|sen|mensch, der: vgl. Massengesellschaft.

Mas|sen|mit|tel|punkt, der (Physik): *Schwerpunkt.*

Mas|sen|mord, der: *Ermordung einer großen Anzahl von Menschen:* von den Konzentrationslagern ..., in denen -e an der Tagesordnung waren (Hochhuth, Stellvertreter, Nachwort 247); Auf der Schwelle zum 3. Jahrtausend darf endlich kein Staat mehr sicher sein, in seinem Inneren ungestört und systematisch Folter, Vertreibung und M. an Teilen seiner Bevölkerung begehen zu dürfen (Zeit 15. 4. 99, 48).

Mas|sen|mör|der, der: **a)** *jmd., der mehrere Morde begangen hat;* **b)** *jmd., der sich an einem Massenmord beteiligt hat.*

Mas|sen|or|ga|ni|sa|ti|on, die (bes. DDR): *Organisation, der breite Kreise der Bevölkerung als Mitglieder angehören.*

Mas|sen|par|tei, die: *Partei, die geeignet u. fähig ist, die Massen (3 b) zu beeinflussen u. zu vertreten.*

Mas|sen|pro|duk|ti|on, die: vgl. Massenfabrikation.

Mas|sen|psy|cho|lo|gie, die: *Gebiet der Psychologie, in dem bes. die Bedingungen für das Entstehen von Massen (3 a) u. die Verhaltensweisen des Menschen in der Masse untersucht werden.*

Mas|sen|psy|cho|se, die: *Massenhysterie:* 26 Prozent ... ist gewiss immer noch sehr hoch, aber kein Grund für die um sich greifende M. in Sachen Rentenversicherung (Zeit 15. 11. 96, 24).

Mas|sen|quar|tier, das (abwertend): *Quartier für eine große Anzahl von Menschen.*

Mas|sen|schlä|ge|rei, die: *Schlägerei, an der eine größere Zahl von Personen beteiligt ist:* es kam zu einer M.

Mas|sen|spei|cher, der (EDV): *Speicher (2 b) mit sehr großer Speicherkapazität.*

Mas|sen|spek|tro|graph, der (Kernphysik): *Gerät zur Zerlegung eines Isotopengemischs in die der Masse (5) nach sich unterscheidenden Bestandteile u. zur Bestimmung der Massen selbst.*

Mas|sen|sport, der: *Sport, der sehr verbreitet ist, von sehr vielen Menschen betrieben wird.*

Mas|sen|start, der (Sport): *(bei Wettkämpfen) gemeinsamer Start aller teilnehmenden Sportler[innen].*

Mas|sen|ster|ben, das; -s: *das Sterben, Umkommen vieler gleichartiger Lebewesen innerhalb kurzer Zeit:* das M. von Fischen in verunreinigten Flüssen.

Mas|sen|streik, der: *in großem Umfang stattfindender Streik:* -s in der Metallindustrie.

Mas|sen|sturz, der (Sport): *Sturz, in den mehrere am Wettkampf Teilnehmende verwickelt werden.*

Mas|sen|sug|ges|ti|on, die: vgl. Massenhysterie.

Mas|sen|sze|ne, die: *Szene (in Drama, Oper u. Film) mit einer großen Anzahl von Personen.*

Mas|sen|ter|ror, der: *Terror, der auf breite Kreise der Bevölkerung ausgeübt wird.*

Mas|sen|tier|hal|tung, die: *technisierte Tierhaltung in Großbetrieben zur Gewinnung möglichst vieler tierischer Produkte:* Der übertriebene Einsatz bakterienkillender Antibiotika sowohl in der Medizin als auch in der M. lässt immer mehr Bakterien resistent werden (Wirtschaftswoche 15, 1999, 113).

Mas|sen|tou|ris|mus, der: *in großem Umfang betriebener Tourismus für breite Schichten der Bevölkerung:* Die deutschen Alpen ... sind bedroht – von den Folgen des M. (Spiegel 9, 1977, 62); Gegen die mittelalterliche Reiselust ist der moderne M. die pure Stubenhockerei (Zeit 11. 3. 99, 60).

Mas|sen|un|fall, der: vgl. Massenkarambolage.

Mas|sen|un|ter|kunft, die: vgl. Massenquartier.

Mas|sen|ver|an|stal|tung, die: *Veranstaltung, an der eine große Anzahl von Menschen teilnimmt.*

Mas|sen|ver|brauch, der: vgl. Massenkonsum.

Mas|sen|ver|elen|dung, die: *Verelendung großer Bevölkerungsteile.*

Mas|sen|ver|haf|tung, die: *Verhaftung einer großen Zahl von Menschen innerhalb kurzer Zeit:* es kam zu -en.

Mas|sen|ver|kehrs|mit|tel, das: *Verkehrsmittel zur Beförderung von Menschen od. Gütern in großen Mengen.*

Mas|sen|ver|nich|tung, die: *Massenmord.*

Mas|sen|ver|nich|tungs|mit|tel, das ⟨meist Pl.⟩: *zu den ABC-Kampfmitteln gehörende Waffe, die in ihrer Wirkung eine herkömmliche Waffe um ein Vielfaches übertrifft u. Zerstörungen großen Ausmaßes anrichtet.*

Mas|sen|ver|nich|tungs|waf|fe, die ⟨meist Pl.⟩: vgl. Massenvernichtungsmittel.

Mas|sen|ver|samm|lung, die: vgl. Massenveranstaltung.

Mas|sen|wahn, der: vgl. Massenhysterie.

Mas|sen|wa|re, die: *in großen Mengen produzierte Ware [minderer Qualität].*

mas|sen|wei|se ⟨Adv.⟩: *in großer Zahl, Menge:* dort wachsen m. Pilze; in Berlin und anderswo wurden m. neue Schösslinge gesetzt (natur 2, 1991, 53); dass Elstern sich wieder m. vermehren (Oxmox 7, 1985, 35); ⟨mit Verbalsubstantiven auch attr.:⟩ die m. Vernichtung von Insekten.

mas|sen|wirk|sam ⟨Adj.⟩: *eine starke Wirkung auf breite Schichten der Bevölkerung ausübend:* -e Werbung, Reklame; das Image des Politikers ist nicht sehr m.

Mas|sen|wir|kung, die: *Wirkung, die jmd., etw. auf breite Schichten der Bevölkerung ausübt.*

Mas|sen|zahl, die (Physik): *Summe der Anzahl von Neutronen u. Protonen in einem Atom.*

Mas|sen|zi|vi|li|sa|ti|on, die (bes. Soziol.): *Zivilisation der modernen Massengesellschaft.*

Mas|se|ter, der; -s, - [griech. mas(s)ētḗr = der Kauende] (Med.): *Kaumuskel.*

Mas|seur [maˈsøːɐ̯], der; -s, -e [frz. masseur, zu: masser, ↑ ¹massieren]: *jmd., der Massagen verabreicht (Berufsbez.).*

Mas|seu|rin [maˈsøːrɪn], die; -, -nen: w. Form zu ↑ Masseur.

Mas|seu|se [maˈsøːzə], die; -, -n [1: frz. masseuse]: **1.** (früher) w. Form zu ↑ Masseur. **2.** *in einem Massagesalon (2) arbeitende Prostituierte.*

Maß|flan|ke, die; (Fußball Jargon): *sehr genau gespielte, präzise Flanke* (5 b): Gegen seinen Kopfball nach M. ... war Helmut Roleder machtlos (Kicker 6, 1982, 35).

Maß|ga|be, die: in den Fügungen **mit der M.** *(mit der Weisung):* Mir wurde erlaubt, vierzehn Tage nach Hause zu fahren, mit der M. freilich, mich nicht politisch zu betätigen (Niekisch, Leben 93); **nach M.** (geh.; *einer Sache entsprechend, gemäß*): von Personen ..., die jeweils nach M. der Gesetze zu diesem Zweck bestellt werden (Fraenkel, Staat 119).

maß|ge|ar|bei|tet ⟨Adj.⟩: *eigens nach angegebenen Maßen angefertigt:* ein -er Anzug.

maß|ge|bend ⟨Adj.⟩: *als Richtschnur, Norm, Maß für ein Handeln, Urteil dienend:* eine -e Persönlichkeit; das -e Buch über Mescalin (Jens, Mann 49); m. an etw. beteiligt sein; für etw. m. sein; sein Urteil ist ganz und gar nicht m. *(zählt nicht, ist nicht völlig ohne Bedeutung).*

maß|geb|lich ⟨Adj.⟩: *von entscheidender Bedeutung; in bedeutendem Maße:* -e Vertreter der amerikanischen Regierung (MM 29. 10. 65, 1); -en Anteil an etw. haben; m. (in besonderem Maße, entscheidend) an etw. beteiligt sein; er hat diese Entwicklung m. (in besonderer Weise, in hohem Maße) beeinflusst, bestimmt; Für einen Vertrag sind grundsätzlich nur die Bedingungen m., die beim Abschluss vereinbart werden (Hörzu 45, 1970, 59); ⟨subst.:⟩ Konvention ... war für meine Mutter und ihre Zeit etwas sehr Maßgebliches (Dönhoff, Ostpreußen 57).

maß|ge|recht ⟨Adj.⟩: *in den richtigen Maßen:* ein m. zugeschnittenes Brett; Ü für jede Transportaufgabe ein -es Leistungsangebot (ADAC-Motorwelt 4, 1981, 17).

maß|ge|schnei|dert ⟨Adj.⟩: ↑maßschneidern: ein -er Anzug; ein -es Angebot; Wir sind gerne bereit ... für Sie einen -en Finanzierungsplan zu erstellen (Saarbr. Zeitung 15./16. 12. 79, 23).

Maß|hal|te|ap|pell, der: (bes. Politik) *Appell, öffentlich ausgesprochene Mahnung zum Maßhalten, zur Mäßigung:* M. an die Sozialpartner (MM 24. 10. 73, 1); die Zeit für -e ist ungünstig (Spiegel 41, 1980, 25).

Maß hal|ten: s. ¹Maß (3).

maß|hal|tig ⟨Adj.⟩ (Technik): *die vorgeschriebenen Maße einhaltend:* Rasterdrucke auf -en Folien.

Maß|hal|tig|keit, die; - (Technik): *das Maßhaltigsein:* einen Werkstoff auf seine M. hin überprüfen.

Maß|hemd, das: vgl. Maßanzug.

Maß|hol|der [auch: -'--], der; -s, - [mhd. maʒʒolter, ahd. maʒʒaltra, eigtl. = Ess-, Speisebaum, weil die Blätter früher als Futter verwendet wurden] (landsch.): *Feldahorn.*

¹mas|sie|ren ⟨sw. V.; hat⟩ [frz. masser, wohl zu arab. massa = berühren, betasten]: *jmds. Körper oder einen Teil davon mit den Händen streichen, kneten, klopfen o. Ä., um bes. die Durchblutung zu fördern, die Muskulatur zu lockern:* jmdn. m.; jmdm. den Rücken, sich die

Kopfhaut m.; Lambert nimmt seine Brille ab und massiert die Druckstellen auf seinem Nasensattel (Heym, Schwarzenberg 14); Mit beiden Händen massierte er sich die Stirn (Bastian, Brut 165); sich m. lassen.

²mas|sie|ren ⟨sw. V.; hat⟩ [frz. masser, zu: masse < lat. massa, ↑Masse]: *(bes. im militärischen Bereich) an einem Ort, an einer Stelle zusammenziehen:* Truppen an wichtigen Orten m.; ⟨Sport:⟩ die Abwehr m.; ⟨häufig in 2. Part:⟩ ein massiertes Mittelfeld; die ... Folgen eines so massierten Mattscheibenangebots (Capital 2, 1980, 74); Sie war ... noch nie auf so viel massierte Ablehnung gestoßen (Rolf Schneider, November 125); massierte (verstärkte) Polizeieinsätze.

Mas|sie|rung, die; -, -en: *das ²Massieren.*

mas|sig ⟨Adj.⟩ [zu ↑Masse]: **1.** *aufgrund der Größe, des ausladenden Umfangs den Eindruck von lastendem Gewicht vermittelnd; wuchtig:* eine -e Gestalt; ein Bau; Arco, der Neufundländer, ... sie tätschelte ihm den -en Kopf (Loest, Pistole 132); Er ist fünfunddreißig Jahre alt, groß, m., ... rotblondes Haar (Bastian, Brut 168); die Silhouette der Festung wirkte m. **2.** (ugs.) *massenhaft:* wir haben hier m. Arbeit; sie hat, verdient m. viel Geld; es gab m. Probleme; er ... hatte m. Haare auf der Brust (Küpper, Simplicius 159).

mä|ßig ⟨Adj.⟩ [mhd. mæʒic, ahd. māʒig, zu ↑¹Maß]: **1.** *das rechte Maß (3) einhaltend; maßvoll:* eine -e Lebensweise; -e Forderungen aufstellen; m./einen -en Gebrauch von etw. machen; sie raucht nur m.; R (scherzh. bes. vom Alkoholgenuss:) m., aber regelmäßig. **2.** *relativ gering; in nicht besonders hohem Maße:* ein -es Einkommen; ein -es Tempo; nur -e Beachtung finden; Die Küste ... ist steinig; kein Strand: die Brandung m. (Frisch, Montauk 56); Weihnachten ... war das Hotel nur m. besetzt (Danella, Hotel 107); der Besuch der Veranstaltung war m.; ein m. großer Raum. **3.** *wenig befriedigend, mittelmäßig:* ein -er Schüler; ein -es Abschneiden; In Ostafrika bemühen sich die Regierungen ..., die Wildtiere zu bewahren – mit -em Erfolg (natur 3, 1991, 54); seine Leistungen sind nur m.; das Essen war ziemlich m. (abwertend; *es hat nicht gut geschmeckt);* sie hat bei dem Test nur m. abgeschnitten.

-mä|ßig: **1.** drückt in Bildungen mit Substantiven aus, dass die beschriebene Person oder Sache vergleichbar mit jmdm., etw. ist/ *in der Art von jmdm., etw.:* jahrmarkt-, kellner-, robotermäßig. **2.** drückt in Bildungen mit Substantiven aus, dass die beschriebene Person oder Sache auf etw. basiert, beruht; einer Sache folgt/ *aufgrund von etw.:* gewohnheits-, routinemäßig. **3.** drückt in Bildungen mit Substantiven aus, dass einer Sache gemäß gehandelt wird o. Ä./ *wie es etw. verlangt, vorsieht:* statusmäßig. **4.** bezeichnet in Bildungen mit Substantiven etw. als Mittel oder Ursache/ *mithilfe von, durch etw.:* blut-, willensmäßig. **5.** (ugs.) kenn-

zeichnet in Bildungen mit Substantiven die Zugehörigkeit zu diesen/ *etw. betreffend, in Bezug auf etw.:* arbeitsplatz-, intelligenzmäßig.

mä|ßi|gen ⟨sw. V.; hat⟩ [mhd. mæʒigen, zu ↑mäßig] (geh.): **a)** *auf ein geringeres, das rechte Maß (3) herabmindern; geringer werden lassen; abschwächen; mildern, dämpfen, zügeln:* sein Tempo m.; seine Ungeduld, seine Worte, die Stimme m.; Er mäßigte seine wilde Begierde (Langgässer, Siegel 234); **b)** ⟨m. + sich⟩ *maßvoller werden, das rechte Maß (3) gewinnen:* du musst dich beim/im Essen und Trinken etwas m.; er muss noch lernen, sich zu m.; **c)** ⟨m. + sich⟩ *nachlassen, sich abschwächen:* die Hitze, der Orkan hat sich gemäßigt.

Mas|sig|keit, die; -: *massige (1) Art; massives Aussehen:* Breschnew ... trotz der M. des Körpers fast zierlich wirkend (W. Brandt, Begegnungen 444); Selbst Plattenbauten können sexy aussehen, wenn ihre M. durch farbige Linien und Strukturen unterbrochen wird (Stern 40, 1998, 72).

Mä|ßig|keit, die; -: **1.** *das Maßvollsein; mäßige (1) Lebensweise:* der Arzt hat ihm M. im Trinken empfohlen. **2.** (selten) *mäßige (3) Qualität:* die M. der Leistungen beanstanden.

Mä|ßi|gung, die; -: *das Mäßigen* (a, b): zur M. mahnen.

mas|siv ⟨Adj.⟩ [frz. massif, zu: masse < lat. massa, ↑Masse]: **1. a)** *nicht nur an der Oberfläche, sondern ganz aus dem gleichen, festen Material bestehend:* ein Ring aus -em Gold; die Ostereier sind aus -er Schokolade (sind ganz aus Schokolade, innen nicht hohl); die Goldmedaillen sind nicht aus -em Gold (sie haben nur eine Goldauflage); Saarbr. Zeitung 4. 10. 79, 8); ein silbernes Tablett; der Schrank ist m. Eiche, ist Eiche m. (ist ganz aus Eichenholz, nicht mit Eiche furniert); **b)** in Massivbauweise ausgeführt: ein -er Bau; Das Gesetz verlangte -e Decken zwischen starken Tragmauern (Bieler, Bär 69); wer m. baut, denkt auch an die Zukunft seiner Kinder (Fries, Weg 275); **c)** *fest, kompakt [u. schwer, wuchtig wirkend]:* ein Haus ... aus grauem Stein gebaut, in der Art eines wehrhaften Schlosses, ein ... m. wirkender Würfel (Kronauer, Bogenschütze 55); ein kräftiger, -er (stämmig gebauter) Mann. **2.** (von etw. Unangenehmem) *heftig, scharf, entschieden [u. in grober Weise erfolgend]:* -e Angriffe, Drohungen, Forderungen, Vorwürfe, Beleidigungen; -e Kritik an jmdm. üben; sie haben ganz -en/m. Druck auf ihn ausgeübt; er kann sehr m. (sehr grob, ausfallend) werden. **3.** *sehr nachhaltig, groß (in seinem Umfang):* -e Preissteigerungen; auf -e Ablehnung stoßen; es gab -e Kürzungen im Baubereich; die Mineralölkonzerne hatten m. Stimmung gemacht gegen das Zwei-Milliarden-Projekt (natur 3, 1991, 71); deutet vieles darauf hin, dass die Anlage ... m. teurer wird als angenommen (Badener Tagblatt 9. 3. 91, 13).

Mas|siv, das; -s, -e [frz. massif]: **1.** *Gebir-*

ge in seiner Gesamtheit; Gebirgsstock: das M. der Schweizer Alpen. **2.** (Geol.) durch Hebung u. Abtragung freigelegte Masse alter Gesteine.

Mas|siv|bau, der; -[e]s, -ten: **1.** ⟨o. Pl.⟩ das Bauen mit Beton, Stahlbeton u. Steinen als hauptsächlichen Baustoffen. **2.** in Massivbauweise errichteter Bau.

Mas|siv|bau|wei|se, die; -: Massivbau (1).

Mas|siv|holz, das: massives (1 a) Holz: die Möbel sind aus M. (sie sind nicht furniert).

Mas|si|vi|tät, die; -: massive (1 c, 2) Art.

Maß|kon|fek|ti|on, die: nach individuellen Körpermaßen mit einer Anprobe von einem Konfektionsbetrieb angefertigte Oberbekleidung.

Maß|krug, der; -[e]s, ...krüge (bes. südd., österr.): Bierkrug, der eine ²Maß fasst: aus Maßkrügen trinken.

maß|lei|dig ⟨Adj.⟩ [zu veraltet Maß = Speise u. veraltet Leide = Ekel, also eigtl. = appetitlos] (südwestd., schweiz.): mürrisch, verdrossen.

Maß|lieb [auch: -'–], das; -[e]s, -e, (häufiger:) **Maß|lieb|chen** [auch: –'––], das; -s, - [LÜ von mniederl. matelieve, H. u.; viell. eigtl. = Esslust, nach der angeblich appetitanregenden Wirkung (zum 1. Bestandteil vgl. Mett)]: Tausendschönchen; Gänseblümchen.

maß|los ⟨Adj.⟩: **a)** über das gewöhnliche Maß weit hinausgehend; unmäßig: -e Ansprüche, Forderungen; -er Ärger; -e Wut, Erregung, Gier; -er Zorn; er ist m. (übertreibt) in allem, was er tut; ihre Forderungen waren m.; alles Deutsche, das sie grobschlächtig, m. und rechthaberisch fand (Stern, Mann 19); **b)** ⟨intensivierend bei Adj. und Verben⟩ sehr, über die Maßen; außerordentlich: sie ist m. eifersüchtig; er übertreibt m.; m. enttäuscht, verblüfft sein; m. über etw. aufregen, ärgern; Im Grunde ist ja sowieso alles m. traurig (M. Walser, Seelenarbeit 139); ... störte es ihn m., dass andere Männer eine Frau mit den Augen auffraßen (Konsalik, Promenadendeck 70); sie haben das Kind m. verwöhnt.

Maß|lo|sig|keit, die; -: das Maßlossein.

Maß|nah|me, die: Handlung, Regelung o. Ä., die etw. Bestimmtes bewirken soll: eine vorsorgliche, unpopuläre, provisorische, drakonische, erforderliche M.; die M. hat sich bewährt, hat sich als richtig erwiesen, reichte nicht aus; die geeigneten -n gegen die Inflation, zur Unfallverhütung einleiten, ergreifen, treffen; Wenn gerade die gemeinschaftliche Garantie der Grundfreiheiten Ursache gemeinschaftlicher Umweltprobleme ist, reicht es eben nicht aus, diese als solche unangetastet zu lassen und durch bloß flankierende M. in möglichst umweltverträglicher Weise zu verwirklichen (Zeit 9. 5. 97, 30).

Maß|nah|men|bün|del, das: vgl. Maßnahmenkatalog.

Maß|nah|men|ka|ta|log, der: Katalog (2) von Maßnahmen: ein finanzpolitischer M. für, zu etw.

Maß|nah|men|pa|ket, das: vgl. Maßnahmenkatalog: ein sozialistisches M.

Maß|nah|me|plan, der: eine bestimmte Maßnahme, bestimmte Maßnahmen betreffender Plan.

Mas|so|ra, die; - [hebr. maṣôrah = Überlieferung, zu: maṣar = übergeben]: (vom 7. bis 10. Jh. gesammeltes) Material zur Sicherung des Textes der hebräischen Bibel u. dessen Aussprache.

Mas|so|ret, der; -en, -en [hebr. māsôrēt = Überlieferer]: Schriftgelehrter; Textkritiker der Massora.

mas|so|re|tisch ⟨Adj.⟩: die Massoreten betreffend, von ihnen ausgehend: -er Text (von den Massoreten festgelegter alttestamentlicher Text).

Mass-Re|ac|tion ['mæsrɪ'ækʃən], die; - [engl. mass reaction = Massenreaktion, aus: mass = Masse u. reaction = Reaktion] (Psych.): Mass-Action.

Maß|re|gel, die: als genau einzuhaltende Richtlinie geltende Maßnahme, Vorschrift, Weisung: strenge, scharfe -n treffen; Die dicke Hauswartsfrau ... fing an zu schreien. Meine Mutter schrie zurück, sie solle ruhig sein, sonst würde sie -n ergreifen (Kempowski, Tadellöser 163).

maß|re|geln ⟨sw. V.; hat⟩: jmdm. eine offizielle Rüge erteilen, ihn durch bestimmte Maßnahmen bestrafen: man maßregelte ihn, hat sie wegen ihrer Versäumnisse gemaßregelt; Aus der Tatsache, dass Semjonow nicht gemaßregelt wurde, darf man ... schließen, dass er sich an Beschlüsse einer Mehrheit des Politbüros gehalten hatte (W. Brandt, Begegnungen 27).

Maß|re|ge|lung, Maß|reg|lung, die: das Maßregeln.

Maß|schnei|der, der: Schneider, der Oberbekleidung nach Maß anfertigt.

Maß|schnei|de|rin, die: w. Form zu ↑ Maßschneider.

maß|schnei|dern ⟨sw. V.; hat; meist im Inf. u. Part. gebr.⟩: (als Schneider) nach Maß anfertigen: Unter individueller Beratung ... suchen Sie den Stoff aus, lassen Ihr Modell skizzieren und danach m. (Hamburger Abendblatt 28. 8. 85, 31); ein maßgeschneiderter Anzug; Ü ein System m.; Für jedes Sparziel also lässt sich derzeit eine Sparform m. (den individuellen Wünschen anpassen; Wochenpresse 43, 1983, 30); Maria ist »maßgeschneidert« für die Rolle (Hörzu 52, 1976, 10).

Maß|stab, der [spätmhd. māʒstab = Messlatte, -stab]: **1.** vorbildhafte Norm, nach der jmds. Handeln, Leistung beurteilt wird: bei der Auswahl gelten strenge Maßstäbe, müssen hohe Maßstäbe angelegt werden; was war der M. deines Handelns?; einen M. an etw. legen; eine Intelligenz, die ... sich jeder Beurteilung nach landläufigen Maßstäben versagt (Lenz, Suleyken 148); er hat mit seiner Arbeit Maßstäbe gesetzt (ein Vorbild geliefert); die Theater ... waren sehr gut und setzten einen M. für ein hohes Niveau (Danella, Hotel 88); ihn, seine Arbeiten kannst du dir als, zum M. nehmen. **2.** (bes. Geogr.) Verhältnis zwischen nachgebildeten Größen, bes. Strecken auf einer Landkarte, u. den entsprechenden Größen in

der Wirklichkeit: der M. dieser Karte ist 1 : 100 000; das Modell einer mittelalterlichen Burg im M. 1 : 100; etw. in natürlichem, in größerem, in einem kleineren M. modellieren, zeichnen, entwerfen; Ü zwei Dinge ... die er, in großem M., als Erster tat (Ceram, Götter 132). **3.** (selten) mit der Einteilung nach Einheiten der Längenmaße versehener Stab; Lineal, Band o. Ä. zum Messen von Längen: ein M. aus Holz, Metall; der Handwerker arbeitete mit einem zusammenlegbaren M.

maß|stab|ge|recht, maßstabsgerecht, **maß|stab|ge|treu,** maßstabsgetreu ⟨Adj.⟩: dem angegebenen Maßstab genau entsprechend: die Einzelheiten waren auf der Karte nicht ganz m. wiedergegeben.

maß|stä|big, (auch:) **maß|stäb|lich** ⟨Adj.⟩: in einem bestimmten Maßstab [dargestellt]: was da säuberlich mit hartem Stift und maßstäblich aufgezeichnet worden ist in Grundriss und Aufriss (Frisch, Gantenbein 398).

maß|stabs|ge|recht: ↑ maßstabgerecht.

maß|stabs|ge|treu: ↑ maßstabgetreu.

Maß|sys|tem, das: System, systematische Zusammenfassung der (für bestimmte Bereiche geltenden) Maßeinheiten.

maß|voll ⟨Adj.⟩: das rechte Maß einhaltend; das normale Maß nicht übersteigend: -e Forderungen; eine -e Lohnpolitik; dass die Bauten ordentlich und zu -en Preisen ausgeführt wurden (Saarbr. Zeitung 19. 12. 79, 7); Wenn sie dem Rosatello ... nur m. zusprachen, mochte es daran liegen, dass sie bessere Säfte gewohnt waren (Muschg, Gegenzauber 155); in allem m. sein; er urteilt immer äußerst m.

Maß|vor|la|ge, die (Fußball Jargon): Maßflanke.

Maß|werk, das ⟨o. Pl.⟩ (Archit.): aus geometrischen Formen gebildetes Ornament an gotischen Bauwerken, das bes. der Ausgestaltung von Fensterbögen u. zur Gliederung von Wandflächen, Portalen o. Ä. dient: gotisches M.

Maß|zahl, die: in technischen Zeichnungen die Länge der eingezeichneten Strecken angebende Zahl.

♦ **mast** ⟨Adj.⟩ [mhd. nicht belegt (vgl. aber mhd. masten = dick werden), ahd. mast, zu ↑ ²Mast]: dick, fett: Heut' laden wir bei Pfaffen uns ein, bei -en Pächtern morgen (Schiller, Räuber IV, 5).

¹Mast, der; -[e]s, -en, auch: -e [mhd., ahd. mast]: **1.** senkrecht stehendes Rundholz od. Stahlrohr auf Schiffen, an dem die Segel, Ladebäume o. Ä. befestigt sind: im Sturm brach, splitterte der M.; den M. des Segelboots aufrichten, umlegen. **2.** senkrecht stehende Stange aus Holz od. Metall, pfeilerähnlicher Träger aus Metall od. Beton zur Befestigung von Stromleitungen, Fahnen o. Ä.: der M. einer Zirkuszeltes; einer Hochspannungsleitung; -en mit Scheinwerfern; -en aufstellen; die Fahne weht am M., geht am M. hoch; Auf dem Platz vor dem Konvikt brannte an einem hölzernen M. eine Straßenlampe (Kuby, Sieg 65).

²Mast, die; -, -en ⟨Pl. selten⟩ [mhd., ahd. mast, urspr. = von Feuchtigkeit od. Fett

Triefendes; verw. mit mhd., ahd. maʒ, ↑Mett]: **1.** *das Mästen bestimmter, zum Schlachten vorgesehener Haustiere:* die M. von Schweinen, Gänsen, Enten; für die M. geeignete Tiere; sie verwenden Körner zur M. **2.** (Jägerspr.) *Nahrung, wie Insektenlarven, Wurzeln o. Ä., die sich Wildschweine aus der Erde wühlen.* **3.** (Forstw.) *Eicheln, Bucheckern als Ertrag eines Jahres:* nicht jedes Jahr bringt eine volle M. von Bucheckern.

Mas|ta|ba, die; -, -s u. ...staben [arab. mastabah, eigtl. = Bank]: *(im alten Ägypten) Grabbau aus Lehmziegeln od. Steinen mit Kammern.*

Mas|tal|gie, die; -, -n [zu griech. mastós = (Mutter)brust u. álgos = Schmerz] (Med.): *Mastodynie.*

Mast|baum, der: ¹*Mast* (1).

Mast|bul|le, die: *gemästeter od. für die Mast vorgesehener Bulle.*

Mast|darm, der [spätmhd. masdarm (1. Bestandteil zu mhd. maʒ, ↑Mett), eigtl. = Speisedarm]: *letzter Abschnitt des Dickdarms, der am After endet.*

Mast|darm|fis|tel, die (Med.): *Fistel am Mastdarm.*

Mast|darm|krebs, der (Med.): *am Mastdarm entstandener Krebs.*

Mast|darm|spie|gel, der: *Rektoskop.*

Mast|darm|spie|ge|lung, Mast|darm-spieg|lung, die: *Rektoskopie.*

Mast|darm|vor|fall, der (Med.): *Vorfall (2) des Mastdarms; Rektumprolaps.*

mäs|ten ⟨sw. V.; hat⟩ [mhd., ahd. mesten, zu ↑²Mast]: *(bestimmte Schlachttiere) reichlich füttern, um eine Zunahme an Fleisch, Fett zu bewirken:* Schweine m.; Gänse mit Körnern m.; gemästetes Vieh, Geflügel; Ü wie kann man nur seine Kinder so m.! (ugs.; *überfüttern*); ich will mich doch nicht m. (ugs.; *nicht so viel essen, dass ich zunehme*).

Mast|en|te, die: *gemästete, zur ²Mast (1) bestimmte Ente.*

Mast|ten|wald, der: *größere Anzahl aufragender* ¹*Maste nebeneinander liegender Schiffe.*

Mas|ter, der; -s, - [engl. master < mengl. maistre < afrz. maistre, ↑Maître]: **1.** englische Anrede für *junger Herr.* **2. a)** ⟨o. Pl.⟩ *(in England u. in den USA) akademischer Grad:* M. of Arts (Abk.: M. A.); **b)** *Inhaber des Grades Master.* **3.** (Sport) *Leiter bei Parforcejagden.* **4.** (Technik) *Teil einer technischen Anlage, der die Arbeitsweise (eines anderen Teils od. mehrerer anderer Teile od. der gesamten Anlage entscheidend beeinflusst.* **5.** *(bei der Vervielfältigung z. B. von Tonaufnahmen) Kopie des Originals, die zur Herstellung weiterer Kopien verwendet wird.*

Mäs|ter, der; -s, -: *jmd., der Schlachttiere mästet.*

-mas|ter [zu ¹Mast] in Zus. z. B. Dreimaster.

Mäs|te|rei, die; -, -en: **1.** ⟨o. Pl.⟩ *[dauerndes] Mästen.* **2.** *Betrieb, in dem bestimmte Schlachttiere gemästet werden.*

Mas|te|rin, die; -, -nen: w. Form zu ↑Master (3).

Mäs|te|rin, die; -, -nen: w. Form zu ↑Mäster.

mast|fä|hig ⟨Adj.⟩: *für die ²Mast (1) geeignet:* -e Rinder.

Mast|fä|hig|keit, die ⟨o. Pl.⟩: *das Mastfähigsein.*

Mast|fi|schung, die: *Fischung (2).*

Mast|fut|ter, das: *für die ²Mast (1) geeignetes Futter.*

Mast|gans, die: vgl. Mastente.

Mast|hähn|chen, das: vgl. Mastente.

Mast|hil|fe, die: vgl. Mastfutter: Fleisch ohne -n produzieren.

Mast|huhn, das: vgl. Mastente.

Mas|tiff, der; -s, -s [engl. mastiff, eigtl. = gezähmt < afrz. mastin, über das Vlat. zu lat. mansuetus = zahm]: *der Dogge ähnlicher, kurz- u. glatthaariger Hund mit kleinen Hängeohren, der meist als Schutzhund gehalten wird.*

mas|tig ⟨Adj.⟩ [zu ↑²Mast] (landsch.): **a)** *(von Menschen) fett, dick;* **b)** *(von Speisen) fett [u. reichlich], schwer verdaulich:* ein -es Essen; die Speisen hier sind zu m.; **c)** *(von bestimmten Pflanzen, Wiesen o. Ä.) feucht, fett, üppig:* -e Wiesen; das Gras ist sehr m.

-mas|tig: in Zusb., z. B. zweimastig *(mit zwei Masten ausgerüstet).*

Mas|ti|go|pho|ren ⟨Pl.⟩ [zu griech. mastigophóros = eine Peitsche tragend, zu: mástix = Peitsche u. phorós = tragend, zu: phérein = tragen] (Zool.): *Geißeltierchen.*

Mas|ti|ka|tor, der; -s, ...oren [zu spätlat. masticare = kauen]: *Maschine zum Kneten u. Aufbereiten weicher Massen, wie Teig, Zement o. Ä.*

mas|ti|ka|to|risch ⟨Adj.⟩ (Med.): *auf den Kauakt bezüglich.*

Mas|ti|tis, die; -, ...itiden [zu griech. mastós = (Mutter)brust] (Med.): *Brustdrüsenentzündung.*

Mas|tix, der; -[es] [spätmhd. mastix < lat. mastix, Nebenf. von: mastic(h)e < griech. mastíchē, zu: masásthai = kauen, weil dieses Harz im Orient gekaut wurde]: **1.** *Harz des Mastixstrauches, das für Lacke, Kitte, Firnisse u. in der Medizin verwendet wird.* **2.** *bes. als Straßenbelag verwendetes Gemisch aus Steinmehl u. Bitumen.*

Mas|tix|strauch, der: *im Mittelmeerraum kultivierter, immergrüner Strauch, dessen Rinde wertvolle Gerbstoffe u. Harze enthält.*

Mast|jahr, das (Forstw.): *Jahr, in dem es eine volle ²Mast (3) gibt.*

Mast|korb, der: *am oberen Ende eines* ¹*Mastes (1) angebrachte [korbähnliche] Plattform.*

Mast|kur, die: *einer gewünschten Gewichtszunahme dienende kalorienreiche Diätkur:* Die M. schlägt an. In drei Wochen nehme ich sieben Kilo zu (Sobota, Minus-Mann 137); Ü Zinsschnäppchen-M. fürs Sparschwein (Focus 48, 1998, 336).

Mast|och|se, der: vgl. Mastente.

Mas|todon, das; -s, ...onten [zu griech. mastós = (Mutter)brust u. odoús (Gen.: odóntos) = Zahn, nach den brustwarzenähnlichen Höckern an den Backenzähnen]: *ausgestorbenes, etwa elefantengroßes Rüsseltier des Tertiärs.*

Mas|to|dy|nie, die; -, -n [zu griech. odý-

nē = Schmerz, Qual] (Med.): *Schwellung u. Schmerzhaftigkeit der weiblichen Brüste vor der Monatsblutung.*

mas|to|id ⟨Adj.⟩ [zu griech. -eidēs = gestaltet, ähnlich] (Med.): *von der Form einer Brustwarze; einer Brustwarze ähnlich.*

Mas|to|i|di|tis, die; -, ...itiden (Med.): *Entzündung der Schleimhäute am Warzenfortsatz des Schläfenbeins.*

Mas|to|mys, die; -, - [zu griech. mýs = Maus]: *(als wichtigstes Versuchstier in der Krebsforschung verwendete) afrikanische Ratte.*

Mas|to|pa|thie, die; -, -n [↑-pathie] (Med.): *Bildung von Knötchen u. Zysten an den Brüsten.*

Mas|top|to|se, die; -, -n [zu griech. ptōsis = das Fallen, der Fall] (Med.): *Hängebrust.*

Mast|schwein, das: vgl. Mastente.

Mast|spit|ze, die: *Spitze eines* ¹*Mastes.*

Mäs|tung, die; -, -en ⟨Pl. selten⟩: *das Mästen.*

Mas|tur|ba|ti|on, die; -, -en [zu ↑masturbieren]: **a)** *geschlechtliche Befriedigung der eigenen Person durch manuelle Reizung der Geschlechtsorgane; Onanie:* frei nach dem Woody-Allen-Motto »Masturbation ist Liebe mit jemandem, den man sehr gern hat« (Woche 30. 10. 98, 27); **b)** *geschlechtliche Befriedigung einer anderen Person durch manuelle Reizung der Geschlechtsorgane.*

mas|tur|ba|to|risch ⟨Adj.⟩: *die Masturbation betreffend, auf ihr beruhend:* -e Praktiken.

mas|tur|bie|ren ⟨sw. V.; hat⟩ [lat. masturbari, wohl zu: manus = Hand u. stuprare = schänden]: **1.** *sich durch Masturbation befriedigen:* Pels ... holt sein Glied hervor und beginnt zu m. (Chotjewitz, Friede 30); auch Frauen...: Fast 70 Prozent geben an, dass sie beim Pornogucken masturbieren (Männer: 95 Prozent) (Woche 24. 4. 98, 30); ⟨auch m. + sich:⟩ sie ... hat angefangen, sich zu m. (Rocco [Übers.], Schweine 158). **2.** *bei jmdm. die Masturbation (b) ausüben:* ich habe ihn masturbiert, während er mich masturbierte (Rocco [Übers.], Schweine 49).

Mast|vieh, das: *gemästetes, zur ²Mast (1) bestimmtes Vieh.*

Ma|su|re, der; -n, -n: Ew.

Ma|su|ren; -s: *Landschaft im südlichen Ostpreußen.*

Ma|su|rin, die; -, -nen: w. Form zu ↑Masure.

ma|su|risch ⟨Adj.⟩: *Masuren, die Masuren betreffend; von den Masuren stammend, zu ihnen gehörend.*

Ma|sur|ka: ↑Mazurka.

Ma|sut, das; -[e]s [russ. mazut]: *bei der Destillation von russischem Erdöl entstehender Rückstand [ö. u. der u.a. als Schmiermittel u. zur Beheizung industrieller Anlagen o. Ä. verwendet wird.*

Ma|ta|dor, der; -s, -e, auch: -en, -en [span. matador, zu: matar = töten < lat. mactare = schlachten]: **1.** *Stierkämpfer, der dem Stier den Todesstoß versetzt.* **2.** *hervorragender, berühmter, wichtigster Mann, führende Person:* er wurde bei diesem Rennen wieder als der große M. gefeiert; Die Geste ist nicht künstlich: Gern wäre Günther ein M. der Macht (Zeit 2. 4. 98, 58).

Ma|ta|do̱|rin, die; -, -nen: **1.** w. Form zu ↑Matador (1): Blutüberströmt starb der 490 Kilo schwere Stier... unter ihren Händen. Seither darf sich die Spanierin Cristina Sanchez, 24, offiziell M. nennen – als erste Frau Europas (Focus 24, 1996, 216). **2.** w. Form zu Matador (2).

Ma|ta|pa̱n, der; -, -e [ital. matapàn < arab. maūtabān, eigtl. = ein König, der sitzt]: *(im 13. u. 14. Jh. geprägte) venezianische Silbermünze.*

Match [mɛtʃ], das, auch, schweiz. nur: der; -[e]s, -s; auch: -e [engl. match]: *sportlicher Wettkampf in Form eines Spiels:* ein spannendes M.; Lens hätte ... den M. in der ersten Halbzeit entscheiden können (NZZ 24. 8. 83, 30); nach dem anstrengenden M. waren beide Tennisspieler total erschöpft.

Match|ball, der ([Tisch]tennis, Badminton): *über den Sieg entscheidender* ¹*Ball* (3): drei Matchbälle haben; sie vergab den ersten M., wehrte den M. der Gegnerin ab.

Match|beu|tel, der: *über der Schulter getragener, größerer Beutel (aus festem Tuch, Leder o. Ä.) für Dinge, die auf der Reise, beim Wandern, Sport benötigt werden.*

Matched Groups ['mætʃt 'gru:ps] ⟨Pl.⟩ [engl. matched groups, aus: to match = zusammenpassen u. group = Gruppe] (Psych.): *(bei psychologischen Tests) jeweils in bestimmten Punkten (Alter, Ausbildung, Intelligenz o. Ä.) übereinstimmende Gruppen von Individuen.*

Match|sack, der: *Matchbeutel:* Er trägt den M. umgehängt, mit dem Badezeug und dem Brotzeitpaket (Kühn, Zeit 117); als Hermann aus der Haustür kommt und sich sein Gepäck zurechtstellt: ein unhandlicher Reisekoffer, ein M., aus dem oben Hermanns Partiturrolle herausragt, die Gitarre in ihrem schwarzen Kunststoffkasten (Reitz, Zweite Heimat 17).

Match|stra|fe, die [nach engl. match penalty (↑Penalty)] (Eishockey): *Ausschluss eines Spielers für den Rest des Spieles:* eine M. über jmdn. verhängen.

Match|win|ner, der; -s, - (Sport Jargon): *Spieler in einem Mannschaftsspiel, der die Entscheidung für einen Sieg herbeiführt.*

Match|win|ne|rin, die; -, -nen: w. Form zu ↑Matchwinner.

¹Ma̱|te, der; - [span. mate < Quechua (südamerik. Indianerspr.) mati, eigtl. = Gefäß, Korb (zur Aufbewahrung von Tee)]: *aus den gerösteten, koffeinhaltigen Blättern der Matepflanze zubereiteter Tee.*

²Ma̱|te, die; -, -n [zu ↑¹Mate]: *Matepflanze.*

Ma|te|las|sé [...'se:], der; -[s], -s [frz. matelassé, zu: matelasser = (aus)polstern]: *Gewebe mit plastisch hervortretender Musterung, das bes. für Möbelbezüge verwendet wird.*

Ma|te|lot [matə'lo:], der; -s, -s [frz. matelot, ↑Matrose]: **1. a)** *(im 19. Jh.) von Kindern zum Matrosenanzug getragener runder Hut mit Band u. leicht gerollter Krempe;* **b)** *dem Matelot (1 a) nachgebildeter Damenhut.* **2.** *niederländischer Seemannstanz im raschen* ²/₄-*Takt.*

Ma|te|lote [matə'lɔt], die; -, -s [frz. matelote, zu: matelot = Matrose]: *Fischragout mit scharfer Weißweinsauce.*

Ma|te|pflan|ze, die: *in Südamerika heimischer, zur Gattung der Stechpalmen gehörender Baum od. Strauch mit immergrünen, elliptischen Blättern, die für Mate verwendet werden.*

Ma̱|ter, die; -, -n [lat. mater = Mutter]: *Matrize (1).*

Ma̱|ter do|lo̱|ro̱|sa, die; -- [lat. = schmerzerfüllte Mutter, zu ↑Mater u. mlat. dolorosus, ↑doloroso] (Kunstwiss.): *Darstellung Marias in ihrem Schmerz über das Leiden ihres Sohnes.*

ma|te|ri|al ⟨Adj.⟩ [spätlat. materialis, zu lat. materia, ↑Materie]: **1.** (bildungsspr.) *einen Stoff betreffend; stofflich; als Material (3) gegeben.* **2.** (Philos.) *das Inhaltliche einer Gegebenheit betreffend, betonend.*

Ma|te|ri|al, das; -s, -ien [mlat. materiale = stoffliche, dingliche Sache, Rohstoff, zu spätlat. materialis, ↑material]: **1.** *Stoff, Werkstoff, Rohstoff, aus dem etw. besteht, gefertigt wird:* strapazierfähiges, hochwertiges M.; Das M. verschleißt und korrodiert, vor allem die Metalle (Gruhl, Planet 116); Bei der Lackierung ... wurde reflektierendes M. verarbeitet (Freizeitmagazin 12, 1978, 34); verschiedene -ien verwenden; ein M. auf seine Haltbarkeit [hin] prüfen; Ü die Sängerin hat gutes M. *(gute stimmliche Voraussetzungen, eine gute Stimme).* **2.** *Hilfsmittel, Gegenstände, die für eine bestimmte Arbeit, für die Herstellung von etw., als Ausrüstung o. Ä. benötigt werden:* das erforderliche M.; -ien für die Arbeit im Büro; das M. für den Bau anliefern; das rollende M. (Eisenb.; *die Fahrzeuge der Eisenbahn).* **3.** *Unterlagen, Belege, Nachweise o. Ä., die bei einer bestimmten Arbeit benötigt, benützt werden:* biografisches, statistisches M.; M. [für eine wissenschaftliche Arbeit] zusammentragen, auswerten, sichten, ordnen; belastendes M. *(Beweismittel)* gegen jmdn. beibringen; Im Hause eines stadtbekannten ... Anarchisten wurde er bei der Weiterreichung umstürzlerischen-süberrascht (Kühn, Zeit 133); die Verteidigung konnte mit einer Fülle von entlastendem M. aufwarten. **4.** *für etw. zur Verfügung stehende, für etw. gebrauchte, zu etw. dienende Personengruppe* (wird oft als inhuman empfunden): *das M. für eine inhumane Aufgabe o. Ä. zur Verfügung stehend* (wird oft als inhuman empfunden): Menschen-, Patienten-, Spielermaterial.

-ma|te|ri|al, das; -s: kennzeichnet in Bildungen mit Substantiven zusammenfassend eine bestimmte Anzahl von Personen als für eine bestimmte Aufgabe o. Ä. zur Verfügung stehend (wird oft als inhuman empfunden): Menschen-, Patienten-, Spielermaterial.

Ma|te|ri|al|aus|ga|be, die: **1.** *das Ausge-*ben von Material (2). **2.** *Stelle (in einem Betrieb o. Ä.), an der Material (2) ausgegeben wird.*

Ma|te|ri|al|be|schaf|fung, die: *Beschaffung von Material (2).*

Ma|te|ri|al|bild, das (Kunstwiss.): *Bild aus Materialien, die für Bilder eigentlich ungebräuchlich sind* (z. B. Holz, Sand, Abfallprodukte).

Ma|te|ri|al|druck, der: **1.** ⟨o. Pl.⟩ *Druckverfahren, mit für grafische Techniken ungewöhnlichen Materialien (z. B. stark strukturierten Textilien, unbearbeitetem Holz o. Ä.).* **2.** *im Materialdruck (1) hergestellter Druck* (1 b).

Ma|te|ri|al|ein|spa|rung, die: vgl. Materialbeschaffung.

Ma|te|ri|al|er|mü|dung, die (Technik): vgl. Ermüdung (2): die Unfallursache ist in einer M. zu suchen.

Ma|te|ri|al|feh|ler, der: *in einem zur Herstellung von etw. verwendeten Material (1) bereits vorhandener Fehler:* ein Unfall infolge eines -s.

Ma|te|ri|al|fluss, der (Wirtsch.): *Gesamtheit der Vorgänge bei Be- u. Verarbeitung u. Verteilung von Gütern:* Organisation der Fertigung, der Verbesserung von Arbeitsabläufen und des Materialflusses (Augsburger Allgemeine 29./30. 4. 78, XIX).

ma|te|ri|al|ge|recht ⟨Adj.⟩: *einem bei der Herstellung, Gestaltung von etw. verwendeten Material (1) entsprechend, gemäß, zu ihm passend:* die Architektin versteht es, die Baustoffe m. zu verarbeiten, einzusetzen.

Ma|te|ri|a|li|en|samm|lung, die: *Materialsammlung.*

Ma|te|ri|a|li|sa|ti|on, die; -, -en [zu ↑materialisieren]: **1.** (Physik) *Umwandlung von Strahlungs- od. Bewegungsenergie in materielle Teilchen.* **2.** (Parapsych.) *Bildung einer körperhaften Erscheinung durch Vermittlung eines spiritistischen Mediums:* wenn Medien in Trance fielen, um die entleerte Hülse ihres Leibes einem astralen Geist zur M. zu leihen (v. Rezzori, Blumen 282).

ma|te|ri|a|li|sie|ren ⟨sw. V.; hat⟩: **1.** (Physik) **a)** *eine Materialisation* (1) *bewirken;* **b)** ⟨m. + sich⟩ *(von Strahlungs- od. Bewegungsenergie) sich in materielle Teilchen umwandeln.* **2.** (Parapsych.) **a)** *eine Materialisation* (2) *bewirken:* das Medium versuchte, den Geist des Verstorbenen zu m.; Ü wie Sie ... jetzt die beiden verschwundenen Agenten, nachdem sie sich in Luft aufgelöst haben, m. (iron.; *wieder herbeischaffen)* werden (Zwerenz, Quadriga 176); Es gibt Zeitungen, die vollständig in elektronischer Form existieren, bevor sie auf Papier gewissermaßen materialisiert werden (Rhein. Merkur 2. 2. 85,3); **b)** ⟨m. + sich⟩ *in einer Materialisation* (2) *in Erscheinung treten:* sie glaubte wirklich, der Geist ihrer Mutter habe sich materialisiert.

Ma|te|ri|a|lis|mus, der; - [frz. matérialisme]: **1.** (oft abwertend) *materielle (2 b), auf Besitz u. Gewinn bedachte Einstellung dem Leben gegenüber:* blanker, reiner M.; in allem, was er tut, wird sein

schnöder M. erkennbar; Wann immer Kulturkritik über M. klagt, befördert sie den Glauben, die Sünde sei der Wunsch der Menschen nach Konsumgütern (Adorno, Prismen 14). **2.** *philosophische Lehre, die alles Wirkliche als Materie interpretiert od. von ihr ableitet:* der englische M.; der M. Darwins; dialektischer M. *(Lehre des Marxismus, die das Verhältnis des Bewusstseins zur objektiven Realität, die allgemeinen Gesetzmäßigkeiten der Natur, der Gesellschaft u. des Denkens sowie der Stellung des Menschen in der Welt unter dem Blickwinkel der wechselseitigen Durchdringung von Dialektik* (2) *u. Materialismus* (2) *betrachtet);* historischer M. *(von Marx u. Engels begründete philosophische Lehre, Geschichtsauffassung, -philosophie, nach der die menschliche Geschichte von den ökonomischen Verhältnissen, also das Sein des Menschen nicht von seinem Bewusstsein, sondern von seinen gesellschaftlichen Verhältnissen bestimmt wird);* ethischer M. *(Materialismus, für den die Befriedigung materieller Bedürfnisse, das Streben nach materiellen Gütern u. dem eigenen Nutzen das eigentliche Ideal der Menschen sind).*
Ma|te|ri|a|list, der; -en, -en [frz. matérialiste]: **1.** (oft abwertend) *jmd., der dem Materialismus* (1) *verhaftet ist:* er ist ein entsetzlicher M.; sei nicht so ein M.! **2.** *Vertreter, Anhänger des Materialismus* (2). **3.** (veraltet) *Materialwarenhändler.*
Ma|te|ri|a|lis|tin, die; -, -nen: w. Form zu ↑Materialist.
ma|te|ri|a|lis|tisch 〈Adj.〉: **1.** (oft abwertend) *vom Materialismus* (1) *bestimmt:* ein -er Mensch; eine -e Einstellung; er ist, denkt, handelt sehr m. **2.** *den Materialismus* (2) *betreffend, ihm entsprechend:* eine -e Weltanschauung; sein Weltbild ist m.; etw. m. interpretieren.
Ma|te|ri|a|li|tät, die; - (bes. Philos.): *das Bestehen aus Materie* (1 a), *aus einer stofflichen Substanz; Stofflichkeit, Körperlichkeit:* die M. der Welt und ihrer Erscheinungen.
Ma|te|ri|al|kon|stan|te, die (Physik): *Konstante, feste Größe, die vom Material* (1) *eines untersuchten Körpers abhängt* (z. B. die Dichte).
Ma|te|ri|al|kos|ten 〈Pl.〉: *(bei der Herstellung von etw.) für das Material* (1, 2) *anfallende Kosten.*
Ma|te|ri|al|krieg, der (seltener): vgl. Materialschlacht: Das ist umso auffälliger, als er seine prägenden Erfahrungen aus dem M. bezog, dem Krieg in anonymer Form, in dem die technische Überlegenheit weit mehr entschied als jene militärischen Tugenden (Fest, Im Gegenlicht 311).
Ma|te|ri|al|man|gel, der 〈o. Pl.〉: *Mangel an Material.*
Ma|te|ri|al|mix, der (Textilind.): *Verwendung von unterschiedlichen Materialien in einem Stoff.*
Ma|te|ri|al|öko|no|mie, die (DDR): *Ökonomie* (3) *bei der Herstellung von Produkten.*
Ma|te|ri|al|prü|fung, die: *Prüfung von Materialien* (1).

Ma|te|ri|al|samm|lung, die: *Zusammenstellung von Material* (3).
Ma|te|ri|al|scha|den, der: vgl. Materialfehler: der M. wird auf einen Millionenbetrag geschätzt.
Ma|te|ri|al|schlacht, die (Milit.): *Schlacht mit starkem Einsatz von Kriegsmaterial:* In den -en des Weltkriegs erlebte Europa ... die Rückkehr der Bestie (Sloterdijk, Kritik 713); Jetzt sind die Vertreibung der Albaner im Kosovo und die M. der Nato gegen Serbien und Montenegro im Gange (FR 1. 4. 99, 5); Ü Immer im Dezember flammt in den Alpen der Skikrieg auf. Die -en finden auf den Pisten in Val d'Isère ... statt (Spiegel 53, 1974, 59).
Ma|te|ri|al|wa|re, die 〈meist Pl.〉 (veraltet): Haushalts-, Kolonialware.
Ma|te|ri|al|wa|ren|händ|ler, der 〈veraltet): *mit Kolonialwaren handelnder Händler.*
Ma|te|ri|al|wirt|schaft, die: *Bereich der Wirtschaft, der sich mit der Bereitstellung, Beschaffung, Lagerhaltung o. Ä. von Materialien* (1, 2) *befasst.*
Ma|te|rie, die; -, -n [spätmhd. materi, mhd. materje < lat. materia = Stoff; Thema, urspr. = der hervorbringende u. nährende Teil des Baumes (im Gegensatz zur Rinde u. zu den Zweigen), wahrsch. zu: mater, ↑Mater]: **1.** 〈o. Pl.〉 **a)** (bildungsspr.) *rein Stoffliches als Grundlage von dinglich Vorhandenem; stoffliche Substanz:* organische, lebende, belebte, tote, licht[un]durchlässige M.; **b)** (Physik, Chemie) *Stoff, Substanz ungeachtet des jeweiligen Aggregatzustandes u. im Unterschied zur Energie u. zum Vakuum (bes. im Hinblick auf die atomaren Bausteine makroskopischer Körper):* Anhäufungen strahlender M. (Medizin II, 68). **2.** 〈o. Pl.〉 (Philos.) **a)** *(bes. bei Aristoteles) ewiger, völlig unbestimmter, unterschiedsloser Urstoff, der als Urprinzip der Bewegung dem Werden zugrunde liegt;* **b)** *außerhalb des menschlichen Bewusstseins vorhandene Wirklichkeit im Unterschied zum Geist.* **3.** (bildungsspr.) *Gegenstand, Thema einer Untersuchung, eines Gesprächs o. Ä.:* eine schwierige, trockene, vielschichtige, interessante M.; Droste wusste nicht, wie lange er kaa, M. nahm ihn gefangen (Baum, Paris 38); eine M. behandeln, beherrschen; sie ist eine Kennerin der M.; sich in eine M. einarbeiten; sich in einer M. auskennen; sich mit einer M. vertraut machen.
ma|te|ri|ell 〈Adj.〉 [frz. matériel < spätlat. materialis, ↑material]: **1.** *die Materie* (1 a) *betreffend, auf ihr beruhend, von ihr bestimmt; stofflich, dinglich, gegenständlich, körperlich greifbar:* die -e Grundlage alles Geistigen; Die Bewegung eines -en Körpers wird in der Mechanik ... beschrieben (Natur 54). **2. a)** *die lebensnotwendigen Dinge, Güter betreffend, auf ihnen beruhend, zu ihnen gehörend; wirtschaftlich, finanziell:* -e Bedürfnisse; hat Karolin sich schuldig scheiden lassen und keine -en Forderungen gestellt (Schreiber, Krise 200); -e Sorgen haben; die -e Ausstattung einer Position; Der Schadensersatz

umfasst den Anspruch auf Ersatz -er und inmaterieller Schäden (Frings, Fleisch 11); der Nutzen war sowohl ideell als auch m.; jmdn. m. unterstützen; er ist m. abgesichert; **b)** (oft abwertend) *auf Besitz u. Gewinn, auf eigenen Nutzen u. Vorteil bedacht; unempfänglich für geistige, ideelle Werte; materialistisch* (1): er ist ein sehr -er Mensch; sie sind alle zu m. eingestellt. **3.** *das Material* (1) *betreffend:* der -e Wert der Uhr ist gering.
¹ma|tern 〈sw. V.〉; hat) [zu ↑Mater] (Druckw.): *von einem Satz Matern herstellen:* Die Zeitungsinserate hätte man auch jetzt noch setzen, m. und versenden können (Simmel, Stoff 154).
²ma|tern 〈Adj.〉 [lat. maternus, zu: mater, ↑Mater] (Med.): *zur Mutter gehörend, mütterlich.*
ma|ter|ni|siert 〈Adj.〉 (Med.): *dem Mütterlichen angeglichen:* -e Milch *(Milch, die in ihrer Zusammensetzung der Muttermilch gleicht).*
Ma|ter|ni|tät, die; - (Med.): *Mutterschaft.*
Ma|te|strauch, der: *Matepflanze.*
Ma|te|tee, der: ¹Mate.
Ma|the, die; - 〈meist o. Art.〉 [kurz für ↑Mathematik] (Schülerspr.): *Mathematik als Schulfach:* heute haben wir M.; Bis zur Algebra war ich ... ganz gut in M. (Kempowski, Immer 163).
Ma|the|ar|beit, die: *Klassenarbeit in Mathematik:* eine M. schreiben.
Ma|the|auf|ga|be, die: *[Haus]aufgabe in Mathematik.*
Ma|the|ma|tik [matəma'ti:k, auch: ...'tik, österr.: ...'matik], die; - [lat. (ars) mathematica < griech. mathēmatikḗ (téchnē), zu: máthēma = Gelerntes, Kenntnis]: *Wissenschaft, Lehre von den Zahlen, Figuren, Mengen, ihren Abstraktionen, den zwischen ihnen möglichen Relationen, Verknüpfungen:* höhere M. *(Mathematik, wie sie vor allem in der Hochschule betrieben wird);* numerische, angewandte M. *(Bereich der Mathematik, der sich mit industriellen Anwendungen befasst);* reine M. *(Mathematik, die sich ohne den Blick auf ihre Anwendung nur mit mathematischen Strukturen befasst);* praktische M. *(Teilbereich der angewandten Mathematik);* Man braucht nicht höhere M. getrieben zu haben, auch Analphabeten vermögen sich vorzustellen, was das (= das enorme Anwachsen der Bevölkerung in der Sowjetunion und in China) bedeutet (Dönhoff, Ära 227); er hat in M. *(im Unterrichtsfach Mathematik)* versagt; R das ist höhere M.! *(ugs.; das ist [mir] zu schwierig; davon verstehe ich nichts);* Ü Auf diesem Schlachtfeld war alles ... eine einfache, klare tödliche M. (Ott, Haie 169).
Ma|the|ma|tik|buch, das: *Lehrbuch der Mathematik.*
Ma|the|ma|ti|ker, der; -s, - [lat. mathematicus]: *Wissenschaftler auf dem Gebiet der Mathematik.*
Ma|the|ma|ti|ke|rin, die; -, -nen: w. Form zu ↑Mathematiker.
Ma|the|ma|tik|leh|rer, der: *Lehrer für das Schulfach Mathematik.*

Ma|the|ma|tik|leh|re|rin, die: w. Form zu ↑ Mathematiklehrer.

Ma|the|ma|tik|stu|di|um, das: *Studium der Mathematik.*

Ma|the|ma|tik|stun|de, die: *Unterrichtsstunde in Mathematik.*

Ma|the|ma|tik|un|ter|richt, der: *Unterricht im Schulfach Mathematik.*

Ma|the|ma̱|ti|kus, der; -, -se (scherzh.): *Mathematiker:* er ist ein guter M.

ma|the|ma̱|tisch ⟨Adj.⟩: *die Mathematik betreffend, auf ihren Gesetzen beruhend:* -e Theorien, Aufgaben; ein -es Verfahren; -e Formeln, Gleichungen; mit -er Genauigkeit *(genau, präzise wie in der Mathematik); etw. m. [exakt] berechnen,* darstellen.

ma|the|ma|ti|sie̱|ren ⟨sw. V.; hat⟩: *[in verstärktem Maß] mit mathematischen Methoden behandeln, untersuchen.*

Ma|the|ma|ti|sie̱|rung, die; -, -en: *das Mathematisieren.*

Ma|the|ma|ti|zis̱|mus, der; -: *Tendenz, alle Vorgänge der Wirklichkeit, die Wissenschaft u. bes. die Logik (1) in mathematischen Formeln wiederzugeben.*

Ma|ti|ne̱e, die, -, ...e̱en [frz. matinée, zu: matin = Morgen < lat. matutinum (tempus) = frühe Zeit]: **1.** *am Vormittag stattfindende künstlerische Veranstaltung:* die M. findet um 11 Uhr statt; eine M. veranstalten, besuchen. **2.** (veraltet) *eleganter Morgenrock:* Wenn Karl bei ihr klingelt, ... dann steigt sie gerade aus dem Bett, eine M. hat sie um (Kempowski, Zeit 81).

Mat|jes|fi|let, das: *filetiertes Stück eines Matjesherings.*

Mat|jes|he|ring, der; -s, -e [niederl. maatjesharing, eigtl. = Mädchenhering]: *gesalzener junger Hering (ohne Milch od. Rogen):* M. mit Pellkartoffeln.

Ma|trat̠ze, die; -, -n [älter ital. materazzo < arab. matrah = Bodenkissen]: **1. a)** *mit Rosshaar, Seegras o. Ä. gefülltes od. aus Schaumstoff bestehendes, mit festem Stoff überzogenes Polster, das dem Sprungfederrahmen od. dem Lattenrost eines Bettes aufliegt:* die -n lüften, klopfen, saugen; eine weiche, harte M.; *** die M. belauschen; an der M. horchen** (ugs. scherzh.; *im Bett liegen u. schlafen*): Sie kratzt schon mal die Kurve, um noch an der M. zu horchen (Hörzu 39, 1977, 20); **b)** kurz für ↑ Sprungfedermatratze; **c)** kurz für ↑ Luftmatratze: die M. aufblasen; auf der M. in der Sonne liegen; auf einer M. schlafen. **2.** (ugs. scherzh.) **a)** *dichter Vollbart;* **b)** *(bei Männern) dichte Behaarung auf der Brust.* **3.** (derb) *Prostituierte.*

Ma|trat̠zen|ball, der: in der Wendung **auf den M. gehen** (landsch. scherzh.; *schlafen gehen*).

Ma|trat̠zen|la|ger, das: *[notdürftig] mit Matratzen auf dem Boden hergerichtete Schlafgelegenheit:* ein M. herrichten; Der ... Gast lag rücklings hingestreckt auf dem M. (Erné, Kellerkneipe 122).

Ma̱|tres ⟨Pl.⟩ [lat. matres, Pl. von: mater, ↑ Mater]: *Matronen.*

Mä|tres̱|se, die; -, -n [frz. maîtresse, eigtl. = Herrin, zu: maître, ↑ Maître]: **1.** (früher) *[offizielle] Geliebte eines Fürs-*

ten: sich -n halten; eine M. haben; Folgerichtig endete jedenfalls Madame du Barry, die letzte der großen -en, 1793 unter der Guillotine (Zeit 11. 3. 97, 20). **2.** (abwertend) *Geliebte bes. eines verheirateten Mannes:* Sie ist die M. eines Schwarzhändlers (Hilsenrath, Nazi 185); Ein griechischer Reeder ..., der sich die exzentrische Schauspielerin ... als M. hält *(sie zu seiner Geliebten gemacht hat;* Spiegel 38, 1978, 252).

Mä|tres̱|sen|wirt|schaft, die (ugs. abwertend): *das Vorhandensein von Mätressen [bei Hofe u. deren Einfluss]:* die M. am Hof Ludwigs XIV.; die rohe »Kriegermoral« der Männer, die Ehen, die als lieblose Zweckgemeinschaften dahinvegetierten, während zugleich die M. blühte – für die Königin von Navarra alltägliche Erfahrung (Zeit 26. 3. 98, 23).

ma|tri|ar|cha̱l, **ma|tri|ar|cha̱|lisch** ⟨Adj.⟩ [zu lat. mater (Gen.: matris) = Mutter u. griech. archē = Herrschaft]: *das Matriarchat betreffend, darauf beruhend:* eine -e Staatsform.

Ma|tri|ar|cha̱t, das; -[e]s, -e: *Gesellschaftsordnung, bei der die Frau eine bevorzugte Stellung in Staat u. Familie innehat u. bei der in Erbfolge u. sozialer Stellung die weibliche Linie ausschlaggebend ist.*

Ma|tri|ca̱|ria, die; - [nlat., zu spätlat. matrix, ↑ Matrix] (Bot.): *Kamille.*

Ma|trik̠, die; -, -en (österr.): *Matrikel (2).*

Ma|tri̱|kel, die; -, -n [spätlat. matricula = öffentliches Verzeichnis, Vkl. von: matrix, ↑ Matrix]: **1.** *(in bestimmten Bereichen, bes. an der Universität) amtliches Personenverzeichnis:* jmdn. aus der M. streichen, in die M. aufnehmen. **2.** (österr.) *Personenstandsregister.*

Ma|tri|ku|lar|bei|trag, der ⟨meist Pl.⟩ (hist.): *besondere Steuer, die die Länder des Deutschen Reiches je nach ihrer Bevölkerungszahl bis 1879 an die Reichsregierung zu zahlen hatten.*

ma|tri|li|ne|al, ma|tri|li|ne|ar ⟨Adj.⟩ [zu lat. mater (Gen.: mātris) = Mutter u. li̱nea, ↑ Linie, linear] (Rechtsspr., Völkerk.): *in der Erbfolge der mütterlichen Linie folgend.*

Ma|tri|lo|ka|li|tät, die; -: *(in mutterrechtlichen Kulturen) Übersiedlung des Mannes zur Familie der Frau.*

ma|tri|mo|ni|al, ma|tri|mo|ni|ell ⟨Adj.⟩ [lat. matrimonialis, zu: matrimonium = Ehe] (Rechtsspr. veraltend): *zur Ehe gehörig; ehelich.*

ma|tri|sie̱|ren ⟨sw. V.; hat⟩ (Buchw.): *Papier anfeuchten.*

Ma̱|trix, die; -, Matri̱zes u. Matri̱zen [spätlat. matrix (Gen.: matricis) = öffentliches Verzeichnis, Stammrolle, eigtl. = Gebärmutter]: **1.** (Biol.) **a)** *Hülle der Chromosomen;* **b)** *amorphe Grundsubstanz (z. B. des Bindegewebes); **c)** *Keimschicht, aus der etwas (z. B. das Nagelbett) entsteht.* **2. a)** (Math.) *System von mathematischen Größen, das in einem Schema von waagerechten Zeilen u. senkrechten Spalten geordnet ist u. zur verkürzten Darstellung linearer Beziehungen in Naturwissenschaften, Technik u. Wirtschaftswissenschaften dient;*

b) (EDV) *System, das einzelne zusammengehörende Faktoren darstellt u. zur verkürzten Darstellung linearer Beziehungen in Naturwissenschaften, Technik u. Wirtschaftswissenschaften dient.* **3.** (Sprachw.) *Schema zur Zuordnung von Merkmalen zu sprachlichen Einheiten, bes. zur Darstellung der Lautstruktur einer Sprache.* **4.** (Mineral.) *Gestein, in dem Mineralien eingebettet sind.*

Ma̱|trix|dru|cker, der (EDV): *Drucker (2), bei dem die ausgedruckten Zeichen aus einzelnen Punkten zusammengesetzt sind.*

Ma̱|trix|or|ga|ni|sa|ti|on, die [zu Matrix (2 b)]: *Strukturform innerhalb der betrieblichen Organisationslehre, bei der sich eine nach Fachabteilungen gegliederte u. eine nach Objekten bzw. Projekten gegliederte Organisation überlappen.*

Ma̱|trix|satz, der (Sprachw.): *übergeordneter Satz in einem komplexen Satz.*

Ma|tri̱|ze, die; -, -n [frz. matrice, eigtl. = Gebärmutter < spätlat. matrix; ↑ Matrix]: **1.** (Druckw.) **a)** *(in der Schriftgießerei verwendete) Form aus Metall mit seitenverkehrt eingeprägten Buchstaben, die der Lettern liefert;* **b)** in *Pappe, Wachs, Blei od. anderem Werkstoff geprägte Abformung eines Schriftsatzes od. Bildes zur Herstellung einer Druckplatte;* **c)** *Folie, bes. gewachstes Blatt zur Herstellung von Vervielfältigungen:* ... habe ich die Texte auf M. schreiben lassen und für jeden ein Blatt abziehen lassen (v. d. Grün, Glatteis 75). **2.** (Technik) **a)** *unterer Teil einer beim Fließpressen verwendeten Pressform, in dessen Hohlform ein Werkstoff mit einer Patrize hineingedrückt wird;* **b)** *negative Form zum Pressen von Schallplatten.*

Ma|tri̱|zen: Pl. von ↑ Matrix.

Ma|tri̱|zen|rech|nung, die; -, -en [zu ↑ Matrix (2)] (Math.): *Rechnung mithilfe von Matrizen (2).*

Ma|tri̱|zes: Pl. von ↑ Matrix.

Ma|tro̱sch|ka, die; -, -s (seltener): *Matroschka.*

Ma|tro̱|ne, die; -, -n [lat. matrona = verheiratete Frau, zu: mater, ↑ Mater]: *ältere, gesetzthaft u. Würde ausstrahlende Frau:* Sie war vierzig, als sie mich ... gebar, eine M. schon (Stern, Mann 19); Frauen um die fünfzig sind keine »Omas«, keine -n (Hörzu 11, 1975, 105). **2.** (abwertend) *ältere, füllige Frau.*

ma|tro̱|nen|haft ⟨Adj⟩ (meist abwertend): *von der Art einer Matrone:* -es Aussehen; Seine Frau war eine -e Erscheinung (Fest, Im Gegenlicht 81); m. aussehen; sich m. kleiden.

Ma|tro|ny|mi|kon: ↑ Metronymikon.

Ma|tro̱sch|ka, die; -, -s [russ. matrëška, Vkl. von: mat' (Gen.: materi) = Mutter < lat. mater, ↑ Mater]: *aus zwei Teilen zusammengesetzte Figur mit aufgemalter Darstellung einer weiblichen Person, die in ihrem hohlen Inneren mehrere kleinere Exemplare der gleichen Form in Größenabstufungen enthält; Puppe in der Puppe.*

Ma|tro̱sch|ka|pup|pe, die: *Matroschka.*

Ma|tro̱|se, der; -n, -n [niederl. matroos, umgebildet < frz. matelot, altfrz. matenot, wohl < mniederl. mattenoot, eigtl. = Matten-, Schlafgenosse]: **1.** *See-mann der Handelsschifffahrt mit mehr-jähriger Ausbildung* (Berufsbez.): M. sein; als M. bei der Handelsmarine an-heuern; ***-n am Mast haben** (See-mannsspr.; *Filzläuse haben*). **2. a)** ⟨o. Pl.⟩ *unterster Mannschaftsdienstgrad bei der Bundesmarine;* **b)** *Soldat des Dienstgra-des Matrose* (2 a).

Ma|tro|sen|an|zug, der: *der Kleidung der Matrosen ähnliches Kleidungsstück für Jungen.*

Ma|tro|sen|blu|se, die: vgl. Matrosen-anzug.

Ma|tro|sen|kleid, das: vgl. Matrosenan-zug.

Ma|tro|sen|knei|pe, die: *Kneipe, die hauptsächlich von Seeleuten besucht wird.*

Ma|tro|sen|kra|gen, der: *für die Klei-dung der Matrosen charakteristischer, breiter, umgelegter, auf dem Rücken rechteckig abschließender Kragen.*

Ma|tro|sen|müt|ze, die: *zur Kleidung der Matrosen gehörende runde Mütze, von deren hinterem Rand zwei lange Bän-der herunterhängen.*

Ma|tro|sen|uni|form, die: *Uniform der Matrosen.*

matsch ⟨Adj.⟩ [a: zu ↑matschen; c (u. wohl auch b): zu ↑Matsch (1)] (salopp): **a)** *(von Obst o. Ä.) [durch Überreife] weich u. schmierig; faul;* **b)** *völlig erschöpft, schlapp;* **c)** (Kartenspiel, Sport) *verloren, besiegt:* jmdn. m. machen *(jmdn. voll-ständig schlagen);* m. werden *(verlieren).*

Matsch, der; -[e]s, -e [1: älter: Martsch, zu ital. marcio = faul; verdorben < lat. marcidus = welk, morsch: nach dem Ausdruck beim (Karten)spiel far (dar) marcio = einen Matsch machen, alle Sti-che verlieren; 2: zu ↑matschen]: **1.** (Kar-tenspiel) *vollständiger Verlust eines Spiels.* **2.** ⟨o. Pl.⟩ (ugs.) **a)** *feuchter, breii-ger Schmutz; nasse, schmierige Erde; halb geschmolzener, schlammiger Schnee:* er ist bei M. auf der Straße gestürzt; in den M. fallen; Der Schnee auf der Straße war zu M. geworden (v. d. Grün, Glatteis 105); **b)** *weiche, breiige Masse:* Klaus Buch fluchte auf das Essen. Erstens ... war der Salat ein M. (M. Walser, Pferd 83); die Tomaten waren zu einem einzigen M. ge-worden.

Mat|sche, die; - (landsch.): *Matsch:* Kar-toffelnsammeln im Regen ... die Kartof-feln aus der M. herausklauben (Kem-powski, Tadellöser 384).

mat|schen ⟨sw. V.; hat⟩ [lautm.] (ugs.): *im Matsch (2 a) herumrühren, mit Matsch spielen:* die Kinder matschen in den Pfützen.

mat|schig ⟨Adj.⟩ (ugs.): **1. a)** *durch Niederschläge o. Ä. aufgeweicht; schlam-mig, voller Matsch* (2 a): -e Felder, Wege; Der Schnee auf den Bürgersteigen war schon ... m. (Kronauer, Bogenschütze 123); die Straßen waren m. **b)** *aufgrund von Überreife, beginnender Fäulnis o. Ä. weich u. schmierig:* -e Birnen, Tomaten; schlapp ... wie Gemüse, das zu lang ge-kocht hat, fad und ... m. (Süskind, Par-fum 125). **2.** *erschöpft; elend:* ein -es Ge-fühl; nach dem Genuss von LSD habe

ich mich ... ziemlich m. gefühlt (Fichte, Wolli 112); Im benachbarten England ... war ick vor Heimweh echt m. (Spiegel 4, 1989, 164).

Matsch|wet|ter, das ⟨o. Pl.⟩ (ugs.): *Wet-ter mit häufigen Niederschlägen, bei dem die Wege aufgeweicht, die Straßen voll von nassem Schmutz sind.*

matt ⟨Adj.⟩ [mhd. mat = schwach; glanz-los durch roman. Vermittlung (frz. mat, ital. matto, span. mate) < arab. māta = (ist) gestorben, tot, in: šāh māta, ↑schachmatt]: **1. a)** *von Müdigkeit, Er-schöpfung o. Ä. schwach; ermattet, zer-schlagen:* die -en Glieder ausstrecken; sie war, fühlte sich nach der Krankheit, vor Hunger und Durst ganz m.; Matt an Nerven und Gliedern betrat Krämer dann den Block (Apitz, Wölfe 287); **b)** *nicht kräftig, von nur geringer Stärke:* sie sprach mit -er Stimme; ein -es *(nur angedeutetes)* Lächeln; mit einer -en Geste abwinken; sein Händedruck, sein Puls war m.; sie winkte nur m. **2. a)** *ohne [rechten] Glanz; nicht spiegelnd:* -es Gold; eine -e Politur; -es *(undurchsichti-ges)* Glas; -es *(nicht glänzendes)* Papier; die Abzüge sollen nicht auf Hochglanz-papier gemacht werden, sondern m. (Fot.; *auf nicht glänzendem Papier*); sie hatte ganz -e *(trübe, glanzlose)* Augen; der Lack war an manchen Stellen ganz m.; m. gebeizte Möbel; **b)** *nur schwach leuchtend, nicht intensiv, gedämpft:* ein -er Lichtschein; -es Kerzenlicht; auf den Wiesen war nur noch das -e *(helle, zarte)* Lila der Herbstzeitlosen (Geissler, Wunschhütlein 98); die Farben waren m.; m. erleuchtete Fenster; das Dunkel, das von einzelnen Glühbirnen m. erhellt wird (Berger, Augenblick 85). **3.** *als Äu-ßerung o. Ä. im Gehalt zu schwach u. da-her nicht überzeugend:* eine -e Entschul-digung; die Angriffe der Mannschaft wa-ren zu m.; er widersprach, protestierte m. *(ohne Nachdruck);* die Börse schloss m. (Kaufmannsspr.; *mit mäßigen Ergeb-nissen*). **4.** **[Schach und] m.!* (Schach-spiel; [von Laien gemachte] Bemerkung, die den Gegner informiert, dass er das Spiel verloren hat); **m. sein** (Schachspiel; *besiegt sein, die Schachpartie verloren haben*); **jmdn. m. setzen** (1. Schachspiel; *den Gegner besiegen.* 2. *jmdm. jede Mög-lichkeit zum Handeln nehmen, ihn als Gegner ausschalten*).

Matt, das; -s, -s ⟨Pl. selten⟩ (Schachspiel): *das Ende einer Schachpartie bedeutende Stellung, bei der die Bedrohung des Königs durch keinen Zug mehr abgewendet wer-den kann:* ersticktes M. (Matt, bei dem ei-nem König die Fluchtwege durch seine ei-genen Figuren verbaut sind); das M. her-beiführen; ein baldiges M. erzwingen; Ü die Konferenz endete mit einem M.

matt|blau ⟨Adj.⟩: *von einem nicht leuch-tenden, nicht intensiven Blau:* der Stoff ist m.; die hochgewölbte Schale des Him-mels, m., fast weiß dort, wo die Sonne stand (Kuby, Sieg 405).

¹Mat|te, die; -, -n [mhd. matte, ahd. mat-ta < spätlat. matta]: **a)** *Unterlage o. Ä. aus grobem Geflecht od. Gewebe aus Bin-sen, künstlichen Fasern o. Ä.:* eine M. aus

Schilf; der Raum war mit -n ausgelegt; Er ... legte den Schlüssel unter die M. *(Fußmatte;* Böll, Haus 184); **b)** (Sport) *Unterlage aus weichem, federndem Ma-terial mit festem Überzug (zur Abschwä-chung von Sprüngen beim Turnen, als Fläche für die Kämpfe im Ringen o. Ä.):* die Ringer betraten die M.; der Heraus-forderer musste die M. aufsuchen *(wurde vom Gegner auf die Matte geworfen);* den Gegner auf die M. legen, werfen; sie ist beim Absprung unglücklich auf die M. gekommen; ***auf der M. stehen** (ugs.; 1. *zur Stelle, einsatzbereit sein:* Dass ... die Beamten des Protokolls der Hong-kong-Regierung bei Lustreisen der Offizi-eller am Wochenende auf der M. stehen mussten, um Höherstehenden mit ihren Frauen ein angenehmes Wochenende zu bereiten [MM 3./4. 5. 89, 2]. 2. *mit be-stimmten Problemen, Forderungen o. Ä. an jmdn. herantreten:* ... wenn zehn Bitt-steller mit hundert Problemen gleichzei-tig auf der M. stehen [MM 6. 10. 86, 21]).

²Mat|te, die; -, -n [mhd. mat(t)e, ahd. matta = Wiese, eigtl. = Wiese, die ge-mäht wird (im Unterschied zur Weide), zu ↑²Mahd, mähen] (schweiz., sonst dichter.): *Bergwiese:* der Schwarzwald mit den hölzernen Höfen, die Klusen, Halden, -n und Hochwälder (Meckel, Suchbild 19).

³Mat|te, die; -, -n [↑¹Matte; bezeichnete urspr. die Unterlage, auf der die geron-nene Milch zum Trocknen ausgebreitet wird, dann auf die geronnene Milch selbst übertragen (md.): kurz für ↑Kä-sematte.

Mat|ten|flucht, die (Ringen): *absichtli-ches Verlassen der Matte, um einem Griff des Gegners zu entgehen.*

Mat|ten|lei|ter, der (Ringen): *Kampf-richter, der den Ringkampf auf der Matte leitet.*

Mat|ten|lei|te|rin, die: w. Form zu ↑Mattenleiter.

Mat|ten|rich|ter, der (Judo, Ringen): vgl. Mattenleiter.

Mat|ten|rich|te|rin, die: w. Form zu ↑Mattenrichter.

Mat|ten|sprin|gen, das; -s (Skisport): *Skispringen auf einer mit Matten aus Kunststoff (die den Schnee ersetzen) be-legten Sprungschanze.*

Mat|ter|horn, das; -[e]s: Berg in den Walliser Alpen.

matt|gelb ⟨Adj.⟩: vgl. mattblau.

Matt|glas, das: *undurchsichtiges, licht-durchlässiges Glas.*

matt|gold, das: *matt schimmerndes, stumpfes Gold.*

matt|gol|den ⟨Adj.⟩: *aus Mattgold.*

matt|grün ⟨Adj.⟩: vgl. mattblau.

Mat|thäi: in der Wendung **bei jmdm. ist M. am Letzten** (ugs.; *jmd. ist finanziell od. gesundheitlich am Ende;* wohl in An-spielung auf das in den letzten Worten des Matthäusevangeliums ausgespro-chene Ende der Welt, eigtl. = am Ende des Matthäusevangeliums); **es ist M. am Letzten** (ugs.; *es ist das Schlimmste zu er-warten*): was seine Versetzung betrifft, ist M. am Letzten.

Mat|thä|us|evan|ge|li|um, das: Evangelium (2 b) nach dem Evangelisten Matthäus.

Matt|heit, die; - [zu ↑matt]: *das Mattsein:* Auch in der neunten Runde ... war bei den deutschen Frauen kein Anzeichen von M. zu entdecken (Jeversches Wochenblatt 30. 11. 84, 57).

matt|her|zig ⟨Adj.⟩ (veraltet): *ohne rechte innere Beteiligung (geschehend); halbherzig.*

Matt|her|zig|keit, die; - (veraltet): *das Mattherzigsein.*

mat|tie|ren ⟨sw. V.; hat⟩ [frz. matir, zu: mat, ↑matt]: *matt (2 a), glanzlos, stumpf, undurchsichtig machen:* Metall, Holz [durch Beizen] m.; ⟨häufiger im 2. Part.:⟩ mattiertes Glas *(Mattglas).*

Mat|tie|rung, die; -: **1.** *das Mattieren.* **2.** *auf einem Gegenstand aufgebrachte mattierende Schicht; matter Lack o. Ä.:* die M. ist schadhaft geworden.

Mat|tig|keit, die; -: *das Mattsein, Müdigkeit, Erschöpfung:* Zuweilen verfiel er in große M., saß da mit erloschener Miene (Feuchtwanger, Erfolg 163).

Matt|lack, der: *matter, nicht glänzender Lack.*

matt|li|la ⟨Adj.⟩: vgl. mattblau.

Mat|toir [maˈtŏaː̯ɐ̯], das; -s, -s [frz. matoir, zu: mater = mattieren, zu: mat = ↑matt]: *bes. für den Kupferstich u. für Radierungen verwendeter Stahlstab, der aus feinen Punkten zusammengesetzte Linien erzeugt, die der Kupferplatte den Glanz nehmen.*

Matt|schei|be, die: **1.** *Scheibe aus Mattglas:* die M. in einer Spiegelreflexkamera; **M. haben (salopp; geistig nicht voll aufnahmefähig sein; leicht benommen sein):* Ich hatte bei den Aufsätzen regelmäßig einen Tiefpunkt, so ’ne richtige M. (Eppendorfer, Gesichtslandschaften 103). **2.** (ugs.) *Bildschirm eines Fernsehgerätes:* Auf dem ... Wohnzimmerschrank spiegelt die M. des Fernsehgerätes (Kühn, Zeit 6); waren sich alle Regenten der Fünften Republik der Unentbehrlichkeit der M. *(des Fernsehens)* als Instrument politischer Massenbeeinflussung zutiefst bewusst (Scholl-Latour, Frankreich 102).

Ma|tur (veraltet:) das; -s, (schweiz.:) die; -, **Ma|tu|ra,** die; - [zu lat. maturus, ↑Maturum] (österr., schweiz.): *Abitur.*

Ma|tu|ra|ball, der (österr.): *Abiturientenball.*

Ma|tu|ra|klas|se, die (österr., schweiz.): *Abiturklasse.*

Ma|tu|rand, der; -en, -en (schweiz., sonst veraltet): *Abiturient.*

Ma|tu|ran|din, die; -, -nen: w. Form zu ↑Maturand.

Ma|tu|rant, der; -en, -en [zu ↑Matura] (österr.): *Abiturient.*

Ma|tu|ran|tin, die; -, -nen: w. Form zu ↑Maturant.

Ma|tu|ra|schu|le, die (österr.): *Privatschule, in der man sich auf eine staatliche Reifeprüfung vorbereitet, ohne eine höhere Schule zu besuchen.*

Ma|tu|ra|tref|fen, das (österr.): *Treffen von Maturanten.*

ma|tu|rie|ren ⟨sw. V.; hat⟩ [zu ↑Matura] (österr., schweiz.): *die Matura ablegen.*

Ma|tu|ri|tas prae|cox, die; -- [aus lat. maturitas (↑Maturität) u. ↑praecox] (Med., Psych.): *[sexuelle] Frühreife.*

Ma|tu|ri|tät, die; - [lat. maturitas = Reife, zu: maturus, ↑Maturum]: **1.** (veraltet) *Reife[zustand]:* geistige M. **2.** (schweiz.) **a)** *Abitur:* Eine Weltreise ..., die er nach der M. hätte antreten dürfen, kam für ihn nicht infrage (Frisch, Montauk 30); **b)** *Hochschulreife.*

Ma|tu|ri|täts|exa|men, das (schweiz.): *Abiturexamen.*

Ma|tu|ri|täts|mit|tel|schu|le, die (schweiz.): *Maturitätsschule.*

Ma|tu|ri|täts|prü|fung, die (schweiz.): *Abitur.*

Ma|tu|ri|täts|schu|le, die (schweiz.): *Gymnasium.*

Ma|tu|ri|täts|zeug|nis, das (schweiz.): *Abiturzeugnis.*

Ma|tu|rum, das; -s [viell. gek. aus nlat. examen maturum = Reifeprüfung, zu lat. maturus = reif, tauglich] (veraltet): *Abitur.*

Ma|tu|tin, die; -, -e[n] [zu lat. matutinus = morgendlich] (kath. Kirche): *nächtliche Hora (b).*

ma|tu|ti|nal ⟨Adj.⟩ [lat. matutinalis] (veraltet): *früh, morgendlich.*

Matz, der; -es, -e u. Mätze [landsch. Kosef. des m. Vorn. Matthias] (fam. scherzh.): *niedlicher kleiner Junge:* na, du kleiner M.!

Mätz|chen, das; -s, - [wohl zu ↑Matz in der älteren Bed. »dummer, törichter Kerl« (ugs.): **a)** ⟨Pl.⟩ *Possen, Unsinn:* Kinder, lasst die M.!; **b)** ⟨meist Pl.⟩ *törichte, nicht ernst zu nehmende Handlung, mit der man Eindruck zu machen, eine bestimmte Wirkung zu erzielen sucht; Trick, Kniff:* mach doch keine M.!; diese[s] M. kannst du dir sparen; er hat solche M. nicht nötig; auf jmds. M. nicht hereinfallen; Ihr wollt was gegen den Staat ausrichten mit euren kindischen M.? (Fallada, Jeder 210); ein windiger Schaumschläger ..., der sich nur mit billigen M. aus der Affäre ziehen will (Thielicke, Ich glaube 53).

Mat|ze, (auch:) **Mazze, Mat|zen,** (auch:) **Mazzen,** der; -s, - [jidd. matzo < hebr. maẓẓôṯ (Pl.)]: *(von den Juden während der Passahzeit gegessenes) ungesäuertes Fladenbrot:* Vor Passah roch das ganze Haus nach Matzen und Borschtsch, das die Frauen selber zubereiteten (Singer [Übers.], Feinde 206).

mau ⟨Adj.⟩ [wohl unsicher. aus ↑flau u. ↑matt, viell. auch zu ↑mauen in der älteren Bed. »weinerlich, verdrießlich sein« (salopp): **1.** *flau, unwohl:* mir ist ganz m. **2.** *schlecht (2):* die Lage ist m.; die Geschäfte gehen m.; die Sache steht m., sieht m. aus.

mau|en ⟨sw. V.; hat⟩: südwestd., schweiz. für ↑miauen.

Mau|er, die; -, -n [mhd. mūre, ahd. mūra < lat. murus (m.)]: **1. a)** *Wand aus Steinen [u. Mörtel]:* eine hohe, dicke, efeubewachsene M.; die M. ist eingestürzt; eine M. bauen, errichten, abreißen, hochziehen, aufführen, abtragen; eine M. erklimmen, überklettern; jmd. steht wie eine M. *(unerschütterlich fest);* in den -n

unserer (dichter.; *in unserer*) Stadt; das Grundstück ist von einer M. umgeben; Ü die M. *(in dichter Kette stehende, gedrängte Gruppe, Menge)* der Schaulustigen wich zurück; die M. *(die in starker Ablehnung bestehende Schranke)* des Schweigens, des Misstrauens durchbrechen; an dieser M. *(an diesem Widerstand)* wirst du dir den Kopf einrennen; sich mit einer M. aus Hass und Verachtung umgeben, sich mit einer M. von Ablehnung umgeben *(eine abweisende Haltung des Hasses u. der Verachtung, der Ablehnung zeigen);* *M. machen/stehen (bes. Gaunerspr.; *bei einem [Taschen]diebstahl den Dieb dicht gedrängt umstehen, um ihn abzuschirmen);* ◆ ⟨Pl. Mauren:⟩ Noch weiß ich Mittel, die den Stolz eines einbildischen Starrkopfs so hübsch niederbeugen können – Kloster und Mauren! (Schiller, Räuber III, 1); **b)** *(von der DDR am 13. 8. 1961 errichtetes) durch Berlin verlaufendes Bauwerk, das die Stadt politisch (in einen östlichen u. einen westlichen Teil) teilte:* die Berliner M.; Der Tag, an dem der Bau der »Mauer« befohlen wurde (W. Brandt, Begegnungen 9); wir ... sehen im Westen ... eine Grenzbefestigung, die manche auch die M. nennen (Kant, Impressum 464); So sind wir denn in Berlin ... Leben mit der M. (Frisch, Montauk 83); Als schließlich 1989 mit der M. das marxistische Wertesystem zusammenbrach (Zeit 8. 4. 99, 9); vor der M. *(vor dem Mauerbau);* nach der M. *(nach dem Mauerbau)* änderte sich für viele das Leben in der DDR; auch Jahre nach der M. *(nach der Öffnung der Grenzen zwischen der DDR und der Bundesrepublik)* sind Ost und West noch nicht zusammengewachsen; Ü Neun Jahre nach dem Fall der M. weicht die M. in den Köpfen (Zeit 5. 11. 98, 1). **2.** (Pferdesport) *Hindernis aus aufeinander gelegten Holzkästen [u. einem Sockel aus Steinen].* **3.** (Fußball, Handball) *Linie, Kette von Spielern zur Sicherung des Tors bei Freistößen bzw. Freiwürfen:* eine M. aufbauen; die M. überwinden; er schoss durch die M. ins Tor.

Mau|er|ab|satz, der: *Absatz, Vorsprung [an] einer Mauer.*

Mau|er|an|schlag, der: *an eine Mauer gehefteter Anschlag, an einer Mauer angebrachte Bekanntmachung.*

Mau|er|ar|beit, die [zu ↑mauern]: *Maurerarbeit.*

Mau|er|as|sel, die: *dunkelgraue, hell gefleckte Assel, die an feuchten Orten unter Steinen, in Mauerritzen o. Ä. lebt.*

Mau|er|bau, der ⟨o. Pl.⟩: *der Bau der Mauer (1 b):* ... fiel es den Kommentatoren nicht schwer, das erschütternde Ereignis des -s rational in den Gang der Zeitgeschichte einzuordnen (W. Brandt, Begegnungen 16).

Mau|er|blüm|chen, das [nach dem Vergleich mit einer Blume, die an einer Mauer blüht, wo man sie leicht übersieht; älter Mauerblume = Bez. für den häufig an Gartenmauern entlang gepflanzten Goldlack] (ugs.): **1. a)** *Mädchen, das beim Tanzen nur selten aufgefordert wird;* **b)** *unscheinbares Mädchen, das von Män-*

nern kaum beachtet wird: sie wollte nicht mehr das M. sein. **2.** *Person od. Sache, der wenig Beachtung, Aufmerksamkeit zuteil wird:* der innerdeutsche Minister ..., sonst M. im Kabinett, wusste alles (Spiegel 41, 1981, 21); Von außen wirkt die neue kulturelle Blüte freilich wie ein architektonisches M. (Focus 23, 1998, 114).

Mau|er|blüm|chen|da|sein, das: *Dasein, Existenz als Mauerblümchen:* Ü Der Studentenfußball führt ... längst kein M. mehr (BZ am Abend 8. 11. 76, 6).

Mau|er|bre|cher, der (früher): *metallbeschlagener Stoßbalken zum Einbrechen von Festungsmauern o. Ä.:* »Nicht erhaltungswürdig« hatte es ... geheißen, als man das gotische Bürgerhaus ... der Spitzhacke und dem M. überantwortete (Kühn, Zeit 9).

Mau|er|durch|bruch, der: *Durchbruch einer Mauer.*

Mau|e|rei, die; - (abwertend): *[dauerndes] Mauern.*

Mau|er|ei|dech|se, die: *langschwänzige, graubraune, dunkel gefleckte Eidechse, die alte, löcherige Mauern als Aufenthaltsort bevorzugt.*

Mau|er|fall, der [nach der Öffnung der Mauer (1 b) in dieser Nacht] (ugs.): *Öffnung der Grenzen der DDR zur Bundesrepublik Deutschland am 9. November 1989:* Für Rolf Hoffmann, den Sammler, war es »nach dem Mauerfall schlagartig klar, dass sich die Welt verändern würde.« (Zeit 4. 3. 99, 55).

Mau|er|fraß, der: *Zerstörung des Mauerwerks durch Mauersalpeter.*

Mau|er|fu|ge, die: ¹*Fuge (1) in einer Mauer.*

Mau|er|ha|ken, der: *Metallhaken, der in Mauerwerk o. Ä. geschlagen wird.*

Mau|er|kel|le, die [zu: mauern]: *Maurerkelle.*

Mau|er|kro|ne, die: *oberer Abschluss der Mauer.*

Mau|er|lat|tich, der: *häufig auf Schutt u. altem Mauerwerk wachsende Pflanze mit kleinen, hellgelben Blütenkörbchen.*

Mau|er|läu|fer, der: *in Felsschluchten bes. im Hochgebirge u. auch in Ruinen vorkommender, dem Kleiber ähnlicher Singvogel mit hell- bis dunkelgrauer Färbung, rotschwarzen Flügeln u. langem, gebogenem Schnabel.*

Mau|er|loch, das: *Loch in einer Mauer.*

Mau|er|meis|ter, der [zu ↑mauern]: *Maurermeister.*

Mau|er|meis|te|rin, die: w. Form zu ↑Mauermeister.

mau|ern ⟨sw. V.; hat⟩ [1: mhd. mūren, zu ↑Mauer; 2: unter Einfluss von »mauern« (1) u. Mauer (3) viell. zu gaunerspr. maura = Furcht, Angst, wohl zu jidd. mora < hebr. môrā, also eigtl. = sich ängstlich verschanzen]: **1.** *aus [Bau]steinen [u. Mörtel] bauen, errichten:* eine Wand m.; dort hatte er seine Hütte gebaut und seinen Herd gemauert (Wiechert, Jeromin-Kinder 15); Es war ein altes Haus, im Erdgeschoss gemauert, oben aus Holzbalken (Wimschneider, Herbstmilch 74); ⟨auch ohne Akk.-Obj.:⟩ sie haben bis in die Nacht hinein gemauert. **2.** (Ballspiele

Jargon) *das eigene Tor mit [fast] allen Spielern verteidigen; übertrieben defensiv spielen:* der Tabellenzweite mauerte von Beginn an. **3.** (Kartenspiel Jargon) *trotz guter Karten zurückhaltend spielen, kein Spiel wagen:* einer der Skatspieler mauerte ständig; Ü der Agent mauerte *(schwieg, war verschlossen);* Das Innenministerium mauert offensichtlich bei Informationen (Wiesbadener Kurier 4. 6. 85, 13).

Mau|er|ni|sche, die: vgl. Mauerfuge.

Mau|er|öff|nung, vgl. Mauerfall: Ich kenne keinen Minister ..., der in den vergangenen Jahren und auch vor der M. so oft »drüben« gewesen ist ... wie Johannes Rau (Zeit 5. 11. 98, 7).

Mau|er|pfef|fer, der: *auf Mauern u. Felsen wachsende, gelb blühende Fetthenne, deren Stängel u. Zweige pfefferartig scharf schmecken.*

Mau|er|po|lier, der [zu ↑mauern]: *Maurerpolier.*

Mau|er|rau|te, die: *häufig in Mauerritzen u. Felsspalten wachsender, kleiner Tüpfelfarn.*

Mau|er|rest, der: *Rest von einer (verfallenen) Mauer.*

Mau|er|riss, der: *Riss in einer Mauer, im Mauerwerk.*

Mau|er|rit|ze, die: vgl. Mauerloch.

Mau|er|sal|pe|ter, der: *Kalksalpeter, der sich im Mauerwerk bei Eindringen von Tierharn od. anderen stickstoffhaltigen Stoffen bildet.*

Mau|er|schau, die (Literaturw.): *Teichoskopie.*

Mau|er|schüt|ze, der: *Angehöriger der Nationalen Volksarmee der DDR, der auf DDR-Bürger, die bei einem Fluchtversuch an der Mauer (1 b) angetroffen wurden, geschossen hat.*

Mau|er|schwal|be, die: *Mauersegler.*

Mau|er|seg|ler, der: *der Schwalbe ähnlicher Vogel mit schwarzem Gefieder, gegabeltem Schwanz u. sehr langen, sichelförmigen Flügeln, der seine Nester vor allem unter Dachrinnen und in Mauernischen baut.*

Mau|er|spalt, der, **Mau|er|spal|te,** die: vgl. Mauerfuge.

Mau|er|specht, der (scherzh.): *jmd., der ein kleines Stück vom Mauerwerk bes. der Mauer (1 b) zur Erinnerung herausbricht od. herausgebrochen hat.*

Mau|er|stein, der: **1.** *Baustein zur Herstellung von Mauerwerk.* **2.** (Bauw.) *ungebrannter Baustein.*

Mau|e|rung, die; -, -en ⟨Pl. selten⟩: *das Mauern (1).*

Mau|er|ver|band, der (Bauw.): *Zusammenfügung der Mauersteine zum Mauerwerk.*

Mau|er|vor|sprung, der: *Vorsprung einer Mauer.*

Mau|er|werk, das ⟨Pl. selten⟩: **1.** *(aus Bau-, Mauersteinen) gemauertes Gefüge.* **2.** *Gesamtheit der Mauern eines Gebäudes.*

Mau|er|zie|gel, der: *gebrannter Baustein; Ziegelstein.*

¹**Mau|ke,** die; - [H. u.] in der Verbindung **keine M. zu etw. haben** (landsch.; *keine Lust zu etw. haben).*

²**Mau|ke,** die; -, -n [mniederd. muke, H. u.]: **1.** *Entzündung am Fesselgelenk, Fußgrind (bei Huf- u. Klauentieren).* **2.** (ugs. veraltend) *Gicht, Zipperlein:* wir kriegen die M., geht es uns andauernd gut (Löns, Haide 115). **3.** ⟨meist Pl.⟩ (landsch., bes. berlin.): *Fuß:* zieh mal deine -n ein!

Maul, das; -[e]s, Mäuler [mhd. mūl(e), ahd. mūl(a), urspr. lautm.]: **1.** *dem Aufnehmen der Nahrung dienende Öffnung an der Vorderseite des Kopfes bei Tieren:* das M. des Ochsen, des Fischs; das M. aufreißen, aufsperren; einem Pferd ins M. sehen; die Pferde hatten ihre Futtersäcke vor dem M. und kauten (Schnurre, Bart 105); Hatten ... Tiere versucht, ihr M. voll Gras zu bekommen (Frischmuth, Herrin 73); Ü ein Fuder nach dem andern *(in das offene Tor)* der Scheune (Radecki, Tag 12). **2.** (derb abwertend) **a)** ¹*Mund* (1a): gierig schmatzende Mäuler; mach endlich das/dein M. auf! *(rede endlich!);* du kannst gleich ein paar aufs M. haben!; jmdm. aufs M. hauen; Er habe das ... Gekeife ... nicht mehr mit anhören können und ihr ein paar aufs M. gegeben (Prodöhl, Tod 127); Man lügt mit dem Munde, aber mit dem -e, das man dabei macht, sagt man doch die Wahrheit (Sloterdijk, Kritik 102); Ü er hat zehn hungrige Mäuler zu stopfen *(zehn hungrige Kinder zu ernähren);* * **jmdm. ist das M. zugefroren** (derb; *jmd. ist schweigsam, findet keine Worte, obwohl die Situation es erfordert, dass er sich äußert);* **ein großes M. haben/führen** (derb; *großsprecherisch, prahlerisch reden: ein große Wort führen);* **das M. [weit] aufreißen** (derb; *außerordentlich prahlen);* **das M. [weit] aufreißen über jmdn.** *(über jmdn. [sehr] schlecht reden);* **das M./Mäulchen nach etw. spitzen** (fam.; *seine Begierde nach dem genussvollen Verspeisen von etw. bekunden, das man vor sich sieht od. das als erreichbar vorstellt);* **sich** ⟨Dativ⟩ **das M. [über jmdn.] zerreißen** (derb; *sich über jmdn. wegen etw. in übler Nachrede ergehen):* die Nachbarn sollen nicht erfahren, wie schlecht um mich steht, die zerreißen sich sonst das M. (Spiegel 13, 1985, 214); **ein schiefes M. ziehen/machen; das M. hängen lassen** (derb; *ein mürrisches, verdrießliches Gesicht machen, weil man unzufrieden od. beleidigt ist);* **ein großes M. haben** (derb; ↑¹Mund 1 a); **das M. halten** (derb; ↑¹Mund 1 a); **das M. aufsperren** (derb; ↑¹Mund 1 a); **das M. [nicht] aufmachen/auftun** (derb; ↑¹Mund 1 a); **das/sein M. nicht aufkriegen** (derb; ↑¹Mund 1 a); **jmdm. das M. verbieten** (derb; ↑¹Mund 1 a); **jmdm. das M. [mit etw.] stopfen** (derb; ↑¹Mund 1 a; nach Ps. 107, 42); **sich** ⟨Dativ⟩ **das M. verbrennen** (derb; ↑¹Mund 1 a); **das M. brauchen** (derb: 1. *sich durch Reden gehörig wehren.* 2. *hässlich reden, klatschen):* **das M. auf dem rechten Fleck haben** (↑¹Mund 1 a); **jmdm. das M. wässrig machen** (↑¹Mund 1 a); **nicht aufs M. gefallen sein** (↑¹Mund 1 a); **jmdm. etw. ins M. schmieren** (derb; *jmdm. etw. auf überdeutliche Art in den Mund legen, na-*

he legen): muss ich dir die Antwort ins M. schmieren?; **jmdm. nach dem M. reden** (↑ ¹Mund 1 a); **jmdm. übers M. fahren** (↑ ¹Mund 1 a); **jmdm. etw. ums M. schmieren** (derb; *jmdm. etw. Unangenehmes so sagen, dass es verhältnismäßig angenehm klingt*); **b)** *respektlose o. ä. Art zu reden; Mundwerk:* er hat ein freches, gottloses, schändliches, loses M.; dieser Thomas, er hat eine Zunge wie ein Messer, das schändlichste M. im ganzen Dorf (Waggerl, Brot 202); sie fürchtete die bösen Mäuler (ugs.; *die Leute, die mit Gerede über sie, ihr Tun herfallen*); *** ein ungewaschenes M.** (derb; *ein schändliches Mundwerk*). **3.** (Technik) *einem Maul ähnlicher Teil eines Werkzeugs [der etw. fassen soll]:* das M. des Schraubenschlüssels; das M. *(die Backen)* der Zange.

Maul|af|fe, der [2: urspr. wahrsch. = Kienspanhalter in Kopfform, in dessen Maul man den Kienspan steckte]: **1. *** ⟨Pl.⟩ **-n feilhalten** (abwertend; *gaffend, untätig herumstehen*). **2.** (veraltet abwertend) *Gaffer.*

Maul|beer|baum, der [spätmhd. mulberboum, zu mhd. mûlber, ↑ Maulbeere]: *(als Strauch od. Baum wachsende) Kätzchen tragende Pflanze mit herzförmigen Blättern u. brombeerartigen Früchten:* Schwarzer M. *(Maulbeerbaum mit wohlschmeckenden schwarzen Früchten);* Weißer M. *(Maulbeerbaum mit weißen Früchten, dessen Blätter als Nahrung für Seidenraupen dienen).*

Maul|bee|re, die [mhd. mûlber, dissimiliert aus ahd. mûrberi, môrberi, mit dem verdeutlichenden Grundwort -beri = Beere zu lat. morum = Maulbeere, Brombeere]: *brombeerartige Frucht eines bestimmten Maulbeerbaums.*

Maul|beer|keim, der (Biol.): *Morula.*

Maul|beer|sei|den|spin|ner, Maulbeer|spin|ner, der: *(in Ostasien beheimateter) zur Seidengewinnung gezüchteter, grau- bis bräunlich weißer Schmetterling.*

Maul|brü|ter, der (Zool.): *Fisch, dessen Weibchen die Eier im Maul ausbrütet.*

Mäul|chen, das; -s, -, ugs. auch: Mäulerchen: **1.** (bes. fam. scherzh.) Vkl. zu ↑ Maul (1, 2 a): Trudel ... malt sich gerade das M. rot (Fallada, Jeder 228); *** ein M. machen/ziehen** (↑ Schippchen); **das M. schon nach etw. spitzen** (fam.; *etw. in Aussicht Stehendes gern [zu essen] haben wollen).* **2.** (landsch. fam.): *Kuss.*

◆ **maul|dreist** ⟨Adj.⟩ [eigtl. = dreist mit dem Maul]: (landsch.) *ein freches Mundwerk habend:* dass sie Herrn Friedrich Jovers abgeraten hatte, ihre -e Personage in sein Haus zu nehmen (Storm, Söhne 18).

mau|len ⟨sw. V.; hat⟩ [zu ↑ Maul] (ugs. abwertend): *verstimmt sein u. sich nur mürrisch äußern im Ton des Vorwurfs od. der Auflehnung; seine Unzufriedenheit, seine Verstimmung, sein Widerstreben zum Ausdruck bringen:* er mault oft; was maulst du den ganzen Tag?; maul nicht, Junge!; »Das Essen ist kalt«, maulte er; die Arbeiter maulten wegen des schlechten Lohns; Könnte schon längst vorbei sein, wenn er nicht immer

was zu m. hätte (H. Gerlach, Demission 128); sie maulte, im Kühlschrank sei nichts Besseres zu finden gewesen (Rolf Schneider, November 143); mit jmdm. m. *(jmdm. maulend Vorwürfe machen).*

Maul|esel, der [spätmhd. mülesel, verdeutlichende Zus. mit mhd., ahd. mûl, ↑ Maultier]: **a)** *aus Pferd u. Esel gekreuztes, eselähnliches Huftier;* **b)** (Fachspr.) *Kreuzung von Pferdehengst u. Eselstute.*

maul|faul ⟨Adj.⟩ (salopp): *mundfaul:* ein -er Mensch; eine -e *(mürrische, knappe)* Antwort; Die Gefangenen ... gehen mürrisch und m. aneinander vorbei (Bredel, Prüfung 321); M. sitzen sie um den Tisch herum (Frischmuth, Herrin 88).

Maul|held, der (abwertend): *Angeber:* du M. trumpfst mit deinen Sprüchen auf (Fels, Sünden 118).

Maul|hel|den|tum, das (abwertend): *Großsprechertum, Angeberei.*

Maul|ho|bel, der [scherzh. Vergleich mit einem ↑ Hobel (1), da das Musikinstrument im Mund hin u. her geschoben wird] (ugs. scherzh.): *Mundharmonika.*

Maul|hu|re|rei, die (salopp abwertend): *das Großtun mit sexuellen Erlebnissen [unter Verwendung von Vulgärausdrücken]:* was heißt denn das, bitte ... wohl ein Wettbewerb in M. (M. Walser, Pferd 129).

-mäu|lig in Zusb., z. B. breitmäulig (mit breitem Maul).

Maul|korb, der: *aus schmalen Riemen netzartig geflochtenes korbähnliches Gebilde, das bes. Hunden vors Maul gebunden wird, damit sie nicht beißen können:* einem Hund einen M. umbinden, vorbinden, anlegen; Ü jmdm. einen M. anlegen (ugs.; *jmdm. durch Verbote, Zwangsmaßnahmen die freie Meinungsäußerung unmöglich machen);* Der ... Coach verpasste seinen Spielern einen »Maulkorb« *(verpflichtete sie zum Schweigen;* Tagesspiegel 13. 6. 84, 16).

Maul|korb|er|lass, der (ugs.): vgl. Maulkorbgesetz.

Maul|korb|ge|setz, das (ugs.): *Gesetz, das die freie Meinungsäußerung behindert od. unterbindet.*

Maul|korb|pa|ra|graph, der (ugs.): vgl. Maulkorbgesetz.

Maul|korb|zwang, der: *Zwang, Vorschrift, bestimmten Tieren an bestimmten Orten in der Öffentlichkeit einen Maulkorb anzulegen.*

Maul|krat|ten, der (schweiz.): *Maulkorb.*

Maul|or|gel, die (ugs. scherzh.): *Mundharmonika.*

Maul|schel|le, die [zu frühnhd. schellen = schallen] (veraltet, noch landsch.): *Ohrfeige:* Mein Vater ..., der fackelte nicht lange, und die -n, die ich von dem gekriegt habe, vergess ich mein Lebtag nicht (Kempowski, Zeit 69).

Maul|sper|re, die: **a)** (Tiermed.) *Kieferklemme, Kiefersperre;* **b)** (salopp) *Krampf (der Kinnbacken), bei dem der Mund nicht geschlossen werden kann:* (scherzh.:) bei dem dicken Hamburger kriegt man ja die M.; *** die M. kriegen/ bekommen** (salopp; *sehr überrascht sein).*

Maul|ta|sche, die: **1.** ⟨Pl.⟩ *schwäbisches Gericht aus Maultaschen (2).* **2.** *mit Farce (3), Käse od. Gemüse gefüllte Tasche (4) aus Nudelteig, das als Suppeneinlage, mit Zwiebeln o. Ä. gegessen wird.*

Maul|tier, das [verdeutlichende Zus. mit mhd., ahd. mûl = Maultier < lat. mulus]: **1.** *aus Pferd u. Esel gekreuztes, pferdeähnliches Huftier.* **2.** (Fachspr.) *Kreuzung von Eselhengst u. Pferdestute.*

Maul|tier|pfad, der: vgl. Saumpfad.

Maul|tier|trei|ber, der: vgl. Treiber (2).

Maul|trom|mel, die: *mit dem Mund gehaltenes kleines Zupfinstrument aus Metall, mit dem einfache Melodien in leisen Tönen gespielt werden können; Brummeisen.*

Maul- und Klau|en|seu|che, die: *durch Viren hervorgerufene Krankheit der Wiederkäuer mit Ausschlag an Maul, Klauen (2) u. Euter.*

Maul voll: s. Maul (1).

Maul|werk, das (derb abwertend): *Mundwerk.*

Maul|wurf, der [mhd. mûlwurf, -werf, zu: mûl = Maul u. wurf = das Werfen, volksetym. Umdeutung von: moltwerf, spätahd. mul(t)wurf, eigtl. = Erd(auf)werfer, geb. unter Anlehnung an mhd. molt(e), ahd. molta u. md., mniederd. mul(le) = Erde, Staub zu ahd. mûwerf, mûwurf, eigtl. = Haufen(auf)werfer]: **1.** *unter der Erde lebendes, Insekten u. Regenwürmer fressendes Tier mit kurzhaarigem, dichtem Fell, kleinen Augen, rüsselförmiger Schnauze u. kurzen Beinen, von denen die vorderen zwei als Grabwerkzeuge ausgebildet sind:* Dort sollte ein glatter Rasen sein, aber die Maulwürfe hatten alles unterwühlt und ein Gebirge daraus gemacht (H. Gerlach, Demission 191). **2.** (Jargon) *Agent, der über lange Zeit im Hinter- od. Untergrund bleibt.*

maul|wurf|grau ⟨Adj.⟩: *schwarzgrau wie das Fell des Maulwurfs.*

Maul|wurf|hau|fen, der: *Maulwurfshügel:* Akkurat vom Gärtner eingebundene Rosenstöcke. Nirgendwo ein M. (Ossowski, Liebe ist 127).

Maul|wurf|rat|te, die: *Maulwurfsratte.*

Maul|wurfs|fell, das: *Fell des Maulwurfs.*

maul|wurfs|grau ⟨Adj.⟩: *maulwurfgrau.*

Maul|wurfs|gril|le, die: *Grille mit zu Grabwerkzeugen umgebildeten Vorderbeinen, die meist in selbst gegrabenen unterirdischen Gängen lebt u. bes. Insekten u. Regenwürmer frisst.*

Maul|wurfs|hau|fen, der: *Maulwurfshügel.*

Maul|wurfs|hü|gel, der: *vom Maulwurf beim Graben aufgeworfener kleiner Erdhügel:* M. einebnen; Ü Als ich liebte und nicht bereit war, mich dazu in irgendeinen M. *(in die Verborgenheit)* zurückzuziehen (H. Weber, Einzug 255).

Maul|wurfs|rat|te, die: volkst. für ↑ Sandgräber.

¹Mau-Mau ⟨Pl.⟩ [afrikan.]: *Geheimbund in Kenia:* Ich kenne einen Mann, der eine Farm hat bei Nairobi und vor den M. zittert (Frisch, Gantenbein 197).

²Mau-Mau, das; -[s] [nach dem Ruf des das Spiel beendenden Spielers, H. u.]:

Kartenspiel, bei dem in der Farbe od. im Kartenwert bedient werden muss u. derjenige gewonnen hat, der als Erster keine Karte mehr hat.

maun|zen ⟨sw. V.; hat⟩ [nasalierte Form von ↑mauzen] (ugs.): *[lang gezogene] klägliche Laute von sich geben:* der Kater maunzt; ein maunzendes Baby; Jungkaninchen, die nach Futter maunzen *(maunzend nach Nahrung verlangen;* Bamm, Weltlaterne 47); ⟨subst.:⟩ Gestalten mit verschnürten Säcken, aus denen das dünne Maunzen neugeborener Kätzchen drang (Fels, Sünden 7).

Mau|re, der; -n, -n: Angehöriger eines nordafrikanischen Mischvolkes.

Mau|rer, der; -s, - [mhd. mūrære, ahd. mūrāri, zu ↑Maurer]: **1.** *Handwerker, der Mauerwerk herstellt* (Berufsbez.): **pünktlich wie die M.* (ugs. scherzh.; *sehr pünktlich, bes. beim Beenden der Arbeitszeit).* **2.** (ugs.) *Kartenspieler, der mauert* (3). **3.** kurz für ↑Freimaurer.

Mau|rer|ar|beit, die: *üblicherweise von einem Maurer ausgeführte Arbeit.*

Mau|re|rei, die; -: **1.** *Tätigkeit des Mauerns; Maurerhandwerk.* **2.** kurz für ↑Freimaurerei: die M. ist der ... Abkömmling der alten Initiationsriten (Th. Mann, Zauberberg XV).

Mau|rer|früh|stück, das (landsch.): *aus Wurst, Brot u. einer Flasche Bier bestehendes Frühstück, das besonders gern von Maurern verzehrt wird.*

Mau|rer|ge|sel|le, der: *Geselle (1) im Maurerhandwerk.*

Mau|rer|ge|sel|lin, die: w. Form zu ↑Maurergeselle.

Mau|rer|ham|mer, der: *(vom Maurer verwendeter) Hammer bes. zum Zurechtklopfen der Steine.*

Mau|rer|hand|werk, das ⟨o. Pl.⟩: *Handwerk der Maurer u. Maurerinnen.*

Mau|re|rin, die; -, -nen: w. Form zu ↑Maurer.

mau|re|risch ⟨Adj.⟩: kurz für ↑freimaurerisch.

Mau|rer|kel|le, die: *Kelle (3).*

Mau|rer|klamp|fe, die (österr.), **Maurer|kla|vier,** das (ugs. scherzh.): *Ziehharmonika.*

Mau|rer|ko|lon|ne, die: *Gruppe von Maurern [u. Maurerinnen].*

Mau|rer|lehr|ling, der: vgl. Maurermeister: Als zierlicher M. habe sie nie Probleme mit den gestandenen Männern vom Bau, mit Polieren und kräftigen Eisenbiegern gehabt (FR 3. 7. 97, 1).

Mau|rer|meis|ter, der: *Meister (1) im Maurerhandwerk.*

Mau|rer|meis|te|rin, die: w. Form zu ↑Maurermeister.

Mau|rer|po|lier, der: vgl. Maurermeister.

Mau|rer|po|lie|rin, die: w. Form zu ↑Maurerpolier.

Mau|rer|zunft, die: *Zunft der Maurer [u. Maurerinnen].*

Mau|res|ke, Moreske, die; -, -n [frz. mauresque < span. morisco < lat. Maurus = maurisch] (bild. Kunst): *Flächenornament (der islamischen Kunst) aus schematischen Linien u. stilisierten Pflanzen.*

Mau|re|ta|ni|en; -s: Staat in Afrika.

Mau|re|ta|ni|er, der; -s, -: Ew.

Mau|re|ta|ni|e|rin, die; -, -nen: w. Form zu ↑Mauretanier.

mau|re|ta|nisch ⟨Adj.⟩: *Mauretanien, die Mauretanier betreffend, zu ihnen gehörend, von ihnen stammend.*

Mau|rin, die; -, -nen: w. Form zu ↑Maure.

Mau|ri|ner, der; -s, - [nach dem heiligen Maurus von Subiaco]: *Angehöriger einer französischen benediktinischen Kongregation im 17./18. Jh., deren Mitglieder bedeutende Leistungen in der Patristik u. katholischen Kirchengeschichte vollbrachten.*

mau|risch ⟨Adj.⟩: *die Mauren betreffend:* ein -er Bau; -er Stil.

Mau|ri|ti|er, der; -s, -: Ew.

Mau|ri|ti|e|rin, die; -, -nen: w. Form zu ↑Mauritier.

mau|ri|tisch, (auch:) maurizisch ⟨Adj.⟩: *Mauritius, die Mauritier betreffend, zu ihnen gehörend, von ihnen stammend.*

Mau|ri|ti|us: Insel[staat] im Indischen Ozean.

mau|ri|zisch: ↑mauritisch.

Maus, die; -, Mäuse [mhd., ahd. mūs, viell. urspr. = das Stehlende; 3 a: schon mhd., ahd., nach lat. musculus, Vkl. von: mus, ↑Muskel; 3 b: der Knorpel wird wegen seiner Beweglichkeit mit einer Maus verglichen; 4: viell. entstellt aus ↑Moos (3) od. nach dem Vergleich der (silber)grauen Farbe der Mäuse mit der der Silbermünzen; 5: LÜ engl. mouse, nach der Form]: **1.** *kleines [graues] Nagetier mit spitzer Schnauze, nackten Ohren u. nacktem, langem Schwanz, das [als Schädling] in menschlichen Behausungen, auf Feldern u. in Wäldern lebt:* die Mäuse rascheln, piepsen, pfeifen, quieken; die M. nagt, knabbert am Käse; die M. huscht ins Loch, geht in die Falle; Mäuse fangen; flink wie eine M. *(sehr flink);* Die Holzwolle roch nach alten Kartoffeln, nach Weihnachten und Mäusen (Bieler, Bonifaz 114); ℞ da beißt die M. keinen(/seltener:) keine M. einen Faden ab (ugs.; *daran ist nicht zu rütteln;* H. u., viell. urspr. Versicherung des Schneiders gegenüber dem Kunden, dass dessen Stoff bei ihm gut aufgehoben sei); diese Zahlen sind ... anerkannte Tatsachen und Zahlen. Da beißt die M. keinen Faden ab! (Siegel, Bruchheilung 122); das trägt eine M. auf dem Schwanz weg (ugs.; *das ist äußerst wenig);* Ü Keine M. (ugs.; *niemand)* kam ins Flugzeug, ohne ... kontrolliert worden zu sein (Cotton, Silver-Jet 5); **weiße M.* ⟨meist Pl.⟩ (ugs. scherzh.; *[motorisierter] Verkehrspolizist in teilweise weißer Uniform):* eine weiße M. regelte den Verkehr; die Kolonne wurde von weißen Mäusen begleitet; **graue M.** (ugs. abwertend; *unscheinbare Person, die wenig aus sich machen versteht, der wenig Beachtung geschenkt wird, die man für farblos hält):* es fehlt ihm aller Glanz, er ist eher eine graue M.; In den Pfarrersmilieu ... galten Frauen wenig, sie waren graue Mäuse, die sich im Hintergrund zu halten hatten (Dierichs, Männer 63); **weiße Mäuse sehen** (ugs.; *[im Delirium] Wahnvorstel-*

lungen haben): die Ägypter soffen, dass sie ... nicht nur weiße Mäuse, sondern selbst Heuschrecken, Schnaken, Frösche sahen (Winckler, Bomberg 103); **Mäuse merken** (salopp; *Schliche, Tricks erkennen; merken, wo etw. nicht stimmt);* **wie eine gebadete M.** (ugs.; *völlig durchnässt).* **2.** (fam.) *Kosewort:* du süße M.! **3. a)** (ugs.) *Handballen unterhalb des Daumens:* sich in die M. schneiden; **b)** (Med.) *Gelenkmaus.* **4.** ⟨Pl.⟩ (salopp) **a)** *Geld:* keine Mäuse mehr haben; Eines nicht fernen Tages. Wirste sehen. ... dann mach ich die dicken Mäuse *(verdiene ich viel Geld;* Danella, Hotel 39); **b)** *Mark:* leih mir mal hundert Mäuse!; Wenn du ... die ... sechste Zahl getroffen hättest, wärst du jetzt Millionär, aber 50 000 Mäuse sind auch kein Pappenstiel (Augsburger Allgemeine 6./7. 5. 78, XV). **5.** (EDV) *meist auf Rollen gleitendes, über ein Kabel mit einem PC verbundenes Gerät, das auf dem Tisch hin u. her bewegt wird, um den Cursor od. ein anderes Markierungssymbol auf dem Monitor des Computers zu steuern.* **6.** (salopp) *weibliche Scham; Vulva.*

Maus|au|ge, das: *kleines, knopfartiges Auge (wie das einer Maus):* seine Frau hat -n.

Mau|schel, der; -s, - [zu jidd. Mausche, Mousche < hebr. Mošę ≐ Moses (m. Vorn.), urspr. Spottname für einen jüd. Händler] (früher spött.): *[armer] Jude.*

Mau|schel|bei|te, die; -, -n [2. Bestandteil zu frz. bête, ↑bet] (Kartenspiel): *doppelter Strafeinsatz beim Mauscheln.*

Mau|sche|lei, die; -, -en (abwertend): *[dauerndes] Mauscheln (1):* Mauscheleien und Ämterpatronage sind ... an der Tagesordnung (Spiegel 52, 1980, 14).

mau|scheln ⟨sw. V.; hat⟩ [urspr. = wie ein jüd. Händler Geschäfte machen; zu ↑Mauschel; b: zu ↑Mauscheln; wohl eigtl. = ein Glücksspiel spielen (u. dabei betrügen); 3 a: eigtl. = wie ein ↑Mauschel reden; b: nach dem für Nichtjuden unverständlichen Jiddisch]: **1.** (ugs. abwertend) **a)** *unter der Hand in undurchsichtiger Weise Vorteile aushandeln, begünstigende Vereinbarungen treffen, Geschäfte machen:* Was habt ihr denn da so heimlich zu m.? (Jaeger, Freudenhaus 149); im Gemeinderat wird viel gemauschelt; mit jmdm. m.; Dieser blöde Heini hat mit der Kommune gemauschelt (Apitz, Wölfe 119); **b)** (ugs.) *beim [Karten]spiel betrügen.* **2. a)** *Mauscheln spielen;* **b)** *beim Mauscheln das Spiel übernehmen:* ich mausch[e]le! **3.** (ugs.) **a)** *mit jiddischem Einschlag sprechen;* **b)** *undeutlich reden.*

Mau|scheln, das; -s: *Kartenspiel für drei bis sechs Personen (Glücksspiel).*

Mäus|chen, das; -s, -: **1.** Vkl. zu ↑Maus (1): still sitzen wie eine M. (fam.; *ganz still sitzen);* **M. sein [wollen], spielen [wollen]* (ugs.; *etw. als heimlich anwesender Beobachter miterleben [wollen]):* bei der Verhandlung hätte ich gerne mal M. gespielt. **2.** Vkl. zu ↑Maus (2): na, mein M.? **3.** (ugs.) *Musikantenknochen.*

mäus|chen|still ⟨Adj.⟩ (fam. emotional): *ganz still [vor angespannter Erwartung,*

Aufmerksamkeit]: alle waren m.; es wurde m.

mäu|se|arm ⟨Adj.⟩ (schweiz. selten): *sehr arm.*

Mäu|se|bus|sard, der: *adlerähnlicher, vorwiegend Mäuse fangender [brauner] Bussard mit kurzem, abgerundetem Schwanz.*

Mäu|se|dorn, der: *buschig wachsende, immergrüne Pflanze mit korallenroten Beeren.*

Mäu|se|dreck, der (ugs.): *Kot von Mäusen.*

Mäu|se|fal|le, (seltener:) **Mäu|se|fal-le,** die: *Falle zum Fangen von Mäusen:* eine M. aufstellen; Ü der Stollen wurde für die Überlebenden zur M. (ugs.; *zu einem Raum, aus dem es kein Entrinnen gab);* Zuweilen wurde auch die Sicherheit des Kellers (= des Luftschutzkellers) erörtert ... Das ist eine Mausefalle (Kempowski, Tadellöser 161).

Mäu|se|fang, der ⟨o. Pl.⟩: *das Fangen von Mäusen:* die Katze geht auf M.

Mäu|se|fän|ger, der: 1. ³*Mauser.* 2. *(von Katzen, Raubvögeln u. a.) auf Mäusefang ausgehendes Tier.*

Mäu|se|fän|ge|rin, die: w. Form zu ↑Mäusefänger.

Mäu|se|fraß, der: *Fraß (2) von Mäusen an Vorräten, Pflanzen, Wurzeln o. Ä.*

Mäu|se|gers|te, die (Bot.): *häufig an Straßen- u. Wegrändern wachsende wilde Gerste.*

Mäu|se|ge|sicht, das: *kleines, spitzes Gesicht eines Menschen:* Harry war 'n ganz kleiner Typ mit einem M. (Eppendorfer, St. Pauli 187).

Mäu|se|gift, das: *Gift zur Vernichtung von Mäusen.*

Mäu|se|jagd, die: *Jagd auf Mäuse.*

Mäu|se|ki|no, das: 1. (Jargon) *Display im Auto.* 2. (ugs.) *Fernsehgerät mit sehr kleinem Bildschirm.*

mäu|seln ⟨sw. V.; hat⟩ (Jägerspr.): *die Pfeif-, Pieplaute der Mäuse [mit einer Pfeife] nachahmen, um den Fuchs anzulocken:* der Jäger mäuselt den Fuchs; ⟨subst.:⟩ da gab es das Mäuseln, ein leises Fiepen zum Anlocken der Füchse (Kaschnitz, Wohin 95).

Mau|se|loch, (seltener:) **Mäu|se|loch,** das: *von der Maus genagtes od. gegrabenes Loch, das den Eingang zu ihrem Schlupfwinkel bildet:* die Katze lauert vor dem M.; er hätte sich am liebsten in ein M. verkrochen (ugs.; *hätte sich vor Angst od. Verlegenheit am liebsten versteckt*); Manche Patienten ... verkriechen sich in ein Mauseloch, wenn sie nur das Wort »Behörde« hören (Spiegel 16, 1977, 49).

Mäu|se|mel|ken: in der Wendung **es ist zum M.** (salopp; *es ist zum Verzweifeln;* eine Situation ist so verfahren, dass man fast etwas zu Unsinniges versuchen könnte, wie eine Maus zu melken).

mau|sen ⟨sw. V.; hat⟩ [mhd. mūsen, zu ↑Maus; 3: zu veraltet mausen = etw. heimlich tun, in Anspielung auf einen heimlichen Ehebruch]: 1. (fam., meist beschönigend od. scherzh.) *(etw. nicht unbedingt Wertvolles)* heimlich an sich nehmen, jmdm. wegnehmen: wer hat

[mir] meine Bonbons gemaust?; Wir haben als Kinder mal dieses oder jenes gemaust (Bastian, Brut 22); Vielleicht würde es mir gelingen, die alten Kavalleriestiefel ... aus dem Keller zu m. (Lentz, Muckefuck 74). **2.** (veraltet, noch landsch.) *(von Tieren) Mäuse fangen:* ◆ ein rüstig Mädel ist's, ich hab's beim Ernten gesehn, wo alles von der Faust ihr ging und ihr das Heu man flog als wie gemaust (*schnell u. mühelos;* eigtl. = so schnell, wie die Katze Mäuse fängt; Kleist, Krug 7). **3.** (landsch. derb) *koitieren* (a,b): ⟨subst.:⟩ Eine Lehrerin erwischte sie mit einem Typen im Auto, als die beiden gerade beim Mausen waren (Christiane, Zoo 325).

Mäu|se|nest, das: *Nest von Mäusen.*

Mäu|se|öhr|chen, das: *Mausohr.*

Mäu|se|pla|ge, die: *sich als Plage auswirkendes gehäuftes Auftreten von Mäusen.*

¹**Mau|ser,** die; - [älter: Mause, mhd. mūʒe < mlat. muta, zu lat. mutare, ↑mausern]: *jahreszeitlicher Wechsel des Federkleids (bei Vögeln):* der Vogel ist in der M.

²**Mau|ser**®, die; -, - [nach den dt. Konstrukteuren, den Brüdern P. v. Mauser (1838–1914) u. W. v. Mauser (1834 bis 1882)]: kurz für ↑Mauserpistole.

³**Mau|ser,** der; -s, - (bes. schweiz.): *Fänger von Mäusen u. Maulwürfen, der auf den Feldern Fallen stellt.*

Mau|se|rei, die; -, -en: **1.** (fam. scherzh.): *[dauerndes] Mausen* (1). **2.** (landsch. derb) *[dauerndes] Mausen* (3).

Mäu|se|rich, der; -s, -e [geb. nach ↑Enterich, Gänserich] (ugs.): *männliche Maus.*

mau|se|rig ⟨Adj.⟩ [eigtl. = aussehend wie ein Vogel in der ¹Mauser, weitergebildet aus ↑mausig] (schweiz.): **1.** *verdrießlich.* **2.** *bedrückt, niedergeschlagen.* **3.** *(vom Wetter) trübe.*

mau|sern, sich ⟨sw. V.; hat⟩ [weitergebildet aus älter: mausen, mhd. mūʒen, ahd. mūʒōn < lat. (pennas) mutare = (die Federn) wechseln]: **1.** *(von Vögeln) das Federkleid wechseln:* die Enten mausern sich [im Herbst]; ⟨auch, bes. Fachspr., ohne »sich«:⟩ die Kraniche mausern; mausernde Hühner. **2.** (ugs.) *sich durch eine der Entfaltung der eigenen Anlagen, Möglichkeiten förderliche Entwicklung zum eigenen Vorteil verändern:* unsere Tochter hat sich, zur Dame gemausert; der Bub aus Penzberg ... mauserte sich in Rekordzeit zum ... Publikumsliebling (Hamburger Morgenpost 25. 5. 85,9); Ü Die Provinzstadt ... hat sich zur reichsten Kommune ... gemausert (Spiegel 22, 1980, 63); Ihr Song mauserte sich zum großen Erfolg (Hörzu 26, 1980, 96).

Mau|ser|pis|to|le, die [↑²Mauser]: *Selbstladepistole.*

Mau|se|rung, die; -, -en: ¹*Mauser.*

Mau|ser|zeit, die: *Zeit der ¹Mauser.*

mau|se|tot ⟨Adj.⟩ [unter Anlehnung an »Maus« umgedeutet aus niederd. mu(r)sdōt, morsdōt = ganz tot, zu: murs, mors = gänzlich, plötzlich] (fam. emotional): *ganz u. gar tot, nicht die ge-*

ringste Lebensregung mehr zeigend: er war m.; Man hat ihn (= den Landstreicher) ... m. aufgefunden (Langgässer, Siegel 86); Ü Die Kunstform Satire ist ... totgeschlagen worden ... m. (Spiegel 26, 1979, 181).

Maus|e|zahn, der: *(bes. bei Kleinkindern) kleiner, spitzer Zahn.*

Maus|e|zähn|chen, das, **Mäus|e|zähn-chen,** das: **1.** *Mausezahn:* Natalie, drei Jahre altes Töchterchen mit Schelmenblick und M. (MM 26./27. 1. 85, 48). **2.** ⟨meist Pl.⟩ (Handarb.) *eine der kleinen Zacken am gezahnten Rand einer Häkelarbeit.*

maus|grau ⟨Adj.⟩: *grau wie das Fell von Mäusen:* ein -er Anzug.

Mau|si ⟨o. Art.⟩ (fam.): *Kosewort:* Ich möchte mir die Scheidung doch noch mal überlegen, M. (Spiegel 22, 1976, 49).

mau|sig ⟨Adj.⟩ [mhd. mūʒic = keck, frech, eigtl. = gemausert, zu: mūʒen, ↑mausern]: in der Verbindung **sich m. machen** (salopp; *sich frech u. vorlaut äußern, benehmen*): mach dich nicht m.!; man wolle ihr zeigen, dass man Waffen gegen sie in der Hand habe für den Fall, dass sie sich m. mache (Feuchtwanger, Erfolg 162).

Maus|klick, der; -s, -s (EDV): *das Anklicken mit der Maustaste:* Wo man zuvor zwischen den Seiten blättern musste, kommt hier per M. die Information auf den Bildschirm (MM 8./9. 4. 95, 52).

Mäus|lein, das; -s, -: Vkl. zu ↑Maus (1): R dass dich das M. beiß! (südd. fam. scherzh.; scherzhafte Drohung; Mäuslein [mundartl. Mäusle] vermutlich entstellt aus frühnhd. Meisel, mhd. mīsel[suht] = Aussatz).

Mau|so|le|um, das; -s, ...een [lat. Mausoleum < griech. Mausõleion, urspr. = Grabmal des Königs Mausolos von Karien, gest. um 353 v. Chr.]: *monumentales Grabmal in Form eines Bauwerks.*

Maus|pad [...pɛd], das [aus Maus (5) u. engl. pad, ↑Pad] (EDV): *Unterlage, auf der die Maus (5) bewegt wird:* Die Maus klebt, auf dem Bildschirm verteilen sich Fingerabdrücke, und auf dem M. trocknet eine inselförmige »Kaba«-Pfütze – ganz selbstverständlich haben Kinder den Zugang zum Computer gefunden (FR 12. 8. 95, 99).

maus|sa|de [mo'sad] ⟨Adj.⟩ [frz. maussade = griesgrämig, verdrossen, zu: mal (↑Malheur) u. afrz. sade < lat. sapidus = schmackhaft] (veraltet): **1.** *schal, abgeschmackt.* **2.** *mürrisch, verdrießlich.*

Maus|tas|te, die; -, -n (EDV): *eine der Tasten, die auf der Maus (5) angebracht sind:* Bis dahin werden die Computerbesitzer sicher gelernt haben, die rechte M. häufiger zu nutzen, was Windows 95 ihnen nahe legt (Zeit 25. 8. 95, 66).

maus|tot ⟨Adj.⟩ (österr. ugs.): *mausetot.*

Maus|trei|ber, der (EDV): *Treiber (5), mit dem eine Maus (5) gesteuert wird.*

Maut, die; -, -en [älter = Zoll, spätmhd. maut(t), mhd. mūte, ahd. mūta < got. mōta = Zoll(stelle)] (bes. österr.): **a)** *Straßen-, Brückenzoll:* M. bezahlen müssen; Die M. auf den italienischen Autobahnen wurde ... erhöht (auto touring 2, 1979, 9); **b)** *Dienststelle, auf der einer Maut kassiert wird.*

maut|bar ⟨Adj.⟩ (veraltet): *mautpflichtig.*

maut|frei ⟨Adj.⟩ (österr.): *frei von Mautgebühren.*

Maut|ge|bühr, die (österr.): *Maut (a).*

Maut|ner, der; -s, - [älter = Zöllner] (österr.): *jmd., der Mautgebühren einzieht.*

maut|pflich|tig ⟨Adj.⟩ (österr.): *nur gegen Entrichtung von Maut (a) zu benutzen:* -e Brücken, Straßen.

Maut|stel|le, die (österr.): *Maut (b).*

Maut|stra|ße, die (österr.): *mautpflichtige Straße.*

Mau|vais Su|jet [movɛsy'ʒe], das; - -, - -s [- sy'ʒɛ; frz. mauvais sujet, aus: mauvais = schlecht, schlimm u. sujet = Gegenstand; Person] (selten): *Taugenichts, übler Bursche.*

mauve [mo:v] ⟨indekl. Adj.⟩ [frz. mauve, zu: mauve = Malve < lat. malva, ↑Malve]: *malvenfarbig.*

mauve|far|ben ⟨Adj.⟩: *mauve.*

Mau|ve|in [move'i:n], das; -s: *Farbstoff von violettem Ton.*

mau|zen ⟨sw. V.; hat⟩ [Weiterbildung von älterem mauen = miauen, mhd. māwen]: *maunzen:* Mein Kater ... mauzte so kläglich, dass ich dachte, der stirbt auch bald (Christiane, Zoo 221); hör endlich auf, dauernd zu m.

Max: in der Fügung **strammer M.** (ugs.; 1. *Spiegelei auf Schinken u. Brot.* 2. seltener; *gut gewürztes, mit Eiern gemischtes Gehacktes auf Brot;* Max m. Vorn., hier = Bursche, Kerl, beachtlicher Gegenstand); in den Wendungen: **den strammen M. markieren, spielen** (ugs.; großsprecherisch auftreten).

Ma|xe, der; -n, -n [↑Max] (salopp): *Kerl:* ein doller M.; den großen -n spielen.

Ma|xen ⟨Pl.⟩ [nach dem Bild des bayr. Königs Maximilian IV. (1756–1825) auf den Münzen] (bayr., österr. salopp): *Geld.*

ma|xi ⟨Adj.⟩ [nach lat. maximus = größter, geb. nach ↑mini] (Mode): *(von Röcken, Kleidern, Mänteln) knöchellang:* der Rock ist m.

¹Ma|xi, das; -s, -s: **1.** ⟨o. Pl.⟩ (Mode) **a)** *knöchellange Kleidung:* M. tragen; sie erschien in modischem M.; **b)** *(von Röcken, Kleidern, Mänteln) Länge bis zu den Knöcheln:* Kleider in M. **2.** (ugs.) *Maxikleid.*

²Ma|xi, der; -s, -s (ugs.): *Maxirock.*

³Ma|xi, die; -, -s (ugs.): **1.** *Maxisingle.* **2.** *Maxi-CD.*

Ma|xi-CD, die: *CD mit nur einem oder nur wenigen Titeln bes. der Popmusik.*

Ma|xi|kleid, das: *knöchellanges Kleid.*

ma|xi|lang ⟨Adj.⟩: *knöchellang.*

Ma|xil|la, die; -, ...llae [...lɛ; lat. maxilla, Vkl. von: mala = Kinnbacke] (Anat.): *Oberkiefer[knochen].*

ma|xil|lar, ma|xil|lär ⟨Adj.⟩ [lat. maxillaris] (Med., Anat.): *zum Oberkiefer gehörend, auf ihn bezüglich.*

Ma|xil|len ⟨Pl.⟩ (Biol.): *bei Gliederfüßern das auf dem Oberkiefer nach hinten folgende zweite u. dritte Mundgliedmaßenpaar.*

Ma|xi|look, der (Mode): *Mode, bei der die Rocklänge bis zum Knöchel reicht:*

der M. ist bereits vergessen; sie erschien im M. *(in knöchellanger Kleidung).*

¹Ma|xi|ma: Pl. von ↑Maximum.

²Ma|xi|ma, die; -, ...mae [...mɛ] u. ...men [mlat. (nota) maxima, eigtl. = die größte (Note), zu lat. maximus, ↑maximal] (Musik): *längste gebräuchliche Note der Mensuralmusik (im Zeitwert 2 von acht ganzen Noten).*

ma|xi|mal ⟨Adj.⟩ [zu lat. maximus = größter, bedeutendster, Sup. von: magnus = groß]: **1.** (bildungsspr.) **a)** *größt..., höchst..., stärkst...:* -e Geschwindigkeit; etw. m. *(in höchstem Grade)* ausnutzen; Selbstverständlich war ... -e *(äußerste, größte)* Vorsicht geboten (Muschg, Gegenzauber 72); **b)** *im Höchstfall, höchstens [zutreffend, eintretend usw.]:* die m. zulässige Geschwindigkeit; der Kran kann m. zwanzig Tonnen heben. **2.** (schweiz.) *hervorragend:* Entzückend, fand Sabeth, das sei kein Wort für ein solches Relief; sie fand es toll, geradezu irrsinnig, m., genial, terrific (Frisch, Homo 157); das ist ja m.!

Ma|xi|mal|be|las|tung, die: *höchste, höchstmögliche Belastung.*

Ma|xi|mal|be|trag, der: *Höchstbetrag.*

Ma|xi|mal|do|sis, die (Med.): *höchste Dosis eines Medikaments, die vom Arzt gegeben werden darf;* Abk.: MD.

Ma|xi|mal|for|de|rung, die: *höchstmögliche Forderung:* unerfüllbare -en stellen.

Ma|xi|mal|ge|schwin|dig|keit, die: *höchste, höchstmögliche Geschwindigkeit.*

Ma|xi|mal|ge|wicht, das: *höchstes, höchstmögliches Gewicht.*

Ma|xi|mal|hö|he, die: *höchst[mögliche] Höhe.*

ma|xi|mal|i|sie|ren ⟨sw. V.; hat⟩ [zu ↑maximal] (bildungsspr. selten): *bis zum Höchstmöglichen, aufs Äußerste steigern.*

Ma|xi|mal|ist, der; -en, -en: **1.** *jmd., der das Äußerste fordert.* **2.** *Sozialist, der die sofortige Machtübernahme der revolutionären Kräfte fordert.*

Ma|xi|ma|lis|tin, die; -, -nen: w. Form zu ↑Maximalist.

Ma|xi|mal|leis|tung, die: *Höchstleistung.*

Ma|xi|mal|no|te, die (bes. schweiz.): *Höchstnote:* nach der ... Lerngefährte ... nach Zürich zurück, um dort die eidgenössische Maturität ... mit der M. zu bestehen (Muschg, Gegenzauber 69).

Ma|xi|mal|preis, der: *höchst[möglicher] Preis.*

Ma|xi|mal|pro|fit, der [russ. maksimalnaja pribyl] (kommunist. abwertend): *vom Privatkapitalismus angestrebter maximaler, höchst[möglicher] Profit.*

Ma|xi|mal|stra|fe, die (Rechtsspr.): *höchst[mögliche] Strafe, die das Gesetz zulässt.*

Ma|xi|mal|wert, der: *höchst[möglicher] Wert.*

Ma|xi|man|tel, der: vgl. Maxikleid.

Ma|xi|me, die; -, -n [frz. maxime < mlat. maxima (regula) = höchste (Regel), zu lat. maximus, ↑maximal] (bildungsspr.): *Leitsatz:* eine politische M.; die oberste M. seines Handelns lautet: »Leben und

leben lassen«; Aufmerksam – diszipliniert und rücksichtsvoll – -n für jeden Verkehrsteilnehmer (NNN 23. 2. 85, 8); eine M. haben; einer M. folgen; Nach unserer M. *(unserem Grundsatz)* mischen wir uns nicht in innerstaatliche Maßnahmen (NZZ 21. 12. 86, 25); Es kann doch auch gut gehen. Lebenserfahrungen, die sie zu -n erhoben hatte (Brückner, Quints 171).

ma|xi|mie|ren ⟨sw. V.; hat⟩ [zu ↑Maximum] (bildungsspr.): *systematisch bis zum Höchstmaß steigern:* den Gewinn, Ertrag, Nutzen m.; es müsse darum gehen, neue Technologien so einzusetzen, dass ihre Nachteile für Arbeitnehmer minimiert, die Vorteile aber maximiert würden (Blick auf Hoechst 8, 1983, 2); (Math.:) eine Funktion m.

Ma|xi|mie|rung, die; -, -en: *das Maximieren.*

Ma|xi|mo|de, die ⟨o. Pl.⟩: vgl. Maxilook.

Ma|xi|mum, das; -s, ...ma [lat. maximum, subst. Neutr. von: maximus, ↑maximal]: **1.** ⟨Pl. selten⟩ (bildungsspr.) *größtes Maß; Höchstmaß:* ein M. an Sicherheit bieten; ein, das M. bei etw. herausholen, bringen, erreichen; wir haben nicht das M. getan (NZZ 21. 1. 83, 26); Hinault hat sein M. gegeben – mehr war nicht möglich (Saarbr. Zeitung 11. 7. 80, 6); das M. an Punkten gewinnen; etw. kostet im M. *(maximal, höchstens)* 100 Mark; etw. bleibt unter dem M. **2. a)** (Math.) *oberer Extremwert:* ein absolutes, relatives M.; die Maxima und Minima einer Funktion berechnen; **b)** (Met.) *höchster Wert (bes. der Temperatur) eines Tages, einer Woche, eines Monats, eines Jahres od. einer Beobachtungsreihe.* **3.** (Met.) *Kern eines Hochdruckgebiets:* ein barometrisches M. **4.** (Jugendspr.) *etw. Unüberbietbares:* das ist M.!

Ma|xi|mum-Mi|ni|mum-Ther|mo|me|ter, das: *Thermometer, das jeweils die tiefste u. die höchste gemessene Temperatur festhält.*

Ma|xi|rock, der: *knöchellanger Rock.*

Ma|xi|sin|gle, die: *²Single von der Größe einer ¹LP.*

Max|well ['mækswəl], das; -, - [nach dem britischen Physiker James Clerk Maxwell (1831–1879)] (Physik): *Einheit des magnetischen Flusses.*

¹Ma|ya: ↑Maja.

²Ma|ya, der; -[s], -[s]: *Angehöriger eines indianischen Kulturvolkes in Mittelamerika.*

May|day ['meɪdeɪ; anglisiert aus frz. m'aidez = helfen Sie mir]: *internationaler Notruf im Funksprechverkehr.*

Ma|yo, die; -, -s (ugs.): kurz für ↑Mayonnaise: *Pommes mit M.*

Ma|yon|nai|se [majɔ'nɛ:zə; österr.: ...z], Majonäse, die; -, -n [frz. mayonnaise, älter: mahonaise, zu: mahonais = aus Mahón (Stadt auf Menorca)]: *dickflüssige, kalte Soße aus Eigelb, Öl, Zitronensaft (od. Essig) u. Gewürzen:* eine M. anrühren; Hering in M.; Kartoffelsalat mit M. zubereiten.

Ma|yor [mɛə], der; -s, -s [engl. mayor < afrz. maire, ↑Maire]: *Bürgermeister in England u. in den USA.*

MAZ, die; - [Kurzwort für magnetische Bildaufzeichnung] (Ferns.): *Vorrichtung zur Aufzeichnung von Fernsehbildern auf Magnetband:* »Die M. läuft«, kam aus dem Off. »Zehn, neun, acht«, zählte der Studioleiter (Hörzu 24, 1984, 8).

ma|za|rin|blau ⟨Adj.⟩ [frz. (bleu) mazarin, H. u.]: *hellblau mit leichtem Rotstich.*

Maz|da|is|mus [mas...], der; - [nach dem Namen der iran. Gottheit Ahura Masdah (Mazda)]: *die von Zarathustra gestiftete altpersische Religion.*

Maz|da|ist [mas...], der; -en, -en: *Anhänger des Mazdaismus.*

Maz|da|is|tin [mas...], die; -, -nen: w. Form zu ↑ Mazdaist.

Maz|daz|nan [masdas'na:n], das, auch: der; -s [aus dem Pers.]: *von O. Hanish um 1900 begründete, auf der Lehre Zarathustras fußende, heute weltweit verbreitete religiöse Heilsbewegung.*

Ma|ze|do|ni|en; -s: Republik in Südosteuropa.

Ma|ze|do|ni|er, der; -s, -: Ew.

Ma|ze|do|ni|e|rin, die; -, -nen: w. Form zu ↑ Mazedonier.

ma|ze|do|nisch ⟨Adj.⟩: **a)** *Mazedonien, die Mazedonier betreffend; von den Mazedoniern stammend, zu ihnen gehörend;* **b)** *in der Sprache der Mazedonier.*

Ma|ze|do|ni|sch, das -[s] u. ⟨nur mit best. Art.:⟩ **Ma|ze|do|ni|sche,** das; -n: *die mazedonische Sprache.*

Mä|zen, der; -s, -e [zu lat. Maecenas (etwa 70–8 v. Chr.), dem Namen des besonderen Gönners der Dichter Horaz u. Vergil] (bildungsspr.): *vermögender Privatmann, der [einen] Künstler od. Sportler bzw. Kunst, Kultur od. Sport mit finanziellen Mitteln fördert:* der M. eines Künstlers, eines Fußballvereins; einen M. suchen, finden, haben; der Staat als M.

Mä|ze|na|ten|tum, das; -s (bildungsspr.): *das Mäzensein:* privates M.

Mä|ze|na|tin, die; -, -nen (bildungsspr.): *Mäzenin.*

mä|ze|na|tisch ⟨Adj.⟩ (bildungsspr.): *von, in der Art eines Mäzens:* -e Großzügigkeit.

Mä|ze|nin, die; -, -nen: w. Form zu ↑ Mäzen.

Ma|ze|ral, das; -s, -e ⟨meist Pl.⟩ [wohl zu lat. macer = mager]: *Gefügebestandteil der Kohle.*

Ma|ze|rat, das; -[e]s, -e [zu lat. maceratum, 2. Part. Neutr. von: macerare, ↑ mazerieren]: *Auszug (2) aus Kräutern od. Gewürzen.*

Ma|ze|ra|ti|on, die; -, -en [lat. maceratio, zu: macerare, ↑ mazerieren]: **1.** (Med., Biol.) *Aufweichung pflanzlicher od. tierischer Gewebe bei längerem Kontakt mit Flüssigkeiten.* **2.** (Biol.) *mikroskopisches Präparationsverfahren zur Isolierung von Gewebsanteilen (z. B. von einzelnen Zellen) unter Erhaltung der Zellstruktur.* **3.** (Biol., Chemie) *Gewinnung von Drogenextrakten durch Ziehenlassen von Pflanzenteilen in Wasser od. Alkohol bei Normaltemperatur.*

ma|ze|rie|ren ⟨sw. V.; hat⟩ [lat. macerare = ein-, aufweichen] (Biol., Chemie): *eine Mazeration (2, 3) durchführen:* Im

April mazerierten sie Ginster und Orangenblüte, im Mai ein Meer von Rosen (Süskind, Parfum 226).

◆ **Ma|zet|te,** die; -, -n [frz. mazette = bösartiges kleines Pferd; schwächlicher Mensch; Stümper, viell. identisch mit frz. landsch. mazette, mesette = Meise, H. u.]: *übler Mensch,* ²*Ekel:* so laut lässt keiner seine Schande werden, dass er sein leibliches Kind mit dieser M. auf den Ball schickt (Hauff, Jud Süß 383).

Ma|zis, der; -, **Ma|zis|blü|te,** die; -, -n [frz. macis < spätlat. macis für lat. macir = als Gewürz verwendete rote Baumrinde aus Indien]: *als Gewürz u. Heilmittel verwendete getrocknete Samenhülle der Muskatnuss.*

Ma|zu|rek [ma'zu:rɛk], der; -s, -s: *Mazurka.*

Ma|zur|ka [ma'zʊrka], die; -, ...ken u. -s [poln. mazurka, eigtl. = masurischer Tanz]: *(meist lebhafter) polnischer Nationaltanz im Dreiviertel- od. Dreiachteltakt:* das Zimmer war erfüllt von polnischen Liedern, -s, Polkas (Singer [Übers.], Feinde 13).

Maz|ze, Maz|zen: ↑ Matzen.

mb = Millibar.

MB = Megabyte.

Mba|ba|ne: Hauptstadt von Swasiland.

mbH = mit beschränkter Haftung.

Mbit = Megabit.

Mbyte, MByte = Megabyte.

MC, die; -, -[s]: kurz für ↑ Musikkassette.

m. c. = mensis currentis (laufenden Monats).

Mc|Car|thy|is|mus [məka:(r)θi...], der; - [nach dem amerikan. Politiker J. R. McCarthy (1909–1957)]: *zu Beginn der 50er-Jahre in den USA betriebene Verfolgung von Kommunisten u. Linksintellektuellen.*

Mc-Job ['mækdʒɔp], der [engl. McJob, in Anspielung an den Namen der Fastfoodkette McDonald's] (Jargon): *schlecht bezahlter, ungesicherter Arbeitsplatz:* Kritisiert am amerikanischen Wunder wird die Tatsache, dass die Job-Maschine eine riesige Masse minderwertiger Arbeitsplätze, so genannter -s, geschaffen hat (Facts [Zeitschrift] 2, 1997, 68); Sie empfehlen diese auch den Deutschen als Alternative zur Arbeitslosigkeit? (Spiegel 2, 1998, 72).

MD = Musikdirektor.

Md., Mrd. = Milliarde[n].

mdal. = mundartlich.

M. d. B., MdB = Mitglied des Bundestages.

M. d. L., MdL = Mitglied des Landtages.

MDR = Mitteldeutscher Rundfunk.

ME = Mache-Einheit.

m. E. = meines Erachtens.

MEA = Middle East Airlines (libanesische Luftfahrtgesellschaft).

mea cul|pa [lat.]: *[durch] meine Schuld; ich bin schuldig* (Ausruf im ↑ Confiteor).

Me|a|to|mie, die; -, -n [zu lat. meatus = Gang, Weg u. griech. tomḗ = das Schneiden; Schnitt] (Med.): *operative Erweiterung eines Kanals* (3).

Me|cha|nik, die; -, -en [lat. (ars) mechanica < griech. mēchanikḗ (téchnē) = die Kunst, Maschinen zu erfinden u. zu bau-

en, zu: mēchanikós, ↑mechanisch]: **1.** ⟨Pl. selten⟩ (Physik) **a)** *Wissenschaft von der Bewegung der Körper unter dem Einfluss äußerer Kräfte od. Wechselwirkungen:* die Gesetze der M.; die M. der gasförmigen Körper *(Aeromechanik);* die M. der flüssigen Körper *(Hydromechanik);* **b)** *physikalische Gesetze u. Zusammenhänge, wie sie die Mechanik* (1 a) *od. eines ihrer Teilgebiete zum Gegenstand hat:* die M. von Vorgängen, von Körpern dieser Art ist kaum erforscht. **2.** ⟨Pl. selten⟩ (Technik) *Maschinen- u. Gerätekunde:* diese Maschine ist ein Wunderwerk der M. **3.** (bes. Fachspr.) **a)** *Mechanismus* (1 a): die M. eines Klaviers ausbauen und reparieren; **b)** ⟨o. Pl.⟩ *Mechanismus* (1 b): die M. eines Getriebes erklären. **4.** ⟨o. Pl.⟩ (bildungsspr.) *monotone Zwangsläufigkeit, Selbsttätigkeit in einem Ablauf, Funktion:* die M. eines Arbeitsvorgangs, eines Geschehens; Er hasst Konventionen, die M. menschlicher Beziehungen, das Spielen einer Rolle (Deschner, Talente 130); seine Arbeit mit stumpfsinniger M. *(stumpfsinnig, mechanisch)* verrichten.

Me|cha|ni|ker, der; -s, - [für älteres ↑ Mechanikus]: *Handwerker od. Facharbeiter, der Maschinen, technische Geräte o. Ä. zusammenbaut, prüft, instand hält u. repariert:* Die Tür ... hatte ein Schnappschloss ... ein Werk des Bastlers Freitag, der nicht umsonst ein hervorragender M. war (Kirst, 08/15, 75).

Me|cha|ni|ke|rin, die; -, -nen: w. Form zu ↑ Mechaniker.

Me|cha|ni|kus, der; -, ...izi, ugs. scherzh.: -se [lat. mechanicus, zu: mechanicus (Adj.), ↑mechanisch] (veraltet, noch ugs. scherzh.): *Mechaniker.*

Me|cha|ni|sa|tor, der; -s, ...oren [russ. mechanizator] (DDR): *technische Fachkraft in der Land- u. Forstwirtschaft:* Sowjetische -en helfen bei der Gewinnung von Neuland (horizont 45, 1976, 19).

me|cha|nisch ⟨Adj.⟩ [lat. mechanicus < griech. mēchanikós = Maschinen betreffend; erfinderisch, zu: mēchanḗ = Hilfsmittel, Werkzeug; Kriegsmaschine, zu: mēchos = (Hilfs)mittel]: **1. a)** (Physik) *der Mechanik* (1) *entsprechend, nach ihren Gesetzen wirkend:* -e Kraft, Energie; ein -er Effekt; die Überwindung des -en *(an der Mechanik* (1) *orientierten)* Weltbildes; **b)** (bes. Fachspr.) *durch Einflüsse von Körpern, durch deren Bewegung bzw. Hemmung der Bewegung bewirkt od. wirkend:* -e Beanspruchung, -e *(mit Werkzeugen erfolgende)* Oberflächenbehandlung; -e *(äußerlich angewendete)* [Empfängnis]verhütungsmittel; -e Reize *(Tastreize usw.);* -e (Biol.; *mechanische Reize aufnehmende)* Sinne; -e (Geol.; *durch mechanische innere Vorgänge, z. B. bei Frost, starken Temperaturschwankungen, verursachte)* Verwitterung. **2.** *die Mechanik* (2, 3) *betreffend:* ein -es Wunderwerk; -e Fertigkeiten; -e Schäden. **3.** *mithilfe von Mechanismen vor sich gehend, funktionierend, arbeitend, maschinell:* -e Verfahren, Fertigung; Auf der Vorderseite ...

stand ein Orchestrion, eine -e Orgel von auffallender Größe (Jahnn, Geschichten 78); Die Uhrenindustrie der Schweiz verzeichnet eine Renaissance der -en Zeitmesser (Freie Presse 30. 12. 89, 5); der -e Webstuhl; -e *(Musikstücke automatisch wiedergebende)* Musikinstrumente; etw. arbeitet m. **4. a)** *ohne Steuerung durch Willen od. Aufmerksamkeit [vor sich gehend, geschehend]; automatisch:* eine -e Bewegung; m. antworten; **b)** *gleichförmig u. ohne Nach-, Mitdenken, Überlegung vor sich gehend:* eine -e Arbeit, Beschäftigung; ein Gedicht m. aufsagen; Die Arbeit hier kotzt mich zwar an, aber ich mach sie schon ganz m. (Brot und Salz, 214); Man ... sprach mehr oder weniger m. vorgeschriebene Gebetstexte (Kemelman [Übers.], Mittwoch 92).

me|cha|ni|sie|ren ⟨sw. V.; hat⟩ [frz. mécaniser, zu: mécanique < lat. mechanicus, ↑mechanisch]: *auf mechanischen (3) Ablauf, Betrieb umstellen:* die Produktion m.; ihre Arbeitsmethoden hat sie (= die Landwirtschaft) so mechanisiert, wie das die Industrie vorher getan hatte (Gruhl, Planet 76).

Me|cha|ni|sie|rung, die; -, -en: *das Mechanisieren:* Es besteht ... die Gefahr, dass die ... Bürokratisierung und Verflachung der Gesellschaft sich ähnlich auswirken wie die M. in der Handarbeit (Gehlen, Zeitalter 110).

Me|cha|nis|mus, der; -, ...men [frz. mécanisme]: **1. a)** *gekoppelte Bauelemente (einer Maschine, einer technischen Vorrichtung, eines technischen Geräts, Instruments o. Ä.), die so konstruiert sind, dass jede Bewegung eines Elements eine Bewegung anderer Elemente bewirkt:* ein einfacher, sinnreicher M.; der M. der Spieluhr ist abgelaufen; einen M. konstruieren, in ein Gerät einbauen; Der Pförtner hatte bereits den lautlosen M. der ... Doppeltür in Bewegung gesetzt (Zuckmayer, Fastnachtsbeichte 197); **b)** ⟨o. Pl.⟩ *Funktion [u. Konstruktionsweise] eines Mechanismus* (1 a): der M. wird ausgelöst; den M. eines Maschinentyps kennen, studieren, verstehen. **2.** (bildungsspr.) **a)** *in sich selbsttätig, zwangsläufig funktionierendes System:* vegetative Nerven und Hormone sind Mechanismen, mit denen die Wechselwirkung zwischen den Organen hergestellt wird; ein modernes Staatswesen ist ein komplizierter M.; **b)** *automatisches, selbsttätiges, zwangsläufiges Funktionieren [als System], automatischer Ablauf:* ein gestörter, biologischer M.; gesellschaftliche, psychische Mechanismen; der M. einer Organisation; Ü Es ist gespenstisch, dass fast nichts so zuverlässig funktioniert wie die Mechanismen der Vorurteile (Kant, Impressum 303). **3.** *Richtung der Naturphilosophie, die Natur[geschehen], Leben u. Verhalten rein mechanisch bzw. kausal erklärt.*

Me|cha|nist, der; -en, -en: *Vertreter des Mechanismus* (3): dass die Reflextheorie von -en, die anderen Anschauungsweisen von Vitalisten vertreten wurden (Lorenz, Verhalten I, 329).

Me|cha|nis|tin, die; -, -nen: w. Form zu ↑Mechanist.

me|cha|nis|tisch ⟨Adj.⟩: **1.** *den Mechanismus* (3) *betreffend, dazu gehörend:* -es Denken. **2.** (bildungsspr.) *[nur] auf einem Mechanismus* (2) *beruhend.* -es Hantieren.

Me|cha|ni|zi: Pl. von ↑Mechanikus.

Me|cha|ni|zis|mus, der; -: *Mechanismus* (3).

Me|cha|ni|zist, der; -, -en: *Mechanist.*

Me|cha|ni|zis|tin, die; -, -nen: w. Form zu ↑Mechanizist.

me|cha|ni|zis|tisch ⟨Adj.⟩: *mechanistisch* (1).

Me|cha|no|che|mie, die; -: *Teilgebiet der physikalischen Chemie, das sich mit den Veränderungen fester, flüssiger u. gasförmiger Stoffe bei Einwirkung mechanischer Energie befasst.*

Me|cha|no|mor|pho|se, die; -, -n [2. Bestandteil zu griech. mórphōsis = das Gestalten, Abbilden, zu: morphḗ = Gestalt]: *durch mechanische Reize hervorgerufene Veränderung der Gestalt bei Pflanzen.*

Me|cha|no|re|zep|to|ren ⟨Pl.⟩ (Biol.): *mechanische Sinne* (↑mechanisch 1 b).

Me|cha|no|the|ra|pie, die; - (Med.): *Therapie mithilfe mechanischer Einwirkung auf den Körper* (bes. Massage, Krankengymnastik o. Ä.).

Me|chi|ta|rist, der; -en ,-en [nach dem armenischen Priester Mechitar (1676–1749)]: *Angehöriger einer heute in Venedig u. Wien ansässigen armenischen Kongregation von Benediktinern.*

me|chul|le ⟨Adj.⟩: *machulle.*

meck ⟨Interj.⟩: lautm. für das Meckern der Ziege: m., m.!

Me|cker|abend, der (ugs. scherzh.): *Abend* (2), *abendliche Zusammenkunft, bei der man Kritik üben, seiner Unzufriedenheit Ausdruck geben od. sich beschweren kann.*

Me|cker|buch, das (ugs.): *Beschwerdebuch.*

Me|cker|ecke, die (ugs.): *Platz in einer Zeitung od. Zeitschrift, an dem die Leserinnen u. Leser ihrer Unzufriedenheit Ausdruck geben können.*

Me|cke|rei, die; -, -en (ugs. abwertend): *(dauerndes) Meckern* (3).

Me|cke|rer, der; -s, - (ugs. abwertend): *jmd., der ständig meckert* (3).

Me|cker|frit|ze, der (salopp abwertend): *Meckerer.*

Me|cke|rin, die; -, -nen (ugs. abwertend): w. Form zu ↑Meckerer.

Me|cker|kas|ten, der (ugs.): **1.** *Kasten zur Entgegennahme schriftlicher Kritik, schriftlicher Beschwerden usw.* **2.** vgl. Meckerecke.

Me|cker|lie|se, die (salopp abwertend): vgl. Meckerfritze.

me|ckern ⟨sw. V.; hat⟩ [älter: mecken, spätmhd. mechzen, zu mhd. mecke = Ziegenbock; lautm.]: **1.** *(von Ziegen) [lang gezogene] helle, in schneller Folge stoßweise unterbrochene Laute von sich geben:* die Ziegen meckern. **2.** *mit heller, blecherner Stimme lachen od. sprechen:* Dieses Mal meckerte er sein Lachen, bis ihm die Tränen kamen (Bastian, Brut

57); Er ... lachte ein kurzes meckerndes Lachen (H. Gerlach, Demission 147). **3.** (ugs. abwertend) *an einer Sache etw. auszusetzen haben u. ärgerlich seiner Unzufriedenheit Ausdruck geben:* er hat immer etwas zu m.; Das hab' ich schon gefressen, wenn einer meckert, bevor er überhaupt angefangen hat, was zu tun (Fels, Sünden 76); gegen, über die Regierung m.; »Schon wieder Gummiwurst mit Rotkohl!« meckerten die Leute; ⟨subst.:⟩ Zum Meckern brauchen wir dich nicht (Fels, Sünden 90).

Me|cker|pott, der (landsch. [bes. nordd.] salopp abwertend): *Meckerer.*

Me|cker|spal|te, die (ugs.): vgl. Meckerecke.

Me|cker|tü|te, die (salopp): *Megafon, Mikrofon.*

Me|cker|zie|ge, die (salopp abwertend): **1.** vgl. Meckerfritze. **2.** *weibliche Person, die mit meckernder Stimme lacht.*

Me|cki, der; -s, -s, **Me|cki|fri|sur,** die; -, -en [nach »Mecki«, einem Igel in der Zeitschrift »Hörzu«, eigtl. = Igelfrisur] (ugs. veraltend): *Bürstenfrisur.*

Meck|len|burg, -s: *westlicher Landesteil von Mecklenburg-Vorpommern.*

¹Meck|len|bur|ger, der; -s, -: Ew.

²Meck|len|bur|ger ⟨indekl. Adj.⟩: die M. Bucht.

Meck|len|bur|ge|rin, die; -, -nen: w. Form zu ↑Mecklenburger.

meck|len|bur|gisch ⟨Adj.⟩: **a)** *Mecklenburg, die Mecklenburger betreffend; von den Mecklenburgern stammend, zu ihnen gehörend;* **b)** *im Dialekt der Mecklenburger.*

Meck|len|burg-Vor|pom|mer, der: Ew.

Meck|len|burg-Vor|pom|me|rin, die: w. Form zu ↑Mecklenburg-Vorpommer.

meck|len|burg-vor|pom|me|risch ⟨Adj.⟩: *Mecklenburg-Vorpommern, die Mecklenburg-Vorpommern betreffend, von ihnen stammend, zu ihnen gehörend.*

Meck|len|burg-Vor|pom|mern, -s: Bundesland der Bundesrepublik Deutschland.

Me|dail|le [me'daljə], die; -, -n [frz. médaille < ital. medaglia, über das Vlat. zu lat. metallum, ↑Metall]: *(nicht als Zahlungsmittel bestimmte) Münze mit Inschrift od. figürlicher Darstellung zur Erinnerung an eine Persönlichkeit, ein Geschehen, zur Auszeichnung für besondere Leistungen:* die M. trägt eine Inschrift auf der Rückseite; sie hat bei den Olympischen Spielen eine [goldene, silberne, bronzene] M. gewonnen, errungen; wenn Dohrn einen guten Tag hat, holt er vielleicht sogar eine M. (Lenz, Brot 143); jmdm. eine M. für etw. verleihen; Diesem Mann wird eine M. angeheftet werden, ... eine herrliche Anerkennung (Hacks, Stücke 217); jmdm. mit einer M. auszeichnen; war dieses Springen ein großer Erfolg, auch wenn es nicht zu einer M. reichte (Olymp. Spiele 72); Ü die eine, die andere Seite der M.; die zwei Seiten der M. (die eine, die andere Seite, die beiden, die zwei Seiten einer Sache, Angelegenheit).

Me|dail|len|ge|win|ner, der (Sport): *Gewinner einer Medaille.*

Me|daill|len|ge|win|ne|rin, die: w.
Form zu ↑Medaillengewinner.
Me|daill|len|kunst, die ⟨o. Pl.⟩: *die
Kunst, Medaillen zu gestalten, herzustellen.*
Me|daill|len|samm|lung, die: *Sammlung (3 a) von Medaillen.*
Me|daill|len|se|gen, der (scherzh.):
*Vielzahl von Medaillen, die gewonnen
bzw. jmdm. verliehen wurden:* bei den
Spielen gab es einen M. für die heimische
Mannschaft; hier hofften die Österreicher auf einen Anteil am M. (Olymp.
Spiele 74).
Me|daill|len|spie|gel, der (Sport): *bei
Wettspielen geführte Tabelle, die die augenblickliche Verteilung der Medaillen
auf die teilnehmenden Länder anzeigt.*
me|daill|len|ver|däch|tig ⟨Adj.⟩ (Sport
scherzh.): *Aussicht auf eine Medaille habend:* die -e Mannschaft; m. sein.
Me|daill|leur [medalˈjøːɐ̯], der; -s, -e [frz.
médailleur] (Berufsbez.): **a)** *Künstler,
der Medaillen vom Entwurf bis zur Vollendung herstellt;* **b)** *Handwerker, der Medaillen nach künstlerischem Modell gießt
od. prägt.*
Me|daill|leu|rin, die; -, -nen: w. Form zu
↑Medailleur.
me|daill|lie|ren [medalˈjiːrən] ⟨sw. V.;
hat⟩ (selten): *mit einer Medaille auszeichnen.*
Me|daill|lon [medalˈjõː], das; -s, -s [frz.
médaillon < ital. medaglione = große
Schaumünze, Vgr. von: medaglia, ↑Medaille]: **1.** *(an einem Kettchen getragene)
kleine, flache Kapsel, die ein Bild od. ein
Andenken enthält.* **2.** *(bild. Kunst) rundes, ovales [in etw. eingearbeitetes] Bildnis, Relief.* **3.** *(Gastr.) kleine, runde od.
ovale, kurz gebratene Fleisch-, Fischscheibe (bes. vom Filetstück):* -s vom
Kalb.
Me|daill|lon|tep|pich, der: *orientalischer Teppich, dessen Fond ein deutlich
abgehobenes, meist sternförmiges od.
ovales Mittelstück (Medaillon) aufweist.*
Me|dau|keu|le, die; -, -n [nach dem dt.
Sportpädagogen H. Medau (1890–1974)]
(Sport): *kurze Keule, die als gymnastisches Handgerät dient.*
¹Me|dia, die; -, ...diä u. ...dien [zu lat. medius (↑¹Medium); 1: eigtl. = Mittellaut,
nach der Mittelstellung zwischen Tenuis
u. Aspirata]: **1.** *(Sprachw.) stimmhafter
Verschlusslaut* (z. B. b, d, g). **2.** (Med.)
*mittlere, aus elastischen Fasern bestehende Schicht in der Wandung der Blut- u.
Lymphgefäße.*
²Me|dia: Pl. von ↑¹Medium.
Me|dia|ab|tei|lung, die: *Abteilung, die
für Auswahl u. Einsatz von Werbemedien, -trägern, -mitteln zuständig ist.*
Me|dia|ana|ly|se, die: *Untersuchung von
Werbeträgern (1) in Bezug auf deren gezielte Anwendung.*
Me|dia|di|rek|tor, der: *Leiter einer Mediaabteilung.*
Me|dia|di|rek|to|rin, die: w. Form zu
↑Mediadirektor.
Me|dia|fach|frau, die: vgl. Mediafachmann.
Me|dia|fach|mann, der: *Mediamann.*
Me|dia|for|schung, die: *Erforschung*

demographischer u. statistischer Merkmale von ¹Medien (2 c).
Me|dia|kom|bi|na|ti|on, die: *Heranziehung verschiedener ¹Medien (2 a) für eine
Werbung.*
me|di|al ⟨Adj.⟩ [1: zu ↑¹Medium (4 a); 2:
spätlat. medialis = mitten, in der Mitte,
zu: medius, ↑¹Medium]: **1.** (bildungsspr.)
den Kräften u. Fähigkeiten eines ¹Mediums (4 a) entsprechend: Er ... schließt die
Augen ... und tut so, als habe er -e Fähigkeiten (Chotjewitz, Friede 74); die weichen ... Züge des Dargestellten, seine
fast -e Empfindsamkeit (Fest, Im Gegenlicht 365); m. veranlagt sein. **2.** (Med.)
in der Mitte liegend, die Mitte bildend; mittler... **3.** (Sprachw.) *das ¹Medium (5) betreffend:* -e Verbformen. **4.** (bildungsspr.)
*von den Medien (2 a) ausgehend, zu ihnen
gehörend:* Olympia ... ein enormes sportliches, kommerzielles, -es ... Spektakel
(Weltwoche 26. 7. 84, 2); Doppelbelastung der Frauen ... wird breit m. *(von den
Medien)* problematisiert (Frings, Männer 205); In Deutschland lebende Türken im Alter zwischen 14 und 19 Jahren
sehen ... fast nur noch türkische Programme und koppeln sich dadurch auch
m. *(was die Medien betrifft)* von dem
Land ab, in dem sie geboren und aufgewachsen sind (Spiegel 16, 1997, 91).
Me|dia|man [ˈmiːdiəmən], der; -, ...men
[...mən], **Me|dia|mann,** der: *Fachmann
der Werbewirtschaft für Auswahl u. Einsatz von Werbemitteln.*
me|di|an ⟨Adj.⟩ [lat. medianus = in der
Mitte liegend] (Anat.): *in der Mitte[llinie] eines Körpers od. Organs gelegen.*
Me|di|an, der; -s, -e [engl. median, ↑median] (Statistik): *Medianwert.*
Me|di|a|ne, die; -, -n [zu lat. medianus,
↑median] (Geom.): **1.** *Seitenhalbierende
eines Dreiecks.* **2.** *Verbindungslinie von
einer Ecke eines Tetraeders zum Schwerpunkt der gegenüberliegenden Seite.*
Me|di|an|ebe|ne, die; -, -n (Anat.):
durch die Körpermitte verlaufende Symmetrieebene des menschlichen Körpers.
Me|di|an|te, die; -, -n [ital. mediante, 1.
Part. von: mediare < spätlat. mediare =
dazwischentreten, halbieren] (Musik):
1. *dritte Stufe einer Tonleiter.* **2.** *über der
Mediante (1) errichteter Dreiklang.*
Me|di|an|wert, der (Statistik): *Zentralwert.*
Me|dia|pla|ner, der: *Mediamann mit
Planungsaufgaben bes. im Bereich des
Einsatzes von Werbemitteln im Fernsehen.*
Me|dia|pla|ne|rin, die: w. Form zu ↑Mediaplaner.
me|di|at ⟨Adj.⟩ [frz. médiat, rückgeb.
aus: immédiat < (spät)lat. immediatus,
↑immediat]: **a)** (veraltet) *mittelbar;* **b)** *(im
Dt. Reich bis 1806) reichsmittelbar.*
Me|di|a|teur [...ˈtøːɐ̯], der; -s, -e [frz. médiateur = Vermittler] (veraltet): *in einem Streit zwischen zwei od. mehreren
Mächten vermittelnder Staat.*
Me|di|a|ti|on, die; -, -en [spätlat. mediatio; 2: engl. mediation]: **1.** (Dipl.): *Vermittlung eines Staates in einem Streit
zwischen anderen Mächten;* **2.** [auch:
miːdɪˈeɪʃn̩] **a)** (bildungsspr.) *aussöhnen-*

de Vermittlung; **b)** (Fachspr.) *[Technik
zur Bewältigung von Konflikten durch]
unparteiische Beratung, Vermittlung zwischen den Interessen verschiedener Personen:* In der M. ... treffen sich zerstrittene Paare mit speziell geschulten Psychologen oder Rechtsanwälten (MM
20./21. 3. 93, 11); fachkundige Institutionen sind rar, die wenigen auf M. spezialisierten Beratungsstellen im Land
müssen Rat suchende Eltern wegen langer Wartelisten vertrösten (Spiegel 51,
1997, 55).
me|di|a|ti|sie|ren ⟨sw. V.; hat⟩ [zu frz.
médiat, ↑mediat] (hist.): *(bisher unmittelbar dem Reich unterstehende Herrschaften od. Besitzungen) der Landeshoheit unterwerfen.*
Me|di|a|ti|sie|rung, die (hist.): *das Mediatisieren.*
Me|di|a|tor, der; -s, ...oren [spätlat. mediator = Mittler, zu: mediare = in der
Mitte teilen, halbieren, zu: lat. medius,
↑¹Medium]: **1.** (Med., Physiol.) *Transmitter (2), der bes. bei einer Allergie u.
beim ²Schock (2) freigesetzt od. gebildet
wird u. die jeweils charakteristischen
Symptome hervorruft.* **2. a)** (veraltet) *Vermittler;* **b)** *jmd., der berufsmäßig Mediation (2 b) betreibt:* Mittlerweile bieten die
ersten professionellen Umwelt-Mittler
ihre Hilfe an. ... »Der M. muss ein
Grundverständnis von juristischen Problemen und von politischen Prozessen
haben. ...« (natur 7, 1995, 74); Wenn
Ehen scheitern, fliegen die Fetzen. Bevor Richter den Rosenkrieg beenden,
sollen künftig -en die Streitpunkte lösen
helfen (Hörzu 15, 1998, 130).
Me|di|a|to|rin, die; -, -nen: w. Form zu
↑Mediator (2).
me|di|a|to|risch ⟨Adj.⟩: *die Mediation
betreffend.*
Me|di|a|trix, die; - [lat. mediatrix =
Mittlerin] (kath. Theol.): *Maria als Mittlerin zwischen den Menschen u. Jesus
Christus.*
me|di|ä|val ⟨Adj.⟩ [zu nlat. medium aevum = Mittelalter] (Fachspr.): *mittelalterlich.*
Me|di|ä|val [Fachspr. auch: mediaˈvɛl],
die; - [nach der Ähnlichkeit mit der
Schrift ma. Handschriften] (Druck- u.
Schriftw.): *Antiqua, bei der die einzelnen
Letternteile nahezu gleich sind.*
Me|di|ä|vist, der; -en, -en: *Wissenschaftler auf dem Gebiet der Mediävistik.*
Me|di|ä|vis|tik, die; -: *Wissenschaft von
der Geschichte, Kunst, Literatur usw. des
europäischen Mittelalters.*
Me|di|ä|vis|tin, die; -, -nen: w. Form zu
↑Mediävist.
me|dia vi|ta in mor|te su|mus [lat. =
mitten im Leben sind wir vom Tod umfangen]: *mittelalterliche Antiphon mit
alter deutscher Übersetzung.*
Me|di|en: Pl. von ¹Media u. ¹Medium.
Me|di|en|bar|te|ring [...baːtərɪŋ], das;
-[s] [zu ↑¹Medium u. engl. to barter =
(ein)tauschen]: *Art Tauschgeschäft, bei
dem Industriekonzerne mit eigenen Gesellschaften Fernsehprogramme produzieren, die sie öffentlichen u. bes. privaten
Fernsehsendern im Tausch gegen kosten-*

lose Ausstrahlung ihrer Werbespots an-
bieten.

Me|di|en|be|richt, der: *in den ¹Medien*
(2 a), in einem der Medien stattfindender
bzw. erscheinender Bericht.

Me|di|en|di|dak|tik, die (Päd.): *Didak-*
tik der als Unterrichtshilfsmittel einge-
setzten Medien.

me|di|en|di|dak|tisch ⟨Adj.⟩ (Päd.): *di-*
daktisch im Rahmen der Mediendidak-
tik.

Me|di|en|er|eig|nis, das: *spektakuläres*
Ereignis, über das die Medien äußerst
ausführlich (mit Features, Kommenta-
ren, Reportagen, Interviews u. Ä. [über ei-
nen längeren Zeitraum hinweg]) berich-
ten: Der Gürtelhausbrand war das M.
der nächsten zwei Wochen (Haslinger,
Opernball 192).

me|di|en|ge|recht ⟨Adj.⟩: *in der Form*
für die Medien, bes. für das Fernsehen ge-
eignet.

Me|di|en|ge|werk|schaft, die: *Indus-*
triegewerkschaft Medien.

Me|di|en|gi|gant, der (Jargon): *Medien-*
riese.

Me|di|en|kon|zern, der: *Zusammen-*
schluss mehrerer im Bereich der ¹Medien
(2 a) tätigen Unternehmen.

Me|di|en|land|schaft, die ⟨o. Pl.⟩ (ugs.):
Gesamtheit der Massenmedien in ihrer
Vielgestaltigkeit.

Me|di|en|pä|da|go|ge, der: *Wissen-*
schaftler auf dem Gebiet der Medienpä-
dagogik.

Me|di|en|pä|da|go|gik, die: *Pädagogik*
der Massenmedien, ihres Einsatzes als
Bildungsmittel u. des kritischen Verhal-
tens ihnen gegenüber.

Me|di|en|pä|da|go|gin, die: w. Form zu
↑Medienpädagoge.

me|di|en|pä|da|go|gisch ⟨Adj.⟩: *päda-*
gogisch im Rahmen der Medienpädago-
gik.

Me|di|en|po|li|tik, die ⟨o. Pl.⟩: *Politik,*
die die ¹Medien (2 a), Presse, Rundfunk
u. Fernsehen betrifft.

Me|di|en|prä|senz, die: *erwünschte Prä-*
senz in den Medien: Gäb ... bemängelt,
dass der Wert von Sportarten nur noch
nach ihrer M. bemessen werde (Woche
7. 11. 97, 28); der Kampf der Sponsoren
um M. (MM 29. 4. 92, 3).

Me|di|en|re|so|nanz, die: *Resonanz (2)*
in den Medien.

Me|di|en|rie|se, der (Jargon): *besonders*
großes Unternehmen im Bereich der ¹Me-
dien (2 a).

Me|di|en|rum|mel, der (ugs.): *großes*
Aufheben, das im Bereich der Medien von
etw. gemacht wird.

Me|di|en|schel|te, die (Jargon): *öffent-*
liche Kritik an den Massenmedien.

Me|di|en|spek|ta|kel, das (Jargon): *Me-*
dienereignis.

me|di|en|spe|zi|fisch ⟨Adj.⟩ (Fachspr.):
für die besondere Art eines ¹Mediums
(2 a, c) spezifisch, der spezifischen Art ei-
nes Mediums angemessen: -e Gestaltung; -e Werbemethoden.

Me|di|en|ver|bund, der (Fachspr.):
1. *Verbindung, Kombination zweier od.*
mehrerer ¹Medien (2 a, b) im Unterricht.
2. *Verbindung zweier od. mehrerer ¹Me-*

dien (2 a) im Rahmen wirtschaftlicher
Konzentration.

me|di|en|wirk|sam ⟨Adj.⟩: *sich in den*
Medien besonders wirkungsvoll darstel-
lend: -e Aktionen; etw. m. darstellen.

Me|di|en|wis|sen|schaft, die ⟨o. Pl.⟩:
Arbeitsgebiet der Literaturwissenschaft,
das sich besonders mit den Texten der
Massenmedien beschäftigt.

Me|di|en|zen|trum, das: *kommunales*
Zentrum, das den Besuchern Einrichtun-
gen u. Erzeugnisse der Informationstech-
nik verschiedener Medien zur aktiven Be-
nutzung anbietet (Kino, Audio-Video-
Technik u. Ä.).

Me|di|ka|ment, das; -[e]s, -e [lat. medi-
camentum, zu: medicari = heilen]: *Mit-*
tel, das in bestimmter Dosierung der Hei-
lung von Krankheiten, der Vorbeugung
od. der Diagnose dient; Arzneimittel: ein
starkes M.; das M. hat keine schädlichen
Nebenwirkungen; ein M. einnehmen,
schlucken; jmdm. ein M. [gegen Kopf-
schmerzen] verordnen, aufschreiben, geben, verabreichen.

me|di|ka|men|ten|ab|hän|gig ⟨Adj.⟩:
von Medikamenten abhängig.

Me|di|ka|men|ten|miss|brauch, der
⟨o. Pl.⟩: *Missbrauch von Medikamenten;*
Arzneimittelmissbrauch.

Me|di|ka|men|ten|schrank, der
(Med.): *Schrank für Medikamente.*

Me|di|ka|men|ten|schränk|chen, das:
[für den privaten Gebrauch bestimmter]
kleinerer [Wand]schrank für Medika-
mente.

me|di|ka|men|ten|süch|tig ⟨Adj.⟩: vgl.
medikamentenabhängig.

me|di|ka|men|tös ⟨Adj.⟩ [lat. medica-
mentosus = heilend] (Med.): *mithilfe*
von Medikamenten; mit Medikamenten
verbunden: eine -e Therapie, Behandlung; jmdn., eine Krankheit m. behandeln, angehen.

Me|di|kas|ter, der; -s, - [geb. nach ↑Kri-
tikaster] (veraltet abwertend): *schlechter*
Arzt; Quacksalber.

Me|di|ka|ti|on, die; -, -en [spätlat. medi-
catio = Heilung] (Med.): *Verordnung,*
Verabreichung, Anwendung eines Medi-
kaments (einschließlich Auswahl u. Do-
sierung): unter einer M. stehen.

Me|di|kus, der; -, ...izi, ugs.: -se [lat. me-
dicus = Arzt] (scherzh.): *Arzt:* ein junger M.

me|dio ⟨Adv.⟩ [ital. medio = mittler... <
lat. medius, ↑¹Medium] (Kaufmannsspr.): *zum [Zeitpunkt des] Medio:*
m. Mai.

Me|dio, der; -[s], -s (Bankw.): *Monatsmit-*
te (15. des Monats od., wenn dieser ein
Samstag, Sonntag od. Feiertag ist, der
nachfolgende Werktag): zum M. getätig-
te Abschlüsse am Geldmarkt.

Me|dio|garn, das [zu lat. medius, ↑¹Me-
dium] (Textilind.): *mittelfest gedrehtes*
Baumwollgarn.

me|di|o|ker ⟨Adj.⟩: [frz. médiocre < lat.
mediocris] (bildungsspr.): *mittelmäßig:*
ein mediokrer Typ; ... sind so viele ...
Schriftsteller ... mit solch unglaublich
mediokren Büchern beinahe »weltbe-
rühmt« geworden (Deschner, Talente
345); ⟨subst.:⟩ »Gegensätze« ... mögen

sich reimen. Ungereimt ist nur das Halbe
und Mediokre (Th. Mann, Zauberberg
560).

Me|di|o|kri|tät, die; -, -en [frz. médiocri-
té < lat. mediocritas] (bildungsspr.):
Mittelmäßigkeit.

Me|di|o|thek, die; -, -en [zu ↑¹Medium
(2) u. ↑-thek]: *(meist als Abteilung in öf-*
fentlichen Büchereien bereitgestellte)
Sammlung audiovisueller ¹Medien (2 a,
b).

Me|dio|wech|sel, der; -s, - [zu ↑Medio]
(Kaufmannsspr.): *in der Mitte eines Mo-*
nats fälliger Wechsel.

Me|di|sance [...'zã:sǝ], die; -, -n [frz. mé-
disance; zu: médire = verleumden] (bildungsspr.): *boshafte Bemerkung:* So
konnten die Damen einmal hier ihren
Kaffee trinken und -n austauschen (FAZ
15. 4. 61, 53).

me|di|sant ⟨Adj.⟩ [frz. médisant] (bil-
dungsspr.): *sarkastisch, boshaft:* »Du
hast heute deinen -en Tag«, erwiderte die
Schwester (Fussenegger, Haus 198).

me|di|sie|ren ⟨sw. V.; hat⟩ (bildungsspr.
veraltet): *lästern, schmähen:* ... sprach
er, und fuhr dann prallen Mundes zu m.
fort (Th. Mann, Zauberberg 449).

Me|di|ta|ti|on, die; -, -en [lat. meditatio
= das Nachdenken, zu: meditari, ↑me-
ditieren] **1.** (bildungsspr.) *[sinnende] Be-*
trachtung: religiöse, geistreiche -en; Die
Fanfaren von der Piazzetta rissen Fabio
aus seiner M. (Andersch, Rote 173); ein
Mann ... unbeweglich, gesenkten Kopfes, als wäre er in M. verfallen (Welt 22. 6.
65, 7); in M. versinken. **2.** (Rel., Psych.,
Philos.) *mystische, kontemplative Ver-*
senkung.

Me|di|ta|ti|ons|tag, der ⟨meist Pl.⟩:
(bes. kath. Kirche) *Tag der Einkehr.*

Me|di|ta|ti|ons|übung, die (Rel.): *geist-*
liche Übung als Meditation (2).

Me|di|ta|ti|ons|zen|trum, das: *Stätte,*
Ort, an dem Meditation (2) betrieben
wird.

me|di|ta|tiv ⟨Adj.⟩ [spätlat. meditativus]
(bildungsspr., Fachspr.): *die Meditation*
(2) betreffend: eine -e Schau; Mit be-
freundeten Komponisten ... improvisier-
te er ... -e Musik auf Instrumenten aus
dem Kaukasus und Zentralasien (Ruge,
Land 174); etw. m. erfassen.

me|di|ter|ran ⟨Adj.⟩ [lat. mediterraneus,
eigtl. = mitten im Lande, in den Ländern, zu: medius, ↑¹Medium u. terra =
Land] (bildungsspr., Fachspr.): *dem Mit-*
telmeerraum angehörend, eigen: die -e
Flora, Küche; -es Klima, Brauchtum;
üppiger Rebbau an der m. anmutenden
Küste (NZZ 30. 8. 86, 27).

me|di|tie|ren ⟨sw. V.; hat⟩ [lat. medita-
ri = nachdenken, sinnen, eigtl. = ermessen, geistig abmessen]: **1.** (bildungsspr.)
nachsinnen, nachdenken; Betrachtungen
anstellen: lange m.; über das Leben, über
ein Problem, über einen Text m.; da ist
auch Pfarrer Schmitt, ein Zigarillo in der
Hand, meditiert er über die Wege Gottes
(Heim, Traumschiff 395). **2.** (Fachspr.)
Meditation (2) ausüben: im Lotussitz m.;
vor einem Bild m.

me|di|um ['mi:djǝm] ⟨indekl. Adj.⟩
[engl.]: **1.** [auch: 'me:djʊm] (Kochk.):

(von Fleisch) nicht ganz durchgebraten: Etwas Salat. Und ein Steak, m. (Danella, Hotel 67). **2.** *(als Kleidergröße) mittelgroß.*

¹Me̲|di|um, das; -s, ...ien u. ...ia [lat. medium = Mitte, zu: medius = in der Mitte befindlich; 2: engl. medium]: **1.** ⟨Pl. selten auch: ...ia⟩ (bildungsspr.) *vermittelndes Element:* die Literatur als M. für die geistigen Strömungen einer Zeit; Gedanken durch das M. der Sprache, der Musik ausdrücken. **2.** ⟨meist Pl.⟩ **a)** ⟨Pl. selten auch: ...ia⟩ (bildungsspr.) *Einrichtung, organisatorischer u. technischer Apparat für die Vermittlung von Meinungen, Informationen, Kulturgütern; eines der Massenmedien Film, Funk, Fernsehen, Presse:* optische Medien wie Film und Fernsehen; die neuen Medien; die elektronischen Medien; In den Wahlkämpfen dieses Jahres nutzen die Parteien erstmals ausgiebig das Internet. Sie kämpfen im Netz und mit ihm – doch siegen wird das M. (Woche 20. 2. 98, 15); Die Macht der Media, voran des Films und der illustrierten Zeitschriften, setzte ein (v. Rezzori, Blumen 120); die Medien *(Zeitungen, Rundfunk u. Fernsehen)* haben darüber berichtet; die Sache wurde in den, von den, durch die, über die Medien verbreitet; ⟨Pl. selten auch: ...ia⟩ (Werbespr.) *[Hilfs]mittel, das der Vermittlung von Information u. Bildung dient* (z. B. Buch, Tonband): das akustische Medium Schallplatte; Computer – ein ganz normales M.? (Lernmethoden 1997, 14); Fernsehen ist ein schnelles M. (natur 2, 1996, 16); **c)** ⟨Pl. meist ...ia⟩ (Werbespr.) *für die Werbung benutztes Kommunikationsmittel; Werbeträger.* **3.** ⟨Pl. ...ien⟩ (bes. Physik, Chemie) *Träger bestimmter physikalischer, chemischer Vorgänge; Substanz, Stoff:* Schwimmer ... sind dem M. Wasser direkt ausgesetzt (natur 3, 1991, 46); die Ausbreitung der Schallwellen in einem gasförmigen M.; Ü die Zeit als M., worin wir zu handeln vermögen (Frisch, Stiller 449). **4.** ⟨Pl. ...ien⟩ **a)** (Parapsych.) *jmd., der für Verbindungen zum übersinnlichen Bereich besonders befähigt ist:* Es gab Karussells, Schießbuden, Medien, die für fünfzig Cent die Geister von Toten heraufbeschwören würden (Singer [Übers.], Feinde 20); sie fungiert als M. bei spiritistischen Sitzungen; **b)** (Med., Psych.) *jmd., an dem sich aufgrund seiner körperlichen, seelischen Beschaffenheit Experimente, bes. Hypnoseversuche, durchführen lassen:* sie ist ein gutes, geeignetes, schlechtes M. für Hypnoseversuche. **5.** ⟨Pl. ...ia⟩ (Sprachw.) *Mittelform zwischen Aktiv u. Passiv (bes. im Griechischen), der in anderen Sprachen die reflexive Form entspricht:* dieses Verb kommt nur im M. vor.

²Me̲|di|um, die; - [engl. medium, zu lat. medius, ↑ ¹Medium]: *genormter Schriftgrad für die Schreibmaschine.*

Me̲|di|um Coe̲l|li [- 'tsø:li], das; -- [mlat. = Mitte, Mittelpunkt des Himmels, zu lat. medium (↑ ¹Medium) u. coelum (caelum) = Himmel] (Astrol.): Zenit (1); *Punkt der Ekliptik, der in dem zu*

untersuchenden Zeitpunkt der Geburt o. Ä. kulminiert.

Me̲|di|u|mis|mus, der; - [zu ↑ ¹Medium]: *Glaube an den Verkehr mit einer angenommenen Geisterwelt.*

me̲|di|u|mis|tisch ⟨Adj.⟩: *den Mediumismus betreffend.*

Me̲|di|us, der; - [lat. medius (terminus)] (Philos.): *Begriff, der die Prämissen des Syllogismus verknüpft u. nicht in den Schlusssatz* (1 b) *des Syllogismus eingeht.*

Me̲|di|zi: Pl. von ↑ Medikus.

Me̲|di|zin, die; -, -en [lat. (ars) medicina = Arznei(kunst), Heilkunst, zu: medicus = Arzt]: **1.** ⟨o. Pl.⟩ *Wissenschaft vom gesunden u. kranken Organismus des Menschen, von seinen Krankheiten, ihrer Verhütung u. Heilung:* M. studieren; die verschiedenen Fachbereiche der M.; ein Arzt für innere M. *(der zuständig für die Erkrankung der inneren Organe ist).* **2.** *[flüssiges] Medikament:* die M. schmeckt bitter, wirkt schnell; M. nehmen. Ü dieser Misserfolg war für sie eine heilsame M. *(lehrreiche Erfahrung).*

me̲|di|zi|nal ⟨Adj.⟩ [lat. medicinalis]: **1.** *als Medizin; wie Medizin wirkend:* Während das siebzehnte Jahrhundert ihn (= den Kaffee) vorwiegend m. wertete (Jacob, Kaffee 207). **2.** *medizinisch:* im Reformhaus, das längst in die -e Welt hineinragt (Reform-Rundschau 10, 1968, 11).

Me̲|di|zi|nal|as|sis|tent, der: *junger Arzt (direkt nach dem Examen), der als Assistent in einem Krankenhaus seine praktische Ausbildung vervollständigt.*

Me̲|di|zi|nal|as|sis|ten|tin, die: w. Form zu ↑ Medizinalassistent.

Me̲|di|zi|nal|be|am|te, der (Amtsspr.): *Arzt, der im öffentlichen Gesundheitswesen tätig ist.*

Me̲|di|zi|nal|be|am|tin, die: w. Form zu ↑ Medizinalbeamte.

Me̲|di|zi|nal|di|rek|tor, der (Amtsspr.): *Medizinalbeamter der höheren Laufbahn, der Abteilungsleiter ist.*

Me̲|di|zi|nal|di|rek|to|rin, die: w. Form zu ↑ Medizinaldirektor.

Me̲|di|zi|nal|prak|ti|kant, der (selten): *Medizinalassistent.*

Me̲|di|zi|nal|prak|ti|kan|tin, die: w. Form zu ↑ Medizinalpraktikant.

Me̲|di|zi|nal|rat, der (Amtsspr.): *Medizinalbeamter der ersten Stufe der höheren Laufbahn.*

Me̲|di|zi|nal|rä|tin, die: w. Form zu ↑ Medizinalrat.

Me̲|di|zi|nal|sta|tis|tik, die: *die Bereiche der Medizin betreffende Statistik.*

Me̲|di|zi|nal|wein, der: *Wein, in den Arzneimittel gelöst sind, der mit Arzneimitteln gemischt ist.*

Me̲|di|zi|nal|we|sen, das ⟨o. Pl.⟩: *Gesundheitswesen.*

Me̲|di|zin|ball, der: *(meist für gymnastische Übungen benutzter, mit Tierhaaren gefüllter) schwerer, größerer Ball [aus Leder].*

Me̲|di|zin|bün|del, das: *(bei nordamerikanischen Indianer[stämme]n) Bündel mit Gegenständen, die Zauberkraft besitzen.*

Me̲|di|zi|ner, der; -s, - [mhd. medicīnæ-

re]: *jmd., der Medizin studiert [hat]:* Die M. haben sogar das Gehirn der Frauen gewogen und haben herausgekriegt, dass es leichter ist als das des Mannes (Sommer, Und keiner 189); Die Mentalität von -n ... hat sich seit der Ära der Schamanen und Kräuterhexen kaum geändert (Woche 14. 11. 97, 29).

Me̲|di|zi|ne|rin, die; -, -nen: w. Form zu ↑ Mediziner.

Me̲|di|zin|fläsch|chen, das, **Me̲|di|zin|fla|sche,** die: *kleine Flasche, die eine Medizin* (2) *enthält.*

Me̲|di|zin|his|to|ri|ker, der: *Wissenschaftler, der sich mit der Geschichte der Medizin* (1) *befasst.*

Me̲|di|zin|his|to|ri|ke|rin, die: w. Form zu ↑ Medizinhistoriker.

me̲|di|zin|his|to|risch ⟨Adj.⟩: *die Geschichte der Medizin* (1) *betreffend.*

me̲|di|zi|nie|ren ⟨sw. V.; hat⟩: *ärztlich behandeln.*

me̲|di|zi|nisch ⟨Adj.⟩: **1.** *die Medizin* (1) *betreffend, dazu gehörend:* -e Zeitschriften; diese Fragen sind m. *(mithilfe der Medizin)* noch nicht voll geklärt. **2.** *nach den Gesichtspunkten der Medizin* (1) *hergestellt:* eine -e Zahncreme.

me̲|di|zi|nisch-tech|nisch ⟨Adj.⟩: *die Medizin in Verbindung mit der Technik betreffend:* -e Assistentin *(weibliche Person, die durch praktisch-wissenschaftliche Arbeit [z. B. im Labor] die Tätigkeit eines Arztes o. Ä. unterstützt;* Berufsbez.; Abk.: MTA).

Me̲|di|zin|jour|na|list, der: *Journalist, der sich mit medizinischen Themen befasst.*

Me̲|di|zin|jour|na|lis|tin, die: w. Form zu ↑ Medizinjournalist.

Me̲|di|zin|mann, der ⟨Pl. ...männer⟩: **1.** *(bei vielen Naturvölkern) als Heiler u. Priester fungierender Mann, der sich der Magie* (1 a) *bedient.* **2.** *(salopp scherzh.) Arzt.*

Me̲|di|zin|me|te|o|ro|lo|ge, der: *Mediziner, der sich mit Medizinmeteorologie befasst.*

Me̲|di|zin|me|te|o|ro|lo|gie, die: *Bereich der Medizin, der sich mit den Einflüssen des Wetters auf das Befinden der Menschen, bes. der Kranken, befasst.*

Me̲|di|zin|me|te|o|ro|lo|gin, die: w. Form zu ↑ Medizinmeteorologe.

me̲|di|zin|me|te|o|ro|lo|gisch ⟨Adj.⟩: *die Medizinmeteorologie betreffend.*

Me̲|di|zin|schränk|chen, das: *kleiner [Wand]schrank zur Aufbewahrung von Medikamenten.*

Me̲|di|zin|so|zi|o|lo|gie, die: *Teilgebiet der Soziologie, das sich mit den sozialen Bedingungen von Krankheiten in verschiedenen Schichten u. Gruppen der Gesellschaft befasst.*

Me̲|di|zin|stu|dent, der: *Student der Medizin.*

Me̲|di|zin|stu|den|tin, die: w. Form zu ↑ Medizinstudent.

Me̲|di|zin|stu|di|um, das: *Studium der Medizin.*

Me̲|di|zin|tech|nik, die ⟨o. Pl.⟩: **1.** *Zweig der Forschung u. der Industrie, der sich mit den für die moderne Medizin nötigen technischen Geräten befasst.* **2.** *Gesamt-*

heit der für die moderne Medizin nötigen technischen Geräte: Modernste M., elektronisch gesteuert und geregelt (Jugend und Technik 12, 1973, 1094).

me|di|zin|tech|nisch ⟨Adj.⟩: **a)** *die Medizintechnik* (1, 2) *betreffend;* **b)** *auf der Medizintechnik* (1, 2) *beruhend.*

Med|ley ['medlɪ], das; -s, -s [engl. medley, eigtl. = Gemisch < afrz. mesdlee, zu: medler = (ver)mischen < mlat. misculare, zu lat. miscere, ↑mischen]: *Potpourri:* ein M. singen; ein M. von Hits; ein M. alter Filmmelodien.

Me|doc, der; -s, -s [nach der südfrz. Landschaft Médoc]: *französischer Rotwein der Landschaft Médoc.*

Me|dre|se, Me|dres|se, die; -, -n [türk. medrese < arab. madrasaʰ]: **1.** *islamische juristisch-theologische Hochschule.* **2.** *Koranschule einer Moschee.*

Me|dul|la, die; - [lat. medulla] (Med.): ³*Mark* (1 a): M. oblongata *(verlängertes Rückenmark).*

me|dul|lär ⟨Adj.⟩ [spätlat. medulläris = im Innern, im Mark befindlich] (Med.): **a)** *auf das Mark bezüglich;* **b)** *zum Mark gehörend.*

Me|dul|lo|blas|tom, das; -s, -e [zu griech. blastós = Keim] (Med.): *bösartiger Tumor im Kleinhirn, der rasch auf das verlängerte Mark übergreift.*

Me|du|se, die; -, -n [nach der Medusa, einem weiblichen Ungeheuer der griech. Sage] (Zool.): *Qualle.*

Me|du|sen|blick, der [der Blick der Medusa ließ alles zu Stein werden]: *fürchterlicher, Schrecken erregender Blick.*

Me|du|sen|haupt, das [der Kopf der Medusa hatte statt Haaren Schlangen]: **1.** vgl. Medusenblick. **2.** (Med.) *Geflecht von Krampfadern im Bereich des Nabels.*

me|du|sisch ⟨Adj.⟩ (bildungsspr.): *von, in der Art der Medusa; wie Medusa geartet.*

Meer, das; -[e]s, -e [mhd. mer, ahd. meri, eigtl. = Sumpf, stehendes Gewässer]: **1.** *sich weithin ausdehnende, das Festland umgebende Wassermasse, die einen großen Teil der Erdoberfläche bedeckt:* das weite, stürmische, tosende, wild bewegte M.; Drei Stunden ..., in denen das M. tiefer und tiefer blaute (Th. Mann, Tod 39); alle [sieben] -e befahren haben; die Freiheit der -e; Ich stehe ... an Bord eines Schiffes in den letzten Minuten vor der Ausfahrt aufs offene M. (Frisch, Gantenbein 433); man blickt auf die Fischerboote ... und auf das weite, glänzende M. hinaus (Geissler, Wunschhütlein 76); die Sonne steigt aus dem M. auf; im M. baden; am M. *(in einem Gebiet an der Meeresküste)* Urlaub machen; die Sonne versinkt im, ins M. (dichter.): *geht am Horizont unter);* die Stadt liegt 1 000 Meter über dem M. *(über dem Meeresspiegel);* Ü In diesem aufgewühlten M. des Schreckens gibt es keinen festen Halt (Thieß, Reich 18); Die Weltgeschichte ist ... ein M. von Blut und Tränen (Thieß, Reich 253); in einem M. der Leidenschaft versinken. **2.** (geh.) *sehr große Anzahl, Menge von etw.; Fülle* (1) (meist in Verbindung mit dem Genitiv od. mit »von«): ein M. blühender Rosen, von Blumen; Ein

wogendes M. ausgestreckter Arme winkt raumgreifend in Richtung Bühne (a & r 9, 1998, 24); ein M. von Häusern; der Saal ist in ein M. von Licht u. Farbe getaucht. **3.** *Mare* (in Namen): M. der Ruhe.

Meer|aal, der: *im Meer lebender Aal.*

Meer|bras|se, die, **Meer|bras|sen**, der: *in Küstennähe od. im Brackwasser lebender Fisch mit seitlich zusammengedrücktem Körper, großem Kopf u. langer Rückenflosse.*

Meer|bu|sen, der (veraltend): *größere Meeresbucht.*

Meer|dra|che, der: *Seedrache.*

Meer|ech|se, die: *(auf den Galapagosinseln heimischer) großer Leguan, der seine Nahrung (Algen) aus dem Meer holt.*

Meer|ei|che, die: *(in Prielen od. zwischen Klippen wachsende) Braunalge, deren vielfach gefiederter Pflanzenkörper schotenförmige, mit einem Gas gefüllte Schwimmblasen aufweist.*

Meer|ei|chel, die [nach der Ähnlichkeit mit einer Eichel (1)]: *Seepocke.*

Meer|eis, das: *Eis, das sich im Meer bildet:* arktisches M.

Meer|en|ge, die: *Verengung des Meeres zu einem schmalen Streifen zwischen zwei Meeren od. zwei Teilen eines Meeres:* die M. zwischen Spanien und Afrika.

Meer|en|gel, der: *meist graugrün bis dunkel gefleckter Hai mit verbreiterten, wie Flügel aussehenden Brustflossen.*

Mee|res|ab|la|ge|rung, die: *Ablagerung* (1 b) *am Meeresboden.*

Mee|res|al|ge, die ⟨meist Pl.⟩: *im Meer lebende Alge.*

Mee|res|arm, der (selten): *einem Fjord ähnliche, schmale, lang gestreckte Bucht.*

Mee|res|bi|o|lo|gie, die: *Zweig der Biologie, der sich mit dem Leben der Tiere u. Pflanzen im Meer beschäftigt.*

mee|res|bi|o|lo|gisch ⟨Adj.⟩: *die Meeresbiologie betreffend, zu ihr gehörend.*

Mee|res|blick, der ⟨o. Pl.⟩: *Blick aufs Meer:* ein Zimmer mit M.

Mee|res|bo|den, der: *Boden* (5) *des Meeres.*

Mee|res|bucht, die: *bogenartig in das Land hineinragender Teil eines Meeres.*

Mee|res|fau|na, die: *im Meer vorkommende Fauna.*

Mee|res|for|schung, die: *Forschung, die sich mit dem Meer beschäftigt.*

Mee|res|früch|te ⟨Pl.⟩ [LÜ von ↑Frutti di Mare] (Kochk.): *zusammen angerichtete Fische, Krebse, Muscheln o. Ä.*

Mee|res|ge|o|lo|gie, die: *Zweig der Geologie, der sich mit der Erforschung des Meeresbodens beschäftigt.*

Mee|res|gott, der: *Meergott.*

Mee|res|grund, der: *Grund* (3 a) *des Meeres.*

Mee|res|hö|he, die (Fachspr.): *Meeresspiegel.*

Mee|res|kli|ma, das: *am Meer herrschendes Klima; Seeklima.*

Mee|res|kun|de, die: *Wissenschaft vom Meer u. den Eigenschaften des Meerwassers; Ozeanographie.*

Mee|res|kund|ler, der: *jmd., der Meereskunde studiert [hat].*

Mee|res|kund|le|rin, die; -, -nen: w. Form zu ↑Meereskundler.

mee|res|kund|lich ⟨Adj.⟩: *die Meereskunde betreffend; ozeanographisch.*

Mee|res|küs|te, die: *Küste des Meeres.*

Mee|res|leuch|ten, das; -s: *bes. in tropischen Meeren auftretendes Leuchten des Wassers während der Nacht (das durch das Phosphoreszieren kleiner, im Meer lebender Pflanzen u. Tiere hervorgerufen wird).*

Mee|res|luft, die: **1.** (Met.) *feuchte, milde, vom Nordatlantik kommende Luft.* **2.** *Seeluft.*

Mee|res|ober|flä|che, die: *Oberfläche des Meeres.*

Mee|res|rie|se, der (emotional): *Wal:* dass die Jagd auf die -n so alt ist wie die Geschichte der Menschheit (BdW 9, 1987, 39).

Mee|res|säu|ger, der (Zool.), **Mee|res|säu|ge|tier**, das (Zool.): *im Meer lebendes Säugetier (z. B. Wal).*

Mee|res|schild|krö|te, die: *(meist in tropischen u. subtropischen Meeren lebende) Schildkröte mit abgeplattetem, flossenartigen Gliedmaßen.*

Mee|res|spie|gel, der: **1.** *Spiegel* (2 a) *des Meeres.* **2.** (Fachspr.) *(bestimmte theoretisch angenommene) Wasseroberfläche des Meeres, auf die sich die geodätischen Höhenmessungen beziehen:* Mittenwald liegt 913 Meter über dem M.

Mee|res|strand, der (geh.): *Strand des Meeres.*

Mee|res|stra|ße, die: **1.** *Meerenge.* **2.** *Seeschifffahrtsstraße.*

Mee|res|strö|mung, die: *Strömung im Meer.*

Mee|res|tech|nik, die ⟨o. Pl.⟩: *Gesamtheit der Aktivitäten, die sich mit den technischen Möglichkeiten zur Nutzung des Meeres u. seiner Ressourcen befassen.*

Mee|res|tie|fe, die: *Tiefe des Meeres.*

Mee|res|tier, das: *im Meer lebendes Tier.*

Mee|res|ufer, das (dichter.): *Strand.*

Mee|res|vo|gel, der: *am Meer lebender Vogel.*

Meer|fahrt, die (veraltet): *Fahrt (mit dem Schiff) auf dem Meer, über das Meer.*

Meer|far|be, die (selten): *von Blau bis Graugrün wechselnde Farbe des Meeres.*

Meer|fo|rel|le, die: *große Forelle, die in Küstennähe im Meer lebt; Lachsforelle.*

Meer|frau, die: *Meerjungfrau.*

Meer|gott, der: *Gott* (2) *des Meeres.*

Meer|göt|tin, die: w. Form zu ↑Meergott.

meer|grün ⟨Adj.⟩: *einen Farbton von hellem Olivgrün bis zu stumpfem Graugrün aufweisend.*

Meer|ha|se, der: *Seehase.*

Meer|hecht, der: *Seehecht.*

Meer|jung|frau, die (Myth.): *im Wasser, bes. im Meer lebendes weibliches Wesen mit einem Fischschwanz als Unterleib.*

Meer|kat|ze, die [mhd. mer(e)katze, ahd. merikazza; volksetym. aufgefasst als »Katze, die über das Meer gekommen ist« (nach der Gestalt u. der außereurop. Herkunft des Tieres), viell. aus dem Aind.]: *(im Süden Afrikas heimischer) Affe mit lebhaft gezeichnetem Fell, rundlichem Kopf u. langem Schwanz.*

Meer|kohl, der: *an der Atlantik- u. Ost-*

seeküste wachsende, zu den Kreuzblüt-lern gehörende Strandpflanze mit dickem Stängel, fleischigen Laubblättern u. rosa bis violetten Blüten in großer Rispe, die auch als Gemüsepflanze angebaut wird.

Meer|la|ven|del, der: *Strandflieder.*

Meer|leuch|ten, das: *Meeresleuchten.*

Meer|neun|au|ge, das: *im Meer leben-des Neunauge; Lamprete.*

Meer|ohr, das: *Seeohr.*

Meer|ot|ter, der: *in den Küstengewäs-sern des Nordpazifiks lebender Otter mit rotbraunem bis dunklem Fell.*

Meer|ret|tich, der; -s, -e [mhd. merret-tich, ahd. mēr(i)rātich, eigtl. wohl = grö-ßerer Rettich (zu ↑mehr), später volks-etym. umgedeutet zu: Rettich, der über das Meer zu uns gebracht worden ist]: **1.** *(zu den Kreuzblütlern gehörende) Pflanze mit großen, länglichen, am Rand gekerbten Blättern u. einer fleischigen Pfahlwurzel.* **2. a)** *scharf u. würzig schme-ckende Wurzel des Meerrettichs* (1); **b)** ⟨o. Pl.⟩ *geriebener Meerrettich* (2 a).

Meer|ret|tich|creme, die: *Meerrettich-sahne.*

Meer|ret|tich|sah|ne, die (Kochk.): *aus Gewürzen, Meerrettich u. Sahne herge-stellte cremeartige, dickflüssige Soße.*

Meer|ret|tich|so|ße, die: *Soße mit Meerrettich* (2 b).

Meer|sa|lat, der: *[als Salat verwendete] an allen Küsten in geringer Tiefe vorkom-mende, meist an Buhnen u. Steinen fest-gewachsene Grünalge mit langen, brei-ten, gekräuselten Blättern.*

Meer|salz, das: *aus dem Meerwasser ge-wonnenes Kochsalz.*

Meer|schaum, der [LÜ von lat. spuma (maris), urspr. Bez. für die Koralle]: *an erstarrten Schaum erinnerndes, poröses, leichtes (u. daher auf Wasser schwim-mendes) weißes, gelbliches, graues od. rötliches Mineral.*

Meer|schaum|kopf, der: *Pfeifenkopf aus Meerschaum.*

Meer|schaum|pfei|fe, die: *Pfeife mit ei-nem Kopf aus Meerschaum.*

Meer|schaum|spit|ze, die: *Zigarren-od. Zigarettenspitze aus Meerschaum.*

Meer|schild|krö|te, die: *Meeresschild-kröte.*

Meer|schwein|chen, das [spätmhd. merswin, urspr. = Delphin; nach den Grunzlauten; vgl. Meerkatze]: *(aus Süd-amerika stammendes) kleines Nagetier mit gedrungenem Körper, kurzen Beinen u. einem Stummelschwanz, das häufig zu Versuchszwecken herangezogen wird, aber auch als Haustier [bei Kindern] sehr beliebt ist.*

Meer|spin|ne, die: *Seespinne.*

meer|um|schlun|gen ⟨Adj.⟩ (dichter.): *auf [fast] allen Seiten von Meer umgeben:* abends steige ich auf meine Maschine, rausche hier durch das -e Land (Kant, Impressum 454).

Meer|un|ge|heu|er, das (Myth.): *im Meer lebendes Ungeheuer.*

meer|wärts ⟨Adv.⟩ [↑-wärts]: *in Rich-tung auf das Meer; dem Meer zu.*

Meer|was|ser, das ⟨o. Pl.⟩: *Wasser des Meeres.*

Meer|was|ser|wel|len|bad, das: *Wel-*

lenbad, dessen Becken mit Meerwasser gefüllt ist.

Meer|weib, das: *Meerjungfrau.*

◆ **Meer|wun|der,** das [spätmhd. mer-wunder]: *im Meer lebendes Fabelwesen:* wirf dich ins Meer, ... und kaum betrittst du perlenreichen Grund, so bildet wal-lend sich ein herrlich Rund ... M. drän-gen sich zu neuen milden Schein, sie schießen an, und keines darf herein (Goethe, Faust II, 6006 ff.).

Meer|zwie|bel, die: *(im Mittelmeerraum heimische) hoch wachsende Pflanze mit grünlich weißen Blüten u. dicker weißer od. roter Zwiebel, aus der Arzneimittel gewonnen werden.*

Mee|ting [ˈmiːtɪŋ], das; -s, -s [engl. mee-ting, zu: to meet = begegnen, zusam-mentreffen] (bildungsspr.): **a)** *Zusam-menkunft, Treffen:* ein M. vereinbaren, veranstalten; an einem M. teilnehmen; auf einem M.; **b)** *Sportveranstaltung [in kleinerem Rahmen]:* ein M. der bes-ten Langstreckler.

meets [miːts] [engl., 3. Pers. Sg. von: to meet = treffen (auf)]: nur in der Fügung **etw. m. etw.** (Jargon; *etw. trifft auf etw., vermischt sich mit etw.*): » Klassik m. Jazz; East m. West; »Stunksitzung m. Palati-no« – unter diesem viel sagenden Motto stand der 90-minütige Zusammen-schnitt, den der Südwestfunk von der Auftaktveranstaltung zum Kultursom-mer Rheinland-Pfalz zeigte (MM 11./12. 5. 96, Wochenendbeilage).

me|fi|tisch: ↑mephitisch.

Me|ga-: [griech. mégas = groß]: **1.** (emo-tional verstärkend) kennzeichnet in Bil-dungen mit Substantiven jmdn. oder etw. als besonders groß, mächtig, hervorra-gend, bedeutend (als Steigerung von *Su-per-*): Megaprojekt. **2.** bedeutet in Maß-einheiten eine *Million ...: Megavolt.*

Me|ga|bit, das; -[s], -[s] [↑Mega- (2)]: *1 048 576 Bit* (Zeichen: Mbit).

Me|ga|byte [--ˈ-], das; -[s], -[s] [↑Mega-(2)]: *1 048 576 Byte* (Zeichen: MB, MByte, Mbyte).

Me|ga|elek|tro|nen|volt, das; -[e]s, - [↑Mega- (2)] (Physik): *eine Million Elek-tronenvolt* (Zeichen: MeV).

Me|ga|fon, (auch:) Megaphon, das; -s, -e [aus ↑Mega- u. ↑-fon]: *Sprachrohr [mit elektrischem Verstärker].*

Me|ga|hertz, das; -, - [↑Mega- (2)] (Phy-sik): *eine Million Hertz* (Zeichen: MHz).

Me|ga|hit, der [↑Mega- (1)] (ugs.): *beson-deres Aufsehen erregender Hit:* »Blue Monday« ist einer der -s dieses Jahres (Szene 8, 1983, 33).

me|ga-in [zu griech. mégas = groß u. engl. in = in, ↑in]: in der Verbindung **m. sein** (ugs.; *äußerst gefragt sein*).

Me|ga|len|ze|pha|lie, die; -, -n [zu griech. mégas (megal-) = groß u. egké-phalos = Gehirn, eigtl. = was im Kopf ist] (Med.): *abnorme Vergrößerung des Gehirns.*

Me|ga|lith [auch: ...ˈlɪt], der; -s od. -en, -e[n] [zu griech. mégas = groß u. ↑-lith]: *(in vorgeschichtlicher Zeit als Monument od. für Grabanlagen verwendeter) großer, roher Steinblock.*

Me|ga|lith|grab, das: *vorgeschichtliches,*

aus großen Steinen weitläufig angelegtes, ursprünglich von einem Erd- od. Steinhü-gel bedecktes Grab.

Me|ga|li|thi|ker [auch: ...ˈlɪt...], der; -s, -: *Träger der Megalithkultur.*

me|ga|li|thisch [auch: ...ˈlɪtʃ] ⟨Adj.⟩: *aus großen Steinen bestehend.*

Me|ga|lith|kul|tur, die ⟨o. Pl.⟩: *Kultur der Jungsteinzeit, für die Monumente aus Megalithen u. Ornamente an Keramikge-fäßen typisch sind.*

Me|ga|lo|blast, der; -en, -en ⟨meist Pl.⟩ [zu griech. mégas (megal-) = groß u. blastós = Keim] (Med.): *abnorm große, kernhaltige Vorstufe der roten Blutkör-perchen.*

me|ga|lo|man, megalomanisch [griech. megalomanēs] ⟨Adj.⟩ (Psych.): *größen-wahnsinnig.*

Me|ga|lo|ma|nie, die; -, -n [zu griech. mégas (megal-) = groß und ↑Manie] (Psych.): *Größenwahn.*

me|ga|lo|ma|nisch ⟨Adj.⟩: megaloman.

Me|ga|lo|po|le, die; -, -n, **Me|ga|lo|po|lis,** die; -, ...olen [engl.-amerik. megalo-polis, zu griech. mégas (megal-) = groß u. pólis, ↑Polis] (bildungsspr.): *[aus einer Zusammenballung von benachbarten Großstädten entstandene] Riesenstadt:* Istanbul ist mit acht bis zehn Millionen Einwohnern auf dem Wege zu einer Me-tropolis, ja Megalopolis (Merian, Tür-kei 33).

Me|ga|lop|sie, die; -, -n [zu griech. mé-gas (megal-) = groß u. ópsis = das Se-hen] (Med.): *Makropsie.*

Me|ga|lo|ze|pha|lie, die; -, -n [zu griech. mégas (megal-) = groß u. kephalé = Kopf] (Med.): *Makrozephalie.*

Me|ga|lo|zyt, der; -en, -en, (auch:) **Me-ga|lo|zy|te,** die; -, -n ⟨meist Pl.⟩ [zu griech. mégas (megal-) = groß u. ký-tos = Höhlung, Wölbung] (Med.): *ab-norm großes rotes Blutkörperchen.*

Me|gan|thro|pus, der; -, ...pi [zu griech. mégas = groß u. ánthrōpos = Mensch]: *Lebewesen aus der Übergangsstufe von Tier u. Mensch.*

Me|ga|ohm, Megohm, das; -[s], - [↑Me-ga- (2)] (Physik): *eine Million Ohm* (Zei-chen: MΩ).

me|ga-out [...ˈaut] [zu griech. mégas = groß u. engl. out = aus, ↑out]: in der Ver-bindung **m. sein** (ugs.; *ganz u. gar aus der Mode sein, vollkommen überholt sein*).

Me|ga|pas|cal, das; -s, -: (Physik): *eine Million Pascal* (Zeichen: MPa).

Me|ga|phon: ↑Megafon.

Me|gä|re, die; -, -n [lat. Megaera, griech. Mégaira = die Missgönnende; in der griech. Sage eine der Erinnyen] (geh.): *wütende, rasende, böse Frau:* Sie hat nichts gemein mit den -n, die im Lager Aufseherinnen genannt werden (Hoch-huth, Stellvertreter 183).

Me|ga|ri|ker, der; -s, - [lat. Megarici (Pl.)]: *Angehöriger der von Eukleides von Megara (450–370 v. Chr.), einem Schüler des Sokrates, gegründeten Philosophen-schule.*

Me|ga|ron, das; -s, ...ra [griech. mégaron = Gemach, Haus] (Archäol.; Ar-chit.): **1. a)** *(im antiken Griechenland) wichtigster Raum des Wohnhauses, der* *als Speiseraum u. den Männern als Versammlungsraum dient;* **b)** *wichtigster Raum (z. B. das Allerheiligste) eines antiken Tempels.* **2.** *(in der Antike erbautes) rechteckiges Wohnhaus, das aus nur einem Raum (mit dem Herd als Mittelpunkt) u. einer Vorhalle besteht.*

Me̲|ga|stadt, die; -, ...städte [↑ Mega- (1)]: *Großstadt von ausufernden Ausmaßen:* In den Megastädten der Dritten Welt grassieren im Zuge der Bevölkerungsexplosion Armut, Hoffnungslosigkeit, Kriminalität und Drogenmissbrauch (Spiegel 16, 1999, 173); Bleigraue Luft und giftiger Industriemüll ... zehren am Mark von drei ... Megastädten Südostasiens (MM 23. 4. 92, 3).

Me̲|ga|star, der; -s, -s [↑ Mega- (1)] (ugs.): *überaus beliebter, bekannter* ²*Star* (1): Michael Jackson ... amerikanischer M. (Spiegel 32, 1988, 156).

Me̲|ga|the̲|ri|um, das; -s, ...rien [zu griech. mégas = groß u. thēríon = Tier]: *ausgestorbenes Riesenfaultier.*

me̲|ga|therm 〈Adj.〉 [zu griech. mégas = groß u. thérmē = Wärme] (Bot.): *(von Pflanzen) warme Standorte bevorzugend.*

Me̲|ga|to̲n|ne, die; -, -n [↑ Mega- (2)]: *eine Million Tonnen* (Zeichen: Mt).

Me̲|ga|ure̲|ter, der; -s, - [zu griech. mégas = groß u. ourētḗr = der Uringang] (Med.): *stark erweiterter Harnleiter.*

Me̲|ga|volt, das; - u. -[e]s, - [↑ Mega- (2)] (Physik): *eine Million Volt* (Zeichen: MV).

Me̲|ga|watt, das; -s, - [↑ Mega- (2)] (Physik): *eine Million Watt* (Zeichen: MW).

Me̲|gil|lo̲th 〈Pl.〉 [hebr. mĕǧillôṯ, Pl. von: mĕǧillāh = (Buch)rolle]: *die fünf alttestamentlichen Schriften Hohes Lied, Ruth, Klagelieder, Prediger Salomo, Esther, die an jüdischen Festen verlesen werden.*

Meg|o̲hm: ↑ Megaohm.

Me̲|ha̲|ri, das; -s, -s [frz. méhari < arab. mahārī (Pl.), zu: mahriya, eigtl. = (Dromedar) aus Mahraᵇ (Gebiet an der Südküste Arabiens)]: *schnelles, als Reittier dienendes Dromedar in Nordafrika.*

Me̲hl, das; -[e]s, (Sorten:) -e [mhd. mel, ahd. melo, eigtl. = Gemahlenes, Zerriebenes, zu ↑ mahlen]: **1.** *pulver-, puderförmiges Nahrungsmittel, das durch Mahlen von Getreidekörnern verwendet ist u. vorwiegend zum Backen verwendet wird:* grobes, feines M.; das M. klumpt; M. sieben, fein ausmahlen; einen Zentner M. verbacken; etw. in M. wälzen, mit M. bestäuben. **2.** *zu Pulver gemahlener od. zerriebener fester Stoff:* Knochenabfälle zu M. vermahlen.

me̲hl|ar|tig 〈Adj.〉: *in der Art von Mehl* (1); *dem Mehl ähnlich.*

Me̲hl|bee̲|re, die: **1. a)** *(als hoher Baum od. Strauch wachsende) Pflanze mit langen, ovalen, auf der Unterseite filzigen, weißen Blättern, weißen, in Dolden wachsenden Blüten u. kleinen, rundlichen Äpfeln ähnlichen, orangefarbenen bis rotbraunen Früchten;* **b)** *Frucht der Mehlbeere* (1 a). **2. a)** *Eberesche;* **b)** *Frucht der Eberesche.*

Me̲hl|brei, der: *aus Mehl* (1) *hergestellter Brei.*

me̲h|len 〈sw. V.; hat〉: *mit Mehl bestäuben, in Mehl wälzen:* die Schnitzel werden vor dem Braten gemehlt; hier wurden aus Mehl und Wasser ... knusprige und blasse, gemehlte und ungemehlte Brote gebacken (Strittmatter, Wundertäter 94).

me̲h|lig 〈Adj.〉: **1.** *mit Mehl bestäubt; bemehlt:* der Bäcker hatte -e Hände; an dem Brot ... mache ich mir die Ärmel m. (Hofmann, Fistelstimme 106). **2.** *fein wie Mehl:* Schon damals klagten die Tarentiner über den -en Staub, der ... auf ihre Stadt niedergehe (Fest, Im Gegenlicht 191). **3.** *nicht saftiges, wässriges, sondern trocken-lockeres Fruchtfleisch habend:* -e Äpfel, Aprikosen, Kartoffeln. **4.** *von der stumpf-weißen Farbe des Mehls:* eine -e Hautfarbe.

Me̲hl|kä̲|fer, der: *kleiner, schwarzbrauner Käfer, der bes. als Schädling im Mehl auftritt.*

Me̲hl|kleis|ter, der: *Kleister* (1).

Me̲hl|mil|be, die: *Milbe, die bes. als Schädling im Mehl auftritt.*

Me̲hl|papp, der (landsch.): **1.** *Mehlbrei.* **2.** *Kleister* (1).

Me̲hl|paps, der (landsch.): *Mehlbrei.*

Me̲hl|pilz, der: *häufig in Laub- und Nadelwald zu findender, kleiner, essbarer Pilz mit grauweißem, klebrigem, flachem bis trichterförmig vertieftem Hut.*

Me̲hl|pri|mel, die: *(unter Naturschutz stehende) auf sumpfigen Alpenwiesen od. auf Flachmooren wachsende Primel mit lila, seltener purpurfarbenen od. weißen Blüten u. mit Blättern, deren Unterseite wie auch der Blütenstand mehlig bestäubt aussieht.*

Me̲hl|sack, der: **1.** *Sack für Mehl.* **2.** *Sack mit Mehl:* sch!afen wie ein M.

Me̲hl|schwal|be, die: *große Schwalbe mit kurzem, gegabeltem Schwanz u. an Rücken u. Flügeln metallisch blauem, am Bauch kalkweißem Gefieder.*

Me̲hl|schwit|ze, die (Kochk.): *aus in Butter od. in anderem Fett leicht gebräuntem Mehl bestehende breiige Masse.*

Me̲hl|sieb, das: *feines Sieb; Haarsieb.*

Me̲hl|sor|te, die: *Mehl einer bestimmten Sorte.*

Me̲hl|spei|se, die: **1.** *aus Mehl od. einem aus Mehl hergestellten Produkt u. Milch, Butter, Eiern u.a. bereitetes Gericht.* **2.** (österr.) **a)** *Süßspeise;* **b)** *Kuchen.*

Me̲hl|speis|koch, der (österr.): *Koch, der nur für Torten, Süßspeisen zuständig ist.*

Me̲hl|speis|kö̲|chin, die: w. Form zu ↑ Mehlspeiskoch.

Me̲hl|speis|tel|ler, der (österr.): **a)** *Dessertteller;* **b)** *Kuchenteller.*

Me̲hl|staub, der: *Staub von Mehl.*

Me̲hl|sup|pe, die: **1.** vgl. Mehlbrei. **2.** *mit Mehl gebundene Suppe.*

Me̲hl|tau, der [mhd. miltou, ahd. militou, 2. Bestandteil zu ↑ ¹Tau]: *Pflanzenkrankheit, bei der Blätter, Stängel, Knospen u. Früchte ansehen, als seien sie mit Mehl bestäubt:* Die Blätter ... ganz weiß sahen sie aus, so wie M. (Brot und Salz 334); die Rosen sind anfällig gegen M.; das traurige Ereignis liegt/legte sich wie M. über das Fest *(nahm ihm seinen Glanz).*

Me̲hl|tau|pilz, der (Bot.): *Pflanzenparasit, der Mehltau bewirkt.*

Me̲hl|ty|pe, die: *Kennzeichnung, um anzugeben, wie viel Mineralstoffe eine Sorte Mehl enthält u. wie fein das Mehl gemahlen ist.*

Me̲hl|wurm, der: *gelbbraune Larve des Mehlkäfers.*

Me̲hn|di, das; -[s], -s [Hindi mendhī = Henna(strauch)]: **a)** 〈o. Pl.〉 *(aus Indien stammende) mit Hennafarbe aufgetragene Hautmalerei:* Im Gegensatz zur großen Schwester Tätowierung wird bei M. ... die Farbe nicht unter die Haut geritzt, sondern mit dem Pinsel aufgemalt (Stern 36, 1997, 155); **b)** *rotrotes, arabeskes Motiv, Ornament des Mehndis* (a): -s, *geheimnisvolle Symbole aus Indien, sind total angesagt* (Börsenblatt 41, 1998, 5302).

me̲hr [mhd. mēr(e), ahd. mēr(o); Komp. von ↑ viel]: **I. 1.** 〈Indefinitpron. u. unbest. Zahlwort〉 drückt aus, dass etw. über das bestimmte Maß hinausgeht, eine vorhandene Menge übersteigt: wir brauchen m. Geld; sie fürchten m. Staat *(mehr staatliche Reglementierung);* Das war im Frühjahr 1989, als nicht nur die Pekinger Studenten m. Demokratie forderten (Woche 28. 2. 97, 3); Jeden Tag machte sie m. Überstunden (v. d. Grün, Glatteis 56); sie plädiert für m. Selbstständigkeit; mit m. Sorgfalt an etw. herangehen; immer m. Touristen strömen auf die Insel; auf ein paar Gäste m. oder weniger kommt es nicht an; ein Grund m. aufzuhören; drei oder m. Personen; im Alter von siebzig Jahren und m.; Blumen, Früchte und Ähnliches m.; sie hat m. Kosten als vorgesehen verursacht; m. als die Hälfte war/waren erkrankt; soweit sie Infanteristen waren, hatten sie einen Fußmarsch von m. als zweitausend Kilometern hinter sich (Plievier, Stalingrad 348); m. als genug; ein Buffet mit Kuchen und was der Leckereien m. sind; immer m. verlangen; ein paar Mark m.; was willst du [noch] m.?; man soll nicht m. versprechen, als man halten kann; Mehr über dieses ... Projekt... lesen Sie in den nächsten CCI-Ausgaben (CCI 13, 1998, 1); demnächst m. *(erzähle ich ausführlicher);* da gehört aber ein bisschen m. dazu; die Beweise haben den Verdacht m. als gerechtfertigt *(nicht nur gerechtfertigt, sondern erhärtet);* Der Gewinn nach Steuern hat sich m. als halbiert (Woche 18. 4. 97, 14); das Ergebnis der Konferenz war m. als mager *(äußerst mager);* dieser Sherry schmeckt nach m. (ugs.; *schmeckt so gut, dass man noch etwas davon trinken möchte);* du musst dir nicht einbilden, du seist m. *(besser)* als andere; R m. sein als scheinen (eine dem Grafen Alfred von Schlieffen [1833 bis 1913] zugeschriebene Äußerung anlässlich seines fünfzigjährigen Dienstjubiläums); je m. er hat, je m. er will *(wenn einer viel hat, dann will er immer noch mehr;* aus dem Lied mit dem Titel »Zufriedenheit« von J. M. Miller [1750–1814]); * **m. und m.** *(immer mehr; in zunehmendem Maße):* Mein Befinden ... lässt in letzter Zeit m. und m. zu wünschen übrig (Th. Mann, Hoheit 108); Ich sitze am Bette Kemmerichs. Er verfällt m. und m. (Remarque, Westen 25); **m. oder minder/weniger** *(im großen Ganzen, in gewissem Maße):* das Zusammentreffen war m. oder minder zufällig; Fontane hat einmal bemerkt, »dass alle Schriftstellerei m. oder minder von Indiskretionen lebt« (Reich-Ranicki, Th. Mann 256); heute, wo es uns noch m. oder weniger gut geht (CCI 6, 1998, 4); **nicht m. und nicht weniger** *(nichts anderes als dieses):* das war m. eine grobe Fahrlässigkeit, nicht m. und nicht weniger. ◆ **2.** ⟨Pl. -e⟩ Du fingst mit einem heimlich an, bald kommen ihrer -e dran (Goethe, Faust I, 3736 f.); ⟨Komp. mehrer...:⟩ Man versprach sich öftere Wiederholung und -e Zusammenübung (Goethe, Wahlverwandtschaften I, 8). **II.** ⟨Adv.⟩ **1. a)** *in höherem Maße, stärker:* sie hat jetzt eine Beschäftigung gefunden, die ihr m. zusagt; er liebte sie darum nur noch m.; nichts ist mir m. zuwider als Unehrlichkeit; sie ist mir m. denn je verhasst; sie wird m. geschätzt als ihr Vorgänger; **b)** *angemessener; besser:* du musst m. aufpassen; nach dieser schweren Krankheit sollte sie sich m. schonen; je besser ich ihn verstehe, desto m. übe ich Nachsicht. **2. a)** *in größerem Umfang:* die Straßen sind m. befahren als üblich; sie raucht m. als ich; **b)** drückt aus, dass etw. zu etw. anderem, Gegensätzlichem tendiert; oft in Korrelation mit »als«; *eher:* die Plastik steht besser m. links; er ist m. Künstler als Gelehrter; das Blau des Meeres, das er in der dunstigen Tiefe ... m. geahnt als gesehen hatte (Ransmayr, Welt 47). **3.** drückt in Verbindung mit einer Negation aus, dass ein Geschehen, ein Zustand, eine Reihenfolge o. Ä. nicht fortgesetzt wird: es war niemand m. da; es bleibt nichts m. übrig; sie wusste nicht m., was sie tun sollte; Er rief uns, las uns unser Werk ... vor (wir fanden es gar nicht m. so gut) (Lentz, Muckefuck 100); Man kann sich heute kaum m. vorstellen, rechteckige Kanäle mit Hilfe von Winkelflansch- oder Flacheisenverbindungen zu montieren (CCI 13, 1998, 43); »... Ich übernehme das! Kein Wort m. darüber!« (Remarque, Obelisk 54); das darf nie m. passieren; schließlich bist du doch kein [kleines] Kind m.; er ist nicht m. derselbe wie vor seinem Unfall; ich kann nicht m. *(ich bin am Ende meiner Kräfte);* es dauert nicht m. lange *(es ist bald so weit, es ist bald vorüber, vorbei);* R ich werd nicht m.! *(salopp; ich bin sprachlos!);* * **nicht m. sein** *(verhüll.; gestorben sein);* **nicht m. werden** *(ugs. verhüll.; nicht mehr gesund werden);* **nicht m. das sein [was jmd./etw. einmal war]** *(nachgelassen, sich verschlechtert haben):* Die Frau Grete ist auch nicht m. das, was sie einmal war (Zenker, Froschfest 175). **4.** (österr., sonst landsch.) in Verbindung mit »nur«; *nur noch:* ich besitze nur m. fünf Mark. ◆ **5.** *jetzt* (II 2), *noch* (III 1): Siehst du? Sag du m., ob das kein Luderleben ist (Schiller, Räuber II, 3).

Mehr, das; -[s], -e, selten: -en [schon spätmhd. daʒ mēr = Mehrheit]: **1.** ⟨o. Pl.⟩

eine *[größere] Menge, die über ein bestimmtes Maß hinaus zusätzlich vorhanden ist:* ein M. an Zeit, Kosten aufwenden; Damals habe ich ein M. an Lebensqualität, erfolgreiche Kommunikation ... für die legitimen Nachfolger von Glück ... gehalten (Brückner, Quints 181); ◆ Packen Sie nur zusammen: ich muss fort – morgen, Rota, ein -es! (Lessing, Emilia Galotti I, 8). **2.** (schweiz.) **a)** ⟨o. Pl.⟩ *[Stimmen]mehrheit:* ein kleines, großes M.; ein absolutes, knappes, relatives, überzeugendes M.; **b)** *Abstimmungsergebnis, Mehrheitsbeschluss:* diese -e lassen keinen Zweifel an der Einstellung der Bewohner aufkommen; das M. hat deutlich gezeigt, dass sie Recht hatten; **c)** ⟨o. Pl.⟩ *Abstimmung:* ein M. beantragen; es ist schon lange ein M. vorgesehen.

Mehr|ar|beit, die ⟨o. Pl.⟩: **1.** *zusätzliche Arbeit:* der Besuch, den wir am Wochenende haben, bedeutet wieder M. für mich. **2.** *das Leisten von Überstunden:* Sondertarife für geleistete M. **3.** (marx.) *vom Arbeitnehmer geleistete, über die zum Verdienen des Lebensunterhaltes nötige Arbeit hinausgehende Arbeitsleistung.*

Mehr|auf|wand, der: *zusätzlicher, über die Berechnung, Kalkulation, das übliche Maß hinausgehender Aufwand:* etw. lässt sich ohne M. bewältigen.

Mehr|auf|wen|dung, die: vgl. Mehraufwand.

Mehr|aus|ga|be, die: vgl. Mehraufwand.

mehr|bän|dig ⟨Adj.⟩: *in mehreren ²Bänden; mehrere ²Bände umfassend:* ein -es Wörterbuch.

Mehr|be|darf, der: vgl. Mehraufwand.

Mehr|be|las|tung, die: vgl. Mehraufwand: etw. bringt eine M. mit sich, bedeutet eine M. für jmdn.

Mehr|be|trag, der: vgl. Mehraufwand.

Mehr|de|cker, der [zu ↑Deck]: *Flugzeug mit mehreren übereinander angeordneten Tragflächen.*

mehr|deu|tig ⟨Adj.⟩: **1.** *aufgrund mehrerer Bedeutungen missverständlich.* **2.** (bes. Fachspr.) *mehrere Deutungen zulassend.*

Mehr|deu|tig|keit, die: *das Mehrdeutigsein.*

mehr|di|men|si|o|nal ⟨Adj.⟩: *auf der Ausdehnung, Entfaltung in mehrere Dimensionen beruhend; von, nach, in mehreren Dimensionen.*

Mehr|di|men|si|o|na|li|tät, die; -: *das Mehrdimensionalsein.*

Mehr|ehe, die (Völkerk.): *Ehe mit mehreren Partnern.*

Mehr|ein|kom|men, das: *über das übliche, normale Maß hinausgehendes Einkommen.*

Mehr|ein|nah|me, die: vgl. Mehreinkommen.

meh|ren ⟨sw. V.; hat⟩ [mhd. mēren, ahd. mērōn] (geh.): **1.** *bewirken, dass etw. zunimmt; vermehren:* den Besitz m.; die Erfolge mehrten seinen Ruhm; Die Sowjets waren ... nicht gewillt, das Risiko ... in Europa zu m. (W. Brandt, Begegnungen 97); ⟨subst.:⟩ Nicht ... das Sammeln und

Mehren interessiert diese jungen Menschen (Höhler, Horizont 152). **2.** ⟨m. + sich⟩ **a)** *[immer] mehr, zahlreicher werden:* es mehren sich die Anzeichen, dass der Präsident ernsthaft erkrankt ist; die Klagen mehrten sich; die Beschwerden, die Unruhen mehrten sich; In zahlreichen Städten mehren sich die Tendenzen, die verlängerten Öffnungszeiten auf die Werktage vor den Wochenenden zu beschränken (Woche 17. 1. 97, 2); **b)** (veraltet) *sich vermehren:* seid fruchtbar und mehret euch (nach 1. Mos. 1, 28).

meh|ren|teils ⟨Adv.⟩ (österr. ugs.): *zum größeren Teil; meist:* Die gesamte Beute waren a paar Lanzen, und die waren m. zerbrochen (Doderer, Dämonen 587).

meh|rer... ⟨Indefinitpron. u. unbest. Zahlw.⟩: **1.** *eine unbestimmte größere Anzahl, Menge; einige, etliche:* ⟨attr.:⟩ sie war mehrere Wochen verreist; Familien mit mehreren Kindern; durch das entschlossene Eingreifen mehrerer tatkräftiger Menschen; die Wahl mehrerer Abgeordneter/mehrerer Abgeordneten; mehrere hundert Bücher; ⟨allein stehend:⟩ mehrere von ihnen; sie kamen zu mehreren; Zu mehreren, in der Gruppe, ist man sicher (Konsalik, Promenadendeck 347); Sie äußerte noch mehreres (H. Mann, Unrat 126); Aus mehrerem eins zu machen (Th. Mann, Joseph 735). **2.** *nicht nur ein, eine; verschiedene:* es gibt mehrere Möglichkeiten; das Wort hat mehrere Bedeutungen; der Text lässt mehrere Auslegungen zu.

Mehr|rer, der; -s, - [mhd. mērer] (geh. veraltet): *jmd., der etw. mehrt (1).*

Meh|re|rin, die; -, -nen: w. Form zu ↑Mehrer.

meh|rer|lei ⟨indekl. unbest. Gattungsz.⟩ [↑-lei] (ugs.): *mehrere voneinander abweichende, sich unterscheidende:* m. Möglichkeiten; Ich habe diese Sachen in m. Hinsicht praktiziert (Eppendorfer, Ledermann 198).

Mehr|er|lös, der: vgl. Mehreinkommen.

Mehr|er|trag, der: vgl. Mehreinkommen.

◆ **meh|rest...:** Sup. von ↑mehr: Nun hab ich nicht verhindern können, dass die mehresten Edeldamen der Stadt Zuschauerinnen sein werden (Schiller, Fiesco III, 10); die mehresten dieser Unglücklichen dienen jetzt ihren Gläubigern als Sklaven (Schiller, Kabale II, 2).

mehr|fach ⟨Adj.⟩ [nach frz. multiple]: **1.** *sich in gleicher Form mehrere Male wiederholend; mehrmalig:* einen Bericht in -er Ausfertigung vorlegen; -er deutscher Meister im Langlauf; sie ist -e Großmutter; ein -er Preisträger, Millionär; er wurde wegen -en Mordversuchs verhaftet; ein m. vorbestrafter Einbrecher; Das Motiv des verlorenen Sohnes wurde von Rembrandt m. gemalt (Berger, Augenblick 105); ⟨subst.:⟩ ein Mehrfaches an Kosten. **2. a)** *(im Hinblick auf Menge, Anzahl) auf verschiedene Weise:* etw. in -er Hinsicht beurteilen; Bürger fordern einen m. nutzbaren Saal; **b)** (ugs.) *mehr als einmal; mehrmals:* sie bleibt m. in der Woche zu Hause; sie gehen m. im Jahr in Urlaub; Ein PKW-

Fahrer ... kam ... von der Fahrbahn ab und überschlug sich m. (Freie Presse 14. 2. 90, 2).

Mehr|fach|be|ga|bung, die: *jmd., der in verschiedener Weise begabt ist:* selten finden sich ... -en, die zum Macher und zum Leader gleich gut taugen (Höhler, Sieger 139).

mehr|fach|be|hin|dert ⟨Adj.⟩ (Amtsspr.): *mehrere unterschiedliche Behinderungen aufweisend:* -e Personen; das Kind ist m.

Mehr|fach|be|hin|der|te, der u. die (Amtsspr.): *Person, die mehrfachbehindert ist.*

Mehr|fach|be|las|tung, die: *mehrfache Belastung, der jmd. durch verschiedene Aufgabenbereiche ausgesetzt ist:* die M. der berufstätigen Mütter.

Mehr|fach|be|schleu|ni|ger, der (Physik): *Vorrichtung, in der Elektronen eine geringe Spannung mehrmals durchlaufen u. dadurch beschleunigt werden.*

Mehr|fach|impf|stoff, der: *Impfstoff, der verschiedene Mittel zur Bildung von Abwehrstoffen gegen mehrere Krankheiten enthält.*

Mehr|fach|imp|fung, die: *Impfung mit Mehrfachimpfstoff.*

Mehr|fach|nut|zung, die: *Nutzung von etw. in verschiedener, unterschiedlicher Weise.*

Mehr|fach|spreng|kopf, der: *Sprengkopf einer Rakete, der aus mehreren einzelnen [lenkbaren] Sprengköpfen besteht.*

Mehr|fach|te|le|fo|nie, die (Fernspr.): *gleichzeitige Übermittlung mehrerer Telefongespräche durch eine Leitung.*

Mehr|fach|te|le|gra|fie, die (Fernspr.): *gleichzeitige Übertragung mehrerer Telegramme durch eine Leitung.*

Mehr|fach[ver|]pa|ckung, die: *[Ver]packung, die mehrfach zu benutzen ist* (im Unterschied zur Einwegverpackung).

Mehr|fach|ver|si|che|rung, die (Versicherungsw.): *mehrere Versicherungen gegen die gleiche Gefahr, die von einem Versicherungsnehmer mit verschiedenen Versicherungsgesellschaften abgeschlossen werden.*

Mehr|fa|mi|li|en|haus, das: *Haus für mehrere Familien.*

Mehr|far|ben|druck, der ⟨Pl. ...drucke⟩: vgl. Vierfarbendruck.

mehr|far|big, (österr.:) **mehr|fär|big** ⟨Adj.⟩: *in mehreren Farben; mehrere Farben aufweisend.*

Mehr|far|big|keit, die: *das Mehrfarbigsein.*

Mehr|fing|rig|keit, die ⟨o. Pl.⟩: *Polydaktylie.*

Mehr|fracht, die: 1. *zusätzliche [über die Kalkulation hinausgehende] Fracht.* 2. *für eine Mehrfracht (1) entstehende zusätzliche Kosten.*

Mehr|ge|bot, das: *(bei einer Auktion) höheres Gebot (4).*

mehr|ge|schos|sig ⟨Adj.⟩: *mit mehreren Geschossen (2); mehrere Geschosse aufweisend.*

Mehr|ge|wicht, das ⟨Pl. selten⟩: *über das normale, übliche Maß hinausgehendes Gewicht; Übergewicht.*

Mehr|git|ter|röh|re, die (Elektronik): *Elektronenröhre mit mehr als einem Gitter (4).*

mehr|glei|sig ⟨Adj.⟩: vgl. eingleisig.

mehr|glie|de|rig, **mehr|glied|rig** ⟨Adj.⟩: *mit mehreren Gliedern (1 b, 3) versehen.*

Mehr|heit, die; -, -en [nach frz. majorité (↑Majorität), niederl. meerderheit; schon ahd. mērheit für lat. maioritas (↑Majorität)]: **1.** ⟨o. Pl.⟩ **a)** *der größere Teil einer bestimmten Anzahl von Personen als Einheit:* die M. des Volkes, die M. der Bürger hat sich dafür entschieden; die M. der Italiener, die große M. lehnt den Terror ab (Hochhuth, Stellvertreter 212); die M. der Abgeordneten stimmte/stimmten zu; die M. ist der Meinung, dass eine Reform nötig ist; es gab keine M. für den Plan, gegen das Vorhaben; **b)** (selten) *Mehrzahl (2):* sie konnte die M. der Stimmen auf sich vereinigen; in der M. *(in den meisten Fällen)* hat der Kardinal schon sicher das Rechte getroffen (Musil, Mann 848); * **die schweigende M.** (*die große Zahl derer, die ihre Meinung zu einer Sache nicht äußern wollen od. können;* LÜ von engl. the silent majority): Mit der Wahl des Münchners wird sich ... die ... »schweigende Mehrheit« der SPD bestätigt fühlen (MM 25. 8. 72, 2). **2. a)** *größerer Teil aller abgegebenen Stimmen:* eine knappe M.; die [parlamentarische] M. haben, erringen, gewinnen, verlieren; sie wurde mit überwältigender M. gewählt; absolute M. (Politik; *mehr als die Hälfte der stimmberechtigten Stimmen*); einfache/relative M. (Politik; *[bei mehr als zwei zur Wahl stehenden Kandidaten, Parteien o. Ä.] weniger als die Hälfte, aber der größere Teil der Stimmen*); qualifizierte M. (Politik; *absolute Mehrheit,* $^2/_3$- *od.* $^3/_4$*-Mehrheit*); dass ... künftig nur noch mit »wechselnden Mehrheiten« regiert werden kann (MM 12. 12. 86, 5); eine M. links von der Mitte; es gibt keine klaren -en; **b)** *Gruppe, die den größeren Teil der abgegebenen Stimmen bekommen hat.*

mehr|heit|lich ⟨Adj.⟩: **1.** *in, mit der Mehrheit, Mehrzahl; überwiegend:* -e Zustimmung; eine -e Entscheidung; Die m. bajuwarischen Ausflügler (Spiegel 47, 1966, 186); etw. m. beschließen. **2.** (schweiz.) *meistens:* m. in den Landzeitungen findet sich diese Ansicht.

Mehr|heits|ak|ti|o|när, der: *Aktionär, der mehr als die Hälfte der Aktien einer Aktiengesellschaft besitzt.*

Mehr|heits|ak|ti|o|nä|rin, die: w. Form zu ↑Mehrheitsaktionär.

Mehr|heits|be|schaf|fer, der: *kleinere bzw. kleine Partei, durch die bei Abstimmungen eine Mehrheit für eine Gruppierung, zu der sie sich schlägt, zustande kommt:* die CDU brauche ja die Liberalen ... als M. (Spiegel 39, 1982, 12).

Mehr|heits|be|schaf|fe|rin, die; -, -nen: w. Form zu ↑Mehrheitsbeschaffer.

Mehr|heits|be|schluss, der: *aufgrund einer Mehrheit gefasster Beschluss.*

Mehr|heits|be|tei|li|gung, die: (Wirtsch.): *Besitz der Mehrheit der An-*

teile od. der Stimmrechte eines rechtlich selbstständigen Unternehmens.

Mehr|heits|eig|ner, der: vgl. Mehrheitsaktionär.

Mehr|heits|eig|ne|rin, die: w. Form zu ↑Mehrheitseigner.

Mehr|heits|ent|schei|dung, die: *Entscheidung, die durch eine Mehrheit (1) getroffen wird od. wurde.*

mehr|heits|fä|hig ⟨Adj.⟩: *so beschaffen, dass eine Stimmenmehrheit dafür erwartet werden kann:* ein -er Beschluss; eine -e Partei; eine -e Alternative; m. sein.

Mehr|heits|frak|ti|on, die: *Fraktion, die die absolute Mehrheit hat.*

Mehr|heits|mei|nung, die: *Meinung der Mehrheit.*

Mehr|heits|par|tei, die: vgl. Mehrheitsfraktion.

Mehr|heits|prin|zip, das: *Prinzip, dass der Wille der Mehrheit [des Volkes] ausschlaggebend ist.*

Mehr|heits|wahl, die: *Wahlsystem, bei dem der Kandidat gewählt ist, der die relative, absolute od. qualifizierte Mehrheit hat; Direktwahl (2).*

Mehr|heits|wahl|recht, das ⟨o. Pl.⟩: *Wahlverfahren, bei dem die Mehrheit der abgegebenen Stimmen in einem Wahlbezirk ausschlaggebend ist.*

mehr|jäh|rig ⟨Adj.⟩: **1. a)** *einen Zeitraum von mehreren Jahren umfassend:* eine -e Berufspraxis; **b)** *[bereits] mehrere Jahre dauernd:* eine -e Freundschaft. **2.** (Bot.) *(von Blütenpflanzen, Kräutern) nach einigen Jahren zu einmaliger Blüte u. Fruchtreife gelangend u. danach absterbend.*

Mehr|kampf, der (Sport): *Wettkampf, der aus mehreren Einzeldisziplinen besteht.*

Mehr|kämp|fer, der: *jmd., der den Mehrkampf als sportliche Disziplin betreibt.*

Mehr|kämp|fe|rin, die: w. Form zu ↑Mehrkämpfer.

mehr|klas|sig ⟨Adj.⟩ (Schulw.): *aus mehreren Schulklassen bestehend.*

Mehr|kos|ten ⟨Pl.⟩: vgl. Mehraufwand.

Mehr|la|der, der: *Repetiergewehr.*

Mehr|leis|tung, die: **1.** vgl. Mehraufwand. **2.** *zusätzliche Leistung:* -en erbringen.

Mehr|ling, der; -s, -e: *eines von mehreren gleichzeitig ausgetragenen Kindern einer Mutter.*

Mehr|lings|ge|burt, die: *Geburt von Mehrlingen.*

mehr|ma|lig ⟨Adj.⟩: *mehrere Male geschehend:* trotz -er Nachfrage; man öffnete erst nach -em Klingeln.

mehr|mals ⟨Adv.⟩: *mehrere Male; des Öfteren:* etw. m. versuchen; sie machen m. im Jahr Urlaub; etw. m. wiederholen; Höflich gab der Knecht Antwort, verbeugte sich m. vor dem Römer (Ransmayr, Welt 184); m. täglich.

mehr|mas|tig ⟨Adj.⟩: *mit mehreren* ^{1}*Masten ausgerüstet:* eine -e Bark.

Mehr|par|tei|en|sys|tem, das (Politik): *von mehreren Parteien getragenes politisches System.*

Mehr|pha|sen|strom, der (Elektrot.): *Stromart mit mehreren, zeitlich gegeneinander verschobenen Wechselströmen.*

Mehr|platz|sys|tem, das (EDV): Computer, mit dem mehrere Benutzer gleichzeitig, aber unabhängig voneinander arbeiten können.

mehr|po|lig ⟨Adj.⟩: mehrere ¹Pole (2b) habend, mit mehreren ¹Polen (2b) [versehen].

Mehr|preis, der: Aufpreis; höherer Preis: einen M. fordern, rechtfertigen.

Mehr|pro|dukt, das: Überschuss an Produktion od. Werten, die über den lebensnotwendigen Bedarf u. die zur Aufrechterhaltung der Produktion nötigen Mittel hinausgehen.

Mehr|pro|duk|ti|on, die: Produktion, die über den lebensnotwendigen Bedarf hinausgeht.

Mehr|pro|gramm|be|trieb, der (EDV): gleichzeitige Verarbeitung mehrerer Programme auf einem Computer.

mehr|schich|tig ⟨Adj.⟩: aus mehreren Schichten bestehend.

mehr|schif|fig ⟨Adj.⟩: (von Kirchen o. Ä.) aus mehreren Schiffen bestehend.

mehr|schnei|dig ⟨Adj.⟩: vgl. mehrmastig.

mehr|sei|tig ⟨Adj.⟩: aus mehreren Seiten [bestehend]; mehrere Seiten enthaltend: ein -es Schreiben.

mehr|sil|big ⟨Adj.⟩: vgl. mehrteilig.

mehr|spra|chig ⟨Adj.⟩: a) in mehreren Sprachen [abgefasst]: ein -es Wörterbuch; b) mehrere Sprachen sprechend: -e Schüler; -e Länder (Länder mit einer mehrsprachigen Bevölkerung) wie die Schweiz; m. sein; die Kinder sind m. aufgewachsen.

Mehr|spra|chig|keit, die: das Mehrsprachigsein; Fähigkeit, mehrere Sprachen zu sprechen.

Mehr|sprung, der (bes. Leichtathletik): Übung während des Trainings, bei der der Trainierende viele Sprünge ohne Unterbrechung macht.

mehr|spu|rig ⟨Adj.⟩: mehrere Fahrspuren aufweisend: eine -e Autostraße.

◆ **mehrst...:** Sup. von ↑mehr: Der Graf von Luxemburg ist von den mehrsten Stimmen schon bezeichnet (Schiller, Tell V, 1).

Mehr|staa|ter, der: vgl. Doppelstaater.

Mehr|staa|te|rin, die; -, -nen: w. Form zu ↑Mehrstaater.

mehr|stel|lig ⟨Adj.⟩: (in Bezug auf Zahlenangaben) aus mehreren Stellen (3b) bestehend: ein Schaden in -er Millionenhöhe.

mehr|stim|mig ⟨Adj.⟩ (Musik): aus mehreren Stimmen bestehend; von mehreren Stimmen gesungen: m. singen; das Lied ist m. gesetzt.

Mehr|stim|mig|keit, die: mehrstimmige Beschaffenheit.

mehr|stö|ckig ⟨Adj.⟩: mehrere Stockwerke aufweisend.

Mehr|stu|fe, die (Sprachw.): Komparativ.

Mehr|stu|fen|ra|ke|te, die (Technik): Rakete aus mehreren Teilen mit je einem Triebwerk.

mehr|stu|fig ⟨Adj.⟩: a) vgl. mehrteilig: eine -e Leiter; b) (Technik) mehrere Teile mit je einem Triebwerk aufweisend: eine -e Rakete.

mehr|stün|dig ⟨Adj.⟩: mehrere Stunden dauernd.

mehr|tä|gig ⟨Adj.⟩: vgl. mehrstündig.

Mehr|tei|ler, der (ugs.): 1. mehrteilige Sendung, bes. im Fernsehen. 2. vgl. Zweiteiler.

mehr|tei|lig ⟨Adj.⟩: aus mehreren Teilen bestehend.

Meh|rung, die; -, -en [mhd. mērunge, ahd. mērunga] ⟨Pl. selten⟩ (geh.): das Mehren (1).

Mehr|ven|ti|ler, der; -s, - (Jargon): Kraftfahrzeug, dessen Zylinder mehr Ventile aufweisen als die normalen Fahrzeuge.

Mehr|ver|brauch, der: über das normale Maß hinausgehender Verbrauch.

Mehr|völ|ker|staat, der: Nationalitätenstaat.

Mehr|weg|fla|sche, die: Flasche, die [als Pfandflasche] vom Händler zurückgenommen wird u. die erneut in Umlauf kommt: Mineralwasser, Bier, Milch in -n.

Mehr|weg|ge|schirr, das: zu mehrmaligem Gebrauch bestimmtes Geschirr: an Start und Ziel wurden Speisen nicht auf Plastik, sondern auf M. serviert (natur 3, 1991, 99).

Mehr|weg|ver|pa|ckung, die: zu mehrmaligem Gebrauch bestimmte Verpackung.

Mehr|wert, der ⟨o. Pl.⟩: 1. (Wirtsch.) Zuwachs an Wert, der durch ein Unternehmen erarbeitet wird. 2. (marx.) den Lohn übersteigender Wert, den der Arbeiterschaft produziert.

Mehr|wert|ra|te, die (marx.): Rate, die das Verhältnis der Mehrarbeit (3) zur notwendigen Arbeit ausdrückt.

Mehr|wert|steu|er, die (Wirtsch.): von einem Unternehmen auf den Verkaufspreis eines Produktes aufgeschlagene Umsatzsteuer, die an das Finanzamt abgeführt wird (Abk.: MwSt., Mw.-St.).

Mehr|wert|the|o|rie, die (marx.): Lehre vom Mehrwert (2).

mehr|wöl|chig ⟨Adj.⟩: vgl. mehrstündig.

Mehr|zahl, die: 1. ⟨Pl. selten⟩ (Sprachw.) Plural. 2. ⟨o. Pl.⟩ größerer Teil einer bestimmten Anzahl: die M. der Anwesenden; die große M. hat dafür gestimmt; Schichtarbeiter ... in der M. junge Männer in Anoraks (Berger, Augenblick 77); in der M. der Fälle.

Mehr|ze|hig|keit, die; -: Polydaktylie.

mehr|zei|lig ⟨Adj.⟩: vgl. mehrteilig.

Mehr|zeit|form, die ⟨meist Pl.⟩ (Geogr.): Form der Erdoberfläche, die sich im Laufe der Entwicklung durch unterschiedliche Klimate herausgebildet hat.

mehr|zel|lig ⟨Adj.⟩: vgl. mehrteilig.

Mehr|zweck|ge|bäu|de, das: vgl. Mehrzweckhalle.

Mehr|zweck|ge|rät, das: Gerät, das verschiedenen Zwecken dient.

Mehr|zweck|hal|le, die: für verschiedene Zwecke genutzte Halle.

Mehr|zweck|ma|schi|ne, die, **Mehr|zweck|mö|bel,** das, **Mehr|zweck|tisch,** der: vgl. Mehrzweckgerät.

Mehr|zy|lin|der, der (Jargon): a) Mehrzylindermotor; b) Kraftfahrzeug mit Mehrzylindermotor.

Mehr|zy|lin|der|mo|tor, der: Motor für Kraftfahrzeuge mit mehreren Zylindern.

mei|den ⟨st. V.; hat⟩ [mhd. mīden, ahd. mīdan, urspr. = (den Ort) wechseln, (sich) verbergen, (sich) fern halten u. verw. mit dem unter ↑Meineid genannten Adj.] (geh.): jmdm., einer Sache bewusst ausweichen, aus dem Wege gehen; sich von jmdm., etw. fern halten: jmdn., etw. m.; Nach solchen Tagen ... war Tereus so ... unberechenbar ..., dass ihn mied, wer ihn m. konnte (Ransmayr, Welt 30); die beiden meiden sich, einander; jmds. Gesellschaft, jmds. Blicke m.; Der Pilz riecht und schmeckt dumpf ... Es ist besser, ihn zu m. wie er zu essen; Freie Presse 22. 8. 89, 3); Alkohol m. (keinen Alkohol trinken); sie versuchte die überfüllten Autobahnen zu m. (sie zu umgehen); jmdn., etw m. wie die Pest (ugs. emotional; jmdn., einer Sache unbedingt zu entgehen suchen); Ü das Glück, der Schlaf meidet ihn.

Mei|er, der; -s, - [mhd. meier, ahd. meiur, maior, gek. aus spätlat. maior domus, ↑Majordomus; 3: nach dem häufigen Familien. Meier]: 1. (hist.) Verwalter eines Fronhofs. 2. (veraltet, noch landsch.) Pächter, Verwalter eines Gutes: ◆ die Beförderung zum Aufseher und dann zum M. (Ebner-Eschenbach, Gemeindekind 62). 3. *wenn ..., dann heiß ich M.; ich will M. heißen, wenn ... (ugs.; das, was vielleicht vermutet werden könnte, ist bestimmt nicht der Fall).

Mei|e|rei, die; -, -en [1: spätmhd. meirīe]: 1. (veraltet) von einem Meier (2) verwaltetes Gut. 2. (landsch.) Molkerei.

Mei|er|gut, das, **Mei|er|hof,** der (veraltet): Meierei (1).

Mei|e|rin, die; -, -nen: w. Form zu ↑Meier (2).

Mei|le, die; -, -n [mhd. mīle, ahd. mīl(l)a < lat. milia = römische Meile, für: mille (milia) passuum = tausend Doppelschritte]: 1. frühere Längeneinheit unterschiedlicher Größe (als Wegemaß): die preußische, geographische, englische M.; (Leichtathletik): die M. (Strecke der englische Meile von 1 609,30 m) laufen; tausend -n (dichter.; sehr weit) von hier entfernt; ◆ Sie kömmt sechs -n Weges vom Lande (Cl. Brentano, Kasperl 345); *drei, sieben usw. -n gegen den Wind (abwertend; [bes. von Gerüchen] sehr stark u. aufdringlich): ihr Parfüm riecht, man riecht ihr Parfüm drei -n gegen den Wind; man hört dich drei -n gegen den Wind. 2. (ugs.) lange, gerade verlaufende Straße in einer Stadt, wo sich etw. bestimmtes abspielt: Die bunte M. der Verkaufs- und Imbissstände reicht zum Flanieren, Kaufen und Kauen (Husumer Nachrichten 28. 7. 94, 12); Die Friedrichstraße, in kalter Pracht erstarrt – ein Menetekel für das »neue« Berlin? Fritz-Jochen Kopka durchstreifte die kaputtpolierte M. (Woche 9. 1. 98, 2); Der Fotograf Mike verbringt seine Zeit hauptsächlich auf der anrüchigen M. des Sunset Strip (Gong 34, 1993, 96); *sündige M. (Amüsierviertel): »Rotlichtviertel« ... eine Reportage über die sündige M.« (Stuttg. Zeitung 4. 11. 89, 1).

mei|len|lang [auch: '--'-] ⟨Adj.⟩ (selten): *sehr, ungewöhnlich lang:* -e Schritte.

Mei|len|lauf, der (Leichtathletik): *Lauf über eine englische Meile.*

Mei|len|läufer, der: *Sportler, der Meilenlauf betreibt.*

Mei|len|läu|fe|rin, die: w. Form zu ↑Meilenläufer.

Mei|len|stein, der: **1.** (früher) vgl. Kilometerstein: diese ... Diskussionen ... sind wirklich wie -e, an denen man sich in der wechselnden politischen Landschaft orientieren kann (Dönhoff, Ära 142). **2.** (emotional) *wichtiger Einschnitt, Wendepunkt o. Ä. in einer Entwicklung:* dieser Vertrag ist ein M. auf dem Weg in eine friedliche Zukunft; -e der Menschheitsgeschichte.

Mei|len|stie|fel ⟨Pl.⟩ (seltener): *Siebenmeilenstiefel.*

mei|len|weit [auch: '--'-] ⟨Adj.⟩ (emotional): *sehr weit:* wir sind m. gelaufen, ohne auf eine menschliche Siedlung zu stoßen; m. sah man das lodernde Feuer; Ü sie war m. von einer Lösung des Falles entfernt.

¹Mei|ler, der; -s, - [spätmhd. mīler, wohl zu mlat. miliarium = Anzahl von tausend Stück, zu lat. mille = tausend; nach der Vielzahl des aufgeschichteten Holzes]: **1.** kurz für ↑Kohlenmeiler. **2.** kurz für ↑Atommeiler.

²Mei|ler, der; -s, - [engl. miler, zu mile = Meile] (Leichtathletik): *Meilenläufer.*

¹mein ⟨Possessivpron.⟩ [mhd., ahd. mīn]: bezeichnet die Zugehörigkeit od. Herkunft eines Wesens od. Dinges, einer Handlung od. Eigenschaft zur bzw. von der Person des Sprechers: **1. a)** ⟨vor einem Subst.⟩ m. Bruder; -e Frau, m. Mann; -e Brille; hast du -en Brief bekommen?; von -em Geld; m. liebes Kind; bringt ein auf den Sprecher bezogenes, subjektives Verhältnis o. Ä. zu dem im folgenden Substantiv Genannten zum Ausdruck: Gestern sah ich -en ersten Toten (Grass, Hundejahre 414); **b)** als Ausdruck einer Gewohnheit, gewohnheitsmäßigen Zugehörigkeit, Regel o. Ä. in Bezug auf die eigene Person: ich mache dieses Jahr wieder -e Kur (ugs.; *die Kur, die ich schon öfter gemacht habe*); ich muss -e Medizin nehmen (ugs.; *die Medizin, die ich zurzeit nehmen muss*); ich habe heute -en Zug versäumt (ugs.; *den Zug, den ich gewöhnlich benutze*); ich trinke -e fünf Tassen Kaffee am Tag (*die fünf Tassen Kaffee, an die ich gewöhnt bin*); **c)** ⟨o. Subst.⟩ ist das deine Brille oder -e?; das dickere der Bücher ist -s, (geh.:) -es; was m. ist, ist auch dein (*was mir gehört, gehört auch dir;* Lukas 15, 31); **oh, du m.; ach, du m.** (ugs.; Ausruf der Verwunderung, des Erschreckens o. Ä.): Oh, du m.! – wie kann ich essen, wenn ich deine schmutzigen Finger sehe (Keun, Mädchen 133); **2.** ⟨subst.⟩ (geh.): sein Stuhl stand unmit-

telbar neben dem -en; die Meine/(auch:) die -e *(meine Frau);* der Meine/(auch:) der -e *(mein Mann);* das Meine/(auch:) das -e *(mein Eigentum);* die Meinen/(auch:) die -en *(meine Familie);* ich habe das Meine/(auch:) das -e *(das, was ich tun konnte)* getan; in dem Streit geht es um [das] Mein und Dein (geh.; *um den Besitz, die Besitzverhältnisse*); * **Mein und Dein verwechseln/nicht unterscheiden können** (verhüll.; *sich leicht an fremdem Eigentum vergreifen; im Hinblick auf das Eigentum anderer nicht ganz zuverlässig sein*): man darf ihr nicht zu sehr vertrauen, sie kann Mein und Dein nicht unterscheiden.

²mein [mhd., ahd. mīn] (dichter. veraltet): ↑meiner : gedenke m.!; vergiss m. nicht!; erbarme dich m.!

Mein|eid, der; -[e]s, -e [mhd. meineit, ahd. meineid, zu mhd., ahd. mein = falsch, betrügerisch (urspr. = vertauscht, verwechselt) u. ↑Eid]: *Eid, mit dem wissentlich, vorsätzlich etwas Unwahres beschworen wird:* einen M. schwören, leisten; jmdn. des -s beschuldigen; sie wurde wegen -s verurteilt.

mein|ei|dig ⟨Adj.⟩: *einen Meineid schwörend:* ein -er Zeuge; m. werden, sein.

Mein|ei|di|ge, der u. die; -n, -n ⟨Dekl. ↑Abgeordnete⟩: *jmd., der einen Meineid geschworen hat.*

mei|nen ⟨sw. V.; hat⟩ [mhd. meinen, ahd. meinan]: **1. a)** *(in Bezug auf jmdn., etw.) eine bestimmte Ansicht, Meinung haben, vertreten:* sie meinte, man könne nicht so verfahren; meinen *(glauben)* Sie, das hätte keiner gemerkt?; meine Augen, die ... nicht braun sind, wie ich immer gemeint habe *(geglaubt habe;* Frisch, Homo 243); das meine ich auch! *(ich bin der gleichen Auffassung!);* er meint *(denkt)* immer, alle müssten sich nach ihm richten; ich würde m. *(ich bin der Meinung),* dies ist keine gute Entscheidung; man könnte m. *(den Schluss ziehen),* es wäre alles vergebens gewesen; man sollte m., du hättest mehr Verstand *(es ist unbegreiflich, dass du so ohne Verstand handelst);* Was meinen Sie (ugs.; *Sie haben keine Vorstellung davon),* wie viele linken Zeitungsfritzen ... Conrad fertig gemacht haben (Ziegler, Gesellschaftspiele 141); meinst du das im Ernst? *(ist das wirklich deine Überzeugung, Meinung?);* als Bekräftigungsformel: das will ich m.! (ugs.; *natürlich ist das so!);* Was meinst du über die Rüstungspolitik (Spiegel 12, 1979, 201); was meinst du zu dieser Sache? *(wie stehst du dazu?);* ⟨auch ohne Akk.-Obj.:⟩ ich meine ja nur [so]! (ugs.; *es war ja nur ein Vorschlag von mir!);* als [erstaunte, verwunderte] Rückfrage auf jmds. Äußerung: meinen Sie?, meinst du?; als einräumende Feststellung: wenn du meinst!; wenn Sie meinen!; »Wie du meinst«, sagt er und folgt mir (Ziegler, Konsequenz 93); **b)** *sagen wollen, zum Ausdruck bringen wollen:* das habe ich nicht gemeint; was hat sie mit ihrer Bemerkung gemeint?; in Fragefloskeln: was meinen Sie? (ugs.; als Rückfrage, wenn jemand die Äußerung eines anderen nicht verstanden hat; *bitte?);* (veral-

tet od. scherzh.:) wie meinen? **2.** *(bei einer Äußerung, Handlung o. Ä.) im Sinn, im Auge haben:* welches Buch meinst du?; meinen Sie mich?; ich meine etwas ganz anderes; was meinst du damit? *(willst du damit sagen?);* wie meinst du das? *(wie soll ich deine Äußerung verstehen?).* **3.** (geh.) *im Hinblick auf etw. eines bestimmten Glaubens, einer bestimmten Überzeugung sein; wähnen:* sich im Recht m.; Seitdem meinte sie sich ... ausgeschlossen von der Familie (Johnson, Ansichten 125); sie meinte *(glaubte)* zu träumen; In ihrem Mienenspiel meinte er manchmal die Macht und die Unerfüllbarkeit seiner eigenen Sehnsüchte wieder zu erkennen (Ransmayr, Welt 24). **4.** *etw. mit einer bestimmten Absicht, Einstellung o. Ä. sagen od. tun:* etw. ironisch, ernst, aufrichtig, nicht wörtlich m.; Ich überlege, ob ich ihr erklären soll, dass ich das anders gemeint habe (Remarque, Obelisk 56); es ehrlich m.; es war nicht böse gemeint; sie hat es nicht so gemeint (ugs.; *es sollte keine Kränkung sein);* er meinte es gut mit uns *(war uns freundlich gesinnt);* Dein Vater meint es doch nur gut mit dir (B. Vesper, Reise 375); er hat es niemals ehrlich mit ihr gemeint *(hat nur sein Spiel mit ihr getrieben);* Ü die Sonne meint es heute gut *(scheint sehr intensiv).* **5.** *sagen:* Er meinte zu Thomas, nun habe er Gelegenheit, sich zu bewähren (Ziegler, Konsequenz 242). ◆ **6.** * **gemeint sein** *(gewillt sein, entschlossen sein):* Charlotte ... lehnte den wohlgesinnten Antrag ab, weil sie nicht gemeint war, in ihrer Umgebung etwas zuzulassen, wovor sie im merfort eine starke Apprehension gefühlt hatte (Goethe, Wahlverwandtschaften II, 11); Nachdem unser ... Feldherr ... wegen vielfältig empfangener Kränkungen des Kaisers Dienst zu verlassen gemeint gewesen (Schiller, Piccolomini IV, 1).

mei|ner ⟨Gen. des Personalpronomens »ich«⟩: Innerlich war ich völlig ruhig und ganz Herr meiner selbst (Niekisch, Leben 331).

mei|ner|seits ⟨Adv.⟩ [↑-seits]: *von mir aus, von meiner Seite aus:* ich m. habe/ habe m. nichts gegen die Sache unternommen; »Ich freue mich, Sie kennen gelernt zu haben!« – »Ganz m.!« (als Antwortfloskel; *ich freue mich ebenso);* Zunächst eine Bitte m. ... Nehmen Sie sich in Acht vor ihm (Hochhuth, Stellvertreter 129); Ich bewundere Eva, Oda und Ilse, lege aber Wert darauf, auch m. selbst von ihnen anerkannt zu werden (K. Mann, Wendepunkt 94).

mei|nes|glei|chen ⟨indekl. Pron.⟩ [eigtl. erstarrter Gen., mhd. mīn gelīche, ahd. mīn gilīcho]: *jmd., Leute meines [Berufs]standes, meiner Art o. Ä.:* ich und m.; In diesem Krieg ging für mich und viele m. nicht nur die eine und die andere Stadt in Flammen auf (Berger, Augenblick 35); Mit m. ... habe ich nur geschäftlich zu tun (Konsalik, Promenadendeck 298); ich war dort unter m.; m. *(jemand wie ich)* kann sich das nicht leisten.

mei|nes|teils ⟨Adv.⟩ (seltener): *was mich betrifft.*

mei|net|hal|ben ⟨Adv.⟩ [gek. aus: von meinethalben, mhd. mīn(ent)halben; ↑-halben] (veraltend): *meinetwegen: Meinethalben soll sie Geld haben, ... wenn sie mich in Ruhe lässt* (Fallada, Herr 25).

mei|net|we|gen ⟨Adv.⟩ [älter: von meinet (meinen) wegen]: **1.** *aus Gründen, die mich betreffen; mir zuliebe; um meinetwillen:* bist du m. gekommen?; m. brauchst du nicht zu warten; du hast m. ja auch auf mancherlei verzichtet (Hochhuth, Stellvertreter 105). **2.** (ugs.) *von mir aus:* m. kannst du gehen; m.! *(ich habe nichts dagegen).* **3.** *zum Beispiel; angenommen:* zunächst absolvierst du ein Studium, m. Maschinenbau; Wenn man früh genug anfängt, mit sechzehn m. (Böll, Haus 93); Ich kannte einen Mann ... Der ging samstags ... schwarzarbeiten, verdiente m. 200 Mark (Dierichs, Männer 169).

mei|net|wil|len ⟨Adv.⟩ [älter: umb meinet (meinen) willen, ↑willen]: nur in der Fügung **um m.** *(mit Rücksicht auf mich; mir zuliebe):* um m. brauchst du deine Gewohnheiten nicht zu ändern.

mei|ni|ge, der, die, das; -n, -n ⟨Possessivpron.; immer mit Art.⟩ (geh. veraltend): *der, die, das* ¹meine (2): du hast nur an deinen Vorteil gedacht, nicht an den -n; ⟨subst.:⟩ ich werde das Meinige/(auch:) das m. *(mein Teil)* dazu beitragen; sie wird die Meinige/(auch:) die m. *(meine Frau);* die Meinigen/(auch:) die -n *(meine Familie, meine Angehörigen)* sind wohlauf.

Mein|tat, die; -, -en [aus mhd., ahd. mein (↑Meineid) u. ↑Tat] (veraltet): *Verbrechen.*

Mei|nung, die; -, -en [mhd. meinunge, ahd. meinunga, zu ↑meinen] **a)** *persönliche Ansicht, Überzeugung, Einstellung o. Ä., die jmd. in Bezug auf jmdn., etw. hat* (u. die sein Urteil bestimmt): eine abweichende, vorgefasste, vernünftige, irrige, gegenteilige M. haben, vertreten; die -en über den Fall geteilt, gehen auseinander; meine unmaßgebliche M. ist, dass sie nicht infrage kommt; seine M. sagen; sich eine M. bilden *(einen Einblick verschaffen, der ein Urteil ermöglicht);* eine bestimmte M. vertreten; seine M. ändern; ich habe dazu keine M. *(bin nicht imstande, darüber zu urteilen; möchte mich dazu nicht äußern);* jmds. M. [nicht] teilen [können]; über etw. anderer, geteilter M. sein; ich bin der Meinung *(bin davon überzeugt),* dass der Termin nicht zu halten ist; eine schlechte, gute, hohe M. *(ein negatives, [sehr] positives Urteil)* von jmdm. haben; an seiner M. festhalten; er trägt das Western-Hemd nicht in der M., dass es ihn jünger mache (Frisch, Montauk 55); niemand hatte sie nach ihrer M., um ihre M. gefragt; was müsste nach Ihrer geschätzten M. noch erfunden ... werden (Langgässer, Siegel 79); nach meiner M./meiner M. nach ist die Sache längst entschieden; als Bekräftigungsformel: ganz meine M.! *(so denke ich auch darü-*

ber); ***jmdm. die/**(seltener:) **seine M. sagen/**(salopp:) **geigen** *(jmdm. unmissverständlich seinen Unwillen zu erkennen geben; jmdn. wegen etw. scharf zurechtweisen):* zieh bloß keinen Flunsch ... weil ich dir mal die M. gegeigt habe (Fallada, Jeder 14); **b)** *im Bewusstsein der Allgemeinheit [vor]herrschende Auffassungen hinsichtlich bestimmter [politischer] Sachverhalte:* die allgemeine M. durch Umfragen zu ermitteln suchen; Die damals herrschende M. ging ... dahin, könne gar nicht langsam genug bauen (Kafka, Erzählungen 304); die öffentliche M. *(die Meinung, das Urteil der Öffentlichkeit;* LÜ von frz. opinion publique); die veröffentlichte M. *(die bes. von den Massenmedien verbreitete Meinung zu bestimmten Ereignissen, die die Meinungsbildung der Öffentlichkeit beeinflusst, steuert).*

Mei|nungs|än|de|rung, die: *Änderung der Meinung.*

Mei|nungs|äu|ße|rung, die: **1.** *das Äußern einer Meinung:* das Recht der freien M. *(das Recht, seine Meinung in Wort, Schrift u. Bild frei zu äußern u. zu verbreiten).* **2.** (seltener) *geäußerte Meinung:* jmds. M. diskutieren, ignorieren.

Mei|nungs|aus|tausch, der: *mündlicher od. schriftlicher Austausch von Meinungen zu einer bestimmten Frage:* ein reger M. über bestimmte Fragen; in einem M. miteinander stehen.

Mei|nungs|be|fra|gung, die: vgl. Meinungsaustausch.

mei|nungs|bil|dend ⟨Adj.⟩: *auf das Entstehen einer bestimmten Meinung der Öffentlichkeit Einfluss habend:* -e Autoren; die -e Presse; Es gibt ... »Führungspersönlichkeiten« ... Für diese Leute ist es charakteristisch, dass sie ... m. wirken (Wohngruppe 93).

Mei|nungs|bild|ner, der (Kommunikationsf.): *jmd., der auf die Meinungsbildung breiter Schichten Einfluss hat:* Vom fehlenden Risiko-Kapital für Existenzgründer bis hin zum leistungsfeindlichen Steuersystem, ... vom Schutz für offensichtliche Drückeberger bis zur Technikfeindlichkeit von arm – in Deutschland liegt zu viel im Argen (Scheppach, New Work 18).

Mei|nungs|bild|ne|rin, die: w. Form zu ↑Meinungsbildner.

mei|nungs|bild|ne|risch ⟨Adj.⟩: *meinungsbildend.*

Mei|nungs|bil|dung, die ⟨Pl. selten⟩ (Kommunikationsf.): *Bildung einer Meinung (zu einer bestimmten Frage) im Einzelindividuum, in der Gesellschaft:* Entscheidend ist der Prozess der politischen Meinungs- und Willensbildung (Fraenkel, Staat 73).

Mei|nungs|bil|dungs|pro|zess, der (Kommunikationsf.): *Vorgang, Prozess der Meinungsbildung.*

Mei|nungs|er|he|bung, die (selten): *Meinungsumfrage.*

Mei|nungs|for|scher, der: *jmd., der auf dem Gebiet der Meinungsforschung tätig ist.*

Mei|nungs|for|sche|rin, die: w. Form zu ↑Meinungsforscher: Ich schrieb auf

eine kleine Annonce und war plötzlich M. für eine Pariser Firma (Perrin, Frauen 176).

Mei|nungs|for|schung, die: **1.** ⟨o. Pl.⟩ *Forschungsgebiet, das sich mit der Erforschung der in der Gesellschaft herrschenden Meinungen (zu bestimmten Fragen) beschäftigt.* **2.** *Erforschung einer bestimmten herrschenden Meinung mit den Methoden der Meinungsumfrage:* M. betreiben.

Mei|nungs|for|schungs|in|sti|tut, das: *Institut, das Meinungsumfragen durchführt u. auswertet.*

Mei|nungs|frei|heit, die ⟨o. Pl.⟩: *Recht der freien Meinungsäußerung:* das Recht auf Meinungs- und Pressefreiheit.

Mei|nungs|füh|rer, der [LÜ von engl. opinion leader] (Kommunikationsf.): *jmd., der die allgemeine Meinung einer Gruppe od. breiter Schichten der Bevölkerung vertritt, repräsentiert.*

Mei|nungs|füh|re|rin, die: w. Form zu ↑Meinungsführer.

Mei|nungs|füh|rer|schaft, die: *Führerschaft (1) im Hinblick auf die allgemeine Meinung einer Gruppe od. breiter Schichten der Bevölkerung.*

Mei|nungs|kampf, der (selten): vgl. Meinungsstreit.

Mei|nungs|kauf, der (Börsenw.): *in der Hoffnung auf baldiges Steigen der Kurse vorgenommener Kauf.*

Mei|nungs|knopf, der (selten): *Button.*

Mei|nungs|krieg, der: *heftiger Meinungskampf:* ein M. um das Tempolimit.

Mei|nungs|ma|che, die (abwertend): *versuchte Beeinflussung der Meinungen anderer.*

Mei|nungs|ma|cher, der ⟨meist Pl.⟩: *Meinungsbildner:* die Medien sind M. in der Gesellschaft.

Mei|nungs|ma|che|rin, die: w. Form zu ↑Meinungsmacher.

Mei|nungs|mo|no|pol, das (abwertend): *beherrschender Einfluss, der von bestimmten Medien auf die öffentliche Meinung ausgeübt wird.*

Mei|nungs|pfle|ge, die: seltener für ↑Public Relations.

Mei|nungs|spek|trum, das: *Spektrum (2) von Meinungen.*

Mei|nungs|streit, der: *Diskussion, in der einander entgegengesetzte Meinungen aufeinander treffen; Kontroverse.*

Mei|nungs|test, der, **Mei|nungs|um|fra|ge,** die: *[systematische] Befragung einer [größeren] Anzahl von Personen nach ihrer Meinung zu einem bestimmten Problem:* die -n bestätigen einen Trend; eine M. machen, durchführen, veranstalten.

Mei|nungs|um|schwung, der: *Umschwung der öffentlichen Meinung:* ein M. hat stattgefunden.

Mei|nungs|un|ter|schied, der ⟨meist Pl.⟩: *unterschiedliche Meinung in einer bestimmten Frage, Angelegenheit:* es bestehen große -e.

Mei|nungs|ver|kauf, der (Börsenw.): vgl. Meinungskauf.

Mei|nungs|ver|schie|den|heit, die: **1.** ⟨meist Pl.⟩ *Unterschiedlichkeit, Gegensätzlichkeit in der Beurteilung, Einschät-*

zung von etw.: *unter, zwischen den Teilnehmern bestanden erhebliche -en.* **2.** (verhüll.) *(mit Worten ausgetragener) Streit, Auseinandersetzung:* die beiden hatten eine kleine, heftige M.; eine M. beilegen; es kam zu -en zwischen ihnen.

Mei|nungs|viel|falt, die: *Vielfalt von Meinungen in bestimmtem Zusammenhang.*

Mei|nungs|wan|del, der: *Wandel, Änderung der Meinung:* etw. führt zu einem M.

Mei|nungs|wech|sel, der: vgl. Meinungswandel.

Mei|o|se, die; -, -n [griech. meíōsis = das Verringern] (Biol.): *(bei der Zellteilung) in zwei unterschiedlichen Prozessen verlaufende Reduktion des bei der Befruchtung verdoppelten Bestandes an Chromosomen um die Hälfte, um so ihre Zahl pro Zelle konstant zu halten; Reduktionsteilung; Reifeteilung.*

Mei|o|sis, die; - (Rhet., Stilk.): *Litotes.*

Mei|ran, der; -s, -e (seltener): *Majoran.*

Mei|se, die; -, -n [mhd. meise, ahd. meisa, wahrscheinlich eigtl. = die Kleine, Schmächtige, wohl nach der kleinen Gestalt]: *(in zahlreichen Arten vorkommender) kleiner Singvogel mit spitzem Schnabel u. verschiedenfarbigem Gefieder:* * **eine/'ne M. haben** (salopp; *nicht recht bei Verstand sein):* du hast 'ne M.!; Othmar deutete, von Didi unbemerkt, an seine lockenumwallte Stirn, um anzudeuten: »Jetzt hat er 'ne M.« (Lentz, Muckefuck 103).

Mei|sel, das; -s [mundartl. Vkl. von ↑Maus; nach der spitz zulaufenden Form des Fleischstücks] (österr.): *Fleisch von der Schulter des Rindes.*

Mei|sen|ring, der: *als Futter für Meisen im Winter im Freien aufzuhängender Ring aus hartem Fett u. Körnern.*

Meis|je, das; -s, -s [niederl. meisje, Vkl. von: meid = Mädchen]: *holländisches Mädchen.*

Mei|ßel, der; -s, - [mhd. meiʒel, ahd. meiʒil, zu mhd. meiʒen, ahd. meiʒan = (ab)schneiden, (ab)hauen]: **1.** *der Bearbeitung bes. von Stein u. Metall dienendes, je nach Verwendungszweck verschieden geformtes Werkzeug aus Stahl, das an einem Ende keilförmig zugespitzt u. mit einer scharfen Schneide versehen ist:* etw. mit dem M. bearbeiten. **2.** *in der Chirurgie verwendetes Instrument von der Form eines Flach- od. Hohlmeißels.*

mei|ßeln 〈sw. V.; hat〉 [mhd. meiʒeln]: **1. a)** *mit dem Meißel (1) arbeiten:* an einer Skulptur m.; **b)** *mit dem Meißel bearbeiten:* Naturstein, ein Werkstück m.; **c)** *mithilfe eines Meißels, durch Bearbeitung mit dem Meißel herstellen, schaffen:* eine Statue [aus Marmor] m.; ein Loch [in die Wand] m.; eine Inschrift in Stein m.; In ihren antiken Sarkophag habe ich diese ... Worte m. lassen: Siziliens Königin Konstanze war ich und Kaisergemahlin (Stern, Mann 205); sein Kopf war wie gemeißelt *(war ebenmäßig geformt).* **2.** *einen chirurgischen Eingriff (im Bereich des Knochengerüstes) mit einem Meißel (2) vornehmen:* An den Füßen hatte ich eine Operation gehabt, da

war gemeißelt worden (Kempowski, Immer 209).

Mei|ße||lung, die; -, -en: *das Meißeln.*

Mei|ßen: Stadt an der Elbe.

¹Mei|ße|ner, der; -s, -: Ew.

²Mei|ße|ner 〈indekl. Adj.〉: die alten Meißener Porzellanmanufakturen.

Mei|ße|ne|rin, die; -, -nen: w. Form zu ↑¹Meißener.

Meis|se|ner Por|zel|lan®, das; - -s: *Porzellan der ältesten europäischen Porzellanmanufaktur in Meißen.*

mei|ße|nisch 〈Adj.〉: *Meißen, die Meißener betreffend; von den Meißenern stammend, zu ihnen gehörend.*

Meiß|ner: ↑²Meißener: bei Fräulein von Hüllenbeck, wo die M. Puppen in den Vitrinen zitterten, wenn die silberne Zuckerzange auf die Tischdecke fiel (Bieler, Mädchenkrieg 29).

meiß|nisch: ↑meißenisch.

meist 〈Adv.〉 [mhd., ahd. meist]: *in der Regel, für gewöhnlich, in der Mehrzahl der Fälle, fast immer, meistens:* ihr Streit endet m. in einer Schlägerei; die Besucher sind m. junge Leute; es war m. schönes Wetter; Conny schweigt wie m. Er wiegt nur den Kopf (Heim, Traumschiff 191).

meist... 〈Indefinitpron. u. unbest. Zahlw.〉 [mhd., ahd. meist; Sup. von viel]: **1.** *die größte Anzahl, Menge von etw.:* sie hat das meiste Geld; die meiste *(größte)* Angst, am meisten Angst hatte er. **2.** *der größte Teil (einer bestimmten Anzahl od. Menge); die Mehrzahl (2):* die meiste Zeit des Jahres ist er auf Reisen; die meisten Gäste bleiben nur wenige Tage; 〈allein stehend:〉 das meiste war unbrauchbar; die meisten *(die meisten Menschen)* haben kein Interesse daran; die meisten der Kollegen; sie hat das meiste *(fast alles)* wieder vergessen; du hast das meiste/am meisten gegessen; das jüngste Kind liebte sie am meisten *(vor allen anderen, in höchstem Maße);* 〈vor einem Adj. zur Umschreibung des Sup.:〉 das am meisten verkaufte Buch der Saison; die am meisten befahrene Straße.

meist|be|güns|tigt 〈Adj.〉: *am meisten begünstigt.*

Meist|be|güns|ti|gung, die (Wirtsch.): *Zuerkennung von Vorteilen an einen Außenhandelspartner, die anderen Handelspartnern bereits gewährt werden:* M. im Handel.

Meist|be|güns|ti|gungs|klau|sel, die (Wirtsch.): *die Meistbegünstigung betreffende Klausel.*

meist|be|nutzt 〈Adj.〉: *am meisten, am häufigsten benutzt:* die -en Straßen, Strecken.

meist|be|tei|ligt 〈Adj.〉: *am meisten beteiligt.*

meist|bie|tend 〈Adj.〉 (Kaufmannsspr.): *(bei einem Kauf, einer Versteigerung) das höchste Gebot abgebend:* etw. m. *(gegen höchstes Gebot 4)* versteigern.

Meist|bie|ten|de, der u. die; -n, -n 〈Dekl. ↑Abgeordnete〉: *jmd., der bei einem Kauf, einer Versteigerung das höchste Gebot (4) abgibt:* etw. an den -n versteigern.

meist|dis|ku|tiert 〈Adj.〉: *am meisten, am häufigsten diskutiert:* das -e Ereignis.

meis|ten|orts 〈Adv.〉 (geh.): *an den meisten Orten; fast überall:* es gibt m. eine Stelle, bei der man sich informieren kann.

meis|tens 〈Adv.〉: *in den meisten Fällen; meist:* m. benutze ich den Bus; Seine Tochter Jennifer, acht Monate, schläft jetzt nachts m. durch (Woche 20. 12. 96, 21); kein Unkraut wächst, die Blümchen und Sträucher sind m. symmetrisch gepflanzt (Straessle, Herzradieschen 194).

meis|ten|teils 〈Adv.〉: *meistens, zum größten Teil:* die Besucher kommen m. aus dem Ausland; m. war das Wetter schön; Wie kommt es einem Leinwandfabrikanten in den Sinn, ein Tagebuch zu schreiben, m. über geschäftsfremde Gegenstände (Meier, Paracelsus 46).

Meis|ter, der; -s, - [mhd. meister, ahd. meistar < lat. magister, ↑Magister]: **1. a)** *Handwerker, der seine Ausbildung mit der Meisterprüfung abgeschlossen hat:* er ist M. [im Kürschnerhandwerk]; der M. und die Gesellen; bei einem tüchtigen M. in die Lehre gehen; den/seinen M. machen (ugs.; *die Meisterprüfung in einem Handwerk ablegen);* **b)** *jmd., der als Meister (1 a) in einem Betrieb arbeitet u. einem bestimmten Arbeitsbereich vorsteht:* ein M. betreut die Auszubildenden der Firma; er ist als M. verantwortlich für die Fertigung im Betrieb; 〈als Ehrentitel in der DDR:〉 M. der volkseigenen Industrie; Bester M. des Betriebes. **2.** *Könner auf seinem Gebiet, in seiner Kunst:* er ist ein M. [seines Fachs]; ein M. der Sprache, auf dem Gebiet der Fotografie; er ist ein M. der Feder (geh.; *er hat großes Talent zum Schreiben;* Legende 149); (iron.:) er ist ein M. im Erfinden von Ausreden; er ... war stets ein M. schneller Entscheidungen geblieben (Fries, Weg 312); Spr es ist noch kein M. vom Himmel gefallen; früh übt sich, was ein M. werden will (Schiller, Wilhelm Tell III, 1); * **seinen M. finden; in jmdm. seinen M. gefunden haben** *(auf jmdn. treffen, getroffen sein, der einem überlegen ist);* **jmds., seiner selbst, einer Sache M. werden/sein** (veraltend; *jmdn., sich selbst, etw. bezwingen, Herr über etw. werden):* das Gebäude wurde »eingepackt«, um der Feuchtigkeit M. zu werden (NZZ 30. 6. 86, 44). **3.** *großer Künstler (bes. im Bereich von bildender Kunst u. Musik):* holländische M. des siebzehnten Jahrhunderts hingen in dem Raum; die alten M. des europäischen Maler des Mittelalters u. des Barocks); das Werk stammt von einem unbekannten, modernen, bedeutenden M.; die großen M. des Barocks; (in Verbindung mit dem Namen eines ihm geschaffenen Bildwerks für einen namentlich unbekannten Künstler, z. B.:) der M. des Marienlebens. **4.** (geh.) *bewunderter, verehrter, als Vorbild angesehener Lehrer (im Bereich von Wissenschaft od. Kunst); religiöser Führer, Religionsstifter (im Verhältnis zu seinen Jüngern od. Anhängern):* der M. hat seine Schüler um sich versammelt; der M. lehrte seine Jünger; sie lauschten den Worten des -s; der M. vom Stuhl *(Präsident einer Freimaurerlo-*

ge). **5.** (Sport) *Sieger in einer Meisterschaft:* er war zweimaliger deutscher M. im Schwergewicht; die Bayern werden wieder M.; in diesen Wettkämpfen werden die M. ermittelt; (als Ehrentitel in der DDR:) M., Verdienter M. des Sports. **6.** (saloppe, vertrauliche Anrede an eine männliche Person, häufig an einen Unbekannten: hallo, M., wie komm ich zum Bahnhof? **7.** *M. **Lampe** *(der Hase im Märchen, in der Fabel;* Kurzf. des m. Vorn. Lamprecht); **M. Petz** *(der Bär im Märchen, in der Fabel;* älter: Betz, Kosef. des m. Vorn. Bernhard); **M. Grimbart** *(der Dachs im Märchen, in der Fabel;* nach dem m. Vorn. Grimbert); **M. Urian** *(der Teufel in der Sage;* ↑Urian); **M. Hämmerlein** (↑Hämmerlein).

Meis|ter-: **1.** drückt in Bildungen mit Substantiven aus, dass jmd. als Meister seines Fachs, als großer Könner angesehen wird: Meisterkoch, -spion. **2.** kennzeichnet in Bildungen mit Substantiven etw. als meisterhaft, großartig: Meisterleistung, -schuss.

Meis|ter|ar|beit, die: *Meisterstück.*

Meis|ter|bau|er, der (DDR): *Ehrentitel für einen Bauern:* M. der genossenschaftlichen Produktion.

Meis|ter|be|reich, der (DDR): *Arbeitsbereich eines Industriebetriebes, dem ein Meister (1 b) vorsteht.*

Meis|ter|be|trieb, der: *Betrieb eines Handwerksmeisters:* wir sind ein M.

Meis|ter|brief, der: vgl. Gesellenbrief.

Meis|ter|de|tek|tiv, der: *Detektiv, der sein Handwerk meisterhaft beherrscht.*

Meis|ter|de|tek|ti|vin, die: w. Form zu ↑Meisterdetektiv.

Meis|ter|dieb, der: vgl. Meisterdetektiv: Er war als Kind ein wahrer M. gewesen, wenn man seinen Berichten glauben durfte (K. Mann, Wendepunkt 88).

Meis|ter|eh|re, die (meist Pl.): vgl. Meistertitel (2): um die M. kämpfen; zu -n kommen.

Meis|ter|elf, die (Fußball): *Mannschaft, die Fußballmeister ist.*

Meis|ter|ge|sang, der ⟨o. Pl.⟩ (Literaturw.): *Kunstrichtung des 15. u. 16. Jh.s mit der von Angehörigen der Zünfte nach festen Regeln hervorgebrachten Dichtung.*

meis|ter|haft ⟨Adj.⟩: **a)** *vollendet (in der Ausführung):* ein -es Spiel; eine -e Arbeit, Vorstellung; etw. ist m.; m. gelingen; etw. m. beherrschen; sie versteht es m.(iron.; *hat ein großes Geschick darin),* andere für ihre Pläne einzuspannen; **b)** (selten) *(von Personen) Meisterschaft zeigend:* ein -er Darsteller.

Meis|ter|haf|tig|keit, die; -: *das Meisterhaftsein.*

Meis|ter|hand, die: vgl. Künstlerhand.

Meis|te|rin, die; -, -nen: **1.** w. Form zu ↑Meister (1 a, 2, 5). **2.** (veraltend) *Frau des Meisters (1 a).*

Meis|ter|klas|se, die: **1.** *Gruppe von Schülern (einer Kunstakademie od. Musikhochschule), die von einem namhaften Künstler unterrichtet wird.* **2.** (Sport) *höchste Leistungsklasse (in verschiedenen Sportarten).*

Meis|ter|koch, der: *Koch, der sein Handwerk meisterhaft versteht.*

Meis|ter|kö|chin, die: w. Form zu ↑Meisterkoch.

Meis|ter|kurs, der: *an einer Kunst- od. Musikhochschule abgehaltener Kurs für Meisterschüler:* in den M. aufsteigen.

Meis|ter|lehr|gang, der: *der Vorbereitung auf die Meisterprüfung dienender Lehrgang.*

Meis|ter|leis|tung, die: *hervorragende, überdurchschnittliche Leistung, die jmd. vollbracht hat:* Die Notlandung war eine M. (Spiegel 44, 1977, 30); eine M. vollbringen.

meis|ter|lich ⟨Adj.⟩ [mhd. meisterlich, ahd. meistarlîch] (veraltend): *meisterhaft:* eine -e Arbeit; etw. m. beherrschen, ausführen; die kleine, runde Lederkugel, ... mit der er so m. umzugehen verstand wie kaum ein anderer (Augsburger Allgemeine 13./14. 5. 78, 27).

Meis|ter|ma|cher, der (Sport Jargon): *Trainer, der die Fähigkeit hat, einen Spieler, eine Mannschaft in kurzer Zeit zur Meisterschaft zu führen.*

Meis|ter|ma|che|rin, die: w. Form zu ↑Meistermacher.

Meis|ter|mann|schaft, die (Sport): *Mannschaft, die eine Meisterschaft errungen hat.*

meis|tern ⟨sw. V.; hat⟩ [mhd. meistern, ahd. meistarōn]: **a)** *etw., was Schwierigkeiten bietet, bewältigen; bezwingen:* eine Situation, eine Aufgabe, sein Schicksal m.; ... wusste so gut genug, wie schwer die Zeit gewesen war und wie großartig Cornelius sie gemeistert hatte (Danella, Hotel 78); **b)** *etw. (bes. eine Emotion) im Zaume halten, beherrschen (2):* seinen Zorn, seine Erregung, seine Unruhe, Begierde m., nicht m. können; nach einer Weile, mit Mühe seine Bestürzung meisternd, fragte er ... (Penzoldt, Mombour 18); du musst deine Zunge m. (geh.; *dich mit deinen Äußerungen zurückhalten);* ⟨seltener auch m. + sich:⟩ sie konnte sich nicht mehr m. *(sich nicht mehr beherrschen);* **c)** *zu handhaben verstehen; meisterhaft beherrschen* (3 a): ein Werkzeug, ein Instrument m.; **d)** (selten) *schulmeistern:* sie versucht immer, andere zu m.; **e)** (Sport Jargon) *bewältigen; schaffen:* der Torwart meisterte den Schuss (wehrte ihn ab); Thompson meisterte 5,10 m (= im Stabhochsprung; NZZ 30. 8. 86, 34).

Meis|ter|prü|fung, die: vgl. Gesellenprüfung.

Meis|ter|sang, der ⟨o. Pl.⟩: *Meistergesang.*

Meis|ter|sän|ger, der: *Meistersinger.*

Meis|ter|sang|stro|phe, die (Verslehre): *(bes. von den Dichtern des Meistergesangs verwendete) aus Aufgesang u. Abgesang gebildete Strophe.*

Meis|ter|schaft, die; -, -en [mhd. meisterschaft, ahd. meistarscaft]: **1.** ⟨o. Pl.⟩ *meisterhaftes Können (auf einem bestimmten Gebiet):* M. auf einem Gebiet, in etw. erlangen; Man begann ... überall ... Wert zu legen auf technische M. (Feuchtwanger, Erfolg 215); ein Violinkonzert ... er spielte es mit hinreißender

M. (Bernstorff, Leute 60); er spielte auch Tennis, zu großer M. aber hatte er es nicht gebracht (Danella, Hotel 61). **2.** (Sport) **a)** *jährlich stattfindender Wettkampf zur Ermittlung der besten Mannschaft od. des besten einzelnen Wettkämpfers in einer bestimmten Disziplin:* eine M., ... austragen, gewinnen; dass er ... sich an der österreichischen M. im Tanzen beteiligen will (Zenker, Froschfest 141); **b)** *Sieg in einer Meisterschaft* (2 a): die deutsche M. erringen.

Meis|ter|schaft|ler, der; -s, - (schweiz.): *Teilnehmer an einem Meisterschaftskampf.*

Meis|ter|schaft|le|rin, die; -, -nen: w. Form zu ↑Meisterschaftler.

Meis|ter|schafts|kampf, der (Sport): *Wettkampf um die Meisterschaft* (2 b).

Meis|ter|schafts|lauf, der (bes. Motorsport): *Lauf (2) um die Meisterschaft.*

Meis|ter|schafts|spiel, das (Sport): *Mannschaftsspiel bei einer Meisterschaft* (2 a).

Meis|ter|schafts|ti|tel, der (Sport): *Meistertitel (2).*

Meis|ter|schafts|wett|be|werb, der (Sport): vgl. Meisterschaftskampf.

Meis|ter|schu|le, die: *Fachschule des Handwerks, in der die Vorbereitung auf die Meisterprüfung stattfindet.*

Meis|ter|schü|ler, der: *Angehöriger einer Meisterklasse (1).*

Meis|ter|schü|le|rin, die: w. Form zu ↑Meisterschüler.

Meis|ter|schuss, der: *besonders guter Schuss.*

Meis|ter|schüt|ze, der: vgl. Meisterdetektiv.

Meis|ter|schüt|zin, die: w. Form zu ↑Meisterschütze.

Meis|ter|sin|ger, der: *(einer Handwerkerzunft angehörender) Dichter des Meistergesangs.*

Meis|ters|leu|te ⟨Pl.⟩ (veraltend): *der Handwerksmeister u. seine Frau.*

Meis|ter|stück, das: **1.** vgl. Gesellenstück. **2.** etw., *was von großer Könnerschaft zeugt, meisterhaft ausgeführt ist o. Ä.:* die Torte ist ein wahres M.; Mischa Wolf, der Geheimdienstgeneral ... hatte ein M. vollbracht (Zwerenz, Quadriga 66); das war ein M. an Diplomatie *(war sehr diplomatisch);* (iron.:) das war wieder mal ein M. von dir.

Meis|ter|ti|tel, der: **1.** *Titel des Meisters (1) in einem Handwerksberuf.* **2.** (Sport) *Titel des Meisters (5) in einer sportlichen Disziplin.*

Meis|te|rung, die; -: *das Meistern.*

Meis|ter|werk, das: **1.** *meisterhaftes, hervorragendes Werk der Kunst:* ein musikalisches, literarisches M.; dieses Bild ist sein M. *(sein bedeutendstes Werk);* ein M. der Baukunst. **2.** *Meisterstück (2):* das Uhrwerk ist ein M. an Präzision.

Meis|ter|wür|de, die: vgl. Meistertitel (2).

Meis|ter|wurz, die: *(bes. in den Alpen verbreitete) hoch wachsende Pflanze mit blassgrünen, gesägten Blättern u. großer, weißer Dolde.*

Meis|ter|zei|chen, das (Kunstwiss.): *in ein Werkstück eingeschlagenes Zeichen* *eines mittelalterlichen Steinmetzen bzw. eines Angehörigen einer Bauhütte.*

Meist|ge|bot, das: *Höchstgebot.*

meist|ge|bräuch|lich ⟨Adj.⟩: *am meisten gebräuchlich; am gebräuchlichsten.*

meist|ge|braucht ⟨Adj.⟩: *am meisten, am häufigsten gebraucht.*

meist|ge|fragt ⟨Adj.⟩: *am meisten, am häufigsten gefragt; am gefragtesten.*

meist|ge|kauft ⟨Adj.⟩: *am meisten, am häufigsten gekauft.*

meist|ge|le|sen ⟨Adj.⟩: *am meisten, am häufigsten gelesen.*

meist|ge|nannt ⟨Adj.⟩: *am meisten, am häufigsten genannt.*

meist|hin ⟨Adv.⟩ (selten): *für gewöhnlich,* meist (a): m. wird die Sache verschwiegen.

Meist|stu|fe, die (Sprachw.): *Superlativ.*

meist|ver|kauft ⟨Adj.⟩: *am meisten, am häufigsten verkauft.*

Meit|ne|ri|um, das; -s [nach der österr.-schwed. Physikerin Lise Meitner (1878–1968)]: *Transuran 109* (chemischer Grundstoff; Zeichen: Mt).

Mei|uros, der, -, ...roi, **Mei|urus,** der; -, ...ri [griech. meíouros, eigtl. = kurzschwänzig, aus: meíon = kleiner, kürzer u. ourá = Schwanz]: *Hexameter mit gekürzter vorletzter Silbe.*

¹Mek|ka: Stadt in Saudi-Arabien.

²Mek|ka, das; -s, -s ⟨Pl. selten⟩ [nach Mekka, der heiligen Stadt des Islams]: *Stelle, Ort, der ein Zentrum für etw. Bestimmtes ist, das bietet, was jmd. für sich erwartet, u. darum eine große Anziehungskraft ausübt:* die Messe ist das M. für Campingfreunde; in jenem M. für alle Verfressenen, in Singapur (Standard 3. 10. 93, 4); das M. des Tennissports; Schaffhausen ist zum M. der Kunstfreunde geworden (Basler Zeitung 2. 10. 85, 38).

-mek|ka, das; -s, -s: bezeichnet in Bildungen mit Substantiven einen Ort, eine Einrichtung o. Ä., die in einen bestimmten Beziehung eine Konzentration aufweist u. daher von besonderer Bedeutung ist u. eine große Anziehungskraft ausübt: Mode-, Sex-, Tennismekka.

Mel|kong [auch: meˈkɔŋ], der; -[s]: Fluss in Südostasien.

Me|kong|del|ta, das: *Delta des Mekongs.*

Me|ko|ni|um, das; -s [griech. mekṓnion, eigtl. = Mohnsaft]: **1.** (Med.) *Kindspech.* **2.** (Zool.) *erste Darmausscheidung des aus der Puppe* (3) *geschlüpften Insekts.* **3.** (veraltet) *Opium.*

Me|la|ju|ku|na, das; -[s] [malai.]: *klassische malaiische Schriftsprache.*

Me|la|min, das; -s, -s [Kunstwort]: *Melaminharz.*

Me|la|min|harz, das [Kunstwort]: *helles, lichtbeständiges Kunstharz, das zur Herstellung von Gebrauchsartikeln, Pressmassen, Klebstoffen, zur Imprägnierung von Textilien u. a. verwendet wird.*

Me|lä|na, die; - [griech. mélaina, Fem. von: mélas = schwarz] (Med.): *Blutstuhl.*

Me|la|nä|mie, die; -, -n [zu griech. mélas (Gen.: mélanos) = schwarz u. haîma = Blut] (Med.): *Auftreten von dunklen Pig-*

---

menten in Leber, Milz, Nieren, Knochenmark u. Hirnrinde.

◆ **Me|lan|cho|lei:** ↑Melancholie: ein trefflicher Junge, ... wenn er sich nicht in neuerer Zeit hin und wieder durch sonderbare M. prostituierte (Hauff, Jud Süß 386).

Me|lan|cho|lie [...koˈliː], die; -, (Psych.:) -n [mhd. melancoli(a), melancolei < spätlat. melancholia < griech. melagcholía, eigtl. = Schwarzgalligkeit, zu: mélas = schwarz u. cholḗ = Galle; nach antiken med. Anschauungen galt am Schwermut als Folge einer durch den Übertritt von verbrannter schwarzer Galle in das Blut verursachten Erkrankung]: *von großer Niedergeschlagenheit, Traurigkeit od. Depressivität gekennzeichneter Gemütszustand:* M. befiel ihn; sie verfiel in M.; einmal trug die Welle Heiterkeit sie vorwärts, dann wieder versank sie in ... M. (Kirst 08/15, 187); etw. erfüllt jmdn. mit M.

Me|lan|cho|li|ker, der; -s, - [zu ↑melancholisch; nach der Typenlehre des altgriech. Arztes Hippokrates]: *jmd., der zu Depressivität u. Schwermütigkeit neigt.*

Me|lan|cho|li|ke|rin, die; -, -nen: w. Form zu ↑Melancholiker.

me|lan|cho|lisch ⟨Adj.⟩ [lat. melancholicus < griech. melagcholikós, eigtl. = schwarzgallig]: **a)** *von Melancholie befallen; niedergedrückt:* ein -er Mensch; der graue Himmel machte einen m.; **b)** *Melancholie hervorrufend; Düsternis ausstrahlend:* stellenweise hat die Landschaft idyllische Züge ..., und nur die von den -en Charakter von einst bewahrt (Fest, Im Gegenlicht 83); Oft wählt sie, wie Steffi Graf, ein -es Schwarz (Woche 7. 11.97, 63); ein -er *(düsterer, trauriger)* Anblick.

Me|la|ne|si|de, der u. die; -n, -n ⟨Dekl. ↑Abgeordnete⟩ [zu ↑Melanesien u. griech. -eidḗs = -gestaltig]: Angehöriger, Angehörige eines überwiegend in Melanesien vorkommenden Menschentypus.

Me|la|ne|si|en; -s: westpazifisches Inselgebiet nordöstlich von Australien.

Me|la|ne|si|er, der; -s, -: Ew.

Me|la|ne|sie|rin, die; -, -nen: w. Form zu ↑Melanesier.

me|la|ne|sisch ⟨Adj.⟩: **a)** *Melanesien, die Melanesier betreffend; von den Melanesiern stammend, zu ihnen gehörend;* **a)** *in der Sprache der Melanesier.*

Me|lan|ge [meˈlãːʒə], die; -, -n [frz. mélange = Mischung, zu: mêler, über das Vlat. zu lat. miscere = mischen] (meist Fachspr.): **1.** *Mischung, Gemisch aus verschiedenen Stoffen o. Ä.* (z. B. verschiedener Kaffeesorten): Ü Susanne ist eine seltsame M. aus vernünftige Dame und einem verspielten Kind (MM 15. 11. 69, 59); nicht primär ein Krimi, sondern eher eine Mischung aus politischem Bekenntnis, autobiografischer Zwischenbilanz und politischer Wehklage – eine ungute M. (Woche 14. 2.97, 39). **2.** *Mischfarbe.* **3. a)** *aus verschiedenfarbigen Fasern hergestelltes Garn;* **b)** *aus Melange* (3 a) *hergestelltes Gewebe.* **4.** (österr.) Milch-

---

kaffee, der zur Hälfte aus Milch besteht u. im Glas serviert wird.

Me|la|nin, das; -s, -e [zu griech. mélas (Gen.: mélanos) = schwarz] (Biol.): *vom Organismus gebildeter gelblicher bis brauner od. schwarzer Farbstoff, der die Färbung der Haut, der Haare, der Augen bzw. der Federn od. Schuppen bewirkt.*

Me|la|nis|mus, der; -, ...men (Biol.): *durch Melanine bewirkte Dunkelfärbung der Körperoberfläche.*

Me|la|nit [auch ...ˈnɪt], der; -s, -e (Geol.): *bräunlich schwarzer Granat.*

Me|la|no, der; -s, -s [nlat., eigtl. = Schwärzling, zu griech. mélas (↑Melanin); Analogiebildung zu ↑Albino] (Zool.): *Tier mit stark ausgebildeter schwärzlicher Pigmentierung.*

me|la|no|derm ⟨Adj.⟩ [griech. melanodérmatos, eigtl. = mit schwarzem Fell, zu: mélas (↑Melanin) u. dérma = Haut] (Med.): *dunkelhäutig, dunkle Flecken bildend (von der Haut).*

Me|la|no|der|mie, die; -, -n (Med.): *krankhafte dunkle Färbung der Haut.*

Me|la|no|glos|sie, die; -, -n [zu griech. glṓssa = Zunge, Sprache] (Med.): *krankhafte schwarze Färbung der Zunge.*

me|la|no|krat ⟨Adj.⟩ [zu griech. krátein = (vor)herrschen] (Geol.): *(von bestimmten Gesteinen) überwiegend dunkle Bestandteile aufweisend u. daher dunkel erscheinend.*

Me|la|nom, das; -s, -e (Med.): *braune bis blauschwarze, bösartige, an Haut u. Schleimhäuten auftretende Geschwulst.*

Me|la|no|pho|re, die; -, -n ⟨meist Pl.⟩ [zu griech. phorós = tragend] (Biol.): *Melanin enthaltende Zelle in der Haut von Kaltblütern.*

Me|la|no|se, die; -, -n (Med.): *an Haut u. Schleimhäuten auftretende Dunkelfärbung der Haut.*

Me|la|no|tro|pin, das; -s, -e [zu griech. tropḗ, ↑Trope] (Biol., Med.): *Hormon des Zwischenlappens der Hypophyse, das bei Fischen u. Amphibien die Ausbreitung der Melanophoren bewirkt u. bei Säugetieren sowie beim Menschen die Bildung von Melanin anregt.*

Me|la|no|zyt, der; -en, -en ⟨meist Pl.⟩ [zu griech. kýtos = Höhlung, Wölbung] (Med.): *Zelle, in der Melanin gebildet wird.*

me|la|no|zy|tär ⟨Adj.⟩ (Med.): *einen Melanozyten betreffend, in der Art von Melanozyten:* Bei Menschen mit über 100 -en Flecken sei das Hautkrebsrisiko 7,6-mal höher als bei jenen, die weniger als zehn Flecken hätten (Sonntag Aktuell 14. 6. 92, 48).

Me|la|nu|rie, die; -, -n [zu griech. oûron = Harn] (Med.): *Ausscheidung melaninhaltigen Harns.*

Me|lan|za|ni, die; -, - [ital. melanzana, letztlich (mit Änderung des Anlauts) zu arab. (al-)bāḏinğān, ↑Aubergine] (österr.): *Aubergine:* so erkennt man die frische M.

Me|la|phyr, der; -s, -e [zu griech. mélas = schwarz u. ↑Porphyr] (Geol.): *[grünlich] schwarzes Ergussgestein.*

Me|las, der; -, - [nach der Stadt Milas in

Anatolien]: *in Kleinasien hergestellter [Gebets]teppich.*

Me|las|ma, das; -s, ...men [zu griech. mélas = schwarz] (Med.): *Hautkrankheit mit Bildung schwärzlicher Flecken.*

Me|las|se, die; -, (Arten:) -n [frz. mélasse = Zuckersirup < span. melaza, zu: miel < lat. mel = Honig] (Fachspr.): *bei der Zuckergewinnung anfallender, zähflüssiger brauner Rückstand.*

Me|la|to|nin, das; -s [zu griech. mélas = schwarz u. ↑Tonus] (Biol.): *Hormon der Zirbeldrüse, das bei Amphibien die Aufhellung der Haut bewirkt, bei Säugetieren u. beim Menschen die Funktion der Schilddrüse u. a. hemmt u. den Stoffwechsel senkt:* M.: ein Hormon, das im Körper den Schlaf steuert (Hörzu 49, 1995, 10); M., das Hormon aus der Zirbeldrüse, macht in den USA Karriere als Jungbrunnen und Allheilmittel (Spiegel 34, 1995, 153).

Mel|bourne [...bən]: Stadt in Australien.

Mel|chit, der; -en -en ⟨meist Pl.⟩ [hebr. mêlęḫ = König; vgl. aram. malka = König]: *Angehöriger der syrischen, ägyptischen u. palästinensischen Christenheit mit byzantinischer Liturgie.*

Mel|chi|tin, die; -, -nen: w. Form zu ↑Melchit.

Melch|ter, die; -, -n [mhd. nicht belegt, vgl. ahd. (chu)melhtra] (schweiz.): *Melkeimer.*

Mel|de, die; -, -n [mhd. melde, ahd. melda, eigtl. = die (mit Mehl) bestäubte]: *(in vielen Arten vorkommende) Pflanze mit spitz zulaufenden Blättern, die an der Unterseite oft hell bestäubt sind.*

Mel|de|amt, das: *Einwohnermeldeamt.*

Mel|de|auf|la|ge, die: *Auflage (2 a) für jmdn., gegen den der Haftbefehl außer Vollzug gesetzt ist, sich in bestimmten Zeitabständen bei der Polizei zu melden.*

Mel|de|be|hör|de, die: *Einwohnermeldeamt.*

Mel|de|bo|gen, der: *Anmeldeformular.*

Mel|de|fah|rer, der (Milit.): *mit einem Fahrzeug ausgerüsteter Meldegänger.*

Mel|de|frist, die: *Frist, innerhalb deren eine bestimmte Meldung erfolgt sein muss.*

Mel|de|gän|ger, der (Milit.): *Angehöriger der Truppe, der Nachrichten, Befehle u. Ä. zu überbringen hat.*

Mel|de|hund, der (Milit.): *zum Überbringen von Nachrichten abgerichteter Hund.*

mel|den ⟨sw. V.; hat⟩ [mhd. melden, ahd. meldōn, H. u.]: **1.** *(als Nachricht, [offizielle, amtliche] Meldung) bekannt machen, berichten:* die Zeitung, der Rundfunk meldete ein Flugzeugabsturz; Dreimal meldete der vorgeschobene Beobachter ... einen Volltreffer (Sommer, Und keiner 155); wie bereits [im, vom Fernsehen] gemeldet; der Wetterbericht hat Regen gemeldet *(angekündigt);* die Seebäder melden einen Besucherrekord; wir können bereits die ersten Erfolge m.; Ü Wo sie ... ist, meldet ... ein Brief, der mich in Europa erreicht (Frisch, Montauk 186); *nichts/nicht viel zu m. haben (ugs.; ↑bestellen 3 b). **2.** *(einer zuständigen Stelle) mitteilen, zur Kenntnis bringen:* den Ver-

lust, einen Unfall [der Polizei] m.; die Geburt eines Kindes beim Standesamt m.; (milit.:) Melde gehorsamst, Oberdeck tauchklar (Ott, Haie 256); Bald kam das Mädchen und meldete Besuch *(kündigte ... an;* Bergengruen, Rittmeisterin 252); jmdn., sich polizeilich m. *(jmdn., sich anmelden* 2); sie ist hier, bei der Behörde nicht gemeldet *(beim Einwohnermeldeamt nicht registriert);* er ist als vermisst gemeldet *(er gilt offiziell als vermisst);* arbeitslos gemeldet sein. **3.** ⟨m. + sich⟩ *zur Verfügung stellen; sein Interesse an, seine Bereitwilligkeit zu etw. bekunden:* sich freiwillig, für eine bestimmte Aufgabe m.; zur Prüfung m.; unter ihnen wurde aus immer aktuellerem Grund diskutiert, zu welcher Waffengattung sie sich m. sollten (Loest, Pistole 68). **4.** ⟨m. + sich⟩ *von sich hören lassen, Nachricht geben:* er hat sich lange nicht gemeldet; sie hat sich telefonisch, aus dem Urlaub, von einer Reise gemeldet; melde dich mal wieder!; W. ... meldete sich fast nie; es wunderte ihn aber, wenn ich mich wochenlang nicht meldete (Frisch, Montauk 32); der Teilnehmer meldet sich nicht *(nimmt den Telefonhörer nicht ab);* am Telefon meldete sich eine fremde Stimme *(war eine fremde Stimme zu vernehmen);* wir (= das Fernsehen, der Rundfunk) melden uns wieder mit Nachrichten; wenn du etwas brauchst, musst du dich m. *(musst du es uns wissen lassen);* das Baby meldet sich *(macht sich [durch Weinen] bemerkbar);* Ü bei dem nasskalten Wetter meldet sich jedes Mal ihr Rheumatismus *(bekommt sie rheumatische Beschwerden);* der Winter meldet sich *(kündigt sich an).* **5.** ⟨m. + sich⟩ *(bes. von Schülern im Unterricht) durch Hochheben des Armes zu erkennen geben, dass man etw. sagen möchte:* wer etwas sagen möchte, soll sich m.; die Schüler meldeten sich eifrig. **6.** *(von einem Hund) anschlagen, Laut geben:* der Hund meldet. **7.** (Jägerspr.) *(vom Hirsch, auch vom Auerhahn) Brunftschreie hören lassen:* der Hirsch meldet. **8.** (Sport) *sich anmelden:* der Sprinter hat für den Hürdenlauf gemeldet.

Mel|de|pflicht, die ⟨o. Pl.⟩: *Pflicht des Bürgers, die zuständige Behörde von bestimmten Sachverhalten in Kenntnis zu setzen:* es besteht eine M. für bestimmte Krankheiten.

mel|de|pflich|tig ⟨Adj.⟩: *der Meldepflicht unterliegend:* -e Krankheiten; m. sein.

Mel|der, der; -s, - [mhd. meldære, ahd. meldāri = Verräter] (Milit.): *Meldegänger.*

Mel|de|rei|ter, der (Milit. früher): *Angehöriger der Truppe, der zu anderen Truppenteilen o. Ä. zu reiten hat, um Nachrichten, Befehle u. Ä. zu überbringen.*

Mel|de|schluss, der: *Ende der Meldefrist:* M. ist der 31. Oktober.

Mel|de|stel|le, die: *behördliche Stelle, die für die An- u. Abmeldung meldepflichtiger Personen zuständig ist; Einwohnermeldestelle.*

Mel|de|ter|min, der: *Termin, an dem eine bestimmte Meldung erfolgen muss.*

Mel|de|we|sen, das ⟨o. Pl.⟩: **1.** *Gesamtheit der gesetzlichen Bestimmungen über die Meldepflicht u. die damit befassten Institutionen.* **2.** *(in der Organisation eines Unternehmens) das Abfassen u. Weiterleiten von Berichten über alle wichtigen Vorgänge innerhalb des Betriebes.*

Mel|de|zet|tel, der: *(von der Behörde gefordertes) Anmeldeformular, das der Gast eines Hotels ausfüllen muss.*

Mel|dung, die; -, -en [mhd. meldunge, ahd. meldunga = Verrat]: **1.** *das Melden* (1 bis 5). **2.** *für die Öffentlichkeit bestimmte [amtliche] (bes. durch die Medien verbreitete) Nachricht:* eine amtliche M.; -en aus dem Kriegsgebiet; die letzten -en des Tages, über die Ereignisse, von den Vorgängen; die M. kam in den Nachrichten; eine M. jagte die andere; eine M. geht durch die Presse; eine M. verbreiten, unterdrücken; die Zeitungen brachten beunruhigende -en; ... wenn es darum geht, schlagzeilenträchtige -en zu produzieren (Kicker 6, 1982, 21); nach unbestätigten -en gab es viele Opfer. **3.** *formelle [dienstliche] Mitteilung:* eine kurze, wichtige M.; eine M. überbringen, entgegennehmen; dem Vorgesetzten M. erstatten (Milit.; *etw. in dienstlicher Form melden);* M. machen *(etw. bei der Behörde o. Ä. melden);* jmdn. zur M. bringen *(jmdn. melden).* ◆ **4.** *Erwähnung:* Der Herzog bittet, dass des alten Streits beim ersten Wiedersehn mit keinem Worte M. gescheh' (Schiller, Jungfrau III, 2).

◆ **Mel|dungs|schrei|ben,** das: *Schreiben, mit dem etw. angekündigt, angezeigt* (2 a) *wird:* Alle M. und Gevatterbriefe übernahm Mittler (Goethe, Wahlverwandtschaften II, 8).

mel|ie|ren ⟨sw. V.; hat⟩ [frz. mêler, ↑Melange]: **a)** (selten) *mischen, mengen;* ◆ **b)** ⟨m. + sich⟩ *sich einmischen:* eine Närrin, die sich abgibt, gelehrt zu sein, sich in die Untersuchung des Kanons meliert (Goethe, Werther II, 15. September).

me|liert ⟨Adj.⟩: **a)** *(von Geweben, Wolle u. Ä.) aus verschiedenfarbigen Fasern gemischt:* -e Wolle; -er Stoff; das Garn ist grau, braun, grün m.; **b)** *(vom Haar) leicht ergraut:* -es Haar; ein -er Herr (scherzh., veraltend; *Mann mit schon leicht ergrautem Haar);* sein Kopf- u. Barthaar ist grau m.

Me|lik, die; - [zu griech. melikós = zum Gesang gehörig; zu: mélos, ↑Melos] (Literaturw.): *gesungene Lyrik.*

Me|li|lith, der; -s -e [zu griech. méli = Honig u. líthos = Stein]: *gelbes, braunes od. graues Mineral.*

Me|li|nit, der; -s [zu griech. mêlinos = quittengelb]: *Pikrinsäure enthaltender Explosivstoff.*

Me|li|o|ra|ti|on, die; -, -en [1: spätlat. melioratio, zu: meliorare, ↑meliorieren]: **1.** (bildungsspr. veraltet) *Verbesserung.* **2.** (Landw.) *Bodenmelioration.*

me|li|o|ra|tiv ⟨Adj.⟩ [vgl. engl. meliorative]: **1.** (bildungsspr. selten) *verbessernd.* **2.** (Landw.) *die Bodenmelioration betreffend, auf sie gerichtet:* -e Maßnahmen. **3.** (Sprachw.): *(von Wörtern) einen posi-*

tiven Bedeutungswandel erfahrend; eine aufwertende Bedeutung besitzend.

Me|li|o|ra|ti|vum, *das; -s, ...va* (Sprachw.): *Wort, das einen positiven Bedeutungswandel erfahren hat* (z. B. Marschall = hoher militärischer Dienstgrad, mhd. marschalc = Pferdeknecht).

me|li|o|rie|ren ⟨sw. V.; hat⟩ [1: spätlat. meliorare, zu lat. melior, Komp. von: bonus = gut]: **1.** (bildungsspr. veraltet) *verbessern.* **2.** (Landw.) *Bodenmelioration betreiben.*

Me|lis, *der; -* [wohl zu griech. méli = Honig]: *weißer Zucker verschiedener Zuckersorten.*

me|lisch ⟨Adj.⟩ [zu ↑Melos] (Musik, Literaturw.): *liedhaft:* -e *Poesie (Lyrik).*

Me|lis|ma, *das; -s, ...men* [griech. mélisma = Gesang, Lied] (Musik): *melodische Verzierung, Koloratur.*

Me|lis|ma|tik, *die; -* (Musik): *Kunst der melodischen Verzierung (beim Gesang).*

me|lis|ma|tisch ⟨Adj.⟩ (Musik): *koloraturhaft ausgeziert.*

me|lis|misch ⟨Adj.⟩ (Musik): *melodisch.*

Me|lis|se, *die; -, -n* [mlat. melissa, zu griech. melissóphyllon = Bienenkraut, aus: mélissa = Biene u. phýllon = Blatt, Pflanze]: *(zu den Lippenblütlern gehörende) Pflanze mit unscheinbaren weißen Blüten u. zitronenähnlich duftenden Blättern, die als Heil- u. Gewürzpflanze verwendet wird.*

Me|lis|sen|geist®, *der: Karmelitergeist.*

Me|li|tu|rie, Melliturie, *die; -, -n* [zu griech. méli = Honig u. oûron = Harn] (Med.): *Ausscheidung von Zucker mit dem Harn.*

melk ⟨Adj.⟩ [mhd. melk, ahd. melch] (veraltet): *Milch gebend:* eine -e *Kuh.*

Melk|an|la|ge, *die: Anlage zum maschinellen Melken.*

Melk|ei|mer, *der: Eimer, in den die Milch gemolken wird.*

mel|ken ⟨sw. u. st. V.; melkt/(veraltet:) milkt, melkte/(veraltend:) molk, hat gemelkt/(häufiger:) gemolken⟩ [mhd. melken, ahd. melchan, urspr. wohl = abstreifen, wischen]: **1. a)** *(bei einem Milch gebenden Haustier) Milch (durch streichende u. pressende Bewegungen mit den Händen bzw. maschinell) aus dem Euter zum Austreten bringen:* die Kühe, das Vieh, eine Ziege, ein Schaf m.; melk[e]/(veraltet:) milk zuerst die Kuh!; ⟨auch ohne Akk.-Obj.:⟩ mit der Hand, von Hand, mit der Melkmaschine m.; **b)** *durch Melken* (1 a) *gewinnen:* zehn Liter Milch m.; frisch gemolkene Milch; **c)** *(von Ameisen) eine zuckerhaltige Ausscheidung von Blattläusen aufsaugen:* Helmut ... beobachtete ..., wie in den Fingerhutblüten ... Ameisen über die Blattläuse hingingen und sie molken (M. Walser, Pferd 124). **2.** (veraltet) *Milch geben:* die Kuh, die Ziege melkt. **3.** (salopp) *jmdn. auf dreiste Art [immer wieder] anpumpen, jmdn. [immer wieder] um Geld bitten:* seine Eltern schamlos m.; er hat uns beim Kartenspiel gemolken. **4.** (derb) *onanieren.*

Mel|ker, *der; -s, -* [spätmhd. melker]: *jmd., der zur Milchgewinnung gehaltene Rinder betreut, melkt u. a.* (Berufsbez.).

Mel|ke|rei, *die; -* (abwertend): *als lästig empfundenes Melken* (1 a, 3, 4).

Mel|ke|rin, *die; -, -nen:* w. Form zu ↑Melker.

Melk|karus|sell, *das: kreisförmig konstruierter Melkstand.*

Melk|kuh, *die* (selten): *Milchkuh:* * **eine M.** (ugs.; *melkende Kuh;* ↑Kuh 1 a): die unerschöpfliche M. seines Lebens ist entwichen für immer (Werfel, Himmel 142).

Melk|ma|schi|ne, *die:* vgl. Melkanlage.

Melk|schaf, *das: Milch gebendes Schaf.*

Melk|sche|mel, *der: Schemel des Melkers.*

Melk|stand, *der:* vgl. Melkanlage.

Melk|zie|ge, *die: Milch gebende Ziege.*

Mel|lah, *das; -s* [arab. mallāh]: *jüdisches Wohnviertel in arabischen Städten (v. a. in Marokko).*

Mel|lit, *der; -s, -e* [zu griech. méli = Honig]: *bes. auf Stein- u. Braunkohle vorkommendes gelbes bis braunes Mineral.*

Mel|li|tu|rie: ↑Meliturie.

Me|lo|dei, *die; -, -en* (dichter. veraltet): *Melodie* (1 b).

Me|lo|di|ca®, *die; -s, -s: Blasinstrument mit durchschlagenden Zungen* (3), *schnabelförmigem Mundstück* (1 a) *u. (wie beim Klavier gestalteten) Tasten.*

Me|lo|die, *die; -, -n* [mhd. melodīe < spätlat. melodia < griech. melōdía = Gesang, Singweise, zu: mélos = Lied u. ōdḗ, ↑Ode]: **1. a)** *singbare, in sich geschlossene Folge von Tönen (in der Vokal- u. Instrumentalmusik):* eine M. pfeifen, trällern; **b)** *Weise, Vertonung (eines Liedes):* das Lied hat eine schöne M.; Sie ... sang ... eine kleine M. auf die Worte: »Ach, sei nur nicht böse ...!« (Seidel, Sterne 77); mein Bruder sang unwahrscheinlich falsch und brachte mich binnen kurzem völlig aus der M. (Hagelstange, Spielball 20); Wir sangen ... nach der M. von Santa Lucia (Bergengruen, Rittmeisterin 434); Ü Seine Haltung hatte ... die M.: Bitte sehr, meine Liebe, wie du willst! (Frisch, Stiller 262); **c)** ⟨meist Pl.⟩ *einzelnes [in einen größeren Rahmen gehörendes] Musikstück; Gesangsstück:* flotte, beliebte -n; -n aus Operetten; Reigen schöner -n. **2.** (Sprachw.) kurz für ↑Satzmelodie.

Me|lo|die|bo|gen, *der* (Musik): *kurze melodische, musikalische Phrase.*

Me|lo|die|gi|tar|rist, *der: Gitarrist einer Band, der keine begleitende, sondern eine melodieführende Funktion hat.*

Me|lo|die|gi|tar|ris|tin, *die:* w. Form zu ↑Melodiegitarrist.

Me|lo|die|in|stru|ment, *das: (in einer Jazzband) Instrument, das eine Melodie führt.*

Me|lo|di|en|fol|ge, *die: Aufeinanderfolge einzelner Musikstücke aus dem Bereich der Unterhaltungsmusik (in einem Programm).*

Me|lo|di|en|rei|gen, *der:* vgl. Melodienfolge.

Me|lo|dik, *die; -* (Musik): **1.** *Lehre von der Melodie* (1 a). **2.** *die melodischen Merkmale eines Musikstücks; die melodischen Eigentümlichkeiten [der Werke] eines Komponisten.*

Me|lo|di|ker, *der; -s, -: Schöpfer melodischer Tonfolgen.*

Me|lo|di|ke|rin, *die; -, -nen:* w. Form zu ↑Melodiker.

Me|lo|di|on, *das; -s, -s: Tasteninstrument mit durchschlagenden Zungen* (3).

me|lo|di|ös ⟨Adj.⟩ [frz. mélodieux]: *wohlklingend; reich an klanglichen Nuancen:* eine -e Stimme; Eine wunderbare Sprache (= das Russische) ... Eine weiche, wohllautende, -e, liedhafte Sprache (Bieler, Bär 101).

me|lo|disch ⟨Adj.⟩: *von einem dem Ohr angenehmen Klang; harmonisch klingend:* ein -er Gesang; eine -e Stimme; die ... Stille des Hochgebirges, in der das -e Zwitschern eines Vogels als einziger naher Laut des Lebens stand (L. Frank, Wagen 43); m. sprechen, singen; Ü Irgendwo musste später Flieder oder erster Holunder blühen. Es war wie ein -er Akkord von Düften (Thieß, Frühling 91).

Me|lo|dist, *der; -en, -en* [kirchenlat. melodista]: *Verfasser von Melodien für Kirchenlieder.*

Me|lo|dis|tin, *die; -, -nen:* w. Form zu ↑Melodist.

Me|lo|dram, *das; -s, ...men* [frz. mélodrame, zu: mélo- (< griech. mélos = Lied) u. drame < griech. drâma, ↑Drama]: **1.** (Musik) *einzelner melodramatischer Teil einer Bühnenmusik od. Oper.* **2.** *Melodrama.*

Me|lo|dra|ma, *das; -s, ...men* [mhd. melodrâma]: **1.** (Literaturw., Musik) *(mit Pathos deklamiertes) Schauspiel mit untermalender Musik; Musikschauspiel, Melodram* (2). **2.** (Theater, Film; oft abwertend) *Schauspiel, Film mit rührenden od. rührseligen u. dramatischen Effekten (in pathetischer Inszenierung); Rührstück:* Ü die Auseinandersetzung zwischen den beiden war das reinste M.

Me|lo|dra|ma|tik, *die; -* (bildungsspr., meist iron.): *das Theatralische, (übertrieben) Pathetische (in einem Verhalten, in einer Situation):* eine Szene voller M.

me|lo|dra|ma|tisch ⟨Adj.⟩ (bildungsspr., oft iron.): *in der Art eines Melodramas; das Melodrama betreffend, kennzeichnend:* eine -e Szene; seine Worte wirkten, klangen m.

Me|lo|ma|ne, *der; -n, -n* (bildungsspr.): *Musikbesessener, sich für Musik Ereifernder.*

Me|lo|ma|nie, *die; -* (bildungsspr.): *Ereiferung für Musik; Musikbesessenheit.*

Me|lo|ma|nin, *die; -, -nen:* w. Form zu ↑Melomane.

Me|lo|mi|mik, *die; -* (bildungsspr.): *Wiedergabe des Inhalts eines Musikstücks durch Mimik (od. Tanz).*

Me|lo|ne, *die; -, -n* [spätmhd. melone < frz. melon, ital. melone < spätlat. melo, Kurzf. von lat. melopepo < griech. mēlopépōn, eigtl. = reifer Apfel]: **1. a)** *(zu den Kürbisgewächsen gehörende) Pflanze mit großen kugeligen, saftreichen Früchten;* **b)** *Frucht der Melone* (1 a). **2.** (ugs. scherzh.) *Bowler:* Er lüftete schwungvoll die M. (Werfel, Himmel 163); Ein kleines Männlein ... unter einer steifen »Melone« (Quick 16, 1958, 25).

Me|lo|nen|baum, der: *(in tropischen Ländern kultivierter) Baum, an dessen Spitze um den Stamm gebündelt die Papayas (2) wachsen.*

Me|lo|phon, das; -s, -e [zu griech. mélos (↑Melos) u. phōnē̄ = Stimme, Ton, Schall]: *sehr großes Akkordeon mit chromatischer (1) Skala für jede Hand.*

Me|lo|pö|ie, die; - [griech. melopoiía, aus: mélos (↑Melos) u. poieīn = schaffen, machen]: **1.** *(im antiken Griechenland) die Kunst, ein Melos (1) zu verfertigen.* **2.** (Musik) *Lehre vom Bau der Melodien.*

Me|los, das; - [lat. melos < griech. mélos = Lied, Singweise]: **1.** (Musik) *gesangliches Element in der Musik; Melodie (1 a) im Unterschied zum Rhythmus.* **2.** (Sprachw.) **a)** *Sprachmelodie;* **b)** *klangliche Gestalt einer Dichtung.*

Me|lo|schi|se, die; -, -n [zu griech. mḗlon = Apfel u. schízein = spalten] (Med.): *angeborene Fehlbildung des Gesichts.*

Me|lo|ty|pie, die; - [zu griech. mélos (↑Melos) u. ↑Type] (Druckw.): *Notendruck (2) in Lettern (2).*

Mel|po|me|ne (griech. Myth.): Muse des Trauerspiels.

Mel|tau, der; -[e]s [urspr. identisch mit ↑Mehltau, dann orthographisch geschieden]: *Honigtau.*

Mel|ton ['mɛltən], der; -[s], -s [nach der engl. Stadt Melton Mowbray]: *weicher Kammgarnstoff in Köperbindung mit leicht verfilzter Oberfläche.*

Mem|ber of Par|lia|ment ['mɛmbə əv 'pɑːləmənt], das; ---, -s-- [engl.]: *Mitglied des englischen Unterhauses;* Abk.: M. P.

Mem|bra: Pl. von ↑Membrum.

Mem|bran, (seltener:) **Mem|bra|ne,** die; -, ...nen [mhd. membrāne < spätlat. membrāna = Pergament < lat. membrana = Haut, Häutchen, (Schreib)pergament, zu: membrum = Körperglied]: **1.** (Technik) *dünnes Blättchen aus Metall, Papier o. Ä., das durch seine Schwingungsfähigkeit geeignet ist, Schallwellen zu übertragen (z. B. in Mikrofon, Lautsprecher, Telefon):* immer weiter vernahm ich ... Gesang ... aus der Membran des Telefonhörers (Simmel, Stoff 363). **2.** (Anat., Biol.) *dünnes, feines Häutchen, das trennende od. abgrenzende Funktion hat.* **3.** (Chemie, Physik) *dünne Haut, die die Funktion eines Filters hat.*

Mem|bra|no|phon, das; -s, -e [↑-phon] (Musik): *Musikinstrument, dessen Töne durch Erregung einer gespannten Membran erzeugt werden (z. B. Trommel).*

Mem|brum, das; -s, ...bra [lat. membrum] (Med.): *[Körper]glied; Extremität:* M. virile *(Penis).*

Me|men|to, das; -s, -s [lat. memento! = gedenke!]: **1.** (kath. Kirche) *Fürbitte, Bitte um Fürsprache innerhalb der* ¹Messe (1). **2.** (bildungsspr.) *Mahnung:* Die Dornenkrone von Lidice, die das Leiden unseres Volkes ... symbolisiert, wurde zu einem ständigen M. (W. Brandt, Begegnungen 547).

Me|men|to mo|ri, das; - -, - - [lat. = gedenke des Todes!] (bildungsspr.): *etw.,*

was an den Tod gemahnt: ein Mahnmal als M. m. für die Lebenden.

Mem|me, die; -, -n [mhd. memme, mamme = Mutter(brust)]: **1.** (veraltend abwertend) *jmd., der furchtsam, verweichlicht ist; Feigling:* Er war als »feiner Pinkel« verschrien, galt als M. und wurde zum Prügelknaben (Föster, Nachruf 33); er ist eine feige M.; Nie werdet ihr richtige Männer werden. Ihr -n! (Grass, Butt 41). **2.** (landsch. derb) ⟨meist Pl.⟩ *weibliche Brust.*

mem|meln ⟨sw. V.; hat⟩ (bayr., österr.): ²*mummeln* (2).

mem|men|haft ⟨Adj.⟩ (veraltend abwertend): *feige, furchtsam.*

Mem|men|haf|tig|keit, die; - (veraltend abwertend): *Feigheit.*

Me|mo, das; -s, -s (Jargon): **1.** Kurzf. von ↑Memorandum. **2.** *Merkzettel.*

Me|moire [me'moa:ʁ], das; -s, -s [frz. mémoire, ↑Memoiren]: frz. Bez. für *Memorandum.*

Me|moi|ren [me'moa:rən] ⟨Pl.⟩ [frz. mémoires, Pl. von: mémoire = Erinnerung < lat. memoria = Gedächtnis] (bildungsspr.): *Lebenserinnerungen [in denen neben der Mitteilung des persönlichen Entwicklungsganges ein besonderes Gewicht auf die Darstellung der zeitgeschichtlichen Ereignisse gelegt wird]:* private, politische M.; die M. eines Staatsmanns; seine M. schreiben.

Me|moi|ren|band, der ⟨Pl. ...bände⟩: *einzelner* ²*Band, der jmds. Memoiren enthält.*

Me|moi|ren|schrei|ber, der: *jmd., der seine Memoiren schreibt od. geschrieben bzw. veröffentlicht hat.*

Me|moi|ren|schrei|be|rin, die: w. Form zu ↑Memoirenschreiber.

me|mo|ra|bel ⟨Adj.⟩ [lat. memorabilis] (bildungsspr.): *denkwürdig:* es gebe Stellen darin von großer dichterischer Kraft und einige memorable Gestalten (Heym, Nachruf 417); Das war ja wohl die verrückteste Fickerei, die ich je erlebt habe. Memorabel wie keine zweite (Buchheim, Festung 244).

Me|mo|ra|bi|li|en ⟨Pl.⟩ (bildungsspr.): *Denkwürdigkeiten, Erinnerungen:* Manch andere M. hatten sich noch in Magdeburg abgespielt (Henze, Reiselieder 54); Lady Di wird zu Geld gemacht: M. (Erinnerungsstücke) wie Schnulz-CDs und Zuckerlöffel überfluten den Markt (Woche 28. 11. 97, 59).

Me|mo|ran|dum, das; -s, ...den u. ...da [zu lat. memorandus = erwähnenswert, Gerundiv von: memorare, ↑memorieren] (bildungsspr.): *Denkschrift:* ein amerikanisches M.; ein M. der Regierung an die Vereinten Nationen; ein M. überreichen, verfassen.

¹**Me|mo|ri|al,** das; -s, -e u. -ien [spätlat. memoriale = Erinnerung(szeichen), Denkmal] (veraltet): *Tagebuch, Merkbuch.*

²**Me|mo|ri|al** [mɪ'mɔ:rɪəl], das; -s, -s [engl. memorial = Gedenkfeier; Denkmal < spätlat. memoriale, ↑¹Memorial] (bildungsspr.): **1.** *Veranstaltung zum Gedächtnis an jmdn. od. etw.:* das jährliche M. von Atomgegnern in Hiroshima wer-

de von »Kommunisten« organisiert (Spiegel 31, 1982, 138); ein M. zu Ehren des großen Rennfahrers. **2.** *Denkmal* (1): Die Sonne schien ... auf die Inschrift am Fuß des -s (Spiegel 15, 1974, 98).

me|mo|rie|ren ⟨sw. V.; hat⟩ [lat. memorare = in Erinnerung bringen, zu: memor = eingedenk, sich erinnernd] (bildungsspr. veraltend): **a)** *auswendig lernen:* einen Text, Zahlen m.; Er memorierte ... Gedichte und träumte sich in seine Landschaft zurück (Meckel, Suchbild 65); Sie lernt Italienisch und memoriert die Vokabeln (Frischmuth, Herrin 21); ⟨auch ohne Akk.-Obj.:⟩ Er nahm die Blätter aus der Brusttasche und memorierte im Stillen (Fries, Weg 245); **b)** (selten) *wieder ins Gedächtnis rufen, an etw. erinnern:* die Parteileitung ... memoriert Sachen, die hier nichts zur Sache tun (Kant, Impressum 324).

Me|mo|rier|stoff, der (veraltend): *Lernstoff.*

Me|mo|ry® ['mɛmərɪ], das; -s, -s [engl. memory = Erinnerung, Gedächtnis]: *Gesellschaftsspiel, bei dem die Spieler Karten, die mit Bildern, Symbolen o. Ä. bedruckt u. jeweils doppelt vorhanden sind, zunächst einzeln aufdecken u. dann später aus der Erinnerung das Gegenstück wieder zu finden versuchen.*

Me|mo|ry|ring, der: *Schmuckring, der [häufig zusammen mit dem Trauring] zur Erinnerung an ein bestimmtes persönliches Ereignis getragen wird.*

¹**Mem|phis:** Stadt in Tennessee (USA).

²**Mem|phis:** altägyptische Stadt westlich des Nils.

³**Mem|phis,** der; -, - [nach der Stadt Memphis (USA)]: *Modetanz der 60er-Jahre, bei dem die Tanzenden in einer Reihe stehend gemeinsam verschiedene Figuren tanzen.*

⁴**Mem|phis,** die; - [nach der altägyptischen Stadt]: *eine Druckschrift.*

Me|na|ge [me'na:ʒə], die; -, -n [frz. ménage = Haushalt, Hausrat < afrz. masnage, ma[s]nage, über das Galloroman. zu lat. mansio = Bleibe, Wohnung (< frz. maison), = manere = bleiben]: **1. a)** *kleines Gestell für Essig, Öl, Pfeffer u. Ä.;* **b)** (veraltet) *Gefäß zum Transportieren einer warmen Mahlzeit.* **2.** (österr., sonst veraltend) *Essen, Verpflegung (bes. bei der Truppe):* M. empfangen. **3.** (österr. veraltet) *Haushalt (1), Hauswirtschaft (1 a):* ...würde ich ein kleines Häuschen für die gemeinsame M. mieten (Werfel, Himmel 238).

Mé|nage-à-trois [me'na:ʒatroa], die; ---, -s-à-trois [frz., zu: trois = drei] (bildungsspr.): *Dreiecksverhältnis.*

Me|na|ge|kos|ten ⟨Pl.⟩ (österr.): *Verpflegungskosten [beim Militär].*

Me|na|ge|rie, die; -, -n [frz. ménagerie, eigtl. = Haus(tier)haltung] (veraltend): *Tierschau; Tiergehege:* der Zirkus zieht mit seiner M. umher; sie haben eine ganze M. (scherzh.; *Sammlung von Tieren*) in ihrer Wohnung: Ü eine ganze M. (scherzh.; *Ansammlung*) von Künstlern war bei dieser Premiere zugegen.

Me|na|ge|schal|le, die (österr.): *Essgeschirr beim Militär.*

me|na|gie|ren [mena'ʒi:rən] ⟨sw. V.; hat⟩ [1, 2: zu ↑Menage (2); 3: frz. (se) ménager, ↑Menage]: **1.** (veraltet, noch landsch.) *sich selbst verköstigen.* **2.** (österr.) *Essen fassen (beim Militär).* **3.** (veraltet) **a)** ⟨m. + sich⟩ (veraltet) *sich mäßigen;* ◆ **b)** *schonen, Rücksicht nehmen:* Er menagiert seine Gesundheit gar nicht (Iffland, Die Hagestolzen I, 7).

Me|nar|che, die; -, -n [zu griech. mēn = Monat u. archē̄ = Anfang] (Med.): *Zeitpunkt des ersten Eintretens der Regelblutung.*

Me|nä|um, das; -s, ...äen ⟨meist Pl.⟩ [kirchenlat. menaeum, zu griech. mēniaîos = einen Monat lang]: *eines der 12 nach Monaten aufgeteilten Bücher der orthodoxen Kirche, die die liturgischen Texte der unveränderlichen Festtage enthalten.*

Men|de|le|vi|um, das; -s [nach dem russ. Chemiker D. Mendelejew (1834–1907)]: *zu den Transuranen gehörendes chemisches Element* (Zeichen: Md).

Men|de|lis|mus, der; -: *Richtung der Vererbungslehre, die sich auf den Forscher Mendel beruft.*

men|deln ⟨sw. V.; hat⟩ [nach dem Namen des österr. Vererbungsforschers G. Mendel (1822–1884)] (Biol.): *(von bestimmten Erbmerkmalen) nach bestimmten Gesetzmäßigkeiten in den nächsten Generationen wieder in Erscheinung treten:* ⟨subst.:⟩ *das »Mendeln« der Erbmerkmale ist augenscheinlich eine ... Eigenschaft aller Lebewesen* (Kosmos 2, 1965, 84).

Men|di|kant, der; -en, -en [lat. mendicans, 1. Part. von: mendicare = betteln]: *Angehöriger eines Bettelordens.*

Men|di|kan|ten|or|den, der: *Orden der Mendikanten.*

Men|di|kan|tin, die; -, -nen: w. Form zu ↑Mendikant.

Me|nes|trel, der; -s, -s [frz. ménestrel < spätlat. ministerialis = im (kaiserlichen) Dienst Stehender, ↑Menage]: *in der französischen Literatur des Mittelalters) [im höfischen Dienst stehender] Spielmann* (1).

Me|ne|te|kel, das; -s, - [nach der Geisterschrift (aram. mĕnē̄ mĕnē̄ tĕqel ûfarsîn) für den babyl. König Belsazar, die im A. T. bei Dan. 5,25 als »gezählt (von den Tagen der Regierung), gewogen (aber zu leicht befunden) u. zerteilt« (Anspielung auf die Zukunft des Reiches) gedeutet wird]: *geheimnisvolles Anzeichen eines drohenden Unheils; Warnung:* Wie eine Feuerschrift, wie ein M. an der Wand stand er (= ein Satz, eine Äußerung) vor ihr (Danella, Hotel 354); Scharfenberg deutete Blumenthals Tod als M. *(als böses Vorzeichen;* Bieler, Bär 283).

me|ne|te|keln ⟨sw. V.; hat⟩ (ugs.): *sich in düsteren Prophezeiungen ergehen; unken:* »Das wird böse enden«, menetekelte sie.

Men|ge, die; -, -n [mhd. menige, ahd. managī, zu ↑manch]: **1. a)** *bestimmte Anzahl, bestimmtes Quantum:* die vorgeschriebene, doppelte M. [an] Wasser; große -n [von] Waren; nur über eine begrenzte M. von etw. verfügen; etw. nur in

kleinen -n anwenden; Ware ist in ausreichender M. vorhanden; *in rauen -n (ugs.; sehr viel):* Die Beamten... konfiszierten Bücher in rauen -n (Spiegel 16, 1996, 253); **b)** *große Anzahl; großes Quantum* ⟨oft in Verbindung mit dem unbestimmten Art.⟩: eine M. faule Äpfel/ fauler Äpfel/von faulen Äpfeln; eine M. Leute kam/kamen zusammen; die M. machts *(die große Zahl gibt der Sache Gewicht);* eine M. (ugs.; *viele Leute)* haben sich beworben; wir haben eine M. Leute kennen gelernt; Eine M. neuer Wörter habe ich schon gelernt (Bieler, Mädchenkrieg 395); hier kann man eine M. *(viel)* lernen; es gab eine M. *(viel)* Ärger; Es ist eine M. Betrieb hier (Bieler, Mädchenkrieg 496); hier ist noch Platz die M. (ugs.; *noch viel Platz);* wir führten drei Maschinengewehre mit uns, ... Handgranaten die M. und Karabiner (Heym, Schwarzenberg 247); das kostet eine M. [Geld] *(kostet viel);* es gab Kuchen in M.; *jede M.* (ugs.; *sehr viel):* Arbeit gibt es jede M.; Ein Bekannter von mir, der ist Politiker und hat jede M. Beziehungen (Ziegler, Kein Recht 377). **2.** (Math.) *Zusammenfassung von bestimmten, unterschiedenen Objekten unserer Anschauung zu einem Ganzen:* a ist in der M. M als Element enthalten (a ∈ M). **3.** *große Zahl von dicht beieinander befindlichen Menschen; Menschenmenge:* eine bunte, drängende, staunende, jubelnde, johlende, wütende, unübersehbare M.; die M. schiebt sich durch die Straßen; ein Raunen ging durch die M.; der Sieger wurde von einer begeisterten M. gefeiert; in der M. untertauchen.

men|gen ⟨sw. V.; hat⟩ [aus dem Md., Niederd., mhd. mengen, asächs. mengian, urspr. = kneten]: **1.** (landsch. veraltend) **a)** *verschiedene Stoffe so zusammenbringen, zusammenschütten, ineinander rühren, mischen, dass sich die einzelnen Bestandteile [in lockerer Weise] miteinander verbinden:* Er mengte mit bloßen Händen den Salat (Fischer, Kein Vogel 34); Mehl und Wasser zu einem Teig m.; die Zutaten in einer Schüssel m. *(verrühren);* **b)** *durch Mengen* (1 a) *einem anderen Stoff hinzufügen, damit vermengen:* Gewürze in/unter den Teig m.; **c)** ⟨m. + sich⟩ *sich mit etw.* [*ver]mischen:* der Geruch des Kuchens mengte sich mit dem des Kaffees; Ü die unheimliche Stimmung ..., die sich an diesem Tag ... in ihre Heiterkeit mengte (Musil, Mann 1198). **2.** ⟨m. + sich⟩ (ugs.) *sich mischen* (5): Flüchtlinge mengten sich unter die Soldaten. **3.** ⟨m. + sich⟩ (ugs.) *sich einmischen* (2): sie mengt sich immer in fremde Angelegenheiten, in Dinge, die sie nichts angehen; musst du dich in alles m.!

Men|gen|an|ga|be, die: *die Menge* (1 a) *von etw. betreffende Angabe:* exakte -n.

Men|gen|be|griff, der: vgl. Mengenbezeichnung.

Men|gen|be|zeich|nung, die: *Bezeichnung, durch die eine Menge ausgedrückt wird.*

Men|gen|kon|junk|tur, die (Wirtsch.): *verstärkte Nachfrage bei gleich bleiben-*

den *od. fallenden Preisen, sodass größere Mengen einer Ware abgesetzt werden können.*

Men|gen|leh|re, die ⟨o. Pl.⟩ (Math., Logik): *Lehre von den Mengen* (2) *u. ihren Verknüpfungen.*

men|gen|mä|ßig ⟨Adj.⟩: *die Menge betreffend; quantitativ:* eine -e Beschränkung.

Men|gen|no|tie|rung, die (Börsenw.): *Notierung von Devisen, bezogen auf die Währungseinheit des Inlandes.*

Men|gen|preis, der (Wirtsch.): *bei Abnahme einer größeren Menge eingeräumter günstigerer Preis.*

Men|gen|ra|batt, der (Wirtsch.): *beim Bezug größerer Mengen gewährter Rabatt:* M. gewähren.

Men|gen|rech|nung, die (Wirtsch.): *Erfassung des für einen Produktionsprozess benötigten Materials nach der Menge u. nicht nach dem (Preisschwankungen unterliegenden) Wert.*

men|gen|wei|se ⟨Adv.⟩: *in großen Mengen:* es gab Erdbeeren m. ⟨mit Verbalsubstantiven auch attr.:⟩ der m. Verbrauch von Papier.

Meng|sel, das; -s, - [zu ↑mengen] (landsch.): *Gemisch.*

Men|ha|den [mɛn'he:dn̩], der; -s, -s [engl. menhaden, aus dem Algonkin (nordamerik. Indianerspr.)]: *heringsähnlicher Speisefisch Nordamerikas.*

Men|hir ['mɛnhɪr], der; -s, -e [frz. menhir < bret. maen-hir, eigtl. = langer Stein]: *aufrecht stehender [unbehauener] kultischer Stein aus vorgeschichtlicher Zeit, oft mit gleichartigen in langen Reihen stehend:* im dahinhuschenden Licht sah Cotta Steine, Granittafeln, -e ... aufrecht die einen, andere gestürzt (Ransmayr, Welt 48).

me|nin|ge|al ⟨Adj.⟩ [zu ↑Meninx] (Med.): *die Hirnhäute betreffend.*

Me|nin|gen: Pl. von ↑Meninx.

Me|nin|ge|om: ↑Meningiom.

Me|nin|ges: Pl. von ↑Meninx.

Me|nin|gi|om, Meningeom, Meningom, das; -s, -e [zu ↑Meninx] (Med.): *langsam wachsende Geschwulst der Hirnhäute.*

Me|nin|gis|mus, der; -, ...men (Med.): *in den Symptomen der Meningitis ähnelnde Krankheit ohne nachweisbare Entzündung der Hirnhaut.*

Me|nin|gi|tis, die; -, ...tiden (Med.): *Hirnhautentzündung.*

Me|nin|go|kok|ke, die; -, -n ⟨meist Pl.⟩ (Med.): *Erreger der epidemischen Meningitis.*

Me|nin|gom: ↑Meningiom.

Me|nin|go|my|e|li|tis, die; -, ...itiden (Med.): *Entzündung des Rückenmarks u. seiner Häute.*

Me|ninx, die; -, ...ninges u. ...ningen [griech. mēnigx (Gen.: mēniggos) = (Hirn)haut] (Med.): *Hirn- u. Rückenmarkshaut.*

Me|nis|ken|glas, das: *sichelförmig (im Querschnitt) geschliffenes Brillenglas.*

Me|nis|kus, der; -, ...ken [1: zu griech. mēniskos = mondförmiger Körper, Vkl. von: mēnē = Mond; 2, 3: nach der Form eines Meniskus (1)]: **1.** (Anat., Med.) *halbmondförmige, knorpelige Scheibe,* *bes. im Kniegelenk:* der M. ist gerissen. **2.** (Optik) *Linse mit zwei nach derselben Seite gekrümmten Flächen.* **3.** (Physik) *durch das Zusammenwirken von Adhäsion* (1) *u. Kohäsion* (2) *konkav od. konvex gekrümmte Oberfläche einer Flüssigkeit in einem engen Rohr.*

Me|nis|kus|lin|se, die: Meniskus (2).

Me|nis|kus|ope|ra|ti|on, die (Med.): *Operation an einem geschädigten Meniskus* (1).

Me|nis|kus|riss, der (Med.): *Verletzung des Meniskus* (1) *durch eine Verdrehung des Kniegelenks bei einem Unfall.*

Me|nis|kus|scha|den, der (Med.): *meist durch Überbeanspruchung entstandener Schaden am Meniskus* (1).

Me|nis|kus|ver|let|zung, die: Meniskusriss.

Men|jou|bart ['mɛnʒu...], der; -[e]s, ...bärte, **Men|jou|bärt|chen,** das; -s, - [nach dem amerik.-frz. Filmschauspieler A. Menjou (1890–1963)]: *schmaler, gestutzter Schnurrbart.*

Men|ke|n|ke, die; - [Wortspielerei zu ↑mengen] (landsch., bes. md.): *Durcheinander; Umstände, Schwierigkeiten:* mach keine M.!; Ich sollte keine M. machen, sagte Lander zu mir, sonst würde er Tacheles mit mir reden (Kempowski, Uns 260).

Me|n|ni|ge, die; - [spätmhd. menige, mhd., ahd. minig < lat. minium = Zinnober; iber. Wort]: *rote Malerfarbe aus Bleioxid, die als Schutzanstrich gegen Rost verwendet wird:* ein Geländer mit roter M. grundieren.

me|n|nig|rot ⟨Adj.⟩: *von der hellroten Farbe der Mennige.*

Men|no|nit, der; -en, -en [nach dem dt. Theologen Menno Simons (1496–1561)]: *Angehöriger einer evangelischen Freikirche, die die Erwachsenentaufe pflegt u. Wehrdienst u. Eidesleistung ablehnt.*

Men|no|ni|tin, die; -, -nen: w. Form zu ↑Mennonit.

me|no ⟨Adv.⟩ [ital. meno < lat. minus, ↑minus] (Musik): *weniger:* m. mosso *(weniger bewegt).*

Me|no|lo|gi|on, das; -s, ...ien [zu griech. mēn = Monat u. lógion = (Orakel)spruch]: *nach Monaten geordnetes liturgisches Buch der orthodoxen Kirche mit Lebensbeschreibungen der Heiligen jedes Monats.*

Me|no|pau|se, die; -, -n [zu griech. mēn = Monat u. paũsis = Ende] (Med.): *das Aufhören der Regelblutung in den Wechseljahren der Frau.*

Me|no|ra, die; -, - [hebr. mĕnôrā]: *siebenarmiger kultischer Leuchter der jüdischen Liturgie.*

Me|nor|ca: Insel der Balearen.

Me|nor|qui|ner [...'ki:...], der; -s, -: Ew.

Me|nor|qui|ne|rin [...'ki:...], die; -, -nen: w. Form zu ↑Menorquiner.

me|nor|qui|nisch [...'ki:...] ⟨Adj.⟩: *Menorca, die Menorquiner betreffend; von den Menorquinern stammend, zu ihnen gehörend.*

Me|nor|rha|gie, die; -, -n [zu griech. mēn = Monat u. rhágas = Riss] (Med.): *abnorm starke u. lang anhaltende Monatsblutung.*

Me|nor|rhö, die; -, -en [zu griech. mēn = Monat u. rhoḗ = das Fließen, Fluss]: *Menstruation.*

me|nor|rhö|isch ⟨Adj.⟩ (Med.): *die Menstruation betreffend.*

Me|nos|ta|se, die; -, -n [zu griech. mēn = Monat u. stásis = das (Still)stehen] (Med.): *das Ausbleiben der Regelblutung.*

Men|sa, die; -, -s u. ...sen [kurz für ↑Mensa academica]: **1.** *restaurantähnliche Einrichtung in einer Hochschule od. Universität, in der Studierende verbilligt essen können.* **2.** (kath. Kirche) Altartisch.

Men|sa aca|de|mi|ca, die; - -, ...sae ...cae [...zɛ ...tsɛ; zu lat. mensa = Tisch u. nlat. academicus = akademisch] (veraltet): *Mensa* (1).

Men|sa|es|sen, das: *in der Mensa* (1) *ausgegebenes Essen.*

Men|sal|gut, das; -[e]s, ...güter [zu lat. mensalis = zum Tisch gehörig]: *Kirchenvermögen eines katholischen Bischofs od. Kapitels* (2 a) *zur persönlichen Nutzung.*

¹Mensch, der; -en, -en [mhd. mensch(e), ahd. mennisco, älter: mannisco, eigtl. = der Männliche, zu ↑Mann]: **a)** *mit der Fähigkeit zu logischem Denken u. zur Sprache, zur sittlichen Entscheidung u. Erkenntnis von Gut u. Böse ausgestattetes höchstentwickeltes Lebewesen:* der denkende, gestaltende, schöpferische M.; M. und Tier; eine nur dem eigenen Gesetz gehorchende, zu einer eigene Fähigkeit; **b)** *menschliches Lebewesen, Individuum:* der moderne M.; Dass Jesus von Nazareth ein M. ist wie du und ich (Thielicke, Ich glaube 32); Sie können nicht sagen, dass ich mich jemals beschwert hätte, aber das geht zu weit. Man ist auch nur ein M. (*das ist zu viel verlangt!;* Kant, Impressum 104); die -en lieben, verachten; Auf die -en, auf den Kunden muss ein Verkäufer eingehen, sie verstehen lernen (CCI 13, 1998, 56); ein M. von Fleisch und Blut *(ein wirklicher, lebendiger Mensch);* Das Thema von Karl Marx war die Ausbeutung des -en durch den -en (Gruhl, Planet 15); etw. als M. *(vom menschlichen Standpunkt aus)* beurteilen; Ich fühlte mich als M. zweiter Klasse (Schwarzer, Unterschied 79); R der M. ist ein Gewohnheitstier (scherzh.; *kann sich von seinen Gewohnheiten nicht so leicht lösen);* kein M. muss müssen (scherzh.; *niemand kann zu etwas gezwungen werden);* nach Lessing, Nathan der Weise I, 3); Spr der M. lebt nicht vom Brot allein (Matth. 4,4); der M. denkt, Gott lenkt; *** kein M. mehr sein** (ugs.; *völlig erschöpft, am Ende seiner Kraft sein);* **nur [noch] ein halber M. sein** *(nicht [mehr] im Vollbesitz seiner Kräfte sein);* **wieder M. sein** (ugs.; *sich wieder in einem menschenwürdigen Zustand befinden);* **c)** *bestimmte Person, Persönlichkeit:* ein junger, alter, gesunder, kranker M.; ein kluger, genialer, schwieriger, gläubiger, gütiger, fröhlicher, gebildeter, musischer, verklemmter, vernünftiger M.; dass Vilshofen ein sympathischer M. ... sei (Plievier, Stalingrad 268); Moosbrugger war ... ein großer, breitschultriger M. (Musil, Mann 67); er ist ein M. mit sicherem Auftreten,

ohne Lebensart; sie hat endlich einen -en *(jmdn., der sie versteht u. dem sie vertrauen kann)* gefunden; für einen -en sorgen; mit fremden -en *(Leuten)* zusammenkommen; sich nicht nach anderen -en richten; sie geht nicht gern unter -en *(unter die Leute);* er ist ein Riese von M., von einem -en (ugs.; *es waren sehr viele Leute da);* zu diesem -en habe ich kein Vertrauen; Spr des -en Wille ist sein Himmelreich; *** kein M.** *(niemand):* es war kein M. zu Hause; **wie der erste M.** (ugs.; *sehr unbeholfen, ungeschickt);* **wie der letzte M.** (ugs.; *übel, in übler Weise):* dieser Wolzogen sah aus und benahm sich wie der letzte M. (Kuby, Sieg 390); **ein neuer/anderer M. werden** (1. *sich zu seinem Vorteil ändern:* Seine Mutter war, seit sie in Dietersreut lebte, ein ganz anderer M. geworden [Geissler, Wunschhütlein 132]. 2. *sich gründlich erholen);* **etw. für den inneren/den äußeren -en tun** *(gut essen u. trinken/sich pflegen u. gut kleiden);* **von M. zu M.** *(im vertraulichen, privaten Zwiegespräch):* von M. zu M. verständigen wir uns gleich (Winckler, Bomberg 145); **d)** (salopp) als burschikose Anrede, oft auch ohne persönlichen Bezug in Ausrufen des Staunens, Erschreckens, der Bewunderung: M., da hast du aber Glück gehabt!; M., Helmut, wie findest du das? (M. Walser, Pferd 22); das war nett von dir, M.!; M. ärgere dich nicht! (ein Gesellschaftsspiel); *** M. Meier!** (salopp; Ausruf des Erstaunens).

²Mensch, das; -[e]s, -er [schon mhd. mensch (Neutr.) = der Mensch] (landsch., meist abwertend): *weibliche Person, Frau:* wo treibt sich das M. nur schon wieder herum!; Kein Standesbewusstsein hat das M. ...; mit einem schäbigen Kanonier wälzt die sich auf dem Teppich (Kirst 08/15, 28); ◆ ... führrst ihn in Spielkompagnien und bei liederlichen -ern ein (Schiller, Räuber II, 3).

-mensch, der; -en, -en (salopp): kennzeichnet in Bildungen mit Substantiven – seltener mit Wörtern anderer Wortart – eine männliche Person, die sehr allgemein durch etw. charakterisiert ist oder beruflich mit etw. zu tun hat: Karriere-, Tag-, Zeitungsmensch.

men|scheln ⟨sw. V.; hat; unpers.⟩: *menschliche Schwächen deutlich werden lassen:* es menschelt hier wie überall; Er sieht, wie es hier menschelt und pfäffelt (Thielicke, Ich glaube 300).

Men|schen|af|fe, der: *großer, entwicklungsgeschichtlich dem Menschen am nächsten stehender Affe mit langen Armen, dichter Behaarung u. Greiffüßen, der auf dem Boden auch halb aufrecht geht:* die bekanntesten -n sind Schimpanse, Gorilla und Orang-Utan.

men|schen|ähn|lich ⟨Adj.⟩: *einem Menschen ähnlich:* Wesen von -er Gestalt.

Men|schen|al|ter, das: *durchschnittliche Lebenszeit eines Menschen:* Landschaft wurde zerstört; bis sie wieder zur Landschaft geworden war, verging ein M. (Loest, Pistole 243); Dinge, an die man ein M. später sich kaum noch erinnern kann (Jacob, Kaffee 59); vor einem

M.; Ich habe ein M. *(solange ich lebe)* in Frieden aus dem Fenster geschaut (Strauß, Niemand 199).

Men|schen|an|samm|lung, die: vgl. Menschenauflauf: er sucht -en zu meiden.

Men|schen|ant|litz, das (geh.): *Antlitz eines Menschen.*

men|schen|arm ⟨Adj.⟩: *wenig besiedelt:* -e Gebiete; ein -es Land.

Men|schen|ar|ti|ge, der; -n, -n ⟨meist Pl.; Dekl. ↑Abgeordnete⟩: *Hominide.*

Men|schen|auf|lauf, der: *Auflauf (1) von Menschen.*

Men|schen|bild, das: *Bild, Vorstellung vom Menschen:* jede Zeit hat ihr eigenes M.; ein neues M. formen.

Men|schen|dar|stel|ler, der: *Künstler (Dichter, Maler, Schauspieler o. Ä.), der Menschen darstellt:* er war ein großer M.

Men|schen|dar|stel|le|rin, die: w. Form zu ↑Menschendarsteller.

Men|schen|fang, der (selten): *Bauernfängerei:* Zuhälterei, Erpressung und allerlei M. (Th. Mann, Krull 139).

Men|schen|feind, der: *jmd., der die Menschen verachtet; Misanthrop.*

Men|schen|fein|din, die: w. Form zu ↑Menschenfeind.

men|schen|feind|lich ⟨Adj.⟩: a) *ungesellig, misanthropisch;* b) *inhuman:* -e Wohnungen; ein -es Regime; eine -e Umgebung.

Men|schen|feind|lich|keit, die: *das Menschenfeindlichsein.*

Men|schen|fleisch, das: *Fleisch von Menschen:* Kannibalen essen M.; der Gestank verkohlender Knochen und schmorenden -es (Plievier, Stalingrad 269).

Men|schen|floh, der: *Floh, der hauptsächlich Menschen befällt.*

Men|schen|fres|ser, der [LÜ von lat. anthropophagus < griech. anthrōpophágos] (ugs.): *Kannibale (1):* Töchter von Kopfjägern, deren Väter noch M. waren (Kinski, Erdbeermund 339); Ü Der Chef ist kein M. *(er ist umgänglich;* Fels, Sünden 75).

Men|schen|fres|se|rei, die; -: *Kannibalismus.*

Men|schen|fres|se|rin, die: w. Form zu ↑Menschenfresser.

Men|schen|freund, der: *jmd., der die Menschen liebt; Philanthrop:* Er (= Roosevelt) war ein großer M. und ein großer Staatsmann (K. Mann, Wendepunkt 310).

Men|schen|freun|din, die: w. Form zu ↑Menschenfreund.

men|schen|freund|lich ⟨Adj.⟩: *die Menschen liebend:* ein -es Verhalten; eine -e Geste; das war nicht sehr m. (ugs.; *nicht sehr nett*) von dir.

Men|schen|freund|lich|keit, die ⟨o. Pl.⟩: *menschenfreundliches Verhalten.*

Men|schen|füh|rung, die ⟨o. Pl.⟩: *[gezielte] Einflussnahme auf andere Menschen (durch Vorgesetzte, Erzieher, soziale Gruppen o. Ä.).*

Men|schen|ge|den|ken: in der Fügung **seit M.** *(seit undenklichen Zeiten; solange jmd. zurückdenken kann):* das ist seit M. so [gewesen]; Seit M. hatte man noch

keinen so schrecklichen, harten Winter erlebt (Salomon, Boche 107); In meiner Familie ... hatte ... seit M. keiner einen Hut besessen (Zwerenz, Kopf 62).

Men|schen|geist, der ⟨o. Pl.⟩ (geh.): *[Erfindungs]geist, Verstand des Menschen:* etw. von M. Ersonnenes.

men|schen|ge|macht ⟨Adj.⟩: *nicht von Natur aus vorhanden, sondern von Menschen gemacht, bewirkt, hervorgebracht:* -e Treibhausgase, Naturzerstörung.

Men|schen|ge|mein|schaft, die: *Gemeinschaft der Menschen.*

Men|schen|ge|schlecht, das ⟨o. Pl.⟩ (geh.): *Menschheit.*

Men|schen|ge|stalt, die: a) *äußeres Erscheinungsbild eines Menschen; menschliche Gestalt:* Gott hat in Christus M. angenommen; R jmd. ist ein Engel/Teufel, Satan in M. *(ein hilfsbereiter u. gütiger/ gemeiner, niederträchtiger Mensch);* b) *Abbild, Wiedergabe eines Menschen:* der Künstler hat wunderbare -en geschaffen.

Men|schen|ge|stal|ter, der: *Menschendarsteller:* dieser Schauspieler ist ein begnadeter M.

Men|schen|ge|wim|mel, das: *Gewimmel von Menschen.*

Men|schen|ge|wühl, das: *dicht gedrängte, sich durcheinander bewegende Menschenmenge.*

Men|schen|haar, das: *Haar vom Menschen.*

Men|schen|hai, der: *großer, lebend gebärender Hai, der vor allem in tropischen Meeren lebt.*

Men|schen|hand, die: a) *Hand des Menschen;* b) *meist in Verbindungen mit bestimmten Präpositionen wie* * **durch, von** M.; **in** M. (geh.; *durch, von Menschen [als gestaltende Wesen]; in der Macht o. Ä. des Menschen):* das liegt nicht in M.; Die Elemente, die das Gebild von M. ohnedies hassen (K. Mann, Wendepunkt 411); von M. geschaffen.

Men|schen|han|del, der: 1. (Rechtsspr.) *Handel mit Menschen, die mit Gewalt ins Ausland entführt u. – in Bezug auf Frauen u. Mädchen – zur Prostitution gezwungen werden.* 2. (DDR) *organisierte Abwerbung, Verschleppung od. Ausschleusung von Bürgern der DDR.*

Men|schen|händ|ler, der: *jmd., der Menschenhandel treibt.*

Men|schen|händ|le|rin, die: w. Form zu ↑Menschenhändler.

Men|schen|händ|ler|ring, der: *Ring (4) von Menschenhändlern.*

Men|schen|hass, der: *Hass gegen die Menschen; Misanthropie.*

Men|schen|has|ser, der: vgl. Menschenfeind.

Men|schen|has|se|rin, die: w. Form zu ↑Menschenhasser.

Men|schen|hau|fen, der: *Ansammlung, Haufen von Menschen.*

Men|schen|herz, das (geh.): *Mensch (in seinem Fühlen, im Empfinden von Freude od. Schmerz):* ein mitfühlendes M.; das erfreut das M.

Men|schen|hirn, das: *Mensch (in Bezug auf seine intellektuellen Fähigkeiten).*

Men|schen|jagd, die (abwertend): *orga-*

nisierte *Verfolgung von [unschuldigen] Menschen.*

Men|schen|jä|ger, der (abwertend): *jmd., der Menschenjagd betreibt.*

Men|schen|jä|ge|rin, die: w. Form zu ↑Menschenjäger.

Men|schen|ken|ner, der: *jmd., der andere Menschen in ihrem Wesen, ihrem Charakter u. ihren möglichen Reaktionen richtig zu beurteilen, einzuschätzen vermag:* ein [guter, schlechter] M. sein.

Men|schen|ken|ne|rin, die: w. Form zu ↑Menschenkenner.

Men|schen|kennt|nis, die ⟨o. Pl.⟩: *Vermögen, andere Menschen richtig zu beurteilen:* M. haben; es fehlt ihr an M.; nicht über genügend M. verfügen.

Men|schen|ket|te, die: *von einer großen Zahl von Menschen [über eine größere Distanz] gebildete Kette* (2 a) *als Protestaktion:* eine M. bilden; 30 000 Demonstranten ... die mit einer M. um die Altstadt Jerusalems für Frieden ... demonstriert hatten (Freie Presse 3. 1. 90, 4).

Men|schen|kind, das: a) (selten) *Kind:* Das M. erlangt (= im Verlaufe des dritten Lebensjahres) die Fähigkeit zur freien, ... triebunabhängigen Selbstbestimmung (Ruthe, Partnerwahl 20); b) ⟨Pl. selten⟩ [1]*Mensch* (c): sie ist ein liebes, feines M.; Immer war es mir wichtig, herauszufinden, was für ein M. ich vor mir hatte (Mahlsdorf, Ich bin 95); Ich kenne genug -er, die im Stasiknast saßen und gefoltert wurden (Biermann, Klartexte 317).

Men|schen|kun|de, die ⟨o. Pl.⟩: *Anthropologie.*

Men|schen|laus, die: *ausschließlich auf dem Menschen als Parasit lebende Laus.*

Men|schen|le|ben, das: 1. *Lebenszeit (eines Menschen):* ein ganzes M. lang. 2. *lebendiger Mensch:* der Unfall forderte vier M.; M. *(das Leben von Menschen)* aufs Spiel setzen, auslöschen; M. zählen für diese Verbrecher nichts; Drei M. hat ... ein schwerer Verkehrsunfall gefordert (MM 22. 12. 80, 14).

men|schen|leer ⟨Adj.⟩: *leer von Menschen, einsam, nicht begangen od. bewohnt:* -e Gegenden; der Strand war fast m.; Sie saßen in dem kleinen Hotelrestaurant, das um diese Zeit noch m. war (Zuckmayer, Herr 24).

Men|schen|lie|be, die: *Liebe des Menschen zum Menschen; Nächstenliebe:* ihr Handeln ist von M. bestimmt; du hast das doch sicher nicht aus reiner M. *(nicht ganz uneigennützig)* getan (Danella, Hotel 391).

men|schen|los ⟨Adj.⟩: *völlig menschenleer; ganz ohne Menschen:* -e Wildnis.

Men|schen|los, das (geh.): *menschliches Schicksal:* ein bitteres M.

Men|schen|mas|se, die ⟨meist Pl.⟩: *große, unübersehbare Zahl von Menschen:* johlende -n auf den Zuschauertribünen; -n, die sich ... in den Stadien ... vor Begeisterung die Hälse wund schrien (Ransmayr, Welt 45).

Men|schen|ma|te|ri|al, das ⟨o. Pl.⟩ (oft in inhumaner Redeweise): *Anzahl von Menschen in Bezug auf eine bestimmte Aufgabe o. Ä., für die sie zur Verfügung* *stehen:* Es spricht aus ihm der Chef, der von seinen Mitarbeitern enttäuscht ist, ... der Generalstabschef, der sich fragt, wie er mit solchem M. siegen soll (Enzensberger, Mittelmaß 12).

Men|schen|mau|er, die: *wie eine Mauer in dichter, mehrreihiger Kette zusammenstehende Gruppe von Menschen:* -n säumten die Straßen.

Men|schen|men|ge, die: *Menge* (3).

men|schen|mög|lich ⟨Adj.⟩ [zusgez. aus »menschlich« u. »möglich«]: *in der Macht eines Menschen liegend:* was m. war, wurde getan; ⟨subst.:⟩ der Arzt hat alles Menschenmögliche versucht.

Men|schen|op|fer, das: **1.** *Opferung von Menschen (als kultische Handlung, als Opfergabe):* M. darbringen. **2.** *Opfer an Menschenleben (durch Unfall, Krieg o. Ä.):* M. waren nicht zu beklagen.

Men|schen|paar, das: *Mann u. Frau; menschliches Paar:* Adam u. Eva, das erste M.

Men|schen|pflicht, die: *Verantwortung, Pflicht, die ein Mensch seinen Mitmenschen gegenüber hat:* eine selbstverständliche M.

Men|schen|ras|se, die: *Menschentypus.*

Men|schen|raub, der: *gewaltsames Entführen u. Festhalten von Menschen (z. B. um jmdn. zu erpressen od. zum Kriegsdienst zu zwingen, um jmdn. als Sklaven zu verkaufen od. sich zu rächen u. a.):* erpresserischer M. als Straftatbestand.

Men|schen|räu|ber, der: *jmd., der Menschenraub begeht.*

Men|schen|räu|be|rin, die: *w. Form zu* ↑ Menschenräuber.

Men|schen|recht, das ⟨meist Pl.⟩: *unabdingbares Recht auf freie u. allseitige Entfaltung der Persönlichkeit in einem Staatswesen:* eine Verletzung der -e; die -e postulieren, erklären, missachten, schützen, proklamieren.

Men|schen|rechts|er|klä|rung, die: *Deklaration der Menschenrechte (durch die Generalversammlung der Vereinten Nationen am 10. 12. 1948).*

Men|schen|rechts|kom|mis|si|on, die ⟨o. Pl.⟩: *Kommission, die sich mit Verstößen gegen die Menschenrechte befasst.*

Men|schen|rechts|ver|let|zung, die: *Verstoß gegen die Menschenrechte.*

men|schen|scheu ⟨Adj.⟩: *scheu, abweisend im Umgang mit Menschen:* Cyane, seine Frau, eine ... -e Schönheit (Ransmayr, Welt 130); m. sein.

Men|schen|scheu, die: *das Menschenscheusein.*

Men|schen|schin|der, der (emotional abwertend): *jmd., der die Angewohnheit hat, Menschen zu quälen, grausam zu behandeln:* Sie erinnert mich ... an unsern Oberleutnant Helle, diesen verdammten M., der uns das Leben so schwer gemacht hat (Remarque, Obelisk, 191).

Men|schen|schin|de|rei, die (emotional abwertend): *das Schinden von Menschen.*

Men|schen|schin|de|rin, die: *w. Form zu* ↑ Menschenschinder.

Men|schen|schlag, der: *[zu einer gemeinsamen Landschaft gehörende] Gruppe von Menschen, bei denen be-*

stimmte (landschaftliche, stammesmäßige) Merkmale u. Wesenszüge bes. hervortreten: ein schwerblütiger M.

Men|schen|schlan|ge, die: *lange Reihe wartender Menschen:* Beim Überqueren des Roten Platzes erleben wir ... die M., die sich zum Lenin-Mausoleum hinzieht (Berger, Augenblick 115).

Men|schen|see|le, die: *Seele, das Innerste eines Menschen:* die Geheimnisse der M.; ***keine M.** *(niemand, kein Mensch):* keine M. war zu sehen.

Men|schens|kind!, (auch:) **Men|schens|kin|der!** (salopp): *Ausruf des Erstaunens, Erschreckens, auch einen Vorwurf, eine Zurechtweisung ausdrückt:* M.! Nimm dich zusammen!; »Menschenskinder«, ... »noch einmal so jung ... sein können!« (Remarque, Obelisk 191).

Men|schen|sohn, der ⟨o. Pl.⟩ [im A. T. urspr. Umschreibung für »Mensch«] (christl. Rel.): *Selbstbezeichnung Jesu Christi (die auf seine Menschengestalt, sein menschliches Leiden u. Sterben Bezug nimmt).*

Men|schen|stim|me, die: *menschliche Stimme:* von Ferne hörte man -n.

Men|schen|strom, der: *Strom (1 c) von Menschen.*

Men|schen|trau|be, die: *Traube (3) von Menschen:* vor dem Eingang standen, bildeten sich -n.

Men|schen|tum, das; -s: *das Dasein als Mensch, das Menschsein.*

Men|schen|ty|pus, der: *durch gleiche od. ähnliche Erbfaktoren (Hautfarbe, Haar, Kopfform u. a.) gekennzeichneter Typus* (1 a).

men|schen|un|wür|dig ⟨Adj.⟩: *die Menschenwürde verletzend; den Menschen nicht angemessen:* -e (unzumutbare) Zustände; die Flüchtlinge waren m. untergebracht.

men|schen|ver|ach|tend ⟨Adj.⟩: *die Menschen, die Würde der Menschen gröblich verletzend:* -e Äußerungen, Taten; Der 8. Mai ... hat uns alle befreit von dem -en System der nationalsozialistischen Gewaltherrschaft (R. v. Weizsäcker, Deutschland 15).

Men|schen|ver|äch|ter, der: *jmd., der die Menschen verachtet.*

Men|schen|ver|äch|te|rin, die; -, -nen: *w. Form zu* ↑ Menschenverächter.

Men|schen|ver|ach|tung, die: *die Menschen verachtende Einstellung.*

Men|schen|ver|lus|te ⟨Pl.⟩: vgl. Menschenopfer (2).

Men|schen|ver|stand, der: meist in der Verbindung **der gesunde M.** *(der normale, klare Verstand [eines Menschen]):* dass so etwas nicht funktionieren kann, sagt mir doch der gesunde M.; Dieser Wandel ... entbehrte zu sehr jeder Mitwirkung des gesunden -es (Kirst, 08/15, 792).

Men|schen|ver|such, der: *medizinischer o. ä. Versuch, der [unzulässigerweise] an Menschen durchgeführt wird:* dass ... Mediziner diskriminierte Minderheiten für grausame Menschenversuche missbrauchen (Richter, Flüchten 114).

Men|schen|welt, die: *Welt der Menschen.*

Men|schen|werk, das (geh.): *von Menschen Geschaffenes [u. deshalb Unvollkommenes, Vergängliches]:* auch die Justiz ist nur M. (Mostar, Unschuldig 12).

Men|schen|we|sen, das (geh.): *menschliches Wesen, Mensch.*

Men|schen|witz, der (geh. veraltend): vgl. Menschenverstand; ♦ Ich grüße dich, du einzige Phiole ... ich verehr' ich M. und Kunst (Goethe, Faust I, 690 ff.); Was lockst du meine Brut mit M. und Menschenlist (Goethe, Der Fischer).

Men|schen|wür|de, die ⟨o. Pl.⟩: *geistig-sittliche Würde der Menschen:* die M. verletzen, schützen; ein Zeitalter, das ... durch die Forderung nach Freiheit und M. gekennzeichnet wird (Fraenkel, Staat 195).

men|schen|wür|dig ⟨Adj.⟩: *den Menschen, der Würde der Menschen entsprechend, angemessen:* eine -e Behandlung, Unterbringung; -e Quartiere; ein -es Leben; m. leben, wohnen.

Men|schen|zahl, die: *Zahl der Menschen [auf der Erde]:* Gegenwärtig erhöht sich die M. jährlich um 50 Millionen (Fraenkel, Staat 43).

Men|sche|wik, der; -en, -en u. -i [russ. men'ševik, eigtl. = Minderheiler, zu: mensche = weniger, minder (da Menschewiken 1903 die Minderheit der Sozialdemokraten bildeten)] (hist.): *Vertreter des Menschewismus.*

Men|sche|wi|kin, die; -, -nen: w. Form zu ↑ Menschewik.

Men|sche|wis|mus, der; - (hist.): *gemäßigter russischer Sozialismus.*

Men|sche|wist, der; -en, -en (hist.): *Menschewik.*

Men|sche|wis|tin, die; -, -nen: w. Form zu ↑ Menschewist.

men|sche|wis|tisch ⟨Adj.⟩ (hist.): *den Menschewismus betreffend.*

Mensch|heit, die; - [mhd. mensch(h)eit, ahd. mennisgheit, urspr. = menschliche Natur, menschliches Wesen]: *Gesamtheit der Menschen:* die ganze M.; die Geschichte der M.; zum Wohle der M.; Kriege sind die Geißel der M.; Ü jmdn. auf die M. loslassen (ugs. scherzh.; *jmdn. ins Berufsleben entlassen);* Der Rest der M. (scherzh.; *die Übrigen)* sah nicht aus dem Fenster (Reinig, Schiffe 118).

mensch|heit|lich ⟨Adj.⟩: *die Menschheit betreffend:* m. gesehen ist das kein Ausweg.

Mensch|heits|be|glü|cker, der (iron.): *jmd., der von sich glaubt, durch seine Taten der Menschheit besondere Dienste zu erweisen:* er hält sich für einen M.

Mensch|heits|be|glü|cke|rin, die; -, -nen: w. Form zu ↑ Menschheitsbeglücker.

Mensch|heits|ent|wick|lung, die: *Entwicklung der Menschheit.*

Mensch|heits|ge|schich|te, die ⟨o. Pl.⟩: *Geschichte der Menschheit.*

Mensch|heits|traum, der: *etw., was sich die Menschen seit je erträumt haben [u. immer noch erträumen]:* das Fliegen war ein alter M.

Men|schin, die; -, -nen (selten): *weibli-*

cher Mensch: ihr weißen, deutschen, männlichen Linken, hört auf mit eurem Gesabbere, und hört euch an, was unterdrückte -nen und Menschen jeglicher Herkunft zu sagen haben (taz 13. 12. 91, 14).

mensch|lich ⟨Adj.⟩ [mhd. menschlich, ahd. mannisclîh]: **1. a)** *den Menschen betreffend; zum Menschen gehörend, für ihn charakteristisch:* der -e Körper, Geist; die -e Natur; ein -es Wesen *(ein Mensch);* das -e Leben; die -e Existenz; -e Freiheit; -e Fehler, Schwächen; das -e Maß; -e Behausungen; der -e Lebensraum; Die -en Kontakte im Betrieb sind gering (Chotjewitz, Friede 163); der Unfall ist auf -es Versagen zurückzuführen; die -e Gesellschaft *(Gesellschaft der Menschen);* sie hat keinerlei -e Bindungen *(Bindungen an andere Menschen);* sein Zögern ist m. *(ist verständlich);* dass der ... Vater über den Freitod der armen Resi den Kopf verlieren musste ... Menschlich nur zu verständlich (Prodöhl, Tod 135); sie sind sich m. *(persönlich, privat)* näher gekommen; sie stehen sich m. nahe; **b)** *menschenwürdig, annehmbar, den Bedürfnissen des Menschen entsprechend:* endlich herrschen wieder -e Verhältnisse; hier sieht es schon wieder ganz m. (ugs.; *ordentlich)* aus; sich m. machen (ugs.; *sich nach einer körperlichen Anstrengung o. Ä. frisch machen, umziehen, um wieder ordentlich auszusehen);* waschen Sie sich, nehmen Sie sich den Bart ab. Machen Sie sich m. (Borchert, Draußen 29). **2.** *tolerant, nachsichtig; human:* ein -er Vorgesetzter; -e Beamte; das ist ein -er Zug an ihr; dieser Mann scheint keiner -en Regung fähig zu sein; jmdn. m. behandeln; der Chef hat sich m. gezeigt *(Verständnis gezeigt);* hier muss m. geurteilt werden.

Mensch|li|che, das; -n ⟨Dekl. ↑²Junge, das⟩: **1.** *für den Menschen Typisches, der menschlichen Natur Entsprechendes:* nichts -s war ihr fremd; darf ich mit jenem Lateiner sagen, dass ich nichts -s mir fremd erachte (Th. Mann, Krull 130); So wurde »Tonio Kröger« zum poetischen Kompendium aller, ... die oft müde sind, das M. darzustellen (Reich-Ranicki, Th. Mann 108); ihm ist etwas -s *(Peinliches)* passiert. **2.** *gütiges, tolerantes Wesen:* sie hatte etwas beglückend -es an sich.

Mensch|lich|keit, die; -, -en [mhd. menschlicheit]: **1.** ⟨o. Pl.⟩ **a)** *das Sein, Dasein als Mensch, als menschliches Wesen:* Christus in seiner M.; **b)** *menschliche* (2) *Haltung u. Gesinnung:* Wie weit hatten die Menschen sich in der schrecklichen Zeit ... voneinander entfremdet, dass ein bisschen M. schon Selbstüberredung erforderte? (Heym, Schwarzenberg 22); M. zeigen; etwas aus reiner M. tun. **2.** ⟨Pl.⟩ (selten) *menschliche Schwäche, Fehlhandlung:* jmds. -en übersehen; wir Frauen sind doch selber dran schuld, wenn die Männer sich alle möglichen »Menschlichkeiten« erlauben können (Hörzu 36, 1974, 75).

Mensch|sein, das; -s: *Existenz als Mensch, Menschentum:* Nichtsesshafte ... Die aus dem M. Ausgegliederten

(Klee, Pennbrüder 134); aus der tiefsten Entmenschung der Gegenwart ... in das höchste M. der Zukunft (Fraenkel, Staat 191).

Mensch|wer|dung, die; -: **1.** *Hominisation.* **2.** (christl. Rel.) *Verkörperung Gottes in Christus.*

Men|sel, Mensul, die; -, -n [lat. mensula, Vkl. von: mensa = Tisch] (Geogr.): *Messtisch.*

men|sen|die|cken ⟨sw. V.; hat⟩ [nach der niederl.-amerik. Gymnastiklehrerin B. Mensendieck (1864–1957)]: *eine bestimmte, bes. dem Körper der Frau angepasste Gymnastik betreiben.*

Men|ses [...ze:s] ⟨Pl.⟩ [lat. menses, Pl. von: mensis = Monat]: *Menstruation.*

men|sis cur|ren|tis [lat., zu currere = laufen]: *[des] laufenden Monats;* Abk.: m. c.

mens sa|na in cor|po|re sa|no [lat. (aus den Satiren des Juvenal)]: *in einem gesunden Körper [möge auch] ein gesunder Geist [wohnen].*

Mens|trua: Pl. von ↑Menstruum.

mens|tru|al ⟨Adj.⟩ [lat. menstrualis = alle Monate geschehend; zu: menstruus = monatlich, zu: mensis = Monat] (Med.): *zur Menstruation gehörend.*

Mens|tru|a|ti|on, die; -, -en [zu ↑menstruieren] (Med.): *(bei Frauen) etwa alle vier Wochen auftretende Blutung aus der Gebärmutter bei Nichtbefruchtung der Eizelle; Monatsblutung.*

mens|tru|ell ⟨Adj.⟩ (Med.): *die Menstruation betreffend.*

mens|tru|ie|ren ⟨sw. V.; hat⟩ [spätlat. menstruare] (Med.): *die Menstruation haben.*

Mens|tru|um, das; -s, ...rua [lat. menstruum, Neutr. von: menstruus, ↑menstrual]: *pharmazeutisches Lösungs- u. Extraktionsmittel.*

men|su|al ⟨Adj.⟩ [lat. mensualis] (veraltet): *monatlich.*

Men|sul: ↑Mensel.

Men|sur, die; -, -en [lat. mensura = das Messen, das Maß, zu: metiri (2. Part.: mensum) = messen]: **1.** (Fechten) *Abstand der beiden Fechter:* eine enge, weite M. einnehmen, M. halten; M. schließen, brechen *(den Abstand verringern, vergrößern).* **2.** (Verbindungswesen) *studentischer Zweikampf mit Schläger od. Säbel:* Die »Mensur« war der Abstand der beiden »Paukanten« voneinander, später wurde dieses Wort zum Synonym für das studentische Fechten überhaupt (Welt 3./4. 11. 79, 5); eine M. austragen, schlagen, auspauken. **3.** (Musik) **a)** *Maß, das (in der Mensuralnotation) die Geltungsdauer der einzelnen Notenwerte untereinander bestimmt;* **b)** *Maßverhältnis bei Musikinstrumenten (z. B. Anordnung der Löcher bei Blasinstrumenten).* **4.** (Chemie) *Messzylinder.*

men|su|ra|bel ⟨Adj.⟩ [spätlat. mensurabilis] (bildungsspr.): *messbar:* mensurable Werte.

Men|su|ra|bi|li|tät, die; - (bildungsspr.): *das Messbarsein.*

men|su|ral ⟨Adj.⟩ [lat. mensuralis]: **a)** *zum Messen gehörend;* **b)** *zum Messen dienend.*

Men|su|ral|mu|sik, die ⟨o. Pl.⟩: *in Mensuralnotation aufgezeichnete, mehrstimmige Musik des 13. bis 16. Jh.s.*

Men|su|ral|no|ta|ti|on, die ⟨o. Pl.⟩: *im 13. Jh. entwickelte Notenschrift, die im Gegensatz zur älteren Notenschrift auch die Tondauer mit rhythmisch differenzierten Noten- u. Pausenzeichen angibt.*

men|su|riert ⟨Adj.⟩ (Musik): *abgemessen, in Maßverhältnissen bestehend.*

¹men|tal ⟨Adj.⟩ [zu ↑Mentum] (Med.): *zum Kinn gehörend.*

²men|tal ⟨Adj.⟩ [mlat. mentalis = geistig, vorgestellt, zu lat. mens (Gen.: mentis) = Geist, Vernunft]: **1.** (bes. Fachspr.) *den Bereich des Verstandes betreffend; geistig:* -e Erkenntnisse; die -e Vorbereitung der Sportler; -e Folgen von Misshandlungen; dass die Führungskräfte ... in der Meditation ein gewaltiges Energiepotential der Zukunft wittern. 60 Prozent ... sind überzeugt, dass sich die Menschheit von morgen ... solcher -en Techniken bedienen wird (natur 6, 1991, 15); In einem logischen Salto erklärten sie flugs den Zauberkünstler Randi zum Psi-Medium – er habe seine übernatürlichen Fähigkeiten dazu benutzt, den Konkurrenten Girard bei den Tests m. zu blockieren (Spiegel 36, 1983, 223). **2.** (veraltet) *in Gedanken; heimlich.*

Men|ta|lis|mus, der; -: *psychologisch-philosophische Richtung, die theoretische Modelle des Denkvorgangs erstellt u. so die Prinzipien der Organisation des menschlichen Geistes zu erklären versucht, Handlungen als das Ergebnis mentaler Vorgänge ansieht.*

men|ta|lis|tisch ⟨Adj.⟩: *den Mentalismus betreffend, zu ihm gehörend.*

Men|ta|li|tät, die; -, -en [nach engl. mentality] (bildungsspr.): *Geistes- u. Gemütsart; besondere Art des Denkens und Fühlens:* die M. der Norddeutschen; die Innerlichkeit ... das schönste Element der deutschen M. (Reich-Ranicki, Th. Mann 90); die M. eines Volkes studieren; sich in die M. eines anderen hineinversetzen.

Men|tal|re|ser|va|ti|on, die; -, -en (Rechtsspr.): *Gedankenvorbehalt.*

Men|tal|sug|ges|ti|on, die; -, -en (Parapsych.): *Gedankenübertragung auf außersinnlichem Wege.*

Men|te, die; -, -n [ung.]: *vorn offen getragener Männermantel mit Pelzbesatz, -kragen u. Posamenten in der ungarischen Nationaltracht.*

men|te cap|tus [lat., eigtl. = im Geiste gelähmt, zu: mens (↑mental) u. capere = befallen; ergreifen (nach Cicero, In Pisonem 20, 47)] (bildungsspr.): **1.** *begriffsstutzig.* **2.** *nicht bei Verstand; unzurechnungsfähig.*

Men|thol, das; -s [zusgez. aus lat. ment(h)a = Minze u. oleum = Öl] (Chemie): *aus dem ätherischen Öl der Pfefferminze gewonnene, weiße kristalline Substanz, die wegen ihres aromatischen Geschmacks u. ihrer kühlenden u. lindernden Wirkung in der kosmetischen u. pharmazeutischen Industrie verwendet wird.*

Men|thol|bon|bon, der od. (österr. nur:)

das: *Hustenbonbon mit dem Geschmack des Menthols.*

Men|thol|zi|ga|ret|te, die: *Zigarette, deren Tabak Menthol als Aromastoff beigemischt ist.*

Men|ti|zid, der, auch: das; -[e]s, -e [engl. menticide, zu lat. mens (Gen.: mentis) = Geist u. -cidere = töten] (bildungsspr.): *Gehirnwäsche.*

Men|tor, der; -s, ...oren [nach Mentor, dem Freund des Odysseus, für dessen Sohn Telemach er väterlicher Freund u. Erzieher war]: **a)** *Fürsprecher, Förderer, erfahrener Berater;* **b)** (Päd.) *erfahrener Pädagoge, der Studierende u. Lehramtskandidat[innen] während ihres Schulpraktikums betreut;* **c)** (veraltet) *Hauslehrer; Prinzenerzieher.*

Men|to|rin, die; -, -nen: w. Form zu ↑ Mentor.

Men|tum, das; -s, ...ta [lat. mentum]: **1.** (Med.) *Kinn des Menschen.* **2.** (Zool.) *Teil der Unterlippe der Insekten.*

Me|nu [me'ny:] (schweiz., sonst veraltet): ↑ Menü.

Me|nü, das; -s, -s [1, 3: frz. menu, eigtl. = Detail, zu: menu = klein, dünn < lat. minutus, 1 ↑ Minute; 2: engl. menu < frz. menu]: **1.** *Speisenfolge; aus mehreren Gängen bestehende Mahlzeit:* ein M. aus 4 Gängen; ein M. zusammenstellen; das Restaurant bietet mehrere s zur Auswahl; manchmal kam die Köchin herein, um das M. des nächsten Tages zu besprechen (K. Mann, Wendepunkt 69). **2.** (EDV) *auf der Benutzeroberfläche angezeigte Liste der Funktionen eines Programms (4), die dem Anwender zur Festlegung der nächsten Arbeitsschritte zur Verfügung stehen:* ein M. aufrufen, anklicken; ein Programm über ein M. steuern. **3.** (veraltet) *Speisekarte:* anhand des -s seine Bestellung aufgeben.

Me|nü|bal|ken, der (EDV): *Menüleiste.*

Me|nu|ett, das; -s, -e auch: -s [frz. menuet, eigtl. = Tanz mit kleinen Schritten, zu: menuet = klein, winzig, Vkl. von: menu, ↑ Menü]: **1.** *(alter, aus Frankreich stammender) mäßig schneller Tanz im $^3/_4$-Takt.* **2.** (Musik) *[dritter] Satz in einer Sonate od. Sinfonie; Suitensatz.*

Me|nü|la|den, der ⟨Pl. ...läden⟩ (DDR): *Verkaufsstelle für Fertiggerichte, halbfertige Speisen u. a.*

Me|nü|leis|te, die (EDV): *Leiste am oberen Rand der Benutzeroberfläche, auf der in Stichworten die verschiedenen Menüs (2) eines Arbeitsprogramms aufgeführt sind.*

Me|phis|to, der; -[s], -s [nach der Gestalt des Mephisto in Goethes Faust] (bildungsspr.): *jmd., der seine geistige Überlegenheit in zynisch-teuflischer Weise zeigt u. zur Geltung bringt.*

me|phis|to|phe|lisch ⟨Adj.⟩ (bildungsspr.): *teuflisch, voll boshafter List:* ein -es Lächeln.

me|phi|tisch, ⟨Adj.⟩ [lat. mephiticus; nach der altrömischen Göttin Mephitis, der Beherrscherin übel riechender u. gesundheitsschädlicher Dünste] (bildungsspr.): *stinkend, verpestend.*

Me|ran: Stadt in Südtirol.

¹Me|ra|ner, der; -s, -: Ew.

²Me|ra|ner ⟨indekl. Adj.⟩: M. Nüsse.

Me|ra|ne|rin, die; -, -nen: w. Form zu ↑ Meraner.

Mer|cal|li|ska|la, die ⟨o. Pl.⟩ [nach dem ital. Vulkanologen G. Mercalli (1850–1914)]: *zwölfstufige Skala, mit der die Stärke eines Erdbebens nach seinen Auswirkungen an der Erdoberfläche gemessen wird.*

Mer|ca|tor|pro|jek|ti|on, die; -, -en [nach dem niederl. Geographen G. Mercator (1512–1594)] (Geogr.): *winkeltreuer Kartennetzentwurf mit rechtwinklig sich schneidenden Längen- u. Breitenkreisen.*

Mer|ce|rie [mɛrsə'ri:], die; -, -n [frz. mercerie, eigtl. = Handelsware, zu lat. merx (Gen.: mercis) = Ware] (schweiz.): **1.** ⟨o. Pl.⟩ *Kurzwaren.* **2.** *Kurzwarenhandlung.*

Mer|ce|rie|hand|lung, die (schweiz.): *Mercerie (2).*

Mer|ce|ri|sa|ti|on usw.: ↑ Merzerisation usw.

Mer|chan|di|ser ['mə:tʃəndaizə], der; -s, - (Wirtsch.): *Angestellter eines Unternehmens, der für die Verkaufsförderung zuständig ist.*

Mer|chan|di|sing ['mə:tʃəndaizɪŋ], das; -s [engl. merchandising, zu: to merchandise = durch Werbung den Absatz steigern, zu: merchant = Kaufmann < afrz. marcheant, zu lat. mercari = Handel treiben] (Wirtsch.): **a)** *Gesamtheit der verkaufsfördernden Maßnahmen u. Aktivitäten des Herstellers einer Ware (Produktgestaltung, Werbung, Kundendienst usw.);* **b)** *Vermarktung bestimmter, mit einem Film, mit Sport o. Ä. in Zusammenhang stehender Produkte:* In diesen Tagen startet »Der Prinz von Ägypten« weltweit in 7500 Kinos... Das M. muss naturgemäß zurückhaltender als gewohnt ausfallen (Woche 18.12.98, 32).

Mer|chant Ad|ven|tu|rers ['mə:tʃənt əd'ventʃərəz] ⟨Pl.⟩ [engl., eigtl. = wagemutige Kaufleute]: *im 14. Jh. entstandene englische Kaufmannsgilde.*

Mer|chant Bank ['mə:tʃənt 'bæŋk], die; --, --s [engl.]: engl. Bez. für *Handelsbank.*

mer|ci [mɛr'si:; frz., eigtl. = Gunst < lat. merces = Lohn] (bes. schweiz., sonst scherzh.): *danke.*

mer|de [frz.; mɛrd; frz. = Scheiße] (selten): Ausruf der Enttäuschung, des Ärgers o. Ä.

♦ **Merde-d'Oye-Bi|ber** [mɛrd'dwa...], der [aus älter frz. merde-d'oye (heute: merde d'oie) = von der gelblich grünen Farbe des Gänsekots (zu: merde = Kot u. oie = Gans) u. ↑ ¹Biber]: *gelblich grün gefärbter Biberpelz:* Seine Durchlaucht haben heute einen M. an (Schiller, Kabale I, 6).

Me|re|dith, der; -s, -s [nach dem Namen eines Engländers, der Schachprobleme erfand] (Problemschach): *Schachproblem mit 8 bis 12 Steinen.*

Mer|gel, der; -s, (Arten:) - [mhd. mergel, spätahd. mergil < mlat. margila, zu lat. marga = Mergel, aus dem Kelt.] (Geol.): *hauptsächlich aus Ton u. Kalk bestehendes Sedimentgestein.*

Mer|gel|gru|be, die: *Grube, in der Mergel gewonnen wird.*

mer|ge|lig, merglig ⟨Adj.⟩: *Mergel enthaltend; mit Mergel vermengt:* -er Ton.

mer|geln ⟨sw. V.; hat⟩: *mit Mergel düngen.*

Mer|ge|lung, die; -, -en: *das Mergeln.*

Mer|ger ['mə:dʒɐ], der; -s, - [engl. merger] (Wirtsch.): *Zusammenschluss von Firmen; Fusion (1).*

Mer|ger of Equals [- ɔv 'i:kvəlz], der; -s -, -s - - [engl. merger of equals] (Wirtsch.): *Zusammenschluss, Fusion von Firmen als gleichberechtigten Partnern:* »Ein solcher M. o. E. beruht auf einem hohen Maß an gegenseitigem Vertrauen ... und ist keine Unternehmensübernahme« (SZ 7.5.99, 2).

merg|lig: ↑ mergelig.

Me|ri|di|an, der; -s, -e [lat. (circulus) meridianus = Äquator, eigtl. = Mittagslinie, dann: Verbindungslinie aller Orte, die gleichzeitig Mittag haben, zu: meridies = Mittag, Süden] (Geogr., Astron.): *über beide Pole laufender u. zum Äquator senkrechter Großkreis auf der Erd- od. Himmelskugel:* das Geheimnis ist, dass Zündschnüre um die Erde liegen wie die -e und die Breitengrade (Habe, Im Namen 399).

Me|ri|di|an|kreis, der (Astron.): *innerhalb eines Meridians schwenkbares Fernrohr, mit dem der Zeitpunkt, wann ein Gestirn den Meridian durchläuft, festgestellt u. so sein genauer Ort errechnet werden kann.*

me|ri|di|o|nal ⟨Adj.⟩ [spätlat. meridionalis = mittägig] (Geogr.): **a)** *den Meridian betreffend;* **b)** (veraltet) *südlich.*

Me|ri|di|o|na|li|tät, die; - (Geogr. veraltet): *südliche Lage od. Richtung.*

Me|rin|ge, die; -, -n, **Me|rin|gel,** das; -s, -, (schweiz.:) **Me|rin|gue** [mɛrɛ̃:k], die; -, -s [frz. meringue, H. u.]: *feines [mit Sahne gefülltes] Schaumgebäck aus Eischnee u. Zucker.*

Me|ri|no, der; -s, -s [span. merino, H. u.; viell. nach dem Namen des Berberstammes der Beni Merin in Nordafrika, der diese Schafe züchtete]: **1.** *Schaf einer spanischen Rasse mit stark gekräuselter, weicher Wolle.* **2.** *Kleiderstoff in Köperbindung aus Merinowolle.*

Me|ri|no|schaf, das: *Merino (1).*

Me|ri|no|wol|le, die: *sehr feine u. weiche, stark gekräuselte Wolle des Merinos (1).*

Me|ris|tem, das; -s, -e [zu griech. meristós = geteilt, teilbar] (Biol.): *in den Wachstumszonen der Pflanze gelegenes Zellgewebe, das durch fortgesetzte Teilungen neue Pflanzenteile hervorbringen kann.*

me|ris|te|ma|tisch ⟨Adj.⟩ (Biol.): *(von pflanzlichem Zellgewebe) zur Teilung bereit.*

Me|ris|tom, das; -s, -e (Med.): *Zytoblastom.*

Me|ri|ten: Pl. von ↑ Meritum.

me|ri|tie|ren ⟨sw. V.; hat⟩ [frz. mériter] (veraltet): *verdienen, sich verdient machen, wert sein.*

Me|ri|to|kra|tie, die; -, -n [zu lat. meritum (↑ Meritum) u. griech. krateîn =

herrschen] (bildungsspr.): *gesellschaftliche Vorherrschaft einer durch Leistung u.
Verdienst ausgezeichneten Schicht:* dass
auf die Dynastien des Besitzes die so genannte »Meritokratie« gefolgt wäre, an
... Kreis der tüchtigen und ehrgeizigen
Aufsteiger (Scholl-Latour, Frankreich
384).
me|ri|to|kra|tisch ⟨Adj.⟩: *die Meritokra-
tie betreffend.*
me|ri|to|risch ⟨Adj.⟩ [lat. meritorius]
(veraltet): *verdienstlich.*
Me|ri|tum, das; -s, ...iten ⟨meist Pl.⟩ [frz.
mérite < lat. meritum, zu: mereri = sich
verdient machen] (geh.): *[erworbenes]
²Verdienst:* sich etw. als M. anrechnen
können; seine Meriten haben; sich in
etw. Meriten erwerben.
¹Merk, der; -s, -e [mniederd. merk, verw.
mit ↑Meer (nach den bevorzugten feuchten Standorten)]: *(zu den Doldenblütlern
gehörende, am Wasser wachsende) Pflanze mit länglichen, gesägten Fiederblät-
tern, grünlgelben Blüten u. knollig ver-
dickter Wurzel.*
²Merk, das; -s, -e ⟨veraltet⟩: *Merkzeichen,
Marke.*
mer|kan|til ⟨Adj.⟩ [frz. mercantile < ital.
mercantile, zu: mercante = Händler, zu:
mercare < lat. mercari = Handel trei-
ben] (bildungsspr.): *den Handel betreffend; kaufmännisch:* eine -e Einstellung;
-e Erfolge, Interessen; Haben da eben
wirklich -e Erwägungen zur Diskussion
gestanden? (Kronauer, Bogenschütze
321); ⟨subst.:⟩ das Merkantile am Hoch-
leistungssport ... werde immer mehr zu-
nehmen (Hamburger Abendblatt 23. 5.
85, 17).
mer|kan|ti|lisch (veraltend): *merkantil.*
Mer|kan|ti|lis|mus, der; - [frz. mercan-
tilisme]: *Wirtschaftspolitik in der Zeit
des Absolutismus, die bes. den Außen-
handel u. die Industrie förderte, um Fi-
nanzkraft u. Macht der jeweiligen Staats-
macht zu stärken.*
Mer|kan|ti|list, der; -en, -en: *Vertreter
des Merkantilismus.*
Mer|kan|ti|lis|tin, die; -, -nen: w. Form
zu ↑Merkantilist.
mer|kan|ti|lis|tisch ⟨Adj.⟩: *dem Mer-
kantilismus entsprechend, auf ihm beru-
hend:* -e Praktiken.
Mer|kan|til|sys|tem, das ⟨o. Pl.⟩: *Mer-
kantilismus.*
Mer|kap|tan, das; -s, -e ⟨meist Pl.⟩ [geb.
aus mlat. (corpus) mercurium captans =
an Mercurium (↑Merkur) gebundene
Substanz] (Chemie): *[unangenehm rie-
chende] alkoholartige Verbindung, bei
der der Sauerstoff durch Schwefel ersetzt
ist.*
merk|bar ⟨Adj.⟩ (seltener): **1.** *deutlich zu
spüren; wahrnehmbar:* kaum -e Veränderungen; das Interesse hat m. nachgelassen. **2.** *leicht im Gedächtnis zu behalten:*
gut -e Leitsätze.
Merk|blatt, das: *einem Formular, einer
Verordnung o. Ä. beigelegtes Blatt mit Er-
läuterungen [zu einzelnen Punkten]:* ein
M. für Reisen in die Tropen.
Merk|buch, das (seltener): *Notizbuch.*
mer|ken ⟨sw. V.; hat⟩ [mhd. merken, ahd.
merchen, urspr. = kenntlich machen, zu

↑²Mark]: **1.** *(etw., was nicht ohne weiteres
erkennbar ist) durch Sinneswahrneh-
mung u. Beobachtung od. durch Einge-
bung, ahnendes Gefühl erkennen, bemer-
ken, spüren:* etw. zu spät, plötzlich, sofort m.; sie merkt nicht, hat es noch nicht
gemerkt, dass sie betrogen wird; davon
habe ich nichts gemerkt; jmds. Absicht,
den Betrug, den Unterschied m.; es war
zu m., dass sie Angst hatte; als er merkt,
dass er mit seinen Worten nicht durch-
dringt ..., legt er sich aufs Bitten (Jens,
Mann 145); Das habe ich nicht gewollt,
denke ich und merke selbst, wie blöd
das klingt (Thor [Übers.], Ich 5); man
merkt an ihrer Verlegenheit, dass etwas
nicht stimmt; das dürfen die Kinder
nicht m.; von einer Krise ist hier nichts
zu m.; jmdn. etw. nicht m. lassen *(es in
seiner Gegenwart unterdrücken, verbergen o. Ä.);* R merkst du was? (ugs.; *spürst
du, dass etw. nicht in Ordnung ist?*); du
merkst aber auch alles! (ugs. iron.; *endlich hast du begriffen!*). **2.** ⟨m. + sich⟩ *im
Gedächtnis behalten:* sich Zahlen, Namen, eine Anschrift m.; diese Telefonnummer kann man sich gut m.; diesen
Namen muss man sich m. *(er wird noch
bekannt werden);* ein neues Heilmittel,
das Penicillin heißt ...: »Man wird sich
diesen Namen m. müssen!« (Kant, Impressum 215); ich werd mirs m.! (ugs.;
*bei entsprechender Gelegenheit werde ich
es dir heimzahlen*); merk dir das! *(richte
dich danach!; lass es dir gesagt sein!*);
⟨ugs. auch ohne »sich«:⟩ diese Zahl ist
gut zu m. **3. a)** (veraltend) *aufpassen, hin-
hören:* auf jmds. Worte m.; ... da Dom
Miguel wohl wahrnahm, dass wir jungen
Leute auf seine Belehrungen ... nicht
sonderlich merkten (Th. Mann, Krull
414); ♦ **b)** *verstehen:* Saladin verfügt von
Zeit zu Zeit auf abgelegnen Wegen nach
dieser Feste sich, nur selten begleitet. –
Ihr merkt doch? (Lessing, Nathan I, 5);
Sie werden mich ja doch wohl m., Herr
Sekretäre (Schiller, Kabale I, 2).
mer|kens|wert ⟨Adj.⟩: *wert, im Gedächt-
nis bewahrt, nicht vergessen zu werden:*
diese junge Autorin ist durchaus m.
Mer|ker, der; -s, - [mhd. merkære]:
1. a) *kleinlicher Aufpasser u. Neider [bei
den Minnesängern];* **b)** *Zensor u. Schiedsrichter bei den Meistersingern.* **2.** (ugs.
iron.) *jmd., der etw. endlich merkt u. versteht.*
Mer|ke|rin, die; -, -nen: w. Form zu
↑Merker (1 a, 2).
Merk|fä|hig|keit, die ⟨o. Pl.⟩: *Fähigkeit,
sich etw. zu merken, etw. im Gedächtnis
zu behalten:* jmds. Gedächtnis hat nachgelassen.
Merk|heft, das: *Heft für Notizen o. Ä.*
Merk|hil|fe, die: *Gedächtnisstütze.*
merk|lich ⟨Adj.⟩ [mhd. merklich]: *so ge-
artet, dass es bemerkt werden kann, sich
erkennen lässt; spürbar, erkennbar:* -e
Besserung; -e Fortschritte; die Veränderung ist kaum m.; es ist m. kühler geworden; das Herannahen des Winters ist
jetzt schon -er als vor vier Wochen.
Merk|mal, das ⟨Pl. -e⟩: *charakteristisches,
unterscheidendes Zeichen, an dem eine
bestimmte Person, Gruppe od. Sache,
auch ein Zustand erkennbar wird:* typi-

sche, untrügliche -e; Ein gewölbter Glas-
bogen mit 11 Geschossen und viel Trans-
parenz – das sind -e eines neuen Büro-
und Geschäftshauses (CCI 13, 1998, 52);
sein Zustand weist alle -e einer schweren
Infektion auf; keine besonderen -e; die
technischen -e eines Fahrzeugs.
Merk|mal|ana|ly|se, die (Fachspr.):
*Analyse der Merkmale eines Gegen-
stands.*
merk|mal|arm ⟨Adj.⟩ (Fachspr.): *arm an
hervorstechenden Merkmalen.*
Merk|mal|bil|dung, die: *Ausbildung be-
sonderer Merkmale.*
Merk|mal|paar, das: *zwei nur gemein-
sam auftretende Merkmale* (z. B. bei der
Vererbung).
merk|mal|reich ⟨Adj.⟩ (Fachspr.): *reich
an hervorstechenden Merkmalen.*
Merk|mals|bil|dung: ↑Merkmalbil-
dung.
Merk|mals|paar: ↑Merkmalpaar.
Merks, der; -[es] (landsch., bes. ostmd.):
Gedächtnis: [k]einen guten M. haben.
Merk|satz, der: *Merkhilfe in Form eines
Satzes.*
Merk|spruch, der: **a)** *in eine einprägsa-
me Sentenz gefasste Lebensweisheit;*
b) *Merkhilfe in Form eines [gereimten]
Spruchs.*
¹Mer|kur, der od. das; -s [nach dem als
sehr wendig beschriebenen röm. Götter-
boten Merkur (lat. Mercurius), wohl
nach der großen Flexibilität des Ele-
ments]: *alchemistische Bez. für Queck-
silber.*
²Mer|kur, der; -s: (von der Sonne aus ge-
rechnet) *erster, innerster Planet unseres
Sonnensystems:* Wegen seiner Sonnen-
nähe ist M. nur selten sichtbar (FR 29. 1.
99, 31).
mer|ku|ri|al ⟨Adj.⟩ [lat. Mercurialis =
dem Merkur eigentümlich]: *kaufmännisch; geschäftstüchtig.*
Mer|ku|ri|a|lis|mus, der; -: *Quecksilber-
vergiftung.*
Mer|kur|stab, der: *geflügelter, schlan-
genumwundener Stab Merkurs als Sym-
bol des Handels.*
Merk|vers, der: *Merkspruch (b).*
Merk|wort, das ⟨Pl. ...wörter⟩ (Theater):
Stichwort für den Einsatz.
merk|wür|dig ⟨Adj.⟩: **a)** *Staunen, Ver-
wunderung, manchmal auch leises Miss-
trauen hervorrufend; eigenartig, seltsam:*
ein -er Mensch; eine -e Sache; -e Gestalten treiben sich dort herum; Ich bin ja in
meinem Leben schon in den -sten Situa-
tionen gewesen (Danella, Hotel 121);
sein Verhalten ist m.; ist das nicht m.?; es
ist m. still hier; m., wie schnell man so etwas vergisst!; ⟨subst.:⟩ gestern ist mir etwas Merkwürdiges passiert; ♦ **b)** *bemer-
kenswert; bedeutend:* einen Abgesandten
Doktor Luthers, mit einem eigenhändi-
gen, ohne Zweifel sehr -en Brief (Kleist,
Kohlhaas 114).
merk|wür|di|ger|wei|se ⟨Adv.⟩: *in einer
für jmdn. verwunderlichen Weise:* m. hat
sie nichts gehört; Merkwürdigerweise
dachte er erst hinterher daran (Rolf
Schneider, November 248).
Merk|wür|dig|keit, die; -, -en: **a)** ⟨o. Pl.⟩
merkwürdige, seltsame Art: die M. ihres

Benehmens; **b)** *merkwürdige Erscheinung:* zoologische -en; In den Bilanzen der Stiftung gibt es manche M. (Woche 13. 3.98, 39).

Mẹrk|zei|chen, das: *bestimmtes Zeichen, an dem jmd. etw. wiedererkennen, sich etw. merken kann.*

Mẹrk|zet|tel, der: *Zettel mit kurzen Notizen.*

Mẹr|lan, der; -s, -e [frz. merlan < lat. merula]: *Wittling.*

Mẹr|le, die; -, -n [spätmhd. merle < lat. merula, eigtl. = die Schwarze] (landsch.): *Amsel.*

Mẹr|lette [mɛr'lɛt], die; -, -s [frz. merlette, zu: merle = Merle] (bes. frz. Heraldik): *kleiner amsel-, schwalben- od. entenartiger Vogel, von der Seite u. stets gestümmelt (2) abgebildet.*

¹Mẹr|lin [auch: 'mɛrli:n]: *Zauberer (in der keltischen Sage).*

²Mẹr|lin, der; -s, -e [engl. merlin < afrz. esmerillon, aus dem Germ.; vgl. Schmerl]: *Zwergfalke mit graublauem Gefieder auf der Oberseite u. breiten, schwarzen Querbinden am Kopf.*

me|ro|blas|tisch ⟨Adj.⟩ [zu griech. méros = Teil u. blastós = Keim, Spross] (Biol.): *(von Eizellen, ihrem Plasma) nur teilweise gefurcht.*

Me|ro|ga|mie, die; - [zu griech. gámos = Ehe] (Biol.): *Befruchtung durch Verschmelzung von Keimzellen, die aus der Vielfachteilung eines Individuums hervorgegangen sind.*

Me|ro|go|nie, die; -, -n [zu griech. goné̄ = Erzeugung, Abstammung] (Biol.): *experimentell erreichbare Besamung kernloser Teilstücke eines Eies mit einem Spermium.*

me|ro|krin ⟨Adj.⟩ [zu krínein = scheiden, trennen] (Biol., Med.): *(von Drüsen) einen Teil des Zellinhalts als Sekret abgebend.*

Me|ro|zẹl|le, die; -, -n [zu griech. mē̆rós = Oberschenkel u. kē̆lē = Geschwulst; Bruch] (Med.): *Schenkelbruch.*

Me|ro|zo|ịt, der; -en, -en [zu griech. méros = Teil u. zōon = Lebewesen] (Biol., Med.): **1.** *im Verlauf der Entwicklung vieler Sporentierchen entstehender Agamet.* **2.** *Agamet der Malariaerreger, die ins Blut des Menschen geschwemmt werden u. die roten Blutkörperchen befallen.*

Mer|veil|leuse [mɛrvɛ'jø:z], die; -, -s [frz. merveilleuse, eigtl. = die Wunderbare] (Mode): *übertrieben modisch gekleidete Frau in der Zeit des Directoire.*

Mer|veil|leux [mɛrvɛ'jø:], der; - [frz. merveilleux = wunderbar, zu: merveille = Wunder < spätlat. mirabilia, zu lat. mirabilis = wunderbar]: *glänzender [Futter]stoff aus [Kunst]seide in Atlasbindung.*

Me|ry|zịs|mus, der; -, ...men [zu griech. mē̄rykízein = wiederkäuen] (Med.): *(bes. bei Säuglingen) erneutes Verschlucken von Speisen, die sich bereits im Magen befanden u. infolge einer Funktionsstörung des Magens durch die Speiseröhre in den Mund zurückbefördert wurden.*

mẹr|zen ⟨sw. V.; hat⟩ (Landw. veraltet): *ausmerzen (1 b).*

Mer|ze|ri|sa|ti|on, die; -, -en [nach dem brit. Chemiker u. Industriellen J. Mercer (1791–1866)] (Textilind.): *das Veredeln von Baumwolle.*

mer|ze|ri|sie|ren ⟨sw. V.; hat⟩: *Baumwolle straff spannen u. mit Natronlauge die Fasern zum Aufquellen bringen, sodass das Gewebe reißfester wird u. die Oberfläche glänzt:* merzerisierte Baumwolle.

Mer|ze|ri|sie|rung, die; -, -en: *Merzerisation.*

Mẹrz|schaf, das: -[e]s, -e [zu ↑(aus)merzen] (Landw.): *zur Zucht nicht geeignetes Schaf.*

Mẹr|zung, die; -, -en: *das Merzen.*

Mẹrz|vieh, das; -[e]s: vgl. Merzschaf.

mes-, Mes-: ↑meso-, Meso-.

Me|sal|li|ance [meza'liã:s], die; -, -n [...sn; frz. mésalliance, zu: mé(s) = miss-, un- u. alliance = Verbindung, Ehe, ↑Allianz]: **1.** (bildungsspr., bes. früher) *nicht standesgemäße Ehe.* **2.** (bildungsspr.) *Ehe, Partnerschaft zwischen nicht zusammenpassenden Partnern.*

Mes|ca|lin: ↑Meskalin.

me|schạnt ⟨Adj.⟩ [frz. méchant, eigtl. adj. 1. Part. von veraltet: méchoir = Unglück haben, dann: wertlos sein] (bildungsspr., auch landsch.): *boshaft; ungezogen.*

Me|schẹd, Mẹsch|hẹd: ↑Maschhad.

me|schụg|ge ⟨Adj.; -ner, -nste⟩ [jidd. meschuggo < hebr. mēšuga'] (salopp): *nicht bei Verstand; verrückt:* ein m. / (auch:) -ner Kerl; dass sie vielleicht doch nur als schrille Alte, m. Oma ... verstanden werden könnte (Spiegel 49, 1990, 248); Heiliger Äskulap! der du die Ärzte eingesetzt hast ... sowie die -nen Patienten (Tucholsky, Zwischen 127); ihr neuer Freund ist ein bisschen, ist total m.; ... wie der schlaue ... Felix Krull sich total m. stellte (TV 48, 1976, 62); jmdn. m. machen.

Mes|dạmes: Pl. von ↑Madame.

Mes|de|moi|sẹlles: Pl. von ↑Mademoiselle.

Mẹs|dschid: ↑Masdschid.

Me|sen|ce|phạlon, (auch:) Mesenzephalon, das; -s [zu ↑meso-, Meso- u. griech. egképhalos = Gehirn] (Med.): *Mittelhirn.*

Me|sen|chym [...ç...] das; -s, -e [zu griech. égchyma = Aufguss] (Biol., Med.): *aus dem Mesoderm hervorgehendes, lockeres, von Hohlräumen durchsetztes Gewebe, aus dem u. a. Bindegewebe u. Blut entstehen.*

me|sen|chy|mal ⟨Adj.⟩ (Biol., Med.): *das Mesenchym betreffend.*

Me|sen|te|ri|um, das; -s [griech. mesentérion, zu: énteron, ↑Enteron] (Anat.): *Gekröse (1 a).*

me|sen|ze|phal ⟨Adj.⟩ [griech. egképhalos = Gehirn] (Med.): *das Mittelhirn betreffend.*

Me|sen|ze|pha|li|tis, die; -, ...itiden (Med.): *Entzündung des Mittelhirns.*

Me|sen|ze|phạlon: ↑Mesencephalon.

Me|sẹta, die; -, ...ten [span. meseta, Vkl. von: mesa < lat. mensa = Tisch] (Geogr.): span. Bez. für *Hochebene.*

Mẹs|kal, der; -s [span. mescal, ↑Meska-lin]: *aus dem vergorenen Saft von Agaven hergestellter Branntwein.*

Mẹs|ka|lin, das; -s [zu span. mescal, mezcal < Nahuatl (mittelamerik. Indianerspr.) mexcalli = ein Getränk]: *Rauschgift, das aus einer mexikanischen Kakteenart gewonnen bzw. synthetisch hergestellt wird.*

Mẹs|mer: ↑Mesner.

Mẹs|me|rei: ↑Mesnerei.

Mẹs|me|rin: w. Form zu ↑Mesmer.

Mẹs|me|rịs|mus, der; - [nach dem dt. Arzt F. Mesmer (1734–1815)]: *Therapie, die sich auf die Annahme stützt, dass dem Menschen innewohnende magnetische Kräfte eine heilende Wirkung auf Kranke, bes. Nervenkranke, haben können.*

Mẹs|ner (landsch.), Mesmer (schweiz.), Messner (landsch.), der; -s, - [mhd. mesnære, spätahd. mesināri < mlat. ma(n)sionarius, eigtl. = Haushüter, zu lat. mansio, ↑Menage] *Kirchendiener.*

Mẹs|me|rei (landsch.), Messnerei (schweiz.), Messnerei (landsch.), die; -, -en: **a)** *Wohnung des Mesners;* **b)** *Amt des Mesners.*

Mẹs|ne|rin, die; -, -nen: w. Form zu ↑Mesner.

me|so-, Me|so-, (vor Vokalen gelegtl.:) mes-, Mes- [zu griech. mésos = Mitte] ⟨Best. in Zus. mit der Bed.⟩: *mittlere, mittel..., Mittel..., in der Mitte zwischen* ... (z. B. mesozephal, Mesozoikum, Mesenterium).

Me|so|derm, das; -s, -e [zu griech. dérma = Haut] (Biol., Med.): *(während der Embryonalphase) bei vielzelligen Tieren u. beim Menschen sich zwischen Ektoderm u. Entoderm einschiebende Zellschicht, aus der sich der überwiegende Teil der Körpermasse bildet.*

me|so|der|mạl ⟨Adj.⟩ (Biol., Med.): **a)** *das Mesoderm betreffend;* **b)** *(von Organen u. Geweben) aus dem Mesoderm hervorgehend.*

Me|so|eu|ro|pa; -s (Geol.): *nach der variskischen Gebirgsbildung versteifter Teil Europas.*

Me|so|gas|tri|um, das; -s [zu griech. gastē̄r (Gen.: gastrós) = Bauch, Magen]: **1.** (Med., Biol.) *Bereich des Mittelbauches.* **2.** (Med.) *Gekröse (1 a) des Magens.*

Me|so|kạrp, das; -s, -e, **Me|so|kạr|pi|um,** das; -s, ...ien [zu griech. karpós = Frucht] (Bot.): *mittlere Schicht der Fruchtwand bei vielen Blütenpflanzen.*

me|so|le|phạl usw.: ↑mesozephal usw.

Me|so|kli|ma, das; -s, (Met., Geogr.): *Geländeklima.*

Me|so|ko|lon, das; -s, ...la (Med.): *Gekröse (1 a) des Dickdarms.*

Me|so|li|thi|kum [auch: ...'li:t...], das; -s [zu griech. líthos = Stein] (Geol.): *Periode der Mittleren Steinzeit zwischen Paläolithikum u. Neolithikum.*

me|so|li|thisch ⟨Adj.⟩ (Geol.): *das Mesolithikum betreffend.*

Me|so|me|rie, die; - [zu griech. méros = Teil] (Chemie): *Erscheinung, dass die in einem organischen Molekül vorliegenden Bindungsverhältnisse nicht durch eine einzige Strukturformel dargestellt werden können, da sie sich aus der Überlagerung* mehrerer, durch die Elektronenanordnung unterschiedener Grenzzustände ergeben.

Me|so|me|tri|um, das; -s [zu griech. mḗtra = Gebärmutter] (Med.): **1.** breites Mutterband (2) beiderseits der Gebärmutter. **2.** (selten) mittlere muskuläre Wandschicht der Gebärmutter.

me|so|morph 〈Adj.〉 (Med.): die Mesomorphie betreffend, ihr entsprechend.

Me|so|mor|phie, die; - [zu griech. morphḗ = Gestalt] (Med.): Konstitution eines bestimmten Typus (1 a), der ungefähr dem Athletiker entspricht.

Me|son, das; -s, ...onen 〈meist Pl.〉 [engl. meson, für älter ↑Mesotron, zu griech. tò méson = das in der Mitte Befindliche] (Physik): unstabiles Elementarteilchen, dessen Masse geringer als die eines Protons, jedoch größer als die eines ²Leptons ist.

Me|so|ne|phros, der; - [zu griech. nephrós = Niere] (Med., Biol.): Urniere.

Me|so|nyk|ti|kon, das; -s, ...ka [zu griech. mesonýktios = mitternächtig]: mitternächtlicher Gottesdienst in der Ostkirche.

Me|so|pau|se, die; - [zu griech. paũsis = Ende] (Met.): obere Grenze der Mesosphäre.

Me|so|phyll, das; -s, -en [zu griech. phýllon = Blatt] (Bot.): zwischen der oberen u. der unteren Epidermis gelegenes Gewebe des Pflanzenblattes.

Me|so|phyt, der; -en, -en [zu griech. phytón = Pflanze, Gewächs] (Bot.): Pflanze, die Böden mittleren Feuchtigkeitsgrades bevorzugt.

Me|so|phy|ti|kum, das; -s [zu griech. phytón = Pflanze, Gewächs] (Paläont.): (durch das Auftreten der Nacktsamer gekennzeichnetes) Mittelalter der Entwicklung der Pflanzenwelt im Verlauf der Erdgeschichte.

Me|so|po|ta|mi|en; -s: historische Landschaft im Irak (zwischen Euphrat u. Tigris).

Me|so|po|ta|mi|er, der; -s, -: Ew.

Me|so|po|ta|mi|e|rin, die; -, -nen: w. Form zu ↑Mesopotamier.

me|so|po|ta|misch 〈Adj.〉: Mesopotamien, die Mesopotamier betreffend; von den Mesopotamiern stammend, zu ihnen gehörend.

Me|so|si|de|rit [auch: ...'rɪt], der; -s, -e [aus ↑meso-, Meso- u. ↑Siderit]: Meteorstein aus Silikaten u. Nickeleisen.

Me|so|sphä|re, die; - (Met.): in etwa 50 bis 80 km Höhe liegende Schicht der Erdatmosphäre.

Me|sos|te|ni|um, das; -s [zu griech. stenós = eng] (Med.): Mesenterium.

Me|sos|ti|chon, das; -s, ...chen u. ...cha [zu griech. stichos = Reihe; Vers] (Literaturw.): Gedicht, bei dem die an bestimmter Stelle in der Mitte des Verses stehenden Buchstaben, von oben nach unten gelesen, ein Wort od. einen Satz ergeben.

Me|so|tes, die; - [spätgriech. mesótēs = die Mitte] (Philos.): vernünftige Mitte zwischen zwei Extremen menschlichen Verhaltens (z. B. Tapferkeit zwischen Feigheit u. Tollkühnheit).

Me|so|tho|ri|um, das; -s: Zerfallsprodukt des Thoriums (Zeichen: MsTh).

Me|so|tron, das; -s, ...onen 〈meist Pl.〉 [engl. mesotron, 2. Bestandteil zu griech. -tron = Suffix zur Bez. eines Geräts, Werkzeugs] (Physik veraltend): Meson.

me|so|typ 〈Adj.〉 [zu griech. typós, ↑Typ] (Geol.): (von Erstarrungsgesteinen) weder sehr hell noch sehr dunkel aussehend.

me|so|ze|phal 〈Adj.〉 (Med.): Mesozephalie aufweisend.

Me|so|ze|pha|le, der u. die; -n, -n 〈Dekl. ↑Abgeordnete〉 (Med.): jmd., der eine mittelhohe Kopfform hat.

Me|so|ze|pha|lie, die; -, -n [zu griech. kephalḗ = Kopf] (Med.): mittelhohe Kopfform.

Me|so|zo|en: Pl. von ↑Mesozoon.

Me|so|zo|i|kum, das; -s [zu griech. zōon = Lebewesen, Tier] (Geol.): erdgeschichtliches Mittelalter, das Trias, ²Jura u. Kreide umfasst; Erdmittelalter.

me|so|zo|isch 〈Adj.〉 (Geol.): das Mesozoikum betreffend.

Me|so|zo|ne, die; - (Geol.): mittlere Tiefenstufe bei der Metamorphose der Gesteine.

Me|so|zo|on, das; -s, ...zoen [...'tso:ən] [zu griech. zōon = Tier] 〈meist Pl.〉 (Biol.): einfach gebautes, mehrzelliges, meist parasitisch in Meerestieren lebendes Tier.

mes|quin [mɛsˈkɛ̃:, attr.: mɛsˈki:n...] 〈Adj.〉 [frz. mesquin < ital. meschino < arab. miskīn = arm(selig)] (bildungsspr. veraltend): kleinlich in seinem Handeln, Denken od. von einem entsprechenden Verhalten zeugend: eine Rache von großer und süßer Art ..., keine schäbige und -e (K. Mann, Mephisto 323).

◆ **Mes|qui|ne|rie** [...ki...], die; -, -n [frz. mesquinerie]: mesquine Art; Kleinlichkeit: ganz im Gegensatz zu der solche »Mesquinerien« ein für allemal sich verbittenden Mama (Fontane, Effi Briest 18).

Mes|sa di Vo|ce [ˈmɛsa di ˈvo:tʃə], das; ---: Messa Voce.

Mes|sage [ˈmɛsɪdʒ], die; -, -s [...dʒɪz; engl. message, eigtl. = Botschaft, zu lat. missum, 2. Part. von: mittere, ↑Mission] (Kommunikationsf.): **1.** Nachricht, Information, die durch die Verbindung von Zeichen ausgedrückt u. vom Sender zum Empfänger übertragen wird. **2.** (Jargon) **a)** Gehalt, Aussage (3) eines Kunstwerks: der Film hat eine M.; **b)** Anliegen; etw., was jmd. als Erkenntnis, Erfahrung o. Ä. weiterreichen möchte: seine M. ist nicht rübergekommen; Eine M. habe sie nicht, Sendungsbewusstsein sei nicht ihre Sache (Stuttg. Zeitung 24. 10. 89, 15).

Mes|sa|li|na, die; -, ...nen [nach Messalina, der Frau des römischen Kaisers Claudius] (veraltet): ausschweifend lebende, sittenlose Frau.

Mes|sa|li|ne, die; - [frz. messaline]: leichtes, stark glänzendes [Kunst]seidengewebe in Atlasbindung, das als Kleider- u. Futterstoff verwendet wird.

Mes|sa Vo|ce [ˈmɛsa ˈvo:tʃə], das; -- [ital., eigtl. = eingesetzte Stimme] (Musik): allmähliches An- u. Abschwellen des Tones (Zeichen < >).

Mess|band, das 〈Pl. ...bänder〉: Bandmaß.

mess|bar 〈Adj.〉: sich messen (1) lassend.

Mess|bar|keit, die; -: das Messbarsein.

Mess|be|cher, der: Gefäß mit einer Maßeinteilung, das zum Abmessen bes. von Backzutaten dient.

Mess|bild, das (Messtechnik, Kartographie): (vom Flugzeug aus aufgenommenes) Bild, aus dem ein geometrisch ähnliches Raummodell von einem Teil der Erdoberfläche erstellt wird.

Mess|brief, der (Seew.): Urkunde über Abmessungen, Bauweise o. Ä. eines Schiffes.

Mess|brü|cke, die (Elektrot.): Brückenschaltung zum Messen von elektrischen Widerständen.

Mess|buch, das: Buch mit Gebetstexten, Lesungen u. liturgischen Gesängen für die ¹Messe (1).

Mess|da|ten 〈Pl.〉: Daten von Messungen.

Mess|die|ner, der (kath. Kirche): Ministrant.

Mess|die|ne|rin, die: w. Form zu ↑Messdiener.

¹Mes|se, die; -, -n [mhd. messe, misse, ahd. messa, missa < kirchenlat. missa, aus der Formel »ite, missa est (concio) = geht, die (gottesdienstliche) Versammlung ist entlassen«]: **1.** katholischer Gottesdienst mit der Feier der Eucharistie: die heilige M.; eine M. halten, zelebrieren; eine M. [für einen Verstorbenen] lesen; die M. besuchen; zur M. gehen; *schwarze M. (Teufelsmesse): eine schwarze M. feiern, zelebrieren. **2.** Komposition als Vertonung der liturgischen Bestandteile der Messe (1): eine M. von Haydn; eine M. schreiben, komponieren.

²Mes|se, die; -, -n [kirchenlat. missa = Heiligenfest (mit feierlicher ¹Messe (1) u. großem Jahrmarkt); zu ↑¹Messe]: **1.** große [internationale] Ausstellung von Warenmustern eines od. mehrerer Wirtschaftszweige: eine internationale M.; die Frankfurter, Leipziger M.; eine M. für Lederwaren; auf der M. ausstellen; ein neues Buch zur M. herausbringen; zur M. fahren. **2.** (landsch.) Jahrmarkt.

³Mes|se, die; -, -n [engl. mess, eigtl. = Gericht, Speise, Mahlzeit < afrz. mes (= frz. mets) < lat. missus = (aus der Küche) geschicktes, zu Tisch aufgetragenes (²Gericht), zu: mittere, ↑Mission] (Seemannsspr.): **1.** (auf größeren Schiffen) Speise- u. Aufenthaltsraum der Offiziere, Mannschaften; Schiffskantine. **2.** (auf größeren Schiffen) Tischgesellschaft von Offizieren, Mannschaften.

Mes|se|amt, das: Organisationsbüro einer ²Messe (1).

Mes|se|aus|stel|ler, der: jmd., der als Aussteller an einer ²Messe teilnimmt.

Mes|se|aus|stel|le|rin, die: w. Form zu ↑Messeaussteller.

Mes|se|aus|weis, der: Ausweis, der zum Betreten des Messegeländes berechtigt.

Mes|se|be|su|cher, der: Besucher einer ²Messe.

Mes|se|be|su|che|rin, die: w. Form zu ↑Messebesucher.

Mes|se|ge||län|de, das: *Gelände, auf dem eine* ²*Messe* (1) *stattfindet.*

Mes|se|ge|schäft, das: *bei einer* ²*Messe* (1) *getätigtes Geschäft:* ein gutes, mäßiges M.

Mes|se|gut, das: *auf einer* ²*Messe* (1) *ausgestellte Waren.*

Mes|se|hal|le, die: *Ausstellungshalle auf einer* ²*Messe* (1).

Mes|se|ka|ta|log, der: *Ausstellungskatalog einer* ²*Messe* (1).

Mes|se|lei|tung, die: **1.** ⟨o. Pl.⟩ *organisatorische Leitung einer* ²*Messe* (1). **2.** *mit der Messeleitung* (1) *beauftragte Person[en].*

mes|sen ⟨st. V.; hat⟩ [mhd. meʒʒen, ahd. meʒʒan, verw. mit ↑¹Mal in dessen urspr. Bed. »Abgemessenes«]: **1. a)** *durch Anlegen, Zugrundelegen eines Maßes ermitteln:* die Größe, Länge, Breite, Höhe von etw. m.; den Luftdruck, den Blutdruck m.; Der Arzt nahm meine Hand und maß den Puls (Drewitz, Eingeschlossen 109); [bei jmdm.] Fieber m.; mit einem Thermometer die Temperatur [des Wassers] m.; die Geschwindigkeit, die Zeit mit der Stoppuhr m.; es wurden 20° [Wärme] gemessen; sie maß (die, *schätzte*) die Entfernung mit den Augen; Die ... Uhr ... maß mit schläfrigem Ticken die Zeit (*zeigte sie ... fortlaufend an;* Langgässer, Siegel 368); ⟨auch ohne Akk.-Obj.:⟩ nur dort ..., wo man exakt mit Stoppuhr und Bandmaß m. kann (Maegerlein, Triumph 28); **b)** *in seinen Maßen, seiner Größe bestimmen:* etw. genau, exakt m.; jmdn. [mit dem Metermaß] m.; ein Brett mit dem Zollstock m.; Flüssigkeiten misst man nach Litern; Ü alle mit gleichem Maß m. (*in gleicher Weise beurteilen*). **2.** *eine bestimmte Größe, ein bestimmtes Maß haben:* er misst 1,85 m; sie misst 5 cm mehr als du; das Grundstück misst 600 m²; das Zimmer misst 2,50 m in der Höhe; Der ... Bau ... ein reiner Würfel, der an jeder seiner zwölf Außenkanten exakt vier Meter maß (Stern, Mann 118). **3. a)** ⟨m. + sich⟩ (geh.) *in einem Wettstreit o. Ä. seine Fähigkeiten, Kräfte mit etw., mit denen eines anderen erprobend vergleichen; konkurrieren, in einen Wettbewerb treten:* sich im sportlichen Wettkampf mit jmdm. m.; Ü Die Antworten der Testpersonen werden mitbestimmt durch allgemeine Leitbilder, an denen sich der Einzelne unwillkürlich misst (*mit denen er sich vergleicht;* Richter, Flüchten 59); ich kann mich in diesem Bereich nicht mit ihr m. (*ich komme ihr in diesem Bereich nicht gleich);* dass er sich offen mit diesem meisterlichen Rhetor nicht m. kann (St. Zweig, Fouché 59); **b)** *an jmdn., etw. einen bestimmten Maßstab anlegen; nach jmdm., etw. beurteilen:* eine Leistung am Erfolg m.; jmds. Leistungen an denen eines anderen m.; gemessen an dem früheren Ergebnis, war dies eine Enttäuschung; Gemessen an dem, was wir heute machen würden, ist das alles ... etwas eigenartig (Kempowski, Immer 208). **4.** (geh.) *abschätzend ansehen:* jmdn. misstrauisch, schweigend, herausfordernd, mit Bli-

cken von der Seite, mit Achtung m.; Kochta und Münchmeyer messen sich mit den Augen, sind sich nicht sonderlich sympathisch (Loest, Pistole 34). **♦ 5.** * *sich in den Dreck, Kot* o. Ä. **m.** (*der Länge nach in den [Straßen]schmutz fallen):* dass ich mich, lang wie ich bin, in den Kot messe (Kleist, Kohlhaas 16).

Mes|se|neu|heit, die: *auf einer* ²*Messe* (1) *vorgeführte Neuheit* (2).

Mes|sen|ger Boy [ˈmɛsɪndʒə ˈbɔɪ], der; --, --s [engl. messenger-boy, aus: messenger = Bote u. boy = Junge] (veraltet): *Eilbote.*

Mes|se|ni|en, -s: altgriechische Landschaft im Südwesten des Peloponnes.

mes|se|nisch ⟨Adj.⟩: *Messenien betreffend.*

Mes|se|pa|vil|lon, der: vgl. Messehalle.

¹**Mes|ser,** das; -s, - [mhd. meʒʒer, ahd. meʒʒira(h)s, meʒʒisahs; 1. Bestandteil zu mhd., ahd. maʒ (↑ Mett), 2. Bestandteil zu mhd., ahd. sahs = (kurzes) Schwert]: **a)** *aus einer Klinge, die mit einer Schneide versehen ist, u. einem Griff bestehendes Gerät zum Schneiden:* ein scharfes, spitzes, stumpfes, schartiges, langes, rostiges, blankes, rostfreies M.; sein M. *(Taschenmesser)* öffnen; ein M. putzen, schärfen, wetzen, schleifen, zücken; Damals wollte ein Bauer seinen Platz nicht bezahlen und zog gegen den Kutscher das M. *(bedrohte ihn mit dem Messer;* H. Mann, Stadt 7); er stieß, rannte, jagte ihr das M. in die Brust; das M. *(Taschenmesser)* aufklappen; das Heft, der Rücken eines -s; etw. mit dem M. abschneiden, zerkleinern; mit M. und Gabel essen; jmdm. mit dem M. drohen; jmdn. mit dem M. bedrohen; sich mit dem M. *(Rasiermesser)* rasieren; ... die (= Künstler) wieder zum Langholz und zum M. *(Schnitzmesser)* griffen (Bild. Kunst III, 80); R auf dem M. kann man [nach Rom] reiten (ugs. scherzh.; *das Messer ist äußerst stumpf);* **jmdm. geht das M. in der Tasche/im Sack auf** (salopp; *jmd. gerät über etw. in großen Zorn);* * **jmdm. sitzt das M. an der Kehle** (ugs.; *jmd. ist in äußerster Bedrängnis, Geldnot* o. Ä., *sodass er gezwungen ist, etw. Bestimmtes zu tun);* **jmdm. das M. an die Kehle setzen** (ugs.; *jmdn. durch Drohungen so unter Druck setzen, dass er gezwungen ist zu tun, was von ihm verlangt wird);* **jmdm. [selbst] das M. in die Hand geben** (ugs.; *seinem Gegner selbst die Argumente liefern);* **auf des -s Schneide stehen** (*sich in einer kritischen Situation, Phase* o. Ä. *befinden, in der sich etw. nach der einen od. nach der anderen Richtung entscheiden kann, in der eine Entscheidung zugunsten der einen od. der anderen Seite bei gleich starken Verhältnissen getroffen wird;* nach Homer, Ilias 10, 473); **jmdn. ans M. liefern** (ugs.; *jmdn. durch Verrat ausliefern, preisgeben):* er ... wusste es nicht, dass er diesen Gruß an die Frau sandte, die ihn ans M. geliefert hatte (Mostar, Unschuldig 130); Glaubst du, ich liefere mich einer Abenteurerin kampflos ans M.? (Fallada, Herr 79); **bis aufs M.** (ugs.; *mit allen Mitteln):* ein Kampf bis aufs M.; **jmdm. ins [offene] M.**

laufen/rennen (ugs.; *aus Unachtsamkeit, ohne eine drohende Gefahr od. jmds. List zu erkennen, sich jmdm. ausliefern);* **b)** *Skalpell:* jmdn. unters M. nehmen (ugs.; *jmdn. operieren, zu operieren beginnen);* jmdn. unter das M. haben (ugs.; *[dabei sein, jmdn. zu] operieren);* unters M. müssen (ugs.; *sich operieren lassen müssen);* sie blieb unter dem M. (ugs.; *starb während der Operation);* **c)** (Technik) *mit einer Schneide versehene Leiste od. Platte aus gehärtetem Stahl:* die M. des Rasenmähers.

²**Mes|ser,** der; -s, -: **a)** *Messender;* **b)** *Messgerät.*

Mes|ser|bänk|chen, das: *kleiner, niedriger Ständer neben dem Teller zum Auflegen des [benutzten] Bestecks.*

Mes|ser|fisch, der: *Knochenfisch mit lang gestrecktem Körper.*

Mes|ser|form|schnitt, der: *kurzer Haarschnitt, bei dem das nasse Haar mit dem Rasiermesser geschnitten [u. mit dem Föhn in Form gebracht] wird; Messerschnitt.*

Mes|ser|fut|te|ral, das: *Futteral für ein Messer.*

Mes|ser|griff, der: *Griff eines Messers.*

Mes|ser|haar|schnitt, der: *Messerformschnitt.*

Mes|ser|held, der (abwertend): *Messerstecher.*

Mes|se|rin, die; -, -nen: w. Form zu ↑²Messer (a).

Mes|ser|klin|ge, die: *Klinge eines Messers.*

Mes|ser|knauf, der: *Knauf eines Messers.*

Mes|ser|kopf, der (Technik): *Fräskopf mit mehreren* ¹*Messern* (c), *deren Schneiden in radialer u. axialer Richtung spanen können.*

Mes|ser|rü|cken, der: *der Schneide gegenüberliegende, stumpfe Seite der Messerklinge.*

mes|ser|scharf ⟨Adj.⟩: (emotional) *scharf wie ein Messer; sehr scharf:* -e Gräser, Kanten; Ü -e (ugs.; *genaue, präzise*) Signale; eine -e (ugs.; *hart angreifende*) Kritik; sie hat einen -en Verstand; m. (ugs.; *äußerst scharfsinnig*) denken, argumentieren; m. auf etw. schließen; der Stürmer wurde m. (bes. Fußball Jargon; *sehr nah, eng*) gedeckt, markiert.

Mes|ser|schei|de, die: *Scheide für ein am Gürtel getragenes Messer.*

Mes|ser|schmied, der: *Handwerker, der Messer, Sägen, Fräsen* o. Ä. *herstellt* (Berufsbez.).

Mes|ser|schmie|de, die: *Schmiedewerkstatt, in der Schneidwerkzeuge hergestellt werden.*

Mes|ser|schmie|din, die: w. Form zu ↑Messerschmied.

Mes|ser|schnei|de, die: *Schneide eines Messers.*

Mes|ser|schnitt, der: *Messerformschnitt.*

Mes|ser|spit|ze, die: **1.** *Spitze der Messerklinge.* **2.** *kleine Menge einer pulverigen Substanz [die mit der Messerspitze* (1) *aufgenommen werden kann]:* eine M. Salz.

Mes|ser|ste|cher, der (abwertend):

jmd., der gern Streit anfängt u. dabei mit dem Messer zusticht.

Mes|ser|ste|che|rei, die; -, -en (abwertend): *tätliche Auseinandersetzung mit Messern als Waffen.*

Mes|ser|stich, der: *Stich mit dem Messer:* das Opfer wies mehrere -e auf; Eifersucht ging mir wie ein M. in das Herz (Th. Mann, Krull 227).

Mes|ser|wer|fer, der: *Artist, der mit Messern wirft.*

Mes|ser|wer|fe|rin, die: w. Form zu ↑Messerwerfer.

Mes|se|schla|ger, der (ugs.): vgl. Messeneuheit.

Mes|se|stadt, die: *Stadt, in der häufig* ²*Messen* (1) *stattfinden.*

Mes|se|stand, der: *Stand* (3 a) *auf einer* ²*Messe* (1).

Mess|füh|ler, der: *Teil eines elektronischen Messgeräts, der in direkter Verbindung zu dem zu messenden Medium steht; Sensor* (1).

Mess|ge|bet, das: *bei der* ¹*Messe* (1) *gesprochenes Gebet.*

Mess|ge|fäß, das: *zum Abmessen von festen od. flüssigen Stoffen vorgesehenes Gefäß.*

Mess|ge|rät, das: *Gerät zum Messen von direkt nicht zugänglichen Erscheinungen u. Eigenschaften* (z. B. in der Chemie).

Mess|ge|sang, der: *bei der* ¹*Messe* (1) *üblicher Gesang.*

Mess|ge|wand, das: *Kasel.*

Mess|glas, das ⟨Pl. ...gläser⟩: *Glasgefäß mit einer Maßeinteilung zum Abmessen von Flüssigkeiten.*

Mess|grö|ße, die (Messtechnik): *gemessene od. zu messende Größe* (2).

Mess|hemd, das [zu ↑¹Messe]: ¹*Albe.*

Mes|si|a|de, die; -, -n [zu ↑Messias]: *geistliches Epos über Leben u. Leiden Jesu Christi als Messias.*

mes|si|a|nisch ⟨Adj.⟩: **1.** *den Messias betreffend:* die -en Prophezeiungen im Alten Testament. **2.** *den Messianismus betreffend, kennzeichnend:* -e Bewegungen; die manchmal m. anmutenden Erwartungen, Stammhalter, geistiger Erbe eines begabten ... Vaters zu sein (Spiegel 45, 1977, 60).

Mes|si|a|nis|mus, der; -: *geistige Bewegung, die die religiöse od. politische Erlösung von einem Messias erwartet.*

Mes|si|a|nist, der; -en, -en: *Anhänger des Messianismus.*

Mes|si|a|nis|tin, die; -, -nen: w. Form zu ↑Messianist.

Mes|si|as, der; -, -se [kirchenlat. Messias < griech. messías < hebr. māšîah = der Gesalbte]: **1.** ⟨o. Pl.⟩ *im Alten Testament verheißener königlicher Heilsbringer:* Jesus ist der M., an den die Juden glauben (Kemelman [Übers.], Dienstag 150). **2.** *Befreier, Erlöser aus religiöser, sozialer o. ä. Unterdrückung:* Es sei eine Aufgabe der Kirchen, gegen die politischen -se aller Schattierungen aufzutreten (NZZ 27. 8. 83, 31).

Mes|si|dor, der; -[s], -s [frz. messidor, eigtl. = Erntemonat]: *(im Kalender der Französischen Revolution) zehnter Monat des Jahres (19. 6.–18. 7.).*

Mes|sieurs: Pl. von ↑Monsieur.

Mes|sing, das; -s, (Sorten:) -e [mhd. messinc, H. u.]: *hell- bis rotgelbe Legierung aus Kupfer u. Zink, die u. a. zu Schmuckwaren, Kunstgegenständen, Rohren, Armaturen, Konstruktionsteilen verarbeitet wird:* M. gießen, polieren; Leuchter, Klinken aus M.; Beschläge aus getriebenem M.

Mes|sing|be|schlag, der: *Beschlag* (1 a) *aus Messing.*

Mes|sing|bett, das: *Bett mit einem Gestell aus Messing.*

Mes|sing|draht, der: *Draht aus Messing.*

mes|sin|gen ⟨Adj.⟩ [mhd. messing(en)]: *aus Messing:* messing[e]ne Beschläge; Tief im Bauch des Dampfers, ... die weiß gestrichene schräge Wand mit den messingnen Fassungen der ... Luken (Heym, Nachruf 121).

mes|sing|gelb ⟨Adj.⟩: *gelb wie Messing.*

Mes|sing|gie|ße|rei, die: **1.** ⟨o. Pl.⟩ *das Gießen von Messing.* **2.** *Gießerei, in der Messing gegossen wird.*

Mes|sing|griff, der: *Griff* (2) *aus Messing.*

Mes|sing|ha|ken, der: *Haken aus Messing.*

Mes|sing|hal|ter, der: *Halter* (1 a) *aus Messing.*

Mes|sing|hüt|te, die: *Messinggießerei* (2).

Mes|sing|klin|ke, die: *Klinke aus Messing.*

Mes|sing|knopf, der: *Knopf* (1) *aus Messing.*

Mes|sing|lam|pe, die: *Lampe* (1) *aus Messing.*

Mes|sing|leuch|ter, der: *Leuchter aus Messing.*

Mes|sing|ring, der: *Ring* (1 a) *aus Messing.*

Mes|sing|scha|le, die: *Schale* (2) *aus Messing.*

Mes|sing|schild, das ⟨Pl. -er⟩: *Schild aus Messing.*

Mes|sing|stan|ge, die: *Stange aus Messing.*

Mess|in|stru|ment, das: *Messgerät.*

Mess|känn|chen, das: *bei der* ¹*Messe* (1) *verwendetes Gefäß für Wein u. Wasser.*

Mess|ka|non, der: ¹*Kanon* (5).

Mess|kelch, der: *bei der* ¹*Messe* (1) *verwendeter Kelch.*

Mess|ket|te, die (Messtechnik früher): vgl. Messband.

Mess|klup|pe, die (Messtechnik): *Schieblehre.*

Mess|kna|be, der (kath. Kirche veraltet): *Messdiener.*

Mess|lat|te, die: *zur Geländevermessung verwendeter hölzerner Messstab:* eine M. [höher, tiefer] anlegen, ansetzen; Ü die M. für jmds. Verhalten hoch ansetzen; Auf Rendite ... wollen selbst solche Anleger nicht verzichten, die die ethische M. besonders hoch anlegen (CCI 11, 1991, 36).

Mess|lei|ne, die: *Messband.*

Mess|ner: ↑Mesner.

Mess|ne|rei: ↑Mesnerei.

Mess|ne|rin: w. Form zu ↑Messner.

Mes|so|lan, Mesulan, der; -s [zu ital. mezzo = halb u. lana = Wolle] (veraltet): *Stoff aus Leinengarn u. Schafwolle.*

Mess|op|fer, das (kath. Kirche): *Vergegenwärtigung des Opfertodes Jesu in der Feier der Eucharistie.*

Mess|or|di|na|ri|um, das: *Ordinarium Missae.*

Mess|ord|nung, die: *geregelte Einteilung einer* ¹*Messe* (1) *mit ihren speziellen Vorschriften.*

¹**Mess|platz,** der [zu ↑²Messe (2)] (landsch.): *Platz, auf dem ein Jahrmarkt abgehalten wird.*

²**Mess|platz,** der (Elektrot.): *ortsfeste Messeinrichtung.*

Mess|rad, das (Messtechnik): *Kurvimeter* (b).

Mess|schie|ber, der (Messtechnik): *Schieblehre.*

Mess|schnur, die: *Messband.*

Mess|schrau|be, die: *Messgerät zur Messung kleinerer Längen od. Abstände mittels einer Spindel, wobei die zu messende Länge jeweils einer bestimmten Anzahl von Spindelumdrehungen entspricht; Mikrometerschraube.*

Mess|sen|der, der (Messtechnik): *Sender mit genau einstellbarer Frequenz zum Prüfen u. Abgleichen* (3) *von Rundfunk- u. Fernsehapparaten, für Frequenzmessungen o. Ä.*

Mess|stab, der: *Stab mit Maßeinteilung.*

Mess|stan|ge, die: *Messlatte.*

Mess|sti|pen|di|um, das (kath. Kirche): *Geldspende od. Stiftung, die den Priester verpflichtet, für ein Anliegen des Spenders* ¹*Messen* (1) *zu lesen.*

Mess|stock, der ⟨Pl. ...stöcke⟩: *Messlatte.*

Mess|stre|cke, die: *Strecke (von bestimmter Länge), auf der Messungen vorgenommen werden* (z. B. der Geschwindigkeit eines Fahrzeugs).

Mess|tech|nik, die ⟨o. Pl.⟩: *Gesamtheit der Verfahren u. Geräte zur Messung zahlenmäßig erfassbarer Größen in Wissenschaft u. Technik.*

mess|tech|nisch ⟨Adj.⟩: *die Messtechnik betreffend, zu ihr gehörend.*

Mess|tisch, der: *(drehbar auf einem Stativ angebrachte) Zeichenplatte, auf der anhand von eingetragenen Festpunkten Geländepunkte für topographische Karten aufgenommen werden.*

Mess|tisch|blatt, das: *Karte im großen Maßstab 1 : 25 000.*

Mess|uhr, die: *einer Taschenuhr ähnliches Gerät für Messungen im Millimeterbereich.*

Mess- und Re|gel|tech|nik, die ⟨o. Pl.⟩: *Überwachung u. Steuerung technischer Vorgänge durch Regelung nach Messwerten.*

Mes|sung, die; -, -en: **1.** *das Messen* (1): seismische -en; -en vornehmen, durchführen. **2.** *Ergebnis einer Messung.*

Mess|ver|fah|ren, das: *Verfahren zum Messen.*

Mess|ver|stär|ker, der: *elektronischer Verstärker, der sehr kleine elektrische Ströme od. Spannungen für Messungen verstärkt.*

Mess|wa|gen, der: *Kraftfahrzeug, das mit bestimmten Instrumenten u. Ä. zum Messen der Umweltbelastung (bes. der Luft) ausgestattet ist.*

Mess|wand|ler, der: *Transformator zur Umwandlung einer zu messenden elektrischen Größe, sodass sie von dem verwendeten Messgerät gemessen werden kann, u. zur Trennung des Gerätes von einer Hochspannung.*

Mess|wein, der (kath. Kirche): *bei der* ¹*Messe (1) verwendeter Wein.*

Mess|werk, das: *mechanisch beweglicher Teil (z. B. Zeiger) eines Messgeräts, der die Anzeige (3 a) bewirkt.*

Mess|wert, der: *aus einer od. zwei Anzeigen (3 a) ermittelter Wert einer Messgröße.*

Mess|wi|der|stand, der: *elektrischer Widerstand in Messgeräten.*

Mess|zy|lin|der, der: *zylinderförmiges Glasgefäß mit einer Milliliterskala zur Abmessung von Flüssigkeiten bes. im Labor.*

Mes|te, die; -, -n [mhd. meste, zu ↑ messen]: **1.** *altes mitteldeutsches Maß.* **2.** (landsch.) *Holzgefäß.*

Mes|ti|ze, der; -n, -n [span. mestizo < spätlat. mixticius = Mischling, zu lat. miscere = mischen]: *Nachkomme eines weißen u. eines indianischen Elternteils.*

Mes|ti|zin, die; -, -nen: w. Form zu ↑ Mestize.

mes|to ⟨Adv.⟩ [ital. mesto < lat. maestus = traurig] (Musik): *traurig, elegisch: das Andante ist m. zu spielen.*

Me|su|lan: ↑ Messolan.

Me|su|sa, die; - [hebr. mězûzā = Pfosten]: *kleine Schriftrolle in einer Kapsel am Türpfosten jüdischer Häuser mit einer Inschrift aus 5. Mose 6, 4–9 u. 11, 13–21.*

MESZ = mitteleuropäische Sommerzeit.

Met, der; -[e]s [mhd. met(e), ahd. metu]: *(bes. bei den Germanen beliebtes) alkoholisches Getränk aus vergorenem Honigwasser u. Würzstoffen.*

met-, Met-: ↑ meta-, Meta- (1).

me|ta-, Me|ta-, (vor Vokalen u. vor h:) met-, Met- [met(a)-, auch: mɛt(a)-; griech. metá]: **1.** bedeutet in Bildungen mit Adjektiven od. Substantiven *zwischen, inmitten, nach, nachher, später, ver...* (im Sinne der Umwandlung, des Wechsels): *metaphysisch, metonymisch;* Metamorphose, Methämoglobin. **2.** drückt in Bildungen mit Substantiven aus, dass sich etw. auf einer höheren Stufe, Ebene befindet, darüber geordnet ist oder hinter etw. steht: Metamarketing, -theorie.

Me|ta|ba|sis, die; -, ...basen [griech. metábasis = Übergang, zu: básis, ↑ Basis] (Logik): *unzulässiger Denkschritt, auf ein anderes Gebiet übergreifende Beweisführung; Gedankensprung.*

Me|ta|bi|o|se, die; -, -n [zu griech. bíosis = Leben] (Biol.): *Form des Zusammenlebens von Organismen, bei der ein Partner die Voraussetzungen für die anschließende Entwicklung eines anderen schafft (z. B. bei bestimmten Bakterienkulturen).*

Me|ta|blas|te|se, die; - [zu griech. blástēsis = das Keimen, Wachsen] (Geol.): *Vorgang bei der Metamorphose (4), bei dem eine Neu- u. Umkristallisation eines Gesteinskomplexes stattfindet, wobei das*

schieferartige Ausgangsmaterial ein granitartiges Gefüge erhält.

me|ta|bol: ↑ metabolisch.

Me|ta|bo|le, die; -, -n [griech. metabolḗ = Veränderung] (Rhetorik, Stilistik): *unerwarteter Wechsel in Wortwahl, Syntax od. Rhythmus.*

Me|ta|bo|lie, die; -, -n: **1.** (Zool.) *Metamorphose (2).* **2.** (Biol.) *Formveränderung bei Einzellern.* **3.** (Biol., Med.) *auf Stoffwechsel beruhende Veränderung eines Organismus.*

me|ta|bo|lisch ⟨Adj.⟩: **1.** (Biol.) *veränderlich* (z. B. in Bezug auf die Gestalt von Einzellern). **2.** (Biol., Med.) *im Stoffwechselprozess entstanden.*

Me|ta|bo|lis|mus, der; -: **1.** *Umwandlung, Veränderung.* **2.** (Biol., Med.) *Stoffwechsel.*

Me|ta|bo|lit, der; -en, -en (Biol., Med.): *Substanz, deren Vorhandensein für den normalen Ablauf der Stoffwechselprozesse unentbehrlich ist* (z. B. Vitamin, Enzym, Hormon).

Me|ta|chro|nis|mus, der; -, ...men [zu griech. metáchronos = später geschehen] (bildungsspr.): *irrtümliche Einordnung eines Ereignisses in eine zu späte Zeit.*

Me|ta|druck, der; -[e]s: *Verfahren zur Herstellung von Abziehbildern.*

Me|ta|dy|ne, die; -, -n [zu griech. dýnamis = Kraft]: *Gleichstromgenerator in einer besonderen Bauweise für die Erzeugung eines konstanten Stroms.*

Me|ta|ga|la|xis, die; - (Astron.): *hypothetisches System, dem das Milchstraßensystem u. viele andere Sternsysteme angehören.*

me|ta|gam ⟨Adj.⟩ [zu griech. gamós = Befruchtung] (Biol., Med.): *erst nach der Befruchtung erfolgend* (z. B. von der Festlegung des Geschlechts).

Me|ta|ge|ne|se, die; -, -n [↑ Genese] (Biol.): *besondere Form des Generationswechsels bei vielzelligen Tieren* (z. B. Hohltieren), *wobei auf eine sich ungeschlechtlich* (z. B. durch Teilung) *fortpflanzende Generation eine sich geschlechtlich fortpflanzende folgt.*

me|ta|ge|ne|tisch ⟨Adj.⟩ (Biol.): *die Metagenese betreffend.*

Me|ta|ge|schäft, das; -[e]s, -e [zu ↑ a metà] (Kaufmannsspr.): *gemeinsames Waren- od. Bankgeschäft zweier Firmen mit gleichmäßiger Verteilung von Gewinn u. Verlust.*

Me|ta|gnom, der; -en, -en [zu ↑ meta-, Meta- (1) u. griech. gnṓmē = Erkenntnis] (Parapsych.): *Mittler bei okkulten Phänomenen.*

Me|ta|gno|mie, die; - (Parapsych.): *Fähigkeit zur Wahrnehmung von Phänomenen, die den normalen sinnlichen Wahrnehmung nicht zugänglich sind.*

Me|ta|gy|nie, die; - [zu griech. gynḗ = Frau] (Bot.): *frühes Geschlechtsreifwerden der männlichen Blüten bei eingeschlechtigen Pflanzen.*

me|ta|kar|pal ⟨Adj.⟩ [zu griech. metakárpion = Mittelhand] (Med.): *zur Mittelhand (1) gehörend, sie betreffend.*

Me|ta|kom|mu|ni|ka|ti|on, die; - [geb. nach ↑ Metaphysik] (Kommunikati-

onsf.): **a)** *über die verbale Verständigung hinausgehende Kommunikation, wie Gesten, Mimik o. Ä.;* **b)** *Kommunikation über einzelne Ausdrücke, Aussagen od. die Kommunikation selbst.*

me|ta|kom|mu|ni|ka|tiv ⟨Adj.⟩: *die Metakommunikation betreffend, zu ihr gehörend.*

Me|ta|kri|tik, die; - (Philos.): *der Kritik folgende Kritik.*

Me|ta|lep|se, Me|ta|lep|sis, die; -, ...epsen [griech. metálēpsis] (Rhet., Stilk.): *rhetorische Figur, bei der das Nachfolgende mit dem Vorhergehenden vertauscht* (z. B. »Grab« statt »Tod«) *od. ein mehrdeutiges Wort durch das Synonym zu einer im Kontext nicht gemeinten Bedeutung ersetzt wird* (z. B. »Geschickter« statt »Gesandter«).

Me|ta|le|xi|ko|gra|phie, die; -: *Bereich der Sprachwissenschaft, der sich mit der Erforschung lexikographischer Nachschlagewerke befasst.*

Me|ta|lim|ni|on, das; -s, ...ien [zu griech. limníon = Teich] (Biol., Geogr.): *Wasserschicht eines Sees, in der die Temperatur sprunghaft absinkt.*

Me|ta|lin|gu|is|tik, die; - (Sprachw.): **1.** *Zweig der Linguistik, der sich mit den Beziehungen der Sprache zu außersprachlichen Phänomenen beschäftigt.* **2.** *Wissenschaft von den Metasprachen.*

Me|tall, das; -s, -e [mhd. metalle < lat. metallum < griech. métallon = ¹Mine; Schacht; Metall, H. u.]: *chemisches Element, das sich durch charakteristischen Glanz, Undurchsichtigkeit u. die Fähigkeit, Legierungen zu bilden sowie Wärme u. Elektrizität zu leiten, auszeichnet:* ein weiches, hartes, glänzendes M.; glühendes M.; flach gewalzte -e; das M. erwärmt sich, dehnt sich aus; Gold und Silber sind edle -e; das flüssige M. in Formen gießen; M. drehen, walzen, schweißen, härten, veredeln; M. aus dem Erz herausschmelzen; die M. verarbeitende Industrie; Die hölzernen Bänke am Ufer waren kalt wie M. (Dorpat, Ellenbogenspiele 52); Die ... Türen waren mit M. beschlagen *(hatten Metallbeschläge;* Leonhard, Revolution 147); Ü seine Stimme hat M. *(ist hell u. durchdringend).*

Me|tall|ader, die: *Erzader.*

Me|tall|ar|beit, die: *Erzeugnis, Produkt, Kunstwerk aus Metall.*

Me|tall|ar|bei|ter, der: *[Fach]arbeiter in der Metallindustrie.*

Me|tall|ar|bei|te|rin, die: w. Form zu ↑ Metallarbeiter.

◆ **Me|tall|baum,** der (Bergmannsspr.): *strauch- od. blätterförmige silbrige Metallabscheidung:* ... war es, als ginge ein blendendes Licht durch den ganzen Schacht, und seine Wände wurden durchsichtig wie der reinste Kristall ... Er blickte in die paradiesische Gefilde der herrlichsten Metallbäume und Pflanzen, an denen wie Früchte, Blüten und Blumen feuerstrahlende Steine hingen (E. T. A. Hoffmann, Bergwerke 31); der Garten, der aus Metallbäumen und Kristallpflanzen bestand (Novalis, Heinrich 122).

Me|tall|be|ar|bei|tung, die: *Verfahren,*

durch das metallische Werkstücke bestimmte Formen u. Eigenschaften erhalten.

Me|tall|be|schlag, der: *Beschlag* (1 a) *aus Metall.*

Me|tall|block, der ⟨Pl. ...blöcke⟩: *Block* (1) *aus Metall.*

Me|tall|dampf|lam|pe, die (Technik): *Gasentladungslampe mit einer Edelgasfüllung u. zusätzlichen Metalldämpfen, die durch die elektrische Entladung zur Lichtausstrahlung angeregt werden.*

Me|tall|de|tek|tor, der (Technik): *Detektor* (1) *für metallene Gegenstände: Waffen mithilfe von -en entdecken.*

me|tall|len ⟨Adj.⟩: **1.** *aus Metall hergestellt, bestehend:* -e *Gefäße, Geräte, Haken.* **2.** (geh.) *metallisch* (2 a): *ein* -er *Ton, Klang; eine* -e *Stimme; Einen Augenblick lang war es so still ..., dass man das* -e *Ticken einer Standuhr hören konnte* (Schnurre, Bart 164).

Me|tall|ler, der; -s, - (Jargon): *Metallarbeiter [als Gewerkschaftsangehöriger]:* Die M. suchen nach einem neuen Streikkonzept (Stuttg. Zeitung 28. 10. 89, 1); Im Bad Homburger Abkommen wurde 1960 für die Metallindustrie ein Stufenplan festgelegt, der am 1. Juli dieses Jahres den -n die 40-Stunden-Woche beschert (Spiegel 1/2, 1966, 21).

Me|tall|le|rin, die; -, -nen: w. Form zu ↑Metaller: -nen *fordern vollwertige Eingliederung in den Arbeitsprozess* (MM 27. 6. 69, 10).

Me|tall|er|mü|dung, die (Technik): *Ermüdung* (2) *eines Metalls.*

Me|tall|fa|brik, die: *Fabrik, in der Metall verarbeitet wird.*

Me|tall|fa|den, der: *Faden mit einem Überzug aus Metall.*

Me|tall|fa|den|lam|pe, die: *Glühlampe mit Metallfaden.*

Me|tall|far|be, die: *Farbe aus pulverisiertem Metall:* ein silberblitzender Zeppelin ... leuchtete in allen -n (Harig, Weh dem 216).

Me|tall|fär|bung, die: *das Färben von Metallen in einem galvanischen Verfahren.*

Me|tall|fo|lie, die: *Folie aus Metall.*

◆ **Me|tall|fürst,** der: *(im Volksglauben) als Herr über alle Bodenschätze gedachter, unter der Erde wohnender* ²*Geist* (3): *Nimm in Acht, dass der M., den du verhöhnst, dich nicht fasst und hinabschleudert* (E. T. A. Hoffmann, Bergwerke 27).

Me|tall|ge|fäß, das: *Gefäß aus Metall.*

Me|tall|ge|halt, der: *Gehalt an Metall in einem Stoff.*

Me|tall|geld, das ⟨o. Pl.⟩: *aus Metall hergestelltes Geld; Hartgeld.*

Me|tall|gie|ßer, der: *Gießer.*

Me|tall|gie|ße|rei, die: *Gießerei.*

Me|tall|guss, der: *Guss* (1).

me|tall|hal|tig ⟨Adj.⟩: *Metall enthaltend.*

Me|tall|hal|tig|keit, die; -: *das Metallhaltigsein.*

Me|tall|hüt|ten|werk, das: *Hüttenwerk, in dem aus Erzen Metall gewonnen u. teilweise weiterverarbeitet wird.*

Me|tall|hüt|ten|wer|ker, der: vgl. Metallarbeiter (Berufsbez.).

me|tall|lic ⟨indekl. Adj.⟩ [engl. metallic]: *metallisch schimmernd u. dabei von einem gewissen matten Glanz.*

Me|tall|lic|la|ckie|rung, die; -, -en: *Lackierung, bei der dem Lack kleine Teilchen aus Bronze od. Aluminium zugesetzt werden.*

Me|tall|in|dus|trie, die: *Metall verarbeitende Industrie.*

Me|tall|li|sa|ti|on, die; -, -en (Technik): *das Metallisieren.*

Me|tall|li|sa|tor, der; -s, ...oren (Technik): *Spritzpistole zur Aufbringung von Metallüberzügen.*

me|tall|lisch ⟨Adj.⟩: **1.** *aus Metall bestehend; die Eigenschaften eines Metalls besitzend, sich wie ein Metall verhaltend:* ein -er *Überzug;* ein -er *Leiter für elektrischen Strom;* ein -es *Element;* die -e *Grundlage* (= monetäre Goldschätze; Fraenkel, Staat 362); *Die Dipole sind mit dem Reflektor* m. *(durch einen metallischen Leiter) verbunden* (Funkschau 19, 1971, 1907). **2. a)** *hart klingend; im Klang hell u. durchdringend:* ein -er *Klang, Summton;* eine -e *Stimme;* m. [auf]lachen; es klirrt m.; **b)** *in seinem optischen Eindruck wie Metall, an Metall erinnernd:* ein -er *Glanz; die Flügel der Libelle glänzten, schimmerten, leuchteten* m.

mé|tal|li|sé [...'ze:] ⟨indekl. Adj.⟩ [frz. métallisé]: *metallic.*

me|tall|li|sie|ren ⟨sw. V.; hat⟩ [frz. métalliser] (Technik): *einen Stoff in einem bestimmten Verfahren mit einer metallischen Schicht überziehen.*

Me|tall|li|sie|rung, die; -, -en (Technik): *das Metallisieren.*

Me|tall|lis|mus, der; - (Wirtsch. früher): *klassische Theorie, die die Deckung des Geldes durch ein Edelmetall verlangt.*

Me|tall|ke|ra|mik, die ⟨o. Pl.⟩ (veraltend): *Pulvermetallurgie.*

Me|tall|kle|ber, der: *Klebstoff zum Kleben von Metall.*

Me|tall|knopf, der: *Knopf aus Metall.*

Me|tall|kö|der, der (Angeln): *Köder aus Metall.*

Me|tall|kun|de, die ⟨o. Pl.⟩: *Wissenschaft von Aufbau u. Eigenschaften der Metalle u. Legierungen u. ihrer Verwendung in Technik u. Wirtschaft; Metallogie.*

Me|tall|kund|ler, der; -s, -: *Wissenschaftler, Fachmann auf dem Gebiet der Metallkunde; Metalloge.*

Me|tall|kund|le|rin, die: w. Form zu ↑Metallkundler.

Me|tall|le|gie|rung, die: *durch Zusammenschmelzen entstandene Mischung von Metallen.*

Me|tall|mi|schung, die: *Legierung.*

Me|tall|lo|chro|mie, die; - [zu griech. chrōma = Farbe] (Technik): *Färbung von Metallen im galvanischen od. in einem anderen speziellen Verfahren.*

Me|tall|lo|ge, der; -n, -n [↑-loge]: *Metallkundler.*

Me|tall|lo|gie, die; - [↑-logie]: *Metallkunde.*

Me|tall|lo|gin, die; -, -nen: w. Form zu ↑Metalloge.

Me|tall|lo|graph, der; -en, -en: **1.** *jmd., der mikroskopische Werkstoffkontrollen durchführt* (Berufsbez.). **2.** *Wissenschaftler auf dem Gebiet der Metallographie.*

Me|tall|lo|gra|phie, die; - [↑-graphie]: *Teilgebiet der Metallkunde, das mit mikroskopischen Methoden Struktur u. Eigenschaften der Metalle untersucht.*

Me|tall|lo|gra|phin, die; -, -nen: w. Form zu ↑Metallograph.

Me|tall|lo|id, das; -[e]s, -e [zu griech. -oeidēs = ähnlich] (früher): *nicht metallischer Grundstoff.*

Me|tall|lo|phon, das; -s, -e [zu griech. phōnē = Stimme, Ton, Schall]: *mit einem Hammer geschlagenes, aus aufeinander abgestimmten Metallplatten bestehendes Glockenspiel.*

Me|tall|oxid, das; -s, -e: *Verbindung eines Metalls mit Sauerstoff.*

Me|tall|pa|pier, das: *Papier mit einer metallisch glänzenden Beschichtung* (z. B. Silberpapier).

Me|tall|plas|tik, die: *Plastik aus Metall.*

Me|tall|plat|te, die: *Platte aus Metall.*

Me|tall|ring, der: *Ring aus Metall.*

Me|tall|salz, das: *chemische Verbindung aus einer Säure mit einem Metall.*

Me|tall|schei|be, die: *Scheibe aus Metall.*

Me|tall|schie|ne, die: *Schiene aus Metall.*

Me|tall|schild, das ⟨Pl. -er⟩: ²*Schild aus Metall.*

Me|tall|schlie|ße, die: *Schließe aus Metall.*

Me|tall|schnitt, der: **1.** ⟨o. Pl.⟩ *als Druckstock verwendete weiche Metallplatte, in die eine bildliche Darstellung eingeschnitten ist.* **2.** *Abzug eines Metallschnitts* (1). **3.** *mit Blattgold o. Ä. versehene Schnittflächen eines Buches.*

Me|tall|schutz, der: **1.** *Schutz des Metalls gegen Korrosion, Oxidation o. Ä.* (durch Spritzen, Galvanisieren o. Ä.). **2.** *Mittel für den Metallschutz* (1).

Me|tall|ski, der: *Ski, bei dem die beiden Deckplatten aus Metall bestehen.*

Me|tall|son|de, die: *Sonde zum Aufspüren von Metall.*

Me|tall|span, der ⟨meist Pl.⟩: *Span, der bei der Metallbearbeitung anfällt.*

Me|tall|spü|rer, der; -s, -: *jmd., der mit einer Metallsonde nach metallischen Gegenständen sucht.*

Me|tall|stab, der: *Stab* (1 a) *aus Metall.*

Me|tall|stift, der: ¹*Stift* (1) *aus Metall.*

Me|tall|strei|fen, der: *Streifen aus Metall.*

Me|tall|stück, das: *Stück eines Metalls.*

Me|tall|teil, das: *Teil aus Metall.*

Me|tall|über|zug, der: *in einem bestimmten Verfahren auf Metall aufgebrachter metallischer Überzug zum Schutz gegen Korrosion o. Ä.*

Me|tall|urg, der; -en, -en, **Me|tall|ur|ge,** der; -n, -n: *Wissenschaftler auf dem Gebiet der Metallurgie.*

Me|tall|ur|gie, die; - [frz. métallurgie, zu griech. metallourgeīn = Metalle verarbeiten]: *Wissenschaft von der Gewinnung der Metalle aus Erzen.*

Me|tall|ur|gin, die; -, -nen: w. Form zu ↑Metallurg.

me|tall|ur|gisch ⟨Adj.⟩: *die Metallurgie betreffend.*

Me|tall ver|ar|bei|tend: s. Metall.
Me|tall|ver|ar|bei|tung, die: *das Verarbeiten von Metall.*
Me|tall|wäh|rung, die: *durch die Bindung des Geldes an ein od. mehrere Edelmetalle gekennzeichnetes Währungssystem.*
Me|tall|wa|ren ⟨Pl.⟩: *Waren, Gebrauchsgegenstände aus Metall.*
Me|tall|zeit, die: *vorgeschichtliche Periode nach der Steinzeit.*
Me|ta|ma|the|ma|tik, die; - [aus ↑meta-, Meta- (2) u. ↑Mathematik; geb. nach ↑Metaphysik]: *mathematische Theorie, mit der die Mathematik selbst (als Gesamtheit von axiomatischen Theorien) untersucht wird.*
me|ta|mer ⟨Adj.⟩: *Metamerie (1,2) aufweisend.*
Me|ta|me|ren ⟨Pl.⟩ (Biol.): *gleichartige Körperabschnitte in der Längsachse des Tierkörpers.*
Me|ta|me|rie, die; - [zu griech. merós = (An)teil]: **1.** (Zool.) *Gliederung des Tierkörpers in hintereinander liegende, von der Anlage her gleichartige Abschnitte (z. B. bei Ringelwürmern).* **2.** (Physik) *Eigenschaft spektral unterschiedlicher Farbreize, die gleiche Farbempfindung auszulösen.*
Me|ta|me|ta|spra|che, die; -, -n (Sprachwiss.): *Sprache, in der eine Metasprache (als Objektsprache) beschrieben wird.*
me|ta|morph, (selten:) **me|ta|mor|phisch** ⟨Adj.⟩ [zu ↑Metamorphose] (Fachspr.): *seine Gestalt, seinen Zustand wandelnd.*
Me|ta|mor|phis|mus, der; -, ...men: *Metamorphose.*
Me|ta|mor|phit [auch: ...'fɪt], der; -s, -e ⟨meist Pl.⟩ (Geol.): *durch Metamorphose (4) entstandenes Gestein.*
Me|ta|mor|phop|sie, die; -, -n [zu ↑Metamorphose u. griech. ópsis = das Sehen] (Med.): *Sehstörung, bei der die Gegenstände verzerrt gesehen werden.*
Me|ta|mor|pho|se, die; -, -n [lat. metamorphosis < griech. metamórphōsis, zu: metá = ver- u. morphḗ = Gestalt]: **1.** (bildungsspr.) *Umgestaltung, Verwandlung:* eine M. durchmachen, erleben, erfahren. **2.** (Zool.) *Entwicklung vom Ei zum geschlechtsreifen Tier über selbstständige Larvenstadien (bes. bei Insekten).* **3.** (Bot.) *Umbildung der Grundform eines pflanzlichen Organs zu einem Organ mit besonderer Funktion im Verlauf der Stammesgeschichte.* **4.** (Geol.) *Umwandlung u. Umformung eines Gesteins in ein anderes als Folge einer Veränderung von Druck u. Temperatur, denen das Gestein ausgesetzt ist.* **5.** (Myth., Dichtung) *Verwandlung eines Menschen in Tier, Pflanze, Quelle, Stein o. Ä.:* die M. der Nymphe Daphne in einen Lorbeerbaum. **6.** ⟨nur Pl.⟩ (Musik) *Veränderungen eines Themas in seiner Grundform (im Unterschied zur Variation eines vorgegebenen Themas).*
me|ta|mor|pho|sie|ren ⟨sw. V.; hat⟩ (bildungsspr.): *verwandeln, umwandeln; die Gestalt ändern.*
Me|ta|mu|sik, die: *Musik, die Elemente*

von Rock- u. Popmusik u. Jazz sowie Formen außereuropäischer u. asiatischer Musik kombiniert.
me|ta|no|ei|te [griech. metanoeíte, Imperativ Pl. von: metanoeīn = umdenken, seinen Sinn ändern]: *ändert euren Sinn, kehrt um, tut Buße!* (nach den Predigten Johannes' des Täufers u. Jesu, Matth. 3, 2; 4, 17).
me|ta|no|e|tisch ⟨Adj.⟩ [griech. metanoētikós = seinen Sinn ändernd] (Philos.): *das Denken übersteigend, nicht mehr denkbar.*
Me|ta|noia, die; - [griech. metánoia = Sinnesänderung]: **1.** (Rel.) *innere Umkehr, Buße.* **2.** (Philos.) *Änderung der eigenen Lebensauffassung, Gewinnung einer neuen Weltsicht.* **3.** *in der orthodoxen Kirche Kniebeugung mit Verneigung bis zur Erde.*
me|ta|öko|no|misch ⟨Adj.⟩: *außerhalb des wirtschaftlichen Bereiches befindlich, liegend.*
Me|ta|or|ga|nis|mus, der; -, ...men (Parapsych.): *Verkörperung von Seelenkräften.*
Me|ta|pe|let, die; -, ...plot [hebr.]: *Erzieherin u. Kindergärtnerin in einem Kibbuz.*
Me|ta|pha|se, die; -, -n [aus ↑meta-, Meta- (1) u. ↑Phase] (Biol.): *Phase der Zellteilung, in der die Chromosomen annähernd in einer Ebene angeordnet sind.*
Me|ta|pher, die; -, -n [lat. metaphora < griech. metaphorá, zu: metaphérein = anderswohin tragen] (Stilk.): *(bes. als Stilmittel gebrauchter) sprachlicher Ausdruck, bei dem ein Wort (eine Wortgruppe) aus seinem eigentümlichen Bedeutungszusammenhang in einen anderen übertragen wird, ohne dass ein direkter Vergleich die Beziehung zwischen Bezeichnendem u. Bezeichnetem verdeutlicht; bildliche Übertragung* (z. B. Gold ihrer Haare): ausgefallene, blumenreiche -n; etw. ist eine M. für etw.; einen Gedanken in eine M. kleiden; Seit Goethe ist das Bildungsmotiv immer mehr ... zurückgetreten und das Reisen geradezu zur M. einer Ruhelosigkeit geworden (Fest, Im Gegenlicht 197).
Me|ta|pho|rik, die; - (Stilk.): **a)** *das Bilden, der Gebrauch von Metaphern (als Stilmittel);* **b)** *in einem Text verwendete Gesamtheit von Metaphern.*
me|ta|pho|risch ⟨Adj.⟩ [griech. metaphorikós] (Stilk.): **a)** *durch die Verwendung von Metaphern gekennzeichnet; Metaphern enthaltend:* ein -er Stil; **b)** *als Metapher gebraucht; eine Metapher darstellend:* der -e Gebrauch eines Wortes.
Me|ta|phra|se, die; -, -n [griech. metáphrasis = Umschreibung]: **1.** (Literaturw.) *wortgetreue Übertragung einer Versdichtung in Prosa.* **2.** (Stilk.) *erläuternde Wiederholung eines Wortes durch ein Synonym.*
Me|ta|phrast, der; -en, -en [griech. metaphrástēs] (Literaturw.): *Verfasser einer Metaphrase (1).*
me|ta|phras|tisch ⟨Adj.⟩ [2: griech. metaphrastikós]: **1.** (Literaturw., Stilk.) *die Metaphrase betreffend.* **2.** (bildungsspr.) *umschreibend.*

Me|ta|phy|la|xe, die; -, -n [zu griech. phýlaxis = Bewachung, Beschützung; Analogiebildung zu ↑Prophylaxe] (Med.): *Nachbehandlung eines Patienten nach überstandener Krankheit als vorbeugende Maßnahme gegen mögliche Rückfälle (1).*
Me|ta|phy|se, die; -, -n [zu griech. metaphýein = nachher wachsen; sich umgestalten] (Med.): *Wachstumszone der Röhrenknochen.*
Me|ta|phy|sik, die; -, -en [mlat. metaphysica, zu griech. tà metá tà physiká = das, was hinter der Physik steht, Titel für die philos. Schriften des Aristoteles, die in einer Ausgabe des 1. Jh.s v. Chr. hinter den naturwissenschaftlichen Schriften angeordnet waren]: **1. a)** ⟨Pl. selten⟩ *philosophische Disziplin od. Lehre, die das hinter der sinnlich erfahrbaren, natürlichen Welt Liegende, die letzten Gründe u. Zusammenhänge des Seins behandelt:* die M. Platons, des Aristoteles; **b)** *die Metaphysik (a) darstellendes Werk:* diesen Gedanken findet man in der M. Nicolai Hartmanns. **2.** ⟨o. Pl.⟩ (Philos.) *(im Marxismus) der Dialektik entgegengesetzte Denkweise, die die Erscheinungen als isoliert u. als unveränderlich betrachtet.*
Me|ta|phy|si|ker, der; -s, -: *Philosoph auf dem Gebiet der Metaphysik* (1 a): Kant als M.
Me|ta|phy|si|ke|rin, die: w. Form zu ↑Metaphysiker.
me|ta|phy|sisch ⟨Adj.⟩: **1.** *die Metaphysik* (1 a) *betreffend; jede mögliche Erfahrung überschreitend:* -e Probleme, Deduktionen; eine -e Sicht; eine neue Ästhetik ohne -e Zusätze; es fehlt der -e Bezug: Das m. geladene Werk (Nigg, Wiederkehr 68); ⟨subst.:⟩ eine Abschweifung ins Metaphysische (Lorenz, Verhalten I, 279). **2.** *die Metaphysik (2) betreffend.*
Me|ta|pla|sie, die; -, -n [griech. metáplasis, zu: metaplássein = umformen] (Med., Biol.): *Umwandlung einer Gewebeart in eine andere, diesem Gewebe ähnliche (durch Differenzierung od. degenerative Prozesse, z. B. Verkalkung).*
Me|ta|plas|mus, der; -, ...men [griech. metaplasmós = Umbildung] (Sprachw.): *Umbildung von Wortformen aus Gründen des Wohlklangs, der Metrik.*
me|ta|plas|tisch ⟨Adj.⟩ (Sprachw.): *den Metaplasmus betreffend.*
Me|ta|psy|chik, die; - [zu griech. psychḗ (↑Psyche), geb. nach ↑Metaphysik]: *Parapsychologie.*
me|ta|psy|chisch ⟨Adj.⟩: *die Metapsychik betreffend.*
Me|ta|psy|cho|lo|gie, die; -: **1.** *(von S. Freud begründete) psychologische Lehre in ihrer ausschließlich theoretischen Dimension.* **2.** *Parapsychologie.*
Me|ta|säu|re, die; - (Chemie): *anorganische Säure der wasserärmsten Form.*
Me|ta|se|quo|ia, die; -, ...oien [eigtl. = nach der Sequoia benannter Baum (griech. metá = nach)]: *(in China heimischer, zu den Sumpfzypressen gehörender) sommergrüner Nadelbaum.*
Me|ta|som, das; -s, -e [zu griech. sōma = Körper] (Geol.): *fester Bestandteil*

eines Gesteins (bei seiner Zerlegung durch hohe Temperatur).

Me|ta|so|ma|tisch ⟨Adj.⟩ (Geol.): *durch Metasomatose entstanden.*

Me|ta|so|ma|to|se, die; - (Geol.): *Umwandlung eines Gesteins durch Änderung der chemischen Zusammensetzung (z. B. unter Wärmeeinwirkung).*

Me̱|ta|spra|che, die; -, -n [geb. nach ↑Metaphysik] (Sprachw., Math., Kybernetik): *Sprache od. Symbolsystem, das dazu dient, eine andere Sprache od. ein Symbolsystem zu beschreiben od. zu analysieren; Sprache, mit der die Objektsprache (Sprache als Gegenstand der Betrachtung) beschrieben wird.*

me|ta|sprach|lich ⟨Adj.⟩: *die Metasprache betreffend.*

me|ta|sta|bil ⟨Adj.⟩ (Physik): *instabil (1), aber dennoch nicht direkt in einen anderen Zustand übergehend.*

Me|tas|ta|se, die; -, -n [griech. metástasis = Wanderung]: **1.** (Med.) *Tumor, der sich durch Verschleppung von kranken Zellen bes. einer bösartigen Geschwulst an einer anderen, vom Ursprungsort entfernt gelegenen Körperstelle bildet; Tochtergeschwulst:* Mutter ist tot. Krebs. - im ganzen Körper (Sobota, Minus-Mann 295); Ü die -n des Faschismus sitzen schon überall drin (Woche 14. 2. 97, 3). **2.** (antike Rhet.) *Redefigur, mit der der Redner die Verantwortung für eine Sache auf eine andere Person überträgt.*

me|tas|ta|sie|ren ⟨sw. V.; hat⟩ (Med.): *Metastasen (1) bilden; absiedeln.*

me|tas|ta|tisch ⟨Adj.⟩ (Med.): *(von Tumoren o. Ä.) durch Metastase entstanden.*

Me|ta|te̱kt, das; -[e]s, -e [zu griech. tēktós = geschmolzen, flüssig, zu: tēkein = schmelzen] (Geol.): *flüssiger Bestandteil eines Gesteins (bei seiner Zerlegung durch hohe Temperatur).*

Me|ta|te̱|xis, die; - [zu griech. tēxis = das Schmelzen] (Geol.): *Zerlegung eines Gesteins in feste u. flüssige Teile (bei hohen Temperaturen).*

Me|ta|the|o|ri̱e [auch: '−−−−], die; -, -n: *wissenschaftliche Theorie, die ihrerseits eine Theorie zum Gegenstand hat.*

Me|ta|the̱|se, Me|ta|the̱|sis, die; -, ...the̱sen [lat. metathesis < griech. metáthesis] (Sprachw.): *Lautumstellung in einem Wort (z. B. Born–Bronn).*

Me|ta|to|ni̱e, die; -, -n [zu griech. tónos = Ton] (Sprachw.): *Wechsel der Intonation (z. B. in slawischen Sprachen).*

Me|ta|tro|pi̱s|mus, der; - [aus griech. metá (↑meta-, Meta- 1) u. ↑Tropismus] (Psych.): *anderes geschlechtliches Empfinden; Vertauschung der Rollen von Mann u. Frau.*

Me|ta̱|xa®, der; -[s], -s [Kunstwort]: *milder, aromatischer Branntwein aus Griechenland.*

me|ta|ze̱n|trisch ⟨Adj.⟩ (Schiffbau): *das Metazentrum betreffend.*

Me|ta|ze̱n|trum, das; -s, ...ren [zu griech. metá = (in)mitten u. ↑Zentrum] (Schiffbau): *Schnittpunkt der Auftriebsrichtung mit der vertikalen Symmetrieachse eines geneigten Schiffes, der für die Stabilität wichtig ist.*

Me|ta|zo̱|on, das; -s, ...zoen ⟨meist Pl.⟩

[zu griech. zōon = Lebewesen] (Biol.): *Vielzeller.*

Me|tem|psy|cho̱|se, die; -, -n [griech. metempsýchōsis]: *Seelenwanderung.*

Me|te|o̱r [auch: 'me:...], der, selten: das; -s, ...o̱re [griech. metéōron = Himmels-, Lufterscheinung] (Astron.): *Leuchterscheinung, die durch in die Erdatmosphäre eindringende feste kosmische Körper, Partikeln hervorgerufen wird:* ein heller, selbst am Tage sichtbarer M.; der Schauspieler stieg mit dieser Rolle wie ein M. am Filmhimmel auf *(wurde plötzlich sehr berühmt).*

Me|te|o̱r|ei|sen, das: *Eisen bestimmter Zusammensetzung, das von einem Meteoriten stammt.*

me|te|o̱r|haft ⟨Adj.⟩: *in seinem Aufstieg, seiner plötzlichen Bedeutung o. Ä. einem Meteor vergleichbar:* ein -er Aufstieg.

me|te|o̱|risch ⟨Adj.⟩: **1.** (Met.) *die Lufterscheinungen u. Luftverhältnisse betreffend:* -e Blüte (Bot.; *Blüte, deren Öffnung von den Wetterverhältnissen abhängt*). **2. a)** *meteoritisch (1);* **b)** *meteorhaft.*

Me|te|o̱|ris|mus, der; -, ...men [griech. meteōrismós = Schwellung] (Med.): *Blähsucht.*

Me|te|o̱|rit [auch: ...'rɪt], der; -en u. -s, -e[n] (Astron.): *in die Erdatmosphäre eindringender kosmischer Körper, der unter vollständiger od. teilweiser Verdampfung die Leuchterscheinung eines Meteors hervorruft:* Schwärme von -en.

me|te|o|ri̱|tisch ⟨Adj.⟩ (Astron.): **1.** *von einem Meteor stammend.* **2.** *von einem Meteoriten stammend.*

Me|te|o̱r|kra|ter, der: *durch den Einschlag eines Meteors entstandener ²Krater.*

Me|te|o|ro|gra̱mm, das; -s, -e [↑-gramm] (Met.): *Aufzeichnung der Messwerte eines Meteorographen.*

Me|te|o|ro|gra̱ph, der; -en, -en [↑-graph] (Met.): *Gerät zur gleichzeitigen Messung von Luftdruck, -feuchtigkeit u. -temperatur.*

Me|te|o|ro|lo̱|ge, der; -n, -n [↑-loge]: *Wissenschaftler auf dem Gebiet der Meteorologie.*

Me|te|o|ro|lo|gi̱e, die; - [griech. meteōrología = die Lehre von den Himmelserscheinungen]: *Teilgebiet der Geophysik, das die Vorgänge u. Gesetzmäßigkeiten in der Lufthülle der Erde sowie Wetterkunde u. Klimatologie umfasst.*

Me|te|o|ro|lo̱|gin, die; -, -nen: w. Form zu ↑Meteorologe.

me|te|o|ro|lo̱|gisch ⟨Adj.⟩: **1.** *die Meteorologie betreffend, zu ihr gehörend:* -e Instrumente, Observatorien, Stationen, Daten. **2.** *das Wetter betreffend; wettermäßig.*

Me|te|o|ro|path, der; -en, -en [↑-path] (Med.): *jmd., dessen körperliches Befinden in abnormer Weise von Witterungseinflüssen bestimmt wird.*

Me|te|o|ro|pa|tho|lo|gi̱e, die; - (Med.): *Zweig der Pathologie, der sich mit den Einflüssen des Wetters auf die Funktionen des kranken Organismus befasst.*

Me|te|o|ro|phy|si|o|lo|gi̱e, die; -: *Wissenschaft, die die Einflüsse des Wetters*

auf die Funktionen des pflanzlichen, tierischen u. menschlichen Organismus erforscht.

me|te|o|ro|trop ⟨Adj.⟩ [zu griech. tropé = (Hin)wendung]: *(in Bezug auf Krankheiten od. Befindensstörungen) wetter-, klimabedingt.*

Me|te|o|ro|tro|pi̱s|mus, der; - (Med.): *Beeinflussung von Krankheiten od. physiologischen Vorgängen durch das Wetter; Wetterfühligkeit.*

Me|te|o̱r|stein, der: *auf die Erdoberfläche gelangtes Reststück eines Meteoriten.*

Me̱|ter, der, auch: das; -s, - [frz. mètre < lat. metrum < griech. métron = (Vers)maß, Silbenmaß]: *Maßeinheit der Länge:* ein M. englisches Tuch/(geh.:) englischen Tuchs; der Preis eines -s Stoff/eines M. Stoffes; der Schnee liegt einen M. hoch; der Schrank ist drei M. breit; der See ist hier fünf M. tief; in hundert M. Höhe; drei M. Stoff reichen für diesen Anzug; mit den drei -n/mit drei M. Stoff kommen wir nicht aus; mit drei -n kommen wir nicht aus; nach -n messen; sie mussten sich M. um/für M. vorkämpfen; ein Zaun von zwei M. Höhe; in einer Entfernung von etwa zwanzig -n; Zeichen: m; ***laufende M./am laufenden M.** (salopp; *immer wieder, in einem fort*): »Was spielst du denn?« ... »den fröhlichen Landmann, laufende M. Fingerübungen ...« (Imog, Wurliblume 255).

-me|ter [1: griech. métron = Maß; 2: griech. -métrēs; 3: griech. -metros, zu: métron = (Vers)maß]: **1.** ⟨das; -s, -; Grundwort in Zus. mit der Bed.⟩: *Messgerät,* ²*Messer* (z. B. Aerometer, Aktinometer, Barometer). **2.** ⟨der; -s, -; Grundwort in Zus. mit der Bed.⟩: *Person, die Messungen ausführt* (z. B. Geometer). **3.** ⟨der; -s, -; Grundwort in Zus. mit der Bed.⟩: *ein bestimmtes Maß Enthaltendes; etw. Bestimmtes Messendes* (z. B. Hexameter, Parameter).

Me̱|ter|band, das ⟨Pl. ...bänder⟩: vgl. Metermaß.

me̱|ter|dick ⟨Adj.⟩: vgl. meterhoch.

me̱|ter|ge|nau ⟨Adj.⟩: *auf den Meter genau:* -e Messungen; -e Mauern.

Me̱|ter|ge|wicht, das: *Gewicht eines Meters Stoff:* Viele der -e in dieser neuen Kollektion (= Herrenmäntel) liegen hier zwischen 650 und 750 g (Herrenjournal 3, 1966, 50).

me̱|ter|hoch ⟨Adj.⟩: *[über] einen Meter u. damit sehr hoch:* meterhohe Schneeverwehungen; das Geröll lag m.

Me̱|ter-Ki|lo|gramm-Se|ku̱n|de-System, das ⟨o. Pl.⟩: *MKS-System.*

Me̱|ter|ki|lo|pond, das: *Kilopondmeter.*

me̱|ter|lang ⟨Adj.⟩: vgl. meterhoch.

Me̱|ter|maß, das: *Band od. Stab mit einer Einteilung in Zentimeter u. Millimeter zum Messen von Längen.*

Me̱|ter|se|kun|de, die: *Geschwindigkeit in Metern je Sekunde* (Zeichen: m/s, älter auch: m/sec).

Me̱|ter|stab, der: vgl. Metermaß.

me̱|ter|stark ⟨Adj.⟩: *meterdick:* -e Wände.

me̱|ter|tief ⟨Adj.⟩: vgl. meterhoch.

Me̱|ter|wa|re, die ⟨o. Pl.⟩: *nach Metern*

verkaufte Ware: Stoff, Teppichboden als M. verkaufen.

me|ter|wei|se ⟨Adv.⟩: *in Metern [u. damit in großer Menge].*

me|ter|weit ⟨Adj.⟩: vgl. meterhoch.

Me|ter|zent|ner, der (österr. veraltet): *Doppelzentner* (Zeichen: q).

Me|tha|don, das; -s [engl. methadone, geb. in den 40er-Jahren des 20. Jh.s aus der chem. Formel (6-di)**meth**(yl)**a**(mino-4,4)**d**(iphenyl-3-heptan)**one**] (Chemie, Med.): *synthetisches Derivat des Morphins (als Ersatzdroge für Heroinabhängige):* M. nehmen, geben.

Met|hä|mo|glo|bin, das; -s [zu ↑meta-, Meta- u. Hämoglobin] (Med.): *oxidiertes Hämoglobin, das (dreiwertiges) Eisen enthält u. an dieses den Sauerstoff bindet, statt ihn an die Körperzellen abzugeben.*

Met|hä|mo|glo|bi|nä|mie, die; - [zu griech. haîma = Blut] (Med.): *Vermehrung von Methämoglobin im Blut.*

Me|than, das; -s [zu ↑Methyl]: *farb- u. geruchloses Gas (Kohlenwasserstoff aus der Gruppe der Paraffine), das technisch bes. aus Erdgas gewonnen u. als Heizgas verwendet wird.*

Me|than|bak|te|rie, die ⟨meist Pl.⟩ (Biol.): *Methan bildendes Bakterium, das nur an anaeroben Standorten vorkommt.*

Me|than|gas, das: *Methan.*

Me|tha|nol, das; -s [Kurzwort aus ↑Methan u. ↑Alkohol]: *farbloser, brennend schmeckender, giftiger Alkohol, der bes. als Treib- u. Brennstoff verwendet wird; Methylalkohol.*

Me|the|xis, die; - [griech. méthexis = (An)teilnahme] (Philos.): *(in der platonischen Philosophie) Verhältnis des Abbildes zu seinem Urbild.*

Me|thi|o|nin, das; -s [Kunstwort] (Biol., Med.): *schwefelhaltige essenzielle Aminosäure.*

Me|thod-Ac|ting [ˈmɛðəd'ɛktɪŋ], das; -s [engl. method acting, aus: method = Vorgehen, Verfahrensweise u. acting = das Schauspielen, in den 1930er-Jahren in den USA gepr. Bez. für die Kunstauffassung des russ. Schauspielers, Regisseurs u. Theaterwissenschaftlers K. S. Stanislawski (1863-1938)] (Fachspr.): *Art der Schauspielerei, die darin besteht, dass der Schauspieler sich auf sich selbst konzentriert, auf eigene Erfahrungen zurückgreift, sich selbst (u. nicht andere) beobachtet.*

Me|tho|de, die; -, -n [spätlat. methodus < griech. méthodos = Weg od. Gang einer Untersuchung, eigtl. = Weg zu etw. hin]: **1.** *auf einem Regelsystem aufbauendes Verfahren zur Erlangung von [wissenschaftlichen] Erkenntnissen od. praktischen Ergebnissen:* eine zuverlässige, gängige, unschädliche, mathematisch-statistische, historisch-kritische, analytische, synoptische, technische, neue wissenschaftliche M.; subtile, komplizierte -n; die -n archäologischer Forschung; eine M. zur Bestimmung der spezifischen Wärme; die sokratische M. (↑sokratisch); eine M. ausarbeiten, entwickeln, ansetzen, übernehmen, anwenden, auf etw. übertragen; etw. mit den -n der

Wirtschaftssoziologie untersuchen; nach einer M. unterrichten, arbeiten. **2.** *Art u. Weise eines Vorgehens:* fragwürdige, undurchsichtige, raffinierte, raue -n; eine sichere M.; ihre -n gefallen mir nicht; was sind denn das für -n? (ugs.; *was ist denn das für ein ungehöriges Verhalten?*); M. *(Planmäßigkeit, sinnvolle Ordnung) in etw. bringen;* sie hat so ihre M. (ugs.; *ihr eigenes Verfahren*); (oft iron.:) nach bewährter M.; * **M. haben** *(auf einem genauen Plan beruhen; durchdacht sein):* sein Vorgehen hat M.; Hat die gespielte Harmlosigkeit M.? Deckt Lorbach ... andere Täter ...? (Noack, Prozesse 116).

Me|tho|den|leh|re, die: *Methodologie.*

Me|tho|dik, die; -, -en [griech. methodikḗ (téchnē) = Kunst des planmäßigen Vorgehens, zu: methodikós, ↑methodisch]: **1.** *Wissenschaft von der Verfahrensweise einer Wissenschaft:* die M. der Forstwissenschaft. **2.** ⟨o. Pl.⟩ *Wissenschaft von den Lehr- u. Unterrichtsmethoden:* er ist Professor für M. und Didaktik. **3.** *festgelegte Art des Vorgehens:* die politische M.

Me|tho|di|ker, der; -s, - : **1.** *jmd., der planmäßig, nach einer bestimmten Methode vorgeht.* **2.** *Begründer einer Methode* (1).

Me|tho|di|ke|rin, die; -, -nen: w. Form zu ↑Methodiker.

me|tho|disch ⟨Adj.⟩ [spätlat. methodicus < griech. methodikós]: **1.** *die Methode* (1) *betreffend:* -e Schwierigkeiten einer Disziplin; eine m. wichtige Unterscheidung; etw. m. begründen. **2.** *eine Methode zugrunde legend, nach einer Methode vorgehend:* Anders als ... Kohl ist der Fraktionschef ein m. veranlagter Mensch (Spiegel 6, 1993, 22); m. vorgehen; etw. m. vorbereiten; etw. hat sich m. bewährt, hat sich m. *(von der Methode her)* als Fehler erwiesen.

me|tho|di|sie|ren ⟨sw. V.; hat⟩ (bildungsspr.): *Methode* (1) *in etw. hineinbringen.*

Me|tho|dis|mus, der; - [engl. methodism, zu: method = Methode]: *(aus der anglikanischen Kirche im 18. Jh. hervorgegangene) evangelische Erweckungsbewegung, die durch Bibelfrömmigkeit, Betonung der persönlichen Glaubensbindung u. Laienmitarbeit gekennzeichnet ist.*

Me|tho|dist, der; -en, -en [engl. methodist]: *Mitglied einer methodistischen Kirchengemeinde.*

Me|tho|dis|ten|kir|che, die: **1.** *kirchlicher Versammlungsort der Methodisten.* **2.** *methodistische Kirche:* einer M. angehören.

Me|tho|dis|tin, die; -, -nen: w. Form zu ↑Methodist.

me|tho|dis|tisch ⟨Adj.⟩ [engl. methodistic]: *den Methodismus betreffend:* die -e Kirche.

Me|tho|do|lo|gie, die; -, -n [zu ↑Methode u. ↑-logie]: **a)** *Lehre, Theorie der wissenschaftlichen Methoden;* **b)** *Methodik* (1).

me|tho|do|lo|gisch ⟨Adj.⟩: **a)** *die Methodologie* (a) *betreffend;* **b)** *die Methodologie* (b), *die Methodik* (1) *betreffend.*

Me|tho|ma|nie, die; - [zu griech. méthē = Trunkenheit u. ↑Manie] (Med. seltener): *Delirium tremens.*

Me|thu|sa|lem, der; -[s], -s [nach dem biblischen Urvater, der (nach 1. Mos. 5, 25 ff.) 969 Jahre alt gewesen sein soll] (ugs.): *sehr alter Mann:* er ist ein M.; * **[so] alt wie M. sein** *[in Bezug auf eine männliche Person] sehr alt sein).*

Me|thyl, das; -s [frz. méthyle, rückgeb. aus ↑Methylen] (Chemie): *einwertiger Rest des Methans in zahlreichen organisch-chemischen Verbindungen.*

Me|thyl|al|ko|hol, der ⟨o. Pl.⟩: *Methanol.*

Me|thy|la|min, das; -s: *gasförmiges, wasserlösliches u. brennbares Amin von ammoniakähnlichem Geruch.*

Me|thy|len, das; -s [frz. méthylène, zu griech. méthy = Wein u. hýlē = Holz]: *Atomgruppe CH_2 als Teil einer Verbindung od. als unbeständiges Molekül mit zweiwertigem Kohlenstoff.*

Me|thy|len|blau, das ⟨o. Pl.⟩: *synthetischer Farbstoff, der bes. zum Färben von Papier, Artikeln des Bürobedarfs u. histologischen Präparaten verwendet wird.*

Me|ti|er [me'tie:], das; -s, -s [frz. métier < afrz. me(ne)stier < lat. ministerium, ↑Ministerium]: *bestimmte berufliche o. ä. Tätigkeit als jmds. Aufgabe, die er durch die Beherrschung der dabei erforderlichen Fertigkeiten erfüllt:* das M. des Politikers, Kritikers; sein M. beherrschen; das ist nicht mein M. *(davon verstehe ich nichts);* wir Philologen sollten nicht rechten ... Analyse, nicht Richterspruch ist unser M. *(ist unsere Aufgabe;* Jens, Mann 96); Sie scheinen wirklich noch neu zu sein in dem M. (Prodöhl, Tod 219); Ein ... Mann, der alles konnte, nicht nur, was zu seinem M. gehörte (Dönhoff, Ostpreußen 89).

Me|tist, der; -, -en (Kaufmannsspr.): *Vertragspartner in einem Metageschäft.*

Me|tis|tin, die; -, -nen: w. Form zu ↑Metist.

Me|tö|ke, der; -n, -n [spätlat. metoecus < griech. métoikos, eigtl. = Mitbewohner, zu: metá = mit u. oîkos = Haus]: *(in den Städten des antiken Griechenlands) ortsansässiger Fremder ohne politische Rechte.*

me|to|ni|sche Zy|klus, der; -n - [nach dem altgriech. Mathematiker Meton (5. Jh. v.Chr.)]: *alter Kalenderzyklus (Zeitraum von 19 Jahren), der bis heute der Berechnung des christlichen Osterdatums zugrunde liegt.*

Me|to|no|ma|sie, die; -, -n [griech. metonomasía, zu: metá = (da)nach, später (bezogen auf einen Wechsel) u. onomasía = Benennung]: *Veränderung eines Eigennamens durch Übersetzung in eine fremde Sprache* (z. B. Schwarzerd, griech. = Melanchthon).

Me|to|ny|mie, die; -, -n [spätlat. metonymia < griech. metōnymía = Namensvertauschung, zu metá = (da)nach, später (bezogen auf einen Wechsel) u. ónyma (ónoma) = Name] (Rhet., Stilk.): *Ersetzung des eigentlichen Ausdrucks durch einen andern, der in naher sachlicher Beziehung zum ersten steht* (z. B. Stahl statt Dolch).

me|to|ny|misch ⟨Adj.⟩ [spätlat. metonymicus < griech. metōnymikós] (Rhet., Stilk.): *in der Art der Metonymie; die Metonymie betreffend.*

Me|to|pe, die; -, -n [lat. metopa < griech. metópē, zu: metá = zwischen u. opē = Öffnung] (Archit.): *im Gebälkfries des dorischen Tempels mit Triglyphen wechselnde, fast quadratische, bemalte od. mit Reliefs verzierte Platte aus gebranntem Ton od. Stein.*

Me|tra, Me|tren: Pl. von ↑Metrum.

-me|trie [griech. -metría zu: metreīn = messen, zu: métron, ↑Meter] ⟨in Zus. Grundwort mit der Bed.⟩: *[Ver]messung* (z. B. Alkalimetrie, Barometrie, Geometrie).

Me|trik, die; -, -en [lat. (ars) metrica < griech. metrikḗ (téchnē), zu: metrikós, ↑metrisch] **a)** (Verslehre) *Lehre von den Gesetzmäßigkeiten des Versbaus u. den Versmaßen; Verslehre;* **b)** *die Metrik (1 a) darstellendes Werk.* **2.** (Musik) *Lehre vom Takt u. von der Taktbetonung.*

Me|tri|ker, der; -s, -: *Fachmann auf dem Gebiet der Metrik.*

Me|tri|ke|rin, die; -, -nen: w. Form zu ↑Metriker.

me|trisch ⟨Adj.⟩ [lat. metricus < griech. metrikós = das (Silben)maß betreffend, zu: métron, ↑Metrum, Meter] **1.** (Verslehre) *die Metrik (1 a) betreffend, ihr entsprechend:* eine m. gegliederte Verszeile; einen lyrischen Text m. analysieren. **2.** (Musik) *die Metrik (2) betreffend, ihr entsprechend:* die m. einfachere Struktur des Jazz. **3.** *auf den Meter als Maßeinheit bezogen:* Maße, die einen Vergleich mit dem -en Maß nur schwer ... zulassen (Mantel, Wald 76); -es System (*urspr. auf dem Meter, dann auf Meter u. Kilogramm beruhendes Maß- u. Gewichtssystem).*

Me|tri|tis, die; -, ...itiden [zu griech. mētra = Gebärmutter] (Med.): *Entzündung der Muskulatur der Gebärmutter.*

Me|tro, die; -, -s [frz. métro, Kurzf. von (chemin de fer) métropolitain = Stadtbahn]: *Untergrundbahn (bes. in Paris, Moskau).*

Me|tro|lo|gie, die; - [griech. metrología]: *Lehre u. Wissenschaft vom Messen, von den Maßsystemen u. deren Einheiten.*

me|tro|lo|gisch ⟨Adj.⟩: *die Metrologie betreffend, zu ihr gehörend.*

Me|tro|ma|nie, die; - [zu griech. mḗtra = Gebärmutter u. ↑Manie] (Med., Psych. selten): *Nymphomanie.*

me|tro|morph ⟨Adj.⟩ [zu griech. métron = Maß u. ↑-morph] (Med., Psych.): *von ausgeglichener [Körper]konstitution.*

Me|tro|nom, das; -s, -e [zu griech. métron = Maß u. nómos = Gesetz, Regel] (Musik): *Gerät mit einer Skala, das im zahlenmäßig vorgeschriebenen u. eingestellten Tempo zur Kontrolle mechanisch den Takt schlägt:* mit M. spielen, üben; die Windschutzscheibe, an der die Wischer wie zwei -e regelmäßig den Takt angaben (Erné, Kellerkneipe 77); * **Mälzels M./M. Mälzel** (in Verbindung mit einer Zahlangabe Bez. des genauen Tempos; Abk.: M. M.; nach dem Erfinder J. N. Mälzel, 1772–1838): Er ... hörte auf

den Schlag seines Herzens, das anfangs noch wie ein Truthahn kollerte, sich aber allmählich ... beruhigte, bei etwa sechzig M. Mälzel (Bieler, Mädchenkrieg 306).

Me|tro|ny|mi|kon, Matronymikon, das; -s, ...ka [zu griech. mētrōnymikós = nach der Mutter benannt, zu: mḗtēr = Mutter u. ónyma = Name]: *vom Namen der Mutter abgeleiteter Name* (z. B. Niobide = Sohn der Niobe).

me|tro|ny|misch ⟨Adj.⟩: *nach der Mutter benannt.*

Me|tro|po|le, die; -, -n [lat. metropolis < griech. mētrópolis, eigtl. = Mutterstadt, aus: mḗtēr = Mutter u. pólis = Stadt] (bildungsspr.): **a)** *Weltstadt; Hauptstadt (mit weltstädtischem Charakter):* München, die M. Bayerns; die rheinische M.; Das New York von damals war die letzte mir heimische M. (Handke, Niemandsbucht 423); verließen immer mehr ... Bürger Roms die M. (Ransmayr, Welt 124); **b)** (früher) *Mutterland (von Kolonien).*

Me|tro|po|lis, die; -, ...polen (bildungsspr. veraltend): *Metropole.*

Me|tro|po|lit, der; -en, -en [kirchenlat. metropolita = Bischof in der Metropole < griech. mētropolítēs]: **a)** (kath. Kirche) *Vorsteher einer Kirchenprovinz; Erzbischof;* **b)** (orthodoxe Kirche) *Leiter einer unabhängigen Landeskirche.*

Me|tro|po|li|tan ⟨Adj.⟩: *dem Metropoliten zustehend.*

Me|tro|po|li|tan|kir|che, die: *Kirche eines Metropoliten.*

Me|trop|to|se, die; -, -n [zu griech. mḗtra = Gebärmutter u. ptṓsis = das Fallen] (Med.): *Gebärmuttervorfall.*

Me|tror|rha|gie, die; -, -n [zu griech. mḗtra = Gebärmutter u. rhḗgnýnai = reißen, brechen] (Med.): *nicht menstruelle Blutung aus der Gebärmutter.*

Me|trum, das; -s, ...tren, älter: ...tra [lat. metrum = Versmaß, Vers, ↑Meter]: **1.** (Verslehre) *Versmaß; metrisches Schema eines Verses.* **2.** (Musik) **a)** *Zeitmaß, Tempo;* **b)** *Taktart.*

Mett, das; -[e]s [aus dem Niederd. < mniederd. met = (gehacktes) Schweinefleisch ohne Speck < asächs. meti = Speise; vgl. mhd., ahd. maჳ = Speise]: *Hackfleisch vom Schwein, das (mit Gewürzen vermischt) roh gegessen wird.*

Met|ta|ge [mɛˈtaːʒə], die; -, -n [frz. mettage, zu: mettre, ↑Metteur] (Druckw.): *Umbruch [in einer Zeitungsdruckerei].*

Met|te, die; -, -n [mhd. met(t)en, met-tin(e), spätahd. mettīna, mattīna < kirchenlat. mattina, für: matutina (hora od. vigilia), ↑Matutin] (kath. u. ev. Kirche): *mitternächtliche od. frühmorgendlicher Gottesdienst vor einem hohen kirchlichen Fest; Mitternachtsgottesdienst, -messe:* eine M. besuchen; an einer M. teilnehmen; zur M. gehen.

Met|teur [mɛˈtøːɐ̯], der; -s, -e [frz. metteur (en pages) = (Seiten)zurichter, zu: mettre = setzen, stellen, zurichten < lat. mittere = schicken] (Druckw.): *Schriftsetzer, der die Satzspalten aus Seiten umbricht.*

Met|teu|rin, die; -, -nen: w. Form zu ↑Metteur.

Mett|wurst, die [zu ↑Mett]: *[geräucherte] Wurst aus gewürztem Hackfleisch vom Rind od. Schwein.*

¹Met|ze, die; -, -n, Metzen [mhd. metze, spätahd. mezzo] (früher): **a)** *alte Maßeinheit von unterschiedlicher Größe, bes. für Getreide:* ◆ So biss man in den sauren Apfel und bewilligte jährlich vier -n Korn zur Erhaltung Pavels (Ebner-Eschenbach, Gemeindekind 11); ◆ **b)** *Feldmaß (mit dem je nach Landschaft unterschiedlich große Flächen bezeichnet werden):* »Mein Feld ... Wie groß ...?« »Es wird so seine fünfzehn -n haben, nicht ganz drei Hektare«, sprach Pavel ohne Zögern (Ebner-Eschenbach, Gemeindekind 177).

²Met|ze, die; -, -n [(spät)mhd. metze, urspr. = Mädchen (geringeren Standes); eigtl. mhd. Kosef. der Vorn. Mechthild, Mathilde] (veraltet): *Prostituierte:* es hapert mit der Treue ... Du Buhle, ach, du M. (Hacks, Stücke 61).

Met|ze|lei, die; -, -en [zu ↑metzeln] (abwertend): *Gemetzel:* es gab Rebellionen, Kriege und -en von Kannibalen (Grzimek, Serengeti 93); Zehntausende starben in den -en ihrer Bruderkriege (natur 4, 1991, 104).

met|zeln ⟨sw. V.; hat⟩ [spätmhd. metzel(e)n < mlat. macellare = schlachten, zu lat. macellum = Fleisch(markt) < griech. mákellon = Gehege, aus dem Hebr.]: **a)** (selten) *niedermachen, morden* (1 a); **b)** (landsch.) *schlachten.*

Met|zel|sup|pe, die (landsch.): *Wurstsuppe.*

Met|zel|tag, der (landsch.): *Schlachttag.*

¹met|zen ⟨sw. V.; hat⟩ (landsch.): *schlachten.*

²met|zen ⟨sw. V.; hat⟩ [vgl. Steinmetz] (veraltet): *(als Bildhauer) aus Stein formen; hauen* (4 b): aus Millionen tonnenschwerer Bauklötze, die sie ... in den arabischen Brüchen gemetzt ... hatten (Th. Mann, Joseph 739).

Met|zen, der; -s, -: ¹Metze.

Metzg, die; -, - (schweiz.): *Metze.*

Metz|ge, die; -, -n [mhd. metzge] (landsch.): **a)** *Metzgerei;* **b)** *Schlachtbank.*

metz|gen ⟨sw. V.; hat⟩ [(spät)mhd. metz(i)gen] (schweiz., sonst landsch.): *schlachten.*

Metz|ger, der; -s, - [mhd. metzjer, metzjære, wahrsch. zu mlat. matiarius = jmd., der mit Därmen handelt, zu lat. mattea < griech. mattýa = feine Fleischspeise (bes. westmd., südd.): *Fleischer.*

Metz|ge|rei, die; -, -en (westmd., südd., schweiz.): *Fleischerei.*

Metz|ger|gang, der [wohl nach dem Umstand, dass früher die Metzger oft vergeblich über Land gingen, um Schlachtvieh zu kaufen] (landsch.): *vergeblicher Gang; erfolgloses Unternehmen:* * **einen M. machen** (keinen Erfolg haben).

Metz|ge|rin, die; -, -nen: **1.** w. Form zu ↑Metzger. **2.** *Frau des Metzgers.*

Metz|ger|la|den, der (westmd., südd., schweiz.): *Metzgerei.*

Metz|ger|meis|ter, der (westmd., südd., schweiz.): *Fleischermeister.*

Metz|ger|meis|te|rin, die (westmd., südd., schweiz.): w. Form zu ↑Metzgermeister.

metz|gern ⟨sw. V.; hat⟩ (landsch.): *schlachten.*

Metz|ger|pal|me, die (landsch.): *(zu den Liliengewächsen gehörende) Pflanze mit aus dem Wurzelstock hervorwachsenden großen, spitz zulaufenden dunkelgrünen Blättern.*

Metz|gers|gang: ↑Metzgergang.

Metz|ge|te, die; -, -n (schweiz.): **a)** *Schlachtfest;* **b)** *Schlachtplatte.*

Metz|zig, die; -, -en (landsch.): *Metzge.*

Metz|ler, der; -s, - [mhd. metz(e)ler, ahd. mezeläri < mlat. macellarius, zu lat. macellum, ↑metzeln] (rhein.): *Fleischer.*

Meu|ble|ment [møblə'mã:], das; -s, -e [nach frz. ameublement, zu: meubler, ↑möblieren] (veraltet): *Zimmer-, Wohnungseinrichtung.*

Meu|chel|mord, der; -[e]s, -e [mhd. miuchel- = (in Zus.) heimlich, zu ↑meucheln] (abwertend): *heimtückischer Mord.*

Meu|chel|mör|der, der; -s, - (abwertend): *jmd., der einen Meuchelmord begangen hat.*

Meu|chel|mör|de|rin, die: w. Form zu ↑Meuchelmörder.

◆ **meu|chel|mör|de|risch** ⟨Adj.⟩: *meuchlerisch:* ... und wollten sie m. an unser Leben? (Goethe, Egmont II).

meu|cheln ⟨sw. V.; hat⟩ [älter = heimlich handeln, zu mhd. mūchen, ahd. mūhhōn = (sich) verbergen, wegelagern] (emotional abwertend): *heimtückisch ermorden:* Die Freier zu m. ist für Odysseus ein Kinderspiel im Vergleich zu dem Versuch, Penelope zurückzugewinnen (Woche 14. 11. 97, 47); die ganze Familie war im Schlaf gemeuchelt worden; ⟨subst. 2. Part.:⟩ Die Abscheu vor den Mördern ist so groß, die Sympathien für die Gemeuchelten so allgemein (Wochenpost 20. 6. 64, 13).

Meuch|ler, der; -s, - [mhd. miucheler, ahd. mūhhilāri]: **a)** (veraltet abwertend) *Meuchelmörder;* ◆ **b)** *Räuber, Strauchdieb:* es sollte ein Knabe gestäupt werden, der sich eines nächtlichen Einbruchs verdächtig gemacht habe und ... wahrscheinlich mit unter den -n gewesen sei (Goethe, Lehrjahre III, 9).

Meuch|le|rin, die; -, -nen: w. Form zu ↑Meuchler.

meuch|le|risch ⟨Adj.⟩: **a)** (abwertend) *in der Weise eines Meuchelmörders [ausgeführt]; hinterrücks, heimtückisch:* -e Anschläge; jmdn. m. anfallen, überfallen; ◆ **b)** *unaufrichtig u. hinterhältig; falsch* (5): Konnt' ich in ihren Armen träumen, wie m. der Busen schlug (Goethe, Der Müllerin Verrat).

meuch|lings ⟨Adv.⟩ [mhd. miuchelinge] (geh. abwertend): *aus dem Hinterhalt:* jmdn. m. töten, ermorden.

Meu|te, die; -, -n ⟨Pl. selten⟩ [frz. meute < afrz. muete, eigtl. = Bewegung, Aufruhr, über das Vlat. zu lat. movere = bewegen]: **1.** (Jägerspr.) *(zur Parforcejagd bzw. zur Saujagd verwendete) Gruppe von Jagdhunden:* die M. auf Hirsche, Sauen loslassen. **2.** (ugs.; häufig abwertend) ei-

ne größere Zahl, Gruppe von Menschen, die gemeinsam auftreten, agieren o. Ä.: eine johlende M. zog durch die Straßen; Klingel im oberen Stock! ... Da wacht dann die ganze M. (wachen alle) auf (Ossowski, Bewährung 112); eine M. Halbstarker, von Halbstarken; er lud die ganze M. (ugs. scherzh.; alle Anwesenden) zu sich ein; Das Hotel ... wurde von einer M. Neugieriger gestürmt (Hamburger Abendblatt 20. 5. 85, 9).

◆ **Meu|ter,** der; -s, -: *Meuterer:* Gefangen, als M., Missetäter in den tiefsten Turm geworfen (Goethe, Götz V); die M., Giftmischer und alle, die ihren Mann lang hinhalten und aus dem Hinterhalt fassen (Schiller, Fiesco I, 9); es wurde ihr gewiss, dass irgendein Haufen M. ... da draußen tobe (E. T. A. Hoffmann, Fräulein 3).

Meu|te|rei, die; -, -en [wohl unter Einfluss von mniederd. moiterie, mniederl. moyterie, meuterie zu frz. meute, ↑Meute]: *Auflehnung einer größeren Zahl von Menschen gegenüber einem Vorgesetzten (bes. bei Soldaten, Gefangenen, Seeleuten):* eine offene M. bricht aus; die M. wurde niedergeschlagen, unterdrückt; ihr Verhalten grenzt an M.; zur M. aufrufen.

Meu|te|rer, der; -s, - [älter: Meuter]: *jmd., der meutert.*

Meu|te|rin, die; -, -nen: w. Form zu ↑Meuterer.

meu|te|risch ⟨Adj.⟩ (veraltet): **a)** *zur Meuterei anstachelnd, aufwiegelnd; aufrührerisch:* Sie erfuhr, dass er mit Ismael ... m. Fühlung genommen habe (Th. Mann, Joseph 214); **b)** ⟨nur attr.⟩ *in Meuterei befindlich; aufgewiegelt:* eine -e Truppe.

meu|tern ⟨sw. V.; hat⟩ [unter Einfluss von Meuter(er) zu älter meuten = sich empören, zu frz. meute, ↑Meute]: **a)** *sich gegen einen Vorgesetzten, gegen Anordnungen, Zustände auflehnen; rebellieren:* die Truppe meuterte [gegen die Offiziere]; **b)** (ugs.) *Unwillen, Unzufriedenheit, Missfallen über etw. äußern; aufbegehren:* du musst nicht immer gleich [gegen alles] m.!; Die Menschen vor der Kasse meuterten (Martin, Henker 29); gegen Überstunden m.; Ü Doch als er ausscheiden wollte, wurde er fett, und das Herz meuterte (versagte seinen Dienst; Lenz, Brot 147).

MeV = Megaelektronenvolt.

Me|xi|ka|ner, der; -s, -: Ew. zu ↑¹Mexiko.

Me|xi|ka|ne|rin, die; -, -nen: w. Form zu ↑Mexikaner.

me|xi|ka|nisch ⟨Adj.⟩: *Mexiko, die Mexikaner betreffend; von den Mexikanern stammend, zu ihnen gehörend.*

¹Me|xi|ko: -s: Staat in Mittelamerika.

²Me|xi|ko: Mexiko-Stadt.

Me|xi|ko-Stadt: Hauptstadt von ¹Mexiko.

MEZ = mitteleuropäische Zeit (die Zonenzeit des 15. Längengrades östl. von Greenwich, die eine Stunde vor der Weltzeit liegt).

Mez|za|ma|jo|li|ka, die; -, ...ken [zu ital. mezza = mittel-]: *Fayence, bei der Bemalung u. Glasur in verschiedenen Arbeitsgängen angebracht werden.*

Mez|za|nin, der u. das; -s, -e [frz. mezzanine < ital. mezzanino, zu: mezzano = mittlerer < lat. medianus, zu: medius, ↑¹Medium]: *niedriges Zwischengeschoss, meist zwischen Erdgeschoss u. erstem Obergeschoss od. unmittelbar unter dem Dach (bes. in der Baukunst der Renaissance, des Barocks, des Klassizismus):* Sie hatten im Mezzanin gewohnt, das hieß in Wien der M. (Rolf Schneider, November 193).

Mez|za|nin|woh|nung, die (österr.): *Wohnung im Mezzanin.*

mez|za vo|ce [- 'vo:tʃə] [ital.] (Musik): *mit gedämpfter Stimme, halblaut [zu singen, zu spielen];* Abk.: m. v.

mez|zo|for|te ⟨Adv.⟩ [aus ital. mezzo = mittel- u. ↑forte]: *in, mit mittlerer, halblauter Tonstärke* (Abk.: mf).

Mez|zo|for|te, das: *mittlere, halblaute Tonstärke.*

Mez|zo|gior|no [...'dʒorno], der; - [ital. mezzogiorno, eigtl. = Mittag]: *südlicher Teil Italiens einschließlich Siziliens.*

mez|zo|pi|a|no ⟨Adv.⟩ [aus ital. mezzo = mittel- u. ↑piano]: *nicht zu leise* (Abk.: mp).

Mez|zo|pi|a|no, das: *gedämpfte, aber nicht zu leise Tonstärke.*

Mez|zo|so|pran [auch: ---'-], der: **1.** *Frauenstimme in der mittleren Lage zwischen Alt u. Sopran.* **2.** (selten) *Mezzosopranistin.*

Mez|zo|so|pra|nis|tin, die: *Sängerin mit Mezzosopranstimme.*

Mez|zo|tin|to, das; -[s] -s u. ...ti [ital. mezzotinto = halb gefärbt] (Kunstwiss.): **a)** ⟨o. Pl.⟩ *Schabkunst;* **b)** *Produkt der Schabkunst.*

mf = mezzoforte.

μF = Mikrofarad.

MfS = Ministerium für Staatssicherheit (ehem. DDR).

mg = Milligramm.

Mg = Magnesium.

MG, das; -[s], -[s]: Kurzwort für ↑Maschinengewehr.

µg = Mikrogramm.

Mgr. = Monseigneur; Monsignore.

mhd. = mittelhochdeutsch.

MHz = Megahertz.

mi [ital.]: *Silbe, auf die beim Solmisieren der Ton e gesungen wird.*

Mi. = Mittwoch.

Mia. = Milliarde[n].

Mi|a|mi [maɪ'æmɪ]: *Küstenstadt in Florida.*

Mi|a|ro|le, die; -, -n ⟨meist Pl.⟩ [ital. mundartl. miarolo = Granit mit kleinen Hohlräumen] (Geol.): *kleiner, unregelmäßiger, einer ¹Druse (1) ähnlicher Hohlraum in magmatischen Gesteinen.*

mi|a|ro|li|tisch ⟨Adj.⟩ (Geol.): *mit kleinen Hohlräumen durchsetzten Granit betreffend.*

Mi|as|ma, das; -s, ...men [griech. míasma = Verunreinigung]: *(einer früheren Annahme entsprechend) Krankheiten auslösender Stoff in der Luft od. in der Erde; [aus dem Boden ausdünstender] Gift-, Pesthauch:* durch den weißen Treibnebel, der wie ein M. über dem Meer hing (MM 11. 4. 75, 35).

mi|as|ma|tisch ⟨Adj.⟩: *giftig.*

mi|au ⟨Interj.⟩: lautm. für den Laut der Katze: die Katze macht m.

mi|au|en ⟨sw. V.; hat⟩: *(von Katzen) einen wie »miau« klingenden Laut von sich geben:* die Katze miaute; Sie führten scheußlich miauende Panther ... an Ketten (Th. Mann, Joseph 774).

mich [mhd. mich, ahd. mih]: **1.** ⟨Akk. des Personalpron. ↑ich⟩: er sah m. freundlich an; sie mag m. nicht. **2.** ⟨Akk. des Reflexivpron. der 1. Person, ↑sich⟩: ich möchte m. verabschieden; ich entschuldige m.

Mi|cha|e|li[s], das; - ⟨meist o. Art.⟩: *Michael[i]stag.*

Mi|cha|e|lis|tag: ↑Michaelstag.

Mi|cha|e|ls|fe|ri|en ⟨Pl.⟩ (landsch.): *Schulferien im Herbst.*

Mi|cha|e|ls|fest, das: *christliches Fest, das an Michaeli begangen wird.*

Mi|cha|e|ls|tag, der: *Tag, der dem Erzengel Michael geweiht ist (29. 9.).*

Mi|chel, der; -s, - [eigtl. = Kurzf. des m. Vorn. Michael, 1541 in der Verbindung »der teutsch Michel« erstmals in den Sprichwortbüchern des dt. Dichters S. Franck (1499–1542/43)] (abwertend): **1.** *einfältig-naiver Mensch:* Ist der richtige Deutsche der schlafmützige M. oder der ... arbeitswütige Fritz? (Hörzu 25, 1979, 56); * *deutscher M. (weltfremder, unpolitischer, etwas schlafmütziger Deutscher).* **2.** *Bez. für Deutscher.*

Mi|chels|tag, der (landsch.): *Michaelstag.*

Mi|chi|gan ['mɪʃɪgən]; -s: Bundesstaat der USA.

Mi|cke, die; -, -n [mniederd. mikke = Astgabel] (nordd. veraltet): *Gestell aus schräg gegeneinander gestellten Hölzern.*

Mi|cker, der od. das; -s, -[n] [H. u.] (landsch. veraltend): *Fettschicht um die Eingeweide der Schlachttiers.*

Mi|cker|fett, das (landsch.): *Micker.*

mi|cke|rig: ↑mickrig.

Mi|cke|rig|keit: ↑Mickrigkeit.

mi|ckern ⟨sw. V.; hat⟩: *kümmern (3):* in dem trockenen Sommer mickern die Pflanzen.

mick|rig, (selten:) mickerig ⟨Adj.⟩ [urspr. (ost)niederd., zu: mikkern = schwach (von Gestalt), zurückgeblieben sein] (ugs. abwertend): *im Vergleich zu anderen in Größe, Menge o. Ä. kümmerlich, zurückgeblieben wirkend:* ein kleiner, -er Kerl; Ein mickriger Gummibaum steht in einer Ecke (Straessle, Herzradieschen 71); aus dem -en Gewächs wird nichts; seine mickrige Figur bezeichnete sie als »drahtig« (Hörzu 37, 1972, 18); ein -es Geschenk; außerdem nimmt sich ... ein einzeln aus der Tasche gezogenes Flugblatt mickrig aus (Becker, Irreführung 30); Ü außerdem gab es da so ein -es Echo (H. Kolb, Wilzenbach 153).

Mick|rig|keit, (selten:) Mickerigkeit, die; -: *das Mickrigsein.*

Mi|cky|maus, die; -, ...mäuse [nach Mickey Mouse, einer 1928 von dem amerik. Trickfilmzeichner u. -produzenten W. Disney erfundenen Trickfilm- u. Comicfigur]: *Figur des Trickfilms u. der Comics in Gestalt einer Maus, die menschliche Eigenschaften aufweist.*

mi|cro-, Mi|cro-: ↑mikro-, Mikro-.

Mi|cro|burst ['maɪkrəʊbəːst], der; -[s], -s [engl.-amerik. microburst, aus: micro- = klein, begrenzt (< griech. mikrós, ↑mikro-, Mikro-) u. burst = Schlag, Stoß; Ausbruch, zu: to burst = platzen, (auf)brechen, verw. mit ↑bersten] (Flugw.): *den Start- od. Landevorgang von Flugzeugen gefährdende Fallbö.*

Mi|das|oh|ren ⟨Pl.⟩ [nach dem griech. Sagenkönig Midas, dem Eselsohren wuchsen, weil er es gewagt hatte, bei einem Sängerwettstreit sich als einziger Richter gegen den Gott Apollo zugunsten von Pan zu entscheiden] (bildungsspr.): *Eselsohren (1).*

Mid|der, das; -s [H. u.] (nordwestd.): *Kalbsmilch.*

Mid|gard, der; - [anord. miðgarðr, eigtl. = (die Menschen) umgebender Wall] (germ. Myth.): *den Mittelpunkt der Welt bildender Lebensraum der Menschen.*

Mid|gard|schlan|ge, die; - (nord. Myth.): *Ungeheuer, das Midgard umschlingt (als Sinnbild für das die Erde umgebende Meer).*

mi|di ⟨Adj.⟩ [wahrsch. Fantasiebildung zu engl. middle = Mitte, geb. nach ↑mini] (Mode): *(von Mänteln, Kleidern, Röcken) bis zur Mitte der Waden reichend:* der Rock ist m.

¹Mi|di, das; -s ⟨meist o. Art.⟩ (Mode): **a)** *halblange Kleidung:* M. tragen; **b)** *(von Mänteln, Kleidern, Röcken) Länge, die bis zur Mitte der Waden reicht.*

²Mi|di, der; -s, -s: *Midirock.*

Mi|di|kleid, das: *Kleid in einer bis zur Mitte der Waden reichenden Länge.*

Mi|di|län|ge, die: *bis zur Mitte der Wade reichende Länge.*

Mi|di|man|tel, der: vgl. Midikleid.

Mi|di|mo|de, der: vgl. Midikleid.

Mi|di|nette [...'nɛt], die; -, -n [...tn; frz. midinette, wohl eigtl. = Mädchen, das erst am Mittag (frz. midi) frühstückt (weil es sehr lange angewiesen ist u. lange geschlafen hat]: **1.** volkst. französische Bez. für *Modistin, Näherin (in Paris).* **2.** (veraltend abwertend) *Mädchen, junge Frau, die als leichtlebig angesehen wird.*

Mi|di|rock, der: *Rock in einer bis zur Mitte der Wade reichenden Länge.*

Mid|life-Cri|sis, Mid|life|cri|sis ['mɪdlaɪf'kraɪsɪs], die; - [engl. midlife crisis] (bildungsspr.): *(vor allem in Bezug auf Männer) krisenhafte Phase in der Mitte des Lebens, in der jmd. sein bisheriges Leben kritisch überdenkt, gefühlsmäßig in Zweifel zieht; Krise des Übergangs vom verbrachten zum verbleibenden Leben:* Ein Mann kommt in die Jahre. Midlife-Crisis eines Zahnarztes (Hörzu 39, 1981, 44); auch Manager mit Midlife-Crisis hat es schon nach Puna verschlagen (Spiegel 34, 1978, 89).

Mid|life|kri|se, die: *Midlife-Crisis:* Als Popstar kann man sich natürlich eine M. überhaupt nicht erlauben (Lindenberg, El Panico 164).

Mil|drasch, der; -, ...schim [hebr. midrāš = Forschung, Auslegung]: **1.** *Auslegung des Alten Testaments nach den Regeln der jüdischen Schriftgelehrten.*

2. *Sammlung von Auslegungen der Heiligen Schrift.*

Mid|ship|man ['mɪdʃɪpmən], der; -s, ...men [...mən; engl.]: engl. Bez. für *Fähnrich zur See.*

mied: ↑meiden.

Mie|der, das; -s, - [mhd. müeder = Leibchen; Nebenf. von mhd. muoder, ahd. muodar = Bauch]: **1.** *Teil der Unterkleidung für Frauen [aus elastischem Material] mit stützender u. formender Wirkung.* **2.** *eng anliegendes [vorn geschnürtes], ärmelloses Oberteil eines Trachtenod. Dirndlkleids:* die Hanni trug stolz die Talerketten am kräftig geschnürten M. (Sommer, Und keiner 364).

Mie|der|hös|chen, das, Mie|der|ho|se, die: *aus elastischem Material bestehender, wie ein Schlüpfer zu tragender, die Figur formender Teil der Unterkleidung.*

Mie|der|rock, der: *Rock mit einem breiten, eng anliegenden ¹Bund (2), der die Taille betont.*

Mie|der|stäb|chen, das: *in ein Mieder (1) eingenähtes, der Festigung dienendes Stäbchen.*

Mie|der|wa|ren ⟨Pl.⟩: *Unterkleidung mit stützender u. formender Wirkung für Frauen.*

Mief, der; -[e]s [urspr. wohl Soldatenspr., wahrsch. zu ↑¹Muff] (salopp abwertend): *schlechte verbrauchte, stickige Luft (in einem Raum):* in dem Zimmer ist ein fürchterlicher M.; Ein M. von ... vielen Menschen ... hing in den Räumen (Simmel, Stoff 62); Mit dem Auto fahren sie dort (= in Holstein) auch. Aber der M. (= die abgasgeschwängerte Luft) verteilt sich besser als in der Stadt (Danella, Hotel 370); besser warmer M. als kalter Ozon (scherzh. kommentierende Entgegnung auf jmds. Bemerkung, dass in einem Raum die Luft schlecht sei [u. deshalb das Fenster geöffnet werden sollte]); Ü Es ist der M. *(die abgestoßene, beschränkte Atmosphäre)* der Kleinstadt, jener Brodem aus Klatsch, Geldgier, Ehrgeiz und politischen Interessen (Tucholsky, Werke I, 288); Vor gut zehn Jahren hast du ... angefangen, den deutschen Film vom M. *(von seiner Enge)* zu befreien (tango 9, 1984, 16).

mie|fen ⟨sw. V.; hat⟩ (ugs. abwertend): *schlechten, als unangenehm empfundenen Geruch verbreiten:* deine Füße miefen; ⟨unpers.:⟩ es mieft *(es verbreitet sich ein schlechter, unangenehmer Geruch):* Obwohl das Fenster geöffnet ist, mieft es *(stinkt es)* ziemlich doll nach verkästen Socken (Straessle, Herzradieschen 136).

mie|fig ⟨Adj.⟩: *nach Mief riechend:* eine -e Bar; Ü das Leben in der Kleinstadt war ihr zu m., eng und kleinkariert.

Mief|kis|te, die (salopp): *Bett.*

Mief|ko|je, die (salopp): *Bett.*

Mief|quirl, der (salopp scherzh.): *Ventilator.*

mie|ke|rig, miek|rig ⟨Adj.⟩ (landsch.): *mickerig, mickrig.*

Mie|ne, die; -, -n [frz. mine, H. u.; viell. zu bret. min = Schnauze, Schnabel]: *in einer bestimmten Situation bestimmte*

*Gefühle ausdrückendes Aussehen des Ge-
sichts; Gesichtsausdruck:* ihre M. hellte,
klärte sich auf, verdüsterte sich, verän-
derte sich blitzartig, verriet Unwillen; eine freundliche, liebenswürdige, strahlen-
de, ernste, klägliche, eisige M. aufsetzen;
Der Mann hatte seinen Kopf in den Na-
cken geworfen und die M. ungeheurer
Kennerschaft aufgesetzt (Kronauer, Bogenschütze 117); eine zuversichtliche,
vergnügte M. zur Schau tragen; eine ge-
kränkte M. machen; eine saure M. ziehen (ugs.; *verdrossen aussehen)* keine M.
verziehen *(sich eine Gefühlsregung nicht
anmerken lassen, sie nicht zeigen);* ohne
eine M. zu verziehen, ertrug sie den
Schmerz; mit unbewegter M. hörte er
das Gerichtsurteil; etw. mit der M. eines
Oberlehrers tun; Spr mit frommen -n
kann man den Himmel nicht verdienen;
**M. machen, etw. zu tun (sich anschi-
cken, etw. zu tun):* Niemand machte M.,
sich zu erheben (Remarque, Westen 63);
gute M. zum bösen Spiel machen *(etw.
wohl od. übel geschehen lassen, sich den
Ärger nicht anmerken lassen; viell. nach
frz. faire bonne mine à mauvais jeu* [mit
Bezug auf das Glücksspiel]).
Mie|nen|spiel, das: *das Sichwiderspie-
geln von Gedanken, Gefühlen in der Mimik:* ein lebhaftes M. haben.
Mie|re, die; -, -n [spätmhd. myer, mnie-
derd. mir]: *(zu den Nelkengewächsen gehörende) in vielen Arten vorkommende
Pflanze mit weißen, auch roten Blüten in
Trugdolden.*
mies ⟨Adj.⟩ [jidd. mis < hebr. mĕ'is =
schlecht; verächtlich] (ugs.): **1.** (abwertend) **a)** *in Verdruss, Ärger, Ablehnung
hervorrufender Weise schlecht; unter dem
zu erwartenden Niveau:* -es Essen; ein -er
Job; -es Wetter; eine -e Bruchbude; Wie
kommentiert Lafontaine das -e Ergebnis der heillos zerstrittenen Frankfurter
SPD? (Woche 7. 3. 97, 5); die Neue Berliner Rundschau ist ein -es Käseblatt
(Kant, Impressum 204); aus einer -en Situation das Beste machen; sie hatte -e
Laune, war in -er Stimmung *(sie war
schlecht gelaunt);* die Bezahlung ist m.;
das Programm der Pioniere war m. ein-
studiert (H. Gerlach, Demission 223);
der Chef hat sich heute wieder m. be-
nommen; sie muss immer alle, alles m.
machen *(kann immer nur Nachteiliges
über alle, alles sagen);* **b)** *von niedriger
Gesinnung; gemein, hinterhältig:* ein -er
Typ, Charakter; er hat sich ganz m. be-
nommen in der Angelegenheit. **2.** *(im
Hinblick auf die gesundheitliche Verfassung) unwohl, elend:* sich m. fühlen; Ich
muss jetzt einen Schnaps trinken. Mir ist
ganz m. (Danella, Hotel 377).
mies, mies (landsch.): ↑ miez, miez.
¹Mies, die; -, -en (landsch.): ↑ *Mieze* (1).
²Mies, das; -es, -e [mhd. mies, ahd. mios,
Ablautform von ↑ Moos] (südd.): *Moor;
Sumpf.*
Mies|chen, das; -s, - (landsch.): ¹*Mies.*
Mie|se, die; -, -n [zu ↑ mies] (salopp):
1. (Jargon) *Markstück:* Es sei denn, für
ein paar Storys gibt's ein paar M. (Spiegel 38, 1977, 204). **2.** ⟨Pl.⟩ *Minuspunkte;
Minusbetrag; Defizit:* M. [auf dem Kon-

to] haben; Nun hat man aber erst einmal
250 000 Mark M. bei der Bank (Welt
14. 3. 96, 3); *** **in den -n sein** (1. *das Bankkonto überzogen haben.* 2. *[von bestimmten (Karten)spielen] Minuspunkte ha-
ben);* **in die -n kommen** (1. *dabei sein, sich
zu verschulden.* 2. *beim [Karten]spiel Minuspunkte bekommen).*
Mie|se|kätz|chen, das; -s, - (landsch.
Kinderspr.): *Miesekatze.*
Mie|se|kat|ze, die; -, -n (landsch. Kin-
derspr.): ↑ *Miezekatze* (1).
Mie|se|pe|ter, der; -s, - [zu ↑ mies; zum
2. Bestandteil vgl. Heulpeter] (ugs.):
*jmd., der ständig unzufrieden u. übellau-
nig ist.*
mie|se|pe|te|rig, mie|se|pet|rig ⟨Adj.⟩
(ugs.): *verdrießlich; schlecht gelaunt:* -e
Patienten; was macht Ihr denn für mie-
sepetrige Gesichter? (Sebastian, Krankenhaus 50); m. dreinschauen.
Mie|se|pet|rig|keit, die; - (ugs.): *das
Miesepetrigsein; Missgelauntsein:* seine
M. verdirbt allen die Freude.
Mie|sig|keit, die; - (ugs. abwertend):
miese Beschaffenheit.
Mies|ling, der; -s, -e (ugs. abwertend):
Mensch von unsympathischem Wesen.
mies ma|chen: s. mies (1 a).
Mies|ma|cher, der (ugs. abwertend):
*jmd., der Nachteiliges über jmdn., etw.
sagt, der jmdn., etw. herabsetzt:* er ist ein
M.
Mies|ma|che|rei, die; - (ugs. abwer-
tend): *dauerndes Miesmachen.*
Mies|ma|che|rin, die: w. Form zu
↑ Miesmacher.
Mies|mu|schel, die; -, -n [zu ↑ ²Mies, al-
so eigtl. = Moos-, Sumpfmuschel]: *längliche, blauschwarze, bes. im Atlantik vorkommende Muschel, die sich an Steinen,
Pfählen festsetzt; Pfahlmuschel.*
Mies|nik, der; -s, -s [aus ↑ mies u. -nik
(vgl. Kibbuznik)] (salopp abwertend):
Miesling.
Miet|an|stieg, der: *das Ansteigen der*
¹*Miete* (1).
Miet|aus|fall, der: *das Ausfallen der*
¹*Miete* (1).
Miet|au|to, das: **1.** *Taxi.* **2.** *auf Zeit ge-
mietetes Auto.*
Miet|block, der ⟨Pl. -s, selten: ...blöcke⟩:
Häuserblock mit Mietwohnungen.
¹Mie|te, die; -, -n [mhd. miet[e], ahd. mia-
ta]: **1.** *(bes. von Wohnungen o. Ä.) Preis,
den jmd. für das* ¹*Mieten von etw., für das
vorübergehende Benutzen, den Gebrauch
bestimmter Einrichtungen, Gegenstände
zahlen muss:* eine hohe, überhöhte M.
für ein Zimmer, eine Wohnung; kalte M.
(ugs.; *Miete ohne Heizkosten);* warme M.
(ugs.; *Miete einschließlich Heizkosten);*
die M. ist fällig, ist gestiegen; die M. für
das Geschäft läuft weiter; die M. bezahlen, vorauszahlen, kürzen, überweisen;
* **die halbe M. sein** (ugs.; *ein großer Vorteil sein; schon fast zum Erfolg führen):*
Sein Name war allein schon die halbe M.,
den Ostdeutschen haben ihre Liebe
zum alten Adel entdeckt (Spiegel 2, 1991,
56); Heinz Rühmann auf der Couch, das
ist für viele Zuschauer schon die halbe
M. (MM 17. 1. 94, 25). **2.** ⟨o. Pl.⟩ *das* ¹*Mieten:* Kauf ist vorteilhafter als M.; etw. in

M. *(gemietet)* haben; [bei jmdm.] in, zur
M. wohnen *(Mieter sein).*
²Mie|te, die; -, -n [aus dem Niederd. <
mniederl. mite = aufgeschichteter Heu-
od. Holzhaufen < lat. meta = kegelför-
mig aufgeschichteter Heuhaufen]
(Landw.): **a)** *mit Stroh, Erde abgedeckte
Grube, in der Feldfrüchte o. Ä. zum
Schutz gegen Frost aufbewahrt werden:*
eine M. anlegen; die M. öffnen; Kartoffeln, Rüben in einer M. überwintern;
b) *Feime.*
Miet|ein|nah|me, die: *Einnahme* (1) *aus*
¹*Miete[n]* (1): sie haben aus ihrem Haus
hohe -n.
¹mie|ten ⟨sw. V.; hat⟩ [mhd. mieten, ahd.
mietan]: **1.** *(bes. von Wohnungen o. Ä.)
gegen Bezahlung (das Eigentum eines
anderen) in Benutzung nehmen:* [sich
⟨Dativ⟩] ein Haus, eine Wohnung, ein
Boot, ein Auto, ein Klavier m.; wir mie-
teten uns einen Ruderkahn (Bieler, Bonifaz 213); sie haben für sich, für ihren
Besuch eine Ferienwohnung gemietet;
Ich holte sie am Hafen ab und brachte
sie zu dem kleinen Sarazenenhaus, das
ich ihr ... gemietet hatte (Henze, Reiselieder 154); ⟨auch ohne Akk.-Obj.:⟩ Das
Haus, in dem ich gemietet hatte, lag in
einer kleinen Cité (Th. Mann, Krull
264); Eigentlich passte es der Tante
nicht, dass er nur für so kurze Zeit m.
wollte (Hesse, Steppenwolf 10). **2.** (veraltet) *gegen Bezahlung, Lohn vorübergehend in Dienst nehmen:* [sich ⟨Dativ⟩] einen Diener m.; Mimi will sich scheiden
lassen und mietet sich einen Gigolo
(Spiegel 52, 1984, 160).
²mie|ten ⟨sw. V.; hat⟩ (landsch.): ²*einmie-
ten.*
Mie|ten|re|ge|lung, Mietregelung, die:
die ¹*Miete betreffende Regelung.*
Mie|ten|spie|gel, der: *Mietspiegel.*
Mie|ter, der; -s, -: *jmd., der etw. gemietet
hat:* ein ruhiger, ordentlicher M.; dem
M. der Wohnung kündigen; einen M.
rauswerfen, suchen.
Mie|ter|aus|schuss, der: *Ausschuss* (2),
*der die Interessen eines bestimmten Krei-
ses von Mietern vertritt.*
Miet|er|hö|hung, die: *Erhöhung des
Mietpreises.*
Mie|te|rin, die; -, -nen: w. Form zu ↑ Mie-
ter.
Mie|ter|ini|ti|a|ti|ve, die: *Zusammen-
schluss von Mietern eines Hauses, einer
Straße o. Ä. mit dem Ziel, durch gemein-
sames Handeln u. Information der Öffentlichkeit dem Vermieter gegenüber bestimmte Forderungen durchzusetzen.*
Mie|ter|schutz, der: *gesetzlich geregelter
Schutz des Mieters vor willkürlichen
Maßnahmen des Vermieters.*
Mie|ter|schutz|ge|setz, das: *den Mie-
terschutz regelndes Gesetz.*
Miet|er|trag, der: *Ertrag aus* ¹*Miete[n]*
(1).
Mie|ter|ver|samm|lung, die: *Versamm-
lung der Mieter [eines Hauses]:* eine M.
einberufen, abhalten.
miet|frei ⟨Adj.⟩: *ohne eine* ¹*Miete* (1) *be-
zahlen zu müssen:* m. wohnen.
Miet|geld, das (veraltet): ¹*Miete* (1): Am
Ersten jeden Monats kam Frau Selchow

selbst, um das M. zu kassieren (Augustin, Kopf 25).

Miet|ge|setz, das: *Gesetz, das Rechte u. Pflichten des Vermieters u. des Mieters festlegt.*

Miet|haus: ↑ Mietshaus.

Miet|ka|ser|ne: ↑ Mietskaserne.

Miet|kauf, der (Wirtsch.): *Mietvertrag, bei dem der Vermieter dem Mieter das Recht einräumt, innerhalb einer bestimmten Frist das Gemietete zu kaufen, wobei die bis dahin gezahlte* ¹*Miete* (1) *ganz od. zum Teil auf den Kaufpreis angerechnet wird; Leihkauf.*

Miet|kon|trakt, der (seltener): *Mietvertrag.*

Miet|ling, der; -s, -e [b: mhd. (md.) miet(e)linc]: **a)** (abwertend selten) *männliche Person, die sich für entsprechende Vergünstigungen o. Ä. bereit findet, eines anderen [politische] Ziele, Interessen zu vertreten:* Verächtliche -e des Faschismus (Leonhard, Revolution 25); **b)** (früher) *Knecht, Dienstbote o. Ä.:* Wie erstaunte Joseph ..., als er in dem M. ... den ... erkannte, der ihn ... von Schekem nach Dotan geführt (Th. Mann, Joseph 701).

Miet|mut|ter, die (seltener): *Leihmutter.*

Miet|par|tei, die: *Mieter einer bestimmten Wohnung o. Ä. in einem Mietshaus:* in diesem Haus wohnen vier -en.

Miet|preis, der: ¹*Miete.*

Miet|recht, das ⟨o. Pl.⟩: *Gesamtheit der Gesetze, die Rechte u. Pflichten des Vermieters u. des Mieters festlegen.*

miet|recht|lich ⟨Adj.⟩: *das Mietrecht betreffend.*

Miet|re|ge|lung: ↑ Mietenregelung.

Miet|rück|stand, der: *Rückstand in Bezug auf die* ¹*Miete* (1).

Miet|schuld, die: *Verpflichtung zur Zahlung einer* ¹*Miete* (1).

Miet|schul|den ⟨Pl.⟩: *Schulden aus noch nicht bezahlter* ¹*Miete* (1).

Miets|haus, das: *[größeres] Wohnhaus, in dem jmd. zur* ¹*Miete* (2) *wohnt.*

Miets|ka|ser|ne, die (abwertend): *großes Mietshaus [ohne architektonischen Schmuck] (als Teil eines größeren Komplexes ähnlicher Bauten meist in Arbeitervierteln von Industriestädten):* hässliche, einförmige -n.

Miet|spie|gel, der: *Tabelle, aus der der in einer Gemeinde bzw. in einem Wohnbezirk übliche Mietpreis für Wohnraum mit vergleichbarer Ausstattung zu ersehen ist.*

Miets|stei|ge|rung, Miet|stei|gerung, die: *Mieterhöhung.*

Miet|strei|tig|kei|ten ⟨Pl.⟩: *Auseinandersetzung[en] zwischen Mieter u. Vermieter.*

Miet|sub|ven|ti|on, die: *von der öffentlichen Hand direkt od. indirekt geleistete Zahlungen zur Reduzierung der Belastung durch die* ¹*Miete* (1) *bei bedürftigen Haushalten.*

Mie|tung, die: *das* ¹*Mieten.*

Miet|ver|hält|nis, das (Amtsspr.): *Verhältnis, das sich aus dem Umstand ergibt, dass jmd. etw. gemietet od. vermietet hat:* das M. lösen; im M. stehen *(Mieter sein).*

Miet|ver|lust, der: vgl. Mietausfall.

Miet|ver|lust|ver|si|che|rung, die (Versicherungsw.): *Versicherung gegen Mietverlust.*

Miet|ver|trag, der: *Vertrag zwischen Mieter u. Vermieter über die Bedingungen der Vermietung.*

Miet|vo|raus|zah|lung, die: *Vorauszahlung von* ¹*Miete* (1).

Miet|wa|gen, der: *Mietauto* (2).

miet|wei|se ⟨Adv.⟩ (selten): *gegen, zur* ¹*Miete* (1): etw. m. zur Verfügung stellen, anbieten.

Miet|woh|nung, die: *Wohnung, in der jmd. gegen* ¹*Miete* (1) *wohnt.*

Miet|woh|nungs|bau, der ⟨o. Pl.⟩: *Bau von Mietwohnungen.*

Miet|wu|cher, der (abwertend): *das Fordern einer unverhältnismäßig hohen* ¹*Miete* (1).

Miet|zah|lung, die: *Zahlung der* ¹*Miete* (1).

Miet|zins, der ⟨Pl. -e⟩ (südd., österr., schweiz.): ¹*Miete* (1): den M. erhöhen, mindern.

Miet|zu|schuss, der: *zur* ¹*Miete* (1) *gewährter Zuschuss.*

miez, miez ⟨Interj.⟩: Lockruf für die Katze.

Miez, die; -, -en (fam.): *Mieze* (1).

Miez|chen, das; -s, - (fam.): *Mieze.*

Mie|ze, die; -, -n [aus dem Lockruf mi-(mi-mi)]: **1.** (fam.) *Katze.* **2.** (salopp) *junges Mädchen, Frau (im Hinblick auf ihre geschlechtsspezifische Rolle):* flotte -n; glauben Sie, ich lass mich von einer kleinen M. aus dem Feld schlagen? (Praunheim, Sex 95); wenn ich keine -n hatte, ja, da bin ich da hingegangen (Schmidt, Strichjungengespräche 183).

Mie|ze|kätz|chen, das, **Mie|ze|kat|ze,** die (fam.): *Katze:* selbstgefällig strich eine Miezekatze um die Ecke (Henscheid, Madonna 160).

Mig|ma|tit [auch: ...'tɪt], der; -s, -e [zu griech. mígma (Gen: mígmatos) = Mischung] (Geol.): *Mischgestein.*

Mi|gnon [mɪnˈjõː, ˈmɪnjõ], der; -s, -s [frz. mignon, zu afrz. mignot = zierlich] (veraltet): **1.** *Liebling, Günstling.* **2.** frz. Bez. für *Kolonel.*

Mi|gno|nette [mɪnjoˈnɛt], die; -, -s [frz. mignonette, eigtl. Vkl. von: mignon, ↑ Mignon]: *schmale, feine Spitze aus Zwirn.*

Mi|gnon|fas|sung, die: *Fassung* (1 b) *für kleine Glühlampen.*

Mi|gnonne [mɪnˈjon], die; -, -s [frz. mignonne] (veraltet): *Liebchen.*

Mi|gnon|zel|le, die: *dünne Babyzelle.*

Mi|grä|ne, die; -, -n [frz. migraine, zu lat. hemicrania < griech. hēmikrāníā = halbseitiger Kopfschmerz; aus: hēmi = halb u. krāníon = Schädel]: *[oft mit Erbrechen u. Sehstörungen verbundener] starker, meist auf eine Seite des Kopfes auftretender Schmerz:* [eine] M. haben; Er hatte Kopfschmerzen, die zur M. zu werden drohten (H. Gerlach, Demission 109).

Mi|grä|ne|an|fall, der: *Anfall* (1) *von Migräne.*

Mi|grä|ne|stift, der (berlin. scherzh.): *Gummiknüppel.*

Mi|grant, der; -en, -en [zu lat. migrans,

migrantis = wandernd]: **1.** (Soziol.) *jmd., der eine Migration* (1 b) *vornimmt:* Er ist der Sohn armer japanischer -en und ... beherrscht die spanische Sprache nicht (Woche 3. 1. 97, 20). **2.** (Zool.) *Tier, das in ein Land, eine Gegend einwandert bzw. daraus abwandert.*

Mi|gran|tin, die; -, -nen: w. Form zu ↑ Migrant (1).

Mi|gra|ti|on, die; -, -en [lat. migratio = (Aus)wanderung, zu: migrare = wandern, wegziehen]: **1. a)** (Biol., Soziol.) *Wanderung od. Bewegung bestimmter Gruppen von Tieren od. Menschen;* **b)** (Soziol.) *Abwanderung von jmdm. in ein anderes Land, eine andere Gegend, an einen anderen Ort; Auswanderung:* In dem Bewusstsein, dass geographische Kriterien im Zeitalter von Medien und M. nur noch bedingt zur Klassifizierung von Kunst taugen (Woche 14. 11. 97, 43); Sammlungen eines Essener Dokumentationszentrums über die M. aus der Türkei (Spiegel 46, 1993, 70). **2.** (Geol.) *das Wandern bestimmter Stoffe, bes. von Erdöl, in porösem od. klüftigem Gestein.*

Mi|gra|ti|ons|the|o|rie, die: *biologische Theorie, die die Entstehung neuer Arten durch Auswanderung u. Verschleppung in neue Lebensräume erklären will (nach M. Wagner, 1813–1857).*

mi|gra|to|risch ⟨Adj.⟩ (Fachspr.): *wandernd, durch Wanderung übertragen.*

mi|grie|ren ⟨sw. V.; hat⟩ [lat. migrare] (Fachspr.): *wandern* (z. B. von tierischen Parasiten beim Wirtswechsel).

Mih|rab [mɪˈxraːp], der; -[s], -s [arab.]: *nach Mekka weisende Gebetsnische in der Moschee.*

Mijn|heer [məˈneːɐ̯], der; -s, -s [1: niederl. mijnheer = mein Herr]: **1.** ⟨o. Art.⟩ *niederländische Anrede eines Herrn.* **2.** (scherzh.) *Niederländer.*

Mi|ka, die, auch: der; - [lat. mica = Körnchen]: *Glimmer.*

¹**Mi|ka|do,** das; -s, -s [jap. mikado = frühere Bez. für den jap. Kaiser; das Spiel ist nach den Stäbchen mit dem höchsten Zahlenwert benannt]: *Geschicklichkeitsspiel, bei dem dünne Stäbchen durcheinander geworfen werden u. dann jeweils ein Stäbchen aus dem Gewirr herausgezogen werden muss, ohne dass ein anderes sich bewegt:* M. spielen.

²**Mi|ka|do,** der; -s, -s: **1.** *frühere Bezeichnung für den japanischen Kaiser.* **2.** *Stäbchen im* ¹*Mikado mit dem höchsten Wert.*

Mi|ka|do|stäb|chen, das: *einzelnes Stäbchen des* ¹*Mikados.*

Mi|ko, der; -s, -s (ugs.): *Kurzwort für* ↑ Minderwertigkeitskomplex.

mikr-, Mikr-: ↑ mikro-, Mikro- (1).

Mi|krat, das; -[e]s, -e [Kunstwort] (Dokumentation, Informationst.): *sehr stark verkleinerte Wiedergabe einer Schriftod. Bildvorlage (etwa im Verhältnis 1 : 200).*

Mi|kren|ze|pha|lie, die; -, -n [zu griech. mikrós = klein u. egképhalos = Gehirn] (Med.): *abnorm geringe Größe des Gehirns.*

¹**Mi|kro,** das; -s, -s (ugs.): Kurzf. von ↑ Mikrofon: Neuer Anlauf, nun hört man

sie gar nicht, das M. versagt (Kraushaar, Lippen 196).

²Mi|kro, die; -: *genormter kleinster Schriftgrad für Schreibmaschinen.*

³Mi|kro, der; -s, -s (ugs.): Kurzf. von ↑ Mikrowellenherd.

mi|kro-, Mi|kro-, (vor Vokalen meist:) mikr-, Mikr- [griech. mikrós]: **1.** bedeutet in Bildungen mit Adjektiven od. Substantiven *klein, fein, gering:* mikroskopisch; Mikroskop. **2.** bedeutet in Bildungen mit Substantiven od. Adjektiven *klein, kleiner als normal, sehr klein:* Mikrochip; mikrosozial. **3.** bedeutet in Maßeinheiten *ein[e] millionstel ...:* Mikrosekunde.

Mi|kro|ana|ly|se, die; -, -n (Chemie): *chemische Analyse, bei der nur sehr geringe Substanzmengen (meist weniger als 10 mg) eingesetzt werden.*

Mi|kro|auf|nah|me, die; -, -n: *Mikrofotografie* (2).

Mi|kro|be, die; -, -n ⟨meist Pl.⟩ [frz. microbe, zu griech. mikrós (↑ mikro-, Mikro-) u. bíos = Leben]: *Mikroorganismus.*

mi|kro|bi|ell ⟨Adj.⟩ (Biol., Med.): **a)** *die Mikroben betreffend;* **b)** *durch Mikroben hervorgerufen, erzeugt.*

Mi|kro|bi|o|lo|ge, der; -n, -n: *Wissenschaftler auf dem Gebiet der Mikrobiologie.*

Mi|kro|bi|o|lo|gie, die; -: *Wissenschaft von den Mikroorganismen.*

Mi|kro|bi|o|lo|gin, die; -, -nen: w. Form zu ↑ Mikrobiologe.

Mi|kro|bi|on, das; -s, ...ien ⟨meist Pl.⟩ [zu griech. bioûn = leben]: *Mikroorganismus.*

mi|kro|bi|zid [zu lat. -cidere = erschlagen, töten] ⟨Adj.⟩ (Med.): *Mikroben abtötend; entkeimend.*

Mi|kro|bi|zid, das; -[e]s, -e (Med.): *Mittel zur Abtötung von Mikroben.*

Mi|kro|blast, der; -en, -en [zu griech. blastós = Keim, Spross] (Med.): *Mikrozyt.*

Mi|kro|chei|lie, die; -, -n [zu griech. cheîlos = Lippe] (Med.): *abnorm geringe Größe der Lippen.*

Mi|kro|che|mie [auch: 'mi:kro...], die; -: *Zweig der Chemie, der die Analyse kleinster Substanzmengen zum Gegenstand hat.*

Mi|kro|chip, der (Elektrot.): *Chip* (3).

Mi|kro|chi|rur|gie [auch: 'mi:kro...], die; - (Med.): *Teilgebiet der Chirurgie, das sich mit Operationen (z. B. Augenoperationen) unter dem Mikroskop befasst.*

mi|kro|chi|rur|gisch [auch: 'mi:kro...] ⟨Adj.⟩: *die Mikrochirurgie betreffend, zu ihr gehörend.*

Mi|kro|com|pu|ter, der: *in extrem verkleinerter Bauweise hergestellter Computer.*

Mi|kro|do|ku|men|ta|ti|on, die; -, -en (Dokumentation, Informationst.): *Verfahren zur Raum sparenden Archivierung von Schrift- u. Bilddokumenten durch ihre fotografische Reproduktion im stark verkleinerten Maßstab.*

Mi|kro|elek|tro|nik [auch: 'mi:kro...], die; -: *Zweig der Elektronik, der den Entwurf u. die Herstellung von integrierten elektronischen Schaltungen mit hoher Dichte der sehr kleinen Bauelemente zum Gegenstand hat.*

mi|kro|elek|tro|nisch [auch: 'mi:kro...] ⟨Adj.⟩: *die Mikroelektronik betreffend, zu ihr gehörend.*

Mi|kro|evo|lu|ti|on, die; -, -en (Biol.): *Evolution, die kurzzeitig u. in kleinen Schritten vor sich geht.*

Mi|kro|fa|rad, das; -[s], - [zu griech. mikrós = klein (zur Bez. des 10⁶ten Teils einer physikalischen Einheit) u. ↑ Farad] (Physik): *ein millionstel Farad* (Zeichen: μF).

Mi|kro|fa|ser, die; -, -n [↑ mikro-, Mikro-] (Textilind.): *für Stoffe der Oberbekleidung verwendete Faser aus Polyester, die aus feinsten Strukturen besteht u. dadurch Luft einschließen kann, sodass die Stoffe wärme- u. feuchtigkeitsregulierend, luftdurchlässig u. sehr leicht sind:* das ist ein Stoff aus feinsten -n (Chic 9, 1984, 63).

Mi|kro|fau|na, die; -, ...nen (Biol.): *Welt der im Boden lebenden Tiere, die mit bloßem Auge nicht sichtbar sind.*

Mi|kro|fiche [...'fi:ʃ, auch: 'mi:kro...], das od. der; -s, -s [frz. microfiche, zu: fiche = Karteikarte] (Dokumentation, Informationst.): *Mikrofilm mit reihenweise angeordneten Mikrokopien:* etw. auf M. aufnehmen.

Mi|kro|film, der; -[e]s, -e (Dokumentation, Informationst.): *Film mit Mikrokopien.*

Mi|kro|fon, (auch:) Mikrophon, das; -s, -e [engl. microphone]: *Gerät, durch das Akustisches auf Tonband, Kassette od. über Lautsprecher übertragen werden kann:* vor der Sendung wurde ein M. an seinem Jackett befestigt; Die Garderobentür steht offen, die Mikrofone auf der nahe gelegenen Bühne sind noch eingeschaltet (Kinski, Erdbeermund 287); jmdn. ans M. bitten; ins M. sprechen; vor dem M. stehen; jmdn. vors M. holen, bekommen.

Mi|kro|fon|gal|gen, der: vgl. Galgen (2).

mi|kro|fo|nisch, (auch:) mikrophonisch ⟨Adj.⟩ (selten): *das Mikrofon betreffend.*

Mi|kro|fo|to|gra|fie [auch: 'mi:kro...], die; -, -n: **1.** ⟨o. Pl.⟩ *fotografisches Aufnehmen mithilfe eines Mikroskops.* **2.** *mithilfe eines Mikroskops gemachte fotografische Aufnahme.*

Mi|kro|fo|to|ko|pie [auch: 'mi:kro...], die; -, -n: *Mikrokopie.*

Mi|kro|ga|met [auch: 'mi:kro...], der; -en, -en (Biol.): *kleinere u. beweglichere männliche Geschlechtszelle bei niederen Lebewesen.*

Mi|kro|ge|nie, die; -, -n [zu griech. géneion = Kinn] (Med.): *abnorm geringe Größe des Unterkiefers.*

Mi|kro|gramm, das; -s, -e: *ein millionstel Gramm.*

Mi|kro|kar|te, die; -, -n (Dokumentation, Informationst.): *Karte aus Fotopapier, auf der Mikrokopien reihenweise angeordnet sind.*

mi|kro|ke|phal usw.: ↑ mikrozephal usw.

Mi|kro|kli|ma, das; -s, -s u. ...mate: **1.** *Mesoklima.* **2.** *Klima der bodennahen Luftschicht.*

Mi|kro|kli|ma|to|lo|gie, die; -: *Wissenschaft des Mikroklimas.*

Mi|kro|kok|kus, der; -, ...kken ⟨meist Pl.⟩ (Med., Biol.): *kugelförmige Bakterie.*

Mi|kro|ko|pie, die; -, -n (Dokumentation, Informationst.): *stark verkleinerte, nur mit Lupe o. Ä. lesbare fotografische Reproduktion von Schrift- od. Bilddokumenten.*

mi|kro|ko|pie|ren ⟨sw. V.; hat⟩ (Dokumentation, Informationst.): *eine Mikrokopie anfertigen.*

mi|kro|kos|misch [auch: 'mi:kro...] ⟨Adj.⟩: *den Mikrokosmos betreffend; zum Mikrokosmos gehörend.*

Mi|kro|kos|mos, **Mi|kro|kos|mus** [auch: 'mi:kro...], der; -: **1.** (Biol.) *Gesamtheit der Kleinlebewesen.* **2.** (Philos.) *kleine Welt des Menschen als verkleinertes Abbild des Universums.* **3.** (Physik) *mikrophysikalischer Bereich.*

mi|kro|kris|tal|lin, (veraltend:) mi|kro|kris|tal|li|nisch ⟨Adj.⟩: *(von Gesteinen) aus sehr kleinen Kristallen bestehend.*

Mi|kro|lin|gu|is|tik, die; -: *Teil der Linguistik, der sich mit der Beschreibung des Sprachsystems selbst befasst.*

Mi|kro|lith [auch: ...lɪt], der; -s u. -en, -e[n] [↑ -lith]: **1.** (Geol.) *mikroskopisch kleiner Kristall, bes. als Einschluss in bestimmten Gesteinen.* **2.** (Prähistorie) *für das Mesolithikum kennzeichnendes kleines, behauenes Feuersteingerät.*

Mi|kro|lo|ge, der; -n, -n [griech. mikrológos] (veraltet): *jmd., der Kleinigkeiten übertrieben wichtig nimmt.*

Mi|kro|lo|gie, die; - [griech. mikrología] (veraltet): *übertriebenes Wichtignehmen von Kleinigkeiten.*

mi|kro|lo|gisch ⟨Adj.⟩ [griech. mikrológos = Kleinigkeiten sammelnd] (veraltet): *kleinlich denkend.*

Mi|kro|ma|nie, die; -, -n (Psych.): *depressive, wahnhafte Unterschätzung der eigenen Person.*

Mi|kro|ma|ni|pu|la|tor, der; -s, ...oren: *Gerät zur Ausführung feinster Bewegungen (bei Operationen).*

Mi|kro|me|lie, die; -, -n [zu griech. mélos = Glied] (Med.): *abnorm geringe Größe der Gliedmaßen.*

Mi|kro|me|re, die; -, -n ⟨meist Pl.⟩ [griech. mikromerḗs = aus kleinen Teilen bestehend] (Biol.): *kleine, bei der Furchung entstehende Zelle (ohne Dotter) bei tierischen Embryonen.*

Mi|kro|me|te|o|rit, der; -s u. -en, -e[n]: *sehr kleiner Meteorit.*

Mi|kro|me|ter, das; -s, - [vgl. Mikrofarad]: **1.** *Feinmessgerät.* **2.** *ein millionstel Meter* (Zeichen: μm).

Mi|kro|me|ter|schrau|be, die: *Messschraube.*

mi|kro|me|trisch ⟨Adj.⟩: *das Mikrometer* (1) *betreffend.*

Mi|kro|mu|ta|ti|on, die; -, -en (Biol.): *Mutation, die nur ein Gen betrifft.*

Mi|kron, das; -s, - (veraltet): *Mikrometer* (2) (Abk.: My; Zeichen: μ).

Mi|kro|nähr|stoff, der; -[e]s, -e ⟨meist Pl.⟩: *Spurenelement.*

Mi|kro|ne|si|en; -s: Inselgruppe im Pazifischen Ozean.

Mi|kro|öko|no|mie, [auch: 'mi:kro...],

die; - (Wirtsch.): *Teilgebiet der Wirtschaftstheorie, dessen Gegenstand die Untersuchung einzelner wirtschaftlicher Phänomene ist.*

mi|kro|öko|no|misch [auch: 'mi:kro...] ⟨Adj.⟩ (Wirtsch.): *die Mikroökonomie betreffend, zu ihr gehörend.*

Mi|kro|or|ga|nis|mus [auch: 'mi:kro...], der; -, ...men ⟨meist Pl.⟩ (Biol.): *mikroskopisch kleiner, einzelliger pflanzlicher od. tierischer Organismus (z. B. Bakterie).*

Mi|kro|pal|lä|o|bo|ta|nik, die; -: *Zweig der Paläontologie, der mikroskopisch kleine pflanzliche Fossilien (z. B. Pollen) untersucht.*

Mi|kro|pal|lä|on|to|lo|gie, die; -: *Zweig der Paläontologie, der mikroskopisch kleine pflanzliche u. tierische Fossilien untersucht.*

Mi|kro|pha|ge, der; -n, -n [zu griech. phageīn = essen, fressen] (Zool., Med.): *Mikrozyt.*

Mi|kro|phon: ↑Mikrofon.

mi|kro|pho|nisch: ↑mikrofonisch.

Mi|kro|pho|to|gra|phie : ↑Mikrofotografie.

Mi|kroph|thal|mus, der; -, ...mi [zu griech. ophthalmós = Auge] (Med.): *angeborene krankhafte Kleinheit des Auges.*

Mi|kro|phyll, das; -s, -en [zu griech. mikróphyllos = kleinblättrig] (Bot.): *kleines, ungegliedertes Blättchen.*

Mi|kro|phy|sik [auch: 'mi:kro...], die; -: *Teilbereich der Physik, der sich mit dem atomaren Aufbau der Materie befasst, ihn mit berücksichtigt.*

mi|kro|phy|si|ka|lisch [auch: 'mi:kro...] ⟨Adj.⟩: *die Mikrophysik betreffend, zu ihr gehörend.*

Mi|kro|phyt, der; -en, -en ⟨meist Pl.⟩ [zu griech. phytón = Pflanze] (Biol.): *pflanzlicher Mikroorganismus.*

Mi|kro|pil|le, die; -, -n (Med. Jargon): *Minipille: Das Resultat solcher Bemühungen ist ... die »Mikropille« mit erstmals so geringer Hormonwirkung, dass bekannte Nebenwirkungen seltener auftreten (Welt 16. 3. 94, 9).*

Mi|kro|pol|ly|pho|nie, die; - (Musik): *Erzeugung von sehr feinen polyphonen Klängen (in einem Zwischenbereich zwischen Klang u. Geräusch).*

Mi|kro|prä|pa|rat, das; -[e]s, -e (Bot., Zool.): *zur mikroskopischen Untersuchung angefertigtes botanisches od. zoologisches Präparat.*

Mi|kro|pro|zes|sor [auch: 'mi:kro...], der; -s, ...oren [engl. microprocessor] (Technik): *standardisierter Baustein eines Mikrocomputers, der Rechen- u. Steuerfunktion in sich vereint.*

Mi|kro|p|sie, die; -, -n [zu griech. ópsis = das Sehen] (Med.): *Sehstörung, bei der die Gegenstände kleiner wahrgenommen werden, als sie sind.*

Mi|kro|py|le, die; -, -n [zu griech. pýlē = Tür, Tor]: **1.** (Bot.) *kleiner Kanal der Samenanlage, durch den der Pollenschlauch zur Befruchtung eindringt.* **2.** (Biol.) *kleine Öffnung in der Eihülle, durch die bei der Befruchtung der Samenfaden eindringt u. die der Ernährung des Eies dienen kann.*

Mi|kro|ra|di|o|me|ter [auch: 'mi:kro...], das; -s, -: *Messgerät für kleinste Strahlungsmengen.*

mi|kro|seis|misch [auch: 'mi:kro...] ⟨Adj.⟩: *(von Schwingungen der Erdkruste) nur mit Messinstrumenten wahrnehmbar.*

Mi|kro|skop, das; -s, -e [zu griech. skopeīn = betrachten, (be)schauen]: *optisches Gerät, mit dem sehr kleine Objekte aus geringer Entfernung stark vergrößert betrachtet werden können: etw. durch das M. betrachten, unter dem M. untersuchen.*

Mi|kro|sko|pie, die; -: *Gesamtheit der Verfahren zur Beobachtung von kleinen Objekten mithilfe des Mikroskops.*

mi|kro|sko|pie|ren ⟨sw. V.; hat⟩: *mit dem Mikroskop arbeiten.*

mi|kro|sko|pisch ⟨Adj.⟩: **1.** *nur mithilfe des Mikroskops erkennbar.* **2.** *verschwindend klein, winzig:* m. kleine Stäubchen; etw. ist m. klein. **3. a)** *die Mikroskopie betreffend;* **b)** *mithilfe des Mikroskops.*

Mi|kros|mat, der; -en, -en [zu griech. osmé = Geruch] (Biol.): *Tier mit schlecht entwickeltem Geruchssinn.*

Mi|kro|som, das; -s, -en ⟨meist Pl.⟩ [zu griech. sõma = Leib, Körper] (Biol.): *kleinstes, lichtbrechendes Körnchen im Zellplasma.*

Mi|kro|so|mie, die; - (Med.): *krankhaftes Zurückbleiben des Körperwachstums.*

Mi|kro|so|zi|o|lo|gie [auch: 'mi:kro...], die; -: *Teilbereich der Soziologie, in dem kleinste soziologische Gebilde untersucht werden.*

Mi|kro|spo|re, die; -, -n ⟨meist Pl.⟩ (Bot.): **1.** *kleine männliche Spore einiger Farnpflanzen; Kleinspore.* **2.** *Pollenkorn der Blütenpflanzen.*

Mi|kro|spo|rie, die; -, -n (Med.): *durch Pilze hervorgerufene Erkrankung der behaarten Kopfhaut; Kleinsporenflechte.*

Mi|kros|to|mie, die; -, -n [zu griech. stóma = Mund] (Med.): *angeborene Kleinheit des Mundes.*

Mi|kro|struk|tur, die (Fachspr.): *mikroskopisch kleine Struktur.*

Mi|kro|ta|si|me|ter [auch: 'mi:kro...], das; -s, - [zu griech. tásis = Spannung u. ↑-meter (1)] (Elektrot., Physik): *Gerät zur Registrierung von Längen u. Druckänderungen u. der damit bewirkten Änderung des elektrischen Widerstands.*

Mi|kro|the|o|rie, die; -, -n: *Teilbereich der wirtschaftswissenschaftlichen Theorie, dessen Gegenstand die Einzelgebiete der Volkswirtschaft od. einzelne Wirtschaftseinheiten sind.*

Mi|kro|tie, die; -, -n [zu griech. oũs (Gen.: ōtós) = Ohr] (Med.): *abnorme Kleinheit der Ohrmuschel.*

Mi|kro|tom, der od. das; -s, -e [zu griech. tomé = Schnitt] (bes. Biol., Med.): *Präzisionsgerät zur Herstellung feinster Schnitte für mikroskopische Untersuchungen.*

Mi|kro|to|po|nym, das; -s, -e [zu griech. tópos = Ort u. ónyma = Name]: *Flurname.*

Mi|kro|to|po|ny|mie, die; -: *Gesamtheit der Flurnamen [eines bestimmten Gebietes].*

Mi|kro|tron, das; -s, -s u. ...one [zu griech. -tron = Suffix zur Bez. eines Gerätes]: *Kreisbeschleuniger für ¹Elektronen.*

Mi|kro|wel|le, die; -, -n (Elektrot.): **1.** ⟨meist Pl.⟩ *(bes. zur Wärmeerzeugung eingesetzte) elektromagnetische Welle mit geringer Wellenlänge.* **2.** ⟨o. Pl.⟩ *Bestrahlung mit Mikrowellen.* **3.** (ugs.) *Kurzf. von Mikrowellengerät, Mikrowellenherd:* etw. in der M. zubereiten.

Mi|kro|wel|len|ge|rät, das; vgl. Mikrowellenherd.

Mi|kro|wel|len|herd, der: *Herd zum Auftauen, Erwärmen, Garen von Speisen in kurzer Zeit mithilfe von Mikrowellen:* Forscher ... haben untersucht, warum manche Speisen im M. partout nicht gelingen (Woche 3. 7. 98, 21).

Mi|kro|wel|len|the|ra|pie, die: *Anwendung von Mikrowellen bei der Behandlung entzündlicher u. rheumatischer Muskelerkrankungen.*

Mi|kro|zen|sus, der; -, - (Statistik): *(von der amtlichen Statistik in der Bundesrepublik Deutschland seit 1957) jährlich durchgeführte Erhebung über den Bevölkerungsstand.*

mi|kro|ze|phal ⟨Adj.⟩ [zu griech. kephalé = Kopf] (Med.): *einen abnorm kleinen Kopf aufweisend.*

Mi|kro|ze|pha|le, der u. die; -n, -n ⟨Dekl. ↑Abgeordnete⟩ (Med.): *jmd., der einen abnorm kleinen Kopf hat.*

Mi|kro|ze|pha|lie, die; -, -n (Med.): *abnorme Kleinheit des Kopfes.*

Mi|kro|zyt, der; -en, -en ⟨meist Pl.⟩ [zu griech. kýtos = Höhlung, Wölbung] (Med.): *abnorm kleines rotes Blutkörperchen.*

Mik|ti|on, die; -, -en [lat. mictio, minctio, zu: mingere = harnen] (Med.): *das Harnlassen.*

Mik|we, die; -, Mikwaot u. -n [hebr. miqwē, eigtl. = Wasseransammlung]: *Ritualbad (a) der Juden:* Die M. ... gehört bis zum heutigen Tag zusammen mit Synagoge und Friedhof zur unabdingbaren Einrichtung einer jüdischen Gemeinde (Rheinpfalz 19. 9. 92, 39).

Mi|lan [auch: mi'la:n], der; -s, -e [frz. milan < provenz. milan, über das Vlat. zu lat. miluus]: *Greifvogel mit dunkel- bis rotbraunem Gefieder, langen, schmalen Flügeln u. einem langen, gegabelten Schwanz:* Roter M. *(Gabelweihe);* Schwarzer M. *(Milan mit dunkler Färbung u. schwach gegabeltem Schwanz).*

Mi|la|ne|se, der; -[s], -n [nach der ital. Stadt Milano]: *maschenfeste, sehr feine Wirkware.*

Mi|la|no: italienischer Name von ↑Mailand.

Mil|las, der; -, - [nach der südwesttürk. Stadt Milâs]: *handgeknüpfter, sehr bunter Gebetsteppich.*

Mil|be, die; -, -n [mhd. milwe, ahd. mil[i]wa, eigtl. = Mehl, Staub machendes Tier]: *(in zahlreichen Arten vorkommendes) [parasitäres od. Blut saugendes], meist winziges, zu den Spinnentieren gehörendes Tier.*

mil|big ⟨Adj.⟩: **a)** *voller Milben;* **b)** *wie eine Milbe aussehend.*

Milch, die; -, (Fachspr.:) -e[n] [mhd. milch, ahd. miluh, zu ↑melken; 4: wohl nach engl. milk]: **1. a)** *aus dem Euter von Kühen (auch Schafen, Ziegen u. a. säugenden Haustieren) stammende, durch Melken gewonnene weiße, leicht süße u. fetthaltige Flüssigkeit, die als wichtiges Nahrungsmittel, bes. als Getränk, verwendet wird:* kalte, warme, gekochte, dicke, frische, saure, kondensierte M.; gestandene M. (↑gestanden 3); M. gerinnt, wird sauer, ist übergelaufen, ist angebrannt; Kühe geben M.; -e mit hohem Anteil an pflanzlichem Eiweiß; heiße M. mit Honig trinken; M. in den Kaffee gießen; die M. anwärmen, erhitzen, abkochen, entrahmen; Ich nahm Sabinas Milchglas und kippte die M. in die Spüle (Thor [Übers.], Ich 24); M. gebende Ziegen; ein kleiner M. spendender Behälter; Kaffee mit M.; den Teig mit M. anrühren; Ü eine ... mit allen -en der Ferne gewaschene Küstenlandschaft (Muschg, Sommer 29); ***die M. der frommen Denkart/Denkungsart** *(freundliche Gesinnung;* nach Schiller, Tell IV, 3); **aussehen wie M. und Blut** *(frisch u. jung aussehen;* seit ältester Zeit gebr. Sinnbild der weibl. Schönheit, in Anspielung auf die als vornehm erachtete Blässe der Haut u. das Rot der Lippen od. des Blutes); **nicht viel in die M. zu brocken haben** (nordd.; *bescheiden leben müssen, arm sein);* **b)** *in den Milchdrüsen von Frauen u. weiblichen Säugetieren nach dem Gebären sich bildende weißliche, nahrhafte Flüssigkeit, die von dem Neugeborenen od. Jungen als Nahrung aufgenommen wird:* genug, nicht genug M. haben; die M. abpumpen; Franziska nannte sie ihr zweites Kind, für das ihre magere Brust zu wenig M. hatte (Kühn, Zeit 267). **2.** *milchiger Saft bestimmter Pflanzen:* die M. des Löwenzahns, der Kokosnuss. **3.** *weißliche Samenflüssigkeit des männlichen Fisches; Fischmilch.* **4.** *kosmetisches Präparat aus milchiger Flüssigkeit.* **5.** *(von Tauben) käsige Masse, die sich als Nahrung für die Jungen im Kropf bildet; Kropfmilch.*

Milch|ab|schei|der, der: *Milchzentrifuge.*

Milch|au|to, das: *Auto, das Milch (1 a) transportiert.*

Milch|bank, die: *einer Bank ähnliches Gestell, auf dem die gefüllten Milchkannen aus den Bauernhöfen zur Abholung bereitgestellt werden.*

Milch|bar, die: *kleineres Lokal, in dem bes. Milchmixgetränke angeboten werden.*

Milch|bart, der [nach den hellen ersten Barthaaren] (leicht abwertend): *junger, unerfahrener Mann.*

Milch|bau|er, der: *Bauer, der Milchvieh hält.*

Milch|baum, der: *Kuhbaum.*

Milch|be|cher, der: *Trinkbecher für Milch (1 a).*

Milch|beu|tel, der: vgl. Milchpackung.

Milch|bon|bon, der od. das: *aus Milch (1 a) u. Sahne hergestellter Bonbon.*

Milch|brät|ling, der [nach dem milchigen Pflanzensaft]: *Brätling.*

Milch|brei, der: *Brei, der mit Milch (1 a) zubereitet wird.*

Milch|bröt|chen, das: *Brötchen, dessen Teig mit Milch (1 a) angerührt ist.*

Milch|bru|der, der (veraltet): *männliche Person, die als Säugling zugleich mit einem von anderen Eltern stammenden Säugling von derselben Amme genährt wurde.*

Milch|brust|gang, der (Med.): *meist in der Brusthöhle verlaufendes Lymphgefäß bei Säugetieren, das die milchige Lymphe aus der unteren Körperhälfte aufnimmt.*

Milch|bu|bi, der (salopp abwertend): *unreifer, verzärtelter junger Mann.*

Milch|di|ät, die: *Diät, bei der Milch[produkte] die Hauptnahrung sind.*

Milch|drü|se, die: *Milch (1 b) absondernde Drüse bei der Frau u. den weiblichen Säugetieren.*

Milch|ei|mer, der: *Melkeimer.*

Milch|eis, das: *mit Milch (1 a) hergestelltes Speiseeis.*

Milch|ei|weiß, das (Biol.): *in der Milch (1) enthaltenes bestimmtes Eiweiß.*

¹mil|chen ⟨sw. V.; hat⟩ [zu ↑Milch] (landsch.): *Milch (1 a) geben:* ein milchendes Rind; Ü Meine Mittel erlauben es mir ..., die Kunst nicht zur milchenden Kuh werden zu lassen (Seidel, Sterne 39).

²mil|chen ⟨Adj.⟩: *aus Milch (1 a) bestehend.*

¹Mil|cher, der; -s, - (landsch.): *Melker.*

²Mil|cher, der; -s, -: **1.** *Milchling (1).* **2.** *Milchner.*

Mil|che|rin, die; -, -nen: w. Form zu ↑¹Milcher.

Milch|fa|brik, die (salopp): *Brust (2).*

Milch|fett, das: *in der Milch (1 a, b) enthaltenes Fett.*

Milch|fla|sche, die: **a)** *Flasche mit Gummisauger, mit deren Hilfe dem Säugling die Nahrung verabreicht wird;* **b)** *Flasche, in die Milch (1 a) [für den Verkauf] abgefüllt wird.*

Milch|flip, der: *Mixgetränk aus Milch (1 a), Ei u. Alkohol.*

Milch|fluss, der (Med.): *Galaktorrhö.*

Milch|frau, die (ugs.): vgl. Milchmann.

Milch ge|bend: s. Milch (1 a).

Milch|ge|bir|ge, das (salopp scherzh.): *üppiger Busen.*

Milch|ge|biss, das: *aus den Milchzähnen bestehendes Gebiss.*

Milch|ge|schäft, das: **1.** *Geschäft (2 b), in dem vorwiegend Milchprodukte verkauft werden.* **2.** (salopp scherzh.) *weibliche Brust.*

Milch|ge|schwis|ter ⟨Pl.⟩: vgl. Milchbruder.

Milch|ge|sicht, das: **1.** (leicht abwertend) *Milchbart.* **2.** *zartes, blasses Gesicht.*

Milch|ge|tränk, das: *Mixgetränk mit Milch (1 a).*

Milch|glas, das: **1.** *dickeres weißliches Glas (1).* **2.** *Trinkglas für Milch (1 a).*

Milch|glas|schei|be, die: *Scheibe (3) aus Milchglas.*

Milch|grif|fel, der (früher): *bes. weicher Griffel (1):* Auf der Schiefertafel wird das gerechnet, mit einem Schiefergriffel

...; die weichen M. gibt es zu dieser Zeit noch nicht (Kempowski, Zeit 36).

Milch|grind, der: *Milchschorf.*

mil|chig ⟨Adj.⟩: **1.** *eine weißlich trübe Farbe besitzend:* eine -e Brühe, Flüssigkeit; Zwischen Fahrbahn und Fußweg rinnt ... m. trübes Gebirgswasser (Berger, Augenblick 119); Alles Fernerliegende verschwand im -en Dunst (Fest, Im Gegenlicht 230); **2.** *zart u. von heller Farbe (in Bezug auf etw., was erst im Anflug vorhanden od. noch jung ist):* der -e Ansatz eines Bartes.

Milch|imi|tat, das: *milchähnliches, für die menschliche Ernährung zu verwendendes Produkt aus pflanzlichen Eiweißstoffen od. pflanzlichen Fetten.*

Milch|kaf|fee, der: *Kaffee mit viel Milch (1 a).*

milch|kaf|fee|braun ⟨Adj.⟩: *von der Farbe des Milchkaffees.*

Milch|kalb, das: *Kalb, das noch gesäugt wird.*

Milch|känn|chen, das: *(zum Kaffeegeschirr gehörendes) Kännchen für Milch (1 a).*

Milch|kan|ne, die: **a)** *große Kanne, in der Milch (1 a) (vom Produzenten zur Molkerei o. Ä.) transportiert wird;* **b)** *Kanne (1 b), in der Milch (1 a) geholt wird.*

Milch|kuh, die: *Kuh, die bes. wegen der Produktion von Milch (1 a) gehalten wird.*

Milch|la|den, der ⟨Pl. ...läden⟩: vgl. Milchgeschäft.

Milch|leis|tung, die: *bestimmte Menge Milch (1 a), die eine od. mehrere Kühe o. Ä. in einer bestimmten Zeit abgeben.*

Milch|ling, der; -s, -e: **1.** *essbarer Blätterpilz mit meist weißem Milchsaft u. trichterförmigem Hut.* **2.** (landsch.) *Milchner.*

Milch|mäd|chen, das: vgl. Milchmann.

Milch|mäd|chen|rech|nung, die [nach einer Fabel des frz. Dichters J. de La Fontaine (1621–1695), in der sich ein Milchmädchen viel Geld aus dem Verkauf seiner Milch erträumt, Pläne macht, aus Vorfreude zu hüpfen beginnt u. dabei die ganze Milch verschüttet]: *Rechnung, Erwartung, die auf Trugschlüssen, Illusionen o. Ä. aufgebaut ist:* zu denken, auf diese Weise würde die Sache weniger teuer, ist eine M.

Milch|mann, der ⟨Pl. ...männer⟩ (ugs.): *Mann, der Milch (1 a) ausfährt od. in einem Milchgeschäft verkauft.*

◆ **Milch|mes|se,** die [zu ↑²Messe (2)]: (landsch.) *mit einem Fest verbundene Bestimmung des Anteils jedes Alpbauern am Mulchen:* Als ich auf Urlaub in Fryburg war ..., wurde gerade die M. auf den Plaffeyer Alpen gefeiert (C. F. Meyer, Amulett 18).

Milch|mes|ser, der: *Galaktometer.*

Milch|misch|ge|tränk, Milch|mix|ge|tränk, das: *hauptsächlich aus Milch (1 a) bestehendes Mixgetränk.*

Milch|nähr|scha|den, der: *Ernährungsstörung bei Säuglingen.*

Milch|napf, der: *Napf für Milch (1 a).*

Milch|ner, der; -s, - (Zool.): [geschlechtsreifer] männlicher Fisch.

Milch|pa|ckung, die: *Packung, in der Milch (1 a) abgepackt ist.*

Milch|pan|scher, der (abwertend): *jmd., der Milch (1 a) mit Wasser panscht.*

Milch|pro|dukt, das: *aus Milch (1 a) gewonnenes Nahrungsmittel.*

Milch|pul|ver, das: *Trockenmilch.*

Milch|pum|pe, die: *Gerät zum Abpumpen der Muttermilch.*

Milch|reis, der: *in Milch (1 a) gekochter Reis.*

Milch|reiz|ker, der: *Reizker.*

Milch|saft, der: *Milch (2).*

milch|sau|er ⟨Adj.⟩: *durch Milchsäure bewirkt:* m. vergorene, eingelegte Gurken.

Milch|säu|re, die (Chemie): *organische Säure, die unter Einwirkung von Bakterien aus Milch- od. Traubenzucker entsteht.*

Milch|säu|re|bak|te|rie ⟨meist Pl.⟩: *Bakterie, die Milchzucker u. andere Kohlehydrate in Milchsäure verwandelt.*

Milch|schaf, das: *vgl. Milchkuh.*

Milch|schleu|der, die: *Milchzentrifuge.*

Milch|scho|ko|la|de, die: *Schokolade mit besonders hohem Anteil an Milch (1 a).*

Milch|schorf, der: *krustiger Ausschlag im Gesicht von Säuglingen.*

Milch|schwamm, der: **1.** *Brätling.* **2.** (landsch.) *Sahne, Rahm.*

Milch|schwes|ter, die: *vgl. Milchbruder.*

Milch|sei|he, die, (auch:) **Milch|sei|her,** der (Landw.): *Tuch od. Sieb zum Durchseihen der frisch gemolkenen Milch (1 a).*

Milch|spei|se, die: *Speise, die hauptsächlich aus Milch[produkten] zubereitet ist.*

Milch spen|dend: s. Milch (1 a).

Milch|stau|ung, die: *Stauung der Milch (1 b) in der weiblichen Brust (z. B. wenn der Säugling nicht genügend trinkt).*

Milch|stern, der: *(zu den Liliengewächsen gehörende) in vielen Arten vorkommende Pflanze mit sternförmigen, meist weißen Blüten.*

Milch|stich, der: *milchige Trübung von Wein, der dadurch nicht mehr genießbar ist.*

Milch|stra|ße, die, -: *aus einer großen Zahl von Sternen bestehender, breiterer, heller Streifen am Himmel.*

Milch|stra|ßen|sys|tem, das (Astron.): *Galaxis.*

Milch|stuhl, der (Med.): *gelb gefärbter Stuhl (4) bei Säuglingen.*

Milch|sup|pe, die: *vgl. Milchbrei.*

Milch|topf, der: *Topf für Milch (1 a).*

milch|trei|bend ⟨Adj.⟩: *die Sekretion von Muttermilch fördernd:* -e Mittel.

Milch|tuch, das: *Milchseihe.*

Milch|tü|te, die: *Behältnis aus Verbundstoff, in dem Milch (1 a) zum Verkauf angeboten wird.*

Milch|un|ter|su|chung, die: *Untersuchung der Milch (1 a) im Hinblick auf Qualität, Fettgehalt, Keimfreiheit o. Ä.*

milch|ver|glast ⟨Adj.⟩: *mit Milchglas verglast:* -e Fenster.

Milch|vieh, das: *vgl. Milchkuh.*

Milch|waa|ge, die: *Aräometer zur Untersuchung von Milch (1 a).*

Milch|wa|gen, der: *Milchauto.*

milch|weiß ⟨Adj.⟩: *von einem ins Bläuliche spielenden Weiß.*

Milch|wirt|schaft, die: *Erzeugung u. Verarbeitung von Milch (1 a).*

Milch|zahn, der: *Zahn aus dem ersten Gebiss des Kindes, der nach einer bestimmten Zeit nach u. nach ausfällt:* bei dem Baby brechen schon die Milchzähne durch.

Milch|zen|tri|fu|ge, die: *Gerät, das durch Schleudern der Milch (1 a) Rahm u. Magermilch voneinander trennt.*

Milch|zie|ge, die: *vgl. Milchkuh.*

Milch|zu|cker, der: *bestimmte Zuckerart, die in der Milch (1 b) enthalten ist.*

Milch|zys|te, die: *Zyste in der weiblichen Brust.*

mild: ↑ milde.

mil|de, (seltener:) **mild** ⟨Adj.; milder, mildeste⟩ [mhd. milde, ahd. milti, ursp. = zerrieben; fein, zart]: **1. a)** *gütig; nicht streng; nicht hart:* ein milder Richter; Studenten wählen mit Vorliebe Professoren, die ... für ihre milde Notengebung bekannt sind (Woche 27. 3. 98, 26); das Urteil ist sehr mild, ist milde ausgefallen; die Obrigkeit, welche wie häufig zu milde gewesen war (Gaiser, Jagd 82); man ist sehr mild[e] gegen sie vorgegangen; Ü Wie milde ist unser Beil gegen die Folter, die er erdulden musste (Weiss, Marat 36); **b)** *Verständnis für die Schwächen des Gegenübers zeigend; nachsichtig:* er fand trotz allem milde Worte; jmdn. milde stimmen; »Papa ist immer milde«, hatte Senhora Pia zu Recht geäußert (Th. Mann, Krull 408); ich konnte sie nicht milder stimmen; etw. mild[e] mahnend sagen; sie erklärte, sagte ihm mild[e], dass es besser sei zu antworten; **c)** *freundlich im Wesen od. im Benehmen u. frei von allem Schroffen, Verletzenden:* (der Geistliche) war ein milder älterer Herr (Schnurre, Fall 5); einmal schien er milde und weich, dann abweisend und schroff (Jens, Mann 36); Seine Stimme war mild und recht angenehm (Th. Mann, Tod 73); mild[e] lächeln. **2. a)** *keine extremen Temperaturen aufweisend; nicht rau:* ein mildes Klima; milde (linde) Luft; milde Winter; ein Zustrom milder Meeresluft; eine Bodensenke ..., in der sich während der milderen Jahreszeit eine ... exotisch anmutende Vegetation entfaltet (Fest, Im Gegenlicht 42); die Nacht war mild[e]; die Sonne schien mild[e], fast kraftlos; es soll wieder milder werden *(die Temperatur soll sich mildern);* **b)** *nicht grell u. kontrastreich; gedämpft, sanft:* das milde Licht der Kerzen; Der Himmel leuchtete in mildem Morgenlicht (Funke, Drachenreiter 240); mild leuchten, schimmern. **3. a)** *(bes. von Speisen) nicht stark gewürzt, nicht scharf; nicht sehr kräftig od. ausgeprägt im Geschmack:* milde Speisen; ein milder Kognak (Kognak, der nicht scharf ist, der beim Trinken nicht im Rachen brennt); milder Tabak (der nicht auf der Zunge brennt); der Käse ist sehr mild; **b)** *(bes. von bestimmten Chemikalien) nicht scharf, etw. nicht angreifend:* eine milde Seife; das Shampoo ist ganz mild. **4.** (veraltend) *bereit, Bedürftigen zu*

geben, Wohltaten zu erweisen: eine milde Gabe *(Almosen).* **5.** (selten) *gelinde (2):* milde gesagt, gesprochen, ihr Verhalten war eine Dreistigkeit. **◆ 6.** *freigiebig:* milde woll' er sogar voraus die Söldner bezahlen (Goethe, Reineke Fuchs 5, 109).

Mil|de, die; - [mhd. milde, ahd. mildī]: **1. a)** *das Mildesein (1 a); Güte:* die M. des Richters; M. walten lassen; eine unverständliche M. Verschwörern gegenüber (Thieß, Reich 485); **b)** *verzeihendes Verständnis; Nachsicht:* hier ist M. am Platz; deine M. gegen ihn war nicht angebracht; Ich habe ... mich in M. geübt und war immer bereit zu verzeihen (Kirst, Aufruhr 223). **2. a)** *keine extremen Temperaturen aufweisende Beschaffenheit:* die M. des Klimas; **b)** *grelle Kontraste meidende Gedämpftheit:* die M. des Abendlichts. **3.** *(bes. von alkoholischen Getränken o. Ä.) milder (3 a) Geschmack od. Geruch:* ein Kognak, Tabak von besonderer M. **4.** (veraltend) *aus Barmherzigkeit geübte Wohltätigkeit:* jmds. M. gegen die Armen.

◆ mil|den ⟨sw. V.; hat⟩ [mhd. milden, milten = milde sein, werden, ahd. milten = Mitleid haben, sich erbarmen]: *mildern:* Als die Natur sich in sich selbst begründet, da hat sie ... Fels an Fels und Berg an Berg gereiht, die Hügel dann bequem hinabgebildet, mit sanftem Zug sie in das Tal gemildet (Goethe, Faust II, 10097 ff.).

mil|dern ⟨sw. V.; hat⟩ [zum Komp. milder]: **1.** *die Schroffheit, Härte o. Ä. von etw. nehmen; (ein Urteil, einen Tadel, eine Strafe o. Ä.) durch tolerante, verständnisvolle Gesinnung auf ein geringeres Maß bringen, herabmindern:* eine Strafe, ein Urteil m.; Das Gericht billigt Jürgen mildernde Umstände zu (Chotjewitz, Friede 282). **2. a)** *auf jmds. Emotionen o. Ä. einwirken, um sie abzuschwächen, zu dämpfen:* jmds. Zorn, Erregung m.; Elfriede hatte ... die oft etwas harten Worte ihrer Schwiegermutter gemildert (Danella, Hotel 46); ein schweres Leiden hat ihr streitbares Temperament nicht gemildert, sondern eher noch gesteigert (Reich-Ranicki, Th. Mann 182); **b)** ⟨m. + sich⟩ *maßvoller werden; geringer werden:* ihr Zorn milderte sich. **3. a)** *(eine Wirkung, einen Eindruck o. Ä.) nicht mehr so stark hervortreten lassen, abschwächen:* Gegensätze m.; das Grün des Teppichs ... milderte den Ernst des schönen Raumes zu gelassener Heiterkeit (A. Zweig, Claudia 15); er wusste auch, dass ein einziger Händedruck genügte, um diese Angst vor dem Ungewissen zu m. (Sebastian, Krankenhaus 120); Die Distanz, die seine hohe Statur und das von einem langen Schmiss gezeichnete Gesicht im ersten Augenblick erwecken, versucht er mit Wärme und Verbindlichkeit zu m. (Woche 19. 12. 97, 12); **b)** ⟨m. + sich⟩ *(von einer Wirkung, einem Eindruck) nicht mehr so stark hervortreten; sich abschwächen:* diese Verwunderung wird sich m. (Noack, Prozesse 39). **4. a)** *lindern:* die Armut der Flüchtlinge m.; **b)** ⟨m. + sich⟩ *(von Schmerzen o. Ä.) erträglich[er] werden, zurückge-*

hen. **5.** ⟨m. + sich⟩ *(vom Wetter o. Ä.) milder* (2 a) *werden.*

Mil|de|rung, die: *das Mildern* (1, 2 a, 3 a, 4 a, 5).

Mil|de|rungs|grund, der: *Grund, etw. milder, nachsichtiger zu beurteilen:* etw. als M. berücksichtigen.

mild|her|zig ⟨Adj.⟩ (selten): *von sanfter u. mitfühlender Gemütsart (u. deshalb bereit, sich der Not andrer anzunehmen).*

Mild|her|zig|keit, die; - (selten): *das Mildherzigsein.*

mild|tä|tig ⟨Adj.⟩ (geh.): *sich den Bedürfnissen Notleidender tatkräftig annehmend.*

Mild|tä|tig|keit, die ⟨o. Pl.⟩ (geh.): *das Mildtätigsein.*

Mi|les glo|ri|o|sus, der; -- [lat. miles gloriosus = ruhmrediger Soldat (Titelheld eines Lustspiels von Plautus)] (bildungsspr.): *Aufschneider, Prahlhans.*

Mi|le|si|er, der; -s, -: Ew. zu ↑Milet.

Mi|le|si|e|rin, die; -, -nen: w. Form zu ↑Milesier.

Mi|let: altgriechische Stadt.

mi|li|ar ⟨Adj.⟩ [lat. miliarius = zur Hirse gehörig] (Med.): *so groß wie ein Hirsekorn (z. B. von Tuberkeln).*

Mi|li|a|ria ⟨Pl.⟩ (Med.): *Friesel.*

Mi|li|ar|tu|ber|ku|lo|se, die; - (Med.): *meist rasch tödlich verlaufende Form der Tuberkulose mit kleinsten Herden in fast allen Organen.*

Mi|li|eu [mi'lio:], das; -s, -s [frz. milieu, aus: mi- < lat. medius = mitten u. lieu < lat. locus = Ort, Stelle]: **1.** *soziales Umfeld, Umgebung, in der ein Mensch lebt u. die ihn prägt:* das soziale, häusliche, gesellschaftliche M.; aus einem gutbürgerlichen M. stammen; in einem ärmlichen, kleinbürgerlichen M. aufwachsen; Ellen ist ein Kind der DDR und lebt im linken M. der Berliner Humboldt-Uni (Woche 21. 8. 98, 7); Bacher hielt sich dagegen im M. der Arbeiter und Soldaten und im Dreck der Flüche für unschlagbar (Loest, Nikolaikirche 48). **2.** (bes. Biol.) *Lebensraum von Pflanzen, Tieren, Kleinstlebewesen u. Ä. (in dem sie gedeihen, wachsen, der für sie lebensnotwendig ist):* das spezifische M. eines Tieres, einer Pflanzenart; ein alkalisches, saures M. als Nährboden brauchen. **3. a)** (bes. schweiz.) *Lebensbereich, Welt der Prostituierten u. Zuhälter;* **b)** *Stadtteil, Bereich, in dem Prostitution betrieben wird:* Der Tipp über die Umtriebe der Mädchen ... kam ... direkt aus dem M. (Spiegel 52, 1977, 79); im M. leben; ins M. einsteigen; Der kleine Junge vom Ostseestrand ist jetzt eine große Nummer im M. (Focus 5, 1993, 40). **4.** (österr. veraltend) *kleine Tischdecke.*

Mi|li|eu|dar|stel|lung, die (selten): vgl. Milieuschilderung.

Mi|li|eu|dra|ma, das (Literaturw.): *Drama, das den Einfluss der Umwelt u. ihrer Bedingungen auf den Menschen zum Thema hat.*

Mi|li|eu|for|schung, die: *Forschungsrichtung, die den Einfluss untersucht, den Umwelt u. Umgebung auf die Entwicklung des Menschen haben.*

mi|li|eu|ge|schä|digt ⟨Adj.⟩: *einen Mi-*

lieuschaden aufweisend: *-e Jugendliche;* Umberto ... ist m., asozial, ... schwer verhaltensgestört (Ziegler, Gesellschaftsspiele 121).

Mi|li|eu|ge|schä|dig|te, der u. die: *jmd., der milieugeschädigt ist.*

Mi|li|eu|scha|den, der (Psych.): *psychische Schädigung, die auf ungünstige Einflüsse durch das Milieu* (1) *zurückzuführen ist.*

Mi|li|eu|schil|de|rung, die: *(bes. in Romanen) wirklichkeitsgetreue Schilderung eines bestimmten Milieus.*

Mi|li|eu|stu|die, die: vgl. Milieuschilderung.

Mi|li|eu|the|o|rie, die (Psych.): *Theorie, nach der das Milieu, in dem ein Mensch aufwächst, allein od. vorwiegend für seine seelische Entwicklung ausschlaggebend ist.*

Mi|li|eu|wech|sel, der: *Wechsel, Änderung des Milieus.*

mi|li|tant ⟨Adj.⟩ [zu lat. militans (Gen.: militantis), 1. Part. von: militare = Kriegsdienst leisten]: *mit bewusst kämpferischem Anstrich für eine Überzeugung eintretend:* eine -e Gesinnung; -e Gruppen; -e Pazifisten; Walter Ulbricht wandte sich soeben, demonstrativ von allem Jüdischen ab, betrieb einen -en Antizionismus (Woche 28. 3. 97, 50); es sind die -en Nichtraucher, die ... die entscheidenden Schlachten gewonnen haben (Augsburger Allgemeine 22./23. 4. 78, 5).

Mi|li|tanz, die; -: *militantes Auftreten, Handeln:* Aktionen ..., die letztlich ohne politische Zielsetzung waren und wo M. zum reinen Selbstzweck geworden ist (taz 3. 5. 89, 3).

¹Mi|li|tär, das; -s [frz. militaire, zu lat. militaris = den Kriegsdienst betreffend; soldatisch, zu: miles = Soldat] (veraltend): **1.** *Streitkräfte, Gesamtheit der Soldaten eines Landes:* das britische M.; er ist beim M.; Der morgendliche Appell ... wie im M. (Ziegler, Gesellschaftsspiele 57); vom M. entlassen worden sein; zum M. müssen *(Soldat werden müssen).* **2.** *(eine bestimmte Anzahl von) Soldaten:* gegen die Streikenden wurde [das] M. eingesetzt; das M. ist in Alarmbereitschaft versetzt worden; das M. rückt aus.

²Mi|li|tär, der; -s, -e ⟨meist Pl.⟩ [frz. militaire]: *hoher Offizier:* »Zu viel Gleichheit, zu viel Brüderlichkeit«, wettert der wuchtige M. (Woche 17. 1. 97, 20); hohe, ausländische -s; dass bei einer Auflösung der Pakte wieder die -s ... die Macht ergreifen (Freie Presse 22. 12. 89, 5).

Mi|li|tär|ab|kom|men, das: *militärisches Abkommen.*

Mi|li|tär|adel, der (früher): *Adelstitel, der für besondere militärische Leistungen verliehen wird.*

Mi|li|tär|ad|mi|nis|tra|ti|on, die: **1.** *zeitweilige Verwaltung eines besetzten Territoriums durch das Militär eines anderen Staates.* **2.** *Gebäude, in dem sich eine Militäradministration* (1) *befindet.*

Mi|li|tär|aka|de|mie, die: *Akademie für militärische Führungskräfte.*

Mi|li|tär|an|ge|hö|ri|ge, der u. die: *Angehöriger, Angehörige des Militärs.*

Mi|li|tär|an|wär|ter, der (früher): *jmd., der durch eine bestimmte Dauer des aktiven Wehrdienstes od. eine durch den Wehrdienst verursachte Invalidität Anspruch auf eine Anstellung im zivilen Dienst hatte.*

Mi|li|tär|arzt, der: *Arzt, der [als Offizier] Angehöriger des Militärs ist.*

Mi|li|tär|at|ta|ché, der: *Offizier in diplomatischen Diensten, der seiner Botschaft als militärischer Sachverständiger angehört.*

Mi|li|tär|ba|sis, die: *Militärstützpunkt.*

Mi|li|tär|be|hör|de, die: *Behörde der militärischen Verwaltung.*

Mi|li|tär|be|ra|ter, der: *Berater (eines anderen Staates) in militärischen Fragen.*

Mi|li|tär|bi|schof, der: *Leiter der Militärseelsorge.*

Mi|li|tär|block, der ⟨Pl. ...blöcke, selten: -s⟩ (veraltend): *Gruppe von Staaten, die sich unter bestimmten militärischen bzw. strategischen Aspekten zusammengeschlossen haben.*

Mi|li|tär|bud|get, das: *Wehretat.*

Mi|li|tär|bünd|nis, das: *Bündnis zwischen Staaten, das eine militärische Zusammenarbeit garantiert.*

Mi|li|tär|cli|que, die (abwertend): *Clique von Militärs.*

Mi|li|tär|dienst, der ⟨o. Pl.⟩: *Wehrdienst:* den M. ableisten.

Mi|li|tär|dienst|pflicht, die: *Wehrpflicht.*

mi|li|tär|dienst|pflich|tig ⟨Adj.⟩: *wehrpflichtig.*

mi|li|tär|dienst|taug|lich ⟨Adj.⟩: *wehrdiensttauglich.*

Mi|li|tär|dienst|zeit, die: *Wehrdienstzeit.*

Mi|li|tär|dik|ta|tur, die: *Diktatur von Militärs.*

Mi|li|tär|es|kor|te, die: *von Militär gebildete Eskorte.*

Mi|li|tär|etat, der: *Wehretat.*

Mi|li|tär|flug|ha|fen, der: vgl. Militärflugplatz.

Mi|li|tär|flug|platz, der: *Flugplatz, der ausschließlich für militärische Zwecke verwendet wird.*

Mi|li|tär|flug|zeug, das: *zur Luftwaffe gehörendes Flugzeug.*

mi|li|tär|frei ⟨Adj.⟩ (selten): *vom Militärdienst befreit:* Sie sind m. und können gehen (Th. Mann, Krull 125).

Mi|li|tär|ge|fäng|nis, das: *Gefängnis für Militärpersonen.*

Mi|li|tär|geist|li|che, der: *Geistlicher, der für die Militärseelsorge zuständig ist.*

Mi|li|tär|ge|o|gra|phie, die: *Zweig der Geographie u. der Militärwissenschaft, der sich mit der Verwendung geographischer Kenntnisse für militärische Zwecke befasst.*

Mi|li|tär|ge|richt, das: *Gericht, das für die Rechtsprechung in militärischen Bereich zuständig ist.*

Mi|li|tär|ge|richts|bar|keit, die: *Gerichtsbarkeit* (2) *im Bereich des Militärs* (1).

Mi|li|tär|ge|schich|te, die: *Geschichte des Militärwesens.*

mi|li|tär|ge|schicht|lich ⟨Adj.⟩: *die Militärgeschichte betreffend.*

Mi|li|tär|ge|walt, die: 1. *Befehlsgewalt über das Militär.* 2. *größeres Aufgebot an Militär, das eingesetzt wird, um ein unrechtmäßiges Vorgehen mit Gewalt durchzusetzen:* mit M. an die Regierung kommen.

Mi|li|tär|haus|halt, der: *Wehretat.*

Mi|li|tär|hengst, der (salopp abwertend): *Kommisshengst.*

Mi|li|tär|herr|schaft, die ⟨o. Pl.⟩: vgl. Militärdiktatur.

Mi|li|tär|ho|heit, die ⟨o. Pl.⟩: 1. *Regierungsgewalt, Souveränität des Militärs.* 2. *Wehrhoheit.*

Mi|li|tär|hos|pi|tal, das: *Lazarett.*

Mi|li|tär|hub|schrau|ber, der: vgl. Militärflugzeug.

Mi|li|tä|ria ⟨Pl.⟩ [zu lat. militaris, ↑ ¹Militär]: 1. (Buchw.): *Bücher über das Militärwesen.* 2. *Sammelobjekte verschiedenster Art aus dem militärischen Bereich.* 3. (veraltet) *Angelegenheiten des Heeres.*

mi|li|ta|risch ⟨Adj.⟩ [frz. militaire]: 1. *das Militär betreffend:* -e Einrichtungen, Operationen, Geheimnisse; eine -e Ausbildung erhalten; der Rundfunk meldete -e Erfolge; m. stark sein. 2. *den Gepflogenheiten des Militärs entsprechend; soldatisch:* -e Disziplin; jmdm. -e Ehren erweisen; sein Gang, seine Haltung, seine Gesinnung ist [ausgesprochen] m.; er grüßt m.; er hielt sich m. gerade (Sebastian, Krankenhaus 94).

mi|li|ta|ri|sie|ren ⟨sw. V.; hat⟩ [frz. militariser]: 1. a) *(in einem Land o. Ä.) militärische* (1) *Anlagen errichten, Truppen aufstellen:* Jetzt wollen sie den Sinai wieder m. (Spiegel 4, 1978, 93); **b)** *das Heerwesen (eines Landes) organisieren.* 2. *in den Dienst des Militarismus stellen.*

Mi|li|ta|ri|sie|rung, die; -: 1. *das Militarisieren* (1 a, b). 2. *das Militarisieren* (2): die M. der Gesellschaft; eine immer stärker werdende M. weiter Bereiche der Wirtschaft. 3. (selten) *Einberufung zum Wehrdienst:* was ihn jetzt so zu faszinieren beginnt, dass er der ... drohenden Gefahr seiner M. vergisst (Ceram, Götter 110).

Mi|li|ta|ris|mus, der; - (abwertend): *Vorherrschen militärischen Denkens in der Politik u. Beherrschung des zivilen Lebens in einem Staat durch militärische Institutionen:* Übrigens steckte damals jedem Soldaten der M. ... in den Knochen (Kempowski, Zeit 362).

Mi|li|ta|rist, der; -en, -en (abwertend): *Vertreter des Militarismus.*

Mi|li|ta|ris|tin, die; -, -nen: w. Form zu ↑ Militarist.

mi|li|ta|ris|tisch ⟨Adj.⟩: *militärische Macht überbetonend:* -e Kreise, Gesinnung; m. denken.

Mi|li|tär|jun|ta, die: *von meist rechtsgerichteten Offizieren [nach einem Putsch] gebildete Regierung.*

Mi|li|tär|ka|bi|nett, das: *(in Monarchien) dem Herrscher als oberstem Kriegsherrn unmittelbar unterstehende Behörde für alle Angelegenheiten des Heeres.*

Mi|li|tär|ka|pel|le, die: *Musikkorps (eines Heeres).*

Mi|li|tär|kleid, das (schweiz.): *Uniform.*

Mi|li|tär|kon|trol|le, die: *vom Militär (eines fremden Staates) durchgeführte Kontrolle (eines Landes).*

Mi|li|tär|kon|ven|ti|on, die: *militärische zwischenstaatliche Vereinbarung.*

Mi|li|tär|kon|zert, das: *von einer Militärkapelle aufgeführtes Konzert.*

Mi|li|tär|kor|don, der: vgl. Militäreskorte.

Mi|li|tär|kran|ken|haus, das: *Lazarett.*

Mi|li|tär|krei|se ⟨Pl.⟩: *militärische Kreise* (3 b).

Mi|li|tär|lan|des|kun|de, die: vgl. Militärgeographie.

Mi|li|tär|last|wa|gen, der: vgl. Militärflugzeug.

Mi|li|tär|macht, die: 1. *Staat, der durch sein Militär zu einer Macht* (4 a) *geworden ist:* dieses Land ist eine M. 2. (selten) *Wehrmacht:* der Staat hat eine zuverlässige M.

Mi|li|tär|man|tel, der: *Uniformmantel.*

Mi|li|tär|marsch, der: *Marsch* (2), *der vor allem beim Militär zum Marschieren bei Paraden gespielt wird.*

Mi|li|tär|ma|schi|ne, die: *Militärflugzeug.*

Mi|li|tär|ma|schi|ne|rie, die (abwertend): *Streitkräfte (im Krieg):* der Einsatz der gesamten M.

Mi|li|tär|mis|si|on, die: a) *ins Ausland entsandte Gruppe von Offizieren, die andere Staaten in militärischen Fragen beraten;* b) *Gebäude einer Militärmission* (a).

Mi|li|tär|mu|sik, die: *beim Militär gespielte Musik (z. B. Märsche).*

Mi|li|tär|pakt, der: *militärisches Bündnis.*

Mi|li|tär|pa|ra|de, die: *Vorbeimarsch militärischer Verbände.*

Mi|li|tär|pass, der (früher): *Wehrpass.*

Mi|li|tär|pa|trouil|le, die: *Militärstreife.*

Mi|li|tär|per|son, die: *Angehörige[r] des Militärs, der Streitkräfte.*

Mi|li|tär|per|spek|ti|ve, die (Geom.): *Verfahren, mit dessen Hilfe ein zweidimensionales Bild eines dreidimensionalen Gegenstandes konstruiert wird.*

Mi|li|tär|pfar|rer, der: vgl. Militärgeistliche.

Mi|li|tär|pfar|re|rin, die: w. Form zu ↑ Militärpfarrer: Eine Frau leistet ... den evangelischen Soldaten am Standort Speyer geistlichen Beistand. Ruth Drach-Weicker ... ist die erste M. in der Bundesrepublik (Rheinpfalz 17. 9. 93, 13).

Mi|li|tär|pflicht: usw.↑ Wehrpflicht usw.

Mi|li|tär|pflicht|er|satz, der (schweiz.): *Summe, die als Ersatz für nicht geleisteten Militärdienst zu entrichten ist.*

Mi|li|tär|po|li|tik, die: *Politik auf militärischem Gebiet.*

mi|li|tär|po|li|tisch ⟨Adj.⟩: *die Militärpolitik betreffend.*

Mi|li|tär|po|li|zei, die: *militärischer Verband mit polizeilicher Funktion.*

Mi|li|tär|po|li|zist, der: *Angehöriger der Militärpolizei.*

Mi|li|tär|po|li|zis|tin, die: w. Form zu ↑ Militärpolizist: Die US-Soldatinnen ... sind in der Mehrzahl keine Kranken-

schwestern, sondern Lastwagenfahrerinnen, -nen oder Mechanikerinnen (Spiegel 7, 1991, 144).

Mi|li|tär|pos|ten, der: *ein od. mehrere Soldaten, die Posten stehen.*

Mi|li|tär|prä|senz, die: *militärische Präsenz an einem bestimmten Ort o. Ä.*

Mi|li|tär|putsch, der: *vom Militär durchgeführter Putsch.*

Mi|li|tär|re|gie|rung, die: 1. *von einer Besatzungsmacht in einem besetzten Gebiet als Regierung eingesetzte oberste militärische Behörde.* 2. *Militärjunta.*

Mi|li|tär|re|gime, das: *Militärdiktatur.*

Mi|li|tär|re|vol|te, die: vgl. Militärputsch.

Mi|li|tär|rich|ter, der: *Richter eines Militärgerichts.*

Mi|li|tär|rock, der (selten): *Uniformrock.*

Mi|li|tär|sa|ni|täts|we|sen, das: *Sanitätswesen beim Militär.*

Mi|li|tär|schu|le, die: *Schule zur Aus- u. Weiterbildung von Soldaten u. Beamten der Militärverwaltung.*

Mi|li|tär|seel|sor|ge, die: *Betreuung der Angehörigen des Militärs durch Geistliche.*

Mi|li|tär|seel|sor|ger, der: *Militärgeistlicher.*

Mi|li|tär|spiel, das (schweiz.): *Spielmannszug des Musikkorps.*

Mi|li|tär|spi|tal, das (schweiz.): *Lazarett.*

Mi|li|tär|spra|che, die ⟨o. Pl.⟩: *Sondersprache des Militärs.*

Mi|li|tär|staat, der: *militaristischer Staat.*

Mi|li|tär|steu|er, die (schweiz.): *Militärpflichtersatz.*

Mi|li|tär|stie|fel, der ⟨meist Pl.⟩: *zur Uniform gehörender Stiefel.*

Mi|li|tär|straf|ge|setz, das (schweiz.): *Wehrstrafgesetz.*

Mi|li|tär|strei|fe, die: *Streife von Militärpersonen, die Kontrollgänge o. Ä. macht.*

Mi|li|tär|stütz|punkt, der: *militärischer Stützpunkt der Streitkräfte eines Staates [in einem anderen Land].*

Mi|li|tär|taug|lich|keit, die: *Wehrdiensttauglichkeit.*

Mi|li|tär|trans|port, der: *Transport von Militär, militärischen Gütern.*

Mi|li|tär|tri|bu|nal, das: *Militärgericht zur Aburteilung militärischer Straftaten.*

Mi|li|tär|übung, die: *Wehrübung.*

Mi|li|tär|ver|hält|nis, das (selten): *Dienstverhältnis beim Militär.*

Mi|li|tär|ver|wal|tung, die: 1. *Militäradministration.* 2. *Gesamtheit aller mit Ausrüstung, Versorgung, Unterbringung o. Ä. des Militärs befassten Dienststellen.*

Mi|li|tär|we|sen, das ⟨o. Pl.⟩: *Gesamtheit dessen, was mit dem Militär, seinen Gesetzen, Gebräuchen o. Ä. zusammenhängt.*

Mi|li|tär|wis|sen|schaft, die: *Wissenschaft, die sich mit der Entwicklung des Militär- u. Kriegswesens befasst.*

Mi|li|ta|ry ['mɪlɪtərɪ], die; -, -s [älter engl. military = Militär(wettkampf)] (Reiten): *Vielseitigkeitsprüfung, die aus Geländeritt, Dressurprüfung u. Jagdspringen besteht.*

Mi|li|ta|ry Po|lice [- pə'li:s], die; -- [engl.

military police]: *britische od. amerikanische Militärpolizei* (Abk.: MP).
Mi|li|tär|zeit, die: *Dienstzeit* (1) *beim Militär.*
Mi|li|um, das; -s, ...ien ⟨meist Pl.⟩ [lat. milium = Hirse] (Med.): *Hautgrieß.*
Mi|liz, die; -, -en [lat. militia = Gesamtheit der Soldaten, zu: miles = Soldat; 2:nach russ. milicija]: **1. a)** (veraltet) *Heer;* **b)** *Streitkräfte, deren Angehörige eine nur kurzfristige militärische Ausbildung haben u. erst im Kriegsfall einberufen werden.* **2.** *(bes. in ehem. sozialistischen Staaten) militärisch organisierte Polizei od. ähnliche Verbände.* **3.** (schweiz.) *Streitkräfte (der Schweiz).*
Mi|liz|heer, das: *aus der Miliz* (1 b) *gebildetes Heer.*
Mi|li|zi|o|när, der; -s, -e [1: geb. nach ↑Legionär; 2: russ. milicioner]: **1.** *Angehöriger einer Miliz* (1 b, 3). **2.** *(in einigen sozialistischen Staaten) Polizist.*
Mi|liz|par|la|ment, das (schweiz.): *Bundesversammlung (der Schweiz), deren Abgeordnete nur im Nebenberuf Politiker sind.*
Mi|liz|sol|dat, der: *Angehöriger der Miliz* (1 b).
Mi|liz|sta|ti|on, die: *Dienstgebäude der Miliz* (2).
milk!, milkst, milkt: ↑melken.
Mi|ke, die; -, (auch:) **Mi|ken,** der; -s [mundartl. Nebenf. von ↑Milch] (schweiz.): *Kalbsbries.*
Milk|shake [...ʃeːk], der; -s, -s [engl. milk shake, aus: milk = Milch u. to shake = schütteln]: *Mixgetränk mit Milch.*
Mill. = Million[en].
Mil|le, die; -, - ⟨meist Pl.⟩ [lat. mille = tausend] (ugs.): *tausend Mark:* der Teppich kostet zwei M.; Eine M. kriegst du gleich (Sobota, Minus-Mann 277); wir haben ... 25 M. Kaution (Fichte, Wolli 373).
¹Mille|fi|o|ri|glas, das [ital. mille fiori = tausend Blumen]: *vielfarbiges Kunstglas aus verschiedenfarbigen Glasstäben, die miteinander verschmolzen u. in Scheiben geschnitten werden.*
¹Mille|fleurs [milˈflœːr], das; - [frz. millefleurs, eigtl. = tausend Blumen]: *Streublumenmuster.*
²Mille|fleurs, der; -: *Stoff mit Streublumenmuster.*
mil|le|nar ⟨Adj.⟩ [spätlat. millenarius = tausend enthaltend] (selten): *tausendfach, tausendfältig.*
Mil|le|na|ris|mus, der; -: *Chiliasmus.*
Mil|len|ni|um, das; -s, ...ien [...jən; zu lat. mille = tausend u. annus = Jahr]: **1.** *Jahrtausend:* Alle Geheimnisse und Mythen, vom Alien bis zum Yeti, werden mit Blick auf den Anbruch des neuen -s hervorgekramt (Woche 19. 12. 97, Extra 14); Grabungen in Grönland und Kanada lassen kaum Zweifel daran, dass die Wikinger am Beginn des -s in eine eisige Terra incognita vordrangen und sich 500 Jahre vor Christoph Kolumbus anschickten, Indianer übers Ohr zu hauen (Spiegel 41, 1998, 250). **2.** (Rel.) *Tausendjähriges Reich der Offenbarung Johannis.*
Mil|len|ni|um|fei|er, Mil|len|ni|ums|fei|er, die: *Tausendjahrfeier:* Zugleich posaunen die Werbestrategen in alle

Welt hinaus, Deutschland werde aus der Milleniumsfeier etwas unerhört Neues, etwas nie Dagewesenes machen (FAZ 26. 6. 97, 39).
¹Mille|points [milˈpŏɛ̃ː], das; - [frz. mille-points, eigtl. = tausend Punkte]: *Muster aus regelmäßig angeordneten kleinen Punkten.*
²Mille|points, der; -: *mit* ¹Millepoints *versehener Stoff.*
Mil|li|am|pere [auch: ...amˈpɛːʀ], das (Physik): $^1/_{1000}$ *Ampere* (Zeichen: mA).
Mil|li|am|pere|me|ter, das; -s, - [zu ↑-meter 1]: *Gerät zur Messung geringer Stromstärken.*
Mil|li|ar|där, der; -s, -e [frz. milliardaire]: *Besitzer eines Vermögens im Wert von mindestens einer Milliarde.*
Mil|li|ar|dä|rin, die; -, -nen: w. Form zu ↑Milliardär.
Mil|li|ar|de, die; -, -n [frz. milliard, zu: million, ↑Million] (in Ziffern: 1 000 000 000): *tausend Millionen:* vier bis fünf -n, einige -n Mark; rund 2 -n Bewohner; Abk.: Md., Mrd.
Mil|li|ar|den|an|lei|he, die: *Anleihe* (1) *in Höhe von einer od. mehreren Milliarden [Mark].*
Mil|li|ar|den|be|trag, der: *Betrag von einer od. mehreren Milliarden [Mark o. Ä.].*
Mil|li|ar|den|hö|he: in der Fügung in M. *(in Höhe von einer od. mehreren Milliarden):* Würden die Atommanager durch eine Politik der Nadelstiche noch vor Beginn der Konsensgespräche nachhaltig verärgert, drohten jahrelange Rechtsstreitigkeiten und Schadenersatzforderungen in M. (Woche 8. 1. 99, 10).
Mil|li|ar|den|loch, das (ugs.): *durch große Ausgaben o. Ä. zustande gekommener Fehlbetrag in Milliardenhöhe:* spätestens im Mai bei der nächsten Steuerschätzung öffnet sich ein neues M. im Bundesetat (Woche 14. 2. 97, 1); das M. stopfen; die Ausgaben haben ein M. in den Etat gerissen.
Mil|li|ar|den|schwer ⟨Adj.⟩ (ugs.): *ein Milliardenvermögen besitzend.*
mil|li|ar|den|teu|er ⟨Adj.⟩: *Kosten in Milliardenhöhe verursachend:* ein milliardenteures Bauprogramm.
Mil|li|ar|den|ver|mö|gen, das: *Vermögen, das sich nach Milliarden bemisst.*
mil|li|ardst... ⟨Ordinalz. zu ↑Milliarde⟩: vgl. acht...
Mil|li|ards|tel ⟨Bruchz.⟩: vgl. achtel.
Mil|li|ards|tel, das, schweiz. meist: der; -s, -: vgl. Achtel.
Mil|li|bar [auch: ...ˈbaːʀ], das (Met.): $^1/_{1000}$ *Bar;* Zeichen: mbar (Met. nur: mb).
Mil|li|gramm [auch: ...ˈgram], das: $^1/_{1000}$ *Gramm* (Zeichen: mg).
Mil|li|li|ter [auch: ...ˈliːtɐ], der, auch: das: $^1/_{1000}$ *Liter* (Zeichen: ml).
Mil|li|me [miˈliːm], der; -[s], -s [...i:m(s)] ⟨aber: 5 -⟩ [arab. millīmaʰ, zu frz. millième = Tausendstel]: *Untereinheit der Währungseinheit von Tunesien* (1 000 Millimes = 1 Dinar).
Mil|li|me|ter [auch: ...ˈmeːtɐ], der, auch: das: $^1/_{1000}$ *Meter* (Zeichen: mm).
Mil|li|me|ter|ar|beit, die ⟨o. Pl.⟩ (ugs.): *äußerst exakt durchgeführtes Manöver o. Ä. auf knapp bemessenem Raum.*

Mil|li|me|ter|brei|te: in der Fügung um M. *(nur ganz knapp).*
mil|li|me|ter|ge|nau ⟨Adj.⟩: *auf den Millimeter genau; ganz genau:* etw. m. einpassen.
mil|li|me|ter|kurz ⟨Adj.⟩: *sehr kurz:* m. geschnittenes Haar.
Mil|li|me|ter|pa|pier, das: *(bes. für grafische Darstellungen vorgesehenes) Papier mit einem aufgedruckten Netz von Geraden, die jeweils einen Millimeter Abstand haben.*
Mil|li|me|ter|wel|le, die ⟨meist Pl.⟩ (Physik): *elektromagnetische Welle mit einer Wellenlänge von einem bis zehn Millimeter.*
Mil|li|mol, das (Chemie): $^1/_{1000}$ *Mol.*
Mil|li|on, die; -, -en [ital. mil(l)ione, eigtl. = Großtausend, zu: mille < lat. mille = tausend] (in Ziffern: 1 000 000): **1.** *tausend mal tausend:* eine halbe M.; eine dreiviertel M.; die Baukosten betragen 1,8 -en Mark; etwa eine M. Menschen war/waren auf der Flucht; ein Defizit von fünf -en, mehreren -en, einigen -en Mark; die Baugesellschaft verzeichnet inzwischen eine M. neu erbaute/neu erbauter Häuser; Abk.: Mill., Mio. **2.** ⟨Pl.⟩ **a)** *unbestimmte, sich nach Millionen bemessende Anzahl:* -en u. -en mussten ihr Leben lassen; Es ist der Grund dafür, dass heute um wie Sie ... solchen Unsinn herumtrompeten (Remarque, Obelisk 264); -en hungernder Kinder/ von hungernden Kindern; das Produkt wurde weltweit Millionen Mal verkauft; **b)** *eine unbestimmte, sich nach Millionen bemessende Summe:* die Kosten für das Projekt gehen in die M.
Mil|li|o|när, der; -s, -e: *Besitzer eines Vermögens im Wert von mindestens einer Million:* in Florida leben viele -e; sie wollte sich unbedingt einen M. angeln; Wir sind eben keine -e (*wir haben nicht viel Geld;* Fels, Sünden 66).
Mil|li|o|nä|rin, die; -, -nen: w. Form zu ↑Millionär.
Mil|li|ön|chen, das; -s, -: Vkl. zu ↑Million.
Mil|li|o|nen|auf|la|ge, die (Buchw.): *Auflage* (1 a) *von [mehr als] einer Million Exemplaren.*
Mil|li|o|nen|auf|trag, der: *Auftrag* (2) *in Höhe von [mehr als] einer Million [Mark].*
Mil|li|o|nen|be|trag, der: *Betrag von einer od. mehreren Millionen [Mark o. Ä.].*
Mil|li|o|nen|ding, das (ugs.): *Unternehmung, Geschäft o. Ä., bei dem es um [mehr als] eine Million [Mark] geht:* der Einbruch in dem Juwelierladen war ein M.; das Bauvorhaben wird ein M.
Mil|li|o|nen|erb|schaft, die: *Erbschaft in Millionenhöhe.*
mil|li|o|nen|fach ⟨Vervielfältigungsz.⟩: vgl. achtfach.
Mil|li|o|nen|ge|schäft, das: *Geschäft in Millionenhöhe.*
Mil|li|o|nen|ge|winn, der: *Gewinn in Millionenhöhe:* -e machen, erzielen.
Mil|li|o|nen|heer, das: *sich nach Millionen bemessende Zahl von (unter einem bestimmten Aspekt gleich gearteten) Menschen:* das M. der Arbeitslosen.

Mil|li|o|nen|hö|he: in der Fügung in M. (vgl. Milliardenhöhe): Summen, Schäden in M.

Mil|li|o|nen Mal: s. Million (2 a).

Mil|li|o|nen|ob|jekt, das: *etw., was eine od. mehrere Millionen kostet, einen Wert von einer od. mehreren Millionen hat:* das Haus ist ein M.

Mil|li|o|nen|pu|bli|kum, das: *sich nach Millionen von Zuschauern o. Ä. bemessendes Publikum.*

Mil|li|o|nen|scha|den, der: *Schaden in Millionenhöhe:* ein Unfall mit M.

mil|li|o|nen|schwer ⟨Adj.⟩ (ugs.): *ein Millionenvermögen besitzend:* ein -er Industrieller.

Mil|li|o|nen|stadt, die: *Stadt mit [mehr als] einer Million Einwohnern.*

mil|li|o|nen|teu|er ⟨Adj.⟩: vgl. milliardenteuer: millionenteure Apparate, Gemälde, Bauten.

Mil|li|o|nen|ver|mö|gen, das: *Vermögen, das sich nach Millionen bemisst.*

mil|li|onst... ⟨Ordinalz. zu ↑Million⟩: vgl. acht...

mil|li|ons|tel ⟨Bruchz.⟩: vgl. achtel.

Mil|li|ons|tel, das, schweiz. meist: der; -s, -: vgl. Achtel.

mil|li|on|tel: ↑ millionstel.

Mil|li|on|tel: ↑ Millionstel.

Mil|li|rem, das; -s, -s (früher): $^1/_{1000}$ Rem.

Mil|li|se|kun|de [auch: ...ze'kʊndə], die: $^1/_{1000}$ Sekunde (Zeichen: ms).

Mil|reis, das; -, - [port. mil-réis, aus: mil = tausend u. réis, ↑²Real]: *frühere Währungseinheit in Portugal u. Brasilien.*

Milz, die; - [mhd. milze, ahd. milzi; eigtl. = die Weiche od. die Auflösende (man glaubte, sie wirke bei der Verdauung mit)]: *(bei Wirbeltieren u. beim Menschen) Organ im Bauchraum, in dem u. a. Abwehrstoffe produziert, weiße Blutkörperchen aufgebaut u. rote Blutkörperchen abgebaut werden.*

Milz|brand, der ⟨o. Pl.⟩: *(hauptsächlich bei Pflanzen fressenden Tieren auftretende) mit Koliken, Atemnot u. meist vergrößerter Milz einhergehende gefährliche Infektionskrankheit.*

Milz|brand|ba|zil|lus, der: *Erreger des Milzbrandes.*

Milz|ent|zün|dung, die: *mit einer Schwellung einhergehende Entzündung der Milz.*

Milz|farn, der [früher geschätzt als Heilmittel bei den Erkrankungen der Milz]: *Schriftfarn.*

Milz|kraut, das: *(oft als Zierpflanze kultivierte, früher als Heilpflanze bei Erkrankungen der Milz verwendete) Pflanze mit nierenförmigen Blättern u. kleinen grünlich gelben Blüten.*

Milz|quet|schung, die: *(durch einem Unfall verursachte) Quetschung der Milz.*

Milz|riss, der: *Riss der Milz.*

Milz|schwel|lung, die: *krankhafte Schwellung der Milz.*

Milz|ste|chen, das: *Seitenstechen.*

◆ **Milz|sucht,** die [nach der Annahme, diese Gemütsverstimmung gehe von der Milz aus; vgl. Spleen]: *Hypochondrie:* die Musik bezähmt die wilde Leidenschaft, ... heilt die M. aus dem Grund

(Wieland, Musarion 949 ff.); Ü ⟨Pl. -en⟩ Legen wir darum unser Leben auf Würfel – baden darum alle -en des Schicksals aus, dass wir am End' noch von Glück sagen, die Leibeigenen eines Sklaven zu sein (Schiller, Räuber IV, 5).

◆ **milz|süch|tig** ⟨Adj.⟩: *hypochondrisch:* wollt ihr zum Kalbsfell schwören ... und dort unter der -en Laune eines gebieterischen Korporals das Fegfeuer zum Voraus abverdienen? (Schiller, Räuber I, 2).

Mim|bar, der; - [arab. minbar, eigtl. = Erhebung, zu: nabara = erheben]: *Kanzel (1) in der Moschee.*

Mi|me, der; -n, -n [lat. mimus < griech. mĩmos] (*bedeutend):* (*bedeutender) Schauspieler:* ein großer, begnadeter M.; Eine Entdeckung frisch aus Danzig, das schon manch vorzüglichen -n hervorgebracht hat (Grass, Hundejahre 562). R dem -n flicht die Nachwelt keine Kränze (aus dem Prolog zu Schillers Wallenstein, Wallensteins Lager; der Ruhm des Schauspielers ist vergänglich).

mi|men ⟨sw. V.; hat⟩: **1.** (selten) *[schauspielerisch] darstellen:* eine Rolle, den Tell, jmdn. m. **2.** (ugs. abwertend) **a)** *ein Gefühl o. Ä. zeigen, das in Wirklichkeit nicht vorhanden ist; vortäuschen:* Bewunderung, Verbundenheit m.; Er segelte, Diensteifer mimend, herbei (Kirst, 08/15, 683); *Also lehnt er sich in seinem Sessel zurück und versinkt in gut gemimten Schlaf (Woche 3. 1. 97, 34); **b)** *vorgeben jmd., etw. zu sein:* den Unschuldigen m.; den Überlegenen, den starken Mann m.; ein paar Straßen weiter sah ich sie dann auf unbeteiligt m. (Schnurre, Bart 35).

Mi|men: Pl. von Mime, Mimus.

Mi|me|o|graph, der; -en, -en [↑-graph] (früher): *(von Edison erfundener) Vervielfältigungsapparat, mit dem von einer Schrift über 1 000 Abzüge hergestellt werden können.*

Mi|me|se, die; -, -n: **1.** (bildungsspr.) *Mimesis.* **2.** (Zool.) *Fähigkeit bestimmter Tiere, sich zu tarnen, indem sie sich in Färbung, Gestalt o. Ä. der belebten u. unbelebten Umgebung anpassen.*

Mi|me|sis, die; -, ...esen [spätlat. mimesis < griech. mímēsis] (bildungsspr.): **1. a)** *(in der Antike) nachahmende Darstellung der Natur im Bereich der Kunst;* **b)** *(in der platonischen Philosophie) Kennzeichnung der Methexis als bloße Nachahmung einer Idee (2).* **2.** (antike Rhet.) **a)** *spottende Wiederholung der Rede eines anderen;* **b)** *Nachahmung eines Charakters mit Worten, die diesen Charakter besonders gut kennzeichnen.*

mi|me|tisch ⟨Adj.⟩ [griech. mīmētikós] (bildungsspr.): **1. a)** *die Mimese betreffend;* **b)** *nachahmend, nachäffend.* **2.** *die Mimesis betreffend.*

Mi|mi, die; -, -s [wohl nach dem Kosenamen für Katzen, vgl. Kätzchen (3)] (salopp): *Vulva.*

Mi|mi|am|ben ⟨Pl.⟩ [lat. mimiambi <

griech. mīmíamboi, zu: mĩmos, ↑Mime u. íambos (Pl.: íamboi) = Vers] (Literaturw.): *in Choliamben geschriebene Mimen (2).*

Mi|mik, die; - [lat. (ars) mimica, ↑mimisch]: **1.** *Mienenspiel, Wechsel im Ausdruck des Gesichts u. in den Gebärden als Nachahmung fremden od. als Ausdruck eigenen Erlebens:* eine lebhafte M.; Seine M. erinnert an einen Pokerspieler (Schreiber, Krise 217); Ihr Lachen blieb reine M. (*war unnatürlich, aufgesetzt;* Frisch, Stiller 475). **2.** (ugs.) *etw. aus mehreren Teilen Konstruiertes, Zusammengebautes:* jetzt muss die ganze M. noch in das Gehäuse eingebaut werden; sei vorsichtig, wenn du die Gardinen aufhängst, sonst kommt, fällt die M. runter.

Mi|mi|ker, der; -s, -: *Mimik (1).*

Mi|mi|kry [...kri], die; - [engl. mimicry, eigtl. = Nachahmung, zu: mimic = fähig nachzuahmen]: **1.** (Zool.) *Fähigkeit bestimmter Tiere, sich zu schützen, indem sie sich der Gestalt od. Farbe solcher Tiere anpassen, die von ihren Feinden gefürchtet werden bzw. sich auf irgendeine Art gegen Feinde schützen können.* **2.** (bildungsspr.) *Anpassung, die der Täuschung od. dem eigenen Schutz dient.*

Mi|min, die; -, -nen: w. Form zu ↑Mime.

mi|misch ⟨Adj.⟩ [lat. mimicus < griech. mīmikós] (bildungsspr.): **a)** *die Mimik betreffend; mithilfe der Mimik [ausgedrückt]:* -e Ausdruckskraft; Ein Komiker muss ... vor allem die mimischen Imitationen beherrschen (Woche 7. 3. 97, 41); etw. m. ausdrücken; **b)** *schauspielerisch:* die ... Höhepunkte der Aufführung, ... erfüllt von der ein Kraft ... dieses herrlichen Sängers (Welt 29. 7. 65, 7).

Mi|mo|dram, Mi|mo|dra|ma, das; -s, ...men [zu ↑Mime u. ↑Drama] (Literaturw.) *ohne Worte, nur mithilfe der Mimik aufgeführtes Drama (auch mit Musikbegleitung).* **2.** (veraltet) *Schaustellung von Kunstreitern o. Ä.*

Mi|mo|se, die; -, -n [zu lat. mimus (↑Mime), wohl wegen der Reaktion der Pflanze bei Berührung, die mit der eines empfindsamen Mimen verglichen wird]: **1.** *hoher Baum mit gefiederten Blättern u. gelben, kugeligen Blüten an Rispen.* **2.** *(im tropischen Brasilien als großer Strauch wachsende, rosaviolett blühende Pflanze, die ihre gefiederten Blätter bei der geringsten Erschütterung abwärts klappt; Sinnpflanze.* **3.** *(oft abwertend) sehr empfindsamer Mensch:* er, sie ist eine M.; Stiller scheint wirklich der Inbegriff einer männlichen M. gewesen zu sein (Frisch, Stiller 125).

mi|mo|sen|haft ⟨Adj.⟩ (oft abwertend): *überaus empfindlich; übertrieben auf Einflüsse von außen reagierend:* ein -es Geschöpf; m. reagieren.

Mi|mo|sen|haf|tig|keit, die; - (oft abwertend): *das Mimosenhaftsein:* Er ... fürchtete ihre M. (Zwerenz, Quadriga 227).

Mi|mus, der; -, Mimen [lat. mimus] (Literaturw.): **1.** *(in der Antike) Darsteller in Mimen (2).* **2.** *(in der Antike) derbkomische Szene aus dem Alltagsleben.* **3.** ⟨o. Pl.⟩ *Mimik.*

min (Astron.: ...ᵐ), Min. = Minute.

Mi|na|rẹtt, das; -s, -e u. -s [frz. minaret, über türk. mināre(t) < arab. manāraʰ, eigtl. = Leuchtturm]: Turm einer Moschee.

Mi|nau|drie [mino'dri:], die; - [frz. minauderie, zu: minauder = sich zieren, zu: mine = Miene, Gesichtsausdruck] (veraltet): geziertes Benehmen.

Min|cha, die; - [hebr. minhā = Gabe, Opfer]: 1. unblutiges Opfer im Alten Testament. 2. jüdisches Nachmittagsgebet.

min|der ⟨Adv.⟩ [mhd. minder, minner, ahd. minniro; urspr. Komp. zu einem Wort mit der Bed. »klein«] (geh.): in geringerem Grade; nicht so sehr: jmd., etw. ist m. angesehen; Es konkurriert nicht jeder deutsche Facharbeiter mit jedem m. entlohnten Inder (Woche 27. 3. 98, 9); nicht m. (nicht weniger; ebenso) freundlich; Die Baumratten sind nicht rötlich wie die Eichhörnchen, doch nicht m. zierlich (Frisch, Montauk 16); Beim größten innerdeutschen Giftmüllskandal geht es um Krebs erregendes PCB und kaum m. (fast ebenso) gefährliche Schwermetalle (Woche 25. 4. 97, 21); ⟨landsch. auch präd.:⟩ Meine Scheu vor der Holden war m. (geringer) heute (Dessauer, Herkun 137).

min|der... ⟨Adj.; Sup. mindest...⟩: (bezogen auf Wert, Bedeutung, Qualität, Ansehen) nicht besonders hoch; gering: eine mindere Qualität; Fragen von minderer Bedeutung; ... ein Ausflugslokal von der minderen Sorte (Danella, Hotel 108); eine Sache von minderer Wichtigkeit.

min|der|be|deu|tend ⟨Adj.⟩: nicht sehr bedeutend.

min|der|be|gabt ⟨Adj.⟩ (Fachspr.): unterdurchschnittlich begabt.

Min|der|be|gab|te, der u. die: jmd., der über eine nur mindere Begabung verfügt.

min|der|be|gü|tert ⟨Adj.⟩ (selten): nicht sehr begütert.

min|der|be|mit|telt ⟨Adj.⟩: wenig finanzielle Mittel habend: eine -e Familie; Ü geistig m. sein (salopp abwertend; im Hinblick auf seine Intelligenz unter dem Durchschnitt liegen); Er muss mich ja für m. halten oder mindestens für mitteldumm (Straessle, Herzradieschen 37).

Min|der|be|mit|tel|te, der u. die; -n, -n ⟨Dekl.: ↑ Abgeordnete⟩: jmd., der minderbemittelt ist.

Min|der|be|trag, der: geringerer Betrag (als veranschlagt, kalkuliert o. Ä.).

Min|der|be|wer|tung, die: geringere Bewertung (als erwartet o. Ä.; z. B. von Aktien).

Min|der|bru|der, der: Franziskaner.

Min|der|ein|nah|me, die: vgl. Minderbetrag.

Min|der|er|trag, der (bes. schweiz.): Fehlbetrag.

Min|der|ge|bot, das: (bei Auktionen) geringeres Gebot als erwartet.

Min|der|ge|wicht, das: unter einem bestimmten Mindestmaß liegendes Gewicht.

Min|der|heit, die; -, -en [für ↑ Minorität; schon ahd. minnerheit für mlat. minoritas] 1. ⟨o. Pl.⟩ a) kleinerer Teil (einer bestimmten Anzahl von Personen): eine M. ist gegen diesen Entwurf; die Gegner des Planes bilden eine M.; in der M. (zahlenmäßig unterlegen) sein; Diese Einwanderer glichen den hiesigen, längst in die M. geratenen Ureinwohnern (Handke, Niemandsbucht 978); b) zahlenmäßig unterlegene [u. darum machtlose] Gruppe (in einer Gemeinschaft, einem Staat o. Ä.): eine religiöse, ethnische M.; eine nationale M. (in einem Staat lebende kleine Bevölkerungsgruppe, die sich von der Mehrheit durch Abstammung, Sprache, Kultur unterscheidet); die Unterdrückung von -en. 2. (bei Wahlen, Abstimmungen o. Ä.) Gruppe, die den geringeren Teil der abgegebenen Stimmen bekommen hat: die parlamentarische M. kann sich nicht durchsetzen; die M. stellt die Regierung; qualifizierte (mit bestimmten Rechten ausgestattete) M.

Min|der|hei|ten|fra|ge, die: Problemkreis, der die Lebensbedingungen von od. das Zusammenleben mit Minderheiten beinhaltet.

Min|der|hei|ten|recht, das ⟨meist Pl.⟩: Recht, das einer Minderheit (1 b) in einem Staat, in einer Gesellschaft o. Ä. eingeräumt wird.

Min|der|hei|ten|schutz, der: Schutz der Minderheit (1) durch Minderheitenrechte.

min|der|heit|lich ⟨Adj.⟩: in, mit der Minderheit; die Minderheit betreffend: eine -e Beteiligung an einem Unternehmen.

Min|der|heits|be|tei|li|gung, die: minderheitliche Beteiligung.

Min|der|heits|recht, das ⟨meist Pl.⟩: Minderheitenrecht.

Min|der|heits|re|gie|rung, die: Regierung, die aus der Minderheit (2) des Parlaments gebildet ist.

Min|der|heits|vo|tum, das: Votum für den Standpunkt der Minderheit.

min|der|jäh|rig ⟨Adj.⟩ (Rechtsspr.): (von Jugendlichen) noch nicht volljährig, nicht mündig.

Min|der|jäh|ri|ge, der u. die ⟨Dekl. ↑ Abgeordnete⟩ (Rechtsspr.): jmd., der minderjährig ist: die Verführung -r wird bestraft.

Min|der|jäh|rig|keit, die; -: das Minderjährigsein.

min|dern ⟨sw. V.; hat⟩ [mhd. minnern, ahd. minnirōn] (geh.): 1. geringer werden, erscheinen lassen; vermindern, verringern: den Wert einer Leistung m.; etw. in seinem Wert m.; Schädlinge ..., die die Ernten stark minderten (Freie Presse 13. 10. 89, Wochenendausg. 4); Erträge, das Tempo, ein Risiko, eine Gefahr m.; durch schlechtes Benehmen das Ansehen, den Einfluss m.; du kannst die Folgen deiner Fehler nicht m.; mit gemindertem Tempo fahren; eine Beschäftigung ..., die unseren geminderten Fähigkeiten entspricht (Kaiser, Villa 100). 2. ⟨m. + sich⟩ [immer] weniger werden; sich verringern: die Anziehungskraft der Zeit.

min|der|qua|li|fi|ziert ⟨Adj.⟩: nicht hoch qualifiziert; eine geringe Qualifikation aufweisend.

Min|der|qua|li|fi|zier|te, der u. die; -n, -n ⟨Dekl.: ↑ Abgeordnete⟩: jmd., der minderqualifiziert ist: Eine solche »Verfestigung« der Arbeitslosigkeit beobachtet Christian Brinkmann ... vor allem bei Älteren, -n und gesundheitlich Eingeschränkten (Woche 14. 2. 97, 13).

min|der|sin|nig ⟨Adj.⟩ (schweiz.): nicht wohlgesinnt.

Min|de|rung, die; -, -en [mhd. minnerunge]: das Mindern, Sichmindern.

Min|de|rungs|lauf, der (Leichtathletik): Lauf, bei dem die Läufer das Tempo allmählich verringern: der M. dient der Schulung des Zeitgefühls.

Min|der|ver|brauch, der: geringerer Verbrauch.

Min|der|wert, der (Jargon): geringerer Wert.

min|der|wer|tig ⟨Adj.⟩: von geringer Qualität: man hat für die Konserven -es Fleisch verwendet; dies Material ist m.; Ü er ist ein -es Subjekt (abwertend; ein Mensch ohne Charakter).

Min|der|wer|tig|keit, die ⟨o. Pl.⟩: das Minderwertigsein.

Min|der|wer|tig|keits|ge|fühl, das ⟨meist Pl.⟩ (Psych.): Gefühl eigener körperlicher, geistiger, materieller od. sozialer Unterlegenheit gegenüber anderen.

Min|der|wer|tig|keits|kom|plex, der (Psych.): durch ein gesteigertes Minderwertigkeitsgefühl hervorgerufener Komplex (2): einen M. haben, kriegen; an -en leiden.

Min|der|wuchs, der (Med.): krankhaftes Zurückbleiben des Körperwachstums: Die Uniklinik ... hatte bei den Zwillingen einen so genannten psychosozialen M. festgestellt. Zu dem Krankheitsbild gehört eine massive emotionale Vernachlässigung der Kinder durch ihre Eltern. (Stuttg. Zeitung 28. 6. 96, 8).

min|der|wüch|sig ⟨Adj.⟩ (Med.): an Minderwuchs leidend.

Min|der|zahl, die ⟨o. Pl.⟩: Minderheit (1 a): in der M. sein (zahlenmäßig unterlegen sein).

min|dest... ⟨Adj.⟩ [mhd. minnest, ahd. minnist, Sup. von minder...]: drückt aus, dass etwas nur in geringstem Maße vorhanden ist; geringst: wenn man nur die mindesten Aussichten hätte; ohne den mindesten Zweifel, ohne die mindeste Angst; nicht die mindeste Ahnung von etw. haben; Astrid Protter fand den Raum fürchterlich ... Grell alles und ohne das mindeste Gefühl für Proportionen (Loest, Nikolaikirche 38); ⟨subst.:⟩ das ist das Mindeste/(auch:) mindeste, was man erwarten kann; * nicht das Mindeste/(auch:) mindeste (gar nichts): sie versteht nicht das Mindeste/(auch:) mindeste vom Kochen; nicht im Mindesten/ (auch:) mindesten (überhaupt nicht): das berührt mich nicht im Mindesten/ (auch:) mindesten; Nach einer Umfrage ... fühlen sich 75 Prozent der Kids durch Werbung nicht im mindesten gestört (natur 3, 1994, 37); zum Mindesten/ (auch:) mindesten (wenigstens, zumindest): er hätte sich zum Mindesten/ (auch:) mindesten entschuldigen können; Das Vorgehen im Buch Paramirum ist, zum mindesten im Grundsatz, keine Spekulation (Meier, Paracelsus 100).

Min|dest|ab|stand, der: *geringster nötiger Abstand.*

Min|dest|al|ter, das: *(in einem bestimmten Zusammenhang) niedrigstes [mögliches] Alter.*

Min|dest|an|for|de|rung, die: *geringste Anforderung, die auf jeden Fall erfüllt werden muss.*

Min|dest|an|zahl, die: vgl. Mindestabstand.

Min|dest|aus|stat|tung, die: vgl. Mindestabstand.

Min|dest|bei|trag, der: vgl. Mindestabstand.

Min|dest|be|steu|e|rung, die: vgl. Mindestabstand.

Min|dest|be|trag, der: vgl. Mindestabstand.

Min|dest|bie|ten|de, der u. die; -n, -n ⟨Dekl. ↑Abgeordnete⟩: *jmd., der bei einem Verkauf, bei einer Versteigerung das niedrigste [mögliche] Gebot macht.*

Min|dest|ein|nah|me, die: vgl. Mindestabstand.

min|des|tens ⟨Adv.⟩: **a)** *(auf etwas zahlenmäßig Erfassbares bezogen) auf keinen Fall weniger als:* es waren m. drei Täter; es dauert m. 3 Stunden; der Flur ist m. 5 Meter lang; eine Summe von m. 1 000 Mark; **b)** *auf jeden Fall; wenigstens, zumindest:* drei Monate ... So lange werde ich ... m. bleiben (Kemelman [Übers.], Mittwoch 142); du hättest dich m. entschuldigen müssen.

Min|dest|for|de|rung, die: *niedrigste, geringste Forderung.*

Min|dest|ge|bot, das: *niedrigstes zulässiges Gebot bei einer öffentlichen Versteigerung.*

Min|dest|ge|schwin|dig|keit, die: *niedrigste [zulässige od. mögliche] Geschwindigkeit.*

Min|dest|grö|ße, die: vgl. Mindestabstand.

Min|dest|halt|bar|keits|da|tum, das: *auf die Verpackung bestimmter Lebensmittel aufgedrucktes Datum, bis zu dem das Lebensmittel mindestens haltbar sein soll.*

Min|dest|hö|he, die: vgl. Mindestabstand.

Min|dest|lohn, der: *niedrigster (gesetzlich zulässiger) Lohn.*

Min|dest|maß, das: *sehr geringer, niedriger Grad; Minimum:* ein M. an Höflichkeit, Rücksicht; Unterschriften seien nichts wert, wenn sie nicht auf einem M. an Verlässlichkeit beruhten (W. Brandt, Begegnungen 251).

Min|dest|preis, der: *Verkaufspreis, der zur Verhinderung ruinöser Konkurrenz nicht unterschritten werden darf.*

Min|dest|re|ser|ve, die ⟨meist Pl.⟩ (Wirtsch.): *Guthaben, das Kreditinstitute bei der Zentralbank in einem bestimmten Prozentsatz zu ihren Einlagen unterhalten müssen.*

Min|dest|sa|lär, das (schweiz.): *Anfangsgehalt.*

Min|dest|satz, der: *niedrigster Betrag, Tarif.*

Min|dest|stra|fe, die: *geringste [mögliche] Strafe.*

Min|dest|um|tausch, der (bes. DDR): *geringster [möglicher] Pflichtumtausch von Geld in die Währung des Landes, den Einreisende vornehmen müssen.*

Min|dest|zahl, die: *niedrigste Zahl.*

Min|dest|zeit, die: *geringste [mögliche] Zeit.*

Mind|map, (auch:) **Mind-Map** [ˈmaɪntmɛp], die; -, -s od. das; -s, -s [engl. mind map, aus: mind = Gedanken u. map = grafische Darstellung]: *als Ergebnis des Mindmappings gewonnene grafische Darstellung.*

Mind|map|ping, (auch:) **Mind-Mapping** [ˈmaɪntmɛpŋ], das; -s [engl. mind mapping, aus: mind = Gedanken u. mapping = das Aufzeichnen, Darstellen]: *Methode, Gedanken in Form von Schlagwörtern od. Bildern aufzuzeichnen, zu sammeln, zu ordnen u. [in Diagrammen] zu gliedern.*

¹Mi|ne, die; -, -n [frz. mine < mlat. mina, eigtl. = Erzader, urspr. = Pulvergang, Sprenggang bei Belagerungen; H. u.]: **1. a)** *(wirtschaftlich genutztes) unterirdisches Erzlager; Bergwerk:* eine M. schließen, stilllegen; die Gefangenen arbeiten in den -n; **b)** *unterirdischer Gang, Stollen:* eine M. ist eingebrochen. **2.** *Sprengkörper, der durch einen Zünder zur Explosion gebracht u. sowohl im Gelände als auch im Wasser in Form von Sperren verlegt wird:* -n legen, suchen, entschärfen, vergraben; 80 Prozent der -n müssten noch heute ... mit dem Metalldetektor geortet und mit dem Schäufelchen freigelegt werden (Woche 28. 11. 97, 30); auf eine M. treten, fahren; das Schiff lief auf eine M.; **alle -n springen lassen* (ugs.; *alle verfügbaren Mittel anwenden).* **3.** *dünnes Stäbchen aus Graphit od. einem anderen Farbe enthaltenden Material (in einem Bleistift, Kugelschreiber o. Ä.), das das Schreiben ermöglicht:* die M. meines Kugelschreibers ist leer; eine M. einlegen, einsetzen. **4.** (Biol.) *Hohlraum in Pflanzenteilen, der durch Fraß von Insekten od. Larven entsteht.*

²Mi|ne, die; -, -n [lat. mina < griech. mnā, aus dem Semit.]: **1.** *Gewichtseinheit mit unterschiedlicher Höhe im antiken Griechenland u. im antiken Orient der Antike.* **2.** *Münze im antiken Griechenland.*

Mi|nen|ar|bei|ter, der: *Arbeiter in einer ¹Mine (1 a).*

Mi|nen|boot, das: vgl. Minenleger.

Mi|nen|feld, das: *Gebiet im Gelände od. im Wasser, in dem ¹Minen (2) verlegt sind.*

Mi|nen|hund, der: **1.** *(im Zweiten Weltkrieg vom russischen Militär zeitweilig eingesetzter) abgerichteter Hund, der unter einen feindlichen Panzer kriecht u. diesen durch die Sprengladung, die ihm umgebunden ist, zur Explosion bringt.* **2.** (scherzh.) *jmd., der für einen anderen eine unangenehme Aufgabe übernimmt, Entsprechendes ausführt:* Der sozialpolitische Sprecher ... hielt Hofacker vor, als M. für die Gesundheitsministerin aufgetreten zu sein (Rheinpfalz 16. 4. 92, 1).

Mi|nen|le|ger, der (Milit.): *Schiff od. Panzer mit besonderen Einrichtungen zum Verlegen von ¹Minen (2).*

Mi|nen|räum|boot, das (Milit.): *kleines Minensuchboot mit geringem Tiefgang.*

Mi|nen|räum|ge|rät, das (Milit.): *Gerät, Vorrichtung o. Ä. zum Entfernen od. Zerstören von ¹Minen (2).*

Mi|nen|rie|gel, der: vgl. Minenfeld.

Mi|nen|sper|re, die: vgl. Minenfeld.

Mi|nen|such|boot, das (Milit.): *kleineres Schiff zum Aufspüren u. Beseitigen von ¹Minen (2).*

Mi|nen|su|cher, der: *Minensuchboot.*

Mi|nen|such|ge|rät, das (Milit.): *Gerät zum Aufspüren von ¹Minen (2).*

Mi|nen|tau|cher, der: *Taucher, der Seeminen entschärft.*

Mi|nen|wer|fer, der (Milit. früher): *schweres Steilfeuergeschütz.*

Mi|ne|ral, das; -s, -e u. -ien [mlat. (aes) minerale = Grubenerz, zu: minera = Erzgrube]: *(in der Erdkruste vorkommende) anorganische, homogene, meist kristallisierte Substanz:* dass Eisen mit einer ... Anzahl von anderen -ien legiert wird (Gruhl, Planet 105); Bereits 1985 exportierte sie (= eine Bergbaugesellschaft) noch -e (NZZ 2. 9. 86, 3).

Mi|ne|ral|bad, das: *Kurort mit heilkräftiger Mineralquelle.*

Mi|ne|ral|brun|nen, der: *Mineralquelle.*

Mi|ne|ral|dün|ger, der: *aus Mineralien gewonnenes Düngemittel (z. B. Salpeter, Kalisalze o. Ä.).*

Mi|ne|ral|far|be, die: *Mal- u. Anstrichfarbe, die als Bindemittel Wasserglas enthält.*

Mi|ne|ral|fa|ser, die: *natürlich bzw. künstlich hergestellte faserige Substanz, die bes. beim Bauen Verwendung findet.*

Mi|ne|ral|fa|zi|es, die (Geol.): *gleichförmige Ausbildung von Gesteinen verschiedener Herkunft.*

Mi|ne|ral|haus|halt, der: *das Zusammenwirken der gesamten Mineralien im Körper.*

Mi|ne|ra|li|en|samm|lung, die; -, -en: *Sammlung, die Mineralien, Gesteine, Kristalle o. Ä. umfasst.*

Mi|ne|ra|li|sa|ti|on, die; -, -en (Biol., Geol.): *Umwandlung organischer Substanzen in anorganische (im Boden u. an der Erdoberfläche).*

Mi|ne|ra|li|sa|tor, der; -s, ...oren (Geol.): *verdunstende Bestandteile einer Gesteinsschmelze.*

mi|ne|ra|lisch ⟨Adj.⟩: *aus Mineralien bestehend; Mineralien enthaltend:* -e Substanzen; das Wasser ist stark m.; Ü die ... Menschheit ... eine Brut von -er Härte, das Herz aus Basalt (Ransmayr, Welt 169).

mi|ne|ra|li|sie|ren ⟨sw. V.⟩: **a)** *zum Mineral werden ⟨ist⟩;* **b)** *die Mineralbildung bewirken ⟨hat⟩.*

Mi|ne|ra|li|sie|rung, die; -, -en: *Mineralisation.*

Mi|ne|ral|ma|le|rei, die: *Verfahren zur Herstellung von wetterfesten Fresken u. Ölgemälden durch Benutzung von Mineralfarben.*

Mi|ne|ra|lo|ge, der; -n, -n [↑-loge]: *Wissenschaftler auf dem Gebiet der Mineralogie.*

Mi|ne|ra|lo|gie, die; - [↑-logie]: *Wissenschaft von der Zusammensetzung der Mi-*

neralien u. *Gesteine, ihrem Vorkommen
u. ihren Lagerstätten.*
Mi|ne|ra|lo|gin, die; -, -nen: w. Form zu
↑Mineraloge.
mi|ne|ra|lo|gisch ⟨Adj.⟩: *die Mineralogie
betreffend.*
Mi|ne|ral|öl, das: a) *Erdöl;* b) *durch Destillation von Erdöl gewonnenes Produkt*
(z. B. Heiz-, Schmieröl).
Mi|ne|ral|öl|ge|sell|schaft, die: *Handelsgesellschaft, die Mineralöl vertreibt.*
Mi|ne|ral|öl|in|dus|trie, die: *Industriezweig, der die Gewinnung u. Verarbeitung von Mineralöl umfasst.*
Mi|ne|ral|öl|pro|dukt, das: *Produkt, für
das Mineralöl* (a) *der Grundstoff ist.*
Mi|ne|ral|öl|steu|er, die: *Steuer, die für
die Herstellung od. den Import von Mineralöl erhoben wird.*
Mi|ne|ral|quel|le, die: *Quelle, in deren
Wasser eine bestimmte Menge an Mineralstoffen od. Kohlensäure gelöst ist.*
mi|ne|ral|reich ⟨Adj.⟩: *reich an Mineralen:* eine *-e Quelle.*
Mi|ne|ral|salz, das: *Mineralstoff.*
Mi|ne|ral|säu|re, die (Chemie): *anorganische Säure* (z. B. Schwefelsäure).
Mi|ne|ral|stoff, der: *anorganisches Salz,
das in der Natur vorkommt od. künstlich
hergestellt wird* (u. *das dem Körper bes.
mit der Nahrung zugeführt wird bzw. zur
Verhinderung von Mangelerscheinungen
künstlich zugeführt werden muss).*
Mi|ne|ral|stoff|the|o|rie, die (Bot.):
*Theorie, nach der die Pflanze die zu ihrer
Ernährung nötigen Elemente ausschließlich den anorganischen Stoffen entnimmt.*
Mi|ne|ral|the|o|rie, die: *Mineralstofftheorie.*
Mi|ne|ral|wachs, das: *Erdwachs.*
Mi|ne|ral|was|ser, das ⟨Pl. ...wässer⟩:
a) *Wasser einer Mineralquelle;* b) *mit Mineralsalzen u. Kohlensäure angereichertes Wasser.*
Mi|ne|ral|wol|le, die (Bauw.): *Dämmstoff aus Basalt.*
mi|ne|ro|gen ⟨Adj.⟩: *aus anorganischen
Bestandteilen entstanden.*
Mi|ner|va (röm. Myth.): *Göttin des
Handwerks, der Weisheit u. der schönen
Künste.*
Mi|nes|tra, die; -, ...stren [ital. minestra,
zu: minestrare < lat. ministrare, ↑Ministrant] (Kochk.): *Gemüsesuppe mit Reis
u. Parmesankäse.*
Mi|nes|tra|sup|pe, die (österr.): *Kohlsuppe.*
Mi|nes|tro|ne, die; -, -n [ital. minestrone, Vgr. von: minestra]: *Minestra.*
Mi|net|te, die; -, -n [frz. minette, Vkl.
von: mine = Bergwerk] (Geol.): 1. *dunkelgraues Ganggestein.* 2. *eisenhaltige
Schichten des Mittleren* ²*Juras in Lothringen u. Luxemburg.*
mi|neur [mi'nø:ɐ̯] [frz., eigtl. = kleiner,
< lat. minor, ↑minus]: frz. Bez. für
¹*Moll.*
Mi|neur [mi'nø:ɐ̯], der; -s, -e [frz. mineur,
zu: mine = Bergwerk] (Milit.): *für den
Bauen von* ¹*Minen* (2) *ausgebildeter Pionier.*
mi|ni ⟨Adj.⟩ [engl. mini, Kurzf. von: miniature < ital. miniatura, ↑Miniatur]:

1. (Mode) *(von Röcken, Kleidern, Mänteln) [weit] oberhalb des Knies endend:*
der Rock ist m. 2. (ugs.) *sehr klein:* Die
Tasche ist total m. Ich brauch noch eine!
(Straessle, Herzradieschen 55).
¹**Mi|ni,** das; -s, -s: 1. ⟨o. Pl.; meist o. Art.⟩
(Mode) a) *[weit] oberhalb des Knies endende, sehr kurze Kleidung:* sie trägt vorzugsweise M.; b) *(von Röcken, Kleidern,
Mänteln) Länge, die [weit] oberhalb des
Knies endet:* Röcke in M. 2. (ugs.) *Minikleid.*
²**Mi|ni,** der; -s, -s (ugs.): *Minirock:* sie erschien in einem knallroten M.
Mi|ni-: 1. kennzeichnet in Bildungen mit
Substantiven etw. als klein, winzig, niedrig: Miniparty, -preis. 2. kennzeichnet
in Bildungen mit Substantiven etw. (ein
Kleidungsstück) als [sehr] kurz: Minimantel.
Mi|ni|a|tor, der; -s, ...oren [mlat. miniator]: *Handschriften-, Buchmaler.*
Mi|ni|a|tur, die; -, -en [ital. miniatura =
Kunst, mit Zinnober zu malen < mlat.
miniatura = mit Zinnober gemaltes
Bild, zu lat. miniare = rot bemalen, zu:
minium (↑Mennige); unter Einfluss von
lat. minor (= kleiner) Entwicklung zur
Bed.»zierliche Kleinmalerei«]: 1. (Malerei) *Bild od. Zeichnung als Illustration einer Handschrift* (3) *od. eines Buches.*
2. (Malerei) *kleines Bild (meist auf Holz,
Pergament, Porzellan od. Elfenbein).*
3. (Problemschach) *Schachproblem, das
aus höchstens sieben Figuren gefügt ist.*
Mi|ni|a|tur|aus|ga|be, die: *Ausgabe von
etw. in kleine[re]m Format:* eine M. des
Eiffelturms; Ü Wedelmann zum Beispiel – ein NS-Parzifal in M. (Kirst,
08/15, 942).
Mi|ni|a|tur|bild, das: *Miniatur* (2).
Mi|ni|a|tur|ge|mäl|de, das: *Miniatur*
(2).
Mi|ni|a|tur|golf, das (Sport): *Minigolf
mit 6 Meter langen u. 90 Zentimeter breiten Bahnen u. einer festgelegten Anzahl
von Hindernissen.*
mi|ni|a|tu|ri|sie|ren ⟨sw. V.; hat⟩ (Elektrot.): *(elektronische Elemente) verkleinern.*
Mi|ni|a|tu|ri|sie|rung, die; -, -en (Elektrot.): *Entwicklung u. Herstellung kleinster elektronischer Geräte, die eine Vielzahl elektronischer Bauelemente enthalten.*
Mi|ni|a|tur|ma|ler, der: *Maler, der Miniaturen malt.*
Mi|ni|a|tur|ma|le|rei, die: *das Malen von
Miniaturen.*
Mi|ni|a|tur|ma|le|rin, die: w. Form zu
↑Miniaturmaler.
Mi|ni|au|to, das (scherzh.): *sehr kleines
Auto.*
Mi|ni|bar, die: 1. *im Hotelzimmer vorhandener kleiner Kühlschrank, der verschiedenerlei Getränke enthält:* sich an der M.
bedienen. 2. *in Fernzügen mitgeführter
kleiner Wagen mit Esswaren u. Getränken für den Verkauf an Reisende.*
Mi|ni|bi|ki|ni, der: *sehr knapp geschnittener Bikini.*
Mi|ni|break, der od. das (Tennis): *Gewinn eines Punktes im Tie-Break gegen
den aufschlagenden Spieler.*

Mi|ni|car, der [engl. minicar = Kleinstwagen]: 1. *Kleintaxi.* 2. *selbst gebasteltes
kleines Fahrzeug ohne Motor [mit dem
Wettbewerbe ausgetragen werden].*
Mi|ni|disc®, die; -, -s (EDV): *bespielbare
CD mit kleinerem Durchmesser.*
Mi|nier|ar|beit, die (Fachspr.): *das Minieren.*
mi|nie|ren ⟨sw. V.; hat⟩ [frz. miner, zu
↑¹Mine] (Fachspr.): *unterirdische Gänge,
Stollen anlegen.*
Mi|nier|flie|ge, die: *Fliege, deren Larve
¹Minen* (4) *in Pflanzen fressen.*
Mi|nier|mot|te, die: *kleiner, zarter
Schmetterling, dessen Raupen* ¹*Minen* (4)
in Pflanzen fressen.
Mi|ni|for|mat, das: *sehr kleines Format.*
Mi|ni|golf, das: *Spiel, bei dem der Ball
mit einem Schläger auf abgegrenzten
Bahnen od. Spielfeldern mit verschiedenen Hindernissen durch möglichst wenig
Schläge ins Ziellloch geschlagen werden
muss; Bahnen-, Klein-, Cobigolf.*
Mi|ni|grup|pe, die: *kleine Gruppe von in
bestimmter Hinsicht zusammengehörenden Personen.*
Mi|ni|ki|ni, der; -s, -s: *einteiliger, die
Brust frei lassender Badeanzug.*
Mi|ni|kleid, das: *[weit] oberhalb des
Knies endendes, sehr kurzes Kleid.*
mi|ni|kurz ⟨Adj.⟩: *mini:* ein *-es Kleid.*
mi|nim ⟨Adj.⟩ (schweiz., sonst veraltet):
minimal: der Kopf ..., an dessen vorderem Abbruch in -em Abstand zwei weiße
Punkte angebracht waren (Muschg,
Sommer 61).
¹**Mi|ni|ma,** die; -, ...mae u. ...men [zu lat.
minimus, ↑Minimum] (Musik): *kleinerer
Notenwert der Mensuralmusik.*
²**Mi|ni|ma:** Pl. von ↑Minimum.
mi|ni|mal ⟨Adj.⟩: *ein sehr geringes Ausmaß an Größe, Stärke o. Ä. aufweisend;
sehr klein, sehr gering:* ein -er Unterschied; Der Lufttransport soll mit -em
Energieaufwand erfolgen (CCI 13, 1998,
43); der Vorsprung war m.
Mi|ni|mal Art [... 'ɑ:t], die; --,
(auch:) **Mi|ni|mal|art,** die; - [engl. minimal art, aus: minimal = gering u. art =
Kunst] (Kunstwiss.): *Kunstrichtung (in
den USA), die mit einfachen (geometrischen) Grundformen arbeitet.*
Mi|ni|mal|be|trag, der: *sehr kleiner, geringfügiger Betrag.*
Mi|ni|mal|for|de|rung, die: *kleinst-, geringst[möglich]e Forderung.*
mi|ni|ma|li|sie|ren ⟨sw. V.; hat⟩:
1. (Fachspr.) *so klein wie möglich machen; sehr stark reduzieren, vereinfachen:* eine Gleichung m. 2. (bildungsspr.)
abwerten, wenig od. gar nicht achten: einen Vorfall zu m. suchen.
Mi|ni|ma|li|sie|rung, die; -, -en
(Fachspr.): *das Minimalisieren* (1), *Minimalisiertwerden.*
Mi|ni|ma|list, der; -en, -en: 1. a) (Kunstwiss.) *Vertreter der Minimal Art:* Seine
Bildmotive machten Johns zum Mitbegründer der Pop-Art, seine Maltechnik
beeinflusste die -en (Woche 7. 3.97, 34).
b) (Musik) *Vertreter der Minimal Music.*
2. (ugs.) jmd., *der etw. nur in sehr geringem Ausmaß beherrscht bzw. sich sehr wenig bemüht, etw. nur sehr begrenzt be-*

treibt o. Ä.: Guhle ... urteilt drastisch über die »ökologischen -en« unter den deutschen Firmenchefs (natur 4, 1994, 22).

Mi̱|ni|ma|lis|tin, die; -, -nen: w. Form zu ↑Minimalist.

mi̱|ni|ma|lis|tisch ⟨Adj.⟩: **1. a)** (Kunstwiss.) *die Minimal Art betreffend:* -e Formen; **b)** (Musik) *die Minimal Music betreffend:* -e Variationen. **2.** (bildungsspr.) *geringfügig, in geringem Ausmaß; sich wenig bemühend:* Eine angemessene Entschuldigung war das kaum, eher eine »-e Abbitte« (Woche 21. 8.98, 3); So rückhaltlos Keynes' Vision der monetären Partnerschaft der Nationen bewundert ... wurde, so m. gab man sich bei der Umsetzung (Hankel, Geld 119).

Mi̱|ni|mal|kon|sens, der (Politik): *Konsens (1) auf einer Basis, die trotz unterschiedlicher Weltanschauung od. politischer Richtung als kleinstmögliche Grundlage für ein gemeinsames Handeln dienen kann.*

Mi̱|ni|mal|lö|sung, die: vgl. Minimalforderung.

Mi̱|ni|mal Mu̱|sic [ˈmɪnɪməl ˈmjuːzɪk], die; --, (auch:) **Mi̱|ni|mal|mu̱|sic,** die; - [engl. minimal music, aus: minimal = gering u. music = Musik]: *Musik[form], die in einer unendlichen Wiederholung kleinster, nur wenig variierter Klangeinheiten besteht.*

Mi̱|ni|mal|paar, das (Sprachw.): *zwei sprachliche Einheiten, die nur durch ein einziges, den Bedeutungsunterschied bewirkendes Merkmal unterschieden sind* (z. B.: Wal – Wall).

Mi̱|ni|mal|prob|lem, das (Problemschach): *Schachproblem mit zwei weißen Figuren (dem König 2 a u. einer weiteren Figur).*

Mi̱|ni|mal|pro|gramm, das: *Programm, das sich auf Forderungen beschränkt, die von möglichst vielen [zur Durchsetzung eines bestimmten Ziels] gemeinsam getragen werden können.*

Mi̱|ni|mal|wert, der: *kleinst[möglich]er Wert.*

Mi̱|ni|mal|ziel, das: vgl. Minimalforderung: sein M. erreichen, übertreffen.

Mi̱|ni|max|prin|zip, das; -s [verkürzt aus: Minimum-Maximum-Prinzip] (Spieltheorie): *Prinzip der Vorsicht, das dem Spieler denjenigen Gewinn garantiert, den er unter Berücksichtigung der für ihn ungünstigsten Reaktionen des Gegners in jedem Fall erzielen kann.*

Mi̱|ni|max|the|o|rem, das; -s (Spieltheorie): *mathematischer Lehrsatz, nach dem Spieler nur dann ihren eigenen Anteil am Gesamtergebnis maximieren können, wenn sie den des Gegners zu minimieren vermögen.*

mi̱|ni|mie|ren ⟨sw. V.; hat⟩: **1.** (bildungsspr.) *auf ein Minimum senken, vermindern, verringern:* Kosten m.; Es geht darum, die Gefahren ... zu m. (Hamburger Rundschau 11. 8. 83, 19); Ich versuche, das Risiko zu m. (a & r 2, 1997, 72). **2.** (bes. Math.) *durch Minimieren (1) auf den geringsten Wert festlegen.*

Mi̱|ni|mie|rung, die; -, -en: *das Minimieren.*

mi̱|ni|mi|sie|ren ⟨sw. V.; hat⟩ (Fachspr.): *minimieren (2).*

Mi̱|ni|mi|sie|rung, die; -, -en (Fachspr.): *das Minimisieren.*

Mi̱|ni|mo|de, die ⟨o. Pl.⟩: *Mode, bei der die Kleidungsstücke eine Länge haben, die [weit] oberhalb des Knies endet.*

Mi̱|ni|mum, das; -s; ...ma [lat. minimum = das Geringste, Mindeste, subst. Neutr. von: minimus = kleinster, Sup. von: minus, ↑minus]: **1.** ⟨Pl. selten⟩ (bildungsspr.) *geringstes, niedrigstes Maß; Mindestmaß:* ein M. an Sicherheit; etw. auf ein M. reduzieren; Sein ... Stern Al- gol kann im M., im Zustand der geringsten Helligkeit, ... beobachtet werden (Freie Presse 4. 11. 88, Beilage 6); unter dem M. liegen, bleiben; etw. unter dem M. *(unter dem Mindestpreis)* verkaufen; Millionen Tonnen strahlenden Materials belasten die Umwelt, die Halbwertzeiten liegen bei M. *(mindestens)* 25 000 Jahren (Woche 13. 3. 98, 33). **2. a)** (Math.) *unterer Extremwert:* ein absolutes M.; die Minima und Maxima einer Funktion; **b)** (Met.) *niedrigster Wert (bes. der Temperatur) eines Tages o. Ä.* **3.** *Kern eines Tiefdruckgebiets:* ein barometrisches M.

Mi̱|ni|mum|ther|mo|me|ter, das, österr., schweiz. auch: der: *Thermometer, mit dem der niedrigste Wert zwischen zwei Messungen festgestellt wird.*

Mi̱|ni|pil|le, die (ugs.): *empfängnisverhütendes Präparat mit verhältnismäßig geringer Hormonmenge.*

Mi̱|ni|rock, der: *[weit] oberhalb des Knies endender, sehr kurzer Rock;*

Mi̱|ni|ski, der: *kurzer Ski für Anfänger.*

Mi̱|ni|slip, der: *eng anliegender, sehr kleiner Slip (1).*

Mi̱|ni|spi|on, der: *sehr kleines Abhörgerät.*

Mi̱|nis|ter, der; -s, - [frz. ministre, eigtl. = Diener (des Staates) < lat. minister = Diener, Gehilfe]: *Mitglied der Regierung eines Staates od. Landes, das einen bestimmten Geschäftsbereich verwaltet:* der M. des Inneren *(Innenminister);* der M. des Äußeren *(Außenminister);* der Referent M. Meyers/des -s Meyer; das Wort hat Frau M. Schulz; sie ist M. für Gesundheit und Familie; ein M. ohne Geschäftsbereich, ohne Portefeuille; einen M. ernennen, vereidigen, angreifen, stürzen; er wurde zum M. ernannt.

Mi̱|nis|ter|amt, das: *Amt (1 a) eines Ministers.*

Mi̱|nis|ter|an|kla|ge, die (Rechtsspr.): *Verfahren, in dem ein Regierungsmitglied wegen Verletzung der Verfassung od. eines Gesetzes angeklagt wird.*

Mi̱|nis|ter|bank, die ⟨Pl. ...bänke⟩: *Platz für die Regierungsmitglieder (z. B. Minister, Staatssekretäre) im Parlament.*

Mi̱|nis|ter|ebe|ne: in der Fügung **auf M.** *(im Kreise der zuständigen Minister):* Verhandlungen auf M.

mi̱|nis|te|ri|al ⟨Adj.⟩ [spätlat. ministerialis = den Dienst beim Kaiser betreffend]: *von einem Minister, Ministerium ausgehend, zu ihm gehörend:* eine -e Expertise; ein -er Kurier.

Mi̱|nis|te|ri|al|be|am|te, der: *Beamter in einem Ministerium.*

Mi̱|nis|te|ri|al|be|am|tin, die: w. Form zu ↑Ministerialbeamte.

Mi̱|nis|te|ri|al|di|rek|tor, der: *Abteilungsleiter in einem Ministerium.*

Mi̱|nis|te|ri|al|di|rek|to|rin, die: w. Form zu ↑Ministerialdirektor.

Mi̱|nis|te|ri|al|di|ri|gent, der: *Referatsleiter in einem Ministerium.*

Mi̱|nis|te|ri|al|di|ri|gen|tin, die: w. Form zu ↑Ministerialdirigent.

Mi̱|nis|te|ri|a|le, der; -n, -n ⟨Dekl. ↑Abgeordnete⟩ [mlat. ministerialis < spätlat. ministerialis (Pl.) = kaiserliche Beamte]: **1.** *Angehöriger des Dienstadels im Mittelalter.* **2.** *Angehöriger eines Ministeriums:* die Bonner -n.

Mi̱|nis|te|ri|a|li|tät, die; - [mlat. ministerialitas]: *mittelalterlicher Dienstadel.*

Mi̱|nis|te|ri|al|rat, der: *Beamter des höheren Dienstes in einem Ministerium od. in einer obersten Bundesbehörde [mit den Aufgaben eines Ministerialdirigenten].*

Mi̱|nis|te|ri|al|rä|tin, die: w. Form zu ↑Ministerialrat.

mi̱|nis|te|ri|ell ⟨Adj.⟩ [frz. ministériel < spätlat. ministerialis]: **a)** *ministerial:* -e Maßnahmen, Entscheidungen; **b)** *von einem Minister ausgehend:* mit -er Genehmigung.

Mi̱|nis|te|rin, die; -, -nen: w. Form zu ↑Minister: Frau M.; sie ist M. für Familie und Gesundheit.

Mi̱|nis|te|ri|um, das; -s, ...ien [frz. ministère < lat. ministerium = Dienst, Amt]: **1.** *höchste Verwaltungsbehörde eines Landes mit einem bestimmten Aufgabenbereich:* das M. für Wohnungsbau. **2.** *Gebäude, in dem sich ein Ministerium (1) befindet.*

Mi̱|nis|ter|kon|fe|renz, die: vgl. Konferenz (1, 2).

Mi̱|nis|ter|prä|si|dent, der: **1.** *Leiter einer Landesregierung in der Bundesrepublik Deutschland.* **2.** *Leiter der Regierung in verschiedenen Staaten; Premierminister.*

Mi̱|nis|ter|prä|si|den|tin, die: w. Form zu ↑Ministerpräsident.

Mi̱|nis|ter|prä|si|dent|schaft, die (schweiz.): *Regierung von Ländern, in denen ein Ministerpräsident Leiter des Kabinetts ist.*

Mi̱|nis|ter|rat, der: *Regierung (in verschiedenen Staaten, z. B. in der ehem. DDR, in Frankreich).*

Mi̱|nis|ter|rie|ge, die (Jargon): *Gesamtheit der Minister eines Kabinetts.*

Mi̱|nis|ter|ses|sel, der (Jargon): *Ministeramt:* sein M. wackelt.

mi̱|nis|tra|bel ⟨Adj.; ...bler, -ste⟩ (selten): *fähig, ein Ministeramt zu bekleiden:* außer der Juristin Däubler-Gmelin ist kein Mitglied wirklich m. (Woche 28. 11. 97, 1).

Mi̱|nis|trant, der; -en, -en [zu lat. ministrans (Gen.: ministrantis), 1. Part. von: ministrare = bedienen] (kath. Kirche): *Junge, der dem Priester während der ¹Messe (1) bestimmte Handreichungen macht; Messdiener.*

Mi̱|nis|tran|tin, die; -, -nen: w. Form zu ↑Ministrant.

mi̱|nis|trie|ren ⟨sw. V.; hat⟩ (kath. Kirche): *als Ministrant, Ministrantin tätig* *sein:* Ich habe den Gottesdiensten auch wochentags oft beigewohnt, einige Male auch ministriert (Brandstetter, Altenehrung 103); Der Kleine ministriert bei den katholischen Messen (Hohmann, Engel 169).

Mi|ni|trip, der (Jargon): *kleine, kurze Reise.*

Mi|ni|um, das; -s [lat. minium] (veraltet): *Mennige.*

Mink, der; -s, -e [engl. mink]: **1.** *(in Nordamerika heimischer) Nerz mit tiefbraunem Fell u. weißem Fleck am Kinn, der wegen seines wertvollen Fells auch gezüchtet wird.* **2.** *Fell des Minks.*

Min|na, die; -, -s [nach dem (früher häufigen) w. Vorn. Minna, Kurzf. von Wilhelmine] (ugs. veraltet): *Hausangestellte, Dienstmädchen:* * **jmdn. zur M. machen** (ugs.; *jmdn. unverhältnismäßig grob u. heftig tadeln*); **die grüne M.** (ugs.; *Polizeiwagen zum Gefangenentransport;* H. u.).

Min|ne, die; - [mhd. minne, ahd. minna, eigtl. = (liebevolles) Gedenken]: **1.** (*im MA.*) *verehrende, dienende Liebe eines höfischen Ritters zu einer meist verheirateten, höher gestellten Frau:* die hohe M. *(höfischer Dienst als Ausdruck sublimierter, vergeistigter Liebe für die verehrte Frau als Leitideal der höfischen Erziehung);* die niedere M. *(Befriedigung des Geschlechtstriebs; sinnlicher Genuss).* **2.** (altertümelnd) *Liebe* (1 b): man verzeiht sich, alles in M., man lächelt, man scherzt (Frisch, Cruz 84).

Min|ne|dienst, der: (*im MA.*) *höfischer Dienst des Ritters für die verehrte Frau:* Ü M. haben; zum M. gehen (ugs. scherzh.; *sich mit seiner Freundin, Geliebten treffen; ein Rendezvous haben).*

Min|ne|glück, das (veraltet): *Liebesglück.*

Min|ne|lied, das (Literaturw.): *lyrisches Gedicht (bes. Liebeslied) des Minnesangs.*

min|nen ⟨sw. V.; hat⟩ [mhd. minnen, ahd. minnōn] (veraltet): *lieben.*

Min|ne|sang, der [mhd. minnesanc] (Literaturw.): *höfische Liebeslyrik.*

Min|ne|sän|ger, der [mhd. minnesenger]: (*im MA.*) *Vertreter des Minnesangs.* Ü Kunze ... ist viel mehr denn ein M. (bildungsspr. scherzh.; *Schlagersänger;* Freie Presse 22. 8. 89, 6).

Min|ne|sin|ger, der: *Minnesänger.*

Min|ne|so|ta; -s: Bundesstaat der USA.

min|nig|lich ⟨Adj.⟩ [mhd. minneclich] (veraltet): **a)** *lieblich, wonnig;* **b)** *liebevoll:* ... dass nur ein ... Held, der die Flammen nicht scheute, der Jungfrau würde m. nahen dürfen (Erné, Kellerkneipe 79).

mi|no|isch ⟨Adj.⟩ [nach dem Sagenkönig Minos]: *die vorgriechische Kultur Kretas betreffend:* Funde aus -er Zeit.

Mi|nor, der; - [lat. minor (terminus) = der kleinere (Begriff)] (Philos.): *Begriff mit engerem Umfang im Syllogismus.*

Mi|no|rat, das; -[e]s, -e [zu lat. minor, ↑minus] (Rechtsspr.): **1.** *Vorrecht des Jüngsten auf das Erbgut.* **2.** *nach dem Minorat* (1) *zu vererbendes Gut.*

mi|no|re [ital., eigtl. = kleiner] (Musik): ital. Bez. für ¹*Moll.*

Mi|no|re, das; -s, -s (Musik): *Teil in Moll eines in einer Durtonart stehenden Stückes.*

mi|no|renn ⟨Adj.⟩ [mlat. minorennis, zu lat. minor (↑minus) u. annus = Jahr] (Rechtsspr. veraltet): *minderjährig, unmündig.*

Mi|no|ren|ni|tät, die; - (Rechtsspr. veraltet): *Minderjährigkeit.*

Mi|no|rist, der; -en, -en [zu lat. minor, ↑minus] (kath. Kirche): *Kleriker mit niederer Weihe.*

Mi|no|rit, der; -en, -en [zu mlat. minoritas = Armut]: *Angehöriger eines selbstständigen Zweiges des Franziskanerordens.*

Mi|no|ri|tät, die; -, -en [frz. minorité < mlat. minoritas]: *Minderheit, Minderzahl, die im Ggs. steht od. gegen etw. entscheidet:* eine religiöse, ethnische M.; Los Angeles ... die asiatische M. ist größer als die afroamerikanische (Woche 14. 11. 97, 43); einer M. angehören; eine M. darstellen, sein; -en verfolgen; die Befürworter waren in der M.

Mi|no|ri|tin, die; -, -nen: *Angehörige eines weiblichen Zweiges der Minoriten.*

Mi|nor|ka, das; -[s], -s [nach der Mittelmeerinsel Menorca]: *Huhn einer englischen Rasse spanischen Ursprungs.*

Mi|no|taur, der; -s, **Mi|no|tau|rus,** der; - (griech. Myth.): *halb als Mensch, halb als Stier gestaltetes Ungeheuer.*

Minsk: Hauptstadt von Weißrussland.

Mins|trel, der; -s, -s [engl. minstrel < afrz. ministrel < mlat. ministerialis, ↑Ministeriale]: **1.** (*im MA.*) *Spielmann in England im Dienste eines Adligen.* **2.** *fahrender Musiker od. Sänger in den USA (im 18. u. 19. Jh.).*

mint ⟨indekl. Adj.⟩ [zu engl. mint = Minze, nach der Farbe der Blätter]: *von einem blassen, leicht blaustichigen Grün.*

Mint|so|ße, die; -, -n [engl. mint sauce, aus: mint = Minze u. sauce = Soße] (Kochk.): *(bes. in England beliebte) würzige Soße aus grüner Minze.*

Mi|nu|end, der; -en, -en [zu lat. minuendus, Gerundiv von: minuere = verringern] (Math.): *Zahl, von der eine andere abgezogen werden soll.*

Mi|nu|et|to, das; -s, -s u. ...tti [ital. minuetto]: *italienische Bezeichnung für Menuett.*

mi|nus [lat. minus = weniger, Neutr. von: minor = kleiner, geringer]: **I.** ⟨Konj.⟩ (Math.) drückt aus, dass die folgende Zahl von der vorangehenden abgezogen wird; *weniger:* fünf m. drei ist, macht, gibt zwei (Zeichen: −). **II.** ⟨Präp. mit Gen.⟩ (Kaufmannsspr.) drückt aus, dass etw. um ein bestimmte Summe vermindert ist: dieser Betrag m. der üblichen Abzüge. **III.** ⟨Adv.⟩ **1.** (bes. Math.) drückt aus, dass eine Zahl, ein Wert negativ, kleiner als null ist: m. drei; die Temperatur beträgt m. fünf Grad/fünf Grad m. (Zeichen: −). **2.** (Elektrot.) drückt aus, dass eine negative Ladung vorhanden ist: der Strom fließt von plus nach m. (Zeichen: −). **3.** verschlechtert eine (in Ziffern ausgedrückte) Zensur um ein Viertel: sie hat eine Zwei minus bekommen, geschrieben (Zeichen: −).

Mi|nus, das; -: **1.** *etw., was bei der [End]abrechnung fehlt:* ein M. von fünfzig Mark; M. machen; ein M. auf dem Konto haben; die Bilanz weist ein M. auf; ins M. kommen, geraten; Ü die »Queen Elizabeth II.« ... mit ihren ... Luxuskabinen ... fährt noch – ins M. (Hörzu 9, 1979, 7). **2.** *Nachteil, der durch einen* ¹*Mangel* (2) *hervorgerufen wird:* der schlechte Kundendienst ist ein M. bei diesem Fabrikat.

Mi|nus|be|trag, der: *Betrag, der bei der [End]abrechnung fehlt.*

Mi|nus|dif|fe|renz, die: vgl. Minusbetrag.

Mi|nus|ge|schäft, das: *Verlustgeschäft.*

Mi|nus|ka|va|lier, der (ugs. abwertend): *Mann, der sich einer Frau gegenüber sehr unhöflich benimmt.*

Mi|nus|kel, die; -, -n [lat. minusculus = etwas kleiner, Vkl. von: minor, ↑minus] (Druckw.): *Kleinbuchstabe (bei einer lateinischen Schrift):* in -n schreiben; karolingische M. *(im 8. Jh. entstandene Minuskelschrift, aus der sich die gotische Schrift entwickelte).*

Mi|nus|kel|schrift, die (Druckw.): *gedruckte Schrift, die nur aus Kleinbuchstaben besteht.*

Mi|nus|mann, der ⟨Pl. ...männer⟩ (ugs. abwertend): *Mann mit vorwiegend negativen Eigenschaften:* die Diskussion über den wahren Schuldigen am Desaster ... beim letzten Test für die Bundestagswahl, die Abrechnung mit Verlierer ..., dem M. (Spiegel 21, 1980, 22); Ziemlich schnell aber wandelt sich der schmierige M. zum sympathischen Gemütsmenschen (Spiegel 4, 1995, 164); Ü Mit nur einmal Bronze sind die Briten den Halbzeit die Minusmänner *(die Sportler mit den wenigsten Erfolgen)* der WM (Rheinpfalz 29. 8. 91, 8).

Mi|nus|pol, der: **a)** (Elektrot.) *Pol, der eine negative Ladung aufweist;* **b)** (Physik) *negativer Pol eines Magneten.*

Mi|nus|punkt, der: **1.** *negativer Punkt in einem System zur Bewertung von Leistungen:* für etw. einen M. bekommen. **2.** Minus (2).

Mi|nus|re|kord, der (Jargon): *Rekord* (2) *in negativem Sinn (in einem bestimmten Zusammenhang):* die Wetterämter melden einen M. in Bezug auf die Niederschläge für den Monat Mai.

Mi|nus|stun|de, die: *(bei Gleitzeit) Stunde, die an der vollen Arbeitszeit fehlt:* -n haben.

Mi|nus|typ, der (ugs. abwertend): *Person mit negativen Eigenschaften:* eine Felddienstübung ..., ein »Minustyp« hat sich unkameradschaftlich hervorgetan (Welt 9. 5. 78, 26).

Mi|nus|zäh|ler, der (Sport): *Minuspunkt* (1).

Mi|nus|zei|chen, das: *Zeichen in Form eines waagrechten Strichs, das für minus* (I, III) *steht.*

Mi|nüt|chen, das; -s, -: Vkl. zu ↑Minute (1).

Mi|nu|te, die; -, -n [mlat. minuta, gek. aus lat. pars minuta prima (eigtl. = der erste verminderte Teil) = erste Unterteilung der Stunde nach dem Sechzigersystem des ägypt. Astronomen Ptolemäus (um 100 bis etwa 160), zu: minutum, 2. Part. von: minuere = vermindern]: **1. a)** *Zeitraum von sechzig Sekunden; der sechzigste Teil einer Stunde:* eine halbe, knappe, volle, ganze M.; M. um M. verging, verstrich; alle fünf -n *(andauernd)* klingelt es; es blieben ihm nur noch fünf, wenige, ein paar -n; es ist jetzt neun Uhr [und] sieben -n; es ist genau zehn -n vor/nach zwölf; ich kam drei -n zu spät, hatte mich um drei -n verspätet; sie kam [pünktlich] auf die M. *(ganz pünktlich);* tausend Umdrehungen in der M.; ein Weg von zwanzig -n; * **fünf -n vor zwölf** (↑fünf); Zeichen: min; (bei Angabe eines Zeitpunktes:) ᵐ; (veraltet:) m; **b)** *Augenblick, Moment:* die -n der Ungewissheit wurden ihnen zur Qual; jede freie M. nutzen; hast du eine M., ein paar -n Zeit für mich?; sie wartet immer bis auf die letzte M., bis zur letzten M.; sie kam in letzter M.; von M. zu M. wurde es dunkler. **2.** (Fachspr.) *sechzigster Teil eines Grades:* einundfünfzig Grad zehn -n nördlicher Breite (Zeichen: ').

mi|nu|ten|lang ⟨Adj.⟩: *einige, mehrere Minuten lang:* -er Applaus; Er saß m., ohne sich zu rühren (Loest, Pistole 117).

Mi|nu|ten|schnel|le, die ⟨o. Pl.⟩: meist in der Fügung in M. *(schnell [geschehend, sich vollziehend]; in nur wenigen Minuten):* Manches Molekül wandle sich etwa im Magen in M. in sein Spiegelbild um (natur 1, 1996, 47).

Mi|nu|ten|takt, der ⟨o. Pl.⟩: *regelmäßig im zeitlichen Abstand von einer Minute wiederkehrender Ablauf o. Ä. von etw.*

Mi|nu|ten|zei|ger, der: *meist längerer Zeiger der Uhr, der den Ablauf der Minuten anzeigt.*

-mi|nu|tig, -mi|nü|tig [zu Minute 1] in Zusb., z. B. zweiminutig *(zwei Minuten dauernd),* mehrminütig *(mehrere Minuten dauernd).*

mi|nu|ti|ös, (auch:) minuziös ⟨Adj.⟩ [frz. minutieux, zu: minutie = (peinliche) Genauigkeit < lat. minutia, zu: minutus, ↑Minute] (bildungsspr.): **1.** *peinlich genau:* eine -e Schilderung; eine -e Genauigkeit; etw. m. ordnen, festhalten, darstellen. Die Katastrophe, die folgte, die Krakauer minutiös, vielschichtig, ja selbstkritisch beschreibt, hätte noch schlimmer enden können (Woche 13. 3. 98, 34). **2.** (veraltet) *kleinlich.*

mi|nut|lich ⟨Adj.⟩ (selten): minütlich.

mi|nüt|lich ⟨Adj.⟩: *jede Minute (stattfindend).*

Mi|nu|zi|en ⟨Pl.⟩ (veraltet): *Geringfügigkeiten.*

Mi|nu|zi|en|stift, der [zu veraltet Minuzien < lat. minutia, ↑minuziös]: *Aufstecknadel für Insektensammlungen.*

mi|nu|zi|ös: ↑minutiös.

Min|ze, die; -, -n [mhd. minz(e), ahd. minza < lat. menta, ↑Menthol]: *Pflanze mit vierkantigem Stängel u. kleinen, meist lila Blüten, deren Stängel u. Blätter stark duftende ätherische Öle enthalten.*

Mio. = Million[en].

Mi|o|sis, die; -, ...sen [zu griech. meíōsis = das Verringern, Verkleinern] (Med.): *Pupillenverengung.*

Mi|o|ti|kum, das; -s, ...ka (Med.): *pupillenverengendes Mittel.*

mi|o|tisch ⟨Adj.⟩ [griech. meiōtikós = verkleinernd] (Med.): *pupillenverengend.*

mi|o|zän ⟨Adj.⟩ (Geol.): *das Miozän betreffend.*

Mi|o|zän, das; -s [zu griech. meíon = kleiner, weniger u. kainós = neu, eigtl. = die weniger junge Abteilung (im Vergleich zum Pliozän) (Geol.): *zweitjüngste Abteilung des Tertiärs.*

Mi-par|ti, das; - [frz. (vêtement) mi-parti, 2. Part. von afrz. mi-partir = in zwei Hälften teilen, aus (a)frz. mi- = halb- u. afrz. partir = teilen]: *[Männer]kleidung des Mittelalters, bei der rechte u. linke Seite in Farbe u. Form verschieden waren.*

mir [mhd., ahd. mir]: **1.** ⟨Dativ Sg. des Personalpron. ↑ich⟩: schick m. doch bitte das Buch zu; gib m. das Messer!; sag m. Bescheid, wenn du etwas brauchst; * **m. nichts, dir nichts** (ugs.; von einem Augenblick auf den anderen u. ohne zu zögern; einfach so; entstanden als Ellipse aus zwei aneinander gereihten Sätzen: [es schadet] m. nichts, [es schadet] dir nichts): m. nichts, dir nichts abhauen. **2.** ⟨Dativ Sg. des Reflexivpron. der 1. Person⟩: ich kämme m. die Haare.

¹Mir, der; -s [russ. mir]: *Dorfgemeinschaft mit Gemeinschaftsbesitz im zaristischen Russland.*

²Mir, der; -[s], - [pers. mīr]: *kostbarer persischer Teppich mit Palmwedelmuster.*

Mi|ra|bel|le, die; -, -n [frz. mirabelle, H. u.]: *kleine, runde, gelbe od. grünliche, sehr süße u. aromatische Steinfrucht; Frucht des Mirabellenbaums.*

Mi|ra|bel|len|baum, der: *weiß blühender Obstbaum mit Mirabellen als Früchten.*

Mi|ra|bel|len|geist, der: *aus Mirabellen gebrannter Branntwein.*

Mi|ra|bel|len|schnaps, der: vgl. Mirabellengeist.

Mi|ra|bel|len|was|ser, das ⟨Pl. ...wässer⟩: vgl. Mirabellengeist.

mi|ra|bell|far|ben ⟨Adj.⟩: *von der Farbe reifer Mirabellen.*

mi|ra|bi|le dic|tu [lat. = wundersam zu sagen] (bildungsspr.): *kaum zu glauben* (kommentierender Einschub des Sprechers).

Mi|ra|bi|li|en ⟨Pl.⟩ [mlat. mirabilia, zu lat. mirabilis = wunderbar, sonderbar] (veraltet): *Wunderdinge.*

Mi|ra|bi|lit, der; -s: Glaubersalz.

Mi|rage [mi'ra:ʒ], die; -, -n [frz. mirage, zu: (se) mirer = sich spiegeln < lat. mirari = sich wundern; bewundern]: **1.** (Met.) *Luftspiegelung.* **2.** (veraltet) *Selbstbetrug, Selbsttäuschung.* **3.** ⟨Pl. -s⟩ *Name einer Reihe französischer Kampfflugzeuge.*

Mi|ra|kel, das; -s, - [lat. miraculum = Wunder, zu: mirari = sich wundern]: **1.** (geh.) *Wunder, wunderbare Begebenheit:* es ist ein M., dass sie dem Leben davongekommen ist. **2.** Mirakelspiel.

Mi|ra|kel|spiel, das (Literaturw.): *geistliches Drama des Mittelalters über das Leben u. die Wundertaten Marias u. der Heiligen.*

mi|ra|ku|lös ⟨Adj.⟩ [frz. miraculeux, zu: miracle < lat. miraculum, ↑Mirakel] (bildungsspr. veraltend): *wie durch ein Wunder bewirkt, wunderbar:* Dort wird der Weg vom grob geschmiedeten Kirchturm-Uhrwerk... bis hin zu -en Meisterleistungen wie dem kleinsten mechanischen Uhrwerk der Welt dokumentiert (a & r 9, 1998, 77).

Mi|ra|stern, der; -[e]s, -e [nach dem Stern Mira]: *Stern, dessen Helligkeitsperiode zwischen 80 und 1 000 Tagen liegt.*

Mir|ban|öl, das; -[e]s [frz. mirbane = Nitrobenzol]: *nach Bittermandelöl riechende, sehr giftige aromatische Nitroverbindung.*

Mi|re, die; -, -n [frz. mire = Messlatte, -stange, zu: mirer, ↑Mirage]: *Meridianmarke zur Einstellung des Fernrohres in Richtung auf einen Meridian.*

Mi|ri, das; -[s] [pers. mīrī]: *aus regelmäßig angeordneten, an der Spitze geknickten Palmblättern bestehendes [Teppich]muster.*

Mir|za, der; -s, -s [pers. mīrzā = Fürstensohn, aus: mīr (Kurzform von arab.-pers. amīr, ↑Emir = Fürst, Herrscher u. zā (verkürzt aus: zāda) = geboren; Sohn, zu zādan = gebären; geboren werden]: *persischer Ehrentitel* (vor dem Namen: Herr; hinter dem Namen: Prinz).

mis-, Mis-: ↑miso-, Miso-.

Mi|san|drie, die; - [griech. misandría, zu: mĩsos (↑miso-, Miso-) u. anḗr (Gen.: andrós) = Mann] (Med., Psych.): *krankhafter Hass von Frauen gegenüber Männern.*

Mi|san|throp, der; -en, -en [griech. misánthrōpos, zu: mĩsos (↑miso-, Miso-) u. ánthrōpos = Mensch] (bildungsspr.): *Menschenfeind.*

Mi|san|thro|pie, die; - [griech. misanthrōpía] (bildungsspr.): *Menschenhass.*

Mi|san|thro|pin, die; -, -nen: w. Form zu ↑Misanthrop.

mi|san|thro|pisch ⟨Adj.⟩ (bildungsspr.): *menschenfeindlich.*

Mis|cel|la|nea ⟨Pl.⟩: *Miszellaneen.*

misch-, Misch-: drückt in Bildungen mit Substantiven – seltener mit Adjektiven oder Verben – aus, dass etw. aus einer Mischung von Teilen, Substanzen o. Ä. besteht: Mischarbeitsplatz, -bauweise, -volk; mischerbig; mischfinanzieren.

misch|bar ⟨Adj.⟩: *sich mit etw. anderem mischen lassend.*

Misch|bat|te|rie, die: *Armatur (c) an Waschbecken, Duschen, Badewannen o. Ä., die Wasserleitungen mit heißem u. kaltem Wasser verbindet u. eine stufenlose Regulierung der Wassertemperatur ermöglicht.*

Misch|be|cher, der: *Mixbecher.*

Misch|bin|der, der (Bauw.): *Binder (4) aus verschiedenen Stoffen.*

Misch|blut, das (selten): *Mischling (1).*

Misch|brot, das: *Brot aus Roggen- u. Weizenmehl.*

Misch|ehe, die: **1.** *Ehe zwischen Partnern verschiedener Konfession, Religionszugehörigkeit od. Nationalität:* In Sarajevo ... Heute sind es wieder politische Führungen, die die Menschen auseinander drängen, so genannte -n verbieten wollen und sich für ihre Ziele auf Religionskriege berufen (Zeit 10. 3. 95, 16); Auf der anderen Seite der Barrikade steht der Nachtwächter Hyacinthe, der sich vor zwei Wochen von seiner Tutsi-Frau scheiden ließ, weil -n in Burundi heute nicht mehr möglich sind (Zeit 21. 4. 95, 2). **2.** (nationalsoz.) *Ehe zwischen sog. Ariern* (2) *u. Juden:* Sein gefährdetes Leben umschloss eine Verhaftung ebenso wie den Wehrdienst als Feldwebel, die Aberkennung der Wehrwürdigkeit wegen des Festhaltens an seiner »Mischehe« ebenso wie die Tätigkeit als Anwalt bis kurz vor Kriegsende (Zeit 12. 12. 97, 20).

Mịsch|ele|ment, das (Chemie): *Element, das aus mehreren Isotopen besteht.*

mị|schen ⟨sw. V.; hat⟩ [mhd. mischen, ahd. miscan, wohl < lat. miscere = (ver)mischen]: **1. a)** *verschiedene Substanzen [in einem bestimmten Verhältnis] zusammenbringen u. so durcheinander rühren, schütteln o. Ä., dass eine [einheitliche] Masse, Substanz, ein Gemisch entsteht:* Wasser und Wein m.; den Salat m. *(Salatblätter u. Soße miteinander vermischen);* er mischte ... Mörtel und Kalk und setzte ... die Steine (R. Schneider, Erdbeben 118); **b)** *eine [kleine Menge einer] Substanz zu einer anderen hinzufügen u. mit ihr vermischen:* [jmdm.] Gift ins Essen m.; Zucker in, unter den Brei m.; **c)** *durch Mischen* (1 a) *entstehen lassen, zubereiten:* aus etw. einen Cocktail m.; jmdm., sich einen Drink m.; der Maler mischt seine Farben aus Naturstoffen; Gift m. **2.** ⟨m. + sich⟩ **a)** *sich mit etw. vermischen:* Wasser mischt sich nicht mit Öl; den Geruch des ... Ofens mischte sich mit den ... Düften von Schönheitsmitteln (Th. Mann, Krull 138); Ü Ekel und Verzweiflung mischten sich; **b)** *zu etw. hinzukommen u. sich damit vermischen:* in meine Freude mischte sich Angst; In den Chor mischten sich Männerstimmen (Thieß, Legende 61). **3.** *(Spielkarten) vor dem Spiel in eine absichtlich ungeordnete Reihenfolge bringen:* die Karten m.; ⟨auch ohne Akk.-Obj.:⟩ Ich mischte, gab Karten und gewann (Bieler, Bonifaz 216). **4.** ⟨m. + sich⟩ *sich einmischen* (2): Die Art, wie sich Bessy in meine Angelegenheiten mischte, ging mir ... zu weit (Fallada, Herr 38); Ich mische mich aber nicht in deine dämlichen Geschäfte (Th. Mann, Krull 164). **5.** ⟨m. + sich⟩ *sich [aus einer exponierten Stellung heraus] zu einer Anzahl von Menschen begeben, um [unerkannt, unauffällig] mit ihnen zusammen zu sein od. um sich in der Menge zu verstecken:* sich unters Volk m.; wir mischten uns zwischen die Touristen (Grass, Butt 156). **6.** (Film, Funk, Ferns.) *an einem Mischpult Sprache, Musik, Geräusche zu einem einheitlichen Klangbild vereinigen.*

Mị|scher, der; -s, -: **1.** *Mischmaschine, Mischtrommel.* **2.** (Fachspr.) *jmd., der etw. mischt.*

mịsch|er|big ⟨Adj.⟩: *heterozygot.*

Mịsch|er|big|keit, die; -: *Heterozygotie.*

Mị|sche|rei, die; -, -en (ugs., oft abwertend): *das Mischen* (1): was bei deiner M. herauskommt, möchte ich nicht trinken.

Mị|sche|rin, die; -, -nen: w. Form zu ↑Mischer (2).

Mịsch|far|be, die: *Farbe, die durch Mischen von reinen Spektralfarben entsteht.*

mịsch|far|ben, mịsch|far|big ⟨Adj.⟩: *aus einer Mischfarbe bestehend.*

Mịsch|fi|nan|zie|rung, die (Wirtsch.): *Finanzierung durch Kombination verschiedener Alternativen (im Außenhandel).*

Mịsch|form, die: *etw., was aus verschiedenen Elementen besteht od. entstanden ist [u. eine neue Einheit bildet].*

Mịsch|fut|ter, das: *gemischtes Tierfutter.*

Mịsch|garn, das: *Garn aus verschiedenen Fasern.*

Mịsch|ge|biet, das: *Stadtteil mit verschiedener Nutzung, d. h., der Wohn- u. Geschäftsbereiche aufweist.*

Mịsch|ge|mü|se, das: *gemischtes Gemüse (als Beilage).*

Mịsch|ge|schwulst, die (Med.): *Geschwulst, die aus verschiedenen Arten von Gewebe besteht.*

Mịsch|ge|tränk, das: *Mixgetränk.*

Mịsch|ge|we|be, das: *aus verschiedenen Fasern bestehendes Gewebe.*

Mịsch|haut, die: **a)** *(Kosmetik) Gesichtshaut, die teilweise fettig u. teilweise trocken ist;* **b)** *(Med.) trocken wirkende Gesichtshaut mit bes. verdickter Hornschicht.*

Mịsch|in|fek|ti|on, die (Med.): *gleichzeitige Infektion mit mehreren Bakterienarten.*

Mịsch|kaf|fee, der: *Mischung aus Bohnenkaffee u. Kaffee-Ersatz.*

Mịsch|kal|ku|la|ti|on, die (Wirtsch.): *Kalkulation, bei der die Preise für einzelne Güter von den tatsächlichen Kosten nach oben od. unten abweichend so festgesetzt werden, dass insgesamt mindestens kostendeckend verkauft wird.*

Mịsch|kon|zern, der (Wirtsch.): *Konzern, in dem Unternehmen verschiedener Wirtschaftszweige vereinigt sind:* Besonders gut schnitten neben Bayer der M. Veba und Bayer-Konkurrent Hoechst ab (Woche 21. 3. 97, 18).

Mịsch|kost, die: *Kost (a), die pflanzliche u. tierische Produkte gleichermaßen enthält.*

Mịsch|kris|tall, der: *Kristall, in den fremde Atome eingelagert sind.*

Mịsch|kul|tur, die: **1.** (Landw.) *Anbau verschiedener Nutzpflanzen nebeneinander.* **2.** *aus dem Zusammenleben verschiedener ethnischer Gruppen entstandene Kultur.*

Mịsch|ling, der; -s, -e: **1.** *Person, deren Elternteile verschiedenen Menschentypen angehören (heute weitgehend als abwertend empfunden).* **2.** (Biol.) *Hybride.*

Mịsch|masch, der; -[e]s, -e [verdoppelnde Bildung mit Ablaut zu ↑mischen] (ugs., meist abwertend): *Gemisch aus nicht Zusammenpassendem, nicht Zusammengehörendem.*

Mịsch|ma|schi|ne, die (Bauw.): *Maschine, in der Sand, Kies, Zement, Wasser zu Beton, Mörtel vermischt werden; Betonmischmaschine.*

Mịsch|na, die; - [hebr. mišnä = Lehre]: *grundlegender Teil des Talmuds.*

Mịsch|po|che: ↑Mischpoke.

Mịsch|po|ke, Muschpoke, Mischpoche, die; - [jidd. mischpocho = Familie < hebr. mišpāḥä = Stamm, Genossenschaft] (salopp abwertend): **a)** *jmds. Familie, Verwandtschaft:* meine M.; Berta erzählte von ihrer Mischpoche: zwei Geschwister tot, Vater Beamter, tot, Stiefmutter, tot (Bieler, Bär 291); **b)** *üble Gesellschaft, Gruppe von unangenehmen Leuten:* so eine M.!; Diese Muschpoke da unten, Flüchtlinge aus Allenstein, die war ja zu allem fähig (Kempowski, Uns 251).

Mịsch|po|ly|me|ri|sa|ti|on, die (Chemie): *Polymerisation von zwei od. mehreren Monomeren.*

Mịsch|pult, das: *Gerät, mit dessen Hilfe Musik, Sprache, Geräusche, die aus verschiedenen Quellen stammen, zu einem einheitlichen Klangbild vereinigt werden.*

Mịsch|spra|che, die (Sprachw.): *Sprache od. Sprachform, die Bestandteile aus zwei od. mehreren Sprachen od. Dialekten enthält:* in der fürchterlichen M. aus Deutsch und Italienisch, die zwischen Emma und ihm zur lingua franca geworden war (Giordano, Die Bertinis 18).

Mịsch|struk|tur, die (Amtsspr.): *gemischte Struktur:* »Mischstruktur« nennen die Behörden das Nebeneinander von Geschäften und Gaststätten (Spiegel 24, 1977, 187).

Mịsch|sys|tem, das: vgl. Mischform.

Mịsch|tech|nik, die (Malerei): *Maltechnik, bei der Farben verschiedener Art übereinander gemalt werden.*

Mịsch|trom|mel, die: *Trommel zum Mischen.*

Mị|schung, die; -, -en [mhd. mischunge, ahd. miscunga]: **1.** *das Mischen* (1): durch die M. der beiden Farben entstand ein dunkles Grün. **2. a)** *Gemischtes, Gemisch:* eine gute, gelungene M.; eine M. aus mehreren Kaffeesorten, Tabaken; eine M. Pralinen; über dem gelben Ring der mit einer M. aus Lohe und Sand bestreuten Manege (Th. Mann, Krull 429); **b)** *etw., was [noch deutlich erkennbare] Bestandteile, Elemente, Eigenschaften von Verschiedenem, Gegensätzlichem, normalerweise nicht zusammen Vorkommendem enthält, aus Gegensätzlichem besteht:* ihr Kleid ist eine M. aus Cocktailkleid und Dirndl; alles hatte genau die M. von Noblesse und Erpressung (Frisch, Stiller 353); sie sah ihn mit einer M. aus (seltener:) von Abneigung und Mitleid an.

Mị|schungs|ver|hält|nis, das: *mengenmäßiges Verhältnis der Anteile, Zutaten einer Mischung zueinander.*

Mịsch|wald, der: *Wald, in dem Nadel- u. auch Laubbäume wachsen:* ein M. aus Eichen, Buchen u. Fichten.

Mịsch|we|sen, das (Kunstwiss.): *aus Teilen verschiedener Tiere bzw. aus Tier u. Mensch zusammengesetztes dämonisches Wesen in der Kunst des Orients).*

Mị|se, die; -, -n [frz. mise, subst. w. Form des 2. Part. von: mettre = (ein)setzen, stellen, legen]: **1.** *einmalige Prämie bei der Lebensversicherung.* **2.** *Einsatz bei Glücksspielen.*

Mise en Scène [miza'sɛn], die; ---, -s [miz...] - [frz. mise en scène, zu: scène = Bühne] (Theater): *Inszenierung*.

Mi|sel|sucht, die; - [mhd. miselsucht, ↑Mäuslein] (veraltet): *Lepra*.

mi|se|ra|bel ⟨Adj.; ...bler, -ste⟩ [frz. misérable < lat. miserabilis = jämmerlich, kläglich, zu: miserari = beklagen, bejammern, zu: miser, ↑Misere] (emotional): **a)** *auf ärgerliche Weise sehr schlecht:* ein miserabler Film; sie spricht ein miserables Deutsch; das Wetter, das Essen, der Wein ist m.; die Erfolgschancen waren m.; Der Kaffee im Zug war in der Tat m. (Salomon, Boche 23); Die Straße aus Scheupitz hinaus war m., zerfahren von Lastwagen..., geflickt, vom Frost malträtiert (Loest, Nikolaikirche 40); m. geschlafen haben; die Arbeiter werden m. bezahlt; **b)** *erbärmlich* (1 a): sie ist in einem miserablen Zustand; ich fühle mich m.; **c)** *niederträchtig, gemein:* er ist ein ganz miserabler Kerl; er hat sich ihr gegenüber m. benommen.

Mi|se|re, die; -, -n [frz. misère < lat. miseria = Elend, zu: miser = elend] (bildungsspr.): *unglückliche Situation, bedauernswerte Lage, Notlage:* eine persönliche, finanzielle M.; Nach Jahren wirtschaftlicher M. durch rückläufige Militärausgaben hat San Diego zu neuer Kraft... gefunden (Woche 2. 1.98, 42); aus einer M. wieder herauskommen; in einer M. sein; die M. im Schulwesen.

Mi|se|re|or, das; -[s] [lat. misereor = ich erbarme mich]: *(1959 gegründete) katholische Organisation, die mit einem jährlichen Fastenopfer der deutschen Katholiken den Menschen in den Entwicklungsländern helfen will*.

Mi|se|re|re, das; -s [lat. miserere = erbarme dich!]: **1.** *Anfang u. Bezeichnung des 51. Psalms in der Vulgata*. **2.** (Med.) *Koterbrechen*.

Mi|se|ri|cor|di|as Do|mi|ni ⟨o. Art.; indekl.⟩ [lat. = die Barmherzigkeit des Herrn, nach den ersten Worten des Eingangsverses der Liturgie, Ps. 89, 2] (ev. Kirche): *zweiter Sonntag nach Ostern*.

Mi|se|ri|kor|die, die; -, -n [zu lat. misericordia = Barmherzigkeit; diese Sitze dienten bes. älteren Priestern als Sitzgelegenheit]: *[mit Schnitzereien versehener] Vorsprung an den Klappsitzen des Chorgestühls, der als Stütze während des Stehens diente*.

Mi|se|ri|kor|di|en|bild, das (Kunstwiss.): *Erbärmdebild*.

Mi|so, das; -s, -s [jap.]: *(aus Japan kommende) Paste aus fermentierten Sojabohnen*.

mi|so-, Mi|so-, (vor Vokalen): mis-, Mis- [griech. mĩsos] ⟩Best. in Zus. mit der Bed.⟨: *Feindschaft, Hass, Verachtung* (z. B. Misogyn, misanthropisch).

Mi|so|gam, der; -s u. -en, -e[n]: *Ehefeind*.

Mi|so|ga|mie, die; - [zu griech. miseīn = hassen u. gámos = Ehe] (Psych.): *Ehescheu*.

mi|so|gyn ⟨Adj.⟩ [griech. misogýnēs, zu: gynḗ = Frau] (bildungsspr.): *frauenfeindlich:* -e Tendenzen; sich m. verhalten.

Mi|so|gyn, der; -s u. -en, -e[n] [griech.

misogýnēs, subst. aus: misogýnēs, ↑misogyn] (Med., Psych.): *jmd., der Frauen verachtet, hasst, keinerlei Kontakt mit ihnen haben will*.

Mi|so|gy|nie, die; - [griech. misogynía, zu: misogýnēs, ↑misogyn]: **1.** (Med., Psych.): *krankhafter Hass von Männern gegenüber Frauen*. **2.** (bildungsspr.) *Frauen entgegengebrachte Verachtung, Geringschätzung; Frauenfeindlichkeit*.

Mi|so|lo|gie, die; - [griech. misología] (Philos.): *Hass gegen den Logos (2); Abneigung gegen vernünftige, sachliche Auseinandersetzung*.

Mi|so|pä|die, die; -, -n [zu ↑miso-, Misou. griech. paĩs (Gen.: paidós) = Kind] (Med., Psych.): *krankhafter Hass gegen [die eigenen] Kinder*.

Mis|pel, die; -, -n [mhd. mispel, ahd. mespila < lat. mespilus < griech. méspilon]: **1.** *(zu den Rosengewächsen gehörende) als Strauch od. kleiner Baum wachsende Pflanze mit langen, schmalen Blättern u. kleinen, grünen od. bräunlichen, birnenförmigen Früchten, die im überreifen Zustand essbar sind*. **2.** *Frucht der Mispel* (1).

Mis|ra|chi, die; - [zu hebr. mizrąh = Osten]: *bes. in den USA verbreitete Organisation orthodoxer Zionisten*.

miss: ↑messen.

Miss, die; -, -es [engl. miss, Kurzf. von: mistress, ↑Mistress]: **1.** ⟨o. Art.⟩ engl. *Anrede für eine (meist unverheiratete) Frau*. **2. a)** *Schönheitskönigin* (häufig in Verbindung mit einem Orts- od. Ländernamen): sie ist [die neue] M. Germany, M. Westerland; **b)** (scherzh.) *Titel für eine Frau, die die Verkörperung von etw. darstellt:* M. Tagesschau. **3.** (veraltet) *aus Großbritannien stammende private Erzieherin (in einer Familie):* Es war die Periodenzeit der ... wechselnden Mademoiselles und -es, die vom flackerigen Eingreifen unserer Mutter in ihre erzieherischen Methoden noch gründlicher verstört... wurden als durch unsere Unbotmäßigkeiten (v. Rezzori, Blumen 247); die Kinder werden von ihrer M. unterrichtet.

miss-, Miss- [mhd. mis-, misse-, ahd. missa-]: **1.** drückt in Bildungen mit Substantiven oder Verben aus, dass etw. falsch, nicht richtig oder nicht gut ist bzw. getan wird: Misseinschätzung, -ergebnis; missinterpretieren. **2.** drückt in Bildungen mit Substantiven oder Verben das Gegenteil von etw. aus: Misserfolg, -verstand; missglücken. **3. a)** gibt in Bildungen mit Adjektiven (meist Partizipien) diesen eine negative Bedeutung: missfarbig, -gelaunt, -tönend; **b)** verneint in Bildungen mit Adjektiven deren Bedeutung: missvergnügt, -zufrieden.

Mis|sa, die; -, Missae: kirchenlat. Bez. der ¹*Messe*: M. pontificalis *(Pontifikalamt)*; M. solemnis *(feierliches Hochamt)*.

miss|ach|ten ⟨sw. V.; missachtete [auch: '----], hat missachtet⟩: **1.** *[absichtlich] nicht beachten, nicht befolgen:* eine Anordnung, ein Gebot, jmds. Rat m. **2.** *jmdn., etw. nicht achten* (1): eine sehr wichtige Person, die man nicht ungestraft m. darf (Kafka, Schloß 165).

Miss|ach|tung, die; -: *das Missachten; Geringschätzung, die jmdm., einer Sache entgegengebracht wird:* jmdn. mit M. strafen.

¹**Mis|sal**, die; - [zu ↑²Missal; die Schrift wurde bes. für liturgische Bücher verwendet] (veraltet): *Schriftgrad von 48 bzw. 60 Punkt*.

²**Mis|sal**, das; -s, -e, **Mis|sa|le**, das; -s, -n u. ...alien [mlat. missale]: *Messbuch:* Missale Romanum *(amtliches Messbuch der römisch-katholischen Kirche)*.

Miss|be|fin|den, das; -s (selten): *Unwohlsein:* er habe nur den Gruß eines Herrn zu übermitteln, der durch ein M. verhindert gewesen sei, zu kommen (Carossa, Aufzeichnungen 155).

Miss|be|find|lich|keit, die: *Missbefinden*.

miss|be|ha|gen ⟨sw. V.; hat⟩ (selten): *nicht behagen:* das missbehagt mir.

Miss|be|ha|gen, das; -s: *unangenehmes Gefühl, Unbehagen:* Mein Zwiespalt bei Musik ist inzwischen unüberwindlich und mein M. in der Regel stärker als meine Berührtheit (Handke, Niemandsbucht 170); M. empfinden; die Angelegenheit bereitete ihm offensichtlich M.; etw. mit M. beobachten.

miss|be|hag|lich ⟨Adj.⟩ (selten): *unbehaglich*.

miss|be|schaf|fen ⟨Adj.⟩ (selten): *missgestaltet*.

Miss|be|schaf|fen|heit, die; - (selten): *das Missbeschaffensein*.

Miss|bil|dung, die; -, -en: *vom Normalen abweichende Bildung, Ausgestaltung eines Körperteils od. Organs:* eine angeborene, körperliche M.; Ein Kind ist zu früh und mit schweren -en zur Welt gekommen (Zeit 31. 3.99, 36); Ärzte stellten fest, dass in den betroffenen Dörfern ... Krebserkrankungen und -en bei Neugeborenen zugenommen haben (Stern 21, 1998, 200).

miss|bil|li|gen ⟨sw. V.; missbilligte, hat missbilligt⟩: *sein Unverständnis, sein ablehnendes Urteil in Bezug auf etw. deutlich, meist in Form eines Tadels, zum Ausdruck bringen:* jmds. Verhalten [scharf] m.; Er empfand die Handlungsweise ... zwar als ... verständlich, aber er missbilligte dennoch den Mangel an Selbstbeherrschung (Kirst, 08/15, 108); jmdn. missbilligend ansehen; Sie schwieg eine Weile, dann aber traf mich ein missbilligender Blick (Werfel, Himmel 224).

Miss|bil|li|gung, die; -, -en ⟨Pl. selten⟩: *das Missbilligen*.

Miss|bil|li|gungs|an|trag, der (Politik): *gegen jmdn. od. etw. gerichteter Antrag auf Missbilligung:* einen M. gegen jmdn. einbringen.

◆ **miss|bli|cken** ⟨sw. V.; missblickte, hat missblickt⟩: *böse, falsch* (5) *blicken:* ⟨subst. 1. Part.:⟩ Schweige, schweige! Missblickende, Missredende du (Goethe, Faust II, 8882 f.).

Miss|brauch, der; -[e]s, ...bräuche: **1. a)** *das Missbrauchen* (1 a): der M. eines Amtes, der Macht; sexueller M. von/ (seltener:) an Kindern als Straftatbestand; damit der grassierende M. von Leistungsgesetzen eingedämmt wird

(Woche 14. 2. 97, 14); M. mit etw. treiben; Ziel des Gesetzes ist es, Missbräuche ... zu verhindern (Welt 20. 7. 89, 1); die Beseitigung von Missbräuchen; etw. vor M. schützen; **b)** *übermäßiger Gebrauch; Abusus:* der M. von Medikamenten. **2.** (seltener) *Vergewaltigung, Notzucht:* ... lautete zum Beispiel der scheinbar harmlose Text einer Anzeige, mit der eine Familie ihre Kinder zum M. freigab (Woche 25. 4. 97, 26).

miss|brau|chen 〈sw. V.; missbrauchte, hat missbraucht〉: **1. a)** *falsch, nicht seiner eigentlichen Bestimmung od. seinem eigentlichen Verwendungszweck entsprechend gebrauchen, benutzen; in unredlicher, unerlaubter Weise [für eigennützige Zwecke] gebrauchen, benutzen:* sein Amt, seine Macht, seine Stellung m.; jmds. Vertrauen m. *(jmdn. täuschen, hintergehen);* jmdn. zu etw., für seine Zwecke m. *(in eigennützigem Interesse zu etw. verleiten);* Die Opfer wurden zu wissenschaftlichen Zwecken missbraucht (Woche 18. 4. 97, 25); der Begriff Freiheit ... zu allen Zeiten missbraucht (Thieß, Reich 67); das oft missbrauchte Schlagwort »reaktionär« (Reich-Ranicki, Th. Mann 170); **b)** *etw. in übermäßigem, sich schädlich auswirkendem Maß zu sich nehmen, anwenden:* Alkohol, Drogen m. **2.** (geh.) *vergewaltigen:* Minderjährige, ein Kind, Mädchen m.; Dass auch Väter die eigenen Söhne sexuell missbrauchen (Spiegel 35, 1991, 12); Sie ist mir aufgefallen, da beschloss ich, sie zu überfallen und dann zu m. (Noack, Prozesse 231); ◆ **3.** 〈2. Part. gemissbraucht:〉 Meine Gutheit wird oft schrecklich gemissbraucht (Iffland, Die Hagestolzen I, 9); Graf Shrewsbury, Ihr sehet, wie mein Name gemissbraucht wird (Schiller, Maria Stuart V, 14).

Miss|brau|cher, der; -s, -: *jmd., der Missbrauch* (2) *begeht:* welchen Sinn hat Aufklärung in der Familie, wenn Aufklärender und M. dieselbe Person sind? (MM 1. 8. 88, 17).

Miss|brau|che|rin, die; -, -nen: w. Form zu ↑ Missbraucher.

miss|bräuch|lich 〈Adj.〉: *absichtlich falsch, unerlaubt:* eine -e Verwendung von etw.; Missbräuchlicher Inanspruchnahme von Sozialhilfe muss schärfer zu Leibe gerückt werden (Woche 4. 4. 97, 5); etw. m. benutzen.

◆ **Miss|bünd|nis,** das; -ses, -se [LÜ von frz. mésalliance, ↑ Mesalliance]: *Mesalliance; Missheirat:* Hier ist es durch das M., welches er trifft, mit ihm doch aus (Lessing, Emilia Galotti I, 4).

miss|deut|bar 〈Adj.〉: *sich missdeuten lassend:* -e Worte, Zeichen; etw. ist m.

miss|deu|ten 〈sw. V.; missdeutete, hat missdeutet〉: *falsch deuten, auslegen, erklären:* jmds. Worte, Verhalten m.; sein Schweigen wurde missdeutet.

Miss|deu|tung, die; -, -en: *falsche Deutung, Auslegung, Erklärung.*

Miss|ehe, die (selten): *Missheirat.*

Miss|emp|fin|dung, die (Med.): *unangenehme, anormale Körperempfindung; Parästhesie.*

mis|sen 〈sw. V.; hat〉 [mhd., ahd. missen,

---

ursp. = verwechseln, verfehlen] (geh.): **1.** 〈meist Verbindung mit einem Modalverb〉 *entbehren* (1 b) *[müssen]:* wir mussten alle Annehmlichkeiten m.; ich möchte diese Erfahrungen nicht m.; gerade dich möchte ich bei meiner Feier am wenigsten m.; ◆ »Meister ..., hat Er Leute in Bereitschaft? So etwa fünf oder sechs ...?« »Nun, ... ein Stücker fünfe könnten schon gemisst werden.« (Storm, Söhne 41). **2.** (selten) *vermissen* (1).

Miss|er|folg, der; -[e]s, -e: *[unerwartet] schlechter, enttäuschender, negativer Ausgang einer Unternehmung o. Ä.:* berufliche -e; eine Reihe von -en haben, erleben; das Konzert war ein M. *(brachte nicht den erwarteten Erfolg).*

Miss|ern|te, die; -, -n: *sehr schlechte Ernte:* -n erleben.

Mis|ses: Pl. von ↑ Miss.

Mis|se|tat, die; -, -en [mhd. missetât, ahd. missitât] (geh. veraltend): *verwerfliche Tat (die im Widerspruch zu Moral u. Recht steht):* eine schreckliche, furchtbare M.; eine M. begehen, für seine -en büßen müssen; die Kinder bereuten ihre -en (scherzh.; *Streiche*); Der Junge erschrak, als hätte man ihn bei einer M. ertappt (Fels, Sünden 29).

Mis|se|tä|ter, der; -s, - (geh. veraltend): *jmd., der eine Missetat begangen hat:* wer war der M. (scherzh.; *derjenige, der etw. angestellt hat*)?

Mis|se|tä|te|rin, die: w. Form zu ↑ Missetäter.

miss|fal|len 〈st. V.; missfiel, hat missfallen〉 (geh.): *Missfallen auslösen, hervorrufen:* ihr Benehmen, ihr Verhalten, ihre Art, ihr Auftreten missfällt mir; was missfällt dir so an der Sache?

Miss|fal|len, das; -s: *Unzufriedenheit, Nicht-einverstanden-Sein mit einem Vorgang, einer Verhaltensweise o. Ä.:* allgemeines M. erregen; sein M. kundtun, äußern; er zog sich mit seinen Äußerungen M. zu.

Miss|fal|lens|äu|ße|rung, die: *Missfallen ausdrückende Äußerung.*

miss|fäl|lig 〈Adj.〉 (veraltend): *Missfallen ausdrückend:* eine -e Äußerung; er äußerte sich m. über das Angebot, das man ihr gemacht hatte.

Miss|far|be, die; -, -n (seltener): *undefinierbare, hässliche Farbe.*

miss|far|ben 〈Adj.〉 (seltener): *von undefinierbarer, hässlicher Farbe:* das noch winterlich dürre und -e Gras (Th. Mann, Zauberberg 503).

miss|far|big 〈Adj.〉 (seltener): *missfarben.*

◆ **miss|fär|big:** ↑ missfarbig: die Fichte, die im Winter frisch und kräftig erscheint, sieht im Frühling verbräunt und m. aus neben hell aufgrünender Birke (Goethe, Wanderjahre II, 5); Einen Firnis auf diese Wangen, woraus die -e Leidenschaft kränkelt. Armes Geschöpf! (Schiller, Fiesco II, 2).

miss|ge|bil|det 〈Adj.〉: vgl. missgestaltet.

Miss|ge|burt, die; -, -en: **a)** (veraltend) *mit schweren Fehlbildungen geborenes Lebewesen:* -en sind oft nicht lebensfähig; ansehen, wie Al Pacino ihn derzeit

---

im Kino gibt, den schiefen, bösen Gloster, die M., die als der Pferdesucher in die Königsgeschichte einging (Zeit 7. 2. 97, 54); **b)** (derb abwertend, oft als Schimpfwort) *jmd., der als niederträchtig, bösartig angesehen wird;* **c)** (ugs.) *etw., was völlig misslungen ist, was nicht funktioniert:* dieser Apparat ist eine M.; Effizienzdenken der Amerikaner mit Qualitätsideal und technologischem Niveau der Deutschen kreuzen, ohne dass dabei eine M. herauskommt? (Zeit 4. 2. 99, 47); Auch die geplante Privatisierung der städtischen Wohnungsbaugesellschaften entartet zu einer M. (Wirtschaftswoche 51, 1997, 25).

miss|ge|launt 〈Adj.〉 (geh.): *schlecht gelaunt.*

Miss|ge|launt|heit, die; -: *das Missgelauntsein.*

Miss|ge|schick, das; -[e]s, -e: *[durch Ungeschicklichkeit, Unvorsichtigkeit hervorgerufener] peinlicher, ärgerlicher Vorfall:* jmdm. passiert ein M.; ihr M. mit dem Weinglas wurde von niemandem bemerkt.

miss|ge|stalt 〈Adj.〉 (selten): *missgestaltet.*

Miss|ge|stalt, die; -, -en: *missgestalteter, hässlicher Mensch:* Überdies wirft man ihm seine M., die grobe Art und die unfeine Sprache vor (Meier, Paracelsus 207).

miss|ge|stal|tet 〈Adj.〉: *von deformierter, von der Norm abweichender Form, Gestalt:* ein -er Körper.

miss|ge|stimmt 〈Adj.〉: vgl. missgelaunt.

miss|ge|wach|sen 〈Adj.〉 (selten): *nicht normal gewachsen:* ein -er Mensch; -e Bäume.

miss|glü|cken 〈sw. V.; missglückte, ist missglückt〉: *nicht glücken, misslingen:* der erste Versuch missglückte; der Kuchen ist mir leider missglückt; ein missglücktes Unternehmen; ein -er Anschlag; ein -er (peinlicher) Scherz.

miss|gön|nen 〈sw. V.; missgönnte, hat missgönnt〉: *jmdm. einen Erfolg, eine Vergünstigung o. Ä. nicht gönnen [ohne selbst daran interessiert zu sein]:* jmdm. seine gute Stellung m.; sie missgönnt mir jeden Pfennig; Neid ist ja, wenn man das jemand direkt missgönnt, der etwas hat (Fichte, Wolli 158).

Miss|griff, der; -[e]s, -e: *sich als falsch erweisende Entscheidung, Handlung:* der Kauf des Autos war ein M.; einen M. tun, machen; sich als M. erweisen.

Miss|gunst, die; -: *aus einer ablehnenden Haltung, Einstellung jmdm. gegenüber entspringendes Gefühl, diesem einen Erfolg, Vorteile o. Ä. nicht zu gönnen:* M. [gegen jmdn.] empfinden; etw. erregt jmds. M.; jmdn. m. anzeigen.

miss|güns|tig 〈Adj.〉: *Missgunst empfindend, zeigend, äußernd:* -e Nachbarn; m. sein.

¹miss|han|deln 〈sw. V.; misshandelte, hat misshandelt〉 [mhd. missehandeln]: *einem Menschen, einem Tier in roher, brutaler Weise körperlichen [u. seelischen] Schaden zufügen:* sein Kind, Gefangene brutal, unmenschlich m.; Die valiumabhängige Mutter hatte sie misshandelt (Woche 2. 1. 98, 44); Ü (scherzh.:) sein Auto m.; Im Berliner Zimmer wurde gesungen und ein Klavier misshandelt (*schlecht darauf gespielt;* Fallada, Herr 230); ♦ ⟨2. Part. gemisshandelt:⟩ Und was ist der Dank? Ein guter treuer Kerl wird gemisshandelt (Iffland, Die Hagestolzen I, 5).

♦ ²**miss|han|deln** ⟨sw. V.; misshandelte, hat missgehandelt⟩: *falsch handeln, einen Fehler begehen:* Ich habe schimpflich missgehandelt, ein großer Aufwand, schmählich! ist vertan (Goethe, Faust II, 11 836 f.).

Miss|hand|lung, die; -, -en: *das Misshandeln, Misshandeltwerden:* körperliche, seelische -en.

Miss|hei|rat, die; -, -en (selten): *Mesalliance.*

Miss|hel|lig|keit, die; -, -en ⟨meist Pl.⟩: *nicht sehr ernsthaftes Zerwürfnis:* es gab kleine, schwere -en zwischen ihnen. Jeder Fehler konnte ... zu den schlimmsten -en führen (Plenzdorf, Legende 62).

♦ **miss|hö|ren** ⟨sw. V.; misshörte, hat misshört⟩: *missverstehen:* Misshör mich nicht, du holdes Angesicht (Goethe, Faust I, 3431); Unerklärlich waren mir freilich Pfyffers unmutige letzte Worte; aber ich konnte dieselben misshört haben (C. F. Meyer, Amulett 65).

Mis|sile [ˈmɪsail, auch: ˈmɪsl], das; -s, -s [engl. missile, zu lat. missilis = zum Werfen, Schleudern geeignet] (Milit.): kurz für ↑Cruise-Missile.

Mis|sing Link, das; - - **Mis|sing|link,** das; - [engl. missing link, zu: to miss = nicht haben u. link = Glied] (Biol.): *fehlende, nicht nachgewiesene Übergangsform von etw.:* das M. zwischen Affe u. Mensch; Die Inschrift ist im Missing Link zwischen denen der älteren Denkmäler einerseits und den frühchristlichen aus dem Trier des 4. Jh. andererseits (Archäologie 2, 1997, 50).

mis|singsch ⟨Adj.⟩ [niederd. missingsch, älter: missensch, mißensch, eigtl. = meißnisch, aus Meißen ⟨als Bez. der dt. Hochsprache⟩; nach der von der meißnischen Kanzlei ausgehenden einheitlichen nhd. Schriftsprache]: *auf Missingsch, in Missingsch; zum Missingsch gehörend:* m. sprechen.

Mis|singsch, das; -[s]: *in Norddeutschland gesprochene Sprache, bestehend aus einer Mischung von Hoch- u. Niederdeutsch.*

Miss|in|ter|pre|ta|ti|on, die: *falsche Interpretation:* das ganze war eine M.

miss|in|ter|pre|tie|ren ⟨sw. V.; hat⟩: *falsch interpretieren.*

Mis|sio ca|no|ni|ca, die; - - [(kirchen)lat. = kanonische Sendung] (kath. Kirche): *kirchliche Ermächtigung zur Erteilung des Religionsunterrichts.*

Mis|si|on, die; -, -en [kirchenlat. missio = das Entsenden christlicher Glaubensboten < lat. missio, zu: mittere (2. Part.: missum = entsenden]: **1.** (bildungsspr.) *[mit einer Entsendung verbundener] Auftrag; Sendung:* eine gefährliche, politische, delikate M.; ihre M. ist erfüllt, gescheitert,

beendet; Er hat seinem Vaterland einen Dienst tun, hat seine geschichtliche M. erfüllen wollen (Feuchtwanger, Erfolg 750); der 61-jährige Ingenieur ist in wissenschaftlicher M. unterwegs (Woche 21. 3.97, 25); ich sah es ... als meine M. *(meine Aufgabe, Verpflichtung)* an, ihn zu retten (Danella, Hotel 151); er ist in geheimer M. nach Paris gefahren. **2.** (bildungsspr.) *[ins Ausland] entsandte Personengruppe mit besonderem Auftrag:* eine M. entsenden; er leitete das deutsche M. bei den Olympischen Spielen. **3.** (bildungsspr.) *diplomatische Vertretung:* die ausländischen, diplomatischen -en in der Hauptstadt. **4.** ⟨o. Pl.⟩ *Verbreitung einer religiösen Lehre unter Andersgläubigen, bes. der christlichen Lehre unter Heiden:* M. betreiben; die äußere M. *(Mission unter Nichtchristen);* die Innere M. *(religiöse Erneuerung u. Sozialarbeit unter Christen);* in der M. arbeiten.

Mis|si|o|nar, der; -s, -e: *in der [christlichen] Mission (4) tätiger Geistlicher od. Laie:* er ist, arbeitet als M. in Afrika; Ü Hüten Sie sich ... davor, im neuen Unternehmen den M. zu spielen (*Überzeugungsarbeit leisten zu wollen;* Capital 2, 1980, 45).

Mis|si|o|när, der; -s, -e (österr.): *Missionar.*

Mis|si|o|na|rin, die; -, -nen: w. Form zu ↑Missionar.

Mis|si|o|nä|rin, die; -, -nen: w. Form zu ↑Missionär.

mis|si|o|na|risch ⟨Adj.⟩: *die Mission (4) betreffend; auf [christliche] Bekehrung hinzielend:* m. tätig sein; Ü mit -em Eifer.

Mis|si|o|nars|stel|lung, die: *Stellung beim Geschlechtsverkehr, bei der die Frau unten liegt.*

mis|si|o|nie|ren ⟨sw. V.; hat⟩: **a)** *eine Glaubenslehre, bes. das Christentum, unter Andersgläubigen verbreiten:* in Afrika m.; Da die Muslime auch zu Zeiten ihrer Eroberungsfeldzüge nie mit dem Schwert missioniert haben (*den Islam nie mit Waffengewalt den eroberten Völkern aufgezwungen haben;* Welt 25. 4. 97, 19); **b)** *jmdm. eine Glaubenslehre, bes. das Christentum, verkünden u. ihn bekehren:* afrikanische Völker, Heiden m.

Mis|si|o|nie|rung, die; -, -en: *das Missionieren.*

Mis|si|ons|an|stalt, die: *Ausbildungsstätte für Missionare.*

Mis|si|ons|be|wusst|sein, das: *Sendungsbewusstsein.*

Mis|si|ons|chef, der: *Leiter einer Mission (3).*

Mis|si|ons|fest, das (ev. Kirche): *in Gemeinden veranstaltetes Fest, bei dem u. a. entsprechende Informationen über die Arbeit der Mission gegeben u. Kollekten gesammelt werden.* * *jmdm. ein inneres M. sein* (ugs. veraltend; *jmdm. große Genugtuung bereiten).*

Mis|si|ons|ge|biet, das: *Gebiet, in dem Mission (4) betrieben wird.*

Mis|si|ons|ge|sell|schaft, die: *Vereinigung zur Ausübung u. Unterstützung der christlichen Mission.*

Mis|si|ons|haus, das: *Ausbildungsstätte für Missionare.*

Mis|si|ons|rei|se, die: *Reise, die in der Absicht der Missionierung unternommen wird; Bekehrungsreise.*

Mis|si|ons|schu|le, die: vgl. Missionsstation.

Mis|si|ons|schwes|ter, die: *in der Mission tätige Ordensschwester.*

Mis|si|ons|sta|ti|on, die: *von Missionaren eingerichtete Station mit Schule, Krankenhaus u. Ä.*

Mis|si|ons|wis|sen|schaft, die ⟨o. Pl.⟩: *Wissenschaft von der Mission (4).*

¹**Mis|sis|sip|pi,** der; -[s]: nordamerikanischer Strom.

²**Mis|sis|sip|pi;** -s: Bundesstaat der USA.

Mis|siv, das; -s, -e, **Mis|si|ve,** die; -, -n [frz. (lettre) missive = schriftliche Mitteilung < lat. missus, 2. Part. von: mittere, ↑Mission] (veraltet): **1.** *Sendschreiben, Botschaft.* **2.** *verschließbare Aktentasche.*

♦ **miss|ken|nen** ⟨unr. V.; misskannte, hat misskannt⟩: *verkennen:* Ich habe Ihre Güte misskannt (Schiller, Kabale IV, 5).

Miss|klang, der; -[e]s, ...klänge: *als unharmonisch, unschön empfundenes Zusammenklingen von Tönen; Dissonanz:* ein M. aus dem Orchester; Ü in ihrer Beziehung gab es Missklänge *(Unstimmigkeiten);* das Treffen endete mit einem M.

♦ **miss|klin|gen** ⟨st. V.; missklang, hat missklungen⟩: *schlecht, unharmonisch klingen:* Man müsste ganz in Gesellschaft schweigen, wenn man nicht manchmal in den Fall kommen sollte: Denn nicht allein bedeutende Bemerkungen, sondern die trivialsten Äußerungen können auf eine so missklingende Weise mit dem Interesse der gegenwärtigen zusammentreffen (Goethe, Wahlverwandtschaften II, 10).

Miss|kre|dit, der: in den Wendungen *in M. bringen* (in schlechten Ruf bringen); *in M. kommen/geraten* (an Ansehen verlieren; in Verruf kommen): Wenn die Arbeitgeber erst mal begreifen, dass sie massenhaft Arbeitslosigkeit hinnehmen müssen, bloß damit wir die Maastricht-Kriterien einhalten, dann wird der Euro in M. geraten (Woche 14. 2. 97, 12).

miss|lang, miss|län|ge: ↑misslingen.

miss|lau|nig ⟨Adj.⟩: *missgelaunt:* Bei gelegentlichen Interviews ... gab er sich von seiner -sten, arroganten Seite (Scholl-Latour, Frankreich 288).

Miss|laut, der; -[e]s, -e (selten): *unschöner, falscher Laut.*

miss|lei|ten ⟨sw. V.; missleitete, hat missleitet, auch: missgeleitet⟩ (geh.): *falsch, in die Irre führen, leiten:* sie hat sich m. lassen; missgeleitete junge Menschen.

Miss|lei|tung, die; - (geh.): *das Missleiten, Missgeleitetwerden.*

miss|lich ⟨Adj.⟩ [älter = was verschiedenartig ausgehen kann, mhd. misselich, ahd. missalīh = verschiedenartig]: *Ärger, Unannehmlichkeiten bereitend, unangenehm, unerfreulich:* ein -er Zustand; eine -e Situation; in einer -en Lage sein; das Zusammentreffen war höchst m.

Miss|lich|keit, die; -, -en: *missliche Angelegenheit, Situation, Unannehmlich-*

keit: wir müssen einen Ausweg aus dieser M. finden; Freilich hat auch dieser idealistische Begriff von Krise seine -en (Habermas, Spätkapitalismus 13).

miss|lie|big ⟨Adj.⟩: *unbeliebt:* eine -e Person; nachdem man in Zukunft -e Stimmen zum Schweigen bringt (Spiegel 10, 1969, 15); sich m. machen; Man merkt es selbst am ehesten daran, wie einem freundliche Mitmenschen m. *(unlieb)* werden, wenn sie rauchen oder nach schlechtem Essen riechen (Strauß, Niemand 209).

Miss|lie|big|keit, die; -: *Unbeliebtheit.*

miss|lin|gen ⟨st. V.; misslang, ist misslungen⟩ [mhd. misselingen, ↑gelingen]: *nicht den Bemühungen od. der Absicht gemäß gelingen:* der Versuch misslingt; er wusste, dass die Flucht m. würde; all ihre Bemühungen misslangen; Doch der ganz große Wurf, die grundlegende Neugestaltung des Steuerwesens ... scheint dem Finanzminister zu m. (Woche 18. 4. 97, 9); ein misslungener Kuchen.

Miss|lin|gen, das; -s: *das Nichtgelingen; Misserfolg.*

miss|lun|gen: ↑misslingen.

Miss|ma|nage|ment, das; -s ⟨Wirtsch.⟩: *schlechtes, falsches Management.*

Miss|mut, der; -[e]s: *durch eine Enttäuschung, einen Misserfolg o. Ä. ausgelöste, verursachte schlechte Laune, Verdrießlichkeit:* mit M. ging sie an die Arbeit; Jeder hatte in den letzten Wochen seinen M. gründlich aus sich herausgeschimpft (Chr. Wolf, Himmel 92).

miss|mu|tig ⟨Adj.⟩: *schlecht gelaunt, verdrießlich:* ein -er Mensch; ein -es Gesicht machen; sie war heute sehr m.; jmdn. m. anschauen; m. gingen sie im Regen nach Hause.

◆ **miss|mü|tig** ⟨Adj.⟩ [analog zu edel-, großmütig u. a.]: *missmutig:* Ihr seid so m. wie einer, dem sein erstes Mädchen untreu wird (Goethe, Götz II).

¹Mis|sou|ri [...'su:...], der; -[s]: rechter Nebenfluss des Mississippi.

²Mis|sou|ri; -s: Bundesstaat der USA.

Mis|sou|ri|sy|no|de, die; - [nach dem nordamerikanischen Bundesstaat Missouri, wo sie 1847 gegründet wurde]: *streng lutherische Freikirche deutscher Herkunft in den USA.*

Miss|pi|ckel, der; -s [älter auch: Misspückel, H. u.; viell. zu miss- in der urspr. Bed. »vertauscht« u. ↑Buckel, also eigtl. = trügerischer Knollen; das Mineral wurde für wertlos gehalten] (veraltet): *Arsenkies.*

¹miss|ra|ten ⟨st. V.; missriet, ist missraten⟩: *nicht den Vorstellungen, der Absicht gemäß ausfallen, geraten:* die Zeichnung ist missraten; der Kuchen ist mir missraten; mein Versuch, Herrn Meesterharm in die Redaktion ... zu übernehmen, missriet (Kantorowicz, Tagebuch I, 288); Musste sie nicht glauben, dass sie nichts taugte, wenn ihr der Sohn missriet, aus der Art schlug ...? (Fels, Sünden 19); ein missratenes *(schwieriges)* Kind.

◆ **²miss|ra|ten** ⟨st. V.; missriet, hat missraten⟩: *abraten:* wollte er ... eine »wundertätige Kapelle« stiften, was ihm aber der Pfarrer entschieden missriet (Roseg-

ger, Waldbauernbub 99); Ich rate meiner Tochter zu keinem – aber Sie missrat' ich meiner Tochter *(Sie zu heiraten, rate ich meiner Tochter ab;* Schiller, Kabale I, 3).

◆ **Miss|re|de,** die; -, -n: *Nachrede* (2): Wenn ich die Tätlichkeiten meiner Gesellen so ziemlich abzuhalten wusste, so war ich doch keineswegs ihren Stichelei-en und -n gewachsen (Goethe, Dichtung u. Wahrheit 9).

◆ **miss|re|den** ⟨sw. V.; missredete, hat missredet⟩: *Missreden, Nachreden* (2) *(über jmdn.)* verbreiten: ⟨häufig im 1. Part.:⟩ ein Glück, das er für ... so bedeutend hielt, auch der übrigen mitunter misswollenden und missredenden Welt bekannt zu machen (Goethe, Wahlverwandtschaften II, 8); ⟨subst. 1. Part.:⟩ Schweige, schweige! Missblickende, Missredende du (Goethe, Faust II, 8882 f.).

Miss|stand, der; -[e]s, ...stände: *schlimmer, nicht der Ordnung, den Vorschriften o. Ä. entsprechender Zustand:* soziale Missstände; Leserbriefe zu den Streiks und den Missständen an Deutschlands Universitäten (Woche 19. 12. 97, 36); damit sich bestimmte Missstände nicht wiederholen (Woche 20. 12. 96, 15); Missstände in der Verwaltung wurden aufgedeckt; einen M. anprangern, abstellen, beseitigen; auf vorhandene Missstände hinweisen.

Miss|stim|mung, die; -, -en: *gedrückte, gereizte Stimmung.*

misst: ↑messen.

◆ **Miss|tag,** der; -[e]s, -e [von Goethe geb.]: *zur eigenen Unzufriedenheit verlaufender od. verlaufener, verlorener Tag:* was ergaben da oft für -e und Fehlstunden (Goethe, Dichtung u. Wahrheit 17).

◆ **miss|tä|tig** ⟨Adj.⟩ [zu: Misstat = Missetat]: *böswillig:* ⟨subst.:⟩ Der Misswollenden gibt es gar viele, der Misstätigen nicht wenige (Goethe, Wanderjahre I, 4).

Miss|ton, der; -[e]s, ...töne: *unharmonischer Ton:* ein schriller M.; Ü ihre Vorwürfe brachten Misstöne in die Unterhaltung.

miss|tö|nend ⟨Adj.⟩: *unharmonisch klingend:* -er Gesang; ... erwachte Maria jeden Morgen früh vom Geschnatter der Vögel. Heute mischte sich Hansegons Schnarchen m. dazu (Hahn, Mann 15).

miss|tö|nig ⟨Adj.⟩ (selten): *misstönend:* ◆ Eine Gasse lag still wie das Grab, aus einer andern erschollen noch Hilferufe und -e Sterbeseufzer (C. F. Meyer, Amulett 71).

miss|trau|en ⟨sw. V.; misstraute, hat misstraut⟩: a) *nicht trauen:* jmdm., jmds. Worten, Versprechungen m.; man wusste nie, sollte man zueinander freundlich sein oder einander m. (Koeppen, Rußland 155); Nichts und niemandem misstraut man in Paris, London, Prag ... mehr als deutschem Idealismus (Woche 13. 3. 98, 1); sie misstraute sich selbst, ihren eigenen Fähigkeiten; ◆ b) *nicht zutrauen:* Dich zu fangen, Fiesco, mutete ich dreist meinen Reizen zu; aber ich misstraue ihnen die Allmacht, dich festzuhalten (Schiller, Fiesco IV, 12).

Miss|trau|en, das; -s: *kritische, das Selbstverständliche bezweifelnde Einstellung gegenüber einem Sachverhalt, das Zweifeln an der Vertrauenswürdigkeit einer Person; Argwohn, Skepsis:* leises, tiefes M.; das M. [gegen ihn] war unbegründet; M. säen; ein gesundes M., eine Portion M. haben; Das M. in den Franc hält an (FAZ 14. 5. 81, 13); M. gegen jmdn. haben, hegen; jmdm., einer Sache großes M. entgegenbringen; voller M. sein; Ihr Aufstieg zum Medienliebling wurde in Brüssel mit viel M. verfolgt (Woche 19. 12. 97, 21).

Miss|trau|ens|an|trag, der ⟨Parl.⟩: *Antrag, ein Misstrauensvotum* (a) *zu beschließen:* ein gescheiterter M.; einen M. einbringen.

Miss|trau|ens|vo|tum, das: a) ⟨Parl.⟩ *Mehrheitsbeschluss eines Parlaments, eines Gremiums, einem od. mehreren gewählten Vertretern das Vertrauen zu entziehen [u. dessen bzw. deren Rücktritt zu erwirken]:* ein konstruktives M. (↑konstruktiv); b) *Erklärung, mit der jmd. seinen Mangel an Vertrauen in jmdn. ausdrückt:* etw. als M. gegen meine Arbeit; etw. als M. auffassen.

miss|trau|isch ⟨Adj.⟩: *voller Misstrauen; Misstrauen hegend:* ein -er Mensch, Blick; m. sein, werden; m. blicken; m. nach etw. fragen; etw. macht jmdn. m.; ich werde m. gegen mich selbst (Remarque, Obelisk 63).

◆ **miss|treu** ⟨Adj.⟩: *misstrauisch:* Des Göttis Frau ist gar grausam m. und legt einem alles zuungunsten aus (Gotthelf, Spinne 6).

◆ **Miss|tritt,** der; -[e]s, -e [mhd. missetrit]: *Fehltritt:* Ich fordre Genugtuung. Finde ich sie bei Ihnen oder hinter den Donnern des Herzogs? – In den Armen der Liebe, die Ihnen den M. der Eifersucht abbittet (Schiller, Fiesco I, 4); Das lassen wir aber nicht gelten, sondern hüten unsere Schüler vor allen -en (Goethe, Wanderjahre II, 8).

Miss|ver|gnü|gen, das; -s ⟨geh.⟩: *Ärger, Unzufriedenheit:* etw. bereitet, verursacht jmdm. M.; etw. mit wachsendem M. beobachten.

miss|ver|gnügt ⟨Adj.⟩ ⟨geh.⟩: *verärgert, verdrießlich:* Tief m. schaute Kaiser Karl dem Treiben der Habsburgers zu (Feuchtwanger, Herzogin 141).

Miss|ver|hält|nis, das; -ses, -se: *nicht richtiges, nicht passendes Verhältnis:* zwischen seinen Forderungen und seiner Leistung besteht ein krasses M.

◆ **Miss|ver|stand,** der; -[e]s, ...verstände: *Missverständnis:* Ich bin nicht schuldig, Fürstin ... ein unglücksel'ger M. (Schiller, Don Carlos II, 8).

miss|ver|ständ|lich ⟨Adj.⟩: *leicht zu einem Missverständnis führend; nicht klar u. eindeutig:* eine -e Äußerung; etw. m. darstellen.

Miss|ver|ständ|nis, das; -ses, -se: *[unbeabsichtete] falsche Deutung, Auslegung einer Aussage od. Handlung:* ein folgenschweres, fatales, bedauerliches M.; das muss ein M. sein; hier liegt wohl ein M. vor; ein M. beseitigen, aufklären, aus der Welt schaffen, ausräumen; es lag ein hässliches M. vor, das keiner auflösen konnte (Kafka, Erzählungen 154); keine -se aufkommen lassen; in ihrer Ehe hat es oft -se gegeben; etw. beruht auf einem M.

miss|ver|ste|hen ⟨unr. V.; missverstand, hat missverstanden⟩: *eine Aussage, eine Handlung [unbeabsichtigt] falsch deuten, auslegen:* jmdn., etw. m.; *sie missversteht mich absichtlich; du hast mich, meine Frage missverstanden; die Bemerkung war nicht misszuverstehen; Die Keynes'schen Rezepte wurden als Allheilmittel missverstanden (Woche 18. 4. 97, 10); er fühlt sich missverstanden; verstehen Sie mich bitte nicht miss (ugs. scherzh.; verstehen Sie mich nicht falsch); sie lehnte das Angebot in nicht misszuverstehender Weise (klar u. deutlich)* ab; *eine nicht misszuverstehende (eine eindeutige) Handbewegung.*

Miss|wachs, der; -es (Landw.): *(von Pflanzen) schlechtes Wachstum.*

miss|wach|sen ⟨Adj.⟩ (selten): *missgewachsen.*

Miss|wahl, die [zu ↑Miss (3)]: *Veranstaltung, auf der eine Schönheitskönigin gewählt wird.*

Miss|wei|sung, die; -, -en (Physik): *Deklination (3).*

♦ **miss|wil|lig** ⟨Adj.⟩: *böswillig, widerwärtig:* Dem Wolf begegnen wir, Menschen, -en (Goethe, Pandora 268 f.).

Miss|wirt|schaft, die; -, -en ⟨Pl. selten⟩: *schlechtes, zu Verlusten führendes Wirtschaften:* M. treiben.

♦ **miss|wol|len** ⟨unr. V.; misswollte, hat misswollt⟩ [von Goethe geb.]: *übel wollen:* jene Gegner, die irgendjemand misswollen, zuvörderst entstellen und dann als ein Ungeheuer bekämpfen (Goethe, Dichtung u. Wahrheit 16); ⟨häufig im 1. Part.:⟩ ein Glück, das er für ... so bedeutend hielt, auch der übrigen mitunter misswollenden und missredenden Welt bekannt zu machen (Goethe, Wahlverwandtschaften II, 8); ⟨subst. 1. Part.:⟩ Hohn und Spott der ohnehin im Glück schon Misswollenden konnte er in diesem und jenem Hause, aus diesem und jenem Fenster schon voraussehen (Goethe, Dichtung u. Wahrheit 16).

Miss|wuchs, der; -es: *(von Pflanzen) Missbildung.*

miss|zu|frie|den ⟨Adj.⟩ (veraltet): *unzufrieden:* Miss Evergreen, nicht ganz unverständlicherweise m. mit dem Laufe dieser Welt (Maas, Gouffé 301).

¹Mist, der; -[e]s [mhd., ahd. mist, urspr. = Harn, Kot]: **1. a)** *mit Stroh, Streu vermischte Exkremente bestimmter Haustiere, die als Dünger verwendet werden:* eine Fuhre M.; der M. dampfte; M. fahren, ausbreiten, streuen; Die Wiederverwendung bestand in der Landwirtschaft in der natürlichen Düngung mit M. und Jauche (Gruhl, Planet 82); ***nicht auf jmds. M. gewachsen sein** (ugs.; *nicht von jmdm. stammen, von jmdm. erarbeitet, ausgedacht sein*): diese Ideen sind nicht auf seinem M. gewachsen; das hast du gestohlen; **b)** *kurz für* ↑Misthaufen: der Hahn steht auf dem M.; Küchenabfälle

auf den M. werfen; Ü die alten Kleider kannst du ruhig auf den M. werfen *(wegwerfen);* **c)** (österr.) *Müll:* Wenn Sie Ihren M., sortenrein getrennt ... selbst zum Recyclinghof bringen (Kronenzeitung 2. 10. 93, 31); Wir und unsere Kinder wollen nicht im M. ersticken! Die neue Verpackungsordnung zeigt den richtigen Weg (Kurier 2. 10. 93, 24). **2.** (ugs. abwertend) **a)** *als wertlos, unnütz, lästig angesehene Gegenstände, Sachen:* ich werfe den ganzen M. weg; Erst mal müssten wir den ganzen M. auf den Sperrmüll stellen, die schauderhaften Möbel und Gardinen und den ganzen Krempel (Straessle, Herzradieschen 11); was hast du denn da für einen M. gekauft?; mit solchem alten M. kann man nichts mehr anfangen; **b)** *Unsinn, dummes Zeug:* er redet den ganzen Tag nur M.; Habt ihr den M. gelesen, den Otto Bambuss gestern im Tecklenburger Kreisblatt zum Besten gegeben hat? (Remarque, Obelisk 149); **c)** *lästige, ärgerliche, dumme Angelegenheit, Sache:* was soll der M.?; Ja, sagte Stefan, ein verfluchter M., dass ich das Zimmer nicht mehr habe (Kuby, Sieg 142); mach deinen M. doch alleine!; Ich habe ganz energisch darauf hingewiesen, dass es ... verboten ist ... Und nun haben wir den M.! (Konsalik, Promenadendeck 49); M. machen, verzapfen, produzieren, bauen (salopp; *[einen] Fehler machen);* Silke fand, jetzt müsste auch einmal von ihr die Rede sein und nicht etwa, wie sie in Mathe stünde oder so ein M. (Loest, Nikolaikirche 70); (in Flüchen:) so ein M.!; [verfluchter] M.!; Mist. Schon wieder 'ne Laufmasche (Schnurre, Ich 58).

²Mist, der; -s, -e [engl. mist] (Seemannsspr.): *leichter Nebel.*

Mist|beet, das: *Frühbeet mit einer Lage [Pferde]mist, der bei der Zersetzung Wärme abgibt:* Salat aus dem M.; Pflanzen im M. ziehen.

Mis|tel, die; -, -n [mhd. mistel, ahd. mistil, wahrsch. zu ↑¹Mist; der Same wird durch Vogelmist auf die Bäume gebracht]: *auf Bäumen schmarotzende Pflanze mit gelbgrünen, länglichen, ledrigen Blättern, kleinen gelben Blüten u. weißen, beerenartigen Früchten.*

Mis|tel|la, der; -s, ...llen [span. mistela, eigtl. Vkl. von: misto, mixto < lat. mixtus = gemischt, 2. Part. von: miscere, ↑mischen]: *Traubenmost des Mittelmeerländer, dessen Gärung durch Zusatz von Alkohol verhindert od. unterbrochen wird u. der zur Herstellung von Aperitifs verwendet wird.*

Mis|tel|zweig, der: *Zweig der Mistel:* einen M. über die Tür hängen.

¹mis|ten ⟨sw. V.; hat⟩ [mhd. misten, ahd. mistōn]: **1.** *ausmisten* (1): den Stall m. **2.** *mit* ¹Mist *düngen:* den Acker m. **3.** (Fachspr.) *(von bestimmten Tieren) den Darm entleeren:* das Pferd mistet.

²mis|ten ⟨sw. V.; hat⟩ [engl. to mist, zu ↑²Mist] (Seemannsspr.): *leicht nebeln.*

Mis|ter ⟨o. Art.⟩ [engl., Nebenf. von: master, ↑Master]: **1.** engl. Anrede für einen Mann in Verbindung mit dem Namen; (Abk.: Mr.). **2. a)** (in Verbindung mit ei-

nem Orts- od. Ländernamen): *Titel für den Sieger in einem Schönheitswettbewerb:* M. Westerland; M. Universum; **b)** (scherzh.) *Titel für einen Mann, der die Verkörperung von etw. darstellt:* M. Tagesschau.

mis|te|ri|o|sa|men|te, mis|te|ri|o|so ⟨Adv.⟩ [ital. misterioso, zu: mistero = Geheimnis < lat. mysterium, ↑Mysterium] (Musik): *geheimnisvoll.*

Mist|fink, der (derb abwertend, oft als Schimpfwort): **a)** *unsauberer, schmutziger Mensch;* **b)** *gemeiner, niederträchtiger Mann.*

Mist|for|ke, die (nordd.): *Mistgabel.*

Mist|fuh|re, die: *Fuhre Mist.*

Mist|ga|bel, die: *Gerät mit langem Stiel u. drei od. vier Zinken zum Auf-, Abladen von Mist.*

Mist|gru|be, die: vgl. Misthaufen.

Mist|hau|fen, der: *Sammelplatz für Mist auf einem Bauernhof:* Abfälle auf den M. werfen; Ü wer das alte Heer gekannt hat, diesen M. auf dem Felde Deutschlands (Tucholsky, Werke II, 130).

Mist|hund, der (derb abwertend, oft als Schimpfwort): *Mistkerl.*

¹mis|tig ⟨Adj.⟩: **1.** *voller Mist, schmutzig.* **2.** (salopp) *sehr schlecht:* -es Wetter; Wir haben immer und überall ... die schwerste und -ste Arbeit machen müssen (Lemke, Ganz 21); Sie sind ... genauso eine -e Type wie alle andern (Bruder, Homosexuelle 92).

²mis|tig ⟨Adj.⟩ [zu ↑²Mist] (Seemannsspr.): *neblig.*

Mist|jau|che, die: *Jauche.*

Mist|kä|fer, der: **1.** *metallisch blau, grün od. violett schillernder Käfer, der von den Exkrementen von Pflanzenfressern lebt.* **2.** (derb abwertend, oft als Schimpfwort) *Mistkerl.*

Mist|kar|re, die: *Karre, mit der Mist transportiert wird.*

Mist|kerl, der (derb abwertend, oft als Schimpfwort): *Mann, der als gemein, niederträchtig angesehen wird:* Ich habe nie im Zweifel gelassen, dass ich Roland im Allgemeinen für einen ausgewachsenen M. halte (Muschg, Gegenzauber 248).

Mist|kü|bel, der (österr.): *Abfalleimer.*

Mist|puf|fers ['mɪstpʌfəz] ⟨Pl.⟩ [engl. (ugs.) mist puffers, eigtl. = Nebelstöße, zu: mist, ↑²Mist u. puff = Atem-, Windstoß] (Seemannsspr.): *scheinbar aus großer Entfernung kommende dumpfe Knallgeräusche unbekannter Herkunft an den Küsten.*

Mis|tral, der; -s, -e [frz. mistral < provenz. mistral, älter: maistral, zu: maestre (= frz. maître), ↑Magister; eigtl. = Hauptwind]: *kalter Nord[west]wind im Rhonetal, in der Provence u. an der französischen Mittelmeerküste.*

Mist|schau|fel, die (österr.): *Müllschaufel.*

Mist|sta|pel, der: *Misthaufen.*

Mist|stock, der (schweiz.): *Misthaufen.*

Mist|stück, das (derb abwertend, oft als Schimpfwort): *jmd., der als gemein, betrügerisch, verachtenswert angesehen wird:* das M. hat mich mit meinem besten Freund betrogen; Seitdem ist des Fischers Frau Ilsebill sprichwörtlich: ein zänkisches M., das immer mehr haben ... will (Grass, Butt 29); du elendes M.!; Dafür bringst du M. mich fast um (Degener, Heimsuchung 73).

Mist|vieh, das (derb abwertend, oft als Schimpfwort): **a)** *Tier, auf das jmd. wütend ist [weil es nicht gehorcht o. Ä.];* **b)** *Mistkerl.*

Mist|wa|gen, der: vgl. Mistkarre.

Mist|weib, das (derb abwertend, oft als Schimpfwort): *Frau, die als gemein, niederträchtig, betrügerisch angesehen wird:* dieses M. ... hat mich vielleicht ... abgefertigt. – ... wie den letzten Dreck (v. d. Grün, Glatteis 64).

Mist|wet|ter, das ⟨o. Pl.⟩ (salopp): *sehr schlechtes Wetter:* bei so einem M. schickt man niemanden nach draußen.

mi|su|ra|to ⟨Adv.⟩ [ital., zu: misura < lat. mensura = das Messen; Maß] (Musik): *gemessen, wieder streng im Takt.*

Mis|zel|la|ne|en [auch: ...ˈlaːnɛən; lat. miscellanea, zu: miscellaneus = vermischt, zu: miscellus = gemischt, zu: miscere = mischen], **Mis|zel|len** ⟨Pl.⟩ (bildungsspr.): *kleine Aufsätze verschiedenen Inhalts, bes. in wissenschaftlichen Zeitschriften.*

mit [mhd. mit(e), ahd. mit(i)]: **I.** ⟨Präp. mit Dativ⟩: **1. a)** drückt die Gemeinsamkeit, das Zusammensein, Zusammenwirken mit einem od. mehreren anderen bei einer Tätigkeit o. Ä. aus: sie war m. uns in der Stadt; willst du m. uns essen?; sie spielt m. den Kindern der Nachbarn; **b)** drückt die Wechselseitigkeit bei einer Handlung aus: sich m. jmdm. streiten, abwechseln, austauschen, messen, besprechen; **c)** drückt eine aktive od. passive Beteiligung an einer Handlung, einem Vorgang aus: Verkehrsunfälle m. Kindern *(in die Kinder verwickelt sind);* ein Stiftungsfest m. Damen *(an dem auch die Damen teilnehmen).* **2. a)** drückt eine Zugehörigkeit aus: eine Flasche m. Schraubverschluss; ein Haus m. Garten; Sprudel m. [Geschmack]; ein Vierer m. [Steuermann]; Familien m. und ohne Kinder; Herr Müller m. Frau; mein Nachbar, der m. dem Garngeschäft (Singer [Übers.], Feinde 220); Der Kontrast zum nahen Lugano m. seinen Parks, Villen, Banken ... könnte kräftiger nicht ausfallen (a & r 2, 1997, 77); **b)** drückt ein Einbezogensein aus: *einschließlich; samt:* der Preis beträgt 50 Mark m. Bedienung; die Miete beträgt 900 Mark m. Nebenkosten; m. Pfand; Zimmer m. Frühstück; m. mir waren es acht Gäste; geöffnet Montag m. (landsch.; *bis einschließlich*) Freitag; die Jahrgänge bis und m. (schweiz.; *bis einschließlich*) 1940. **3.** drückt aus, dass ein Behältnis verschiedenster Art etw. enthält: ein Glas m. Honig; ein Sack m. Kartoffeln; Zu zweit holten wir Bänke aus der Stube, einen Eimer m. Wasser (Wimschneider, Herbstmilch 33). **4.** gibt den Begleitumstände, die Art u. Weise o. Ä. einer Handlung an: sie aßen m. Appetit; das hat er m. Absicht getan; m. Fieber im Bett; keiner der Herren saß m. Hosenträgern da (Lenz, Brot 85). **5.** bezeich-

net das [Hilfs]mittel od. Material, mit dem etw. ausgeführt wird, das für etw. verwendet wird: m. dem Hammer, m. Kleister; sich die Hände m. Seife waschen; den Stachel m. der Pinzette entfernen; sie kocht alles m. Butter *(verwendet für alles Butter zum Kochen);* das Bild ist m. Temperafarbe gemalt; der Brief ist m. der Maschine geschrieben; er hat m. Devisen bezahlt; sie ist m. der Bahn, m. dem Auto gefahren; Mit was (ugs.; *womit*) sind dann die ganzen Leute gefahren, wenn sie kein Auto gehabt haben? (Kühn, Zeit 8). **6. a)** stellt einen bestimmten allgemeinen Bezug zwischen Verb u. Objekt her: was ist los m. dir?; es geht langsam voran m. der Arbeit; sie begann, hörte auf m. ihrer Tätigkeit; es geht bergauf m. ihm; raus m. euch!; fort m. dir!; **b)** kennzeichnet das Gebiet (als Attr.) (ugs.) *in Bezug (auf etw., jmdn.), in Anbetracht (einer Sache):* Du darfst m. deiner Prostata doch keinen Alkohol trinken! (Praunheim, Sex 130); sie m. ihren schwachen Nerven; der ist ja verrückt m. seinen vielen neuen Autos *(dass er sich dauernd neue Autos kauft).* **7.** bezeichnet eine gleichlaufende Bewegung o. Ä.: m. der Strömung rudern; sie fliegen m. dem Wind; sie gehen m. der Zeit *(passen sich der Zeitströmung, ihren Veränderungen an).* **8.** kennzeichnet das Zusammenfallen eines Vorganges, Ereignisses o. Ä. mit einem anderen; m. [dem] *(bei)* Einbruch der Dunkelheit; Mit dem Anbruch der Nacht sammelten sich Banden in den Straßen (Fest, Im Gegenlicht 239); Mit dem Kupfer verschwand der Wohlstand, m. dem Wohlstand der Friede (Ransmayr, Welt 228); m. dem Tode des Vaters änderte sich die Lage; Erst m. der Wende in der DDR wurde er politisch richtig aktiv (Woche 28. 3. 97, 45); m. 20 Jahren *(im Alter von 20 Jahren)* machte er sein Examen; sie starb m. 80 Jahren; Mit den Jahren und Jahrzehnten verfaulten die Schiffe (Ransmayr, Welt 163); m. dem heutigen Tag ist die Frist abgelaufen. **II.** ⟨Adv.⟩ **1.** *neben anderem, neben [einem, mehreren] anderen; auch; ebenfalls:* das gehört m. zu deinen Aufgaben; es lag m. an ihr, dass alles so blieb, wie es war; das musst du m. berücksichtigen; Sabina drehte den Hahn auf. Der eiskalte Wasserstrahl traf Karin voll. Ich musste es m. ansehen (Thor [Übers.], Ich 47); Die Stipendien sind m. ein Grund, weshalb Bruno Stutzer kein Zwischenjahr eingelegt hat (Tages Anzeiger 5. 11. 91, 11). **2.** (ugs.) ⟨in Verbindung mit einem Sup.:⟩ das ist die wichtigste der Bücher *(eines der wichtigsten).* **3.** selbstständig in Verbindung mit Verben, wenn nur eine vorübergehende Beteiligung ausgedrückt wird: kannst du ausnahmsweise einmal m. anfassen?; warst du auch m. (ugs.; *warst du auch dabei, bist du auch mitgegangen, mitgefahren*)?; ich bin auch m. gewesen. **4.** (ugs., bes. nordd.) als abgetrennter Teil von Adverbien wie »damit, womit« in Verbindung mit einem Verb: da habe ich nichts m. zu schaffen (statt = damit habe ich nichts zu schaffen); Weg ist weg, da kann ich auch nichts m. anfangen. Was

Muss man sich abfinden m. (Schnurre, Ich 14).

Mit-: kennzeichnet in Bildungen mit Substantiven eine Person als jmdn., der zusammen mit einer anderen Person gesehen wird: Mithäftling, -musiker, -patient.

Mit|an|ge|klag|te, der u. die; -n, -n ⟨Dekl. ↑Abgeordnete⟩: *jmd., der mit einem od. mehreren anderen des gleichen Delikts wegen angeklagt ist.*

Mit|ar|beit, die; -: **a)** *das Tätigsein, die Arbeit mit anderen zusammen in einem bestimmten Bereich, an einem bestimmten Projekt o. Ä.:* eine aktive, freiwillige M.; er hatte nur für die M. erhalten; eurer M. *(Mithilfe)* haben wir die rasche Fertigstellung zu verdanken; die Polizei bittet die Bevölkerung um ihre M. bei der Suche; jmdn. zur M. auffordern; **b)** *das geistige Mitarbeiten, die Beteiligung (des Schülers am Unterricht):* ihre M. [im Unterricht] lässt zu wünschen übrig.

mit|ar|bei|ten ⟨sw. V.; hat⟩: **a)** *(in einem bestimmten Bereich, an einem bestimmten Projekt o. Ä.) mit anderen zusammen tätig sein:* an einem Werk, in einem Projekt m.; im elterlichen Geschäft m.; wir Kinder hatten ein fröhliches Leben. Die Eltern waren fleißig, Großvater arbeitete auch noch mit (Wimschneider, Herbstmilch 5); **b)** *sich am Unterricht beteiligen:* der Junge müsste im Unterricht, in der Schule besser m.

Mit|ar|bei|ter, der; -s, -: **a)** *Angehöriger eines Betriebes, Unternehmens o. Ä.; Beschäftigter:* langjährige, treue, tüchtige M.; das Unternehmen, die Firma hat 2 000 M.; ein Rundschreiben an alle M.; meine M. (zusammen mit dem Possessivpron. nur von der Seite des Vorgesetzten o. Ä.; eigtl.: *meine Untergebenen);* **b)** *jmd., der bei einer Institution, bei einer Zeitung o. Ä. mitarbeitet* (a), *[wissenschaftliche] Beiträge liefert:* ein wissenschaftlicher M.; er arbeitet als freier, ständiger M. einer Zeitung, an, bei einer Zeitung; **c)** *jmd., der [in abhängiger Stellung] mit einem anderen zusammenarbeitet, ihm zuarbeitet:* einer der engen M. Nassers (Dönhoff, Ära 168); er hat einen Stab von -n.

Mit|ar|bei|te|rin, die; -, -nen: w. Form zu ↑Mitarbeiter.

Mit|ar|bei|ter|schaft, die ⟨o. Pl.⟩: **1.** *Gesamtheit der Mitarbeiter.* **2.** *das Mitarbeiten* (a): jmdm. seine M. aufkündigen.

Mit|ar|bei|ter|stab, der: *Stab von Mitarbeitern.*

Mit|au|tor, der; -s, -en: *mitbeteiligter Autor.*

Mit|au|to|rin, die; -, -nen: w. Form zu ↑Mitautor.

Mit|be|grün|der, der; -s, -: *jmd., der mit anderen zusammen etw. begründet hat.*

Mit|be|grün|de|rin, die; -, -nen: w. Form zu ↑Mitbegründer.

Mit|be|klag|te, der u. die; -n, -n ⟨Dekl. ↑Abgeordnete⟩: vgl. Mitangeklagte.

mit|be|kom|men ⟨st. V.; hat⟩: **1.** *als Ausstattung o. Ä. bekommen:* ein Lunchpaket m.; sie hat nichts, einiges bei ihrer Heirat mitbekommen; Ü So sieht ein schwedischer Tennischampion aus, der von seiner Mutter etwas gallisches Blut mitbekommen hat (K. Mann, Wendepunkt 208). **2.** *etw., was eigentlich nicht für einen bestimmt ist, [unbeabsichtigt] hören, wahrnehmen; aufschnappen* (3): die Kinder haben den ganzen Streit mitbekommen; Da wir ... Tür an Tür wohnen ..., bekomme ich einiges mit (Hörzu 24, 1976, 117). **3.** *eine Äußerung o. Ä. akustisch bzw. in ihrer Bedeutung erfassen, aufnehmen:* es war so laut, er war so müde, dass er nur die Hälfte mitbekam. **4.** *bei etw. anwesend sein u. daran teilhaben:* sie hat von den Feierlichkeiten, den Ereignissen nichts, nur wenig mitbekommen.

mit|be|nut|zen, (regional:) **mit|be|nüt|zen** ⟨sw. V.; hat⟩: *zusammen, gemeinsam, mit einem od. mehreren anderen benutzen:* die Untermieter dürfen die Küche m.

Mit|be|nut|zung, die; -, -en: *das Mitbenutzen.*

mit|be|rück|sich|ti|gen ⟨sw. V.; hat⟩: *bei seinen Überlegungen, seinem Handeln neben anderem beachten, nicht übergehen, in seine Überlegungen ebenfalls einbeziehen:* du solltest m., dass es auf dieser Strecke immer zu Verspätungen kommt.

Mit|be|sitz, der; -es: vgl. Miteigentum.

Mit|be|sit|zer, der; -s, -: vgl. Miteigentümer.

Mit|be|sit|ze|rin, die; -, -nen: w. Form zu ↑Mitbesitzer.

mit|be|stim|men ⟨sw. V.; hat⟩: *an etw., bes. an bestimmten, für einen selbst wichtigen Entscheidungen [im öffentlichen Bereich], mitwirken, seinen Einfluss bei etw. geltend machen:* die Kinder sollen m., wohin die Ferienreise geht; Eltern und Schüler dürfen jetzt in Schulangelegenheiten mehr m.; die Arbeitnehmer wollen in Fragen der Rationalisierung m.; ein mitbestimmtes Unternehmen (Jargon; *Unternehmen, in dem die Mitbestimmung der Arbeitnehmer praktiziert wird*).

Mit|be|stim|mung, die; - (bes. Wirtsch.): *das Mitbestimmen, Teilhaben, Beteiligtsein an einem Entscheidungsprozess (bes. die Teilnahme der Arbeitnehmer an Entscheidungsprozessen in der Wirtschaft):* eine einfache, qualifizierte, paritätische M.; die betriebliche M. (*Mitbestimmung innerhalb eines Unternehmens, die durch die Anwesenheit von Vertretern der Arbeitnehmer im Aufsichtsrat gewährleistet ist*); M. am Arbeitsplatz, im Betrieb; in ihrer Familie herrscht M. (scherzh.; *die Familienmitglieder beschließen wichtige Dinge gemeinsam*).

Mit|be|stim|mungs|ge|setz, das: *Gesetz, durch das das Recht der Arbeitnehmer auf Mitbestimmung festgelegt ist.*

mit|be|stim|mungs|pflich|tig ⟨Adj.⟩ (Wirtsch.): *der Mitbestimmung unterliegend:* eine -e Maßnahme; Veränderungen von Arbeitszeitsystemen sind m. (BdW 9, 1987, 132).

Mit|be|stim|mungs|recht, das: **1.** *Recht auf Mitbestimmung.* **2.** (DDR) *Grundrecht des Bürgers auf Mitwirkung bei der Gestaltung des politisch-staatlichen, wirtschaftlichen u. kulturellen Lebens.*

Mit|be|wer|ber, der; -s, -: vgl. Mitangeklagte.

Mit|be|wer|be|rin, die; -, -nen: w. Form zu ↑Mitbewerber.

Mit|be|woh|ner, der; -s, -: *jmd., der ein Haus, eine Wohnung, ein Zimmer o. Ä. mit anderen gemeinsam bewohnt.*

Mit|be|woh|ne|rin, die; -, -nen: w. Form zu ↑Mitbewohner.

mit|bie|ten ⟨st. V.; hat⟩: *mit [einem] anderen zusammen bei einer Versteigerung bieten:* sie hat eine Weile bei der Versteigerung mitgeboten.

mit|brin|gen ⟨unr. V.; hat⟩: **a)** *(mit sich tragend, bei sich habend) an einen bestimmten Ort, eine bestimmte Stelle bringen:* [jmdm., sich] etw. aus der Stadt, von der Reise m.; Das zu Hause bereitete Essen bringt man sich mit (Koeppen, Rußland 189); den Kindern etwas m.; hast du Brot, etwas zu essen mitgebracht *(beim Einkaufen besorgt)*?; mir etwas vom Markt m. *(besorgen)*?; Gäste m. *(mit nach Hause bringen);* Weil er seine Frau nicht ... allein lassen wollte, hat er sie mitgebracht (Grzimek, Serengeti 90); sie hat zwei Kinder aus erster Ehe mitgebracht (ugs.; *mit in die neue Ehe gebracht*); Melodien ..., die von überall her mitgebrachten Radios tönten (Sebastian, Krankenhaus 132); Ü eine Neuigkeit m. *(zu berichten wissen);* die Kinder haben von dem Spaziergang großen Hunger mitgebracht *(sind sehr hungrig nach Hause gekommen);* für den Besuch musst du dir ein wenig Zeit m.; sie hat [sich] von ihrer Reise eine Grippe mitgebracht; **b)** *als Voraussetzung haben, aufweisen, bei etw. einbringen:* für eine Arbeit bestimmte Fähigkeiten, Voraussetzungen m.; Sie bringen viel mit; dorthin ..., wo Wasser und Himmel Haus aus für viele Fragen den dazu notwendigen Sachverstand mit (Fraenkel, Staat 282).

Mit|bring|sel, das; -s, - (fam.): *kleines Geschenk, das jmd. für einen anderen mitbringt:* Schokolade als M. einkaufen; Ü die Heilung des Augenleidens ..., das wohl ein M. Franzens aus dem Morgenland war (Stern, Mann 215).

Mit|bru|der, der: **1.** *Konfrater.* **2.** (geh.) vgl. Mitmensch: er ist dein M.

Mit|bür|ger, der; -s, - (Amtsdt.): *jmd., der dem gleichen Staat angehört od. der in der gleichen Stadt lebt, wohnt:* liebe Mitbürgerinnen und M.!; die ausländischen M. (*bes. die ausländischen Arbeitnehmer u. ihre Familien);* Der Tag der Verfassung ist ... ein besonders symbolhafter Zeitpunkt, um mit ausländischen -n zu diskutieren (MM 25./26./27. 5. 85, 61); die ganze Nation stände ... auf, wenn jüdische M. verhaftet würden (Hochhuth, Stellvertreter 67).

Mit|bür|ge|rin, die; -, -nen: w. Form zu ↑Mitbürger.

Mit|bür|ger|schaft, die; -, -en ⟨Pl. selten⟩ (selten): *Gesamtheit der Mitbürger u. Mitbürgerinnen.*

mit|den|ken ⟨unr. V.; hat⟩: **1.** *etw. denkend [mit anderen] bei einer Tätigkeit nachvollziehen; nicht gedankenlos, son-* dern mit Überlegung vorgehen: er ist in der Lage mitzudenken; Magdalena dachte einfach mit ... Niemand dachte so mit wie Magdalena (M. Walser, Seelenarbeit 168). **2.** *etw. mit anderem gleichzeitig im Bewusstsein haben:* die schwierige Ausgangslage immer m.; Wenn heute ... von Deutschen die Rede ist, werden Freiheit, soziale Rechtsstaatlichkeit und Demokratie mitgedacht (R. v. Weizsäcker, Deutschland 49).

mit|dür|fen ⟨unr. V.; hat⟩ (ugs.): *mitgehen, mitkommen, mitfahren u. Ä. dürfen:* sie wird diesmal nicht m.

mil|te ⟨Adv.⟩ [lat. mitis, mite = mild, gelinde] (Pharm.): *schwach [wirkend].*

Mit|eid|ge|nos|se, der; -n, -n (schweiz.): vgl. Mitbürger.

Mit|eid|ge|nos|sin, die; - -nen: w. Form zu ↑Miteidgenosse.

Mit|ei|gen|tum, das; -s (Rechtsspr.): *Eigentum, das jmd. mit anderen gemeinsam besitzt.*

Mit|ei|gen|tü|mer, der; -s, - (Rechtsspr.): *jmd., der an etw. ein Miteigentum besitzt:* er ist M. von dieser Fabrik.

Mit|ei|gen|tü|me|rin, die; -, -nen: w. Form zu ↑Miteigentümer.

mit|ei|nan|der ⟨Adv.⟩ [mhd. mit einander]: **1.** *einer, eine, eines mit dem, der anderen:* m. sprechen, beraten, konkurrieren; sich m. vertragen; die beiden Fälle haben nichts m. zu tun; sie reden nicht mehr m.; Sie hätten eine so verdammt gute Zeit m. haben können (Johnson, Mutmaßungen 103); sie kommen gut m. aus; m. in Verbindung stehen; die beiden sind m. verheiratet; die beiden haben etwas m. (ugs.; *sind liiert*); die beiden können nicht m. (ugs.; *sie verstehen sich nicht*); dorthin, wo Wasser und Himmel m. verschmolzen (Funke, Drachenreiter 198); die Zutaten m. vermischen. **2.** *gemeinsam, zusammen, im Zusammenwirken o. Ä.:* m. nach Hause gehen; Einmal sind sie m. ins Kino gegangen (Thor [Übers.], Ich 20); ihr könnt mich alle m. *(alle ohne Ausnahme)* gerne haben.

Mit|ei|nan|der [auch: '----], das; -[s]: *das Miteinanderbestehen, -leben, -wirken usw.:* ein harmonisches M.; Es ist die Stadt... des multikulturellen -s (Woche 14. 11. 97, 43).

Mi|tel|la, die; -, ..llen [lat. mitella, Vkl. von: mitra, ↑Mitra]: *um den Nacken geschlungenes Tragetuch für den Arm zur Ruhigstellung bei Verletzungen des Unterarms u. der Hand.*

mit|emp|fin|den ⟨st. V.; hat⟩: *etw., was ein anderer empfindet, nachvollziehen (u. ihn dadurch verstehen) können:* jmds. Enttäuschung, Freude m.; ich vermag nicht, die Kopfschmerzen meiner Schwester mitzuempfinden (Musil, Mann 1217).

Mit|emp|fin|den, das; -s: *Fähigkeit, mit [einem] anderen zu empfinden.*

Mit|er|be, der; -n, -n: *jmd., der mit anderen zusammen Erbe von etw. ist.*

Mit|er|bin, die; -, -nen: w. Form zu ↑Miterbe.

mit|er|le|ben ⟨sw. V.; hat⟩: **a)** *bei etw. dabei sein, etw. aus unmittelbarer Nähe* *mitbekommen:* sie hat die Ereignisse [aus nächster Nähe, hautnah] miterlebt; die Revolutionstage ..., die er selbst in Petrograd miterlebt hatte (Leonhard, Revolution 38); ein Fußballspiel im Fernsehen m. *(am Bildschirm verfolgen)* können; **b)** *(als Zeitgenosse, als noch Lebender) erleben* (3): er hat den Krieg noch, nicht mehr miterlebt.

mit|es|sen ⟨unr. V.; hat⟩: **1.** *(auf eine spontan ausgesprochene Einladung hin) mit [einem] anderen zusammen essen:* wir haben genug gekocht, du kannst m.; R die Augen essen mit *(das Aufgetischte wird auch nach der Art, wie es angerichtet ist, beurteilt).* **2.** *(als Teil von etw.) ebenfalls verzehren:* bei dieser Frucht kann man die Schale nicht m.

Mit|es|ser, der; -s, - [1: LÜ von (m)lat. comedo, nach dem alten Volksglauben, es handle sich um Würmer, die bes. Kindern in die Haut gezaubert worden seien u. von der Nahrung mitäßen]: **1.** *Talgabsonderung in einer Pore bes. der Gesichtshaut:* Hanning drehte Zigaretten, und Dick Ewers hottete. Zwischendurch wurden M. rausgedrückt (Kempowski, Uns 81). **2.** *(ugs. scherzh.) jmd., der bei anderen als Gast isst.*

Mit|es|se|rin, die; -, -nen: w. Form zu ↑Mitesser (2).

mit|fah|ren ⟨st. V.⟩: *mit anderen zusammen [in deren Fahrzeug] fahren:* du kannst [bei mir] m.; sie lässt niemanden in ihrem Auto m.; die Kinder dürfen [bei der Radtour] nicht m. *(dürfen nicht mitmachen, müssen zu Hause bleiben).*

Mit|fah|rer, der; -s, -: *jmd., der bei jmdm., in einem Fahrzeug mitfährt.*

Mit|fah|re|rin, die; -, -nen: w. Form zu ↑Mitfahrer.

Mit|fahr|ge|le|gen|heit, die: *Gelegenheit, Möglichkeit, [unter Kostenbeteiligung] in einem privaten Fahrzeug mitzufahren.*

Mit|fahrt, die; -, -en: *das Mitfahren.*

Mit|fahr|zen|tra|le, die: *Unternehmen, das die Möglichkeit vermittelt, von privaten Fahrzeugen unter Kostenbeteiligung mitgenommen zu werden.*

mit|fi|nan|zie|ren ⟨sw. V.; hat⟩: *sich an der Finanzierung von etw. beteiligen.*

mit|flie|gen ⟨st. V.; ist⟩: vgl. mitfahren.

Mit|freu|de, die ⟨o. Pl.⟩: *Teilnahme an der Freude eines anderen, anderer.*

mit|füh|len ⟨sw. V.; hat⟩: **a)** *(in Bezug auf etw.) teilnehmend mit [einem] anderen fühlen:* mit jmdm. m.; ich versichere Ihnen, ich fühle mit Ihnen; **b)** *etw. nachempfinden:* jmds. Kummer m.

mit|füh|lend ⟨Adj.⟩: *Mitgefühl habend, zeigend:* ein -er Mensch; -e Worte; m. sein.

mit|füh|ren ⟨sw. V.; hat⟩: **a)** (bes. Amtsspr.) *bei sich tragen, haben:* Gepäck m.; der Ausweis ist immer mitzuführen; führen Sie zu verzollende Waren mit?; Die meisten führten ihr Zeug, das sie brauchten, in einer Aktentasche mit (Gaiser, Jagd 19); **b)** *(von einem fließenden Gewässer) Geröll u. a. transportieren:* der Fluss führt Sand, Geröll mit.

Mit|ga|be, die; -, -n (selten): *Mitgift.*

mit|ge|ben ⟨st. V.; hat⟩: **a)** *jmdm. bei sei-*nem Weggang zum Mitnehmen mit auf seinen Weg geben: dem Kind ein Frühstück, etwas zu essen m.; kann ich dir einen Brief an meine Eltern m.?; Ü Als er sich auf den Weg machte, gab ihm der Wirt alle Segenswünsche mit (Geissler, Nacht 81); **b)** *jmdm. als, zur Begleitung geben, zuteilen:* jmdm. einen Bewacher, Führer, Begleiter m.; **c)** *jmdm. zuteil werden lassen:* seinen Kindern eine gute Erziehung, Ausbildung m.; der Tochter eine Aussteuer m.

Mit|bring|sel, das; -s, - (österr.): *Mitbringsel.*

mit|ge|fan|gen: vgl. mitgehen.

Mit|ge|fan|ge|ne, der u. die; -n, -n ⟨Dekl. ↑Abgeordnete⟩: *jmd., der mit anderen zusammen eine Gefängnisstrafe verbüßt.*

Mit|ge|fühl, das; -[e]s ⟨o. Pl.⟩: *Anteilnahme am Leid, an der Not o. Ä. anderer:* tiefes M.; M. haben, zeigen, empfinden; für den Zustand seines Freundes, für jmdn. kein M. aufbringen; jmdm. sein M. ausdrücken, bezeigen.

mit|ge|gan|gen: vgl. mitgehen.

mit|ge|hen ⟨unr. V.; ist⟩: **1.** *gemeinsam mit jmdm. [an einen bestimmten Ort] gehen; jmdn. [an einen bestimmten Ort] begleiten:* willst du m. [ins Kino]?; zum Bahnhof m.; R mitgegangen, [mitgefangen,] mitgehangen *(wer bei etwas mitmacht, muss auch die Folgen mit tragen);* * etw. m. lassen/(selten:) heißen (ugs.; *fremdes Eigentum unbemerkt an sich bringen u. mitnehmen):* er hatte Waren im Wert von mehreren tausend Mark m. lassen: Übrigens besitze ich noch einen Kamm meines Lehrers, den ich bei einem Besuch in seiner Wohnung als Erinnerungsstück mitgehen ließ (Noll, Häupter 13). **2.** *(zusammen mit anderem) weggerissen, weggespült o. Ä. werden:* bei dem Hochwasser ging viel Geröll mit. **3.** *einem Vortragenden o. Ä. aufmerksam zuhören, sich von ihm mitreißen lassen:* die Zuhörer gingen begeistert mit. **4.** (Boxen) *einem gegnerischen Schlag in Richtung des Schlages ausweichen.*

mit|ge|nom|men: **1.** ↑mitnehmen. **2.** ⟨Adj.⟩ (ugs.) *[durch wenig sorgsamen Gebrauch o. Ä.] beschädigt, ramponiert:* stark -e Polstermöbel; die Bücher sind ein wenig m.; Etwas m., zerkratzt von Dornen, staubig und verschwitzt sahen sie aus (Funke, Drachenreiter 118).

Mit|ge|schöpf, das; -[e]s, -e (geh., Theol.): *Mensch, auch Tier als Geschöpf, das mit andern in der Gemeinschaft lebt, den Lebensraum mit andern teilt:* alle -e achten.

mit|ge|stal|ten ⟨sw. V.; hat⟩: *mit [einem] anderen zusammen etw. gestalten, schaffen:* ein Programm m.

Mit|gift, die; -, -en [spätmhd. mitegift, zu ↑mit u. mhd., ahd. gift, ↑Gift] (veraltend): *Vermögen, Aussteuer in Form von Geld u. Gut, das einem Mädchen bei der Heirat von den Eltern mitgegeben wird:* eine stattliche M. mitbekommen; Das kleine ... Haus war Luise Beaus M. gewesen (Bieler, Bär 15); Ü Das Institut ... ist vor vier Jahren gegründet worden ... Drei Chemie-Institute der ostdeutschen Aka-demie der Wissenschaften waren die M. – samt Gebäuden und Personal (Woche 14. 2. 97, 50); Josefine Bähr, ihre Neugierde war ihre einzige M. fürs Leben (Alexander, Jungfrau 35); ◆ ⟨auch Mask. od. Neutr.:⟩ der mit seiner Frau wenigstens doch einen ganzen Körper zum M. bekommt (Schiller, Kabale I, 7).

Mit|gift|jä|ger, der (abwertend veraltend): *jmd., der eine Frau nur ihrer Mitgift wegen heiratet, zu heiraten beabsichtigt.*

Mit|glied, das; -[e]s, -er: **1.** *Angehöriger einer Gemeinschaft, eines Familienverbandes o. Ä.:* ein M. der Familie, des Königshauses; er bemüht sich, ein nützliches M. der Gesellschaft zu sein. **2. a)** *jmd., der einer Organisation, einem Verein, einer Partei o. Ä. beigetreten ist, aufgrund einer Aufforderung, Wahl o. Ä. angehört:* ein aktives, passives, zahlendes M. eines Vereins, in einem V. sein; er ist korrespondierendes *(auswärtiges)* M. der Akademie der Wissenschaften; M. eines Vereins, einer Partei, in einem Verein, in einer Partei werden; -er werben; die -er *(Mitgliedstaaten)* der Europäischen Gemeinschaft; **b)** *Angehörige[r] einer Regierung o. Ä.:* die -er der Regierung, des Parlaments, des Untersuchungsausschusses; M. des Landtages (Abk.: M. d. L., MdL); M. des Bundestages (Abk.: M. d. B., MdB); (DDR:) M. der Volkskammer (Abk.: M. d. V., MdV).

Mit|glie|der|fluk|tu|a|ti|on, die: vgl. Mitgliederschwund.

Mit|glie|der|kar|tei, die: vgl. Mitgliederliste.

Mit|glie|der|lis|te, die: *Liste auf der die Mitglieder bes. einer Organisation, eines Vereins, einer Partei o. Ä. aufgeführt sind.*

Mit|glie|der|schaft, die; -: *Gesamtheit der Mitglieder einer Organisation, eines Vereins, einer Partei o. Ä.:* Einerseits werben sie intensiv um junge Menschen, um ihre überalterte M. zu verjüngen (Woche 21. 3. 97, 9).

mit|glie|der|schwach ⟨Adj.⟩: *(in Bezug auf eine Organisation, einen Verein, eine Partei o. Ä.) wenig Mitglieder aufweisend.*

Mit|glie|der|schwund, der: *[starkes] Abnehmen der Mitgliederzahl:* die Partei leidet unter M.

mit|glie|der|stark ⟨Adj.⟩: vgl. mitgliederschwach.

Mit|glie|der|ver|samm|lung, die: *Versammlung der Mitglieder bes. einer Organisation, eines Vereins, einer Partei o. Ä.*

Mit|glie|der|ver|zeich|nis, das: *Verzeichnis der Mitglieder bes. einer Organisation, eines Vereins, einer Partei o. Ä.*

Mit|glie|der|zahl, die: *Zahl der Mitglieder bes. einer Organisation, eines Vereins, einer Partei o. Ä.*

Mit|glieds|aus|weis, der: vgl. Mitgliedskarte.

Mit|glieds|bei|trag, der: *Geldbeitrag, den Mitglieder einer Organisation, eines Vereins, einer Partei o. Ä. regelmäßig zu zahlen haben.*

Mit|glied|schaft, die; -, -en: *das Mit-*

gliedsein; die Angehörigkeit als Mitglied bes. einer Organisation, eines Vereins, einer Partei: die M. erwerben; jmds. M. in einer Partei; Jeder Volksvertreter legt seine -en und Einkünfte offen (Woche 28. 2. 97, 2).

Mi̱t|glieds|kar|te, die: Ausweis über jmds. Mitgliedschaft in Form einer [kleinen] Karte.

Mi̱t|glieds|land, das ⟨Pl. ...länder⟩: Land, das Mitglied einer bestimmten Organisation o. Ä. ist.

Mi̱t|glieds|staat, Mi̱t|glied|staat, der: vgl. Mitgliedsland.

mi̱t|ha|ben ⟨unr. V.; hat⟩ (ugs.): bei sich führen, haben: er hatte seinen Ausweis nicht mit.

Mi̱t|häft|ling, der; -s, -e: vgl. Mitgefangene.

mi̱t|hal|ten ⟨st. V.; hat⟩: **a)** bei etw. mitmachen, sich beteiligen u. sich dabei den gleichen Anforderungen o. Ä. gewachsen zeigen wie andere Beteiligte: er war nicht in der Lage, beim Wettbewerb mitzuhalten; flinke Beine habt ihr beiden, da könnte ich nicht m. (Funke, Drachenreiter 108); wenn ihr hier m. (erfolgreich mitmachen) wollt, müsst ihr euch sehr anstrengen; ich kann noch m. (Skat; auch noch reizen); **b)** (geh.) an etw. teilhaben, teilnehmen: Der Arbeiter ... aß und trank, Stefan durfte m. (Kuby, Sieg 52); **c)** (seltener) (etw. in Konkurrenz mit anderen) durchhalten: Ich habe Not, bis zum Abend das Tempo mitzuhalten (Normann, Tagebuch 146).

mi̱t|hel|fen ⟨st. V.; hat⟩: sich helfend an etw. beteiligen, bei etw. helfen: im Haushalt m.; mithelfende Familienangehörige.

Mi̱t|hel|fer, der; -s, -: **1.** (selten) Helfer. **2.** (abwertend) Mittäter.

Mi̱t|hel|fe|rin, die; -, -nen: w. Form zu ↑ Mithelfer.

Mi̱t|he|raus|ge|ber, der; -s, -: mitbeteiligter Herausgeber.

Mi̱t|he|raus|ge|be|rin, die; -, -nen: w. Form zu ↑ Mitherausgeber.

mit|hi̱l|fe (auch: mit Hilfe) **I.** ⟨Präp. mit Gen.⟩ **1.** mit Unterstützung: m. ihrer Freunde; ... gelang es mir, ... mit Hilfe einiger Zeugen die Geschehnisse genau zu rekonstruieren (Jens, Mann 107). **2.** unter Zuhilfenahme, Verwendung: m. geeigneter Methoden; Mit Hilfe der Sprache ist es ... möglich, sich über die Wirklichkeit zu verständigen (Weinberg, Deutsch 88). **II.** ⟨Adv. in Verbindung mit »von«⟩ **1.** mit Unterstützung: m. von bestimmten Leuten. **2.** unter Zuhilfenahme, Verwendung: der Stickstoff wird ... mit Hilfe von Wasserstoff aus der Luft gewonnen (Gruhl, Planet 75).

Mi̱t|hil|fe, die; - ⟨o. Pl.⟩: das Mithelfen; Hilfe, die jmd. [einem] anderen bei etw. leistet: tatkräftige M.; sich jmds. M. bedienen; auf M. angewiesen sein; die Kriminalpolizei bittet die Bevölkerung um M.

mit|hi̱n ⟨Adv.⟩: folglich, dementsprechend, also: er ist volljährig, m. für sein Tun selbst verantwortlich; Die dicken Graupen ... ekelten mich ... Das führte zu ewig langen Sitzungen am Frühstücks-

tisch und m. zu permanenter Verspätung in der Schule (Dönhoff, Ostpreußen 20); Der Verurteilte verrichtet eine auf soziale Wiedergutmachung gerichtete Tätigkeit, er kompensiere m. einen Teil des Schadens (Woche 13. 3. 98, 29).

mit|hö̱|ren ⟨sw. V.; hat⟩: **a)** zufällig Ohrenzeuge von etw. werden, was eigentlich nur für einen bestimmt ist; etw. mit anhören: zufällig [alles] m.; ein Gespräch m.; Dann hörte ich undeutlich eine Weile mit, wie die Mädchen sich unterhielten (Gaiser, Schlußball 63); **b)** [heimlich] in der Absicht, jmdn., etw. zu überwachen, etw. mit anhören: jedes Wort m.; ⟨auch ohne Akk.:⟩ man muss hier immer fürchten, dass mitgehört wird; R (scherzh.:) [Vorsicht,] Feind hört mit!; **c)** [mit einem zusätzlichen Hörer o. Ä.] ein Telefongespräch eines andern verfolgen: der Zeuge hat die Drohung des Anrufers mitgehört; ⟨subst.:⟩ Hacker ... war alarmiert und ließ das Telefon sofort auf Mithören stellen (mittels Lautsprecher so einstellen, dass der Anrufende für andere hörbar wird; Woche 28. 1. 97, 16).

Mi̱t|hö̱|rer, der; -s, -: jmd., der etw. mithört.

Mi̱t|hö̱|re|rin, die; -, -nen: w. Form zu ↑ Mithörer.

Mi̱|thra, Mi̱|thras: altiranischer Lichtgott.

Mi̱|thras|kult, der ⟨o. Pl.⟩: Kult um den Gott Mithras.

Mi̱|thrä|um, das; -s, ...äen [spätlat. Mithraeum < griech. Mithraion]: unterirdischer Kultraum des altiranischen Lichtgottes Mithras (bes. im römischen Heeresgebiet am Rhein u. Donau).

Mi̱|thri|da|ti̱s|mus, der; - [nach König Mithridates VI. von Pontos (um 1320–63 v. Chr.), der sich zum Schutz vor dem Vergiftetwerden durch Einnahme geringer Dosen von Gift immunisierte] (Med.): durch Gewöhnung erworbene Immunität gegen Gifte.

Mi̱|ti|gans, das; -, ...anzien u. ...antia [lat. mitigans (Gen.: mitigantis), 1. Part. von: mitigare = mildern, lindern]: **1.** (Med.) Beruhigungsmittel. **2.** ⟨Pl.⟩ (Rechtsspr. veraltet) mildernde Umstände.

Mi̱|ti|ga|ti|o̱n, die; -, -en [lat. mitigatio]: **1.** (Med.) Abschwächung, Milderung. **2.** (Rechtsspr. veraltet) Strafminderung.

Mi̱t|in|ha|ber, der; -s, -: vgl. Miteigentümer.

Mi̱t|in|ha|be|rin, die; -, -nen: w. Form zu ↑ Mitinhaber.

Mi̱t|in|sas|se, der; -n, -n: **a)** vgl. Mitfahrer; **b)** vgl. Mitgefangene.

Mi̱t|in|sas|sin, die; -, -nen: w. Form zu ↑ Mitinsasse.

mit|kämp|fen ⟨sw. V.; hat⟩: mit anderen gemeinsam an einem Kampf, am Krieg o. Ä. teilnehmen: er hat auf amerikanischer Seite mitgekämpft.

Mi̱t|kämp|fer, der; -s, -: vgl. Mitstreiter.

Mi̱t|kämp|fe|rin, die; -, -nen: w. Form zu ↑ Mitkämpfer.

Mi̱t|klä|ger, der; -s, - (Rechtsspr.): jmd., der mit anderen gemeinsam eine Klage anstrengt.

Mi̱t|klä|ge|rin, die; -, -nen: w. Form zu ↑ Mitkläger.

mit|klin|gen ⟨st. V.; hat⟩: vgl. mitschwingen: Etwas wie Zorn oder Neid klang in diesen Worten mit (Hartung, Junitag 44).

mit|ko|chen ⟨sw. V.; hat⟩: mit etw. anderem zusammen kochen: in der Fleischbrühe eine Sellerieknolle m.

mit|kom|men ⟨st. V.; ist⟩: **1. a)** gemeinsam mit anderen an einen bestimmten Ort kommen: seine Freundin ist [zu der Party] mitgekommen; **b)** sich gemeinsam mit anderen an einen bestimmten Ort begeben: m. (1): kommst du mit [ins Kino]?; Wenn sie darüber redeten, was sie abends unternehmen wollten, fragte mich nie jemand, ob ich m. wollte (Thor [Übers.], Ich 22); Ich komme noch mit (begleite dich) bis zur Haustür; **c)** mit etw. anderem zusammen ankommen: die Koffer sind [mit dem Flugzeug] nicht mitgekommen; bei der nächsten Sendung müssten die bestellten Bücher m. **2.** (ugs.) **a)** (bei einer Tätigkeit, bes. beim Gehen, Laufen o. Ä.) mit anderen Schritt halten: bei diesem Tempo komme ich nicht mehr mit; beim Diktat nicht m.; Ü da komme ich nicht mehr mit! (das, dieses Verhalten o. Ä., kann ich nicht begreifen, das ist mir unverständlich); **b)** (in der Schule, im Unterricht o. Ä.) den Anforderungen gewachsen sein: der Schüler kommt [im Unterricht, in der Klasse] gut, schlecht, nicht mit; Ihr ist ... daran gelegen mitzukommen, wie es ... in der Schulsprache heißt (Strittmatter, Der Laden 1001).

mit|kön|nen ⟨unr. V.; hat⟩ (ugs.): **1.** vgl. mitdürfen. **2.** (bei einem bestimmten Aufwand o. Ä.) mithalten können: was sich an Luxusgütern alles leisten, da können wir nicht mehr mit.

mit|krie|gen ⟨sw. V.; hat⟩ (ugs.): mitbekommen.

mit|las|sen ⟨st. V.; hat⟩: mitgehen, mitkommen, mitfahren lassen: die andern machen alle einen Ausflug, mich haben meine Eltern nicht mitgelassen.

mit|lau|fen ⟨st. V.; ist⟩: **1.** vgl. mitgehen (1). **2.** (ugs.) neben anderer Arbeit mit erledigt werden: die Reparaturen müssen nebenher m.; etw. läuft am Rande (nebenbei) mit.

Mi̱t|läu|fer, der; -s, - (abwertend): jmd., der bei etw. mitmacht, ohne sich besonders zu engagieren, u. ohne dabei nur eine passive Rolle spielt: dass er sich stets als M. verhielt und ... nicht einmal genau über den Ablauf eines Planes Bescheid wusste (Ossowski, Bewährung 77); er wurde bei der Entnazifizierung als M. eingestuft; dass die Gefahr ... ausging ... von den kleinen -n, den Jasagern (Heym, Schwarzenberg 137).

Mi̱t|läu|fe|rin, die; -, -nen: w. Form zu ↑ Mitläufer.

Mi̱t|laut, der; -[e]s, -e [LÜ von lat. (littera) consonans]: Konsonant.

Mi̱t|leid, das; -[e]s [älter: Mitleiden, mhd. mitelîden, LÜ von lat. compassio, LÜ von griech. sympátheia, ↑ Sympathie]: starke (sich in einem Impuls zum Helfen, Trösten o. Ä. äußernde) innere Anteilnahme am Leid, an der Not o. Ä. anderer: M. empfinden; [jmds.] M. erregen; eine [großes] M. erregende Kreatur; Es könne wohl sein, dass er einen politischen Fehler begangen habe ... gab er mit M. heischendem Dackelblick zu (Welt 25. 4. 97, 3); M. mit jmdm. haben; Er hatte mit sich selber M. (Ott, Haie 183); kein M. haben, kennen *(völlig gefühllos, hart, ohne Erbarmen sein);* aus M. handeln; von M. ergriffen werden; Mein Herz floss über von M. für sie (Salomon, Boche 123).

miṭ|lei|den ⟨unr. V.; *Ä .* hat⟩: *fremdes Leiden, fremde Not o. Ä . zutiefst mitempfinden, mitfühlen:* wenn sie andere leiden sieht, leidet sie mit.

Mit|lei|den, das; -s (geh.): Mitleid.

Mit|lei|den|schaft, die: nur in den Wendungen **etw. in M. ziehen** *(etw. mit anderem zugleich beeinträchtigen, beschädigen, darauf ebenfalls eine negative Wirkung ausüben):* durch die vielen Ausfälle wurde auch das nächste Projekt schon in M. gezogen; ... indem ich mit den linken Vorderzähnen kleine Stücke abschrappe, damit mein Wackelzahn nicht zu sehr in M. gezogen wird (Straessle, Herzradieschen 186); **jmdn. in M. ziehen** *(jmdn. bei etw., was ihn selbst nicht unmittelbar betrifft, mit beeinträchtigen, ihm dabei ebenfalls Schaden zufügen, auf ihn ebenfalls eine negative Wirkung ausüben).*

miṭ|leid|er|re|gend ⟨Adj.⟩: *so aussehend, beschaffen, dass jmds. Mitleid erregt wird:* ein äußerst -es Schicksal.

miṭ|lei|dig ⟨Adj.⟩: *voller Mitleid; teilnahmsvoll:* eine -e Seele; m. (iron.; verächtlich) lächeln.

miṭ|leid|los, miṭ|leids|los ⟨Adj.⟩: *hart u. ohne Mitleid, ohne Mitgefühl; herzlos:* ein -er Blick; m. sein, bei etw. zusehen; sie wurde von ihren Kolleginnen m. aus der Firma hinausgedrängt.

Mit|leid|lo|sig|keit, Mit|leids|lo|sig|keit, die; -: *das Mitleidlossein.*

miṭ|leids|voll, miṭ|leid|voll ⟨Adj.⟩: *voll Mitleid, voll Erbarmen:* jmdn. m. anschauen.

miṭ|le|sen ⟨st. V.; hat⟩: **1.** *etw. neben anderem auch lesen u. damit zur Kenntnis nehmen:* du musst auch das Kleingedruckte m. **2.** *mit einem anderen zugleich etw. lesen:* sie merkte, dass ihr Gegenüber ihre Zeitung mitlas.

miṭ|lie|fern ⟨sw. V.; hat⟩: *etw. gleichzeitig mit etw. anderem liefern (1):* ein Teil der bestellten Ware ist nicht mitgeliefert worden; Ü er hat die Entschuldigung für sein Verhalten gleich mitgeliefert.

miṭ|ma|chen ⟨sw. V.; hat⟩: **1. a)** *bei etw. (mit) dabei sein; an etw. [aktiv] teilnehmen:* ein Fest, einen Ausflug, einen Gottesdienst m.; er hat den Krieg [in Russland] mitgemacht; der macht jeden Ulk, sie macht jede Mode mit; **b)** *sich einer Unternehmung anschließen, sich an etw. beteiligen:* bei einem Wettbewerb, bei einer Aktion [nicht] m.; willst du m.?; Ich weiß, was ich getan habe. Wobei ich mitgemacht und was wir Karin angetan haben (Thor [Übers.], Ich 5); da mache ich nicht mehr mit *(das kann ich nicht mehr vertreten, nicht billigen);* Ü Das Wetter macht mit *(ist so, wie gewünscht;* M. Walser, Eiche 83); er wird's nicht mehr lange

m. (salopp; *er wird bald sterben);* **c)** *(als Lernender o. Ä.) an etw. teilnehmen:* einen Kurs, Lehrgang m. **2.** (ugs.) *etw. für einen anderen, anstelle eines anderen auch noch machen, erledigen:* während seiner Krankheit hat ein Kollege seine Arbeit mitgemacht. **3.** (ugs.) *(Schweres, Schwieriges o. Ä.) durchmachen (2), durchstehen, erleiden:* sie haben während des Krieges viele Bombenangriffe mitgemacht; er hat im letzten Stadium seiner Krankheit viel mitgemacht *(hatte sehr schwer zu leiden);* Großmutter sagt, sie hat mit Großvater allerhand mitgemacht *(hatte es schwer mit ihm;* Schwaiger, Wie kommt 93); R [ich kann dir sagen,] da machst du [vielleicht] was mit!

Mit|ma|cher, der; -s, - (Jargon): *jmd., der bei etw. mitmacht, sich beteiligt:* In diese drei Gruppen teilten die Bertinis die Menschen ... die dritte, die M., Zujubler (Giordano, Die Bertinis 678).

Mit|ma|che|rin, die; -, -nen (Jargon): w. Form zu ↑Mitmacher.

miṭ|mar|schie|ren ⟨sw. V.; ist⟩: vgl. mitgehen.

Miṭ|mensch, der; -en, -en ⟨meist Pl.⟩: *Mensch als Geschöpf, das mit andern in der Gemeinschaft lebt, den Lebensraum mit andern teilt:* Weder im Garten noch bei Tisch kann er das Gesicht eines -en ertragen (Hochhuth, Stellvertreter 82); auf seine -en Rücksicht nehmen; (iron.:) die lieben -en.

miṭ|mensch|lich ⟨Adj.⟩: *auf den Mitmenschen bezogen, den Mitmenschen betreffend:* -e Kontakte.

Miṭ|mensch|lich|keit, die ⟨o. Pl.⟩ (selten): mitmenschliches Verhalten.

miṭ|mi|schen ⟨sw. V.; hat⟩ (ugs.): **a)** *ohne eigentlich dazuzugehören, sich bei etw. beteiligen, sich einmischend bei etw. Einfluss nehmen:* er will immer überall m.; Ich will mich nicht in deine Angelegenheiten einmischen, ich sag' das nur, weil ich bei der Sache damals bisschen mitgemischt habe (v. d. Grün, Glatteis 215); **b)** (ugs.) *sich mit vollem Einsatz, Gewicht beteiligen:* in der ... Klasse der Damen mischten die Läuferinnen ... in der Spitzengruppe kräftig mit (Augsburger Allgemeine 14. 2. 78, 26); In dieser Saison mischte er ... von Beginn an im Weltcup vorn mit (Freie Presse 3. 1. 90, 5).

miṭ|mö|gen ⟨unr. V.; hat⟩ (ugs.): vgl. mitdürfen.

miṭ|müs|sen ⟨unr. V.; hat⟩ (ugs.): vgl. mitdürfen.

Miṭ|nah|me, die; - (Papierdt.): *das Mitnehmen* (1 a): Bei M. des Einkaufswagens ... erheben wir 10 DM Pfand (Kronauer, Bogenschütze 340); die Diebe verschwanden unter M. des Schmucks.

Miṭ|nah|me|ef|fekt, der (Wirtsch.): *bes. bei der Gewährung von Vergünstigungen, Subventionen o. Ä. auftretender Effekt, bei dem auch diejenigen in den Genuss finanzieller Mittel kommen, für die diese nicht gezielt eingeplant waren.*

Miṭ|nah|me|preis, der (Kaufmannsspr.): *reduzierter Preis für einen größeren Gegenstand, den der Kunde selbst abtransportiert:* Sessel zum M. von 300 Mark.

miṭ|neh|men ⟨st. V.; hat⟩: **1. a)** *(auf einen Weg o. Ä.) mit sich nehmen:* [sich] ein Frühstück m.; bei dem unsicheren Wetter den Regenschirm m.; den Koffer ins Abteil m.; Zum Lesen hat er sich ... »Die Schwarze Haut« von Ruark ... mitgenommen (Grzimek, Serengeti 62); es ist so kühl, du musst eine Jacke m.; Ü Ein klein wenig Erholung möchte ich doch m. (Konsalik, Promenadendeck 374); **b)** *(auf seinem Weg o. Ä.) mitgehen, -fahren lassen; jmdn. an etw. teilhaben lassen:* jmdn. auf der Reise, in seinem Auto, zu einer Party m.; das Frachtschiff nimmt auch Passagiere mit; Ü Mutter nahm Kinder mit in den Tod (MM 20. 2. 74, 10); Jeder Sommer nimmt eine Scheune mit (Müller, Niederungen 113); **c)** *von einem Ort mit fortnehmen:* die Einbrecher haben nur Schmuck mitgenommen (verhüll.; *gestohlen);* **d)** (ugs.) *im Vorbeigehen kaufen:* ein Sonderangebot m.; **e)** (ugs., oft scherzh.) *dicht an etw. vorbeistreifen [so dass etw. sich ablöst, weggerissen wird]:* der LKW hat eine Hausecke mitgenommen; du hast mit deinem Ärmel die ganze Wand mitgenommen *(hast dich mit Farbe der Wand am Ärmel beschmutzt);* **f)** (ugs.) *an etw. bei sich bietender Gelegenheit teilnehmen, es wahrnehmen, dabei mitmachen:* bei seinem kurzen Aufenthalt in der Stadt hat er alle Veranstaltungen mitgenommen, die sich boten. **2.** *jmdm. psychisch od. physisch sehr zusetzen:* die Aufregungen haben sie sehr mitgenommen; meinen Vater schien seine Einberufung sehr mitzunehmen (Mishima [Übers.], Maske 84). **3.** *aus etw. für sich einen Gewinn ziehen, etw. lernen:* aus einem Vortrag etwas m.; Von Lukrez nehme ich mit, dass ein einfaches ... Sprachbild durchaus geeignet ist, einen komplizierten ... Sachverhalt zu erklären (Stern, Mann 282).

Miṭ|neh|me|preis, der: ↑Mitnahmepreis.

miṭ|nich|ten ⟨Adv.⟩ (veraltend): *keineswegs, gewiss nicht; auf keinen Fall:* sie ist m. schön; er gehorchte m.; Dass viele Formen gelockert worden waren ..., gefiel ihr m. (Hahn, Mann 37); Millionen von Geheimakten über die m. saubere Menschenrechtsweste der USA (Woche 12. 12. 98, 17).

Mi|to|chon|dri|um [...x...], das; -s, ...dria ⟨meist Pl.⟩ [zu griech. mitos = Faden u. chondrion = Knötchen] (Biol.): *fadenod. kugelförmiges Gebilde in tierischen u. pflanzlichen Zellen, das der Atmung u. dem Stoffwechsel der Zelle dient.*

mi|ton|nie|ren ⟨sw. V.; hat⟩ [frz. mitonner, zu: mitonnée (landsch.) = Brotsuppe, zu: miton = Brotkrume] (Kochk.): *langsam in einer Flüssigkeit kochen lassen.*

Mi|to|se, die; -, -n [zu griech. mitos = Faden] (Biol.): *(der Zellteilung vorausgehende) Teilung des Zellkerns.*

Mi|to|se|gift, das (Biol.): *Stoff, der den normalen Ablauf der Zellkernteilung stört* (z. B. Kolchizin).

mi|to|tisch ⟨Adj.⟩ (Biol.): *die Mitose betreffend.*

Mịt|pas|sa|gier, der; -s, -e: vgl. Mitreisende.

Mịt|pas|sa|gie|rin, die; -, -nen: w. Form zu ↑Mitpassagier.

Mịt|pa|ti|ent, der; -en, -en: *jmd., der mit anderen Kranken zusammen Patient in einer Behandlung, einer Klinik o. Ä. ist.*

Mịt|pa|ti|en|tin, die; -, -nen: w. Form zu ↑Mitpatient.

mịt|pfei|fen ⟨st. V.; hat⟩: vgl. mitsingen.

Mị|tra, die; -, ...ren [mlat. mitra < lat. mitra < griech. mitra = Stirnbinde]: **1.** (kath. Kirche) *Bischofsmütze, Kopfbedeckung für Bischöfe u. andere hohe Würdenträger aus zwei schildförmigen, um Stirn u. Hinterkopf gebogenen, oben dreieckig-spitz zulaufenden Teilen, die durch Stoff u. Zierbänder verbunden sind; Inful* (2). **2.** (Med.) *haubenförmiger Kopfverband.* **3. a)** *(in der Antike) von Frauen getragenes Stirnband;* **b)** *[golddurchwirkte] Kopfbinde altorientalischer Herrscher.* **4.** *(in der Antike) von Kriegern zum Schutz des Unterleibs getragener metallener Gurt.*

Mị|trail|leur [mitraị̣ọ:r, ...œ:r], der; -s, -e [frz. mitrailleur, zu: mitrailleuse, ↑Mitrailleuse] (schweiz. Milit.): *Schütze an einem Maschinengewehr.*

Mị|trail|leu|se [mitra(l)'jø:zə], die; -, -n [frz. mitrailleuse, zu: mitraille = zerhackte Blei- u. Eisenstücke] (früher): *Geschütz für Kartätschen (in der französischen Armee), bei dem mehrere Läufe schnell hintereinander abgefeuert werden können.*

mi|tral ⟨Adj.⟩: **1.** (Med.) *die Mitralklappe betreffend.* **2.** *von haubenförmiger Gestalt.*

Mị|tral|klap|pe, die; -, -n [zu ↑Mitra, nach der Form] (Med.): *zweizipfelige Herzklappe zwischen linkem Vorhof u. linker Herzkammer.*

mịt|rau|chen ⟨sw. V.; hat⟩: **1.** *mit anderen zusammen rauchen:* willst du eine m.? **2.** *(als nicht Raucher(in)) den Zigarettenrauch anderer zwangsläufig einatmen:* die Kinder rauchender Eltern müssen zwangsläufig m.; ⟨subst.:⟩ passives Mitrauchen *(zwangsläufiges Einatmen des Rauches, den die Raucher verursachen).*

mịt|rech|nen ⟨sw. V.; hat⟩: **a)** *[um das Ergebnis zu kontrollieren] gleichzeitig mit einem anderen eine Rechnung ausführen:* Er hatte mitgerechnet ... Wer das Jahr 1920 als 23-Jähriger erlebt hat, ist 1897 geboren (Weber, Tote 153); **b)** *jmdn., etw. in eine Rechnung, Überlegung einbeziehen, mit berücksichtigen:* du musst bei den Kosten die Eigenleistung m.

mịt|re|den ⟨sw. V.; hat⟩: **a)** *(in einem Gespräch o. Ä.) etw. Sinnvolles zu einem Thema o. Ä. beisteuern* (meist in Verbindung mit »können«): hier kannst du einfach nicht m. *(es fehlt dir die Erfahrung, die Sachkenntnis; du verstehst nichts davon);* er ist zu jung, zu unerfahren, um m. zu können; Musik, die einzige Kunstart, bei der ich ein bisschen m. konnte (Ott, Haie 53); **b)** *an einer Entscheidung beteiligt sein:* bei diesem Projekt können nur Spezialisten m.; er hat keine Ahnung, muss aber überall m.; da werde ich auch noch

mitzureden haben; Ü wir hoffen, vorne m. zu können (Sport; *beim Kampf um die ersten Plätze erfolgreich zu sein).*

mịt|re|gie|ren ⟨sw. V.; hat⟩: *mit anderen zusammen regieren:* ein Land m.; die mitregierende Partei; Ü Sofort haben sich Spitzenpolitiker, die zugleich in diversen Bundesligavereinen mitregieren ..., um den gebeutelten DFB-Präsidenten geschart (Woche 7. 11. 97, 26).

mịt|rei|sen ⟨sw. V.; ist⟩: vgl. mitfahren.

Mịt|rei|sen|de, der u. die; -n, -n: *jmd., der mit [einem] anderen im gleichen Zug o. Ä. reist.*

mịt|rei|ßen ⟨st. V.; hat⟩: **1.** *(von einer Stelle durch die eigene Bewegung o. Ä.) mit sich fortreißen, wegreißen:* die Strömung hat Teile der Uferbefestigung mitgerissen; Die Flut hat zahllose Holzhäuser fortgeschwemmt, Hühner und Kühe mitgerissen (a & r 2, 1997, 108); er wurde von der Strömung mitgerissen; Da rutschte die Amsel vom Zaun und riss seinen Freund mit (Grass, Hundejahre 82). **2.** *durch seinen Schwung, seine Überzeugungskraft o. Ä. anstecken, begeistern:* der Redner, sein Charme reißt die Zuhörer, die Massen mit; ⟨häufig im 1. Part.:⟩ ein mitreißendes Spiel; er wirkt nicht gerade mitreißend bei seinen Reden.

Mịt|ro|pa, die; -: *Mitteleuropäische Schlaf- u. Speisewagen-Aktiengesellschaft (der DR).*

mit|sam|men ⟨Adv.⟩ (österr., sonst landsch.): *zusammen, gemeinsam, miteinander:* m. eine Wanderung machen; als die Buben dann größer waren, gingen sie m. Raunachtsingen (Wimschneider, Herbstmilch 37).

mit|samt ⟨Präp. mit Dativ⟩ [mhd. mit sam(e)t] (verstärkend): *zusammen mit, samt:* ihr Haus, das da m. allem, was es drin und drum herum gab, in die Luft geflogen war (Ossowski, Liebe ist 126); das Schiff sank m. der Ladung.

mịt|schi|cken ⟨sw. V.; hat⟩: **a)** *etw. mit anderem zusammen schicken:* ein Foto im Brief m.; kann er nicht auch ein bisschen Geld m.? (Hausmann, Abel 178); **b)** *jmdn. als Begleitung mitgehen lassen:* jmdn. einen Ortskundigen als Führer m.

mịt|schlei|fen ⟨sw. V.; hat⟩: **1.** vgl. mitreißen (1): der Zug hat das Auto mitgeschleift. **2.** (ugs.) **a)** *mitschleppen* (1): wir dürfen nicht wieder zu viele Sachen auf die Wanderung m.; **b)** *mitschleppen* (2): am Anfang hat sie ihn zu allen Partys mitgeschleift.

mịt|schlep|pen ⟨sw. V.; hat⟩ (ugs.): **1.** *[etw. Schweres, Unnötiges, Ballast] mitnehmen* (1 a), *mit sich schleppen, tragen:* zu viele Sachen in den Urlaub m.; Ü ... schleppen wir unsere Vergangenheit immer mit (Thielicke, Ich glaube 182); sie fürchten, dass am Ende 20 Prozent Arbeitende 80 Prozent Marginalisierte m. müssen (Woche 17. 1. 97, 1). **2.** *jmdn., der noch unentschlossen ist, nicht unbedingt bereit od. ohne eigene Initiative ist, irgendwohin mitnehmen, an etw. teilhaben lassen:* jmdn. ins Kino m.; Er schleppt mich zu einem Stammtisch mit (Remarque, Westen 120).

mịt|schnei|den ⟨unr. V.; hat⟩ (bes.

Rundf., Ferns.): *(eine Sendung o. Ä. zum Zwecke beliebiger Reproduzierbarkeit) aufzeichnen, auf Magnetband aufnehmen:* eine Sendung, ein Konzert m.; etw. auf Band m.; ⟨auch ohne Akk.-Obj.:⟩ Außerdem hat Lehnau einen Spitzel unter euch postiert, der fleißig mitschneidet und notiert (Springer, Was 296); ⟨subst.:⟩ das Mitschneiden von Konzerten ist nicht erlaubt.

Mịt|schnitt, der; -[e]s, -e (bes. Rundf., Ferns.): *durch Mitschneiden hergestellte Aufzeichnung:* der M. eines Konzertes.

mịt|schrei|ben ⟨st. V.; hat⟩: **1.** *etw. anhören u. zugleich niederschreiben:* den Vortrag m.; ⟨auch ohne Akk.-Obj.:⟩ er versuchte mitzuschreiben; ⟨subst.:⟩ Sie ... sagte bedächtig, wie zum Mitschreiben: »Provokation ist ... eine Herausforderung ...« (Kant, Impressum 162). **2.** *an einer schriftlichen [Prüfungs]arbeit teilnehmen:* die Prüfungsarbeit m.

Mịt|schrift, die; -, -en: *durch Mitschreiben hergestellte Aufzeichnung von mündlich Vorgetragenem; Protokoll:* die M. einer Vorlesung; Es existiert eine M. dieses Gesprächs, die S. H. ... anfertigen ließ (Heym, Nachruf 659).

Mịt|schuld, die; -: *Teilhabe an der Schuld eines anderen:* jmdm. seine M. [an etw.] nachweisen.

mịt|schul|dig ⟨Adj.⟩: *eine Mitschuld an etw. tragend:* an etw. m. sein, werden; Gott allein wird wissen, wieweit Ihr euch m. gemacht habt (Bieler, Bonifaz 15).

Mịt|schul|di|ge, der u. die; -n, -n [nach spätlat. correus]: *jmd., der eine Mitschuld an etw. trägt:* Er hatte plötzlich das ... Gefühl, ... zum m geworden zu sein (Remarque, Triomphe 120).

Mịt|schü|ler, der; -s, -: *Schüler, der (mit anderen zusammen) die gleiche Klasse od. Schule besucht.*

Mịt|schü|le|rin, die; -, -nen: w. Form zu ↑Mitschüler.

Mịt|schwes|ter, die; -, -n: **1.** *Angehörige des gleichen geistlichen Ordens.* **2.** (geh.) vgl. Mitmensch.

mịt|schwim|men ⟨st. V.; ist⟩: **1.** *mit anderen zusammen bei einer bestimmten Gelegenheit schwimmen:* in der Staffel m.; er ist bei dem Sportfest nicht mitgeschwommen; Ü sie schwammen in dem Menschenstrom mit *(ließen sich von ihm treiben).* **2.** (ugs.) *etw., was gerade in Mode ist, mitmachen:* Sie schwamm auf der Gesundheitswelle mit. Man konnte zum Frühstück frischgeschrotetes Korn essen (Brückner, Quints 305).

mịt|schwin|gen ⟨st. V.; hat⟩: **1.** *mit etw. anderem in Schwingung Befindlichen zugleich in Schwingung geraten:* Saiten eines Instruments, Töne schwingen mit. **2.** *in jmds. Äußerung o. Ä. mit zum Ausdruck kommen:* Skepsis, Kritik, Freude schwang in seinen Worten mit; Ich bin auf diesen Hinweis nicht eingegangen, auch nicht auf das, was darin ironisch mitschwang (W. Brandt, Begegnungen 146).

mịt sein: s. mit (II, 3).

mịt|sin|gen ⟨st. V.; hat⟩: *mit anderen zusammen singen:* [ein Lied] leise m.; Vögele versuchte alle Strophen mitzusingen, er sang den Text auf schwäbisch (Ott, Haie 60); er singt im Chor mit *(gehört einem Chor an).*

mit|sol|len ⟨unr. V.; hat⟩: vgl. mitdürfen.

mit|spie|len ⟨sw. V.; hat⟩ [3: mhd. (iemanne) mite spiln = (mit jmdm.) im Kampfspiel derb umgehen]: **1. a)** *bei einem Spiel mitmachen, sich beteiligen:* darf ich m.?; er hat nur in der ersten Halbzeit mitgespielt; Ü (ugs.:) das Wetter hat nicht mitgespielt *(es war schlechtes Wetter bei der Unternehmung, dem Fest o. Ä.);* hier spiele ich nicht mehr mit *(das kann ich nicht mehr billigen, nicht unterstützen, nicht mitmachen);* Grenzen des Wachstums, denn die Landesbehörden spielen nur noch selten mit *(geben nur noch selten ihre Zustimmung;* Woche 14. 3. 97, 58); ⟨auch mit einem Subst. des gleichen Stammes als Obj.:⟩ Rose spielte wohl versehentlich den Spiel mit *(verhielt sich genauso wie du;* Reinig, Schiffe 77); **b)** *(als Mitwirkender) bei etw. dabei sein:* er hat in vielen Filmen, im Faust mitgespielt; in einem Orchester, in einer Mannschaft m. **2.** *bei etw. mit eine Rolle spielen, mit im Spiel sein, sich mit auswirken:* viele Gründe haben bei der Entscheidung mitgespielt; der Zufall hat hier mitgespielt. **3.** *schlimm mit jmdm. umgehen:* jmdm. übel m.; Hat er es denn nötig, sich derart m. zu lassen? *(so mit sich umgehen zu lassen;* Maass, Gouffé 246); Bei der Vernehmung habe man ihr böse mitgespielt (Loest, Pistole 102).

Mit|spie|ler, der; -s, -: *jmd., der bei etw. mitspielt.*

Mit|spie|le|rin, die; -, -nen: w. Form zu ↑Mitspieler.

Mit|spra|che, die; -: *das Mitsprechen bei bestimmten Entscheidungen o. Ä.:* ein Recht auf M. haben.

Mit|spra|che|recht, das ⟨o. Pl.⟩: *Recht auf Mitsprache:* ein M. der Parteibasis; [ein] M. fordern; sein M. wahrnehmen, einklagen; »Unter Garantie«, so ein Nato-Oberst, werde Russland kein M. und schon gar kein Veto eingeräumt (Woche 28. 2. 97, 21).

mit|spre|chen ⟨st. V.; hat⟩: **1.** *etw. mit anderen gemeinsam sprechen:* ein Gebet, eine Eidesformel m. **2. a)** *mitreden* (a): bei etw. nicht m. können; Ich kann da nicht m. Ich weiß nicht, wie eine Frau ihrem Mann wegläuft (Bieler, Bär 292); **b)** *mitreden* (b): sie möchten gefragt werden, möchten m., wenn es um ihre Sache geht. **3.** *mit eine Rolle spielen; mitspielen* (2): bei etw. sprechen verschiedene Faktoren, Gründe, Interessen mit.

mit|ste|no|gra|fie|ren, (auch:) **mit|ste|no|gra|phie|ren** ⟨sw. V.; hat⟩: *in Stenografie mitschreiben.*

Mit|strei|ter, der; -s, -: *jmd., der mit anderen zusammen für od. gegen etw. eintritt, sich einsetzt, kämpft.*

Mit|strei|te|rin, die; -, -nen: w. Form zu ↑Mitstreiter.

mit|stri|cken ⟨sw. V.; hat⟩ (ugs.): *beim Zustandekommen von etw. mitwirken:* Feltz ..., der 1942 die Vertröstungsschnulze ... mitgestrickt hatte (Spiegel 33, 1975, 79).

Mitt|acht|zi|ger, der (seltener): vgl. Mittdreißiger.

Mitt|acht|zi|ge|rin, die: w. Form zu ↑Mittachtziger.

¹Mit|tag, der; -s, -e [mhd. mittetac, ahd. mittitac zusgez. aus: mitti tag = mittlerer Tag; 3: nach lat. meridies, ↑Meridian]· **1. a)** *Zeit um die Mitte des Tages (gegen u. nach 12 Uhr); Mittagszeit* (1 a): ein heißer, glühender M.; die Kirchturmuhr schlägt M. *(12 Uhr);* gestern, heute, morgen M.; jeden M.; diesen M. bin ich heute da; eines [schönen] -s *(an einem nicht näher bestimmten Mittag);* des -s (geh.; mittags); am hellen M.; es geht auf M. *(auf 12 Uhr);* gegen M. *(gegen 12 Uhr);* über M. *(in der Mittagszeit);* Vom frühen Morgen bis zum späten M. hörten wir Vorlesungen (Leonhard, Revolution 176); Ü im M. des Lebens *(auf dessen Höhepunkt, in der Periode der höchsten Schaffenskraft)* stehen; * **zu M.** essen *(die Mittagsmahlzeit einnehmen);* **b)** (landsch.) *Nachmittag:* er will morgen M. um 3 Uhr kommen; ich habe den ganzen M. und Abend auf dich gewartet. **2.** ⟨o. Pl.⟩ (ugs.) *Mittagszeit:* es ist M.; M. machen; ein Teil der Belegschaft hat um zwölf Uhr M., der andere um halb eins. **3.** ⟨o. Pl.⟩ (veraltet, noch altertümelnd) *Süden:* Und ging von da gegen M. nach dem Lande Negeb (Th. Mann, Joseph 117); Die Sonne stand genau im M. (Rehn, Nichts 51).

²Mit|tag, das; -s (ugs.): *Mittagessen:* M. kochen, essen; bald gibt es M.; nichts mehr zu M. haben.

Mit|tag|brot, das ⟨o. Pl.⟩ (landsch.): *Mittagessen.*

mit|tag|es|sen ⟨sw. V.; nur im Inf. u. 2. Part. gebr.⟩ (österr.): *zu Mittag essen:* wir gehen m.; habt ihr schon mittaggegessen?

Mit|tag|es|sen, das: **1.** ⟨o. Pl.⟩ *das Einnehmen der Mittagsmahlzeit:* beim M. sein, sitzen; nach dem M.; jmdn. zum M. einladen. **2.** *um die Mittagszeit gereichte [warme] Mahlzeit:* ein reichliches M.; das M. ist fertig; das M. bestand aus mehreren Gängen; viele M. *(Essensportionen)* genießen.

mit|tä|gig ⟨Adj.⟩ [spätmhd. mittegig, ahd. mittitagīh]: *den Mittag über dauernd, vorhanden, stattfindend:* Die -e Menschenkette zwischen US- und Sowjet-Botschaft (Wochenpresse 43, 1983, 20).

mit|täg|lich ⟨Adj.⟩ [mhd. mittaglich, ahd. mittitagalīh]: **a)** *jeden Mittag [vorhanden, stattfindend]:* die -e Pause; Der -e Goldammerruf, aufsteigend aus verwilderten Brombeergebüschen (Schnurre, Schattenfotograf 109); **b)** *für den Mittag kennzeichnend:* die -e Hitze; im -en Flimmerlicht (Werfel, Himmel 105).

Mit|tag|mahl, das (selten): *Mittagessen.*

mit|tags ⟨Adv.⟩ [erstarrter Gen. Sg.]: **a)** *am Mittag, zur Mittagszeit:* m. um eins; immer dienstags m.; [bis] m. hatte es geregnet; von morgens bis m.; **b)** (landsch.) *nachmittags:* er kam m. um drei Uhr an.

Mit|tags|brot, das: vgl. Frühstücksbrot.

Mit|tag|schicht: ↑Mittagsschicht.

Mit|tags|gast, der: *Gast zum Mittagessen.*

Mit|tags|glo|cke, die: *Glocke, die jeden Mittag [um 12 Uhr] läutet.*

Mit|tags|glut, die: *sengende mittägliche Hitze.*

Mit|tags|hit|ze, die: *mittägliche Hitze.*

Mit|tags|hö|he, die (Astron.): *Höhe über dem Horizont, in der die Sonne am jeweiligen Ort zum jeweiligen Datum mittags steht.*

Mit|tags|kreis, der (seltener): *Meridian.*

Mit|tags|läu|ten, das: vgl. Mittagsglocke.

Mit|tags|li|nie, die (Astron.): *Verbindungslinie zwischen dem nördlichsten u. südlichsten Punkt in der Ebene des Horizonts.*

Mit|tags|mahl, das (geh.): *Mittagessen:* ein festliches, karges M.; das M. einnehmen; sein M. halten *(zu Mittag essen);* beim M. sitzen.

Mit|tags|mahl|zeit, die: *am Mittag eingenommene [Haupt]mahlzeit:* eine warme, kräftige M.

Mit|tags|me|nü, das: vgl. Mittagsmahlzeit.

Mit|tags|pau|se, die: *[zeitlich genau festgelegte] Arbeitspause um die Mittagszeit:* es ist M.; M. haben, halten, machen; In der M. wurde sie in die Telefonzentrale gerufen (H. Weber, Einzug 250).

Mit|tags|punkt, der (Astron.): *(vom jeweiligen Standort des Betrachters aus) südlichster Punkt am Horizont.*

Mit|tags|ru|he, die: **a)** *Ausruhen in der Mittagsstunde od. nach dem Mittagessen:* M. halten; **b)** *mittägliche Ruhe, Zeit am frühen Nachmittag, etwa von eins bis drei:* die M. einhalten, stören; außer ..., der stolz abweisenden M. in den Straßen (Gregor-Dellin, Traumbuch 72).

Mit|tags|schicht, die: **1.** *um die Mittagszeit beginnende Arbeitsschicht.* **2.** *Gesamtheit der in der Mittagsschicht* (1) *Arbeitenden.*

Mit|tags|schlaf, der: *[kurzer] Schlaf nach dem Mittagessen:* einen M. machen; seinen M. halten.

Mit|tags|schläf|chen, das (fam.): *Mittagsschlaf:* sich zu einem M. zurückziehen.

♦ **Mit|tags|sei|te,** die [zu ↑¹Mittag (3)]: *Südseite:* Von der M. war noch das ferne Murren des Gewitters zu hören (Rosegger, Waldbauernbub 174); Außer diesem Berg stehen an derselben M. noch andere (Stifter, Bergkristall 12).

Mit|tags|son|ne, die: *mittägliche, auf ihrem höchsten Stand stehende Sonne:* die glühende, brütende, heiße M.; das Zimmer hat M. *(hat nach Süden gelegene Fenster);* in der M. taute der Schnee; Offen liegen die mittelalterlichen Werkstätten von Töpfern und Stofffärbern in der gleißenden M. (a & r 2, 1997, 38).

Mit|tags|sper|re, die (österr.): *Schließung eines Geschäfts, Büros während der Mittagspause.*

Mit|tags|stil|le, die: vgl. Mittagsruhe.

Mit|tags|stun|de, die: *Zeitspanne von etwa einer Stunde um 12 Uhr herum:* in der M.

Mit|tags|ta|fel, die (geh.): *Mittagstisch.*

Mit|tags|tisch, der: **1.** *zum Mittagessen gedeckter Tisch:* den M. mit Blumen

schmücken; am M. sitzen *(am Tisch sitzen u. zu Mittag essen)*. **2.** (veraltend) *Mittagessen, Mittagsmahlzeit [für einen mehr od. weniger festen Personenkreis in einem Restaurant]:* ein preiswerter, gutbürgerlicher M.; einen M. halten *(an zahlende Gäste Mittagsmahlzeiten verabreichen);* in diesem Restaurant haben wir einen festen M. *(essen wir gewöhnlich zu Mittag).*
Mit|tags|zeit, die: **1.** ⟨o. Pl.⟩ a) *Zeit gegen und nach 12 Uhr:* sie kommen in der M. hier an; b) *Zeit der Mittagsruhe* (b): während der M. darf man ihn nicht stören; **2.** *Mittagspause:* sie nutzte die M. zum Einkaufen.
Mit|tags|zug, der: *um die Mittagszeit verkehrender Zug.*
Mit|tä|ter, der; -s, -: *jmd., der mit anderen eine Straftat begangen hat:* Aufgrund der Aussage konnte der 17-jährige M. wenige Stunden später ... festgenommen werden (Saarbr. Zeitung 5. 12. 79, o. S.).
Mit|tä|te|rin, die; -, -nen: w. Form zu ↑Mittäter.
Mit|tä|ter|schaft, die; -: *Täterschaft gemeinsam mit anderen:* sie stand unter dem Verdacht der M. (Weber, Tote 237).
Mitt|drei|ßi|ger, der; -s, -: *Mann in der Mitte der Dreißigerjahre.*
Mitt|drei|ßi|ge|rin, die; -, -nen: w. Form zu ↑Mittdreißiger.
Mit|te, die; -, -n ⟨Pl. selten⟩ [mhd. mitte, ahd. mitta, zu: mitti, ↑mitten]: **1.** a) *Punkt od. Teil von etw., der von allen Enden od. Begrenzungen gleich weit entfernt ist:* die M. des Kreises, der Strecke, des Raumes; die M. des Zimmers nimmt ein großer Tisch ein; die M. von etw. angeben, berechnen, anpeilen; ich bin in dem Buch nur bis zur M. gekommen *(habe es nur halb gelesen);* ein Zimmer mit ganz viel stoff. In der M. ein großes Wasserbett (Thor [Übers.], Ich 16); jmdn. in die M. *(zwischen sich)* nehmen; der Ort liegt sehr günstig, etwa in der M. des von drei Großstädten gebildeten Dreiecks; er wohnt im 3. Stock M. *(in der mittleren Wohnung);* die Plätze im ersten Rang M. sind schon ausverkauft; dass sie im Übereifer ihrer Angriffsaktionen ihr Heil zu sehr in der M. (Fußball; *im Mittelfeld)* suchten (Kicker 6, 1982, 44); Ü sie ist die ruhende M. *(der Mittelpunkt* 2) der Familie; Rom war einst die M. der Welt; die M. zwischen zwei Extremen *(geistiger Standort, der von den beiden Extremen gleich weit entfernt ist);* eine Politik der M. *(des Ausgleichs);* Rassismus ist in Europa nicht mehr die Domäne von Rechtsradikalen, er ist vielmehr in der M. der Gesellschaft angekommen (Woche 2. 1. 98, 33); gehen Sie weder besonders elegant noch besonders unelegant gekleidet, sondern irgendwo in der M. (Hofmann, Fistelstimme 43); *die goldene M. (der angemessene, zwischen den Extremen liegende Standpunkt od. die entsprechende Entscheidung);* ab durch die M.! (ugs.; *weg, fort!);* in, aus unserer, eurer usw. M. *(in, aus unserem, eurem usw. Kreis):* er will in eurer M. sein *(will bei euch sein);* endlich können wir dich wieder in unserer M. *(unter uns)* be-

grüßen; Mädchen in steifen, weißen Blusen ... und in ihrer M. eine dunkle, ältere Dame (Böll, Adam 67); er wurde, der Tod hat ihn aus unserer M. gerissen; b) *Zeitpunkt, Zeitraum, der von zwei Begrenzungen etwa gleich weit entfernt ist:* M. des Jahres; (schweiz.:) M. Jahr hatte sie von einer Kurskorrektur Abstand genommen (NZZ 19. 12. 86, 15); in der M. des 19. Jahrhunderts; M. Mai *(um den 15. Mai herum);* er ist M. [der] Fünfzig *(etwa zwischen 54 u. 56 Jahre alt);* eine schöne Frau ... M. der Vierzig, ungemein gepflegt (Konsalik, Promenadendeck 40). **2.** (Politik) *Partei, Gruppierung zwischen rechts und links:* eine Koalition der M. aus Sozialdemokraten, Bürgerlichen und Liberalen; Zumeist waren es in jedem Jahr zwei Männer der M. ..., die gegeneinander kandidierten (Kemelman [Übers.], Mittwoch 8); er hat immer zur M. tendiert. **3.** (veraltet) *Taille:* er fasste sie in der M., um die M.
mit|teil|bar ⟨Adj.⟩: *sich mitteilen* (1) *lassend; geeignet, jmdm. mitgeteilt zu werden:* eine begreifliche, aber nicht -e Tragödie (Innerhofer, Schattseite 190).
mit|tei|len ⟨sw. V.; hat⟩ [mhd. mite teilen = etw. mit jmdm. teilen, einem etw. zukommen lassen]: **1.** *jmdn. von etw., wovon man glaubt, dass es für ihn wichtig ist, in Kenntnis setzen; jmdn. über etw. informieren, ihn etw. wissen lassen:* jmdm. etw. brieflich, telefonisch, schonend, vertraulich m.; jmdm. eine Absicht, eine Neuigkeit, seine Bedenken m.; er hat uns seine Erfahrungen mitgeteilt *(erzählt);* Zu dem vereinbarten Termin hatte Macheath natürlich nichts Neues mitzuteilen (Brecht, Groschen 133); er teilte der staunenden Menge mit *(erklärte ihr),* dass er nicht länger zu bleiben gedenke; amtlich wurde mitgeteilt *(bekannt gegeben),* dass sich jeder zu melden habe. **2.** (geh.) a) *etw. an etw., jmdn. weitergeben, auf etw., jmdn. übertragen:* der Ofen teilt die Wärme dem Raum mit; b) ⟨m. + sich⟩ *sich auf jmdn., etw. übertragen:* Ich glaube insgesamt, dass sich Musik weniger durch Worte, sondern vielmehr gradezu magisch dem Unbewussten mitteilt (Woche 2. 1. 98, 44); Die exaltierte Lustigkeit ... teilte sich ... den anderen Mädchen mit (Zuckmayer, Fastnachtsbeichte 156); der Geruch hatte sich allen Kleidern mitgeteilt; Die Wärme des Körpers hatte sich dem Bett mitgeteilt (Alexander, Jungfrau 61). **3.** (geh.) ⟨m. + sich⟩ *sich jmdm. im Gespräch anvertrauen, mit anderen von sich selbst sprechen:* sich jmdm. m. wollen; Sie sei von Thomas schwanger gewesen ... ihren Eltern habe sie sich aber nicht mitzuteilen gewagt (Rolf Schneider, November 246). **4.** (geh. veraltet) *jmdm. etw. von etw. geben, zuteil werden lassen:* sie war stets bereit, anderen etwas von ihrem Reichtum mitzuteilen; ◆ ⟨auch ohne Akk.-Obj.:⟩ Wie nun die Männer mit Behagen ein Frühstück einnahmen und mit zufriedenem Wohlwollen den Kindern mitteilten *(davon abgaben),* die nicht von der Stelle wichen (Keller, Romeo 5).

mit|tei|lens|wert ⟨Adj.⟩: *wert, mitgeteilt zu werden:* ein -er Umstand.
mit|teil|sam ⟨Adj.⟩: *gesprächig, von großem Mitteilungsbedürfnis; sehr geneigt, anderen von sich zu erzählen:* er ist kein sehr -er Mensch; Friseure und Priester ... sind die Beichtväter -er Frauen (Konsalik, Promenadendeck 84); sie war nie sehr m.
Mit|teil|sam|keit, die; -: *das Mitteilsamsein; mitteilsames Wesen.*
Mit|tei|lung, die; -, -en: *etw., was jmdm. mitgeteilt* (1) *wird, wovon jmdm. Kenntnis gegeben wird:* eine briefliche, vertrauliche, traurige, amtliche M.; nur zweckdienliche -en sind erwünscht; der Autor selber informiert und belehrt sie unmissverständlich: Nicht die Darstellung steht hier im Vordergrund, sondern die M. (Reich-Ranicki, Th. Mann 95); jmdm. eine M. [über, von etw.] machen *(etw. förmlich mitteilen);* eine M. *(eine zur Veröffentlichung bestimmte Nachricht)* an die Presse herausgeben; jmdn. mit einer M. *(Eröffnung)* überraschen; nach M. der Behörden.
Mit|tei|lungs|be|dürf|nis, das ⟨o. Pl.⟩: *jmds. starkes Bedürfnis, sich anderen mitzuteilen:* er hatte [kein] großes M.
mit|tei|lungs|be|dürf|tig ⟨Adj.⟩: *ein großes Mitteilungsbedürfnis habend, aufweisend:* Nein, m. kann man ihn wohl nicht nennen (Hamburger Morgenpost 24. 8. 85, 6).
Mit|tei|lungs|be|dürf|tig|keit, die (seltener): *Mitteilungsbedürfnis.*
Mit|tei|lungs|drang, der ⟨o. Pl.⟩: *Drang, sich anderen mitzuteilen.*
mit|tel ⟨Adj.⟩ [mhd. mittel, ahd. mittil, zu: mitti, ↑Mitte] (ugs.): *mäßig, nicht besonders gut u. nicht besonders schlecht, durchschnittlich:* »Wie geht es dir?« – »Na, so m.!«; Ich war als Schüler so m. (M 16./17. 1. 82, 2).
¹**Mit|tel,** das; -s, - [urspr. = das zwischen zwei Dingen Befindliche, dann mit Bezug auf das, was zwischen dem Handelnden u. dem Zweck steht, zur Erreichung des Zweckes dient; mhd. mittel = (in der) Mitte (befindlicher Teil), Subst. von ↑Mitte]: **1.** *etw., was zur Erreichung eines Zieles dient, was dazu geeignet ist, etw. Bestimmtes zu bekommen, zu erreichen:* ein wirksames, untaugliches M.; hierfür ist jedes M. recht; er ließ kein M. unversucht, mich umzustimmen; [nicht] frei sein in der Wahl seiner M.; mit drastischen M. vorgehen; Das heißt, dass die Probleme einer planetarischen Wirtschaft mit marktwirtschaftlichen M. nicht mehr zu lösen sind (Gruhl, Planet 237); mit allen -n arbeiten, kämpfen *(alle Hilfsmittel [u. Tricks] einsetzen);* das muss mit allen [zur Verfügung stehenden] -n verhindert werden; zum letzten, äußersten M. greifen; *[nur] M. zum Zweck sein (als Person od. Sache von jmd. anderem für dessen Zwecke benutzt od. ausgenutzt werden);* M. und Wege finden, suchen *(Möglichkeiten, Methoden zur Lösung eines Problems, zur Hilfe in einer schwierigen Situation ausfindig machen, ausfindig zu machen suchen);* sich [für jmdn.] ins M. legen (geh. veral-

tend; *sich [für jmdn.] einsetzen; vermitteln;* älter: »sich ins M. schlagen« = sich in die Mitte zwischen zwei Streitende werfen). **2. a)** *(nicht näher bezeichnetes) Heilmittel, Medikament o. Ä.:* ein blutdrucksenkendes, schmerzstillendes, wirksames, harmloses M.; ein M. für die Verdauung, gegen Grippe, zum Einschlafen; ein M. einnehmen, schlucken; der Arzt hat starke M. verordnet; lass dir das M. noch einmal verschreiben; **b)** *(nicht näher bezeichnete) [chemische] Substanz, die zu einem bestimmten Zweck dient:* ein M. für die Reinigung, gegen Ungeziefer; ein M. zum Spülen, zum Düngen; ein M. zum Entfernen hartnäckiger Flecken. **3.** ⟨Pl.⟩ *[zur Verfügung stehende] Gelder, Kapital, Geldmittel:* meine [geringen] M. sind erschöpft; die M. [für ein Vorhaben] bereitstellen; etw. aus eigenen -n bezahlen; das Projekt wird mit öffentlichen -n gefördert; Demnächst soll mit -n des Landes ... eine Aufbahrungshalle errichtet werden (Frischmuth, Herrin 40); er steht ohne M. da *(ist völlig mittellos, verarmt).* **4.** *mittlerer Wert, Durchschnittswert:* das M. aus zwei Messungen; Dagegen entsprachen dort die Temperaturen dem langjährigen M. (Saarbr. Zeitung 29./30. 12. 79, 16); die Einschaltquote für diese Senderreihe betrug im M. *(im Durchschnitt)* 14%; das arithmetische M. (Math.; *Quotient aus dem Zahlenwert einer Summe u. der Anzahl der Summanden; Durchschnittswert).*

²**Mit|tel,** die; - (Druckw. veraltet): *Schriftgrad von 14 Punkt.*

Mit|tel|ach|se, die: *mittlere, in der Mitte liegende Achse; Symmetrieachse.*

mit|tel|alt ⟨Adj.⟩ (seltener): *von mittlerem Alter (2):* -er Gouda; Der Abschuss -er Böcke (Jagd 5, 1987, 137); Er gehörte ganz offensichtlich zu der großen Gruppe der zähen Alten, die ... den -en Passagieren zeigen, was Durchhaltevermögen ist (Konsalik, Promenadendeck 394).

Mit|tel|al|ter, das ⟨o. Pl.⟩ [urspr. = mittleres Lebensalter; dann als LÜ von nlat. medium aevum = mittleres Zeitalter]: **1.** *Zeitraum zwischen Altertum u. Neuzeit (in der europäischen Kultur):* europäische M.; bis zum ausgehenden M.; im hohen, frühen, späten M.; Ich weigere mich, dergleichen zu verstehen ... Wir leben nicht mehr im M. (Brot und Salz 206); das ist ja finsteres M.! (Äußerung der Entrüstung über die Rückständigkeit o. Ä. in bestimmten Zusammenhängen); Abk.: MA. **2.** (ugs. scherzh.) *Einzelperson, Leute mittleren Alters:* er ist, sie sind M.; Sein Blick wanderte zu Mrs. White ... Ein reifes M. (Konsalik, Promenadendeck 88).

mit|tel|al|te|rig, mittelaltrig ⟨Adj.⟩ (selten): *im mittleren Lebensalter stehend:* ein -er Herr.

mit|tel|al|ter|lich ⟨Adj.⟩: **1.** *zum Mittelalter (1) gehörend, daraus stammend, es betreffend:* -e Kunst, Dichtung; der -e Mensch *(Mensch des Mittelalters 1);* im -en England; Ü bei den -en (abwertend; *völlig veralteten)* sanitären Zelleneinrichtungen (Ziegler, Konsequenz 14); m.

leben, denken. **2.** *im mittleren Lebensalter stehend:* jugendliche und -e Gäste (Herrenjournal 1, 1966, 53).

mit|tel|alt|rig: ↑mittelalterig.

Mit|tel|ame|ri|ka; -s: Teil Amerikas, der den Übergang zwischen Nord- u. Südamerika bildet.

Mit|tel|ame|ri|ka|ner, der: Ew.

Mit|tel|ame|ri|ka|ne|rin, die: w. Form zu ↑Mittelamerikaner.

mit|tel|ame|ri|ka|nisch ⟨Adj.⟩: *die Mittelamerikaner, Mittelamerika betreffend; von den Mittelamerikanern stammend, zu ihnen gehörend.*

mit|tel|bar ⟨Adj.⟩: *indirekt, über Zwischenglieder, Mittelspersonen [bewirkt]:* -e Ursachen; -er Einfluss; ... dass Niebling m. oder unmittelbar an dem Brandanschlag beteiligt gewesen sei (Chotjewitz, Friede 276); Zur Zeit lässt sich die Leiter nur m. über die Keramik datieren, die im Brunnen geborgen wurde (Archäologie 2, 1997, 48).

Mit|tel|bar|keit, die: *das Mittelbarsein.*

Mit|tel|bau, der ⟨Pl. -e u. -ten⟩: **1.** ⟨Pl. -ten⟩ *mittlerer Teil eines aus mehreren Flügeln bestehenden Gebäudes:* im M. des Schlosses. **2.** ⟨Pl. -e; selten⟩ *mittlere Ebene in einem hierarchischen Aufbau; (bes. im Hochschulwesen) Gruppe der Assistenten u. akademischen Räte an einer Hochschule:* es fehlt der gesunde M. in der Verwaltung; Doch erkennt der leistungstragende M. der Wirtschaft allmählich die Chance (Handelsblatt 14. 11. 97, 20); Vertreter des -s im Senat; Je 84 Prozent der Angehörigen des -s und des akademischen M.

Mit|tel|be|trieb, der: *mittelgroßer Gewerbe-, Industrie- od. landwirtschaftlicher Betrieb:* die Amerikaner, die mit ihrem Monopolkapitalismus die Klein- und Mittelbetriebe in Europa kaputtmachen (Chotjewitz, Friede 222).

Mit|tel|chen, das; -s, - (fam.): *Mittel (2).*

Mit|tel|deck, das: *mittleres Deck [auf Schiffen].*

mit|tel|deutsch ⟨Adj.⟩: **1.** *Mitteldeutschland (1, 2) betreffend.* **2.** (Sprachw.) *die Mundarten in den Gebieten Mitteldeutschlands (1) betreffend;* Abk.: md.

Mit|tel|deutsch, das u. ⟨nur mit best. Art.:⟩ **Mit|tel|deut|sche,** das: *mitteldeutsche Sprache.*

Mit|tel|deutsch|land; -s: **1.** *das mittlere Deutschland vom Mittelrhein bis Schlesien.* **2.** *der thüringisch-obersächsische Raum.*

mit|tel|dick ⟨Adj.⟩: *mittlere Dicke aufweisend.*

Mit|tel|ding, das ⟨Pl. -e, selten⟩ (ugs.): *etw., was zwischen zwei Dingen, Gestalten, Begriffen, Möglichkeiten liegt, was von jedem bestimmte Eigenschaften hat, aber doch keines von beiden ist:* ein M. zwischen Schnee und Regen; nur ein Ja oder Nein, kein M.; Zirkus Mexiko Gloria, der ein M. von Varieté, Zirkus und Kabarett war (Konsalik, Promenadendeck 193).

Mit|tel|drit|tel, das (Eishockey): **1.** *mittleres Drittel des Spielfeldes.* **2.** *mittlerer der drei Abschnitte eines Spiels.*

Mit|tel|eu|ro|pa; -s: mittlerer Teil Europas.

Mit|tel|eu|ro|pä|er, der: Ew.

Mit|tel|eu|ro|pä|e|rin, die: w. Form zu ↑Mitteleuropäer.

mit|tel|eu|ro|pä|isch ⟨Adj.⟩: *Mitteleuropa, die Mitteleuropäer betreffend, von den Mitteleuropäern stammend, zu ihnen gehörend.*

mit|tel|fein ⟨Adj.⟩ **a)** *(in Bezug auf Größe, Dicke, Grad der Zerkleinerung o. Ä.) von mittlerer Stärke:* -es Papier; m. gemahlen; **b)** (Kaufmannsspr.) *von mittlerer Größe u. Qualität:* junge Erbsen m.

Mit|tel|feld, das: **1. a)** ⟨o. Pl.⟩ (Sport, bes. Fußball) *mittlerer Teil des Spielfeldes:* das M. verteidigen, freigeben; viele Traumtänzer, die nur im M. glänzen wollen (Kicker 82, 1981, 44); **b)** (Sport) *Gruppe von Sportlern (z. B. Läufer, Rennfahrer) od. von Mannschaften, die im Wettkampf od. in der allgemeinen Wertung [in einem ziemlich geschlossenen Feld] hinter den Spitzenkräften kommen:* aus dem M. nach vorne kommen; im M. liegen; sich vom M. absetzen können. **2.** (Sprachw.) *Mitte, Kernstück eines Satzes.*

Mit|tel|feld|spie|ler, der (bes. Fußball): *Spieler, der die Verbindung zwischen Abwehr u. Angriff herstellt.*

Mit|tel|feld|spie|le|rin, die: w. Form zu ↑Mittelfeldspieler.

Mit|tel|fens|ter, das: *mittleres Fenster.*

Mit|tel|fin|ger, der: *mittlerer Finger der Hand zwischen Zeige- u. Ringfinger.*

mit|tel|fris|tig ⟨Adj.⟩ (bes. Wirtsch., Bankw.): *über eine mittlere Frist laufend, eine mittlere Zeitspanne umfassend:* -e Kredite; Eine Entlastung trat dadurch ein, dass wir -e amerikanische Staatsanleihen übernahmen (W. Brandt, Begegnungen 195); Die Auftragsbücher sind also kurz- und mittelfristig gut gefüllt (CCI 9, 1986, 71); Hat er nicht schon damals gesagt, die Renten seien m. keineswegs sicher, das System gehöre reformiert? (Woche 7. 3. 97, 3); m. planen.

Mit|tel|fuß, der (Anat.): *(bei Mensch u. Wirbeltieren) Teil des Fußes zwischen den Zehen u. der Fußwurzel.*

Mit|tel|fuß|kno|chen, der (Anat.): *Knochen des Mittelfußes.*

Mit|tel|gang, der: **a)** *mittlerer von mehreren Gängen (7 a, b);* **b)** *mitten durch etw. hindurchführender Gang:* ein Eisenbahnwagen mit M.

Mit|tel|ge|bir|ge, das: *Gebirge mit meist abgerundeten Bergrücken u. Höhenunterschieden unter tausend Metern.*

Mit|tel|ge|wicht, das [LÜ von engl. middle-weight] (Schwerathletik): **1.** ⟨o. Pl.⟩ *Körpergewichtsklasse zwischen Weltergewicht u. Halbschwergewicht.* **2.** *Mittelgewichtler.*

Mit|tel|ge|wicht|ler, der; -s, -: *Sportler der Körpergewichtsklasse Mittelgewicht (1).*

Mit|tel|glied, das: *mittleres od. nicht am Ende liegendes Glied (3–5 a).*

mit|tel|gra|dig ⟨Adj.⟩ (Fachspr.): *in mittlerem Grade, Maße [ausgeprägt]:* bei Patienten mit -er Kurzsichtigkeit (Welt 6. 5. 91, 21).

mit|tel|groß ⟨Adj.⟩: *von mittlerer Größe:* -e Tomaten; Ein -er grauer Hund (Degener, Heimsuchung 9); eine -e Firma; der gesamte Jahresetat einer -en Stadt verflüchtigt sich in Schall und Rauch (a & r 2, 1997, 89); (scherzh.:) sie bekam einen -en Schrecken.

Mit|tel|grö|ße, die: **1.** *mittlere Größe* (1 a–c). **2.** *eine der mittleren unter den [genormten] Größen* (1 d), *mittlere Kleidergröße:* die -n.

Mit|tel|grund, der (Malerei): *zwischen Vorder- u. Hintergrund liegender Bereich eines Bildes.*

mit|tel|gut ⟨Adj.⟩ (ugs.): *nicht bes. gut u. nicht bes. schlecht, von durchschnittlicher Qualität:* ein -es Examen; über dem halben Dutzend m. ausgestatteter Kaufläden (v. Rezzori, Blumen 129).

Mit|tel|hand, die: **1.** (Anat.) *den Handteller bildender, mittlerer Teil der Hand.* **2.** *(bei größeren Säugetieren, bes. beim Pferd) Teil des Körpers zwischen Vorhand u. Hinterhand; Rumpf.* **3.** (Skat) *Spieler, der nach dem Ausspielenden als Erster das Spiel weiterführt:* *** in der M. sein/sitzen** *(nach dem Ausspielenden als Erster das Spiel weiterführen).*

mit|tel|hoch ⟨Adj.⟩: *mittlere Höhe aufweisend:* ein mittelhoher Schornstein.

mit|tel|hoch|deutsch ⟨Adj.⟩: *das Mittelhochdeutsche betreffend, zum Mittelhochdeutschen gehörend:* die -e Literatur.

Mit|tel|hoch|deutsch, das u. ⟨nur mit best. Art.:⟩ **Mit|tel|hoch|deut|sche,** das: *mittlere, von der Mitte des 11. bis zur Mitte des 14. Jh.s reichende Stufe* (2 a) *in der Entwicklung der hochdeutschen Sprache.*

Mit|te-links-Bünd|nis, das (Politik): *[Regierungs]bündnis von Parteien der Mitte* (2) *u. Parteien der* ²*Linken* (2).

Mit|te-links-Ko|a|li|ti|on, die (Politik): vgl. Mitte-links-Bündnis.

Mit|te-links-Re|gie|rung, die (Politik): vgl. Mitte-links-Bündnis.

Mit|tel|in|stanz, die: *mittlere Instanz.*

Mit|tel|klas|se, die: **1.** vgl. Mittelschicht: die gehobene M. **2.** *mittlere Qualitätsstufe, mittlere Güteklasse, in die eine Ware, ein Dienstleistungsbetrieb o. Ä. nach ihrem Wert eingeordnet wird; mittlere Klasse* (7 a): ein Hotel, ein Wagen der M.; Ü Ich würde mich als Autorin von guter M. bezeichnen (Augsburger Allgemeine 29./30. 4. 78, XXXIV). **3.** ⟨meist Pl.⟩ *Schulklasse der Mittelstufe.*

Mit|tel|klas|se|ho|tel, das: *Hotel der Mittelklasse* (2).

Mit|tel|klas|se|wa|gen, der: *(Personen)wagen der Mittelklasse* (2).

Mit|tel|kreis, der (Fußball, Eishockey u. a.): *Kreis um den Mittelpunkt des Spielfeldes.*

Mit|tel|la|ge, die: **1. a)** *[geographische] Lage eines Ortes, Landes o. Ä. mitten in einem größeren Gebiet zwischen anderen;* **b)** *mittlere Höhenlage.* **2.** (Musik) *mittlere Stimmlage:* die Sängerin verfügt über eine gute M.

mit|tel|län|disch ⟨Adj.⟩: *mittelmeerisch.*

Mit|tel|län|di|sche Meer, das; -n -[e]s: Mittelmeer.

Mit|tel|land|ka|nal, der; -s: Kanal zwischen Ems u. Elbe.

Mit|tel|la|tein, das: *(bes. in den Klöstern verwendetes u. in vielen Urkunden überliefertes) Latein des Mittelalters (von etwa 500 bis 1500).*

mit|tel|la|tei|nisch ⟨Adj.⟩: *das Mittellatein betreffend, zum Mittellatein gehörend;* Abk.: mlat.

Mit|tel|läu|fer, der (Fuß-, Handball): *in der Mitte spielender Läufer* (1 b).

Mit|tel|läu|fe|rin, die (Fuß-, Handball): w. Form zu ↑ Mittelläufer.

Mit|tel|li|nie, die: **1.** (Mannschaftssport) *Linie in der Mitte des Spielfeldes zwischen den gegnerischen Hälften:* ein Einwurf auf der Höhe der M. **2.** (Verkehrsw.) *weiße Linie, die die Fahrbahnen trennt.*

mit|tel|los ⟨Adj.⟩: *ohne Geldmittel, arm:* Leider sind die meisten auf der Exitus-arme Schweine, viele völlig m. (Hilsenrath, Nazi 243).

Mit|tel|lo|sig|keit, die; -: *das Mittellossein.*

Mit|tel|mäch|te ⟨Pl.⟩: *(im Ersten Weltkrieg) Deutschland u. Österreich-Ungarn (als in der Mitte zwischen den Alliierten liegende Staaten) mit ihren Verbündeten.*

Mit|tel|maß, das ⟨Pl. selten⟩ (oft abwertend): *mittleres Maß einer Größe, Qualität o. Ä.; Durchschnitt:* seine Leistung war gutes M.; Ansonsten produzierte er nicht einmal M., deckte schlecht, fabrizierte Fehlpässe (MM 23. 6. 78, 9); Aber auch diese anfangs so erfrischende Gesprächsrunde ertrank mittlerweile in Routine und M. (Hörzu 41, 1976, 20).

mit|tel|mä|ßig ⟨Adj.⟩ (meist abwertend): *nicht eigentlich schlecht, aber auch nicht bes. gut; nicht über ein Mittelmaß hinausgehend; nur durchschnittlich:* ein -er Schauspieler; -e Zeugnisse; das Wetter war m.; diese Leistung war sehr m. (verhüll.; war ziemlich schlecht); er hat m. gespielt.

Mit|tel|mä|ßig|keit, die (meist abwertend): *mittelmäßige Qualität, Beschaffenheit; [langweiliger] Durchschnitt:* wenn einer sich eingesperrt fühlt, soll er zuerst untersuchen, ob er nicht im Käfig seiner eigenen M. sitzt (Becker, Irreführung 173); in [die] M. versinken, abrutschen.

Mit|tel|meer, das; -[e]s: Nebenmeer des Atlantischen Ozeans zwischen Südeuropa, Vorderasien u. Nordafrika.

Mit|tel|meer|fie|ber, das: *Maltafieber.*

mit|tel|meer|risch ⟨Adj.⟩: *das Mittelmeer, die Mittelmeerländer betreffend, dazu gehörend, von dort stammend:* ein Aufatmen vor der geradezu samtenen Bläue dieses -en Morgens (Gregor-Dellin, Traumbuch 31).

Mit|tel|meer|kli|ma, das ⟨o. Pl.⟩: *mittelmeerisches Klima mit trockenem, heißem Sommer u. mildem Winter mit Niederschlägen.*

Mit|tel|meer|län|der ⟨Pl.⟩: *das Mittelmeer umschließende Länder Südeuropas, Vorderasien u. Nordafrikas.*

Mit|tel|meer|raum, der ⟨o. Pl.⟩: *[Kultur]raum um das Mittelmeer.*

Mit|tel|mo|tor, der (Kfz-T.): *zwischen den Achsen angebrachter Motor.*

mit|teln ⟨sw. V.; hat⟩: *auf den Durchschnitt, den Mittelwert bringen:* zunächst muss man den Wert für die Belichtungszeit m.; Die Kurse werden gemittelt und in Form von Geld- und Briefkursen veröffentlicht (Handelsblatt 23. 12. 98, 24); ⟨meist im 2. Part.:⟩ gemittelte Werte; Dieser Berechnung werde der über ein Jahr gemittelte, durchschnittliche tägliche Verkehr zugrunde gelegt (SZ 24. 3. 98, 41).

mit|tel|nie|der|deutsch ⟨Adj.⟩: *das Mittelniederdeutsche betreffend, zum Mittelniederdeutschen gehörend:* die -e Literatur.

Mit|tel|nie|der|deutsch, das ⟨nur mit best. Art.:⟩ **Mit|tel|nie|der|deut|sche,** das: *mittlere, etwa vom 13. bis zum 15. Jh. reichende Stufe* (2 a) *in der Entwicklung der niederdeutschen Sprache.*

Mit|tel|ohr, das (Anat.): *mittlerer Teil des [menschlichen] Gehörorgans mit Hammer* (4), *Amboss* (2) *u. Steigbügel* (2).

Mit|tel|ohr|ent|zün|dung, die (Med.): *Entzündung des Mittelohrs.*

Mit|tel|ohr|ver|ei|te|rung, die (Med.): *eitrige Mittelohrentzündung.*

mit|tel|präch|tig ⟨Adj.⟩ (ugs. scherzh.): *mittelmäßig, nicht besonders gut, einigermaßen:* ein Zeugnis ..., das dem Sextaner ... eine -e Leistungen bescheinigt (Spiegel 29, 1979, 154); Jeder Unternehmer und Investor weiß, dass einige Projekte äußerst erfolgreich, andere m. und schließlich einige als Flop enden (Wirtschaftswoche 6, 1999, 72); »Wie geht es dir?« – »Na, so m.!«.

Mit|tel|punkt, der [mhd. der mittel punct]: **1.** (Geom.) *Punkt auf einer Strecke, in einem Kreis, einer Kugel o. Ä., von dem die Endpunkte bzw. alle Punkte des Umfangs, der Oberfläche gleich weit entfernt sind:* der M. eines Kreises, einer Kugel; der M. der Erde; vom M. ausgehende Radien. **2.** *im Zentrum des Interesses stehende Person od. Sache:* er war der [geistige] M. der Gesellschaft, des Abends; er will immer M. sein; diese Stadt bildet einen kulturellen M.; diesen Gedanken stellte er in den M. seines Vortrags; Politiker, die im M. (im Zentrum des Interesses) stehen; Wen immer er in den M. seiner Bücher stellte (auf wen immer er das Hauptinteresse lenkte; Reich-Ranicki, Th. Mann 192).

Mit|tel|punkt|schu|le, die: *voll ausgebaute, möglichst zentral gelegene Schule, die die [einklassigen] ländlichen Schulen ersetzen soll.*

mit|tels, ⟨veraltend:⟩ mittelst ⟨Präp. mit Gen.⟩ [erstarrter Gen. Sg. von ↑ ¹Mittel] (Papierdt.): *mithilfe von; durch:* m. eines speziell konstruierten Unterwasserstudios (Hörzu 31, 1985, 96); m. eines Flaschenzuges; eine natürliche Belüftung m. öffenbarer Fenster (CCI 13, 1998, 52); ⟨ein stark dekliniertes Subst. im Sg. bleibt ungebeugt, wenn es ohne Art. od. Attr. steht:⟩ m. Flaschenzug; ⟨im Pl. üblicherweise mit dem Dativ, wenn der Gen. nicht erkennbar ist:⟩ m. Lautsprechern; Deutschlands Veterinäre werden zusehends der wachsenden Nachfrage von Tierbesitzern gerecht, die der Behandlung ihrer Tiere m. Medikamenten und Skalpell skeptisch gegenüberstehen (Woche 4. 4. 97, 22).

Mit|tel|schei|tel, der: *von der Mitte der Stirn gerade nach hinten verlaufender Scheitel:* einen M. tragen; Ich machte mir einen M. und kämmte die Haare ins Gesicht (Christiane, Zoo 51).

Mit|tel|schicht, die (Soziol.): *mittlere Bevölkerungsschicht mit einem gewissen Status an Kultur, Bildung, ökonomischer Sicherheit.*

mit|tel|schicht|ori|en|tiert ⟨Adj.⟩ (Soziol.): *nach den Bedürfnissen der Mittelschicht ausgerichtet:* ein -es Schulsystem.

Mit|tel|schiff, das (Archit.): *bei einer Kirche mittleres Schiff des Langhauses.*

mit|tel|schläch|tig ⟨Adj.⟩ [zu ↑schlagen] (Fachspr.): *(von einem Wasserrad) von der Mitte her getrieben.*

Mit|tel|schmerz, der: *zwischen zwei Menstruationen durch den Follikelsprung kurzzeitig auftretender Schmerz im Unterleib.*

Mit|tel|schul|bil|dung, die: *Bildung, die jmd. an einer Mittelschule od. an einem Gymnasium bis zur mittleren Reife erworben hat.*

Mit|tel|schu|le, die: **1.** *in Bildungsangebot u. Lernziel zwischen Hauptschule u. Gymnasium rangierende Schule; Realschule.* **2.** (österr. veraltet, schweiz.) *höhere Schule, Gymnasium.*

Mit|tel|schul|leh|rer, der: *Lehrer an einer Mittelschule.*

Mit|tel|schul|leh|re|rin, die: w. Form zu ↑Mittelschullehrer.

mit|tel|schwer ⟨Adj.⟩: *von mittlerem Gewicht, mittlerer Stärke, Härte od. mittlerem Schwierigkeitsgrad:* ein -er Stoff; -e Prüfungsfragen; als handele es sich um eine -e Magenverstimmung (Hohmann, Engel 81); ein -er Rausch (Springer, Nah 75); Er wurde von einem PKW erfasst und m. verletzt (NNN 1. 3. 88, 6).

Mit|tel|schwer|ge|wicht, das (Gewichtheben): **1.** ⟨o. Pl.⟩ *Körpergewichtsklasse zwischen Leichtschwergewicht u. Schwergewicht.* **2.** *Mittelschwergewichtler.*

Mit|tel|schwer|ge|wicht|ler, der; -s, -: *Sportler der Körpergewichtsklasse Mittelschwergewicht (1).*

Mit|tels|mann, der ⟨Pl. ...männer u. ...leute⟩ [eigtl. = der in der Mitte befindliche Mann]: *Vermittler, Unterhändler, der wechselseitig Vorschläge überbringt, wenn Verhandlungspartner sich nicht direkt treffen können od. wollen:* Schon bald trugen die Finanziers auch diesem M. an, Fluchthelferorganisationen zu knacken (Spiegel 41, 1976, 116); über einen M. Kontakt aufnehmen.

Mit|tel|sor|te, die: *Sorte von Waren o. Ä. mittlerer Qualität, Stückgröße.*

Mit|tels|per|son, die: vgl. Mittelsmann.

mit|telst: ↑mittels.

mit|telst... ⟨Adj.; Sup. zu ↑mittler...⟩.

Mit|tel|stadt, die: *Stadt mittlerer Größe (mit einer Einwohnerzahl zwischen 20 000 u. 100 000):* Strukturelle Bedingungen, die nicht nur spezifisch für die M. sind (Saarbr. Zeitung 4. 10. 79, 20).

Mit|tel|stand, der ⟨o. Pl.⟩: *Gesamtheit*

der zur Mittelschicht Gehörenden: Der M. ist skeptisch gegenüber der Währungsunion (Woche 14. 3. 97, 17).

mit|tel|stän|dig ⟨Adj.⟩ (bes. Bot.): *in der Mitte, dazwischen befindlich, intermediär:* ein -er Fruchtknoten.

mit|tel|stän|disch ⟨Adj.⟩: *den Mittelstand betreffend, zu ihm gehörend:* -e Firmen; -e Unternehmer; Vorreiter sind -e Zulieferer der Autohersteller (Woche 14. 11. 97, 18); -e Interessen; eine -e Gesinnung; Die Kosmetikindustrie ist hierzulande ausgesprochen m. strukturiert (Bayernkurier 19. 5. 84, 16).

Mit|tel|ständ|ler, der; -s, -: *Angehöriger des Mittelstandes:* Die Bonität der M. ist extrem gut (Capital 2, 1980, 216); Der große Teil der M. *(der mittelständischen Unternehmer)* hingegen erwartet nur geringe Beschäftigungseffekte von dem Milliarden-Auftrag (Woche 1. 11. 97, 5); bei den -n mit Wohnzimmerschrank und Couchgarnitur (Lentz, Muckefuck 64).

Mit|tel|ständ|le|rin, die; -, -nen: w. Form zu ↑Mittelständler.

Mit|tel|stands|kre|dit, der: *Bankkredit mit staatlichen Vergünstigungen zum Aufbau u. zur Modernisierung kleiner u. mittlerer Handwerks-, Industrie-, Kaufmanns- u. Dienstleistungsbetriebe.*

Mit|tel|stein|zeit, die: *Mesolithikum.*

mit|tel|stein|zeit|lich ⟨Adj.⟩: *die Mittelsteinzeit betreffend, ihr angehörend.*

Mit|tel|stel|lung, die: *mittlerer Standort, Standpunkt.*

Mit|tel|stim|me, die (Musik): *im mehrstimmigen Satz Stimme, die zwischen der obersten u. der untersten liegt:* die -n Alt und Tenor sind für die Chorsänger oft etwas schwerer zu erlernen als Sopran und Bass.

Mit|tel|stre|cke, die: **a)** (bes. Verkehrsw.) *mittlere Strecke, Entfernung:* die Maschine wird auf -n eingesetzt; **b)** (Sport) *bei einem Laufwettbewerb über eine mittlere Distanz zurückzulegende Strecke.*

Mit|tel|stre|cken|flug, der: *Flug über eine mittlere Entfernung (von etwa 1500 bis 3000 km).*

Mit|tel|stre|cken|flug|zeug, das: *auf Mittelstrecken eingesetztes Flugzeug.*

Mit|tel|stre|cken|lauf, der (Sport): *Laufwettbewerb über eine mittlere Strecke* (z. B. über 800 m, 1500 m).

Mit|tel|stre|cken|läu|fer, der (Sport): *Läufer, der auf Mittelstrecken spezialisiert ist.*

Mit|tel|stre|cken|läu|fe|rin, die (Sport): w. Form zu ↑Mittelstreckenläufer.

Mit|tel|stre|cken|ra|ke|te, die: *Rakete mit mittlerer Reichweite.*

Mit|tel|streck|ler, der; -s, - (Sport Jargon): *Mittelstreckenläufer.*

Mit|tel|streck|le|rin, die; -, -nen (Sport Jargon): w. Form zu ↑Mittelstreckler.

Mit|tel|strei|fen, der: *Grünstreifen zwischen den Fahrbahnen der beiden Fahrtrichtungen, bes. auf Autobahnen.*

Mit|tel|stück, das: *mittleres Stück.*

Mit|tel|stu|fe, die: *(bes. das 8.–10. Schuljahr umfassende) mittlere Jahrgänge, Schulklassen höherer Schulen.*

Mit|tel|stür|mer, der (Mannschaftssport): *in der Mitte des Sturms eingesetzter Spieler:* Torschütze vom Dienst ist nach wie vor der unverwüstliche und bullige M. (Kicker 6, 1982, 53).

Mit|tel|stür|me|rin, die (Mannschaftssport): w. Form zu ↑Mittelstürmer.

Mit|tel|teil, der: *mittlerer Teil.*

Mit|tel|tisch, der: *mitten im Raum, nicht am Fenster od. an der Wand stehender Tisch in einem Restaurant, Café o. Ä.:* die -e sind meist weniger beliebt als die am Rand stehenden Tische.

Mit|tel|tür, die: *mittlere Tür.*

Mit|tel|lung, die; -, -en [zu ↑mitteln] (Fachspr.): *Bestimmung eines Mittelwerts.*

Mit|tel|wald, der (Forstw.): *Wald, bei dem dichtes Unterholz mit höheren Stämmen gemischt ist (als Verbindung zwischen Hoch- u. Niederwald).*

Mit|tel|was|ser, das ⟨Pl. ...wasser⟩ (Fachspr.): **1.** *Wasserstand in der Mitte einer Tide, der Halbzeit zwischen einem Hochwasser u. dem vorangehenden od. folgenden Niedrigwasser.* **2.** *mittlerer, durchschnittlicher Wasserstand eines Gewässers.*

Mit|tel|weg, der: **1.** *Weg, der die Mitte eines Terrains durchquert; mittlerer von mehreren parallel verlaufenden Wegen:* ... durchmaß den perspektivisch sich zur Laube verengenden M. (Lentz, Muckefuck 23). **2.** *zwischen zwei Extremen liegende Möglichkeit des Handelns, Kompromiss:* einen M. suchen, finden, gehen; Wir müssen einen vernünftigen M. finden, wenn wir uns vor Krankheiten schützen ... wollen (Hörzu 46, 1981, 118); **der goldene M. (angemessene, vermittelnde, die Extreme meidende Lösung eines Problems, eines Konflikts; nach lat. aurea mediocritas;* Horaz, Oden II, 10, 5): Wir Menschen neigen eben einmal dazu, von einem Extrem ins andere zu fallen, ohne den goldenen M. zu sehen (Spiegel 24, 1976, 8).

Mit|tel|wel|le, die: **a)** (Physik, Funkt., Rundf.) *elektromagnetische Welle mit mittlerer Wellenlänge;* **b)** (Rundf.) *Wellenbereich, der die Mittelwellen (a) umfasst:* M. einschalten; diesen Sender bekommt man auch auf M.

Mit|tel|wel|len|sen|der, der (Funkt., Rundf.): *[Radio]sender, der auf Mittelwelle (a) sendet.*

Mit|tel|wert, der: **a)** (Math.) *arithmetisches Mittel, Durchschnittswert aus mehreren Zahlen;* **b)** *etwa in der Mitte liegender Wert innerhalb einer bestimmten Skala:* den M. errechnen, unterschreiten.

Mit|tel|wort, das ⟨Pl. ...wörter⟩ [seit dem 17. Jh. Ersatzwort für ↑Partizip; diese Wortform zeigt Merkmale des Verbs wie des Adjektivs] (Sprachw.): *Partizip:* M. der Gegenwart *(erstes Partizip);* M. der Vergangenheit *(zweites Partizip).*

Mit|tel|wort|grup|pe, die (Sprachw.): *Partizipialgruppe.*

Mit|tel|wort|satz, der: *Partizipialsatz.*

mit|tel|wüch|sig ⟨Adj.⟩: *mittelhoch wachsend:* -e Pflanzen.

◆ **Mit|tel|zeit,** die ⟨o. Pl.⟩: *Mittelalter (1):*

als mich Oberlin zu den Denkmalen der M. hinwies (Goethe, Dichtung u. Wahrheit 11).

mit|ten ⟨Adv.⟩ [mhd., ahd. mitten; erstarrter Dativ Pl. des Adj. mhd. mitte, ahd. mitti = in der Mitte (befindlich); vgl. lat. medius = mittlerer]: *in der Mitte; in die Mitte:* m. durchbrechen; m. hineingehen; der Zug hielt m. auf der Strecke; Eines Tages kommt die Tochter m. aus dem Unterricht in die Bibliothek gelaufen (Kunze, Jahre 22); m. durch die Stadt; Sie tanzte m. im Zimmer mit dem Rücken zur Tür (Thor [Übers.], Ich 36); m. in der Nacht; Mitten in der Vorstellung fängt das Strohdach des Globe Theatre Feuer (a & r 2, 1997, 10); m. in eine Versammlung [hinein]platzen; der Schuss traf ihn m. ins Herz; sie hat sich m. unter die Leute gemischt.

mit|ten|drein ⟨Adv.⟩ (selten): *mitten hinein:* er hat den Stein m. geworfen.

mit|ten|drin ⟨Adv.⟩ **a)** *in der Mitte von etw., zwischen anderem, anderen:* m. stecken bleiben; zu einer Gruppe, m. das Mikrofon von dem Interviewer (Degener, Heimsuchung 11); **b)** *gerade dabei (bei einer Tätigkeit):* er ist m., sein erstes Buch zu schreiben.

mit|ten|drun|ter ⟨Adv.⟩: *mitten darunter:* es war ein großes Handgemenge und m. seine Jungs.

mit|ten|durch ⟨Adv.⟩: **1.** *quer durch etw., in der Mitte durch etw. hindurch:* dort war ein Moor, und der Weg führte m.; etw. m. brechen. **2.** (ugs.) *durchschnittlich:* Lehrer Zeller ... war ein Mann ohne Ehrgeiz und so m. halt (Sommer, Und keiner 100).

mit|ten|in|ne ⟨Adv.⟩ (selten): *in der Mitte, dazwischen:* dieser Kosmos, in dem unser Stern m. schwebt (Thielicke, Ich glaube 34).

mit|ten|mang ⟨Adv.⟩ (nordd., bes. berlin. ugs.): *mittendrin:* m. sitzen; ich hätte da nicht sein mögen (H. Kolb, Wilzenbach 62).

Mit|te-rechts-Bünd|nis die usw.: vgl. Mitte-links-Bündnis usw.

Mit|ter|nacht, die; - [mhd. mitternaht, geb. aus: ze mitter naht = mitten in der Nacht]: **1.** *[Zeitpunkt um] 12 Uhr nachts, 24 Uhr:* es ist, schlägt M.; es geht auf M. zu; gegen, nach M.; bis lange nach M. arbeiten; um [die] M.; von M. bis um eins reicht die Geisterstunde; vor M. werde ich nicht fertig sein; Ü dieses Volk in seiner tiefen M. *(in tiefstem Elend, in tiefster Düsternis;* Plievier, Stalingrad 349). **2.** (veraltet, noch altertümelnd) *Norden:* gen M. ziehen; überall Berge, nur nach M. zu war die Aussicht frei; ◆ An die Felder meines Vaters grenzte der Ebenwald, der sich über Höhen weithin gegen M. erstreckte (Rosegger, Waldbauernbub 5).

mit|ter|näch|tig ⟨Adj.⟩ (selten): *der Mitternacht entsprechend, gemäß:* -e Stille; die -en Straßen (Spoerl, Maulkorb 98); es war m. still.

mit|ter|nächt|lich ⟨Adj.⟩: *in die Zeit der Mitternacht fallend; gegen Mitternacht geschehend; um Mitternacht wiederkehrend:* der -e Spuk; -e Dunkelheit; zur -en Stunde erschien das Gespenst.

mit|ter|nachts ⟨Adv.⟩: *um Mitternacht:* er kam erst m. nach Hause.

mit|ter|nachts|blau ⟨Adj.⟩: *tief dunkelblau.*

Mit|ter|nachts|got|tes|dienst, der, **Mit|ter|nachts|mes|se,** die: *Mette.*

Mit|ter|nachts|son|ne, die ⟨o. Pl.⟩: *die (jenseits der Polarkreise bis zu den Polen) jeweils im Sommer auch nachts nicht ganz unter dem Horizont verschwindende Sonne.*

Mit|ter|nachts|stun|de, die: *Stunde um Mitternacht.*

Mit|ter|nachts|va|se, die [viell. nach frz. vase de nuit] (scherzh.): *Nachttopf.*

Mit|ter|nachts|zeit, die: vgl. Mitternachtsstunde.

◆ **mit|ter|nacht|wärts** ⟨Adv.⟩ [↑-wärts]: *nordwärts:* ohne nur im Geringsten zu ahnen, dass m. seines Weges, jenseits des hohen herabblickenden Schneebergs, noch ein Tal sei (Stifter, Bergkristall 13).

Mit|te|strich, der (Maschinenschreiben): *Spiegelstrich.*

Mitt|fas|ten ⟨Pl.⟩ (kath. Kirche): **a)** *Mitte der Fastenzeit,* etwa von Mittwoch vor Lätare bis zum Sonntag Lätare; **b)** *einzelner Tag der Mittfasten* (a).

Mitt|fünf|zi|ger, der; -s, -: vgl. Mittdreißiger: bis sie auf einer Silvestergesellschaft einen M. kennen lernte, in den sie sich auf Anhieb ... verliebte (Dunkell, Körpersprache 185).

Mitt|fünf|zi|ge|rin, die; -, -nen: w. Form zu ↑Mittfünfziger.

mit|tig ⟨Adj.⟩ (Fachspr.): *in der Mitte [liegend, auftreffend]; durch die Mitte gehend:* m. geteilte Schiebefenster; An den Längs- und Schmalseiten im Außehalb der Eintiefung angeordnete Pfosten trugen die Dachkonstruktion (Archäologie 2, 1997, 54).

Mitt|ler, der; -s, - (geh.): *helfender Vermittler, Mittelsmann [ohne geschäftliche Eigeninteressen]; jmd., der vermittelnd zwischen verschiedenen Personen, Parteien o. Ä. auftritt:* ein friedlicher, selbstloser M.; M. zwischen Theorie und Praxis (MM 17. 11. 86, 16); sich als M. anbieten; In lauten Gebeten wenden sich die Besucher an den Heiligen, der ihnen als M. zu Gott gilt (a & r 2, 1997, 37); Ü Sprachen sind die M. zu anderen Völkern und Kulturen.

mitt|ler... ⟨Adj.; Sup.: ↑mittelst...⟩ [Komp. zu ↑mittel]: **a)** *in der Mitte zwischen anderem befindlich:* das mittlere Fenster öffnen; die drei mittleren Finger; die Wohnung liegt im mittleren Teil des Wohnblocks; Die Flöte klang ein bisschen traurig. Besonders im mittleren Teil (Thor [Übers.], Ich 15); eins der mittleren Häuser in der Reihe; sie hatte drei Brüder, mit dem mittleren (ugs.; dem zweitältesten) verstand sie sich am besten; **b)** *in Größe, Ausmaß, Zeitraum, Rang o. Ä. in der Mitte angesiedelt; einen Mittelwert darstellend:* eine mittlere Geschwindigkeit, Temperatur, Größe; ein Mann mittleren Alters; Arbeitnehmer mit mittlerem Einkommen (Saarbr. Zeitung 18. 12. 79, 14); die mittlere *(zwischen einfachem u. gehobenem Dienst liegende)* Beamten-

laufbahn; ein mittlerer *(der mittleren Laufbahn angehörender)* Beamter; ein mittlerer *(mittelgroßer)* Betrieb; mittlere und schwere Unfälle; es entstand mittlerer Sachschaden (NNN 1. 3. 88, 6); eine mittlere Stadt *(Mittelstadt);* Ware von mittlerer Qualität; Also dürfen Sie auch einen mittleren Urteilsspruch, zwischen Belohnung und Strafe, erwarten (Bieler, Mädchenkrieg 284); Ü ein in jeder Hinsicht mittleres Wesen *(durchschnittliches Wesen ohne besonders hervortretende Eigenschaften;* Musil, Mann 793).

Mitt|ler|amt, das: vgl. Mittlerrolle: ein M. übernehmen.

Mitt|ler|funk|ti|on, die: vgl. Mittlerrolle: eine M. erfüllen, übernehmen.

Mitt|le|rin, die; -, -nen (geh.): w. Form zu ↑Mittler.

Mitt|ler|rol|le, die: *Rolle des Mittlers, vermittelnde Rolle.*

Mitt|ler|schaft, die; -: *Amt, Aufgabe eines Vermittlers, Mittlers.*

Mitt|ler|spra|che, die: *allen Seiten geläufige Fremdsprache, die als Vermittler zwischen Personen od. Völkern verschiedener Sprachen dient.*

Mitt|ler|tum, das; -s (geh.): *Eigenschaft, Rolle eines Mittlers.*

mitt|ler|wei|le ⟨Adv.⟩ [älter: mittler Weile (Dativ Sg.)]: **a)** *im Laufe der Zeit, inzwischen, allmählich:* du hast es m. gelernt; die Familie wird m. immer größer; Die EG hat m. auch einen Zuckerberg hoch subventioniert (natur 2, 1991, 4); **b)** *währenddessen, unterdessen, in der Zwischenzeit:* andere Betriebe haben das neue Verfahren m. eingeführt; geh nur, ich passe m. auf die Kinder auf; m. wussten wir Bescheid; es ist m. 12 Uhr geworden; das Hotel hat m. einen neuen Namen (Saarbr. Zeitung 3. 10. 79, 10).

mitt|schiffs ⟨Adv.⟩ (Seemannsspr.): *in der Mitte des Schiffes [befindlich]:* ein Volltreffer m.

Mitt|sech|zi|ger, der: vgl. Mittdreißiger.

Mitt|sech|zi|ge|rin, die; -, -nen: w. Form zu ↑Mittsechziger.

Mitt|sieb|zi|ger, der: vgl. Mittdreißiger.

Mitt|sieb|zi|ge|rin, die; -, -nen: w. Form zu ↑Mittsiebziger.

Mitt|som|mer, der; -s - [wohl LÜ von engl. midsummer]: *Zeit der Sommersonnenwende.*

Mitt|som|mer|nacht, die: **1.** *kurze, helle Nacht im Mittsommer.* **2.** *Nacht der Sommersonnenwende.*

mitt|som|mers ⟨Adv.⟩: *zur Zeit des Mittsommers, im Mittsommer.*

mit|tun ⟨unr. V.; hat⟩ (landsch.): vgl. mitmachen.

Mitt|vier|zi|ger, der; -s, -: vgl. Mittdreißiger.

Mitt|vier|zi|ge|rin, die; -, -nen: w. Form zu ↑Mittvierziger.

mitt|wegs ⟨Adv.⟩ (veraltend, noch landsch.): *auf halbem Wege:* sie mussten w. umkehren.

Mitt|win|ter, der; -s, -: *Zeit der Wintersonnenwende.*

mitt|win|ters: vgl. mittsommers.

Mitt|woch, der; -[e]s, -e [mhd. mit(te)woche, spätahd. mittawehha, LÜ von kirchenlat. media hebdomas für die germ. Bez. »Wodanstag«; zu mhd. mitti (↑mitten) u. ↑Woche]: *dritter Tag der mit Montag beginnenden Woche; vgl. Dienstag.*

Mitt|woch|abend usw.: vgl. Dienstagabend usw.

mitt|wochs: vgl. dienstags.

Mįtt|zwan|zi|ger, der: vgl. Mittdreißiger.

Mįtt|zwan|zi|ge|rin, die; -, -nen: w. Form zu ↑Mittzwanziger.

mit|un|ter ⟨Adv.⟩: *manchmal, bisweilen, gelegentlich, von Zeit zu Zeit:* auch bakterielle Entzündungen sind m. Auslöser der Erkrankung (Heilbronner Stimme 12. 5. 84, 15); Sie ... versucht, in m. pfadfinderischer Manier den Höhenflügen des Ballons auf der Erde zu folgen (Wochenpresse 46, 1983, 58).

Mit|un|ter|zeich|ner, der: *Mitunterzeichnete.*

Mit|un|ter|zeich|ne|rin, die: w. Form zu ↑Mitunterzeichner.

Mit|un|ter|zeich|ne|te, der u. die: *jmd., der als Verantwortlicher in einer bestimmten Funktion ein Schriftstück neben anderen Unterzeichnenden unterzeichnet.*

mįt|ver|ant|wort|lich ⟨Adj.⟩: *mit anderen gemeinsam verantwortlich, an der Verantwortung teilhabend:* Kissinger, der am Krieg gegen Vietnam ... m. ist (NBI 36, 1983, 20).

Mit|ver|ant|wort|lich|keit, die; -: *das Mitverantwortlichsein:* er wollte sich aus seiner M. herausstehlen.

Mit|ver|ant|wor|tung, die; -: *jmds. Teilhabe an der Verantwortung für jmdn., etw.:* Hier blieb ein Stückchen M. für den anderen auf der Strecke (NNN 18. 8. 84, o. S.).

mįt|ver|die|nen ⟨sw. V.; hat⟩: *(neben anderen Familienmitgliedern, bes. neben dem Hauptverdiener, der Hauptverdienerin) einer bezahlten Arbeit nachgehen:* die Kinder verdienen jetzt auch schon mit; Auch den arbeitslos gewordenen, einst mitverdienenden Ehefrauen müsste zur Teilzeitbeschäftigung Gelegenheit ... gegeben werden (Prodöhl, Tod 68).

Mįt|ver|fas|ser, der; -s, -: vgl. Mitautor.

Mįt|ver|fas|se|rin, die; -, -nen: w. Form zu ↑Mitverfasser.

Mit|ver|gan|gen|heit, die; - (österr.): *Imperfekt.*

Mit|ver|schul|den, das; -s: *Teilhabe an der Schuld anderer:* Bislang hat die Rechtsprechung nur dann ein M. bejaht, wenn ... (ADAC-Motorwelt 10, 1980, 5).

Mįt|ver|schwo|re|ne, der u. die: -n, -n,

Mįt|ver|schwö|rer, der; -s, -: *an einer Verschwörung Mitbeteiligter.*

Mįt|ver|schwö|re|rin, die; -, -nen: w. Form zu ↑Mitverschwörer.

Mįt|ver|schwor|ne: ↑Mitverschworene.

Mįt|ver|si|che|rung, die; -, -en (Versicherungsw.): *Mehrfachversicherung, an der mehrere Versicherer einverständlich beteiligt sind.*

Mįt|ver|wal|tung, die: **1.** ⟨o. Pl.⟩ *Teilnahme, Mitwirkung an der verantwortlichen Verwaltung von etw.:* die M. der Schüler fordern. **2.** *Organisation, die an etw. im Sinne der Mitverwaltung (1) teilhat.*

Mįt|welt, die; -: *Gesamtheit der Mitmenschen, Zeitgenossen:* im Unterschied zu sehr vielen Briefen Thomas Manns sind die hier gedruckten weder für die M. noch für die Nachwelt bestimmt (Reich-Ranicki, Th. Mann 14).

◆ **Mįt|wer|ber,** der; -s, -: *Mitbewerber, Konkurrent:* ich merkte bald, dass meine M. ... sich nicht weniger dünkten (Goethe, Dichtung u. Wahrheit 1).

mįt|wir|ken ⟨sw. V.; hat⟩: **1. a)** *mit [einem] anderen zusammen bei der Durchführung o. Ä. von etw. wirken, tätig sein; mitarbeiten:* an, bei etw. m.; die Zuhörer konnten bei verschiedenen Volksliedbearbeitungen aktiv m. (Saarbr. Zeitung 18. 12. 79, 16); ⟨subst.:⟩ er ist durch, ohne ihr Mitwirken zu einer Stellung gekommen; **b)** vgl. mitspielen (1 b): in einem Theaterstück m.; es wirkten mit: ...; zum ersten Mal wirkte auch eine Mannschaft aus Baden-Baden an diesem Turnier mit (Saarbr. Zeitung 27. 6. 80, 21). **2.** *bei etw. mit eine Rolle spielen, mit eine Wirkung haben:* bei der Entscheidung, dem Ausgang wirkten verschiedene Faktoren mit.

Mįt|wir|ken|de, der u. die: -n, -n ⟨Dekl. ↑Abgeordnete⟩: *mitwirkende Person.*

Mįt|wir|kung, die; -: *das Mitwirken.*

Mįt|wir|kungs|recht, das ⟨o. Pl.⟩: *Recht auf Mitwirkung an etw.*

Mįt|wis|ser, der; -s, -: *jmd., der von einer [unrechtmäßigen o. ä.] Handlung, von einem Geheimnis eines anderen Kenntnis hat:* M. sein; er hat zu viele M.; jmdn. zum M. machen.

Mįt|wis|se|rin, die; -, -nen: w. Form zu ↑Mitwisser.

Mįt|wis|ser|schaft, die; -: *das Mitwissersein:* man hat ihm M. bei dieser Tat vorgeworfen.

Mįt|wohn|zen|tra|le, die: *Unternehmen, das (gegen eine geringere als die übliche Maklergebühr) die Möglichkeit vermittelt, für meist kürzere Zeit ein Zimmer od. eine Wohnung zu mieten.*

mįt|wol|len ⟨unr. V.; hat⟩ (ugs.): vgl. mitdürfen.

mįt|zäh|len ⟨sw. V.; hat⟩: **1.** *bei einer Zählung auch berücksichtigen:* du musst auch die nicht aktiven Teilnehmer m. **2.** *mit eingerechnet werden:* Feiertage zählen nicht mit.

◆ **Mįt|zeit,** die; -: *Gegenwart:* die lebendige Teilnahme des Alten an seiner nächsten Vor- und M. (Goethe, Wanderjahre I).

mįt|zie|hen ⟨unr. V.⟩: **1.** *sich einem Zug von Marschierenden o. Ä. anschließen; in einer Gruppe von Marschierenden mitgehen* ⟨ist⟩: sie zogen ein Stück weit [mit dem Festzug] mit. **2.** ⟨hat⟩ **a)** (ugs.) *bei etw. mitmachen, sich einer Handlung eines anderen anschließen:* ein Schülervater reichte eine Klage ein, mehrere Eltern zogen mit; Bleiben die Amerikaner bei ihren Boykottplänen, wird die Bundesregierung m. (Spiegel 5, 1980, 22); In den US-Städten ... wurde die Polizei gründlich umgekrempelt und dezentralisiert. Dazu kommt das konsequente Durchgreifen. Viele Straftäter wurden hinter Schloss und Riegel gebracht. Die

Justiz hat dort mitgezogen (Woche 19. 12. 97, 8); **b)** (Sport) *in einem Laufwettbewerb mit einem andern Läufer mithalten:* der Finne stößt vor, der Däne zieht mit; Zwei, drei Runden vor Schluss hat der Hase seine Schuldigkeit getan, er geht aus der Bahn, die Favoriten, die er mitgezogen hat, ziehen davon (Woche 12. 12. 98, 30).

Mįtz|wa, die; -, ...woth u. -s [jidd. mitzwa < hebr. mişwä = Gebot] (jüd. Rel.): *gute, gottgefällige Tat.*

Mįx, der; -, -e (Fachspr. Jargon): *Gemisch, spezielle Mischung:* Stilistisch ein mondäner M. aus Jazz und Pop (tango 9, 1984, 36); ich meine, dass man Wert darauf legen sollte ... einen vernünftigen M. zu finden zwischen Begrenzung der Neuverschuldung ... und ... der Erhaltung der Freiräume (Wochenpresse 6. 6. 84, 19).

Mįx|be|cher, der: *verschließbarer Becher zum Schütteln bzw. Mischen von alkoholischen Getränken; Shaker.*

Mixed [mɪkst], das; -[s], -[s] [engl. mixed, eigtl. = gemischt < (a)frz. mixte < lat. mixtum, 2. Part. von: miscere = mischen] (Tennis, Tischtennis, Badminton): **1.** *Spiel zweier aus je einem männlichen u. einem weiblichen Spieler bestehender Mannschaften gegeneinander; gemischtes Doppel:* das M., im M. gewinnen. **2.** *aus einem männlichen u. einem weiblichen Spieler bestehende Mannschaft für das Mixed (1):* ein ausgezeichnet spielendes M.

Mixed Drink [ˈmɪkst ˈdrɪŋk], der; - -[s], - -s, (auch:) **Mixed|drink,** der; -[s], -[s] [engl. mixed drink, zu: to mix = mischen u. drink = Getränk]: *alkoholisches Mischgetränk.*

Mixed Grill [- ˈgrɪl], der; - -[s], - -s, (auch:) **Mixed|grill,** der; -[s], -s [engl. mixed grill, zu: to mix = mischen u. grill = Grillgericht] (Gastr.): *Gericht aus verschiedenen gegrillten Fleischstücken [u. kleinen Würstchen].*

Mixed Media [- ˈmiːdjə], (auch:) **Mixedmedia** ⟨Pl.⟩ [engl. mixed media, zu: mix = mischen u. media = Medien]: *Kombination verschiedener ¹Medien (2 a) in künstlerischer Absicht.*

Mixed-Me|dia-Ver|an|stal|tung, die; -, -en: *Multimediaveranstaltung.*

Mixed Pickles [- ˈpɪkls], der; -, (auch:) **Mixedpickles,** Mixpickles [ˈmɪkspɪkls] ⟨Pl.⟩ [engl. mixed pickles, zu: to mix = mischen u. pickles = Pökel, Eingemachtes] (Kochk.): *in gewürzten Essig roh eingelegtes gemischtes Gemüse.*

mi|xen ⟨sw. V.; hat⟩ [engl. to mix = mischen]: **1. a)** *(bes. ein Getränk) mischen:* einen Cocktail, [sich] einen Drink m.; Jede dritte Dose im Test war aus ... minderwertigen Früchten gemixt (DM 5, 1966, 31); Wie Grenouille ... in der Lage war, seine Parfums zu m. (Süskind, Parfum 118); Ü (ugs.:) aus Musik und Texten ein Programm m.; eine noch recht junge Gruppe, die gekonnt Pop, Latin und Funk mixt (Rheinische Post 5. 5. 84, 27); ein bunt gemixtes Unterhaltungsprogramm; **b)** *im Mixer (2) [zerkleinern u.] mischen:* Mandeln mit Milch m.; einen Drink m. **2.** (Film, Funk, Ferns.) mi-

schen (6). **3.** (Eishockey) *den Puck* (2) *mit dem Schläger schnell hin u. her schieben.*

Mi|xer, der; -s, - [engl. mixer, zu: to mix, ↑mixen]: **1.** *jmd., der alkoholische Getränke mischt; Barmixer.* **2.** *(bei der Zubereitung von Getränken, Speisen gebrauchtes) elektrisches Gerät zum Zerkleinern u. Mischen:* Eier im M. verquirlen. **3. a)** (Film, Funk, Ferns.) *Tonmischer;* **b)** (Funkt.) *Gerät zum Mischen* (6).

Mi|xe|rin, die; -, -nen: w. Form zu ↑Mixer (1, 3 a).

Mix|ge|tränk, das: *gemixtes Getränk.*

Mi|xo|ly|disch, Mi|xol|y|di|sche, das; ...schen [griech. mixolýdios = halblydisch, nach der kleinasiatischen Landschaft Lydien] (Musik): **1.** *altgriechische Tonart.* **2.** *siebte Kirchentonart des Mittelalters.*

Mi|xo|sko|pie, die; - [zu griech. mīxis = geschlechtliche Vereinigung, eigtl. = (Ver)mischung u. skopeĩn = betrachten, (be)schauen] (Med.): *sexuelle Lust u. Befriedigung beim Betrachten des Geschlechtsaktes anderer.*

mi|xo|troph ⟨Adj.⟩ [zu griech. mīxis = (Ver)mischung u. trophē = Nahrung] (Biol.): *(von bestimmten Bakterien, Algen u. a.) sich autotroph u. heterotroph ernährend.*

Mix|pickles: ↑Mixed Pickles.

Mix|ti|on, die; -, -en [lat. mixtio, zu: miscere, ↑mischen] (veraltet): *Mischung.*

Mix|tum com|po|si|tum, das; - -, ...ta ...ta [lat. mixtum compositum = gemischt zusammengesetzt] (bildungsspr.): *Durcheinander, buntes Gemisch:* Unsere Strategie ist ein M. c. aus verschiedenen Elementen (Spiegel 40, 1983, 156).

Mix|tur, die; -, -en [mhd. mixture < lat. mixtura = Mischung]: **1.** (Pharm.; bildungsspr.) *zu bestimmten Zwecken hergestellte Mischung von Flüssigkeiten, bes. Arzneien:* eine M. aus verschiedenen Essenzen herstellen; Die Motoren werden ... problemlos mit der M. fertig (ADAC-Motorwelt 8, 1979, 12); Ü Wagner hat ... das »Libretto« bekanntlich von hinten beginnend nach vorn konzipiert – was sie ne merkwürdige M. dramatischer und epischer Passagen zur Folge hatte (FAZ 26. 7. 99, 43); Seine Karriere begann mit der Inszenierung von Modenschauen und »Trashicals«, einer M. aus Musik und schlechtem Geschmack (Woche 19. 12. 97, 52); was fand sie nur an dieser M. aus Krimi- und Sentenzheld? (Zwerenz, Quadriga 162). **2.** (Musik) *bei der Orgel zu einem Register* (3 a) *zusammengefasste Bündelung bestimmter Töne hoher Lage, wobei auf einer Taste drei bis acht Pfeifen gleichzeitig erklingen.*

Mi|zell, das; -s, -e, **Mi|zel|le**, die; -, -n ⟨meist Pl.⟩ [zu lat. mica = Krümchen] (Biol., Chemie): *Molekülgruppe, die aus kleineren, meist elektrisch geladenen Einzelmolekülen aufgebaut ist.*

Mjöll|nir, der; -s (germ. Myth.): Hammer des Gottes Thor.

mk = Markka.

MKS-Sys|tem, das; -s (Fachspr.): (neueres) internationales Maßsystem auf den Grundeinheiten Meter, Kilogramm u.

Sekunde; Meter-Kilogramm-Sekunde-System.

ml = Milliliter.

mlat. = mittellateinisch.

Mlle. ⟨schweiz. (nach frz. Regel) meist ohne Punkt⟩ = Mademoiselle.

Mlles. ⟨schweiz. (nach frz. Regel) meist ohne Punkt⟩ = Mesdemoiselles.

mm = Millimeter.

μm = Mikrometer.

mm² (früher auch: qmm) = Quadratmillimeter.

mm³ (früher auch: cmm) = Kubikmillimeter.

MM. = Messieurs (vgl. Monsieur).

m. m. = mutatis mutandis.

M. M. = Mälzels Metronom, Metronom Mälzel.

Mme. ⟨schweiz. (nach frz. Regel) meist ohne Punkt⟩ = Madame.

Mmes. ⟨schweiz. (nach frz. Regel) meist ohne Punkt⟩ = Mesdames.

Mn = Mangan.

Mne|me, die; - [griech. mnḗmē = Gedächtnis] (Med., Psych.): *Gedächtnis, Erinnerung (bes. als organische Fähigkeit).*

Mne|mis|mus, der; -: *Lehre, die besagt, dass alle lebende Substanz eine Mneme habe, die die vitalen Funktionen steuere.*

Mne|mo|nik, die; - [spätlat. mnemonica (Pl.) < griech. mnēmoniká (Pl.) = (Regeln der) Gedächtniskunst] (Fachspr.): *Mnemotechnik.*

Mne|mo|ni|ker, der (Fachspr.): *Mnemotechniker.*

Mne|mo|ni|ke|rin, die; -, -nen (Fachspr.): w. Form zu ↑Mnemoniker.

mne|mo|nisch ⟨Adj.⟩ [zu griech. mnēmonikós = ein gutes Gedächtnis habend] (Fachspr.): *mnemotechnisch.*

Mne|mo|sy|ne (griech. Myth.): Göttin des Gedächtnisses, Mutter der Musen.

Mne|mo|tech|nik, die; -, -en (Fachspr.): *Technik, Verfahren, seine Gedächtnisleistung zu steigern, vor allem durch systematische Übung u.a. Lernhilfen wie Merkverse o. Ä.; Gedächtniskunst.*

Mne|mo|tech|ni|ker, der; -s, - (Fachspr.): *jmd., der die Mnemotechnik beherrscht.*

Mne|mo|tech|ni|ke|rin, die; -, -nen (Fachspr.): w. Form zu ↑Mnemotechniker.

mne|mo|tech|nisch ⟨Adj.⟩ (Fachspr.): *die Mnemotechnik betreffend, ihr eigentümlich, gemäß, dazu gehörend:* da sich das Vergessen immer wiederholt und ich mir oft nur ... mit -en Hilfsmitteln ... helfen kann (Gregor-Dellin, Traumbuch 135).

mnes|tisch ⟨Adj.⟩ [zu griech. mnēstis = das Gedenken an etw.] (Med., Psych.): *die Mneme betreffend.*

Mo = Molybdän.

MΩ = Megaohm.

Mo. = Montag.

Moa, der; -[s], -s [Maori (Sprache Neuseelands) moa]: *ausgestorbener, sehr großer, straußenähnlicher neuseeländischer Laufvogel.*

Mo|ab; -s: Landschaft östlich des Jordans.

Mo|a|bi|ter, der; -s, -: Bewohner von Moab.

Mo|a|bi|te|rin, die; -, -nen: w. Form zu ↑Moabiter.

Moa|holz, das [zu ↑Moa]: *aus Neuseeland eingeführtes, sehr hartes Holz.*

Mo|ar, der; -s, -e [bayr. Form von ↑Meier] (Eisschießen): *Kapitän einer Moarschaft.*

Mo|ar|schaft, die; -, -en (Eisschießen): *Mannschaft von vier Spielern.*

Mob, der; -s [engl. mob, eigtl. = aufgewiegelte Volksmenge, gek. aus lat. mobile vulgus] (abwertend): **1.** *Pöbel:* Die Wachen hatten alle Mühe, das Tor zu verrammeln und den M. zurückzudrängen (Süskind, Parfum 289); Die Müntzerstraße feiert den Sieg des -s (Spiegel 40, 1991, 41). **2.** *kriminelle Bande, organisiertes Verbrechertum:* Wie viel der M. mit Verschwörern und Geheimbünden gemeinsam hat, zeigt auch eine Liste (Spiegel 9, 1988, 81).

mob|ben ⟨sw. V.; hat⟩ [engl. to mob = über jmdn. herfallen, sich auf jmdn. stürzen, zu: mob, ↑Mob] (Jargon): *einen Arbeitskollegen ständig schikanieren, quälen, verletzen [mit der Absicht, ihn aus der Firma o. Ä. zu vertreiben]:* Als Befreiungsakt gegen tyrannische Chefs, mobbende Kollegen, aber auch gegen nervötende Nachbarn oder treulose Liebhaber empfielt er deshalb das Little Voodoo Kit (Woche 3. 1. 97, 38); Den Wirtschaftsminister ... wollte schon die eigene Parteiführung aus dem Amt m. (durch Mobben vertreiben; Woche 28. 1. 97, 11).

Mob|bing, das; -s [anglisierende Bildung zu ↑mobben] (Jargon): *das Mobben:* »Mobbing« ... wird im Fachjargon das sich ausbreitende Phänomen der psychosozialen Folter an der Arbeitsstelle genannt (Welt 18. 1. 92, 1).

Mö|bel, das; -s, -, schweiz. auch: -n [frz. meuble = bewegliches Gut; Hausgerät; Einrichtungsgegenstand < mlat. mobile = bewegliches Hab und Gut, zu lat. mobilis, ↑mobil]: **1.** ⟨meist Pl.⟩ *Einrichtungsgegenstand, mit dem ein Raum ausgestattet ist, damit er benutzt u. bewohnt werden kann, der zum Sitzen, Liegen, Aufbewahren von Kleidung, Wäsche, Hausrat dient:* schwere, geschnitzte M.; M. aus Eiche, Birke; ein zweckdienliches, unpraktisches M.; M. rücken; die M. aufstellen; Ein Waschkrug tanzte auf der Marmorplatte eines gewaltigen -s (Widmer, Kongreß 117); ** **al**tes M.* (salopp; *in seine Umgebung o. Ä. seit langem u. wie selbstverständlich hineingehörender u. daher oft schon gar nicht mehr gebührend beachteter Mensch):* Wenn er (= der Lyriker Johannes Bobrowski) heute nur noch als altes schweres M. der Poesie gilt ... ist das auf die branchentypische Betriebsblindheit zurückzuführen (Woche 8. 1. 99, 31); *jmdm. die M. gerade rücken, stellen* (salopp; *jmdn. heftig zurechtweisen*); *♦* ⟨Pl. -n:⟩ Und wenn ich mich umsehe und sehe dieses Zimmer an und diese -n (Goethe, Werther II, 26. Oktober). **2.** ⟨o. Pl.⟩ (ugs. scherzh.) *großer, unhandlicher od. ungefüger [lästiger] Gegenstand:* dieser Regenschirm ist ein groteskes M.

Mö|bel|fa|brik, die: *Fabrik, in der Möbel hergestellt werden.*

Mö|bel|fir|ma, die: vgl. Möbelfabrik.

Mö|bel|ge|schäft, das: *Geschäft, in dem Möbel verkauft werden.*

Mö|bel|händ|ler, der: *Geschäftsmann, der mit Möbeln handelt.*

Mö|bel|händ|le|rin, die: w. Form zu ↑Möbelhändler.

Mö|bel|in|dus|trie, die: vgl. Möbelfabrik.

Mö|bel|la|den, der: vgl. Möbelgeschäft.

Mö|bel|la|ger, das: *Lager für Möbel.*

Mö|bel|mes|se, die: ²*Messe* (1) *für Möbel:* M. in Köln läuft sehr zufriedenstellend (MM 16. 1. 87, 7).

Mö|bel|pa|cker, der: *Angestelter einer Spedition, der bei einem Umzug Möbel u. Hausrat verpackt u. transportiert:* Er hatte als Gebäudereiniger gearbeitet, als M. (Fels, Afrika 21).

Mö|bel|po|li|tur, die: *Politur für Möbel.*

Mö|bel|räu|mer, der (landsch.): *Möbelpacker.*

Mö|bel|schrei|ner, der (bes. westmd. u. südd.): *Möbeltischler.*

Mö|bel|schrei|ne|rin, die: w. Form zu ↑Möbelschreiner.

Mö|bel|spe|di|teur, der: *Spediteur für die Durchführung von Umzügen u. den Transport von Möbeln.*

Mö|bel|stoff, der: *Bezugstoff für Polstermöbel.*

Mö|bel|stück, das: *(einzelnes) Möbel* (1): Wer heute ein größeres M. kauft, muss mit Lieferfristen von einigen Wochen rechnen (Hörzu 8, 1976, 90).

Mö|bel|tisch|ler, der: *auf Herstellung u. Reparatur von Möbeln spezialisierter Tischler.*

Mö|bel|tisch|le|rin, die: w. Form zu ↑Möbeltischler.

Mö|bel|trä|ger, der: *jmd., der bei Transporten u. Umzügen Möbel, Kisten usw. trägt bzw. ein- u. auslädt.*

Mö|bel|trans|por|teur, der: vgl. Möbelspediteur.

Mö|bel|wa|gen, der: *sehr geräumiger, geschlossener (Kraft)wagen für den Transport von Möbeln u. Hausrat, bes. bei Umzügen:* ***fliegende M.** (Milit. Jargon; *Transportflugzeug).*

Mö|bel|wer|ker, der (regional): *Möbeltischler.*

mo|bil ⟨Adj.⟩ [frz. mobile = beweglich, marschbereit < lat. mobilis = beweglich, zu: movere, ↑Motor]: **1.** (bildungsspr.) **a)** *beweglich, nicht an einen festen Standort gebunden:* ein -es Labor; Diese -e Rettungswache war an den Wochenenden einsatzbereit (Augsburger Allgemeine 13./14. 5. 78, 47); Zum Ausstellungsprogramm gehören auch Kühlräume, -e Kältezentralen (CCI 7, 1987, 31); Das -e Camp wird jeweils für mehrere Nächte in der Wildnis aufgebaut (a & r 9, 1998, 115); -e Büchereien *(Fahr-, Wanderbüchereien);* -er (Rechtsspr., Wirtsch.; *transportierbarer)* Besitz; Diese Regale sind m., sie lassen sich ... leicht an einem anderen Standort aufstellen (Bayernkurier 19. 5. 84, 33); Wer wirklich m. sein will, auch entlegenere Gegenden der Insel aufsuchen möchte ...

sollte einen Mietwagen nehmen (a & r 9, 1998, 108); Viag-Kunden könnten mithilfe der Eidgenossen in ganz Deutschland m. *(mit dem Mobiltelefon)* telefonieren (Woche 21. 8. 98. 12); **b)** (bes. Wirtsch.) *nicht festliegend, nicht gebunden:* -e Werte; Kapital, das im Gegensatz zum Faktor Arbeit international m. ist, muss bei uns nach Steuern ebenso rentierlich investiert werden können wie in mit uns konkurrierenden Ländern (Woche 14. 2. 97, 14); **c)** (bes. Soziol.) *durch Mobilität* (2) *gekennzeichnet, bes. zu Wechsel von Wohnsitz, Arbeitsplatz bereit, in der Lage, fähig:* zur Schaffung einer -er Lehrerreserve (Saarbr. Zeitung 4. 12. 79, 22); Die ... kann man dann immer noch als billiges -es Arbeitskräftereservoir benutzen (Klee, Pennbrüder 134); Erzieherin, 21 Jahre, m., sucht ... neue Arbeitsstelle (Abendzeitung 23. 1. 85, 25); **2.** (bes. Milit.) *für den militärischen, polizeilichen o. ä. Einsatz bereit; einsatzbereit u. beweglich:* -e Verbände; der Bau einer neuen atomaren -en Trägerrakete (Saarbr. Zeitung 27. 6. 80, 1); Neben die weiterhin an den Reichsgrenzen postierten Truppen ... trat nun als augenfälligste Neuerung eine -e Eingreifreserve (Archäologie 2, 1997, 31); ***jmdn. m. machen** (ugs. *jmdn. antreiben, aufscheuchen):* Carry hatte keine Zeit verloren, sondern gehandelt, gedrängt, sogar den Onkel Emmerich m. gemacht (A. Kolb, Daphne 182); **etw. m. machen** (ugs., *etw. aktivieren, einsetzen, mobilisieren* 2 b): alles, alle Kräfte für den [Wieder]aufbau m. machen. **3.** (ugs.) *munter, rege:* der Kaffee hat mich m. gemacht; nach langer Krankheit ist er nun wieder m. *(wohlauf);* die alte Dame ist noch sehr m. *(rüstig);* die Kinder waren schon früh m. *(wach, munter u. rege).*

Mo|bil, das; -s, -e [gek. aus ↑Automobil] (ugs., oft scherzh.): *Auto, Personenwagen; Fahrzeug:* das kastenartige Gefährt zählt ... nicht gerade zu den windschlüpfrigsten -en (ADAC-Motorwelt 4, 1981, 46).

mo|bi|le ⟨Adj.⟩ [ital. mobile, ↑Mobile] (Musik): *beweglich, nicht steif.*

Mo|bi|le, das; -s, -s [engl. mobile, zu ital. mobile < lat. mobilis, ↑mobil]: *hängend befestigtes, durch Ausbalancierung der Teile, freie Aufhängung o. Ä. mehrfach beweglich gestaltetes Gebilde aus Fäden od. Stäben u. Figuren o. Ä., das durch Anstoßen od. Luftzug in Bewegung gerät.*

Mo|bil|funk, der: *Funk, Funksprechbzw. Funktelefonverkehr zwischen mobilen od. zwischen mobilen u. festen Stationen.*

Mo|bil|funk|netz, das: *Netz* (2 a) *für den Mobilfunk.*

Mo|bil|heim, das (bes. Fachspr. Jargon): *Wohnmobil.*

Mo|bi|li|ar, das; -s, -e ⟨Pl. selten⟩ [zu ↑Mobilien]: *Gesamtheit der Möbel u. Einrichtungsgegenstände, Hausrat einer Wohnung:* ein teures, geschmackvolles M.; das gesamte M. verkaufen, kurz und klein schlagen; Der junge Mann ertastete den Lichtschalter: eine trübe Birne an der Decke, einfaches M. (Weber, Tote 8).

Mo|bi|li|ar|kre|dit, der (veraltet): *Kredit gegen Verpfändung beweglicher Sachen.*

Mo|bi|li|ar|ver|mö|gen, das (Rechtsspr., Wirtsch.): *bewegliches Vermögen.*

Mo|bi|li|ar|ver|si|che|rung, die (veraltet): *Hausratsversicherung.*

Mo|bi|li|en ⟨Pl.⟩ [mlat. mobilia, zu lat. mobilis, ↑mobil]: **1.** (veraltet) *Mobiliar.* **2.** (Rechtsspr., Wirtsch.) *bewegliche Sachen, beweglicher Besitz (im Unterschied zu den Immobilien).*

Mo|bi|li|sa|ti|on, die; -, -en [frz. mobilisation] (bes. Fachspr.): *das Mobilisieren* (1, 2 b, 4).

Mo|bi|li|sa|tor, der; -s, ...oren: *Faktor, der eine mobilisierende Wirkung auf jmdn., etw. auswirkt.*

mo|bi|li|sie|ren ⟨sw. V.; hat⟩ [frz. mobiliser]: **1.** *mobil machen; für den [Kriegs]einsatz bereitstellen, verfügbar machen:* das Heer m.; jmdn. m. (veraltet; *zum Kriegsdienst einberufen);* Kein Zufall, dass die ersten Zuchthäuser und Zwangsarbeitshäuser in Handelsstädten entstehen, denn dort ist es sinnvoll, ungenutzte Arbeitskräfte zu m. (Klee, Pennbrüder 25). **2. a)** *dazu bringen, (in einer Angelegenheit) [politisch, sozial] aktiv zu werden, sich kräftig einzusetzen:* jmdn. m.; die Gewerkschaften mobilisierten die Massen gegen den Rechtsradikalismus; Die betroffenen Bauern jedoch wehren sich dagegen und sind dabei, die öffentliche Meinung zu m. (Fest, Im Gegenlicht 281); Es sind aber nicht nur Kriterien des Umweltschutzes, die Gegner zu m. vermögen, es sind auch städtebauliche (NZZ 2. 9. 86, 23); **b)** *mobil* (3) *machen, aktivieren, rege bzw. verfügbar u. wirksam machen:* alle Kräfte [für etw.] m.; die Läufer mobilisieren die letzten Energien; Besonders in der sonnenarmen Jahreszeit muss Ihr Kind alle Abwehrkräfte m., um gesund zu bleiben (Eltern 2, 1980, 71); Das Hormon der Nebenschilddrüse garantiert aber eine optimale Konzentration, indem es ... Kalzium mobilisiert (Medizin II, 281); Kaffee mobilisiert *(weckt)* die Lebensgeister. **3.** (Wirtsch.) *mobil* (1 b), *verfügbar machen:* Kapital m.; Dadurch lässt sich ein größeres Volumen an Devisen für Entwicklungsprojekte m. (Schweizer Maschinenbau 16. 8. 83, 47); Stille Reserven können dann in schlechten Zeiten mobilisiert werden, ohne dass Außenstehende es in der Regel erfahren (Woche 13. 3. 98, 13). **4.** (Med.) **a)** *(ein Gelenk, einen Körperteil o. Ä.) [wieder] beweglich machen;* **b)** *jmdn. durch Bewegungstherapie o. Ä. wieder bewegungsfähig machen.*

Mo|bi|li|sie|rung, die; -, -en: *das Mobilisieren.*

Mo|bi|lis|mus, der; - (Geol.): *Theorie, die besagt, dass sich Teile der Erdkruste über ihren Untergrund bewegen.*

Mo|bi|list, der; -en, -en [gek. aus ↑Automobilist] (ugs. scherzh.): *Autofahrer:* lehrt General Frost die großen und kleinen -en das Fürchten (DM Test 49, 1965).

Mo|bi|li|tät, die; - [lat. mobilitas, zu: mobilis, ↑mobil]: **1.** (bildungsspr.) *[geistige] Beweglichkeit:* Die M. der Vierziger ist drastisch eingeschränkt (Schreiber, Krise 37); seine Argumentationen zeugten von hoher M. **2.** (Soziol.) *Beweglichkeit (in Bezug auf den Beruf, die soziale Stellung, den Wohnsitz):* die soziale, regionale M. der Arbeitnehmer; Bei der Arbeitssuche werden mehr M., geringere Lohn- und Gehaltsforderungen ... empfohlen (Saarbr. Zeitung 2. 10. 79,4); eine Gesellschaft mit hoher M. **3.** (Milit. selten) *mobiler Zustand, Kriegsbereitschaft:* eine Demonstration der hohen M. ... der sowjetischen Kriegsmarine (Bundestag 190, 1968, 10 325).

Mo|bil|ki|no, das: *mobiles* (1 a) *Kino.*

mo|bil|ma|chen 〈sw. V.; hat〉: **1.** *die Streitkräfte u. den ganzen Staat in den Kriegszustand versetzen, auf das Eintreten in einen bevorstehenden Krieg vorbereiten:* die Regierung machte mobil, ließ m. **2.** *große Anstrengungen machen, die Anstrengungen verstärken, um etw. in Angriff zu nehmen, etw. durchzusetzen:* die Partei macht mobil; Die Propagandisten machen mobil, doch sie werden von der Krise überrollt (Woche 7. 2. 97, 1)

Mo|bil|ma|chung, die; -, -en (Milit.): *das Mobilmachen:* die M. anordnen; Ü Stoiber betonte noch einmal die Notwendigkeit einer M. der Parteibasis (Saarbr. Zeitung 4. 12. 79, 2).

Mo|bil|ma|chungs|be|fehl, der (Milit.): *Befehl zur Mobilmachung.*

Mo|bil|ma|chungs|tag, der (Milit.): *Tag der Mobilmachung.*

Mo|bil|sta|ti|on, die: *mobile* (1 a) *Station beim Mobilfunk.*

Mo|bil|te|le|fon, das: *ohne Kabel funktionierendes Telefon* (z. B. Autotelefon).

mö|blie|ren 〈sw. V.; hat〉 [frz. meubler, zu: meuble, ↑Möbel]: *mit Möbeln ausstatten, einrichten:* eine Wohnung neu, modern m.; der Raum lässt sich kaum, nur schlecht m.; ein zweckmäßig möbliertes Büro; ein möbliertes *(möbliert vermietetes)* Zimmer; er ... fährt von seinem möblierten Dienstzimmer in sein möbliertes Einzimmerappartement (Brückner, Quints 284); möbliert *(in einem möblierten Zimmer, in einer möblierten Wohnung zur Miete)* wohnen; * **möblierter Herr** (↑Herr 1 a).

Mö|blie|rung, die; -, -en: **1.** *das Möblieren; Ausstattung mit Möbeln.* **2.** *Gesamtheit der Möbel, mit denen etw. möbliert, ausgestattet ist.*

Mobs|ter, der; -s, - [engl. mobster, zu: mob, ↑Mob] (selten): *Gangster, Bandit:* dasselbe gilt für Amerikas Gangster und Ganoven, M. und Mafiosi, die alle längst die fatale Bedeutung des roten Punkts aus dem Laserzielgerät kennen (Spiegel 24, 1977, 210).

Mo|çam|bique [mosam'bi:k] usw.: ↑Mosambik usw.

Moc|ca: ↑Mokka.

Moc|ca dou|ble ['mɔka 'du:bl], der; --, -s -s ['mɔka 'du:bl] [zu frz. double = doppelt; eigtl. = doppelter Mokka] (Gastr.): *besonders starker Kaffee.*

¹**Mo|cha,** der; - [nach dem jemenit. Hafen

Al-Muhā (= Mokka, früher Mocha), ↑Mokka]: *Quarz einer bestimmten Art.*

²**Mo|cha** [auch: 'mɔka], das; -s, **Mo|cha|le|der,** das 〈o. Pl.〉 [nach dem Hafenort Mocha, ↑¹Mocha]: *abgeschliffenes, samtartiges Glacéleder aus Lamm- od. Zickenfellen.*

möch|te, möch|te: ↑mögen.

Möch|te|gern, der; -[s], -e od. -s (ugs. spött.): *jmd., der sich gern aufspielt, gern mehr sein od. scheinen möchte, als er ist, der gern etw. sein möchte, wozu ihm die Fähigkeiten od. Möglichkeiten fehlen:* Seitdem verheizt der Sender Talente und -s auf dem Moderatorensessel (Hörzu 6, 1976, 37).

Möch|te|gern- (ugs. spött.): drückt in Bildungen mit Substantiven aus, dass eine Person gern etw. sein möchte, sich auch dafür hält, es aber nicht oder nur schlecht ist, weil ihr die Fähigkeiten dazu fehlen: Möchtegerncasanova, -rennfahrer, -schriftsteller.

Möch|te|gern|künst|ler, der (ugs. spött.): *jmd., der gern Künstler sein od. als Künstler erscheinen möchte, es aber nicht ist, weil ihm die Fähigkeiten dazu fehlen.*

Möch|te|gern|künst|le|rin, die (ugs. spött.): w. Form zu ↑Möchtegernkünstler.

Mo|cke, die; -, -n [viell. aus dem Kelt.] (landsch.): *für das Züchten geeignetes, gehaltenes Schwein.*

Mo|cken, der; -s, - [spätmhd. mocke, H. u.] (südd., schweiz. mundartl.): *Brocken, dickes Stück.*

Mock|tur|tle|sup|pe ['mɔktœrtl...], die; -, -n [engl. mock turtle soup, aus: mock = unecht, turtle = Schildkröte u. soup = Suppe] (Kochk.): *imitierte Schildkrötensuppe aus Kalbsbrühe u. Gewürzen mit fein geschnittenem Kalbfleisch u. Champignons.*

Mod, der; -[s], -s [engl. mod, eigtl. = modern, poppig, ugs. kurz für: modern = modern]: *(bes. in den Sechzigerjahren) englischer Halbstarker, der auf modische Kleidung Wert legt u. ein Gegner der Rocker ist.*

mod. = moderato.

mo|dal 〈Adj.〉 [zu lat. modus, ↑Modus]: **1.** (Sprachw.) *die Art u. Weise bezeichnend:* -e Konjunktion; Ü -e Persönlichkeit (Soziol.; *Persönlichkeit mit Verhaltensweisen, die typisch für den Kulturkreis sind, dem sie angehört).* **2.** (Musik) *die Modalnotation betreffend, in Modalnotation notiert.*

Mo|dal|ad|verb, das (Sprachw.): *Adverb der Art u. Weise.*

Mo|dal|be|stim|mung, die (Sprachw.): *Umstandsbestimmung der Art u. Weise.*

Mo|da|lis|mus, der; - (Rel.): *altkirchlicher, der Lehre von der Trinität widersprechende Anschauung, die Christus nur als Erscheinungsform Gottes sieht.*

Mo|da|li|tät, die; -, -en [zu ↑modal]: **1.** 〈meist Pl.〉 (bildungsspr.) *Art u. Weise, näherer Umstand, Bedingung, Einzelheit der Durchführung, Ausführung, des Geschehens o. Ä.:* Präsidenten- und Parlamentswahlen sind fällig, Termine und -en jedoch noch nicht festgelegt (NZZ 12.

10. 85, 3); das neue Gesetz und seine strengeren rechtlichen -en (CCI 2, 1999, 2); alle -en in Betracht ziehen; mit den -en des Strafprozesses vertraut sein; Über die -en eines noch zu schaffenden Waffenstillstandes herrscht indes noch Uneinigkeit (Saarbr. Zeitung 8./9. 12. 79, 1). **2. a)** (Philos.) *das Wie (Wirklichkeit, Möglichkeit od. Notwendigkeit) des Seins, Geschehens, Werdens o. Ä.;* **b)** (Logik) *Grad der Bestimmtheit einer Aussage bzw. der Gültigkeit eines Urteils.* **3.** (Sprachw.) *(in unterschiedlicher sprachlicher Form ausdrückbares) Verhältnis des Sprechers zur Aussage bzw. der Aussage zur Realität od. Realisierung.*

Mo|da|li|tä|ten|lo|gik, die: *Modallogik.*

Mo|dal|lo|gik, die: *Zweig der formalen Logik, in dem zur Bildung von Aussagen auch die Modalitäten (2) herangezogen werden.*

Mo|dal|no|ta|ti|on, die (Musik): *vorwiegend der Unterscheidung verschiedener Rhythmen dienende Notenschrift des 12. u. 13. Jh.s.*

Mo|dal|par|ti|kel, die (Sprachw.): *Abtönungspartikel.*

Mo|dal|satz, der (Sprachw.): *Adverbialsatz der Art u. Weise.*

Mo|dal|verb, das (Sprachw.): *Verb, das in Verbindung mit einem reinen Infinitiv ein anderes Sein od. Geschehen modifiziert (z. B. er darf, kann, will fahren).*

Mo|dal|wort, das 〈Pl. ...wörter〉 (Sprachw.): *Adjektiv od. Adverb, das die subjektive Einschätzung eines Sachverhalts durch den Sprecher zum Ausdruck bringt.*

Mod|der, der; -s [mniederd. modder, zu ↑Moder] (nordd. ugs.): *schlammiger Schmutz; Schlamm, Morast:* Bachaufwärts im obersten Tal sammelt sich austretendes Grundwasser: die Quelle der Ems, kein sprudelnder Born, nur M. und Morast. (Zeit 8. 10. 98, 85); ... ist es in dem Moorland ... so nass wie nur irgendwo in Irland. Ein unbedachter Schritt, und man steht bis über beide Knie im M. (Zeit 23. 5. 97, 51); Ü Stefan Bachmann ist das Trüffelschwein unter den Jungregisseuren. Im M. der Literatur- und Theatergeschichte erschnüffelt er unvergleichliche Delikatessen (Zeit 23. 5. 97, 46).

mod|de|rig, modd|rig 〈Adj.〉 (nordd. ugs.): *voller schlammigem Schmutz; morastig:* Auf dem modderigen Schulhof laufen drei Hühner herum (Kempowski, Zeit 373).

mode [mo:t] 〈indekl. Adj.〉 [engl. mode = eine Art Grau; eigtl. = Mode(farbe), zu: mode < frz. mode, ↑¹Mode]: *gedeckt braun.*

¹**Mo|de,** die; -, -n [frz. mode < lat. modus, ↑Modus]: **1. a)** *in einer bestimmten Zeit, über einen bestimmten Zeitraum bevorzugte, als zeitgemäß geltende Art, sich zu kleiden, zu frisieren, sich auszustatten:* eine praktische, sehr weibliche M.; die neueste, herrschende M.; die M. der Renaissance; die M. schreibt dies vor, verlangt dies, will dies so; jede M. mitmachen; sie kann die neue M. (das,

was nach neuester Mode üblich ist) gut tragen; der M. gehorchen, folgen; Mäntel der neuesten M.; etw. ist [ganz] aus der M. [gekommen]; etw. ist [in] M. *(gehört [ganz besonders] zur geltenden bzw. neuesten Mode); mit der M.* gehen *(der jeweiligen Mode folgen);* ein Hut nach der neuesten M.; **b)** ⟨Pl.⟩ *elegante Kleidungsstücke, die nach der herrschenden, neuesten Mode angefertigt sind:* die neuesten -n tragen, vorführen. **2.** *etw., was dem gerade herrschenden, bevorzugten Geschmack, dem Zeitgeschmack entspricht; etw., was einem zeitbedingten verbreiteten Interesse, Gefallen, Verhalten entspricht:* Bungalows in diesem Stil, diese Sportarten sind jetzt [große] M.; Teile aufgelöster Kirchen, Bänke, Beichtstühle als Bar hergerichtet, wie es M. war (Kronauer, Bogenschütze 94); Italien ist, nach Italien zu reisen ist jetzt gerade M.; Dass ein Wort gleichzeitig in fast allen gesellschaftlichen Gruppen M. wird, ist selten (Tatort 83); was sind denn das für neue -n? (ugs.; *was soll denn das auf einmal?*); Der neue Wirkstoff ... gilt geradezu als M. *(ist geradezu ein Modeartikel;* Woche 21. 3. 97, 26); die Einflüsse der M. *(des Zeitgeschmacks)* bei der Innenarchitektur; dieser Tanz, dieser Vorname, dieser Schriftsteller ist ganz aus der M., ist jetzt in M. gekommen *(entspricht nicht mehr, entspricht jetzt dem Zeitgeschmack);* es ist zur M. (abwertend; *zur neuerdings weit verbreiteten Gepflogenheit*) geworden, von Sparmaßnahmen zu sprechen.

²**Mo̱|de,** der; -[s], -n od. die; -, -n [engl. mode < lat. modus, ↑Modus] (Elektrot.): *Schwingungsform elektromagnetischer Wellen bes. in Hohlleitern.*

Mo̱|de|aṟ|ti|kel, der: **1.** *zur Mode gehörender Artikel (3), bes. modisches Zubehör.* **2.** *Artikel (3), der (bes. im Zusammenhang mit einer entsprechenden Mode) eine bestimmte Zeit lang gern gekauft wird.*

Mo̱|de|arzt, der (oft abwertend): *Arzt mit bestimmten medizinischen Erfolgen, der von bestimmten Kreisen bevorzugt konsultiert wird:* Man schickt ihn zum angesehensten Psychiater der Stadt, aber der scheint ein fröhlicher M. zu sein (Spiegel 25, 1980, 180).

Mo̱|de|ä̱rz|tin, die (oft abwertend): w. Form zu ↑Modearzt.

Mo̱|de|aus|druck, der: vgl. Modewort.

Mo̱|de|bad, das: vgl. Modebadeort.

Mo̱|de|ba|de|ort, der: *Badeort, der gerade besonders in Mode ist.*

Mo̱|de|be|ruf, der: *Beruf, der in Mode ist.*

mo̱|de|be|wusst ⟨Adj.⟩: *sich bewusst nach der Mode richtend:* Seit der -e Mann nicht mehr ohne Handtasche geht, wird dieses neue Utensil immer häufiger gestohlen (MM 20./21. 9. 75, 17).

Mo̱|de|blatt, das: vgl. Modezeitschrift.

Mo̱|de|bran|che, die: *den Bereich der Mode umfassende Branche.*

Mo̱|de|sei̱|gner, der: *im Zeichnen u. Beurteilen von Entwürfen, Modellen u. in damit zusammenhängenden kaufmännischen Tätigkeiten ausgebildete Fachkraft auf dem Gebiet der Mode* (Berufsbez.).

Mo̱|de|de|si̱|gne|rin, die: w. Form zu ↑Modedesigner.

Mo̱|de|dich|ter, der: vgl. Modeschriftsteller.

Mo̱|de|dich|te|rin, die: w. Form zu ↑Modedichter.

Mo̱|de|dro̱|ge, die: *Droge* (2b), *die in Mode, nach Art einer Mode verbreitet ist u. bevorzugt konsumiert wird.*

Mo̱|de|fan, der: *jmd., der jede neue Mode* (1a) *begeistert mitmacht.*

Mo̱|de|far|be, die: vgl. Modeberuf.

Mo̱|de|fim|mel, der (ugs. abwertend): *übertriebene Vorliebe für modische Kleidung.*

Mo̱|de|fo|to|graf, der: *Berufsfotograf, der Erzeugnisse der Mode u. Modelle, die sie vorführen, fotografiert.*

Mo̱|de|fo|to|gra|fin, die; -, -nen: w. Form zu ↑Modefotograf.

Mo̱|de|geck, der (abwertend): *Geck* (1).

Mo̱|de|ge|schäft, das: *Geschäft für meist modische Kleidung u. Zubehör bes. für Damen.*

Mo̱|de|ge|stal|ter, der: vgl. Modeschöpfer.

Mo̱|de|ge|stal|te|rin, die: w. Form zu ↑Modegestalter.

Mo̱|de|gra|fik, die: *gewerbliche Grafik zur Gestaltung u. Wiedergabe von Mode u. von Details der Mode.*

Mo̱|de|haus, das: **1.** *größeres Modegeschäft.* **2.** *Unternehmen der Modebranche, das Modelle entwirft u. herstellt.*

Mo̱|de|heft, das: vgl. Modezeitschrift.

Mo̱|de|hund, der: *Hund, dessen Rasse gerade in Mode ist.*

Mo̱|de|in|dus|trie, die: vgl. Modebranche.

Mo̱|de|jour|nal, das: vgl. Modezeitschrift.

Mo̱|de|jour|na|list, der: *Journalist auf dem Gebiet der Mode.*

Mo̱|de|jour|na|lis|tin, die: w. Form zu ↑Modejournalist.

Mo̱|de|ka|ta|log, der: vgl. Modezeitschrift.

Mo̱|de|krank|heit, die: *nach Art einer Mode verbreitete Krankheit (mit eingebildeten od. unklaren Symptomen).*

¹**Mo̱|del,** der; -s, - [mhd. model, ahd. modul < lat. modulus, ↑Modul]: **1.** ⟨auch: die; -, -n⟩ (landsch.) *aus Holz geschnitzte Form mit eingekerbten überlieferten Mustern, mit der Backwerk geformt wird:* er sammelt alte M.; Ich vergrub die Hände in den körnigen Spekulatiusteig und walzte die Masse in die braunfette M. (B. Vesper, Reise 431). **2.** *Hohlform für das Gießen von Wachs.* **3.** (Fachspr.) *erhabene Druckform (wie Holzstock, Druckplatte, Walze) für Textil-, Tapetendruck o. Ä.:* Rund 90 M. aus vier Jahrhunderten bieten eine Übersicht über verschiedene Formen für den Handdruck (MM 18./19. 2. 89, 18). **4.** (Handarb.) *[von Holzstöcken gedruckte] Vorlage für Stick- u. Wirkarbeiten.*

²**Mo̱|del,** das; -s, -s [engl. model < mfrz. modelle < ital. modello, ↑Modell] (Fachspr.): **a)** *Person, bes. Frau, die Modekollektionen, [Modell]kleider auf Modeschauen vorführt; Mannequin:* Als M. führte sie in Moskau Kreationen des Pariser Couturiers Pierre Cardin vor (Spiegel 41, 1987, 299); Richard Grieco ... zog 1985 nach New York City und arbeitete dort als M. (Playgirl 4, 1991, 77); **b)** *Fotomodell.*

Mo̱|de̱ll, das; -s, -e [ital. modello = Muster, Entwurf, zu lat. modulus, ↑¹Modul]: **1. a)** *Form, Beschaffenheit, Maßverhältnisse veranschaulichende Ausführung eines vorhandenen od. noch zu schaffenden Gegenstandes in bestimmtem (bes. verkleinerndem) Maßstab:* das M. eines Schiffes, Flugzeugs, einer Burg, Fabrik; ein M. entwerfen, bauen; Bei dem M. handelt es sich um eine Glaskälteanlage (CCI 1, 1999, 45); **b)** (Technik, bild. Kunst) *Muster, Entwurf einer Plastik, eines technischen o. ä., durch Guss herzustellenden Gegenstandes, nach dem die Guss- bzw. Gipsform hergestellt wird:* das M. einer Plastik; **c)** (Wissensch.) *innere Beziehungen u. Funktionen von etw. abbildendes bzw. [schematisch] veranschaulichendes [u. vereinfachendes, idealisierendes] Objekt, Gebilde:* ein M. des Atomkerns; **d)** (math. Logik) *Interpretation eines Axiomensystems, nach der alle Axiome des Systems wahre Aussagen sind.* **2. a)** *als Gegenstand der bildnerischen, künstlerischen o. ä. Darstellung od. Gestaltung benutztes Objekt, Lebewesen usw.:* jmd. dient jmdm. als M. für eine Romanfigur; er hat Tiere und Pflanzen als -e für seine Federzeichnungen benutzt; **b)** *Person, die sich [berufsmäßig] als Gegenstand bildnerischer od. fotografischer Darstellung, Gestaltung zur Verfügung stellt:* das M. eines Malers, Fotografen; als M. arbeiten; * **[jmdm.] M. sitzen/stehen** *(jmds. Modell sein):* Sie störte sich an dem »Hobby« ihres Mannes, das die Beschäftigung mit Aktaufnahmen war, wozu sie immer wieder eine Frauen M. stehen mussten (MM 19. 11. 65, 10); sie hat dem Maler für dieses Bild an drei Tagen M. gesessen; **c)** ²*Model* (a); **d)** (verhüll.) *Hostess* (2). **3. a)** *(Gegenstand als) Entwurf, Muster, Vorlage für die (serienweise) Herstellung von etw.:* das M. einer neuartigen Maschine; **b)** *Typ, Ausführungsart eines Fabrikats:* der Wagen, das Fernsehgerät ist das neueste M. dieser Firma; die Fotogeschäfte bieten das auslaufende M. jetzt zu einem niedrigeren Preis an; Ü selbst die Kabinettskollegen hielten den Minister für ein auslaufendes M. (ugs.; *für jmdn., der in diesem Amt keine Zukunft mehr hat);* Brecht, ein auslaufendes M. (Spiegel 10, 1992, 259); **c)** (Rechtsspr.) *Geschmacksmuster.* **4.** (Mode) *[Kleidungs]stück, das eine Einzelanfertigung ist [u. ungefähr als Muster, Vorlage od. Anhaltspunkt für serienweise Herstellung bzw. Konfektion dienen kann]:* ein Pariser M.; ein M. aus dem Hause Dior; das Kleid, der Schuh, die Handtasche ist ein M.; ein M. tragen. **5.** (bildungsspr.) **a)** *etw., was (durch den Grad seiner Perfektion, Vorbildlichkeit o. Ä.) für andere od. für andere Vorbild, Beispiel, Muster sein kann:* dort ... kenne er ein zauberhaftes Hotel, das ihm so ein bisschen als M. vorschwebe (Danella, Hotel 110); Die osteuropäischen Staaten hatten nach dem Zerfall des Sozialismus wesentlich bessere Ausgangsbedingungen, um das westliche politische M. zu adaptieren (Woche 20. 12. 96, 25); dieser Staat wurde zum M. einer freiheitlichen Demokratie, für eine freiheitliche Demokratie; etw. nach dem M. von etw. gestalten; **b)** *als Muster gedachter Entwurf:* das M. eines neuen Gesetzes; ein M. vorlegen, diskutieren; An -en zur Bewältigung der Krise in der Altersversicherung herrscht kein Mangel (Woche 14. 11. 97, 13).

Mo|dell|lage [...'la:ʒə], die; -, -n [(wohl unter Einfluss von frz. modelage) zu ↑Modell] (seltener): *modellierend* (1 a) *formende Bearbeitung, Gestaltung:* die biotopgerechte M. eines Geländes zur Schaffung eines Feuchtbiotops; (Kosmetik:) eine M. der Fingernägel, des Gesichts.

Mo|dell|ath|let, der (Sport Jargon): *Athlet, der aufgrund seines kräftigen u. harmonischen Körperbaus bzw. seines ganzen Äußeren als Muster, Ideal eines Athleten gelten kann.*

Mo|dell|bau|er, der; -s, -: *Handwerker, der Gießmodelle u. a. anfertigt u. repariert* (Berufsbez.).

Mo|dell|bau|e|rin, die; -, -nen: w. Form zu ↑Modellbauer.

Mo|dell|bau|kas|ten, der: *Baukasten zum Bauen von Spielzeugmodellen.*

Mo|dell|cha|rak|ter, der: *Eigenschaft, als Modell* (5) *dienen zu können:* das neue Verfahren hat M.; Gefördert werden sollen Projekte mit M., ökologisch vorbildliche, die neue Lebensformen in Freizeit und Sport ... berücksichtigen (FAZ 17. 2. 99, 44).

Mo|dell|ei|sen|bahn, die: *Spielzeugeisenbahn, deren einzelne Teile möglichst wirklichkeitsgetreu nachgebildet sind.*

Mo|dell|leur [...'lø:ɐ̯], der; -s, -e [frz. modeleur]: *Facharbeiter od. [Kunst]handwerker, der Modelle* (3 a) *entwirft.*

Mo|dell|leu|rin, die; -, -nen: w. Form zu ↑Modelleur.

Mo|dell|fall, der: **a)** *Fall, der als Modell* (5 a) *gelten kann:* ein M. für Stadtsanierung; **b)** *typisches Beispiel für etw., jmdn.:* das war ein M. für falsches Verhalten.

Mo|dell|flug, der ⟨o. Pl.⟩: *mit Modellflugzeugen betriebener Flugsport.*

Mo|dell|flug|zeug, das: vgl. Modelleisenbahn.

mo|dell|haft ⟨Adj.⟩ (bildungsspr.): **1.** *ein Vorbild, Muster, Modell* (5) *darstellend:* der Schulversuch ist m. für das ganze Land. **2.** *in Form od. nach Art eines Modells* (1 b): *ein Modell* (1 b) *bildend:* eine -e Darstellung der Venus von Milo. **3.** *in der Art, anhand eines Modells* (1 c): Doch können Hirnforscher jetzt m. erklären, wie Lernprozesse mit der Funktion der Gene in den Zellkernen zusammenhängen (Woche 28. 3. 97, 1).

Mo|dell|lier|bo|gen, der: *bedruckter Bogen, nach dem ein [Spielzeug]modell gebastelt werden kann.*

mo|dell|lie|ren ⟨sw. V.; hat⟩ [ital. modellare, zu: modello, ↑Modell]: **1. a)** *(formbares Material) plastisch formen, gestal-*

ten; *formend, gestaltend bearbeiten:* [den] Ton, [das] Wachs m.; m. lernen; an einer Plastik m.; **b)** *durch Modellieren* (1 a) *bilden, formen:* eine Vase m.; jmdn. in Ton, Gips m. *(plastisch nachbilden);* Der unglasierte Kopf des Reiters ... wurde also separat modelliert und dann auf den Körper gesetzt (Kronauer, Bogenschütze 96); Ü ein leuchtender ... Kalkstein, der den Überschwang des Gebauten, vor allem im ... Licht des Nachmittags, effektvoll modelliert (Fest, Im Gegenlicht 162). **2.** (Wissensch.) *von etw. ein Modell* (1 c) *herstellen, bilden:* wirtschaftliche Prozesse in einem Computer m. **3.** *in bestimmter Weise (bes. in bestimmter Form, Farbe o. Ä.) als Modell* (3, 4) *gestalten; nach entsprechendem Modell* (3, 4) *in bestimmter Weise gestalten:* Die Anzüge sind betont schlank modelliert (Herrenjournal 3, 1966, 40).

Mo|dell|lie|rer, der; -s, -: *Modelleur.*

Mo|dell|lie|re|rin, die; -, -nen: w. Form zu ↑Modellierer.

Mo|dell|lier|holz, das: *[Bildhauer]werkzeug zum Modellieren.*

Mo|dell|lier|klas|se, die: *Klasse einer Fach[hoch]schule, in der das künstlerische Modellieren geübt wird.*

Mo|dell|lier|mas|se, die: *zum Modellieren geeignetes Material.*

Mo|dell|lier|ton, der ⟨Sorten: -e⟩: *Ton zum Modellieren.*

Mo|dell|lie|rung, die; -, -en: **1.** *das Modellieren.* **2.** *durch Modellieren* (1 a, 3) *geschaffene Gestalt, Form, Beschaffenheit.*

Mo|dell|lier|wachs, das: *Wachs zum Modellieren.*

mo|dell|lig ⟨Adj.⟩ (Mode): *in der Art eines Modells* (4): -e Kleider.

Mo|dell|list, der; -en, -en (Mode): *Modelleur.*

Mo|dell|lis|tin, die; -, -nen (Mode): w. Form zu ↑Modellist.

Mo|dell|jacht, die: vgl. Modelleisenbahn.

Mo|dell|kleid, das: *Kleid, das als Modell* (4) *angefertigt wurde.*

Mo|dell|pfle|ge, die: *Gesamtheit der Maßnahmen zur Verbesserung u. Verfeinerung eines Modells* (3 b): Die Kölner ließen dem Auto eine umfangreiche M. angedeihen, sodass die Garantiereparaturen in den ersten zwei Jahren um 30 Prozent zurückgingen (ADAC-Motorwelt 2, 1987, 30).

Mo|dell|pro|jekt, das: *Projekt, das modellhaften Charakter hat.*

Mo|dell|pup|pe, die: **1.** *Schneiderpuppe.* **2.** *Schaufensterpuppe.*

Mo|dell|rech|nung, die (bes. Wirtsch.): *Berechnung (bes. künftiger Kosten) anhand eines mehr od. weniger wirklichkeitsnahen Modells.*

Mo|dell|renn|wa|gen, der: vgl. Modelleisenbahn.

Mo|dell|schrei|ner, der (bes. westmd. u. südd.): *Modelltischler.*

Mo|dell|schrei|ne|rin, die: w. Form zu Modellschreiner.

Mo|dell|schuh, der: vgl. Modellkleid.

Mo|dell|schutz, der ⟨o. Pl.⟩ (Rechtsspr.): *[patent]rechtlicher Schutz für ein Modell* (3 c).

Mo|dell|se|gel|boot, das: vgl. Modelleisenbahn.

Mo|dell|se|geln, das; -s (Sport): *mit Modellsegelbooten [wettkampfmäßig] betriebenes Segeln.*

Mo|dell|the|a|ter, das: *kleines (Spielzeug)modell eines Theaters, seiner Dekorationen u. Figuren.*

Mo|dell|tisch|ler, der: *Tischler, der Modelle* (1 a) *anfertigt u. repariert.*

Mo|dell|tisch|le|rin, die: w. Form zu ↑Modelltischler.

Mo|dell|ver|such, der: **1.** (bildungsspr.) *Versuch, der ein Muster für etw. liefern soll:* das pädagogische Konzept für den M. einer Ganztagsschule (Saarbr. Zeitung 24. 12. 79, 11/13/15). **2.** (Wissensch., Technik) *Experiment an einer maßstabgetreuen Nachbildung, einer simulierten Situation o. Ä. zur Erlangung von Aufschlüssen über den originalen Gegenstand, Prozess.*

Mo|dell|zeich|nung, die: *Zeichnung, die ein Modell* (1 a, 2 a, 3 a, 4) *zum Gegenstand hat.*

¹mo|deln ⟨sw. V.; hat⟩ [mhd. modelen, zu ↑¹Model]: **1.** (bildungsspr.) *[durch Veränderungen] gestalten, formen; umformen, umgestalten:* etw. nach seinen Wünschen m.; an etw. m. *(hier u. dort kleine Veränderungen anbringen);* Ü Schneewehen, ... von dem modelnden Hauch des Windes geformt (A. Zweig, Grischa 386); er lässt sich nicht m. *(in Einzelheiten des Charakters, der Persönlichkeit beliebig ändern).* **2.** (Handw. südd.) *mit dem ¹Model* (1) *prägen.*

²mo|deln ⟨sw. V.; hat⟩ [zu ↑²Model] (Jargon): *als ²Model arbeiten:* sie studiert und modelt gelegentlich bei kleineren Modeschauen und für Wäschekataloge.

Mo|del|tuch, das ⟨Pl. ...tücher⟩ (Handarb.): *Stickmustertuch.*

Mo|de|lung, die; -, -en: *das ¹Modeln.*

Mo|dem, der, auch: das; -s, -s [geb. aus engl. **mo**dulator (↑Modulator) u. **dem**odulator (↑Demodulator)] (Fernspr.): *Gerät, mit dessen Hilfe Daten über Fernsprechleitungen übertragen werden.*

Mo|de|ma|cher, der: *jmd., der berufsmäßig Mode entwirft u. in Kollektionen auf den Markt bringt:* In Hamburg sofort zur Sehenswürdigkeit avancierte ... örtliches Hauptquartier hipper M., in neuen, wesentlich erweiterten Räumen (Woche 19. 12. 97, 47).

Mo|de|ma|che|rin, die: w. Form zu ↑Modemacher.

Mo|de|narr, der (abwertend): *Modegeck.*

Mo|de|när|rin, die: w. Form zu ↑Modenarr.

Mo|den|blatt: ↑Modeblatt.

Mo|den|ge|schäft: ↑Modegeschäft.

Mo|den|haus: ↑Modehaus (1).

Mo|den|jour|nal: ↑Modejournal.

Mo|den|schau, die: *Veranstaltung, bei der Kleidungsstücke, bes. die neuesten Moden vorgeführt werden:* eine M. veranstalten; etw. bei, in einer M. vorführen; zu einer M. gehen.

Mo|den|zeit|schrift: ↑Modezeitschrift.

Mo|den|zei|tung: ↑Modezeitung.

Mo|de|püpp|chen, das (ugs. abwertend): *übertrieben modisch gekleidetes*

Mädchen: ich bin mit zehn Jahren schon umhergelaufen wie ein M. (Fichte, Wolli 206).

Mo|de|pup|pe, die (ugs. abwertend): *übertrieben modisch gekleidete weibliche Person.*

Mo|der, der; -s [spätmhd. (md.) moder, urspr. = Feuchtigkeit; Schlamm, Schmutz; Schimmel(belag), verw. mit ↑Moos]: **1.** *durch Fäulnis u. Verwesung entstandene Stoffe:* Schulgeruch nach Tinte, M., feuchten Kleidern (Sobota, Minus-Mann 17). **2.** (landsch.) *schlammiger Schmutz; Morast.*

Mo|de|ra|men, das; -s, - u. ...mina [lat. moderamen = Lenkungsmittel, zu: moderari, ↑moderieren]: **1.** (veraltet) *Mäßigung.* **2.** (ev. Kirche) *gewähltes Vorstandskollegium einer reformierten Synode.*

mo|de|rat ⟨Adj.⟩ [lat. moderatus, zu: moderari, ↑moderieren] (bildungsspr.): *gemäßigt, maßvoll:* -e Worte; eine -e Haltung; -e Politiker; Bonn hofft fürs Wahljahr auf -e Lohnabschlüsse (Spiegel 39, 1979, 60); Eine Fortsetzung der -en Tarifpolitik könnte für 400 000 Menschen Beschäftigung bringen (Woche 7. 3. 97, 13); In -em Ton bat er um die Auszahlung seines Lohns (NJW 19, 1984, 1095); sich m. geben, zeigen.

◆ **Mo|de|ra|teur|lam|pe** [...'tø:ɐ̯...], die; -, -n [zu frz. modérateur = Regler < lat. moderator, ↑Moderator]: *Petroleumlampe mit einer Vorrichtung für sparsamen Ölverbrauch:* eine mit einem roten Schleier versehene M. (Fontane, Jenny Treibel 59).

Mo|de|ra|ti|on, die; -, -en [lat. moderatio]: **1.** (Rundf., Ferns.) *das Moderieren:* die M. einer Sendung übernehmen; Ü Um ein politisches Lösungskonzept, wie es etwa für Bosnien in Dayton unter der M. *(der Führung, Leitung, der Regie)* der Westmächte ausgehandelt wurde, kümmerte sich niemand (Woche 21. 8. 98, 22). **2.** (bildungsspr. veraltet) *gemäßigte Haltung; Mäßigung.*

mo|de|ra|to ⟨Adv.⟩ [ital., zu: moderare < lat. moderari, ↑moderieren] (Musik): *gemäßigt, mäßig schnell;* Abk.: mod.

Mo|de|ra|to, das; -s, -s u. ...ti: *moderato gespieltes Musikstück.*

Mo|de|ra|tor, der; -s, ...oren [lat. moderator = Mäßiger, Leiter]: **1.** (Rundf., Ferns.) *jmd., der eine Sendung moderiert* (1): die -en der politischen Magazine, der Sportschau; ein neuer M. führt durch die Sendung; Ü Auch bei künftigen Gesprächen zwischen Telekom und Regulierungsbehörde will Müller nun, so heißt es im Wirtschaftsministerium, als M. *(als lenkender Vermittler)* auftreten (Wirtschaftswoche 50, 1998, 26); Von Theodor Heuss bis Roman Herzog – stets ist der Bundespräsident eher ein M. gewesen. Auch einem Kanzler ist nichts vorzuwerfen, wenn er Menschen zusammenführen will (Zeit 8. 4. 99, 10). **2.** (Kerntechnik) *Stoff, der Neutronen hoher Energie abbremst.* **3.** (ev. Kirche) *Vorsteher eines Moderamens* (2).

Mo|de|ra|to|rin, die; -, -nen (Rundf., Ferns.): *w. Form zu* ↑Moderator (1).

Mo|der|ge|ruch, der: *Geruch nach Moder:* Der M. von der schon stockig werdenden Wand (Kühn, Zeit 106); Der Mülleimer strömte M. aus (Ossowski, Liebe ist 236).

Mo|der|hin|ke, die; - (landsch.): *Krankheit bei Schafen, die sich durch Entzündung der Klauen u. Hinken äußert u. bes. durch dauernde Einwirkung von Nässe, Lehm, Schlamm od. Verletzungen beim Wandern über Stoppelfelder verursacht wird; Stoppellähme.*

Mo|de|rich|tung, die: **1.** *Richtung der Mode* (1 a): die herrschende M. **2.** *Richtung, [geistige] Strömung, die in Mode ist:* die -en in der Kunst, in der Literatur.

mo|de|rie|ren ⟨sw. V.; hat⟩ [spätlat. moderare, lat. moderari = mäßigen, regeln, lenken, zu: modus, ↑Modus]: **1.** (Rundf., Ferns.) *(eine Sendung) durch einführende Worte u. verbindende Kommentare in ihrem Ablauf betreuen:* ein politisches Magazin m.; Nach ihrer Schauspielausbildung moderierte Nehama ... im israelischen Rundfunk Sendungen für Kinder (Freizeitmagazin 26, 1978, 19); Ü Viele Engagierte haben solche Kurse absolviert, haben gelernt, Gruppen m. *(leitend mit Gruppen zu arbeiten),* sich selbst darzustellen – Zertifikat eingeschlossen (Zeit 15. 4. 99, 39); Zu Recht versucht der Amsterdamer Vertrag ..., die Position des Kommissionspräsidenten zu stärken. Der nächste Präsident wird führen, nicht nur m. (FAZ 30. 1. 99, I). **2.** (bildungsspr. veraltet) *mäßigen, mildern; einschränken.*

mo|de|rig, modrig ⟨Adj.⟩: *von Moder bzw. Modergeruch erfüllt:* ein -er Keller, Geruch; die Luft ist m.; m. riechen.

Mo|der|kä|fer, der: *rostroter bis braunschwarzer Käfer, der bes. an modrigen Stellen (z. B. in Kellern) lebt.*

Mo|der|lies|chen, das [nach altem Volksglauben sollen diese Fische mutterlos im Moder (2) entstehen; 2. Bestandteil die appellativisch gebrauchte Kosef. des w. Vorn. Elisabeth]: *silbrig glänzender, kleiner Karpfenfisch mit olivfarbener Oberseite.*

¹mo|dern ⟨sw. V.; hat/ist⟩: *Moder* (1) *ansetzen; in Moder übergehen:* das Laub modert; im Keller m. *(liegen vergessen [modernd])* Bücher.

²mo|dern ⟨Adj.⟩ [frz. moderne < lat. modernus = neu(zeitlich), zu: modo = eben erst, zu: modus, ↑Modus]: **1.** *der herrschenden bzw. neuesten Mode* (1 a, 2) *entsprechend:* ein -es Kleid; solche Handtaschen sind nicht mehr m.; Die neue Dienstbekleidung ... ist ... -er und zum Teil auch eleganter (Saarbr. Zeitung 12./13. 7. 80, 16); sich m. kleiden. **2. a)** *dem neuesten Stand der geschichtlichen, gesellschaftlichen, kulturellen, technischen o. ä. Entwicklung entsprechend; neuzeitlich, heutig, zeitgemäß:* die -e Technik, Ernährung; -e Häuser, Instrumente; das -e Kochmöbel brauchte man nur anzuzünden, schnell war alles fertig (Kühn, Zeit 136); es gäbe keine rechte und keine linke Wirtschaftspolitik mehr, nur -e und unmoderne (Woche 14. 11. 97, 28); m. wohnen; **b)** *an der Ge-*

genwart, ihren Problemen u. Auffassungen orientiert, dafür aufgeschlossen; in die jetzige Zeit passend: ein -er Mensch; eine -e Ehe führen; das -e Leben; die -e Welt; die Bedeutung der Weihnachtszeit in unseren -en Tagen (Saarbr. Zeitung 22. 12. 79, 18); m. denken. **3.** *der neuen od. neuesten Zeit zuzurechnen:* -e Kunst, Musik, Literatur; der -e Stil; Ich ... hab viele Stile durchgemacht: Dixieland, -en Jazz, Rock (Musik und Medizin 4, 1977, 63); die -en Diktaturen; m. *(im modernen Stil)* komponieren.

Mo|der|ne, die; - (bildungsspr.): **1.** *die moderne, neue od. neueste Zeit [u. ihr Geist]:* Auch Kirby Halbmond ist Indianer. In seiner Heimat ... hat die M. längst Einzug gehalten (natur 2, 1991, 100); In der M. werden hohe Ansprüche an die individuelle Fähigkeit zur bildungsbiographischen Selbstreflexion gestellt (Lernmethoden 1997, 19). **2.** *moderne Richtung in Literatur, Kunst od. Musik:* ein Vertreter der M.; Auf einem Hügel ... ist sie angesiedelt: die Zitadelle für die Kunst, eine Festung aus hellem italienischem Travertin ... M. *(moderne Kunst)* für die Ewigkeit (Woche 19. 12. 97, 38).

mo|der|ni|sie|ren ⟨sw. V.; hat⟩ [frz. moderniser]: **1.** *durch Veränderungen, Umgestaltung der neuen Mode angleichen:* die Kleidung, Ausstattung m.; Für Oktober 1989 ist Einzug in die modernisierten Wohnungen angesagt (Freie Presse 22. 6. 89, 3). **2. a)** *durch Veränderungen, Umgestaltung technisch o. ä. auf einen neuen Stand bringen:* im Labor, die Verwaltung [technisch] m.; ich bin verrückt. Ich werde diese Fabrik m. (Bieler, Mädchenkrieg 257); Großunternehmen ... benötigen viel Zeit, bis sie ihre Verkehrskonzepte ökologisch modernisiert haben (natur 3, 1991, 72); **b)** ⟨m. + sich⟩ *sich durch Veränderungen, Umgestaltung den neuen, zeitgemäßen Anforderungen anpassen:* Heute hat sich die Schule modernisiert: Die zeitflexible Lernumgebung wird zu ihrem methodischen Programm (Lernmethoden 1997, 20). **3.** (bes. Literatur) *durch Veränderungen, Umgestaltung den Ausdrucks-, Äußerungsformen der modernen Zeit angleichen:* einen Text m.

Mo|der|ni|sie|rer, der; -s, - (oft leicht abwertend): *Neuerer* (1): Mit dem Rückhalt der M. war Tony Blairs Aufstieg unaufhaltsam (Woche 11. 4. 97, 3).

Mo|der|ni|sie|rung, die; -, -en: *das Modernisieren.*

Mo|der|nis|mus, der; -, ...men: **1.** ⟨o. Pl.⟩ *Bejahung des Modernen, Streben nach Modernität [in Kunst u. Literatur].* **2.** (Sprachw., Stilk., Kunstwiss.) *modernes Stilelement.* **3.** ⟨o. Pl.⟩ *(zu Beginn des 20. Jh.s entstandene) Richtung in der katholischen Theologie, die sich bes. gegen die Beeinflussung des geistigen Lebens durch einen starren Kurialismus wendet.*

Mo|der|nist, der; -en, -en: *Anhänger des Modernismus* (1, 3).

Mo|der|nis|tin, die: w. Form zu ↑Modernist.

mo|der|nis|tisch ⟨Adj.⟩: **1.** *den Modernismus betreffend, zu ihm gehörend:*

1922 ... formierte sich in São Paulo eine -e Künstlergruppe (Saarbr. Zeitung 12./13. 7. 80, 5). **2.** (oft abwertend) *sich modern gebend, übertrieben modern:* eine -e Architektur; Molière modern, nicht m. Ingmar Bergman hat am Münchner Residenztheater den »Tartuffe« inszeniert (MM 18. 1. 79, 32).

Mo|der|ni|tät, die; -, -en ⟨Pl. selten⟩ [frz. modernité] (bildungsspr.): *moderne Beschaffenheit, modernes Gepräge, Verhalten o. Ä.:* die M. des neuen Einkaufszentrums (Scholl-Latour, Frankreich 161); die Chinesen wissen ... M. der Produkte zu würdigen (Rhein. Merkur 18. 5. 84, 11).

Mo|dern Jazz ['mɔdən 'dʒæz], der; --, (auch:) **Mo|dern|jazz,** der; - [engl. modern jazz]: *(etwa seit 1945) stilistisch weiterentwickelter Jazz.*

Mo|de|sa|che, die: in der Wendung **etw. ist [eine] M.** *(etw. ist eine reine Angelegenheit der Mode, Ausdruck eines bestimmten Zeitgeschmacks).*

Mo|de|sal|lon, der: *Geschäft für Anfertigung eleganter Damenkleidung.*

Mo|de|schaf|fen, das: *das Schaffen, schöpferische Leistungen auf dem Gebiet der Mode.*

Mo|de|schau, die: ↑Modenschau.

Mo|de|schmuck, der: *modischer Schmuck aus nicht sehr wertvollem Material.*

Mo|de|schöp|fer, der: *jmd., der durch Entwerfen von Modellen, Kollektionen zur Gestaltung der Mode beiträgt.*

Mo|de|schöp|fe|rin, die: w. Form zu ↑Modeschöpfer.

Mo|de|schöp|fung, die: *von einem Modeschöpfer geschaffenes Kleidungsstück, Kreation (1).*

Mo|de|schrift|stel|ler, der: *Schriftsteller, der aufgrund einer Mode in einer bestimmten Zeit beliebt ist u. viel gelesen wird.*

mo|dest ⟨Adj.⟩ [lat. modestus = Maß haltend, zu: modus, ↑Modus] (veraltet): *bescheiden, sittsam.*

Mo|de|strö|mung, die: vgl. Moderichtung.

Mo|de|tanz, der: *Tanz, der eine bestimmte Zeit lang in Mode ist.*

Mo|de|the|ma, das: *Thema, das gerade in Mode ist:* Das große M. dieses Sommers, »Graffiti« (Nordschweiz 29. 3. 85, 15).

Mo|de|tor|heit, die: *Torheit, lächerlicher Auswuchs auf dem Gebiet der Mode:* ein wahres Monstrum von Hut, eine so genannte M. (Kempowski, Zeit 68).

Mo|de|trend, der: *Trend in der Mode.*

Mo|de|wa|re, die: vgl. Modeartikel.

Mo|de|welt, die ⟨o. Pl.⟩: *Welt (4) der Mode (1) u. der mit ihr befassten Personen.*

Mo|de|wort, das ⟨Pl. ...wörter⟩: *neues Wort, Wort in abgewandelter od. neuer Bedeutung, das eine begrenzte Zeit lang in Mode ist, dann aber wieder seinen Reiz verliert:* Der lange Winter habe gleich mehrere Modewörter gebracht (Welt 25./26. 7. 87, 1); Denn Hoffnung ist mehr als ein M. (Hörzu 6, 1987, 5).

Mo|de|zar, der (Jargon scherzh.): *führender Modeschöpfer.*

Mo|de|za|rin, die (Jargon scherzh.): w. Form zu ↑Modezar.

Mo|de|zeich|ner, der: *Modedesigner.*

Mo|de|zeich|ne|rin, die: w. Form zu ↑Modezeichner.

Mo|de|zeich|nung, die: *den Bereich der Mode betreffende Zeichnung.*

Mo|de|zeit|schrift, die: *Zeitschrift mit Bildern u. Berichten zur neuesten Mode (1 a).*

Mo|de|zei|tung, die: vgl. Modezeitschrift.

Mo|di: Pl. von ↑Modus.

Mo|di|fi|ka|ti|on, die; -, -en [mlat. modificatio < lat. modificatio = das Abmessen, Abwägen, zu: modificare, ↑modifizieren]: **1.** (bildungsspr.) **a)** *das Modifizieren; Abwandlung, Abänderung:* -en vornehmen; der Austragungsmodus hat im Laufe der Jahre viele -en erfahren (ist oft modifiziert worden); Ich gäbe ... die Hoffnung nicht auf, dass sich in Bezug auf die Grenzziehung -en erreichen ließen (W. Brandt, Begegnungen 145); **b)** *modifizierte Form, Ausführung:* Die äußerlich erkennbaren -en sind bescheiden: eine geglättete Front, eine durchgehende größere Windschutzscheibe (Volksblatt Berlin 17. 6. 84, 13); der Text liegt in mehreren -en vor. **2.** (Biol.) *durch äußere Faktoren bedingte nicht genetische Abweichung einer Eigenschaft, abweichende Ausprägung eines Merkmals.* **3.** (Chemie) *jeweils durch die Kristallstruktur gekennzeichnete unterschiedliche Zustandsform, in denen ein Stoff vorkommen kann.* **4.** (Psych.) *durch Umwelteinfluss hervorgerufene, vorübergehende, geringfügige Veränderung der Konstitution.*

Mo|di|fi|ka|tor, der; -s, ...oren [spätlat. modificator = jmd., der etw. ordnungsgemäß einrichtet] (bildungsspr., Fachspr.): *etw., was abschwächende od. verstärkende Wirkung hat:* bestimmte Gene wirken als -en.

mo|di|fi|zier|bar ⟨Adj.⟩ (bildungsspr.): *sich modifizieren lassend.*

Mo|di|fi|zier|bar|keit, die; - (bildungsspr.): *das Modifizierbarsein.*

mo|di|fi|zie|ren ⟨sw. V.; hat⟩ [lat. modificare = richtig abmessen; mäßigen, zu: modus (↑Modus) u. -ficare = machen] (bildungsspr., Fachspr.): **1.** *in einer od. mehreren Einzelheiten anders gestalten, umgestalten, [ab]ändern, abwandeln:* eine These, ein Projekt, Programm m.; sein Verhalten m.; Der Entwurf von Schultes und Frank, der seit dem Wettbewerbssieg 1994 vielfach modifiziert wurde, ohne seinen Charakter zu verlieren, besteht aus dem komplexen Durchdringung vieler Raumformen (Woche 14. 2. 97, 46); Es handelt sich um eine Stelle, die je nach persönlicher Eignung modifiziert und ausgebaut werden kann (Basler Zeitung 12. 5. 84, 73); ein modifizierter (Rennsport; *für sportliche Zwecke veränderter)* Serienmotor. **2.** *in einer od. mehreren Einzelheiten eine [Ab]änderung, Abwandlung, eigentümliche Ausprägung bewirken:* etw. modifiziert den Zustand, Ablauf von etw.; etw. kehrt in modifizierter Form wieder; modifizie-

rende *(nähere, einschränkende)* Bestimmungen; ein modifizierendes Verb (Sprachw.; *Verb, das ein durch einen Infinitiv mit »zu« ausgedrücktes Sein od. Geschehen modifiziert, z. B. »pflegen« in dem Satz »Er pflegt lange zu schlafen«).*

Mo|di|fi|zie|rung, die; -, -en (bildungsspr., Fachspr.): *das Modifizieren.*

mo|disch ⟨Adj.⟩ [zu ↑¹Mode]: **1. a)** *der herrschenden od. neuesten Mode (1 a) entsprechend, folgend:* eine -e Frisur; -e Kleidung; eine -e Handtasche; -e Effekte, Details; Jutta hatte überhaupt keinen Mut zu -en Farben und Formen (Freizeitmagazin 12, 1978, 42); in jener Zeit, wo fast alle -en Männer sich glatt rasieren ließen (Musil, Mann 42); Für ein Kind gibt es zwei Möglichkeiten, eine Jacke, die es nicht mehr mag, gegen eine -ere eingetauscht zu bekommen (Woche 28. 2. 97, 5); sich m. kleiden; die Jacken ..., die sie m. umarbeiten sollte (NNN 23. 9. 87, 5); **b)** *die geltende od. neueste Mode (1 a) betreffend:* die großen Warenhäuser nehmen den Frauen einen großen Teil der -en Überlegungen ab (Dariaux [Übers.], Eleganz 91). **2.** *der herrschenden od. neuesten Mode (2) entsprechend, folgend:* ... ob man das jeweils -e Bild des Menschen als Zeiterscheinung hinnimmt (Sommerauer, Sonntag 53); doch fällt es auf, dass er sich zugleich ... dem -en Trend der Alternativen anschloss (DS magazin 10. 10. 82, 6); Und wenn man ein wenig m. ist, könnte man auch »Fan« sagen (Hörzu 44, 1972, 28).

Mo|dist, der; -en, -en [frz. modiste]: **1.** *Schreibkünstler des Spätmittelalters.* **2.** (veraltet) *jmd., der mit Modewaren handelt.*

Mo|dis|tin, die; -, -nen: *Hutmacherin (Berufsbez.).*

◆ **mod|richt** ⟨Adj.⟩: *modrig:* nicht tote Bücher, alte Ordnungen, nicht -e Papiere soll er fragen (Schiller, Piccolomini I, 4).

mod|rig: ↑moderig.

¹Mo|dul, der; -s, -n [lat. modulus = Maß, Vkl. von: modus, ↑Modus]: **1.** (Math.) **a)** *(in verschiedenen Zusammenhängen) zugrunde liegendes Verhältnis, zugrunde liegende Verhältniszahl;* **b)** *Divisor (als natürliche Zahl), in Bezug auf den zwei ganze Zahlen kongruent (2 b) sind (d. h. bei der Division den gleichen Rest liefern).* **2. a)** (Physik, Technik) *(in verschiedenen Zusammenhängen) Materialkonstante;* **b)** (Technik) *Maß für die Berechnung der Zahngröße bei Zahnrädern.*

²Mo|dul, das; -s, -e [engl. module < lat. modulus, ↑¹Modul] (Fachspr., bes. EDV, Elektrot.): *austauschbares, komplexes Element innerhalb eines Gesamtsystems, eines Gerätes od. einer Maschine, das eine geschlossene Funktionseinheit bildet:* ein defektes M. austauschen; Ü Wir haben verschiedene -e, die wir miteinander kombinieren – Filmbeiträge, Einzelinterviews, Talkrunden (Woche 2. 1. 98, 23).

mo|du|lar ⟨Adj.⟩ [engl. modular] (Fachspr.): *in der Art eines ²Moduls; wie ein Bauelement beschaffen:* Wir fertigen dialogorientierte -e Systeme moderner Bürokommunikation (Hamburger Abendblatt 24. 8. 85, 56); Modular aufgebaute Lüftungs- und Klimageräte (CCI 1, 1986, 21).

Mo|du|la|ti|on, die; -, -en [lat. modulatio = Maß; das Melodische, Rhythmische, zu: modulari, ↑modulieren]: *das Modulieren.*

Mo|du|la|ti|ons|fä|hig|keit, die 〈o. Pl.〉 (bes. Musik, Rhet.): *Wandlungsfähigkeit (des Klangs, der Sprache, der menschlichen Stimme):* darüber hinaus hat er eine M. des Anschlags (Zeller, Amen 161).

Mo|du|la|tor, der; -s, ...oren (Nachrichtent.): *Gerät, Vorrichtung zum Modulieren* (3).

mo|du|la|to|risch 〈Adj.〉: *die Modulation betreffend.*

mo|du|lie|ren 〈sw. V.; hat〉 [lat. modulari = abmessen, einrichten]: **1. a)** (bildungsspr.) *gestaltend abwandeln, abwandelnd gestalten:* die Menschen modulieren ihre Meinungen, je nachdem, was ihnen Erfolg verspricht (Fussenegger, Zeit 346); **b)** (bes. Musik, Rhet.) *(den Klang, die Stimme, Sprache, Intonation usw.) zum Zweck des [kunstgerechten] Ausdrucks abwandeln, abwandelnd gestalten:* den Ton m. **2.** (Musik) **a)** *beim Spiel, Vortrag von einer Tonart in die andere überleiten:* der Organist modulierte von C-Dur nach F-Dur; **b)** *von einer Tonart in die andere übergehen:* am Ende modulierte die kurze Improvisation von a-Moll nach C-Dur. **3.** (Nachrichtent.) *eine Frequenz zum Zweck der Nachrichtenübermittlung beeinflussen:* das Signal moduliert die Trägerwelle; modulierende, modulierte Signale.

Mo|du|lor, der; -s (Archit.): *(von Le Corbusier entwickeltes) Schema, das die Proportionen des menschlichen Körpers auf Bauten überträgt.*

Mo|dul|tech|nik, die; - (Elektronik): *Methode der Miniaturisierung elektronischer Geräte mithilfe von* ²*Modulen.*

Mo|dus [auch: ˈmɔdʊs], der; -, Modi [lat. modus = Maß; Art, (Aussage)weise, Melodie, eigtl. = Gemessenes, Erfasstes]: **1. a)** (bildungsspr.) *Verfahrensweise, Form [des Vorgehens], Weg:* nach dem M. der Verteilung festlegen; nach einem bestimmten M. vorgehen, Beschlüsse fassen; **b)** (bes. Philos.) *Art u. Weise [des Seins, Geschehens]; [Da]seinsweise:* die Modi des Seins. **2.** (Sprachw.) *grammatische Kategorie des Verbs zum Ausdruck der Modalität* (3) *(z. B. Indikativ, Konjunktiv, Imperativ):* die Modi des Verbs; das Verb muss hier in einem anderen M. stehen, gebraucht werden. **3.** (mittelalterliche Musik) **a)** *Melodie;* **b)** *Kirchentonart;* **c)** *im Rhythmus u. in der Verteilung der Zeitwerte festgelegte Gruppierung von Noten (als eine von sechs solcher Gruppierungen in der Modalnotation);* **d)** *Verhältnis (1:3 od. 1:2) der größten Notenwerte (Zeitwerte) zu den nächstkleineren (in der Mensuralnotation).* **4.** (Statistik) *statistischer Mittelwert; Wert, der in einer Reihe am häufigsten vorkommt.*

Mo|dus Ope|ran|di, der; --, Modi- [lat. modus operandi, zu: operari, ↑operieren] (bildungsspr.): *Art u. Weise des Handelns, Tätigwerdens.*

Mo|dus Pro|ce|den|di, der; --, Modi- [lat. modus procedendi, zu: procedere, ↑prozedieren] (bildungsspr.): *Art u. Weise des Vorgehens, Verfahrensweise.*

Mo|dus Vi|ven|di, der; --, Modi- [lat. modus vivendi, zu: vivere = leben] (bildungsspr.): *Form eines erträglichen Zusammenlebens zweier od. mehrerer Parteien [ohne Rechtsgrundlage]:* Die Völker Europas gewannen den Eindruck, die Deutschen hätten, trotz aller Härten der Teilung ..., einen M. V. gefunden, die nebeneinander und vielleicht auch miteinander auszukommen (Spiegel 43, 1980, 35).

¹**Moel|lon** [mɔaˈlõ:], der; -s, -s [frz. moellon, über das Vlat. < lat. mutulus = Kragstein] (selten): *quaderartig behauener Bruchstein.*

²**Moel|lon** [mɔaˈlõ:], das; -s [wahrsch. < frz. moelle < lat. medulla = Mark] (Gerberei): *Degras.*

Mo|fa, das; -s, -s [Kurzwort für: **Mo**tor**fa**hrrad]: *Kleinkraftrad mit einer Höchstgeschwindigkeit von 25 km/h:* ... und schwang mich ... um Viertel nach eins aufs M. (Spiegel 23, 1980, 32).

Mo|fa|fah|rer, der; *jmd., der ein Mofa fährt.*

Mo|fa|fah|re|rin, die: w. Form zu ↑Mofafahrer.

mo|feln 〈sw. V.; hat/ist〉 (ugs.): *mit dem Mofa [spazieren] fahren.*

Mo|fet|te, die; -, -n [frz. mofette, zu: moufir = in Fäulnis übergehen] (Geol.): *Stelle der Erdoberfläche, an der Kohlensäure vulkanischen Ursprungs ausströmt.*

Mo|ga|di|schu: Hauptstadt von Somalia.

Mo|ge|lei, die; -, -en (ugs.): **1.** 〈o. Pl.〉 *[dauerndes] Mogeln:* Sinnlos wäre übrigens jeder Versuch der M. (Capital 2, 1980, 55). **2.** *Handlung des Mogelns:* kleine M.

mo|geln 〈sw. V.; hat〉 [H. u., viell. Nebenf. von mundartl. maucheln = betrügen, verw. mit ↑meucheln] (ugs.): **1.** *(in kleinen Dingen, bes. zu persönlichen Zwecken) unehrlich handeln, kleine, Täuschung bezweckende Kniffe anwenden, Unwahrheiten sagen:* beim Kartenspiel, bei der Klassenarbeit m.; Mrs O'Rourke kann mit der Zeit ein bisschen gemogelt haben und in Wirklichkeit ziemlich viel früher gegangen sein (Kemelman [Übers.], Dienstag 126). **2.** *durch Tricks irgendwohin bringen:* faule Äpfel unter die, zwischen die einwandfreien m.; von dort mogelte er sich mit der Eisenbahn bis Erlau (Loest, Pistole 73); er hat sich geschickt in die Parteispitze gemogelt.

Mo|gel|pa|ckung, die (Wirtsch. Jargon): *Packung, die durch ihre Größe, Aufmachung o. Ä. mehr Inhalt vortäuscht, als darin enthalten ist:* -en, die über den Wareninhalt täuschen, sind wettbewerbswidrig (MM 1. 12. 81, 1); sie hat sämtliche Preise im Kopf ... mit -en kann man ihr nicht kommen (Enzensberger, Mittelmaß 15); Ü der Maßnahmenkatalog der Regierung ist eine M.; Die Lufthansa ändert auf Druck des Kartellamts ihr Vielfliegerprogramm, alles nur eine M.? (Wirtschaftswoche 4, 1997, 73).

mö|gen 〈unr. V.; hat〉 [mhd. mügen, ahd. mugan, eigtl. = können, vermögen]: **1.** 〈mit Inf. als Modalverb; mochte, hat ... mögen〉 **a)** zum Ausdruck der Vermutung; *vielleicht, möglicherweise sein, geschehen, tun, denken:* jetzt mag er denken, wir legten keinen Wert auf seinen Besuch; Autofahrer mögen bedauern, dass zu diesem Zweck erneut Parkraum geopfert wird (Saarbr. Zeitung 5. 12. 79, 17); es mochten dreißig Leute sein (es waren schätzungsweise dreißig Leute); »Kommt er?« – »[Das] mag sein« ([das] kann sein; vielleicht); das möchte sein (landsch.; *das könnte sein; vielleicht*); was mag das bedeuten (was kann das bedeuten, was bedeutet das wohl)?; Müller, Meier und wie sie alle heißen mögen; **b)** zum Ausdruck der Einräumung od. des Zugeständnisses: er mag es [ruhig] tun; er mag tun, was er will (was er auch [immer] tut), es gelingt ihm nichts; wenn auch das Geschrei groß sein mag, ich bleibe dabei; Eine individuelle Entschädigung durch die beteiligten Unternehmen kann dies nicht sein – so gerechtfertigt sie moralisch auch sein mag (Woche 3. 7. 98, 34); **c)** (schweiz., sonst landsch.) *können, imstande sein, die Möglichkeit haben od. enthalten:* es mochte nichts helfen (nichts half); **d)** 〈Konjunktiv Prät. meist in der Bed. eines Indik. Präs.〉 *den Wunsch haben:* ich möchte [gern] kommen; ich möchte nicht (hätte nicht gern), dass du das tust; ich möchte wissen (wüsste gern), was er jetzt tut; er möchte Herrn Meier sprechen (würde gern Herrn Meier sprechen); das möchte (will) ich überhört haben; ich möchte das hervorheben (hebe das ausdrücklich hervor); man möchte meinen (ist, wäre geneigt anzunehmen), dass es absichtlich getan hat; ja, ich möchte sagen (meine sagen zu können), es ist fast so wie früher; das möchte ich sehen, hätte ich gern sehen m.; Woran ich dabei denke, ist etwas, worüber ich nicht reden möchte (Thor [Übers.], Ich 12); **e)** *wollen, geneigt sein, die Neigung u. die Möglichkeit haben* (bes. verneint): ich mag nicht [gern] weggehen, mochte nicht weggehen, habe nicht weggehen m.; das hätte ich sehen m.; sie mag ihn (gern, gut) leiden; sie mag das Bild nicht leiden; er hat es nicht leiden m., wenn man ihn tadelte; ich mag keinen Fisch essen; Bier hat er noch nie trinken m.; **f)** zum Ausdruck der [Auf]forderung o. Ä.; *sollen:* er mag sich ja in Acht nehmen!; dieser Hinweis mag (sollte) genügen; sag ihm, er möge/ möchte zu mir kommen; Zeugen möchten sich melden (MM 3. 8. 88, 13); Alle daheim gebliebenen Sänger mögen sich an der Probe ... beteiligen (Ostschweiz 31. 7. 84, 13); möge, möchte es so bleiben (es ist, wäre wünschenswert, dass es so bleibt). **2.** 〈Vollverb; mochte, hat ge­mocht〉 **a)** *für etw. eine Neigung, Vorliebe haben; etw. nach seinem Geschmack finden, gern haben:* er mag [gern] (isst gern) Rinderbraten, mag keinen (trinkt nicht gern) Rotwein; er mag klassische Musik, Rosen (ist ein Freund klassischer Musik, von Rosen); Das Alleinsein habe er gemocht (Chotjewitz, Friede 92); Die Kanadische Goldrute ist gegen Umweltgifte immun, mag Brachflächen (natur 2, 1991, 53); **b)** *für jmdn. Sympathie od. Liebe empfinden; leiden mögen, gern haben:* jmdn. m.; die beiden mögen sich, einander nicht; niemand hat ihn [so recht] gemocht; Ich habe meine Mutter sehr gemocht (Eppendorfer, St. Pauli 214); Cookie mag nicht jeden Fremden, aber Karin mochte sie vom ersten Augenblick an (Thor [Übers.], Ich 31); **c)** *den Wunsch nach etw. haben:* ich mag nicht nach Hause; er hat nicht in die Schule gemocht; ich mag einfach nicht mehr *(ich habe genug, mir reicht es);* ich möchte *(will)* ins Kino; möchtest du *(willst du)* zu ihm?; **d)** *nach etw. Verlangen haben, etw. erstreben:* magst du einen Kaffee, ein Stück Kuchen?; ich mag noch ein Glas Wein; sie möchte *(hätte gern)* ein Fahrrad zu Weihnachten; das möchte *(will)* ich nicht; sie möchte *(will)* nicht, dass er es erfährt.

Mo|gi|gra|phie, (auch:) Mogigrafie, die; -, -n [zu griech. mógis = mit Anstrengung u. gráphein = schreiben] (Med.): *Schreibkrampf.*

Mo|gi|la|lie, die; -, -n [zu griech. laleīn = sprechen] (Med.): *erschwertes Aussprechen bestimmter Laute.*

Mo|gi|pho|nie, die; -, -n [zu griech. phōnē = Ton, Stimme] (Med.): *Schwäche od. Versagen der Stimme bei gewohnheitsmäßiger Überanstrengung.*

Mog|ler, der; -s, - (ugs.): *jmd., der mogelt.*

Mog|le|rin, die; -, -nen (ugs.): w. Form zu ↑Mogler.

mög|lich ⟨Adj.⟩ [mhd. müg(e)lich, zu ↑mögen]: **1.** *(aufgrund der bestehenden Zusammenhänge, der bestehenden [Sach]lage o. Ä.) ausführbar, erreichbar, zu verwirklichen:* die nur im Sommer -e Überquerung des Gebirges; Die Amerikanerin trat in allen drei -en Endspielen (Hamburger Abendblatt 8. 7. 85, 9); Abhilfe war nicht m.; Zwangsarbeiter ... Eine irgendwie gerecht zu nennende »Wiedergutmachung« ist heute nicht mehr m. (Woche 3. 7. 98, 34); es war wieder m., den Fluss zu überqueren; jmdm. ist etw. m. *(jmd. ist zu etw. in der Lage);* Wie war es dieser Frau M. nur m., ... unter so extremen sozialen Belastungen derart tapfer zu bestehen? (Richter, Flüchten 309); morgen ist es mir leichter, besser, eher m.; kommen Sie, wenn m., wenn es Ihnen m. ist, sofort; er arbeitet, so gut es ihm m. ist; so rasch, so bald wie/ (seltener:) als m. *(möglichst rasch, bald);* so viel wie/(seltener:) als m.; kannst du es m. machen *(ermöglichen),* morgen zu kommen?; wo m. (veraltend; *wenn möglich*); ⟨subst.:⟩ das Mögliche, alles Mögliche *(alle Möglichkeiten)* bedenken; Schade bloß, dass mit dem eben ... paraphierten Staatsvertrag an alles Mögliche gedacht wird, bloß nicht an Sparen (Welt 25. 4. 97, 15); sein Möglichstes tun. **2.** *denkbar, infrage, in Betracht kommend:* ein immerhin -er Fall; Gegen -es Hochwasser der Saar ist der Hotelriese weitgehend sicher (Saarbr. Zeitung

12./13. 7. 80, 17); Vielmehr trieb sie die Hoffnung, -e Zusammenhänge könnten sich als reale erweisen (Bastian, Brut 153); das Resümee der Teilnehmer, bei denen auch besonders gut ankam, dass offen nicht nur über Stärken, sondern auch über noch -e kleine Schwächen des neuen Systems berichtet wurde (CCI 13, 1998, 56); -e *(etwaige)* Zwischenfälle einkalkulieren; alle -en *(die verschiedensten)* Einwände; [es ist] m. *(kann sein),* dass er kommt, schon gekommen ist *(vielleicht kommt er, ist er schon gekommen);* das ist zwar m., aber nicht wahrscheinlich; bei ihm ist alles m. *(muss man mit allem rechnen);* es ist gut, leicht, sehr wohl m., dass sie es vergessen hat; Sehr m., dass die materiellen Sorgen ... mit Klaus Manns Gesundheitszustand zusammenhingen (Reich-Ranicki, Th. Mann 213); »Glaubst du, dass er gewinnt?« – »Schon m.«; man sollte es nicht für m. halten *(es ist doch unglaublich),* dass er dazu schon wieder in der Lage ist; [das ist doch] nicht m.! (als Ausdruck der Entrüstung, des Erstaunens); ⟨subst.:⟩ auf dem Flohmarkt kann man alles Mögliche (ugs.; *vielerlei, die unterschiedlichsten, alle nur denkbaren Dinge*) kaufen.

mög|li|chen|falls ⟨Adv.⟩ (seltener): *wenn es geht, möglich ist.*

mög|li|cher|wei|se ⟨Adv.⟩: *vielleicht, unter Umständen:* Die Beamten schossen den m. geistesgestörten Gangster nieder (Augsburger Allgemeine 29./30. 4. 78, 5); Von einer Ordonnanz erfuhr er, dass der Oberst m. am Sonntag zu erreichen sei (Bieler, Mädchenkrieg 456).

Mög|lich|keit, die; -, -en [mhd. müg(e)lichkeit]: **1. a)** *etw. Mögliches, mögliches Verhalten, Vorgehen, Verfahren; möglicher Weg:* es bleiben noch viele -en [offen]; diese M. besteht nicht; es besteht keine andere M., das Problem zu lösen; ich sehe keine andere M. für die Lösung; nach M. *(wenn möglich; möglichst);* Er wollte in einer netten Cafeteria sitzen ... bei einem Mokka und einem Cognac nach M. (Kronauer, Bogenschütze 179); du musst zwischen diesen beiden -en wählen; **b)** ⟨o. Pl.⟩ *das Möglichsein, Sich-verwirklichen-Lassen; Realisierbarkeit:* es besteht die M. *(es ist möglich, lässt sich einrichten),* dass wir mitfahren können; wenn die M. des Wählens nicht mehr bestünde, hörte auch das Unterscheidungsvermögen auf (Stern, Mann 109); **c)** *das Denkbarsein:* wir zweifeln nicht an der M., dass er es war; R ist es die M.!, ist [denn] die M.! (ugs.; Ausrufe der Entrüstung od. des Erstaunens). **2.** *etw. eröffnende Gelegenheit od. Chance:* sich bietende verpasste, vertane verpahnte, überraschende -en [der Entfaltung]; die wirtschaftlichen -en *(Entwicklungsmöglichkeiten)* eines Landes; die M., etw. zu wählen; die M. zu gewinnen; eine preiswerte M. zu reisen; jede M. [aus]nutzen, ergreifen; alle erdenklichen -en haben; auf dem Dorf hat man nicht die -en wie in der Stadt; ich habe die M. *(es ist mir*

möglich), etw. zu tun; in diesem Beruf hat er mehr -en [etw. zu lernen]; [nicht] die M. haben, keine M. haben, jmdm. die M. geben, etw. zu tun, zu lernen; er hat wenig, kaum M., gute Musik zu hören; ich sehe große -en in diesem Plan; diese Entwicklung eröffnet neue -en; von einer sich bietenden M. Gebrauch machen; die Stürmer vergaben die besten -en (Sport; *Chancen, Tore zu schießen*); eine ganze Palette von -en für die Jugendlichen (Saarbr. Zeitung 6./7. 10. 79, 22). **3.** ⟨Pl.⟩ *Fähigkeiten, Mittel:* diese Wohnung übersteigt seine [finanziellen] -en; seine [künstlerischen] -en nutzen, voll ausschöpfen; er hat sich erneut zu sehr versteckt und blieb einmal mehr unter seinen -en (Sport; *spielte nicht seinen eigentlichen Fähigkeiten entsprechend;* Kicker 6, 1982, 47).

Mög|lich|keits|form, die (Sprachw.): *Konjunktiv.*

mög|lichst ⟨Adv.⟩ [Sup. von ↑möglich]: **1. a)** *so viel, so sehr wie möglich, wie sich ermöglichen lässt:* sich m. zurückhalten; Dem eigenen Gefühl sollte m. misstraut werden (Wilhelm, Unter 99); **b)** *wenn möglich, wenn es sich ermöglichen lässt:* m. heute noch; dass Kinder in der Bundesrepublik m. mit sechs Jahren eingeschult werden (Spiegel 43, 1983, 23); Wo sitzt man am besten im Reisebus, damit einem nicht übel wird? Möglichst in der Mitte (a & r 2, 1997, 123). **2.** *so, in dem Grade ... wie [nur] möglich, wie es sich ermöglichen lässt:* ich brauche einen m. großen Briefumschlag *(einen Briefumschlag, der so groß wie möglich ist);* eine unbürokratische und dennoch m. gerechte Auszahlung der Gelder (Woche 3. 7. 98, 34); wir suchen für diese Arbeit m. junge Leute; damit das Gehalt für m. viele Dinge reicht (Tikkanen [Übers.], Mann 33).

Mo|gul [auch: -'-], der; -s, -n [engl. Mogul < pers. muġul, eigtl. = der Mongole]: *Herrscher einer muslimischen Dynastie mongolischer Herkunft in Indien.*

-mo|gul, der; -s, -n: kennzeichnet in Bildungen mit Substantiven jmdn. als (im in wirtschaftlicher Hinsicht) sehr mächtig, einflussreich auf einem bestimmten Gebiet: Bau-, Film-, Medienmogul.

Mo|hair [mo'hɛːɐ̯], der; (auch:) Mohär, der; -s, ⟨Sorten:⟩ -e [engl. mohair < arab. muḥayyar = Stoff aus Ziegenhaar]: **1.** *Angorawolle.* **2.** *Stoff aus Angorawolle.*

Mo|hair|wol|le, die; -: *Angorawolle.*

Mo|ham|med: Stifter des Islams.

Mo|ham|me|da|ner, der; -s, - (ugs. veraltend): *Moslem.*

Mo|ham|me|da|ne|rin, die; -, -nen: w. Form zu ↑Mohammedaner.

mo|ham|me|da|nisch ⟨Adj.⟩ (bes. volkst.): *moslemisch.*

Mo|ham|me|da|nis|mus, der; - (bes. Fachspr.): *Islam.*

Mo|här: ↑Mohair.

Mo|hel, der; -s, ...halim [hebr. môhel] *(im jüdischen Ritus) jmd., der die Beschneidung vornimmt.*

Mo|hi|ka|ner, der; -s, -: Angehöriger eines ausgestorbenen nordamerikanischen Indianerstamms: *der letzte M./*

(seltener:) **der Letzte der M.** (ugs. scherzh.; *jmd., der von vielen bzw. etw., was von vielem übrig geblieben ist; der od. das Letzte;* nach dem 1826 erschienenen Roman »The last of the Mohicans« von J. F. Cooper).

Mohn, der; -[e]s, (Sorten:) -e [mhd. mān, māhen, ahd. māho, mago, wahrsch. aus einer Mittelmeerspr.]: **1. a)** *Milchsaft enthaltende Pflanze mit roten, violetten, gelben od. weißen Blüten u. Kapselfrüchten, aus deren ölhaltigen Samen beruhigende u. betäubende Stoffe gewonnen werden:* der M. blüht; M. anbauen; **b)** *Klatschmohn:* am Wegrand blüht, wächst [der rote] M. **2.** *Samen des Mohns* (1 a): mit M. bestreute Brötchen.

Mohn|beu|gel, das (österr.): *Beugel mit einer Füllung aus Mohn* (2).

Mohn|blatt, Mohn|blätt|chen, das [wohl nach den sehr dünnen Blütenblättern des Mohns (1)] (landsch. spött.): *sehr dünne Brotschnitte.*

Mohn|blu|me, die: *Mohn* (1).

Mohn|bröt|chen, das: *mit Mohn* (2) *bestreutes Brötchen.*

Mohn|ge|wächs, das ⟨meist Pl.⟩ (Bot.): *Gewächs einer Familie milchsafthaltiger Pflanzen mit gefiederten od. tief geteilten Blättern, zu der u. a. auch der Mohn* (1 a, b) *gehört.*

Mohn|hörn|chen, das: vgl. Mohnbrötchen.

Mohn|kap|sel, die: *Samenkapsel des Mohns* (1).

Mohn|kip|ferl, das (österr.): vgl. Mohnbeugel.

Mohn|korn, das: *Samenkorn vom Mohn* (1 a).

Mohn|ku|chen, der: *mit Mohn* (2) *gebackener Kuchen.*

Mohn|öl, das: *aus Mohnsamen ausgepresstes Speiseöl.*

mohn|rot ⟨Adj.⟩: *rot wie Klatschmohn:* ein -es Kleid.

Mohn|saft, der: *Milchsaft des Mohns* (1 a).

Mohn|sa|men, der: *Samen des Mohns* (1 a).

Mohn|strie|zel, der (landsch.): vgl. Mohnzopf.

Mohn|stru|del, der (österr.): vgl. Mohnbeugel.

Mohn|zopf, der: *mit Mohn* (2) *bestreuter Zopf aus Hefeteig.*

Mohr, der; -en, -en [mhd., ahd. mōr < lat. Maurus = dunkelhäutiger Bewohner von Mauretania (= Gebiet in Nordwestafrika, etwa das heutige Marokko)] (veraltet): *Schwarzer:* schwarz wie ein M. sein (fam.; *tief gebräunt; sehr schmutzig sein*); R der M. hat seine Schuldigkeit getan, der M. kann gehen (*jmd. war für andere eine Zeit lang sehr nützlich, hat alles getan, was zu tun war u. fühlt sich jetzt, nachdem er nicht mehr gebraucht wird, ungerecht behandelt u. überflüssig;* nach Schiller, Fiesco III, 4); ***einen -en weiß waschen wollen** (Unmögliches, Widersprüchliches versuchen, bes. einen offensichtlich Schuldigen als Unschuldigen hinstellen wollen;* wohl nach Jer. 13, 23).

Möh|re, die; -, -n [mhd. mörhe, morhe, ahd. mor[a]ha, H. u.]: **1.** *Pflanze mit mehrfach gefiederten Blättern u. orangefarbener, spindelförmiger, kräftiger Wurzel, die bes. als Gemüse gegessen wird:* die -n blühen. **2.** *Wurzel der Möhre* (1).

Moh|ren|fal|ter, der: *schwärzlicher bis rotbrauner Falter, dessen Zeichnung eine Reihe augenähnlicher Flecke nahe den Flügelrändern aufweist.*

Moh|ren|hir|se, die: *Sorghum.*

Moh|ren|kopf, der: **1.** *kugelförmiges Gebäckstück aus Biskuitteig, das mit Schokolade überzogen u. mit Sahne od. Creme gefüllt ist:* wir saßen bei Berringer auf der Terrasse, aßen Eclairs, Mohrenköpfe oder Schillerlocken (Kempowski, Zeit 66). **2.** *vorwiegend aus Eischnee bzw. schaumbildenden Stoffen u. Zucker bestehendes Gebäck mit Schokoladenüberzug.*

Moh|ren|saft, der: *ausgepresster Saft von Möhren.*

moh|ren|schwarz ⟨Adj.⟩ (veraltet): *schwarz wie ein Mohr.*

Moh|ren|wä|sche, die (oft scherzh.): *Versuch, einen offensichtlich Schuldigen durch Scheinbeweise reinzuwaschen:* Wer etwas so weiß gewaschen vorführt, legt den Verdacht nahe, dass da vorher viel Schmutz, viel Schwarzes war. M. nennt man dergleichen (Spiegel 46, 1985, 28).

Moh|rin, die; -, -nen (veraltet): w. Form zu ↑Mohr.

Mohr|rü|be, die; -, -n [Zus. aus ↑Möhre u. ↑Rübe] (nordd.): *Möhre.*

Mohr|rü|ben|saft, der (nordd.): *Möhrensaft.*

Mohs|här|te, die; - [nach dem dt. Mineralogen F. Mohs (1773–1839)] (Mineral.): *Skala zur Bestimmung der Härtegrade von Mineralien.*

Moin, Moin [ostfries. mōi, mniederd. moi(e) = schön, angenehm, gut] (nordd.): Grußformel: Die Menschen sind freundlich, die Luft ist frisch, und »Moin, Moin« heißt der Gruß auch noch am Abend (Hörzu 30, 1988, 103).

Moi|ra, die; -, ...ren [griech. moîra, eigtl. = (An)teil, zu: meiromai = als Anteil erhalten; aufteilen] (griech. Myth.): **1.** ⟨Pl.⟩ die drei Schicksalsgöttinnen. **2.** ⟨o. Pl.⟩ *(das Göttern u. Menschen zugeteilte) Schicksal.*

Moi|ré [mọa're:], das; -s, -s [frz. moiré, zu: moire < engl. mohair, ↑Mohair; nach dem Glanz der Mohairwolle]: **1. a)** *matt schimmerndes Muster auf Stoffen, das einen, bewegten Wellen od. einer Holzmaserung ähnelt;* **b)** ⟨auch: der⟩ *moirierter Stoff.* **2. a)** (Druckw.) *(bes. beim Mehrfarbendruck auftretendes) störendes Muster durch Überlagerung mehrerer Raster in engen Winkeln;* **b)** ⟨Ferns.⟩ *störendes Muster von nebeneinander liegenden, mehr od. weniger welligen Streifen im Fernsehbild.*

Moi|ré|mus|ter, das: *Moiré* (1 a).

Moi|ren: Pl. von ↑Moira.

moi|rie|ren [mọa...] ⟨sw. V.; hat⟩ [frz. moirer] (Textilind.): *mit Moiré* (1 a) *versehen.*

Mois|tu|ri|zer ['mɔɪstʃəraɪzə], der; -s, - [engl. moisturizer, zu: to moisturize = befeuchten]: *Feuchtigkeitscreme.*

Mois|tu|ri|zing Cream ['mɔɪstʃəraɪzɪŋ 'kri:m], die; --, --s [zu engl. cream = Creme]: *Moisturizer.*

mo|kant ⟨Adj.⟩ [frz. moquant, 1. Part. von: se moquer, ↑mokieren] (bildungsspr.): *spöttisch:* -e Mienen, Gesichter; m. lächeln; die m. fragende Stimme des Gemeindepräsidenten (Muschg, Gegenzauber 408).

Mo|kas|sin [auch: 'mɔk...], der; -s, -s, auch: -e [engl. moccasin < Algonkin (nordamerik. Indianerspr.) mockasin]: **1.** *[farbig bestickter] absatzloser Wildlederschuh der nordamerikanischen Indianer.* **2.** *leichter, weicher, bequemer Lederschuh mit durchgehender, sehr elastischer Sohle.*

Mo|ke|rie, die; -, -n [frz. moquerie = Spott, zu: se moquer, ↑mokieren] (veraltet): *Spottlust.*

Mo|kett, (auch:) Moquette, der; -s [frz. moquette, H. u.]: *bunt gemusterter od. bedruckter Möbelstoff aus [Baum]wolle.*

Mo|kick, das; -s, -s [Kurzwort aus Moped u. Kickstarter]: *Kleinkraftrad mit Kickstarter mit einer Höchstgeschwindigkeit von 40 km/h:* Mit 75 auf dem M. durch Deutschland (Hörzu 9, 1981, 51).

mo|kie|ren, sich ⟨sw. V.; hat⟩ [frz. se moquer, H. u.] (bildungsspr.): *sich über jmdn., etw. lustig machen, sich abfällig od. spöttisch äußern:* sich über jmdn., über jmds. Verhalten m.; Onkel Hans war damals noch liberal, der mokierte sich über Kaiser Wilhelm (Kempowski, Zeit 220); um sie miteinander auf jene schlagfertige und ironische Weise reden zu lassen, bei der es darauf ankam, die Überlegenheit des eigenen Standpunktes dadurch zu beweisen, dass man sich über ihn mokierte (Bieler, Mädchenkrieg 238).

Mok|ka, (österr. meist:) Mocca, der; -s, (Sorten:) -s [engl. mocha (coffee), nach dem jemenitischen Hafen Al-Muḫā (= Mokka) am Roten Meer, dem früheren Hauptausfuhrhafen des Mokka]: **1.** *Kaffee* (2) *einer besonders aromatischen Sorte mit kleinen, halbkugelförmigen Bohnen.* **2.** *sehr starker [aus Mokka* (1) *zubereiteter] Kaffee, der gewöhnlich aus kleinen Tassen getrunken wird:* eine Tasse M.; den M. servieren.

Mok|ka|kaf|fee, der: Mokka (1).

Mok|ka|löf|fel, der: *(zur Mokkatasse passender) kleiner Kaffeelöffel.*

Mok|ka|müh|le, die: *Handmühle zum Mahlen von Mokka* (1) *zu sehr feinem Pulver.*

Mok|ka|tas|se, die: *kleine Kaffeetasse für Mokka.*

Mol, das; -s, -e ⟨aber: 1 000 Mol⟩ [Kurzf. von ↑Molekulargewicht] (Chemie): *Menge eines chemisch einheitlichen Stoffes, die seinem relativen Molekulargewicht in Gramm entspricht.*

Mo|la|li|tät, die; - (Chemie): *Maßangabe der Konzentration von Lösungen in Mol je kg.*

mo|lar ⟨Adj.⟩ (Chemie): *das Mol betreffend:* -e Größen; -e Lösung *(Molarlösung).*

Mo|lar, der; -s, -en [spätlat. molaris, zu lat. mola = Mühle] (Med.): *Mahlzahn.*

Mol|la|ri|tät, die; - [zu ↑Mol] (Chemie): *Gehalt einer Lösung an chemisch wirksamer Substanz in Mol je Liter.*

Mol|lar|lö|sung, die; -, -en (Chemie): *Lösung (4 b), die ein Mol einer chemischen Substanz in einem Liter enthält.*

Mol|lar|zahn, der [zu ↑Molar] (Med.): *Molar.*

Mol|las|se, die; - [zu frz. mol(l)asse = schlaff, sehr weich, zu: mou (vor Vokalen: mol, molle) < lat. mollis = weich] (Geol.): *aus dem Tertiär stammende kalkige od. sandige Schichten im Alpenvorland.*

Molch, der; -[e]s, -e [1 a: spätmhd. molch, zu mhd. mol(le), ahd. mol = Salamander, Eidechse, H. u.]: **1. a)** *im Wasser lebender Schwanzlurch mit großem, flachem Kopf [seitlich abgeflachtem Schwanz] u. einem Körper, der dem der Eidechse ähnlich ist;* **b)** (veraltend, oft abwertend) *Mann, Kerl: ein trüber, verstaubter M.* **2.** (Technik Jargon) *pfropfenartiges Gerät zur Reinigung von Rohrleitungen, das vom Flüssigkeitsstrom mitgerissen wird.*

¹**Mol|dau,** die; -: linker Nebenfluss der Elbe.

²**Mol|dau;** -s: Staat in Osteuropa, Republik Moldau, Moldawien.

Mol|da|vit [auch: ...'vɪt], der; -s, -e [nach den Fundorten an der ¹Moldau]: *flaschengrünes, wohl meteoritisches glasiges Gestein.*

Mol|da|wi|en; -s: Staat in Osteuropa, Republik Moldau.

Moldova; -s (österr., schweiz.): Republik Moldau, Moldawien.

¹**Mo|le,** die; -, -n [ital. molo < spätgriech. mōlos < lat. moles = Damm]: *Hafenmole:* an der M. anlegen; auf der M. spazieren gehen; In Cefalù angekommen, stritt ich am Morgen mit den Katzen und Hunden am Hafen um die Reste der Fischfänge auf der M. (Stern, Mann 88).

²**Mo|le,** die; -, -n [lat. mola < griech. mýlē = Missgeburt] (Med.): *durch ungenetische Schäden, Strahlenschäden, Sauerstoffmangel o. Ä. fehlentwickeltes Ei, das schon während der ersten Schwangerschaftswochen zugrunde geht.*

Mo|le|kel, die; -, -n, österr. auch: das; -s, -: ↑Molekül.

Mo|lek|tro|nik, die; - [Kurzwort aus: **molek**ular u. Elek**tronik**]: *Molekularelektronik.*

Mo|le|kül, das; -s, -e [frz. molécule, zu lat. moles = Masse] (Chemie): *kleinste, aus verschiedenen Atomen bestehende Einheit einer chemischen Verbindung, die noch die charakteristischen Merkmale dieser Verbindung aufweist.*

mo|le|ku|lar 〈Adj.〉 [frz. moléculaire] (Chemie): *die Moleküle betreffend:* die -e Struktur des Autolacks (ADAC-Motorwelt 10, 1980, 11).

Mo|le|ku|lar|be|we|gung, die (Physik, Chemie): *Bewegung der Moleküle einer chemischen Verbindung gegeneinander.*

Mo|le|ku|lar|bio|lo|ge, der: *Wissenschaftler auf dem Gebiet der Molekularbiologie.*

Mo|le|ku|lar|bio|lo|gie, die: *Zweig der Biologie, der sich (in Zusammenarbeit*

mit Physik u. Chemie) mit biologischen Problemen auf molekularer Ebene beschäftigt.

Mo|le|ku|lar|bio|lo|gin, die: w. Form zu ↑Molekularbiologe.

Mo|le|ku|lar|elek|tro|nik, die 〈o. Pl.〉: *Teilgebiet der Mikroelektronik, die mit Halbleitern kleinster Größe arbeitet.*

Mo|le|ku|lar|ge|ne|tik, die: *Teilgebiet der Genetik, das sich mit den Zusammenhängen zwischen Vererbung u. den chemischen u. physikalischen Eigenschaften der Gene befasst.*

Mo|le|ku|lar|ge|wicht, das: *aus der Summe der Atomgewichte aller zu einem Molekül eines Stoffes verbundenen Atome errechnete Vergleichszahl.*

Mo|le|ku|lar|kraft, die: *zwischen den Molekülen wirkende elektromagnetische Kraft, bes. Kraft der Kohäsion.*

Mo|len|kopf, der: *äußerstes Ende einer* ¹*Mole.*

Mole|skin ['moːlskɪn, engl.: 'məʊl...], der od. das; -s, -[s] [engl. moleskin, eigtl. = Maulwurfsfell, aus: mole = Maulwurf u. skin = Haut] (Textilind.): *in Atlasbindung gewebter, kräftiger [Futter]stoff aus Baumwolle.*

Mol|les|ten 〈Pl.〉 [zu lat. molestus = lästig, zu: moles = Last, Masse] (bildungsspr. veraltend): **a)** *nicht schwerwiegende, aber lästige körperliche Beschwerden:* die M. des Alters; Weltraumschwerden unterscheiden sich ... nicht von irdischen M. (MM 14. 3. 69,2); **b)** *lästige Alltagsdinge:* die unvermeidlichen M. des Berufslebens; Mit Sicherheit ... werden im nächsten Jahr noch mehr Reiselustige die Koffer packen und ... die M. des Massenbetriebs auf Straßen und Flughäfen auf sich nehmen (Spiegel 33, 1978, 42).

mo|les|tie|ren 〈sw. V.; hat〉 [lat. molestare] (bildungsspr. veraltend): *belästigen:* jmdn. mit pausenlosem Gerede m.

Mo|le|tro|nik, die; - [Kurzwort aus: **mo**lekular u. Elek**tronik**]: *Molekularelektronik.*

Mo|let|te, die; -, -n [frz. molette, zu lat. mola = Mühlstein]: *Prägewalze zur Herstellung von Druckformen [für den Textildruck].*

Mo|li: Pl. von ↑Molo.

Mo|li|nis|mus, der; - [nach dem span. Jesuiten Luis de Molina (1535–1600)](früher): *katholisch-theologische Lehre vom Zusammenwirken der göttlichen Gnade u. der menschlichen Willensfreiheit.*

molk, möl|ke: ↑melken.

Mol|ke, die; - [mhd. molken, urspr. = Gemolkenes]: *beim Gerinnen der Milch sich absondernde, grünlich gelbe, nur noch geringe Mengen von Eiweiß enthaltende Flüssigkeit:* die M. ablaufen lassen; M. ... galt schon den Ärzten im Altertum als bewährtes Heilmittel (Hörzu 3, 1982, 46).

Mol|ken, der; -s (landsch.): ↑Molke.

Mol|ken|kur, die: *Naturheilverfahren, bei dem Molke als Heilmittel angewendet wird.*

Mol|ke|rei, die; -, -en [zu Molke in der alten Bed. »(aus) Milch (Bereitetes)«]: *Betrieb, in dem frische Milch aus den umlie-*

genden Gebieten zum Verkauf bearbeitet od. zu Butter, Käse o. Ä. weiterverarbeitet wird.

Mol|ke|rei|be|trieb, der: *Molkerei.*

Mol|ke|rei|but|ter, die: *Butter einer mittleren Qualitätsstufe.*

Mol|ke|rei|fach|frau, die: vgl. Molkereifachmann.

Mol|ke|rei|fach|mann, der: *Fachmann für die Behandlung der Milch u. die Herstellung von Milchprodukten (Berufsbez.).*

Mol|ke|rei|ge|nos|sen|schaft, die: *genossenschaftlich betriebene Molkerei.*

Mol|ke|rei|pro|dukt, das 〈meist Pl.〉: *in einer Molkerei hergestelltes Produkt.*

mol|kig 〈Adj.〉: *(von Flüssigkeiten) wie Molke aussehend, weißlich trübe:* -es Wasser.

¹**Moll,** das; - [mhd. bēmolle < mlat. b molle, zu lat. mollis = weich; nach der als »weich« empfundenen kleinen Terz im Dreiklang; vgl. Dur] (Musik): *Tongeschlecht aller Tonarten mit einem Halbton zwischen der zweiten u. dritten Stufe, sodass der Dreiklang der Tonika mit einer kleinen Terz beginnt:* eine Rhapsodie in M. (in einer Molltonart); ◇ Gut gestimmt trotz einiger Töne in M. nahmen die Aktionäre ... den Geschäftsbericht ... entgegen (Augsburger Allgemeine 11./12. 2. 78, 12); * **auf M. gestimmt sein** *(sehr traurig u. gedrückt sein).*

²**Moll,** der; -[e]s, -e u. -s: Molton.

Moll|ak|kord, der (Musik): *Akkord in Moll.*

Moll|drei|klang, der (Musik): *Dreiklang in Moll (aus Grundton, kleiner Terz u. Quinte).*

Möl|le, die; -, -n [mniederd. molle, Nebenf. von ↑Mulde]: **1.** (berlin.) *Glas Bier:* eine M. [u. einen Klaren] trinken; wollen wir eine M. zischen?; Wildfremde Menschen sprechen ihn an, laden ihn ein zu einer M. (BM 25. 2. 76,4); * **mit -n gießen** (berlin.; *stark regnen*). **2.** (sächs.) *Bett:* dann hau'n wir uns rechtzeitig in die M. und ratzen durch, det is' Weihnachten (B. Vesper, Reise 438). **3.** (niederd.) *Mulde, Backtrog.*

Möl|len|fried|hof, der (berlin. scherzh.): *dicker Bauch (bei einem Mann).*

Möl|ler, der; -s, - [wohl zu ↑Molle (2)] (Hüttenw.): *Gemenge von Erz mit Zuschlägen für die Bestückung des Hochofens.*

möl|lern 〈sw. V.; hat〉 (Hüttenw.): **1.** *Erze mischen.* **2.** *den Hochofen beschicken.*

mol|lert 〈Adj.〉 (bayr., österr. ugs.): *mollig (1):* einen Bericht über schräge Innenarchitektur am Wiener Börsenplatz mit einem albernen Fotoroman und zwei -en Miezen (Spiegel 8, 1988, 188).

Möl|le|rung, die; -, -en (Hüttenw.): *das Möllern.*

Mol|li, der; -s, -s (Jargon): *Molotowcocktail:* Wer waren die Gewalttäter, die zu Ostern -s warfen, Bomben zündeten und Geschäfte demolierten? (Spiegel 18, 1981, 21).

mol|lig 〈Adj.〉 [urspr. Studentenspr.; wahrscheinl. zu frühnhd. mollicht = weich, locker, in Anlehnung an lat. mollis = weich]: **1.** *(bes. von Frauen) weiche,*

*runde Körperformen aufweisend, rund-
lich vollschlank:* ein -es Mädchen; ein -er
Typ; Ihre Hände streichen unterwegs
über ihre -en Hüften (Degener, Heimsuchung 143); Schlank war sie geworden.
Dagegen wirkte er richtig m. (Bieler, Bär
314); sie ist m. (verhüll.; *dick*) geworden;
⟨subst.:⟩ Kleider für Mollige *(mollige
Frauen).* **2. a)** *(auf die Temperatur in In-
nenräumen bezogen) behaglich warm:*
ein -es Zimmer; eine -e *(angenehme, be-
hagliche)* Wärme; hier ist es schön m., ist
es m. *(angenehm, behaglich)* warm; Ü
Mir war nicht gerade m. um die Seele
(Leip, Klabauterflagge 28); **b)** *(von Kleidungsstücken) weich u. wärmend:* ein -er
Mantel; -es Futter; die Jacke ist sehr m.

Mol|lig|keit, die; -: *das Molligsein.*

Moll|maus, die; -, ...mäuse [1. Bestand-
teil wohl zu md., mniederd. mul(l)e, vgl.
Maulwurf]: *Schermaus.*

Moll|ton|art, die (Musik): *Tonart in
Moll.*

Moll|ton|lei|ter, die (Musik): *Tonleiter in
Moll.*

Mol|lus|ke, die; -, -n ⟨meist Pl.⟩ [zu lat.
molluscus = weich, zu: mollis = weich]
(Biol.): *Weichtier.*

Mol|lus|ki|zid, das; -s, -e: *Schnecken tö-
tendes Pflanzenschutzmittel.*

Mol|lo, der; -s, Moli (österr.): ↑ ¹Mole.

Mo|loch [auch: ˈmɔlɔx], der; -s, -e [nach
der Bez. für ein Opfer, bes. Kinderopfer,
bei den Puniern u. im A. T., griech. mo-
lóch, hebr. molęk, die als Name eines
Gottes missdeutet wurde, seit dem 17. Jh.
appellativisch gebraucht] (geh.): *grausame Macht, die immer wieder neue Opfer
fordert u. alles zu verschlingen droht:* der
M. Krieg; Gabler hatte die Tagebaue immer nur vom Zug aus gesehen, sie waren
ihm als notwendige Übel erschienen, -e,
die Felder und Dörfer fraßen (Loest, Pistole 243); Seit die Gesundheitsausgaben
stärker steigen als das Bruttosozialpro-
dukt, haben die Politiker allerdings die
steuernde Kontrolle über einen M. verloren, den sie durch Integration ständig
neuer Leistungen ursprünglich selbst immer dicker gefüttert haben (Woche
21. 12. 98, 22).

Mo|lo|ka|ne, der; -n, -n [russ. molokany,
zu: moloko = Milch, weil sie ständig
Milch tranken]: *Angehöriger einer weit
verzweigten christlichen Sekte des 18. Jh.s
in Russland.*

Mo|los|ser, der; -s, - [nach dem alten il-
lyrischen Volksstamm]: *griechische Hunderasse des Altertums.*

Mo|los|sus, der; -, ...si: *antiker Versfuß.*

Mo|lo|tow|cock|tail [ˈmɔlɔtɔf-], der; -s,
-s [benannt nach dem früheren sowj. Au-
ßenminister W. M. Molotow
(1890–1986)]: *mit Benzin u. Phosphor gefüllte Flasche, die wie eine Handgranate
verwendet wird:* Zwischen Bankburgen
und Cafés an der Zürcher Bahnhofstraße
werfen Jugendliche -s und plündern Lu-
xusläden (Spiegel 30, 1980, 5).

molsch: ↑ mulsch.

Mol|te|bee|re, Multebeere, die; -, -n
[dän. multebær, zu norw. molten,
schwed. multen = mürbe, weich, also
eigtl. = weiche Beere]: **1.** *wild wachsende*

*(zu den Rosengewächsen gehörende)
krautige Pflanze mit weißen Blüten u.
orangegelben, essbaren Früchten.*
2. *Frucht der Moltebeere* (1).

mol|to, di molto ⟨Adv.⟩ [ital. (di) molto <
lat. multum = viel] (Musik): *sehr, in ver-
stärktem Maße, äußerst* (meist in Verbindung mit einer Tempobezeichnung od.
Vortragsanweisung): m. adagio, adagio
m., adagio di m. *(sehr langsam);* m. allegro, allegro m., allegro di m. *(sehr
schnell);* m. vivace *(äußerst lebhaft).*

Mol|ton, der; -s, -s [frz. molton, zu: mol-
let = weich]: *weiches, meist beidseitig ge-
rautes [Baumwoll]gewebe in Leinwand-
od. Köperbindung.*

Mol|to|pren, ®das; -s, -e [Kunstwort]:
*sehr leichter, druckfester, schaumartiger
Kunststoff.*

Mo|luk|ken ⟨Pl.⟩: indonesische Insel-
gruppe.

Mo|luk|ker, der; -s, -: Ew.

Mo|luk|ke|rin, die; -, -nen: w. Form zu
↑ Molukker.

mo|luk|kisch ⟨Adj.⟩: *die Molukken, die
Molukker betreffend, von den Molukkern
stammend, zu ihnen gehörend.*

mo|glum [aus der Studentenspr., urspr.
Gaunerspr., zu hebr. mōlē = voll]
(landsch.): *in der Verbindung* **m. sein**
(betrunken sein).

Mol|vo|lu|men, das; -s, - u. ...mina ⟨Pl.
selten⟩ [aus ↑ Mol u. ↑ Volumen] (Chemie): *Volumen, das von einem Mol eines
Stoffes eingenommen wird.*

Mo|lyb|dän, das; -s [zu griech. molýbdai-
na = Bleimasse, -kugel, zu: mólybdos =
Blei]: *silberweißes, mit vielen Metallen
legierbares Schwermetall (chemisches
Element);* Zeichen: Mo.

Mo|lyb|dän|car|bid, das: *Verbindung
aus Molybdän u. Kohlenstoff, die zur
Herstellung gesinterter Hartmetalle verwendet wird.*

Mo|lyb|dän|glanz, der: *Molybdänit.*

Mo|lyb|dä|nit [auch: ...ˈnɪt], der; -s, -e:
*bleigraues bis rötlich blaues, metallisch
glänzendes Mineral.*

Mom|ba|sa: Hafenstadt in Kenia.

¹Mo|ment, der; -[e]s, -e [mhd. diu mō-
mente = Augenblick < lat. momen-
tum = (entscheidender) Augenblick
(Genuswechsel unter Einfluss von frz. le
moment), ↑ ²Moment]: **a)** *Zeitraum von
sehr kurzer Dauer, Augenblick:* Seine An-
kunft ... war ein historischer M. (Hilsenrath, Nazi 277); einen M. zögern, warten; hast du einen M. Zeit [für mich]?; einen M. bitte!; Ich bleibe noch einen M.
vor dem Lokal stehen (Gabel, Fix 9); Einen M. lang wollte er sich dem Jungen
zeigen, der da so gedankenverloren in die
Ferne starrte (Funke, Drachenrei-
ter154); Das Haus diente großen -en
(war der Ort bedeutender Ereignisse),
hier wurden auch die Nationalpreise vergeben (Woche 21. 8. 98, 8); im gleichen,
nächsten M.; **b)** *Zeitpunkt:* der richtige,
geeignete M.; dieser M. war der denkbar
unglücklichste (Feuchtwanger, Erfolg
64); den rechten M. verpassen; *** jeden
M.** *(schon im nächsten Augenblick, sofort):* die Bombe kann jeden M. explodie-
ren; Er schaut überhaupt aus, als könnte

er jeden M. losheulen (Zenker, Froschfest 162); **M. [mal]!** (Floskel, durch die
ein anderer Aspekt o. Ä. in einen Gedan-
kengang gebracht werden soll): M. [mal],
das stimmt ja gar nicht; **einen lichten M.
haben** (↑ Augenblick); **im M.** *(momentan,
zum gegenwärtigen Zeitpunkt):* im M.
darf ich nicht so viel trinken (Aberle,
Stehkneipen 90).

²Mo|ment, das; -[e]s, -e [lat. momentum,
urspr. = Übergewicht, das den Aus-
schlag am Waagebalken ergibt, zu: mo-
vere = bewegen]: **1.** *ausschlaggebender
Umstand, Gesichtspunkt:* ein wichtiges,
psychologisches M.; dies war das auslö-
sende M.; die Rede brachte keine über-
raschenden -e; von künstlerischen -en
bestimmt sein; ein M. ständiger Unruhe;
das erregende, retardierende M. (Literaturw.; *Szene im Drama, die zum Höhe-
punkt des Konflikts hinleitet od. die
durch absichtliche Verzögerung des
Handlungsablaufs die Spannung erhöht*); In einem Spiel mit mehr kämpfe-
rischen als spielerischen -en (Saarbr.
Zeitung 17. 12. 79, 21/23). **2.** (Physik)
*Produkt aus zwei Größen, deren eine
meist eine Kraft ist* (z. B. Kraft × Hebel-
arm).

mo|men|tan ⟨Adj.⟩ [lat. momentaneus,
zu ↑ ¹Moment]: **a)** *augenblicklich, jetzig,
gegenwärtig, zurzeit [herrschend]:* die -e
Lage; Mir ist mein -er Dienst lieber (Kurier 12. 5. 84, 8); Sie will ihn noch ein
bisschen zappeln lassen, weil sie den -en
Zustand der Zweisamkeit mit Turbo sehr
genießt (Straessle, Herzradieschen 165);
Den Kindern wird zum Beispiel ... gehol-
fen ... ganz einfach -e *(plötzliche, spontane)* Gefühle aufzufangen und sie zu akzeptieren (Saarbr. Zeitung 7. 12. 79,I);
was tust du m.?; er ist m. arbeitslos; Der
junge Schauspieler ... durfte ein halbes
Jahr im Ensemble singen und tanzen.
Momentan verdient er sein Geld wieder
als Taxifahrer (Woche 19. 12. 97, 40);
b) *vorübergehend, nur kurz andauernd,
flüchtig:* eine -e Übelkeit; der Empfang
war m. gestört.

Mo|men|tan|laut, der; -[e]s, -e
(Sprachw.): *Verschlusslaut mit nur ganz
kurz währender Sprengung* (z. B. p).

Mo|ment|auf|nah|me, die (Fot.): *Auf-
nahme* (7 a) *mit kurzer Belichtungszeit:*
eine gut gelungene M.; Ü Diese M. der
augenblicklichen politischen Situation
(Dönhoff, Ära 113).

Mo|ment|bild, das: *Momentaufnahme.*

Mo|ment mu|si|cal [mɔmãmyziˈkal],
das; --, -...caux [...ˈko; frz., moment
musical = musikalischer Augenblick,
aus: moment = Augenblick u. musical
(= musikalisch) (Musik): *kleineres, lyri-
sches [Klavier]stück ohne festgelegte
Form; liedhaftes Charakterstück.*

Mo|ment|sa|che, die: *Augenblickssa-
che.*

mo|ment|wei|se ⟨Adv.⟩: *für kurze Au-
genblicke:* m. kam die Sonne durch; eine
Neigung ihres Kopfes, worin er m. ihr
ganzes Wesen zu erkennen glaubte (Wellershoff, Körper 225).

Mom|me, die; -, -n [jap.]: *japanisches
[Seiden]gewicht.*

¹Mo|na|co [auch: ...'nako]; -s: Fürstentum an der Côte d'Azur.

²Mo|na|co [auch: ...'nako]: Stadtbezirk (mit Verwaltungssitz) von ¹Monaco.

Mo|na|de, die; -, -n [lat. monas (Gen.: monadis) < griech. monás = Einheit, das Einfache] (Philos.): **1.** ⟨o. Pl.⟩ *das Einfache, nicht Zusammengesetzte, Unteilbare.* **2.** *(bei Leibniz) letzte, in sich geschlossene, vollendete, nicht mehr auflösbare Ureinheit.*

Mo|na|den|leh|re, die ⟨o. Pl.⟩: *(in der Philosophie von Leibniz) Lehre von den Monaden.*

Mo|na|dis|mus, der; -: *Monadologie.*

Mo|na|dnock [ma'nædnɔk], der; -s, -s [nach einem Berg in den USA] (Geol.): *Härtling* (1).

Mo|na|do|lo|gie, die; - [zu ↑Monade u. ↑-logie]: *Monadenlehre.*

mo|na|do|lo|gisch ⟨Adj.⟩: *die Monadologie betreffend.*

Mo|na|ko: ↑¹,²Monaco.

Mo|narch, der; -en, -en [mlat. monarcha < griech. mónarchos = Alleinherrscher, zu: mónos = allein, einzig u. árchein = der erste sein, herrschen]: *gekrönter Herrscher (Kaiser, König o. Ä.) in einem Staat mit entsprechender Verfassung:* ein absoluter, konstitutioneller M.; *Durch sein Verhalten löste der M. eine politische Krise aus* (NZZ 23. 12. 83, 5).

Mo|nar|chi|a|ner, der; -s, - [mlat. monarchianus]: *Anhänger des Monarchianismus.*

Mo|nar|chi|a|nis|mus, der; - (hist.): *altkirchliche Lehre, die die Einheit Gottes vertritt u. Christus als vergöttlichten Menschen od. als bloße Erscheinungsform Gottes ansieht.*

Mo|nar|chie, die; -, -n [spätlat. monarchia < griech. monarchía = Alleinherrschaft]: **a)** ⟨o. Pl.⟩ *Staatsform mit einem durch seine Herkunft legitimierten Herrscher an der Spitze:* ein Anhänger der M. sein; **b)** *Staat mit der Monarchie (a) als Staatsform:* in einer M. leben.

Mo|nar|chin, die; -, -nen: w. Form zu ↑Monarch.

mo|nar|chisch ⟨Adj.⟩ [griech. monarchikós]: *die Monarchie, einen Monarchen betreffend:* eine -e Staatsform; das -e Prinzip; m. regieren.

Mo|nar|chis|mus, der; -: *das Eintreten für die Monarchie* (a).

Mo|nar|chist, der; -en, -en [engl. monarchist, frz. monarchiste]: *Anhänger der Monarchie* (a).

Mo|nar|chis|tin, die; -, -nen: w. Form zu ↑Monarchist.

mo|nar|chis|tisch ⟨Adj.⟩: *für die Monarchie (a) eintretend, sie erstrebend.*

Mo|nar|thri|tis, die; -, ...itiden [zu griech. mónos = einzeln, allein u. ↑Arthritis] (Med.): *auf ein einzelnes Gelenk beschränkte Entzündung.*

mo|nar|ti|ku|lär ⟨Adj.⟩ [zu griech. mónos = einzeln, allein u. lat. articularis = zum Gelenk gehörend] (Med.): *ein einzelnes Gelenk betreffend.*

Mo|nas|te|ri|um, das; -s, ...ien [kirchenlat. monasterium, ↑¹Münster]: *Kloster; Klosterkirche, Münster.*

mo|nas|tisch ⟨Adj.⟩ [spätlat. monasticus < griech. monastikós, zu: monastēs = Mönch] (bildungsspr.): *mönchisch, klösterlich.*

Mo|nat, der; -[e]s, -e [mhd. mōnōt, mānōt, ahd. mānōd, zu ↑Mond, nach der germ. Zeitbestimmung des Monats nach den Mondphasen]: *zwölfter Teil eines Jahres, Zeitraum von etwa 30 Tagen:* ein heißer, zu kühler M.; das Kind ist acht -e alt; es waren schreckliche -e; seit dieser Zeit sind -e vergangen; Der Marilli fehlten nur noch drei -e bis zum sechzehnten Lebensjahr (Sommer, Und keiner 247); die Kündigungsfrist beträgt drei -e; alle drei -e; viele -e lang; es hat Wochen und -e *(sehr lange)* gedauert; er bekam acht -e (ugs.; *wurde zu acht Monaten [Haft] verurteilt);* vorigen, letzten, nächsten, jeden M.; am Anfang, Ende des -s; Ihr Schreiben vom 10. dieses -s; die Vorstellung ist auf -e hinaus ausverkauft; im schönen M. Mai; sie ist im vierten M. (ugs.; *im vierten Monat schwanger);* in drei -en; M. für M. (immer wieder in regelmäßiger Folge); *der Baubeginn wurde von M. zu M. (immer wieder neu, von einem Monat zum anderen) verschoben;* vor zwei -en.

mo|na|te|lang ⟨Adj.⟩: *viele Monate dauernd, anhaltend:* in -en Verhandlungen; m. hat er nichts von sich hören lassen; *Naso habe die einmal Stadt oft m. gemieden* (Ransmayr, Welt 117).

-mo|na|tig: in Zusb., z. B. achtmonatig, (mit Ziffer:) 8-monatig *(acht Monate alt, dauernd).*

mo|nat|lich ⟨Adj.⟩ [mhd. mānetlich, ahd. mānōdlīh]: *in jedem Monat geschehend, erfolgend, fällig:* die -e Abrechnung; das Gehalt wird m. überwiesen; *Kapazität fünfhunderttausend Zünder m. (pro Monat;* Hochhuth, Stellvertreter 206).

-mo|nat|lich: in Zus., z. B. achtmonatlich *(alle acht Monate wiederkehrend, stattfindend).*

Mo|nats|an|fang, der: *Anfang eines Monats.*

Mo|nats|be|ginn, der: *Monatsanfang.*

Mo|nats|bei|trag, der: *monatlich zu zahlender Beitrag (1):* Die Menschen glauben weiter, sie könnten ihr Leben versichern mit regelmäßigen Monatsbeiträgen (Erné, Fahrgäste 11).

Mo|nats|bin|de, die: *Damenbinde.*

Mo|nats|blu|tung, die: *Menstruation.*

Mo|nats|bud|get, das (ugs. scherzh.): *monatliches Budget (2).*

Mo|nats|ein|kom|men, das: vgl. Monatsgehalt.

Mo|nats|en|de, das: *Ende eines Monats:* das Geld reicht nicht bis zum M.

Mo|nats|erd|bee|re, die: **a)** *kleine Erdbeere (a), die den ganzen Sommer über Früchte hervorbringt;* **b)** *Frucht der Monatserdbeere (a).*

Mo|nats|ers|te, der: *erster Tag eines Monats.*

Mo|nats|fluss, der (veraltet): *Menstruation.*

Mo|nats|frist: vgl. Jahresfrist: Noch im M. wollte er zur Auseinandersetzung mit dem streitbaren Umweltminister in Sachen Energiekonsens nichts wissen (Woche 8. 1. 99, 10).

Mo|nats|ge|halt, das: *monatliches ²Gehalt:* ein dreizehntes M. *(ein zusätzliches, meist als Weihnachtsgeld gezahltes Gehalt).*

Mo|nats|geld, das: *regelmäßig jeden Monat zu erwartende od. zu zahlende Summe.*

Mo|nats|hälf|te, die: vgl. Jahreshälfte.

Mo|nats|heft, das: *einmal monatlich erscheinendes Heft einer Zeitschrift.*

Mo|nats|kar|te, die: *jeweils für einen Kalendermonat gültige Karte* (4a, b).

Mo|nats|letz|te, der: vgl. Monatserste.

Mo|nats|lohn, der: vgl. Monatsgehalt.

Mo|nats|mie|te, die: *monatliche [Wohnungs]miete:* der Makler verlangte drei -n Provision.

Mo|nats|mit|te, die: *Mitte eines Monats.*

Mo|nats|mit|tel, das: *Durchschnittswert für einen Monat.*

Mo|nats|na|me, der: *Name eines Monats.*

Mo|nats|pro|duk|ti|on, die (Wirtsch.): *monatliche Produktion.*

Mo|nats|ra|te, die: *monatliche Rate:* zahlbar in acht -n.

Mo|nats|ra|ti|on, die: *Ration für einen Monat.*

Mo|nats|ren|te, die: *monatliche Rente.*

Mo|nats|sa|lär, das (schweiz., sonst veraltet, noch iron.): *Monatsgehalt, Monatslohn.*

Mo|nats|schluss, der: *Monatsende.*

Mo|nats|schrift, die: vgl. Monatsheft.

Mo|nats|ver|dienst, der: vgl. Monatsgehalt.

Mo|nats|wech|sel, der (veraltend): *monatliches Unterhaltsgeld:* Unsere Tänzer hatten ihren dicken M. (Perrin, Frauen 60); Um meinen M. etwas aufzubessern, habe ich ... in den Semesterferien gearbeitet (MM 17./18. 1. 81, 62).

mo|nat[s]|wei|se ⟨Adv.⟩: *je von Monat zu Monat [geschehend]; jeweils für einen Monat:* m. abrechnen; ⟨mit Verbalsubstantiv auch attr.:⟩ eine m. Abrechnung.

Mo|nats|zins, der (südd., österr., schweiz.): *Monatsmiete.*

Mo|nats|zu|tei|lung, die: vgl. Monatsration.

mo|nau|ral ⟨Adj.⟩ [zu griech. mónos = einzeln, allein u. lat. auris = Ohr]: **a)** (Med., Technik) *ein Ohr, das Gehör auf einer Seite betreffend;* **b)** (Elektronik) *(von der Tonaufnahme u. -wiedergabe auf Tonbändern u. Schallplatten) über nur einen Kanal laufend.*

Mo|na|zit [auch: ...'tsɪt], der; -s, -e [zu griech. monázein = einzeln sein; nach dem seltenen Vorkommen]: *glänzendes, hellgelbes bis dunkelbraunes Mineral.*

Mönch, der; -[e]s, -e [mhd. mün[e]ch (md. mön[ni]ch), ahd. munih, über das Vlat. < kirchenlat. monachus < griech. monachós = Einsiedler, Mönch, zu: mónos = allein]: **1.** *Mitglied eines Männerordens:* buddhistische, christliche -e; wie ein Mönch *[sexuell] enthaltsam)* leben. **2.** (Bauw.) *gewölbter Dachziegel, der mit der Wölbung nach oben in der Mitte auf zwei rinnenförmig nach unten gewölbte Nonnen (Nonnen) gelegt wird.* **3.** (Technik) *Vorrichtung zum Ablassen, Regulieren des Wassers bei Teichen, Becken o. Ä.* **4.** (Jägerspr.) *Kahlhirsch.*

Mön|chen|glad|bach: Stadt in Nord-rhein-Westfalen.

mön|chisch ⟨Adj.⟩ [kirchenlat. monachicus < griech. monachikós, zu: monachós, ↑Mönch]: *von einem Mönch ausgehend, zu ihm gehörend; wie ein Mönch.*

Mönchs|gei|er, der [nach dem scherzh. Vergleich des ungefiederten Vogelhalses mit dem von der Kutte unbedeckten Hals eines Mönches]: *(bes. in den Mittelmeerländern u. in Asien heimischer) dunkelbrauner bis schwarzer Geier mit einer Halskrause aus schmalen, braunen Federn.*

Mönchs|gras|mü|cke, die: *(zu den Grasmücken gehörender) Singvogel mit oberseits graubraunem, unterseits weißlich grauem Gefieder u. schwarzem Kopf.*

Mönchs|klos|ter, das: *Kloster eines Mönchsordens.*

Mönchs|kut|te, die: *Kutte* (1).

Mönchs|la|tein, das: vgl. Küchenlatein.

Mönchs|or|den, der: *Orden* (1) *für Mönche:* mit ... einem neuen Herzog aus dem Schoß eines reformerischen -s (Stern, Mann 225).

Mönchs|pfef|fer, der [vgl. Keuschlammstrauch]: **a)** *Keuschlammstrauch;* **b)** *scharf schmeckende Frucht des Keuschlammstrauchs, die in südlichen Ländern als Ersatz für Pfeffer verwendet wird.*

Mönchs|rob|be, die [die Färbung erinnert an eine Mönchskutte]: *(ständig in tropischen u. subtropischen Meeren lebende) auf der Oberseite braungrau bis schwärzlich, auf der Unterseite weißlich gefärbte Robbe.*

Mönchs|sit|tich, der [die Bauchfärbung ähnelt der einer Mönchskutte]: *oft im Käfig gehaltener Papagei, dessen Gefieder auf Rücken u. Kopf grün, an den Flügeln blau u. am Bauch graubraun gefärbt ist u. der schrille, kreischende Töne von sich gibt.*

Mönch[s]|tum, das; -s: **a)** *mönchisches Wesen, mönchisches Gedankengut:* christliches M.; **b)** *das Mönchsein.*

Mönchs|we|sen, das ⟨o. Pl.⟩: Mönchstum (a).

Mönchs|zel|le, die: *Zelle* (1) *eines Mönches.*

Mond, der; -[e]s, -e [mhd. mān(e), ahd. māno, urspr. wohl = Wanderer (am Himmel)]: **1. a)** ⟨o. Pl.⟩ *der einzige natürliche Satellit der Erde, der nur an bestimmten Tagen sichtbar ist, wegen seiner großen Erdnähe ziemlich groß erscheint u. unter bestimmten Bedingungen die Nacht mehr oder weniger stark erhellen kann:* der aufgehende, untergehende, zunehmende, abnehmende M.; ein verhangener M.; ein silbrig glänzender M. steht am Himmel; der M. nimmt zu, nimmt ab; der M. scheint, geht auf, steht klar am Himmel; Der M. war hinter den Fichtenwipfeln emporgekommen (Musil, Mann 1086); der M. hat einen Hof; das Raumschiff umkreist den M.; der Hund bellt den M. an *(bellt lange in einer mondhellen Nacht);* das fahle Licht, die Scheibe, Sichel des -[e]s; die Oberfläche des -es; Xaver sah ihn stehen im Licht des abnehmenden -es (M. Walser,

Seelenarbeit 254); Bilder von der erdabgewandten Seite des -es; die Krater auf dem M. sind alle registriert; auf dem M. landen; zum M. fliegen; Da schossen die Leute Raketen zum M. (Dorpat, Ellenbogenspiele 217); * **den M. anbellen** (ugs.; *heftig schimpfen, ohne damit etwas zu erreichen;* bezogen darauf, dass Hunde gelegentlich nachts den Vollmond anbellen); **den M. am hellen Tag suchen** (ugs.; *sich vergeblich, in nicht sehr sinnvoller Weise um etw. bemühen);* **jmdn. auf den/zum M. schießen können/mögen** (salopp; *auf jmdn. wütend sein; jmdn. weit weg wünschen):* Immer muss der Kerl seine Schau abziehen ... Ich könnte ihn manchmal auf den M. schießen (Wellershoff, Körper 103); **auf/hinter dem M. leben** (ugs.; *über die neuesten Ereignisse nicht informiert sein, nichts davon mitbekommen);* **in den M. gucken** (ugs.; *bei etw. das Nachsehen haben, leer ausgehen;* H.u.; viell. nach der abergläubischen Vorstellung, dass jmd., der zu lange den Mond ansieht, dadurch ungeschickt u. dumm wird); **etw. in den M. schreiben** (ugs.; *etw. als verloren betrachten);* **nach dem M. greifen** (↑Stern 1 a); **nach dem M. gehen** (ugs.; *[von einer Uhr] falsch gehen, sehr ungenau die Zeit anzeigen);* **b)** (Astron.) *einen Planeten umkreisender Himmelskörper; Satellit:* die -e des Jupiter; Aber die Zahl der künstlichen -e *(auf eine Erdumlaufbahn gebrachten Satelliten)* reicht nicht aus, um eine hundertprozentige Wettervorhersage zu gewährleisten (Hörzu 36, 1975, 7). **2.** *etw., was die Form des vollen Mondes od. einer Mondsichel hat:* kleine -e backen. **3.** (dichter. veraltet) *Monat:* Acht -e und mehr waren es schon (Th. Mann, Joseph 380).

Mon|da|min®, das; -s [nach dem Jüngling Mondámin (indian. = Mais) in dem Versepos »Song of Hiawatha« des amerik. Schriftstellers H. W. Longfellow (1807–1882)]: *zum Kochen u. Backen verwendeter Stärkepuder aus Mais.*

mon|dän ⟨Adj.⟩ [frz. mondain < lat. mundanus = weltlich, zu: mundus = Welt]: *eine extravagante Eleganz zeigend, zur Schau tragend:* eine -e Frau; ein -er Badeort; ein -es Publikum; in einer der -en Gegenden auf Manhattans Eastside (Saarbr. Zeitung 6./7. 10. 79, 16); Die Frauen machen einen -en Eindruck auf ihn (Chotjewitz, Friede 100).

Mon|dä|ni|tät, die; -: *das Mondänsein.*

Mond|an|zug, der: *für die ersten Mondlandungen konstruierter Raumanzug.*

Mond|auf|gang, der: *das Aufgehen, Erscheinen des Mondes über dem Horizont.*

Mond|au|to, das (Raumf.): *für die Fortbewegung auf der Mondoberfläche konstruiertes Fahrzeug.*

Mond|bahn, die: *(scheinbare) Bahn eines Mondes um einen Planeten, bes. des Mondes* (1 a) *um die Erde.*

mond|be|glänzt ⟨Adj.⟩ (dichter.): *mondbeschienen.*

Mond|bein, das (Med.): *mittlerer, mondförmig ausgebildeter Handwurzelknochen.*

mond|be|schie|nen ⟨Adj.⟩ (dichter.): *vom Mond beschienen.*

Mond|blind|heit, die (Tiermed.): *periodisch auftretende Augenentzündung bei Tieren, bes. bei Pferden.*

Mönd|chen, das; -s, -: **1.** Vkl. zu ↑Mond (1, 2). **2.** kurz für ↑Nagelmöndchen.

Mon|den|glanz, der (dichter.): *Mondesglanz.*

Mon|den|schein, der (dichter.): *Mondschein.*

Mon|der|de, die: vgl. Mondgestein.

Mon|des|fins|ter|nis, die (österr.): *Mondfinsternis.*

Mon|des|glanz, der (dichter.): *Glanz des Mondes, Mondlicht.*

Mon|des|licht, das ⟨o. Pl.⟩ (dichter.): *Mondlicht.*

Mond|fäh|re, die: *Mondlandefähre.*

Mond|fah|rer, der: *Astronaut, der auf dem Mond landet.*

Mond|fah|re|rin, die: w. Form zu ↑Mondfahrer.

Mond|fins|ter|nis, die (Astron.): *Finsternis* (2), *die eintritt, wenn der volle Mond in den Schatten der Erde eintritt:* eine partielle, totale M.

Mond|fisch, der [nach der runden Körperform]: *(zu den Knochenfischen gehörender) seitlich abgeflachter Meeresfisch mit weit nach hinten gedrückten Rückenflossen; Sonnenfisch.*

Mond|fleck, der: *Mare auf dem Mond.*

Mond|flug, der: *Raumflug zum Mond.*

Mond|ge|bir|ge, das: *Bodenerhebung auf der Mondoberfläche.*

Mond|ge|sicht, das: **a)** *rundes, volles Gesicht:* er hat ein gutmütiges M.; das M. (Med. Jargon; *das runde aufgedunsene Gesicht)* nach der Chemotherapie hatte sich auch bei ihm eingestellt; **b)** (scherzh.) *Person mit einem runden Gesicht:* ein ... Dichter, ein M. mit viel krausem Haar (Baldwin [Übers.], Welt 322).

Mond|ge|stein, das: *von einer Mondlandung mitgebrachtes Gestein vom Mond.*

Mond|glo|bus, der: *Globus, auf dem die Struktur der gesamten Mondoberfläche einschließlich der von der Erde aus nicht sichtbaren Seite dargestellt ist.*

mond|hell ⟨Adj.⟩ (geh.): *vom Mond erhellt, beschienen:* eine -e Landschaft; die Nacht war m.

mon|di|al ⟨Adj.⟩ [frz. mondial, zu: monde < lat. mundus = Welt] (bildungsspr.): *weltweit, weltumspannend:* eine kleinstaatliche Sicht auf die -en Rüstungskampf (Basler Zeitung 27. 7. 84, 7).

Mon|di|al, das; -s: *künstliche Weltsprache.*

mon dieu [mõ ˈdjø] [frz. = mein Gott] (bildungsspr.): *Ausruf der Bestürzung.*

Mond|jahr, das: *der Zeitraum von zwölf Umläufen des Mondes um die Erde umfassendes Jahr des altrömischen Kalenders.*

Mond|kalb, das [urspr. von einem fehlgebildeten Kalb, weil man solche Fehlbildungen dem schädlichen Einfluss des Mondes zuschrieb] (salopp): *dummer, einfältiger Mensch:* bedenke ... wie ich mit Gottschalk oder irgendeinem anderen liberalen M. arbeiten soll (Bieler, Bär 156).

Mond|kno|ten, der (Astron.): *Punkt, in*

dem die Mondbahn die Ebene der Eklip-
tik schneidet.

Mond|kra|ter, der: *wie ein vulkanischer
Krater wirkende Vertiefung in der Mondoberfläche.*

Mond|lan|de|fäh|re, die: *kleines Raum-
fahrzeug für die Landung auf dem Mond
u. den Wiederaufstieg zum großen
Raumschiff.*

Mond|land|schaft, die: **1.** *Mondoberflä-
che, wie sie sich dem Beschauer bietet.*
2. *Landschaft im Mondlicht.* **3.** *kahle,
vegetationslose, mit ihren oft ungewöhnli-
chen Formationen an die Mondoberfläche erinnernde Landschaft:* Sobald sich
der dichte Busch lichtet, beginnt eine bi-
zarre M. (a & r 2, 1997, 95).

Mond|lan|dung, die: *Landung eines
Raumfahrzeugs auf dem Mond.*

Mond|licht, das ⟨o. Pl.⟩: *vom Mond aus-
gehendes Licht:* der See glitzerte silbern
im M.; Die Nacht roch nach M. (Hilsenrath, Nazi 337).

mond|los ⟨Adj.⟩: *keinen sichtbaren Mond
aufweisend:* Zahlreiche astronomische
Beobachtungen können nur in -en Näch-
ten durchgeführt werden (BdW 7, 1987,
11).

Mond|mo|bil, das; -s, -e (Raumf.): *für
die Fortbewegung auf der Mondoberfläche konstruiertes Fahrzeug.*

Mond|nacht, die: *mondhelle Nacht.*

mond|nah ⟨Adj.⟩ (Astron.): *dem Mond
relativ nahe:* eine -e Umlaufbahn.

Mond|nä|he, die (Astron.): *Perilun.*

Mond|ober|flä|che, die: *Oberfläche des
Mondes.*

Mond|or|bit, der (Raumf.): *Orbit um den
Mond.*

Mond|pha|se, die: *periodisch wechseln-
de Erscheinungsform des Mondes.*

Mond|preis, der (Jargon): *willkürlich
angesetzter [überhöhter] Preis (1).*

Mond|ra|ke|te, die: *aus mehreren Rake-
tenstufen bestehende Mondsonde.*

Mond|rin|de, die: *äußerste Schicht der
Mondoberfläche.*

Mond|schei|be, die ⟨o. Pl.⟩: *dem Auge
des Betrachters als flache Scheibe erscheinender Vollmond.*

Mond|schein, der ⟨o. Pl.⟩: *Licht, Schein
des Mondes:* ein Spaziergang bei, im M.;
R der kann, du kannst mir [mal] im M.
begegnen (salopp; *ich will von ihm, dir in
Ruhe gelassen werden, ich will nichts mit
dir, ihm zu tun haben*).

Mond|schein|ta|rif, der: *(bis 1980) Ta-
rif, der nachts stark verbilligte Telefonge-
spräche über beliebige Entfernungen im
Inland ermöglicht.*

Mond|schiff, das (ugs.): *Raumfahrzeug
für den Mondflug.*

Mond|si|chel, die: *bei zu- od. abnehmen-
dem Mond sichtbares, sichelförmiges
Teilstück des Mondes.*

Mond|son|de, die: *unbemanntes Raum-
fahrzeug für die Erkundung des Mondes.*

Mond|stein, der [LÜ von griech. selēni-
tēs (lithos); man sah das Abbild des
Mondes in dem Stein]: *Adular.*

Mond|sucht, die ⟨o. Pl.⟩: *Mondsüchtig-
keit.*

mond|süch|tig ⟨Adj.⟩ [LÜ von lat. luna-
ticus]: *an Schlafwandeln leidend; luna-*

tisch; somnambul: *Er hätte beinahe seine
Tochter erschlagen, und nur der Umstand, dass der Mond die Mansarde er-
hellte, bewahrte sie. »Frau« schrie er, ...
»deine Tochter ist m. Ich weiß bei Gott
nicht, was ihr Weiber allemal mit dem
Mond habt.« (Heckmann, Benjamin
188); Die Frau Leer ... war sauber, ordentlich und fromm und nur ein kleines
bisschen m. (Sommer, Und keiner 47).

Mond|süch|ti|ge, der u. die: *jmd., der
mondsüchtig ist.*

Mond|süch|tig|keit, die: *(bes. in hellen
Mondnächten auftretendes) Schlafwandeln.*

Mond|um|krei|sung, die: *Umkreisung
des Mondes durch einen Satelliten, mit einem Raumfahrzeug.*

Mond|um|lauf|bahn, die: *Mondorbit.*

Mond|un|ter|gang, der: *Untergang (1)
des Mondes (1 a).*

Mond|wech|sel, der: *Zeitspanne um
Voll- od. Neumond, wenn der Mond wieder ab- od. zuzunehmen beginnt.*

Mo|ne|gas|se, der; -n, -n: Ew. zu ↑Mo-
naco.

Mo|ne|gas|sin, die; -, -nen: w. Form zu
↑Monegasse.

mo|ne|gas|sisch ⟨Adj.⟩: *Monaco, die
Monegassen betreffend, von den Monegassen stammend, zu ihnen gehörend.*

Mo|nem, das; -s, -e [frz. monème, zu
griech. mónos = allein, einzeln]
(Sprachw.): *kleinste bedeutungstragende
sprachliche Einheit.*

mo|ne|pi|gra|phisch ⟨Adj.⟩ [zu griech.
mónos = einzeln, allein u. epigraphḗ =
Auf-, Inschrift]: *(von Münzen) nur
Schrift aufweisend.*

Mo|ne|re, die; -, -n ⟨meist Pl.⟩ [zu
griech. monērēs = einsam]: **1.** (veraltet)
Organismus ohne Zellkern. **2.** (Biol.)
*Entwicklungsstadium bei Einzellern, in
dem kein Zellkern erkennbar ist.*

Mo|ner|gol, das; -s, -e [Kunstwort, zu
griech. mónos = einzeln u. ...ol, viell. an. ér-
gon = Werk]: *flüssiger Raketentreib-
stoff, der (durch Auflösung od. Wär-
meentwicklung) selbst für den Antrieb
sorgt.*

mo|ne|tär ⟨Adj.⟩ [frz. monétaire < lat.
monetarius, zu: moneta, ↑Münze]
(Wirtsch.): *die Finanzen betreffend,
geldlich:* die -e Situation; in -er Hinsicht
waren sie abgesichert; -e Stabilität; Die
-e Schwäche einer Währung kann also
durchaus wirtschaftliche Stärke sein
(Woche 31. 1. 97, 5); wenn Schädiger wissen, dass sie für angerichtete Schäden
nicht zahlen müssen, entfällt der -e An-
reiz, Umweltschäden zu verhüten (natur 4, 1991, 35).

Mo|ne|ta|ris|mus, der; - (Wirtsch.):
*Theorie in den Wirtschaftswissenschaf-
ten, die besagt, dass in einer Volkswirtschaft der Geldmenge (d. h. der Menge
des umlaufenden Bar- u. Giralgeldes)
überragende Bedeutung beigemessen
werden muss u. deshalb die Wirtschaft
primär über die Geldmenge zu steuern ist.*

Mo|ne|ta|rist, der; -en, -en: *Vertreter,
Anhänger des Monetarismus.*

Mo|ne|ta|ris|tin, die; -, -nen: w. Form zu
↑Monetarist.

mo|ne|ta|ris|tisch ⟨Adj.⟩: *den Moneta-
rismus betreffend.*

Mo|ne|tar|sys|tem, das; -s, -e: *Wäh-
rungssystem.*

Mo|ne|ten ⟨Pl.⟩ [urspr. Studentenspr., zu
lat. moneta, ↑Münze] (ugs.): *Geld:* keine
M. mehr haben; Hast mir wohl nicht geglaubt, dass ich die M. auftreibe (Ziegler,
Labyrinth 98).

mo|ne|ti|sie|ren ⟨sw. V.; hat⟩ (Wirtsch.):
in Geld, Kaufkraft umwandeln: Sachwerte m.

Mo|ne|ti|sie|rung, die; -, -en (Wirtsch.):
das Monetisieren.

Mo|ney|ma|ker [ˈmʌnɪmeɪkə], der; -s, -
[engl. moneymaker = einträgliches Geschäft, eigtl. = etwas, was Geld macht,
aus: money = Geld u. to make = ma-
chen] (ugs. abwertend): *cleverer Ge-
schäftsmann; Großverdiener.*

Mon|göl|chen, das; -s, - [eigtl. Vkl. zu
↑Mongole] (ugs.): *am Downsyndrom lei-
dendes Kind.*

Mon|go|le, der; -n, -n [mong. mongol]
(Anthrop.): *Angehöriger einer zum
mongoliden Menschentypus gehörenden
Völkergruppe in Zentralasien.*

Mon|go|lei, die; -: *Hochland u. Staat in
Zentralasien.*

Mon|go|len|fal|te, die: **1.** (Anthrop.) *als
typisches Merkmal des mongoliden Menschentypus geltende schräge Hautfalte im
oberen Augenlid.* **2.** (Med.) *der Mongo-
lenfalte (1) ähnliche Hautfalte, die als
Kennzeichen des Downsyndroms gilt.*

Mon|go|len|fleck, der (Anthrop.,
Med.): *bläulicher od. bräunlicher, meist
im Kreuz auftretender, später verblassen-
der Fleck in der Haut von Neugeborenen
bes. des mongoliden Menschentypus.*

mon|go|lid ⟨Adj.⟩ (Anthrop.): *zu dem
hauptsächlich in Asien, Indonesien,
Ozeanien u. der Arktis verbreiteten Menschentypus gehörend, dessen Merkmale
aufweisend:* Menschen aus der Umgebung warten auf ihre Flugzeuge. Ich be-
merke europide und -e Gesichtszüge und
alle Formen des Übergangs zwischen
beiden (Berger, Augenblick 126).

Mon|go|li|de, der u. die; -n, -n ⟨Dekl.
↑Abgeordnete⟩: *die mongoliden Merkmale aufweisender Mensch.*

Mon|go|lin, die; -, -nen: w. Form zu
↑Mongole.

mon|go|lisch ⟨Adj.⟩: *die Mongolen be-
treffend, zu ihnen gehörend:* -e Sprachen.

Mon|go|lis|mus, der; - [nach der Kopf-
u. Gesichtsbildung, die dem äußeren Er-
scheinungsbild eines Mongoliden
gleicht] (veraltend): *Downsyndrom.*

Mon|go|lis|tik, die; - : *Wissenschaft von
der Sprache, Kultur u. Geschichte der die
mongolischen Sprachen sprechenden Völ-
kerschaften.*

mon|go|lo|id ⟨Adj.⟩ [zu ↑Mongole u.
griech. -oeidḗs = ähnlich]: **1.** *den Mon-
golen ähnlich:* -es Aussehen. **2.** (Med.)
*die Merkmale des Downsyndroms auf-
weisend:* Nicht nur ältere Mütter können
die Ursache für einen Chromosomende-
fekt und damit für ein -es Kind sein
(Hörzu 35, 1978, 95).

Mon|go|lo|i|de, der u. die; -n, -n ⟨Dekl.
↑Abgeordnete⟩: *Angehörige[r] eines*

nicht [rein] mongoliden Menschentypus mit den für Mongolide typischen Gesichtsmerkmalen.

Mon|go|lo|i|dis|mus, der; - (veraltend): *Downsyndrom.*

Mo|nier|bau|wei|se, die ⟨o. Pl.⟩ [nach J. Monier (1823–1906), dem Erfinder des Stahlbetons]: *Bauweise in Stahlbeton.*

Mo|nier|ei|sen, das (veraltend): *runder Stahlstab für den Stahlbetonbau.*

mo|nie|ren ⟨sw. V.; hat⟩ [lat. monere = (er)mahnen]: *bemängeln, beanstanden:* schlechtes Essen m.; *Zusammen mit der Kritik an den hohen Mietzinsen wurde gleichzeitig auch die niedrige Rendite moniert* (Weltwoche 17. 5. 84, 36); *Die Abgeordneten monierten fehlende Betriebs- und Finanzergebnisse der Stella-Gruppe* (Woche 27. 3. 98, 16); *Geschäftsleute der Rathausstraße hätten moniert, dass die Stände des Jahrmarktes zu eng nebeneinander gestanden hätten* (Saarbr. Zeitung 6./7. 10. 79, 20).

Mo|nie|rung, die; -, -en: *das Monieren.*

Mo|nier|zan|ge, die [↑Monierbauweise]: *Zange mit langen Griffen u. kleinem Kopf zum Abkneifen od. Verdrillen fester Drähte.*

Mo|ni|lia, die; - [zu lat. monile = (Hals)kette] (Bot.): *Schlauchpilz.*

Mo|ni|lia|krank|heit, die; -: *durch Monilia hervorgerufene Pflanzenkrankheit bes. bei Kern- u. Steinobst.*

Mo|nis|mus, der; - [zu griech. mónos = allein]: *philosophisch-religiöse Lehre von der Existenz nur eines einheitlichen Grundprinzips des Seins u. der Wirklichkeit.*

Mo|nist, der; -en, -en: *Anhänger des Monismus.*

Mo|nis|tin, die; -, -nen: w. Form zu ↑Monist.

mo|nis|tisch ⟨Adj.⟩: *den Monismus betreffend.*

Mo|ni|ta: Pl. von ↑Monitum.

Mo|ni|teur [moni'tø:ɐ̯], der; -s, -e [frz. moniteur, eigtl. = Ratgeber < lat. monitor, ↑Monitor]: *frz. Bez. für Anzeiger (2) (oft im Titel französischer Zeitungen).*

Mo|ni|tor, der; -s, ...oren, auch: -e [engl. monitor, eigtl. = Aufseher < lat. monitor, zu: monere (2. Part.: monitum), ↑monieren]: **1.** (veraltet) *Mahner, Aufseher.* **2.** (Ferns.) *Bildschirm zur direkten Kontrolle, Kommentierung od. Weitergabe von Bildern:* Wie bei Fernsehleuten üblich, standen im Konferenzraum ein und zeigten das laufende Programm (Hörzu 30, 1985, 7); *das Geschehen am, auf dem M. verfolgen; der Sportreporter kommentierte anhand des -s; Die Rede des Kanzlers ... wird über -e in ... das Foyer übertragen* (MM 27. 9. 76, 15). **3. a)** (Technik) *Kontrollgerät zur Überwachung elektronischer Anlagen:* Auch der Funkstörungsmessdienst der Post ist bei Bedarf zur Stelle und überprüft auf Wunsch den Empfang mit eigenen -en (MM 10. 7. 79, 19); **b)** (Med.) *Kontrollgerät zur Überwachung der Herztätigkeit, Temperatur usw. bei gefährdeten Patienten;* **c)** *Bildschirm eines Personalcompu-*

ters o. Ä. **4.** (Physik) *mit einem Zählrohr ausgerüstetes Gerät zur Messung radioaktiver Strahlen.* **5.** (Bergbau) *Gerät in der Art eines schwenkbaren Wasserwerfers zur (hydrodynamischen) Gewinnung von Kohle, Erz o. Ä.* **6.** (früher) *flaches, mit nur wenigen schweren Geschützen ausgerüstetes Kanonenboot:* Ede erinnerte sich an -e, die er während des Ersten Weltkrieges in den Donaustaaten gesehen hatte (Lentz, Muckefuck 102).

Mo|ni|to|ri|um, das; -s, ...rien [mlat. monitorium, zu lat. monitorius = mahnend, zur Erinnerung dienlich] (Rechtsspr. veraltet): *Mahnschreiben, [amtliche] Ermahnung.*

Mo|ni|tum, das; -s, ...ta [zu lat. monita (Pl.) = Ermahnungen, subst. 2. Part. Neutr. von: monere, ↑monieren] (bildungsspr.): *Beanstandung; Rüge:* Monita aufführen, zusammenstellen; es gibt kein einziges M.; *In diesem Zusammenhang brachte Dr. Vilmar ... ein grundsätzliches M. an* (DÄ 22. 11. 85, 18); *dann folgten auf drei Schreibmaschinenseiten zwölf Monita* (Spiegel 45, 1977, 27).

mo|no [auch: 'mɔno] (Jargon): Kurzf. von ↑monophon: die stereophone Sendung kann auch m. empfangen werden.

Mo|no, das; -s (Jargon): Kurzf. von ↑Monophonie.

mo|no-, Mo|no-, (vor Vokalen:) **mon-, Mon-** [griech. mónos] ⟨Best in Zus. mit der Bed.:⟩ *einzig, allein, einzeln; ein..., Ein... :* monosem; Monogamie, Monostruktur.

Mo|no|chord, das; -[e]s, -e [mlat. monochordum < spätlat. monochordon < griech. monóchordon, zu: chórda = Saite] (Musik): *Instrument bes. zur Intervallmessung, das aus einem länglichen Resonanzkasten mit einer Saite besteht.*

mo|no|chrom ⟨Adj.⟩ [zu griech. chrōma = Farbe] (Malerei, Fot.): *einfarbig:* -e Gemälde, Arbeiten; -es Gelblicht; -e Aufnahmen.

Mo|no|chrom, das; -s, -en (Malerei): *einfarbiges Gemälde.*

Mo|no|chro|ma|sie, die; - (Med.): *völlige Farbenblindheit.*

¹**Mo|no|chro|mat,** das od. der; -[e]s, -e (Physik): *Objektiv, das nur mit Licht einer bestimmten Wellenlänge verwendet werden kann.*

²**Mo|no|chro|mat,** der; -en, -en (Med.): *jmd., der völlig farbenblind ist.*

mo|no|chro|ma|tisch ⟨Adj.⟩ (Physik): *zu nur einer Spektrallinie gehörend, einfarbig.*

Mo|no|chro|ma|tor, der; -s, ...oren (Physik): *Gerät zur Gewinnung einfarbigen Lichtes.*

Mo|no|chro|mie, die; - [mlat. monochroma = einfarbiges Bild] (Malerei, Fot.): *Einfarbigkeit.*

mo|no|co|lor ⟨Adj.⟩ [zu lat. color = Farbe, vgl. Couleur] (österr.): *von einer Partei gebildet:* eine -e Regierung; williges Werkzeug jener -en Kreise, die gegenwärtig unser Kulturleben bestimmen (Presse 8. 5. 69, 25).

Mo|no|coque [...'kɔk], das; -[s], -s [engl. monocoque < frz. monocoque, aus: mo-

no- < griech. mónos (↑mono-, Mono-) u. coque = Muschel, nach der Form]: *spezielle Konstruktion bes. in Rennwagen, die das Chassis (1) u. den Rahmen (2) ersetzt.*

mo|no|cyc|lisch: ↑monozyklisch.

Mo|no|die, die; - [spätlat. monodia < griech. monōidía, zu: ōidḗ = Gesang, Lied] (Musik): **1.** *einstimmiger Gesang.* **2.** *Sologesang [mit Generalbassbegleitung].*

mo|no|disch ⟨Adj.⟩: **a)** *die Monodie betreffend;* **b)** *im Stil der Monodie, einstimmig.*

Mo|no|dis|ti|chon, das (Literaturw.): *aus einem einzigen Distichon bestehendes Gedicht.*

Mo|no|dra|ma, das: *Einpersonenstück.*

Mo|no|emp|fän|ger [auch: 'mɔno-], der (Rundfunk.): *für monophonen Empfang eingerichtetes Rundfunkgerät.*

mo|no|fil ⟨Adj.⟩ [zu lat. filum = Faden] (Textilind.): *aus einer einzigen Faser bestehend:* -e Fäden.

Mo|no|fil, das; -[s] (Textilind.): *aus einer einzigen Faser bestehender vollsynthetischer Faden.*

mo|no|fon, Mo|no|fo|nie: ↑monophon, Monophonie.

mo|no|gam ⟨Adj.⟩ [zu griech. gámos = Ehe]: **a)** *von der Anlage her auf nur einen Geschlechtspartner bezogen:* das -e voreheliche Verhalten (Ruthe, Partnerwahl 192); *Das ist kein Abenteuer. Ich bin m. (lebe immer nur mit einem Partner). Wenn du mit mir kommst, wirst du mein Freund für immer sein* (Borell, Lockruf 81); *Raben sind meist m.;* **b)** (Völkerk.) *nur die Einehe kennend:* -e Kulturen.

Mo|no|ga|mie, die; -: *Zusammenleben mit nur einem Partner, einer Partnerin:* Im Vergleich zu unserer Studentenzeit Anfang der achtziger Jahre haben junge Paare die serielle M. (das zeitlich begrenzte monogame Zusammenleben) in den letzten Jahren offenbar perfektioniert: Sie leben heute, so paradox es klingt, treuer in kürzeren Beziehungen (NZZ, Beilage 3. 5. 99, 56); in M. leben.

mo|no|ga|misch ⟨Adj.⟩: **a)** *die Monogamie betreffend;* **b)** *monogam.*

mo|no|gen ⟨Adj.⟩ [↑-gen]: **1.** (Biol.) *von einem Erbvorgang) durch nur ein Gen bestimmt.* **2.** (Geol.) *aus einer einmaligen Ursache entstanden:* -er Vulkan (durch einen einzigen Ausbruch entstandener Vulkan).

Mo|no|ge|ne|se, Mo|no|ge|ne|sis, die; -, ...nesen (Biol.): **1.** ⟨o. Pl.⟩ *Theorie von der Herleitung jeder gegebenen Gruppe von Lebewesen aus je einer gemeinsamen Urform.* **2.** *ungeschlechtliche Fortpflanzung.*

Mo|no|ge|ne|ti|ker, der: *Anhänger der Monogenese (1).*

mo|no|ge|ne|tisch ⟨Adj.⟩ (Biol.): *aus einer Urform entstanden.*

Mo|no|ge|nie, die; -, -n [zu griech. genḗ = Abstammung] (Biol.): **1.** (bei bestimmten Tieren als Sonderfall) *Hervorbringung nur männlicher od. nur weiblicher Nachkommen.* **2.** *Ausbildung eines Merkmals eines Phänotyps an der nur ein Gen beteiligt ist.*

Mo|no|ge|ni̱s|mus, der; -: 1. (Biol.) *Monogenese* (1). **2.** (kath. Theol.) *Lehre, nach der alle Menschen auf den gemeinsamen Stammvater Adam zurückgehen.*

mo|no|glo̱tt ⟨Adj.⟩ [griech. monóglōttos, zu: glõtta, glõssa = Zunge, Sprache] (bildungsspr.): *nur eine Sprache sprechend.*

Mo|no|go|ni̱e, die; -, -n [zu griech. gonḗ = (Er)zeugung] (Biol.): *Monogenese* (2).

Mo|no|gra̱|fie̱ usw.: ↑ Monographie usw.

Mo|no|gra̱mm, das [spätlat. monogramma, zu griech. grámma = Schriftzeichen, Buchstabe; ↑ -gramm]: *Namenszeichen, aus den Anfangsbuchstaben von Vor- u. Familiennamen:* -e in die Wäsche sticken; ein Siegelring mit M.; mit seinem M. signieren; R (salopp:) ich könnte mir [vor Wut] ein M. in den Bauch/in den Hintern beißen!

mo|no|gram|mie̱|ren ⟨sw. V.; hat⟩ (Kunstwiss.): *als Signatur nur mit einem Monogramm versehen:* eine monogrammierte Radierung.

Mo|no|gram|mi̱st, der; -en, -en (Kunstwiss.): *Künstler, von dem nur die Anfangsbuchstaben seines Namens bekannt sind.*

Mo|no|gra|phi̱e̱, (auch:) Monografie, die; -, -n [↑ -graphie]: *größere, wissenschaftliche Einzeldarstellung:* eine wichtige M.; eine M. über Goethe, über den Expressionismus in Deutschland; Er meint tatsächlich, dass die Figur Peeperkorns der Nachwelt von der Persönlichkeit Hauptmanns ... mehr überliefern werde als noch so viele kritische -n (Reich-Ranicki, Th. Mann 67).

mo|no|gra̱|phisch, (auch:) monografisch ⟨Adj.⟩: *ein einzelnes Problem od. eine Einzelpersönlichkeit untersuchend u. darstellend:* die -e Form; etwas m. behandeln.

mo|no|hy̱|brid ⟨Adj.⟩ (Biol.): *(von tierischen od. pflanzlichen Kreuzungsprodukten) von Eltern abstammend, die sich nur in einem Merkmal unterscheiden.*

Mo|no|hy̱|bri̱|de, die; -, -n, auch: der; -n, -n (Biol.): *Bastard, dessen Eltern sich nur in einem Merkmal unterscheiden.*

Mo|no|i|de̱|is̱|mus, der; - [zu griech. monoeidḗs = einförmig, von einerlei Art] (Psych.): 1. *das Beherrschtsein von einem einzigen Gedankenkomplex.* 2. *halluzinatorische Einengung des Bewusstseins in der Hypnose.*

mo|no|kau|sa̱l ⟨Adj.⟩ (bildungsspr.): *auf nur eine Ursache zurückgehend, sich auf nur eine Grundlage stützend.*

Mo|no̱|kel, das; -s, - [frz. monocle, zu spätlat. monoculus = einäugig, zu lat. oculus = Auge]: *(zur Korrektur eines Sehfehlers auf einem Auge) anstelle einer Brille getragenes einzelnes, rundes optisches Glas.*

Mo|no|ki̱|ni, der; -s, -s (veraltend): *Minikini:* Für ihre 9,50 Mark Eintritt können Damen den Fitness- und Badebetrieb jetzt auch im M. nutzen (Spiegel 44, 1978, 278).

mo|no|kli̱n ⟨Adj.⟩ [zu griech. klínē = (Ehe)bett, zu: klínein = biegen, anlehnen, sich niederlegen]: **1.** (Physik) *die*

Kristallform eines Kristallsystems betreffend, bei dem eine Kristallachse schiefwinklig zu den beiden anderen, aufeinander senkrecht stehenden Achsen steht. **2.** (Bot.): *zweigeschlechtig.*

Mo|no|kli̱|ne, die; -n, -n (Geol.): *nach einer Richtung geneigte Gesteinsschicht.*

mo|no|klo|na̱l ⟨Adj.⟩ [zu ↑ Klon] (Biol.): *(von Zellen) nur in einem Klon enthaltend:* -e Antikörper (Med.; *Immunglobuline, die aus einem einzigen Zellklon gebildet u. zur Diagnose u. Therapie verschiedener Krankheiten verwendet werden).*

Mo|no|ko|ty|le|do̱|ne, die (Bot.): *einkeimblättrige Pflanze.*

Mo|no|kra̱|tie̱, die; -, -n [zu griech. krateīn = herrschen]: *Alleinherrschaft, Herrschaft eines Einzelnen.*

mo|no|kra̱|tisch ⟨Adj.⟩: *in der Form einer Monokratie; die Monokratie betreffend:* -es System *(Leitung eines Amtes durch einen Einzelnen, der mit alleinigem Entscheidungsrecht ausgestattet ist).*

mo|no|ku|la̱r ⟨Adj.⟩ [zu lat. oculus = Auge] (Fachspr., bes. Med.): *mit einem Auge; für ein Auge.*

Mo|no|kuḻ|tur, die [auch: ˈmɔno-] (Landw.): **1.** ⟨o. Pl.⟩ *Anbau immer der gleichen Pflanzenart auf einer Bodenfläche:* Die Zerrüttung der Landschaft durch Abholzen, M., Agrargifte, Flurbereinigung (natur 2, 1991, 53); Ü die Politik schickt sich an, die M. aus Kohle und Stahl ... in den nächsten fünf Jahren zu brechen (Welt 29. 3. 79, 1). **2.** *in Monokultur* (1) *bewirtschafteter Boden:* riesige -en von Weizen, von Fichten.

mo|no|la|te|ra̱l ⟨Adj.⟩ [zu ↑ lateral] (Med.): *nur eine Seite des Körpers betreffend, einseitig.*

Mo|no|la̱|trie̱, die; - [zu griech. latreía = Gottesverehrung] (Rel.): *Verehrung nur eines Gottes.*

mo|no|lin|gu̱al ⟨Adj.⟩ [zu ↑ lingual] (Fachspr.): *nur eine Sprache sprechend:* Da selbst meist m. lebend ... verfügen Lehrkräfte üblicherweise kaum über die Praktiken und Mittel ..., die mehrsprachig lebenden Kinder erfolgreich zu unterrichten (Lernmethoden 1979, 97).

mo|no|li̱th [auch: ...ˈlɪt]: monolithisch.

Mo|no|li̱th [auch: ...ˈlɪt], der; -s u. -en, -e[n] [↑ -lith]: *Steinsäule, Obelisk o. Ä. aus einem einzigen großen Steinblock.*

mo|no|li̱|thisch [auch: ...ˈlɪtʃ] ⟨Adj.⟩: **1.** (Fachspr.) *aus einem Stück bestehend; zusammenhängend u. fugenlos:* -e Betonbauten; Die vornehmsten Gräber aber liegen am nördlichen Ende der Ortschaft. Sie sind m. vom Felshang gelöst (Archäologie 2, 1997, 13); Ü Ihm galt sein Volk als -er Block, unterschiedslos mittelalterlich, bösartigen Engländern, Franzosen und Russen (Loest, Pistole 47). **2.** (Elektronik) *aus sehr kleinen elektronischen Bauelementen untrennbar zusammengesetzt.*

Mo|no|lo̱g, der; -[e]s, -e [frz. monologue, zu griech. monológos = allein, mit sich selbst redend, zu: lógos, ↑ Logos] (Literatur.): *laut geführtes Selbstgespräch einer Figur auf der Bühne:* der M. Hamlets; einen M. sprechen; innerer M. *(in Roman od. Erzählung in der Ichform wie-*

dergegebene, in Wirklichkeit nicht laut ausgesprochene Gedanken, Überlegungen, Augenblicksregungen einer Person); Ü er hielt endlose -e *(ließ keinen zu Wort kommen, sprach dauernd);* In diesem Sinne ist der Brief vom 5. Dezember 1903 ... der M. eines Menschen, der die in ihm verborgenen Möglichkeiten fürchtet (Reich-Ranicki, Th. Mann 165).

mo|no|lo̱|gisch ⟨Adj.⟩ (bildungsspr.): *den Monolog betreffend, in der Art eines Monologs:* die -e Form; der Chef verkehrt nur m. mit seinen Leuten *(lässt sie nicht zu Wort kommen, ist Argumenten nicht zugänglich).*

mo|no|lo|gi̱|sie̱|ren ⟨sw. V.; hat⟩: *[innerhalb eines Gesprächs] längere Zeit allein reden:* Der alte Buchhändler monologisierte gern, er hatte ja seit langem niemanden mehr, der ihm zuhören wollte (Bienek, Erde 110).

Mo|no|lo̱|gist, der; -en, -en (Theater): *Sprecher eines Monologes.*

Mo|no|lo|gis̱|tin, die; -, -nen (Theater): w. Form zu ↑ Monologist.

Mo|no̱m, Mononom, das; -s, -e [zu griech. mónos = einzeln, allein u. lat. nomen = Namen] (Math.): *aus nur einem Glied bestehender mathematischer Ausdruck.*

mo|no|ma̱n ⟨Adj.⟩ (Psych., Med.): *von einer Zwangsvorstellung besessen, mit einer fixen Idee behaftet; an Monomanie leidend:* Frau Thatchers -er Sparwille war entscheidend (NZZ 11. 4. 85, 4).

Mo|no|ma̱|ne, der; -n, -n: *jmd., der an Monomanie leidet:* mit der Hartnäckigkeit eines -n, der von einer Sache besessen ist (Fr. Wolf, Menetekel 367).

Mo|no|ma|ni̱e̱, die; -, -n (Psych., Med.): *krankhaftes Besessensein von einer Wahn- od. Zwangsvorstellung:* Wie ein Leitmotiv ... ziehen sich durch die Lebensläufe der am wenigsten Glücklichen deren Selbstbezogenheit und M. (Spiegel 9, 1980, 204).

Mo|no|ma̱|nin, die; -, -nen: w. Form zu ↑ Monomane.

mo|no|ma̱|nisch: ↑ monoman: Streckenweise hat Thomas Manns Selbstbeobachtung einen geradezu wollüstigen, wenn nicht -en Beigeschmack (Reich-Ranicki, Th. Mann 38).

mo|no|me̱r ⟨Adj.⟩ [zu griech. méros = (An)teil] (Chemie): *aus einzelnen, voneinander getrennten, selbstständigen Molekülen bestehend.*

Mo|no|me̱r, das; -s, -e, **Mo|no|me̱|re**, das; -n, -n ⟨meist Pl.⟩ (Chemie): *Stoff mit monomeren Molekülen.*

Mo|no|me|taḻ|lis̱|mus, der; -: *auf nur einem Metall beruhende Münzwährung.*

Mo|no|me̱|ter, der; -s, - [zu griech. métron = (Vers)maß] (antike Metrik): *aus nur einem Metrum* (1) *bestehende metrische Einheit, die selbstständig nur als Satzschluss verwendet wird.*

mo|no|misch, mononomisch ⟨Adj.⟩ (Math.): *(von mathematischen Ausdrücken) aus nur einem Glied bestehend.*

mo|no|morph ⟨Adj.⟩ [zu griech. morphḗ = Gestalt, Form] (Bot.): *(in Bezug auf Blüten u. Gewebe) gleichartig, gleich gestaltet.*

Mo|no|nom: ↑Monom.

mo|no|no|misch: ↑monomisch.

mo|no|nu|kle|är ⟨Adj.⟩ [zu lat. nucleus = Kern] (Biol., Med.): *(von Zellen) einen einfachen (nicht gelappten od. geteilten) Zellkern besitzend.*

Mo|no|nu|kle|o|se, die; -, -n (Med.): *meist gutartig verlaufende Viruserkrankung des lymphatischen Gewebes mit starker Vermehrung der mononukleären Zellen u. der Leukozyten im Blut.*

mo|no|phag ⟨Adj.⟩ [zu griech. phageĩn = essen, fressen] (Biol.): **1.** *(von Tieren) hinsichtlich der Ernährung auf eine einzige Pflanzen- od. Tierart spezialisiert.* **2.** *(von schmarotzenden Pflanzen) auf nur eine Wirtspflanze spezialisiert.*

Mo|no|pha|ge, der; -n, -n ⟨meist Pl.⟩ (Biol.): *Tier, das in seiner Ernährung monophag (1) ist.*

Mo|no|pha|gie, die; - (Biol.): *Beschränkung in der Nahrungswahl auf eine Pflanzen- od. Tierart.*

Mo|no|phar|ma|kon, das (Med.): *aus einem einzigen Wirkstoff hergestelltes Arzneimittel.*

Mo|no|pha|sie, die; - [zu griech. phásis = Sprache, Rede] (Med.): *Sprachstörung mit Beschränkung des Wortschatzes auf einen Satz od. ein Wort.*

Mo|no|pho|bie, die; - [↑Phobie] (Psych.): *krankhafte Angst vor dem Alleinsein, der Einsamkeit.*

mo|no|phon, (auch:) monofon ⟨Adj.⟩ [zu griech. phonḗ, ↑Phon] (Akustik, Rundfunkt.): *(in Bezug auf Schallübertragungen) über nur einen Kanal laufend:* -e Wiedergabe; eine stereophone Sendung kann auch m. empfangen werden.

Mo|no|pho|nie, (auch:) Monofonie, die; -: *Schallübertragung auf einem Kanal.*

Mo|no|pho|to, die; -, -s (Druckw.): *Lichtsetzmaschine.*

Mo|noph|thal|mie, die; - [zu griech. monóphthalmos = einäugig, zu: ophthalmós = Auge] (Med.): *Einäugigkeit.*

Mo|noph|thong, der; -s, -e [griech. monóphthoggos, eigtl. = allein tönend, zu: phthóggos = Ton, Laut] (Sprachw.): *einfacher Vokal* (z. B. a, e, i).

mo|noph|thon|gie|ren ⟨sw. V.; hat⟩ (Sprachw.): **a)** *(einen Diphthong) zum Monophthong umbilden;* **b)** *(von Diphthongen) zum Monophthong werden.*

Mo|noph|thon|gie|rung, die; -, -en (Sprachw.): *das Monophthongieren, Monophthongiertsein.*

mo|noph|thon|gisch ⟨Adj.⟩ (Sprachw.): **a)** *einen Monophthong enthaltend;* **b)** *als Monophthong [gesprochen].*

mo|noph|thon|gi|sie|ren ⟨sw. V.; hat⟩ (Sprachw.): *monophthongieren.*

mo|no|phy|le|tisch ⟨Adj.⟩ [zu griech. phȳlon = Stamm] (Biol.): *einstämmig; von einer Urform abstammend.*

Mo|no|phy|le|tis|mus, der; -, Mono|phy|lie, die; - (Biol.): *Monogenese (1).*

Mo|no|phy|o|dont, der; -en, -en [zu griech. monophyḗs = einmal wachsend u. odoús (Gen.: odóntos) = Zahn] (Biol.): *Säugetier, bei dem kein Zahnwechsel stattfindet.*

Mo|no|phy|o|don|tie, die; - (Med.): *einmalige Zahnung.*

Mo|no|phy|sit, der; -en, -en ⟨meist Pl.⟩: *Anhänger des Monophysitismus (z. B. die koptischen u. armenischen Christen).*

mo|no|phy|si|tisch ⟨Adj.⟩: *den Monophysitismus betreffend, ihm entsprechend.*

Mo|no|phy|si|tis|mus, der; - [zu griech. phýsis = Natur]: *altkirchliche Lehre, nach der die göttliche u. die menschliche Natur Christi zu einer einzigen neuen Natur, der Natur des Gottmenschen, geworden sind.*

Mo|no|plan, der; -s, -e [zu frz. planer = schweben, zu: plain < lat. planus = eben, flach; Analogiebildung zu ↑Aeroplan] (Flugw. veraltet): *Eindecker.*

Mo|no|plat|te [auch: ˈmɔno...], die (ugs.): *Schallplatte, die nur monophon abgespielt werden kann.*

Mo|no|ple|gie, die; -, -n [zu griech. plēgḗ = Schlag, Hieb] (Med.): *Lähmung eines einzelnen Gliedes od. einer einzelnen Muskelgruppe.*

Mo|no|plo|i|die, die; - [zu griech. haploeidḗs = einfach] (Biol.): *das Vorhandensein eines einfachen Chromosomensatzes in der Zelle.*

Mo|no|po|die, die; -, -n [griech. monopodía, zu: poús (Gen.: podós) = Fuß] (Verslehre): *(in der griechischen Metrik) aus nur einem Versfuß bestehender Takt in einem Vers.*

mo|no|po|disch ⟨Adj.⟩ (Verslehre): *aus nur einem Versfuß bestehend.*

Mo|no|pol, das; -s, -e [lat. monopolium < griech. monopṓlion = (Recht auf) Alleinverkauf, zu: pōleīn = Handel treiben]: **1.** *Vorrecht, alleiniger Anspruch, alleiniges Recht, bes. auf Herstellung u. Verkauf eines bestimmten Produktes:* ein M. ausüben, auf etw. haben; ADN, die ein M. für die Nachrichtenversorgung hat (Heringer, Holzfeuer 140); Ü der ganze Bereich der Sicherheitspolitik ... darf, was die friedensstiftende Wirkung betrifft, nicht ein M. über unser Denken und Handeln annehmen (R. v. Weizsäcker, Deutschland 72). **2.** (Wirtsch.) *marktbeherrschendes Unternehmen od. Unternehmensgruppe, die auf einem Markt als alleiniger Anbieter od. Nachfrager auftritt u. damit die Preise diktieren kann:* ein M. errichten; Schritte, die verhindern sollen, dass die jetzt entdeckten Erz-, Erdöl- und Erdgasvorkommen in Irland von multinationalen -en ausgeplündert werden (horizont 45, 1976, 20).

mo|no|pol|ähn|lich ⟨Adj.⟩: *monopolartig.*

mo|no|pol|ar|tig ⟨Adj.⟩: *wie ein Monopol, in der Art eines Monopols:* eine -e Stellung in seiner Branche einnehmen.

mo|no|pol|be|stimmt ⟨Adj.⟩: *von Monopolen bestimmt:* -er Kapitalismus.

Mo|no|pol|bour|geoi|sie, die (marx.): *monopolartig herrschende Bourgeoisie.*

Mo|no|pol|bren|ne|rei, die: *staatliche od. den Bestimmungen des staatlichen Branntweinmonopols unterstehende Brennerei* (b).

Mo|no|pol|in|ha|ber, der: *jmd., der ein Monopol auf etw. hat.*

Mo|no|pol|in|ha|be|rin, die: w. Form zu ↑Monopolinhaber.

mo|no|po|li|sie|ren ⟨sw. V.; hat⟩ [frz. monopoliser] (Wirtsch.): *zu einem Monopol ausbauen; Monopole entwickeln:* die Zündholzherstellung m.; eine monopolisierte Presse; Ü die Kommune ... ist kein Versuch, eine bestimmte Lebensform zu m. (Wohngruppe 124).

Mo|no|po|li|sie|rung, die; -, -en (Wirtsch.): *das Monopolisieren:* die M. der Wirtschaft; Ü die Ausrichtung sexuellen Verhaltens auf Ehe und Familie, also die M. der Sexualität (Schmidt, Strichjungengespräche 123).

Mo|no|po|lis|mus, der; (Wirtsch.): *auf Marktbeherrschung gerichtetes wirtschaftspolitisches Streben.*

Mo|no|po|list, der; -en, -en (Wirtsch.): **a)** *Unternehmen, das auf einem Gebiet Marktbeherrschung anstrebt od. hat:* Zwar besitzen die Öffentlich-Rechtlichen und Eurosport noch bis 1998 die Lizenz zum Senden, aber das taten sie bisher mit der Bräsigkeit gelangweilter -en (Woche 4. 4. 97, 33); **b)** *Inhaber eines monopolistischen Unternehmens.*

Mo|no|po|lis|tin, die; -, -nen (Wirtsch.): w. Form zu ↑Monopolist: Überdies will sich die Schweizer Telcom, die nur noch ein Jahr M. ist, für die harten Zeiten des Wettbewerbs wappnen (FAZ 13. 2. 97, 10).

mo|no|po|lis|tisch ⟨Adj.⟩ (Wirtsch.): *den Monopolismus betreffend, nach Monopolen strebend:* die Entprivatisierung ... von -en Unternehmen oder m. durchsetzten Wirtschaftszweigen (Fraenkel, Staat 376).

Mo|no|pol|ka|pi|tal, das ⟨o. Pl.⟩ (abwertend): **1.** *in Monopolen (2) arbeitendes Kapital.* **2.** *Gesamtheit monopolistischer Unternehmen.*

Mo|no|pol|ka|pi|ta|lis|mus, der ⟨o. Pl.⟩ (abwertend): *Kapitalismus, der durch immer stärkere monopolartige Unternehmenszusammenschlüsse geprägt ist:* Man schimpft auf der Amerikaner, die mit ihrem M. die Klein- und Mittelbetriebe in Europa kaputtmachen (Chotjewitz, Friede 222).

Mo|no|pol|ka|pi|ta|list, der (abwertend): *Eigentümer eines marktbeherrschenden Unternehmens:* im Interesse britischer und multinationaler Bergbaumonopole und weißer südafrikanischer -en und Großfarmer (horizont 13, 1978, 2).

Mo|no|pol|ka|pi|ta|lis|tin, die (abwertend): w. Form zu ↑Monopolkapitalist.

mo|no|pol|ka|pi|ta|lis|tisch ⟨Adj.⟩ (abwertend): *den Monopolkapitalismus betreffend.*

mo|no|po|lo|id ⟨Adj.⟩ [zu griech. -oeidḗs = ähnlich]: *einem Monopol ähnlich:* dass es monopolistische oder -e Machtstellungen auf Märkten geben kann (FAZ 10. 6. 61, 5).

Mo|no|pol|par|tei, die: *übermächtige politische Partei, neben der keine anderen aufkommen können:* zwischen totalitären ... und ... rechtsstaatlich-pluralistischen Parteien ... zu unterscheiden (Fraenkel, Staat 245).

Mo|no|pol|po|si|ti|on, die: *Monopolstellung.*

Mo|no|pol|preis, der: *von einem Monopol (2) bestimmter Preis für eine Ware, Dienstleistung o. Ä.*

Mo|no|pol|pres|se, die (abwertend): *von monopolistischen Interessen gelenkte Presse.*

Mo|no|pol|stel|lung, die: *marktbeherrschende Stellung, wirtschaftliche Vormachtstellung:* das Unternehmen hat eine M.; Ü Die Familie ... als einzige symbiotische Sozialform ... verdankt dieser M. ihre ... Stabilität (Gehlen, Zeitalter 57).

Mo|no|pol|ver|bot, das: *gesetzliches Verbot der Bildung von Monopolen.*

Mo|no|pol|ly® [...li], das; - [nach engl. monopoly = Monopol]: *Gesellschaftsspiel, bei dem mithilfe von Würfeln, Spielgeld, Anteilscheinen u. Ä. Grundstücksspekulation simuliert wird:* M. spielen; Ü Getrieben von wendigen Investment-Bankern, die im globalen M. den Einsatz bestimmen, hetzen sie (= die Konzernlenker) von Meeting zu Meeting, um weitere Unternehmens-Ehen in die Wege zu leiten (Woche 18. 12. 98, 9).

Mo|no|pos|to, der; -s, -s [ital. monoposto, aus: mono = allein u. posto = Platz] (Automobilsport): *einsitziger Rennwagen mit unverkleideten Rädern.*

Mo|nop|son, das; -s, -e [zu griech. opsónion = Einkauf] (Wirtsch.): *Marktform, bei der ein Nachfrager vielen Anbietern gegenübersteht.*

Mo|no|psy|chis|mus, der; - (Philos.): *Lehre von Averroes, nach der es nur ein Seelisches gibt u. alle unterschiedenen menschlichen Seelen nur leiblich bedingt sind.*

Mo|nop|te|ros, der; -, ...eren [griech. monópteros = mit einer Säulenreihe, eigtl. = einflügelig, zu: ptéryx = Flügel]: *von einer Säulenreihe umgebener, kleiner, runder Tempel der Antike.*

Mo|no|sac|cha|rid, Mo|no|sa|cha|rid, das (Biochemie): *einfach gebauter Zucker, der sich nicht weiter aufspalten lässt (z. B. Traubenzucker).*

Mo|no|se, die; -, -n (Biochemie): *Monosaccharid.*

mo|no|sem ⟨Adj.⟩ [griech. monósēmos] (Sprachw.): *(von Wörtern) nur eine Bedeutung habend.*

Mo|no|se|man|ti|kon, das; -s, ...ka [zu griech. sēmantikós, ↑semantisch] (Sprachw.): *Wort für eine nur einmal vorkommende Sache (z. B. Weltall).*

mo|no|se|man|tisch ⟨Adj.⟩ (Sprachw.): *monosem.*

Mo|no|se|mie, die; - [zu griech. sēma, ↑Sem] (Sprachw.): **1.** *Vorhandensein nur einer Bedeutung bei einem Wort (z. B. Butter).* **2.** *durch Monosemierung erreichte Eindeutigkeit zwischen einem Wort u. einer zugehörigen Bedeutung.*

mo|no|se|mie|ren ⟨sw. V.; hat⟩ (Sprachw.): *(durch den sprachlichen od. situativen Kontext) monosem machen.*

Mo|no|se|mie|rung, die; -, -en (Sprachw.): *das Monosemieren.*

Mo|no|sen|dung [auch: ˈmɔno-], die: *monophone Rundfunksendung.*

Mo|no|som, das; -s, -en [geb. aus: ↑mo-

no-, Mono- u. ↑Chromosom] (Biol.): *einzeln bleibendes Chromosom im diploiden Zellkern.*

Mo|no|sper|mie, die; -, -n [zu griech. spérma, ↑Sperma] (Biol.): *Besamung einer Eizelle durch nur eine männliche Geschlechtszelle.*

mo|no|sta|bil ⟨Adj.⟩ (Elektrot.): *(von elektronischen Schaltungen) einen stabilen Zustand besitzend.*

Mo|no|sti|cha: Pl. von ↑Monostichon.

mo|no|sti|chisch, mo|no|sti|chi|tisch ⟨Adj.⟩: **1.** *das Monostichon betreffend.* **2.** (Verslehre) *aus metrisch gleichen Einzelversen bestehend.*

Mo|no|sti|chon, das; -s, ...cha [griech. monóstichon, zu: stíchos = Reihe; Vers] (Verslehre): *einzelner Vers.*

mo|no|stro|phisch ⟨Adj.⟩ [zu griech. monostrophikós] (Literaturw.): **1.** *(von einem Gedicht od. Lied) aus einer Strophe bestehend.* **2.** *(von einem Gedicht od. Epos) aus baugleichen Strophen bestehend.*

mo|no|syl|la|bisch ⟨Adj.⟩ (Sprachw.): *einsilbig (1):* -e Wörter; -e Sprachen (*Sprachen, die nur od. überwiegend aus einsilbigen Wörtern bestehen; z. B. Chinesisch*).

Mo|no|syl|la|bum, das; -s, ...ba [lat. monosyllabum, zu: monosyllabus < griech. monosýllabos = einsilbig, zu: syllabḗ = Silbe] (Sprachw.): *einsilbiges Wort.*

Mo|no|syn|de|ta: Pl. von Monosyndeton.

mo|no|syn|de|tisch ⟨Adj.⟩ (Sprachw.): *eine Reihe von Satzteilen betreffend, bei der nur vor dem letzten Glied eine Konjunktion steht.*

Mo|no|syn|de|ton, das; -s, ...ta [zu griech. sýndetos = verbunden] (Sprachw.): *monosyndetische Reihe von Satzteilen.*

Mo|no|the|is|mus, der; -: *Glaube an einen einzigen Gott, der die Existenz anderer Götter ausschließt.*

Mo|no|the|ist, der; -en, -en: *Anhänger des Monotheismus.*

Mo|no|the|is|tin, die; -, -nen: w. Form zu ↑Monotheist.

mo|no|the|is|tisch ⟨Adj.⟩: *den Monotheismus betreffend.*

Mo|no|the|let, der; -en, -en: *Anhänger des Monotheletismus.*

Mo|no|the|le|tis|mus, der; - [zu griech. (e)thélein = wollen, wünschen]: *altchristliche Lehre, die in Christus wohl zwei unvereinigte Naturen, aber nur einen dem Gottmenschen entsprechenden Willen wirksam glaubt.*

mo|no|the|ma|tisch ⟨Adj.⟩ (bildungsspr.): *nur ein einzelnes Thema beinhaltend, bearbeitend, behandelnd:* Die Risiken einer -en Sendung liegen auf der Hand: Wenn die Zuschauer das aktuelle Thema gründsätzlich nicht interessiert, werden sie das Programm wechseln (Woche 2. 1. 98, 23); die Seite zwei ist regelmäßig m. gehalten und mit großem Aufwand einem aktuellen »Tagesthema« gewidmet (Zeit, 14. 2. 97, 49); Bei BBC World berichtet das Moneyprogramm jede Woche m. und vor allem spannend über Wirtschaft (Focus 23, 1995, 212).

mo|no|ton ⟨Adj.⟩ [frz. monotone < spätlat. monotonus < griech. monótonos, zu: teinein = spannen]: **1.** *gleichförmig, gleichmäßig [wiederkehrend], eintönig u. dadurch oft ermüdend, langweilig:* eine -e Stimme; -es Klopfen; Die moderne technologische Entwicklung wird viele von -en Verrichtungen befreien (Schweizer Maschinenbau 16. 8. 83, 41); Fünf gigantische Wohnblöcke sind am Strand aufgereiht, jeder 500 Meter lang und sechs Stockwerke hoch, die -en Fassaden lediglich gegliedert durch endlose Reihen winziger Fenster (Woche 11. 4. 97, 42); Zuvor war das Rennen m. verlaufen (NZZ 30. 8. 83, 24); Graffitikunst ... passt sich jetzt marktgerecht dem Beton an, wird klotzig, m., bedrohlich (NZZ 21. 12. 86, 31); die Arbeit ist ihm zu m. **2.** (Math.) *immer steigend od. immer fallend:* eine -e Funktion.

Mo|no|to|nie, die; -, -n [frz. monotonie < griech. monotonía]: *Gleichförmigkeit, Eintönigkeit:* eine ermüdende M.; die M. des Alltags; Ihre lebhafte, eigenwillige Architektur vermeidet jegliche M. (NZZ 2. 2. 83, 21); Die M. der Fassaden soll durch Läden im Erdgeschoss, Loggien und Balkone gebrochen ... werden (Woche 11. 4. 97, 42); In den engen Straßen herrscht eine Atmosphäre von Stillstand, Armut und M. (Fest, Im Gegenlicht 51).

Mo|no|to|no|me|ter, das; -s, - [↑-meter (1)] (Psych.): *Gerät zur Untersuchung der Auswirkung eintöniger, ermüdend wirkender Arbeit.*

Mo|no|tre|ma, das; -s, ...men ⟨meist Pl.⟩ [zu griech. trēma = Loch] (Zool.): *Kloakentier.*

mo|no|trop ⟨Adj.⟩ [lat. monotropus < griech. monótropos = allein lebend, zu: tropḗ = (Hin)wendung, zu: trépein = drehen, wenden] (Biol.): *beschränkt anpassungsfähig.*

Mo|no|tro|pie, die; - (Chemie): *nur in einer Richtung mögliche Umwandelbarkeit der Zustandsform eines Stoffes in eine andere.*

Mo|no|type® [ˈmɔnotaɪp], die; -, -s [engl. Monotype; zu ↑Type] (Druckw.): *Gieß- u. Setzmaschine für Einzelbuchstaben.*

Mo|no|ty|pie, die; -, -n [↑Type] (Grafik): **1.** *Verfahren, bei dem von einer Platte nur ein Abzug hergestellt wird.* **2.** *im Verfahren der Monotypie (1) hergestellte Reproduktion.*

mo|no|va|lent ⟨Adj.⟩ [zu lat. valens (Gen.: valentis), 1. Part. von: valere, ↑Valenz] (Chemie): *einwertig.*

Mo|no|wie|der|ga|be [auch: ˈmɔno...], die (Rundfunkt.): *monophone Wiedergabe, monophones Abspielen einer in Stereo aufgenommenen Sendung, eines stereophonen Tonträgers.*

Mon|oxid [auch: ˈmɔn..., --ˈ-], (auch:) **Mon|oxyd,** das (Chemie): *Oxid, das ein Sauerstoffatom enthält.*

Mo|no|zel|le [auch: ˈmɔno...], die (Elektrot.): *kleines, nur einer Zelle bestehendes elektrochemisches Element als Stromquelle für Kofferradios o. Ä.*

Mo|nö|zie, die; - [zu griech. oîkos = Haus] (Bot.): *Einhäusigkeit.*

mo|nö|zisch ⟨Adj.⟩ (Bot.): *einhäusig.*

mo|no|zy|got ⟨Adj.⟩ [zu ↑Zygote] (Biol., Med.): *eineiig.*

mo|no|zy|klisch [auch: ...'tsyk...], (auch:) monocyclisch ⟨Adj.⟩ (Chemie): *(von organischen chemischen Verbindungen) nur einen Ring miteinander verbundener Atome im Molekül aufweisend.*

Mo|no|zyt, der; -en, -en ⟨meist Pl.⟩ [zu griech. kýtos = Höhlung, Wölbung] (Med.): *größtes weißes Blutkörperchen.*

Mo|no|zy|to|se, die; -, -n (Med.): *krankhafte Vermehrung der Monozyten.*

Mon|roe|dok|trin [mən'rou...], die; - [engl. Monroe doctrine, nach dem amerik. Präsidenten J. Monroe (1758 bis 1831)]: *(in der amerikanischen Außenpolitik des 19. u. der ersten Jahrzehnte des 20. Jh.s geltender) von J. Monroe aufgestellter Grundsatz der gegenseitigen Nichteinmischung.*

Mon|ro|via: Hauptstadt von Liberia.

Mon|sei|gneur [mõsɛn'jø:ɐ̯], der; -s, -e u. -s [frz. monseigneur, eigtl. = mein Herr, über das Galloroman. aus lat. meus = mein u. senior, ↑Senior]: **a)** ⟨o. Pl.⟩ *(in Frankreich) Titel u. Anrede hoher Geistlicher, Adliger u. hoch gestellter Personen;* **b)** *Träger dieses Titels;* Abk.: Mgr.

Mon|sieur [mə'sjø:, frz.: mə'sjø], der; -[s], Messieurs [mɛ'sjø:, frz.: me'sjø] ⟨meist o. Art.⟩ [frz. monsieur, eigtl. = mein Herr]: *titelähnliche frz. Bez. für Herr:* was wünschen Sie, M., Messieurs?; Abk.: M., Pl.: MM.

Mon|si|gno|re [mɔnzɪn'jo:rə], der; -, ...ri [ital. monsignore, eigtl. = mein Herr]: **a)** ⟨o. Pl.⟩ *Titel u. Anrede von Prälaten der katholischen Kirche, bes. der Kurie;* **b)** *Träger dieses Titels;* Abk.: Mgr., Msgr.

Mons|ter, das; -s, - [engl. monster < (a)frz. monstre, ↑Monstrum]: *Furcht erregendes, hässliches Fabelwesen, Ungeheuer von fantastischer, meist riesenhafter Gestalt:* in dem Film bedroht ein M. eine Stadt; Wenn sie, den Kopf weiß vermummt, massig und fauchend an ihren Bienenstöcken hantierte, sah sie aus... wie ein M. (Rolf Schneider, November 72); Ü ... im Vergleich zu den architektonischen Monstern der 60er Jahre (Basler Zeitung 9. 10. 85,5); diese kleinen M. (scherzh.; *frechen, lauten Kinder*).

Mons|ter- (emotional verstärkend): drückt in Bildungen mit Substantiven aus, dass etw. als monströs (2) als überaus groß und auffallend empfunden wird: Monsteranlage, -betrieb, -prozess, -schau, -veranstaltung.

Mons|te|ra, die; -, ...rae [...rɛ; H.u.]: *(im tropischen Amerika heimische) Pflanze mit großen, dunkelgrünen, unregelmäßige Löcher aufweisenden Blättern; Fensterblatt.*

Mons|ter|bau, der ⟨Pl. -ten⟩ (emotional verstärkend, oft abwertend): monströser (2) Bau: Mangel an Zeit und Geld schützte das alte Salzburg vor vielen -ten (Salzburger Nachrichten 30. 3. 84,6).

Mons|ter|film, der: **1.** (emotional verstärkend, oft abwertend) *meist überlanger, mit sehr großem Aufwand gedrehter Film.* **2.** *Film, der von Monstern handelt, in dem Monster eine Rolle spielen.*

Mons|ter|ver|an|stal|tung, die (emotional verstärkend, oft abwertend): *monströse (2) Veranstaltung.*

Mons|tra: Pl. von ↑Monstrum.

Mons|tranz, die; -, -en [mhd. monstranz(e) < mlat. monstrantia, zu lat. monstrare = zeigen] (kath. Kirche): *kostbar verziertes Behältnis, in dem die Hostie [zur Verehrung] gezeigt wird:* sie beneidete die Priester, die die goldene M. unter dem Baldachin tragen durften (Alexander, Jungfrau 143).

Mons|tre|film [zu frz. monstre, ↑Monster]: ↑Monsterfilm.

Mons|tren: Pl. von ↑Monstrum.

mons|trös ⟨Adj.⟩ [frz. monstrueux < lat. monstr(u)osus]: **1.** (bildungsspr.) *wie ein Monster beschaffen, wirkend; von scheußlichem, Furcht erregendem Aussehen [u. unförmiger, übergroßer Gestalt]:* -e Fabelwesen, Ungeheuer; der Körper der riesigen Echse war hässlich und m. **2.** (meist emotional) *in seinem Ausmaß, Umfang, Aufwand übersteigert, übermäßig groß, überaus aufwendig [u. daher erschreckend, bedrohlich, erdrückend wirkend]:* ein -es Denkmal; Als ich mich der Stadt näherte, brach gerade die Dämmerung herein und milderte den Eindruck ihrer -en Hässlichkeit (Fest, Im Gegenlicht 41); Pia fährt mit drei Fingern durch die -e (emotional übertreibend; *überaus große*) Sahnewolke, die neben der Banane aufgetürmt ist (Straessle, Herzradieschen 34); Die Massen und Mengen, die durchs Land bewegt werden, sind m.: 914 Milliarden Kilometer legten die Deutschen 1996 insgesamt im Personenverkehr zurück (Woche 28. 3. 97, 16). **3.** (bildungsspr., meist abwertend) *ungeheuerlich, unglaublich, empörend:* -e Verirrungen; die -en Pläne Hitlers für die Nachkriegszeit (Tagesspost 7. 12. 82, 23); auch sonst lässt diese Ehe sich nur mit Mühe als m. misslungen darstellen (Schreiber, Krise 198). **4.** (Med. veraltet) *(bes. von einem Fetus) fehlgebildet:* Jede andere Frau hätte dieses -e Kind verstoßen (Süskind, Parfum 30); Da dreht Frankie ihr sein -es Auge zu (Frischmuth, Herrin 14).

Mons|tro|si|tät, die; -, -en [spätlat. monstrositas]: **1.** *das Monströssein.* **2.** (Med. veraltet) *fehlgebildeter Fetus.*

Mons|trum, das; -s, ...ren, seltener: ...ra [lat. monstrum, eigtl. = Mahnzeichen, zu: monere, ↑monieren]: **1.** *Monster, Ungeheuer:* Geschichten von Hexen und Monstren; Ü dieses M. (emotional; *Ungeheuer von einem Menschen*) hat zehn Menschen umgebracht. **2.** (meist emotional) *etw. von großen, als zu gewaltig empfundenen Ausmaßen; Ungetüm:* der Schrank war ein hässliches M.; Das vorsintflutliche M. von Klimaanlage rasselt sich die letzten Energien aus dem verrosteten Blechleib (Heim, Traumschiff 312); Ü Nach Konsultationen mit den Sowjets wird ein M. an Behörde ... konzipiert (W. Brandt, Begegnungen 38). **3.** (Med. veraltet) *fehlgebildeter Fetus.*

Mon|sun, der; -s, -e [engl. monsoon < port. monção < arab. mawsim = (für die Seefahrt geeignete) Jahreszeit]

(Geogr.): *beständig wehender, halbjährlich die Richtung wechselnder Wind bes. Süd- u. Ostasiens.*

mon|su|nisch ⟨Adj.⟩: *den Monsun betreffend.*

Mon|sun|re|gen, der (Geogr.): *durch den feuchten Monsun im Sommer verursachter, lang anhaltender Regen.*

Mon|sun|wald, der (Geogr.): *Wald der tropischen Gebiete [mit ausgeprägter Regen- u. Trockenzeit], dessen Bäume das Laub in der Trockenzeit größtenteils abwerfen.*

Mon|tag, der; -[e]s, -e [mhd. mōntac, māntac, ahd. mānetac, eigtl. = Tag des Mondes, LÜ von lat. dies Lunae = Tag der Mondgöttin Luna, LÜ von griech. hēméra Selḗnēs = Tag der Mondgöttin Selene]: *erster Tag der Kalenderwoche:* ein arbeitsreicher M.; * **blauer M.** (ugs.; *Montag, an dem jmd. [ohne triftigen Grund] nicht zur Arbeit geht;* urspr. wohl nach dem arbeitsfreien Montag vor Beginn der Fastenzeit u. der für diesen Tag vorgeschriebenen liturgischen Farbe Blau); vgl. Dienstag.

Mon|tag|abend usw.: vgl. Dienstagabend usw.

Mon|ta|ge [mɔn'ta:ʒə, auch: mõ..., österr.: mɔn'ta:ʃ], die; -, -n [frz. montage, zu: monter, ↑montieren]: **1.** *das Aufstellen, Zusammensetzen, Anschließen einer Maschine o. Ä.; Zusammenbau einzelner vorgefertigter Teile zu einer funktionsfähigen Maschine, technischen Anlage o. Ä.:* die M. einer Brücke, Maschine; mit der M. einer Sendeanlage beginnen; * **auf M.** (ugs.; *unterwegs, auswärts wegen Montagearbeiten*): er ist, geht, muss häufig auf M. **2.** (graf. Technik) **a)** *Zusammenstellung einzelner vorgefertigter Vorlagen von Kopien zu einer Druckform;* **b)** *Abteilung in einem Unternehmen, in der Montagen (2 a) hergestellt werden:* er arbeitet in der M. **3.** (Film) **a)** *endgültige Gestaltung eines Films durch das Schneiden, Auswählen, Zusammenstellen der Bildfolgen;* **b)** *durch Montage (3 a) hergestellte Filmpassage:* Der Film enthält eine ganze Anthologie vom Surrealismus inspirierter ... verblüffender -n (Gregor, Film 238). **4.** (bild. Kunst) **a)** *mit dem Zusammenfügen verschiedenartiger Bestandteile, Objekte arbeitendes künstlerisches Gestalten;* **b)** *durch Montage (4 a) hergestelltes Kunstwerk.* **5.** (Literatur) *mit dem Zusammenfügen, Nebeneinandersetzen sprachlicher, stilistischer, inhaltlicher Teile unterschiedlicher Herkunft arbeitende literarische Technik.*

Mon|ta|ge|ar|beit, die: *bei der Montage (1) anfallende, geleistete Arbeit.*

Mon|ta|ge|band, das ⟨Pl. ...bänder⟩: *Fließband.*

Mon|ta|ge|bau, der: **1.** ⟨o. Pl.⟩ *auf der Montage vorgefertigter Teile beruhende Bauweise:* das Gebäude wurde im M. errichtet. **2.** ⟨Pl. -ten⟩ *in Montagebauweise errichteter Bau.*

Mon|ta|ge|bau|wei|se, die: *Montagebau (1).*

Mon|ta|ge|be|trieb, der: *Betrieb, der auf die Montage (1) von Maschinen, maschinellen Anlagen o. Ä. spezialisiert ist.*

Mon|ta|ge|fa|brik, die: *Fabrik, die auf die Montage* (1) *von Maschinen, maschinellen Anlagen o. Ä. spezialisiert ist.*

Mon|ta|ge|hal|le, die: *Halle eines Montagebetriebs.*

Mon|ta|ge|zeit, die: *Zeit für eine Montage* (1).

mon|tä|gig, mon|täg|lich: vgl. dienstägig, dienstäglich.

Mon|ta|gnard [mõta'ṇa:r], der; -s, -s [frz. Montagnard, zu: Montagne = Bergpartei, nach den höher gelegenen Plätzen in der verfassunggebenden Versammlung; frz. montagne (über das Vlat. zu lat. mons, Gen.: montis) = Gebirge, Berg]: *Mitglied der radikalsten Gruppierung im Konvent während der Französischen Revolution (Gegenspieler der gemäßigten Girondisten).*

mon|tags: vgl. dienstags.

Mon|tags|au|to, das [in Anspielung darauf, dass am Montag weniger konzentriert u. daher fehlerhaft gearbeitet wird] (oft scherzh.): *Auto, das von Anfang an relativ viele Mängel aufweist.*

Mon|tags|de|mons|tra|ti|on, die: *(von September 1989 bis März 1990) jeden Montagabend im Anschluss an die Friedensgebete in der Nikolaikirche in Leipzig stattfindende Massendemonstration, (die wesentlich zum Sturz des SED-Regimes und zur Herstellung der deutschen Einheit beitrug):* In der Tat war spätestens seit der mit 500 000 Teilnehmern größten Leipziger Montagsdemonstration am 6. November 1989, auf der erstmals unüberhörbar der Ruf nach »Deutschland, einig Vaterland« laut wurde, offensichtlich, dass die Geduld der Menschen nach vierzig Jahren DDR nicht mehr lange zu strapazieren war (Zeit 8. 9. 95, 40); Bei einer Demonstration in Leipzig nach dem montäglichen Friedensgebet in der Nikolaikirche – daher »Montagsdemonstrationen« – fordern etwa 6 000 Menschen Reise-, Meinungs- und Versammlungsfreiheit (Spiegel 1, 1995, 95).

Mon|tags|pro|duk|ti|on, die: vgl. Montagsauto.

Mon|tags|wa|gen, der: vgl. Montagsauto.

Mon|ta|gue-Gram|ma|tik ['mɔntəgju:...], die; - [nach dem amerik. Sprachwissenschaftler Richard Montague (1932–1971)] (Sprachw.): *grammatisches Modell zur Beschreibung natürlicher Sprachen auf mathematisch-logischer Basis.*

mon|tan ⟨Adj.⟩ [lat. montanus = Berge, Gebirge betreffend, zu: mons (Gen.: montis) = Berg, Gebirge] (Fachspr.): **1.** *Bergbau u. Hüttenwesen betreffend, dazu gehörend:* die -e Industrie. **2.** *das Gebirge, die Bergwelt betreffend, dazu gehörend, dort vorkommend, heimisch:* die -e Vegetation; ⟨subst.:⟩ das Kühle und Montane in diesem Klima (Basler Zeitung 12. 5. 84, 3).

Mon|ta|na, -s: Bundesstaat der USA.

Mon|tan|ge|sell|schaft, die: *Gesellschaft für den Bergbau.*

Mon|tan|in|dus|trie, die: *Bergbau u. Hüttenwesen umfassende Industrie:* Die

M. an der Saar steigerte ihren Erzverbrauch erheblich (Saarbr. Zeitung 14. 3. 80, 4).

Mon|ta|nis|mus, der; - [nach dem Begründer Montanus (gestorben vor 179 n. Chr.)]: *schwärmerische, sittenstrenge christliche Bewegung in Kleinasien (vom 2. bis ins 5. Jh. n. Chr.).*

¹Mon|ta|nist, der; -en, -en: *Anhänger des Montanismus.*

²Mon|ta|nist, der; -en, -en [zu ↑ montan]: *Fachmann im Bergbau u. Hüttenwesen.*

Mon|ta|nis|tin, die; -, -nen: w. Form zu ↑ ²Montanist.

mon|ta|nis|tisch ⟨Adj.⟩: ↑ montan (1).

Mon|tan|uni|on, die; -: Europäische Gemeinschaft für Kohle und Stahl.

Mon|tan|wachs, das: *aus Braunkohle gewonnene, dunkle, wachsartige Masse, die bes. für Schuhputzmittel, Bohnerwachs u. Ä. verwendet wird.*

Mon|tan|wirt|schaft, die: vgl. Montanindustrie.

mon|tan|wirt|schaft|lich ⟨Adj.⟩: *die Montanwirtschaft betreffend, zu ihr gehörend.*

Mont|blanc [mõ'blã], der; -[s]: höchster Berg der Alpen.

Mont|bre|tie [mõ'bre:tsiə], die; -, -n [nach dem frz. Naturforscher de Montbret, gestorben 1801]: *(zu den Schwertlilien gehörende) in Südafrika heimische Pflanze mit orange od. gelben, trichterförmigen Blüten in ährenförmigem Blütenstand.*

Mon|te Car|lo: Stadtbezirk von ¹Monaco.

Mon|te|ne|gri|ner, der; -s, -: Ew.

Mon|te|ne|gri|ne|rin, die; -, -nen: w. Form zu ↑ Montenegriner.

mon|te|ne|gri|nisch ⟨Adj.⟩ *Montenegro, die Montenegriner betreffend; von den Montenegrinern stammend, zu ihnen gehörend.*

Mon|te|ne|gro; -s: Gliedstaat Jugoslawiens.

Mon|tes ⟨Pl.⟩ [mlat. montes (= älter ital. monti, Pl. von: monte = Vermögen), eigtl. Pl. von lat. mons (Gen.: montis) = Berg; (übertr.:) Masse, Haufen]: *italienische Staatsanleihen im Mittelalter.*

Mon|teur [mɔn'tø:ʀ, auch: mõ...], der; -s, -e [frz. monteur, zu: monter, ↑ montieren]: *[Fach]arbeiter, der Montagen* (1) *ausführt.*

Mon|teur|an|zug, der: *Arbeitsanzug für Monteure.*

Mon|teu|rin, die; -, -nen: w. Form zu ↑ Monteur.

Mon|te|vi|deo: Hauptstadt von Uruguay.

Mon|te|zu|ma: in der Verbindung **-s Rache** (ugs. scherzh.; *Durchfall [bes. auf Reisen in südliche Länder]*; Montezuma [Moctezuma] = Name mehrerer aztekischer Herrscher; scherzh. Anspielung auf Moctezuma II. [1467–1520], der von dem span. Eroberer Cortés gefangen genommen wurde u. starb, ohne die Freiheit wiedererlangt zu haben): Wird man trotz aller Vorsicht von »Montezumas Rache«, also einer Durchfallerkrankung, erwischt, dann ... (KKH Journal 1, 1988, 21 [Zeitschrift]).

Mont|gol|fi|e|re [mõgɔl...], die; -, -n [nach den Brüdern Montgolfier, die 1783 in Frankreich den ersten Heißluftballon aufsteigen ließen]: *mit erhitzter Luft betriebener Ballon* (1 b).

mon|tier|bar ⟨Adj.⟩: *sich montieren* (1) *lassend:* komplette, -e Garagen (NNN 4. 9. 86, 1); Kajütenaufbauten auch nachträglich m. (Fisch 2, 1980, 159).

mon|tie|ren [auch: mõ...] ⟨sw. V.; hat⟩ [frz. monter = montieren, anbringen; ausrüsten; aufstellen, auch = hinaufbringen, aufwärts steigen, eigtl. = auf einen Berg steigen, über das Vlat. zu lat. mons (Gen.: montis) = Berg; schon mhd. muntieren = einrichten, ausrüsten]: **1. a)** *aus Einzelteilen zusammenbauen, aufstellen, anschließen, betriebsbereit machen:* eine Waschmaschine, eine technische Anlage m.; Das Honda-Modell ... soll ab 1981 im Werk Cowley bei Oxford montiert werden (Saarbr. Zeitung 28. 12. 79, 5); Fertighäuser aus Betonelementen m.; **b)** *mit technischen Hilfsmitteln an einer bestimmten Stelle anbringen, befestigen:* eine Lampe an die/der Decke m.; Er bat den Platzwart, unbedingt weiße Tornetze zu m. (Kicker 2, 1981, 12); **c)** ⟨seltener⟩ *abmontieren:* Dann gehen sie hin und montieren den Schutz von der Maschine (H. Gerlach, Demission 109). **2.** (graf. Technik) *einzelne vorgefertigte Vorlagen von Kopien zu einer Druckform zusammenstellen.* **3.** (Film) *durch Schneiden, Auswählen, Zusammenstellen der Bildfolgen endgültig gestalten:* einen Kurzfilm m.; eine Filmsequenz, die keinen Sinn mehr ergab, wenn man sie in der falschen Folge montierte (Bieler, Mädchenkrieg 434). **4.** (bes. bild. Kunst) *aus verschiedenartigen Einzelteilen, Objekten zusammensetzen:* eine Collage, eine Assemblage m.; Ü Das Bild der heraufziehenden Gesellschaft ... montiert er (= Kafka) aus Abfallprodukten (Adorno, Prismen 256). **5.** *Edelsteine fassen* (8).

Mon|tie|rer, der; -s, -: **1.** *jmd., der in der Montage* (2 b) *beschäftigt ist.* **2.** *jmd., der vorgefertigte Einzelteile in meist mechanischen Arbeitsgängen zusammensetzt.*

Mon|tie|re|rin, die; -, -nen: w. Form zu ↑ Montierer.

Mon|tie|rung, die; -, -en: **1.** *das Montieren.* **2.** *etw., was an, auf etw. montiert ist.*

Mont|re|al: Stadt in Kanada.

Mon|treux [mõ'trø]: Stadt am Genfer See.

Mon|tur, die; -, -en [frz. monture = Ausrüstung, zu: monter, ↑ montieren]: **1.** (veraltend) *Uniform, Dienstkleidung:* Nicht stumpf, wie all die Uniformierten in der Lackaffen. In seiner M. sah er immer verkleidet aus (Härtling, Hubert 50). **2.** (ugs., oft scherzh.) *Kleidung, bes. als Ausrüstung für einen bestimmten Zweck:* Motorradfahrer in ledernen -en; In einem Badehaus zieht man sich um, und in voller M. steigt man über die ... Stufen ins Wasser hinab (Kempowski, Zeit 206). **3.** *Fassung* (1 a) *für Edelsteine.*

Mo|nu|ment, das; -[e]s, -e [lat. monumentum, zu: monere, ↑ monieren]: **1.** *großes Denkmal, Ehren-, Mahnmal:* ein riesiges, gewaltiges M.; ein M. für die Gefallenen errichten. **2.** (bildungsspr.) *etw. (bes. künstlerisches Werk), was als historisches Zeugnis vergangener Kulturen erhalten ist; Kulturdenkmal:* Kathedralen und andere historische -e (Welt 7. 12. 63, Forum); Ü Während man aus Kafka ein Mysterium gemacht hat, wurde aus Thomas Mann ein M. (Reich-Ranicki, Th. Mann 13). ◆ **3.** *Gegenstand, an den sich die Erinnerung an jmdn., etw. knüpft:* ein Medaillon mit einem M. von Haaren (Keller, Kammacher 216).

mo|nu|men|tal ⟨Adj.⟩ (bildungsspr.): *in großen Dimensionen gehalten u. daher beeindruckend; den Eindruck gewaltiger Größe, Wucht erweckend; ins Gewaltige, Übermächtige gesteigert:* -e Plastiken, Gemälde, Bauwerke; die -e Naturkulisse der Alpen; Die -e Brunnenanlage wird zurzeit noch mit Scheinwerfern ausgestattet (Saarbr. Zeitung 10. 10. 79, 13); Goron konnte doch das alles schwarz auf weiß, mit beglaubigten Unterschriften und von -en Amtssiegeln geziert, nach Hause tragen (Maass, Gouffé 123); der Regisseur hat die Aufführung m. gestaltet; In Berninis gewaltigen Kolonnaden wird die Idee der zusammenfassenden Längsachse m. verwirklicht (Bild. Kunst III, 26); Ü die -en Gedankenfehler seiner früheren Gegner (Welt 28. 5. 66, 21).

Mo|nu|men|tal|bau, der ⟨Pl. -ten⟩: monumentaler Bau.

Mo|nu|men|tal|film, der: Kolossalfilm.

Mo|nu|men|tal|ge|mäl|de, das: monumentales Gemälde.

Mo|nu|men|ta|li|tät, die; -: eindrucksvolle Größe, Stärke, Wucht.

Mo|nu|men|tal|plas|tik, die: monumentale Plastik.

Mo|nu|men|tal|schin|ken, der (ugs.): **1.** *Kolossalgemälde.* **2.** *Kolossalfilm.*

Moon|boot ['mu:nbu:t], der; -s, -s ⟨meist Pl.⟩ [engl. moon boot, aus: moon = Mond u. boot = Stiefel, also eigtl. = Mondstiefel; die Form erinnert an die Fußbekleidung der auf dem Mond gelandeten Astronauten]: *dick gefütterter [Winter]stiefel aus synthetischem Material:* Wer hat gesagt, dass -s zu Trägerkleidchen passen? (Woche 14. 2. 97, 44); Vermummt bis zu den Augen, tappst die Heldin in ihren -s durch die schneeverwehte Einöde (Focus 46, 1996, 158).

Moor, das; -[e]s, -e [aus dem Niederd. < mniederd., asächs. mōr = Sumpf(land), verw. mit ↑ Meer]: *sumpfähnliches Gelände mit weichem, schwammartigem, großenteils aus unvollständig zersetzten Pflanzen bestehendem Boden u. einer charakteristischen Vegetation:* ein tückisches, einsames, unheimliches M.; ein M. kultivieren, trockenlegen; durchs M. gehen; im M. versinken; ins M. geraten.

Moor|bad, das: **1.** *medizinisches Bad aus Moorerde u. Wasser [einer Heilquelle]:* der Arzt verordnete ihr Moorbäder; dem Patienten ein M. richten, verabreichen. **2.** *Kurort für Moorbäder (1):* eine Kur in einem M. machen.

moor|ba|den ⟨sw. V.; nur im Inf.⟩: *ein Moorbad (1) nehmen.*

Moor|bo|den, der: *Boden eines Moores:* im M. versinken.

Moor|ei|che, die ⟨o. Pl.⟩: *grüngrau bis blauschwarz verfärbtes, für hochwertige Möbel verwendetes Holz von Eichen, die jahrhundertelang im Moor gelegen haben.*

Moore|lam|pe [mu:r-], die; -, -n [nach dem amerik. Physiker Moore]: *Hochspannungsleuchtröhre mit Kohlendioxidfüllung.*

Moore|licht, das; -[e]s: **1.** *von der Moorelampe ausgestrahltes Licht.* **2.** (veraltet) *von Gasentladungen ausgesandtes Licht.*

Moor|er|de, die: *aus Mooren gewonnene Heilerde:* ein medizinisches Bad mit M. zubereiten.

moo|rig ⟨Adj.⟩: *zu einem Moor gehörend, Moorboden aufweisend; aus Moorerde bestehend:* -er Grund; Erlen stehen in den -en Senken, die zurückbleiben, wenn Strandseen langsam verlanden (natur 2, 1991, 56).

Moor|kol|lo|nie, die: *landwirtschaftliche Siedlung in einem Moor, dessen Boden durch Moorkultur erschlossen wurde.*

Moor|kul|tur, die ⟨Pl. selten⟩: *das Urbarmachen von Mooren.*

Moor|kur, die: *Kur in einem Moorbad (2), mit Moorbädern.*

Moor|lei|che, die: *aus einem Moor geborgene Leiche, bes. als Fund aus früheren Zeiten.*

Moor|pa|ckung, die: *medizinische Packung mit heißer Moorerde.*

Moor|sied|lung, die: *Moorkolonie.*

Moos, das; -es, -e u. Möser [1, 2: mhd., ahd. mos = Moos; Sumpf, Morast, verw. mit ↑ Moder; 3: aus der Gaunerspr. < jidd. moos < hebr. ma'ôt = Kleingeld, Münzen]: **1. a)** ⟨Pl. -e⟩ *einfach gebaute, wenig gegliederte, wurzellose Sporenpflanze mit Generationswechsel (2):* sie besitzt eine große Sammlung seltener -e; **b)** ⟨o. Pl.⟩ *den Boden, Baumstämme o. Ä. überziehende immergrüne, oft als Polster (2 b) wachsende Pflanzendecke aus Moospflanzen an vorwiegend feuchten, schattigen Stellen:* feuchtes, weiches M.; die Steine haben M. angesetzt (sind mit Moos bewachsen); sich ins M. legen; die Stämme, Mauern sind mit M. überzogen; der Waldboden ist mit/von M. bedeckt; *M. ansetzen (ugs.; alt werden, veralten, an Aktualität verlieren).* **2.** ⟨Pl. -e, auch: Möser⟩ (südd., österr., schweiz.) *Sumpf, Moor.* **3.** ⟨o. Pl.⟩ (salopp) *Geld:* kein M. mehr haben; Da wohnen Leute ohne eine müde Mark und Leute mit tierisch M. (Stern 39, 1980, 117).

moos|be|deckt ⟨Adj.⟩: *mit Moos bedeckt, bewachsen:* -e Steine.

Moos|bee|re, die: **1.** *(bes. in Hochmooren heimische) der Heidelbeere verwandte Pflanze mit roten, säuerlich schmeckenden Beeren.* **2.** *Frucht der Moosbeere (1).*

moos|be|wach|sen ⟨Adj.⟩: vgl. moosbedeckt.

Moos|flech|te, die: *bes. auf der Rinde frei stehender Bäume wachsende, gelbe Flechte.*

moos|grün ⟨Adj.⟩: *kräftig grün wie manche Moose:* ein -es Kleid.

moo|sig ⟨Adj.⟩ [mhd. mosec]: **1.** *moosbedeckt:* -e Felsen. **2.** (südd., österr., schweiz.) *sumpfig, morastig:* -e Wiesen.

Moos|krepp, der: *knitterarmer Krepp mit moosartig gekreppter Oberfläche, der als Kleiderstoff verwendet wird.*

Moos|pflan|ze, die: *einzelne Pflanze des Mooses.*

Moos|pols|ter, das: *von Moos gebildetes Polster* (2 b).

Moos|ro|se, die: *Rose mit kleinen, rosa bis dunkelroten Blüten u. stark gefiederten Kelchblättern.*

Moos|tier|chen, das ⟨meist Pl.⟩: *kleines, in sehr vielen Arten im Wasser, bes. im Meer lebendes Lebewesen, das sich durch Knospung vermehrt u. fest sitzende, moosähnlich verästelte Kolonien bildet.*

moos|über|wach|sen ⟨Adj.⟩: vgl. moosbedeckt.

moos|über|zo|gen ⟨Adj.⟩: vgl. moosbedeckt.

Mo|ped ['mo:pεt, auch: ...pe:t], das; -s, -s [zusgez. aus Motorvelozipped od. Motor u. Pedal]: *Kleinkraftrad mit geringem Hubraum u. begrenzter Höchstgeschwindigkeit.*

Mopp, der; -s, -s [engl. mop, H. u., viell. < frz. mappe < lat. mappa = Tuch, ↑ Mappe]: *einem Besen ähnliches Gerät mit langen [in einem Öl getränkten] Fransen zum Aufnehmen des Staubes auf dem Fußboden.*

Mop|pel, der; -s, - [landsch. Vkl. von: ↑ Mops (2)] (fam. scherzh.): *dickliche [kleine] Person, bes. dickes Kind.*

mop|pen ⟨sw. V.; hat⟩ [engl. to mop, zu: mop, ↑ Mop]: *mit dem Mopp von Staub befreien:* den Fußboden m.; ⟨auch ohne Akk.-Obj.:⟩ hast du schon gemoppt?

Mops, der; -es, Möpse [1, 2: niederd., niederl. mops, zu niederl. moppen = murren, verwandt sein, niederd. mopen = den Mund verziehen, wegen des mürrisch-verdrießlichen Gesichtsausdrucks der Hunderasse; 3: H. u.]: **1.** *kleiner, kurzhaariger Hund mit gedrungenem Körper, rundlichem Kopf mit kurzen Hängeohren u. meist silbergrauem od. beigefarbenem Fell mit schwarzer Zeichnung des Kopfes.* **2.** (salopp) *dicke kleine[re] Person:* er ist ein unangenehmer, widerlicher, fetter M. **3.** ⟨Pl.⟩ (salopp) *Geldstücke, Mark:* die paar Möpse wirst du ja noch irgendwo auftreiben können; leih mir mal bitte hundert Möpse. **4.** ⟨Pl.⟩ (salopp) *weibliche Brüste:* Einzelne Körperteile werden sukzessive durchgehechelt, Möpse, Arsch, Möse, Fahrgestell (Frings, Liebesdinge 95).

Möps|chen, das; -s, -: Vkl. zu ↑ Mops (1, 2).

möp|seln ⟨sw. V.; hat⟩ [viell. landsch. Nebenf. von ↑ muffen unter Einfluss von ↑ Mops (1) nach dem schlechten Geruch, der bes. von ungepflegten Hunden ausgeht] (landsch.): *verdorben, muffig o. ä. riechen:* das Fleisch möpselt schon etwas; er möpselt leicht.

mop|sen ⟨sw. V.; hat⟩ [1: wohl zu ↑ Mops (1, 2); 2: H. u.]: **1.** ⟨m. + sich⟩ (ugs.) *sich langweilen:* du hast dich wohl gemopst? **2.** (fam.) *(kleinere Dinge von meist geringerem Wert) heimlich an sich nehmen,* *sich unbemerkt aneignen:* [jmdm.] einen Bleistift m.; auch ich mopse dort Rotklee und Luzerne für meine Kaninchen (Strittmatter, Der Laden 295); ⟨auch ohne Akk.-Obj.:⟩ Wer von euch hat schon mal gemopst? (Hörzu 18, 1977, 24).

mops|fi|del ⟨Adj.⟩ (ugs.): *sehr vergnügt, lustig, ausgelassen:* eine -e Gesellschaft; es wurde viel gelacht, und alle waren m.

Mops|ge|sicht, das ⟨Pl. -er⟩ (ugs. abwertend): *rundes [aufgeschwemmtes] Gesicht [mit mürrischem, verdrießlichem Ausdruck].*

mop|sig ⟨Adj.⟩: **1.** (ugs.) *dick, unförmig u. klein:* ein unangenehmer, -er Kerl; sein Gesicht wird immer -er; die Tiere aus dem Orient seien durch falsche Fütterung zu »mopsig« geworden (BM 26. 2. 77, 16). **2.** (ugs.) *langweilig, wenig abwechslungsreich:* der Abend war wieder furchtbar m. **3.** * **sich m. machen; m. werden** (landsch.; *dreist, aufdringlich, frech werden*).

Mo|quette [mo'kɛt]: ↑ Mokett.

¹Mo|ra, die; -, ...ren, More, die; -, -n [lat. mora = das Verweilen; Zeitraum]: **1.** (Verslehre) *kleinste metrische Zeiteinheit im Verstakt:* eine metrische Länge besteht aus zwei Moren. **2.** (veraltet) *[Zahlungs-, Weisungs]verzug.*

²Mo|ra, die; - [ital. mor(r)a, H. u.]: *italienisches Fingerspiel.*

Mo|ral, die; -, -en ⟨Pl. selten⟩ [frz. morale < lat. (philosophia) moralis = die Sitten betreffend(e Philosophie), zu: mos, ↑ Mores]: **1. a)** *Gesamtheit von ethisch-sittlichen Normen, Grundsätzen, Werten, die das zwischenmenschliche Verhalten einer Gesellschaft regulieren, die von ihr als verbindlich akzeptiert werden:* die christliche, bürgerliche, öffentliche M.; Keine Aufklärung geschieht ohne den Effekt, das Standpunktdenken zu zerstören und perspektivisch-konventionelle -en aufzulösen (Sloterdijk, Kritik 18); Es ist nicht derjenige zynisch, der sich der öffentlichen M. gelegentlich verweigert (Stern, Mann 47); gegen die herrschende M. verstoßen; **b)** *sittliches Empfinden, Verhalten eines Einzelnen, einer Gruppe; Sittlichkeit:* eine strenge, hohe, brüchige M.; eine doppelte *(verschiedene Grundsätze gelten lassende, zweierlei Maßstäbe anlegende)* M.; gegen die doppelte M. der Männer scheint nicht einmal ein Kraut gewachsen (Dierichs, Männer 255); die M. in dieser Gruppe steigt, sinkt, hat sich gelockert; * **[jmdm.] M. predigen** (abwertend; *in aufdringlicher Weise jmdn. zu anständigem, moralischem Verhalten auffordern*). **2.** (Philos.) *(bes. bei Kant) Lehre vom sittlichen Verhalten des Menschen; Ethik* (1 a). **3.** ⟨o. Pl.⟩ *Bereitschaft, sich einzusetzen; Disziplin, Zucht; gefestigte innere Haltung, Selbstvertrauen:* die M. der Mannschaft ist gut, schlecht, ungebrochen, angeknackst; jmds. M. stärken; Dieser Treffer ... hat uns das Genick gebrochen. Danach waren die M. und dann auch noch die Kraft weg (Kicker 82, 1981, 52). **4.** ⟨o. Pl.⟩ *lehreiche Nutzanwendung; Lehre, die aus etw. gezogen wird:* die M. eines Märchens, einer Fabel.

Mo|ral|apos|tel, der (abwertend): *jmd., der ständig u. allzu eifrig Moral predigt:* Unsere M. ... werden weiter das Heroinproblem herbeireden (Basler Zeitung 27. 7. 84, 31).

Mo|ral|be|griff, der: *Auffassung, Vorstellung von Moral* (1), *die jmd. besitzt, die irgendwo herrscht.*

Mo|ral|ge|setz, das: *ungeschriebenes Gesetz der Moral* (1); *sittliche Ordnung; sittliches, moralisches Gebot; Grundsatz sittlichen Handelns.*

Mo|ral|hü|ter, der (abwertend): *jmd., der ständig auf das Einhalten von Moral bedacht ist:* der Vater ... halte die Tochter streng und spiele sich als M. auf (Zwerenz, Kopf 81).

Mo|ral|hü|te|rin, die: w. Form zu ↑ Moralhüter.

Mo|ra|lin, das; -s [gepr. von dem dt. Philosophen F. Nietzsche (1844–1900) in der Fügung »moralinfreie Tugend« nach Bildungen der chem. Fachspr. auf -in] (abwertend od. scherzh.): *enge, spießbürgerliche Auffassung von Sittlichkeit, Moral:* von ihr ist nichts anderes zu erwarten als M.; Im nun folgenden Abschnitt verspritzt Dr. Rücker so viel M., dass ... (Ziegler, Kein Recht 126).

mo|ra|lin|sau|er ⟨Adj.⟩ (abwertend od. scherzh.): *in übertriebener, aufdringlicher Weise sittenstreng, moralisierend:* moralinsaure Worte, -e Rabulistik (Mostar, Unschuld 183); Mir scheint, dass -e Klagen vieler Erwachsener über die »unmoralische Jugend« ganz schön von Neid durchzogen sind (Hörzu 18, 1981, 141).

mo|ra|lisch ⟨Adj.⟩: **1.** *die Moral* (1) *betreffend, darauf beruhend, dazu gehörend; der Sitte, Moral* (1) *entsprechend; sittlich:* -e Bedenken, Skrupel, Einwände, Vorurteile haben; eine -e Verpflichtung; der -e Zerfall eines Volkes; -en Zwang, Druck ausüben; es ist deine -e Pflicht, ihr zu helfen; etw. als -e Belastung empfinden; er hat aus -en Gründen auf dieses Geld verzichtet; Frieden und Entspannung sind -e Werte (Hamburger Abendblatt 27. 8. 85, 2); Ich ... hielt ihm, so klein es selbst hasste, eine -e Standpauke (Hohmann, Engel 177); seine Antwort war eine -e Ohrfeige *(ein Tadel, der jmdn. innerlich treffen, bei der Ehre packen soll);* ihr Verhalten war m. einwandfrei; er ist ein m. hoch stehender Mensch; Außer ein paar Leuten, die du nicht kennst, belüge ich alle, und ich finde das -er, als sich selbst zu belügen (Bieler, Mädchenkrieg 413); * **einen/den Moralischen haben** (ugs.; *niedergeschlagen sein, Gewissensbisse haben, Reue empfinden, bes. nach Ausschweifungen, nach einem Misserfolg o. Ä.*): Ich wollte ein bisschen von der Heimat wiedersehen. Ich hatte sozusagen meinen Moralischen (Klee, Pennbrüder 53). **2.** *Sitte u. Moral genau einhaltend, danach ausgerichtet; sittlich einwandfrei; tugendhaft, sittenstreng:* ein -er Mensch; ein -es Leben führen; in den Blicken, die sie ihr nachsandten, lag Missgunst und dick aufgetragene -e Entrüstung (Kühn, Zeit 168); nach all diesem wollte er mir auch noch m. kommen (ugs.; *moralisierend auf mich einwirken*). **3.** *die Moral* (3), *gefestigte innere Haltung, Disziplin betreffend, auf ihr beruhend, zu ihr gehörend:* die -e Einstellung der Mannschaft ist gut; bei ihm fand er -e Unterstützung für seine Aufgabe; jmdn. m. aufrichten, unterstützen; da saßen an 40 Mann drin ... verfallen, dreckig, m. runter (Plievier, Stalingrad 174). **4.** (seltener) *die Moral* (4) *betreffend, sie beinhaltend; lehrreich:* eine -e Erzählung; die -e Nutzanwendung einer Parabel; Die drei Romane sind in hohem Maße m. und didaktisch, alle drei laufen einem optimistischen Fazit entgegen (Reich-Ranicki, Th. Mann 142). **5.** (veraltet) *geistig, nur gedanklich, nicht körperlich.*

mo|ra|li|sie|ren ⟨sw. V.; hat⟩ [frz. moraliser]: **1.** (bildungsspr.) *die Moral* (1 a) *betreffende Betrachtungen anstellen:* er liebt es, in seinen Essays zu m. **2.** (oft abwertend) *Moral predigen:* auf unangenehme, übertriebene Weise m.; Die Versager ... müssen sich gefallen lassen, wie an ihnen gefürsorgelt und moralisiert wird (Klee, Pennbrüder 134).

Mo|ra|lis|mus, der; - (bildungsspr.): **1.** *Haltung, die die Moral* (1 a) *als verbindliche Grundlage des zwischenmenschlichen Verhaltens anerkennt:* Der Schriftsteller sagte noch, er halte Arnold Bodakor für ein geniales Talent, für einen Modellfall von mutigem M. (Rolf Schneider, November 148). **2.** *übertreibende Beurteilung der Moral* (1) *als alleiniger Maßstab für das zwischenmenschliche Verhalten.*

Mo|ra|list, der; -en, -en [frz. moraliste]: **1.** (bildungsspr.) *jmd., der bes. als Literat, Philosoph o. Ä., den Moralismus* (1) *vertritt.* **2.** (oft abwertend) *jmd., der alle Dinge in übertriebener Weise moralisierend* (2) *beurteilt.*

Mo|ra|lis|tin, die; -, -nen: w. Form zu ↑ Moralist.

mo|ra|lis|tisch ⟨Adj.⟩: **1.** (bildungsspr.) *den Moralismus* (1) *betreffend; einem Moralisten* (1) *gemäß, von ihm stammend:* -e Äußerungen. **2.** (oft abwertend) *den Moralismus* (2) *betreffend, für ihn charakteristisch; einem Moralisten* (2) *gemäß:* Seinen -en Rigorismus konnte ich nicht teilen (W. Brandt, Begegnungen 85); etw. m. eng betrachten.

Mo|ra|li|tät, die; -, -en [frz. moralité < spätlat. moralitas]: **1.** ⟨o. Pl.⟩ (bildungsspr.) *moralische* (1) *Haltung; sittliches Empfinden, Verhalten; Sittlichkeit* (2): Der Gedanke liegt nahe, dass die antiken Mythen ... sowohl den Bedarf an Phantastischem als auch an jener M. befriedigen, für den andeswo die Märchen einstehen (Fest, Im Gegenlicht 289). **2.** (Literaturw.) *mittelalterliches Drama von lehrhafter Tendenz u. mit Personifizierung u. Allegorisierung abstrakter Begriffe wie Tugend, Laster, Leben, Tod o. Ä.*

Mo|ral|ko|dex, der: *Kodex moralischen Verhaltens.*

Mo|ral|leh|re, die: *Moralphilosophie.*

Mo|ral|pau|ke, die (ugs.): *Moralpredigt:* über den Kaplan und seine Vorschriften und -n hat er nur noch gelacht (Ziegler, Gesellschaftsspiele 22).

Mo|ral|phi|lo|soph, der: *Philosoph, der eine Moralphilosophie begründet, vertritt.*

Mo|ral|phi|lo|so|phie, die: *philosophische Lehre von den Grundlagen, dem Wesen der Sittlichkeit, dem sittlichen Verhalten des Menschen; Ethik* (1 a).

Mo|ral|phi|lo|so|phin, die: w. Form zu ↑Moralphilosoph.

Mo|ral|pre|di|ger, der (abwertend): *jmd., der Moral predigt.*

Mo|ral|pre|di|ge|rin, die (abwertend): w. Form zu ↑Moralprediger.

Mo|ral|pre|digt, die (oft abwertend): *in meist aufdringlicher, belehrender Weise vorgebrachte Ermahnung zu richtigem Verhalten in sittlicher, moralischer Hinsicht:* deine -en kannst du dir sparen.

Mo|ral|prin|zip, das: vgl. Moralgesetz.

Mo|ral|the|o|lo|ge, der: *Vertreter der Moraltheologie.*

Mo|ral|the|o|lo|gie, die: *Disziplin der katholischen Theologie, die sich mit dem sittlichen Verhalten, Handeln des Menschen angesichts der in der Bibel geoffenbarten Heilsordnung befasst.*

Mo|ral|the|o|lo|gin, die: w. Form zu ↑Moraltheologe.

mo|ral|the|o|lo|gisch ⟨Adj.⟩: *die Moraltheologie betreffend, darauf beruhend.*

Mo|ral|vor|stel|lung, die ⟨meist Pl.⟩: *Vorstellung von Moral* (1), *die jmd. besitzt, die irgendwo herrscht:* die Veränderung der -en ist ein der Bourgeoisie inhärenter Prozess (Rocco [Übers.], Schweine 182).

Mo|rä|ne, die; -, -n [frz. moraine, H. u.] (Geol.): *von einem Gletscher bewegte und abgelagerte Masse von Gestein, Geröll:* Mehr und mehr Gebirgsbewohner flüchteten mit ihrem Vieh an die Küste, weil -n und Steinlawinen ihre Gehöfte und Weiden verwüstet hatten (Ransmayr, Welt 245).

Mo|rast, der; -[e]s, -e u. Moräste [aus dem Niederd. < mniederd. moras, maras, mniederl. marasch < afrz. maresc, verw. mit ↑²Marsch]: **a)** *schlammiges Stück Land; sumpfiges Gelände; Sumpf[land]:* ein ausgedehnter, wegloser M.; das Land ist voller Sümpfe und -e/Moräste; die uralte Siedlung ist auf M. gebaut (Koeppen, Rußland 53); **b)** ⟨o. Pl.⟩ *schlammiger Boden; Schlamm:* dunkler, zäher M.; Es störte ihn nicht, dass M. in seine Stiefel sickerte (Fels, Sünden 17); im M. versinken; Ü sie sah sich umgeben von einem M. an Neid und Missgunst; die Landesregierungen, denen vorgeworfen wird, die Mittel aus politischen Gründen im M. der Korruption verschwinden zu lassen (NZZ 30. 8. 86, 5).

mo|ras|tig ⟨Adj.⟩ [mniederd. morastich]: *voll von Morast* (b), *feuchtem Schmutz, Schlamm; schlammig, sumpfig:* -e Straßen; -es Gelände; ein -er Boden, Rasen; Als sie einen Kahlschlag passierten, sanken die Räder durch den verharschten Schnee ins -e Tauwasser (Bieler, Bär 122).

Mo|ra|to|ri|um, das; -s, ...ien [zu spätlat.

moratorius = säumend] (Fachspr.): *vertraglich vereinbarter od. gesetzlich angeordneter Aufschub besonders einer fälligen Zahlung:* jmdm. ein M. [für die Tilgung seiner Schulden] gewähren, einräumen; Die Resolution verlangt ein M. für Hinrichtungen als Vorstufe für eine völlige Abschaffung der Todesstrafe (FAZ 29. 4. 99, 1).

Mọr|bi: Pl. von ↑Morbus.

mor|bid ⟨Adj.; nicht adv.⟩ [frz. morbide < lat. morbidus = krank (machend), zu: morbus = Krankheit] (bildungsspr.): **1.** *(in Bezug auf den körperlichen Zustand) nicht sehr widerstandsfähig; kränklich, angekränkelt:* ein -es Adelsgeschlecht; die -e *(auf eine Krankheit schließen lassende)* Blässe ihres Gesichtes; Ü -e *(blasse, weiche, zarte)* Farbtöne; Der schleichende Tod von Venedig ist längst überall zu erkennen... Die Stadt mit ihrem -en Charme lebt im Geist einer großen, aber abgeschlossenen Vergangenheit (Zivildienst 5, 1986, 25). **2.** *(im Hinblick auf den inneren, sittlichen, moralischen Zustand) im Verfall begriffen, brüchig:* eine -e Gesellschaft; -e Verhältnisse; der schleichende Tod eines -en Gesellschaftssystems (Szene 8, 1983, 51).

Mor|bi|dẹz|za, die; - [ital. morbidezza, zu: morbido = weich < lat. morbidus, ↑morbid]: **1.** (bes. Malerei) *Weichheit, Zartheit [der Farben].* **2.** (bildungsspr.) *(im Hinblick auf Sittlichkeit u. Moral) Brüchigkeit, Morschheit.*

Mor|bi|di|tät, die; -, -: **a)** (bildungsspr.) *morbider* (1) *Zustand, das Morbidesein:* er hatte die M. eines Greises; Ü Oft stecken M. und Todessehnsucht in den Texten (Neue Kronen Zeitung Magazin 19, 1984, 18); Diese Läden hatten immer so etwas von M., es ging zu Ende mit ihnen (Tucholsky, Werke II, 490); **b)** (Med.) *Häufigkeit der Erkrankungen innerhalb einer Bevölkerungsgruppe:* statistische Ergebnisse über M. und Mortalität auswerten.

Mor|bịl|li ⟨Pl.⟩ [zu mlat. morbillus, Vkl. von lat. morbus, ↑morbid] (Med.): *Masern.*

mor|bil|li|fọrm ⟨Adj.⟩ [zu lat. forma, ↑Form] (Med.): *(von den Symptomen her) masernähnlich.*

mor|bi|phọr ⟨Adj.⟩ [zu lat. morbus (↑morbid) u. griech. phorós = tragend] (Med.): *ansteckend.*

mor|bleu [mɔrˈblø] [frz., entstellt aus: mort de Dieu = Gottes Tod] (veraltet): *Fluch, Ausruf des Unwillens; verwünscht! potztausend!*

Mor|bo|si|tät, die; - [spätlat. morbositas, zu lat. morbosus = mit Krankheit behaftet] (Med.): *Kränklichkeit, Siechtum.*

Mọr|bus, der; -, ...bi [lat.] (Med.): *Krankheit:* M. Crohn *(chronische, in Schüben verlaufende Entzündung, die bes. im unteren Abschnitt des Dünndarms auftritt, aber alle Abschnitte des Verdauungstraktes befallen kann u. mit krampfartigen Bauchschmerzen, Durchfällen u. Fieber verbunden ist;* nach dem amerik. Arzt B. B. Crohn [1884–1984]); M. sacer (veraltet; *Epilepsie;* lat., eigtl. = *heilige Krankheit,* weil die Epilepsie als Zeichen

des Besessenseins von einer göttlichen od. dämonischen Macht gedeutet wurde).

Mor|cel|le|ment [mɔrsɛləˈmã:], das; -s [frz. morcellement, zu: morceler = (zer)stückeln, zu afrz. mors < lat. morsus = Biss] (Med.): *Zerstückelung sehr großer Tumoren zur besseren Entfernung.*

Mọr|chel, die; -, -n [mhd. morchel, spät-ahd. morhala, eigtl. = Möhre]: *Pilz mit weißlichem Stiel u. kegel- bis birnenförmigem, bräunlichem, wabenartig gezeichnetem Hut (von dem einige Arten als Speisepilz beliebt sind).*

Mord, der; -[e]s, -e [mhd. mort, ahd. mord, urspr. = Tod (verw. mit lat. mors, Gen.: mortis = Tod)]: *Tötung eines od. mehrerer Menschen aus niedrigen Beweggründen:* ein bestialischer, feiger, grausamer, heimtückischer, politischer M.; versuchter, vollendeter M.; ein perfekter *(keine Spuren hinterlassender)* M.; mehrfacher M. *(Mord an mehreren Personen gleichzeitig);* der M. an jmdm.; M. auf offener Straße; aus Eifersucht, im Affekt; einen M. planen, begehen, verüben, decken, aufklären, sühnen; es sei verkehrt, den M. im Frieden zu bestrafen und den M. im Krieg zu belohnen (Spiegel 1, 1983, 11); In einem Indizienprozess ohne Leiche wurde Paul ... wegen -es an seiner Freundin verurteilt (Spiegel 12, 1982, 247); er wird wegen dreier -e *(Morde, die bei verschiedener Gelegenheit begangen wurden)* gesucht; jmdn. zu einem M., zum M. anstiften; Ü die Erschießung der Gefangenen war M. (emotional abwertend; *war ein Verbrechen, kommt einem Mord gleich);* der [ja] der reine, glatte] M.! (ugs.; *das ist eine sehr anstrengende, gefährliche Angelegenheit);* Nur die erste Woche, als ich ganz allein war, das war M. (ugs.; *war sehr schlimm;* Kemelman [Übers.], Mittwoch 165); es gibt M. und Totschlag (ugs.; *es gibt heftigen Streit);* Wenn ich nicht wär', hätt' es schon längst M. und Totschlag gegeben (Fels, Sünden 61).

Mọrd|an|kla|ge, die: *Anklage* (1 a) *wegen Mordes:* M. erheben; unter M. stehen.

Mọrd|an|schlag, der: *Anschlag, der auf einen Mord abzielt:* der Präsident fiel einem M. zum Opfer.

Mor|dants [mɔrˈdã:] ⟨Pl.⟩ [frz. mordant, eigtl. = beißend, zu: mordre < lat. mordere = beißen] (graf. Technik): *ätzende Pasten, die mit dem Pinsel auf die Platte aufgetragen werden.*

Mor|da|zi|tät, die; - [lat. mordacitas = Bissigkeit, zu: mordax = bissig] (Chemie): *Ätzkraft.*

Mọrd|bren|ner, der (veraltet): *jmd., der einen Brand legt u. dem es dabei auf Menschenleben nicht ankommt; Mörder u. Brandstifter.*

Mọrd|bren|ne|rei, die ⟨o. Pl.⟩ (veraltet): *Mord u. Brandstiftung.*

Mọrd|bu|be, der (veraltend): *Mörder:* Dieser M. war ja nur ein Werkzeug (Kirst, 08/15, 886); bezahlte Killer ... Gäste, denen die Staatsanwälte nun nachweisen wollen, dass sie Mordbuben sind (Spiegel 26, 1987, 92).

Mord|dro|hung, die: Drohung, jmdn. zu ermorden.

mor|den ⟨sw. V.; hat⟩ [mhd. morden, ahd. murdan]: **1. a)** einen Mord, Morde begehen: er hat mehrfach, aus Rache gemordet; sie hörte, dass ihr Mann Leute verurteilte, die aus Liebe gemordet hatten (Baum, Paris 15); **b)** (seltener) ermorden: er mordete kaltblütig mehrere Familien; Er zog den Revolver. Hätte er mich jetzt gemordet, es wäre Notwehr gewesen (Lynen, Kentaurenfährte 290). **2.** (emotional) jmds. Tod verursachen: unser Kind ist von einem rücksichtslosen Autofahrer gemordet worden; wir wollen nicht, dass unsere Söhne auf den Schlachtfeldern gemordet werden; wir morden Millionen in nutzlosen Kriegen (Remarque, Obelisk 132).

Mor|dent, der; -s, -e [ital. mordente, eigtl. = Beißer, zu: mordere < lat. mordere = beißen] (Musik): Triller aus einem einfachen od. mehrfachen Wechsel eines Tones mit dem darunter liegenden.

Mör|der, der; -s, - [mhd. mordære, zu ↑morden]: **1.** jmd., der gemordet, einen Mord begangen hat: ein grausamer, gedungener M.; der mutmaßliche M.; der M. wurde zu lebenslänglicher Haft verurteilt; wer ist der M.?; Der Herausgeber der »Weltbühne« hatte Tucholskys Satz veröffentlicht: »Soldaten sind M.« (Spiegel 46, 1988, 64); den M. verfolgen, ergreifen, überführen; zum M. werden. **2.** (Jägerspr.) Hirsch, Rehbock, dessen Geweih nur aus langen, dolchartigen Stangen besteht (u. der deshalb im Zweikampf ein besonders gefährlicher Gegner ist).

Mör|der|ban|de, die: Bande (1) von Mördern.

Mör|der|hand: in den Verbindungen **durch/von M.** (geh.; durch einen Mörder, von einem Mörder): durch M. sterben; von M. hingestreckt, niedergemetzelt werden; eine grässliche Untat von M.

Mör|de|rin, die; -, -nen [mhd. mordærinne]: w. Form zu ↑Mörder.

mör|de|risch ⟨Adj.⟩ [für mhd. mordisch]: **1.** in grausamer, verbrecherischer Weise Leben vernichtend, tötend, mordend: das -e Treiben einer Bande; Zahlreiche Personenkontrollen und Überprüfungen führten letztlich zur Festnahme des -en Trios (MM 4./5. 7. 81, 28); Weil der Vater in einem -en Krieg umgebracht wurde (Danella, Hotel 201); dass wir unser Geld für -e Waffen ausgeben (Wiener 10, 1983, 16). **2.** (ugs.) **a)** in hohem Maße unangenehm; abscheulich, furchtbar: eine -e Hitze, Kälte; Schröder ... spricht von dem feuchten, oft -en Klima (Heim, Traumschiff 226); **b)** sehr stark; heftig, mächtig, gewaltig: ich habe -en Hunger; er fuhr in -em Tempo davon; Die Uhrwerke dagegen stagnieren unter -em japanischem Preisdruck (NZZ 25. 10. 86, 13); er fluchte m.; **c)** ⟨intensivierend bei Adj.⟩ sehr, überaus, äußerst: es war m. heiß, kalt; diese Begeisterung übertrug sich auf die Band. Ein m. guter Gig, der Spaß machte (Oxmox 5, 1985, 28).

Mör|der|koh|le, die ⟨o. Pl.⟩ (ugs.): sehr viel Geld: »Ich verdiene zwar eine M.,

aber glauben Sie nicht, dass ich mit Leuten wie diesen Talkgästen meine Freizeit verbringen würde« (Focus 21, 1999, 206).

mör|der|lich ⟨Adj.⟩ (ugs. selten): mörderisch (2 a, b).

Mord|fall, der: ¹Fall (3), bei dem ein Mord im Mittelpunkt steht: einen M. aufklären.

Mord|ge|schich|te, die: Geschichte, Erzählung o. Ä., die von einem Mord handelt.

Mord|ge|sel|le, der (veraltend abwertend): **1.** Mordbube: ein übler M. **2.** Komplize, Mittäter bei einem Mord: dass kein Gegensatz zwischen Eichmann und dessen -n ... konstruiert werden dürfe (FAZ 10. 6. 61, 4).

Mord|gier, die: wilder Drang, heftiges Verlangen zum Morden.

mord|gie|rig ⟨Adj.⟩: voller Mordgier: die vollkommen falsche Vorstellung eines -en Sadisten (A. Zweig, Grischa 395).

Mord|in|stru|ment, das: **1.** Instrument, das bei einem Mord verwendet wurde; Mordwaffe. **2.** (oft scherzh.) gefährlich aussehender Gegenstand: mit diesem M. (mit diesem großen u. scharfen Messer) schneidet sie immer das Brot.

Mord|kom|mis|si|on, die: Kommission, Abteilung der Kriminalpolizei, die für die Aufklärung von Mordfällen zuständig ist.

Mord|lust, die: wilder Drang, heftiges Verlangen zum Töten, Morden.

mord|lus|tig ⟨Adj.⟩: voller Mordlust.

Mord|nacht, die: Nacht, in der ein Mord verübt wurde: der Täter wurde noch in der M. gefasst.

Mord|pro|zess, der: Prozess (1), bei dem ein Mord im Mittelpunkt steht.

mords-, Mords- (ugs. emotional verstärkend): **1.** drückt in Bildungen mit Adjektiven eine Verstärkung aus / sehr: mordsdumm, -fidel, -gemütlich. **2.** drückt in Bildungen mit Substantiven einen besonders hohen Grad von etw. aus: Mordsangst, -dummheit, -wut. **3.** drückt in Bildungen mit Substantiven aus, dass jmd. oder etw. als ausgezeichnet, hervorragend, bewundernswert angesehen wird: Mordskarriere, -stimme, -weib.

Mord|sa|che, die (bes. Rechtsspr.): Sache (2 b), bei der ein Mord im Mittelpunkt steht.

Mords|ar|beit, die ⟨o. Pl.⟩ (ugs. emotional verstärkend): sehr viel Arbeit (1 c): So eine M., sagt sie, wer kocht denn heute noch ein, wo es alles zu kaufen gibt (Danella, Hotel 194).

Mords|ding, das ⟨Pl. -er⟩ (ugs. emotional verstärkend): sehr großes, riesenhaftes ¹Ding (1 b): ein M. von Brille (Ossowski, Flatter 30).

Mords|durst, der (ugs. emotional verstärkend): sehr großer, mächtiger Durst: Jim ... zog sich schnell an und hatte einen M. (Konsalik, Promenadendeck 141).

Mords|du|sel, der (ugs. emotional verstärkend): vgl. Mordsglück.

Mords|gau|di, die, (auch:) das (ugs. emotional verstärkend): vgl. Mordsspaß: M. beim Preissägen (MM 12. 6. 80, 22).

Mords|ge|schrei, das (ugs. emotional verstärkend): vgl. Mordskrach (1).

Mords|glück, das (ugs. emotional verstärkend): sehr großes Glück (1).

Mords|hit|ze, die (ugs. emotional verstärkend): sehr große, starke Hitze (1).

Mords|hun|ger, der (ugs. emotional verstärkend): vgl. Mordsdurst.

Mords|kerl, der (ugs. emotional verstärkend): **1.** sehr großer, breiter, kräftiger Mann: die Kugelstoßer sind alle -e. **2.** sehr tüchtiger, mutiger, anständiger Mann: ich glaube, der neue Trainer ist ein M.

Mords|krach, der (ugs. emotional verstärkend): **1.** sehr lauter Lärm, Krach: die Rotationsmaschinen ... machen so einen M. (Brot und Salz 357). **2.** sehr heftiger Streit: Franzi ... musste jeden Tag spätestens um 8 Uhr abends zu Hause sein, sonst riskierte sie einen M. (Kühn, Zeit 200).

mords|mä|ßig ⟨Adj.⟩ (ugs. emotional verstärkend): **a)** sehr stark, heftig: ein -er Lärm; Dahinter steckt ein -er Erfolgszwang (Augsburger Allgemeine 27./28. 5. 78, I); **b)** ⟨intensivierend bei Adj. u. Verben⟩ sehr, gewaltig, überaus: es war m. kalt; er hat m. geschrien; Natürlich war ich m. stolz auf sie (Chotjewitz, Friede 227).

Mords|rausch, der (ugs. emotional verstärkend): sehr starker Rausch (1): eine Kneipe, wo er sich für die Trinkgelder einen M. anschaffte (Radecki, Tag 147).

Mords|schreck, der, **Mords|schre|cken,** der (ugs. emotional verstärkend): sehr großer, mächtiger Schreck: Richy bekommt einen Mordsschreck und muss sofort an das Messer denken (Ossowski, Flatter 125).

Mords|spaß, der ⟨o. Pl.⟩ (ugs. emotional verstärkend): sehr großer Spaß (2).

Mords|spek|ta|kel, der (ugs. emotional verstärkend): vgl. Mordskrach.

Mords|stim|mung, die (ugs. emotional verstärkend): vgl. Mordsspaß: im Festzelt herrschte eine M.

mords|we|nig ⟨Adj.⟩ (ugs. emotional verstärkend): äußerst wenig.

Mords|wut, die (ugs. emotional verstärkend): sehr große, heftige Wut (1): er hatte, ihn packte eine M.; Speer war in seiner M. einem fundamentalen psychologischen Trugschluss erlegen (Prodöhl, Tod 69).

Mord|tag, der: Tag, an dem ein bestimmter Mord verübt wurde.

Mord|tat, die: Gewalttat, bei der ein Mord verübt wird; Mord: er wurde unmittelbar nach der M. gefasst.

Mord|ver|dacht, der: Verdacht, einen Mord begangen zu haben: unter M. stehen; Er hatte bereits mehrfach mit der Polizei zu tun gehabt, einmal schon wegen M. (MM 25. 8. 72, 29).

mord|ver|däch|tig ⟨Adj.⟩: unter Mordverdacht stehend.

Mord|ver|such, der: Versuch, einen Mord zu begehen: sie ist wegen -s angeklagt.

Mord|waf|fe, die: Waffe, die bei einem Mord verwendet wurde: die M. sicherstellen.

Mo|re: ↑¹Mora.

Mo|re geo|me|tri|co, die; -- [lat. =

nach geometrischer Art, zu: mos (Gen.: moris) = Sitte; Art u. Weise u. geometricus = geometrisch] (Philos.): *philosophische Methode der Deduktion von Sätzen aus Prinzipien u. Axiomen nach Art der Mathematik.*

Mo|rel|le, Marelle, die; -, -n [frz. morelle < spätlat. maurella, zu lat. maurus, ↑Mohr; nach der dunklen Farbe]: *Süßweichsel.*

Mo|ren: Pl. von ↑¹Mora.

mo|ren|do ⟨Adv.⟩ [ital., zu: morire < lat. mori = sterben] (Musik): *verhauchend.*

Mo|ren|do, das; -s, -s u. ...di (Musik): *ganz leise werdendes Spiel, morendo gespielte Tonstärke.*

Mo|res ['moːreːs] ⟨Pl.⟩ [lat. mores = Denkart, Charakter, Pl. von: mos = Sitte, Brauch]: in der Wendung **jmdn. M. lehren** (ugs.; *jmdm. gegenüber seine Macht ausspielen, ihm gehörig die Meinung sagen, ihn energisch zurechtweisen*): er wird den Frechdachs schon M. lehren; Am nächsten Tag ist klar, wohin die Reise geht: nach Flandern! Die Belgier M. lehren (Kempowski, Zeit 295).

Mo|res|ca: ↑Morisca.

Mo|res|ke: ↑Maureske.

mor|ga|na|tisch ⟨Adj.⟩: ↑Ehe.

Mor|gar|ten: in der Wendung **hütet euch am M.!** (schweiz.; *sieh dich/sehen Sie sich/seht euch vor!;* Ritter Heinrich von Hünenberg soll die Schwyzer 1315 mit dieser Warnung über die Angriffsrichtung Herzog Leopolds von Österreich orientiert haben, worauf sie ihn am Morgarten erwarteten u. besiegten).

mor|gen ⟨Adv.⟩ [mhd. morgene, ahd. morgane, eigtl. erstarrter Dativ von ↑Morgen]: **1.** *am folgenden, kommenden Tag; an dem Tag, der dem heutigen Tag unmittelbar folgt:* m. ist ein Feiertag; m. geht er in Urlaub; m. früh; m. Mittag, Abend; Geht lieber schlafen ... Morgen früh ist die Nacht zu Ende (Fels, Sünden 110); m. um die gleiche, um diese Zeit; m. in einem Jahr; er wollte mich auf m. vertrösten; sie will nicht bis m. warten; R m. ist auch [noch] ein Tag *(das hat Zeit bis morgen, muss nicht heute erledigt werden);* Spr m., m., nur nicht heute, sagen alle faulen Leute (nach dem Anfang eines Liedes von Chr. Weiße, 1726–1804). **2.** *in nächster, in der zukünftigen Zeit; in Zukunft, künftig:* m. so wenig wie heute; Wenn wir heute nichts tun, leben wir m. wie gestern (Spiegel 40, 1982, 148); das ist der Stil, der Komfort von m. *(der Zukunft);* ⟨subst.:⟩ an das Morgen *(an die Zukunft)* glauben; Die Gegenwart kann er nicht loben, das Damals und das Morgen nicht (Strauß, Niemand 139).

Mor|gen, der; -s, - [mhd. morgen, ahd. morgan, eigtl. = Schimmer, Dämmerung; 3: urspr. = so viel Land, wie ein Mann mit einem Gespann an einem Morgen pflügen kann]: **1.** *Tageszeit um das Hellwerden nach der Nacht, früher Vormittag:* ein frischer, heiterer, strahlender, warmer, winterlicher, nebliger, trüber M.; ein M. im Frühling; es wird schon hell; der M. bricht an, graut; dieser M. ist anders als die M., die ich bisher in

Bossdom erlebte (Strittmatter, Der Laden 482); kein Autor, auch kein Lyriker, kann poetischer sein als jene herbstlichen M. (Dönhoff, Ostpreußen 111); den M. erwarten, verschlafen; den ganzen M. im Bett verbringen; sie steht jeden M. sehr früh auf; den nächsten, folgenden M. (seltener: *am nächsten, folgenden Morgen*) erwachte sie sehr früh; des -s (geh.; *morgens, am Morgen*); des -s früh (geh.; *frühmorgens, am frühen Morgen*) pflegt er einen Spaziergang zu machen; eines [schönen] -s *(an einem nicht näher bestimmten Morgen)* war er verschwunden; heute, gestern M. *(heute, gestern am Morgen);* früh, zeitig, spät am M.; am M. früh brachen sie auf; am frühen, späten M.; am andern, folgenden, nächsten M.; am M. seiner Abreise *(an dem Morgen, an dem er abreiste);* an einem schönen M.; sie blieben bis gegen, bis zum M.; er schlief bis in den hellen M.; M. für M. *(jeden Morgen);* gegen M. erst schlief sie ein; vom M. bis zum Abend; während des [ganzen] -s war sie voller Unruhe; Ü der M. (dichter.; *der Beginn, Anfang*) der Freiheit; am M. des Lebens (dichter.; *am Beginn der Entwicklung des Lebens, eines Menschen*); *guten M. (Grußformel): [zu] jmdm. guten M. sagen; **schön/ frisch wie der junge M.** (meist scherzh.; *jugendfrisch, blühend, schön u. strahlend*). **2.** ⟨o. Pl.⟩ (veraltet) *Osten:* gegen, gen M.; von M. nach Abend *(von Osten nach Westen);* Im M. der Welt *(im Orient, im Morgenland)* ist der die Abendländer natürliche zeitrechnerische Wachsamkeit fast unbekannt (Th. Mann, Joseph 377). **3.** (veraltend) *Feldmaß (mit dem je nach Landschaft unterschiedlich große Flächen bezeichnet werden):* ein paar, zehn M. Land.

Mor|gen|an|dacht, die: *Andacht (2) am Morgen.*

Mor|gen|aus|ga|be, die: *am Morgen, Vormittag erscheinende Ausgabe einer Zeitung.*

Mor|gen|blatt, das: *am Morgen, Vormittag erscheinendes Blatt* (3).

mor|gend ⟨Adj.⟩ (veraltet, noch dichter.): *morgig:* der -e Abend; sie dachten ... an den -en Tag wie an ein himmlisch entrücktes Freudenfest (Fussenegger, Haus 73).

Mor|gen|däm|me|rung, die: *Dämmerung am Morgen.*

mor|gend|lich ⟨Adj.⟩ [mhd. morgenlich, ahd. morganlîh): *in die Zeit am Morgen fallend; zur Zeit des Morgens; am Morgen [vorhanden, sich abspielend]:* der -e Berufsverkehr; die -e Kühle; Der -e Weg in den Kindergarten ist nicht weit (Weser-Kurier 20. 5. 85, 15); ein bisschen -e Hektik muss einfach sein (Eltern 2, 1980, 19).

Mor|gen|duft, der: *der große, kugeliger Apfel mit glatter, rot gestreifter, gelblich grüner Schale u. saftigem, süß schmeckendem Fleisch.*

mor|gen|frisch ⟨Adj.⟩: *frisch wie am Morgen üblich:* eine -e Brise; Lilo konzentriert sich auf ihr -es Spiegelbild (Degener, Heimsuchung 68).

Mor|gen|frü|he, die: *früher Morgen:* in der, in aller M. *([sehr] früh am Morgen).*

Mor|gen|ga|be, die (früher): *Geschenk des Mannes an die Ehefrau am Morgen nach der Hochzeitsnacht.*

Mor|gen|ge|bet, das: *Gebet zu Beginn des Tages.*

Mor|gen|grau|en, das: *Morgendämmerung, Tagesanbruch:* beim, im M.

Mor|gen|gruß, der: *Gruß* (1) *am Morgen.*

Mor|gen|gym|nas|tik, die: *morgendliche Gymnastik.*

Mor|gen|him|mel, der: *Himmel vor, bei, kurz nach Sonnenaufgang.*

Mor|gen|kaf|fee, der: **1.** *kleine Mahlzeit am Morgen; Frühstück mit Kaffee:* beim M. sitzen. **2.** *Kaffee, der beim Morgenkaffee* (1) *getrunken wird:* der M. dampfte auf dem Tisch.

Mor|gen|kleid, das: vgl. Morgenrock.

Mor|gen|land, das ⟨o. Pl.⟩ (veraltet): *Orient:* Die Insel war ein Teil Europas, zwischen Abend- und Morgenland der Nabel beider (Stern, Mann 234).

Mor|gen|län|der, der; -s, - (veraltet): *Orientale.*

Mor|gen|län|de|rin, die; -, -nen (veraltet): w. Form zu ↑Morgenländer.

mor|gen|län|disch ⟨Adj.⟩ (veraltet): *orientalisch.*

Mor|gen|lat|te, die (salopp scherzh.): *gegen Morgen im Schlaf erigierter Penis.*

Mor|gen|licht, das ⟨o. Pl.⟩: *Beleuchtung, Lichtverhältnisse am Morgen:* ein rötliches, fahles, graues M.; beim, im hellen M.

Mor|gen|luft, die: *frische, kühle Luft am Morgen:* Kühl streicht M. über meine Schultern (Lenz, Muckefuck 31); *M. wittern* (oft scherzh.; *eine Chance, die Möglichkeit eines Vorteils sehen;* nach engl. methinks, I scent the morning air = mich dünkt, ich wittere Morgenluft, den Worten, die in Shakespeares Hamlet I, 5 der Geist von Hamlets Vater angesichts des heranbrechenden Tages spricht).

Mor|gen|man|tel, der: *Morgenrock.*

Mor|gen|mes|se, die: vgl. Morgenandacht.

Mor|gen|muf|fel, der (ugs., oft scherzh.): *jmd., der morgens nach dem Aufstehen meist keine besonders gute Laune hat, mürrisch u. wortkarg ist.*

Mor|gen|ne|bel, der: *Frühnebel.*

Mor|gen|post, die: *am Morgen ausgetragene Post:* auf die M. warten; der Brief kam mit der M.

Mor|gen|rock, der: *[langes] einem Mantel ähnliches, leichtes, bequemes Kleidungsstück, das im Haus bes. morgens nach dem Aufstehen getragen wird.*

Mor|gen|rot, das ⟨o. Pl.⟩ [mhd. morgenrôt, spätahd. morganrôt], **Mor|gen|rö|te,** die ⟨o. Pl.⟩ [mhd. morgenrœte]: *rote, rötliche Färbung des Himmels bei Sonnenaufgang:* die Morgenröte zieht auf; Ü das Morgenrot (dichter.; *der verheißungsvolle Beginn*) der Freiheit; Was nährt diesmal die Hoffnung der sozialdemokratischen Parteistrategen auf eine politische Morgenröte? (NZZ 5. 9. 86, 29).

mor|gens ⟨Adv.⟩ [mhd. morgen(e)s, eigtl. erstarrter Genitiv von ↑Morgen]: *zur Zeit des Morgens; am Morgen, jeden

Morgen: m. um sieben Uhr; um sieben Uhr m.; m. früh; dienstags m.; es gab m. immer ein gutes Frühstück.

Mor|gen|schein, der (geh.): *Schein der aufgehenden Sonne.*

Mor|gen|schlaf, der: *Schlaf am, gegen Morgen.*

Mor|gen|sei|te, die (veraltend): *östliche Seite; Ostseite:* an der M. des Hauses; ◆ das große Gitter, das sich längs der M. hinzog (Heine, Rabbi 475).

Mor|gen|son|ne, die: *morgendliche Sonne:* Wir kämpften mit der aufgehenden M. im Rücken (Hilsenrath, Nazi 356).

Mor|gen|spa|zier|gang, der: *Spaziergang am Morgen.*

Mor|gen|stern, der [mhd. morgenstern(e)]: **1.** ⟨o. Pl.⟩ der als auffallend hell leuchtender Stern erscheinende Planet Venus am östlichen Himmel vor Sonnenaufgang. **2.** *im MA. verwendete Schlagwaffe, meist in Gestalt einer Keule, deren oberes kugeliges Ende mit eisernen Stacheln besetzt ist.*

◆ **mor|gen|still** ⟨Adj.⟩: *in morgendlicher Stille [liegend o. Ä.]:* Wir gingen schweigend durch die -en Gassen (C. F. Meyer, Amulett 48).

◆ **Mor|gen|stil|le,** die: *Stille am frühen Morgen:* Mir fiel dabei zugleich ein, wie nun die schöne Frau droben auf dem Schlosse ... schlummerte und ein Engel bei ihr auf dem Bette säße in der M. (Eichendorff, Taugenichts 25).

Mor|gen|stun|de, die ⟨meist Pl.⟩: *Zeit am frühen Morgen, Vormittag:* die ersten, frühen -n; Spr M. hat Gold im Munde *(frühes Aufstehen ist immer lohnend, am Morgen lässt es sich gut arbeiten).*

Mor|gen|tau, der (geh.): *Feuchtigkeit der Luft, die sich in den frühen Morgenstunden in Form von Tröpfchen auf dem Boden, an Pflanzen u. a. niederschlägt.*

Mor|gen|toi|let|te, die: *morgendliche Toilette* (1 a).

Mor|gen|wind, der: vgl. Morgenluft.

Mor|gen|zei|tung, die: vgl. Morgenausgabe.

Mor|gen|zug, der: *morgens verkehrender Zug.*

mor|gig ⟨Adj.⟩ [spätmhd. morgig, gek. aus: morgenic]: *morgen, am folgenden Tag stattfindend, geschehend; von morgen:* das -e Datum; die -en Veranstaltungen; am -en Tag *(morgen);* Hängt das Geräusch vielleicht mit Ihrer -en Prüfung zusammen? (Hofmann, Fistelstimme 164); Ü weil sie entweder die -e *(kommende, künftige)* Armut fürchten oder den -en Wohlstand erhoffen (Habe, Namen 277).

Morgue [mɔrk], die; -, -n [ˈmɔrgn; frz. morgue, urspr. = Raum im Gefängnis, in dem die Identität der Häftlinge überprüft wird, viell. zu älter: morguer = mit Hochmut behandeln]: *Leichenschauhaus (in Paris).*

Mo|ria, die; - [griech. mōría = Narrheit] (Med., Psychol.): *Neigung zu läppischem Verhalten; heitere Geschwätzigkeit.*

mo|ri|bund ⟨Adj.⟩ [lat. moribundus, zu: moriri = sterben] (Med.): *im Sterben liegend, dem Tode nah:* -e Patienten; ... der absurden Kämpfe der Medizin um das Leben von längst zerfallenen, -en Körpern (Sloterdijk, Kritik 490); ⟨subst.:⟩ das Krankenzimmer für die Moribunden.

Mo|rio-Mus|kat, der; -s [nach dem dt. Züchter P. Morio]: **a)** ⟨o. Pl.⟩ *Rebsorte aus einer Kreuzung zwischen Silvaner u. weißem Burgunder, die einen Wein mit intensivem muskatähnlichem Bukett liefert;* **b)** *Wein dieser Rebsorte.*

Mo|ri|on, der; -s [wohl verkürzt aus lat. mormorion]: *brauner bis fast schwarzer Bergkristall.*

Mo|ris|ca, Moresca, die; - [span. morisca, eigtl. = Maurin]: *(vom 15.–17. Jh. über ganz Europa verbreiteter) mäßig schneller, meist mit Schellen an den Füßen getanzter pantomimischer Tanz.*

Mo|ris|ke, der; -n, -n ⟨meist Pl.⟩ [span. morisco = (getaufter) Maure]: *nach der arabischen Herrschaft in Spanien zurückgebliebener Maure, der [nach außen hin] Christ war.*

Mo|ris|ken|tanz, der: *Morisca.*

Mo|ri|tat, die; - [auch: moriˈtaːtn; wohl durch zerdehnendes Singen des Wortes »Mordtat« entstanden]: **1.** *von einem Bänkelsänger (mit Drehorgelbegleitung) vorgetragenes Lied mit meist eintöniger Melodie, das eine schauerliche od. rührselige (auf einer Tafel in Bildern dargestellte) Geschichte zum Inhalt hat [u. mit einer belehrenden Moral endet].* **2.** *in der Art einer Moritat* (1) *verfasstes Gedicht, Lied.*

Mo|ri|ta|ten|lied, das: *Moritat.*

Mo|ri|ta|ten|sän|ger, der: *Bänkelsänger* (1).

Mo|ri|ta|ten|sän|ge|rin, die: w. Form zu ↑ Moritatensänger.

Mo|ritz [wohl nach einer Figur des dt. Karikaturisten u. Malers A. Oberländer (1845–1923)]: in der Wendung **wie sich der kleine M. etw. vorstellt** (ugs. scherzh.; *der naiven, kindlichen Vorstellung, die sich jmd. von etw. macht, entsprechend):* jenes Manifest ... las sich, wie der kleine M. sich den Seelenerguss einer innerparteilichen Fraktion vorstellt, die um Gefolgschaft im Lande wirbt (Spiegel 35, 1988, 120).

Mor|mo|ne, der; -n, -n [nach dem Buch Mormon (= Personen. in diesem Buch) des Stifters der Religionsgemeinschaft J. Smith (1805–1844)]: *Angehöriger einer chiliastischen Religionsgemeinschaft (bes. in Nordamerika), die sich selbst als Kirche Jesu Christi der Heiligen der letzten Tage bezeichnet.*

Mor|mo|nin, die; -, -nen: w. Form zu ↑ Mormone.

Mo|ro|ni: Hauptstadt der Komoren.

mo|ros ⟨Adj.⟩ [lat. morosus] (veraltend): *mürrisch, verdrießlich.*

Mo|ro|si|tät, die; - [lat. morositas] (veraltend): *Verdrießlichkeit.*

Morph, das; -s, -e [zu griech. morphḗ, ↑ Morphe] (Sprachw.): *kleinstes formales, bedeutungstragendes Bauelement der gesprochenen Sprache.*

morph-, Morph-: ↑ morpho-, Morpho-.

-morph [zu griech. morphḗ, ↑ Morphe] ⟨bei Adjektiven auftretendes Suffix mit der Bed.⟩: *die Gestalt betreffend, ...förmig* (z. B. amorph, heteromorph).

Mor|phal|la|xis, die; - [zu griech. morphḗ (↑ Morphe) u. állaxis = Vertauschung] (Biol.): *Ersatz verloren gegangener Körperteile durch Umbildung u. Verlagerung bereits vorhandener Teile.*

Mor|phe, die; - [griech. morphḗ = Gestalt, Form]: *Eidos* (1).

Mor|phem, das; -s, -e [frz. morphème, zu griech. morphḗ, ↑ Morphe] (Sprachw.): *kleinste bedeutungstragende Einheit im Sprachsystem; Sprachsilbe:* freie u. gebundene -e.

Mor|phe|ma|tik, Morphemik, die; - (Sprachw.): *Teilgebiet, das sich mit den Morphemen, mit ihrer Funktion bei der Wortbildung befasst.*

mor|phe|ma|tisch, morphemisch ⟨Adj.⟩: **a)** *die Morphematik betreffend;* **b)** *die Morpheme betreffend.*

Mor|phe|mik: ↑ Morphematik.

mor|phe|misch: ↑ morphematisch.

mor|phen ⟨sw. V.; hat⟩ [engl. to morph, geb. zu: metamorphosis = Verwandlung] (Film, EDV): *mithilfe eines Computerprogramms ein Bild fließend (in einem wahrnehmbaren Prozess ohne abrupte Übergänge) so verändern, dass ein völlig neues Bild entsteht:* »Gemorpht« wird nun, bis der Prozessor quietscht. Da mutiert, in einer Anzeigenserie der Süddeutschen Zeitung, der grimmige Boris Jelzin zu einem lächelnden Bill Clinton (Spiegel 52, 1993, 192).

Mor|pheus [griech. Gott des Schlafes]: in Wendungen wie **in M.' Armen ruhen, liegen, schlafen** (geh.; *ruhig, angenehm, gut schlafen);* **in M.' Arme sinken** (geh.; *ruhig einschlafen, in einen angenehmen Schlaf fallen);* **aus M.' Armen gerissen werden** (geh.; *jäh aus tiefem Schlaf gerissen werden).*

Mor|phin, das; -s [nach dem griech. Gott Morpheus] (Chemie, Med.): *Morphium.*

Mor|phing, das; -s [engl. morphing] (Film, EDV): *auf einem Computerprogramm beruhendes Verfahren, ein Bild fließend (in einem wahrnehmbaren Prozess ohne abrupte Übergänge) so zu verändern, dass ein völlig neues Bild entsteht:* Mona Lisas Stirn wächst, die Goldhelm wird kubistisch – jede Absurdität ist nur ein paar Mausklicks entfernt. In der Fachsprache heißt das »Morphing« (Spiegel 30, 1996, 159); Man kann zwar heute zu M. ein Gesicht künstlich am Computer verändern, es aber völlig realistisch nachzumachen ist noch nicht möglich (Focus 8, 1996, 154).

Mor|phi|nis|mus, der; - (Med.): *Morphiumsucht.*

Mor|phi|nist, der; -en, -en: *jmd., der morphiumsüchtig ist.*

Mor|phi|nis|tin, die; -, -nen: w. Form zu ↑ Morphinist.

Mor|phin|sucht, die ⟨o. Pl.⟩ (Med.): *Morphiumsucht.*

Mor|phi|um, das; -s: *aus Opium gewonnenes Rauschgift, das in der Medizin bes. als schmerzlinderndes Mittel eingesetzt wird.*

Mor|phi|um|sucht, die ⟨o. Pl.⟩: *Sucht nach Morphium.*

mor|phi|um|süch|tig ⟨Adj.⟩: *von einer*

krankhaften Sucht nach Morphium befallen.

Mor|phi|um|süch|ti|ge, der u. die: *jmd., der morphiumsüchtig ist.*

mor|pho-, Mor|pho-, (vor Vokalen auch:) morph-, Morph- [zu griech. morphḗ, ↑Morphe] ⟨Best. in Zus. mit der Bed.⟩: *Gestalt, Form* (z. B. morphologisch, Morphologie).

Mor|pho|ge|ne|se, Mor|pho|ge|ne-sis, die; -, ...nesen (Biol.): *Ausgestaltung u. Entwicklung von Organen od. Geweben eines pflanzlichen od. tierischen Organismus.*

mor|pho|ge|ne|tisch ⟨Adj.⟩ (Biol.): *die Morphogenese betreffend.*

Mor|pho|ge|nie, die; -, -n [zu griech. genḗ = Abstammung] (Biol.): *Morphogenese.*

Mor|pho|gra|fie, mor|pho|gra|fisch: ↑Morphographie, morphographisch.

Mor|pho|gra|phie, (auch:) Morphografie, die; - [↑-graphie] (veraltet): *Beschreibung der Gestalt bes. der Erdoberfläche.*

mor|pho|gra|phisch, (auch:) morphografisch ⟨Adj.⟩ (veraltet): *die Morphographie betreffend.*

Mor|pho|lo|ge, der; -n, -n [↑-loge]: **1.** *Wissenschaftler, Forscher, Fachmann auf dem Gebiet der Morphologie.* **2.** kurz für ↑Geomorphologe.

Mor|pho|lo|gie, die; - [↑-logie]: **1.** (bes. Philos.) *Wissenschaft, Lehre von den Gestalten, Formen (bes. hinsichtlich ihrer Eigenarten, Entwicklungen, Gesetzlichkeiten).* **2.** (Biol., Med.) *Wissenschaft, Lehre von der äußeren Gestalt, Form der Lebewesen, der Organismen u. ihrer Teile.* **3.** kurz für ↑Geomorphologie. **4.** (Sprachw.) *Formenlehre* (1). **5.** (Soziol.) *Teilgebiet der Soziologie, das sich mit der Struktur der Gesellschaft befasst.*

Mor|pho|lo|gin, die; -, -nen: w. Form zu ↑Morphologe.

mor|pho|lo|gisch ⟨Adj.⟩: *die Morphologie betreffend, auf ihr beruhend, zu ihr gehörend; die äußere Gestalt, Form, den Bau betreffend; der Form nach.*

Mor|pho|me|trie, die; -, -n [↑-metrie]: **1.** *Ausmessung der äußeren Form* (z. B. von Körpern, Organen). **2.** *Teilgebiet der Geomorphologie, das die Formen der Erdoberfläche durch genaue Messungen zu erfassen sucht.*

mor|pho|me|trisch ⟨Adj.⟩ (Geol.): *(von Geröllen) durch Messungen erfasst.*

Mor|pho|nem, Morphophonem, das; -s, -e [zusgez. aus ↑Morph u. ↑Phonem] (Sprachw.): *Variation eines Phonems, das im gleichen Morphem bei unterschiedlicher Umgebung auftaucht* (z. B. i/a/u in binden, band, gebunden).

Mor|pho|ne|mik, Morphophonemik, die; - (Sprachw.): *Lehre von den Variationen eines Phonems, vom phonologischen Aspekt der Morphologie, unter dem die phonologischen Ausdrucksmöglichkeiten der Morpheme beobachtet werden.*

mor|pho|ne|misch, morphophonemisch ⟨Adj.⟩ (Sprachw.): *das Morphonem, die Morphonemik betreffend.*

Mor|pho|no|lo|gie, Morphophonologie, die; - [↑-logie] (Sprachw.): *Morphonemik.*

Mor|pho|pho|nem: ↑Morphonem.
Mor|pho|pho|ne|mik: ↑Morphonemik.
mor|pho|pho|ne|misch: ↑morphonemisch.
Mor|pho|pho|no|lo|gie: ↑Morphonologie.

Mor|pho|se, die; -, -n [spätgriech. mórphōsis = das Gestalten] (Biol.): *nicht erbliche Variation der Gestalt der Organismen bzw. einzelner Organe, die durch Umwelteinflüsse verursacht wird.*

mor|pho|syn|tak|tisch ⟨Adj.⟩ (Sprachw.): *die Morphosyntax betreffend.*

Mor|pho|syn|tax, die; - (Sprachw.): *Syntax der äußeren Form eines Satzes; formale Syntax.*

morsch ⟨Adj.⟩ [aus dem Ostmd.; älter: mursch, niederd. murs, verw. mit ↑mürbe]: *bes. durch Fäulnis, auch durch Alter, Verwitterung o. Ä. brüchig, leicht zerfallend:* -es Holz; -e Balken, Dielen; -es Gestein, Mauerwerk; eine -e Brücke; *die* -en Häuser gegenüber dunkel, keine Straßenlampe (G. Vesper, Laterna 10); das Laken war schon m.; das Eis kann m. und brüchig sein (Eidenschink, Eis 47); (auch scherzh.:) meine Knochen sind schon m. *(ich bin schon alt u. nicht mehr sehr beweglich);* Ü alte, müde, -e Heimatkrieger (Kirst, 08/15, 682); Inmitten einer -en und rohen Zivilisation (K. Mann, Wendepunkt 105).

Morsch|heit, die; -: *das Morschsein.*

Mor|se|al|pha|bet, das [nach dem amerik. Erfinder S. Morse (1791–1872)]: *dem Alphabet entsprechende Folge von Zeichen, die beim Morsen verwendet werden u. aus Kombinationen von Punkten u. Strichen bzw. kurzen u. langen Stromimpulsen bestehen.*

Mor|se|ap|pa|rat, der: *Gerät zur telegrafischen Übermittlung von Nachrichten mithilfe von Morsezeichen.*

Mor|sel|le, die; -, -n [H. u.] (veraltet): *aus Zuckermasse gegossenes Täfelchen mit Schokolade, Mandeln u. a.*

mor|sen ⟨sw. V.; hat⟩ [nach S. Morse, ↑Morsealphabet]: **a)** *mit dem Morseapparat Morsezeichen geben, eine Nachricht übermitteln:* der Funker morst; **b)** *in Morsezeichen übermitteln:* eine Nachricht, SOS m.

Mör|ser, der; -s, - [1: mhd. mörser, morsære, ahd. morsāri, mortāri < lat. mortarium, ↑Mörtel; 2: wohl nach der Form]: **1.** *dickwandiges, schalenförmiges Gefäß mit gerundetem innerem Boden zum Zerstoßen, Zerreiben von festen Substanzen mithilfe eines Stößels:* Ingwer in einem M. zerstoßen, zerreiben. **2.** (Milit.) **a)** (früher) *schweres Geschütz mit kurzem, großkalibrigem Rohr;* **b)** *Granatwerfer.*

mör|sern ⟨sw. V.; hat⟩ (selten): *in einem Mörser zerreiben, zerstoßen.*

Mor|se|zei|chen, das: *Zeichen des Morsealphabets.*

Mors, Mors: ↑²Hummel.

Mor|ta|del|la, die; -, -s [ital. mortadella, zu lat. murtatum (farcimen) = mit Myrte gewürzte Wurst]: *mit Pistazien o. Ä. gewürzte, dickere, gebrühte Wurst aus Schweine- u. Kalbfleisch.*

Mor|ta|li|tät, die; - [lat. mortalitas = Sterblichkeit, zu: mortalis = sterblich, zu: mors (Gen.: mortis) = Tod] (Med.): *Verhältnis der Zahl der Todesfälle zur Zahl der statistisch berücksichtigten Personen.*

Mör|tel, der; -s, (Sorten:) - [mhd. mortel, morter < lat. mortarium = (Gefäß für die Zubereitung von) Mörtel, eigtl. = Mörser (1)]: *breiartiges, innerhalb kürzerer Zeit erhärtendes Gemisch aus Wasser, Sand u. Zement, Kalk, Gips o. Ä., das als Bindemittel bei Bausteinen od. zum Verputzen von Wänden u. Decken dient:* der alte M. bröckelt von der Wand; M. anrühren, mischen; eine Mauer mit M. verputzen.

Mör|tel|gips, der: *langsam erhärtender Gips zum Anrühren von Mörtel.*

Mör|tel|kalk, der: *langsam erhärtender Kalk zum Anrühren von Mörtel.*

Mör|tel|kel|le, die: *Kelle* (3).

mör|teln ⟨sw. V.; hat⟩: **a)** *mit Mörtel arbeiten;* **b)** *mit Mörtel versehen, verbinden, verputzen:* eine Wand m.

Mör|tel|pfan|ne, die: *Gefäß zum Anrühren von Mörtel.*

Mor|ti|fi|ka|ti|on, die; -, -en [spätlat. mortificatio = (Ab)tötung, zu: mortificare, ↑mortifizieren]: **1.** (veraltet) *Kränkung.* **2.** *Abtötung [der Begierden in der Askese].* **3.** (Med.) *Gewebstod, Absterben von Organen od. Geweben.* **4.** (Rechtsspr. veraltet) *Ungültigkeitserklärung; Tilgung.*

mor|ti|fi|zie|ren ⟨sw. V.; hat⟩ [spätlat. mortificare = (ab)töten, zu lat. mors (Gen.: mortis) = Tod u. -ficare (in Zus.) = machen; 1: (veraltet) *demütigen, beleidigen;* ◆ sparsamer Unterricht wird da stets als ein unschuldiges Mittel angeordnet, den armen Schüler damit zu züchtigen und zu m. (Jean Paul, Wutz 13). **2.** *kasteien.* **3.** *absterben [lassen], abtöten.* **4.** (veraltet) *tilgen, für ungültig erklären.*

Mor|tu|a|ri|um, das; -s, ...ien [mlat. mortuarium < lat. mortuarius = den Tod betreffend, zu: mors (Gen.: mortis) = Tod]: **1.** (im MA.) *Abgabe der Erben eines Hörigen an den Herrn in Form von Naturalien od. Geld.* **2. a)** *Ort in einem Kloster für Bestattungen;* **b)** *Trauerhalle [auf einem Friedhof].*

Mo|ru|la, die; -, ...lae [...lɛ; zu lat. morum = Maulbeere, nach der kugeligen Form] (Zool., Med.): *kugeliger, durch Furchung des befruchteten Eis entstandener Verband von Zellen, der ein frühes Stadium der embryonalen Entwicklung darstellt.*

Mo|sa|ik, das; -s, -en, auch: -e [frz. mosaïque < ital. mosaico, musaico < mlat. musaicum < lat. musivum (opus), zu griech. moûsa, ↑Muse]: *aus kleinen bunten Steinen, Glasstücken o. Ä. zusammengesetztes Bild, Ornament zur Verzierung von Wänden, Gewölben, Fußböden:* große, bunte, reiche, antike -en; ein M. gestalten, zusammensetzen; der Fußboden und die Wände sind mit -en verziert, ausgelegt; Ü die einzelnen Beweisstücke fügten sich zu einem M.; die Erlebnisteile schossen zum M. zusammen (Börsenblatt 12, 1965, 823).

Mo|sa|ik|ar|beit, die: *als Mosaik ausge-führte Arbeit* (4 a).

mo|sa|ik|ar|tig ⟨Adj.⟩: *in der Art eines Mosaiks, wie ein Mosaik zusammenge-setzt, aussehend.*

Mo|sa|ik|bild, das: *ein Bild darstellendes Mosaik.*

Mo|sa|ik|[fuß]|bo|den, der: *mit Mosaik ausgelegter Fußboden.*

Mo|sa|ik|glas, das ⟨o. Pl.⟩: *Millefiori-glas.*

Mo|sa|ik|gold, das: *Musivgold.*

Mo|sa|ik|stein, der: *einzelner Stein eines Mosaiks.*

¹mo|sa|isch ⟨Adj.⟩ [zu ↑¹Moses]: *jüdisch, israelitisch (im Hinblick auf die Religion des Alten Testaments):* die -e Religion; Das Fest, zu dem gestern rund 8 000 Menschen kamen, ist in nur drei Jahren zum größten jüdischen Straßenfest Europas und zu einem der wichtigsten Treffpunkte für Menschen -en Glaubens geworden (taz 21. 6. 99, 19).

◆ **²mo|sa|isch** ⟨Adj.⟩ [frz. mosaïque, zu: mosaïque, ↑Mosaik]: *musivisch; in der Art eines Mosaiks:* Sie ist eine -e Arbeit, aus allen drei Reichen der Natur zusam-mengesetzt (Kleist, Käthchen V, 3).

Mo|sa|is|mus, der; - [zu ↑¹Moses] (ver-altet): *Judentum.*

Mo|sa|ist, der; -en, -en [zu ↑Mosaik] (veraltet): *Mosaizist.*

mo|sa|is|tisch ⟨Adj.⟩: *Mosaiken betref-fend.*

Mo|sa|i|zist, der; -en, -en: *Künstler, der mit Musivgold arbeitet od. Mosaiken her-stellt.*

Mo|sa|i|zis|tin, die; -, -nen: w. Form zu ↑Mosaizist.

Mo|sam|bik [mozam'bi:k]: **1.** Staat in Ostafrika. **2.** Hafenstadt in Mosambik (1).

Mo|sam|bi|ka|ner, der; -s, -: Ew.

Mo|sam|bi|ka|ne|rin, die; -, -nen: w. Form zu ↑Mosambikaner.

mo|sam|bi|ka|nisch ⟨Adj.⟩: *Mosambik, die Mosambikaner betreffend; von den Mosambikanern stammend, zu ihnen ge-hörend.*

Mo|sam|bi|ker, der: *Mosambikaner.*

Mo|sam|bi|ke|rin, die; -, -nen: w. Form zu ↑Mosambiker.

mo|sam|bi|kisch ⟨Adj.⟩: *mosambika-nisch.*

Mo|schaw, der; -s, ...wim [hebr. môsāv, eigtl. = Sitz]: *(in Israel) genossenschaft-liche Siedlung von Kleinbauern mit Pri-vatbesitz.*

Mo|schee, die; -, -n [frz. mosquée < ital. moschea < span. mezquita < arab. masǧid]: *islamisches Gotteshaus.*

Mo|schus, der; - [spätlat. muscus < griech. móschos < pers. mušk < sanskr. muska = Hode, Hodensack (mit dem der Moschusbeutel verglichen wur-de)]: **a)** *stark riechendes Sekret der männlichen Moschustiere, das bes. bei der Herstellung von Parfums verwendet wird;* **b)** *aus Moschus (a) gewonnener od. ähnlicher synthetisch hergestellter Duft-stoff.*

mo|schus|ar|tig ⟨Adj.⟩: *wie Moschus rie-chend.*

Mo|schus|beu|tel, der: *Moschus enthal-*tender Beutel an der Bauchseite männli-cher Moschustiere.

Mo|schus|bock, der: *großer, metallisch grün glänzender Bockkäfer, der ein mo-schusartig riechendes Sekret ausschei-det.*

Mo|schus|böck|chen, das: *in Afrika heimische, kleine Antilope mit Moschus-drüsen.*

Mo|schus|ge|ruch, der: *Geruch nach Moschus.*

Mo|schus|och|se, der: *(bes. im Nordpo-largebiet heimisches) großes Säugetier mit langhaarigem, fast schwarzem Fell, kurzen Beinen u. hakenförmigen Hör-nern, dessen männliche Tiere während der Paarungszeit ein Sekret von durch-dringendem Geruch absondern.*

Mo|schus|tier, das: *(in Asien heimi-sches, zu den Hirschen gehörendes) Tier ohne Geweih, bei dem das männliche Tier einen Moschusbeutel aufweist.*

Mo|se: ↑¹Moses.

Mö|se, die; -, -n [gaunerspr. Moß, Muß = Frau, Geliebte, Dirne, unter Einfluss von spätmhd. mutz, ↑²Musche] (derb): *weibliches Geschlechtsteil; Vagina, Vul-va:* Einzelne Körperteile werden sukzes-sive durchgehechelt, Möpse, Arsch, M., Fahrgestell (Frings, Liebesdinge 95); Ich gebe ja zu, dass M. gemein klingen kann. Aber es kommt eben drauf an, in wel-chem Ton es gesagt wird. Komisch finde ich, dass wir überhaupt kein schönes Wort dafür haben, ich meine, ein Wort, das weder steril noch abwertend klingt (Neutzling, Herzkasper 145).

¹Mo|sel, die; -: *linker Nebenfluss des Rheins.*

²Mo|sel, der; -s, -: *kurz für ↑Moselwein.*

Mo|sel|la|ner, (auch:) Mosellaner, der; -s, -: *jmd., der im Gebiet der Mosel wohnt.*

Mo|sel|la|ne|rin, (auch:) Mosellanerin, die; -, -nen: w. Form zu ↑Moselaner, Mo-sellaner.

Mo|sel|la|ner: ↑Moselaner.

Mo|sel|la|ne|rin: ↑Moselanerin.

Mo|sel|wein, der: *an der Mosel angebau-ter Wein.*

Mö|ser: Pl. von ↑Möse (2).

mo|sern ⟨sw. V.; hat⟩ [H. u.] (ugs.): *[stän-dig] etw. zu beanstanden haben u. seinem Ärger, seiner Unzufriedenheit durch [fortgesetztes] Schimpfen Ausdruck ge-ben; nörgeln:* Dass die Ärzte mosern, versteht sich; und Journalisten sind ja schon wegen schwerster Verbrechen ein-gelocht worden (Spiegel 3, 1998, 31); über das Essen m.; der arbeitslose und ewig mosernde Vater (Spiegel 15, 1978, 206).

¹Mo|ses, (ökum.:) Mose: Stifter der is-raelitischen Religion: *die fünf Bücher Mosis (des Moses)* od. Mose.

²Mo|ses, der; -, - [nach ¹Moses, der als Säugling angeblich in einem kleinen Körbchen ausgesetzt wurde] (See-mannsspr.): **1.** (spöttisch) *jüngstes Besat-zungsmitglied; Schiffsjunge.* **2.** *Beiboot einer Jacht.*

Mos|kau: *Hauptstadt von Russland.*

¹Mos|kau|er, der; -s, -: Ew.

²Mos|kau|er ⟨indekl. Adj.⟩: *M. Zeit (Zo-nenzeit im westlichen Teil Russlands bis* zum 40. Längengrad östl. von Green-wich; entspricht MEZ + 2 Stunden).

Mos|kau|e|rin, die; -, -nen: w. Form zu ↑¹Moskauer.

mos|kau|isch ⟨Adj.⟩: *Moskau, die Mos-kauer betreffend; von den Moskauern stammend, zu ihnen gehörend.*

Mos|ki|to, der; -s, -s ⟨meist Pl.⟩ [span. mosquito, zu: mosca < lat. musca = Fliege]: **1.** *tropische Stechmücke, die ge-fährlicher Krankheitsüberträger (z. B. von Malaria) sein kann:* die -s verjagen, bekämpfen; von -s gestochen werden. **2.** (Fachspr., sonst selten) *Stechmücke.*

Mos|ki|to|git|ter, das: *Gitter (1), das zum Schutz gegen das Eindringen von Moskitos (1) vor Fenster, Türen o. Ä. ge-hängt wird.*

Mos|ki|to|netz, das: *feinmaschiges, tüll-artiges Gewebe, das zum Schutz gegen das Eindringen von Moskitos (1) über Betten, vor Fenster o. Ä. gehängt wird.*

Mos|ki|to|stich, der: *Stich eines Moski-tos.*

Mos|ko|wi|ter, der; -s, - (veraltend): Ew. zu ↑Moskau.

Mos|ko|wi|te|rin, die; -, -nen: w. Form zu ↑Moskowiter.

mos|ko|wi|tisch ⟨Adj.⟩ (veraltend): *Moskau, die Moskowiter betreffend.*

¹Mosk|wa, die; -: *Fluss in Russland.*

²Mosk|wa: russ. Name von ↑Moskau.

Mos|lem, der; -s, -s, Muslim, der; -[s], -e u. -s [arab. muslim, eigtl. = der sich Gott unterwirft]: *Anhänger des Islams.*

Mos|le|min, die; -, -nen: w. Form zu ↑Moslem.

mos|le|mi|nisch (veraltet), **mos|le-misch,** muslimisch ⟨Adj.⟩: *die Muslime, ihren Glauben, ihren Herrschaftsbereich betreffend.*

Mos|li|me, die; -, -n (selten): w. Form zu ↑Moslem.

mos|so ⟨Adv.⟩ [ital., adj. 2. Part. von: muovere < lat. movere = bewegen] (Musik): *bewegt, lebhaft.*

Most, der; -[e]s, -e [mhd., ahd. most = Obstwein < lat. (vinum) mustum = jun-ger, neuer (Wein)]: **1. a)** *zur Gärung be-stimmter Saft aus gekelterten Trauben:* der M. gärt; Most machen; **b)** (landsch.) *Federweißer.* **2.** (landsch.) *unvergorener, trüber Fruchtsaft.* **3.** (südd., schweiz., ös-terr.) *Obstwein.*

Most|ap|fel, der: *[saurer] Apfel zum Mosten.*

Most|bir|ne, die: vgl. Mostapfel.

mos|ten ⟨sw. V.; hat⟩: **a)** *Most machen:* morgen wollen wir anfangen zu m.; **b)** *zu Most verarbeiten:* Äpfel m.

Most|te|rei, die; -, -en: *Betrieb, in dem Most gemacht wird.*

Mos|tert, der; -s [mhd. mostert, must-hart < afrz. mostarde = mit Most her-gestellter Senf] (landsch., bes. nord-westd.): *Senf.*

Most|kel|ter, die: *bei der Gewinnung von Most verwendete Kelter.*

Most|obst, das: vgl. Mostapfel: Aus die-sem Grund unterstützen die Mostereien die Pflanzung neuer hochstämmiger Obstbäume, um in Zukunft die Versor-gung mit M. sicherzustellen (NZZ 29. 4. 83, 23).

Mọst|rich, der; -s (landsch., bes. nordostd.): *Senf.*

Mo|tel [auch: mo'tɛl], das; -s, -s [engl. motel, aus: **mot**or u. ho**tel**]: *an Autobahnen o. Ä. gelegenes Hotel mit Garagen [u. Tankstelle].*

Mo|tẹt|te, die; -, -n [ital. motetto < mlat. motetum, zu spätlat. muttum, ↑Motto]: *in mehrere Teile gegliederter, mehrstimmiger [geistlicher] Chorgesang [ohne Instrumentalbegleitung].*

Mo|tẹt|ten|pas|si|on, die: *im Stil einer Motette vertonte Passionserzählung.*

Mo|ti|li|tät, die; - [wohl unter Einfluss von frz. motilité zu lat. motum, ↑Motor]: **1.** (Med.) *Gesamtheit der nicht bewusst gesteuerten Bewegungen des menschlichen Körpers u. seiner Organe.* **2.** (Biol.) *Bewegungsvermögen von Organismen u. Zellorganellen.*

Mo|ti|ọn, die; -, -en [frz. motion, eigtl. = Bewegung < lat. motio]: **1.** (schweiz.) *schriftlicher Antrag in einem Parlament:* Mit einer neu eingereichten M. und einer reichen Dokumentation setzt sich die SP-Einwohnerratsfraktion für die Bildung einer Ausländerkommission in Allschwil ein (Basler Zeitung 2. 10. 85, 34). **2.** (bildungsspr.) *Bewegung:* Die Variabilität tänzerischer -en (MM 7. 3. 72, 25); ◆ Deine Glieder werden sich bald woanders eine M. machen, wenn du nicht ruhst (Goethe, Egmont IV). **3.** (Sprachw.) **a)** *Bildung einer weiblichen Personen-, Berufs- od. Tierbezeichnung mit einem Suffix von einer männlichen Form* (z. B. Ministerin von Minister); **b)** *Beugung des Adjektivs nach dem Geschlecht des zugehörigen Substantivs.* **4.** (Fechten) *Faustlage.*

Mo|ti|o|nạr, der; -s, -e (schweiz.): *jmd., der eine Motion (1) einreicht:* Der M. will, wie er in der Begründung ausführt, ein Signal setzen (NZZ 13. 1. 93, 36).

Mo|ti|o|nạ̈|rin, die; -, -nen (schweiz.): w. Form zu ↑Motionär: Die Vorlage erfüllt nicht nur die Anliegen der M. (Bund 9. 8. 80, 17).

Mo|tion-Pic|ture ['moʊʃən 'pɪktʃə], (auch:) **Mo|tion|pic|ture,** das; -[s], -s [engl. motion picture, eigtl. = bewegtes Bild, aus: motion = Bewegung u. picture = Bild]: englische Bezeichnung für ↑Film, Spielfilm.

Mo|tiv, das; -s, -e [1: mlat. motivum, zu spätlat. motivus = bewegend, antreibend, zu lat. motum, ↑Motor; 2: frz. motif]: **1.** (bildungsspr.) *Überlegung, Gefühlsregung, Umstand o. Ä., durch den sich jmd. bewogen fühlt, etw. Bestimmtes zu tun; Beweggrund; Triebfeder:* ein politisches, religiöses M.; das M. dieser Tat war Eifersucht; für diese Verbrechen fehlt jedes M.; ich bin immer noch wütend darüber, dass man mir -e unterschoben hat, die nicht meine -e waren (H. Gerlach, Demission 225); kein M. haben; jmds. -e kennen, verstehen; Ein interessantes Detail ergab die Untersuchung der -e von Selbstmorden (Schreiber, Krise 126); aus niederträchtigen -en handeln; vom eigentlichen, wirklichen M. seines Verhaltens ablenken. **2. a)** *[bekanntes] allgemeines Thema o. Ä., Bild*

od. *bestimmte Form [als typischer, charakterisierender Bestandteil] eines Werkes der Literatur, bildenden Kunst o. Ä.:* ein literarisches, künstlerisches M.; ein altes M. der Literatur; klassizistische -e; das M. der bösen Fee im Märchen; Todessehnsucht und Homoerotik sind die beiden dominierenden -e (Reich-Ranicki, Th. Mann 193); **b)** (Musik) *kleinste, durch eine bestimmte Tonfolge, einen bestimmten Rhythmus o. Ä. erkennbare Einheit einer Melodie, eines Themas o. Ä., die für eine bestimmte Komposition charakteristisch ist:* einzelne -e der Ouvertüre klingen im dritten Akt der Oper wieder an; Außerdem verbinden sich diese »rhythmischen Motive« nicht immer mit denselben Tönen (Melos 3, 1984, 10). **3.** *zur [künstlerischen] Gestaltung, Wiedergabe anregender Gegenstand:* dieser Maler bevorzugt ländliche -e.

Mo|ti|va|ti|ọn, die; -, -en: **1.** (Psych., Päd.) *Gesamtheit der Beweggründe, Einflüsse, die eine Entscheidung, Handlung o. Ä. beeinflussen, zu einer Handlungsweise anregen:* politische M.; Der Tierschutz hat eine andere M. Er ist betroffen vom Leiden der Tiere (NZZ 12. 4. 85, 25); Noch immer rätselhaft ist die M. des Mordes an der 52-jährigen Studienrätin (SZ 22. 10. 85, 13); Ihre M. *(ihr Antrieb, ihre Bereitschaft),* etwas zu lernen und einen Beruf zu ergreifen, ist groß (MM 5. 2. 75, 10). **2.** (Sprachw.) *das Motiviertsein.*

mo|ti|va|ti|o|nal ⟨Adj.⟩ (Psych., Päd.): *das Motiv (1) betreffend:* Unser Erkenntnisinteresse besteht hauptsächlich darin, die semantisch greifbaren -en Elemente zu entdecken (Fuchs, Sprechen 66).

Mo|ti|va|ti|ons|schub, der: *Impuls, der jmds. Motivation einen kräftigen Anstoß verleiht:* Keller bezeichnete das Projekt nach seiner Rückkehr aus Florida als »höllisch attraktiv« ... Bereits zuvor ... hatten Vertreter der Ostverbände und der Trainer des australischen Weltmeisterachters ... von einem gewaltigen M. für Ruderer und Betreuer sowie einer hervorragenden Vorbereitung für die nachfolgende Saison gesprochen (NZZ 19. 12. 86, 9).

Mo|tiv|for|schung, die: *Teil der Marktforschung, der die Beweggründe für das Verhalten von Käufern untersucht.*

mo|ti|vie|ren ⟨sw. V.; hat⟩ [frz. motiver]: **a)** *begründen:* einen Antrag [mit etw.] m.; Entscheidungen, die rational nicht motiviert werden können; **b)** *jmds. Interesse für etw. wecken, ihn zu etw. anregen, veranlassen:* Schüler, die Spieler einer Mannschaft m.; jmdn. zur Arbeit m.; Es liege nun an den politischen Parteien, den Stimmbürger ... zu m., die Urne zu gehen (Vaterland 27. 3. 85, 34); Durch überzogene Polizeipräsenz wurden manche erst zu Auseinandersetzungen motiviert (Spiegel 27, 1980, 96).

mo|ti|viert ⟨Adj.⟩: **1.** (bildungsspr.) *[starken] Antrieb zu etw. habend; [großes] Interesse zeigend, etw. zu tun:* Den Bezirks- und Werkfeuerwehren können wir außerordentlich gut -e Leute übergeben (Nordschweiz 29. 3. 85,5); Alle Helfer sind stark m. und arbeiten sehr zuverläs-

sig (natur 2, 1991, 68). **2.** (Sprachw.) *(von Wörtern) in der formalen od. inhaltlichen Beschaffenheit durchschaubar, aus sich selbst verständlich.*

Mo|ti|viert|heit, die: *Motivation.*

Mo|ti|vie|rung, die; -, -en (bildungsspr.): **1.** *Motivation.* **2.** *das Motivieren* (b).

Mo|ti|vik, die; - (bildungsspr.): *Gesamtheit der Motive* (2), *die in einem Kunstwerk verarbeitet sind:* Einfache M. steht schwermütig verschwimmenden Orchesterklängen im Kopfsatz gegenüber (Volksblatt 5. 12. 84, 13).

mo|ti|visch ⟨Adj.⟩: **a)** *das Motiv betreffend;* **b)** *die Motivik betreffend.*

Mo|tiv|samm|ler, der (Philatelie): *Briefmarkensammler, der die Briefmarken nach bestimmten Bildmotiven ordnet.*

Mo|tiv|samm|le|rin, die: w. Form zu ↑Motivsammler.

Mo|tiv|wa|gen, der: *(bei Festumzügen o. Ä.) Wagen* (1 a), *auf dem eine Szene dargestellt ist, die eine Anspielung auf ein bestimmtes Ereignis od. eine bestimmte Person enthält.*

Mo|to, das; -s, -s (schweiz.): Kurzf. von ↑Motorrad.

Mo|to|ball, der: *Motorradfußball.*

Mo|to|cross, (auch:) Moto-Cross, das; -, -e ⟨Pl. selten⟩ [engl. moto-cross < frz. motocross, aus: moto = Motorrad u. cross(-country), ↑Crosscountry]: *Motorradrennen auf einer abgesteckten Rundstrecke im Gelände.*

Mo|to|drom, das; -s, -e [ital. motodromo, zu: motore = Motor u. griech. drómos = Lauf / Rennbahn]: *meist ovale Rennstrecke für Motorsportveranstaltungen.*

Mo|to|lo|ge, der; -n, -n [↑-loge] (Med., Päd.): *Fachmann auf dem Gebiet der Motologie.*

Mo|to|lo|gie, die; - [↑-logie] (Med., Päd.): *Lehre von der menschlichen Motorik u. deren Anwendung in Erziehung u. Therapie.*

Mo|to|lo|gin, die; -, -nen: w. Form zu ↑Motologe.

Mo|tor [in nicht übertr. Bed. auch: mo'to:ɐ̯], der; -s, ...ọren, (bei Betonung auf 2. Silbe auch:) ...ore [lat. motor = Beweger, zu: motum, 2. Part. von movere = bewegen]: *Maschine, die durch Umwandlung von Energie Kraft zum Antrieb* (z. B. *eines Fahrzeugs) erzeugt:* ein schwacher, starker, hochgezüchteter M.; der M. eines Kraftwagens; der M. ist kalt, hat sich heißgelaufen, kocht, setzt aus, blockiert, streikt, ist abgesoffen, springt leicht an, läuft ruhig, auf vollen Touren, funktioniert, ist defekt, dreht sich langsam, dröhnt, tuckert, klopft, heult [auf]; der M. dieses Autos leistet 40 PS, hat einen Hubraum von 1 485 ccm, macht maximal 5 200 Umdrehungen in der Minute, verbraucht viel Öl, Benzin; die -en des Schiffes bringen zusammen eine Leistung von 5 000 PS; einen M. anlassen, anstellen, einschalten, abstellen, ausschalten; den M. eines Wagens warmlaufen, überholen lassen, reinigen, schonen, strapazieren, abwürgen, waschen; Einige der Bauern ... parken, wenn es kalt ist, den Traktor vor dem

Wirtshaus bei laufendem M. (Frischmuth, Herrin 41); Ü er ist der eigentliche M. *(die treibende Kraft)* des Unternehmens; Hast du in Liebenwalde nicht gelernt, dass die Partei die M. unserer Bewegung ist? (Bieler, Bär 170).

Mo|tor|auf|hän|gung, die (Kfz-T.): *Halterung des Motors im Fahrgestell.*

Mo|tor|block, der ⟨Pl. ...blöcke⟩ (Kfz-T.): *gegossener Block (1) mit eingelassener Kurbelwelle, Kurbelwellenlager, Lager u. Pleuel für Kolben.*

Mo|tor|boot, das: *Boot, das durch einen Motor angetrieben wird.*

Mo|tor|brem|se, die: *Vorrichtung an Verbrennungsmotoren von Lastkraftwagen, die das Ausströmen der verbrannten Gase drosselt u. dadurch die Geschwindigkeit des Fahrzeugs herabsetzt.*

Mo|tor|de|fekt, der: *Motorschaden.*

Mo|tor|dreh|zahl, die (Kfz-T.): *Anzahl der Umdrehungen der Kurbelwelle von Verbrennungsmotoren in der Minute.*

Mo|to|ren|bau, der ⟨o. Pl.⟩ (Technik): *das Konstruieren, Bauen von Motoren.*

Mo|to|ren|ge|räusch, das: *Geräusch mehrerer Motoren.*

Mo|to|ren|lärm, der: *Lärm von Motoren.*

Mo|to|ren|öl, das: ↑ Motoröl.

Mo|to|ren|raum, der: *Raum, in dem sich Antriebsaggregate befinden.*

Mo|tor|fah|rer, der (schweiz. Amtsspr.): *Kraftwagenfahrer.*

Mo|tor|fah|re|rin, die: w. Form zu ↑ Motorfahrer.

Mo|tor|fahr|rad, das: *Mofa.*

Mo|tor|fahr|zeug, das: **a)** (schweiz. Amtsspr.) *Kraftfahrzeug;* **b)** *Fahrzeug, das mit einem Motor angetrieben wird.*

Mo|tor|fahr|zeug|steu|er, die (schweiz. Amtsspr.): *Kraftfahrzeugsteuer.*

Mo|tor|flug, der: *Flug mit Flugzeugen, die von einem od. mehreren Motoren getrieben werden.*

Mo|tor|flug|zeug, das: vgl. Motorboot.

Mo|tor|ge|ne|ra|tor, der (Technik): *Aggregat, das aus einem Motor u. einem Generator besteht.*

Mo|tor|ge|räusch, das: *für einen Motor typisches Geräusch.*

Mo|tor|hau|be, die (Kfz-W.): *den Motor schützender, hochklappbarer Deckel am Auto.*

-mo|to|rig: in Zusb., z. B. einmotorig *(mit nur einem Motor ausgestattet).*

Mo|to|rik, die; -: **1.** (Med.) *Gesamtheit der aktiven, vom Gehirn aus gesteuerten, koordinierten Bewegungen des menschlichen Körpers:* die M. des Kleinkindes; Zu bewundern ist die M. dieses Mannes (Gregor-Dellin, Traumbuch 50). **2.** (Med.) *Lehre von den Funktionen der Bewegung des menschlichen Körpers u. seiner Organe.* **3.** (bildungsspr.) *gleichmäßig, keinen od. nur geringfügigen Schwankungen unterliegender Bewegungsablauf, Rhythmus.*

Mo|to|ri|ker, der; -s, - (bildungsspr.): *jmd., dessen Persönlichkeit von auffälliger Motorik geprägt ist.*

Mo|to|ri|ke|rin, die; -, -nen: w. Form zu ↑ Motoriker.

mo|to|risch ⟨Adj.⟩: **1.** (Med.) *die Motorik (1) betreffend, auf ihr beruhend, ihr die-*

nend: -e Unruhe; -e Reflexe; Dieser ... Verein möchte Kindern helfen, die durch eine gewisse -e Ungeschicklichkeit auffallen (Wiesbadener Kurier 4. 6. 85, 17). **2.** (bildungsspr.) **a)** *den Motor betreffend; im Hinblick auf den Motor:* die -e Überlegenheit eines Rennwagens; **b)** *von einem Motor angetrieben:* eine Kamera mit -em Filmtransport; Tonfilmkamera ... mit manueller und -er Brennweiteneinstellung (Saarbr. Zeitung 5. 12. 79, 25); das ausgereifteste Modell eine Versuchsreihe -er Plastiken (Muschg, Gegenzauber 325). **3.** (bildungsspr.) *(von Bewegungsabläufen, Rhythmen o. Ä.) gleichmäßig, keinen od. nur mit geringfügigen Schwankungen.*

mo|to|ri|sie|ren ⟨sw. V.; hat⟩: **1.** *auf Maschinen od. Motorfahrzeuge umstellen; mit Maschinen od. Motorfahrzeugen ausrüsten:* die Landwirtschaft m.; der motorisierte Verkehr; motorisierte Besucher *(Besucher, die ein Kraftfahrzeug haben);* Die Zahl der motorisierten Haushalte *(Haushalte mit einem Kraftfahrzeug;* NZZ 26. 10. 86, 25); Fast alle Freunde in seiner Clique waren bereits motorisiert (ADAC-Motorwelt 1, 1982, 40). **2.** *in etw. einen Motor einbauen; mit einem Motor versehen:* ein Boot m.; Wir können jederzeit ihren Wohnwagen ... auf unsere Weise m. (Neue Kronen Zeitung 30. 3. 84, 52); Wie die Fahrleistungen zeigen ... ist der Ford gut motorisiert (ADAC-Motorwelt 2, 1986, 26). **3.** ⟨m. + sich⟩ (ugs.) *sich ein Kraftfahrzeug anschaffen:* wir haben uns motorisiert.

Mo|to|ri|sie|rung, die; -, -en ⟨Pl. selten⟩: *das Motorisieren (1, 2).*

Mo|tor|jacht, die: vgl. Motorboot.

Mo|tor|küh|lung, die (Kfz-W.): *Kühlung des Motors durch Luft od. Wasser.*

Mo|tor|leis|tung, die (Technik): *Kraft (5), die ein Motor entwickelt, um ein Fahrzeug od. eine andere Maschine anzutreiben.*

Mo|tor|öl, das (Kfz-W.): *Öl zur Schmierung der beweglichen Teile eines Motors.*

Mo|tor|pan|ne, die (ugs.): *Motorschaden.*

Mo|tor|pflug, der: *durch einen Motor angetriebener Pflug.*

Mo|tor|pres|se, die: *Presse, die den Motorsport zum Gegenstand hat.*

Mo|tor|pum|pe, die: vgl. Motorpflug.

Mo|tor|rad, das: **a)** *im Reitsitz zu fahrendes Kraftfahrzeug mit zwei hintereinander angeordneten gummibereiften [Speichen]rädern u. einem Tank zwischen Sitz u. Lenker; Kraftrad:* das M. antreten, anwerfen; vom M. steigen, stürzen; Für alle Zweiräder über 50 ccm, also Motorräder und Motorroller, braucht man den Führerschein Klasse 1 (MM 11. 8. 76, 13); **b)** (schweiz. Amtsspr.) *Kraftrad.*

Mo|tor|rad|braut, die (ugs. scherzh.): *junge weibliche Person, die [häufig] auf dem Motorrad ihres Freundes o. Ä. mitfährt.*

Mo|tor|rad|bril|le, die: *Schutzbrille für Motorradfahrer.*

Mo|tor|rad|fah|rer, der: *jmd., der Motorrad fährt.*

Mo|tor|rad|fah|re|rin, die: w. Form zu ↑ Motorradfahrer.

Mo|tor|rad|fuß|ball, der: *Fußballspiel einer Art, die auf Motorrädern gespielt wird.*

Mo|tor|rad|helm, der: *Schutzhelm für Motorradfahrer.*

Mo|tor|rad|kom|bi|na|ti|on, die: *[einteiliger] Schutzanzug für Motorradfahrer.*

Mo|tor|rad|ren|nen, das: *mit Motorrädern ausgetragenes Rennen.*

Mo|tor|rad|sport, der: vgl. Motorradrennen.

Mo|tor|raum, der (Kfz-W.): *der Teil eines Kraftfahrzeugs, in dem sich der Motor befindet.*

Mo|tor|rol|ler, der: *dem Motorrad ähnliches Kraftfahrzeug mit kleinen Rädern, freiem Durchstieg zwischen den Rädern u. einer Verkleidung aus Blech, die vorn dem Schutz vor Schmutz dient.*

Mo|tor|sä|ge, die: vgl. Motorpflug.

Mo|tor|scha|den, der: *Schaden am Motor:* mit M. festliegen.

Mo|tor|schiff, das: vgl. Motorboot.

Mo|tor|schlep|per, der (Technik): *Traktor.*

Mo|tor|schlit|ten, der: vgl. Motorboot.

Mo|tor|seg|ler, der: *Segelflugzeug mit Hilfsmotor.*

Mo|tor|sport, der: *sportliche Wettbewerbe mit Motorfahrzeugen (b).*

Mo|tor|sport|ver|an|stal|tung, die: *Sportveranstaltung mit Motorfahrzeugen.*

Mo|tor|sprit|ze, die: *Feuerspritze, die mit einem Motor angetrieben wird.*

Mo|tor|wa|gen, der: *(bes. bei Last-, Straßenbahnzügen) Wagen, in dem der Motor untergebracht ist.*

Mo|tor|wä|sche, die: *äußerliche Reinigung des Motors, Motorraums.*

Mot|sche|kieb|chen, Mot|sche|küh|chen, das; -s, - [eigtl. = Muhkuh; Kuhkälbchen, 1. Bestandteil = das Muhen nachahmender Lockruf für Kühe, -kiebchen mundartl. umgeb. aus »Kühchen«; geb. nach dem Vorbild anderer (kindersprachlicher) Kosenamen für Haustiere] (ostmd.): *Marienkäfer.*

Mot|te, die; -, -n [spätmhd. motte, mniederd. motte, mutte, H. u.]: **1.** *(in zahlreichen Arten vorkommender) kleiner Schmetterling mit dicht behaartem Körper, dessen Raupen bes. Wollstoffe, Pelze o. Ä. zerfressen:* in dem Pelz sind [die] -n; die Verbrecher werden von der Stadt angezogen wie die -n vom Licht; in den Mantel sind -n gekommen; die Kleider waren von -n zerfressen; *** die -n haben** (salopp; *an Lungentuberkulose leiden;* nach dem Vergleich des angegriffenen Organs mit einem von Motten zerfressenen Stoff): »Mach's nicht so spannend«, sagte er im Sprechzimmer, »ich habe die -n und basta« (Bieler, Bär 55); [**ach,**] **du kriegst die -n!** (ugs., bes. berlin.; *Ausruf des Erstaunens, der Bestürzung):* Stefan eilte hinter die Bühne ... Der General, flüsterte er. Du kriegst die -n, sagte der Schauspieler; **-n [im Kopf] haben** (ugs.; *merkwürdige Einfälle, verrückte Gedanken haben).* **2.** (ugs. veraltend) **a)** *Mädchen, junge [leichtlebige] Frau:* eine tolle

M.; Eine kesse M., die Lieselotte. Trotzdem Fräulein geblieben (Bieler, Bär 195); **b)** *jmd., der sehr lustig, jederzeit zu Späßen aufgelegt ist:* der ist vielleicht 'ne M.!

mot|ten ⟨sw. V.; hat⟩ [wohl zu mhd. mot = Torf] (südd., schweiz.): *schwelen, glimmen:* wie sich an der papierenen Lunte ein blaues Flämmchen langsam ins Innere des kleinen Raumes fraß, vorerst – fast erstickend – nur mottend qualmte (Steimann, Aperwind 89); Ü Das Papier des Parteisekretärs Poperen signalisiert, dass ... Unmut und Kritik in der Partei weiter motten (NZZ 30. 4. 83, 4).

Mot|ten|be|kämp|fung, die: *Bekämpfung von Motten.*

mot|ten|echt ⟨Adj.⟩: *mottenfest.*

mot|ten|fest ⟨Adj.⟩: *sicher gegen Mottenfraß.*

Mot|ten|fif|fi, der; -s, -s [Fiffi = Hundename; nach dem scherzh. Vergleich mit einem Hundefell] (bes. berlin. scherzh.): *Pelzmantel, -jacke.*

Mot|ten|fraß, der ⟨Pl. selten⟩: *das Zerfressen von Wollstoffen, Pelzen o. Ä. durch Motten.*

Mot|ten|kis|te, die (bes. früher): *Behälter, in dem Kleidung mottensicher aufbewahrt wird:* die Kostüme in einer M. verstauen; Ü Filme aus der M. (ugs.; *sehr alte Filme);* etw. riecht nach M., stammt aus der M. *(ist überaltert, unmodern, inaktuell);* Die »großen Verleger« gehören in die M., zu einer Literatur, die irgendwann einmal eine Funktion gehabt hat (B. Vesper, Reise 563).

Mot|ten|ku|gel, die: *stark riechendes, giftiges Mittel in Form einer kleinen Kugel zur Bekämpfung von Motten:* der Pelz roch nach -n.

Mot|ten|loch, das: *Loch, das von Motten in ein Gewebe gefressen worden ist.*

Mot|ten|pul|ver, das: vgl. Mottenkugel: Ich steckte mein Gesicht in ihren Fuchspelz, er roch warm ... und ein wenig nach M. (Erné, Kellerkneipe 229).

mot|ten|si|cher ⟨Adj.⟩: *sicher gegen Motten.*

mot|ten|zer|fres|sen ⟨Adj.⟩: *von Motten zerfressen:* Die vermummten Männer, die unter ihren -en Pelzmützen aus dem Wirtshaus kommen (Müller, Niederungen 32).

Mot|to, das; -s, -s [ital. motto = Wahlspruch < spätlat. muttum = Muckser, lautm.]: **a)** *Wahlspruch:* das M. seines Handelns heißt ...; sich etw. als M. wählen; Leben und Spielen im Schatten der großen Stars: Dieses M. gilt für eine große Reihe tüchtiger Spieler (Kicker 6, 1982, 4); nach einem bestimmten M. leben; etw. steht unter einem bestimmten M.; **b)** *Satz mit einer bestimmten zusammenfassenden Aussage, der einem Buch, Kapitel o. Ä. zur Kennzeichnung des Inhalts od. der Absicht, die der Verfasser verfolgt, vorangestellt wird:* jedes Kapitel des Romans trägt ein M.

Mo|tu|pro|prio, das; -s, -s [lat. motu proprio = aus eigenem Antrieb] (kath. Kirche): *Erlass, der aufgrund persönlicher Initiative des Papstes ergeht.*

mot|zen ⟨sw. V.; hat⟩ [Nebenf. von ↑mucksen]: **a)** (ugs.) *mit etw. nicht einverstanden sein u. seinen Unmut darüber äußern, nörgelnd schimpfen:* ständig über die Preise m.; man motzt gemeinsam gegen Ungerechtigkeiten des Lehrers oder Meisters (Jaeggi, Fummeln 53); Da wurde herzhaft über die Schule gemotzt (Hörzu 42, 1980, 55); In Bonn wurde über den Umzug erst gemotzt, dann behandelten ihn die Beamten wie die Pension, nach dem Motto: noch lange hin (Spiegel 41, 1996, 90); **b)** (landsch.) *schmollen:* er motzt schon seit drei Tagen.

Mot|zen: in der Wendung **bis M. schlafen** (berlin.; *sehr lange schlafen;* wohl nach dem Ort Motzen bei Berlin, der früher zur Bez. eines Ortes, der »ganz weit draußen« liegt, gebraucht wurde).

Mot|ze|rei, die; -, -en (ugs.): *dauerndes Motzen.*

mot|zig ⟨Adj.⟩ [zu ↑motzen] (ugs.): **a)** *unzufrieden u. unmutig [schimpfend]:* sei doch nicht immer so m.!; **b)** *motzend* (b), *schmollend:* m. dasitzen; Und Josefine dachte bei sich, dass Gott da eine große Lücke gelassen hätte, dass sie nachtragend war, m. und rachsüchtig (Alexander, Jungfrau 112).

Mouche [muʃ], die; -, -s [muʃ] frz. mouche < lat. musca = Fliege, lautm.]: **1.** (bildungsspr.) *Schönheitspflästerchen.* **2.** (Sport) *Treffer in den absoluten Mittelpunkt der Zielscheibe beim Schießen.*

Mouches vo|lantes [muʃvɔ'lã:t] ⟨Pl.⟩ [frz., eigtl. = fliegende Mücken] (Med.): *Sehstörung, bei der gegen einen hellen Hintergrund kleine schwarze Flecken gesehen werden.*

mouil|lie|ren [mu'ji:rən] ⟨sw. V.; hat⟩ [frz. mouiller < vlat. molliare = weich machen, zu lat. mollis = weich] (Sprachw.): *bestimmte Konsonanten mithilfe von j erweichen:* »brillant« wird mit mouilliertem l ausgesprochen.

Mouil|lie|rung, die; -, -en (Sprachw.): *das Mouillieren, Mouilliertwerden.*

Mou|la|ge [mu'la:ʒə], der; -, -s, auch: die; -, -n [frz. moulage, zu: moule = Gießform < lat. modulus, ↑¹Modul] (Med.): *aus Wachs, Gips o. Ä. hergestelltes [farbiges] Modell eines Organs, des Körpers od. eines Körperteils.*

Mou|li|na|ge [muli'na:ʒə], die; - [frz. moulinage] (Textilind. veraltet): *das Zwirnen der Seide.*

Mou|li|né [...'ne:], der; -, -s [frz. mouliné] (Textilind.): **1.** *Zwirn aus verschiedenfarbigen Garnen.* **2.** *Gewebe aus Mouliné* (1).

mou|li|nie|ren ⟨sw. V.; hat⟩ [frz. mouliner, eigtl. = mahlen, zu: moulin < spätlat. molinum = Mühle] (Textilind.): *Seide zwirnen.*

Mound [maʊnd], der; -, -s [engl. mound, H. u.] (Völkerk.): *vorgeschichtlicher indianischer Erdwall als Grabhügel, Verteidigungsanlage od. Kultstätte.*

Mount [maʊnt], der; -, -s [engl. mount < mengl. mont, mount < aengl. munt < afrz. mont < lat. mons (Gen.: montis) = Berg]: engl. Bez. für *Berg.*

Moun|tain|bike ['maʊntɪnbaɪk], das; -s,

-s [engl. mountain bike, aus: mountain = Berg; Gebirgs- u. bike = Fahrrad (↑Bike)]: *Fahrrad, das zum Fahren in bergigem Gelände bzw. im Gebirge vorgesehen ist.*

moun|tain|bi|ken ⟨sw. V.; ist⟩: *mit dem Mountainbike fahren.*

Moun|tain|bi|ker, der; -s, -: *jmd., der Mountainbike fährt.*

Moun|tain|bi|ke|rin, die; -, -nen: w. Form zu ↑Mountainbiker.

Mount Eve|rest ['maʊnt 'ɛvərɪst], der; --: *höchster Berg der Erde im Himalaja.*

Mous|sa|ka [mu'sa:ka; ⟨ngriech. mousakās <⟩ türk. musakka, aus dem Arab.], das; -s, -s u. die; -, -s: *Gericht aus überbackenen Auberginen u. a.*

Mousse [mus], die; -, -s [mus; frz. mousse = Schaum < lat. mulsum = mit Honig vermischter Wein] (Kochk.): **a)** *kalte Vorspeise aus püriertem, in kleine Förmchen gefülltem Schinken, zartem Fleisch o. Ä.;* **b)** *(meist mit Schokolade hergestellte) schaumige Süßspeise.*

Mousse au Cho|co|lat [musɔʃoko'la], die; - - -, -s - - [mus - -; frz., zu: chocolat = Schokolade]: *mit Schokolade hergestellte Mousse.*

Mous|se|line [mus(ə)li:n], die; -, - (schweiz.): *Musselin.*

Mous|se|ron, Musseron [musə'rõ:], der; -s, -s [frz. mousseron, H. u.]: *kleiner, weißlicher Lamellenpilz mit flachem Hut u. dünnem, rotbraunem Stiel, der getrocknet zum Würzen verwendet wird.*

Mous|seux [mu'sø:], der; -, - [zu frz. mousseux = schäumend, perlend, zu: mousse, ↑Mousse]: *Schaumwein.*

mous|sie|ren [mu'si:rən] ⟨sw. V.; hat⟩ [frz. mousser, zu: mousse, ↑Mousse] *(von Wein od. Sekt) perlen; in Bläschen schäumen:* der Wein moussiert ja!; Erst als ihm das Glas gereicht wurde und der Sekt sich warm anfühlte, keineswegs moussierte und herbduftig ausdünstete ... (Prodöhl, Tod 25); Ü moussierende gute Laune.

Mous|té|ri|en [muste'rjɛ̃:], das; -[s] [frz. moustérien, nach dem frz. Fundort Le Moustiers] (Anthrop.): *Kulturstufe der älteren Steinzeit.*

Mo|vens ['mo:vɛns], das; - [zu lat. movens, 1. Part. von: movere, ↑movieren] (bildungsspr.): *Beweggrund.*

Mo|vie ['mu:vi], das; -[s], -s ⟨meist Pl.⟩ [engl.-amerik. movie, gek. aus: moving pictures = bewegte Bilder]: amerik. Bez. für ↑Film (3 a); Kino.

mo|vie|ren ⟨sw. V.; hat⟩ [zu lat. movere, ↑Motor] (Sprachw.): *eine Motion* (3) *vornehmen.*

Mo|vie|rung, die; -, -en: *Motion* (3).

Mo|vi|men|to, das; -s, ...ti [ital. movimento = Bewegung] (Musik): ital. Bez. für *Zeitmaß, Tempo.*

Mö|we, die; -, -n [aus dem Niederd. < mnd. mêwe, H. u.; wohl lautm.]: *(am Meer u. an Seen od. Flüssen lebender) mittelgroßer Vogel mit vorwiegend weißem Gefieder, hakig gebogenem Schnabel, schmalen, am Ende zugespitzten Flügeln u. Schwimmhäuten zwischen den Vorderzehen, der gut laufen, fliegen u. schwimmen kann.*

Mö|wen|ei, das: *Ei einer Möwe.*

Mö|wen|schrei, der: *Schrei einer Möwe:* die durchdringenden -e waren weithin zu hören.

Mö|wen|vo|gel, der (Zool.): *(in zahlreichen Arten vorkommender) am Meer u. an Seen lebender mittelgroßer Vogel mit schmalen, langen Flügeln.*

Mo|xa, die; -, ...xen [jap. moguso]: **1.** *(in Ostasien, bes. in Japan) bei bestimmten Heilmethoden verwendete Beifußwolle.* **2.** *Moxibustion.*

Mo|xi|bus|ti|on, die; - [zu spätlat. combustio = das Verbrennen, zu lat. comburere = verbrennen]: *ostasiatische Heilmethode, die durch Einbrennen von Moxa (1) in bestimmte Stellen der Haut eine Erhöhung der allgemeinen Abwehrreaktion bewirkt.*

Mo|zam|bi|que: ↑Mosambik.

Moz|a|ra|ber [auch: mo'tsar...] ⟨Pl.⟩ [span. mozárabe < arab. musta'rib = zum Araber geworden]: *vom 8. bis zum 15. Jh. unter arabischer Herrschaft lebende spanische Christen.*

moz|a|ra|bisch ⟨Adj.⟩: *die Mozaraber, ihre Kunst, Kultur u. Sprache betreffend.*

mo|zar|tisch ⟨Adj.⟩: *in der Art [der Musik] Mozarts; von Mozart stammend.*

Mo|zart|ku|gel, die [das Konfekt wurde zuerst in Salzburg, der Geburtsstadt Mozarts, hergestellt u. nach ihm benannt]: *Süßigkeit in Form einer Kugel, die außen mit Schokolade überzogen u. innen mit einem Gemisch aus Rum getränktem Marzipan u. Nougat gefüllt ist.*

Mo|zart|zopf, der [nach den Darstellungen bes. des jungen Mozarts mit dieser für das 18. Jh. charakteristischen Haarmode]: *am Hinterkopf mit einer Schleife zusammengebundener kurzer Zopf.*

Moz|za|rel|la, der; -s, -s [ital. mozzarella, Vkl. von: mozza = Frischkäse]: *italienischer Frischkäse aus Büffel- od. Kuhmilch mit leicht säuerlichem Geschmack.*

Moz|zet|ta: ↑Mozetta.

mp = mezzopiano.

m. p. = manu propria.

MP, MPi [ɛm'pi:], die; -, -s: Kurzwort für ↑Maschinenpistole.

MPa = Megapascal.

MPU = medizinisch-psychologische Untersuchung *(Verfahren zur Ermittlung der Eignung zum Führen von Kraftfahrzeugen).*

Mr. = Mister.

Mrd. = Milliarde[n].

Mrs. = Mistress.

MS = Motorschiff; multiple Sklerose.

Ms. = Manuskript.

m/s = Meter je Sekunde.

MS-DOS®, das; - [Kurzwort aus Micro-Soft Disc Operating System; die Herstellerfirma Microsoft stellt den Namen aller von ihr produzierten Programme m »MS« voran] (EDV): *auf Personalcomputern mit Mikroprozessoren weitverbreitetes Betriebssystem:* Sollte Vobis nur

die Hälfte seiner Maschinen mit MS-DOS ausrüsten, läge der Preis mit 18 Dollar doppelt so hoch (Focus 38, 1998, 192).

Msgr. = Monsignore.

Mskr. = Manuskript.

MS-krank ⟨Adj.⟩: *an multipler Sklerose leidend.*

MS-Kran|ke, der u. die: *jmd., der an multipler Sklerose leidet.*

Mss. = Manuskripte.

Mt = Megatonne.

MTA = medizinisch-technische Assistentin.

Much|tar, der; -s, -s [türk. muhtar, zu arab. muḥtār = gewählt, auserlesen]: *türkischer Dorfschulze, Ortsvorsteher.*

Muck, der; -s, -e ⟨Pl. selten⟩ (ugs.): ↑Mucks.

¹Mu|cke, die; -, -n [2: viell. (mit späterer Anlehnung an Mucke 1) urspr. zu ↑mucken]: **1.** (südd.) ↑Mücke. **2.** ⟨Pl.⟩ (ugs.) *unangenehme Eigenart, Eigensinnigkeit, merkwürdige, eigensinnige Laune, die als unangenehm empfunden wird:* [seine] -n haben; jmdm. seine -n austreiben; Dass Fröhlich seine -n, seine Schwächen preisgibt, ... ist schon viel (Spiegel 46, 1975, 218); Ü das Auto, der Motor hat [seine] -n *(funktioniert nicht so, wie es sein soll);* Das so freundliche Aussehen der gelben, roten und blitzblauen Plastikkajaks trügt. Die Dinger haben sehr wohl ihre -n (Weltwoche 17. 5. 84, 73); die Sache, Angelegenheit hat ihre -n *(ist nicht ganz einfach, bereitet Schwierigkeiten).*

²Mu|cke, die; -, -n [engl.-amerik. muck, eigtl. = Dreck; Dreckarbeit (a)] (Musik Jargon): *Auftritt eines [Orchester]musikers für einen Abend als Nebentätigkeit außerhalb seiner festen Anstellung:* Im östlichen Musikerjargon ist ein bezahlter Auftritt ... »eine Mucke«. Im Westen ... »ein Gig« (Spiegel 10, 1977, 190).

Mü|cke, die; -, -n [mhd. mücke, ahd. mucka, urspr. lautm.; 3: H. u.]: **1.** *(in vielen Arten vorkommendes) kleines [Blut saugendes] Insekt, das oft in größeren Schwärmen auftritt:* die -n spielen, schwärmen, tanzen, stechen, umschwirren das Licht, sirren in der Luft; die -n fressen mich noch auf (ugs. emotional; belästigen u. stechen mich sehr); eine M. fangen; bei jedem Schritt scheuchten wir Schwärme von -n auf (Lenz, Muckefuck 174); * **aus einer M. einen Elefanten machen** (ugs.; *etw. maßlos übertreiben*): »Sie machen aus einer M. einen Elefanten. Ein paar Kinder machen ein Lagerfeuer, und schon heißt es, dass die halbe Stadt brennt« (taz 14. 7. 97, 16); **die, eine M. machen** (salopp; ↑Fliege): Versprechen uns großmäulig den Kran, und dann machten sie die M. (H. Gerlach, Demission 129). **2.** (landsch.) *Fliege* (1). **3.** ⟨Pl.⟩ (salopp) *Maus* (4).

Mu|cke|fuck, der; -s [aus rhein. Mucken = braune Stauberde, verwestes Holz u. fuck = faul] (ugs.): *dünner, schlechter Kaffee:* Eine dünne Brühe, die ... als M. belächelt wird (Welt 26. 1. 76, 14); Übrigens ist der Kaffee bloß M. *(Kaffee-Ersatz)* und die Butter Margarine (Fallada, Jeder 394).

mu|cken ⟨sw. V.; hat⟩ [aus dem Niederd. < mniederd. mucken, urspr. lautm.] (ugs.): *Widerspruch erheben, aufbegehren:* sie nahm das hin, ohne zu m.; ⟨subst.:⟩ er führte den Auftrag ohne Mucken aus.

Mü|cken|be|kämp|fung, die: *Bekämpfung von Mücken.*

Mü|cken|dreck, der: **1.** *Fliegendreck.* **2.** (ugs. abwertend) *lächerliche Angelegenheit, Kleinigkeit:* sich über jeden M. aufregen.

Mü|cken|klat|sche, die: *Fliegenklatsche.*

Mü|cken|netz, das: *Moskitonetz.*

Mü|cken|pla|ge, die: *durch Mücken verursachte Plage.*

Mü|cken|schiss, der (salopp): *Mückendreck.*

Mü|cken|schutz|mit|tel, das: *Mittel zur Abwehr von Mücken.*

Mü|cken|schwarm, der: *Schwarm* (1) *von Mücken.*

Mü|cken|stich, der: *Stich einer Mücke.*

Mu|cker, der; -s, - [zu ↑mucken] (abwertend): **1.** *Duckmäuser:* ein [richtiger] M. sein. **2.** (landsch.) *griesgrämiger Mensch:* Hin und wieder berauschte er sich am Wein und nicht zu knapp, er war kein M. und Kostverächter (Hohmann, Engel 137).

mu|cke|risch ⟨Adj.⟩ (abwertend): *einen Mucker betreffend, für ihn charakteristisch.*

Mu|cker|tum, das; -s: *menschliche Haltung, die Ausdruck von Feigheit, Heuchelei und Kriecherei ist:* Er fühlte sich wohl als Krisenmanager für Verklemmte, als missionarischer Kämpfer gegen Tabus und M. (Spiegel 34, 1987, 152).

Mu|ckis ⟨Pl.⟩ [wohl scherzh. Bez. für ↑Muskel nach dem Kosewort Muckel] (ugs., meist scherzh.): *Muskeln:* Hemden werden geöffnet, Ärmel abgeschnitten, damit die M. auch gut zur Geltung kommen, und Haare gefärbt (Frings, Liebesdinge 264).

mu|ckisch ⟨Adj.⟩ (veraltet, noch landsch.): *verdrießlich.*

Muck|ra|ker ['mʌkreɪkə], der; -s, -[s] [engl. muckraker, zu: to muckrake = im Schmutz wühlen; Skandale aufdecken, aus: muck = Dreck u. to rake = wühlen, stöbern]: *Journalist od. Schriftsteller (bes. in den USA zu Beginn des 20. Jh.s), der soziale, politische, ökonomische Missstände aufdeckt u. an die Öffentlichkeit bringt.*

Mucks, der; -es, -e ⟨Pl. selten⟩ (ugs.): *kurze, kaum vernehmbare, halb unterdrückte Äußerung [u. Regung] (als Ausdruck des Aufbegehrens):* der = (Lehrer) machte sich einen Spaß daraus, uns zu beherrschen ... jeder M. wurde registriert (Kempowski, Immer 117); keinen M. sagen, tun, von sich geben; Sieh ihn dir doch an. Der sagt kein Wort, keinen M. macht der (Fels, Sünden 114); ich will jetzt keinen M. *(kein Wort)* mehr hören!; Ü der Motor sagt keinen M. *(springt nicht an);* Die Familienuhr lag auf dem Gesicht und gab keinen M. mehr von sich *(war kaputt;* Kempowski, Tadellöser 319).

mucksch ⟨Adj.⟩ (landsch., bes. ostmd.): *mürrisch, launisch, unfreundlich:* »Ich kann's ja eh nicht jedem recht machen«, sagte er m. (Spiegel 50, 1991, 234).

muck|schen ⟨sw. V.; hat⟩ (landsch., bes. ostmd.): *verärgert, mürrisch sein u. abweisend schweigen.*

muck|sen ⟨sw. V.; hat⟩ [mhd. muchzen, ahd. (ir)muccazzan] (ugs.): **1.** *sich durch einen Laut od. eine Bewegung bemerkbar machen:* So, der wird nicht m. die nächste Stunde (Fallada, Jeder 265); sie hat beim Zahnarzt nicht gemuckst; ⟨meist m. + sich:⟩ wir Kinder durften uns nicht m. (Kempowski, Zeit 217). **2.** *Widerspruch erheben, aufbegehren:* keiner wagte zu m.; ⟨meist m. + sich:⟩ nach der Verwarnung muckste er sich nicht mehr; Heißt Frieden, dass sich keine Befreiungsbewegung mehr m. darf ...? (Pohrt, Endstation 94).

Muck|ser, der; -s, - (ugs.): *Mucks.*

mucks|mäus|chen|still ⟨Adj.⟩ (ugs. emotional verstärkend): *so still [vor angespannter Erwartung, Aufmerksamkeit], dass nicht das geringste Geräusch zu hören ist:* die Kinder sind m.; Das machte jeden m. und neugierig (Ossowski, Liebe ist 45).

Mu|cor, der; - [lat. mucor = Schimmel]: *Schimmelpilz (z. B. auf Brot).*

Mud, der; -s [mniederd. mudde, zu ↑ Moder] (nordd.): **1.** *Schlamm, Morast:* im M. stecken bleiben. **2.** *Bodensatz, bes. Kaffeesatz:* heißes Wasser auf den M. schütten.

Mud|del, der; -s (nordd.): **1.** *übel riechendes, schlammiges Wasser.* **2. a)** *Mud (2);* **b)** *dünner, schlechter Kaffee:* das ist doch der reinste M.* **3. a)** *Unordnung u. Unsauberkeit;* **b)** *unordentliche, unsaubere Arbeit.*

mud|deln ⟨sw. V.; hat⟩ (nordd. ugs.): **1.** *wühlen:* im Dreck m. **2.** *pfuschen (1 a):* er hat [bei der Arbeit] gemuddelt; die Arbeit ist gemuddelt.

mud|dig ⟨Adj.⟩ (nordd.): *schlammig:* ein -es Gewässer.

mü|de ⟨Adj.⟩ [mhd. müede, ahd. muodi, urspr. = sich gemüht habend] **a)** *in einer Verfassung, einem Zustand, der Schlaf erfordert; nach Schlaf verlangend:* die -n Kinder ins Bett bringen; August Kühn war m., und machte viele Reden von Jacob machte ihn noch schläfriger (Kühn, Zeit 55); sie war so m., dass sie sofort einschlief; angenehm, unbeschreiblich, wahnsinnig (ugs.; *sehr*), rechtschaffen (geh.; *sehr*) m. sein; er war m. wie ein Hund (ugs.; *sehr müde*); ich bin zum Umfallen, Umsinken, Sterben (ugs.; *sehr*) m.; die Kinder sind vom Toben m.; Bier macht m.; sie wird endlich m.; das Kind hat sich m. geweint und ist eingeschlafen; **b)** *[nach Anstrengung, übermäßiger Beanspruchung o. Ä.] erschöpft, ohne Kraft od. Schwung [etw. zu tun]:* ein -r Wanderer; seine -n Glieder ausruhen; sie war m. von der schweren Arbeit; Am Abend ist meine Mutter so m. ... Ach, sie ist noch -r, sie räumt vor lauter Müdigkeit die Ladenkasse nicht aus (Strittmatter, Der Laden 144); ihr Gesicht sah m. aus; ein Pferd m. reiten, jagen; Ü für die

se Behauptung hatte er nur ein -s *(schwaches)* Lächeln; sie ging mit -n *(langsamen, schleppenden)* Schritten auf das Haus zu; dafür gebe ich keine m. *(salopp; einzige)* Mark aus; Müdes (geh.; *schwaches)* Licht im Kellergang (Sobota, Minus-Mann 109); eine m. *(schwunglose, nicht überzeugende)* Unterschriftenaktion (Presse 30. 3. 84, 16); Der Parteitag hatte gestern besonders m. *(ohne Schwung, lahm)* begonnen (Westd. Zeitung 11. 5. 84, 7); * jmds., einer Sache/ (seltener:) jmdn., einer Sache m. sein/werden *(jmds., einer Sache überdrüssig sein/werden):* ich bin es m., immer hinter ihm herzulaufen; Fee, der Diskurse m., setzte sich auf die Ottomane (Muschg, Gegenzauber 245); Sie entzückte mich ein paar Tage, dann wurde ich ihrer m. (Genet [Übers.], Tagebuch 113); **nicht m. werden, etw. zu tun** *(nicht aufhören, sich nicht davon abbringen lassen, etw. zu tun):* Hermann Kesten, der im Laufe der Jahre und Jahrzehnte nicht m. wurde, Heinrich Mann zu rühmen (Reich-Ranicki, Th. Mann 175).

-mü|de: drückt in Bildungen mit Substantiven aus, dass die beschriebene Person keine Freude mehr an etw. hat, einer Sache überdrüssig ist: ehe-, europa-, pillenmüde.

Mu|de|jar|stil [mu'dɛxar-], der; -[e]s [nach den Mudejaren, arabischen Künstlern u. Handwebern] (bild. Kunst, Archit.): *auf maurischem u. gotischem Formengut basierender Bau- u. Dekorationsstil in Spanien im 14./15. Jh.*

Mü|dig|keit, die; - [mhd. müdecheit]: **a)** *Verfassung, Zustand, der Schlaf erfordert:* eine große, tiefe, bleierne M.; M. kam über ihn, legte sich auf ihn; ihre M. war verflogen; M. verspüren; die M. überwinden; gegen die M. ankämpfen; von M. übermannt werden; vor M. umsinken, einschlafen, schwanken; * **[nur] keine M. vorschützen!** (ugs.; *keine Ausflüchte!):* Nur keine M. vorschützen, sagte Dammers, was sein muss, muss sein (Kuby, Sieg 27); **b)** *Zustand der Erschöpfung, Abgespanntheit:* aus seinem Gesicht wich jede M.; Sie hatte jede Spur M. sorgfältig vertilgt (Seghers, Transit 194).

-mü|dig|keit, die; -: Grundwort in Zus. mit der Bed. *Überdruss; Verdruss,* z. B. Staatsmüdigkeit, Zivilisationsmüdigkeit.

Mu|dir, der; -s, -e [türk. müdür < arab. mudir]: **1.** *Leiter eines Verwaltungsbezirks in Ägypten.* **2. a)** ⟨o. Pl.⟩ *Beamtentitel in orientalischen Ländern;* **b)** *Träger dieses Titels.*

Mu|di|ri|je, die; -, -n u. -s [arab. mudīrīyaᵇ, zu: mudīr, ↑ Mudir]: *Verwaltungsgebiet, Provinz in Ägypten.*

Mu|dra, die; -, -s [sanskr. mudrā = Siegel, Zeichen]: *magisch-symbolische Stellung der Finger u. Hände in buddhistischen u. hinduistischen Kulten.*

Mud|scha|hed, der; -, ...din [arab. muğāhid = Kämpfer]: *Freischärler (im islamischen Raum).*

Mü|es|li, das; -s [schweiz. Vkl. von Mues =↑ Mus] (schweiz.): ↑ Müsli.

Mu|ez|zin [...i:n, auch, österr. nur: ' – – –], der; -s, -s [arab. mu'addin, eigtl. = der (zum Gebet) Aufrufende; subst. Part. Aktiv zu: addana = (zum Gebet) aufrufen, eigtl. = hören machen, Stammerweiterung von: adina = hören] (islam. Religion): *Ausrufer, der vom Minarett die Zeiten zum Gebet verkündet.*

¹Muff, der; -[e]s [H. u.] (nordd.): *modriger, dumpfer Geruch:* im Keller ist immer ein schrecklicher M.; Ü unter den Talaren der M. von tausend Jahren (Spottvers der Studentenbewegung um 1968); dann steigt aus diesem Papier der M. einer pietistischen Scheinehrlichkeit (Spiegel 23, 1976, 224).

²Muff, der; -[e]s, -e [älter: Muffel, mniederl. muffel < (a)frz. moufle = Pelzhandschuh < mlat. muffula, wohl aus dem Germ.]: *(meist von Frauen getragene) längliche Hülle aus Pelz o. Ä., in die man zum Schutz vor Kälte die Hände von links u. rechts hineinsteckt:* einen M. tragen; Meine Großmutter ging ... die Hände im M. (B. Vesper, Reise 54).

³Muff, der; -s, -e [zu ↑ ¹muffeln] (nordd.): *Muffel (1 a).*

Müff|chen, das; -s, -: Vkl. zu ↑ ²Muff.

Muf|fe, die; -, -n [eigtl. niederd. Nebenf. von ↑ ²Muff, nach der Form]: **1.** (Technik) **a)** *Verbindungsstück (in Form eines Hohlzylinders), durch das zwei Rohre verbunden werden;* **b)** *auf eine Welle, Achse aufgeschobenes, rohrförmiges Stück, das nicht an der Drehung der Welle, Achse teilnimmt.* **2.** * (ugs.) **jmdm. geht die M. [eins zu hunderttausend]** *(jmd. schlottert vor Angst):* Als ich dann vorgeladen war, ging mir ganz schön die M. (Spiegel 40, 1983, 129); **M. haben** (Angst haben): Wir sehen, dass die M. haben, aber für uns ist das 'n Gag (Spiegel 46, 1984, 108). **3.** (derb) *Vulva.*

¹Muf|fel, der; -s, - [zu ↑ ¹muffeln]: **1.** (ugs.) **a)** *mürrischer, unfreundlicher Mensch:* du bist einfach ein schrecklicher M.; Wer nicht mitmacht, ist ein M. und hat ... angeblich keinen Sinn für Geselligkeit (Rhein. Merkur 18. 5. 84, 24); **b)** *jmd., der einer bestimmten Sache gleichgültig, desinteressiert gegenübersteht:* Mode: Deutsche Männer keine M.? (Spiegel 38, 1976, 208). **2.** (Jägerspr.) *Maul u. Umgebung der Nasenlöcher bei Wiederkäuern.* **3.** (Zool.) *Nasenspiegel (2).*

²Muf|fel, die; -, -n [zu ↑ ²Muff, nach der Form] (Technik): *feuerfestes, von außen beheiztes Gefäß zur Destillation (1), zum Härten von Stahlwerkzeugen, zum Emaillieren o. Ä.*

³Muf|fel, der; -s, -: *Mufflon.*

⁴Muf|fel, der; -s, - [eigtl. = ein Mund voll] (md.): *kleiner Bissen, Häppchen:* ein M. Brot; ich habe heute noch keinen M. (überhaupt noch nichts) gegessen.

-muf|fel, der; -s, - (ugs.) kennzeichnet in Bildungen mit Substantiven eine Person, die einer Sache gleichgültig gegenübersteht, an etw. nicht interessiert ist, keinen Wert auf etw. legt: Ehe-, Fußball-, Modemuffel.

Muf|fel|far|be, die; -, -n ⟨meist Pl.⟩ [zu ↑ ²Muffel] (Kunsthandwerk): *Farbe, die in eine Glasur eingebrannt wird.*

¹**muf|fe|lig,** mufflig 〈Adj.〉 [zu ↑¹muffeln] (ugs., meist abwertend): *mürrisch, unfreundlich u. dabei ein sehr unfreundliches Gesicht machend:* ein -er Mensch; Sie antwortete muffelig, errang aber einen grandiosen Lacherfolg... durch einen unfreiwilligen Versprecher (Konsalik, Promenadendeck 407).

²**muf|fe|lig,** mufflig 〈Adj.〉 [zu ↑²muffeln] (ugs. abwertend): *nach* ¹*Muff [riechend]:* eine muffelige Kellerkneipe; eine Innenwand ihres Zimmers, in dem es muffelig nach alten Teppichen... roch (Lentz, Muckefuck 170).

¹**muf|feln** 〈sw. V.; hat〉 [wohl verw. mit niederl. moppen, niederd. mopen, ↑Mops] (ugs.): **1.** ¹*muffelig sein:* er muffelt schon den ganzen Tag; »Deshalb musst du nicht so m.«, meinte Kate. »Was ist los mit dir?« (Büttner, Alt 43). **2.** *ständig [mit sehr vollem Mund] kauen, essen.*

²**muf|feln,** **müf|feln** 〈sw. V.; hat〉 [spätmhd. müffeln] (landsch. ugs.): ¹*muffig riechen:* im Keller muffelt es; Es geht das Gerücht in Öjendorf, dass der See manchmal ein wenig müffelt, je nachdem wie der Wind bläst (Szene 8, 1983, 21).

Muf|fel|ofen, der; -s, ...öfen [↑²Muffel]: *Ofen zur Beheizung von* ²*Muffeln.*

Muf|fel|tier, das [↑³Muffel] (Jägerspr.): *Mufflon.*

Muf|fel|wild, das (Jägerspr.): *Mufflon.*

muf|fen 〈sw. V.; hat〉 (landsch.): ²*muffeln.*

Muf|fen|sau|sen, das; -s (ugs.): *Aftersausen.*

¹**muf|fig** 〈Adj.〉 [zu ↑¹Muff]: *nach* ¹*Muff riechend; dumpf, modrig:* -e Amtsstuben; Ihr Pelz lag auf dem Stuhl, es roch m. (B. Vesper, Reise 54); Ü vorerst hat sie Hoffnung auf Besserung und neuen Wind in die -e politische Arena... gebracht (Basler Zeitung 9. 10. 85, 2).

²**muf|fig** 〈Adj.〉 [zu ↑¹muffeln] (ugs., meist abwertend): *mürrisch, unfreundlich:* ein -er Ober; die bergunerfahrenen Eltern, die ihre Kinder m., maulend... hinter sich herschleppen (ADAC-Motorwelt 7, 1979, 42).

¹**Muf|fig|keit,** die; - (selten): ¹*muffiger Geruch:* Der Geruch im Raum war von einer säuerlichen M. (Hahn, Mann 109).

²**Muf|fig|keit,** die; -: ²*muffige Art.*

Muf|fin [mʌfɪn], der; -s, -s [engl. muffins, H. u.]: *in einem kleinen Förmchen gebackenes Kleingebäck.*

¹**muff|lig** ↑¹muffelig.

²**muff|lig** ↑²muffelig.

Muff|lon, der; -s, -s [frz. mouflon < ital. muflone, aus dem Altsardischen]: *braunes Wildschaf mit beim männlichen Tier großen, nach hinten gebogenen, beim weiblichen Tier kurzen, nach oben gerichteten Hörnern.*

Muf|ti, der; -s, -s [arab. muftī]: *islamischer Rechtsgelehrter.*

Mu|gel, der; -s, -[n] [spätmhd. mugel = Klumpen] (österr.): *kleiner Hügel:* die Abfahrtsstrecke hat viele M.; auf dem M. abschwingen.

mu|ge|lig, muglig 〈Adj.〉 (Fachspr.): *(von Schmucksteinen) gewölbt geschliffen.*

Mug|ge, die; -, -n (landsch.): ²*Mucke.*

mug|lig: ↑mugelig.

muh 〈Interj.〉 (Kinderspr.): lautm. für das Brüllen des Rindes: m. machen, schreien.

Mü|he, die; -, -n [mhd. müe(je), ahd. muohī]: *mit Schwierigkeiten, Belastungen verbundene Anstrengung; zeitraubender [Arbeits]aufwand:* große, schwere, unendliche, unbeschreibliche, vergebliche -n; das ist verlorene M. *(das ist vergeblich, nützt nichts);* die -n des Tages; die kleine M. hat [sich] gelohnt, ist nicht umsonst gewesen; mit der Arbeit viel, wenig, keine M. haben; er hatte alle M. *(es kostete ihn einige Anstrengung),* die Sache wieder in Ordnung zu bringen; Der Junge war ein Wildfang, die Oma hatte alle M. mit ihm (Loest, Pistole 123); die Verteidigung hatte viel M. *(Schwierigkeiten)* mit dem gegnerischen Sturm; etw. bereitet, kostet, verursacht M.; das bisschen M. können wir schon auf uns nehmen; er scheute keine M., sein Ziel zu erreichen; man braucht sich dabei gar nicht so viel M. zu machen; machen Sie sich bitte keine M.! *(keine Umstände, bitte!);* Obwohl unzählige Zeitungsartikel... existieren, hat sich heute nie ein Historiker die M. genommen, den Fall aufzuarbeiten (Tages Anzeiger 12. 11. 91, 2); die M. kannst du dir sparen *(es ist zwecklos; das lohnt nicht; du erreichst nichts);* ich möchte mich für die M., die Sie sich gemacht haben, bedanken (geh.: ich unterziehe mich der M.; sie hatten ein Leben voller -n; mit äußerster M. etwas schaffen; meine Eltern haben die Schulden nur mit M. bezahlen können; wir haben nach vielen -n herausgefunden, wie die Aufgabe zu lösen ist; *sich M. geben (sich bemühen, anstrengen):* ich gab mir M., laut zu sprechen; gibt sich [jede, alle nur erdenkliche] M. mit dem Kind; geben Sie sich doch etwas M.!; der/(seltener:) die M. wert sein *(sich lohnen):* die Sache ist der M. wert, länger behandelt zu werden; mit Müh und Not *(mit großen Schwierigkeiten; gerade noch):* er hat die Prüfung mit Müh und Not bestanden; wir fanden mit Müh und Not noch einen Parkplatz.

mü|he|los 〈Adj.〉: *ohne Mühe, die geringste Schwierigkeit:* es war ein -er Aufstieg; der Sieg gelang m.; etwas m. schaffen.

Mü|he|lo|sig|keit, die; -: *das Mühelossein.*

mu|hen 〈sw. V.; hat〉 [lautm.]: *(vom Rind) brüllen.*

mü|hen, sich 〈sw. V.; hat〉 [mhd. mue(je)n, ahd. muoen] (meist geh.): **1.** *sich anstrengen* (1 a): sie mühten sich vergeblich; Er würde sich m., hochdeutsch zu sprechen (Loest, Pistole 239); So mühen sich viele Mitarbeiter ihres Betriebes für das Wohl des Städtchens (NNN 27. 2. 88, 5). **2.** *sich um jmdn., etw. bemühen* (1 b): er mühte sich vergeblich um sie. ◆ **3.** *Mühe kosten, Mühe bereiten:* der Dienst der Freiheit ist ein strenger Dienst, ... er hat mich viel gemühet, mich getragen (Uhland, Ernst IV, 2).

mü|he|voll 〈Adj.〉: *große Mühe u. Anstrengung erfordernd:* es war ein langer

und -er Weg bis zum Examen; ein Lob gab's nach dem -en 2:1 (Kurier 22. 11. 83, 27); etw. in -er Kleinarbeit aufbauen.

Mü|he|wal|tung, die; - (Papierdt.): *Mühe; freundliches Entgegenkommen* (meist als Grußformel im Brief): für Ihre M. dankend, verbleiben wir ...

Muh|kuh, die (Kinderspr.): *Kuh.*

Mühl|bach, der: *Bach, der das Mühlrad einer Wassermühle treibt.*

Müh|le, die; -, -n [mhd. mül(e), ahd. mulī, mulin < spätlat. molina, zu lat. molere = mahlen]: **1. a)** *durch Motorkraft, Wind od. Wasser betriebene Anlage zum Zermahlen, Zerkleinern von körnigem, bröckligem Material, bes. zum Mahlen von Getreide:* die M. klappert, geht noch, ist noch in Betrieb, steht still; die M. dreht sich (ugs.; *die Windmühlenflügel drehen sich; das Mühlrad dreht sich*); das Getreide zur M. bringen; Spr wenn die M. steht, kann der Müller nicht schlafen *(durch das Ungewohnte kommt man aus dem Rhythmus, Gleichgewicht);* Ü in die M. der Justiz, der Verwaltung *(in eine langwierige, schleppende [u. aussichtslos erscheinende] juristische, verwaltungsmäßige Angelegenheit)* geraten; die -n der Gerichte mahlen noch (ADAC-Motorwelt 1, 1976, 49); *jmds. M. steht selten/niemals still* (ugs. veraltend; *jmd. redet ununterbrochen);* **jmdn. durch die M. drehen** (salopp; *jmdm. hart zusetzen);* **b)** *Haushaltsgerät zum Zermahlen von Kaffee, Gewürzen o. Ä.:* Nina ... machte Kaffee in ihrer türkischen M. (Rinser, Mitte 121). **2.** *Haus mit einer Mühle* (1 a): eine idyllisch gelegene M.; eine alte M. zum Haus umbauen. **3. a)** 〈o. Pl.; o. Art.〉 *Brettspiel für zwei Personen, die je 9 Spielsteine auf ein mit Punkten versehenes Liniensystem setzen u. dabei versuchen, eine Mühle* (3 b) *zu bilden; Mühlespiel:* M. spielen; **b)** *Figur aus drei nebeneinander liegenden Spielsteinen beim Mühlespiel, durch die dem Gegner Spielsteine weggenommen werden können:* die M. öffnen, schließen. **4.** (ugs., oft abwertend) *[altes] motorisiertes Fahr- od. Flugzeug:* Ick hab 'n Motorrad. Ne Nolde M. (Borell, Lockruf 109); TWA fliegt mit alten -n (Spiegel 28, 1988, 74). **5.** (Ringen) *Griff, bei dem der Gegner aus dem Stand gehoben, in der Luft im Kreis gedreht u. dann auf beide Schultern geworfen wird.*

Müh|len|bau|er, der; -s, -: *Handwerker, der Mühlen* (1 a) *baut* (Berufsbez.).

Müh|len|bau|le|rin, die; -, -nen: w. Form zu ↑Mühlenbauer.

Müh|len|be|rei|ter, der: *Vorarbeiter in einer Papiermühle.*

Müh|len|flü|gel, der: *Flügel einer Windmühle.*

Müh|len|rad: ↑Mühlrad.

Müh|len|stein, der: ↑Mühlstein.

Müh|len|wehr: ↑Mühlwehr.

Müh|le|spiel, das: *Mühle* (3 a).

Mühl|gang, der: *Mahlgang.*

Müh|le|ge|rin|ne, das: *Wasserlauf, der zum Mühlrad führt.*

Mühl|gra|ben, der: *Graben* (1), *in dem sich das Mühlrad dreht u. durch den das Wasser abgeleitet wird.*

Mühl|rad, das: *Treibrad einer Wasser-*

mühle: das M. *dreht sich langsam, steht still;* R *mir geht [es wie] ein* M. *im Kopf herum* (ugs.; *ich bin ganz konfus, verwirrt*).

Mühl|stein, der: *großer Stein von der Form eines Rades zum Zermahlen von Getreide.*

Mühl|wehr, das: [2]*Wehr für den Mühlbach.*

Mühl|werk, das: *Getriebe einer Mühle.*

Mühm|chen, das; -s, -: Vkl. zu ↑Muhme.

Muh|me, die; -, -n [mhd. muome, ahd. muoma, urspr. = Schwester der Mutter] (veraltet): *Tante.*

Mühl|sal, die; -, -e [mhd. müesal] (geh.): *große Mühe, Anstrengung:* die M. *der ersten Nachkriegsjahre; ihr Leben war nur* M.; Macht Eure -e zu den unsrigen (Hacks, Stücke 97).

müh|sam ⟨Adj.⟩: *mit großer Mühe, Anstrengung verbunden:* -e Kleinarbeit; Es waren -e Recherchen (Danella, Hotel 413); dort, wo der Sand trocken ist, wird es ein -es Stapfen (Frisch, Montauk 138); Der Weg hinab zur Küste war -er als der Aufstieg (Ransmayr, Welt 83); zwei m. gehende alte Frauen (Kronauer, Bogenschütze 53).

Mühl|sam|keit, die; -: *das Mühsamsein.*

müh|se|lig ⟨Adj.⟩ [mhd. müesalic, spätahd. muosalig]: *beschwerlich, strapaziös u. oft sehr zeitraubend; mit viel Mühe, Anstrengung verbunden:* ein -es Leben; eine -e Arbeit; Das Gebirge ... zwang ihn mit immer neuen Barrieren zu -en Umgehungen (Ransmayr, Welt 226); Es ist ihm zu m., die drei Treppen hinaufzusteigen (Chotjewitz, Friede 176); sich m. erheben.

Mühl|se|lig|keit, die; -, -en: *das Mühseligsein.*

Mu|ko|i|de ⟨Pl.⟩ [zu lat. mucus = Schleim] (Med.): *den Muzinen ähnliche Schleimstoffe.*

mu|ko|pu|ru|lent ⟨Adj.⟩ (Med.): *schleimig-eitrig.*

mu|kös ⟨Adj.⟩ [lat. mucosus] (Med.): *schleimig.*

Mu|ko|sa, die; -, ...sen (Med.): *Schleimhaut.*

Mu|ko|vis|zi|do|se, die; -, -n [zu lat. viscidus = zähflüssig, klebrig] (Med.): *Erbkrankheit mit Funktionsstörungen der Sekrete produzierenden Drüsen.*

Mu|ko|ze|le, die; -, -n [zu griech. kḗlē = Geschwulst, Bruch] (Med.): *Ansammlung von Schleim in einer Zyste* (1).

mu|la|tie|ren ⟨sw. V.; hat⟩ [zu ↑Mulatschag] (österr.): *an einem Mulatschag teilnehmen; ausgiebig feiern:* früher ist viel mulatiert worden.

Mu|lat|schag, Mu|lat|schak, der; -s, -s [ung. mulatság = Belustigung, Vergnügen] (österr.): *ausgelassenes Fest (bei dem am Schluss Geschirr zertrümmert wird).*

Mu|lat|te, der; -n, -n [span. mulato, zu: mulo (< lat. mulus) = Maultier, nach dem Vergleich mit dem Bastard aus Pferd u. Esel]: *(männlicher) Nachkomme eines negriden u. eines europiden Elternteils* (heute oft als abwertend empfunden).

Mu|lat|tin, die; -, -nen: w. Form zu ↑Mulatte.

Mulch, der; -[e]s, -e [engl. mulch, verw. mit ↑mulsch, molsch] (Landw., Gartenbau): *Bodenbedeckung aus Stroh, Gras o. Ä. zur Förderung der Bodengare, zum Schutz o. Ä.*

Mulch|blech, das: *Vorrichtung an Rasenmähern zum Zerkleinern von Laub.*

Mul|che, die; - [↑Mulchen] (Landw. landsch.): *Milch, aus der Käse gemacht wird.*

mul|chen ⟨sw. V.; hat⟩ (Landw., Gartenbau): *den Boden mit Mulch bedecken.*

Mul|chen, das; -s [mhd. molchen, zu ↑Molke] (Landw. landsch.): *Gesamtertrag der Milchwirtschaft in einem bestimmten Zeitraum.*

Mul|de, die; -, -n [2: mhd. mulde, wohl umgebildet aus mhd. mu(o)lter, ahd. muolt(e)ra, mulhtra < lat. mulctra = Melkkübel]: **1.** *leichte [natürliche] Vertiefung im Boden, in einem Gelände:* Zwischen dem dritten und vierten Baum hatte der Boden zu einer M. nachgegeben (Sommer, Und keiner 11); Ü Mehl in eine Schüssel geben, eine M. eindrücken, Hefe hineinbröckeln (e & t 6, 1987, 58). **2.** (landsch.) *großes, längliches Gefäß, Trog:* den Teig aus der M. nehmen, in der M. kneten; *** es regnet/gießt wie mit -n** (landsch.; *es regnet sehr stark*).

Mu|le|ta, die; -, -s [span. muleta, Vkl. von: mula = weiblicher Maulesel < lat. mulus, ↑Mulus]: *rotes Tuch der Stierkämpfer.*

Mu|li, das; -s, -[s] [zu lat. mulus, ↑Mulus] (südd., österr.): *Maulesel.*

[1]**Mull,** der; -[e]s, (Arten:) -e [engl. mull, gek. aus: mulmull < Hindi malmal, eigtl. = sehr weich]: *leichtes, weitmaschiges Gewebe aus Baumwolle.*

[2]**Mull,** der; -[e]s, -e [mniederd. mul(l), vgl. Müll] (nordd.): *weicher, lockerer Humusboden.*

[3]**Mull,** der; -s, -e (selten): *Goldmull.*

Müll, der; -s [aus dem Niederd. < mniederd. mül, zu mhd. müllen, ahd. mullen = zerreiben]: *fester Abfall eines Haushalts, Industriebetriebs o. Ä., der in bestimmten Behältern gesammelt [u. von der Müllabfuhr abgeholt] wird:* radioaktiver M.; der M. stinkt, fault, türmt sich auf den Straßen; M. verbrennen; Links eine »grüne Tonne« für vegetabilen M. (MM 10. 6. 87, 17); das kommt alles in den M., zum M.; Ü der redet doch bloß M. (ugs.; *Unsinn*).

Mul|la: ↑Mullah.

Müll|ab|fuhr, die: **1.** *Abtransport von Müll durch eine kommunale Anstalt.* **2.** *für die Müllabfuhr* (1) *zuständige kommunale Anstalt:* die städtische M.; Helfe den Männern der M. die verschütteten Abfälle in die Müllkästen sammeln (Kinski, Erdbeermund 68).

Müll|ab|la|de|platz, der: *Platz zum Abladen u. Lagern von Müll.*

Müll|ab|la|de|stel|le, die: *Stelle, an der Müll abgeladen wird.*

Mul|lah, Mulla, der; -s, -s [türk. molla < pers. mūlā < arab. al-mawlà = Patron, Herr]: **a)** ⟨o. Pl.⟩ *[Ehren]titel für einen islamischen Rechts-, Religionslehrer;* **b)** *Träger des Titels Mullah* (a): -s im Mercedes, Frauen, die wieder Make-up

tragen – die Revolution im Iran hat ihren Würgegriff gelockert (Spiegel 37, 1985, 5).

Müll|auf|be|rei|tung, die: *das Aufbereiten* (1) *von Müll.*

Müll|au|to, das: *Müllwagen.*

Müll|berg, der: *großer Haufen von Müll.*

Müll|beu|tel, der: *[in einen Mülleimer eingehängter] Plastikbeutel für Müll.*

Müll|bin|de, die: *Binde* (1 a) *aus Mull.*

Müll|con|tai|ner, der: *im Freien aufgestellter, großer Container für Müll.*

Müll|de|po|nie, die (Amtsspr.): *Platz zur Ablagerung von Müll.*

Müll|ei|mer, der: *Eimer für [Haushalts]müll:* etw. in den M. werfen; Ü da ich ... für viele junge und auch ältere Menschen, etwas lax ausgedrückt, der seelische M. bin (Petersen, Resonanz 41).

mül|len ⟨sw. V., hat⟩ (ugs.): **a)** *Müll produzieren:* Northeim hat ein Müllproblem. Allerdings liegt dies nicht daran, dass die Bewohner des Kreises zu viel Abfall produzieren. Ganz im Gegenteil: Sie müllen viel zu wenig (FR 31. 8. 96, 20); **b)** *Müll wegwerfen:* ⟨subst.:⟩ Ziel sei, die Gemarkung in praktischer Arbeit zu säubern und die Öffentlichkeit gegen wildes Müllen zu sensibilisieren (FR 9. 3. 98, 5).

Müll|ent|sor|gung, die: **a)** *Entsorgung:* sich nach einer kostengünstigeren zur M. umsehen (Volksblatt Berlin 5. 12. 84, 15); **b)** *Anlage zur Müllentsorgung* (a): Weiter sind ein Hallenbad, eine Großturnhalle ... und eine pneumatische M. geplant (MM 8. 12. 76, 11).

Müll|er, der; -s, - [mhd. müller, älter: mülner, mülnære, ahd. mulinâri < spätlat. molinarius, zu spätlat. molina, ↑Mühle]: *Handwerker, der in einer Mühle [mithilfe automatischer Anlagen] besonders Getreide mahlt* (Berufsbez.).

Müll|er|bur|sche, die (veraltet): *Lehrling od. Geselle in einer Mühle.*

Mül|le|rei, die; -: *Gewinnung von Mehl in der Mühle.*

Müll|e|rin, die; -, -nen: **1.** weibl. Form zu ↑Müller. **2.** (veraltet) *Frau eines Müllers, Mühlenbesitzers.*

Müll|e|rin|art: in der Verbindung **auf/nach M.** (Gastr.: *[von Fischen] in Mehl gewendet, in Butter gebraten u. mit brauner Butter übergossen*).

mül|lern ⟨sw. V.; hat⟩ (veraltend): *nach den Vorschriften des dänischen Gymnastiklehrers J. P. Müller (1866–1938) Gymnastik betreiben.*

Müll|er-Thur|gau [auch: -ˈtu:ɐ̯...], der; -s, - [nach dem Schweizer Pflanzenphysiologen H. Müller aus dem Thurgau (1850–1927)]: **a)** ⟨o. Pl.⟩ *Rebsorte aus einer Kreuzung zwischen Riesling u. Silvaner, die einen milden, säurearmen Wein liefert;* **b)** *Wein der Rebsorte Müller-Thurgau* (a).

Müll|fah|rer, der: *Müllkutscher.*

Müll|fah|re|rin, die: w. Form zu ↑Müllfahrer.

Müll|frau, die (ugs.): *Müllwerkerin.*

Müll|gar|di|ne, die: vgl. Mullbinde.

Müll|gru|be, die: *Grube zum Abladen u. Lagern von Müll.*

Müll|hal|de, die: *Halde* (2) *von Müll.*

Müll|hau|fen, der: *Haufen aus Müll.*

Müll|kas|ten, der: vgl. Mülleimer.

Müll|kip|pe, die: *Platz zum Abladen u. Lagern von Müll.*

Müll|kleid, das: vgl. Mullbinde.

Müll|kut|scher, der (landsch.): *jmd., der Müll abfährt; Müllwerker.*

Müll|kut|sche|rin, die: w. Form zu ↑Müllkutscher.

Müll|läpp|chen, das: vgl. Mullbinde.

Müll|mann, der ⟨Pl. ...männer, selten: Mülleute⟩ (ugs.): *Müllwerker.*

Müll|sack, der: *Plastiksack für Müll.*

Müll|schip|pe, die (landsch.): *Kehrichtschaufel.*

Müll|schlu|cker, der: *schachtartige Vorrichtung [im Treppenflur eines größeren Wohnhauses], durch die der Müll direkt in einen Großbehälter o. Ä. geleitet wird.*

Müll|ton|ne, die: vgl. Mülleimer.

Müll|tren|nung, die ⟨o. Pl.⟩: *Sortierung des Mülls nach der unterschiedlichen Verwertbarkeit der Abfallstoffe:* Wer in Freiburg akzeptiert werden will, muss vor allem zwei Dinge beherrschen: M. und Fahrradfahren (Zeit 8. 10. 98, 91).

Müll|tü|te, die: vgl. Mülleimer.

Müll|ver|bren|nung, die ⟨o. Pl.⟩: *Verbrennung von Müll.*

Müll|ver|bren|nungs|an|la|ge, die: *Anlage zur Verbrennung von Müll.*

Müll|ver|mei|dung, die: *das Vermeiden der Erzeugung von Müll:* M. hat künftig Vorrang vor Wiederverwertung und diese vor Verbrennung (Focus 27, 1994, 62); Bewusstseinswandel, Kostendruck u. M. haben die Abfalllawine gebremst (Spiegel 40, 1998, 70).

Müll|ver|wer|tung, die: *Verwertung von Müll.*

Müll|wa|gen, der: *Wagen zum Abtransport von Müll.*

Müll|wer|ker, der: *Arbeiter der Müllabfuhr (2), der Mülltonnen o. Ä. entleert od. auf Müllabladeplätzen o. Ä. tätig ist* (Berufsbez.).

Müll|wer|ke|rin, die: -, -nen: w. Form zu ↑Müllwerker.

Müll|win|del, die: vgl. Mullbinde.

Mulm, der: -[e]s [niederd. molm, ↑Malm] (Fachspr.): **a)** *pulveriger Humusboden;* **b)** *verfaultes, getrocknetes u. zu Pulver zerfallenes Holz.*

mul|men ⟨sw. V.⟩ (Fachspr.): **1.** *zu Mulm machen* ⟨hat⟩. **2.** *in Mulm zerfallen* ⟨ist/(auch:) hat⟩.

mul|mig ⟨Adj.⟩: **1. a)** (Fachspr.) *(von Humusboden) pulverig locker:* Die Moos- und Krautschicht erhält den Boden frisch u. m. (Mantel, Wald 16); **b)** (landsch.) *faulig, morsch:* eine -e Holztreppe. **2.** (ugs.) **a)** *für jmdn. unbehaglich, bedenklich, gefährlich:* das ist eine [ganz] -e Situation; **b)** *unbehaglich, übel in Bezug auf jmds. Befinden:* Und er wunderte sich, dass er keine Angst hatte. Es war da nur ein -es Gefühl (H. Lenz, Tintenfisch 133); Nach einigen Tagen fühlte ich mich ausgehöhlt und m. (Spiegel 26, 1978, 171); jmdm. ist, wird m.

mulsch, molsch, mul|schig ⟨Adj.⟩ [vgl. mhd. molwic = weich, ahd. molawēn = weich machen] (landsch., bes. nordd.): *von Fäulnis befallen u. weich:* -e Birnen.

Mul|te|bee|re: ↑Moltebeere.

Mul|ti, der; -s, -s [gek. aus ↑multinational] (Jargon): *multinationaler Konzern:* Die -s drehen den Ölhahn zu (Spiegel 27, 1979, 5).

mul|ti-, Mul|ti-: bedeutet in Bildungen mit Substantiven, Adjektiven und Verben *vielfach, Vielfach..., mehrer..., viel.../Viel...:* Multiinstrumentalist, -talent; multifil.

mul|ti|di|men|si|o|nal ⟨Adj.⟩ [zu lat. multus = viel]: *mehrere Dimensionen umfassend, vielschichtig.*

Mul|ti|di|men|si|o|na|li|tät, die; -: *Vielschichtigkeit.*

mul|ti|dis|zi|pli|när ⟨Adj.⟩: *sehr viele Disziplinen (2, 3) umfassend, die Zusammenarbeit vieler Disziplinen betreffend.*

mul|ti|fak|to|ri|ell ⟨Adj.⟩: *durch viele Faktoren, Einflüsse bedingt:* Altern ist ein -es Geschehen, an dem viele Einzelursachen beteiligt sind (Wochenpresse 43, 1983, 53).

mul|ti|fil ⟨Adj.⟩ [zu lat. filum = Faden] (Textilind.): *aus mehreren [miteinander verdrehten] einzelnen Fasern bestehend.*

Mul|ti|fil, das; -[s] (Textilind.): *aus mehreren Fasern bestehender vollsynthetischer Faden.*

mul|ti|funk|ti|o|nal ⟨Adj.⟩: *vielen Funktionen (1 c) gerecht werdend, viele Bedürfnisse befriedigend:* die Frage einer -en Gestaltung der Arbeitsplätze (Saarbr. Zeitung 5. 10. 79, I).

Mul|ti|funk|ti|ons|an|zei|ge, die (Kfz-T.): *elektronische Anzeige (3 b) am Armaturenbrett eines Wagens, die bestimmte Funktionen bzw. Fehlfunktionen anzeigt.*

Mul|ti|funk|ti|ons|dis|play, das: *multifunktionales Display (2).*

mul|ti|kau|sal ⟨Adj.⟩ (Fachspr.): *auf mehreren Ursachen beruhend od. eine entsprechende Deutung zulassend:* eine -e Auffassung von Verbrechen (MM 16. 9. 72, 74); Krebs ist vermutlich m.

Mul|ti|kau|sa|li|tät, die; - (Fachspr.): *das Beruhen einer Sache auf mehreren Ursachen.*

Mul|ti|klon, der; -s, -e [Kurzwort aus: ↑multi-, Multi- u. Zyklon] (Technik): *aus mehreren nebeneinander angeordneten ¹Zyklonen (2) bestehendes Gerät zur Entstaubung von Gasen u. zur Abwasserreinigung.*

mul|ti|kul|ti ⟨Adj.⟩ [(wohl unter Einfluss von gleichbed. engl.-amerik. multiculti) gek. aus ↑multikulturell] (ugs.): *viele Kulturen (1 b) umfassend, beinhaltend:* das Publikum ist sehr gemischt u. m.; Echt richtig super und toll, dass die Jungs von BAP mitnehmen sollten in ihre Rock-'n'-Roll-Welt, da wo alles locker, wo immer Party ist, alles m. und gut gelaunt (Woche 3. 1. 97, 34); Das »multikulturelle« Satzsystem – Eine griechische Weinbroschüre, ein Beipackzettel für Spanien oder lieber ein schwedischer Geschäftsbericht? Kurz: Alles »multikulti« (CCI 1, 1999, 36); Jetzt hat die Bundesrepublik eine Hauptstadt, in der 1989 die Mauer gefallen ist, eine, die »multikulti« und innovativ ist (Zeit 22. 10. 98, 15).

Mul|ti|kul|ti, das; -, - (ugs.) [gek. aus ↑Multikulturalität]: *Multikulturalität:* das M. in der Hauptstadt; Nur M. und Schickimicki in Frankfurts Restaurants - Promis fehlte die Hausmannskost (Bild 2. 8. 95, 4); Ring im Ohr ist M. (Woche 22. 1. 99, 44); Er stopft die Bilder aus, mit Exotik, M., Vitalität und Selbstreflexion (Zeit 2. 7. 98, 41).

Mul|ti|kul|tu|ra|li|tät, die; -: *das Vorhandensein von Einflüssen mehrerer Kulturen; kulturelle Vielfalt:* ein Aufruf zu Toleranz u. M.; Bei der Wiedererrichtung des Hohenzollernschlosses in Berlin die neue Weltoffenheit u. M. der Berliner Republik dokumentieren? (Spiegel 41, 1998, 310); Der Glaube, das Wesen der M. bestehe in der idyllischen Vermischung von unterschiedlichen Kulturen und Nationen, ist genau so gefährlich wie jede andere Utopie auch (Zeit 29. 8. 97, 53).

mul|ti|kul|tu|rell ⟨Adj.⟩: *mehrere Kulturen (1b), Angehörige mehrerer Kulturkreise umfassend, aufweisend:* eine -e Gesellschaft; Unterricht in -en Klassen; Der Ruf nach einer -en Gesellschaft bei uns und die Absage der EU an die Türkei – passt das zusammen? (Woche 19. 12. 97, 5).

mul|ti|la|te|ral ⟨Adj.⟩ (bes. Politik): *mehrere Seiten, mehr als zwei Vertragspartner betreffend; mehrseitig:* ein -es Abkommen; -e Gespräche, Verhandlungen, Konferenzen.

Mul|ti|la|te|ra|lis|mus, der; -: *System einer vielfach verknüpften Weltwirtschaft mit allseitig geöffneten Märkten.*

mul|ti|lin|gu|al ⟨Adj.⟩ (Fachspr., bildungsspr.): **a)** *mehrsprachig (b);* **b)** *mehrsprachige Äußerungen, Mehrsprachigkeit betreffend, darauf bezogen.*

Mul|ti|lin|gu|a|lis|mus, Mul|ti|lin|gu|is|mus, der; -: *Mehrsprachigkeit, Vielsprachigkeit.*

Mul|ti|me|dia, das; -[s] ⟨meist o. Art.⟩ [engl. multimedia]: *das Zusammenwirken, die Anwendung von verschiedenen Medien (Texten, Bildern, Computeranimationen, -grafiken, Musik, Ton) [mithilfe von Computern]:* M., so glauben Soziologen, wird unsere Informationsverarbeitung und -wahrnehmung verändern (Stuttg. Zeitung 2. 2. 94, 73).

mul|ti|me|di|al ⟨Adj.⟩: *viele ¹Medien (2 a, b) betreffend, berücksichtigend, für sie bestimmt, aus ihnen bestehend, zusammengesetzt:* ein gigantisches -es Musikverwertungsimperium (BZ 12. 6. 84, 12); im Zeichen des -en Einsatzes von Bildungsangeboten (NZZ 23. 10. 86, 48); Sie zeigen eine -e Performance mit klassischer Dramaturgie (tip 12, 1984, 177).

Mul|ti|me|dia|show, die; -: [aus engl. multimedia show u. ↑Show]: *Multimediaveranstaltung.*

Mul|ti|me|dia|sys|tem, das (Päd.): *Informations- u. Unterrichtssystem, das mehrere ¹Medien (2 a, b) (z. B. Fernsehen, Dias, Bücher) verwendet.*

Mul|ti|me|dia|ver|an|stal|tung, die (moderne Kunst): *Veranstaltung, die beabsichtigt, die verschiedenen Kunstarten* *u. ihre Mischformen unter Einbeziehung der verschiedensten Medien in Abfolge oder auch simultan darzustellen.*

Mul|ti|me|ter, das; -s, - [↑-meter (1)]: *Messgerät mit mehreren Messbereichen.*

Mul|ti|mil|li|o|när, der; -s, -e: *mehrfacher, vielfacher Millionär.*

Mul|ti|mil|li|o|nä|rin, die; -, -nen: w. Form zu ↑ Multimillionär.

Mul|ti|mor|bi|di|tät, die (Med.): *gleichzeitiges Bestehen mehrerer Krankheiten bei einem Patienten.*

mul|ti|na|ti|o|nal ⟨Adj.⟩ (Politik, Wirtsch.): *mehrere Nationen betreffend, einbeziehend:* -e *(in mehreren Ländern Produktionsstätten besitzende)* Konzerne, Unternehmen; -e Streitkräfte; Die -en Experimente haben in dieser Region nicht funktioniert (Tages Anzeiger 19. 11. 91, 7).

mul|ti|nu|kle|ar ⟨Adj.⟩ (Biol.): *(von Zellen) viele Kerne enthaltend.*

Mul|ti|pack, das, auch: der; -s, -s [zu lat. multus = viel u. ↑ ¹Pack]: *mehrere Waren der gleichen Art, die zusammen in einer Verpackung verkauft werden:* verschiedene Schokoladesorten im M.; Ü Die Feststellung ..., ein »M. von Faktoren« verursache das Waldsterben (NZZ 13. 10. 84, 11).

Mul|ti|pa|ra, die; -, ...paren [zu lat. parere = gebären] (Med.): *Pluripara.*

mul|ti|pel ⟨Adj.⟩ [lat. multiplex] (Fachspr., sonst bildungsspr.): *vielfältig, vielfach:* multiple Persönlichkeit (Psychol.; *Persönlichkeit, in der anscheinend Erlebnis- u. Verhaltenssysteme mehrfach vorhanden sind);* multiple Sklerose (Med.; *Erkrankung des Gehirns u. Rückenmarks mit Bildung zahlreicher Verhärtungen von Gewebe, Organen od. Organteilen);* ein Fall von multipler Bedeutung.

Mul|ti|ple, das; -s, -s [frz. multiple] (Kunstwiss.): *in mehreren Exemplaren hergestelltes Kunstobjekt.*

Mul|ti|ple-Choice-Ver|fah|ren, (auch:) **Mul|ti|ple|choice|ver|fah|ren** [ˈmʌltɪpl ˈtʃɔɪs-], das; -s, - [nach engl. multiple-choice test] (Psych., Päd.): *Prüfungsmethode od. Test, die bzw. der Prüfling unter mehreren vorgegebenen Antworten eine od. mehrere als richtig kennzeichnen muss.*

Mul|ti|plett, das; -s, -s [engl. multiplet, zu: multiple < frz. multiple < spätlat. multiplus < lat. multiplex, ↑ multipel] (Physik): *Folge eng benachbarter Werte einer messbaren physikalischen Größe.*

mul|ti|plex ⟨Adj.⟩ (veraltet): *vielfältig.*

Mul|ti|plex, das; -[es], -e [engl. multiplex, nach der Bez. für ein Verfahren zur gleichzeitigen Vorführung eines Filmes auf mehreren Leinwänden]: *großes Kinozentrum:* -e werden in Innenstädten oder Einkaufszentren am Randlage errichtet (w & v 24. 1. 92, 45); Ein wahres Erdbeben lösten die -e freilich innerhalb der Filmtheaterbranche aus (MM 17. 5. 95, 3); Warum soll man den Leuten dann nicht gleich ein avantgardistisches M. bieten? (Spiegel 29, 1998, 93).

Mul|ti|plex|be|trieb, der; -[e]s (Nachrichtent.): *Betrieb von Systemen zur*

Nachrichtenübertragung in der Weise, dass jeder Kanal mehrfach ausgenutzt wird.

Mul|ti|pli|er [ˈmʌltɪplaɪə], der; -s, - [engl. multiplier, zu: to multiply < (a)frz. multiplier < lat. multiplicare, ↑ multiplizieren] (Physik): *Gerät zur Verstärkung schwacher, durch Lichtausfall ausgelöster Elektronenströme; Sekundärelektronenvervielfacher.*

Mul|ti|pli|kand, der; -en, -en [lat. multiplicandus (numerus) = der zu multiplizierende (Wert), Gerundivum von: multiplicare, ↑ multiplizieren] (Math.): *Zahl, die mit einer anderen multipliziert werden soll.*

Mul|ti|pli|ka|ti|on, die; -, -en [lat. multiplicatio] (Math.): *Vervielfachung einer Zahl um eine andere:* schwierige -en und Divisionen durchführen; Ü ... steigerten sich Flamme und Fraß und wieder Flamme in wütender M. (Radecki, Tag 93).

Mul|ti|pli|ka|ti|ons|zei|chen, das: *Malzeichen.*

mul|ti|pli|ka|tiv ⟨Adj.⟩ [spätlat. multiplicativus] (Fachspr.): *die Multiplikation betreffend:* Die Primzahlen bilden also die »multiplikativen Bausteine« der natürlichen Zahlen (Mathematik I, 358); am Arbeitsplatz werden dann diese Meinungen weitergetragen, und diese -e *(vervielfachende)* Wirkung wiederum hat einen nicht zu unterschätzenden Einfluss (NZZ 30. 4. 83, 38).

Mul|ti|pli|ka|ti|vum, das; -s, ...va (Sprachw.): *Zahlwort, das angibt, wievielmal etw. vorkommt; Wiederholungs-, Vervielfältigungszahlwort* (z. B. zweimal, dreifach).

Mul|ti|pli|ka|tor, der; -s, ...oren [spätlat. multiplicator]: **1.** (Math.) *Zahl, mit der eine vorgegebene Zahl multipliziert wird.* **2.** (bildungsspr.) *Person, Einrichtung, die Wissen od. Information weitergibt u. zu deren Verbreitung, Vervielfältigung beiträgt:* Friseure und Taxifahrer, Barkeeper oder Masseure bezieht er im Geiste bereits mit ein -es -en von Selbsthilfeimpulsen (Spiegel 22, 1981, 205); über Psychologen, Soziologen, Lehrer und andere so genannte -en werde das Gesundheitsvorsorge auf den Weg gebracht (MM 14. 8. 84, 12).

Mul|ti|pli|ka|tor|ana|ly|se, die: *Untersuchung der durch eine Investition hervorgerufenen Zunahme des Gesamteinkommens einer Volkswirtschaft.*

mul|ti|pli|zie|ren ⟨sw. V.; hat⟩ [lat. multiplicare]: **1.** (Math.) *um eine bestimmte Zahl vervielfachen; malnehmen:* eine Zahl mit einer anderen m. **2.** (bildungsspr.) **a)** *vervielfältigen; [steigernd] zunehmen lassen, vermehren:* die Abwehrkräfte des Körpers durch Vitamine m.; **b)** ⟨m. + sich⟩ *sich steigernd zunehmen:* die Ausgaben, Schwierigkeiten multiplizieren sich; Neu aber ist die Anhäufung von Krisen, die sich gegenseitig m. (Heilbronner Stimme 12. 5. 84, 31).

Mul|ti|pli|zi|tät, die; -, -en [lat. multiplicitas = Vielfalt] (Fachspr., bildungsspr.): *mehrfaches Vorkommen, Vorhandensein.*

Mul|ti|plum, das; -s, ...pla [zu spätlat.

multiplus = vielfach] (veraltet): *Vielfaches, Mehrfaches.*

Mul|ti|pol, der; -s, -e (Physik): *Anordnung von beliebigen punktförmigen elektrischen Ladungen, Magnetpolen od. Massen.*

mul|ti|po|lar ⟨Adj.⟩ (Physik): *mehrere Pole* (2 a) *aufweisend.*

Mul|ti|pro|gram|ming [ˈmʌltɪˈprəʊgræmɪŋ], das; -s [engl. multiprogramming, zu: to programme = ein Programm zusammenstellen; planen] (EDV): *Betrieb von elektronischen Datenverarbeitungsanlagen in der Weise, dass gleichzeitig mehrere Programme in zeitlicher Verzahnung ablaufen.*

Mul|ti|ta|lent, das: *jmd., der mehrere bes. künstlerische Talente besitzt:* mit ... Jerry Lewis, dem amerikanischen M. in Sachen Bühne, Bildschirm, Kino und Show (Hörzu 21, 1977, 71); Mit dem Film »Yentl« setzt das M. sich die Krone der Vielseitigkeit selbst aufs Haupt (Hamburger Morgenpost 21. 3. 84, 3).

Mul|ti|tas|king [mʌltɪˈtaːskɪŋ], das; -[s] [engl. multitasking, zu: task = Aufgabe] (EDV): *gleichzeitiges Abarbeiten mehrerer Tasks* (2) *in einem Computer.*

mul|ti|va|lent ⟨Adj.⟩ (bes. Psych.): *(von psychischen Eigenschaften, Tests o. Ä.) mehrwertig, vielwertig; mehrere Deutungen bzw. Lösungen zulassend.*

Mul|ti|va|lenz, die; -, -en (bes. Psych.): *das Multivalentsein.*

mul|ti|va|ri|at ⟨Adj.⟩ [engl. multivariate] (Statistik): *mehrere Variablen betreffend.*

Mul|ti|ver|sum, das; -s [Analogiebildung zu ↑ Universum, gepr. von dem Philosophen F. H. Rickert (1863–1936)]: *Weltall, sofern es als eine nicht auf eine Einheit zurückführbare Vielheit betrachtet wird.*

Mul|ti|vi|bra|tor, der; -s, ...oren (Elektrot.): *in EDV-Anlagen u. in Fernsehgeräten vorhandene elektrische Schaltung mit zwei steuerbaren Schaltelementen* (z. B. Röhren, Transistoren), *von denen jeweils eines Strom führt.*

Mul|ti|vi|si|on, die; - (Fachspr.): *Technik der gleichzeitigen Projektion von Dias auf eine Leinwand, wobei jedes Dia entweder ein eigenes Motiv od. einen Bildausschnitt darstellen kann.*

Mul|ti|vi|si|ons|wand, die: *Projektionswand für Multivision.*

◆ **mult|rig** ⟨Adj.⟩ [verw. mit ↑ ²Mull, Mulm]: (nordd.) *dumpf* (2), *stickig:* Der Saal ist etwas m. (Fontane, Effi Briest 44).

mul|tum, non mul|ta [lat. = viel, nicht vielerlei] (bildungsspr.): *lieber etwas ganz statt vieles halb.*

Mu|lus, der; -, Muli [lat. mulus]: **1.** lat. Bez. für *Maulesel, -tier.* **2.** (scherzh. veraltet) *Abiturient vor Beginn des Studiums.*

Mu|mie, die; -, -n [ital. mummia < arab. mūmiyaʰ, zu pers. mūm = Wachs; die Perser u. bes. Babylonier pflegten ihre Toten mit Wachs zu überziehen]: *durch Austrocknung od. Einbalsamierung vor Verwesung geschützte Leiche:* eine ägyptische, mit Binden umwickelte M.; sie lag fest eingemummt wie eine M.; Ihn (= den Vogel) fanden wir ... als M. in einem Schacht der Luftheizung (Lorenz, Verhalten I, 31); Ü im abgeernteten Birnbaum hängen noch einige -n (Obstbau; *durch Krankheitsbefall völlig eingetrocknete Früchte*).

Mu|mi|en|bild|nis, das: *(bes. 1. bis 4. Jh. in Ägypten) das Gesicht der Mumie bedeckendes, auf Holz od. Leinwand gemaltes Porträt; Mumienporträt.*

mu|mi|en|haft ⟨Adj.⟩: *einer Mumie vergleichbar.*

Mu|mi|en|por|trät, das: *Mumienbildnis.*

Mu|mi|fi|ka|ti|on, die; -, -en: **1.** *das Mumifizieren* (1). **2.** (Med.) *das Mumifizieren* (2).

mu|mi|fi|zie|ren ⟨sw. V.⟩: **1.** *(einen toten Körper od. Teile davon, Organe) durch Austrocknung od. Einbalsamierung vor Verwesung schützen* ⟨hat⟩: sie saß da, als sei sie mumifiziert; die mumifizierte Hand eines Heiligen. **2.** (Med.) **a)** *(Gewebe) eintrocknen, absterben lassen* ⟨hat⟩; **b)** *(von Gewebe) eintrocknen, absterben* ⟨ist⟩.

Mu|mi|fi|zie|rung, die; -, -en: *das Mumifizieren* (1).

Mumm, der; -s [wahrsch. in der Studentenspr. gek. aus lat. animum (in der Wendung: keinen Animum haben), Akk. von: animus, ↑Animus] (ugs.): **a)** *Entschlossenheit u. Tatkraft, wenn es darum geht, sich zu einem Wagnis aufzuraffen:* M. genug, nicht den M. haben, jmdm. die Wahrheit zu sagen; dazu fehlt ihm der M.; Kein anderer hätte den M., mich zu verstecken (Erné, Kellerkneipe 286); **b)** *körperliche Kraft:* Fleisch gibt M.; Mehr M. durch Magnesium (Hörzu 43, 1971, 169); die haben doch alle keinen M. in den Knochen.

Mum|me, die; -, -n [wohl Lallwort der Kindersprache] (veraltet): *Maske, verkleidete Gestalt.*

Mum|mel, die; -, -n [urspr. Name eines w. Wassergeistes]: *Teichrose.*

Mum|mel|greis, der; -es, -e [zu ↑²mummeln] (ugs. abwertend): *kraftloser alter Mann:* wie sie in M. vorkommen; ein krächzender, gichtiger M. in Pelz und Schlapfen tritt auf, das Alter (Werfel, Himmel 59).

mum|me|lig ⟨Adj.⟩ [zu ↑¹mummeln] (landsch. fam.): *gemütlich warm, kuschelig:* ein -er Mantel.

Mum|mel|mann, der; -[e]s, ...männer [zu ↑mümmeln (1 b)] (fam. scherzh.): *Hase.*

¹mum|meln ⟨sw. V.; hat⟩ [zu ↑mummen] (landsch. fam.): *fest in etw. einhüllen u. dadurch eine behagliche Wärme schaffen:* sich in eine Decke m.

²mum|meln ⟨sw. V.; hat⟩ [aus dem Niederd. < mniederd. mummelen, lautm.] (landsch.): **1. a)** *mümmeln* (1 a): ... nachdem es (= das Weiblein) ... ein paar kalte Bissen gemummelt (Fussenegger, Haus 158); **b)** *mümmeln* (1 b). **2.** *unverständlich murmeln:* ... sodass Joachim beim Sprechen mummelte wie ein ganz Alter (Th. Mann, Zauberberg 742).

müm|meln ⟨sw. V.; hat⟩ [lautm.] (landsch. fam.): **1. a)** *mit kleinen, meist schnelleren Bewegungen über eine längere Zeit kauen:* ein Stück Brot, an einem Apfel m.; Gemümmelt wurde ununterbrochen: Sekundlich spuckte man Sonnenblumenschalen aus (Radecki, Tag 97); **b)** *(bes. von Hasen) [mit den Vorderzähnen] mit schnellen Bewegungen fressen, Nahrung zerkleinern:* das Kaninchen, der Hase mümmelt im Gras. **2.** ²mummeln (2): Er ... ließ sich, in seiner mümmelnden Art, so vernehmen (Lenz, Suleyken 49).

mum|men ⟨sw. V.; hat⟩ [zu ↑Mumme] (veraltet): *einhüllen,* ¹mummeln.

Mum|men|schanz, der; -es [urspr. = von vermummten Personen während der Fastnachtszeit gespieltes Würfelspiel; vgl. ²Schanze] (veraltend): **a)** *Maskenfest:* ein barocker M.; Ein M. ... sollte den Höhepunkt der Saison bilden (K. Mann, Wendepunkt 43); Ü weil ein solcher M. *(übermäßiger Aufwand)* mit diesem Vertrag getrieben wird (Dönhoff, Ära 128); **b)** *Verkleidung zum Mummenschanz* (a): Ü den Bart hatte er sich abrasiert ..., diesen Leuten gegenüber helfe solcher M. wohl kaum (Kempowski, Uns 241).

Mum|me|rei, die; -, -en (veraltet): *Mummenschanz:* ◆ ich spiele länger diese M. nicht mit (Lessing, Nathan II, 2).

Mum|my ['mʌmɪ], der; -s, -s [engl. mummy = Mumie]: *Auftraggeber eines Ghostwriters.*

Mumpf, der; -[e]s [wohl zu veraltet mumpfen = mit vollem Mund kauen] (schweiz.): ↑Mumps.

Mum|pitz, der; -es [im Berliner Börsenjargon = unsinniges Gerede; älter: Mummelputz = Vogelscheuche, (vermummte) Schreckgestalt, zu ↑¹Butz] (ugs. abwertend): *Unsinn, den man nicht zu beachten braucht:* der reine M.; alles andere ist M.; ohne ein gewisses Quantum an M. geht nichts (Weser-Kurier 20. 5. 85, 12).

Mumps, der, landsch. auch: die; - [engl. mumps, Pl. von: mump = Grimasse, wohl nach dem angeschwollenen Gesicht]: *fieberhafte Infektionskrankheit mit schmerzhafter [einseitiger] Schwellung der Ohrspeicheldrüse; Ziegenpeter; Parotitis.*

Mün|chen: Stadt an der Isar; Landeshauptstadt von Bayern.

¹Mün|che|ner, Münchner, der; -s, -: Ew.

²Mün|che|ner, Münchner ⟨indekl. Adj.⟩.

Mün|che|ne|rin, Münchnerin, die; -, -nen: w. Form zu ↑Münchener.

Münch|hau|sen, der; -, - [nach dem Freiherrn von Münchhausen (1720–1797), dessen Lügengeschichten bes. durch die von G. A. Bürger besorgte Ausgabe weite Verbreitung fanden]: *jmd., der sehr prahlt; Aufschneider.*

Münch|hau|se|ni|a|de, Münch|hau|si|a|de, die; -, -n: *Erzählung in der Art Münchhausens.*

¹Münch|ner: ↑¹Münchener.

²Münch|ner: ↑²Münchener.

Münch|ne|rin: ↑Münchenerin.

¹Mund, der; -[e]s, Münder, selten auch: -e, Münde [mhd. munt, ahd. mund]: **1. a)** *durch Unter- u. Oberkiefer gebildete, durch die Lippen verschließbare Öffnung im unteren Teil des menschlichen Gesichts, die zur Nahrungsaufnahme u. zur Hervorbringung sprachlicher Laute dient:* ein großer, kleiner, schöner, weicher, voller, sinnlicher, hässlicher, schiefer, breiter, zahnloser, eingefallener, blasser, roter, lächelnder, schwellender M.; ein harter, spöttischer, bitterer M.; sein M. verzog sich zu einem spöttischen Lächeln; der M. des Kranken bewegte sich, öffnete sich, zuckte; vor Staunen blieb ihr der M. offen stehen; Ihre geschminkten Münder bewegten sich eilfertig (Rolf Schneider, November 235); sein M. ist für immer verstummt (geh.; *er ist gestorben*); den M. öffnen, schließen, spitzen, [zu einer Grimasse, vor Schmerz] verziehen, zusammenkneifen, aufmachen, aufreißen; den M. abwischen, [aus]spülen; Gerda Kiffke zieht den M. über ihre kurzen Zähne und bekommt Angst (Ossowski, Flatter 163); er küsste ihren M.; sie hielt ihm den M. zu; er hat sich mit der heißen Suppe den M. verbrannt; stopf dir doch den M. nicht so voll! (ugs.; *iss nicht so gierig!*); einige M. voll Kartoffelbrei essen; er küsste sie auf den M.; sie legte den Finger auf den M.; aus dem M. riechen *(einen üblen Mundgeruch haben);* das höre ich aus deinem M. *(von dir)* zum ersten Mal; das Kind steckt den Daumen in den M.; Der ätzende Staub drang uns in die Münder (Lentz, Muckefuck 225); mit offenem M. *(erstaunt)* zuhören; man spricht nicht mit vollem M.; mit leicht geöffnetem, geschlossenem M.; Jetzt lag er mit offenem M. auf dem Rücken (Springer, Was 7); sie hat einen herben Zug um den M.; der Verunglückte wurde von M. zu M. beatmet; der Kranke hatte Schaum vor dem M.; er führte dem Kranken den Löffel zum M.; R du hast wohl deinen M. zu Hause gelassen! (scherzh.; *warum bist du hier bei anderen so schweigsam?*); ein stummer M. ist kein Zeuge (ein Toter kann nicht als Zeuge gegen jmdn. auftreten); Ü sie hat vier hungrige Münder zu stopfen (ugs.; *vier Kinder zu versorgen*); man habe es sich einfach nicht leisten können, zusätzliche Münder noch weiter durchzufüttern (Heym, Schwarzenberg 156); der metallene M. der Glocken; * jmds. M. steht nicht still (ugs.; *jmd. hat unaufhörlich etw. zu erzählen*); den M. nicht aufbekommen/aufkriegen (ugs.; *nicht reden, sich zu etw. nicht äußern können*); den Mund [zu] voll nehmen (ugs.; *großsprecherisch sein*); den M. [nicht] aufmachen/auftun (ugs.; *sich zu etw. [nicht] äußern; etwas/nichts sagen*); den M. aufreißen/voll nehmen (ugs.; *übertreiben u. sich mit etw. wichtig tun*); M. und Augen/Nase aufreißen/aufsperren (ugs.; *staunen*); einen großen M. haben (ugs.; *ein Prahler u. vorlaut sein*); den M. auf dem rechten Fleck haben (ugs.; *schlagfertig sein*); den M. halten (ugs.; 1. *schweigen [u. dabei etw. unterdrücken, was man sagen wollte]*. 2. *ein Geheimnis nicht verraten*); seinen M. halten (ugs.; *nichts von einer Sache verraten*); jmdm. den M. öffnen *(jmdn. zum Reden bringen);* **sich** ⟨Dativ⟩ **den M. fransig/fusselig reden** (ugs.; *lange [vergeblich] auf jmdn. einreden);* **jmdm. [mit etw.] den M. stopfen** (ugs.; *jmdn. durch etw. zum Schweigen bringen);* **jmdm. den M. verbieten** *(jmdm. untersagen, seine Meinung zu äußern):* Der Mann quengelte so lange über das Wetter, bis ihm Sellmann kurzerhand den M. verbot (Bieler, Mädchenkrieg 130); **sich** ⟨Dativ⟩ **den M. verbrennen** (ugs.; *sich durch unbedachtes Reden schaden):* Solange die Sache nicht über einen längeren Zeitraum geprüft worden ist, werde ich mir nicht den M. verbrennen (Hörzu 14, 1983, 10); **jmdm. den M. wässrig machen** (ugs.; *jmds. Verlangen erregen);* **sich** ⟨Dativ⟩ **den M. wischen [können]** (landsch.; *im Unterschied zu anderen nichts erhalten, leer ausgehen);* **an jmds. M. hängen** (↑ Lippe a); **nicht auf den M. gefallen sein** (ugs.; *schlagfertig sein):* so wurde die selbstsichere und keineswegs auf den M. gefallene Studentin auch von jenen umgeben, die um ihre Hand anhielten (Reich-Ranicki, Th. Mann 240); **wie auf den M. geschlagen sein** (ugs.; *verblüfft, verwirrt, betroffen u. deshalb sprachlos sein);* **aus berufenem -e** *(aus sicherer Quelle, von kompetenter Seite);* **etw., jmdn. dauernd im M. führen** *(etw., jmds. Namen ständig im Gespräch erwähnen, als Wort gebrauchen):* Dann einen, der nur noch Lästerreden im -e führt (Strauß, Niemand 200); **in aller -e sein** *(sehr bekannt, populär sein):* Er ist der berühmteste unter den Dichtern Kasachstans und heute dort in aller -e (Berger, Augenblick 124); **etw. in den M. nehmen** *(etw. als Wort benutzen);* **jmdm. etw. in den M. legen** (1. *jmdn. bestimmte Worte sagen lassen.* 2. *jmdn. auf eine bestimmte Antwort hinlenken.* 3. *jmdm. etw. zuschreiben, was er nicht gesagt hat);* **immer mit dem M. vorneweg sein** (ugs.; *vorlaut sein);* **jmdm. nach dem/zum -e reden** (ugs.; *immer zustimmen, das sagen, was der andere gern hören will):* Freundschaftliche ... Zusammenarbeit bedeutet eben gerade nicht, dass der eine dem anderen nach dem M. redet (W. Brandt, Begegnungen 159); **jmdm. über den M. fahren** (ugs.; *jmdm. das Wort abschneiden, jmdm. scharf antworten):* der Genosse Reinsiepe ... wagte es, einem Manne wie diesem sowjetischen Major, einem Helden, der vielleicht den ganzen Weg von Stalingrad bis hierher nach Annaberg kämpfend zurückgelegt hatte, über den M. zu fahren (Heym, Schwarzenberg 109); **von M. zu M. gehen** *(durch Weitererzählen verbreitet werden);* **sich** ⟨Dativ⟩ **etw. vom/**(selten:)**am Mund[e] absparen** *(sich etw. unter Opfern, durch persönliche Einschränkung ersparen);* **reinen M. halten** *(ein anvertrautes Geheimnis nicht ausplaudern);* eigtl. = den Mund nicht durch Verrat eines Geheimnisses beflecken): Jetzt wisst Ihr genug ... Im Übrigen haltet reinen M. und begegnet ihr unbefangen (C. F. Meyer, Amulett 34); **b)** (Zool.) *Mundöffnung.* **2.** (Bergmannsspr.) kurz für ↑ Mundloch.

²**Mund,** Munt, die; - [mhd., ahd. munt =

(Rechts)schutz, Schirm]: *im germanischen Recht Gewalt des Hausherrn über die in der Hausgemeinschaft lebenden, von ihm zu schützenden Personen.*

mun|dan ⟨Adj.⟩ [lat. mundanus, zu: mundus = Welt] (Philos.): *die Welt, das Weltganze betreffend, dazu gehörend.*

Mun|dan|as|tro|lo|gie, die: **1.** *Teilgebiet der Astrologie, das sich mit astrologischen Berechnungen befasst, die bestimmte Orte, Zonen od. Länder der Erde betreffen (z. B. die astrologische Analyse eines Erdbebens od. einer Überschwemmung).* **2.** *politische Astrologie.*

Mund|art, die [für ↑ Dialekt]: *innerhalb einer Sprachgemeinschaft auf ein engeres Gebiet beschränkte, von der Hochsprache in verschiedener Hinsicht abweichende, ursprüngliche, meist nur gesprochene Sprache; Dialekt:* die [nieder]deutschen -en; M. sprechen.

Mund|art|dich|ter, der: *jmd., der in einer bestimmten Mundart dichtet.*

Mund|art|dich|te|rin, die: w. Form zu ↑ Mundartdichter.

Mund|art|dich|tung, die: **1.** ⟨o. Pl.⟩ *dichterisches Schaffen in einer bestimmten Mundart:* er befasst sich mit M. jeder Art. **2.** *einzelne Dichtung in einer bestimmten Mundart:* die -en dieser Autorin liebt sie besonders.

Mund|ar|ten|for|schung, Mund|art-for|schung, die ⟨o. Pl.⟩: *sprachwissenschaftliche Disziplin, die sich mit der Erforschung der Mundarten befasst.*

Mund|art|geo|gra|phie, die: *Dialektgeographie.*

mund|art|lich ⟨Adj.⟩: *die Mundart betreffend, dazu gehörend* (Abk.: mdal.).

Mund|art|lich|keit, die; -: *das Mundartlichsein; mundartliche Beschaffenheit.*

Mund|art|spre|cher, der: *jmd., der fast ausschließlich Mundart spricht.*

Mund|art|spre|che|rin, die: w. Form zu ↑ Mundartsprecher.

Mund|art|wör|ter|buch, das: *Wörterbuch einer einzelnen Mundart.*

Mun|da|ti|on, die; -, -en [spätlat. mundatio, zu lat. mundare = reinigen] (veraltet): *Reinigung, Säuberung.*

Mund|at|mung, die: *Atmung durch den Mund:* Der ... Homöopath hatte ihm M. untersagt (Praunheim, Sex 130).

Mund|bak|te|rie, die ⟨meist Pl.⟩: *Bakterie, die in der Mundhöhle lebt.*

Münd|chen, das; -s, -: Vkl. zu ↑ Mund (1 a).

Mund|du|sche, die: *in der Art einer Dusche funktionierendes Gerät, dessen Düse die Zwischenräume zwischen den Zähnen reinigt [u. das Zahnfleisch massiert]:* Die oft empfohlenen -n können nur große Speisereste entfernen (Spiegel 50, 1981, 226).

Mün|del, das, BGB: der; -s, -, in Bezug auf eine w. Pers. selten auch: die; - [zu ↑ ²Mund]: *Person, die unter Vormundschaft steht.*

Mün|del|geld, das: *zum Vermögen eines Mündels gehörendes Geld, das der Vormund verwaltet.*

mün|del|si|cher ⟨Adj.⟩ (Bankw.): *für die Anlage von Mündelgeldern zugelassen:* -e Wertpapiere, Hypotheken; Geld m. (in

einer für Mündelgelder zugelassenen Anlageform) anlegen.

Mün|del|si|cher|heit, die ⟨o. Pl.⟩ (Bankw.): *Sicherheit, die für die Anlage von Mündelgeldern gesetzlich erforderlich ist.*

mun|den ⟨sw. V.; hat⟩ [zu ↑ ¹Mund (1 a)] (geh.): *beim Genuss jmds. Geschmackssinn auf besonders angenehme Weise ansprechen; gut schmecken:* die Speisen mundeten allen trefflich; das mundet aber!; für einen zünftigen Spießbraten..., der so gut mundete, wie es sein Duft frühzeitig erahnen ließ (Saarbr. Zeitung 10. 7. 80, 20); Ü die Arbeit mundet dir wohl nicht so recht?; da der Schlaf ihnen wenig gemundet hatte (Th. Mann, Joseph 548).

mün|den ⟨sw. V.; ist/hat⟩ [zu ↑ Mündung]: **1. a)** *in etw. hineinfließen:* der Fluss mündet ins Meer; der Neckar mündet bei Mannheim in den Rhein; **b)** *an einer bestimmten Stelle in etw. anderes übergehend enden, auslaufen:* mehrere Straßen mündeten auf den/(auch:) dem Platz; der Gang mündete in eine/(auch:) einer Halle; auf dem Hügel..., dessen Ausläufer in die Stadt mündeten (Hilsenrath, Macht 47). **2.** *in etw. übergehen u. darin enden; auf etw. hinauslaufen; in etw. schließlich seinen Ausdruck finden:* der Erörterungen schienen mir in diese/(auch:) dieser Frage zu m.; Seine bahnbrechenden Untersuchungen über kindliche Sexualität mündeten tatsächlich wieder in eine Phasentheorie (Schreiber, Krise 121); Dieser Schwindel mit Begriffen mündet in einem gigantischen Selbstbetrug (Gruhl, Planet 189).

Mund|fal|te, die ⟨meist Pl.⟩: *Gesichtsfalte zwischen Mundwinkel u. Nasenflügel.*

mund|faul ⟨Adj.⟩ (ugs.): *aus einer wortkargen, bequemen od. unfreundlichen Haltung heraus nicht willig zu reden:* ein -er Mensch; sei doch nicht immer so m.!

Mund|fäu|le, die (Med.): *eitrige Entzündung der Mundschleimhaut durch Infektion.*

Mund|faul|heit, die (ugs.): *das Mundfaulsein.*

mund|fer|tig ⟨Adj.⟩ (selten): *nie um Worte verlegen; wortgewandt; schlagfertig:* ...ob der Narretei, die der Alte anstellte mit dem -en Balg (Th. Mann, Joseph 165).

Mund|flo|ra, die (Med.): *Gesamtheit der in der Mundhöhle lebenden Bakterien. Pilze:* Eine gesunde Mundhöhle hat eine intakte M. (natur 2, 1991, 9).

mund|ge|bla|sen ⟨Adj.⟩: *handwerklich, vom Glasbläser hergestellt:* -e Gläser.

mund|ge|recht ⟨Adj.⟩: *in kleine Stücke zerteilt od. geschnitten u. dadurch bequem zu essen:* Mit einem Löffel aus dem Avocadofleisch -e Stücke herauslösen (e & t 5, 1987, 64); Er stopfte sich den größten Brocken, mit den Fingern m. zerteilt, zwischen die Zähne (Fries, Weg 69); Ü -e Informationen (Habe, Namen 405); jmdm. eine Sache m. machen (sie so darstellen, dass er sie ohne Gegenwehr hinnimmt).

Mund|ge|ruch, der ⟨Pl. selten⟩: *[übler] Geruch aus dem Mund:* an M. leiden.

Mund|glied|ma|ße, die ⟨meist Pl.⟩ (Zool.): *für die Nahrungsaufnahme umgebildete Gliedmaße (am Kopf) der Gliederfüßer.*

Mund|har|mo|ni|ka, die: *volkstümliches Musikinstrument, bei dem die Töne durch frei schwingende metallene Zungen in einem länglichen, flachen, zwischen den Lippen angeblasenen Kästchen erzeugt werden:* M. spielen; auf der M. blasen.

Mund|ho|bel, der (landsch.): *Mundharmonika.*

Mund|höh|le, die: *(beim menschlichen Mund) durch Zähne u. Rachenenge, Zunge u. Gaumen begrenzter Hohlraum.*

mun|die|ren ⟨sw. V.; hat⟩ [lat. mundare = reinigen] (veraltet): *ins Reine schreiben; reinigen.*

mun|dig ⟨Adj.⟩ [zu ↑¹Mund] (bes. schweiz.) *mundend:* unkomplizierte, -e Tropfen (= Rotweine; e & t 5, 1987, 194).

mün|dig ⟨Adj.⟩ [mhd. mündec, zu ↑²Mund]: **a)** *nach Erreichung eines bestimmten Alters gesetzlich zur Vornahme von Rechtshandlungen berechtigt:* mit 18 Jahren m. werden; jmdn. [vorzeitig] für m. erklären; ***jmdn. m. sprechen** (für mündig erklären);* **b)** *als erwachsener Mensch zu eigenem Urteil, selbstständiger Entscheidung befähigt:* der -e Mensch, Bürger; die Einstellung des Vorgesetzten, es mit -en Mitarbeitern zu tun zu haben, deren Identität es zu respektieren gilt (NZZ 30. 4. 83, 29).

Mün|dig|keit, die; -: *das Mündigsein.*

Mün|dig|keits|er|klä|rung, die: *Mündigsprechung.*

mün|dig spre|chen: s. mündig (a).

Mün|dig|spre|chung, die; -, -en: *das Mündigsprechen.*

Mun|di|um, das; -s, ...ien u. ...ia [mlat. mundium, zu ↑²Mund]: *²Mund.*

Mund|koch, der (veraltet): *Leibkoch.*

Mund|ko|li|tus, der: *Oralverkehr.*

Mund|kom|mu|ni|on, die (kath. Kirche): *Kommunion (1), bei der die Hostie auf die Zunge der Kommunizierenden gelegt wird.*

◆ **Mund|lack,** der: *oblatenförmiges Stück Siegellack, das im Mund angefeuchtet wird:* und nahm einen kleinen mit M. versiegelten Zettel heraus (Kleist, Kohlhaas 92).

münd|lich ⟨Adj.⟩ [zu ↑¹Mund]: *in der Form des Gesprächs stattfindend, sich vollziehend; gesprächsweise:* ein -er Gedankenaustausch; eine -e Prüfung ablegen; -e Überlieferung; etw. m. vereinbaren; alles andere m.! *(werden wir besprechen, wenn wir uns sehen);* ⟨subst.:⟩ Vielleicht kam sie in Deutsch noch ins Mündliche *(in die mündliche Prüfung;* M. Walser, Seelenarbeit 125).

Münd|lich|keit, die; -: *mündliche Form.*

Münd|lich|keits|grund|satz, der ⟨o. Pl.⟩ (Rechtsspr.): *Grundsatz, nach dem vor Gericht mündlich verhandelt werden muss u. nur das in der Verhandlung Vorgebrachte bei der Urteilsfindung berücksichtigt werden darf.*

Mund|li|nie, die ⟨meist Pl.⟩: *Mundfalte:* Die Mundwinkel wurden flach und ver-

schwanden in der M. (Meckel, Suchbild 180).

Mund|loch, das (Bergbau): *Öffnung eines Stollens, Schachtes an der Erdoberfläche:* die Mundlöcher aufgegebener Bergwerksschächte (Ransmayr, Welt 225).

Mund|öff|nung, die (Zool.): *durch Muskeln verschließbarer, durch die Kiefer begrenzter Eingang zum Darmtrakt bei Tier u. Mensch.*

Mun|do|lin|gue, die; - [Kunstwort, zu: lat. mundus = Welt u. lingua = Sprache]: *von J. Lott 1888 entwickelte Welthilfssprache.*

Mund|or|gel, die: *asiatisches Musikinstrument, bei dem auf einem Windkasten (z. B. einer hohlen Kürbisschale) mit Mundstück verschieden lange [Bambus]röhren stehen, in denen frei schwingende Zungen aus Metall od. Rohr Töne erzeugen.*

Mund|par|tie, die: *Gesichtspartie um den Mund.*

Mund|pfle|ge, die: *Pflege der Zähne u. der Mundhöhle.*

Mund|pro|pa|gan|da, die: *mündliche Weitergabe, Weiterempfehlung:* M. entscheide so ferner viel über den kommerziellen Erfolg eines Spiels (NZZ 27. 1. 83, 41); *für jmdn., eine Sache M. machen, betreiben.*

Mund|raub, der (Rechtsspr. früher): *Diebstahl od. Unterschlagung von wenigen Nahrungsmitteln od. Verbrauchsgegenständen von geringem Wert:* Vom Amtsrichter wurde er deshalb – und für ein paar Fälle von M. – einige Tage vor Weihnachten zu zwei Jahren Gefängnis verurteilt (Spiegel 52, 1983, 72).

Mund|schaft, die; -, -en [zu ↑²Mund]: *im germanischen Recht Verhältnis zwischen schützender u. beschützter Person.*

Mund|schenk, der (früher): *an Fürstenhöfen für die Getränke verantwortlicher Hofbeamter:* Der Vorfahr habe als M. guten von schlechtem Wein rasch unterscheiden können (Kempowski, Zeit 175); Ü er macht hier den -en *(bedient mit Getränken).*

Mund|schleim|haut, die: *Schleimhaut, mit der die Mundhöhle ausgekleidet ist.*

Mund|schutz, der ⟨Pl. -e; selten⟩: **1.** *bes. bei Operationen vom Arzt u. von den Schwestern getragene Schutzvorrichtung aus sterilem Material, die Mund u. Nase zur Verhinderung einer Infizierung des Patienten abdeckt od. die jmdn. vor dem Einatmen giftiger Stoffe o. Ä. schützen soll:* Die Schwestern und Ärzte mit ihrem M. wirken selbst wie Verletzte (Ossowski, Flatter 202); Arbeiter, deren Teil in T-Shirts und ohne M. die alten Holzbalken zum Abtransport zersägten (Spiegel 2, 1988, 166). **2.** *(Boxen) aus Hartgummi od. Plastik bestehende Schutzvorrichtung für das Gebiss.*

Mund|spal|te, die (Zool.): *durch die Lippen begrenzte Mundöffnung.*

Mund|sper|re, die: *Kiefersperre.*

M-und-S-Rei|fen, der [kurz für: Matsch-und-Schnee-Reifen]: *Autoreifen mit besonderem Profil für Schneematsch u. Pulverschnee.*

Mund|stel|lung, die: *Stellung, Formung des Mundes für die Artikulation bestimmter Laute.*

Mund|stück, das: **1. a)** *Vorrichtung zum Blasen bei bestimmten Blasinstrumenten:* das M. einer Posaune, einer Trompete; Ü eine humoristisch-sympathische Figur, zuweilen auch das M. des Autors, aber keineswegs der Autor selbst (Th. Mann, Zauberberg XII); **b)** *in den Mund zu nehmendes Ende eines Gebrauchsgegenstandes o. Ä.:* das M. eines Atmungsschlauches, einer Tabakspfeife; das M. einer Filterzigarette. **2.** *Stück des Zaumzeugs, das einem Zugtier, bes. dem Pferd, ins Maul gelegt wird.*

mund|tot ⟨Adj.⟩ [zu ↑²Mund; urspr. = unfähig, Rechtshandlungen vorzunehmen, volksetym. nach ¹Mund umgedeutet]: meist in der Wendung **jmdn. m. ma-chen** *(jmdm., der einem unbequem u. hinderlich ist, auf rücksichtslose, unerlaubte Weise die Gelegenheit zur Äußerung, zur Entfaltung nehmen):* Es gebe gar nicht darum, einen Autor m. zu machen, sondern nur um einige falsche Behauptungen, die richtig gestellt werden müssten (Delius, Siemens-Welt 126).

Mund|tuch, das ⟨Pl. ...tücher⟩ (veraltend): *Serviette.*

Mun|dum, das; -s, ...a [zu lat. mundus = sauber] (veraltet): *Reinschrift.*

Mün|dung, die; -, -en: **1. a)** *Stelle, an der ein Fluss o. Ä. mündet:* an der M. ist der Fluss am breitesten; eine Strecke vor der M. des Fjords (Gaiser, Jagd 160); **b)** *Stelle, an der eine Straße o. Ä. mündet:* ...verweilte Aage an der M. der Schlegelstraße (Seidel, Sterne 6). **2.** *vorderes Ende des Laufs od. Rohrs einer Feuerwaffe:* die M. einer Pistole.

Mün|dungs|feu|er, das: *durch brennende Pulvergase entstehender kurzer Feuerstrahl, der beim Abgeben eines Schusses aus der Mündung entweicht:* Ich sah plötzlich ein M., hörte Schüsse aus Maschinenpistolen (Spiegel 20/21, 1976, 49); Was sollen die Angehörigen von einem erwachsenen Mann denken, der sich bei Gewitter ins Bett verkriecht und die Decke über den Kopf zieht, weil ihn die Blitze an M. erinnern? (Spiegel 37, 1997, 70); Ü Dann explodiert der Text wie mit Maschinengewehrgeknatter, und im M. sieht man immer nur: das Patriarchat (Zeit 5. 11. 98, 5).

Mün|dungs|ge|biet, das: *Gebiet, in dem ein Fluss o. Ä. mündet.*

Mün|dungs|kap|pe, die (Milit.): *Mündungsschoner (1).*

Mün|dungs|scho|ner, der: **1.** (Milit.) *Verschlusskappe für die Mündung einer Feuerwaffe zum Schutz gegen Nässe u. Verschmutzung.* **2.** (Soldatenspr. scherzh.) *Präservativ.*

Mün|dungs|trich|ter, der: *Trichtermündung.*

Mun|dus, der; - [lat. mundus] (Philos.): *Welt, Weltall, Weltordnung:* M. archetypus *(urbildliche Welt);* M. intelligibilis *(geistige, nur mit der Vernunft erfassbare Welt [der Ideen]);* M. sensibilis *(sinnlich wahrnehmbare Welt).*

mun|dus vult de|ci|pi [- 'volt 'de:tsipi,

lat.] (bildungsspr.): *die Welt will betrogen sein.*

Mund|ver|kehr, der: *Oralverkehr.*

Mund voll: s. Mund (1 a).

Mund|vor|rat, der: *Proviant.*

Mund|was|ser, das ⟨Pl. ...wässer⟩: *desodorierend, desinfizierend wirkendes Mittel zur Mundpflege.*

Mund|werk, das ⟨o. Pl.⟩ (ugs.): *oft tadelnswerte Redefreudigkeit, gleichsam maschinell funktionierende Fähigkeit zu vorwitzigen, schlagfertigen, respektlosen Reden:* ein flinkes, freches, loses M.; Sie wird dich gut unterhalten, ihr M. steht keine Minute still (Danella, Hotel 158); endlich findet er sein M. wieder (Johnson, Mutmaßungen 106); * **ein großes M. haben** (↑ ¹Mund 1 a); **jmdm. über das M. fahren** (↑ ¹Mund 1 a).

Mund|werk|zeug, das ⟨meist Pl.⟩ (Zool.): *Mundgliedmaßen.*

Mund|win|kel, der: *Stelle, an der Ober- u. Unterlippe ineinander übergehen:* ihre M. zitterten; mit der Zigarette im M.; Das fragte der alte Teitzke und saß mit breit gezogenen -n (Loest, Pistole 235).

Mund-zu-Mund-Be|at|mung, die: *Beatmung von Mund zu Mund.*

Mund-zu-Na|se-Be|at|mung, die: *Beatmung von Mund zu Nase:* Bei der M. muss der Mund ... des Ohnmächtigen verschlossen werden (Hörzu 22, 1978, 132).

¹Mun|go, der; -s, -s [engl. mungo, mongoose < tamil. (südindische Spr.) mangūs]: *(in Arabien, Indien u. auf Sri Lanka lebende) bräunliche, silbergrau gesprenkelte Schleichkatze.*

²Mun|go, der; -[s], -s [engl. mungo, H. u.]: *Reißwolle aus schweren Wollstoffen mit kurzen u. beschädigten Fasern.*

Mu|ni, der; -s, - [H. u., viell. lautm.] (schweiz.): *Zuchtstier.*

Mu|ni|fi|zenz, die; -, -en [lat. munificentia] (veraltet): *Freigebigkeit.*

Mu|ni|ti|on, die; -, -en [frz. munition (de guerre) < lat. munitio = Befestigung, Schanzwerk, zu: munire = aufmauern; befestigen, verschanzen]: *aus Geschossen, Sprengladungen, Zünd- u. Leuchtsätzen bestehendes Schießmaterial für Feuerwaffen sowie Handgranaten, Bomben, Sprengladungen von Raketen, Minen u. pyrotechnische Signalmittel:* scharfe M.; kaum noch, nicht genug M. haben; seine M. verschossen haben; Ü Sanktionen schaden nicht nur der schwarzen Bevölkerung, sondern sie sind geradezu M. für die weißen Rechtsextremisten (NZZ 21. 12. 86, 25); seinen Kritikern M. liefern.

mu|ni|ti|o|nie|ren ⟨sw. V.; hat⟩: *mit Munition ausrüsten, versehen:* Die Schießgeräte ... waren mit einem ebenfalls aus den USA stammenden Betäubungsmittel munitioniert (Spiegel 11, 1980, 89); Ü Präsident und Vize hatten den Verdacht, sie sollten bloß einen CDU-Politiker gegen die Grünen m. (Spiegel 52, 1985, 19).

Mu|ni|ti|o|nie|rung, die; -, -en ⟨Pl. selten⟩: *das Munitionieren.*

Mu|ni|ti|ons|bun|ker, der: vgl. Munitionsdepot.

Mu|ni|ti|ons|de|pot, das: *Depot* (1 a), *in dem Munition gelagert wird.*

Mu|ni|ti|ons|fa|brik, die: *Fabrik, in der Munition hergestellt wird.*

Mu|ni|ti|ons|kis|te, die: *Kiste mit Munition.*

Mu|ni|ti|ons|ko|lon|ne, die: *Kolonne für den Nachschub von Munition.*

Mu|ni|ti|ons|la|ger, das: *Munitionsdepot.*

Mu|ni|ti|ons|nach|schub, der: *Nachschub von Munition.*

Mu|ni|ti|ons|trans|port, der: *Transport* (1, 2) *von Munition.*

Mu|ni|ti|ons|zug, der: *Eisenbahnzug, der Munition befördert.*

mu|ni|zi|pal ⟨Adj.⟩ [lat. municipalis = zu einem Munizipium (1) gehörend] (veraltet): *städtisch.*

mu|ni|zi|pa|li|sie|ren ⟨sw. V.; hat⟩ (veraltet): *einer Stadt od. Gemeinde eine Verfassung geben.*

Mu|ni|zi|pa|li|tät, die; -, -en (veraltet): *Stadtobrigkeit.*

Mu|ni|zi|pi|um, das; -s, ...ien [lat. municipium]: **1.** (hist.) *[selbstständige] altrömische Stadtgemeinde.* **2.** (veraltet) *Stadtverwaltung.*

Mun|ke|lei, die; -, -en (ugs.): *[dauerndes] Munkeln.*

mun|keln ⟨sw. V.; hat⟩ [aus dem Niederd. < mniederd. munkel(e)n, wohl lautm.] (ugs.): *im Geheimen reden, erzählen:* man munkelt schon lange über sie, von dieser Sache; man munkelt so allerlei; Ich reizte wohl dieses und jenes m., aber das hörten andere auch (Weber, Tote 226); Sie soll die Tochter vom Professor sein, munkelte der Zimmernachbar (Ossowski, Liebe ist 43); ich höre, was sie reden. Ihr braucht nicht zu m.! (Frisch, Montauk 23).

¹Müns|ter, das; selten: der; -s, - [mhd. münster, ahd. munist(i)ri, über das Vlat. zu kirchenlat. monasterium < griech. monastērion = Einsiedelei; Kloster, zu: monásein = allein leben]: *große Kirche eines Klosters od. Domkapitels; Stiftskirche:* das Straßburger, Freiburger M.

²Müns|ter: *Stadt im Münsterland.*

³Müns|ter, der; -s ⟨Sorten:⟩ -: *kurz für* ↑ Münsterkäse.

¹Müns|te|ra|ner, der; -s, -: *Ew.*

²Müns|te|ra|ner ⟨indekl. Adj.⟩.

Müns|te|ra|ne|rin, die; -, -nen: w. Form zu ↑ ¹Münsteraner.

Müns|ter|bau, der ⟨Pl. ...bauten⟩: ¹Münster.

Müns|ter|kä|se, der; -s, - [nach der frz. Stadt Munster im Elsass]: *Weichkäse von feinem, mild-würzigem Geschmack.*

Müns|ter|land, das; -[e]s: *Teil der Westfälischen Bucht.*

Müns|ter|turm, der: *Turm eines ¹Münsters.*

Munt: ↑ ²Mund.

mun|ter ⟨Adj.⟩ [mhd. munter, ahd. muntar, eigtl. = aufmerksam, aufgeregt]: **1. a)** *heiter, gut gelaunt, aufgeweckt u. lebhaft; von Heiterkeit, Fröhlichkeit, Lebhaftigkeit zeugend:* ein -es Kind; ihre -en Augen; ein -es Lied, Spiel; Zusammen mit -en Studentinnen überquere ich die Burgbrücke (Berger, Augenblick 72);

Voran ging Herrn Ruys Brauner seinen -en *(raschen)* Schritt (Doderer, Abenteuer 5); Die Frau ist ordentlich m. geworden (Remarque, Westen 187); ihre Fröhlichkeit stimmte auch die andern m.; »So«, sagte sie m. »Nun kommen Sie mal alle mit« (Kempowski, Tadellöser 176); Ü ... hat Fiat dem ohnehin -en 850-ccm-Motor eine zusätzliche Leistungsspritze verabreicht (auto 7, 1965, 41); Ein -er Strahl Superbenzin ergoss sich auf die Straße (NZZ 21. 12. 86, 5); **b)** *unbekümmert, ungehemmt [u. mit Lust an der Sache]:* Die Generalversammlung des Verbandes für Wohnungswesen nahm unter der -en Leitung Ernst Müllers den erwarteten Verlauf (NZZ 29. 4. 83, 27); Vor allem Großbritannien und Dänemark eifern m. darum, die Nordsee leer zu fischen (natur 3, 1991, 17); beim Kaufmann m. anschreiben lassen; Ü der Wasserkessel kochte m. vor sich hin; **c)** *[wieder] in guter gesundheitlicher Verfassung:* er ist wieder [gesund und] m.; sie fühlt sich ganz m., ist aber noch nicht völlig genesen. **2.** *wach; nicht mehr od. noch nicht schläfrig:* morgens schon früh m. werden; sich nicht länger m. halten können; wir ... wurden vor dem Schlafengehen noch einmal richtig m. (Wimschneider, Herbstmilch 6).

Mun|ter|keit, die; -: *muntere* (1 a, 2) *Art; das Muntersein.*

Mun|ter|ma|cher, der (ugs. scherzh.): *etw., was munter* (1 a, 2) *macht; Anregungsmittel:* Antidepressiva werden oft als M. für die Seele angepriesen; Zum M. wird das Bad mit einer anschließenden kalten Dusche (Abend 11. 11. 80, 15).

Munt|jak, der; -s, -s [engl. muntjac, aus dem Jav.]: *im tropischen Südasien lebender Hirsch mit rotbrauner Oberseite, weißer Unterseite u. kleinem Geweih.*

Münz|amt, das, **Münz|an|stalt,** die: *Münzstätte.*

Münz|ap|pa|rat, der: *Münzfernsprecher.*

Münz|ar|bei|ter, der: *Facharbeiter an einer Münzstätte.*

Münz|ar|bei|te|rin, die: w. Form zu ↑ Münzarbeiter.

Münz|au|to|mat, der: *Automat* (1 a).

Münz|be|am|te, der: *Beamter an einer Münzstätte.*

Münz|be|am|tin, die: w. Form zu ↑ Münzbeamte.

Münz|de|likt, das (Rechtsspr.): *Verstoß gegen die Gesetze zum Schutz des staatlichen u. internationalen Geldverkehrs.*

Mün|ze, die; -, -n [mhd. münze, ahd. muniʒʒa < lat. moneta = Münzstätte; Münze]: **1.** *aus Metall hergestelltes, scheibenförmiges Geldstück von bestimmtem Gewicht u. Feingehalt u. mit beidseitigem Gepräge:* eine silberne, alte, echte, ungültige, abgegriffene M.; inländische, ausländische, fremde -n; eine M. aus Gold; eine M. in einen Automaten einwerfen; diese -n verlieren ihren Wert, verlieren an Wert; -n prägen, fälschen, sammeln; neue, falsche -n in Umlauf setzen; -n beim öffentlichen Fernsprecher nachwerfen; -n einziehen, aus dem Verkehr ziehen; eine M. werfen *(eine Münze hochwerfen, um die Entscheidung zwi-*

schen zwei Möglichkeiten davon abhängig zu machen, welche Seite nach oben zu liegen kommt); dann kam der Tag, da sie ihr Geld nicht mehr in harter M. ... erhielt (Süskind, Parfum 39); Ü Er speist die Fragende nicht ab mit der billigen M. des Mitleids (Joho, Peyrouton 178); *klingende M. (geh.; bares Geld; Geld, aus dem man Nutzen od. Gewinn ziehen kann): eine Idee in klingende M. umsetzen; etw. in klingender M. bezahlen; **etw. für bare M. nehmen** (an der Ernsthaftigkeit von jmds. Äußerung törichterweise nicht zweifeln): Vielleicht sollte man diese sich meist in hohler Rhetorik erschöpfenden Kurzplädoyers nicht für bare M. nehmen (Reich-Ranicki, Th. Mann 147); **jmdm. etw. in/mit gleicher M. heimzahlen** (jmdm. etw. auf die gleiche üble Art vergelten). **2.** Münzstätte.

Münz|ein|heit, die: Einheit (2) für das Geld einer bestimmten Münze.

mün|zen ⟨sw. V.; hat⟩ [mhd. münzen, ahd. munizzōn]: **1.** Metall zu Münzen prägen: Gold, Silber m.; ◆ Ü Kann der Herzog Gesetze der Menschheit verdrehen oder Handlungen m. wie seine Dreier (Schiller, Kabale II, 3). **2.** *auf jmdn., etw. gemünzt sein (sich auf jmdn., etw. beziehen; sich gegen jmdn., etw. richten;* wohl nach den früher hergestellten Gedenkmünzen mit eingeprägten, versteckten satirischen Anspielungen): »Ich wollt', es wäre Nacht oder die Preußen kämen«, dieses rührende Wort Wellingtons, auf Blücher gemünzt, er vielleicht gar nicht gesagt hat (Kempowski, Zeit 79); **es auf jmdn., etw. m.** (jmdn., etw. als Ziel im Auge haben; es auf jmdn., etw. abgesehen haben): Auf niemanden münz' ich es, als Kunigunden und ihren Bräutigam ...: Tu mir zu wissen, wo sie wohnen (Kleist, Käthchen III, 6); auf diesen Sack, der oben in Seiner Stube lag, hatten es die Räuber gemünzt (Brentano, Kasperl 359).

Mün|zen|samm|lung, die: ↑Münzsammlung.

Mün|zer, der; -s, - [mhd. münzer, munzære, ahd. munizāri < spätlat. monetarius] (veraltet): Münzarbeiter.

Münz|fäl|scher, der: Falschmünzer.

Münz|fäl|sche|rin, die: w. Form zu ↑Münzfälscher.

Münz|fäl|schung, die: Falschmünzerei.

Münz|fern|rohr, das: vgl. Münzfernsprecher.

Münz|fern|spre|cher, der: öffentlicher Fernsprechapparat, der nach Einwurf einer od. mehrerer Münzen benutzt werden kann.

Münz|fund, der (Rechtsspr.): das Finden von Münzen, bes. einer Münzsammlung.

Münz|fuß, der: gesetzlich festgelegtes Verhältnis zwischen Gewicht u. Feingehalt bei Münzen.

Münz|gas|zäh|ler, der: Gasautomat.

Münz|ge|rech|tig|keit, die: Münzrecht.

Münz|ge|wicht, das: durch den Münzfuß geregeltes Gewicht einer Münze im Unterschied zum Feingehalt.

Münz|herr, der: Inhaber des Münzrechts.

Münz|ho|heit, die ⟨Pl. selten⟩: Recht [des Staates], Münzen zu prägen.

Münz|ka|bi|nett, das: **1. a)** Raum zur Aufbewahrung einer Münzsammlung; **b)** (früher) mit vielen Fächern versehenes Schränkchen zur Aufnahme gesammelter Münzen. **2.** Münzsammlung.

Münz|kon|troll|waa|ge, die: Justierwaage.

Münz|kon|ven|ti|on, die: Münzvertrag.

Münz|kun|de, die: **1.** ⟨o. Pl.⟩ Numismatik. **2.** Lehrbuch der Numismatik.

Münz|kund|ler, der; -s, -: Numismatiker.

Münz|kund|le|rin, die; -, -nen: w. Form zu ↑Münzkundler.

münz|kund|lich ⟨Adj.⟩: numismatisch.

Münz|meis|ter, der: verantwortlicher Leiter einer Münzstätte.

Münz|meis|te|rin, die: w. Form zu ↑Münzmeister.

Münz|prä|gung, die: das Prägen von Münzen in einer Münzstätte.

Münz|pro|be, die: chemisch-physikalische Untersuchung einer Münze auf Einhaltung des gesetzlichen Münzfußes.

Münz|recht, das ⟨o. Pl.⟩: **1.** Münzhoheit. **2.** rechtliche Bestimmungen eines Staates zur Regelung des Münzwesens.

Münz|samm|lung, die: Sammlung von [alten] Münzen u. Medaillen.

Münz|stät|te, die: Werkstatt od. Fabrik, in der Münzen geprägt werden.

Münz|stem|pel, der: Werkzeug, mit dem das Rohprodukt der Münze mit dem Gepräge versehen wird.

Münz|tank[|au|to|mat], der: Automat zum Selbsttanken: es war ihm erst klar geworden, als er den M. kontrollierte (Schnurre, Schattenfotograf 417).

Münz|tank|stel|le, die: Tankstelle mit Münztank: 5-Mark-Stücke für die M. benötigen; Dann erklärt er ihm ... den Weg zu einer M. am Ortseingang von Jever (Lindlau, Mob 258).

Münz|ver|bre|chen, das: vgl. Münzdelikt.

Münz|ver|fäl|schung, die (Rechtsspr.): betrügerische Veränderung von Geld, um ihm einen höheren Wert od. eine Fortdauer der Geltung zu verleihen.

Münz|ver|ge|hen, das: vgl. Münzdelikt.

Münz|ver|trag, der: Vertrag zwischen verschiedenen Münzherren besonders über Angleichungen im Münzwesen.

Münz|war|dein, der (früher): vom Münzmeister unabhängiger Münzbeamter zur Beaufsichtigung besonders von Feingehalt u. Münzgewicht.

Münz|wechs|ler, der: Automat, der größere Münzen in kleinere umtauscht.

Münz|we|sen, das ⟨o. Pl.⟩: Gesamtheit der Einrichtungen für die Herstellung u. den Umlauf von Münzen.

Münz|wis|sen|schaft, die ⟨o. Pl.⟩: Numismatik.

Münz|zäh|ler, der: Automat, der nach Einwurf einer Münze eine bestimmte Menge Gas abgibt.

Münz|zei|chen, das: auf Münzen eingeprägtes Zeichen.

Mu|rä|ne, die; -, -n [spätmhd. murēn < lat. murena < griech. mýraina]: (in warmen Meeren heimischer) gelbbrauner, z. T. lebhaft gezeichneter Fisch (von dem einige Arten als Speisefisch sehr geschätzt werden).

Mu|ra|no|glas, das: (auf der Insel Murano bei Venedig hergestelltes) künstlerisches Glas von besonderer Feinheit; venezianisches Glas.

mürb (bes. südd., österr.), **mür|be** ⟨Adj.⟩ [mhd. mür(w)e, ahd. mur(u)wi = zermalmt, zerrieben, weich]: **1.** sich leicht kauen lassend u. leicht in seine Teile zerfallend: mürbes Gebäck, Fleisch, Obst; Mit bloßen, von Olivenöl triefenden Händen aß er mürbe Fische (Ransmayr, Welt 231); das Fleisch mürb klopfen. **2.** durch Alter, Abnutzung die Festigkeit seiner Substanz verloren habend: mürbe Taue; ein mürbes (brüchiges, durchgescheuertes) Gewebe; neue Gummi-Metall-Verbindungen zwischen Querlenker und Stabilisator. Die alten Lager ... wurden zu schnell mürbe (ADAC-Motorwelt 3, 1986, 46). **3.** seine Spannkraft u. Widerstandskraft durch anhaltende negative Einwirkung verloren habend: von den ständigen Anfeindungen war sie völlig mürbe; Jetzt wurde auch er angesichts der fortdauernden Kritik mürbe (Bund 11. 10. 83, 25); den Gegner mürbe machen (zwingen, seinen Widerstand aufzugeben).

Mür|be, die; -: Mürbheit.

Mür|be|bra|ten, der: **a)** (nordd.) Lendenbraten; **b)** (Jägerspr.) Lendenstück beim Rotwild.

Mür|be|teig, der: gekneteter Kuchenteig aus Zucker, Fett, Eiern, Mehl u. wenig Milch od. Wasser.

Mürb|fleisch, das (landsch.): Lendenbraten.

Mürb|heit, die; -: das Mürbesein.

Mür|big|keit, die; - (veraltet): Mürbheit.

Mur|bruch, der: Mure.

Mu|re, die; -, -n [aus dem Bayer., Tirol., viell. verw. mit ↑morsch, mürbe]: in Gebirgsgegenden durch starken Regen od. Schneeschmelze hervorgerufener Strom (1 b) von Schlamm u. Gesteinsschutt.

mu|ren ⟨sw. V.; hat⟩ [engl. to moor] (Seew.): (ein Schiff) mit einer Muring verankern.

Mur|gang, der; -[e]s, ...gänge: Mure.

mu|ri|a|tisch ⟨Adj.⟩ [zu lat. muriaticus = gepökelt, zu: muria = Salzlake] (Fachspr.): (von Heilquellen) kochsalzhaltig.

mu|rig ⟨Adj.⟩: regelmäßig von einer Mure überflutet: ein -es Gelände.

Mu|ring, die; -, -e [engl. mooring, zu: to moor, ↑muren] (Seew.): Vorrichtung zum Verankern eines Schiffes mit zwei Ankern.

Mu|ring|bol|je, Mu|rings|bol|je, die (Seew.): Boje, die über der Stelle gesetzt wird, an der eine Muring gelegt worden ist.

Mu|ring|schä|kel, der (Seew.): Schäkel, mit dem die Ketten zweier Anker u. die Kette einer Muring miteinander verbunden werden.

Mü|ritz, die; -: in Mecklenburg-Vorpommern gelegener größter See Deutschlands.

Mur|kel, der; -s, - [Vkl. von älter: Murk = Brocken; Krümel, Knirps, viell. zu veraltet murkeln = zerbröseln] (landsch. ugs.): kleines Kind.

mur|ke|lig, murklig ⟨Adj.⟩ (landsch. ugs. abwertend): *im Wachstum zurückgeblieben u. entsprechend klein, schwächlich u. unansehnlich:* murkelige Kartoffeln, Äpfel; sie hatte einen murkligen Mann geheiratet.

mur|keln ⟨sw. V.; hat⟩ [landsch. Nebenf. von ↑murksen] (landsch.): *zerdrücken, zerbrechen, unordentlich zusammenlegen, -drücken o. Ä.:* das Brot m.; Papier m.

♦ **Mur|ki,** das; -s, -s [wohl aus dem Südd., H. u.]: *lebhafter, ursprünglich bäuerlicher Tanz:* Wenn wir nun der Menuett genug hatten, ersuchte ich den Vater um andere Tanzweisen, dergleichen die Notenbücher in ihren Giguen und -s reichlich darboten (Goethe, Dichtung u. Wahrheit 9).

murk|lig: ↑murkelig.

Murks, der; -es [rückgeb. aus ↑murksen] (salopp abwertend): *unsachgemäß, fehlerhaft, schlecht ausgeführte Arbeit:* er hat M. gemacht; Diese ... aufgeblähte Technik, alles M. (Degener, Heimsuchung 63); Als rechter M. erwiesen sich ... die Wischerblätter (ADAC-Motorwelt 6, 1982, 40).

murk|sen ⟨sw. V.; hat⟩ [zu älter Murk, ↑Murkel] (salopp abwertend): **1.** *[ohne sichtbaren Erfolg] sich an etw. beschäftigen, unsachgemäß an etw. arbeiten:* er murkst schon drei Stunden im Keller; er hat bei dieser Arbeit gemurkst *(hat dabei nachlässig u. fehlerhaft gearbeitet).* **2.** *töten, umbringen:* der andere war ... bereit, zu schlagen und zu m., was nach Blutsauger und Ausbeuter roch (Marchwitza, Kumiaks 122).

Mur|mel, die; -, -n [niederd. Nebenf. von ↑¹Marmel] (landsch.): *kleine [Glas]kugel zum Spielen:* wir wollen [mit] -n spielen; Das Kind kollerte den Stein vor die Füße des Jungen, als würde es mit -n schussern (Fels, Sünden 100).

Mur|mel|laut, der (Sprachw.): *Schwa.*

¹mur|meln ⟨sw. V.; hat⟩ [mhd. murmeln, ahd. murmulōn, lautm.]: *mit gedämpfter Stimme [in tiefer Tonlage], meist nicht sehr deutlich etw. sagen, was oft nicht für andere bestimmt ist:* etwas Unverständliches, eine Entschuldigung, Gebete [vor sich hin] m.; Mon nickte mehrmals und murmelte seinen Namen (Konsalik, Promenadendeck 36); So ähnlich könnten die Bewegungen und die gemurmelten Sätze eines indianischen Medizinmannes sein (Rolf Schneider, November 101); ⟨subst.:⟩ ein leises Murmeln; Ü ein murmelndes (geh.; *leise plätscherndes)* Bächlein.

²mur|meln ⟨sw. V.; hat⟩ (landsch.): *mit Murmeln spielen.*

Mur|mel|tier, das [1. Bestandteil ahd. murmunto, murmuntīn, zu spätlat. mus (Gen.: muris) montis = Bergmaus, volksetym. an ¹murmeln angelehnt]: *(vor allem im Hochgebirge vorkommendes) einen Winterschlaf haltendes, kleines Nagetier mit rundlichem Kopf u. kurzem, buschigem Schwanz:* schlafen wie ein M. (emotional; *fest u. lange schlafen);* Himmel, wie spät ist es? Ich habe geschlafen wie ein M. (Borell, Verdammt 297).

mur|ren ⟨sw. V.; hat⟩ [mhd. murren; lautm., verw. mit ↑¹murmeln]: *seine Unzufriedenheit, Auflehnung mit brummender Stimme u. unfreundlichen Worten zum Ausdruck bringen:* ständig leise m.; sie murrte über das schlechte Essen; viele seiner Fraktionskollegen murren hinter vorgehaltener Hand (Hamburger Abendblatt 24. 5. 85, 1); ⟨subst.:⟩ sie ertrug alles ohne Murren.

mür|risch ⟨Adj.⟩: *Unzufriedenheit od. schlechte Laune im Gesichtsausdruck od. durch eine unfreundliche, einsilbige, abweisende Art erkennen lassend:* ein -es Gesicht machen; das Angebot wird mit -er Handbewegung ... abgelehnt (Degener, Heimsuchung 59); m. grüßen; Der Junge kam m. und mit eingezogenem Hals ins Zimmer (Augsburger Allgemeine 27./28. 5. 78, XI).

Mür|risch|keit, die; -: *das Mürrischsein.*

Murr|kopf, der (veraltet): *mürrischer Mensch.*

murr|köp|fig, murr|köp|fisch ⟨Adj.⟩ (veraltet): *mürrisch.*

Mus, das, (landsch.) auch: der ; -es, -e [mhd., ahd. muos = Speise, Essen]: *aus gekochtem Obst, aus gekochten Kartoffeln o. Ä. hergestellter Brei:* M. kochen; die Kartoffeln sind zu M. gekocht; Ü er wurde im Bus förmlich zu M. gedrückt (ugs.; *wurde in der Enge sehr gedrückt);* * jmdn., etw. zu M. machen/schlagen (ugs.; *jmdn., etw. zusammenschlagen).*

Mu|sa, die; - [arab. mauz] (Biol.): *Banane.*

Mu|sa|fa|ser, die: *Manilahanf.*

Mu|sa|get, der; -en, -en [griech. Mousagétēs = Vorsteher der Musen, Beiname von Apoll u. Herakles] (veraltet): *Freund u. Förderer der Künste u. Wissenschaften.*

Mus|ap|fel, der: *Fallapfel für Apfelmus.*

Mus|au|ge, das (berlin. salopp): **a)** *entzündetes, triefendes Auge;* **b)** *Bluterguss am Auge, blaues Auge.*

Mus|ca|det [myska'de], der; -[s], -s [frz. muscadet, zu: muscade = Muskat]: *leichter, trockener, würziger Weißwein aus der Gegend um Nantes.*

¹Mu|sche: ↑Mouche (1).

²Mu|sche, die; -, -n [ostmd. Mutsche, nd. Mutze < spätmhd. mutze = Vulva] (landsch. salopp abwertend): *weibliche Person mit lockerem Lebenswandel; Prostituierte.*

♦ **³Mu|sche,** der; -[e]s, -s [entstellt aus ↑Monsieur] (landsch.): *Monsieur; Herr:* »M. Peters«, sagte der Buchhalter zu seinem Gegenüber, »wir müssen noch einen Lichter haben ...« (Storm, Söhne 20).

Mu|schel, die; -, -n [mhd. muschel, ahd. muscula, < lat. musculus, eigtl. = Mäuschen, wohl nach der Ähnlichkeit in Form u. Farbe mit einer Maus]: **1. a)** *in zahlreichen Arten in Gewässern lebendes, z. T. essbares Weichtier, dessen Körper von zwei durch Muskeln verschließbaren Kalkschalen umschlossen ist:* -n fangen, essen; **b)** *Schale von Muscheln* (1 a): am Strand -n suchen; Ragoût fin in der M. servieren. **2. a)** kurz für ↑Hörmuschel: Er hörte in der M. den fernen Ruf. Dann kam die Stimme (Borell, Romeo 64);

b) kurz für ↑Sprechmuschel: Sie redet leise in die M., dann verschwimmen Geräusche und Linien (Sobota, Minus-Mann 325). **3.** (selten) kurz für ↑Ohrmuschel: Man kann nicht schreiben mit Ohropax in der M. (Eppendorfer, St. Pauli 73). **4.** (salopp) *Vagina.* **5.** (österr. ugs.) *Toilettenbecken:* Auf der M. sitzend zog er seinen Block ... aus der Tasche (Springer, Was 61).

Mu|schel|bank, die ⟨Pl. ...bänke⟩: *[natürliche] Massenansiedlung von im Meer lebenden Muscheln.*

Mu|schel|blüm|chen, das [wohl nach der Form der Blütenblätter]: *vor allem in Laubwäldern als zierliche, weiß blühende Staude vorkommende, auch kultivierte Frühlingsblume.*

Mü|schel|chen, das; -s, -: Vkl. zu ↑Muschel (1).

Mu|schel|fleisch, das: *Fleisch der Muschel* (1 a).

mu|schel|för|mig ⟨Adj.⟩: *die Form einer Muschel* (1) *aufweisend:* die Metallrahmen der weißen Türen und die langen, -en Klinken (Springer, Was 54).

Mu|schel|geld, das: *bei Naturvölkern bes. der Südseeraume verwendetes Zahlungsmittel in Form von Muschelschalen od. Schneckengehäusen.*

Mu|schel|gold, das [das Pulver wurde aus der inneren Schicht der Muschelschale durch Zerreiben gewonnen]: *Musivgold.*

mu|sche|lig, (auch:) muschlig ⟨Adj.⟩: *muschelförmig:* Der Pickel schlug muschelige Schollen aus dem Gestein (A. Zweig, Grischa 458).

Mu|schel|kalk, der ⟨o. Pl.⟩ (Geol.): *mittlere Abteilung (3) der Trias.*

Mu|schel|krebs, der: *(in vielen Arten im Meer u. im Süßwasser vorkommender) kleiner Krebs, dessen Körper von zwei Schalen völlig umschlossen ist.*

mu|scheln ⟨sw. V.; hat⟩ [Nebenf. von ↑mauscheln] (bes. berlin. ugs.): *mogeln.*

Mu|schel|samm|lung, die: *Sammlung von Muschelschalen.*

Mu|schel|scha|le, die: *Schale einer Muschel* (1 a).

Mu|schel|sei|de, die: *von bestimmten Muschelarten gebildeten, glänzende, bräunliche Fäden, die als Fasern zu hochwertigen Geweben mit warmem Goldglanz verarbeitet werden.*

Mu|schel|ver|gif|tung, die: *Vergiftung nach dem Genuss von verdorbenen Muscheln od. Austern.*

Mu|schel|werk, das ⟨o. Pl.⟩ (Kunstwiss.): *meist asymmetrisch rahmendes Ornament in ausschwingenden, muschelförmigen Gebilden als wichtigstes Dekorationselement des Rokokos [für Innenräume].*

Mu|schi [auch: 'mu:ʃi], die; -, -s: **1.** (Kinderspr.) *Katze:* unsere M. ist krank. **2.** (salopp) *Vulva:* dann hat sie mir ihre M. gezeigt (Fichte, Wolli 396); »Ich nenne meine Möse M.«, sprach eine Frau ... ins junge Publikum, »wie sagt ihr denn dazu?« (Spiegel 9, 1978, 62).

Mu|schik ['muʃik, auch: -'-], der; -s, -s [russ. mužik, eigtl. = kleiner Mann]: *Bauer im zaristischen Russland.*

Mu|schir, Mü|schir, der; -s, -e [türk. müsür < arab. mušīr = Berater; General]: **1.** (hist.) *hoher türkischer Beamter.* **2.** *türkischer Feldmarschall.*

Musch|ko|te, der; -n, -n [entstellt aus ↑Musketier] (Soldatenspr. veraltend, oft abwertend): *Soldat [ohne Rang]; einfacher Mensch:* Sie sind ja nur -n, und er ist ein hohes Tier (Remarque, Westen 182).

musch|lig: ↑muschelig.

Musch|po|ke: ↑Mischpoke.

Mu|se, die; -, -n [lat. musa < griech. moūsa = (Beschäftigung mit der) Kunst; Muse] (griech. Myth.): *eine der neun Töchter des Zeus u. der Mnemosyne, der Schwestern im Gefolge des Apoll als Schutzgöttinnen der Künste:* Terpsichore, die M. des Tanzes; Städte (= München und Wien), die den -n immer zugewandt und denen die -n dafür offenbar auch »hold« waren (Zeit 10. 12. 65, 45); Künstler Rubek findet in der eleganten Dame ... seine M. *(die Frau, die ihn als ständige Begleiterin künstlerisch inspiriert hat)* wieder (Rheinpfalz 18. 12. 91, 6); die -n anrufen; ** **die leichte M.*** *(die unterhaltende Kunst, bes. die Operette);* **die zehnte M.** (scherzh.; **1.** *das Kabarett;* nach dem Titel, den 1902 M. Bern (1849–1923) seiner Sammlung von Liedern u. Geschichten fürs Kabarett gab. **2.** *der Film);* **die M. küsst jmdn.** (scherzh.; *jmd. hat die Inspiration zu einem dichterischen Werk).*

mu|se|al ⟨Adj.⟩: **1.** *das Museum betreffend, dazu gehörend:* eine -e Attraktion; m. *(wie Museen)* verwaltete Konzentrationslager (Fries, Weg 199); Viele Burgen und Schlösser ... wurden m. erschlossen *(wie Museen zugänglich gemacht;* Freie Presse 25. 11. 87, 5). **2.** *Vorstellungen von etw. weckend, was im Museum als Relikt vergangener Zeiten aufbewahrt wird:* -e Kulturgüter; Der am wenigsten -e *(traditionalistische u. unzeitgemäße)* Denker unserer Tage, Sartre (Spiegel 11, 1966, 10); Unsere Regisseure und wir Schauspieler wollen keine -en *(verstaubten, unzeitgemäßen),* keine konservative Klassikeraufführungen (NNN 6, 1985, o. S.).

Mu|se|en: Pl. von ↑Museum.

Mu|sel|man, der; -en, -en [...ma:nǝn, auch: --'--; ital. musulmano, türk. müslüman < pers. musalmān; vgl. Moslem] (veraltet, noch scherzh.): *Moslem.*

Mu|sel|ma|nin [auch: --'--], die; -, -nen (veraltet, noch scherzh.): w. Form zu ↑Muselman.

mu|sel|ma|nisch [auch: --'--] ⟨Adj.⟩ (veraltet, noch scherzh.): *moslemisch.*

Mu|sel|mann, der; -[e]s, ...männer (veraltet, noch scherzh.): *Muselman.*

Mu|sel|män|nin, die (veraltet, noch scherzh.): *Muselmanin.*

mu|sel|män|nisch ⟨Adj.⟩ (veraltet, noch scherzh.): *muselmanisch.*

Mu|sen|al|ma|nach, der: *(im 18. u. 19. Jh.) jährlich erscheinende Anthologie meist noch unveröffentlichter Dichtungen.*

Mu|sen|sohn, der (veraltet, noch scherzh.): a) *[junger] Dichter;* b) *Student.*

Mu|sen|tem|pel, der (veraltet, noch

scherzh.): *Theater:* die Stadt hat sich einen teuren M. geleistet.

Mu|sette [my'zɛt], die; -, -s [frz. musette, zu afrz. muse = Dudelsack, zu: muser = dudeln]: **1.** *französische Sackpfeife im 17./18. Jh.* **2.** *(in Frankreich im 17./18. Jh.) [von der Musette 1 begleiteter] langsamer Tanz im* ⁶/₈-, ³/₄- od. ²/₄-Takt *(der auch Eingang in die Kunstmusik fand).* **3.** *Musetteorchester.*

Mu|sette|or|ches|ter, das: *kleines Tanz- u. Unterhaltungsorchester ohne Streicher.*

Mu|se|um, das; -s, Museen [lat. museum = Ort für gelehrte Beschäftigung < griech. mouseīon = Musensitz, -tempel, zu: moūsa, ↑Muse]: *Institut, in dem Kunstwerke sowie kunstgewerbliche, wissenschaftliche, technische Sammlungen aufbewahrt u. ausgestellt werden:* ein [natur]historisches, vorgeschichtliches M.; ein M., eine Ausstellung im M. besuchen.

Mu|se|ums|auf|se|her, der: *Museumswärter* (Berufsbez.).

Mu|se|ums|auf|se|he|rin, die: w. Form zu ↑Museumsaufseher.

Mu|se|ums|die|ner, der (veraltend): *Museumswärter.*

Mu|se|ums|die|ne|rin, die: w. Form zu ↑Museumsdiener.

Mu|se|ums|füh|rer, der: **1.** *Führer* (1 b) *durch ein Museum.* **2.** *Führer* (2) *zur Besichtigung eines Museums.*

Mu|se|ums|füh|re|rin, die: w. Form zu ↑Museumsführer (1).

Mu|se|ums|kä|fer, der: *sehr kleiner, schwarzgelber Käfer, der als Schädling u. a. an Pelzen u. Wolle auftritt.*

Mu|se|ums|ka|ta|log, der: *Katalog über eine einzelne od. alle Sammlungen eines Museums.*

Mu|se|ums|pä|da|go|ge, der: *jmd., der in der Museumspädagogik tätig ist.*

Mu|se|ums|pä|da|go|gik, die: *auf Kinder u. Erwachsene bezogene pädagogische Arbeit im Museum.*

Mu|se|ums|pä|da|go|gin, die: w. Form zu ↑Museumspädagoge.

mu|se|ums|reif ⟨Adj.⟩ (ugs. iron.): *in heutiger Zeit völlig unüblich geworden od. aus dem Gebrauch gekommen:* Das Fräulein Hegele ... tippte auf der -en Schreibmaschine kleine Rechnungen (Sommer, Und keiner 272); ihr Hut ist fast m.

Mu|se|ums|re|pli|kat, das: *originalgetreues Replikat eines im Museum aufbewahrten Originals.*

Mu|se|ums|stück, das: *in einem Museum aufbewahrter [einzelner] wertvoller [Ausstellungs]gegenstand, Exponat:* wertvolle Gemälde und -e wurden bei Kriegsbeginn ausgelagert; Ü (ugs.:) er war schon lange in der Firma, dass man ihn fast als M. bestaunen konnte.

Mu|se|ums|wär|ter, der: *jmd., der in einem Museum die Aufsicht führt* (Berufsbez.).

Mu|se|ums|wär|te|rin, die: w. Form zu ↑Museumswärter.

Mu|se|ums|wert, der (o. Pl.) fast nur in Verbindung M. haben (besonders wertvoll sein): dein Wagen hat ja schon M.

(ist sehr alt, ist kaum noch zu gebrauchen).

Mu|se|ums|zug, der: *historischer Eisenbahnzug, der für Sonderfahrten eingesetzt wird:* Der M. der Dampfbahnfreunde Kahlgrund rollt am kommenden Sonntag, 8. November, wieder (FR 5. 11. 98, 2).

Mu|si|ca, die; - [lat. (ars) musica < griech. mousikḗ (téchnē), eigtl. = Musenkunst]: *Musik als eine der Artes liberales:* Frau M. (altertümelnd, scherzh.; *die Musik);* M. antiqua *(alte Musik);* M. instrumentalis *(im MA. Musik im eigentlichen Sinne, Instrumental- u. Vokalmusik);* M. mensurata *(Mensuralmusik);* M. nova *(neue Musik);* M. sacra *(geistliche Musik; Kirchenmusik);* M. viva *(moderne, zeitgenössische Musik).*

Mu|si|cal ['mju:zɪkl], das; -s, -s [engl. musical (comedy), eigtl. = musikalische Komödie]: a) ⟨o. Pl.⟩ *populäre Gattung des Musiktheaters mit Elementen aus Drama, Operette, Revue u. Varieté;* b) *einzelnes Stück der Gattung Musical* (a): ein amerikanisches M.; ein M. schreiben, komponieren; Guy baute das Stück um. Er versuchte, eine Art afrikanisches M. zu zimmern (Perrin, Frauen 62).

Mu|si|cal|clown, der: *Unterhaltungskünstler, der als Hauptbestandteil seiner Darbietung auf ungewöhnlich aussehenden Musikinstrumenten spielt u. damit eine komische Wirkung erreicht.*

Mu|sic|box ['mju:zɪk-], die; -, -en u. -es [...iz]: ↑Musikbox.

mu|si|ert ⟨Adj.⟩ (Fachspr.) *musivisch.*

Mu|sik, die; -, -en [mhd. music, ahd. musica < lat. musica, ↑Musica; Betonungsänderung u. Bedeutungserweiterung unter Einfluss von frz. musique]: **1.** a) ⟨o. Pl.⟩ *Kunst, Töne in bestimmter (geschichtlich bedingter) Gesetzmäßigkeit hinsichtlich Rhythmus, Melodie, Harmonie zu einer Gruppe von Klängen u. zu einer stilistisch eigenständigen Komposition zu ordnen; Tonkunst:* klassische, geistliche, weltliche, akademische, italienische, moderne, atonale, elektronische M.; die M. des Barock; ein [poppige] M. liebender Mensch; M. kennt keine Grenzen *(wird überall auf der Welt verstanden u. ist völkerverbindend);* Ihr (= der deutschen Innerlichkeit) verdanke die Welt die deutsche Metaphysik und die deutsche M. (Reich-Ranicki, Th. Mann 90); M. *(an einer Musikhochschule ein Fach wie z. B. Komposition, Klavier, Gesang)* studieren; sie hat in M. *(im Schulfach Musik)* eine Zwei; er versteht nichts von M.; ** **neue M.*** *(Richtung in der Musik des 20. Jh.s, die sich durch Freiheit im Gebrauch der musikalischen Mittel auszeichnet);* **M. im Blut haben** (emotional; *eine angeborene Musikalität besitzen u. sich [auf dem Gebiet der Unterhaltungsmusik] entsprechend talentiert zeigen);* b) *Erzeugnis[se], Werk[e] der Musik* (1 a): M. [von Bach, Beethoven, der Wiener Klassik] erklingt; aus dem Radio tönte, kam laute, hämmernde, beschwingte, leise, diskrete, gedämpfte, getragene, ernste M.; M.

als Untermalung; die M. brach ab, setzte wieder ein, drang bis auf die Straße; Jedes Mal lief M. ..., wenn er sich am Haustelefon meldete (Wellershoff, Körper 135); M. hören; jmds. M. aufführen, dirigieren, spielen, singen; sie hört gern gute, klassische, schwere, leichte, (ugs.:) schräge M.; ein [klassische] M. liebender Mensch; er schreibt, komponiert die M. zu diesem Film; M. machen *(musizieren; für ein Publikum spielen); der M. lauschen; einen Text in M. setzen (vertonen); das Ballett ... tanzt nach -en von Ravel und Sarasate (MM 12. 8. 72, 66); R mit M. geht alles besser; Ü sie ... lauschten auf die M. der Wellen (Geissler, Wunschhütlein 72); * M. in jmds. Ohren sein* (ugs.; *eine äußerst angenehme u. willkommene Äußerung, Neuigkeit o. Ä. für jmdn. sein*); **hinter/in etw. sitzt/steckt M.** (ugs.; *etw. hat Kraft, Wucht*). **2.** ⟨Pl. seltener⟩ (ugs.) *Musikkapelle:* die M. kommt; Es ist ohnehin Schluss; auch die M. packt ein (Remarque, Obelisk 56); er bestellte Bier für die M.

Mu|sik|aka|de|mie, die: *Musikhochschule.*

Mu|si|ka|lien ⟨Pl.⟩ [zu mlat. musicalis = musikalisch]: *musikalische Werke in Form von gedruckten Noten, seltener als Handschriften.*

Mu|si|ka|li|en|hand|lung, die: *Geschäft, in dem Musikalien verkauft werden.*

mu|si|ka|lisch ⟨Adj.⟩ [mlat. musicalis]: **1.** *die Musik (1) betreffend, in ihren Bereich gehörend:* -e Darbietungen; eine -e Begabung, Ader; die -e Umrahmung einer Feier; seine Interessen liegen vor allem auf -em Gebiet; Welche -e Richtung schlägt sie jetzt ein? (Freizeitmagazin 12, 1978, 20); sie ist m. veranlagt. **2.** *mit Empfinden, Verständnis, Begabung für Musik (1) ausgestattet:* ein -er Mensch; er ist, spielt, dirigiert [sehr, nicht] m.; Aber dann heißt es, ... unsere Stimmen seien zu alt oder zu rau oder nicht m. genug (Hofmann, Fistelstimme 143). **3.** *wie Musik (1 b) wirkend; klangvoll:* eine -e Sprache, Prosa.

Mu|si|ka|li|tät, die; -: **1.** *Empfinden, Verständnis, Begabung für Musik (1):* die M. des Dirigenten, des Chors; mit M. singen, spielen; Bei ihrem ersten Auftritt ... konnte die junge Künstlerin ihr Publikum ... von ihrer intelligenten M. und enormen Technik überzeugen (Hamburger Abendblatt 22. 5. 85, 9). **2.** *Wirkung wie Musik (1 b):* die M. der Gedichte Brentanos.

Mu|si|kant, der; -en, -en [zu mlat. musicans (Gen.: musicantis), 1. Part. von: musicare = musizieren]: *Instrumentalist, der zu bestimmten Gelegenheiten, bes. zum Tanz, bei Umzügen, spielt:* einige -en zogen durch die Straßen, spielten auf der Hochzeit.

Mu|si|kan|ten|kno|chen, der [H. u.]: *Höcker am Ellbogen, an dem der Nerv an der Oberfläche liegt, sodass diese Stelle besonders schmerzempfindlich ist:* ich habe mir den M. gestoßen.

Mu|si|kan|ten|tum, das; -s: *das Musikantsein.*

Mu|si|kan|tin, die; -, -nen: w. Form zu ↑Musikant.

mu|si|kan|tisch ⟨Adj.⟩: *mit Begeisterung u. der Musik adäquatem Schwung [spielend]:* Unverkennbar kam ihr -es Temperament zum Vorschein (Freie Presse 26. 11. 87, 6); das Quartett spielte m.

Mu|sik|au|to|mat, der: **a)** *Apparat, der mit mechanischer Antriebsvorrichtung eine od. mehrere Musikstücke abspielt;* **b)** *Musikbox.*

mu|sik|be|gabt ⟨Adj.⟩: *für Musik (1 a) begabt:* eine -e Schülerin.

mu|sik|be|ses|sen ⟨Adj.⟩: *von der Musik (1 a) besessen* (b).

Mu|sik|bi|b|li|o|thek, die: *[öffentliche] Sammlung von Musikalien, Literatur über Musik [u. Musik auf Tonträgern].*

Mu|sik|box, die: *[in Gaststätten aufgestellter] Automat mit einem Magazin von Schallplatten, die nach Einwurf von Münzen abgespielt werden können:* Der Typ ... schnippte mit den Fingern und schnalzte anerkennend, wenn jemand die M. fütterte (Fels, Sünden 101).

Mu|sik|büh|ne, die: *Bühne (1 b), an der bes. Opern gespielt werden.*

Mu|sik|clown, der: *Musicalclown.*

Mu|sik|damp|fer, der: **a)** (veraltend) *kleineres Schiff, auf dem ein Unterhaltungsprogramm dargeboten wird;* **b)** (abwertend) *Luxusdampfer, auf dem Kreuzfahrten gemacht werden:* Ein Seefahrtslaie ist geneigt, den Kapitän eines Kreuzfahrtschiffes, eines -s, wie man so was respektlos nennt, zu beneiden (Konsalik, Promenadendeck 166).

Mu|sik|di|rek|tor, der (Abk.: MD): **a)** ⟨o. Pl.⟩ *an den Leiter einer städtischen, kirchlichen o. ä. musikalischen Institution verliehener Titel;* **b)** *Träger des Titels Musikdirektor* (a).

Mu|sik|di|rek|to|rin, die: w. Form zu ↑Musikdirektor.

Mu|sik|dra|ma, das: **a)** ⟨o. Pl.⟩ *(bes. im Hinblick auf die Werke R. Wagners) musikalisches Bühnenwerk (als Gattung, bei dem sich die Musik den Anforderungen des Dramas fügt);* **b)** *einzelnes Werk der Gattung Musikdrama* (a).

mu|sik|dra|ma|tisch ⟨Adj.⟩: *das Musikdrama betreffend.*

Mu|si|ker, der; -s, - (Berufsbez.): **a)** *jmd., der beruflich Musik* (1), *eine Tätigkeit im musikalischen Bereich ausübt:* er ist ein genialer M.; In Deutschland waren sie ... auf Tournee. Die M. um den Komponisten Jeff Lynne (Freizeitmagazin 26, 1978, 29); **b)** *Mitglied eines Orchesters; Orchestermusiker:* die M. kommen auf die Bühne, stimmen ihre Instrumente.

Mu|si|ke|rin, die; -, -nen: w. Form zu ↑Musiker.

Mu|sik|er|zie|her, der: *Musiklehrer.*

Mu|sik|er|zie|he|rin, die: w. Form zu ↑Musikerzieher.

Mu|sik|er|zie|hung, die ⟨o. Pl.⟩: *Musik (1 a) als Schulfach.*

Mu|sik|fest, das: *Musikfestspiele.*

Mu|sik|fest|spie|le ⟨Pl.⟩: *musikalische Festspiele mit einer Folge von Aufführungen.*

Mu|sik|film, der: *Film mit vielen musikalischen Darbietungen.*

Mu|sik|freund, der: *Freund (3 a) der Musik.*

Mu|sik|freun|din, die: w. Form zu ↑Musikfreund.

Mu|sik|ge|schich|te, die: **1.** ⟨o. Pl.⟩ **a)** *geschichtliche Entwicklung der Musik;* **b)** *Wissenschaft von der geschichtlichen Entwicklung der Musik als Teil der Musikwissenschaft.* **2.** *Werk, das die Musikgeschichte* (1 a) *zum Thema hat.*

mu|sik|ge|schicht|lich ⟨Adj.⟩ *die Musikgeschichte* (1) *betreffend, auf ihr beruhend, zu ihr gehörend.*

Mu|sik|his|to|ri|ker, der: *Wissenschaftler auf dem Gebiet der Musikgeschichte* (1 b).

Mu|sik|his|to|ri|ke|rin, die: w. Form zu ↑Musikhistoriker.

mu|sik|his|to|risch ⟨Adj.⟩: *musikgeschichtlich.*

Mu|sik|hoch|schu|le, die: *[Fach]hochschule für die musikalische Ausbildung.*

Mu|sik|in|stru|ment, das: *Instrument, mit dessen Töne hervorgebracht werden, auf dem Musik gespielt wird.*

Mu|sik|jour|na|list, der: vgl. Musikkritiker.

Mu|sik|jour|na|lis|tin, die: w. Form zu ↑Musikjournalist.

Mu|sik|ka|pel|le, die: ²Kapelle (2).

Mu|sik|kas|set|te, die: *mit Musik bespielte Kassette* (3).

Mu|sik|kon|ser|ve, die (oft abwertend): *Schallplatte, Tonband, Kassette, worauf Musik gespeichert ist.*

Mu|sik|korps, das: *Musikkapelle als militärische Einheit:* sie ist der Meinung, Dirk solle versuchen, zu einem M. versetzt zu werden (Zeller, Amen 152).

Mu|sik|kri|tik, die: **a)** ⟨o. Pl.⟩ *publizistische kritische Beschäftigung mit Musik od. Erscheinungen im Bereich der Musik;* **b)** *einzelne publizistische Äußerung über ein musikalisches Ereignis, ein Werk u. seine Aufführung.*

Mu|sik|kri|ti|ker, der: *Publizist auf dem Gebiet der Musikkritik* (a).

Mu|sik|kri|ti|ke|rin, die: w. Form zu ↑Musikkritiker.

Mu|sik|kul|tur, die: vgl. Musikleben.

Mu|sik|le|ben, das ⟨o. Pl.⟩: *musikalisches Geschehen in einem bestimmten geographischen Bereich:* die Münchener Oper ist eines der Zentren europäischen -s.

Mu|sik|leh|re, die: **a)** ⟨o. Pl.⟩ *allgemeine Lehre von der Musik in Bezug auf die Grundbegriffe der Akustik, Notation, Melodie, Harmonik, der Formen u. a.;* **b)** *Werk, Lehrbuch, das eine Darstellung der Musiklehre enthält.*

Mu|sik|leh|rer, der: *Lehrer im Unterrichtsfach Musik.*

Mu|sik|leh|re|rin, die: w. Form zu ↑Musiklehrer.

Mu|sik|le|xi|kon, das: *Lexikon der Musik* (1).

Mu|sik|lie|be, die: *Liebe zur Musik* (1): Sie haben mir nie etwas von Ihrer M. erzählt (Bienek, Erde 98).

Mu|sik|lie|bend: s. Musik (1).

Mu|sik|lieb|ha|ber, der: *Musikfreund.*

Mu|sik|lieb|ha|be|rin, die: w. Form zu ↑Musikliebhaber.

Mu|sik|li|te|ra|tur, die ⟨o. Pl.⟩: *die Musik* (1) *betreffende Literatur* (1 b, c).

Mu|sik|meis|ter, der (veraltet): *musikalischer Leiter eines Musikkorps.*

Mu|si|ko|lo|ge, der; -n, -n [↑ -loge]: *Musikwissenschaftler.*

Mu|si|ko|lo|gie, die; - [↑ -logie]: *Musikwissenschaft.*

Mu|si|ko|lo|gin, die; -, -nen: w. Form zu ↑ Musikologe.

mu|si|ko|lo|gisch ⟨Adj.⟩: *musikwissenschaftlich.*

Mu|sik|pä|da|go|ge, der: **a)** *Pädagoge, der Musikunterricht erteilt;* **b)** *Wissenschaftler auf dem Gebiet der Musikpädagogik.*

Mu|sik|pä|da|go|gik, die: *Pädagogik der Musikinstrumente.*

Mu|sik|pä|da|go|gin, die: w. Form zu ↑ Musikpädagoge.

Mu|sik|pfle|ge, die ⟨o. Pl.⟩: *das Bemühen um die Erhaltung u. Förderung der Musik, indem man sie ausübt.*

Mu|sik|preis, der: *[aufgrund eines musikalischen Wettbewerbs] zur Anerkennung, Förderung junger Musiker verliehener Preis.*

Mu|sik|pro|du|zent, der: *jmd., der die Herstellung von musikalischen Aufnahmen* (8) *finanziert.*

Mu|sik|pro|du|zen|tin, die: w. Form zu ↑ Musikproduzent.

Mu|sik|pro|fes|sor, der (ugs.): **a)** *Professor an einer Musikhochschule;* **b)** *Professor der Musikwissenschaft.*

Mu|sik|pro|fes|so|rin, die: w. Form zu ↑ Musikprofessor.

Mu|sik|pu|bli|kum, das: *Publikum, das musikalische Aufführungen besucht.*

Mu|sik|raum, der: *für den Musikunterricht eingerichteter Klassenraum.*

Mu|sik|rei|ten, das: *gemeinschaftliches Reiten in der Reitbahn nach Musik.*

Mu|sik|saal, der: **a)** *Saal, in dem musiziert wird, musikalische Veranstaltungen stattfinden;* **b)** *Musikraum.*

Mu|sik|schaf|fen, das: *künstlerisches Schaffen auf dem Gebiet der Musik.*

Mu|sik|schau|spiel, das: *Melodrama* (1).

Mu|sik|schrank, der: *Musiktruhe.*

Mu|sik|schu|le, die: *städtische od. private musikalische Ausbildungsstätte für Laien- od. Berufsausbildung.*

Mu|sik|stück, das: *einzelnes, nicht näher bezeichnetes Werk, bes. der Instrumentalmusik, von kurzer Spieldauer.*

Mu|sik|stun|de, die: *Unterrichtsstunde in Musik.*

Mu|sik|sze|ne, die ⟨o. Pl.⟩: *kultureller Bereich, in dem sich das Musikleben abspielt:* Aber in den USA gibt es eine viel vitalere neue M., dort finden heute die wichtigen Uraufführungen statt (Spiegel 39, 1998, 246); Berichte über die internationale M. bereichern die Sendung (elan 2, 1980, 32).

Mu|sik|the|a|ter, das ⟨o. Pl.⟩: **1.** *Einheit aus Bühnendichtung u. Musik als Gattung.* **2.** *dramatisch sinnvolle, darstellerisch glaubwürdige Inszenierung musikalisch-szenischer Werke.*

Mu|sik|the|o|rie, die ⟨o. Pl.⟩: **a)** *begriffliche Erfassung u. systematische Darstel-* lung musikalischer Sachverhalte; **b)** *Musiktheorie* (a) *als Lehrfach, das allgemeine Musiklehre, Harmonielehre, Kontrapunkt u. Formenlehre umfasst.*

Mu|sik|the|ra|pie, die (Psych.): *Therapie mithilfe von Musik:* Seminare in M. laufen Ende März an (MM 6. 3. 81, 18).

Mu|sik|tru|he, die: *truhenartiges Möbelstück, in das ein Radiogerät, oft in Verbindung mit einem Plattenspieler, Tonbandgerät [u. Fernsehapparat], eingebaut ist.*

Mu|sik|un|ter|ma|lung, die: *musikalische Untermalung:* Nichts gegen M. bei Vorträgen, Naturfilmen oder Schauspielen, aber muss sie unbedingt so dick aufgetragen sein? (Hörzu 18, 1977, 141).

Mu|sik|un|ter|richt, der: *Unterricht in Musik.*

Mu|si|kus, der; -, ...izi , auch: -se [lat. musicus = Tonkünstler] (veraltet, noch scherzh. od. iron.): *Musiker:* ...dass die Post mit den -se von der Pauschalgebühr für ihr Kabelfernsehen aushandeln muss (Hörzu 13, 1976, 34).

Mu|sik|ver|lag, der: *Verlag, der musikalische Werke u. Bücher über Musik verlegt.*

Mu|sik|ver|stand, der: *auf Einfühlung u. Kenntnis beruhende Fähigkeit, ein Musik[werke] zu erkennen u. zu beurteilen:* ... von Wolfgang Sawallisch dirigiert und mit gutem M. von Nikolaus Lehnhoff in Szene gesetzt (Henze, Reiselader 199).

mu|sik|ver|stän|dig ⟨Adj.⟩: *Musikverstand besitzend, mit Musikverstand [urteilend]:* eine -e Kritikerin.

Mu|sik|vi|deo, das: *Videoclip.*

Mu|sik|werk, das: **1.** *musikalisches Werk; größer angelegte Komposition.* **2.** *Musikautomat* (a).

Mu|sik|wis|sen|schaft, die ⟨o. Pl.⟩: *Wissenschaft von der Musik, ihrem Wesen, ihrer Geschichte u. ihren verschiedenen Erscheinungsformen.*

Mu|sik|wis|sen|schaft|ler, der: *Wissenschaftler auf dem Gebiet der Musikwissenschaft.*

Mu|sik|wis|sen|schaft|le|rin, die: w. Form zu ↑ Musikwissenschaftler.

Mu|sik|zeit|schrift, die: *den Bereich der Musik behandelnde Fachzeitschrift.*

Mu|sik|zen|trum, das: *Ort, an dem sich das Musikleben eines Landes, eines Gebietes konzentriert.*

Mu|sique con|crète [myzikkõ'krɛt], die; - - [frz. musique concrète]: *konkrete* (1 a) *Musik.*

mu|sisch ⟨Adj.⟩ [griech. mousikós, zu: moũsa, ↑ Muse]: **1.** *die schönen Künste betreffend, darauf gerichtet:* ein -es Fächer (Kunsterziehung, Musik als Schulfächer); ein -es Gymnasium *(Gymnasium mit Schwerpunkt in Musik u. Kunsterziehung);* er ist m. veranlagt. **2.** *künstlerisch begabt; den Künsten gegenüber aufgeschlossen:* ein -er Mensch; Musisch entfalten sich ebenfalls die beiden Söhne, in der bildenden Kunst der eine, am Theater der andere (Hamburger Abendblatt 20. 5. 85, 1).

mu|siv: ↑ musivisch.

Mu|siv|ar|beit, die: *Mosaik.*

Mu|siv|gold, das: *goldglänzendes, schup-* piges Pulver, das bes. früher in der Malerei für bronzene Farbtöne u. zur Vergoldung von Spiegel- u. Bilderrahmen verwendet wurde.

mu|si|visch, musiv ⟨Adj.⟩ [lat. musivus = zur Musivarbeit gehörend; vgl. Mosaik] (Fachspr.): *mit Steinen od. Glasstücken eingelegt.*

Mu|siv|sil|ber, das: *Legierung aus Zinn, Wismut u. Quecksilber zum Bronzieren.*

Mu|si|zi: Pl. von ↑ Musikus.

mu|si|zie|ren ⟨sw. V.; hat⟩ [mlat. musicare]: *[mit jmdm. zusammen] Musik spielen, zu Gehör bringen:* viel gemeinsam, im häuslichen Kreis m.; Dies stand auch den geistlichen Werken gut an, die ... in breiterem Stimmstrom musiziert wurden (Saarbr. Zeitung 24. 12. 79, 26/28/30).

mu|si|zier|freu|dig ⟨Adj.⟩: *gerne musizierend, Freude am Musizieren zeigend:* Ich suche ein paar -e Leute zum gemeinsamen Musikmachen (Augsburger Allgemeine 22./23. 4. 78, 35).

Mu|si|zier|freu|dig|keit, die; -: *das Musizierfreudigsein, Freude am Musizieren.*

♦ **Mus|je,** der; -[s], -s [entstellt aus ↑ Monsieur]: (landsch.) *Monsieur; Herr:* wenn so ein M. von *(ein adliger Herr von ...)* sich da und da und hier schon herumbeholfen hat (Schiller, Kabale I, 1).

Mus|ka|rin, das; -s [zu lat. musca = Fliege]: *stark giftiges Alkaloid des Fliegenpilzes, das pupillenverengend, gefäßerweiternd u. blutdrucksenkend wirkt.*

Mus|kat, der; -[e]s, -e [mhd. muscāt < afrz. muscate < mlat. (nux) muscata, zu: muscatus, = nach Moschus duftend, zu spätlat. muscus, ↑ Moschus]: *als Gewürz verwendeter Samenkern der Muskatfrucht.*

Mus|kat|blü|te, die: *als Gewürz verwendete Samenhülle der Muskatfrucht.*

Mus|ka|te, die; -, -n (veraltet): *Muskatnuss.*

Mus|ka|tel|ler, der; -s, - [ital. moscatello < mlat. muscatellus]: **a)** ⟨o. Pl.⟩ *Traubensorte mit dem Muskat ähnlichem Geschmack;* **b)** *Wein aus Muskateller* (a).

Mus|ka|tel|ler|trau|be, die: *Muskateller* (1).

Mus|ka|tel|ler|wein, der: *Muskateller* (2).

Mus|kat|nuss, die: *getrockneter, dunkelbrauner, gerieben als Gewürz verwendeter Samenkern der Muskatfrucht.*

Mus|kat|nuss|baum, der: *tropischer immergrüner Baum mit ölhaltigen Blättern u. pfirsichähnlichen Steinfrüchten, deren ölhaltiger Samen als Gewürz dient.*

Mus|kat|rei|be, die: *Reibe für Muskatnüsse.*

Mus|kel, der; -s, -n [lat. musculus, eigtl. = Mäuschen, viell. nach einem Vergleich des unter der Haut zuckenden Muskels mit einer Maus; *[an den Knochen angewachsener] Teil des menschlichen u. tierischen Körpers, der aus von Bindegewebe umhüllten Fasern besteht u. der Bewegung von Gliedmaßen u. Körperteilen dient:* kräftige, starke, schlaffe, gut trainierte -n; die -n spannten sich, traten hervor, vibrierten, spielten unter der Haut; beim Schwimmen werden alle -n beansprucht; Die wirkliche Beziehung zu ihnen war gelähmt wie ein durchschnittener M. (Musil, Mann 1305); einen M. anspannen, entspannen; er hat sich beim Springen einen M. gezerrt; Mensch, hat der -n!; bei diesem Training bekommt man -n; *die/seine -n spielen lassen (ugs.; *seine Stärke [drohend] zeigen; erkennen lassen, dass man etw. nicht hinnehmen wird*): Der ehemalige Vorsitzende ... ließ wieder einmal die -n spielen (MM 25. 3. 82, 2).

Mus|kel|an|span|nung, die: *Anspannung eines Muskels, mehrerer Muskeln.*

Mus|kel|ar|beit, die ⟨o. Pl.⟩: *Arbeit, die ein Muskel leistet.*

Mus|kel|atro|phie, die (Med.): *Muskelschwund.*

mus|kel|be|packt ⟨Adj.⟩ (ugs.): *muskulös:* ein -er Körper.

Mus|kel|bün|del, das: *mehrere von Bindegewebe umhüllte Muskelfasern.*

Mus|kel|dys|tro|phie, die (Med.): *langsam fortschreitender Muskelschwund.*

Mus|kel|elek|tri|zi|tät, die (Med.): *elektrische Erscheinungen, die bei der Kontraktion eines Muskels entstehen.*

Mus|kel|ent|zün|dung, die (Med.): *schmerzhafte Entzündung von Muskeln.*

Mus|kel|er|mü|dung, die: *Ermüdung der Muskeln nach großer Anstrengung.*

Mus|kel|fa|ser, die: *kontraktile Faser mit mehreren Kernen, die zusammen mit anderen, gleichartigen Fasern einen Muskel bildet.*

Mus|kel|fa|ser|riss, der: *Riss einer Muskelfaser quer zur Richtung der Faser.*

Mus|kel|fleisch, das: *nur aus Muskeln bestehendes Fleisch (3).*

Mus|kel|ge|fühl, das (Med.): *Muskelsinn.*

Mus|kel|ge|schwulst, die: *Myom.*

Mus|kel|ge|we|be, das: *die Muskeln bildendes Gewebe.*

Mus|kel|haut, die (Biol., Med.): *die einen Muskel umgebende Haut.*

Mus|kel|ka|ter, der: *durch Verhärtung der Muskeln auftretende Schmerzen nach [ungewohnter] körperlicher Anstrengung:* [einen] M. [in den Beinen] haben.

Mus|kel|kon|trak|ti|on, die (Med.): *Kontraktion des Muskels.*

Mus|kel|kraft, die: *Kraft der Muskeln; Körperkraft:* Fahrbare Mülltonnen schonen die M. (MM 7. 5. 75, 22).

Mus|kel|krampf, der: *schmerzhafte Zusammenziehung eines Muskels.*

Mus|kel|ma|gen, der (Zool.): *Magen verschiedener Tiere, in dem durch Muskelkontraktionen die Nahrung zerkleinert wird:* Körner fressende Vögel haben einen M.

Mus|kel|mann, der ⟨Pl. ...männer⟩ (ugs.): *sehr starker Mann mit deutlich sichtbaren Muskeln:* Wenn es sich um einen besonders hartnäckigen Schuldner handelt, nimmt der Inkassofachmann auch schon mal Muskelmänner mit zum Hausbesuch (Spiegel 27, 1981, 79).

Mus|kel|pa|ket, das (ugs.): **a)** *starke, kräftige Muskeln;* **b)** *Muskelmann.*

Mus|kel|protz, der (ugs.): *Mann, der mit seinen Muskeln u. seiner Stärke prahlt.*

Mus|kel|quet|schung, die: *Quetschung eines Muskels.*

Mus|kel|rheu|ma|tis|mus, der (Med.): *schmerzhafte Erkrankung der Muskulatur.*

Mus|kel|riss, der (Med.): *Riss in einem Muskel.*

Mus|kel|rup|tur, die (Med.): *Muskelriss.*

Mus|kel|schmerz, der: *Schmerz im Muskel; Myalgie.*

Mus|kel|schwä|che, die (Med.): *krankhafte Schwäche od. Ermüdbarkeit der Muskeln; Myasthenie.*

Mus|kel|schwund, der (Med.): *Verkümmerung der Muskulatur.*

Mus|kel|sinn, der (Biol., Med.): *Fähigkeit, mithilfe von Sinnesorganen in den Muskeln Lage u. Zustand einzelner Muskeln bzw. Gliedmaßen wahrzunehmen.*

Mus|kel|star|re, die (Med.): *Bewegungsunfähigkeit von Muskeln.*

Mus|kel|strang, der: *aus mehreren Muskelfasern zusammengesetzter Strang; Muskelbündel.*

Mus|kel|to|nus, der: *normaler Spannungszustand eines Muskels.*

Mus|kel|trai|ning, das: *Training der Muskeln, eines Muskels.*

Mus|kel|zer|rung, die (Med.): *[schmerzhafte] Zerrung eines Muskels.*

Mus|kel|zu|ckung, die: *zuckende Kontraktion eines Muskels.*

Mus|ke|te, die; -, -n [frz. mousquet < ital. moschetto, eigtl. = wie mit Fliegen gesprenkelter Sperber (zu: mosca < lat. musca = Fliege), dann: bei der Jagd auf Sperber gebrauchte (Schuss)waffe]: *alte Handfeuerwaffe großen Kalibers, die mit einer Lunte gezündet wird.*

Mus|ke|tier, der; -s, -e (früher): *[mit einer Muskete bewaffneter] Fußsoldat.*

Mus|ko|vit, (auch:) **Mus|ko|wit** [auch: ...'vɪt], der; -s, -e [engl. muscovite, zu nlat. Muscovia = Moskau, das Mineral war früher als »Moskauer Glas« im Handel]: *heller Glimmer, der bes. in der Elektrotechnik als Isolierstoff verwendet wird.*

mus|ku|lär ⟨Adj.⟩ (Med.): *zu den Muskeln gehörend, die Muskulatur betreffend:* Muskuläre Ermüdung kann nicht unbedingt als Gradmesser für effektives Training betrachtet werden (test 8, 1989, 52).

Mus|ku|la|tur, die; -, -en: *Gesamtheit der Muskeln einer Körperpartie od. des ganzen Körpers:* M. der Beine; Einstrahlungen von anderen Bestandteilen der mimischen M. in die Ober- und Unterlippe (Orchester 7/8, 1984, 615).

mus|ku|lös ⟨Adj.⟩ [frz. musculeux < lat. musculosus]: *mit starken Muskeln versehen; äußerst kräftig:* -e Arme, Beine; ... an denen er gleichzeitig die ein Kassiererinnen wahrnahm (Kronauer, Bogenschütze 331); sein Körper ist sehr m.

¹**Müs|li,** (schweiz.:) Müesli, das; -s, - [↑ Müesli]: *Rohkostgericht aus rohen Haferflocken [getrocknetem] Obst, Rosinen, geriebenen Nüssen, Milch o. Ä.:* So esse ich jeden Morgen ein M. aus einer Fünfkornmischung (neuform Kurier 7, 1984, 8).

²**Müs|li,** der; -s, -s (ugs. scherzh.): *jmd., der sich vorwiegend mit Vollwertkost ernährt [u. aus dieser Form der Ernährung eine Ideologie macht]:* Die vielen Besu-

cher sind aber beileibe nicht alle fundamentalistische -s (MM 17. 4. 89, 17).

Mus|lim, der; -s, -e u. -s, Moslem, der; -s, -s [arab. muslim, eigtl = der sich Gott unterwirft]: *Anhänger des Islams.*

Mus|li|ma, die; -, -s u. ...men (selten), **Mus|li|me,** die; -, -n (selten), **Mus|li|min,** die; -, -nen: w. Formen zu ↑ Muslim.

mus|li|misch, moslemisch ⟨Adj.⟩: *die Muslime, ihren Glauben, ihren Herrschaftsbereich betreffend.*

Müs|li|rie|gel, der: *Riegel (3) aus Zutaten für ein Müsli.*

Mus|pel|heim, das; -[e]s ⟨meist o. Art.⟩ [anord muspell(sheimr)] (germ. Myth.): *Land des Feuers, Reich der Feuerriesen.*

muss: ↑ müssen.

Muss, das; - [subst. 3. Pers. Sg. von ↑ müssen]: *Zwang, Notwendigkeit:* etw. ist ein [absolutes] M.; Englische Sprachkenntnisse sind von Vorteil, aber kein M. (VDI nachrichten 18. 5. 84, 33); Spr M. ist eine harte Nuss *(es ist unangenehm, beschwerlich, wenn man einer Sache nicht ausweichen kann, sie tun muss).*

Muss|be|stim|mung, die: *Regelung, nach der im einzelnen Fall verfahren werden muss.*

Mu|ße, die; - [mhd. muoʒe, ahd. muoʒa, verw. mit ↑ müssen] (geh.): *freie Zeit u. [innere] Ruhe, um etwas zu tun, was den eigenen Interessen entspricht:* dazu fehlt mir die M.; [Zeit und] M. [zu etw.] finden, brauchen, haben; Einige Wochen mühte er sich redlich, die ungewohnte M. auszukosten (Bieler, Bär 311); Ich hatte M. *(Zeit u. Gelegenheit),* das Gefährt von innen zu betrachten (Muschg, Gegenzauber 335); etw. in, mit M. tun.

Muss|ehe, die (ugs.): *Ehe, die geschlossen wird, weil die Frau ein Kind erwartet.*

Mus|se|lin, der; -s, -e [frz. mousseline < ital. mussolina, nach dem Namen der Stadt Mossul (Irak)]: *feines, locker gewebtes Baumwoll- od. Wollgewebe.*

mus|se|li|nen ⟨Adj.⟩: *aus Musselin.*

müs|sen ⟨unr. V.; hat⟩ [mhd. müeʒen, ahd. muoʒan, eigtl. = sich etw. zugemessen haben, Zeit, Raum, Gelegenheit haben, um etw. tun zu können]: **1.** ⟨mit Inf. als Modalverb; musste, hat ... müssen⟩ **a)** *einem [von außen kommenden] Zwang unterliegen, gezwungen sein, etw. zu tun; zwangsläufig notwendig sein, dass etw. Bestimmtes geschieht:* sie muss um 8 Uhr im Büro sein; ich habe es tun, sagen m.; wir mussten lachen; er musste nachsitzen; du musst mir gehorchen; **b)** *aufgrund gesellschaftlicher Normen, einer inneren Verpflichtung dem hinkönnen, etw. zu tun; verpflichtet sein, sich verpflichtet fühlen, etw. Bestimmtes zu tun:* ich muss ihre Einladung annehmen; du musst mir helfen; ich muss sofort nach Hause gehen, meine Mutter wartet; Sie erzählt, dass sie mit neunzehn geheiratet hat, heiraten hat m. *(sich dazu gezwungen sah, weil sie ein Kind erwartete;* Zenker, Froschfest 72); **c)** *aufgrund bestimmter vorangegangener Ereignisse, aus logischer Konsequenz o. Ä. notwendig sein, dass etw. Bestimmtes geschieht:* der Brief muss heute noch abgeschickt werden; muss es denn ausgerechnet heute sein?; warum hat gerade mir so etwas passieren m.?; das musst du doch verstehen; diese Bilder muss man gesehen haben; musst du immer gleich aggressiv werden?; wenn es denn unbedingt sein muss, komme ich mit; was habe ich da über dich hören m. (geh.; *was hast du denn schon wieder angestellt*)!; **d)** (nordd.) *dürfen, sollen* (verneint): das musst du nicht tun, sagen; ihr müsst das nicht so ernst nehmen; **e)** drückt eine hohe, sich auf bestimmte Tatsachen stützende Wahrscheinlichkeit aus; drückt aus, dass man etwas als ziemlich sicher annimmt: so muss es gewesen sein; das musste ja so kommen!; er muss jeden Moment kommen; sie müsste eigentlich schon hier sein; Wien, einer Stadt, die zum Teil immer noch so aussieht, wie Lemberg einmal ausgesehen haben muss (Spiegel 41, 1987, 176); **f)** ⟨nur 2. Konj.⟩ drückt aus, dass etwas erstrebenswert, wünschenswert ist: so müsste es immer sein; Geld müsste man haben!; man müsste noch einmal so jung sein wie er. **2.** ⟨Vollverb; musste, hat gemusst⟩ **a)** *gezwungen sein, etw. zu tun, sich irgendwohin zu begeben:* »Unterschreibe bitte hier!« – »Muss ich das wirklich?«; er hat gemusst, ob er wollte oder nicht; »Wir müssen langsam«, drängte Annemarie (Bieler, Bär 265); Eigentlich hätte ich auch um Viertel nach sieben aus dem Haus gemusst (Christiane, Zoo 122); Am Ende habe ich sie in die Klinik gemusst (Strauß, Niemand 102); ich muss noch in die Stadt, zum Arzt; er hat zum Chef gemusst; ich muss mal (fam.; *muss zur Toilette*); An der Hose war hinten ein Türchen zum Aufknöpfen, wenn sie mal mussten (Wimschneider, Herbstmilch 21); **b)** *notwendig sein, dass etw. Bestimmtes geschieht:* der Brief muss zur Post.

Mus|se|ron: ↑ Mousseron.

Mu|ße|stun|de, die: *ruhige, beschauliche Stunde; Zeitspanne, Zeitraum der Muße:* das werde ich in einer M. machen: Er ... sehnte sich nach der trägen Behaglichkeit der -n auf einer Veranda (Ransmayr, Welt 171).

Muss|hei|rat, die (ugs.): *Mussehe.*

mü|ßig ⟨Adj.⟩ [mhd. müeʒec, ahd. muoʒig, ↑zu Muße] (geh.): **1. a)** *keiner [sinnvollen] Beschäftigung nachgehend; [auf gelangweilte Weise] untätig:* ein -es Leben führen; er ist nie m.; der Staat ist nicht m. *(ist bemüht),* für Arbeitsplätze zu sorgen (Tagesspiegel 20. 10. 85, 34); m. dasitzen; m. gehen (geh.; *faulenzen*); er ist zu lange m. gegangen; Die Mutter ... lehnte m. im Wohnzimmer an der Lehne des Kanapees (Ossowski, Liebe ist 172); **b)** *Muße bietend:* -e Stunden. **2.** *überflüssig, unnütz, zwecklos:* eine -e Diskussion, Frage; was blieb mir denn übrig, als Stilkritik zu treiben, das -ste Geschäft unter der Sonne (Muschg, Sommer 66); es ist m., sich darüber Gedanken zu machen; Es ist wohl m., sich auszurechnen, wie viele 2-CV-Enten man dafür kaufen kann (Szene 8, 1984, 31).

Mü|ßig|gang, der ⟨o. Pl.⟩ [mhd. müeʒecganc] (geh.): *das Müßigsein* (1 a): Die Thermen waren zugleich Stätten der Unterhaltung und des geselligen -s (Fest, Im Gegenlicht 359); sein Leben im M. verbringen; Spr M. ist aller Laster Anfang.

Mü|ßig|gän|ger, der [mhd. müeʒecgenger] (geh.): *jmd., der müßig* (1 a) *ist:* fast jeder handelt ist irgendetwas, wir haben keine M. hier (Hilsenrath, Nacht 128).

Mü|ßig|gän|ge|rin, die; -, -nen (geh.): w. Form zu ↑ Müßiggänger.

mü|ßig|gän|ge|risch ⟨Adj.⟩ (geh.): *keiner [sinnvollen] Beschäftigung nachgehend:* ein -es Leben führen; Bartels, der sich mit seinem Kumpanen m. in der Bank lümmelte (Kronauer, Bogenschütze 151).

mü|ßig ge|hen: s. müßig (1 a).

Mü|ßig|keit, die; - (geh.): **1.** *das Müßigsein* (1 a). **2.** (selten) *Vergeblichkeit, Zwecklosigkeit:* Als sie noch jung war, erschien ihr diese Arbeit als Essenz aller irdischen M. (Hildesheimer, Legenden 166).

Mus|sprit|ze, die [nach der Ähnlichkeit mit dem Spritzbeutel für Torten u. a.] (ugs. scherzh.): *Regenschirm, bes. Stockschirm.*

muss|te, müss|te: ↑ müssen.

Muss|vor|schrift, die: vgl. Mussbestimmung.

Mus|tang, der; -s, -s [engl. mustang < span. (mex.) mestengo, mesteño, eigtl. = herrenlos (des Pferd)]: *wild lebendes Präriepferd in Nordamerika.*

Mus|ter, das; -s, - [spätmhd. muster, mustre < älter ital. mostra = Ausstellung(sstück), zu: mostrare = zeigen, weisen < lat. monstrare]: **1.** *Vorlage, Zeichnung, nach der etw. hergestellt, gemacht wird:* etw. dient als M.; ein Kleid nach einem M. schneidern; Ü ein Justizwesen nach angelsächsischem M.; Der Stern der nach eingefahrenen -n gepflegten Politik ist offenbar im Sinken (Brückenbauer 11. 9. 85, 1). **2.** *etw. in seiner Art Vollkommenes, nachahmenswertes, beispielhaftes Vorbild in Bezug auf etw. Bestimmtes:* er war ein M. an Geduld, Fleiß; er ist das M. eines guten Vaters; mein Café ist ein M. von Gepflegtheit und Sauberkeit (Hamburger Morgenpost 5. 9. 84, 9); jmdn. zum M. nehmen. **3.** *aus der Kombination von einzelnen Motiven bestehende [regelmäßige], sich wiederholende, flächige Verzierung, Zeichnung auf Papier, Stoff o. Ä.:* das M. einer Tapete, eines Stoffes; ein M. entwerfen, zeichnen, stricken; den Pullover im einem anderen M. stricken; Ü das läuft hier doch immer nach dem gleichen M. *(Schema)* ab. **4.** *kleines Stück, kleine Menge einer Ware, an der man die Beschaffenheit des Ganzen erkennen kann:* M. von Stoffen, Tapeten, Wolle; M. anfordern; sie ließen sich von dem Vertreter M. zeigen; M. ohne Wert (Postw. veraltend; *Warensendung*).

Mus|ter|band, der ⟨Pl. ...bände⟩: *als Muster* (4) *dienender* ²*Band.*

Mus|ter|bei|spiel, das: *exemplarisches Beispiel für etw. Bestimmtes.*

Mus|ter|be|trieb, der: *besonders vorbildlich geführter Betrieb.*

Mus|ter|beu|tel, der: *Papiertüte zum Verschicken von kleinen Gegenständen.*

Mus|ter|bild, das: *Sache, die in ihrer Art den Idealvorstellungen entspricht:* sie ist das M. [von] einer Karrierefrau.

Mus|ter|brief, der: *Brief, der als Vorlage für andere Briefe dient.*

Mus|ter|buch, das: **1.** (Kunstwiss.) *Sammlung von Zeichnungen, Motiven, die dem mittelalterlichen Künstler als Vorlage dienten.* **2.** *wie ein Buch gebundene größere Anzahl von Tapeten- od. Stoffmustern.*

Mus|ter|ehe, die: *vorbildliche Ehe.*

Mus|ter|exem|plar, das: **1.** *als Muster* (4) *dienendes Exemplar.* **2.** (oft iron.) *beispielhaftes Exemplar:* er ist ein M. von Ehemann.

Mus|ter|gat|te, der (scherzh., oft iron.): *vorbildlicher Ehemann.*

mus|ter|gül|tig ⟨Adj.⟩: *als Muster* (2), *als Beispiel gelten könnend; vorbildlich:* ein -es Verhalten; ein Beispiel -er Sprachkunst (Rolf Schneider, November 141); Herrliches Wohnen in einer -en, ruhigen Wohnanlage (Heilbronner Stimme 12. 5. 84, 50); Das Hospital war m. eingerichtet (Konsalik, Promenadendeck 20); die Firma ist m. geführt.

Mus|ter|gül|tig|keit, die: *mustergültige Art.*

Mus|ter|gut, das: *vorbildlich geführtes Gut* (2).

mus|ter|haft ⟨Adj.⟩: *in seiner Art vollkommen, nachahmenswert; beispielhaft:* ein -er Schüler; eine -e Ordnung; die Durchführung der Aufgabe war m.; Nein, wie ist der Junge artig, geradezu m. (Kempowski, Tadellöser 117); sich m. benehmen.

Mus|ter|haf|tig|keit, die; -: *musterhafte Art.*

Mus|ter|haus|halt, der: vgl. Musterbetrieb.

Mus|ter|kar|te, die: *Karte mit Mustern* (4) *von Stoffen, Wolle, Farben o. Ä., nach der man etw. auswählt.*

Mus|ter|klam|mer, die: *Klammer zum Verschließen von Musterbeuteln.*

Mus|ter|kna|be, der (abwertend): *jmd., der sich immer so verhält, wie Lehrer, Vorgesetzte o. Ä. es wünschen u. erwarten [u. damit bei anderen Unwillen hervorruft]:* Einem -n, also einem von unseren Drops in der Klasse, haben wir genau eine Minute den Kopf ins Waschbecken gedrückt (Degener, Heimsuchung 133).

Mus|ter|kof|fer, der: *Koffer für Warenmuster od. mit Warenmustern.*

Mus|ter|kol|lek|ti|on, die: *Kollektion* (a) *von Warenmustern.*

Mus|ter|land, das ⟨Pl. ...länder⟩: *Land, das in irgendeiner Hinsicht als vorbildlich gilt.*

Mus|ter|leis|tung, die: *mustergültige, vorbildliche Leistung.*

Mus|ter|mes|se, die: *Messe, auf der Warenmuster gezeigt u. Abschlüsse zwischen Herstellern u. Wiederverkäufern getätigt werden.*

mus|tern ⟨sw. V.; hat⟩: **1. a)** *gründlich,*

kritisch, prüfend ansehen, betrachten: jmdn. kühl, abschätzend, unverhohlen, von oben bis unten, von Kopf bis Fuß, mit neugierigen Blicken m.; eine Ware m.; der Eiermann ... stellte seine Kirm auf dem Tisch ab und musterte die ganze Stube (Wimschneider, Herbstmilch 26); **b)** (Milit.) *inspizieren:* die Truppen m. **2.** *Wehrpflichtige auf ihre Wehrtauglichkeit hin untersuchen:* mehrere Ärzte musterten die Abiturienten; sein Jahrgang ist schon gemustert worden. **3.** *mit einem Muster (3) versehen:* eine Decke m.; ⟨meist im 2. Part.:⟩ eine gemusterte Bluse, Tapete; der Teppich ist auffallend gemustert; Rissige Dielen, die Wände alle Jahre vom Maler mit der Walze gemustert (G. Vesper, Laterna 9). **4.** (landsch. abwertend) *geschmacklos, unpassend kleiden:* wer hat denn das Kind so entsetzlich gemustert?; hat der sich heute wieder gemustert!

Mus|ter|pro|zess, der: *Gerichtsprozess, in dem die Rechtslage zu einem Fall [erstmalig] geklärt werden soll u. der als Beispiel für ähnliche Fälle dienen soll.*

Mus|ter|rol|le, die (Seew.): *Verzeichnis aller an Bord eines Schiffes Beschäftigten.*

Mus|ter|samm|lung, die: *Musterkollektion.*

Mus|ter|schü|ler, der: *vorbildlicher Schüler:* Ich war und blieb sein M. (Erné, Kellerkneipe 276).

Mus|ter|schü|le|rin, die: w. Form zu ↑Musterschüler.

Mus|ter|schutz, der (Rechtsspr.): *Gebrauchsmusterschutz.*

Mus|ter|sen|dung, die: *Sendung von Warenmustern.*

Mus|ter|stück, das: *Musterexemplar.*

Mus|ter|tuch, das (Handarb.): *Tuch mit verschiedenen Stick- od. Webmustern, das zur Übung angefertigt wird u. als Vorlage zum Sticken od. Wirken dient.*

Mus|te|rung, die; -, -en: **1. a)** *das Mustern (1 a):* eine eingehende M.; etw. einer genauen M. unterziehen; Nach knapper seitlicher M. schätzte er sie auf Mitte Vierzig (Kronauer, Bogenschütze 45); **b)** (veraltet) *Inspektion;* Jaakob hatte ... die Pächter walten lassen, indem er jene nur dann und wann mit scharfer M. heimsuchte (Th. Mann, Joseph 324). **2.** *das Mustern (2):* die Schulabgänger wurden zur M. aufgefordert. **3.** *das Gemustertsein (3); Muster (3):* eine hübsche, aparte M.; ich mag lieber Tapeten ohne M.

Mus|te|rungs|be|scheid, der: *Aufforderung, sich mustern (2) zu lassen.*

Mus|ter|zeich|ner, der: *jmd., der die Vorlagen für Druckstöcke o. Ä. zeichnet* (Berufsbez.).

Mus|ter|zeich|ne|rin, die: w. Form zu ↑Musterzeichner.

Mus|ter|zeich|nung, die: *Zeichnung, Entwurf eines Musters (3).*

Mus|topf, der: *irdener Topf für, mit Mus:* den M. leer machen; ***aus dem M. kommen** (bes. berlin. salopp; *völlig ahnungslos in Bezug auf etw. sein u. dies durch eine entsprechende Äußerung zu erkennen geben;* H. u.).

Mut, der; -[e]s [mhd., ahd. muot = Gemüt(szustand); Leidenschaft; Entschlossenheit, Mut]: **1. a)** *Fähigkeit, in einer gefährlichen, riskanten Situation seine Angst zu überwinden; Furchtlosigkeit angesichts einer Situation, in der man Angst haben könnte:* großer, bewundernswerter, starker, heldenhafter M.; es gehört viel M. dazu; all seinen M. zusammennehmen; seinen M. beweisen; sich gegenseitig M. machen, zusprechen; mit dem M. der Verzweiflung *(mit einer Furchtlosigkeit, die aus einer ausweglos scheinenden Situation erwächst);* **b)** *[grundsätzliche] Bereitschaft, angesichts zu erwartender Nachteile etw. zu tun, was man für richtig hält:* politischer, persönlicher M.; M. fassen, schöpfen; nur M.! (aufmunternder Zuruf); er hatte den M., ihm die Wahrheit zu sagen: macht, gibt jmdm. [neuen] M. *(ermutigt ihn);* wieder M. bekommen *(wieder zuversichtlich werden);* den M. sinken lassen *(verzagen);* eine sehr hohe Stimme, die ihr sofort allen M. nahm *(sie verzagen ließ;* Bieler, Mädchenkrieg 262); [den] M. zur Hässlichkeit haben *(sich nicht scheuen, [auch einmal] hässlich auszusehen);* M. zur Krise *(das bewusste Inkaufnehmen einer Krise, auch gegen Widerstände)* zeigen; Kollegen, ... ich beschwöre euch: Zeigt M. zur Lücke und didaktische Flexibilität (Spiegel 16, 1976, 8). **2.** in Fügungen wie **guten, frischen, frohen, ruhigen** o. ä. **-es** (geh.; in *froher, zuversichtlicher Stimmung);* **mit gutem, frischem, frohem** o. ä. **M.** (geh.; in *froh, zuversichtlich gestimmt):* Vorhaben, die er mit frischem und frohem M. begann, ließ er resigniert liegen (H. Gerlach, Demission 158). ◆ **3. a)** *Stimmung, Laune:* in einem weg hätte ich plaudern wollen, nur um Ihnen den bösen M. zu vertreiben (Iffland I, 5); Der Lothringer geht mit der großen Flut, wo der leichte Sinn ist und lustiger M. (Schiller, Wallensteins Lager 11); **b)** (südd.) *Verlangen, Lust:* Schickt eure Männer her, wenn sie der M. sticht, dem Befehl zu trotzen (Schiller, Tell III, 3).

Mu|ta, die; -, ...ta [zu lat. mutus = stumm] (Sprachw.): *Explosivlaut:* M. cum liquida *(Verbindung von Explosivlaut u. Liquida).*

mu|ta|bel ⟨Adj.⟩ [lat. mutabilis, zu: mutare, ↑mutieren] (bes. Biol., bildungsspr.): *veränderlich, wandelbar:* mutable Merkmale.

Mu|ta|bi|li|tät, die; - [lat. mutabilitas] (bes. Biol., bildungsspr.): *Veränderlichkeit, Wandelbarkeit.*

mu|ta|gen ⟨Adj.⟩ [↑-gen] (Biol.): *Mutationen (1) auslösend:* -e Stoffe, Substanzen; Flavonoide haben sich in Tests als m. erwiesen (Heilbronner Stimme 12. 5. 84, 15).

Mu|ta|gen, das; -s, -e ⟨meist Pl.⟩ (Biol.): *chemischer od. physikalischer Faktor, der Mutationen (1) auslöst.*

Mu|ta|ge|ne|se, die; -, -n (Biol.): *Entstehung von Mutanten.*

Mu|ta|ge|ni|tät, die; - (Biol.): *(von Mutagenen) Fähigkeit, Mutationen (1) auszulösen.*

Mu|tant, der; -en, -en [zu lat. mutans (Gen.: mutantis), 1. Part. von: mutare, ↑mutieren]: **1.** (Biol.) *durch Mutation (1) verändertes Individuum.* **2.** (österr.) *Junge, der im Stimmbruch ist:* die -en sollten besser nicht mitsingen.

Mu|tan|te, die; -, -n (Biol.): *Mutant (1).*

Mu|ta|ti|on, die; -, -en [lat. mutatio = (Ver)änderung]: **1.** (Biol.) *spontane od. künstlich erzeugte Veränderung im Erbgefüge.* **2.** (Med.) *Stimmwechsel.* **3.** (schweiz., sonst veraltend) *Änderung, Wandlung:* Großbritannien müsse dann auch eine M. seiner traditionellen Politik wagen (W. Brandt, Begegnungen 338); Im personellen Sektor gab es dort wichtige -en zu verzeichnen (Bund 11. 10. 83, 26).

Mu|ta|ti|ons|the|o|rie, die (Biol.): *Hypothese, nach der die verschiedenen Arten das Ergebnis zahlreicher Mutationen (1) sind.*

mu|ta|tis mu|tan|dis [lat.] (bildungsspr.): *mit den nötigen Abänderungen;* Abk.: m. m.

mu|ta|tiv ⟨Adj.⟩ (Biol.): *sich spontan ändernd.*

Mu|ta|zi|li|ten ⟨Pl.⟩ [zu arab. Al-Mu 'tazilah (theologische Schule des Islam), zu: mu 'tazil = zurückgezogen, allein u. isoliert lebend, Part. Aktiv zu: i 'tazala = sich zurückziehen, sich absondern, Stammerweiterung zu: 'azala = entfernen, absondern]: *Anhänger einer philosophischen Richtung des Islams im 8. Jh.*

Mu|ta|zis|mus, der; - (Med.): *Mutismus.*

Müt|chen: in der Wendung **sein M. [an jmdm.] kühlen** *(seinen Zorn [an jmdm.] auslassen).*

mu|ten ⟨sw. V.; hat⟩ [mhd. muoten, ahd. muotōn]: **1.** (Bergmannsspr.) *die Genehmigung zum Abbau beantragen.* **2.** (veraltet) *um die Erlaubnis nachsuchen, das Meisterstück zu machen.* **3.** (Jargon) *mit einer Wünschelrute nach Wasser- od. Erzadern suchen:* Wer erfolgreich m. will, ... muss im naturgegebenen Einklang mit der Erde stehen (Spiegel 52, 1986, 50).

Mu|ter, der; -s, -: **1.** (Bergmannsspr.) *jmd., der eine Mutung (1) beantragt.* **2.** (Jargon) *Wünschelrutengänger.*

mut|er|füllt ⟨Adj.⟩ (geh.): *von Mut erfüllt.*

Mut|geld, das [zu ↑muten (2)] (veraltet): *Abgabe, die ein Geselle dem Meister zahlen muss, bei dem er sein Meisterstück anfertigt.*

mu|tie|ren ⟨sw. V.; hat⟩ [lat. mutare = wechseln, (ver)ändern]: **1.** (Biol.) *sich spontan im Erbgefüge ändern:* mutierende Lebewesen; Ü Bevor die Stätte ... abgerissen wird und zu einem Parkhaus mutiert ... (Spiegel 40, 1991, 316); Köhnlechner, der Mitte Vierzig vom Manager zum Heilpraktiker mutiert (Schreiber, Krise 11). **2.** (Med.) *sich im Stimmwechsel befinden.*

mu|tig ⟨Adj.⟩ [mhd. muotec]: **a)** *Mut (1 a) besitzend; von Mut (1 a) zeugend:* ein -er Mensch; er war stets ein -er und kompromissloser Gegner des Nationalsozialismus (Reich-Ranicki, Th. Mann 146); war sehr m.; sich m. verteidigen; **b)** *Mut (1 b) zeigend, beweisend; von Mut (1 b) zeugend.*

zeugend: ein -er Entschluss; eine -e Antwort; m. seine Meinung vertreten.

-mütig in Zusb. u. Abl., z. B. einmütig, großmütig, wankelmütig.

Mu|ti|la|ti|on, die; -, -en [lat. mutilatio, zu: mutilare, ↑mutilieren] (Med.): *Verstümmelung; das Absterben von Geweben u. Körperteilen (im Bereich der Extremitäten).*

mu|ti|lie|ren ⟨sw. V.; hat⟩ [lat. mutilare] (Med.): *verstümmeln.*

Mu|tịs|mus, der; - [zu lat. mutus = stumm] (Med.): *absichtliche od. psychisch bedingte Stummheit; Stummheit ohne organischen Defekt.*

Mu|tịst, der; -en, -en (Med.): *jmd., der an Mutismus leidet.*

Mu|tịs|tin, die; -, -nen (Med.): w. Form zu ↑Mutist.

Mu|ti|tät, die; - (Med.): *Stummheit.*

mut|los ⟨Adj.⟩: *ohne Mut (1 b) u. Zuversicht, niedergeschlagen:* einem -en Freund gut zureden; m. sein, werden.

Mut|lo|sig|keit, die; -: *das Mutlossein.*

mut|ma|ßen ⟨sw. V.; hat⟩ [mhd. muotmaʒen, zu: muotmaʒe = Schätzung]: *vermuten, annehmen:* er mutmaßt, dass es so gewesen ist; wer sein Nachfolger war, konnte Quangel nur m. (Fallada, Jeder 229).

mut|maß|lich ⟨Adj.⟩ (geh.): *aufgrund bestimmter Tatsachen, Anzeichen möglich, wahrscheinlich:* der -e (in Verdacht stehende) Täter, Mörder, Terrorist; Wenn ich nach meinem -en Vater Jan Ausschau hielt ... (Grass, Blechtrommel 269); Ich sah dieses Paar vielleicht zum letzten Mal ruhig an diesem Abend, dem letzten, den es m. zusammen verbrachte (Seghers, Transit 182).

Mut|ma|ßung, die; -, -en: *Vermutung:* -en anstellen; Die Meldungen überstürzten sich, wurden mit allerlei -en vermengt (Reich-Ranicki, Th. Mann 81).

Mu|ton, das; -s, -s [zu lat. mutare, ↑mutieren] (Biol.): *kleinster Chromosomenabschnitt, der durch eine Mutation verändert werden kann.*

Mu|to|skop, das; -s, -e [zu griech. skopeīn = betrachten, (be)schauen] (Med.): *Guckkasten, in dem durch eine bestimmte Anordnung der Bilder Bewegungsvorgänge vorgetäuscht werden.*

Mut|pro|be, die: *Handlung, mit der man seinen Mut (1 a) beweisen soll:* eine M. ablegen, bestehen; er sollte als eine Art M. vom Dach springen.

Mut|schein, der [zu ↑muten (1)] (Bergmannsspr.): *Urkunde über die Genehmigung zum Abbau.*

Mut|su, der; -[s], -s [jap.]: *großer, süß schmeckender, gelblich grüner u. rot gefärbter Apfel mit glatter bis leicht rauer Schale.*

Mut|chen, das; -s, -: Kosef. zu ¹Mutter (1 a).

¹Mut|ter, die; -, Mütter [mhd., ahd. muoter, urspr. Lallwort der Kinderspr.]: **1. a)** *Frau, die ein od. mehrere Kinder geboren hat:* die leibliche, eigene M.; eine liebevolle, besorgte, strenge M.; allein erziehende, berufstätige Mütter; eine werdende M. *(Schwangere);* M. und Tochter; M. Gottes (kath. Rel.; *Maria,*

die Mutter Jesu); sie ist M. von fünf Kindern; sie wird M. *(ist schwanger);* sie fühlt sich M. (geh.; *fühlt, dass sie schwanger ist*); sie ist ganz die M. *(ist, sieht ihr sehr ähnlich);* grüßen Sie Ihre [Frau] M.!; der Geburtstag der M./ (landsch. ugs.:) Mutters Geburtstag; an den Rockschößen der M./(landsch. ugs.:) an Mutters Rockschößen hängen *(unselbstständig sein);* das Essen schmeckt nicht wie bei Muttern (landsch. ugs.; *zu Hause, bei der Mutter*); Ü so galt es nun einmal Athen als die ehrwürdige M. (geh.; *Ursprung*) der hellenischen Kultur (Thieß, Reich 144); ***bei M. Grün schlafen** (ugs.; *im Freien übernachten*); **M. Natur** (geh.; *die Natur);* **b)** *Frau, die in der Rolle einer ¹Mutter (1 a) ein od. mehrere Kinder versorgt, erzieht:* es wäre gut, wenn die Kinder wieder eine M. hätten; Anke hat Glück. Die neue M. – nun die dritte, zu der sie Mutti sagt – ist sehr verständnisvoll mit ihr (Schwarzer, Unterschied 74); ***M. der Kompanie** (Soldatenspr.; *Kompaniefeldwebel);* **c)** *(bei bestimmten Schwesternorden) [Titel der] Oberin, Vorsteherin eines Klosters, eines geistlichen Stifts o. Ä.:* Die Oberin, Mutter M. Regina, war eine hagere, freundliche Frau in den Fünfzigern (Bieler, Mädchenkrieg 374); in der Anrede: M. Oberin, M. Donata. **2.** *weibliches Tier, das [gerade] ein od. mehrere Junge geworfen hat.* **3.** (Technik) *Matrize* (2 b). **4.** (Jargon) kurz für ↑Muttergesellschaft: *die ehemalige M. von Telefunken* (NZZ 27. 1. 83, 13).

²Mut|ter, die; -, -n [nach dem Vergleich mit dem Mutterschoß od. der Gebärmutter, die ein werdendes Kind umschließt]: kurz für ↑Schraubenmutter: Er ... ordnete -n und Schrauben nach Größe und Stärke (Fels, Sünden 85).

Mut|ter|band, das ⟨Pl. ...bänder⟩ (Med.): **1.** *Gebärmutter, Eileiter u. Eierstöcke umhüllender Teil des Bauchfells.* **2.** *Band, das die Gebärmutter hält.*

Mut|ter|baum, der (Forstw.): *Baum, dessen Samen zur Vermehrung verwendet werden:* Bei verschiedenen Baumbeständen ... war ein bestimmtes Gen ... häufiger zu finden als bei den geschädigten Mutterbäumen (Welt 19. 3. 90, 23).

Müt|ter|be|ra|tung, die: *Beratung von Schwangeren u. Müttern mit Säuglingen.*

Müt|ter|be|ra|tungs|stel|le, die: *öffentliche Einrichtung zur Mütterberatung.*

Mut|ter|bild, das (Psych., Soziol.): *Vorstellung, Bild, das jmd. von einer Mutter hat.*

Mut|ter|bin|dung, die (Psych.): *emotionale Bindung an die Mutter.*

Mut|ter|bo|den, der: *oberste, humusreiche Schicht des Bodens.*

Mut|ter|brust, die (geh.): *[Milch spendende] Brust der Mutter:* Ich laufe auf sie zu, wie ein Kind, das sich an die M. wirft (Spiegel 43, 1979, 265).

Müt|ter|chen, das; -s, -: **1.** Vkl. zu ↑¹Mutter (1 a). **2.** *kleine, alte Frau:* er half dem M. über die Straße.

Mut|ter|er|de, die: *Mutterboden:* Irgendwo – bei einem Baustellenneuauf-

schluss – war M. angefallen (H. Weber, Einzug 362).

Mut|ter|er|satz, der: *jmd., der einem Kind bes. auf emotionaler Ebene die Mutter ersetzt.*

müt|ter|feind|lich ⟨Adj.⟩: *Müttern gegenüber nicht positiv eingestellt; für Mütter nicht dienlich, förderlich.*

Mut|ter|freu|den ⟨Pl.⟩: in den Wendungen **M. entgegensehen** (geh.; *schwanger sein);* **M. genießen** (geh.; *gerade ein Kind geboren haben).*

müt|ter|freund|lich ⟨Adj.⟩: *Müttern gegenüber positiv, wohlwollend eingestellt, für Mütter dienlich, förderlich.*

Mut|ter|für|sor|ge, die (geh.): *Mutterschutz.*

Mut|ter|gar|be, die (Volksk.): ²Alte (6).

Mut|ter|ge|fühl, das ⟨meist Pl.⟩: *von einer Mutter ihrem Kind entgegengebrachtes Gefühl der Zuwendung, Fürsorglichkeit o. Ä.*

Müt|ter|ge|ne|sungs|heim, das: *Erholungsheim für Mütter.*

Mut|ter|ge|sell|schaft, die (Wirtsch.): *Kapitalgesellschaft, die [innerhalb eines Konzerns] die Aktienmehrheit anderer Gesellschaften besitzt:* Die amerikanische M. würde das Unternehmen am liebsten loswerden (Spiegel 46, 1975, 147).

Mut|ter|ge|stein, das (Geol.): **1.** *aus festem Gestein bestehender Untergrund des Bodens.* **2.** *Gestein, in dem sich Erdöl u. Erdgas gebildet hat.*

Mut|ter|ge|we|be, das (Med.): *Gewebe, aus dem sich Geschwülste bilden.*

Mut|ter|glück, das (geh.): *Glücksgefühl, Mutter zu sein, ein Kind zu haben.*

Mut|ter|got|tes, die; - (kath. Rel.): *Maria, die Mutter Jesu:* zur M. beten; Hauptanziehungspunkt für Fremde ist die große M. *(Statue der Muttergottes;* Kempowski, Zeit 10).

Mut|ter|got|tes|bild, das (kath. Rel., Kunst): *Marienbild.*

Mut|ter|gott|heit, die: *in bestimmten Religionen als Verkörperung der Mutter verehrte Gottheit.*

Mut|ter|haus, das: **1.** *Ausbildungsstätte für [kirchliche] Krankenschwestern u. Diakonissen.* **2.** *Kloster, von dem aus andere Klöster gegründet wurden.* **3.** *Sitz einer Muttergesellschaft:* Im vergangenen Jahr hatte das Stahlwerk in Monteferno einen Verlust ..., der voll vom M. übernommen wurde (NZZ 29. 8. 86, 15).

Müt|ter|heim, das: *Wohnheim für [ledige] Mütter mit Kind.*

Mut|ter|herr|schaft, die: *Matriarchat.*

Mut|ter|herz, das (geh.): *zärtliche Empfindung einer Mutter für ihr Kind:* ihr M. *(sie als Mutter)* brachte es nicht über sich, ihm die Bitte abzuschlagen.

Mut|ter-Kind-Pass, der (österr.): *Mutterpass.*

Mut|ter|kir|che, die (kath. Kirche): *Kirche, Pfarrei, der andere Kirchen, Filialkirchen unterstehen, von der aus andere Kirchen gegründet wurden.*

Mut|ter|kom|plex, der: **1.** *übermäßig starke Bindung eines Kindes, bes. eines Sohnes, an die Mutter.* **2.** *übertriebenes Bedürfnis einer Frau, andere zu bemuttern.*

Mut|ter|kon|zern, der: vgl. Muttergesellschaft.

Mut|ter|korn, das 〈Pl. -e〉 [nach der Verwendung als Heilmittel bei Schmerzen in der Gebärmutter]: *durch einen Pilz entstehendes, schwarzviolettes, kornartiges Gebilde an Getreideähren, das gefährliche Giftstoffe enthält, die auch als Heilmittel verwendet werden.*

Mut|ter|korn|ver|gif|tung, die: *Ergotismus.*

Mut|ter|kraut, das: **1.** *auf Feldern, Schutt, Mauern wachsende Pflanze mit kleinen gelben od. weißen, unangenehm riechenden Blüten in Doldentrauben.* **2.** *Pflanze, die in der Volksheilkunde zur Behandlung von Frauenkrankheiten verwendet wird* (z. B. Schafgarbe).

Mut|ter|kreuz, das (nationalsoz.): *Orden, der an Frauen, die viele Kinder bekommen hatten, verliehen wurde:* der Muttertag ... passte zu -en und Lebensborn (Emma 5, 1978, 8).

Mut|ter|ku|chen, der (Med.): *Plazenta.*

Mut|ter|kult, der: *Kult, bei dem Muttergottheiten verehrt werden.*

Mut|ter|land, das 〈Pl. ...länder〉: **1.** *Land, Staat im Verhältnis zu seinen Kolonien:* eine allmähliche Auflösung des portugiesischen Kolonialreichs ..., die sich wiederum auf das portugiesische M. auswirken würde (MM 13. 5. 75, 5). **2.** *Land, in dem etw. heimisch ist, seinen Ursprung hat u. eine weite Verbreitung gefunden hat:* England, das M. des Parlamentarismus.

Mut|ter|lau|ge, die (Chemie): *Flüssigkeit, die nach dem Auskristallisieren einer Verbindung aus einer Lösung zurückbleibt.*

Mut|ter|leib, der 〈o. Pl.〉: *Leib (2) der Mutter im Hinblick auf die darin sich entwickelnde Frucht:* Schädigungen des Embryos im M.

müt|ter|lich 〈Adj.〉 [mhd. müeterlich, ahd. muoterlīh]: **1.** *der Mutter zugehörend; von der Mutter kommend, stammend:* das -e Geschäft, Erbteil; die Erbfolge folgt der -en Linie; die enge Verbindung des Keims mit dem -en Körper (Medizin II, 41). **2.** *in der Art einer Mutter; fürsorglich, liebevoll:* ein -er Typ; sie war ihm eine -e Freundin; Ich appelliere an ihre -en Gefühle (H. Gerlach, Demission 185); ihre Art ist sehr m.; sie nahm sich m. seiner an.

müt|ter|li|cher|seits 〈Adv.〉: *(in Bezug auf Verwandtschaftsbeziehungen) von der Mutter her:* mein Großvater m.; die Vorfahren m. stammen aus England.

Müt|ter|lich|keit, die; - [mhd. muoterlichkeit]: *mütterliche (2) Art, mütterliche (2) Wesen:* die M. der Meisterin umfing ihn (Strittmatter, Wundertäter 260).

Mut|ter|lie|be, die: *fürsorgliche, opferbereite Liebe einer Mutter zu ihrem Kind.*

mut|ter|los 〈Adj.〉: *keine Mutter habend, ohne Mutter:* ein -es Kind; m. aufwachsen.

Mut|ter|lo|sig|keit, die; -: *das Mutterlossein.*

Mut|ter|mal, das [zu ↑²Mal (1)]: *angeborener, brauner od. [dunkel]roter Fleck auf der Haut:* ein M. entfernen lassen.

Mut|ter|milch, die: *nach der Geburt eines Kindes in den Drüsen der weiblichen Brust gebildete Milch:* M. enthält alle für den Säugling wichtigen Nährstoffe; das Kind bekommt zusätzlich noch M.; ** etw. mit der M. einsaugen (etw. von frühester Jugend an lernen, erfahren, sich zu Eigen machen;* nach Augustinus, Conf. III, 4).

Mut|ter|mord, der: *Mord an der eigenen Mutter.*

Mut|ter|mör|der, der: *jmd., der einen Muttermord begangen hat.*

Mut|ter|mör|de|rin, die: *w. Form zu* ↑Muttermörder.

Mut|ter|mund, der (Med.) 〈o. Pl.〉: *innere u. äußere Öffnung des den Hals der Gebärmutter durchziehenden Kanals.*

Mut|tern|schlüs|sel, der: *Schraubenschlüssel für* ²Muttern.

Mut|ter|par|tei, die: *politische Partei im Hinblick auf ihr angeschlossene spezielle Organisationen:* Die »Judos«, ein eigenständiger eingetragener Verein mit loser Bindung an die M. (Spiegel 23, 1980, 37).

Mut|ter|pass, der: *vom Arzt ausgestellter Ausweis für werdende Mütter, in dem u. a. die Befunde der Vorsorgeuntersuchungen sowie die Angaben über Verlauf von Entbindung u. Wochenbett eingetragen werden.*

Mut|ter|pflan|ze, die (Landw.): *Pflanze, deren Samen od. Ableger zur Vermehrung verwendet werden:* Von -n ... schneiden Frauen mit geübten Griffen Steckhölzer (NNN 23. 2. 85, 8).

Mut|ter|pflicht, die 〈meist Pl.〉: *Aufgabe, die eine Mutter ihrem Kind gegenüber zu erfüllen hat.*

Mut|ter|recht, das (Völkerk.): *rechtliche Ordnung, in der Abstammung u. Erbfolge der mütterlichen Linie folgen.*

mut|ter|recht|lich 〈Adj.〉: *das Mutterrecht betreffend, darauf beruhend.*

Mut|ter|ring, der: *Pessar.*

Mut|ter|sau, die: vgl. Muttertier.

Mut|ter|schaf, das: vgl. Muttertier.

Mut|ter|schaft, die; -: *das Muttersein:* eine glückliche M.; der ... Erwerbsausfall durch Krankheit oder M. (Fraenkel, Staat 314).

Mut|ter|schafts|geld, das: *Geld, das erwerbstätige Frauen während der Schutzfristen vor u. nach der Geburt anstelle des Arbeitslohnes gezahlt bekommen:* Mehr M. bei Änderung der Steuerklasse (MM 11. 7. 79, 10).

Mut|ter|schafts|hil|fe, die: *Gesamtheit der Leistungen (aus der Sozialversicherung), die Frauen vor u. nach einer Geburt erhalten.*

Mut|ter|schafts|ur|laub, der (früher): *Freistellung einer erwerbstätigen Frau von der Arbeit nach Geburt eines Kindes:* zum 1. Juli tritt das neue Gesetz über den M. in Kraft (MM 23./24. 6. 79, 1).

Mut|ter|schiff, das: *größeres Schiff, das kleinere Schiffe auf See begleitet u. als Stützpunkt zur Versorgung, für Reparaturen o. Ä. dient.*

Mut|ter|schoß, der (geh.): vgl. Mutterleib.

Müt|ter|schu|le, die: vgl. Elternschule.

Mut|ter|schutz, der (Rechtsspr.): *Ge-*

samtheit der Gesetze u. Vorschriften zum Schutz erwerbstätiger werdender Mütter u. Wöchnerinnen.

Mut|ter|schutz|ge|setz, das: vgl. Mutterschutz.

Mut|ter|schwein, das [mhd. muoterswin]: vgl. Muttertier.

Mut|ter|schwes|ter, die (veraltet): *Tante (die die Schwester der Mutter ist).*

mut|ter|see|len|al|lein 〈Adj.〉 [zu älter Mutterseele = Menschenseele, Mensch, eigtl. = menschenallein, von allen Menschen verlassen] (emotional): *ganz allein, verlassen:* ich war m. [zu Hause]; Aber was machen Sie hier so m. auf der Landstraße? (Fallada, Herr 17).

Mut|ter|söhn|chen, das (ugs. abwertend): *verwöhnter, unselbstständiger Junge od. junger Mann:* Er war ein verwöhntes, verzogenes M., das sich nur schwer in unsere Anstaltsgemeinschaft einordnen konnte (Ziegler, Gesellschaftsspiele 140).

Mut|ter|spie|gel, der (Med.): *Scheidenspekulum.*

Mut|ter|spra|che, die [wohl nach mlat. lingua materna]: *Sprache, die ein Mensch als Kind (von den Eltern) erlernt [u. primär im Sprachgebrauch] hat:* seine M. ist Deutsch.

Mut|ter|sprach|ler, der; -s, - (Sprachw.): *jmd., der eine Sprache als Muttersprache beherrscht:* dieser Satz wird von einem M. als falsch empfunden.

Mut|ter|sprach|le|rin, die; -, -nen (Sprachw.): *w. Form zu* ↑Muttersprachler.

mut|ter|sprach|lich 〈Adj.〉: *die Muttersprache betreffend, im Muttersprache:* -er Unterricht; -e Kompetenz.

Mut|ter|stel|le: in der Wendung *bei, an jmdm. M. vertreten (wie eine Mutter für jmdn. sorgen).*

Mut|ter|sterb|lich|keit, die: *Sterblichkeitsziffer bei Müttern bei der Geburt eines Kindes.*

Mut|ter|stu|te, die: vgl. Muttertier.

Mut|ter|tag, der [LÜ von amerik. Mother's Day]: *offizieller Ehrentag der Mütter (am zweiten Sonntag im Mai), an dem sie von ihren Kindern beschenkt o. Ä. werden.*

Mut|ter|tier, das: **1.** (Landw.) *weibliches Zuchttier.* **2.** *weibliches Tier, das gerade Junge geboren hat [u. sie säugt u. betreut]:* Ich trenne die Lämmer von den -en (Fichte, Versuch 282); Ü Karin Schlemmer glaubte man in der schwierigen Rolle von Alans Frau das M. (MM 17. 5. 72, 40).

Mut|ter|trom|pe|te, die: *trichterförmiger Eileiter der Frau.*

Mut|ter|vieh, das: vgl. Muttertier.

Mut|ter|wild, das (Jägerspr.): *Muttertier beim Kahlwild.*

◆ **mut|ter|wind|al|lein** 〈Adj.〉 [wohl von Fontane gepr.]: *mutterseelenallein:* wenn du nur ein bisschen Sehnsucht gehabt hättest, so hättest du mich nicht sechs Wochen in Hohen-Cremmen sitzen lassen wie eine Witwe (Fontane, Effi Briest 100); Während Krola ... aus nicht aufgeklärten Gründen die neue Dampfbahn, Corinna aber m. ... die Stadtbahn benutzt hatte (Fontane, Jenny Treibel 124).

Mut|ter|witz, der ⟨o. Pl.⟩ [zu ↑Witz in der alten Bed. »Verstand, Klugheit«]: *in Pfiffigkeit, Schlagfertigkeit sich äußernder gesunder Menschenverstand:* Ihr M. ... geht empfindlicheren Mitarbeitern schon mal auf die Nerven (Spiegel 49, 1975, 41).

Mut|ti, die; -, -s: a) (fam.) ¹*Mutter* (1); b) (ugs.) *mütterlich, hausfraulich wirkende [Ehe]frau:* Brave Familienväter, die mal eine schnelle Abwechslung von M. wollen (Christiane, Zoo 227).

mu|tu|al, mutuell ⟨Adj.⟩ [frz. mutuel, zu lat. mutuus = wechselseitig, zu: mutare, ↑mutieren] (bildungsspr. selten): *gegenseitig, wechselseitig.*

Mu|tu|a|lis|mus, der; -: 1. (bildungsspr. selten) *gegenseitige Anerkennung, Duldung.* 2. (Biol.) *Beziehung zwischen Lebewesen verschiedener Art zum beiderseitigen Nutzen* (z. B. Bestäubung von Blüten durch Insekten). 3. (Wirtsch.) *finanzwissenschaftliche Hypothese, nach der bei relativ gleicher steuerlicher Belastung jeder Steuerzahler auch solche Geldopfer auf sich nehmen würde, von denen andere einen Nutzen haben.*

Mu|tu|a|li|tät, die; -, -en [frz. mutualité] (bildungsspr.): *Gegenseitigkeit, Wechselseitigkeit.*

mu|tu|ell: ↑mutual: homosexuelle Kontakte ... in Form -er Masturbation (Spiegel 21, 1988, 91).

Mu|tu|lus, der; -, ...li [lat. mutulus = Kopf(stück) des Sparrens, aus dem Etrusk.] (bild. Kunst): *plattenförmige Verzierung an der Unterseite des Kranzgesimses dorischer Tempel.*

Mu|tung, die; -, -en [zu ↑muten (1)]: 1. (Bergmannsspr.) *Antrag auf Erteilung des Abbaurechts.* 2. (Jargon) *das Muten* (3).

Mut|wil|le, der ⟨o. Pl.⟩ [mhd. muotwille, ahd. muotwillo = freier Entschluss]: *absichtliche, bewusste, vorsätzliche Boshaftigkeit, Leichtfertigkeit:* etw. aus m. tun.

mut|wil|lig ⟨Adj.⟩ [mhd. muotwillec]: a) *aus Mutwillen [geschehend, herbeigeführt]:* -e Beschädigung, Brandstiftung; das stand später in dem Protokoll über -en Flurschaden (Sommer, Und keiner 105); etw. m. beschädigen; ab hier werden die Loipenhinweisschilder immer wieder m. entfernt (Augsburger Allgemeine 11./12. 2. 78, 38); b) (veraltend) *leichtsinnig, leichtfertig:* -e Konzessionen; Wer so etwas sage, der rufe die Verdammung m. auf sich herab (Kempowski, Tadellöser 248).

Mut|wil|lig|keit, die; -: *Mutwille.*

Mutz, der; -es, -e [zu mniederd. mutten = stutzen] (landsch.): *Tier mit gestutztem Schwanz.*

Mütz|chen, das; -s, -: Vkl. zu ↑Mütze.

Müt|ze, die; -, -n [spätmhd. mutze, mütze, mhd. almuʒ, armuʒ < mlat. almutium, almutia = Umhang um Schultern und Kopf des Geistlichen, H. u.]: *in verschiedenen Formen gefertigte, überwiegend aus weichem Material bestehende Kopfbedeckung mit od. ohne Schirm:* eine wollene, warme, schicke M.; die M. ist

ihm zu klein, passt, steht ihm gut; die M. aufsetzen, abnehmen, aufbehalten, ins Gesicht ziehen, aufs linke Ohr setzen; eine M. tragen, aufprobieren; zum Gruß die M. ziehen; Ü die Zaunpfähle tragen alle -n aus Schnee; ** eine M. voll Wind* (landsch.; *eine leichte Brise*); eine M. voll Schlaf (ugs.; *ein wenig Schlaf, ein Schläfchen*): sich eine M. voll Schlaf gönnen; *etwas/eins auf die M. bekommen, kriegen* (ugs.; ↑Deckel 3); *jmdm. nicht nach der M. sein* (ugs.; *jmdm. nicht angenehm, nicht erwünscht sein*).

Müt|zen|schirm, der: *Schirm* (3 b).

Mu|zak [ˈmjuːzæk], die; - [engl. muzak] (Jargon): *[anspruchslose, gefällige] Hintergrundmusik für Büros, Einkaufszentren, Flughäfen o. Ä.:* Die ... Blueslieder aus dem amerikanischen Süden sind zu Erkennungsmelodien einer globalen Konsumfreude verkommen, einer Art M. für einsame Herzen (Tages Anzeiger 8. 7. 99, 59).

Mu|zin, das; -s, -e ⟨meist Pl.⟩ [zu lat. mucus = Schleim] (Med., Biol.): *von Hautdrüsen od. Schleimhäuten abgesonderter Schleimstoff.*

MV = Megavolt.

m. v. = mezza voce.

MVA = Müllverbrennungsanlage.

MW = Megawatt.

MwSt., Mw.-St. = Mehrwertsteuer.

MXN = internationaler Währungscode für: neuer mexikanischer Peso.

My, das; -[s] -s [griech. mỹ, aus dem Semit., vgl. hebr. mêm]: 1. *zwölfter Buchstabe des griech. Alphabets* (M, μ). 2. ⟨o. Pl.⟩ kurz für ↑Mikron (Zeichen: μ).

Myal|gie, die; -, -n [zu griech. mỹs (↑myo-, Myo-) u. álgos = Schmerz] (Med.): *Muskelschmerz.*

My|an|mar [ˈmijanmaːɐ], -s: Staat in Hinterindien (bis 1989 Birma).

My|an|ma|re, der; -n, -n: Ew.

My|an|ma|rin, die; -, -nen: w. Form zu ↑Myanmare.

my|an|ma|risch ⟨Adj.⟩: *Myanmar, die Myanmaren betreffend; aus Myanmar stammend.*

My|as|the|nie, die [zu griech. mỹs (↑myo-, Myo-) u. ↑Asthenie] (Med.): *Muskelschwäche.*

My|a|to|nie, die (Med.): *angeborene Atonie der Muskulatur der Extremitäten (bes. der Muskulatur.*

My|dri|a|se, die; -, -n [griech. mydríasis = eine Krankheit der Pupillen] (Med.): *Pupillenerweiterung.*

My|dri|a|ti|kum, das; -s, ...ka (Med.): *pupillenerweiterndes Arzneimittel.*

my|el-, My|el-: myelo-, Myelo-.

My|el|as|the|nie, die; -, -n [zu griech. myelós (↑myelo-) u. ↑Asthenie] (Med.): *vom Rückenmark ausgehende Nervenschwäche.*

My|el|en|ze|phal|i|tis, die; ` -, ...itiden [↑Enzephalitis] (Med.): *Entzündung des Gehirns u. des Rückenmarks.*

My|e|lin, das; -s (Med.): *Gemisch fettähnlicher Stoffe.*

My|e|li|tis, die; -, ...itiden (Med.): *Entzündung des Rücken- od. Knochenmarks.*

my|e|lo-, My|e|lo-, vor Vokalen: myel-,

Myel- [griech. myelós = Knochen-, Rückenmark] ⟨Best. in Zus. mit der Bed.⟩: 1. *das Knochenmark betreffend* (z. B. Myelopathie). 2. *das Nerven-, bes. das Rückenmark betreffend* (z. B. Myelomalazie).

my|e|lo|gen ⟨Adj.⟩ [↑-gen] (Med.): *vom Knochenmark ausgehend.*

My|e|lo|gra|phie, die; -, -n [↑-graphie] (Med.): *röntgenologische Darstellung des Wirbelkanals.*

my|e|lo|id ⟨Adj.⟩ [zu griech. -eidếs = gestaltet, ähnlich, zu: eĩdos = Aussehen, Form] (Med.): *(von Zellen) knochenmarkähnlich.*

my|e|lo|isch ⟨Adj.⟩ (Med.): *das Knochenmark betreffend, von ihm ausgehend.*

My|e|lom, das; -s, -e (Med.): *Knochenmarksgeschwulst.*

My|e|lo|ma|la|zie, die; -, -n [↑Malazie] (Med.): *Rückenmarkerweichung.*

My|e|lo|ma|to|se, die; -, -n (Med.): *zahlreiches Auftreten bösartiger Myelome.*

My|e|lo|me|nin|gi|tis, die; -, ...itiden [↑Meningitis] (Med.): *Entzündung des Rückenmarks u. seiner Häute.*

My|e|lo|pa|thie, die; -, -n [↑-pathie] (Med.): *Erkrankung des Rücken- od. Knochenmarks.*

My|e|lo|se, die; -, -n (Med.): *Wucherung des Markgewebes, bes. bei Leukämie.*

My|i|a|se, die; -, -n [zu griech. myĩa = Fliege] (Med.): *durch Fliegenmaden verursachte Krankheit.*

My|i|tis, die; -, ...itiden (Med.): *Myositis.*

myk-, Myk-: ↑myko-, Myko-.

My|ke|nä, My|ke|ne: griechischer Ort u. antike Ruinenstätte.

my|ke|nisch ⟨Adj.⟩: *die griechische Kunst, Kultur, Sprache der Bronzezeit betreffend, zu ihr gehörend:* -e Paläste, Gräber; die -e Kultur; der -e Dialekt.

My|ke|tis|mus, der; - (Med.): *Myzetismus.*

my|ko-, My|ko-, (vor Vokalen:) myk-, Myk- [griech. mýkēs = Pilz] ⟨Best. in Zus. mit der Bed.⟩: *Pilze betreffend, Pilz-* (z. B. Mykologie).

My|ko|i|ne ⟨Pl.⟩ (Med.): *aus Pilzen gewonnene Antibiotika.*

My|ko|lo|ge, der; -n, -n [↑-loge]: *Fachmann auf dem Gebiet der Mykologie.*

My|ko|lo|gie, die; - [↑-logie]: *Pilzkunde.*

My|ko|lo|gin, die; -, -nen: w. Form zu ↑Mykologe.

my|ko|lo|gisch ⟨Adj.⟩: *die Mykologie betreffend.*

My|ko|plas|men ⟨Pl.⟩ [zu ↑Plasma] (Biol.): *kleinste freilebende Bakterien ohne Zellwand [u. ohne feste Gestalt].*

My|kor|rhi|za, die; -, ...zen [zu griech. rhíza = Wurzel] (Bot.): *Lebensgemeinschaft zwischen den Wurzeln höherer Pflanzen u. Pilzen.*

My|ko|se, die; -, -n (Med.): *Pilzkrankheit.*

My|ko|to|xin, das; -s, -e (Biol., Med.): *von bestimmten Pilzen ausgeschiedenes Stoffwechselprodukt, das beim Menschen tödliche Vergiftungen hervorrufen kann.*

my|ko|troph ⟨Adj.⟩ [zu griech. trophḗ = Nahrung] (Bot.): *sich mithilfe einer Mykorrhiza ernährend.*

My|la|dy [mi'le:di, engl.: mɪˈleɪdɪ; engl. mylady, eigtl. = meine Dame]: (in Großbritannien bes. von Dienstboten gebrauchte) Anrede an eine Trägerin des Titels Lady (a).

My|lo|nit [auch: ...'nɪt], der; -s, -e [zu griech. mýlos = Mühle] (Geol.): *durch Druck an tektonischen Bewegungsflächen zerriebenes Gestein.*

my|lo|ni|tisch ⟨Adj.⟩ (Geol.): *die Struktur eines zerriebenen Gesteins betreffend.*

my|lo|ni|ti|sie|ren ⟨sw. V.; hat⟩ (Geol.): *(von Gesteinen) durch tektonische Kräfte zu feinen Bruchstücken zerreiben.*

My|lord [mi'lɔrt, engl.: mɪˈlɔːd; engl. mylord, eigtl. = mein Herr] (in Großbritannien): **1.** Anrede an einen Träger des Titels Lord. **2.** Anrede an einen Richter.

my-, My-: ↑myo-, Myo.

Myn|heer: ↑Mijnheer.

myo-, Myo-, (vor Vokalen:) my-, My- [griech. mŷs (Gen.: myós)] ⟨Best. in Zus. mit der Bed.⟩: *Muskel* (z. B. Myokard, Myalgie).

My|o|blast, der; -en, -en ⟨meist Pl.⟩ [zu griech. blastós = Spross, Trieb] (Med.): *Bildungszelle der Muskelfasern.*

My|o|chrom, das; -s [zu griech. chrõma = Farbe] (Med.): *Myoglobin.*

My|o|dy|nie, die; -, -n [zu griech. odýnē = Schmerz, Qual] (Med.): *Muskelschmerz.*

my|o|elek|trisch ⟨Adj.⟩: *(von Prothesen) mit einer Batterie betrieben u. durch die Kontraktion eines Muskels in Bewegung gesetzt:* eine -e Unterarmprothese.

My|o|fi|bril|le, die; -, -n (Med.): *zusammenziehbare Faser des Muskelgewebes.*

My|o|ge|lo|se, die; -, -n [zu lat. gelare = gefrieren machen] (Med.): *Verhärtung in der Muskulatur.*

my|o|gen ⟨Adj.⟩ [↑-gen] (Med.): *vom Muskel ausgehend.*

My|o|glo|bin, das; -s (Med.): *in der Muskulatur vorhandener, als Sauerstoffspeicher dienender roter Farbstoff.*

My|o|gramm, das; -s, -e [↑-gramm]: *durch Myographie erzeugtes grafisches Bild der Muskelbewegungen.*

My|o|graph, der; -en, -en [↑-graph]: *Gerät, das die Zuckungen eines Muskels in Kurvenform aufzeichnet.*

My|o|gra|phie, die; -, -n [↑-graphie]: *grafische Aufzeichnung der Muskelbewegungen mithilfe eines Myographen.*

My|o|kard, das; -[e]s, -e [zu griech. kardía = Herz] (Anat.): *Herzmuskel.*

My|o|kar|die, die; -, -n (Med.): *nicht entzündliche Erkrankung des Herzmuskels.*

My|o|kard|in|farkt, der (Med.): *Herzinfarkt.*

My|o|kar|di|tis, die; -, ...iti̱den (Med.): *bes. bei bestimmten Infektionskrankheiten, bei Rheuma u. Ä. auftretende akute od. chronische Entzündung des Herzmuskels.*

My|o|kar|di|um, das; -s, ...dia: *Myokard.*

My|o|kar|do|se, die; -, -n (Med.): *Myokardie.*

My|o|kard|scha|den, der (Med.): *in einer Funktionsminderung des Herzmuskels sich äußernder Schaden.*

My|o|klo|nie, die; -, -n [zu ↑Klonus]

My|o|ky|mie, die; -, -n [zu griech. kȳma = Welle, Woge] (Med.): *langsam verlaufende Muskelzuckung.*

My|o|lo|gie, die; - [↑-logie] (Med.): *Wissenschaft von den Muskeln, ihren Krankheiten u. deren Behandlung.*

My|om, das; -s, -e (Med.): *gutartige Geschwulst des Muskelgewebes; Muskelgeschwulst.*

My|o|me|re, die; -, -n [zu griech. méros = Teil] (Med.): *Muskelabschnitt.*

My|o|me|tri|um, das; -s, ...rien [zu griech. mētra = Gebärmutter] (Med.): *Muskelschicht der Gebärmutterwand.*

my|o|morph ⟨Adj.⟩ [↑-morph] (Med.): *von der Form einer Muskelfaser.*

My|on, das; -s, ...onen: **1.** (Physik) *zu den Leptonen gehörendes Elementarteilchen.* **2.** (Med.) *kleinste Funktionseinheit eines Muskels, die aus einer Nervenfaser mit Muskelfasern besteht.*

my|op, (auch:) myopisch ⟨Adj.⟩ [griech. myõps (Gen.: myõpos), zu: mýein = (von Lippen u. Augen) sich schließen] (Med.): *Myopie aufweisend, auf ihr beruhend; kurzsichtig.*

My|o|pa|ra|ly|se, die; -, -n [zu ↑myo-, Myo- u. ↑Paralyse] (Med.): *Muskellähmung.*

My|o|pa|thie, die; -, -n [↑-pathie] (Med.): *Muskelerkrankung.*

my|o|pa|thisch ⟨Adj.⟩ (Med.): *die Myopathie betreffend.*

My|o|pe, der u. die; -n, -n ⟨Dekl. ↑Abgeordnete⟩ (Med.): *jmd., der myop ist.*

My|o|pie, die; - [spätgriech. myōpía, zu griech. myõps, ↑myop] (Med.): *Kurzsichtigkeit* (1).

my|o|pisch ⟨Adj.⟩: ↑myop.

My|o|ple|gie, die; -, -n [zu ↑myo-, Myo- u. griech. plēgḗ = Schlag, Hieb] (Med.): *Lähmung eines Muskels.*

My|or|rhe|xis, die; - [zu griech. rhêxis = das Reißen, Brechen] (Med.): *Muskelriss.*

My|o|sin, das; -s: *in den Muskeln enthaltenes Eiweiß (wichtiger Baustein der Muskelfasern).*

My|o|si|tis, die; -, ...iti̱den (Med.): *Muskelentzündung.*

My|o|skle|ro|se, die; -, -n (Med.): *Muskelverhärtung.*

My|o|spas|mus, der; -, ...men (Med.): *Muskelkrampf.*

My|o|to|mie, die; -, -n [zu griech. tomḗ = Schnitt] (Med.): *operative Durchtrennung eines Muskels.*

My|o|to|nie, die; -, -n [zu ↑Tonus] (Med.): *Muskelkrampf.*

my|o|trop ⟨Adj.⟩ [zu griech. tropḗ = (Hin)wendung] (Med.): *auf Muskeln einwirkend.*

My|ri|a|de, die; -, -n ⟨meist Pl.⟩ [engl. myriad < lat. myrias (Gen.: myriadis) < griech. myriás (Gen.: myriádos) = Anzahl von zehntausend] (geh.): *sehr große Anzahl, ungezählte, unzählig große Menge:* -n Sterne/von Sternen; die Federn schwebten in/zu -n auf die Erde nieder; Die Schlafwelt ist eine zeitlose, raumlose ... Leere, die wir im Lauf der Nacht periodisch mit den -n von Men-

schen, Dingen ... unserer Träume bevölkern (Dunkel, Körpersprache 17).

My|ri|a|gramm, das; -s, -e ⟨aber: 2 Myriagramm⟩: *10 000 Gramm.*

My|ri|a|me|ter, der; -s, -: **1.** *10 000 Meter.* **2.** *Kilometerstein, der alle zehntausend Meter rechts u. links des Rheins zwischen Basel u. Rotterdam angebracht ist.*

My|ri|a|po|de, Myriopode, der; -n, -n ⟨meist Pl.⟩ [zu griech. poũs (Gen.: podós) = Fuß]: *Tausendfüßler.*

My|rin|gek|to|mie, die; -, -n [zu mlat. myringa = Trommelfell u. ↑Ektomie] (Med.): *operative Entfernung [eines Teiles] des Trommelfells.*

My|rin|gi|tis, die; -, ...itiden (Med.): *Entzündung des Trommelfells.*

My|rin|go|to|mie, die; -, -n [zu griech. tomḗ = Schnitt] (Med.): *Parazentese.*

My|ri|o|phyl|lum, das; -s, ...llen [zu griech. myríos = sehr viel; tausendfach u. phýllon = Blatt] (Bot.): *Tausendblatt.*

My|ri|o|po|de: ↑Myriapode.

My|ris|tin|säu|re, die; -, -n [zu griech. myristikós = zum Salben gehörig, zu: myrízein = salben] (Chemie): *organische Säure, die in verschiedenen tierischen u. pflanzlichen Fetten vorkommt.*

Myr|me|kia ⟨Pl.⟩ [griech. myrmēkía, zu: mýrmēx = Ameise] (Med.): *meist schmerzhaft-entzündliche Warzen an Handflächen u. Fußsohlen.*

Myr|me|ko|cho|rie, die; - [zu griech. chorízein = absondern, trennen] (Bot.): *Ausbreitung von Pflanzensamen durch Ameisen* (z. B. bei der Wolfsmilch).

Myr|me|ko|lo|ge, der; -n, -n [↑-loge]: *Wissenschaftler auf dem Gebiet der Myrmekologie.*

Myr|me|ko|lo|gie, die; - [↑-logie]: *Wissenschaft von den Ameisen.*

Myr|me|ko|lo|gin, die; -, -nen: w. Form zu ↑Myrmekologe.

myr|me|ko|lo|gisch ⟨Adj.⟩: *die Myrmekologie betreffend.*

Myr|me|ko|phi|le, der; -n, -n ⟨meist Pl.⟩ [zu griech. phílos = Freund] (Zool.): *Gliederfüßer, der in Ameisennestern lebt.*

Myr|me|ko|phi|lie, die; - (Zool.): *das Zusammenleben mit Ameisen* (z. B. bei Myrmekophilen).

Myr|me|ko|phyt, der; -en, -en ⟨meist Pl.⟩ [zu griech. phytón = Pflanze] (Biol.): *Pflanze, die Ameisen zu gegenseitigem Nutzen aufnimmt.*

My|ro|ba|la|ne, die; -, -n [lat. myrobalanum < griech. myrobálanos = eine Nussart]: *in der Gerberei u. als Adstringens in der Medizin verwendete gerbstoffreiche Frucht vorderindischer Holzgewächse.*

Myr|rhe, die; -, -n [mhd. mirre, ahd. myrra, mirra < lat. myrrha < griech. mýrrha, aus dem Semit.]: *(aus verschiedenen Bäumen des tropischen Afrika u. Indien gewonnenes) wohlriechendes Gummiharz, das bes. als Mittel zum Räuchern u. für Arzneien verwendet wird.*

Myr|rhen|öl, das: *aus Myrrhe gewonnenes aromatisches Öl.*

Myr|rhen|tink|tur, die: *alkoholischer Auszug aus Myrrhe zur Zahnfleischbehandlung.*

Myr|te, die; -, -n [lat. myrtus < griech.

mýrtos, aus dem Semit.; vgl. mhd. mirtelboum, ahd. mirtilboum]: *(bes. in Südamerika heimische) als Strauch od. kleiner Baum wachsende Pflanze mit ledrigen Blättern u. weißen, einzeln od. in kleinen Trauben stehenden Blüten, deren Zweige zum Binden eines Brautkranzes verwendet werden.*

Myr|ten|ge|wächs, das: *Pflanze einer Familie mit vielen als immergrüne Bäume od. Sträucher mit lederartigen Blättern wachsenden Arten.*

Myr|ten|kranz, der: *Brautkranz aus Myrtenzweigen.*

Myr|ten|zweig, der: *Zweig einer Myrte.*

My|so|pho|bie, die; - [zu griech. mýsos = Ekel u. Abscheu Verursachendes u. ↑Phobie] (Med.): *krankhafte Angst, sich zu beschmutzen.*

Mys|ta|gog, Mys|ta|go|ge, der; ...gen, ...gen [griech. mystagōgós, zu: mystagōgeīn = in die Mysterien einführen]: *Priester der Antike, der in die Mysterien (2) einführte.*

Mys|te, der; -n, -n [griech. mýstēs, subst. Adj. u. eigtl. = der Verschwiegene, zu: mýein, ↑myop]: *in die Mysterien (2) Eingeweihter.*

Mys|te|ri|en [2: griech. mystēria]: **1.** Pl. von ↑Mysterium. **2.** *bestimmten Gottheiten geweihte Geheimkulte, kultische Feiern zu Ehren einer Gottheit in der Antike.*

Mys|te|ri|en|spiel, das: *auf biblischen Erzählungen beruhendes geistliches Spiel des MA.*

mys|te|ri|ös ⟨Adj.⟩ [frz. mystérieux, zu: mystère < lat. mysterium, ↑Mysterium]: *seltsam u. unerklärlich; nicht zu durchschauen od. zu erklären; geheimnisvoll:* -e Vorfälle; ein -er Anruf, Brief; er ist auf -e Weise, unter -en Umständen verschwunden; Mysteriöser Mord auf einem Reiterhof in Enger (Hamburger Morgenpost 28. 8. 85, 16); der -e Absturz eines italienischen Passagierflugzeugs (NZZ 30. 8. 86, 7); die Sache ist m., wird immer -er, beginnt, endete äußerst m.

Mys|te|ri|um, das; -s, ...ien [lat. mysterium < griech. mystērion, zu: mýstēs, ↑Myste]: **1.** (bildungsspr.) *geheimnisvolles, mit dem Verstand nicht ergründbares Geschehen; unergründliches Geheimnis bes. religiöser Art:* das M. der Offenbarung einer Gottheit; weshalb wird man überhaupt bewundert und geliebt. Ist das nicht ein schwer zu ergründendes M. ...? (Musil, Mann 42); Physiker werden Mysterien nie begreifen, dazu sind sie zu nüchtern (Konsalik, Promenadendeck 395); M. tremendum *(erschauern machende Wirkung des Göttlichen in der Religion).* **2.** (selten) *Mysterienspiel.*

Mys|te|ry [mɪstərɪ], die; -, -s od. das; -s, -s ⟨meist o. Art.⟩ [engl. mystery, eigtl. = Geheimnis] (Film, Ferns., Literaturw.): *Film, Fernsehfilm, Roman o. Ä. mit geheimnisvoller, schauriger Darstellung von mysteriösen, meist nicht mit natürlichen Phänomenen erklärbaren Verbrechen, bes. Morden:* ... erscheinen in den meisten anspruchsvollen Filmen Gewalt und Tod als eine saubere, eigentlich eher psychische Angelegenheit. M. besetzt diese Lücke, indem es aus der ganzen Fülle

grotesker Leiblichkeit schöpft: Menschen als Nahrung, als lebende Organbanken, als Brutstätten für Außerirdische (FAZ 11. 10. 97, 36).

Mys|te|ry|se|rie die (bes. Ferns.): *Serie (2) von Mysterys.*

Mys|ti|fi|ka|ti|on, die; -, -en [frz. mystification] (bildungsspr.): **1.** *das Mystifizieren (1):* der Zauberer lebt von der M. natürlicher Vorgänge. **2.** (veraltet) *das Mystifizieren (2); Täuschung, Irreführung:* Sie sind einer schlimmen M. zum Opfer gefallen (Winckler, Bomberg 218).

mys|ti|fi|zie|ren ⟨sw. V.; hat⟩ (bildungsspr.): **1.** *einer Sache ein geheimnisvolles Gepräge geben, sie mystisch betrachten:* die Natur m.; Jahrtausendelang als »Quell des Lebens« oder als »Sitz der Seele« mystifiziert, spielt die »Körperflüssigkeit« ... eine entscheidende Rolle (Saarbr. Zeitung 27. 12. 79, 30/32). **2.** (veraltet) *täuschen, irreführen:* ♦ So mystifizierte ich mich selbst, indem ich meinte, einen andern zum Besten zu haben (Goethe, Dichtung u. Wahrheit 5).

Mys|ti|fi|zie|rung, die; -, -en (seltener): *Mystifikation.*

Mys|tik, die; - [zu lat. mysticus = geheimnisvoll < griech. mystikós]: *Form der Religiosität, religiöse Anschauung, bei der durch Versenkung, Hingabe, Askese o. Ä. eine persönliche, erfahrbare Verbindung mit der Gottheit, mit dem Göttlichen [bis zu einer ekstatischen Vereinigung] gesucht wird:* christliche M.; die deutsche M. des ausgehenden Mittelalters; Ü diese angeblich wissenschaftlich fundierte Theorie ist die reine M. *(ist irrationale Spekulation).*

Mys|ti|ker, der; -s, -: *Vertreter, Anhänger der Mystik, einer mystischen (1) religiösen Strömung.*

Mys|ti|ke|rin, die; -, -nen: w. Form zu ↑Mystiker.

mys|tisch ⟨Adj.⟩: **1.** *die Mystik betreffend, auf ihr beruhend, zu ihr gehörend, für sie charakteristisch:* -e Versenkung, Hingabe, Gläubigkeit, Religiosität; Vom Wesen her ist das Christentum eine -e Religion (Kemelman [Übers.], Dienstag 151). **2. a)** *dunkel, geheimnisvoll; rätselhaft, unergründlich:* -e Beziehungen; -e Spuren verlieren sich in -em Dunkel; etw. m. verhüllen; **b)** (ugs.) *unklar, unverständlich, nicht recht durchschaubar:* eine ziemlich -e Angelegenheit; die Sache kommt mir m. vor, klingt recht m.

Mys|ti|zis|mus, der; -, ...men (bildungsspr.): **1.** ⟨o. Pl.⟩ *schwärmerische, auf mystischen Gedanken beruhende, rational nicht begründete Einstellung, Weltanschauung:* Das Resümee ... lautete: weniger europäischer M. und mehr konkrete Meinungen (Dönhoff, Ära 121). **2.** *auf Mystizismus (1) beruhende Vorstellung, mystischer (1) Gedanke, Gedankengang:* Um so verführerischer wirken Bhagwans Mystizismen auf die Opfer einer mechanischen Wissens- und Verhaltensvermittlung (Spiegel 10, 1981, 212); ... wie Albtraumhaftes emporbricht und religiöse Mystizismen sich einmischen (MM 27. 11. 59, 16).

mys|ti|zis|tisch ⟨Adj.⟩ (bildungsspr.):

den Mystizismus betreffend; religiösschwärmerisch: -e Gedanken, Ideen.

My|the, die; -, -n (veraltend): *Mythos (1):* ... Balder, dem jugendschönen Frühlingsgott der altdeutschen M. (Hohmann, Engel 229).

My|then: Pl. von ↑Mythos, Mythus.

My|then|bil|dung, die: *Entstehung von Mythen (1).*

My|then|for|schung, die: vgl. Sagenforschung.

my|then|haft ⟨Adj.⟩: *mythisch.*

my|thisch ⟨Adj.⟩ [griech. mythikós]: **1.** *die Mythen betreffend, zu ihnen gehörend, für sie charakteristisch; einem Mythos (1) angehörend, entstammend:* -e Gestalten, Fabelwesen; aus -er Vorzeit stammen; -e Überlieferungen; den -en Himmel der Campagna, deren Ebenen so lange von Göttern und Halbgöttern belebt waren (Fest, Im Gegenlicht 304). **2.** *zu einem Mythos (2) geworden, legendär:* Der Dramatiker Hebbel, nie zu jenem -en Ruhm aufgestiegen wie Schiller (Welt 16. 3. 63, Geist. Welt).

my|thi|sie|ren ⟨sw. V.; hat⟩ (bildungsspr.): *mythologisieren:* Sie (= die nationale Revolution) hatte ihre Gefallenen, die sie später mythisierte (Niekisch, Leben 256).

My|thi|sie|rung, die; -, -en (bildungsspr.): *das Mythisieren.*

My|tho|graph, der; -en, -en [zu griech. gráphein = schreiben]: *jmd., der Mythen (1) aufschreibt u. sammelt.*

My|tho|lo|ge, der; -n, -n [↑-loge]: *Wissenschaftler, Forscher auf dem Gebiet der Mythologie (2).*

My|tho|lo|gem, das; -s, -e (Fachspr.): *mythologisches Element innerhalb einer Mythologie.*

My|tho|lo|gie, die; -, -n [griech. mythologia = das Erzählen von Götter- u. Sagengeschichten]: **1.** ⟨Pl. selten⟩ *Gesamtheit der mythischen Überlieferungen, der Mythen, Sagen, Dichtungen aus der Vorzeit eines Volkes:* die deutsche, antike, heidnische M.; Christentum und M.; Während in Byzanz antike -n *(mythologische Erscheinungen, Begebenheiten)* ... fortlaufend restauriert werden (Bild. Kunst III, 11). **2.** *wissenschaftliche Erforschung, Darstellung der Mythologie (1):* M. betreiben.

My|tho|lo|gin, die; -, -nen: w. Form zu ↑Mythologe.

my|tho|lo|gisch ⟨Adj.⟩: *die Mythologie betreffend, zu ihr gehörend, ihr entstammend:* -e Darstellungen, Szenen, Figuren, Überlieferungen, Erzählungen.

my|tho|lo|gi|sie|ren ⟨sw. V.; hat⟩ (bildungsspr.): *in mythischer (1) Form darstellen, in mythologische Form kleiden:* Er möchte ... in einem sozialen Zusammenhang verbleiben, den er später mit Worten wie Bund und Held, Volk und Tat mythologisiert hat (Adorno, Prismen 214).

My|tho|lo|gi|sie|rung, die; -, -en (bildungsspr.): *das Mythologisieren.*

My|tho|ma|nie, die; -, -n [↑Manie] (Med.): *krankhafte Lügensucht.*

My|thos, (auch:) **My|thus,** der; -, ...then [spätlat. mythos < griech. mýthos = Fa-

bel, Sage, Rede, Erzählung, zu: my-
theīsthai = reden, sagen, erzählen,
urspr. wohl lautm.] (bildungsspr.):
1. *Überlieferung, überlieferte Dichtung,
Sage, Erzählung o. Ä. aus der Vorzeit eines Volkes (die sich bes. mit Göttern, Dä-
monen, Entstehung der Welt, Erschaf-
fung der Menschen befasst):* Der französische Anthropologe Claude Lévi-Strauß
sagt, dass Mythen nicht vom Menschen
erfunden wurden (Spiegel 17, 1981, 167);
Ein weiterer M. drängt sich auf: Aus
Furcht, die Prophezeiung könne wahr
werden, ... schickt Laios seinen Sohn
fort, auf dass er umkomme (Spiegel 17,
1981, 167). **2.** *Person, Sache, Begebenheit,
die (aus meist verschwommenen, irratio-
nalen Vorstellungen heraus) glorifiziert
wird, legendären Charakter hat:* Marylin
Monroe. Der blonde Mythos (Schweizer
Illustrierte 30, 1982, 24); Kennedy – das
war von allem Anfang an, noch ehe die
Schüsse von Dallas fielen, ein Mythos,
der faszinierte (Basta 7, 1983, 31); die
Schaffung eines spezifisch proletari-

schen Mythus der Revolution (Fraenkel,
Staat 67); Diese Schlacht (= Schlacht
bei Tannenberg) wurde sehr rasch zu einem Mythos (Dönhoff, Ostpreußen 14);
Gandhi ist schon zu seinen Lebzeiten
zum M. geworden.
My|ti|le|ne: Hauptstadt von Lesbos.
My|ti|lus, die; - [lat. mytilus < griech.
mytílos] (Zool.): *Miesmuschel.*
My|xo|bak|te|ri|en ⟨Pl.⟩ [zu griech. mý-
xa = Schleim u. ↑ Bakterie] (Biol.): *kleine, stäbchenförmige Bakterien, die sich
gleitend bewegen können.*
Myx|ödem, das [zu griech. mýxa =
Schleim u. ↑ Ödem] (Med.): *auf einer Un-
terfunktion der Schilddrüse beruhendes
Krankheitsbild mit Schwellungen der
Weichteile (a) sowie körperlichen u. geistigen Störungen.*
myx|öde|ma|tös ⟨Adj.⟩ (Med.): *ein
Myxödem betreffend, mit einem Myxödem zusammenhängend.*
My|xom, das; -s, -e [zu griech. mýxa =
Schleim] (Med.): *gutartige Geschwulst
aus Bindegewebe.*

my|xo|ma|tös ⟨Adj.⟩ (Med.): *wie ein My-
xom aussehend.*
My|xo|ma|to|se, die; -, -n [nach den My-
xomen, die sich an allen natürlichen
Körperöffnungen bilden] (Tiermed.):
*tödlich verlaufende Viruskrankheit bei
Hasen u. Kaninchen.*
My|xo|my|zet, der; -en, -en [zu griech.
mýxa = Schleim u. mýkēs = Pilz]:
Schleimpilz.
My|xo|sar|kom, das; -s, -e [zu griech.
mýxa = Schleim u. ↑ Sarkom] (Med.):
bösartige Geschwulst aus Schleimgewebe.
My|zel, My|ze|li|um, das; -s, ...lien [zu
griech. mýkēs = Pilz u. hḗlos = Nagel]
(Bot.): *Gesamtheit der Pilzfäden eines
höheren Pilzes.*
My|zet, der; -en, -en (Biol. selten): *Pilz.*
My|ze|tis|mus, der; -, ...men (Med.):
Pilzvergiftung.
My|ze|tom, das; -s, -e: **1.** (Biol.) *Organ
(od. Gruppe von Zellen) bei Tieren, das
Mikroorganismen als Symbionten aufnimmt.* **2.** (Med.) *durch Pilze hervorgeru-
fene Infektion mit Geschwulstbildung.*

N

n, N [ɛn], das; - (ugs.: -s), - (ugs.: -s) [mhd., ahd. n]: *vierzehnter Buchstabe des Alphabets; ein Konsonant:* ein kleines n, ein großes N schreiben.

n = Nano...; Neutron; (Math.:) Zeichen für eine endliche Zahl von Einheiten: ein Vieleck mit n Ecken.

N = Nahverkehrszug; Nationalstraße; Newton; Nitrogenium; Nord[en].

v, N: ↑ Ny.

'n [n̩]: ↑ 'nen.

na, na ⟨Interj.⟩: ↑ na.

Na = Natrium.

na ⟨Interj.⟩ [viell. abgeschwächtes ↑ nu] (ugs.): geht als Gesprächspartikel einem [verkürzten] Satz voraus u. bildet damit den emotionalen Übergang von etw., was als Geschehen, Gesprochenes od. Gedachtes vorausgegangen ist, zu einer daraus sich ergebenden Äußerung, die persönliche Gefühle, vor allem Ungeduld, Unzufriedenheit, Resignation, Ablehnung, aber auch Überraschung, eine Aufforderung, Zuspruch, Freude enthalten kann: na, na, na!; na also; na bitte; na [ja] gut; na schön; na, wenn du meinst; na, warum eigentlich nicht?; na, dann mal los; na, so was!; na, der wird staunen, schauen, sich freuen, sich wundern [wenn er das sieht, hört]!; na, wenn das deine Eltern erfahren!; na, was soll denn das?; das soll ich alles noch erledigen? Na, ich danke; na, endlich hast du kapiert, worum es geht; na, das wird schon werden; na, wer wird denn weinen?; na, wo bleibst du denn?; na mach schon, komm schon!; na, das verbitte ich mir aber!; na, warte, ich werde mich rächen!; na, dann eben nicht; na, da haben wir's; na, wer glaubt's!; na, trinken wir erst mal ein Gläschen; im Steinbruch ... von heute auf morgen hat er anfangen dürfen. Na, ist das nichts? (Fels, Sünden 65); (in vertraulicher Anrede:) na, wie geht es denn?; na, Kleiner?; na und? (provokante [Gegen]frage, mit der ausgedrückt werden soll, dass man sich jmds. negativer Wertung von etw. nicht anschließt, dass man etw. nicht für besonders wichtig, aufregend, schlimm o. ä. hält; 75 Jahre – na und? (Hörzu 33, 1979, 65); »Und einige sind dort gestorben«, sagte ich. »Na und?«, sagte er, »die wären draußen auch gestorben ...« (B. Vesper, Reise 463).

Naab, die; -: linker Nebenfluss der Donau.

Nab|burg: Stadt an der Naab.

Na|be, die; -, -n [mhd. nabe, ahd. naba, eigtl. = Nabel] (Fachspr.): *hülsenförmiges Mittelstück eines Rades, einer Drehscheibe o. Ä., durch den die Achse o. Ä. geschoben ist [u. in dem die Speichen befestigt sind]:* einige Speichen haben sich von der N. gelöst; Ü ein Wahnsinniger, noch dazu einer, der ... plötzlich die brennende N. des vibrierenden Rades war (Plievier, Stalingrad 264).

Na|bel, der; -s, - [mhd. nabel, ahd. nabalo, verw. mit ↑ Nabe]: *(bei Mensch u. Säugetier) kleine, runde Vertiefung mit einer mehr od. weniger wulstigen Vernarbung darin in der Mitte des Bauches, wo ursprünglich die Nabelschnur ansetzte:* das Wasser reichte ihm bis zum N.; Ü N. (wichtigstes Land) der Leichtathletik war dabei die Bundesrepublik (Tagesspiegel 13. 6. 84, 17); Fünfmal landete er auf dem Rollfeld von Pitomik, dem N. (dem wichtigsten Teil, dem strategischen Mittelpunkt) des umschlossenen Stalingrad (Loest, Pistole 92); * der N. der Welt (geh.; *das Wichtigste, der Mittelpunkt, um den sich alles dreht*): Auffallend ... die Neigung, das eigene Land für den N. der Welt zu halten (Enzensberger, Einzelheiten I, 31).

Na|bel|bin|de, die: *Binde, die Neugeborenen angelegt wird, um die Wunde der durchtrennten Nabelschnur vor Verschmutzung u. Infektion zu schützen.*

Na|bel|bruch, der (Med.): *Bruch (2 b) im Bereich des Nabels.*

na|bel|frei ⟨Adj.⟩: *(von Kleidungsstücken) den Nabel frei lassend:* Er ... wagt sich auch mal im -en Shirt über den Pausenhof (MM 6./7. 9. 86, 23); Haben es die Modemacher begriffen, dass kultivierte Magersucht und Models, die aussehen wie Wasserleichen, Leute genauso wenig animieren wie die Vorstellung, von plateaubesohlt in einen Kundentermin zu gehen (Spiegel 18, 1999, 13).

Na|bel|kraut, das: *[bes. im Mittelmeergebiet heimisches] Dickblattgewächs mit fleischigen, in der Mitte vertieften Blättern u. unscheinbaren bräunlich grünen Blüten, das als Zierpflanze gezogen wird.*

Na|bel|schau, die (salopp): **1.** *übertriebene, narzisstische Beschäftigung mit der* eigenen Person, Gruppe, Institution o. Ä.: und sonst in Bonn N. der Eitelkeiten (MM 2./3. 11. 85, 2); N. betreiben; Ein Jahr lang fast amtierte er weiter als Unterhausabgeordneter, machte jede Sitzung, an der er teilnahm, zu einer N. (Prodöhl, Tod 286). **2.** *Zurschaustellung des Körpers durch wenige Kleidungsstücke od. tiefe Dekolletés bei einer bestimmten Gelegenheit.*

Na|bel|schnur, die ⟨Pl. ...schnüre⟩: *(bei Mensch u. Säugetier) Strang aus gallertigem Gewebe, durch den der Embryo im Mutterleib mit dem mütterlichen Organismus verbunden ist:* die N. durchtrennen, durchschneiden; Ü Josefine bekümmerte es sehr, dass ein Mann beinahe die Abhängigkeit braucht. Sie ist für ihn eine N., an der er mit der Frau aneinander gebunden sein will (Alexander, Jungfrau 237).

Na|bel|strang, der: *Nabelschnur.*

Na|ben|boh|rer, der: *zur Herstellung hölzerner Naben benötigtes Werkzeug der Stellmacher.*

Na|ben|schal|tung, die: *(beim Fahrrad) Schaltung (3), bei der der Mechanismus sich in der Nabe des Hinterrades befindet.*

Na|bob, der; -s, -s [engl. nabob < Hindi nabāb, nawwāb < arab. nuwwāb]: **1.** *Provinzgouverneur in Indien.* **2.** (oft abwertend) *sehr reicher Mann:* ein Luxushotel, in dem nur -s logieren.

nach [mhd. nāch, ahd. nāh, verw. mit ↑ nah]: **I.** ⟨Präp. mit Dativ⟩ **1.** (räumlich) **a)** bezeichnet eine bestimmte Richtung: n. oben, unten, hinten; Im Spiel n. vorne verlagerte lediglich Bastrup (Kicker 6, 1982, 34); n. außen, innen; n. links von links n. rechts schreiben; von Osten n. Westen ziehen; es spritzte n. allen Richtungen; das Zimmer geht n. der Straße (liegt auf der Seite, wo die Straße ist); ein Zimmer mit Fenstern n. dem (zum) Garten; **b)** bezeichnet ein bestimmtes Ziel: n. Amerika fliegen; n. Hause kommen, gehen; der Zug fährt von Hamburg n. München; dass jeder, der an der Schweiz etwas auszusetzen hatte, n. jenem sagenhaften Moskau gehen sollte (Zorn, Mars 168); **c)** (landsch.) zu ... hin, in: n. dem (in den) Süden fahren; Meine besten Freundinnen sind n. dem (in den) Westen gegangen (Spiegel 32, 1988, 19); n. der (zur) Bahn gehen; n. (zur) Oma gehen;

Geh'n wir mal n. *(zu)* Hagenbeck (Hörzu 40, 1982, 84). **2.** (zeitlich) drückt aus, dass etw. dem genannten Zeitpunkt od. Vorgang [unmittelbar] folgt: n. wenigen Minuten; n. Ablauf der Frist; sie fährt erst n. Weihnachten; er starb n. langem, schwerem Leiden; n. langem Hin und Her konnte eine Einigung erzielt werden; n. allem, was geschehen ist, müssen wir leider verzichten; einen Tag n. seiner Rückkehr; n. drei Wochen; 1 000 Jahre n. Christi Geburt, n. Christus; fünf [Minuten] n. drei. **3.** in Verbindung mit zwei gleichen Substantiven als Ausdruck für ein kontinuierliches Nacheinander: Schritt n. Schritt zurückweichen; Während Platte n. Platte klickend unter der Nadel einrastete (Fels, Sünden 105); ...bis der Waldburger die Bauern im Schwarzwald, im Unterland, im Fränkischen und im oberen Allgäu, Haufen n. Haufen erledigt hatte (M. Walser, Seelenarbeit 198). **4.** in Abhängigkeit von bestimmten Verben: n. etwas greifen, tasten; Marianne ... kramte sofort n. einem Spiegel (Kronauer, Bogenschütze 168); n. jmdm. schicken, rufen, fragen; n. etwas streben; sich n. jmdm. sehnen; die meisten jungen Krakeeler, die n. Wiedervereinigung verlangen (Freie Presse 30. 12. 89, 4). **5.** zur Angabe einer Reihenfolge od. Rangfolge: er verließ das Zimmer n. dir; wer kommt n. Ihnen dran?; eins n. dem andern; n. 200 Metern abbiegen; n. dem Ruhm wurden Süßspeisen serviert (Schädlich, Nähe 126); bitte, n. Ihnen! (Höflichkeitsfloskel, mit der man jmdm. den Vortritt 1 lässt); Nach dem Jeep ist der Landrover der älteste Geländewagen überhaupt (Volksblatt Berlin 17. 6. 84, 13). **6. a)** *so wie ... ist; entsprechend, gemäß:* meiner Ansicht, meiner Meinung n.; n. meiner Ansicht, Meinung; aller Wahrscheinlichkeit n.; [ganz] n. Wunsch; n. menschlichem Ermessen; n. neuesten Meldungen; n. meiner Erinnerung; Nach Meinung von Experten müssen die Gemeinden ... eine runde Milliarde DM investieren (Saarbr. Zeitung 6./7. 10. 79, 34); einflussreiche Freunde ..., denen man, gelegentlichen Andeutungen n., vertrauliche Einverständnisse teilte (Fest, Im Gegenlicht 333); **b)** bezeichnet das Muster, Vorbild o. Ä. für etw.: [frei] n. Goethe; eine Geschichte n. dem Leben; Unablässig malte er damals kleine Stimmungsbilder n. alten Meistern (Fest, Im Gegenlicht 389); n. der neuesten Mode gekleidet sein; einen Anzug n. Maß arbeiten; Ich ... begann, das Werkstück ... n. Plan anzureißen (Innerhofer, Schattseite 62); Spaghetti n. Bologneser Art; das Essen schmeckt n. nichts; n. Vorschrift, altem Brauch, bestimmten Regeln, geltendem Recht; seinem Wesen n. ist er eher ruhig; sie hat dem Sinn n. Folgendes gesagt; n. der Sage/der Sage n.; ihrer Sprache n. ist sie Norddeutsche; jmdn. nur dem Namen n. *(nicht persönlich)* kennen; er wird n. geltendem Recht bestraft; der Größe n./n. der Größe antreten lassen; n. bestimmten Regeln; Flüssigkeiten n. Litern oder Kubikmetern messen *(bei Flüs-*

sigkeiten Liter od. Kubikmeter als Maß zugrunde legen); ein Glas kostet etwa zwölf Pfennig n. unserem Geld *(in unserer Währung).* **7. a)** in Verbindung mit Fragepronomen: n. wem hat sie gefragt?; n. was (ugs.; *wonach)* suchst du denn?; **b)** in relativer Verbindung: das Mädchen, n. dem er gefragt hat; er hat erreicht, n. was (ugs.; *wonach)* er verlangte; Er weiß nicht, n. was (ugs.; *wonach)* er zuerst greifen soll (Ossowski, Flatter 13). **II.** ⟨Adv.⟩ **a)** drückt aus, dass jmd. jmdm., einer Sache folgt, nachgeht: mir n.!; dem Dieb n.!; **b)** ⟨in Wortpaaren⟩ n. und n. *(allmählich, langsam fortschreitend; schrittweise erfolgend):* sich n. und n. wieder erholen; Nach und n. setzt sich aus vielen kleinen Einzelheiten ein bruchstückhaftes Bild der Personen zusammen (Chotjewitz, Friede 163); n. wie vor *(noch immer [in gleicher Weise fortbestehend]):* er arbeitet n. wie vor in dieser Firma; Männer streben n. wie vor die Ideale der Allmacht an (Wilhelm, Unter 42); **c)** ⟨als abgetrennter Teil von Adverbien wie »danach, wonach«⟩ (nordd.) da kannst du nicht n. gehen; da kannst du dich nicht n. richten.

nach-, Nach-: **1.** bedeutet in Bildungen mit Verben so viel wie *hinterher:* nacheilen, -fahren, -starren. **2.** kennzeichnet in Bildungen mit Adjektiven, Verben oder Substantiven etw. als zeitlich später liegend, erfolgend: nachklassisch; nachfeiern; Nachsaison. **3.** drückt in Bildungen mit Verben oder Substantiven aus, dass etw. noch einmal (zur Verbesserung od. zur Kontrolle) getan wird, erfolgt: nachfärben, -wiegen; Nachmessung. **4.** drückt in Bildungen mit Verben aus, dass etw., einem Muster, Vorbild, einer Vorlage folgend gemacht wird: nachfühlen, -geraten, -kochen. **5.** drückt in Bildungen mit Verben oder Substantiven eine Fortdauer oder Verlängerung von etw. aus: nachsitzen, -spielen, -wirken; Nachhall. **6.** drückt in Bildungen mit Verben oder Substantiven aus, dass etw. intensiv getan wird: nachgrübeln; Nachforschung.

Nach|ach|tung, die, -: in der Verbindung **einer Vorschrift, Forderung** o. Ä. **N. verschaffen** (schweiz., Amtsspr.): *dafür sorgen, dass eine Vorschrift, Forderung o. Ä. befolgt wird):* die EG erweis sich als unfähig, dem Mehrheitsentscheid der Finanzminister auch N. zu verschaffen (NZZ 21. 12. 86, 11).

nach|äf|fen ⟨sw. V.; hat⟩ (abwertend): **1.** *die Sprechweise, bestimmte Bewegungen, Eigenheiten o. Ä. anderer in übertriebener, grotesk-verzerrender Weise nachahmen:* den Lehrer, jmds. Stimme, jmds. Gang n.; Ein bissel, sagte er, äffte ihre Sprache nach (Härtling, Hubert 106); Stallknechte ... äfften seine Gesten und seinen Tonfall nach (Ransmayr, Welt 36). **2.** *jmdn., etw. in einfallsloser, törichter Weise nachahmen (2):* Die Geschichte unserer europäischen Staaten wurde mit Blut geschrieben ... Die Afrikaner äffen uns nach (profil 17, 1979, 14); Die modernen Juden hatten das eine Ziel: den Nichtjuden nachzuäffen (Singer [Übers.], Feinde 22).

Nach|äf|fer, der; -s, - (abwertend): *jmd., der jmdn., etw. nachäfft.*

Nach|äf|fe|rei, die, -, -en (abwertend): **1.** ⟨o. Pl.⟩ *[dauerndes] Nachäffen.* **2.** *nachäffende Handlung.*

Nach|äf|fe|rin, die, -, -nen: w. Form zu ↑Nachäffer.

nach|ah|men ⟨sw. V.; hat⟩ [zu mhd. âmen = ausmessen (zu âme = Flüssigkeitsmaß), also eigtl. = nachmessend gestalten]: **1.** *jmdn., etw. in seiner Eigenart, in einem bestimmten Verhalten o. Ä. möglichst genau kopieren:* jmd., etw. ist schwer, leicht nachzuahmen; einen Künstler, die Natur n.; einen Vogelruf, jmds. Art zu sprechen n.; wenn der fort war, ahmte er den nach in Gebärde, Sprache, Bewegung (M. Walser, Seelenarbeit 63); er versuchte, die Unterschrift des Chefs nachzuahmen. **2.** *sich jmdn., etw. als Vorbild nehmen u. sich eifrig bemühen, es ihm gleichzutun:* Er ... ahmte den stillen, zähen Fleiß des Vaters nach (Th. Mann, Buddenbrooks 53). **3.** (selten) *aus minderwertigem Material nach einem wertvollen Vorbild herstellen:* eine ... Halle mit nachgeahmtem Marmor (Koeppen, Rußland 89).

nach|ah|mens|wert ⟨Adj.⟩: *wert, nachgeahmt zu werden; vorbildlich:* eine -e Haltung.

Nach|ah|mer, der; -s, -: *jmd., der jmdn., etw. nachahmt.*

Nach|ah|me|rin, die; -, -nen: w. Form zu ↑Nachahmer.

Nach|ah|mung, die; -, -en: **1.** ⟨o. Pl.⟩ *das Nachahmen.* **2.** *nachgeahmter, nachgebildeter Gegenstand:* die N. eines griechischen Rundtempels; Aussteller (= der Uhren- und Schmuckmesse) aus Ländern ..., die eine liberale Handels- und Geschäftspolitik betreiben und nicht mit ... billigen -en in den Markt drängen (NZZ 12. 4. 85, 11).

Nach|ah|mungs|trieb, der (Verhaltensf., Psych.): *Trieb, der alle Verhaltensweisen auslöst u. steuert, jmdn., etw. nachzuahmen.*

nach|ah|mungs|wür|dig ⟨Adj.⟩: *nachahmenswert.*

Nach|ar|beit, die, -, -en: *nachträglich zu leistende Arbeit, durch die etw. verbessert, ergänzt o. Ä. wird:* Gute Näherinnen zeichnet aus, dass sie gefragte Erzeugnisse in hoher Menge produzieren, N. vermeiden, sparsam mit Material umgehen (Freie Presse 10. 12. 84, 3).

nach|ar|bei|ten ⟨sw. V.; hat⟩: **1.** *versäumte Arbeit[szeit] zu einem späteren Zeitpunkt [durch vermehrte Arbeit] nachholen:* zwei Stunden n. **2.** *nachträglich bearbeiten u. dadurch verbessern, ergänzen:* maschinell hergestellte Gegenstände mit der Hand, von Hand n. **3.** *nach einem Modell gestalten; nachbilden:* eine antike Plastik n. **4.** (veraltend) *sich jmdn. als Vorbild nehmen u. dessen Leistung anstreben:* dem Meister n.

nach|ar|ten ⟨sw. V.; ist⟩ (geh.): *nachschlagen (2).*

Nach|auf|la|ge, die, -, -n (Buchw.): *im Anschluss an eine vorangegangene vergriffene Auflage als Nachdruck hergestellte Auflage.*

Nach|bar, der; -n, selten: -s, -n [mhd. nächgebūr(e), ahd. nāhgibūr(o), aus ↑ nahe u. ↑ ¹Bauer, eigtl. = nahebei Wohnender]: **a)** *jmd., der in jmds. [unmittelbarer] Nähe wohnt, dessen Haus, Grundstück in der [unmittelbaren] Nähe von jmds. Haus, Grundstück liegt:* ein freundlicher N.; wir sind -n geworden, haben neue -n bekommen; das Grundstück des -n; in -s Garten; Zum Beispiel gibt es bei den -n von gegenüber, die sieben Kinder haben, gar kein Abendbrot (Ossowski, Flatter 26); (ugs.:) bei -s geht es heute hoch her; * scharf, spitz wie -s Lumpi sein (salopp; *geil sein;* Lumpi = häufiger Hundename); **b)** *jmd., der sich in jmds. [unmittelbarer] Nähe befindet:* mein N. am Tisch; Ü gute Beziehungen zu den östlichen, westlichen -n *(Nachbarländern)* haben; unser N. *(Nachbarland)* Frankreich ist am Ausbau der Schnellstrecke sehr interessiert.

Nach|bar|dis|zi|plin, die; vgl. Nachbarwissenschaft.

Nach|bar|dorf, das: *benachbartes Dorf:* Überall in Orgosolo und den Nachbardörfern stehen Parolen an den Hauswänden (Chotjewitz, Friede 192).

Nach|bar|gar|ten, der: vgl. Nachbardorf.

Nach|bar|ge|biet, das: vgl. Nachbardorf.

Nach|bar|haus, das: vgl. Nachbardorf.

Nach|ba|rin, die; -, -nen: w. Form zu ↑ Nachbar: Der Fritz wurde inzwischen von der alten Dannerin versorgt, der gefälligen N. vom alten Schlag (Kühn, Zeit 125).

Nach|bar|land, das ⟨Pl. ...länder⟩: vgl. Nachbardorf.

nach|bar|lich ⟨Adj.⟩: **1.** *dem Nachbarn gehörend:* das -e Haus, der -e Garten; Die jungen Terroristen finden ein -en *(benachbarten)* Indien Unterschlupf (NZZ 20. 8. 83, 5). **2.** *unter Nachbarn üblich; in der Art von Nachbarn:* ein gutes -es Verhältnis; -e Beziehungen pflegen; -e Hilfe leisten; ich bin freundlich und n. zu allen Leuten (Mayröcker, Herzzerreißende 146).

Nach|bar|or|gan, das (Med.): *Körperorgan, das unmittelbar an ein anderes angrenzt.*

Nach|bar|ort, der ⟨Pl. -e⟩: vgl. Nachbardorf.

Nach|bar|recht, das ⟨o. Pl.⟩ (Rechtsspr.): *Gesamtheit der Vorschriften, die das Verfügungsrecht des Eigentümers, der Eigentümerin über das eigene Grundstück im Interesse benachbarter Grundstückseigentümer beschränken.*

Nach|bar|schaft, die; -, -en ⟨Pl. selten⟩: **1. a)** *Gesamtheit der Nachbarn:* die ganze N. konnte das Geschrei hören; das hat sich bereits in der N. herumgesprochen; Mit so einer eingesessenen N. ... durfte man nichts aufs Spiel setzen (Kühn, Zeit 140); das können wir schon wegen der N. nicht tun; **b)** *Verhältnis zwischen Nachbarn:* [eine] gute N. halten; meine Mutter, die für gute N. war, ... half der dürren Hilda in der Küche (Hilsenrath, Nazi 10). **2.** *unmittelbare räumliche Nähe zu jmdm., etw.:* Kessi, ihre Schulfreundin

aus der N. (Christiane, Zoo 60); In der N. quetschte jemand ein Akkordeon (Fels, Sünden 97); in der N. wohnen; in jmds. N. ziehen.

nach|bar|schaft|lich ⟨Adj.⟩: nachbarlich (2).

Nach|bar|schafts|haus, das: *Haus, in dem die Bevölkerung eines kleineren Wohngebiets, eines Stadtteils zu Meinungsaustausch, Unterhaltung o. Ä. zusammenkommt u. in dem auch kulturelle Veranstaltungen stattfinden.*

Nach|bar|schafts|heim, das (selten): *Nachbarschaftshaus.*

Nach|bar|schafts|hil|fe, die: *gegenseitige nachbarliche (2) Hilfe:* Die Medien forderten Fritz auf, mehr über die Organisation von -n zu berichten (MM 30. 3. 79, 17).

Nach|bar|schafts|ver|band, der: *(in Baden-Württemberg) Körperschaft, die die geordnete Entwicklung von Städten u. den umliegenden Gemeinden regelt.*

Nach|bars|fa|mi|lie, die: *Familie, die in jmds. [unmittelbarer] Nähe wohnt, deren Haus, Grundstück in der [unmittelbaren] Nähe von jmds. Haus, Grundstück liegt.*

Nach|bars|frau, die: *Nachbarin.*

Nach|bars|kind, das: *Kind des Nachbarn.*

Nach|bars|leu|te ⟨Pl.⟩: *Leute aus der Nachbarschaft; Nachbarinnen u. Nachbarn.*

Nach|bar|staat, der: vgl. Nachbardorf.

Nach|bar|stadt, die: vgl. Nachbardorf.

Nach|bar|tisch, der: Nebentisch.

Nach|bar|volk, das: *Volk eines Nachbarlandes.*

Nach|bar|wis|sen|schaft, die ⟨meist Pl.⟩: *Wissenschaft, die an [eine] andere angrenzt.*

Nach|bar|zim|mer, das: *nebenan liegendes Zimmer.*

nach|bau|en ⟨sw. V.; hat⟩: *nach einem Modell, Muster, Original, nach einer Vorlage bauen:* Vielmehr soll die 120-mm-Kanone nachgebaut ... werden (Spiegel 14, 1984, 15); nachgebaute Autoveteranen (Spiegel 39, 1978, 240).

Nach|be|ben, das; -s, -: *einem Erdbeben nachfolgendes, leichteres Beben.*

nach|be|han|deln ⟨sw. V.; hat⟩: **1.** *(einen Gegenstand, ein Material) nach einer bereits erfolgten Behandlung nochmals behandeln:* Flecken n. **2.** *nach einem medizinischen Eingriff, nach anderweitiger ärztlicher Behandlung o. Ä. weiter ärztlich versorgen:* ... er wegen einer Gefäßoperation (Raucherbein) nachbehandelt worden war (MM 17. 7. 85, 1).

Nach|be|hand|lung, die; -, -en: *das Nachbehandeln.*

nach|be|kom|men ⟨st. V.; hat⟩ (ugs.): **a)** *von etw. noch mehr, noch ein zweites Mal bekommen:* wenn du noch nicht satt bist, kannst du noch etwas n.; **b)** *etw. nachkaufen können:* einzelne Teile eines Service n. können.

nach|be|rech|nen ⟨sw. V.; hat⟩: *im Nachhinein noch zusätzlich eine bestimmte Summe in Rechnung stellen.*

Nach|be|rech|nung, die; -, -en: *das Nachberechnen, Nachberechnetwerden.*

nach|be|rei|ten ⟨sw. V.; hat⟩ (bes. Päd.):

(ein Thema) zur Steigerung u. Festigung des Unterrichtserfolges noch einmal durchgehen.

Nach|be|rei|tung, die; -, -en (Päd.): *das Nachbereiten.*

nach|bes|sern ⟨sw. V.; hat⟩: **a)** *ausbessern:* die Lackierung n.; **b)** *nachträglich verbessern:* eine Vorlage, einen Gesetzentwurf n.; Umweltschützer fordern, das lasche Luftreinigungsrecht nachzubessern (Spiegel 37, 1983, 4).

Nach|bes|se|rung, Nach|bess|rung, die; -, -en: *das Nachbessern.*

nach|be|stel|len ⟨sw. V.; hat⟩: *nachträglich, zusätzlich bestellen:* Geräte n.; einige Stücke der Kollektion können nachbestellt werden.

Nach|be|stel|lung, die; -, -en: *das Nachbestellen.*

nach|be|ten ⟨sw. V.; hat⟩: **1.** (selten) *ein Gebet nachsprechen.* **2.** (ugs. abwertend) *(Worte u. Gedanken anderer) kritiklos übernehmen u. (als eigene Meinung) wiedergeben:* Meinungen von Parteiideologen n.; dass junge Forscher oft erst dann aufsteigen können, wenn sie ... die Lieblingstheorien der dominierenden Fachvertreter nachgebetet haben (Richter, Flüchten 104).

Nach|be|ter, der; -s, - (ugs. abwertend): *jmd., der etw. nachbetet (2).*

Nach|be|te|rin, die; -, -nen: w. Form zu ↑ Nachbeter.

Nach|be|treu|ung, die; -: *Nachsorge:* Bonn fordert N. für krebsgeheilte Frauen (MM 12. 7. 79, 13).

nach|be|zah|len ⟨sw. V.; hat⟩: nachzahlen.

nach|be|zeich|net ⟨Adj.⟩ (Kaufmannsspr.): *im folgenden Text [genau] bezeichnet:* wir bitten um Anlieferung -er Waren.

Nach|bild, das; -[e]s, -er (Physik): *Sehen der [Kontrast]farbe eines optischen Reizes, obwohl dieser nicht mehr auf das Auge wirkt:* ... und wie ich vor dem letzten Bild stand, dem ganz weißen, habe ich plötzlich darauf das fast schwarze als flimmerndes N. noch einmal gesehen (Handke, Frau 107).

nach|bil|den ⟨sw. V.; hat⟩: *nach einem Muster, Vorbild gestalten; nachschaffen:* etw. historisch getreu n.; einen Kunstgegenstand n.; Schinkel bildete für den einen König die Villa vom Fuß des Vesuvs nach (Fest, Im Gegenlicht 294).

Nach|bil|dung, die; -, -en: **1.** ⟨o. Pl.⟩ *das Nachbilden.* **2.** *etw., was nachgebildet wurde:* eine gelungene N. der Nofretete.

nach|blät|tern ⟨sw. V.; hat⟩ (ugs.): *(in einem Buch o. Ä.) blättern, um etw. Bestimmtes zu finden.*

nach|blei|ben ⟨st. V.; ist⟩ (landsch.): **1.** *zurückbleiben (1, 2, 4).* **2.** *(von der Uhr) nachgehen.* **3.** *(in der Schule) nachsitzen.*

nach|bli|cken ⟨sw. V.; hat⟩: *nachsehen (1).*

nach|blu|ten ⟨sw. V.; hat⟩: *(von einer Wunde o. Ä.) erneut bluten, nachdem das Blut bereits gestillt wurde.*

Nach|blu|tung, die; -, -en: *das Nachbluten.*

nach|boh|ren ⟨sw. V.; hat⟩: **1.** *nochmals bohren [u. dadurch verbessern]:* ein Loch

n. **2.** (ugs.) *hartnäckig versuchen, von jmdm. eine [korrekte] Antwort zu bekommen:* die Interviewerin bohrte nach; Oberflächliche Gründe, der Autor hätte n. müssen (Saarbr. Zeitung 5. 12. 79, 25/27/29).

Nach|bör|se, die; -, -n (Börsenw.): *Abschlüsse u. Geschäfte nach der offiziellen Börsenzeit.*

nach|börs|lich ⟨Adj.⟩ (Börsenw.): *nach der offiziellen Börsenzeit (stattfindend):* Die am Montag n. verzeichneten Spitzenkurse waren erneut überboten worden (Handelsblatt 18, 1979, 25).

◆ **nach|bos|sie|ren** ⟨sw. V.; hat⟩ [zu ↑bossieren]: *in Ton, Gips od. Wachs nachbilden:* Dem Nil, den Herkules und anderen Göttern brachte man zwar ... nur nachbossierte Mädchen dar (Jean Paul, Wutz 32).

nach|bren|nen ⟨unr. V.; hat⟩ (Jägerspr.): *(von einem Schuss) mit Verzögerung, zu spät losgehen.*

Nach|bren|ner, der; -s, -: **1.** (Technik) *Vorrichtung (in bestimmten Motoren u. Triebwerken), in der überflüssiger Treibstoff verbrannt wird:* eine Verbesserung der Abgase durch N. **2.** (Jägerspr.) *Schuss, der zu spät losgeht.*

nach|brin|gen ⟨unr. V.; hat⟩: *jmdm. (der bereits fortgegangen ist) etw. [was ihm gehört] bringen.*

nach|brum|men ⟨sw. V.; hat⟩ (Schülerspr.): *(in der Schule) nachsitzen:* die ganze Klasse musste n.

Nach|bür|ge, der; -n, -n (Rechtsspr.): *zusätzlicher Bürge (der zur Zahlung herangezogen wird, wenn Schuldner od. Bürge nicht zahlen).*

nach|christ|lich ⟨Adj.⟩: *nach Christi Geburt:* die ersten -en Jahrhunderte; der Teufel ist der erste -e Realist (Sloterdijk, Kritik 331).

nach|da|tie|ren ⟨sw. V.; hat⟩: **a)** *(auf einen Brief, ein Schriftstück o. Ä.) ein früheres, zurückliegendes Datum schreiben;* **b)** (selten) *(auf einen Brief, ein Schriftstück o. Ä.) nachträglich das richtige Datum schreiben.*

Nach|da|tie|rung, die; -, -en: *das Nachdatieren, Nachdatiertwerden.*

nach|dem ⟨Konj.⟩: **1.** (zeitlich) **a)** drückt die Vorzeitigkeit des Geschehens im Gliedsatz aus: n. er gegangen war, fiel ihm ein, was er vergessen hatte; n. ich gegessen hatte, legte ich mich eine Weile hin; er ruhte sich, n. er trainiert hatte, eine halbe Stunde aus; **b)** *nach dem Zeitpunkt, als:* Achtundvierzig Stunden ..., ich in Wien eingetroffen war ..., klopfte Herr Müller endlich an meiner Tür an (Habe, Namen 59); Ich hatte sie (= Die Räuber) gelesen, gleich n. ich den Film gesehen ... hatte (Küpper, Simplicius 58). **2.** (landsch.) (kausal mit gleichzeitig temporalem Sinn): drückt eine Begründung des Geschehens im Gliedsatz aus: n. sich die Sache verzögerte, verloren viele das Interesse daran; n. du mit der Waffe bedroht worden bist, kann man sehr wohl von Notwehr sprechen (Danella, Hotel 154).

nach|den|ken ⟨unr. V.; hat⟩: **1.** *sich in Gedanken eingehend mit jmdm., etw. be-*

schäftigen; versuchen, sich in Gedanken über jmdn., über einen Sachverhalt klar zu werden: lange, angestrengt, gründlich, intensiv, tief [über etw.] n.; über ein Problem, über die Menschen, über sich selbst n.; er dachte darüber nach, ob seine Entscheidung richtig war; ich dachte auch, dass die Väter und die Lehrer mal ganz, ganz genau n. sollten, wie sie selber zwischen zwölf und vierzehn gewesen waren (Loest, Pistole 186); Bossi fängt daraufhin an, über eine mögliche Befangenheit der Richter laut nachzudenken (*seine Gedanken zu äußern;* Spiegel 44, 1989, 66); er antwortete ohne nachzudenken; denk mal scharf nach, dann wird es dir schon einfallen; (schweiz., sonst veraltend:) sie dachte diesen Fragen lange nach; ⟨subst.:⟩ in tiefes Nachdenken versunken sein; trotz angestrengten Nachdenkens fand er keine Lösung. **2.** (selten) *in Gedanken nachvollziehen:* dabei wusste ich schon, dass gar nichts mehr da war, um es nachzudenken (Nossack, Begegnung 257); ◆ Wer wird überhaupt diesen und dergleichen Sachen kurz vor seinen Sponsalien schärfer n. (Jean Paul, Wutz 38).

nach|denk|lich ⟨Adj.⟩: **1. a)** *mit etw. in Gedanken beschäftigt, in Gedanken versunken; Nachdenklichkeit zeigend:* ein -es Gesicht, eine -e Miene machen; Mein -es Verharren findet eine eigenwillige Auslegung (Berger, Augenblick 101); n. dreinschauen, schweigen; n. aussehen; als er vor der Sache erfuhr, wurde er n. (begann er, darüber nachzudenken); diese Vorfälle machten, stimmten ihn n. (veranlassten ihn, darüber nachzudenken; ließen Bedenken in ihm aufkommen); **b)** *zum Nachdenken (1) geneigt, davon erfüllt:* ein -er Mensch, Kopf; diese Liebe ist ... bedächtig, n., es ist die Liebe eines reifen, abwägenden Enthusiasten (Reich-Ranicki, Th. Mann 71); sie ist sehr ernst und n. **2.** (geh.) *zum Nachdenken anregend; wert, darüber nachzudenken:* eine -e Geschichte; Der Hohn ... seiner -en Rede ... ist also ernst zu nehmen (Natur 29).

Nach|denk|lich|keit, die; -: *das Nachdenklichsein.*

nach|dich|ten ⟨sw. V.; hat⟩: *(ein literarisches Werk) aus einer Fremdsprache frei übersetzen u. bearbeiten.*

Nach|dich|tung, die; -, -en: **a)** ⟨o. Pl.⟩ *das Nachdichten;* **b)** *nachgedichtetes Werk o. Ä.*

nach|die|seln ⟨sw. V.; hat⟩ [das entstehende Geräusch ähnelt dem eines Dieselmotors] (Kfz-T.): *(von einem Motor) weiterlaufen, nachdem die Zündung abgeschaltet ist.*

nach|dop|peln ⟨sw. V.; hat⟩ (schweiz.): *(beim Schützenfest) den Einsatz wiederholen u. nochmals eine Serie schießen:* er hat gleich zweimal nachgedoppelt; Ü Die Luzernerin ... hatte schon in der Qualifikation überzeugt und doppelte nun der Verbesserung des eigenen 100-m-Hürdenrekordes um 0,03 Sekunden auf 13,13 nach (*wiederholte den Erfolg;* NZZ 30. 8. 86, 33); als ich nicht gleich antwortete, doppelte er nach

(machte er noch einen Versuch, hakte er nach, insistierte er): »Mir kannst du es doch sagen ...« (Ziegler, Konsequenz 45).

nach|drän|gen ⟨sw. V.; hat/ist⟩: *andere vor sich her drängen, schieben in dem Bestreben, in einen überfüllten Raum o. Ä. hineinzukommen:* immer mehr Besucher drängten nach; die nachdrängenden Massen waren kaum zurückzuhalten.

nach|dre|hen ⟨sw. V.; hat⟩ (Film): *(eine Szene o. Ä.) noch einmal drehen, wiederholen:* einige Szenen n. müssen; In Hamburg hat das Team nur eine kurze Episode nachgedreht (Spiegel 10, 1983, 216).

¹**Nach|druck,** der; -[e]s, -e [zu ↑nachdrucken] (Druckw.): **1. a)** *nach einer unveränderten Satzvorlage hergestellter Druck:* ein durchgesehener N.; die Versehen sind im N. beseitigt worden; **b)** *das Nachdrucken eines bereits gedruckten Werkes, Textes o. Ä.:* N. [auch auszugsweise] verboten!; N. nur mit Genehmigung des Verlages gestattet. **2.** *(durch ein bestimmtes Druckverfahren möglicher) neuer Druck eines alten Werkes, Textes o. Ä. [in der Originalausgabe]:* er enthielt den kostbaren N. einer Handschrift (Musil, Mann 568).

²**Nach|druck,** der; -[e]s [eigtl. = ¹Druck, der einem vorangegangenen nachfolgt]: *besonders starke Betonung, durch die die Wichtigkeit, Dringlichkeit einer Sache hervorgehoben wird:* seinen Worten N. verleihen; N. auf etw. legen; wenn ich mehr N. dahinter setzte (*dringlicher würde*), könnte ich Ärger bekommen (Kemelman [Übers.], Dienstag 86); mit N. auf etw. hinweisen; etw. mit [allem] N. (*mit großer Eindringlichkeit*) fordern, betonen, hervorheben, sagen; sich mit N. (*mit Entschlossenheit u. dem Willen, sich nicht von seinem Plan abbringen zu lassen*) gegen etw. wenden, für etw. einsetzen; Mein Bruder hat sich so genannt, als er zum ersten Mal mit N. (*in aller Deutlichkeit*) politisch vortrat (Reich-Ranicki, Th. Mann 169).

nach|dru|cken ⟨sw. V.; hat⟩: *einen* ¹*Nachdruck (1 a,2) anfertigen, herstellen.*

Nach|druck|er|laub|nis, die: *Erlaubnis, einen Text, ein Werk o. Ä. nachzudrucken.*

nach|drück|lich ⟨Adj.⟩: **1.** *mit* ²*Nachdruck, Eindringlichkeit:* eine -e Forderung, Ermahnung; etw. n. verlangen; jmdn. n. auf etw. hinweisen, vor etw. warnen; n. auf seinen Wünschen bestehen; Das Lob, diesmal noch -er ..., klingt dennoch nicht leichtfertig (Reich-Ranicki, Th. Mann 215); Jens stellte ... seine Spitzenklasse n. (*sehr deutlich*) unter Beweis (Freie Presse 3. 1. 90, 5). **2.** (selten) *nachhaltig:* gewisse Maßnahmen, die Japans Einfuhren in die Gemeinschaft n. beschränken (Capital 2, 1980, 131).

Nach|drück|lich|keit, die; -: *das Nachdrücklichsein:* die N. seiner Bitte.

Nach|ver|fah|ren, das (Druckw.): *Verfahren, mit dem ein* ¹*Nachdruck (2) hergestellt wird.*

nach|dun|keln ⟨sw. V.; ist/hat⟩: *im Laufe der Zeit im Farbton allmählich dunkler werden:* helle Tapeten dunkeln oft nach;

nachgedunkelte Bilder; Gegen Mittag dunkelt das Meer nach (*wirkt es dunkler;* Gregor-Dellin, Traumbuch 61).

nach|dür|fen ⟨unr. V.; hat⟩ (ugs.): vgl. nachwollen.

Nach|durst, der; -[e]s (ugs. scherzh.): *Durst nach [allzu] reichlichem Genuss von Alkohol:* nach dem Besäufnis hatte ich einen ordentlichen N.

nach|ei|chen ⟨sw. V.; hat⟩: *nachträglich* ¹*eichen; zur Kontrolle nochmals* ¹*eichen:* Soweit bereits installierte Geräte nicht geeicht sind, müssen sie nachgeeicht werden (CCI 5, 1985, 11).

nach|ei|fern ⟨sw. V.; hat⟩: *eifrig bemüht sein, es jmdm., den man als Vorbild hat, gleichzutun:* jmdm. [in etw.] n.; die Franzosen, ihnen sollten die Deutschen n. (Reich-Ranicki, Th. Mann 137).

nach|ei|ferns|wert ⟨Adj.⟩: *des Nacheiferns wert, ein Nacheifern verdienend.*

Nach|ei|fe|rung, die; -: *das Nacheifern.*

Nach|ei|le, die; - (Rechtsspr.): *Verfolgung eines Flüchtenden, der verdächtig od. bereits verurteilt ist (durch die Polizei auch außerhalb des Amtsbezirks).*

nach|ei|len ⟨sw. V.; ist⟩: *eilig folgen:* der Wirt eilte ihm mit der Rechnung nach.

Nach|ei|lung, die; - (Technik): *das Anzeigen eines geringeren anstelle des tatsächlichen Wertes bei einem Messgerät.*

nach|ei|nan|der ⟨Adv.⟩: **1. a)** *in kurzen räumlichen Abständen; einer, eine, eines hinter dem anderen:* sie betraten n. den Saal; **b)** *der Reihe nach:* n. reichte sie ihnen die Hand. **2.** *in kurzen zeitlichen Abständen voneinander; [unmittelbar] aufeinander folgend:* die Flugzeuge, die Maschinen starteten kurz n.; n. kündigten drei Mitarbeiter ihre Stellung. ⟨subst.:⟩ Das Nebeneinander, nicht Nacheinander *(die Aufeinanderfolge)* von Leben und Tod (Kaschnitz, Wohin 165). **3.** *(wechselseitig) einer nach dem anderen:* sich n. sehnen; sie versprachen, n. zu schauen.

nach|eis|zeit|lich ⟨Adj.⟩: *nach der Eiszeit [eingetreten o. Ä.]; postglazial.*

Nach|emp|fäng|nis, die; -, -se ⟨Pl. selten⟩ (Med.): *Befruchtung u. Ansiedelung eines zweiten Eis in der bereits ein befruchtetes Ei enthaltenden Gebärmutter.*

nach|emp|fin|den ⟨st. V.; hat⟩: **1.** *sich so in einen anderen Menschen hineinversetzen, dass man das Gleiche empfindet wie er; etw., was ein anderer empfindet, in gleicher Weise empfinden (u. darum verstehen):* jmds. Trauer, Schmerz, Verzweiflung, Glück n.; kannst du n., was in mir vorgeht?; ist unter all den Gefühlen, Empfindungen, Leiden, Freuden, Sorgen, Gedanken unseres kleinen Briefeschreibers auch nur das Geringste, was nicht jeder »normale« Mensch verstehen und n. kann? (Hohmann, Engel 302). **2.** *(ein Kunstwerk o. Ä.) in Anlehnung an das Werk eines [berühmten] Künstlers gestalten:* ein Gedicht, Kunstwerk n.; Auf dem Dach steht eine Aktfigur Reklame, die einem Gemälde von Gustav Klimt nachempfunden ist (Spiegel 14, 1985, 5); Auch die Moscheen auf europäischem Boden sind orientalischen Vorbildern nachempfunden (Bild. Kunst

III, 39); diese Dichtung ist Goethe nachempfunden.

Nach|emp|fin|dung, die; -, -en: **a)** ⟨o. Pl.⟩ *das Nachempfinden;* **b)** *nachempfundenes* (2) *Kunstwerk o. Ä.*

Na|chen, der; -s, - [mhd. nache, ahd. nahho, viell. urspr. = (ausgehöhlter) Einbaum] (dichter.): *kleines Boot.*

Nach|ent|gelt, das; -[e]s, -e (Postw.): *Entgelt, das der Empfänger einer Postsendung nachträglich bezahlen muss, wenn die Sendung nicht ausreichend frankiert ist.*

nach|ent|rich|ten ⟨sw. V.; hat⟩: *einige Zeit später entrichten:* Beiträge [zur Sozialversicherung] n.; Er wollte endlich die vor rund 30 Jahren zu wenig bezahlten Steuern n. (MM 14./15. 6. 80, 16).

Nach|ent|rich|tung, die; -, -en: *das Nachentrichten, Nachentrichtetwerden.*

◆ **na|cher** ⟨Präp. mit Dativ⟩: (landsch.) *nach* (I 1 b): Der tat sehr erschrocken, als man ihm sagt', es ginge n. Wien (Schiller, Piccolomini V, 2).

Nach|er|be, der; -n, -n (Rechtsspr.): *(durch ein Testament bestimmter) zweiter gleichberechtigter Erbe nach dem Vorerben.*

Nach|er|bin, die: w. Form zu ↑ Nacherbe.

Nach|erb|schaft, die; -, -en (Rechtsspr.): *Erbschaft, die auf den Nacherben übergeht.*

nach|er|le|ben ⟨sw. V.; hat⟩: **1.** *etw. [was ein anderer erlebt hat] zu einem späteren Zeitpunkt in ähnlicher Weise erleben:* die kulturelle Vergangenheit, die das Kind in ... seiner Frühzeit gleichsam n. soll (Freud, Abriß 86); manchmal, wenn etwas Gelesenes gierig machte, ist sofort nachzuerleben (Handke, Brief 18). **2.** *(seltener) durch Erinnerung o. Ä. etw. im Geiste, in Gedanken noch einmal erleben:* verflossene Stunden n.

Nach|ern|te, die; -, -n: **a)** *das Ernten dessen, was übrig bleibt, nachdem die eigentliche Ernte erfolgt ist;* **b)** *Ertrag der Nachernte* (a).

nach|er|zäh|len ⟨sw. V.; hat⟩: *(etw. Gelesenes, Gehörtes) in eigenen Worten wiedergeben:* eine Geschichte, den Inhalt eines Films n.

Nach|er|zäh|lung, die; -, -en: *in eigenen Worten verfasste Niederschrift von einer Geschichte o. Ä., die man gelesen, gehört hat.*

Nachf. = Nachfolger[in].

Nach|fahr, der; -en, -en, **Nach|fah|re,** der; -n, -n [mhd. nāchvar] (geh.): *Nachkomme:* er ist ein N. des berühmten Komponisten; Sind die Italiener richtige Nachfahren der Römer (Schwaiger, Wie kommt 34); Ü die deutschen Romantiker ... und ... ihre Nachfahren (Reich-Ranicki, Th. Mann 205).

nach|fah|ren ⟨st. V.⟩: **1.** ⟨ist⟩ **a)** *mit einem Fahrzeug folgen, später nachkommen:* seit dreizehn Wochen fahre ich dir nach (Frisch, Cruz 43); an den Urlaubsort n.; **b)** *(von einem Fahrzeug) hinterherfahren:* dann drehte er sich zu den Panzern, die nachgefahren waren (Bieler, Bonifaz 42). **2.** *auf einer Vorlage o. Ä. den Linien, Buchstaben o. Ä. mit einem Stift o. Ä. genau folgen* ⟨hat/ist⟩: zur Übung das Ge-

schriebene n. **3.** (Jägerspr.) *(von einem Hund) einer Fährte folgen* ⟨ist⟩.

Nach|fah|ren|ta|fel, die (geh.): *Verzeichnis der Nachfahren einer Person.*

◆ **Nach|fah|rer,** der; -s, - [mhd. nāchvarer]: *Nachfolger:* Herr von Ebern hätte seinen Koch zum Schulmeister investiret, wenn ein geschickter N. des Kochs wäre zu haben gewesen (Jean Paul, Wutz 22).

Nach|fah|rin, die; -, -nen: w. Form zu ↑ Nachfahr[e].

Nach|fähr|te, die; -, -n (Jägerspr.): **1.** *Fährte des Hinterlaufs eines Tieres.* **2.** *zweite, entgegengesetzt laufende Fährte, die ein Tier hinterlässt, wenn es umkehrt u. den gleichen Weg zurückgeht.*

Nach|fall, der; -s (Bergmannsspr.): *Gestein, das in einem Flöz bei der Gewinnung auf die Kohle fällt u. sie verunreinigt.*

nach|fal|len ⟨st. V.; ist⟩ (Jägerspr.): *(von Flugwild) sich dort niederlassen, wo sich bereits Flugwild niedergelassen hat.*

nach|fär|ben ⟨sw. V.; hat⟩: *durch zusätzliches Färben eine gewünschte Farbe erreichen:* der Stoff muss nachgefärbt werden; den Haaransatz n.; Sie fragte mich damals nach dem besten Friseur der Stadt, sie müsse ihr Haar n. lassen (Danella, Hotel 235).

nach|fas|sen ⟨sw. V.; hat⟩: **1.** *einen Griff korrigieren, indem man ihn kurz lockert od. indem man loslässt und noch einmal zufasst:* als Herr Schmidt einmal n. wollte, riss er (= der Junge) sich los (Schnurre, Fall 10); (bes. Turnen:) beim Handstand auf dem Barren musste die Turnerin n.; (bei der Tormann musste n. (Ballspiele; *erneut nach dem abgewehrten Ball greifen u. versuchen, ihn festzuhalten*). **2.** (bes. Soldatenspr.) *noch einmal fassen* (6 b); *sich ein zweites Mal zuteilen lassen:* Verpflegung, Suppe n. **3.** (ugs.) *versuchen, durch anschließende weitere Fragen einer Sache auf den Grund zu gehen, Genaueres zu erfahren:* mehrere Zeitungen hatten [in der Angelegenheit] am folgenden Tag nachgefasst; Darum fasst er (= der Interviewer) immer noch einmal nach (Noelle, Umfragen 37).

nach|fe|dern ⟨sw. V.; hat⟩: **1.** (bes. Turnen) *nach der Bewegung den Schwung abfangen, indem man in Armen u. Beinen federt* (1). **2.** *(von einem Sprungbrett o. Ä.) nach einem Absprung o. Ä. noch einige Zeit federn.*

Nach|fei|er, die; -, -n: **a)** *nachträgliche Feier* (a); **b)** *zusätzliche, zweite Feier* (a), *die einige Zeit nach der eigentlichen Feier stattfindet.*

nach|fei|ern ⟨sw. V.; hat⟩: *eine Nachfeier veranstalten.*

Nach|feld, das; -[e]s, -er (Sprachw.): *alle Teile eines Aussagesatzes, die hinter der Satzklammer stehen.*

nach|fil|tern ⟨sw. V.; hat⟩: *zusätzlich, ein zweites Mal filtern:* nachgefilterter Kaffee.

nach|fi|nan|zie|ren ⟨sw. V.; hat⟩: *nachträglich finanzieren, Lücken in der Finanzierung schließen:* fehlende Mittel sind gegebenenfalls im Nachtragshaushalt nachzufinanzieren (Saarbr. Zeitung 8. 7. 80, 13).

Nach|fi|nan|zie|rung, die; -, -en: *das Nachfinanzieren.*

Nach|fol|ge, die; - [mhd. nāchvolge]: *Übernahme eines Amtes, eines Ranges o. Ä. von einem Vorgänger; Nachfolgerschaft:* die künftigen Chefs wachsen heran, die N. ist gesichert (Brückner, Quints 154); jmds. N. antreten; die Frage der N. in der Parteiführung, in diesem Amt beraten, regeln; In Tizians N. steht Domenico Campagnola (Bild. Kunst III, 80); Ü etw. bleibt ohne N. (geh.; *findet keine Fortführung in anderen, durch andere*).

Nach|fol|ge|ein|rich|tung, die (DDR): *Einrichtung zur materiellen Versorgung u. geistigen u. kulturellen Betreuung der Bewohner eines neuen Wohnviertels.*

Nach|fol|ge|kan|di|dat, der: *jmd., der für jmds. Nachfolge vorgesehen ist.*

Nach|fol|ge|kan|di|da|tin, die: w. Form zu ↑ Nachfolgekandidat.

nach|fol|gen ⟨sw. V.; ist⟩ [mhd. nāch volgen]: **1.** (geh.) *Anhänger, getreuer Gefolgsmann von jmdm. sein:* Christus n. **2.** (meist nachdrücklicher) *folgen* (1 a, b, 3): viele Personen folgten dem Sarg nach; die Familie folgte ihm ins Ausland nach; jmdm. im Amt n.; ⟨häufig im 1. Part.:⟩ den nachfolgenden Verkehr beobachten; ⟨subst.:⟩ Einzelheiten werden im Nachfolgenden behandelt; wir haben über das Nachfolgende bereits gesprochen.

Nach|fol|ge|or|ga|ni|sa|ti|on, die: *Organisation, die die Arbeit, die Aufgaben einer nicht weiter bestehenden Organisation übernimmt:* die Nachfolgeorganisation des amerikanischen Fremdenverkehrsamts ... (a & r 2, 1997, 127).

Nach|fol|ger, der; -s, - [mhd. nāchvolgære, -volger]: *jmd., der jmds. Nachfolge antritt:* jmds. N. sein, werden; keinen N. haben; Ü Der Rekord war ... kein attraktives Auto mehr gewesen – weder optisch noch technisch. Es wurde Zeit für einen N. (ADAC-Motorwelt 9, 1986, 19).

Nach|fol|ge|rin, die; -, -nen [mhd. nāchvolgærinne]: w. Form zu ↑ Nachfolger.

Nach|fol|ger|schaft, die; -: *das Nachfolgen in einem Amt o. Ä.; Nachfolge.*

Nach|fol|ge|staat, der ⟨meist Pl.⟩: *auf dem Gebiet eines ehemals großen Staates entstandener kleinerer Staat; Sukzessionsstaat:* die Nachfolgestaaten der Sowjetunion (Woche 28. 2. 97, 5).

nach|for|dern ⟨sw. V.⟩: *nachträglich [zusätzlich] fordern:* Für zurückliegende Jahre kann die Versicherung die Differenz zum Normaltarif n. (ADAC-Motorwelt 7, 1982, 7).

Nach|for|de|rung, die; -, -en: **1.** ⟨o. Pl.⟩ *das Nachfordern.* **2.** *nachträgliche [zusätzliche] Forderung, Rechnung o. Ä.*

nach|for|men ⟨sw. V.; hat⟩: *nach einem Modell, nach einer Vorlage formen.*

nach|for|schen ⟨sw. V.; hat⟩: **a)** *durch intensive Bemühungen versuchen, etw. herauszufinden, sich genaue Informationen, Kenntnisse über jmdn., etw. zu verschaffen; Nachforschungen, Ermittlungen anstellen:* sie forschten [lange, verge-

bens, überall] nach, wo er sich aufgehalten hatte/wie sich der Vorfall zugetragen hatte; Wir könnten in Hendryx' Vergangenheit n., ob es jemand gibt, der ihm den Tod wünschen könnte (Kemelman [Übers.], Dienstag 127); **b)** (geh.) *einer Sache zum Zwecke ihrer [Auf]klärung o. Ä. nachgehen:* einem Geheimnis n.

Nach|for|schung, die; -, -en ⟨meist Pl.⟩: *das Nachforschen:* solide N. betreiben; -en anstellen, halten (nachforschen a); Das Unwirkliche solcher Lebenslage erschließt sich aber wohl leichter der Literatur als den -en der exakten Wissenschaft (Schreiber, Krise 15).

Nach|for|schungs|an|trag, der (Postw.): *Antrag auf Nachforschung nach vermissten od. verloren gegangenen Postsendungen.*

Nach|fra|ge, die; -, -n: **1.** (veraltend) *das Nachfragen* (1 a); *Erkundigung:* gestatten Sie mir die N. nach ihrem Wohlbefinden; mein Tennisspiel, für das Dona Maria Pia durch lächelnde -n ein gewisses neugieriges Interesse verriet (Th. Mann, Krull 398); **danke der [gütigen] N./für die [gütige] N.* (veraltend, sonst mit scherzhaft-ironischem Unterton als Dankesformel auf jmds. Frage nach dem Ergehen). **2.** (Kaufmannsspr.) *Bereitschaft zum Kauf bestimmter Waren:* lebhafte, starke, geringe N.; die N. nimmt zu, steigt, geht zurück, sinkt; es herrscht keine N. in, nach diesen, (schweiz.:) über diese Waren; der höhere Konsum bringt wiederum weitere N. und somit erhöhte Produktion (Gruhl, Planet 205); Der Lohnfonds wird wiederum weit überzogen, die Lücke zwischen Angebot und N. noch mehr aufgerissen (Spiegel 2, 1978, 26). **3.** (selten) *zusätzliche, weitere Frage als Folge einer unzureichenden Antwort:* insistierende -n. **4.** (Statistik) *Verfahren zur schnellen Ermittlung des wahrscheinlichen Wahlausgangs, wobei in repräsentativen Bezirken z. B. jeder 10. Wähler, der aus dem Wahllokal kommt, nochmals die gleiche Stimme abgibt wie in der Wahlkabine.*

nach|fra|gen ⟨sw. V.; hat⟩: **1. a)** *sich nach etw. erkundigen:* da müssen Sie beim zuständigen Herrn n.; fragen Sie doch bitte morgen nach; ich habe schon öfter nachgefragt und nimmer wieder vertröstet; ◆ ⟨mit Dativobj.:⟩ Mein Erstes war, dem eisernen Brunnen nachzufragen, denn auf dieses Wunder war ich vor allem gespannt (Rosegger, Waldbauernbub 156); **b)** *sich an jmdn. wenden, um etw. zu erbitten; nachsuchen* (2): um Genehmigung n.; Es werden nur Nichtsesshafte statistisch erfasst, die um Hilfe nachfragen (Klee, Pennbrüder 46). **2.** (Kaufmannsspr.) *(von Käufern, Interessenten) bestimmte Waren o. Ä. verlangen:* dieser Artikel wird kaum noch nachgefragt; Die Bonner Oper kann ... nicht so viel Vorstellungen anbieten, wie Karten nachgefragt werden (Spiegel 22, 1985, 13); Die Anmeldungen für Jura sind weiter rückläufig, während die Betriebswirtschaft immer stärker nachgefragt (beliebter) wird (Zivildienst 2, 1986, 28). **3.** *noch einmal, wiederholt fragen,*

um eine zufrieden stellende Antwort zu bekommen: er musste mehrmals n., bis sie antwortete.

nach|fra|ge|ori|en|tiert ⟨Adj.⟩ (Wirtsch.): *an der Nachfrage (2) ausgerichtet:* Der Mangel an Ost-Erzeugnissen in den Konsum-Tempeln des Westens ist für die Einzelhändler schlicht das Ergebnis einer -en Einkaufspolitik (Woche 4. 4. 97, 41).

Nach|fra|ger, der; -s, - (Wirtsch.): *Vertreter der Nachfrage in der vom Gegensatz zwischen Angebot u. Nachfrage bestimmten Marktwirtschaft.*

Nach|fra|ge|rin, die (Wirtsch.): w. Form zu ↑ Nachfrager.

Nach|fra|ge|rück|gang, der: *Rückgang der Nachfrage (2).*

Nach|fra|ge|schwan|kung, die: *das Schwanken in der Nachfrage (2):* Ist es sinnvoller, durch flexible Systeme -en aufzufangen oder durch große Fertigteillager? (BdW 7, 1987, 65); Sie (= die Preise) reagieren auch auf kurzfristige -en, sie spiegeln aber die langfristige Kostenentwicklung wider (Tag & Nacht 2, 1997, 2).

Nach|frist, die; -, -en (Rechtsspr.): *Fristverlängerung, die einem in Verzug geratenen Vertragspartner gewährt wird.*

nach|füh|len ⟨sw. V.; hat⟩: vgl. nachempfinden (1): jmds. Schmerz n.; das kann ich dir n.

nach|füh|ren ⟨sw. V.; hat⟩: **1.** (schweiz.) *aktualisieren, auf den neuesten Stand bringen:* Während über die Bahngüterverkehr jährlich nachgeführte Daten zur Verfügung stehen, fehlen heute aktuelle Informationen über die Gütertransporte auf der Straße (NZZ 26. 8. 83, 21). ◆ **2.** *hinter jmdm., etw. herführen:* man nahm den Leib des Kaspers und trug ihn ... nach dem Hause der Gerichtshalters, ... die Bauernweiber führten mich nach (Cl. Brentano, Kasperl 362).

nach|fül|len ⟨sw. V.; hat⟩: **1.** *etw., was [zum Teil] leer geworden ist, wieder füllen:* die Gläser, die Eimer n. **2.** *etw. wieder in etw., was [zum Teil] leer geworden ist, füllen:* Tinte, Benzin n.; Bonbons [in eine Dose] n.; er denkt, dass er bei der nächsten Tankstelle das Wasser n. lassen wird (Schwaiger, Wie kommt 163).

Nach|fül|lung, die; -, -en: *das Nachfüllen, Nachgefülltwerden.*

Nach|für|sor|ge, die; -, -n (schweiz.): *Nachbehandlung durch den Arzt.*

Nach|gang: in der Verbindung *im N.* (Amtsdt.; *als Nachtrag*): die Genehmigung erfolgte erst im N.; Der Bundesrat will sich erneut die Stellungnahme der Parteien anhören, und er kündigt im N. zu dieser Konsultation ... eine Sondersitzung an (NZZ 5. 9. 86, 26).

nach|gä|ren ⟨sw. u. st. V.; gärte/(auch:) gor nach, hat/ist nachgegärt/(auch:) nachgegoren): *nach der eigentlichen Gärung langsam gären (damit sich die Reste des Zuckers zersetzen).*

Nach|gä|rung, die; -, -en: *das Nachgären.*

nach|ge|ben ⟨st. V.; hat⟩ [spätmhd. nachgeben]: **1.** *jmdm. noch mehr von etw. geben:* sich Suppe, Gemüse n. lassen; Tante protestiert, aber schnell gibt ihr Sophie Kartoffeln und Soße nach (Schädlich, Nähe 139). **2. a)** *dem Willen od. den Forderungen eines anderen nach anfänglichem Widerstand entsprechen; schließlich doch zustimmen:* er gibt nie nach; jmds. Bitten, Wünschen n.; So aber glaubte sie, ihm ein Ultimatum stellen zu können, dem er zwangsläufig n. müsse (Kühn, Zeit 164); die Mutter gibt [ihm] zu viel nach *(ist zu wenig streng, lässt ihm zu sehr seinen Willen);* **b)** *einer Stimmung o. Ä. erliegen, sich ihr überlassen:* seiner Laune, seinem Zorn, einer Verlockung, der Müdigkeit n.; stets gab er seiner fatalen Schwäche für die Kolportage nach (Reich-Ranicki, Th. Mann 122). **3.** *einem Druck nicht standhalten:* der Boden, die Wand gibt nach; das Vorderrad seines Rollstuhls ... prallte zur Seite weg, die Lenkung gab nach (Bastian, Brut 96); das Seil gibt nach *(hat keine Spannung mehr);* seine Knie gaben nach *(er wurde schwach in den Knien).* **4.** *jmdm., einer Sache gleichkommen* (meist verneint): er gibt seinen Kameraden im Schwimmen nichts nach; Davon abgesehen geben sich beide Nachdrucke in der Qualität nichts nach (NJW 19, 1984, 1098). **5.** (Bankw., Wirtsch.) *im Wert geringer werden:* die Kurse geben [nicht] nach; ...dass auch an deutschen Tankstellen und bei Heizölhändlern die Preise wieder etwas nachgeben (MM 25. 7. 79, 1).

nach|ge|bo|ren ⟨Adj.⟩ [mhd. nächgeborn]: **1.** (selten) *nach dem Tode des Vaters geboren.* **2.** *[lange] nach dem ersten Kind geboren:* ein -er Sohn; Es war Tradition, dass die -en Kinder keine Erbansprüche stellten (Dönhoff, Ostpreußen 187).

Nach|ge|bo|re|ne, der u. die; -n, -n ⟨Dekl. ↑Abgeordnete⟩: **1.** *nach dem Tod des Vaters Geborene[r].* **2.** *Nachkömmling:* Bach, Mozart, Wagner, Kant, Lessing ... waren N. unter vielen Geschwistern (Zeller, Amen 197). **3.** ⟨Pl.⟩ (geh.) *(vom Blickpunkt des Sprechers aus gesehen) spätere Generationen:* Sein Einsatz ... habe eine für die -n nicht mehr vorstellbare Bedeutung (Dolomiten 1. 10. 83, 2).

Nach|ge|bühr, die; -, -en (früher): *Gebühr, die der Empfänger der Post nachträglich zahlen muss, wenn die Sendung nicht [ausreichend] frankiert ist.*

Nach|ge|burt, die; -, -en ⟨Pl. selten⟩: **1. a)** *(bei Mensch u. Säugetier) Vorgang der Ausstoßung des Mutterkuchens u. anderen Gewebes nach der Geburt;* **b)** *(bei Mensch u. Säugetier) das bei der Nachgeburt* (a) *ausgestoßene Gewebe einschließlich Mutterkuchen:* die N. muss noch kommen; Ü Es war die N. der Angst, die noch heraus musste (Böll, Haus 147); R bei dir haben sie wohl das Neugeborene/ das Kind weggeworfen und die N. aufgezogen (sagt man, wenn man auf sehr derbe Weise ausdrücken will, dass jmd. ausgesprochen dumm ist). **2.** (derbes Schimpfwort) *dummer, unvernünftiger Mensch; sehr übler, minderwertiger Mensch:* Kennt ... diese ausgewachsene

N. nicht einmal seinen Vater (Kühn, Zeit 184).

nach|ge|burt|lich ⟨Adj.⟩ (Med.): *postnatal.*

Nach|ge|fühl, das; -s, -e (geh.): *Gefühl, das von einem Erlebnis o. Ä. zurückbleibt:* -e des Traums: versagt zu haben ..., auch Angst (Kaschnitz, Wohin 178).

nach|ge|hen ⟨unr. V.; ist⟩ [1–3: mhd. nāchgān]: **1. a)** *hinter jmdm., einer Sache hergehen; jmdm., einer Sache folgen* (1): einem Mädchen, einem Fremden, einer Fährte, einer Spur n.; Einer muss dich so schön gefunden haben, dass er dir nachgegangen ist bis zu deinem Wagen (Prodöhl, Tod 60); sie gingen dem Lachen, der Musik, dem Wimmern nach (gingen in die Richtung, aus der das Lachen, die Musik, das Wimmern kam, um zu sehen, was es damit auf sich hat); Ü Ihm ging der Ruf nach *(er stand in dem Ruf),* dass er im Alkoholrausch eine ganz besonders sichere Hand habe (Hackethal, Schneide 204); **b)** *etw. genau überprüfen, in seinen Einzelheiten zu klären, zu ergründen suchen:* einer Frage, einem Problem, einer Vermutung, einem Hinweis n.; »Moment«, sagt der Dekan, »wollen wir der Sache doch mal n. ...« (Hofmann, Fistelstimme 196). **2.** *jmdn. in Gedanken, im Geiste nachträglich noch längere Zeit beschäftigen:* seine Worte, die Ereignisse des Tages gingen ihr noch lange nach; die Melodie ging ihr den ganzen Tag nach *(ging ihr nicht aus dem Kopf);* es gibt andere Szenen, einem noch lange n. *(einen nicht loslassen)* werden (Saarbr. Zeitung 5. 10. 79, 33). **3.** *eine [berufliche] Tätigkeit regelmäßig ausüben, sich einer Tätigkeit, Sache widmen:* seiner Arbeit, seinen Geschäften, Interessen, dem Vergnügen n.; er hat nun keine Zeit mehr, einer seiner Lieblingsbeschäftigungen nachzugehen (Freizeitmagazin 26, 1978, 23). **4.** *(von Messgeräten o. Ä.) zu wenig anzeigen, zu langsam gehen:* der Tacho geht nach; die Uhr geht [eine, um eine Viertelstunde] nach.

nach|ge|hend ⟨Adj.⟩: *(bes. im Rahmen von Sozialarbeit) an sozialpädagogische, medizinische o. Ä. Maßnahme nachträglich erfolgend:* Auch forderte er eine -e Betreuung der jugendlichen Straftäter (Saarbr. Zeitung 11. 10. 79, 19); Das Heim versucht, ... durch -e Fürsorge wieder Ordnung in das Dasein der Gefährdeten zu bringen (Klee, Pennbrüder 67).

nach|ge|las|sen ⟨Adj.⟩: *aus dem unveröffentlichten Nachlass stammend:* -e Werke, Schriften.

nach|ge|ord|net ⟨Adj.⟩ (Amtsspr.): *dem Rang, der Befugnis nach untergeordnet; unterstellt:* -e Behörden, Dienststellen; Erst kam ... der oberste Landesherr, dem n. dann die übrige Obrigkeit (Kühn, Zeit 15).

nach|ge|ra|de ⟨Adv.⟩ [aus dem Niederd. < mniederd. nāgerade; wahrsch. zu: rāt = Reihe, also eigtl. = nach der Reihe]: **1.** *nach u. nach; mit der Zeit; allmählich:* die Hoffnung auf etw. n. aufgeben; Es sollte sich nun n. herumgesprochen haben, dass die Wirtschaftslage .. (NZZ 1./2. 5. 83, 9). **2.** *geradezu* (1): er wurde n.

ausfallend, unverschämt; Das Herz blutet ihm ja n. (Kempowski, Zeit 300).

nach|ge|ra|ten ⟨st. V.; ist⟩ (geh.): ¹*geraten* (3): das Kind ist ganz dem Vater nachgeraten; ein rundgesichtiges, mehr der Mutter nachgeratenes Kind (Giordano, Die Bertinis 17).

Nach|ge|schmack, der; -[e]s: *Geschmack, der im Mund zurückbleibt, nachdem man etw. gegessen, getrunken hat:* ein bitterer, schlechter N.; Burgunder ... großartig im Bouquet, im N. etwas dürftig (Frisch, Homo 125); Ü der Vorfall hat einen unangenehmen N. *(ein unangenehmes Gefühl, eine unangenehme Erinnerung)* [bei mir] hinterlassen; eine Gefälligkeit mit bitterem N. (Becker, Irreführung 242).

nach|ge|stal|ten ⟨sw. V.; hat⟩ (seltener): *nachbilden.*

nach|ge|stellt ⟨Adj.⟩: ↑nachstellen (2).

nach|ge|wie|se|ner|ma|ßen ⟨Adv.⟩: *einem Nachweis zufolge:* der Schiedsrichter war n. bestochen; Bei der anhaltend hohen Arbeitslosigkeit und der dringend notwendigen beruflichen Qualifizierung von Arbeitslosen sowie der n. positiven Arbeit dieser Informationsstelle ... (Saarbr. Zeitung 8./9. 12. 79, 17).

nach|gie|big ⟨Adj.⟩: **1.** (seltener) *einem Druck nachgebend* (3); *weich:* ein -es Material; Dann sank der Schuh in die -e Flockenschicht ein (Kronauer, Bogenschütze 392); Die Rückbanklehne empfanden wir jedoch als zu n. (ADAC-Motorwelt 12, 1986, 26). **2.** *so veranlagt, dass man schnell bereit ist, nachzugeben* (2 a): das Kind ist durch die -e Mutter verwöhnt; jmdm. gegenüber n. sein.

Nach|gie|big|keit, die; -: **1.** *Eigenschaft, einem Druck nachzugeben* (3): eine Gelenkkombination, welche eine N. der Achse erlaubt (auto 6, 1965, 6). **2.** *Bereitschaft, nachzugeben* (2 a); *das Nachgiebigsein:* unerwartete, kluge N.; zu allzu großer N. neigen; N. gegen jmdn., gegenüber jmds. zeigen.

nach|gie|ßen ⟨st. V.; hat⟩: **a)** *in ein zum Teil leer gewordenes Gefäß gießen (um es wieder zu füllen):* er goss mir [Kognak] nach; der Küchenhilfsboy ... hatte eines Tages mal wieder vergessen, Wasser oben in den Filter nachzugießen (Grzimek, Serengeti 129); **b)** *ein Gefäß, das [zum Teil] leer geworden ist, wieder füllen:* Ich nehme ihm ... die Flasche aus der Hand und gieße mein Glas nach (Remarque, Obelisk 85).

nach|grei|fen ⟨st. V.; hat⟩ (bes. Turnen): *nachfassen* (1).

nach|grü|beln ⟨sw. V.; hat⟩: *unablässig grübelnd über etw. nachdenken (um eine Lösung für etw. zu finden o. Ä.):* über ein Problem n.; Ich grübele bloß nach, wie das alles gekommen ist in den letzten Jahren (Loest, Pistole 193); ⟨geh. auch mit Dativ:⟩ er grübelte ihren Worten lange nach.

nach|gu|cken ⟨sw. V.; hat⟩ (landsch.): *nachsehen* (1–3).

nach|ha|ken ⟨sw. V.; hat⟩ **1.** (ugs.) *jmds. Gespräch, Rede unterbrechen, um zu einem bestimmten Punkt noch eine [weitere] Frage zu stellen:* bei ihrer Schilderung des Tathergangs hakte das Gericht immer wieder nach; die Mainzer Reporterin ist eine, die Prominente aufs Kreuz legt, nachhakt, insistiert (Hörzu 47, 1975, 31); in der Sache musst du noch einmal n. *(ihr nachgehen, um ihr auf den Grund zu kommen).* **2.** (Fußball) *einem Gegner von hinten mit angewinkeltem Fuß ein Bein od. beide Beine wegziehen:* der Verteidiger hakte nach; ⟨subst.:⟩ wegen Nachhakens erhielt er die gelbe Karte.

N̲a̲ch|hall, der; -[e]s, -e ⟨Pl. selten⟩: *langsam leiser werdendes Weiterklingen eines Tones:* Die moderne Aufnahmetechnik erfordert häufig künstlichen N. (Funkschau 20, 1971, 2083); Ü wohl keiner hat so viel literarischen N. gefunden wie der Fall Kaspar Hauser (NJW 19, 1984, 1098).

n̲a̲ch|hal|len ⟨sw. V.; hat/ist⟩: *weiterklingen u. dabei langsam leiser werden:* das Echo hallte lange nach; Ü die Ansage Königsberg ... war lange in ihm nachgehallt *(er hatte sie im Geiste noch lange gehört;* Plievier, Stalingrad 291).

N̲a̲ch|hall|zeit, die; - (Physik): *Zeitspanne, in der ein Nachhall auf eine praktisch nicht mehr wahrnehmbare Lautstärke absinkt.*

n̲a̲ch|hal|ten ⟨st. V.; hat⟩: *längere Zeit anhalten (3), bleiben:* Was die Lehrer in der Schule uns erzählen, das glauben wir ja doch nicht ... Dieses Misstrauen hält nach (Kisch, Reporter 129); die Suppe hält nicht lange nach (landsch.; *sättigt nur für kurze Zeit).*

n̲a̲ch|hal|tig ⟨Adj.⟩: **1.** *sich auf längere Zeit stark auswirkend:* einen -en Eindruck hinterlassen; Ihr Zweck ist es, Jugendliche von Kriminalstrafe und dem damit verbundenen -en Makel zu verschonen (Westd. Zeitung 12. 5. 84, 12); etw. wirkt sich n. aus; jmdn. n. beeinflussen. **2.** (Forstw.) *die Nachhaltigkeit (2) betreffend, auf ihr beruhend:* -e Forstwirtschaft; Bewertet wurde die Schaffung ökologisch repräsentativer Schutzgebiete, ... die -e Verwendung von Holzprodukten ... (natur 1, 1996, 11).

N̲a̲ch|hal|tig|keit, die; -: **1.** *längere Zeit anhaltende Wirkung.* **2.** (Forstw.) *forstwirtschaftliches Prinzip, nach dem nicht mehr Holz gefällt werden darf, als jeweils nachwachsen kann:* Aus dem Prinzip der N. leitet sich für die Wirtschaft eine Strategie ab, die auf qualitativem Wachstum beruht (natur 1, 1996, 27).

N̲a̲ch|hand, die; -, Nachhände: *Hinterhand (2).*

n̲a̲ch|hän|gen ⟨st. V.; hat⟩ [4: mhd. nāchhengen]: **1. a)** *sich mit etw. im Geiste anhaltend beschäftigen, sich ihm überlassen* (4 b): Gedanken, Erinnerungen, Träumen, seinem Groll n.; Sie hängen Träumen von Geld und Karriere, von Selbstständigkeit und besserem Leben nach (Frischmuth, Herrin, Umschlag); **b)** *wehmütig an etw. denken, was vergangen ist:* der Kindheit, einer schönen, glücklichen Zeit n. **2.** *jmdm.* ¹*anhängen* (1): der Ruf, ein Falschspieler zu sein, sollte ihm noch lange n. **3.** (ugs.) *zurück* (5) *sein, nicht vorankommen:* in Mathe-

matik n.; nach ihrer Krankheit hängt sie in fast allen Fächern nach. **4.** (Jägerspr.) *(einer Fährte) mit dem Hund folgen.*

◆ **Nach|hau̲|se|kunft,** die; - [zum 2. Bestandteil vgl. Abkunft]: *Heimkunft:* ... sie müsse bei ihrer N. ... schöne Krebse vorfinden, die sie den Gästen ... nach der Stadt mitgeben wolle (Goethe, Wanderjahre II, 11).

Nach|hau̲|se|weg, der: *Heimweg.*

n̲a̲ch|hel|fen ⟨st. V.; hat⟩: *helfen, dass etw. besser funktioniert:* dem Fortgang der Arbeiten n.; du musst ein bisschen n., dass es schneller geht; er hatte den Glück [ein wenig] n. wollen *(wollte [mit unerlaubten Mitteln] erreichen, dass sich alles nach Wunsch fügt);* bei ihm muss man ab und zu mal [kräftig] n. *(man muss ihn antreiben);* Jeder tut seine Pflicht, und wer nicht pariert, dem wird nachgeholfen *(der wird mit entsprechenden Mitteln dazu gebracht;* Bieler, Bär 108).

nach|her [auch: '--] ⟨Adv.⟩: **1.** *[unmittelbar] nach einem bestimmten Geschehen, danach:* jetzt mache ich erst mal meine Arbeit fertig, n. kann ich dir helfen; wir sind ins Kino gegangen, und n. haben wir noch ein Eis gegessen; Nachher, wenn die Schule aus ist, sollst du deine Trommel wiederbekommen (Grass, Blechtrommel 91); Arbeitsort: bis ca. Herbst 1984 in Basel, n. in Reinach/BL (Basler Zeitung 12. 5. 84, 72). **2. a)** *in näherer, nicht genau bestimmter Zukunft; später:* ich komme n. noch bei dir vorbei; das kann ich auch n. machen; **b)** *dann, wenn etw. vorbei ist; hinterher, nachträglich:* ob das richtig war, wirst du erst n. feststellen; n. will es keiner gewesen sein. **3.** (landsch.) *womöglich; letztendlich, schließlich, am Ende:* wenn ich nicht gehe, fährt mir n. der Zug davon; Die (= die Bar) war voll. Aber i war n. der Letzte (Konsalik, Promenadendeck 458).

Nach|herbst, der; -[e]s, -e ⟨Pl. selten⟩: *Spätherbst.*

n̲a̲ch|herbst|lich ⟨Adj.⟩: *spätherbstlich.*

nach|he̲|rig ⟨Adj.⟩ (seltener) *nachher geschehend, erfolgend:* wie sich durch -e Beobachtung ergab (Molo, Frieden 245).

Nach|hieb, der; -[e]s, -e (Fechten): *Reprise (5).*

Nach|hil|fe, die; -, -n: **1.** (selten) *das Nachhelfen:* Meine Geburt ging ... nicht ohne künstliche N. unseres damaligen Hausarztes ... vonstatten (Th. Mann, Krull 14). **2.** kurz für ↑ Nachhilfestunde, Nachhilfeunterricht: N. geben, bekommen; sie schaffte die Versetzung nur mit N.

Nach|hil|fe|leh|rer, der: *jmd. bes. ein Lehrer, der Nachhilfe (2) erteilt.*

Nach|hil|fe|leh|re|rin, die: w. Form zu ↑ Nachhilfelehrer.

Nach|hil|fe|schü|ler, der: *Schüler, dem jmd. Nachhilfeunterricht gibt.*

Nach|hil|fe|schü|le|rin, die: w. Form zu ↑ Nachhilfeschüler.

Nach|hil|fe|stun|de, die, **Nach|hil|fe|un|ter|richt,** der: *privater [gegen Entgelt erteilter] zusätzlicher Unterricht für schwache Schüler.*

N̲a̲ch|hi|nein ⟨Adv.⟩: in der Fügung **im**

N. (1. *nachträglich, hinterher:* damit Großbritannien die einseitige Unabhängigkeitserklärung seiner ehemaligen Kolonie im N. ... anerkennt (Kronen-Zeitung 15. 10. 68, 2). 2. *nachher; hinterher:* der Verdacht erwies sich im N. als falsch).

n̲a̲ch|hin|ken ⟨sw. V.; ist⟩: *hinterherhinken.*

Nach|hol|be|darf, (auch:) **N̲a̲ch|ho̲|le|be|darf,** der: *Bedürfnis, etw., was man lange Zeit entbehrt, nicht [genügend] gehabt hat, nachzuholen* (2): einen N. an Schlaf, Liebe haben; einen großen, aufgestauten N. haben; In Fragen der Wirtschaftsethik gibt es einen erheblichen N. (Spiegel 43, 1985, 26).

n̲a̲ch|ho̲|len ⟨sw. V.; hat⟩: **1.** *nachträglich an einen bestimmten Ort holen:* seine Familie an den neuen Wohnort n. **2.** (Versäumtes od. bewusst Ausgelassenes) *nachträglich machen:* etw. schnell n.; er hat viel, eine Menge nachzuholen; Schlaf, eine Prüfung n.; Sie holt jetzt ihre Jugend *(das, was sie in ihrer Jugend versäumt zu haben glaubt)* nach (Rinser, Mitte 216).

Nach|hol|spiel, das (Ballspiele): *Spiel, das zu einem späteren Zeitpunkt ausgetragen wird, das nachgeholt (2) wird:* der Verein hat noch zwei -e zu bestreiten.

Nach|hut, die; -, -en [mhd. nāchhuote, zu ↑ ²Hut] (Milit.): *Truppenteil, der die Truppe beim Rückmarsch nach hinten (gegen den Gegner) sichert:* die N. angreifen, in Kämpfe verwickeln; Ü die dunklen, nassen -en des großen Tiefs (Grzimek, Serengeti 29).

n̲a̲ch|imp|fen ⟨sw. V.; hat⟩: **1.** *zum zweiten Mal impfen.* **2.** *später nochmals impfen (um eine Impfung aufzufrischen).*

Nach|imp|fung, die; -, -en: *das Nachimpfen.*

nach|in|dus|tri|ell ⟨Adj.⟩ (Soziol.): *postindustriell.*

n̲a̲ch|ja̲|gen ⟨sw. V.⟩: **1.** *sehr schnell hinterherlaufen* (1), *hinterherfahren (um jmdn., etw. einzuholen)* ⟨ist⟩: einem Ausbrecher, einem Fahrzeug n.; Ü dem Geld, Glück, Vergnügen n.; Irrwitzigen Spekulationen n. nützt nichts (Prodöhl, Tod 176). **2.** (ugs.) *eilends nachschicken* ⟨hat⟩: jmdm. ein Telegramm n.

n̲a̲ch|jus|tie̲|ren ⟨sw. V.; hat⟩: *(von technischen Geräten o. Ä.) nachträglich, noch einmal [genauer] einstellen; nachstellen* (4): Diese Mitarbeiter werden die vollautomatisch gesteuerten Maschinen unter ständiger Funktionskontrolle halten und, wenn erforderlich, n. bzw. mit Material versorgen (BZ 12. 6. 84, 50).

n̲a̲ch|kar|ten ⟨sw. V.; hat⟩ (ugs.): *etwas, was eigentlich als abgeschlossen gilt, noch einmal aufgreifen, nachträglich zur Sprache bringen:* Ich werde einen Deubel tun und jetzt im SPIEGEL ..., wer für was in einem Wahlkampf verantwortlich ist (Spiegel 27, 1985, 28); Im Kabinett kritisierte Engholm »den Stil, dass ein Prozessunterlegener nachkartet« (Spiegel 13, 1989, 40).

N̲a̲ch|kauf, der; -[e]s, Nachkäufe: *das Nachkaufen:* beim N. der Teller genau auf das Muster achten.

nach|kau|fen ⟨sw. V.; hat⟩: *nachträglich, zusätzlich kaufen:* von dem Geschirr kann man alle Teile n.

Nach|klang, der; -[e]s, Nachklänge [mhd. nāchklanc]: **1.** *Klang, der im Ohr zurückbleibt, nachdem man sehr laute Töne o. Ä. gehört hat:* der N. der Musik; Ü der Geruch von Bodenwachs und ein schwacher N. von Terpentin (Hesse, Steppenwolf 21). **2.** *Wirkung, Eindruck, der von einem Erlebnis o. Ä. zurückbleibt:* dieser N. des Erlebten nahm kein Ende (Thorwald, Chirurgen 35).

Nach|klapp, der; -s, -s ⟨ugs.⟩: *Nachtrag.*

nach|klin|gen ⟨st. V.; ist⟩: **1.** *noch kurze Zeit leise zu hören sein:* die Glocke klang noch einige Zeit nach; Ü die akzeptierte Ordnung ..., die noch in den rührenden Geschichten heute freilich schon sehr alter ehemaliger Hofbediensteter nachklingt (Hofstätter, Gruppendynamik 125). **2.** *(von einem Erlebnis o. Ä.) als Wirkung, Eindruck zurückbleiben:* die Begegnung klang lange in ihr nach.

nach|ko|lo|rie|ren ⟨sw. V.; hat⟩: *durch zusätzliches Kolorieren (1) bei etw. gewünschte Farben erreichen:* nachkolorierte Ansichtskarten.

Nach|kom|me, der; -n, -n [mhd. nāchkome, auch = Nachfolger]: *Lebewesen (bes. Mensch), das in gerader Linie von einem anderen Lebewesen abstammt:* er ist ein direkter N. von Leutnant Fletcher Christian (Konsalik, Promenadendeck 411); keine, viele -n haben; Während bei den Bakterien ... durch Vermehrung zahlreiche neue -n entstehen (Medizin II, 136); er ist ohne -n gestorben.

nach|kom|men ⟨st. V.; ist⟩ [1, 2: mhd. nāch komen]: **1. a)** *später kommen:* geht schon vor, wir werden [gleich, bald, in einer Stunde] n.; Er gehe trotzdem ans Wasser. Vielleicht komme sie nach (M. Walser, Pferd 126); er ließ seine Familie nach Schottland n.; sie ging schon aufs Gymnasium, als noch Geschwister nachkamen *(geboren wurden);* da kann noch etw. n. *(das kann noch Komplikationen, Ärger geben);* **b)** *hinter jmdm. hergehen, herfahren:* Ich bin weggegangen, und er ist mir nicht einmal nachgekommen (Danella, Hotel 10); ... von nachkommenden Kolonnen ... auseinander gesprengt (Plievier, Stalingrad 134). **2.** ⟨geh.⟩ *etw., was ein anderer von einem wünscht od. verlangt, erfüllen od. vollziehen:* einer Anordnung, Forderung, Bitte n.; seinen Verpflichtungen n.; er kam dem Befehl nur widerwillig nach; Voraussetzung ist, dass ... ihre bei ihnen lebenden Kinder der Schulpflicht nachkommen (Augsburger Allgemeine 3./4. 6. 78, 2). **3.** *etw. schnell genug tun, um Schritt halten zu können:* sie kommen mit der Arbeit, Produktion gerade noch nach; das immense Tempo kommt keiner nach. **4.** ⟨landsch.⟩ *jmdm. nachschlagen (2):* der Sohn kommt ganz dem Vater nach.

Nach|kom|men|schaft, die; -: *Gesamtheit aller Nachkommen.*

Nach|kömm|ling, der; -s, -e [mhd. nāchkomelinc]: *lange nach den Geschwistern geborenes Kind.*

nach|kön|nen ⟨unr. V.; hat⟩ ⟨ugs.⟩: vgl. nachwollen.

Nach|kon|trol|le, die; -, -n: *spätere zusätzliche Kontrolle.*

nach|kon|trol|lie|ren ⟨sw. V.; hat⟩: *[noch einmal, wiederholt] kontrollieren:* die Papiere, das Gepäck der Reisegruppe n.; ... und dass Sie mir nicht vergessen, sorgfältig nachzukontrollieren, ob alle Eingangstore des Konservatoriums ordentlich zugesperrt sind (Jonke, Schule 159).

Nach|kriegs|ära, die: vgl. Nachkriegszeit.

Nach|kriegs|er|schei|nung, die: *unmittelbar nach dem Krieg auftretende Erscheinung (1).*

Nach|kriegs|ge|ne|ra|ti|on, die: *Altersgruppe von Menschen, die unmittelbar nach dem Krieg geboren od. aufgewachsen sind:* Es gebe in der N. einen fundamentalen Abscheu gegen jede Form der Gewalt (MM 14. 10. 77, 35).

Nach|kriegs|jahr, das: vgl. Nachkriegszeit: es geschah im ersten N.; Hunger, Angst und räumliche Beschränkung machten die -e zum sinistren Abenteuer (Meckel, Suchbild 64).

Nach|kriegs|wir|ren ⟨Pl.⟩: *Wirren in der Nachkriegszeit.*

Nach|kriegs|zeit, die: *sich unmittelbar an das Kriegsende anschließende Zeitspanne:* In der N. gab es in der Gegend kaum Fahrzeuge (H. Gerlach, Demission 157).

Nach|kur, die; -, -en: *Zeit, die der Erholung u. Umstellung im Anschluss an eine Kur dient.*

nach|la|den ⟨st. V.; hat⟩: *(eine Schusswaffe) erneut laden.*

Nach|lass, der; -es, -e u. ...lässe: **1.** *alles, was ein Verstorbener an Gütern [u. Verpflichtungen] hinterlässt:* der künstlerische, literarische N.; jmds. N. verwalten; Ich bin ja gar nicht mehr da. Ich ordne bloß noch meinen N. (H. Gerlach, Demission 215); Schriften aus dem N. herausgeben, veröffentlichen. **2.** ⟨Kaufmannsspr.⟩ *bestimmte Summe, die einem vom Preis etw. nachgelassen wird:* beim Kauf eines Autos N. bekommen; gewähren, fordern; etw. mit einem nur geringen, mit großem N. verkaufen. **3.** ⟨selten⟩ *das Nachlassen (3); Erlass (2):* der N. einer Schuld; du fragst, ob ich an ein ewiges Leben glaube und an den N. der Sünden (Schwaiger, Wie kommt 159).

nach|las|sen ⟨st. V.; hat⟩ [spätmhd. nāchlāzen = aufgeben; versäumen; nicht beachten]: **1.** *allmählich an Stärke, Intensität verlieren; weniger, schwächer werden:* der Regen, der Sturm hat nachgelassen; der Schmerz, das Fieber hat [an Heftigkeit] nachgelassen; die Spannung, der Druck lässt nach; sein Gehör, sein Gedächtnis lässt immer mehr nach; die Sehkraft lässt [im Alter] nach; meine Augen haben stark nachgelassen *(ich sehe schlechter);* die Wirkung des Medikaments müsste jetzt n.; sein Eifer ließ bald nach; das Bedürfnis, aus einem entstehenden Werken vorzulesen, ließ nie nach (Reich-Ranicki, Th. Mann 55); die Leis-

tungen der Schüler lassen nach; die Schüler lassen [in den Leistungen] gegen Ende des Schuljahrs nach *(ihre Leistungen werden schlechter);* das Geschäft hat spürbar nachgelassen *(geht schlechter, ist nicht mehr so gut wie früher);* nicht n.! *(aufmunternder Zuruf).* **2.** ⟨Kaufmannsspr.⟩ *weniger berechnen:* sie hat [uns] keinen Pfennig nachgelassen; die Hälfte des Preises/vom Preis n.; Die Westberliner Spedition ließ dem Neuhamburger jedoch nur 300 Mark nach (Spiegel 50, 1984, 84). **3.** *erlassen (2):* In Verrechnung auf die zehn Tage werden mir acht Tage Polizeihaft nachgelassen (Sobota, Minus-Mann 265). **4.** ⟨landsch.⟩ **a)** *von einem bestimmten Tun ablassen:* mit seinen Quengeleien n.; Und nun lass' ich nicht eher nach, bis Sie mir gesagt haben, was es da zu verraten gibt (Fallada, Jeder 309); **b)** *mit etw. aufhören:* Ich rufe: »Lassen Sie das Klingeln nach, die Tür bleibt zu!« (Eppendorfer, St. Pauli 100); Du bist so ein nettes Mädchen – warum musst du singen? Lass da nach (Spiegel 4, 1981, 172). **5.** *etw., worauf Spannung od. Druck ausgeübt wird, lockern:* die Zügel, ein straffes Seil n. **6.** ⟨Jägerspr.⟩ **a)** *(den Hund) zum Hetzen (1 a) von der Leine lassen;* **b)** *(vom Hund) aufhören zu hetzen (1 a).* ◆ **7.** *hinterlassen (1 b):* Ein Hauptmann, den ein andrer erstach, ließ mir ein Paar glückliche Würfel nach (Schiller, Wallensteins Lager 1).

Nach|las|sen|schaft, die; -, -en (veraltet): *Erbschaft; Hinterlassenschaft.*

Nach|las|ser, der; -s, - (selten): *Erblasser.*

Nach|las|se|rin, die; -, -nen (selten): w. Form zu ↑Nachlasser.

Nach|lass|ge|richt, das ⟨Rechtsspr.⟩: *Amtsgericht, das alle Maßnahmen zur Regelung des Nachlasses (1) trifft.*

Nach|lass|gläu|bi|ger, der ⟨Rechtsspr.⟩: *Gläubiger, der durch Verschulden des Verstorbenen Anspruch auf dessen Nachlass (1) hat.*

Nach|lass|gläu|bi|ge|rin, die ⟨Rechtsspr.⟩: w. Form zu ↑Nachlassgläubiger.

nach|läs|sig ⟨Adj.⟩ [im 15. Jh. nachlessig]: **1. a)** *ohne die nötige Sorgfalt, unordentlich:* eine -e Arbeit; -es Personal; der Schüler ist sehr n.; **b)** *nicht in der Art, wie es erwartet wird, den Konventionen entspricht; ohne Rücksicht auf Formen:* -es Benehmen; seine Ausdrucksweise ist sehr n.; n. gekleidet sein. **2.** *weder Interesse noch [innere] Anteilnahme zeigend; gleichgültig; teilnahmslos:* einen Arm zur -en Geste erhoben, stand Naso, der Dichter Roms (Ransmayr, Welt 238); Sie streckte ihm n. ... die Hand dar (R. Walser, Gehülfe 7).

nach|läs|si|ger|wei|se ⟨Adv.⟩: *aus Nachlässigkeit.*

Nach|läs|sig|keit, die; -, -en: **1.** ⟨o. Pl.⟩ *das Nachlässigsein, nachlässiges Wesen.* **2.** *einzelne nachlässige Handlung.*

Nach|lass|kon|kurs, der ⟨Rechtsspr.⟩: *Konkurs, der eröffnet wird, wenn die Schulden des Verstorbenen höher sind als der Wert seines Nachlasses (1).*

Nach|lass|pfle|ger, der ⟨Rechtsspr.⟩:

jmd., der vom Nachlassgericht eingesetzt ist, einen Nachlass (1) zu sichern, bis die Erbschaft angenommen worden ist.

Nach|lass|pfle|ge|rin, die (Rechtsspr.): w. Form zu ↑Nachlasspfleger.

Nach|lass|ver|bind|lich|kei|ten ⟨Pl.⟩ (Rechtsspr.): Verbindlichkeiten (2c), die sich im Zusammenhang mit einem Nachlass (1) ergeben.

Nach|lass|ver|wal|ter, der (Rechtsspr.): gerichtlich Bevollmächtigter, der den Nachlass (1) verwaltet u. die Gläubiger befriedigt.

Nach|lass|ver|wal|te|rin, die (Rechtsspr.): w. Form zu ↑Nachlassverwalter.

Nach|lass|ver|wal|tung, die (Rechtsspr.): Regelung eines Erbfalles, durch die die Belange des Nachlassgläubigers gesichert werden.

Nach|lauf, der; -[e]s, Nachläufe: 1. (Chemie) (bei der Destillation) letztes verwendbares Destillat. 2. (Kfz-T.) (bei der Achse des Vorderrads) Winkel, den der Achsschenkel mit der Senkrechten zur Fahrbahn bildet.

nach|lau|fen ⟨st. V.; ist⟩: 1. jmdm., einer Sache [eilig] zu Fuß folgen: die Kinder liefen dem Eiswagen nach; mir ist ein Hund bis hierher nachgelaufen; Ü Weiter lief ihm das Glück nach (Kühn, Zeit 158); einer Idee, einer Illusion n.; diese Kleider laufen sich nach (ugs., scherzh.; sind recht häufig zu sehen). 2. (ugs.) hinterherlaufen (3): wenn ihr nicht mitmachen wollt, wir laufen euch nicht nach; einem Auftrag, irgendwelchen Papieren n. müssen; Solche wurden auch immer weniger, weil alle ihrem Verdienst n. mussten (Kühn, Zeit 125). 3. (ugs.) a) (oft abwertend) (in oft unkritischer, leichtgläubiger Weise) als Anhänger folgen: einem falschen Messias n.; ... ohne dass du ihm sagst, für wen er einen Kopf hinhält, wenn er ihrer Fahne nachläuft (Kühn, Zeit 378); b) sich um jmdn., jmds. Zuneigung sehr bemühen: einer Klassenkameradin n.; Lauf dem jungen Mann nicht nach, sonst machst du dich lächerlich (Freizeitmagazin 10, 1978, 41); viel besser war, Schlager zu hören ..., den Mädchen nachzulaufen, zu lesen (Loest, Pistole 48). 4. zulaufen (6): da ging ich in die heiße Badewanne ... Ich ließ immer wieder heißes Wasser n. (Christiane, Zoo 201). 5. (von Messgeräten o. Ä.) zu wenig anzeigen, zu langsam gehen: der Tacho, die Uhr läuft nach.

Nach|lau|fen, das; -s (landsch.): Fangen: die Kinder spielen n.

Nach|läu|fer, der; -s, -: 1. (oft abwertend) leichtgläubiger, unkritischer Anhänger (1). 2. (Billard) Ball, der, nachdem er einen anderen voll getroffen hat, trotzdem noch weiterrollt.

Nach|läu|fe|rin, die; -, -nen (oft abwertend): w. Form zu ↑Nachläufer (1).

nach|lau|schen ⟨sw. V.; hat⟩: (nach dem Hören eines Klangs, Geräuschs o. Ä.) weiter lauschen: jmds. Worten n.; Er lauschte Schritten nach: schwere, sichere, dazwischen in flinkem Rhythmus die hellen (Loest, Pistole 79).

nach|le|ben ⟨sw. V.; hat⟩: gemäß einem Vorbild, einer Vorschrift o. Ä. leben: sei-

nem Lehrer, den Geboten n.; Dieser Devise nachzuleben war ihr nicht einmal ein ganzes Jahr lang vergönnt (NZZ 21. 12. 86, 29).

Nach|le|ben, das; -s: Leben eines Verstorbenen in der Erinnerung der Hinterbliebenen.

nach|le|gen ⟨sw. V.; hat⟩: noch einmal, wiederholt auflegen (1 a): Holz n.; jmdm. ein Stück Torte n.; ⟨auch ohne Akk.-Obj.:⟩ darf ich dir noch n.?; als er eines Abends, weil die Heizungen kalt wurden, in den Keller ging, um nachzulegen (B. Vesper, Reise 107).

nach|ler|nen ⟨sw. V.; hat⟩: später lernen, um etw. nachzuholen: versäumte Lektionen n.; Ich hatte das Glück, viele von ihnen in Amerika zu treffen und nachzulernen, was ich nicht hatte wissen können (Pross, Memoiren 196).

Nach|le|se, die; -, -n: 1. vgl. Nachernte. 2. (geh.) Nachtrag zu einer Auswahl aus dichterischen Werken: Ü das Fernsehen bringt zu Silvester eine N. aus den Shows des Jahres.

¹nach|le|sen ⟨st. V.; hat⟩: (eine bestimmte Stelle) [noch einmal] lesen od. etw., was man gehört hat, durch ¹Lesen (1 a) überprüfen: ich muss das noch einmal n.; den Text der Rede n.; in den Statistiken ist dies nachzulesen; An den Missverständnissen ... laborieren wir, wie man n. kann, nicht zum ersten Mal (Spiegel 2, 1986, 182).

²nach|le|sen ⟨st. V.; hat⟩: a) Nachlese (1) halten; b) noch einmal ²lesen (b), verlesen.

nach|lie|fern ⟨sw. V.; hat⟩: a) zu einem späteren Zeitpunkt [als dem abgesprochenen Termin] liefern: der Rest der Ware wird nachgeliefert; Da hatte ich mal eine Hausaufgabe nicht gemacht, am nächsten Tage sollte ich die n. (Kempowski, Immer 153); b) zu einer vorausgegangenen Lieferung als Ergänzung liefern: die folgenden Bände des Lexikons werden regelmäßig nachgeliefert; Toaströster, der ... ständig frischen Toast nachliefert (Horn, Gäste 102).

Nach|lie|fe|rung, die; -, -en: 1. das Nachliefern. 2. nachgelieferte Ware.

nach|lö|sen ⟨sw. V.; hat⟩: eine Fahrkarte nach Antritt der Fahrt lösen: im Zug [einen Zuschlag] n.

nachm. = nachmittags.

nach|ma|chen ⟨sw. V.; hat⟩ (ugs.): 1. a) genau das machen, was ein anderer tut: jmdm. etw. n.; das Kind macht den Geschwistern alles nach; Wir fangen an, den Bürgern ihre Feste nachzumachen (Kühn, Zeit 294); das soll [mir] erst mal einer n. (genauso gut machen); b) nachahmen; kopieren; imitieren: die Kinder machten den Lehrer nach; Tierstimmen n.; Ob sie noch mehr Leute so gut n. könne? (M. Walser, Seelenarbeit 217); c) nach einer Vorlage ganz genauso herstellen: Stilmöbel n.; Das Schlafzimmer habe ich ... dem Original, nämlich dem Schlafzimmer der Kaiserin Maria Theresia, n. lassen (Erfolg 11/12, 1983, 12); die Unterschrift war sehr schlecht nachgemacht; nachgemachtes (gefälschtes) Geld. 2. (Versäumtes) zu einem spä-

teren Zeitpunkt machen: die Hausaufgaben n.

Nach|mahd, die; - (landsch.): Grummet.

nach|ma|len ⟨sw. V.; hat⟩: 1. (eine Vorlage) durch Malen wiedergeben, abmalen (1): etw. aus der Erinnerung n. 2. a) durch nochmaliges Malen auffrischen, intensivieren: Farben, Konturen n.; b) (ugs.) nochmals schminken: Ich sitze in einem Heckennische und male mir die Lippen nach (Zeller, Amen 84).

nach|ma|lig ⟨Adj.⟩ (veraltend): später (I b): der -e Präsident; gleich im ersten Gefecht war er auf den -en Sieger getroffen (NZZ 3. 5. 83, 28).

nach|mals ⟨Adv.⟩ [mhd. (md.) nächmāl(e)s (veraltet): später (II): ein Eiland, das n. Saulet Brandans Eiland genannt wurde (Hacks, Stücke 103).

nach|mel|ken ⟨sw. u. st. V.; melkt/(veraltet) milkt nach, melkte/(veraltend:) molk nach, hat nachgemelkt/(häufiger:) nachgemolken⟩: nach dem eigentlichen Vorgang des Melkens zu Ende melken, bis das Euter ganz entleert ist.

nach|mes|sen ⟨st. V.; hat⟩: zur Überprüfung der Maße [noch einmal] messen.

Nach|mes|sung, die; -, -en: das Nachmessen.

Nach|mie|ter der; -s, -: jmd., der nach einem anderen Mieter, wenn dieser ausgezogen ist, die Wohnung o. Ä. mietet: einen N. suchen; Grenzen gibt es aber, wenn ein Mieter ... auszieht und dem Eigentümer einen N. zu denselben Bedingungen anbietet (Spiegel 3, 1979, 66).

Nach|mie|te|rin, die: w. Form zu ↑Nachmieter.

Nach|mit|tag, der; -s, -e [subst. aus älter: nach Mittag]: 1. Zeit vom ¹Mittag (1 a) bis zum Beginn des Abends: es war schon später N.; sie hat heute ihren freien N.; er verbringt seine -e im Café; Es war hoher N. geworden (Kuby, Sieg 51); jeden N.; ich habe den ganzen N. gewartet; heute, gestern, morgen N.; des -s (geh.; nachmittags); an einem [schönen] N. (irgendwann nachmittags) traf sie ein; er kommt [früh, zeitig, spät] am N.; während des -s war ich im Schwimmbad; er wollte im Laufe des n anrufen. 2. Nachmittagsveranstaltung: wir laden Sie zu unserem bunten N. ein.

nach|mit|tä|gig ⟨Adj.⟩: den ganzen Nachmittag dauernd: die -e Ruhe.

nach|mit|täg|lich ⟨Adj.⟩: immer in die Nachmittagszeit fallend; jeden Nachmittag wiederkehrend: sie trafen sich zum -en Tanz im Café; in der atemlosen Enge des -en Berufsverkehrs (Johnson, Mutmaßungen 17).

nach|mit|tags ⟨Adv.⟩: am Nachmittag, zur Nachmittagszeit; während des Nachmittags: n. um vier; sie treffen sich immer donnerstags n.

Nach|mit|tags|kaf|fee, der: Kaffee, den man, meist mit Kuchen o. Ä., am Nachmittag zu sich nimmt.

Nach|mit|tags|kleid, das: [elegantes] Kleid für den [späten] Nachmittag.

Nach|mit|tags|schlaf, der, **Nach|mit|tags|schläf|chen,** das: vgl. Mittagsschlaf.

Nach|mit|tags|son|ne, die: nachmit-

tägliche, in ihrer Kraft langsam abneh-mende Sonne.

Nach|mit|tags|stun|de, die: *bestimmte Stunde, Uhrzeit am Nachmittag:* zur frü-hen N. *(am frühen Nachmittag).*

Nach|mit|tags|un|ter|richt, der: vgl. Nachmittagsveranstaltung.

Nach|mit|tags|ver|an|stal|tung, die: *am Nachmittag stattfindende Veranstal-tung.*

Nach|mit|tags|vor|stel|lung, die: vgl. Nachmittagsveranstaltung: Er kam aus dem Kino, aus der N. (Plenzdorf, Legen-de 8).

Nach|mit|tags|zeit, die: *Zeitspanne vom Mittag bis zum Abend.*

Nach|mo|der|ne, die; -: *Postmoderne* (b).

nach|müs|sen ⟨unr. V.; hat⟩ (ugs.): vgl. nachwollen.

Nach|nah|me, die; -, -n [zum 2. Bestand-teil vgl. Abnahme]: **1.** *Einziehen* (8 a) *ei-nes Rechnungsbetrags durch die Post bei Aushändigung der Ware:* eine Sendung, ein Paket als, mit, per, unter N. schicken. **2.** *Nachnahmesendung:* der Postbote hat eine N. gebracht.

Nach|nah|me|ge|bühr, die: *Gebühr, die für eine Nachnahme* (2) *erhoben wird.*

Nach|nah|me|sen|dung, die: *Postsen-dung, die per Nachnahme zugestellt wird.*

Nach|na|me, der; -ns, -n: *Familienname [mit vorangestelltem Geburtsnamen].*

nach|neh|men ⟨st. V.; hat⟩: **1.** *sich noch einmal nehmen:* nimm dir doch Fleisch, Gemüse, Tee nach! **2.** (Amtsspr.) *(einen Betrag) per Nachnahme* (1) *erheben:* der Betrag ist nachzunehmen.

nach|nut|zen ⟨sw. V.; hat⟩ (DDR): *für die Produktion ausnutzen, verwerten:* ge-wonnene und angewandte Arbeitserfah-rungen n. (Junge Welt 29. 6. 77, 4); In an-deren Betrieben des Stahlbaus lässt sich die Neuerung ebenfalls n. (NNN 26. 9. 87, 3).

Nach|nut|zung, die; -, -en (DDR): *das Nachnutzen.*

Nach|ope|ra|ti|on, die: *nach einer Ope-ration* (1) *nötig gewordene weitere Opera-tion.*

nach|ope|rie|ren ⟨sw. V.; hat⟩: *eine Nachoperation vornehmen:* n. müssen; Eines Tages lag Herr Weber also wieder auf der Untersuchungsliege des Chefchi-rurgen... Der aber wollte nicht n. (Ha-ckethal, Schneide 73).

nach|pfei|fen ⟨st. V.; hat⟩: **1.** *(etw., was ein anderer vorspielt, vorpfeift) pfeifend wiederholen:* eine Melodie n. **2.** *hinter jmdm. her pfeifen:* Die Leute erwarteten von mir, dass ich den Mädchen nach-pfiff (Ch. Wolff [Übers.], Bisexualität 223).

nach|plap|pern ⟨sw. V.; hat⟩ (ugs. oft ab-wertend): *etw., was ein anderer gesagt hat, genauso [u. auf kindliche Weise] wie-dergeben, ohne es inhaltlich erfasst zu ha-ben:* wie ein Papagei alles n.; die Kinder plappern alles nach; ... dass der Student Filbinger extremistische Phrasen nach-geplappert habe (Augsburger Allgemei-ne 10./11. 6. 78, 2).

nach|po|lie|ren ⟨sw. V.; hat⟩: *noch ein-mal zusätzlich polieren.*

Nach|por|to, das; -s, -s u. ...ti: *Nachent-gelt.*

nach|prä|gen ⟨sw. V.; hat⟩: **a)** *später, zu-sätzlich prägen:* Münzen n.; **b)** *nach einer Vorlage neu prägen.*

Nach|prä|gung, die; -, -en: **a)** *das Nach-prägen;* **b)** *das Nachgeprägte.*

nach|prel|len ⟨sw. V.; ist⟩ (Jägerspr.): *(von einem Vorstehhund) einem plötzlich auftauchenden Wild eine Strecke folgen; vorprellen.*

nach|prüf|bar ⟨Adj.⟩: *sich nachprüfen lassend:* Es genügt mir, flüchtig zu erfas-sen, dass wir die Leute dreckig zum N... s, dass Aristoteles hier seinen Mangel an -er Erfahrung im Umgang mit den Natursachen beklagt (Stern, Mann 58); diese Angaben sind nicht n.

Nach|prüf|bar|keit, die; -: *das Nach-prüfbarsein.*

nach|prü|fen ⟨sw. V.; hat⟩: **1.** *zum Zweck der Kontrolle [noch einmal] prüfen; über-prüfen:* die Richtigkeit der Angaben, die Angaben n.; jmds. Alibi n.; Jetzt, im Spiegel aus Wasser, konnte ich es mit den Augen n. (Stern, Mann 14); das Gewicht n.; ob der Wortlaut stimmt, lässt sich nicht mehr n. **2.** *(jmdn.) zu einem späte-ren Zeitpunkt als vereinbart prüfen* (3 a): die Examenskandidatin wurde nachge-prüft.

Nach|prü|fung, die; -, -en: *das Nachprü-fen, Nachgeprüftwerden.*

nach|ran|gig ⟨Adj.⟩: *im Rang unterge-ordnet, niedriger:* Wenn man sich wie die Amerikaner ... als die »letzte Instanz« auf dieser Welt fühlt, dann kann man es nur schwer ertragen, wenn -e Mächte nicht so handeln, wie man es gerne hätte (Spiegel 44, 1987, 146); Personalfragen sind n.; Die technischen Probleme schei-nen mir dabei n. zu sein (BdW 9, 1987, 121).

Nach|rang|stra|ße, die; -, -n (österr.): *Straße, die kein Vorfahrtsrecht hat.*

Nach|raum, der; -[e]s (Forstw.): *Aus-schuss* (3).

nach|räu|men ⟨sw. V.; hat⟩ (ugs.): *auf-räumen, was jmd. liegen gelassen hat:* je-den Tag muss ich dir n.!

nach|re|cher|chie|ren ⟨sw. V.; hat⟩: *[noch einmal] recherchieren:* Jetzt re-cherchierte Grenzebach vor Ort nach und glaubte nun, einen Schwindel entlar-ven zu können (natur 2, 1991, 72).

nach|rech|nen ⟨sw. V.; hat⟩: **1.** *(zur Kon-trolle) noch einmal rechnen:* die Rechen-aufgabe n. **2.** *etw. zurückverfolgen u. da-bei die vergangene Zeit berechnen:* er wusste nicht mehr, wie viele Jahre ver-gangen waren, und musste erst n.

Nach|rech|nung, die; -, -en: *das Nach-rechnen.*

Nach|re|de, die; -, -n [mhd. nāchrede]: **1.** (veraltend) *Nachwort, Epilog* (b). **2.** *un-zutreffende, meist abfällige Äußerungen über jmdn., der nicht anwesend ist:* böse N.; schlechte -n über jmdn. verbreiten; üble N. (Rechtsspr.; *Verbreitung einer beleidigenden u. unzutreffenden Behaup-tung, die einem anderen Menschen scha-det*); üble N. über jmdn. führen; jmdn. in üble N. bringen; in üble N. kommen.

nach|re|den ⟨sw. V.; hat⟩: **1.** *das, was an-dere gesagt haben, kritiklos übernehmen*

u. wiederholen: er redet ihr alles, jeden Blödsinn nach. **2.** (selten) *Nachreden (über jmdn.) verbreiten:* man redete ihm übel nach. **3.** *nachsagen* (2): Man soll uns nicht n., dass wir die Leute dreckig nach Hause schicken (Apitz, Wölfe 267); Ich lass euch Ordnung zurück. Man soll mir nichts n. können (Fels, Sünden 122).

nach|rei|chen ⟨sw. V.; hat⟩: *nach dem vereinbarten Zeitpunkt [ergänzend] ein-reichen:* Unterlagen n.; Man einigte sich. Donath versprach, die Vollmacht nach-zureichen (Bieler, Bär 24).

Nach|rei|fe, die; -: *das Reifen (von Obst o. Ä., das bei der Ernte noch nicht ganz reif war) während der Zeit der Lage-rung.*

nach|rei|fen ⟨sw. V.; ist⟩: *nach der Ernte reifen:* während des Transports reifen die Bananen nach.

nach|rei|sen ⟨sw. V.; ist⟩: *kurz nach jmdm. an den gleichen Ort reisen; jmdm. (auf einer Reise) folgen:* ihr Mann reiste ihr heimlich nach.

nach|rei|ten ⟨st. V.; ist⟩: *zu Pferd folgen:* sie ist den beiden vor einer Stunde nach-geritten.

nach|ren|nen ⟨unr. V.; ist⟩ (ugs.): *nach-laufen* (1, 2).

Nach|richt, die; -, -en [seit dem 17. Jh. für älter Nachrichtung = das, wonach man sich zu richten hat, Anweisung (2), dann: Mitteilung (die Anweisung enthält); Botschaft; Neuigkeit]: **1.** *Mitteilung, die jmdm. in Bezug auf jmdn. od. etw. [für ihn persönlich] Wichtiges der Kenntnis des neuesten Sachverhalts vermittelt:* ei-ne falsche, aktuelle N.; die neueste N. lautet ...; lokale, politische -en; -en aus aller Welt; -en vom Sport; eine N. geht ein, ist überholt; eine erfreuliche, ver-spätete [un]angenehme N.; die N. von seinem Tode traf alle sehr; Es stand zu häufig das Prinzip »Schlechte -en sind gute -en« im Vordergrund (CCI 1, 1986, 21); eine N. [über]bringen, hinterlassen; N. erhalten; [keine] N. von jmdm. haben; -en dementieren, weiterleiten; eine N. im Rundfunk bringen, durch das Fernsehen verbreiten; Er hatte -en mitgebracht, von denen beide annahmen, dass sie dem al-ten Herrn sofort mitgeteilt werden müss-ten (Bieler, Mädchenkrieg 64); Meine Verwandten haben mir eine N. zukom-men lassen. Da bin ich geflüchtet (Frischmuth, Herrin 125); auf N. war-ten; ohne N. sein. **2.** ⟨Pl.⟩ *Nachrichten-sendung:* die -en haben nichts über diese Ereignisse gebracht, haben ausführlich darüber berichtet; [die] -en einstellen, hören, sehen.

Nach|rich|ten|agen|tur, die: *Unterneh-men, das Nachrichten (bes. aus der Poli-tik) sammelt u. an Presse, Funk u. Fern-sehen weiterleitet:* er berichtete weiter, die Unterzeichner hätten den Text einer westeuropäischen N. übergeben (Rolf Schneider, November 144).

Nach|rich|ten|bü|ro, das: *Nachrichten-agentur.*

Nach|rich|ten|dienst, der: **1.** *staatlicher Geheimdienst zur Beschaffung geheimer Informationen bes. im militärischen, po-litischen, wirtschaftlichen Bereich.*

2. a) *Nachrichtenagentur;* **b)** (veraltend) *Nachrichtensendung.*

nach|rich|ten|dienst|lich ⟨Adj.⟩: *den Nachrichtendienst* (1) *betreffend:* In der DDR ... stellen sie den Rudolf Bahro vor Gericht ... und verurteilen ihn zu acht Jahren Gefängnis, wegen -er Tätigkeit (Heym, Nachruf 821).

Nach|rich|ten|fluss, der: *kontinuierliche Weitergabe von Nachrichten* (1).

Nach|rich|ten|ka|nal, der: *Kanal* (4) *des Fernsehens od. Rundfunks, auf dem fast ausschließlich Nachrichtensendungen ausgestrahlt werden:* Phoenix, der Ereignis- und Dokumentationskanal von ARD und ZDF, sei kein unerlaubter »Nachrichtenkanal«, sondern ein Zusatzangebot, das dem öffentlich-rechtlichen Rundfunkauftrag »in besonderer Weise« Rechnung trage (Zeit 20. 6. 97, 45); »Um das Land zu retten, muss man es kaufen«, predigt Turner, der vor 16 Jahren den N. CNN gründete (Spiegel 41, 1996, 198).

Nach|rich|ten|ma|ga|zin, das [wohl LÜ von engl. news magazine]: *Zeitschrift, die Nachrichten bringt u. kommentiert sowie aktuelle Themen behandelt.*

Nach|rich|ten|po|li|tik, die: *bewusste Beeinflussung der Öffentlichkeit durch Verbreiten bzw. Zurückhalten bestimmter Nachrichten.*

Nach|rich|ten|sa|tel|lit, der: *Kommunikationssatellit.*

Nach|rich|ten|sen|dung, die: *Sendung des Fernsehens od. des Rundfunks, in der Nachrichten von wichtigen aktuellen, bes. politischen Ereignissen übermittelt werden:* im Radio läuft eine N.; während der Vater den Fernsehapparat auf die N. umschaltet (Zenker, Froschfest 134).

Nach|rich|ten|sper|re, die: *Verbot, Rundfunk, Fernsehen, Presse u. Öffentlichkeit zu informieren:* eine totale N.; Am frühen Nachmittag wurde in Berlin eine N. verhängt (MM 7. 3. 75, 2).

Nach|rich|ten|spre|cher, der: *jmd., der in Funk od. Fernsehen die Nachrichten spricht.*

Nach|rich|ten|spre|che|rin, die: *w. Form zu* ↑Nachrichtensprecher.

Nach|rich|ten|sys|tem, das: *System zur Übermittlung von Nachrichten.*

Nach|rich|ten|tech|nik, die: *Teilgebiet der Elektrotechnik, das sich mit den Möglichkeiten zur Übermittlung u. Verbreitung von Nachrichten durch die Technik* (z. B. Telefon, Rundfunk) *befasst.*

Nach|rich|ten|trup|pe, die (Milit. früher): *Fernmeldetruppe.*

Nach|rich|ten|über|mitt|lung, die: *Übermittlung von Nachrichten (bes. in Funk u. Fernsehen).*

Nach|rich|ten|über|tra|gungs|sys|tem, das: *Nachrichtensystem.*

Nach|rich|ten|ver|bin|dung, die: *[Funk]verbindung zur Übermittlung von Nachrichten:* eine N. herstellen.

Nach|rich|ten|we|sen, das ⟨o. Pl.⟩: *alles, was die Übermittlung u. Verbreitung von Nachrichten betrifft einschließlich Organisation u. Verwaltung.*

Nach|rich|ter, der; -s, -: **1.** (veraltet) *Scharfrichter, Henker.* **2.** (Milit. veraltet)

Angehöriger einer Nachrichtentruppe. **3.** (ugs.) *jmd., der Nachrichten einholt u. übermittelt.*

Nach|rich|te|rin, die; -, -nen (ugs.): w. Form zu ↑Nachrichter (3).

nach|richt|lich ⟨Adj.⟩: *Nachrichten* (1) *betreffend, auf einer Nachricht beruhend; in Form einer Nachricht, als Nachricht:* -e Sendungen des Hörfunks; das ... Schreiben vom 22. August 1977, das n. auch an den befreundeten Hausarzt ging (Spiegel 42, 1978, 212).

nach|rü|cken ⟨sw. V.; ist⟩: **1. a)** *aufrücken* (1): würden Sie bitte etwas n.?; **b)** *(von militärischen Einheiten o. Ä.) langsam u. geordnet nachfolgen:* sie rückten der kämpfenden Truppe nach; die Schlacht rückte nach (Gaiser, Jagd 164). **2.** *jmds. Posten, Amt einnehmen:* auf den Posten des Direktors n.; Im Bezirk Haunstetten weiß ich, dass zwei Kandidaten n. wollen, aus reinem Geltungsbedürfnis und nicht aus Streben für die Allgemeinheit (Augsburger Allgemeine 29. 4. 78, XLVIII).

Nach|rü|cker, der; -s, -: *auf einen Posten, Platz Nachrückender:* Der grüne Landtagsabgeordnete ... will trotz Rotationsbeschlusses seinen Sitz nicht für N. frei machen (Welt 3. 3. 86, 1).

Nach|rü|cke|rin, die; -, -nen: w. Form zu ↑Nachrücker.

Nach|ruf, der; -[e]s, -e [zuerst im 17. Jh. als Ersatzwort für ↑Echo, dann = Abschiedsworte, die heutige Bed. seit dem 19. Jh.]: *einem kürzlich Verstorbenen gewidmete [mit einem Rückblick auf sein Leben verbundene] Worte der Würdigung:* einen N. auf jmdn. schreiben, in der Zeitung bringen.

nach|ru|fen ⟨st. V.; hat⟩: *jmdm., der sich bereits entfernt hat, etw. hinterherrufen:* jmdm. einen Gruß n.

Nach|ruhm, der; -[e]s: *Ruhm, den jmd. nach dem Tod, den jmds. Werk bei der Nachwelt genießt:* Es gibt genug Beweise dafür, dass sein Ruhm und sein N. dem Schriftsteller Thomas Mann ans Ende seines Lebens mitnichten einerlei waren (Reich-Ranicki, Th. Mann 246).

nach|rüh|men ⟨sw. V.; hat⟩: *rühmend nachsagen* (2): jmdm. Wundertaten n.; »Kraft, Gerechtigkeitssinn, Milde und Frömmigkeit«, das sind die Herrschertugenden, die dem Kaiser Augustus ... auf seinem Monument nachgerühmt werden (Brandstetter, Altenehrung 134).

nach|rüs|ten ⟨sw. V.; hat⟩ (Technik): **1.** *nachträglich mit einem passenden zusätzlichen Gerät versehen, um eine bessere Leistung zu erzielen:* beim Neukauf lieber gleich den geregelten Kat kaufen als den ungeregelten n. (ADAC-Motorwelt 2, 1986, 30); Ende der dreißiger Jahre wurden diese Gebäude nachgerüstet, teilweise mit Fensterklimageräten (CCI 7, 1987, 8). **2.** *das militärische Waffenpotenzial ergänzen, vergrößern:* die Absturzgefahr ist noch größer, wenn die NATO jetzt nachrüstet und die Sowjetunion wieder nachrüstet (Alt, Frieden 39).

Nach|rüst|satz, der (Technik): *Satz* (6), *mit dessen Hilfe etw. nachgerüstet werden*

kann: Nachrüstsätze für elektrische Fensterheber, Zentralverriegelungen und elektrisch zu betätigende Außenspiegel (ADAC-Motorwelt 11, 1973, 47).

Nach|rüs|tung, die; -, -en: **1.** (Technik) *das Nachrüsten* (1). **2.** *das Nachrüsten* (2).

Nach|rüs|tungs|be|schluss, der: *Beschluss nachzurüsten* (2).

nach|sa|gen ⟨sw. V.; hat⟩: **1.** *(etw.), was ein anderer sagt) wiederholen; nachsprechen:* einen Satz n.; das Kind sagt alles nach, was es hört. **2.** *von jmdm. in dessen Abwesenheit sagen, behaupten, über ihn verbreiten:* jmdm. Übles, Hochmut, große Fähigkeiten n.; Es waren Frauen, denen ... ein fragwürdiger Lebenswandel nachgesagt wurde (Reich-Ranicki, Th. Mann 167); Charisma und Glaubwürdigkeit werden ihm nachgesagt (natur 2, 1991, 47); man kann ihm nichts n. *(man hat keine Handhabe, ihn zu verdächtigen);* du darfst dir das nicht n. lassen *(nicht zulassen, dass man in dieser abfälligen Weise von dir spricht).*

Nach|sai|son, die; -, -s, südd., österr. auch: -en: *Zeitabschnitt nach der Hauptsaison.*

nach|sal|zen ⟨unr. V.; salzte nach, hat nachgesalzen/(seltener auch:) nachgesalzt⟩: *nach der eigentlichen Zubereitung zusätzlich salzen:* die Suppe, Soße n.

Nach|satz, der; -es, Nachsätze: **1.** *nachgetragene, einer [schriftlichen] Äußerung angehängte Bemerkung, Ergänzung:* in einem N. erwähnte er es ganz beiläufig. **2.** (Sprachw.) *nachgestellter Satz; am Ende eines Satzgefüges stehender Satz.*

nach|schaf|fen ⟨st. V.; hat⟩: vgl. nacharbeiten (3).

nach|schal|ten ⟨sw. V.; hat⟩ (Elektrot.): *nach etw. schalten* (4): Die ersten Tauscher dieses Typs wurden in einer Schule zur Wärmerückgewinnung einem Klimagerät nachgeschaltet (CCI 10, 1986, 47); Ü Es sei völlig unsinnig, dass die Krankenkassen ... mehr als eine halbe Milliarde Mark für Früherkennungsuntersuchungen bei Kindern ausgäben, wenn das ärztlichen Praxis nachgeschaltete Dienstleistungssystem der sozialpädiatrischen Zentren und Abteilungen an Kinderkliniken wegen finanzieller Probleme ... seine Aufgaben ... nicht ... wahrnehmen könne (Allgemeine Zeitung 6. 2. 85, 9).

Nach|schau: in der Verbindung **N. halten** (geh.; *nachsehen* 2): ich will N. halten, ob er kommt; Als der Chauffeur ausstieg, um N. zu halten, geriet der Lastwagen in Fahrt (NZZ 12. 4. 85, 28).

nach|schau|en ⟨sw. V.; hat⟩ (bes. südd., österr., schweiz.): *nachsehen* (1–3).

nach|schen|ken ⟨sw. V.; hat⟩ (geh.): vgl. nachgießen (a): darf ich dir noch ein wenig Wein n.?; Der Wirt schenkt ihnen allen unauffällig nach (Frischmuth, Herrin 62).

nach|schi|cken ⟨sw. V.; hat⟩: **a)** *jmdm., dessen Adresse sich [vorübergehend] geändert hat, etw. an seine neue Adresse schicken:* sich die Post an den Urlaubsort n. lassen; **b)** *hinterherschicken:* ...dass ihm der Glasl auch noch den Packmeister nachschickte, um ihn sicher vors Tor zu bringen (Kühn, Zeit 40); Ü Pippig schickte ihm einen unterdrückten Fluch nach (Apitz, Wölfe 126).

nach|schie|ben ⟨st. V.; hat⟩ (Jargon): *an eine Veröffentlichung, Äußerung, Mitteilung, Frage o. Ä. noch eine weitere anschließen:* einen Antrag n.; Adler hat der Korrektur seines Geständnisses auch einige Einzelheiten nachgeschoben (Spiegel 32, 1982, 69); Jetzt hat Shere Hite ... den zweiten, ebenfalls bestsellerverdächtigen Band nachgeschoben (Spiegel 25, 1981, 207).

Nach|schlag, der; - [e]s, Nachschläge: **1.** (Musik) **a)** *musikalische Verzierung aus einer od. zwei Noten, die an eine vorausgehende gebunden werden;* **b)** *verzierender Abschluss eines Trillers.* **2.** (bes. Soldatenspr.) *zusätzliche Portion bei einer Essenausgabe:* einen N. verlangen, bekommen; Es schmeckt den Kindern, alle lassen sich N. geben (NNN 10. 12. 88, 8); Ü die Gewerkschaft forderte [einen] N. *(eine zusätzliche Lohnerhöhung);* Für die Selbstverstümmelung, die ist ja strafbar, hat er N. *(eine zusätzliche Strafe)* gekriegt, ein, zwei Jahre (Eppendorfer, Kuß 64).

nach|schla|gen ⟨st. V.⟩ [2: mhd. (md.) nāch slahen]: **1.** ⟨hat⟩ *um etw. Bestimmtes zu erfahren, ein Buch an der entsprechenden Stelle aufschlagen u. sich dort informieren:* in einem Wörterbuch, in einem Lexikon n.; er hat überall nachgeschlagen, aber nichts über das Thema gefunden; ⟨ugs. vereinzelt auch mit Akk.-Obj.:⟩ ein Lexikon n.; **b)** *in einem Buch aufsuchen u. lesen:* ein Zitat n.; du musst alle Vokabeln [im Wörterbuch] n. **2.** (geh.) *nach jmdm. geraten; jmdm. in der Art, im Wesen ähnlich werden* ⟨ist⟩: er schlägt dem Vater nach; Mein Haus ist kein Puff! Hast du vor, deiner Mutter nachzuschlagen? (Fels, Unding 57).

Nach|schla|ge|werk, das: *Buch (bes. Lexikon, Wörterbuch), das in übersichtlicher, meist alphabetischer Anordnung der schnellen Orientierung über etw. dient.*

nach|schlei|chen ⟨st. V.; ist⟩: *schleichend (a) folgen:* Sie sind mir zu jeder Verabredung nachgeschlichen (Bieler, Mädchenkrieg 437).

Nach|schlüs|sel, der; -s, -: *Schlüssel, der einem anderen [ohne Erlaubnis, heimlich] nachgearbeitet worden ist:* mit -n, die der BND beschafft hatte, öffneten die drei Männer das Haupt- und Zusatzschloss (Spiegel 11, 1980, 88).

Nach|schlüs|sel|dieb|stahl, der (Rechtsspr.): *mithilfe eines Nachschlüssels ausgeführter Diebstahl.*

nach|schme|cken ⟨sw. V.; hat⟩: **1.** *einen Nachgeschmack haben:* das Gewürz schmeckt merkwürdig, streng nach. **2.** (scherzh.) *noch einmal genießen, genussvoll nacherleben:* sie schmeckte ihren Triumph richtig nach.

nach|schmei|ßen ⟨st. V.; hat⟩ (ugs.): *nachwerfen.*

nach|schmin|ken ⟨sw. V.; hat⟩: *korrigierend, auffrischend noch einmal schminken:* die Lippen n.; Anna muss sich

nachgeschminkt haben (Härtling, Hubert 110).

nach|schnei|den ⟨unr. V.; hat⟩: *durch nochmaliges, Schneiden in die gewünschte Form bringen:* die Haare n.

nach|schnüf|feln ⟨sw. V.; hat⟩ (ugs.): vgl. nachspionieren.

nach|schrei|ben ⟨st. V.; hat⟩: **1.** *nach einem Muster, einer Vorlage, nach Gehör [in Stichworten] aufschreiben:* einen Vortrag n. **2.** *(von Tests o. Ä.) zu einem späteren Zeitpunkt als vereinbart schreiben:* der Schüler durfte die Klassenarbeit n.

nach|schrei|en ⟨st. V.; hat⟩: vgl. nachrufen.

Nach|schrift, die; -, -en [2: LÜ von ↑Postskriptum]: **1.** *etw. Nachgeschriebenes, schriftlich [in Stichworten] Wiedergegebenes:* die N. der Vorlesung konnte sie kaum entziffern. **2.** *vgl. Nachsatz (1):* der Brief hatte noch eine N. (Abk.: NS).

Nach|schub, der; -[e]s, Nachschübe ⟨Pl. selten⟩ [spätmhd. nāchschuop] (Milit.): **a)** *das Versorgen von Truppen, bes. an der Front, mit neuem Material:* N. an Munition, Proviant; Ü bei der Party war er für den N. an alkoholischen Getränken verantwortlich; Laufend N. fabrikneuer Qualitätsmöbel aus Fabrikgroßposten (Westd. Zeitung 11. 5. 84, 25); **b)** *neues Material, mit dem Truppen, bes. an der Front, versorgt werden:* N. anfordern, bekommen, aus der Luft abwerfen; Ü es gibt die Einrichtung telegrafischer Geldanweisungen. Du wirst immer N. erhalten (Fallada, Herr 239).

Nach|schub|ein|heit, die: vgl. Nachschubtruppe.

Nach|schub|ko|lon|ne, die: vgl. Nachschubtruppe.

Nach|schub|trup|pe, die: *Logistiktruppe, die für die Bereitstellung, den Transport o. Ä. des Nachschubs verantwortlich ist.*

Nach|schub|weg, der: *Weg für den Transport des Nachschubs.*

nach|schu|len ⟨sw. V.; hat⟩: *in einem Fortbildungskurs o. Ä. nachträglich zusätzlich schulen (a):* Beide Seiten wollen Förster im Kampf gegen das Baumsterben n. (Spiegel 47, 1983, 50).

Nach|schu|lung, die: *das Nachschulen:* Die N. straffällig gewordener Kraftfahrer (ADAC-Motorwelt 11, 1986, 133); Bei erfolgreicher N. gibt es »Gutschrift« in Flensburg (MM 10. 8. 78, 12).

Nach|schur, die; -, -en (Landw.): *zweite, im Herbst vorgenommene Schur der Schafe.*

Nach|schuss, der; -es, ...schüsse: **1.** (Wirtsch.) *über das eigentliche (als Beteiligung an einem Unternehmen eingebrachte) Einlage hinaus zu leistende, zusätzliche Einzahlung.* **2.** (bes. Fußball, Eishockey) *erneuter Schuss auf das Tor mit dem abgewehrten od. vom Tor abgeprallten Ball:* auch den N. parieren; erst im N. konnte er den Torwart bezwingen.

Nach|schuss|pflicht, die (Wirtsch.): *Verpflichtung eines Gesellschafters (2), Nachschuss (1) zu leisten.*

Nach|schuss|tor, das (bes. Fußball, Eishockey): *durch einen Nachschuss (2) erzieltes Tor.*

nach|schüt|ten ⟨sw. V.; hat⟩: *zusätzlich in, an, auf etw. schütten:* Kohlen n.; du kannst noch ein wenig Sand n.

nach|schwat|zen (landsch.:) **nach|schwät|zen** ⟨sw. V.; hat⟩ (abwertend): *(etw., was ein anderer gesagt hat) gedankenlos wiederholen:* du schwätzt alles nach, was er sagt.

nach|schwin|gen ⟨st. V.; hat⟩: **1.** *nachträglich noch kurze Zeit in Schwingung, in schwingender Bewegung sein:* die Saite schwang noch etwas nach; Als hydraulische Bremse verhindert er, dass die Feder bei jeder Bodenwelle nachschwingt (ADAC-Motorwelt 4, 1986, 52). **2.** (geh.) *nachträglich noch zum Ausdruck kommen, als Empfindung, Gefühl o. Ä. vorhanden sein; eine Nachwirkung hinterlassen:* der Schmerz, das Glücksgefühl schwang in ihr noch nach.

nach|se|hen ⟨st. V.; hat⟩ [1: mhd. nāch sehen]: **1.** *mit den Blicken folgen; zusehen, wie sich jmd., etw. entfernt; hinterherblicken, bes:* jmdm. sinnend, traurig, betrübt n.; den abreisenden Gästen, dem Zug, den Schiffen n. **2. a)** *sich mit prüfenden Blicken einer bestimmten Sachverhalt informieren; kontrollierend nach etw. sehen:* sieh mal nach, ob die Kinder schlafen/wer an der Tür ist; ich muss erst n., wo die Sachen sind; er hat überall nachgesehen, aber nichts gefunden; **b)** *nachschlagen (1 a):* Sieh mal in deinen Schulbüchern nach (Remarque, Westen 146); Onkel Günther sieht im Fahrplan nach, wann sein Zug geht (Imog, Wurliblume 268); **c)** *in einem Buch aufsuchen u. lesen; nachschlagen (1 b):* in einem Wort, die Vokabeln [im Wörterbuch] n. **3.** *kontrollierend, überprüfend auf Fehler, Mängel hin durchsehen:* [jmdm.] die Schularbeiten n.; Ich ... ließ das Öl wechseln und den ganzen Wagen n. und abschmieren (Simmel, Affäre 216). **4.** *mit jmdm. in Bezug auf etw. sonst Beanstandens-, Tadelnswertes nachsichtig sein, nicht übel nehmen:* jmdm. manches, alles, zu viel n.; er sieht den Kindern alle Unarten nach.

Nach|se|hen, das: in den Wendungen **das N. haben** *(nichts mehr, nur noch das Schlechtere [ab]bekommen):* sie waren bei der Verteilung zu spät gekommen und hatten das N.; **jmdm. bleibt das N.** *(jmd. bekommt nichts mehr, nur noch das Schlechtere [ab]).*

nach|sen|den ⟨unr. V.; sandte/(seltener:) sendete nach, hat nachgesandt/ (seltener:) nachgesendet) (bes. Postw.): *nachschicken (a):* bitte n.! (Aufschrift auf Postsendungen an Empfänger, deren Adresse dem Absender unbekannt ist).

Nach|sen|dung, die; -, -en (Postw.): *Zustellung einer Postsendung nach Änderung des Wohnsitzes, des Aufenthaltsortes des Empfängers.*

nach|set|zen ⟨sw. V.; hat⟩: *sehr schnell folgen; jmdn. in großem Tempo verfolgen:* Noch am Abend ... hatten Hundertschaften den Missetätern bis in die Stammkneipen nachgesetzt (Spiegel 27, 1980, 92); wahrscheinlich muss das sein, damit der Feind nicht so schnell n. kann (Borkowski, Wer 50).

Nach|sicht, die; -: *das Nachsehen* (4); *verzeihendes Verständnis für die Unvoll-kommenheiten, Schwächen von jmdm., einer Sache:* Die gütige N. des Fürsten allein hätte mich vor schwerer Strafe gerettet (Roth, Beichte 61); mit jmdm. N. haben; N. üben; keine N. kennen; jmdn. mit N. behandeln; etw. mit N. beurteilen; Er müsse um N. bitten für das vielleicht unverzeihliche Versäumnis (Rolf Schneider, November 247).

nach|sich|tig ⟨Adj.⟩: *Nachsicht zeigend; voller Nachsicht:* -e Eltern; eine -e Beurteilung; er war immer [zu] n. gegen ihn, ihm gegenüber, mit ihm; Mit zunehmendem Alter wurde sie keineswegs -er, ein schweres Leiden hat ihr streitbares Temperament nicht gemildert (Reich-Ranicki, Th. Mann 182); n. lächeln; jmdn. n. behandeln; etw. n. beurteilen.

Nach|sich|tig|keit, die; - (seltener): *das Nachsichtigsein.*

nach|sichts|voll ⟨Adj.⟩ (seltener): *nachsichtig, voller Nachsicht.*

Nach|sicht|wech|sel, der (Bankw.): *eine bestimmte Zeit nach der Vorlage fälliger Sichtwechsel.*

Nach|sil|be, die; -, -n (Sprachw.): *Suffix.*

nach|sin|gen ⟨st. V.; hat⟩: *(etw., was ein anderer vorsingt, vorspielt) singend wiederholen:* er versuchte, die Melodie nachzusingen, die er gerade gehört hatte; er hat gleich mehrere Titel gesungen, die in der BRD nachgesungen *(von anderen Schlagersängern dann ebenfalls gesungen)* wurden (Kraushaar, Lippen 232).

nach|sin|nen ⟨st. V.; hat⟩: **a)** (geh.) *sinnend nachdenken, Betrachtungen anstellen:* über ein Problem, eine Frage n.; Wenn sie verzweifelt darüber nachsann, wie sie zu mir zurückfände (Hartung, Piroschka 64); **b)** *sich [nachträglich] in Gedanken mit etw. beschäftigen; in Gedanken einer Sache nachhängen:* sie sann seinen Worten lange nach; Er sann den Geräuschen nach und blickte in das vielfältig abgestufte Grau (Loest, Pistole 78).

nach|sit|zen ⟨unr. V.; hat; südd., österr., schweiz. auch: ist⟩: *zur Strafe außerhalb des Unterrichts noch in der Schule bleiben* (meist in Verbindung mit »müssen«): er war frech gewesen und musste n.; Zwei Stunden n. und das Diktat immer wieder abschreiben (Kempowski, Immer 39).

nach|sol|len ⟨unr. V.; hat⟩ (ugs.): vgl. nachwollen.

Nach|som|mer, der; -s, -: *Tage im späten Sommer od. im frühen Herbst, an denen bei freundlichem, sonnigem Wetter noch einmal eine mild-sommerliche Atmosphäre entsteht.*

nach|som|mer|lich ⟨Adj.⟩: *spätsommerlich.*

Nach|sor|ge, die; - (Med.): *ärztliche Betreuung eines Patienten nach einer Krankheit, einer Operation:* postoperative, ambulante N.; N. ist in solchen Fällen dringend nötig, muss hier erfolgen; Neben der Krebsvorsorge und der Behandlung sollte gleichwertig die N. stehen (Hörzu 41, 1974, 66); Ü Der Mordprozess ... wirft ein düsteres Licht auf die amtliche N. bei jungen Sexualtätern (Spiegel 18, 1980, 54).

nach|spä|hen ⟨sw. V.; hat⟩: *spähend nachsehen* (1).

Nach|spann, der; -[e]s, -e u. Nachspänne (Film, Ferns.): **a)** *kurzer Text, der dem eigentlichen Text eines Artikels o. Ä. nachgestellt ist:* Nach dem Erfolg der ZDF-Serie mehren sich Indizien. Ein N. (Spiegel 10, 1966, 228); Grass sei mit dem Interview zufrieden gewesen, berichtete die »Türkiye« im N. (Focus 44, 1997, 24); **b)** *einem Film, einer Fernsehsendung folgende Angaben über die Mitwirkenden, den Autor o. Ä.:* er, sein Name wurde im N. nicht genannt.

Nach|spei|se, die; -, -n: *meist aus einer süßen Speise, aus Obst, Käse o. Ä. bestehender, der Hauptmahlzeit folgender letzter Gang:* die N. servieren.

Nach|spiel, das; -[e]s, -e: **1.** *einem Bühnenwerk, Musikstück o. Ä. nachgestelltes kleineres, abschließendes Stück:* das N. eines Dramas; Habedank macht immer sonderbare -e hinter jeder Strophe (Bobrowski, Mühle 156). **2.** *(beim Geschlechtsverkehr) dem eigentlichen Geschlechtsakt folgender, ihn abschließender Austausch von Zärtlichkeiten.* **3.** *aus einem bestimmten Geschehen, Vorgang, einer Angelegenheit erwachsende unangenehme Folgen:* ein gerichtliches, politisches N.; Die Neujahrsfeier hatte übrigens für einige von uns ein ernstes N. (Leonhard, Revolution 196); die Sache wird noch ein N. haben *(ist noch nicht erledigt, nicht ausgestanden).*

nach|spie|len ⟨sw. V.; hat⟩: **1. a)** *etw., was jmd. vorgespielt hat, danach genauso spielen:* er versuchte die Melodie nachzuspielen; eine Szene n.; (Schach:) Er hatte Schachpartien von Aljechin ... so lange nachgespielt, bis er sie auswendig gekonnt hatte (G. Roth, Winterreise 83); **b)** *mit darstellerischen Mitteln nachahmen, nachmachen:* der Film spielt kleinbürgerliche Rituale und Normen nach (Praunheim, Sex 217); eine Gruppe junger Schwarzer aus England, die in einem Reggaemusical nachspielen, was sie vor drei Jahren zur Inszenierung blutiger Rassenunruhen trieb (Spiegel 41, 1983, 5). **2.** *(ein von einem Theater uraufgeführtes Theaterwerk) in einem anderen Theater auch spielen, auf eine andere Bühne übernehmen:* die in Berlin uraufgeführte Oper wurde von mehreren Bühnen nachgespielt; »Der Park« wird in Kürze ... in Würzburg und anderweitig nachgespielt werden (MM 8. 10. 84, 32). **3.** (Kartenspiel) *(eine bestimmte Karte) nach einem vorher an sich gebrachten Stich ausspielen:* Sie wies Herzdame und Herzkönig vor, spielte Kreuzass nach (Bieler, Bonifaz 216). **4.** (Ballspiele, bes. Fußball) *(durch Unterbrechungen verlorene Zeit) nach Ablauf der regulären Spielzeit durch zeitlich entsprechende Verlängerung nachholen:* der Schiedsrichter wird [die verlorenen Minuten] wohl n. lassen.

nach|spi|o|nie|ren ⟨sw. V.; hat⟩: *jmdm. spionierend folgen; jmdn. heimlich kontrollieren:* Er kommt aber rasch wieder auf die Beine, um dem Lover seiner Frau nachzuspionieren (MM 14. 2. 86, 22).

nach|spre|chen ⟨st. V.; hat⟩: vgl. nachsagen (1): einen Eid, ein Gebet n.

Nach|spre|cher, der; -s, - (abwertend): *Nachbeter.*

Nach|spre|che|rin, die; -, -nen (abwertend): w. Form zu ↑Nachsprecher.

nach|spren|gen ⟨sw. V.; ist⟩ (geh.): *in scharfem Ritt verfolgen:* einige Reiter sprengten dem Flüchtling nach.

nach|sprin|gen ⟨st. V.; ist⟩: **1.** *mit einem Sprung folgen:* er sprang dem Kind ins Wasser nach. **2.** *schnell, in großen Sätzen nachlaufen, hinterherlaufen:* der Hund sprang ihr überallhin nach.

nach|spü|len ⟨sw. V.; hat⟩: **1.** *nachträglich noch einmal abspülen* (b), *ausspülen* (1 b): die Teller n. **2.** *durch Nachschütten, -gießen einer Flüssigkeit spülen:* wenn das Mittel durch den Abguss abgelaufen ist, muss man kräftig [mit Wasser] n. **3.** (ugs.) *etw. gerade Genossenem, Hinuntergeschlucktem schnell ein Getränk folgen lassen; nachträglich noch schnell etw. trinken:* er trank einen Schnaps und spülte ein Bier nach; ⟨ohne Akk.-Obj.:⟩ er spülte mit Cognac nach (Dorpat, Ellenbogenspiele 42).

nach|spü|ren ⟨sw. V.; hat⟩ (geh.): **1.** *vorsichtig u. aufmerksam erkundend folgen, nachgehen:* einer Fährte n.; sie ... sahen ein paar Einschusslöcher und stiegen eilig wieder hinunter, um den Tätern nachzuspüren (ADAC-Motorwelt 4, 1986, 68). **2.** *etw. forschend zu erkunden, entdecken, ergründen suchen:* einem Geheimnis, einer Frage, einem Verbrechen n.; das literarische Werk von Karl Kraus, das ja gerade zu einem wesentlichen Teil den Zusammenhängen zwischen öffentlicher Moral und Strafjustiz nachspürt (NJW 19, 1984, 1071).

nächst ⟨Präp. mit Dativ⟩ [mhd. (md.) nehest] (geh.): **1.** (selten) *(räumlich) unmittelbar an, bei:* man versammle sich auf der Landungsbrücke des Dampfers und n. dem Bahnhof (Werfel, Himmel 169); als er n. dem »Schweizerhaus« von dem Schankburschen angeredet wurde (Kronen-Zeitung 7. 10. 69, 7). **2.** *(dem Rang, der Ordnung, dem Wert nach) unmittelbar nach; neben:* Die beiden wichtigsten Posten, die in der Bundesregierung ... n. dem Bundeskanzler zu vergeben sind (Augstein, Spiegelungen 61); dass dieses Buch ... n. der Bibel zu den verbreitetsten Schriften gehört (Nigg, Wiederkehr 71).

nächst... ⟨Adj.⟩ [mhd. næh(e)st, ahd. nâhist] **1.** Sup. zu ↑nahe. **2. a)** *räumlich als Erstes kommend, in der räumlichen Reihenfolge unmittelbar folgend:* die nächste Straße links einbiegen; lies bitte die nächste Strophe vor; im nächsten Kapitel folgt die Lösung; er ging ins nächste Geschäft *(in das erste, auf das er stieß, das er fand),* um sich etwas zu Essen zu kaufen; *der, die, das nächste Beste (↑erst... a); **b)** *zeitlich zuerst, als Erstes folgend, im zeitlichen Ablauf zuerst kommend; unmittelbar bevorstehend, folgend:* nächste Woche; nächstes Jahr; nächsten Montag/am nächsten Montag; bei nächster/bei der nächsten Gelegenheit; das nächste Mal/nächstes Mal; nimm doch den nächsten Zug; Ich bin sicher, dass wir als Gruppensieger in die nächste Runde einziehen (Kicker 6, 1982, 31); ⟨subst.:⟩ der Nächste, bitte!; das Nächste, was sie sich kaufen wollen, ist ein Schrank; wer kommt als Nächster [an die Reihe]?; als Nächstes kommen jetzt die Landesmeisterschaften; *fürs Nächste (↑erst... a); mit nächstem (veraltet; bei der nächsten Gelegenheit): er bat sie, die Sache mit nächstem zu erledigen.

nächst|bes|ser ⟨Adj.⟩: dem besseren, höheren Rang nach, der besseren Qualität, Kategorie o. Ä. nach unmittelbar folgend: die -e Platzierung; das -e Hotel war ihr zu teuer.

nächst|bes|te ⟨Adj.⟩: in der Verbindung der, die, das n. ...⟨der, die, das erste Beste ...⟩: bei der -n Gelegenheit; wir gingen ins n. Hotel; du nimmst Anlauf und preschst in die -e Sackgasse (Fels, Sünden 26); ⟨subst.:⟩ das Nächstbeste, was sich ihm bietet.

nächst|dem ⟨Adv.⟩: unmittelbar darauf, gleich danach.

Nächs|te, der; -n, -n [mhd. næh(e)ste, ahd. nahisto = Nachbar, Subst. zu ↑nächst...] ⟨geh.⟩: Mitmensch: seinem -n helfen; die Liebe zum -n; Wonn dankte Wilhelm für seine aufopferungsvolle Tätigkeit zum Wohle des -n (Saarbr. Zeitung 8. 10. 79,6); R jeder ist sich selbst der N. (jeder denkt zuerst an sich selbst).

nach|ste|hen ⟨unr. V.; hat; südd., österr.; schweiz. auch: sein⟩ [mhd. nāch stān = hinter jmdm., etw. stehen; nachfolgen]: 1. (veraltend) gegenüber einem andern benachteiligt sein; hinter jmdm. zurückstehen: er stand seinem geschäftstüchtigen Bruder immer nach. 2. einem andern in bestimmter Hinsicht unterlegen sein, nicht gleichkommen ⟨meist verneint⟩: jmdm. an Klugheit nicht n.; Das gesellschaftliche Leben steht dem, an das Frau Katia in ihrem Elternhaus gewohnt war, keineswegs nach (Reich-Ranicki, Th. Mann 241); sie steht ihm in nichts nach (ist ihm in jeder Hinsicht ebenbürtig).

nach|ste|hend ⟨Adj.⟩: an späterer Stelle im Text, weiter unten stehend; folgend: die -en Bemerkungen, Erläuterungen; n. finden Sie einige Anmerkungen; ⟨subst.:⟩ Nachstehendes (Folgendes) ist zu beachten; im Nachstehenden (weiter unten) eine Übersicht; das Nachstehende (weiter unten Geschriebene) muss geprüft werden.

nach|stei|gen ⟨st. V.; ist⟩ ⟨ugs.⟩: bes. einem Mädchen hartnäckig folgen u. um es werben: er steigt schon lange der Laborantin nach; Der ist total verrückt nach dir. Bis ins Festivalrestaurant ist er dir gestern nachgestiegen (Borell, Verdammt 155).

nach|stel|len ⟨sw. V.; hat⟩ [vom Fallenstellen des Jägers gesagt]: 1. einer Vorlage, einem Vorbild entsprechend aufstellen, darstellen: eine Szene n. 2. (Sprachw.) (ein Wort, Satzglied) im Satz weiter nach hinten, hinter ein anderes Wort, Satzglied stellen: eine Präposition dem Substantiv n.; ⟨meist im 2.

Part.:⟩ ein nachgestelltes Attribut, Satzglied. 3. (bei einer Uhr) die Zeiger zurückdrehen; zurückstellen (3): die Uhr [eine Stunde] n. 4. nachträglich, nach einer gewissen Zeit neu einstellen, noch einmal genauer einstellen: die Bremse, Kupplung n. 5. a) (geh.) jmdm., ein Tier hartnäckig, mit List verfolgen, zu fangen, in seine Gewalt zu bekommen suchen: dem Wild n.; die Katze stellt den Vögeln nach; In Ägypten stellte ihm die russische Geheimpolizei nach (Grzimek, Serengeti 56); b) nachsteigen: er stellt den Mädchen nach.

Nach|stel|lung, die; -, -en: 1. (Sprachw.) das Nachstellen (2). 2. a) das Nachsteigen (5 a): sich jmds. -en entziehen; b) das Nachsteigen: sie erzählte mir von den -en des Apollo, deren sie sich nach anfänglicher Geneigtheit doch standhaft erwehrt hätte (Hagelstange, Spielball 142).

nächs|te Mal: s. ¹Mal.

Nächs|ten|lie|be, die; -: innere Einstellung, aus der heraus jmd. bereit ist, seinen Mitmenschen zu helfen, für sie Opfer zu bringen: etw. aus [reiner, christlicher] N. tun.

nächs|tens ⟨Adv.⟩: 1. bald, in nächster Zeit einmal; in Kürze; demnächst: wir wollen euch n. besuchen. 2. (ugs.) wenn das so weitergeht, ...; am Ende, schließlich: er lässt sich von ihr hinten und vorne bedienen, n. bindet sie ihm noch die Schuhe; Nächstens wird er noch die Löwen dressieren (Grzimek, Serengeti 307).

nach|ster|ben ⟨st. V.; ist⟩ ⟨geh.⟩: kurze Zeit nach einem Menschen, zu dem eine enge Bindung bestand, sterben: der Vater starb der Mutter nach (Doderer, Wasserfälle 27).

Nach|steu|er, die; -, -n (Steuerw.): nachträglich von einer Kapitalgesellschaft erhobene Körperschaftssteuer auf ausgeschüttete Gewinne, die zuvor als steuerfreier Gewinn (von einer beteiligten Kapitalgesellschaft) zugeflossen sind.

nächst|fol|gend ⟨Adj.⟩: unmittelbar folgend, sich anschließend: in der -en Zeit; wie lautet das -e Wort?

nächst|ge|le|gen ⟨Adj.⟩: räumlich am nächsten gelegen, am wenigsten weit entfernt: der -e Ort.

nächst|hö|her ⟨Adj.⟩: der Höhe nach, einem höheren Rang nach unmittelbar folgend: die -e Klasse.

Nächs|tin, die; -, -nen (veraltet, noch geh.): w. Form zu ↑Nächste: Er war aufgewacht, als der Vater randalierend heimkam und sein Goldgräbergeheimnis seiner N., der Mutter, anvertraute (Strittmatter, Der Laden 343).

nächst|jäh|rig ⟨Adj.⟩: im nächsten Jahr stattfindend, liegend: die -e Jubiläumsfeier.

nächst|lie|gend: sich beim Überlegen sofort einstellend; sich zuerst anbietend; sehr einleuchtend, sehr nahe liegend: die -e Lösung wäre, sofort Einspruch zu erheben; ⟨subst.:⟩ mein alter Grundsatz, immer das Nächstliegende möglichst gut zu machen (Kaschnitz, Wohin 223); auf das Nächstliegende bin ich nicht gekommen.

nächst|mög|lich ⟨Adj.⟩: sich als nächste Möglichkeit bietend, als allererste Möglichkeit ergebend: zum -en Termin kündigen.

nach|sto|ßen ⟨st. V.⟩: 1. anderen folgend in gleicher Richtung, in dasselbe Gebiet vordringen ⟨ist⟩: wir werden uns, wenn der Gegner nachstößt ..., kämpfend absetzen (Kirst, 08/15, 583). 2. (ugs.) (bei einer Diskussion, einem Interview o. Ä.) in eindringlicher Weise eine weitere Frage stellen, ein weiteres Argument vorbringen ⟨hat⟩: Jetzt musst du n. Jetzt musst du ihr sagen, dass... (Jaeger, Freudenhaus 64).

nach|stre|ben ⟨sw. V.; hat⟩ ⟨geh.⟩: vgl. nacheifern; dass er... in der schlichten Lebensordnung der alten Weisen ein Vorbild sah, dem er mit dem Radikalismus der Jugend nachstrebte (Thieß, Reich 188).

nach|stür|men ⟨sw. V.; ist⟩: vgl. nachstürzen (2).

nach|stür|zen ⟨sw. V.; ist⟩: 1. nachträglich noch herunterstürzen, herunterbrechen: Steine, Erdmassen stürzten nach. 2. in großer Eile, Hast nachlaufen: er stürzt nach, um sie zurückzuhalten; sie waren beide Gefangene des Geräuschs, das sie von Grund aus erregte, und sie stürzten ihm nach (Gaiser, Jagd 196); Ü Manchmal stieß er das obere Ende seines Skistockes in den Schnee und sah zu, wie blaues Licht aus der Tiefe des Loches dem Stabe nachstürzte, wenn er ihn herauszog (Th. Mann, Zauberberg 661).

Nach|su|che, die; -, -n (Jagdw.): Suche nach angeschossenem Wild mit einem speziell dazu abgerichteten Hund: in den letzten drei Jahren zählte diese Rauhaarteckelhündin zu den erfolgreichsten Hunden auf -n in dieser Jagdgesellschaft (Jagd 3, 1987, 76).

nach|su|chen ⟨sw. V.; hat⟩: 1. intensiv nach etw. suchen; nachsehen: ich habe überall nachgesucht, aber kein Bild gefunden. 2. (geh.) (um etw.) förmlich bitten; etw. in aller Form, offiziell beantragen: um Bedenkzeit, seine Entlassung n.; Moell hatte um Heiratsgenehmigung nachgesucht (Gaiser, Jagd 16).

Nach|su|chung, die; -, -en (geh.): das Nachsuchen (2).

Nacht, die; -, Nächte [mhd., ahd. naht; Zeitraum von Sonnenuntergang bis Sonnenaufgang; vgl. Fastnacht]: Zeitraum etwa zwischen Sonnenuntergang u. Sonnenaufgang, Einbruch der Dunkelheit u. Beginn der Morgendämmerung: eine dunkle, finstere, mondhelle, klare, kalte, laue N.; Es war eine prachtvolle, fast sternklare N. (Menzel, Herren 65); draußen war schwarze N. (war es sehr dunkel, finster); eine unruhige, durchwachte, durchtanzte N.; diese erste N. in Amerika war keine gute N. (Schnabel, Marmor 13); die Nächte sind jetzt schon kühl; es wird schon N. (die Abenddämmerung ist angebrochen); die N. kommt, bricht an, sinkt hernieder, zieht herauf; eine N. im Freien verbringen; die Patientin hatte eine schlechte N.; etw. bereitet jmdm. schlaflose Nächte (regt jmdn. so sehr auf, ärgert ihn so *sehr, dass er nächtelang nicht schlafen kann);* zwei Nächte lang; die nächste, folgende N. (seltener; *in der, während der nächsten, folgenden Nacht)* wollte er wach bleiben; gestern N. *(in der Nacht von vorgestern auf gestern od. von gestern auf heute);* heute N. *(in der Nacht von gestern auf heute od. von heute auf morgen);* morgen N. *(in der Nacht von heute auf morgen od. von morgen auf übermorgen);* im Schutz, bei Einbruch der N.; des -s (geh.; *nachts, in der Nacht, während der Nacht);* eines -s (geh.; *in, während einer Nacht);* bis spät in die N./bis in die späte N. [hinein] arbeiten; durch die N. *(durch die Dunkelheit der Nacht);* ein Quartier für eine N.; N. für N. *(jede Nacht);* in der N. von Sonntag auf Montag; in der N. auf/zum Montag; er kam spät/mitten in die N.; sie fuhren in die N. *(in die Dunkelheit der Nacht)* hinaus; bei jmdm. über N. bleiben; er kommt nicht vor der N. *(vor Anbruch der Dunkelheit)* zurück; zur N. (geh.; *nachts, zur Nachtzeit);* (österr. ugs. einer Zeitangabe nachgestellt:) 12 Uhr N. *(nachts);* Ü (dichter.:) die N. des Todes; *** Heilige N.** *(Nacht zum ersten Weihnachtstag);* **italienische N.** *(Lampionfest; nach italienischer, bes. venezianischer Sitte);* **die Zwölf Nächte** *(die Nächte zwischen Weihnachten u. Dreikönigstag);* **gute N.!** (Grußformel vor dem Schlafengehen, Einschlafen): [zu] jmdm. Gute, (auch:) gute N. sagen; **na, dann gute N.!** (ugs.; Ausruf der Enttäuschung, der Resignation); **N. der langen Messer** (salopp; 1. *grausames Morden; Gemetzel, das an einer gegnerischen Gruppe begangen wird.* 2. *Gelegenheit o. Ä., bei der durch politischen Machtwechsel o. Ä. eine Anzahl nicht mehr erwünschter Personen kurzerhand ihres Wirkungsbereichs, Einflusses beraubt, wirtschaftlich, beruflich o. ä. zugrunde gerichtet werden);* **schwarz wie die N.** (emotional; *tiefschwarz, sehr dunkel);* **hässlich wie die N.** (emotional; *sehr hässlich);* **dumm, blöd, doof o. ä. wie die N.** (ugs., emotional; *sehr dumm, blöd, doof o. Ä.);* **die N. zum Tage machen** *(sich nicht schlafen legen, die ganze Nacht durcharbeiten, durchfeiern o. Ä.);* **sich** ⟨Dativ⟩ **die N. um die Ohren schlagen** (ugs.; *sich aus irgendeinem Grund nachts nicht schlafen legen);* **bei N. und Nebel** *(ganz heimlich [u. bei Nacht]):* sie gingen bei N. und Nebel über die Grenze; **über N.** *(ganz plötzlich u. unerwartet; mit einem Schlag):* sie wurde über N. berühmt; **zu N. essen** (landsch.; ↑Abend 1).

Nacht|ab|sen|kung, die: *automatische Drosselung einer Zentralheizung während der Nacht.*

nacht|ak|tiv ⟨Adj.⟩ (Zool.): *(von bestimmten Tieren) während der Nacht die zum Leben notwendige Aktivitäten entwickelnd u. tagsüber schlafend:* ...verzehren unsere Fledermäuse die ... -en Insekten (Freiheit 30. 6. 78, 8); bei den Eulen, die durchwegs n. sind (NZZ 19. 8. 83, 25).

Nacht|an|griff, der (Milit.): *bei Nacht geführter Angriff* (a).

Nacht|tanz, der; -[e]s, ...tänze (Musik):

auf einen langsamen Schreittanz in geradem Takt folgender schneller Springtanz in ungeradem Takt.

Nacht|ar|beit, die ⟨o. Pl.⟩: *Arbeit, Erwerbstätigkeit während der Nacht, zwischen 20 u. 6 Uhr.*

Nacht|asyl, das: *Asyl* (1) *für die Übernachtung (von Obdachlosen o. Ä.).*

Nacht|auf|nah|me, die: *bei Nacht gemachte fotografische Aufnahme.*

Nacht|aus|ga|be, die: *am [späten] Abend erscheinende Ausgabe einer Zeitung.*

Nacht|bar, die: *bis spät in die Nacht, bis zum frühen Morgen geöffnete* ¹*Bar* (1 a).

nacht|blau ⟨Adj.⟩: *von der Farbe des nächtlichen Himmels, tief dunkelblau, schwarzblau.*

nacht|blind ⟨Adj.⟩: *nicht fähig, bei Dämmerung od. in der Dunkelheit etw. zu sehen, genau zu erkennen.*

Nacht|blind|heit, die: *das Nachtblindsein.*

Nacht|bo|gen, der (Astron.): *unter dem Horizont liegender Teil der (scheinbaren) Kreisbahn, die ein Gestirn im Verlauf seiner täglichen Bewegung an der Himmelskugel beschreibt.*

Nacht|creme, die (Kosmetik): *Gesichtscreme für die Nacht.*

Nacht|dienst, der: *Dienst* (1 a) *während der Nacht:* welche Apotheke hat heute N.?

nacht|dun|kel ⟨Adj.⟩ (geh.): *von der Nacht dunkel:* der nachtdunkle Wald, Garten; es ist sechs Uhr und noch n. (Bredel, Prüfung 172).

Nacht|dun|kel, das (geh.): *das Dunkel der Nacht:* Auf der anderen Seite des Kasernenvorplatzes raste ein Mann mit brennender Kutte in das N. (Strittmatter, Wundertäter 374).

Nach|teil, der; -[e]s, -e [geb. als Ggs. zu ↑Vorteil]: *etw. (Umstand, Lage, Eigenschaft o. Ä.), was sich für jmdn. gegenüber anderen negativ auswirkt, ihn beeinträchtigt, ihm schadet:* ein großer N.; materielle, finanzielle -e; daraus erwachsen, entstehen [uns] einige -e; etw. erweist sich als N., bringt jmdm. -e; ist [für jmdn.] kein N.; die Sache hat den [einen] N., dass sie uns zu viel kosten wird; ich habe dadurch, davon nur -e; sie befindet sich [den anderen gegenüber] im N. *(ist benachteiligt);* etw. gereicht jmdm. zum N./gereicht zu jmds. N. (geh.; *wirkt sich für jmdn. ungünstig, negativ aus);* Machtfülle ..., die zum N. *(zum Schaden)* des Staates... gebrauchten (Fraenkel, Staat 19).

nach|tei|lig ⟨Adj.⟩: *Nachteile mit sich bringend; ungünstig, schädlich:* -e Folgen; etw. wirkt sich n. aus; ⟨subst.:⟩ es ist nichts Nachteiliges über ihn bekannt.

näch|te|lang ⟨Adj.⟩: *mehrere, viele Nächte dauernd, anhaltend; während mehrerer, vieler Nächte:* -e Diskussionen, Sitzungen; sich n. herumtreiben; sie hat n. an seinem Bett gewacht.

nach|ten ⟨sw. V.; hat; unpers.⟩ [mhd. nahten, ahd. nahtēn] (schweiz., sonst dichter.): *Nacht werden, dunkel werden:* es nachtet schon; ◆ Ü Der strengen Diana... lasset uns folgen ins wilde Gehölz,

wo die Wälder am dunkelsten nachten (Schiller, Braut v. Messina 907 ff.).

näch|tens ⟨Adv.⟩ (geh.): *nachts, in der Nacht:* n. randalieren; Nächtens fiel dichter flockiger Schnee (Bredel, Väter 92).

Nacht|es|sen, das (bes. südd., schweiz.): *Abendessen.*

Nacht|eu|le, die (ugs. scherzh.): *jmd., der gerne bis spät in die Nacht hinein aufbleibt.*

Nacht|fahrt, die: vgl. Nachtflug.

Nacht|fahr|ver|bot, das: *(für eine befristete Zeit geltendes) Verbot, nachts ein Kraftfahrzeug zu führen.*

Nacht|fal|ter, der: **1.** *Falter, Schmetterling, der in der Dämmerung u. Dunkelheit fliegt.* **2.** (scherzh.) *Nachtschwärmer* (2).

nacht|far|ben, nacht|far|big ⟨Adj.⟩ (selten): *nachtblau.*

Nacht|flug, der: *während der Nacht stattfindender Flug* (2).

Nacht|flug|ver|bot, das: vgl. Nachtfahrverbot.

Nacht|frost, der: *während der Nacht auftretender Frost:* Die... Landwirtschaft befürchtet als Folge der österlichen Nachtfröste Millionenschäden (MM 23. 4. 81, 16).

Nacht|ge|bet, das: *Abendgebet.*

Nacht|ge|schirr, das (veraltet): *Nachttopf.*

Nacht|ge|spenst, das: *nachts erscheinendes Gespenst:* wie ein N. aussehen (ugs.; *blass, übernächtigt aussehen).*

Nacht|ge|wand, das (geh.): *elegantes [Damen]nachthemd.*

Nacht|glei|che, die: *Tagundnachtgleiche.*

Nacht|glo|cke, die: *Klingel für Dienstleistungen während der Nacht.*

Nacht|hau|be, die (früher): *im Bett getragene Haube* (1 a).

Nacht|hemd, das: *im Bett getragenes, [längeres] einem Hemd* (2) *ähnliches Wäschestück.*

Nacht|him|mel, der ⟨o. Pl.⟩: *nächtlicher Himmel.*

Nacht|him|mels|licht, das ⟨o. Pl.⟩ (Astron.): *(auch in mondlosen Nächten) immer vorhandenes schwaches Leuchten des Nachthimmels.*

näch|tig ⟨Adj.⟩ (dichter.): *nächtlich, nachtdunkel:* Er ... schaut in den -en Park (Fr. Wolf, Menetekel 209); Ü Die Welt war kalt und n. (Kaiser, Villa 251); ◆ Es war noch n., aber man hörte schon das Gesure der Leute (Rosegger, Waldbauernbub 140).

Nach|ti|gall, die; -, -en [mhd. nahtegal, ahd. nahtagala, eigtl. = Nachtsängerin; 2. Bestandteil zu ↑gellen]: *(bes. in Laubwäldern u. dichtem Gebüsch versteckt lebender) unscheinbar rötlich brauner Singvogel, dessen besonders nachts ertönender Gesang sehr melodisch klingt:* die N. trillert, flötet, schlägt, schluchzt; sie singt wie eine N.; R N., ick hör dir trapsen (salopp, bes. berlin.; *man merkt deutlich, was beabsichtigt ist, worauf die Sache hinausläuft).*

Nach|ti|gal|len|schlag, der: *Gesang der Nachtigall.*

nạch|ti|gen ⟨sw. V.; hat⟩: a) *mangels einer üblichen Schlafgelegenheit irgendwo die Nacht verbringen:* auf Parkbänken, in Kellern, unter freiem Himmel n.; Er schleppt sich in eine Höhle ... Dort nächtigt er (Trenker, Helden 16); **b)** (österr.) *übernachten:* bei jmdm., in einem Hotel n. **Nạch|ti|gung,** die; -, -en (österr.): *Übernachtung:* in den letzten Jahren wurden allein 18 000 -en ... gezählt (Presse 3. 7. 69, 5). **Nạch|ti|gungs|geld,** das (österr.): *Vergütung der Kosten für die Übernachtung* (z. B. auf einer Dienstreise).

◆ **Nạcht|ims,** der, auch: das; -, -e [2. Bestandteil zu ↑Imbiss; spätmhd. nahtimbiʒ]: *[kleine] Mahlzeit am Abend:* Ihr wollt nicht zum N. bleiben? (Goethe, Götz II).

Nạcht|tisch, der; -[e]s: *Nachspeise:* den N. servieren; als, zum N. gibt es Eis.

Nạcht|jäck|chen, das, **Nạcht|ja|cke,** die (veraltend): *Bettjacke.*

Nạcht|ka|ba|rett, das; vgl. Nachtbar.

Nạcht|käst|chen, das, **Nạcht|kas|ten,** der (südd., österr.): *Nachttisch.*

Nạcht|ker|ze, die: *Pflanze mit verzweigtem Stängel, ovalen bis lanzettförmigen Blättern u. oft in Trauben od. Ähren wachsenden, großen, gelben Blüten.*

Nạcht|ker|zen|ge|wächs, das: *Kraut od. Staude einer hauptsächlich in den wärmeren u. subtropischen Gebieten wachsenden Familie von Pflanzen mit einzelnen od. in Trauben, Ähren, auch Rispen stehenden Blüten.*

Nạcht|kli|nik, die: *[psychiatrische] Klinik, in der berufstätige Patienten übernachten u. behandelt werden.*

Nạcht|klub, der; vgl. Nachtbar.

Nạcht|küh|le, die: *nächtliche Kühle.*

Nạcht|la|ger, das ⟨Pl. ...lager⟩: **1.** (geh.) *Schlafstätte zum Übernachten:* ich machte ihm mein Zimmer frei und baute mir ein N. auf dem Boden (Fühmann, Judenauto 47). **2.** Biwak.

Nạcht|le|ben, das ⟨o. Pl.⟩: **1.** *nächtlicher Vergnügungsbetrieb in einem Ort, bes. einer Großstadt:* das Pariser N. **2.** (meist scherzh.) *Vergnügungen, denen jmd. während der Nacht nachgeht:* Sie müssen ein ausgedehntes N. gehabt haben (Sebastian, Krankenhaus 91).

nạcht|lich ⟨Adj.⟩ [spätmhd. nachtlich, ahd. nahtlīh]: *in der Nacht [vorhanden, stattfindend]; während der Nacht:* -e Stille, Kühle; -es Dunkel; der -e *(nachtdunkle)* Park; -e Störungen; ein -er Überfall; Laban war n. angelangt (Th. Mann, Joseph 371); Im Frühling, wo es n. noch frostet (A. Zweig, Grischa 93).

nạcht|li|cher|wei|le ⟨Adv.⟩ (geh.): *bei Nacht, in der Nacht, nachts:* Irgendwer sollte uns irgendwann n. über die »Grenze« schmuggeln (Kantorowicz, Tagebuch I, 263).

Nạcht|licht, das: *während der Nacht brennendes gedämpftes Licht.*

Nạcht|lo|kal, das; vgl. Nachtbar.

Nạcht|luft, die ⟨o. Pl.⟩: *kühle o. ä. Luft zur Nachtzeit.*

Nạcht|mahl, das (österr., auch südd.): *Abendessen:* Beim N. trinken wir Bruderschaft (Schnitzler, Liebelei 13).

nạcht|mah|len ⟨sw. V.; hat⟩ (österr.): *zu Abend essen:* sie nachtmahlen, haben gerade genachtmahlt; nachher nachtmahlte er im Westbahnhof (Express 9. 10. 68, 3).

Nạcht|mahr, der: **1.** *Nachtgespenst:* Er rührte sich nicht und saß da wie ein N. (Rinser, Jan Lobel 29). **2.** ¹*Alb* (2): Die Schatten unter den Augen, Spuren des -s (Kaschnitz, Wohin 184).

Nạcht|marsch, der: vgl. Nachtflug.

Nạcht|mensch, der: *jmd., der gerne bis spät in die Nacht aufbleibt, nachts aktiv wird.*

Nạcht|mu|sik, die (selten): *Serenade, Abendmusik.*

Nạcht|müt|ze, die: **1.** (früher) *Schlafmütze* (1). **2.** (ugs. abwertend) *Schlafmütze* (2 b).

nạch|tö|nen ⟨sw. V.; hat⟩ (seltener): vgl. nachklingen (1).

Nạcht|pfle|ger, der: *Pfleger* (1 a), *der den Nachtdienst versieht.*

Nạcht|pfört|ner, der: *Nachtportier.*

Nạcht|por|ti|er, der: *Portier, der nachts den Dienst versieht.*

Nạcht|pro|gramm, das: *spät am Abend beginnendes, während der Nacht gesendetes Rundfunk-, Fernsehprogramm.*

Nạcht|quar|tier, das: *Quartier* (1) *für eine Nacht.*

Nạcht|trag, der; -[e]s, Nachträge: *schriftliche Ergänzung; nachträglicher schriftlicher Zusatz:* einen N. schreiben; etw. in einem N. zu etw. festhalten.

nạch|tra|gen ⟨st. V.; hat⟩: **1.** *hinter jmdm. hertragen; jmdm. tragend nachbringen:* jmdm. den Koffer n.; er ist so vergesslich, dass man ihm alles n. *(nachträglich bringen)* muss. **2. a)** *nachträglich schriftlich ergänzen, ein-, hinzufügen* (1): Zahlen, Daten n.; in einem/einen Aufsatz noch einiges n.; **b)** *nachträglich sagen, bemerken, hinzufügen* (2): lassen Sie mich Folgendes n.; nachzutragen wäre noch, dass ... **3.** *jmdm. längere Zeit seine Verärgerung über eine von ihm erfahrene Beleidigung o. Ä. spüren lassen; nicht verzeihen können:* jmdm. eine Äußerung n.; dass man nie einem reuigen Sünder seine Vergangenheit n. durfte (Thieß, Reich 482); sie trägt nichts nach *(ist nicht nachtragend).*

nạch|tra|gend ⟨Adj.⟩: *dazu neigend, jmdm. etw. nachzutragen* (3): ein -er Mensch; sei nicht so n.!

nạch|trä|ge|risch ⟨Adj.⟩ (geh. abwertend): *nachtragend; von einer nachtragenden Haltung zeugend:* Rachsucht, -e Kleinlichkeit liegen seinem Wesen fern (K. Mann, Wendepunkt 201); aber da er nicht n. war, bedankte er sich ... und reiste (Muschg, Sommer 134).

nạch|träg|lich ⟨Adj.⟩: *hinterher geschehend, erfolgend; später, danach:* -e Glückwünsche; n. etw. einlösen.

Nạch|trags|etat, der (Verwaltungsspr.): vgl. Nachtragshaushalt.

Nạch|trags|haus|halt, der (Verwaltungsspr.): *(durch Mehrausgaben erforderlich werdender) zusätzlich zu dem bereits vorhandenen Haushaltsplan zu erstellender Haushalt* (3).

Nạch|trags|ver|tei|lung, die (Rechtsspr.): *bei einem Konkursverfahren Verteilung von Beträgen, die erst nachträglich ermittelt, frei werden.*

Nạcht|raub|vo|gel, der (veraltend): *Eulenvogel.*

nạch|trau|ern ⟨sw. V.; hat⟩: **1.** *den Verlust, das Nicht-mehr-vorhanden-Sein einer Person od. Sache sehr bedauern, sehnsüchtig an sie zurückdenken:* den alten Zeiten n.; Joseph Cotten und Frau Patricia trauern verlorenem Filmruhm nach (Hörzu 40, 1974, 130). **2.** (selten) *um einen Verstorbenen trauern:* einem verstorbenen Freund n.; Leibjäger, die ihrem toten Herrn noch Jahrzehnte nachtrauerten (Winckler, Bomberg 11).

Nạcht|ru|he, die: *nächtliches Ruhen, nächtlicher Schlaf:* jmds. N., jmdn. in seiner N. stören.

Nạcht|ruf, der; -s, -s: vgl. Nachhut.

nạchts ⟨Adv.⟩ [mhd., ahd. nahtes, Analogiebildung zu ↑tags]: *in der Nacht, während der Nacht:* n. um 3 [Uhr]/um 3 Uhr n.; in spät/spät n. nach Hause kommen; montags n.; n. nicht schlafen können.

Nạcht|sa|na|to|ri|um, das (DDR): vgl. Nachtklinik.

◆ **Nạcht|schach,** der; -[e]s, -e [2. Bestandteil zu mhd. schâch, ↑Schächer]: (landsch.) *nächtlicher Dieb:* Doch ehe Ihr ... den N. laufen lasst, sollt Ihr ihm heißen, seine Stiefel oder Schuh' abtun (Mörike, Hutzelmännlein 163).

Nạcht|schat|ten, der, **Nạcht|schat|ten|ge|wächs,** das [zu mhd. nahtschate, ahd. nahtscato, wohl nach den dunkelblauen Blüten od. den schwarzen Beeren bestimmter Arten der Pflanze]: *(in vielen Arten hauptsächlich in Amerika heimische, als Gemüse- od. Giftpflanze vorkommende) als Kraut, Strauch od. Baum wachsende Pflanze* (z. B. Kartoffel, Tomate, Eierpflanze).

Nạcht|schicht, die: **a)** *Schichtarbeit während der Nacht:* N. haben; ... die Brote, die er in der N. mitnahm (Johnson, Mutmaßungen 22); **b)** *nachts arbeitende Schicht* (3 b): sie wurden von der N. abgelöst.

Nạcht|schlaf, der: *nächtlicher Schlaf.*

nạcht|schla|fend ⟨Adj.⟩: ↑Zeit (2 a).

Nạcht|schmet|ter|ling, der: *Nachtfalter* (1).

Nạcht|schränk|chen, das: *Nachttisch.*

Nạcht|schwär|mer, der: **1.** vgl. Nachtfalter (1). **2.** (scherzh.) *jmd., der sich gerne bis spät in die Nacht hinein vergnügt.*

nạcht|schwarz ⟨Adj.⟩ (geh.): *ganz u. gar schwarz, sehr dunkel:* die -e Stadt (Jacob, Kaffee 32); Er starrte wie in einen -en Abgrund hinein (Apitz, Wölfe 34).

Nạcht|schweiß, der: *während der Nacht im Schlaf [krankhaft vermehrt] ausbrechender Schweiß:* N. haben; an N. leiden.

Nạcht|schwes|ter, die: *Krankenschwester, die den Nachtdienst versieht.*

Nạcht|sei|te, die (dichter.): *schlechter, negativer Teil; dunkle düstere Seite:* die Biester sind Ausgeburten unserer verdrängten Lüste, sie verkörpern ... die N. des heilen Walt-Disney-Amerika (Spiegel 43, 1984, 246).

Nạcht|sich|tig|keit, die; -: *Sehschwäche bei hellem Licht; Tagblindheit.*

Nacht|spei|cher|ofen, der: *elektrischer Ofen, der die durch billigeren Strom in der Nacht gewonnene Wärme speichert u. sie tagsüber abgibt.*

Nacht|sprung, der ⟨Pl. selten⟩: *Beförderung von Frachtgut[fahrzeugen] auf größeren Bahnstrecken innerhalb einer Nacht:* Der Lkw schafft den N. zwischen Nord- und Süddeutschland bereits heute (Bundesbahn 5, 1991, 516); Andere Zielorte im Bundesgebiet werden ebenfalls im N. bedient (Saarbr. Zeitung 8. 12. 79, 9).

nacht|still ⟨Adj.⟩ (geh., dichter.): *von der Stille, Ruhe der Nacht erfüllt:* die -e Stadt (Spoerl, Maulkorb 8).

Nacht|stil|le, die (geh., dichter.): *nächtliche Stille.*

Nacht|strom, der ⟨o. Pl.⟩: *elektrischer Strom, der in bestimmten Stunden während der Nacht verbilligt genutzt werden kann.*

Nacht|stück, das: **1.** (bild. Kunst) *Gemälde, auf dem eine nächtliche Szene (im Freien od. auch im Innenraum) dargestellt ist.* **2.** (Musik) *Nocturne.* **3.** (Literaturw.) *literarische Darstellung einer nächtlichen Szene.*

Nacht|stuhl, der: *Stuhl mit eingebautem Nachttopf o. Ä. für Kranke, Gehbehinderte.*

Nacht|stun|de, die: *Stunde in der Nacht:* N. um N. vergeht, das Telegramm kommt nicht (Kaschnitz, Wohin 159); weil beispielsweise der neue Pullover seit Wochen nur während der -n abgelegt wird (Kunze, Jahre 34).

nachts|über ⟨Adv.⟩: *während der Nacht.*

Nacht|ta|rif, der: *besonderer Tarif für Dienstleistungen o. Ä. während der Nacht.*

Nacht|tau, der: *Feuchtigkeit der Luft, die sich über Nacht in Form von Tröpfchen auf dem Boden, an Pflanzen u. a. niederschlägt.*

Nacht|tier, das: *nachtaktives Tier.*

Nacht|tisch, der: *neben dem Bett stehendes, niedriges Schränkchen, Tischchen.*

Nacht|tisch|lam|pe, die: *kleine Stehlampe für den Nachttisch.*

Nacht|tisch|schub|la|de, die: *Schublade eines Nachttisches.*

Nacht|topf, der: *topfartiges Gefäß mit einem Henkel, das der Verrichtung der Notdurft während der Nacht dient.*

Nacht|tre|sor, der: *Tresor einer Bank zum Einwurf von Geldbomben nach Schalterschluss.*

Nacht|übung, die: *während der Nacht stattfindende [militärische] Übung.*

nach|tun ⟨unr. V.; hat⟩: *nachmachen* (1 a): keiner (= der Jungvögel) wagte, ihm (= Tschock) den Sturzflug nachzutun (Lorenz, Verhalten I, 16); Und am Ende taten wir es den größeren Hirten nach, die im Jungstieren rangen (Hagelstange, Spielball 22).

Nacht-und-Ne|bel-Ak|ti|on, die: *überraschend u. in aller Heimlichkeit [bei Nacht] durchgeführte [Polizei]aktion, Maßnahme (mit der meist bestimmte Vorschriften, Gesetze o. Ä. umgangen werden):* die Beschlagnahme der Akten war eine regelrechte N., geschah in einer

N.; sei es die N. gegen die Oppositionsregierung in Kaschmir, die sie auf verfassungswidrigem Weg zu Fall brachte (Tages Anzeiger 28. 7. 84, 3).

Nacht|ur|laub, der (Milit.): *Urlaub für eine Nacht.*

Nacht|vi|o|le, die: *(zu den Kreuzblütlern gehörende) Pflanze mit schmalen, meist gezähnten Blättern u. violetten od. weißen, duftenden Blüten.*

Nacht|vo|gel, der: **a)** vgl. Nachttier; **b)** (scherzh.) Nachteule.

Nacht|vor|stel|lung, die: *spätabends, nachts stattfindende Vorstellung eines Kinos, Theaters, Kabaretts o. Ä.*

Nacht|wa|che, die: **1.** *Nachtdienst, bei dem Wache gehalten werden muss; Wachdienst während der Nacht:* bei einem Schwerkranken N. halten; der Soldat ist auf N. **2.** *der Nachtwache* (1) *hat, hält:* die -n lösen sich ab.

Nacht|wäch|ter, der [4: urspr. der Kothaufen, der jmdm. nachts vor die Haustür gesetzt wurde u. der das Haus anstelle des Nachtwächters (1) »bewachte«]: **1.** (früher) *in kleineren Städten angestellter Wächter, der während der Nacht in den Straßen für Ruhe sorgte u. rufend od. singend die einzelnen Stunden verkündete.* **2.** *jmd., der einen Betrieb, eine Firma o. Ä. nachts bewacht.* **3.** (salopp) *jmd., der sehr träge, nicht aufmerksam ist u. eine Situation nicht richtig zu erkennen u. zu nutzen weiß; Versager:* hau bloß ab, du N.!; den N. können wir in unserer Mannschaft nicht gebrauchen. **4.** (ugs. scherzh. verhüll.) *Haufen Kot* (1) *am Wegrand, im Wald o. Ä.*

Nacht|wäch|te|rin, die: w. Form zu ↑Nachtwächter 2: Daniela Kraft... als Protokollerin und als N. (FR 23. 2. 93, 3).

Nacht|wäch|ter|lied, das: *Lied eines Nachtwächters* (1).

Nacht|wäch|ter|staat, der ⟨o. Pl.⟩ [wahrsch. von dem dt. Politiker u. Publizisten F. Lassalle (1825–1864) gepr.] (iron.): *Staat, dessen Funktion nach dem klassischen Liberalismus auf den bloßen Schutz der Person u. des Eigentums beschränkt sein sollte.*

nacht|wan|deln ⟨sw. V.; hat/(auch:) ist⟩: *schlafwandeln.*

Nacht|wan|de|rung, die: *Wanderung bei Nacht.*

Nacht|wand|ler, der: *Schlafwandler.*

Nacht|wand|le|rin, die; -, -nen: w. Form zu ↑Nachtwandler.

nacht|wand|le|risch ⟨Adj.⟩: *schlafwandlerisch.*

Nacht|wä|sche, die: *nachts, zum Schlafen getragene Wäsche.*

Nacht|wol|ke, die ⟨meist Pl.⟩: *Wolke am nächtlichen Himmel:* die langsam ziehenden, vom Mond beschienenen -n; leuchtende -n (Astron.; Wolken, die wahrscheinlich aus sehr kleinen Staubteilchen von irdischen Vulkanausbrüchen od. aus in die Erdatmosphäre gelangter interplanetarer Materie bestehen, die das Sonnenlicht noch lange nach Sonnenuntergang reflektieren).

Nacht|zeit, die: *Zeit in der Nacht, nächtliche Stunde:* zu später N.

Nacht|zeug, das: **a)** *zum Übernachten notwendige Dinge:* Er nahm sein N. hervor, alles roch nach Lavendel, es schien, dass er sein Rasierwasser nicht gut verschlossen hatte (Baum, Paris 13); ◆ **b)** *Nachtgewand, Schlafanzug:* die kleine Liese, welche, obschon im N., nicht vom Fenster weggekommen ist (Raabe, Chronik 72).

Nacht|zug, der: *während der Nacht fahrender Zug.*

Nacht|zu|schlag, der: vgl. Nachttarif.

nach|un|ter|su|chen ⟨sw. V.; hat⟩: bei jmdm. eine Nachuntersuchung vornehmen.

Nach|un|ter|su|chung, die; -, -en: *der Kontrolle dienende [letzte] ärztliche Untersuchung nach einer Krankheit, Operation o. Ä.*

Nach|ver|an|la|gung, die; -, -en (Steuerw.): *nachträglich erforderliche Steuerveranlagung.*

Nach|ver|mächt|nis, das; -ses, -se (schweiz. Rechtsspr.): *Vermächtnis, in dem der Erblasser bestimmt, dass eine bestimmte Person unmittelbar mit seinem Tode zum Erben eingesetzt wird u. eine zweite Person zu einem späteren Zeitpunkt eine Zuwendung erhalten soll.*

nach|ver|si|chern ⟨sw. V.; hat⟩ (Versicherungsw.): *für jmdn., etw. eine Nachversicherung abschließen.*

Nach|ver|si|che|rung, die; -, -en (Versicherungsw.): **1.** *nachträgliche Versicherung bisher nicht versicherter Personen in der gesetzlichen Rentenversicherung.* **2.** *Erweiterung einer bereits bestehenden Versicherung bestimmter Dinge.*

nach|ver|steu|ern ⟨sw. V.; hat⟩: *nachträglich versteuern:* Der Fall Flick zeigt Wirkung: In Baden-Württemberg müssen Industriespenden an die Union nachversteuert werden (Spiegel 47, 1983, 69).

nach|voll|zieh|bar ⟨Adj.⟩: *sich nachvollziehen lassend:* ein leicht -er Gedanke; Diese Theorie ist für den Laien nur im Ansatz und in den ersten Schritten n. (Gehlen, Zeitalter 32).

Nach|voll|zieh|bar|keit, die; -: *das Nachvollziehbarsein.*

nach|voll|zie|hen ⟨unr. V.; hat⟩: *sich in jmds. Gedanken, Vorstellungen, Handlungsweise o. Ä. hineinversetzen u. sie sich [geistig] zu Eigen machen, sie so verstehen, als hätte man selbst so gedacht, gehandelt:* jmds. Gedankengänge nachzuvollziehen versuchen; Darum kann ich es n., was du mir getan hast (Thielicke, Ich glaube 154); Eltern und Erzieher, die in kleinen »Testspielen« typische Elternreaktionen auf Kinderaktionen n. können (Hörzu 8, 1973, 84); Niemand kann mehr die Transporte innerhalb der Gemeinschaft n., die Ein- und Ausfuhrstatistiken verzeichnen keine Nationen mehr, nur noch den Vermerk »in die« oder »aus der« EU (Woche 7. 2. 97, 23).

Nach|voll|zug, der; -[e]s, ...züge ⟨Pl. selten⟩: *das Nachvollziehen:* Ästhetischer Eklektizismus und Nachempfinden, der schöngeistig-kritische N. von Gemachtem, waren ein Kapital, das er unterschätzte (Meckel, Suchbild 121).

¹nach|wach|sen ⟨st. V.; ist⟩: *nach Kürzung, Entfernung o. Ä. wieder wachsen:* der Schwanz der Eidechse wächst wieder nach; das Gras ist schon nachgewachsen; die Produktion auf nachwachsende *(durch Anbau immer wieder neu zu gewinnende)* Rohstoffe umstellen.

²nach|wach|sen ⟨sw. V.; hat⟩ [zu ↑Wachs]: *nachträglich noch einmal* ²*wachsen:* die Langlaufski n.

Nach|wahl, die; -, -en: **1.** *Wahl, mit der eine aus bestimmten Gründen nicht termingemäß durchgeführte Wahl in einem Wahlkreis od. -bezirk nachgeholt wird:* die -en zum Unterhaus. **2.** *aus bestimmten Gründen nach einer bereits durchgeführten Wahl notwendig gewordene weitere Wahl:* nach dem Tod des Kandidaten war eine N. nötig.

Nach|we|hen ⟨Pl.⟩: **1.** (Med.) *nach der Entbindung auftretende, wehenartige Kontraktionen der Gebärmutter.* **2.** (geh.) *unangenehme Folgen, unerfreuliche Nachwirkungen einer Sache:* die N. einer durchwachten Nacht; Als sie die N. der gestrigen Aufregung gewahrten (Musil, Mann 1087).

Nach|wein, der; -[e]s, -e: *aus Traubensaft, der aus Rückständen beim letzten Pressen gewonnen wurde, hergestellter Wein minderer Qualität.*

nach|wei|nen ⟨sw. V.; hat⟩: *nachtrauern (2).*

Nach|weis, der; -es, -e: *Darlegung, durch die das Sosein eines Sachverhalts, die Richtigkeit einer Behauptung, Vermutung bestätigt wird; eindeutige Feststellung der Richtigkeit, des Vorhandenseins einer Sache:* der unwiderlegbare, unwiderlegliche N.; der N. seiner Unschuld ist gelungen, nicht geglückt; den N. für etw. erbringen, führen, liefern *(etw. nachweisen);* Gifte, die sich dem chemischen N. entziehen (Medizin II, 56).

nach|weis|bar ⟨Adj.⟩: *sich nachweisen lassend:* -e Fehler, Mängel; Atlant und Karyatide sind als Motive ... bis über das Ende des Barock n. (Bild. Kunst III, 52).

nach|wei|sen ⟨st. V.; hat⟩: **1.** *den Nachweis für etw. erbringen; die Richtigkeit, das Vorhandensein von etw. eindeutig feststellen:* etw. unwiderlegbar, schlüssig, streng wissenschaftlich n.; etw. lässt sich leicht, nur schwer, gar nicht n.; jmdm. einen Fehler, einen Irrtum, einen Diebstahl n. *(nachweisen, dass er einen Fehler, einen Irrtum, einen Diebstahl begangen hat);* man konnte ihm nichts n. *(sie keiner Schuld überführen).* **2.** (Amtsspr.) *jmdm. etw., was man ihm vermittelt, angeben u. ihn mit den entsprechenden Informationen darüber versehen:* jmdm. eine Arbeitsstelle, ein Zimmer n. ◆ **3.** *(jmdn.) zeigen, einen Hinweis (auf jmdn.) geben:* Kann Er mir nicht den Offizier n., der gestern noch in diesem Zimmer gewohnt hat? (Lessing, Minna I, 9).

nach|weis|lich ⟨Adj.⟩: *durch Nachweis bestätigt, belegt; wie nachgewiesen wurde:* eine -e Falschmeldung; das ist n. richtig; Von fünf Soldaten verstehen drei n. das Gesetz nicht (Spiegel 7, 1969, 7); Doch auch die evangelische Kirche be-

müht die Jungfrau Maria weiterhin, statt die Bischöfe einhellig erklären zu lassen, die Jungfrauengeburt sei zu streichen, denn Jesus sei n. von Frau und Mann gezeugt worden (Woche 28. 3. 97, 32).

Nach|welt, die; -: *später lebende, kommende Generationen; Gesamtheit der später lebenden Menschen:* etw. der N. überliefern, für die N. erhalten.

Nach|wen|de|zeit, die: *Zeit (bes. in den neuen Bundesländern) nach dem Fall der Mauer:* Die Bauwut der N. zeigt sich besonders den Büroflächen: So steht etwa in Leipzig bereits jedes dritte Büro leer (Woche 18. 4. 97, 14).

nach|wer|fen ⟨st. V.; hat⟩: **1.** *jmdn., der sich entfernt, mit etw. bewerfen:* der Kinder warfen ihm Steine nach. **2.** (ugs. übertreibend) *jmdm. das Erwerben, Beschaffen von etw. sehr leicht machen; jmdm. etw. geben, überlassen, ohne eine entsprechende Gegenleistung dafür zu verlangen:* er hat ihr ja den Schmuck nur so nachgeworfen; Haben ihm das Notabitur nachgeworfen (Grass, Katz 126). **3.** *zusätzlich, noch einmal irgendwohin werfen, hineinwerfen:* beim Telefonieren ein paar Münzen n.

nach|wie|gen ⟨st. V.; hat⟩: *zur Überprüfung des Gewichts noch einmal wiegen:* Aber ich kann doch nicht dulden, dass einer meine Portionen nachwiegt (Kirst, 08/15, 184).

nach|win|ken ⟨sw. V.; hat⟩: *jmdm., der weggeht, wegfährt, winken (1 a):* die Kinder haben uns noch lange nachgewinkt.

Nach|win|ter, der; -s, -: *Tage im Frühjahr, in denen noch einmal winterliches Wetter herrscht.*

nach|win|ter|lich ⟨Adj.⟩: *nach dem Winter noch einmal winterlich, wie im Winter.*

nach|wir|ken ⟨sw. V.; hat⟩: *noch lange Zeit (über die eigentliche Ursache hinaus) wirken; eine lang anhaltende Wirkung haben:* das Mittel wirkt noch [einige Zeit] nach; Es ist kaum zu glauben, wie stark das Nibelungenlied ... bis heute nachgewirkt hat (Thieß, Reich 387).

Nach|wir|kung, die; -, -en: *das Nachwirken; Folgen:* Bismarcks Leistung und seine N. (Fraenkel, Staat 201); Ich ... spürte keine unangenehmen -en der Operation (Thorwald, Chirurgen 135).

nach|wol|len ⟨unr. V.; hat⟩ (ugs.): *jmdm. folgen, nachgehen (1 a) wollen:* er wollte ihm sofort nach.

Nach|wort, das; -[e]s, -e: *einem Schriftwerk, einer größeren schriftlichen Arbeit nachgestellter, ergänzender, erläuternder Text:* das N. zu einem Buch schreiben; (auf Buchtiteln:) mit einem N. von ...

Nach|wuchs, der; -es: **1.** (fam.) *Kind[er] (in einer Familie):* was macht der N.?; bei ihnen hat sich N. eingestellt, ist N. angekommen (sie haben ein Kind bekommen). **2.** *junge, heranwachsende Kräfte eines bestimmten Arbeits-, Fachbereichs o. Ä.:* musikalischer N.; der wissenschaftliche N. des Landes; die Sicherung des -es an Waldarbeitern (Mantel, Wald 112); in dieser Branche fehlt es an N. **3.** (selten) *das Nachwachsen[de].* Beseitigt ... Körperhaare restlos ... kein N. –

auch bei stärkster Behaarung (Bild und Funk 4, 1967, 63, Anzeige).

Nach|wuchs|au|tor, der: vgl. Nachwuchskraft.

Nach|wuchs|au|to|rin, die: w. Form zu ↑Nachwuchsautor.

Nach|wuchs|be|darf, der: *Bedarf an Nachwuchskräften auf einem bestimmten Gebiet.*

Nach|wuchs|fah|rer, der (bes. Rennsport): vgl. Nachwuchskraft.

Nach|wuchs|fah|re|rin, die: w. Form zu ↑Nachwuchsfahrer.

Nach|wuchs|för|de|rung, die: *Förderung des Nachwuchses (2).*

Nach|wuchs|ka|der, der (DDR): vgl. Nachwuchskraft.

Nach|wuchs|kraft, die: *jmd., der auf einem bestimmten Gebiet zum Nachwuchs (2) gehört.*

Nach|wuchs|läu|fer, der (Sport): vgl. Nachwuchskraft.

Nach|wuchs|läu|fe|rin, die: w. Form zu ↑Nachwuchsläufer.

Nach|wuchs|man|gel, der: vgl. Nachwuchsbedarf.

Nach|wuchs|po|li|ti|ker, der: vgl. Nachwuchskraft.

Nach|wuchs|po|li|ti|ke|rin, die: w. Form zu ↑Nachwuchspolitiker.

Nach|wuchs|pro|blem, das: *Problem, das sich aus dem Mangel an Nachwuchs auf einem bestimmten Gebiet ergibt.*

Nach|wuchs|re|gis|seur, der: vgl. Nachwuchskraft.

Nach|wuchs|re|gis|seu|rin, die: w. Form zu ↑Nachwuchsregisseur.

Nach|wuchs|schau|spie|ler, der: vgl. Nachwuchskraft.

Nach|wuchs|schau|spie|le|rin, die: w. Form zu ↑Nachwuchsschauspieler.

Nach|wuchs|schwim|mer, der (Sport): vgl. Nachwuchskraft.

Nach|wuchs|schwim|me|rin, die: w. Form zu ↑Nachwuchsschwimmer.

Nach|wuchs|sor|gen ⟨Pl.⟩: *Sorgen, die sich aus dem Mangel an Nachwuchs auf einem bestimmten Gebiet ergeben.*

Nach|wuchs|spie|ler, der (Sport): vgl. Nachwuchskraft.

Nach|wuchs|spie|le|rin, die: w. Form zu ↑Nachwuchsspieler.

Nach|wuchs|ta|lent, das: *auf einem bestimmten Gebiet zum Nachwuchs (2) gehörendes Talent* (1 b): Der Arena-Boxclub hat ein großes N.: Ljubisa Brkic, keine sechzehn, ... und mit einem Körperbau ausgestattet, der so manchen 25-jährigen Bodybuilder neidisch machen würde (Wiener 10, 1983, 33).

nach|wür|zen ⟨sw. V.; hat⟩: vgl. nachsalzen.

nach|zah|len ⟨sw. V.; hat⟩: *nachträglich, zu einem späteren Termin [zusätzlich] zahlen:* das Gehalt wird nachgezahlt; Gebühren n.

nach|zäh|len ⟨sw. V.; hat⟩: *zur Kontrolle [noch einmal] zählen:* das Geld n.

Nach|zah|lung, die; -, -en: **1.** *das Nachzahlen; nachträgliche Zahlung.* **2.** *nachgezahlte, nachzuzahlende Geldsumme:* eine N. bekommen.

Nach|zäh|lung, die; -, -en: *das Nachzählen:* ein Irrtum bei der N. der Stimmen.

nach|zeich|nen ⟨sw. V.; hat⟩: *nach einer Vorlage zeichnen; abzeichnend wiedergeben:* ein Bild, die Konturen einer Figur n.; Ü er versuchte, in wenigen Sätzen den Werdegang des Jubilars nachzuzeichnen *(aufzuzeigen, zu schildern);* Die Psychologie des Gefolgsmannes lässt sich ... heute recht gut n. *(nachempfinden u. wiedergeben;* Hofstätter, Gruppendynamik 145).

Nach|zeich|nung, die; -, -en: a) *das Nachzeichnen;* b) *nachgezeichneter Gegenstand o. Ä.*

Nach|zei|tig|keit, die; - (Sprachw.): *Verhältnis verschiedener grammatischer Zeiten in Haupt- u. Gliedsatz, bei dem die Handlung des Gliedsatzes nach der des Hauptsatzes spielt.*

nach|zie|hen ⟨unr. V.⟩ [1: mhd. nāchziehen, ahd. nāhziohan]: **1.** *hinter sich herziehen* ⟨hat⟩: sie zog das kranke Bein vorsichtig nach. **2.** *noch einmal zeichnend, mit einem Stift o. Ä. nachfahrend kräftiger machen, auffrischen* ⟨hat⟩: Linien n.; sich die Lippen ein wenig n.; Dunkelhaarig ist Tilly, mit scharf nachgezogenen Brauen (Jaeger, Freudenhaus 135). **3.** *nochmals anziehen, durch zusätzliches nachträgliches Drehen o. Ä. fester machen* ⟨hat⟩: Schrauben, Muttern n. **4.** *nachträglich, zusätzlich, noch einmal ziehen, züchten* ⟨hat⟩: Pflanzen n. **5.** ⟨ist⟩ **a)** *hinter jmdm., etw. herziehen* (2): die Kinder zogen den Musikanten nach; ... von den drei Weisen im Morgenlande, die den Stern von Bethlehem nachzogen (Bamm, Weltlaterne 125); **b)** *jmdm. folgend an den gleichen Ort übersiedeln:* jmdm. n. **6.** (Schach) *dem Zug des Spielpartners folgen* ⟨hat⟩. **7.** (ugs.) *dem Beispiel eines anderen folgen, ebenso handeln wie ein anderer zuvor, um Entsprechendes zu erreichen* ⟨hat⟩: die Industrie zog mit Preiserhöhungen nach; Die Währungsreform im Westen, auf die der Osten ... sogleich nachzog (Kantorowicz, Tagebuch I, 515).

Nach|zoll, der; -[e]s, Nachzölle: *nachträglich erhobener od. bezahlter Zoll.*

nach|zot|teln ⟨sw. V.; ist⟩: *zottelnd* (1) *folgen.*

Nach|zucht, die; -: **1.** *weiteres Züchten, erneute Aufzucht:* den Bullen will der Bauer zur N. behalten. **2.** *Nachkommen eines Tieres, bes. eines zur Zucht benutzten Haustieres:* die N. eines Rennpferdes; wenn Brutkolonien von Flamingos mehrmals während der Brut durch Flugzeuge aufgejagt werden, fällt im gleichen Jahr oft die ganze N. aus (Grzimek, Serengeti 327).

Nach|zug, der; -[e]s, Nachzüge: **1.** (Eisenb.) *Entlastung eines fahrplanmäßigen Zuges zusätzlich eingesetzter Zug, der einige Minuten nach diesem fährt.* **2.** *das Ziehen an einen Wohnort, nach dem ein od. mehrere Familienmitglieder bereits umgezogen sind:* den N. von Kindern ausländischer Arbeitnehmer gesetzlich regeln.

Nach|züg|ler, der; -s, - [1: zu veraltet Nachzug = Nachhut]: **1.** *jmd., der verspätet ankommt, später als die andern irgendwo eintrifft:* der Omnibus wartete

noch auf die [letzten] N.; Ü die Bundesrepublik ist eher ein N. *(liegt zurück, hinkt nach im Vergleich zu anderen)* auf dem Gebiet der Arbeitsplatzgestaltung (Zeit 6. 6. 75, 19). **2.** *Nachkömmling.*

Nach|züg|le|rin, die; -, -nen: w. Form zu ↑Nachzügler.

nach|züg|le|risch ⟨Adj.⟩: *als Nachzügler* (1) *kommend.*

Nach|zugs|ver|bot, das: *(bes. für Angehörige ausländischer Arbeitnehmer) Verbot des Nachzugs* (2).

Na|cke|dei, der; -s, -s [urspr. niederd., zu ↑nackt]: **1.** (fam. scherzh.) *nacktes kleines Kind.* **2.** (ugs. scherzh.) *nackte Person:* Schilder an den Wegen zur Insel sollen, nach dem Wunsch der -s (= Nacktbader), ein Reservat ausweisen (MM 15. 6. 73, 22).

Na|cke|do|ni|en; -s [scherzh. geb. nach ↑Makedonien (erfundener Ortsn.)] (ugs. scherzh.): *Nacktbadestrand.*

Na|cke|do|ni|er, der; -s, - (ugs. scherzh.): *jmd., der an einem Nacktbadestrand badet.*

Na|cke|do|ni|e|rin, die; -, -nen: w. Form zu ↑Nackedonier.

Na|cken, der; -s, - [mhd. nac(ke), ahd. (h)nach, ablautende Bildung zu mhd. nec(ke); vgl. Genick]: *(beim Menschen u. bei bestimmten Wirbeltieren) hinterer Teil des Halses; Genick:* ein kurzer, gedrungener N.; den N. beugen; er ließ sich den N. ausrasieren; einen steifen N. haben; den Hut in den N. schieben; den Kopf in den N. werfen *(zurückbeugen);* die Locken fielen ihm bis in den N.; **jmdm. den N. steifen/stärken* (geh.; *jmdm. moralische Unterstützung gewähren); den N. steif halten* (↑Ohr); *[vor jmdm.] den N. beugen* (geh.; *sich gedemütigt [jmdm.] beugen, sich [jmdm.] unterwerfen); jmdm. den N. beugen* (geh.; *jmdn. demütigen, gefügig machen, unterwerfen); einen unbeugsamen N. haben* (veraltend; *einen unbeugsamen Charakter haben, ein unbeugsamer Mensch sein); mit unbeugsamem/steifem N.* (veraltend; *unbeugsam); jmdm. im N. sitzen* (1. *jmdn. verfolgen, dicht hinter jmdm. her sein:* der Feind, der Verfolger saß uns im N. 2. *jmdn. stark bedrängen, jmdm. zusetzen:* die Konkurrenz sitzt uns im N. 3. *jmdn. erfüllen, beherrschen:* die Angst saß ihm im N. *[er hatte große Angst]); jmdm. im N. haben* (*von jmdm. verfolgt u. bedrängt werden*).

na|ckend [mhd. nakent] ⟨Adj.⟩ (veraltet, noch landsch.): *nackt* (1).

Na|cken|haar, das ⟨meist Pl.⟩: *Haar im Nacken.*

Na|cken|hal|te, die; -, -n (Gymnastik): *Haltung, bei der die Hände im Nacken gehalten u. Kopf u. Ellbogen nach hinten gedrückt werden.*

Na|cken|he|bel, der (Ringen): *im Nacken angesetzter Hebelgriff.*

Na|cken|kis|sen, das: *kleineres, als Nackenstütze dienendes Kissen, das man meist zusätzlich zum Kopfkissen benutzt.*

Na|cken|rol|le, die: vgl. Nackenkissen.

Na|cken|schlag, der: **1.** *Schlag in den Nacken.* **2.** *etw., was jmdm. zugefügt wird u. ihn empfindlich trifft:* schwere Nackenschläge erhalten, einstecken, hinnehmen müssen; jmdm. einen N. versetzen.

Na|cken|schutz, der: *den Nacken bedeckender Schutz an Kopfbedeckungen (bes. Helmen).*

Na|cken|stand, der (Turnen): *Übung, bei der der senkrecht nach oben gerichtete Körper auf dem Nacken ruht [u. von den Händen zusätzlich abgestützt wird];* Genickstand, Kerze (3).

Na|cken|star|re, die (Med.): *Starre, Steifheit des Nackens (bes. bei Meningitis).*

Na|cken|stei|fig|keit, die: vgl. Nackenstarre.

Na|cken|stüt|ze, die: *Stütze für Kopf u. Nacken [an ausfahrbaren Sesseln o. Ä.].*

Na|cken|waa|ge, die (Turnen): *Übung am Barren, bei der man den Körper aus dem Nackenstand so weit vorwärts senkt, bis er in der Waagerechten ist;* Genickwaage.

Na|cken|wir|bel, der: *Wirbel in der Gegend des Nackens.*

na|ckert ⟨Adj.⟩ (landsch., österr. ugs.): *nackt* (1).

Nack|frosch, der (selten): ↑Nacktfrosch.

na|ckicht ⟨Adj.⟩ (landsch., bes. nordd. ugs.), **na|ckig** ⟨Adj.⟩ (landsch., bes. md. ugs.): *nackt* (1).

nackt ⟨Adj.⟩ [mhd. nacket, ahd. nachot]: **1.** *ohne Bekleidung, Bedeckung (soweit sie im Allgemeinen üblich ist); unbekleidet, unbedeckt:* -e Arme, Beine; mit -em Oberkörper arbeiten; halb n., völlig n. sein; n. baden, herumlaufen; sich n. ausziehen; das Kind lag n. und bloß *(ganz nackt)* da; ⟨subst.:⟩ die Darstellung des Nackten in der Kunst; Ü sich den Zugang mit -en Fäusten *(ohne Hilfsmittel, ohne Schutz)* erkämpfen; etw. mit -em (veraltend; *bloßem)* Auge erkennen können. **2. a)** *(beim Menschen von Körperstellen, die normalerweise von Haaren bedeckt sind, von bestimmten neugeborenen Tieren) kahl* (1 a): ein -er Schädel; die jungen Vögel, Mäuse sind noch n.; dass es (= sein rasiertes Gesicht) über den Augen n., das heißt ohne Brauen war (Th. Mann, Krull 28); **b)** *(von einzelnen Pflanzen[teilen]) ohne Blätter, Äste; kahl* (1 b): ein -er Stamm, Ast; auf geborstenen Betonwegen, an deren Rändern auch kahle Birken und -e, tiefschwarze Erlen standen (Simmel, Stoff 62); **c)** *ohne Pflanzenwuchs; kahl* (1 c): ein -er Felsen; Die zwischen den winterlich -en Feldern und der grau betupften Heide aufleuchtende ... helle Fläche war der Müggelsee (Plievier, Stalingrad 104); **d)** *schmucklos, kahl* (2): -e Wände; Einige -e Glühbirnen an der Decke verstärkten mit ihrem trüben Schein das Zwielicht (Apitz, Wölfe 138). **3.** *unbedeckt, blank, bloß:* auf dem -en Boden, auf der -en Erde *(ohne Unterlage)* schlafen. **4. a)** *unverhüllt:* das und die -en Tatsachen; das ist die -e Wahrheit; das -e Elend; etw. mit -en *(unverblümten, nüchternen)* Worten sagen; **b)** *nichts anderes als, bloß* (2): Die sollen doch sehen, dass sie ihr -es Leben retten (v. d. Grün, Glatteis 263); es ging hier ganz einfach um die -e Existenz (v. d. Grün, Glatteis 167).

Nackt|amö|be, die: *Amöbe ohne Gehäuse; unbeschalte Amöbe.*

nackt|ar|mig ⟨Adj.⟩: *mit nackten Armen.*

Nackt|arsch, der (derb scherzh.): *nackter Mensch.*

Nackt|ba|den, das; -s: *das Baden ohne Badeanzug.*

Nackt|ba|de|platz, der: vgl. Nacktbadestrand.

Nackt|ba|der, der: *jmd., der nackt badet.*

Nackt|ba|de|strand, der: *Strand zum Nacktbaden.*

Nackt|bild, das: vgl. Nacktfoto: Das Kriterium zur Unterscheidung des echten vom unechten Bild, des Aktbildes vom N. liegt in zwei Begriffen: Ästhetik und Sinnlichkeit (Foto-Magazin 8, 1968, 38).

Nackt|fo|to, das: *(moralische Freizügigkeit bezeugendes bzw. erotisches) Foto einer nackten Person.*

Nackt|frosch, (selten:) Nackfrosch, der (fam. scherzh.): *nacktes kleines Kind.*

Nackt|ge|trei|de, das: *Getreide bestimmter Sorten (Roggen, Weizen u. a.).*

Nackt|heit, die; -: *das Nacktsein, Unbekleidetsein:* in paradiesischer N. herumlaufen; so dass ich über ihre ... wenig verhüllte N. *(ihren nackten Körper)* gebeugt saß (Th. Mann, Krull 202); Ü die N. (geh.; *Kahlheit)* der winterlichen Landschaft.

Nackt|hund, der: *kleiner, pinscher- od. terrierähnlicher, unbehaarter Hund.*

Nackt|kul|tur, die ⟨o. Pl.⟩ (volkst.): *Freikörperkultur.*

Nackt|ma|ga|zin, das (ugs.): *Magazin mit Nacktfotos.*

Nackt|mo|dell, das: *Modell für, von Nacktfotos.*

Nackt|mull, der; -s, -e [zum 2. Bestandteil ↑Goldmull]: *kleines, fast völlig unbehaartes, nur unterirdisch u. in Gruppen lebendes ostafrikanisches Nagetier:* Die seltsamen Geschöpfe ... heißen -e und gelten als die hässlichsten Säugetiere der Welt (Spiegel 21, 1996, 206).

Nackt|re|vue, die: *Revue mit nackten Darsteller[inne]n.*

Nackt|sa|mer, der; -s, - ⟨meist Pl.⟩ (Bot.): *Pflanze, deren Samenanlage nicht von einem Fruchtknoten umschlossen ist; Gymnosperme.*

nackt|sa|mig ⟨Adj.⟩ (Bot.): *zu den Nacktsamern gehörend:* -e Pflanzen.

Nackt|schne|cke, die: *Schnecke mit weitgehend rückgebildetem bzw. ganz fehlendem Gehäuse.*

Nackt|tän|zer, der: vgl. Nackttänzerin.

Nackt|tän|ze|rin, die: *Tänzerin, die nackt auftritt.*

Na|del, die; -, -n [mhd. nādel(e), ahd. nād(a)la, zu ↑nähen]: **1.** *mehr od. weniger feiner, spitzer Gegenstand bzw. Werkzeug bes. aus Metall mit verschiedenen Funktionen:* eine feine, dicke, lange, spitze, stumpfe N. **2. a)** kurz für ↑Nähnadel: die N. *(den Faden in das Nadelöhr)* einfädeln; sich an der N. stechen; * **mit heißer/mit der heißen N. genäht sein** (ugs.; 1. *sehr flüchtig genäht sein.* 2. *has-*

tig u. darum unsorgfältig ausgeführt sein:* »Mit heißer N. genäht« nennt Ärztekammerpräsident ... Vilmar die Vorschläge der neuen Bonner Koalition [Spiegel 44, 1982, 5]); **b)** kurz für ↑Stecknadel: * **[wie] auf -n sitzen** (↑Kohle 1 b); **c)** kurz für ↑Anstecknadel: eine goldene N.; eine N. am Revers tragen; **d)** kurz für ↑Haarnadel: die Haare mit -n aufstecken; **e)** kurz für ↑Injektionsnadel: eine stumpfe N.; die N. sterilisieren; * **an der N.** (Jargon; *von Drogen abhängen, die injiziert werden; heroinsüchtig sein*); **f)** kurz für ↑Radiernadel: mit der kalten N. (bild. Kunst; *Kaltnadel)* arbeiten; **g)** kurz für ↑Grammophonnadel: die N. vorsichtig aufsetzen; **h)** kurz für ↑Hutnadel: Mama Paradisi zog schon die -n aus ihrem neuen Riesenhut (H. Mann, Stadt 420). **3.** kurz für ↑Stricknadel, Häkelnadel. **4.** (bes. Technik) *nadelförmiges Teil (mit unterschiedlicher Funktion):* die N. eines Ventils. **5.** *beweglicher Zeiger eines Messinstruments:* die N. zittert, steht still; die N. (Kompassnadel) zeigt nach Norden; die N. (Tachometernadel) pendelt zwischen 90 und 100 [Stundenkilometern]. **6.** *nadelförmiges, meist immergrünes Blatt eines Nadelbaumes:* der Tannenbaum verliert die -n; die Fichte wirft die -n ab. **7.** kurz für ↑Felsnadel.

Na|del|ar|beit, die: *Handarbeit (3, 4).*

Na|del|baum, der: *[immergrüner] Baum, der Nadeln (6) trägt.*

Na|del|brief, der: *kleiner Umschlag aus Papier mit Nähnadeln.*

Na|del|buch, das: *buchähnlich zusammengenähtes kleines Bündel aus Stoffstücken zum Aufbewahren von Näh-, Stecknadeln.*

Na|del|büch|se, die: *kleine Büchse zum Aufbewahren von Steck-, Nähnadeln.*

Nä|del|chen, das; -s, -: Vkl. zu ↑Nadel (1).

Na|del|dü|se, die (Technik): *Düse, deren Querschnitt durch eine längs verschiebbare Nadel (4) verändert werden kann.*

Na|del|ein|fäd|ler, der: *kleines Gerät, das mithilfe eines dünnen Drahtes den Faden durch das Nadelöhr zieht.*

Na|del|ei|sen|erz, das [nach den häufig strahlenförmigen od. faserigen Aggregaten (3)]: *schwarzbraunes bis lichtgelbes Eisenerz (Hauptbestandteil des Brauneisensteins).*

na|del|fein ⟨Adj.⟩: *fein, dünn wie eine Nadel:* -e Kristalle.

na|del|fer|tig ⟨Adj.⟩ (Textilind.): *(von Geweben) fertig für die Verarbeitung.*

na|del|för|mig ⟨Adj.⟩: *in seiner Form einer Nadel (1) ähnlich.*

Na|del|ge|hölz, das ⟨meist Pl.⟩: *Nadelholz (2).*

Na|del|geld, das [urspr. = Geld für die anfallenden Kosten der Nadelarbeit (2)]: **1.** (veraltet) *ein vom Ehemann seiner Frau zur Verfügung gestellter Geldbetrag für ihren persönlichen Bedarf.* **2.** *jährliche Rente für die volljährigen ledigen Töchter eines regierenden Fürsten.*

Na|del|holz, das: **1.** *Holz von Nadelbäumen:* Möbel aus N. **2.** ⟨meist Pl.⟩ *Nadeln (6) tragendes [immergrünes] Gehölz:*

schnell wachsende Nadelhölzer anbauen.

na|de|lig, nadlig ⟨Adj.⟩ (bes. Fachspr.): *[vielfach] nadelförmig [gebildet, gestaltet]:* -e Kristalle.

Na|del|kis|sen, das: *kleines Kissen, in das verfügbar zu haltende Näh- u. Stecknadeln gesteckt werden können.*

Na|del|kopf, der: *Stecknadelkopf.*

Na|del|kraut, das: *Sumpfpflanze mit nadelförmigen, fleischigen Blättern u. kleinen rötlich weißen Blüten.*

Na|del|la|ger, das (Technik): *Wälzlager mit Stahlnadeln als Walzen.*

Na|del|loch, das: *Nadelöhr.*

Na|del|ma|le|rei, die (Handarb.): *figürliche, bunte Plattstickerei.*

na|deln ⟨sw. V.; hat⟩: *(von Nadelbäumen) [die] Nadeln abwerfen, verlieren:* der Weihnachtsbaum nadelt.

Na|del|öhr, das: *Öhr der Nähnadel.*

Na|del|pa|pier, das (Fachspr.): *dunkles Papier zum Einwickeln von Metallgegenständen, das keine die Rostbildung fördernden Stoffe enthält.*

Na|del|schrift, die ⟨o. Pl.⟩ (selten): *haarfeine Schrift.*

na|del|spitz ⟨Adj.⟩: *spitz wie eine Nadel.*

Na|del|spitz, der (schweiz.): ¹*Nadelspitze.*

¹**Na|del|spit|ze,** die: *Spitze einer Nadel.*

²**Na|del|spit|ze,** die: *(bes. im Unterschied zur Klöppelspitze) mit Nadel u. Faden gearbeitete Spitze.*

Na|del|stär|ke, die: *(durch eine Zahl, Nummer o. Ä. bezeichnete) Stärke der für die verschiedenen Handarbeitstechniken u. für Näharbeiten verwendeten Nadeln.*

Na|del|stich, der: **1.** *mit einer Nadel ausgeführter Stich (1):* Ü jmdm. -e versetzen *(versteckte Bosheiten gegen jmdn. vorbringen).* **2.** *durch einen Stich mit der Nadel hervorgerufenes kleines Loch.* **3.** *mit einer Nadel ausgeführter Stich (4 a):* den Saum mit ein paar -en heften.

Na|del|strei|fen, der ⟨meist Pl.⟩ (in [Anzugs-, Kostüm]stoffen) *einer der im mäßig breitem Abstand parallel laufenden, sehr schmalen Längsstreifen, die sich scharf von der Grundfarbe abheben:* Ich starrte den dunkelblauen Anzug mit den N. an (Kreuder, Gesellschaft 119). **2.** *Anzug mit Nadelstreifen (1):* »Haun« ... tritt seither in makellos modischem N. auf – des Stabschefs neue Kleider (Spiegel 30, 1979, 75).

Na|del|strei|fen|an|zug, der: *Nadelstreifen (2).*

Na|del|wald, der: *Wald aus Nadelbäumen.*

Na|del|rer, der; -s, - [H. u.] (österr. ugs.): *Spitzel, Verräter.*

Na|dir [auch: '– –], der; -s [arab. nazīr (as-samt) = (dem Zenit) entgegengesetzt] (Astron.): *der dem Zenit genau gegenüberliegende Punkt der Himmelskugel.*

Nad|ler, der; -s, - [mhd. nadler, nadelære = Nadelmacher]: **1.** *Handwerker, der Drahtgeflechte bzw. Waren aus Drahtgeflecht herstellt (Berufsbez.).* **2.** (früher) *Handwerker, der Nadeln herstellte.*

Nad|le|rin, die; -, -nen: w. Form zu Nadler (1).

nad|lig: ↑nadelig.

Nae|vus, der; -, Naevi [lat. naevus] (Med.): *Muttermal.*

NAFTA, die; - [Kurzw. aus engl. North American Free Trade Agreement od. Area]: Freihandelsabkommen od. -zone zwischen den USA, Kanada u. Mexiko: Es gibt ja überall auf der Welt Tendenzen zu Zusammenschlüssen, zum Beispiel die NAFTA oder entsprechende Bemühungen in Südostasien (Focus 11, 1997, 102).

Na|gai|ka, die; -, -s [russ. nagajka]: *Lederpeitsche der Kosaken u. Tataren.*

Na|ga|na, die; - [aus dem Zulu (afrik. Eingeborenenspr.)] (Tiermed.): *seuchenartige [tödliche] Krankheit bei Haus- u. Wildtieren in Afrika.*

Na|ga|sa|ki: Stadt in Japan.

Na|gel, der; -s, Nägel [mhd. nagel, ahd. nagal, ursp. nur = Finger-, Zehennagel, Kralle, Klaue; 1: nach Nagel (3), wegen der Ähnlichkeit mit einer spitzen Kralle]: **1.** *am unteren Ende zugespitzter, am oberen Ende abgeplatteter od. abgerundeter [Metall]stift, der in etw. hineingetrieben wird (u. zum Befestigen von etw. od. zum Verbinden bes. von Holzteilen dient):* ein langer, dicker, rostiger, krummer N.; der N. sitzt fest, hält, hat sich gelockert; einen N. einschlagen, in die Wand schlagen, aus dem Holz herausziehen; einen N. krumm schlagen, gerade klopfen; die Jacke an einen N. hängen; das Bild an einem N. aufhängen; eine Kiste mit Nägeln zunageln; etw. mit Nägeln beschlagen; in einen N. treten; *** ein N. zu jmds. Sarg sein** (salopp; *jmdm. schweren, am Leben zehrenden Ärger, Kummer bereiten);* **den N. auf den Kopf treffen** (ugs.; *den Kernpunkt von etw. treffen, erfassen);* **einen N. im Kopf haben** (ugs.; *dünkelhaft, dummstolz sein;* H. u.); **Nägel mit Köpfen machen** (ugs.; *sich nicht mit Halbheiten begnügen, etw. richtig anfangen, konsequent durchführen;* bezogen auf den gewöhnlichen Nagel, der ohne Kopf fehlerhaft ist); **etw. an den N. hängen** (ugs.; *etw. aufgeben, künftig nicht mehr machen;* geht wohl darauf zurück, dass man früher sein Arbeitsgerät, seine Dienstkleidung o. Ä. in einer Baubude, Baracke o. Ä. ordentlich an einem Nagel aufhängte, wenn man eine Arbeit od. die Ausübung eines Berufes beendet hatte): den Sport, sein Studium an den N. hängen; er hat die Boxhandschuhe *(seine Karriere als Boxer)* an den N. gehängt. **2.** (Verkehrsw.) *großer Nagel mit breitem, leicht gewölbtem Kopf, der (in Reihen angeordnet) der Fahrbahnmarkierung dient.* **3.** *kleine, schildförmige Platte aus Horn auf dem vordersten Finger- bzw. Zehenglied:* lange, eingewachsene Nägel; der N. bricht ab, wächst nach, löst sich, ist eingerissen; die Nägel schneiden, wachsen lassen; Schmutz unter den Nägeln haben; *** die Nägel von etw. lassen** (Jugendspr.; *etw. lieber nicht tun, sein lassen);* *** jmdm. auf/ unter den Nägeln brennen** (ugs.; *für jmdn. sehr dringlich sein;* H. u., vielleicht bezogen auf eine entsprechende Foltermethode): Sie ... stehen heute abseits von Geschehnissen, welche uns auf den Nä-

geln brennen (Benrath, Konstanze 134); dass ich mich an diese schicksalhaften Fragen ... wagte, ohne dass sie mir wirklich auf den Nägeln brannten (K. Mann, Wendepunkt 190); **sich** ⟨Dativ⟩ **etw. unter den N. reißen/ritzen** (salopp; *sich etw. auf nicht ganz korrekte Weise aneignen);* **nicht das Schwarze unter dem/unterm N.** (ugs.; *überhaupt nichts):* sie gönnt mir nicht das Schwarze unterm N.

Na|gel|bett, das ⟨Pl. -en, seltener: -e⟩: *vom Nagel bedeckte Stelle des vordersten Finger- bzw. Zehengliedes.*

Na|gel|bett|ent|zün|dung, die (Med.): *eitrige Entzündung des Nagelbetts.*

Na|gel|boh|rer, der (Handw.): *Bohrer, der bes. zum Bohren von Löchern dient, in die Nägel geschlagen werden sollen.*

Na|gel|brett, das: *mit vielen herausragenden spitzen Nägeln versehenes Brett, auf dem Fakire ihre Schmerzunempfindlichkeit demonstrieren.*

Na|gel|bürs|te, die: *zum Reinigen der Nägel geeignete kleine Bürste mit kurzen, festen Borsten.*

Nä|gel|chen, das; -s, - [2: nach der Ähnlichkeit mit einem kleinen Nagel]: **1.** Vkl. zu ↑ Nagel (1). **2.** (veraltet, noch landsch.) *Gewürznelke.*

Na|gel|ei|sen, das (Handw.): *Geißfuß* (2).

Na|gel|fei|le, die: *feine Feile zum Abfeilen der Nägel.*

na|gel|fest: ↑ niet- und nagelfest.

Na|gel|fes|ti|ger, der: *Mittel zum Festigen, Härten brüchiger od. weicher Nägel.*

Na|gel|fleck, der: *Schmetterling, der mitten auf jedem Flügel eine nagel- od. T-ähnliche weiße Zeichnung in einem großen, runden, schwarzblauen Fleck trägt.*

Na|gel|fluh, die (Geol.): *(im Alpenraum vorkommendes) Konglomerat* (2) *aus Geröllen kristalliner Silikatsteine, bes. der Molasse.*

Na|gel|här|ter, der: *Nagelfestiger.*

Na|gel|haut, die: *ständig nachwachsende Haut, die den Nagel vom Nagelwulst aus am Rand bedeckt.*

Na|gel|häut|chen, das: *Nagelhaut.*

Na|gel|haut|ent|fer|ner, der; -s, -: *Mittel zum Weichmachen u. Entfernen der Nagelhaut.*

Na|gel|he|ber, der (Handw.): *Werkzeug zum Ausziehen von Nägeln.*

Na|gel|kä|fer, der: *Klopfkäfer.*

Nä|gel|kau|en, das; -s: *[krankhafte] Angewohnheit (bes. von Kindern), an den Fingernägeln zu kauen.*

Na|gel|kopf, der: *Kopf des Nagels.*

Na|gel|kup|pe, die: *vgl. Fingerkuppe.*

Na|gel|lack, der: *kosmetischer Lack, mit dem die Nägel überzogen werden:* N. auftragen, entfernen, erneuern.

Na|gel|lack|ent|fer|ner, der; -s, -: vgl. Nagelhautentferner.

Na|gel|mönd|chen, das: *halbmondförmiger weißlicher Teil des Fingernagels am unteren Ende; Lunula* (3).

na|geln ⟨sw. V.; hat⟩ [mhd. nageln, ahd. nagalon]: **1. a)** *mit einem Nagel, mit Nägeln an, auf etw. befestigen:* ein Schild an die Wand n.; Schindeln auf das Dach n.; ein Betttuchsegel, das an Dachlatten ge-

nagelt worden war (Grass, Hundejahre 75); **b)** ⟨meist im 2. Part.⟩ *mit Nägeln versehen, beschlagen:* die Schuhsohlen n.; genagelte Schuhe; **c)** *durch Nageln* (1 a) *zusammenfügen:* Aus den dicksten Baumstämmen wurden ... Bänke genagelt (Faller, Frauen 8); ⟨subst.:⟩ eine Maschine zum Nageln von Kisten; **d)** *Nägel einschlagen:* den ganzen Morgen n. **2.** (Med.) *durch Knochennagelung (wieder) zusammenfügen:* der Knochen, das Bein muss genagelt werden. **3.** (Fachspr. Jargon) *(von [Diesel]motoren) stark klopfen* (2).

na|gel|neu ⟨Adj.⟩ [spätmhd. nagelniuwe, urspr. von neu genagelten Gegenständen] (ugs.): *gerade erst hergestellt od. erworben u. noch vollkommen neu:* ein -er Geldschein.

Na|gel|pfle|ge, die: *Pflege der Nägel* (3).

Na|gel|po|lie|rer, der: *Gerät zum Polieren der Nägel.*

Na|gel|po|li|tur, die: vgl. Nagelpolierer.

Na|gel|pro|be, die: *[alte Trinksitte, das geleerte Trinkgefäß zum Beweis dafür, dass es vollständig geleert ist, über dem Daumennagel umzustülpen]: genaue Prüfung, in der sich etw. erweisen muss:* Wer in guter Bürger unserer Republik ist, das entscheidet sich nicht am mythologischen Bluttest, sondern an einer ganz anderen, einer aufklärerischen N. - nicht in den Adern, sondern in Kopf und Herz. (Zeit, 28. 6. 96, 1); Die Wahlbeteiligung dürfte für Arafat zur N. für die künftige Legitimität seiner Verhandlungen werden. (taz 20. 1. 96, 9); *** die N. machen** (veraltend; *sein Trinkgefäß bis zum allerletzten Tropfen austrinken);* **bis auf die N.** (veraltend; *[vom Trinkgefäß, das man leert] bis auf den allerletzten Tropfen).*

Na|gel|rand, der: *[vorderer] Rand des Nagels.*

Na|gel|rei|ni|ger, der: *kleines, spitzes Gerät zum Reinigen der Fingernägel.*

Na|gel|schaft, der: *zugespitzter Schaft des Nagels* (1).

Na|gel|sche|re, die: *kleine, vorn gebogene Schere zum Beschneiden der Nägel.*

Na|gel|schmied, der: *Schmied, der Nägel herstellt* (Berufsbez.).

Na|gel|schmie|de, die: *Schmiedewerkstatt, in der Nägel hergestellt werden.*

Na|gel|schuh, der: *Schuh, dessen Sohle mit Nägeln beschlagen ist.*

Na|gel|stie|fel, der: vgl. Nagelschuh.

Na|gel|lung, die; -, -en: das Nageln (1).

Na|gel|wall, der (Anat.): *Nagelwulst.*

Na|gel|weiß|stift, der (Kosmetik): *Farbstift zum Weißen der Unterseite des Nagelrandes.*

Na|gel|wulst, der od. die: *Hautwulst, der den Nagel an der Wurzel u. am seitlichen Rand bedeckt.*

Na|gel|wur|zel, die: *weicher, vom Nagelwulst bedeckter Teil des Nagels.*

Na|gel|zan|ge, die: vgl. Nagelschere.

na|gen ⟨sw. V.; hat⟩ [mhd. nagen, ahd. (g)nagan]: **1. a)** *(bes. von bestimmten Tieren) [mit den Schneidezähnen] von etw. [Hartem] sehr kleine Stücke abbeißen:* der Hund nagt an einem Knochen; während draußen schon die Fische an ihm

(= dem über Bord gegangenen Mann) nagen (Kaschnitz, Wohin 34); Irina begann vor Ungeduld an ihrer Unterlippe zu n. (kauen 2; Simmel, Stoff 80); Ü die Brandung nagt an der Küste *(zerstört sie allmählich durch ihre kontinuierliche Einwirkung);* * **nichts zu n. und zu beißen haben** (ugs.; *Hunger leiden*); **b)** *nagend von etw. abbeißen:* das Wild hat die Rinde von den Bäumen genagt; **c)** *durch Nagen hervorbringen:* die Ratten haben Löcher [ins Holz] genagt; **d)** ⟨n. + sich⟩ *sich nagend in etw. hinein-, durch etw. hindurchfressen:* die Mäuse haben sich durch die Holzwand genagt; Ü die Säure hat sich durch den Boden des Gefäßes genagt. **2.** *quälend, peinigend, zehrend einwirken:* Zweifel nagen an ihm; der Kummer nagt an seinem Herzen; Der Hunger nagt, bohrt (Maass, Gouffé 245); Auch in seinem Kopf nagte die Unruhe (Apitz, Wölfe 145); ⟨unpers.:⟩ es nagte an ihm, dass man ihn nicht eingeladen hatte; ein nagendes Hungergefühl; ein nagender Schmerz.

Na̱ger, der; -s, - (Zool.): *Nagetier.*

Na̱ge|tier, das: *kleineres, Pflanzen fressendes Säugetier mit je zwei zum Nagen ausgebildeten Zähnen in Ober- u. Unterkiefer.*

Na̱ge|zahn, der: *(bei einem Nagetier) zum Nagen dienender Schneidezahn.*

Nä̱g|lein, das; -s, - [vgl. Nelke] (veraltet): *Nelke.*

Na̱gu|a̱l|is|mus, der; - [zu Nahuatl (mittelamerik. Indianerspr.) nahualli = Maske, Verkleidung]: *(bes. in Zentralamerika verbreiteter) Glaube an einen meist als Tier od. Pflanze vorgestellten persönlichen Schutzgeist, den sich ein Individuum in der Einsamkeit durch Fasten u. Gebete erwirbt u. mit dem es sich schicksalhaft verbunden fühlt.*

na̱h: ↑ nahe.

-na̱h: 1. drückt in Bildungen mit Substantiven aus, dass die beschriebene Sache auf jmdn., etw. ausgerichtet ist, sich an jmdm., etw. orientiert: patienten-, verbrauchernah. **2.** drückt in Bildungen mit Substantiven aus, dass sich die beschriebene Sache in der Nähe von etw., dicht an etw. befindet: city-, front-, uninah. **3.** drückt in Bildungen mit Substantiven aus, dass die beschriebene Person oder Sache in enger Beziehung zu jmdn., etw. steht oder jmdn., etw. ähnelt: blues-, gewerkschaftsnah; SPD-nah.

Nä̱h|ar|beit, die: *etw. in Arbeit Befindliches, das mit der Maschine od. Hand genäht wird.*

Na̱h|auf|nah|me, die: **a)** (Fot.) *Aufnahme im Maßstab 1 : 10 bis 1 : 1;* **b)** (Film) *Einstellung, in der ein Objekt aus der Nähe gefilmt wird, ohne dass es jedoch das ganze Bild beherrscht:* Totalen, Nah- und Großaufnahmen ... können simultan erscheinen (Gregor, Film 90).

Na̱h|be|ben, das (Geol.): *Erdbeben in weniger als 1 000 km Entfernung vom Beobachtungsort.*

Na̱h|be|reich, der: *in unmittelbarer Nähe liegender Bereich:* diese Fahrkarte gilt nur für den N.

Na̱h|bril|le, die (ugs.): *Brille, die den Seh-*

fehler der [Alters]weitsichtigkeit korrigiert u. dadurch ein besseres Sehen im Nahbereich ermöglicht.

na̱|he [mhd. nāch, ahd. nāh, H. u.]: **I.** ⟨Adj.; näher, nächste⟩ **1.** *nicht weit entfernt; leicht erreichbar:* der n. Wald; in der näheren Umgebung der Stadt; wo ist denn hier das nächste Kino?; von dort aus ist es näher zum Zentrum; dieser Weg ist näher (ugs.; *kürzer, führt schneller ans Ziel*); ein n. gelegener Ort; bitte treten Sie näher!; komm mir nicht zu n.! *(fass mich nicht an!;* halte Abstand von mir!); n. am Ziel; geh nicht zu n. an das Gitter heran!; n. bei der Kirche, beim Fluss; Ü jmdn. dem Ruin n. bringen; dass der alte Weg uns der Wiedervereinigung keinen Schritt näher bringt (Dönhoff, Ära 110); diese Summe kam unseren Vorstellungen n. *(näherte sich unseren Vorstellungen an);* dem Kern aller historischen Problematik n. zu kommen (Thieß, Reich 21); das Bestreben, der Wahrheit so n. wie irgend möglich zu kommen *(sich ihr ... zu nähern;* Thieß, Reich 13); »Wir kommen der Sache schon näher *(nähern uns ihr allmählich)*«, sagte Kasten und sah dabei zum hospitierenden Rektor hinüber (Kant, Impressum 58); das kommt einer Beleidigung n. *(das kommt fast einer Beleidigung gleich);* diese Vorgänge legen die Vermutung n. *(lassen vermuten),* dass ...; die Vermutung liegt n. *(kommt sogleich in den Sinn, stellt sich beim Überlegen sogleich ein, bietet sich an),* dass ...; sollte es dann nicht den Offizieren n. liegen, sich ihn (= Gott) als Offizier vorzustellen? (Musil, Mann 1241); n. liegende Gründe; dass er abreisen würde, war n. liegend; ich denke, dass es näher liegt *(eher in den Sinn kommt, sich eher anbietet)* zu gehen, als weiter zu warten; was war näher liegend, als seine Wohnung zu durchsuchen; einem Plan, Vorschlag näher treten *(sich damit befassen);* * **aus/von nah und fern; aus/von fern und nah** (geh.; *von überall her);* **von nahem** *(aus geringer Entfernung; in direkter Anschauung);* **jmdm. zu n. treten** *(jmdn. durch eine Äußerung, ein Verhalten kränken, verletzen);* **jmdm. etw. n. bringen** *(jmdm. bestimmte Kenntnisse vermitteln u. bei ihm Interesse, Verständnis für die Sache wecken):* den Schülern die moderne Kunst, die Klassiker n. bringen; **jmdm. n. gehen** *(jmdn. innerlich stark treffen, einen tiefen Schmerz in jmdm. auslösen):* der Tod des Vaters ist ihm n. gegangen; es ist ihm n. gegangen, dass ...; dass Unrat sich das n. gehen lassen werde (H. Mann, Unrat 111); **jmdm. etw. n. legen** *(jmdn. [indirekt] zu etw. auffordern, auf etw. hinlenken):* jmdm. den Rücktritt n. legen; jmdm. n. legen zu verschwinden; Die Mädchen werden zwar nicht richtig dazu gezwungen, aber man legt es ihnen n. (Hornschuh, Ich bin 40). **2.** *bald, in absehbarer Zeit erfolgend, eintretend, bevorstehend; nicht mehr fern:* die n. Abreise; in -r, nächster Zukunft; Rettung, Hilfe war n.; eine dicke Dame, den Fünfzig näher als den Vierzig (Kuby, Sieg 316); er ist n. an achtzig (ugs.; *fast 80 Jahre alt);*

der Termin rückte [immer] näher; * **n. daran sein, etw. zu tun** *(beinahe schon etw. tun);* **einer Sache n. sein** *(fast von etw. überwältigt, erfasst werden):* dem Weinen, der Verzweiflung, dem Tode n. sein; dem Wahnsinn n., stürzte er davon. **3. a)** *in enger, direkter Beziehung zu jmdm., etw. stehend:* der Verlust eines -n Angehörigen; seine nähere Umgebung *(die Menschen in seiner Nähe, mit denen er umgeht);* nah mit jmdm. verwandt, befreundet sein *(mit jmdm. in einem engen Verwandtschafts-, Freundschaftsverhältnis stehen);* gemeinsame Erinnerungen brachten sie einander n. *(machten sie miteinander vertraut, ließen eine enge Beziehung zwischen ihnen entstehen);* sie sind sich menschlich, innerlich n. gekommen, getreten *(in eine enge Beziehung getreten);* sie sind sich/(geh.:) einander in der letzten Zeit [wieder] näher gekommen *(zueinander in eine engere Beziehung getreten, vertrauter miteinander geworden);* sie hat ihm damals näher gestanden *(hat zu ihm in einer engeren Beziehung gestanden);* Der Pfeiler steht naturgemäß der Mauer näher *(ist der Mauer ähnlicher;* Bild. Kunst III, 48); jmdm. menschlich n. stehen; jmdm., einem Kreis, einer Partei n. stehen *(zu jmdm., einem Kreis, einer Partei in einer engeren Beziehung stehen);* **b)** *aufgrund der Eigenart, bestimmter Merkmale in die Nähe einer Sache gehören, ihr benachbart sein:* ⟨häufig im 1. Part.:⟩ gewisse, chemisch dem Plexiglas n. stehende Stoffe (Medizin II, 65); von sich n. stehenden Tierformen (Lorenz, Verhalten I, 97). **II.** ⟨Präp. mit Dativ⟩ (geh.) *in der Nähe (einer Sache, Person):* n. der Stadt, dem Fluss.

Na̱|he, die; -: linker Nebenfluss des Rheins.

Nä̱|he, die; - [mhd. næhe, ahd. nāhī] **1.** *geringe Entfernung:* etw. aus der N. betrachten; in der N. des Fensters, der Stadt; in jmds. N. bleiben; in nächster, unmittelbarer N. des Sees *(unmittelbar am See);* [ganz] hier in der N. *(nicht weit von hier);* er möchte die Kinder in seiner N. *(an einem nicht weit entfernten Ort)* haben; er hat das Buch in greifbarer N. *(so nahe, dass es schnell zur Hand nehmen kann);* Ü aus der N. betrachtet *(wenn man sich genau damit befasst),* ist die Sache ganz anders. **2.** *geringe zeitliche Entfernung [von etw. Bevorstehendem]:* er fühlte die N. (geh.; *das Herannahen)* des Todes; das Examen ist in unmittelbare N. gerückt; das Ziel, der Erfolg war in greifbarer N. **3.** *jmds. Nahsein; enge Beziehung:* eine vertrauliche N.; jmds. N. suchen.

na̱|he|bei ⟨Adv.⟩: *nicht weit entfernt, nahe bei einer Stelle, einem Ort; in der Nähe:* er hatte sein Auto n. geparkt; Ich wusste nicht, dass vier Wochen zuvor in einem Wald n. ein Junge erschlagen worden war (Zeit 5. 5. 95, 3); ... das Dilettantische ist in den holzverschalten Räumen immer gegenwärtig, das Unverwirkliche liegt n. (Zeit 12. 9. 97, 63); in verschwiegenen Nischen und dunklen Winkeln nistet auch n. das Verbrechen (Herrenjournal 2, 1966, 111).

na|he brin|gen: s. nahe (I 1, 3 a).
na|he ge|hen: s. nahe (I 1).
Nah|ein|stel|lung, die: a) (Fot.) *Einstellung der Kamera für Nahaufnahmen;* b) (Film) *Nahaufnahme* (b).
na|he kom|men: s. nahe (I 1, 3 a).
na|he le|gen: s. nahe (I 1).
na|he lie|gen: s. nahe (I 1).
na|he lie|gend: s. nahe (I 1).
na|hen ⟨sw. V.⟩ [mhd. nāhen] (geh.): **1.** ⟨n. + sich⟩ (geh. veraltend) *sich nähern* ⟨hat⟩: Schritte nahten sich; sich [jmdm.] ehrerbietig, mit einer Bitte n.; ⟨selten ohne »sich«; ist:⟩ Dem Rabbi ... nahte er nie anders als diensteifrig (Buber, Gog 13). **2.** *[zeitlich] in unmittelbare Nähe rücken* ⟨ist⟩: der Winter, der Morgen, der Abschied nahte; ein nahendes Gewitter.
nä|hen ⟨sw. V.; hat⟩ [mhd. næjen, ahd. nājen, urspr. = knüpfen, weben]: **1.** *Teile von Textilien, Leder o. Ä. mit Nadel u. Faden, mit der Nähmaschine zusammenfügen:* mit der Maschine, mit der Hand, mit kleinen Stichen n.; n. lernen; sie näht für ihre Kinder, in mehreren Familien; sie hat heute den ganzen Tag [an dem Mantel] genäht. **2. a)** *durch Nähen* (1) *herstellen:* eine Naht, ein Kleid n.; den Rock nach oben hin enger, weiter n.; du kannst den Saum nicht mit weißem Garn n.; aus dem Stoffrest hat sie mir/für mich eine Bluse genäht; **b)** *durch Nähen* (1) *an, auf etw. befestigen:* Knöpfe an das Kleid, eine Borte auf die Schürze n.; das ... Segeltuch, in das wir unseren Bootsmann nähten *(einnähten)* in der Sargasso-See (Bieler, Bonifaz 115). **3.** *(bei jmdm.) Hautgewebeteile durch Nähen* (1) *wieder zusammenfügen:* eine Wunde n.; (ugs.:) der Patient musste genäht werden.
nä|her ⟨Adj.⟩: **1.** ⟨absoluter Komp.⟩ *sich genauer, ins Einzelne gehend mit einer Sache befassend:* -e Auskünfte einholen; die -en Umstände; bei -em Hinsehen; etw. n. betrachten, in Augenschein nehmen; ⟨subst.:⟩ er durfte ihr nichts Näheres *(keine weiteren Einzelheiten)* sagen; sie wusste bereits alles Nähere; *** des Näheren** *(genauer, im Einzelnen):* ohne sich des Näheren auszulassen (Bergengruen, Rittmeisterin 360); **jmdm. etw. n. bringen** *(jmdn. mit etw. vertraut machen):* den Schülern Lyrik n. bringen. **2.** Komp. zu ↑nahe (I). **◆ 3.** ⟨Präp. mit Dativ:⟩ wenn ... mich meine kleine Seele aufzuregen und zu fürchten begann, rückte ich den Schemel n. der Mutter (Rosegger, Waldbauernbub 101).
nä|her brin|gen: s. näher (1).
Nä|he|rei, die; -, -en: **1.** ⟨o. Pl.⟩ (oft abwertend) *[dauerndes] Nähen.* **2.** *Näharbeit.*
Nah|er|ho|lung, die: *Erholung der Bevölkerung einer Großstadt in deren näherer Umgebung.*
Nah|er|ho|lungs|ge|biet, das: *Erholungsgebiet in der Nähe einer Großstadt.*
Nä|he|rin, die; -, -nen: *weibliche Person, die beruflich, zu Erwerbszwecken näht.*
nä|her kom|men: s. nahe (I 3 a).
nä|her lie|gen: s. nahe (I 1).
nä|her lie|gend: s. nahe (I 1).
nä|hern ⟨sw. V.; hat⟩ [mhd. næhern]: **1.** ⟨n. + sich⟩ **a)** *sich näher auf jmdn., etw.*

zubewegen; näher herankommen: sich rasch, sich bis auf wenige Meter n.; sie näherten sich dem Ziel ihrer Reise; Schritte näherten sich; sein Gesicht näherte sich ihr, dem ihren; die Warmfront näherte sich der Elbe (Schnabel, Marmor 143); Ü die Temperatur nähert sich dem Gefrierpunkt; **b)** *in zeitliche Nähe von etw. kommen; eine bestimmte Zeit bald erreichen:* der Sommer, unser Aufenthalt nähert sich dem Ende; er nähert sich dreißig *(er ist fast dreißig Jahre alt);* **c)** *in bestimmter Absicht mit jmdm. Kontakt aufnehmen, zu jmdm. in Beziehung treten:* sich einem Mädchen, einer Frau n.; Wir Denker suchen uns Gott zu n. (Hesse, Narziß 389); **d)** *sich in eine bestimmte Richtung entwickeln u. sich dabei bis zur Identität angleichen:* sich einem Ideal, einer Idee n.; ihre Begeisterung näherte sich der Hysterie; ... nähert sich die Scholastik erneut dem antiken politischen Denken (Fraenkel, Staat 264). **2. a)** *an etw., jmdm. heranbringen:* er näherte seinen Mund dem ihren; Auf diese Weise werden langsam die beiden Gruppen (= der Küken) einander genähert (Lorenz, Verhalten I, 196); Ü ... wird uns die Synthese dem Ziele n. (Lorenz, Verhalten I, 280); **b)** (geh.) *annähern* (2): Die Standpunkte ... können einander nur dann genähert ... werden, wenn ... (Börsenblatt 81, 1969, 6430).
Nä|her|recht, das (Rechtsspr.): *(früher, bis ins 19. Jh. geltendes) dem Vorkaufsrecht ähnliches Recht.*
nä|her ste|hen: s. nahe (I 3 a).
nä|her tre|ten: s. nahe (I 1).
Nä|he|rung, die; -, -en (Math.): *Annäherung an einen exakten Wert.*
Nä|he|rungs|ver|fah|ren, das (Math.): *Verfahren zur Annäherung an einen exakten Wert.*
nä|he|rungs|wei|se ⟨Adv.⟩: *annäherungsweise, ungefähr:* das Alter eines Fundes n. bestimmen; ⟨auch attr.:⟩ Meronsches Verfahren ... nennt man folgendes Verfahren zur -n Wurzelberechnung (Mathematik II, 164).
Nä|he|rungs|wert, der (Math.): *Wert, der eine Annäherung an den exakten Wert darstellt.*
na|he ste|hen: s. nahe (I 3 a, b).
na|he tre|ten: s. nahe (I 1).
na|he|zu ⟨Adv.⟩: *in Quantität od. Grad der genannten Angabe ziemlich nahekommend; fast:* n. die Hälfte; es dauerte n. fünf Stunden.
Näh|fa|den, der: *Nähgarn:* der N. ist gerissen.
Nah|fahrt, die: *im Unterschied zur Fernfahrt nur eine kürzere Strecke führende Fahrt mit dem Lastkraftwagen od. Lastzug.*
Näh|garn, das: *zum Nähen verwendetes Garn aus unterschiedlichem Material.*
Na|hie, Na|hi|je, die; -, -s [türk. nahiye < arab. nāhiya]: *untergeordneter Verwaltungsbezirk in der Türkei.*
Nah|kampf, der: **1.** *militärischer Kampf Mann gegen Mann mit Hieb- u. Stichwaffen, Handfeuerwaffen o. Ä.* **2.** (Boxen, Fechten) *Kampf, bei dem sich die Gegner in geringer Entfernung gegenüberstehen.*

Nah|kampf|mit|tel, das: *Waffe für den Nahkampf* (z. B. Handgranate, Flammenwerfer).
Näh|käst|chen, das: Vkl. zu ↑Nähkasten: *** aus dem N. plaudern** (ugs.; *etwas verraten; Einblick in Dinge gewähren, die anderen sonst nicht zugänglich sind*).
Näh|kas|ten, der: *Kasten mit verschiedenen Fächern zur Aufbewahrung von Nähgarn, Nähnadeln u. anderen Nähzutaten.*
◆ Näh|kis|sen, das: *Kissen, auf dem die Näharbeit festgesteckt wird:* Da legte er mir etwas aufs N. hin, dass ich es sehen musste, ohne ein Auge von meiner Arbeit zu verwenden (Mörike, Mozart 263).
Näh|korb, der: **a)** *Behälter aus Korbgeflecht o. Ä. mit einem oben angesetzten, beutelartig zusammenziehbaren Stoffteil zur Aufbewahrung von Nähgarn, Nähnadeln u. anderen Nähzutaten;* **b)** *Korb für Näharbeiten.*
Näh|körb|chen, das: Vkl. zu ↑Nähkorb: *** aus dem N. plaudern** (ugs. scherzh.; ↑Nähkästchen).
Näh|kurs, (selten:) **Näh|kur|sus,** der: *Kurs, der Kenntnisse im Nähen vermittelt.*
nahm: ↑nehmen.
Näh|ma|schi|ne, die [LÜ von engl. sewing-machine]: **1.** *Maschine mit Hand-, Fuß- od. elektrischem Antrieb zum Nähen:* eine elektrische, versenkbare N.; im Raum ... steht die rädrige, gusseiserne N., daran sitzt die donnerstägliche Flickschneiderin (Hildesheimer, Legenden 161); ein Kleid, eine Naht mit der N. nähen. **2.** (Soldatenspr.) **a)** *Maschinengewehr;* **b)** *im Zweiten Weltkrieg) altes, ein klappernd-surrendes Geräusch verursachendes (russisches) Kampf- od. Beobachtungsflugzeug:* Über dem Haus die -n: russische Flugzeuge, auch N ... genannt (Kempowski, Tadellöser 471).
Näh|ma|schi|nen|öl, das: *zur Pflege der Nähmaschine verwendetes Öl.*
näh|me: ↑nehmen.
-nah|me, die; -, -n [↑Abnahme]: in Zus. u. Zusb., z. B. Abnahme, Einflussnahme.
Näh|na|del, die: *beim Nähen verwendete [feine] Nadel mit Öhr.*
Nah|ost ⟨o. Art.⟩: *der Nahe Osten:* In Nah- und Fernost haben die ungarischen Ereignisse ... einen tiefen Eindruck hinterlassen (Dönhoff, Ära 166).
nah|öst|lich ⟨Adj.⟩: *den Nahen Osten betreffend; sich im Nahen Osten ereignend.*
Nähr|bo|den, das (Fachspr.): *oberer, schneebedeckter Teil des Gletschers, in dem sich das Eis bildet:* Ü Die Flüsse versandeten und stauten sich zu N. für Krankheitserreger (taz 28. 12. 94, 6).
Nähr|bier, das: *Malzbier.*
Nähr|bo|den, der: *Substanz aus flüssigen od. festen Stoffen als Untergrund für Pilz- od. Bakterienkulturen sowie zur Anzucht von Zellgewebe:* Werden Bakterien auf einen derartigen festen N. gebracht, so ... (Medizin II, 119); Ü um bei den Kindern von vornherein Einflüsse zu vermeiden, die sich als N. für Neurosen auswirken können (Wohngruppe 33).
Nähr|bo|den|scha|le, die: *Schale für einen Nährboden:* Fleming hatte eine N.

mit Traubenkokken beimpft (Medizin II, 122).

Nähr|brü|he, die: *flüssiger Nährboden.*

Nähr|creme, die: *der Haut Nährstoffe zuführende Creme.*

Nähr|ein|lauf, der (Med.): *Einführung von in Wasser gelösten Nährstoffen in den Mastdarm zum Zwecke der künstlichen Ernährung.*

näh|ren ⟨sw. V.; hat⟩ [mhd. ner(e)n, ahd. nerian, urspr. = retten, am Leben erhalten]: **1. a)** *auf eine bestimmte Weise ernähren* (1 a): ein Kind mit Muttermilch, Brei n.; sie nährt ihr Kind selbst *(stillt es);* ein gut genährtes Tier; Ü ... nährte Paulus ... seinen Geist mit indischer ... Philosophie (K. Mann, Wendepunkt 92); **b)** ⟨n. + sich⟩ (geh.) *sich ernähren* (1 b): sich von Reis n.; Kühe nähren sich von Gras; Großgaststätten, in denen man sich an lieblos zubereitetem Essen ... nährte (Feuchtwanger, Erfolg 565); Ü ... nährt sich das mächtige Element (= das Feuer) von den harzigen Zweigen (A. Zweig, Grischa 12). **2.** (geh.) **a)** *ernähren* (2 a): dass die Straßburger Gegend ... ihre Bewohner nährt *(ihren Bewohnern Lebensbedingungen bietet;* Bobrowski, Mühle 151); in Italien ernährt er (= der Film) die Intelligenz (Koeppen, Rußland 202); **b)** *sich ernähren* (2 b): das arme, kleine Mädchen, das sich da kümmerlich von Heimarbeit nährte (Thieß, Reich 480 f.). **3.** *nahrhaft sein:* Zucker nährt; Das Essen war schlecht; trotzdem nahmen wir zu: die Luft im Werder nährte (Grass, Hundejahre 326). **4.** (geh.) *in sich, jmdm. entstehen lassen u. aufrechterhalten:* einen Verdacht, eine Idee, Hoffnung n.; Ihr Hass gegen diese »hergelaufene Familie« wurde durch die bloße Vorstellung genährt ... (Th. Mann, Buddenbrooks 163); wenn einer allein das Gespräch nährt *(in Gang hält;* Andres, Liebesschaukel 80).

Näh|rer, der; -s, - [spätmhd. nerer] (veraltet, geh.): *jmd., der für jmds. Nahrung sorgt.*

Näh|re|rin, die; -, -nen (veraltet, geh.): w. Form zu ↑Nährer.

Nähr|flüs|sig|keit, die: *flüssiger Nährboden.*

Nähr|ge|biet, das (Fachspr.): *Teil des Gletschers oberhalb der Schneegrenze, in dem der Niederschlag größer ist als die Abschmelzung.*

Nähr|ge|halt, der: *Nährstoffgehalt.*

Nähr|ge|we|be, das (Bot.): *mit Stoffen zur Ernährung des Keimlings angereichertes pflanzliches Gewebe.*

nahr|haft ⟨Adj.⟩ [spätmhd. narhaft, zu mhd. nar, ahd. nara = Heil; Nahrung]: *Nährwert besitzend:* -e Kost; Kohlehydrate sind sehr n.; wir versammelten uns vor der Gulaschmarie, die fettig und n. roch (Remarque, Westen 8).

Nähr|he|fe, die: *Hefe mit hohem Gehalt an Vitaminen u. Eiweiß.*

näh|rig ⟨Adj.⟩ [mniederd. nerich = auf seine Nahrung bedacht] (bes. nordd.): *äußerst haushälterisch, sparsam bis zum Geiz; sehr kleinlich in seinen Ausgaben u. sie genau überwachend:* ... gab er das

Schmuggeln auf und wurde ein stiller, -er Mann (Frenssen, Jörn Uhl 168).

Nähr|klis|tier, das (Med.): *Nähreinlauf.*

Nähr|lö|sung, die: **a)** *flüssiger Nährboden;* **b)** *in der Hydrokultur verwendete Lösung mit Nährsalzen;* **c)** (Med.) *Infusionslösung für die künstliche Ernährung.*

Nähr|me|di|um, das (Med.): *Nährboden.*

Nähr|mehl, das: *Kindermehl.*

Nähr|mit|tel, das ⟨meist Pl.⟩: *aus Getreide gewonnene Produkte außer Mehl (z. B. Grieß, Haferflocken, Teigwaren, Puddingpulver).*

Nähr|mit|tel|fa|brik, die: *Fabrik für Nährmittel.*

Nähr|mit|tel|in|dus|trie, die: *Industriezweig, der Nährmittel herstellt.*

Nähr|mut|ter, die (veraltet): *Pflegemutter.*

Nähr|prä|pa|rat, das: *mit bestimmten Nährstoffen angereichertes Produkt, das sich bes. zur Ernährung von Kindern u. Kranken eignet.*

Nähr|salz, das: *für die pflanzliche Ernährung wichtiger Mineralstoff.*

Nähr|scha|den, der (Med.): *krankhafte Störung im Gedeihen von Säuglingen u. Kleinkindern aufgrund von Ernährungsfehlern.*

Nähr|stand, der ⟨o. Pl.⟩ (veraltet): *Berufsstand der Bauern.*

Nähr|stoff, der ⟨meist Pl.⟩: *für Aufbau u. Erhaltung von Organismen notwendiger Stoff:* wichtige -e für das Kind; um die Zellen mit N. zu versorgen (Medizin II, 224).

nähr|stoff|arm ⟨Adj.⟩: *arm an Nährstoffen.*

Nähr|stoff|ge|halt, der: *Gehalt an Nährstoffen.*

nähr|stoff|reich: *reich an Nährstoffen.*

Nah|rung, die; -, (Fachspr.:) -en [mhd. narunge, zu: nar, ↑nahrhaft]: *Essbares, Trinkbares, das ein Lebewesen zur Ernährung, zu Aufbau u. Erhaltung des Organismus braucht u. zu sich nimmt:* feste, flüssige, tierische, pflanzliche N.; die N. zubereiten; die Tiere finden im Winter kaum noch N.; Die N. mussten sie sich als Jäger in den Bergen suchen (Cotton, Silver-Jet 13); die N. verweigern *(sich weigern, Nahrung zu sich zu nehmen);* etw. dient jmdm. als/zur N.; Ü ihre intellektuelle N. fanden sie im Bekritteln (A. Kolb, Daphne 130); * **einer Sache [neue] N. geben** *(etw. verstärken, wieder aufleben lassen):* [mit etw.] dem Argwohn, dem Misstrauen, Gerüchten, jmds. Selbstgefühl, einer Sehnsucht N. geben; **N. bekommen/finden** *(unterstützt, bestärkt werden):* der Argwohn ... findet immer wieder neue N. (Dönhoff, Ära 161).

Nah|rungs|auf|nah|me, die ⟨o. Pl.⟩: *das Zusichnehmen von Nahrung.*

Nah|rungs|auf|spal|tung, die (Fachspr.): *das Aufspalten (a) der Nahrung durch Enzyme.*

Nah|rungs|be|darf, der: *Bedarf an Nahrung.*

Nah|rungs|er|werb, der (Zool.): *das Beschaffen der Nahrung.*

Nah|rungs|gut, das ⟨meist Pl.⟩ (DDR): *Nahrungsmittel.*

Nah|rungs|ket|te, die (Biol.): *Gruppe von Organismen, die (im Hinblick auf ihre Eigenschaft als Nahrung füreinander) in einer bestimmten Stufenfolge voneinander abhängen.*

Nah|rungs|man|gel, der: *Mangel an Nahrung.*

Nah|rungs|mit|tel, das ⟨meist Pl.⟩: *der menschlichen Ernährung dienender, roh od. zubereitet genossener Stoff.*

Nah|rungs|mit|tel|al|ler|gie, die: *Allergie, die durch bestimmte Nahrungsmittel hervorgerufen wird.*

Nah|rungs|mit|tel|che|mie, die: *angewandte Chemie, die sich mit der Untersuchung u. Begutachtung von Nahrungsmittel befasst.*

Nah|rungs|mit|tel|in|dus|trie, die: *Industriezweig, der Nahrungsmittel produziert.*

Nah|rungs|mit|tel|pro|duk|ti|on, die: *Produktion von Nahrungsmitteln.*

Nah|rungs|mit|tel|ver|gif|tung, die (Med.): *Lebensmittelvergiftung.*

Nah|rungs|quel|le, die: *sich in der Natur bietende Möglichkeit, sich die tägliche Nahrung zu verschaffen.*

Nah|rungs|saft, der ⟨o. Pl.⟩ (Fachspr.): *Speisesaft.*

Nah|rungs|sor|gen ⟨Pl.⟩: *Sorgen um den Lebensunterhalt, die tägliche Nahrung.*

Nah|rungs|spal|tung, die (Fachspr.): *Nahrungsaufspaltung.*

Nah|rungs|stoff, der ⟨meist Pl.⟩: *Nährstoff:* Vitamine sind lebenswichtige -e (Medizin II, 203).

Nah|rungs|su|che, die: *(von wild lebenden Tieren) die Suche nach der täglichen Nahrung;* wenn sie (= die Nachtasylleute) am Vormittag ... die Ruine verließen und auf N. gingen (Hilsenrath, Nacht 101).

Nah|rungs|trieb, der: *Trieb, Nahrung aufzunehmen.*

Nah|rungs|ver|wei|ge|rung, die: *Verweigerung der Nahrungsaufnahme.*

Nah|rungs|vor|rat, der: *Vorrat an Nahrung.*

Nah|rungs|zu|fuhr, die: *das Zuführen von Nahrung.*

Nähr|va|ter, der (veraltet): *Pflegevater.*

Nähr|wert, der: *Wert eines bestimmten Nährstoffs für die Aufrechterhaltung der Körperfunktionen:* Zucker hat einen hohen N.; * **keinen [sittlichen/geistigen] N. haben** (ugs; *sinnlos sein; keinen Wert haben).*

Nähr|zu|cker, der: *für die Säuglingsnahrung, bes. bei Durchfall verwendetes, Malzzucker enthaltendes Gemisch.*

Näh|scha|tul|le, die (selten): vgl. Nähkasten.

Nah|schnell|ver|kehrs|zug, der (Eisenb. früher): *auf Kurzstrecken in Ballungsräumen eingesetzter, schnell fahrender Zug mit kurzen Aufenthalten.*

Nah|schuss, der: *Schuss aus geringer Entfernung.*

Näh|sei|de, die: *beim Nähen verwendete gezwirnte Seidenfaser.*

nah|sich|tig ⟨Adj.⟩ (bes. Kunstwiss.): *aus der [unmittelbaren] Nähe gesehen, eine entsprechende Sicht erkennen lassend:* ... wird der Betrachter durch die -e

Auffassung in den Innenraum einbezogen (Bild. Kunst III, 36).

Näh|stich, der: *mit der Nähnadel ausgeführter Stich.*

Näh|stu|be, die (früher): *Raum, in dem man nähen konnte.*

Näh|stun|de, die: *Handarbeitsstunde im Nähen.*

Naht, die; -, Nähte [mhd., ahd. nāt, zu ↑nähen]: **1. a)** *beim Nähen entstehende Verbindungslinie, Verbindungsstelle:* eine einfache, doppelte, gerade N.; die N. ist aufgegangen, geplatzt; eine N. nähen, steppen, einfassen, auftrennen, vor der Anprobe ausplätten; in seinem Frack, der von der Anstrengung in den Nähten krachte (H. Mann, Stadt 146); * **eine N.** (salopp emotional; *viel;* H.u.): eine N. arbeiten, schlafen; du beziehst gleich eine N.! *(bekommst gleich eine Tracht Prügel!);* eine [große, dolle] N. draufhaben *(mit großer Geschwindigkeit fahren);* **jmdm. auf den Nähten knien, jmdm. auf die Nähte gehen/rücken** (salopp; *jmdm. zusetzen, jmdn. bedrängen);* **etw. auf der N. haben** (salopp; *vermögend, wohlhabend sein;* früher nähte man vor Reisen oft Geld in die Kleidung ein); * **aus den/allen Nähten platzen** (ugs.; 1. *zu dick, zu umfangreich werden. 2. zu voll werden, den Inhalt nicht mehr fassen können:* der Koffer platzt aus allen Nähten); **b)** (Med.) *Stelle, an der Wundränder o. Ä. auf chirurgischem Wege zusammengefügt wurden:* die N. ist gut, noch nicht verheilt. **2.** (Technik) *durch Zusammenschweißen entstehende Verbindungslinie:* die N. an dem Behälter ist undicht; Nähte schweißen. **3.** (Milit.) *gemeinsame Grenze des Verantwortungsbereichs benachbarter Verbände* (3a). **4.** (Anat.): *Sutur.*

Naht|band, das ⟨Pl. ...bänder⟩ (Schneiderei): *Eggenband.*

Näh|te|rei, die; -, -en [zu ↑Naht] (veraltet): *Näherei.*

Näh|te|rin, die; -, -nen (veraltet): *Näherin:* die Lena, die N. auf dem Schloss war (Strittmatter, Wundertäter 17).

Näh|tisch, der: *kleiner Tisch mit Fächern für Nähgarn, Nähnadeln o. Ä.*

naht|los ⟨Adj.⟩: **1. a)** *ohne [Strumpf]naht:* -e Strümpfe; Ü Nahtlos braun *(am ganzen Körper gebräunt)* – bequem zu Hause! (Hörzu 41, 1979, 61); **b)** (Technik) *ohne Schweißnaht.* **2.** *sich ohne Schwierigkeiten mit etw. verbindend:* wegen ... einer ggf. nur Weiterversicherung (KKH-Rundbrief 2, 1977, 7); dass die einzelnen Phasen vom Krankenhaus bis ... zum Sportverein möglichst n. ineinander übergehen müssen (Gesundheit 1, 1975, 165).

Naht|trans|port, der: *Transport über kurze Entfernungen.*

Naht|stel|le, die: **1.** (Technik) *Stelle, an der sich eine Schweißnaht befindet.* **2.** *Stelle, an der zwei verschiedene Dinge, Bereiche o. Ä. aufeinander treffen:* In ihr (= der Verfassungsgerichtsbarkeit) spiegeln sich die -n von Politik und Recht ... wider (Fraenkel, Staat 341).

Naht|zu|ga|be, die: *beim Zuschneiden für die Nähte zugegebener Stoff.*

Näh|uten|si|li|en ⟨Pl.⟩: vgl. Nähzutaten.

Nah|ver|kehr, der: *Eisenbahn- u. Fahrzeugverkehr über kürzere Entfernungen.*

Nah|ver|kehrs|mit|tel, das: vgl. Nahverkehrszug.

Nah|ver|kehrs|zug, der: *Personenzug des Nahverkehrs* (Zeichen: N).

nah ver|wandt: s. nahe (I 3 a).

Näh|zeug, das: **1.** *Zubehör u. Zutaten zum Nähen* (z. B. Garn, Nadeln, Schere). **2.** *Näharbeit.*

Näh|ziel, das: **1.** *für die nahe Zukunft angestrebtes Ziel:* Als N. peilt Dual einen Jahresumsatz von 70 Millionen Mark an. (Woche 14. 11. 97, 18). **2.** (selten) *in kürzerer Entfernung liegender Zielpunkt einer Wanderung, Fahrt, Reise o. Ä.*

Näh|zo|ne, die (Verkehrsw.): *(für den Transport von Gütern geltendes) von dem Ort aus, an dem ein Kraftfahrzeug stationiert ist, gemessenes Gebiet im Umkreis von 75 km Luftlinie.*

Näh|zu|ta|ten ⟨Pl.⟩: *zum Nähen verwendete Zutaten* (z. B. Garn, Knöpfe, Reißverschlüsse).

Näh|zwirn, der: vgl. Nähfaden.

Nai|ro|bi: Hauptstadt von Kenia.

na|iv ⟨Adj.⟩ [frz. naïf < lat. nativus = durch Geburt entstanden; angeboren, natürlich, zu: nasci (natum) = geboren werden, entstehen]: **1. a)** *von kindlich unbefangener, direkter u. unkritischer Gemüts-, Denkart [zeugend]; treuherzige Arglosigkeit beweisend:* -e Freude, Begeisterung, Bewunderung; ein -es Gemüt; -er Stolz; -e *(von Laien ohne entsprechende Vorbildung ausgeübte)* Kunst, Malerei; Brutus habe n. gehofft, dass ... (Goldschmit, Genius 46); Diese Anschauungen entwickelte ich ursprünglich vollkommen n. (Lorenz, Verhalten I, 131); **b)** (oft abwertend) *wenig Erfahrung, Sachkenntnis od. Urteilsvermögen erkennen lassend u. entsprechend einfältig, töricht [wirkend]:* eine -e Selbsttäuschung; etw. ist [reichlich] n.; er wirkt ein wenig n.; dieser Vorschlag mutet geradezu n. an; sie sagte n., dass ...; * **den Naiven/die Naive spielen** *(so tun, als ob man von einer bestimmten Sache nicht wüsste; sich dumm stellen).* **2.** (Literaturw.) *in vollem Einklang mit Natur u. Wirklichkeit stehend:* -e Dichtung.

Na|i|ve, die; -n, -n ⟨Dekl. ↑Abgeordnete⟩: *Schauspielerin, die das Rollenfach der jugendlichen Liebhaberin vertritt.*

♦ **Na|i|ve|tät:** ↑Naivität: Die derbe Natürlichkeit des Alten Testaments und die zarte N. des Neuen hatte mich im Einzelnen angezogen (Goethe, Dichtung u. Wahrheit 12); die N. ihrer Mienen (Jean Paul, Siebenkäs 14).

Na|i|vi|tät, die; - [frz. naïveté]: **a)** *naive* (1 a) *Art:* den Amerikaner als Personifizierung robuster N. zu zeigen (K. Mann, Wendepunkt 186); **b)** (oft abwertend) *naive* (1 b) *Art:* Ärger ... über so viel vermeintliche N. (Dönhoff, Ära 96).

Na|iv|ling, der; -s, -e (ugs. abwertend): *naiver* (1 b) *Mensch.*

Na|ja|de, die; -, -n [lat. Naias < griech. naïás (Gen.: naïádos)]: **1.** (griech.-röm. Myth.) *in Quellen u. Gewässern wohnende Nymphe.* **2.** (Zool.) *Flussmuschel.*

Na|la|na|ne, Nelanane, die; - [aus einer Bantuspr.] (Med.): *Schlafkrankheit.*

Na|liw|ka, die; -, ...ki [russ. nalivka]: *leichter russischer Fruchtbranntwein.*

nam, nam ⟨Interj.⟩: *njam, njam!*

Na|mas, Na|maz [...'ma:s], das; - [über türk. namaz < pers. namāz = Gebet < sanskr. námas = Verbeugung, Verehrung, Huldigung]: *täglich fünfmal zu verrichtendes Stundengebet der Muslime.*

Na|me, der; -ns, -n, (veraltet auch:) Namen, der; -s, - [mhd. name, ahd. namo]: **1.** *Bezeichnung, Wort, mit dem etwas als [Vertreter einer] Art, Gattung von gleichartigen Gegenständen, Lebewesen o. Ä. benannt wird; Gattungsname, Appellativ:* wie lautet der N. dieser Tiere?; Buschwindröschen ist ein anderer N. für Anemone; auf diese Art von Kunst passt keiner der üblichen -n; die Veranstaltung läuft unter dem -n »öffentliche Hauptprobe«; R daher der N. Bratkartoffel! (ugs.; *daher also, das ist der wahre Grund*); die -n der Teilnehmer nennen [*das Unrecht beim -n nennen* (etw. ohne Beschönigung aussprechen; etw. [Negatives] ganz klar als das bezeichnen, was es ist):* das Unrecht beim -n nennen. **2. a)** *kennzeichnende Benennung eines Einzelwesens, Ortes od. Dinges, durch die es von anderen seiner Art unterschieden wird; Eigenname:* ein häufiger, ausgefallener N.; sein richtiger, sein angenommener N.; mein N. ist *(ich heiße)* Maier; der N. tut nichts zur Sache *(ist unwichtig);* wie war doch gleich Ihr N.? (Frage an jmdn., dessen Namen man vergessen hat); der N. steht an der Wohnungstür, auf dem Ortsschild; dieser N. bürgt für Qualität; Weinberge in besten Lagen: Echézeaux, Vosne ... Lauter klingende -n (NZZ 30. 8. 86, 38); einen klangvollen *(bekannten, berühmten)* -n tragen; einen passenden -n [für etw.] finden; sie haben für ihre Tochter einen hübschen -n ausgesucht; er trägt den -n seines Großvaters; jmdm., sich einen anderen -n beilegen, zulegen; er kann kaum seinen -n schreiben; die -n der Teilnehmer verlesen, aufrufen; der Ort hat oft seinen -n gewechselt *(wurde mehrfach umbenannt);* seinen -n *(seine Unterschrift)* unter ein Dokument setzen; nur seinen -n für etw. hergeben *(nicht aktiv an etw. beteiligt sein);* sein N. hat in Fachkreisen einen guten Klang *(er ist bekannt, wird geschätzt);* jmdn. nur dem -n nach *(nicht persönlich)* kennen; das hat sich nur dem -n nach *(nicht in Wirklichkeit)* gebessert; der Träger eines bekannten -ns; der Hund hört auf den -n *(hat den Namen)* Rex; das Auto ist auf den -n, unter dem -n seiner Frau gemeldet; jmdn. bei seinem -n, mit -n rufen; ein Mann mit -n Emil; der Künstler trat unter einem anderen -n auf; er wohnt hier unter falschem -n; R N. ist Schall und Rauch (Goethe, Faust I); mein N. ist Hase [ich weiß von nichts] (ugs. scherzh.; *ich weiß nichts von der Sache, will nichts damit zu tun haben;* nach der angeblichen Aussage eines Studenten namens Victor v. Hase vor Gericht); in dem Gespräch fiel auch dein N. *(wurdest auch du genannt);* den -n Gottes *(Gott)* anrufen; diese -n *(Persönlichkei-*

ten) werden wir nie vergessen; *** in jmds., einer Sache -n, im -n [von]** *(im Auftrag, stellvertretend für):* viele Grüße, auch im -n meiner Eltern (Schlussfloskel in Briefen); im eigenen -n *(nicht stellvertretend)* handeln; im -n des Volkes (Formel bei der Urteilsverkündung); **b)** *Ruf, Renommee:* er hat noch keinen -n *(ist [in seinem Beruf o. Ä.] noch weitgehend unbekannt);* der Autor hat bereits einen -n *(ist bereits bekannt);* einen guten -n zu verlieren haben; *** sich** ⟨Dativ⟩ **einen -n machen** *(bekannt, berühmt werden).*

Name|drop|ping [ˈneɪmdrɔpɪŋ], das; -s, -s [engl. name-dropping, zu: name = Name u. to drop = (den Namen erwähnend) fallen lassen] (bildungsspr.): *geschicktes Einflechten von Namen berühmter od. hoch gestellter Persönlichkeiten, mit denen man angeblich selbst bekannt ist (in der Absicht, Eindruck zu machen):* Siedler erzählt so genießerisch über all die Menschen, die er kennen gelernt hat, dass der flüchtige Zuhörer sich vor dem N. fast fürchten möchte (Zeit 9. 7. 98, 2); Schauspieler Douglas als Gast in der McLaren-Mercedes-Box: visuelles N. (Spiegel 10, 1998, 139).

Na|men, der; -s, - (veraltet): ↑Name.

Na|men|än|de|rung (seltener): ↑Namensänderung.

Na|men|deu|tung, die: *Deutung eines Namens, von Namen.*

Na|men|for|schung, die: **a)** vgl. Genealogie; **b)** Namenkunde.

Na|men|ge|bung, die; -, -en: **a)** *Benennung einer Person od. Sache mit einem eigens hierfür ausgewählten Namen;* **b)** (DDR) *Namensweihe.*

Na|men|ge|dächt|nis, das: *Gedächtnis (1) für Namen, bes. von Personen.*

Na|men|kun|de, die ⟨o. Pl.⟩: *Wissenschaft von den Eigennamen, ihrer Herkunft, Geschichte, Verbreitung; Onomastik, Onomatologie.*

na|men|kund|lich ⟨Adj.⟩: *die Namenkunde betreffend.*

Na|men|lis|te, die: *Liste, in der Namen verzeichnet sind.*

na|men|los ⟨Adj.⟩: **1.** *dem Namen nach nicht bekannt, sich nicht als Einzelpersönlichkeit aus einer größeren Zahl heraushebend:* Dr. Wagner ... nennt die Zahl der -en Toten, von denen kleine Meldungen in den Zeitungen berichteten (Gabel, Fix 127); ein medizinischer Sachverständiger Dr. Dubois ..., ein in der Fachwelt -er Mann *(ohne besonderen Namen in der Fachwelt;* Maass, Gouffé 266); Man hatte sich auf einem so genannten Künstlermaskenball kennen gelernt, damals n., infolgedessen frei von allerlei Hemmungen (Frisch, Stiller 302); ⟨subst.:⟩ Die meisten Leute aber hatten Ranek kaum gekannt; für sie war er ein Namenloser (Hilsenrath, Nacht 433). **2.** (geh.) **a)** *sehr groß, sehr stark, sodass man es nicht benennen, nicht mit Worten beschreiben kann:* -es Elend; ihre Freude war n.; **b)** ⟨intensivierend bei Adjektiven u. Verben⟩ *sehr, überaus:* sich n. fürchten; einen Schrei, ... einen ... Schrei aus Schmerz, Hass und n. getäuschter Treue, stieß er aus (Maass, Gouffé 325).

Na|men|lo|sig|keit, die; -: *das Namenlossein* (1, 2 a).

Na|men|nen|nung: ↑Namensnennung.

Na|men|re|gis|ter, das: vgl. Namenliste.

na|men|reich ⟨Adj.⟩: *viele Namen enthaltend.*

na|mens [erstarrter Gen. von ↑Name]: **I.** ⟨Adv.⟩ *mit [dem] Namen:* ein Mann n. Maier; in einem Land n. Utah, nicht weit von einer Stadt n. Ogden (K. Mann, Wendepunkt 100). **II.** ⟨Präp. mit Gen.⟩ (Amtsspr.): *im Namen, im Auftrag:* n. der Regierung.

Na|mens|ak|tie, die (Wirtsch.): vgl. Namenspapier.

Na|mens|än|de|rung, Namenänderung, die: *Änderung des Namens (bes. des Familiennamens).*

Na|mens|bru|der, der (geh.): *Namensvetter.*

Na|mens|deu|tung, die (seltener): ↑Namendeutung.

Na|mens|fest, das: *Namenstag.*

Na|mens|form, die: *(sprachliche) Form eines Namens.*

Na|mens|for|schung, die (seltener): ↑Namenforschung (a).

Na|mens|ge|bung, die (seltener): ↑Namengebung.

Na|mens|ge|dächt|nis, das (seltener): ↑Namengedächtnis.

Na|mens|nen|nung, Namennennung, die: *Angabe, Nennung des [eigenen] Namens.*

Na|mens|pa|pier, das (Bankw.): *Wertpapier, das auf den Namen des Eigentümers eingetragen ist.*

Na|mens|pa|tron, der: *Heiliger, nach dem jmd. benannt ist.*

Na|mens|pa|tro|nin, die: w. Form zu ↑Namenspatron.

Na|mens|recht, das: **1.** ⟨o. Pl.⟩ *Gesamtheit der den Namen (2 a) betreffenden rechtlichen Bestimmungen.* **2.** *Recht, einen bestimmten Namen zu führen u. andere vom unbefugten Gebrauch dieses Namens auszuschließen.*

Na|mens|schild, das: **a)** *an der Haus- od. Wohnungstür angebrachtes Schildchen mit dem Namen des Wohnungsinhabers;* **b)** *am Revers o. Ä. getragene kleine Karte mit dem Namen.*

Na|mens|schwes|ter, die (geh.): vgl. Namensbruder.

Na|mens|stem|pel, Namenstempel, der: *Stempel mit jmds. Namen [u. Anschrift] od. mit der Wiedergabe seiner Unterschrift.*

Na|mens|tag, der (kath. Kirche): *Festtag eines Heiligen, der von dem Namensträger in manchen Gegenden statt des eigenen Geburtstags od. wie dieser gefeiert wird:* Wir haben es lieber, wenn man den N. feiert (Schnurre, Ich 52).

Na|men|stem|pel: ↑Namensstempel.

Na|mens|trä|ger, der: *Träger eines bestimmten Namens.*

Na|mens|ver|wechs|lung (seltener): ↑Namenverwechslung.

Na|mens|vet|ter, der: *jmd., der den gleichen Familiennamen hat wie ein anderer, ohne dass ein Verwandtschaftsverhältnis zwischen beiden besteht.*

Na|mens|wech|sel: ↑Namenwechsel.

Na|mens|wei|he, die (DDR): *feierliche Namengebung bei einem Neugeborenen als Ersatz für die christliche Taufe:* Die nächste sozialistische N. findet am Sonntag, dem 10. März 1985, um 10.00 Uhr im Kulturhaus der Warnowwerft statt (Werftstimme 7, 1985, 6).

Na|mens|zei|chen, das: *persönliches Kürzel des Namens, mit dem jmd. z. B. ein Schriftstück abzeichnet.*

Na|mens|zug, der: **1.** *jmds. Unterschrift (in ihrer charakteristischen Form).* **2.** (veraltend) *kunstvoll gestaltete Initialen.*

na|ment|lich [mhd. name(n)lich]: **I.** ⟨Adj.⟩ *mit Namen [geschehend, genannt], nach Namen geordnet:* -e Angaben; eine -e Liste *(Namenliste);* die Teilnehmer werden n. aufgerufen. **II.** ⟨Adv.⟩ *besonders, vor allem, hauptsächlich:* diese Route ist kaum passierbar, n. [dann], wenn es geregnet hat.

Na|men|ver|wechs|lung, Namenverwechslung, die: *Verwechslung von Namen.*

Na|men|ver|zeich|nis, das: *Namenliste.*

Na|men|wech|sel, Namenswechsel, der: *Wechsel des Namens.*

Na|men|wort, das ⟨Pl. ...wörter⟩ (Sprachw.): *Nomen.*

nam|haft ⟨Adj.⟩ [mhd. namehaft, ahd. namohaft]: **1.** *(bes. als Künstler, Wissenschaftler o. Ä.) einen bekannten Namen habend; bekannt, berühmt:* -e Gelehrte; die -esten Illustratoren. **2.** *groß, nennenswert, ansehnlich:* eine -e Summe. **3.** *** jmdn., etw. n. machen** (Papierdt.): *jmdn., etw. ausfindig machen u. [be]nennen):* das den elf n. gemachten Kassenvertragsärzten nur vier übrig bleiben würden (Wochenpresse 25. 4. 79, 14).

Nam|haft|ma|chung, die; -, -en (Papierdt.): *das Namhaftmachen.*

Na|mi|bia; -s: Republik in Südwestafrika.

Na|mi|bi|er, der; -s, -: Ew.

Na|mi|bi|e|rin, die; -, -nen: w. Form zu ↑Namibier.

na|mi|bisch ⟨Adj.⟩: *Namibia, die Namibier betreffend; aus Namibia stammend.*

näm|lich [mhd. nemelîche (Adv.), zu: namelich, ahd. namolîh = mit Namen genannt, ausdrücklich]: **I.** ⟨Adj.⟩ (geh. veraltend): *der-, die-, dasselbe:* die -en Leute; am -en Tag; Sie erzählten sich beide die -e Anekdote (Kesten, Geduld 79); ⟨allein stehend:⟩ wir alle haben das -e gewollt. **II.** ⟨Adv.⟩ **1.** drückt nachgestellt eine Begründung für die vorangehende Aussage aus; *denn:* sonntags n. *(denn sonntags)* gehen wir immer spazieren; Mit Gisela wollte er wettschwimmen ..., aber da kam er nicht mit, die war n. Gebietsmeisterin gewesen (Kempowski, Uns 82); ⟨oft verblasst zu einem bloßen Füllwort:⟩ das war n. ganz anders. **2.** dient der näheren Erläuterung; *und zwar, genauer gesagt:* einmal in der Woche, n. am Dienstag, geht er kegeln; die Tatsache n., dass ...

Näm|lich|keit, die; - (Amtsspr., selten): *Identität:* Sicherung der N. von Kunstgegenständen und sonstigen einmaligen

Einzelstücken (Börsenblatt 62, 1967, 1649).

Näm|lich|keits|be|schei|ni|gung, die, **Näm|lich|keits|er|klä|rung,** die (Zollw.): *Bescheinigung über die Identität von etw.*

Na|mur [naˈmyːr], das; -s [nach der belgischen Provinz Namur] (Geol.): *untere Stufe des oberen Karbons.*

Nan|cy [nãˈsi]: Stadt in Ostfrankreich.

Nan|du, der; -s, -s [span. ñandú < Tupi (südamerik. Indianerspr.) nhandu]: *dem* ²*Strauß ähnlicher, flugunfähiger Laufvogel in den Steppen u. Savannen Südamerikas.*

Nä|nie, die; -, -n [lat. naenia] (bildungsspr.): *altrömische Totenklage, Klagelied (als literarische Form).*

Na|nis|mus, der; - [zu griech. nãnos = Zwerg] (Med., veraltet): *Minderwuchs.*

¹**Nan|king:** Stadt in der Volksrepublik China.

²**Nan|king,** der; -s, -e u. -s [nach der chin. Stadt] (Textilind.): *kräftiges Gewebe aus Baumwolle od. Zellwolle in Leinen- od. Köperbindung (das u. a. für Bluejeans verwendet wird).*

Nan|no|plank|ton, das; -s [zu griech. nánnos (auch: nãnos) = Zwerg u. ↑Plankton] (Biol.): *durch Zentrifugieren des Wassers gewonnenes feinstes Plankton.*

nann|te: ↑nennen.

Na|no- [zu griech. nãnos = Zwerg] ⟨Best. in Zus. mit der Bed.⟩: *der 10⁻⁹te Teil einer physikalischen Einheit* (Zeichen: n).

Na|no|fa|rad, das; -[s], -: *ein milliardstel Farad* (Zeichen: nF).

Na|no|gramm, das; -s, -e: *ein milliardstel Gramm* (Zeichen: ng).

Na|no|me|ter, der od. das; -s, -: *ein milliardstel Meter* (Zeichen: nm).

Na|no|plank|ton: ↑Nannoplankton.

Na|no|so|mie, die; - [zu griech. nãnos = Zwerg u. sõma = Körper] (Med., veraltet): *Minderwuchs.*

Nan|sen|pass, der [nach dem norw. Polarforscher u. Friedensnobelpreisträger F. Nansen (1861–1930)]: *Ausweis, Pass für einen Staatenlosen.*

na|nu ⟨Interj.⟩ [aus dem Niederd.]: Ausruf der Verwunderung: n., du kommst schon zurück?

Na|os, der; - [griech. naós = Tempel]: **1.** *Hauptraum im altgriechischen Tempel, in dem das Götter- od. Kultbild stand.* **2.** *Hauptraum für die Gläubigen in der orthodoxen Kirche.*

Na|palm®, das; -s [Kurzwort aus **Naph**thensäure u. **Palm**itinsäure]: *Gemisch aus Benzin u. bestimmten Verdickungsmitteln, das als Füllung von Brandbomben verwendet wird.*

Na|palm|bom|be, die: *mit Napalm gefüllte Brandbombe, die bei der Explosion extrem hohe Temperaturen erzeugt u. dadurch verheerende Wirkung hat.*

Napf, der; -[e]s, Näpfe [mhd. napf, ahd. (h)napf; H. u.] (regional): *kleine [flache] runde Schüssel* (bes. *als Gefäß für das Futter von Haustieren, auch als einfaches Essgefäß):* der Katze einen N. mit Milch hinstellen; die Gefangenen erhielten jeweils nur einen N. Suppe; Seine Hände

wurden wieder stark, er konnte den N. heben und trinken (Böll, Adam 13).

Näpf|chen, das; -s, -: Vkl. zu ↑Napf.

napf|för|mig ⟨Adj.⟩: *von, in der Form eines Napfes.*

Napf|ku|chen, der: *in einer bestimmten runden Form gebackener [Rühr]kuchen aus Backpulver- od. Hefeteig.*

Napf|ku|chen|form, die: *runde Backform mit hohem, seitlich od. durchgehend geriffeltem Rand u. einem hohen Zylinder od. kegelstumpfförmigen Teil in der Mitte.*

Napf|schne|cke, die: *im Meer lebende, fest an von der Brandung bespülten Felsen haftende Schnecke mit breitem Fuß u. flacher, napfförmiger Schale.*

Naph|tha, das; -s, selten: die; - [lat. naphtha < griech. náphtha, pers. Wort]: **1.** (Technik) *Schwerbenzin als wichtiger Rohstoff für die petrochemische Industrie.* **2.** (veraltet) *Erdöl.*

Naph|tha|lin, das; -s: *aus Steinkohlenteer gewonnener, durchdringend riechender aromatischer Kohlenwasserstoff.*

Naph|the|ne ⟨Pl.⟩ (Chemie): *eine Gruppe isozyklischer organischer Kohlenstoffverbindungen.*

Naph|tho|le ⟨Pl.⟩ [zu ↑Naphthalin u. ↑Alkohol] (Chemie): *Derivate des Naphthalins, bei denen ein, zwei od. mehr Wasserstoffatome durch Hydroxylgruppen substituiert sind.*

Na|po|le|on|dor, der; -s, -e ⟨aber: 5 -⟩ [frz. napoléon d'or, eigtl. = goldener Napoleon, nach Napoleon I. (1769–1821), der diese Münze zuerst prägen ließ] (früher): *französische Goldmünze mit dem Bild Napoleons I. od. Napoleons III.*

Na|po|le|o|ni|de, der; -n, -n: *Abkömmling der Familie Napoleons.*

na|po|le|o|nisch ⟨Adj.⟩: *auf die Zeit Napoleons bezogen.*

Na|po|li: italienische Form von ↑Neapel.

Na|po|li|tain [napoliˈtɛ̃], das; -s, -s [frz., eigtl. = Neapolitaner, nach der ital. Stadt Napoli (Neapel): *kleines Schokoladentäfelchen.*

Na|po|li|taine [napoliˈtɛːn], die; - [frz. napolitaine, eigtl. = Neapolitanerin]: *feinfädiges, dem Flanell ähnliches Wollgewebe.*

Nap|pa, das; -[s], (Sorten:) -s, **Nap|pa|le|der,** das [engl. nap(p)a (leather), nach der kalifornischen Stadt Napa]: *feines u. weiches Leder.*

Nap|pa|ta|sche, die: *[Hand]tasche aus Nappaleder.*

nap|pie|ren ⟨sw. V.; hat⟩ [frz. napper, zu: nappe = Tischtuch, dissimiliert aus lat. mappa = Vortuch, Serviette] (Kochk.): *maskieren (3).*

Nar|be, die; -, -n [mhd. narwe, narwa, urspr. = Verengung (der Wundränder)]: **1.** *auf der Hautoberfläche sichtbare Spur einer verheilten Wunde:* eine rote, tiefe, frische N.; über dem rechten Auge, zackig ins Haar verlaufend, die lange N. (Remarque, Triomphe 13); von der Verletzung werden -n zurückbleiben; die Wunde hat eine hässliche N. hinterlassen, ist ohne N. verheilt; sein Arm war mit -n bedeckt, war voller -n; Ü Der mit

geistigen -n bedeckte Taglöhner Christi von Jasnaja Poljana (Nigg, Wiederkehr 170). **2.** (Gerberei) *Narben.* **3.** (Bot.) *(bei Blütenpflanzen) oberster, meist auf einem Griffel (2) sitzender Teil des Fruchtknotens, der den bestäubenden Pollen aufnimmt.* **4.** kurz für ↑Grasnarbe.

nar|ben ⟨sw. V.; hat⟩ (Gerberei): **a)** *(von Fellen) enthaaren, sodass der Narben zum Vorschein kommt;* **b)** *den Narben mit einem besonders geformten Holz od. mit einer Maschine so bearbeiten, dass eine natürliche Narbung hervorgehoben wird:* genarbtes Leder.

Nar|ben, der; -s, - (Gerberei): *äußere Seite eines Tierfelles, die nach Lösen der Haare, Borsten o. Ä. eine für jede Tierart typische Narbung zeigt; Narbe (2).*

Nar|ben|bild, das (Gerberei): *charakteristische Zeichnung des Leders.*

Nar|ben|bil|dung, die: *das Sichbilden von Narben nach Verletzungen.*

Nar|ben|bruch, der (Med.): ¹*Bruch (2 b) im Bereich einer [noch nicht abgeheilten] Operationsnarbe.*

Nar|ben|ge|we|be, das (Med.): *an der Stelle einer Verletzung o. Ä. entstehendes, derbes Bindegewebe, das allmählich schrumpft.*

Nar|ben|le|der, das (Gerberei): *genarbtes Leder.*

Nar|ben|plas|tik, die (Med.): *Korrektur einer Operationsnarbe.*

nar|ben|reich ⟨Adj.⟩: *mit vielen Narben bedeckt.*

Nar|ben|sei|te, die: *Außenseite eines Fells.*

nar|big ⟨Adj.⟩: *mit Narben bedeckt, voller Narben:* ein -es Gesicht.

Nar|bonne [narˈbɔn]: Stadt in Südfrankreich.

Nar|bung, die; -, -en (Gerberei): *äußere Zeichnung eines genarbten Leders.*

Nar|de, die; -, -n [mhd. narde, ahd. narda < lat. nardus < griech. nárdos, aus dem Semit.]: **a)** *wohlriechende, dem Baldrian verwandte Pflanze, aus deren Wurzeln Salböle hergestellt werden;* **b)** *Öl od. Salbe aus der Narde (a).*

Nar|den|öl, das: *Öl aus der Narde (a).*

Nar|den|wur|zel, die: *Wurzel der Narde (a).*

Nar|gi|leh [auch: narˈgiːle], die; -, -[s] od. das, -s, -s [pers. närgīlaʰ]: *orientalische Wasserpfeife:* George Sand ... in Männerhosen ..., an der Zigarre oder an der N. ziehend (Spiegel 52, 1976, 125).

Na|ris, die; -, Nares (meist Pl.) [lat. naris] (Anat.): *Nasenloch.*

Nar|ko|ana|ly|se, die; -, -n [Kurzwort aus ↑**Narko**se u. ↑Psycho**analyse**] (Med.): *unter der Wirkung eines leichten Narkotikums durchgeführte psychoanalytische Befragung eines Patienten.*

Nar|ko|lep|sie, die; -, -n [zu griech. nárkē (↑Narkose) u. lēpsis = Anfall] (Med.): *meist unvermittelt u. anfallartig auftretender unwiderstehlicher Schlafdrang von kurzer Dauer.*

Nar|ko|lo|gie, die; - [zu griech. nárkē (↑Narkose) u. ↑-logie]: *Anästhesiologie.*

Nar|ko|ma|ne, der; -n, -n (Med.): *jmd., der an Narkomanie leidet.*

Nar|ko|ma|nie, die; - [zu nárkē (↑Narkose) u. ↑Manie] (Med.): *krankhaftes Verlangen nach Schlaf- od. Betäubungsmitteln.*

Nar|ko|ma|nin, die; -, -nen (Med.): w. Form zu ↑Narkomane.

Nar|ko|se, die; -, -n [griech. nárkōsis = Erstarrung, zu: nárkē = Krampf, Lähmung, Erstarrung]: *(bei einer Operation) durch ein Narkosemittel bewirkter schlafähnlicher Zustand mit Ausschaltung des Bewusstseins u. damit der Schmerzempfindung:* eine tiefe, leichte N.; die N. einleiten, überwachen, verlängern, durch ein Beruhigungsmittel vorbereiten; die Schwester gab ihr die N. (Roehler, Würde 7); Eugenie ... machte die N. (Remarque, Triomphe 246); aus der N. erwachen; in [der] N. liegen; einen Eingriff in N. machen.

Nar|ko|se|ap|pa|rat, der: *Apparat, der alle zur Durchführung u. Überwachung einer Narkose notwendigen Einzelgeräte enthält.*

Nar|ko|se|arzt, der: *Anästhesist.*

Nar|ko|se|ärz|tin, die; -, -nen: w. Form zu ↑Narkosearzt.

Nar|ko|se|fach|arzt, der: *Facharzt mit einer Spezialausbildung für Narkosen; Anästhesist.*

Nar|ko|se|fach|ärz|tin, die: w. Form zu ↑Narkosefacharzt.

Nar|ko|se|ge|wehr, das (Tiermed.): *Gewehr, mit dem einem Tier ein Betäubungsmittel (in einem Geschoss mit einer Kanüle) unter die Haut geschossen wird.*

Nar|ko|se|mas|ke, die: *Atemmaske zum Inhalieren eines Narkosemittels.*

Nar|ko|se|mit|tel, das: *Mittel, mit dem eine Narkotisierung erreicht wird.*

Nar|ko|se|schwes|ter, die: vgl. Narkosefacharzt.

Nar|ko|se|über|wa|chung, die: *Überwachung von Atmung u. Kreislauf des Patienten während der Narkose.*

Nar|ko|ti|kum, das; -s, ...ka: **1.** *Narkosemittel.* **2.** *schmerzlinderndes Mittel, dessen Missbrauch zur Sucht führen kann* (z. B. Kokain, Morphium, Opium): Etwa 80 Prozent aller Amerikaner haben ... irgendein verbotenes N. zumindest probiert (Freie Presse 25. 11. 88, Beilage 2); Ü ob der Sport selbst nicht bereits zum N. der Massen geworden ist (Augsburger Allgemeine 27. 5. 78, 7).

Nar|ko|tin, das; -s (Med.): *den Hustenreiz stillendes Mittel mit nur geringer narkotischer Wirkung.*

nar|ko|tisch ⟨Adj.⟩ [griech. narkōtikós = erstarren machend]: **a)** (Med.) *in Narkose versetzend:* -e Mittel; **b)** *betäubend, berauschend:* dieser südamerikanische, stark -e Stoff aus getrocknetem Hanf sei bisher vorwiegend von den Soldaten ... eingeschmuggelt worden (Fr. Wolf, Menetekel 212).

Nar|ko|ti|seur [...'zøːɐ], der; -s, -e [zu ↑narkotisieren]: *Narkosearzt.*

nar|ko|ti|sie|ren ⟨sw. V.; hat⟩ (Med.): *in Narkose versetzen:* einen Patienten n.; Carmichael hat Embryonen von Amphibien ... dauernd narkotisiert gehalten (Lorenz, Verhalten I, 138); Ü ... die Massen ... durch Illusionen zu n. (Thielicke, Ich glaube 161).

Nar|ko|ti|sie|rung, die; -, -en: *das Narkotisieren, Narkotisiertwerden.*

Nar|ko|tis|mus, der; -: *Sucht nach Narkotika.*

Na|rod|na|ja Wol|ja, die; -- [russ. Narodnaja Volja, eigtl. = Volkswille]: *russische Geheimorganisation, die um 1880 im Geiste der Narodniki den Agrarsozialismus vertrat.*

Na|rod|ni|ki ⟨Pl.⟩ [russ. narodniki; eigtl. = Volkstümler, zu: narod = Volk]: *Anhänger einer russischen Bewegung in der zweiten Hälfte des 19. Jh.s, die eine soziale Erneuerung Russlands durch das Bauerntum u. den Übergang zum Agrarkommunismus erstrebte.*

Narr, der; -en, -en [mhd. narre, ahd. narro; H. u.]: **1.** (veraltend) *törichter Mensch, der sich in lächerlicher Weise täuschen, irreführen lässt:* ein eitler, eingebildeter N.; er ist ein N., wenn er das glaubt; Geh, du Tölpel, du N., du Krämerseele (Remarque, Obelisk 235); Spr ein N. kann in einer Stunde mehr fragen, als zehn Weise in einem Jahr beantworten können; Kinder und -en reden die Wahrheit. **2.** (früher) *Spaßmacher [an Fürstenhöfen, im Theater (bes. bei der Commedia dell'Arte) (meist in bunter Kleidung, mit Schellen u. Narrenkappe auftretend):* Spr jedem -en gefällt seine Kappe (jeder hat eine Eigenheit, die er liebt); ***jmdn. zum -en haben/halten;** (seltener:) **sich** ⟨Dativ⟩ **aus jmdm. einen -en machen** *(jmdn. anführen, [im Scherz] irreführen, täuschen u. veralbern; eigtl. = jmdn. als Narren behandeln);* **sich zum -en machen** *(sich lächerlich machen);* **einen -en an jmdm., etw. gefressen haben** *(ugs.; jmdn., etw. in übertriebener Weise gern mögen;* nach der alten Vorstellung, jmd. habe einen Dämon in seinem Innern sitzen). **3.** *jmd., der ausgelassen [in Verkleidung] Karneval feiert; Karnevalist, Fastnachter:* Kalauerkönige und Büttenprediger präsentieren den Närrinnen und -en ... drei Stunden lang rheinischen Frohsinn (Hörzu 8, 1973, 85).

Nar|ra|ti|on, die; -, -en [lat. narratio, zu: narrare, ↑narrativ] (veraltet): *Erzählung, Bericht.*

nar|ra|tiv ⟨Adj.⟩ [spätlat. narrativus, zu lat. narrare = erzählen] (Sprachw.): *erzählend, in erzählender Form darstellend:* -e Strukturen.

Nar|ra|ti|vik, die; -: *Technik u. Theorie des Erzählens.*

Nar|ra|ti|vum, das; -s, ...va [lat. (tempus) narrativum] (Sprachw.): *vorwiegend bei der Erzählung verwendetes Tempus (z. B. das Imperfekt im Deutschen).*

Nar|ra|tor, der; -s, -oren [lat. narrator] (Literaturw.): *Erzähler.*

nar|ra|to|risch ⟨Adj.⟩ [spätlat. narratorius] (Literaturw.): *den Erzähler, die Erzählung betreffend; erzählerisch:* Werke -en Charakters (Deschner, Talente 366); n. begabt sein.

Närr|chen, das; -s, -: Vkl. zu ↑Narr (1).

◆ **När|re,** der; -n, -n: ↑Narr: Ein N. erkauf' ein Liebchen sich auf diesen Fuß (Wieland, Sommermärchen 408); N., das ist deine Schuld (Goethe, Clavigo 1);

So hab' ich dich lieb, kleiner N. (Goethe, Lehrjahre I, 17).

när|ren ⟨sw. V.; hat⟩ [mhd. (er)narren, ahd. in: irnarrēn = zum Narren werden, sich wie ein Narr benehmen] (geh.): *anführen, irreführen, täuschen:* die Fata Morgana, jene Luftspiegelung, die den Wanderer ... in der Wüste narrt (Geissler, Nacht 138); dass einen ... die eigene Spiegelbild anblickte und narrte (Thielicke, Ich glaube 103).

Nar|ren|fest, das: **a)** *brauchtümliches, an bestimmten Tagen stattfindendes, parodistisch-ausgelassenes Fest in der Antike u. im Mittelalter;* **b)** *karnevalistisches Fest.*

Nar|ren|frei|heit, die: *jmdm. (den man nicht ganz ernst nimmt od. dem man eine gewisse Sonderstellung einräumt) zugestandene Freiheit, bestimmte Dinge zu tun od. zu sagen:* Ich habe bei fast allen meinen Freunden ... so eine gewisse N. (Fichte, Wolli 148); Die beiden Staatsanwälte mit ihren vielen »Verleumdungen« und »völlig abweichen Theorien« ... genössen ja leider »Narrenfreiheit« (Spiegel 39, 1984, 61).

nar|ren|haft ⟨Adj.⟩ (selten): *wie ein Narr* (1).

Nar|ren|hän|de ⟨Pl.⟩: Spr N. beschmieren Tisch und Wände *(es ist dumm und ungehörig, Dinge zu bemalen, die dafür nicht gedacht sind).*

Nar|ren|haus, das (veraltet): *Anstalt für Geisteskranke:* man kommt sich vor wie in einem N.; Sie müsse ... nach Dobřan, ins N., er halte es nicht aus (Fussenegger, Haus 452).

Nar|ren|kap|pe, die: **a)** (früher) *eng anliegende Kappe mit Hörnern (1) aus Stoff u. kleinen Schellen;* **b)** *bunte karnevalistische Kopfbedeckung.*

Nar|ren|kleid, das (geh.), **Nar|ren|kostüm,** das: *fantasievolle [karnevalistische] Verkleidung.*

Nar|ren|pos|se, Narrensposse« ⟨meist Pl.⟩ (geh. veraltend): *[dummer, unsinniger] Scherz; etw., was nicht ernst genommen wird:* das sind doch -n! *(das ist doch Unsinn!).*

Nar|ren|seil, das: in der Wendung **jmdn. am N. führen** (veraltend): *jmdn. narren, hinhalten;* urspr. = Seil, an dem die Narren [auf bildl. Darstellungen] die Symbolgestalten der verschiedenen Laster hinter sich herzogen, dann das Seil, an das die Narren selbst geführt wurden): ◆ Das ist im Korps Kerles, Bruder, deliziöse Bursche ... Aber wir führen sie am N. herum (Schiller, Räuber II, 3).

när|ren|si|cher ⟨Adj.⟩ (ugs. scherzh.): *(von Geräten, Maschinen u. Ä.) so sicher konstruiert, so einfach zu bedienen, dass selbst der Ungeschickteste nichts falsch machen, nichts verderben kann:* eine Gruppe von Wettern, die ... 1957 ein nahezu -es System erfand (Noack, Prozesse 170); Beschreibt eure Geräte doch wenigstens für den Benutzer n.! (FAZ 1. 7. 61, 5).

Nar|rens|pos|se: ↑Narrensposse.

Nar|ren|streich, der (veraltend): *übermütiger Streich:* In uns allen sind die ewigen -e (Jahnn, Geschichten 214).

◆ **Nar|ren|tei|dung,** die; -, -en [auch: Narreteiding, ↑Narretei]: *Narretei* (a): lass ihn die N. treiben (Goethe, Faust II, 5798).

Nar|ren|tum, das; -s (selten): *Narrheit.*

Nar|ren|zep|ter, das: *zur Tracht der Hofnarren gehörendes Zepter (als Zeichen ihres Amtes, ihrer Macht):* Prinz Karneval führt, schwingt das N. *(es ist Karneval[szeit]).*

Nar|re|tei, die; -, -en [gek. aus älterem Narrenteiding = Narrenstreich; 2. Bestandteil mhd. teidinc, älter: tagedinc, ↑verteidigen] (geh.): **a)** *Scherz, übermütiges Tun, närrischer Spaß:* die -en der Faschingszeit; **b)** *Unsinn, törichte Handlung od. Vorstellung:* das ist alles N.!

Narr|hal|la|marsch, der ⟨o. Pl.⟩ [1. Bestandteil zu ↑Narr (3), 2. Bestandteil wohl gek. aus ↑Walhall(a)]: *auf Karnevalssitzungen gespielter Marsch.*

Narr|hal|le|se, der; -n, -n: *Narr* (3): Bei minus fünf Grad hatten sich die meisten Zuschauer nicht nur mit Pappnasen und Perücken, sondern auch mit Schals und dicken Jacken gerüstet. Entsprechend war Glühwein bei Närrinnen und -n der Renner (FR 15. 2. 94, 2).

Narr|heit, die; -, -en: **a)** ⟨o. Pl.⟩ *Dummheit, Einfalt, Naivität:* Welch eine N.! Natürlich war da ein anderer (Remarque, Triomphe 268); der Tier- und Totenkult ... war ihm ein Gräuel und eine N. (Th. Mann, Joseph 413); **b)** *närrischer Streich:* jmdn. mit allerhand -en necken.

Närr|rin, die; -, -nen: w. Form zu ↑Narr.

när|risch ⟨Adj.⟩ [mhd. nerrisch]: **1. a)** *unvernünftig u. daher den Spott anderer herausfordernd; skurril:* ein -er Kauz; -e Einfälle haben; du bist wohl n.! (ugs.; *nicht recht bei Verstand!*); als sie erfuhr, dass bei alledem noch zwei Zwergobstbäume darauf (= auf dem Acker) stünden, wurde sie rein n. *(geriet sie außer sich vor Freude;* Hauptmann, Thiel 12); **b)** (ugs. emotional) *sehr, übermäßig [groß]:* -e Freude; ** **auf jmdn., etw./**(seltener:) **nach jmdm., etw. n. sein** *(jmdn., etw. sehr gern mögen, haben wollen):* Die junge Bulgarin ist ganz n. nach Löwen und Tigern (Hörzu 41, 1971, 8). **2.** *karnevalistisch, faschingsmäßig:* -es Treiben; Gestern fand ... die erste Prunksitzung der -en Zeit statt (Welt 12. 11. 65, 13).

Nar|thex, der; -, ...thizes [...tịtse:s; griech. nárthēx (Gen.: nárthēkos) = Kästchen]: *schmale Binnenvorhalle der altchristlichen u. byzantinischen Basiliken.*

Nar|vik: norwegische Hafenstadt.

Nar|wal [ˈnarva(:)l], der; -[e]s, -e [dän. narhval, schwed. narval < anord. nárhvalr, 1. Bestandteil H.u., 2. Bestandteil anord. hvalr = Wal]: *in arktischen Gewässern lebender grauweißer, dunkelbraun gefleckter Wal mit langem Stoßzahn, der dem Männchen als Waffe dient.*

Nar|ziss, der; - u. -es, -e [nach lat. Narcissus, griech. Nárkissos, einem schönen Jüngling der griech. Sage, der sich in sein Spiegelbild verliebte u. nach seinem Tod in eine Narzisse verwandelt wurde] (bildungsspr.): *ganz auf sich selbst bezoge-*

ner Mensch, der sich selbst bewundert und liebt: er ist ein N.

Nar|zis|se, die; -, -n [lat. narcissus < griech. nárkissos, wahrsch. volksetym. angelehnt an nárkē (↑Narkose) wegen des starken, betäubenden Duftes]: *im Frühling blühende Blume mit langen, schmalen Blättern u. meist glockenförmigen, großen, duftenden, gelben od. weißen Blüten auf hohen Stielen.*

Nar|ziss|mus, der; -: *übersteigerte Selbstliebe, Ichbezogenheit:* N. ist eine Selbstbezogenheit, die liebesunfähig macht (Ruthe, Partnerwahl 167).

Nar|zisst, der; -en, -en: *jmd., der [erotisch] nur auf sich selbst bezogen ist.*

Nar|zis|stin, die; -, -nen: w. Form zu ↑Narzisst.

nar|ziss|tisch ⟨Adj.⟩: **a)** *eigensüchtig, voller Eigenliebe;* **b)** *den Narzissmus betreffend, auf ihm beruhend.*

NASA, die; - [Abk. für engl. National Aeronautics and Space Administration]: *Nationale Luft- u. Raumfahrtbehörde der USA.*

na|sal ⟨Adj.⟩ [zu lat. nasus = Nase]: **1.** (Med.) *die Nase betreffend; zur Nase gehörend.* **2.** *durch die Nase gesprochen:* dieses n muss in. (Sprachw.; *als Nasal*) gesprochen werden. **3.** *[unabsichtlich] durch die Nase sprechend:* Ihre Aussage vor Gericht macht sie mit leicht n. gefärbter Stimme (Noack, Prozesse 48).

Na|sal, der; -s, -e (Sprachw.): *Laut, bei dessen Aussprache die Luft [zum Teil] durch die Nase entweicht (z. B. m, ng).*

na|sa|lie|ren ⟨sw. V.; hat⟩ (Sprachw.): *einen Laut nasal aussprechen.*

Na|sa|lie|rung, die; -, -en (Sprachw.): *das Nasalieren.*

Na|sal|laut, der (Sprachw.): *Nasal.*

Na|sal|vo|kal, der (Sprachw.): *nasalierter Vokal.*

na|schen ⟨sw. V.; hat⟩ [mhd. naschen, ahd. nascōn, urspr. = knabbern, schmatzen, lautm.]: **1.** *Süßigkeiten o. Ä. [Stück für Stück] genießerisch verzehren:* gerne, viel, Schokolade n. **2.** *[heimlich] kleine Mengen von etw. [wegnehmen u.] essen:* wer hat vom Kuchen genascht?

Näs|chen, das; -s, -: Vkl. zu ↑Nase (1 a).

Na|scher, (seltener:) **Näsch|er,** der; -s, -: *jmd., der gerne nascht.*

Na|sche|rei, die; -, -en: **1.** ⟨o. Pl.⟩ *[dauerndes] Naschen.* **2.** *Näscherei.*

Näsch|e|rei, die; -, -en ⟨meist Pl.⟩ (geh. veraltend): *Süßigkeit.*

Na|sche|rin, Näsch|e|rin, die; -, -nen: w. Form zu ↑Nascher, Näscher.

nasch|haft ⟨Adj.⟩: *gerne u. oft naschend:* Oswald Brunies war n., den Süßigkeiten verfallen (Grass, Katz 48).

Nasch|haf|tig|keit, die; -: *das Naschhaftsein.*

◆ **nä|schig** ⟨Adj.⟩: *naschhaft:* Das hörte ein Sperling ... Er flog hin und kostete und fand sie (= die Trauben) ungemein süße und rief hundert -e Brüder herbei (Lessing, Fabeln 2, 21).

Nasch|kat|ze, die (ugs.): *jmd., der gerne u. viel nascht.*

Nasch|maul, das (ugs.): *Naschkatze.*

Nasch|sucht, die ⟨o. Pl.⟩ (ugs.): *suchthaftes Verlangen zu naschen; Naschhaftigkeit.*

nasch|süch|tig ⟨Adj.⟩: *sehr naschhaft.*

Nasch|werk, das ⟨o. Pl.⟩ (veraltet): *Süßigkeiten.*

Na|se, die; -, -n [mhd. nase, ahd. nasa, urspr. wahrsch. = Nasenloch]: **1. a)** *Geruchsorgan (von Menschen u. Tieren):* eine große, spitze, lange, knollige N.; der Hund hat eine feuchte N. *(Schnauze);* jmdm. blutet die N.; die N. läuft die N. (ugs.; *jmd. hat Schnupfen*); die N. ist verstopft; sich die N. zuhalten, putzen, schnäuzen; die N. kraus ziehen, rümpfen; das Kind ist auf die N. gefallen (ugs., *hingefallen*); [sich] die Brille auf die N. setzen; durch die N. atmen; in der N. bohren; ** **jmdm. passt/gefällt jmds. N. nicht*** (ugs.; *jmd. kann jmdn. nicht leiden*); **von jmdm., etw. die N. [gestrichen] voll haben** (ugs.; *jmds., einer Sache [gänzlich] überdrüssig sein*); **die N. vorn haben** (ugs.; *bei etw. dabei sein, gewinnen*); **seine N. in etw./in alles [hinein]stecken** (ugs.; *sich neugierig um etw./um alles kümmern, [was einen nichts angeht]*); **nicht weiter sehen als seine N. [reicht]** (ugs.; *engstirnig sein*); **die N. hängen lassen** (↑Kopf 1); **die N. hoch tragen** (↑Kopf 1); **die N. rümpfen** (jmdn., etw. gering schätzen, auf jmdn./etw. verächtlich herabsehen); **sich** ⟨Dativ⟩ **die N. begießen** (ugs.; *Alkohol trinken*); **die N. zu tief ins Glas stecken** (ugs.; *sich betrinken*); **sich** ⟨Dativ⟩ **eine goldene N. verdienen** (ugs.; *sehr viel Geld bei etw. verdienen*); **die/seine N. in ein Buch stecken** (ugs.; *eifrig lernen*); **jmdm. eine [lange] N. drehen/machen** (ugs.; *jmdn. auslachen, verspotten*); **die/jmds. N. beleidigen** (ugs.; *schlecht riechen*); **immer der N. nach** (ugs.; *immer geradeaus*); **jmdm. etw. an der N. ansehen** (ugs.; ↑Nasenspitze); **sich an die eigene N. fassen/**(selten:) **an der eigenen N. zupfen** (ugs.; *sich um die eigenen Fehler u. Schwächen kümmern*); **jmdn. an der N. herumführen** (ugs.; *jmdn. täuschen, irreführen;* nach dem Bild des an einem Nasenring gezogenen Tieres); **auf der N. liegen** (ugs.; *[als Ergebnis von etw.] krank sein*); **auf die N. fallen** (ugs.; *einen Misserfolg erleben*): er ist [mit diesem Projekt] voll auf die N. gefallen; **jmdm. etw. auf die N. binden** (ugs.; *jmdm. etw. erzählen, was für ihn nicht bestimmt ist*): Mußt du jeden auf die N. binden, wer du bist? (A. Zweig, Grischa 61); **jmdm. auf der N. herumtanzen** (↑Kopf 1); **jmdm. eins/was auf die N. geben** (ugs.; 1. *jmdn. verprügeln.* 2. *jmdn. tadeln, zurechtweisen*); **eins/was auf die N. bekommen/kriegen** (landsch. ugs.; 1. *Prügel bekommen.* 2. *getadelt, gemaßregelt werden*); **sich** ⟨Dativ⟩ **etw. aus der N. gehen lassen** (ugs.; *sich etw. entgehen lassen*); **jmdm. etw. aus der N. ziehen** (ugs.; *jmdn. nur durch wiederholtes, geschicktes Fragen dazu bringen, etw. zu erzählen [was er nicht erzählen will od. sollte]*): lass dir doch nicht jedes Wort aus der N. ziehen, erzähl schon!; **jmdm. in die N. fahren** (ugs.; *jmdn. ärgern*); **jmdm. in die N. stechen** (ugs.; *jmdm. sehr gefallen, sodass er es gerne haben möchte*); **mit langer N. abziehen [müssen]** (ugs.; *enttäuscht weggehen [müssen]*); **jmdm. mit der N. auf etw.**

stoßen (ugs.; *jmdn. deutlich auf etw. hinweisen*); **immer mit der N. vorneweg sein** (ugs.; *vorwitzig sein*); **[nicht] nach jmds. N. sein** (ugs.; *jmdm. [nicht] gefallen*): das Ergebnis war überhaupt nicht nach seiner N.; **nach jmds. N. gehen** (ugs.; *jmds. Vorstellungen entsprechend verlaufen*); **pro N.** (ugs.; *pro Person*); **jmdm. etw. unter die N. reiben** (ugs.; *jmdm. wegen etw. Vorhaltungen machen; jmdm. [unverblümt] etw. Unangenehmes sagen; bezieht sich darauf, dass man jmdm. etw., dessen Geruch er genau wahrnehmen soll, dicht unter die Nase hält u. hin- u. herbewegt*); **jmdm. etw. unter die N. halten** (ugs.; *jmdm. etw. so vors Gesicht halten, dass er es sehen muss*); **jmdm. vor der N. wegfahren** (ugs.; *abfahren, kurz bevor jmd. das Fahrzeug erreicht*); **jmdm. jmdn. vor die N. setzen** (ugs.; *jmdm. jmdn. überordnen, zum Vorgesetzten machen*): Man setzt uns die Russen vor die N. (Mehnert, Sowjetmensch 259); **jmdm. etw. vor die N. setzen** (ugs.; *jmdm. durch etw. die Aussicht verbauen*); **jmdm. etw. vor der Nase wegschnappen** (ugs.; *etw. schnell an sich bringen, bevor ein anderer es bekommen kann*); **etw. vor der N. haben** (ugs.; *etw. in unmittelbarer Nähe haben*); **b)** *Geruchssinn:* der Hund hat eine gute N.; **c)** *Spürsinn, Gespür:* seine N. hat ihn getäuscht; sie hat eine gute, die richtige N. fürs Geschäft; die haben eine gute N. für alles, was Geld einbringt (Waggerl, Brot 47). **2. a)** (scherzh.) *Bug eines Schiffes, Flugzeugs; Vorderteil eines Autos:* die N. des Bootes hob sich aus den Wellen; Der Flugzeugführer muss also beim Abflug die N. seiner Maschine auf den Punkt B stellen (Frankenberg, Fahren 77); **b)** *Vorsprung an einer Felswand od. einem Gebäude;* **c)** *hakenförmiger Ansatz an einem Dachziegel, Hobel o. Ä.* **3.** (ugs.) *herablaufender Farb-, Lacktropfen.* **4.** *in Flüssen lebender, relativ großer Karpfenfisch mit einem einer Nase (1 a) ähnlichen Oberkiefer.*

na|se|lang, naslang ⟨Adv.⟩: in der Verbindung **alle n.** (ugs.; *sich in kurzen zeitlichen Abständen wiederholend*): Der dicke Anton ... streifte alle naselang die Bartspitzen mit Pomade (Bredel, Väter 37); den Mahlke schickte er alle naslang auf Dienstreise nach Oliva (Grass, Katz 140).

nä|seln ⟨sw. V.; hat⟩ [15. Jh., im subst. 1. Part. schon spätmhd. neselnder, ahd. neselenter]: *durch die Nase, nasal sprechen:* sie näselt ein wenig; eine näselnde Stimme; Ü Schnarrende, näselnde ... Musik drang aus einem kleinen Café heraus (Jahnn, Geschichten 74).

Nä|se|lung, die; -, -en: *Nasalierung.*

Na|sen|af|fe, der: *(auf Borneo heimischer) Affe mit rotbraunem Fell, langem Schwanz u. sehr großer, fleischiger Nase.*

Na|sen|bär, der: *(in Mittel- u. Südamerika heimischer) kleiner Bär mit langem, buschigem Schwanz, länglichem Kopf u. langer, rüsselartiger Nase.*

Na|sen|bein, das: *den oberen Teil der menschlichen Nase bildender Knochen.*

Na|sen|bein|bruch, der: *Bruch des Nasenbeins.*

Na|sen|bein|frak|tur, die: *Nasenbeinbruch.*

Na|sen|blu|ten, das; -s: *Blutung aus der Nase:* N. haben.

Na|sen|boh|rer, der (ugs. scherzh.): **1.** *jmd., der [dauernd] in der Nase bohrt.* **2.** *jmd., den man nicht ganz für voll, nicht ganz ernst nimmt.*

Na|sen|du|sche, die (Med.): *Spülung der Nase mit einer medizinisch wirksame Substanzen enthaltenden Kochsalzlösung.*

Na|sen|fahr|rad, das (ugs. scherzh.): *Brille.*

Na|sen|flü|gel, der: *fleischige Außenwand der menschlichen Nase:* seine N. bebten, zitterten, zuckten; Mein Sohn hat die Angewohnheit, ... die N. zu weiten, wenn ihn etwas packt (Grzimek, Serengeti 50).

Na|sen|gruß, der (Völkerk.): *bei bestimmten Völkern übliche Form des Grußes, bei der man sich gegenseitig mit der Nase berührt.*

Na|sen|hai, der: *in der Tiefsee lebender Haifisch mit sehr langer, schaufelförmiger Schnauze.*

Na|sen|heil|kun|de, die: *Spezialgebiet der Medizin, das sich mit den Krankheiten der Nase beschäftigt; Rhinologie.*

Na|sen|höh|le, die (Anat.): *Innenraum der Nase.*

Na|sen|klam|mer, die (Buch- u. Schriftw.): *geschweifte Klammer.*

Na|sen|kor|rek|tur, die: *durch einen chirurgischen Eingriff vorgenommene Veränderung der äußeren Form der Nase.*

Na|sen|kuss, der (Völkerk.): *Nasengruß.*

na|sen|lang: ↑ naselang.

Na|sen|län|ge, die: **a)** *kleiner [entscheidender] Vorsprung:* jmdn. um eine N. schlagen; er war mir beim Mieten der Wohnung um eine N. voraus; **b)** (Pferdesport) *Länge eines Pferdekopfes:* das Pferd gewann mit zwei -n.

Na|sen|laut, der (Sprachw.): *Nasal.*

Na|sen|loch, das: *(zweifach vorhandene) äußere Öffnung der Nase:* weite, flatternde Nasenlöcher (Bieler, Bonifaz 160); der Kopf war aufgedunsen, die großen Nasenlöcher schwarz (Plievier, Stalingrad 71); sich das rechte, linke N. zuhalten; * **[jmdm.] verliebte Nasenlöcher machen** (ugs.; *jmdm. verliebt ansehen, mit ihm flirten*); **freundliche Nasenlöcher machen** (ugs.; *eine freundliche Miene machen*).

Na|sen|ne|ben|höh|le, die (Anat.): *Nebenhöhle.*

Na|sen|öl, das: *medizinisches Öl, das bei Schnupfen in die Nase geträufelt wird.*

Na|sen|pflas|ter, das: *bes. bei der Ausübung einiger Sportarten (z. B. Fußball) verwendetes Pflaster, das quer über den Nasenrücken läuft und durch eine Erweiterung der Nasenlöcher eine vermehrte Zufuhr von Sauerstoff bewirkt:* Bei der EM sorgten sie für Aufsehen: die N. ... Die sieben Zentimeter langen und bis zu zwei Zentimeter breiten Plastikeinlagen machen auch vor der Bundesliga nicht Halt (taz 4. 11. 96).

Na|sen|plas|tik, die (Med.): vgl. Nasenkorrektur.

Na|sen|po|lyp, der: *Polyp (3) in der Nase.*

Na|sen|quet|sche, die (ugs. scherzh.): *Nasenquetscher (2).*

Na|sen|quet|scher, der; -s, - (ugs. scherzh.): **1.** *Brille, Kneifer.* **2.** *Sarg [mit flachem Deckel].*

Na|sen|ra|chen|raum, der (Med.): *oberer Abschnitt des Rachenraumes im Anschluss an die Nasenhöhlen.*

Na|sen-Ra|chen-Raum, der (Med.): *Bereich von Nase u. Rachen; Epipharynx.*

Na|sen|ring, der: **1.** *durch die Nasenscheidewand von Bullen gezogener Eisenring zum Führen.* **2.** (Völkerk.) *Metallring als Nasenschmuck.*

Na|sen|rü|cken, der: *oberer Teil der Nase, der von der Nasenwurzel bis zur Nasenspitze reicht.*

Na|sen|sat|tel, der: *oberer Teil des Nasenrückens.*

Na|sen|schei|de|wand, die: *aus Knorpel bestehende Trennwand, die das Innere der Nase in zwei Hälften teilt.*

Na|sen|schleim, der: *schleimige Flüssigkeit in der Nase, die die Atemluft befeuchtet u. Staubteilchen o. Ä. aufnimmt.*

Na|sen|schleim|haut, die: *die Innenwände der Nase auskleidende Schleimhaut.*

Na|sen|schleim|haut|ent|zün|dung, die (Med.): *Schnupfen.*

Na|sen|schmuck, der (Völkerk.): *(bei Naturvölkern) an der Nase getragener Schmuck.*

Na|sen|se|kret, das (Med.): *Nasenschleim.*

Na|sen|spie|gel, der: **1.** (Med.) *Instrument zur Untersuchung der Nasenhöhle; Rhinoskop.* **2.** (Zool.) *unbehaarter Hautteil im Bereich der Nase bei manchen Säugetieren.*

Na|sen|spit|ze, die: *vorderes Ende der Nase:* Ihre N. war weiß vor Neugier (Cotton, Silver-Jet 88); * **nicht weiter sehen, als die N. reicht** (ugs.; *sehr engstirnig sein*); **jmdm. etw. an der N. ansehen** (ugs. scherzh.; *etw. aus jmds. Miene erraten*): ich sehe dir doch an der N. an, dass du noch ein Stück Kuchen willst.

Na|sen|spray, der od. das: *medizinischer Spray, der bei Schnupfen ein Abschwellen der Schleimhaut bewirkt.*

Na|sen|spü|lung, die (Med.): *Nasendusche.*

Na|sen|stü|ber, der: **1.** *leichter Stoß gegen die Nase:* jmdm. einen N. geben, versetzen. **2.** (landsch.) *Tadel, Verweis:* Es wäre verdrießlich, würde ich mir jetzt einen N. einhandeln (Becker, Irreführung 210).

Na|sen|tam|po|na|de, die (Med.): vgl. Tamponade.

Na|sen|trop|fen ⟨Pl.⟩: *Flüssigkeit zum Einträufeln in die Nase bes. bei Schnupfen.*

Na|sen|wand, die: *Nasenscheidewand.*

Na|sen|wär|mer, der; -s, - (ugs. scherzh. veraltend): *kurze Tabakspfeife.*

Na|sen|win|kel, der: *Winkel, der von Nasenflügel u. Wange gebildet wird.*

Na|sen|wur|zel, die: *Ansatzstelle der Nase an der Stirn.*

Na|se|rüm|pfen, das; -s: *[das Rümpfen*

der Nase als] Ausdruck der Ablehnung, der Verachtung.

na|se|rümp|fend ⟨Adj.⟩: *Ablehnung, Verachtung zum Ausdruck bringend:* n. ging er aus dem Zimmer.

na|se|weis ⟨Adj.⟩ [mhd. nasewīse = scharf witternd (vom Jagdhund)]: *(meist von Kindern) vorlaut sich einmischend, fragend:* von nun an war ich ... der -e Sohn eines berühmten Vaters, der sich nicht entblödet, den Vorteil seiner Geburt ... auszunutzen (K. Mann, Wendepunkt 134); Du bist gewohnt, deine Meinungen ziemlich frei und ... n. vorzutragen (Fussenegger, Zeit 83).

Na|se|weis, der; -es, -e (fam.): *jmd., der naseweis ist:* sie ist ein kleiner N.

nas|füh|ren ⟨sw. V.; hat⟩: *anführen, foppen:* die Leute n.; und wenn er dann heraushand, dass er genasführt worden war ... (FAZ 13. 5. 61, 47).

Nas|füh|rung, die: *das Nasführen, Genasführtwerden.*

Nas|horn, das [LÜ von lat. rhinoceros, ↑Rhinozerus]: *großes Säugetier von plumpem Körperbau u. mit dicker Haut, das ein od. zwei Hörner auf der Nase trägt.*

Nas|horn|kä|fer, der: *großer, brauner od. schwarzer Käfer mit einem nach rückwärts gebogenen Horn auf dem Kopf.*

Nas|horn|vo|gel, der: *großer, in tropischen Gebieten lebender Vogel mit einem Horn auf dem Schnabel.*

-na|sig in Zusb., z. B. breitnasig.

Na|si|go|reng, das; -[s], -s [indon. nasi goreng, eigtl. = gebratener Reis, aus: nasi = Reis(speise) u. goreng = gebraten, geröstet]: *indonesisches Gericht aus Reis, Gemüse, Fleisch u. Krabben.*

Na|si|rä|er, der; -s, - [zu hebr. nazîr = gottgeweihter Mensch]: *(im Alten Testament) Israelit, der ein besonderes Gelübde der Enthaltsamkeit abgelegt hat.*

nas|lang: ↑naselang.

Näs|ling, der; -s, -e: *Nase (4).*

Na|so|bem, das; -s, -e [Fantasiebildung, zu lat. nasus = Nase u. griech. bēma = Schritt, Gang]: *(von Christian Morgenstern erdachtes) Fabeltier (in den »Galgenliedern«), das auf seinen Nasen schreitet.*

nass ⟨Adj.; nasser, auch: nässer, nasseste, auch: nässeste⟩ [mhd., ahd. naʒ, H. u.]: **1.** *von Feuchtigkeit, bes. Wasser, durchtränkt od. von außen, an der Oberfläche damit benetzt, bedeckt:* nasse Schuhe, Haare; nasses Gras; ein nasser Schwamm, Lappen; nasses Holz brennt schlecht; sie bekamen nasse Füße; sie nahmen mit nassen (geh.; *mit Tränen in den*) Augen voneinander Abschied; er war völlig, durch und durch, bis auf die Haut n.; n. geschwitzt sein; die Wäsche ist n.; mein Hemd war n. von Schweiß; die Farbe, die Tinte ist noch n. *(noch nicht getrocknet);* der Schnee war n. *(halb getaut);* er hat mich n. gespritzt; das Kind hat die Hose, das Bett n. gemacht *(in die Hose, das Bett uriniert);* eine Schallplatte n. abspielen, (Jargon:) fahren *(abspielen, wobei eine Flüssigkeit aufgebracht wird, die den Klang verbessern u. die Platte schonen soll);* R ich wer-

de mich n. machen (landsch. ugs.; *ich werde mich hüten [das zu tun]*); * **genauso n. [wie vorher] sein** *(genauso klug [wie vorher] sein);* **jmdn. n. machen** (Jargon; *jmdn. fertig machen*); **Geld, Scheine o. Ä. n. machen** (landsch. ugs.; *Geld o. Ä. vertrinken):* Sie hat bei gemeinsamen Touren die Scheine n. gemacht (MM 22. 1. 70, 4). **2.** *regenreich, verregnet:* ein nasser Sommer; nasses Wetter; das Wetter nach Neujahr war n. und lau (Doderer, Wasserfälle 157). **3.** * **für n.** (landsch. ugs.; *umsonst, ohne Eintrittsgeld;* frühnhd. nass = liederlich, auch: ohne Geld): wir sind für n. ins Kino gekommen.

Nass, das; -es [mhd. naʒ] (dichter.): **a)** *Wasser (in dem man schwimmt):* Ein Freibad ... ladet zum Verweilen und zu einem Sprung in das kühle N. ein (Caravan 1, 1980, 25); * **gut N.!** (Gruß der Schwimmer); **b)** *Regen:* dass die herrschende Südwestströmung noch mehr vom sehnlichst erwarteten N. über der italienischen Schweiz abladen wird (NZZ 10. 8. 84, 5); **c)** *Getränk, z. B. Wein, Bier o. Ä.:* verschütte nicht das kostbare N.!; **d)** *Wasser für den Verbrauch:* Pro Spülung fließt weniger N. durch das Klobecken (Rhein. Merkur 2. 2. 85, 39); ... könnte ... das »Hochland-Projekt« das nötige N. liefern, 35 bis 50 Kubikmeter pro Sekunde (Volksblatt 17. 6. 84, 22).

¹Nas|sau; -s: ehemaliges Herzogtum.

²Nas|sau ['næsɔ:]: Hauptstadt der Bahamas.

¹Nas|sau|er, der; -s, -: Ew.

²Nas|sau|er, der; -s, - [zu ↑Nass unter scherzh. Anlehnung an ↑¹Nassau; zu ↑nass (3)]: **1.** (ugs. scherzh.) *[heftiger] Regenschauer, Regenguss.* **2.** (ugs., meist abwertend) *jmd., der auf Kosten anderer lebt, gern bei anderen mitisst o. Ä.:* Was aber bloß N. sind, kann ich an meinem Stand nicht brauchen, verscheuchen einem bloß die Kunden (Döblin, Alexanderplatz 68).

Nas|sau|e|rin, die; -, -nen: w. Form zu ↑¹Nassauer.

nas|sau|ern ⟨sw. V.; hat⟩ (ugs., meist abwertend): *sich wie ein ²Nassauer (2) verhalten:* ⟨subst.:⟩ Ob Sozialwohnung oder Schwarzbau ..., Stipendium oder Stütze, überall gilt der Imperativ des Nassauerns, Durchmogelns und Absahnens (Enzensberger, Mittelmaß 135).

nas|sau|isch ⟨Adj.⟩: *¹,²Nassau, die ¹Nassauer betreffend; aus ¹,²Nassau stammend.*

Näs|se, die; - [mhd. neʒʒe, ahd. naʒʒī]: *nasse Beschaffenheit, das Nasssein; starke Feuchtigkeit:* die N. lässt das Holz quellen; die N. dringt durch die Kleider; bei N. besteht Schleudergefahr auf der Straße; etwas vor N. schützen.

näs|seln ⟨sw. V.⟩ (selten, noch landsch.): **a)** *leise regnen:* Es nässelt aus allen Himmelsrichtungen (Strittmatter, Wundertäter 246); **b)** *ein wenig nässen* (2 a): die Wunde nässelt.

näs|sen ⟨sw. V.; hat⟩: **1.** (geh.) *nass machen:* der Dampf nässt die Scheiben; Der Schweiß rann ihm übers Gesicht, ... nässte die Maske (Sebastian, Krankenhaus

130); das Bett n. (geh.; *ins Bett urinieren).* **2. a)** *Flüssigkeit, Feuchtigkeit absondern:* die Wunde nässt; eine nässende Flechte; **b)** (Jägerspr.) *(vom Wild) urinieren:* der Hirsch nässt.

Nass|fäu|le, die (Bot.): *durch Bakterien hervorgerufene Fäule bei Kartoffeln.*

nass|fest ⟨Adj.⟩ (Fachspr.): *auch im nassen Zustand Festigkeit besitzend:* -es Papier.

nass|forsch ⟨Adj.⟩ [wohl zu landsch. nass = betrunken, also eigtl. = in betrunkenem Zustand forsch] (meist abwertend): *übertrieben forsch:* Matthiesen ... antwortete n., Goethe sei ja auch schon mit 35 Jahren gestorben (Welt 27. 6. 74, 15); Einige fangen schon an, selber so n. uns gegenüber aufzutreten (BM, Berliner Sonntagspost 27. 4. 75, 7).

Nass|gal|le, die [zu ↑²Galle (1) in der Bed. »schlechte, fehlerhafte Stelle«] (Landw.): *durch austretendes Grundwasser ständig feuchte Stelle im Gelände.*

nass ge|schwitzt: s. nass (1).

Nass-in-Nass-Druck, der (Druckw.): *unmittelbar aufeinander folgendes Drucken von zwei od. mehreren Farben.*

nass|kalt ⟨Adj.⟩: *regnerisch u. kalt:* -es Wetter; Es war Anfang Mai und, nach -en Wochen, ein falscher Hochsommer eingefallen (Th. Mann, Tod 7).

näss|lich ⟨Adj.⟩ (selten): *ein wenig nass; feucht.*

Nass|müll, der: *Kompostmüll.*

Nass|ra|sie|rer, der: **1.** *jmd., der sich mit Wasser, Seife u. Rasierklinge rasiert.* **2.** *Rasierapparat für die Nassrasur.*

Nass|ra|sur, die: *Rasur mit Wasser, Seife u. Rasierklinge.*

Nass|schlei|fen, das; -s: *das Schleifen von Lacken o. Ä. mit Schleifpapier u. einer Flüssigkeit.*

Nass|schnee, der: *halb getauter Schnee.*

Nass|wä|sche, die: *Wäsche, die in der Wäscherei gewaschen, aber nicht getrocknet wird.*

Nass|zel|le, die (Bauw.): *Raum in einer Wohnung, einem Gebäude, in dem Wasserleitungen liegen (z. B. Bad, Dusche):* Die »Nasszelle« vergangener Jahre – klein, nüchtern, kalt, ungemütlich – ist passé (Stuttg. Zeitung 10. 10. 89, 31); ferner wurde ein Bettenaufzug eingebaut und so genannte »in für die Patientenzimmer (Gesundheit 1, 1975, 165).

Nas|tie, die; - [zu griech. nastós = (fest)gedrückt] (Bot.): *durch einen [Druck]reiz ausgelöste Bewegung von Teilen einer Pflanze.*

Nas|tuch, das (südd., schweiz.): *Taschentuch:* er ... suchte und fand das farbige N., wischte den Schweiß ab und schnäuzte auch gleich (Hesse, Sonne 16).

nas|zie|rend ⟨Adj.⟩ [zu lat. nasci, ↑Natur]: *(bes. von chemischen Stoffen) entstehend.*

Nas|zi|tu|rus, der; -, ...ri [lat. nasciturus = einer, der geboren werden wird, Part. Futur von: nasci, ↑Natur] (Rechtsspr.): *noch nicht erbfähige, aber bereits erbfähige ungeborene Leibesfrucht.*

Na|ta|li|ci|um, das; -s, ...ien [spätlat. natalicium, eigtl. = Geburtstag]: *Todestag* *eines Märtyrers (als Tag seiner Geburt zum ewigen Leben).*

Na|ta|li|tät, die; - [zu lat. natalis = zur Geburt gehörend] (Statistik): *Anzahl der lebend Geborenen bezogen auf eine bestimmte Personenzahl u. einen bestimmten Zeitraum; Geburtenhäufigkeit.*

Na|ti|on, die; -, -en [frz. nation < lat. natio = das Geborenwerden; Geschlecht; Volk(sstamm), zu: natum, ↑Natur]: **a)** *große, meist geschlossen siedelnde Gemeinschaft von Menschen mit gleicher Abstammung, Geschichte, Sprache, Kultur, die ein politisches Staatswesen bilden:* die deutsche, französische, englische N.; eine geteilte N.; **b)** *Staat, Staatswesen:* Die Akademie der Künste hatte ... den Eingang mit den Fahnen vieler -en behängt (Reinig, Schiffe 93); Frankreich war unter den 48 -en, die im Dezember 1948 die allgemeinen Menschenrechte unterzeichneten (Dönhoff, Ära 117); die Vereinten -en (*Organisation, in der sich viele Staaten zur Erhaltung des Weltfriedens zusammengeschlossen haben; Abk.:* VN); **c)** (ugs.) *Menschen, die zu einer Nation gehören; Volk:* ob je zuvor eine N. am Bildschirm verfolgen konnte, wie ... (Dönhoff, Ära 76); er ist der Liebling der N.

na|ti|o|nal ⟨Adj.⟩ [frz. national, zu: nation, ↑Nation]: **a)** *eine Nation betreffend; zur Nation gehörend:* die -e Unabhängigkeit; -e Interessen vertreten; Klinger habe ... Privatreisen in die Ostblockstaaten als -e Schande bezeichnet (Spiegel 48, 1965, 80); etw. auf -er *(innerstaatlicher)* Ebene regeln; industrielle Erfolge auf -en *(inländischen)* und internationalen Märkten (Spiegel 36, 1974, 50); Schwerfällige Kontrollen greifen oft ins Leere – auch weil Brüssels Multikulti-Behörde (= die EU-Kommission) von -en Seilschaften durchzogen wird (Zeit 25. 3. 99, 9); **b)** *überwiegend die Interessen der eigenen Nation vertretend; patriotisch gesinnt:* eine -e Partei, Gruppe; außerdem hält er sich, wie jeder -e Mann, für einen sehr widerstandsfähigen Zecher (Remarque, Obelisk 44); Während die Deutschen sich in Furcht vor dem Euro verzehrten, war es in Italien eine Frage des -en Stolzes geworden, die Maastricht-Kriterien zu erfüllen (Zeit 25. 3. 99, 10); n. denken, fühlen, handeln.

Na|ti|o|nal|bank, die ⟨Pl. -en⟩: *zentrale Notenbank eines Staates.*

na|ti|o|nal|be|wusst ⟨Adj.⟩: *Nationalbewusstsein besitzend:* dass sie die Ersten wären, die mit dem ebenfalls -en de Gaulle in Kollision und Rivalität geraten würden (Dönhoff, Ära 202).

Na|ti|o|nal|be|wusst|sein, das: *Gefühl der Zugehörigkeit zu einer Nation.*

Na|ti|o|nal|bi|b|li|o|thek, die: *staatlich unterhaltene Bibliothek, die das Schrifttum eines Staates sammelt.*

Na|ti|o|nal|cha|rak|ter, der: *den Angehörigen einer Nation zugeschriebener besonderer Charakter:* Unermüdlich malten Generationen von Schulmeistern an dem Bild des germanisch-deutschen -s (Welt 28. 4. 62, Geistige Welt 1).

na|ti|o|nal|de|mo|kra|tisch ⟨Adj.⟩: **a)** *nationalistische u. demokratische Ziele verfolgend:* -e Politik; **b)** *einer national-demokratischen* (a) *Partei angehörend, sie unterstützend.*

Na|ti|o|nal|denk|mal, das: *Denkmal, das Nationalbewusstsein ausdrücken soll.*

Na|ti|o|nal|dress, der: vgl. Nationaltrikot.

Na|ti|o|na|le, das; -s, - (österr.): **a)** *Angaben zur Person:* das N. aufnehmen; **b)** *Formular, Fragebogen für Angaben zur Person.*

Na|ti|o|nal|ein|kom|men, das: *Volkseinkommen.*

Na|ti|o|nal|elf, die (Fußball): vgl. Nationalmannschaft.

Na|ti|o|nal|epos, das: *[Helden]epos, das für eine Nation von besonderer Wichtigkeit ist:* Manchmal wird in der Hauptstadt aus dem alten kirgisischen Manas-Epos gesungen. Das ist das längste N. der Welt, ein Mehrfaches der Ilias (taz 20. 1. 96, 21).

Na|ti|o|nal|far|be, die ⟨meist Pl.⟩: *Farbe, die ein Staat auf Fahnen, Wappen, Abzeichen o. Ä. verwendet.*

Na|ti|o|nal|fei|er|tag, der: *[gesetzlicher] Feiertag zur Erinnerung an ein für die Nation wichtiges politisches Ereignis.*

Na|ti|o|nal|fi|gur, die: *eine Nation symbolisierende Figur:* Er hat Eigenschaften zweier -en (Welt 11. 8. 62, Literatur).

Na|ti|o|nal|flag|ge, die: *Flagge als Hoheits- od. Ehrenzeichen eines Staates.*

Na|ti|o|nal|gal|le|rie, die: vgl. Nationalmuseum.

Na|ti|o|nal|gar|de, die: **1.** *in der Französischen Revolution gebildete Bürgerwehr.* **2.** *Miliz in den Vereinigten Staaten, die bei inneren Unruhen eingesetzt wird.*

Na|ti|o|nal|gar|dist, der: *Angehöriger der Nationalgarde.*

Na|ti|o|nal|ge|fühl, das: vgl. Nationalbewusstsein: Das polnische Volk, das ein so intensives N. besitzt, ... könnte das seinem Nachbarn den Verzicht auf große Teile seines historischen Besitzes glauben? (Dönhoff, Ära 155).

Na|ti|o|nal|ge|richt, das: *für ein Land typisches u. dort besonders häufig gegessenes Gericht:* Dankesbrief der Spätzlefabrikanten. Lothar Späth vermittelte im Streit um schwäbisches N. (MM 12. 1. 79, 17).

Na|ti|o|nal|ge|tränk, das: vgl. Nationalgericht.

Na|ti|o|nal|hei|lig|tum, das: *Heiligtum einer Nation.*

Na|ti|o|nal|held, der: *jmd., der von einem Volk als sein Held verehrt wird.*

Na|ti|o|nal|hel|din, die: w. Form zu ↑Nationalheld: In den Augen der russischen Rechten war und bleibt Katharina eine große N., ihr verdankten das Militär und der Adel ein goldenes Zeitalter (Zeit 29. 11. 96, 44).

Na|ti|o|nal|hym|ne, die: *Lied, das als Ausdruck des Nationalbewusstseins bei feierlichen Anlässen gesungen od. gespielt wird.*

na|ti|o|na|li|sie|ren ⟨sw. V.; hat⟩: **1.** *verstaatlichen:* Die Ergebnisse der Nachwahlen ... machen den Vorschlag der Labour Party, die Stahlindustrie zu n., un-

sinnig (Welt 23. 1. 65, 4); Dabei ist ... zu unterscheiden zwischen Betrieben des nationalisierten und des fortbestehenden Sektors (Stamokap 177). **2.** *einbürgern* (1).

Na|ti|o|na|li|sie|rung, die; -, -en: *das Nationalisieren.*

Na|ti|o|na|lis|mus, der; - [frz. nationalisme]: **a)** (meist abwertend) *übersteigertes Nationalbewusstsein:* ein engstirniger N.; Bei den geringsten Anzeichen einer ... Krise wird nackter N. exerziert (MM 14. 1. 74, 11); **b)** (selten) *erwachendes Selbstbewusstsein einer Nation mit dem Bestreben, einen eigenen Staat zu bilden:* In unserer Generation sind zwei große Reiche ... auseinander gefallen, weil der Virus des N. und der Wunsch nach Eigenständigkeit die in jenen Gebilden zusammengeschlossenen Völker ergriffen hatte (Dönhoff, Ära 205).

Na|ti|o|na|list, der; -en, -en: *Anhänger des Nationalismus* (a).

Na|ti|o|na|lis|tin, die; -, -nen: w. Form zu ↑Nationalist.

na|ti|o|na|lis|tisch ⟨Adj.⟩: *den Nationalismus* (a) *betreffend, für ihn charakteristisch:* weil Heinrich ... westlich orientiert war und mein Mann, wenn auch bis zum Ausbruch des Krieges absolut nicht n., so doch durch den Krieg seine ... Stellung geändert hatte (Katia Mann, Memoiren 37).

Na|ti|o|na|li|tät, die; -, -en [frz. nationalité] (bildungsspr.): **a)** *Staatsangehörigkeit, Staatszugehörigkeit:* englischer, deutscher N. sein; die N. eines Schiffes feststellen; Er ... würde sich wohl kaum entschließen, die N. noch einmal zu wechseln (Kantorowicz, Tagebuch I, 542); Die Montenegriner verstehen sich als Serben montenegrinischer N. und gehören der orthodoxen Kirche an (taz 23. 8. 97, 27); **b)** *ethnische Zugehörigkeit, Volkszugehörigkeit:* Neben der Staatsangehörigkeit musste damals auch die N. vermerkt werden (Leonhard, Revolution 111); Im Übrigen befürchtet Taschkent eine Ausweitung des Konflikts, schließlich sind 24 Prozent der tadschikischen Bevölkerung usbekischer N. (taz 11. 7. 97, 17); In der Russischen Föderation soll es künftig nur noch »Russländer« geben – ohne Angaben über die N. (taz 10. 11. 97, 11); Europa-Staatssekretär Niculescu ... gehört zum Parteienbund der ungarischen Minderheit, und auch der Friede zwischen den -en *(ethnischen Minderheiten)* wird in Rumänien vorwiegend von der EU-Perspektive gestiftet (Zeit 26. 11. 98, 35).

Na|ti|o|na|li|tä|ten|fra|ge, die ⟨o. Pl.⟩: *politische, wirtschaftlich-soziale u. kulturelle Probleme in einem Nationalitätenstaat.*

Na|ti|o|na|li|tä|ten|staat, der: *Staat, in dem mehrere, viele Nationen zusammenleben; Mehrvölkerstaat, Vielvölkerstaat.*

Na|ti|o|na|li|täts|kenn|zei|chen, das: *Kennzeichen* (2 b), *das angibt, in welchem Land ein Kraftfahrzeug zugelassen ist.*

Na|ti|o|na|li|täts|prin|zip, das ⟨o. Pl.⟩ (Rechtsspr.): *Prinzip, nach dem be-*

stimmte Rechtsordnungen nur für die Staatsangehörigen u. nicht für alle innerhalb der Staatsgrenzen lebenden Menschen gelten.

Na|ti|o|na|li|täts|zei|chen, das: *Nationalitätskennzeichen.*

Na|ti|o|nal|kir|che, die: *auf den Bereich einer Nation begrenzte, rechtlich selbstständige Kirche.*

na|ti|o|nal|kirch|lich ⟨Adj.⟩: *die Nationalkirche betreffend.*

Na|ti|o|nal|kom|mu|nis|mus, der: *Ausprägung kommunistischer Ideologie, Politik u. Herrschaft, bei der die nationalen Interessen u. Besonderheiten im Vordergrund stehen.*

Na|ti|o|nal|kon|vent, der; -[e]s: *1792 in Frankreich gewählte Volksvertretung.*

Na|ti|o|nal|kon|zil, das (kath. Kirche): *Kirchenversammlung mit Vertretern einer Nation.*

Na|ti|o|nal|kul|tur, die (bes. DDR): *nationale Kultur; Kultur einer Nation:* Wir werden Laien erleben, die in sozialistischer Gemeinschaft mit den Berufskünstlern schöpferische Mitgestalter der sozialistischen deutschen N. sind (Neues D. 19. 6. 64, 1); Vielfältige Ergebnisse bei der Bewahrung des Erbes der Welt- und N. sowie der revolutionären Traditionen (Freiheit 30. 6. 78, 3).

na|ti|o|nal|li|be|ral ⟨Adj.⟩: **a)** *nationalistische u. liberale Ziele verfolgend:* -e Ideen; **b)** *einer nationalliberalen (a) Partei angehörend, sie unterstützend.*

Na|ti|o|nal|li|ga, die (Fußball): *(in Österreich u. der Schweiz) höchste, über den Regionalligen stehende Spielklasse.*

Na|ti|o|nal|li|te|ra|tur, die: *Gesamtheit der schöngeistigen Literatur eines Volkes.*

Na|ti|o|nal|mann|schaft, die: *Auswahl der besten Sportler, Sportlerinnen eines Landes in einer Sportart für internationale Wettkämpfe.*

Na|ti|o|nal|mu|se|um, das: *[staatliches] Museum, in dem die für eine Nation besonders wichtigen Kunst- u. Kulturgüter gesammelt u. ausgestellt werden.*

Na|ti|o|nal|öko|nom, der: *Volkswirtschaftler.*

Na|ti|o|nal|öko|no|mie, die: *Volkswirtschaftslehre.*

Na|ti|o|nal|öko|no|min, die: w. Form zu ↑Nationalökonom.

na|ti|o|nal|öko|no|misch ⟨Adj.⟩: *volkswirtschaftlich.*

Na|ti|o|nal|park, der: *staatlicher Naturpark.*

na|ti|o|nal|po|li|tisch ⟨Adj.⟩: *die nationale Politik betreffend.*

Na|ti|o|nal|preis, der (DDR): *hohe staatliche Auszeichnung, die für besondere Leistungen auf technischem, wissenschaftlichem, künstlerischem Gebiet verliehen wurde.*

Na|ti|o|nal|preis|trä|ger, der (DDR): *Träger des Nationalpreises.*

Na|ti|o|nal|preis|trä|ge|rin, die: w. Form zu ↑Nationalpreisträger: Sie ist N. der DDR und Bundesfilmpreisträgerin und gilt als eine der profiliertesten Schauspielerinnen des Ostens (FR 13. 3. 99, 10).

Na|ti|o|nal|rat, der: **1.** *die aus Wahlen*

hervorgegangene Volksvertretung in Österreich u. der Schweiz. **2.** *Mitglied des Nationalrats* (1).

Na|ti|o|nal|rä|tin, die: w. Form zu ↑Nationalrat (2).

Na|ti|o|nal|so|zi|a|lis|mus, der: **1.** *nach dem Ersten Weltkrieg in Deutschland aufgekommene, extrem nationalistische, imperialistische und rassistische politische Bewegung.* **2.** *auf der Ideologie des Nationalsozialismus (1) basierende faschistische Herrschaft von A. Hitler in Deutschland von 1933 bis 1945:* ... bekam sie 1945 als Opfer des N. eine ... Dachwohnung, die sie ... in den Dienst der deutsch-amerikanischen Verständigung stellte (Mostar, Liebe 109); der Kampf der Bekennenden Kirche gegen den N. (Fraenkel, Staat 155).

Na|ti|o|nal|so|zi|a|list, der: *Vertreter, Anhänger des Nationalsozialismus:* Schenk beugte sich vor und fragte leise: »Sind Sie N.?« (Bieler, Bär 72); ehemalige -en bekleiden die höchsten Stellen im Staat (Dönhoff, Ära 97); ein ... Grund ... für die Machtergreifung der -en (Fraenkel, Staat 376).

Na|ti|o|nal|so|zi|a|lis|tin, die: w. Form zu ↑Nationalsozialist.

na|ti|o|nal|so|zi|a|lis|tisch ⟨Adj.⟩: *den Nationalsozialismus betreffend, auf ihm beruhend:* unter der -en Diktatur (Fraenkel, Staat 289); Die Beseitigung aller rechtsstaatlichen Garantien stand in vollem Einklang mit der -en Ideologie (Fraenkel, Staat 289); die totalitären Regierungen in der Sowjetunion und im -en Deutschland (Fraenkel, Staat 374).

Na|ti|o|nal|spie|ler, der (Sport): *Spieler, der in einer Nationalmannschaft spielt.*

Na|ti|o|nal|spie|le|rin, die (Sport): w. Form zu ↑Nationalspieler.

Na|ti|o|nal|sport, der: *Sport, der in einem Land besonders gepflegt wird:* Nun muss ... von Kricket, ihrem wahren N., berichtet werden (Welt 18. 1. 64, 15).

Na|ti|o|nal|spra|che, die (Sprachw.): *nationale (a) Standardsprache.*

na|ti|o|nal|sprach|lich ⟨Adj.⟩: *die Nationalsprache betreffend:* in den -en Übersetzungen (= der Bibel; DS magazin 10. 10. 82, 8).

Na|ti|o|nal|staat, der: *Staat, dessen Bürger einer Nation angehören.*

na|ti|o|nal|staat|lich ⟨Adj.⟩: *den Nationalstaat betreffend, für ihn charakteristisch:* die Problematik jenes einseitig -en Ordnungsdenkens (Fraenkel, Staat 215); Den Verzicht auf -e Bestrebungen innerhalb der Gemeinschaft ... forderten prominente Teilnehmer (Welt 7. 11. 64, 4).

Na|ti|o|nal|stolz, der: *Gefühl des Stolzes, einer bestimmten Nation anzugehören:* eine von Wirgefühl, N. und Familiengesabber benebelte bürgerliche Wendegefolgschaft (Spiegel 21, 1985, 18).

Na|ti|o|nal|stra|ße, die: schweiz. Bez. für *Autobahn, -straße.*

Na|ti|o|nal|tanz, der: vgl. Volkstanz: Kennst du den jüdischen N.: die Hora? (Hilsenrath, Nazi 239).

Na|ti|o|nal|the|a|ter, das: *Theater, das vor allem das nationale Drama pflegt.*

Na|ti|o|nal|tracht, die: vgl. Volkstracht: Beim Souper ..., in welchem sich ein österreichisch-ungarischer Botschaftsrat ... durch seine pelzverbrämte ungarische N. mit Stulpenstiefeln und Krummsäbel malerisch hervortat (Th. Mann, Krull 374).

Na|ti|o|nal|trai|ner, der (Sport): *Trainer einer Nationalmannschaft.*

Na|ti|o|nal|trai|ne|rin, die (Sport): w. Form zu ↑Nationaltrainer.

Na|ti|o|nal|tri|kot, das (Sport): *Trikot einer Nationalmannschaft.*

Na|ti|o|nal|ver|samm|lung, die: **1.** Bez. für *Parlament* (in einigen Staaten): Die französischen Grünen waren nach der letzten Wahl 1997 nur dank einer Wahlallianz mit den Sozialisten überhaupt in der N. vertreten (Zeit 28. 1. 99, 2). **2.** *gewählte Volksvertretung, die über die Grundfragen einer Nation, vor allem über eine Verfassung, berät u. beschließt:* Frankfurter N. von 1848/49.

Na|tis, die; -, Nates ['na:te:s] ⟨meist Pl.⟩ [lat. natis] (Anat.): *Gesäßbacke.*

na|tiv ⟨Adj.⟩ [lat. nativus = angeboren, natürlich]: **1.** (Chemie) *im natürlichen Zustand befindlich; unverändert:* Dazu gehört eine ausreichende Zufuhr möglichst -en Eiweißes (Reform-Rundschau 1, 1969, 4). **2.** (Sprachw.) *heimisch, nicht entlehnt:* -e Wörter, Suffixe. **3.** (Med.) *angeboren.*

¹Na|tive ['neɪtɪv], der; -s, -s [engl. native < engl. natif < lat. nativus, ↑nativ]: *Eingeborener (bes. der ehemaligen britischen Kolonien).*

²Na|tive ['neɪtɪv], die; -, -s: *nicht in Austernbänken gezüchtete Auster.*

Na|tive|spea|ker ['–– 'spi:kə], der; -s, -, (auch:) **Na|tive Spea|ker,** der; --s, -- [engl. native speaker] (Sprachw.): *Muttersprachler.*

Na|ti|vis|mus, der; -: **1.** (Psych.) *Theorie, nach der dem Menschen bestimmte Vorstellungen, Begriffe, Grundeinsichten (z. B. Raum- u. Zeitvorstellungen) angeboren sind.* **2.** (Völkerk.) *betontes Festhalten an bestimmten Elementen der eigenen Kultur infolge ihrer Bedrohung durch eine überlegene fremde Kultur.*

Na|ti|vist, der; -en, -en: *Vertreter des Nativismus.*

Na|ti|vis|tin, die; -, -nen: w. Form zu ↑Nativist.

na|ti|vis|tisch ⟨Adj.⟩: **1.** *den Nativismus betreffend, darauf beruhend.* **2.** (Med., Biol.) *auf Vererbung beruhend.*

Na|ti|vi|tät, die; -, -en [lat. nativitas = Geburt]: **1.** ♦Astrol.) *Stand der Gestirne bei der Geburt eines Menschen:* ◆ Die Anstalten, welche ... getroffen wurden, ließen keinen Zweifel mehr übrig, dass die Armeen bald vorwärts rücken ... würden ... Unsere Schauspieler konnten sich also leicht die N. stellen (sich leicht ausmalen, was ihnen bevorsteht; Goethe, Lehrjahre III, 12). **2.** (veraltet) *Geburt(sstunde).*

Na|ti|vi|täts|stil, der; -[e]s: *mittelalterliche Zeitbestimmung mit dem Jahresanfang am 25. Dezember (Geburtsfest Christi).*

NATO, (auch:) **Na|to,** die; - [Kurzwort

für engl. North Atlantic Treaty Organization]: *westliches Verteidigungsbündnis.*

Na|tri|um, das; -s [zu ↑Natron]: *sehr weiches, an Schnittstellen silberweiß glänzendes Alkalimetall, das sehr reaktionsfähig ist u. in der Natur fast nur in Verbindungen vorkommt (chemisches Element; Zeichen: Na).*

Na|tri|um|chlo|rid, das: *farblose bis weiße, würfelförmige Kristalle bildende chemische Verbindung von Natrium mit Chlor; Kochsalz.*

Na|tri|um|hy|dro|xid, das: *bei der Reaktion von Natrium mit Wasser entstehende weiße, spröde, stark Wasser anziehende u. ätzend wirkende Masse, die sich unter starker Wärmeentwicklung in Wasser zu Natronlauge löst.*

Na|tri|um|kar|bo|nat, das: *Soda.*

Na|tri|um|ni|trat, das: *Natriumsalz der Salpetersäure, das bes. als Düngemittel u. Oxidationsmittel verwendet wird.*

Na|tri|um|salz, das: *Salz des Natriums.*

Na|tri|um|si|li|kat, das: *Natriumsalz einer Kieselsäure.*

Na|tri|um|sul|fat, das: *aus Natrium u. Schwefelsäure entstehendes Salz, das in der Natur u. a. als Glaubersalz vorkommt u. bes. in der Holz- u. Glasindustrie verwendet wird.*

Na|tro|lith, der; -s u. -en, -e[n] [↑-lith]: *häufig vorkommendes Mineral aus der Gruppe der Zeolithe.*

Na|tron, das; -s [wohl unter Einfluss von frz. natron, engl. natron < span. natrón < arab. natrūn < ägypt. ntr(j), ↑Nitrum]: *weißes, kristallines Natriumsalz der Kohlensäure, das wegen seiner Gas erzeugenden Wirkung in Back- u. Brausepulver sowie als Arzneimittel gegen Sodbrennen verwendet wird.*

Na|tron|bleich|lau|ge, die (Chemie): *durch Einleiten von Chlor in Natronlauge entstehende Lösung, die als Bleich- od. Desinfektionsmittel verwendet wird.*

Na|tron|lau|ge, die: *farblose, stark ätzende Lösung von Natriumhydroxid u. Wasser, die bei der Seifenherstellung u. in der Textilindustrie verwendet wird.*

Nat|schal|nik, der; -s, -s [russ. načal'nik]: *russische Bezeichnung für Chef, Vorgesetzter, Leiter.*

Nat|té [na'te:], der; -[s], -s [frz. natté, subst. 2. Part. von: natter = flechten]: *poröses Gewebe aus [Baum]wolle mit flechtwerkartiger Musterung.*

Nat|ter, die; -, -n [mhd. nāter, ahd. nāt[a]ra, viell. eigtl. = die Sichwindende]: *(in vielen Arten vorkommende) meist ungiftige Schlange mit deutlich vom Hals abgesetztem Kopf:* Jetzt hingen die Schlipse alle um den Kranz der Lampe wie schlaffe -n (Gaiser, Jagd 112); * **eine N. am Busen nähren** (↑Schlange 1).

Nat|tern|biss, der; vgl. Schlangenbiss.

Nat|tern|brut, die (abwertend): *üble Gesellschaft.*

Nat|tern|ge|zücht, das: *Natternbrut.*

Nat|tern|hemd, das: *abgestreifte Haut einer Schlange.*

Na|tur, die; -, -en [mhd. natūre, ahd. natūra < lat. natura = Geburt; natürliche Beschaffenheit; Schöpfung, zu: natum,

2. Part. von: nasci = geboren werden, entstehen]: **1.** ⟨o. Pl.⟩ *alles, was an organischen u. anorganischen Erscheinungen ohne Zutun des Menschen existiert od. sich entwickelt:* die unbelebte N.; die N. erforschen, beobachten; die Gesetze, Wunder der N.; Wir sollten ... erfahren, ... dass alle Erfindungen des Menschen in der N. schon vorgebildet sind (Menzel, Herren 51); Ü die N. hat sie stiefmütterlich behandelt, bedacht *(sie hat ein Gebrechen, ist hässlich);* im Buch der N. lesen, blättern *(geh.; die Natur studieren, beobachten).* **2.** ⟨o. Pl.⟩ *[Gesamtheit der] Pflanzen, Tiere, Gewässer u. Gesteine als Teil der Erdoberfläche od. eines bestimmten Gebietes [das nicht od. nur wenig von Menschen besiedelt od. umgestaltet ist]:* die unberührte, unverfälschte, blühende, liebliche, erwachende, wilde N.; durch die Industrieanlagen wurde die N. verunstaltet, verschandelt; ein Stück einsame N. suchen; in die freie N. *(ins Freie)* hinauswandern; diese Pflanzen gedeihen nur in freier N. *(wild wachsend, lebend);* antike Tempel werden in die N. *(Landschaft)* gestellt (Bild. Kunst III, 29); [etw.] nach der N. *(nach einem realen Vorbild)* zeichnen; zurück zur N.! *(zu einer natürlichen Lebensform!;* frz. retour à la nature, geprägt nach Sinn u. Tendenz der Werke des frz. Moralphilosophen J. J. Rousseau, 1712–1778). **3. a)** ⟨Pl. selten⟩ *geistige, seelische, körperliche od. biologische Eigentümlichkeit, Eigenart von [bestimmten] Menschen od. Tieren, die ihr spontanes Verhalten o. Ä. entscheidend prägt:* die männliche, tierische N.; Mein Vetter und sein Vater verstanden einander nicht, ihre -en *(Charaktere)* waren zu verschieden (Hauptmann, Schuß 69); denn der Verrat ist nicht so sehr seine Absicht, seine Taktik, als seine ureigenste N. (St. Zweig, Fouché 188); sie hat eine gesunde, kräftige, eiserne (ugs.; *sehr stabile)* N. *(Konstitution);* er hat eine gutmütige, kindliche, gesellige N. *(Wesensart);* er kann seine N. nicht verleugnen *(er kann sich nicht verstellen);* Nachgeben widerspricht ihrer N. *(ihrem Wesen);* er war seiner ganzen N. nach recht unternehmungslustig; das liegt nicht in seiner N. *(entspricht nicht seiner Art);* sein Verhalten ist wider die N. *(verstößt gegen die ungeschriebenen Gesetze menschlichen Verhaltens, Empfindens o. Ä.);* R die N. verlangt ihr Recht *(ich muss einem Bedürfnis nachgeben, einen Trieb befriedigen);* sie ist von N. aus blond *(ihre natürliche Haarfarbe ist blond);* er ist von N. [aus/her] *(seinem Wesen nach)* ein gutmütiger Mensch; * **jmdm. gegen/wider die N. gehen/sein** *(jmdm. sehr widerstreben);* **jmdm. zur zweiten N. werden** *(jmdm. selbstverständlich, zur festen Gewohnheit werden);* **b)** Mensch im Hinblick auf eine bestimmte, typische Eigenschaft, Eigenart: er ist eine ernste, schöpferische, kämpferische N.; sind zwei einander widersprechende -en. **4.** ⟨o. Pl.⟩ *(einer Sache o. Ä.) eigentümliche Beschaffenheit:* Fragen, Beschlüsse [von] allgemeiner, grundsätzlicher N.; ihre Verletzungen

waren nur leichter N. *(Art);* * **in der N. von etw. liegen** *(untrennbar zur besonderen Beschaffenheit, zum Wesen von etw. gehören):* das liegt in der N. der Sache. **5.** ⟨o. Pl.⟩ *natürliche, ursprüngliche Beschaffenheit, natürlicher Zustand von etw.:* ein Schlafzimmer in Birke N. *(Schlafzimmermöbel in naturfarbenem Birkenholz);* in Hell N., in Matt N. *(in hellem, mattem naturfarbenem Material);* * **N. sein** *(echt, nicht künstlich sein):* mein Haar, das Leder ist N. **6.** (landsch. veraltend verhüll.) **a)** *(weibliches od. männliches) Geschlechtsteil;* **b)** ⟨o. Pl.⟩ *Sperma.*

na|tu|ral ⟨Adj.⟩ [lat. naturalis, ↑Naturalien] (selten): *naturell.*

Na|tu|ral|ab|ga|ben ⟨Pl.⟩: *Abgaben in Form von Naturalien anstelle von Geld.*

Na|tu|ral|be|zü|ge ⟨Pl.⟩: *Bezüge in Form von Naturalien* (1).

Na|tu|ral|ein|kom|men, das, **Na|tu|ral|ein|künf|te** ⟨Pl.⟩: vgl. Naturalbezüge.

Na|tu|ra|li|en ⟨Pl.⟩ [lat. naturalia, Neutr. Pl. von: naturalis > zur Natur gehörig, natürlich]: **1.** *landwirtschaftliche Produkte, Rohstoffe, die als Zahlungsmittel od. zum Tauschen verwendet werden:* er nimmt lieber N. statt Geld; in N. bezahlen; Ü sie hat ihn für seine Hilfe beim Umzug in N. bezahlt (scherzh.; *hat mit ihm geschlafen).* **2.** (selten) *Gegenstände einer naturwissenschaftlichen Sammlung.*

Na|tu|ra|li|en|ka|bi|nett, das: *naturwissenschaftliche Sammlung* (4).

Na|tu|ra|li|en|samm|lung, die: *naturwissenschaftliche Sammlung* (3 a).

Na|tu|ra|li|sa|ti|on, die; -, -en [frz. naturalisation]: **1.** *Einbürgerung.* **2.** *das Naturalisieren* (3).

na|tu|ra|li|sie|ren ⟨sw. V.; hat⟩ [frz. naturaliser]: **1.** *einbürgern* (1): Weshalb haben Sie sich denn nicht längst in. lassen? (Hasenclever, Die Rechtlosen 466); Als Ausländer können Sie doch nicht praktizieren, wenn Sie nicht naturalisiert sind? (Remarque, Triomphe 224). **2.** (Biol.) *einbürgern* (2). **3.** (selten) *naturgetreu präparieren* (z. B. die Tierköpfe bei Fellen).

Na|tu|ra|li|sie|rung, die; -, -en: *Naturalisation.*

Na|tu|ra|lis|mus, der; -, ...men [frz. naturalisme]: **1. a)** ⟨o. Pl.⟩ *(bes. in Literatur u. Kunst) Wirklichkeitstreue, -nähe in der Darstellung;* **b)** *naturalistisches Element [in einem Kunstwerk].* **2.** ⟨o. Pl.⟩ *europäischer Kunststil zu Ende des 19. u. am Beginn des 20. Jh.s, der eine möglichst naturgetreue Darstellung der Wirklichkeit (bes. auch des Hässlichen u. des Elends) erstrebte u. auf jegliche Stilisierung verzichtete.* **3.** *philosophische Weltanschauung, nach der alles aus der Natur u. diese allein aus sich selbst erklärbar ist.*

Na|tu|ra|list, der; -en, -en [frz. naturaliste]: *Vertreter des Naturalismus* (2).

Na|tu|ra|lis|tik, die; -: *Naturalismus* (1 a).

Na|tu|ra|lis|tin, die; -, -nen: w. Form zu ↑Naturalist.

na|tu|ra|lis|tisch ⟨Adj.⟩: **1.** (bildungsspr.) *(von künstlerischen Darstel-*

lungen) wirklichkeitsnah, naturgetreu: eine -e Schilderung, Darstellung; n. gemalte Tiere. **2.** *den Naturalismus (2) betreffend, ihm entsprechend:* ein -er Dramatiker; der -e Roman.

Na|tu|ral|leis|tung, die: vgl. Naturalbezüge: Wenn diese (= die Partnerin) ... den Haushalt besorgt und dafür vom Partner ein N. in Form von Kost und Logis ... erhält, dann ... (Tages Anzeiger 28. 7. 84, 5).

Na|tu|ral|lohn, der: vgl. Naturalbezüge.

Na|tu|ral|ob|li|ga|ti|on, die (Rechtsspr.): *nicht einklagbare Schuld.*

Na|tu|ral|pacht, die: vgl. Naturalabgaben.

Na|tu|ral|re|gis|ter, das: *(in der landwirtschaftlichen Buchführung) Buch zur Eintragung der Vorräte u. des Viehbestandes eines Hofes.*

Na|tu|ral|re|sti|tu|ti|on, die (Rechtsspr.): *Grundsatz, nach dem geleisteter Schadenersatz den ursprünglichen Zustand wiederherstellen soll.*

Na|tu|ral|steu|er, die: vgl. Naturalabgaben.

Na|tu|ral|wer|te ⟨Pl.⟩: *Naturalien.*

Na|tu|ral|wirt|schaft, die: *Wirtschaftsform, bei der nur Waren gegen Waren getauscht werden.*

Na|tu|ra na|tu|rans, die; -- [lat.] (Philos.): *schaffende Natur (oft gleichbedeutend mit Gott, bes. bei Spinoza).*

Na|tu|ra na|tu|ra|ta, die; -- [lat.] (Philos.): *geschaffene Welt (oft gleichbedeutend mit der Welt, bes. bei Spinoza).*

Na|tur|an|la|ge, die: *Veranlagung.*

Na|tur|apos|tel, der (spött.): *jmd., der ein einfaches, naturverbundenes Leben führt (u. dabei ein wenig überspannt wirkt).*

Na|tur|arzt, der: *Arzt, der Vertreter der Naturheilkunde ist.*

Na|tur|ärz|tin, die: w. Form zu ↑Naturarzt.

Na|tur|auf|fas|sung, die: *Auffassung von der Natur.*

Na|tur|be|ga|bung, die: *außergewöhnliche Begabung (1, 2).*

Na|tur|be|herr|schung, die: *Beherrschung der Natur durch den Menschen.*

na|tur|be|las|sen ⟨Adj.⟩: **a)** *in seiner natürlichen Substanz unverändert; ohne fremden Zusatz:* -e Fette, Lebensmittel, Produkte; -e Mandelkleie schenkt ihm (= dem Teint) Reinheit und Frische (Quick 2, 1959, 40); Naturbelassene Nahrungsmittel aus biologischem Anbau werden immer beliebter (FAZ 18. 10. 95, N 3); **b)** *in seinem natürlichen Zustand belassen:* -er Wald mit dem Naturschutzgebiet Pugum (Flensburger Tageblatt 22. 4. 84, 14); das »letzte, schöne und fast -e Spessarttal im Naturpark Spessart ...« (Garmisch-Partenkirchner Tagblatt 1. 10. 86, 11); ... tragen sie ihre Gesichter in jenem -en Faltenreichtum (FR 18. 7. 87, ZB 1).

Na|tur|be|o|bach|tung, die: *Beobachtung, Betrachtung der Natur (2).*

Na|tur|be|schrei|bung, die: *Beschreibung, Darstellung der Natur.*

na|tur|blond ⟨Adj.⟩: *(vom Haar) von Natur blond, nicht blond gefärbt.*

Na|tur|büh|ne, die: *Freilichtbühne.*

Na|tur|bur|sche, der [urspr. Bez. für ein Rollenfach beim Theater]: *im Hinblick auf sein Äußeres, seine Lebensform unbekümmerter, unkomplizierter [junger] Mann.*

Na|tur|darm, der: *Wursthülle aus natürlichem Darm (2).*

Na|tur|denk|mal, das: *von der Natur hervorgebrachtes, besonders imposantes Gebilde, das wegen seiner Seltenheit, Schönheit o. Ä. unter besonderen Schutz gestellt ist.*

Na|tur|dün|ger, der: *Dünger aus natürlichen Bestandteilen.*

na|ture [na'ty:ɐ̯] ⟨indekl. Adj.; meist nachgestellt⟩ [frz. nature] (Gastr.): *ohne besondere Zutaten, Zusätze:* ein Schnitzel n. (ohne Panade).

Na|tur|ein|druck, der: *in der Begegnung mit der Natur (2) empfangener imposanter Eindruck.*

na|tu|rell ⟨indekl. Adj.; meist nachgestellt⟩ [frz. naturel]: **1.** (Gastr.) *nature.* **2.** *ungefärbt, unbearbeitet.*

Na|tu|rell, das; -s, -e [frz. naturel (subst. Adj.) < lat. naturalis = natürlich] (bildungsspr.): *Veranlagung, Wesensart:* ein glückliches, unkompliziertes N.

Na|ture morte [natyr'mɔrt], die; --, --s [natyr'mɔrt; frz., eigtl. = tote Natur]: frz. Bez. für *Stillleben.*

Na|tur|er|eig|nis, das: *außergewöhnliches Ereignis in der Natur (1, 2), das ohne Zutun des Menschen abläuft:* der Vulkanausbruch war ein großartiges N.; sie nahmen ihr Unglück hin wie ein N. (sie wehrten sich nicht, kämpften nicht).

Na|tur|er|leb|nis, das: vgl. Natureindruck.

Na|tur|er|schei|nung, die: vgl. Naturereignis.

Na|tur|er|zeug|nis, das: *Naturprodukt.*

Na|tur|far|be, die: **1.** *(von Naturprodukten) natürliche, unveränderte Farbe:* Helle -n stehen Jutta am besten (Freizeitmagazin 12, 1978, 42). **2.** *Naturfarbstoff.*

na|tur|far|ben ⟨Adj.⟩: *(von Naturprodukten) ungefärbt, meist hell, beige od. bräunlich.*

Na|tur|far|ben|druck, der: *Farbdruck (2) nach Farbfotografien.*

Na|tur|farb|stoff, der: vgl. Naturfaser.

Na|tur|fa|ser, die: *natürliche, nicht synthetisch hergestellte Faser.*

Na|tur|film, der: *Film (3 a), in dem vorwiegend Aufnahmen aus [bestimmten Bereichen] der Natur (2) gezeigt werden.*

Na|tur|for|scher, der: *jmd., der [wissenschaftlich] bestimmte Erscheinungen der Natur (2) erforscht.*

Na|tur|for|sche|rin, die: w. Form zu ↑Naturforscher.

Na|tur|for|schung, die: *[wissenschaftliche] Erforschung der Natur (2).*

Na|tur|freund, der: *naturverbundener Mensch.*

Na|tur|freun|de|haus, das: *Haus des Vereins der Naturfreunde.*

Na|tur|freun|din, die: w. Form zu ↑Naturfreund.

Na|tur|fre|vel, der: *an der Natur (2) verübter Frevel.*

Na|tur|ga|be, die: *Gabe (2).*

Na|tur|gas, das: *Erdgas.*

Na|tur|ge|fühl, das: **1.** *Gefühl der Verbundenheit mit der Natur.* **2.** *Einstellung zur Natur, Auffassung vom Verhältnis des Menschen zur Natur:* Mit der Renaissance gewann das N. völlig neue Aspekte (Mantel, Wald 10).

na|tur|ge|ge|ben ⟨Adj.⟩: *unabwendbar, vom menschlichen Willen nicht beeinflussbar:* Man hat den Untergang des Imperiums auf den Einbruch von Germanen ... zurückgeführt, ... auch auf -e Alterungs- und Dekadenzprozesse (Fest, Im Gegenlicht 382).

na|tur|ge|mäß: I. ⟨Adj.⟩ *den besonderen Bedingungen der Natur (2) entsprechend, angepasst:* eine -e Lebensweise; n. leben. **II.** ⟨Adv.⟩ *aufgrund der besonderen Beschaffenheit einer Sache sich wie von selbst ergebend:* Die Formelhaftigkeit dieser Werke, die n. zu Wiederholungen führt (Curschmann, Oswald 142).

Na|tur|ge|sche|hen, das: vgl. Naturereignis.

Na|tur|ge|schich|te, die ⟨o. Pl.⟩: **1.** (veraltet) *Naturkunde.* **2.** *Entwicklungsgeschichte (b):* Damit gewinnt die Anatomie die Materialien zu einer N. des Menschen (Medizin II, 33).

na|tur|ge|schicht|lich ⟨Adj.⟩: *die Naturgeschichte betreffend, zu ihr gehörend.*

Na|tur|ge|setz, das: *Gesetz (2).*

na|tur|ge|setz|lich ⟨Adj.⟩: *die Naturgesetze betreffend, darauf beruhend.*

Na|tur|ge|setz|lich|keit, die: *in der Natur (1) herrschende Gesetzlichkeit.*

na|tur|ge|treu ⟨Adj.⟩: *so nachgebildet, wiedergegeben, wie es im natürlichen Zustand, in der Wirklichkeit aussieht, vorkommt:* eine -e Darstellung von etw.

Na|tur|ge|walt, die ⟨meist Pl.⟩: *elementare Kraft [bestimmter Erscheinungen] der Natur (1):* für jeden, der ... in innigster Berührung mit den -en steht (Broch, Versucher 39).

Na|tur|gott|heit, die (Rel.): *Gottheit einer Naturreligion.*

Na|tur|haar, das: vgl. Naturfaser.

na|tur|haft ⟨Adj.⟩ (selten): *von der Natur her gegeben, vorhanden:* er war nicht blind für seine (= des Freundes) blühende Schönheit noch für seine -e Lebenskraft und blumige Fülle (Hesse, Narziß 41).

Na|tur|harz, das: vgl. Naturfaser.

Na|tur|haus|halt, der: *Haushalt der Natur:* Eingriffe in den N. [der Antarktis].

Na|tur|heil|kun|de, die ⟨o. Pl.⟩: *Heilkunde, die Therapien mit natürlichen Mitteln, [weitgehend] ohne pharmazeutische Arzneimittel vertritt.*

na|tur|heil|kun|dig ⟨Adj.⟩: *Erfahrungen auf dem Gebiet der Naturheilkunde besitzend.*

Na|tur|heil|kun|di|ge, der u. die: *jmd., der Erfahrung auf dem Gebiet der Naturheilkunde besitzt.*

na|tur|heil|kund|lich ⟨Adj.⟩: *die Naturheilkunde betreffend, zu ihr gehörend.*

Na|tur|heil|ver|fah|ren, das: vgl. Naturheilkunde.

na|tur|his|to|risch ⟨Adj.⟩: *naturgeschichtlich.*

Na|tur|horn, das: **1.** ⟨Pl. -e⟩ vgl. Naturfaser. **2.** ⟨Pl. ...hörner⟩ (Musik) *Horn* (3 a) *ohne Klappen od. Ventile, auf dem nur die Naturtöne gespielt werden können.*

na|tur|iden|tisch ⟨Adj.⟩: *bei synthetischer Herstellung mit einem entsprechenden natürlich vorkommenden Stoff identisch:* -e Aromastoffe.

Na|tu|ris|mus, der; - (selten): *Freikörperkultur.*

Na|tu|rist, der; -en, -en (selten): *Anhänger der Freikörperkultur.*

Na|tu|ris|tin, die; -, -nen (selten): w. Form zu ↑Naturist.

na|tu|ris|tisch ⟨Adj.⟩ (selten): *die Freikörperkultur betreffend.*

Na|tur|ka|ta|stro|phe, die: *Naturereignis mit katastrophalen Auswirkungen für den Menschen:* dass das Rote Kreuz zu einer Hilfsaktion für die Opfer der N. in Texas aufrief (Welt 31. 3. 62, 8).

Na|tur|kaut|schuk, der: vgl. Naturfaser.

Na|tur|kind, das: vgl. Naturbursche.

Na|tur|kon|stan|te, die (Physik): *Größe* (2 a), *die unveränderlich ist od. unter bestimmten Bedingungen unveränderlich gehalten wird.*

Na|tur|kraft, die ⟨meist Pl.⟩: *der Natur* (1) *innewohnende Kraft:* nun konnten die in der Kohle aufgespeicherten Naturkräfte in den Dienst des Menschen gestellt werden (Heisenberg, Naturbild 13); die langen Zeiträume (= des Baumwuchses) ... lassen das Einwirken der Naturkräfte in den Vordergrund treten (Mantel, Wald 47).

na|tur|kraus ⟨Adj.⟩: *(vom Kopfhaar des Menschen) kraus* (1 a).

Na|tur|krau|se, die: *natürliche Krause* (2).

Na|tur|kun|de, die ⟨o. Pl.⟩ (veraltet): *Biologie* (1), *Geologie u. Mineralogie [als Teil des naturwissenschaftlichen Unterrichts an Schulen].*

Na|tur|kun|di|ge, der u. die; -n, -n ⟨Dekl. ↑Abgeordnete⟩ (veraltend): *jmd., der [große] Kenntnisse auf dem Gebiet der Naturkunde hat.*

na|tur|kund|lich ⟨Adj.⟩: *die Naturkunde betreffend, zu ihr gehörend.*

Na|tur|land|schaft, die: *vom Menschen nicht veränderte, unberührte Landschaft.*

Na|tur|leh|re, die ⟨o. Pl.⟩ (veraltet): *Physik [u. Chemie] als Teil des naturwissenschaftlichen Unterrichts an Schulen.*

Na|tur|lehr|pfad, der: *Wanderweg mit Schildern an Bäumen o. Ä., auf denen genaue Bezeichnungen von Pflanzen, Tieren etc. angegeben sind.*

na|tür|lich [mhd. natiurlich, ahd. natûrlîh]: **I.** ⟨Adj.⟩ **1. a)** *zur Natur* (1, 2) *gehörend; in der Natur* (1, 2) *vorkommend, nicht künstlich vom Menschen nachgebildet, hergestellt:* -e Heilquellen; in -er Umgebung lebende Tiere; **b)** *sich aus der Naturgesetzlichkeit ergebend:* die -en Funktionen des Körpers; -e Geburt *(nur durch die Geburtskräfte von Mutter u. Kind erfolgende Geburt);* eines -en *(nicht gewaltsamen)* Todes sterben; ein -es Kind (1. Rechtsspr. veraltet; *uneheliches Kind.* **2.** volkst.; *eheliches Kind [im Unterschied zu einem adoptierten]);* **c)** *dem Vorbild in der Wirklichkeit entsprechend:* eine Statue in -er Größe; ihr Make-up

wirkt n. **2.** *angeboren:* eine -e Begabung; ihre -e Haarfarbe ist schwarz. **3.** *in der Natur* (3 a) *des Menschen begründet:* seine -en Bedürfnisse befriedigen; einen -en Widerwillen gegen etwas haben. **4.** *in der Natur* (4) *von etw. begründet; folgerichtig:* es ist ganz n., dass er traurig ist; es wäre das natürlichste/am natürlichsten, wenn ... **5.** *unverbildet, ungezwungen, nicht gekünstelt:* ein -es Wesen, -es Benehmen haben; sie ist sehr n. geblieben. **II.** ⟨Adv.⟩ **1.** *selbstverständlich:* »Kommst du mit?« – »Natürlich!«; du hast n. recht mit deiner Kritik. **2.** drückt aus, dass etwas so geschieht, wie man es erwartet, voraussgesehen, geahnt hat: er kam n. wieder zu spät. **3.** drückt die Einschränkung einer Aussage aus: ich freue mich n. *(zwar),* wenn du kommst, aber ...

na|tür|li|cher|wei|se ⟨Adv.⟩: *selbstverständlich, natürlich:* die andere Seite seines Verhängnisses war sein ihm beigegebener Chef, der n. sein Berater hätte sein müssen (Plievier, Stalingrad 300).

Na|tür|lich|keit, die; - [mhd. natürlicheit]: **a)** *das Natürlichsein* (1 c): An den Kern des alten Parks schließt sich, in kunstvoller N., die neu geschaffene Tierparklandschaft an (Berger, Augenblick 43); **b)** *Selbstverständlichkeit:* die N., mit der Agathe ihre Abhängigkeit von Hagauer behandelte, verletzte ihn Bruder (Musil, Mann 684); **c)** *das Natürlichsein* (5): da man ihr in ihrer freundlichen Zurückhaltung und sinnerquickenden N. ... die gute Kinderstube sogleich angemerkt habe (Maass, Gouffé 268).

Na|tur|lo|cken ⟨Pl.⟩: *(von Natur) lockiges Haar.*

Na|tur|ly|rik, die (Literaturw.): *Lyrik, in deren Mittelpunkt die erlebte Natur u. das Naturgefühl* (2) *stehen:* dass unsere N. noch in den dreißiger Jahren von Liliencron, Dehmel und Rilke geprägt war (Welt 27. 10. 62, Geistige Welt, Literatur).

Na|tur|mensch, der: **1.** vgl. Naturbursche: Der eine Lehrer war ein N., Jesuslatschen und Spitzbart, ganz dürr ..., Vegetarier (Kempowski, Immer 53); Stefan Hübscher ist ein N., ein Mittvierziger, der Arme und Fäuste zum Zuschlagen hat, der so humorvoll wie sensibel ist. (Zeit 31. 10. 97, 84). **2.** *Naturfreund.* **3.** *Angehöriger eines Naturvolks:* Schon vor zweihundert Jahren fanden die ersten Alpentouristen ... auch bei Schweizer Bergbewohnern die sympathischen Züge unverdorbener -en: Einfachheit und Bedürfnislosigkeit, Spontaneität und Lebensfreude, Vitalität und zwanglose Geselligkeit (Zeit 25. 6. 98, 47).

na|tur|nah ⟨Adj.⟩: *der Natur* (2) *entsprechend, ihre Bedingungen berücksichtigend:* -e Produktionsmethoden; -er Anbau; eine n. gestaltete Freizeitanlage.

Na|tur|nä|he, die: *Natürlichkeit* (a).

na|tur|not|wen|dig ⟨Adj.⟩: *sich notwendig ergebend, zwingend.*

Na|tur|not|wen|dig|keit, die: *das Naturnotwendigsein.*

Na|tur|park, der: *in sich geschlossener, größerer Landschaftsbereich, der sich durch natürliche Eigenart u. Schönheit*

auszeichnet u. in seinem Zustand unverändert erhalten bleiben soll.

Na|tur|per|le, die: vgl. Naturfaser.

Na|tur|phä|no|men, das: *Naturerscheinung.*

Na|tur|phi|lo|soph, der: *Vertreter der Naturphilosophie.*

Na|tur|phi|lo|so|phie, die: *Richtung innerhalb der [klassischen] Philosophie, die sich erkenntnistheoretisch auf die objektive Gesetzmäßigkeit der Natur* (1) *stützt.*

na|tur|phi|lo|so|phisch ⟨Adj.⟩: *die Naturphilosophie betreffend, zu ihr gehörend.*

Na|tur|pro|dukt, das: *(bes. landwirtschaftliches) Erzeugnis, Produkt, das die Natur liefert:* Auch -e können karzinogen wirken, so etwa Alkaloide aus Genecio jacobaea (Medizin II, 109).

Na|tur|recht, das ⟨o. Pl.⟩ (Ethik): *Recht, das unabhängig von der gesetzlich fixierten Rechtsauffassung eines bestimmten Staates o. Ä. in der Vernunft des Menschen begründet ist.*

na|tur|recht|lich ⟨Adj.⟩: *das Naturrecht betreffend, zu ihm gehörend.*

Na|tur|reich, das: *Gesamtheit der Natur* (2).

Na|tur|reich|tum, der ⟨meist Pl.⟩: *für den Menschen nutzbare Produkte der Natur* (1), *bes. Bodenschätze o. Ä.*

na|tur|rein ⟨Adj.⟩: *(von Lebensmitteln) in seiner natürlichen Beschaffenheit unverändert; ohne fremden Zusatz:* -er Bienenhonig; Pfefferminztabletten n. (Wochenpost 20. 6. 64, 18).

Na|tur|reis, der: *unbehandelter Reis.*

Na|tur|re|li|gi|on, die: *Religion [der Naturvölker], deren Gottheiten als Mächte begriffen werden, die in engem Zusammenhang mit den Erscheinungen der Natur* (1, 2) *stehen.*

Na|tur|re|ser|vat, das: *Naturschutzgebiet.*

Na|tur|schät|ze ⟨Pl.⟩: *Naturreichtum.*

Na|tur|schau|spiel, das: *eindrucksvolles Naturereignis:* das Sonnenuntergang war ein N.

Na|tur|schil|de|rung, die: *Naturbeschreibung.*

Na|tur|schön|heit, die ⟨meist Pl.⟩: *Erscheinung der Natur* (2), *die als schön empfunden wird.*

Na|tur|schutz, der: *[gesetzliche] Maßnahmen zum Schutz, zur Pflege u. Erhaltung von Naturlandschaften, Naturdenkmälern o. Ä. und, von selten, in ihrem Bestand gefährdeten Pflanzen u. Tieren:* diese Alpenblumen stehen unter N. *(dürfen nicht gepflückt werden);* ein Gebiet unter N. stellen.

Na|tur|schüt|zer, der; -s, -: *jmd., der für den Naturschutz eintritt:* Die Vertreter der Technik wollen dieses düstere Zukunftsbild der N. allerdings nicht wahrhaben (Kosmos 1, 1965, 6).

Na|tur|schüt|ze|rin, die; -, -nen: w. Form zu ↑Naturschützer.

Na|tur|schutz|ge|biet, das: *Gebiet, das unter Naturschutz steht:* die Teile Mitteleuropas, in denen die Naturlandschaft ... z. T. als N. gehegt wird (Thienemann, Umwelt 28).

Na|tur|schutz|ge|setz, das: *Gesetz zum Schutz der Natur.*

Na|tur|schutz|park, der (veraltet): vgl. Naturschutzgebiet.

Na|tur|schwär|mer, der: vgl. Naturschwärmerei.

Na|tur|schwär|me|rei, die: *Schwärmerei für die Natur:* Die bäuerliche Umwelt ... hat mich ... vor romantischer N. bewahrt (Kosmos 1, 1965, 1).

Na|tur|schwär|me|rin, die: w. Form zu ↑ Naturschwärmer.

Na|tur|sei|de, die: vgl. Naturfaser.

Na|tur|sekt, der (Jargon): *Urin:* In Noras Reklamezeitungen waren massenhaft Kleinanzeigen von strengen Dominas, die Sklaven suchten. Viele boten als besondere Attraktion »Natursekt« (*das Urinieren auf den Sexualpartner;* Heller, Mann 210).

Na|tur|spiel, das (selten): *natürliches Gebilde, das durch seine ungewöhnliche Form o. Ä. wie eine spielerische Unregelmäßigkeit der Natur wirkt:* Von ominösen -en und gelegentlichen Luftangriffen abgesehen, geht es hier ... recht friedlich zu (K. Mann, Wendepunkt 411).

Na|tur|stein, der: *aus natürlichen Vorkommen, bes. Steinbrüchen, gewonnener [unbehauener] Baustein o. Ä.*

Na|tur|stoff, der: *in der Natur vorkommende pflanzliche, tierische od. mineralische Substanz:* Eine glückliche Verbindung veredelter, hustenlösender -e (Quick 2, 1959, 32).

Na|tur|ta|lent, das: vgl. Naturbegabung.

Na|tur|the|a|ter, das (veraltet): *Freilichttheater.*

Na|tur|ton, der (Musik): *Ton, der allein durch bestimmtes Anblasen (ohne Zuhilfenahme von Klappen, Ventilen od. Grifflöchern) auf Blasinstrumenten erzeugt wird.*

Na|tur|treue, die: *das Naturgetreue in der Nachbildung, Wiedergabe von etw.*

Na|tur|trieb, der (veraltend): *Instinkt* (1).

Na|tur|trom|pe|te, die: vgl. Naturhorn (2).

na|tur|trüb ⟨Adj.⟩ (Fachspr.): *(von Säften) von Natur trüb:* -er Apfelsaft.

Na|tur|uran, das: *aus natürlichen Vorkommen gewonnenes Uran.*

na|tur|ver|bun|den ⟨Adj.⟩: *ein enges Verhältnis zur Natur* (2) *habend.*

Na|tur|ver|bun|den|heit, die: *Liebe zur Natur* (2).

na|tur|ver|träg|lich ⟨Adj.⟩: *im Einklang mit der Natur stehend:* Atomausstieg, ökologische Steuerreform, Verkehrswende, -e Landwirtschaft. Das alles ... steht auf dem Wunschzettel der Umweltverbände (Zeit 17. 9. 98, 29); Die Besucher sollen sanft zu -em Verhalten gelenkt werden (Zeit 5. 9. 97, 77); Claus Mayr vom Nabu (= Naturschutzbund) meint indes, »die Landwirtschaft müsste komplett n. arbeiten« (Zeit 27. 9. 96, 28).

Na|tur|volk, das ⟨meist Pl.⟩ (Völkerk. veraltend): *Volk, Volksstamm, der (abseits von der Zivilisation) auf einer primitiven* (1 a) *Kulturstufe lebt.*

Na|tur|vor|gang, der ⟨meist Pl.⟩: vgl. Naturereignis.

Na|tur|wein, der: *ungezuckerter Wein.*

na|tur|wid|rig ⟨Adj.⟩: *unnatürlich:* Diese lebenswichtigen Elemente (= Boden, Luft, Wasser, Pflanzen- und Tierwelt) werden übermäßig und n. beansprucht (Kosmos 1, 1965, 47).

Na|tur|wis|sen|schaft, die ⟨meist Pl.⟩: **a)** *Gesamtheit der exakten Wissenschaften, die die verschiedenen Gebiete der Natur* (1) *zum Gegenstand haben:* Die Methode der politischen Wissenschaft ist ... nicht die der exakten ... N. (Fraenkel, Staat 260); eine Reihe ausgezeichneter Vertreter der -en (Natur 10); **b)** *einzelne Wissenschaft, die ein bestimmtes Gebiet der Natur* (1) *zum Gegenstand hat:* eine Vorbedingung der Aufgeschlossenheit für die seelische N., die den Namen »Psychoanalyse« trägt (Freud, Abriß, Nachwort Th. Mann 198).

Na|tur|wis|sen|schaft|ler, der: *Wissenschaftler od. Student auf dem Gebiet der Naturwissenschaften.*

Na|tur|wis|sen|schaft|le|rin, die: w. Form zu ↑ Naturwissenschaftler.

na|tur|wis|sen|schaft|lich ⟨Adj.⟩: *die Naturwissenschaft betreffend, zu ihr gehörend.*

Na|tur|wol|le, die: vgl. Naturfaser.

na|tur|wüch|sig ⟨Adj.⟩: **a)** (bes. marx. Philos.) *sich ohne Reglementierung, ohne äußeren Einfluss aus sich selbst heraus ergebend, entwickelnd:* In der Diskussion, die sich eher spontan und n. entwickelte als gezielt (Courage 2, 1978, 50); **b)** *unverbildet natürlich:* Sie, die n. Bejaherin aus Selbsterhaltungs-, aus Frischhaltegründen (Strauß, Niemand 204).

Na|tur|wüch|sig|keit, die; -: *das Naturwüchsigsein.*

Na|tur|wun|der, das: *[scheinbar unerklärliches] faszinierendes Naturereignis o. Ä.:* ... dieses N. (= die Serengeti) zu erhalten (Grzimek, Serengeti 340); Dieses Werk ... wurde als ein N. angesehen, weil in ihm eine Wissenschaft ... in eine Maschine eingefangen wurde (Menzel, Herren 39).

Na|tur|zu|stand, der ⟨o. Pl.⟩: **a)** *natürlicher, vom Menschen nicht beeinflusster od. veränderter Zustand;* **b)** *(in der Moral- u. Staatsphilosophie der Aufklärung) vorgesellschaftlicher u. vorstaatlicher Urzustand menschlichen Zusammenlebens:* Locke geht von einem N. der gleichgültigen Unsicherheit aus (Fraenkel, Staat 110).

Nau|arch, der; -en, -en [griech. naúarchos, zu: naũs = Schiff u. archós = Führer]: *Flottenführer im alten Griechenland.*

Naue, die; -, -n (südd.): *Nauen* (1).

Nau|en, der; -s, - [mhd. nāwe, viell. zu lat. navis = Schiff]: **1.** (südd.) *Nachen, Kahn.* **2.** (schweiz.) *großer [Last]kahn auf Seen.*

'nauf (landsch., bes. südd.): *hinauf.*

Nau|ma|chie, die; -, -n [griech. naumachía, zu: naũs = Schiff u. maxḗ = Kampf, Schlacht]: **1.** *Seeschlacht im alten Griechenland.* **2.** *Darstellung einer Seeschlacht im altrömischen Amphitheatern:* ◆ Man zeigte die Reste von

Wasserbehältern, einer N. und andere dergleichen Ruinen (Goethe, Italien. Reise 6. 5. 1787 [Sizilien]).

Naum|burg: Stadt an der Saale.

'Naum|bur|ger, der; -s, -: Ew.

²Naum|bur|ger ⟨indekl. Adj.⟩: der N. Dom.

Naum|bur|ge|rin, die; -, -nen: w. Form zu ↑ 'Naumburger.

naum|bur|gisch ⟨Adj.⟩: *Naumburg, die Naumburger betreffend.*

Nau|pli|us, der; -, ...ien [lat. nauplius < griech. naúplios = Krebs] (Zool.): *Larve von Krebsen.*

Na|u|ra, die; -, -s [arab. na'ūraʰ = Wasserschöpfwerk]: *in Mesopotamien verwendetes Wasserschöpfrad.*

Na|u|ru, -s: Inselrepublik im Stillen Ozean.

Na|u|ru|er, der; -s, -: Ew.

Na|u|ru|e|rin, die; -, -nen: w. Form zu ↑ Naruruer.

na|u|ru|isch ⟨Adj.⟩: *Nauru, die Nauruer betreffend.*

'naus (landsch., bes. südd.): *hinaus.*

Nau|sea [auch: '- - -], die; - [lat. nausea < spätgriech. nausía = Seekrankheit, zu griech. naũs = Schiff] (Med.): *Übelkeit, Brechreiz (bes. bei einer Kinetose).*

-naut [zu griech. naútēs = Seemann, zu: naũs = Schiff] in Zus., z. B. Astronaut, Kosmonaut.

Nau|te, die; - [jidd. naute, nawte]: *in jüdischen Familien beim Purimfest gegessenes Konfekt aus Mohn, Nüssen u. Honig.*

Nau|tik, die; - [(wohl über engl. nautics, frz. (art, science) nautique < lat. nauticus <) griech. nautikḗ (téchnē)]: *Schifffahrtskunde.*

Nau|ti|ker, der; -s, - (Seew.): *Schiffsoffizier, der die Navigation beherrscht.*

Nau|ti|lus, der; -, -u. -se [lat. nautilus < griech. nautilos, eigtl. = Seefahrer, zu: naũs = Schiff]: *(in den tropischen Meeren lebender) Kopffüßer mit spiraligem Gehäuse u. zahlreichen Fangarmen.*

Nau|ti|lus|be|cher, Nau|ti|lus|po|kal, der (Kunstwiss.): *vom 16. bis 18. Jh.) aus den Gehäusen von Nautilus in Gold- od. Silberfassung gearbeiteter Pokal.*

nau|tisch ⟨Adj.⟩ [lat. nauticus < griech. nautikós, zu: naũs = Schiff] (Seew.): *die Nautik* (1) *betreffend, zu ihr gehörend:* -e Instrumente; -e Lehrbücher.

Na|va|ho, Na|va|jo [engl. 'nævəhou, auch: na'vaxo], der; -[s], -[s]: *Angehöriger eines nordamerikanischen Indianerstammes.*

Na|vel ['neɪvl], die; -, -s u. **Na|vel|oran|ge,** die [engl. navel orange, eigtl. = Nabelorange]: *kernlose Orange mit nabelförmiger Nebenfrucht.*

Na|vi|cert ['nævɪsɜ:t], das; -s, -s [Kurzwort aus engl. **navi**gation = Navigation u. **cert**ificate = Zeugnis, Bescheinigung]: *von Konsulaten einer [Krieg führenden] Nation ausgestelltes Unbedenklichkeitszeugnis für neutrale [Handels]schiffe.*

Na|vi|cu|la, die; -, ...lae [...lɛ; lat. navicula, Vkl. von: navis = Schiff] (kath. Kirche): *Gefäß zur Aufbewahrung des Weihrauchs.*

Na|vi|ga|teur [naviga'tø:ɐ̯], der; -s, -e [frz. navigateur < lat. navigator, ↑Navigator] (Seew.): *Seemann, der die Navigation beherrscht.*

Na|vi|ga|ti|on, die; - [lat. navigatio = Schifffahrt, zu: navigare = fahren, segeln, zu: navis = Schiff] (Seew., Flugw.): *bei Schiffen, Luft- u. Raumfahrzeugen Gesamtheit der Maßnahmen zur Bestimmung des Standorts u. zur Einhaltung des gewählten Kurses.*

Na|vi|ga|ti|ons|ak|te, die; - [LÜ von engl. Navigation Act]: *Gesetz zum Schutz der eigenen Schifffahrt in England (im 17. Jh.).*

Na|vi|ga|ti|ons|aus|rüs|tung, die: vgl. Navigationskarte.

Na|vi|ga|ti|ons|feh|ler, der (Seew., Flugw.): *Fehler in der Navigation.*

Na|vi|ga|ti|ons|in|stru|ment, das: vgl. Navigationskarte.

Na|vi|ga|ti|ons|kar|te, die: *Karte für die Navigation.*

Na|vi|ga|ti|ons|of|fi|zier, der (Seew., Flugw.): *Nautiker.*

Na|vi|ga|ti|ons|raum, der: *Raum mit Navigationsinstrumenten auf Schiffen.*

Na|vi|ga|ti|ons|schu|le, die: *Schule für die theoretische Ausbildung in Navigation.*

Na|vi|ga|tor, der; -s, ...oren [lat. navigator = Seemann] (Seew., Flugw.): *für die Navigation verantwortliches Mitglied einer Flugzeug- od. Schiffsbesatzung.*

Na|vi|ga|to|rin, die; -, -nen: w. Form zu ↑Navigator.

na|vi|ga|to|risch ⟨Adj.⟩ (Seew., Flugw.): *die Navigation betreffend, mit ihr zusammenhängend:* So können die neuesten russischen Kriegsschiffe ohne Lotsen ... die schwierigsten -en Manöver meistern (Habe, Namen 324).

na|vi|gie|ren ⟨sw. V.; hat⟩: **a)** (Seew., Flugw.) *den Standort eines Schiffes od. Flugzeugs bestimmen u. es auf dem richtigen Kurs halten:* mit dem Sextanten n.; Der ... Kosmonaut ... hat ... in der Finsternis im All nach Sternen, der Sonne und der Erde navigiert (MM 22. 2. 68, 3); Heute vermöchte nicht einmal Lynceus ... einen modernen Luxusdampfer oder einen Panzerkreuzer ... ohne Karte zu n. (Kisch, Reporter 187). **b)** (EDV) *(z. B. bei der Suche nach Informationen im Internet) [gezielt] ein Programm od. einen Programmpunkt nach dem anderen aktivieren:* Die Bedienerführung ist eingängig und nahezu selbsterklärend. Mit den Schaltern navigiert man zwischen den Menüs hin und her, springt vorwärts und zurück oder wechselt den Darstellungsmodus (FAZ 17. 3. 98, T6).

na|xisch ⟨Adj.⟩: *Naxos betreffend, von Naxos stammend.*

Na|xos; Naxos': griechische Insel.

Nay [nai], der; -s, -s [arab. nāy < pers. nāy, nay = Schilf, Rohr; Flöte]: *in Persien u. in den arabischen Ländern gespieltes flötenähnliches Blasinstrument.*

Na|za|rä|er, Nazoräer, der; -s, - [griech. Nazōraíos, Bez. Jesu nach alttestamentlichem Vorbild, zu hebr., aram. nazar = bewahren, beachten, vermutlich nachträglich mit dem Geburtsort Nazareth in Beziehung gebracht]: **1.** ⟨o. Pl.⟩ *Beiname Jesu.* **2.** *zu den ersten Christen Gehörender.* **3.** *zu den syrischen Judenchristen Gehörender.*

Na|za|re|ner, der; -s, - [lat Nazarenus = aus Nazareth Stammender]: **1.** ⟨o. Pl.⟩ *Beiname Jesu im Neuen Testament.* **2.** *Anhänger Jesu.* **3.** *Angehöriger einer adventistischen Glaubensgemeinschaft des 19. Jahrhunderts in Südwestdeutschland u. der Schweiz.* **4.** *Angehöriger einer Gruppe in Rom lebender Maler der Romantik, die eine Erneuerung der christlichen Kunst anstrebten.*

na|za|re|nisch ⟨Adj.⟩: **a)** *in der Art der Nazarener (4);* **b)** *die Nazarener (4) betreffend, zu ihnen gehörend.*

Na|za|reth: Stadt in Israel.

Na|zi, der; -s, -s (ugs. abwertend): *kurz für* ↑Nationalsozialist.

Na|zi|bar|ba|rei, die (ugs. abwertend): *von Unmenschlichkeit u. Grausamkeit geprägte Zustände während des nationalsozialistischen Herrschaft:* Denn den Opfern der N. war nichts anderes übrig geblieben, als Waffen in die Hand zu nehmen, um sich von den Aggressoren zu befreien (Zeit 17. 6. 98, 11).

Na|zi|bon|ze, die (ugs. abwertend): *höherer Funktionär der NSDAP:* Doch als sie ihre Arbeitsstelle wechseln wollte, um der Gegenwart des -n zu entfliehen, wurde sie von ihren Arbeitgebern als Jüdin denunziert (Zeit 1. 11. 96, 24); Tewksbury und ich amüsierten uns beim Gedanken an die -n, die wir im »Kinderhaus« wahrscheinlich vorfinden würden (K. Mann, Wendepunkt 430).

Na|zi|dik|ta|tur, die ⟨o. Pl.⟩ (ugs. abwertend): *NS-Diktatur.*

Na|zi|füh|rer, der (ugs. abwertend): *NS-Führer:* die Biographien der N. (Leonhard, Revolution 165).

Na|zi|gold, das (ugs.): *von den Nationalsozialisten unrechtmäßig in Besitz genommenes [Gold]vermögen aus vorwiegend jüdischem Besitz:* Nach den schweren US-Vorwürfen gegen die Schweiz wegen ihres Umgangs mit dem so genannten N. hat der Präsident der Jewish Agency die Einrichtung einer internationalen Untersuchungskommission gefordert (taz 9. 5. 97, 1).

Na|zi|herr|schaft, die ⟨o. Pl.⟩ (ugs. abwertend): *NS-Herrschaft.*

Na|zi|ide|o|lo|gie, die ⟨o. Pl.⟩ (ugs. abwertend): *NS-Ideologie:* mit jungen Deutschen, die bereit sind, sich von der N., in der sie aufgewachsen sind, zu befreien und intensiv zu lernen (Zeit 8. 8. 97, 13).

Na|zi|par|tei, die ⟨o. Pl.⟩ (ugs. abwertend): *NSDAP:* er ... hätte aber ... weder der N. noch einer ihrer anderen Gliederungen angehört (Kant, Impressum 313).

Na|zi|re|gime, das ⟨o. Pl.⟩ (ugs. abwertend): *NS-Regime.*

Na|zis|mus, der; - (ugs. abwertend): *kurz für* ↑Nationalsozialismus.

Na|zis|se, die; -, -n [wohl unter scherzh. Anlehnung an ↑Narzisse] (selten, ugs. abwertend): *Anhängerin des Nationalsozialismus:* Sie war bestimmt keine N.,

dem Wesen nach eher das Gegenteil (Kantorowicz, Tagebuch I, 227).

Na|zist, der; -en, -en (selten, abwertend): *Nationalsozialist.*

Na|zis|tin, die; -, -nen (selten, abwertend): w. Form zu ↑Nazist.

na|zis|tisch ⟨Adj.⟩ (abwertend): *kurz für* ↑nationalsozialistisch.

Na|zi|ter|ror, der (ugs. abwertend): *durch die Nationalsozialisten ausgeübter Terror (1).*

Na|zi|ver|bre|chen, das ⟨meist Pl.⟩ (ugs. abwertend): *NS-Verbrechen.*

Na|zi|ver|bre|cher, der (ugs. abwertend): *NS-Verbrecher.*

Na|zi|zeit, die ⟨o. Pl.⟩ (ugs. abwertend): *NS-Zeit.*

Na|zo|rä|er: ↑Nazaräer.

Nb = Niob.

NB = notabene.

n. Br. = nördlicher Breite.

Nchf. = Nachfolger.

n. Chr. = nach Christus/Christo.

n. Chr. G. = nach Christi Geburt.

Nd = Neodym.

nd. = niederdeutsch.

NDB = Neue Deutsche Biographie.

n-di|men|si|o|nal ⟨Adj.⟩ [aus n = math. Formelzeichen für eine beliebige reelle Zahl u. ↑dimensional] (Math.): *mehr als drei Dimensionen betreffend.*

N'Dja|me|na [ndʒame'na] = Hauptstadt von Tschad.

NDPD = National-Demokratische Partei Deutschlands (DDR).

NDR [εnde:'leɐ], der; -[s]: Norddeutscher Rundfunk.

ne, nee (ugs.): *nein.*

ne ⟨Fragepartikel⟩ (ugs.): *drückt eine Bekräftigung des vorher Gesagten aus; nicht [wahr]:* die ham alle getrunken, Pernod, ne, und dann die ganze Nacht durch (Schmidt, Strichjungengespräche 126); Das war mir ein schrecklicher Gedanke. Absurd, ne? (Frings, Männer 190).

Ne = Neon.

'ne [nə] (ugs.): *eine.*

Ne|an|der|ta|ler, der; -s, - [nach dem Fundort im Neandertal bei Düsseldorf] (Anthrop.): *(durch Skelettfunde bezeugter) Mensch der Altsteinzeit.*

Ne|a|pel: Stadt in Italien.

Ne|a|pe|ler: ↑ ¹Neapolitaner.

Ne|a|pe|le|rin, die; -, -nen: w. Form zu ↑Neapeler.

ne|a|pel|gelb ⟨Adj.⟩ [nach einem Farbstoff, der zuerst in Neapel hergestellt worden ist]: *hell- bis orangegelb.*

Ne|ap|ler usw.: ↑Neapeler usw.

¹Ne|a|po|li|ta|ner, der; -s, -: Ew.

²Ne|a|po|li|ta|ner ⟨indekl. Adj.⟩: der N. Hafen.

³Ne|a|po|li|ta|ner, der; -s, - [urspr. wurde für die Füllung eine Creme aus Haselnüssen aus der Umgebung von Neapel verwendet] (österr.): *gefüllte Waffel.*

Ne|a|po|li|ta|ne|rin, die; -, -nen: w. Form zu ↑ ¹Neapolitaner.

Ne|a|po|li|ta|ner|schnit|te, die: ³Neapolitaner.

ne|a|po|li|ta|nisch ⟨Adj.⟩: *Neapel, die Neapolitaner betreffend.*

Ne|ark|tis, die; - [zu griech. néos = neu;

jung u. ↑Arktis]: *Verbreitungsraum der Tiere, der kalte, gemäßigte u. subtropische Klimate Nordamerikas u. Grönlands umfasst.*

ne|ark|tisch ⟨Adj.⟩: *die Nearktis betreffend:* -e Region *(Nearktis).*

Ne|ar|thro|se, die; -, -n [zu griech. néos = neu; jung u. ↑Arthrose] (Med): **1.** *krankhafte Neubildung eines falschen Gelenks (z. B. zwischen den Bruchenden eines gebrochenen Knochens).* **2.** *operative Neubildung eines Gelenks.*

neb|bich ⟨Interj.⟩ [H. u.]: **1.** (Gaunerspr.) *leider; schade.* **2.** (salopp) *nun, wenn schon; was macht das schon.*

Neb|bich, der; -s, -e [jidd. nebbich, eigtl. = armes Ding] (abwertend): *unbedeutender Mensch:* ein ganz kleiner Pinkel! Ein reiner N. ist das! (Fallada, Jeder 180).

Ne|bel, der; -s, - [mhd. nebel, ahd. nebul, urspr. = Feuchtigkeit, Wolke]: **1.** *dichter, weißer Dunst über dem Erdboden; für das Auge undurchdringliche Trübung der Luft (durch Konzentration kleinster Wassertröpfchen):* dicker, dichter, wallender N.; ziehende N. *(Nebelschwaden);* es kommt N. auf; der N. fällt, lichtet sich, liegt über den Wiesen, hängt in den Bergen; In der Tiefe brauten die N. (Trenker, Helden 237); es herrschte N. mit Sichtweiten unter 50 Metern; bei N. ist die Berge sind in N. gehüllt; Ü in einem N. von Unwissenheit *(in völliger Unwissenheit)* leben; Manche der Spuren schienen verheißungsvoll, doch dann lösten sie sich wieder in N. auf *(verloren sie sich wieder;* Quick 33, 1958, 30); **ausfallen wegen N./-s* (ugs. scherzh.): *überraschend nicht stattfinden, nicht ausgeführt werden).* **2.** (Astron.) *[aus einer Anhäufung von Sternen bestehendes] schwach leuchtendes, nicht scharf umgrenztes, flächenhaft erscheinendes Gebilde am Himmel.*

Ne|bel|bank, die ⟨Pl. ...bänke⟩: *größere zusammenhängende Masse von Nebel, die über einem Bereich lagert.*

Ne|bel|bild, das (Meteor.): *auf Bergen beobachtete Erscheinung, die darin besteht, dass auf einer gegenüberliegenden Nebelwand der Schatten einer Person überlebensgroß erscheint.*

Ne|bel|bil|dung, die: *das Sichbilden von Nebel.*

Ne|bel|bo|gen, der (Meteor.): *bei Nebel entstehender Regenbogen von weißlicher Farbe.*

Ne|bel|bo|je, die: **1.** (Seew.) *Boje, die bei Nebel akustische Signale aussendet.* **2.** (Milit.) *zur Hervorbringung von künstlichem Nebel auf See bestimmtes Gerät.*

Ne|bel|bom|be, die (Milit.): *Bombe, die künstlichen Nebel erzeugt.*

Ne|bel|de|cke, die: *dichter, wie eine Decke über einem Gebiet ausgebreiteter Nebel.*

Ne|bel|dunst, der ⟨Pl. selten⟩: *leichter, nebliger Dunst.*

Ne|bel|dü|se, die: *Düse, mit der Wasser fein versprüht werden kann.*

Ne|bel|feld, das: *in kleineren Bereichen flächenartig auftretender Nebel.*

Ne|bel|fet|zen, der: *[Rest von] Nebel, der in der Luft hängt, über Land od. Wasser zieht.*

ne|bel|feucht ⟨Adj.⟩: *durch Nebel feucht geworden:* -e Straßen; als er am -en Morgen ... aus seinem Versteck kroch (Prodöhl, Tod 222).

ne|bel|frei ⟨Adj.⟩: *ohne Nebel.*

Ne|bel|glo|cke, die: **1.** *dichter Nebel, der über einem bestimmten Bereich lagert:* eine N. über ganz Deutschland legte gestern ... nahezu den gesamten Flugverkehr lahm (BM 28. 10. 75, 4). **2.** (Seew.) *Glocke, mit der sich bes. ein vor Anker liegendes Schiff im Nebel bemerkbar macht.*

Ne|bel|gra|na|te, die (Milit.): vgl. Nebelbombe.

ne|bel|grau ⟨Adj.⟩: *durch Nebel trübe u. grau:* ein -er Himmel.

ne|bel|haft ⟨Adj.⟩: **1.** (selten) *neblig:* das Wetter war n. **2.** *undeutlich, verschwommen, nicht fest umrissen (in jmds. Vorstellung, Bewusstsein o. Ä. vorhanden):* eine -e Vorstellung; etw. liegt in -er *(sehr weiter)* Ferne; dass mir die Zukunft n. war *(dass ich darüber keine klaren Vorstellungen hatte;* Seghers, Transit 19).

Ne|bel|haf|tig|keit, die; - (selten): *das Nebelhaftsein.*

Ne|bel|hau|fen, der (Astron.): *Ansammlung räumlich zusammengehörender Nebel.*

Ne|bel|horn, das ⟨Pl. ...hörner⟩ (Seew.): *bei Nebel verwendetes akustisches Signalgerät mit weit hörbarem, tiefem Ton.*

ne|be|lig: ↑neblig.

Ne|bel|kam|mer, die (Atomphysik): *Gerät zum Nachweis u. zur Sichtbarmachung der Bahnen ionisierender Teilchen.*

Ne|bel|kap|pe, die (Myth.): *Tarnkappe.*

Ne|bel|ker|ze, die (bes. Milit.): *Wurfgeschoss, mit dem künstlicher Nebel erzeugt werden kann.*

Ne|bel|krä|he, die: *Krähe mit grauem Gefieder auf dem Rücken u. auf der Unterseite.*

Ne|bel|lam|pe, die, Ne|bel|leuch|te, die: *Nebelscheinwerfer.*

Ne|bel|licht, das (seltener): *Nebelscheinwerfer.*

Ne|bel|meer, das (dichter.): *bis zum Boden reichender, dichter [wallender] Nebel.*

ne|beln ⟨sw. V.; hat⟩ [mhd. nebelen, ahd. nibulen]: **1.** (geh.) **a)** ⟨unpers.⟩ *neblig sein, werden:* Noch vor Tagesanbruch schleicht sie hinunter zur Fabrik. Es nebelt (Fr. Wolf, Zwei 250); **b)** *Nebel entstehen lassen:* Rechts seitwärts in einiger Entfernung nebelte Wald (Th. Mann, Zauberberg 661); nebelnde Wiesen. **2.** (Fachspr.) *(flüssige Pflanzenschutzmittel od. Wasser zur Beregnung) in feinster Verteilung versprühen.*

Ne|bel|näs|se, die: *durch Nebel verursachte Nässe.*

Ne|bel|näs|sen, das; -s: *nieselndes Regnen bei dichtem Nebel.*

Ne|bel|pfei|fe, die: vgl. Nebelhorn.

Ne|bel|rauch, der (selten): *wallender, ziehender Nebel.*

Ne|bel|re|gen, der: *nieselnder Regen bei besonders feuchtem Nebel.*

Ne|bel|rück|leuch|te, die: *Nebelschlussleuchte.*

Ne|bel|schein|wer|fer, der ⟨meist Pl.⟩ (Kfz-T.): *Scheinwerfer beim Kraftfahrzeug, der durch breite Streuung des Lichtes den unmittelbar vor dem Fahrzeug liegenden Teil der Fahrbahn bei Nebel zusätzlich ausleuchten soll.*

Ne|bel|schlei|er, der (geh.; dichter.): *feiner, leichter Nebel.*

Ne|bel|schluss|leuch|te, die (Kfz-T.): *rotes Rücklicht (mit hoher Lichtstärke), das besonders bei Nebel eingeschaltet wird, um das Fahrzeug nach hinten abzusichern.*

Ne|bel|schwa|den, der ⟨meist Pl.⟩: *Schwaden von Nebel:* Ü kriechen die N. der Trübsal wieder aufs Neue über meine Seele (Thielicke, Ich glaube 49).

Ne|bel|si|gnal, das (Seew.): *bestimmtes Signal, mit dem ein Schiff im Nebel auf sich aufmerksam macht.*

Ne|bel|spal|ter, der (scherzh.): *großer Hut, Dreispitz.*

Ne|bel|stern, der (Astron.): *zentraler Stern eines Nebels (2).*

Ne|bel|stoff, der (Chemie): *künstlichen Nebel od. Rauch bildende chemische Substanz.*

Ne|bel|strei|fen, der: vgl. Nebelschwaden.

Ne|bel|tag, der: *Tag, an dem es sehr neblig ist.*

Ne|be|lung, Neblung, der; -s, -e (veraltet): *November.*

ne|bel|ver|han|gen ⟨Adj.⟩ (geh.): *von Nebel ganz eingehüllt:* -e Berge.

Ne|bel|vor|hang, der (geh.): vgl. Nebelwand.

Ne|bel|wald, der (Geogr.): *tropischer Regenwald mit häufiger Nebelbildung.*

Ne|bel|wand, die: *wie eine Wand aufragender, dichter, undurchdringlicher Nebel.*

Ne|bel|wer|fer, der [eigtl. = Granatwerfer für Nebelbomben o. Ä., seit 1941 Tarnbez. in der dt. Wehrmacht] (Milit. veraltend): *Raketenwerfer.*

Ne|bel|wet|ter, das: *nebliges Wetter.*

Ne|bel|wol|ke, die: vgl. Nebelschwaden.

ne|ben [mhd., ahd. neben, gek. aus mhd. eneben, ahd. ineben = auf gleiche Weise; zusammen, nebeneinander, aus adverbiell gebr. Fügungen mit ahd. ebanī = Gleichheit (↑Ebene)]: **I.** ⟨Präp. mit Dativ u. Akk.⟩ **1. a)** ⟨mit Dativ⟩ *unmittelbar an der Seite von; dicht bei:* er sitzt n. seinem Bruder; der Schrank steht dicht n. der Tür; in Verbindungen mit zwei gleichen Substantiven zur Angabe der Aufeinanderfolge ohne Auslassung: auf dem Parkplatz steht Auto n. Auto *(ein Auto dicht neben dem anderen);* Ü n duldet keinen Konkurrenten n. sich; **b)** ⟨mit Akk.⟩ *unmittelbar an die Seite von; dicht bei:* er stellte seinen Stuhl n. den meinen; in Verbindung mit zwei gleichen Substantiven zur Angabe der Aufeinanderfolge ohne Auslassung: sie bauten Bungalow n. Bungalow *(einen Bungalow dicht neben dem anderen);* ♦ ⟨mit Dativ:⟩ ein gar feines, schmuckes Mädchen ... setzte sich hin n. dem trübsinnigen Elis (E. T. A. Hoffmann, Bergwerke 5). **2.** ⟨mit

Dativ⟩ *zugleich mit; außer:* n. ihrem Beruf hat sie einen großen Haushalt zu versorgen; wir brauchen n. *(zusätzlich zu)* Papier und Schere auch Leim; Neben diesem Stab ständiger Mitarbeiter gibt es Gruppen von Professoren, Gewerkschaftsführern, Geschäftsleuten und Privatpersonen, die ... (Dönhoff, Ära 190). **3.** ⟨mit Dativ⟩ *verglichen mit; im Vergleich zu:* n. ihm bist du ein Waisenknabe. ◆ **II.** ⟨Adv.⟩ *daneben:* hoher Vollmond, alle fernen Gegenstände dunkel, nur der Berg n. bildete eine scharfe Linie (Büchner, Lenz 104).

Ne̱|ben|ab|re|de, die (Rechtsspr.): *einen Vertrag ergänzende [mündliche] Abmachung:* Der Arbeitsvertrag muss einschließlich sämtlicher -n in Schriftform geschlossen werden (SZ 27. 10. 98, 48).

Ne̱|ben|ab|sicht, die: *[heimlich verfolgte] zusätzliche Absicht:* er verfolgt dabei keine N., keinerlei -en; Dass die jüngste Partei, die UDR ... für die Mehrheit gesorgt hat, war objektiv verantwortungsvoll. Taktische -en dabei sind jedoch offensichtlich (FR 25. 6. 98, 3).

Ne̱|ben|ach|se, die: *(außer der Hauptachse vorhandene [quer zu ihr verlaufende]) [weniger wichtige] weitere Achse:* bei einer Ellipse bezeichnet man die kürzere der beiden Achsen gewöhnlich als N.; Die ... Dachkonstruktion wird mit einer Weite von rund 100 Metern in der Haupt- und 80 Metern in der N. den Veranstaltungsort des Sony-Komplexes überspannen (Tagesspiegel 22. 1. 99, 14).

Ne̱|ben|ak|zent, der (Sprachw.): *(neben dem Hauptakzent vorhandener) schwächerer weiterer Akzent.*

Ne̱|ben|al|tar, der: *Seitenaltar.*

Ne̱|ben|amt, das: *Amt, das jmd. neben seinem Hauptamt innehat:* Schon die Aussagen der ersten Zeugen zeigten, dass die früheren CSU-Regierungschefs Franz Josef Strauß und Max Streibl Nebenämter missbraucht haben, um kräftig zu verdienen (Spiegel 24, 1994, 32); er ist im N. Hausverwalter.

ne̱|ben|amt|lich ⟨Adj.⟩: *im Nebenamt:* Unternehmerischer Erfolg blieb dem -en Hotelier bislang versagt (Spiegel 24, 1993, 235); er arbeitet n. als Religionslehrer.

ne̱|ben|an ⟨Adv.⟩: *in unmittelbarer Nachbarschaft:* er wohnt, ist n.; ich gehe nur kurz nach n.; die Wohnung n. steht leer; die Kinder von n. (ugs.; *die Nachbarskinder*); ⟨subst.:⟩ sein Nebenan *(sein Nachbar)* im Parterre (Kühn, Zeit 139).

Ne̱|ben|an|schluss, der: *an einen Hauptanschluss gekoppelter Telefonanschluss.*

Ne̱|ben|ar|beit, die: **1.** vgl. Nebenbeschäftigung: eine kleine, einträgliche, lukrative N. haben. **2.** *bei der Erledigung einer bestimmten Arbeit zusätzlich anfallende [kleinere] Arbeit* (1 a): ... wozu noch redaktionelle Pflichten, Vorträge, Artikel, Texte für die »Pfeffermühle« und mancherlei andere ... en kamen (K. Mann, Wendepunkt 299). **3.** *neben dem Hauptwerk vorliegende, weniger wichtige Arbeit* (4 a): Essay und Erzählung liegen bei Christa Wolf dicht beiei-

nander, deshalb sind die im vorliegenden Band gesammelten Texte auch nicht als -en abzutun (MM 18. 7. 87, 39).

Ne̱|ben|arm, der: *Seitenarm eines Gewässers:* ... besitzt das flache, von breiten Flüssen und ihren -en durchzogene Gebiet eine Vielfalt von Lebensräumen (SZ 19. 1. 99, 7).

Ne̱|ben|aus|ga|be, die: **1.** ⟨meist Pl.⟩ *zu einer Geldausgabe hinzukommende, zusätzliche Ausgabe.* **2.** *regionale Ausgabe* (5 a) *einer Zeitung:* Mitte der 60er Jahre wächst die Auflage der National-Zeitung mit -n auf 110.000 (taz 8. 6. 98, 18).

Ne̱|ben|aus|gang, der: *neben dem [zentralen] wichtigsten Ausgang bestehender weiterer [seitlicher] Ausgang* (2 a): er hatte das Gebäude bereits durch einen N. verlassen.

Ne̱|ben|bahn, die: *von der Hauptbahn abzweigende Eisenbahnstrecke von geringerer Bedeutung:* Seit der Wiedervereinigung Deutschlands verschwinden in den neuen Bundesländern mit jedem Fahrplanwechsel still und leise ... ein paar -en von der Landkarte (FR 26. 4. 97, 11).

Ne̱|ben|bau, der ⟨Pl. -ten⟩: *Nebengebäude:* Damit begann ... der Ausbau des Schlosses zu einem wirklichen solchen mit Seitenflügeln und -en (FR 15. 1. 98, 25).

Ne̱|ben|be|deu|tung, die: *zu der eigentlichen Bedeutung noch hinzukommende weitere, weniger wichtige Bedeutung* bes. *eines Wortes:* »nebenher« hat die N. »beiläufig«.

ne̱|ben|bei ⟨Adv.⟩: **1.** *noch außerdem, neben einer anderen Tätigkeit; nebenher:* sie versorgt ihren Haushalt und hilft n. im Geschäft; er arbeitet n. als Kellner; er erledigt die Schule so n.; ⟨subst.:⟩ ... war diese lose Wirtschaft nur ... ein Nebenbei (Th. Mann, Joseph 397). **2.** *(in Bezug auf eine Äußerung, Bemerkung) ohne besonderen Nachdruck, beiläufig:* eine Bemerkung [so] n. fallen lassen; n. bemerkt/gesagt, habe ich das schon gewusst; ich habe daran kein Interesse, aber dies nur n. *(nebenbei bemerkt).*

Ne̱|ben|be|mer|kung, die: *beiläufig gemachte Bemerkung:* Aus -en verschiedener Gesprächspartner ist jedoch herauszuhören, dass die Maßregelung Primors (dpa-Bild) bedauert wird (FR 3. 2. 99, 2).

Ne̱|ben|be|ruf, der: *Beruf, den jmd. neben seinem Hauptberuf [zum Zweck des zusätzlichen Erwerbs] ausübt:* er ist im N. Landwirt.

ne̱|ben|be|ruf|lich ⟨Adj.⟩: *im Nebenberuf:* eine -e Tätigkeit; er arbeitet n. als Übersetzer.

Ne̱|ben|be|schäf|ti|gung, die: *Tätigkeit, die jmd. neben seiner eigentlichen Tätigkeit ausübt:* die Malerei wurde etwas ... wie eine Art N., ein Hobby, wie später in der Schweiz sein Kräutergarten (H. W. Richter, Etablissement 140).

Ne̱|ben|blatt, das (Bot.): *einem Blatt ähnliche Bildung an der Ansatzstelle des Blattstieles.*

Ne̱|ben|buch, das (Kaufmannsspr.): *das Hauptbuch ergänzendes Geschäftsbuch.*

Ne̱|ben|buh|ler, der: **1.** *jmd., der im Werben um die Gunst einer Frau als Rivale eines andern auftritt (im Verhältnis zu diesem):* sein N.; sie waren N.; einen N. haben; ausstechen, ermorden; da ... steigt Steve (James Thornton), Rays junger Freund und heimlicher N., aus, um in die Ferne zu ziehen (Tagesspiegel 9. 5. 99, 26). **2.** (Zool.) *männliches Tier, das im Kampf um ein Revier od. um ein weibliches Tier als Rivale eines anderen auftritt (im Verhältnis zu diesem):* wenn der Erpel einen Buckel macht und mit drohend vorgerecktem Hals flach über den Wasserspiegel auf den N. zuschießt (Tagesspiegel 4. 4. 99, 14). **3.** (ugs.) *Konkurrent:* Ein Jelzin früherer Tage hätte sich nicht auf einen eher unbedeutenden Programmplatz im Besuchsplan abschieben lassen, oder hätte es wohl verstanden, sich vordrängende N. rechtzeitig wegzubeißen (Handelsblatt 18. 11. 98, 2).

Ne̱|ben|buh|le|rin, die: w. Form zu ↑Nebenbuhler (1).

Ne̱|ben|buh|ler|schaft, die: -: *das Nebenbuhlersein.*

Ne̱|ben|ding, das ⟨meist Pl.⟩ (geh.): *etw. Nebensächliches, nicht sehr Wichtiges:* sich nicht zu lange mit -en aufhalten.

ne̱|ben|ef|fekt, der: *weniger wichtiger, zusätzlicher Effekt* (1): ein schöner, positiver, negativer, unerwünschter, unerwarteter, unangenehmer N.; Dass mit dem Aussondern unwirksamer und unzweckmäßiger Medikamente auch Einsparungen verbunden sein werden, ist ein willkommener N. (Zeit 25. 2. 99, 28).

ne̱|ben|ei|nạn|der ⟨Adv.⟩: **1.** *einer, eine, eines neben dem, der anderen; einer, eines neben der, die, das andere:* n. angeordnet sein, fahren, gehen, liegen, sitzen, stehen, wohnen; etw. n. aufstellen, hinlegen; etw. n. halten, legen, setzen, stellen; sich n. legen, setzen, stellen; die Lampen sind n. geschaltet (Elektrot.; *parallel geschaltet*); Ü hier leben Menschen aller Hautfarben friedlich n. *(zusammen);* ⟨subst.:⟩ Das Nebeneinander, nicht Nacheinander, von Leben und Tod müsste auch bei einem heute geschriebenen Familienroman das Entscheidende sein (Kaschnitz, Wohin 165). **2.** *gleichzeitig mit etw. anderem bestehend, sich ereignend o. Ä.:* hier sieht man Altes und Neues n.

ne̱|ben|ei|nạn|der hal|ten s. nebeneinander (1).

ne̱|ben|ei|nạn|der|her ⟨Adv.⟩: *einer, eine, eines neben dem, der anderen her:* die Gleise verlaufen n.; Ü die beiden leben n. *(sie haben keine innere Beziehung mehr zueinander).*

ne̱|ben|ei|nạn|der le|gen, ne̱|ben|ei|nạn|der lie|gen usw.: s. nebeneinander (1).

Ne̱|ben|ein|gang, der: *neben dem Haupteingang bestehender weiterer [seitlicher] Eingang* (2 a): Blitzschnell eskortiert seine Crew den Mann mit dem Spitznamen »Maschinengewehr Gottes« durch einen N. in die Halle - wie ein Pop-Star, den sie vor kreischenden Groupies retten müssen (Spiegel 12, 1993, 74).

Ne|ben|ein|kom|men, das: vgl. Neben-
einkünfte.

Ne|ben|ein|künf|te ⟨Pl.⟩: *Nebeneinnah-
men:* Vor allem aber muss, wenn die ...
Unabhängigkeit der Abgeordneten
glaubhaft sein soll, endlich dafür gesorgt
werden, dass ... N. aus Aufsichts- und
Verwaltungsgremien verboten werden
(FR 15. 3. 99, 3); die Wirtschafts- und
Buchprüfer mit einem Durchschnittsein-
kommen von 241 000 DM, die N. wie etwa Mieteinnahmen eingeschlossen
(Handelsblatt 14. 1. 99, 6).

Ne|ben|ein|nah|me, die ⟨meist Pl.⟩: *Ein-
nahme, die jmd. zusätzlich zu denjenigen
aus seiner Haupteinnahmequelle noch
hat:* Orth hatte neben seinem regulären
Gehalt von 380 000 DM noch einmal 335
000 DM an -n (Handelsblatt 8. 12. 98, 6).

Ne|ben|er|schei|nung, die: vgl. Neben-
effekt: Selbst den Beweis, dass das Mas-
senmorden vor vier Jahren tatsächlich
ein Genozid und nicht etwa eine N. des
damaligen Bürgerkrieges war, muss das
Gericht führen (FR 3. 9. 98, 3); Bereits
seit Oktober vergangenen Jahres leidet
der König unter einer schweren Infektion der Lymphdrüse mit gravierenden -en
(Handelsblatt 3. 2. 98, 11).

Ne|ben|er|werb, der: *nebenberufliche
Tätigkeit:* die Landwirtschaft macht er
nur noch als N.; Rauball war trotz strenger berufsrechtlicher Vorschriften zur
wirtschaftlichen Betätigung unter anderem als Aufsichtsrat des US-Unterneh-
mens Eurogas einem lukrativen N. nach-
gegangen (FR 26. 4. 99, 4); sie ist Winze-
rin im N.

Ne|ben|er|werbs|be|trieb, der: *neben-
beruflich bewirtschafteter landwirtschaftlicher Betrieb:* Auch bei den deutschen Bauern ist der Computer nicht
mehr wegzudenken. Fast jeder zweite
Haupt- oder größere N. besitzt heute einen PC (Handelsblatt 30. 12. 98, 19).

Ne|ben|er|werbs|land|wirt, der:
*Landwirt, der eine Nebenerwerbsland-
wirtschaft betreibt:* Nun würden viele
Kleinbauern und -e endgültig die Lust
am Ackern verlieren und den Betrieb
einmotten (FR 27. 11. 98, 3).

Ne|ben|er|werbs|land|wir|tin, die: w.
Form zu ↑ Nebenerwerbslandwirt.

Ne|ben|er|werbs|land|wirt|schaft,
die: **1.** ⟨o. Pl.⟩ *als Nebenerwerb betriebene
Landwirtschaft:* Wer seinen Arbeitsplatz
verliere, müsse in vielen Fällen künftig
auch die N. aufgeben, um Mittel aus der
Arbeitslosenversicherung zu erhalten
(General-Anzeiger 10. 9. 96, 5). **2.** *landwirtschaftlicher Nebenerwerbsbetrieb:*
Marianne ... wurde in einer N. mit einer
Schwester und einem Bruder groß (FNP
1. 2. 98, 8).

Ne|ben|er|zeug|nis, das: vgl. Neben-
produkt.

Ne|ben|fach, das: *Fach von untergeord-
neter Bedeutung:* Dafür wurden die Ne-
benfächer Sport, Musik und Kunst von
drei beziehungsweise zwei Wochenstun-
den auf eine reduziert (FR 7. 5. 98, 12);
Beim Studium der Brauereitechnologie
an der Technischen Universität hatte
Oliver Preussler als N. Rösttechnik be-

legt (Tagesspiegel 20. 3. 99, 14); er hat
Englisch nur im N. studiert; Ü In Neben-
fächern hat sich die Bonner Koalition
beste Noten erarbeitet, in den Hauptfä-
chern (Steuer- und Sozialstrukturrefor-
men) dagegen lautet die Benotung »man-
gelhaft« (Handelsblatt 30. 4. 98, 6).

Ne|ben|fi|gur, die: *weniger wichtige Fi-
gur* (5 a, c): Selbst mit Hilfe des Pro-
grammhefts ist eine Zuordnung aller
Rollen unmöglich, da die -en im wogen-
den Allerlei untergehen (FR 6. 3. 99, 8).

Ne|ben|flü|gel, der (selten): *Seitenflü-
gel:* Neben dem kuppelartigen Bau und
seinen -n soll ein Minarett gut erkennbar
den orientalischen Akzent setzen (General-Anzeiger 8. 4. 93, 9).

Ne|ben|fluss, der (Geogr.): *Fluss, der in
einen anderen, größeren Fluss mündet:*
die Mosel ist ein [linker] N. des Rheins.

Ne|ben|fol|ge, die (Rechtsspr.): *rechtli-
che Folge einer Straftat, die sich für den
Verurteilten neben der Hauptstrafe ergibt
(z. B. Verlust der Wählbarkeit, des
Stimmrechts u. der Fähigkeit, ein öffentliches Amt zu bekleiden).*

Ne|ben|form, die: *weniger häufige Va-
riante von etw.:* Der Nutzer aber wird die
Computer seine Rechtschreibprüfung so
einstellen, dass sie ihm grundsätzlich
entweder die Haupt- oder die -en ausgibt
(Zeit 4. 4. 97, 78); Ein Plakat zitierte
Theodor Heuss: »Die Jägerei ist eine N.
menschlicher Geisteskrankheit« (General-
Anzeiger 7. 12. 93, 10).

Ne|ben|fra|ge, die: *weniger wichtige
[beiläufig aufgeworfene] Frage:* wenn die
ehemaligen Politbüromitglieder ... vor
dieser Kommission hätten aussagen
müssen ... und nicht nur vor Gerichten,
wo dann oft lang und über historische -n
diskutiert wurde (Zeit 2. 10. 97, 44).

Ne|ben|frau, die: *(bei Völkern mit Poly-
gynie) mit weniger Rechten ausgestattete
Frau, die ein Mann neben einer od. mehreren anderen hat.*

Ne|ben|funk|ti|on, die: *zusätzliche, we-
niger wichtige Funktion:* der Nieder-Wei-
seler Ortsverbandsvorsitzende Norbert
Kartmann..., der in -en auch Landtags-
abgeordneter und Kreisvorsitzender der
Union ist (FR 21. 6. 97, 1).

Ne|ben|gang, der: *Gang, der neben dem
Hauptgang* (1) *besteht.*

Ne|ben|gas|se, die: *Seitengasse:* Der
Täter entkam in eine dunkle N. (General-
Anzeiger 6. 6. 89, 20); Auf dem Reiß-
brett hielt Andrich den späteren Verlauf
der Louisen- und Dorotheenstraße mit
ihren Nebengassen fest (FNP 6. 6. 97, 2).

Ne|ben|ge|bäu|de, das: **1.** *(in Funktion,
Größe, Lage o. Ä.) dem Hauptgebäude ei-
nes Gebäudekomplexes untergeordneter
Bau:* das Schloss und seine zahlreichen
N. **2.** *unmittelbar benachbartes Gebäude:*
Das Feuer in dem achtgeschossigen
Haus griff auf N. über und konnte erst
nach fünf Stunden gestern Morgen ge-
löscht werden (taz 28. 8. 90, 8).

Ne|ben|ge|dan|ke, der: vgl. Nebenab-
sicht: Ein ernüchternes, skeptisches
Buch, das einen immer zögernden, zwei-
felnden, von tausenderlei Motiven, Ab-
sichten und -n bewegten Heine zeigt

(Zeit 12. 12. 97, 51); Diese Musik gehört
zu dem ... Besten, was die damalige Zeit
hervorgebracht hat ... Die kunstreichen
... Verarbeitungen der Themen mit ihre-
-n verfolgte das aufmerksame Auditori-
um mit ungeteilter Freude (FNP 11. 11.
98, 7).

Ne|ben|ge|gen|stand, der (österr.): *Ne-
benfach (in der Schule).*

Ne|ben|ge|lass, das (veraltend): vgl.
Nebenraum.

Ne|ben|ge|lei|se: ↑ Nebengleis.

Ne|ben|ge|räusch, das: *unerwünschtes,
meist störendes [einen Fehler o. Ä. anzei-
gendes] Geräusch, das zusätzlich bei
akustisch Wahrnehmbarem auftritt:* Seit
es Harddisk-Recording und CD-Wechs-
ler gibt, gehen keine -e mehr über den
Äther: Das Schrammen der Nadel auf
der Schallplatte, das Hochziehen der
Regler im Studio kratzen nicht mehr im
Ohr des Hörers (FR 13. 8. 98, 23); Ü Politik spielte keine Rolle für ihn. Die Reden über Sozialismus und Nation waren
nichts als -e am Rande einer großen Par-
ty in einer großen, aufregenden Stadt
(Zeit 22. 4. 99, 6).

Ne|ben|ge|schäft, das: vgl. Nebenbe-
schäftigung: so schnell hat sich die ... Bevölkerung auf Nebenverdienste und -e
eingestellt (Scholl-Latour, Frankreich
430).

Ne|ben|ge|schmack, der (selten): *Bei-
geschmack:* Rund 50 Verbraucher aus
dem Raum Hamburg hatten sich am
Montag über einen merkwürdigen N. ihrer Cola beschwert (Berliner Zeitung
10. 9. 97, 28).

Ne|ben|ge|stein, das (Geol.): *Gestein,
das ein anderes (das Gegenstand der Be-
trachtung ist) umgibt, begleitet.*

Ne|ben|gleis, das (Eisenb.): *nicht dem
Hauptverkehr dienendes Gleis.*

Ne|ben|hand|lung, die: *(in einer Dich-
tung) neben der eigentlichen Handlung
herlaufende Handlung.*

Ne|ben|haus, das: *benachbartes Haus:*
sie wohnte im N.

ne|ben|her ⟨Adv.⟩: **1.** *nebenbei* (1): er be-
sucht n. noch einen Abendkurs. **2.** (selten) *nebenbei* (2): Lilo fragt n., wo ich
denn hingegangen sei (Frisch, Gantenbein 417).

ne|ben|her|fah|ren ⟨st. V.; ist⟩: *neben
jmdm., etw. [begleitend] fahren:* Zu jedem Ernteteam gehören der Häcksler,
zwei Traktoren mit Anhängern, die ab-
wechselnd nebenherfahren und beladen
werden, sowie ein Radlader (Zeit 31. 10.
97, 91).

ne|ben|her|ge|hen ⟨st. V.; ist⟩: vgl. ne-
benherfahren.

ne|ben|her|lau|fen ⟨st. V.; ist⟩: **1.** vgl. ne-
benherfahren: der Zug fuhr so langsam,
dass man n. konnte. **2.** *zugleich mit etw.
anderem ablaufen:* Hinzu kommt, dass
die Parteien auf die Landtagswahlen fi-
xiert sind und die Europawahlen nur ne-
benherlaufen (Tagesspiegel 15. 5. 99, 18).

ne|ben|her|trei|ben ⟨st. V.; ist⟩: vgl. ne-
benherfahren.

ne|ben|her|zie|hen ⟨unr. V.; ist⟩: vgl. ne-
benherfahren.

ne|ben|hin ⟨Adv.⟩ (seltener): *nebenbei*

(2): Herr Leutnant kommt, sagte er n. (H. Kolb, Wilzenbach 29).

Ne̲|ben|hol|den, der ⟨meist Pl.⟩ (Anat.): *den Samen speicherndes u. ableitendes Organ des männlichen Geschlechtsapparates; Epididymis.*

Ne̲|ben|höh|le, die ⟨meist Pl.⟩ (Anat.): *an die Nasenhöhle angrenzender, mit Schleimhaut ausgekleideter Hohlraum.*

Ne̲|ben|höh|len|ent|zün|dung, die: *Sinusitis.*

Ne̲|ben|in|te|res|se, das: vgl. Nebenabsicht: Man wird sein Buch auch mit dem N. lesen, sich über einen Autor ins Bild zu setzen, dem erheblicher Einfluss auf die Gestaltung eines zentralen Ortes in der deutschen Hauptstadt zugefallen ist (Zeit 19. 3. 98, 43).

Ne̲|ben|job, der (ugs.): vgl. Nebenbeschäftigung.

Ne̲|ben|kla|ge, die (Rechtsspr.): *Klage, mit der sich jmd. (als Betroffener) dem öffentlichen, durch den Staatsanwalt eingeleiteten Strafverfahren anschließt.*

Ne̲|ben|klä|ger, der (Rechtsspr.): *jmd., der sich (als Betroffener) der durch den Staatsanwalt erhobenen Klage anschließt.*

Ne̲|ben|klä|ge|rin, die (Rechtsspr.): w. Form zu ↑ Nebenkläger.

Ne̲|ben|klang, der ⟨Pl. selten⟩ (selten): *Beiklang:* Offenbar war vergessen worden, das Mikrophon am Ambo abzuschalten, so dass ein zusätzlicher halliger N. entstand (FNP 11. 5. 99, 2); Ü Das ... Replikat der Kollwitz-Pietà drückt nichts anderes aus als ohnmächtige Trauer, und die inkriminierte Inschrift erscheint bar jedes bösen -s (Zeit 2. 4. 98, 1).

Ne̲|ben|kos|ten ⟨Pl.⟩: *zusätzlich anfallende Kosten:* die zusätzlich [zum Mietpreis, zu den Lohnkosten, zum Kaufpreis der Immobilie] anfallenden N.; U2 sagte das Freiluftkonzert jedoch ab, weil die Gruppe keine Lust hatte, die hohen N. zu tragen (taz 7. 5. 93, 24); wir zahlen für die Wohnung monatlich 900 Mark plus, einschließlich [100 Mark] N.

Ne̲|ben|kra|ter, der (Geogr.): *am Hang eines größeren Vulkans entstandener weiterer Krater.*

Ne̲|ben|kreis, der (Geom.): *Kleinkreis.*

Ne̲|ben|kriegs|schau|platz, der: *weiterer, weniger wichtiger Kriegsschauplatz:* Für Angola stellt Kongo eine Art N. im Kampf gegen die angolanischen Unita-Rebellen dar (FR 26. 8. 98, 3); Ü Statt über den Energiekonsens ... zu debattieren, wichen die Vertreter der Atomwirtschaft auf den N. Steuern aus (Zeit 11. 3. 99, 17); Sowohl der Neukläger wie auch der Vorsitzende Richter haben ... versucht, meine Glaubwürdigkeit auf Nebenkriegsschauplätzen zu erschüttern (Spiegel 3, 1995, 31).

Ne̲|ben|lei|tung, die: vgl. Hauptleitung.

Ne̲|ben|leu|te: Pl. von ↑ Nebenmann.

Ne̲|ben|li|nie, die: **1.** (Eisenb.) vgl. Nebenbahn. **2.** (Genealogie) *Linie der Nachkommen eines nicht erstgeborenen Sohnes.*

Ne̲|ben|mann, der ⟨Pl. ...männer, ...leute⟩: *jmd., der (in einer Reihe, Gruppe*

o. Ä.) neben einem anderen steht, geht, sitzt; Nachbar (b): sich mit seinem N. unterhalten; James ... und seine ... Nebenleute (Fußball; *Mitspieler in benachbarter Position*) wehrten ... alle ... Vorstöße ab (Walter, Spiele 55).

Ne̲|ben|meer, das (Geogr.): *durch seine Lage vom offenen Ozean abgetrenntes Meer:* der Atlantik hat ohne -e eine Fläche von etwa 84 000 000 km².

Ne̲|ben|mensch, der (seltener): **a)** *Mitmensch:* die Harthörigkeit, mit der viele Raucher die Bitten ihrer -en um Verschonung ignorieren (Berliner Zeitung 5. 2. 98, 4); **b)** *Nachbar* (b): Dann fährt der Wagen an. Ausatmen, alles wieder normal. Zum Glück, sonst hätte womöglich noch jemand angefangen, mit dem -en zu reden. Wie uncool! (FR 12. 1. 98, 13).

Ne̲|ben|me|tall, das: *(in einem Erz) neben dem hauptsächlich enthaltenen in geringerer Menge außerdem enthaltenes Metall.*

Ne̲|ben|nie|re, die ⟨meist Pl.⟩ (Anat.): *Drüse am oberen Pol der Niere, die verschiedene Hormone produziert.*

Ne̲|ben|nie|ren|hor|mon, das: *von der Nebenniere produziertes Hormon.*

Ne̲|ben|nie|ren|rin|de, die (Anat.): *äußeres Gewebe der Nebenniere, in dem bestimmte Hormone gebildet werden.*

Ne̲|ben|nie|ren|rin|den|hor|mon, das: *in der Nebennierenrinde gebildetes Hormon.*

ne̲|ben|ord|nen ⟨sw. V.; hat⟩ (Sprachw.): *(Wörter, Sätze, Satzteile) gleichrangig nebeneinander stellen; beiordnen* (3): ⟨meist in 1. od. 2. Part.:⟩ eine nebenordnende Konjunktion; nebengeordnete Sätze.

Ne̲|ben|ord|nung, die; -, -en (Sprachw.): *das Nebenordnen.*

Ne̲|ben|per|son, die: vgl. Nebenfigur: Die parallel inszenierte Geschichte vom Leben und Werk Shakespeares ist mit zahlreichen -en verwoben, die allesamt in die Gegenwart weisen (Woche 5. 3. 99, 36).

Ne̲|ben|por|tal, das: vgl. Nebeneingang.

Ne̲|ben|pro|dukt, das: *bei der Herstellung von etw. nebenher anfallendes Produkt:* Kalisalze sind ein N. bei der Kochsalzgewinnung; Das Fischöl ist ein N. der Fischmehlherstellung (taz 31. 5. 90, 11); Ü Die Wiedervereinigung wird nicht auf direktem Wege durch Vertragsschluss erreicht werden, sondern wird allenfalls eines Tages als N. bei einer globalen Regelung anfallen (Dönhoff, Ära 143).

Ne̲|ben|punkt, der: *weniger wichtiger Punkt* (4): In einem N. der Anklage ... verurteilten die Richter Storim außerdem zu einer Geldstrafe (taz 18. 1. 89, 1).

Ne̲|ben|raum, der: **1.** *einem anderen Raum benachbarter Raum.* **2.** *(in einer Wohnung o. Ä. gehörender) kleinerer, nicht als eigentlicher Wohnraum vorgesehener Raum (z. B. Bad, Abstellkammer).*

Ne̲|ben|rol|le, die: *kleinere Rolle in einem Bühnenstück od. Film:* auch die -n sind hervorragend besetzt; sie spielt in dem Stück, Film eine kleine N.; Ü er spielte in den Verhandlungen nur eine N.

Ne̲|ben|sa|che, die: *etw., was in einem bestimmten Zusammenhang von geringerer Wichtigkeit od. Bedeutung ist:* Sport, betrieben als ... »schönste N. der Welt« (Spiegel 37, 1987, 241); ob dir das passt oder nicht, ist N. (ugs.; *du wirst dich danach gefragt*).

ne̲|ben|säch|lich ⟨Adj.⟩: *weniger wichtig, unwichtig, bedeutungslos:* Auf einmal erlangten die scheinbar -sten Details Bedeutung: die Bewegung des Seils, die sich kräuselnde Wasseroberfläche (taz 21. 12. 95, 28); nach welcher Methode es gemacht wird, ist n.; der hyperrealistische Kriegsfilm »Durchbruch auf Befehl« (1962), in dem die physische Strapaze alles andere n. werden lässt (Zeit 7. 11. 97, 58).

Ne̲|ben|säch|lich|keit, die; -, -en: **1.** ⟨o. Pl.⟩ *das Nebensächlichsein.* **2.** *etw., was nebensächlich ist:* Von dort gibt es so viel zu erzählen, dass Crichton sich mit -en nicht aufhalten mag (Spiegel 7, 1994, 185).

Ne̲|ben|sai|son, die: *Zeit außerhalb der Hauptreisezeit:* in der N. sind die Ferienhäuser etwas billiger als in der Hauptsaison.

Ne̲|ben|satz, der: **1.** (Sprachw.) *untergeordneter Satz, Gliedsatz.* **2.** *beiläufig gemachte Bemerkung:* er hat es nur in einem N. kurz erwähnt.

ne̲|ben|schal|ten ⟨sw. V.; hat⟩ (Elektrot.): *parallel schalten.*

Ne̲|ben|schal|tung, die (Elektrot.): *Parallelschaltung.*

Ne̲|ben|schiff, das (Archit.): *Seitenschiff einer Kirche.*

Ne̲|ben|schild|drü|se, die ⟨meist Pl.⟩ (Anat.): *neben der Schilddrüse befindliche kleine Drüse.*

Ne̲|ben|sinn, der: vgl. Nebenbedeutung: ein Temporalsatz mit konditionalem N.; Sein Liebespaar trifft sich – und schon kriegt die Szenerie etwas Traumhaftes, der Dialog einen N., der Hauptsinn werden will (Zeit 11. 10. 96, 60).

Ne̲|ben|spie|ler, der (Mannschaftsspiele): *Mitspieler in unmittelbar benachbarter Position auf dem Spielfeld.*

Ne̲|ben|spie|le|rin, die (Mannschaftsspiele): w. Form zu ↑ Nebenspieler.

ne̲|ben|ste|hend ⟨Adj.⟩: *neben dem Text stehend:* die -e Abbildung, Tabelle; Gleichzeitig konsolidiert sich der Markt der Kabelanbieter (siehe -en Artikel) (Handelsblatt 14. 5. 99, 21).

Ne̲|ben|stel|le, die: **1.** Nebenanschluss. **2.** *Filiale, Zweigstelle.*

Ne̲|ben|stel|len|an|la|ge, die: *Telefonanlage mit Nebenstellen.*

Ne̲|ben|stra|fe, die (Rechtsspr.): *Strafe, die nur in Verbindung mit einer Hauptstrafe verhängt werden kann.*

Ne̲|ben|stra|ße, die: *(von einer Hauptstraße abgehende) Straße untergeordneter Bedeutung:* die Poststraße ist eine N. der Berliner Straße; Einige -n der Stadt liefen zwischen Kleingärten und Feldern zu Landwegen aus (Johnson, Ansichten 25).

Ne̲|ben|stre|cke, die: **1.** *Nebenbahn:* unrentable -n stilllegen. **2.** *über Nebenstraßen, kleinere Straßen führende Strecke:*

eine wenig befahrene N.; Fast 70 % um-fahren Staus auf -n (Handelsblatt 16. 4. 98, 57). **3.** *weniger wichtige Fluglinie* (a): Immer mal wieder versucht eine Gesell-schaft, seit der Luftverkehrsliberalisie-rung 1997 auf den -n mitzufliegen – mit mäßigem Erfolg (Tagesspiegel 10. 1. 99, 23).

Ne|ben|tä|tig|keit, die: *Nebenbeschäfti-gung:* Den Kommissaren soll es künftig strenger als bisher untersagt sein, ent-geltliche oder unentgeltliche -en auszu-üben (Handelsblatt 28. 1. 99, 9).

Ne|ben|tisch, der: *benachbarter Tisch:* die Leute am N.

Ne|ben|ton, der: **1.** *Nebenakzent.* **2.** vgl. Nebenklang.

Ne|ben|ton|art, die (Musik): *in einem Musikstück neben der eigentlichen Ton-art verwendete Tonart.*

ne|ben|to|nig ⟨Adj.⟩ (Phon.): *einen Ne-benton (1) tragend.*

Ne|ben|trakt, der: vgl. Nebenbau: Wo-chenlang hatten sich die fünf Rech-nungsprüfer und Juristen in einem N. des Brüsseler Parlamentsgebäudes ein-geigelt (SZ 17. 3. 99, 3).

Ne|ben|trep|pe, die: vgl. Haupttreppe: Nur dem Gast aus Monaco war der Gang über die Feststiege in den Saal vorbehal-ten, die anderen mussten eine N. benut-zen (General-Anzeiger 24. 2. 90, 22).

Ne|ben|tür, die: **1.** *weniger wichtige [seit-liche] Tür eines Gebäudes, Raums:* Nach der Urteilsverkündigung gab es einen Aufruhr im Gerichtssaal. Die englischen Beobachter konnten sich nur durch eine N. retten (Zeit 16. 8. 96, 9). **2.** *benachbar-te Tür:* als sich nichts rührte, klopfte ich an der N.

Ne|ben|um|stand, der: *Umstand, der zu den eigentlichen Gegebenheiten, Umstän-den begleitend hinzutritt.*

Ne|ben|ver|dienst, der: vgl. Nebenein-künfte: Die Mehrzahl der Akademiestu-denten ... suchte ... einen N. (Grass, Blechtrommel 581).

Ne|ben|vor|stel|lung, die: vgl. Neben-bedeutung.

Ne|ben|weg, der: vgl. Nebenstraße: Mehr und mehr ... suchen kulturbewuss-te Touristen die noch nicht von den Mas-sen ausgetretenen -e (FR 7. 11. 98, 3); Ü Eine vorwiegend chronologische Hän-gung ermöglicht es, die Haupt- und -e nachzugehen, die die Kunst Frankreichs nahm (FR 22. 6. 98, 9).

Ne|ben|win|kel, der (Geom.): *Winkel, der einen benachbarten Winkel zu einem gestreckten Winkel ergänzt.*

Ne|ben|wir|kung, die ⟨meist Pl.⟩: *zusätz-liche Wirkung, die etw. [unerwarteter-od. unerwünschtermaßen] hat:* Bei Wer-bung für Arzneimittel in Printmedien ist künftig der Text »Zu Risiken und Neben-wirkungen lesen Sie die Packungsbeilage und fragen Sie Ihren Arzt oder Apothe-ker« grundsätzlich ausreichend (Han-delsblatt 11. 8. 98, 39).

Ne|ben|wohn|sitz, der: *zweiter Wohn-sitz:* Ursprünglich sollte die Steuererhe-bung dazu dienen, dass mehr -e zu Hauptwohnsitzen umgemeldet werden (SZ 5. 6. 98, 7).

Ne|ben|woh|nung, die (selten): **1.** *als Nebenwohnsitz gemeldete Wohnung, Zweitwohnung:* Steuerpflichtige mit Haupt- und Nebenwohnung in Hamburg würden ebenfalls von der Zweitwoh-nungsteuer erfasst (Handelsblatt 9. 6. 97, 47). **2.** *benachbarte Wohnung:* die N. steht seit Monaten leer.

Ne|ben|zim|mer, das: vgl. Nebenraum: ein verdächtiges Geräusch aus dem N.

Ne|ben|zweck, der: vgl. Nebenabsicht: Bei allen Entscheidungen des Bundesfi-nanzministers sei »ein parteitaktischer Nebenzweck zu erkennen, der mit dem staatspolitischen Hauptzweck konkur-riert, sonst nicht sogar ihn zu verdrängen sucht« (SZ 20. 2. 98, 50).

Ne|ben|zweig, der: **1.** *kleinerer Zweig:* Dies liegt an einem verminderten Blatt-wuchs ... sowie einem Absterben vieler -e (General-Anzeiger 2. 8. 84, 8). **2.** vgl. Ne-benlinie: die aus einem N. der Wittelsba-cher stammende Sissi (SZ 10. 10. 97, 14). **3.** *weniger wichtiger Zweig* (2 b): Die Lin-guistik mit ihren Spezialgebieten und -en (Zeit 22. 10. 98, 84).

Ne|bi|im ⟨Pl.⟩ [hebr. nĕvî'îm, Pl. von: na-vî' = Prophet]: **1.** *alttestamentliche Pro-pheten [mit ekstatischen Zügen].* **2.** *im hebräischen* ¹*Kanon* (3 b) *der zweite Teil des Alten Testaments.*

ne bis in idem [lat. = nicht zweimal in derselben Sache] (Rechtsspr.): Maxime des Strafprozessrechts, nach der nie-mand wegen derselben Tat mehrmals verurteilt werden darf.

neb|lig, nebelig ⟨Adj.⟩: *von Nebel erfüllt, durch Nebel gekennzeichnet:* -es Wetter; an einem ... -en Novembertag; herumlie-gendes Gepäck, triste Wartesäle, Ober-leitungen, neblige Landschaften (FR 27. 10. 98, 25); weil es vom Rhein her dunstig, fast neblig war (Grass, Blech-trommel 572).

Neb|lung, die: ↑Nebelung.

Ne|bras|ka; -s: Bundesstaat der USA.

nebst ⟨Präp. mit Dativ⟩ [zu ↑neben] (ver-altend): *[zusammen] mit; sowie, samt:* Der Betriebsrat kann ... die Bereitstel-lung eines PC n. Monitor, Drucker und Software zur Text- und Datenverarbei-tung fordern (Handelsblatt 14. 5. 99, 4); der entmachtete Staatschef saß n. Fami-lie in einem Flugzeug der US-Luftwaffe mit Kurs auf Frankreich (General-An-zeiger 8. 2. 86, 15).

nebst|bei ⟨Adv.⟩ (österr.): *nebenbei:* Ge-meinsam mit seiner Frau Gabriele agiert Wolfgang Schimanszky nicht nur als Wirt, sondern je nachdem auch als Im-ker, Schnapsbrenner, Wurstmacher ... und n. auch als Kochbuchautor (Profil 23, 1998, 118).

nebst|dem ⟨Adv.⟩ (schweiz.): *außerdem:* Ich melde Ihnen diese Vorkommnisse zu Ihrer Orientierung und eventueller poli-zeilicher Vorsorge. Nebstdem bitte ich Sie ... (NZZ 6. 5. 95, 88).

Ne|bu|lar|hy|po|the|se, die; - [zu lat. nebula = Nebel u. ↑Hypothese]: *von Kant aufgestellte Hypothese über die Ent-stehung des Sonnensystems aus einem Urnebel (Gas, Staub).*

ne|bu|los, ne|bu|lös ⟨Adj.⟩ [(frz. nébu-leux <) lat. nebulosus = neblig; dunkel] (bildungsspr.)**:** *(in Bezug auf Vorstellun-gen, Ideen u. Ä.) verschwommen, unklar:* Ehud Barak, Vorsitzender der Arbeiter-partei..., begnügt sich mit nebulösen Formulierungen und Andeutungen (Handelsblatt 19. 4. 99, 2); Die komple-xen Voraussetzungen des Kriegsgesche-hens ... bleiben nebulös, und ist dem Autor alle Theorie (Zeit 20. 5. 98, 44); n. definierte Begriffe.

Ne|ces|saire [nesɛˈsɛːɐ̯], das; -s, -s [frz. nécessaire < lat. necessarius = notwen-dig]: **1.** *Reisenecessaire.* **2.** *kleiner Behäl-ter, Beutel für Nähzeug o. Ä.*

¹**Neck,** der; -en, -en [schwed. näck]: *Nöck.*

²**Neck,** der; -s, -s [engl. neck = Hals] (Ge-ol.): *durch Abtragung freigelegter vulka-nischer Schlot.*

Ne|ckar, der; -s: rechter Nebenfluss des Rheins.

Neck|ball, der ⟨o. Pl.⟩ [zu ↑necken]: *[Kin-der]spiel, bei dem ein Spieler den Ball ab-zufangen versucht, den sich die Mitspieler zuwerfen.*

ne|cken ⟨sw. V.; hat⟩ [mhd. (md.) ne-cken = reizen, quälen, Intensivbildung zu ↑nagen]: **1.** *durch scherzende, spotten-de, stichelnde Bemerkungen, Anspielun-gen o. Ä. seinen Scherz mit jmdm. trei-ben:* man neckt ihn mit seiner neuen Freundin; die Kinder neckten den Hund. ♦ **2.** *quälen, peinigen:* Wie verstündest du sonst, das Eisen (= das Schwert des Henkers) erst langsam bedächtig an den knirschen-den Gelenken hinaufzuführen und das zuckende Haupt dem Streich der Er-barmung zu n. (Schiller, Kabale III, 6).

Ne|cken, der; -s, -: *Nöck.*

Ne|cke|rei, die; -, -en: **1.** *[dauerndes] Ne-cken:* Schluss jetzt mit der N.! **2.** *Scherz o. Ä., mit dem man jmdn. neckt:* Ein jahr-zehntelanger Dauerflirt auf Papier scheint die Beziehung der beiden gewe-sen zu sein, voller -en, voller Ironie und Sarkasmus (SZ 20. 8. 98, 16).

Ne|cking, das; -[s], -s [engl. necking, zu: to neck = knutschen, eigtl. = umhalsen, zu: neck = Hals]: *Austausch von Zärt-lichkeiten, erotisch-sexuelle Stimulie-rung durch körperlichen Kontakt ohne Berührung der Genitalien:* immerhin be-fingerte man sich damals erst nach der Verlobung beim N. oder Petting, und wer's früher tat, war halbstark oder ein gefallenes Mädchen (tatz 3. 8. 98, 12).

ne|ckisch ⟨Adj.⟩ [mhd. (md.) neckisch = boshaft]: **1.** *voll Neckerei:* ein -es Geplän-kel; -e Späße, Scherze, Spielchen; »Na«, meinte er n. (Th. Mann, Krull 171). **2.** *sichtlich auf eine lustige, belustigende, witzige o. ä. Wirkung abzielend [tatsäch-lich aber eher dumm, albern , kindisch o. ä. wirkend]:* ein -es Hütchen; Sie ge-ben auf ihre Autos -e Schildchen mit dem Spruch »Atomkraft – nein danke« und verstänkern gleichzeitig mit ihrem Aus-puff die Landschaft (Bund 9. 8. 80, 24); Bilder von Cruise Missiles, die senkrecht in einen strahlend blauen Himmel star-ten, -e Computersimulationen mit klei-nen Feuerchen, die schnell wieder verlöschen (FR 27. 3. 99, 12); Zum Entzücken des Publikums stimmt er ein heiseres Geblök an, scharwenzelt n. mit seinem Eselsschwänzchen, stampft bockig auf (Tagesspiegel 3. 5. 99, 26).

Neck|na|me, der (selten): *spöttischer, neckender Beiname, Spottname:* Krautscheißer hießen die Filderstadt-Bernburger lange Zeit bei ihren Nachbarn. Mit den Jahren ist aus dem Spott eher ein zärtlicher N. geworden (Zeit 22. 11. 96, 77).

nee: ↑ne.

Need [ni:d], das; -[s] [engl. need = Bedürfnis] (Psych.): *Gesamtheit der Antriebe, Bedürfnisse, Wünsche u. Haltungen eines Menschen, denen die verschiedenen, ein bestimmtes Verhalten fordernden Umweltsituationen gegenüberstehen.*

Neer, die; -, -en [viell. zu niederd. neer (in Zus.) = nieder-] (nordd.): *Wasserstrudel mit starker Gegenströmung (1).*

Neer|strom, der, **Neer|strö|mung**, die (nordd.): *in Buchten, zwischen Buhnen o. Ä. entstehende Gegenströmung.*

Nee|se (berlin.): in den Fügungen N. sein *(leer ausgehen, das Nachsehen haben);* jmdm. N. sein *(jmdn. nicht kümmern;* berlin. Neese = Nase).

Ne|fas ['ne:fa(:)s], das; - [lat. nefas, zu: fas, ↑Fas]: *in der römischen Antike das durch Götter Verbotene.*

Nef|fe, der; -n, -n [mhd. neve, ahd. nevo, wohl eigtl. = Unmündiger, verw. mit lat. nepos, ↑Nepotismus]: *Sohn von jmds. Schwester, Bruder, Schwägerin od. Schwager.*

Ne|ga|ti|on, die; -, -en [lat. negatio, zu: negare, ↑negieren]: **1. a)** (bildungsspr.) *Ablehnung (einer Richtung, Ordnung, eines Wertes o. Ä.):* die N. der geltenden Moral; **b)** (Philos.) *Aufhebung (von etw. durch etw. Entgegengesetztes):* der Tod als N. des Lebens. **2.** (Logik) *Verneinung (einer Aussage).* **3.** (Sprachw.) **a)** *Verneinung (einer Aussage);* **b)** *Wort, das eine Verneinung ausdrückt.*

Ne|ga|ti|ons|wort, das ⟨Pl. ...wörter⟩: *Negation (3 b).*

ne|ga|tiv ['ne:gati:f, auch: nega'ti:f, 'ne-gati:f] ⟨Adj.⟩ [lat. negativus = verneinend]: **1. a)** *Ablehnung ausdrückend, enthaltend; ablehnend:* eine -e Antwort; ein -er Bescheid; jmdm., einer Sache n. gegenüberstehen; **b)** (Logik) *verneint.* **2. a)** *ungünstig, nachteilig, nicht wünschenswert:* eine -e Entwicklung; sich n. auswirken; **b)** *im unteren Bereich einer Werteordnung angesiedelt, schlecht:* -e Leistungen; etw. n. bewerten. **3.** (bes. Math.) *im Bereich unter null liegend:* -e Zahlen. **4.** (Physik) *eine der beiden Formen elektrischer Ladung betreffend:* der -e Pol; n. geladen sein. **5.** (bes. Fot.) *gegenüber dem Gegenstand der Aufnahme spiegelverkehrt u. in den Verhältnissen von Hell und Dunkel umgekehrt od. in den Farben komplementär.* **6.** (bes. Med.) *einen als möglich ins Auge gefassten Sachverhalt als nicht gegeben ausweisend:* ein -er Befund; die Testbohrung verlief n. *(es wurde nichts gefunden).*

Ne|ga|tiv ['ne:gati:f, auch: nega'ti:f, 'ne-gati:f], das; -s, -e [frz. négatif, engl. ne-

gative < lat. negativus, ↑negativ] (Fot.): *aus dem belichteten Film o. Ä. entwickeltes negatives (5) Bild, von dem Abzüge (2 a) hergestellt werden:* ein N. fixieren, kopieren.

Ne|ga|tiv- ⟨Best. in subst. Zus.⟩: drückt aus, dass das im Grundwort Genannte negativ, ungünstig od. ganz anders als üblich od. erwartet, ins Gegenteil verkehrt ist: Negativbewertung, -fußball, -leistung, -werbung.

Ne|ga|tiv|auf|nah|me, die (Film): vgl. Negativbild.

Ne|ga|tiv|bei|spiel, das: *negatives (2) Beispiel; Beispiel, das zeigt, wie etw. nicht sein soll, wie etw. nicht durchgeführt o. Ä. werden soll.*

Ne|ga|tiv|bi|lanz, die: *negative (2) Bilanz; Bilanz, in der die Verluste überwiegen.*

Ne|ga|tiv|bild, das (bes. Fot.): *negatives (5) Bild.*

Ne|ga|tiv|druck, der ⟨Pl. -e⟩: **1.** ⟨o. Pl.⟩ *Druckverfahren, bei dem Schrift od. Zeichnung dadurch sichtbar wird, dass ihre Umgebung mit Farbe bedruckt wird, sie selbst jedoch ausgespart bleibt.* **2.** *im Hochdruck (1) hergestellter ²Druck (1 b).*

Ne|ga|ti|ve [nega'ti:və, auch: 'ne:gati:və, 'neg...], die; -, -n (selten): *Verneinung, Ablehnung:* in der N. antworten.

Ne|ga|tiv|farb|film, der: vgl. Negativfilm.

Ne|ga|tiv|film, der: *Film, aus dem, wenn er belichtet u. entwickelt wird, Negative entstehen.*

Ne|ga|tiv|image, das: *durch ein allgemein als negativ bewertetes Verhalten, Äußeres geprägtes Image.*

Ne|ga|ti|vis|mus, der; - (Psych.; Psychiatrie): *sinn- u. antriebswidriges Verhalten als Trotzverhalten Jugendlicher.*

ne|ga|ti|vis|tisch ⟨Adj.⟩ (Psych.; Psychiatrie): **a)** *den Negativismus betreffend;* **b)** *durch Negativismus gekennzeichnet:* -es Widerstreben.

Ne|ga|ti|vi|tät, die; -: *Eigenschaft, negativ zu sein.*

Ne|ga|tiv|lis|te, die: *Verzeichnis der Arzneimittel, deren Kosten von der gesetzlichen Krankenversicherung nicht übernommen werden.*

Ne|ga|tiv|steu|er, die (Wirtsch.): *Zahlung des Staates an Bürger [mit geringem Einkommen].*

Ne|ga|ti|vum, das; -s, ...va (bildungsspr.): *etw. Negatives.*

Ne|ga|tor, der; -s, ...oren [lat. negator = Verleugner, Leugner] (Logik): *logischer Junktor, durch den das Ergebnis der Negation (2) symbolisiert werden kann (Zeichen: ¬, auch: ~).*

Ne|geb, Negev, der, auch: die; -: Wüstenlandschaft im Süden Israels.

ne|ger [zu ↑Neger im Bedeutungszusammenhang »schwarz« = ohne Geld]: in der Verbindung **n. sein** (österr. ugs.: *ohne Geld sein, pleite sein*).

Ne|ger, der; -s, - [frz. nègre < span., port. negro = Neger; schwarz < lat. niger = schwarz]: **1.** ¹*Schwarzer (1) (wird heute meist als abwertend empfunden):* er kam schwarz wie ein N. (ugs. scherzh.; *ganz braun gebrannt)* aus dem Urlaub zu-

rück; R das haut den stärksten N. um! (ugs.; *das ist eine unglaubliche, tolle o. ä. Geschichte!*); *** angeben wie zehn nackte N.** (salopp; *fürchterlich angeben, prahlen*). **2.** (Fachjargon) *schwarze Tafel, mit deren Hilfe die Lichtverhältnisse in einem Fernsehstudio verändert werden können.* **3.** (Ferns. Jargon) *Tafel, von der ein Schauspieler od. Sänger (im Fernsehstudio) seinen Text ablesen kann.* **4. a)** (ugs.) *jmd., der für bestimmte Dienste von einem andern ausgenutzt wird:* dass solche Bankette ... nicht für die Spieler, sondern für die Funktionäre geschaffen sind, damit sie sich mit uns, ihren »Negern«, wie es mitunter den Anschein hat, zur Schau stellen können (Hörzu 39, 1975, 32); **b)** (Jargon) *Ghostwriter.*

Ne|ger|haar, das (ugs. veraltet): *krauses, schwarzes, dem Haar der* ¹*Schwarzen ähnliches Haar.*

ne|ger|haft ⟨Adj.⟩ (veraltet): *negroid.*

Ne|ge|rin, die; -, -nen: w. Form zu ↑Neger.

ne|ge|risch ⟨Adj.⟩ (veraltet): *die* ¹*Schwarzen (1) betreffend.*

Ne|ger|kind, das (veraltet): *Kind von Negern (1).*

Ne|ger|krau|se, die ⟨o. Pl.⟩ (ugs. veraltet): *starke Krause (2) des Haares.*

Ne|ger|kuss, der (veraltend): *Schokokuss.*

Ne|ger|lip|pen ⟨Pl.⟩ (veraltet): *wulstige Lippen, die denen eines* ¹*Schwarzen (1) ähnlich sind:* Ü »Labbe« war ein Ausdruck für das beim Weinen vorgeschobene Unterlippe ... Sogar mein Bruder machte sich ... über meine »Negerlippe« lustig (Wilhelm, Unter 49).

Ne|ger|mu|sik, die (ugs. veraltet): **1.** *Musik der [afrikanischen]* ¹*Schwarzen (1).* **2.** (abwertend) *Jazz.*

Ne|ger|sän|ger, der (veraltet): *schwarzer Sänger, bes. einer, der Blues, Spirituals, Gospels singt.*

Ne|ger|sän|ge|rin, die: w. Form zu ↑Negersänger.

Ne|ger|schaum|kuss, der (veraltet): *Schokokuss.*

Ne|ger|schweiß, der (salopp scherzh. veraltend): *[schlechter] Kaffee:* dann eben dieser fürchterliche N., »Muckefuck« im Knastjargon (Eppendorfer, Kuß 17).

Ne|ger|skla|ve, der (veraltet): *schwarzer Sklave.*

Ne|ger|stamm, der (veraltet): vgl. Negervolk.

Ne|ger|volk, das (veraltet): *Volk, dessen Angehörige* ¹*Schwarze (1) sind.*

Ne|gev: ↑Negeb.

ne|gie|ren ⟨sw. V.; hat⟩ [lat. negare, zu: nec = nein, nicht]: **1.** (bildungsspr.) **a)** *abstreiten; leugnen:* eine Behauptung, Tatsache, seine Schuld n.; **b)** *eine ablehnende Haltung einer Sache gegenüber einnehmen:* jmds. Ansicht n.; **c)** *als nicht existent betrachten; ignorieren:* Aber er konnte doch unmöglich die Grunderkenntnis seines Abteilungskommandeurs einfach n. (Kirst, 08/15, 125); Vom ersten Tag an negierte Amsel den Hundenamen Harras und sagte zu unserem Hofhund ... »Pluto...« (Grass, Hundejahre 193). **2.** (Sprachw.) *mit einer Negation* (3 b) *versehen, verneinen:* einen Satz n.

Ne|gie|rung, die; -, -en: *das Negieren.*

Ne|glek|ti|on, die; -, -en [lat. neglectio] (veraltet): *Vernachlässigung.*

Ne|gli|gé, (auch:) **Ne|gli|gee,** (schweiz.:) **Né|gli|gé** [...'ʒe:], das; -s, -s [frz. (habillement) négligé, eigtl. = lässige Kleidung, zu: négliger, ↑ negligieren]: *leichter, eleganter Morgenmantel:* ich treffe Camilla Huber nie im Negligé *(unangezogen;* Frisch, Gantenbein 175); [noch] im N. sein *([noch] nicht fertig angezogen sein).*

ne|gli|geant [...'ʒant] ⟨Adj.⟩ [frz. négligeant, 1. Part. von: négliger, ↑ negligieren] (bildungsspr. selten): *unachtsam; sorglos; nachlässig:* -es Wiederholen (Deschner, Talente 28).

ne|gli|gen|te [...'dʒɛntə] ⟨Adv.⟩ [ital., zu: negligere < lat. negligere, ↑ negligieren] (Musik): *nachlässig, flüchtig darüber hinhuschend* (Vortragsanweisung).

Ne|gli|genz [auch: ...i'ʒɛnts], die; -, -en [frz. négligence < lat. negligentia] (bildungsspr.): *Unachtsamkeit, Nachlässigkeit, Sorglosigkeit.*

ne|gli|gie|ren [...'ʒi:rən] ⟨sw. V.; hat⟩ [frz. négliger < lat. negligere, eigtl. = nicht auswählen, zu: nec = nicht u. legere, ↑ Lektion] (bildungsspr.): *vernachlässigen, nicht beachten:* das Pariser Kinopublikum negligierte das Werk (Spiegel 37, 1974, 121).

ne|go|zi|a|bel ⟨Adj.⟩ [frz. négociable, zu: négocier, ↑ negozieren] (Wirtsch.): *(von Waren, Wertpapieren) handelsfähig.*

Ne|go|zi|ant, der; -en, -en [frz. négociant] (Wirtsch.): *Kaufmann, Geschäftsmann.*

Ne|go|zi|an|tin, die; -, -nen: w. Form zu ↑ Negoziant.

Ne|go|zi|a|ti|on, die; -, -en [frz. négociation] (Bankw.): **1.** *Verkauf von Wertpapieren durch feste Übernahme dieser Wertpapiere durch eine Bank:* die Anleihe wird durch N. begeben (Th. Mann, Hoheit 229). **2.** *Verkauf eines Wechsels durch Weitergabe.*

ne|go|zie|ren ⟨sw. V.; hat⟩ [frz. négocier, ital. negoziare < lat. negotiari = Handel treiben] (Wirtsch.): **1.** *Wechsel begeben.* **2.** (veraltet) *Handel treiben.*

Ne|gret|ti|schaf, das; -[e]s, -e [H. u.]: *dem Merinoschaf verwandtes, viel Wolle lieferndes Schaf.*

ne|grid ⟨Adj.⟩ [zu span. negro, ↑ Neger] (Anthrop.): *zum Menschentypus der Negriden gehörend:* ein -es Volk.

Ne|gri|de, der u. die; -n, -n ⟨Dekl. ↑ Abgeordnete⟩ (Anthrop.): *Angehörige[r] des auf dem afrikanischen Kontinent beheimateten Menschentypus, dessen hauptsächliche Kennzeichen eine dunkelbraune bis schwarze Hautfarbe u. krauses schwarzes Haar sind.*

Ne|gril|le, der; -n, -n [span. negrillo, Vkl. von: negro, ↑ Neger]: *Pygmäe.*

Ne|gri|to, der; -[s], -[s] [span. negrito, Vkl. von: negro, ↑ Neger]: *Angehöriger eines kleinwüchsigen, dunkelhäutigen Menschentypus in Südostasien.*

Ne|gri|tude [...'tyd], die; - [frz. négri-

tude, zu: nègre, ↑ Neger]: *aus der Rückbesinnung der Afrikaner u. Afroamerikaner auf afrikanische Kulturtraditionen erwachsene Ideologie.*

ne|gro|id ⟨Adj.⟩ [zu span. negro (↑ Neger) u. griech. -oeidēs = ähnlich] (Anthrop.): *den Negriden ähnliche Rassenmerkmale aufweisend:* zu Fräulein Bernhard, ... – ein stämmiges, brünetten kleinen Person mit -en Lippen ... – verhält er sich fast ebenso kokett (K. Mann, Mephisto 199); Der zweite Leibwächter ... war etwas n., stammte aus Äthiopien (Zwerenz, Erde 23).

Ne|gro|i|de, der u. die; -n, -n ⟨Dekl. ↑ Abgeordnete⟩ (Anthrop.): *Angehörige[r] eines negroiden Menschentypus.*

Ne|gro|spi|ri|tu|al ['ni:groʊ 'spɪrɪtjʊəl], das, auch: der; --s, --s [engl. (negro) spiritual, ↑ ²Spiritual]: *geistliches Volkslied der Schwarzen im Süden Nordamerikas.*

¹Ne|gus, der; -, - u. -se [amharisch n'gus = (der zum) König (Ernannte)]: *früherer abessinischer Herrschertitel.*

²Ne|gus ['ni:gəs], der; -, -se [nach dem brit. Oberst F. Negus (gestorben 1732)]: *in England beliebtes punschartiges Getränk.*

neh|men ⟨st. V.; hat⟩ [mhd. nemen, ahd. neman, urspr. = (sich selbst) zuteilen]: **1. a)** *mit der Hand greifen, erfassen u. festhalten:* er nahm seinen Mantel und ging; er nimmt sie am Arm, um sie hinauszuführen; sie nahm *(ergriff)* die dargebotene Hand; **b)** *[ergreifen u.] an sich, in seinen Besitz bringen:* was er bekommen konnte; sie hat zu viel, sich die besten Stücke genommen; den Läufer, den Bauern n. (Schach; *schlagen);* Und wenn sie sich einen anderen nimmt *(sie einen anderen heiratet;* Bieler, Bonifaz 143); R woher n. und nicht stehlen? **2.** *(etw. Angebotenes) annehmen:* sie nimmt kein [Trink]geld; nehmen Sie noch eine Zigarette?; nehmen Sie meinen herzlichsten Dank (geh.; *ich danke Ihnen sehr herzlich).* **3. a)** *(fremdes Eigentum) in seinen Besitz bringen:* die Einbrecher nahmen alles, was ihnen wertvoll erschien; Ü der Krieg, der Tod hat ihr den Mann genommen; **b)** *jmdn. um etw. bringen; entziehen:* jmdm. die Sicht n.; dieses Recht kann ihm niemand n.; Ü jmdm. die Hoffnung, alle Illusionen n.; der Sache den ganzen Reiz; * **sich** ⟨Dativ⟩ **nicht n. lassen, etw. zu tun** *(sich nicht davon abhalten lassen, etw. zu tun):* sie ließ es sich nicht n., persönlich zu gratulieren; **c)** *bewirken, dass sich jmd. von etw. Unangenehmem befreit fühlt:* die Angst, den [Alb]druck von jmdm. n. **4.** *(für einen bestimmten Zweck) verwenden:* sie nimmt nur Öl zum Braten; man nehme *(Zutaten):* 250 g Zucker, 300 g Mehl ...; Ü einen anderen Weg n. **5. a)** *[ergreifen u.] an eine [bestimmte] Stelle sich bringen, bewegen:* die Tasche unter den Arm, den Rucksack auf die Schultern n.; er hat das Kind auf den Schoß genommen; sie nahmen den Vater in die Mitte *(gingen links u. rechts vom Vater);* ich nahm die Sachen an mich *(nahm sie, um sie aufzubewahren);* das Schiff nimmt *(lädt)* Kohle; **b)** *aus einem

bestimmten Anlass ergreifen u. von etw. weg-, aus etw. herausbringen:* Geschirr aus dem Schrank, Geld aus der Brieftasche n.; er nahm den Hut vom Kopf und wischte sich die Stirn; die Gläser vom Tisch n.; als das Baby weinte, nahm sie es aus dem Wagen; Ü sie haben das Kind aus der Schule genommen *(haben es nicht länger die Schule besuchen lassen).* **6.** *sich (einer Person od. Sache) bedienen:* [sich] einen Anwalt n.; den Bus, das Auto n.; er nahm den nächsten Zug, ein Taxi; nimm eine Schere. **7.** *für seine Zwecke aussuchen, sich (für jmdn., etw.) entscheiden:* ich nehme die broschierte Ausgabe; sie nahm die angebotene Stelle; diese Wohnung nehmen wir; er nahm ein Zimmer im besten Hotel; sie hat das Kleid doch nicht genommen *(gekauft).* **8.** *bei sich unterbringen, aufnehmen:* eine Waise ins Haus n.; sie nahm ihre alte Mutter zu sich. **9.** * *etw. auf sich n. (etw. übernehmen):* die Verantwortung, alle Schuld auf sich n.; er hat es auf sich genommen, den Plan durchzuführen; **etw. über sich n.** *(etw. übernehmen):* Saladin hat's über sich genommen, ihn zu stimmen (Lessing, Nathan V, 3). **10.** *in Anspruch nehmen, sich geben lassen:* Unterricht, Nachhilfe[stunden] in Latein n.; Urlaub n.; ich habe mir [einen Tag] frei genommen. **11.** *als Preis fordern:* er hat für die Fahrt zehn Mark genommen; was nehmen Sie für eine Stunde? **12.** (geh.) **a)** *(eine Mahlzeit o. Ä.) einnehmen:* wir werden das Frühstück um neun Uhr [auf der Terrasse] n.; das Abendmahl n. *(das Altarsakrament empfangen);* **b)** *(Speisen, Getränke o. Ä.) dem Körper zuführen:* einen Kaffee, einen Kognak n.; nehmen wir noch ein Dessert?; ich habe heute noch nichts zu mir genommen; * **einen n.** (ugs.; *etw. Alkoholisches trinken).* **13.** *(ein Medikament) [regelmäßig, über einen bestimmten Zeitraum] einnehmen:* seine Arznei n.; sie nimmt die Pille. **14. a)** *als etw. ansehen, auffassen, verstehen:* etw. als gutes Zeichen n.; nehmen wir den guten Willen für die Tat; **b)** *in einer bestimmten Weise betrachten, auffassen, bewerten, einschätzen:* etw. [sehr] ernst, [zu] leicht, schwer, (ugs.:) tragisch n.; sie nimmt dich nicht ernst; du nimmst alles zu wichtig; von weitem habe ich dich für Hans genommen (landsch.; *gehalten);* R wie mans nimmt (ugs.; *man kann die Sache verschieden, auch anders auffassen);* * **jmdn. nicht für voll n.** (ugs.; *jmdn. u. das, was er sagt od. tut, gering einschätzen).* **15.** *in seiner Art akzeptieren, hinnehmen* (1): eine Sache so n., wie sie ist; er nimmt die Dinge, wie sie kommen; du musst den Menschen n., wie er ist. **16.** *sich vorstellen, denken:* nehmen wir den Fall, dass alles misslingt, alles misslänge; nehmen wir einmal eine Gestalt wie Caesar. **17.** *(mit jmdm.) auf eine bestimmte Weise umgehen; (auf jmdn.) auf eine bestimmte Art reagieren:* jmdn. zu n. wissen; Soll man den Kinder wie Erwachsene n.? (Fr. Wolf, Menetekel 117); Ü langsam merke ich, wie ihre Bälle (= beim Pingpong) zu n. sind (Frisch, Homo 103). **18. a)** *sich (über etw.) hin-

wegbewegen, (ein Hindernis o. Ä.) überwinden: wir nahmen die Kurve, die Steigung im dritten Gang; das Pferd hat den Graben [ohne Fehler] genommen; Er nahm die Treppe in fünf Sätzen (H. Mann, Unrat 6); **b)** (Milit.) *erobern, einnehmen:* eine Stadt n. **19.** *(mit einer Frau) koitieren:* er nahm sie mit Gewalt; sie will nicht genommen werden (Rocco [Übers.], Schweine 152). **20. a)** *aufnehmen* (10 c): ein Konzert auf Band n.; **b)** *aufnehmen* (10 b): dazu wieder Sonnenuntergang, den ich auf Farbfilm nahm (Frisch, Homo 41). **21.** (Ballspiele) *grob foulen:* der Stürmer wurde hart genommen. **22.** (Ballspiele) *annehmen* (12): Der nimmt den Ball aus der Luft, schießt (Welt 28. 4. 65, 8). **23.** (Boxen) *(Schläge u. Treffer) hinnehmen [müssen]:* er musste mehrere Haken n. **24.** (verblasst) den, seinen Abschied n. (geh.; *entlassen werden, aus dem Amt scheiden*); Abschrift n. (Papierdt.; *abschreiben*); etw. in Arbeit n. *(beginnen, an etw. zu arbeiten);* einen steilen Aufschwung n. (bes. Wirtsch.; *sich lebhaft fortentwickeln);* etw. in Betrieb, in Dienst n. *(beginnen, etw. zu benutzen, einzusetzen);* in etw. Einsicht, Einblick n. *(etw. einsehen);* auf jmdn., etw. Einfluss n. *(jmdn., etw. beeinflussen);* eine beachtliche Entwicklung n. *(sich gut entwickeln);* seinen Fortgang n. *(fortgeführt werden);* in Gebrauch n. *(beginnen, etw. zu gebrauchen, zu verwenden);* seinen Rücktritt n. *([von einem Amt] zurücktreten);* jmdn. ins Verhör n. *(verhören);* Wohnung n. (geh.; *sich einmieten).* ◆ **25.** ⟨n. + sich⟩ *sich benehmen:* Grimbart wusste sich schon in solchen Fällen zu n. (Goethe, Reineke Fuchs 3, 392); wie Assad ... sich an meiner Stelle genommen hätte (Lessing, Nathan IV, 4).
Neh|mer, der; -s, -: **1.** (veraltet) *jmd., der etw. nimmt; Nehmender.* **2.** (selten) *Käufer.*
Neh|me|rin, die; -, -nen: w. Form zu ↑ Nehmer.
Neh|mer|qua|li|tä|ten ⟨Pl.⟩ (Boxen): *Fähigkeit, gegnerische Treffer hinzunehmen, ohne deren Wirkung erkennen zu lassen.*
Neh|rung, die; -, -en [16. Jh., eigtl. = die Enge, verw. mit ↑ Narbe (urspr. = Verengung)]: *schmaler, lang gestreckter Landstreifen, der ein Haff od. eine Lagune vom offenen Meer trennt.*
Neid, der; -[e]s [mhd. nīt, ahd. nīd, urspr. = Hass, Groll, H. u.]: *Empfindung, Haltung, bei der jmd. einem andern dessen Besitz od. Erfolg nicht gönnt u. selbst haben möchte:* das ist bei ihm nichts als [der pure] N.; N. empfinden, erregen, [er]wecken; eine N. erweckende, N. erregende Karriere; jmdn. voll[er] N. ansehen; von N. erfüllt sein; vor N. bersten, vergehen, (ugs.:) platzen; blass, gelb, grün vor N. sein, werden (emotional; *sich seinen Neid deutlich ansehen lassen);* sie sieht gut aus, das muss ihr der N. lassen (ugs.; *das muss man, trotz sonstiger Vorbehalte, anerkennen);* ein Gefühl ..., darin sich Rührung und N. *(neidvolle Bewunderung)* vermischten

(B. Frank, Tage 64); ℞ das ist [nur] der N. der Besitzlosen; nur kein N. [wer hat, der hat]!; *vor N. erblassen (plötzlich sehr neidisch werden).*
nei|den ⟨sw. V.; hat⟩ [mhd. nīden, ahd. nīden, nīdōn]: *jmdm. etw., was man selbst gern hätte) nicht gönnen:* Unter allen Begehrlichen, die der Republik Venedig den Zwischenhandel mit der Levante ... neideten (Jacob, Kaffee 65); Früher neideten sich die Karpfen gegenseitig nicht die Ernährung (Molo, Frieden 88).
Nei|der, der; -s, - [mhd. nīdære]: *jmd., der jmdm. etw. neidet:* er hat viele N.; -n seiner Herrschaft soll er hohe Staatsämter übertragen haben (Schädlich, Nähe 160).
neid|er|füllt ⟨Adj.⟩: *von Neid erfüllt.*
Nei|de|rin, die; -, -nen: w. Form zu ↑ Neider.
neid|er|re|gend ⟨Adj.⟩: *Neid hervorrufend:* eine äußerst -e Karriere; dass du jetzt schon gehen darfst, finde ich n.
neid|er|we|ckend ⟨Adj.⟩: vgl. neiderregend.
Neid|ge|fühl, das ⟨meist Pl.⟩: *Gefühl des Neides:* -e kamen in ihm auf.
neid|haft ⟨Adj.⟩ (schweiz.): *neidisch.*
Neid|haf|tig|keit, die; - (schweiz.): *das Neidischsein.*
Neid|ham|mel, der (salopp abwertend): *neidischer Mensch.*
Neid|hart, der; -[e]s, -e [eigtl. zum Appellativ gewordener alter m. Vorn. (mhd. Nīthart, ahd. Nīdhart, wohl = der im Kampf hart Gewordene)] (veraltet, noch landsch.): *neidischer Mensch.*
nei|dig ⟨Adj.⟩ [mhd. nīdec, ahd. nīdig] (landsch.): *neidisch.*
nei|disch ⟨Adj.⟩ [mhd. (md.) nīdisch]: *von Neid bestimmt, geleitet od. eine entsprechende Haltung erkennen lassend:* ein -er Kollege; -e Blicke; auf jmdn., etw. n. sein, werden; mein Chef, der kann heute meinetwegen so viel verdienen, wie er will. Ich bin ihm nicht n. (B. Vesper, Reise 541); Wir schlangen alles schnell hinunter, weil die anderen Leute im Abteil uns ein bisschen n. anschauten (Lentz, Muckefuck 167).
Neid|kopf, der: **a)** (Archit., Volksk.) *zur Abwehr von Unheil an mittelalterlichen Kirchen, Bürger- u. Bauernhäusern angebrachte Tier- od. Menschenfratze:* So seien die »Neidköpfe« ... näher zu klassizieren als Spott-, Hohn- und Trutzköpfe (MM 23. 4. 70, 9); **b)** (landsch. abwertend): *Neidhammel.*
Neid|ling, der; -s, -e (ugs. abwertend): *Neidhammel.*
neid|los ⟨Adj.⟩: *ohne jeden Neid [seiend]:* jmds. Leistung n. anerkennen.
Neid|lo|sig|keit, die; -: *das Neidlossein.*
Neid|na|gel, der (selten): *Niednagel.*
Neid|sack, der (derb abwertend): *Neidhammel.*
◆ **neid|süch|tig** ⟨Adj.⟩ [zu: Neidsucht = krankhaftes Neidischsein]: *krankhaft neidisch:* Werden -e Damern meine Freunde bleiben, wenn ich meinen Pinsel eintunke und ihnen damit vorfärbe die Parüre der Braut ...? (Jean Paul, Wutz 37).
neid|voll ⟨Adj.⟩: *voller Neid:* -e Blicke;

Wenn Colbert dann nach Norden blickte, sah er das -e *(neidvoll das)* Gegenbild: das Glück der ... Niederlande (Jacob, Kaffee 120).
Nei|ge, die; -, -n ⟨Pl. selten⟩ [mhd. neige = Neigung, Senkung; Tiefe, zu ↑ neigen] (geh.): *Rest des Inhalts eines Gefäßes:* die N. austrinken, wegschütten; er hat sein Glas bis zur, bis auf die N. *(ganz, völlig)* geleert; Ü Den Nationalismus ... haben wir bis zur bitteren N. *(zum letzten bitteren Stadium)* kennen gelernt (Mehnert, Sowjetmensch 347); *auf die/zur N. gehen* (geh.; **1.** *[von einer kleiner werdenden Menge]* zu Ende gehen: der Vorrat, unser Geld geht allmählich zur N. **2.** *[von einem Zeitabschnitt]* zu Ende gehen: der Tag, der Urlaub geht zur N.).
nei|gen ⟨sw. V.; hat⟩ [mhd. neigen, ahd. hneigan, Veranlassungsverb zu mhd. nīgen, ahd. hnīgan = sich neigen, sich beugen; vgl. ¹nicken]: **1. a)** *aus der senkrechten od. waagerechten in eine schräge Lage bringen, schräg halten:* das Glas, die Flasche n.; **b)** *aus der senkrechten od. waagerechten Lage [leicht] nach unten beugen, biegen, senken:* den Kopf zum Gruß n.; die Bäume neigen ihre Zweige [bis] zur Erde; jmdm., jmds. Worten sein Ohr n. (veraltet; *zuhören*). **2.** ⟨n. + sich⟩ **a)** *sich aus der senkrechten od. waagerechten in eine schräge Lage bringen; sich schräg legen:* sich nach vorn, nach rechts n.; das Schiff neigte sich zur Seite; die Waage, die Waagschale neigt sich *(sinkt)* [nach unten]; der Zeiger neigt sich (selten; *zeigt*) nach Norden; Aber die Sonne neigt sich sehr *(sinkt u. geht bald unter;* Geissler, Wunschhütlein 84); **b)** *sich aus der senkrechten od. waagerechten Lage [leicht] nach unten beugen, biegen, senken:* sie neigt sich über das Kind, über das Bett; die Zweige neigten sich unter der Last; Ü sich vor jmds. Fachwissen anerkennend n. (geh.; *verneigen).* **3.** ⟨n. + sich⟩ *schräg verlaufen; leicht abschüssig sein:* das Gelände neigt sich zum Fluss; eine geneigte Fläche. **4.** ⟨n. + sich⟩ (geh.) *(von einem Zeitabschnitt) zu Ende gehen:* der Tag hat sich geneigt; der Urlaub neigt sich dem Ende; Die Größe Portugals neigt sich *(steht im Zeichen des Untergangs;* Jacob, Kaffee 110). **5. a)** *einen Hang zu etw. haben:* sie neigt zu Erkältungen, zur/zu Schwermut; ein zum/zu Jähzorn neigender Mensch; **b)** *im Denken u. Handeln eine bestimmte Richtung einschlagen, vertreten:* zu der Ansicht, der Auffassung n., dass sie sowieso immer zu spät kommt; ich neige dazu, ihm Recht zu geben.
Nei|ge|tech|nik, die: *Einrichtung in Schienenfahrzeugen, mit der bei schnellerem Durchfahren von Kurven (durch seitliche Neigung) die Fliehkraft in den Fahrgasträumen begrenzt wird:* Mit N. ausgestattete Züge sorgen auf vielen Verbindungen für kürzere Reisezeiten, ohne dass teure Hochgeschwindigkeitsstrecken gebaut werden müssten (Wirtschaftswoche 21, 1999, 118).
Nei|gung, die; -, -en [5: mhd. neigunge]: **1.** ⟨o. Pl.⟩ *das Neigen* (1). **2.** *das Geneigtsein, das Schrägabfallen:* die N. des Ge-

ländes beträgt 18 Grad; die Straße weist eine leichte N. *(ein leichtes Gefälle)* auf. **3.** *besonderes Interesse (für bestimmte Dinge, an bestimmten Betätigungen), Vorliebe:* sie hat künstlerische, ausgefallene -en; niemand vermochte seine N. zu teilen; nur seinen -en leben; etw. aus N. tun. **4.** ⟨o. Pl.⟩ **a)** *das Anfälligsein für etw., Hang zu etw.:* die N. zur Korpulenz, zur Trunksucht; dieser Stoff hat große N., sich mit Chlor zu verbinden (Chemie; *zeigt die besten chemischen Reaktionen mit Chlor);* **b)** *das Einschlagen einer bestimmten Richtung im Denken und Handeln:* er spürte, zeigte wenig N. *(Lust),* diesem Plan zuzustimmen; die Papiere haben N. zu steigen (Börsenw.; *tendieren zum Steigen).* **5.** ⟨Pl. selten⟩ *herzliches Gefühl des Hingezogenseins zu einem anderen Menschen:* eine mütterliche, heimliche N.; jmds. N. erwacht; N. zu jmdm. spüren, fühlen, (geh.:) fassen; er gewann ihre N.; sie erwiderte seine N. nicht.

Nei|gungs|ehe, die: *auf gegenseitiger Zuneigung basierende Ehe.*

Nei|gungs|grup|pe, die: *Gruppe, [Arbeits]gemeinschaft von Menschen (bes. von Schülerinnen u. Schülern) mit gleicher Neigung (3).*

Nei|gungs|hei|rat, die: *Heirat aus gegenseitiger Zuneigung.*

Nei|gungs|mes|ser, der (Fachspr.): *Gefällemesser.*

Nei|gungs|mess|ge|rät, das: *Gefällemesser.*

Nei|gungs|win|kel, der: *Winkel, durch den die Neigung (2) einer Geraden o. Ä. bestimmt wird.*

nein [mhd., ahd. nein, aus ahd. ni = nicht u. ↑ein, eigtl. = nicht eins] ⟨Partikel⟩: **1. a)** drückt eine verneinende Antwort [auf eine Entscheidungsfrage] aus: n. danke; »Bist du fertig?« – »Nein«; »Willst du keinen Kaffee?« – »Nein«; »Willst du nicht aufhören zu spielen?« – »Nein«; * **Nein/**(auch:) **n. [zu etw.] sagen** *[eine Sache] ablehnen];* **nicht Nein/**(auch:) **n. sagen können** *(zu gutmütig sein, um etw. abzulehnen);* **b)** drückt [in Verbindung mit (Modal)partikeln] eine Bekräftigung der Ablehnung aus: n., n.!; aber n.!; n., natürlich nicht; o n.!; n. doch!; n., niemals; n. u. abermals n.! **2.** ⟨betont⟩ nachgestellt als [rhetorische] Frage bei verneinten Sätzen, auf die eine zustimmende Antwort erwartet wird, als Bitte od. Ausdruck leisen Zweifels; *nicht wahr?:* du gehst doch jetzt noch nicht, n.? **3.** ⟨unbetont⟩ leitet einen Ausruf des Erstaunens, der Überraschung, Freude o. Ä. ein: n., so ein Glück!; n., dass ihr daran gedacht habt!; n., so was! **4.** ⟨unbetont⟩ zur steigernden Anreihung von Sätzen od. Satzteilen; *mehr noch, sogar:* er schätzte [ihn], n., er verehrte ihn; Hunderte, n. Tausende von Kilometern. **5.** ⟨betont od. unbetont⟩ schließt einen Satzteil od. Satz an, in dem die vorangegangene Aussage verneint wird [u. verstärkt diese Verneinung]: n., das kann ich nicht glauben; ihn verraten, n., das kann ich nicht; n., das ist unmöglich. **6.** ⟨allein stehend; betont⟩ (ugs.) drückt einen Zweifel aus; drückt aus, dass man

etw. nicht glauben will; *das ist doch nicht möglich:* n., das darf nicht wahr sein!; »Jetzt hat er sich auch noch ein Motorboot gekauft!« – »Nein!«

Nein, das; -[s], -[s]: *verneinende Antwort auf eine Entscheidungsfrage; Ablehnung:* ein eindeutiges N.; bei seinem N. bleiben; mit Ja oder [mit] N. stimmen; Spr ein N. zur rechten Zeit erspart viel Widerwärtigkeit.

'nein (landsch., bes. südd.): *hinein.*

Nein|sa|ger, der; -s, - (abwertend): *jmd., der Ansichten, Pläne o. Ä. von vornherein, grundsätzlich ablehnt.*

Nein|sa|ge|rin, die; -, -nen: w. Form zu ↑Neinsager.

Nein|stim|me, die: *(bei einer Wahl o. Ä.) abgegebene Stimme, die gegen das zur Entscheidung Stehende votiert hat.*

Nei|ße, die; -: **1.** Nebenfluss der mittleren Oder (Lausitzer Neiße). **2.** Nebenfluss der oberen Oder (Glatzer Neiße).

nekr-, Nekr-: ↑nekro-, Nekro-.

ne|kro-, Nekro-, (vor Vokalen:) nekr-, Nekr- [griech. nekrós] ⟨Best. von Zus. mit der Bed.⟩: *Toter, Leiche* (z. B. Nekromantie, Nekroskopie).

Ne|kro|bi|o|se, die; - [zu griech. bíōsis = Leben] (Med., Biol.): *das Absterben von Zellen.*

Ne|kro|kaus|tie, die; -, -n [zu griech. kaustós = verbrannt]: *Leichenverbrennung.*

¹Ne|kro|log, der; -[e]s, -e [zu griech. lógos = Wort, Rede] (bildungsspr.): *Nachruf:* ein N. auf jmdn.; jmdm. einen N. halten.

²Ne|kro|log, das; -[e]s, -e: *Nekrologium.*

Ne|kro|lo|gie, die; - [↑-logie]: *Lehre u. statistische Erfassung der Todesursachen.*

Ne|kro|lo|gi|um, das; -s, ...ien [mlat. necrologium]: *bes. in Klöstern, Stiften in der Art eines Kalenders aufgestelltes Verzeichnis der Todestage von ehemaligen Mitgliedern u. Stiftern, deren alljährlich in liturgischer Fürbitte gedacht wird.*

Ne|kro|ma|nie, die; -, -n [↑Manie] (Psych., Sexualk. selten): *Nekrophilie.*

Ne|kro|mant, der; -en, -en [spätlat. necromantius < griech. nekrómantis]: *(bes. im Altertum) jmd., der Geister [von Toten] beschwört.*

Ne|kro|man|tie, die; - [spätlat. necromantia < griech. nekromanteía]: *Weissagung durch die Beschwörung von Geistern [Toter].*

Ne|kro|phi|lie, die; - [zu griech. philía = Zuneigung] (Psych., Sexualk.): *auf Leichen gerichteter Sexualtrieb.*

Ne|kro|pho|bie, die; - [↑Phobie] (Psych.): *krankhafte Angst vor dem Tod, vor Toten.*

Ne|kro|pie: ↑Nekropsie.

Ne|kro|po|le, Ne|kro|po|lis, die; -, ...polen [griech. nekrópolis, eigtl. = Totenstadt, zu: pólis = Stadt]: *große Begräbnisstätte der Antike od. der Vorgeschichte:* zu dem weiten ... Gelände, das einst die Nekropole Thebens trug (Ceram, Götter 169); aus den Höhlengräbern der sikulischen Nekropole von Pantalica (Stern, Mann 23).

Ne|krop|sie, Nekropie, die; -, -n [zu

griech. ópsis = das Sehen]: *Leichenschau.*

Ne|kro|se, die; -, -n [griech. nékrōsis = das Töten] (Med.): *das Absterben von Zellen, Gewebs- od. Organteilen (infolge örtlicher Stoffwechselstörungen); Gewebstod.*

Ne|kro|sko|pie, die; -, -n [zu griech. skopeῖn = betrachten]: *Nekropsie.*

Ne|kro|sper|mie, die; - [zu ↑Sperma] (Med.): *das Abgestorbensein od. die Funktionsunfähigkeit der Spermien u. die dadurch bedingte Zeugungsunfähigkeit.*

ne|kro|tisch ⟨Adj.⟩ (Med.): *(von Gewebe) abgestorben.*

Ne|kro|to|mie, die; -, -n [zu griech. tomḗ = das Schneiden; Schnitt] (Med.): *Sequestrotomie.*

Nek|tar, der; -s, -e [lat. nectar < griech. néktar, H. u.]: **1.** ⟨o. Pl.⟩ (griech. Myth.) *ewige Jugend, Unsterblichkeit spendender Trank der Götter:* N. und Ambrosia. **2.** (Bot.) *von einer haarähnlichen Drüse, die sich innerhalb einer Blüte an einem Blattstiel od. Nebenblatt befindet, ausgeschiedene zuckerhaltige, süß duftende Flüssigkeit.* **3.** (Fachspr.) *Getränk aus zu Mus zerdrücktem, gezuckertem u. mit Wasser [u. Säure] verdünntem Fruchtfleisch.*

Nek|ta|ri|en: Pl. von ↑Nektarium.

Nek|ta|ri|ne, die; -, -n [geb. zu ↑Nektar (2) mit der Endung -ine wie in Apfelsine, Mandarine]: *glatthäutiger, gelblich dunkelroter Pfirsich.*

Nek|ta|ri|ni|en ⟨Pl⟩: *bunte, schillernde tropische Singvögel Afrikas u. Asiens, deren Zunge zum Saugorgan umgewandelt ist, mit dem Nektar u. Insekten vom Grund der Blüten aufgesammelt werden können.*

nek|ta|risch ⟨Adj.⟩ (dichter. veraltet): *köstlich u. erquickend wie Nektar (1).*

Nek|ta|ri|um, das; -s, ...ien (Bot.): *Honigdrüse (meist im Bereich der Blüte).*

nek|tarn ⟨Adj.⟩ (dichter. veraltet): *nektarisch.*

nek|tie|ren ⟨sw. V.; hat⟩ [lat. nectere] (Sprachw.): *verbinden, verknüpfen.*

Nek|ti|on, die; -, -en (Sprachw.): *Verbindung mehrerer gleichartiger Satzteile od. Sätze durch Nektive.*

Nek|tiv, das; -s, -e (Sprachw.): *koordinierende Konjunktion (und, oder).*

Nek|ton, das, -s [griech. nēktón = das Schwimmende] (Zool.): *Gesamtheit der im Wasser lebenden, sich selbst (aktiv) fortbewegenden Tiere.*

nek|to|nisch ⟨Adj.⟩ (Zool.): *zum Nekton gehörend.*

Ne|ky|ia, die; -, ...ien [griech. nékyia, zu: nékys = Leichnam]: *Totenbeschwörung, Totenopfer (Untertitel des 11. Gesangs der homerischen Odyssee nach dem Besuch des Odysseus im Hades).*

Ne|ky|man|tie, die; - [griech. nekyomanteía]: *Nekromantie.*

Ne|la|na|ne: ↑Nalanane.

Nel|ke, die; -, -n [1: nach dem der Nelke (2) ähnlichen Duft; 2: älter: neilke, mniederd. negelke, mhd. negellīn, eigtl. = kleiner Nagel, nach der Form]: **1.** *(in zahlreichen Arten vorkommende)*

Pflanze mit schmalen Blättern an knotigen Stängeln u. würzig duftenden Blüten mit gefransten od. geschlitzten Blütenblättern (von weißer bis tiefroter Farbe): ein Strauß -n; nicht einmal rote -n, die er am 1. Mai im Knopfloch getragen hatte, lagen auf seinem Grab (G. Roth, Winterreise 46). **2.** *Gewürznelke:* Für ... Glühwein nimmt man Rotwein beliebiger Sorte, der nach Geschmack gezuckert sowie mit etwas Zimtrinde und einigen -n versehen wird (Horn, Gäste 94).

Nel|ken|ge|wächs, das ⟨meist Pl.⟩ (Bot.): *(als Kraut oder Halbstrauch vorkommende) Pflanze mit schmalen Blättern u. unterschiedlichen Blütenständen.*

Nel|ken|öl, das: *aus Nelken (2) gewonnenes, stark würzig riechendes ätherisches Öl.*

Nel|ken|pfef|fer, der: *Piment.*

Nel|ken|rin|de, die: *früher als Gewürz verwendete, wie Nelken (2) riechende u. schmeckende Rinde des Gewürznelkenbaums; Nelkenzimt.*

Nel|ken|strauß, der: *Strauß aus Nelken.*

Nel|ken|wurz, die: *Pflanze mit gefiederten Blättern, meist in Dolden wachsenden großen, gelben, roten od. weißen Blüten u. nussähnlichen Früchten.*

Nel|ken|zimt, der: *Nelkenrinde.*

Nel|ken|zimt|baum, der [die Rinde enthält ein ätherisches Öl, das einen intensiven, nach Nelken (2) riechenden Duft ausströmt]: *Sassafrasbaum.*

Nell, das; -s [niederl. nel < älter niederl. menel < frz. manille, ↑¹Manille] (schweiz.): *Trumpfneun beim Jass:* ***jmdm. das N. abstechen** (schweiz.; *jmdm. überlegen sein).*

Nel|son, der; -[s], -s [engl. nelson, viell. nach einem Personennamen] (Ringen): *Nackenhebel.*

Ne|ma|ti|zid, Nematozid, das; -[e]s, -e [zu ↑Nematode u. lat. -cidere = töten]: *Mittel zur Bekämpfung von Fadenwürmern.*

Ne|ma|to|de, der; -n, -n ⟨meist Pl.⟩ [zu griech. nēma (Gen.: nēmatos) = Faden] (Zool.): *Fadenwurm.*

Ne|ma|to|zid = ↑Nematizid.

Ne|me|sis [auch: ˈnɛ...], die; - [griech. Némesis = Göttin der ausgleichenden Gerechtigkeit, personifiziert aus: némesis = Unwille, eigtl. = das (verteilte) Zuteilen] (bildungsspr.): *ausgleichende, vergeltende, strafende Gerechtigkeit:* Sie waren mächtige Leute. Bis eines Tages die N. über sie hereinbrach und sie alles wieder herausgeben mussten (Hasenclever, Die Rechtlosen 482).

NE-Me|tall, das: *Nichteisenmetall.*

'nen [nən] (ugs.): *einen* (↑¹ein III).

nenn|bar ⟨Adj.⟩: *in Worte fassbar.*

Nenn|be|trag, der (Wirtsch.): *Nennwert.*

nen|nen ⟨unr. V.; hat⟩ [mhd. nennen, ahd. nemnen, zu ↑Name]: **1. a)** *mit einem bestimmten Namen bezeichnen; (jmdm.) einen bestimmten Namen geben:* wie wollt ihr das Kind n.?; er wurde Johann genannt, nach seinem Großvater; durch ... einen Wachtmeister, den sie ob seiner Nase allgemein Knolle nannten (Kuby, Sieg 419); sie nannten ihren Hund Waldi; alle nennen ihn »Dicker«/»den Dicken«;

als Künstler nannte er sich Reno; **b)** *als etw. bezeichnen:* jmdn. einen Lügner n.; Denn Käptn Pott pflegte mir Gesellschaft zu leisten, wenn man es so n. will (Leip, Klabauterflagge 3); Er nennt sich stolz den ungekrönten König der Tippelbrüder (MM 22. 6. 73, 20); das nenne ich eine Überraschung! *(das ist aber eine Überraschung!);* schön kann ich das nicht n. *(finden);* das nenne ich *(das ist wirklich)* Mut/mutig; **c)** *(einem [Kunst]werk) einen Titel geben:* Nenn's (= das Buch) doch einfach: Arzt am Scheideweg (Ott, Haie 205); **d)** *mit einer bestimmten Anrede ansprechen:* sie nannte ihn beim, bei seinem/mit seinem Vornamen; du kannst mich ruhig Kalle n.; »Nenne mich du«, stöhnte sie (Th. Mann, Krull 203). **2. a)** *angeben* (1 a): sie nannte ihren Namen; jmdm. den Grund für etw. n.; er nannte den Preis; kannst du mir einen Arzt n. *(empfehlen)?*; **b)** *erwähnen, anführen:* er, sein Name wurde nicht, wurde an erster Stelle genannt; sonders genannt seien ...; können Sie Beispiele n.?; nennen Sie die wichtigsten Punkte *(zählen Sie sie [schriftlich] auf);* **c)** *benennen* (2): die Partei nannte ihre Kandidaten für die Wahl. **3.** ⟨n. + sich⟩ **a)** *einen bestimmten Namen haben; heißen:* »Silver-Jet« nannte sich der neue Riesenvogel (Cotton, Silver-Jet 16); **b)** *für sich in Anspruch nehmen, behaupten, [von Beruf] zu sein; im Widerspruch zu seinem Verhalten od. seiner Beschaffenheit eine bestimmte [auszeichnende] Bezeichnung tragen:* er nennt sich freier Schriftsteller; Das Individuum... nennt sich Industrieberater (Remarque, Obelisk 193); und so was nennt sich nun Freund, Luxushotel. **4.** (Sport) *(zu einem Wettkampf)* anmelden.

nen|nens|wert ⟨Adj.⟩: *ins Gewicht fallend, bedeutend u. darum erwähnenswert:* ... ist das amerikanische Haushaltswesen ohne -en Einfluss auf die Ausgestaltung des deutschen Budgets geblieben (Fraenkel, Staat 59); schon jetzt hat sich der Betriebsgewinn bei den Rheinstahl-Hütten n. erhöht (Welt 16. 7. 69, 12); Potenzial aus dem ostdeutschen Erbe und den lokalen Wissenschaftler-Pools haben aber nur Möhwalds Institut und das Max-Planck-Institut für Mikrostrukturphysik in Halle n. integriert (Woche 14. 2. 97, 50); ⟨subst.:⟩ es ist nichts Nennenswertes passiert.

Nen|ner, der; -s, - [LÜ von mlat. denominator] (Math.): *(bei Brüchen) Zahl, Ausdruck unter dem Bruchstrich:* der N. eines Bruchs; Brüche auf einen, den gleichen N. bringen; *** einen [gemeinsamen] N. finden** *(eine gemeinsame Grundlage, auf der man aufbauen, auf die man sich stützen kann, finden);* **etw. auf einen [gemeinsamen] N. bringen** *(bestimmte Gegensätze ausgleichen u. in Übereinstimmung bringen).*

Nenn|fall, der (Sprachw.): *Nominativ.*

Nenn|form, die (Sprachw.): *Infinitiv.*

Nenn|form|satz, der (Sprachw.): *Infinitivsatz.*

Nenn|ge|bühr, die (Sport): *Nenngeld.*

Nenn|geld, das (Sport): *Betrag, der bei*

der Meldung einer Mannschaft, eines Spielers zu einem Wettbewerb zu zahlen ist.

Nenn|grö|ße, die (Technik): *Größe (2 a), durch die u. a. die Nennleistung festgelegt ist.*

Nenn|leis|tung, die (Technik): *Leistung, für die eine Maschine, ein Gerät konstruiert ist.*

Nenn|on|kel, der: *jmd., den jmd. Onkel nennt, ohne dass er sein ¹Onkel (1) wäre:* Das Ganze hatte ein... N. und Hausfreund ihm geschenkt (Beheim-Schwarzbach, Freuden 13).

Nenn|span|nung, die (Technik): vgl. Nennleistung.

Nenn|tan|te, die: vgl. Nennonkel.

Nen|nung, die; -, -en: *das Nennen* (2, 4).

Nen|nungs|geld, das (Sport): *Nenngeld.*

Nen|nungs|schluss, der (Sport): *Ende der Meldefrist für einen Wettkampf.*

Nenn|wert, der (Wirtsch.): *auf Münzen, Banknoten o. Ä. angegebener Wert.*

Nenn|wort, das ⟨Pl. ...wörter⟩ (Sprachw.): *Substantiv.*

neo-, Neo- [zu griech. néos = neu]: **1.** bedeutet in Bildungen mit Adjektiven od. Substantiven *neu, erneuert; jung:* neolithisch; Neologismus; Neomyst. **2.** drückt in Bildungen mit Substantiven od. Adjektiven aus, dass etw. (eine Ideologie, Kunstrichtung o. Ä.) eine Wiederbelebung erfährt oder dass an Früheres angeknüpft wird: Neobarock; neokonservativ, -stalinistisch.

Neo|dar|wi|nis|mus, der; -: **1.** *(von dem deutschen Zoologen A. Weismann [1834–1914] begründete) Weiterentwicklung der darwinistischen Deszendenztheorie.* **2.** *moderne Abstammungslehre, die das Auftreten neuer Arten durch Mutationen in Verbindung mit natürlicher Auslese zu erklären versucht.*

Neo|dym, das; -s [zu griech. néos = neu u. Didym = seltene Erde; das Element entstand zusammen mit Praseodym bei der Zerlegung von Didym] (Chemie): *silberglänzendes Metall mit sehr hohem Schmelzpunkt (chemisches Element; Zeichen: Nd).*

Neo|fa|schis|mus, der; -: *rechtsradikale Bewegung, die in Zielsetzung u. Ideologie an die Epoche des Faschismus anknüpft.*

Neo|fa|schist, der; -en, -en: *Vertreter des Neofaschismus.*

Neo|fa|schis|tin, die; -, -nen: w. Form zu ↑Neofaschist.

neo|fa|schis|tisch ⟨Adj.⟩: **a)** *den Neofaschismus vertretend, zu ihm gehörend;* **b)** *auf den Prinzipien des Neofaschismus beruhend, ihnen folgend.*

neo|gen ⟨Adj.⟩ (Geol.): *das Neogen betreffend.*

Neo|gen, das; -s [zu griech. néos = neu, später u. ↑-gen] (Geol.): *späte Formation des Tertiärs.*

Neo|im|pres|si|o|nis|mus, der; -: *durch methodische Farbentwicklung der impressionistischen Malerei entstandene Kunstrichtung.*

Neo|klas|si|zis|mus, der; -: *sich bes. in kolossalen Säulenordnungen ausdrückende formalistische u. historisierende Tendenzen in der Architektur des 20. Jh.s.*

neo|klas|si|zis|tisch ⟨Adj.⟩: *den Neoklassizismus betreffend, zu ihm gehörend.*

Neo|ko|lo|ni|a|lis|mus, der; -: *Politik entwickelter Industrienationen, ehemalige Kolonien, Entwicklungsländer wirtschaftlich u. politisch abhängig zu halten.*

ne|o|kom ⟨Adj.⟩ (Geol.): *das Neokom betreffend.*

Ne|o|kom, Ne|o|ko|mi|um, das: -s [nach Neocomium, dem latinis. Namen von Neuenburg (Schweiz)] (Geol.): *die vier älteren Stufen der unteren Kreide* (3).

Neo|la|mar|ckis|mus, der; - (Biol.): *(gegen Ende des 19. Jh.s begründete) Weiterentwicklung der lamarckistischen Deszendenztheorie.*

Neo|li|be|ra|lis|mus, der; - (Wirtsch.): *an den Liberalismus anknüpfende neuere Richtung in der Volkswirtschaftslehre.*

Neo|lin|gu|is|tik, die; -: *(von dem italienischen Sprachwissenschaftler Bartoli begründete) linguistische Richtung, die sich gegen die starren, ausnahmslosen Gesetze der junggrammatischen Schule richtete.*

Neo|lin|gu|is|ti|ker, der; -s, -: *Vertreter der Neolinguistik.*

Ne|o|li|thi|ker [auch: ...'lɪt...], der; -s, -: *Mensch des Neolithikums.*

Ne|o|li|thi|kum [auch: ...'lɪt...], das; -s [zu griech. lithos = Stein]: *Epoche des vorgeschichtlichen Menschen, die mit dem Beginn des Anbaus von Kulturpflanzen u. der Haltung von Haustieren gleichgesetzt wird; Jungsteinzeit.*

ne|o|li|thisch [auch: ...'lɪtɪʃ] ⟨Adj.⟩ (Prähist.): *zum Neolithikum gehörend.*

Ne|o|lo|ge, der; -n, -n [↑-loge]: *jmd., der Neologismen* (1) *prägt.*

Ne|o|lo|gie, die; -, -n [↑-logie]: 1. *Neuerung (bes. auf religiösem od. sprachlichem Gebiet).* 2. ⟨o. Pl.⟩ *aufklärerische Richtung der evangelischen Theologie des 18. Jh.s, die die kirchliche Überlieferung rein historisch deutete, ohne die Offenbarung selbst zu leugnen.*

Ne|o|lo|gin, die; -, -nen: w. Form zu ↑Neologe.

ne|o|lo|gisch ⟨Adj.⟩: 1. a) *Neologien* (1) *betreffend;* b) *neuerungssüchtig.* 2. *aufklärerisch im Sinne der Neologie* (2).

Ne|o|lo|gis|mus, der; -, ...men [frz. néologisme, zu griech. néos = neu u. lógos, ↑Logos]: 1. (Sprachw.) *in den allgemeinen Gebrauch übergegangene sprachliche Neuprägung* (2) (Neuwort od. Neubedeutung). 2. ⟨o. Pl.⟩ *Neuerungssucht (bes. auf religiösem od. sprachlichem Gebiet).*

Neo|mar|xis|mus, der; -: *Gesamtheit der wissenschaftlichen u. literarischen Versuche, die marxistische Theorie angesichts der veränderten wirtschaftlichen u. politischen Gegebenheiten neu zu überdenken.*

Neo|mar|xist, der; -en, -en: *Anhänger des Neomarxismus.*

Neo|mar|xis|tin, die; -, -nen: w. Form zu ↑Neomarxist.

neo|mar|xis|tisch ⟨Adj.⟩: *den Neomarxismus betreffend, darauf beruhend.*

Neo|mor|ta|li|tät, die; -: *Sterblichkeit der Säuglinge in den ersten zehn Lebenstagen.*

Ne|o|myst, der; -en, -en [zu griech. neómystos = neu eingeweiht] (veraltet): *neu geweihter katholischer Priester.*

Ne|on, das; -s [engl. neon, zu griech. néon = das Neue, 1898 gepr. von dem brit. Chemiker W. Ramsey (1852–1916)] (Chemie): *farb- u. geruchloses Gas, das bes. für Leuchtröhren verwendet wird (chemisches Element; Zeichen: Ne).*

Ne|o|na|to|lo|ge, der; -n, -n [zu lat. natum, 2. Part. von: nasci = geboren werden u. ↑-loge] (Med.): *Kinderarzt, der bes. Neugeborene behandelt u. medizinisch betreut.*

Ne|o|na|to|lo|gie, die; - [↑-logie] (Med.): *Zweig der Medizin, der sich bes. mit der Physiologie u. Pathologie Neugeborener befasst.*

Ne|o|na|to|lo|gin, die; -, -nen: w. Form zu ↑Neonatologe.

ne|o|na|to|lo|gisch ⟨Adj.⟩ (Med.): *die Neonatologie betreffend, darauf beruhend; mit den Methoden der Neonatologie.*

Neo|na|zi, der; -s, -s: Neonazist.

Neo|na|zis|mus, der; -: *Bestrebungen (nach 1945) zur Wiederbelebung des Nationalsozialismus* (1).

Neo|na|zist, der; -en, -en: *Anhänger des Neonazismus.*

Neo|na|zis|tin, die; -, -nen: w. Form zu ↑Neonazist.

neo|na|zis|tisch ⟨Adj.⟩: *den Neonazismus betreffend, auf ihm beruhend.*

Ne|on|fisch, der: *winzig kleiner Fisch mit einem gelbgrünen bis türkisfarbenen, längs verlaufenden Streifen an der Seite.*

Ne|on|lam|pe, die: *Lampe mit einer od. mehreren Neonröhren.*

Ne|on|leuch|te, die (Fachspr.): *Neonlampe.*

Ne|on|leucht|röh|re, die: *Neonröhre.*

Ne|on|licht, das: *charakteristisches Licht von Neonröhren.*

Ne|on|re|kla|me, die: *mit Neonröhren gestaltete Leuchtreklame.*

Ne|on|röh|re, die: *mit Neon gefüllte Leuchtstoffröhre.*

Ne|on|schrift, die: vgl. Neonreklame.

Ne|o|phyt, der; -en, -en [1: spätgriech. neóphytos, eigtl. = neu gepflanzt]: 1. (christl. Rel.) *im Erwachsenenalter Getaufter.* 2. *Adventivpflanze.*

Ne|o|phy|ti|kum, das; -s [zu griech. phytón = Pflanze]: *Känozoikum.*

Neo|plas|ma, das; -s, ...men (Med.): *Neubildung von Gewebe in Form einer Geschwulst.*

Neo|plas|ti|zis|mus, der; - [frz. néoplasticisme]: *(von dem niederländischen Maler P. Mondrian [1872–1944] entwickelte) Stilrichtung in der modernen Malerei, die Formen u. Farben auf eine Horizontal-Vertikal-Beziehung reduziert.*

Neo|po|si|ti|vis|mus, der; -: *Richtung wissenschaftlich orientierter Wissenschaftstheorie, die die grundlegenden Probleme des älteren Positivismus mit den Mitteln der formalen Logik u. der analytischen Philosophie zu lösen versucht.*

Ne|o|pren®, das; -s [Kunstwort]: *durch Polymerisation einer bestimmten Chlorverbindung hergestellter Synthesekaut-*

schuk: ein Taucheranzug, Kälteschutzanzug aus zwölf Millimeter dickem N.; Eisiges Wasser dringt durch die erhitzte Haut und kühlt die erhitzte Haut und kühlt die erhitzte Haut (FR 5. 4. 97, 3).

Neo|pren|an|zug, der: *(u. a. von Tauchern, Schwimmern, Surfern benutzter) vor Kälte schützender Anzug aus Neopren:* Wenn sich nach dem ersten Kälteschock das Wasser zwischen Haut und N. auf mollige 37 Grad erwärmt hat, genießen die meisten Schwimmer das winterliche Bad in der Donau (SZ 1. 2. 99, 4).

Neo|psy|cho|ana|ly|se, die; -: *(von H. Schultz-Hencke unter Verwendung jungscher u. adlerscher Thesen in Abwandlung der freudschen Lehre entwickeltes) tiefenpsychologisches System, das neben den biologischen Antrieben bes. die kulturellen u. sozialen Komponenten als Quellen für Konflikte u. Neurosen betont.*

Neo|re|a|lis|mus, der; -: Neoverismus.

Neo|sto|mie, die; -, -n [zu griech. stóma = Mund; Mündung] (Med.): *Herstellung einer künstlichen Verbindung zwischen zwei Organen od. zwischen einem Organ u. der Körperoberfläche.*

Neo|te|nie, die; - [zu griech. teinein = spannen, ausdehnen]: 1. (Zool.) *Eintritt der Geschlechtsreife im Larvenzustand (z. B. bei Schwanzlurchen).* 2. (Med.) *unvollkommener Entwicklungszustand eines Organs.*

Neo|te|ri|ker, der; -s, - [spätlat. neoterici (Pl.), eigtl. = die Neueren < spätgriech. neōtērikoí, zu: neōtērikós, ↑neoterisch]: *Angehöriger eines Dichterkreises im alten Rom (1. Jh. v. Chr.), der einen neuen literarischen Stil vertrat.*

neo|te|risch ⟨Adj.⟩ [spätgriech. neōtērikós, eigtl. = jugendlich, zu griech. neōteros, Komp. von: néos = neu] (veraltet): 1. *neuartig.* 2. *neuerungssüchtig.*

Neo|tro|pis, die; - [zu ↑Tropen] (Geogr.): *tier- u. pflanzengeographisches Gebiet, das Zentral- u. Südamerika (ausgenommen die größten Hochflächen) umfasst.*

neo|tro|pisch ⟨Adj.⟩ (Geogr.): *die Neotropis betreffend, zu ihr gehörend.*

Neo|ve|ris|mus, der; - [ital. neoverismo, zu: verismo, ↑Verismus]: *(bes. nach dem Zweiten Weltkrieg dominante) Richtung der italienischen Literatur u. Filmkunst mit realistischer Darstellung der technisierten Welt, der durch die Einbeziehung des Hässlichen neuartige ästhetische Aspekte abgewonnen werden.*

Neo|vi|ta|lis|mus, der; - (Biol.): *Lehre von den Eigengesetzlichkeiten des Lebendigen.*

Neo|zo|i|kum, das; -s [zu griech. zōon = Lebewesen] (Geol.): *Känozoikum.*

neo|zo|isch ⟨Adj.⟩ (Geol.): känozoisch.

Ne|pal [auch: 'ne:...], -s: *Staat in Zentralasien.*

Ne|pa|ler, der; -s, -: Ew.

Ne|pa|le|rin, die; -, -nen: w. Form zu ↑Nepaler.

Ne|pa|le|se, der; -n, -n: ↑Nepaler.

Ne|pa|le|sin, die; -, -nen: w. Form zu ↑Nepalese.

ne|pa|le|sisch ⟨Adj.⟩: *Nepal, die Nepaler betreffend; von den Nepalern stammend, zu ihnen gehörend.*

Ne|pa̱|li, das; -: *Amtssprache in Nepal.*
ne|pa̱|lisch ⟨Adj.⟩ (seltener): ↑nepale-sisch.
Ne̱|per, das; -, - [nach dem schott. Mathe-matiker J. Neper (1550–1617)] (Physik): *Maßeinheit der Dämpfung bei elektri-schen u. akustischen Schwingungen (Zei-chen: Np).*
Ne|phe|lin, der; -s, -e [zu griech. nephé-lē̱ = Nebel, Wolke]: *farblos-durchsichti-ges bis weißes od. graues Mineral.*
Ne|phe|li|nit, der; -s, -e: *junges, olivin-freies, basaltähnliches Ergussgestein.*
Ne|phe|li|um, das; -s, ...ien [nlat., < spätlat. nephelion = Name einer Pflanze < griech. nephélion, viell. Vkl. von ne-phélē̱, ↑Nephelin]: *javanischer Baum, der Nutzholz u. essbare Früchte liefert.*
Ne|phe|lo|me̱|ter, das; -s, - [↑-meter (1)] (Chemie): *optisches Gerät zur Messung der Trübung von Flüssigkeiten od. Gasen.*
Ne|phe|lo|me|trie̱, die; - [↑-metrie] (Chemie): *Messung mithilfe eines Nephe-lometers.*
Ne|phe|lop|sie̱, die; - [zu griech. ópsis = das Sehen] (Med.): *Sehstörung mit Wahrnehmung verschwommener, nebli-ger Bilder infolge einer Trübung der Hornhaut, der Linse od. des Glaskörpers des Auges.*
ne̱|phisch ⟨Adj.⟩ (Met.): *die Wolken be-treffend.*
Ne̱|pho|graph, der; -en, -en [↑-graph] (Met.): *Gerät zur fotografischen Auf-zeichnung [der Dichte] von Wolken.*
Ne̱|pho|me̱|ter, das; -s, - [↑-meter (1)] (Met.): *Gerät zur unmittelbaren Bestim-mung der Dichte u. Geschwindigkeit von Wolken.*
Ne̱|pho|sko̱p, das; -s, -e [zu griech. sko-peīn = betrachten] (Met.): *Gerät zur Be-stimmung der Zugrichtung u. -geschwin-digkeit von Wolken.*
nephr-, Nephr-: ↑nephro-, Nephro-.
Ne|phral|gie̱, die; -, -n [zu griech. ne-phrós = Niere u. álgos = Schmerz] (Med.): *Nierenschmerz.*
Ne|phrek|to|mie̱, die; -, -n [↑Ektomie] (Med.): *operative Entfernung einer Nie-re.*
Ne|phri̱|di|um, das; -s, ...ien [griech. nephrídios = die Niere betreffend] (Zool.): *(bei vielen wirbellosen Tieren) Ausscheidungsorgan in Form einer ge-wundenen Röhre mit einer Mündung nach außen, das mit der Leibeshöhle durch einen Trichter mit Flimmerhaaren verbunden ist.*
Ne̱|phrit [auch: neˈfrɪt], der; -s, -e [der Stein soll gegen Nierenleiden helfen] (Mineral.): *grüner bis graugrüner, durch-scheinender Stein, der zu Schmuck o. Ä. verarbeitet wird.*
Ne|phri̱|tis, die; -, ...iti̱den (Med.): *Nie-renentzündung.*
ne|phro-, Nephro-, (vor Vokalen:) nephr-, Nephr- [griech. nephrós] ⟨Best. von Zus. mit der Bed.⟩: *Niere.*
ne|phro|ge̱n ⟨Adj.⟩ [↑-gen] (Med.): *von den Nieren ausgehend.*
Ne|phro|li̱th, der; -s u. -en, -e[n] [↑-lith] (Med.): *Nierenstein.*
Ne|phro|li|thi|a̱|se, Ne|phro|li|thi̱a̱-sis, die; -, ...ia̱sen (Med.): *Bildung von*

Nierensteinen u. dadurch verursachte Er-krankung.
Ne|phro|li|tho|to|mie̱, die; -, -n [zu griech. tomē̱ = das Schneiden, Schnitt] (Med.): *operative Entfernung von Nie-rensteinen.*
Ne|phro|lo̱|ge, der; -n, -n [↑-loge] (Med.): *Facharzt für Nierenkrankheiten.*
Ne|phro|lo|gie̱, die; - [↑-logie] (Med.): *Wissenschaft von den Nierensteinen.*
Ne|phro|lo̱|gin, die; -, -nen: w. Form zu ↑Nephrologe.
ne|phro|lo̱|gisch ⟨Adj.⟩ (Med.): *die Nie-renkrankheiten betreffend, für sie cha-rakteristisch.*
Ne|phro̱m, das; -s, -e (Med.): *[bösartige] Nierengeschwulst.*
Ne|phro|pa|thie̱, die; -, -n [↑-pathie] (Med.): *Nierenleiden.*
Ne|phroph|thi̱|se, Ne|phroph|thi̱|sis, die; -, ...sen [zu griech. phthísis = Aus-zehrung; Schwindsucht] (Med.): *Nieren-tuberkulose.*
Ne|phrop|to̱|se, die; -, -n [zu griech. ptō-sis = das Fallen; Fall] (Med.): *abnorme Beweglichkeit u. Abwärtsverlagerung der Nieren.*
Ne|phro|py|e|li̱|tis (Med.): *Nierenbeckenentzündung.*
Ne|phror|rha|gie̱, die; -, -n [zu griech. rhagē̱ = Riss] (Med.): *Blutung in der Niere.*
Ne|phro̱|se, die; -, -n (Med.): *nicht ent-zündliche Nierenerkrankung mit Gewe-beschädigung.*
Ne|phro|skle|ro̱|se, die; -, -n [↑Sklerose] (Med.): *Nierenschrumpfung.*
Ne|phro|sto|mie̱, die; -, -n [zu griech. stóma = Mund; Mündung] (Med.): *An-legung einer Nierenfistel zur Ableitung des Urins nach außen.*
Ne|phro|to|mie̱, die; -, -n [zu griech. to-mē̱ = das Schneiden; Schnitt] (Med.): *operative Öffnung der Niere.*
Ne̱|po|te, der; -n, -n [lat. nepos, ↑Nepo-tismus] (veraltet): **1.** *Neffe.* **2.** *Enkel.* **3.** *Vetter.* **4.** *Verwandter.*
ne|po|ti|sie̱|ren ⟨sw. V.; hat⟩ (veraltet): *Verwandte begünstigen.*
Ne|po|ti̱s|mus, der; - [ital. nepotismo, zu lat. nepos (Gen.: nepotis) = Enkel, Nef-fe] (bildungsspr.): *Vetternwirtschaft.*
ne|po|ti̱s|tisch ⟨Adj.⟩: *den Nepotismus betreffend; durch Nepotismus begünstigt.*
Ne̱pp, der; -s (ugs. abwertend): *das Nep-pen:* das ist der reinste N.!; gehst du jetzt oben nach der Reeperbahn hin, hast schon wieder gleich 'n N. (Aberle, Steh-kneipen 14); Zahllos sind die Witze über den »Nepp« der Restaurants (Tu-cholsky, Zwischen 60).
Ne̱pp|bu|de, die (ugs. abwertend): *La-den od. Lokal, in dem die Besucher ge-neppt werden.*
ne̱p|pen ⟨sw. V.; hat⟩ [aus der Gau-nerspr., H. u.] (ugs. abwertend): *durch überhöhte Preisforderungen übervortei-len:* in dem Lokal wird man geneppt; komm mir morgen nicht, dass ich dich geneppt habe; du hast dir selber einge-schenkt (Fallada, Trinker 25).
Ne̱p|per, der; -s, - (ugs. abwertend): *jmd., der neppt:* Vorsicht, Falle! N., Schlepper, Bauernfänger (Hörzu 39, 1974, 61).

Ne̱p|pe|rei̱, die; -, -en (ugs. abwertend): *[dauerndes] Neppen.*
Ne̱p|pe|rin, die; -, -nen: w. Form zu ↑Nepper.
Ne̱pp|la|den, der (ugs. abwertend): vgl. Neppbude.
Ne̱pp|lo|kal, das (ugs. abwertend): *Lo-kal, in dem der Gast geneppt wird.*
Ne̱pp|preis, der (ugs. abwertend): *über-höhter Preis.*
¹Ne̱p|tun (röm. Myth.): *Gott des Meeres:* *[dem] N. opfern* (scherzh.; *[auf einem Schiff], sich, über die Reling gebeugt, übergeben*).
²Ne̱p|tun, der; -s: (von der Sonne aus ge-rechnet) achter Planet unseres Sonnen-systems: Voyager 2 erreichte 1986 Ura-nus und 1989 N., zwölf Jahre nach dem Start (Zeit 21. 11. 97, 52).
nep|tu̱|nisch ⟨Adj.⟩: **1.** *zu Neptun gehö-rend.* **2.** (Geol. veraltet) *sedimentär:* -es Gestein.
Nep|tu̱|ni̱s|mus, der; - [zu ↑¹Neptun] (Geol. früher): *Hypothese, die sämtliche Gesteine (auch die vulkanischen) als Ab-lagerungen im Wasser erklärt.*
Nep|tu̱|nist, der; -en, -en (Geol.): *Ver-fechter des Neptunismus.*
Nep|tu̱|ni|um, das; -s [engl. neptunium, nach dem Planeten Neptun] (Chemie): *künstlich hergestelltes Transuran (chemi-sches Element; Zeichen: Np).*
Ne̱|rei̱|de, die; -, -n ⟨meist Pl.⟩ [lat. Ne-reis (Gen.: Nereidas) < griech. Nē̱rēís, eigtl. = Tochter des (Meergottes) Ne-reus] (griech. Myth.): *im Meer lebende Nymphe.*
Ne̱|reus (griech. Myth.): *Meergott.*
Ne̱rf|ling, der; -s, -e [zu: Örfling (Nebenf. von ↑Orfe), geb. durch Voranstellung des -n des unbest. Art. (»ein Örfling«)]: *Aland.*
ne̱r|geln ⟨sw. V.; hat⟩ (veraltet): *nörgeln.*
Ne̱rnst|lam|pe, die [nach dem dt. Physi-ker u. Chemiker W. Nernst (1864–1941)] (Physik): *elektrische Glühlampe, die sehr helles Licht gibt.*
Ne̱|ro|li|öl, das; -[e]s, -e [nach der Frau des Fürsten Nerola (17. Jh.), die dieses Öl zuerst verwendet od. für seine Ver-breitung gesorgt haben soll]: *aus Oran-genblüten gewonnenes ätherisches Öl mit zartem, blumigem Duft (für Parfums, Li-köre o. Ä.).*
Ne̱r ta|mid, das; -- [hebr. ner-ṭamī̱d = ewiges Licht]: *in jeder Synagoge unun-terbrochen brennende Lampe.*
Ne̱r|thus (germ. Myth.): *Göttin der Fruchtbarkeit u. des Reichtums.*
Ne̱rv, der; -s, -en [...fn; im 16. Jh. = Seh-ne, Flechse < lat. nervus, ↑Nervus; die med. Bed. seit dem 18. Jh. wohl unter Einfluss von gleichbed. engl. nerve]: **1.** *aus parallel angeordneten Fasern be-stehender, in einer Bindegewebshülle lie-gender Strang, der der Reizleitung zwi-schen Gehirn, Rückenmark u. Körperor-gan od. -teil dient:* motorische, vegetati-ve -en; den N. [im Zahn] töten, ziehen, freilegen; Ü In jedem N. spürte Höfel die Krise ... Höfel fieberte an jedem N. (Apitz, Wölfe 83); * **den N. haben, etw. zu tun** (ugs.; den Mut, die Frechheit be-sitzen, etw. zu tun); **jmdm. den [letzten]**

N. rauben/töten (ugs.; *jmdn. durch sein Verhalten belästigen, nervös machen*). **2.** *das, was das Wesen einer Sache, Person ausmacht:* Das Buch ... traf den geheimen N. der Zeit (Friedell, Aufklärung 21); wie man diesem kühlen und gewiss verwegenen Burschen an den N. kann (Fr. Wolf, Menetekel 542). **3.** ⟨Pl.⟩ *nervliche Konstitution:* starke, gute, schlechte, schwache -en; -en aus Stahl (ugs. emotional; *eine starke nervliche Konstitution*); meine -en halten das nicht aus; seine -en haben versagt, gingen ihm durch; die -en der Spieler lagen bloß *(sie konnten nicht mehr ruhig u. beherrscht bleiben);* seine -en waren zum Zerreißen gespannt *(er war in einem Zustand äußerster Anspannung);* sie hat die besseren -en; das kostet -en *(greift die nervliche Konstitution an);* er kennt keine -en (ugs.; *hat eine sehr robuste nervliche Konstitution*); für, zu etw. nicht die -en *(die erforderliche nervliche Konstitution)* haben; die -en behalten *(ruhig u. beherrscht bleiben);* er hat die -en *(die Beherrschung, die Kontrolle über sich selbst)* verloren; dieser Film geht an die -en; der Lärm zerrt an meinen -en; völlig mit den -en fertig, herunter, am Ende sein; * [vielleicht] -en haben (ugs. emotional; *in seinem Verhalten, seiner Handlungsweise, seinen Forderungen o. Ä. auf seltsame Ideen kommen*): erst tut ihr mir Butter drauf und dann Jod – ihr habt vielleicht -en (Ott, Haie 172); **-en haben wie Drahtseile/Stricke** (ugs. emotional; *über eine äußerst robuste, jeder Belastung standhaltende nervliche Konstitution verfügen*); **-en zeigen** (ugs.; *die bisher gezeigte Konzentration, Beherrschung, Kontrolle über sich selbst zu verlieren beginnen; nervös werden*); **jmdm. auf die -en gehen/fallen** (ugs.; *jmdm. äußerst lästig werden*). **4. a)** (Bot.) *Blattader;* **b)** (Zool.) *Ader* (3 b).

ner|val [nɛr'va:l] ⟨Adj.⟩ [lat. nervalis = zu den Nerven gehörig] (Med.): **a)** *das Nervensystem betreffend;* **b)** *durch die Funktion der Nerven bewirkt.*

Ner|va|tur [...va...], die; -, -en: **a)** (Bot.) *Aderung im Blatt;* **b)** (Zool.) *Aderung der Insektenflügel.*

◆ **Ner|ve**, die; -, -n: *Nerv* (1): Noch zittert ihr der Schreck durch jede N. (Lessing, Nathan I, 1); Die zärtliche N. hält Freveln fest, die die Menschheit an ihren Wurzeln zernagen (Schiller, Kabale V, 7).

ner|ven [...fn̩] ⟨sw. V.; hat⟩ (salopp): **a)** *(jmdn.) äußerst lästig werden:* der Kerl nervt mich; Jelzins Stabschef und sein Sicherheitsberater hatten zuletzt mit höchst widersprüchlichen Positionen die Nato-Führung genervt (Woche 28. 2. 97, 21); **b)** *nervlich strapazieren, anstrengen; an die Nerven gehen:* 20 Stunden Zahlen auftragen – das nervt (Hörzu 16, 1976, 15); »Ich bin ganz genervt«, gibt sie zu (Frau im Spiegel 46, 1976, 100); **c)** *hartnäckig bedrängen, (jmdn.) in zermürbender Weise zusetzen:* Nathalie ... hat den Papa auch schon genervt, beim Synchron ihr Taschengeld verdienen zu dürfen (BM 1. 2. 76, 11).

Ner|ven|an|span|nung, die: **a)** *Anspannung* (1) *der Nerven:* da er in großer N. alles auf dieses eine Projekt gesetzt (Chr. Wolf, Himmel 173); **b)** *nervliche Anspannung* (2).

Ner|ven|arzt, der: *Neurologe.*

Ner|ven|ärz|tin, die: w. Form zu ↑ Nervenarzt.

ner|ven|auf|peit|schend ⟨Adj.⟩: *die Nerven aufpeitschend:* ein -er Thriller.

ner|ven|auf|rei|bend ⟨Adj.⟩: *die Nerven in äußerstem Maße beanspruchend:* eine -e Tätigkeit; in der -en Atmosphäre dieser Sportart (Welt 26. 4. 65, 15).

Ner|ven|bahn, die (Anat., Physiol.): *Erregungsimpulse leitender u. übertragender Abschnitt des Zentralnervensystems.*

Ner|ven|be|las|tung, die: *nervliche Belastung:* jeder Sprung an einer Schanze bedeutet... eine N. (Maegerlein, Piste 61).

ner|ven|be|ru|hi|gend ⟨Adj.⟩: *die Nerven beruhigend:* die Tropfen wirken n.

Ner|ven|be|ru|hi|gung, die: *Beruhigung der Nerven.*

Ner|ven|be|ru|hi|gungs|mit|tel, das: *Beruhigungsmittel.*

Ner|ven|bün|del, das: **1.** (Anat.) *Nervenstrang.* **2.** (ugs. emotional) *nervlich überlasteter, äußerst nervöser Mensch:* sie war [nur noch] ein N.; Jana Novotna: das ewige N. (Woche 31. 1. 97, 3).

Ner|ven|chi|rur|gie, die: *Neurochirurgie.*

Ner|ven|ent|zün|dung, die: *Entzündung eines od. mehrerer Hirn- od. Körpernerven; Neuritis.*

Ner|ven|fa|ser, die: *längerer Fortsatz einer Nervenzelle; Neurit.*

Ner|ven|fie|ber, das ⟨o. Pl.⟩ (veraltet): *Typhus.*

Ner|ven|gas, das: *nervenschädigender Kampfstoff.*

Ner|ven|ge|flecht, das (Anat., Physiol.): *netzartige Verknüpfung von Nerven.*

Ner|ven|ge|we|be, das (Anat., Physiol.): *Gewebe, das der Erregungsleitung u. -verarbeitung dient.*

Ner|ven|gift, das: *Gift, das in erster Linie das Nervensystem angreift* (z. B. Nikotin).

Ner|ven|heil|an|stalt, die (veraltend): *psychiatrische Klinik.*

Ner|ven|heil|kun|de, die: **a)** *Neurologie;* **b)** *Neurologie u. Psychiatrie.*

Ner|ven|kern, der (Anat., Physiol.): *Anhäufung von Nervenzellen im Zentralnervensystem; Nukleus* (2).

Ner|ven|kit|zel, der (ugs.): *[mit angenehmen Gefühlen verbundene] Erregung der Nerven durch die Gefährlichkeit, Spannung einer Situation:* einen N. verspüren; das Spiel... wird gewürzt durch den N. hoher Gewinn- und Verlustchancen (Bild und Funk 6, 1966, 33).

Ner|ven|kli|nik, die: **a)** *Klinik für Erkrankungen des Nervensystems;* **b)** (ugs.) *psychiatrische Klinik.*

Ner|ven|kno|ten, der (Anat., Physiol.): *Ganglion.*

Ner|ven|kol|laps, der (ugs.): *Nervenzusammenbruch.*

Ner|ven|kos|tüm, das (ugs. scherzh.):

Nervensystem im Hinblick auf seine Belastbarkeit: ein dünnes, schwaches, stark gebautes N. haben; wenn man sein N. im Stadtverkehr schonen möchte (auto 8, 1965, 35); Wie erheblich es das N. strapazieren kann, wenn nach 16 Jahren Dauerherrschaft die Konsens stiftende Macht verloren geht, lässt sich eindrucksvoll im Gefolge der Bonner Bundestagswahlen besichtigen (Spiegel 45, 1998, 32).

Ner|ven|kraft, die: *nervliche Kraft:* wir alle sitzen wie auf Kohlen, ich höre auch von anderen, dass die größte N. dazu gehört (Plievier, Stalingrad 183).

ner|ven|krank ⟨Adj.⟩: *an einer Nervenkrankheit leidend.*

Ner|ven|kran|ke, der u. die: *jmd., der nervenkrank ist.*

Ner|ven|krank|heit, die: **a)** *Erkrankung des Nervensystems* (z. B. Lähmung, Neuralgie); **b)** *Geisteskrankheit; Neurose.*

Ner|ven|krieg, der (emotional): *auf eine Strapazierung der Nerven des Gegners angelegte Auseinandersetzung über einen längeren Zeitraum hin.*

Ner|ven|kri|se, die: **1.** (Med.) *krisenhafte Nervenschmerzen.* **2.** *Phase, in der man auf etw. seelisch heftig reagiert:* in eine N. geraten.

Ner|ven|läh|mung, die: *in den Nervenzellen entstehende Lähmung.*

Ner|ven|lei|den, das: vgl. Nervenkrankheit.

ner|ven|lei|dend ⟨Adj.⟩: vgl. nervenkrank.

Ner|ven|mit|tel, das (ugs.): *Beruhigungsmittel.*

Ner|ven|müh|le, die (salopp): **a)** *nervenaufreibende Tätigkeit;* **b)** *nervenaufreibender Arbeitsplatz, Betrieb:* so ein Filmstudio ist eine furchtbare N.

Ner|ven|nah|rung, die: *der Stärkung der Nerven dienender Stoff.*

Ner|ven|netz, das (Anat., Physiol.): *einfachste Organisationsform des Nervensystems, bei der einzelne Nervenzellen durch Ausläufer einen netzartigen Verband bilden.*

Ner|ven|pro|be, die: *starke [bis an die Grenze der Belastbarkeit gehende] Beanspruchung der Nerven:* Andererseits sind die Spannungen ... eine dauernde, schwer belastende N. (Tagesspiegel 30. 6. 63, 1).

Ner|ven|rei|zung, die: *Reizung der Nerven:* bei ... präganglionärer N., d. h. bei elektrischer Reizung der in die Ganglien eintretenden Nervenbahnen (Medizin II, 197).

Ner|ven|sa|che, die: in der Wendung **[eine] reine N. sein** (ugs.; *von der nervlichen Konstitution abhängen*).

Ner|ven|sä|ge, die (salopp emotional): *Person od. Sache, die jmdm. äußerst lästig ist:* Also gut, Sie N.! Ich mach's sofort! (Richartz, Büroroman 31); Eiferer werden leicht zur N., die jeder verabscheut (Hörzu 12, 1975, 113).

Ner|ven|sa|na|to|ri|um, das: vgl. Nervenheilanstalt.

ner|ven|schä|di|gend ⟨Adj.⟩: *den Nerven* (1) *schadend, sie angreifend, zerstörend:* ein -es Gift; ein -er Kampfstoff.

Ner|ven|schmerz, der ⟨meist Pl.⟩: *nervlich bedingter Schmerz; Neuralgie.*

Ner|ven|schock, der: *durch starke Erregung, z. B. heftiges Erschrecken, hervorgerufener psychischer Schock.*

ner|ven|schwach ⟨Adj.⟩: *schwache Nerven besitzend.*

Ner|ven|schwä|che, die: **a)** *Neurasthenie;* **b)** *geringe nervliche Belastbarkeit.*

ner|ven|stark ⟨Adj.⟩: vgl. nervenschwach.

Ner|ven|stär|ke, die: vgl. Nervenschwäche (b).

ner|ven|stär|kend ⟨Adj.⟩: vgl. nervenberuhigend.

Ner|ven|strang, der (Anat.): *zu einem Bündel vereinigte Nervenfasern.*

Ner|ven|sys|tem, das (Anat., Physiol.): *Nerven[gewebe] als funktionelle Einheit:* das vegetative N.

Ner|ven|zel|le, die (Anat., Physiol.): *Erregungen aufnehmende, verarbeitende, leitende Zelle (in Zentralnervensystem, Ganglien u. Sinnesorganen).*

Ner|ven|zen|trum, das (Anat., Physiol.): *bestimmter Bezirk in Gehirn u. Rückenmark, der bestimmte Erregungen aufnimmt, verarbeitet u. dadurch Reaktionen u. Funktionen des Organismus reguliert.*

Ner|ven|zu|cken, das; -s: *nervlich bedingtes Zucken in einem Muskel od. einer Muskelgruppe.*

Ner|ven|zu|sam|men|bruch, der: *nervliches Versagen infolge körperlicher, seelischer od. geistiger Überbeanspruchung.*

♦ **ner|vicht** ⟨Adj.⟩: *nervig:* ließ er ihn schonungslos ... die volle Kraft seines -en Armes fühlen (Chamisso, Schlemihl 50).

ner|vig [...fiç, auch: ...viç] ⟨Adj.⟩: **1.** *den Eindruck angespannter Kraft vermittelnd:* Ihre kleinen, -en Hände griffen nach seinen Schultern (Kirst, 08/15, 532); es ist -er, das Pferd, obgleich es bekanntlich vom Tapir stammt (Th. Mann, Krull 345). **2.** (ugs.) *störend, lästig, unangenehm:* Das Testbild mit dem -en Pfeifton hat im Nachtprogramm der TV-Sender schon lange ausgedient (FR 26. 4. 99, 12); Licht- und Schattenseiten hat es auch, dass die Kollegiaten auf zwei Städte verteilt sind.»Das viele Hin- und Herfahren ist manchmal schon n.«, klagt Patrick Grommes (Tagesspiegel 3. 4. 99, 30).

Ner|vi|num, das; -s, ...na [nlat., zu ↑Nerv] (Med., Pharm.): *Arzneimittel, das auf das Nervensystem einwirkt.*

ner|v|lich ⟨Adj.⟩: *das Nervensystem betreffend:* die -e Belastung, Anstrengung war zu groß; n. völlig am Ende sein; dass dieser Sport zu hart für die Frau sei, sie n. überbeanspruche (Frankenberg, Fahren 138).

ner|vös [nɛrˈvøːs] ⟨Adj.⟩ [frz. nerveux, engl. nervous < lat. nervosus = sehnig, nervig]: **1.** *aufgrund geringerer Belastbarkeit, infolge psychischer Belastung von innerer Unruhe, Zerfahrenheit u. Unsicherheit erfüllt od. auf eine entsprechende Verfassung hindeutend:* ein -er Mensch; -e Hast, Gereiztheit, Spannung; eine -e Röte überflog sein Antlitz (Musil, Mann 1295); sie ist, wirkt etw. n.;

mit der Zeit wurde er immer -er; die Warterei macht mich ganz n.; n. auf und ab gehen; das Pferd tänzelte n.; Ü der Zeiger vibrierte n. hin und her (Schnurre, Bart 93). **2.** (bes. Med.) *das Nervensystem betreffend, dadurch bewirkt; nervlich:* -e Zuckungen; die Kopfschmerzen sind n. bedingt; etw. wird n. (durch bestimmte Nerven) gesteuert.

Ner|vo|si|tät, die; - [frz. nervosité < lat. nervositas = Stärke (einer Faser)]: **1.** *nervöser* (1) *Zustand, nervöses Wesen:* im Betrieb herrschte N.; ihre N. steigerte sich, wuchs von Stunde zu Stunde. **2.** (veraltend) *Neurasthenie.*

ner|vö|tend ⟨Adj.⟩: *die Nerven strapazierend; an die Nerven gehend:* ein -er Lärm; das Warten war n.

Ner|vus [ˈnɛrvʊs], der; -, ...vi [lat. nervus = Sehne, Flechse; (Muskel)band, verw. mit griech. neûron, ↑neuro-, Neuro-] (Med.): *Nerv.*

Ner|vus Pro|ban|di, der; -- [lat. nervus probandi = Nerv des Beweisens] (bildungsspr. selten): *eigentlicher, entscheidender Beweisgrund.*

Ner|vus Re|rum, der; -- [lat. nervus rerum = Nerv der Dinge] (bildungsspr.): *[Geld als] Zielpunkt allen Strebens, wichtigste Grundlage.*

Nerz, der; -es, -e [im 15. Jh. nerz, nörz < ukrain. noryca = Nerz(fell), eigtl. = Taucher]: **1.** *(zu den Mardern gehörendes) in sumpfigem Gelände bes. Nordasiens u. Nordamerikas lebendes kleines Raubtier mit braunem Fell u. Schwimmhäuten zwischen den Zehen, das wegen seines wertvollen Fells auch gezüchtet wird.* **2. a)** *Fell des Nerzes* (1): -e verarbeiten; **b)** *Pelz aus Nerzfellen:* sie trägt einen N.

Nerz|be|satz, der: *Pelzbesatz aus Nerz* (2 a).

Nerz|farm, die: *Betrieb, in dem Nerze gezüchtet werden.*

Nerz|fell, das: *Nerz* (2 a).

Nerz|kra|gen, der: vgl. Nerzmantel.

Nerz|man|tel, der: *Mantel aus Nerz* (2 a).

Nerz|öl, das: *für Haut- u. Haarpflegemittel verwendetes, aus dem Unterhautfettgewebe des Nerzes gewonnenes Öl.*

Nerz|sto|la, die: vgl. Nerzmantel.

Nes|ca|fé®, der; -s, -s [Kurzwort aus dem Namen der Schweizer Firma Nestlé u. frz. **café** = Kaffee]: *Pulverkaffee.*

Nes|chi [ˈnɛski, ˈnɛsçi], das od. die; - [arab. nashī]: *(runde) arabische Schreibschrift.*

¹**Nes|sel,** die; -, -n [mhd. neʒʒel, ahd. neʒʒila, zu naʒʒa = Nessel, eigtl. = Gespinstpflanze, verw. mit ↑Netz u. ↑nesteln]: **1.** *Brennnessel:* sich an einer N. verbrennen; *** wie auf -n sitzen** (ugs.; *unruhig, ungeduldig sitzen, bei etw. sein*); **sich [mit etw.] in die -n setzen** (ugs.; *sich mit etw. Unannehmlichkeiten bereiten*). **2.** *nesselähnliche Pflanze* (z. B. Goldnessel).

²**Nes|sel,** der; -s, - [urspr. aus Nesselfasergarn hergestellt]: *grobes, meist aus ungebleichtem Baumwollgarn hergestelltes, nicht gefärbtes u. behandeltes Gewebe in Leinenbindung.*

Nes|sel|aus|schlag, der: *Nesselsucht.*

Nes|sel|fa|den, der (Zool.): *schlauchartiges, dünnes Organ der Nesseltiere, aus dem eine brennende, auf kleinere Tiere lähmend wirkende Flüssigkeit entleert wird.*

Nes|sel|fa|ser, die: *Faser von Nesselgewächsen.*

Nes|sel|fie|ber, das: *mit Fieber verbundene Nesselsucht.*

Nes|sel|frie|sel, der od. das ⟨meist Pl.⟩: *Nesselsucht.*

Nes|sel|garn, das: *aus den Fasern bestimmter Nesselgewächse od. aus Baumwolle hergestelltes Garn.*

Nes|sel|ge|wächs, das ⟨meist Pl.⟩ (Bot.): *in zahlreichen Arten bes. in den Tropen verbreitete Pflanze mit unscheinbaren Blüten u. Bastfasern im Stängel.*

Nes|sel|kap|sel, die (Zool.): *der Feindabwehr u. dem Beutefang dienende, in den Nesselzellen der Nesseltiere eingebettet liegende längliche Kapsel mit brennender, auf kleine Tiere lähmend wirkender Flüssigkeit, die aus dem Nesselfaden entleert wird.*

Nes|sel|pflan|ze, die: ¹*Nessel.*

Nes|sel|qual|le, die [vgl. Nesselkapsel]: *in der Nordsee vorkommende blaue Qualle.*

Nes|sel|schön, das; -s, -e: *Zierpflanze mit eiförmigen, zugespitzten dunkelgrünen Blättern u. langen, kätzchenartigen, karminroten Blütenständen.*

Nes|sel|stoff, der: ²*Nessel.*

Nes|sel|sucht, die ⟨o. Pl.⟩ [der Ausschlag ähnelt der Hautreaktion nach Berührung mit einer Brennnessel]: *juckender, roter allergischer Hautausschlag.*

Nes|sel|tier, das ⟨meist Pl.⟩: *(als Polyp od. Qualle) meist in Meeren vorkommendes Hohltier mit Nesselkapseln.*

Nes|sus|ge|wand, das; -[e]s, ...gewänder, **Nes|sus|hemd,** das; -[e]s, -en [nach dem Gewand des Herakles, das als Racheakt des Zentauren Nessus mit dessen Blut vergiftet wurde u. dem Träger furchtbare Schmerzen verursachte] (bildungsspr.): *Verderben bringende Gabe.*

Nest, das; -[e]s, -er [mhd., ahd. nest, urspr. Zus. mit der Bed. »Stelle zum Niedersitzen«, 1. Bestandteil verw. mit ↑nieder, 2. Bestandteil verw. mit ↑sitzen]: **1.** *aus Zweigen, Gräsern, Moos, Lehm o. Ä. meist rund geformte Wohn- u. Brutstätte bes. von Vögeln, Insekten u. kleineren Säugetieren:* ein leeres N.; das N. der Amsel, des Stichlings; ein N. aus Zweigen; ein N. voll kleiner Mäuse; die Vögel bauen, verlassen ihre -er; die Kinder haben ein N. gefunden, entdeckt, ausgenommen, ausgehoben; das Huhn sitzt auf dem N.; in einem kleiner Vogel ist aus dem N. gefallen; im N. lagen vier Eier; Ü Sie bettete ihn, mit der Nase nach oben, in die linke Ellenbogenbeuge, die mit der Brust ein warmes N. bildete (Hahn, Mann 78); das junge Paar hat sich ein N. gebaut (eine eigene Wohnung eingerichtet); *** das eigene/sein eigenes N. beschmutzen** (schlecht über die eigene Familie, die Gruppe, der man selber angehört, reden); **das [eigene] N. reinhalten** (darauf achten, dass keine als unehrenhaft beurteilten Handlungen in der eige *nen Familie vorkommen);* **aufs leere N. kommen** (ugs.; *niemanden zu Hause antreffen*); **sich ins warme/gemachte N. setzen** (ugs.; 1. *in gute Verhältnisse einheiraten.* 2. *von den Vorarbeiten anderer profitieren).* **2.** (fam.) *Bett:* nun aber endlich raus aus dem N.!; alle liegen noch im N.; Ich mich wieder ins N. geknallt und sie angeraunzt (Lemke, Ganz 79). **3.** (ugs. abwertend) *kleiner, abgelegener Ort:* ein kleines, gottverlassenes N.; aus einem N. im Odenwald stammen; Mein Mann, der hat jetzt einen fantastischen Job in dem N., wo er früher mal volontiert hat (Molsner, Harakiri 54). **4. a)** (emotional) *gut getarnte Unterkunft von Kriminellen o. Ä.; Schlupfwinkel:* ein N. von Schmugglern ausheben; als die Polizei kam, war das N. leer; **b)** (Milit.) *gut getarnter militärischer Stützpunkt:* ein N. von MG-Schützen. **5. a)** *etw. eng Zusammenstehendes, Verflochtenes, Zusammengeballtes:* -er von Läusen, Spinnweben; Wörter gleicher Herkunft im Wörterbuch in -ern zusammenfassen; **b)** (Bergbau, Geol.) *kleines, unregelmäßig geformtes Mineralvorkommen; in eine andersartige Gesteinsschicht eingebettete Schicht aus Sand, Ton o. Ä.:* -er von Bergkristall. **6.** *Haartracht, bei der das zusammengeschlungene, geflochtene Haar auf dem Kopf aufgesteckt ist.*

Nẹst|bau, der ⟨Pl. -ten⟩: **1.** ⟨o. Pl.⟩ *Bau* (1) *eines Nests:* Die Arbeiter sind geschlechtslos gewordene Weibchen. Sie besorgen N., Ernährung und Brutpflege (Simmel, Stoff 607). **2.** *[größeres, komplizierteres] Nest:* die -ten der Termiten.

Nẹst|be|schmut|zer, der; -s, - (abwertend): *jmd., der schlecht über die eigene Familie, Gruppe o. Ä. redet.*

Nẹst|be|schmut|ze|rin, die; -, -nen: w. Form zu ↑Nestbeschmutzer.

Nẹst|chen, das; -s, - u. Nesterchen: Vkl. zu ↑Nest (1).

Nẹs|tel, die; -, -n [mhd. nestel, ahd. nestila, verw. mit ↑ ¹Nessel, ↑Netz] (landsch.): *Band, Schnur zum Zubinden.*

nẹs|teln ⟨sw. V.; hat⟩ [mhd. nesteln, ahd. nestilen, zu ↑Nestel] **a)** *sich mit den Fingern an etw. zu schaffen machen:* an einem Reißverschluss n.; Mahlkes Tante ... nestelte ... verlegen im Haar (Grass, Katz 122); **b)** *nestelnd* (a) *von einer Stelle entfernen, irgendwohin bringen:* Ich nestelte die schöne goldene Erbuhr ... von der Kette (Fallada, Herr 66); Die Frau hatte ... sich einen silbernen Hochzeitsreif ins Haar genestelt (Kant, Impressum 118); ◆ Es war die vollständige stattliche Sonntagstracht einer Landfrau mit mehreren Stücken zum Wechseln ... Mit jedem Stück, das sie der lachenden Freundin n. half, wurde Frau Gritli ernster (Keller, Liebesbriefe 69); ◆ **c)** (landsch.) *schnüren* (1 a) *von einer besondere Gattung grober Schuhe ... mit dem Namen: echte, genestelte Stuttgarter Wasserratten* (Mörike, Hutzelmännlein 156).

Nẹs|ter|chen: Pl. von ↑Nestchen.

Nẹst|flüch|ter, der; -s, - (Zool.): *in weit entwickeltem Zustand geborenes Tier (bes. Vogel), das das Nest nach kurzer Zeit zur Nahrungssuche verlässt.*

Nẹst|häk|chen, das [älter: Nesthöckelchen, Nesthecklein, 2. Bestandteil zu ↑hocken, also eigtl. = Nesthocker] (fam.): *jüngstes [u. verwöhntes] Kind in einer Familie.*

Nẹst|ho|cker, der (Zool.): *in unvollkommen entwickeltem Zustand geborenes Tier, das noch besonderer Pflege im Nest bedarf.*

Nẹst|jun|ge, das (Zool.): *noch an das Nest gebundenes Junges.*

Nẹst|kü|ken, das (fam.): *Nesthäkchen.*

Nẹst|ling, der, -s, -e: *noch nicht flügger Vogel.*

Nẹs|tor, der; -s, ...oren [lat. Nestor < griech. Néstōr, weiser u. beredter Held der Ilias u. der Odyssee, der drei Menschenalter gelebt hat] (bildungsspr.): *herausragender ältester Vertreter einer Wissenschaft, eines [künstlerischen] Faches; Ältester eines Kreises:* der N. der deutschen Physik.

Nes|to|ri|a|ner, der; -s, - (Theol.): *Anhänger des Nestorianismus.*

Nes|to|ri|a|nis|mus, der; - (Theol.): *christologische Lehre des konstantinopolitanischen Patriarchen Nestorius (381–451).*

Nẹs|to|rin, die; -, -nen: w. Form zu ↑Nestor: Die Autorin hat sich früher schon ... mit dem Alltagsleben der sowjetischen Frau auseinander gesetzt. Sie ist sozusagen die N. der sowjetischen Frauenliteratur (Tages Anzeiger 10. 7. 82, 39).

Nẹst|räu|ber, der (Zool.): *Tier, das Nester ausraubt.*

Nẹst|treue, die: *Anhänglichkeit eines Tiers an das eigene Nest.*

nẹst|warm ⟨Adj.⟩: *(von Eiern) noch vom Nest warm.*

Nẹst|wär|me, die: *Geborgensein eines Kindes im familiären Kreis:* Kinder brauchen N.; er ist ohne jede N. aufgewachsen.

nẹ|tig ⟨Adj.⟩ [zu mniederd. nete = Nisse, zur Kennzeichnung von jmdm., der sehr auf Kleinigkeiten bedacht ist] (landsch., bes. nordd.): *sehr genau u. übertrieben sparsam, geizig u. nur auf seinen Vorteil bedacht.*

Ne|ti|ket|te: ↑Netiquette.

Ne|ti|quet|te [...k...], die; - [engl. netiquette, zusgez. aus: net = Netz (kurz für ↑Internet) u. etiquette = ²Etikette]: *Gesamtheit der Regeln für soziales Kommunikationsverhalten im Internet:* Weithin akzeptiert sind die inoffiziellen Regeln für die Netzkommunikation, die »Netiquette«. Deren Hauptregel lautet: »Seid nett zueinander!« (Zeit 20. 8. 98, 53).

nẹtt ⟨Adj.⟩ [spätmhd. (niederrhein.) nett < mniederl. net < frz. net, ital. netto, ↑netto]: **1. a)** *freundlich u. liebenswert, im Wesen angenehm:* ein -er Mensch, Junge; Meine Schwägerin ist so weit ganz n., eine Bayerin halt (Danella, Hotel 83); al-

le waren sehr n. zu ihm; das ist aber furchtbar n. von dir; das war aber gar nicht n.; seien Sie bitte so n. und reichen Sie mir das Buch; n., dass du anrufst; ⟨subst.:⟩ er wollte ihr was Nettes sagen; **b)** *hübsch u. ansprechend, sodass es jmdm. gefällt:* ein -es kleines Mädchen; ein -es Städtchen, Lokal, Kleid; es war ein -er Abend; Die Sekretärin aber hatte ihn entdeckt, verzog den bösen Mund von eben zu einem -en Lachen (Kronauer, Bogenschütze 125); das Klassentreffen war sehr n.; Du, ich hab noch was vor. Machs gut, war wirklich n. (Schädlich, Nähe 100); der Gast soll es n. *(behaglich)* haben bei uns; sie sieht n. aus mit dieser Frisur; sich n. unterhalten; in diesem Restaurant sitzt man sehr n.; machst du ganz n. *(gut)*; ⟨subst.:⟩ ich habe etwas Nettes erlebt. **2.** (ugs.) **a)** *ziemlich groß, beträchtlich:* ein -er Batzen Geld; ... dass dreiviertel Millionen ein ganz -er Profit wären (Remarque, Obelisk 14); einen -en Schrecken kriegen; Sie hat morgens manchmal schon ganz -e Säcke unter den Augen (Remarque, Obelisk 64); **b)** ⟨intensivierend bei Verben⟩ *sehr, ziemlich:* Sie schwitzen selbst ganz n. (Remarque, Obelisk 52). **3.** (ugs. iron.) *unangenehm; wenig erfreulich:* das sind ja -e Aussichten, Zustände; das ist ja eine -e Geschichte; das kann ja n. werden.

nẹt|ter|wei|se ⟨Adv.⟩ (ugs.): *aus Nettigkeit.*

Nẹt|tig|keit, die; -, -en: **1.** ⟨o. Pl.⟩ *nettes* (1 a) *Wesen; nette Art.* **2.** ⟨meist Pl.⟩ **a)** *etw. Nettes* (1 a), *was jmd. gern hört; Äußerung, mit der man jmdm. schmeicheln will:* jmdm. ein paar -en sagen; **b)** *etw. Nettes* (1 b): Ein paar hübsche Sachen mehr, ... ein paar -en (Gaiser, Schlußball 177).

nẹt|to ⟨Adv.⟩ [ital. netto, eigtl. = rein, klar < lat. nitidus = glänzend, zu: nitere = glänzen] (Kaufmannspr.): **a)** *ohne Verpackung:* das Gewicht beträgt n. 500 kg; **b)** *nach Abzug der Kosten od. Steuern:* ihr Gehalt beträgt n. 3 400 Mark/3 400 Mark n.; Abk.: nto.

nẹt|to à net|to ['nɛto a 'pɔ̃:; zu frz. à point = auf den Punkt]: **1.** (Bankw.) *Bezahlung einer geschuldeten Summe durch mehrere nach dem Wunsch des Gläubigers auszustellende Teilwechsel od. andere Schuldurkunden, die zusammen der geschuldeten Summe entsprechen.* **2.** *Einberechnung der Spesen in eine Hauptsumme im Gegensatz zur Erhöhung der Hauptsumme um die Spesen.*

Nẹt|to|be|trag, der: vgl. Nettoeinkommen.

nẹt|to cas|sa [zu ital. cassa, ↑Kasse] (Kaufmannspr.): *bar u. ohne jeden Abzug.*

Nẹt|to|ein|kom|men, das: *Einkommen nach Abzug von Steuern u. sonstigen Abgaben.*

Nẹt|to|ein|künf|te ⟨Pl.⟩: vgl. Nettoeinkommen.

Nẹt|to|er|trag, der: *Reinertrag.*

Nẹt|to|ge|halt, das: vgl. Nettoeinkommen.

Nẹt|to|ge|wicht, das: *Gewicht des Inhalts einer Verpackung.*

Net|to|ge|winn, der: Nettoertrag.

Net|to|kre|dit|auf|nah|me, die: *(in öffentlichen Haushalten) Differenz zwischen der Aufnahme öffentlicher Kredite u. Schuldentilgungen innerhalb eines bestimmten Zeitraums.*

Net|to|lohn, der: vgl. Nettoeinkommen.

Net|to|preis, der: *Preis nach Abzug eventueller Rabatte.*

Net|to|raum|zahl, die (Seew.): *Einheit zur Errechnung des Lade-, Nutzraums eines Schiffes* (Abk.: NRZ).

Net|to|re|gis|ter|ton|ne, die (Seew. veraltend): *Nettoraumzahl* (Abk.: NRT).

Net|to|so|zi|al|pro|dukt, das (Wirtsch.): *Bruttosozialprodukt abzüglich der Abschreibungen.*

Net|to|ver|dienst, der: vgl. Nettoeinkommen.

Net|to|wert, der (DDR Wirtsch.): *Wert von Grundmitteln nach Abzug der Abschreibungen.*

Net|to|zah|ler, der: *Staat, Teilstaat o. Ä., der in die gemeinsame Kasse einer Union, eines Bundesstaates o. Ä. mehr einzahlt, als er in Form von Subventionen o. Ä. aus ihr bezieht:* Besonders Schweden hatte auf Einsparungen hingearbeitet, weil es neben Deutschland, Österreich und den Niederlanden zu den -n der Union gehört (FAZ 16. 3. 99, 2).

Net|work ['nɛtwə:k], das; -[s], -s [engl. network, eigtl. = Netzwerk, aus: net = Netz u. work = Arbeit, Werk]: **1.** *Vernetzung mehrerer Sender* (b) *zur großflächigen Verteilung von Rundfunk- u. Fernsehprogramm od. Einzelsendungen.* **2.** (EDV) *Vernetzung mehrerer voneinander unabhängiger Rechner* (2), *die den Datenaustausch zwischen diesen ermöglicht.*

Netz, das; -es, -e [mhd. netze, ahd. nezzi, eigtl. = Geknüpftes, verw. mit ↑¹Nessel u. ↑nesteln]: **1. a)** *Gebilde aus geknüpften Fäden, Schnüren o. Ä., deren Verknüpfungen meist rautenförmige Maschen bilden:* ein feines, weit-, grobmaschiges N.; ein N. knüpfen; ein N. zum Schutz von Moskitos über etw. ziehen, vor etw. spannen; er strich durch die Buden und Tarnstände und bückte sich unter den triefenden -en durch (Gaiser, Jagd 165); Mit Drahtschlaufen nagelte er die -e fest, und dann lief er freudestrahlend ins Dorf, um die Jungen zum Fußballspiel einzuladen (Böll, Haus 194); der Ball, der Puck zappelte im N. (*Netz des Tores* 2a); den Ball ins N. (*Netz des Tores* 2a) schießen, drücken; Im Lattenkreuz sauste er (= der Ball) ins N. (Walter, Spiele 20); Ü ein N. von fein gesponnenen Intrigen; ein N. von Beziehungen knüpfen; sie wollte das N. von Lügen zerreißen; das soziale N. *(die Gesamtheit der sozialen Sicherungen);* **b)** *Gerät zum Fangen von Tieren, besonders zum Fischfang; Fischernetz:* die -e reißen; das N., die -e auswerfen, ausbringen, stellen, einholen, an Bord ziehen, aufhängen, trocknen; die Fischer bessern die -e aus, flicken die -e; mit der verzweifelten Beharrlichkeit eines Fischers ..., der seine -e in einen leeren Fluss senkt (Musil, Mann 256); Fische im N., mit dem N. fangen; die Fische gehen ins N.; sie lockten den Leguan ins N.; Ü seine -e auswerfen *(mit Tricks, Machenschaften o. Ä. versuchen, jmdn. in seine Gewalt zu bekommen, Einfluss auf jmdn. zu nehmen);* Plötzlich hing man im N. der Gewohnheit (Remarque, Triomphe 138); **jmdm. durchs Netz gehen (entkommen):* der Polizei durchs N. gehen; ... besaß sie die Gewissheit, dass der Grieche ihr durchs N. gegangen sei und in seine Heimat geflohen sei (Musil, Mann 1555); **jmdm. ins N. gehen** *(von jmdm. gestellt, gefasst werden):* die Diebe sind der Polizei ins N. gegangen; Allerdings war sie die einzige weibliche Attentäterin, die uns ins N. gegangen war (Cotton, Silver-Jet 15); **sich im eigenen N./in den eigenen -en verstricken** *(sich durch Lügen, üble Machenschaften o. Ä. selbst in eine ausweglose Lage bringen):* Ich verstrickte mich selbst in meinen eigenen -en, es war zu spät (Roth, Beichte 106); **c)** *geknüpfter Beutel besonders zum Einkaufen; Einkaufsnetz:* An dem Lenker hing ein N. mit Semmeln (Sommer, Und keiner 298); Zwei volle Einkaufstaschen und zwei volle -e schleppten sie nach Hause (MM 11. 7. 74, 12); Eine junge Frau, die mit prallen -en auf ihn zukam (Johnson, Ansichten 170); **d)** *Haarnetz:* das Haar in ein N. tragen; **e)** *Gepäcknetz:* Das Gepäck war schon oben in den -en untergebracht worden (Doderer, Wasserfälle 7); Mein dicht gepackter Kajütenkoffer war aufgegeben, mein Handgepäck aus Kalbs- und Krokodilsleder ... lag über mir im -e (Th. Mann, Krull 297); **f)** ([Tisch]tennis, Volleyball, Badminton) *zwischen den beiden Spielfeldhälften gespanntes netzartiges Band:* N.! *(der Ball hat das Netz berührt);* den Ball über das N., ins N. schlagen; gut, schlecht am N. sein; die Spanierin geht zu selten ans N.; **g)** *(aus einem gespannten Netz* 1 a *bestehende) Schutzvorrichtung der Artisten:* ins N. springen, stürzen; Ü Wir diskutierten ohne N., turnten von Trapez zu Trapez, eiferten uns (Ziegler, Labyrinth 285); **ohne N. und doppelten Boden* (ugs.; *ohne Absicherung);* **h)** *von der Spinne gesponnenes netzartiges Gebilde, in dem sie ihre Beute fängt; Spinnennetz:* die Spinne sitzt, lauert im N.; Der Spinne läuft die Fliege ins N.; er selber verwickelt sich nicht (Radecki, Tag 37). **2. a)** *System von netzartig verzweigten Verteilungsleitungen mit den dazugehörenden Einrichtungen für die Versorgung mit Strom, Wasser, Gas, Öl, für die Kanalisation, für die Nachrichtenübermittlung:* das öffentliche N. ist stark belastet; ein Gerät, ein Telefon, eine Produktionshalle, einen Sender ans N. anschließen; Kernkraftwerk geht wieder ans N. (MM 20. 10. 92, 4); sei man sicher heute auf der Suche nach einem Ersatzstandort für das Kernkraftwerk Brunsbüttel, weil feststehe, dass es Mitte des nächsten Jahrzehnts vom N. gehe (*außer Betrieb gesetzt werde; Husumer Nachrichten 24. 8. 87, 13); das Kraftwerk liefert Strom für das N. in Norddeutschland; Ich besaß einen Kassettenrecorder für N. und Batterie (Simmel, Stoff 35); **b)** *System von netzartig* verzweigten, dem Verkehr dienenden Linien od. Anlagen:* ein N. von Schienen, Kanälen, Ferngasleitungen durchzieht das Land; das N. der Verkehrswege verbessern, ausbauen; Nun erfuhr Adrian, dass, infolge mangelnder Benutzung der Bahnlinie, das N. verlegt werde (Hildesheimer, Legenden 135); **c)** (bes. Geogr.) *System sich schneidender Linien auf einer [Land]karte;* **d)** *[systematisch über einen bestimmten Raum, Bereich verteilte] Personen, Einrichtungen, Dinge gleicher Funktion; vielfältig verflochtenes System:* ein sehr weit verzweigtes N. von Radarstationen; In vielen Jahren der Zusammenarbeit ist ein N. von Fachhändlern entstanden (Saarbr. Zeitung 21. 12. 79, XI); ein N. von Agenten aufbauen. **3. a)** (Geom.) *in eine Ebene geklappte Begrenzungsflächen eines (an den Kanten aufgeschnittenen) geometrischen Körpers:* das N. eines Würfels; **b)** (Math.) *System von zwei od. mehreren sich schneidenden Kurvenscharen auf einer Fläche* (z. B. Koordinatennetz). **4.** (Anat.) *Omentum.*

Netz|an|schluss, der: *Anschlussmöglichkeit eines Elektrogerätes an das Stromnetz.*

Netz|an|schluss|ge|rät, das (Elektrot.): *Netzgerät.*

netz|ar|tig 〈Adj.〉: *einem Netz ähnlich.*

Netz|ät|zung, die: *Rasterätzung.*

Netz|au|ge, das (Zool.): *Facettenauge.*

Netz|ball, der ([Tisch]tennis, Badminton, Volleyball): *Ball, der nach Berühren der oberen Kante des Netzes ins gegnerische Spielfeld geht.*

net|zen 〈sw. V.; hat〉 [mhd. netzen, ahd. nezzen, zu ↑nass u. eigtl. = nass machen]: **1. a)** (geh.) *befeuchten, [ein wenig] nass machen:* Tränen netzten ihre Wangen, seinen Bart; Sie zog die Schuhe aus, ... netzte ihre Füße, griff mit beiden Händen ins Wasser (Böll, Haus 191); Begierig netzte der Alte seine Lippe (Hesse, Sonne 20); **b)** (landsch.): *gießen* (2): die Gemüsebeete n.; ... um die Blumen der Gräber mit Wasser n. zu können (Schaper, Kirche 21); ◆ Sie ging zu dem Gefäße des Weihbrunnens, netzte sich die Finger (Stifter, Granit 61). **2.** (Textilind.) *(zur Steigerung der Aufnahmefähigkeit von Farbstoffen u. Appreturen) anfeuchten, befeuchten:* ein Gewebe n.

Netz|fahr|kar|te, die: *Netzkarte.*

Netz|flüg|ler, der (Zool.): *in zahlreichen Arten auf der ganzen Erde verbreitetes Insekt mit vier großen, meist netzartig geäderten, zusammenlegbaren Flügeln.*

netz|för|mig 〈Adj.〉 (selten): vgl. netzartig.

Netz|fre|quenz, die (Elektrot.): *Frequenz des Wechselstroms in einem Stromversorgungsnetz.*

Netz|garn, das: *Garn zur Herstellung von [Fischer]netzen.*

Netz|ge|rät, das (Elektrot.): *Gerät, das den von einem Stromversorgungsnetz gelieferten elektrischen Strom den für den Betrieb eines elektronischen Geräts erforderlichen Bedingungen anpasst.*

Netz|ge|we|be, das: *netzartiges Gewebe.*

Netz|ge|wöl|be, das (Kunstwiss.): *[Ton- nen]gewölbe [der Spätgotik], dessen Rip- pen ein netzartiges Muster bilden.*

Netz|glas, das ⟨o. Pl.⟩: *Fadenglas mit sich netzartig kreuzenden, spiralig laufenden Fäden.*

Netz|gleich|rich|ter, der (Elektrot.): *Gleichrichter für den Anschluss an ein Dreh- od. Wechselstromnetz.*

netz|haft ⟨Adj.⟩ (selten): *netzartig.*

Netz|haut, die: *innerste, mehrschichtige, lichtempfindliche Haut des Augapfels.*

Netz|haut|ab|lö|sung, die: *Erkrankung des Auges, bei der sich die Netzhaut von der hinter ihr liegenden Haut löst.*

Netz|haut|ent|zün|dung, die: *Entzün- dung der Netzhaut.*

Netz|hemd, das: *Herrenunterhemd aus netzartig gewebter Baumwolle.*

Netz|ka|bel, das: *Kabel, das ein elektri- sches Gerät mit einem Netzanschluss ver- bindet:* Die Steckdosen sind in der entle- gensten Ecke unter dem Tisch ange- bracht, so dass man erst auf Knien he- rumrutschen muss, bevor man das N. einstecken kann (Wirtschaftswoche 15, 1996, 130).

Netz|kar|te, die: *Fahrkarte für beliebig viele Fahrten innerhalb eines bestimmten Verkehrs-, Eisenbahnnetzes während ei- ner befristeten Zeit.*

Netz|ma|gen, der (Zool.): *durch netzar- tige Falten gekennzeichneter, zwischen Pansen u. Blättermagen liegender Ab- schnitt des Magens von Wiederkäuern.*

Netz|mit|tel, das [zu ↑ netzen] (Fachspr.): *Stoff, der als Zusatz die Oberflächenspannung von Flüssigkeiten herabsetzt, sodass die Flüssigkeiten stär- ker auf den mit ihnen in Berührung kom- menden Materialien haften.*

Netz|plan, der (Wirtsch.): *mithilfe der Netzplantechnik erstellter Plan in grafi- scher Darstellung, wobei die Einzeltätig- keiten in ihrer zeitlichen Reihenfolge durch Kreise (bzw. Punkte) u. Strecken abgebildet werden.*

Netz|plan|tech|nik, die ⟨o. Pl.⟩ (Wirtsch.): *mit grafischen Darstellungen arbeitende Verfahrenstechnik zur Analy- se u. zeitlichen Planung von komplexen Arbeitsabläufen u. Projekten.*

Netz|py|thon, der: *(bes. in den Regen- wäldern Südostasiens heimischer) Py- thon mit schwarzbrauner netzartiger Zeichnung.*

Netz|rol|ler, der: *Netzball:* Der Match- ball, ein unerreichbarer N., beendete das Match ... denkbar unglücklich (Welt 19. 11. 92, 22).

Netz|schlan|ge, die: *Netzpython.*

Netz|schnur, die: *Netzgarn.*

Netz|span|nung, die (Elektrot.): *elektri- sche Spannung in einem Stromnetz.*

Netz|spiel, das (Sport): **1.** *Ballspiel, bei dem der Ball über ein Netz od. eine Leine ins gegnerische Feld geschlagen wird.* **2.** ⟨o. Pl.⟩ (Tennis) *offensive Spielweise, bei der der Spieler in unmittelbarer Nähe des Netzes steht.*

Netz|spie|ler, der: **1.** (Volleyball) *einer der drei vorderen am Netz postierten Spie- ler.* **2.** (Tennis) *Spieler, der das Netzspiel (2) bevorzugt.*

Netz|spie|le|rin, die: w. Form zu ↑ Netz- spieler.

Netz|ste|cker, der (Elektrot.): *Stecker für den Anschluss eines elektrischen Ge- räts an ein Stromnetz.*

Netz|strumpf, der: *[laufmaschensiche- rer] Strumpf mit netzartiger Maschenbil- dung.*

Netz|strumpf|ho|se, die: vgl. Netz- strumpf.

Netz|teil, das (EDV, Elektrot.): *Netzge- rät, das die Netzspannung auf die von ei- nem Rechner (2) benötigte Spannungs- stärke vermindert.*

Netz|werk, das: **1.** *netzartig verbundene Leitungen, Drähte, Linien, Adern o. Ä.:* ... wo früher grünende Wälder die Land- schaft bedeckten, ist sie jetzt überzogen von einem N. von Drahtleitungen (Thie- nemann, Umwelt 28); Ü Danach hätten die Gewerkschaftsmitglieder ... ein N. von Verbindungsleuten entwickelt (Rothfels, Opposition 107); ein N. von Mikroorganismen, Molekülen, Anga- ben, Beziehungen; das linke N. der Par- tei. **2.** (Elektrot.) *Zusammenschaltung ei- ner beliebigen Anzahl Energie liefernder u. Energie speichernder od. umwandeln- der Bauteile od. Schaltelemente, die min- destens zwei äußere Anschlussklemmen aufweist.* **3.** (Wirtsch.) *Netzplan.* **4.** *(im New Age) Netz* (2 d) *autonome, durch ge- meinsame Werte od. Interessen verbun- dener Teilnehmer.*

Netz|werk|ana|ly|se, **Netz|werk- tech|nik**, die ⟨o. Pl.⟩ (Wirtsch.): *Netz- plantechnik.*

Netz|zwirn, der: *Netzgarn.*

neu ⟨Adj.; neuer, neu[e]ste⟩ [mhd. niuwe, ahd. niuwi, altes idg. Adj.]: **1.** *erst vor kur- zer Zeit hergestellt o. Ä., noch nicht ge- braucht o. Ä.:* -e Schuhe, Kleider; das Au- to ist [ziemlich] n., sieht noch [wie] n. aus; etw. auf n. herrichten (ugs.; *so herrichten, dass es wieder wie neu aussieht*); n. für alt (Kaufmannsspr.; *Neues im Tausch gegen Altes*); Ü sie ist nicht mehr ganz n. (sa- lopp: *nicht mehr ganz jung*). **2.** *aus der kürzlich eingebrachten Ernte stammend:* -e Kartoffeln; ⟨subst.:⟩ Neuen (*neuen Wein*) trinken. **3. a)** *erst seit kurzem vor- handen, bestehend; vor kurzer Zeit ent- standen, begründet; davor noch nicht da gewesen [u. anders als früher]:* eine -e Frisur; ein -er Staat; eine -e Wis- senschaft, -e Erkenntnisse; die -[est]e Mode; die -e (*moderne*) Literatur, Tech- nik; er ist ein -er Mensch geworden (*er hat sich gründlich gewandelt*); dieser Tanz ist ganz n.; etw. n. anfertigen; etw. n. an- schaffen; das Buch ist [ganz] n. erschie- nen; er ist hier n. eingezogen; ein n. ge- prägtes Wort; ein n. gebackener (*erst kurz verheirateter*) Ehemann; n. bekehrt, n. gestaltet; ein n. eröffnetes Lokal; ⟨subst.:⟩ das Neue an der Sache ist, dass ...; allem Neuen ablehnend gegenüber- stehen; (ugs. übertreibend:) das Neueste vom Neuen; **b)** *seit kurzer Zeit (zu einem bestimmten Kreis, einer Gruppe o. Ä.) da- zugehörend:* -e Mitglieder; ich bin hier n. (*noch fremd*); ich bin n. in diesem Beruf (*kenne mich noch nicht so gut darin aus*); ⟨subst.:⟩ das ist die Neue (ugs.; *die neue*

Mitarbeiterin, Kollegin, Mitschülerin usw.*); **c)** *bisher noch nicht bekannt gewe- sen:* ein -es Element ist entdeckt worden; kennst du schon den -esten Witz?; -e -esten Nachrichten; das ist nicht mehr n. [für ihn]; das ist mir n. (*war mir bisher nicht bekannt*); ⟨subst.:⟩ das ist mir nichts Neues; etw., nichts Neues wissen, hören, erfahren, erleben; was gibt es Neues?; weißt du schon das Neueste? **4.** *noch zur Gegenwart gehörend od. nicht lange zu- rückliegend; [aus] einer Zeit, die [noch] zur Gegenwart gehört od. nicht lange zu- rückliegt;* in -er, -erer, -ester Zeit; etw. ist -eren (*jüngeren*) Datums; die -en, -eren (*lebenden*) Sprachen; * **seit neuestem** (seit kurzem, neuerdings); ◆ ein trefflicher Junge, ... wenn er sich nicht in neuerer (*letzter*) Zeit hin und wieder durch beson- dere Melancholei prostituierte (Hauff, Jud Süß 386). **5. a)** *seit kurzem an die Stel- le einer anderen Person od. Sache getre- ten; das Bisherige durch Neues ersetzend; als etw. Neues gerade erst:* einen -en Na- men, eine -e Stellung, Wohnung haben; wir haben einen -en Englischlehrer; das -e (*eben angebrochene*) Jahr; etw. n. for- mulieren; sich n. einkleiden; eine Stelle n. antreten; die Ware ist n. eingetroffen; n. erschienene Bücher; ⟨subst.:⟩ etwas Neu- es anfangen; **b)** *[seit kurzem] hinzukom- mend; weiter...:* eine -e (*weitere*) Flasche Wein auf den Tisch stellen; eine -e Seite beginnen; ein -es Buch schreiben; er ist ein -er (*zweiter*) Einstein; * **aufs Neue** (er- neut); **auf ein Neues!** (ermunternde Auf- forderung, noch einmal von vorne zu be- ginnen, sich aufzuschwingen, mit etw. Bestimmtem fortzufahren); **von neuem** (*noch einmal, von vorn*); **c)** *noch einmal, wieder:* ein Buch n. auflegen; ich muss [noch mal] n. anfangen; eine n. bearbei- tete Auflage; das n. eröffnete (*wieder er- öffnete*) Geschäft; er war schon mehrfach n. verheiratet gewesen, bevor er wieder die seiner ersten Frau zusammenzog.

Neu|an|fang, der: *Neubeginn.*

Neu|an|fer|ti|gung, die: **1.** *Anfertigung, durch die etw. neu hergestellt wird:* N. von Kleidern, Schuhen. **2.** *neu Angefer- tigtes:* das Kleid ist eine N.

Neu|an|kömm|ling, der: *gerade erst An- kommende[r], Angekommene[r].*

Neu|an|schaf|fung, die: **1.** *Vorgang, der darin besteht, dass etw. neu angeschafft wird:* die N. von Büchern. **2.** *etw. neu An- geschafftes:* das Buch ist eine N.

neu|apos|to|lisch ⟨Adj.⟩ (christl. Rel.): *dem Bekenntnis einer aus der Katholisch- Apostolischen Gemeinde hervorgegange- nen Religionsgemeinschaft angehörend, anhängend, diese Bekenntnis eigen- tümlich, gemäß:* die Neuapostolische Gemeinde.

neu|ar|tig ⟨Adj.⟩: *neu, von neuer Art; an- ders als bisher:* -e Methoden, Instrumen- te.

Neu|ar|tig|keit, die; -: *das Neuartigsein.*

Neu|auf|bau, der ⟨o. Pl.⟩: *erneuter Auf- bau; andersartiger Wiederaufbau:* der wirtschaftliche, politische N. des Lan- des.

Neu|auf|füh|rung, die (Theater, Musik): vgl. Neuinszenierung.

Neu|auf|la|ge, die: **a)** *erneutes Auflegen eines Druckwerks:* die N. eines Buches besorgen; **b)** *erneute Auflage eines Druckwerks:* von diesem Buch erscheint eine N.; ein Buch in [einer] N. herausbringen; Ü die kürzlich gegründete Partei ist die/ eine N. der KPD *(sie unterscheidet sich kaum von dieser);* die N. eines Spiels (Sport Jargon; *das erneute Zusammentreffen derselben Gegner wie vorher).*

Neu|auf|nah|me, die: **1.** *Aufnahme, durch die jmd., etw. irgendwo neu hinzukommt:* die N. von Patienten, von Mitgliedern; die N. von Wörtern in ein Wörterbuch. **2.** *Person, Sache usw., die Gegenstand der Neuaufnahme* (1) *ist:* die -n registrieren. **3.** *erneute Aufnahme* (7 a, 8 a).

Neu|aus|ga|be, die: vgl. Neuauflage (1).

neu|ba|cken ⟨Adj.⟩: *frischbacken.*

neu|ba|rock ⟨Adj.⟩: *im Stil, im Geist, im Sinne des Neubarock [gestaltet], dazu gehörend.*

Neu|ba|rock, das od. der (bild. Kunst): *Stilrichtung der 2. Hälfte des 19. Jh.s, die sich stark an das Barock anlehnt.*

Neu|bau, der: **1.** ⟨o. Pl.⟩ **a)** *das Bauen, Errichten (eines neuen Bauwerks):* den N. einer Brücke, eines Hauses planen; **b)** *das Wiedererrichten eines schon einmal vorhanden gewesenen Bauwerks:* Ü ein durchdachter N. des Staates. **2.** ⟨Pl. -ten⟩ **a)** *im Bau befindliches Gebäude:* der N. ist kein Spielplatz!; R du wohnst/ wir wohnen doch nicht im N. (scherzh. veraltend; tadelnde Äußerung, wenn jmd. die Tür nicht hinter sich schließt); *** im N. geboren sein** (veraltend spött.; *die Tür nicht hinter sich schließen);* **b)** *neu gebautes od. verhältnismäßig neues Gebäude:* in einem N. wohnen; **c)** ⟨Pl. auch: -e⟩ (Technik) *neu gebautes Modell:* -ten mit leichterer und schlankerer Karosserie (auto 7, 1965, 57).

Neu|bau|er, der (DDR): *jmd., der aufgrund der Bodenreform von 1945 Land erhielt u. Bauer wurde.*

Neu|bäu|e|rin, die: w. Form zu ↑Neubauer.

Neu|bau|ern|hof, der (DDR): *Hof eines Neubauern.*

Neu|bau|ern|land, das ⟨o. Pl.⟩ (DDR): vgl. Neubauernhof.

Neu|bau|ern|sied|lung, die, **Neu|bau|ern|stel|le**, die (DDR): *Anwesen für einen Neubauern.*

Neu|bau|ern|wirt|schaft, die (DDR): Landwirtschaft (2) eines Neubauern.

Neu|bau|stre|cke, die: *als Neubau* (1 a) *geplante od. im Neubau* (1 a) *befindliche Eisenbahnstrecke.*

Neu|bau|vier|tel, das: *[hauptsächlich] aus Neubauten* (2 b) *bestehendes Viertel.*

Neu|bau|woh|nung, die: *Wohnung in einem Neubau* (2 b).

neu be|ar|bei|tet: s. neu (5 c).

Neu|be|ar|bei|tung, die: **1.** *das erneute Bearbeiten:* den Text bei der N. stark verändern. **2.** *neue Bearbeitung* (2), *Fassung:* ein Theaterstück in einer N. bringen.

Neu|be|deu|tung, die (Sprachw.): *neue, neu hinzukommende Bedeutung eines Wortes.*

◆ **Neu|be|gier**, die; -: *Neugier:* In diesem Augenblick fühlt Ihr nichts als N. (Lessing, Nathan III, 9).

◆ **neu|be|gie|rig** ⟨Adj.⟩: *neugierig:* Wem ziemt und frommt es denn, dass er so n. ist? (Lessing, Nathan I, 5).

Neu|be|ginn, der: *neuer, erneuter Beginn, bei dem der [man mit] etwas noch einmal von vorn anfängt.*

neu be|kehrt: s. neu (3 a).

Neu|be|kehr|te, der u. die; -n, -n ⟨Dekl. ↑Abgeordnete⟩: *jmd., der neu bekehrt ist.*

Neu|be|le|bung, die: *neue, erneute Belebung:* die N. eines Stils, der Wirtschaft.

Neu|be|set|zung, die: *Besetzung* (2 a) *mit einer neuen, anderen Person:* die N. einer Stelle, Rolle.

Neu|bil|dung, die: **1. a)** *Bildung, Entstehung von etw. Neuem:* die N. von Gewebe; **b)** *Umbildung:* die N. der Regierung; **c)** *die Bildung, das Schaffen, Hervorbringen von etw. Neuem:* die N. von Wörtern. **2. a)** *neu Gebildetes, neu Entstandenes;* **b)** (Sprachw.) *neue Bildung* (5): -en als Stichwörter ins Wörterbuch aufnehmen.

Neu|bran|den|burg: Stadt in Mecklenburg-Vorpommern.

Neu|bruch, der (Landw.): *neues, zum ersten Mal mit dem Pflug umbrochenes Ackerland.*

Neu|bür|ger, der: *neu zugezogener Bürger.*

Neu|bür|ger|fei|er, die (schweiz.): *Feier für die neu eingebürgerten Ausländer[innen].*

Neu|bür|ge|rin, die: w. Form zu ↑Neubürger.

Neu|châ|tel [nøʃaˈtɛl]: frz. Form von ↑Neuenburg.

Neu-De|lhi: südlicher Stadtteil von Delhi (Regierungssitz der Republik Indien).

neu|deutsch ⟨Adj.⟩ (meist abwertend): **a)** *einer neu aufgekommenen Lebensform, Verhaltensweise in Deutschland entsprechend, für sie charakteristisch:* die -e Industriegesellschaft; Die -e Kombination von Kälte, aggressivem Materialismus, Ellenbogenfreiheit (Welt 4. 11. 67, 2); **b)** *für die jüngere Entwicklung der deutschen Gegenwartssprache charakteristisch:* Beim Schaffner oder m. Zugbegleiter ... (MM 4. 11. 87, 19); Bei einem bundesweiten Vergleich der Hochschulen – n.: Ranking – landet die Goethe-Uni im Urteil der Studierenden ganz am Ende der Tabelle (FR 13. 4. 99, 21).

Neu|deutsch, das: *neudeutsche Ausdrucksweise:* der deutsch-schwedische Arbeitspsychologe ... führte dafür den Begriff »Mobbing« ins N. ein (Spiegel 5, 1999, 202).

Neu|druck, der ⟨Pl. -e⟩: *im Wesentlichen unveränderte Neuauflage* (1).

Neue, die; - (Jägerspr.): *Neuschnee.*

Neu|ein|kauf, der (Sport): **1.** *das Einkaufen neuer Spieler[innen]:* der N. eines Stürmers. **2.** *neu eingekaufte[r] Spieler[in]:* die Neueinkäufe sind noch nicht spielberechtigt.

Neu|ein|rich|tung, die: *Einrichtung* (1) *von etw., was es in dieser Form bisher nicht gab:* die N. einer Institution.

Neu|ein|stel|lung, die: vgl. Neuaufnahme (1, 2).

Neu|ein|stu|die|rung, die: *neue Einstudierung.*

Neu|en|burg: Stadt u. Kanton in der Westschweiz.

¹Neu|en|bur|ger, der; -s, -: Ew.

²Neu|en|bur|ger ⟨indekl. Adj.⟩: der N. See.

Neu|en|bur|ge|rin, die; -, -nen: w. Form zu ↑¹Neuenburger.

Neu|eng|land, -s: Gebiet im Nordosten der USA.

neu|eng|lisch ⟨Adj.⟩: *in heutigem Englisch* (a).

Neu|ent|de|ckung, die: **1. a)** *Entdeckung von etw. Neuem;* **b)** *neu, gerade erst entdeckte Sache:* eine wissenschaftliche N.; Ü die Sängerin ist eine N. **2.** *erneute Entdeckung, Wiederentdeckung:* die N. Amerikas.

Neu|ent|wick|lung, die: **1.** *das Entwickeln von etw. Neuem:* die N. von Maschinen, Medikamenten. **2.** *etw. neu Entwickeltes:* technische -en vorführen.

neu|er|dings ⟨Adv.⟩: **1.** *seit kurzem, im Unterschied zu früher:* er fährt n. im eigenen Auto; n. liest sie sehr viel. **2.** (südd., österr., schweiz., sonst veraltend): *erneut, nochmals, wiederum:* bevor ich mich n. auf den Bauch lege (Frisch, Gantenbein 403); Zwei Jahre später besuchte er n. die Stadt (Ceram, Götter 30).

Neu|e|rer, der; -s, -: **1.** *jmd., der etw. Neues einführen will, die Änderung, Umgestaltung von Bestehendem anstrebt, durchsetzt:* die N., die Toreöffner und Entdecker (Gehlen, Zeitalter 33). **2.** (DDR) *Werktätiger (im sozialistischen Gesellschaftssystem), der einen Beitrag zum technisch-wissenschaftlichen Fortschritt leistet:* Besuchen Sie bitte die Messe der N. des Bauwesens der DDR (Neues D. 5. 6. 64, 7).

Neu|e|rer|be|we|gung, die (DDR): *Beitrag, den die Neuerer* (2) *zum technisch-wissenschaftlichen Fortschritt leisten:* Damit die N. der Schuljugend nicht bei einzelnen Spitzenkönnern stehen bleibt (Technikus 11, 1968, 4).

Neu|e|rer|bri|ga|de, die (DDR): *beratendes Organ in den Abteilungen eines sozialistischen Betriebes, das die Neuererbewegung lenkt u. fördert.*

Neu|e|rer|me|tho|de, die (DDR): *Arbeitsmethode auf der Basis eines Neuerervorschlags.*

Neu|e|rer|vor|schlag, der (DDR): *von einem Neuerer* (2) *ausgearbeiteter Vorschlag.*

Neu|e|rer|zen|trum, das (DDR): *Zentrum bei dem Wirtschaftsrat eines Bezirks, das der Durchsetzung u. Koordinierung von Neuerungen dient.*

Neu|e|rin, die; -, -nen: w. Form zu ↑Neuerer.

neu|er|lich ⟨Adj.⟩: *(nach einer Weile, einem gewissen Zeitraum) erneut [geschehend]:* -e Erfolge; er ist n. ausgezeichnet worden.

neu|ern ⟨sw. V.; hat⟩ [mhd. niuwern] (selten): *Neuerungen* (1), *Neues einführen; sich als Neuerer betätigen.*

neu er|öff|net: s. neu (3 a, 5 c).

Neu|er|öff|nung, die: **1.** *Eröffnung (von*

etw. Neuem): die N. einer Filiale. **2.** *Wiedereröffnung.*

Neu|er|schei|nung, die: *gerade Erscheinendes, gerade erst Herausgegebenes, Veröffentlichtes:* -en auf dem Buch-, Schallplattenmarkt.

Neu|e|rung, die; -, -en [mhd. niuwerunge]: **1.** *Neues, dessen Einführung eine Änderung, Neugestaltung des Bisherigen bedeutet:* technische, gesellschaftliche -en; -en vorstellen, einführen. **2.** ⟨o. Pl.⟩ *das Neuern:* Niemals kam für ihn geistiger Umsturz, grundsätzliche N. infrage (Musil, Mann 388).

Neu|e|rungs|sucht, die ⟨o. Pl.⟩ (abwertend): *krampfhaftes Bemühen, ständig Neuerungen zu schaffen.*

neu|e|rungs|süch|tig ⟨Adj.⟩ (abwertend): *krampfhaft bemüht, ständig Neuerungen zu schaffen.*

Neu|er|werb, der: vgl. Neuanschaffung (1).

Neu|er|wer|bung, die: vgl. Neuanschaffung.

neu|es|tens, neustens ⟨Adv.⟩ (selten): *neuerdings.*

Neu|fas|sung, die: vgl. Neuanfertigung.

Neu|fest|set|zung, die: vgl. Neuanfertigung.

neu|fran|zö|sisch ⟨Adj.⟩: *in heutigem Französisch (a).*

Neu|fund|land; -[s]: kanadische Provinz.

Neu|fund|län|der, der; -s, - [2: Hunde dieser Rasse wurden von frz. u. engl. Seeleuten aus Neufundland nach Europa gebracht]: **1.** Ew. **2.** *großer Hund mit breitem, kräftigem Kopf, Hängeohren, langem, buschigem Schwanz u. dichtem, langhaarigem, meist schwarzem Fell.*

Neu|fund|län|de|rin, -, -nen: w. Form zu ↑Neufundländer (1).

neu|fund|län|disch ⟨Adj.⟩: *Neufundland, die Neufundländer (1) betreffend; von den Neufundländern (1) stammend, zu ihnen gehörend.*

neu ge|ba|cken: s. neu (3 a).

neu|ge|bo|ren ⟨Adj.⟩: *gerade geboren:* ein -es Kind; ⟨subst.:⟩ das Neugeborene *(das neugeborene Kind, Tier);* *** wie n.** *(körperlich [u. seelisch] wie ein neuer Mensch, durch u. durch erfrischt, erneuert):* nach dem Baden fühlten sie sich wie n.

Neu|ge|bo|re|ne, das; -n, -n ⟨Dekl. ↑²Junge, das⟩: *neugeborenes Kind.*

Neu|ge|burt, die (geh.): *das Wiederentstehen in neuer, anderer Form; Erneuerung:* die N. der Kunst.

neu ge|schaf|fen: s. neu (3 a).

Neu|ge|stal|tung, die: *das Neugestalten:* die N. eines Stadtviertels.

Neu|ge|würz, das ⟨o. Pl.⟩ [älter nhd., urspr. Bez. für Gewürze aus der Neuen Welt (Karibik, Südamerika)] (österr.): Piment.

Neu|gier, Neu|gier|de, die; -: *Beherrschtsein von dem Wunsch, etw. Bestimmtes zu erfahren, in Angelegenheiten, Bereiche einzudringen, die andere Menschen u. deren Privatleben o. Ä. betreffen:* lebhafte, brennende N.; sexuelle N. *(Neugierde, die auf Sexuelles gerichtet ist);* seine N. ist fast schon krankhaft; die

N. *(Wissbegierde)* der Forscherin; die N. auf den Inhalt eines Briefes; die N. zu erfahren, ob ...; jmdn. packt die N.; etw. weckt, erregt, reizt jmds. N.; seine N. befriedigen, stillen, zähmen, zügeln; jmdn. mit unverhohlener N. betrachten; vor N. brennen, platzen; er kam aus reiner N.

neu|gie|rig ⟨Adj.⟩: *voller Neugier, Neugier erkennen lassend:* -e Menschen, Blicke; er ist sehr n.; sei nicht so n.!; er war n. auf Frauen (L. Frank, Wagen 51); ich bin n. *(möchte gerne wissen),* was das ausgehen wird; seine Werke machten uns n., ließen uns n. werden *(weckten unsere Neugier, unser Interesse);* n. fragen; ⟨subst.:⟩ der Vorfall lockte viele Neugierige an.

Neu|glie|de|rung, die: *neue, andersartige Gliederung, Aufteilung:* im Zusammenhang mit der N. des Bundesgebietes (Fraenkel, Staat 250).

Neu|go|tik, die (Archit.): *Stilrichtung des 18. und 19. Jh.s, die sich stark an die Gotik anlehnt.*

neu|go|tisch ⟨Adj.⟩: *die Neugotik betreffend.*

Neu|grad, der (Math.): *ältere Bez. für* ↑Gon (Zeichen: ᵍ).

neu|grie|chisch ⟨Adj.⟩: *in der Sprache der heutigen Griechen.*

Neu|grie|chisch, das u. ⟨nur mit best. Art.:⟩ **Neu|grie|chi|sche,** das: *die neugriechische Sprache.*

Neu|grün|dung, die: **1. a)** *Gründung von etw. Neuem:* die N. von Vereinen, Parteien; **b)** *etw. neu Gegründetes:* diese Partei, Stadt ist eine N. **2.** *erneute Gründung:* 1945 kam es zur N. der SPD.

Neu|gui|nea [...gi...], -s: Insel nördl. von Australien.

neu|he|brä|isch ⟨Adj.⟩: *in heutigem Hebräisch.*

Neu|he|brä|isch, das u. ⟨nur mit best. Art.:⟩ **Neu|he|brä|i|sche,** das; -n: *die neuhebräische Sprache; Iwrith.*

Neu|he|ge|lia|ner, der: *Anhänger, Vertreter des Neuhegelianismus.*

neu|he|ge|lia|nisch ⟨Adj.⟩: *zum Neuhegelianismus gehörend, von ihm bestimmt.*

Neu|he|ge|lia|nis|mus, der: *philosophische Richtung des 20. Jh.s, die eine Erneuerung bestimmter Seiten des Hegelianismus anstrebt.*

Neu|hei|de, der: *Angehöriger des Neuheidentums (Selbstbez.).*

Neu|hei|den|tum, das: *Gesamtheit verschiedener Strömungen moderner nichtchristlicher Religiosität.*

Neu|heit, die; -, -en [spätmhd. (md.) nũweheit]: **1.** ⟨o. Pl.⟩ *das Neusein:* die N. einer Erfindung bezweifeln; der Reiz der N. **2.** *Neues, Neuartiges, insbesondere neues Produkt:* eine technische, modische N.; auf der Messe werden viele -en gezeigt.

Neu|he|raus|ga|be, die: vgl. Neuauflage.

neu|hoch|deutsch ⟨Adj.⟩: *das Neuhochdeutsche betreffend; Abk.:* nhd.

Neu|hoch|deutsch, das u. ⟨nur mit best. Art.:⟩ **Neu|hoch|deut|sche,** das [gepr. 1819 von dem dt. Sprach- u. Literaturwissenschaftler J. Grimm (1785–1863)]: *neuerer u. neuester (etwa*

vom 17. Jh. an rechnender) hochdeutscher Sprachzustand.

Neu|hu|ma|nis|mus, der: *um die Mitte des 18. Jh.s einsetzende, auf Erneuerung des Humanismus zielende philosophisch-pädagogische Richtung, deren Humanitätsideal am Bild des griechischen Menschen u. seiner Kultur orientiert ist.*

neu|hu|ma|nis|tisch ⟨Adj.⟩: *den Neuhumanismus betreffend.*

Neu|ig|keit, die; -, -en [mhd. niuwekeit]: **1.** *Begebenheit, die noch nicht [allgemein] bekannt ist, neue Nachricht:* interessante -en; sie brachte viele -en aus der Stadt mit; eine N. wissen, erzählen, erfahren; woher hast du diese N.? **2. a)** ⟨o. Pl.⟩ (selten) *das Neusein:* N. der Nachricht war die Hauptsache; **b)** (Fachspr.; sonst selten) *Neuheit (2):* die Autoindustrie präsentierte ihre -en *(neuen Modelle).*

Neu|in|sze|nie|rung, die (Theater): *neue Inszenierung eines Stücks.*

Neu|jahr [auch: ‐'‐], das: *[als Feiertag begangener] erster Tag des neuen Jahres:* N. fällt auf einen Sonntag; jmdm. zu N. etwas schenken; *** prosit N.!** (Gruß u. Glückwunsch zum Jahreswechsel).

Neu|jähr|chen, das (landsch.): *[Geld]geschenk zu Neujahr, bes. als Dank für Dienstleistungen im zurückliegenden Jahr* (z. B. an den Briefträger).

◆ **Neu|jahr|kind|lein,** das; -s, - (schweiz.): **a)** ⟨o. Pl.⟩ *(in Bern) dem Christkind (2) vergleichbare Gestalt, die in der Vorstellung der Kinder am 1. Januar Äpfel, Nüsse usw. als Geschenke verteilt:* ... mit der Nachricht, die Gotte komme. Sie kam, schweißbedeckt und beladen wie das N. (Gotthelf, Spinne 8); **b)** *Neujahrsgeschenk:* es fand ein schönes N. (Gotthelf, Uli der Pächter 215).

Neu|jahrs|abend, der: *Vorabend von Neujahr.*

Neu|jahrs|an|spra|che, die: *Ansprache zu Neujahr.*

Neu|jahrs|bot|schaft, die: *Botschaft (1 b) zu Neujahr.*

Neu|jahrs|emp|fang, der: *zum Jahresbeginn gegebener Empfang einer Stadt, eines Staatsoberhaupts o. Ä. für Vertreter aus den Bereichen Politik, Wirtschaft, Kirche, Kultur o. Ä.*

Neu|jahrs|fest, das: *anlässlich des Jahreswechsels begangenes Fest.*

Neu|jahrs|glück|wunsch, der: vgl. Neujahrsgruß.

Neu|jahrs|gruß, der ⟨meist Pl.⟩: *Gruß zu Neujahr.*

Neu|jahrs|kar|te, die: *Glückwunschkarte mit Neujahrsgrüßen u. -wünschen.*

Neu|jahrs|mor|gen, der: *erster Morgen des neuen Jahres.*

Neu|jahrs|nacht, die: *Nacht, mit der Neujahr anfängt.*

Neu|jahrs|tag, der: *Neujahr.*

Neu|jahrs|wunsch, der: *Neujahrsglückwunsch.*

Neu|kal|le|do|ni|en; -s: Inselgruppe östlich von Australien.

Neu|kan|ti|a|ner, der: *Anhänger, Vertreter des Neukantianismus.*

neu|kan|ti|a|nisch ⟨Adj.⟩: *zum Neukantianismus gehörend, durch ihn geprägt.*

Neu|kan|ti|a|nis|mus, der; -: *(in der 2.*

Hälfte des 19. u. am Anfang des 20. Jh.s.) an Kant anknüpfende, gegen den Materialismus gerichtete philosophische Richtung.

Neu|kauf, der (Kaufmannsspr.): *Kauf, bei dem etw. neu, ungebraucht erworben wird.*

Neu|klas|sik, die: *Neuklassizismus, bes. in der Literatur.*

Neu|klas|si|zis|mus, der: **1.** *an die klassische Tradition anknüpfende Strömung der deutschen Literatur um 1900.* **2.** (seltener) *Neoklassizismus.*

Neu|kon|struk|ti|on, die: vgl. Neuanfertigung.

Neu|kun|de, der: *jmd., der erstmals Kunde eines Unternehmens o. Ä. ist:* Für die ... neuen Mobilfunktarife hat sich bisher etwas mehr als jeder zweite N. entschieden (FAZ 12. 12. 96, 22).

Neu|kun|din, die: w. Form zu ↑ Neukunde.

Neu|land, das ⟨o. Pl.⟩: **1.** *für die Besiedlung od. wirtschaftliche Nutzung neu gewonnenes Land:* N. gewinnen, unter den Pflug nehmen. **2. a)** (seltener) *neues, bisher unbekanntes, unerforschtes Land, Gebiet:* N. entdecken, erforschen, betreten; Später wendet er sich ... dem technischen N. der Aquatinta zu (Bild. Kunst III, 87); **b)** *neues [bisher unbekanntes] Gebiet, auf dem noch keine Erfahrungen, Erkenntnisse gewonnen worden sind:* medizinisches N.; etw. ist N. für jmdn.

Neu|land|ge|win|nung, die: *Gewinnung von Neuland* (1) *(bes. im Bereich des Watts).*

Neu|la|tein, das: *neulateinische Sprache.*

neu|la|tei|nisch ⟨Adj.⟩: *lateinisch in der neuzeitlichen Form, wie sie von den Humanisten nach dem Vorbild des klassischen Latein begründet wurde.*

Neu|leh|rer, der (DDR): *kurzfristig ausgebildeter u. ideologisch geschulter Lehrer an einer Schule der damaligen sowjetischen Besatzungszone.*

neu|lich ⟨Adv.⟩ [mhd. niuwelīche]: *vor nicht langer Zeit, vor kurzem, kürzlich:* ich habe ihn n. [erst] gesehen; n. bei der Konferenz; n. morgens; n. abends; unser Gespräch von n. *(das wir neulich hatten);* das ist der Herr von n., der uns den Weg gezeigt hat (ugs.; *das ist der Herr, der uns neulich ...).*

Neu|licht, das ⟨o. Pl.⟩ (veraltet): *Neumond.*

Neu|ling, der; -s, -e: *jmd., der in einem Kreis, auf einem Gebiet o. Ä. neu ist u. sich noch nicht richtig auskennt, noch unerfahren ist:* sie ist [ein völliger] N. auf diesem Fachgebiet; ein N. im Kreis der Literaten sein; darin bin ich N.

Neu|me, die; -, -n ⟨meist Pl.⟩ [mlat. (p)neuma < griech. pneūma = Atem; das Zeichen diente zur Bez. der Tonlänge] (Musik): *(vor der Erfindung der Notenschrift verwendetes) Zeichen zur Aufzeichnung der einstimmigen Musik des Mittelalters.*

Neu|men|schrift, die: *System von Neumen.*

neu|mie|ren ⟨sw. V.; hat⟩ (Musik): *eine Musik in Neumen niederschreiben; einen Text mit Neumen versehen.*

Neu|mi|nu|te, die (Math.): *hundertster Teil eines Neugrades.*

neu|mo|disch ⟨Adj.⟩ (oft abwertend): *einer neuen Mode entsprechend:* -e Kleidung; eine -e Einrichtung; -e *(sich über das Hergebrachte hinwegsetzende)* Ansichten, Sitten; n. gekleidet sein.

Neu|mond, der ⟨o. Pl.⟩: *Mondphase, während deren die der Erde zugewandte Mondseite nicht von der Sonne beleuchtet wird, unsichtbar ist:* heute ist N.; wir haben N.; zwei Tage nach N.

neun ⟨Kardinalz.⟩ [mhd., ahd. niun, viell. verw. mit ↑ neu u. dann eigtl = neue Zahl (der dritten Viererreihe)] (als Ziffer: 9): vgl. acht; die in n. Musen; *** alle -|e|** (1. Kegeln; Ausruf, wenn alle neun Kegel auf einen Wurf gefallen sind; 2. scherzh.; Ausruf, wenn aufgrund von Ungeschicklichkeit Dinge geräuschvoll zusammen-, herunterfallen).

Neun, die; -, -en: **a)** *Ziffer 9;* **b)** *Spielkarte mit neun Zeichen;* **c)** (ugs.) *Wagen, Zug der Linie 9;* **d) * ach, du grüne Neune!** (ugs.; Ausruf der Verwunderung od. des Erschreckens; H. u.).

Neun|au|ge, das: *fischähnliches Wirbeltier mit lang gestrecktem, einem Aal ähnlichen Körper.*

neun|bän|dig ⟨Adj.⟩: vgl. achtbändig.

Neun|eck, das: *Figur mit neun Ecken; Nonagon.*

neun|eckig ⟨Adj.⟩: vgl. achteckig.

neun|ein|halb ⟨Bruchz.⟩ (in Ziffern: $9\frac{1}{2}$): vgl. achteinhalb.

Neun|er, der; -s, - (ugs.): *Neun* (a, c).

neu|ner|lei ⟨bestimmtes Gattungsz.; indekl.⟩ [↑ -lei]: vgl. achterlei.

Neu|ner|pro|be, die (Math.): *Probe der Richtigkeit einer Rechnung mithilfe der Neunerreste bzw. der Quersummen.*

Neu|ner|rei|he, die: vgl. Achterreihe.

Neu|ner|rest, der (Math.): *Rest, der bleibt, wenn man eine ganze Zahl durch neun dividiert.*

neun|fach ⟨Vervielfältigungsz.⟩ (mit Ziffer: 9fach): vgl. achtfach.

Neun|fa|che, das; -n ⟨Dekl. ↑ ²Junge, das⟩: vgl. Achtfache.

neun|hun|dert ⟨Kardinalz.⟩ (in Ziffern: 900): vgl. hundert.

neun|jäh|rig ⟨Adj.⟩: vgl. achtjährig.

Neun|jäh|ri|ge, der u. die; -n, -n ⟨Dekl. ↑ Abgeordnete⟩ (mit Ziffer: 9-Jährige): vgl. Achtjährige.

neun|jähr|lich ⟨Adj.⟩: vgl. achtjährlich.

neun|mal ⟨Wiederholungsz.; Adv.⟩: vgl. achtmal.

neun|mal|ge|scheit ⟨Adj.⟩ (spöttisch): *neunmalklug.*

neun|ma|lig ⟨Adj.⟩ (mit Ziffer: 9-malig): vgl. achtmalig.

neun|mal|klug ⟨Adj.⟩ (spöttisch): *sich für sehr viel gescheiter, klüger als andere haltend; alles besser wissen wollend:* ein -es Kind (Gerede von jmdm., der neunmalklug ist).

neun|mal|wei|se ⟨Adj.⟩ (spöttisch): *neunmalklug.*

neun|mo|na|tig ⟨Adj.⟩: vgl. achtmonatig.

neun|mo|nat|lich ⟨Adj.⟩: vgl. achtmonatlich.

neun|schwän|zig ⟨Adj.⟩: ↑ Katze (6).

neunt... ⟨Ordinalz. zu ↑ neun⟩ [mhd. niunte, ahd. niunto] (als Ziffer: 9.): vgl. acht...

neunt: in der Fügung **zu n.** *(als Gruppe von neun Personen).*

neun|tä|gig ⟨Adj.⟩: vgl. achttägig.

neun|täg|lich ⟨Adj.⟩: vgl. achttäglich.

neun|tau|send ⟨Kardinalz.⟩ (in Ziffern: 9 000): vgl. tausend.

neun|tel ⟨Bruchz.⟩ (als Ziffer: $\frac{1}{9}$): vgl. achtel.

Neun|tel, das, schweiz. meist: der; -s, -: vgl. Achtel (a).

neun|tens ⟨Adv.⟩ (als Ziffer: 9.): vgl. achtens.

Neun|tö|ter, der [nach altem Volksglauben tötet der Vogel neun Tiere, bevor er eins frisst, od. tötet jeden Tag neun andere Vögel]: *mittelgroßer Vogel mit brauner Oberseite, blaugrauem Kopf u. schwarzem Schnabel, der seine Beutetiere auf Dornen von Büschen aufspießt.*

neun|und|ein|halb ⟨Bruchz.⟩: vgl. achtundeinhalb.

Neun|und|sech|zig, das; - (Jargon): *Sixty-Nine.*

neun|wö|chent|lich ⟨Adj.⟩: vgl. achtwöchentlich.

neun|wö|chig ⟨Adj.⟩: vgl. achtwöchig.

neun|zehn ⟨Kardinalzahl⟩ (in Ziffern: 19): vgl. acht.

neun|zehn|hun|dert ⟨Kardinalz.⟩ (in Ziffern: 1900): *eintausendneunhundert.*

neun|zig ⟨Kardinalz.⟩ [mhd. niunzec, ahd. niunzug] (in Ziffern: 90): vgl. achtzig.

Neun|zig, die; -: vgl. Achtzig.

neun|zi|ger ⟨indekl. Adj.⟩ (mit Ziffern: 90er): vgl. achtziger.

¹Neun|zi|ger, der; -s, -: vgl. ¹Achtziger.

²Neun|zi|ger, die; -, -: vgl. ²Achtziger.

Neun|zi|ge|rin, die; -, -nen: vgl. Achtzigerin.

Neun|zi|ger|jah|re ⟨Pl.⟩: vgl. Achtzigerjahre.

neun|zig|jäh|rig ⟨Adj.⟩: vgl. achtjährig.

neun|zigst... ⟨Ordinalz. zu ↑ neunzig⟩ (in Ziffern: 90.): vgl. neunt...

neun|zigs|tel ⟨Bruchz.⟩ (in Ziffern: $\frac{1}{90}$): vgl. achtel.

Neun|zigs|tel, das, schweiz. meist: der; -s, -: vgl. Achtel.

Neu|ord|nung, die: *neue, andersartige Ordnung.*

Neu|or|ga|ni|sa|ti|on, die: *Neuordnung.*

Neu|ori|en|tie|rung, die (bildungsspr.): *neue, andersartige Orientierung.*

Neu|phi|lo|lo|ge, der: *Philologe auf dem Gebiet der Neuphilologie.*

Neu|phi|lo|lo|gie, die: *Philologie der neueren europäischen Sprachen u. Literaturen.*

Neu|phi|lo|lo|gin, die: w. Form zu ↑ Neuphilologe.

neu|phi|lo|lo|gisch ⟨Adj.⟩: vgl. philologisch.

Neu|pla|to|ni|ker, der: *Anhänger, Vertreter des Neuplatonismus.*

neu|pla|to|nisch ⟨Adj.⟩: vgl. platonisch (1).

Neu|pla|to|nis|mus, der: *an die Philosophie Platons anknüpfende philosophische Strömung des 3. bis 6. Jh.s n. Chr.*

Neu|po|si|ti|vis|mus, der (selten): Neo-positivismus.

Neu|prä|gung, die (Sprachw.): **1.** Prägung eines neuen Worts, Ausdrucks. **2.** neu geprägtes Wort, neu geprägter Ausdruck.

Neu|preis, der: vgl. Neuwert (1).

Neu|pries|ter, der: gerade erst geweihter Priester.

Neu|pro|duk|ti|on, die (Film, Rundf., Ferns. usw.): neue Produktion: das Hörspiel, die Platte ist eine N.

Neu|py|tha|go|re|er, der: Anhänger, Vertreter des Neupythagoreismus.

neu|py|tha|go|re|isch ⟨Adj.⟩: den Neupythagoreismus betreffend.

Neu|py|tha|go|re|is|mus, der: an den Pythagoreismus anknüpfende philosophische Strömung im 1. Jh. v. u. n. Chr.

neur-, Neur-: ↑neuro-, Neuro-.

neu|ral ⟨Adj.⟩ (Med.): **a)** einen Nerv, die Nerven betreffend; **b)** vom Nervensystem ausgehend.

Neu|ral|gie, die; -, -n [zu griech. álgos = Schmerz] (Med.): anfallsweise auftretende Schmerzen im Bereich sensibler Nerven.

neu|ral|gi|form ⟨Adj.⟩ (Med.): einer Neuralgie ähnlich.

Neu|ral|gi|ker, der; -s, - (Med.): jmd., der an Neuralgie leidet.

Neu|ral|gi|ke|rin, die; -, -nen: w. Form zu ↑Neuralgiker.

neu|ral|gisch ⟨Adj.⟩: **1.** (Med.): auf einer Neuralgie beruhend, auf eine Neuralgie hindeutend, für sie charakteristisch: -e Schmerzen. **2.** (bildungsspr.): besonders empfindlich, anfällig für Störungen: -e Punkte im Verkehr einer Stadt; das ist mein -er Punkt (da bin ich besonders empfindlich, reizbar).

Neu|ral|leis|te, die (Biol.): embryonales Gewebe, aus dem sich u. a. Neuronen entwickeln.

Neu|ral|the|ra|peut, der: jmd., der Neuraltherapie anwendet.

Neu|ral|the|ra|peu|tin, die: w. Form zu ↑Neuraltherapeut.

Neu|ral|the|ra|pie, die: medizinische Behandlungsmethode, bei der zur Beeinflussung von Krankheiten Herde (2b) durch Einwirkung auf das örtliche Nervensystem ausgeschaltet werden.

Neu|ras|the|nie, die; -, -n [↑Asthenie] (Med.): **1.** ⟨o. Pl.⟩ leichte Erregbarkeit des Nervensystems infolge körperlicher u. seelischer Überforderung; Nervenschwäche. **2.** nervöser Erschöpfungszustand.

Neu|ras|the|ni|ker, der; -s, - (Med.): jmd., der [ständig] an Neurasthenie leidet.

Neu|ras|the|ni|ke|rin, die; -, -nen: w. Form zu ↑Neurastheniker.

neu|ras|the|nisch ⟨Adj.⟩ (Med.): die Neurasthenie betreffend, auf ihr beruhend.

Neu|re|ge|lung, Neu|reg|lung, die: vgl. Neuordnung.

neu|reich ⟨Adj.⟩ (abwertend): zu Reichtum gekommen u. damit in die höhere Gesellschaft aufgestiegen, ohne jedoch deren gesellschaftliche Formen zu beherrschen u. mit dem Bedürfnis, seinen Reichtum in vielen äußeren Dingen zu

zeigen: eine -e Familie; das ist typisch n.; ⟨subst.:⟩ Neureiche ohne Manieren; ⟨als erfundener Eigenn.:⟩ Herr Neureich (der [typische] Neureiche; Bausinger, Deutsch 47); Familie Neureich/(ugs.:) [die] Neureichs (die [typische] neureiche Familie).

Neu|rek|to|mie, die; -, -n [zu griech. neūron = Nerv u. ↑Ektomie] (Med.): das Herausschneiden eines Nervs od. Nervenstücks zur Heilung einer Neuralgie.

Neu|re|nais|sance, die (Archit., Möbelbau): Stilrichtung des 19. Jh.s, die Formen der italienischen Renaissance aufgreift.

neu|re|risch ⟨Adj.⟩ (selten; leicht abwertend): das Bestreben von Neuerern zeigend, Neuerungen einzuführen, bestehende Verhältnisse zu ändern, umzugestalten: Einer -en Zeit ... mochte sie (= die griechische Selbstliebe) dem erziehlichen Verhältnis gleichzustellen sein, das ... (Musil, Mann 1165).

Neu|re|xai|re|se, die; -, -n [zu griech. neūron = Nerv u. ↑Exairese] (Med.): operative Entfernung eines schmerzüberempfindlichen, erkrankten Nervs.

Neu|ries, das (Fachspr.): Menge von 1000 Bogen Papier.

Neu|ri|lem, das; -s, -en (Med., Biol.): Neurilemm.

Neu|ri|lemm, Neu|ri|lem|ma, das; -s, ...men [zu griech. neūron = Nerv u. griech. lémma = Rinde, Schale] (Med., Biol.): aus Bindegewebe bestehende Hülle der Nervenfasern.

Neu|rin, das; -s [zu griech. neūron = Nerv]: bei Fäulnis entstehendes starkes Gift.

Neu|ri|nom, das; -s, -e [zu griech. ís (Gen.: inós) = Sehne, Gewebefaser, Muskel] (Med.): [meist gutartige] Nervenfasergeschwulst.

Neu|rit, der; -en, -en (Med.): Nervenfaser.

Neu|ri|tis, die; -, ...ti̱den (Med.): Nervenentzündung.

neu|ri|tisch ⟨Adj.⟩ (Med.): auf einer Neuritis beruhend, das Krankheitsbild einer Neuritis zeigend.

neu|ro-, Neu|ro-, (vor Vokalen auch:) neur-, Neur- [griech. neūron = Nerv] ⟨Best. in Zus. mit der Bed.⟩: nerven-, Nerven-, Nervensystem, Nervengewebe (z. B. Neurologie, Neuralgie).

Neu|ro|ana|to|mie, die; - (Med.): Anatomie der Nerven bzw. des Nervensystems.

Neu|ro|bio|lo|gie, die; - (Med.): interdisziplinäre Forschungsrichtung, die sich die Aufklärung von Struktur u. Funktion des Nervensystems zum Ziel gesetzt hat.

Neu|ro|blast, der; -en, -en [zu griech. blastós = Spross, Trieb] (Med., Biol.): unausgereifte Nervenzelle.

Neu|ro|blas|tom, das; -s, -e (Med.): **1.** Geschwulst aus Neuroblasten. **2.** Neurom.

Neu|ro|che|mie, die; - (Med.): Wissenschaft von den chemischen Vorgängen, die in Nervenzellen ablaufen u. die Erregungsleitung auslösen.

Neu|ro|chi|rurg, der; -en, -en: Facharzt auf dem Gebiet der Neurochirurgie.

Neu|ro|chi|rur|gie, die; -: Spezialgebiet der Chirurgie, das alle operativen Eingriffe am zentralen u. peripheren Nervensystem umfasst.

Neu|ro|chi|rur|gin, die; -, -nen: w. Form zu ↑Neurochirurg.

neu|ro|chi|rur|gisch ⟨Adj.⟩: die Neurochirurgie betreffend, mit den Mitteln der Neurochirurgie.

Neu|ro|cra|ni|um: ↑Neurokranium.

Neu|ro|der|ma|to|se, die; -, -n (Med.): nervöse Hauterkrankung.

Neu|ro|der|mi̱tis, die; -, ...iti̱den [zu griech. dérma (Gen.: dérmatos) = Haut] (Med.): zu den Ekzemen zählende, durch verschiedene Faktoren bedingte, entzündliche, chronische Hauterkrankung mit Bläschenbildung u. Lichenifikation.

neu|ro|en|do|kri̱n ⟨Adj.⟩ (Med.): die Sekretion von Neurohormonen betreffend.

Neu|ro|epi|thel, das; -s, -e (Med.): epithelialer Zellverband aus Sinneszellen.

Neu|ro|fi|bril|le, die; -, -n ⟨meist Pl.⟩ (Med., Biol.): feinste Nervenfaser.

neu|ro|gen ⟨Adj.⟩ [↑-gen] (Med.): von einem Nerv, einer Nervenzelle od. vom Nervensystem ausgehend.

Neu|ro|glia, die; - [zu griech. glía = Leim] (Anat., Physiol.): Stützgewebe zwischen den Nervenzellen u. den Blutgefäßen des Zentralnervensystems.

Neu|ro|hor|mon, das; -s, -e (Med.): hormonartiger, körpereigener Wirkstoff des vegetativen Nervensystems, der für die Weiterleitung von Reizen von Bedeutung ist (z. B. Adrenalin).

Neu|ro|kra|ni|um, Neurocranium, das; -s, ...ia [zu griech. kraníon = Schädel] (Anat.): Teil des Schädels, der das Gehirn umschließt.

Neu|ro|lemm, Neu|ro|lem|ma: ↑Neurilemm, ↑Neurilemma.

Neu|ro|lep|ti|kum, das; -s, ...ka ⟨meist Pl.⟩ [nlat., zu griech. lẽpsis = das (Ein)nehmen, zu: lambánein = (ein)nehmen] (Med., Pharm.): zur Behandlung von Psychosen angewandtes Arzneimittel, das die motorische Aktivität hemmt, Erregung u. Aggressivität dämpft u. das vegetative Nervensystem beeinflusst.

Neu|ro|lin|gu|is|tik, die; -: Wissenschaft von den biologisch-neurologischen Grundlagen der Sprachfähigkeit sowie deren Störungen u. Behandlung.

Neu|ro|lo|ge, der; -n, -n [↑-loge]: Nervenarzt.

Neu|ro|lo|gie, die; - [↑-logie] **1.** Wissenschaft vom Aufbau u. der Funktion des Nervensystems. **2.** Fachrichtung in der Medizin, die sich mit den Nervenkrankheiten befasst.

Neu|ro|lo|gin, die; -, -nen: w. Form zu ↑Neurologe.

neu|ro|lo|gisch ⟨Adj.⟩: **1.** zur Neurologie (1) gehörend: -e Untersuchungen. **2.** zur Neurologie (2) gehörend, auf ihr beruhend: eine -e Klinik.

Neu|rom, das; -s, -e (Med.): aus einer Wucherung der Nervenfasern, -zellen entstandene Geschwulst.

Neu|ro|man|tik, die: **1.** an die Romantik anknüpfende literarische Strömung in Deutschland um die Jahrhundertwende.

2. *an die Romantik anknüpfende Stilrichtung in der neueren Musik.*

Neu|ro|man|ti|ker, der: *Vertreter der Neuromantik.*

neu|ro|man|tisch ⟨Adj.⟩: *die Neuromantik betreffend.*

Neu|ron, das; -s, ...one u. ...onen [zu griech. neûron = Nerv] (Anat., Physiol.): *Nervenzelle mit allen Fortsätzen.*

neu|ro|nal ⟨Adj.⟩ (Anat., Physiol.): *ein Neuron betreffend, davon ausgehend.*

Neu|ro|pä|di|a|trie, die; -: *Teilgebiet der Pädiatrie, das sich mit nervalen Vorgängen u. Nervenkrankheiten befasst.*

Neu|ro|pa|thie, die; -, -n (↑-pathie (1)] (Med.): *Nervenleiden, bes. Anfälligkeit für Störungen im Bereich des vegetativen Nervensystems.*

neu|ro|pa|thisch ⟨Adj.⟩ (Med.): **a)** *die Neuropathie betreffend;* **b)** *nervenleidend.*

Neu|ro|pa|tho|lo|ge, der; -n, -n: *Facharzt auf dem Gebiet der Neuropathologie.*

Neu|ro|pa|tho|lo|gie, die; -: *Teilgebiet der Pathologie, das die Lehre von den Erkrankungen des Nervensystems umfasst.*

neu|ro|pa|tho|lo|gisch ⟨Adj.⟩: *die Neuropathologie betreffend, zu ihr gehörend.*

Neu|ro|phy|si|o|lo|ge, der; -n, -n: *Wissenschaftler auf dem Gebiet der Neurophysiologie.*

Neu|ro|phy|si|o|lo|gie, die; -: *Physiologie des Nervensystems.*

Neu|ro|phy|si|o|lo|gin, die; -, -nen: w. Form zu ↑Neurophysiologe.

neu|ro|phy|si|o|lo|gisch ⟨Adj.⟩: *die Neurophysiologie betreffend, zu ihr gehörend.*

neu|ro|psy|chisch ⟨Adj.⟩ (Med.): *den Zusammenhang zwischen nervalen u. psychischen Vorgängen betreffend.*

Neu|ro|psy|cho|lo|ge, der; -n, -n: *Wissenschaftler auf dem Gebiet der Neuropsychologie.*

Neu|ro|psy|cho|lo|gie, die; -: *Teilgebiet der Psychologie, das sich mit den Zusammenhängen zwischen Nervensystem u. psychischen Vorgängen befasst.*

Neu|rop|te|ren ⟨Pl.⟩ [zu griech. pterón = Flügel] (Zool.): *Netzflügler.*

Neu|ro|re|ti|ni|tis, die; -, ...itiden (Med.): *Entzündung der Sehnerven u. der Netzhaut des Auges.*

Neu|ro|se, die; -, -n [engl. neuroses (Pl.; im Sg. neurosis), 1776 geb. von dem schott. Arzt W. Cullen (1710–1790) zur Bez. aller nicht entzündlichen Nervenkrankheiten, zu griech. neûron = Nerv] (Med., Psych.): *hauptsächlich durch unverarbeitete Erlebnisse entstandene psychische Störung, die sich auch in körperlichen Funktionsstörungen äußern kann:* eine leichte, schwere N.; Die Grundthese lautet, dass die französische Intelligenz in habe ... wegen der verdrängten Schuld eine kollektive N. entwickelt (Zeit 16. 12. 98, 52); eine N. behandeln; Nanu, dachte ich, eine neue N.? Wo die doch seit 20 Jahren alle aus den Diagnosehandbüchern der Psychiatrie verschwinden? (Zeit 7. 1. 99, 2); -n haben; Um diesen Preis ... gelingt es der Religion, vielen

Menschen die individuellen -n zu ersparen (Freud, Unbehagen 117).

Neu|ro|se|kre|ti|on, die; -, -en (Med., Biol.): *Absonderung hormonaler Stoffe aus Nervenzellen (bei den meisten Wirbeltieren u. beim Menschen).*

Neu|ro|ti|ker, der; -s, -: *jmd., der an einer Neurose leidet:* Es mag zwar schick sein, alle Topleute als N. abzustempeln, aber ein großer Teil der Manager hat die neurotischen Impulse einigermaßen im Griff (Wirtschaftswoche 5, 1995, 64).

Neu|ro|ti|ke|rin, die; -, -nen: w. Form zu ↑Neurotiker.

Neu|ro|ti|sa|ti|on, die; -, -en (Med.): **1.** *operative Einpflanzung eines Nervs in einen gelähmten Muskel.* **2.** *Regeneration, Neubildung eines durchtrennten Nervs.*

neu|ro|tisch ⟨Adj.⟩ (Med., Psych.): **a)** *im Zusammenhang mit einer Neurose stehend, erfolgend; durch eine Neurose bedingt:* eine -e Erkrankung; -es Verhalten; -e Angst vor dem Fliegen; **b)** *an einer Neurose leidend:* ein -er Mensch.

neu|ro|ti|sie|ren ⟨sw. V.; hat⟩: *bei jmdm. eine Neurose verursachen:* Jahrelang wurden die pummeligen Leserinnen mit dem Bild der superschlanken Twiggy neurotisiert (Spiegel 42, 1983, 285); Die neurotisierende Erziehung (Hörzu 31, 1973, 81); Auch der, dem neurotisierende Traumen in der Kindheit und Jugend erspart bleiben (Schreiber, Krise 123).

Neu|ro|ti|sie|rung, die; -, -en: *das Neurotisieren, Neurotisiertwerden.*

Neu|ro|to|mie, die; -, -n [zu griech. tomḗ = Schnitt] (Med.): *operative Durchtrennung eines Nervs (zur Schmerzausschaltung, bes. bei einer Neuralgie).*

Neu|ro|to|nie, die; -, -n [zu griech. tónos = das Spannen] (Med.): *Dehnung, Lockerung eines Nervs (bes. zur Schmerzlinderung z. B. bei Ischias).*

Neu|ro|to|xi|ko|se, die; -, -n (Med.): *auf Gifteinwirkung beruhende Schädigung des Nervensystems.*

Neu|ro|to|xin, das; -s, -e (Med.): *Nervengift.*

neu|ro|to|xisch ⟨Adj.⟩ (Med.): *(von bestimmten Stoffen) das Nervensystem schädigend.*

Neu|ro|trans|mit|ter, der; -s, - (Med.): *chemische Substanz, die eine Erregung im Nervensystem weiterleitet; Transmitter (2).*

Neu|ro|trip|sie, die; -, -n [zu griech. trîpsis = das Reiben, Reibung] (Med.): *Quetschung (1) eines Nervs durch Unfall, Prothesen o. Ä.*

neu|ro|trop ⟨Adj.⟩ [zu griech. tropḗ = (Hin)wendung] (Med.): *auf die Nerven od. das Nervengewebe einwirkend.*

Neu|ro|zyt, der; -en, -en ⟨meist Pl.⟩ [zu griech. kýtos = Höhlung, Wölbung] (Med.): *Nervenzelle.*

Neu|satz, der ⟨o. Pl.⟩ (Druckw.): **1.** *(Schrift)satz, bei dem etw. neu gesetzt wird:* den N. durchführen; die Kosten für den N. eines Textes. **2.** *beim Neusatz (1) Gesetztes:* den N. korrigieren.

neu|schaf|fen ⟨Adj.⟩ (schweiz., sonst selten): *seiner Beschaffenheit nach neu, unverbraucht, nicht gebraucht, benutzt:*

Die Worte kamen ... wie n. von seinen beweglichen Lippen (Th. Mann, Zauberberg 91).

Neu|schnee, der: *frisch gefallener Schnee.*

Neu|schnee|de|cke, die: vgl. Schneedecke.

Neu|scho|las|tik, die: *die Erneuerung der Philosophie der Scholastik anstrebende philosophisch-theologische Richtung in der 2. Hälfte des 19. u. im 20. Jh. in Deutschland.*

neu|scho|las|tisch ⟨Adj.⟩: *die Neuscholastik betreffend.*

Neu|schöp|fung, die: **1.** vgl. Neuanfertigung. **2.** (Sprachw.) *Neuprägung.*

Neu|see|land; -s: *Inselstaat im Pazifischen Ozean.*

¹Neu|see|län|der, der; -s, -: Ew.

²Neu|see|län|der ⟨indekl. Adj.⟩ (selten):

Neu|see|län|de|rin, die; -, -nen: w. Form zu ↑¹Neuseeländer.

neu|see|län|disch ⟨Adj.⟩: *Neuseeland, die Neuseeländer betreffend; von den Neuseeländern stammend, zu ihnen gehörend.*

Neu|se|kun|de, die (Math.): *hundertster Teil einer Neuminute.*

Neu|siedl: Stadt in Österreich.

¹Neu|sied|ler, der; -s, -: Ew.

²Neu|sied|ler ⟨indekl. Adj.⟩: der N. See.

³Neu|sied|ler, der: *Siedler in das dahin nicht besiedeltem, neu besiedeltem od. neu zu besiedelndem Gebiet.*

¹Neu|sied|le|rin, die: w. Form zu ↑¹Neusiedler.

²Neu|sied|le|rin, die; -, -nen: w. Form zu ↑³Neusiedler.

Neu|sil|ber, das: *wie Silber aussehende Legierung aus Kupfer, Nickel u. Zink.*

neu|sil|bern ⟨Adj.⟩: *aus Neusilber.*

Neu|sprach|ler, der; -s, -: *Wissenschaftler auf dem Gebiet der neueren europäischen Fremdsprachen.*

Neu|sprach|le|rin, die; -, -nen: w. Form zu ↑Neusprachler.

neu|sprach|lich ⟨Adj.⟩: *die neueren europäischen Fremdsprachen betreffend:* -er Unterricht; das Gymnasium hat einen -en Zweig (einen Zweig, in dem die neueren Sprachen in stärkerem Maße unterrichtet werden).

Neu|stadt, die (seltener): *neuer Teil einer Stadt (im Unterschied zur Altstadt).*

neus|tens: ↑neuestens.

Neus|ton, das; -s [griech. neustón = das Schwimmende] (Biol.): *Gesamtheit der [mikroskopisch kleinen] Lebewesen, die an der Oberfläche stehender Gewässer leben.*

Neu|struk|tu|rie|rung, die: *neue Strukturierung (a).*

◆ **Neu|ta|ler,** der: *(in der Schweiz) seit dem Ende des 18. Jh.s geprägte Silbermünze:* Sie stund auf, packte die Säcklein aus, übergab Zipfe, Kleidung, Einbund – ein blanker N., eingewickelt in den schön gemalten Taufspruch (Gotthelf, Spinne 11).

Neu|tes|ta|ment|ler, der; -s, -: *Wissenschaftler auf dem Gebiet Neues Testament.*

Neu|tes|ta|ment|le|rin, die; -, -nen: w. Form zu ↑Neutestamentler.

neu|tes|ta|ment|lich ⟨Adj.⟩: vgl. alttestamentlich.

Neu|tho|mis|mus, der: *Richtung der Neuscholastik, die im Wesentlichen auf die Philosophie des Thomas von Aquin zurückgreift.*

Neu|tho|mist, der: *Anhänger, Vertreter des Neuthomismus.*

neu|tho|mis|tisch ⟨Adj.⟩: *den Neuthomismus betreffend.*

Neu|tö|ner, der; -s, -: **1.** (oft leicht spött.) *Vertreter der Neuen Musik.* **2.** *jmd., der wegen der Neuartigkeit seines Schaffens, Gestaltens Aufsehen od. Anstoß erregt:* als ihm, dem N. und Bürgerschreck ..., eine Berufung an die Akademie der bildenden Künste zuteil wurde (Welt 25. 1. 66, 7).

Neu|tö|ne|rin, die; -, -nen: w. Form zu ↑Neutöner.

neu|tö|ne|risch ⟨Adj.⟩: *in der Art eines Neutöners.*

Neu|tra: Pl. von ↑Neutrum.

neu|tral ⟨Adj.⟩ [mlat. neutralis = keiner Partei angehörend < lat. neutralis = sächlich, zu: neuter, ↑Neutrum]: **1. a)** (Völkerrecht) *keiner der Krieg führenden Parteien angehörend, keine von diesen unterstützend:* ein -es Land; die -e Schweiz; n. sein, bleiben; sich n. verhalten; eine -e *(entmilitarisierte, von Kampfhandlungen ausgenommene)* Zone; **b)** *keiner der gegnerischen Parteien angehörend, nicht an eine Partei, Interessengruppe gebunden; unparteiisch:* ein -er Beobachter; sich zur Verhandlungen an einem -en Ort treffen; ideologisch, politisch -e Staaten; das Fußballspiel findet auf -em Platz statt; die -e Zone (Eishockey; *das mittlere Spielfelddrittel zwischen Angriffs- u. Verteidigungsdrittel*); eine -e Ecke (Boxen; *keinem der Gegner zugeordnete Ecke des Rings*); über ein -es *(keinen Anlass zu Streit bietendes, unverfängliches)* Thema sprechen; der Bericht ist n. **2.** *nichts Hervorstechendes, Besonderes aufweisend u. daher mit anderem harmonierend:* eine -e Farbe; ein geschmacklich, im Geschmack -es Salatöl; ein -er *(weißer, mit keinem Briefkopf bedruckter)* Briefbogen; der Raum ist [farblich, im Ton] sehr n. gehalten. **3. a)** (Chemie) *weder sauer noch basisch:* die Lösung ist [chemisch] n.; n. reagieren; **b)** (Physik) *weder positiv noch negativ; nicht elektrisch geladen:* ein -es Elementarteilchen; das Atom ist [elektrisch] n. **4.** (Sprachw.): *sächlich.* **5.** *frei von einer möglichen Beeinträchtigung, Beeinflussung o. Ä.:* -es Geld (Volkswirtschaft; *Geld, das keine Auswirkungen auf bestimmte andere volkswirtschaftliche Größen hat*); -er Ertrag (Betriebswirtschaft; *Ertrag, der nicht der betrieblichen Leistung zuzurechnen ist*); Der Automatic-Passat bleibt auch in dieser Situation seinem -en bis leicht untersteuernden Fahrverhalten treu (Gute Fahrt 3, 1974, 18); Alle Brillen sind optisch n., das heißt, sie verzerren das Bild auch nicht am Rand der Gläser (auto 6, 1965, 75).

-neu|tral: 1. drückt in Bildungen mit Substantiven aus, dass die beschriebene Sache von etw. nicht betroffen, bestimmt ist, etw. nicht hat: geruchs-, geschlechtsneutral. **2.** drückt in Bildungen mit Substantiven aus, dass die beschriebene Sache sich nicht auf etw. auswirkt: kosten-, produktneutral.

Neu|tra|le, der u. die; -n, -n ⟨Dekl. ↑Abgeordnete⟩ (Sport Jargon): *Schiedsrichter[in].*

Neu|tra|li|sa|ti|on, die; -, -en [frz. neutralisation]: **1.** *das Neutralisieren* (1, 2, 4). **2.** (Chemie) *Reaktion zwischen einer Säure u. einer Base, bei der sich saure u. basische Wirkung gegenseitig aufheben.* **3.** (Sport) *Unterbrechung des Wettkampfes, während deren die Wertung ausgesetzt wird.*

neu|tra|li|sie|ren ⟨sw. V.; hat⟩ [frz. neutraliser]: **1.** *neutral* (1 a) *machen:* ein Land n. **2.** (bildungsspr.) *eine Wirkung von etwas durch etw. anderes aufheben:* ein Gift n.; ein politisches Übergewicht n.; Bedingung ist die chancengleiche Teilnahme an einem Wettbewerb, der so geregelt ist, dass externe Einflüsse neutralisiert werden (Habermas, Spätkapitalismus 114). **3.** (Chemie) *einer sauren Lösung so lange eine Base bzw. umgekehrt einer alkalischen Lösung so lange eine Säure zusetzen, bis die Lösung neutral* (3 a) *ist:* eine Säure, Base n.; alkalische Abwässer n.; In der Schlussphase werden alle Rückstände chemisch neutralisiert (Elektronik 12, 1971, 36). **4.** (Sport) *(ein Rennen) unterbrechen und die Wertung aussetzen:* trotz des grauenhaften Unglücks wurde das Profirennen nur für fünf Minuten neutralisiert (Volk 13. 7. 64, 5). **5.** (Elektrot.) *[unerwünschte] elektrische Rückkoppelungen ausschalten.*

Neu|tra|li|sie|rung, die; -, -en: *das Neutralisieren, das Neutralisiertwerden.*

Neu|tra|lis|mus, der; -: *vom Prinzip der Nichteinmischung bestimmte politische Grundanschauung.*

Neu|tra|list, der; -en, -en: *Anhänger, Vertreter des Neutralismus.*

Neu|tra|lis|tin, die; -, -nen: w. Form zu ↑Neutralist.

neu|tra|lis|tisch ⟨Adj.⟩: *zum Neutralismus gehörend, von ihm bestimmt.*

Neu|tra|li|tät, die; -, -en ⟨Pl. selten⟩ [wohl unter Einfluss von frz. neutralité < mlat. neutralitas]: **1. a)** *neutraler* (1 a) *Status eines Staates:* die N. eines Landes garantieren, respektieren, verletzen; seine N. erklären, wahren; strikte N. einhalten; bewaffnete *(mit militärischer Rüstung zur eigenen Verteidigung verbundene)* N.; wohlwollende N. *(direktes militärisches Eingreifen ausschließende, aber andere Formen der Unterstützung zulassende außenpolitische Haltung);* ständige/dauernde *(auch in Friedenszeiten, nicht nur im Hinblick auf einen bestimmten Krieg bestehende)* N.; aktive/positive N. *(außenpolitische Haltung eines Staates, der seine Neutralität als Beitrag zur Sicherung des Weltfriedens versteht);* **b)** *neutrale* (1 b) *Haltung, neutrales* (1 b) *Verhalten:* die N. des Schiedsrichters. **2.** *neutrale* (2, 3) *Beschaffenheit.*

Neu|tra|li|täts|ab|kom|men, das: *Abkommen, in dem sich ein Staat zur Neutralität verpflichtet.*

Neu|tra|li|täts|bruch, der: vgl. Neutralitätsverletzung.

Neu|tra|li|täts|er|klä|rung, die: vgl. Neutralitätsabkommen.

Neu|tra|li|täts|po|li|tik, die: *Politik der Neutralität.*

Neu|tra|li|täts|ver|let|zung, die: *Verletzung der Neutralität* (1 a) *eines Staates.*

Neu|tral|salz, das (Chemie): *Salz, das in wässriger Lösung weder sauer noch basisch reagiert.*

Neu|tren: Pl. von ↑Neutrum.

Neu|tri|no, das; -s, -s [ital. neutrino = kleines Neutron] (Kernphysik): *(masseloses) Elementarteilchen ohne elektrische Ladung.*

Neu|tron, das; -s, ...onen [engl. neutron, geb. nach: electron, ↑Elektron] (Kernphysik): *Elementarteilchen ohne elektrische Ladung als Baustein des Atomkerns.*

Neu|tro|nen|be|schuss, der (Kernphysik): *das Auftreffenlassen von Neutronen auf Atomkerne.*

Neu|tro|nen|bom|be, die: vgl. Neutronenwaffe.

Neu|tro|nen|strah|len ⟨Pl.⟩: vgl. Neutronenstrahlung.

Neu|tro|nen|strah|lung, die: *Emission von Neutronen.*

Neu|tro|nen|waf|fe, die: *Kernwaffe, die bei relativ geringer Sprengwirkung eine extrem starke Neutronenstrahlung auslöst u. dadurch bes. Lebewesen schädigt od. tötet, Objekte dagegen weitgehend unbeschädigt lässt.*

Neu|tro|nen|zahl, die (Kernphysik): **a)** *Anzahl der Neutronen (in einem Atomkern);* **b)** *Zahl, die die Anzahl der Neutronen in einem Atom angibt.*

neu|tro|phil ⟨Adj.⟩ [zu griech. phileīn = lieben] (Med.): *mit chemisch neutralen Stoffen leicht färbbar (z. B. von Leukozyten).*

Neu|tro|phi|lie, die; -, -n (Med.): *übermäßige Vermehrung der neutrophilen weißen Blutkörperchen.*

Neu|trum, das; -s, ...tra (österr. nur so), auch: ...ten [lat. neutrum (genus) = keines von beiden (Geschlechtern), zu: neuter = keiner von beiden]: **1.** (Sprachw.) **a)** ⟨o. Pl.⟩ *sächliches Geschlecht:* im Französischen gibt es kein N.; **b)** *sächliches Substantiv, sächliche Form eines Wortes:* »Haus« und »Gerümpel« sind Neutra. **2. a)** (bildungsspr., oft abwertend) *jmd., der keinerlei erotische Ausstrahlung hat (aus der Sicht eines Andersgeschlechtlichen):* er ... behandelte Julika ... nicht einmal wie eine Nonne, sondern wie ein N. (Frisch, Stiller 156); **b)** *jmd., der (aus Opportunismus, Eigennutz o. Ä.) einer Entscheidung ausweicht:* er war ein N., ein überfleißiger Karrieremacher (Hochhuth, Stellvertreter, Nachwort 273).

neu|ver|hei|ra|tet ⟨Adj.⟩: *neuvermählt.*

neu|ver|mählt ⟨Adj.⟩: *erst vor kurzem vermählt:* das -e Paar war auf dem Weg in die Flitterwochen.

Neu|ver|mähl|te, der u. die; -n, -n (meist Pl.) ⟨Dekl. ↑Abgeordnete⟩ (geh.): *jmd.,* *der gerade erst geheiratet hat:* die -n grüßen.

Neu|ver|pflich|tung, die: **1. a)** *das Verpflichten einer neuen Person:* nur drei -en pro Jahr (Welt 4. 6. 65, 8); **b)** *erneute Verpflichtung:* von seiner N. wurde abgesehen. **2.** (bes. Sport) **a)** vgl. Neueinkauf (1); **b)** vgl. Neueinkauf (2): die -en fügten sich schnell in die Elf ein.

Neu|ver|schul|dung, die: *zu einer bestehenden neu hinzukommende Verschuldung [eines Gemeinwesens] in bestimmter Höhe:* die Verfassung regelt die Bedingungen für die N. des Bundes; in einem solchen Falle werde man ... den Anstieg der N. dämpfen (Bundestag 189, 1968, 10257); Weil die gesetzlich erlaubte N. bis zur letzten Mark ausgenutzt wird, sollen jetzt doch wieder alle Junglehrer gleich Beamte werden, weil dann keine Zahlungen für Sozial- und Rentenversicherung anfallen (FR 14. 5. 99, 35).

Neu|wa|gen, der: *(beim Verkauf) neuer Wagen:* Ich habe dreimal in meinem Leben einen N. gekauft und dabei zweimal Altwagen in Zahlung gegeben (Hörzu 23, 1975, 13).

Neu|wahl, die: *erneute Wahl.*

neu|wa|schen ⟨Adj.⟩ (landsch.): *frisch gewaschen; nach dem Waschen noch nicht benutzt:* ein -es Hemd.

Neu|welt|af|fe, der (Zool.): *Angehöriger einer in den Tropen Mittel- u. Südamerikas beheimateten Überfamilie der Affen; Breitnase.*

neu|welt|lich ⟨Adj.⟩: *der Neuen Welt eigentümlich, dazugehörend, daraus stammend.*

Neu|wert, der: **1.** *Wert eines Gegenstands in neuem, nicht abgenutztem Zustand:* der N. des Autos beträgt 10 000 Mark. **2.** (marx.) *im Produktionsprozess durch menschliche Arbeitskraft neu geschaffener Wert; Wertprodukt.*

neu|wer|tig ⟨Adj.⟩: *so gut wie neu u. daher (beim Verkauf) Neuwert (1) besitzend:* -e Schrankwand zu verkaufen.

Neu|wert|ver|si|che|rung, die: *Sachversicherung, bei der im Schadensfall der Neuwert ersetzt wird.*

Neu|wort, das   ⟨Pl.: ...wörter⟩ (Sprachw.): *in einer Sprache neu, in jüngster Zeit aufgekommenes Wort.*

Neu|zeit, die ⟨o. Pl.⟩: **1.** *die auf das Mittelalter folgende Zeit (etwa seit 1500):* die Baukunst der N. **2.** (selten) *moderne, fortschrittliche Gegenwart:* ein Automat mit allen Raffinessen der N. (Foto-Magazin 8, 1968, 4).

neu|zeit|lich ⟨Adj.⟩: **1.** *zur Neuzeit (1) gehörend, der Neuzeit (1) eigentümlich:* die -en Entdeckungen, Staatstheorien. **2.** *modern:* ein -es Heim; Miniaturisierung -er Bauelemente für Transistorverstärker (Elektronik 11, 1971, A 10); Navigationssystem ... Irgendwie ist das toll charmant und ... (Woche 13. 3. 98, 37).

Neu|züch|tung, die: *neue Züchtung (2):* Kerner ist eine N. aus Trollinger und Riesling.

Neu|zu|gang, der: **1.** *neues Hinzukommen:* der N. von Waren. **2.** *neu hinzukommende od. gekommene Person od. Sache:* die Neuzugänge registrieren.

Neu|zu|las|sung, die (Amtsspr.): **1.** *(von Kraftfahrzeugen) neue, erstmalige Zulassung.* **2.** *neu zugelassenes Kraftfahrzeug:* Deutsche Autos stehen ... an der Spitze der Schweizer -en (auto 7, 1965, 16).

Neu|zu|stand, der ⟨o. Pl.⟩: *das Neusein, [so gut wie] Unbenutztsein (bes. einer Sache beim Verkauf).*

Neu|zu|zü|ger, der; -s, - (schweiz.): *jmd., der neu zugezogen ist:* ... die Abwanderung in die dünner besiedelten Randregionen. Die N., oft besser ausgebildet und initiativer als die Lokalbevölkerung, werden ... als Bedrohung empfunden (NZZ 30. 8. 86, 5).

Neu|zu|zü|ge|rin, die; -, -nen: w. Form zu ↑Neuzuzüger.

Ne|va|da; -s: Bundesstaat der USA.

Ne|veu [nəˈvø:], der; -s, -s [frz. neveu = Neffe < lat. nepos = Enkel] (veraltet, noch scherzh.): *Neffe.*

New Age [ˈnju: ˈeɪdʒ], das; -- [engl. new age = neues Zeitalter]: *als Inbegriff eines von verschiedenen Forschungsrichtungen u. alternativen Bewegungen vertretenen neuen integralen Weltbildes.*

New|co|mer [ˈnju:kʌmə], der; -[s], -[s] [engl. newcomer = Neuankömmling, Neuling]: *jmd., der in einer Branche, einem Geschäft o. Ä. neu ist, noch nicht viel Erfahrung [aber schon einen gewissen Erfolg] hat:* ein N. im Schlagergeschäft; Der erfahrene Bürokrat demonstrierte dem N. die Kontinuität der Verwaltung (Spiegel 51, 1966, 49); Ü dieses Modell ist ein N. auf dem Automarkt.

New Deal [ˈnju: ˈdi:l], der; -- [engl., eigtl. = neues Geben (im Kartenspiel)]: *wirtschafts- u. sozialpolitisches Reformprogramm des ehemaligen amerikanischen Präsidenten F. D. Roosevelt.*

New De|lhi [nju:ˈdeli]: ↑Neu-Delhi.

New Hamp|shire [nju:ˈhæmpʃə]; --s: Bundesstaat der USA.

New Jer|sey [nju:ˈdʒɜ:zi]; --s: Bundesstaat der USA.

New Look [ˈnju: ˈlʊk], der od. das; --[s] [engl. new look = neues Aussehen] (bildungsspr.): *neue Linie, neuer Stil:* der N. L. in der Mode, der Literatur, im Film.

New Me|xi|co [nju:ˈmɛksɪkoʊ]; --s: Bundesstaat der USA.

New Or|leans [nju:ˈɔ:liəns, nju:ɔ:ˈli:nz]: Stadt in Louisiana.

New-Or|leans-Jazz, der; -: *frühester, improvisierender Jazzstil der nordamerikanischen Schwarzen in u. um New Orleans.*

New|roz, das; - (meist ohne Artikel) [kurdisch newroz, eigtl. = neuer Tag (im Sinne von »erster Tag einer neuen Zeit, eines neuen Jahres«)]: *zum Frühlingsbeginn am 21. März gefeiertes kurdisches Neujahrsfest:* Als erster türkischer Premier nahm Yilmaz am 21. März am kurdischen Frühlingsfest N. teil (Zeit 29. 3. 96, 5); Jedes Jahr zum kurdischen Neujahrsfest N. veranstalten die Kurden in Deutschland Kundgebungen, um auf die Situation ihres Volkes aufmerksam zu machen (Focus 12, 1997, 302); Nach

Schätzungen von Menschenrechtlern wurden allein am vergangenen Sonntag, dem Tag des kurdischen Neujahrsfestes N., in Istanbul über 700 Menschen in Gefängnisse gesteckt (Woche 26. 3. 99, 29).

News [nju:z] ⟨Pl.⟩ [engl. news = Nachricht, Neuigkeit(en)] (Jargon): *Nachrichten, Neuigkeiten:* diese Zeitung bringt immer die besten N. des Tages.

News|group [ˈnju:sgru:p], die; -, -s [engl. newsgroup, zu: group = Gruppe] (EDV): *zu einem bestimmten Thema im Internet eingerichtete öffentliche Diskussionsrunde:* moderierte, unmoderierte -s; Nietzsche auf CD-ROM, Kants Vernunftkritik als Hypertext mit Suchfunktionen, eine WWW-Seite für Derrida, eine N. über Hegel – es hat schon etwas Komisches (Zeit 11. 10. 96, 34); In einer so genannten N., einem elektronischen Diskussionsforum, wurde rege über das Kursdebakel von KHD debattiert (Wirtschaftswoche 38, 1996, 142).

News|letter [ˈnju:s...], der; -s, - [engl. newsletter, zu: letter = Brief, Schreiben]: *Regelmäßig erscheinendes Informationsblatt, -heft; regelmäßig erscheinender Internetbeitrag o. Ä.:* ein monatlicher N.; einen N. herausgeben, abonnieren; Weiter enthält die Webseite einen N. mit aktuellen Informationen rund um das Studentenleben (Wirtschaftswoche 13, 1999, 136).

New|ton [ˈnju:tn̩], das; -s, - [nach dem engl. Physiker Sir Isaac Newton (1643–1727)] (Physik): *physikalische Einheit der Kraft* (Zeichen: N).

New|ton|me|ter [ˈnju:tn̩...], der, auch: das: *physikalische Einheit der Energie* (Zeichen: Nm).

New Wave [ˈnju: ˈweɪv], der; -- [engl., eigtl. = neue Welle]: *(Mitte der 70er-Jahre in den USA aufgekommene) Richtung in der Rockmusik, die durch einfachere Formen (z. B. in der Instrumentierung, im Arrangement), durch Verzicht auf Perfektion u. durch zeitgemäße Texte gekennzeichnet ist.*

¹**New York** [ˈnju: ˈjɔ:k]: Stadt in den USA.

²**New York;** --s: Bundesstaat der USA.

¹**New Yor|ker,** der; -s, --, (auch:) **New-Yor|ker,** der; -s, - : Ew.

²**New Yor|ker,** (auch:) **New-Yorker** ⟨indekl. Adj.⟩.

¹**New Yor|ke|rin,** die; --, --nen, (auch:) **New-Yor|ke|rin,** die; -, -nen: w. Form zu ↑¹New Yorker.

Ne|xus, der; -, - [...u:s; lat. nexus = das Zusammenknüpfen, zu: nexum, 2. Part. von: nectere, ↑nektieren] (Fachspr.): *Zusammenhang, Verbindung:* ein logischer N.

Ne|zes|si|tät, die; -, -en [lat. necessitas] (veraltet): *Notwendigkeit.*

nF = Nanofarad.

NF = Nahost Forum.

N. F. = Neue Folge.

n-fach ⟨Vervielfältigungsz.⟩ (Math.): vgl. achtfach.

NGO [endʒi:ˈou], die; - [Abk. für Non-governmental organization]: *Nichtregierungsorganisation; in unterschiedlichen Politikbereichen tätige nichtstaatliche Organisation.*

N. H. = Normalhöhenpunkt.

nhd. = neuhochdeutsch.

Ni = Nickel.

Ni|ai|se|rie [nἰɛzə'riː], die; -, -n [frz. niaiserie, zu: niais = dumm, unerfahren, urspr. bezogen auf Vögel, die noch nie das Nest verlassen haben u. nicht fliegen können, über das Vlat. zu lat. nidus = Nest] (veraltet): *Albernheit, Dummheit, Einfältigkeit.*

Nia|mey [nja'mɛ]: Hauptstadt von Niger.

nib|beln ⟨sw. V.; hat⟩ [zu engl. to nibble = (ab)knabbern] (Fachspr.): *(Bleche o. Ä.) schneiden, abtrennen.*

Nibble ['nɪbl], das; -[s], -[s] [engl. nibble, eigtl. = das Knabbern; Bissen, Happen] (EDV): *Hälfte eines Bytes bzw. Gruppe von vier Bits.*

Nibb|ler, der; -s, - (Fachspr.): *Gerät zum Nibbeln.*

ni|beln ⟨sw. V.; hat⟩ [zu ↑Nebel] (landsch.): *fein regnen.*

Ni|be|lun|gen ⟨Pl.⟩: germanisches Sagengeschlecht.

Ni|be|lun|gen|treue, die; - [nach der im Nibelungenlied (Anfang 13. Jh.) besungenen »heldischen Treue« von dem dt. Reichskanzler B. v. Bülow (1849–1929) gepr. Bez. für die Bündnistreue zwischen dem Dt. Reich u. Österreich-Ungarn während der Bosnienkrise 1908/09] (oft abwertend): *bedingungslose Treue bis in den Tod:* ... könnte man verzweifeln an so viel Untertanengeist, der obendrein mit N. verbrämt ist (Dönhoff, Ära 24).

Ni|blick, der; -s, -s [engl. niblick, H. u.] (Golf): *schwerer Golfschläger mit Eisenkopf.*

Ni|cae|num: ↑Nizänum.

Ni|ca|ra|gua; -s: Staat in Mittelamerika.

Ni|ca|ra|gu|a|ner, der; -s, -: Ew.

Ni|ca|ra|gu|a|ne|rin, die; -, -nen: w. Form zu ↑Nicaraguaner.

ni|ca|ra|gu|a|nisch ⟨Adj.⟩: *Nicaragua, die Nicaraguaner betreffend; aus Nicaragua stammend.*

Nice [nis]: frz. Form von ↑Nizza.

nicht [mhd. niht, ahd. niwiht, aus: ni (eo) wiht = nicht (irgend) etwas, 2. Bestandteil ahd. wiht, ↑Wicht]: **I.** ⟨Adv.⟩ **1.** drückt eine Verneinung aus: er raucht n.; ich weiß es n.; n. amtliche Nachrichtenagenturen; n. berufstätige Frauen; n. eheliche Kinder; die Pilze sind n. essbar; n. öffentlich; n. selbstständige Arbeit; wir haben n. genug Zeit; das ist n. umsonst so gemacht *(es hat einen ganz bestimmten Grund);* n. einer (geh.; *keiner)* war bereit zu helfen; bitte n. berühren; [tu das] n.!; Geld hatte sie n.; Sie (= die Division) musste n. um jeden Meter Boden kämpfen, das n. (Kuby, Sieg 236); n., dass ich keine Lust hätte, aber ich möchte noch warten; (verstärkt:) wirklich n.; gar n.; durchaus n.; absolut n.; n. doch!; (emotional:) er kann [noch] n. [ein]mal seinen Namen schreiben *(sogar seinen Namen kann er nicht schreiben);* ⟨in mehrteiligen Konj.:⟩ n. nur ..., sondern [auch]; n. ... noch. **2.** (vor einem Adj. mit negativer Bedeutung) drückt eine bedingt positive Einstellung od. auch Anerkennung des Sprechers aus: sie ist n. unfreundlich *(ist ganz freundlich);* die Sache ist n. übel, n.

schlecht *(ist ganz gut);* er ist gar n. dumm *(ist klüger als erwartet).* **II.** ⟨Partikel; meist unbetont⟩ dient zur Bekräftigung u. Bestätigung in Fragesätzen, die eine positive Antwort herausfordern, in Ausrufen o. Ä., die Zustimmung wünschen: willst du n. mitkommen?; gefällt dir das n. auch?; ist es n. herrlich hier?; hast du das denn n. gesehen?; das ist doch dein Bruder, n.?

nicht-, Nicht-: verneint in Bildungen mit Adjekt. u. Subst. deren Bedeutung: nichtamtlich, nichtberufstätig, Nichtbeteiligung, Nichteignung, Nichtlieferung.

Nicht|ach|tung, die: **1.** *das Nichtachten, -beachten:* jmdn. mit N. strafen *(jmdn. mit Absicht, demonstrativ nicht beachten, übersehen).* **2.** *Geringschätzung, Mangel an Achtung, Respekt:* jmdn. mit N. behandeln.

nicht|amt|lich ⟨Adj.⟩: *nicht von amtlicher Seite ausgehend:* eine -e Darstellung der Vorgänge.

Nicht|an|er|ken|nung, die: *das Nichtanerkennen (2).*

Nicht|an|griffs|pakt [–'–––], der: *Pakt, durch den Staaten sich verpflichten, einander nicht anzugreifen.*

nicht ar|bei|tend: s. arbeiten (1 b).

Nicht|ari|er, der (nationalsoz.): *(in der rassistischen Ideologie des Nationalsozialismus) jmd., der nicht zu den sog. Ariern (2) zählt.*

nicht|arisch ⟨Adj.⟩: *nicht arisch (2) seiend.*

Nicht|be|ach|tung, die: vgl. Nichtachtung (1).

nicht be|am|tet: s. beamtet.

Nicht|be|fol|gung, die: vgl. Nichtachtung (1).

nicht|be|rufs|tä|tig ⟨Adj.⟩: *nicht berufstätig seiend:* -e Hausfrauen.

Nicht|be|rufs|tä|ti|ge, der u. die: *jmd., der nicht berufstätig ist.*

Nicht|christ, der: *jmd., der sich nicht zum christlichen Glauben bekennt.*

Nicht|chris|tin, die: w. Form zu ↑Nichtchrist.

nicht|christ|lich ⟨Adj.⟩: *nicht christlich seiend.*

Nich|te, die; -, -n [aus dem Niederd. < mniederd. nichte, verw. mit ahd. nift (niederd. -cht- entspricht hochd. -ft-, vgl. Schacht) = Nichte, verw. mit lat. nepos, ↑Nepotismus]: *Tochter von jmds. Schwester, Bruder, Schwägerin od. Schwager.*

nicht|ehe|lich ⟨Adj.⟩ (bes. Rechtsspr.): *nicht innerhalb einer Ehe gezeugt:* Heute sind dreihundert von tausend Geburten n. (MM 20. 9. 80, 49).

Nicht|ein|brin|gungs|fall, der: in der Verbindung im N. (österr. Amtsspr.; *im Fall der Zahlungsunfähigkeit).*

Nicht|ein|hal|tung, die (Amtsspr.): *das Nichteinhalten:* die N. der Vorschriften.

Nicht|ein|mi|schung, die (Völkerr.): *das Sich-nicht-Einmischen eines Staates in die Angelegenheiten eines anderen Staates.*

Nicht|ei|sen|me|tall, das: *ein Metall, das nicht Eisen ist.*

Nicht|er|fül|lung, die: *das Nichterfüllen:* bei N. der Bedingungen.

Nicht|er|schei|nen, das; -s (Amtsspr.): *das Nicht-in-Erscheinung-Treten, das Fernbleiben:* er wurde wegen -s vor Gericht bestraft.

nicht|eu|kli|disch ⟨Adj.⟩ (Math.): *auf dem hyperbolischen, nicht auf dem von Euklid aufgestellten Parallelenaxiom beruhend:* die -e Geometrie.

Nicht|fach|mann, der: vgl. Nichtberufstätige.

nicht|flek|tier|bar ⟨Adj.⟩ (Sprachw.): *sich nicht flektieren lassend.*

Nicht|ge|fal|len, das (Kaufmannsspr.): *das Nichtzusagen [u. Zurückweisung]:* bei N. nehmen wir die Ware zurück.

Nicht|ge|schäfts|fä|hi|ge, der u. die; -n, -n ⟨Dekl. ↑Abgeordnete⟩: vgl. Nichtberufstätige.

Nicht|ge|wünsch|te, das; -n ⟨Dekl. ²Junge, das⟩ (Kaufmannsspr.): *etw., was nicht gewünscht wird:* -s bitte streichen.

Nicht-Ich, das (Philos.): *(bei J. G. Fichte) Dingwelt, Welt der Objekte.*

nich|tig ⟨Adj.⟩: **1.** (geh.) **a)** *gering einzuschätzend; ohne Wert, ohne Gewicht (3), ohne innere Substanz:* -e Dinge, Freuden; dass die Welt ... einen -en (bedeutungslosen) Platz unter vielen Sonnensystemen hat (Bachmann, Erzählungen 112); **b)** *gänzlich unwichtig, belanglos:* ein -er Grund, Vorwand. **2.** (Rechtsspr.) *ungültig:* einen Vertrag, eine Ehe für n. erklären.

Nich|tig|keit, die; -, -en: **1.** (geh.) ⟨o. Pl.⟩ *das Nichtigsein (1).* **2.** *etw. Nichtiges (1).* **3.** ⟨o. Pl.⟩ (Rechtsspr.) *Ungültigkeit.*

Nich|tig|keits|kla|ge, die (Rechtsspr.): *Klage mit dem Ziel, dass etw. für nichtig erklärt wird.*

Nich|tig|keits|ur|teil, das (Rechtsspr.): *Urteil, durch das etw. für nichtig erklärt wird.*

Nicht|in|an|spruch|nah|me, die (Amtsspr.): vgl. Nichterfüllung.

Nicht|ju|de, der: *jmd., der kein Jude ist; jmd. der nicht dem Judentum angehört.*

Nicht|jü|din, die; -, -nen: w. Form zu ↑Nichtjude.

Nicht|ka|tho|lik, der: vgl. Nichtchrist.

Nicht|ka|tho|li|kin, die: w. Form zu ↑Nichtkatholik.

nicht|kom|mu|nis|tisch ⟨Adj.⟩: vgl. nichtchristlich.

nicht lei|tend: s. nicht (I 1).

Nicht|lei|ter, der (Physik): *Stoff, der Elektrizität nicht leitet.*

Nicht|me|tall, das: *chemisches Element, das kein Metall ist.*

Nicht|mit|glied, das: *jmd., der nicht Mitglied ist.*

Nicht|mut|ter|sprach|ler, der (Sprachw.): vgl. Muttersprachler.

Nicht|mut|ter|sprach|le|rin, die: w. Form zu ↑Nichtmuttersprachler.

nicht|öf|fent|lich ⟨Adj.⟩: *unter Ausschluss der Öffentlichkeit stattfindend.*

nicht or|ga|ni|siert: s. organisieren (2 b).

Nicht|or|ga|ni|sier|te, der u. die; -n, -n ⟨Dekl. ↑Abgeordnete⟩: *jmd., der nicht organisiert ist, keiner Gewerkschaft angehört.*

nicht|pakt|ge|bun|den ⟨Adj.⟩ (DDR): *blockfrei:* -e Staaten.

Nicht|rau|cher, der: 1. *jmd., der nicht raucht* (2 b). 2. ⟨o. Art.⟩ (ugs.) kurz für ↑Nichtraucherabteil: hier ist N.; wir gehen lieber in N.

Nicht|rau|cher|ab|teil, das: *Eisenbahnabteil, in dem nicht geraucht werden darf.*

Nicht|rau|cher|gast|stät|te, die: vgl. Nichtraucherabteil.

Nicht|rau|che|rin, die: w. Form zu ↑Nichtraucher (1).

Nicht|rau|cher|zo|ne, die: vgl. Nichtraucherabteil.

nicht ros|tend: s. rosten.

nicht ru|ßend: s. rußen (1).

nichts ⟨Indefinitpron.⟩ [mhd. niht(e)s, eigtl. Gen. Sg. von: niht (↑nicht), entstanden aus der Verstärkung mhd. nihtes niht = nichts von nichts]: **a)** bringt die vollständige Abwesenheit, das absolute Nicht-vorhanden-Sein von etw. zum Ausdruck; *nicht das Mindeste, Geringste:* n. zu essen haben; n. sagen; n. hören können; n. wollen; »Habt ihr etwas gefunden?« – »Nein, n.!«; n. nützen, schaden; n. ist einfacher als das; er ist durch n. zu überzeugen, mit n. zufrieden; n. wie weg! (ugs.; *nur schnell weg!*); alles oder n.; (verstärkt:) überhaupt n.; absolut n.; n. von alledem; er unterscheidet sich in gar n. von seinem Vorgänger; er ist um n. *(nicht im Geringsten)* besser als andere; R aus n. wird n.; von n. kommt n.; * **n. da!** (ugs.; *das kommt nicht infrage!*); **wie n.** (ugs.; *blitzschnell*); **b)** *kein Ding, keine Sache:* es gibt n. Neues; es gibt n. Schöneres; n. dergleichen; n. sonst; n. weiter; sonst, weiter n.; sie spricht von n. anderem mehr.

Nichts, das; -, -e: 1. ⟨o. Pl.⟩ **a)** (Philos.) absolutes Nichtsein; Gegensatz zum Sein u. zum Seienden: das absolute, reine N.; nach der Bibel hat Gott die Welt aus dem N. erschaffen; **b)** *als leer gedachter Raum [des Alls]:* plötzlich stand er vor einem Abgrund, ein gähnendes N. tat sich vor ihm auf; sie war wie aus dem N. aufgetaucht *(man hatte sie nicht kommen sehen).* **2.** ⟨o. Pl.⟩ *verschwindend geringe Menge, Anzahl (von etw. Bestimmtem):* er kaufte das Grundstück für ein N. *(für eine sehr geringe Summe);* * **vor dem N. stehen** *(plötzlich, durch einen bestimmten Umstand mittellos geworden sein, allen Besitz verloren haben);* **ein N. an/von etw. sein** *(in seiner Ausführung, Form, Gestalt o. Ä. sehr klein, unscheinbar o. ä. sein):* Lozé ... auf einem Stuhle sitzend, ein N. an Leib (Maass, Gouffé 237); sie trug ein N. von einem Bikini. **3.** (abwertend) *Mensch, der keinerlei Achtung genießt, den keiner respektiert, der keine soziale Stellung hat o. Ä.:* die Frau hat ihn ... merken lassen ..., dass er ein N. war (Aberle, Stehkneipen 21).

nichts ah|nend: s. ¹ahnen (1).

¹Nicht|schwim|mer, der: *jmd., der nicht schwimmen kann.*

²Nicht|schwim|mer, das; -s, - (ugs.): kurz für ↑Nichtschwimmerbecken.

Nicht|schwim|mer|be|cken, das: *Schwimmbecken mit geringer Wassertiefe bes. für Nichtschwimmer.*

Nicht|schwim|me|rin, die: w. Form zu ↑¹Nichtschwimmer.

nichts|des|to|min|der ⟨Adv.⟩ (selten): *nichtsdestoweniger:* Nichtsdestominder blickte ich auf die fleißigen Commilitones hinab (Dessauer, Herkun 146).

nichts|des|to|trotz ⟨Adv.⟩ [scherzh. Mischbildung aus ↑nichtsdestoweniger u. ↑trotzdem] (ugs., oft scherzh.): trotzdem; trotz alledem: so ist das Leben n. eine große Sache (Plievier, Stalingrad 122).

nichts|des|to|we|ni|ger ⟨Adv.⟩: *trotzdem:* war seine Existenz auch nicht in vollem Umfang gesichert, so schätzte er n. die bescheidene Geborgenheit, die sie ihm im Zusammenklang von Lohnhöhe, Beschäftigungsgrad und Sozialversicherung schenkte (Niekisch, Leben 46).

Nicht|sein, das: *das Nichtexistieren, Nicht-vorhanden-Sein:* immer noch trieb das Haus durch die Tagesfinsternis wie eine Seele vom Sein ins N. (Kaschnitz, Wohin 149).

nicht|selbst|stän|dig, (auch:) nichtselbständig ⟨Adj.⟩: vgl. nichtberufstätig: Einkünfte aus -er Arbeit.

Nicht|sess|haf|te, der u. die; -n, -n ⟨Dekl. ↑Abgeordnete⟩ (Amtsspr.): *jmd., der nicht sesshaft* (a) *ist.*

Nichts|kön|ner, der (abwertend): *jmd., der sein Fach nicht beherrscht; Stümper:* wie der Nebenbuhler, der verachtete N., den Pol erreicht (Feuchtwanger, Erfolg 691).

Nichts|kön|ne|rin, die: w. Form zu ↑Nichtskönner.

Nichts|nutz, der; -es, -e (veraltend abwertend; oft als Schimpfwort): *nichtsnutziger Mensch:* du bist ein N.; Ich hab' ... die ganze Stadt abgeklappert auf der Suche nach meinem N. von Bruder (Baldwin [Übers.], Welt 109).

nichts|nut|zig ⟨Adj.⟩: **a)** (veraltend abwertend) *nichts Nützliches, nichts Sinnvolles tuend, nichts leistend:* er ist ein -er Kerl; Ü lauter -es Zeug *(wertloser Tand);* ◆ **b)** *unbrauchbar, schlecht; unnütz:* wie seines Nachfolgers falsche und -e Vermutung (Ebner-Eschenbach, Gemeindekind 126).

Nichts|nut|zig|keit, die; -, -en: vgl. Nichtswürdigkeit.

nichts sa|gend: s. sagen (5 b).

Nichts|tu|er, der; -s, - (abwertend): *jmd., der seine Zeit mit Nichtstun* (b) *verbringt; Faulenzer:* ein reicher N.

Nichts|tu|e|rei, die; - (abwertend): *das Nichtstun.*

Nichts|tu|e|rin, die; -, -nen: w. Form zu ↑Nichtstuer.

nichts|tu|e|risch ⟨Adj.⟩: *für einen Nichtstuer kennzeichnend.*

Nichts|tun, das: **a)** *Untätigkeit:* das N. war für ihn schwer erträglich; **b)** *das Faulenzen; Müßiggang, dem sich jmd. hingibt:* sie gaben sich dem [süßen] N. hin.

Nichts|wis|ser, der; -s, -: vgl. Nichtskönner.

Nichts|wis|se|rin, die; -, -nen: w. Form zu ↑Nichtswisser.

nichts|wür|dig ⟨Adj.⟩ (geh. abwertend): *von niedriger Gesinnung [zeugend]; verächtlich; gemein* (1 b): ein -er Kerl, Verräter; mit beiden hatte er ein ... -es *(erbärmliches)* Ende genommen (Th.

Mann, Hoheit 7); n. handeln; ⟨subst.:⟩ ein Nichtswürdiger hat das getan.

Nichts|wür|dig|keit, die; -, -en (geh. abwertend): **1.** ⟨o. Pl.⟩ *das Nichtswürdigsein.* **2.** *nichtswürdige Handlung.*

Nicht|tän|zer, der: **a)** *jmd., der nicht tanzen kann;* **b)** *jmd., der nicht tanzt od. nicht tanzen möchte, während andere gerade tanzen.*

Nicht|tän|ze|rin, die: w. Form zu ↑Nichttänzer.

nicht|ver|bal ⟨Adj.⟩ (Fachspr. seltener): *nonverbal.*

Nicht|ver|fol|ger|land, das ⟨Pl. ...länder⟩: *Staat, in dem keine politische, religiöse od. rassische Verfolgung* (1 b) *stattfindet:* ... dürfte es eigentlich nicht schwierig sein, beispielsweise Bewerber (= Asylwerber) aus Nichtverfolgerländern »innerhalb kürzester Frist abzuweisen« (Spiegel 41, 1992, 29); Sollte es also ein Flüchtling schaffen, in ein Land an der Peripherie der EG zu gelangen, kann er postwendend wieder über die Grenze in ein angebliches N. außerhalb der EG-Grenzen abgeschoben werden (taz 8. 12. 92, 2).

Nicht|wäh|ler, der: *jmd., der nicht zur Wahl* (2 a) *geht:* Seit der Hessen-Wahl ist er im Visier: der N. Frankfurt zeigt modellhaft, dass sich immer mehr kleine Leute von den Parteien ausgegrenzt fühlen und verweigern (Woche 18. 3. 93, 3).

Nicht|wäh|le|rin, die: w. Form zu ↑Nichtwähler: 80 Prozent der Wählerinnen und 82 Prozent der -nen ... können sich ... nicht vorstellen, Mitglied einer Partei zu werden (Rheinpfalz 19. 6. 93, 34).

Nicht|wei|ter|ga|be, die: vgl. Nichterfüllung: die N. von Atomwaffen.

nicht|zie|lend, (auch:) nicht zielend ⟨Adj.⟩ (Sprachw.): *intransitiv.*

Nicht|zu|las|sung, die: vgl. Nichterfüllung.

Nicht|zu|stan|de|kom|men, das: vgl. Nichterscheinen.

Nicht|zu|tref|fen|de, das; -n ⟨Dekl. ↑²Junge, das⟩: vgl. Nichtgewünschte: -s bitte streichen.

Nick|au|gust, der [vgl. ²August] (salopp abwertend): ¹Nicker (3).

Nick|be|we|gung, die (Technik): *nickende* (1 e) *Bewegung:* dank des großen Radstandes treten keine -en auf (auto 8, 1965, 37).

¹Ni|ckel, der; -s [schwed. nickel, gek. aus: kopparnickel = Kupfernickel (= Rotnickelkies), da in diesem Erz ¹Nickel am häufigsten vorkam; urspr. glaubte man, das Erz sei wertlos u. ein Kobold (auf ³Nickel) habe es unter die wertvolleren Erze gemischt]: *silberweiß glänzendes Schwermetall (chemisches Element; Zeichen: Ni).*

²Ni|ckel, der; -s, - (ugs. veraltet): *Nickelmünze, Zehnpfennigstück.*

³Ni|ckel, der; -s, - ⟨älter auch = Kobold; als Scheltwort gebr. Kurzf. des m. Vorn. Nikolaus⟩ (landsch.): *eigensinniges, schwieriges Kind.*

Ni|ckel|bril|le, die: *Brille mit dünnem Metallgestell.*

Ni|ckel|ei|sen, das: *Meteoreisen.*

Ni|ckel|erz, das: ¹*Nickel enthaltendes Erz.*

Ni|ckel|geld, das: vgl. Nickelmünze.

Ni|ckel|hoch|zeit, die (landsch.): *Feier des Hochzeitstags nach zwölfeinhalbjähriger Ehe.*

ni|cke|lig ⟨Adj.⟩ [zu ↑³Nickel] (landsch.): *frech; mutwillig.*

Ni|cke|lig|keit, die; -, -en (landsch.): **1.** ⟨o. Pl.⟩: *nickelige Art.* **2.** *nickelige Handlung:* Kleine -en im Team vergrätzten den ehemaligen deutschen Militarymeister zusätzlich, »so macht das alles keinen Spaß mehr ...« (Rheinpfalz, 26. 9. 88, 5).

Ni|ckel|le|gie|rung, die: vgl. Kupferlegierung.

Ni|ckel|mün|ze, die: *Münze aus* ¹*Nickel.*

Ni|ckel|stahl, der: *Legierung aus Eisen u.* ¹*Nickel.*

¹ni|cken ⟨sw. V.; hat⟩ [mhd. nicken, ahd. nicchen, Intensiv-Iterativ-Bildung zu ↑neigen; 2: mhd. nücken, eigtl. = nicken; stutzen; an ↑nicken (1) angelehnt, nach den Kopfbewegungen]: **1. a)** *(zum Zeichen der Bejahung, Zustimmung, des Beifalls, Verstehens o. Ä. od. als Gruß) den Kopf [mehrmals] kurz senken u. wieder heben:* beifällig, zustimmend, befriedigt, nachdenklich n.; »Isses so weit?« fragte sie. Ich nickte bloß (Bieler, Bonifaz 214); alle Köpfe nickten zustimmend; eine nickende Kopfbewegung; nickende (Bot.; *nach unten geneigte*) Blüte; ⟨subst.:⟩ ein ermunterndes, begeistertes, stummes Nicken; Ü (dichter.:) die reifen Ähren nicken im Wind; auf ihren Hüten nickten große Federbüsche; **b)** (geh.) *durch Nicken (1 a) zum Ausdruck bringen:* jmdm. Dank, Beifall n.; er tritt ans Fenster und nickt sein erzwungenes Ja (Thieß, Reich 539); **c)** (Fußball Jargon) *(den Ball) mit einem Nicken des Kopfes irgendwohin köpfen* (2 a): Wanger nickte ihn (= den Ball) gelassen ins Netz (Walter, Spiele 158); **d)** *(von Tieren, bes. von Pferden) beim Gehen taktmäßig nickende* (1 a) *Kopfbewegungen machen;* **e)** (Technik) *(von Fahrzeugen) sich während der Fortbewegung pendelnd um die horizontale Querachse bewegen:* das Auto, Flugzeug nickt [leicht]. **2.** (fam.) *[im Sitzen zwischendurch] kurze Zeit leicht schlafen:* nach dem Essen nickte er ein Weilchen in seinem Sessel.

²ni|cken ⟨sw. V.; hat⟩ [zu ↑Genick] (Jägerspr.): ¹*abnicken.*

¹Ni|cker, der; -s, - [zu ↑¹nicken]: **1.** (ugs.) *einmaliges Kopfnicken:* er grüßte mit einem kurzen N. **2.** (fam. selten) *Nickerchen.* **3.** (salopp abwertend) *Empfangschef:* dass er früher eine Zeit lang N. in einem Hotel gewesen war (Böll, Adam 18).

²Ni|cker, der; -s, - [zu ↑²nicken] (Jägerspr.): *Genickfänger.*

Ni|cker|chen, das; -s, - [zu ↑¹nicken (2)] (fam.): *leichter, kurzer Schlaf [im Sitzen]:* ein [kleines] N. machen, halten.

Nick|fang, der [zu ↑¹²nicken u. ↑Fang (3)] (Jägerspr.): ↑Genickfang.

Nick|fän|ger, der; -s, - (Jägerspr.): ↑Genickfänger.

Nick|haut, die; -, ...häute [unter Einfluss von ↑¹nicken (2) zu nlat. membrana nictitans = Blinzelhaut]: *(bei Säugetieren nur rudimentär vorhandene) [durchsichtige] Bindehautfalte mancher Wirbeltiere [die den Augapfel überdecken kann].*

Ni|cki, der; -[s], -s [nach der Kurzf. des m. Vorn. Nikolaus]: *Pullover aus plüschartigem [Baumwoll]material.*

Ni|cki|blu|se, die: vgl. Nicki.

Ni|cki|hemd, das: vgl. Nicki.

Ni|cki|pul|lo|ver, der: *Nicki.*

nick|kop|pen, nick|köp|pen ⟨sw. V.; hat⟩ [zu niederd. Kopp = Kopf] (nordd. ugs.): ¹*nicken* (1 a): er war kein Freund vom vielen Reden, aber er nickkoppte wenigstens (Löns, Hansbur 133).

Nick|krampf, der (Med.): *anfallsweise auftretende Nickbewegungen des Kopfes u. Oberkörpers bei [geistig behinderten] Kindern.*

Nick|mo|ment, das (Technik): *um die horizontale Querachse eines Fahrzeugs wirkendes Drehmoment.*

Nick|ne|ger, der (veraltet, noch scherzh.): *der Sammlung von Geldspenden dienendes Gefäß in Gestalt eines schwarzafrikanischen Kindes mit beweglichem Kopf, der bei Einwurf eines Geldstücks eine nickende Bewegung macht:* »Nickneger«, wie in meiner Kinderzeit die schwarzen, bei Geldeinwurf sich verbeugenden Köpfe auf den Spendenbüchsen hießen (taz 19. 8. 89, 25).

Ni|col [engl.: ˈnɪkəl], Nikol, das; -s, -s [engl. nicol (prism)] (nach dem brit. Physiker W. Nicol (um 1768–1851)] (Optik): *aus einer Kombination zweier Prismen aus Kalkspat bestehende Vorrichtung zur Erzeugung u. zum Nachweis linear polarisierten Lichts.*

Ni|co|sia: ↑Nikosia.

◆ **Ni|co|ti|a|na,** die; - [nlat. (herba) Nicotiana, ↑Nikotin]: *Nikotin; Tabak* (2 a): Für mangelndes Glück hatt' er als Surrogate die N. (Chamisso, Schlemihl 74).

Ni|co|tin: ↑Nikotin.

nid ⟨Präp. mit Dativ⟩ [mhd. nide, ahd. nida] (südd., schweiz. veraltet): *unter, unterhalb:* n. dem Berg; ◆ Auch der Alzeller soll uns n. dem Wald Genossen werben und das Land erregen (Schiller, Tell I, 4).

Ni|da|men|tal|drü|se, die; -, -n ⟨meist Pl.⟩ [zu lat. nidamentum = das zum Nestbau Erforderliche, zu: nidus, ↑Nidation] (Zool.): *Drüse bei den weiblichen Tieren vieler Kopffüßer, deren klebriges Sekret zur Umhüllung u. Befestigung der Eier dient.*

Ni|da|ti|on, die; -, -en [zu lat. nidus = Nest] (Med.): *das Sicheinbetten eines befruchteten Eis in der Gebärmutterschleimhaut; Einnistung.*

Ni|da|ti|ons|hem|mer, der; -s, - (Med.): *Empfängnisverhütungsmittel, dessen Wirkung darin besteht, eine Nidation zu verhindern.*

Ni|del, der; -s od. die; -, auch: **Nid|le,** die; - [H. u.; vgl. mhd. nidelen = absahnen (1)] (schweiz.): *Sahne:* ◆ In den Kaffee wurde die dicke Nidel gegossen (Gotthelf, Spinne 9).

Nid|wal|den: ↑Unterwalden.

nie ⟨Adv.⟩ [mhd. nie, ahd. nio, zusgez. aus: ni = nicht u. io, eo = immer, irgend einmal]: **a)** *zu keiner Zeit:* er hat sie n. verstanden; das wird er n. vergessen; das Interesse war n. größer als heute, ist so groß wie [noch] n. [zuvor]; **b)** *kein einziges Mal; überhaupt nicht:* ich bin dort n. gewesen; n. mehr!; n. wieder Krieg!; einmal und n. wieder; (ugs.; *nicht noch einmal werde ich das Getane auf mich nehmen*); **c)** *auf keinen Fall; unter keinen Umständen:* das schafft er n.; mit der Arbeit werde ich n. bis morgen fertig; * **n. und nimmer** *(auf gar keinen Fall).*

◆ **nie|den** ⟨Adv.⟩: [mhd. niden(e), ahd. nidana, ↑hienieden]: *unten:* wo soll ich ihren Dank vor deine Ohren bringen, n. im Staub oder droben im Göttersitz (Schiller, Semele 2).

nie|der [mhd. nider, ahd. nidar, urspr. Komparativbildung]: **I.** ⟨Adj.⟩ **1.** (landsch.) *niedrig* (1, 2). **2. a)** *in einer Rangordnung, Hierarchie unten stehend:* der -e Adel; -e Beamte; **b)** *niedrig* (3): das -e Volk; Zu den -en Arbeiten konnten zwar unwissende Tagelöhner ... verwendet werden (Kafka, Erzählungen 279). **3.** (selten) *niedrig* (4): -e Triebe; Ein -er Mensch. – Huren sind nur für den literarischen Umgang, hatte er gesagt (Jahnn, Geschichten 110). **4.** (Fachspr.) *nicht sehr hoch entwickelt; einfach:* -e Tiere, Pflanzen; -e Eiweiße. **II.** ⟨Adv.⟩ *hinunter, abwärts, zu Boden:* n. mit den Waffen; auf und n.; Ü n. mit den Unterdrückern *(entmachtet die Unterdrücker)!*

nie|der|beu|gen ⟨sw. V.; hat⟩ (geh.): *nach unten beugen:* den Kopf, Oberkörper n.; sich [zur Erde, über einen Abgrund] n.; die Kriegsgefangenen, die ... verhungernd niedergebeugt waren bis an den Boden (Plievier, Stalingrad 334).

nie|der|bre|chen ⟨st. V.⟩ (geh.): **a)** *zum Einsturz bringen* ⟨hat⟩: eine Mauer n.; **b)** *einstürzen, herunterbrechen* ⟨ist⟩: der Rauch zöge über eine niedergebrochene Lehmwand weg in die Nachbarhöhle (Plievier, Stalingrad 122); **c)** *zu Boden stürzen* ⟨ist⟩: Da brachst du nieder und schriest (Reinig, Schiffe 80); das Eis und Schnee sich ... vom Dach ... löste und ... auf die Straße niederbrach (Maass, Gouffé 184).

nie|der|bren|nen ⟨unr. V.⟩: **1.** *herunterbrennen* ⟨ist⟩: der Hof brannte bis auf die Grundmauern nieder; die Kerze ist niedergebrannt. **2.** *durch Feuer, Brand zerstören* ⟨hat⟩: ein Dorf n.

nie|der|brin|gen ⟨unr. V.; hat⟩ (Bergmannsspr.): *(einen Schacht, ein Bohrloch o. Ä.) herstellen.*

Nie|der|brin|gung, die; - (Bergmannsspr.): *das Niederbringen.*

nie|der|brül|len ⟨sw. V.; hat⟩ (ugs.): *durch Brüllen am [Weiter]reden hindern:* die Rednerin wurde niedergebrüllt.

nie|der|bü|geln ⟨sw. V.; hat⟩ (ugs.): **1.** *scharf kritisieren [u. zum Schweigen bringen]:* jmdn. in einer Diskussion tüchtig n. **2.** (Sport Jargon) *hoch besiegen:* die Mannschaft wurde niedergebügelt.

nie|der|deutsch ⟨Adj.⟩ (Sprachw.): *die Mundarten betreffend, die im nördlichen Deutschland gesprochen werden u. die* nicht von der zweiten Lautverschiebung betroffen wurden.

Nie|der|deutsch, das u. ⟨nur mit best. Art.:⟩ **Nie|der|deut|sche,** das: *die niederdeutsche Sprache.*

nie|der|don|nern ⟨sw. V.⟩: **1.** *mit lautem Krach nach unten stürzen* ⟨ist⟩: die Lawine ist ins Tal niedergedonnert. **2.** (ugs.) vgl. niederbügeln (1) ⟨hat⟩.

Nie|der|druck, der ⟨Pl. ...drücke⟩ (Technik): *geringer Gas- od. Dampfdruck.*

Nie|der|druck|dampf|ma|schi|ne, die: *mit Niederdruck betriebene Dampfmaschine.*

nie|der|drü|cken ⟨sw. V.; hat⟩: **1.** *herunterdrücken* (1): die Türklinke n. **2.** (geh.) *bedrücken, deprimieren:* der Misserfolg drückte ihn nieder.

nie|der|drü|ckend ⟨Adj.⟩: *deprimierend:* -e Erlebnisse.

Nie|der|druck|hei|zung, die: *mit Niederdruck betriebene Dampfheizung.*

Nie|der|druck|rei|fen, der: *Reifen mit relativ geringem Luftdruck.*

nie|der|du|cken, sich ⟨sw. V.; hat⟩: *sich tief ducken* (1 a).

nie|der|en|tern ⟨sw. V.; ist⟩ (Seemannsspr.): *aus der Takelage eines Schiffes herunterklettern.*

nie|der|fah|ren ⟨st. V.; ist⟩ (geh.): *herunterfahren:* ein Blitz fuhr nieder.

nie|der|fal|len ⟨st. V.; ist⟩ (geh.): *nach unten fallen.*

Nie|der|flur|bus, der: vgl. Niederflurwagen.

Nie|der|flur|wa|gen, der (Technik): *Straßenbahnwagen mit niedrigem Boden u. ohne Trittbrett.*

nie|der|fre|quent ⟨Adj.⟩ (Physik): *mit niedriger Frequenz.*

Nie|der|fre|quenz, die (Physik): *relativ niedrige Frequenz.*

Nie|der|gang, der: **1.** ⟨o. Pl.⟩ (geh.) *Untergang, Verfall:* der N. des Römischen Reiches. **2. a)** (Seemannsspr.) *[schmale, steile] Treppe auf einem Schiff;* **b)** (selten) *abwärts führende Treppe.*

nie|der|ge|drückt ⟨Adj.⟩: *deprimiert, niedergeschlagen.*

Nie|der|ge|drückt|heit, die ⟨o. Pl.⟩: vgl. Niedergeschlagenheit.

nie|der|ge|hen ⟨unr. V.; ist⟩: **1.** *landen:* ein Flugzeug geht nieder; der Ballonfahrer ist im Atlantik niedergegangen; Ein Entenschwarm ... ging in sicherem Abstand auf dem See nieder (Lentz, Muckefuck 174). **2. a)** *mit Heftigkeit [vom Himmel] fallen:* eine Wolkenbruch geht nieder; eine Lawine ging ins Tal nieder; über Sibirien war ein Meteor niedergegangen (Schnabel, Marmor 154); ein Gewitter geht nieder (entlädt sich); **b)** (selten) *sich herabsenken, [langsam] fallen:* der Theatervorhang geht nieder; **c)** (selten) *untergehen:* die niedergehende Sonne; eine niedergehende (zu Ende gehende) Epoche. **3.** (Boxen) *zu Boden stürzen.*

Nie|der|ge|las|se|ne, der u. die; -n, -n ⟨Dekl. ↑Abgeordnete⟩ (schweiz.): *jmd., der in einer Stadt o. Ä. seinen ständigen Wohnsitz hat.*

nie|der|ge|schla|gen ⟨Adj.⟩: *durch einen Misserfolg, eine Enttäuschung ratlos,*

mutlos, traurig: er macht einen -en Eindruck; sie waren alle sehr n.; er wirkt n.

Nie|der|ge|schla|gen|heit, die; -: *das Niedergeschlagensein.*

nie|der|glei|ten ⟨st. V.; ist⟩ (geh.): *heruntergleiten.*

nie|der|ha|geln ⟨sw. V.; ist⟩: *wie ein Hagel niedergehen:* Die Hiebe hagelten mit wilder Wucht nieder (Apitz, Wölfe 143).

nie|der|hal|ten ⟨st. V.; hat⟩: **1.** *am Boden, unten halten:* sie legten Steine auf die Seile, um sie niederzuhalten. **2. a)** *jmdn. [gewaltsam] daran hindern, sich frei zu entfalten, unabhängig zu sein; unterdrücken:* ein Volk n.; sie wurde während ihrer ganzen Ehe von ihrem Mann niedergehalten; kann man die Aufbegehrenden nicht mit solchen Vertröstungen n. und Revolutionen verhindern? (Thielicke, Ich glaube 161); **b)** *verhindern, dass sich etw. entwickelt; nicht hochkommen lassen:* den Widerstand n.; sie versuchte ihre Ängste niederzuhalten.

Nie|der|hal|tung, die ⟨o. Pl.⟩: *das Niederhalten.*

nie|der|hän|gen ⟨st. V.; hat⟩ (geh.): *herunterhängen.*

nie|der|hau|en ⟨unr. V.; hat⟩: vgl. niederschlagen.

nie|der|ho|cken, sich ⟨sw. V.; hat⟩ (landsch.): *sich niedersetzen.*

nie|der|ho|len ⟨sw. V.; hat⟩: *einziehen, einholen:* eine Flagge, ein Segel n.

Nie|der|holz, das (selten): *Unterholz.*

Nie|der|jagd, die (Jägerspr.): *niedere Jagd.*

nie|der|kämp|fen ⟨sw. V.; hat⟩: **a)** (selten) *kämpfend besiegen:* einen Feind n.; **b)** *(Gefühle o. Ä.) unter [Willens]anstrengung zurückhalten, bezwingen:* Müdigkeit, Ärger n.; Ich kämpfte eine Neigung, erst eine Weile zu schlafen, nieder (Fallada, Trinker 80).

nie|der|kan|tern ⟨sw. V.; hat⟩ (Sport Jargon): *(jmdn.) hoch u. mühelos besiegen.*

nie|der|kau|ern, sich ⟨sw. V.; hat⟩: *sich kauern* (2).

nie|der|knal|len ⟨sw. V.; hat⟩ (salopp): *niederschießen.*

nie|der|kni|en ⟨sw. V.⟩: **a)** *knien* (1 a) ⟨ist⟩: am Altar n.; Sie war beim Koffer niedergekniet (Zuckmayer, Herr 95); **b)** ⟨n. + sich⟩ *sich knien* (1 b) ⟨hat⟩: er kniete sich demütig nieder.

nie|der|knüp|peln ⟨sw. V.; hat⟩: *mit Knüppeln niederschlagen:* die Demonstranten wurden niedergeknüppelt.

nie|der|kom|men ⟨st. V.; ist⟩: **1.** (geh. veraltend) *gebären:* sie ist mit einem Mädchen niedergekommen. **2.** (selten) *herunterkommen* (1).

Nie|der|kunft, die; -, ...künfte (geh. veraltend): *Geburt.*

Nie|der|la|ge, die: **1.** *das Besiegtwerden, Unterliegen in einem [Wett]kampf, einer Auseinandersetzung:* eine schwere, militärische, persönliche N.; die N. war vernichtend; eine N. erleben, erleiden, hinnehmen, einstecken [müssen]; jmdm. eine N. zufügen, beibringen, bereiten; er wollte sich seine N. nicht eingestehen; Die Industrialisierung Sibiriens zeige, wie dem Kapitalismus in der Sphäre der materiellen Produktion die N. bereitet

wird (Neues D. 19. 6. 64,6); Erstmals nach 13 Jahren haben Großbritanniens Leichtathleten wieder eine N. gegen Frankreich hinnehmen müssen (FAZ 26. 9. 61,8); *kannensische N. (bildungsspr.; katastrophale, vernichtende Niederlage;* zu lat. Cannensis, Adj. zu: Cannae = Ort in Apulien [Süditalien], in dessen Nähe Hannibal 216 v. Chr. ein römisches Heer völlig vernichtete). **2.** *[Zwischen]lager, bes. für Bier.* **3.** (veraltend) *Zweiggeschäft.*

Nie|der|lan|de ⟨Pl.⟩: Staat in Westeuropa.

Nie|der|län|der, der; -s, -: Ew.

Nie|der|län|de|rin, die; -, -nen: w. Form zu ↑Niederländer.

nie|der|län|disch ⟨Adj.⟩: *die Niederlande, die Niederländer betreffend; von den Niederländern stammend, zu ihnen gehörend.*

Nie|der|län|disch, das; -[s] u. ⟨nur mit best. Art.:⟩ **Nie|der|län|di|sche,** das; -n: *die niederländische Sprache.*

Nie|der|lan|di|sie|rung, die; - (Sprachw.): *Erhebung des Schweizerdeutschen zur Hochsprache in der Schweiz (analog zur Erhebung des Niederländischen zur Kultursprache in den Niederlanden).*

Nie|der|lan|dist, der; -en, -en: *Wissenschaftler auf dem Gebiet der Niederlandistik.*

Nie|der|lan|dis|tik, die; -: *Wissenschaft von der niederländischen Sprache u. Literatur.*

Nie|der|lan|dis|tin, die; -, -nen: w. Form zu ↑Niederlandist.

nie|der|lan|dis|tisch ⟨Adj.⟩: *die Niederlandistik betreffend, dazu gehörend:* Bemerkungen zu Theo Vennemanns neuer Lautverschiebungstheorie aus -er Sicht (Beiträge zur Geschichte der deutschen Sprache 108, 1986, 180 [Zeitschrift]).

nie|der|las|sen ⟨st. V.; hat⟩: **1.** (veraltend) *herunterlassen:* den Vorhang n. **2.** ⟨n. + sich⟩ **a)** *sich setzen:* er ließ sich auf eine/einer Bank nieder; ein Schwarm Vögel ließ sich in der Eiche nieder; sich auf die Knie n. (sich niederknien). **3.** ⟨n. + sich⟩ *sich irgendwo ansiedeln, [mit einem Geschäft o. Ä.] ansässig werden; sich etablieren:* sich in Bonn als Arzt, Rechtsanwalt n.; Sie ließ sich dort mit den drei jüngeren Kindern nieder (K. Mann, Wendepunkt 11); ⟨nicht standardsprachlich:⟩ niedergelassener Arzt *(Arzt mit eigener Praxis im Unterschied zum Krankenhaus-, Institutsarzt o. Ä.).*

Nie|der|las|sung, die; -, -en: **1.** ⟨o. Pl.⟩ *das Sichniederlassen* (3). **2.** (Wirtsch.) *Ort, an dem ein Gewerbebetrieb betrieben wird.* **3.** (Wirtsch.) *selbstständig arbeitender Teil eines Betriebes, Geschäftsstelle o. Ä. an einem anderen Ort als dem des Hauptbetriebes:* die Firma hat eine N. in Frankreich.

Nie|der|las|sungs|frei|heit, die ⟨o. Pl.⟩ (Rechtsspr.): *Recht, sich an jedem beliebigen Ort niederzulassen* (3).

Nie|der|las|sungs|recht, das ⟨o. Pl.⟩ (Rechtsspr.): *Niederlassungsfreiheit.*

nie|der|läu|fig ⟨Adj.⟩: *mit kurzen Läufen* (7): -e Hunderassen.

Nie|der|lau|sitz, die; -: Gebiet um Cottbus.

nie|der|le|gen ⟨sw. V.; hat⟩: **1.** (geh.) *aus der Hand, auf den Boden legen; hinlegen:* einen Kranz am Ehrenmal n.; Legt die Handwaffen in den Schnee nieder! (Plievier, Stalingrad 231); ich ..., legte das alles ... auf die gehäkelte Decke des Tisches nieder (Th. Mann, Krull 185); Ü die Soldaten legten die Waffen nieder *(hörten auf zu kämpfen).* **2.** (geh.) *zur Ruhe, schlafen legen; hinlegen:* das Kind n.; sich nach dem Essen ein bisschen n.; er legte sich auf das/auf dem Sofa nieder; Nach dem Essen legte sich der Wärter abermals zu kurzer Ruhe nieder (Hauptmann, Thiel 14). **3.** *etw. nicht weitermachen, ausüben:* ein Mandat, das Amt, das Kommando n.; Übrigens legte er am folgenden Tag wegen Überbürdung die Behandlung nieder und übertrug sie an Doktor Müller (Th. Mann, Tod 90); müde legte sie die Arbeit nieder *(hörte auf zu arbeiten);* die Arbeiter legten aus Protest die Arbeit nieder *(traten in Streik).* **4.** (selten) *(ein Gebäude o. Ä.) abbrechen, einreißen:* eine Mauer, ein Haus n.; man kann sie (= die Fabriken) heute nicht n., sie stören offensichtlich auch nicht allzu sehr (Kosmos 2, 1965, 52); einen Baum n. *(fällen).* **5.** (geh.) *schriftlich festhalten:* etw. schriftlich, in einem Aufsatz n.; In Japan war es üblich, dass ein Staatsmann sein letztes Wort in Versen niederlegte (Thieß, Reich 47); Die Bestimmungen über die Ausnahmegewalt des Reichspräsidenten waren in Artikel 48 der Weimarer Verfassung ... niedergelegt (Fraenkel, Staat 80 f.); der im Testament niedergelegte letzte Wille. **6.** (veraltet) *hinterlegen.*

Nie|der|le|gung, die; -, -en: *das Niederlegen* (1, 3, 4, 6).

nie|der|ma|chen ⟨sw. V.; hat⟩ (ugs.): **1.** *[eine größere Anzahl von wehrlosen Menschen] kaltblütig töten, umbringen:* die Dorfbewohner wurden von plündernden Soldaten niedergemacht; der Heilige, der bei Nidaros niedergemacht wurde (Jahnn, Geschichten 123); Am Ende wird er niedergemacht mit einer Axt (Stadtblatt 21, 1984, 49). **2.** *(jmdn. od. etw.) herabsetzen, seinen Wert nicht anerkennen:* Im Westen wolle man auch das Letzte n., was von der DDR noch geblieben sei (Spiegel 6, 1993, 197).

nie|der|mä|hen ⟨sw. V.; hat⟩: *(eine größere Anzahl von Menschen) [reihenweise] erschießen:* Gefangene wurden mit Maschinengewehren niedergemäht.

nie|der|met|zeln ⟨sw. V.; hat⟩: vgl. niedermachen.

♦ **nie|dern,** sich ⟨sw. V.; hat⟩ [mhd. nider(e)n = niedrig machen, (refl. = sich erniedrigen), ahd. nidarren = erniedrigen, demütigen]: *sich erniedrigen:* Göttern lässt er seine Throne, niedert sich zum Erdensohn (Schiller, Triumph der Liebe).

nie|der|oh|mig ⟨Adj.⟩ [zu ↑²Ohm] (Elektrot.): *von geringem elektrischem Widerstand:* -e Leitungen.

Nie|der|ös|ter|reich; -s: Bundesland Österreichs.

nie|der|pras|seln ⟨sw. V.; ist⟩: *mit Heftigkeit, prasselnd herunterkommen, niederfallen:* Regen, Hagel prasselt nieder; Ü Fragen, Vorwürfe prasseln [auf ihn] nieder.

nie|der|rau|schen ⟨sw. V.; ist⟩: *rauschend fallen:* Sie (= die fallenden Bomben) rauschten unaufhörlich nieder (Ott, Haie 350).

nie|der|reg|nen ⟨sw. V.; ist⟩: *wie ein Regen niedergehen:* Konfetti regnete nieder.

nie|der|rei|ßen ⟨st. V.; hat⟩: **1.** *ein Gebäude zerstören, einzelne Steine, Bestandteile des Bauwerks herauslösen, sodass der Bau einstürzt:* ein Haus, eine Mauer n.; Ü Sie fühlten, wie ... eine ungeahnte Kraft ... alle Schranken des gewöhnlichen niederriss (Ott, Haie 320). **2.** (selten) *zu Boden reißen:* er wurde von einer Welle niedergerissen.

nie|der|rei|ten ⟨st. V.; hat⟩: vgl. niedertreten.

Nie|der|rhein, der: Unterlauf des Rheins.

nie|der|rhei|nisch ⟨Adj.⟩: *den Niederrhein betreffend, vom Niederrhein stammend, zu ihm gehörend.*

nie|der|rin|gen ⟨st. V.; hat⟩: vgl. niederkämpfen.

Nie|der|rin|gung, die; -: *das Niederringen.*

Nie|der|sach|se, der; -n, -n: Ew.

Nie|der|sach|sen; -s: Bundesland der Bundesrepublik Deutschland.

Nie|der|sach|sin, die; -, -nen: w. Form zu ↑ Niedersachse.

nie|der|säch|sisch ⟨Adj.⟩: *Niedersachsen, die Niedersachsen betreffend; von den Niedersachsen stammend, zu ihnen gehörend.*

nie|der|sau|sen ⟨sw. V.; ist⟩: *jmdn. mit großer Heftigkeit von oben treffen:* Erst einzelne Schläge, dann viele, und dann sausten sie prasselnd auf ihn nieder (Ott, Haie 183).

Nie|der|schacht|ofen, der (Hüttenw.): *Schachtofen mit geringer Schachthöhe.*

nie|der|schie|ßen ⟨st. V.; hat⟩: **1.** *[kaltblütig] auf jmdn., der wehrlos ist, schießen, jmdn. schießen, dass er [tot] zu Boden stürzt* ⟨hat⟩: die Soldaten schossen den Flüchtenden einfach nieder; Ich schieße jeden nieder, der hinübergeht (Plievier, Stalingrad 327). **2.** *mit großer Geschwindigkeit herabfliegen, -sinken o. Ä.* ⟨ist⟩.

Nie|der|schlag, der: **1.** (Met.) *Wasser, das in flüssiger od. fester Form aus der Atmosphäre auf die Erde fällt:* geringe, reichliche Niederschläge; N. in Form von Regen oder Schnee; die Niederschläge fließen schneller ab (Thienemann, Umwelt 28); Später kam Neigung auf zu Niederschlägen (Grass, Hundejahre 133). **2. a)** (Chemie) *fester Stoff, der sich aus einer Lösung abscheidet u. sich absetzt; Bodensatz:* ein unlöslicher N. von Kalziumphosphat (Medizin II, 71); **b)** (selten) *dünne Schicht von Wasserdampf o. Ä., die sich beim Beschlagen* (2 a) *auf etw. bildet.* **3.** (Boxen) *Schlag, Treffer, der den Boxer zu Boden zwingt:* nach drei Niederschlägen wurde der Kampf abgebrochen; Man hat oftmals

den Eindruck, als sehe man in die Zuschauerreihen eines Boxringes, in dem der N. eines Kämpfers in Kürze zu erwarten ist (Noack, Prozesse 129). **4.** *schriftlich niedergelegter Ausdruck von Gedanken, Ideen, Vorstellungen o. Ä.:* etw. findet seinen rechtlichen, dichterischen N.; Auch dieses zweite Experiment sollte im Roman seinen N. finden (Jens, Mann 162); Die Staatsausgaben sind der zahlenmäßige N. der Staatstätigkeit (Fraenkel, Staat 94).

nie|der|schla|gen ⟨st. V.; hat⟩: **1. a)** *zu Boden schlagen:* der Einbrecher schlug den Wächter [mit einem stumpfen Gegenstand] nieder; sie wurde nachts auf dem Heimweg überfallen und niedergeschlagen; Ü gegen Männer muss man kämpfen, Schwätzer schlägt man mit einer Geste nieder (St. Zweig, Fouché 90); **b)** *zu Boden drücken:* der Regen hat das Getreide niedergeschlagen. **2.** *etw. Unerwünschtes [gewaltsam] beenden, am Sichausbreiten, an der Entwicklung hindern:* einen Streik, eine Revolte blutig n.; der Aufstand war bald niedergeschlagen (Dönhoff, Ära 148). **3.** (Rechtsspr.) **a)** *nicht weiter behandeln; einstellen* (4): einen Prozess, ein Verfahren n.; wenn eine Aussage sich als unglaubwürdig erweist, sieht das islamische Recht vor, die Angelegenheit nicht mehr weiterzuverfolgen und sie niederzuschlagen (FAZ 23. 7. 98, 8); **b)** *erlassen* (2): Kosten, Strafen n.; **c)** (selten) *entkräften:* einen Verdacht n. **4.** *(den Blick o. Ä.) senken:* die Augen, die Lider n.; ... indem sie nicht ohne Würde den Kopf hob und die noch betränten Wimpern niederschlug (Maass, Gouffé 328); beschämt schlug er den Blick nieder. **5.** (veraltend) *beruhigen, besänftigen:* das Fieber n. *(herunterdrücken);* ein niederschlagendes Arzneimittel. **6.** ⟨n. + sich⟩ *als Niederschlag* (2 b) *auf etw. entstehen:* Dampf schlägt sich auf den Scheiben nieder. **7.** ⟨n. + sich⟩ *seinen Niederschlag* (4) *finden:* ihre unglückliche Kindheit schlug sich in ihren Romanen nieder; die Auseinandersetzungen im Kabinett schlugen sich in der Presse nieder; Hier sei als Beispiel nur die Verschärfung der Vietnamkrise genannt, die sich kaum in schwächeren Aktienkursen niederschlug *(auswirkte, manifestierte;* Welt 5. 8. 65, 13). **8.** (Chemie) *ausfällen* (1).

nie|der|schlags|arm ⟨Adj.⟩: *arm an Niederschlägen* (1): ein -es Klima; dieser Sommer war n.

nie|der|schlags|frei ⟨Adj.⟩: *frei von Niederschlägen* (1).

Nie|der|schlags|häu|fig|keit, die (Met.): vgl. Niederschlagsmenge.

Nie|der|schlags|men|ge, die (Met.): *Menge von Niederschlägen.*

Nie|der|schlags|mes|ser, der (Met.): *Gerät zur Messung der Niederschlagsmenge; Regenmesser; Hyetometer.*

nie|der|schlags|reich ⟨Adj.⟩: *reich an Niederschlägen* (1): ein -es Gebiet.

Nie|der|schla|gung, die; -, -en: **1.** *das Niederschlagen* (2): die N. eines Aufstands, einer Revolte. **2.** (Rechtsspr.) *das Niederschlagen* (3).

◆ **nie|der|schlu|cken** ⟨sw. V.; hat⟩: *hinunterschlucken:* Ei nun, sie mögen's n. Das Geschehene muss stets gut sein, wie es kann (Kleist, Schroffenstein II, 2); Diesen Gelust müssen sie n. *(unterdrücken;* Schiller, Fiesco I, 5).

nie|der|schmet|tern ⟨sw. V.; hat⟩: **1.** *heftig, brutal niederschlagen* (1 a): jmdn. mit einem Faustschlag n. **2.** *sehr heftig erschüttern u. mutlos, ratlos machen:* was kann mich also mehr n. als die Einsicht, nur zu psychischer Notdurft gehandelt zu haben? (Zwerenz, Kopf 218); das Ergebnis war niederschmetternd; Völlig verschüchtert, gänzlich niedergeschmettert, der letzten Hoffnung beraubt, folge ich dem aufgebrachten Herrn Schulze (Fallada, Trinker 95).

nie|der|schrei|ben ⟨st. V.; hat⟩: *(etw., was man erlebt hat, durchdacht hat o. Ä.) aufschreiben, um es damit für sich od. andere festzuhalten:* seine Gedanken, Erlebnisse n.

nie|der|schrei|en ⟨st. V.; hat⟩: vgl. niederbrüllen.

Nie|der|schrift, die: **1.** *das Niederschreiben:* Fünf Jahre lang habe ich an der Konzeption und N. dieser Darstellung gearbeitet (Gruhl, Planet 347); Der Betroffene kann ... schriftlich oder zur N. (Rechtsspr.; *Protokollierung)* bei der Verwaltungsbehörde ... Einspruch einlegen (Straßenverkehrsrecht, OWiG 284). **2.** *das Niedergeschriebene:* Der Maikäfer. Davon habe ich 'ne N. angefertigt (Kempowski, Immer 46); um den Blütenstrauß Ihrer Fantasie in einer N. zu verewigen (Jahnn, Geschichten 202).

nie|der|schwe|ben ⟨sw. V.; ist⟩: *herabschweben.*

nie|der|se|hen ⟨st. V.; hat⟩: *nach unten sehen:* Ich saß oft neben seinem Bett, sah nieder auf dieses wenig bewegte Gesicht (Bachmann, Erzählungen 115).

nie|der|set|zen ⟨sw. V.; hat⟩: **1.** ⟨n. + sich⟩ *sich setzen, sich hinsetzen:* ich muss mich einen Moment n.; sich zum Abendbrot n.; sich zum Abendbrot n.; ein Glas, eine Tasse n. **2.** *etw. absetzen* (2), *abstellen:* einen Koffer n.; ein Glas, eine Tasse n.

nie|der|sin|ken ⟨st. V.; ist⟩: **1.** *nach unten, zu Boden sinken:* [ohnmächtig] in einen Sessel n.; auf die Knie n. **2.** (selten) *versinken:* im Wasser n.

nie|der|sit|zen ⟨unr. V.; ist⟩ (südd., österr., schweiz.): *sich niedersetzen.*

Nie|der|span|nung, die (Elektrot.): *niedrige Spannung* (bis 250 V).

Nie|der|sprung, der (Turnen): *Sprung von einem Gerät herunter:* ein N. vorwärts.

nie|der|stamp|fen ⟨sw. V.; hat⟩: vgl. niedertreten.

nie|der|ste|chen ⟨st. V.; hat⟩: vgl. niederschießen (1).

nie|der|stei|gen ⟨st. V.; ist⟩ (geh.): *heruntersteigen.*

nie|der|stel|len ⟨sw. V.; hat⟩: vgl. niedersetzen (2).

nie|der|stim|men ⟨sw. V.; hat⟩: *[mit großer Mehrheit, nach längeren Auseinandersetzungen] durch Abstimmung ablehnen:* einen Antrag n.; jmd. *(jmds. Antrag o. Ä.)* wird niedergestimmt.

nie|der|sto|ßen ⟨st. V.⟩: **1.** (geh.) *mit einem heftigen Stoß zu Boden werfen* ⟨hat⟩: einen Angreifer n.; jmdn. mit dem Messer n. *(mit einem Messer so schwer verletzen, dass er stürzt);* Am Sonntag um 18.00 Uhr wurden der 30-jährige Milan C. und der 41-jährige Mehmet S. ... von einem aus Richtung Dornbirn kommenden Pkw angefahren und niedergestoßen (österr.; *umgestoßen;* Vorarlberger Nachr. 27. 11. 68, 5). **2.** *mit großer Geschwindigkeit herabfliegen* ⟨ist⟩: der Vogel stößt auf die Beute nieder; aus den Höhen der Nacht stieß ein Flugzeug nieder (Plievier, Stalingrad 224).

nie|der|stre|cken ⟨sw. V.; hat⟩ (geh.): **1.** *mit einer Schusswaffe, einem Messer o. Ä., durch Schläge schwer verletzen u. zu Boden stürzen lassen:* der Angreifer, der Tiger wurde durch mehrere Schüsse niedergestreckt. **2.** ⟨n. + sich⟩ *sich hinlegen, ausstrecken:* sich auf dem, auf das Sofa n.

Nie|der|sturz, der: *das Niederstürzen.*

nie|der|stür|zen ⟨sw. V.; ist⟩ (geh.): **1.** *zu Boden stürzen:* ohnmächtig n. **2.** *herabstürzen:* niederstürzende Steinbrocken.

nie|der|tou|rig [...tu:rɪç] ⟨Adj.⟩ (Technik): *mit niedriger Drehzahl laufend.*

Nie|der|tracht, die; - [rückgeb. aus ↑niederträchtig] (geh.): **a)** *niederträchtige* (1 a) *Gesinnung:* etw. aus N. tun, sagen; diese Tat zeugt von seiner N.; **b)** *in niederträchtiger Gesinnung begründete Tat:* die ... in einer schauerlichen Pedanterie organisierte N. (K. Mann, Mephisto 358); eine N. [gegen jmdn.] begehen, verüben.

nie|der|träch|tig ⟨Adj.⟩ [spätmhd. nidertrehtic = gering geschätzt, verächtlich, 2. Bestandteil zu mhd. sich tragen = sich benehmen]: **1. a)** *in niedriger, gemeiner Weise danach trachtend, anderen Übles, Schaden zuzufügen:* ein -er Charakter, Lump; er ist n.; **b)** *von niederträchtiger* (1 a) *Gesinnung zeugend, ihr entsprechend:* eine -e Unterstellung; diese Lüge ist n.!; jmdn. n. hintergehen. **2.** (ugs.) **a)** *unangenehm groß, stark:* eine -e Kälte; die Schmerzen waren n.; **b)** ⟨intensivierend bei Adj. u. Verben⟩ *sehr, überaus:* es war n. kalt; n. wehtun; der Hunger rumorte n. im Gedärm (Apitz, Wölfe 226).

Nie|der|träch|tig|keit, die; -, -en: **a)** ⟨o. Pl.⟩ *niederträchtiges* (1 a) *Wesen, das Niederträchtigsein;* **b)** *niederträchtige* (1 b) *Tat:* das war wieder eine seiner -en.

nie|der|tram|peln ⟨sw. V.; hat⟩ (ugs.): *niedertreten* (1).

nie|der|tre|ten ⟨st. V.; hat⟩: **1.** *etw. Aufrechtes durch Darauftreten umknicken, flach machen:* Gras, Blumen n.; der Flor des Teppichs ist niedergetreten; Ü Nach oben hin duckte er sich ..., nach unten trat er rücksichtslos alles nieder (Thieß, Reich 509). **2.** (selten) *festtreten:* Erde, Schnee n. **3.** (geh.) *abtreten* (4 a, b).

Nie|de|rung, die; -, -en [zu ↑nieder] *tief liegendes Land, Gebiet, bes. an Flussläufen u. Küsten:* die Stimmung unserer moorigen -en wiederzugeben, wo ich oft Schnepfen schieße (Th. Mann, Krull 384); In den eichenbestandenen -en stand Hornvieh in Gruppen beisammen (Bieler, Bonifaz 135); Ü in den -en der Gesellschaft *(im sozial niedrigen Milieu;* Th. Mann, Krull 385); dass er sich in ... den -en des wirtschaftlichen Alltagskampfes etwas besser auskannte als sie (Erné, Fahrgäste 218).

Nie|de|rungs|moor, das: *Flachmoor.*

Nie|de|rungs|vieh, das (Landw.): *Rind einer Rinderrasse, die im Tiefland gehalten wird.*

Nie|der|wald, der (Forstw.): *Laubwald, der sich durch Austrieb aus Stöcken od. aus den Wurzeln gefällter Bäume erneuert.*

nie|der|wal|zen ⟨sw. V.; hat⟩: *durch Walzen flach machen, einebnen, zerstören:* die Panzer walzten alles nieder; Ü wie die Anliegen der Mieter im Ständerat »niedergewalzt« wurden (Basler Zeitung 2. 10. 85, 1).

nie|der|wärts ⟨Adv.⟩ [↑-wärts] (geh.): *nach unten, hinunter.*

nie|der|wer|fen ⟨st. V.; hat⟩: **1.** ⟨n. + sich⟩ *sich zu Boden werfen:* Pompejus wirft sich platt vor dem Kaiser nieder (Thieß, Reich 548). **2.** (geh.) *besiegen:* den Feind n. **3.** (geh.) *niederschlagen* (2): einen Aufstand n. **4.** (geh.) **a)** *bettlägerig, schwach machen:* Da wirft ihn am Ziel der Expedition das heimtückische Tropenfieber nieder (Trenker, Helden 118); **b)** *schwer erschüttern:* die Nachricht hat sie niedergeworfen. ◆ **5.** (südd.) *gewaltsam gefangen nehmen:* Da werfen sie ihm einen Buben nieder (Goethe, Götz I, 1).

Nie|der|wer|fung, die; -, -en: *das Niederwerfen.*

Nie|der|wild, das [vgl. niedere ↑Jagd (1 a)] (Jägerspr.): *Wild, das zur niederen Jagd gehört* (z. B. Rehwild, Hase).

nie|der|zie|hen ⟨unr. V.; hat⟩: *nach unten ziehen:* sie ... zog mich auf den Rand ihres Bettes nieder (Th. Mann, Krull 202).

nie|der|zi|schen ⟨sw. V.; hat⟩ (ugs.): vgl. niederbrüllen.

nie|der|zwin|gen ⟨st. V.; hat⟩ (geh.): *zu Boden zwingen [u. damit besiegen]:* die Glorifizierung des Leidens als einer Macht, die ohne Anwendung der Waffe den Gegner auf die Dauer n. müsse (Thieß, Reich 199); Ü seine Wut n.

nied|lich ⟨Adj.⟩ [aus dem Niederd. < mniederd. nīdeliken (Adv.), asächs. niudlīko (Adv.) = eifrig]: *durch seine hübsche Kleinheit, Zierlichkeit, durch zierliche, anmutige Bewegungen o. Ä. Gefallen erregend, Entzücken hervorrufend; lieb, goldig, reizend:* ein -es Kind, Kätzchen; ein -es Gesicht; das Kleine, das Kleidchen ist n.?; n. aussehen; **b)** (landsch., oft scherzh.) *im Verhältnis zu anderem sehr klein, fast zu klein; winzig:* der Kuchen war ja wirklich n.

Nied|lich|keit, die; -: *das Niedlichsein.*

Nied|na|gel, der; -s, ...nägel [nach niederl. nijdnagel = Neidnagel; nach dem Volksglauben, ein Niednagel entstehe, wenn man von einem neidischen Blick getroffen wird]: *losgelöster, aber noch festsitzender Teil eines Fingernagels, der Haut um den Fingernagel.*

nied|rig ⟨Adj.⟩ [zu ↑nieder]: **1. a)** *von geringer Höhe:* ein -es Haus; -er Wasserstand; Der Wuchs der Bäume ist vorwie-

gend n. und knorrig (Mantel, Wald 25);
b) *sich in geringer Höhe befindend:* ein
-es Dach; eine -e Zimmerdecke; die Sonne steht schon sehr n.; die Lampe hängt
zu n.; ein n. fliegendes Flugzeug; * **etw.
n., -er hängen** (ugs; *etw. nicht so wichtig
nehmen, einer Sache keine entscheidende Bedeutung beimessen*): Beziehungsstreitigkeiten sollte man ruhig etwas -er
hängen; **c)** *an Höhe unter dem Durchschnitt od. einem Vergleichswert liegend;
relativ wenig nach oben ausgedehnt:* ein
-es Zimmer; -es Gras; Schuhe mit -en
Absätzen; sie hat eine -e Stirn; der
Tisch, der Stuhl ist mir zu n. **2.** *zahlen-
od. mengenmäßig gering, wenig:* ein -es
Einkommen; -e Mieten, Preise; ein -er
Einsatz beim Spiel; mit -er Geschwindigkeit fahren; -e Temperaturen; die
Ausgaben n. halten; wir hatten die Kosten zu n. angesetzt. **3.** *von geringem gesellschaftlichem, entwicklungsmäßigem
Rang; gesellschaftlich gering, wenig geachtet:* ein Mensch von -er Herkunft,
Geburt; von -em geistigen Niveau; während die -e Magd sich die führende Stellung anmaßt (Lüthi, Es 106); das -e, n.
stehende (veraltet; *einfache, ungebildete*) Volk; die Arbeit war ihr zu n. **4.** *(meist
von menschlicher Gesinnung od. Handlungsweise) moralisch, sittlich tief stehend:* -e Triebe, Instinkte; aus -en Beweggründen handeln.
Nied|rig|ener|gie|bau|wei|se, die:
*Bauweise, bei der der Energieverbrauch
durch eine gute Isolierung, Energie sparende technische Vorrichtungen o. Ä. gering gehalten wird.*
Nied|rig|ener|gie|haus, das: *in Niedrigenergiebauweise errichtetes Haus.*
Nied|rig|hal|tung, die ⟨o. Pl.⟩: *das Niedrighalten:* die N. der Kosten.
Nied|rig|keit, die; -, -en: **1.** ⟨o. Pl.⟩ *das
Niedrigsein.* **2.** *etw. Niedriges (4).*
Nied|rig|lohn, der: *niedriger Lohn.*
Nied|rig|lohn|land, das: *Land, in dem
vergleichsweise niedrige Löhne gezahlt
werden:* Produktionsverlagerungen ins
Ausland, besonders in so genannte Niedriglohnländer (ND 25. 3. 78, 10); Betriebswirtschaftlich sinnvoll ... wäre es,
einen Teil der Produktion in ein N. in
Osteuropa zu verlegen. Politisch durchsetzbar sei es nicht (Spiegel 45, 1993,
147).
Nied|rig|preis, der: *niedriger Preis:* Auf
so genannten roten Märkten verkaufen
sie Lebensmittel zu -en (Spiegel 18, 1976,
104).
Nied|rig|preis|land, das: *Land, in dem
die Preise besonders niedrig sind:* Die
Einfuhren aus Niedrigpreisländern des
Commonwealth (Welt 11. 11. 61, 10); Die
Logik ist doch einfach: Wir könnten ein
Niedriglohnland sein, wenn wir ein N.
wären (FR 24. 7. 96, 4).
nied|rig|pro|zen|tig ⟨Adj.⟩: vgl. hochprozentig.
nied|rig ste|hend: s. niedrig (3).
Nied|rig|was|ser, das ⟨Pl. ...wasser⟩:
a) *niedriger Wasserstand von Flüssen u.
Seen;* **b)** *niedrigster Wasserstand bei Ebbe:* um 16 Uhr ist N.
ni|el|lie|ren [ni̯ɛ...] ⟨sw. V.; hat⟩ [ital. niel-

lare] (Kunstwiss.): *in Metall gravierte
Zeichnungen mit Niello (1) ausfüllen.*
Ni|el|lo, das; -[s], -s u. ...len, bei Kunstwerken auch: ...li [ital. niello, zu lat. nigellus = schwärzlich] (Kunstwiss.):
1. *Masse aus Blei, Kupfer, Schwefel u. a.,
die zum Ausfüllen einer in Metall eingravierten Zeichnung dient u. sich als
schwarze Verzierung vom Metall abhebt.*
2. *mit Niello (1) verzierter Metallgegenstand (meist aus Gold od. Silber).* **3.** *Abdruck einer zur Aufnahme von Niello (1)
bestimmten gravierten Platte auf Papier.*
Ni|el|lo|ar|beit, die: *Niello (2).*
Niels|boh|ri|um, das; -s [von der Sowjetunion vorgeschlagene Bez. nach dem
dän. Physiker Niels Bohr (1885–1962)]:
frühere Bez. für *Dubnium.*
nie|mals ⟨Adv.⟩ [zu ↑nie u. ¹Mal] (nachdrücklich): *nie:* n. werden wir das zulassen; so etwas hatte er noch n. gesehen;
n.! (Ausruf der Ablehnung).
nie|mand ⟨Indefinitpron.⟩ [mhd. nieman,
ahd. nioman, zusgez. aus: nio = nie u.
man = Mann, Mensch]: **a)** *kein Mensch,
keine einzige Person, überhaupt keiner:*
das weiß n. besser als er; auf dem ganzen
Weg haben wir n./-en gesehen; er ist -[e]s
Feind; er hat den ganzen Tag mit n./-em
gesprochen; ⟨subst.:⟩ ein Niemand sein
(völlig unbedeutend sein); **b)** *nicht einer,
nicht ein Einziger aus einer bestimmten
Menge:* er hat alle gefragt, aber n. will es
gewesen sein; von der Familie war sonst
n./n. sonst zugegen; von allen Freunden
wollte sie n. anders, -en anders, n. anderen um sich haben; er hat mit n./-em von
uns reden wollen; er hat mit n. anders,
mit n. anderem gesprochen; er hat sich
über n./-en von euch geäußert.
Nie|mands|land, das ⟨o. Pl.⟩: **1.** *zwischen
zwei Fronten (2 a) gelegenes Land, gelegener Geländestreifen:* Spähtrupps ins N.
schicken; dass das Sowjetzonenregime
... auch entlang der Berliner Sektorengrenze hinter der Mauer und dem Stacheldraht ein etwa 100 Meter tiefes N.
schaffen will (FAZ 26. 9. 61, 1); Ü So
blieben jene Verhaltensweisen ... unerforscht als ein N. zwischen den Fronten
gegensätzlicher Lehrmeinungen (Lorenz, Verhalten I, 9). **2.** *(selten) unbekanntes, noch unerschlossenes, unbesiedeltes Land:* die N. links und rechts des
Amazonas; Ü die ... Unterhaltspflicht
für Frauen ist praktisch rechtliches N.
geblieben (Spiegel 11, 1981, 108).
Nie|re, die; -, -n [mhd. nier(e), ahd. nioro]: **a)** *paariges, beim Menschen bohnenförmiges, hinten in der oberen Bauchhöhle gelegenes Organ, das der Bildung u.
Ausscheidung des Harns dient:* die rechte, linke N.; ihre -n haben versagt; ihm
musste eine N. entfernt werden; die
Funktion der -n prüfen; Der ... Farbstoff
wird durch die -n ausgeschieden (Medizin II, 155); er hat es an den -n, hat es mit
den -n zu tun (ugs.; *ist nierenkrank*); Ü
künstliche N. *(Dialysegerät);* * **jmdm. an
die -n gehen** (ugs.; *jmdn. sehr angreifen,
aufregen, mitnehmen*); **b)** ⟨meist Pl.⟩ *als
Speise dienende od. zubereitete Niere (a)
bestimmter Schlachttiere:* ein Pfund -n
kaufen; morgen gibt es saure -n.

Nie|ren|baum, der [wohl nach den nierenförmigen Früchten]: *in den Tropen
kultivierter Baum mit Cashewnüssen als
Früchten, die an einem apfel- od. birnenförmig verdeckten, fleischig-saftigen,
essbaren Stiel sitzen.*
Nie|ren|be|cken, das (Anat.): *Teil der
Niere, in dem der Harn gesammelt u. in
den Harnleiter weitergeleitet wird.*
Nie|ren|be|cken|ent|zün|dung, die:
Entzündung des Nierenbeckens; Pyelitis.
Nie|ren|bra|ten, der (Kochk.): vgl.
Kalbsnierenbraten.
Nie|ren|ent|zün|dung, die: *Entzündung
der Niere; Nephritis.*
Nie|ren|fett, das: *Fett im Bereich der
Nieren (das bei Schlachttieren u. a. zur
Herstellung von Schmalz verwendet
wird).*
Nie|ren|fis|tel, die (Med.): *eine Verbindung zwischen Niere und Körperoberfläche herstellende Fistel (1), durch die Harn
abfließt.*
nie|ren|för|mig ⟨Adj.⟩: *in der Form einer
Niere ähnlich:* ein -er Tisch.
Nie|ren|grieß, der: *Harngrieß.*
Nie|ren|in|farkt, der (Med.): *Infarkt der
Niere.*
Nie|ren|in|suf|fi|zi|enz, die (Med.): *Insuffizienz der Niere.*
Nie|ren|ko|lik, die: *von einer Niere ausgehende Kolik.*
nie|ren|krank ⟨Adj.⟩: *an einer Nierenkrankheit leidend.*
Nie|ren|krank|heit, die: *Erkrankung der
Niere.*
Nie|ren|krebs, der: *Krebs (3 a) an der
Niere.*
Nie|ren|scha|le, die (Med.): *flache, nierenförmige Schale zum Auffangen von
Flüssigkeiten (Blut, Erbrochenes o. Ä.)
u. Ablegen von Geräten o. Ä.*
Nie|ren|schmerz, der ⟨meist Pl.⟩:
Schmerz in der Gegend der Nieren.
Nie|ren|schrump|fung, die: *Schrumpfung der Niere.*
Nie|ren|sen|kung, die (Med.): *abnorme
Verlagerung der Niere nach unten.*
Nie|ren|stein, der: *in der Niere entstandene steinartige Bildung, die zu schmerzhaften Störungen der Funktion der Niere
führen kann.*
Nie|ren|stein|krank|heit, die: vgl. Nierenstein.
Nie|ren|stein|lei|den, das: vgl. Nierenstein.
Nie|ren|stück, das: *(bes. vom Kalb)
Fleischstück aus dem Rücken mit den
Nieren.*
Nie|ren|tisch, der: *niedriger Tisch mit
nierenförmiger Platte.*
Nie|ren|trans|plan|ta|ti|on, der: *Transplantation einer Niere.*
Nie|ren|tu|ber|ku|lo|se, die: *die Nieren
befallende Tuberkulose.*
nie|rig ⟨Adj.⟩ (Fachspr.): *(bes. von Mineralien) nierenförmige Rundungen aufweisend.*
nie|seln ⟨sw. V.; hat; unpers.⟩ [aus dem
(Ost)md.] (landsch.): *leicht, in feinen [dicht fallenden] Tropfen regnen:* es nieselt.
Nie|sel|priem, der; -[e]s, -e [1. Bestandteil viell. zu landsch. (bes. md.) nieseln,
nüseln = nuscheln; nörgeln] (salopp ab-

wertend, oft scherzh.): *langweiliger, mürrischer, einfältiger, nicht sehr unterhaltsamer Mensch: dieser N.!*

Nie|sel|re|gen, der ⟨Pl. selten⟩: *leichter Regen in feinen [dichten] Tropfen.*

nie|sen ⟨sw. V.; hat⟩ [mhd. niesen, ahd. niosan, lautm.]: *(infolge einer Reizung der Nasenschleimhaut) die Luft ruckartig u. mit einem lauten Geräusch durch Nase u. Mund ausstoßen:* mehrmals heftig n. müssen; er nieste mir ins Gesicht.

Nie|ser, der; -s, - (ugs.): *einmaliges Niesen:* ein lauter, kräftiger, heftiger, unterdrückter N.; er ... bediente sich aus der Schnupftabakdose, machte ein paar N. (Lentz, Muckefuck 202).

Nies|pul|ver, das: *Pulver, das die Nasenschleimhaut reizt u. damit ein Niesen auslöst.*

Nies|reiz, der: *ein Niesen auslösender Reiz der Nasenschleimhaut.*

Nieß|brauch, der; -[e]s [LÜ von lat. ususfructus] (Rechtsspr.): *Recht auf Nutzung fremder Gegenstände, Grundstücke, Rechte o. Ä.*

nieß|brau|chen ⟨sw. V.; hat; meist nur im Inf. gebr.⟩ (selten): *den Nießbrauch von etw. haben.*

Nieß|brau|cher, der; -s, - (Rechtsspr.): *jmd., der den Nießbrauch von etw. hat.*

Nieß|brau|che|rin, die; -, -nen: w. Form zu ↑ Nießbraucher.

Nieß|nutz, der; -es (Rechtsspr.): *Nießbrauch.*

nieß|nut|zen ⟨sw. V.; hat; meist nur im Inf. gebr.⟩ (Rechtsspr.): *nießbrauchen.*

Nieß|nut|zer, der; -s, - (Rechtsspr.): *Nießbraucher.*

Nies|wurz, die [mhd. nies(e)wurz, ahd. hniesuurtz; die pulverisierten Wurzeln reizen zum Niesen]: *der Christrose verwandte Pflanze mit dunkelgrünen, handförmigen Blättern u. grünen Blüten.*

Niet, der, auch: das; -[e]s, -e (Fachspr.): ²*Niete.*

¹Nie|te, die; -, -n [niederl. niet, eigtl. = Nichts, subst. aus: niet = nicht]: **1.** *Los, das keinen Gewinn bringt:* ich habe eine N., nur -n gezogen; Ü (ugs.:) *Viele Initiativen haben sich als -n erwiesen* (Bund 9. 8. 80, 1). **2.** (ugs.) *jmd., der zu nichts taugt; unfähiger Mensch:* Ein Mensch, der beim Schießen immerfort nur den Scheibenrand traf, war eine N. (Strittmatter, Wundertäter 138); in der Leichtathletik war ich eine N. (Kempowski, Immer 187).

²Nie|te, die; -, -n [mhd. niet(e) = breit geschlagener Nagel]: *Bolzen aus Metall mit einem verdickten Ende, der dazu dient, [metallene] Werkstücke fest miteinander zu verbinden (wobei das freie, nicht verdickte Ende durch Schlag od. Druck in die Breite verformt wird):* -n in die Schiffswand schlagen, hämmern, einziehen; Auf dem silbernen Flügel (= der Maschine) das saubere, regelmäßige Muster der -n (Ziegler, Labyrinth 118).

nie|ten ⟨sw. V.; hat⟩ [mhd. nieten = einen Nagel umschlagen, breit schlagen]: *mit Nieten verbinden, befestigen:* Bleche, Eisenplatten n.

Nie|ten|ho|se, die; -, -n: *Hose (im Stil von Jeans) mit einer Art von Nieten an*

verschiedenen Nähten, bes. an Bund u. Taschen.

Nie|ter, der; -s, -: *jmd., dessen Arbeit darin besteht, ²Nieten anzubringen.*

niet|fest: ↑ niet- und nagelfest.

Niet|ham|mer, der: *Hammer zum Nieten.*

Niet|ho|se (selten): ↑ Nietenhose.

Niet|kopf, der: *verdicktes Ende einer Niete.*

Niet|na|gel, der (selten): ²*Niete.*

Niet|naht, die: *durch Nieten entstandene Verbindungslinie.*

Niet|pres|se, die: vgl. Niethammer.

niet- und na|gel|fest: in der Verbindung **[alles,] was nicht niet- und nagelfest ist** (ugs.; *[alles,] was man mitnehmen kann, was sich wegtragen lässt*).

Nie|tung, die; -, -en: **1.** *das Nieten.* **2.** *durch Nietung (1) hergestellte Verbindung.*

Niet|ver|bin|dung, die: vgl. Nietnaht.

Ni|fe ['ni:fǝ, auch: ...fe], das; - [Kurzwort aus Nickel u. lat. ferrum = Eisen] (Geol.): *wahrscheinlich aus Nickel u. Eisen bestehender Erdkern.*

Ni|fe|kern, der ⟨o. Pl.⟩: *Nife.*

Nifl|heim [auch: 'nɪfl...], das; -[e]s ⟨meist o. Art.⟩ [anord. niflheimr, aus: nifl- u. Nebel- u. heimr = Heim, Wohnung] (germ. Myth.): *im Norden gelegenes Reich der Kälte, des Nebels, der Finsternis; Reich der nicht im Krieg umgekommenen Toten.*

ni|gel|na|gel|neu ⟨Adj.⟩ [verdoppelnde Bildung mit Ablaut zu ↑ nagelneu] (schweiz. ugs., auch österr.): *funkelnagelneu.*

¹Ni|ger, der; -[s]: *Fluss in Afrika.*

²Ni|ger; -s, (auch:) der; -[s]: *Staat in Westafrika:* das/der nördliche N.; nach N./ in den N. fahren.

Ni|ge|ria; -s: *Staat in Westafrika.*

Ni|ge|ri|a|ner, der; -s, -: Ew.

Ni|ge|ri|a|ne|rin, die; -, -nen: w. Form zu ↑ Nigerianer.

ni|ge|ri|a|nisch ⟨Adj.⟩: *Nigeria, die Nigerianer betreffend; von den Nigerianern stammend, zu ihnen gehörend.*

Nig|ger, der; -s, - [engl.; engl. nigger, älter (mundartl.) ne(e)ger < frz. nègre < span. negro, ↑ Neger] (Schimpfwort): *Schwarzer.*

Night|club ['naɪtklʌb], der; -s, -s [engl. night club, aus: night = Nacht u. club = Klub, Verein]: *Nachtbar, Nachtlokal.*

Night|ska|ting, das; -s, -s [aus engl. night = Nacht u. skating = das Rollschuhlaufen (zu to skate, ↑ ²skaten)]: *gemeinsames Inlineskaten bei Nacht (auf dafür vorgesehenen, für den öffentlichen Verkehr gesperrten Straßen):* sie haben schon an verschiedenen -s teilgenommen; geplant ist eine große Party mit N.

Ni|grer, der; -s, -: Ew. zu ↑ ²Niger.

ni|grisch ⟨Adj.⟩: ²*Niger, die Nigrer betreffend; von den Nigrern stammend, zu ihnen gehörend.*

Ni|gro|mant, der; -en, -en (bildungsspr. veraltend): *Zauberer, Magier, Wahrsager.*

Ni|gro|man|tie, die; - [mlat. nigromantia, unter Anlehnung an lat. niger = schwarz, entstellt aus: necromantia,

↑ Nekromantie]: *Zauberei, Schwarze Kunst, Magie.*

Ni|gro|sin, das; -s, -e [zu lat. niger = schwarz]: *violetter bis blauschwarzer synthetischer Farbstoff zum Färben von Papier, Leder, Kunststoffen u. a.*

Ni|hi|lis|mus, der; - [zu lat. nihil = nichts] (bildungsspr.): **a)** *philosophische Anschauung von der Nichtigkeit, Sinnlosigkeit alles Bestehenden, des Seienden;* **b)** *weltanschauliche Haltung, die alle positiven Zielsetzungen, Ideale, Werte ablehnt; völlige Verneinung aller Normen u. Werte.*

Ni|hi|list, der; -en, -en (bildungsspr.): **a)** *Vertreter des Nihilismus* (a); **b)** *jmd., der nihilistisch* (b) *eingestellt ist:* die ehrlichen -en, die die Welt als so schrecklich und vaterlos empfinden (Thielicke, Ich glaube 45).

Ni|hi|lis|tin, die; -, -nen: w. Form zu ↑ Nihilist.

ni|hi|lis|tisch ⟨Adj.⟩ (bildungsspr.): **a)** *den Nihilismus* (a) *betreffend, auf ihm beruhend;* **b)** *alle positiven Zielsetzungen, Ideale, Werte, Normen bedingungslos ablehnend:* eine -e Weltanschauung, Haltung; -e Tendenzen; sich n. äußern.

ni|hil ob|stat [lat. = es steht nichts im Wege] (kath. Kirchenrecht): *Unbedenklichkeitsformel für die Erteilung der Druckerlaubnis.*

Ni|ka|ra|gua: usw. ↑ Nicaragua usw.

Ni|ke (griech. Myth.): *Siegesgöttin.*

Ni|kol: ↑ Nicol.

Ni|ko|laus [auch: 'ni:ko...], der; -, -e, ugs. oft scherzh. auch: ...läuse [nach einem als Heiliger verehrten Bischof von Myra (wohl 4. Jh.)]: **1.** *volkstümliche Gestalt mit großer Mütze, langem Gewand u. wallendem Bart, die nach einem alten Brauch den Kindern am 6. Dezember Geschenke bringt:* morgen kommt der N. **2.** *Nikolaustag:* morgen ist N.

Ni|ko|laus|abend, der: vgl. Nikolaustag.

Ni|ko|laus|tag, der: *Tag (6. Dezember), an dem die Kinder vom Nikolaus beschenkt werden.*

Ni|kol|lo, der; -s, -s [ital.Niccolò = Nikolaus] (bayr., österr.): ↑ Nikolaus.

Ni|ko|sia [auch: ...'ko:...]: *Hauptstadt von Zypern.*

Ni|ko|tin, (chem. Fachspr.:) Nicotin, das; -s [frz. nicotine, zu älter frz. nicotiane = Tabakpflanze, nlat. herba Nicotiana, nach dem frz. Gelehrten J. Nicot (etwa 1530--1600)]: *bes. in der Tabakpflanze enthaltener öliger, farbloser, sehr giftiger Stoff, der beim Tabakrauchen als anregendes Genussmittel dient.*

ni|ko|tin|arm ⟨Adj.⟩: *wenig Nikotin enthaltend:* eine -e Zigarette.

ni|ko|tin|frei ⟨Adj.⟩: *kein Nikotin enthaltend.*

Ni|ko|tin|ge|halt, der: *Gehalt an Nikotin.*

ni|ko|tin|hal|tig ⟨Adj.⟩: *Nikotin enthaltend:* stark n. Tabak.

Ni|ko|tin|hal|tig|keit, die: *das Nikotinhaltigsein.*

Ni|ko|ti|nis|mus, der; -: *Nikotinvergiftung.*

Ni|ko|tin|ver|gif|tung, die: *Vergiftung durch Nikotin:* akute, chronische N.

Nik|ta|ti|on, Nik|ti|ta|ti|on, die; - [zu lat. nictare = zwinkern, blinzeln] (Med.): *durch eine schnelle Folge von Zuckungen gekennzeichneter Krampf* (1) *im Augenlid.*

Nil, der; -[s]: Fluss in Afrika.

Nil|gans, die: *(in Afrika heimischer) gelblich brauner Schwimmvogel mit rötlichem Schnabel u. rötlichen Füßen.*

Nil|gau, der; -[e]s, -e [Hindi nīlgāw]: *in Indien heimische Antilope.*

nil|grün ⟨Adj.⟩: *von blasser, graugrüner Farbe.*

Nil|le, die; -, -n (derb): *Penis:* der Bierfahrer ... holt die N. raus (Lentz, Muckefuck 98).

Nil|len|fli|cker, der: **a)** (derb scherzh.) *Arzt für Geschlechtskrankheiten;* **b)** (Soldatenspr. veraltend) *Sanitäter.*

Ni|lo|te, der; -n, -n: *Angehöriger negrider Völker am oberen Nil.*

ni|lo|tisch ⟨Adj.⟩: -e Sprachen.

Nil|pferd, das: *großes, massiges Flusspferd.*

Nil|pferd|peit|sche, die: *aus der Haut von Nilpferden hergestellte Peitsche.*

Nim|bo|stra|tus, der; -, ...ti [zu ↑Nimbus u. ↑Stratus] (Met.): *sehr große, tief hängende Regenwolke.*

Nim|bus, der; -, -se [mlat. nimbus = Heiligenschein, Strahlenglanz < lat. nimbus = Regenwolke; Nebelhülle, die die Götter umgibt]: **1.** ⟨o. Pl.⟩ (bildungsspr.) *besonderes Ansehen, glanzvoller Ruhm:* sein N. als großer Dichter; etw. verleiht, gibt jmdm. einen N.; jmd., etw. verliert seinen N.; er umgibt sich mit dem N. der Unfehlbarkeit. **2.** (bes. bild. Kunst) *Heiligenschein, Gloriole.* **3.** (Met. veraltet) *Nimbostratus.*

nimm: ↑nehmen.

nim|mer ⟨Adv.⟩ [mhd. nimmer, nieměr, ahd. niomēr = nie mehr]: **1.** (veraltend) *zu keiner Zeit; niemals, nie.* **2.** (südd., österr.) *nicht mehr:* sie wollte n. daran denken; er will es n. *(nicht wieder)* tun.

Nim|mer|leins|tag: ↑Sankt-Nimmerleins-Tag.

nim|mer|mehr ⟨Adv⟩: **1.** (veraltend) *zu gar keiner Zeit, niemals, nie:* Aber n. begreift Herr Wendriner, dass ... auch seine Vorstellungen ... lächerlich wirken können (Tucholsky, Werke II, 280). **2.** (südd., österr.) *niemals mehr, nie wieder:* er will es n. tun.

Nim|mer|mehrs|tag: *Sankt-Nimmerleins-Tag.*

nim|mer|mü|de ⟨Adj.⟩ (geh.): *nie ermüdend, nie erlahmend:* ein -r Helfer; in -r Arbeit.

nim|mer|satt ⟨Adj.⟩ (fam.): *nie satt werdend; immer hungrig:* Ü ist es nicht das -e kapitalistische System? (Kraushaar, Lippen 186).

Nim|mer|satt, der; - u. -[e]s, -e: **1.** (fam.) *jmd., der nie satt wird, immer hungrig ist:* er ist ein rechter N.; Sie stopfte, auf die größeren -e scheltend, den Kleinen ... Wurststücke in den Mund (Marchwitza, Kumiaks 25). **2.** *(in Afrika, Asien u. Amerika heimischer) vorwiegend weiß gefiederter Storch mit schwarzen Schwung- u. Schwanzfedern u. nacktem, oft auffällig gefärbtem Gesicht.*

Nim|mer|wie|der|se|hen: nur in der Fügung **auf N.** (ugs., oft scherzh.; *für immer wegbleibend, ohne je wiederzukehren*): auf N. verschwinden.

nimmst, nimmt: ↑nehmen.

Nim|rod [...rɔt], der; -s, -e [...ro:də; nach dem A. T. erwähnten sagenhaften Gewaltherrscher u. Jäger (1. Mos. 10, 8 ff.)] (bildungsspr., oft scherzh.): *großer, leidenschaftlicher Jäger:* Andererseits ist er ein begeisterter N., für den es kaum etwas Schöneres geben kann, als allein in seinem Revier in der Eifel auf Pirsch zu gehen (MM 14. 11. 67, 2).

nin|geln ⟨sw. V.; hat⟩ [wohl lautm.] (mitteld.): *wimmern.*

Ni|ni|ve: Hauptstadt des antiken Assyrerreichs.

Ni|ni|vit, der; -en, -en: Ew.

Ni|ni|vi|tin, die; -, -nen: w. Form zu ↑Ninivit.

ni|ni|vi|tisch ⟨Adj.⟩: *Ninive, die Niniviten betreffend; von den Niniviten stammend, zu ihnen gehörend.*

Nin|ja, der; -[s], -[s] [jap. = Spion, Kundschafter]: *(im feudalen Japan) in Geheimbünden organisierter Krieger, der sich spezieller Waffen und eines besonderen Kampfstils bedient.*

Ni|no|flex®, der od. das; - [Kunstwort]: *(bes. für Regenmäntel verwendetes) wasserdichtes, luftdurchlässiges Gewebe.*

Ni|ob, Niobium, das; -s [nach ↑Niobe, der Tochter des Tantalus (nach dem gemeinsamen Vorkommen mit ↑Tantal)]: *hellgraues, glänzendes Metall, das sich gut walzen u. schmieden lässt (chemisches Element; Zeichen: Nb).*

Ni|o|be [...be:] (griech. Myth.): *Tochter des Tantalus.*

Ni|o|bi|de, der u. die; -n, -n: *Kind der Niobe.*

Ni|o|bit, der; -s, -e: *ein Niob enthaltendes Mineral.*

Ni|o|bi|um: ↑Niob.

Nipf, der; -[e]s [bayr. Nipf = Pips] (österr. ugs.): *Mut, Energie:* Das frühe Verlusttor nahm uns das Selbstvertrauen, die Ruhe, die Übersicht, den N. (Kronen-Zeitung 4. 10. 68, 6).

Ni|phab|lep|sie, die; -, -n [zu griech. nī́phás = Schneeflocke, a- = nicht, un- u. blépein = sehen] (Med.): *Schneeblindheit.*

Nip|pel, der; -s, - [wahrsch. < engl. nipple, eigtl. = (Brust)warze]: **1.** (Technik) *kurzes Stück Rohr mit Gewinde zum Verbinden von Rohren.* **2.** (ugs.) **a)** *kurzes, ab- od. vorstehendes [Anschluss]stück:* den N. am Wasserball zuhalten; er drückte auf den N. am Blitzlichtkabel; **b)** *Penis.* **3.** *Schmiernippel.*

nip|pen ⟨sw. V.; hat⟩ [niederd. (md.), wohl Intensivbildung zu mniederd. nipen = kneifen, und Das Zusammenpressen der Lippen am Gefäßrand bezogen]: *mit nur kurz geöffneten Lippen ein klein wenig trinken, einen kleinen Schluck nehmen:* sie trank nicht richtig, sie nippte nur; an einem Glas, am Wein n.; Ü Kohlweißlinge ... nippten aus den blassblauen Röhrenblüten (Strittmatter, Wundertäter 61).

Nip|pes [auch: nıps, nıp] ⟨Pl.⟩ [frz. nippes

(älter) = Putzsachen; H. u.]: *kleine Gegenstände, Figuren [aus Porzellan], die zur Zierde aufgestellt werden:* Zerbrochene N. lagen da (Fühmann, Judenauto 97).

Nipp|fi|gur, die; -, -en: vgl. Nippes.

Nipp|flut, die; -, -en [zu ↑nippen]: *bei Halbmond auftretende, besonders niedrige Flut.*

Nip|pon; -s: japanischer Name für ↑Japan.

Nipp|sa|chen ⟨Pl.⟩: Nippes.

Nipp|ti|lde, die; -, -n: vgl. Nippflut.

nir|gend ⟨Adv.⟩ [mhd. ni(e)rgen(t), ahd. ni io wergin, ↑irgend] (veraltend): *nirgends.*

nir|gend|her ⟨Adv.⟩: *von keinem Ort, aus keiner Richtung.*

nir|gend|hin ⟨Adv.⟩: *an keinen Ort, in keine Richtung:* auf eine Bierreise ..., von der er n. mehr konnte als ... in ein Einzelzimmer zum Totpflegen (Johnson, Ansichten 117); die Straße führt n.

nir|gends ⟨Adv.⟩: *an keinem Ort, Platz; an keiner Stelle:* er war n. zu finden; n. hält es n. lange aus; n. sonst/sonst n. gibt es eine so große Auswahl.

nir|gends|her ⟨Adv.⟩ (selten): ↑nirgendher.

nir|gends|hin ⟨Adv.⟩ (selten): *nirgendhin:* gerade solche Schritte auszuprobieren, den n. führten (Chr. Wolf, Nachdenken 200).

nir|gends|wo (selten): ↑nirgendwo.

nir|gend|wo ⟨Adv.⟩: *nirgends:* n. auf diesem Platz war Schatten (Koeppen, Rußland 30).

nir|gend|wo|her ⟨Adv.⟩: ↑nirgendher.

nir|gend|wo|hin ⟨Adv.⟩: ↑nirgendhin.

Ni|ros|ta®, der; -s [Kurzwort aus **ni**chtrostender **Sta**hl]: *rostfreier Stahl.*

Nir|wa|na, das; -[s] [sanskr. nirvāna, eigtl. = das Erlöschen, Verwehen]: *(im Buddhismus) Endziel des Lebens als Zustand völliger Ruhe:* Endlich erreichte er (= Winckelmann) in seiner letzten tödlichen Umarmung das N., nach dem er sich gesehnt hatte, die vollständige Auflösung aller Begierden (Psyche 9, 1966, 713).

Ni|san, der; - [hebr. Nîsạn]: *siebter Monat im jüdischen Kalender (März/April).*

Ni|sche, die; -, -n [frz. niche, zu afrz. nichier = ein Nest bauen, über das Vlat. zu lat. nidus = Nest]: **a)** *flache Einbuchtung, Vertiefung in einer Wand, Mauer:* Im Stiegenhaus gab es viele -n, und in den -n standen bemalte Heilige (Simmel, Affäre 30); **b)** *kleine Erweiterung eines Raumes:* das Lokal: wie geschickt jedes Eckchen ausgenützt, wie listig überall versteckte -n ausgespart seien (Feuchtwanger, Erfolg 190); Ü eine ökologische N. (Biol.; *Gebiet, in dem die ausschlaggebenden Lebens-, Umweltbedingungen einer bestimmten Tier- od. Pflanzenart das Überleben ermöglichen).*

Ni|schel, der; -s, - [md., H. u.] (landsch. salopp): *Kopf.*

Ni|schen|al|tar, der: *in einer Nische (b) stehender Altar.*

Niss, die; -, -e (veraltend), **Nis|se,** die; -, -n [mhd. niʒ(ʒe), ahd. (h)niʒ]: *Ei einer Laus (das an den Haaren festgeklebt ist).*

Nis|sen|hüt|te, die; -, -n [engl. Nissen hut, nach dem engl. Offizier Nissen (gest. 1930)] (veraltend): *(als Notquartier errichtete) halbrunde Baracke aus Wellblech:* sie hausten in einer N.

nis|sig ⟨Adj.⟩: *voller Nissen.*

◆ **nis|teln** ⟨sw. V.; hat⟩ [landsch. Nebenf. von ↑nesteln]: *dicht herandrängen:* Ich und mein Kamerad ... nistelten uns an ihn ... dass er sich nicht regen noch rühren konnte (Goethe, Götz I).

nis|ten ⟨sw. V.; hat⟩ [mhd., ahd. nisten, zu ↑Nest]: *(von Vögeln) ein Nest bauen u. darin Eier legen, ausbrüten, die Jungen aufziehen:* unter dem Dach nisten Schwalben; Ü die Schienen, in denen ... kein Schnee n. (geh.; *liegen bleiben, sich festsetzen)* kann (Fries, Weg 174).

Nist|hil|fe, die: vgl. Nistkasten.

Nist|höh|le, die: vgl. Nistplatz.

Nist|kas|ten, der: *mit einem Flugloch versehener kleiner Kasten o. Ä., der im Freien aufgehängt wird, sodass darin Vögel nisten können.*

Nist|platz, der: *Platz, an dem Vögel nisten.*

Nist|stät|te, die (geh.): *Nistplatz.*

Nist|zeit, die: *Zeit, in der ein Vogel sein Nest baut.*

Ni|sus, der; -, - ['ni:zu:s; lat. nisus = Schwung] (Med., Psych.): *(psychischer) Antrieb:* N. sexualis *(Geschlechtstrieb).*

Ni|ton ['ni:tɔn], das; -s [engl. niton, zu lat. nitere = glänzen] (veraltet): *Radon.*

Ni|trat, das; -[e]s, -e [zu ↑Nitrum]: *Salz der Salpetersäure.*

Ni|trid, das; -s, -e: *chem. Verbindung von Stickstoff mit einem Metall.*

ni|trie|ren ⟨sw. V.; hat⟩ [zu ↑Nitrum]: **1.** (Chemie) *(eine organische Verbindung) mit Salpetersäure behandeln, reagieren lassen.* **2.** (Technik) *nitrierhärten.*

ni|trier|här|ten ⟨sw. V.; hat; nur im Inf. u. Part. gebr.⟩ (Technik): *(die Oberfläche von Stahl) durch Reaktion mit Substanzen, die Stickstoff abgeben, härten.*

Ni|trier|säu|re, die (Chemie, Technik): *zum Nitrieren verwendetes Gemisch aus konzentrierter Salpetersäure u. konzentrierter Schwefelsäure.*

Ni|trier|stahl, der (Technik): *durch Nitrierhärten an der Oberfläche gehärteter Stahl.*

Ni|tri|fi|ka|ti|on, die; -, -en [frz. nitrification] (Chemie, Landw.): *Bildung von Salpeter durch Oxidation, die von Bakterien im Boden bewirkt wird.*

ni|tri|fi|zie|ren ⟨sw. V.; hat⟩ (Chemie, Landw.): *durch Oxidation Salpeter im Boden bilden:* nitrifizierende Bakterien.

Ni|tri|fi|zie|rung, die; -, -en (Chemie, Landw.): *Nitrifikation.*

Ni|tril, das; -s, -e ⟨meist Pl.⟩ (Chemie): *organische Verbindung mit einer Cyangruppe.*

Ni|trit [auch: ni'trɪt], das; -s, -e: *farbloses, in Wasser meist leicht lösliches Salz der salpetrigen Säure.*

Ni|tro- [zu ↑Nitrogen] ⟨Best. in Zus. mit der Bed.⟩: *die Nitrogruppe enthaltend, betreffend* (z. B. Nitrobenzol).

Ni|tro|bak|te|ri|en ⟨Pl.⟩ (Chemie, Landw.): *in gut durchlüfteten Böden u.*

Gewässern weitverbreitete, die Nitrifikation vollziehende Bakterien.

Ni|tro|ben|zol [auch: 'ni...], das; -s (Chemie): *durch Nitrieren von Benzol hergestellte, farblose bis leicht gelb gefärbte, giftige Flüssigkeit mit bittermandelartigem Geruch.*

Ni|tro|farb|stof|fe ⟨Pl.⟩ [zu ↑Nitrogen] (Chemie, Textilind.): *Nitrogruppen enthaltende, gelbe od. orangefarbene bis braune synthetische Farbstoffe.*

Ni|tro|gel|la|ti|ne, die; -: *hochexplosiver Sprengstoff (wirksamer Bestandteil des Dynamits).*

Ni|tro|gen, Ni|tro|ge|ni|um, das; -s [frz. nitrogène, eigtl. = Salpeter bildend, zu: nitre (< lat. nitrum, ↑Nitrum) u. -gène < griech. -genēs = hervorbringend; Salpeter(säure) leitet sich von Stickstoff her]: *Stickstoff;* Zeichen: N.

Ni|tro|gly|ze|rin [auch: ...'ri:n], das; -s: *ölige, farblose bis schwach bräunliche, geruchlose, sehr leicht u. heftig explodierende Flüssigkeit, die zur Herstellung von Sprengstoffen u. in der Medizin als gefäßerweiterndes Mittel verwendet wird.*

Ni|tro|grup|pe, die; -, -n (Chemie): *als Bestandteil zahlreicher organischer Verbindungen auftretende einwertige Gruppe, die ein Stickstoff- u. zwei Sauerstoffatome enthält.*

Ni|tro|lack, der: *gelöste Nitrozellulose enthaltender Lack.*

Ni|tro|pen|ta, das; -[s] [Kunstwort, zu griech. pénte = fünf]: *hochexplosiver Sprengstoff.*

ni|tro|phil ⟨Adj.⟩ [zu griech. phileīn = lieben] (Bot.): *(von bestimmten Pflanzen) Nitrate wachsend:* nitratreichem Boden besonders gut wachsend.

Ni|tro|phos|ka®, die; - [Kunstwort]: *Stickstoff, Phosphor u. Kalium enthaltendes Düngemittel.*

Ni|tro|phos|phat [auch: 'ni:...], das; -[e]s, -e: *Stickstoff, Phosphor, Kali u. Kalk enthaltendes Düngemittel.*

ni|tros ⟨Adj.⟩ (Chemie): *Stickstoffoxid enthaltend.*

Ni|tro|sa|min, das; -s, -e (Chemie): *bestimmte Stickstoffverbindung, die u. a. beim Räuchern, Rösten entsteht u. Krebs erregend sein kann.*

Ni|tro|se, die; -, -n (Chemie): *nitrose Schwefelsäure.*

Ni|tro|zel|lu|lo|se, die; - (Chemie): *durch Nitrieren von Zellulose hergestellte, weiße, faserige Masse, die beim Entzünden sehr rasch verbrennt u. für die Herstellung von Lacken u. Zelluloid od. für Sprengstoffe verwendet wird.*

Ni|trum, das; -s [lat. nitrum < griech. nitron = Laugensalz, Soda, Natron < ägypt. ntr(j)] (veraltet): *Salpeter.*

nit|scheln ⟨sw. V.; hat⟩ [H. u.] (Textilind.): *(Bänder von Fasern) mithilfe einer besonderen Maschine zum Vorgarn verarbeiten.*

nit|sche|wo ⟨Interj.⟩ [russ. ničego] (ugs. scherzh. veraltend): *macht nichts!; das hat nichts zu bedeuten.*

ni|val ⟨Adj.⟩ [lat. nivalis, zu: nix (Gen.: nivis) = Schnee] (Met.): *(von Niederschlägen) in fester Form von Schnee, Eis, Eisregen geprägt:* -es Klima; -es Abfluss-

regime *(bei einem Fluss geringer Wasserstand im Winter u. Hochwasser nach der Schneeschmelze).*

Ni|val, das; -s, - (Geogr.): *Gebiet mit dauernder od. langfristiger Schnee- od. Eisdecke.*

Ni|val|or|ga|nis|mus, der ⟨meist Pl.⟩ (Biol.): *Tier od. Pflanze aus Gebieten mit ständiger Schnee- od. Eisdecke.*

Ni|veau [ni'vo:], das; -s, -s [urspr. = Wasserwaage < frz. niveau, dissimiliert aus afrz. nivel < lat. libella, ↑Libelle]: **1.** *waagerechte, ebene Fläche in bestimmter Höhe* (1 b): Straße und Bahnlinie haben das gleiche N.; Seit Tagen schon hatten sie das N. des Sees *(den Wasserspiegel)* gesenkt (Lenz, Brot 153). **2.** *Stufe in einer Skala* (2) *bestimmter Werte, auf der sich etw. bewegt:* das N. der Preise, der Kurse; Ü Die Möglichkeit, alle Länder auf das zivilisatorische N. *(das Entwicklungsniveau)* der Industrieländer zu heben (Gruhl, Planet 185). **3.** *geistiger Rang; Stand, Grad, Stufe der bildungsmäßigen, künstlerischen, sittlichen o. ä. Ausprägung:* ein beachtliches N.; das künstlerische N. einer Veranstaltung; das geistige N.; ein gewisses N. haben; das N. halten, heben; etw. hat kein, wenig N. *(ist geistig anspruchslos);* Großzügiger Rechtsanwalt ... mit N. ... sucht naturverbundene Partnerin für Sommerurlaub auf dem Bauernhof (Oxmox 6, 1983, 90); In der Filiale Wild und Geflügel ... bemüht sich das Kollektiv täglich, mit einem hohen N. jeden Kunden zu beraten (NNN 11. 11. 85, o. S.); Im Grunde standen diese Betrachtungen über dem geistigen N. der beiden Leser (Brecht, Groschen 77); Außerdem war dieses Gebrüll aus dem Kellerschacht wirklich weit unter meinem N. (Fallada, Herr 132). **4.** *feine Wasserwaage an geodätischen u. astronomischen Instrumenten.* **5.** (Graphologie) *Gesamtbild einer persönlich gestalteten, ausdrucksfähigen Handschrift.*

Ni|veau|dif|fe|renz, die: vgl. Niveauunterschied (1).

Ni|veau|flä|che, die (Math., Geogr.): *Fläche, die auf gleicher Höhe (1 b) liegende Punkte verbindet.*

ni|veau|frei ⟨Adj.⟩ (Verkehrsw.): *sich nicht auf dem gleichen Niveau (1) befindend, kreuzend:* ein -er Zugang zu einer Haltestelle; die Kreuzung ist n.

Ni|veau|ge|fäß, das (Technik): *Ausgleichsgefäß.*

ni|veau|gleich ⟨Adj.⟩ (Verkehrsw.): *sich auf dem gleichen Niveau (1) befindend, kreuzend.*

Ni|veau|kreu|zung, die (Verkehrsw.): *Kreuzung von Straßen, Wegen, Gleisen auf gleicher Ebene, auf dem gleichen Niveau (1).*

Ni|veau|li|nie, die (Geogr.): *Höhenlinie.*

ni|veau|los ⟨Adj.⟩: *sich auf einem niedrigen Niveau (3) bewegend; geistig anspruchslos:* eine -e Unterhaltung, Aufführung.

Ni|veau|re|gu|lie|rung, die; - (Technik): *das Einhalten der Bodenfreiheit bei Personen- u. Lastkraftwagen durch eine mechanisch od. elektronisch geregelte Federung.*

Ni|veau|sen|kung, die: *Senkung des Niveaus* (1).

Ni|veau|über|gang, der (Verkehrsw.): vgl. Niveaukreuzung.

Ni|veau|un|ter|schied, der: **1.** *unterschiedliche Höhe des Niveaus* (1). **2.** *unterschiedlicher Grad des Niveaus* (3).

ni|veau|ver|schie|den ⟨Adj.⟩ (Verkehrsw.): *sich nicht auf dem gleichen Niveau* (1) *befindend, kreuzend:* eine -e Kreuzung.

ni|veau|voll ⟨Adj.⟩: *sich auf einem hohen Niveau* (3) *bewegend; geistig anspruchsvoll:* Fast alle Konferenzen waren ein reger, -er Erfahrungsaustausch (ND 5. 6. 64, 1); Niveauvolle ... Endvierzigerin ... bietet ... großzügigem Herrn Gespräch und moderne Freizeit (Mannheimer Wochenblatt 15. 5. 75, 6).

Ni|vel|le|ment [nivɛl(ə)'mã:], das; -s, -s [frz. nivellement]: **1.** (bildungsspr.) *das Nivellieren* (1). **2.** (Vermessungsw.) **a)** *Messung u. Bestimmung von Höhenunterschieden im Gelände mithilfe des Nivelliergeräts;* **b)** *Ergebnis des Nivellements* (2 a).

ni|vel|lie|ren ⟨sw. V.; hat⟩ [frz. niveler]: **1.** (bildungsspr.) *(Unterschiede) durch Ausgleichung aufheben, mildern:* Im Regelfall nivellieren Gruppen die Unterschiede zwischen den Meinungen und den Fähigkeiten ihrer Mitglieder (Hofstätter, Gruppendynamik 87); durch ihre Wirtschaftstätigkeit, die ... die haarsträubenden sozialen Unterschiede nivelliert (Chotjewitz, Friede 141); fahrerische Unterschiede werden immer stärker durch den technischen Trend nivelliert (auto touring 12, 1978, 58); der nivellierende Charakter der Aufklärung (Greiner, Trivialroman 32); Ein Volk, das der ... nivellierenden Vermassung nicht zu steuern weiß (Goldschmit, Genius 34). **2.** (Vermessungsw.) *Höhenunterschiede in einem Gelände mithilfe eines Nivelliergerätes bestimmen.* **3.** (selten) *ebnen, planieren:* das Gelände, einen Platz n.

Ni|vel|lier|ge|rät, das (Vermessungsw.): *Messgerät mit einem Zielfernrohr zum Bestimmen der Höhenunterschiede in einem Gelände.*

Ni|vel|lier|in|stru|ment, das (Vermessungsw.): *Nivelliergerät.*

Ni|vel|lie|rung, die; -, -en: *das Nivellieren.*

ni|vel|li|tisch ⟨Adj.⟩ (Vermessungsw.): *das Nivellement* (2) *betreffend.*

Ni|vo|me|ter, das; -s, - [zu lat. nix (Gen.: nivis) = Schnee u. ↑-meter (1)] (Met.): *Gerät zur Messung der Dichte gefallenen Schnees.*

Ni|vôse [ni'vo:z], der; -, -s [frz. nivôse = »Schneemonat«]: *(im Kalender der Französischen Revolution) vierter Monat des Jahres (21. 12.–19. 1.).*

nix ⟨Indefinitpron.⟩ (ugs.): *nichts:* Nix ist. Weder so noch so (Degener, Heimsuchung 37).

Nix, der; -es, -e [mhd. nickes, ahd. nicchus, urspr. = badendes (= im Wasser lebendes) Wesen] (germ. Myth.): *Wassergeist, der versucht, Menschen ins Wasser hinabzuziehen.*

Ni|xe, die; -, -n [mhd. nickese, ahd. nicchessa] (germ. Myth.): *weiblicher Wassergeist (mit einem in einem Fischschwanz endenden Unterkörper):* so sieht man mit lauerndem Auge das Antlitz einer N. auf dem Grunde eines Teiches (Jahnn, Geschichten 179); Ü die -n (scherzh.; badenden Mädchen) am Strand.

ni|xen|haft ⟨Adj.⟩ (geh.): *einer Nixe ähnlich, wie eine Nixe:* sie glitt n. durch das Wasser.

Ni|zä|num, Ni|zä|um, Nicaenum, das; -s [nach der kleinasiatischen Stadt Nizäa (heute Iznik)]: *auf dem ersten allgemeinen Konzil zu Nizäa 325 n. Chr. angenommenes u. 381 in Konstantinopel fortgebildetes zweites ökumenisches Glaubensbekenntnis.*

Niz|za: französische Stadt.

Niz|za|er, der; -s, -: Ew.

Niz|za|e|rin, die; -, -nen: w. Form zu ↑Nizzaer.

niz|za|isch ⟨Adj.⟩: *Nizza, die Nizzaer betreffend; aus Nizza stammend; zu den Nizzaern gehörend.*

n. J. = nächsten Jahres.

njam, njam! ⟨Interj.⟩: als Ausdruck bevorstehender Gaumenfreuden.

nkr = norwegische Krone.

NKWD, der; - [Abk. von russ. Narodny Komissariat Wnutrennich Del]: Volkskommissariat des Innern (sowjet. politische Geheimpolizei [1934–1946]).

N. L. = Niederlausitz.

nlat. = neulateinisch.

NLG = internationaler Währungscode für: Gulden (2).

nm = Nanometer.

Nm = Newtonmeter.

nm., nachm. = nachmittags.

n. M. = nächsten Monats.

N. N. = nomen nescio [lat. = den Namen weiß ich nicht] (Name unbekannt) od. nomen nominandum [lat. = der zu nennende Name] (z. B. Herr N. N.).

N. N., NN = Normalnull.

NNO = Nordnordost[en].

NNW = Nordnordwest[en].

No = Nobelium.

No, das; -: No-Spiel.

NO = Nordost[en].

No., N° = Numero.

no|bel ⟨Adj.; nobler, -ste⟩ [frz. noble < lat. nobilis, eigtl. = bekannt]: **1.** (geh.) *in bewundernswerter Weise großmütig, edel [gesinnt], menschlich vornehm:* ein nobler Charakter; eine noble Geste, Gesinnung, Denkart; n. handeln. **2.** (öfter spött.) *elegant [wirkend]; luxuriös:* ein nobles (hohen Ansprüchen genügendes, teures) Hotel; Ein wenig empfand er die Eigenheit seiner Frau sogar als noble Extravaganz (Sommer, Und keiner 47); Teile des Armaturenbretts ... wurden in den feinen, lederartigen Bezug gehüllt. Das wirkt n. und teuer (ADAC-Motorwelt 10, 1985, 25). **3.** (ugs.) *großzügig* (2), *freigebig:* ein nobles Trinkgeld; Die Idee, die Stadt der Vorfahren zu erhalten ..., finde ich n. (Frisch, Stiller 290); Weitaus nobler zeigt sich das Amtsgericht Groß-Gerau (Gute Fahrt 4, 1974, 36).

No|bel- (öfter spött.): drückt in Bildungen mit Substantiven aus, dass jmd. oder

etw. als elegant, vornehm, exklusiv angesehen wird: Nobeldisko, -juwelier, -villa.

No|bel|ball, der (österr., öfter spött.): *Ball in vornehmem Rahmen.*

No|bel|gar|de, die; - (früher): *aus Adligen gebildete päpstliche Ehrenwache.*

No|bel|ge|gend, die (öfter spött.): *vornehme Wohngegend.*

No|bel|her|ber|ge, die (spött.): *Nobelhotel.*

No|bel|ho|tel, das (öfter spött.): *vornehmes [Luxus]hotel.*

No|be|li|um, das; -s [nach dem schwed. Chemiker A. Nobel; vgl. Nobelpreis]: *chemisches Element aus der Reihe der Transurane (Zeichen: No).*

No|bel|mar|ke, die (öfter spött.): *vornehme, teure Marke.*

No|bel|preis, der; -es, -e: *von dem schwed. Chemiker u. Industriellen A. Nobel (1833–1896) gestifteter, jährlich für hervorragende kulturelle, wissenschaftliche Leistungen auf verschiedenen Gebieten verliehener Geldpreis:* der N. für Literatur.

No|bel|preis|trä|ger, der: *jmd., der einen Nobelpreis erhalten hat.*

No|bel|preis|trä|ge|rin, die: w. Form zu ↑Nobelpreisträger.

No|bel|res|tau|rant, das (öfter spött.): *nobles* (2) *Restaurant:* Der Berufstätige verschlingt mittags bei Mc Donald's einen Hamburger und speist abends in einem N. (Wirtschaftswoche 18, 1987, 107).

No|bi|les ['no:bile:s] ⟨Pl.⟩ [lat. nobiles]: *Angehörige der Nobilität* (a) *im alten Rom.*

No|bi|li ⟨Pl.⟩ [ital. nobili < lat. nobiles] (hist.): *Angehörige der adligen Geschlechter in den ehemaligen italienischen Freistaaten.*

No|bi|li|tät, die; - [lat. nobilitas, eigtl. = Berühmtheit]: **a)** (hist.) *Amtsadel im alten Rom;* **b)** (bildungsspr. veraltet) *Adel.*

No|bi|li|ta|ti|on, die; -, -en [mlat. nobilitatio, zu lat. nobilitare, ↑nobilitieren] (bildungsspr.): *Adelung.*

no|bi|li|tie|ren ⟨sw. V.; hat⟩ [lat. nobilitare = berühmt machen] (bildungsspr.): *adeln.*

No|bi|li|tie|rung, die; -, -en (bildungsspr.): *Adelung.*

No|bi|li|ty [nou'bɪlɪti], die; - [engl. nobility < lat. nobilitas] (bildungsspr.): *Hochadel Großbritanniens.*

No|bis|krug, der; -[e]s, ...krüge [aus dem Niederd. < mniederd. nôbiskrôch, wahrsch. aus gaunerspr. (für lat. non) = nicht(s), nein (in Zus. von Minderwertigem) u. ↑Krug (2); zunächst = schlechtes (an einer Gemarkungsgrenze gelegenes) Gasthaus, dann = (letzte) Herberge am Ende des Lebensweges] (Volksk.): *Hölle.*

No|bis|wirt, der; -[e]s, -e (Volksk.): *Teufel.*

No|bles|se [auch: nɔ'blɛs], die; -, -n [...sn; frz. noblesse, zu ↑nobel, ↑noble]: **1.** (veraltet) *Adel* (1, 2). **2.** ⟨o. Pl.⟩ (bildungsspr.) **a)** *noble* (1) *Art;* **b)** *vornehme, elegante Erscheinung, Wirkung:* die [natürliche] N. seines Auftretens; Ü die Schlankheit und N. (harmonische Schön-

heit) der Bauglieder ist unrömisch (Bild. Kunst III, 23).

no|blesse ob|lige [nɔblɛsɔ'bliːʒ; frz. = Adel verpflichtet] (bildungsspr., oft scherzh.): *eine höhere gesellschaftliche Stellung verpflichtet zu Verhaltensweisen, die von anderen nicht unbedingt erwartet werden.*

No|bo|dy ['noʊbədi], der; -[s], -s [engl. nobody]: *jmd., der [noch] ein Niemand ist:* Im sozialliberalen Kabinett ... finden sich fast nur politische -s (Spiegel 21, 1991, 37); An den Stars wird die Elle immer weiter oben angelegt als bei den Nobodys (MM 17. 4. 71, 17).

noch [I. mhd. noch, ahd. noh, noch, aus: nu (↑nun) u. -h (in Zus.) = auch, und, eigtl. = jetzt auch; II. mhd. noch, ahd. noh, zusgez. aus: ne = nicht u. ouh = auch, eigtl. = auch nicht]: **I.** ⟨Adv.⟩ **1. a)** drückt aus, dass ein Zustand, Vorgang weiterhin anhält [aber möglicherweise bald beendet sein wird]: sie ist n. wach, krank; du bist n. zu jung dafür; er war damals n. hier; ein n. ungelöstes Problem; wir sind n. weit vom Ziel entfernt; das gibt es n. heute/heute n.; er hat [bis jetzt] n. immer, jedes Mal, nie genommen; es regnet kaum n. *(fast nicht mehr);* (betont, meist in Spitzenstellung:) n. regnet es nicht *(es regnet jetzt noch nicht, aber [vielleicht, wahrscheinlich] bald);* **b)** (unbetont, in Verbindung mit einer Mengenangabe o. Ä.) drückt aus, dass es sich um etw. handelt, was von etw. übrig geblieben ist: ich habe [nur] n. zwei Mark; es dauert jetzt n. fünf Minuten. **2. a)** *bevor etw. anderes geschieht:* ich mache das n. fertig; ich muss erst n. duschen; ich möchte [bevor du gehst] n. etwas fragen; **b)** drückt aus, dass etw. nach der Überzeugung des Sprechers, der Sprecherin (zu einem unbestimmten Zeitpunkt) in der Zukunft eintreten wird: *irgendwann später einmal, zu gegebener Zeit; schließlich:* er wird n. kommen; vielleicht kann man es n. mal gebrauchen; **c)** *wenn nichts geschieht, es zu verhindern; womöglich [sogar]:* du kommst n. zu spät [wenn du so trödelst]; er wird dich [womöglich] n. überrunden. **3. a)** (in Verbindung mit einer Zeitangabe oder einer Ortsangabe, die eine Zeitangabe ersetzt) drückt aus, dass der genannte Zeitpunkt relativ kurz vor einem bestimmten anderen [an dem die jeweilige Situation entscheidend verändert ist] liegt: gestern habe ich n./n. gestern habe ich mit ihm gesprochen; das hätte n. vor Jahresfrist niemand für möglich gehalten; in Köln *(als wir in Köln waren)* lief der Motor n. einwandfrei; **b)** (in Verbindung mit einer Zeitangabe od. einer Ortsangabe, die eine Zeitangabe ersetzt) räumt ein, dass es sich um einen den Umständen nach sehr frühen Zeitpunkt, sehr begrenzten Zeitraum handelt, u. betont gleichzeitig die Zeit- bzw. Ortsangabe: n. ehe er/ehe er n. antworten konnte, legte sie auf; er wurde n. am Unfallort operiert; **c)** drückt aus, dass ein bestimmtes Geschehen, ein Umstand einige Zeit später nicht mehr möglich [gewesen] wäre: er hat seinen Urgroßvater n. gekannt; dass er das n.

erleben durfte!; Ich hab' dich ja n. *(schon)* gekannt, wie du so klein warst (Chotjewitz, Friede 140); **d)** drückt aus, dass der Endpunkt einer Entwicklung nicht erreicht ist, dass sich etw. im Rahmen des Akzeptablen, Möglichen o. Ä. hält, obwohl zum Gegenteil nur wenig fehlt: das lasse ich mir [gerade] n. gefallen; das geht n.; er hat n. Glück gehabt; das [allein] ist n. [lange] kein Grund; das ist ja n. [ein]mal gut gegangen. **4. a)** drückt aus, dass etw. [Gleiches] zu etw. anderem, bereits Vorhandenem hinzukommt, oft als Verstärkung anderer Adverbien (wie *außerdem, zusätzlich, dazu*): dumm und dazu n./n. dazu frech; wer war n. da?; er hat [auch, außerdem] n. ein Fahrrad; er ist nebenbei n. Maler; hinzu kommt n., dass ...; n. [ein]mal so lang wie *(doppelt so lang wie)*; (betont:) was soll ich denn n. tun?; * **n. und n.**/(ugs. scherzh.:) **n. und nöcher** *(in großer Menge, Anzahl; in hohem Maße; sehr viel):* er hat Geld n. und nöcher; **n. und nochmals/n. und n. einmal** *(immer wieder);* **b)** (in Verbindung mit einem Komparativ o. Ä.) betont den höheren Grad o. Ä.: es ist heute n. wärmer als gestern; (nachgestellt, geh.:) sie ist schöner n. als Aphrodite. **5.** (n. + so) verstärkt das folgende Wort u. zeigt ein konzessives Verhältnis an: er lacht über jeden n. so albernen Witz; du kannst n. so [sehr] bitten, es wird dir nichts nützen. ◆ **6.** *dennoch:* Der Hund ... sah mich mit bittenden Augen an, aber ich fürchtete mich, ihn mit mir zu nehmen. Noch nahm ich eins von den Gefäßen, das mit Edelsteinen angefüllt war, und steckte es zu mir (Tieck, Zerbert 15). **II.** ⟨Konj.⟩ schließt in Korrelation mit einer Negation ein zweites Glied [u. weitere Glieder] einer Aufzählung an: *und auch nicht:* er kann weder lesen n. schreiben; (geh.:) sie hat keine Verwandten/nicht Verwandte n. Freunde; nicht er n. seine Frau, n. seine Kinder; sie tat es, ohne zu murren n. zu klagen. **III.** ⟨Partikel; unbetont⟩ **1.** drückt in Aussagesätzen eine Verstärkung aus, wobei der Sprecher andeutet, dass eine Bestätigung, Zustimmung seines Gesprächspartners erwartet od. vorausgesetzt: das ist n. Qualität; auf ihn kann man sich n. verlassen. **2.** drückt in Aussage- od. Ausrufesätzen eine gewisse Erregung o. Ä. aus, wobei der Sprecher seinen Gesprächspartner [mit drohendem Unterton] auf zu erwartende Konsequenzen in Bezug auf dessen Äußerungen, Handlungen o. Ä. hinweisen will: das wirst du n. bereuen!; der wird sich n. wundern! **3.** drückt in Aussagesätzen od. [rhetorischen] Fragesätzen Empörung, Erstaunen o. Ä. aus (oft in Verbindung mit »doch« III): man wird [doch] n. fragen dürfen; n. lachen? n. lachen! **4.** drückt in Aussagesätzen aus, dass der Sprecher einen Sachverhalt o. Ä. als nicht schwerwiegend, als etwas nicht besonders Beachtenswertes o. Ä. ansieht (immer in Verbindung mit einer Negation): das kostet n. keine fünf Mark; das dauert n. keine zehn Minuten. **5.** *doch* (III 4): wie hieß er n. gleich?; wie war das n.?

Noch- (in Verbindung mit Personenbezeichnungen iron.): *einen bestimmten Rang, Status o. Ä. nicht mehr lange innehabend,* z. B. Nochintendant, -oberligist, -vorsitzende: Die wahrscheinlichen Nachfolger des Noch-KP-Chefs (Kieler Nachrichten 30. 8. 84, 1).

Noch|ge|schäft, das (Börsenw.): *Termingeschäft, bei dem der Käufer od. Verkäufer durch Zahlung einer Prämie das Recht erwirbt, über die vereinbarte Menge hinaus eine nochmalige Lieferung od. Abnahme der gleichen Menge zu verlangen.*

noch|ma|lig ⟨Adj.⟩: *nochmals geschehend, vorgenommen:* eine -e Überprüfung.

noch|mals ⟨Adv.⟩: **a)** *ein weiteres Mal, noch einmal:* ich möchte das n. betonen; n. *(ich frage noch einmal):* wo waren Sie zwischen 19 und 20 Uhr?; da helfe nur Ruhe, Ruhe und n. Ruhe *(vor allem sehr viel Ruhe;* Kempowski, Tadellöser 110); n. *(wiederum)* einige Minuten später (Plievier, Stalingrad 330); **b)** drückt aus, dass ein Vorgang, Zustand unterbrochen, eine schon abgeschlossene Angelegenheit wieder aufgenommen wird: sie hatte den Motor schon angelassen, da stieg sie n. aus.

¹**Nock,** der; -[e]s, -e, auch: die; -, -en [aus dem Niederd., urspr. wohl = hervorstehendes Ende von etw.] (Seemannsspr.): **a)** *Ende einer Spiere;* **b)** *seitlich hervorragender Teil einer Kommandobrücke.*

²**Nock,** der; -s, -e (bayr., österr.): *(in Bergnamen) Felskuppe; Hügel.*

Nöck, der; -en, -en [dän. nøk, schwed. näck,↑Nix] (germ. Myth.): *alter, hässlicher männlicher Wassergeist, der durch Gesang Menschen ins Wasser zu locken versucht.*

No|cke, die; -, -n, ¹**No|cken,** die; -, - [wohl landsch. Nebenf. von ↑¹Nock] (bayr., österr. ugs. abwertend): *dumme, eingebildete Frau:* na, hat die Nocken später einen Adligen bekommen? (Doderer, Dämonen 607).

²**No|cken,** der; -s, - [wohl zu ↑¹Nock] (Technik): *Vorsprung an einer Welle, Scheibe od. fest auf einer Welle o. Ä. sitzender, (im Querschnitt) an einer Stelle eine Ausbuchtung aufweisender Ring zur Übertragung von Impulsen auf ein anderes Maschinenteil.*

No|cken|schal|ter, der (Elektrot.): *Schalter, bei dem mithilfe von ²Nocken Kontakte geschlossen u. geöffnet werden.*

No|cken|schei|be, die (Technik): *mit einer od. mehreren ²Nocken versehene Scheibe.*

No|cken|steu|e|rung, die (Technik): *Steuerung von Ventilen o. Ä. durch ²Nocken.*

No|cken|wel|le, die (Technik): *mit ²Nocken versehene Welle.*

nö|cke|rig: ↑nöckrig.

No|ckerl, das; -s, -n [mit südd. Verkleinerungssuffix zu ↑¹·²Nock, eigtl. = kleiner Berg] (bayr., österr.): **1.** ⟨meist Pl.⟩ (Kochk.) *Klößchen aus Mehl, Grieß u. a. als Suppeneinlage, (in größerer Form) als Beilage od. als Hauptbestandteil eines Gerichts:* Suppe mit -n; * **Salzburger -n**

(Schaumgebäck, das heiß gegessen wird). **2.** (ugs. scherzh.) *[dummes] junges Mädchen.*

No|cker||sup|pe, die: *Suppe mit Nockerln* (1).

nöck|rig, (seltener:) **nöckerig** ⟨Adj.⟩ [zu niederd. nöckern = nörgeln, wohl lautm.] (landsch. abwertend): *[ständig] unzufrieden; nörglerisch:* ... bedenkt sie den Weg von damals bis hierher, zwei Kinder, eine schiefe Tochter, einen nöckrigen hässlichen Sohn (Fallada, Mann 43).

Noc|turne [nɔk'tʏrn], das; -s, -s od. die; -, -s [frz. nocturne, eigtl. = nächtlich < lat. nocturnus, ↑Notturno] (Musik): **1.** *elegisches od. träumerisches Charakterstück.* **2.** *Notturno.*

noc|tur|nus ⟨Adj.⟩ (Med.): *nächtlich, nachts auftretend (bes. von Schmerzen).*

No|di: Pl. von ↑Nodus.

no|dös ⟨Adj.⟩ (Med.): *knotig, mit Knötchenbildung.*

No|dus, der; -, Nodi [lat. nodus = Knoten]: **1.** (Med.) *knotenförmiges Gebilde; Knoten.* **2.** (Bot.) *oft knotenförmig verdickte Ansatzstelle eines Blattes.* **3.** (Kunstwiss.) *Knauf am Schaft eines Gerätes (z. B. eines Kelchs, eines Leuchters).*

No|ël [nɔ'ɛl], der; - [frz. noël < lat. natalis (dies) = Geburtstag]: *altüberliefertes französisches Weihnachtslied, -spiel.*

No|em, das; -s, -e (Sprachw.): *kleinste begriffliche Einheit; kleinstes Bedeutungselement eines Semems.*

No|e|ma, das; -s, Noemata [griech. nóēma = Gedanke, Sinn] (Philos.): **1.** *Gegenstand des Denkens; Gedanke.* **2.** *(in der Phänomenologie) Inhalt eines Gedankens im Unterschied zum Denkvorgang.*

No|e|ma|tik, die; - (Sprachw., Kommunikationsf.): *Theorie, die die Beziehungen der Noeme untereinander sowie ihre Kombinationsmöglichkeiten zum Gegenstand hat.*

No|e|sis, die; - [griech. nóēsis = das Denken] (Philos.): **1.** *geistige Tätigkeit; das Denken.* **2.** *(in der Phänomenologie) Denkvorgang im Unterschied zum Inhalt eines Gedankens.*

No|e|tik, die; - (Philos.): *Lehre vom Denken, vom Erkennen geistiger Gegenstände.*

no|e|tisch ⟨Adj.⟩: **1.** *die Noetik betreffend.* **2.** *die Noesis betreffend.*

no fu|ture ['nou 'fju:tʃə; engl., aus: no = nicht; kein u. future = Zukunft]: Schlagwort als Ausdruck der Hoffnungslosigkeit, als Ausdruck dafür, dass es keine Zukunft für jmdn. (bes. arbeitslose Jugendliche), etw. gibt: Leistungsterror, Frust, null Bock, n. f., so das Gestöhne einerseits ... Rationalität und neue Emotionalität, so die ewige Pädagogentheorie andererseits (Spiegel 29, 1982, 69).

No-Fu|ture-Ge|ne|ra|ti|on, die ⟨o. Pl.⟩: *junge Generation ohne Zukunftsaussichten zu Beginn der 80er-Jahre in den westeuropäischen Industriestaaten.*

Noir [nɔa:ɐ̯], das; -s [frz. noir]: *Schwarz als Farbe u. Gewinnmöglichkeit beim Roulette.*

no iron ['nou'aɪən; nach engl. non-iron = bügelfrei] (Textilind.): *bügelfrei (als Hinweis in Kleidungsstücken).*

No-iron-Blu|se, die: *bügelfreie Bluse.*

No-iron-Hemd, das: vgl. No-iron-Bluse.

Noi|sette [nɔa'zɛt], die; -, -s [nɔa'zɛt; frz. noisette, eigtl. = Haselnuss, Vkl. von: noix < lat. nux = Nuss]: **1.** kurz für ↑Noisetteschokolade. **2.** ⟨meist Pl.⟩ *Nüsschen* (2).

Noi|sette|scho|ko|la|de, die: *Milchschokolade mit fein gemahlenen Haselnüssen.*

¹NOK = internationaler Währungscode für: norwegische Krone (10).

²NOK [en|o:|'ka:], das; -[s], -s: Nationales Olympisches Komitee.

Nok|tam|bu|lis|mus, der; - [zu lat. noctu = nachts u. ambulare = herumgehen] (Med.): *Somnambulismus.*

Nok|turn, die; -, -en [zu lat. nocturnus = nächtlich] (kath. Kirche): *Teil der Matutin im Brevier* (1 b).

Nok|tur|ne, die; -, -n (Musik): *Nocturne.*

nö|len ⟨sw. V.; hat⟩ [urspr. wohl lautm.] (bes. nordd. ugs. abwertend): *etw. (ärgerlicherweise) nur sehr langsam tun:* nöl nicht so lange!

no|lens vo|lens [lat. = nicht wollend wollend] (bildungsspr.): *wohl oder übel.*

Nö|ler, der; -s, - [zu ↑nölen] (bes. nordd. ugs. abwertend): *langsamer, schwerfälliger Mensch.*

Nö|le|rei, die; - (bes. nordd. ugs. abwertend): *[dauerndes] Nölen.*

Nö|le|rin, die; -, -nen: w. Form zu ↑Nöler.

nö|lig ⟨Adj.⟩ (bes. nordd. ugs. abwertend): *in ärgerlicher Weise langsam, schwerfällig:* er ... antwortete unbefangen in seiner vokalbreiten, -en Aussprache (Johnson, Ansichten 141).

No|li|me|tan|ge|re, das; -, - [1: lat. = berühre mich nicht!; 2: nach Joh. 20, 17]: **1.** (Bot.) *Rührmichnichtan.* **2.** (Kunstwiss.) *Darstellung der biblischen Szene, in der der auferstandene Jesus Maria Magdalena erscheint.*

Nöl|lie|se, die (bes. nordd. ugs. abwertend): *Nölerin.*

Nöl|pe|ter, der (bes. nordd. ugs. abwertend): *Nöler.*

Nöl|su|se, die (bes. nordd. ugs. abwertend): *Nölerin.*

Nom. = Nominativ.

No|ma, die; -, Nomae [griech. nomḗ = um sich fressendes Geschwür, eigtl. = Weideplatz, Weide] (Med.): *brandiges Absterben der Wangen bei unterernährten od. durch Krankheit geschwächten Kindern.*

No|ma|de, der; -n, -n [lat. Nomades (Pl.) < griech. nomádes (Pl.), zu: nomás = Viehherden weidend u. mit ihnen umherziehend, zu: nomḗ, nomós = Weide(platz)]: *Angehöriger eines [Hirten]volkes, das innerhalb eines begrenzten Gebietes umherzieht.*

No|ma|den|da|sein, das: *durch Umherziehen gekennzeichnete Lebensweise eines Menschen.*

no|ma|den|haft ⟨Adj.⟩: *in der Art eines Nomaden [umherziehend].*

No|ma|den|le|ben, das ⟨o. Pl.⟩: *Nomadendasein.*

No|ma|den|stamm, der: vgl. Nomadenvolk.

No|ma|den|tum, das; -s: **1.** *Nomadismus* (1). **2.** *Nomadendasein.*

No|ma|den|volk, das: *Volk von Nomaden.*

No|ma|den|zelt, das: *Zelt der Nomaden.*

No|ma|din, die; -, -nen: w. Form zu ↑Nomade.

no|ma|disch ⟨Adj.⟩ [griech. nomadikós]: *die Nomaden betreffend; zu den Nomaden gehörend:* die -e Daseinsform; -e Weidegebiete.

no|ma|di|sie|ren ⟨sw. V.; hat⟩: **a)** *als Nomade leben, umherziehen:* nomadisierende Stämme; Ü So möcht' ich tagelang einmal losziehen, o, mit Hund und Flinte (Fr. Wolf, Zwei 191); **b)** *zu Nomaden machen:* bereits sesshafte Stämme wurden durch die Ausbreitung des Islams wieder nomadisiert.

No|ma|di|sie|rung, die; -: *das Nomadisieren.*

No|ma|dis|mus, der; -: **1.** *nomadische Wirtschafts-, Gesellschafts- u. Lebensform.* **2.** (Zool.) *[durch Nahrungssuche u. arteigenen Bewegungstrieb bedingte] ständige [Gruppen]wanderungen von Tierarten.*

No-Mas|ke, die; -, -n [jap. nō, eigtl. = Fähigkeit, Talent]: *Maske der Schauspieler im No-Spiel.*

Nom de Guerre [nõd'gɛ:r], der; - - -, -s - - [nõd'gɛ:r; frz., urspr. = Name, den jeder beim Eintritt in die Armee annahm]: frz. Bez. für *Deck-, Künstler-,* auch *Spottname.*

Nom de Plume [nõd'plym], der; - - -, -s - - [nõd'plym; frz., eigtl. = (Schreib)federname]: frz. Bez. für *Schriftstellername.*

No|men, das; -s, Nomina, auch: - [lat. nomen = Name] (Sprachw.): **1.** *Substantiv.* **2.** *deklinierbares Wort, das weder Pronomen noch Artikel ist (zusammenfassende Bez. für Substantiv u. Adjektiv).*

No|men Ac|ti, das; - -, Nomina - (Sprachw.): *von einem Verb abgeleitetes Substantiv, das das Ergebnis eines Geschehens bezeichnet (z. B. »Bruch« zu »brechen«).*

No|men Ac|ti|o|nis, das; - -, Nomina - (Sprachw.): *von einem Verb abgeleitetes Substantiv, das ein Geschehen bezeichnet (z. B. »Schlaf« zu »schlafen«).*

No|men Agen|tis, das; - -, Nomina - (Sprachw.): *von einem Verb abgeleitetes Substantiv, das das [handelnde] Subjekt eines Geschehens bezeichnet (z. B. »Läufer« zu »laufen«).*

no|men est omen [lat.] (bildungsspr.): *der Name deutet schon darauf hin:* Rolf Bäcker hat inzwischen – n. e. o. – eine Stelle in einer Brotfabrik angetreten.

No|men gen|ti|le, das; - -, Nomina gentilia: *(in der Antike) [an zweiter Stelle stehender] Geschlechtsname der Römer (z. B. Gaius Julius Caesar).*

No|men In|stru|men|ti, das; - -, Nomina - (Sprachw.): *von einem Verb abgeleitetes Substantiv, das ein Gerät od. Werkzeug, das Mittel einer Tätigkeit bezeichnet (z. B. »Bohrer« zu »bohren«).*

No|men|kla|tor, der; -s, ...oren [lat. nomenclator = Namennenner, zu: nomen = Name u. calare = rufen] (Wissensch.): *Nomenklatur* (1 b).

no|men|kla|to|risch ⟨Adj.⟩ (Wissensch.): *eine Nomenklatur betreffend, darauf beruhend.*

No|men|kla|tur, die; -, -en [lat. nomenclatura = Namenverzeichnis]: **1.** (Wissensch.) **a)** *System der Namen u. Fachbezeichnungen, die für ein bestimmtes Fachgebiet, einen bestimmten Wissenschaftszweig o. Ä. [allgemeine] Gültigkeit haben:* die N. der Chemie; **b)** *Verzeichnis der für ein bestimmtes Fachgebiet, einen bestimmten Wissenschaftszweig gültigen Namen u. Bezeichnungen:* in der N. nachschlagen. **2.** (DDR) *Nomenklatura* (1).

No|men|kla|tu|ra, die; - [russ. nomenklatura] (in der UdSSR): **1.** *Verzeichnis der wichtigsten Führungspositionen.* **2.** *Führungsschicht, herrschende Klasse.*

No|men|kla|tur|ka|der, der (DDR): *in einer Nomenklatur (2) erfasster Kader (3).*

No|men Pa|ti|en|tis, das; --, Nomina - (Sprachw.): *Substantiv mit passivischer Bedeutung (z. B. Hammer = Werkzeug, mit dem gehämmert wird).*

No|men post|ver|ba|le, das; --, Nomina postverbalia (Sprachw.): *Substantiv, das von einem Verb [rück]gebildet ist (z. B. »Kauf« von »kaufen«).*

No|men pro|pri|um, das; - -, Nomina propria (Sprachw.): *Eigenname.*

No|men Qua|li|ta|tis, das; --, Nomina - (Sprachw.): *Substantiv, das einen Zustand od. eine Eigenschaft bezeichnet (z. B. Hitze).*

No|mi|na: Pl. von ↑Nomen.

no|mi|nal ⟨Adj.⟩ [frz. nominal < lat. nominalis = zum Namen gehörig, namentlich]: **1. a)** (Sprachw.) *das Nomen (2) betreffend; zur Wortart Nomen gehörend;* **b)** *substantivisch:* -er Stil *(Nominalstil).* **2.** (Wirtsch.) *dem Nennwert nach; zahlenmäßig:* -e Lohnerhöhungen.

No|mi|nal|abs|trak|tum, das (Sprachw.): *von einem Nomen (2) abgeleitetes Abstraktum (2) (z. B. »Schwärze« zu »schwarz«).*

No|mi|nal|be|trag, der: *Nennbetrag.*

No|mi|nal|de|fi|ni|ti|on, die (Philos.): *Angabe der Bedeutung eines Wortes, einer Bezeichnung.*

No|mi|na|le, die; -, -n (Wirtsch.): *Nominalwert [einer Münze].*

No|mi|nal|ein|kom|men, das (Wirtsch.): *(in Form einer bestimmten Summe angegebenes) Einkommen, dessen Höhe allein nichts über seine Kaufkraft aussagt.*

No|mi|nal|form, die (Sprachw.): *infinite Form eines Verbs (z. B. erwachend).*

No|mi|nal|grup|pe, die (Sprachw.): *Nominalphrase.*

no|mi|na|li|sie|ren ⟨sw. V.; hat⟩ [zu ↑nominal (1)] (Sprachw.): **1.** *substantivieren.* **2.** *einen ganzen Satz in eine Nominalphrase verwandeln (z. B. der Hund bellt – das Bellen des Hundes).*

No|mi|na|li|sie|rung, die; -, -en (Sprachw.): *das Nominalisieren (1, 2).*

No|mi|na|lis|mus, der; -: **1.** (Philos.) *Denkrichtung, nach der die Begriffe nur* als Namen, Bezeichnungen für einzelne Erscheinungen der Wirklichkeit fungieren, d. h. als Allgemeinbegriffe nur im Denken existieren u. keine Entsprechungen in der Realität haben. **2.** (Wirtsch.) *volkswirtschaftliche Theorie, nach der das Geld einen Wert nur symbolisiert.*

No|mi|na|list, der; -en, -en: *Vertreter des Nominalismus.*

No|mi|na|lis|tin, die; -, -nen: w. Form zu ↑Nominalist.

no|mi|na|lis|tisch ⟨Adj.⟩: *zum Nominalismus (1, 2) gehörend, ihn betreffend.*

No|mi|nal|ka|pi|tal, das (Wirtsch.): **a)** *Grundkapital einer Aktiengesellschaft;* **b)** *Stammkapital einer Gesellschaft mit beschränkter Haftung.*

No|mi|nal|ka|ta|log, der (Bibliothekswesen): *alphabetischer Namenkatalog einer Bibliothek.*

No|mi|nal|kom|po|si|tum, das (Sprachw.): *Kompositum, dessen Glieder aus Nomina (2) bestehen (z. B. Wasserei-mer, wasserscheu).*

No|mi|nal|lohn, der (Wirtsch.): vgl. Nominaleinkommen.

No|mi|nal|phra|se, die (Sprachw.): *Wortgruppe in einem Satz mit einem Nomen (2) als Kernglied; syntaktische Konstituente, die aus einem [von weiteren Elementen modifizierten] Nomen (2) besteht.*

No|mi|nal|prä|fix, das (Sprachw.): *Präfix, das vor ein Nomen (2) tritt (z. B. Ur-, ur- in Urbild, uralt).*

No|mi|nal|satz, der (Sprachw.): **a)** *aus einem od. mehreren Nomina bestehender Satz ohne Verb (z. B. Viel Feind’, viel Ehr’!);* **b)** *Satz, dessen Prädikat aus Kopula (b) u. Prädikatsnomen besteht (z. B. sie ist Lehrerin).*

No|mi|nal|stil der ⟨o. Pl.⟩ (Sprachw.): *sprachlicher Stil, der durch eine [als unschön empfundene] Häufung von Substantiven [die von Verben abgeleitet sind] gekennzeichnet ist.*

No|mi|nal|wert, der (Wirtsch.): *Nennwert.*

no|mi|na|tim ⟨Adv.⟩ (veraltet): *namentlich.*

No|mi|na|ti|on, die; -, -en [lat. nominatio = Benennung]: **a)** (kath. Kirchenrecht) *Ernennung eines bischöflichen Beamten;* **b)** (hist.) *Benennung eines Bewerbers für ein Bischofsamt (durch eine Landesregierung);* **c)** (selten) *Nominierung.*

No|mi|na|tiv, der; -s, -e [spätlat. (casus) nominativus = zur Nennung gehörend(er Fall)] (Sprachw.): **1.** ⟨o. Pl.⟩ *Kasus, in dem vor allem die den Kern eines grammatischen Subjekts bildenden deklinierbaren Wörter stehen u. dessen [singularische] Formen als Grundformen der deklinierbaren Wörter gelten; Werfall, erster Fall:* das Substantiv steht im N. [Plural]; Abk.: Nom. **2.** *Wort, das im Nominativ (1) steht:* der Satz enthält zwei -e; »er« ist [ein] N. Singular; absoluter N. *(außerhalb eines syntaktischen Gefüges stehender, nur etwas nennender Nominativ).*

no|mi|na|ti|visch ⟨Adj.⟩ (Sprachw.): *den Nominativ betreffend, zum Nominativ ge-*

hörend; *im Nominativ [stehend, gebraucht].*

no|mi|nell ⟨Adj.⟩ [mit französierender Endung zu frz. nominal, ↑nominal]: **1.** (bildungsspr.) *[nur] dem Namen nach [bestehend, vorhanden]; nur nach außen hin so bezeichnet:* der Verein hat 200 -e Mitglieder; Gebiete der Erde, die n. nicht zu den Entwicklungsländern gehören und doch einen offenbar bedeutenden Textilbedarf haben (Herrenjournal 1, 1966, 77). **2.** (Wirtsch.) *nominal* (2).

no|mi|nie|ren ⟨sw. V.; hat⟩ [lat. nominare = (be)nennen]: *(als Kandidaten bei einer Wahl, als Anwärter auf ein Amt, als Teilnehmer an einem Wettkampf o. Ä.) bestimmen, benennen:* jmdn. [als Kandidaten, Kandidatin] für eine Wahl n.; jeder Abgeordnete ist ... von der Instanz abhängig, die ihn zur Wahl nominiert (Fraenkel, Staat 76); einen Fußballspieler [für ein Spiel] n. (Sport; *aufstellen*).

No|mi|nie|rung, die; -, -en: *das Nominieren, Nominiertwerden.*

No|mis|mus, der; - (Rel.): *Bindung an Gesetze, Gesetzlichkeit, bes. die vom alttestamentlichen Gesetz bestimmte Haltung der strengen Juden u. mancher christlichen Gemeinschaften.*

No|mo|gramm, das; -s, -e [zu ↑Nomos u. griech. gráphein = schreiben] (Math.): *Schaubild, Zeichnung als Hilfsmittel zum grafischen Rechnen:* ein N. aufstellen, zeichnen.

No|mo|gra|phie, (auch:) Nomografie, die; -: *Teilgebiet der Mathematik, das die verschiedenen Verfahren zur Aufstellung von Nomogrammen u. deren Anwendung zum Gegenstand hat.*

no|mo|gra|phisch, (auch:) nomografisch ⟨Adj.⟩ (Math.): *zur Nomographie gehörend, sie betreffend; mit den Mitteln der Nomographie:* eine -e Darstellung; eine Gleichung n. lösen.

No|mo|kra|tie, die; -, -n [zu ↑Nomos u. ↑-kratie] (Rechtsspr.): *Ausübung der Herrschaft nach [geschriebenen] Gesetzen.*

No|mo|lo|gie, die; - [zu ↑Nomos u. ↑-logie]: **1.** (veraltet) *Lehre von den Gesetzen, der Gesetzgebung.* **2.** (Philos.) *Lehre von den Denkgesetzen.*

No|mos, der; -, Nomoi [griech. nómos]: **1.** (Philos.) *menschliche Ordnung, von Menschen gesetztes Recht (im Unterschied zum Naturrecht, göttlichen Recht):* Wo das gesellschaftliche Leben durch verpflichtende Normen bestimmt wird, »die ... im N. ihren Ausdruck finden ...« (Niekisch, Leben 137). **2.** (Musik) *nach festen, ursprünglich für kultische Zwecke entwickelten Modellen, Regeln komponierte [gesungene] Weise der altgriechischen Musik.*

no|mo|syn|tak|tisch ⟨Adj.⟩ (Sprachw.): *die Nomosyntax betreffend.*

No|mo|syn|tax, die; - (Sprachw.): *Syntax des Inhalts eines Satzes.*

No|mo|the|sie, die; -, -n [griech. nomothesía, zu: nómos = Gesetz u. thésis = das Setzen, Geben, (Auf)stellen] (Rechtsspr. veraltet): *Gesetzgebung.*

No|mo|thet, der; -en, -en [griech. nomothétēs] (Rechtsspr. veraltet): *Gesetzgeber.*

no|mo|the|tisch ⟨Adj.⟩ [zu griech. thetikós = bestimmend]: **1.** (Wissenschaftstheorie) *(von wissenschaftlichen Aussagen) auf die Aufstellung von Gesetzen, auf die Auffindung von Gesetzmäßigkeiten zielend.* **2.** (Rechtsspr. veraltet) *gesetzgebend.*

Non, die; -, -en: None (1).

No|na|gon, das; -s, -e [zu lat. nonus = der neunte u. griech. gōnía = Winkel] (Math.): *Neuneck.*

no|na|go|nal ⟨Adj.⟩ (Math.): *von der Form eines Nonagons.*

No-Name-Pro|dukt [ˈnoʊˈneɪm...], das; -[e]s, -e [engl. no name = kein Name]: *neutral verpackte Ware ohne Marken- od. Firmenzeichen:* wegen der meist guten Qualität werden -e immer beliebter.

No|na|ri|me, die; -, -n [ital. nona rima = Neunzeiler, zu: nono (< lat. nonus) = der neunte u. rima (< frz. rime) = Reim] (Verslehre): *neunzeilige, d. h. um eine Zeile erweiterte ¹Stanze.*

Non-Book [ˈnɔnˈbʊk], das; -[s], -s [zu engl.-amerik. non-book = kein Buch (seiend)]: *Non-Book-Artikel.*

Non-Book-Ab|tei|lung, die: *einer Buchhandlung angeschlossene Abteilung, in der Artikel, die keine Bücher sind, verkauft werden.*

Non-Book-Ar|ti|kel, der: *in einer Buchhandlung angebotener Artikel, der kein Buch ist* (z. B. Spiele, CDs).

Non|cha|lance [nõʃaˈlãːs], die; - [frz. nonchalance, ↑nonchalant] (bildungsspr.): *[liebenswürdige] Lässigkeit, Ungezwungenheit, Unbekümmertheit:* jmdm. mit gespielter N. entgegentreten; ich bemühte mich um eine graziöse N. (veraltend; *spielerisch-elegante Leichtigkeit;* Genet [Übers.], Miracle 78).

non|cha|lant [nõʃaˈlã:; bei attr. Gebrauch: nõʃaˈlant...] ⟨Adj.⟩ [frz. nonchalant, aus: non- = nicht- u. (a)frz. chalant, 1. Part. von: chaloir < lat. calere = sich erwärmen für jmdn., etw.] (bildungsspr.): *[liebenswürdig] ungezwungen, unbekümmert, lässig:* n. über etw. hinweggehen.

Non-Co|ope|ra|tion [ˈnɔnkoʊ.ɔpəˈreɪʃən], die; - [engl. non-co-operation = Nichtzusammenarbeit]: *Vorgehensweise Mahatma Gandhis, mit der er durch Verweigerung der Zusammenarbeit mit den britischen Behörden u. durch Boykott britischer Einrichtungen die Unabhängigkeit Indiens zu erreichen suchte.*

No|ne, die; -, -n [1: mlat. nona < lat. nona (hora) = die 9. Stunde; 2: zu lat. nonus = der neunte]: **1.** (kath. Kirche) *Hore* (a) *des Stundengebets (um 15 Uhr).* **2.** (Musik) **a)** *neunter Ton einer diatonischen Tonleiter;* **b)** *Intervall von neun diatonischen Tonstufen.*

No|nen ⟨Pl.⟩ [lat. Nonae (dies)]: *(im altrömischen Kalender) neunter Tag vor den Iden.*

No|nen|ak|kord, der [zu ↑None (2)] (Musik): *aus vier Terzen bestehender Akkord.*

Non-Es|sen|tials [nɔnɪˈsɛnʃ]z] ⟨Pl.⟩ [engl. non-essentials, aus: non = nicht u.

essential = das Notwendigste, Wesentliche] (Wirtsch.): *nicht lebensnotwendige Güter.*

No|nett, das; -[e]s, -e [ital. nonetto, zu: nono = der neunte, geb. nach ↑Duett, Quartett] (Musik): **a)** *Komposition für neun Soloinstrumente;* **b)** *aus neun Instrumentalsolisten bestehendes Ensemble.*

Non-Fic|tion [ˈnɔnˈfɪkʃən], das; -[s], -s [engl.-amerik. non-fiction = nicht Erdachtes] (bildungsspr.): *Sach- od. Fachbuch.*

non|figu|ra|tiv ⟨Adj.⟩ [aus lat. non = nicht u. ↑figurativ] (bild. Kunst): *nicht gegenständlich; gegenstandslos* (2).

Non-Food [ˈnɔnˈfuːd], das; -[s], -s [engl. non-food = kein Lebensmittel (seiend)]: *Non-Food-Artikel.*

Non-Food-Ab|tei|lung, die: *Abteilung in einem Supermarkt, in der Artikel, die keine Lebensmittel sind, angeboten werden.*

Non-Food-Ar|ti|kel, der: *in einer Abteilung eines Supermarkts angebotener Artikel, der nicht zur Kategorie der Lebensmittel gehört* (z. B. Elektrogeräte).

non-iron [nɔnˈaɪən] (Textilind.): *no iron.*

No|ni|us, der; -, Nonien, auch: -se [nach dem latinis. Namen des port. Mathematikers P. Nunes (1492–1578)]: *verschiebbarer zusätzlicher Messstab (z. B. an Schieblehren o. Ä.), der das Ablesen von Bruchteilen der Einheiten des eigentlichen Messstabes ermöglicht.*

Non|kon|for|mis|mus, der; - [engl. nonconformism] (bildungsspr.): *von der herrschenden Meinung, den bestehenden Verhältnissen unabhängige Einstellung, Auffassung:* die komplementäre Seite seines echten N. (Kantorowicz, Tagebuch I, 407); das ist ja obligatorisch im konformistischen N. deiner Generation (Erné, Kellerkneipe 285).

Non|kon|for|mist, der; -en, -en [2: engl. nonconformist]: **1.** (bildungsspr.) *jmd., der sich nicht konformistisch* (1 a) *verhält.* **2.** *Anhänger einer der britischen protestantischen Kirchen, die die (anglikanische) Staatskirche ablehnen.*

Non|kon|for|mis|tin, die; -, -nen: w. Form zu ↑Nonkonformist.

non|kon|for|mis|tisch ⟨Adj.⟩: **1.** (bildungsspr.) **a)** *den Nonkonformismus* (1) *betreffend;* **b)** *als Nonkonformist* (1) *denkend, handelnd:* Die -e Frances Farmer jedenfalls scheiterte an Hollywood (Szene 8, 1983, 43). **2. a)** *nicht im Sinne der britischen (anglikanischen) Staatskirche;* **b)** *als Nonkonformist* (2) *denkend, handelnd.*

Non|kon|for|mi|tät, die; - (bildungsspr.): **1.** *Nichtübereinstimmung; mangelnde Anpassung.* **2.** *Nonkonformismus.*

non li|quet [lat. = es ist nicht klar] (Rechtsspr.): *Feststellung, dass eine Behauptung od. ein Sachverhalt unklar u. nicht durch Beweis od. Gegenbeweis erhellt ist.*

non mul|ta, sed mul|tum: ↑multum, non multa.

Nōnn|chen, das; -s, -: Vkl. zu ↑Nonne (1).

Non|ne, die; -, -n [mhd. nonne, nunne, ahd. nunna < kirchenlat. nonna < spätlat. nonna = Amme; 2: die Färbung erinnert an die Tracht einer Nonne]: **1.** *Angehörige eines Frauenordens:* Sie wollte sich ganz verhüllen und eine N. werden (Jahnn, Geschichten 216); Soll sie, wenn sie irgendwo allein dreht, etwa wie eine N. (zurückgezogen, keusch) leben? (Hörzu 44, 1977, 54). **2.** *Nachtfalter mit grauen Hinterflügeln u. weißlichen, schwarz gemusterten Vorderflügeln (dessen stark behaarte Raupen als Forstschädling auftreten).* **3.** (Bauw.) *rinnenförmig nach unten gewölbter Dachziegel, der in Verbindung mit entgegengesetzt gewölbten Mönchen (2) verwendet wird.*

Non|nen|chor, der: *(in Klosterkirchen) Raum auf der Empore, von dem aus die Nonnen des Klosters am Gottesdienst teilnehmen.*

Non|nen|furz, der, **Non|nen|fürchen,** das; -s, - (landsch. salopp): *(in unterschiedlicher Form hergestelltes) Schmalzgebackenes aus Hefeteig.*

non|nen|haft ⟨Adj.⟩ (selten): *einer Nonne* (1) *ähnlich.*

Non|nen|klos|ter, das: *Kloster eines Frauenordens.*

Non|nen|or|den, der: *Frauenorden.*

Non|nen|schu|le, die (ugs.): *[Mädchen]schule, an der Nonnen unterrichten.*

Non|nen|tracht, die: vgl. Tracht (1).

Non|nen|zie|gel, der (Bauw.): *Nonne (3).*

No|no|de, die; -, -n [zu lat. nonus = der neunte] (Elektrot.): *Elektronenröhre mit neun Elektroden.*

non olet [lat.; vgl. Geld (1)] (bildungsspr.): *Geld stinkt nicht.*

Non|pa|reille [nõpaˈrɛːj], die; - [frz. nonpareille = die Unvergleichliche, zu: non = nicht, un- u. pareil = gleich]: **1.** *kleine, farbige Zuckerkörner zum Bestreuen von Backwerk o. Ä.* **2.** (Druckw.) *Schriftgrad von 6 Punkt.* **3.** (veraltet) *leichtes Wollgewebe.*

Non|plus|ul|tra, das; - [lat. non plus ultra = nicht noch weiter] (oft scherzh. od. spött.): *etw., was nicht besser sein könnte, als es ist:* ein N. an Einfallslosigkeit innerhalb der seichten Fernsehunterhaltung (Hörzu 43, 1975, 139); ob der Faustkeil wirklich das N. der Werkzeugherstellung sei (Nds. Ä. 22, 1985, 27).

non pos|su|mus [lat. = wir können nicht] (kath. Kirche): *Weigerungsformel der römischen Kurie* (1 a) *gegenüber der weltlichen Macht.*

Non|pro|li|fe|ra|tion [ˈnɔnproʊlifəˈreɪʃən], die; - [engl. non-proliferation, aus: non = nicht u. proliferation = Vermehrung] (Politik): *Nichtweitergabe [von Atomwaffen].*

non scho|lae, sed vi|tae dis|ci|mus [-ˈsçoːlɛ ---, auch: -ˈskoːlɛ ---; lat. = nicht für die Schule, sondern für das Leben lernen wir; belehrend umgekehrt zitiert nach dem römischen Autor Seneca (4 v. Chr. bis 65 n. Chr.) im 106. Brief an seinen Freund Lucilius: Non vitae, sed scholae discimus = leider nicht für das Leben, sondern für die Schule lernen wir] (bildungsspr.): *was man lernt, lernt man für sich selbst.*

Non|sens, der; -, auch: -es [engl. nonsense, aus: non = nicht, un- u. sense = Sinn]: *[ärgerlicher] Unsinn:* purer N.; N. reden.

Non|sens|dich|tung, die (Literaturw.): *Dichtung, deren [erheiternde, witzige] Wirkung darauf beruht, dass die ausgedrückten Inhalte absurd, paradox, widersinnig, unlogisch sind.*

Non|sens|vers, der ⟨meist Pl.⟩ (Literaturw.): vgl. Nonsensdichtung.

non|stop [nɔn'ʃtɔp, auch: nɔn'ʃtɔp] ⟨Adv.⟩ [engl. non-stop]: *ohne Unterbrechung, Pause:* das Kino spielt n.; n. *(ohne Zwischenlandung)* fliegen.

Non|stop, der; -s, -s: *Non-Stop-Flug:* für den N. können Sie täglich buchen (FAZ 81, 1958, 3); PAA fliegt täglich im N. *(nonstop)* von Frankfurt nach New York (FAZ 81, 1958, 3); Ü Im N. zehn Turniertänze (MM 14. 3. 74, 12).

Non-Stop-Flug, (auch:) **Non-stop-Flug,** (auch:) **Non|stop|flug,** der: *Flug ohne Zwischenlandung.*

Non-Stop-Ki|no, (auch:) **Non|stop|ki-no,** das: *Kino, in dem bei durchgehendem Einlass ununterbrochen Filme gezeigt werden.*

non tan|to [ital.] (Musik): *ma non tanto.*

non trop|po [ital.] (Musik): *ma non troppo.*

Non|usus, der; - [zu lat. non = nicht u. ↑Usus] (Rechtsspr. veraltet): *Verzicht auf die Inanspruchnahme eines Rechts.*

Non|va|leur [nõva'løːɐ̯], der; -s, -s [frz. non-valeur, aus: non = nicht, un- u. valeur = Wert]: **1.** (Wirtsch.) **a)** *[fast] wertloses Wertpapier;* **b)** *Investition, die keinen Ertrag abwirft.* **2.** (bildungsspr. veraltend) **a)** ⟨Pl. auch -e⟩ (abwertend) *unfähiger Mensch; Versager:* die Bonner Regierenden sind alle miteinander »Schwätzer, Nichtskönner, -e« (Spiegel 16, 1975, 4); **b)** *etwas Wertloses, Unnützes:* Soll er ... sich auf schöne Worte verlassen, die sich später als -s herausstellen? (MM 30. 11. 68, 22).

non|ver|bal [auch: 'nɔn...] ⟨Adj.⟩ [aus lat. non = nicht u. ↑verbal] (Fachspr.): *nicht mithilfe der Sprache, sondern durch Gestik, Mimik od. optische Zeichen vermittelt:* ... als sie (= die Typen) n. anzumachen (Merian, Tod 16).

no|o|gen ⟨Adj.⟩ [zu griech. noũs = Geist; Gedanke u. ↑-gen] (Psych. früher): *(von Neurosen) ein geistiges Problem, eine existenzielle Krise o. Ä. als Ursache habend.*

No|o|lo|gie, die; - [↑-logie] (Philos.): *philosophische Lehre, die eine selbstständige, von materiellen u. psychischen Momenten unabhängige Existenz des Geistes annimmt.*

No|o|lo|gisch ⟨Adj.⟩ (Philos.): *die Noologie betreffend.*

No|o|lo|gist, der; -en, -en (Philos.): *Philosoph, der die Vernunft als Quelle der Erkenntnis annimmt.*

No|o|lo|gis|tin, die; -, -nen (Philos.): w. Form zu ↑Noologist.

No|o|psy|che, die; - (Psych.): *intellektuelle Seite der Psyche.*

Noor, das; -[e]s, -e [dän. nor, zu: narv = Narbe, Vertiefung]: *Haff.*

Nop|pe, die; -, -n ⟨meist Pl.⟩ [spätmhd., mniederd. noppe = Knötchen im Gewebe, Wollflocke]: **1.** *knotenartige Verdickung in einem Garn, Gewebe:* -n stricken, häkeln; eine gewebte Decke mit dekorativen -n. **2.** *höckerartige Erhebung auf einer Oberfläche:* die Gummimatte hat an der Unterseite -n.

Nopp|ei|sen, das; -s, - [zu ↑noppen] (Textilind.): *pinzettenartiges Werkzeug zum Entfernen von Noppen (1) aus Geweben.*

nop|pen ⟨sw. V.; hat⟩ [a: spätmhd. noppen] (Fachspr.): **a)** *aus einem Gewebe Noppen auszupfen:* einen Stoff n.; **b)** *mit Noppen (1, 2) versehen:* ein Garn beim Spinnen n.; ein genoppter Wollfaden, Pullover.

Nop|pen|garn, das: vgl. Noppengewebe.

Nop|pen|ge|we|be, das: *mit Noppen (1) versehenes Gewebe.*

Nop|pen|glas, das: *mit Noppen (2) versehenes Glas (1).*

Nop|pen|stoff, der: vgl. Noppengewebe.

Nop|pen|streich|garn, das: vgl. Noppengewebe.

Nop|pen|tweed, der: vgl. Noppengewebe.

Nop|pen|zwirn, der: vgl. Noppengewebe.

nop|pig ⟨Adj.⟩ (Fachspr.): *Noppen aufweisend.*

Nopp|zan|ge, die [zu ↑noppen] (Textilind.): *Noppeisen.*

Nor, das; -s [gek. aus Noricum = röm. Provinz in den Ostalpen] (Geol.): *Stufe der oberen Trias.*

Nord, der; -[e]s, -e [mhd. nort, ahd. nord, urspr. = weiter nach unten (Gelegenes)]: **1.** ⟨o. Art., unflekt.; o. Art.⟩ ⟨bes. Seemannsspr., Met.⟩ *Norden (1)* (gewöhnlich in Verbindung mit einer Präp.): der Wind kommt aus N., von N.; Menschen aus N. und Süd; **b)** (nachgestellte nähere Bestimmung bei geographischen Namen o. Ä.) als Bezeichnung des nördlichen Teils od. zur Kennzeichnung der nördlichen Lage, Richtung: er wohnt in Ludwigshafen (N.)/Ludwigshafen-N.; Fabriktor N. (Abk.: N). **2.** ⟨Pl. selten⟩ (Seemannsspr., dichter.) *Nordwind:* es wehte ein eisiger N.

Nord|afri|ka; -s: nördlicher Teil Afrikas.

Nord|afri|ka|ner, der: Ew.

Nord|afri|ka|ne|rin, die; -, -nen: w. Form zu ↑Nordafrikaner.

nord|afri|ka|nisch ⟨Adj.⟩: *Nordafrika, die Nordafrikaner betreffend; von den Nordafrikanern stammend, zu ihnen gehörend.*

Nord|ame|ri|ka; -s: nördlicher Teil Amerikas (1).

Nord|ame|ri|ka|ner, der: Ew.

Nord|ame|ri|ka|ne|rin, die; -, -nen: w. Form zu ↑Nordamerikaner.

nord|ame|ri|ka|nisch ⟨Adj.⟩: *Nordamerika, die Nordamerikaner betreffend; von den Nordamerikanern stammend, zu ihnen gehörend.*

Nord|at|lan|tik|pakt, der: ↑NATO.

Nord|da|ko|ta; -s: Bundesstaat der USA.

nord|deutsch ⟨Adj.⟩: **a)** *zu Norddeutsch-*

land gehörend, aus Norddeutschland stammend: die -e Bevölkerung, Landschaft; -e Mundarten; **b)** *für Norddeutschland, die Norddeutschen charakteristisch:* er sprach mit -em Akzent.

Nord|deutsch|land; -s: nördlicher Teil Deutschlands.

Nord|ein|gang, der: *Eingang auf der Nordseite.*

nor|den ⟨sw. V.; hat⟩ (selten): *nach Norden ausrichten.*

Nor|den, der; -s [mhd. norden, ahd. nordan]: **1.** ⟨meist o. Art.⟩ *dem Süden entgegengesetzte Himmelsrichtung, in der die Sonne nachts ihren tiefsten Stand erreicht* (Abk.: N). **2. a)** *gegen Norden (1), im Norden gelegener Bereich, Teil (eines Landes, Gebiets, einer Stadt o. Ä.):* der N. des Landes; **b)** *Gebiet der nördlichen Länder; nördlicher Bereich der Erde, bes. Skandinavien:* das raue Klima des -s; der hohe, höchste N. *(die weit nördlich gelegenen Gebiete der Erde).*

Nor|der|son|ne, die; - [LÜ von niederl. noorderzon] (Seemannsspr.): *Mitternachtssonne.*

Nord|eu|ro|pa; -s: nördlicher Teil Europas.

Nord|eu|ro|pä|er, der: Ew.

Nord|eu|ro|pä|e|rin, die: w. Form zu ↑Nordeuropäer.

nord|eu|ro|pä|isch ⟨Adj.⟩: *Nordeuropa, die Nordeuropäer betreffend; von den Nordeuropäern stammend, zu ihnen gehörend.*

Nord|fens|ter, das: *an der Nordseite eines Gebäudes gelegenes Fenster.*

Nord|flan|ke, die: vgl. Nordseite: an der N. des Hochs strömt kalte Meeresluft ein.

Nord|flü|gel, der: **a)** *nördlicher Flügel (4) eines Gebäudes;* **b)** *nördlicher Flügel (3 a) einer Armee o. Ä.*

nord|frie|sisch ⟨Adj.⟩: *Nordfriesland betreffend: die Nordfriesischen Inseln.*

Nord|fries|land; -s: Gebiet im nordwestlichen Schleswig-Holstein.

Nord|ger|ma|ne, der: *Angehöriger des nördlichen Zweiges der Germanen in Dänemark, Norwegen, Schweden, Island u. Grönland.*

Nord|ger|ma|nin, die: w. Form zu ↑Nordgermane.

nord|ger|ma|nisch ⟨Adj.⟩: *die Nordgermanen betreffend, zu ihnen gehörend.*

Nord|gren|ze, die: *Grenze nach Norden.*

Nord|halb|ku|gel, die: *nördliche Hälfte der Erde.*

Nord|hang, der: *nördlicher Hang (eines Berges o. Ä.).*

Nord|ir|land; -s: nördlicher, zu Großbritannien gehörender Teil Irlands.

nor|disch ⟨Adj.⟩: **1.** *zum Norden (2 b) gehörend, daher stammend:* die -en Länder, Sagen; die -en Sprachen *(Norwegisch, Schwedisch, Dänisch, Isländisch).* **2.** (nationalsoz.) *(in der rassistischen Ideologie des Nationalsozialismus) einem Menschentypus angehörend, entsprechend, der bes. in Nordeuropa vorkommt u. für den schlanker, hoher Wuchs, schmales Gesicht, gerade Nase, blondes*

Haar u. blaue Augen typisch sind: -er Typus; Ich wäre ostbaltisch ..., leuchtende Augen und Backenknochen. Nicht n., da musste man ja 'n schmaleren Kopf haben (Kempowski, Immer 146).

Nor|dist, der; -en, -en: *Wissenschaftler auf dem Gebiet der Nordistik.*

Nor|dis|tik, die; -: *Wissenschaft, die die nordischen Sprachen u. Literaturen zum Gegenstand hat.*

Nor|dis|tin, die; -, -nen: w. Form zu ↑ Nordist.

Nord|kap, das ⟨o. Pl.⟩: fälschlich für die Nordspitze Europas gehaltener Felsvorsprung.

Nord|ka|ro|li|na; -s: Bundesstaat der USA.

Nord|ko|rea; -s: Staat im nördlichen Teil der Halbinsel Korea.

Nord|ko|re|a|ner, der: Ew.

Nord|ko|re|a|ne|rin, die: w. Form zu ↑ Nordkoreaner.

nord|ko|re|a|nisch ⟨Adj.⟩: *Nordkorea, die Nordkoreaner betreffend; von den Nordkoreanern stammend, zu ihnen gehörend.*

Nord|küs|te, die: vgl. Nordseite.

Nord|land, das ⟨Pl. ...länder; meist Pl.⟩ (selten): *nördliches, bes. skandinavisches Land; Gebiet im Norden.*

Nord|län|der, der; -s, -: *Bewohner eines nördlichen Landes.*

Nord|län|de|rin, die; -, -nen: w. Form zu ↑ Nordländer.

Nord|land|fahrt, die: vgl. Nordlandreise.

nord|län|disch ⟨Adj.⟩: *zu den nördlichen Ländern gehörend, daher stammend, dafür charakteristisch.*

Nord|land|rei|se, die: *Reise in die nördlichen Länder.*

nörd|lich: I. ⟨Adj.⟩ 1. *im Norden (1) gelegen:* die -e Halbkugel; am -en Himmel *(am Himmel in nördlicher Richtung);* weiter n.; ⟨in Verbindung mit »von«:⟩ n. von Köln. 2. a) *nach Norden (1) gerichtet:* in -er Richtung; b) *aus Norden (1) wehend:* -e Winde. 3. (selten) a) *zum Norden (2 b) gehörend, daher stammend;* b) *für den Norden (2 b), seine Bewohner charakteristisch:* ein kühles, -es Temperament; die eher dicke, ungefüge und -e Gestalt des Herrn Archilochos (Dürrenmatt, Grieche 16); die Landschaft wirkt sehr n. II. ⟨Präp. mit Gen.⟩ *nördlich von; weiter im, gegen Norden [gelegen] als:* [20 km] n. der Grenze; n. Hamburgs (selten; *nördlich von Hamburg).*

Nord|licht, das ⟨Pl. ...lichter⟩ [1: LÜ von dän., norw. nordlys]: 1. *im Norden auftretendes Polarlicht.* 2. (scherzh., auch abwertend; aus süddeutscher, bes. bayrischer Sicht) *aus Norddeutschland stammende Persönlichkeit des öffentlichen Lebens, bes. der Politik:* süddeutsche Separatisten fürchten so viel -er im ersten Kanal (Spiegel 51, 1976, 92).

Nord|mann[s]|tan|ne, die [nach dem finn. Naturwissenschaftler A. v. Nordmann (1803–1866)]: *hohe mitteleuropäische Tanne mit schwärzlich grauem, geradem Stamm u. glänzenden, dicht stehenden Nadeln.*

Nord|nord|ost, der: 1. ⟨o. Pl.; unflekt.;

o. Art.⟩ (Seemannsspr., Met.) *Nordnordosten* (gewöhnlich in Verbindung mit einer Präp.) (Abk.: NNO). 2. ⟨Pl. selten⟩ (Seemannsspr.) vgl. Nord (2).

Nord|nord|os|ten, der ⟨meist o. Art.⟩: *Richtung zwischen Norden u. Nordosten* (gewöhnlich in Verbindung mit einer Präp.; Abk.: NNO).

Nord|nord|west, der: 1. ⟨o. Pl.; unflekt.; o. Art.⟩ (Seemannsspr., Met.) *Nordnordwesten* (gewöhnlich in Verbindung mit einer Präp.; Abk.: NNW). 2. ⟨Pl. selten⟩ (Seemannsspr.) vgl. Nord (2).

Nord|nord|wes|ten, der ⟨meist o. Art.⟩: *Richtung zwischen Norden u. Nordwesten* (gewöhnlich in Verbindung mit einer Präp.; Abk.: NNW).

Nord|ost, der: 1. ⟨o. Pl.; unflekt.; o. Art.⟩ a) (bes. Seemannsspr., Met.) *Nordosten* (1) (gewöhnlich in Verbindung mit einer Präp.; Abk.: NO); b) (als nachgestellte nähere Bestimmung vor allem bei geographischen Namen) vgl. Nord (1 b). 2. ⟨Pl. selten⟩ (Seemannsspr., dichter.) vgl. Nord (2).

Nord|os|ten, der: 1. ⟨meist o. Art.⟩: *Richtung zwischen Norden u. Osten* (gewöhnlich in Verbindung mit einer Präp.; Abk.: NO). 2. vgl. Norden (2 a).

nord|öst|lich: I. ⟨Adj.⟩ vgl. nördlich (I 1, 2). II. ⟨Präp. mit Gen.⟩ vgl. nördlich (II).

Nord-Ost|see-Ka|nal, der; -s: Nord- u. Ostsee verbindender Schifffahrtskanal.

Nord|ost|wind, der: vgl. Nordwind.

Nord|pol, der: 1. *nördlicher Pol eines Planeten (bes. der Erde) u. der Himmelskugel* (1). 2. *Pol eines Magneten, der das natürliche Bestreben hat, sich nach Norden auszurichten.*

Nord|po|lar|ge|biet, das: *im Bereich des Nordpols liegendes Gebiet.*

Nord|po|lar|land, das ⟨Pl. ...länder; meist Pl.⟩: *im Bereich des Nordpols liegendes Land; arktisches Land.*

Nord|po|lar|meer, das; -[e]s: *arktisches Nebenmeer des Atlantischen Ozeans.*

Nord|po|lar|stern, der; -[e]s: Polarstern.

Nord|pol|ex|pe|di|ti|on, die: *Expedition, deren Ziel der Nordpol ist.*

Nord|punkt, der (Geogr.): *in exakt nördlicher Richtung liegender (gedachter) Punkt am Horizont.*

Nord|rand, der: *nördlicher Rand (bes. eines Gebietes, eines Gebirges, einer Stadt):* am N. der Alpen.

Nord|rhein-West|fa|len; -s: *Land der Bundesrepublik Deutschland.*

nord|rhein-west|fä|lisch ⟨Adj.⟩: *Nordrhein-Westfalen betreffend, aus Nordrhein-Westfalen stammend.*

Nord|see, die; -: nordöstliches Randmeer des Atlantischen Ozeans.

Nord|see|gar|ne|le, die: *Nordseekrabbe.*

Nord|see|krab|be, die: *in der Nordsee lebende kleinere Garnele;* ¹Granat.

Nord|sei|te, die: *nach Norden zu gelegene Seite:* die N. des Hauses.

nord|sei|tig ⟨Adj.⟩: *an, auf der Nordseite [gelegen, befindlich]:* Während ... im Süden starke Wolkenbildung ... die Gipfel einhüllt, herrscht n. das schönste Wetter (Eidenschink, Fels 110).

Nord|spit|ze, die: *nördliche Spitze (bes. einer Insel).*

Nord|stern, der; -[e]s: Polarstern.

Nord-Süd-Di|a|log, der ⟨o. Pl.⟩ (Politik): *Versuch des Ausgleichs u. das Streben nach Entschärfung des Nord-Süd-Konflikts.*

Nord-Süd-Ge|fäl|le, das ⟨o. Pl.⟩ (Politik): *wirtschaftliches Gefälle (2) zwischen den Industriestaaten (auf der nördlichen Halbkugel) u. den Entwicklungsländern (auf der südlichen Halbkugel).*

Nord-Süd-Kon|flikt, der ⟨o. Pl.⟩ (Politik): *Gegensätze, die sich aus dem wirtschaftlich-sozialen u. politisch-kulturellen Gefälle zwischen den Industriestaaten der nördlichen Halbkugel der Erde einerseits u. den afroasiatischen u. südamerikanischen Entwicklungsländern andererseits ergeben haben.*

nord|süd|lich ⟨Adj.⟩: *von Norden nach Süden [verlaufend]:* in -er Richtung.

Nord|teil, der: *nördlicher Teil eines Landes, einer Stadt o. Ä.*

Nord|ufer, das: *nördliches Ufer.*

Nord|vi|et|nam; -s: nördlicher Teil Vietnams.

Nord|wand, die: *nördliche Wand (z. B. eines Gebäudes, Berges):* die N. des Eigers bezwingen.

nord|wärts ⟨Adv.⟩ [↑ -wärts]: a) *in nördliche[r] Richtung, nach Norden:* an den Bergen entlang fahren wir n. (Gregor-Dellin, Traumbuch 161); b) (selten) *im Norden:* n. [am Horizont] wetterleuchtete es.

Nord|west, der: 1. ⟨o. Pl.; unflekt.; o. Art.⟩ a) (bes. Seemannsspr., Met.) *Nordwesten* (1) (gewöhnlich in Verbindung mit einer Präp.; Abk.: NW); b) (als nachgestellte nähere Bestimmung vor allem bei geographischen Namen) vgl. Nord (1 b). 2. ⟨Pl. selten⟩ (Seemannsspr., dichter.) vgl. Nord (2).

Nord|wes|ten, der: 1. ⟨meist o. Art.⟩: *Richtung zwischen Norden u. Westen* (gewöhnlich in Verbindung mit einer Präp.; Abk.: NW). 2. vgl. Norden (2 a).

nord|west|lich: I. ⟨Adj.⟩ vgl. nördlich (I 1, 2). II. ⟨Präp. mit Gen.⟩ vgl. nördlich (II).

Nord|west|wind, der: vgl. Nordwind.

Nord|wind, der: *aus Norden wehender Wind.*

Nord|zim|mer, das: vgl. Nordfenster.

nö|ren ⟨sw. V.; hat⟩ [zusgez. aus rhein. 'n Öhrche (schlafen) = von od. bis 1 Uhr mittags eine Stunde schlafen] (nordwestd.): *kurze Zeit zwischendurch leicht schlafen.*

Nör|ge|lei, die; -, -en (abwertend): 1. ⟨o. Pl.⟩ *[dauerndes] Nörgeln.* 2. ⟨meist Pl.⟩ *nörgelnde Äußerung, Bemerkung:* Keine hämischen Bemerkungen, keine unfruchtbaren -en (Bredel, Väter 284).

Nör|gel|frit|ze, der (ugs. abwertend): *Nörgler.*

nör|ge|lig, nörglig ⟨Adj.⟩ (abwertend): *zum Nörgeln neigend:* so n. -er Mensch.

nör|geln ⟨sw. V.; hat⟩ [lautm., urspr. = murren; brummen] (abwertend): *mit nichts zufrieden sein u. an Dingen u. Menschen griesgrämig u. kleinlich Kritik üben:* an jmdm., allem, über alles n.;

kann nichts als n.; eine ewig aufgebrachte, nörgelnde, quengelnde Stimme (K. Mann, Wendepunkt 317).

Nörg|ler, der; -s, - (abwertend): *jmd., der nörgelt.*

Nörg|le|rin, die; -, -nen: w. Form zu ↑Nörgler.

nörg|le|risch ⟨Adj.⟩ (abwertend): *von, in der Art eines Nörglers.*

nörg|lig: ↑nörgelig.

Norm, die; -, -en [mhd. norme < lat. norma = Winkelmaß; Regel, wahrsch. über das Etrusk. < griech. gnō̌mōn = Kenner; Maßstab]: **1.** ⟨meist Pl.⟩ *allgemein anerkannte, als verbindlich geltende Regel für das Zusammenleben der Menschen:* ethische, moralische, verbindliche -en; sprachliche -en *(Sprachnormen);* Der Wunsch, »wer zu sein«, ... wird ... nicht mehr innerhalb der gesellschaftlichen -en realisiert (Ossowski, Bewährung 17). **2.** *übliche, den Erwartungen entsprechende Beschaffenheit, Größe o. Ä.; Durchschnitt:* in der Körpergröße weicht er von der N. ab. **3. a)** *festgesetzte, vom Arbeitnehmer geforderte Arbeitsleistung:* die N. erfüllen, erhöhen; **b)** (DDR) *als Richtwert geltendes festgelegtes Maß des für die Produktion von Gütern notwendigen Aufwands an Arbeit, Material u. Arbeitsmitteln.* **4.** (Sport) *(von einem Sportverband) als Voraussetzung zur Teilnahme an einem Wettkampf vorgeschriebene Mindestleistung:* die N. liegt bei 7,8 Sek. **5.** *(in Wirtschaft, Industrie, Technik, Wissenschaft) Vorschrift, Regel, Richtlinien o. Ä. für die Herstellung von Produkten, die Durchführung von Verfahren, die Anwendung von Fachtermini o. Ä.:* technische -en; für etw. -en aufstellen; etw. entspricht einer N.; etw. nach einer N. herstellen. **6.** (Buchw.) *klein auf den unteren Rand der ersten Seite eines Druckbogens gedruckter Titel [u. Verfassername] eines Buches [in verkürzter od. verschlüsselter Form].*

Norm|ab|wei|chung, die: *Abweichung von der Norm.*

norm|acid ⟨Adj.⟩ [zu ↑Norm u. lat. acidus, ↑Acid...] (Med.): *(bes. vom Magensaft) einen normalen Säuregehalt aufweisend.*

Norm|aci|di|tät, die; - [aus ↑Norm u. ↑Acidität] (Med.): *(bes. vom Magensaft) normaler Säuregehalt.*

nor|mal ⟨Adj.⟩ [lat. normalis = nach dem Winkelmaß gemacht, zu: norma, ↑Norm]: **1. a)** *der Norm (2) entsprechend; vorschriftsmäßig:* ein -es Maß; eine -e Größe, Funktion; der Puls ist n.; **b)** *so [beschaffen, geartet], wie es sich die allgemeine Meinung als das Übliche, Richtige vorstellt:* unter -en Verhältnissen; dieser Zustand, diese Reaktion ist nicht n.; wir finden es n., gegen den Krieg zu demonstrieren; **c)** ⟨nicht standardspr.⟩ (ugs.) *normalerweise:* der gehört n. gar nicht hierher (Schmidt, Strichjungengespräche 106); Normal Montag früh los und Samstagnachmittag zurück (Augsburger Allgemeine 3. 6. 78, 5). **2.** *in [geistiger] Entwicklung u. Wachstum keine ins Auge fallenden Abweichungen aufweisend:* der Junge ist [geistig] vollkommen

n.; Elf Jahre verbrachten die Mädchen in einem Heim für geistig Behinderte, bis man endlich beachtete, dass sie sich vollkommen n. entwickelten (taz 11. 5. 99, 14); bist du noch n.? (ugs.; Ausruf des Ärgers, der Entrüstung über jmds. Verhalten o. Ä.).

Nor|mal, das; -s, -e: **1.** (Fachspr.) *mit besonderer Genauigkeit hergestellter Maßstab, der zur Kontrolle für andere verwendet wird.* **2.** ⟨meist o. Art.; o. Pl.⟩ Kurzf. von ↑Normalbenzin: tanken Sie N. oder Super?

Nor|mal|aus|la|ge, die (Boxen): *Linksauslage.*

Nor|mal|be|din|gung, die ⟨meist Pl.⟩ (Physik, Technik): *festgelegte physikalische Bedingung (z. B. Druck, Temperatur) für einen bestimmten Zustand eines Stoffes.*

Nor|mal|ben|zin, das: *Benzin mit geringerer Klopffestigkeit, mit niedriger Oktanzahl.*

Nor|mal|bür|ger, der: *Durchschnittsbürger.*

Nor|mal|bür|ge|rin, die: w. Form zu ↑Normalbürger.

Nor|mal|druck, der (Technik): vgl. Normalbedingung.

Nor|ma|le, die; -[n], -n (Math.): *auf einer Ebene od. Kurve in einem vorgegebenen Punkt errichtete Senkrechte; Tangentenlot.*

nor|ma|ler|wei|se ⟨Adv.⟩: *unter normalen Umständen; im Allgemeinen:* Ab Mitte März legt das Weibchen n. zwei bis vier Eier (FR 14. 5. 99, 2).

Nor|mal|fall, der: *normalerweise eintretender, vorliegender Fall:* das gilt nur für den, im N.; Das »Getrenntsein bei bestehender Ehe« ist ... »wahrscheinlich schon der N.« (Focus 22, 1998, 76).

Nor|mal|film, der: *Film von 35 mm Breite.*

Nor|mal|form, die: **1.** (Sport) *Leistungsvermögen eines Sportlers, einer Mannschaft, eines Spielers unter normalen Umständen.* **2.** (Math.) *Form einer algebraischen Gleichung, bei der die Koeffizient der höchsten Potenz der Unbekannten 1 ist.*

Nor|mal|for|mat, das (Fachspr.): *Maß für Länge, Höhe u. Breite nach DIN.*

Nor|mal|ge|wicht, das: *einer bestimmten Norm entsprechendes Gewicht [einer Person].*

Nor|mal|grö|ße, die: vgl. Normalgewicht.

Nor|mal|hö|he, die: **1.** (Druckw.) *im Schriftsatz genormte Höhe der Buchstaben.* **2.** (Fachspr.) *Normalnull.*

Nor|mal|hö|hen|punkt, der (Fachspr.): *amtlich festgelegter Punkt, auf den sich alle Höhenmessungen eines Staates beziehen;* Abk.: N. H.

Nor|mal|ho|ri|zont, der (Fachspr.): *Fläche als Ausgangspunkt für Höhenmessungen.*

Nor|ma|li|en ⟨Pl.⟩: **1.** *Grundformen; Regeln, Vorschriften.* **2.** (Technik) *nach bestimmten Systemen vereinheitlichte Bauelemente für den Bau von Formen u. Werkzeugen.*

nor|ma|li|sie|ren ⟨sw. V.; hat⟩ [frz. nor-

maliser]: **a)** *wieder auf die allgemein übliche Weise gestalten:* wir konnten die Beziehungen n.; **b)** ⟨n. + sich⟩ *wieder normal* (1 b) *werden; wieder in einen allgemein üblichen Zustand zurückkehren:* die Verhältnisse in der zerstörten Stadt haben sich wieder normalisiert.

Nor|ma|li|sie|rung, die; -, -en: *das* [Sich]normalisieren.

Nor|ma|li|tät, die; -: **1.** *normaler Zustand, normale Beschaffenheit.* **2.** (selten) *Vorschriftsmäßigkeit.*

Nor|mal|lö|sung, die (Chemie): *Lösung von Reagenzien, deren Konzentration ein bestimmtes Verhältnis zwischen Lösungsmittel u. Reagenz aufweist.*

Nor|mal|maß, das: **1.** *normales* (1 b), *übliches Maß.* **2.** *geeichtes Maß, nach dem die Maßeinheiten ausgerichtet sind.*

Nor|mal|null, das ⟨o. Pl.⟩ (Geodäsie): *festgelegte Höhe, auf die sich die Höhenmessungen beziehen;* Abk.: NN, N. N.

Nor|mal|null|punkt, der (selten): *Normalnull.*

Nor|ma|lo, der; -s, -s (bes. Jugendspr.): *jmd., der in seiner äußeren Erscheinung, seinem Verhalten, seinen Einstellungen o. Ä. den allgemeinen Vorstellungen, Erwartungen entspricht, nicht auffällt:* in der Jugendszene ... der gängige Erscheinungstyp heißt treffend und ohne Arg »Normalo« (Spiegel 14, 1988, 242); Schon der literarische Figur Oskar Matzerath lebte von dem Schema, dass der Freak tiefere Einsichten in die Zeitläufte besitze als der N. (taz 31. 12. 96, 21).

Nor|mal|pro|fil, das (Bautechnik): **a)** *Querschnitt eines genormten Stücks aus Stahl;* **b)** *Mindesthöhe für einen Tunnel, eine Unterführung o. Ä.*

Nor|mal|schu|le, die (schweiz.): **1.** *pädagogische Hochschule.* **2.** *staatliches Lehrerseminar.*

nor|mal|sich|tig ⟨Adj.⟩: *im Sehvermögen nicht beeinträchtigt.*

Nor|mal|sich|tig|keit, die: *das Normalsichtigsein.*

Nor|mal|spur, die ⟨o. Pl.⟩: *(für Mitteleuropa) einheitlich festgelegte Weite der Spur der Eisenbahnschienen.*

nor|mal|spu|rig ⟨Adj.⟩: *mit Normalspur [versehen].*

Nor|mal|sterb|li|che, der u. die: *gewöhnlicher Mensch, Durchschnittsmensch.*

Nor|mal|tem|pe|ra|tur, die: vgl. Normalgewicht.

Nor|mal|ton, der: **1.** (Akustik) *Ton mit bestimmter Schwingungszahl u. konstanter Amplitude.* **2.** (Musik) *Kammerton.*

Nor|mal|uhr, die: **1.** *genau gehende Uhr, deren Zeitanzeige maßgebend für die Zeitanzeige anderer Uhren ist.* **2.** *auf Straßen u. Plätzen o. Ä. stehende elektrische Uhr, die die Normalzeit anzeigt:* Karl steht auf Bahnsteig 3 ..., und zwar direkt unter der N. (Kempowski, Zeit 263).

Nor|mal|ver|brau|cher, der: **a)** *jmd., der eine durchschnittliche Menge von Konsumgütern verbraucht; durchschnittlicher Verbraucher:* Dieser Aufwand ... geht über die finanziellen Möglichkeiten eines jeden -s (ADAC-Motorwelt 9, 1982,

72); **b)** (leicht abwertend) *jmd., dessen [geistige] Ansprüche nicht über den Durchschnitt hinausgehen.*

Nor|mal|ver|brau|che|rin, die: w. Form zu ↑Normalverbraucher.

Nor|mal|ver|die|ner, der: *jmd., der einen durchschnittlichen Verdienst hat.*

Nor|mal|ver|die|ne|rin, die: w. Form zu ↑Normalverdiener.

Nor|mal|wert, der: *Durchschnittswert.*

Nor|mal|zeit, die: *für ein bestimmtes größeres Gebiet geltende Einheitszeit.*

Nor|mal|zu|stand, der: **1.** *normaler* (1 b) *Zustand.* **2.** (Fachspr.) *Zustand unter Normalbedingungen.*

Nor|man|die [auch: ...mãˈdi:], die; -: *Landschaft in Nordwestfrankreich.*

Nor|man|ne, der; -n, -n: *Angehöriger eines nordgermanischen Volkes.*

Nor|man|nin, die; -, -nen: w. Form zu ↑Normanne.

nor|man|nisch ⟨Adj.⟩: *die Normannen betreffend, von ihnen stammend, zu ihnen gehörend.*

nor|ma|tiv ⟨Adj.⟩ (bildungsspr.): *als Richtschnur, Norm dienend; eine Regel, einen Maßstab für etw. darstellend, abgebend:* die Urteile der höchsten Gerichte haben für die Rechtsprechung -e Bedeutung; eine -e *(präskriptive)* Grammatik.

Nor|ma|tiv, das; -s, -e (DDR): *aufgrund von Erfahrungen u. besonderen Erfordernissen erarbeitete Anweisung, Regel, Richtschnur.*

Nor|ma|ti̲|ve, die; -, -n (bildungsspr.): *grundlegende Festsetzung; Grundbestimmung.*

Nor|ma|ti|vis̲|mus, der; - (Philos.): *Theorie vom Vorrang des als Norm* (1) *Geltenden, des Sollens vor dem Sein, der praktischen Vernunft vor der theoretischen.*

Nor̲m|blatt, das: *(vom Deutschen Institut für Normung herausgegebenes) Verzeichnis mit normativen Festlegungen (z. B. im Hinblick auf Größen in der Technik).*

Nor̲m|druck, der ⟨Pl. ...drücke, seltener: -e⟩ (Physik, Technik): *festgelegter, für den Normzustand kennzeichnender Druck.*

nor̲|men ⟨sw. V.; hat⟩ (Fachspr.): *(zur Vereinheitlichung) für etw. eine Norm* (5) *aufstellen:* Papierformate, Schrauben, Prüfverfahren n.; genormte *(einer Norm 5 entsprechende)* Maschinenteile; es gibt heutzutage Hirne, die sind wie genormt (Kirst, 08/15, 508).

Nor̲|men|aus|schuss, der: *Ausschuss* (2), *der Normen* (5) *aufstellt, festlegt.*

Nor̲|men|kon|trol|le, die (Rechtsspr.): *durch ein Gericht vorgenommene Prüfung u. Entscheidung der Frage, ob eine Rechtsnorm (z. B. ein Gesetz) einer anderen übergeordneten (z. B. der Verfassung) widerspricht od. nicht:* eine N. über etw.; eine N. ausüben.

Nor̲|men|kon|troll|kla|ge, die (Rechtsspr.): *Klage der Bundes- od. einer Landesregierung od. eines Drittels der Mitglieder des Bundestages beim Bundesverfassungsgericht zur Klärung der Vereinbarkeit eines Bundes- od. Landesgesetzes mit dem Grundgesetz od. eines Landesgesetzes mit dem Bundesrecht.*

Nor|men|kon|troll|ver|fah|ren, das (Rechtsspr.): vgl. Normenkontrollklage.

No̲rm|er|fül|lung, die (DDR): *Erfüllung der Norm* (3 b).

no̲rm|ge|recht ⟨Adj.⟩: *der Norm* (3, 5) *entsprechend.*

nor|mier|bar ⟨Adj.⟩: *sich normieren lassend.*

nor|mie̲|ren ⟨sw. V.; hat⟩ [frz. normer < lat. normare = korrekt einrichten] (bildungsspr.): **a)** *nach einem einheitlichen Schema, in einer bestimmten Weise festlegen:* in der Erziehung kann man nichts n.; Ü ich bin da zu sehr normiert, nur noch daheim in meinen ineinander verhakten Tätigkeiten (Mayröcker, Herzzerreißende 85); **b)** *normen:* die Schreibung bestimmter Termini n.; normierte Größen.

Nor|mie̲|rung, die; -, -en: *das Normieren.*

no̲r|mig ⟨Adj.⟩ (selten): *normativ.*

Nor|mo|blast, der; -en, -en ⟨meist Pl.⟩ [zu ↑Norm u. griech. blastós = Spross, Trieb] (Med.): *kernhaltige Vorstufe eines roten Blutkörperchens von der ungefähren Größe u. Reife eines normalen roten Blutkörperchens.*

nor|mo|so̲m ⟨Adj.⟩ [zu ↑Norm u. griech. sõma = Leib, Körper] (Med.): *von normalem* (2) *Körperwuchs.*

Nor|mo|sper|mie̲, die; - [zu ↑Norm u. ↑Sperma] (Med.): *der Norm entsprechender Gehalt an Samenflüssigkeit an befruchtungsfähigen Spermien.*

Nor|mo|zy̲t, der; -en, -en ⟨meist Pl.⟩ [zu ↑Norm u. griech. kýtos = Höhlung, Wölbung] (Med.): **1.** *normal* (2) *entwickelte Zelle.* **2.** *normal* (2) *entwickeltes rotes Blutkörperchen.*

Nor|mung, die; -, -en (Fachspr.): **a)** *das Normen:* der Ausschuss befasst sich mit der N. von Termini, von Maschinenteilen; **b)** *das Genormtsein:* die N. solcher Teile erleichtert die Beschaffung von Ersatz erheblich.

no̲rm|wid|rig ⟨Adj.⟩: *der Norm zuwiderlaufend, nicht entsprechend.*

No̲r|ne, die; -, -n [anord. norn] (germ. Myth.): *eine der Schicksalsgöttinnen Urd, Werdandi und Skuld.*

Nor|ther [ˈnɔːðə], der; -s, - [engl. norther, zu: north]: **1.** *heftiger, kalter Nordwind in Nord- u. Mittelamerika.* **2.** *heißer, trockener Wüstenwind an der Südküste Australiens.*

Nor|ton|ge|trie|be, das; -s, - [nach dem brit. Erfinder W. P. Norton (19. Jh.)] (Technik): *bes. bei Werkzeugmaschinen verwendetes Zahnradgetriebe.*

Nor|we|gen; -s: Land in Nordeuropa.

¹Nor|we|ger, der; -s, -: Ew.

²Nor|we|ger ⟨indekl. Adj.⟩ (seltener): die N. Fjorde.

Nor|we|ge|rin, die; -, -nen: w. Form zu ↑¹Norweger.

Nor|we|ger|mus|ter, das; -s, - (Handarb.): *Muster von Tieren, Sternen, Eiskristallen o. Ä. in einem sich von der Grundfarbe abhebenden Garn.*

Nor|we|ger|pull|over, der: *Pullover mit Norwegermuster.*

no̲r|we|gisch ⟨Adj.⟩: *Norwegen, die Norweger betreffend; aus Norwegen stammend.*

No̲r|we|gisch, das; -[s] u. ⟨nur mit best. Art.:⟩ **No̲r|we|gi|sche,** das; -n: *die norwegische Sprache.*

No|se|la̲n, der; -s, -e [nach dem dt. Mineralogen K. W. Nose (1753–1835)]: *zu den Feldspaten gehörendes Mineral.*

No|se|ma|seu|che, die; - [nlat. Nosema = Name des Krankheitserregers < griech. nósēma = Krankheit]: *sich seuchenhaft ausbreitende u. tödlich endende Insektenkrankheit (bes. der Bienen).*

No|so|gra|phie̲, die; -, -n [zu griech. nósos = Krankheit u. gráphein = schreiben] (Med.): *Krankheitsbeschreibung.*

No|so|lo|gie̲, die; - [↑-logie] (Med.): *Lehre von den Krankheiten; systematische Beschreibung u. Einordnung der Krankheiten.*

no|so|lo̲|gisch ⟨Adj.⟩ (Med.): *die Nosologie betreffend, zu ihr gehörend.*

No|so|ma|nie̲, die; -, -n [↑Manie] (Med., Psych.): *wahnhafte Einbildung, an einer Krankheit zu leiden.*

No|so|pho|bie̲, die; -, -n [↑Phobie] (Med., Psych.): *krankhafte Angst, krank zu sein od. zu werden.*

No̲-Spiel, das; -[e]s, -e [jap. nō, eigtl. = Talent]: *streng stilisiertes japanisches Bühnenspiel mit Musik, Tanz, Gesang u. Pantomime.*

Nö̲|ßel, der od. das; -s, - [mhd. nöʒʒelīn, H. u.] (früher): *Flüssigkeitsmaß unterschiedlicher Größe:* ◆ Ich hatte mich bei meinem N. Tischwein mäßig verhalten (Goethe, Dichtung u. Wahrheit 12); »Es ist mein saurer Schweiß«, sagt' er ... und trank zur ungewöhnlichen Stunde ein N. Bier (Jean Paul, Wutz 26).

nos|tal|gi|co [nɔsˈtaldʒiko] ⟨Adv.⟩ [ital. nostalgico] (Musik): *sehnsüchtig.*

Nos|tal|gie̲, die; -, ...ien ⟨Pl. selten⟩ [nlat. nostalgia, zu griech. nóstos = Rückkehr (in die Heimat) u. álgos = Schmerz]: **1.** (bildungsspr.) *vom Unbehagen an der Gegenwart ausgelöste, von unbestimmter Sehnsucht erfüllte Gestimmtheit, die sich in der Rückwendung zu einer vergangenen, in der Vorstellung verklärten Zeit äußert, deren Mode, Kunst, Musik o. Ä. man wieder belebt:* ein Fest im Zeichen der N.; ein Hauch von N. geht von dem Interieur aus. **2.** (bildungsspr. veraltend) *[krank machendes] Heimweh:* Wenn er im Exil Heimweh ... hatte, jetzt scheint er sich ins Exil zurückzusehnen ... Dort ging es ihm gut, trotz der N. (K. Mann, Wendepunkt 424).

Nos|tal|gie|wel|le, die: *Welle* (2 b) *von Nostalgie* (1): die N. bringt den zeitweise verachteten Möbelstil wieder zu Ehren.

Nos|tal|gi|ker, der; -s, -: *jmd., der sich der Nostalgie* (1) *überlässt:* Die im Elsass ansässigen Frontkämpferverbände, wie in Deutschland auch unverbesserliche N., machten mobil (ran 2, 1980, 16).

Nos|tal|gi|ke|rin, die; -, -nen: w. Form zu ↑Nostalgiker.

nos|tal|gisch ⟨Adj.⟩: **1.** *der Nostalgie* (1) *gemäß:* -e Musik, Mode; eine -e *(von Nostalgie 1 erfüllte)* Stimmung; Museumsbahnen für ein -es Reisegefühl (Hamburger Morgenpost 24. 5. 85, 3); Das Foyer und der Theaterraum sind n. dekoriert (Praunheim, Sex 241). **2.** (bildungsspr. veraltend) *an Nostalgie* (2) *leidend.*

Nos|tri|fi|ka|ti|on, die; -, -en [zu ↑nostrifizieren]: **1.** (Rechtsspr.) *Einbürgerung.* **2.** (Amtsspr.) *Anerkennung eines ausländischen Examens, Diploms im Inland.*

nos|tri|fi|zie|ren ⟨sw. V.; hat⟩ [zu lat. noster (Gen.: nostri) = unser u. facere = machen]: **1.** (Rechtsspr.) *einbürgern.* **2.** (Amtsspr.) *ein ausländisches Examen, Diplom im Inland anerkennen.*

Nos|tro|kon|to, das; -s, ...ten, auch: -s, ...ti [ital. (il) nostro conto = unser Konto] (Bankw.): *Konto, das eine Bank bei einer anderen Bank als Kunde unterhält.*

Not, die; -, Nöte [mhd., ahd. nōt, H. u.]: **1.** ⟨Pl. selten⟩ *besonders schlimme Lage, in der jmd. dringend Hilfe braucht:* große N.; jmdm. in der Stunde der N. helfen; Rettung aus, in höchster N.; sie waren in diesem Moment wirklich in N. *(befanden sich in einer Notsituation);* R [da, jetzt, bei ihm, ihr usw. ist] Holland in N. (oft iron.: *es steht schlimm, es herrscht Ratlosigkeit*); R N. lehrt beten *(wenn man in Not ist, erinnert man sich an die Hilfe des Gebets);* Spr wenn die N. am größten ist, ist Gottes Hilfe am nächsten; ***in N. und Tod** (geh.; *auch unter schwierigsten Umständen, in größter Gefahr*). **2.** ⟨o. Pl.⟩ *Mangel an lebenswichtigen Dingen; Elend, äußerste Armut:* unverschuldete, wirtschaftliche N.; in dem Land herrscht bittere, große N.; Die Welt hallt wider von dem Geschrei über die menschliche N. in den Entwicklungsländern (Gruhl, Planet 263); die, jmds. N. lindern; aus N. stehlen; jmdm. [mit etw.] aus der N. helfen; in N. geraten, leben, sein; er kennt keine N. *(ihm geht es wirtschaftlich gut);* N. hatten wir Landwirte ... keine (Wimschneider, Herbstmilch 102); N. und Mangel leiden; (geh.:) N. leiden; die N. leidende Bevölkerung; ... musste er einen Weg finden, um den N. leidenden Familien der Verurteilten mit gesammeltem Geld beizustehen (Kühn, Zeit 94); Ü Die N. leidende Bauwirtschaft wird kaum ... alle Entlassenen wieder einstellen (Spiegel 7, 1985, 22); R N. macht erfinderisch *(wenn wichtige Dinge fehlen, hat man Ideen, wie man sich ohne sie helfen kann);* N. kennt kein Gebot *(wenn man Not leidet, setzt man sich leichter über [Moral]gesetze hinweg);* in der N. frisst der Teufel Fliegen (ugs.; *wenn man überhaupt nichts hat, begnügt man sich mit Dingen, die man sonst verschmäht).* **3.** ⟨o. Pl.⟩ *durch ein Gefühl von Ausweglosigkeit, durch Verzweiflung, Angst gekennzeichneter seelischer Zustand, unter dem der davon Betroffene sehr leidet; Bedrängnis:* innere, seelische N.; jmdm. seine N. klagen; in ihrer N. wusste sie sich nicht anders zu helfen; **b)** ⟨meist Pl.⟩ *belastendes [Not* (3 a) *verursachendes] Problem; Schwierigkeit, Sorge:* Ängste und Nöte; die Nöte des Alltags, des kleinen Mannes; in [höchsten, tausend] Nöten sein *(große Schwierigkeiten, viele Sorgen haben).* **4.** *durch etw., jmdn. verursachte Mühe:* N. haben, etwas zu tun; seine [liebe] N. mit jmdm., etw. haben *(mit jmdm., etw. große Schwierigkeiten,*

viel Mühe haben); die Mutter hatte oft ihre N., die Kleinen ins Bett zu bringen (H. Kolb, Wilzenbach 98); ***mit knapper/**(seltener:) **genauer N.** *(nur mit Mühe; gerade noch):* Ehe drei Jahre um sind, ... ist der Vater mit knapper N. dem Todesurteil entronnen (Sieburg, Robespierre 49); der Hilfslehrer habe ... mit genauer N. ein Kind aus einem Moor ... gezogen (Th. Mann, Hoheit 55); **ohne N.** *(ohne Schwierigkeiten, ohne weiteres).* **5.** ⟨o. Pl.⟩ (veraltend) *äußerer Zwang, Notwendigkeit, Unvermeidlichkeit:* tun, was die N. gebietet; damit hat es keine N. *(das ist nicht dringend, das eilt nicht);* R der N. gehorchend [nicht dem eignen Trieb(e)] (geh.; *notgedrungen;* nach Schiller, Die Braut von Messina, Vers 1); ***N. tun/sein, werden** (geh. veraltend, noch landsch.: *nötig, vonnöten sein, werden):* nötig, hilft Not T N.; das tut doch nicht N.! *(das brauchst du nicht zu tun!, das muss nicht sein!);* ich wollte ... kämpfen, wenn es N. sein würde (Fühmann, Judenauto 31); gerade die Zeit, die N. war, dem Vater das Geld ... abzujagen (Fallada, Herr 19); ◆ Jetzt ist uns Mut und feste Eintracht N. (Schiller, Tell V, 1); **jmdm. N. tun** (veraltend: *für jmdn. nötig sein*): ihm tut Beistand N.; es täte dir [bitter] N., deine Hausaufgaben richtig zu machen; ... was mir N. tat an standesgemäßer Equipierung (Th. Mann, Krull 296); **wenn, wo N. am Mann ist** *(wenn, wo etw. [Bestimmtes] dringend getan werden, geschehen muss; wenn jmd. gebraucht wird, der mithilft):* dann hab ich immer Urlaubsvertretung gemacht, ... wenn N. am Mann ist, mach ich das gern (Aberle, Stehkneipen 31); **aus der N. eine Tugend machen** *(eine missliche Situation zu seinem Vorteil nutzen;* nach dem Kirchenvater Hieronymus, Epistolae 54,6: »fac de necessitate virtutem«); **ohne N.** (geh.; *ohne dazu gezwungen zu sein, ohne zwingenden Grund):* Niemand nimmt sich ohne N. das Leben (Remarque, Westen 176); **zur N.** *(wenn es nicht anders geht):* zur N. könnten wir die Bildhauerarbeiten anderswo bestellen (Remarque, Obelisk 114).

No|ta, die; -, -s [lat. nota, Imperativ von: notare, ↑notieren]: **1.** (veraltet) *Zeichen; Anmerkung; Notiz.* **2.** (Kaufmannsspr. veraltend) **a)** *Auftrag:* etw. in N. geben; etw. in N. nehmen *(einen Auftrag vormerken);* **b)** *Rechnung.*

no|ta|bel ⟨Adj.⟩ [frz. notable < lat. notābilis] (bildungsspr. veraltend): *ungewöhnlich, wichtig, bemerkenswert:* Er ... empfängt ... notable Gäste (Musil, Mann 429).

No|ta|beln ⟨Pl.⟩ [frz. notables] (früher): *durch Bildung, Rang u. Vermögen ausgezeichnete Mitglieder der bürgerlichen Oberschicht in Frankreich:* Die für die alte französische Provinz typische Herrschaft der N. – Arzt, Pfarrer, Lehrer, Notar – in Kleinstadt und Dorf geht ihrem Ende zu (Spiegel 26, 1981, 97).

no|ta|be|ne ⟨Adv.⟩ [lat. nota bene] (bildungsspr.): *wohlgemerkt; übrigens:* als Vierter ... schwamm Biondi der Konkur-

renz förmlich davon, n. in weniger als 48 Sekunden (NZZ 26. 8. 86, 31); Abk.: NB.

No|ta|be|ne, das; -[s], -[s] (bildungsspr. selten): *Merkzeichen, Vermerk.*

No|ta|bi|li|tät, die; -, -en [spätlat. notabilitas]: **1.** ⟨o. Pl.⟩ (veraltet) *Vornehmheit.* **2.** ⟨meist Pl.⟩ (geh.) *vornehme, berühmte Persönlichkeit.*

Not|abi|tur, das: *(in Kriegszeiten) vorgezogene Reifeprüfung für Oberschüler, die zum Wehrdienst einberufen worden sind; Kriegsabitur.*

Not|adres|se, die: **a)** (Finanzw.) *Angabe einer Person (auf einem Wechsel), die den Wechsel im Notfall für den Verpflichteten annehmen od. zahlen soll;* **b)** *Adresse, an die man sich im Notfall wenden kann.*

Not|ag|gre|gat, das (Technik): *Notstromaggregat.*

No|tal|gie, die; -, -n [zu griech. nōtos = Rücken u. álgos = Schmerz] (Med.): *Rückenschmerz.*

Not|an|ker, der: **1.** (Seew.) *zusätzlicher Anker; Reserveanker.* **2.** *jmd., etw. als jmds. letzter Halt:* Politiker ließen sich beim vorgeblich sicheren Euro-Reaktor narren. Um ihr Geschäft zu retten, klammert sich die vom Aus bedrohte Nuklearindustrie dennoch an diesen N. (natur 6, 1994, 47).

No|ta qua|dra|ta, die; - -, ...tae ...tae [zu lat. nota, ↑Note u. quadratus = viereckig] (Musik): *viereckiges Notenzeichen der Choralnotation.*

No|tar, (österr. ugs. veraltend:) **No|tär,** der; -s, -e [mhd. noder, notar(e), ahd. notāri < mlat. notarius = öffentlicher Schreiber < lat. notarius = Schnellschreiber, Tachygraph (2), zu: notarius = zum (Schnell)schreiben gehörig, zu: nota, ↑Note]: *Jurist, der Beglaubigungen u. Beurkundungen von Rechtsgeschäften vornimmt.*

No|tar|ge|hil|fe, der: *Notariatsgehilfe* (Berufsbez.).

No|tar|ge|hil|fin, die: w. Form zu ↑Notargehilfe.

No|ta|ri|at, das; -[e]s, -e [mlat. notariatus]: **a)** *Amt eines Notars;* **b)** *Kanzlei eines Notars.*

No|ta|ri|ats|ge|hil|fe, der: *Angestellter in einem Notariat* (b) (Berufsbez.).

No|ta|ri|ats|ge|hil|fin, die: w. Form zu ↑Notariatsgehilfe.

No|ta|ri|ats|kanz|lei, die: *Notariat* (b).

no|ta|ri|ell ⟨Adj.⟩ (Rechtsspr.): *durch einen Notar [beurkundet, ausgefertigt o. Ä.]:* eine -e Vollmacht; etw. n. beglaubigen lassen.

No|ta|rin, die; -, -nen: w. Form zu ↑Notar.

no|ta|risch ⟨Adj.⟩ (Rechtsspr. selten): *notariell.*

◆ **No|ta|ri|us,** der; -, ...ien [mlat. notarius, ↑Notar]: *Notar:* Auch Schreiber und Notarien verlang' ich (Schiller, Maria Stuart I, 2).

No|ta Ro|ma|na, die; - -, ...tae ...nae [lat., eigtl. = römische Note] (Musik): *Nota quadrata.*

Not|arzt, der: **a)** *Arzt, der Bereitschaftsdienst hat;* **b)** *Arzt, der in Notfällen mit einem besonders ausgerüsteten Fahrzeug zum Patienten, Unfallopfer kommt.*

Not|ärz|tin, die: w. Form zu ↑Notarzt.
Not|arzt|wa|gen, der: **a)** *von einem Notarzt* (b) *benutzter Einsatzwagen;* **b)**,*Klinomobil.*
No|tat, das; -[e]s, -e [zu lat. notatum, subst. 2. Part. Neutr. von: notare, ↑notieren] (veraltend): *niedergeschriebene Bemerkung, Aufzeichnung, Notiz* (1).
No|ta|ti|on, die; -, -en [lat. notatio = Bezeichnung, Beschreibung]: **1.** (Fachspr.) *Aufzeichnung; System von Zeichen od. Symbolen einer Metasprache.* **2.** (Musik) **a)** ⟨o. Pl.⟩ *das Aufzeichnen von Musik in Notenschrift;* **b)** *Notenschrift.* **3.** (Schach) *Aufzeichnung der einzelnen Züge einer Schachpartie.*
Not|auf|nah|me, die: **1.** (früher) **a)** *Aufnahme von Flüchtlingen aus der DDR od. Berlin (Ost) in die Bundesrepublik Deutschland od. Berlin (West):* die N. beantragen; Ein Brautpaar ... ist aus einer grenznahen thüringischen Gemeinde in den Kreis Hersfeld geflüchtet und hat um N. in der Bundesrepublik gebeten (Welt 7. 9. 65, 1); **b)** *Stelle, in der die Notaufnahme* (1 a) *erfolgt:* wo ist hier die N.? **2. a)** *Aufnahme in ein Krankenhaus in einem Notfall:* diese Betten werden für -n freigehalten; **b)** *Station, Raum für Notaufnahmen* (2 a): er liegt noch in der N.
Not|auf|nah|me|la|ger, das: *Lager, in dem Flüchtlinge, die die Notaufnahme* (1 a) *beantragen, aufgenommen werden, bis sie einen neuen Wohnsitz zugeteilt bekommen.*
Not|aus|gang, der: *(bes. bei öffentlichen Gebäuden) Ausgang, der bei Gefahr, Feuer o. Ä. benutzt werden kann.*
Not|aus|stieg, der: *Ausstieg* (1 b), *der bei Gefahr o. Ä. benutzt werden kann:* In Kraftomnibussen müssen -e vorhanden sein (Straßenverkehrsrecht, StVZO 159).
Not|ba|ra|cke, die: *Baracke, die als Notunterkunft dient.*
Not|be|helf, der: *etw. für einen bestimmten Zweck nur bedingt Geeignetes, was ersatzweise benutzt wird, wenn etw. Besseres nicht verfügbar ist; Behelf:* etw. dient als N.; Eine Ju-52 auf der Piste von Villa Montes bei nassem Boden vor dem Start auf ausgelegten Kuhhäuten. Tatsächlich hat sich dieser N. bewährt (NZZ 21. 1. 83, 5); als hätten die von ihm gewählten Worte nicht seine volle Billigung, seien nur Surrogat, N. (Weber, Tote 218).
Not|be|leuch|tung, die: *schwächere Beleuchtung, die eingeschaltet werden kann, wenn die eigentliche Beleuchtung ausfällt:* Hier und da in einem Block brannte die kaltblaue Glühbirne der N. (Apitz, Wölfe 366).
Not|bett, das, (Gesundheitswesen): *Krankenhausbett, das bei dringendem Bedarf [vorübergehend] belegt wird.*
Not|brem|se, die: **1.** *Bremse in Eisenbahn-, Straßenbahnwagen o. Ä., die bei Gefahr von den Fahrgästen betätigt werden kann:* die N. ziehen; Ü als der Linksaußen auf der Torwart zustürmte, zog der bereits überspielte Libero die N. (Sport Jargon; *brachte ihn, um ein unmittelbar drohendes Tor zu verhindern,*

zu Fall); die Bundesregierung zieht die N. (ugs.; *stoppt eine gefährliche Entwicklung*) und beschließt einen drastischen Subventionsabbau. **2.** *Bremse eines Aufzugs für den Notfall:* die N. betätigen.
Not|brem|sung, die: *plötzliches [hartes] Bremsen zur Abwendung einer Gefahr:* der Autofahrer machte eine N.; der Lokführer leitete die N. ein.
Not|brü|cke, die: *behelfsmäßige Brücke.*
Not|dach, das: vgl. Notbrücke.
Not|dienst, der: *Bereitschaftsdienst.*
Not|durft, die; - [mhd. nōtdurft, ahd. nōtdur(u)ft, zum 2. Bestandteil vgl. dürftig]: **1.** (geh.) *menschliche Ausscheidungen:* ein Kübel aus Zinkblech für die N. (Kühn, Zeit 73); *** seine [große, kleine] N. verrichten** (geh.; *den Darm, die Blase entleeren*): Battus verließ die Grotte nicht mehr; seine N. verrichtete er in einer Nische des Raumes (Ransmayr, Welt 212); Meine N. muss ich in eine Pfanne verrichten (Kinski, Erdbeermund 333). **2.** (geh.) *[zum Leben] Unentbehrliches; Bedarf am Notwendigsten:* des Leibes Nahrung und N.; Menschen, die mehr verdienen, als es die N. erfordert (Tucholsky, Werke II, 146); Er sah sich ... bloß noch die dringendste N. seines Körpers befriedigen (Rolf Schneider, November 86). **3.** (selten) *notdürftige Beschaffenheit:* die primitive N. der mittelalterlichen Herbergen (Enzensberger, Einzelheiten I, 201).
not|dürf|tig ⟨Adj.⟩ [mhd. nōtdürfic = notwendig; bedürftig]: **a)** *kaum ausreichend (für etw.); nur in kümmerlicher Weise vorhanden:* das ist nur ein -er Sonnenschutz; wir kehren zurück, mitten in den Klumpen -er Behausungen (Lentz, Muckefuck 19); etw. n. reparieren; Das Haus sollte renoviert werden, zumindest n. (Frischmuth, Herrin 93); Über den Rasen kam ein Mann gelaufen, ähnlich n. bekleidet wie sie (Prodöhl, Tod 124); sie mussten schreien, um sich im Heulen des Sturmes n. *(mit Mühe, so gut es eben ging)* verständigen zu können (Trenker, Helden 67); ♦ **b)** *Mangel leidend, hilfsbedürftig, unterstützungsbedürftig:* ⟨subst.:⟩ Nebenher versah ich meinen alten Dienst, den ich der guten Mutter, oder vielmehr Kranken und Notdürftigen, leistete (Goethe, Wanderjahre I, 2).
Not|dürf|tig|keit, die; - (selten): *notdürftige Beschaffenheit, Art u. Weise.*
No|te, die; -, -n [mhd. nōte < mlat. nota = Note (1 a) < lat. nota = Merkzeichen; Schriftstück]: **1. a)** *(in der Musik) für einen Ton stehendes grafisches Zeichen in einem System von Linien; Notenzeichen:* ganze, halbe -n; eine punktierte N.; -n lesen können; -n lernen, schreiben, stechen; Gedichte in -n setzen (veraltend; *vertonen*); **b)** ⟨Pl.⟩ *Notentext; Notenblatt:* die -n liegen auf dem Klavier; die -n studieren; nach, ohne -n singen, spielen; *** [wie] nach -n** (ugs. scherzh.; *mit einer gewissen Perfektion, Gründlichkeit o. Ä.*): das ging ja wie nach -n *(sehr gut)*; er hat ihn -n verprügelt. **2. a)** *in einer Ziffer, einem Wort od. einer Punktzahl ausgedrückte Bewertung einer schulischen Leistung; Zensur, Zeugnisnote:*

seine N. in Latein war mäßig; gute -n haben; diese Lehrerin gibt schlechte -n *(ist in ihrer Beurteilung sehr streng);* die mündliche, schriftliche N. *(Note für die mündliche, schriftliche Leistung);* sie hat für den Aufsatz die N. »ungenügend« bekommen; etw. mit der N. »ungenügend« bewerten; Ü er teilt gern schlechte -n aus *(übt gern Kritik);* Gute -n für *(gute Beurteilung der)* Sommerzeit (MM 3. 9. 80, 1); **b)** *(im Sport) in Punkten ausgedrückte Bewertung einer sportlichen Leistung:* eine niedrige N.; die Kampfrichter zogen hohe -n. **3.** ⟨meist Pl.⟩ (Bankw.) kurz für ↑Banknote. **4.** (Völkerrecht) *förmliche schriftliche Mitteilung im diplomatischen Verkehr zwischen Regierungen:* eine diplomatische N.; Ich legte unsere Haltung zum Gewaltverzicht dar und bezog mich dabei auf unsere N. vom 9. April 1968 (W. Brandt, Begegnungen 254); -n [über etw.] austauschen, wechseln; eine N. überreichen. **5.** (bildungsspr. selten) *Notiz; kurze Aufzeichnung.* **6.** ⟨o. Pl.⟩ *Merkmal, Eigenschaft o. Ä., eine einer Person od. Sache ihr Gepräge gibt:* sie hat ihre eigene, individuelle N.; einer Sache eine persönliche, besondere N. geben; Alle Offiziere ... waren im Saal ... und gaben dem Ball eine besonders festliche N. (Konsalik, Promenadendeck 278); ein Anzug mit sportlicher N.; die Stores geben, verleihen dem Raum eine elegante N.; ein Parfüm mit einer betont weiblichen N.
Note|book [ˈnoʊtbʊk], das; -s, -s [engl. notebook, eigtl. = Notizbuch, aus: engl. note (< [a]frz. note < lat. nota, ↑Note) u. book = Buch]: *tragbarer, leichter Personalcomputer, bei dem Bildschirm, Tastatur, Laufwerk usw. in das aufklappbare Gehäuse integriert sind:* eine gerade bei Profis zu stehlenden -s wichtige Maßnahme (Hörzu 36, 1994, 105).
No|te|lett, das; -s, -s (DDR): *kleines Briefblatt für kurze Mitteilungen.*
♦ nö|ten ⟨sw. V.; hat⟩ [mhd. nœten, nöten, ahd. nōten]: *nötigen:* er muss noch heut das Fräulein n., Paris zu verlassen (Wieland, Gandalin 6, 1762 f.); ⟨subst.:⟩ Während dem Nöten (= beim Essen von allem Angebotenen reichlich zu nehmen) aller Art hatte sie abgemessen in kleinen Schlucken das erste Kacheli ausgetrunken (Gotthelf, Spinne 10).
No|ten|aus|tausch, der: *Austausch von Noten* (4).
No|ten|bank, die ⟨Pl.: ...banken⟩: *Bank, die zur Ausgabe von Banknoten berechtigt ist.*
No|ten|blatt, das: *einzelnes Blatt mit Noten* (1 b).
No|ten|buch, das: **1.** *zu einem Buch gebundene Noten* (1 b). **2.** *kleineres handliches Buch mit leeren Seiten, in das Lehrer die Namen ihrer Schüler u. deren Zensuren [für mündliche Leistungen] eintragen.*
No|ten|druck, der ⟨o. Pl.⟩: **1.** *Druck von Banknoten.* **2.** *Druck von Musikalien.*
No|ten|durch|schnitt, der: *[Examens]note, die sich als Mittelwert aus der Gesamtheit der einzelnen Noten* (2) *ergibt:* sie hat einen N. von 1,5.

No|ten|ge|bung, die; -, -en: *das Erteilen von Noten* (2 a, b).

No|ten|heft, das: **1.** vgl. Notenbuch (1). **2.** *²Heft* (a), *dessen Papier mit Notenlinien bedruckt ist.*

No|ten|li|nie, die ⟨meist Pl.⟩: *eine der fünf Linien, in die die Notenschrift eingetragen ist.*

No|ten|pa|pier, das: *mit Notenlinien versehenes Papier.*

No|ten|pult, das: vgl. Notenständer.

No|ten|satz, der: **1.** ⟨o. Pl.⟩ *das Setzen von Musiknoten.* **2.** *aus einzelnen beweglichen Drucktypen manuell hergestellter Satz für den Druck von Musikstücken.*

No|ten|schlüs|sel, der: *Schlüssel* (4 a).

No|ten|schrift, die: *System von Zeichen, mit deren Hilfe Musik aufgezeichnet wird.*

No|ten|stän|der, der: *Ständer zum Auflegen der Noten für den Musizierenden.*

No|ten|ste|cher, der: *jmd., der Druckformen vorwiegend von Noten* (1 a) *auf Kupferplatten o. Ä. sticht* (Berufsbez.).

No|ten|ste|che|rin, die: w. Form zu ↑Notenstecher.

No|ten|sys|tem, das: **1.** *System* (6 b) *von Notenlinien.* **2.** *System* (2) *von Noten* (2) *zur Bewertung einer [schulischen] Leistung.*

No|ten|text, der ⟨Pl. selten⟩: *in Notenschrift aufgezeichnete Musik* (1 b).

No|ten|wech|sel, der: *Notenaustausch.*

No|ten|wert, der (Musik): *Dauer eines durch eine entsprechende Note* (1 a) *bezeichneten Tons.*

No|ten|zei|chen, das (Musik): *Note* (1 a).

Note|pad ['nɔutpɛt], das; -s, -s [engl. notepad, eigl. = Notizblock]: *kleiner Computer vom Format eines Notizblocks mit Bildschirm u. Tastatur, der zur Speicherung u. Übertragung von Notizen, Adressen, Terminen o. Ä. dient.*

Not|er|be, der (Rechtsspr.): *Erbe, dem unabhängig von einem etwa vorliegenden Testament ein bestimmter Teil des Erbes zusteht.*

Not|er|bin, die (Rechtsspr.): w. Form zu ↑Noterbe.

Note sen|sible [nɔt sã'sibl], die; --, -s -s [nɔt sã'sibl; frz. note sensible, eigtl. = empfindliche Note] (Musik): *Leitton.*

Not|fall, der: **a)** *Situation, in der dringend Hilfe benötigt wird:* bei Notfällen erste Hilfe leisten; da es sich offenbar um einen N. handelte, erbot ich mich, die Pillen abzugeben (Kemelman [Übers.], Mittwoch 137); **b)** *Lage, Situation, in der etw. Bestimmtes nötig ist, gebraucht od. notwendig wird:* 1 000 Mark habe ich mir für den äußersten N. aufgehoben; ... einen Brief mit einer Adresse für den N. (Frisch, Stiller 249); im N. *(notfalls)* kannst du bei mir übernachten.

Not|fall|arzt, der: *Notarzt.*

Not|fall|ärz|tin, die: w. Form zu ↑Notfallarzt.

Not|fall|aus|weis, der (Rettungswesen): *vom Arzt ausgestelltes Papier mit medizinischen Informationen über den Inhaber, die bei Notfällen von Bedeutung sein können.*

Not|fall|dienst, der (bes. Gesundheitswesen): *[ärztlicher] Bereitschaftsdienst.*

Not|fall|me|di|zin, die: *Teilgebiet der Medizin, das sich mit der Betreuung medizinischer Notfälle befasst:* Ein wichtiges Kapitel in der Arbeit des Anästhesisten ist die Notfall- und Intensivmedizin (Barmer 1, 1987, 28).

Not|fall|me|di|zi|ner, der: *Arzt, der überwiegend auf dem Gebiet der Notfallmedizin tätig ist.*

Not|fall|me|di|zi|ne|rin, die: w. Form zu ↑Notfallmediziner.

not|falls ⟨Adv.⟩: *wenn es keine andere Möglichkeit gibt:* n. [auch] mit Gewalt; n. habe ich auch noch eine Luftmatratze; Man durfte eine tschechische Tänzerin, n. eine Geschiedene, man durfte eine Jüdin ... heiraten (Bieler, Mädchenkrieg 96).

Not|fall|sta|ti|on, die (schweiz.): *Unfallstation:* Der Italiener fuhr mit seiner Begleiterin sofort in die N. des Triemli-Spitals (NZZ 13. 1. 93, 34).

Not|feu|er, das: **a)** *als Notsignal angezündetes Feuer;* **b)** (Volksk.) *(im Volksglauben) Feuer, dem heilende Kraft zugeschrieben wird.*

Not|flag|ge, die: *als Notsignal gehisste Flagge.*

Not|fre|quenz, die (Funkw.): *Funkfrequenz, auf der in Not geratene Schiffe, Flugzeuge o. Ä. Hilfe anfordern können.*

Not|frist, die (Rechtsspr.): *[zur Einlegung eines Rechtsmittels] gesetzlich festgelegte Frist.*

not|ge|drun|gen ⟨Adj.⟩: *nicht freiwillig, sondern durch die Situation dazu gezwungen:* Ich verstand die Klagen mancher ... -er Vorstadtbewohner (Handke, Niemandsbucht 362); es ist unbedingt erforderlich, dass ich mein n. angenommenes Inkognito wahre, um mich vor den Nachstellungen der lasterhaften Geschöpfe zu schützen (Th. Mann, Hoheit 155); Man ist sozusagen vom gleichen Fach, auch wenn man das Fach erst im Kriege und n. erlernte (Heym, Schwarzenberg 233).

Not|geld, das (Geldw.): *bei einem Mangel an Zahlungsmitteln, z. B. durch Inflation, ersatzweise in Umlauf gesetztes Geld.*

Not|ge|mein|schaft, die: **a)** *Vereinigung von Leuten, die sich zusammengeschlossen haben, um einer Not, einem Missstand o. Ä. abzuhelfen:* In einem kilometerlangen Marsch, an dem auch rund 70 Landwirte der bäuerlichen N. mit ihren Traktoren teilnahmen, zogen die Atomkraftgegner ... (FR 1. 3. 99, 4); **b)** *Gemeinschaft von Menschen, die sich in einer gemeinsamen Notlage befinden:* eine N. bilden; Ich habe mit Leuten zusammengelegen, denen möchte ich heute kaum die Hand schütteln ... Es war eine Art von N. (Eppendorfer, Kuß 77).

Not|ge|setz, das: *Gesetz, das einer Notlage, einem Notstand entgegenwirken soll.*

Not|ge|spräch, das (Fernspr.; früher): *aufgrund einer Notsituation vorrangig vermitteltes Telefongespräch.*

◆ **Not|ge|wand,** das: *Nothemd:* Ich muss

zu Feld, mein Töchterlein, und Böses dräut der Sterne Schein: Drum schaff' du mir ein N. (Uhland, Das Nothemd).

◆ **Not|ge|wehr,** das [zu veraltet ↑Gewehr = Waffe]: *Waffe zur Notwehr:* Jedem Wesen ward ein N. in der Verzweiflungsangst. Es stellt sich der erschöpfte Hirsch und zeigt der Meute sein gefürchtetes Geweih (Schiller, Tell I, 4).

Not|gro|schen, der: *Geld, das man spart, zurücklegt, um in Notfällen, in unvorhergesehenen Situationen darauf zurückgreifen zu können:* seinen N. [nicht] antasten.

Not|ha|fen, der (Seew.): *von einem Schiff in einer Notlage angelaufener Hafen.*

Not|hel|fer, der: **a)** *Helfer in einer Notlage;* **b)** (kath. Rel.) *einer von 14 Heiligen, die man in einer bestimmten Notlage um Hilfe anruft:* Ein Fenster im Dom von ca. 1365, das Oswald im Kreis der N. zeigt (Curschmann, Oswald 189).

Not|hel|fe|rin, die: w. Form zu ↑Nothelfer (a): Frau Hardekopf reicht ihr eine Schürze. Die fremde N. bindet sie um (Bredel, Väter 14).

◆ **Not|hemd,** das: *(nach altem Volksglauben) Hemd, das durch Zauber denjenigen, der es trägt, unverwundbar macht:* Des Herzogs N. trieft von Blut (Uhland, Das Nothemd).

Not|hil|fe, die (Rechtsspr.): *Hilfeleistung gegenüber jmdm., der sich in Not, Gefahr befindet.*

No|tho|sau|ri|er, der; -s, -, **No|tho|saurus,** der; -, ...rier [zu griech. nóthos = unehelich; verfälscht u. saûros, ↑Saurier]: *ausgestorbenes Reptil der Trias* (2).

no|tie|ren ⟨sw. V.; hat⟩ [lat. notare = kennzeichnen, anmerken; schon mhd. notieren < mlat. notare = in Notenschrift aufzeichnen, zu lat. nota, ↑Note]: **1.** *[sich] etw., was man nicht vergessen möchte o. Ä., aufschreiben; [sich] von etw. eine Notiz machen; [sich] etw. (als Gedächtnisstütze) in Stichworten o. Ä. festhalten:* [sich] etw. genau, sorgfältig n.; du musst [dir] den Namen, die Adresse, den Geburtstag n.; Nach den Angaben der Blumenthal-Kollegen skizzierte der Ingenieur den Hergang, notierte die nötigen Details (Bieler, Bär 278); er hat [sich] das Datum in seinem/seinen Kalender, einen/einen Zettel notiert; ein Musikstück n. *(in Notenschrift aufzeichnen);* die Polizei hat seine Autonummer, den Fahrer *(seine Personalien)* notiert; jmdn. für etw. n. *(vormerken);* Ü sie hat die Vorgänge überhaupt nicht notiert *(zur Kenntnis genommen);* Beim Vergleich der Reisekataloge vergangener Jahre notiere *(erkenne)* man kräftige Preissteigerungen für Auslandsreisen (Freie Presse 9. 11. 89, 6). **2.** (Börsenw.; Wirtsch.) **a)** *einen Kurs, Preis von etw. ermitteln u. festsetzen:* den Kurs der Wertpapiere n.; die Börse notiert die Aktie mit 50 Mark; **b)** *einen bestimmten Kurswert, Preis haben:* Beim Fixing in Frankfurt notierte die amerikanische Währung mit 1,6916 Mark fast drei Pfennig höher als noch am Freitag (MM 22. 6. 93, 1); das Papier notiert mit 60 Prozent unter pari; der Dollar notierte zum Vortageskurs; die meisten Rohstoffe notieren unverändert; Unregelmäßig tendierten die Bankaktien und die Finanzgesellschaften, wobei Inhabertitel der Großbanken mehrheitlich leicht schwächer notierten (Vaterland 27. 3. 85, 7); Ü Aguilera, als 36. der ATP-Weltrangliste um 30 Plätze schwächer notiert als Noah (Westd. Zeitung 12. 5. 84, o. S.); Etwas höher, wenngleich noch immer unter den Außenseitern, notiert der Staatssekretär im Handelsministerium ... an der Salcher-Nachfolger-Börse (profil 23, 1984, 21).

No|tie|rung, die; -, -en: **1. a)** ⟨o. Pl.⟩ *das Notieren;* **b)** *Notation* (1). **2.** *Notieren* (2). **3.** *Notation* (3). **4.** (Börsenw.; Wirtsch.) **a)** *das Notieren* (2 a); **b)** *notierter Kurs, Preis:* die amtliche N. [für Öl].

No|ti|fi|ka|ti|on, die; -, -en [frz. notification, zu: notifier < lat. notificare, ↑notifizieren]: **1.** (veraltet) *Anzeige; Benachrichtigung.* **2.** (Dipl.) *Übergabe einer diplomatischen Note.*

no|ti|fi|zie|ren ⟨sw. V.; hat⟩ [lat. notificare]: **1.** (veraltet) *anzeigen; benachrichtigen.* **2.** (Dipl.) *in einer Note* (4) *mitteilen.*

no|tig ⟨Adj.⟩: **a)** (österr. ugs.) *geizig, schäbig;* **b)** (südd., österr. ugs.) *arm, in Not.*

nö|tig ⟨Adj.⟩ [mhd. nœtic, nōtec, ahd. nōtag, zu: ↑Not]: *(für etw.) erforderlich; eine unerlässliche Voraussetzung für etw. [bildend]; so beschaffen, dass man es braucht, dass man seiner zur Erreichung eines Zweckes bedarf:* die -en Schritte einleiten; die -en Maßnahmen treffen; mit der -en Vorsicht vorgehen; ihr fehlt die -e Ruhe; ihm fehlt es am -en Ernst, an der -en Reife; er besaß nicht die -e Kraft, ... sich die Dinge nach Bedarf attraktiv zu ergänzen (Kronauer, Bogenschütze 207); diese Anschaffung war unbedingt, dringend n.; das war einfach n.; Dabei wäre es höchst n. und verdienstvoll, zum Beispiel für Quecksilber einen Ersatz anzubieten (Gruhl, Planet 106); dazu ist viel Ausdauer n.; zwei Stunden oder, wenn n., auch länger; nicht mehr als unbedingt n.; deine Aufregung war gar nicht n. *(du hättest dich gar nicht aufzuregen brauchen);* etw. für n. halten; die Lage macht sofortige Schritte n.; etw., jmdn. n. haben *(etw., jmdn. brauchen, darauf, auf ihn angewiesen sein);* du tun n. haben *(etw. tun müssen);* sie hat es nicht n. anzugeben; er hat es von allen am -sten (ugs.; *er bedarf der Hilfe, der Zuwendung o. Ä. am dringendsten);* er hat es manchmal n., dass man ihm die Meinung sagt (ugs.; *man muss ihm manchmal die Meinung sagen);* sie hielt es nicht einmal für n., sich zu entschuldigen *(sie hat sich nicht einmal entschuldigt);* sie braucht n. *(dringend)* Ruhe; das ist doch nicht n., das wäre doch nicht n. gewesen! (Höflichkeitsfloskel bei der Entgegennahme eines Geschenks o. Ä.); gerade du hast es/du hast es gerade n.! *(du kannst es dir am allerwenigsten leisten;* als Ausdruck ärgerlicher od. empörter Kritik); hast du das n.? *(das brauchst du doch eigentlich gar nicht zu tun);* ⟨subst.:⟩ ich werde das Nötige veranlassen, alles Nötige mitbringen.

nö|ti|gen ⟨sw. V.; hat⟩ [mhd. nōtigen, ahd. nōtigōn]: **1.** *jmdn. gegen seinen Willen (mithilfe von Gewalt, Drohung o. Ä.) zu etw. veranlassen; zwingen:* er nötigte ihn, das Papier zu unterschreiben; Als Amphiaros ... von seinem verräterischen Weib Eriphyle wider eigenes seherisches Wissen zum Kriegszug der Sieben gegen Theben genötigt wurde (Stern, Mann 162). **2.** *(von einem Sachverhalt, Umstand o. Ä.) jmdn. zu einem bestimmten Verhalten, Tun o. Ä. zwingen:* die Umstände nötigen mich zu dieser Maßnahme; eine plötzliche Erkrankung nötigte sie, den Termin abzusagen; Ein Motorschaden nötigte mich, mir den Tag in der Stadt zu vertreiben (Fest, Im Gegenlicht 65); [durch etw.] zu etw. genötigt sein; sich zu etw. genötigt sehen. **3. a)** *durch eindringliches Zureden, Auffordern, Ermuntern zu etw. [zu] veranlassen [suchen]:* er nötigte uns zum Bleiben, Essen, Sitzen, zu einem weiteren Glas Wein; seit dem letzten Feuerwehrball, zu dem der Bürgermeister sie genötigt hatte (Frischmuth, Herrin 34); die Band wurde zu mehreren Zugaben genötigt; sie nötigte den Besucher, Platz zu nehmen, abzulegen, einzutreten; (landsch.:) genötigt wird bei uns nicht *(jeder möge sich unaufgefordert von dem Aufgetischten nehmen);* lass dich nicht (lange) n.!; **b)** *jmdn. durch Zureden [zu] veranlassen [suchen], sich an einen bestimmten Ort zu begeben:* er nötigte uns in die Bar, ins Wohnzimmer.

nö|ti|gen|falls ⟨Adv.⟩: *falls es nötig ist:* Zu diesem Amt wurde meist ein vorbestrafter Gewaltverbrecher gewählt, der, n., mit Knüppel und Schlagring vorging (Fussenegger, Haus 401); François Mitterrand und Helmut Kohl wollen die Europäische Gemeinschaft grundlegend reformieren. Großbritannien soll n. in eine Außenseiterfunktion verbannt werden (Wochenpresse 13, 1984, 40).

Nö|ti|gung, die; -, -en ⟨bes. Rechtsspr.⟩ *das Nötigen* (1); *(strafbare) Handlung, Tat, die darin besteht, dass jmd. einen anderen mit rechtswidrigen Mitteln zu einem bestimmten Verhalten zwingt:* N. zur Unzucht; sexuelle N. männlicher Mitarbeiter (MM 22. 3. 96, 5); das Erzwingen der Vorfahrt gilt als N.; Dort hat man ein Liebespaar überfallen und sich der versuchten schweren N. und der schweren räuberischen Erpressung schuldig gemacht (Noack, Prozesse 126); jmdn. wegen N. verurteilen. **2.** ⟨o. Pl.⟩ (geh.) *das Genötigtsein; Notwendigkeit, Veranlassung, Zwang:* ich empfinde keine N., mich zu entschuldigen; aus einer inneren N. heraus musste sie sich so verhalten; dass der junge Castorp in der N., sich zu bewaffnen, eine empfindliche Störung seiner soeben auswärts begonnenen Studien erblicken würde (Th. Mann, Zauberberg 53). **3.** *das Nötigen* (3), *Genötigtwerden:* die fast schon aufdringlichen, wenn auch sicher gut gemeinten -en der Gastgeberin.

No|tio, die; -, ...ones, **No|ti|on,** die; -, -en [lat. notio (Gen. notionis) = das Kennenlernen; Kenntnis; Begriff, zu: notus, ↑Notiz] (Philos.): *Begriff, Gedanke.*

No|ti|o|nes com|mu|nes ⟨Pl.⟩ [lat. notiones communes = allgemeine Kenntnisse] (Philos.): *dem Menschen angeborene u. daher allen Menschen gemeinsame Begriffe u. Vorstellungen* (im Stoizismus).

no|ti|o|nie|ren ⟨sw. V.; hat⟩ (österr.): *einer Behörde zur Kenntnis bringen.*

No|tiz, die; -, -en [lat. notitia = Kenntnis, Nachricht, zu: notus, 2. Part. von: noscere = kennen lernen, erkennen]: **1.** *kurze, stichwortartige schriftliche Aufzeichnung (die jmdm. als Gedächtnisstütze dienen soll):* seine -en ordnen; sich bei einem Vortrag -en machen; etw. war gewohnt, sich über alle ihre Pflichten und Absichten sorgfältige und übersichtliche -en zu machen (Th. Mann, Hoheit 94); Hinrichsen sah nicht, dass sich der so sanfte James II. ... von diesem Gespräch -en machte (Kirst, 08/15, 790); Stehend las er seufzend ein paar -en, die er an den Rand der Akten gekritzelt hatte (Baum, Paris 126); hier fand schließlich Derna, als letzte N. unter den Aufstellungen, einen Zettel (Kirst, 08/15, 123); In einer internen N. bezweifeln die Fachleute des Amtes, dass ... (natur 7, 1991, 31). **2.** ⟨meist Sg.⟩ *kurze Zeitungsmeldung:* in der Zeitung fand sich nur eine knappe N. über den Vorfall; Am 24. August erschien in allen sowjetischen Zeitungen an auffälliger Stelle eine ganz kurze N. über Trotzkis Tod (Leonhard, Revolution 69); eine N. in der Presse lancieren; Die Nachricht vom Tode seines Freundes hatte er durch eine N. in der Zeitung bekommen (Jens, Mann 66). **3.** (Börsenw.) *Notierung* (4). **4.** *N. von jmdm., etw. nehmen (jmdm., einer Sache Beachtung schenken):* Die Häftlinge nahmen ... keine N. von Höfel, als dieser eintrat (Apitz, Wölfe 28); Von den politischen Vorgängen habe er kaum N. genommen (Niekisch, Leben 55).

No|tiz|block, der ⟨Pl. ...blöcke u. ...blocks⟩: *kleinerer Block* (5) *für Notizen.*

No|tiz|buch, das: *kleines Buch* (2), *Heft mit, für Notizen.*

No|ti|zen|samm|lung, die: *Sammlung von Notizen* (1), *die sich jmd. zu einem bestimmten Zweck angelegt hat.*

No|tiz|zet|tel, der: *Zettel mit, für Notizen.*

Not|jahr, das ⟨meist Pl.⟩: *Jahr, in dem Not* (2) *herrscht:* in den -en nach dem Krieg.

Not|la|ge, die: *aufgrund äußerer Umstände eingetretene schwierige Situation, in der sich jmd. befindet:* jmds. [augenblickliche] N. ausnutzen; aus einer N. herauskommen; jmdn. aus einer N. befreien, retten; sich in einer N. befinden; in eine N. geraten; die lange Krankheit hat sie in eine [finanzielle, wirtschaftliche] N. gebracht.

Not|la|ger, das: **1.** *behelfsmäßiger Schlafplatz:* sich auf einer Luftmatratze ein N. herrichten. **2.** *Flüchtlingslager:* Die Verteilung der Hilfsgüter ist aber weiterhin schwierig, weil die Flüchtlinge auf provisorische N. ... verteilt sind (FR 12. 8. 97, 2).

not|lan|den ⟨sw. V.; notlandete, notgelandet, notzulanden⟩: **a)** *eine Notlandung vornehmen* ⟨ist⟩: die Pilotin, die Maschine musste n.; Ich habe einmal über dem Binger Loch verzweifelt erwogen notzulanden (Grzimek, Serengeti 21); **b)** *durch eine Notlandung zur Erde bringen* ⟨hat⟩: dass die Schubleistung ... absank und die Maschine notgelandet werden musste (Spiegel 24. 1. 66, 35).

Not|lan|dung, die: *durch eine Notsituation notwendig gewordene vorzeitige Landung [an einem nicht dafür vorgesehenen Ort]:* eine N. machen, vornehmen.

Not lei|dend: s. Not (2).

Not|lei|den|de, der u. die; -n, -n: *jmd., der unter Not (2) leidet:* den -n helfen.

Not|lei|ter, die: *Feuerleiter (1).*

Not|licht, das ⟨Pl. ...lichter⟩: *schwächeres Licht (2a), das eingeschaltet werden kann, wenn die eigentliche Beleuchtung ausfällt, oder das als Behelf brennt:* Während im Stiegenhaus und Fluren nur die -er an waren, strahlte es im Ausschank umso greller (Handke, Niemandsbucht 491).

Not|lö|sung, die: *nicht ganz zufrieden stellende, aber unter den gegebenen Umständen nicht anders mögliche Lösung für etw.*

Not|lü|ge, die: *Lüge aufgrund einer Notsituation (um jmdn. zu schonen, etw. Schlimmes zu vermeiden):* dass er für das Wochenende eine Erklärung finden musste, und er hatte verdammt wenig Lust, sich -n auszudenken (Dorpat, Ellenbogenspiele 35); eine N. gebrauchen; zu einer N. greifen.

Not|maß|nah|me, die: *Maßnahme, zu der man in einer Notlage greift, durch die man eine Notsituation abzuwenden sucht.*

Not|mast, der: vgl. Notanker (1).

Not|mut|ter, die: *(von einer karitativen Organisation vermittelte) Frau, die in einer Familie vorübergehend die Mutter vertritt:* eine N. engagieren, vermitteln.

Not|na|gel, der (ugs. abwertend): *jmd., etw., mit dem man [aufgrund einer Notlage] (anstelle eines anderen, eigentlich für eine bestimmte Tätigkeit o. Ä. Vorgesehenen) vorlieb nimmt:* Elektroautos sind keine Ökomobile. »Sie sind der letzte N. für Leute, die glauben, unbedingt Auto fahren zu müssen« (natur 9, 1991, 80); Bernd Wehmeyer, ... fast immer auf der Bank zu finden und sonst nur als N. eingesetzt, wenn mehrere Spieler verletzt waren (Kicker 82, 1981, 23).

Not|na|me, der (Kunstwiss.): *als Ersatz für den nicht überlieferten Namen eines Künstlers benutzte Bezeichnung.*

No|to|gäa, No|to|gä|is, die; - [zu griech. nótos = Süden u. gaĩa = Erde] (Zool.): *Tierwelt der australischen Region.*

Not|ope|ra|ti|on, die: *zur Abwendung akuter Lebensgefahr vorgenommene Operation.*

not|ope|rie|ren ⟨sw. V.; hat notoperiert, notzuoperieren⟩: *eine Notoperation vornehmen; einer Notoperation unterziehen:* Nach unfallärztlicher Erstversorgung der Mann in lebensbedrohlichem Zustand ins Krankenhaus, wo er seitdem zweimal notoperiert werden musste (MM 7. 5. 75, 14).

Not|op|fer, das (Steuerw.): *zeitweilig erhobene Sondersteuer zur Behebung eines bestimmten Notstands o. Ä.:* ein N. einführen, erheben.

No|to|ri|e|tät, die; - [mlat. notorietas, zu spätlat. notorius, ↑notorisch] (veraltet): *das Offenkundigsein.*

no|to|risch ⟨Adj.⟩ [spätlat. notorius = anzeigend, kundtuend, zu lat. notus, ↑Notiz]: **a)** (bildungsspr. abwertend) *für eine negative Eigenschaft, Gewohnheit bekannt; gewohnheitsmäßig, ständig:* ein -er Lügner; ein Auto für -e Angeber? (auto touring 2, 1979, 28); Nur bei Fällen -er Trunksucht ... wurde schließlich eine Kündigung ausgesprochen (NZZ 27. 1. 83, 3); ... einen Gerber namens Grimal, der -en Bedarf an jugendlichen Arbeitskräften hatte (Süskind, Parfum 37); sie ist n. pleite; **b)** (bildungsspr. veraltend) *allbekannt, offenkundig:* ein -er Gegner der Entspannungspolitik; Es ist n., dass sie in Armut lebte (Brecht, Menschen 38); Dass die Beziehungen zwischen den beiden Institutionen nicht die besten sind, ist n. (Tages Anzeiger 14. 10. 85, 45); Einen n. schlechten Ruf hat die Polizei in ... (NZZ 1. 2. 83, 5); **c)** (Rechtsspr.) *gerichtsnotorisch.*

Not|par|la|ment, das (Verfassungsw.): *Verfassungsorgan, das im Falle des Notstandes, wenn das Parlament nicht funktionsfähig ist, dessen Rechte wahrnimmt.*

Not|pfen|nig, der: *Notgroschen.*

Not|pro|gramm, das: *Programm (3), das man in einer Notlage aufstellt, durch das man eine Notsituation abzuwenden sucht:* Präsident Numeiri hatte im Rahmen eines wirtschaftlichen -s die Streichung von Subventionen verfügt, um die Staatsausgaben zu senken (Nordschweiz 29. 3. 85, 36); Das Waldsterben in der Schweiz soll ... mit einem N. bekämpft werden (NZZ 30. 8. 83, 15).

Not|pro|vi|ant, der: *Proviant, der in Notzeiten für eine gewisse Zeit das Überleben sichert:* die Bootsriemen wie auch der übliche N. waren aus dem Boot verschwunden (Spiegel 52, 1965, 44).

Not|quar|tier, das: *Notunterkunft:* Im Parterre ... hatte die Ratsbibliothek ein N. gefunden (Bruyn, Zwischenbilanz 377).

Not|ra|ti|on, die: *für Notfälle aufbewahrte Ration.*

Not|recht, das (schweiz. Verfassungsw.): *Notstandsrecht.*

No|tre-Dame [nɔtrə'dam], die; - [frz., eigtl. = unsere Herrin]: **1.** frz. Bez. für *Jungfrau Maria.* **2.** Name französischer Kirchen.

not|reif ⟨Adj.⟩ (Landw.): *im Zustand der Notreife befindlich:* -es Getreide, Obst.

Not|rei|fe, die (Landw.): *Reife, die eintritt, bevor die Frucht voll ausgebildet ist.*

not|rei|fen ⟨sw. V.; notreifte, ist notgereift, notzureifen; meist nur im Inf.⟩ (Landw.): *notreif werden:* Vater philosophierte ... über die Dürre, die uns gerade heimsuchte und das Korn in einigen Gebieten n. ließ, sodass es nicht reif wurde und brauchbar blieb als sonst (Wochenpost 6. 8. 76, 3).

Not|ruf, der: **1. a)** *(meist telefonisch oder per Funk übermittelter) Hilferuf [bei Ge-*

fahr für Menschenleben]; **b)** *Notrufnummer:* der N. 110. **2.** *Ruf eines in Gefahr befindlichen Tieres (bes. eines [jungen] Vogels]:* der N. des Kükens.

Not|ruf|an|la|ge, die: vgl. Notrufsäule.

Not|ruf|mel|der, der (Fernspr.; früher): *(in öffentlichen Telefonzellen installiertes) Gerät, mit dessen Hilfe man ohne Münzeinwurf u. Wählen eine telefonische Verbindung zu Feuerwehr u. Polizei herstellen kann.*

Not|ruf|num|mer, die: *Telefonnummer, unter der man Polizei u. Feuerwehr erreichen kann.*

Not|ruf|säu|le, die: *Rufsäule zum Übermitteln von Notrufen an die Polizei, die Straßenmeisterei o. Ä.*

Not|rut|sche, die: *Rutsche (1), über die Passagiere ein verunglücktes Flugzeug verlassen können.*

Not|schal|ter, der: *Schalter, mit dem im Notfall, bei Brandgefahr o. Ä., eine Maschine o. Ä. ausgeschaltet werden kann.*

not|schlach|ten ⟨sw. V.; notschlachtete, hat notgeschlachtet, notzuschlachten⟩: *ein Tier, weil es krank oder verletzt [und nicht mehr heilbar] ist, vorzeitig schlachten.*

Not|schlach|tung, die: *das Notschlachten.*

Not|schrei, der: **1.** (geh. veraltend) *in einer Notlage ausgestoßener, meist unartikulierter Schrei:* die -e des Gefolterten. **2.** *Notruf (2):* Fast alle Nestflüchter ... beantworten den N. ihrer Kinder damit, dass sie in Wut geraten (Lorenz, Verhalten I, 198).

Not|se|gel, das (Seew.): vgl. Notanker (1).

Not|sen|der, der: *Sender zur [automatischen] Übermittlung von Notrufen.*

Not|si|gnal, das: *Signal, das anzeigt, dass sich jmd. in [Lebens]gefahr, in Not (1) befindet:* ... steckt im Boden die Leuchtpistole, mit ihr kann man -e hinausschießen (Grzimek, Serengeti 166); Ü Ihre Handlungen sind -e, die aber von ihrer Umwelt überhört werden (Hörzu 38, 1978, 63).

Not|si|tu|a|ti|on, die: *Notlage:* Was er am Anfang als Aufgabe sah, nämlich in -en helfen zu können, stellte ihn nach und nach vor unlösbare Probleme (Ossowski, Bewährung 88).

Not|sitz, der: *(in Fahrzeugen, Sälen o. Ä.) [ausklappbarer] einfacher Sitz, der nur bei Platzmangel gebraucht wird.*

Not|stand, der: **a)** *Notlage:* Der N. nach dem Zweiten Weltkrieg hatte schließlich alle Nachhaltsgrundsätze an die Wand gedrückt (Mantel, Wald 95); dass der Papst Hitlers N. dazu ausnutzt, ihm mit der Kündigung des Konkordats zu drohen (Hochhuth, Stellvertreter 91); dem N. im Bildungswesen abhelfen; politischer N. *(Situation, in der ein oberstes Staatsorgan nicht funktioniert);* sexueller N. (ugs. scherzh.; *Notlage, in der sich jmd. aufgrund eines fehlenden Sexualpartners befindet);* **b)** (Staatsrecht) *Situation, in der ein Staat in Gefahr ist:* Der Gouverneur ... kann bei N. den Befehl über die Polizei selbst übernehmen (Dönhoff, Ära 81); äußerer *(durch Be-*

drohung von außen verursachter) N.; innerer *(durch Vorgänge im Innern verursachter)* N.; den [öffentlichen, nationalen] N. ausrufen, verkünden.

Not|stands|ge|biet, das: *Gebiet, in dem ein Notstand (a) herrscht.*

Not|stands|ge|setz, das ⟨meist Pl.⟩: *Gesetz, das im Notstand (b) wirksam ist.*

Not|stands|ge|setz|ge|bung, die: *die Notstandsgesetze betreffende Gesetzgebung.*

Not|stands|recht, das: *Gesamtheit der Gesetze u. gesetzlichen Normen, die den Notstand betreffen.*

Not|stands|ver|fas|sung, die: *Gesamtheit derjenigen Notstandsgesetze, die Bestandteil der Verfassung sind.*

Not|strom, der: *von einem Aggregat (1) erzeugter Strom (bei Ausfall der zentralen Versorgung).*

Not|strom|ag|gre|gat, das: *Aggregat (1) zur Erzeugung von Notstrom:* Wichtige Versorgungsstellen ... wurden dagegen über -e versorgt (MM 23. 11. 92, 14).

Not|tau|fe, die: *[von einer nicht geistlichen Person vorgenommene] Taufe bei Todesgefahr für den Täufling:* die N. bekommen.

not|tau|fen ⟨sw. V.; nottaufte, hat notgetauft, notzutaufen⟩: *an jmdm. eine Nottaufe vornehmen.*

Not|tes|ta|ment, das (Rechtsspr.): *Testament, das unter Umständen entstanden ist, die die Abfassung eines ordentlichen Testaments nicht zuließen.*

Not|trau|ung, die: *Eheschließung in einer Notlage, bes. bei drohender Todesgefahr für einen der Betroffenen o. Ä.*

Not|tür, die: vgl. Notausgang.

Not|tur|no, das; -s, -s u. ...ni [ital. notturno = Nachtstück; nächtlich < lat. nocturnus = nächtlich, zu: noctu = nachts, zu: nox (Gen.: noctis) = Nacht] (Musik): **1. a)** *[zur nächtlichen Aufführung im Freien komponiertes] stimmungsvolles Musikstück in mehreren Sätzen;* **b)** *einem Ständchen ähnliches Musikstück für eine od. mehrere Singstimmen [mit Begleitung].* **2.** (seltener) Nocturne (1).

Not|un|ter|kunft, die: *behelfsmäßige Unterkunft.*

Not|ver|band, der: *behelfsmäßiger Verband* (1 a).

Not|ver|kauf, der: *Verkauf aufgrund einer Notlage.*

Not|ver|ord|nung, die (Verfassungsw.): *zur Überwindung eines Notstands [von der Regierung] erlassene Verordnung:* Er ermächtigte den Reichspräsidenten, zeitweilig den normalen Weg der Gesetzgebung über das Parlament durch den Erlass von -en zu ersetzen (Fraenkel, Staat 81).

not|voll ⟨Adj.⟩ (geh.): *voller Not (1, 2):* -e Zeiten.

Not|vor|rat, der: *[Lebensmittel]vorrat für Notzeiten.*

not|was|sern ⟨sw. V.; notwasserte, notgewassert, notzuwassern⟩ (Flugw.): **a)** *eine Notwasserung vornehmen* ⟨ist⟩: Eine ... Passagiermaschine muss n. (Spiegel 51, 1989, 208); **b)** *durch eine Notwasserung landen* (3 a) ⟨hat⟩.

Not|was|se|rung, (selten:) **Not|wass-rung,** die (Flugw.): *durch eine Notsituation notwendig gewordenes vorzeitiges Niedergehen eines Flugzeugs o. Ä. auf dem Wasser; Notlandung auf dem Wasser.*

Not|wehr, die ⟨o. Pl.⟩ [mhd. nōtwer] (Rechtsspr.): *Gegenwehr, deren an sich strafbare Folgen straffrei bleiben, weil man durch tätliche, gefährliche Bedrohung dazu gezwungen worden ist:* aus, in N. handeln; sie hat ihn in N. getötet; Wer eine Handlung begeht, die durch N. geboten ist, handelt nicht rechtswidrig (Straßenverkehrsrecht 269).

Not|wehr|hand|lung, die (Rechtsspr.): *aus Notwehr begangene Handlung.*

not|wen|dig [auch: -'- -] ⟨Adj.⟩ [eigtl. = die Not wendend]: **1. a)** *im Zusammenhang mit etw. nicht zu umgehen; von der Sache selbst gefordert; unbedingt erforderlich; unerlässlich:* -e Anschaffungen, Maßnahmen, Voraussetzungen; sie hat nicht die dazu, dafür -en Fertigkeiten; Also denken Sie daran: Die -en Geschenke nicht erst am 23. Dezember einkaufen (Freie Presse 26. 11. 87,8); wir nahmen nur die -sten Dinge mit; etw. ist [dringend, unbedingt] n.; etw. ist [für jmdn.] n.; etw. für [politisch] n. erachten; diese Entwicklung macht eine Überprüfung n.; ⟨subst.:⟩ sich auf das Notwendigste beschränken; das Notwendige veranlassen; es fehlte ihnen am Notwendigsten; **b)** *unbedingt, unter allen Umständen:* etw. n. brauchen, tun müssen. **2.** *in der Natur einer Sache liegend, zwangsläufig:* das war die -e Folge, Konsequenz; eine naturgesetzlich -e Entwicklung; seine Rede musste n. Ärger hervorrufen; Die freiheitliche Demokratie ist heute n. eine pluralistische Demokratie (Fraenkel, Staat 257); daraus folgt [nicht] n., dass ...

not|wen|di|gen|falls ⟨Adv.⟩: *falls es notwendig* (1) *ist.*

not|wen|di|ger|wei|se ⟨Adv.⟩: *zwangsläufig; ohne dass es sich vermeiden, ändern ließe:* sich n. daraus ergeben; das muss n. zum Konflikt führen; Wenn wir Brücken von der Vergangenheit in die Zukunft schlagen, brauchen wir ja nicht n. die Gegenwart aus dem Auge zu verlieren (W. Brandt, Begegnungen 141).

Not|wen|dig|keit [auch: -'- - -], die; -, -en: **1.** ⟨o. Pl.⟩ *das Notwendigsein:* dazu besteht [für jmdn.] keine N.; sie kosten uns die politische N. dieser Maßnahme deutlich machen; etw. aus [zwingender] N. tun; der Amerikaner befinden sich ... nur aus Zufall, nicht aus geschichtlicher N. im Herzen Europas (Dönhoff, Ära 130); Er ... fügte sich mit Missbehagen in eine ... Agatha ihren eigenen Umweg gehen zu lassen (Musil, Mann 1178). **2.** *etw., was notwendig ist:* 8 Stunden Schlaf sind für sie eine N.; meine Abreise ist eine traurige N.; deshalb sei die Vollstreckung des Urteils eine militärische N.! (Plievier, Stalingrad 176).

Not|woh|nung, die: *behelfsmäßige Wohnung:* Ich traf die traurige Frau Bier in ihrer N., ihre Privatwohnung war ausgebombt (Mahlsdorf, Ich bin 82).

Not|zei|chen, das: vgl. Notsignal.

Not|zeit, die ⟨meist Pl.⟩: *Zeit der Not (2):* für -en sparen; weil man miteinander bekannt ist, hilft man sich in -en gegenseitig (Eppendorfer, St. Pauli 10).

Not|zucht, die ⟨o. Pl.⟩ [rückgeb. aus spätmhd. nōtzücht[i]gen, ↑notzüchtigen] (Rechtsspr. früher): *(von einem Mann) durch Anwendung von Gewalt od. durch Drohung erzwungener (außerehelicher) Geschlechtsverkehr mit einer Frau; Vergewaltigung:* N. [an jmdm.] begehen, verüben; jmdn. wegen versuchter N. verurteilen.

not|züch|ti|gen ⟨sw. V.; notzüchtigte, hat genotzüchtigt, zu notzüchtigen⟩ [spätmhd. nōtzücht[i]gen = schänden, vergewaltigen] (Rechtsspr.): *an jmdm. Notzucht begehen:* Der 39 Jahre alte Arbeiter fiel über die Ahnungslose her ... und versuchte sie zu n. (FR 28. 7. 98, 26); dass die Frau ... von dem 42-Jährigen von hinten angefallen, zu Boden gerissen und genotzüchtigt worden war (MM 3. 7. 68, 4).

Not|zucht|ver|bre|chen, das: *Verbrechen der Notzucht.*

♦ **Not|zwang,** der: *zwingende Notwendigkeit:* Ist der große Schritt nur erst getan, ... so wird der N. der Begebenheiten ihn weiter ziehen und weiter führen (Schiller, Piccolomini III, 2).

Nou|ak|chott [nwak'ʃɔt]: Hauptstadt von Mauretanien.

Nou|gat usw.: ↑Nugat usw.

No|u|me|non, das; - [griech. nooúmenon, subst. Part. Präs. Neutr. Medium von: noeîn = denken, ersinnen] (Philos.): **1.** *das mit dem Geist zu Erkennende im Gegensatz zu dem mit den Augen zu Sehenden (nach Plato).* **2.** *das bloß Gedachte, objektiv nicht Wirkliche; Begriff ohne Gegenstand (nach Kant).*

Nous: ↑Nus.

Nou|veau Ro|man [nuvoroˈmã], der: -- [frz. = neuer Roman, aus: nouveau = neu (<lat. novellus, ↑Novelle) u. roman, ↑Roman] (Literaturw.): *(nach 1945 in Frankreich entstandene) experimentelle Form des Romans, die unter Verzicht auf den allwissenden Erzähler die distanzierte Beschreibung einer eigengesetzlichen Welt in den Vordergrund stellt.*

Nou|veau|té [nuvoˈte], die; -, -s [frz. nouveauté] (veraltend): *Neuheit, Neuigkeit [in der Mode].*

Nou|velle Cui|sine [nuˈvɛl kɥiˈziːn], die; -- [frz., eigtl. = neue Küche, aus: nouvelle, w. Form von: nouveau (↑Nouveau Roman) u. cuisine < vlat. cocina, ↑Küche]: *moderne Richtung der Kochkunst, die den Eigengeschmack eines Nahrungsmittels nicht überdecken, sondern vielmehr durch entsprechende Gewürze verstärken will u. bes. die Verwendung frischer Ware bei kurzer Kochzeit vorsieht.*

¹No|va, die; -, Novä [lat. nova (stella) = neuer (Stern), zu: novus, ↑Novum] (Astron.): *Stern, der aufgrund innerer Explosionen plötzlich stark an Helligkeit zunimmt:* Ü Berghofer ... war die N. am Himmel der ostdeutschen Politik (Rheinpfalz 7. 2. 92, 3).

²No|va: Pl. von Novum.

No|va|ti|a|ner, der; -s, - ⟨meist Pl.⟩ [nach dem röm. Presbyter Novatian (3. Jh.)]: *Anhänger einer sittenstrengen, rechtgläubigen altchristlichen Sekte.*

No|va|ti|a|ne|rin, die; -, -nen: w. Form zu ↑Novatianer.

No|va|ti|on, die; -, -en [spätlat. novatio = Erneuerung, zu lat. novare = erneuern, zu: novus, ↑Novum] (Rechtsspr.): *vertragliche Ersetzung eines bestehenden Schuldverhältnisses durch Schaffung eines neuen.*

No|ve|cen|tist [novetʃen...], der; -en, -en [ital. novecentista]: *Künstler, Autor des Novecento.*

No|ve|cen|tis|tin [novetʃen...], die; -, -nen: w. Form zu ↑Novecentist.

No|ve|cen|to [nove'tʃento], das; -[s] [ital. novecento = 20. Jahrhundert, kurz für: mille novecento = 1900]: *das 20. Jh. in Italien als Stilbegriff.*

No|vel Food ['nɔvlfu:d], das; - [s] [engl. novel food = neuartiges Nahrungs-, Lebensmittel]: *Lebensmittel, die aus gentechnisch veränderten Organismen bestehen o. mit deren Hilfe hergestellt werden.*

No|vel|le, die; -, -n [1: ital. novella, zu lat. novellus, Vkl. von: novus, ↑Novum; 2: lat. novella (lex) = neues (Gesetz)]: **1.** *Erzählung kürzeren od. mittleren Umfangs, die von einem einzelnen Ereignis handelt u. deren geradliniger Handlungsablauf auf ein Ziel hinführt:* eine fesselnde N.; ein ²Band [mit] -n. **2.** (Politik, Rechtsspr.) *Gesetz, das in einem ergänzenden od. abändernden Nachtrag zu einem bereits geltenden Gesetz besteht:* eine N. zum Bundesbaugesetz; eine N. einbringen, verabschieden; Derzeit bereiten bereits elf Bundesländer -n ihrer Ländergesetze vor (Handelsblatt 21. 8. 98, 4); eine N. erst zu Anfang des nächsten Jahres vorgelegt werden kann (Bundestag 188, 1968, 10150).

no|vel|len|ar|tig ⟨Adj.⟩: *in der Art einer Novelle [gehalten]; einer Novelle ähnlich.*

No|vel|len|band, der ⟨Pl. ...bände⟩: *²Band mit Novellen* (1).

No|vel|len|dich|ter, der: *Novellenschreiber.*

No|vel|len|dich|te|rin, die: w. Form zu ↑Novellendichter.

No|vel|len|form, die: *literarische Kunstform der Novelle.*

No|vel|len|samm|lung, die: *Sammlung von Novellen* (1).

No|vel|len|schrei|ber, der: *jmd., der Novellen verfasst.*

No|vel|len|schrei|be|rin, die: w. Form zu ↑Novellenschreiber.

No|vel|len|zy|klus, der: *Zyklus von Novellen.*

¹No|vel|let|te, die; -, -n [ital. novelletta, Vkl. von: novella, ↑Novelle] (Literaturw.): *kleine Novelle* (1).

²No|vel|let|te, die; -, -n [von Robert Schumann nach dem Namen der engl. Sängerin Clara Novello (1818–1908) geprägt] (Musik): *Charakterstück mit mehreren aneinander gereihten [heiteren] Themen.*

no|vel|lie|ren ⟨sw. V.; hat⟩ [zu ↑Novelle (2)] (Politik, Rechtsspr.): *durch eine Novelle* (2) *ändern, ergänzen:* ein Gesetz n.;

Noch in diesem Jahr muss die Bundesregierung die Trinkwasserverordnung zur Anpassung an eine EG-Richtlinie n. (CCI 12, 1985, 10).

No|vel|lie|rung, die; -, -en (Politik; Rechtsspr.): *das Novellieren:* ein Entwurf zur N. des Paragraphen ...

No|vel|list, der; -en, -en: *Schriftsteller, der Novellen verfasst.*

No|vel|lis|tik, die; -: **1.** *Kunst der Novelle* (1). **2.** *Gesamtheit von Novellen:* Im Mittelpunkt der Arbeit über Storm steht überraschenderweise nicht dessen N., sondern die Lyrik (Reich-Ranicki, Th. Mann 75).

No|vel|lis|tin, die; -, -nen: w. Form zu ↑Novellist.

no|vel|lis|tisch ⟨Adj.⟩: **a)** *die Novellistik betreffend, dazu gehörend;* **b)** *der Novellistik eigentümlich;* **c)** *novellenartig, nach Art einer Novelle:* Bei Licht besehen, ist nämlich »Tonio Kröger« weder n. noch lyrisch oder balladesk (Reich-Ranicki, Th. Mann 94).

No|vem|ber, der; -[s], - [lat. (mensis) November = neunter Monat (des römischen Kalenders), zu: novem = neun]: *elfter Monat des Jahres;* Abk.: Nov.

No|vem|ber|abend, der: *Abend im November.*

No|vem|ber|ne|bel, der: *Nebel, wie er im November häufig auftritt.*

No|vem|ber|re|vo|lu|ti|on, die ⟨o. Pl.⟩: *Revolution im Deutschen Reich u. in Österreich im November 1918.*

No|vem|ber|sturm, der: *Sturm* (1), *wie er im November häufig auftritt.*

No|ven|di|a|le, das; -, -n [lat. novendiale = neun Tage dauernd] (kath. Kirche): *die neuntägige Trauerfeier (in der Peterskirche in Rom) für einen verstorbenen Papst.*

No|ve|ne, die; -, -n [mlat. novena, zu lat. novem = neun] (kath. Kirche): *Andacht an neun aufeinander folgenden Tagen (als Vorbereitung auf ein Fest od. für ein besonderes Anliegen des Gläubigen).*

No|vi|al, das; -[s] [Kunstwort, zu lat. novus, ↑Novum]: *(1928 von dem dänischen Sprachwissenschaftler Jespersen ausgearbeitete) Welthilfssprache.*

No|vi|lu|ni|um, das; -s, ...ien [spätlat. novilunium, zu lat. novus (↑Novum) u. luna = Mond] (Astron.): *das erste Sichtbarwerden der Mondsichel nach Neumond.*

No|vi|tät, die; -, -en [lat. novitas = Neuheit, zu: novus, ↑Novum]: **1.** *etw. Neues [u. Neuartiges] (in Literatur, Kunst, Mode o. Ä.), das an die Öffentlichkeit gebracht wird:* -en unseres Verlags; Damals wurde eben die letzte N. für diese Spielzeit vorbereitet (K. Mann, Mephisto 88). **2.** (veraltend) *Neuigkeit* (1): -en zu berichten haben; Er vermittelt uns erfreuliche -en, die seine Urlaubsgäste aus Leipzig in unserer Stadt erlebten (NNN 25. 9. 87, 6).

¹No|vi|ze, der; -n, -n [mlat. novicius < lat. novicius = neu, jung; Neuling, zu: novus, ↑Novum] (kath. Kirche): *jmd., der in einem Kloster eine Vorbereitungszeit verbringt, bevor er die öffentlichen Gelübde ablegt:* Wieder draußen, sehen wir einige

junge Männer in schwarzen Kutten beim Hausbau. Offenbar sind es -n (Berger, Augenblick 148); Ü Kiesinger, selber N. an dieser Stätte, machte die neuen Kabinettsherren mit den Spielregeln bekannt (Spiegel 51, 1966, 29); Surfing ... ist ganz einfach: -n stellen sich aufs Brett, nehmen den Mast zwischen die Füße und zischen ab (Standard 3. 10. 93, 8).

²No|vi|ze, die; -, -n (kath. Kirche): *Novizin.*

No|vi|zi|at, das; -[e]s, -e (kath. Kirche): **1.** *Vorbereitungs-, Probezeit der Novizen; Dienst, den die Novizen versehen:* Sie möchten in Eger Ihr N. ableisten und anschließend hier als Krankenschwester arbeiten (Bieler, Mädchenkrieg 321); Nach Besuch des Gymnasiums trat er ... ins N. der Kapuziner ein (Luzerner Tagblatt 31. 7. 84, 11). **2.** *Wohn- u. Ausbildungsstätte für die Novizen.*

No|vi|zi|at|jahr, das: *Zeitraum eines Jahres, das vom Novizen als Vorbereitungszeit im Kloster verbracht wird.*

No|vi|zin, die; -, -nen: w. Form zu ↑¹Novize.

No|vo|ca|in®, das; -s [geb. aus lat. novus (↑Novum) u. ↑Kokain]: *Procain:* Die revitalisierende Wirkung des -s, das später in Procain umgetauft wurde, entdeckten rumänische Ärzte ... (Hörzu 8, 1981, 137).

No|vum, das; -s, Nova ⟨Pl. selten⟩ [lat. novum, subst. Neutr. von: novus = neu; vgl. neu] (bildungsspr.): *etw. Neues, noch nicht Dagewesenes:* etw. als N. bezeichnen; ein N. darstellen; Zugleich begann Hühnerkopf mit der so genannten Dauerbegrünung = in den Achtzigerjahren ein N. in Franken (natur 4, 1994, 76); An sieben Abenden hintereinander Ballett ... ist ein N. in der Theaterszene unseres Landes (NNN 22. 10. 84, 1).

No|xe, die; -, -n [lat. noxa = Schaden] (Med.): *Stoff od. Umstand, der eine schädigende Wirkung auf den Organismus ausübt:* ... hat die radioaktive Verseuchung den Charakter einer chronischen Umweltgefährdung, bei der auch kleinste -n ... über Generationen hinweg wirken können (Kelly, Um Hoffnung 197); Die hier und bei anderen Berufskrebsen so erfolgreich praktizierte Krebsverhütung durch Ausschaltung dieser -n mithilfe von Arbeitsschutzmaßnahmen ... (Spiegel 47, 1977, 10).

No|xin, das; -s, -e ⟨meist Pl.⟩ [zusgez. aus ↑Noxe u. ↑Toxin] (Med.): *im Organismus zugrunde gegangener körpereigener Eiweißstoff, der eine starke Toxizität entwickelt.*

Np = Neptunium; Neper.

NPD = Nationaldemokratische Partei Deutschlands.

Nr. = Nummer.

Nrn. = Nummern.

NRT = Nettoregistertonne.

ns = Nanosekunde.

NS = Nachschrift; (auf Wechseln:) nach Sicht; Nationalsozialismus.

NSDAP = Nationalsozialistische Deutsche Arbeiterpartei.

NS-Dik|ta|tur, die: *Zeit der nationalsozialistischen Herrschaft.*

NS-Füh|rer, der: *leitende Person einer nationalsozialistischen Bewegung, Institution, Organisation o. Ä.:* In diese Atmosphäre aus Auftrumpfen, Rechtfertigungen, schlechtem Gewissen und Kaltem Krieg hinein wurden die ehemaligen NS-Führer aus den Haftanstalten und Internierungslagern nun entlassen (Zeit 10. 1. 97, 34).

NSG = Naturschutzgebiet.

NS-Herr|schaft, die: *Herrschaft* (1) *der Nationalsozialisten:* Bereits in den Anfangsjahren der NS-Herrschaft drängte ein im gewerblichen Mittelstand verbreiteter Antisemitismus auf die wirtschaftliche Existenzvernichtung der Juden (Zeit 26. 2. 98, 40).

NS-Ide|o|lo|gie, die ⟨o. Pl.⟩: *Ideologie des Nationalsozialismus:* Immerhin hatte ja dieser Pius XI. ein Jahr vorher »mit brennender Sorge« kritische Töne gegen die NS-Ideologie hören lassen (Zeit 19. 9. 97, 22).

NS-Re|gime, das ⟨o. Pl.⟩ : *nationalsozialistisches Regime* (1): Die Personalakten der Pensionäre sind ein weiterer erschütternder Beleg für die bürokratische Effizienz und moralische Bedenkenlosigkeit, mit der damals quer durch die deutsche Gesellschaft dem NS-Regime in die Hände gearbeitet wurde (Zeit 29. 4. 99, 26).

n. St. = neuen Stils (Zeitrechnung: nach dem gregorianischen Kalender).

NS-Ver|bre|chen, das ⟨meist Pl.⟩: *Verbrechen der Nationalsozialisten.*

NS-Ver|bre|cher, der: *jmd., der ein NS-Verbrechen begangen hat.*

NS-Ver|bre|che|rin, die: w. Form zu ↑NS-Verbrecher.

NS-Zeit, die ⟨o. Pl.⟩: *Zeit der nationalsozialistischen Herrschaft:* Die jüngere Forschung zeigt vielmehr, dass – gerade für mächtige Wirtschaftsführer – auch in der NS-Zeit erheblicher Handlungsspielraum gegeben war (Woche 3. 7. 98, 34).

N. T. = Neues Testament.

n-t... ['ɛnt...] ⟨Ordinalz. zu ↑n⟩ (Math.): vgl. x-te.

nu ⟨Adv.⟩ [mhd. nū, ↑nun] (landsch. ugs.): *nun* (I 1): nu lass doch!; na, nu mach mal halblang!

Nu, der od. das; -s [mhd. nū, Substantivierung von: nū, ↑nu] (selten): *kurze Zeit, Augenblick:* Jede ernste Geschichte geht hervor aus dem Nu ihres Durchlittenseins (Strauß, Niemand 40); ihre Augen glichen in diesem Nu unwillkürlich denen eines Kindes (Musil, Mann 1378); meist in der Fügung **im Nu/in einem Nu** (ugs.; *in kürzester Zeit; sehr schnell*): ich bin im Nu zurück!; im Nu pflanzte sich der Ruf durch alle achtzig Waggons unseres Zuges fort (Leonhard, Revolution 113); so ein Gewitter tut gut ... nur schade, dass es immer in einem Nu vorüber ist (Broch, Versucher 174).

Nu|an|ce ['nyã:sə], die; -, -n [frz. nuance, wohl zu: nue (über das Vlat. zu lat. nubes = Wolke) = Wolke od. zu: nuer (Abl. von: nue) = bewölken; abschattieren]: **1.** *feiner gradueller Unterschied:* eine kaum merkliche N. zwischen Blassblau und Weißblau; dass es innerhalb des Adels eine ganz komplizierte Hierarchie gibt, mit sehr viel verschiedenen -n (*Abstufungen;* Dönhoff, Ostpreußen 196). **2.** *ein wenig, eine Kleinigkeit [von etw. abweichend]:* dieser Wein ist [um] eine N. herber, zu herb; wie er ... manchmal ... ein Wort durchstrich, um es durch ein anderes, eine winzige N. schärferes oder abschwächenderes zu ersetzen (Leonhard, Revolution 239); Ist da nicht um eine N. übertrieben worden? (NZZ 30. 8. 86, 29); Er sah sie an, sie bemühte sich, mit der N. einer leichten Drohung ... zurückzustarren (Kronauer, Bogenschütze 85). **3.** *(innerhalb eines Kunstwerks o. Ä.) besonders fein gestaltete Einzelheit; Feinheit:* sprachliche, stilistische -n; ich habe die -n in der Rede wohl bemerkt.

nu|an|cen|reich ⟨Adj.⟩: *kaum merklich abwandelnd; reich an Nuancen:* eine -e dichterische Sprache.

Nu|an|cen|reich|tum, der ⟨o. Pl.⟩: *Reichtum an Nuancen.*

nu|an|cie|ren [nyã'si:rən] ⟨sw. V.; hat⟩ [frz. nuancer]: **a)** *sehr fein graduell abstufen:* Farben n.; dieser Prozess kann ... durch verschiedene Zeitspannen der Säureeinwirkung nuanciert werden (Bild. Kunst III, 81); **b)** *in seinen Feinheiten, feinen Unterschieden erfassen, darstellen:* Begriffe n.; den Wandel eines Charakters psychologisch n.; Der rote Literaturpapst war nicht geneigt ..., zu n. (K. Mann, Mephisto 251); ⟨oft im 2. Part.:⟩ eine nuancierte dichterische Sprache; die Pianistin spielte das Larghetto sehr nuanciert *(äußerst differenziert, subtil);* dass die ... Experten teilweise überaus nuanciert kommentierten (NZZ 28. 8. 86, 2).

Nu|an|ciert|heit, die: *das Nuanciertsein.*

Nu|an|cie|rung, die; -, -en: *das Nuancieren.*

Nu|be|ku|la, die; -, ...lä [lat. nubecula = kleine Wolke] (Med.): **1.** *leichte Hornhauttrübung.* **2.** *wolkige Trübung des Harns.*

'nü|ber ⟨Adv.⟩ (landsch., bes. südd.): *hinüber.*

Nu|bi|en; -s: Landschaft in Nordafrika.

Nu|bi|er, der; -s, -: Ew.

Nu|bi|e|rin, die; -, -nen: w. Form zu ↑Nubier.

nu|bisch ⟨Adj.⟩: *Nubien, die Nubier betreffend; aus Nubien, von den Nubiern stammend.*

Nu|buk, das; -[s] [engl. nubuck]: *bes. Kalb- od. Rindleder, das aufgrund entsprechender Bearbeitung eine samtartige Oberfläche hat.*

Nu|buk|le|der, das: *Nubuk.*

Nu|cel|lus, der; -, ...lli [nlat. nucellus, Vkl. von lat. nux (Gen.: nucis) = Nuss] (Bot.): *Kern der Samenanlage bei Blütenpflanzen.*

nüch|tern ⟨Adj.⟩ [mhd. nüehter(n), ahd. nuohturn, nuohtarnīn < lat. nocturnus = nächtlich, urspr. = vor dem Frühgottesdienst noch nichts gegessen habend]: **1.** *nicht betrunken; (trotz Alkoholgenuss) normal reagierend:* er machte einen -en Eindruck; nicht mehr [ganz] n. *(leicht betrunken)* sein; wieder n. werden. **2.** *ohne (nach dem nächtlichen Schlaf)* schon etw. gegessen, getrunken zu haben: auf -en Magen rauchen; die Tabletten morgens n. einnehmen; Ü das war ein Schreck auf -en Magen (salopp; *traf mich völlig unvorbereitet*). **3. a)** *sich auf das sachlich Gegebene, Zweckmäßige beschränkend; sachlich:* eine -e Geschäftsfrau, Politikerin; ein -er Rechner; Einige -e Realisten sind bereits überzeugt, dass die Katastrophe unabwendbar sei (Gruhl, Planet 14); eine -e Darstellung, Einschätzung der Lage; -e Zahlen, Tatsachen; »Benutzen Sie bitte die Tiefgarage!« Sonst nichts, ... eine -e Bitte, eine für alle einsichtige Anweisung (Kronauer, Bogenschütze 332); Die -e Sprache der Wissenschaft kaschiert nur schwer die Brisanz der Nachricht (natur 3, 1994, 54); sein Vater, ein Mann von -er Güte (Frisch, Montauk 36); etw. n. beurteilen, betrachten, berichten; ein n. denkender Mensch; ... gab es damals eigentlich nur zwei, die beim n. unbequeme Notwendigkeiten angesprochen haben (SZ 1. 3. 86, 155); Nüchtern gesagt, zählt erst einmal der Sieg (NNN 2. 11. 87, 4); **b)** *auf das Zweckmäßige ausgerichtet; ohne schmückendes Beiwerk:* Zweckbauten von -er Schönheit (Koeppen, Rußland 112); -e *(schmucklose)* Fassaden; -e *(kahle)* Wände; ein -er *(nicht anheimelnder, keine Behaglichkeit verbreitender)* Raum; Bienenhäuser aus -em Kunststoff, motorgetriebene Schleudern ... bestimmen das Bild des Bienenzüchters (Weser-Kurier 20. 5. 85, 13); Die Einrichtung des Büros ist n. und zweckmäßig (Richartz, Büroroman 10); die Wohnung ist n. eingerichtet; das Neonlicht wirkt n. *(kalt).* **4.** (veraltet, noch landsch.) *ohne Würze, nicht genügend gesalzen:* ein sehr -es Essen; die Suppe ist, schmeckt sehr n.

Nüch|tern|heit, die; -: [spätmhd. nuchternheit]: **1.** *nüchterner (1, 2) Zustand.* **2.** *nüchterne (3) Art.*

Nü|cke, (auch:) **Nü|cke,** die; -, -n ⟨meist Pl.⟩ [aus dem Niederd. < mniederd. nuck(e) (landsch., bes. nordd.): *nicht vorauszuahnende, unangenehme Eigenheit, Schwierigkeit, die im Umgang mit einer Sache, Person Ungelegenheit bereitet:* dieser Motor hat seine Nucken; *** seine Nücken und Tücken haben; voller Nücken und Tücken stecken** *(nicht richtig in Ordnung sein, funktionieren).*

Nü|ckel, der; -s, - [eigtl. wohl = kleine, rundliche Erhöhung, viell. Vkl. von ↑'Nock] (landsch. fam.): *Schnuller.*

nu|ckeln ⟨sw. V.; hat⟩ [lautm.] (ugs.): **1.** *(bes. in Bezug auf Säuglinge u. kleinere Kinder) an etw., was mit einem Ende in den Mund gesteckt worden ist, saugen:* am Schnuller, Daumen, Kissenzipfel n.; an der Zigarre, Pfeife n.; er ... nuckelte bisschen an ihren Haaren (Degenhardt, Zündschnüre 34); Sie langte nach einer Limonadenflasche mit Strohhalm und nuckelte lustlos daran (Bastian, Brut 64); unser Vierjähriger nuckelt immer noch (hat noch immer die Gewohnheit zu nuckeln); ⟨auch mit Akk.-Obj.:⟩ Leute ..., die Dauerlutscher nuckeln (BM 15. 11. 75, 14). **2.** *durch die fast geschlossenen Lippen langsam in kleinen Schlucken* *[aus einer Flasche o. Ä.] trinken:* er nuckelte eine Limonade; ⟨auch mit Präp.-Obj.:⟩ Die zwei nuckeln an ihrem Whisky (Sobota, Minus-Mann 216); der Kleine, der neben ihm an seiner Coca-Cola nuckelt (Heim, Traumschiff 126).

Nu|ckel|pin|ne, die; -, -n [H. u., viell. zu ↑nuckeln (wegen der langsamen Bewegung) u. ↑Pinne im Sinne von »etwas Kleines; kleiner Teil o. Ä.«] (salopp): *kleineres Fahrzeug, Auto mit schwachem Motor:* überhol diese N. *(dieses Auto)* doch endlich!; halt doch die verdammte N. *(das Motorboot)* auf Kurs (Ott, Haie 80).

nu|ckisch (auch:) **nü|ckisch** ⟨Adj.⟩ [zu ↑Nucke] (landsch., bes. nordd.): *voller Nucken, unberechenbar u. schwierig im Umgang.*

Nud|de|lei, die; - (landsch., bes. nordd.): *[dauerndes] Nuddeln.*

Nud|del|kram, der; -[e]s (landsch., bes. nordd.): *gebrauchte, wertlose Gegenstände, Sachen:* wirf diesen N. doch auf den Müll!; In einer anderen Ecke hatte man einen »Tauschmarkt« aufgebaut, wo sympathischer N. gegen N. getauscht werden konnte: Puppen, Ketten, Bücher ... (Biermann, Klartexte 17).

nud|deln ⟨sw. V.⟩ [landsch. auch: notteln, nötteln, nütteln, mhd. nütteln, zu: notten = sich hin u. her bewegen] (landsch.): **1.** *drehen* ⟨hat⟩: am Radio n.; bei dieser kleinen Mühle kannst du lange n., ehe du die Mandeln gemahlen hast. **2.** *dudeln* ⟨hat⟩: das Radio nuddelt den ganzen Tag. **3.** *sich nur langsam fortbewegen* ⟨ist⟩: der Bummelzug nuddelt von Station zu Station. **4.** *nuckeln* (1) ⟨hat⟩.

Nu|del, die; -, -n [16. Jh., H. u.] **1.** ⟨meist Pl.⟩ *Teigware von verschiedenartiger Form, die vor dem Verzehr gekocht wird:* -n mit Tomatensoße; -n kochen, abgießen; Brühe mit -n. **2.** *fingerstarkes Röllchen aus Teig zum Mästen bes. von Gänsen.* **3.** ⟨meist Pl.⟩ (landsch.) *in schwimmendem Fett gebackenes Hefegebäck.* **4.** (ugs.) (meist verbunden mit einem Adjektivattribut) *[weibliche] Person, die der Sprecher [wohlwollend od. spöttisch] in einer bestimmten Verhaltensweise o. Ä. charakterisiert:* eine ulkige, lustige, komische, giftige, dicke N.; Mann, das war 'ne tolle N. (Rechy [Übers.], Nacht 145); Er steht mit einer starken N. am Tresen (Spiegel 38, 1977, 204); Schließlich traf er die Schwabinger N. Cleo Kretschmer (Szene 8, 1983, 52). **5.** **jmdn. auf die N. schieben* (landsch.; *jmdn. zum Besten halten;* H. u.): Unlängst erst ... stach uns mal wieder der Hafer. Da haben wir eine Bürgerin ein bisschen auf die N. geschoben (Eulenspiegel 26, 1977,3)

-nu|del, die; -, -n (ugs.): kennzeichnet in Bildungen mit Substantiven eine [weibliche] Person, die sehr allgemein durch etw. charakterisiert ist, als aktiv, betriebsam, geschäftig: Gesangs-, Kultur-, Ulknudel.

Nu|del|auf|lauf, der: *Auflauf aus Nudeln.*

Nu|del|brett, das: **1.** *eckiges Brett aus Holz, auf dem [Nudel]teig ausgerollt*

wird. **2.** (salopp scherzh.) *sehr kleine Theaterbühne.*

nu|del|dick ⟨Adj.⟩ (ugs.): *(bes. auf Personen bezogen) sehr dick.*

Nu|del|ge|richt, das: *²Gericht aus Nudeln.*

Nu|del|holz, das: *walzenförmiges, an beiden Enden mit einem Griff versehenes Küchengerät aus Holz od. Kunststoff, das zum Ausrollen von [Nudel]teig dient; Rollholz; Teigrolle:* das böse Eheweib mit dem N. hinter der Tür (Bruder, Der Homosexuelle 14).

nu|deln ⟨sw. V.; hat⟩: **1.** *(Geflügel, bes. Gänse) mit Nudeln (2) mästen:* so eine Gans gibt mehrere Töpfe Schmalz, wurde sie doch genudelt, bis sie nicht mehr laufen konnte (Nachbar, Mond 129); ich bin wie genudelt (ugs.; *mehr als satt*). **2.** (veraltet) *(Nudelteig) ausrollen.* **3.** (landsch.) *liebkosend [an sich] drücken:* ein Kind n.; Wurio nudelt mich fest in ihre Arme (Imog, Wurliblume 67).

Nu|del|sa|lat, der ⟨Kochk.⟩: *[mit Mayonnaise angemachter] Salat* (1 a) *aus Nudeln, klein geschnittener Wurst od. klein geschnittenem [Geflügel]fleisch, Erbsen [u. anderem Gemüse].*

nu|del|satt ⟨Adj.⟩ (fam.): *sehr satt.*

Nu|del|sup|pe, die: *Fleischbrühe mit Nudeln [Gemüse u. Fleisch].*

Nu|del|teig, der: *Teig, aus dem Nudeln bereitet werden.*

Nu|del|topf, der [2: wohl nach dem Bild des mit Nudeln gefüllten Kochtopfes]: **1.** *Topf zum Kochen von Nudeln.* **2.** (salopp scherzh.) *von Menschen überfüllter Raum, Platz:* in diesem N. kann man doch nicht tanzen!

Nu|del|wal|ker, der (österr., bayr.): *Nudelholz.*

Nu|dis|mus, der; - [zu lat. nudus = nackt]: *Lebensanschauung, nach der der gemeinsame Aufenthalt, die gemeinsame sportliche Betätigung beider Geschlechter im Freien mit nacktem Körper der physischen u. psychischen Gesundung des Menschen dient, zu einem natürlichen Verhältnis zum Körper führt.*

Nu|dist, der; -en, -en: *Anhänger des Nudismus.*

Nu|dis|tin, die; -, -nen: w. Form zu ↑Nudist.

nu|dis|tisch ⟨Adj.⟩: *den Nudismus, die Nudisten betreffend, zum Nudismus, zu den Nudisten gehörend.*

nu|dis ver|bis [lat.] (bildungsspr.): *mit nackten, dürren Worten.*

Nu|di|tät, die; -, -en [frz. nudité < spätlat. nuditas] (bildungsspr.): **1.** ⟨o. Pl.⟩ *Nacktheit.* **2.** ⟨meist Pl.⟩ *Darstellung eines nackten Körpers (als sexueller Anreiz).*

Nu|gat, (auch:) Nougat, der od. das; -s, ⟨Sorten:⟩ -s [frz. nougat, über das Provenz. u. Vlat. zu lat. nux (Gen.: nucis) = Nuss]: *aus fein zerkleinerten gerösteten Nüssen od. Mandeln, Zucker u. Kakao zubereitete Masse (als Süßware bzw. als Füllung für Süßwaren):* mit N. gefüllte Pralinen.

nu|gat|braun ⟨Adj.⟩: *braun wie Nugat.*

Nu|gat|fül|lung, die: *Füllung* (2 a) *aus Nugat:* Pralinen mit N.

Nu|gat|scho|ko|la|de, die: *mit Nugat gefüllte Schokolade.*

Nug|get ['nagɪt], das; -[s], -s [engl. nugget, zusgez. aus: an ingot = ein Barren]: *(in der Natur vorkommendes) Klümpchen reines Gold.*

nu|kle|ar ⟨Adj.⟩ [engl. nuclear, zu lat. nucleus, ↑Nukleus]: **1.** (Kernphysik) *den Atomkern betreffend:* -e Spaltung, Energie; -e Versuche. **2.** (Kerntechnik) *auf Kernenergie beruhend, die Kernenergie betreffend:* -e Waffen; -e Explosion; Fossil u. n. erzeugte Energie muss jährlich um fünf Prozent teurer werden (natur 6, 1994, 31); Das ist Voraussetzung für die Inbetriebnahme des ebenfalls in Niedersachsen geplanten -en Entsorgungszentrums Gorleben (Capital 2, 1980, 39); n. angetrieben werden. **3.** (bildungsspr.) **a)** *die Kernwaffen betreffend:* die -e Strategie, Verteidigungspolitik, Zusammenarbeit; der -e Rüstungswettlauf; Das beschloss der Jahreskongress der Kampagne für -e Abrüstung (NNN 29. 11. 82, 1); Die -e Konfrontation war ... ein Wendepunkt im Ost-West-Konflikt (W. Brandt, Begegnungen 97); -er Winter *(mögliche Abkühlung der erdnahen Atmosphäre nach dem Einsatz von Kernwaffen);* n. bedroht sein; **b)** *mit Kernwaffen ausgerüstet:* -e Streitkräfte, Staaten, Partner.

Nu|kle|ar|krieg, der: *Atomkrieg.*

Nu|kle|ar|kri|mi|na|li|tät, die; -: *Gesamtheit der kriminellen Handlungen, die mit nuklearen Stoffen in Zusammenhang stehen:* BKA-Chef ... warnt vor der Gefahr der N. (MM 27. 5. 94, 4).

Nu|kle|ar|macht, die: *Atommacht* (1, 2): Vor allem war er wild entschlossen, Frankreich zur N. zu machen (Scholl-Latour, Frankreich 469).

Nu|kle|ar|me|di|zin, die: *Teilgebiet der Medizin, das sich mit der Anwendung radioaktiver Stoffe für die Erkennung u. Behandlung von Krankheiten befasst.*

nu|kle|ar|me|di|zi|nisch ⟨Adj.⟩: **a)** *die Nuklearmedizin betreffend;* **b)** *auf den Erkenntnissen der Nuklearmedizin beruhend, diese anwendend.*

Nu|kle|ar|phy|sik, die: *Kernphysik.*

Nu|kle|ar|spreng|kopf, der: *Atomsprengkopf.*

Nu|kle|ar|stra|te|gie, die: *nukleare* (3 a) *Strategie.*

Nu|kle|ar|tech|nik, die: *Kerntechnik.*

nu|kle|ar|tech|nisch ⟨Adj.⟩: *kerntechnisch.*

Nu|kle|ar|test, der: *Atomtest.*

Nu|kle|ar|waf|fe, die: *Atomwaffe.*

Nu|kle|a|se, die; -, -n [zu lat. nucleus, ↑Nukleus] (Biochemie): *Enzym, das Nukleinsäuren aufspaltet.*

Nu|kle|in, das; -s, -e (Biochemie veraltet): *Nukleoproteid.*

Nu|kle|in|säu|re, die (Biochemie): *(bes. im Zellkern u. in den Ribosomen vorkommende) aus Nukleotiden aufgebaute polymere Verbindung, die als Grundsubstanz der Vererbung fungiert.*

Nu|kle|o|le, die; -, -n, **Nu|kle|o|lus,** der; -, ...li u. ...olen [lat. nucleolus, Vkl. von: nucleus, ↑Nukleus] (Biochemie): *Kernkörperchen.*

Nu|kle|on, das; -s, ...onen (Kernphysik): *Baustein des Atomkerns (Proton od. Neutron).*

Nu|kle|o|nik, die -: *Lehre, Wissenschaft von den Atomkernen.*

Nu|kle|o|pro|te|id, das; -[e]s, -e (Biochemie): *aus Protein u. Nukleinsäure zusammengesetzte Verbindung.*

Nu|kle|o|tid, das; -[e]s, -e (Biochemie): *aus einem Phosphatrest, [Desoxy]ribose u. einem basischen Bestandteil zusammengesetzte Verbindung.*

Nu|kle|us, der; -, ...ei [lat. nucleus = (Frucht)kern]: **1.** (Biol.) *Zellkern.* **2.** (Anat., Physiol.) *Nervenkern.* **3.** (Prähistorie) *[Feuer]steinblock, von dem die Abschläge* (4) *gewonnen wurden.* **4.** (Sprachw.) *Kern, Kernglied einer sprachlich zusammengehörenden Einheit.*

Nu|klid, das; -[e]s, -e (Kernphysik): *durch bestimmte Ordnungs- u. Massenzahl gekennzeichnete Art von Atomen.*

Nu|ku|a|lo|fa: Hauptstadt von Tonga.

null [lat. nullus = keiner; 2: über das Engl.]: **1.** ⟨Kardinalz.⟩ (als Ziffer: 0): vgl. acht: n. Komma eins (0,1) Sekunden; unsere Mannschaft verlor drei zu n.; man darf nicht durch n. teilen; wir kamen mit plus/minus n. *(ohne Gewinn u. ohne Verlust)* aus der Sache heraus; beim letzten Ton des Zeitzeichens war es n. Uhr (Amtsdt.; *12 Uhr nachts*); bei Leistungsbewertungen: n. Fehler, Punkte *(kein Fehler, Punkt)*; das Thermometer zeigt n. Grad, steht auf n.; der Zeiger der Waage steht auf n.; den Schalter eines elektrischen Gerätes auf n. stellen *(das Gerät abschalten)*; Temperaturen über, unter n. *(über, unter dem Gefrierpunkt liegende Temperaturen)*; Ü (ugs.) wir müssen wieder bei [Punkt] n. *(ganz von vorne, am Nullpunkt)* anfangen; Einfluss und Ansehen der Sozialausschüsse, des Arbeitnehmerflügels der CDU, tendieren gegen n. *(sie sind fast ohne Einfluss u. Ansehen;* Spiegel 42, 1983, 27); jmds. Stimmung sinkt unter n.; * **n. und nichtig** (emotional verstärkend; *[rechtlich] ungültig)*: n. und nichtig sein, werden; ein Abkommen für n. und nichtig erklären; Jetzt erst erschien ihm ihre Ehe wirklich n. und nichtig (Strauß, Niemand 81); * **gleich n. sein** (ugs.; *sich wegen seiner Geringfügigkeit als Wert, Ergebnis gar nicht feststellen lassen, so gut wie nicht vorhanden sein)*: der Erfolg war gleich n.; Die Überlebenschancen für den Einzelnen in einem nuklearen Krieg sind gleich n. (Brückner, Quints 273); **n. für n. aufgehen** *(sich als richtig, zutreffend erweisen)*: seine Vermutungen gingen n. für n. auf; **n. Komma nichts** (ugs.; *überhaupt nichts;* nach der Schreibung des Bruches (0,0 in Ziffern): **in n. Komma nichts** (ugs.; *überraschend, sehr schnell)*; **2.** ⟨indekl. Adj.⟩ (bes. Jugendspr.) *kein* (1 a): er zeigte n. Reaktion; n. Ahnung haben; n. Bock auf Arbeit haben; Jenni hat ebenfalls n. Erfahrung im Daviscup (tennis magazin 10, 1986, 81); n. Problemo (Jugendspr.; *kein Problem;* aus der deutschen Synchronisation der amerikanischen Fernsehserie »Alf«, in der ein

Wesen von einem anderen Stern bei einer amerikanischen Familie lebt u. durch eigenwilliges Verhalten u. eine schnoddrige Ausdrucksweise für Komik u. Unterhaltung sorgt).

¹Null, die; -, -en [ital. nulla (figura), eigtl. = Nichts (< lat. nullus, ↑null), als Zahlzeichen LÜ von arab. sifr, ↑Ziffer]: **1.** Ziffer 0: die Zahl N.; eine N. malen, schreiben; da musst du noch einige -en anhängen (scherzh.; *die Summe ist um ein Vielfaches größer, als du denkst).* **2.** (ugs. abwertend) *gänzlich unfähiger Mensch; Versager:* eine glatte, reine N. sein; Fred war eine vollkommene N., ein leichtsinniger Mensch (Hilsenrath, Nacht 43); eine neue Version der alten These, das früh verstorbene Genie sei von der neidischen N. Salieri vergiftet worden (Saarbr. Zeitung 30. 11. 79, 5).

²Null, der; (auch:) das; -[s], -s (Skat): *Spiel, bei dem der Spieler gewinnt, wenn er keinen Stich macht; Nullspiel:* *N. Hand (Nullspiel, bei dem der Skat nicht aufgenommen werden darf);* vgl. Null ouvert.

Null-: drückt in Bildungen mit Substantiven aus, dass etw. nicht vorhanden, dass etw. aufgehoben ist: Nullkomfort, -kompetenz, -tätigkeit.

Null|acht, die (Med.): *Pistole bestimmten Typs:* Der dicke Kuhlmann mit seiner N. am Koppel (Degenhardt, Zündschnüre 8); vgl. Parabellum.

null|acht|fünf|zehn ⟨indekl. Adj.⟩ [aus der Soldatenspr.; übertr. von dem im Jahr 1908 im dt. Heer eingeführten u. 1915 veränderten Maschinengewehr auf das Einerlei des sich ständig wiederholenden Unterrichts an dieser Waffe] (in Ziffern: 08/15) (ugs. abwertend): *bar jeglicher Originalität, eigentümlicher Besonderheit, persönlichen Note; auf ein alltäglich gewordenes Muster festgelegt u. deshalb Langeweile od. Überdruss erzeugend:* n. eingerichtet, gekleidet sein.

Null|acht|fünf|zehn- (ugs. leicht abwertend): drückt in Bildungen mit Substantiven aus, dass jmd. oder etw. ohne Originalität ist, nichts Außergewöhnliches, sondern nur Mittelmaß darstellt: Nullachtfünfzehn-Frisur, -Soße.

Null|acht|fünf|zehn-Aus|füh|rung, die (ugs. abwertend): *einfallslose, durchschnittliche Ausführung von etw. ohne jede Originalität; Ausführung, die nichts Individuelles, nichts Besonderes hat.*

nul|la poe|na si|ne le|ge [- ˈpøː- - ˈpøː na --; lat. = keine Strafe ohne Gesetz] (Rechtsspr.): *Grundsatz des Strafrechts, nach dem bei der Festsetzung einer Strafe nur ein bereits zur Tatzeit geltendes Gesetz angewendet werden darf.*

Null-Bock-Ge|ne|ra|ti|on, die ⟨o. Pl.⟩: *Generation von Jugendlichen (bes. der Achtzigerjahre), die durch Unlust u. völliges Desinteresse (»null Bock«) gekennzeichnet ist.*

Null|di|ät, die (Med.): *verordneter Verzicht auf Nahrung, wobei der Fastende nur Wasser, Mineralstoffe u. Vitamine zu sich nimmt:* immer mehr Ärzte lehnen ... radikale N. als Schlankheitskur ab (Hörzu 31, 1977, 87); Ü Nach einer dürftigen

N. *(Spiel mit dem Ergebnis 0:0)* gegen AJ Auxerre ist der »Appetithappen« UEFA-Cup für den MSV Duisburg in weite Ferne gerückt (FR 13. 8. 97, 14); Aus dem Gruppengewinn soll nach vielen Jahren die N. *(des Verzichtes)* wieder eine Dividende ... ausgeschüttet werden (Handelsblatt 26. 5. 98, 22).

Null|ele|ment, das (Math.): *neutrales Element bezüglich der Addition von Zahlen.*

null|len ⟨sw. V.; hat⟩: **1.** (ugs. scherzh.) *ein neues Lebensjahrzehnt beginnen:* sie nullt in diesem Jahr; ⟨auch n. + sich:⟩ sein Geburtstag hat sich genullt *(mit seinem Geburtstag beginnt für ihn ein neues Lebensjahrzehnt).* **2.** (Elektrot.) *eine elektrische Maschine mit dem Nullleiter des Verteilungssystems verbinden.*

Null|ler, der; -s, -: **1.** (Reitsport) *Nullfehlerritt.* **2.** (schweiz.) **a)** (Schießsport) *Fehlschuss:* die Schweizer Hoffnung ... schoss zum Schluss ins Leere! Nach vier Zehnern ... im letzten Schuss ein N.! (Blick 30. 7. 84, 18); **b)** (Leichtathletik) *Fehlsprung;* **c)** (Turnen) *begonnener, aber nicht ausgeführter Sprung am Pferd* (2).

Null|erl, das; -s, -n (österr. ugs. abwertend): *¹Null* (2).

Null|feh|ler|ritt, der (Reitsport): *fehlerfreier Ritt beim Springreiten.*

Null|fol|ge, die (Math.): *Zahlenfolge, die den Grenzwert* (2) *null hat.*

Null|li|fi|ka|ti|on, die; -, -en [lat. nullificatio = Geringschätzung; zu: nullificare, ↑nullifizieren] (Rechtsspr. veraltet): *gesetzliche Aufhebung; Ungültigkeitserklärung:* die N. eines Vertrages.

nul|li|fi|zie|ren ⟨sw. V.; hat⟩ [lat. nullificare = gering schätzen, zu: nullus = gering, elend u. facere = machen] (Rechtsspr. veraltet): *gesetzlich für ungültig erklären; aufheben.*

Null|in|stru|ment, das (Elektrot.): *elektrisches Messgerät, bei dem der Nullpunkt auf der Mitte der Skala liegt.*

Null|li|pa|ra, die; -, ...ren [zu lat. nullus = keiner u. parere = gebären] (Med.): *Frau, die noch kein Kind geboren hat.*

Null|li|tät, die; -, -en [frz. nullité < mlat. nullitas]: **1.** (Rechtsspr. veraltet) *Nichtigkeit, Ungültigkeit.* **2.** (bildungsspr. selten) *Person, Sache, der man keine Bedeutung, keinen Wert beimisst.*

Null|la|ge, die: *Nullstellung.*

Null|lei|ter, der (Elektrot.): *geerdeter Leiter eines Stromnetzes od. eines elektrischen Gerätes.*

Null|li|nie, die: *den Anfang der Maßeinteilung kennzeichnender Strich auf einer Skala.*

Null|lö|sung, die (Politik): *Vorschlag zur Beendigung des Wettrüstens, der vorsieht, dass ein Gleichgewicht im Bereich der atomaren Mittelstreckenwaffen hergestellt u. erhalten wird.*

Null|men|ge, die (Math.): *leere Menge* (2), *die kein Element enthält;* Zeichen: ø.

Null|me|ri|di|an, der ⟨o. Pl.⟩ (Geogr.): *Meridian von Greenwich, der der Ausgangspunkt der Zählung der Meridiane ist.*

Null|mor|phem, das (Sprachw.): *(in der Flexion) phonologisch nicht ausgedrück-*

tes, inhaltlich aber vorhandenes Morphem (z. B. im Imperativ *lauf!;* im Plural (die) *Schlüssel*); Zeichen: ø.

Null|ni|veau, das: *Höhenlage, von der aus kartographische Messungen vorgenommen werden.*

Null-Null, das; -, -[s] [wohl nach der früher zuerst in Hotels praktizierten Kennzeichnung der Toilettentüren mit der Ziffernfolge 00 als Hinweis darauf, dass es sich hier nicht um ein normales Zimmer handelt] (in Ziffern: 00) (ugs.): *Toilette.*

Null|num|mer, die (Druckw.): *vor der ersten Nummer* (1 b) *erscheinendes, kostenloses Exemplar einer neuen Zeitschrift od. Zeitung:* In Leipzig erschien am Freitag letzter Woche ... die kostenlose N. eines deutsch-deutschen Presseobjekts (Spiegel 5, 1990, 59).

Null|ode, die; -, -n [zu griech. hodós = Weg, geb. nach ↑Anode, ↑Kathode] (Elektrot.): *elektrodenlose Röhre.*

Null|op|ti|on, die (Politik): *Nulllösung.*

Null ou|vert [- uˈvɛːɐ̯], der, auch: das; --[s], --s [zu ²Null u. frz. ouvert = offen] (Skat): *²Null, bei dem der Spieler seine Karten nach der ersten Runde offen hinlegen muss:* *** N. o. Hand** *(Null ouvert, bei dem der Skat nicht aufgenommen werden darf).*

Null|punkt, der: *Punkt auf einer Skala o. Ä., der den Wert null angibt:* die Temperatur ist auf den N. *(Gefrierpunkt)* abgesunken; absoluter N. (↑absolut 4); Für die Einwohner ... war trotz schlimmer Kälte bis zum N. der Regen wichtiger (Allgemeine Zeitung 6. 2. 85, 3); Ü unsere Stimmung erreichte den N., kam, sank auf den N. (ugs.; *Tiefpunkt*).

Null|run|de, die (Jargon): *Lohnrunde ohne [reale] Lohnerhöhung:* Mit -n keine Arbeitsplätze (MM 12. 4. 85, 4).

Null|se|rie, die (Industrie): *zur Erprobung der rationellen Fertigung u. Funktionstüchtigkeit in niedriger Stückzahl hergestellte Serie eines neu entwickelten, für die Serienproduktion vorgesehenen Artikels:* Die N. dieses Geräts soll jetzt in ausgewählten Anlagen erprobt werden (CCI 11, 1986, 1).

Null|spiel, das (Skat): *²Null.*

Null|stel|le, die (Math.): *Zahl einer Funktion* (2), *für die die Funktion den Wert null annimmt.*

Null|stel|lung, die: *bei Messinstrumenten der Stand des Zeigers auf dem Nullpunkt.*

Null|sum|men|spiel, das: *Spiel, bei dem die Summe der Einsätze, Verluste u. Gewinne gleich null ist.*

nullt... ⟨Ordinalz. zu ↑null⟩ (als Ziffer: 0.) (Naturw., bes. Math.): *in einer Reihe, Folge, auf einer Skala o. Ä. den Ausgangspunkt betreffend.*

Null|ta|rif, der: *kostenlose Gewährung bestimmter, üblicherweise nicht unentgeltlicher Leistungen:* N. bei öffentlichen Verkehrsmitteln; Erdbeeren zum Selberpflücken: ... Sie können zum N. *(kostenlos)* naschen (natur 7, 1995, 66); Jedermann weiß, dass es Umweltschutz zum N. *(ohne dass man dafür bezahlen muss)* nicht geben kann (ADAC-Motorwelt 8, 1984, 3).

Nul|lum, das; -s [lat. nullum = nichts, Neutr. von: nullus = keiner] (Rechtsspr.): *etw. Gegenstandsloses, Wirkungsloses; Nichts:* Man kann doch eine Partei ... nicht zum außenpolitischen N. machen, als Friedens- und Sicherheitsrisiko diffamieren (Spiegel 21, 1985, 27).

nul|lum cri|men si|ne le|ge [lat. = kein Verbrechen ohne Gesetz] (Rechtsspr.): *eine Tat kann nur dann bestraft werden, wenn ihre Strafbarkeit gesetzlich bestimmt war, bevor die Tat begangen wurde* (Grundsatz des Strafrechts).

Nul|lung, die; -, -en (Elektrot.): *das Nullen* (2).

Null|wachs|tum, das [viell. nach engl. zero growth] (Wirtsch.): *Stillstand des Wachstums, der Entwicklung von etw.:* Die daraus abgeleitete Forderung nach einem N. der Industrieproduktion ist in unserer Wirtschaftsordnung völlig absurd (Delius, Siemens-Welt 103).

Null|wurf, der (Kegeln): *Fehlwurf ohne Wertung.*

Nul|pe, die; -, -n [H. u., viell. unter Anlehnung an »Null« zu (west)md. Nuppel = Gummisauger] (ugs. abwertend): *dummer, langweiliger, unbedeutender Mensch:* »Hau bloß ab, du N.!«, zischte sie (Borell, Lockruf 264).

Nu|men, das; -s [lat. numen, zu: nuere (in Zus.) = nicken; winken, eigtl. = der durch Nicken (mit dem Kopf) angedeutete Wille] (Theol.): *göttliches Wesen als wirkende Kraft.*

Nu|me|ri [auch: ˈnuːm...]: **1.** Pl. von ↑Numerus. **2.** ⟨Pl.⟩ 4. Buch Mose.

nu|me|rie|ren, Nu|me|rie|rung: frühere Schreibungen für ↑nummerieren, Nummerierung.

Nu|me|rik, die; - (Technik): *numerische Steuerung.*

nu|me|risch ⟨Adj.⟩: **a)** *zahlenmäßig, der [An]zahl nach:* -e Überlegenheit; Trotz der -en Unterlegenheit gelang den Belgiern noch der Ausgleich (Presse 8. 6. 84, 6); die Stimmenauszählung ergab keine -e Mehrheit (Stadtblatt 21, 1984, 10); eine n. kleine, große, schwache Gruppe; **b)** *unter Verwendung von [bestimmten] Zahlen, Ziffern erfolgend:* in -er Reihenfolge; -es Rechnen; eine -e Gleichung; **c)** (EDV) *sich nur aus Ziffern zusammensetzend:* ein -er Code; -e Daten.

Nu|me|ro [auch: ˈnuːm...], das; -s, -s [ital. numero, ↑Nummer] (veraltend): *Nummer* (in Verbindung mit einer Zahl): das N. zwei (Abk.: No., N°).

Nu|me|rol|lo|gie, die; - [↑-logie]: *Zahlenmystik (im Bereich des Aberglaubens):* Die Kabbala begründete die N. (Wiener 5, 1994, 56).

Nu|me|rus [auch: ˈnuːm...], der; -, ...ri [lat. numerus = (An)zahl, Menge; Teil (eines Ganzen), eigtl. = das Zugeteilte]: **1.** (Sprachw.) *grammatische Kategorie beim Nomen u. Verb, die durch Flexionsformen die Anzahl der bezeichneten Gegenstände od. Personen bzw. die der Han-*

delnden angibt: die Numeri Singular und Plural. **2.** (Math.) *Zahl, zu der der Logarithmus gesucht wird.* **3.** (Rhet., Stilk.) *Bau eines Satzes in Bezug auf Gliederung, Länge od. Kürze der Wörter, Verteilung der betonten od. unbetonten Wörter, in Bezug auf die Klausel* (2) *u. die Pausen, d. h. die Verteilung des gesamten Sprachstoffes im Satz.*

Nu|me|rus clau|sus, der; -- [nlat. = geschlossene (An)zahl, zu lat. clausus, adj. 2. Part. von: claudere, ↑Klause]: *zahlenmäßige Beschränkung der Zulassung zu einem bestimmten Studienfach o. Ä.:* Er ... musste den größten Teil seiner Gymnasialstudien im Privatunterricht absolvieren, da der in Russland bestehende N. c. für jüdische Schüler überschritten war (Kisch, Reporter 348); Ein buntes und vielfältiges Angebot also, das nicht dem N. c. unterliegt (Handelsblatt 31. 3. 99, 62); Den N. c. kann eine Universität ... nur im Einvernehmen mit dem Kultusministerium einführen (MM 13. 7. 67, 2); Ü Aus diesem Grund hat der Freiburger Staatsrat denn auch beschlossen, für das Freiburger Gebiet dieser Seen von einem N. c. abzusehen (NZZ 21. 1. 83, 21).

nu|mi|nos ⟨Adj.⟩ [zu lat. numen (Gen.: numinis), ↑Numen] (Theol.): *(in Bezug auf das Göttliche) schauervoll u. anziehend zugleich.*

Nu|mi|no|se, das; -n ⟨Dekl. ↑²Junge, das⟩ (Theol.): *das Göttliche als unbegreifliche, zugleich Vertrauen u. Schauer erweckende Macht.*

Nu|mis|ma|tik, die; - [frz. numismatique, zu lat. numisma, nomisma = Münze < griech. nómisma, eigtl. = das durch Gebrauch u. Sitte Anerkannte]: *Beschäftigung mit [alten] Münzen als Wissenschaftler, Forscher od. Sammler; Münzkunde* (1).

Nu|mis|ma|ti|ker, der; -s, -: *jmd., der sich [wissenschaftlich] mit Numismatik beschäftigt; Münzkundler.*

Nu|mis|ma|ti|ke|rin, die; -, -nen: w. Form zu ↑Numismatiker.

nu|mis|ma|tisch ⟨Adj.⟩: *die Numismatik betreffend.*

Num|mer, die; -, -n [ital. numero < lat. numerus, ↑Numerus]: **1. a)** *Zahl, die etw. kennzeichnet, eine Reihenfolge o. Ä. angibt:* eine hohe, niedrige, laufende N.; ein Wagen mit Münchner N. *(Nummernschild)* auf dem: die N. *(Hausnummer)* auf der Adresse stimmt nicht; ich wohne im zweiten Stock, N. *(Zimmernummer)* sieben; das Los hatte die N. 24 846; gib mir bitte doch mal deine N. *(Telefonnummer);* ich bin unter dieser N. *(Telefonnummer)* zu erreichen; der Spieler mit der N. *(Rückennummer)* elf wurde verwarnt; *** [nur] eine N. sein** *(nicht als Individuum behandelt werden);* **N. eins** (ugs.; *auf einem Gebiet führende Person, Firma, führendes Produkt o. Ä.):* Chinas unbestrittene N. eins, der 79-Jährige ..., gab dem Vorsitzenden der Bonner Oppositionspartei sogar ein Essen (Spiegel 24, 1984, 27); **N. null** (ugs.; *Toilette*); **bei jmdm. eine große/gute/dicke N. haben** (ugs.; *von jmdm. sehr geschätzt werden;* geht auf die Schulzensuren zurück: eine

»gute Nummer« bedeutete urspr. »eine gute Zeugnisnote«); **auf N. Sicher/** (auch:) **sicher sein/sitzen** (ugs.; *im Gefängnis sein;* bezieht sich darauf, dass Gefängniszellen nummeriert sind u. die Inhaftierten darin »sicher« verwahrt sind); **auf N. Sicher/** (auch:) **sicher gehen** (ugs.; *nichts unternehmen, ohne sich absichern*); **b)** *Ausgabe* (5 a) *einer fortlaufend erscheinenden Zeitung, Zeitschrift:* einzelne -n einer Zeitschrift; die ersten beiden -n sind erschienen; der Artikel stand in der letzten N.; Dann brauchte er nicht auf den Kisten im Heizkeller zu schlafen, auf Säcken und alten -n der Kreiszeitung (B. Vesper, Reise 106); **c)** *(bei Schuhen, Kleidungsstücken o. Ä.) die Größe angebende Zahl:* haben Sie die Schuhe eine N. größer?; seine Fußballstiefel, ein Paar ausgetretene, um vier -n zu große Schnürschuhe seines Vaters (Sommer, Und keiner 172); Das schönste Mädchen mit der schönsten Figur dieser Welt, höchstens einige -n zu klein (Bastian, Brut 10); *** eine N./einige, ein paar -n zu groß [für jmdn.] sein** (ugs.; *über jmds. Verhältnisse, Möglichkeiten, Fähigkeiten gehen*): Diese entschlossene und keineswegs unattraktive Frau schien für den langweiligen Sandner eindeutig ein paar -n zu groß zu sein (Springer, Was 147); **d)** *(landsch.) Zensur:* eine gute, schlechte N. bekommen. **2. a)** *einzelne Darbietung eines Zirkus-, Kabarett-, Varietéprogramms:* eine glanzvolle, sensationelle, schlechte N.; die beste N. ist eine Löwendressur; eine N. proben, einstudieren; **b)** *(ugs.) Musikstück (der Unterhaltungsmusik):* auf der CD sind nur wenige gute -n; Als diese N. zum ersten Mal ein Hit wurde, war ich gerade zwei Monate alt (Freizeitmagazin 10, 1978, 6); Seine neue Single ..., eine ausgesprochen witzige, leicht rockige N., nahm er auch gleich noch in Englisch auf (Freizeitmagazin 12, 1978, 37); ein paar tolle -n spielen. **3.** (ugs.) *auf bestimmte Weise besonderer Mensch, Person:* eine komische, ulkige N.; Eine tolle N., meine Mutter (Kronauer, Bogenschütze 348); er galt als große N. im Verkauf *(guter Verkäufer);* Ich galt wohl als heiße N. für eine Nacht (Denneny [Übers.], Lovers 130); er ist eine N. für sich *(ein merkwürdiger Mensch).* **4.** (salopp) *Koitus:* eine N. machen, schieben *(koitieren);* viell. nach der früher üblichen Ausgabe von Nummern in Bordellen); Ein Teil der kleinen, abgefetzten Zimmer wird von Prostituierten ... als Absteige für die schnelle, billige N. benutzt (zitty 13, 1984, 19); Wenn ein Dickschiff eingelaufen war, blieben die Nutten zwischen den -n einfach liegen (Spiegel 45, 1977, 76).
num|me|rie|ren ⟨sw. V.; hat⟩ [lat. numerare, zu: numerus, ↑Numerus]: *mit [fortlaufenden] Nummern versehen u. eine bestimmte Ordnung od. Reihenfolge festzulegen:* die Seiten eines Manuskripts n.; Banknoten serienweise n.; Die Säcke wurden provisorisch nummeriert, sodass wir zwar wissen, in welchen sich Archivmaterial der betreffenden Partei befindet (Leonhard, Revolution 218);

nummerierte Plätze; nummerierte Ausgabe (Druckw.; *begrenzte Auflage eines Druckwerks, deren Exemplare nummeriert sind, um den bibliophilen Wert zu betonen).*
Num|me|rie|rung, die; -, -en: **1.** *das Nummerieren.* **2.** *Nummer, die ein Platz, eine Eintrittskarte o. Ä. bei einer Nummerierung* (1) *erhält:* die N. ist falsch.
nu|me|risch (seltener): numerisch.
nu|mern ⟨sw. V.; hat⟩ (seltener): nummerieren.
Num|mern|girl, das: *Frau, die im Zirkus, Varieté eine Tafel trägt, auf der die jeweilige nächste Nummer* (2 a) *angekündigt wird.*
Num|mern|kon|to, das (Bankw.): *Konto, das nicht auf den Namen des Inhabers lautet, sondern nur durch eine Nummer gekennzeichnet ist:* An dem ... am amerikanischen Außenministerium vorbei über Schweizer Nummernkonten abgewickelten Irangeschäft sind internationale Schieber ebenso beteiligt wie hochrangige Amtsträger (Lindlau, Mob 100).
Num|mern|oper, die (Musik): *Oper mit durchnummerierten Solo-, Ensemble-, Chor-, Rezitativstücken.*
Num|mern|sa|lat, der (ugs.): *Durcheinander von Zahlen, Nummern:* die Maschine produzierte N.
Num|mern|schei|be, die: *Wählscheibe beim Telefon.*
Num|mern|schild, das: **a)** *Schild mit Zahlen [u. Buchstaben] zur Kennzeichnung von Autos:* das behelfsmäßige rotweiße N., das die Überführung eines nagelneuen, nicht eingefahrenen Wagens anzeigte (Johnson, Ansichten 237); er konnte das N. nicht lesen; **b)** *Schild mit einer Nummer.*
Num|mern|schlüs|sel, der (EDV): *Code* (1) *zur Identifizierung u. Klassifizierung von Gegenständen od. Daten.*
Num|mern|stem|pel, der: *Stempel zum Nummerieren.*
Num|mern|ta|fel, die: vgl. Nummernschild (b).
Num|mu|lit [auch: ...'lɪt], der; -s u. -en, -e[n] [zu lat. nummulus = kleine Münze, nach der scheibenförmigen Gestalt des Gehäuses] (Paläont., Geol.): *versteinerter Wurzelfüßer des Eozäns mit einem Kalkgehäuse.*
nun [mhd. nū(n), ahd. nū, wahrscheinlich ablautend verwandt mit ↑neu; vgl. griech. ný, nỹn = jetzt]: **I.** ⟨Adv.⟩ **1.** *bezeichnet den gegenwärtigen od. einen vom Sprecher als gegenwärtig gesetzten Zeitpunkt, zu dem etw. eintritt, einsetzt; jetzt:* n. bist du an der Reihe; n. wirds aber Zeit!; ich muss n. gehen; von n. an waren sie Freunde; Ab n., so fürchten Akteure wie Beobachter, ist lösungsorientierte Politik in Deutschland ... ausgesetzt (profil 39, 27. 9. 93, 76); n., wo ich die Zusammenhänge kenne ...; *** n. und nimmer[mehr]** (veraltet; *niemals).* **2.** *bezeichnet den gegenwärtigen od. einen vom Sprecher als gegenwärtig gesetzten Zeitpunkt mit einem durch ein vorausgegangenes Geschehen bestimmten Gegebenheiten, die jmds. Handeln, Zustand o. Ä. bedingen; unter diesen Umständen:*

ich darf n. nicht länger zögern; bist du n. zufrieden? Bin ich entlastet n.? (Grass, Butt 134); was n.? *(was können wir in dieser Situation tun?);* was sagst du n.? (ugs.; *das hättest du wohl nicht erwartet!*); n. gerade! *(jetzt erst recht!).* **3.** *bezeichnet den gegenwärtigen od. einen vom Sprecher als gegenwärtig gesetzten Zeitpunkt, zu dem ein bestimmter Vorgang als abgeschlossen od. ein früher eingetretener Zustand als noch bestehend konstatiert wird; inzwischen, mittlerweile:* sie hat sich n. anders besonnen; Die Lage hat sich n. stabilisiert; Da wurde ihm mitgeteilt, dass seine leiblichen Geschwister n. alle bis auf eines von dem Dorfe weggegangen seien (Kühn, Zeit 55). **4.** *bezeichnet die gegenwärtige od. eine vom Sprecher als gegenwärtig gesetzte Zeit, sofern sie sich in bestimmter Hinsicht gegen die Vergangenheit abhebt; heute* (2), *heutzutage:* vor Jahren Wüste, n. blühendes Land. **II.** ⟨Partikel⟩ **1.** ⟨unbetont⟩ *drückt im Aussagesatz einen Gegensatz zwischen Erwartung u. eingetretener Wirklichkeit, zwischen Behauptung u. tatsächlichem Sachverhalt o. Ä. aus; aber, jedoch:* inzwischen hat sich n. herausgestellt, dass ...; **2.** ⟨unbetont⟩ *schließt in einer Entscheidungsfrage eine negative Antwort ein [u. soll dem Gesprächspartner eine solche suggerieren]; etwa, vielleicht:* hat sich das n. gelohnt?; hältst du das n. für richtig? **3.** ⟨unbetont⟩ **a)** *drückt in Aussagesätzen, meist in Verbindung mit »[ein]mal«, die Einsicht in einen Tatbestand aus, der für unabänderlich gehalten wird; eben, halt:* siehst du, so ist das n.; das liegt ihm n. mal nicht; **b)** *in Aussagesätzen in Korrelation zu vorangehendem »da« als Ausdruck der Ratlosigkeit, Resignation o. Ä.:* da stehe ich n. und weiß nicht weiter; da hat man sich n. geplagt, und es war umsonst. **4.** ⟨unbetont⟩ *dient in Verbindung mit bestimmten Modaladverbien od. -partikeln der Nachdrücklichkeit: worüber warst du n. eigentlich so bekümmert?; muss das n. ausgerechnet jetzt sein; solche Zweifel waren n. doch wirklich unberechtigt; das konnte man n. keineswegs Unverstand nennen (H. Kolb, Wilzenbach 84); »Trinkt sie viel?« – »So viel n. auch nich' ...« (Schmidt, Strichjungengespräche 94). **5.** ⟨betont⟩ *leitet in isolierter Stellung am Satzanfang eine als wichtig erachtete Aussage, eine Folgerung, eine resümierende Feststellung o. Ä. ein od. bildet den Auftakt zu einer situationsbedingten Frage; also:* n., dem ist leicht abzuhelfen; n., darüber ist man sich einig; n., wie stehts?; n.? Was sagen Sie dazu?; n., n.! (als Ausdruck der Beschwichtigung od. des Einwandes:) n., n.! So schlimm wirds doch nicht sein!; n. denn! *(also, dann wollen wir beginnen!);* n. denn, zum Wohl!; n. gut, schön! *(meinetwegen, einverstanden!);* n. ja (als Ausdruck zögernden Einverständnisses, Eingeständnisses; *na ja).* **6.** ⟨unbetont⟩ *situationsbedingt emotional verstärkend als Ausdruck der Ungeduld, Befürchtung, Enttäuschung o. Ä.:*

kommst du n. mit oder nicht?; Ist Hansi n. in Travemünde? (Prodöhl, Tod 57); Wenn sie das n. dem Schieber vorgelesen hat! (Remarque, Obelisk 52); Mit so was ist man n. verheiratet (Remarque, Obelisk 332). **7.** ⟨unbetont⟩ dient der Verknüpfung u. Weiterführung der Rede: n. muss man hinzufügen, dass sie es nicht gern getan hat; dieses Kind n. verlief sich eines Tages im Wald. **III.** ⟨Konj.⟩ (geh. veraltend) **1.** ⟨temporal mit kausaler Tönung⟩ *nachdem, da:* Nun das Buch abgeschlossen ist, soll mein ausdrücklicher Dank ... an seinem Schluss stehen (Frisch, Homo 291 [Nachwort]). **2.** ⟨temporal⟩ *als:* n. sie es erfuhr, war es zu spät.

Nu|na|tak, der; -s, -s u. -[e]r [eskim. Wort] (Geogr.): *aus dem Inlandeis hervorragende Bergspitze.*

Nun|cha|ku [nʊn'tʃaku], das; -s, -s [jap.]: *asiatische Verteidigungswaffe aus zwei mit einer Schnur od. Kette verbundenen Holzstäben.*

Nun|cha|ku|holz, das: *Nunchaku.*

nun|mehr ⟨Adv.⟩ [mhd. nū mēre] (geh.): *jetzt, nun* (I 1); *von jetzt an:* der Krieg dauert n. drei Jahre; ich will n. zum Schluss meiner Ausführungen kommen; denn Cresspahls Leben währte n. sieben Jahrzehnte (Johnson, Mutmaßungen 41); Kurz vor Zapfenstreich begab er sich abermals auf die Stube der Korporalschaft, n. zum neunten Mal (Kirst, 08/15, 109); wir wollen n. in Frieden leben; er wisse, was sich in München ereignet habe; n. komme es darauf an, die Ruhe und Ordnung in Augsburg aufrechtzuerhalten (Niekisch, Leben 39).

nun|meh|rig ⟨Adj.⟩ (geh.): *jetzig:* Auch der ehemalige Nationalratspräsident, der -e Präsident der Politischen Akademie ... (Wochenpresse 13, 1984, 16); Jelzins -er Rückzieher ... sollte dem Westen eine Warnung sein (Standard 2. 10. 93, 32).

'nun|ter ⟨Adv.⟩ (landsch., bes. südd.): *hinunter.*

Nun|ti|ant, der; -en, -en [zu lat. nuntians (Gen.: nuntiantis), 1. Part. von: nuntiare, ↑Nuntiatur] (veraltet): *jmd., der eine Anzeige erstattet.*

Nun|ti|an|tin, die; -, -nen (veraltet): w. Form zu ↑Nuntiant.

Nun|ti|at, der; -en, -en [zu lat. nuntiatum, 2. Part. von: nuntiare, ↑Nuntiatur] (veraltet): *(vor Gericht) Angezeigter.*

Nun|ti|a|ti|on, die; -, -en [lat. nuntiatio] (veraltet): *Anklage, Anzeige.*

Nun|ti|a|tur, die; -, -en [ital. nunziatura, zu: nunziare = verkündigen < lat. nuntiare, zu: nuntius, ↑Nuntius]: **a)** *Amt eines Nuntius;* **b)** *Sitz eines Nuntius.*

Nun|ti|us, der; -, ...ien [mlat. nuntius curiae < lat. nuntius = Bote]: *ständiger diplomatischer Vertreter des Papstes bei einer Staatsregierung.*

nup|ti|al ⟨Adj.⟩ [lat. nuptialis, zu: nuptum, 2. Part. von: nubere = heiraten (von der Frau)] (veraltet): *ehelich, hochzeitlich.*

Nup|tu|ri|en|ten, die ⟨Pl.⟩ [mlat. nupturientes, zu lat. nupturus, Part. Futur von: nubere, ↑nuptial] (veraltet): *Brautleute.*

nur [mhd. (md.) nūr, älter: newære, ahd. niwāri = (wenn ...) nicht wäre]: **I.** ⟨Adv.⟩ **1. a)** drückt aus, dass sich etw. ausschließlich auf das Genannte beschränkt; *nichts weiter als; lediglich:* n. das kann unsere Aufgabe sein; das war n. ein Versehen; ich bin n. eine kleine Angestellte; ich bin auch n. ein Mensch; ich bin nicht krank, n. müde; Dass einer zu ihr kam, um Teppiche n. zu betrachten, machte Arachne so misstrauisch, dass ... (Ransmayr, Welt 194); ich wollte n. sagen, dass ...; **b)** drückt aus, dass etw. auf ein bestimmtes Maß beschränkt ist; *nicht mehr als:* ich habe n. [noch] 10 DM, n. wenig Brot; ich brauche n. zwei Minuten; es gibt n. zwei Möglichkeiten; sie ist n. mäßig begabt; er siegte mit n. knappem Vorsprung. **2.** drückt eine Ausschließlichkeit aus; *nichts anderes als; niemand, nicht anders als:* da kann man n. staunen; man konnte n. Gutes über ihn berichten; geliefert wird n. gegen bar; ich habe das n. aus Mitleid getan; n. der Fachmann kann das beurteilen; Nur Jakob ... sei nun noch in Niedertroschelbach (Kühn, Zeit 55); Im 20er-Haus, wo n. mehr (landsch.; *nur noch*) Alte wohnen, kommen 14 Hausparteien mit einer Mülltonne aus (Woche 39, 1993, 15); n. [dann], wenn ...; ⟨in mehrteiligen Konj.:⟩ nicht n. ..., [sondern] auch; ich habe das n. so (ugs.; *ohne besondere Absicht, aus keinem besonderen Grund*) gesagt. **3.** ⟨in konjunktionaler Verwendung⟩ schränkt die Aussage des vorangegangenen Hauptsatzes ein; *jedoch, allerdings, aber:* sie ist ganz hübsch, n. müsste sie etwas schlanker sein; ich würde dich gerne besuchen, n. weiß ich nicht, wann ich kommen kann. **II.** ⟨Partikel; meist unbetont⟩ **1.** gibt einer Frage, Aussage, Aufforderung od. einem Wunsch eine bestimmte Nachdrücklichkeit: warum hat er das n. gemacht?; was hat sie sich dabei n. gedacht?; wenn es dem Jungen n. schmeckt; ich tue das n. ungern; die Kinder bekommen alles, was sie n. wollen; Wir investieren in Peter an Zuwendung, Verständnis und Liebe, was wir n. haben (Schnurre, Ich 125); ⟨an der Spitze von [verkürzten] Aufforderungssätzen:⟩ Mut!; n. keine Umstände!; n. nicht so zimperlich!; n. [immer] mit der Ruhe!; n. her damit!; n. zu! **2.** drückt in Aussageu. Aufforderungssätzen eine Beruhigung, auch eine Ermunterung aus: lass ihn n. machen!; sag ihm n., was du auf dem Herzen hast; geh n. zu ihm, er wird dir schon nichts tun; nimm dir n., was du brauchst!; iss n.! **3.** drückt in Fragesätzen innere Anteilnahme, Beunruhigung, Verwunderung o. Ä. aus: was hat er n.?; was kann sie n. wollen? **4.** drückt in Ausrufe- u. Wunschsätzen eine Verstärkung aus: wenn er n. käme!; wenn du n. nicht so viel trinken würdest! **5.** drückt eine Steigerung, die Häufigkeit od. Intensität eines Vorganges o. Ä. aus: ich helfe ihm, sooft ich n. kann; es regnete, hagelte n. so (ugs.; *es regnete, hagelte sehr stark*); sie schlug die Tür zu, dass es n. so knallte; In den Straßen wimmelte es n. so von Leuten mit Hakenkreuzbinden (Hilsen-

rath, Nazi 42). **6.** drückt in Verbindung mit »noch« bei einem Komparativ eine Steigerung aus: er wurde n. noch frecher; du machst ihn n. noch wütender. **7.** drückt in Verbindung mit »zu« bei Adverbien eine Steigerung aus: ich weiß es n. zu gut; sie wusste n. zu genau, was er wollte.

Nur-: (in Verbindung mit Personenbezeichnungen) *nichts anderes als, ausschließlich:* Nurkomiker, -künstler.

Nu|ra|ge, Nu|ra|ghe, die; -, -n [ital. nuraghe]: *(seit der Bronze- und der frühen Eisenzeit verbreiteter) turmartiger, aus großen Steinblöcken ohne Mörtel errichteter Rundbau auf Sardinien.*

Nur|haus|frau, die: *Hausfrau, die nicht zusätzlich noch erwerbstätig ist:* Nun haben wir Nachbarn, bei denen nur der Mann in der Fabrik arbeitet. Die Frau ist N. (Hörzu 49, 1980, 131).

Nürn|berg: Stadt in Mittelfranken.

¹Nürn|ber|ger, der; -s, -: Ew.

²Nürn|ber|ger ⟨indekl. Adj.⟩: N. Lebkuchen.

Nürn|ber|ge|rin, die; -, -nen: w. Form zu ↑¹Nürnberger.

Nurse [nœrs, engl.: nɔ:s], die; -, -s ['nɔ:sɪz] u. -n ['nœrsn; engl. nurse < (a)frz. nourrice < spätlat. nutricia = Amme, zu lat. nutrire, ↑nutrieren] (veraltend): *Kinderpflegerin.*

Nus, Nous [nu:s], der; - [lat. nus < griech. noũs] (Philos.): **a)** *(in der antiken Metaphysik) Geist, Vernunft (als höchster Teil der Seele):* Gott ist der N., sagt Aristoteles, Geist, der sich selber träumt (Stern, Mann 116); **b)** *Demiurg.*

nu|scheln ⟨sw. V.; hat⟩ [wohl lautm.; zu ↑Nase, eigtl. = durch die Nase sprechen] (ugs.): **a)** *undeutlich sprechen:* vor sich hin n.; Helga musste daran denken, wie Andreas früher flammende Protestreden gehalten hatte. Da hatte er nie genuschelt (Danella, Hotel 146); **b)** *etw. nuschelnd* (a) *sagen:* »Das sagst du schon seit einer halben Stunde«, nuschelte Sergio (Cotton, Silver-Jet 52).

Nuss, die; -, Nüsse [mhd. nuʒ, ahd. (h)nuʒ, verw. mit lat. nux = Nuss; urspr. = Haselnuss]. **1. a)** (Bot.) *rundliche Frucht mit harter, holziger Schale, die einen ölhaltigen, meist essbaren Kern umschließt;* **b)** *kurz für* ↑Walnuss, Haselnuss: eine reine, hohle, taube N.; welsche Nüsse (veraltet; *Walnüsse*); Nüsse ernten, [ab]schlagen; Nüsse knacken, aufbrechen, aufmachen; Ü n. ist eine taube N. (stellt sich als völlig wertlos heraus); * **[für jmdn.] eine harte N. sein** (ugs.; *[für jmdn.] eine schwierige Aufgabe, ein großes Problem darstellen*): Die Russen, ja, die wären eine harte N., aber die verbluten (Plievier, Stalingrad 155); **jmdm. manche, eine harte N. zu knacken geben** (ugs.; *jmdm. eine schwierige Aufgabe stellen*); **manche, eine harte N. zu knacken haben, bekommen** (ugs.; *eine schwierige Aufgabe, ein schweres Problem zu bewältigen haben*); **c)** *essbarer Kern der Nuss* (b): kandierte, geschälte Nüsse; Nüsse raspeln, knabbern. **2.** ⟨in Verbindung mit bestimmten Adj.⟩ (Schimpfwort) *Mensch:* du dumme, doofe, blöde N.!; das ist vielleicht eine albergeber ne N. **3.** (landsch.) *Kopfnuss* (1). **4.** (Kochk.) *rundes Fleischstück aus der Keule von bestimmten Schlachttieren.* **5.** (Jägerspr.) *(vom Hund, Fuchs, Wolf o. Ä.) weibliches Geschlechtsteil.* **6.** (Technik) *auswechselbarer Kopf eines Steckschlüssels.* **7.** * **jmdm. eins auf die N. geben** (salopp; *jmdm. auf den Kopf schlagen).*

Nuss|baum, der: **a)** kurz für ↑Walnussbaum; **b)** ⟨o. Pl.⟩ *Holz des Nussbaums* (a).

Nuss|baum|holz, das: *Nussbaum* (b).

Nuss|baum|mö|bel, das ⟨meist Pl.⟩: *Möbel aus Nussbaum* (b).

Nuss|beu|gel, das (österr.): *Beugel mit Nussfüllung.*

nuss|braun ⟨Adj.⟩: *braun wie eine [Hasel]nuss.*

Nuss|bri|kett, das (Fachspr.): *kleineres Brikett* (b) *in der Form einer Nuss.*

Nuss|but|ter, die: **a)** *Erdnussbutter*; **b)** (Kochk.) *flüssige Butter, die durch Erhitzen eine nussbraune Farbe angenommen hat.*

Nüss|chen, das; -s, -: **1.** Vkl. zu ↑Nuss (1). **2.** (Kochk.) *Nuss* (4).

Nuss|fül|lung, die: *Füllung* (2 a) *aus geriebenen Nüssen u. anderen Zutaten.*

Nuss|ge|bäck, das: *Gebäck mit [einer Füllung aus] geriebenen Nüssen.*

nus|sig ⟨Adj.⟩: *nach Nüssen schmeckend, riechend:* Pastinaken schmücken das Menü. Sie schmecken leicht n. oder zart süß (natur 1, 1996, 80).

Nuss|kern, der: *Nuss* (1 c).

Nuss|kip|ferl, das (österr.): *Nussbeugel.*

Nuss|kna|cker, der: **1. a)** *zangenähnliches Gerät zum Aufknacken von Nüssen* (1 b); **b)** *bunt bemaltes hölzernes Männchen, das mit eingearbeiteter Mechanik in seinem Mund Nüsse knackt.* **2.** (ugs.) *[alter] Mann [mit grimmigem Gesicht].*

Nuss|koh|le, die (Fachspr.): *Steinkohle mit grober Körnung.*

Nuss|ku|chen, der: *Kuchen mit [einer Füllung aus] geriebenen Nüssen.*

Nuss|öl, das: *durch Pressen von Wal- od. Haselnüssen gewonnenes Öl, das bes. als Speiseöl u. zur Herstellung von kosmetischen Mitteln verwendet wird.*

Nuss|scha|le, die: *Schale der Nuss* (1 b): Ü das Schiff war eine N. (iron.; *sehr klein*).

Nuss|schin|ken, der: *Schinken aus der Nuss* (4).

Nuss|scho|ko|la|de, die: *Schokolade mit Haselnüssen.*

Nuss|tor|te, die: vgl. Nusskuchen.

◆ **Nus|ter,** der u. das; -s, - [Nebenf. von: Noster, gek. aus: Paternoster, eigtl. = Rosenkranz (1), ↑²Paternoster]: *um den Hals getragene Schnur mit Perlen, Korallen o: Ä.:* verkündigte ... des Grafen Ausrufer, dass gestern im Bupsinger Forst ... ein N. mit Perlen verloren gegangen (Mörike, Hutzelmännlein 151).

Nüs|ter [auch: ˈnyːstɐ], die; -, -n ⟨meist Pl.⟩ [aus dem Niederd. < mniederd. nuster, nöster; verw. mit ↑Nase]: *Nasenloch (bei größeren Tieren, bes. beim Pferd):* schnaubende, geblähte -n; (geh., auch vom Menschen:) hoben die Menschen sehnsüchtig die -n, ob nicht der Wind ei-

nen Duft brächte (Jacob, Kaffee 172); mit bebenden -n *(nervös, aufgeregt u. gespannt).*

Nut, die; -, -en [mhd., ahd. nuot, zu mhd. nüejen, ahd. nuoen = genau zusammenfügen] (Fachspr.): *längliche Vertiefung in einem Werkstück zur Einpassung eines in der Form korrespondierenden Teils:* -en fräsen; Bretter auf N. einschieben, mit -en miteinander verbinden.

Nu|ta|ti|on, die; -, -en [lat. nutatio = das Schwanken]: **1.** (Biol.) *Nutationsbewegung.* **2.** (Astron.) *Schwankung der Erdachse gegen den Himmelspol.*

Nu|ta|ti|ons|be|we|gung, die (Biol.): *durch ungleichmäßiges Wachstum verursachte Bewegung einer Pflanze.*

Nu|te, die; -, -n (in nicht fachspr. Verwendung): *Nut.*

Nut|ei|sen, das: *Werkzeug zum Herstellen einer Nut.*

nu|ten ⟨sw. V.; hat⟩: *mit einer Nut versehen.*

Nut|en|frä|ser, der: *Fräser* (1) *für Nuten.*

Nut|ho|bel, der; -s -: *Werkzeug zum Glätten von Nuten.*

Nu|tra|min, das; -s, -e [Kunstwort aus lat. nutrix = ernährend u. ↑Amin] (veraltet): *Vitamin.*

¹**Nu|tria,** die; -, -s [span. nutria, galicisch nudra, ludra = Fischotter < lat. lutra]: *(in Südamerika heimisches) Nagetier mit dichtem, weichem, graubraunem Fell, das wegen seines wertvollen Fells auch gezüchtet wird; Biberratte:* Eine N. schwamm über den Rhein (MM 8. 12. 67, 15).

²**Nu|tria,** der; -s, -s: **a)** *Fell der* ¹*Nutria:* In schwarzem Ulster, mit braunem Pelzkragen, N., nahm Haseloff Jennys Arm (Grass, Hundejahre 353); **b)** *Pelz[mantel] aus* ²*Nutria* (a): sie trägt einen N.

Nu|tria|man|tel, der: *Mantel aus* ²*Nutria* (a).

nu|trie|ren ⟨sw. V.; hat⟩ [lat. nutrire] (veraltet): *ernähren.*

Nu|tri|ment, das; -[e]s, -e, **Nu|tri|men|tum,** das; -s, ...ta [lat. nutrimentum] (Med.): *Nahrungsmittel.*

Nu|tri|ti|on, die; - [spätlat. nutritio] (Med.): *Ernährung [des Menschen].*

nu|tri|tiv ⟨Adj.⟩ (Med.): **a)** *nährend, nahrhaft:* -e Speisen; **b)** *die Ernährung betreffend, durch die Ernährung:* ein n. bedingtes Kalziumdefizit.

Nutsch, der; -[e]s, -e (landsch.): *Schnuller.*

Nut|sche, die; -, -n [zu ↑nutschen] (Fachspr.): *(im chemischen Laboratorium verwendeter) Filter mit Siebboden u. Filterpapier, der meist auf eine Saugflasche aufgesetzt wird.*

nut|schen ⟨sw. V.; hat⟩ [lautm.]: **1.** (landsch.) *saugen, lutschen.* **2.** (Fachspr.) *mit der Nutsche filtern.*

Nütt|chen, das; -s, - (salopp abwertend): *junge Nutte.*

Nut|te, die; -, -n [urspr. berlin., eigtl. = Ritze (der weibl. Scham); zu ↑Nut] (salopp abwertend): *Prostituierte:* eine miese, kleine N.; sie ist eine N.; in dieser Straße gehen die -n auf und ab; Sie war eine ehemalige N. aus dem Eros-Center (Eppendorfer, Ledermann 17).

nut|ten|haft ⟨Adj.⟩ (salopp abwertend): *von, in der Art einer Nutte.*

nut|tig ⟨Adj.⟩ (salopp abwertend): *wie eine Nutte, in der Art einer Nutte; ordinär, billig:* Helga Grimme verkörperte eine attraktive, unbefangen -e Frau Peachum (MM 27. 10. 86, 32); in dieser Aufmachung sieht sie richtig n. aus.

Nutz [mhd. nuz, ahd. nuz(za), verw. mit ↑genießen]: nur in der Verbindung **jmdm. zu/zu jmds. N. und Frommen** (veraltet, noch scherzh.; *zu jmds. Nutzen, Vorteil, Bestem)* (= er weiß diese (= Abhängigkeiten) auszunutzen, zum eigenen Vorteil, aber auch zu N. und Frommen der Männer, die er befehligt (Heym, Schwarzenberg 48).

nutz: ↑nütze.

Nutz|an|wen|dung, die: *nutzbringende Anwendung:* dass Ihr verabsäumtet, Eure N. für die Wissenschaft deutlicher zu machen (Hacks, Stücke 116); -en waren daraus nicht zu ziehen (Kempowski, Immer 142).

nutz|bar ⟨Adj.⟩ [mhd. nutzebære]: *sich für bestimmte Zwecke verwenden, nutzen lassend:* -e Stoffe; -es Holz; für Wirtschaft und Industrie -e Energie; Damit wird ... die landwirtschaftlich -e Fläche immer weiter verringert (Gruhl, Planet 125); sodass im Ganzen über 430 m² -e Räume vorhanden sie werden (NZZ 22.↑12. 83, 26); ein durchaus -er *(verwertbarer, brauchbarer)* Vorschlag; für etwas n. sein; Um die Einrichtungen für Patienten n. zu machen, müssen ... bauliche Veränderungen vorgenommen werden (Freie Presse 3. 1. 90, 2); den Boden n. machen *(so bearbeiten, dass er landwirtschaftlich genutzt werden kann).*

Nutz|bar|keit, die; -: *das Nutzbarsein.*

Nutz|bar|ma|chung, die; -, -en ⟨Pl. selten⟩: *das Nutzbarmachen.*

Nutz|bau, der ⟨Pl. ...ten⟩ (seltener): *Zweckbau.*

nutz|brin|gend ⟨Adj.⟩: *sachlichen Nutzen bringend:* eine -e Einrichtung, Entwicklung; die Zusammenarbeit war für alle n.; etw. n. verwenden, anlegen; Das Geld könne für die Stadtsanierung -er angewendet werden (Freie Presse 8. 12. 89, 1); etw. n. verwenden.

nüt|ze, (südd., österr. auch:) **nutz** [mhd. nütze, ahd. nuzzi, zu ↑genießen u. eigtl. = etwas, was gebraucht werden kann] nur in der Wendung **[zu] etw. n. sein** *([zu] etw. taugen, brauchbar, nützlich sein, zu gebrauchen sein):* Die Weiber waren alle doof und nur zu einer Sache n. (Fallada, Jeder 361); den Rest kannst du wegwerfen, er ist [zu] nichts n.; Auch ich bin zu nichts n. Wenn ich predige, schläft die Gemeinde ein (Dürrenmatt, Meteor 20).

Nutz|ef|fekt, der: *nutzbringender Effekt:* einen hohen, nur geringen N. haben; keinen wirklichen N. bringen; Jetzt fing man in Nordamerika an, den Kaffee sogar gern zu trinken, über den N. hinaus (Jacob, Kaffee 254).

nut|zen ⟨sw. V.; hat⟩ [mhd. nutzen, ahd. nuzzōn, zu: nuzza, Nebenf. von: nuz, ↑Nutz] (bes. nordd.), **nüt|zen** [mhd. nützen, ahd. nuzzen] (bes. südd.): **1.** *bei etw.*

von Nutzen sein; für die Erreichung eines Ziels geeignet sein; [*jmdm.*] *einen Vorteil, Erfolg, Nutzen bringen, sich zugunsten von jmdm., seiner Unternehmungen o. Ä. auswirken:* das Mittel nützt etwas, nützt wenig, gar nichts, kaum, nicht im Geringsten; bei Schneehöhen über 15 cm nutzen die besten Winterreifen nicht mehr (Caravan 1, 1980, 10); was nützen alle Ermahnungen, wenn er nicht darauf hört; du Maulheld trumpfst mit deinen Sprüchen auf, als würden die was nützen (Fels, Sünden 118); dein Leugnen nutzt jetzt auch nichts mehr; alle Vorsicht hat nichts genützt *(war umsonst);* es nutzt alles nichts (ugs.; *man kann nicht länger zögern, ausweichen),* die Sache muss jetzt angepackt werden; das Medikament nützt bei Kopfschmerzen/gegen Kopfschmerzen; wozu nützt das jetzt alles noch?; wem soll das nützen?; das nutzt niemandem; Ich wollte schon einen Brief schreiben und der Polizei ein Kompliment machen. Würde das Ihnen und Ihren Leuten nützen? (Kemelman [Übers.], Mittwoch 137); es nutzt ihm jetzt nichts mehr; seine Sprachkenntnisse haben ihm sehr genützt. **2. a)** *nutzbringend, zu seinem Nutzen verwerten; aus etw. durch entsprechende Anwendung od. Verwertung Nutzen ziehen:* etw. industriell nutzen; die Wasserkraft der Flüsse zur Stromerzeugung nützen; der Boden wird landwirtschaftlich voll genutzt; **b)** *von einer bestehenden Möglichkeit Gebrauch machen, sie ausnutzen, sich zunutze machen; etw. zu einem bestimmten Zweck benutzen, verwenden:* einen Vorteil klug, geschickt nutzen; sie hat diese Möglichkeit nur sparsam genutzt; Seine Chance nutzte der Mönchengladbacher ... eiskalt, als er Sekunden vor dem Halbzeitpfiff in Bremen zum Siegtreffer einschoss (Kicker 6, 1982, 36); den günstigen Augenblick, die Gunst der Stunde, die Zeit nutzen; Die Mädchen und Jungen nutzen das umfangreiche Angebot der Bibliotheken ... vielseitiger als beispielsweise ältere Bibliotheksbenutzer (BNN 30. 12. 85,4); Diese Wände werden für wechselnde Ausstellungen genutzt (Grossmann, Liebe 108); er nutzt jede freie Minute zum Training; sie nützt jede Gelegenheit, sich hervorzutun.

Nụt|zen, der; -s [aus älterem, stark gebeugtem Nutz (↑ Nutz) unter Einfluss des schwach gebeugten frühnhd. Nutze, mhd. nutze]: *Vorteil, Gewinn, Ertrag, den man aus einer Tätigkeit, dem Gebrauch von etw., der Anwendung eines Könnens o. Ä. hat:* ein großer, kleiner, geringer, allgemeiner, bedeutender N.; der praktische N. bei dieser Sache ist unbedeutend; Der unmittelbar volkswirtschaftliche N. sei mit gut 85 000 Mark zu veranschlagen (NNN 25. 8. 89,6); [keinen] N. von etw. haben; die Sache bringt wenig N.; Dass die Arbeit, die wir machen, nicht für die Katz ist, dass sie uns einen N. bringen soll, das gefällt mir (Kühn, Zeit 55); welchen N. versprecht ihr euch davon?; N. von etw. haben; seinen N. *(Vorteil)* überall suchen; aus etw. N. ziehen; etw. mit N. *(mit Gewinn)* wieder

verkaufen; es wäre von N. *(nützlich, hilfreich, vorteilhaft),* wenn du dabei wärst.
Nụt|zen-Kọs|ten-Ana|ly|se, die (Wirtsch.): *Analyse des Verhältnisses von Nutzen u. Kosten bei Investitionsvorhaben.*
Nụt|zer, der; -s, -: **a)** (Amtsspr.): *juristische Person, die die Berechtigung hat, etw. zu nutzen* (2 a); die Stadt als der N. des Gebäudes; **b)** *jmd., der etw. nutzt* (2 b): der N. eines einsprachigen Wörterbuchs; Mit Beginn des Septembers soll ... der Schul- und Jugendklub ... an seine jungen N. übergeben werden (NNN 26. 6. 85, 6); Technik gibt es nicht ohne ihren Erfinder und N., den Menschen (Höhler, Sieger 191); Beim Abruf von Informationen ... müssen für die ordnungsgemäße Abrechnung zwischen -n und Anbietern die Vergütungsdaten gespeichert bleiben (Rhein-Zeitung 21. 12. 84, 25).
Nụt|ze|rin, die; -, -nen: w. Form zu ↑ Nutzer.
Nụtz|fahr|zeug, das (Verkehrsw.): *Kraftfahrzeug, das zur Beförderung von Gütern od. Personen genutzt wird.*
Nụtz|fisch, der: *Fisch, der vom Menschen als Nahrungsmittel genutzt wird.*
Nụtz|flä|che, die: *nutzbare Fläche des Erdbodens, eines Raumes, Gebäudes:* die landwirtschaftliche N.
Nụtz|gar|ten, der: *Garten, in dem (im Unterschied zum Ziergarten) lediglich Nutzpflanzen, bes. Gemüse u. Obst, gezogen werden.*
Nụtz|holz, das (bes. Forstw.): *Holz, das (im Unterschied zum Brennholz) technisch, handwerklich verwertbar ist, genutzt wird.*
Nụtz|ki|lo|me|ter, der: *Strecke von einem Kilometer, die ein Fahrzeug mit Nutzlast zurücklegt.*
Nụtz|kos|ten ⟨Pl.⟩ (Wirtsch.): *durch genutzte Kapazität entstehende Kosten.*
Nụtz|kraft|wa|gen, der (Verkehrsw.): *Nutzfahrzeug.*
Nụtz|land, das ⟨o. Pl.⟩: *nutzbares Land* (2).
Nụtz|last, die (Fachspr.): **1.** *Last, die ein Transportfahrzeug als Fracht aufnehmen kann.* **2.** *Last, die ein Gebäude zusätzlich zum eigenen Gewicht tragen, aufnehmen kann.*
Nụtz|leis|tung, die (Technik): *von einer Kraftmaschine erzeugte nutzbare Leistung.*
nụtz|lich ⟨Adj⟩ [mhd. nützelich]: *für einen bestimmten Zweck sehr brauchbar; Nutzen bringend:* -e Dinge, Geräte, Bücher; eine -e Beschäftigung; Viele Rentner ergänzen ihrerseits Fürsorge und Geselligkeit durch gesellschaftlich -e Tätigkeit (NNN 3. 8. 84, o. S.); -e Pflanzen, Tiere; einer -en *(sinnvollen)* Beschäftigung nachgehen; Ihr wisst ja gar nicht, was ihr da tut. Nützliche *(sich ausnutzen lassende)* Idioten seid ihr (Zenker, Froschfest 218); unsere Gespräche waren n. und konstruktiv; die Erfindung ist sehr n., hat sich als recht n. erwiesen; du warst mir bei dieser Arbeit sehr n. *(hast mir sehr geholfen);* ⟨subst.:⟩ versuchen, das Angenehme mit dem Nützlichen zu

verbinden; *** sich n. machen** *(etw. Nutzbringendes tun, bei etw. helfen):* Es sprach nichts dagegen, dass Anna auf dem Hof blieb, sie konnte sich n. machen (Brecht, Geschichten 149).
Nütz|lich|keit, die; -: *das Nützlichsein:* Er ... versuchte seinen Gedanken von der N. des Reisens noch ein wenig weiterzuführen (H. Weber, Einzug 119).
Nütz|lich|keits|den|ken, das; -s: *Denken, bei dem das Erreichen eines praktischen Nutzens im Vordergrund steht.*
Nütz|lich|keits|er|wä|gung, die ⟨meist Pl.⟩: vgl. Nützlichkeitsdenken.
Nütz|lich|keits|prin|zip, das ⟨o. Pl.⟩ (Philos.): *Utilitarismus.*
Nütz|lich|keits|stand|punkt, der ⟨o. Pl.⟩: vgl. Nützlichkeitsdenken.
Nütz|ling, der; -s, -e (bes. Landw., Forstw.): *Tier, das für den Menschen bes. dadurch nützlich ist, dass es schädliche Tiere vernichtet:* In den Wald sind viele -e zurückgekehrt (natur 4, 1994, 76); Auch Regenwürmer und andere -e unter den niederen Bodentieren werden wesentlich geschädigt (Tagesspiegel 20. 10. 85, 55).
nụtz|los ⟨Adj.⟩: *keinen Nutzen, Gewinn, Vorteil bringend; ohne Nutzen, ohne positives Ergebnis; vergeblich:* -e Gespräche, Versuche, Anstrengungen; ein -es Unterfangen; -es Tun; es ist ganz n., das zu probieren; sich n. mit etw. abquälen; es gibt Tage, da fühle ich mich n. *(überflüssig;* Hörzu 37, 1973, 66).
Nụtz|lo|sig|keit, die: *das Nutzlossein.*
nụtz|nie|ßen ⟨sw. V.; hat; fast nur im Inf. od. 1. Part. gebr.⟩ (geh.): *einen Nutzen, Vorteil, Profit von etw. haben; profitieren:* zweitrangige Künstler ... nutznießen von seinem Werk (MM 1. 10. 71, 59).
Nụtz|nie|ßer, der; s, -: *jmd., der den Nutzen von etw. hat, einen Vorteil aus etw. zieht, was ein anderer erarbeitet o. Ä. hat.*
Nụtz|nie|ße|rin, die; -, -nen: w. Form zu ↑ Nutznießer.
Nụtz|nie|ßung, die; -, -en: **1.** (geh.) *das Nutznießen:* Deshalb müssen wir unsere Mitsprache bei Einsatz und N. der Atomreaktoren und Computer, der Unterhaltungsmittel, der Lasertechnik usw. wahren und ... weiter ausbauen (Delius, Siemens-Welt 42). **2.** ⟨o. Pl.⟩ (Rechtsspr.) *Nießbrauch.*
Nụtz|pflan|ze, die: *Pflanze, die vom Menschen als Nahrungsmittel, Viehfutter od. für technische Zwecke genutzt wird.*
Nụtz|tier, das: *Tier, das vom Menschen wirtschaftlich genutzt wird.*
Nụt|zung; die; -, -en ⟨Pl. selten⟩: *das Nutzen* (2 a): Mal war die Qualität der Rohstoffe nicht geeignet für industrielle N. (natur 3, 1991, 30); die wirtschaftliche N. eines Gewässers, von Bodenschätzen; die landwirtschaftliche N. eines Gebietes; die friedliche N. der Kernenergie; Mit der langfristigen N. der Fischbestände in der Ostsee befassen sich rund 120 Wissenschaftler (NNN 1. 3. 88, 1).
Nụt|zungs|aus|fall, der: *Ausfall* (2 b) *der Möglichkeit, etw. zu nutzen* (2 a), *z. B. durch Beschädigung.*
Nụt|zungs|dau|er, die: *Zeitraum, in dem ein Wirtschaftsgut* [*betrieblich*] *genutzt* (2 a) *werden kann:* die N. eines

Fernsehgeräts ist heute mit mehr als zehn Jahren zu veranschlagen (Welt 28. 8. 89, 11).

Nut|zungs|recht, das (Rechtsspr.): *Recht zur Nutzung einer Sache; Berechtigung, Befugnis, ein fremdes Eigentum in bestimmter Weise zu nutzen* (2 a): Sie hat sich von den in den Skripten aufgeführten Bearbeitern die urheberrechtlichen -e übertragen lassen (NJW 19, 1984, 1106).

Nutz|vieh, das: vgl. Nutztier.

Nutz|was|ser, das ⟨o. Pl⟩ (Fachspr.): *Brauchwasser.*

Nutz|wert, der: *Gebrauchswert.*

Nutz|wild, das: vgl. Nutzfisch.

Nuuk: Hauptstadt v. Grönland.

NVA = Nationale Volksarmee (Streitkräfte der DDR).

NW = Nordwest[en] (Himmelsrichtung).

Ny, das; -[s], -s [griech. nȳ < hebr. nûn]: *dreizehnter Buchstabe des griechischen Alphabets* (N, ν).

Nyk|tal|gie, die; -, -n [zu griech. nýx (Gen.: nyktós) = Nacht u. álgos = Schmerz] (Med.): *körperlicher Schmerz, der nur zur Nachtzeit auftritt.*

Nyk|ta|lo|pie, die; - [zu griech. alaós = blind u. ōps (Gen.: ōpós) = Auge] (Med.): *Nachtsichtigkeit, Tagblindheit.*

Nyk|ti|nas|tie, die; -, -n [↑Nastie] (Bot.): *mit dem Tag-und-Nacht-Rhythmus zusammenfallende, meist durch Licht od. Temperaturreize hervorgerufene Veränderung der Lage pflanzlicher Organe* (z. B. das Sichsenken der Bohnenblätter am Abend).

Nyk|to|me|ter, das; -s, - [↑-meter (1)] (Med.): *Instrument zur Erkennung der Nachtblindheit.*

Nyk|to|pho|bie, die; - [↑Phobie] (Med., Psych.): *[krankhafte] Furcht vor Dunkelheit.*

Nyk|tu|rie, die; -, -n [zu griech. oûron = Harn] (Med.): *vermehrte nächtliche Harnabsonderung (als Anzeichen bestimmter Krankheiten).*

Ny|lon® [ˈnailɔn], das; -s [engl. nylon, Kunstwort]: *überwiegend zur Herstellung von Textilien verwendete, besonders reißfeste Chemiefaser.*

Ny|lons [ˈnailɔns] ⟨Pl.⟩ (ugs. veraltend): *Damenstrümpfe aus Nylon:* hauchdünne N.; Tamara setzte sich. Sie trug N. (Singer [Übers.], Feinde 64).

Ny|lon|strumpf, der ⟨meist Pl.⟩: *Damenstrumpf aus Nylon.*

Nym|pha, die; -, ...phae u. ...phen [griech. nýmphē = Braut; Jungfrau, verhüll. auch: Klitoris] (Med.): *kleine Schamlippe.*

Nym|phäa, Nym|phäe, die; -, ...äen (Bot.): *Seerose* (1).

Nym|phä|um, das; -, ...äen [lat. nymphaeum < griech. nymphaîon]: **1.** (Myth.) *den Nymphen* (1) *geweihtes antikes Heiligtum* (z. B. Grotte). **2.** (Kunstwiss.) *monumentale, in Villen, Palästen od. auf öffentlichen Plätzen errichtete Brunnenanlage römischer Zeit.*

Nymph|chen, das; -s, -: *Kindfrau* (1).

Nym|phe, die; -, -n [lat. Nymphe < griech. nýmphē, ↑Nympha]: **1.** (griech.-röm. Myth.) *anmutige weibliche Naturgottheit.* **2.** (Zool.) *als letztes Entwicklungsstadium bestimmter Insekten auftretende Larve, die bereits Anlagen zu Flügeln besitzt.* **3.** (seltener) *Nymphchen.*

nym|phen|haft ⟨Adj.⟩: *anmutig, zart, leicht wie eine Nymphe* (1).

Nym|phen|sit|tich, der: *[als Käfigvogel gehaltener] vorwiegend bräunlich grauer australischer Sittich.*

Nym|phi|tis, die; -, ...itiden [zu ↑Nympha] (Med.): *Entzündung der kleinen Schamlippen.*

nym|pho|man, nymphomanisch ⟨Adj.⟩ (Med., Psych.): *(von weiblichen Personen) von einem (krankhaft) gesteigerten Geschlechtstrieb beherrscht.*

Nym|pho|ma|nie, die; - [zu griech. nýmphē = (verhüll.) Klitoris u. ↑Manie] (Med., Psych.): *das Nymphomansein.*

Nym|pho|ma|nin, die; -, -nen (Med., Psych.): *an Nymphomanie leidende Frau.*

nym|pho|ma|nisch: ↑nymphoman.

Ny|norsk, das; - [norw., eigtl. = Neunorwegisch; mit dem Bokmål gleichberechtigte, aber im Gegensatz zu diesem auf Dialekten beruhende norwegische Schriftsprache.*

Nys|tag|mus, der; - [griech. nystagmós = das Nicken] (Med.): *Augenzittern.*

o, O [o:], das; - (ugs.: -s), - (ugs.: -s) [mhd., ahd. o]: *fünfzehnter Buchstabe des Alphabets, vierter Laut der Vokalreihe a, e, i, o, u:* ein kleines o, ein großes O schreiben.

ö, Ö [ø:], das; - (ugs.: -s), - (ugs.: -s) [mhd. œ, ö]: *Umlaut aus o, O.*

o ⟨Interj.⟩ [mhd. ō]: Ausruf der Freude, der Sehnsucht, des Schreckens o. Ä., meist in Verbindung mit einem anderen Wort: o weh!; o Gott!; o welche Freude!; o wäre sie doch schon hier!; o nein!; o ja!; o Wunder!; in der Anrede in Verbindung mit Namen: o Maria!; O Pelegrin! Glaube kein Wort (Frisch, Cruz 90).

o, O = ↑Omikron.

ω, Ω: ↑Omega.

O = Osten; Oxygenium.

O': Bestandteil irischer Namen (z. B. O'Neill).

Ω = ²Ohm.

-o, der; -s, -s (Jargon): wird zum Abkürzen oder Erweitern von Substantiven oder Adjektiven verwendet und kennzeichnet eine männliche Person, die sehr allgemein durch etw. charakterisiert ist: Fundamentalo, Prolo, Realo.

o. a. = oben angeführt.

o. ä. = oder ähnlich.

o. Ä. = oder Ähnliche[s].

ÖAMTC = Österreichischer Automobil-, Motorrad- und Touring-Club.

OAPEC, die; - [Abk. von engl. Organization of the Arab Petroleum Exporting Countries]: Organisation der arabischen Erdöl exportierenden Länder.

Oa|se, die; -, -n [spätlat. oasis < griech. óasis, eigtl. = bewohnter Ort, aus dem Semit.]: *Stelle mit einer Quelle, mit Wasser u. üppiger Vegetation inmitten einer Wüste:* die Karawane erreichte die O.; sie rasteten im Schatten der Palmen einer O.; Ü Die Grundbuchstelle war eine O. *(eine [noch vorhandene] Stätte)* der Ruhe (Konsalik, Promenadendeck 192); ... meiner Meinung nach sollten die Grünflächen in unserem Arbeitsumfeld mehr als nur -en *(Orte der Erholung, der Ruhe)* sein (natur 4, 1991, 23).

Oa|sen|stadt, die: *Stadt, die bei einer Oase liegt.*

OAU, die; - [Abk. von engl. Organization of African Unity]: Organisation für afrikanische Einheit.

OAU-Staa|ten ⟨Pl.⟩: *der OAU angehörende Staaten.*

¹ob ⟨Konj.⟩ [mhd. ob(e), ahd. obe, H. u.]: **1.** leitet einen indirekten Fragesatz, Sätze, die Ungewissheit, Zweifel ausdrücken, ein: er fragte sie, ob sie noch käme; ich weiß nicht, ob die Zeit dafür noch reicht; sie will wissen, ob es geklappt hat; Darum ging es hauptsächlich: Ob er nicht etwas zum Kostgeld zusteuern könne (Kühn, Zeit 55); ob es wohl regnen wird?; Der Präsident kommt nie nach halb neun. Ob du ihn mal anrufst? *(ruf ihn doch vielleicht mal an!;* Bieler, Mädchenkrieg 433); ob das wahr ist, bleibt dahingestellt. **2.** in Verbindung mit »als« zur Einleitung einer irrealen vergleichenden Aussage; vgl. als (II 2). **3.** (veraltend) in Verbindung mit »auch«; *selbst wenn:* er will es so, ob es ihm auch schadet; Soldaten ..., die nichts mehr kennen als blinden Gehorsam, ob er auch in den Tod führt (Kaiser, Villa 27). **4. a)** in Verbindung mit »oder«; *[auch dass]:* sie mussten sich fragen, ob es ihnen passte oder nicht; Ob große Teile des kostbaren Wassers dabei verdampfen oder die künstlichen Felder versalzen – Saudi-Arabien will weiter den Weg zum Agrarexportland beschreiten (natur 2, 1991, 25); **b)** als Wortpaar; *sei es, es handele sich um ... oder um ...:* ob Arm, ob Reich, ob Mann, ob Frau, alle waren betroffen; Ungenützter organischer Abfall wird in den nächsten Jahrzehnten Dünger tun müssen, ob als Arzneimittelgrundlage, ob als Treibstoff, ob als Baumaterial (Augsburger Allgemeine 27./28. 5. 78, 5). **5.** in Verbindung mit »und« zum Ausdruck einer selbstverständlichen Bejahung, Bekräftigung: »Kommst du mit?« – »Und ob!«; »Ich denke, er war Kommunist?« – »Und ob!«, bestätigte Diels (Bieler, Bär 404); Und ob wir daran geglaubt haben – mit allem, was dazugehört (Spiegel 13, 1975, 110).

²ob ⟨Präp.⟩ [mhd. ob(e), ahd. oba, verw. mit ↑auf]: **1.** ⟨mit Gen., selten auch Dativ⟩ (geh.): *wegen, über:* sie fielen ob ihrer sonderbaren Kleidung auf; Lydia ... begann sogar, ihm ob seiner Weigerungen zu schmollen (Norfolk, Lemprière [Übers.] 432); so erhob sich allgemeines Wehgeschrei ob der hereinbrechenden

Veränderung (Dönhoff, Ostpreußen 97); er war ganz gerührt ob solcher Zuneigung; die Teefrau ... rümpfte die Nase ob des Spiritusgeruchs (Hahn, Mann 168); Die überbelasteten Düsseldorfer Kriminalbeamten waren ob der unbürokratischen Hilfe dankbar (Prodöhl, Tod 171); Sergeant Whistler, verärgert ob so viel Verständnislosigkeit ... (Heym, Schwarzenberg 186); ◆ Den Graus der Nacht ob dem eigenen Elend vergessend, hörte man sie grollen und klagen über ihr Missgeschick (Gotthelf, Spinne 46). **2.** ⟨mit Dativ⟩ (schweiz., sonst veraltet) *über* (I 1 a), *oberhalb von:* ob dem Podium; Gesamtsanierung des hoch ob Küsnacht gelegenen Krankenheims Bethseda (NZZ 30. 1. 93, 38); ◆ Ob dem Altar hing eine Mutter Gottes (Schiller, Piccolomini III, 3). ◆ **3.** (zeitlich) *über* (II 2 c); *bei:* habt mir so manche Postill' und Bibelbuch an den Kopf gejagt, wenn Ihr mich ob dem Beten ertapptet (Schiller, Räuber V, 1).

Ob, der; -[s]: Fluss in Sibirien.

¹OB [o'be:], der; -[s], -s, selten: -: Oberbürgermeister: In öffentlicher Gemeinderatssitzung kündete der OB vom Erfolg seiner Bemühungen (Spiegel 41, 1993, 302).

²OB [o'be:], die; -, -s, selten: -: Oberbürgermeisterin: Die OB will ein Marketingkonzept für einen Tourismus, der die Heidelberger Wissenschaft, Wirtschaft und Kultur verstärkt einbeziehen (MM 21. 9. 93, 21).

o. B. = ohne Befund.

Obacht, die; - [aus ↑²ob (2) u. ↑³Acht, eigtl. = Acht über etwas] (südd.): *Vorsicht, Achtung:* Da, ach da kommt ein Auto: Sie empfand Pauline O. über das Haus an (R. Walser, Gehülfe 57); * **auf jmdn., etw. O. geben,** (seltener:) **haben** *(achten, aufpassen):* ich muss auf den flüssigen Verkehr O. geben (Bieler, Bonifaz 233).

ÖBB = Österreichische Bundesbahnen.

obd. = oberdeutsch.

Ob|dach, das; -[e]s [mhd., ahd. ob(e)dach = Überdach, (Vor)halle, aus ↑²ob (2) u. ↑Dach] (Amtsspr., sonst veraltend): *[vorübergehende] Unterkunft, Wohnung:* kein O. haben; Seid willkommen! Ich will euch gern O. geben (Brecht, Mensch 20); ... an eine zufällig zusammengewürfelte Schar von Flüchtlingen, die ein O. gesucht und hier gefunden hatten (Schaper, Tag 5).

ob|dach|los ⟨Adj.⟩: *[vorübergehend] ohne Wohnung:* -e Flüchtlinge; Die Einrichtungen der Nichtsesshaftenhilfe, die mittel-, arbeits- und obdachlose Männer ohne festen Wohnsitz aufnehmen, ... (Klee, Pennbrüder 48); die Luftangriffe ... kosteten 50000 Berliner das Leben, mehr als 100000 wurden o. (Hörzu 52, 1983, 106).

Ob|dach|lo|se, der u. die; -n, -n ⟨Dekl. ↑ Abgeordnete⟩: *jmd., der obdachlos ist:* Nichtsesshafte sind Einzelpersonen, O. leben fast immer im Familienverband (Klee, Pennbrüder 35).

Ob|dach|lo|sen|asyl, das: *Heim, Unterkunft für Obdachlose.*

Ob|dach|lo|sen|für|sor|ge, die: *staatliche Fürsorge für Obdachlose.*

Ob|dach|lo|sen|heim, das: vgl. Obdachlosenasyl.

Ob|dach|lo|sig|keit, die; -: *das Obdachlossein.*

ob|di|plos|te|mon ⟨Adj.⟩ [aus lat. ob = gegen – hin, vor, entgegen u. ↑ diplostemon] (Bot.): *(von Blüten) zwei Kreise von Staubgefäßen tragend, von denen der innere vor den Kelchblättern, der äußere vor den Kronblättern steht.*

Ob|duk|ti|on, die; -, -en [lat. obductio = das Verhüllen, Bedecken, zu: obducere, ↑ obduzieren; wohl nach dem Verhüllen der Leiche nach dem Eingriff] (Med.): *[gerichtlich angeordnete] Öffnung einer Leiche zur Feststellung der Todesursache:* die O. ergab, dass die Frau vergiftet worden war; Nicht einmal gerichtsmedizinische -en ... sind im Hinblick auf einen Kunstfehlernachweis sehr ergiebig (Hackethal, Schneide 42); eine O. anordnen, durchführen.

Ob|duk|ti|ons|be|fund, der: *Befund einer Obduktion.*

Ob|du|ra|ti|on, die; -, -en [zu lat. obdurare = hart machen, verhärten] (Med.): *Verhärtung von Körpergewebe.*

ob|du|rie|ren ⟨sw. V.⟩ (Med.): *(von Körpergewebe) sich verhärten.*

Ob|du|zent, der; -en, -en (Med.): *Arzt, der eine Obduktion vornimmt.*

Ob|du|zen|tin, die; -, -nen: w. Form zu ↑ Obduzent.

ob|du|zie|ren ⟨sw. V.; hat⟩ [lat. obducere (2. Part.: obductum) = verhüllen, bedecken] (Med.): *eine Obduktion vornehmen:* eine Leiche o.

Ob|e|di|enz, Obödienz, die; - [lat. oboedientia = Gehorsam] (kath. Kirche): **1.** Gehorsamspflicht eines Klerikers gegenüber dem geistlichen Oberen. **2.** Anhängerschaft eines Papstes während des Schismas (a).

O-Bei|ne ⟨Pl.⟩ (ugs.): *stark nach außen gebogene Beine:* Sie hat leichte O. (Sobota, Minus-Mann 226); vom Reiten bekommt man O.

o-bei|nig, (auch:) **O-bei|nig** ⟨Adj.⟩ (ugs.): *O-Beine habend:* ein o-beiniger Kavallerist; Jetzt kam der Baron Ställen herüber; er lief ein bisschen O-beinig vom Reiten (Schnurre, Bart 177).

Obe|lisk, der; -en, -en [lat. obeliscus < griech. obelískos, zu: obelós = Spitzsäu-

le; (Brat)spieß; vgl. Obolus]: *frei stehende, rechteckige, spitz zulaufende Säule:* bleiern ragte der einst leuchtende O. wie ein drohender, mächtiger Finger der Ewigkeit in den sich verdunkelnden Himmel (Remarque, Triomphe 439).

oben ⟨Adv.⟩ [mhd. oben(e), ahd. obana = von oben her]: **1. a)** *an einer höher gelegenen Stelle, an einem [vom Sprechenden aus] hoch gelegenen Ort:* o. links, rechts; die Gläser stehen o. im Schrank; o. auf dem Dach; er schlug den Nagel ein Stückchen weiter o. ein; er schaute nach o.; die neuesten Zahlen weichen nach o. ab *(sind höher);* der Taucher kam wieder nach o. *(an die Oberfläche);* von o. hörte man Stimmen; sie sah mich prüfend von o. [her] an; sie ist o. sehr wohlgeformt (verhüll.; hat wohlgeformte Brüste); R o. hui und unten pfui (↑ außen 1); ***o. ohne** (ugs. scherzh.; *mit unbedecktem Busen):* o. ohne herumlaufen; in dieser Bar wird o. ohne bedient; Das Baden »o. ohne« ist aus Sicht der katholischen Kirche moralisch verwerflich (Welt 19. 8. 85, 16); **nicht [mehr] wissen, wo/was o. und unten ist** (ugs.; ↑ hinten); **von o. bis unten** *(ganz u. gar):* ich war von o. bis unten mit Öl verschmiert; Ich war von o. bis unten zerstochen (Kirsch, Pantherfrau 75); **von o. herab** *(in überheblicher, herablassender Weise):* die Mädchen behandelten mich und Schilling ... nur noch von o. herab (Grass, Katz 52); Es ist aber keineswegs ein verwandtschaftliches Du, sondern ein richterlicher Laut, streng und von o. herab (Werfel, Himmel 131); **b)** *am oberen Ende:* den Sack o. zubinden; er sitzt immer o. am Tisch; **c)** *an der Oberseite:* der Tisch ist o. furniert; *von einer Unterlage abgewandt:* die glänzende Seite des Papiers muss o. sein; Sugga lag auf dem Tisch mit dem Gesicht nach o. (Denghardt, Zündschnüre 20); Wenn unser Eisschrank nicht mehr richtig kühlt, muss man ihn ... einfach auf den Kopf stellen, mit den Beinen nach o. (Grzimek, Serengeti 127); **e)** *in großer Höhe:* auf den Bergen o. liegt noch Schnee; hoch o. am Himmel flog ein Adler; Oben gingen die Sterne glänzend und mächtig um (A. Zweig, Grischa 81); Oben über der Wolkendecke war heller Sonnenschein (Plievier, Stalingrad 106); von hier o. sehen die Häuser wie Spielzeug aus; **f)** *in einem vom Sprecher aus höheren Stockwerk:* sie ist noch o.; nimm bitte die Koffer mit nach o.; Kommen Sie mit nach o. Meine Bude sieht zwar noch wüst aus, aber ... (Remarque, Obelisk 209). **2.** (ugs.) *im Norden* (orientiert an der aufgehängten Landkarte): Ich stehe auch nicht allein mit meiner Meinung, dass dort o. in Berlin ... (Freie Presse 15. 2. 90, 6); in Dänemark o.; sie ist auch von da o. **3. a)** (ugs.) *an einer höheren Stelle in einer Hierarchie:* o. war man mit ihr zufrieden; dennoch war er innerlich weit davon entfernt, vor Bernhold zu kneifen, wie man das o. wohl von ihm erwartete (Prodöhl, Tod 228); der Befehl kam von o.; R nach o. buckeln und nach unten treten; **b)** *an einer hohen Stelle in einer ge-

sellschaftlichen o. ä. Rangordnung:* nach Jahren harten Trainings war sie o.; ..., wo die Nationalmannschaften jener Länder stehen, die im Hallenhandball einmal ganz o. (Sport; *an der Spitze)* waren (Saarbr. Zeitung 18. 12. 79, 7); Braucht der HSV, um in der Bundesliga o. (Sport; *in der Spitzengruppe)* mitzuspielen, nicht noch neue Spieler? (Hamburger Morgenpost 5. 9. 84, 14); er wollte nach o.; der Weg nach o. war jetzt offen; *** sich o. halten** *(trotz Schwierigkeiten erfolgreich bleiben, sich behaupten).* **4.** *weiter vorne in einem Text:* siehe o.; die o. erwähnte, genannte, stehende Summe; der o. zitierte Satz; an o. angegebener Stelle; das o. Erwähnte; das o. Genannte; o. Stehendes bitte beachten.

oben|an ⟨Adv.⟩: *an der Spitze:* sein Name steht o. auf der Liste; Ü Unter diesen Merkmalen steht offenbar das männliche Prachtkleid o. (Lorenz, Verhalten I, 220).

oben|auf ⟨Adv.⟩: **1.** (landsch.) *obendrauf:* einen Zettel o. legen; die Kapelle mit der blauen Zwiebel o. (Handke, Niemandsbucht 965). **2. a)** *gesund, guter Laune:* nach der Krankheit ist er jetzt wieder ganz o.; **b)** *sich seiner Stärke bewusst, selbstbewusst:* sie ist immer o.; Dann, als wir schon wieder ganz arriviert waren und o. (Simmel, Stoff 224).

◆ **oben|aus** ⟨Adv.⟩: in der Wendung **o. wollen** *(hoch hinaus wollen;* ↑ hoch 4): ... dass ich o. woll' mit dem Mädel (Schiller, Kabale I, 2).

oben|drauf ⟨Adv.⟩: *auf alles andere, auf allem anderen:* das Buch liegt o.; sie setzte sich o.; o. [auf dem Brot] waren Gurkenscheiben.

oben|drein ⟨Adv.⟩: *überdies, außerdem, noch dazu:* das Kind hat mich o. noch ausgelacht; Viele unserer Arbeiter besitzen ein eigenes Haus und o. eine Wohnung am Meer (Fest, Im Gegenlicht 194).

oben|drü|ber ⟨Adv.⟩: *über etw. darüber:* o. streichen.

oben|durch ⟨Adv.⟩: *oben durch etw. hindurch:* Kette und Schuss, einmal o., einmal untendurch (Augustin, Kopf 414).

◆ **oben|ein** ⟨Adv.⟩: (landsch.) *obendrein:* Drum sei ... o. dir ein Panisbrief beschert (Bürger, Der Kaiser und der Abt); der Park überhaupt und o. der Garten ... in sorgfältigem Beschluss gehalten ward (Kleist, Kohlhaas 103).

oben er|wähnt: s. oben (4).

Oben|er|wähn|te, das; -n ⟨Dekl. ↑ ²Junge, das⟩: vgl. Obenstehende.

oben ge|nannt: s. oben (4).

Oben|ge|nann|te, das; - ⟨Dekl. ↑ ²Junge, das⟩: vgl. Obenstehende.

oben|he|rum ⟨Adv.⟩ (ugs.): *im oberen Teil eines Ganzen, bes. im Bereich der oberen Körperpartie:* sie ist o. füllig; Er erkannte sich schwach im Spiegel, in seiner Unterhose, mit Socken und o. noch vollständig bekleidet (Kronauer, Bogenschütze 384).

oben|hin ⟨Adv.⟩: **1.** *flüchtig, oberflächlich:* etw. o. sagen, tun, ansehen; sie antwortete nur [so] o. *(ohne näher auf die

Frage einzugehen); Leicht und o. erzählte sie von Garmisch, ihren Eltern und vom Geschäft (Bieler, Mädchenkrieg 369); Auf ästhetische Fragen geht Heinrich Mann in seinen Porträts französischer Schriftsteller ... nur selten ein und nur o. (Reich-Ranicki, Th. Mann 137); ich hatte die Frage nur o. *(beiläufig)* gestellt. **2.** ** jmdn./etw. bis o. haben* (ugs.; *jmdn. nicht mehr leiden können, etw. leid sein*): Bloß diesmal keinen Fackelzug. Ich hab diese Art von Feten bis o. (Buchheim, Festung 16).

oben|hi|naus ⟨Adv.⟩: in der Wendung o. **wollen** (↑hinauswollen).

Oben-oh|ne-Ba|de|an|zug, der: *Badeanzug für Frauen, bei dem die Brust unbedeckt ist.*

Oben-oh|ne-Be|die|nung, die: *Kellnerin, die mit unbedecktem Busen bedient.*

Oben-oh|ne-Lo|kal, das: *Lokal mit Oben-ohne-Bedienung.*

oben|rum ⟨Adv.⟩ (ugs.): *obenherum:* Hermann musste sich o. ausziehen (Bieler, Bär 55).

oben ste|hend: s. oben (4).

Oben|ste|hen|de, das; -n ⟨Dekl. ↑²Junge, das⟩: *etw., was weiter oben im Text steht, genannt, erwähnt, zitiert wird:* bitte auch -s beachten.

oben zi|tiert: s. oben (4).

Oben|zi|tier|te, das; -n ⟨Dekl. ↑²Junge, das⟩: vgl. Obenstehende.

ober ⟨Präp. mit Dativ⟩ (österr., sonst landsch. veraltet): *über* (1 a): Janda klammert sich fest an den Griff o. dem Seitenfenster (Zenker, Froschfest 92); ◆ Ich ... erblickte in ziemlicher Ferne ein Feuer, glücklicherweise o. dem Winde (*in der Richtung, aus der der Wind wehte*; Goethe, Kampagne in Frankreich 1792, 1. Oktober).

Ober, der; -s, - [1: gek. aus ↑Oberkellner]: **1.** *Kellner:* ein freundlicher, mürrischer O.; Als der O. kam und den Kaffee brachte (Maron, Überläuferin 27); Herr O., bitte ein Bier, bitte zahlen!; nach dem O. rufen. **2.** *der Dame entsprechende Spielkarte im deutschen Kartenspiel.*

ober... ⟨Adj.⟩ [mhd. obere, ahd. obaro, Komp. von ↑²ob]: **1. a)** *(von zwei od. mehreren Dingen) über dem/den anderen gelegen, befindlich; [weiter] oben liegend, gelegen:* sie drückte auf den oberen Knopf; die obere Reihe; am oberen Rand des Briefbogens; die oberen Zweige erreichte man nur mit der Leiter; die oberen Luftschichten der Atmosphäre; das oberste Stockwerk; die oberste Stufe; Ü die Wahrheit ist oberstes *(wichtigstes, höchstes)* Gebot; Ü Das Ankurbeln der Wirtschaft hat oberste *(höchste)* Priorität (natur 5, 1991, 41); ** das Oberste zuunterst kehren* (ugs.; *alles durchwühlen, durcheinander bringen*); **b)** *der Quelle näher gelegen:* die obere Elbe; am oberen Teil des Rheins. **2.** *dem Rang nach, in einer Hierarchie o. Ä. über anderem, anderen stehend:* die oberen, obersten Instanzen; die oberen Schichten der Gesellschaft; die oberen Klassen sind in einem anderen Gebäude untergebracht; die oberen Lohngruppen. **3.** *der Unterseite abgekehrt:* die obere Seite von etw.

4. *oben* (1 b) *befindlich:* sie sitzt am oberen Ende des Tischs, der Tafel.

ober-, Ober-: **1.** (ugs. emotional verstärkend) drückt in Bildungen mit Adjektiven eine Verstärkung aus/*besonders, höchst:* oberdoof, -flau, -mies. **2.** (ugs. emotional verstärkend) kennzeichnet in Bildungen mit Substantiven eine Person als über anderen stehend, als etw. in besonderem, nicht zu übertreffendem Maße seiend: Oberbonze, -gauner, -langweilerin. **3.** bezeichnet in Bildungen mit Substantiven eine Person, die einen höheren oder den höchsten Rang einnimmt: Oberbibliotheksdirektorin, -kriminalrat; (auch:) Bibliotheksoberinspektor.

Ober|am|mer|gau: Ort in Bayern.

Ober|arm, der; -[e]s, -e: *Teil des Armes vom Ellenbogen bis zur Schulter.*

Ober|arzt, der; -[e]s, ...ärzte: *Arzt, der an einem Krankenhaus den Chefarzt vertritt od. eine Spezialabteilung leitet.*

Ober|ärz|tin, die; -, -nen: w. Form zu ↑Oberarzt.

Ober|auf|se|her, der; -s, -: *jmd., der die Oberaufsicht hat.*

Ober|auf|se|he|rin, die; -, -nen: w. Form zu ↑Oberaufseher.

Ober|auf|sicht, die; -, -en: *höchste, übergeordnete Aufsicht* (1).

Ober|bau, der; -[e]s, -ten: **1.** *oberer Teil eines Bauwerks o. Ä.* **2. a)** (Straßenbau) *Tragschichten u. Belag einer Straße;* **b)** (Eisenb.) *Schienen, Schwellen u. Bettung von Eisenbahngleisen.*

Ober|bauch, der; -[e]s, ...bäuche ⟨Pl. selten⟩: *oberhalb des Nabels gelegener Teil des Bauches.*

Ober|be|fehl, der; -s: *höchste militärische Befehlsgewalt:* den O. haben; Wir wussten nur, der Flug ... wird in einem Gebiet enden, das dem O. Marschall Shukows untersteht (Leonhard, Revolution 275).

Ober|be|fehls|ha|ber, der; -s, - (Milit.): *höchster Befehlshaber.*

Ober|be|fehls|ha|be|rin, die; -, -nen: w. Form zu ↑Oberbefehlshaber: Sie wird O. einer zwei Millionen »Mann« starken Armee (= der Heilsarmee; Welt 9. 5. 86, 18).

Ober|be|griff, der; -[e]s, -e: *übergeordneter, alles Untergeordnete umfassender Begriff.*

Ober|be|klei|dung, die; -, -en: *über der Unterwäsche getragene Kleidung.*

Ober|berg|amt, das; -[e]s, ...ämter: *höchste Dienststelle der Bergbehörde.*

Ober|bett, das; -[e]s, -en: *Deckbett, Federbett:* Das Bett selber machen: Laken glatt ziehen, O. aufschütteln und breit streichen (Kempowski, Tadellöser 302).

Ober|be|wusst|sein, das; -s (Psych.): *waches Bewusstsein, dessen Inhalte jederzeit abrufbar sind.*

Ober|bo|den, der; -s, ...böden: *Mutterboden.*

Ober|boots|mann, der; -[e]s, ...leute: *bei der Bundesmarine ein dem Oberfeldwebel entsprechender Dienstgrad.*

Ober|bun|des|an|walt [auch:--'----], der; -[e]s, ...anwälte (Bundesrepublik Deutschland): *oberster Bundesanwalt.*

Ober|bun|des|an|wäl|tin [auch: --'----], die; -, -nen: w. Form zu ↑Oberbundesanwalt.

Ober|bür|ger|meis|ter [auch: --'----], der; -s, -: *hauptverantwortlicher Bürgermeister in größeren Städten.*

Ober|bür|ger|meis|te|rin [auch: --'----], die; -, -nen: w. Form zu ↑Oberbürgermeister.

Ober|deck, das; -s, -s: **a)** *Deck, das einen Schiffsrumpf nach oben abschließt;* **b)** *Obergeschoss eines zweistöckigen Omnibusses.*

ober|deutsch ⟨Adj.⟩ (Sprachw.): *die Mundarten betreffend, die in Süddeutschland, Österreich u. der Schweiz gesprochen werden.*

Ober|deutsch, das; -[s] u. ⟨nur mit best. Art.:⟩ **Ober|deut|sche,** das; -n: *die oberdeutsche Sprache.*

Ober|dorf, das; -[e]s, ...dörfer: *höher gelegener od. als weiter oben (2, 3 b) empfundener Teil eines Dorfes.*

Obe|re, der; -n, -n ⟨Dekl. ↑Abgeordnete⟩: **1.** *jmd., der in einer Hierarchie an hoher Stelle steht:* Diese -n streben gemäß ihrem herrscherlichen Charakter nach Repräsentation (Reinig, Schiffe 130); sich den -n beugen; Von uns kleinen Funktionären verlangt man Anständigkeit. Das muss auch für die -n gelten (Standard 2. 10. 93, 8); Dass sein Sohn Rainer ... sich gar mit den -n anlegte, schob er auf dessen jugendliche Unerfahrenheit (Kühn, Zeit 424). **2.** *Geistlicher in leitender, bestimmender Position:* er wurde -r eines Klosters.

ober|faul ⟨Adj.⟩ (ugs. emotional verstärkend): *sehr anrüchig, bedenklich:* dann würden sie verstehen, warum ich hier bin, weil hier ein -es Ding gedreht worden ist (Sobota, Minus-Mann 141); die Sache ist o.

Ober|feld|we|bel, der; -s, - (Milit.): **a)** ⟨o. Pl.⟩ *(bei der Bundeswehr) zweitniedrigster Dienstgrad in der Gruppe der Unteroffiziere mit Portepee;* **b)** *Träger dieses Dienstgrades.*

Ober|flä|che, die; -, -n: **1.** *Fläche als obere Begrenzung einer Flüssigkeit:* die ölige, schmutzige O. des Sees; Im dem schmutzigen Hafenwasser hingen ein paar Quallen, die ... in steiler Wölbung die fettige O. durchbrachen (Schneider, Erdbeben 36); Blasen steigen an die O.; Fett schwimmt auf der O.; Ü das Gespräch plätscherte an der O. dahin *(ging nicht sehr in die Tiefe);* nahe liegende Vergleiche mit europäischen Versuchsergebnissen bleiben leicht an der O. (Mantel, Wald 79); der Streit glomm noch unter der O. *(war noch nicht ausgebrochen).* **2.** *Gesamtheit der Flächen, die einen Körper von außen begrenzen:* eine raue, glatte, blanke, polierte O.; die Teerpappe war widerspenstig. Hahl riss sich an der rauen O. die Knöchel wund (Kuby, Sieg 13); die O. der Erde, des Mondes.

ober|flä|chen|ak|tiv ⟨Adj.⟩ (Chemie, Physik): **1.** *eine aufgrund großer Oberfläche große Adsorptionsfähigkeit besitzend.* **2.** *(von gelösten Stoffen) die Fähigkeit besitzend, die Oberflächenspannung* *bes. des Wassers herabzusetzen; grenzflächenaktiv.*

Ober|flä|chen|be|hand|lung, die: *spezielle Bearbeitung der Oberfläche (2) von etw.*

Ober|flä|chen|be|schaf|fen|heit, die: *Beschaffenheit einer Oberfläche.*

Ober|flä|chen|här|tung, die (Technik): *das Härten der Oberfläche von Werkstücken.*

Ober|flä|chen|span|nung, die: *Spannung an der Oberfläche von Flüssigkeiten.*

Ober|flä|chen|struk|tur, die: **1.** *Struktur einer Oberfläche.* **2.** (Sprachw.) *Form eines Satzes, wie sie in der konkreten Äußerung erscheint.*

Ober|flä|chen|was|ser, das ⟨o. Pl.⟩: *(im Unterschied zum Grundwasser) Wasser, das an der Erdoberfläche (als stehendes od. fließendes Gewässer) vorhanden ist.*

ober|flä|chig ⟨Adj.⟩ (selten): *oberflächlich (1).*

ober|fläch|lich ⟨Adj.⟩: **1.** (meist Fachspr.) *sich an od. auf der Oberfläche befindend:* ein -er Bluterguss; stark erweiterte, -e Venen (Hörzu 6, 1988, 121); Kalkböden mit einer -en, dünnen Sandschicht; Man kann den Dünger zur Schonung der Wurzeln auch o. liegen lassen (Augsburger Allgemeine 10./11. 6. 78, 42). **2. a)** *nicht gründlich, flüchtig:* bei -er Betrachtung; Dies wäre eine höchst -e Darstellung des Sachverhalts, die zu völlig falschen Schlussfolgerungen führen muss (Gruhl, Planet 74); Dr. Paterna unterließ es, sich auf solch eine -e Diskussion einzulassen (Konsalik, Promenadendeck 282); ihre Bekanntschaft war ganz o.; etw. o. betrachten, lesen, ansehen; umgeben von seinen drei Kindern und seiner o. erholten Frau ... (Kronauer, Bogenschütze 311); Ich ... gehe hinaus ins Badezimmer und wasche mich o. (Gabel, Fix 41); **b)** *am Äußeren haftend; ohne geistig-seelische Tiefe:* ein -er Mensch.

Ober|fläch|lich|keit, die; -, -en ⟨Pl. selten⟩: *das Oberflächlichsein.*

Ober|förs|ter, der; -s, - (früher): vgl. Revierförster.

Ober|ga|den, der; -s, - (Archit.): *Region der Fenster im Mittelschiff einer Basilika.*

ober|gä|rig ⟨Adj.⟩: *(von Hefe) bei geringer Temperatur gärend u. nach oben steigend:* -e Hefe; -es Bier *(mit obergäriger Hefe gebrautes Bier).*

Ober|ge|frei|te, der u. die; -n, -n (Milit.): **a)** ⟨o. Pl.⟩ *zweithöchster Dienstgrad in der Gruppe der Mannschaften;* **b)** *Gefreite, Gefreiter mit dem Dienstgrad Hauptgefreiter (a).*

Ober|ge|richt, das; -[e]s, -e (schweiz.): *Kantonsgericht.*

Ober|ge|schoss, das; -es, -e: *Stockwerk, das höher als das Erdgeschoss liegt.*

Ober|ge|walt, die (veraltet): *höchste Macht, [Befehls]gewalt.*

Ober|ge|wand, das; -[e]s, ...gewänder (geh.): vgl. Oberbekleidung.

Ober|gren|ze, die; -, -n: *oberste Grenze (2):* Die neun Mitgliedsländer wollen zusammen 472 Millionen Tonnen Öl importieren. Diese O. soll bis 1985 nicht

überschritten werden (Saarbr. Zeitung 11. 10. 79, 4).

Ober|haar, das; -[e]s: *Deckhaar.*

ober|halb [mhd. oberhalbe, eigtl. = (auf der) obere(n) Seite; vgl. -halben]: **I.** ⟨Präp. mit Gen.⟩ *höher als etw. gelegen, über:* o. des Dorfes beginnt der Wald; o. Riminis (MM 25. 7. 88, 16); sie band den Arm o. des Ellenbogens ab; die Kühle um die Beine o. der Socken (Frisch, Montauk 18); sie hängte das Bild o. der Tür auf; Ein so genanntes Pullmanbett, ein aus der Wand klappbares Zusatzbett, das dann o. des normalen Bettes schwebte (Konsalik, Promenadendeck 18); Ü Die Führungskräfte o. der Gruppenleiter (Augsburger Allgemeine 22./23. 4. 78, Magazin S. 4); ... kritisierten unsere Tester zu lautes Windrauschen o. Tempo 80 (ADAC-Motorwelt 4, 1986, 46); Ü Wachstumsrate von knapp o. 2, 6 Prozent (CCI 12, 1985, 17). **II.** ⟨Adv.⟩ (in Verbindung mit »von«) *über etw., höher als etw. gelegen:* das Schloss liegt o. von Heidelberg.

Ober|hand, die [mhd. oberhant, aus: diu obere hant = Hand, die den Sieg davonträgt] in den Wendungen **die O. gewinnen/bekommen/erhalten** *(etw. als stärker erweisen, sich gegen etw., jmdn. durchsetzen):* Sein Realismus gewann wieder mal die O. (Hilsenrath, Nacht 174); Plötzlich gewann ihr Kummer die O. über ihre Erschöpfung (Kemelman [Übers.], Mittwoch 140); **die O. haben/O. behalten** *(stärker sein, bleiben):* Beruhigend, dass sachliche, realistische Töne die O. haben (Freie Presse 3. 1. 90, 1); Im letzten Aufeinandertreffen der ČSSR und Italiens behielten die Tschechoslowaken mit 4:1 die O. (Saarbr. Zeitung 3. 10. 79, 7).

Ober|haupt, das; -[e]s, ...häupter (geh.): *jmd., der als Führer, Leiter, höchste Autorität an der Spitze von etw. steht:* das O. der Familie, des Staates; Sie verwies darauf, dass die Königin auch das O. der anglikanischen Kirche ist (Saarbr. Zeitung 2. 10. 79, 26); der Staatssekretär sei das O. der Verschwörung gegen Hitler ... gewesen (Hochhuth, Stellvertreter, Nachwort 252); Thomas Mann als inoffizielles zwar, doch unumstrittenes O. der deutschen Emigration (Reich-Ranicki, Th. Mann 81).

Ober|haus, das; -es, ...häuser [b: engl. the Upper House]: **a)** *erste Kammer eines aus zwei Kammern bestehenden Parlaments:* in das O. gewählt werden; Ü ..., die den Wagen das gehobene Image verleihen sollen, das sie im Kampf um Marktanteile im O. (in der oberen Klasse) des Automobils unbedingt brauchen (Augsburger Allgemeine 6./7. 5. 78, XVII); Im Waldstadion gelang dem pfeilschnellen Ex-Mannheimer ... sein dritter Treffer im O. (Sport Jargon; in der obersten Spielklasse); Rheinpfalz 13. 4. 96, 8); **b)** ⟨o. Pl.⟩ *erste Kammer des britischen Parlaments.*

Ober|haut, die; - (Biol., Med.): *Epidermis.*

Ober|hemd, das; -[e]s, -en: *Hemd (1 a).*

◆ **Ober|herr,** der; -[e]n, -en [mhd. oberherre]: *oberster Herr (3), Oberhaupt:*

Volk und Senat stehen wartend, ihren gnädigen -n im Fürstenornat zu begrüßen (Schiller, Fiesco V, 12); wenn der Sieg erfochten, will er zu Deutschlands -n mich krönen (Kleist, Hermannsschlacht IV, 1).

◆ **ober|herr|lich** ⟨Adj.⟩: *einem Oberherrn gehörend, entsprechend, ihm zustehend:* Des Landvogts -e Gewalt verachtet er und will sie nicht erkennen (Schiller, Tell III, 3).

◆ **Ober|herr|lich|keit,** die; -: *Oberherrschaft:* Des Schicksals Zwang ist bitter; doch seiner O. sich zu entziehn, wo ist die Macht auf Erden? (Wieland, Oberon 5, 60).

Ober|herr|schaft, die; -: *oberste Herrschaft (1):* er beansprucht die O. über das ganze Reich; sie hat in dieser Gruppe die O. (scherzh.; *die Leitung, Führung*).

Ober|hir|te, der; -n, -n (geh.): *über anderen stehender kirchlicher Würdenträger.*

Ober|hit|ze, die; -: *von oben kommende Hitze in einem Backofen:* einen Kuchen mit, bei O. backen.

Ober|ho|heit, die; -: vgl. Oberherrschaft.

Obe|rin, die; -, -nen: **1.** *Oberschwester:* sie arbeitet als O. in einem großen Krankenhaus. **2.** *Leiterin eines Nonnenklosters, eines von Ordensschwestern geführten Heimes o. Ä.:* die Frau O. hatte sogar die Güte, ihr eine Audienz zu gewähren (Werfel, Himmel 120); Mutter O.! (Anrede bei bestimmten Frauenorden).

Ober|in|ge|ni|eur, der; -s, -e: *leitender Ingenieur.*

Ober|in|ge|ni|eu|rin, die; -, -nen: w. Form zu ↑Oberingenieur.

Ober|in|spek|tor, der; -s, ...oren: *im Rang über dem Inspektor (1) stehender Beamter des gehobenen Dienstes.*

Ober|in|spek|to|rin, die; -, -nen: w. Form zu ↑Oberinspektor.

ober|ir|disch ⟨Adj.⟩: *über dem Erdboden liegend; sich über dem Erdboden befindend:* -e Rohrleitungen; die -en Teile einer Pflanze; Kabel o. verlegen; Das war eine andere Zeit. Damals wurden auch noch Atombomben o. getestet (Spiegel 20, 1986, 140).

Ober|ita|li|en, -s: *das nördliche Italien.*

Ober|kan|te, die; -, -n: *obere Kante:* die O. des Tisches; * **jmdm. bis [zur] O. Unterlippe stehen** (salopp; *jmdm. zuwider sein, jmdn. anwidern*): diese Streitereien stehen mir bis O. Unterlippe.

Ober|kell|ner, der; -s, -: *Kellner, der mit den Gästen abrechnet; Zahlkellner.*

Ober|kell|ne|rin, die; -, -nen: w. Form zu ↑Oberkellner.

Ober|kie|fer, der; -s, -: *oberer Teil des* ¹*Kiefers.*

Ober|kir|chen|rat [auch: --'---], der; -[e]s, ...räte: **a)** *höchstes Verwaltungsorgan verschiedener evangelischer Landeskirchen;* **b)** *Mitglied eines Oberkirchenrats (a).*

Ober|kir|chen|rä|tin [auch: --'----], die; -, -nen: w. Form zu ↑Oberkirchenrat (b): 1980 wurde sie zur ersten O. im Lutherischen Kirchenamt in Hannover berufen (Rheinpfalz 8. 10. 91, 23).

Ober|klas|se, die; -, -n: **1.** *obere Schul-klasse.* **2.** *Oberschicht* (1).

Ober|klei|dung, die; -, -en: *Oberbeklei-dung.*

Ober|kom|man|die|ren|de, der u. die; -n, -n ⟨Dekl. ↑Abgeordnete⟩: vgl. Ober-befehlshaber.

Ober|kom|man|do, das; -s, -s: **a)** ⟨o. Pl.⟩: *höchste militärische Befehlsgewalt:* das O. erhalten, ausüben; **b)** *oberster militä-rischer Führungsstab einer Armee.*

Ober|kör|per, der; -s, -: *oberer Teil des menschlichen Körpers:* ein brauner, mus-kulöser O.; er beugte den O. nach vorn, musste den O. frei machen; mit nacktem O.

Ober|kreis|di|rek|tor [auch: --'----], der; -s, ...oren: *leitender Verwaltungsbe-amter eines Kreistages.*

Ober|kreis|di|rek|torin [auch: --'-----], die; -, -nen: w. Form zu ↑Oberkreisdirektor.

Ober|land, das; -[e]s: *höher gelegener Teil eines Landes* (meist nur noch in Na-men): das Berner O.

Ober|län|der, der; -s, -: *Bewohner des Oberlandes.*

Ober|län|de|rin, die; -, -nen: w. Form zu ↑Oberländer.

Ober|lan|des|ge|richt [auch: --'--- -], das: *oberes Gericht der Länder in der Bundesrepublik Deutschland.*

Ober|län|ge, die; -, -n (Schriftw.): *Teil ei-nes Buchstabens, der über die obere Gren-ze bestimmter Kleinbuchstaben hinaus-ragt.*

ober|las|tig ⟨Adj.⟩ (Seemannsspr.): *(von Schiffen) zu hoch beladen:* ein -er Schleppkahn.

Ober|lauf, der; -[e]s, ...läufe: *der Quelle am nächsten verlaufender Teil eines Flus-ses:* am O. des Mains.

Ober|lau|sitz, die; -: Gebiet um Bautzen u. Görlitz.

Ober|le|der, das; -s, -: *Leder des Ober-teils eines Schuhs.*

Ober|leh|rer, der; -s, -: **1.** (früher) *Studi-enrat.* **2. a)** ⟨o. Pl.⟩ (früher) *Titel für ältere Volksschullehrer;* **b)** ⟨o. Pl.⟩ (DDR) *Eh-rentitel für einen Lehrer;* **c)** *Träger dieses [Ehren]titels.* **3.** (ugs. abwertend) *Schul-meister* (2): Ich riskier' mal 'nen Schnit-zer und lasse mich von irgendwelchen -n gern in ein bestimmtes Licht stellen (Hörzu 37, 1981, 44); Über die ... Apo-strophierung als »O. der Nation« mag Schmidt »nur schmunzeln« (Spiegel 7, 1976, 147).

ober|leh|rer|haft ⟨Adj.⟩: *kleinlich krit-telnd u. belehrend:* ihr -es Gerede geht mir auf die Nerven.

Ober|leh|re|rin, die; -, -nen: w. Form zu ↑Oberlehrer.

Ober|lei|tung, die; -, -en: **1.** *oberste Lei-tung:* Der Gesellschaft oblag die O. und die Koordination der einzelnen Teilpro-gramme (NZZ 4. 4. 84, 23); sie hat die O. übernommen. **2.** *über der Fahrbahn auf-gehängte elektrische Leitung für Stra-ßenbahnen u. Busse.*

Ober|lei|tungs|mast, der: ¹*Mast* (2) *zur Befestigung der Oberleitung* (2).

Ober|lei|tungs|om|ni|bus, der: *Omni-bus mit Elektromotor, der seine Energie

durch eine Oberleitung* (2) *erhält;* Kurz-wort: Obus.

Ober|leut|nant, der; -s, -s: **a)** ⟨o. Pl.⟩ *Of-fiziersrang zwischen Leutnant u. Haupt-mann;* **b)** *Offizier dieses Ranges.*

Ober|licht, das; -[e]s, -er u. -e: **a)** ⟨o. Pl.⟩ *von oben in einen Raum einfallendes Licht:* das Zimmer hat gutes O.; **b)** ⟨Pl. -er, seltener: -e⟩ *oben in einem Raum be-findliches Fenster:* Maria hatte verges-sen, die -er zu schließen (Hahn, Mann 165); **c)** ⟨Pl. -er⟩ *Deckenlampe:* Karn-bach weckte Vera, als er das O. anknipste (Bieler, Bär 78).

Ober|lid, das; -[e]s, -er: *oberes Lid.*

Ober|li|ga, die; -, ...ligen (Sport): **1.** *Spiel-klasse unter der [zweiten] Bundesliga.* **2.** (früher) *höchste Spielklasse in der DDR.*

Ober|li|gist, der; -en, -en: *Ligist einer Oberliga.*

Ober|li|gis|tin, die; -, -nen: w. Form zu ↑Oberligist.

Ober|lip|pe, die; -, -n: *obere Lippe des Mundes.*

Ober|lip|pen|bart, der: *Schnurrbart.*

Ober|maat, der; -[e]s, -e u. -en: **a)** ⟨o. Pl.⟩ *Unteroffiziersrang bei der Kriegsmarine;* **b)** *Unteroffizier dieses Ranges.*

♦ **Ober|macht**, die; -: **a)** *Überlegenheit:* Die Zauberin, wider Willen, fühlt seine O. (Wieland, Oberon 11, 65); **b)** *Ober-herrschaft:* Der Segel stolze O., hast du sie nicht ... erstritten in der Wasser-schlacht? (Schiller, Die unüberwindliche Flotte).

Ober|ma|te|ri|al, das; -s, ...alien: *Mate-rial, aus dem das Oberteil eines Schuhs besteht:* O. Leder.

Ober|ma|tro|se, der; -, -n (DDR): **a)** ⟨o. Pl.⟩ *dem Gefreiten entsprechender Dienstgrad der Kriegsmarine;* **b)** *Träger dieses Dienstgrades.*

Ober|of|fi|zi|al, der; -s, -e (österr.): **a)** ⟨o. Pl.⟩ *Amtstitel im Verwaltungsdienst;* **b)** *Träger dieses Titels.*

Ober|of|fi|zi|a|lin, die; -, -nen: w. Form zu Oberoffizial (b).

Ober|ös|ter|reich; -s: österreichisches Bundesland.

Ober|pfalz, die; -: Regierungsbezirk des Freistaates Bayern.

Ober|post|di|rek|ti|on [auch: --'----], die; -, -en: *dem Postminister unterstellte Verwaltungsbehörde.*

Ober|pries|ter, der; -s, -: *hoher, oberster Priester.*

Ober|pries|te|rin, die; -, -nen: w. Form zu ↑Oberpriester.

Ober|pri|ma [auch: --'--], die; -, ...pri-men (veraltend): *letzte Klasse des Gym-nasiums.*

Ober|pri|ma|ner [auch: ---'--], der; -s, - (veraltend): *Schüler der Oberprima.*

Ober|pri|ma|ne|rin [auch: ---'--], die; -, -nen: w. Form zu ↑Oberprimaner.

Ober|pro|ku|ror, der; -s, ...oren: *(vor 1917) Vertreter des Zaren in der Leitung des Synods.*

Ober|re|al|schu|le [auch: ---'---], die; -, -en (früher): *Realgymnasium.*

Ober|re|gie|rungs|rat [auch: ---'----], der; -[e]s, ...räte: *Regierungsrat einer hö-heren Rangstufe.*

Ober|re|gie|rungs|rä|tin [auch: ---'----], die; -, -nen: w. Form zu ↑Oberregierungsrat.

Ober|rhein, der: Oberlauf des Rheins.

ober|rhei|nisch ⟨Adj.⟩: vgl. rheinisch.

Ober|rich|ter, der; -s, - (schweiz.): *Rich-ter an einem Obergericht.*

Ober|rich|te|rin, die; -, -nen: w. Form zu ↑Oberrichter.

Ober|rohr, das; -[e]s, -e (Fachspr.): *obe-res, meist waagerecht verlaufendes Rohr des Fahrradrahmens.*

Obers, das; - [subst. Neutr. von: ober..., eigtl. = das Obere (der Milch), das oben (auf der Milch) Befindliche] (bayr., ös-terr.): *süße Sahne, süßer Rahm.*

Ober|schen|kel, der; -s, -: *Teil des Bei-nes zwischen Hüfte u. Knie.*

Ober|schen|kel|hals, der (Anat.): *obe-rer Teil des Oberschenkelknochens.*

Ober|schen|kel|hals|bruch, der (Med.): *Bruch* (2 a) *des Oberschenkelhal-ses.*

Ober|schen|kel|kno|chen, der (Anat.): *Knochen des Oberschenkels.*

Ober|schen|kel|kopf, der (Anat.): *rundliche Verdickung am oberen Ende des Oberschenkelknochens.*

Ober|schicht, die; -, -en: **1.** *Bevölke-rungsgruppe, die das höchste gesell-schaftliche Prestige genießt:* Selbst die Moskauer O. klagte ... über die Miss-stände (Ruge, Land 192); der O. ent-stammen. **2.** (seltener) *obere Schicht von etw.:* Die Adern lagen blau unter der dünnen O. (Remarque, Triomphe 119).

Ober|schieds|rich|ter, der; -s, - (Sport): *Schiedsrichter, der bei Turnieren in Zweifelsfällen die endgültige Entschei-dung trifft.*

Ober|schieds|rich|te|rin, die; -, -nen: w. Form zu ↑Oberschiedsrichter.

ober|schläch|tig ⟨Adj.⟩ [zu ↑schlagen] (Fachspr.): *(von einem Wasserrad) von oben her angetrieben:* Ganz rechts steht das Mühlengebäude mit einem -en Rad (NZZ 14. 3. 85, 35).

ober|schlau ⟨Adj.⟩ (ugs. iron.): *sich für besonders schlau, pfiffig haltend, ohne es zu sein:* ein -er Einfall; das war wirklich o. von dir; o. daherreden.

Ober|schna|bel, der; -s, ...schnäbel: *oberer Teil des Schnabels* (1).

Ober|schul|bil|dung, die ⟨o. Pl.⟩: *durch die Oberschule vermittelte Bildung.*

Ober|schu|le, die; -, -n: **1.** (meist ugs.) *höhere Schule.* **2.** (DDR) *für alle Kinder verbindliche, allgemein bildende Schule:* polytechnische, erweiterte O.

Ober|schü|ler, der; -s, -: *Schüler einer Oberschule.*

Ober|schü|le|rin, die; -, -nen: w. Form zu ↑Oberschüler.

Ober|schul|rat, der: *hoher Beamter der Schulaufsichtsbehörde.*

Ober|schul|rä|tin, die; -, -nen: w. Form zu ↑Oberschulrat.

Ober|schwes|ter, die; -, -n: *leitende Krankenschwester eines Krankenhauses od. einer Station.*

Ober|sei|te, die; -, -n: *nach oben gewand-te, sichtbare Seite:* die raue, glatte, glän-zende O. eines Stoffes; die O. der Kiste ist verziert.

ober|seits ⟨Adj.⟩ [↑-seits]: *an der Oberseite:* Das Brutkleid ist o. graubraun und schwarz gefleckt (Jagd 5, 1987, 145).

Ober|se|kun|da [auch: – – –'– –], die; -, ...den (veraltend): *siebte Klasse des Gymnasiums.*

Ober|se|kun|da|ner [auch: – – – –'– –], der; -s, - (veraltend): vgl. Oberprimaner.

Ober|se|kun|da|ne|rin [auch: – – – –'– – –], die; -, -nen: w. Form zu ↑Obersekundaner.

Ober|se|mi|nar, das; -s, -e (Hochschulw.): *(auf Hauptseminaren aufbauendes) Seminar für Examenskandidaten und Graduierte.*

Ober|spiel|lei|ter, der; -s, - (Theater): *leitender Regisseur, der auch über Engagement u. Besetzung mitentscheidet.*

Ober|spiel|lei|te|rin, die; -, -nen: w. Form zu ↑Oberspielleiter.

Oberst, der; -en u. -s, -en, seltener: -e: **a)** ⟨o. Pl.⟩ *höchster Dienstgrad der Stabsoffiziere:* Kleitos, der es zum O. gebracht hatte (Riess, Cäsar 28); **b)** *Offizier dieses Dienstgrades:* sie ist die Tochter eines -en.

oberst... ⟨Adj.; Sup. von ober...⟩: ↑ober....

Ober|staats|an|walt [auch: – –'– – –], der; -[e]s, ...anwälte: *erster Staatsanwalt an einem Landgericht.*

Ober|staats|an|wäl|tin [auch: – –'– – – –], die; -, -nen: w. Form zu ↑Oberstaatsanwalt.

Ober|stabs|feld|we|bel [auch: – –'– – – –], der; -s, -: **a)** ⟨o. Pl.⟩ *höchster Unteroffiziersrang;* **b)** *Unteroffizier dieses Ranges.*

Ober|stadt, die; -, ...städte: vgl. Oberdorf.

Ober|stadt|di|rek|tor [auch: – –'– – – –], der: *Leiter einer städtischen Verwaltung (Amtsbezeichnung).*

Ober|stadt|di|rek|to|rin [auch: – –'– – – –], die; -, -nen: w. Form zu ↑Oberstadtdirektor.

ober|stän|dig ⟨Adj.⟩ (Bot.): *(von Fruchtknoten) oberhalb der Ansatzstelle der Blütenhülle u. der Staubblätter gelegen.*

Obers|te, das; -n: ↑ober....

Ober|stei|ger, der; -s, - (Bergbau): *leitender Steiger.*

Ober|stim|me, die; -, -n (Musik): *höchste Stimme eines mehrstimmigen musikalischen Satzes.*

◆ **Obers|tin**, die; -, -nen: *Frau eines Obersts:* seit gestern Nacht ist sie zurück, und jetzt mit ihrem übervollen Herzen ... stracks hin zur O. damit! (Mörike, Mozart 224).

Oberst|leut|nant [auch: – –'– –], der: **a)** ⟨o. Pl.⟩ *Offiziersrang zwischen Major u. Oberst;* **b)** *Offizier dieses Ranges.*

Ober|stock, der; -[e]s, ...stöcke: *Obergeschoss.*

Ober|stoff, der; -[e]s, -e: *Stoff, aus dem die Außenseite eines gefütterten Kleidungsstücks besteht.*

Ober|stüb|chen, das; -s, - (ugs.): *Kopf* (3): was wohl in ihrem O. vorgeht?; *nicht [ganz] richtig im O. sein (ugs.; ↑richtig 2 b).

Ober|stu|di|en|di|rek|tor [auch: – –'– – – – – –], der; -s, ...oren: **1.** *Direktor*

eines Gymnasiums. **2.** (DDR) **a)** ⟨o. Pl.⟩ *höchster Ehrentitel für einen Lehrer;* **b)** *Träger dieses Titels.*

Ober|stu|di|en|di|rek|to|rin [auch: – –'– – – – – – –], die; -, -nen: w. Form zu ↑Oberstudiendirektor.

Ober|stu|di|en|rat [auch: – –'– – – –], der; -[e]s, ...räte: **1.** *um einen Rang geförderter Studienrat.* **2.** (DDR, österr.) **a)** ⟨o. Pl.⟩ *Ehrentitel für einen Lehrer;* **b)** *Träger dieses Titels.*

Ober|stu|di|en|rä|tin [auch: – –'– – – – –], die; -, -nen: w. Form zu ↑Oberstudienrat.

Ober|stu|fe, die; -, -n: *die drei höchsten Klassen in Realschulen u. Gymnasien.*

Ober|stu|fen|re|form, die: *Umgestaltung des Unterrichts in der Oberstufe, bei der die Schüler nach einem Kurssystem die Unterrichtsfächer frei wählen können.*

Ober|tas|se, die; -, -n: *Tasse ohne Untertasse.*

Ober|tas|te, die; -, -n: *schwarze Taste bei Tasteninstrumenten.*

Ober|teil, das od. der; -[e]s, -e: *oberes, oberer Teil.*

Ober|ter|tia [auch: – –'– –], die; -, ...tertien (veraltend): *fünfte Klasse des Gymnasiums.*

Ober|ter|ti|a|ner [auch: – – –'– –], der; -s, - (veraltend): vgl. Oberprimaner.

Ober|ter|ti|a|ne|rin [auch: – – –'– – –], die; -, -nen: w. Form zu ↑Obertertianer.

Ober|ton, der; -[e]s, ...töne (Physik, Musik): *über dem Grundton liegender u. kaum hörbar mitklingender Teilton, der die Klangfarbe bestimmt.*

Ober|ver|wal|tungs|ge|richt [auch: – – –'– – –], das; -[e]s, -e: *übergeordnetes Verwaltungsgericht.*

Ober|vol|ta; -s: *früherer Name von ↑ Burkina Faso.*

Ober|vol|ta|er, der; -s, -: Ew.

Ober|vol|ta|e|rin, die; -, -nen: w. Form zu ↑Obervoltaer.

ober|vol|ta|isch ⟨Adj.⟩: *Obervolta, die Obervoltaer betreffend; von den Obervoltaern stammend, zu ihnen gehörend.*

ober|wärts ⟨Adv.⟩ [↑-wärts] (veraltet): *nach oben hin.*

Ober|was|ser, das; -s: *oberhalb einer Schleuse, eines [Mühl]wehrs gestautes Wasser;* *** [wieder] O. haben** (ugs.; *[wieder] im Vorteil, obenauf sein*): »... Vor drei Tagen ist die ‚Hindenburg‘ in Lakehurst verbrannt ...« – »Die Flugzeugbauer haben jetzt natürlich O. ...« (Bieler, Mädchenkrieg 314); **[wieder] O. bekommen** (ugs.; *[wieder] in eine günstige Lage kommen*).

Ober|wei|te, die; -, -n: **1.** *Brustumfang:* der Pullover passt für O. 92; die O. messen. **2.** (ugs. scherzh.) *Busen:* Silvana Manganos O. vor allem lockte Vielzuger der Fünfzigerjahre in ... De Santis' Reisarbeiterinnenfilm (Spiegel 40, 1984, 280); sie hatte eine beachtliche O.; ... erwiderte sie jetzt und brachte mit einer derkonnten Bewegung ihre faszinierende O. in besseres Licht (Cotton, Silver-Jet 88).

Ober|zei|le, die; -, -n: *Dachzeile.*

Ober|zen|trum, das; -s, ...zentren: *Stadt, die für eine Region den (wirtschaftlichen*

o. ä.) Mittelpunkt bildet: Heute ist Augsburg als Großstadt das O. der Region und ein wichtiger Wirtschaftsfaktor im süddeutschen Raum (Augsburger Allgemeine 13./14. 5. 78, 47).

Obe|si|tas, die; - [lat. obesitas = Fettigkeit, Feistigkeit] (Med.): *Obesität.*

Obe|si|tät, die; - (Med.): *Fettleibigkeit [infolge zu reichlicher Ernährung].*

Ob|frau, die; -, -en: vgl. Obmann: Im Rechtsausschuss betätigte sie sich, war O. der FDP-Fraktion im Ausschuss für Fremdenverkehr (Rheinpfalz 20. 5. 92, 3).

ob|ge|nannt ⟨Adj.⟩ (österr. Amtsspr.): *oben genannt.*

ob|gleich ⟨Konj.⟩: *obwohl:* sie kam sofort, o. sie nicht viel Zeit hatte; o. es ihm selbst nicht gut ging, half er mir; der Fahrer, o. angetrunken, hatte keine Schuld; er sah mich nicht, o. ich ihm direkt entgegenkam (H. Weber, Einzug 405); ◆ ⟨getrennt:⟩ ob ihr gleich so ruschlich seid, dass ihr auf nichts in der Welt Acht gebt, so spürt ihr doch ... (Goethe, Lila 1); Ob ich gleich den Namen höre, Liebe, so hieß ich immerfort; es ist als ob ich gar nicht wäre, Liebe, 's ist ein leeres Wort (Goethe, Epimenides II, 1); Er schnitt das Brot und seiner Mutter die weiße Rinde vor, ob er gleich die schwarze gar nicht gern aß (Jean Paul, Wutz 25).

Ob|hut, die; - [aus ↑²ob (2) u. ↑²Hut] (geh.): *fürsorglicher Schutz, Aufsicht:* sich jmds. O. anvertrauen; sich in jmds. O. befinden; ob ihm sind die Kinder in guter O.; jmdn. in seine O. nehmen; Er kam sofort in ärztliche O. (Weber, Tote 9); ..., um in den O. der Bären ein paar Stunden auf dem Sofa zu schlafen (Bieler, Bär 92); unter jmds. O. stehen.

Obi, der od. das; -[s], -s [jap. obi]: **1.** *zum japanischen Kimono getragener breiter Gürtel:* Als Schärpe wählte ich einen O., auf den scharlachrote Rosen in Öl gemalt waren (Mishima [Übers.], Maske 16). **2.** (Judo) *Gürtel der Kampfbekleidung.*

obig ⟨Adj.⟩ [zu ↑²ob (2)] (Papierdt.): *oben erwähnt, genannt:* schicken Sie die Ware bitte an -e Adresse; die -e Beschreibung ist genau zu beachten; ⟨subst.:⟩ das ist bereits im -en (weiter oben) dargelegt worden; der, das Obige (Unterschrift unter einer Nachschrift im Brief; Abk.: d. O.).

obi|it [lat. = er/sie ist gestorben, 3. Pers. Sg. Perf. von: obire = zugrunde gehen, sterben]: Inschrift auf alten Grabmälern (Abk.: ob).

Ob.-Ing. = Oberingenieur, Oberingenieurin.

Ob.-Insp. = Oberinspektor, Oberinspektorin.

Obi|ter Dic|tum, das; - -, - ...ta [lat. = das nebenbei Gesagte] (Rechtsspr.): *(in einem Urteil eines obersten Gerichts) rechtliche Ausführungen zur Urteilsfindung, die über das Erforderliche hinausgehen u. auf denen das Urteil dementsprechend nicht beruht.*

Obi|tu|a|ri|um, das; -s, ...ia u. ...ien [mlat. obituarius, zu lat. obitus = Tod] *kalender- od. annalenartiges Verzeichnis der verstorbenen Mitglieder, Wohltäter u.*

Stifter einer mittelalterlichen kirchlichen Gemeinschaft für die jährlich an ihrem Todestag stattfindende Gedächtnisfeier.

Ob|jękt, das; -[e]s, -e [1: mlat. obiectum, subst. 2. Part. von lat. obicere = entgegenwerfen, vorsetzen]: **1. a)** *Gegenstand, auf den das Interesse, das Denken, das Handeln gerichtet ist:* ein geeignetes, lohnendes, untaugliches O.; *Diese Sporen stellen biologisch hochinteressante -e dar* (Medizin II, 126); etw. am lebenden O. demonstrieren; Ü *Frauen waren nur -e für ihn;* er wurde zum O. ihrer Späße; *Nichtsesshafte waren in der Vergangenheit immer das O. polizeilicher Maßnahmen* (Klee, Pennbrüder 72); jmdn. zum O. seiner Aggressionen machen; **b)** (Philos.) *unabhängig vom Bewusstsein existierende Erscheinung der materiellen Welt, auf die sich das Erkennen, die Wahrnehmung richtet.* **2. a)** (bes. Kaufmannsspr.) *etw. mit einem bestimmten Wert, das angeboten, verkauft wird; Gegenstand eines Geschäfts, eines [Kauf]vertrages, bes. ein Grundstück, Haus o. Ä.:* ein günstiges, größeres, geeignetes O.; *bei der Auktion gab es einige schöne -e; Jan zögerte noch, obwohl ihm ein Falkenauer Porzellanfabrikant ein interessantes O. anbot* (Bieler, Mädchenkrieg 254); **b)** österr. Amtsspr.) *Gebäude;* **c)** (bes. DDR) *für die Allgemeinheit geschaffene Einrichtung, betriebswirtschaftliche Einheit, bes. Verkaufsstelle, Gaststätte o. Ä.:* In ... 59 -en wurden vorbildliche Bedingungen ... geschaffen (Freiheit 24. 6. 78, 1). **d)** (DDR) *Gebäude o. Ä., das vom Staatssicherheitsdienst beansprucht, benutzt wird:* Wie liederlich es doch bei allen Sicherheitsorganen zuging ... Beim MfS lag es daran, dass dauernd ... neue -e hinzukamen. Büros, konspirative Wohnungen, Garagen (Loest, Nikolaikirche 64). **3.** (Kunstwiss.) *aus verschiedenen Materialien zusammengestelltes plastisches Werk der modernen Kunst:* kinetische -e; *die Künstlerin stellt Zeichnungen und -e aus.* **4.** (Sprachw.) *Satzglied, das von einem Verb als Ergänzung gefordert wird:* direktes O. (Akkusativobjekt); ein Satz mit mehreren -en.

Ob|jęk|te|ma|cher, der: *Künstler, der Objekte (3) gestaltet.*

Ob|jęk|te|ma|che|rin, die: w. Form zu ↑Objektemacher.

Ob|jękt|ero|tik, die (Psych.): vgl. Objektlibido.

Ob|jękt|glas, das ⟨Pl. ...gläser⟩: Objektträger.

Ob|jęk|ti|on, die; -, -en (Psych.): *Übertragung von Empfindungen, von gefühlsmäßigen Einstellungen auf einen Gegenstand od. Sachverhalt.*

ob|jęk|tiv ⟨Adj.⟩ (bildungsspr.): **1.** *unabhängig von einem Subjekt u. seinem Bewusstsein existierend; tatsächlich:* die -en Gegebenheiten, Tatsachen, Bedingungen; *Jede Politik geht von zwei Elementen aus: von der -en Lage und von den subjektiven Anschauungen, die die Menschen von dieser Lage haben* (Dönhoff, Ära 108); solche Auffassungen ... bedeuten o. eine Hilfeleistung für den Faschis-

mus (Leonhard, Revolution 193). **2.** *nicht von Gefühlen, Vorurteilen bestimmt; sachlich, unvoreingenommen, unparteiisch:* eine -e Entscheidung, Untersuchung; eine -e Berichterstatterin; sein Urteil ist nicht o.; *Die Städte sind Versagungsanstalten! »Bleib gefälligst o.!«* (Feh, Kanakenfauna 41); etw. o. betrachten, darstellen, untersuchen.

Ob|jęk|tiv, das; -s, -e: *dem zu beobachtenden Gegenstand zugewandte Linse[n] eines optischen Gerätes:* das O. [einer Kamera, eines Fernrohrs] auf etwas richten; die Brennweite des -s verändern.

Ob|jęk|ti|va|ti|on, die; -, -en (bildungsspr.): *objektivierte (1) Darstellung.*

ob|jęk|ti|vier|bar ⟨Adj.⟩ (Physik): *sich objektivieren (2) lassend.*

ob|jęk|ti|vie|ren ⟨sw. V.; hat⟩: **1.** (bildungsspr.) *in eine bestimmte, der objektiven Betrachtung zugängliche Form bringen; von subjektiven, emotionalen Einflüssen befreien:* Wahrnehmungsprozesse o.; scheinbar objektivierte Beziehungen o. **2.** (Physik) *etw. so darstellen, wie es wirklich ist, unbeeinflusst vom Messinstrument od. vom Beobachter:* physikalische Vorgänge o.

Ob|jęk|ti|vie|rung, die; -, -en: *das Objektivieren.*

Ob|jęk|ti|vis|mus, der; -: **1.** (Philos.) *erkenntnistheoretische Denkrichtung, die davon ausgeht, dass es vom erkennenden u. wertenden Subjekt unabhängige Wahrheiten u. Werte gibt.* **2.** (marx. abwertend) *wissenschaftliches Prinzip, das davon ausgeht, dass wissenschaftliche Objektivität unabhängig von den Wertvorstellungen des Betrachters, von gesellschaftlichen Realitäten existieren kann.*

Ob|jęk|ti|vist, der; -en, -en: *Anhänger, Vertreter des Objektivismus.*

Ob|jęk|ti|vis|tin, die; -, -nen: w. Form zu ↑Objektivist.

ob|jęk|ti|vis|tisch ⟨Adj.⟩: *dem Objektivismus eigentümlich, in der Art des Objektivismus.*

Ob|jęk|ti|vi|tät, die; -: *objektive (2) Darstellung, Beurteilung o. Ä.:* wissenschaftliche O.; ... das andere (= Selbstbildnis) kühl und mit dem Anschein hoher O. gezeichnet (Hesse, Steppenwolf 58); ..., weil ich das Gericht nicht um O. bemüht hat (Kuby, Sieg 429).

Ob|jękt|ka|sus, der (Sprachw.): *Casus obliquus, der an Objektstelle steht.*

Ob|jękt|kunst, die (Sprachw.): *moderne Kunstrichtung, die sich mit der Gestaltung von Objekten (3) befasst.*

Ob|jękt|künst|ler, der: *jmd., der Objektkunst gestaltet.*

Ob|jękt|künst|le|rin, die: w. Form zu ↑Objektkünstler: *Immer wieder waren die Betrachter verblüfft, wie die O. Gegenständen des täglichen Lebens eine eigene Poesie verleihen konnte* (Spiegel 47, 1985, 284).

Ob|jękt|lei|ter, der: vgl. Projektleiter.

Ob|jękt|lei|te|rin, die: w. Form zu ↑Objektleiter.

Ob|jękt|li|bi|do, die (Psych.): *auf Personen u. Gegenstände, nicht auf das eigene Ich gerichtete Libido.*

Ob|jękt|psy|cho|tech|nik, die; -: *Anpassung der objektiven Forderungen des Berufslebens an die subjektiven Erfordernisse des im Beruf stehenden Menschen* (z. B. Wahl der Beleuchtung, Gestaltung des Arbeitsplatzes).

Ob|jękt|satz, der (Sprachw.): *Objekt (4) in Form eines Gliedsatzes; Ergänzungssatz.*

Ob|jękt|schutz, der: *polizeilicher, militärischer o. ä. Schutz für Objekte (Gebäude, Anlagen usw.):* Hessens schwer bewaffnete Polizei leistete O. für die Hoechster Jahrhunderthalle (Spiegel 25, 1983, 50).

Ob|jęks|ge|ni|tiv, der (Sprachw.): Genitivus obiectivus.

Ob|jękt|spra|che, die (Sprachw.): *Sprache als Gegenstand der Betrachtung, die mit der Metasprache beschrieben wird.*

Ob|jękt|steu|er, die (Steuerw.): *Steuer, die nur nach bestimmten Merkmalen des zu besteuernden Objekts erhoben wird.*

Ob|jękt|tisch, der: *Teil des Mikroskops zum Auflegen, Befestigen des Präparats.*

Ob|jękt|trä|ger, der: *Glasplättchen, auf das ein zu mikroskopierendes Objekt gelegt wird.*

ob|ji|zie|ren ⟨sw. V.; hat⟩ [lat. obicere; ↑Objekt] (veraltet): *einwenden, entgegnen.*

ob|ko|nisch ⟨Adj.⟩ [aus lat. ob = auf – hin, gegen – hin, entgegen u. ↑konisch]: *(von der Bodenfläche eines Kegels) nach oben stehend.*

Ọb|last, die; -, -e [russ. oblast']: *größeres Verwaltungsgebiet in der Sowjetunion.*

¹Ọb|la|te, die; -, -n [mhd., ahd. oblāte < mlat. oblata (hostia) = (als Opfer) dargebrachtes (Abendmahlsbrot), zu lat. offerre (↑offerieren) u. hostia, ↑Hostie]: **1.** *dünne, aus einem Teig aus Mehl u. Wasser gebackene Scheibe, die bes. in der katholischen Kirche als Abendmahlsbrot gereicht wird.* **2. a)** *dünne Scheibe aus einem Teig aus Mehl u. Wasser, die als Unterlage für verschiedenes Gebäck verwendet wird;* **b)** *waffelähnliches, flaches, rundes Gebäck:* Karlsbader -n. **3. a)** (landsch.) *kleines Bildchen, das in ein Poesiealbum o. Ä. eingeklebt wird:* Verlobung war ähnlich altbacken wie Einsegnung oder Poesiealbum oder -n aus bunt gelacktem Papier (Kant, Impressum 201); ◆ **b)** *einer Oblate (3 a) ähnliche Siegelmarke:* ein Billett ... statt des Siegels ein aufgeklebtes rundes Bildchen ...; nun löste Effi o. und las (Fontane, Effi Briest 66).

²Ọb|la|te, der; -n, -n [nach lat. pueri oblati = dargebrachte Knaben; in der alten u. ma. Kirche Bez. für Kinder, die von ihren Eltern für das Leben im Kloster bestimmt worden waren] (kath. Kirche): **1.** *Mitglied einer neueren Ordensgemeinschaft.* **2.** *jmd., der sich einem Orden od. Kloster angeschlossen hat, ohne Vollmitglied zu sein.*

Ọb|la|ti|on, die; -, -en [spätlat. oblatio = das Darbringen] (kath. Kirche): *Teil des Hochgebets.*

Ọb|leu|te ⟨Pl.⟩: **1.** Pl. von ↑Obmann. **2.** *Gesamtheit der Obfrauen und Obmänner.*

ob|lie|gen [auch: –ʹ– –] ⟨st. V.; liegt ob/ (auch:) obliegt, lag ob/(auch:) oblag, hat obgelegen/(auch:) oblegen, obzuliegen/ (auch:) zu obliegen⟩ [mhd. obe ligen, ahd. oba ligan = oben liegen, überwinden]: **a)** (geh.) *jmdm. als Pflicht, Aufgabe zufallen:* die Beweislast liegt dem Kläger ob/obliegt dem Kläger; Peter Glotz, dem die Eröffnungsrede obliegt (Münchner Rundschau 16. 9. 83, 10); denn diesen Männern ... oblag auch dieses Amt, Recht zu sprechen (Gauger, Aufstieg 20); Als oberstem Sicherheitsbeamten des Königreiches obliege ihm nicht nur der Schutz der Bürger vor Verbrechern (Prodöhl, Tod 263); die Pflichten hatten ihr obgelegen/(auch:) oblegen; ⟨unpers.:⟩ es obliegt ihm, dies zu tun; Den Versammelten obliege es, einen solchen Aktionsausschuss ... zu wählen (Heym, Schwarzenberg 43); **b)** (veraltet) *sich einer Sache, Aufgabe widmen, sich mit einer Sache eingehend beschäftigen:* An zwei ... Klapptischen lag man dem Spiele ob (Th. Mann, Zauberberg 120).

Ob|lie|gen|heit [auch: –ʹ– – –], die; -, -en (geh.): *Pflicht, Aufgabe:* seine -en zur Zufriedenheit aller erfüllen; Im Grunde fühlte er sich nur außerstande, die vielen -en, die ihm, dem nun Verwitweten, aufgebürdet sind, zu versehen (Fussenegger, Zeit 82); das zählt zu ihren -en; Wenngleich nun die Sorge um den Acker zu ihren -en gehörte, ... (Hauptmann, Thiel 11).

obli|gat ⟨Adj.⟩ [lat. obligatus = verpflichtet; gebunden, adj. 2. Part. von: obligare = an-, verbinden, verpflichten]: **1.** (bildungsspr.) **a)** (veraltend) *unerlässlich, erforderlich:* ... stellt der Genuss ... einer bestimmten Menge Frischkost ... die -e Grundlage dar (Bruker, Leber 127); **b)** (meist spött.) *regelmäßig dazugehörend, mit etw. auftretend; üblich, unvermeidlich:* der -e Blumenstrauß; der -e Gänsebraten zu Weihnachten, die -e Zigarette nach dem Essen; Reetgedeckte Häuser, die -e Windmühle und historische Gebäude in Backsteingotik – Bredstedt ... präsentiert sich wie aus dem Bilderbuch (natur 6, 1994, 44); Der -e Cocktailempfang des Kapitäns für die neuen Passagiere war vorüber (Konsalik, Promenadendeck 389). **2.** (Musik) *als selbstständig geführte Stimme für eine Komposition unentbehrlich:* eine Arie mit -er Violine.

Obli|ga|ti|on, die; -, -en [1: lat. obligatio]: **1.** (Rechtsspr. veraltet) *Verpflichtung, persönliche Verbindlichkeit:* ◆ (als Grußformel:) O. *(verbindlicher Dank),* Herr Miller! – Für was? (Schiller, Kabale I, 2). **2.** (Wirtsch.) *von einem Unternehmen od. einer Gemeinde ausgegebenes festverzinsliches Wertpapier.*

Obli|ga|ti|o|när, der; -s, -e (schweiz.): *Besitzer von Obligationen* (2).

Obli|ga|ti|o|nä|rin, die; -, -nen: w. Form zu ↑ Obligationär.

Obli|ga|ti|o|nen|recht, das; -[e]s, (schweiz.): *Schuldrecht;* Abk.: OR.

obli|ga|to|risch ⟨Adj.⟩ [1: lat. obligatorius] (bildungsspr.): **1.** *durch ein Gesetz o. Ä. vorgeschrieben, verbindlich:* -e Un-

terrichtsfächer, Vorlesungen; Aufbau einer -en Pflegeversicherung (Spiegel 50, 1990, 26); für diese Ausbildung ist das Abitur o.; Die Wegnahme des noch neuen Führerscheins war o. (Saarbr. Zeitung 4. 12. 79, 17); ... die Frage, ob die individuelle Heizkostenabrechnung für Neubauten o. werden soll (NZZ 26. 2. 86, 37); o. die Berufsschule ... zu besuchen (NZZ 27. 1. 83, 26). **2.** (meist spött.) *obligat* (1 b): Sein kritisches Beobachten und seine Berichterstattung waren ebenso Markenzeichen wie der -e Zigarillo (Chemische Rundschau 21. 8. 92, 2); Wir hatten nicht die Campingplatz-Dienstkleidung an – die -e Badehose bzw. den Badeanzug (ADAC-Motorwelt 8, 1979, 40).

Obli|ga|to|ri|um, das; -s, ...ien (schweiz.): *Verpflichtung, Pflichtfach, -leistung.*

obli|geant [obli'ʒant] ⟨Adj.⟩ [frz., adj. 1. Part. von: obliger < lat. obligare, ↑ obligieren] (veraltet): *gefällig, verbindlich.*

obli|gie|ren [auch: ...i'ʒi:rən] ⟨sw. V.; hat⟩ [wohl unter Einfluss von frz. obliger zu lat. obligare = (an)binden] (veraltet): *[zu Dank] verpflichten.*

Obli|go [auch: ʹ ɔb...], das; -s, -s [ital. ob(b)ligo, zu: ob(b)ligare < lat. obligare, ↑ obligieren] (Wirtsch.): **1.** *Verpflichtung:* Das Bonner O. kann ... auf über sechs Milliarden Mark ansteigen (Spiegel 41, 1980, 20); im O. sein, stehen; Das Lieferland muss finanziell ins O., es muss ihm am eigenen Geldbeutel wehtun, wenn es Verträge nicht einhält (Zeit 23. 1. 81, 23). **2.** *Gewähr:* O. für etw. übernehmen; ohne O. (Abk. o.O.); Wenn er als Vermittler den Quatsch schon mache, dann ohne O. (Spiegel 39, 1981, 104).

Obli|go|buch, das (Bankw.): *bei Kreditinstituten geführtes Buch, in das alle eingereichten Wechsel eingetragen werden.*

oblique [o'bli:k, attr.: ...kvə]: meist in der Fügung **-r Kasus** (Sprachw.; *Casus obliquus*).

Obli|qui|tät, die; - [zu lat. obliquus = schräg, schief]: **1.** (veraltend) *Unregelmäßigkeit.* **2.** (Sprachw.) *Abhängigkeit.* **3.** (Med.) *Schrägstellung des kindlichen Schädels bei der Geburt.*

Ob|li|te|ra|ti|on, die; -, -en [1: lat. obliteratio = das Vergessen; 2: zu lat. oblitum, ↑ obliterieren (2)]: **1.** (Wirtsch.) *Tilgung.* **2.** (Med.) *durch entzündliche Veränderungen o. Ä. entstandene Verstopfung von Hohlräumen, Gefäßen des Körpers.*

ob|li|te|rie|ren ⟨sw. V.; hat⟩ [1: lat. oblit(t)erare = überstreichen, (aus dem Gedächtnis) löschen, vergessen; 2: zu lat. oblitum, 2. Part. von: oblinere = be-, überstreichen, verstopfen]: **1.** (Wirtsch.) *tilgen.* **2.** (Med.) *(von Hohlräumen, Kanälen u. Gefäßen) verstopfen.*

Ob|lo|mo|we|rei, die; -, -en [für russ. oblomovščina, nach dem Titelhelden Oblomow eines Romans des russ. Dichters I. A. Gontscharow (1812–1891)] (bildungsspr.): *lethargische* (1) *Haltung; tatenloses Träumen:* Ein Schuss O. mochte hinzukommen, die Verwilderung, auch

die geistige, ist bequem (Kaschnitz, Wohin 118).

ob|long ⟨Adj.⟩ [lat. oblongus] (veraltet): **a)** *länglich;* **b)** *rechteckig.*

Ob|long|ta|blet|te, die (Pharm.): *längliche Tablette.*

Oblt. = Oberleutnant.

OBM = Oberbürgermeister, Oberbürgermeisterin.

Ob|mann, der; -[e]s, ...männer u. ...leute [mhd. obeman = Schiedsmann, -richter, aus: obe (↑²ob 2) u. man, ↑ Mann]: **1.** *Vorsitzender eines Vereins, eines Ausschusses o. Ä.* **2.** (Sport) *Vorsitzender des Kampfgerichts.* **3.** *jmd., der die Interessen einer bestimmten Gruppe o. Ä. vertritt; Vertrauensmann.*

Ob|män|nin, die; -, -nen (veraltend): *Obfrau.*

Ob|ö|di|enz: ↑ Obedienz.

Oboe, die; -, -n [ital. oboe < frz. hautbois, eigtl. = hohes (= hoch klingendes) Holz]: **1.** *leicht näselnd klingendes, an Obertönen reiches Holzblasinstrument mit einem Mundstück aus Rohrblättern u. dreiteiliger, konisch gebohrter Röhre, dessen Tonlöcher mit Klappen geschlossen werden.* **2.** *im Klang der Oboe* (1) *ähnelndes Orgelregister.*

Oboe da Cac|cia [- da 'katʃa], die; - - -, - - - [ital. = Jagdoboe]: *eine Quint tiefer stehende Oboe.*

Oboe d'Amo|re [- da'mo:rə], die; - - -, - - - [ital. = Liebesoboe], **Oboe d'Amour** [- da'mu:ɐ̯], die; - -, -n -n [frz. = Liebesoboe]: *eine Terz tiefer stehende Oboe mit zartem, mildem Ton.*

Obo|er, der; -s, -: *Oboist.*

Obo|e|rin, die; -, -nen: w. Form zu ↑ Oboer.

Obo|ist, der; -en, -en: *jmd., der berufsmäßig Oboe spielt.*

Obo|is|tin, die; -, -nen: w. Form zu ↑ Oboist.

Obo|lus, der; -, - u. -se [lat. obolus < griech. obolós, mundartl. Form von: obelós = [Brat]spieß (↑ Obelisk); wahrscheinlich waren die ersten Münzen dieser Art kleine, spitze Metallstücke]: **1.** *kleine altgriechische Münze.* **2.** (bildungsspr.) *kleinerer Betrag, kleine Geldspende für etw.:* seinen O. entrichten; jmdm. einen O. abknöpfen; Der Rittmeister betritt die Planke und reicht dem Fährmann seinen O. (Fussenegger, Haus 195); Erleichtert, doch noch eine Parklücke gefunden zu haben, gibt der Fahrer dem »Einweiser« einen kleinen O. (Saarbr. Zeitung 5. 10. 79, 48). **3.** ⟨Pl.: -⟩ (Geol.) *primitiver, versteinerter Armfüßer, der vom Kambrium bis zum Ordovizium gesteinsbildend war.*

Obo|trit, der; -en, -en: Angehöriger eines westslawischen Volksstammes.

Obo|tri|tin, die; -, -nen: w. Form zu ↑ Obotrit.

Ob|rep|ti|on, die; - [lat. obreptio, zu: obrepere = heranschleichen, überraschen, überfallen] (Rechtsspr. veraltet): *Erschleichung [eines Vorteils durch unzutreffende Angaben].*

Ob|rig|keit, die; -, -en [spätmhd. oberecheit, zu ↑ ober...]: *Träger weltlicher od. geistlicher Macht; Träger der Regierungs-*

gewalt: die weltliche, geistliche O.; Nachdem im zwölften Jahrhundert die ersten mechanischen Uhren gefertigt wurden, setzten die örtlichen -en die Zeit fest (natur 4, 1991, 101); Solidarität ..., das war die Waffe, mit der man eine willkürliche O. überwinden würde (Kühn, Zeit 134); sich bei seiner O. (scherzh.; *seinen Vorgesetzten*) beschweren.

ob|rig|keit|lich ⟨Adj.⟩ (veraltend): *die Obrigkeit betreffend, von ihr ausgehend:* -e Verordnungen, Befehle; die -e Willkür; Dann war an der Tafel vor der Zinsscheune, wo immer die -en Anschläge hingen, ein Aufruf angebracht (Kühn, Zeit 12); Eine mündige ... Gesellschaft braucht diese o. verordnete elektronische Erziehung nicht (Wirtschaftswoche [Wien] 30. 9. 93, 14).

Ob|rig|keits|den|ken, das; -s: *Denkweise, die eine Obrigkeit kritiklos anerkennt.*

Ob|rig|keits|glau|be, der: *Glaube an u. Vertrauen in die Richtigkeit alles dessen, was von der Obrigkeit kommt.*

ob|rig|keits|gläu|big ⟨Adj.⟩: *von Obrigkeitsglauben erfüllt.*

ob|rig|keits|hö|rig ⟨Adj.⟩: *der Obrigkeit hörig seiend:* -e Beamte; Lediglich 7,6 Prozent der sonst so -en Deutschen vertrauen – was Informationen über Gentechnologie betrifft – ihren öffentlichen Autoritäten (natur 8, 1991, 35).

Ob|rig|keits|staat, der: *absolutistischer, monarchistischer, undemokratischer regierter Staat.*

ob|rig|keits|staat|lich ⟨Adj.⟩: *den Obrigkeitsstaat betreffend.*

Obrist, der; -en, -en [eigtl. veraltete Form von ↑Oberst]: **1.** (veraltet) *Oberst.* **2.** (abwertend) *Mitglied einer Militärjunta.*

ob|ru|ie|ren ⟨sw. V.; hat⟩ [lat. obruere = überschütten, bedecken, begraben] (veraltet): *überladen, überhäufen, belasten.*

ob|schon ⟨Konj.⟩ (geh.): *obwohl:* sie kam, o. sie krank war; denn o. kein Tor, war er doch auch nicht der Denkstärksten einer (Stern, Mann 227).

◆ **ob|schwe|ben** ⟨sw. V.; schwebt ob/obschwebt, schwebte ob/obschwebte, hat obschwebt/(auch:) obgeschwebt, zu obschweben/(auch:) obzuschweben⟩ [aus ↑²ob (2) u. ↑schweben]: *bevorstehen, drohen:* wir wollen gern bekennen, ... einigermaßen besorgt gewesen zu sein, es möge hier einige Gefahr o. (Goethe, Wanderjahre II, 5).

Ob|se|kra|ti|on, die; -, -en [lat. obsecratio, zu: obsecrare, ↑obsekrieren] (veraltet): *Beschwörung durch eindringliches Bitten.*

ob|se|krie|ren ⟨sw. V.; hat⟩ [lat. obsecrare] (veraltet): *beschwören, dringend bitten.*

ob|se|quent ⟨Adj.⟩ [lat. obsequens (Gen.: obsequentis), 1. Part. von: obsequi = folgen, sich nach jmdm. richten] (Geogr.): *(von Flüssen) der Fallrichtung der Gesteinsschichten entgegengesetzt fließend.*

Ob|se|qui|a|le, das; -[s], ...lien [mlat. obsequiale]: *liturgisches Buch für die Exequien.*

Ob|se|qui|en ⟨Pl.⟩ [mlat. obsequiae, unter Einfluss von lat. exsequiae (↑Exe-

quien) zu lat. obsequium = (letzter) Dienst, Gefälligkeit]: *Exequien.*

ob|ser|va|bel ⟨Adj.⟩ [lat. observabilis] (veraltet): *bemerkenswert.*

ob|ser|vant ⟨Adj.⟩ [lat. observans (Gen.: observantis), 1. Part. von: observare, ↑observieren] (bildungsspr. selten): *sich streng an die Regeln haltend.*

Ob|ser|vant, der; -en, -en: *Angehöriger der strengeren Richtung eines Mönchsordens, bes. bei den Franziskanern.*

Ob|ser|vanz, die; -, -en [mlat. observantia < lat. observantia = Beobachtung, Befolgung, zu: observare, ↑observieren]: **1.** (bildungsspr.) *Ausprägung, Form:* er ist Sozialist strengster O.; Portugiesische Rechtsgelehrte liberaler, ja sogar konservativer O. ... (Weltwoche 26. 7. 84, 5); Unter den Gästen nicht kommunistischer O. zählt man ... (NZZ 26. 2. 86, 2). **2.** (Rechtsspr.) *örtlich begrenztes Gewohnheitsrecht.* **3.** *Befolgung der eingeführten Regel [eines Mönchsordens]:* der (= Papst Gregor VII.) setzt zwei Jahrzehnten unerbittlich die Idee der allein herrschenden Kirche in strengster O. vertreten hatte (Goldschmit, Genius 57).

Ob|ser|va|ti|on, die; -, -en [lat. observatio]: **1.** *wissenschaftliche Beobachtung [in einem Observatorium].* **2.** *das Observieren* (1): Das gilt für die so genannte offene O., bei welcher es der Behörde egal ist, ob der Observierte merkt, dass er beobachtet wird (Heym, Nachruf 806); Die fünf Demonstranten standen seit langem unter polizeilicher O. (Spiegel 49, 1983, 52).

Ob|ser|va|tor, der; -s, ...oren [lat. observator = Beobachter]: *jmd., der in einem Observatorium tätig ist.*

Ob|ser|va|to|rin, die; -, -nen: w. Form zu ↑Observator.

Ob|ser|va|to|ri|um, das; -s, ...ien [zu lat. observator, ↑Observator]: *astronomische, meteorologische od. geophysikalische Beobachtungsstation; Stern-, Wetterwarte.*

ob|ser|vie|ren ⟨sw. V.; hat⟩ [lat. observare]: **1. a)** *der Verfassungsfeindlichkeit, eines Verbrechens verdächtige Personen od. entsprechende Objekte polizeilich überwachen:* jmdn. o. [lassen]; eine Wohnung, ein Haus o.; 30 Beamte in Uniform und Zivil observieren Tag und Nacht die Gegend (Stadtblatt 21, 1984, 13); Er sei ... einverstanden gewesen, dass Guillaume observiert werden solle (MM 25. 9. 75, 2). **b)** *Personen, Gebäude o. Ä. über einen längeren Zeitraum [zu einem bestimmten Zweck] beobachten:* Die Stasi nutzte Hinweise ihres Agenten, um Leute zu o. (Spiegel 38, 1994, 97). **2.** (veraltet) *[wissenschaftlich] beobachten:* ◆ Dass er sich ... im astrologischen Turme ihn dem Doktor einschließen wird und mit ihm o. *(die Sterne beobachten;* Schiller, Piccolomini III, 1).

Ob|ser|vie|rer, der; -s, - [zu ↑observare]: *jmd., der jmdn. od. etw. observiert, beobachtet.*

Ob|ser|vie|re|rin, die; -, -nen: w. Form zu ↑Observierer.

Ob|ser|vie|rung, die; -, -en: *das Observieren* (1).

Ob|ses|si|on, die; -, -en [lat. obsessio = das Besetztsein, Blockade] (Psych.): *[mit einer bestimmten Furcht verbundene] Zwangsvorstellung od. -handlung:* Erotische Wunschvorstellungen und sexuelle -en: Um diese Themen kreist Edwards' »Die Traumfrau« (Neue Kronen Zeitung 30. 3. 84, 32); ich habe eine kleine Schreibmaschine gekauft ... Diese O., Sätze zu tippen (Frisch, Montauk 21); Ein Tabakpflanzer ... verrennt sich in die besessene Liebe zu einer blonden Femme fatale ... und geht an dieser O. kaputt (Spiegel 34, 1985, 168).

ob|ses|siv ⟨Adj.⟩ [engl. obsessive] (Psych.): *in der Art einer Obsession:* 83,6 Prozent fanden das Kammerspieldrama um sechs Frauen und ihre -e Fixierung auf den legendären James Dean »gut« (Szene 8, 1984, 46).

Ob|si|di|an, der; -s, -e [lat. (lapis) Obsianus, nach dem röm. Reisenden Obsius, der das Gestein in Äthiopien entdeckte]: *dunkles, viel Kieselsäure enthaltendes, glasiges Gestein.*

ob|sie|gen [auch: '- - -] ⟨sw. V.; obsiegt/ (auch:) siegt ob, obsiegte/(auch:) siegte ob, hat obsiegt/(auch:) obgesiegt, zu obsiegen (österr. nur so)/(auch:) obzusiegen) [aus ↑²ob (2) u. ↑siegen] (veraltend): *siegen, siegreich sein:* die Kräfte des Guten obsiegten; sie obsiegte in letzter Instanz; bessere Einsicht hat doch obsiegt; eigentlich wollte ich damals mein Leben beenden, aber die Feigheit obsiegte (Mayröcker, Herzzerreißende 132); Der Personenverkehr sollte auf die Straße verlegt werden. Doch nach zähem Kampf obsiegte die Schiene (Blickpunkt 4, 1983, 12); Definitiv obsiegt jedoch der Kommissionsantrag mit 78 zu 33 Stimmen (NZZ 21. 12. 86, 25).

Ob|si|gna|ti|on, die; -, -en [lat. obsignatio, zu: obsignare, ↑obsignieren] (Rechtsspr. veraltet): **a.** *Versiegelung (durch das Gericht);* **b.** *Bestätigung, Genehmigung.*

ob|si|gnie|ren ⟨sw. V.; hat⟩ [lat. obsignare = (be-, ver)siegeln] (Rechtsspr. veraltet): *besiegeln.*

obs|kur ⟨Adj.⟩ [lat. obscurus, eigtl. = bedeckt] (bildungsspr.): *[nicht näher bekannt u. daher] fragwürdig, anrüchig, zweifelhaft:* eine -e Person, Gestalt; Es hätte mich aus dem Gleichgewicht gebracht, wäre zu dieser -en Gesellschaft einer meiner Bekannten hinzugetreten (Handke, Niemandsbucht 83); ein -es Lokal, Hotel, Geschäft; Mit seinem Namen unterzeichnet, erreichten Briefe -en Inhalts die Nachbarschaft (tip 12, 1984, 74); Wegen der selbst für damalige Verhältnisse -en Umstände des Geschäftes ... (Pródöhl, Tod 6); diese Geschichte ist ziemlich o.

Obs|ku|rant, der; -en, -en [zu lat. obscurans (Gen.: obscurantis), 1. Part. von: obscurare = verdunkeln; verbergen, verhehlen] (veraltet): *Dunkelmann.*

Obs|ku|ran|tin, die; -, -nen: w. Form zu ↑Obskurant.

Obs|ku|ran|tis|mus, der; - [zu lat. obscurare, ↑Obskurant] (bildungsspr.): *Bestreben, die Menschen bewusst in Unwissenheit zu halten, ihr selbstständiges Denken zu verhindern u. sie an Übernatürliches glauben zu lassen.

obs|ku|ran|tis|tisch ⟨Adj.⟩ (bildungsspr.): den Obskurantismus betreffend, ihm entsprechend.

Obs|ku|ri|tät, die; -, -en [lat. obscuritas] (bildungsspr.): das Obskursein; Dunkelheit, Unklarheit.

Ob|so|les|zenz, die; - [zu lat. obsolescere, ↑obsoleszieren] (bildungsspr.): das Veralten.

ob|so|les|zie|ren ⟨sw. V.; hat⟩ [lat. obsolescere = sich abnutzen, an Wert verlieren] (bildungsspr.): veralten, ungebräuchlich werden.

ob|so|let ⟨Adj.⟩ [lat. obsoletus] (bildungsspr.): 1. nicht mehr gebräuchlich; nicht mehr üblich; veraltet: die ... -en Bestandstücke der Kultur (Adorno, Prismen 237); ein -es Wort (Sprachw.; veraltetes Wort); Die alte Position, dass eine Verkürzung der Wochenarbeitszeit grundsätzlich schädlich sei, ist für die CDU damit o. (Allgemeine Zeitung 12. 5. 84, 2); Der neuartige Photosatz macht das Arbeiten mit Blei o. (Spiegel 20/21, 1976, 35). 2. überflüssig: Sonst könne er keinen glaubwürdigen Wahlkampf gegen Kanzler Kohl führen, sei seine Kandidatur o. (Spiegel 22, 1990, 23).

Ob|sor|ge, die; - [aus ↑²ob (2) u. ↑Sorge] (österr. Amtsspr.): sorgende Aufsicht, Fürsorge: Sie nahmen die O. für die Hospitäler und die heiligen Stätten in die Hand (Werfel, Bernadette 468).

Obst, das; -[e]s [mhd. obeʒ, ahd. obaʒ, eigtl. = Zukost, zu ↑²ob u. ↑essen]: essbare süße, meist saftige Früchte bestimmter Bäume u. Sträucher: frisches, saftiges, [un]reifes, rohes, eingemachtes, gedörrtes O.; Eine Tasse Milch am Tag und ein Stück O. – das ist die Essenszulage für werdende Mütter (SZ 8. 11. 97, 10); in den Fluren ... roch es nach fauligem O. (Böll, Erzählungen 36); O. pflücken, auflesen, einmachen, ernten, schälen; mehr O. essen wollen; eine Schale mit O.; R [ich] danke für O. und Südfrüchte (ugs.; davon will ich nichts wissen).

Obs|ta|kel, das; -s, - [lat. obstaculum] (veraltet): Hindernis.

Obst|an|bau, der ⟨o. Pl.⟩, **Obst|bau,** der ⟨o. Pl.⟩: Anbau von Obst.

obst|bau|lich ⟨Adj.⟩: den Obstbau betreffend.

Obst|baum, der: Baum, der Obst trägt: ein blühender O.; Man fahre in Deutschland im Herbst durch die Landschaft, und man wird unzählige Obstbäume finden, die niemand aberntet (Gruhl, Planet 156).

Obst|baum|gar|ten, der: Garten mit Obstbäumen; Obstgarten.

Obst|blü|te, die: das Blühen, Blütezeit der Obstbäume.

Obst|di|ät, die: Diät, bei der hauptsächlich od. ausschließlich Obst gegessen wird.

Obst|ern|te, die: 1. das Ernten des Obstes. 2. Gesamtheit des geernteten Obstes.

Obst|es|sig, der: Essig aus bestimmten Obstsorten, wie Äpfeln, Birnen, Pflaumen.

Obs|te|trik, die; - [zu lat. obstetrix = Hebamme] (Med.): Geburtshilfe (2).

Obst|fleck, der: durch den Saft von Obst hervorgerufener Fleck.

Obst|frau, die (ugs.): Frau, die [auf dem Markt] Obst verkauft.

Obst|gar|ten, der: Garten, in dem überwiegend Obstbäume wachsen.

Obst|ge|hölz, das ⟨meist Pl.⟩ (Fachspr.): Holzgewächs, das Obst liefert.

Obst|geist, der ⟨Pl. -e⟩: Obstwasser.

Obst|han|del, der: Handel mit Obst.

Obst|händ|ler, der: jmd., der mit Obst [Gemüse o. Ä.] handelt.

Obst|händ|le|rin, die: w. Form zu ↑Obsthändler.

Obst|hor|de, die: ¹Horde (a) für Obst.

obs|ti|nat ⟨Adj.⟩ [lat. obstinatus = darauf bestehend, hartnäckig] (bildungsspr.): starrsinnig, unbelehrbar: ein -es Kind; eine -e Haltung; Er beharrte o. auf seiner Idee (Roth, Kapuzinergruft 118).

Obs|ti|na|ti|on, die; - [lat. obstinatio] (bildungsspr.): Halsstarrigkeit, Eigensinn.

Obs|ti|pa|ti|on, die; -, -en [spätlat. obstipatio = das Gedrängtsein] (Med.): Stuhlverstopfung.

obs|ti|pie|ren ⟨sw. V.; hat⟩ (Med.): zu Stuhlverstopfung führen; ⟨häufig im 2. Part.:⟩ obstipiert sein (keinen Stuhlgang haben).

Obst|kern, der: 1. Stein (6) von Obst. 2. Kern (1 a) von Obst.

Obst|kis|te, die: Kiste für, mit Obst.

Obst|kon|ser|ve, die ⟨meist Pl.⟩: in einem Glas od. in einer Dose verschlossenes, haltbar gemachtes Obst.

Obst|korb, der: Korb für, mit Obst.

Obst|ku|chen, der: mit Obst belegter [u. mit Tortenguss überzogener] Kuchen.

Obst|kul|tur, die: Kultur (4) von Obstbäumen.

Obst|kur, die: vgl. Obstdiät.

Obst|ler, der; -s, - (landsch.): 1. Obstwasser. 2. Obsthändler.

Obst|ler, der; -s, - (österr.): Obsthändler.

Obst|le|rin, die; -, -nen: w. Form zu ↑Obstler (2).

Obst|le|rin, die; -, -nen: w. Form zu ↑Öbstler.

Obst|markt, der: [Groß]markt, auf dem Erzeuger ihr Obst anbieten.

Obst|mes|ser, das: kleines Messer zum Schälen u. Schneiden von Obst.

Obst|most, der: 1. aus Obst (z. B. Äpfeln, Birnen) hergestellter unvergorener, alkoholfreier Saft; Obstsaft. 2. (bes. südd.) leicht alkoholisches Getränk aus vergorenem Obstsaft (z. B. von Äpfeln od. Trauben).

Obst|pflü|cker, der: 1. zum Pflücken von Baumobst dienende lange Stange, an deren einem Ende ein gewellter Metallring mit einem Stoffsäckchen befestigt ist. 2. jmd., der [gegen Bezahlung] Obst pflückt.

Obst|pflü|cke|rin, die: w. Form zu ↑Obstpflücker (2).

Obst|plan|ta|ge, die: Plantage, in der Obst angebaut wird.

obst|reich ⟨Adj.⟩: reich an Obst: ein -es Jahr.

Ob|struc|tion-Box (auch:) **Ob|struc|tion|box** [əbˈstrʌkʃen.bɔks], die; -, -en [engl. obstruction box, aus: obstruction = Blockierung; Hindernis u. box, ↑Box] (Psych.): (1926 von Warden konstruierte) Apparatur, die mittels einer Blockierung des Weges zum Futter die Intensität der Antriebe bei Tieren misst.

Ob|stru|ent, der; -en, -en [zu lat. obstruens (Gen.: obstruentis), 1. Part. von: obstruere, ↑obstruieren] (Sprachw.): Konsonant, bei dessen Erzeugung der Atemstrom an einem Teil (Frikativ, Spirant) od. völlig (Verschlusslaut) behindert ist.

ob|stru|ie|ren ⟨sw. V.; hat⟩ [lat. obstruere = versperren]: 1. (bildungsspr.) etw. zu verhindern suchen; hemmen. 2. (Parl.) die Arbeit eines Parlaments durch Dauerreden, zahllose Anträge o. Ä. erschweren u. dadurch Parlamentsbeschlüsse verhindern. 3. (Med.) verstopfen (z. B. einen Kanal durch entzündliche Veränderungen).

Ob|struk|ti|on, die; -, -en [lat. obstructio; 2: engl. obstruction]: 1. (bildungsspr.) das Obstruieren (1): er denkt an ... O. der volkswirtschaftlichen Planung, an Sabotage der Versorgung (Kant, Impressum 126). 2. (Parl.) das Obstruieren (2): die Zustimmung dieser in der O. geübten Partei (Augstein, Spiegelungen 11). 3. (Med.) das Obstruieren (3).

Ob|struk|ti|ons|po|li|tik, die: vgl. Obstruktionstaktik: Ihrer O. setzte Jelzin seinen Apparat entgegen, mit dem er am Parlament ... vorbeiregieren konnte (Ruge, Land 300).

Ob|struk|ti|ons|tak|tik, die: durch Obstruktion gekennzeichnete Taktik; Verschleppungstaktik.

ob|struk|tiv ⟨Adj.⟩: 1. (bildungsspr.) hemmend, verschleppend. 2. (Med.) Gefäße od. Körperkanäle verstopfend (z. B. von entzündlichen Prozessen).

Obst|saft, der: aus Obst gewonnener Saft.

Obst|sa|lat, der: Salat aus verschiedenen Obstsorten.

Obst|scha|le die: 1. Schale (1) bestimmter Früchte. 2. Schale (2) für, mit Obst: Auf dem Tisch stand noch die O. mit Äpfeln und Birnen (Hilsenrath, Nacht 49).

Obst|schaum|wein, der: vgl. Obstwein.

Obst|schnaps, der (ugs.): Obstwasser.

Obst|schwem|me, die: Überangebot an Obst.

Obst|sekt, der: vgl. Obstwein.

Obst|sor|te, die: Sorte von Obst.

Obst|spa|lier, das: Spalier für Obstbäume.

Obst|stei|ge, die (bes. südd., österr.): Steige (2) für, mit Obst.

Obst|tag, der: Tag, an dem jmd. vorwiegend od. ausschließlich Obst zu sich nimmt: einen O. einlegen, einschieben.

Obst|tel|ler, der: kleiner Teller, von dem Obst gegessen wird.

Obst|tor|te, die: vgl. Obstkuchen.

Obst|tres|ter, der (landsch.): Obstwasser.

Obst|ver|käu|fer, der: Verkäufer von Obst.

Obst|ver|käu|fe|rin, die: w. Form zu ↑Obstverkäufer.

Ọbst|was|ser, das ⟨Pl. ...wässer⟩: *aus vergorenem Obst hergestellter Branntwein.*

Ọbst|wein, der: *Wein aus Beeren-, Kernod. Steinobst.*

Ọbst|zeit, die: *Jahreszeit, in der Obst geerntet wird.*

Ọbst|züch|ter, der: *jmd., der Obst züchtet.*

Ọbst|züch|te|rin, die: w. Form zu ↑Obstzüchter.

obs|zön ⟨Adj.⟩ [lat. obscoenus, obscenus, H. u.]: **1.** (bildungsspr.) *in das Schamgefühl verletzender Weise auf das Sexual-, Fäkalbereich bezogen; unanständig, schlüpfrig:* -e Witze; ein -er Film, Roman; ein -es Foto; K. berichtet von dem Fund einer Menge -er Zeichnungen in des Verstorbenen Schreibtisch (Reich-Ranicki, Th. Mann 166); ..., die Wände mit -en Parolen zu bekritzeln (H. Gerlach, Demission 10); einige Stellen im Buches sind sehr o.; etw. o. darstellen; o. reden. **2.** (Jargon) *[moralisch-sittliche] Entrüstung hervorrufend:* der Laden hat -e Preise; Die -en Bilder, auf denen Saddam sich zeigt, wie er Kinder tätschelt, die er zu seinen Geiseln gemacht hat (Spiegel 6, 1991, 26).

Obs|zö|ni|tät, die; -, -en: **1.** ⟨o. Pl.⟩ *das Obszönsein.* **2.** *obszöne Darstellung, Äußerung:* ein Buch voller -en.

Ob|tu|ra|ti|on, die; -, -en [lat. obturatio, zu obturare, ↑obturieren] (Med.): *Verstopfung von Hohlräumen u. Gefäßen* (z. B. durch einen Embolus).

Ob|tu|ra|tor, der; -s, ...oren (Med.): *Vorrichtung zum Verschließen von Körperöffnungen, bes. Verschlussplatte für angeborene Gaumenspalten.*

ob|tu|rie|ren ⟨sw. V.; hat⟩ [lat. obturare = verstopfen] (Med.): *Körperlücken verschließen* (z. B. von Muskeln, Nerven u. Venen, die durch Öffnung von Knochen hindurchtreten).

Ọbus, der; -ses, -se: Kurzwort für ↑Oberleitungsomnibus.

Ọb|wal|den: ↑Unterwalden.

ob|wal|ten [auch: –'– –] ⟨sw. V.; waltet ob/obwaltet, waltete ob/obwaltete, hat obwaltet/(auch:) obgewaltet, ob zu walten/(auch:) obzuwalten⟩ [aus ↑²ob (2) u. ↑walten] (veraltend): *vorhanden, gegeben sein, bestehen:* hier obwalten andere Regeln, Gründe; Eifersucht scheint hier obzuwalten vonseiten der Landeskinder (Th. Mann, Joseph 588); ⟨häufig im 1. Part.:⟩ bei den obwaltenden Verhältnissen; unter den obwaltenden Umständen.

ob|wohl ⟨Konj.⟩ [zu ↑²ob (2) u. ↑wohl]: leitet einen konzessiven Gliedsatz ein; *wenn auch; ungeachtet der Tatsache, dass ...:* er hat das Paket mitgenommen, o. ich ihn darum gebeten hatte; o. es regnete, ging ich spazieren; sie trat, o. erkältet, auf; Hat Tolstoi Shakespeare verkannt, o. oder weil auch er selber ein Genie war? (Reich-Ranicki, Th. Mann 63).

ob|zwar ⟨Konj.⟩ (geh.): *obwohl:* Glücklicherweise ist Venedig, o. es eine sterbende ... Stadt ist (Zwerenz, Kopf 211); o. dass Frau Pastor eine Bauerntochter war ..., sie hatte etwas an sich ... (Löns, Hansbur 55).

Oc|ca|mis|mus: ↑Ockhamismus.

Oc|ca|si|on (österr., schweiz.): *Okkasion* (2).

Oc|ca|si|ons|an|ge|bot, das (österr., schweiz.): *Gelegenheit* (3).

oc|ca|si|ons|wei|se ⟨Adv.⟩ (schweiz.): *umständehalber.*

Oc|chi ['ɔki], das; -[s], -s: kurz für ↑Occhispitze.

Oc|chi|ar|beit ['ɔki...], die [zu ital. occhi = Knospen, eigtl. = Augen, nach den Knoten]: *mit Schiffchen ausgeführte Handarbeit, bei der aus kleinen, auf Fadenschlingen dicht nebeneinander aufgereihten Knoten Bogen u. Ringe gebildet werden, die zu einer Spitze vereinigt werden.*

Oc|chi|spit|ze ['ɔki...], die: *als Occhiarbeit hergestellte Spitze.*

Oc|ci|den|tal, das; -[s] [Kunstwort, zu lat. occidentalis = abendlich, westlich]: *(1922 von dem Estländer E. von Wahl entwickelte) Welthilfssprache.*

Ocean-Dum|ping, (auch:) **Ocean-dum|ping** ['oʊʃən.dʌmpɪŋ], das; -[s] [engl. ocean dumping, aus: ocean = Ozean u. dumping = das (Schutt)abladen]: *Verunreinigung der Weltmeere.*

Ocean-Li|ner, (auch:) **Ocean|li|ner** ['oʊʃənlaɪnə], der; -s, - [engl. ocean liner, aus ocean = Ozean u. liner, ↑Liner]: *Liner* (1): Abwechslung ... kommandiert das Leben an Bord des -s »Federico C« (Saarbr. Zeitung 11. 7. 80, 22/24).

och ⟨Interj. u. Partikel⟩ (ugs.): *ach.*

Och|lo|kra|tie, die; -, -n [griech. ochlokratía, zu: óchlos = Pöbel u. krateîn = herrschen]: *(in der altgriech. Staatsphilosophie) Herrschaft durch den Pöbel (als eine entartete Form der Demokratie); Pöbelherrschaft.*

och|lo|kra|tisch ⟨Adj.⟩: *die Ochlokratie betreffend.*

Och|ra|na, die; - [russ. ochrana = Schutz]: *politische Geheimpolizei im zaristischen Russland.*

Och|rea, die; -, Ochreae [...reɛ; lat ocrea = Beinschiene, -schutz] (Bot.): *den Pflanzenstängel wie eine Manschette umhüllendes, tütenförmiges Nebenblatt.*

Och|ro|no|se, die; -, -n [zu griech. ōchrós = gelblich, blass u. nósos = Krankheit] (Med.): *Schwarzverfärbung von Knorpelgewebe u. Sehnen bei chronischer Karbolvergiftung.*

Ọchs, der; -en, -en (südd., österr., schweiz. u. ugs.): *Ochse.*

Ọchs|chen, das; -s, -: Vkl. zu ↑Ochse (1).

Ọch|se, der; -n, -n [mhd. ohse, ahd. ohso, urspr. = Samensspritzer u. Bez. für den [Zucht]stier]: **1.** *kastriertes männliches Rind:* ein abgemagerter O.; der O. brüllt; die -n vor den Pflug spannen; mit -n pflügen; R die -n kälbern (südd., österr.; *etw. sehr Unwahrscheinliches geschieht*); Spr du sollst dem -n, der [da] drischt, nicht das Maul verbinden (*jmdm., der eine schwere Arbeit verrichtet, sollte man auch Erleichterungen zugestehen;* nach 5. Mos. 25, 4); * **dastehen wie der O. vorm neuen Tor/vorm Scheunentor/vorm Berg** (↑Kuh 1 a); **zu etw. taugen wie der O. zum Seiltanzen** (ugs.; *für eine bestimmte Sache nicht zu gebrauchen sein*); **einen -n**

auf der Zunge haben (ugs.; *Hemmungen haben, etw. auszusprechen, eine Frage zu stellen*); **den -n hinter den Pflug spannen/ den Pflug vor die -n spannen** (ugs.; *eine Sache verkehrt anfangen*). **2.** (Schimpfwort, meist für männliche Personen) *Dummkopf, dummer Mensch:* du blöder O.!; Wenn du O. dich gleich wieder fangen lässt, dafür kann ich nichts (Fallada, Jeder 212).

och|sen ⟨sw. V.; hat⟩ [urspr. Studentenspr., eigtl. = schwer arbeiten wie ein als Zugtier verwendeter Ochse] (ugs.): *mit Fleiß u. [stumpfsinniger] Ausdauer etw. lernen, was man nicht ohne Schwierigkeiten begreift; büffeln:* für sein Examen o.; Ich sitze wirklich den ganzen Tag da und ochse wie ein Verrückter (B. Vesper, Reise 554); Vokabeln, Mathematik o.; Ich habe Taktiken entworfen ... und Politik geochst (Zwerenz, Kopf 246).

Ọch|sen|au|ge, das [1: LÜ von frz. œil-de-bœuf; 3: LÜ von griech. bóuphthalmon, nach der Form der Blüte]: **1.** (Archit.) *rundes od. ovales Dachfenster, bes. an Bauten der Barockzeit.* **2.** (landsch.) **a)** *Spiegelei;* **b)** *mit herlierten Aprikose belegtes Gebäckstück.* **3.** *(zu den Korbblütlern gehörende) bes. im Alpenraum wachsende Pflanze mit unverzweigtem Stängel u. einer großen, gelben Blüte.* **4.** *zu den Tagfaltern gehörender Schmetterling, bei dem das Männchen auf der Unterseite der Hinterflügel schwarzgelb umrandete, augenähnliche Flecken hat.*

Ọch|sen|blut, das: *Blut vom Ochsen.*

och|sen|blut|rot ⟨Adj.⟩: *rot wie Ochsenblut.*

Ọch|sen|brust, die (Kochk.): *Brustfleisch vom Ochsen.*

Ọch|sen|fie|sel, der; -s, - [südd. Fi(e)sel = Penis des Ochsen] (landsch.): *Ochsenziemer.*

Ọch|sen|fleisch, das: *Fleisch vom Ochsen.*

Ọch|sen|frosch, der: *(in Nord-, Südamerika u. Indien lebender) sehr großer Frosch, der mithilfe einer bes. Schallblase laute Brülltöne hervorbringt.*

Ọch|sen|fuhr|werk, das: vgl. Ochsenkarren.

Ọch|sen|gal|le, die (Med.): *aus der Gallenblase frisch geschlachteter Rinder entnommene Flüssigkeit mit gallentreibender Wirkung.*

Ọch|sen|ge|spann, das: *Gespann* (1) *mit Ochsen.*

Ọch|sen|kar|ren, der: *von einem od. zwei Ochsen gezogener Karren.*

Ọch|sen|kopf, der [die Form ähnelt einem (stilisierten) Ochsenkopf] (Geom.): *Deltoid.*

Ọch|sen|ko|te|lett, das: *Rippenstück vom Ochsen.*

Ọch|sen|maul, das: *Fleisch der Lefzen des Ochsen.*

Ọch|sen|maul|sa|lat, der (Kochk.): *Salat aus dünnen Scheiben od. Streifen von gepökeltem, gekochtem Ochsenmaul.*

Ọch|sen|schlepp, der; -[e]s, -e (österr.): *Ochsenschwanz.*

Ọch|sen|schlepp|sup|pe, die (österr. Kochk.): *Ochsenschwanzsuppe.*

Ọch|sen|schwanz, der: *(Fleisch vom) Schwanz des Ochsen.*

Ọch|sen|schwanz|sup|pe, die [LÜ von engl. oxtail soup] (Kochk.): *Suppe aus gekochtem, klein geschnittenem Ochsenschwanz, angeröstetem Mehl u. Gewürzen.*

Ọch|sen|tour, die (ugs.): **a)** *mühevolle, anstrengende Arbeit:* »Dagegen ist die Fernseharbeit eine O.«, stöhnte der altgediente Theatermime (Hörzu 27, 1973, 14); **b)** *langsamer beruflicher Aufstieg, mühevolle Laufbahn (bes. eines Politikers):* Die sozialdemokratische O. absolvierte sie im Eiltempo. Gefördert von Willy Brandt, saß sie bald im Parteirat (natur 6, 1994, 111); Angela Grützmann hat die O. durch die Partei hinter sich (MM 8./9. 7. 78, 35); Seinen Wiederaufstieg bereitet Wienand beharrlich über die O. vor (Spiegel 12, 1981, 14).

Ọch|sen|wur|zel, die: *Schminkwurz.*

Ọch|sen|zie|mer, der [2. Bestandteil entw. umgeb. aus: Sehnader = Glied des Ochsen od. zu ↑ Ziemer = Rückenstück (vom Wild); Glied (des Ochsen); der Schlagstock wurde früher aus dem getrockneten Penis eines Stiers (Ochsen) hergestellt] (früher): *Schlagstock:* Thérèse, den O. in der Hand, eilte in die Richtung, aus der der Schrei gekommen war (Perrin, Frauen 181).

Ọch|sen|zun|ge, die [2 a: nach der rauen Behaarung der Blätter; 2 b: nach der Form u. Farbe]: **1.** (Kochk.) *als Speise zubereitete Zunge des Ochsen:* O. in Madeira. **2.** (landsch.) **a)** *Borretsch;* **b)** *Leberpilz.*

Ọch|se|rei, die; -, -en (ugs.): **a)** *dauerndes Ochsen:* die O. fürs Examen war ganz schön hart; **b)** *Dummheit, Eselei.*

ọch|sig ⟨Adj.⟩ (ugs.): *wie ein Ochse (2); grob, plump.*

Ọchs|le, das; -s, - [nach dem dt. Mechaniker F. Öchsle (1774–1852)] (Winzerspr.): *Maßeinheit für das spezifische Gewicht des Mostes:* 90° Ö.; Qualitätswein muss ... ein Mostgewicht von 65 Grad Ö. haben (MM 23. 2. 1967, 2).

Ọchs|le|grad, der: *Öchsle.*

Ọchs|le|waa|ge, die: *auf Öchslegrad geeichte Mostwaage.*

ọcker ⟨Adj.⟩: *von der Farbe des Ockers; gelbbraun.*

Ọcker, der od. das; -s, (Arten:) - [mhd. ocker, ogger, ahd. ogar < spätlat. ochra < griech. ốchra, zu ốchrós = (blass)gelb]: **a)** *aus bestimmten eisenoxidhaltigen Mineralien gewonnenes gelbbraunes Gemisch;* **b)** *gelbbraune Malerfarbe;* **c)** *gelbbraune Farbe:* das Grün gerinnt mählich zu Blau, das O. zu Umbra (Fussenegger, Zeit 127).

ọcker|braun ⟨Adj.⟩: *ocker.*

Ọcker|far|be, die: *Ocker (b).*

ọcker|far|ben, ọcker|far|big ⟨Adj.⟩: *ocker.*

ọcker|gelb ⟨Adj.⟩: *bräunlich gelb.*

ọcker|rot ⟨Adj.⟩: *von einem Rot, das sich im Ton dem Ocker nähert.*

Ọck|ha|mis|mus [ɔka..., auch: ɔkɛ...], der; - (Philos.): *Lehre des englischen Theologen W. v. Ockham (1285–1350).*

Ọcki|ar|beit, die; -, -en: *Okkiarbeit.*

Ọcki|spit|ze, die; -, -n: *Okkispitze.*

Oc|tạn: ↑ Oktan.

Ọd, das; -[e]s [zu anord. ōōr = Gefühl; gepr. von dem dt. Naturphilosophen C. L. v. Reichenbach (1780–1869)]: *angeblich vom menschlichen Körper ausgestrahlte, das Leben lenkende Kraft.*

ọd ⟨Adj.⟩ (emotional): *öde.*

od. = oder.

Ọdal, das; -s, -e [anord. ōðal]: *Sippeneigentum eines adligen germanischen Geschlechts an Grund u. Boden.*

Oda|lis|ke, die; -, -n [frz. odali(s)que < türk. odalık, zu: oda = Zimmer] (früher): *weiße Sklavin in einem türkischen Harem.*

Odd Fel|low ['ɔdfɛloʊ], der; - -s, - -s, (auch:) **Odd|fel|low,** der; -s, -s ⟨meist Pl.⟩ [engl. Odd Fellow, Oddfellow, aus: odd = sonderbar, seltsam u. fellow, ↑ Fellow]: *Mitglied einer (ursprünglich englischen) ordensähnlichen, in Verfassung u. Bräuchen den Freimaurern ähnlichen Gemeinschaft.*

Ọdds [engl.: ɔdz] ⟨Pl.⟩ [engl. odds, wohl zu: odd = zusätzlich, dazu (1 a)] (Sport): **a)** *Vorgaben (bes. bei Pferderennen);* **b)** *(bei Pferdewetten) vom Buchmacher festgelegtes Verhältnis des Einsatzes zum Gewinn.*

Ọde, die; -, -n [lat. ode < griech. ōidḗ = Gesang, Lied]: *gedanken- u. empfindungsreiches, oft reimloses Gedicht in gehobener [pathetischer] Sprache:* die -n des Horaz; diese O. ist in freien Rhythmen geschrieben; Ü der Film versteht sich als O. an die Freundschaft.

ọde, öd ⟨Adj.⟩ [mhd. œde, ahd. ōdi, urspr. = von etw. weg, fort]: **1.** *verlassen, ohne jede (erhoffte) Spur eines Menschen, menschenleer:* eine ö. Gegend; ö. nächtliche Straßen; Man tauscht Belanglosigkeiten aus, hält sich auf über die mangelhafte Bedienung im winterlich -n Badehotel (Strauß, Niemand 104); im Winter ist der Strand ö. und leer. **2.** *unfruchtbar [u. daher den Menschen nicht anziehend, nicht von ihm bebaut]:* eine ö. Gebirgs-, Karstlandschaft. **3.** *wenig gehaltvoll od. ansprechend u. daher ein Gefühl der Langeweile hervorrufend; inhaltslos:* das ö. Einerlei des Alltags; ö. Gespräche; eine -re Lektüre als die Prosa terroristischer Organisationen kann man sich nicht vorstellen (Enzensberger, Mittelmaß 245); das Faschingsfest war, verlief ziemlich ö.; sein Dasein erschien ihm ö.; zwei Wochen später fand ich Christa total ö. (Loest, Pistole 205).

Ọde, die; -, -n [mhd. œde, ahd. ōdī]: **1.** ⟨Pl. selten⟩ *Einsamkeit, Verlassenheit von etw.:* eine trostlose Ö.; die winterliche Ö.; die endlose Ö. des Ozeans. **2.** ⟨Pl. selten⟩ *unfruchtbares, unwirtliches Land:* vor ihnen lag eine Ö.; in dieser Ö. kann man nicht leben. **3.** ⟨o. Pl.⟩ *Leere, Langeweile:* geistige Ö.; die Ö. zwischen diesem Weib und mir (Frisch, Stiller 400); dies bürgerliche, konventionelle Leben mit seiner tödlichen Ö. (Maass, Gouffé 58).

Ode|en: Pl. von ↑ Odeum.

Odei|on, das; -s, Odeia [↑ Odeon]: *Odeum.*

Ọdel, der; -s (bes. bayr. u. österr.): *Jauche.*

Ọdem, der; -s [Nebenf. von ↑ Atem] (dichter.): *Atem:* Und immerzu fordert die Kursleiterin dazu auf, dem eigenen O. nachzuspüren (natur 1, 1996, 72); Ü jmdm. den O. des Lebens einhauchen; In der christlichen Familie müsse die O. der Freiheit wehen (MM 3. 3. 66, 9).

Ödẹm, das; -s, -e [griech. oídēma = Geschwulst] (Med.): *krankhafte Ansammlung von Flüssigkeit im Gewebe (2) infolge Eiweißmangels od. Durchblutungsstörungen:* offene -e; Es entwickeln sich in der Lunge vorübergehende -e (Medizin II, 166).

öde|ma|tisch, öde|ma|tös ⟨Adj.⟩ (Med.): *ein Ödem aufweisend.*

ọden ⟨sw. V.; hat⟩ [zu ↑ öde; 1: urspr. Studentenspr.]: **1.** (ugs.) *langweilen:* du ödest mich mit deinem Gerede; Vielleicht wäre ich nie vor der Kamera gelandet, wenn mich die Führung von Bau- und Lohnbüchern in einem Architekturbüro nicht so geödet hätte (Frau im Spiegel 8, 1978, 21); rechts lag das italienische Paar ..., das sich ödete (Frisch, Gantenbein 385). **2.** (landsch.) *roden.*

Ọden|wald, der; -[e]s: *Bergland östlich der Oberrheinischen Tiefebene.*

Ode|on, das; -s, -s [frz. odéon < griech. ōídeīon, zu: ōidḗ, ↑ Ode] (bildungsspr.): *als Name gebrauchte Bez. für einen größeren Bau bes. für musikalische Darbietungen, Filmvorführungen, Tanzveranstaltungen.* Vgl. Odeum.

ọder ⟨Konj.⟩ [mhd. oder, ahd. odar für mhd. od(e), ahd. odo (das -r unter Einfluss von ↑ aber, ↑ weder), verdunkelte Zus., 2. Bestandteil das zugrunde liegende Demonstrativpron. ↑ der]: **1. a)** *drückt aus, dass von zwei od. mehreren Möglichkeiten jeweils nur eine als Tatsache feststehen kann* (vgl. entweder ... oder): wohnt er in Hamburg o. in Lübeck?; hast du das Geld genommen, ja o. nein?; sollst du o. ich zu ihm kommen?; sie ist Ärztin o. Chemikerin; ich o. mein Vertreter wird an der Sitzung teilnehmen; **b)** *auch ... genannt; wie man auch sagen könnte:* die Anemonen o. Buschwindröschen gehören zu den Hahnenfußgewächsen; ich finde kein anderes Wort, um die Friseurstube o. den Friseurladen Anton Slavitzkis zu beschreiben (Hilsenrath, Nazi 19); (bei Kunstwerken:) Don Juan o. die Liebe zur Geometrie; **c)** *verbindet od. mehrere Möglichkeiten, die zur Wahl stehen, für die man sich entscheiden muss:* du kannst hier rechts o. links abbiegen; fährst du heute o. morgen?; ich werde sie anrufen o. ihr schreiben; trinkst du den Kaffee nur mit Milch o. mit Milch u. Zucker o. schwarz? **2.** stellt eine vorangegangene Aussage infrage; drückt aus, dass auch eine Variante möglich sein kann: er hieß Schymanski o. [ähnlich]; es war ein Betrag von 100 DM o. so (nicht viel mehr od. weniger als 100 DM); Ich hätte ebenso gut im Louvre sein können. Oder (das heißt, eigentlich) nein, das hätte ich nicht (Rilke, Brigge 34). **3.** drückt eine mögliche Konsequenz aus, die als Folge eines bestimmten Verhaltens, Geschehens eintreten kann; *andernfalls, sonst:* du kommst jetzt mit, o. es passiert etwas!; wir müssen nach Hause, o. wir bekommen Ärger. **4. a)** drückt bei [rhetorischen] Fragen aus, dass ein Einwand des Gesprächspartners zwar möglich ist, aber nicht erwartet wird od. nicht ernst gemeint sein kann: natürlich hat er es getan, o. glaubst du es etwa nicht?; wir müssen endlich Heizöl bestellen, o. willst du im Winter im Kalten sitzen?; **b)** ⟨nachgestellt⟩ (ugs.) drückt bei [rhetorischen] Fragen aus, dass ein Einwand des Gesprächspartners möglich ist, eigentlich aber eine Zustimmung erwartet wird: du gehst doch mit zum Rudern, o.?; Sie rauchen doch noch, o.? (Gabel, Fix 140); Du willst doch auch die Monarchie abschaffen, o.? (Kühn, Zeit 55); Es bleibt mir doch nichts anderes übrig. Oder? (Hilsenrath, Nazi 198).

Oder, die; -: Fluss im östlichen Mitteleuropa.

Oder|men|nig, der; -[e]s, -e [mhd. odermenie, spätahd. avarmonia, entstellt aus lat. agrimonia < griech. argemónē]: *Pflanze mit gefiederten Blättern u. gelben, in ährenförmiger Traube angeordneten Blüten, die an Feld- u. Wegrändern wächst.*

Oder-Nei|ße-Gren|ze, Oder-Nei|ße-Li|nie, die; -: in der Hauptsache durch die Flüsse Oder u. Neiße gebildete Staatsgrenze zwischen der Bundesrepublik Deutschland u. Polen.

Odes|sa: Hafenstadt am Schwarzen Meer.

Ode|um, das; -s, Odeen [lat. odeum < griech. ōdeîon, ↑Odeon]: *(im Altertum) runder, dem antiken Theater ähnlicher Bau für musikalische, schauspielerische Aufführungen.*

Odeur [o'dø:ɐ̯], das; -s, -s u. -e [frz. odeur < lat. odor = Geruch, Duft] (veraltend): *Geruch, bes. wohlriechender Duft:* das ledrig verdorrte O. ihrer Hände (Süskind, Parfum 158); Desodorierendes O. hängt in der verbrauchten Luft (Degener, Heimsuchung 65).

Öd|gar|ten|wirt|schaft, die; - [zu ↑öde] (Landw.): *Feldgraswirtschaft.*

Öd|heit, die; -, (seltener:) **Ödig|keit,** die; -: *das Ödesein, öde Beschaffenheit.*

Odin: nordgerm. Form von ↑Wodan.

odi|ös, (seltener:) **odi|ös** [frz. odieux < lat. odiosus, zu: odium, ↑Odium] ⟨Adj.⟩ (bildungsspr.): *widerwärtig, unausstehlich, verhasst:* -e Namen.

Odi|o|si|tät, die; -, -en (selten): *das Odiossein.*

ödi|pal ⟨Adj.⟩ (Psychoanalyse): *vom Ödipuskomplex bestimmt:* die -e Phase, in der erstmals Gefühle wie Liebe und Hass entwickelt werden (MM 5. 12. 69,5); Für die ein tief ausgeartete Unart, die -e Rebellion von Psychopathen (Hacker, Aggression 339).

Ödi|pus|kom|plex, der [nach dem thebanischen Sagenkönig Ödipus, der, ohne es zu wissen, seine Mutter geheiratet hatte] (Psychoanalyse): *zu starke Bindung eines Kindes an den gegengeschlechtlichen*

Elternteil, bes. des Knaben an die Mutter: einen Ö. haben; Übermächtige Vaterfiguren lösten -e ... aus (Spiegel 15, 1981, 139).

Odi|um, das; -s [lat. odium = Hass, Feindschaft] (bildungsspr.): *Anrüchigkeit, übler Beigeschmack:* das O. des Verrats, der Feigheit, seiner kriminellen Vergangenheit haftet ihm an, ruht auf ihm; Ein honoriger Bankier wollte Helmcke sein, frei von dem diskriminierenden O. eines Bordellkönigs und Gangsterbosses (Prodöhl, Tod 12); Viele Bergleute scheuten offenbar das O., als Streikbrecher angesehen zu werden (Hamburger Abendblatt 20. 3. 84, 10); von einem O. loskommen; Wo Kommunisten und Schwule gleichermaßen als Perverse gelten, können sich nicht die einen auf Kosten der anderen von solchem O. reinwaschen (Schwamborn, Schwulenbuch 170).

Öd|land, das; -[e]s [zu ↑öde] (Forstw., Landw.): *Land, das aufgrund seiner Bodenbeschaffenheit weder forst- noch landwirtschaftlich genutzt werden kann, unbebaut ist:* Erst wurde das achthundert Hektar weite Ö. mit Hubschraubern abgesucht (Prodöhl, Tod 265).

Öd|nis, die; - (geh.): *Öde.*

Odon|tal|gie, die; -, -n [zu ↑odonto-, Odonto- u. griech. álgos = Schmerz] (Med.): *Zahnschmerz.*

odon|to-, Odon|to- [zu griech. odoús (Gen.: odóntos)] ⟨Best. in Zus. mit der Bed.⟩: *Zahn* (z. B. Odontoblast, odontogen).

Odon|to|blast, der; -en, -en [zu griech. blastós = Spross, Trieb] (Med., Biol.): *Zelle, in der das Dentin (1) gebildet wird.*

odon|to|gen ⟨Adj.⟩ [↑-gen] (Med.): *(von Krankheiten) von den Zähnen ausgehend, herrührend.*

Odon|to|glos|sum, das; -s [zu griech. glōssa = Zunge] (Bot.): *tropische Orchidee mit Blüten an meist aufrechten Trauben (1) od. Rispen (Gewächshaus- u. Zierpflanze).*

Odon|to|lo|ge, der; -n, -n [↑-loge] (selten): *Forscher auf dem Gebiet der Odontologie; Zahnmediziner, Zahnarzt.*

Odon|to|lo|gie, die; - [↑-logie]: *Zahn-, Gebisskunde; Zahnheilkunde, Zahnmedizin.*

Odon|to|lo|gin, die; -, -nen: w. Form zu ↑Odontologe.

Odon|tom, das; -s, -e (Zahnmed.): *von den Zahnkeimen ausgehende Geschwulst, die bes. am Unterkiefer auftritt u. knochen- od. zahnsteinähnliches Gewebe bildet.*

Odon|to|me|ter, der; -s, - [↑-meter (1)] (Philat.): *Zähnungsschlüssel.*

Odon|to|me|trie, die; -, -n [↑-metrie] (Gerichtsmedizin): *Verfahren zur Identifizierung [unbekannter Toter] durch Abnehmen eines Kieferabdrucks.*

Odor, der; -s, ...ores [lat. odor] (Med.): *Geruch, Duft.*

odo|rie|ren ⟨sw. V.; hat⟩ [lat. odorare = riechend machen] (Chemie): *[fast] geruchsfreie Gase mit intensiv riechenden Substanzen anreichern.*

Odo|rier|mit|tel, das (Chemie): *intensiv*

riechende chemische Substanz, die zur Odorierung verwendet wird.

Odo|rie|rung, die; -, -en (Chemie): *das Odorieren.*

Ödung, die; -, -en (selten): *Ödland.*

Odys|see, die; -, ...een [frz. odyssée < lat. odyssea < griech. odýsseia, nach dem Epos des altgriech. Dichters Homer (2. Hälfte des 8. Jh.s v. Chr.), in dem die abenteuerlichen Irrfahrten des Odysseus geschildert werden] (bildungsspr.): *lange Irrfahrt; lange, mit vielen Schwierigkeiten verbundene, abenteuerliche Reise:* wir haben eine [lange, abenteuerliche] O. durch Indien und Nepal hinter uns; Ü bis ich diesen Ausweis endlich hatte, das war die reinste O.; ... als von seiner lebenslänglichen O. durch die Zuchthäuser und Anstalten eines Landes (Ziegler, Konsequenz 95).

odys|se|isch ⟨Adj.⟩: *eine Odyssee betreffend; in der Art einer Odyssee.*

Odys|seus: griechischer Sagenheld (König von Ithaka).

OECD [o:e:tse:'de:], die; - [Abk. für engl. Organization for Economic Cooperation Development]: Organisation für wirtschaftliche Zusammenarbeit und Entwicklung.

Oeco|tro|pho|lo|ge: usw. ↑Ökotrophologe usw.

Oer|sted: ↑Örsted.

Oeso|pha|gus: ↑Ösophagus.

Œu|vre ['ø:vrə, 'ø:vʀ, frz.: œ:vr], das; -, -s [frz. œuvre < lat. opera = Mühe, Arbeit] (bildungsspr.): *Gesamtwerk eines Künstlers:* das literarische Œ. des Malers Kubin; ein umfangreiches Œ. hinterlassen; ihren Namen hatte er schon gehört, ihr poetisches Œ. kannte er nicht (Frisch, Montauk 48).

Œu|vre|ka|ta|log, der, **Œu|vre|ver|zeich|nis,** das: *Werk[e]verzeichnis.*

Oeyn|hau|sen ['ø:n...]: ↑Bad Oeynhausen.

OEZ = osteuropäische Zeit (die Zonenzeit des 30. Längengrades östlich von Greenwich; entspricht MEZ + 1 Stunde).

Öf|chen, das; -s, -: Vkl. zu ↑Ofen (1).

Ofen, der; -s, Öfen [mhd. oven, ahd. ovan, urspr. = Kochtopf; Glutpfanne u. Bez. für ein Gefäß zum Kochen bzw. zum Bewahren der Glut]: **1.** *aus Metall od. feuerfesten keramischen Baustoffen gefertigte Vorrichtung mit einer Feuerung (1 b), in der durch Verbrennung von festen, flüssigen od. gasförmigen Brennstoffen od. durch elektrischen Strom Wärme erzeugt wird, die zum Heizen, Kochen od. Backen dient:* ein großer, eiserner, gekachelter O.; der O. glüht, brennt schlecht, zieht [gut, schlecht], raucht, ist ausgegangen, brennt nicht mehr, ist kalt; den O. heizen, putzen; den O. schüren, anzünden, anmachen; Abfälle in den O. werfen; Ü sie hockt immer hinter dem O. *(bleibt immer zu Hause, geht nie aus);* **2.** (Jargon) *Auto, Motorrad:* was für einen O. hast du denn?; Nicht umsonst sagen die meisten Motorradfahrer, die zu Hause ihren eigenen O. haben: »Verleihen – meine Maschine? Nie!« (Hamburger Morgenpost 27. 8. 85, 12); Der hat versucht, mit uns zu quatschen, als wir da vor seinem schönen Haus auf unsern Öfen hockten (Degener, Heimsuchung 13); *ein heißer O. (salopp; 1. *Personenwagen mit sehr leistungsstarkem Motor.* 2. *[schweres] Motorrad; Moped:* Beifall, als sich Strauß für die Fotografen auf den »heißen O.« setzte und Tochter Monika erklärte, wie man Gas gibt [Welt 3. 9. 85, 3]. 3. *weibliche Person von besonderer Attraktivität*); der O. ist aus (salopp; *damit ist Schluss; das ist vorbei, da ist nichts mehr zu machen*): wenn sie uns erwischen, ist der O. aus; Mein Vater hat es irgendwann rausgekriegt ..., und dann war der O. aus (Frings, Männer 286); jetzt ist bei mir der O. aus. 3. (landsch.) *Kochherd:* einen Kessel, Topf auf den O. stellen, vom O. nehmen.

Ofen|bank, die ⟨Pl. ...bänke⟩: *um einen großen [gekachelten] Ofen herum gebaute* ¹*Bank* (1): Tagsüber hatte der Großvater seinen Platz auf der O. (Wimschneider, Herbstmilch 15).

Ofen|bau|er, der; -s, - (landsch.): *Ofensetzer.*

Ofen|bau|e|rin, die; -, -nen: w. Form zu ↑Ofenbauer.

Ofen|blech, das: 1. *rechteckiges Blech vor dem Ofenloch* (1) *zum Schutz des Fußbodens vor herausfallender Glut.* 2. (landsch.) *Kuchenblech.*

Ofen|ecke, die: *Ecke* (2 a), *die die Seite eines [großen] Ofens mit der Wand eines Zimmers bildet.*

Ofen|far|be, die: *Eisenschwarz* (3).

ofen|fer|tig ⟨Adj.⟩: 1. *zum Verbrennen im Ofen vorbereitet, zerkleinert:* -es Kleinholz; Brennholz o. schneiden. 2. *zum Backen bzw. Aufbacken vorbereitet:* -e Pizza.

Ofen|feu|er, das: *im Ofen brennendes Feuer.*

ofen|frisch ⟨Adj.⟩: *frisch aus dem Backofen kommend; frisch gebacken [u. noch warm]:* -es Brot; das Knäckebrot ist o. verpackt und eingesiegelt; Ü ein -er Formel-1-Wagen.

Ofen|fül|lung, die (Hüttenw.): *Charge* (5).

Ofen|ga|bel, die (landsch.): *Schürhaken.*

Ofen|glanz, der: *Ofenfarbe.*

Ofen|ha|ken, der (landsch.): *Schürhaken.*

Ofen|hei|zung, die: *Heizung* (1 a), *die mit einem Ofen betrieben wird.*

Ofen|ho|cker, der (ugs. abwertend): *Stubenhocker.*

Ofen|ho|cke|rin, die; -, nen: w. Form zu ↑Ofenhocker.

Ofen|ka|chel, die: *Kachel* (1) *zum Bau eines Kachelofens.*

Ofen|klap|pe, die: 1. *Klappe* (1), *mit der die Luftzufuhr an einem Ofen geregelt wird.* 2. vgl. Ofentür.

Ofen|knie, das: *Knie* (2) *eines Ofenrohrs.*

Ofen|lack, der: *schwarzer, glänzender Lack zum Lackieren eines Ofenrohrs.*

Ofen|loch, das: 1. *Öffnung in der Ofenplatte, durch die das Brennmaterial eingefüllt wird.* 2. *in die [Kamin]wand gehauenes Loch, in das ein Ofenrohr eingesetzt werden kann.*

Ofen|plat|te, die: *Herdplatte* (b).

Ofen|ring, der: *Herdring.*

Ofen|rohr, das: *Rohr, das einen Ofen durch ein Ofenloch* (2) *mit dem Kamin verbindet u. so den Abzug des Rauchs ermöglicht.*

Ofen|röh|re, die: vgl. Bratröhre: *in die O. gucken (↑Röhre 3).

Ofen|sau, die ⟨o. Pl.⟩ [Bergmannsspr.] Sau = Schlacke, die noch Metall enthält] (Hüttenw.): *Ablagerung am Boden eines Hoch-, Schmelzofens.*

Ofen|schirm, der: *metallener Wandschirm, der bes. Wände u. Tapeten vor zu großer Hitze, die ein Ofen ausstrahlt, schützen soll.*

Ofen|schwär|ze, die: *Ofenfarbe.*

Ofen|set|zer, der: *männliche Fachkraft, die [Kachel]öfen u. Kamine baut u. instand setzt* (Berufsbez.).

Ofen|set|ze|rin, die: w. Form zu ↑Ofensetzer.

Ofen|stein, der: *Schamottestein.*

Ofen|tür, die: *Tür an der Feuerung* (1 b) *eines Ofens.*

ofen|warm ⟨Adj.⟩: *gerade aus dem [Back]ofen kommend u. noch [sehr] warm:* -es Brot; der Kuchen ist noch o.

Ofen|wär|me, die: *Wärme, die von einem Ofen ausgeht.*

Ofen|win|kel, der: vgl. Ofenecke.

off ⟨Adv.⟩ [engl. off, eigtl. = fort, weg] (Ferns., Film, Theater): *(von einem Sprecher) außerhalb der Kameraeinstellung zu hören bzw. hinter der Bühne.*

Off, das; - (Ferns., Film, Theater): *unsichtbar bleibender Bereich, Hintergrund (einer Bühne, der Kameraeinstellung o. Ä.):* es bedarf dabei kaum des Erzählers aus dem O. (Spiegel 41, 1991, 309); Zu Bildern aus dem Alltag dieser Menschen ließ die Filmemacherin die Stimmen im O. sprechen (MM 28./29. 5. 88, 57).

Off|beat ['ɔfbi:t, auch: ɔf'bi:t], der [engl. offbeat, aus: off = neben u. ↑Beat] (Jazz): *Technik der Rhythmik im Jazz, die die melodischen Akzente zwischen die einzelnen betonten Taktteile setzt.*

Off|brands ['ɔfbrændz] ⟨Pl.⟩ [engl. off brands, eigtl. = ohne Markenzeichen]: *Produkte ohne Markenname.*

of|fen ⟨Adj.⟩ [mhd. offen, ahd. offan, verw. mit ↑auf]: 1. a) *so beschaffen, dass jmd., etw. heraus- oder hineingelangen kann; nicht geschlossen; geöffnet:* eine -e Tür; aus dem -en Fenster schauen; bei -em Fenster schlafen; mit -em Mund atmen; mit -en Augen unter Wasser schwimmen; Seit der jüngsten Ölpreiskrise stehen in der Bundesrepublik Kachelöfen und -e Kamine wieder hoch im Kurs (MM 25. 7. 79, 1); eine -e Flasche; die Zimmertür war einen Spaltbreit o.; das Fenster, die Tür muss o. bleiben; ein Fenster, die Tür o. lassen; lass die Gartentür bitte o.!; [jmdm.] die Haustür, die Wagentür o. halten; Stand irgendwo ein Fensterladen o. (Ransmayr, Welt 219); lass bitte den Kühlschrank nicht so lange o. stehen!; sie hatte die Augen o.; der Mund ist ihr vor Staunen o. geblieben, stand ihr vor Staunen o.; Frau Schock bewegte sich immer noch nicht, selbst ihre Lider blieben o. (Ossowski, Flatter

192); die Bahnschranken sind o. (hochgezogen); ihre Bluse war am Hals o. (nicht zugeknöpft); sein Hemd stand am Hals o. (war nicht bis zum Kragen zugeknöpft); Toll sah er aus – nichts auf dem Kopf, den Mantel o. (Plievier, Stalingrad 169); lass die Weinflasche nicht o. auf dem Tisch stehen, sonst verfliegt die Blume; das Buch lag o. (aufgeschlagen) vor ihm; sie legte eine Münze in die -e Hand des Bettlers; das seidige blonde Haar trug Antje auch heute o. (nicht zusammengebunden; Bastian, Brut 85); eine -e Narbe (Narbe, bei der die Wundränder [noch] nicht zusammengeheilt sind); -e ([noch] nicht verschorfte) Wunden; -e Beine (Beine mit nur sehr schlecht heilenden Ödemen); Ü mit -en Augen (blindlings) ins Verderben rennen; mit -en Augen, Sinnen (aufmerksam beobachtend) durch die Welt, durchs Leben gehen; halte die Augen o. (beobachte alles aufmerksam)!; *o. für/ gegenüber etw., gegenüber jmdm. sein (bestimmten Dingen gegenüber aufgeschlossen, zugänglich sein, gegenüber jmdm. aufgeschlossen sein): für Probleme, gegenüber Problemen von Minderheiten o. sein; b) nicht ab-, zugeschlossen, nicht verschlossen: ein -er (nicht zugeklebter) Umschlag; ich habe den Briefumschlag o. gelassen (nicht zugeklebt); der Schrank ist, bleibt o.; bei uns ist immer alles o. (wird nichts abgeschlossen); dieser Laden hat/ist auch sonntags o. (hat auch am Sonntag geöffnet); eine Gaststätte auch am Feiertag o. halten; eine -e Anstalt (Heil- od. Strafanstalt, deren Insassen sich in einem bestimmten Rahmen frei bewegen dürfen); -er Vollzug (Jargon; Form des Strafvollzugs, bei der der Häftling tagsüber einer geregelten Beschäftigung außerhalb der Haftanstalt nachgeht u. abends dorthin zurückkehrt); Ü Wenn Partner, die in einer -en (in sexueller Hinsicht nicht an den einen Partner gebundenen) Partnerschaft leben (Kelly, Um Hoffnung 174); eine Politik, die den Wandel zur -en Gesellschaft (Gesellschaft, in der die Grenzen zwischen den Klassen fließend sind u. für den Einzelnen kein Hindernis darstellen) wagt (Börsenblatt 16, 1968, 1136); er hat ein -es Haus (ist sehr gastfrei); meine Tür ist immer für dich o. (du kannst zu mir kommen, wann du willst); sich einen Ausweg, den Rückzug o. halten; sich alle Wege o. lassen; alle Möglichkeiten stehen dir o.; ein echter Kompromiss, der alle Möglichkeiten o. lässt (Dönhoff, Ära 185); nach ihrem olympischen Sieg standen der jungen Sportlerin alle Türen o.; die Stadtbibliotheken, die öffentlichen Anlagen stehen allen Bürgern o. (stehen zu ihrer Verfügung); c) nicht bedeckt; nicht ab-, zugedeckt: Immer weniger Luftleitungen werden hinter Verkleidungen versteckt. Offen geführte Luftleitungen müssen ... ästhetischen Ansprüchen genügen (CCI 13, 1998, 43); an einem -en (nicht zugeschütteten) Grab stehen; ein -er Wagen (Wagen ohne Verdeck); Trostlos hatte es für August Kühn ausgesehen, wie die ihren Hausrat auf den -en Pferdewagen geschichtet hatten (Kühn, Zeit

138); sie trägt -e Schuhe *(Schuhe mit durchbrochenen Kappen od. Seiten).* **2. a)** *durch kein Hindernis versperrt; frei [zugänglich]:* -es *(nicht zugefrorenes)* Fahrwasser; die klare Winterluft gewährte einen -en Ausblick ins Tal; Sie gingen durch -e Säulengänge (Brecht, Geschichten 133); das Zelt war an der Seite o.; aufs -e Meer, auf die -e See hinausfahren *(so weit hinausfahren, dass vom Festland nichts mehr gesehen wird);* sie gelangten auf -es Gelände *(ohne dichten Bewuchs od. Häuser, Zäune o. Ä.);* die Heere trafen in -er Feldschlacht aufeinander *(standen sich auf freiem Feld in fester Schlachtordnung gegenüber);* Einmal platzt ihm ein Reifen auf -er Strecke *(ziemlich weit von einer Ortschaft entfernt;* Frisch, Gantenbein 371); die Pässe in den Alpen sind wieder o. *(schneefrei u. wieder befahrbar);* die Jagd ist o. (Jägerspr.; *nach dem Ende der Schonzeit wieder freigegeben);* Ü nach allen Seiten hin o. *(an keine Weltanschauung od. [politische] Interessengruppe gebunden);* **b)** *(von sportlichen Wettbewerben) durch keine speziellen Vorbehalte, Grenzen o. Ä. eingeschränkt, eingeengt:* ein -er Wettbewerb; bei den -en französischen Meisterschaften; die Teilnahme an der Meisterschaft ist für Amateure und Berufssportler o.; **c)** *nicht in sich zusammenhängend, nicht geschlossen* (b): eine -e Bauweise; Geschwindigkeitsbeschränkung in -en Ortschaften. **3. a)** *(von [alkoholischen] Flüssigkeiten) nicht in Flaschen abgefüllt; nicht in einer Flasche serviert:* -er Wein; Janda setzt sich ins nächste Wirtshaus und trinkt ein -es Bier (Zenker, Froschfest 69); **b)** (landsch.) *nicht abgepackt; lose:* Zucker o. verkaufen. **4. a)** *[noch] nicht entschieden; ungewiss:* es blieben noch viele -e Fragen; ein Kampf mit -em Ausgang; Im Schlusskampf lieferte John eine -e Partie (Saarbr. Zeitung 7. 12. 79, 8); die Meisterschaft war bis zum Schluss o.; der Antwort auf meine Frage ist noch o.; Offen allerdings sei, ob die kommunistischen Parteien Westeuropas Prozessbeobachter entsenden können (Augsburger Allgemeine 13./14. 5. 78, XI); du hast dir die Entscheidung darüber, eine Antwort darauf o. gehalten *(vorbehalten);* dass wir uns die Möglichkeit des Einsatzes eines Hochtemperaturreaktors o. halten wollen (Saarbr. Zeitung 29./30. 12. 79, 3); eine Frage o. lassen; sie hat sich o. gehalten, doch noch Anzeige zu erstatten; sie hat o. gelassen, ob sie kommt oder nicht; es steht dir o. *(ist dir überlassen),* zu kommen oder nicht [zu kommen]; es sollte jedem o. stehen *(freistehen),* den Beruf zu wählen, den er für den geeignetsten hält; **b)** *[noch] nicht bezahlt; [noch] nicht erledigt:* eine -e, o. stehende Rechnung; auf Ihrem Konto stehen noch 1 000,- DM o. *(sind noch nicht bezahlt);* in der Bilanz sind noch einige Posten o. *(noch nicht [genau] aufgeführt);* **c)** *nicht besetzt; frei* (4 a): -e Stellen, Arbeitsplätze; bei uns ist noch eine Position o.; eine frei gewordene Arbeitsstelle o. lassen; im Handwerk stehen noch viele Lehrstellen o. *(sind*

noch nicht besetzt); o. stehende *(freie)* Stellen; ich lasse diese Zeile, Reihe, Spalte [in dem Formular] o. *(fülle sie nicht aus);* tragen Sie Ihren Namen bitte in das o. gelassene *(nicht ausgefüllte, frei gelassene)* Feld ein. **5. a)** *(in Bezug auf seine Gefühle o. Ä.) nichts verbergend, freimütig [geäußert]; aufrichtig:* ein -es Wort, Bekenntnis, Gespräch; -e Kritik; sie hat ein -es Gesicht; Gerda hatte immer noch ihr altes, -es Lächeln (Remarque, Obelisk 177); sei o. zu mir!; etw. o. bekennen, zugeben, eingestehen; o. seine Meinung sagen; o. gesagt, ich bin müde; sich ganz o. über etw. unterhalten; Vielleicht trauten sich seine Verwandten nicht einmal hier, o. über alles zu reden (Kühn, Zeit 436); die amerikanische und die deutsche Regierung müssten -er miteinander sprechen (W. Brandt, Begegnungen 35); ⟨subst.:⟩ er hat etwas Offenes in seinem Wesen *(wirkt vertrauenerweckend);* **b)** *klar u. deutlich zutage tretend u. so für jeden erkennbar; unverhohlen:* -er Protest wurde laut; -e Feindschaft; eine -e Kampfansage; zum -en Widerstand, zur -en Meuterei aufrufen; Im Januar 1936 kommt es zum -en ... Konflikt zwischen Tochter und Vater (Reich-Ranicki, Th. Mann 185); Ursachen, Zusammenhänge o. legen (Amtsdt.; *klar u. deutlich darlegen);* es liegt doch o. auf der Hand, dass sie lügt; seine Abneigung o. zeigen; er drohte ihm o. mit Schlägen; etw. o. zur Schau stellen, tragen; Anlässlich des aktuellen Falles eines o. homosexuell lebenden Pfarrers (Wiedemann, Liebe 97); Überhaupt ging ihr schon seit langem die o. gezeigte Zuneigung ihres Mannes ab (Kühn, Zeit 434); **c)** *vor den Augen der Öffentlichkeit; nicht geheim:* sie wurde in -er Abstimmung gewählt; o. abstimmen; Zugleich müssen die Parteien ihre Finanzen o. legen (Amtsdt.; Freie Presse 3. 1. 90, 4); jmdn. in -em Kampf *(in fairem Kampf Mann gegen Mann)* besiegen; Leute wurden auf -er Straße *(vor den Augen aller sich auf der Straße befindenden Leute)* verhaftet (Hilsenrath, Nacht 505); -e Wertung (Sport; *Wertung, bei der bekannt wird, wie der einzelne Kampfrichter gewertet hat);* die Bebauungspläne werden ab Juni im Rathaus o. liegen (Amtsdt.; *zur Einsichtnahme, Ansicht ausliegen).* **6.** (Sport, bes. Ballspiele) *nicht genügend auf Deckung* (2 a, 6 a) *achtend u. so dem Gegner die Möglichkeit zum erfolgreichen Gegenangriff gebend:* ein -es System spielen; die Abwehr spielte zu o. und musste so zwei Gegentreffer hinnehmen. **7.** (Sprachwiss.) **a)** *(von Vokalen) mit weit geöffnetem Mund u. weniger gewölbtem Zungenrücken gesprochen:* ein -es E, O; **b)** *(von Silben) nicht mit einem Vokal endend.*

Of|fen|bach am Main: Stadt am unteren Main.

of|fen|bar [auch: – –'–; mhd. offenbar, ahd. offanbār]: **I.** ⟨Adj.⟩ *offen zutage tretend, klar ersichtlich:* eine -e Lüge; ein -er Irrtum; Plötzlich und ohne -en Grund begann er zu trinken (Grass, Hundejahre 323); Gleich darauf aber

fanden sie aus ihrer -en Verlegenheit zurück (Fest, Im Gegenlicht 236); Offenbar war nur, dass Ludwig ständig über Geld verfügte (Giordano, Die Bertinis 663); ihre Absicht wurde allen o.; Als die Tragödie o. wurde, befand er sich in Frankreich (Danella, Hotel 64); einen Sachverhalt, den Sinn o. machen; dieser Brief macht o., dass sie gelogen hat. **II.** ⟨Adv.⟩ *dem Anschein nach, wie es scheint:* sie ist o. sehr begabt; der Zug hat o. Verspätung; Und die Wähler? An sie hat o. niemand mehr gedacht (Dönhoff, Ära 29); Draußen stand der Mann mit dem Dung, der o. mit Spannung erwartet wurde (Böll, Haus 197); Offenbar hatte er bemerkt, dass wir ihn beobachteten (Simmel, Stoff 615).

öf|fen|bar ⟨Adj.⟩: *sich öffnen lassend:* Individualität durch -e Fenster (CCI 9, 1986, 46).

of|fen|ba|ren ⟨sw. V.; hat offenbart/(selten, bes. Rel.:) geoffenbart⟩ [mhd. offenbæren] (geh.): **1. a)** *etw., was bisher verborgen war, nicht bekannt war, offen zeigen, enthüllen:* ein Geheimnis, seine Schuld, seine Gefühle o.; Gott offenbart uns seine Güte, Gnade; Die Niederlage der Revolution offenbarte die Schwäche der liberalen Parteien (Fraenkel, Staat 247); dass Leute, die sich fortschrittlich nannten, so ausgesprochen rückschrittliche Züge offenbarten (H. Gerlach, Demission 121); Ein Blick auf die täglichen Stauschlangen offenbart das Dilemma: In jedem Auto sitzt nur ein Fahrgast (natur 3, 1991, 1); Die nächste Steuerschätzung wird erneut Milliardenlöcher im Bundesetat o. (Woche 18. 4. 97, 5); Auffallend war, dass die Hanseaten erstaunlich große Abwehrschwächen offenbarten (NNN 4. 9. 86, 2); **b)** ⟨o. + sich⟩ *sich [in einer bisher nicht bekannten Art u. Weise] zu erkennen geben, deutlich erkennbar werden:* er offenbarte sich als treuer Freund/(seltener:) als treuen Freund; sie hat sich in ihrem neuesten Werk als große Lyrikerin offenbart; seine Worte offenbarten sich als Lüge. **2.** ⟨o. + sich⟩ *sich jmdm. anvertrauen; jmdm. vertraulich seine Probleme schildern:* sie hat sich mir, ihren Eltern offenbart; Anschließend durfte sie zurück nach Westberlin fahren, wo sie sich ihrem Arbeitgeber offenbarte (Woche 4. 4. 97, 8); Da offenbarte sich Anne, teilte ihr Geheimnis mit (Fries, Weg 332);

Of|fen|ba|rung, die; -, -en [mhd. offenbārunge]: **1.** (geh.) *das Offenbaren* (1 a): die O. eines Geheimnisses, seiner Absichten; jmds. -en [keinen] Glauben schenken. **2.** (Rel.) *[auf übernatürlichem Wege stattfindende] Mitteilung göttlicher Wahrheiten od. eines göttlichen Willens:* nach christlichem Glauben wird in der Bibel den Menschen die O. des Wortes Gottes zuteil; die Welt ein prächtiges großes Kloster, darin die Menschen als Mönche in mystischer Verzückung und ohne Zutun einer verrotteten Kirche der O. unmittelbar teilhaftig werden (Stern, Mann 224); die O. des Johannes *(letztes Buch des N. T.);* Ü Marrs Schriften wurden damals als höchste O. der Sprachwissenschaft gepriesen (Leonhard, Revolution 73); Bouillon mit Markklößchen. Erstklassig! Und Rotkohl mit Sauerbraten. Eine O.! (scherzh.; *etwas ganz Großartiges;* Remarque, Obelisk 81); der Aufsatz war nicht gerade eine O. (ugs.; *war nur sehr mäßig).*

Of|fen|ba|rungs|eid, der (Rechtsspr. veraltend): *Eid, mit dem ein Schuldner [auf Verlangen des Gläubigers] erklärt, seine Vermögensverhältnisse wahrheitsgemäß dargelegt zu haben u. nicht in der Lage zu sein, seiner Zahlungspflicht nachzukommen; eidesstattliche Versicherung:* den O. leisten; Die »taz« besorgte sogar Photokopien einer eidesstattlichen Versicherung (früher O.), die Lohrmann ... geleistet hatte (Spiegel 15, 1984, 241); Inzwischen erwirkte einer der Gläubiger ... einen Haftbefehl ..., durch den der wendige Bevollmächtigte zur Ablegung des -es gezwungen werden soll (Spiegel 30, 1976, 97); Ü die Regierung sah sich gezwungen, den O. zu leisten *(zuzugeben, dass sie mit ihrer Politik am Ende sei);* Blüm ..., der mit falschen Zahlen jongliere, um den O. bei der Altersversorgung hinauszuzögern (Woche 14. 11. 97, 3).

of|fen blei|ben: s. offen (1 a, b, 4 a).

of|fen hal|ten: s. offen (1 a, b, 4 a).

Of|fen|hal|tung, die ⟨o. Pl.⟩: *das Offenhalten, Sich-offen-Halten.*

Of|fen|heit, die; -: 1. *freimütige Wesensart; rückhaltlose Ehrlichkeit:* deine O. schadet dir nur; die O. ihres Wesens, ihres Blicks; etwas in schonungsloser, rücksichtsloser, aller O. sagen; von einer erfrischenden, entwaffnenden, kindlichen O. sein. 2. *Aufgeschlossenheit; Bereitschaft, sich mit jmdm., etw. unvoreingenommen auseinander zu setzen:* Die Glasnost, die neue O., hatte gerade erst begonnen (Ruge, Land 398); O. für Probleme besitzen, gegenüber Problemen zeigen.

of|fen|her|zig ⟨Adj.⟩: *zu freimütiger Äußerung der eigenen Meinung bereit; unverhohlen innerste Gedanken mitteilend:* eine -e Äußerung; ein -es Gespräch; o. reden; Ev sprach o. über ihr Liebesleben (Danella, Hotel 53); o. (iron.; *mitteilsam)* wie sie war, konnte sie nichts für sich behalten; Ü sie trug ein sehr -es (scherzh.; *tief ausgeschnittenes)* Kleid.

Of|fen|her|zig|keit, die; -: *offenherziges Wesen.*

of|fen|kun|dig [auch: – – ' – –] ⟨Adj.⟩: *für jeden ersichtlich, klar [erkennbar], [sehr] deutlich:* eine -e Lüge; ein -er Irrtum; -e Tatsachen; jede Bewegung war ihr eine -e Qual (Broch, Versucher 194); Um diesen -en Widerspruch zu beheben (Archäologie 2, 1997, 22); Es war o., dass ihm mit seinen vielen Fragen auf die Nerven ging (Hilsenrath, Nacht 436); Ich kann ja nicht ableugnen, was vor aller Welt o. ist (Benrath, Konstanze 63); als Vaters Interesse an der schwankenden Tüte immer -er wurde (Schnurre, Bart 135); es war o. Verrat; der Arme befand sich o. in einem verwahrlosten Zustand (Nigg, Wiederkehr 89); Diese Redewendung kränkte Imma Spoelmann ganz o.

(Th. Mann, Hoheit 227); *o.* **werden** (veraltend; *bekannt werden); o.* **machen** (veraltend; *bekannt machen).*

Of|fen|kun|dig|keit, die; -: *das Offenkundigsein.*

Of|fen|la|ge, die: *das Offenliegen, Offenlegung:* O. der Verzeichnisse land- und forstwirtschaftlicher Betriebe (MM 3. 4. 70, 23).

of|fen las|sen: s. offen (1 a, b, 4 a, c).

of|fen le|gen: s. offen (5 b, c).

Of|fen|le|gung, die; -, -en: *das Offenlegen.*

Of|fen|le|gungs|pflicht, die ⟨o. Pl.⟩ (Bankw.): *für Kreditinstitute gesetzlich festgelegte Pflicht, bei Gewährung von Krediten, die eine bestimmte Summe überschreiten, vom Kreditnehmer die Offenlegung seiner wirtschaftlichen Verhältnisse zu verlangen.*

of|fen lie|gen: s. offen (5 c).

Of|fen|markt|po|li|tik, die [LÜ von engl. open market policy] (Wirtsch.): *von einer staatlichen Notenbank durch An- u. Verkauf festverzinslicher Wertpapiere bewirkte Erhöhung des Geldumlaufs zur steuernden Beeinflussung der Konjunktur.*

of|fen|sicht|lich [auch: – – ' – –]: **I.** ⟨Adj.⟩ *klar [erkennbar], [sehr] deutlich, offenkundig:* ein -er Betrug, Irrtum; Paula, die trotz ihres -en Heißhungers betont manierlich aß (Heym, Schwarzenberg 118); Der -ste Einfluss des Menschen auf die Meere ist die Verschmutzung mit Plastikabfällen (Harrison [Übers.], Revolution 273); es ist o., dass er gelogen hat; Dass sie die nötige Vorbildung, Schulung und Selbstdisziplin für diese Aufgabe besitzt, ist o. (Bund 9. 8. 80, 43); Die Gefahren für die Bundesliga sind o. (Woche 1. 11.97, 1); Ganz o. war die AGI ein noch gewieftes Gaunerunternehmen als Awalon-Kreiselbau-Gesellschaft (Prodöhl, Tod 67). **II.** ⟨Adv.⟩ *dem Anschein nach, anscheinend:* sie hat o. nicht daran gedacht; Man will die Bevölkerung o. im Dunkeln tappen lassen (Neue Kronen Zeitung 12. 5. 84, 8); Er hatte gradaus gestarrt, o. in Gedanken (Frisch, Montauk 30).

Of|fen|sicht|lich|keit, die: *das Offensichtlichsein; Offenkundigkeit.*

of|fen|siv [auch: 'ɔf...] ⟨Adj.⟩ [zu lat. offensum, 2. Part. von offendere = anstoßen, verletzen]: **a)** *angreifend, den Angriff bevorzugend:* -e Kriegsführung; mit -er Taktik vorgehen; Ü Es wird Zeit, ... Stellung zu beziehen und o. auch ohne den Willen einiger hoher Funktionäre eine gute, an den Interessen der jungen Kolleginnen und Kollegen orientierte Jugendarbeit durchzuführen (ran 2, 1980, 6); **b)** (Sport) *im Spiel den Angriff, das Stürmen bevorzugend:* die Verteidiger übernehmen -e Aufgaben; o. spielen.

Of|fen|si|val|li|anz, die: *Offensivbündnis.*

Of|fen|siv|bo|xer, der: *den Angriff bevorzugender Boxer.*

Of|fen|siv|bo|xe|rin, die: w. Form zu ↑Offensivboxer.

Of|fen|siv|bünd|nis, das: *zum Zwecke eines Angriffs geschlossenes Bündnis.*

Of|fen|si|ve, die; -, -n [frz. offensive]: **1.** *den Angriff bevorzugende Kampfweise, Kriegführung; Angriff:* eine O. planen, einleiten, durchführen, starten; die O. scheiterte; Die -n der Francotruppen mussten abgewehrt werden (Weber, Tote 26); aus der Defensive in die, zur O. übergehen; Ü eine O. gegen den Drogenmissbrauch; Büchner fordert O. gegen den Fluglärm (MM 26. 11. 86, 28). **2.** ⟨o. Pl.⟩ (Sport) *auf Angriff, Stürmen eingestellte Spielweise:* die O. bevorzugen; aus der O. spielen; zur O. übergehen.

Of|fen|siv|krieg, der: *Angriffskrieg.*

Of|fen|siv|spiel, das (Sport): *auf Angriff eingestelltes Spiel.*

Of|fen|siv|spie|ler, der (Sport): *den Angriff, das Stürmen bevorzugender Spieler.*

Of|fen|siv|spie|le|rin, die: w. Form zu ↑Offensivspieler.

Of|fen|siv|stel|lung, die: *Angriffsstellung:* eine O. beziehen, einnehmen.

Of|fen|siv|tak|tik, die: *auf Angriff eingestellte Taktik.*

Of|fen|siv|ver|tei|di|ger, der (bes. Fußball): *Verteidiger, der sich häufig in den Angriff einschaltet, häufig stürmt.*

Of|fen|siv|ver|tei|di|ge|rin, die: w. Form zu ↑Offensivverteidiger.

Of|fen|siv|waf|fe, die (Milit.): *Angriffswaffe:* Kennedy versicherte Chruschtschow, dass er nicht in Kuba einmarschieren würde, wenn die Russen ihre -n abzögen (Basta 6, 1984, 24).

Of|fen|stall, der (Landw.): *überdachter, nach einer Seite hin offener Stall zur Unterbringung von Rindern, bes. von Jungtieren.*

of|fen ste|hen: s. offen (1 a, b, 4).

öf|fent|lich ⟨Adj.⟩ [mhd. offenlich, ahd. offanlīh]: **1.** *für jeden hörbar u. sichtbar; nicht geheim:* eine -e Verhandlung, Hinrichtung; ein -es Ärgernis; ..., wie es nun in einer -en Erklärung des Palastes hieß (Ransmayr, Welt 140); ein -es *(längst allgemein bekanntes)* Geheimnis; die Abstimmung ist ö.; die Verlobung ist bereits ö. *(offiziell bekannt gegeben);* Heute zeigt er sich nicht mehr sehr glücklich darüber, dass seine Autorenschaft ö. *(bekannt)* wurde (Woche 1. 11. 97, 6); ö. über etw. abstimmen; etw. ö. erklären, anprangern, verkünden; wenn Cyane einen ... Absatz aus den immer seltener Briefen des Verbannten ö. vorlas (Ransmayr, Welt 145); ö. hervortreten; Wenn wir jeden Vorgang ö. *(in der Öffentlichkeit)* ausposaunen (Prodöhl, Tod 89); sie tritt zum ersten Mal ö. *(vor einem Publikum)* auf. **2.** *für die Allgemeinheit zugänglich, benutzbar:* -e Anlagen, Bibliotheken; Sie gingen in eine -e Toilette (Handke, Frau 65); -e Verkehrsmittel; den -en Nahverkehr attraktiver machen; eine -e Feier, Kundgebung veranstalten; ein -er Fernsprecher *(Fernsprechautomat);* Das sind ganz -e Damen (verhüll.; *Prostituierte;* Schnabel, Marmor 149). **3. a)** *die Gesellschaft allgemein, die Allgemeinheit betreffend, von ihr ausgehend, auf sie bezogen:* die -e Meinung; das -e Wohl; das -e Interesse an der Aufklärung des Mordfalles war groß; eine Person des

-en Lebens; im -en Leben stehen; Wir kannten Onkel Fritz nur als einen überaus gütigen Menschen, der stets um die -en Dinge besorgt war (Dönhoff, Ostpreußen 55); Helmut Kohls Fähigkeiten als Wahlmatador werden im kurzlebigen -en Gedächtnis gemeinhin überschätzt (Woche 11. 4. 97, 1); **b)** *die Verwaltung eines Gemeinwesens betreffend; kommunal:* -e Gelder, Ausgaben; die Verschuldung der -en Haushalte nimmt erschreckend zu; die Privatisierung -er Unternehmen fordern; Aufgabe -er und privater Wohlfahrtspflege müsste es sein ... (MM 14. 2. 78, 9); Hausbesitzer ... sollen ... die überschüssige Energie ins -e Netz einspeisen (natur 2, 1991, 67); Im Westberliner Abgeordnetenhaus geben die ö. bediensteten SPD-Parlamentarier den Ton an (Spiegel 12, 1976, 57).

Öf|fent|lich|keit, die; -: **1.** *als Gesamtheit gesehener Bereich von Menschen, in dem etw. allgemein bekannt [geworden] u. allen zugänglich ist:* die literarische Ö.; dass es ... auch noch Flüchtlinge aus Laos und Vietnam gibt, die in der westlichen Ö. vergessen würden (Saarbr. Zeitung 5. 12. 79, 2); die Ö. erfährt, weiß nichts von diesen Dingen; die Ö. von einer Verhandlung ausschließen; etw. einer breiten Ö. zugänglich machen; im Blickpunkt der Ö. stehen; unter Ausschluss der Ö. tagen; Der Finne fürchtet den Erwartungsdruck der Ö. (Dolomiten 1. 10. 83, 18); etw. an die Ö. bringen; sie ist mit ihrem ersten Roman an die Ö. getreten *(hat ihn veröffentlicht);* das darf ja gar nicht an die Ö. kommen *(bekannt werden, bekannt gemacht werden;* Innerhofer, Schattseite 222); Mitglieder der Nationalmannschaft mögen doch bitte Bemerkungen über Kollegen in der Ö. *(vor anderen Leuten)* unterlassen (Kicker 6, 1982, 38); sie küssten sich in aller Ö. *(vor allen Leuten);* Schon im Juni 1933 forderten sie den Vater auf, sich in aller Ö. *(öffentlich* 1) vom Dritten Reich zu distanzieren (Reich-Ranicki, Th. Mann 184); die Regierung musste die Flucht in die Ö. antreten *(musste durch Unterrichtung der Öffentlichkeit über Dinge, die [noch] nicht bekannt werden sollen, etw. zu erreichen, zu erklären versuchen).* **2.** *das Öffentlichsein; das Zugelassensein für die Öffentlichkeit (1):* das Prinzip der Ö. in der Rechtsprechung; die Ö. einer Gerichtssitzung wiederherstellen.

Öf|fent|lich|keits|ar|beit, die ⟨o. Pl.⟩: **1.** *das Bemühen von Organisationen od. Institutionen (z. B. Parteien, Unternehmen o. Ä.), der Öffentlichkeit (1) eine vorteilhafte Darstellung der erbrachten Leistungen zu geben; Public Relations:* unternehmenspolitische Ö.; die Züchter müssen mehr als in den letzten Jahren die Ausstellung als Plattform für züchterische Ö. nutzen (Jagd 3, 1987, 70); Ö. machen, betreiben; die Ö. verstärken; die Referentin für Ö.; Zum anderen wendet sich die Polizei mit ihrer Ö. an die breite Bevölkerung, um hier größeres Verständnis zu wecken (Hörzu 27, 1971, 63). **2.** (DDR) *von der staatlichen Leitung ausgehende Informationen über Vorgän-*

ge in den Bereichen des öffentlichen Lebens, die der Meinungsbildung in der Bevölkerung dienen u. so zur Mitarbeit an Lösungsmöglichkeiten für die verschiedenen Probleme anregen sollen.

Öf|fent|lich|keits|grund|satz, der ⟨o. Pl.⟩ (Rechtsspr.): *Grundsatz der Rechtsprechung, nach dem Gerichtsverhandlungen (mit bestimmten Ausnahmen) der Allgemeinheit zugänglich sein müssen.*

Öf|fent|lich|keits|re|fe|rent, der: *in der Öffentlichkeitsarbeit tätiger Referent.*
Öf|fent|lich|keits|re|fe|ren|tin, die: w. Form zu ↑Öffentlichkeitsreferent.
öf|fent|lich|keits|scheu ⟨Adj.⟩: *die Öffentlichkeit scheuend.*
Öf|fent|lich|keits|scheu, die: *Scheu vor der Öffentlichkeit.*

öf|fent|lich-recht|lich ⟨Adj.⟩ [zu: öffentliches Recht] (Rechtsspr.): *(von Verwaltungseinrichtungen) mit eigener Rechtspersönlichkeit u. einem bestimmten Nutzungszweck:* die -en Rundfunkanstalten; wo bleibt denn da die moralische Verantwortung der -en Sendeanstalten? (Kraushaar, Lippen 185); -er Vertrag *(Vertrag, der sich auf Verhältnisse des öffentlichen Rechts bezieht);* Wir sind ein Wohnungsunternehmen und die Tochtergesellschaft einer bedeutenden -en Regionalbank (MM 3./4. 5. 75, 52).

Of|fe|rent, der; -en, -en [zu lat. offerens (Gen.: offerentis), 1. Part. von: offerre; ↑offerieren] (Kaufmannsspr.): *jmd., der eine Offerte macht.*
Of|fe|ren|tin, die; -, -nen: w. Form zu ↑Offerent.
of|fe|rie|ren ⟨sw. V.; hat⟩ [(frz. offrir <) lat. offerre = anbieten]: **a)** (bes. Kaufmannsspr.) *zum Handel vorschlagen; anbieten* (2 b): ein Sonderangebot [in der Zeitung] o.; Rohstoffe [zu einem günstigen Preis] auf dem Weltmarkt o.; Je nach Interesse seiner Kunden offerierte Pippo ... Theaterbillets (Bieler, Mädchenkrieg 38); Die Silberhütte liefert nicht nur Komponenten für Seiten-Airbags, sondern offeriert auch deren fachgerechte Entsorgung (Woche 19. 12. 97, 14); ⟨auch ohne Akk.-Obj.:⟩ den Auftrag bekam die Firma, die am günstigsten offeriert hatte; **b)** (bildungsspr.) *anbieten* (1 a): eine Zigarre, einen Likör o.; darf ich dir dieses Buch o.?; Die frischen Angebote des Marktes werden den Kunden ... über die Tageskarte offeriert (Saarbr. Zeitung 7. 12. 79, IX); Wenn Sie über eine kaufmännische Grundausbildung, ... verfügen, offerieren wir Ihnen einen interessanten und entwicklungsfähigen Wirkungskreis (Bund 9. 8. 80, 18); Fort Amber ... offeriert *(bietet)* einen Vorgeschmack auf die viel besuchte Hauptstadt (a & r 2, 1997, 38); Beobachtungen ... ergaben, dass der Verhaftete ... sich auch als Zeuge offerierte *(sich als Zeuge zur Verfügung stellte;* Vaterland 15. 10. 68, 12).

Of|fert, das; -[e]s, -e (österr.): *Offerte.*
Of|fer|te, die; -, -n [frz. offerte, subst. 2. Part. von: offrir, ↑offerieren]: **a)** (Kaufmannsspr.) *[schriftliches] Kaufangebot:* eine günstige, unverbindliche

O.; jmdm. eine O. machen, unterbreiten; die -n in der Zeitung lesen; Ü Der DDR-Premier spielte dabei auf die Art und Weise an, in der seine Regierung über die O. einer Währungsunion informiert wurde (Freie Presse 14. 2. 90, 2); **b)** (schweiz.) *Bewerbung:* Mitarbeiter mit kaufmännischer Ausbildung ... Senden Sie uns noch heute ihre ausführliche O. (Bund 9. 8. 80, 16).

Of|fer|tin|ge|ni|eur, der (Wirtsch.): *Sachbearbeiter für den Entwurf von detaillierten Angeboten bei großen Objekten, bes. in der Elektro- u. Werkzeugmaschinenindustrie.*
Of|fer|tin|ge|ni|eu|rin, die: w. Form zu ↑Offertingenieur.

Of|fer|to|ri|um, das; -s, ...ien [mlat. offertorium = (Auf)opferung, zu lat. offerre, ↑offerieren] (kath. Kirche): *Gebet während der Gabenbereitung.*

¹**Of|fice** ['ɔfɪs], das; -, -s ['ɔfɪsɪs, engl.: 'ɔfɪsɪz; engl. office < lat. officium, ↑Offizium]: engl. Bez. für *Büro.*
²**Of|fice** ['ɔfɪs, frz. ɔ'fis], das; -, -s ['ɔfɪs, frz. ɔ'fis; frz. office < lat. officium, ↑Offizium] (schweiz.): **a)** *Anrichteraum im Gasthaus;* **b)** (selten) *Büro.*

◆ **Of|fi|cier** [...s...]: ↑Offizier: Der polternde Alte sollte einen pensionierten O., Laertes einen vazierenden Fechtmeister ... vorstellen (Goethe, Lehrjahre II, 9).

Of|fi|ci|um, das; -s, ...ia: **1.** *Offizium* (1). **2.** *Offizium* (2).
Of|fi|ci|um di|vi|num, das; - - [mlat., zu lat. officium (↑Offizium) u. divinus = gottesdienstlich; göttlich] (kath. Kirche): *Offizium* (1 b).

Of|fiz, das; -es, -e (veraltet): *Offizium* (2).
Of|fi|zi|al, der; -s, -e [spätlat. officialis = Amtsdiener, zu: officialis = zum Dienst, Amt gehörig, zu lat. officium, ↑Offizium]: **1.** (kath. Kirche) *Vertreter des [Erz]bischofs als Vorsteher des Offizialats.* **2.** (österr.) *Beamter im mittleren Dienst.*
Of|fi|zi|a|lat, das; -[e]s, -e [mlat. officialatus] (kath. Kirche): *von einem Offizial (1) geleitete [erz]bischöfliche Kirchenbehörde.*
Of|fi|zi|al|de|likt, das (Rechtsspr.): *Straftat, deren Verfolgung auf behördliche Anordnung eintritt:* Es bleibt abzuwarten, wie der Fall juristisch bewertet wird, ob als Kindesentführung – ein O. – oder als Kindesentziehung – ein Antragsdelikt (MM 25./26. 4. 81, 28).
Of|fi|zi|al|ma|xi|me, die (Rechtsspr.): *Offizialprinzip.*
Of|fi|zi|al|prin|zip, das (Rechtsspr.): *Verpflichtung des Gerichts (1 a), Ermittlungen (über die von den Beteiligten vorgebrachten Tatsachen hinaus) auf behördliche Anordnung anzustellen.*
Of|fi|zi|al|ver|ge|hen, das (Rechtsspr.): *Offizialdelikt.*
Of|fi|zi|al|ver|tei|di|ger, der (Rechtsspr.): *Pflichtverteidiger.*
Of|fi|zi|al|ver|tei|di|ge|rin, die: w. Form zu ↑Offizialverteidiger.
Of|fi|zi|ant, der; -en, -en [zu mlat. officians (Gen.: officiantis), 1. Part. von: officiare = ein Amt versehen, zu lat. offici-

um, ↑Offizium] (veraltet): **1.** *Zelebrant.* **2. a)** *Beamter des einfachen Dienstes;* **b)** *Hausmeister einer Schule:* In der Schule wurde Wilhelm Leer vom -en ... ein zweites Mal übergelegt (Sommer, Und keiner 81).

of|fi|zi|ell ⟨Adj.⟩ [frz. officiel < spätlat. officialis]: **1. a)** *in amtlichem Auftrag; dienstlich:* die -e Reise des Kanzlers nach Peking; die Verhandlungen werden jetzt o. geführt; jmdn. o. mit der Geschäftsführung betrauen; etw. o. ankündigen, verbieten; Vorsichtig ... hat die US-Regierung den inzwischen o. präsentierten sowjetischen Abrüstungsvorschlag aufgenommen (Basler Zeitung 2. 10. 85, 5); ⟨subst.:⟩ bei der Eröffnung der Olympischen Spiele marschieren mehr Offizielle als Sportler ein; **b)** *von einer Behörde, einer Dienststelle ausgehend, bestätigt [u. daher glaubwürdig]; amtlich:* eine -e Verlautbarung; ihre -e Ernennung zur Staatssekretärin; eine Anordnung von -er Seite, Stelle; vom -en Kurs abweichen; es kam zum -en Bruch; das -e Bonn *(die Bonner Regierungsstellen);* die Kabinettsliste ist jetzt o.; etw. o. bestätigen; ich kann dir jetzt o. *(als [amtlich] verbürgt)* sagen, dass du die Prüfung bestanden hast; das Staatsoberhaupt, das o. demnächst achtzig Jahre alt wird (NZZ 12. 10. 85, 3); Benzin darf nämlich ganz o. sauerstoffhaltige Additive enthalten (natur 3, 1991, 71). **2.** *förmlich:* eine -e Feier; die -e Namensgebung findet morgen statt; plötzlich wurde sie ganz o. *(unpersönlich, kühl);* Sie stiegen die Stufen des Verwaltungsgebäudes hinauf, das durch die Sandsteinplatten und roten Ziegelmauern sehr o. wirkte (Kemelman [Übers.], Dienstag 22).

Of|fi|zier, der; -s, -e [frz. officier < mlat. officiarius = Beamter; Bediensteter, zu: officiare, ↑Offiziant]: **1. a)** ⟨o. Pl.⟩ *militärische Rangstufe, die die Dienstgrade vom Leutnant bis zum General (a) umfasst:* O. werden; O. vom Dienst *(vorübergehend für den Wach- u. Ordnungsdienst in einem bestimmten Bereich verantwortlicher Offizier od. Unteroffizier mit Portepee;* Abk.: OvD, O. v. D.); **b)** *jmd., der den Dienstgrad eines Offiziers (a) innehat* ◆ (z. B. Leutnant, Major): ⟨Pl. -s:⟩ Die -s gehen auseinander. Die Wachparade ist aus (Schiller, Kabale II, 1). **2.** *Schachfigur mit größerer Beweglichkeit als die Bauern (z. B. Turm, Läufer, Springer).*

Of|fi|zier|an|wär|ter usw.: militär. meist für ↑Offiziersanwärter usw.

Of|fi|zie|rin, die; -, -nen: w. Form zu ↑Offizier.

Of|fi|ziers|an|wär|ter, der: *Anwärter auf den Offiziersrang* (Abk.: OA).

Of|fi|ziers|an|wär|te|rin, die: w. Form zu ↑Offiziersanwärter.

Of|fi|ziers|auf|stand, der: *Aufstand von Offizieren.*

Of|fi|ziers|aus|bil|dung, die: *Ausbildung zum Offizier.*

Of|fi|ziers|bur|sche, der (früher): *Bursche (2).*

Of|fi|ziers|dienst|grad, der: *Dienstgrad innerhalb der Offizierslaufbahn.*

Of|fi|ziers|fa|mi|lie, die: *Familie, deren männliche Mitglieder [überwiegend] Offiziere sind bzw. traditionell die Offizierslaufbahn einschlagen:* Heinrich v. Kleist entstammte einer preußischen O.

Of|fi|ziers|ka|si|no, das: *Kasino (2 a).*

Of|fi|ziers|korps, das: **a)** *Gesamtheit der Offiziere der Streitkräfte eines Landes;* **b)** (früher) *Gesamtheit der Offiziere eines Regiments.*

Of|fi|ziers|krei|se ⟨Pl.⟩: *Kreise (3 c), die aus Offizieren bestehen:* in -n verkehren.

Of|fi|ziers|lauf|bahn, die: *Laufbahn (1 a) eines Offiziers.*

Of|fi|ziers|lehr|gang, der: *zur Offiziersausbildung gehörender Lehrgang.*

Of|fi|ziers|ma|trat|ze, die (Soldatenspr. abwertend veraltet): *Mädchen, das sich speziell mit Offizieren einlässt u. mit ihnen geschlechtlich verkehrt.*

Of|fi|ziers|mes|se, die: **1.** *(auf größeren Schiffen) Speise- u. Aufenthaltsraum der Offiziere.* **2.** *(auf größeren Schiffen) Tischgesellschaft von Offizieren.*

Of|fi|ziers|puff, der (salopp, oft abwertend veraltet): *Offizieren vorbehaltenes Bordell:* Diese Kleine, die ihren Hintern vor versammelter Mannschaft schwenkt, ist eine bessere Nutte – eine aus dem O. (Kirst, 08/15, 339).

Of|fi|ziers|rang, der: *Rang (1) eines Offiziers.*

Of|fi|ziers|schär|pe, die: *bis zum 19. Jh. zur Offiziersuniform (u. später noch zur Paradeuniform) getragene Schärpe; Feldbinde.*

Of|fi|ziers|schu|le, die: **a)** *Einrichtung zur Ausbildung von Offiziersanwärtern;* **b)** *Einrichtung zur Weiterbildung von Offizieren.*

Of|fi|ziers|schü|ler, der: *Schüler einer Offiziersschule.*

Of|fi|ziers|skat, der: *Skat (1), der zu zweit gespielt wird.*

Of|fi|ziers|stell|ver|tre|ter, der (österr.): **a)** ⟨o. Pl.⟩ *Dienstgrad in der Gruppe der Unteroffiziere;* **b)** *jmd., der den Dienstgrad eines Offiziersstellvertreters (a) trägt.*

Of|fi|ziers|uni|form, die: *Uniform von Offizieren.*

Of|fi|zin, die; -, -en [mlat. officina = Wirtschaftsgebäude, Vorratsraum < lat. officina = Werkstatt, zu: officium, ↑Offizium]: **1. a)** (Pharm.) *Arbeitsräume einer Apotheke;* **b)** (veraltet) *Apotheke:* Hat Er dagegen kein Mittel in Seiner O.? (B. Frank, Tage 119). **2.** (veraltet) *[größere] Buchdruckerei:* wenn schon sozialistische Billigarbeit, dann lieber in Leipzig, in einer der alten -en, wo es noch Drucker gibt, die Qualität liefern (Heym, Nachruf 677); ◆ sobald Julie nur einen Band gewahr worden, dergleichen aus der homannschen O. eine ganze Reihe dastanden (Goethe, Wanderjahre I, 8).

of|fi|zi|nal, of|fi|zi|nell ⟨Adj.⟩ (Pharm.): *arzneilich, als Arzneimittel anerkannt.*

of|fi|zi|ös ⟨Adj.⟩ [frz. officieux, auch = dienstfertig < lat. officiosus, zu: officium, ↑Offizium] (bildungsspr.): *halbamtlich:* eine -e Nachricht, Zeitung; Nach Präsident Mitterrands langem Schwei-

gen ... wird jetzt o. eine baldige Erklärung des Staatschefs in Form eines Zeitungsinterviews angekündigt (NZZ 24. 8. 83, 1).

Of|fi|zi|o|si|tät, die; - [1:zu ↑offiziös; 2:spätlat. officiositas, zu lat. officium, ↑Offizium]: **1.** (bildungsspr. selten) *Anschein der Amtlichkeit, des Offiziellen* (1 b). **2.** (veraltet) *Dienstfertigkeit.*

Of|fi|zi|um, das; -s, ...ien [lat. officium = Pflicht; öffentliches Amt, zu: opus (↑Opus) u. facere = machen]: **1.** (kath. Kirche) ⟨o. Pl.⟩ (früher) *höchste kuriale Behörde:* das Heilige O.; **b)** *¹Messe (1), bes. an hohen Feiertagen:* die Offizien des Osterfestes zelebrieren; **c)** *Chorgebet;* **d)** *Amt u. damit verbundene Verpflichtungen eines Priesters.* **2.** (veraltet) *Dienstpflicht.*

Off|kom|men|tar, der [aus engl. off, eigtl. = fort, weg, u. ↑Kommentar]: vgl. Offstimme.

Off-La|bel-Deal ['ɔfleɪbl̩diːl], das; -[s] [engl. off label deal, eigtl. = Geschäft ohne Etikett]: *Reduzierung des Preises gegenüber dem auf Packung od. Etikett angegebenen.*

off li|mits [engl., eigtl. = weg von den Grenzen, aus: off (↑off) u. limit (↑Limit)]: *Zutritt verboten:* ... hat Handke die Dreharbeiten allen Medien gegenüber für o. l. *(zur Sperrzone)* erklärt (Spiegel 19, 1977, 180); Die -s auf den jugoslawischen Spielbanken – für Eingeborene o. l. *(verboten;* Spiegel 22, 1966, 106).

off|line ['ɔflaɪn] ⟨Adv.⟩ [engl., eigtl. = ohne Verbindung, aus: off (↑off) u. line = (Verbindungs)linie, Leitung] (EDV): **1.** *getrennt von der Datenverarbeitungsanlage, indirekt mit dieser gekoppelt; dezentral arbeitend.* **2.** *nicht ans Datennetz, ans Internet angeschlossen; außerhalb des Datennetzes, des Internets:* Um noch mehr Menschen in die Online-Welt zu locken, wird o. heftig geworben: 1996 prangten die Zeichen des Internets ... auf Plakaten, in Anzeigen und wurden sogar in Nachrichtensendungen des Fernsehens eingeblendet (Woche 20. 12. 96, 23).

öff|nen ⟨sw. V.; hat⟩ [mhd. offenen, ahd. offinōn, zu ↑offen]: **1. a)** *bewirken, dass etw. offen ist:* die Tür, das Fenster ö.; die Fensterläden, das Verdeck, eine Schublade, ein Schiebedach, ein Schließfach ö.; Sie öffnete den Briefkasten vor der Haustür (Handke, Frau 70); ein Paket, einen Brief[umschlag], die Verpackung [eines Pakets] ö.; die Verschnürung, eine Kiste [mit einem Stemmeisen] ö.; eine Dose, einen Kasten, eine Tafel Schokolade ö.; ein mit Fußdruck zu öffnender Deckel; einen Wasserhahn, ein Ventil ö. *(aufdrehen);* sie öffnete das Buch *(schlug es auf);* Es genügt nämlich, gelegentlich eine Zeitung zu ö. (Enzensberger, Mittelmaß 202); das Visier einer Rüstung ö. *(hochklappen);* die Bluse, den Mantel, den Kragenknopf ö. *(aufknöpfen);* den Reißverschluss ö. *(aufziehen);* die Bahnschranken ö. *(hochziehen);* An der Grenze ist der Schlagbaum geöffnet *(hochgezogen;* Sobota, Minus-Mann 205); den Regenschirm ö. *(aufspannen);* die Augen ö. *(aufschlagen);* die Faust, die Hand ö.;

mit geöffnetem Mund atmen; einen Abszess, ein Geschwür ö. *(aufschneiden); die Arme weit ö. (ausbreiten); eine Leiche ö.* (Jargon; *obduzieren*); Ü die Grenzen ö.; Heraklits großer Gegner ... öffnet mit der Seinslehre den Weg in ein neues Zeitalter (Thieß, Reich 128); **b)** *jmdm., der Einlass begehrt, die [Haus- od. Wohnungs]tür aufschließen, aufmachen:* die Gastgeberin hat ihm selbst geöffnet; wenn es klingelt, musst du ö.; niemand öffnete ihm [mir]; Ü sie öffnete ihm ihr Herz (geh.; *schenkte ihm ihre Zuneigung*); **c)** *mit der Geschäftszeit, den Dienststunden (2) beginnen; aufmachen:* das Geschäft wird um acht Uhr, ist ab acht Uhr geöffnet; dieser Schalter öffnet erst um 15 Uhr; Rajasthans Lokaladel öffnet seine Paläste zahlungswilligen Gästen (a & r 2, 1997, 39); wir öffnen erst am Nachmittag. **2.** ⟨ö. + sich⟩ **a)** *geöffnet werden:* die Tür öffnete sich automatisch, wie von Geisterhand; Es vergehen immer nur einige Minuten, bevor ihre Balkontür sich öffnet (Wellershoff, Körper 272); Langsam rollte ein schwarzer Riesensarg durchs winterliche Wendland. Er öffnete sich, und grabesschwarze Luftballons stiegen in die kühle Luft (Woche 28. 2. 97, 5); das Fenster öffnete sich durch den Luftzug; ihre Lippen öffneten sich zu einem Lächeln; ⟨auch ohne »sich«:⟩ die Tür öffnet und schließt automatisch; Die Heckklappe öffnet, von einer Gasdruckfeder unterstützt, weit nach oben (ADAC-Motorwelt 10, 1985, 25); **b)** *sich entfalten, sich auseinander falten:* die Blüten öffnen sich; der Fallschirm hat sich nicht geöffnet; Ü nach Norden hin öffnet sich das Tal *(wird es breiter);* vor ihnen öffnete sich *(breitete sich aus, erstreckte sich)* eine weite Ebene; der Himmel öffnet sich (geh.; *es beginnt zu regnen);* **c)** *sich einem Menschen, einer Sache innerlich aufschließen; aufgeschlossen sein für jmdn., etw.:* sich einer Idee, neuen Eindrücken, fremden Einflüssen ö.; sich jmdm. ö. (geh.; *anvertrauen);* **d)** *sich jmdm. erschließen, darbieten, auftun:* neue Märkte öffnen sich der Industrie/für die Industrie; hier öffnen sich uns völlig neue Wege *(ergeben sich neue, bisher nicht gekannte Möglichkeiten);* Ü ... dass ich bin wie eins von diesen ... Weibern ...: abends sich öffnend der Umarmung eines ... Trunkenbolds (Böll, Und sagte 98).

Öff|ner, der; -s, -: **1.** *kleines Gerät od. Werkzeug, mit dem etw. geöffnet wird:* das Glas, die Dose mit dem Ö. aufmachen. **2.** *Türöffner.*

Öff|nung, die; -, -en [mhd. offenunge, ahd. offanunga]: **1.** ⟨o. Pl.⟩ *das Öffnen, das Sichöffnen.* **2.** *Stelle, wo etw. offen ist, etw. hinaus- od. hineingelangen kann:* eine schmale, kreisrunde, kleine Ö. [in der Wand]; die Ö. muss erweitert werden; Nur einige Versprengte torkelten noch aus den -en der Gassen und dem Tross nach (Ransmayr, Welt 94); sich durch eine Ö. zwängen; eine dünne Schicht mit vielen feinen -en; (Fot.:) die Ö. der Blende einstellen.

Öff|nungs|win|kel, der (Optik, Fot.):

Winkel zwischen dem durch den Rand einer *Öffnung bzw. Blende gehenden Strahl u. der Achse eines optischen Systems.*

Öff|nungs|zeit, die: *Zeitraum, in dem etw. geöffnet ist.*

Off-off-Büh|ne [ˈɔflɔf...], die; -, -n [nach amerik. off-off-Broadway = Theater(produktion) einer Off-off-Bühne (bes. in New York außerhalb der kommerziellen Theater des Broadways); off off = völlig, ganz weg, ohne jede Beziehung (verstärktes off)]: *kleines Theater außerhalb des üblichen etablierten Theaterbetriebes, in dem mit meist jungen u. experimentierfreudigen Schauspielern Stücke meist unbekannter Autoren fantasiereich u. zu niedrigen Kosten gespielt werden.*

Off|roa|der [ˈɔfroʊdə], der; -s, - [engl. off-roader, zu: off-roading = das Fahren mit einem Offroadfahrzeug (als Sportart), zu: off-road = geländegängig, eigtl. = abseits der Straße, im Gelände] (Jargon): **1.** *Offroadfahrzeug:* er hat nicht wenig Probleme, seinen bulligen O. auf den Highway zurückzubugsieren. (Universum 187). **2.** *jmd., der sich gern [in einem Offroadfahrzeug] im freien Gelände, in der Natur aufhält:* Drei Dinge brauchen die Kerle: Bier, dicke Reifen und ein schlichtes Gemüt. Sie nennen sich O. (Tempo 10, 1993, 78 f.).

Off|road|fahr|zeug [ˈɔfroʊt...], das; -[e], -e: *Fahrzeug zum Fahren im freien Gelände, außerhalb von angelegten Straßen o. Ä.; Geländefahrzeug.*

Off|set|druck [ˈɔfsɛt...], der; -[e]s, -e [engl. offset, kurz für offset printing, aus: offset = Abzug, eigtl. = Ableger u. printing = das Drucken]: **1.** ⟨o. Pl.⟩ *Flachdruckverfahren, bei dem der Druck indirekt von der Druckplatte über ein Gummituch auf das Papier erfolgt.* **2.** *im Offsetdruck (1) hergestelltes Druck-Erzeugnis.*

Off|set|druck|ma|schi|ne, die: *Druckmaschine für den Offsetdruck (1).*

Off|set|druck|ver|fah|ren, das: *Offsetdruck (1).*

Off|set|pa|pier, das; -s, -e (Druckw.): *gut geleimtes, nicht faserndes Papier, das bes. gut für den Mehrfarbendruck geeignet ist.*

off|shore [ˈɔfʃoː<u>ɐ</u>] ⟨Adv.⟩ [engl., aus: off = fort, weg u. shore = Ufer, Küste]: *in einiger Entfernung von der Küste.*

Off|shore|auf|trag, der ⟨meist Pl.⟩ [zu amerik. offshore = außerhalb der USA (befindlich, tätig usw.)]: *Auftrag der USA (zur Lieferung an andere Länder), der zwar von den Vereinigten Staaten finanziert, jedoch außerhalb der USA vergeben wird.*

Off|shore|boh|rung, die [nach engl. off-shore drilling, aus: ↑offshore u. drilling = Bohrung] (Technik): *Bohrung nach Erdöl od. Erdgas in Küstengewässern von Plattformen aus.*

Off|shore|tech|nik, die ⟨o. Pl.⟩ (Wirtsch.): *Gesamtheit von Maßnahmen, Einrichtungen u. Verfahren, die der Exploration u. Gewinnung von Erdöl, Erdgas aus dem Meeresboden dienen.*

Off|shore|zen|trum, das (Wirtsch.): *Fi-*

nanzplatz für internationale Finanzgeschäfte von Banken u. Unternehmen.

off|side [ˈɔfsaɪd; engl. offside, aus: off = fort, weg u. side = Seite]: in der Wendung **o. sein/stehen** (bes. Ballspiele schweiz.; *abseits sein/stehen).*

Off|side, das; -s, -s (bes. Ballspiele schweiz.): *Abseits.*

Off|spre|cher, der (Ferns., Film, Theater): *aus dem Off kommentierender Sprecher.*

Off|spre|che|rin, die: w. Form zu ↑Offsprecher.

Off|stim|me, die (Ferns., Film, Theater): *[kommentierende] Stimme aus dem Off.*

Off|the|a|ter, das: *Theater am Rande des üblichen etablierten [subventionierten] Theaterbetriebes, in dem Stücke meist jüngerer, unbekannterer Autoren fantasiereich u. zu niedrigeren Kosten als üblich gespielt werden.*

off|white [ˈɔfwaɪt] ⟨indekl. Adj.⟩ [engl. offwhite, aus: off = fort, weg u. white = weiß]: *weiß mit leicht grauem od. gelbem Schimmer.*

O.F.M. = Ordinis Fratrum Minorum (vom Orden der Minderbrüder; Franziskaner).

O. [F.] M. Cap. = Ordinis [Fratrum] Minorum Capucinorum (vom Orden der Minderen Kapuzinerbrüder; Kapuziner).

o-för|mig, (auch:) **O-för|mig** ⟨Adj.⟩: *in der Form eines O.*

oft ⟨Adv.; ↑öfter, am öftesten⟩ [mhd. oft(e), ahd. ofto, wahrsch. im Sinne von »übermäßig«, zu ↑²ob (2)]: **a)** *sich wiederholt ereignend; immer wieder; mehrfach:* o. krank sein; der Zug hielt o.; eine schon o. besprochene Angelegenheit; ich habe ihr zu o. geglaubt; wie o. muss ich dir das denn noch sagen?; sie ist o. genug gewarnt worden; ich habe ihm das schon soundso o. gesagt, aber er hört nicht; so o. wie sie hat noch keine gefehlt; Wie o. habe ich dir schon gesagt, dass du im Unterricht keinen Walkman hören sollst? (Thor [Übers.], Ich 14); ich war schon o. *(sehr oft)* dort: Sie hat es den Trainer o. sagen hören (Frischmuth, Herrin 119); sein Name wurde öfter genannt als meiner; (seltener im Sup.:) in dieser ... Stimmung befand sich Ulrich jetzt am öftesten (Musil, Mann 1207); **b)** *in vielen Fällen, recht häufig:* es ist o. so, dass die Kosten ungleich verteilt sind; so etwas gibt es o.; das lässt sich o. gar nicht entscheiden; Schmerzen vergehen o. von allein; **c)** *in kurzen Zeitabständen:* dieser Bus verkehrt ziemlich o.; die Anfälle kommen jetzt immer öfter, öfter als früher.

öf|ter ⟨Adv.⟩ [mhd. ofter, ahd. oftor]: **1.** ⟨absoluter Komparativ⟩ **a)** *mehrmals, hier u. da, bei verschiedenen Gelegenheiten, verhältnismäßig oft:* ich habe sie schon ö. besucht; dieser Fehler kommt ö. vor; Strom und Gas fallen jetzt ö. aus (Borkowski, Wer 58); ö. mal was anderes, Neues! (Werbeslogan); **b)** ⟨ugs. als attr. Adj.⟩ *mehrmalig, häufig:* seine -en Besuche; bei -er Verwendung; man ... brät den Fisch ... unter -em Begießen mit dem eigenen Saft (Kronen-Zeitung 15. 12. 67, 4); Öfteres flaches Hacken mindert die unproduktive Verdunstung des Bodenwassers (Freie Presse 25. 11. 87, 5); *des **Öfteren** (nachdrücklich; *zu wiederholten Malen, wiederholt; oftmals*): man hat ihn schon des Öfteren ermahnt; Ich rede des Öfteren mit Kohl unter vier Augen (Woche 28. 2. 97, 6); ◆ so führten beide ... eins der schwersten Musikstücke zusammen auf ... Man versprach sich -e Wiederholung und mehrere Zusammenübung (Goethe, Wahlverwandtschaften 8); Serlo ... ersuchte Wilhelmen, ihre -n Gespräche über Hamlet nochmals zu beenden (Goethe, Lehrjahre V, 4); **2.** Komparativ zu ↑oft.

◆ **öf|te|rer:** absoluter Komparativ von ↑oft: Man spricht selten von der Tugend, die man hat, aber desto öfter von der, die uns fehlt (Lessing, Minna II, 1); Seine sparsame Erscheinung ist wohltätig; ö. wird sie ermüdend und schwächend (Novalis, Heinrich 111); in der hohen Häupter Span und Streit sich unberufen ... drängen bringt wenig Dank und ö. Gefahr (Schiller, Braut v. Messina 1778 ff.).

öf|ters ⟨Adv.⟩ (landsch.): *öfter:* Im Getümmel wurde der Junge ö. angerempelt (Fels, Sünden 91); »Im früheren Leben bist du ein Frosch gewesen«, sagte meine Mutter ö. (B. Vesper, Reise 339); Er meint das ö. beobachtet zu haben (Th. Mann, Unordnung 691).

oft|ma|lig ⟨Adj.⟩ (Papierdt.): *häufig [vorkommend], mehrmalig:* ein -es Thema zwischen Vater und mir (Sobota, Minus-Mann 63); Nach -er Rast auf dem Klappstühlchen hat sie sich niedergesetzt auf dieser Bank (Heym, Nachruf 739).

oft|mals ⟨Adv.⟩: *mehrmals, zu wiederholten Malen, oft:* das habe ich schon o. gesagt; Er sei zur Tatzeit, wie o. nach der Trennung von seiner Frau, am Hause seiner Familie vorbeigegangen (Prodöhl, Tod 264); Oftmals blieb er für Monate fort (Jens, Mann 123); Die o. veralteten Flotten der Discountflieger ... potenzieren die Gefahr (Woche 4. 4. 97, 37).

o. g. = oben genannt.

ÖGB = Österreichischer Gewerkschaftsbund.

Oger, der; -s, - [frz. ogre, über eine ältere Form zu lat. Orcus = (Gott der) Unterwelt]: *Menschen fressendes Ungeheuer (im Märchen).*

ogi|val [ogi..., oʒi...] ⟨Adj.⟩ [frz. ogival, zu: ogive = Spitzbogen < arab. (mundartl.) al-ǧibb = Zisterne] (Kunstwiss.): *spitzbogig:* ein -es Fenster.

Ogi|val|stil, der (Kunstwiss.): *Baustil der [französischen] Gotik.*

Ogi|ven [auch: oˈʒiːvn̩] ⟨Pl.⟩ [frz. ogive = Spitzbogen] (Geol.): *dunkle, parallele, spitzbogige, von Staubeinlagerungen u. Ä. stammende Linien an der Oberfläche von Gletschern.*

ogott|ogott ⟨Interj.⟩ [zusgez. aus zweimaligem »o Gott!«] (ugs.): *übertreibend-emphatischer Ausruf der Ablehnung, des Schreckens, Entsetzens.*

ogy|gisch ⟨Adj.⟩ [nach Ogygos, dem ural-

---

ten, sagenhaften König von Theben] (veraltet): *uralt.*

oh ⟨Interj.⟩: **a)** Ausruf der Überraschung, der Verwunderung o. Ä.: oh, wie schön! oh, wie schrecklich!; oh, Verzeihung, das konnte ich nicht wissen; **b)** Ausruf der Ablehnung, Ab-, Zurückweisung: oh, wie ich das hasse!; oh, diese Männer!; oh, oh!

oh, là, là [olaˈla] ⟨Interj.⟩ [frz.]: Ausruf der Verwunderung, der Anerkennung.

Oh, das; -s, -s: *der Ausruf »oh!«:* die -s und Ahs der Zuschauer.

oha ⟨Interj.⟩ (ugs.): Ausruf des [bewundernden od. leicht tadelnden] Staunens: oha, das war aber knapp!; oha, du bist aber schnell!

Oheim, der; -s, -e [mhd., ahd. ōheim, urspr. = Mutterbruder, 1. Bestandteil zu einem Subst. mit der Bed. »Großvater mütterlicherseits« (vgl. gleichbed. lat. avus), 2. Bestandteil wahrsch. zu einem Adj. mit der Bed. »vertraut, lieb« (verw. mit ↑Heim)] (veraltet): *Onkel.*

OHG = offene Handelsgesellschaft.

OH-Grup|pe, die; -, -n (Chemie): *Hydroxylgruppe.*

¹Ohio [oˈhaio], der; -[s]: Nebenfluss des Mississippi.

²Ohio; -s: Bundesstaat der USA.

¹Ohm, das; -[e]s, -e ⟨aber: 3 Ohm⟩ [mhd. āme, ōme < mlat. ama = ein Weinmaß < lat. (h)ama = Feuereimer < griech. ámē = Eimer, Schaufel] (früher): *Hohlmaß von etwa anderthalb Hektoliter, bes. für Wein.*

²Ohm, das; -[s], - [nach dem dt. Physiker G. S. Ohm (1789–1854)] (Physik): *Maßeinheit für den elektrischen Widerstand* (Zeichen: Ω).

³Ohm, der; -[e]s, -e [zusgez. aus ↑Oheim] (veraltet, noch mundartl.): *Onkel:* Jaakob ... freute sich dessen, dass der O. sich über die Machtlage täuschte (Th. Mann, Joseph 263).

Ōhm, der; -[e]s, -e (westd.): ³*Ohm:* Meine -e und Tanten aus Belgien (Küpper, Simplicius 20).

Ohmd, das; -[e]s [mhd. üemet, ahd. uomāt, zu ahd. uo = nach u. mad, ↑²Mahd] (südwestd.): *Grummet.*

öhm|den, (seltener:) **öh|men** ⟨sw. V.; hat⟩ (südwestd.): *Grummet machen.*

Ohm|me|ter, das; -s, - [zu ↑²Ohm u. ↑-meter] (Physik): *Gerät zum Messen elektrischer Widerstände; Widerstandsmesser.*

ohmsch ⟨Adj.⟩ (Physik): *nach G. S. Ohm benannt:* -er Widerstand *(durch das ohmsche Gesetz definierter elektrischer Widerstand);* -es Gesetz *(von Ohm aufgestelltes physikalisches Gesetz, das den Zusammenhang zwischen Spannung u. Stromstärke in einem Leiterkreis beschreibt).*

oh|ne [mhd. ān(e), ahd. āno]: **I.** ⟨Präp. mit Akk.⟩ **1.** drückt aus, dass jmd., etw. (an dieser Stelle, zu dieser Zeit) nicht beteiligt, nicht vorhanden ist; *nicht ausgestattet mit, frei von:* o. Geld; o. Mittel; er ist [seit vier Wochen] o. Arbeit; o. jmdn. nicht leben können; sie war lange o. Nachricht von ihrer Familie; o. Gnade, Furcht, Hoffnung; Ohne Widerstand

---

lässt er sich festnehmen (Ossowski, Flatter 187); Sie hatte in der Apotheke welches (= Valium) kaufen wollen, doch o. Rezept ging das nicht (Alexander, Jungfrau 111); o. Ansehen der Person urteilen (Rechtsgrundsatz); er war o. Schuld; es geschah o. ihr Zutun; alle o. Unterschied; o. mich! *(ich mache bei dieser Sache nicht mit, will nichts damit zu tun haben!);* o. jede Chance, Möglichkeit zu helfen; o. viel *(mit wenig)* Mühe; nicht o. Schönheit *(recht schön);* Der Kanzler in des erprobt – nicht o. Aussicht auf Erfolg *(mit guten Erfolgsaussichten)* – eine grandiose Marketingidee (Woche 14. 11. 97, 1); ⟨mit Ausklammerung des folgenden Subst.:⟩ Gibt es hier was »o.«? *(ohne [Lebensmittel]marken;* Kempowsky, Uns 107); sie schläft am liebsten o. *(ohne Schlafanzug; nackt);* *o* **nicht [so] o. sein** (ugs.; *nicht so harmlos, sondern stärker, bedeutender sein als gedacht):* eine Grippe ist gar nicht so o.; dieser Mann, Vorschlag ist durchaus nicht o. **2. a)** drückt aus, dass jmd., etw. Zugehöriges nicht dabei, nicht vorhanden ist, weggelassen wurde: ein Kleid o. Ärmel; ein Topf o. Deckel; o. Hut, o. Mantel gehen; ein Zimmer o. Frühstück; diese Wohnungen sind nur für Ehepaare o. Kinder; er kam o. seine Frau; das Gesicht o. Seife waschen; (Rudern:) Vierer o. [Steuermann]; **b)** drückt ein Ausgeschlossensein aus; *nicht mitgerechnet, ausschließlich:* Gewicht o. Verpackung; Preise o. Pfand, o. Mehrwertsteuer; o. Bedienung; o. mich sind es 10 Teilnehmer. **II.** ⟨Konj. in Verbindung mit »dass« od. dem Inf. mit »zu«⟩ gibt an, dass etw. nicht eintritt od. eingetreten ist od. dass jmd. etw. unterlässt, nicht tut: o. dass der Hebel angerührt wurde, flammten die Scheinwerfer auf; sie nahm Platz, o. dass sie gefragt hätte/o. gefragt zu haben; helfen, o. zu zögern; natürlich nicht, o. einen giftigen Kommentar anzufügen (doppelte Verneinung: *mit einem giftigen Kommentar;* Dönhoff, Ära 96).

oh|ne|dem ⟨Adv.⟩ (veraltet): *ohnehin.*

oh|ne|dies ⟨Adv.⟩: *ohnehin:* das habe ich o. schon gewusst; das Bündnis ..., das o. schon kurz vor dem Bruch steht (Leonhard, Revolution 191); Warum eine Sache ins Wanken bringen, die o. schon gefährdet ist? (Saarbr. Zeitung 6. 12. 79, 13).

oh|ne|ei|nan|der ⟨Adv.⟩: *einer, eine, eines ohne den anderen, die andere:* man müsst jetzt o. auskommen.

oh|ne|glei|chen ⟨Adv.⟩ [↑-gleichen]: *so [geartet, beschaffen], dass nichts dem gleichkommt, es mit nichts verglichen werden kann:* mit einer Frechheit o.; Die Bundeswehr ist ein Wirtschaftsfaktor o. (Woche 9. 1. 98, 7); die Raubzüge auf die Meisterwerke der Kunstgeschichte gingen ungehindert weiter, erfuhren 1974 und 1975 sogar einen Aufschwung o. (Prodöhl, Tod 200); ihre Freude ist o.; die Situation war o.; sich o. erleichtert fühlen.

Oh|ne|halt|flug, der: *Non-Stop-Flug.*

oh|ne|hin ⟨Adv.⟩: *unabhängig davon; auf jeden Fall; sowieso:* das hätte uns o.

nichts genützt; Am Persischen Golf bringen sich Menschen um. Die Umwelt und die Tiere bleiben dabei o. auf der Strecke (natur 3, 1991, 8); Ausgebildet wird in den USA o. kaum (Woche 7. 3. 97, 11); damit schüchterte sie die o. verängstigten Kinder noch mehr ein; Wieder einmal ließen sich die o. ahnungslosen Ausstellungsbesucher zum Narren halten (Kronauer, Bogenschütze 118).

◆ **Oh|ne|ho|se,** der; -n, -n ⟨meist Pl.⟩ [LÜ von frz. sans-culotte, ↑Sansculotte]: *Sansculotte:* Robespierre tritt auf, begleitet von Weibern und -n (Büchner, Dantons Tod I, 2 [Regieanweisung]).

Oh|ne|mi|chel, der [zu »ohne mich« in Anlehnung an ↑Michel (1)] (ugs. scherzh.): *jmd., der den Ohne-mich-Standpunkt einnimmt:* laute Töne, die so gar nicht zum gängigen Vorurteil über die heutige Jugend passen: lauter Schlaffis, Nesthocker und O., nur Video im Kopf und Computerspiele (Woche 21. 8. 98, 6).

Oh|ne-mich-Hal|tung, die: vgl. Ohnemich-Standpunkt.

Oh|ne-mich-Stand|punkt, der: *Standpunkt eines Menschen, der sich ganz auf sein Ich u. sein persönliches Leben zurückziehen u. sich für keinerlei Aufgaben der Öffentlichkeit u. der Gesellschaft engagieren will.*

◆ **ohn|er|ach|tet** ⟨Konj.⟩: *obwohl:* Ohnerachtet die Hauptstadt so nahe lag, hatten beide ... das Gewühl der Menschen zu vermeiden gesucht (Novalis, Heinrich 35).

oh|ne|wei|ters ⟨Adv.⟩ (österr.): *ohne weiteres.*

◆ **ohn|ge|ach|tet** ⟨Konj.⟩: *obwohl:* Die Gegend war übrigens fruchtbar und angenehm, o. die Rücken der Hügel ein totes, abschreckendes Ansehn hatten (Novalis, Heinrich 61).

◆ **ohn|ge|fähr** [auch: – – '–]: **I.** ⟨Adv.⟩ ↑ungefähr (I): will ich ihn (= den Brief), als von o., mit dem Schnupftuch herausschleudern (Schiller, Kabale III, 2). **II.** ⟨Adj.⟩: ↑ungefähr (II): die Pfarrer werden pred'gen; jeder wird ... seiner Meinung sich entled'gen und sich der Gemeine freuen, die sich um ihn her versammelt, so im Alten wie im Neuen -e Worte stammelt (Goethe, Gott u. Welt [Herkömmlich]).

Ohn|macht, die; -, -en [unter Anlehnung an »ohne« zu mhd., ahd. āmaht, zu mhd., ahd. ā- = fort, weg u. ↑Macht]: **1.** *vorübergehende Bewusstlosigkeit; das Ohnmächtigsein:* eine tiefe, schwere O.; eine plötzliche O. befiel, überkam ihn; mir wurde schwarz vor den Augen, und ich fühlte mich einer O. nahe; aus der O. erwachen; in tiefer O. liegen; in O. fallen, sinken *(ohnmächtig werden);* sie neigt zu plötzlichen -en; * **aus einer O. in die andere fallen** (ugs. scherzh.; *sich ständig aufs Neue entsetzen [u. sehr aufgebracht sein]).* **2.** *Schwäche, Machtlosigkeit, Unmöglichkeit zu handeln:* die politische, wirtschaftliche O. eines Landes; er erkannte seine O. gegenüber dem Staat; die Ewige Stadt, mehr Tempel, Kirchen und Paläste als Wohnhäuser, und doch,

in Verfall und O., die Hauptstadt der Welt (Fest, Im Gegenlicht 315); es spiegeln sich in der Kleinfamilie des Lastwagenfahrers Kurt weit verbreitete Einstellungen, Haltungen, -en (MM 12. 9. 79, 33).

ohn|mäch|tig ⟨Adj.⟩ [mhd. āmehtec, ahd. āmahtīg]: **1.** *(vorübergehend, eine kürzere Zeit) ohne Bewusstsein, das Bewusstsein verloren habend:* sie wurde o.; Er behauptet, oft o. zu werden (Chotjewitz, Friede 50); halb o. vor Wut klammerte er sich ... an das Geländer (Plievier, Stalingrad 169); ⟨subst.:⟩ einem Ohnmächtigen aus Ohnmacht (2) *zeugend; machtlos:* vor Wut hatte sie erfasst; er war der -e Zuschauer (Kronauer, Bogenschütze 390); Nur politisch -e Minderheiten haben sich dem alles o. erdrückenden Denk- und Sachzwang der Neuzeit zu widersetzen versucht (SZ 22. 10. 85, 11); o. musste sie zusehen, wie sich das Feuer ausbreitete; ... hatten die Eingeweihten wirklich das Gefühl, o. einem kaltblütigen Täter ausgeliefert zu sein (Konsalik, Promenadendeck 204); ..., staunte doch jeder für sich, wie o. er der Aufforderung einer dreiundzwanzigjährigen Tochter und Schwiegertochter folgte (Bieler, Mädchenkrieg 295). ◆ **3.** *nicht imstande, unfähig:* Der Rabbi, des Sprechens o., bewegte mehrmals lautlos die Lippen (Heine, Rabbi 458); wie an den Grund mit Ketten geschmiedet stand ich da, o., sie zu retten (Wieland, Oberon 4, 12).

Ohn|machts|an|fall, der: *anfallartig eintretende Ohnmacht:* einen O. haben.

Ohn|machts|hap|pen, der (ugs. scherzh.): *kleiner Imbiss zwischendurch (um eine Ohnmacht zu vermeiden).*

Ohn|machts|schnaps, der (ugs. scherzh.): vgl. Ohnmachtshappen.

oho ⟨Interj.⟩: *Ausruf des Erstaunens, Widerspruches, Unwillens:* o., so geht das nicht!

Ohr, das; -[e]s, -en [mhd. ōre, ahd. ōra]: *Gehörorgan bei Mensch u. Wirbeltier, dessen äußerer Teil je meist an beiden Seiten des Kopfes ansitzendes, bei Tieren häufig bewegliches, muschelartig gebogenes, knorpeliges Gebilde ist:* große, kleine, anliegende, abstehende -en; die -en schmerzen mir/mich; mein O. läuft *(aus dem Ohr tritt Sekret);* die -en dröhnen ihr vom Lärm; auf Passbildern musste früher ein O. frei sein; rote -en bekommen; gute, scharfe, schlechte -en haben *(gut, schlecht hören können);* sich die -en zuhalten; lauschend das O. an die Wand legen; liebliche Töne trafen ihr O.; In Bonn hat er das O. des Kanzlers *(der Kanzler hört auf ihn;* Woche 4. 4. 97, 3); das Tier spitzt seine -en; das Pferd legt die -en an; jmdm. am O. ziehen; den Hörer ans O. halten; auf dem linken O. ist er taub; jmdn. bei den -en packen; für heutige/unsere -en *(moderne Menschen)* klingt das altmodisch; das ist etwas für geschulte -en; Wasser ins O. bekommen; jmdm. etwas ins O. flüstern; ein Sausen in den -en verspüren; ich stopfe mir Watte in die -en; Sabina steckte sich die Walkman-Hörer in die -en (Thor

[Übers.], Ich 49); der Wind pfiff mir um die -en; ℞ es gibt [gleich] rote -en! (ugs. scherzh.; *Drohung,* jmdm. ein paar Ohrfeigen zu geben); dir fehlt bald ein Satz -en (salopp scherzh.; *Drohung,* jmdn. fürchterlich zu verprügeln); Ü wo hast du denn deine -en? (ugs.; *kannst du nicht aufpassen?; wirst du wohl zuhören!);* das Kind hat [anscheinend] keine -en (ugs.; *will nicht hören, kann nicht gehorchen);* * **ganz O. sein** (sehr aufmerksam, gespannt zuhören): Sprich nur weiter! Ich bin ganz O.! (Ziegler, Labyrinth 86); **jmdm. klingen die -en** (ugs. scherzh.; *jmd. spürt, dass andere an ihn denken od. über ihn sprechen;* der leise, hohe Ton, den man gelegentlich in den Ohren hat, wird im Volksglauben damit in Verbindung gebracht, dass ein anderer über einen redet); **ein [feines] O. für etw. haben** (etw. *[nach dem Klang] genau beurteilen können; ein feines Empfinden für etw. haben);* **-e wie ein Luchs haben** (sehr scharf hören); **lange -en machen** (ugs.; *neugierig lauschen);* **die -en auftun/aufmachen/aufsperren** (ugs.)/**auf Empfang stellen** (ugs. scherzh.; *genau zuhören);* **die -en spitzen** (ugs.; *aufmerksam horchen, lauschen);* **die -en auf Durchfahrt/Durchzug stellen** (ugs. scherzh.; *sich etw. anhören, es aber nicht beherzigen, es gleich wieder vergessen);* **jmdm. sein O. leihen** (geh.; *jmdm. zuhören);* **ein offenes O. für jmdn. haben** (jmds. *Bitten u. Wünschen zugänglich sein);* **bei jmdm. ein geneigtes/offenes/williges O. finden** (gehört, verstanden werden u. Hilfe zugesagt bekommen); **[vor jmdm.] die -en verschließen** (unzugänglich für [jmds.] Bitten sein); **jmdm. die -en kitzeln/pinseln** (ugs.; *jmdm. Schmeicheleien sagen);* **sich** ⟨Dativ⟩ **die -en melken lassen** (ugs.; *auf Schmeicheleien hereinfallen u. dabei übervorteilt werden);* **die -en steif halten** (ugs.; *sich nicht unterkriegen lassen; nicht den Mut verlieren;* nach einer Beobachtung bei Tieren [bes. Pferden u. Hunden]: Das Tier, das die Ohren nicht hängen lässt, ist wach u. munter): also, halt die -en steif!; **die -en anlegen** (ugs.; *die Kräfte anspannen, um möglichst ohne Schaden eine schwierige, gefährliche Situation zu bestehen);* **die -en hängen lassen** (ugs.; *niedergeschlagen, mutlos sein);* **jmdm. die -en lang ziehen** (ugs.; *jmdn. scharf zurechtweisen);* **jmdm. die -en voll jammern** (ugs.; *jmdn. durch ständiges Klagen lästig fallen, zusetzen);* **jmdm. die -en voll blasen** (ugs.; *jmdn. durch ständiges Reden lästig fallen, zusetzen);* **jmdm. ein O./ die -en abreden/abkauen** (ugs.; *so viel auf jmdn. einreden, dass dieser schließlich gar nicht mehr richtig hinhört);* **tauben -en predigen** (jmdn. ermahnen u. dabei merken, dass er nichts einsehen will): Wieder lege ich mein Veto ein. Doch ich predige tauben -en (Hörzu 47, 1977, 10); **seinen -en nicht trauen** (ugs.; *über etw., was man hört, völlig überrascht sein);* **jmds. -en schmeicheln** (jmdm. angenehm klingen, schmeichelhaft für jmdn. sein); **sich aufs O. legen/**(salopp:) **hauen** (ugs.; *schlafen gehen);* **sich** ⟨Dativ⟩ **die -en brechen** (salopp; *sich bei einer kniffligen,* *mühseligen Arbeit sehr anstrengen*); **auf den -en sitzen** (ugs.; *nicht aufpassen, nicht hören, wenn jmd. etwas sagt*); **auf dem, diesem O. nicht/schlecht hören, taub sein** (ugs.; *von einer bestimmten Sache nichts wissen wollen*); **auf taube -en stoßen** (ugs.; *kein Gehör finden*): Wir sind mit unseren Forderungen nicht auf taube -en bei der Leitung des Unternehmens gestoßen (Zenker, Froschfest 219); **nichts für fremde -en sein** *(geheim, vertraulich sein);* **nichts für zarte -en sein** (ugs.; *zum Erzählen vor empfindsamen [weiblichen] Zuhörern nicht geeignet sein*); **jmdm. eins/ein paar hinter die -en geben** (ugs.; *jmdn. ohrfeigen*); **eins/ein paar hinter die -en bekommen** (ugs.; *geohrfeigt werden*); **sich ⟨Dativ⟩ etw. hinter die -en schreiben** (ugs.; *sich etw. gut merken;* nach einem alten Rechtsbrauch wurden bes. bei Grenzfestlegungen Knaben als Zeugen hierfür an den Ohren gezogen od. geohrfeigt, damit sie sich der Bedeutung des Aktes bewusst wurden u. sich noch lange daran erinnern sollten); **noch feucht/nass/nicht trocken hinter den -en sein** (ugs.; *noch nicht alt genug sein, um etw. von der Sache zu verstehen u. mitreden zu können;* bezieht sich darauf, dass Kinder unmittelbar nach der Geburt noch feucht [hinter den Ohren] sind); **es [faustdick/knüppeldick] hinter den -en haben** (ugs.; *schlau, gerissen, auch schalkhaft u. schlagfertig sein [bei harmlosem Aussehen];* nach altem Volksglauben soll der Sitz der Verschlagenheit hinter den Ohren liegen; er würde dort durch dicke Wülste kenntlich); **jmdm. [mit etw.] in den -en liegen** (ugs.; *jmdn. durch ständiges Bitten zusetzen*): Jeden Tag lag mir meine Mutter in den -en, sie wolle zurück in die Bronx (Singer [Übers.], Feinde 218); **etw. im O. haben** *(etw. innerlich hören; sich an etw. Gehörtes erinnern):* Ich habe immer noch das Heulen im O. (Bieler, Bonifaz 123); Das Geräusch der Aggregate hab' ich im O. (Loest, Pistole 247); wenn man noch das Melos seiner Lyrik und die hochgespannte Rhetorensprache seiner Prosa im O. hat (Spiegel 44, 1992, 256); **ins O. gehen/im O. bleiben** *([von einer Melodie] leicht zu merken, sehr eingängig, gefällig sein);* **mit den -en schlackern** (ugs.; *vor Überraschung, Schreck sprachlos, ratlos sein*); **mit halbem O. zuhören/hinhören** *(ohne rechte Aufmerksamkeit zuhören);* **jmdn. übers O. hauen** (ugs.; *jmdn. übervorteilen, betrügen;* stammt urspr. aus der Fechtersprache u. bedeutete »jmdn. mit der Waffe am Kopf (oberhalb der Ohren) treffen« [nachdem man ihn durch eine Finte dazu gebracht hatte, diese Körperpartie nicht zu decken]); **bis über die -en in der Arbeit/in Schulden o. Ä. sitzen, stecken** (ugs.; *sehr viel Arbeit haben, hoch verschuldet sein;* nach dem Bild eines Ertrinkenden od. im Sumpf Versinkenden); **bis über die/über beide -en verliebt sein** (ugs.; *sehr verliebt sein*); **viel um die -en haben** (ugs.; *sehr viel Arbeit u. Sorgen haben*): Man hat eben zu viel um die -en, findet auch oft die Ruhe nicht für ein gutes Buch (IWZ 46, 1983,

3); **jmdm. etw. um die -en hauen/schlagen** (ugs.; *jmdm. wegen etw. heftige Vorwürfe machen; jmdn. wegen etw. heftig kritisieren*): Wie wollten zwei denn mit ihrer Beziehung klarkommen, wenn sie dabei stehen bleiben, sich die Versäumnisse der Vergangenheit um die -en zu schlagen (Schwamborn, Schwulenbuch 170); **um ein geneigtes O. bitten** (geh.; *um Gehör, um wohlwollendes Anhören bitten*); **von einem O. zum anderen strahlen** (ugs.; *sich freuen [u. dabei den Mund sehr breit ziehen]*); **jmdm. zu -en kommen** *(jmdm. [als unerfreuliche Tatsache] bekannt werden, obwohl eigentlich nicht darüber gesprochen werden sollte):* Wie wollten zwei denn mit ihrer Beziehung ... ne Brandstiftung planen, die als Attentat der Kommunisten ausgegeben werden soll (Spiegel 45, 1978, 12); **zum einen O. herein-, zum anderen wieder hinausgehen** (ugs.; *[von Ermahnungen, Erklärungen u. Ä.] nicht richtig aufgenommen, sofort wieder vergessen werden*): Vor allem sollten wir nicht auf harte Drogen umsteigen. Das ging bei uns zum einen O. rein und zum anderen wieder raus (Christiane, Zoo 51).
Öhr, das; -[e]s, -e [mhd. œr(e), ahd. ōri, eigtl. = ohrartige Öffnung]: *kleines [längliches] Loch am oberen Ende der Nähnadel zum Durchziehen des Fadens.*
Öhr|chen, das; -s, -: Vkl. zu ↑Ohr.
Oh|ren|arzt, der: kurz für ↑Hals-Nasen-Ohren-Arzt.
Oh|ren|ärz|tin, die: w. Form zu ↑Ohrenarzt.
Oh|ren|beich|te, die (kath. Kirche): *im Beichtstuhl abgelegte persönliche Beichte.*
oh|ren|be|täu|bend ⟨Adj.⟩ (ugs. übertreibend): *übermäßig laut:* ein -er Lärm; mit -em Knall die Schallmauer durchbrechen; Als sie die Läden aufstieß, erhob sich draußen das -e Gezeter der Möwen (Ransmayr, Welt 194); sie schrie o.
Oh|ren|blä|ser, der (abwertend veraltend): *jmd., der jmdm. etw. einflüstert, jmdn. heimlich verleumdet.*
Oh|ren|blä|se|rei, die (abwertend veraltend): *heimliche Verleumdung, Einflüsterung.*
Oh|ren|blä|se|rin, die: w. Form zu ↑Ohrenbläser.
Oh|ren|ent|zün|dung, die: Otitis.
oh|ren|fäl|lig ⟨Adj.⟩ [nach augenfällig]: *deutlich hörbar, nicht zu überhören:* das -ste Beispiel; Im Verhältnis von Text und Musik ... wird hier o., was romantische Ironie ist (Saarbr. Zeitung 4. 12. 79, 5); diese Maschine ist ganz o. zu laut.
Oh|ren|fluss: ↑Ohrfluss.
Oh|ren|heil|kun|de, die: *Lehre von der Erkrankung des Ohres u. deren Behandlung; Otiatrie.*
Oh|ren|klap|pe, die: *je rechts u. links an einer Mütze angebrachtes, als Kälteschutz über die Ohren zu klappendes Seitenstück.*
Oh|ren|klin|geln, **Oh|ren|klin|gen,** das; -s: *Ohrensausen.*
Oh|ren|klipp, der: *Clip (1 b).*
oh|ren|krank ⟨Adj.⟩: *an einer Ohrenkrankheit leidend.*

Oh|ren|krank|heit, die: *Erkrankung des Ohres.*
Oh|ren|krie|cher, der (ugs.): *Ohrwurm (1, 2).*
Oh|ren|lau|fen, das; -s: *Ohrfluss.*
Oh|ren|lei|den, das: *Ohrenkrankheit.*
Oh|ren|mensch, der (ugs.): *jmd., der Eindrücke am leichtesten vom Hören her (auditiv) gewinnt:* Er selbst hält sich für einen -en. In der Nacht kann er genau die Entfernung aller Geräusche angeben (Hartlaub, Muriel 63).
Oh|ren|rob|be, die: *Robbe mit kleinen, spitzen Ohrmuscheln.*
Oh|ren|sau|sen, das; -s: *Empfinden eines klingenden, sausenden Geräusches im Ohr:* O. haben, bekommen; Als wir mit der »Robinson« das zweite Mal über den Atlantik gingen, zogen uns so viele Möwen nach, dass wir O. kriegten von ihrem Gekrächz (Bieler, Bonifaz 76).
Oh|ren|schmalz, das: *Sekret im äußeren Gehörgang.*
Oh|ren|schmaus, der (ugs.): *etw., was sehr schön klingt u. jmdn. erfreut:* das Konzert war ein O.
Oh|ren|schmerz, der ⟨meist Pl.⟩: *meist stechender Schmerz im Ohr; Otalgie.*
Oh|ren|schüt|zer ⟨Pl.⟩: *zwei ovale Klappen aus Stoff od. Wolle, die als Kälteschutz die Ohrmuscheln bedecken [u. an einem über den Kopf zu legenden Bügel befestigt sind]:* Der Mann trug eine Russenmütze mit heruntergeklappten -n (Fels, Sünden 113).
Oh|ren|ses|sel, der: *Sessel mit hoher Rückenlehne, an der seitlich noch Stützen für den Kopf angebracht sind.*
Oh|ren|spie|gel, der: *optisches Instrument zur Untersuchung des Gehörgangs u. des Trommelfells; Otoskop.*
Oh|ren|stuhl, der: vgl. Ohrensessel.
Oh|ren|wär|mer ⟨Pl.⟩: *Ohrenschützer.*
Oh|ren|zeu|ge, der: *jmd., der etw. selbst gehört hat [u. es deshalb bezeugen kann]:* Ich wurde ... O. eines Gesprächs zwischen Brüdern (Zwerenz, Kopf 81).
Oh|ren|zeu|gin, die: w. Form zu ↑Ohrenzeuge.
Ohr|fei|ge, die [spätmhd. örfīge, 2. Bestandteil wohl zu ↑fegen]: *Schlag mit der flachen Hand auf die Backe:* eine schallende, saftige O.; jmdm. eine O. geben, verpassen, -n einstecken; Über Jungen durfte ich nicht einmal reden, sonst setzte es -n (Christiane, Zoo 55); Ü damit versetzte ein König seiner Justiz eine schallende O. (Mostar, Unschuldig 82).
ohr|fei|gen ⟨sw. V.; hat⟩: *jmdm. eine Ohrfeige geben:* sie hat ihn vor allen Leuten geohrfeigt; das Kind ist wiederholt geohrfeigt worden; R dafür hätte ich mich [selbst] o. können/mögen (ugs.; *ich ärgere mich sehr über mein eigenes Tun*).
Ohr|fei|gen|ge|sicht, das (salopp abwertend): *unsympathisches, dümmlichprovozierendes Gesicht.*
Ohr|fluss, Ohrenfluss, der ⟨o. Pl.⟩ (Med.): *[eitrige] Absonderung aus dem Ohr.*
Ohr|ge|hän|ge, das: *größeres herabhängendes Schmuckstück am Ohr:* Sie hat ein O. mit Rubinen angelegt (Strauß, Niemand 15).

◆ **öh|rig** ⟨Adj.⟩: *langohrig: dazwischen schreit unbändig grell Silenus' ö. Tier* (= ein Esel; Goethe, Faust II, 10033).

-oh|rig: in Zusb., z. B. langohrig.

Ohr|klipp, der: *Clip* (1 b).

Ohr|knopf, der ⟨meist Pl.⟩: *Kopfhörer, der unmittelbar im Ohr getragen wird.*

Ohr|läpp|chen, das: *unterer, aus fleischigem Gewebe bestehender Zipfel der [menschlichen] Ohrmuschel: Die Mutter hat eine sehr unangenehme Art, einen am O. zu ziehen, wenn sie findet, dass man ernstliche Strafe verdient* (K. Mann, Wendepunkt 25).

Ohr|lo|cke, die: *über das Ohr herabhängende Haarlocke.*

Ohr|luft|du|sche, die (Med.): *Luftdusche.*

Ohr|mar|ke, die (Landw.): *metallene Marke, die als Erkennungszeichen bei Zuchtrindern u. -schafen durch die Ohrmuschel gezogen wird.*

Ohr|mu|schel, die: *äußerer, knorpeliger Teil des Ohres.*

◆ **Öhrn**, der; -s, -e [mhd. ern, ↑Eren]: (bes. schwäb.) *Hausflur: In seinem Ö. sah man der fremden Sachen eine Menge an den Wänden herum hangen* (Mörike, Hutzelmännlein 133); *wie ich das Zetergeschrei höre draußen im Ö.* (Schiller, Räuber IV, 3).

Ohr|per|le, die: *am Ohrläppchen getragene Perle.*

Ohr|pfropf, der (Med.): *zu einem Pfropf verdichtetes Ohrenschmalz im Gehörgang.*

Ohr|ring, der: *Schmuckstück, das am Ohr getragen wird.*

Ohr|schmuck, der: *am Ohr zu tragender Schmuck.*

Ohr|spei|chel|drü|se, die (Anat.): *(bei Mensch u. Säugetier) zwischen Unterkiefer u. äußerem Gehörgang liegende Speicheldrüse.*

Ohr|spei|chel|drü|sen|ent|zün|dung, die (Med.): *Mumps.*

Ohr|spü|lung, die (Med.): *Spülung* (1 a) *des Gehörgangs.*

Ohr|ste|cker, der: *am Ohr getragener Schmuck, der mit einem durch ein Loch im Ohrläppchen hindurchgeführten Stift befestigt wird.*

Ohr|trom|pe|te, die: *eustachische Röhre.*

Ohr|wa|schel, das; -s, -n (bayr., österr.): *Ohrläppchen, Ohr[muschel].*

Ohr|wurm, der [1: mhd. ōrwurm; nach der volkst. Vorstellung, dass das Insekt gern in Ohren kriecht]: **1.** *kleines, bes. in Ritzen u. Spalten lebendes, meist braunes Insekt mit kurzen Vorderflügeln u. zwei zangenartig ausgebildeten Schwanzborsten.* **2.** (veraltend abwertend) *Schmeichler, Kriecher: Jetzt war Lobedanz wieder ganz O.* (Fallada, Trinker 66); *Wir sind umzingelt von Sagern und Meinern, Rolf! Der einzige Mensch, der nicht dauernd eine Antwort hat und der dir wirkliche Fragen stellt, bin ich! Aber das sind Ohrwürmer* (Schwaiger, Wie kommt 144). **3.** (ugs.) *Lied, Schlager, Hit, der sehr eingängig, einprägsam ist: Die* »Hair«-*Songs waren sympathische Ohrwürmer, lauter schöne und freche und mitreißende Lieder* (Spiegel 29, 1979,

137); »*Ohrwürmer*« *mit Niveau produziert auch Udo Jürgens* (Hörzu 43, 1972, 105); *... ist bevölkert von jungen Gitarristen und Sängern, die meist im Duo kurze Ohrwürmer zum Besten geben* (Wochenpresse 5. 6. 84, 53).

-o|id [zu griech. -oiedḗs = ähnlich]: **I.** (Bildungen meist fachspr. od. bildungsspr.) *drückt in Bildungen mit Substantiven oder Adjektiven aus, dass die beschriebene Person oder Sache vergleichbar mit etw. ist, jmdm., etw. ähnlich ist:* anarchistoid, humanoid. **II.** das; -[e]s, -e (bes. Fachspr.): *bezeichnet in Bildungen mit Substantiven einen Körper, eine Form, ein Gebilde o. Ä., dass mit etw. vergleichbar, einer Sache ähnlich ist:* Kristalloid, Präfixoid.

Oi|di|um, das; -[s], ...ien [nlat. Bildung zu griech. ōion, ōón = Ei, nach der eiförmigen Form] (Bot.): **1.** *Schimmelpilz.* **2.** *Entwicklungsform des Rebenmehltaus bei Ausbildung der Konidien.* **3.** ⟨meist Pl.⟩ *sporenartige Zelle bestimmter Pilze.*

oi|ko|ty|pisch ⟨Adj.⟩ [zu griech. oîkos = Haus u. ↑typisch] (Sprachw.): *dem Bau(typ) gemäß, im Bau* (2 a) *entsprechend* (z. B. jmdm. geht ein Licht/ein Seifensieder auf).

Oi|no|choe [ɔyno'çoːə, ...nɔx...], die; -, -n [griech. oinochóē, zu: oinochóeīn = Wein einschenken]: *altgriechische Weinkanne mit Henkel.*

Oi|reach|tas [ˈɛrəktɪs], das; - [ir. = Versammlung]: *Parlament der Republik Irland.*

o. J. = ohne Jahr (↑Jahr 1).

oje, oje|mi|ne ⟨Interj.⟩ [vgl. jemine] (veraltend): *Ausrufe der Bestürzung, des Erschreckens:* »*Oje, oje!*«, *rief sie bestürzt* (Bredel, Väter 42).

oje|rum ⟨Interj.⟩ [entstellt aus lat. o Jesu] (veraltet): *ojemine.*

o. k., O. K. = okay.

Oka|pi, das; -s, -s [aus einer afrik. Sprache]: *(im Kongogebiet heimische) dunkelbraune Giraffe mit weißen Querstreifen an den Oberschenkeln, großen, breiten Ohren u. einem kürzeren, gedrungenen Hals.*

Oka|ri|na, die; -, -s u. ...nen [ital. ocarina, eigtl. = Gänschen, zu: oca, über das Vlat. zu spätlat. auca = Gans]: *Blasinstrument aus Ton od. Porzellan in Form eines Gänseeis mit einem Schnabel* (5) *u. 8–10 Grifflöchern.*

okay [oˈkeː; engl.: oʊ'keɪ] ⟨Adv.⟩ [engl.-amerik. okay; H. u.] (Abk.: o. k., O. K.): **I.** ⟨Adv.⟩ (ugs.) *abgemacht, einverstanden: du gehst vor, o.?; Du läufst Richtung Kirche, ich Richtung Post, o.?* (Ossowski, Flatter 182); (verblasst:) *o. (al- so), gehen wir.* **II.** ⟨Adj.⟩ **a)** (ugs.) *in Ordnung, gut: es ist alles o.; die Sitzpositionen zum Lenkrad und zu den Pedalen sind o.* (ADAC-Motorwelt 12, 1983, 21); *die Erfahrungen, die ich im Filmverlag gemacht habe, waren für mich persönlich o.* (Spiegel 29, 1977, 141); *ihre Arbeit macht sie ganz o.; das Mädchen ist wirklich o. (verhält sich kameradschaftlich); gestern ging es mir reichlich mies, aber heute bin ich wieder o.; Monika hält mich fest und streichelt mich und es dau-*

ert ganz schön lange, bis ich wieder halbwegs o. fühle (Straessle, Herzradischen 216); *Der erste Typ ... hat mich angepumpt und dann auch noch beklaut, und als ich das nicht o. fand, hat er mich beschimpft* (Spiegel 22, 1982, 142); **b)** (Flugw. Jargon) *[geprüft u. daher] bestätigt:* Ihr Flug nach Kairo ist, geht o.

Okay, das; -[s], -s (ugs.): *Einverständnis, Zustimmung:* sein O. geben.

Oke|a|ni|de, die; -, -n ⟨meist Pl.⟩ (griech.-röm. Myth.): *(als Tochter des Meergottes Okeanos angesehene) Meernymphe.*

Ökel|na|me, der; -ns, -n (nordd.): *Ekelname.*

Ok|ka, die; -, - [türk. okka < arab. ūqīyaʰ, über das Aram. < griech. ougkía < lat. uncia = Unze] (früher): *türkisches Handels- u. Münzgewicht.*

Ok|ka|si|on, die; -, -en [frz. occasion < lat. occasio]: **1.** (veraltet) *Gelegenheit, Anlass.* **2.** (Kaufmannsspr.) *[Angebot für einen] Gelegenheitskauf: eine günstige, einmalige O.; so hörte sie von dieser O., bevor Makler und Grundstückshaie Witterung aufnahmen* (Noll, Häupter 133).

Ok|ka|si|o|na|lis|mus, der; -, ...men: **1.** ⟨o. Pl.⟩ (Philos.) *von dem frz. Philosophen R. Descartes (1596–1650) ausgehende Theorie, nach der die Wechselwirkung zwischen Leib u. Seele auf direkte Eingriffe Gottes zurückgeführt wird.* **2.** (Sprachw. veraltend) *bei einer bestimmten Gelegenheit, in einer bestimmten Situation gebildetes (nicht lexikalisiertes) Wort.*

Ok|ka|si|o|na|list, der; -en, -en: *Vertreter, Anhänger des Okkasionalismus* (1).

Ok|ka|si|o|na|lis|tin, die; -, -nen: w. Form zu ↑Okkasionalist.

ok|ka|si|o|na|lis|tisch ⟨Adj.⟩: *den Okkasionalismus* (1) *betreffend.*

ok|ka|si|o|nell ⟨Adj.⟩ [frz. occasionnel] (Wissensch.): *gelegentlich [vorkommend], Gelegenheits...*

Ok|ki, das; -[s], -s: kurz für ↑Okkispitze.

Ok|ki|ar|beit, die: *Occhiarbeit.*

Ok|ki|spit|ze, die: *Occhispitze.*

ok|klu|die|ren ⟨sw. V.; hat⟩ [lat. occludere, 2. Part.: occlusum] (veraltet): *einschließen, verschließen: die Fremdkörper werden vom Gewebe okkludiert.*

Ok|klu|si|on, die; -, -en [1, 2: spätlat. occlusio]: **1.** (veraltet) *Einschließung, Verschließung.* **2.** (Med.) *krankhafter Verschluss eines Hohlorgans (z. B. des Darms).* **3.** (Zahnmed.) *normale Stellung, lückenloses Aufeinandertreffen der Zähne von Ober- u. Unterkiefer beim Biss.* **4.** (Met.) *Zusammentreffen von Kalt- u. Warmfront (wobei die Warmfront immer mehr eingeschnürt wird).*

ok|klu|siv ⟨Adj.⟩: *verschließend, die Okklusion betreffend.*

Ok|klu|siv, der; -s, -e (Sprachw.): *Explosivlaut.*

Ok|klu|siv|pes|sar, das (Med.): *den Muttermund fest verschließendes Pessar zur Empfängnisverhütung.*

Ok|klu|siv|ver|band, der (Med.): *dicht schließender Verband, z. B. mit Gips- od. Stärkebinden.*

ok|kult ⟨Adj.⟩ [lat. occultus, adj. 2. Part.

von: occulere = verdecken, verbergen]: *(von übersinnlichen Dingen) verborgen, geheim:* -e Kräfte, Fähigkeiten, Mächte; Man lebt nach makrobiotischen Essensregeln, man beschäftigt sich mit Buddhismus und -en Dingen (Wohngruppe 24); es sind geheimnisvolle Schriftzeichen dort oben, -e Zeichen, jedenfalls entschlüsselbar (Kronauer, Bogenschütze 173).

Ok|kul|tis|mus, der; -: *Lehre von vermuteten übersinnlichen, nicht erklärbaren Kräften u. Dingen.*

Ok|kul|tist, der; -en, -en: *Anhänger des Okkultismus.*

Ok|kul|tis|tin, die; -, -nen: w. Form zu ↑Okkultist.

ok|kul|tis|tisch ⟨Adj.⟩: *den Okkultismus betreffend, zu ihm gehörend; übersinnlich.*

Ok|kul|to|lo|ge, der; -n, -n [↑-loge]: *Wissenschaftler, der sich mit den Problemen des Okkultismus befasst.*

Ok|kul|to|lo|gin, die; -, -nen: w. Form zu ↑Okkultologe.

Ok|kult|tä|ter, der: *von abergläubischen Ideen geleitete Person, die sich als Wundertäter, Hellseher o. Ä. betätigt u. dabei gegen strafrechtliche Vorschriften verstößt.*

Ok|ku|pant, der; -en, -en ⟨meist Pl.⟩ [russ. okkupant, zu lat. occupans (Gen.: occupantis), 1. Part. von: occupare = besetzen (4)]: *jmd., der an einer Okkupation (1) teilnimmt; [Angehöriger einer] Okkupationsmacht.*

Ok|ku|pan|tin, die; -, -nen: w. Form zu ↑Okkupant.

Ok|ku|pa|ti|on, die; -, -en [lat. occupatio]: **1.** *[militärische] Besetzung fremden Hoheitsgebiets:* ein Land, das unter der deutschen O. so viel gelitten hatte (Saarbr. Zeitung 5. 12. 79, VI); Der Jekaterinapalast wurde während der faschistischen O. empfindlich beschädigt (Berger, Augenblick 107); die O. Kambodschas; Hitlers -en; sich an einer O. beteiligen. **2.** (Rechtsspr. veraltend) *[widerrechtliche] Aneignung, bes. von herrenlosem Gut.*

ok|ku|pa|ti|o|nis|tisch ⟨Adj.⟩ (veraltend): *eine Okkupation (2) betreffend.*

Ok|ku|pa|ti|ons|ge|biet, das: *Gebiet, das okkupiert (1) worden ist.*

Ok|ku|pa|ti|ons|heer, das: *Heer einer Okkupationsmacht.*

Ok|ku|pa|ti|ons|macht, die: *Staat, der eine Okkupation unternommen hat u. das okkupierte Gebiet beherrscht.*

Ok|ku|pa|ti|ons|po|li|tik, die: *auf Okkupation (1) abzielende Politik.*

Ok|ku|pa|ti|ons|trup|pe, die: vgl. Okkupationsheer.

Ok|ku|pa|tiv, das; -s, -e (Sprachw.): *Verb des Beschäftigtseins (z. B. lesen, tanzen).*

ok|ku|pa|to|risch ⟨Adj.⟩ [lat. occupatorius]: *in Besitz nehmend, in der Art einer Okkupation.*

ok|ku|pie|ren ⟨sw. V.; hat⟩ [lat. occupare]: **1.** *fremdes Gebiet [militärisch] besetzen:* Wir können von Glück reden, dass dieser Teil der Ukraine ... nicht von den Deutschen okkupiert worden ist (Hilsenrath, Nacht 33); okkupierte Gebiete be-

freien. **2.** (Rechtsspr. veraltet) *sich [widerrechtlich] aneignen; als herrenloses Gut in Besitz nehmen:* vom Staat okkupierte Liegenschaften; Ü (ugs.:) Sie okkupiert den Platz ... bei den Kindern, beim Mann (Baum, Paris 32); Er ... okkupierte das Telefon (Zivildienst 2, 1986, 20).

Ok|ku|pie|rung, die; -, -en: *das Okkupieren.*

Ok|kur|renz, die; -, -en [engl. occurrence, zu lat. occurrere = begegnen] (Sprachw.): *das Vorkommen einer bestimmten sprachlichen Einheit in einem Text, Korpus o. Ä.*

Okla|ho|ma, -s: Bundesstaat der USA.

ok|no|phil ⟨Adj.⟩ [zu griech. óknos = das Zaudern; Furcht u. phileīn = lieben] (Psych.): *aus Angst, verlassen zu werden, jmdn. mit seiner Liebe erdrückend.*

Öko, der; -s, -s (ugs. scherzh.): *Anhänger der Ökologiebewegung.*

öko-, Öko-: drückt in Bildungen mit Substantiven – seltener mit Adjektiven – aus, dass jmd. oder etw. in irgendeiner Weise mit Ökologie, mit Ökologie, mit Umweltproblemen in Beziehung steht: Ökofreak, Ökopartei, Ökosozialist.

Öko|ar|chi|tek|tur, die; -, -en: *Architektur (1), die sich ökologisches Bauen zur Aufgabe gemacht hat.*

Öko|au|dit, das, auch: der; -s, -s: *freiwillige, von unabhängigen Gutachtern durchgeführte Betriebsprüfung eines Unternehmens nach ökologischen Gesichtspunkten:* Seit gut einem Jahr gibt es die Verordnung... für das betriebliche Ö. (natur 8, 1994, 10).

Öko|bank, die; -, -en: *genossenschaftliche Bank, die das Ziel hat, Umwelt- u. Friedensprojekte zu fördern.*

Öko|bi|lanz, die; -, -en (ugs.): **a)** *bilanzierende Untersuchung auf Umweltverträglichkeit:* Bierdosen gehören verboten: Das fordert der Bund für Umwelt und Naturschutz als Ergebnis einer vergleichenden Ö. von Mehrwegflasche ... und Wegwerfdose (natur 7, 1994, 20); In Bremen ließen die Stadtwerke ihr neues Verfahren vorsichtshalber ... per Ö. überprüfen (natur 2, 1996, 11); **b)** *Bilanz (b) der Auswirkungen eines bestimmten Produktes, einer bestimmten Handlung o. Ä. auf die Umwelt:* Konkurrenzprodukte, die, in Mehrwegflaschen abgefüllt, eine wesentlich bessere Ö. erzielen (natur 10, 1991, 107); Wenn ich jedes Jahr in ferne Länder düse, ist meine persönliche Ö. hoffnungslos ruiniert (natur 8, 1994, 29).

Öko|la|bel, das; -s, -s: *Aufkleber od. Aufdruck auf (der Verpackung) einer Ware, der anzeigt, dass sie aus umweltverträglicher Produktion od. aus umweltverträglichem Anbau stammt:* Im allgemeinen Wirrwarr der -s ist das Umweltzeichen Blauer Engel ... bis heute der wohl verlässlichste Hinweis auf umweltverträgliche Herstellung und Materialien (FR 4. 5. 99, 8).

Öko|la|den, der; -s, ...läden [zu ↑Ökologie, ökologisch]: *Laden (1 a), in dem nur Waren verkauft werden, die den Vorstel-*

lungen von der Erhaltung der natürlichen Umwelt entsprechen.

Öko|lo|ge, der; -n, -n [↑-loge]: *Wissenschaftler, Fachmann auf dem Gebiet der Ökologie.*

Öko|lo|gie, die; - [zu griech. oĭkos = Haus(haltung) u. ↑-logie]: **1.** *Wissenschaft von den Wechselbeziehungen zwischen den Lebewesen u. ihrer Umwelt (als Teilgebiet der Biologie); Lehre vom Haushalt der Natur.* **2.** *Gesamtheit der Wechselbeziehungen zwischen den Lebewesen u. ihrer Umwelt; ungestörter Haushalt der Natur:* die Ö. [in einem Moor] stören; Ü was ihm vier Wochen Lazarett einbrachte und die Ö. (scherzh.; *das innere Gleichgewicht*) im Hause Fanselow ins Wanken brachte (Lentz, Muckefuck 303).

Öko|lo|gie|be|we|gung, die: *Bewegung (3 a), die für die Erhaltung der natürlichen Umwelt eintritt.*

Öko|lo|gin, die; -, -nen: w. Form zu ↑Ökologe.

öko|lo|gisch ⟨Adj.⟩: **1.** *die Ökologie (1) betreffend:* -e Untersuchungen; Ich bin korrespondierendes Mitglied eines -en Instituts (Springer, Was 262). **2.** *die Wechselbeziehungen zwischen den Lebewesen u. ihrer Umwelt betreffend:* der -e Kreislauf; Störungen des -en Gleichgewichts; Im engeren mitteleuropäischen Raum mit seiner -en Vielgestaltigkeit (Mantel, Wald 26); auch -e Argumente sprechen demnach für Verpackungen aus Glas und Papier (Oxmox 6, 1983, 48); -es (*umweltverträgliches, kosten- u. energiesparendes*) Bauen; dieses Gebiet ist ö. noch gesund; um so gewaltiger wird der Druck auf die ö. noch intakten Gebiete der Erde werden (Gruhl, Planet 85); Anerkannt ö. wirtschaftende Betriebe erzielten ... einen Gewinn von rund 46000 Mark (natur 9, 1991, 19); Ökologisch ist der Chemiestandort Bitterfeld wieder sauber; doch nun verpesten Korruptionsverdacht und dubiose Geschäfte mit Arbeitslosen das Klima (Woche 28. 1. 97, 16).

Öko|nom, der; -en, -en [spätlat. oeconomus < griech. oikonómos = Haushalter, Verwalter, zu: oĭkos = Haus(haltung) u. -nómos = verwaltend; Verwalter-; b: nach russ. ekonomist] (veraltend): **a)** *Landwirt, Verwalter [landwirtschaftlicher Güter];* **b)** *Wirtschaftswissenschaftler:* Im Frühjahr 1950 erschien in einer der führenden Schweizer Zeitungen eine Abhandlung über die Währung in der Bundesrepublik (Dönhoff, Ära 104); ... es entsteht groteske wie bejubelter Irrtum der -en (Gruhl, Planet 16).

Öko|no|me|trie, die; - [↑-metrie]: *Teilgebiet der Wirtschaftswissenschaft, auf dem mithilfe mathematisch-statistischer Methoden wirtschaftstheoretische Modelle u. Hypothesen auf ihren Realitätsgehalt untersucht werden.*

Öko|no|me|tri|ker, der; -s, -: *Wissenschaftler auf dem Gebiet der Ökonometrie.*

Öko|no|me|tri|ke|rin, die; -, -nen: w. Form zu ↑Ökonometriker.

öko|no|me|trisch ⟨Adj.⟩: *die Ökonometrie betreffend.*

Öko|no|mie, die; -, -n [lat. oeconomia = gehörige Einteilung < griech. oikonomía = Haushaltung, Verwaltung]: **1.** (veraltend) *Wirtschaftswissenschaft, -theorie:* Ö. studieren; Vorlesungen über Ö.; politische Ö. *(Wirtschaftswissenschaft [die außer den wirtschaftlichen auch politische, soziale u. kulturelle Faktoren in ihrer Wechselwirkung untersucht]).* **2.** *Wirtschaft, wirtschaftliche Struktur (eines bestimmten Gebietes):* Die Ungarn sind ein hitziges Volk mit einer schwachen Ö. (Hacks, Stücke 351); Internationale -n erzwingen internationale Bürokratien (Stamokap 30). **3.** ⟨o. Pl.⟩ *Wirtschaftlichkeit, Sparsamkeit; sparsames Umgehen mit etw., rationelle Verwendung von etw.; rationeller Einsatz von etw.:* künstlerische, sprachliche Ö.; die Ö. eines Motors; Ein wichtiges Kennzeichen Ihrer Filme scheint mir die extreme Ö. der eingesetzten Mittel zu sein (Welt 22. 2. 64, 14). **4.** (österr., sonst veraltet) *landwirtschaftlicher Betrieb.*

Öko|no|mie|rat, der (österr.): **a)** ⟨o. Pl.⟩ *Ehrentitel für einen verdienten Landwirt;* **b)** *Träger dieses Titels.*

Öko|no|mie|rä|tin, die: w. Form zu ↑Ökonomierat.

Öko|no|mik, die; - [zu lat. oeconomicus, ↑ökonomisch]: **1.** *Wirtschaftswissenschaft, Wirtschaftstheorie.* **2. a)** *Wirtschaft, wirtschaftliche Verhältnisse (in einem Land, einem Sektor der Volkswirtschaft u. Ä.):* die Ö. der Entwicklungsländer; **b)** (DDR) *Produktionsweise od. ökonomische Struktur einer Gesellschaftsordnung:* sozialistische Ö. **3.** (DDR) *wissenschaftliche Analyse eines Wirtschaftszweiges.*

Öko|no|min, die; -, -nen: w. Form zu ↑Ökonom: ◆ Fräulein Ö. *(Verwalterin),* ist eine Stelle frei in der Wirtschaft? (Ebner-Eschenbach, Gemeindekind 65).

öko|no|misch ⟨Adj.⟩ [lat. oeconomicus < griech. oikonomikós = zur (Haus)wirtschaft gehörig]: **1.** *die Wirtschaft betreffend, in Bezug auf die Wirtschaft:* -e Belastungen; Wenn er -en Erfolg haben wollte, musste der Staat nämlich haargenau so verfahren wie der Privatkapitalist (Gruhl, Planet 46); Jedoch genügen -e Kriterien allein nicht zur Kennzeichnung der Mittelstandslage (Fraenkel, Staat 196); einen Betrieb ö. unterstützen; Ökonomisch versucht man, die Kaufkraft im Innern zu heben (Dönhoff, Ära 164); trotz der ö. fragwürdigen Hast, mit der Europa dem politischen Ziel Währungsunion entgegenstolpert (Woche 14. 2. 97, 12). **2.** *sparsam; mit möglichst großem Nutzen bei möglichst geringem Einsatz od. Verbrauch:* eine -e Arbeitsweise; Ein ö. richtiges Gehen ... ist die Voraussetzung für jede Bergfahrt (Eidenschink, Fels 29); Buster Keaton, auch der ja ein extrem ö. agierender Ahn (Woche 21. 3. 97, 33); dass das Koffein ... den Muskel auch befähigt, -er zu arbeiten (Jacob, Kaffee 24).

öko|no|mi|sie|ren ⟨sw. V.; hat⟩: *ökonomisch gestalten, auf eine wirtschaftliche Basis stellen:* ... werden sämtliche Interaktionsbeziehungen ökonomisiert und nach ihrer Effizienz ... beurteilt (FR 27. 8. 91, 13).

Öko|no|mi|sie|rung, die; -, -en: *das Ökonomisieren.*

Öko|no|mis|mus, der; - (polit. Ökonomie): *Überbetonung ökonomischer (1) Faktoren [bei der Betrachtung der gesellschaftlichen Entwicklung].*

Öko|no|mist, der; -en, -en (veraltet): *Wirtschaftssachverständiger.*

öko|no|mis|tisch ⟨Adj.⟩: *den Ökonomismus betreffend.*

Öko|pax, der; -, -e [zu ↑Ökologie u. lat. pax = Frieden]: *Mitglied, Anhänger der Ökopaxbewegung:* Im Wahlkampf 1998, der die -e endlich an die Macht trug (Spiegel 41, 1998, 38); Dass ausgerechnet der libysche Alleinherrscher Gaddafi ... ein passender Partner für -e sein soll, beruht wohl auf einer farbigen Fehlkalkulation (Spiegel 30, 1982, 31).

Öko|pax|be|we|gung, die: *Bewegung (3), die bes. für die Bewahrung des Friedens u. die Erhaltung der natürlichen Umwelt eintritt:* Mit dem Aufkommen der Ö. verschärften sich noch die inneren Widersprüche in der SPD (MM 22. 6. 82, 2).

Öko|pax|ler, der; -s, - (Jargon): *Ökopax:* In seinem Brief wirft Bastian den Kollegen in der Fraktion mangelnde Solidarität vor und behauptet, kommunistisch orientierte Kadergruppen würden die politischen Ziele der Ö. verändern (Spiegel 3, 1984, 80).

Öko|pax|le|rin, die; -, -nen: w. Form zu ↑Ökopaxler.

Öko|sko|pie, die; - [zu griech. skopeĩn = betrachten]: *Methode der Marktforschung, mit der im empirischen Untersuchungen objektive ökonomische Größen (z. B. Qualität, Menge u. Preis von Gütern, Zahl u. Struktur der Anbieter, der Käufer) erfasst werden.*

Öko|spon|so|ring, das; -s: *das Sponsern von Projekten, die dem Umweltschutz dienen.*

Öko|steu|er, die; -, -n (ugs.): *auf den Verbrauch u. die Herstellung umweltschädlicher Güter erhobene Steuer:* Schweden führte ... eine für Europa beispielhafte Ö. ein. Die Emissionen von Kohlendioxid werden berechnet, Mineralöl, Benzin, Kohle oder Erdgas je nach ihrer Schädlichkeit in Steuerklassen eingestuft (natur 8, 1994, 22).

Öko|sys|tem, das; -s, -e: *kleinste ökologische Einheit eines Lebensraumes u. der in ihm wohnenden Lebewesen:* ein See, der Wald als Ö.; die Blüte der Kieselalgen ... weist auf ein gestörtes Ö. in der Deutschen Bucht hin (natur 10, 1991, 16); Der Einlauf von Giften habe ein ganzes Ö. zerstört (MM 8./9. 11. 86, 23).

Öko|top, das; -s, -e [zu griech. tópos = Ort, Gegend]: *kleinste ökologische Einheit einer Landschaft.*

Öko|tro|pho|lo|ge, der; -n, -n [zu griech. trophḗ = das Ernähren, Nahrung u. ↑-loge]: *Wissenschaftler auf dem Gebiet der Ökotrophologie.*

Öko|tro|pho|lo|gie, die; - [↑-logie]: *Ernährungswissenschaft, Hauswirtschaftslehre.*

Öko|tro|pho|lo|gin, die; -, -nen: w. Form zu ↑Ökotrophologe.

Öko|ty|pus, der; -, ...pen (Biol.): *an die Bedingungen eines bestimmten Lebensraums angepasste Sippe einer Pflanzenod. Tierart.*

Öko|wein, der; -[e]s, (Sorten:) -e: *Wein aus ökologischem Anbau.*

Öko|zid, der; auch: das; -[e]s, -e [zu lat. caedere (in Zus. -cidere) = töten]: *Störung des ökologischen Gleichgewichts durch Umweltverschmutzung.*

Ok|ra, die; -, -s [aus einer westafrik. Sprache]: *längliche Frucht einer Eibischart.*

-o|krat: ↑-krat.

-o|kra|tie: ↑-kratie.

Okrosch|ka, die; - [russ. okroška]: *(in Russland) kalte Suppe aus Fleisch, Eiern u. saurem Rahm.*

Okt. = Oktober.

Ok|ta|chord, das; -[e]s, -e [lat. octachordum, zu griech. oktáchordos = achtsaitig, zu: oktṓ = acht u. chordḗ = Saite] (Musik): *achtsaitiges Instrument.*

Ok|ta|e|der, das; -s, - [griech. oktáedron, zu: hédra = Fläche] (Math.): *von acht [gleichseitigen] Dreiecken begrenzter Vielflächner; Achtflächner.*

ok|ta|e|drisch ⟨Adj.⟩ (Math.): *achtflächig.*

Ok|ta|gon: ↑Oktogon.

Ok|tan, das; -s, -e [zu lat. octo = acht; im Molekül sind jeweils acht Kohlenstoffatome gebunden]: **1.** *in verschiedenen Isomeren als farblose, leicht brennbare Flüssigkeit im Erdöl u. im Benzin enthaltener Kohlenwasserstoff.* **2.** ⟨ungebeugt nach Zahlenangaben⟩ (Kfz-T.): *dient der Angabe der Oktanzahl:* der Motor braucht [ein Benzin von] mindestens 92 O.

Ok|ta|na, die; - [zu lat. octo = acht] (Med.): *jeden achten Tag wiederkehrender Fieberanfall.*

Ok|tant, der; -en, -en [lat. octans (Gen.: octantis)]: **1.** (Math.) **a)** *achter Teil eines Kreises; Kreissektor, dessen Fläche $\frac{1}{8}$ der Kreisfläche beträgt;* **b)** *von drei senkrecht aufeinander stehenden Ebenen begrenzter achter Teil des Raumes in einem cartesianischen Koordinatensystem.* **2.** *nautisches Winkelmessgerät in der Form eines Achtelkreises mit zwei Spiegeln.*

Ok|tan|zahl, (chem. Fachspr.:) *Octanzahl,* die; -, -en [↑Oktan]: *Kennzahl für die Klopffestigkeit von Kraftstoffen:* bei Flugbenzin werden -en über 100 gebraucht (Abk.: OZ).

Ok|ta|teuch, der; -s [spätlat. octateuchos < griech. oktáteuchos, zu: teũchos = Buch]: *(in der griechischen Kirche) die acht ersten Bücher des Alten Testaments.*

¹Ok|tav, das; -s [zu lat. octavus = der Achte; der Druckbogen wurde urspr. so gefalzt, dass sich 8 Blätter ergaben]: *Buchformat mit bestimmten Ober- u. Untergrenzen (Zeichen: 8°).*

²Ok|tav, die; -, -en [3: eigtl. = die achte von acht Verteidigungspositionen]: **1.** (österr., sonst landsch.) *Oktave (1).*

2. (kath. Kirche) **a)** *achttägige Festwoche nach den hohen Festen (Weihnachten u. Ostern);* **b)** *Nachfeier am achten Tag nach einem solchen Fest.* **3.** (Fechtsport) *bestimmte Haltung, bei der eine gerade Linie von der Schulter bis zur Spitze der nach unten gerichteten Klinge entsteht.*

Ok|ta|va, die; -, ...ven [lat. octava = die Achte] (österr.): *achte Klasse eines Gymnasiums.*

Ok|ta|va|ner, der; -s, - (österr.): *Schüler einer Oktava.*

Ok|ta|va|ne|rin, die; -, -nen: w. Form zu ↑Oktavaner.

Ok|tav|band, der ⟨Pl. ...bände⟩: *in* ¹*Oktav gebundenes Buch.*

Ok|tav|bo|gen, der: vgl. Quartbogen.

Ok|ta|ve, die; -, -n [mhd. octāv < mlat. octava (vox)]: **1.** (Musik) **a)** *achter Ton einer diatonischen Tonleiter;* **b)** *Intervall von acht diatonischen Tonstufen:* eine O. höher, tiefer; -n [auf dem Klavier] greifen; in -n spielen; ein Stimmumfang von mehr als drei -n; vgl. all'ottava. **2.** ¹*Stanze.*

Ok|ta|ven|zei|chen, das (Musik): *Zeichen in der Notenschrift, durch das angegeben wird, dass die betreffende Stelle eine Oktave höher od. tiefer zu spielen od. zu singen ist.*

Ok|ta|v|for|mat, das: *aus der dreimaligen Falzung eines Bogens entwickeltes Papierformat.*

Ok|tav|heft, das: vgl. Oktavband.

ok|ta|vie|ren ⟨sw. V.; hat⟩: *(ein Blasinstrument) überblasen, sodass der Ton jeweils eine Oktave höher klingt.*

Ok|tav|sei|te, die: *Seite im Oktavformat.*

Ok|tett, das; -[e]s, -e [relatinis. aus ital. ottetto, zu: otto < lat. octo = acht]: **1.** (Musik) **a)** *Komposition für acht solistische Instrumente od. Solostimmen;* **b)** *Vereinigung von acht Instrumentalsolisten.* **2.** (Kernphysik) *Gruppe von acht Elektronen in der äußeren Schale eines Atoms.*

Ok|to|ber, der; -[s], - [mhd. octōber < lat. (mensis) October = achter Monat (des altröm. Kalenders), zu octo = acht]: *zehnter Monat des Jahres;* Abk.: Okt.; vgl. April.

Ok|to|ber|fest, das: *jährlich Ende September bis Anfang Oktober in München stattfindendes Volksfest.*

Ok|to|ber|re|vo|lu|ti|on, die ⟨o. Pl.⟩: *politisch-soziale Umwälzung im zaristischen Russland, eingeleitet durch die Machtübernahme durch die Bolschewiki am 25. Oktober 1917 (nach dem julianischen Kalender).*

Ok|to|brist, der; -en, -en [russ. oktjabrist]: *Mitglied des »Verbandes des 17. Oktober«, einer 1905 gegründeten russischen konstitutionellen Partei.*

Ok|to|de, die; -, -n [zu griech. oktṓ = acht u. ↑Elektrode] (Elektrot.): *Röhre mit acht Elektroden; Achtpolröhre.*

Ok|to|de|ka|gon, das; -s, -e [↑Dekagon]: *Achtzehneck.*

Ok|to|dez, das; -es, -e [zu lat. decem = zehn]: *Buchformat von Achtzehntelbogengröße.*

Ok|to|gon, Oktagon, das; -s, -e [lat. octogonum, 2. Bestandteil zu griech. gōnía =

Winkel, Ecke]: **a)** *Achteck:* Das Mausoleum ... hat die Form eines Oktogons (Berger, Augenblick 124); **b)** *Gebäude mit achteckigem Grundriss:* Im Kastell del Monte bei Andria, das sie nach meinen Skizzen bauen, wundert sich jeder Besucher des fortschreitenden Oktogons über das Fehlen einer Küche (Stern, Mann 18).

ok|to|go|nal ⟨Adj.⟩: *achteckig.*

Ok|to|nar, der; -s, -e [lat. octonarius] (antike Verslehre): *aus acht Versfüßen bestehender Vers.*

ok|to|plo|id ⟨Adj.⟩ [Analogiebildung zu ↑diploid] (Biol.): *(von Zellen) einen achtfachen Chromosomensatz enthaltend.*

Ok|to|po|de, der; -n, -n ⟨meist Pl.⟩ [zu griech. oktṓpous (Gen.: oktṓpodos) = achtfüßig, zu: poús (Gen.: podós) = Fuß] (Biol.): *großer Kopffüßer mit acht kräftigen, mit Saugnäpfen versehenen Fangarmen; achtarmiger Tintenfisch; Achtfüßer.*

Ok|troi [ɔk'trɔa], der od. das; -s, -s [frz. octroi = Bewilligung, zu: octroyer, ↑oktroyieren] (früher): **1.** *an Handelsgesellschaften verliehenes Privileg.* **2.** *Steuer auf eingeführte Lebensmittel.*

ok|troy|ie|ren [ɔktrɔa'ji:rən] ⟨sw. V.; hat⟩ [urspr. = (landesherrlich) bewilligen, bevorrechten < frz. octroyer < afrz. otroier < mlat. auctorizare = sich verbürgen; bestätigen, bewilligen < spätlat. auctorare, zu lat. auctor, ↑Autor] **1.** (bildungsspr.) *aufoktroyieren:* Ein Lungenkrebs wird ihm nachgesagt, und man will ihm die Pension o. (Schwaiger, Wie kommt 74); Hier bildet das alte sardische Recht noch im paralleles Normensystem zum oktroyierten Recht der italienischen Eroberer (Chotjewitz, Friede 192). **2.** (veraltet) **a)** *verleihen;* **b)** *(ein Gesetz) kraft landesherrlicher Machtvollkommenheit ohne die verfassungsgemäße Zustimmung der Landesvertretung erlassen.*

oku|lar ⟨Adj.⟩ [spätlat. ocularis = zu den Augen gehörend] (Fachspr.): *das Auge betreffend, für das Auge:* ein -er Gichtanfall; die Störung wird o. sichtbar.

Oku|lar, das; -s, -e [gek. aus Okularglas]: *dem Auge zugewandte Linse od. Linsenkombination eines optischen Geräts (z. B. eines Mikroskops):* das O. einstellen; Ich presste meine Augen ans O. (Lentz, Muckefuck 238); durch das O. sehen; ein Mikroskop mit verschiedenen -en; Heinrich stellte das Geschenk, ein Mikroskop mit eigens für seine Sehschärfe angefertigtem O., vor seinen Teller (Bieler, Mädchenkrieg 275).

Oku|lar|lin|se, die: *dem Auge zugewandte Linse eines optischen Geräts (z. B. eines Mikroskops).*

Oku|la|ti|on, die; -, -en [zu ↑okulieren]: *das Okulieren.*

Oku|li ⟨o. Art.; indekl.⟩ [lat. oculi, Pl. von: oculus = Auge, nach dem ersten Wort des Eingangsverses der Liturgie des Sonntags, Ps. 25, 15] (ev. Kirche): *dritter Sonntag in der Passionszeit.*

oku|lie|ren ⟨sw. V.; hat⟩ [nlat. für gleichbed. lat. inoculare, ↑inokulieren] (Gartenbau): *veredeln, indem ein von einer hochwertigen Sorte stammendes Reis mit

einem Auge (2) unter der mit einem T-förmigen Schnitt geöffneten Rinde angebracht u. die Stelle fest mit Bast umwickelt wird:* Rosen, Sträucher o.; okulierte Apfelbäume; Ü Ich okuliere durch meine Erzählung Realität (Fichte, Versuch 14).

Oku|lier|mes|ser, das: *spezielles Messer zum Ritzen der Rinde beim Okulieren.*

Oku|lie|rung, die; -, -en: *das Okulieren.*

Oku|list, der; -en, -en (veraltet): *Augenarzt.*

Öku|me|ne, die; - [(spät)lat. oecumene < griech. oikouménē (gē) = bewohnt(e Erde), zu: oikeīn = bewohnen, zu: oīkos, ↑Ökonom]: **1.** (Geogr.) *von naturgegebenen Grenzen bestimmter Lebens- und Siedlungsraum des Menschen auf der Erde.* **2.** (Theol.) **a)** *Gesamtheit der Christen u. der christlichen Kirchen;* **b)** *Bewegung der christlichen Kirchen u. Konfessionen zur Einigung in Fragen des Glaubens u. zum gemeinsamen Handeln:* eine Konferenz von Vertretern der Ö.

öku|me|nisch ⟨Adj.⟩: **1.** (Geogr.) *die Ökumene (1) betreffend, umfassend.* **2.** (kath. Kirche) *die katholische Christen auf der ganzen Welt betreffend:* ein -es Konzil. **3.** (Theol.) **a)** *das gemeinsame Vorgehen der christlichen Kirchen u. Konfessionen in der Welt betreffend:* -e Arbeit; die -e Bewegung (Ökumene 2 b); **b)** *gemeinsam von Katholiken u. Protestanten veranstaltet, getragen:* ein -er Gottesdienst; Diese Handarbeitsstunde war ö., denn gleichzeitig hatten sich hier auch Frauen des Elisabethenvereins St. Bonifatius eingefunden (Saarbr. Zeitung 1. 12. 79, 23); sich ö. *(von Geistlichen beider Kirchen)* trauen lassen.

Öku|me|nis|mus, der; - (kath. Kirche): *Streben nach interkonfessioneller Einigung aller Christen.*

Ok|zi|dent [auch: - -'-], der; -s [mhd. occident(e) < lat. (sol) occidens (Gen.: occidentis), eigtl. = untergehend(e Sonne), zu: occidere = niederfallen; untergehen]: **1.** (bildungsspr.) *Abendland:* Seit Jahrhunderten sind die Malteser daran gewöhnt, dass um den strategischen Wert ihrer vom Orient wie vom O. gleich weit entfernten Insel gepokert wird (MM 16./17. 8. 72, 3). **2.** (veraltet) *Westen.*

ok|zi|den|tal, ok|zi|den|ta|lisch ⟨Adj.⟩ [lat. occidentalis]: **1.** (bildungsspr.) *abendländisch.* **2.** (veraltet) *westlich.*

ok|zi|pi|tal ⟨Adj.⟩ [zu lat. occiput (Gen.: occipitis) = Hinterkopf] (Med.): *zum Hinterhaupt gehörend, es betreffend.*

Ok|zi|ta|ni|en; -s: südfranzösische Landschaft.

Ok|zi|ta|ni|er, der; -s, -: Ew.

Ok|zi|ta|ni|e|rin, die; -, -nen: w. Form zu ↑Okzitanier.

ok|zi|ta|nisch ⟨Adj.⟩: **a)** *Okzitanien, die Okzitanier betreffend; von den Okzitaniern stammend, zu ihnen gehörend;* **b)** *in der Sprache der Okzitanier.*

Ok|zi|ta|nisch, das; -[s] u. ⟨nur mit best. Art.:⟩ **Ok|zi|ta|ni|sche,** das; -n [frz. occitan < mlat. (lingua) occitana, Latinisierung von frz. (langue) d'oc, zu aprovenz. oc = ja < lat. hoc, Neutr. von: hic = dieser]: *die okzitanische Sprache; Pro-

venzalisch: Im ganzen südlichen Drittel Frankreichs ... können heute noch rund zwei Millionen Menschen das stark vom Lateinischen geprägte Okzitanisch sprechen (NN 11./12. 8. 79, 6).

ö. L. = östlicher Länge.

O. L. = Oberlausitz.

Öl, das; -[e]s, (Sorten:) -e [mhd. öl[e], ahd. oli < lat. oleum = (Oliven)öl < griech. élaion]: **1.** *mehr od. weniger dickflüssige, fettige Flüssigkeit:* reines, klebriges, wohlriechendes Öl; Fette und -e; Öl ist leichter als Wasser und löst sich nicht darin auf; * **Öl auf die Lampe gießen** (ugs.; *einen od. mehrere Schnäpse o. Ä. trinken;* vgl. ¹*Lampe* 1); * **Öl auf die Wogen gießen** (*vermittelnd, ausgleichend, besänftigend [in eine Auseinandersetzung] eingreifen;* Wellen werden durch darauf gegossenes Öl geglättet); **Öl ins Feuer gießen** *(etw. noch schlimmer machen).* **2. a)** *Erdöl:* der Tanker hat Öl geladen; Öl exportierende Länder; die Öl produzierenden arabischen Länder; Die Ölquellen erschließen Reichtum nur dann, wenn der stetige Verkauf des -s garantiert ist (Dönhoff, Ära 169); nach Öl bohren; **b)** *Heizöl:* Öl für den Winter kaufen; mit Öl heizen; **c)** *Schmieröl:* Öl wechseln; die Maschine mit Öl schmieren; Wenn's darum geht, einen Motor zu reinigen, Teile auszubauen und mit Waschbenzin von Öl und Schmutz zu säubern (Ossowski, Flatter 165); **d)** *Pflanzenöl:* ätherische -e; -e gehören zu jedem Parfüm. Und zwar duftende Pflanzenöle (Petra 10, 1966, 123); **e)** *Speiseöl, Salatöl, Tafelöl:* Öl zum Kochen verwenden; in Öl gebratener Fisch; Seine Beine brannten jetzt, als würden sie in siedendem Öl gekocht (Ott, Haie 175); Salat mit Essig und Öl anmachen; R das geht mir runter wie Öl (ugs.; *es ist mir sehr angenehm, das zu hören);* **f)** *Sonnenöl:* reibe dich gut mit Öl ein, damit du keinen Sonnenbrand bekommst. **3.** * **in Öl** (*mit Ölfarben* 2): sie malt in Öl.

Ola, die; -, -s: *La Ola.*

Öl|ab|schei|der, der; -s, - (Technik): *Gerät zum Abscheiden von Öl* (1) *aus Wasser od. Dampf.*

Ola|di ⟨Pl.⟩ [russ. oladi]: *russische Hefepfannkuchen.*

Öl|alarm, der: *Alarm, der gegeben wird, wenn ausfließendes Öl* (2 a, b, c) *die Trinkwasserversorgung o. Ä. bedroht.*

Öl|an|strich, der: *Anstrich mit Ölfarbe* (1).

öl|ar|tig ⟨Adj.⟩: *in der Art von Öl* (1); *ölig* (2).

Öl|bad, das (Med.): *medizinisches Bad, dem* (bes. zur Behandlung trockener Haut) *Öl zugesetzt ist.*

Öl|ba|ron, der (veraltend): *jmd., der Land besitzt, auf dem Erdöl gefunden wurde.*

Öl|ba|ro|nin, die: w. Form zu ↑Ölbaron.

Öl|baum, der: *großer, hochwachsender Baum mit knorrigem Stamm, schmalen, länglichen, ledrigen, an der Unterseite silbergrauen Blättern u. Oliven als Früchten.*

Öl|be|darf, der: *Bedarf an Öl* (2 a, b).

Öl|be|häl|ter, der: *Behälter für Öl* (2 a, b, c).

Öl|berg, der; -[e]s: Höhenzug östl. Jerusalems (der als Stätte der Himmelfahrt Jesu gilt).

Öl|bild, das: *Ölgemälde.*

Öl|boh|rung, die: *Bohrung nach Erdöl.*

Öl|boy|kott, der: *Ölembargo.*

¹Ol|den|bur|ger, der; -s, -: **1.** Ew. zu ↑Oldenburg (Oldenburg). **2.** *kräftiges, breit gebautes braunes od. schwarzes Warmblutpferd.*

²Ol|den|bur|ger ⟨indekl. Adj.⟩.

Ol|den|bur|ge|rin, die; -, -nen: w. Form zu ↑¹Oldenburger (1).

ol|den|bur|gisch ⟨Adj.⟩: *Oldenburg, die Oldenburger betreffend; von den Oldenburgern stammend, zu ihnen gehörend.*

Ol|den|burg (Ol|den|burg): Stadt in Niedersachsen.

Ol|die ['ouldɪ], der; -s, -s [engl. oldie, zu: old = alt] (ugs.): **1.** *alter, beliebt gebliebener Schlager, Hit:* Die Plattenindustrie wirft -s auf den Markt (Spiegel 30, 1976, 102); Neben viel Discomusik erwarten die Besucher diesmal auch eine Reihe »Oldies«, die neu ins Musikprogramm aufgenommen wurde (Saarbr. Zeitung 6./7. 10. 79, 23). **2.** (scherzh.) *jmd., der einer älteren Generation angehört:* Zwei -s greifen wieder mal in Lenkrad: Der am 17. September 50 Jahre alt gewordene Stirling Moss und Denny Hulme werden ... (rallye racing 10, 1979, 76); ein Tanz für unsere -s. **3.** *etw., was einer vergangenen Zeit angehört, was aus einer vergangenen Zeit stammt:* frühe Banknoten und alte Wertpapiere, liebevoll »Oldies« genannt (Hörzu 12, 1978, 147); Was berechtigt dazu, Behandlungsmaßnahmen als »Oldies« abzutun, nur weil sie seit 30 Jahren bekannt sind (Spiegel 1, 1979, 10); Im Kampf um die Marktanteile, den die -s ARD und ZDF schon gegen die erfolgträchtigsten Kommerzsender ... verloren zu haben scheinen (Zeit 25. 2. 94, 8).

Old|red ['ouldˌrɛd], der; -s [engl. old red, eigtl. = altes Rot] (Geol.): *roter Sandstein des Devons.*

Öl|druck, der: **1.** *Ölfarbendruck.* **2.** (Kfz-T.) *Druck, durch den das Schmieröl von der Ölpumpe in den Motor befördert wird.*

Öl|druck|brem|se, die (Kfz-T.): *Bremse, die dadurch ausgelöst wird, dass auf ein mit Öl gefülltes Leitungssystem Druck ausgeübt wird.*

Öl|druck|kon|troll|lampe, die (Kfz-T.): *Kontrolllampe, die aufleuchtet, wenn der Öldruck* (2) *zu niedrig ist.*

Old|ti|mer ['ouldtaɪmɐ], der; -s, - [engl. old-timer = Altgedienter, Veteran]: **1. a)** *altes, gut gepflegtes Modell eines Fahrzeugs* (bes. eines Autos) *mit Sammler- od. Liebhaberwert:* ein Rennen für O.; ein Museum mit -n; **b)** *etw., was nach dem Vorbild des Alten hergestellt wurde* (z. B. Telefon, Möbel usw.). **2.** (scherzh.) **a)** *jmd., der viele Jahre bei einer Sache* (einem Beruf o. Ä.) *dabei ist u. deshalb das nötige Wissen, die nötige Erfahrung u. den nötigen Überblick hat; zuverlässiger, altbewährter Mitarbeiter, Spieler o. Ä.:* er

ist einer der O. in der Mannschaft; Die meisten Chancen werden dabei einem europäischen O. eingeräumt, dem früheren Straßburger Oberbürgermeister (Rheinpfalz 7. 7. 84, 1); sie gehört zu den -n in der Redaktion; **b)** *älterer Mensch, meist Mann:* Heimorgeln ... Für Nesthäkchen und O. (Spiegel 46, 1975, 139).

olé [o'le] ⟨Interj.⟩ [span. olé < arab. wa'llāh(i) = bei Gott]: span. Ausruf mit der Bed. *los!; auf!; hurra!*

Olea: Pl. von ↑Oleum.

Ole|an|der, der; -s, - [ital. oleandro, unter Einfluss von lat. olea = Olivenbaum entstellt aus mlat. lorandum, zu lat. laurus = Lorbeerbaum, wohl nach den Blättern]: *als Strauch wachsende Pflanze mit länglichen, schmalen, ledrigen Blättern u. verschiedenfarbigen, in Dolden wachsenden Blüten.*

Ole|an|der|schwär|mer, der: *großer Schmetterling mit vielfarbiger, kontrastreicher Zeichung, dessen Raupen die Blätter des Oleanders fressen.*

Ole|as|ter, der; - [lat. oleaster]: *strauchiger, wild wachsender Ölbaum.*

Ole|at, das; -[e]s, -e [zu lat. oleum, ↑Öl] (Chemie): *Salz der Ölsäure.*

Ole|cra|non, Olekranon, das; -[s], ...na [griech. ōlékranon] (Anat.): *Ellbogen.*

Ole|fin, das; -s, -e [aus frz. oléfiant = Öl machend, zu lat. oleum (↑Öl) u. facere (in Zus. -ficere) = machen] (Chemie): *ungesättigter Kohlenwasserstoff.*

Ole|in, das; -s, -e [frz. oléine] (Chemie): *ungereinigte Ölsäure.*

Ole|kra|non: ↑Olecranon.

Öl|em|bar|go, das: *Embargo* (2) *für Öl:* Sobald den Amerikanern die Stabilisierung der eigenen Wirtschaft gelungen war, verlangten sie lautstark die sofortige Aufhebung des -s (Konzelmann, Allah 386).

ölen ⟨sw. V.; hat⟩ [mhd. öl(e)n = Speisen mit Öl zubereiten, salben]: **a)** *(zum Zwecke der besseren Gleitfähigkeit) [Schmier]öl zuführen, mit [Schmier]öl versehen:* eine Maschine, das Fahrrad, ein Schloss ö.; die Tür muss geölt werden, sie quietscht; wie die Zahnräder eines gut geölten Uhrwerkes (Lorenz, Verhalten I, 100); Ü Bei Telekom, der derzeit besten Radprofi-Mannschaft der Welt, rollt es wie geölt (Woche 4. 4. 97, 33); **b)** *einölen* (a): den Fußboden ö.; R sitzt im heißen Sand und ölt sich die Schultern (Frisch, Gantenbein 379).

Ole|om, das; -s, -e (Med.): *Oleosklerom.*

Ole|o|skle|rom, das; -s, -e [zu griech. sklērós = hart] (Med.): *Geschwulst in der Haut infolge einer Reizung des Bindegewebes nach Einspritzung ölhaltiger Arzneimittel.*

Ole|o|sum, das; -s, ...sa ⟨meist Pl.⟩ (Med.): *öliges Arzneimittel.*

Ole|um, das; -s, Olea [lat. oleum, ↑Öl] (Chemie): *farblose od. dunkelbraune ölige Flüssigkeit, die sich u. a. zum Ätzen eignet; rauchende Schwefelsäure.*

Öl|ex|port, der: *Export von Mineralöl.*

Öl ex|por|tie|rend: s. Öl (2 a).

Ol|fak|to|me|ter, das; -s, - [↑-meter 1] (Med.): *Gerät zur Prüfung des Geruchssinns.*

Ol|fak|to|me|trie, die; - [↑-metrie] (Med.): *Messung der Geruchsempfindlichkeit.*

ol|fak|to|risch ⟨Adj.⟩ [zu lat. olfactum, 2. Part. von olfacere = riechen] (Med.): *den Geruchssinn, den Riechnerv betreffend:* Die Luft in geschlossenen Räumen empfindet Susan Molloy meist als -es Inferno (Spiegel 39, 1991, 302); Mit sechs Jahren hatte er seine Umgebung o. vollständig erfasst (Süskind, Parfum 34).

Ol|fak|to|ri|um, das; -s, ...ien (Med.): *Riechmittel.*

Ol|fak|to|ri|us, der; -, ...rii [kurz für Nervus olfactorius] (Med.): *Riechnerv.*

Öl|fang, der: *Ölabscheider.*

Öl|far|be, die: 1. *ölhaltige, stark glänzende Farbe zum Anstreichen.* 2. *aus Pigmenten u. Ölen gemischte, sehr haltbare u. lichtechte Malerfarbe.*

Öl|far|ben|druck, der: *mit Ölfarben im Druckverfahren hergestellte Reproduktion eines Ölbildes.*

Öl|feld, das: *Erdölfeld.*

Öl|feu|e|rung, die: *Feuerung (2), bei der Öl (2 b) als Brennstoff verwendet wird.*

Öl|film, der: *Film (1) aus Öl:* Zeitweilig war eine Fläche von etwa 100 000 Quadratmetern auf dem Hohenzollernkanal ... mit einem dünnen Ö. bedeckt (Welt 15. 8. 79, 1).

Öl|fleck, der: *von Öl herrührender Fleck.*

Öl|för|de|rung, die: *Förderung von Erdöl:* die Reduzierung der Ö.; die Drosselung der Ö. über den Preis erwies sich nicht als besonders wirksam (Gruhl, Planet 237).

Öl|frucht, die: *Frucht der Ölpflanze.*

Öl|fun|zel, die (salopp): *Öllampe.*

OLG = Oberlandesgericht.

Öl|gas, das: *aus Mineralöl od. Fetten gewonnenes Gas.*

Öl|ge|mäl|de, das: *mit Ölfarben (2) gemaltes Bild.*

Öl|ge|sell|schaft, die: *Mineralölgesellschaft.*

Öl|ge|win|nung, die: *Gewinnung von Öl (2 a, d).*

Öl|göt|ze, der [viell. gek. aus »Ölberggötze«, volkst. Bez. für die häufig bildlich dargestellten schlafenden Jünger Jesu auf dem Ölberg (vgl. Matth. 26, 40ff.)] (salopp abwertend): *unbewegt, teilnahms- u. verständnislos wirkender Mensch:* er sitzt, steht da wie ein Ö.; Verwundert schaute er auf uns -n, die ernst um einen Tisch herum saßen (Leonhard, Revolution 195).

Öl|ha|fen, der: *Hafen, in dem nur Öltanker be- od. entladen werden.*

öl|hal|tig ⟨Adj.⟩: *Öl enthaltend.*

Öl|haut, die: 1. vgl. Ölfilm. 2. *mit Öl imprägniertes, wasserdichtes Gewebe aus Leinen od. Baumwolle.*

Öl|hei|zung, die: *Heizung mit Ölfeuerung:* Jetzt ... sind alle Häuser aufgestockt, alle haben Ö. (Hörzu 12, 1976, 16).

öl|höf|fig ⟨Adj.⟩: *erdölhöffig.*

Oli|fant [auch: oli'fant], der; -[e]s, -e [(a)frz. olifant < lat. elephantus, ↑Elefant; Name des elfenbeinernen Hifthorns Rolands in der Karlssage]: *aus dem Zahn eines Elefanten geschnitztes mittelalterliches Jagdhorn.*

ölig ⟨Adj.⟩: 1. a) *mit Öl durchsetzt, bedeckt, beschmiert:* ein -er Lappen; Vorsicht, meine Hände sind ö.; b) *Öl enthaltend, ölhaltig:* eine -e Substanz, Lösung. 2. *fett u. dickflüssig wie Öl; im Aussehen dem Öl ähnlich:* -e Flüssigkeiten; eine Flasche mit -em Schnaps (Fels, Sünden 87); die Farbe des Gesichts war ö., so dass Gerda in diesem Augenblick beinahe wie eine Tote aussah (Musil, Mann 618); ö. glänzen. 3. (abwertend) *unaufrichtig sanft [u. mit falschem Pathos]; salbungsvoll:* er sprach mit -er Stimme; als ein -er Reporter von RTLs "Exklusiv„ herbeigeeilt kommt (Woche 21. 8. 98, 37); Mit dem öden und -en Scherz auf Kosten der Zigeuner endet die Wochenschau (Enzensberger, Einzelheiten I, 122); ö. lächeln.

olig-, Olig-: ↑oligo-, Oligo-.

Oli|ga|kis|u|rie, die; - [zu griech. oligákis = selten u. oûron = Harn] (Med.): *seltenes Urinlassen.*

Oli|gä|mie, die; -, -n [zu griech. olígos (↑oligo-, Oligo-) = wenig, gering u. haîma = Blut] (Med.): *akute Blutarmut (z. B. nach starkem Blutverlust).*

Oli|garch, der; -en, -en [griech. oligárchēs]: a) *jmd., der mit wenigen anderen die politische Herrschaft ausübt;* b) *Anhänger der Oligarchie.*

Oli|gar|chie, die; -, -n [griech. oligarchia, zu: olígos (↑oligo-, Oligo-) u. árchein = Führer sein, herrschen]: 1. ⟨o. Pl.⟩ *Staatsform, in der eine kleine Gruppe die politische Herrschaft ausübt:* Diese Gebiete sind soziologisch dadurch charakterisiert, dass eine breite o. über eine ungebildete, undifferenzierte Masse herrscht und eine Mittelschicht zunächst nicht existiert (Dönhoff, Ära 164). 2. *Staat, Gemeinwesen, in dem eine Oligarchie (1) besteht.*

Oli|gar|chin, die; -, -nen: w. Form zu ↑Oligarch.

oli|gar|chisch ⟨Adj.⟩ [griech. oligarchikós]: *die Oligarchie betreffend.*

oli|go-, Oli|go- (vor Vokalen:) olig-, Olig-[griech. olígos] ⟨Best. in Zus. mit der Bed.⟩: *wenig, gering* (z. B. Oligopol, oligophag, Oligarchie).

Oli|go|cho|lie, die; - [zu griech. cholḗ = Galle] (Med.): *Mangel an ¹Galle (b) (z. B. bei Leber- u. Gallenblasenkrankheiten).*

Oli|go|chrom|ä|mie, die; -, -n [zu griech. chrṓma = Farbe u. haîma = Blut] (Med.): *Bleichsucht.*

Oli|go|dip|sie, die; - [zu griech. dípsa = Durst] (Med.): *abnorm herabgesetztes Durstgefühl.*

Oli|go|don|tie, die; - [zu griech. odoús (Gen.: odóntos) = Zahn] (Med.): *angeborene Fehlentwicklung des Gebisses, bei der weit weniger als 32 Zähne ausgebildet werden.*

Oli|go|dy|na|mie, die; - [zu griech. dýnamis = Kraft] (Chemie): *keimtötende Wirkung von Metallionen (z. B. des Silbers) in Flüssigkeiten.*

oli|go|dy|na|misch ⟨Adj.⟩ (Chemie): a) *die Oligodynamie betreffend;* b) *in kleinsten Mengen wirksam.*

Oli|go|hy|drä|mie, die; -, -n [zu griech. hýdōr = Wasser u. haîma = Blut] (Med.): *Verminderung des Wassergehalts des Blutes.*

Oli|go|klas, der; -[es], -e [zu griech. klásis = Bruch]: *Feldspat.*

Oli|go|me|nor|rhö, die; -, -en [↑Menorrhö] (Med.): *seltene Monatsblutung.*

Oli|go|mer, das; -s, -e, **Oli|go|me|re,** das; -n, -e ⟨meist Pl.⟩ [zu griech. méros = (An)teil] (Chemie): *Stoff, dessen Moleküle sich aus wenigen Monomeren zusammensetzen.*

oli|go|phag ⟨Adj.⟩ [zu griech. phageîn = fressen] (Zool.): *(von bestimmten Tieren) in der Ernährung auf einige wenige Pflanzen- od. Tierarten spezialisiert.*

Oli|go|pha|gie, die; - (Zool.): *Ernährungsweise oligophager Tiere.*

Oli|go|phre|nie, die; -, -n [zu griech. phrḗn = Gemüt] (Med. veraltet): *auf erblicher Grundlage beruhende od. im frühen Kindesalter erworbene geistige Behinderung.*

Oli|go|pnoe, die; - [zu griech. pnoḗ = das Wehen; Atem] (Med.): *verminderte Atmungsfrequenz.*

Oli|go|pol, das; -s, -e [geb. nach ↑Monopol] (Wirtsch.): *Form des Monopols, bei der der Markt von einigen wenigen Großunternehmern beherrscht wird.*

Oli|go|po|list, der; -en, -en (Wirtsch.): *jmd., der einem Oligopol angehört.*

Oli|go|po|lis|tin, die; -, -nen: w. Form zu ↑Oligopolist.

oli|go|po|lis|tisch ⟨Adj.⟩ (Wirtsch.): *die Marktform des Oligopols betreffend.*

Oli|gop|son, das; -s, -e [zu griech. opsōnía = Einkauf] (Wirtsch.): *das Vorhandensein von wenigen Nachfrager auf einem Markt.*

oli|go|se|man|tisch ⟨Adj.⟩ [↑semantisch] (Sprachw.): *nur wenige Bedeutungen habend.*

Oli|go|si|a|lie, die; -, -n [zu griech. síalon = Speichel] (Med.): *verminderte Speichelabsonderung.*

Oli|go|sper|mie, die; -, -n [↑Sperma] (Med.): *starke Verminderung der Spermien im Ejakulat.*

Oli|go|tri|cho|se, die; -, -n [zu griech. thríx (Gen.: trichós) = Haar] (Med.): *mangelnder Haarwuchs.*

oli|go|troph ⟨Adj.⟩ [zu griech. trophḗ = Nahrung] (Biol., Landw.): *(von Böden od. Gewässern) nährstoffarm.*

Oli|go|tro|phie, die; - (Biol., Landw.): *Nährstoffmangel.*

oli|go|zän ⟨Adj.⟩ (Geol.): *das Oligozän betreffend.*

Oli|go|zän, das; -s [zu griech. kainós = neu; eigtl. = die weniger junge Abteilung, bezogen auf das Eozän] (Geol.): *jüngste Abteilung des Paläogens.*

Oli|go|zyt|hä|mie, die; -, -n [zu griech. kýtos = Höhlung, Wölbung u. haîma = Blut] (Med.): *starke Verminderung der roten Blutkörperchen im Blut.*

Oli|gu|rie, die; -, -n [zu griech. oûron = Harn] (Med.): *mengenmäßig stark verminderte Ausscheidung von Harn.*

Olim: in den Wendungen **seit/zu -s Zeiten** (bildungsspr. scherzh.; *seit/vor sehr langer Zeit;* lat. olim = ehemals).

Öl|im|port, der: *Import von Mineralöl.*
Öl|in|dus|trie, die: *Mineralölindustrie.*
oliv ⟨indekl. Adj.⟩: *die Farbe der reifen Olive aufweisend; von stumpfem, bräunlichem Gelbgrün:* ein o. Kleid; wir haben den Stuhl o. gestrichen; ⟨nicht standardspr.:⟩ *Der Junge hatte eine -ene Haut* (Brot und Salz 24).
Oliv, das; -s, -, ugs.: -s: *oliv Farbe:* ein Kleid in hellem O.
oliv|braun ⟨Adj.⟩: *einen braunen Farbton besitzend, der ins Oliv spielt.*
Oli|ve, die; -, -n [lat. oliva = Ölbaum; Olive < griech. elaía; schon mhd. olive = Ölbaum]: **1.** *ungefähr kirschgroße, ovale, fest-fleischige, ölhaltige, meist bräunlich gelbgrün gefärbte Frucht des Ölbaums.* **2.** *Ölbaum mit Oliven* (1) *als Früchten.* **3.** (Anat.) *olivenförmige Erhabenheit im verlängerten Mark.* **4.** *Handgriff für die Verschlussvorrichtung an Fenstern, Türen o. Ä.* **5.** *länglich runde Bernsteinperle.* **6.** (Med.) *olivenförmiges Endstück verschiedener ärztlicher Instrumente od. Laborgeräte (z. B. eines Katheters).*
Oli|ven|baum, der: *Ölbaum.*
Oli|ven|ern|te, die: **1.** *das Ernten von Oliven* (1). **2.** *Gesamtheit der geernteten Oliven* (1).
oli|ven|far|ben, oli|ven|far|big ⟨Adj.⟩: *oliv.*
Oli|ven|hain, der: *aus Oliven* (2) *bestehender Hain.*
Oli|ven|holz, das: *Holz der Olive* (2).
Oli|ven|öl, das: *aus der Olive* (1) *durch Pressen gewonnenes [Speise]öl.*
Oli|vet|te, die; -, -n [frz. olivette, Vkl. von: olive < lat. oliva, ↑Olive]: *(früher in Afrika zum Tauschhandel verwendete) Koralle od. Glasperle.*
oliv|far|ben, oliv|far|big ⟨Adj.⟩: *oliv.*
oliv|grau ⟨Adj.⟩: *einen grauen Farbton besitzend, der ins Oliv spielt.*
oliv|grün ⟨Adj.⟩: *oliv:* Der Russe ... trug die -e Uniform, in der er gekämpft hatte (Simmel, Stoff 126).
Oli|vin, das; -s, -e [zu ↑Olive, nach der Farbe] (Geol.): *glasig glänzendes, durchscheinendes, flaschengrünes bis gelbliches, in Kristallen vorkommendes Mineral; Peridot.*
Öl|ja|cke, die: vgl. Ölzeug.
Öl|kä|fer, der: *großer, schwarzer Käfer, der bei Bedrohung aus den Gelenken der Beine gelbe, Giftstoffe enthaltende Blutströpfchen ausscheidet.*
Öl|ka|nis|ter, der: *Kanister für Öl* (2 a, b, c).
Öl|kan|ne, die: vgl. Ölkanister.
Öl|kon|zern, der: *Konzern, der [Mineral]öl vertreibt.*
Öl|krei|de, die: *Farbstift, der Ton od. Kreide als Füllmaterial u. pflanzliche Öle, Wachse u. Harze als Bindemittel enthält.*
Öl|kri|se, die: *Krise, die durch Verknappung von Rohöl entsteht:* Vor der Ö. im Winter 1973/74 waren für die Suche nach Öl und Gas im Bundesgebiet nur rund 330 Mill. DM aufgewendet worden (Hamburger Abendblatt 30. 5. 79, 43).
Öl|krug, der: *Krug zum Aufbewahren von Öl* (2 e).
Öl|ku|chen, der: *in Platten od. Brocken*

gepresste Rückstände ausgepresster, ölhaltiger Samen.
oll ⟨Adj.⟩ [niederd. oll, o(o)ld, mniederd. old, olt] (landsch.): **1.** *alt* (1 a): Der -e Bruhn mit dem Vollbart bringt sie selber raus (Fallada, Mann 41); R je -er, je doller! **2.** *alt* (3 b): Ich trage nun mal lieber meine -en Blue Jeans (Bernstorff, Leute 16). **3. a)** (fam.) in vertraulicher Anrede: na, -er Seebär, wie fühlst du dich?; **b)** (abwertend) verstärkend bei negativ charakterisierenden Personenbez. u. Schimpfwörtern: dieser -e Geizkragen!
Öl|lack, der: *Lack, dessen wichtigste Bestandteile Öle u. Harze sind.*
Öl|lam|pe, die: vgl. Petroleumlampe.
Ol|la po|dri|da, die; - - [span. olla podrida, eigtl. = fauliger Topf]: *spanisches Gericht aus Fleisch, Kichererbsen u. geräucherter Wurst, die als Eintopf gekocht werden.*
¹Ol|le, der; -n, -n ⟨Dekl. ↑Abgeordnete⟩ (landsch. salopp): ¹*Alte* (1–5).
²Ol|le, die; -, -n ⟨Dekl. ↑Abgeordnete⟩ (landsch. salopp): **1.** ²*Alte* (1–4). **2.** *Mädchen, Freundin:* ich hab eine feste O.
Öl|lei|tung, die: *Rohrleitung für Öl.*
öl|lös|lich ⟨Adj.⟩: *in Öl löslich; sich in Öl lösend.*
Öl|luft|pum|pe, die (Technik): *mit Öl abgedichtete mechanische Luftpumpe.*
Olm, der; -[e]s -e [mhd., ahd. olm, H. u.]: *im Wasser lebender Schwanzlurch mit verkümmerten, kleinen, dünnen Gliedmaßen, der mit der Lunge od. durch Kiemen atmet.*
Öl|ma|gnat, der: *einflussreiche Persönlichkeit der Mineralölindustrie.*
Öl|ma|le|rei, die: **1.** ⟨o. Pl.⟩ *das Malen mit Ölfarben* (2). **2.** *Ölgemälde.*
Öl|mess|stab, der (bes. Kfz-T.): *Stab (mit Markierungen), mit dem festgestellt werden kann, wie viel Schmieröl vorhanden ist.*
Öl|mo|tor, der (veraltet): *Dieselmotor.*
Öl|müh|le, die: *Mühle, in der aus Ölsaat Öl* (2 e) *gepresst wird.*
Öl|mul|ti, der ⟨meist Pl.⟩ (Jargon): *multinationaler Ölkonzern.*
Öl|ofen, der: vgl. Ölheizung.
Öl|pal|me, die: *Palme, aus deren Früchten u. Samen Fett gewonnen wird.*
Öl|pa|pier, das: *mit Öl imprägniertes, wasserdichtes Papier:* Der Dicke verpackte den Schinken behände in Ö. (Werfel, Himmel 127).
Öl|pest, die: *meist durch (aus einem beschädigten Tanker auslaufendes) Rohöl verursachte Verschmutzung von Stränden, Küstengewässern:* ... waren zwei Millionen Liter Öl ausgeflossen, die an die Südostküste ... gespült worden waren und dort eine Ö. verursacht hatten (MM 27. 11. 75, 41).
Öl|pflan|ze, die: *Pflanze, aus deren Früchten od. Samen Öl* (2 e) *gewonnen wird.*
Öl|platt|form, die: *ins Meer gebaute Plattform, von der aus Bohrungen nach Öl im Meeresgrund vorgenommen werden.*
Öl|preis, der: *Preis für [Erd-, Heiz]öl.*
Öl|pres|se, die: vgl. Ölmühle.
Öl|pro|du|zent, der: *Erdölerzeuger:* dass

der für den Westen wichtigste Ö. Saudi-Arabien nicht daran dachte, Nutzen aus der Abhängigkeit der Industrieländer zu ziehen (Konzelmann, Allah 380).
Öl|pro|du|zie|rend: s. Öl (2 a).
Öl|pum|pe, die (Kfz-T.): *Pumpe, die das Motoröl fördert.*
Öl|quel|le, die: *Stelle, an der Öl* (2 a) *durch Bohrung erschlossen wird, austritt.*
Öl|raf|fi|ne|rie, die: *Erdölraffinerie.*
Öl|saat, die: *Samen der Ölpflanze.*
Öl|sand, der: vgl. Ölschiefer.
Öl|sar|di|ne, die: *in Öl* (2 e) *eingelegte Sardine.*
Öl|säu|re, die: *in Ölen u. Fetten vorkommende ungesättigte Fettsäure.*
Öl|scheich, der (ugs.): *Scheich, der durch die Förderung von Erdöl in seinem Herrschaftsgebiet zu Reichtum gekommen ist:* ... so unanständig wohlhabend wie die in Milliarden badenden -s (Spiegel 40, 1974, 32).
Öl|schicht, die: vgl. Ölfilm.
Öl|schie|fer, der: *dunkles, dem Schiefer ähnliches Gestein, aus dem Öl u. Gas gewonnen wird.*
Öl|so|ckel, der: *mit Ölfarbe* (1) *gestrichener Sockel (einer Wand o. Ä.).*
Öl|spur, die: *durch auslaufendes Öl verursachte Spur.*
Öl|stand, der: *Menge des Schmieröls im Motor (einer Maschine o. Ä.):* den Ö. prüfen.
Öl|süß, das (veraltet): *Glyzerin.*
Öl|tank, der: vgl. Ölkanister.
Öl|tan|ker, der: *Schiff zum Transport von Öl* (2 a).
Öl|tep|pich, der: *größerer, sich auf der Wasseroberfläche ausbreitender Ölfilm:* Auf dem Atlantik treibt ein 43 mal 95 Kilometer großer Ö. (Welt 23. 12. 76, 18).
Öl|tuch, das: vgl. Ölpapier.
Ölung, die; - [mhd. ölunge] (selten): *das Ölen;* * **die Letzte Ö.** (kath. Kirche veraltet; *Krankensalbung*): jmdm. die Letzte Ö. geben, spenden; die Letzte Ö. empfangen.
Öl|ver|brauch, der: *Verbrauch an Öl* (2 a–c).
Öl|ver|sor|gung, die: *Versorgung mit Öl* (2 a, b).
Öl|vor|kom|men, das: *Vorkommen (b) von Erdöl.*
Öl|wan|ne, die (bes. Kfz-T.): *(am unteren Teil des Gehäuses von Maschinen od. Motoren angebrachte) Wanne aus Metall zum Auffangen des Schmieröls.*
Öl|wech|sel, der (Kfz-T.): *Erneuerung des Öls* (2 c) *im Motor.*
Olymp, der; -s [griech. Ólympos = Name eines Berges in Griechenland]: **1.** (griech. Myth.) *Wohnsitz der Götter; Götterberg:* Ü denen ..., die da hin und wieder vom O. ihrer bürgerlichen Welt herabstiegen (Thielicke, Ich glaube 199). **2.** (ugs. scherzh.) *Galerie[platz] im Theater o. Ä.:* Nur mit Mühe bekam er einen Platz auf dem O., als das Ballett »Coppelia« uraufgeführt wurde (Grass, Hundejahre 206); Das Theater ausverkauft bis hinauf in den O. (Eppendorfer, St. Pauli 119).
Olym|pia, das; -[s] ⟨meist o. Art.⟩ [nach der altgriech. Kultstätte in Olympia

(Elis) auf dem Peloponnes, dem Schauplatz der altgriech. Olympischen Spiele] (geh.): *Olympiade* (1, 3).

Olym|pia|aus|wahl, die: *Mannschaft von Sportlern u. Sportlerinnen, die an einer Olympiade* (1) *teilnimmt, teilgenommen hat.*

Olym|pi|a|de, die; -, -n [1, 2: griech. Olympiás (Gen.: Olympiádos); 3: nach russ. olimpiada]: **1.** *alle vier Jahre stattfindende sportliche Veranstaltung mit Wettkämpfen von Teilnehmern aus aller Welt:* an der O. teilnehmen; sie hat auf/ bei der letzten O. zwei Medaillen gewonnen. **2.** (selten) *Zeitraum von vier Jahren (nach deren jeweiligem Ablauf im antiken Griechenland die Olympischen Spiele gefeiert wurden).* **3.** *Wettbewerb (auf einem Wissensgebiet od. in einer Fachrichtung o. Ä.):* eine O. der Leseratten, der jungen Mathematiker.

-olym|pi|a|de, die; -, -n: *drückt in Bildungen mit Substantiven aus, dass ein der Olympiade* (1) *ähnlicher Wettbewerb in Bezug auf etw. stattfindet:* Homosexuellen-, Schlagerolympiade.

Olym|pia|de|le|ga|ti|on, die: *Delegation für die Olympischen Spiele.*

Olym|pia|dorf, das: *Wohnanlage, in der die an der Olympiade* (1) *teilnehmenden Sportler u. ihre Betreuer untergebracht sind.*

Olym|pia|ge|län|de, das: *Areal mit den Sportstätten für die Olympiade* (1).

Olym|pia|jahr, das: *Jahr, in dem eine Olympiade* (1) *stattfindet:* im O. 2000.

Olym|pia|kämp|fer, der: *Olympiateilnehmer.*

Olym|pia|kämp|fe|rin, die: w. Form zu ↑ Olympiakämpfer.

Olym|pia|mann|schaft, die: vgl. Olympiateilnehmer.

Olym|pia|me|dail|le, die: *Medaille, die bei einer Olympiade* (1) *an die Sieger eines Wettbewerbs vergeben wird.*

Olym|pia|norm, die: *bestimmte sportliche Leistung, die erforderlich ist, um an einer Olympiade* (1) *teilzunehmen.*

Olym|pia|qua|li|fi|ka|ti|on, die: *Qualifikation* (3) *für die Olympischen Spiele.*

olym|pia|reif ⟨Adj.⟩: *(von einer sportlichen Leistung) so gut, dass der Sportler damit eine Gewinnchance bei der Olympiade* (1) *hat.*

Olym|pia|sieg, der: *Sieg bei einem olympischen Wettkampf.*

Olym|pia|sie|ger, der: *Sieger bei einem olympischen Wettkampf.*

Olym|pia|sie|ge|rin, die: w. Form zu ↑ Olympiasieger.

Olym|pia|sta|di|on, das: *Stadion, in dem olympische Wettkämpfe stattfinden, stattgefunden haben.*

Olym|pia|stadt, die: *Stadt, die eine Olympiade* (1) *ausrichtet, ausgerichtet hat.*

Olym|pia|teil|neh|mer, der: *Sportler, der an einer Olympiade* (1) *teilnimmt, teilgenommen hat.*

Olym|pia|teil|neh|me|rin, die: w. Form zu ↑ Olympiateilnehmer.

olym|pia|ver|däch|tig ⟨Adj.⟩ (meist scherzh.): *sportlich hervorragend:* du bist ja, dein Lauf war o.

Olym|pia|zwei|te, der u. die; -n, -n ⟨Dekl. ↑ Abgeordnete⟩: *jmd., der in einem olympischen Wettkampf einen zweiten Platz erreicht hat.*

Olym|pi|er, der; -s, - [zu ↑ Olymp] (bildungsspr. veraltend): *(Ehrfurcht gebietende) überragende Persönlichkeit:* Immer wieder haben die Vertreter der nachfolgenden literarischen Generationen jene attackiert, die bereits von ihren Zeitgenossen als Klassiker anerkannt oder gar als O. gepriesen wurden. So erging es Schiller, so natürlich auch Goethe (Reich-Ranicki, Th. Mann 269).

Olym|pi|o|ni|ke, der; -n, -n [griech. olympioníkēs]: *Teilnehmer, bes. Sieger bei einer Olympiade* (1).

Olym|pi|o|ni|kin, die; -, -nen: w. Form zu ↑ Olympionike: Hast du dir etwa in den Kopf gesetzt, ihre unverkennbaren athletischen Eigenschaften zu fördern? Willst du eine O. aus ihr machen? (Pasolini [Übers.], Amado 127).

olym|pisch ⟨Adj.⟩: **1.** *den Olymp* (1) *betreffend:* -er Nektar. **2.** *die Olympiade* (1) *betreffend, zu ihr gehörend:* eine -e Disziplin, ein -er Wettkampf; ein -er Rekord; der -e Gedanke *(Gedanke der absoluten Fairness u. des Bewusstseins, dass die Teilnahme wichtig ist u. nicht der Sieg);* den -en Eid schwören *(schwören, sich an den olympischen Gedanken zu halten);* das -e Feuer *(Feuer, das im Tempelbezirk von Olympia entzündet u. von Fackelträgern zum Austragungsort der Olympiade* 1 *gebracht wird);* -e Ringe *(fünf ineinander verschlungene Ringe in verschiedenen Farben, die die durch die Olympischen Spiele verbundenen Kontinente symbolisieren);* einen -en Sieg, -e Medaille erringen; eine -e *(olympiareife)* Leistung; ein -er Sommer, Winter *(Sommer, Winter, in dem eine Olympiade* 1 *stattfindet);* auf -em Boden *(dort, wo eine Olympiade* 1 *stattfindet od. stattfand);* das -e Dorf *(Olympiadorf);* Die Rollkunstlauf-Weltmeisterin schwärmt: »Vielleicht wird unser Sport 1984 o. ...« *(eine olympische Disziplin;* Saarbr. Zeitung 29./30. 12. 79, 7); ***Olympische Spiele*** *(Olympiade* 1). **3.** (geh.) *göttergleich erhaben u. majestätisch; hoheitsvoll:* ein fast -es Wesen, das alles wusste (Kant, Impressum 106); o. blicken.

Öl|zeug, das: *(durch Öl, Firnis od. Kunststoff) wasserdicht gemachte Oberbekleidung (für Seeleute):* Nur vorne stand ein Mann im Ö. und lenkte das Boot (G. Roth, Winterreise 71).

Öl|zweig, der: *Zweig des Ölbaums (als Symbol des Friedens).*

om [sanskr.]: *magische Silbe des Brahmanismus, die als Hilfe zur Befreiung in der Meditation gesprochen wird.*

Oma, die; -, -s [Umbildung aus Großmama]: **1.** (fam.) *Großmutter:* die O. passt auf ihren Enkel auf; wir fahren zur O. **2. a)** (ugs., oft scherzh. od. abwertend) *alte, ältere Frau:* Dann kam ... eine alte O. zu mir. Eine Rentnerin (Spiegel 41, 1976, 127); Ü einmal Urlaub wie O. und Opa *(wie früher)* machen; -s Steintopf *(der Steintopf, der in vergangenen Zeiten im Haushalt vielfach verwendet wurde)* ist wieder aktuell; **b)** (Jugendspr.) *weiblicher Erwachsener; Frau:* Anfangs rümpften manche die Nase: »Was für eine Besetzung: Klavier, Schifferklavier und Gitarre! Könnt ihr denn kein Blasinstrument, ein Schlagzeug oder 'ne O. auftreiben!« (ND 20. 6. 64, Beilage S. 3).

Oma|gra, das; - [zu griech. ōmos = Schulter u. ágra = das Fangen; (in Zus. auch:) Zange; Gicht] (Med.): *Gichterkrankung eines od. beider Schultergelenke.*

Omal|gie, die; -, -n [zu griech. álgos = Schmerz] (Med.): *Schulterschmerz.*

Oma|ma, die; -, -s (Kinderspr.): *Großmutter.*

Oman; -s: Staat auf der Arabischen Halbinsel.

-o|ma|ne, der; -n, -n [zu ↑ Manie] (meist scherzh.): *kennzeichnet in Bildungen mit Substantiven eine Person, die auf etw. fast suchtartig fixiert, ganz versessen ist:* Filmomane, Pornomane.

Oma|ner, der; -s, -: Ew. zu ↑ Oman.

Oma|ne|rin, die; -, -nen: w. Form zu ↑ Omaner.

oma|nisch ⟨Adj.⟩: *Oman, die Omaner betreffend; von den Omanern stammend, zu ihnen gehörend.*

Omar|thri|tis, die; -, ...itiden [zu griech. ōmos = Schulter u. ↑ Arthritis] (Med.): *Entzündung des Schultergelenks.*

Oma|sus, der; - [zu lat. omasum = Rinderkaldaunen] (Zool.): *(bei den Wiederkäuern) Teil des Magens, der die Nahrung nach dem Wiederkäuen aufnimmt.*

Om|bra|ge [õ'bra:ʒə], die; - [frz. ombrage, eigtl. = Schatten spendendes Laubwerk, zu: ombre < lat. umbra = Schatten] (veraltet): **1.** *Schatten.* **2.** *Argwohn, Misstrauen, Verdacht.*

Om|bré, der; -[s], -s [frz. ombré, zu: ombrer, ↑ ombriert]: *Gewebe, Tapete mit schattierender Farbwirkung.*

om|briert [õ'b...] ⟨Adj.⟩ [zu frz. ombrer = schattieren]: *(von Textilien, Tapeten, auch Glas o. Ä.) durch genaue Abstufungen des gleichen Farbtons eine schattierende Farbwirkung aufweisend.*

Om|bro|graph, der; -en, -en [zu griech. ómbros = Regen u. ↑ -graph] (Met.): *Gerät zum Aufzeichnen von Niederschlagsmengen.*

Om|bro|me|ter, das; -s, - [↑ -meter 1] (Met.): *Regenmesser.*

om|bro|phil ⟨Adj.⟩ [zu griech. phileīn = lieben] (Biol.): *(von Tieren und Pflanzen) den Regen bzw. die Feuchtigkeit bevorzugend.*

om|bro|phob ⟨Adj.⟩ [zu griech. phobeīn = fürchten] (Biol.): *(von Tieren und Pflanzen) trockene Gebiete bevorzugend.*

Om|buds|frau, die; -, -en: *Frau, die die Rechte der Bürgerinnen u. Bürger gegenüber den Behörden wahrnimmt.*

Om|buds|leu|te ⟨Pl.⟩: **1.** Pl. von Ombudsmann. **2.** *Gesamtheit der Ombudsfrauen und Ombudsmänner:* ... auch für die Länder und den Bund Ombudsleute einzusetzen (MM 26. 8. 71, 5).

Om|buds|mann, der; -[e]s, ...männer u. ...leute [schwed. ombudsman, eigtl. = Treuhänder]: *Mann, der die Rechte der*

Bürgerinnen u. Bürger gegenüber den Behörden wahrnimmt: O. werden.

O. M. Cap.: ↑O. (F.) M. Cap.

Ọme|ga, das; -[s], -s [griech. õ méga, eigtl. = großes (d.h. langes) o]: *letzter Buchstabe des griechischen Alphabets* (Ω, ω).

Ome|lett [ɔm(ə)'lɛt], das; -[e]s, -e u. -s, (Fachspr., österr., schweiz.:) **Ome|lette** [...'lɛt], die; -, -n [...tn̩; frz. omelette, H.u.]: *Eierkuchen.*

Ọmen, das; -s, - u. Omina [lat. omen] (bildungsspr.): *Vorzeichen; Vorbedeutung:* ein glückliches, freundliches O., das war ein schlechtes, gutes O.; etw. als O. betrachten, ansehen; Sellmann kam dieser leere Stuhl mit dem Blumenstrauß wie ein böses O. vor (Bieler, Mädchenkrieg 144).

Omẹn|tum, das; -s, ...ta [lat. omentum] (Anat.): *Teil des Bauchfells, der aus der vor dem Darm hängenden Bauchfellfalte (großes Netz) u. derjenigen zwischen Magen u. unterem Rand der Leber (kleines Netz) besteht.*

Omer|tà, die; - [ital. omertà]: *Gesetz des Schweigens, Schweigepflicht (bei der Mafia).*

Ọmi, die; -, -s: Kosef. von ↑Oma (1).

Ọmi|kron, das; -[s], -s [griech. ò mikrón, eigtl. = kleines (d.h. kurzes) o]: *15. Buchstabe des griechischen Alphabets* (O, o).

Ọmi|na: Pl. von ↑Omen.

omi|nọ̈s ⟨Adj.⟩ [frz. omineux < lat. ominosus, zu: omen, ↑Omen]: **a)** *von schlimmer Vorbedeutung; unheilvoll:* ein -es Schweigen; sein -es Lächeln erschreckte uns; ◆ Ich wollte lieber das Geheul der Totenglocke und -er *(Unheil verkündender)* Vögel, lieber das Gebell des knurrischen Hofhundes Gewissen ... hören (Goethe, Götz II); **b)** *bedenklich, zweifelhaft; berüchtigt:* ein -er Beigeschmack; Statt des -en Kübels befand sich in der Zelle ... ein Wasserklosett (Niekisch, Leben 301); als Piller im Strafraum Hannovers besten Spieler ... unfair vom Ball trennte und der gut leitende Schiedsrichter Risse sofort auf den -en Punkt zeigte (Kicker 6, 1982, 45).

Omịs|sa ⟨Pl.⟩ [lat. omissa, subst. Neutr. Pl. von: omissus, 2. Part. von: omittere, ↑omittieren] (veraltet): *Fehlendes, Ausgelassenes; Lücke.*

Omis|si|on, die; -, -en [lat. omissio] (veraltet): *Aus-, Unterlassung, Versäumnis (z.B. der Annahmefrist einer Erbschaft).*

Omis|siv|de|likt, das; -[e]s, -e (Rechtsspr.): *Unterlassungsdelikt.*

omit|tie|ren ⟨sw. V.; hat⟩ [lat. omittere] (veraltet): *aus-, unterlassen.*

Ọm|la|di|na, die; - [serb. omladina = Jugend]: *(1848 gegründeter) serbischer Geheimbund zum Kampf für die Unabhängigkeit Serbiens.*

ọm ma|ni pạd|me hụm [sanskr.]: *magisch-religiöse Formel des (lamaistischen) Buddhismus, die z.B. in Gebetsmühlen als unaufhörliches Gebet wirken soll.*

Om|ma|ti|di|um, das; -s, ...ien [zu griech. ommatidion, Vkl. von: ómma

(Gen.: ómmatos) = Auge] (Zool.): *Einzelauge eines Facettenauges.*

Ọm|ma|to|pho|ren ⟨Pl.⟩ [zu griech. phoreĩn = tragen] (Zool.): *hinteres, längeres Fühlerpaar der Schnecken.*

ọm|nia ad ma|iọ|rem Dẹi glọ|ri|am [lat.]: *alles zur größeren Ehre Gottes* (Wahlspruch der Jesuiten; Abk.: O.A.M.D.G.).

ọm|nia mẹa mẹ|cum pọr|to [lat.]: *all meinen Besitz trage ich bei mir* (Ausspruch von Bias, einem der Sieben Weisen Griechenlands [Mitte 6. Jh. v. Chr.]).

Ọm|ni|bus, der; -ses, -se [frz. (voiture) omnibus, eigtl. wohl = Wagen für alle < lat. omnibus = Dat. von: omnes = alle, Pl. von: omnis = jeder; all...]: *Bus:* Sie stellte sich zu einer Gruppe durchnässter Menschen und wartete mit ihnen auf einen O., der nicht so überfüllt war wie alle, die heranrollten (Baum, Paris 58); Die laut Prospekt »königliche Rundreise« im O. durch Marokko geriet für den Kunden eines Reiseveranstalters recht unbequem (a&r 2, 1997, 127).

Ọm|ni|bus|bahn|hof, der: *einem Bahnhof ähnliche Anlage als Ausgangspunkt od. Endstation verschiedener Buslinien.*

Ọm|ni|bus|fahrt, die: *Fahrt mit einem Omnibus.*

Ọm|ni|bus|hal|te|stel|le, die: *Bushaltestelle.*

Ọm|ni|bus|hof, der: *Platz (mit Hallen) zum Abstellen u. Warten von Omnibussen.*

Ọm|ni|bus|li|nie, die: *Buslinie.*

Ọm|ni|bus|rei|se, die: *[Ferien]reise mit dem Omnibus.*

Ọm|ni|en: Pl. von ↑Omnium.

om|ni|po|tẹnt ⟨Adj.⟩ [lat. omnipotens (Gen.: omnipotentis, zu: potens, ↑potent] (bildungsspr.): *allmächtig:* ein -er Herrscher; Der -e Gott der Juden kam in Schwierigkeiten (Stern, Mann 25); das -e Wissen über all diese Dinge (MM 30.3. 73, 48).

Om|ni|po|tẹnz, die; - [spätlat. omnipotentia] (bildungsspr.): **a)** *göttliche Allmacht;* **b)** *absolute Macht[stellung]:* Die meisten Männer sind nur im Nebenberuf auch Väter. Und doch werden sie dann immer noch als die Allergrößten, Allerstärksten, Allertüchtigsten hingestellt. Und in den Jungen wächst die Bewunderung für ihre O. (Dierichs, Männer 261); Die O. der Wirtschaft führte sogar dazu, dass zunehmend nur noch solche wissenschaftlichen Ergebnisse und politischen Theorien gefragt wurden, die wirtschaftlich verwertbares Material lieferten (Gruhl, Planet 193).

om|ni|prä|sẹnt ⟨Adj.⟩ [mlat. omnipraesens, zu lat. omnis = all- u. ↑präsent] (bildungsspr.): *allgegenwärtig:* Wie die Gegenwart im Reporter, so ist ihm (= Archiv) die Vergangenheit o. (Enzensberger, Einzelheiten I, 93); Die Historiker und ihre Erkenntnisse haben keine Chance gegen das traditionsstiftende kollektive Gedächtnis. Es ist o. (Woche 19.12.97, Extra 10).

Om|ni|prä|sẹnz, die; - (bildungsspr.): *[göttliche] Allgegenwart:* Die O. der Droge ist sicherlich ein entscheidender Fak-

tor für ihre zunehmende Verwendung (Christiane, Zoo 268).

Om|nis|zi|ẹnz, die; - [mlat. omniscientia, zu lat. scientia = Wissen, Kenntnis]: *Allwissenheit (Gottes).*

Ọm|ni|um, das; -s, Omnien [lat. omnium = (Rennen) aller, für alle, Gen. Pl. von: omnis = jeder]: **1.** (Radfahren) *aus mehreren Bahnwettbewerben bestehender Wettkampf:* ... umfasste ein O., das heißt 1000 Meter Sprint, Rundenzeitfahren mit fliegendem Start und Mannschaftsverfolgungsfahren über zehn Runden (MM 3.6.69, 7). **2.** (Reiten) *Galopprennen, bei dem alle Pferde zugelassen sind.*

Ọm|ni|um|ver|si|che|rung, die: *einheitliche Versicherung verschiedener Risiken.*

om|ni|vọr ⟨Adj.⟩ [zu lat. omnis = jeder; all... u. vorare = fressen] (Zool.): *(von bestimmten Tieren) pflanzliche wie tierische Nahrung fressend, sich davon ernährend.*

Om|ni|vọ|re, der; -n, -n ⟨meist Pl.⟩: *Allesfresser.*

Om|ni|zịd, der, auch: das; -[e]s [zu lat. caedere (in Zus. -cidere) = töten] (bildungsspr.): *Vernichtung allen menschlichen Lebens:* der nukleare O.

Omo|phal|gie, die; - [lat. omophagia < griech. ōmophagía, zu: ōmophageĩn = roh essen, fressen, zu: ōmós = roh u. phageĩn = essen, fressen]: *das Verschlingen des rohen Fleisches eines Opfertieres (um sich die Kraft des darin verkörperten Gottes anzueignen, z.B. im antiken Dionysoskult).*

Omo|pho|ri|on, das; -s, ...ien [zu griech. ōmophoreĩn = auf den Schultern tragen, zu: ōmos = Schulter u. phoreĩn = tragen]: *Schulterband der Bischöfe in der orthodoxen Kirche.*

Om|pha|li|tis, die; -, ...itịden [zu griech. omphalós = Nabel] (Med.): *(bei Neugeborenen) Entzündung des Nabels.*

Om|pha|zịt, der; -s, -e [zu griech. ómphax = unreife Traube]: *hell- bis dunkelgrünes Mineral mit einem hohen Gehalt an Aluminium.*

Ọm|rah, die; - [arab. 'umrahʰ]: *kleine Pilgerfahrt nach Mekka.*

ọn ⟨Adv.⟩ [engl. on, eigtl. = an, auf] (Fachspr.): *(von einem Sprecher) im Fernsehbild beim Sprechen bzw. auf der Bühne sichtbar.*

Ọn, das; - (Fachspr.): *sichtbarer Bereich, Vordergrund (einer Bühne, der Kameraeinstellung o.Ä.).*

Ọna|ger, der; -s, - [lat. onager, onagrus < griech. ónagros; 2: nach der einem Esel gleichenden Form]: **1.** *in Südwestasien heimischer Halbesel.* **2.** *(im antiken Rom) Wurfmaschine.*

Ona|nie, die; - [älter engl. onania, Neubildung zum Namen der biblischen Gestalt Onan (1. Mos. 38, 8f.)]: *Masturbation (a):* Ü Um so mehr konnte Gottfried sich in seinen theoretischen Weltanschauungsgedanken ergehen, er nannte es auch geistige O. (Alexander, Jungfrau 133).

ona|nie|ren ⟨sw. V.; hat⟩: **1.** *sich durch Onanie befriedigen:* Sie sitzt breitbeinig auf dem Klo und onaniert (Kinski, Erdbeermund 67); Seit Mira in mein Leben hineinstieg ..., onaniere ich Tag und Nacht (Hilsenrath, Nazi 345). **2.** (selten) *masturbieren* (2): Jürgen ... beginnt den Mann zu o. (Chotjewitz, Friede 119).

Ona|nist, der; -en, -en: *jmd., der onaniert:* Gall berichtet von einem Dreizehnjährigen, einem »leidenschaftlichen -en«, dessen Gehirn zu zwei Dritteln mit Eiter bedeckt gewesen sei (Pilgrim, Mensch 51).

Ona|nis|tin, die; -, -nen: w. Form zu ↑Onanist.

ona|nis|tisch ⟨Adj.⟩: *die Onanie betreffend, zu ihr gehörend.*

ÖNB = Österreichische Nationalbank; Österreichische Nationalbibliothek.

on call [ɔn ˈkɔːl]; engl., aus: ↑on u. call = (An)ruf] (Kaufmannsspr.): *[Kauf] auf Abruf.*

on|deg|gia|men|to [ɔndɛdʒaˈmɛnto], **on|deg|gian|do** [ɔndeˈdʒando; ital., eigtl. = wogend, zu: onda < lat. unda = Welle, Woge] (Musik): gibt für Streichinstrumente an, dass der Ton durch regelmäßige Verstärkung od. Verminderung des Bogendrucks rhythmisch an- u. abschwellen soll.

Ondes Mar|te|not [õdmartəˈno] ⟨Pl.⟩ [nach dem Franzosen M. Martenot (1898–1980), der das Instrument 1928 konstruierte]: *hochfrequentes, elektroakustisches Musikinstrument.*

On|dit [õˈdi:], das; -[s], -s [frz. on-dit, eigtl. = man sagt] (bildungsspr.): *Gerücht:* einem O. zufolge soll eine Frau die Stelle bekommen.

On|du|la|ti|on, die; -, -en [frz. ondulation, zu spätlat. undula = kleine Welle, zu lat. unda = Wasser, Welle, Woge] (früher): *das Ondulieren.*

On|du|lé [õdyˈle:], der; -[s], -s [zu frz. ondulé = wellig, adj. 2. Part. von: onduler ↑ondulieren]: *Gewebe mit wellig gestalteter Oberfläche.*

on|du|lie|ren ⟨sw. V.; hat⟩ [frz. onduler, zu: ondulation, ↑Ondulation] (früher): **a)** *Haare mit einer Brennschere wellen:* Haar o.; **b)** *jmdm. die Haare mit einer Brennschere wellen:* sich o. lassen; die Friseuse hat sie onduliert.

On|du|lie|rung, die; -, -en (früher): *Ondulation.*

Onei|ro|dy|nia, die; - [zu griech. óneiros = Traum u. odýnē = Schmerz, Qual] (Med. veraltet): *Albdrücken, nächtliche Unruhe.*

Onei|ro|man|tie, die; - [zu griech. manteía = das Weissagen] (veraltet): *Traumdeutung.*

One-Man-Show [ˈwʌnˈmænʃoʊ], die; -, -s [engl. one-man show, aus: one-man = Einmann- u. show, ↑Show]: *Show, die ein Unterhaltungskünstler allein bestreitet:* Ü der Parteitag wurde zu einer O.

One-Night-Stand [ˈwʌnˈnaɪtstænd], der; -s, -s [engl. one-night stand, aus: one-night = eine Nacht dauernd u. stand = Auftritt] (Jargon): *flüchtiges sexuelles Abenteuer (4) für eine einzige Nacht:* Der größte Terror für Frauen in meinem Alter ist Einsamkeit. -s waren vielleicht mal witzig, aber jetzt suche ich einen echten Partner (Wiener 1, 1989, 15); Er hatte

---

vor meiner Zeit ziemlich viele -s und auch die eine oder andere feste Freundin (Coupé 4, 1991, 43).

One|ra: Pl. von ↑Onus.

one|rie|ren ⟨sw. V.; hat⟩ [lat. onerare] (veraltet): *belasten, aufbürden.*

one|ros, one|rös ⟨Adj.⟩ [lat. onerosus bzw. frz. onéreux] (veraltet): *beschwerlich, mühevoll.*

One|stepp [ˈwʌnstɛp], der; -s, -s [engl. one-step, aus: one = ein u. step = Schritt]: *(um 1900 in den USA entstandener) Tanz im ²/₄- od. ⁶/₈-Takt.*

on|ga|re|se, on|gha|re|se [ital. ongarese] (Musik): *ungarisch.*

Onio|ma|nie, die; - [zu griech. õneĩsthai = kaufen u. ↑Manie] (Med.): *krankhafter Kauftrieb.*

¹On|kel, der; -s, -, ugs.: -s [frz. oncle < lat. avunculus = Bruder der Mutter]: **1.** Bruder od. Schwager der Mutter od. des Vaters: sein O. finanzierte ihm das Studium; morgen besuchen wir O. Karl; es waren alle O. und Tanten eingeladen; ... erschien eines Samstags Maria auf der Insel und erklärte den Eltern, vier Großeltern und zwei Dutzend -n und Vettern, ... sie hätte sich heimlich verlobt (Borell, Romeo 291). **2. a)** (Kinderspr.) *[bekannter] männlicher Erwachsener:* ein freundlicher O.; sag dem O. guten Tag!; Kindern wird beigebracht, sich vor »guten -n« (Männern, die sich bes. kinderfreundlich geben, um sich auf diese Art Kindern unsittlich nähern zu können) zu hüten; zum O. Doktor gehen; **b)** (ugs. abwertend) *Mann:* was will dieser O.?; dieser komische O. wollte uns linken; »Das habe ich nur einigen Aufsichtsmenschen und anderen -n im Fernsehen zu verdanken«, ärgerte sich Dieter Hildebrandt (Hörzu 5, 1979, 10).

²On|kel, der; -s, - [zu frz. ongle = Finger-, Zehennagel, fälschl. an ¹Onkel angelehnt]: in den Fügungen u. Wendungen **großer/dicker O.** (ugs.; *große Zehe*); **über den [großen] O. gehen/latschen** (ugs.; *die Fußspitzen (beim Gehen) einwärts setzen*).

-on|kel, der; -s, -s (ugs. abwertend): kennzeichnet in Bildungen mit Substantiven eine männliche Person, die sehr allgemein durch etw. charakterisiert ist: Anstands-, Provinzonkel.

On|kel|ehe, die (ugs.): *Zusammenleben einer verwitweten Frau mit einem Mann, den sie nicht heiratet, um ihre Witwenrente o. Ä. nicht zu verlieren:* Um die vielen -n zu beseitigen, hat man die Lage der Kriegerwitwen erleichtert (MM 20./21. 5. 67, 44).

on|kel|haft ⟨Adj.⟩ (meist abwertend): *freundlich u. gutmütig (wie ein Onkel); gönnerhaft [u. herablassend]:* ein -es Gehabe; er klopfte mir o. auf die Schulter; weil sein Getue auch so o. überlegen war (Wilhelm, Unter 46).

on|keln ⟨sw. V.; hat⟩ [zu ↑²Onkel] (ugs.): *(beim Gehen) die Fußspitzen einwärts setzen.*

on|ko|gen ⟨Adj.⟩ [zu griech. ógkos = geschwollen u. ↑-gen] (Med.): *eine bösartige Geschwulst erzeugend.*

On|ko|gen, das; -s, -e: *Gen, das die Ent-*

---

stehung von bösartigen Geschwülsten bewirken kann.

On|ko|ge|ne|se, die; -, -n [↑Genese] (Med.): *Entstehung von [bösartigen] Geschwülsten.*

On|ko|lo|ge, der; -n, -n [↑-loge]: *Facharzt auf dem Gebiet der Onkologie.*

On|ko|lo|gie, die; - [zu griech. ógkos = geschwollen u. ↑-logie]: *Teilgebiet der Medizin, das die Lehre von den Geschwülsten umfasst.*

On|ko|lo|gin, die; -, -nen: w. Form zu ↑Onkologe.

on|ko|lo|gisch ⟨Adj.⟩: *die Onkologie betreffend.*

On|ko|ly|se, die; -, -n [↑Lyse] (Med.): *Auflösung von Geschwulstzellen durch Injektionen spezifischer Substanzen.*

on|ko|ly|tisch ⟨Adj.⟩ (Med.): *die Onkolyse betreffend.*

on|line [ˈɔnlaɪn] ⟨Adv.⟩ [engl. = in Verbindung, aus: on (↑on) u. line = (Verbindungs)linie, Leitung] (EDV): **1.** *in direkter Verbindung mit der Datenverarbeitungsanlage arbeitend, direkt mit dieser gekoppelt:* während die 52 Stationen tagsüber o. geschaltet sind, damit die Mitarbeiter an den 7000 Monitoren Zugriff haben zu den Daten (NZZ 25. 10. 86, 43). **2.** *ans Datennetz, ans Internet angeschlossen; innerhalb des Datennetzes, des Internets:* o. sein; sie gehen... ausschließlich aus beruflichen Gründen o. (sie nutzen das Internet ausschließlich aus beruflichen Gründen; Welt 25. 6. 96, 7); bezahlt wird übrigens sofort »online«, per Knopfdruck (Hörzu 46, 1995, 16); Kein Wunder, dass noch wenig o. (über das Internet) gekauft wird (Woche 21. 8. 98, 11); präzise Details wie das, dass Männer o. (wenn sie im Internet surfen) Frauennamen nutzen (Woche 19. 12. 97, 43).

On|line|ban|king [...bæŋkɪŋ], das (EDV): *Abwicklung von Bankgeschäften mithilfe einer EDV-Einrichtung:* In der deutschen Bankszene herrscht Aufbruchstimmung in Sachen O. Selbst die Sparkassen... werben... für Bankgeschäfte jenseits von Raum und Zeit (Welt, Welt-Report 13. 3. 98, 6).

On|line|be|trieb, der (EDV): *Arbeitsweise von Geräten, die direkt mit einer Datenverarbeitungsanlage verbunden sind:* Nach umfangreichen Softwaretests und Vergleichsläufen zwischen manueller und maschineller Auswertung arbeitet nun das computerunterstützte Herzkathetersystem ... in den Klinischen Anstalten Aachen im O. (Elektrotechnik 12, 1975, 7).

On|line|da|ten|bank|dienst (selten), **On|line|dienst,** der (EDV): *Dienst (2), der den Zugriff auf bzw. die Nutzung von Daten, die in einer Datenbank gespeichert sind, im Onlinebetrieb anbietet:* Das Herumstöbern in Datenbanken und das Verschicken von elektronischer Post ... setzt außerdem voraus, dass ein Zugang zu einem der Onlinedienste vorhanden ist (MM 16. 3. 95, 6).

On|line|kom|mu|ni|ka|ti|on, die (EDV): *Kommunikation mithilfe einer EDV-Einrichtung.*

On|line|zei|tung, die (EDV): **a)** *online abrufbare Version einer elektronischen aufbereiteten Zeitung:* in den Vereinigten Staaten ... haben schon neunzehn Prozent aller Zeitungen elektronische Ausgaben. ... Werden die -en den herkömmlichen den Garaus machen? (Zeit, 5. 5. 95, 35); **b)** *online abrufbare Zusammenstellung von Informationen, Nachrichten, Beiträgen o. Ä.*

Öno|lo|ge, der; -n, -n [↑ -loge]: *Fachmann auf dem Gebiet der Önologie.*

Öno|lo|gie, die; - [zu griech. oînos = Wein u. ↑ -logie]: *Lehre vom Wein[bau].*

Öno|lo|gin, die; -, -nen: w. Form zu ↑Önologe.

öno|lo|gisch ⟨Adj.⟩: *die Önologie betreffend.*

Öno|ma|nie, die; - [↑ Manie] (Med. selten): *Delirium tremens.*

Ono|man|tie, die; - [zu griech. ónoma = Name u. manteía = das Weissagen] (früher): *Wahrsagerei aus Namen.*

Ono|ma|si|o|lo|gie, die; - [zu griech. onomasía = Benennung u. ↑ -logie] (Sprachw.): *Bezeichnungslehre.*

ono|ma|si|o|lo|gisch ⟨Adj.⟩ (Sprachw.): *die Onomasiologie betreffend.*

Ono|mas|tik, die; - [griech. onomastikê (téchnē) = (Kunst des) Namengeben(s)] (Sprachw.): *Namenkunde.*

Ono|mas|ti|kon, das; -s, ...ken u. ...ka [griech. onomastikón]: **1.** *in der Antike od. im Mittelalter erschienenes Namenod. Wörterverzeichnis.* **2.** *[kürzeres] Gedicht auf den Namenstag einer Person.*

Ono|ma|to|lo|gie, die; - [zu griech. ónoma (Gen.: onómatos) = Name u. ↑ -logie] (Sprachw.): *Onomastik.*

Ono|ma|to|ma|nie, die; - [↑ Manie] (Med.): **1.** *krankhafter Zwang zur Erinnerung an bestimmte Wörter od. Begriffe.* **2.** *krankhafter Zwang zum Aussprechen bestimmter (obszöner) Wörter.*

Ono|ma|to|po|e|ti|kon, Ono|ma|to|po|e|ti|kum, das; -s, ...ka (Sprachw.): *klangnachahmendes, lautmalendes Wort.*

ono|ma|to|po|e|tisch, ono|ma|to|pö|e|tisch ⟨Adj.⟩ (Sprachw.): *lautmalend.*

Ono|ma|to|pö|ie, die; -, -n [spätlat. onomatopoeïa < griech. onomatopoiía, zu poieîn = machen, verfertigen, dichten (↑ Poesie)] (Sprachw.): *Lautmalerei.*

Öno|me|ter, das; -s, - [zu griech. oînos = Wein u. ↑ -meter 1]: *Messinstrument zur Bestimmung des Alkoholgehalts im Wein.*

Önorm, die; - [Kurzwort aus Österreichische Norm]: *(der deutschen DIN-Norm entsprechende) österreichische Norm.*

on parle fran|çais [õ parl frã'sɛ; frz.]: *man spricht [hier] Französisch* (als Hinweis z. B. für Kunden in einem Geschäft).

Qn|spre|cher, der [↑On] (Ferns., Film, Theater): *im Bild, auf der Bühne sichtbarer Sprecher.*

Qn|spre|che|rin, die; w. Form zu ↑Onsprecher.

Qn|stim|me, die (Ferns., Film, Theater): *Stimme eines im Bild bzw. auf der Bühne erscheinenden Onsprechers.*

On|ta|rio|ap|fel, der; -s, ...äpfel [nach der kanad. Provinz Ontario]: *großer, saftiger, süß-säuerlicher Apfel mit leicht gerippter Oberfläche u. teils grünlich gelber, teils rötlicher Schale mit kleinen, gelbgrünlichen Punkten.*

on the road [ɔn ðə 'roud, engl., eigtl. = auf der Straße]: *unterwegs.*

on the rocks [ɔn ðə 'rɔks; engl., eigtl. = (Fels) auf brocken]: *(von Getränken) mit Eiswürfeln.*

qn|tisch ⟨Adj.⟩ (Philos.): *als seiend, unabhängig vom Bewusstsein existierend verstanden; dem Sein nach.*

On|to|ge|ne|se, die; - [zu griech. ṓn (Gen.: óntos), 1. Part. von: eînai = sein] (Biol.): *Entwicklung des Individuums von der Eizelle zum geschlechtsreifen Zustand.*

on|to|ge|ne|tisch ⟨Adj.⟩ (Biol.): *die Ontogenese betreffend.*

On|to|ge|nie, die; - [zu griech. -genḗs = verursacht] (Biol.): *Ontogenese.*

on|to|ge|nisch ⟨Adj.⟩ (Biol.): ontogenetisch.

On|to|lo|ge, der; -n, -n [↑ -loge] (Philos.): *Wissenschaftler auf dem Gebiet der Ontologie.*

On|to|lo|gie, die; - [↑ -logie] (Philos.): *Lehre vom Sein, vom Seienden.*

On|to|lo|gin, die; -, -nen: w. Form zu ↑Ontologe.

on|to|lo|gisch ⟨Adj.⟩ (Philos.): *die Ontologie betreffend.*

On|to|lo|gis|mus, der; - (Philos.): *Anschauung der Erkenntnislehre (des Descartes u. des Okkasionalismus 1), wonach alles endliche Seiende, auch Bewusstsein u. menschlicher Geist, als nur scheinbare Ursächlichkeit verstanden wird u. seine eigentliche Ursache in Gott als dem ersten Sein hat.*

Qnus, das; -, Onera [lat. onus] (Rechtsspr. veraltet): *Last, Bürde, Auflage, Verbindlichkeit.*

Onych|at|ro|phie, die; - [zu griech. ónyx (Gen.: ónychos) = Nagel u. ↑Atrophie] (Med.): *Verkümmerung der Nägel.*

Ony|chie, die; -, -n (Med.): *Entzündung des Nagelbettes.*

Ony|cho|gry|po|se, die; -, -n [zu griech. grypós = gekrümmt] (Med.): *krallenartige Verbildung der Nägel.*

Ony|cho|ly|se, die; - [↑Lyse] (Med.): *Ablösung des Nagels vom Nagelbett.*

Ony|cho|ma|de|se, die; - [zu griech. mádēsis = Ausfall] (Med.): *Ausfall aller Nägel.*

Ony|cho|my|ko|se, die; -, -n [↑Mykose] (Med.): *Pilzerkrankung der Nägel.*

Ony|cho|pha|gie, die; -, -n [zu griech. phageîn = essen] (Med.): *das Nägelkauen.*

Ony|cho|se, die; -, -n (Med.): *Nagelkrankheit.*

Qnyx, der; -[es], -e [lat. onyx < griech. ónyx, eigtl. = Kralle; (Finger)nagel, wohl nach der einem Fingernagel ähnlichen Färbung] (Mineral.): *aus unterschiedlich gefärbten Lagen bestehendes Mineral, das eine Abart des Quarzes darstellt u. als Schmuckstein verwendet wird.*

Onze et de|mi [õzed'mi], das; --- [frz. onze et demi, eigtl. = elfeinhalb]: *französisches Kartenglücksspiel.*

o. O. = ohne Obligo; ohne Ort.

Oo|ga|mie, die; - [zu griech. ōón = Ei u. gamós = Befruchtung] (Biol.): *geschlechtliche Fortpflanzung durch Vereinigung einer unbeweglichen weiblichen Eizelle mit einem beweglichen männlichen Gameten.*

Oo|ge|ne|se, die; -, -n [↑Genese] (Med., Biol.): *Entwicklung der weiblichen Eizelle; Eireifung.*

oo|ge|ne|tisch ⟨Adj.⟩ (Med., Biol.): *die Oogenese betreffend.*

Oo|go|ni|um, das; -s, -ien [zu griech. goné = Erzeugung; Geburt] (Bot.): *weibliches Geschlechtsorgan bei Algen u. Pilzen, in dem die Eizellen entstehen.*

Oo|lid, das; -[e]s, -e (Geol.): *kleines rundes Gebilde aus Kalk od. Eisenverbindungen, das sich schwebend in bewegtem Wasser bilden kann.*

Oo|lem|ma, das; -s, ...mmen od. -ta [zu griech. lémma = Rinde, Schale] (Med., Biol.): *die Eizelle umhüllende Zellmembran.*

Oo|lith [auch: ...'lɪt], der; -s u. -en, -e[n] [↑ -lith]: *Erbsenstein.*

oo|li|thisch ⟨Adj.⟩: *in Oolithen abgelagert.*

Oo|lo|gie, die; - [↑ -logie] (Zool.): *Teilgebiet der Vogelkunde, das die Erforschung der Vogeleier zum Gegenstand hat; Eierkunde.*

oo|lo|gisch ⟨Adj.⟩ (Zool.): *die Oologie betreffend, zu ihr gehörend; eierkundlich.*

Oo|my|ze|ten ⟨Pl.⟩ [↑Myzet] (Bot.): *Algenpilze, die sich durch Oogamie fortpflanzen.*

Oo|pho|rek|to|mie, die; -, -n [zu griech. ōophóros = Eier tragend u. ↑Ektomie] (Med.): *Ovariektomie.*

Oo|pho|ri|tis, die; -, ...itiden (Med.): *Eierstockentzündung.*

oo|pho|ro|gen ⟨Adj.⟩ [↑ -gen] (Med.): *von den Eierstöcken ausgehend (z. B. von Unterleibserkrankungen).*

Oo|pho|ron, das; -s, ...ra (Med.): *Eierstock.*

Oo|plas|ma, das; -s [↑Plasma] (Biol.): *Plasma (1) der Eizelle.*

o. ö. Prof. = ordentlicher öffentlicher Professor.

o. O. u. J. = ohne Ort und Jahr.

Oo|zo|id, das; -[e]s, -e [zu griech. ōón = Ei u. zōon = Lebewesen, Tier] (Biol.): *aus einem Ei entstandenes Individuum (bes. bei den Tunikaten).*

Oo|zyt, der; -en, -en, **Oo|zy|te,** die; -, -n [zu griech. kýtos = Höhlung, Wölbung] (Med., Biol.): *unreife Eizelle.*

OP [o'pe:], der; -[s], -[s]: *Operationssaal:* Doch könnten Roboter im OP bald zur »dritten Hand« des Chirurgen werden (Woche 14. 11. 97, 29).

op. = opus.

o. P. = ordentlicher Professor.

O. P., O. Pr. = Ordinis Praedicatorum (vom Predigerorden; Dominikaner).

Qpa, der; -s, -s [Umbildung von Großpapa]: **1.** (fam.) *Großvater:* die Kinder besuchen ihren O.; wir fahren zum O. **2. a)** (ugs., oft scherzh. od. abwertend) *alter, älterer Mann:* was will denn der O. hier?; Klaus Buch fluchte auf den Bodensee ... er wäre nie hierher zum Segeln.

Das sei vielleicht was für -s (M. Walser, Pferd 106); Ü -s Kino, Theater *(das Kino, Theater vergangener Zeiten); * Hat -s *(die traditionelle)* Ehe Zukunft? (Ruthe, Partnerwahl 177); **b)** (Jugendspr.) *männlicher Erwachsener.*

opak ⟨Adj.⟩ [lat. opacus = beschattet] (Fachspr.): *undurchsichtig, lichtundurchlässig:* -es Glas; die mit Deckweiß o. gemachte Gouachemalerei (Bild. Kunst III, 13); vgl. Opazität.

Opak|glas, das: *gegossenes opakes Glas.*

Opal, der; -s, -e [lat. opalus < griech. opállios < aind. upala = Stein]: **1.** *glasig bis wächsern glänzendes, milchig weißes od. verschieden gefärbtes Mineral, das eine Abart des Quarzes darstellt u. als Schmuckstein verwendet wird.* **2.** *durch Spezialbehandlung milchig trüb schimmernder Batist.*

opal|len ⟨Adj.⟩: **a)** *aus Opal (1) bestehend;* **b)** *wie Opal (1) durchscheinend, schimmernd:* ein -es Blau; angenehme Kühle vom -en Tau des blauen Grases (B. Vesper, Reise 94); bis das Massiv des Chemiewerks schwer und finster das -e Mondlicht durchstieß (Hahn, Mann 183).

opal|les|zent ⟨Adj.⟩: *Opaleszenz aufweisend; opalisierend.*

Opal|les|zenz, die; - (Optik): *durch Beugung des Lichts hervorgerufenes rötlich bläuliches Schillern.*

opal|les|zie|ren ⟨sw. V.; hat⟩ (Optik): *Opaleszenz zeigen.*

Opal|glas, das: *schwach milchiges, opalisierendes Glas.*

opal|li|sie|ren ⟨sw. V.; hat⟩ [viell. unter Einfluss von frz. opalisé = opalartig]: *in Farben schillern wie ein Opal:* ... und nahm die große, seltsam opalisierende Haarnadel wieder an sich (Geissler, Nacht 59).

Opan|ke, die; -, -n [serb. opanki, Pl. von: opanak]: *[durch gekreuzte Lederriemchen an Knöchel od. Wade gehaltener] absatzloser, leichter Schuh, dessen Sohle rundherum hochgezogen ist:* In dieser halben Stunde marschierte Amery in weichen, ledernen -n durch den gewinkelten Flur (Bieler, Mädchenkrieg 351).

Opa|pa, der; -s, -s (Kinderspr.): *Großvater.*

Op-Art ['ɔp|aːɐ̯t], die; - [engl. op art, gek. aus: optical art, eigtl. = optische Kunst]: *moderne, auf illusionistisch-dekorative Effekte abzielende Kunstrichtung, die durch geometrische Abstraktionen (in hart konturierten Farben) charakterisiert ist.*

Op-Ar|tist, der; -en, -en [amerik. op(tical) artist] (Jargon): *Vertreter der Op-Art.*

Op-Ar|tis|tin, die; -, -nen: w. Form zu ↑Op-Artist.

op-ar|tis|tisch ⟨Adj.⟩ (Jargon): *die Op-Art, den Op-Artisten betreffend.*

Opal|zi|tät, die; - [lat. opacitas = Beschattung, Schatten, zu: opacus, ↑opak]: **1.** *Lichtundurchlässigkeit.* **2.** (Med.) *Trübung, undurchsichtige Beschaffenheit* (z. B. der Hornhaut).

OPD = Oberpostdirektion.

OPEC, die; - [Abk. von engl. **O**rganization

of the **P**etroleum **E**xporting **C**ountries]: Organisation der Erdöl exportierenden Länder.

Open ['oʊpn], das; -s, - (Jargon): *offener* (2b) *Wettbewerb, offene Meisterschaft:* Mit dem O. von Tunis begann die bis Ende November dauernde European Tour der Professional Golf Association (NZZ 30. 4. 83, 35).

Open Air ['oʊpn 'ɛə], das; --s, --s: kurz für ↑Open-Air-Festival, ↑Open-Air-Konzert: In Österreich treten wir schon im Juli auf zwei großen O. -s auf (Oxmox 7, 1985, 25).

Open-Air-Fes|ti|val, (auch:) **Open|air-fes|ti|val** ['oʊpn'ɛə...], das [engl. open-air = Freilicht-]: *im Freien stattfindende kulturelle Großveranstaltung (für Folklore, Popmusik o. Ä.).*

Open-Air-Kon|zert, (auch:) **Open|air-kon|zert,** das: *im Freien stattfindendes Konzert.*

open end ['oʊpn 'ɛnd; engl., eigtl. = offenes Ende]: *das Ende (der angekündigten Veranstaltung) ist nicht auf einen bestimmten Zeitpunkt festgesetzt.*

Open-End-Dis|kus|si|on, (auch:) **Open|end|dis|kus|si|on,** die: *Diskussion ohne festgelegtes Ende.*

Ope|ning ['oʊpnɪŋ], das; -s, -s [engl. opening = das (Er)öffnen; Anfang, zu: to open = (er)öffnen] (Jargon): *einleitender Teil; Anfangs-, Eröffnungsszene:* beim Düsseldorfer »Kom(m)ödchen« hielt man im O., über den verschlafenen Michel, brüsk inne (Spiegel 42, 1977, 276).

Open Shop ['oʊpn 'ʃɔp], der; --[s], --s [engl.-amerik. open shop, eigtl. = offene Werkstatt, offener Betrieb]: **1.** (EDV) *Arbeitsweise eines Rechenzentrums, bei der der Benutzer, der die Daten anliefert u. die Resultate abholt, zur Datenverarbeitungsanlage selbst Zutritt hat.* **2.** *(im angloamerikanischen Bereich) Unternehmen, für dessen Betriebsangehörige kein Gewerkschaftszwang besteht.*

Oper, die; -, -n [ital. opera (in musica), eigtl. = (Musik)werk < lat. opera = Arbeit; Werk]: **1. a)** ⟨o. Pl.⟩ *Gattung von musikalischen Bühnenwerken mit Darstellung einer Handlung durch Gesang u. Instrumentalmusik:* die italienische, französische, deutsche O.; die komische O. *(volkstümliche heitere Oper des deutschen Biedermeiers als Variante der Opera buffa);* **b)** *einzelnes Werk der Gattung Oper* (1 a): eine O. von Verdi; morgen wird eine O. gegeben, aufgeführt, gespielt; eine O. komponieren, schreiben, inszenieren, dirigieren, aufführen; das Libretto einer O.; sie sangen Arien aus verschiedenen -n; die Ouvertüre zu einer O.; **-n erzählen/reden/quatschen* (ugs.: *weitschweifig Unsinn reden);* **c)** *Aufführung einer Oper:* nach der O. gingen wir in ein Restaurant. **2.** ⟨o. Pl.⟩ **a)** *kurz für* ↑Opernhaus: die alte O. wurde im Krieg zerstört; die O. ist heute geschlossen; **b)** *Unternehmen, das Opern aufführt; Opernhaus als kulturelle Institution:* eine städtische, private O.; die O. wird besonders hoch subventioniert; an eine O. gehen, verpflichtet werden; zur O. gehen

(Opernsänger werden); **c)** *Ensemble, Mitglieder, Personal eines Opernhauses:* die Hamburger O. gastiert an der Met, ging auf Tournee.

Ope|ra: Pl. von ↑Opus.

ope|ra|bel ⟨Adj.; operabler, -ste⟩ [frz. opérable, zu: opérer < lat. operari, ↑operieren]: **1.** (Med.) *eine Operation* (1) *ermöglichend, zulassend; operierbar:* ein Verfahren, das bei nicht mehr operablen Kranken allein noch angewendet werden könne (Noack, Prozesse 203); Tausende von Defekten der Herzscheidewand konnten in den letzten Jahren mit dieser Methode o. gemacht werden (Medizin II, 15). **2.** (Fachspr.) *so beschaffen, dass damit gearbeitet, operiert werden kann:* ein operabler Plan.

Ope|ra|bi|li|tät, die; - (Med.): *operable* (1) *Beschaffenheit; Operierbarkeit.*

Ope|ra buf|fa, die; --, ...re buffe [ital. opera buffa, zu: opera (↑Oper) u. buffo = komisch, vgl. Buffo]: *heiter-komische Oper.*

Opé|ra co|mique [ɔperakɔ'mik], die; --, -s -s [...rako'mik; frz. opéra-comique, aus: opéra = Oper u. comique = komisch]: *Sprechstück mit liedhaften Musikeinlagen als französische Form des Singspiels.*

Ope|rand, der; -en, -en [lat. operandum, Gerundivum von: operari, ↑operieren] (EDV): *Information, die der Computer mit anderen zur Durchführung eines bestimmten Arbeitsganges heranzieht.*

ope|rant ⟨Adj.⟩ [zu lat. operans (Gen.: operantis), 1. Part. von: operari, ↑operieren] (bes. Psych., Soziol.): *eine bestimmte Wirkungsweise in sich habend:* -es Verhalten *(Reaktion, die nicht von einem auslösenden Reiz abhängt, sondern von den Auswirkungen dieser Reaktion).*

Ope|ra se|mi|se|ria, die; --, ...re ...rie [ital. opera semiseria, zu: opera (↑Oper) u. semiserio = halbernst]: *teils ernste, teils heitere Oper.*

Ope|ra se|ria, die; --, ...re ...rie [ital. opera seria, zu: opera (↑Oper) u. serio = ernst < lat. serius]: *ernste, repräsentative Nummernoper.*

Ope|ra|teur [ɔpəra'tøːɐ̯], der; -s, -e [frz. opérateur < lat. operator, ↑Operator]: **1.** *Arzt, der eine Operation* (1) *durchführt:* ein leidlicher Diagnostiker, aber ein schwacher O. (Remarque, Triomphe 186); Der Patientin wurde vom O. gesagt, dass der Eingriff in Vollnarkose gemacht werden müsse (Hackethal, Schneide 186). **2.** (veraltend) *Kameramann, Fotograf.* **3.** (veraltend) *jmd., der Filme im Kino vorführt.* **4.** (selten) *Operator* (2).

Ope|ra|teu|rin, die; -, -nen: w. Form zu ↑Operateur.

Ope|ra|ting ['ɔpəreɪtɪŋ], das; -[s] [engl. operating, zu: to operate = in Betrieb sein, arbeiten; bedienen, betreiben] (Fachspr.): *das Bedienen (von Maschinen, Computern o. Ä.).*

Ope|ra|ti|on, die; -, -en [lat. operatio = das Arbeiten; Verrichtung]: **1.** *chirurgischer Eingriff in den Organismus:* eine komplizierte, schwere O.; eine kosmetische O.; Der gerissene oder beschädigte

Meniskus kann zwar mit einer endoskopischen O. wieder geflickt werden (Spiegel 27, 1993, 165); Der Chirurg empfahl die O. beider Leibbrüche (Hackethal, Schneide 68); eine O. ausführen, durchführen, vornehmen; sie hat die O. gut überstanden; sich einer O. unterziehen; den Patienten auf die, zur O. vorbereiten; nur durch eine O. kann ihr Leben gerettet werden; R O. gelungen, Patient tot (ugs.; *trotz perfekter Durchführung wurde das eigentliche Ziel nicht erreicht*). **2. a)** (Milit.) *nach einem Plan genau abgestimmter Einsatz von Streitkräften; militärische Unternehmung eines Truppenod. Schiffsverbandes mit genauer Abstimmung der Aufgabe der einzelnen Truppenteile od. Schiffe: militärische, taktische -en; eine O. durchführen, leiten; das Misslingen einer O.; **b)** (bildungsspr.) Handlung, Unternehmung: die zweite ... Gesellschaft, die ... ihre -en (ihre Tätigkeit) eingestellt hat (St. Galler Tagblatt 563, 1968, 7).* **3. a)** (Math.) *Rechenvorgang nach bestimmten mathematischen Gesetzen (z. B. Addition, Division);* **b)** (Fachspr.) *wissenschaftlich nachkontrollierbares Verfahren; nach bestimmten Grundsätzen vorgenommene Prozedur;* **c)** (EDV) *Ausführung eines Befehls (1 b) in einer Datenverarbeitungsanlage.*

ope|ra|ti|o|na|bel ⟨Adj.⟩: *operationalisierbar.*

ope|ra|ti|o|nal ⟨Adj.⟩ (Fachspr.): *sich durch Operationen (3 b) vollziehend.*

ope|ra|ti|o|na|li|sier|bar ⟨Adj.⟩: *sich operationalisieren lassend.*

ope|ra|ti|o|na|li|sie|ren ⟨sw. V.; hat⟩: **1.** (Fachspr.) *durch Angabe der Operationen (3 b) präzisieren, standardisieren.* **2.** (Päd.) *(Lernziele) in Verhaltensänderungen der Lernenden umsetzen, die durch Tests o. Ä. zu überprüfen sind.*

Ope|ra|ti|o|na|lis|mus, der; - (Wissenschaftstheorie): *Auffassung, nach der wissenschaftliche Begriffe nur dann von Bedeutung sind, wenn sie mithilfe bestimmter Operationen (3 b) gewonnen u. durch die Angabe dieser Operationen definiert werden.*

ope|ra|ti|o|nell ⟨Adj.⟩: *operational.*

Ope|ra|ti|o|nis|mus, der; -: *Operationalismus.*

Ope|ra|ti|ons|ba|sis, die: *Basis für Operationen (2).*

Ope|ra|ti|ons|be|richt, der: *Aufzeichnung des Arztes über Art, Verlauf u. erreichtes Ziel der von ihm durchgeführten Operation (1).*

Ope|ra|ti|ons|dau|er, die: *Dauer einer Operation.*

Ope|ra|ti|ons|feld, das: **1.** *(freigelegter) Bereich, in dem die Operation vorgenommen wird.* **2.** *Bereich für bestimmte Operationen (2 b).*

Ope|ra|ti|ons|ge|biet, das (Milit.): *Gebiet, in dem eine Operation (2 a) stattfindet.*

Ope|ra|ti|ons|lam|pe, die: *Arbeitslampe in einem Operationssaal.*

Ope|ra|ti|ons|nar|be, die: *durch eine Operation verursachte Narbe.*

Ope|ra|ti|ons|raum, der: *Operationssaal.*

Ope|ra|tions|re|search [ɔpəˈreɪʃənzrɪˈsəːtʃ], das; -[s], auch: die; - [engl. operations research, zu: operation = Operation (3 b) u. research, ↑ Research]: *Unternehmensforschung.*

Ope|ra|ti|ons|saal, der: *Raum (in einer Klinik o. Ä.) mit der für Operationen (1) erforderlichen Einrichtung.*

Ope|ra|ti|ons|schwes|ter, die: *bei einer Operation (1) assistierende Krankenschwester.*

Ope|ra|ti|ons|team, das: *Team von Ärzten u. Krankenschwestern, das eine Operation (1) durchführt.*

Ope|ra|ti|ons|tisch, der: *verstellbarer Tisch, auf dem der Patient während der Operation (1) [angeschnallt] liegt:* dann wieder lag sie zwischen Leben und Tod auf einem O. (Becker, Tage 107); Mit dem Gedanken in ein Rennen gehen, ... dass du auf dem O. landen könntest (*so schwer verletzt werden könntest, dass du operiert werden müsstest;* Hörzu 34, 1976, 16).

Ope|ra|ti|ons|trakt, der: *Trakt, in dem die chirurgische Abteilung untergebracht ist.*

Ope|ra|ti|ons|ziel, das: *Ziel einer Operation.*

ope|ra|tiv ⟨Adj.⟩: **1.** (Med.) *die Operation (1) betreffend; auf dem Wege der Operation erfolgend:* -e Möglichkeiten, Methoden, Eingriffe; Als Ursache dafür wurde eine Verbiegung der vorderen Nasenscheidewand ... festgestellt und die -e Beseitigung empfohlen (Hackethal, Schneide 186); dringende -e (*eine Operation erfordernde*) Fälle; den Blinddarm o. entfernen. **2.** (Milit.) *eine Operation (2 a) betreffend; strategisch:* die -en Maßnahmen der Truppen. **3.** (bildungsspr.) *konkrete Maßnahmen treffend, sie unmittelbar wirksam werden lassend:* die -e Politik; was der Kaffee für einen -en Eingriff in diese Naturen (= Engländer) bedeutete (Jacob, Kaffee 98); Tätigkeit als Leiter des -en Führungsorgans der KPD (Neues D. 25. 3. 78, 10); -e (Wirtsch.; *kurzfristige, differenzierte, in den Details umgesetzte*) Planung; -es Ergebnis (Wirtsch.; *Ergebnis der gewöhnlichen Geschäftstätigkeit*); -es (Wirtsch.; *laufendes, eigentliches*) Geschäft; o. arbeiten, denken; etw. o. einsetzen; In einer Pressekonferenz ... präsentieren sich erstmals die vier o. tätigen ... Firmen (CCI 14, 1998, 16).

Ope|ra|ti|vis|mus, der; -: *Operationalismus.*

Ope|ra|ti|vi|tät, die; - (bildungsspr.): *operative (3) Beschaffenheit, unmittelbare Wirksamkeit:* die O. von Werbemethoden steigern.

Ope|ra|tor, der; -s, ...oren [1: lat. operator = Arbeiter, Verrichter; 2: engl. operator]: **1.** (Fachspr., bes. Math., Sprachw.) *Mittel, Verfahren, Symbol o. Ä. zur Durchführung linguistischer, logischer od. mathematischer Operationen (3).* **2.** [auch: ˈɔpəreɪtə] der; -s, -[s] *Fachkraft für die selbständige Bedienung von elektronischen Datenverarbeitungsanlagen* (Berufsbez.).

Ope|ra|to|rin, die; -, -nen: w. Form zu ↑ Operator (2).

Ope|ret|te, die; -, -n [ital. operetta, Vkl. von: opera (↑ Oper), eigtl. = Werkchen]: **a)** ⟨o. Pl.⟩ *Gattung von leichten, unterhaltenden musikalischen Bühnenwerken mit gesprochenen Dialogen, [strophenliedartigen] Soli u. Tanzeinlagen:* die Wiener O.; die klassische O.; **b)** *einzelnes Werk der Gattung Operette* (a): das Textbuch einer O.; -n komponieren; **c)** *Aufführung einer Operette:* in die O. gehen; ihre Eltern nahmen sie mit in die O.

Ope|ret|ten- (ugs. leicht abwertend): drückt in Bildungen mit Substantiven aus, dass eine Person oder Sache dem äußeren (meist prunkvollen) Schein nach jmd., etw. ist und sich entsprechend bedeutsam gibt, aber nicht ernst genommen werden kann, da die notwendigen Voraussetzungen fehlen: Operettenfußball, -könig, -krieg.

Ope|ret|ten|film, der: *verfilmte Operette.*

Ope|ret|ten|füh|rer, der: vgl. Opernführer.

ope|ret|ten|haft ⟨Adj.⟩: *an eine Operette erinnernd, wie in einer Operette:* Eitle Offiziere, prächtig geschnürt in -en Uniformen (Perrin, Frauen 40).

Ope|ret|ten|kom|po|nist, der: *Komponist von Operetten.*

Ope|ret|ten|kon|zert, das: *Konzert mit Operettenmusik.*

Ope|ret|ten|me|lo|die, die ⟨meist Pl.⟩: *Melodie (1 c) aus einer Operette.*

Ope|ret|ten|mu|sik, die: vgl. Operettenmelodie.

Ope|ret|ten|sän|ger, der: *auf die Operette spezialisierter Sänger.*

Ope|ret|ten|sän|ge|rin, die: w. Form zu ↑ Operettensänger.

Ope|ret|ten|schla|ger, der: vgl. Operettenmelodie.

Ope|ret|ten|staat, der (scherzh.): *kleiner, unbedeutender Staat (wie er z. B. [als Fantasiegebilde] oft als Schauplatz einer Operette vorkommt).*

Ope|ret|ten|te|nor, der: vgl. Operettensänger.

Ope|ret|ten|the|a|ter, das: *Theater, an dem vorwiegend Operetten gespielt werden.*

ope|rier|bar ⟨Adj.⟩: *operabel* (1).

Ope|rier|bar|keit, die; -: *das Operierbarsein.*

ope|rie|ren ⟨sw. V.; hat⟩ [lat. operari = arbeiten, sich abmühen, zu: opus, ↑ Opus]: **1.** *an jmdm., etw. eine Operation (1) vornehmen:* einen Patienten [am Magen] o.; der Tumor muss operiert werden; einen Herzfehler o. (*durch eine Operation beseitigen*); sich von einem Spezialisten o. lassen; Im Oktober 1967 hatte sich ... Herr Weber am Leistenbruch o. lassen (Hackethal, Schneide 66); ⟨auch ohne Akk.-Obj.:⟩ wir müssen noch einmal o.; die Ärztin hatte schon den ganzen Tag über operiert; ⟨subst.:⟩ ein frisch Operierter. **2.** (Milit.) *Operationen (2 a) durchführen:* die Truppen operieren mit einer Stärke von 80 000 Mann; Die Swapo operiert von Angola aus und kämpft für die Unabhängigkeit Südwestafrikas (Basler Zeitung 2. 10. 85, 5); Der General der 11. Panzerdivision operierte gegen Freischärler und Heckenschützen (Harig, Weh dem 151); die nördlich operierende Front; Ü (Fußball:) als Libero, an der Außenlinie o. **3.** (bildungsspr.) **a)** *in einer bestimmten Weise handeln, vorgehen:* vorsichtig, geschickt o.; 71 Unternehmen dieser Branche operieren von Kentucky aus erfolgreich gegen die Konkurrenz (Capital 2, 1980, 24); Die Kommunen ..., die zur Hilfe verpflichtet sind, operieren so: Man bietet keine Hilfe an, dann sucht auch keiner um Hilfe nach (Klee, Pennbrüder 88); ein überregional, international operierendes Unternehmen; **b)** *mit etw. umgehen, arbeiten:* mit bestimmten Begriffen, Tricks o.; Voß, der mehr mit Lauten als mit Worten und Sätzen operierte, gab endlich ein tiefes Stöhnen von sich (Innerhofer, Schattseite 216); mit hohen Summen o.; Zuletzt operierte er nur noch mit überzogenen Wechseln, ungedeckten Schecks (Prodöhl, Tod 272).

Oper|ment, das; -[e]s, -e [mhd. õpirment (dafür ahd. õrgiment) < lat. auripigmentum, ↑ Auripigment]: *Auripigment:* ♦ Ist mir's doch wie Gift und O., wenn ich den Federnfuchser zu Gesichte krieg' (Schiller, Kabale I, 2).

Opern|arie, die: *Arie aus einer Oper.*

Opern|ball, der: ²*Ball in einem Opernhaus.*

Opern|büh|ne, die: *Opernhaus als kulturelle Institution.*

Opern|di|rek|tor, der: *Direktor (1 b), Oberspielleiter einer Oper (2 b).*

Opern|di|rek|to|rin, die: w. Form zu ↑ Operndirektor.

Opern|film, der: *verfilmte Oper.*

Opern|freund, der: *Freund (3 a) der Oper.*

Opern|freun|din, die: w. Form zu ↑ Opernfreund.

Opern|füh|rer, der: *Nachschlagewerk mit Inhaltsangaben u. Erläuterungen zu Opern.*

Opern|glas, das: *kleines Fernglas, das im Theater od. Konzertsaal benutzt wird.*

Opern|gu|cker, der (ugs.): *Opernglas.*

opern|haft ⟨Adj.⟩: *in der Art der Oper, sich ähnlich großem Aufwand wie in einer Oper vollziehend:* -er Prunk; ein -er Auftritt.

Opern|haus, das: *Theater, an dem Opern aufgeführt werden.*

Opern|kom|po|nist, der: *Komponist von Opern.*

Opern|kom|po|nis|tin, die: w. Form zu ↑ Opernkomponist.

Opern|kon|zert, das: *Konzert mit Opernmusik.*

Opern|me|lo|die, die: *Melodie aus einer Oper.*

Opern|mu|sik, die: vgl. Opernmelodie.

Opern|re|gie, die: *Regie einer Oper.*

Opern|re|gis|seur, der: *Regisseur einer Oper.*

Opern|re|gis|seu|rin, die: w. Form zu ↑ Opernregisseur.

Opern|sän|ger, der: *auf die Oper spezialisierter Sänger.*

Opern|sän|ge|rin, die: w. Form zu ↑ Opernsänger.

Opern|text, der: *Text (2) einer Oper.*

Op|fer, das; -s, - [mhd. opfer, ahd. opfar, rückgeb. aus ↑ opfern]: **1. a)** *in einer kultischen Handlung vollzogene Hingabe von jmdm., etw. an eine Gottheit:* ein O. [am Altar] darbringen; den Göttern O. bringen *(opfern);* die Götter durch O. versöhnen; die Priester, welche ursprünglich mit dem Gesicht zur Gemeinde das O. vollziehen *(den Kreuzestod Christi in der Eucharistie vergegenwärtigen;* Bild. Kunst III, 17); Ü die Bestie Publikum ... will ihr O. haben (Thieß, Legende 196); * **jmdm. etw. zum O. bringen** *(jmdm. etw. opfern* 2): sie brachte der Partei ihre Überzeugung zum O.; **b)** *Opfergabe:* ein Tier als O. auswählen; auf den Altären brannten noch die O. **2.** *durch persönlichen Verzicht mögliche Hingabe von etw. zugunsten eines andern:* alle O. waren vergeblich; für etw. O. an Geld und Zeit bringen, auf sich nehmen; jmdm., sich große O. auferlegen; diese Arbeit verlangt persönliche O.; er hätte ihnen nicht das kleinste O. gebracht; der kleine Sohn, fast drei Jahre alt, war gut genährt und wohlauf, dafür hatten die Frauen jedes O. gebracht (Danella, Hotel 21); die Eltern scheuen keine O. für ihre Kinder; unter persönlichen -n; für sie war diese kleine Spende bereits ein O. *(ihnen fiel sie angesichts ihrer finanziellen Lage bereits sehr schwer).* **3.** *jmd., der durch jmdn., etw. umkommt, Schaden erleidet:* die O. eines Verkehrsunfalls, einer Lawine, eines Regimes, des Faschismus; so begreiflich der Wunsch des Vaters, den Sohn als O. der Zeit auszugeben, auch sein mag, so kann man doch diese ... Behauptung schwerlich aufrechterhalten (Reich-Ranicki, Th. Mann 201); das Erdbeben, die Überschwemmung forderte viele O.; die Angehörigen der O.; In einem Brief, der ... kurz nach der Entführung im Wagen des -s gefunden wurde (Saarbr. Zeitung 7. 7. 80, 21); Aber die Spinne stürzt sich nicht gleich auf das O. (Radecki, Tag 35); Sie sind also das arme O. (ugs. scherzh.; Sie hat man sich also für diese unangenehme Sache ausgesucht); Ü auf dem Bauernhof wurde ein O. der Flammen *(brannte nieder);* sie wurde das O. der Verhältnisse, einer Täuschung; er ist ein O. seines Berufes; * **jmdm., einer Sache zum O. fallen** *(durch jmdn., etw. umkommen, vernichtet werden; das Opfer einer Person od. Sache werden):* einem Verbrechen, einer Kugel, einer Säuberung zum O. fallen; Eine Selbstzudewelle, der die hervorragendsten Geister zum O. fielen, würde die Völker aufschrecken (Reich-Ranicki, Th. Mann 200); Ich weiß nicht, was schlimmer für die Tiere ist, dem Spieltrieb der Menschen oder seiner Wissenschaft zum O. zu fallen (Frischmuth, Herrin 37); einer Einbildung, einem Irrtum, einer Täuschung, der Vergessenheit zum O. fallen; das alte Häuserviertel ist der Spitzhacke zum O. gefallen.

op|fer|be|reit ⟨Adj.⟩: *in selbstloser Weise zu Opfern (2) bereit:* ein -er Mensch; unsere Partei ist o.; o. für etw. eintreten.

Op|fer|be|reit|schaft, die ⟨o. Pl.⟩: *das Opferbereitsein.*

Op|fer|be|rei|tung, die (kath. Kirche veraltet): *Gabenbereitung.*

Op|fer|büch|se, die: *im Gottesdienst verwendete Sammelbüchse.*

op|fer|freu|dig ⟨Adj.⟩: *gern in selbstloser Weise Opfer (2) bringend:* der Sprecher im Radio fordert das ganze deutsche Volk auf, warme Winterkleidung ... an die Sammelstellen zu bringen, nur wenn die Heimat so o. die kämpfende Front im Osten unterstütze, sei diese für den russischen Winter gerüstet (Zeller, Amen 97).

Op|fer|freu|dig|keit, die: *das Opferfreudigsein.*

Op|fer|ga|be, die: *zum Opfer (1) bestimmte, beim Opfer dargebrachte Gabe.*

Op|fer|gang, der: **1.** (kath. Kirche) *Brauch, im Gottesdienst eingesammelte Opfergaben zur Gabenbereitung zum Altar zu tragen.* **2.** (geh.) *Gang, bei dem sich jmd. für jmdn., etw. opfert:* einen O. antreten.

Op|fer|geist, der ⟨o. Pl.⟩: *geistige Haltung der Opferbereitschaft, -freudigkeit.*

Op|fer|geld, das ⟨o. Pl.⟩: *im Opferstock od. während des Gottesdienstes gesammeltes Geld.*

Op|fer|kult, der: *Kult (1), der in der Darbringung von Opfern (1) besteht.*

Op|fer|lamm, das: **1. a)** vgl. Opfergabe: wie ein O. (ugs. emotional; ergeben) stillhalten, hinter jmdm. hergehen; **b)** ⟨o. Pl.⟩ *Christus, der sich für die Menschheit geopfert hat.* **2.** (ugs. emotional) *jmd., der schuldlos durch jmdn., etw. leiden muss:* das O. sein; Ihnen (= den Arbeitern), als schuldlosen Opferlämmern, verführt von den bösen Intellektuellen (MM 11. 9. 70, 3).

Op|fer|mes|ser, das: *beim Opfer (1) verwendetes Schlachtmesser.*

Op|fer|mut, der (geh.): *Mut, Bereitschaft, sich für andere, für etw. zu opfern.*

op|fern ⟨sw. V.; hat⟩ [mhd. opfern, ahd. opfarõn, urspr. = etw. Gott als Opfergabe darbringen < (kirchen)lat. operari = einer Gottheit durch Opfer dienen; Almosen geben; vgl. operieren]: **1.** *in einer kultischen Handlung jmdn., etw. einer Gottheit darbringen, hingeben:* ein Lamm [am Altar] o.; bei den Azteken wurden der Gottheit Menschen geopfert; ⟨auch o. Akk.-Obj.:⟩ dann opfert der Priester dem Herrn *(vergegenwärtigt er den Kreuzestod Christi in der Eucharistie);* Gott ist, weil Gott in aller Munde ist. Es opfern ihm selbst die noch, die nicht an ihn glauben (Stern, Mann 130); Ü Was kann meine Generation dafür, dass sie einem Götzen opfert? (Ott, Haie 344). **2.** *zugunsten eines andern, einer Sache etw. Wertvolles hingeben, wenn es auch nicht leicht fällt:* Geld, seine Gesundheit, seinen Urlaub, sein Leben für etw. o.; es ist gleichgültig, wie viele Wochenstunden er dafür (= für sein Geschäft) opfert (Kemelman [Übers.], Mittwoch 126); jmdm. seine Freizeit o.; Wem hab' ich denn meine Jugend geopfert? (Brot und Salz 321); im Krieg wurden Tausende sinnlos geopfert; während Jim meine Hände verband, dafür sogar den Ärmel seines eigenen Hemdes opferte (Frisch, Stiller 197). **3.** ⟨o. + sich⟩ **a)** *sein Leben für jmdn., etw. hingeben, ganz einsetzen:* sich für andere, für seine Familie o.; die Mutter opfert sich für ihre Kinder; selbst wenn sich Barnabas gänzlich dem Dienst opfert (Kafka, Schloß 176); **b)** (ugs. scherzh.) *anstelle eines anderen etw. Unangenehmes auf sich nehmen:* ich habe mich geopfert und den Brief für sie geschrieben.

Op|fer|pfen|nig, der: *kleine Geldspende in der Kirche.*

Opl|fer|rauch, der: *beim Brandopfer entstehender Rauch.*

Opl|fer|schalle, die: *Schale zum Auffangen des Blutes der Opfertiere od. für ein Trankopfer.*

Opl|fer|sinn, der ⟨o. Pl.⟩: vgl. Opfergeist.

Opl|fer|stät|te, die: *Stätte zur Darbringung von Opfern* (1): frühgeschichtliche -n.

Opl|fer|stock, der ⟨Pl. ...stöcke⟩: *in Kirchen aufgestellter, abgeschlossener Behälter für Geldspenden:* Geld in den O. legen, werfen.

Opl|fer|tel|ler, der: **1.** vgl. Opferbüchse. **2.** *flacher Teller für die Hostien od. das Abendmahlsbrot.*

Opl|fer|tier, das: vgl. Opfergabe.

Opl|fer|tod, der (geh.): *freiwilliger Tod, mit dem sich jmd. für andere, für etw. opfert.*

Opl|fe|rung, die; -, -en [mhd. opferunge, ahd. opfarunga]: *das Opfern* (1, 2).

Opl|fer|wil|le, der: *Wille, Opfer* (2) *auf sich zu nehmen.*

opl|fer|wil|lig ⟨Adj.⟩: *willig, Opfer* (2) *auf sich zu nehmen:* da dieser Krieg nicht eben populär ist, bedarf es zweifellos gewisser Versuche, die Gemüter immer wieder anzuregen und das Volk o. zu stimmen (Hagelstange, Spielball 34).

Opl|fer|wil|lig|keit, die: *das Opferwilligsein.*

Ophe|li|mi|tät, die; - [zu griech. ōphélimos = nützlich] (Wirtsch.): *das Nutzen der Güter, die der Befriedigung von Bedürfnissen dienen.*

Ophi|klei|de, die; -, -n [zu griech. óphis = Schlange u. kleís (Gen.: kleidós) = Schlüssel]: *(1817 von J. Halary konstruiertes) tiefes Blechblasinstrument der Romantik mit einem U-förmig geknickten u. vor dem Mundstück rund gewundenen Rohr.*

-o|phil: ↑ -phil.

Ophi|o|la|trie, die; - [zu griech. latreía = Verehrung] (selten): *religiöse Verehrung von Schlangen.*

Ophir, das; -s ⟨meist o. Art.⟩ [hebr. Ōfîr]: *fernes, sagenhaftes Goldland im Alten Testament.*

¹Ophit, der; -en, -en [zu griech. óphis = Schlange]: **1.** (selten) *jmd., der Schlangen religiös verehrt.* **2.** *Anhänger einer Richtung der Gnosis, in deren Lehre die alttestamentliche Schlange eine zentrale Stellung hat.*

²Ophit, der; -[e]s, -e [griech. ophítēs, eigtl. = schlangenähnlich]: *wächsern glänzendes, opal- od. gelartiges, blassgrünes od. gelblich weißes Mineral, das eine Abart des Serpentins darstellt.*

Ophi|tin, die; -, -nen: w. Form zu ↑ ¹Ophit.

ophi|tisch ⟨Adj.⟩: *zu den* ¹*Ophiten gehörend.*

-o|phob: ↑ -phob.

Ophl|thal|mi|a|trie, Ophl|thal|mi|a|trik, die; - [zu griech. ophthalmós = Auge u. iatreía (bzw. iatrikē [téchnē]) = Heilkunst]: *Ophthalmologie.*

Ophl|thal|mie, die; -, -n [griech. opthalmía = Augenkrankheit] (Med.): *Augenentzündung.*

Ophl|thal|mi|kum, das; -s, ...ka (Med.): *Augenheilmittel.*

oph|thal|misch ⟨Adj.⟩ (Med.): *zum Auge gehörend.*

Ophl|thal|mo|blen|nor|rhö, die; -, -en [↑ Blennorrhö] (Med.): *Augentripper.*

Ophl|thal|mo|di|a|gnos|tik, die; - [↑ Diagnostik] (Med.): *Feststellung gewisser Krankheiten an Reaktionen der Bindehaut des Auges.*

Ophl|thal|mo|lo|ge, der; -n, -n [↑ -loge] (Med.): *Augenarzt.*

Ophl|thal|mo|lo|gie, die; - [↑ -logie] (Med.): *Lehre von den Erkrankungen des Auges u. ihrer Behandlung; Augenheilkunde.*

Ophl|thal|mo|lo|gin, die; -, -nen: w. Form zu ↑ Ophthalmologe.

oph|thal|mo|lo|gisch ⟨Adj.⟩ (Med.): *die Ophthalmologie betreffend.*

Ophl|thal|mo|ple|gie, die; -, -n [zu griech. plēgē = Schlag, Hieb, Stoß] (Med.): *Lähmung der Augenmuskeln.*

Ophl|thal|mo|skop, das; -s, -e [zu griech. skopeîn = betrachten] (Med.): *Augenspiegel.*

Ophl|thal|mo|sko|pie, die; -, -n (Med.): *Untersuchung des Auges mithilfe des Ophthalmoskops.*

oph|thal|mo|sko|pisch ⟨Adj.⟩ (Med.): *die Ophthalmoskopie betreffend, unter Anwendung des Ophthalmoskops.*

Ophl|ti|o|lle®, die; -, -n [Kunstwort]: *Behältnis, aus dem Augentropfen ohne Pipette eingeträufelt werden.*

Opi, der; -s, -s: Kosef. von ↑ Opa (1).

Opi|at, das; -[e]s, -e [spätmhd. opiat < mlat. opiata (Pl.), zu lat. opium, ↑ Opium]: *Arzneimittel, das Opium enthält:* Als ich die wohl vertraute und höchst geliebte Wirkung des -s wieder spürte (K. Mann, Vulkan 188).

Opi|nio com|mu|nis, die; - - [lat. opinio communis] (bildungsspr.): *allgemeine Meinung.*

Opi|ni|on|lea|der [ɔˈpɪnjənli:dɐ], der; -[s], - [engl. opinion leader, aus: opinion = Meinung u. leader = Führer, Leiter]: *Meinungsbildner.*

Opis|tho|do|mos, der; -, ...moi [griech. opisthódomos, eigtl. = Hinterhaus, zu: ópisthe(n) = hinten u. dómos = Gebäude, Haus]: *Raum hinter der Cella* (1) *eines griechischen Tempels.*

Opis|tho|gna|thie, die; -, -n [zu griech. gnáthos = Kinnbacken] (Med.): *angeborenes Zurücktreten des Unterkiefers.*

Opis|tho|graph, das; -es, -e [griech. opisthógraphos = auf der Rückseite beschrieben, zu: gráphein = schreiben]: *auf beiden Seiten beschriebene Handschrift od. Papyrusrolle.*

opis|tho|gra|phisch ⟨Adj.⟩: *auf beiden Seiten beschrieben od. bedruckt.*

Opis|tho|to|nus, der; - [zu griech. tónos = das Spannen; Anspannung] (Med.): *Starrkrampf im Bereich der Rückenmuskulatur, wobei der Rumpf bogenförmig nach hinten überstreckt ist.*

Opi|um, das; -s [lat. opium < griech. ópion, Vkl. von: opós = Pflanzenmilch]: *als schmerzstillendes Arzneimittel u. als Rauschgift verwendeter, eingetrockneter milchiger Saft von unreifen Fruchtkapseln des Schlafmohns:* O. rauchen, nehmen; O. schmuggeln; Ü das Buch wirkte als O., das die mittleren und kleineren Bürger einlullte (Niekisch, Leben 135); Abrüstungsverhandlungen sind bis jetzt lediglich O. für die nach Abrüstung verlangenden Menschen (Alt, Frieden 57); * **O. fürs Volk sein** *(das Volk beruhigen, betäuben, ablenken):* diese ganzen Daily Soaps sind doch nur O. fürs Volk.

Opi|um|ge|setz, das (veraltet): *Gesetz über den Umgang mit Betäubungsmitteln.*

Opi|um|han|del, der: *Handel mit Opium.*

Opi|um|höh|le, die (abwertend): *Ort, wo Opium geraucht wird.*

Opi|um|pfei|fe, die: *Pfeife zum Rauchen von Opium.*

Opi|um|rau|cher, der: *jmd., der Opium raucht.*

Opi|um|rau|che|rin, die: w. Form zu ↑ Opiumraucher.

Opi|um|rausch, der: *durch Genuss von Opium entstandener Rausch* (1).

Opi|um|schmug|gel, der: *Schmuggel mit Opium.*

Opi|um|sucht, die ⟨o. Pl.⟩: *Sucht nach Opium.*

Opi|um|ver|gif|tung, die: *Vergiftung durch Opium.*

ÖPNV [øːpeːˈɛnˈfaʊ], der; -: öffentlicher Personennahverkehr: Ein Mausklick genügt, und der Pendler erfährt, wie stark befahren die Ausfallstraßen sind und ob beim ÖPNV mal wieder eine Straßenbahn ausfällt (FAZ 22. 6. 99, T5).

Opo|del|dok, der od. das; -s [von Paracelsus gebildetes Kunstwort]: *Einreibemittel gegen Rheumatismus.*

Opo|pa|nax, Opo|po|nax, der; -[es] [lat. opopanax, zu griech. opós = Pflanzenmilch u. ↑ Panax]: *als Heilmittel verwendetes Harz aus einem im Mittelmeergebiet heimischen Pflanze.*

¹Opos|sum, das; -s, -s [engl. opossum < Algonkin (nordamerik. Indianerspr.) oposom]: **1.** *(in Nord- u. Südamerika heimische) auf Bäumen lebende, etwa katzengroße Beutelratte, mit dichtem, meist grauem od. weißlichem Fell u. langem Schwanz.* **2.** *Fell des Opossums* (1).

²Opos|sum, der; auch: das; -s, -s: *Pelz aus dem Fell des* ¹*Opossums* (1).

Opo|the|ra|pie, die; - [zu griech. opós = Pflanzenmilch u. ↑ Therapie]: *Organtherapie.*

Op|po|nent, der; -en, -en [zu lat. opponens (Gen.: opponentis), 1. Part. von: opponere, ↑ opponieren]: *jmd., der eine gegenteilige Anschauung vertritt; Gegner in einem Streitgespräch:* ein streitbarer

O.; in einer politischen Auseinandersetzung jmds. O. sein; Für ihn war es logisch, wenn etwas, das er tun wollte, auf Widerstand traf: Entweder waren die Ansichten seiner -en falsch oder die seinen (Kant, Impressum 197).

Op|po|nen|tin, die; -, -nen: w. Form zu ↑Opponent.

op|po|nie|ren ⟨sw. V.; hat⟩ [lat. opponere = entgegensetzen, einwenden]: **1.** *eine gegenteilige Anschauung vertreten; in einer Auseinandersetzung gegen jmdn., etw. Stellung beziehen; sich jmdm., einer Sache widersetzen:* sie können immer nur o.; Während die christlich-liberale Bundesregierung kompromisslos jedwede Liberalisierung der Drogenpolitik ablehnt, opponiert sie beim Tabakwerbeverbot kräftig (Woche 2. 1. 98, 36); gegen jmdn., eine Sache, einen Plan o.; Eine ganze Reihe neuer Mitarbeiter stellte sich ein, die in hervorragenden Aufsätzen in getarnter Weise gegen Hitler polemisierten und opponierten (Niekisch, Leben 250); Gegen den Euro aufzutreten heißt, gegen Europa zu o. (Woche 2. 1. 98, 10); so wagten sie, dem Frauenberger in diesem Punkt zäh zu o. (Feuchtwanger, Herzogin 123); Es war das erste Mal, dass ich ihm ruhig und sicher opponiert hatte (Thieß, Frühling 180); Ohne Diskussion überwiesen hat der Rat ... acht Vorstöße, denen der Regierungsrat nicht opponierte (NZZ 13. 1. 93, 36). **2.** (Med.) *den Daumen durch eine Einwärtsbewegung in Gegenstellung zu den übrigen Fingern bringen.*

op|po|niert ⟨Adj.⟩: **1.** (Bot.) *eine Blattstellung aufweisend, bei der an einer Sprossachse ein Blatt einem andern gegenübersteht.* **2.** (Med.) *als Daumen den übrigen Fingern gegenübergestellt.*

op|por|tun ⟨Adj.⟩ [lat. opportunus, zu: ob = auf – hin u. portus = Hafen, also eigtl. = auf den Hafen zu (wehend u. daher günstig, vom Wind gesagt)] (bildungsspr.): *in der gegebenen Situation angebracht, von Vorteil:* -es Verhalten; eine -e Handlungsweise; etw. scheint außenpolitisch o., zurzeit nicht o.; eine für [nicht] o. halten; aus der grundsätzlichen Erwägung heraus, dass die Erhebung einer neuen Steuer als nicht o. angesehen sei (Saarbr. Zeitung 1. 12. 79, 17).

Op|por|tu|nis|mus, der; - [frz. opportunisme, zu: opportun < lat. opportunus, ↑opportun]: **1.** (bildungsspr.) *allzu bereitwillige Anpassung an die jeweilige Lage aus Nützlichkeitserwägungen:* ein politischer O.; etw. aus O. tun; Er ... erging sich in den zornigsten Redensarten über jene Intellektuelle, die aus gemeinem O. mit dem militanten Nationalismus sympathisierten (K. Mann, Mephisto 121). **2.** (marx.) *bürgerliche ideologische Strömung, die dazu benutzt wird, die Arbeiterbewegung zu spalten u. Teile der Arbeiterklasse an das kapitalistische System zu binden.*

Op|por|tu|nist, der; -en, -en [frz. opportuniste, zu: opportun, ↑Opportunismus]: **1.** (bildungsspr.) *jmd., der sich aus Nützlichkeitserwägungen schnell u. bedenkenlos der jeweils gegebenen Lage an-*

passt. **2.** (marx.) *Anhänger, Vertreter des Opportunismus* (2).

Op|por|tu|nis|tin, die; -, -nen: w. Form zu ↑Opportunist.

op|por|tu|nis|tisch ⟨Adj.⟩: **1.** (bildungsspr.) *den Opportunismus betreffend, darauf beruhend, in der Art eines Opportunisten handelnd:* eine -e Politik; o. denken, handeln. **2.** (Med.) *(von Keimen, Erregern) nur unter bestimmten Bedingungen pathogen werdend:* So können für einen gesunden Menschen völlig harmlose Keime, so genannte -e Erreger, bei HIV-Infizierten schwere Infektionen, die -en Infektionen, verursachen (Vetter, Virus 188).

Op|por|tu|ni|tät, die; -, -en [frz. opportunité < lat. opportunitas] (bildungsspr.): *das Opportunsein; Zweckmäßigkeit.*

Op|por|tu|ni|täts|prin|zip, das ⟨o. Pl.⟩ (Rechtsspr.): *strafrechtlicher Grundsatz, der besagt, dass die Strafverfolgung in den gesetzlich gekennzeichneten Ausnahmefällen dem Ermessen der Staatsanwaltschaft überlassen ist.*

op|po|si|tär ⟨Adj.⟩ [zu lat. oppositus, 2. Part. von: opponere, ↑opponieren] (bildungsspr.): *gegensätzlich, eine Opposition ausdrückend.*

Op|po|si|ti|on, die; -, -en [spätlat. oppositio = das Entgegensetzen, zu: oppositum, 2. Part. von: opponere, ↑opponieren; 2: nach engl., frz. opposition]: **1.** (bildungsspr.) *sich in einem entsprechenden Verhalten o. Ä. äußernde gegensätzliche Einstellung zu jmdm., etw.; gegen jmdn., etw. empfundener, sich äußernder Widerstand:* eine aktive, offene O.; in vielen Kreisen der Bevölkerung regte sich O.; seine O. gegen jmdn. aufgeben; O. betreiben, treiben, machen *(opponieren);* Selbst das unerhörte dialektische System Hegels entging nicht dem Schicksal, selbst wiederum zu einer bloßen Position zusammenzuschrumpfen, gegen die sich kraftvolle und erfolgreiche -en aufbauten (Sloterdijk, Kritik 678); etw. aus bloßer O. tun; zu jmdm., einem System in O. stehen; aus den Wahlen ging die Regierungspartei in die O. *(wurde sie zur Gegenpartei).* **2.** *Partei[en], Gruppe[n], deren Angehörige die Politik der herrschenden Partei[en], Gruppe[n] ablehnen:* die politische, [außer]parlamentarische O.; eine innerparteiliche O.; aus den Reihen der O.; Als »Vater der herrschenden Privatisierung« wird er von der O. genauso inbrünstig gehasst wie von der Bevölkerung (Woche 14. 3. 97, 33); Obwohl der Verbannte weder zur gemäßigten O. noch zu den Staatsflüchtigen ... Kontakte unterhalten hatte (Ransmayr, Welt 127). **3.** (Astron.) *Konstellation, in der, von der Erde aus gesehen, der Längenunterschied zwischen Sonne u. Gestirn 180° beträgt:* Uranus steht jetzt in O. zur Sonne; Kurz nach dem Dunkelwerden sind die Planeten Mars und Saturn in O. sichtbar. Beide hatten im Mai ihre O. (Volksblatt 17. 6. 84, 9). **4.** (Sprachw.) **a)** *Gegensatz, gegensätzliche Relation sprachlicher Gebilde* (z. B. warm – kalt); **b)** *paradigmati-*

sche Beziehungen sprachlicher Einheiten, die in gleicher Umgebung auftreten können u. sich dann gegenseitig ausschließen (z. B. grünes Tuch/rotes Tuch). **5.** (Anat.) *Gegenstellung des Daumens zu den anderen Fingern.* **6.** (Schach) *Stellung, bei der sich die beiden Könige auf derselben Linie od. Reihe so gegenüberstehen, dass nur ein Feld dazwischenliegt.* **7.** (Fechten) *auf die gegnerische Klinge ausgeübter Gegendruck.*

op|po|si|ti|o|nell ⟨Adj.⟩ [2: nach engl. oppositional]: **1.** (bildungsspr.) *aufgrund einer gegensätzlichen Einstellung zu jmdm., etw. Widerstand leistend [od. erkennen lassend]:* -e Kreise, Strömungen; eine -e Zeitung; die -en Schriftsteller in der DDR (Chotjewitz, Friede 219); in einem alten Haus in der Singerstraße ist eine Ausstellung -er Maler (Plenzdorf, Legende 98); Romaszewski arbeitete bis zur Aufnahme seiner -en Tätigkeit in den siebziger Jahren als junger Physiker in der Akademie der Wissenschaften (NZZ 27. 1. 83, 4); o. eingestellte Jugendliche; dem Regime o. gegenüberstehen; ⟨subst.:⟩ Gruppen von Oppositionellen. **2.** *die Opposition* (2) *betreffend, dazu gehörend:* -e Parteien; Das ist Ihnen während Ihrer ganzen -en Arbeit in den vergangenen zwei Jahren ... nicht gelungen (Bundestag 188, 1968, 10164).

Op|po|si|ti|ons|füh|rer, der: *Führer der Oppositionspartei.*

Op|po|si|ti|ons|füh|re|rin, die: w. Form zu ↑Oppositionsführer.

Op|po|si|ti|ons|geist, der ⟨o. Pl.⟩: *oppositionelle* (1) *geistige Haltung.*

Op|po|si|ti|ons|pa|ra|de, die (Fechten): *Parade mit Opposition* (7), *sodass die gegnerische Klinge beherrscht wird; Gegendruckparade.*

Op|po|si|ti|ons|par|tei, die: *Partei der Opposition* (2).

Op|po|si|ti|ons|po|li|ti|ker, der: *Politiker der Opposition* (2).

Op|po|si|ti|ons|po|li|ti|ke|rin, die: w. Form zu ↑Oppositionspolitiker.

Op|po|si|ti|ons|wort, das ⟨Pl. ...wörter⟩ (Sprachw.): *Gegensatzwort.*

op|po|si|tiv ⟨Adj.⟩ (Sprachw.): *eine Opposition* (4) *beinhaltend; auf einer Opposition* (4) *beruhend.*

Op|pres|si|on, die; -, -en [lat. oppressio]: **1.** (veraltet) *Unterdrückung.* **2.** (Med.) *Beklemmung, Gefühl der Einengung.*

op|pres|siv ⟨Adj.⟩ (veraltet): *unterdrückend, drückend.*

op|pri|mie|ren ⟨sw. V.; hat⟩ [lat. opprimere (2. Part.: oppressum) = niederdrücken] (veraltet): *bedrücken, überwältigen.*

Op|pro|bra|ti|on, die; -, -en [lat. opprobratio, zu: opprobrare = vorwerfen] (veraltet): *Beschimpfung, Tadel.*

O. Pr.: ↑O.P.

OP-Raum [oˈpeː...], der: kurz für ↑Operationsraum.

OP-Saal, der: kurz für ↑Operationssaal.

OP-Schwes|ter, die: kurz für ↑Operationsschwester.

Op|so|nin, das; -s, -e ⟨meist Pl.⟩ [zu griech. ópson = Speise, Zukost] (Med.): *Stoff im Blutserum, der eingedrunge-*

Bakterien so verändert, dass sie von den Leukozyten unschädlich gemacht werden können.

Op|tant, der; -en, -en [zu lat. optans (Gen.: optantis), 1. Part. von: optare, ↑optieren]: *jmd., der (für etw.) optiert, eine Option ausübt.*

Op|tan|tin, die; -, -nen: w. Form zu ↑Optant.

op|ta|tiv ⟨Adj.⟩ [spätlat. optativus] (Sprachw.): *den Optativ betreffend; einen Wunsch ausdrückend.*

Op|ta|tiv, der; -s, -e (Sprachw.): a) *Modus (2), der einen Wunsch, die Möglichkeit eines Geschehens bezeichnet; Wunschform;* b) *Verb im Optativ* (a).

Op|ti|cal Art [ˈɔptɪkl ˈɑːt], die; -- [engl. optical art, eigtl. = optische Kunst]: *Op-Art.*

op|tie|ren ⟨sw. V.; hat⟩ [lat. optare = wählen]: **1.** *sich für etw. aussprechen, entscheiden:* die Bewohner der abgetretenen Gebiete haben damals für Polen optiert; Hans Pfitzner war nur ein Kriegsfreund, der sich endgültig zurückziehen sollte, als mein Vater für die Republik optierte (K. Mann, Wendepunkt 81); Die französische Delegation optierte für eine Klage des Rates beim Europäischen Gerichtshof (NZZ 22. 12. 83,9); Ich bin gar kein Jud ... Ich habe für die heilige Jungfrau optiert (*bin katholisch geworden;* Werfel, Tod 14). **2.** (Rechtsspr., Wirtsch.) *von einer Option (2) Gebrauch machen:* Übersetzungsrechte o.; wir haben auf ein Grundstück o.; Gleichzeitig optierten die Fluglinien auf weitere 22 Maschinen dieses Musters (Welt 9. 6. 69,9).

Op|tik, die; -, -en [lat. optica (ars) < griech. optikḗ (téchnē) = das Sehen betreffend(e Lehre), zu: optikós, ↑optisch]: **1.** ⟨o. Pl.⟩ *Wissenschaft vom Licht, seiner Entstehung, Ausbreitung u. seiner Wahrnehmung:* die physikalische, physiologische O. **2.** (Jargon) *Objektiv:* die O. einer Kamera, eines Fernglases; Ü dass sie (= meine Kolkraben) ... eine bessere O. des Auges besitzen (Lorenz, Verhalten I, 31). **3.** ⟨o. Pl.⟩ *optische Darstellung in einer bestimmten Weise:* Für die einprägsame O. sorgte der Kameramann (MM 21. 11. 59,6); Ü aus der veränderten O. *(Sicht)* unserer Zeit (Welt 15. 12. 62, 17); etw. in subjektiver O. *(Sehweise)* wiedergeben; Trotz mancher Enttäuschungen, Rückschläge und Schwierigkeiten hat Helmut Schmidt ... in der demoskopischen O. einen hervorragenden Platz erreicht (MM 16. 5. 75,2). **4.** ⟨o. Pl.⟩ *einen bestimmten optischen Eindruck, eine optische Wirkung vermittelndes äußeres Erscheinungsbild:* die O. von etw. betonen; Was kann der neue Ford wirklich? Zuerst einmal bringt er eine eigenwillige O. mit (ADAC-Motorwelt 10, 1980, 30); Sehr en vogue sind ... wetterfeste Möbel aus Vollkunststoff mit großem Sitzkomfort und reizvoller O. (Augsburger Allgemeine 29. 4. 78, XLIII); Eine Dame wäre für die Sendung ganz einfach gut. Nicht nur der O. wegen (Hörzu 23, 1975, 20); Ü Es ... macht sich für die politische O. so gut, wenn man plakative Großmaßnahmen startet (Gute Fahrt 4, 1974, 4).

Op|ti|ker, der; -s, -: *Fachmann für Anfertigung, Prüfung, Wartung u. Verkauf von optischen Geräten (Berufsbez.).*

Op|ti|ke|rin, die; -, -nen: w. Form zu ↑Optiker.

Op|ti|kus, der; -, ...izi [kurz für: Nervus opticus] (Med.): *Sehnerv.*

Op|ti|ma: Pl. von ↑Optimum.

op|ti|ma fi|de [lat.] (bildungsspr.): *im besten Glauben.*

op|ti|ma for|ma [lat.] (bildungsspr.): *in bester Form.*

op|ti|mal ⟨Adj.⟩ [zu ↑Optimum]: *(unter den gegebenen Voraussetzungen, im Hinblick auf ein zu erreichendes Ziel) bestmöglich; so günstig wie nur möglich:* -e Messgeräte; eine -e Sicherung, Nutzung, [Motor]leistung; -er Schutz; der -e Zeitpunkt; das -e Material für etw.; dass der 93er Dom Pérignon bis 1999 seine »-e Reife erreicht haben« wird (Woche 2. 1. 98, 41); Optimaler Service durch gemeinsame Büroorganisation (Kronauer, Bogenschütze 156); Die Unterbringung ist echt o. (elan 1, 1980, 7); einen Kunden o. beraten; Damals war der Zeitpunkt für die Veröffentlichung o. gewählt (natur 9, 1991, 41); Sie ... setzt sich weiter vorne etwas seitlich auf den Stuhl, damit ihr Hintern in den knallengen orangefarbenen Shorts o. zur Geltung kommt (Straessle, Herzradieschen 34).

op|ti|ma|li|sie|ren ⟨sw. V.; hat⟩ (bildungsspr.): *optimieren* (a): Attraktive Bedingungen werden Ihre Verkaufsbemühungen o. (Presse 16. 2. 79, 19).

Op|ti|mat, der; -en, -en [lat. optimas (Gen.: optimatis), ↑Optimum]: *(im antiken Rom) Angehöriger der herrschenden Geschlechter u. Mitglied der Senatspartei.*

Op|ti|ma|tin, die; -, -nen: *(im antiken Rom) Angehörige der herrschenden Geschlechter.*

op|ti|me ⟨Adv.⟩ [lat., Sup. von: bene = gut, recht] (veraltet): *am besten, sehr gut, vorzüglich.*

Op|ti|me|ter, das; -s, - [zu ↑optisch u. ↑-meter 1] (Technik): *Feinmessgerät für Länge u. Dicke.*

op|ti|mie|ren ⟨sw. V.; hat⟩ (bildungsspr.): a) *optimal gestalten:* die Erziehung in der Gruppe o.; ..., haben in letzter Zeit mehrere Städte damit begonnen, ihre Stoff fressenden Signalanlagen zu o. (ADAC-Motorwelt 1, 1982, 20); ob für die Behandlung von Drogensüchtigen neue Strukturen geschaffen oder die bisherigen optimiert werden müssten (NZZ 26. 10. 86, 33); Sollen Systeme rotierender Bauteile schalttechnisch optimiert werden (VDI nachrichten 18. 5. 84, 11); Zudem werden im industriellen Bereich Kosten optimiert, das heißt, die Einsparpotenziale wurden weitgehend realisiert (Woche 14. 2. 97, 14); (Math.:) eine Funktion o.; b) ⟨o. + sich⟩ *sich optimal gestalten:* Die kapitalistische Wirtschaft optimiert sich mit Hilfe des freien Marktes (Spiegel 42, 1976, 74).

Op|ti|mie|rung, die; -, -en (bildungsspr.): *das Optimieren:* Angesichts wirtschaftlicher Schwierigkeiten wird die Chance zur ökologischen O. unseres

Handelns eher größer als kleiner (natur 5, 1994, 22); die O. der Kommunikation.

Op|ti|mis|mus, der; - [nach frz. optimisme, zu lat. optimus, ↑Optimum]: a) *Lebensauffassung, die alles von der besten Seite betrachtet; heitere, zuversichtliche, lebensbejahende Grundhaltung:* der O. des Bürgers; Aber die Völker sind unsicher geworden, der fröhliche O. ist verflogen (Gruhl, Planet 209); sich seinen O. bewahren; b) *zuversichtliche, durch positive Erwartung bestimmte Haltung angesichts einer Sache, hinsichtlich der Zukunft:* übertriebener, kindlicher, leichtsinniger, durch nichts gerechtfertigter, verhaltener, gedämpfter O.; Was das Geschäftsjahr 1985 generell anbetrifft, herrscht bei der Viscosuisse einiger O. (Vaterland 27. 3. 85, 7); c) *philosophische Auffassung, wonach die bestehende Welt die beste aller möglichen Welten ist, in der Welt alles gut u. vernünftig ist od. sich zum Besseren entwickelt:* der fortschrittsgläubige O. der Aufklärung.

Op|ti|mist, der; -en, -en: **1.** *von Optimismus erfüllter Mensch:* ein unverbesserlicher O. sein; du bist vielleicht ein O.! *(du unterschätzt die sich ergebenden Schwierigkeiten o. Ä.).* **2.** *von einer Person zu segelnde Jolle* (2) *für Kinder* (Kennzeichen: die schwarzen Buchstaben OP im Segel).

Op|ti|mis|tin, die; -, -nen: w. Form zu ↑Optimist (1).

op|ti|mis|tisch ⟨Adj.⟩: a) *von Optimismus* (a) *erfüllt:* ein stark -er Grundzug lag in ihrem Wesen; Sonst hören wir oft nur Klagen. Es ist wirklich mal schön, wenn einer alles so o. betrachtet (Leonhard, Revolution 147); b) *von Optimismus* (b) *erfüllt od. eine entsprechende Haltung ausdrückend:* eine -e Umschreibung; diese Folgerung, Prognose ist mir zu o.; diese Nachricht hatte mich wieder recht o. gestimmt; Ich las immer die Zeitungen ... »Der Morgen«, »Neue Zeit«, »Neues Deutschland«, »Freier Bauer«: sehr -e Namen (Kempowski, Uns 244).

Op|ti|mum, das; -s, ...ma [lat. optimum, Neutr. von: optimus, Sup. von: bonus = gut]: **1.** *(unter den gegebenen Voraussetzungen, im Hinblick auf ein Ziel) höchstes erreichbares Maß, höchster erreichbarer Wert:* das Gerät bietet ein O. an Präzision, Leistung, Wirtschaftlichkeit; Bei diesen und anderen aufwendigen Anstrengungen, ein O. an Rationalisierung mit einer individuellen Behandlung der Arbeiter zu kombinieren (Delius, Siemens-Welt 81). **2.** (Biol.) *günstigste Umweltbedingungen für ein Lebewesen.*

Op|ti|on, die; -, -en [lat. optio = freier Wille, Belieben]: **1.** a) *das Optieren* (1): die O. für einen Staat; Eine eindeutige ideologische Motivierung und damit eine O. für eine bestimmte politische Ordnung ist hingegen bei Adelung zu verzeichnen (Henne, Semantik 191); Koch hat keine Lust, als Oppositionsführer im hessischen Landtag zu versauern. Also muss er ... vorsichtig die O. für Schwarz-Grün öffnen (Woche 7. 3. 97, 5); **b)** *Möglichkeit, Wahlmöglichkeit:* Die -en friedlicher Konfliktbewältigung bieten sich enger denn je dar (NZZ 21. 12. 86, 1); ... hatte Schmidt um Zustimmung zu einer Energiepolitik geworben, die alle -en – auch die für die Kernenergie – offen halte (Saarbr. Zeitung 8. 10. 79, 2); Eine Vielzahl von -en ist vor Jahren entwickelt worden, um das Gesundheitssystem dauerhaft zu erneuern (Woche 14. 3. 97, 17); Selbstverständlich entschied er sich nicht, wie ein erwachsener Mensch sich entscheidet, der seine ... Vernunft und Erfahrung gebraucht, um zwischen verschiedenen -en zu wählen (Süskind, Parfum 28). **2.** (Rechtsspr., Wirtsch.) *Vorkaufsrecht, Voranwartschaft; Vorrecht, etw. zu festgelegten Bedingungen innerhalb einer bestimmten Frist zu erwerben, zu beziehen:* Ich besitze schon sämtliche Grundstücke jener Gegend oder habe -en auf sie (Kemelman [Übers.], Mittwoch 138); Für den Suhrkamp-Verlag räumte der französische Theaterverleger Robert Voisin dem Théâtre Athénée eine O. auf Kipphardts Schauspiel ein (Welt 14. 11. 64, 17); Ü Für ein Jahr hat er (= Bellof) sich an den englischen Rennstall gebunden, für zwei weitere Jahre hat Teamchef Ken Tyrrell eine O. auf Bellof (Hamburger Morgenpost 20. 3. 84, 7). **3.** (kath. Kirche) *Recht der Kardinäle u. Kanoniker, in eine frei werdende Würde (2) aufzurücken.*

op|ti|o|nal ⟨Adj.⟩ [engl. optional] (Fachspr.): *nicht zwingend; fakultativ.*

Op|ti|ons|an|lei|he, die (Wirtsch.): *Schuldverschreibung, die den Inhaber innerhalb einer bestimmten Frist dazu berechtigt, Aktien zu einem bestimmten festgelegten Kurs zu erwerben.*

Op|ti|ons|ge|schäft, das (Börsenw.): *Form des Termingeschäftes, bei der Optionen (2) auf Aktien ge- od. verkauft werden.*

Op|ti|ons|schein, der (Wirtsch.): *gesondert von der Optionsanleihe ausgegebene Urkunde, die die Option (2) garantiert u. – da sie mit Sonderrechten versehen ist – an der Börse gehandelt wird.*

op|tisch ⟨Adj.⟩ [griech. optikós = das Sehen betreffend]: **1.** *die Optik (1), die Technik des Sehens betreffend, darauf beruhend:* -e Eindrücke; Die Spiegelreflexkamera hat auch zu neuen -en Entwicklungen geführt (Kosmos 2, 1965, 47); jedes Kind ist ja anders geartet, der eine mehr o., der andere akustisch (Kempowski, Immer 37); o. [nicht] wahrnehmbar sein; o. vergrößernde Instrumente; dieser Vorgang wird o. signalisiert. **2.** *die Wirkung auf den Betrachter betreffend:* die -e Gestaltung eines Raumes; Stoffe wie Enzyme, Parfüme, -e Aufheller finden in großem Maße Anwendung (natur 2, 1991, 6); dadurch wirkt der Raum o. größer, weiter; Er tanzt wunderbar geschmeidig, ist auch o. eine Augenweide (Hamburger Abendblatt 22. 5. 85, 9); Da die Containerschiffe o. nicht viel hergeben (Woche 9. 1. 98, 40); Optisch *(vom Aussehen, Äußeren her)* und musikalisch haben sie das Zeug dazu (Freizeitmagazin 12, 1978, 37).

Op|ti|zi: Pl. von ↑Optikus.

Op|to|elek|tro|nik, die; -: *Teilgebiet der Elektronik, das die auf der Wechselwirkung von Optik u. Elektronik beruhenden physikalischen Effekte zur Herstellung besonderer elektronischer Schaltungen ausnutzt.*

op|to|elek|tro|nisch ⟨Adj.⟩: *die Optoelektronik betreffend, auf ihren Prinzipien beruhend.*

Op|to|me|ter, das; -s, - [↑-meter 1] (Med.): *Gerät zur Messung der Sehweite.*

Op|to|me|trie, die; - [↑-metrie] (Med.): **1.** *Messung der Sehweite mithilfe eines Optometers.* **2.** *Prüfung der optimalen Sehschärfe durch Vorsetzen von unterschiedlichen Linsen.*

Op|tro|nik, die; -: kurz für ↑ Optoelektronik.

op|tro|nisch ⟨Adj.⟩: kurz für ↑ optoelektronisch.

opu|lent ⟨Adj.⟩ [lat. opulentus, zu: ops = Macht, Vermögen] (bildungsspr.): **a)** *(von Essen u. Trinken) sehr reichlich u. von vorzüglicher Qualität:* ein -es Mahl; o. speisen; **b)** *mit großem Aufwand [gestaltet]; üppig:* Dabei hätte der -e Katalog ... als Vorbild dienen können (Saarbr. Zeitung 5. 12. 79, 9); ... drehte 1974 diese Szenen einer Ehe mit -en Bildern (Spiegel 11, 1990, 286); Grau und düster waren die vergangenen Jahre in Haiti. Umso mehr erstaunt die -e Farbenpracht der Gegenwartskunst (a & r 9, 1998, 58); die Gage war nicht gerade o.; Der ... Stil des Hauses war zugleich zwanglos und o. (K. Mann, Wendepunkt 14); Das Raumangebot ist vorn luxuriös, hinten reichlich, wenn auch nicht ganz so o. wie bei manchem Konkurrenten (Augsburger Allgemeine 6./7. 5. 78, XVII); Geht man durch einen o. ausgestatteten Flur (tango 9, 1984, 19).

Opu|lenz, die; - (bildungsspr.): *opulente Art.*

Opun|tie, die; -, -n [nach der antiken griech. Stadt Opoûs (Gen.: Opoûntos) in Lokris, weil eine Art im ganzen östlichen Griechenland wild wuchs]: *(in vielen Arten verbreiteter) baum- od. strauchartiger Kaktus mit kleinen, rasch abfallenden Blättern u. meist gelben od. roten trichterförmigen Blüten; Feigenkaktus.*

Opus, das; -, Opera [lat. opus = Werk; erarbeitetes Werk]: **a)** *künstlerisches (bes. musikalisches, literarisches) od. auch wissenschaftliches Werk:* das neueste O. der Schriftstellerin; ein großformatiges O.; Zuerst zeichnet Thomas Mann sein O. als eine »Novelle«, später als eine »lyrische Novelle« (Reich-Ranicki, Th. Mann 94); Spätestens hier ... gibt man doch ein solches O. (iron.; *Machwerk*) dem Buchhändler ... zurück (Deschner, Talente 123); O. postumum/(auch:) posthumum *(nachgelassenes [Musik]werk;* Abk.: op. posth.); Ü Waigels O. wird im Herbst im Vermittlungsausschuss filetiert (Woche 14. 2. 97, 1); **b)** *musikalisches Werk (in Verbindung mit einer Zahl zur Kennzeichnung der chronologischen Reihenfolge der Werke eines Komponisten):* Beethovens Streichquartette O. 18, [Nummer] 1–6; Abk.: op.

Opus|cu|lum, Opus|ku|lum, das; -s, ...la [lat. opusculum, Vkl. von: opus, ↑Opus]: *kleines Opus, kleine Schrift.*

OR = Obligationenrecht.

Qra, die; - [ital. ora < lat. aura = das Wehen; Luftzug, -hauch]: *Südwind auf der Nordseite des Gardasees.*

ora et la|bo|ra [lat.] (bildungsspr.): *bete und arbeite!* (alte christliche Maxime, bes. der [Benediktiner]mönche).

Ora|kel, das; -s, - [lat. oraculum, eigtl. = Sprechstätte, zu: orare = beten; sprechen]: **a)** *Stätte (bes. im alten Griechenland), wo bestimmte Personen (Priester, Seherinnen) Weissagungen verkündeten od. [rätselhafte, mehrdeutige] Aussagen über etw. machten:* das O. von Delphi; das, ein O. befragen; Ü das O. Montesquieu als Autorität, deren Rat, Urteil sich jmd. unterwirft); **b)** *durch das Orakel (a) erhaltene Weissagung, [rätselhafte, mehrdeutige] Aussage über etw.:* das O. erfüllte sich; ein O. deuten, falsch auslegen; Es ist eigenartig, wie tolerant wir den -n unserer Wissenschaft gegenüber geworden sind (Weltwoche 26. 7. 84, 19); Ü was sie sagte, war ein O. für mich *(war rätselhaft u. schwer zu deuten);* in -n *(Rätseln, dunklen Andeutungen)* sprechen.

ora|kel|haft ⟨Adj.⟩: *in der Art eines Orakels (1 b); rätselhaft:* ihre Bemerkung klang reichlich o.

Ora|kel|haf|tig|keit, die; -: *orakelhafte Beschaffenheit.*

ora|keln ⟨sw. V.; hat⟩ (ugs.): *in der Art eines Orakels (1 b) dunkle Vermutungen u. Andeutungen von etw. [Kommendem] sprechen; weissagen:* Kremlbeobachter orakeln, dass die Sowjets Ronald Reagan eins auswischen wollen (Rhein. Merkur 18. 5. 84, 32); Zu o., was ... geschehen wird, dazu wäre o. am Donnerstag noch früh genug (Bund 11. 10. 83, 25); er ... orakelte auf den Tag genau Kurseinbrüche (Grass, Hundejahre 66); er ... orakelte mit dem Müller Matern über die Zukunft (Grass, Hundejahre 201); Er orakelte von Geheimbefehl und Wunderwaffe (Harig, Weh dem 210).

Ora|kel|spruch, der: *Orakel (1 b).*

Ora|kel|stät|te, die: *Orakel (1 a).*

oral ⟨Adj.⟩ [zu lat. os (Gen.: oris) = Mund]: **1.** (Med.) **a)** *durch den Mund zu verabreichen:* -e Verhütungsmittel; **b)** (Anat.) *zum Mund gehörend, den Mund betreffend:* die -e Phase (Psychoanalyse; *der analen Phase vorausgehende, durch Lustgewinn im Bereich des Mundes gekennzeichnete erste Phase der Libidoentwicklung).* **2.** (Sprachw.) *(von Lauten) mit nach oben geschlossenem Gaumensegel, zwischen Lippen u. Gaumenzäpfchen artikuliert.* **3.** (Sexualk.) *mit dem Mund [geschehend]:* -er Verkehr; Er ... sang über -en Sex (Tempo 12, 1988, 55); mit jmdm. o. verkehren. **4.** (Fachspr.) *mündlich (im Unterschied* *zu schriftlich):* das Zusammenfallen der -en Traditionen Afrikas mit den literarischen Traditionen der Neuen Welt (Spiegel 48, 1977, 222).

Oral, der; -s, -e (Sprachw.): *im Unterschied zum Nasal mit dem Mund gesprochener Laut.*

Ora|le, das; -s, ...lien: *Fanon.*

Oral|ero|tik, die; - (Psych.): *Lustgewinnung im Bereich der Mundzone (bes. von der Geburt bis zum Ende des ersten Lebensjahres).*

oral-ge|ni|tal ⟨Adj.⟩ (Sexualk.): *die Berührung u. Stimulierung der Genitalien mit dem Mund betreffend.*

Oral His|to|ry ['ɔːrəl 'hıstərı], die; --, (auch:) **Oral|his|to|ry** die; - [engl. oral history, aus: oral = mündlich u. history = Geschichte]: *Geschichte, Geschichtswissenschaft, die sich mit der Befragung lebender Zeugen befasst:* Das Interesse an erlebter und erzählter Geschichte, andernorts hochtrabend als »Oral History« zu Ehren gekommen, bildete den Ausgangspunkt des Schriftstellers Kempowski (Spiegel 53, 1992, 157); Die Autoren hatten, dem damaligen Trend zur Oralhistory und Alltagsgeschichte folgend, ehemalige Zwangsarbeiter und Häftlinge befragt (Woche 3. 7. 97, 34).

Ora|li|tät, die; - (bildungsspr., Fachspr.): *Mündlichkeit.*

Oral|sex, der (ugs.): *Oralverkehr:* Die damals Fünfjährige... habe ihrer Mutter Andeutungen über O. mit »Onkel Horst« gemacht (MM 13. 12. 96, 19); Plötzlich packte ihn ein fremder Mann, schleppte ihn in einen Park ... und zwang ihn zum O. (Terr [Übers.], Vergessen 269).

Oral|ver|kehr, der (Sexualk.): *oraler (3) Geschlechtsverkehr.*

oran|ge [oˈrãːʒ(ə), auch: oˈraŋʒ(ə)] ⟨indekl. Adj.⟩ [frz. orange]: *von der Farbe der* ²*Orange:* o. Blüten; der Untergrund ist o.; ⟨nicht standardsprachlich:⟩ eingetaucht in -s Licht (Frings, Männer 132).

¹**Oran|ge,** das; -, -, ugs.: -s: *Farbe der* ²*Orange.*

²**Oran|ge** [oˈrãːʒə, auch: oˈraŋʒə], die; -, -n [frz.: Orangeapfel < niederl. oranjeappel < frz. (pomme d')orange, viell. unter volksetym. Anlehnung an: or = Gold (wegen des goldgelben Aussehens der Früchte) < span. naranja < arab. nārani = bittere Orange, aus dem Pers.]: *Apfelsine:* Essen Sie -n. Vitamine sind wichtig (Ziegler, Kein Recht 232); die Manier, mit der Kuhlwein eine O. schält (Richartz, Büroroman 42).

Oran|gea|de [orãˈʒaːdə, auch: oraŋˈʒ...], die; -, -n [frz. orangeade]: *[mit Kohlensäure versetztes] Erfrischungsgetränk aus Orangensaft, Zitronensaft, Wasser u. Zucker.*

Oran|geat [...ˈʒaːt], das; -s, (Sorten:) -e [frz. orangeat]: *[zum Backen verwendete, in Würfel geschnittene] kandierte Orangenschale.*

Oran|ge|buch, das [nach dem Vorbild der engl. ↑Blaubücher] (Dipl.): *mit orangefarbenem Einband od. Umschlag versehenes Farbbuch des zaristischen Russlands.*

oran|ge|far|ben, oran|ge|far|big ⟨Adj.⟩: *orange.*

Oran|ge|fil|ter, der, fachspr. meist: das (Fot.): *orange gefärbter Filter (2) mit stark die Farbe Blau dämpfenden Eigenschaften.*

oran|ge|gelb ⟨Adj.⟩: vgl. orangerot.

oran|gen [oˈrãːʒn, oˈraŋʒn] ⟨Adj.⟩: *orange:* der Himmel färbt sich o.

Oran|gen|baum, der: *Apfelsinenbaum.*

Oran|gen|blü|te, die: vgl. Kirschblüte.

Oran|gen|blü|ten|öl, das: *Neroliöl.*

oran|gen|far|ben, oran|gen|far|big ⟨Adj.⟩: *orangefarben.*

Oran|gen|haut, die (Med.) ⟨o. Pl.⟩: **1.** *orangefarbene Haut.* **2.** *Haut mit apfelsinenschalenähnlicher Oberfläche; Zellulitis.*

Oran|gen|kern, der: *Samenkern der Orange.*

Oran|gen|kon|fi|tü|re, die: *Konfitüre aus Orangen.*

Oran|gen|mar|me|la|de, die: *Marmelade aus Orangen.*

Oran|gen|re|net|te, die: *Cox' Orange.*

Oran|gen|saft, der: *ausgepresster Saft von Orangen.*

Oran|gen|scha|le, die: *Schale der Orange.*

Oran|gen|schei|be, die: *einzelne halbmondförmige Scheibe einer Orange.*

Orange Pe|koe ['ɔrındʒ 'piːkoʊ], der; -- [engl. orange pekoe, aus dem Chin.]: *indische Teesorte aus den größeren, von der Zweigspitze aus gesehen zweiten u. dritten Blättern der Teepflanze.*

Oran|ge|rie [orãʒəˈriː, auch: oraŋʒ...], die; -, -n [frz. orangerie]: *[in die Anlage barocker Schlösser einbezogenes] Gewächshaus in Parkanlagen des 17. u. 18. Jh.s zum Überwintern von exotischen Gewächsen, bes. Orangenbäumen.*

oran|ge|rot ⟨Adj.⟩: *von orangefarbenem Rot.*

Orang-Utan, der; -s, -s [malai. orang (h)utan = Waldmensch]: *(in den Regenwäldern Borneos u. Sumatras auf Bäumen lebender) Menschenaffe mit kurzen Beinen, langen Armen u. langhaarigem, dichtem braunem Fell.*

Orans, Orant, der; Oranten, Oranten, **Oran|te,** die; -, -n [lat. orans (Gen.: orantis) = der, die Betende, 1. Part. von: orare = beten, bitten] (bild. Kunst): *stehende männliche od. weibliche Gestalt der frühchristlichen Kunst in antiker Gebetshaltung mit erhobenen Armen.*

Oran|ten|hal|tung, die: *Haltung, in der der Orant dargestellt ist.*

Oran|ten|stel|lung, die: vgl. Orantenhaltung.

ora pro no|bis [lat.]: *bitte für uns!* (in der katholischen Liturgie formelhafte, an Maria u. die Heiligen gerichtete Bitte in Litaneien).

Ora|ri|on, das; -[s], ...ia [mgriech. ōrárion < lat. orarium = Mundtuch]: *Stola (3) des Diakons im orthodoxen Gottesdienst.*

Ora|tio, die; -: lat. Bez. für ↑Oration: O. dominica *(Gebet des Herrn, Vaterunser).*

Ora|ti|on, die; -, -en [(kirchen)lat. oratio = Gebet, eigtl. = Rede] (kath. Kirche): *formal strenges Abschlussgebet des*

Priesters nach allgemeinen Gebeten u. Gesängen.

Ora|tio obli|qua, die; -- [lat., vgl. oblique] (Sprachw.): *indirekte Rede.*

Ora|tio rec|ta, die; -- [lat., zu: rectus = gerade] (Sprachw.): *direkte Rede.*

Ora|tor, der; -s, ...oren [lat. orator]: **1.** *Redner in der Antike.* **2.** (bildungsspr. selten) *Redner.*

Ora|to|ri|a|ner, der; -s, - [nach dem ersten Versammlungsort, einem röm. Oratorium (2)]: *Mitglied einer katholischen Gemeinschaft von Weltpriestern.*

ora|to|risch ⟨Adj.⟩: **1.** (bildungsspr.) *jmds. Fähigkeiten als Redner zum Ausdruck bringend [ohne eine andere Funktion od. Bedeutung zu haben]:* Zur Ausführung solcher Drohungen kam es natürlich nie, sie waren rein -e Leistungen (Hesse, Sonne 30). **2.** *in der Art eines Oratoriums (1).*

Ora|to|ri|um, das; -s, ...ien [kirchenlat. oratorium = Bethaus, zu lat. orare = beten; das Musikwerk war urspr. zur Aufführung in der Kirche bestimmt]: **1. a)** ⟨o. Pl.⟩ *Gattung von opernartigen Musikwerken ohne szenische Handlung mit meist religiösen od. episch-dramatischen Stoffen;* **b)** *einzelnes Werk der Gattung Oratorium* (1 a): ein O. von Händel, von Strawinsky. **2. a)** *[Haus]kapelle:* ◆ die alte Frau ging auf den Geistlichen zu ... und verschwand in ihrem O. (Ebner-Eschenbach, Gemeindekind 137); **b)** *gegen den Hauptraum durch Fenster abgeschlossene Chorempore für Kirchenbesucher hohen Standes.* **3. a)** *Betsaal, Versammlungsort, Niederlassung der Oratorianer;* **b)** ⟨o. Pl.⟩ *Gesamtheit der Oratorianer.*

ORB [oɛrˈbeː], der; -[s]: Ostdeutscher Rundfunk Brandenburg.

or|bi|ku|lar ⟨Adj.⟩ [lat. orbicularis, zu: orbis, ↑Orbis] (Med.): *kreis-, ringförmig.*

Or|bis, der; - [lat. orbis]: **1.** lat. Bezeichnung für ↑Kreis: O. pictus [lat. = gemalte Welt] *(im 17./18. Jh. beliebtes Unterrichtsbuch des Theologen u. Pädagogen Comenius [1592–1670]):* O. Terrarum [lat.] *(Erdkreis, bewohnte Erde).* **2.** (Astrol.) *Umkreis od. Wirkungsbereich, der sich aus der Stellung der Planeten zueinander ergibt.*

Or|bit, der; -s, -s [engl. orbit < lat. orbita = (Kreis)bahn] (Raumf.): *elliptische Umlaufbahn eines Satelliten, einer Rakete o. Ä. um einen größeren Himmelskörper:* Auf eine kreisförmige Bahn ... schwenkt Apollo X aus einem zunächst elliptischen O. zwischen 315 und 112 km Höhe ein (MM 14. 5. 69, 3); Beim dritten Versuch ist es den Europäern gelungen, ihre ... dreistufige Trägerrakete Ariane in den äquatornahen O. zu schießen (Saarbr. Zeitung 27. 12. 79, 2).

Or|bi|ta, die; -, -s, -s [engl. orbit < lat. orbita, ↑Orbit] (Med.): *Augenhöhle.*

or|bi|tal ⟨Adj.⟩ [1: engl. orbital]: **1.** (Raumf.) *den Orbit betreffend.* **2.** (Med.) *die Orbita betreffend.*

Or|bi|tal, das; -s, -e [engl. orbital] (Physik, Quantenchemie): **a)** *Bereich, Umlaufbahn um den Atomkern od. um die Atomkerne eines Moleküls;* **b)** ⟨o. Pl.⟩

energetischer Zustand eines Elektrons innerhalb der Atomhülle.

Or|bi|tal|bahn, die: *Orbit.*

Or|bi|tal|bom|be, die (Milit.): *Bombe, die von einer Trägerrakete zunächst in eine Erdumlaufbahn gebracht u. dann auf das Ziel gesteuert wird.*

Or|bi|tal|ra|ke|te, die (Milit.): *Interkontinentalrakete, die einen Teil ihrer Flugstrecke auf einem Abschnitt der Erdumlaufbahn zurücklegt.*

Or|bi|tal|sta|ti|on, die: *Raumstation:* Der Transporter soll weitere Materialien zur bemannten O. Mir bringen (Freie Presse 23. 11. 87, 2).

Or|bi|ter, der; -s, - [engl. orbiter] (Raumf.): *Teil eines Raumflugsystems, der in einen Orbit gebracht wird:* Der »Orbiter«, die Oberstufe des Flugkörpers, muss beim Wiedereintritt in die Erdatmosphäre stärkster ... Hitzebelastung gewachsen sein (MM 9. 3. 71, 3); Der O., der 18 Monate lang den Erdtrabanten umkreisen soll, wird von einem Rechner in Mountain View funkferngesteuert (Woche 19. 12. 97, 25).

Or|che|so|gra|phie, die; -, -n [zu griech. órchēsis = das Tanzen u. gráphein = schreiben] (selten): *Choreographie.*

Or|ches|ter [ɔr'kɛstɐ, auch, bes. österr.: ɔr'çɛ...], das; -s, - [ital. orchestra, frz. orchestre < lat. orchestra < griech. orchḗstra = für die Senatoren bestimmter Ehrenplatz vorn im Theater; Erhöhung auf der Vorderbühne, auf der die Musiker u. Tänzer auftreten < griech. orchḗstra = Orchestra (a), eigtl. = Tanzplatz, zu: orcheīsthai = tanzen, hüpfen, springen]: **1.** *größeres Ensemble* (1 a) *aus Instrumentalisten, in dem bestimmte Instrumente mehrfach besetzt sind u. das unter der Leitung eines Dirigenten spielt:* ein kleines, großes, philharmonisches O.; das O. probt, spielt in voller Besetzung; ein O. dirigieren, verstärken; die Mitglieder eines -s; Werke für O. *(Orchesterbesetzung)* schreiben; im O. [mit]spielen; die Konzerte, die täglich von einem wohlgeschulten O. dem Badepublikum dargeboten wurden (Th. Mann, Krull 25); Ü in dem ununterbrochenen Heulen des Sturms und dem Gedonner der See, einem chaotischen O. (Ott, Haie 280). **2.** *Orchestergraben.*

Or|ches|ter|be|glei|tung, die: *Begleitung* (2 b) *für Orchester.*

Or|ches|ter|be|set|zung, die: *Besetzung eines Orchesters im Hinblick auf Art u. Anzahl der Instrumente.*

Or|ches|ter|fas|sung, die: *Fassung* (2 b) *für ein Orchester.*

Or|ches|ter|gra|ben, der: *in einem Opernhaus o. Ä. zwischen Bühne u. Publikum eingelassener Raum für das Orchester.*

Or|ches|ter|in|stru|ment, das: *Instrument, das vorwiegend im Orchester eingesetzt wird.*

Or|ches|ter|klang, der: *Klang eines Orchesters.*

Or|ches|ter|kon|zert, das: *von einem Orchester gegebenes Konzert.*

Or|ches|ter|lei|ter, der: *Leiter eines Orchesters; Dirigent.*

Or|ches|ter|lei|te|rin, die: w. Form zu ↑ Orchesterleiter.

Or|ches|ter|lo|ge, die: *Loge über dem Orchestergraben.*

Or|ches|ter|mu|sik, die: *Musik für ein Orchester.*

Or|ches|ter|mu|si|ker, der: *Musiker* (b).

Or|ches|ter|mu|si|ke|rin, die: w. Form zu ↑ Orchestermusiker.

Or|ches|ter|sitz, der: *Sitz der vordersten Stuhlreihe am Orchestergraben.*

Or|ches|tik, die; - [griech. orchēstikḗ téchnē]: *Tanzkunst; Lehre vom pantomimischen Tanz.*

Or|ches|tra [ɔr'çɛstra], die; -, ...ren [griech. orchḗstra, ↑ Orchester]: **a)** *(im antiken griechischen Theater) für den Chor bestimmter halbrunder Raum zwischen Bühne u. Zuschauerreihen;* **b)** *(im Theater des 15./16. Jh.s) Raum zwischen Bühne u. Zuschauerreihen als Platz für die Hofgesellschaft;* **c)** *(im Theater des 17. Jh.s) Raum zwischen Bühne u. Zuschauerreihen als Platz für die Instrumentalisten.*

or|ches|tral [ɔrkɛ..., auch: ɔrçɛ...] ⟨Adj.⟩: *das Orchester betreffend, dazu gehörend, dafür typisch:* ein -es Divertimento; eine -e Klangfülle; Das blinde Verständnis des Duos lässt praktisch den Eindruck eines – freilich -en – Einzelinstruments entstehen (Saarbr. Zeitung 3. 12. 79, 9/11); die Solistin wurde o. *(von einem Orchester)* begleitet.

Or|ches|tra|ti|on, die; -, -en (Musik): **a)** *Instrumentation* (a); **b)** *Ausarbeitung einer Komposition für Orchesterbesetzung.*

Or|ches|tren: Pl. von ↑ Orchestra.

or|ches|trie|ren ⟨sw. V.; hat⟩ (Musik): **a)** *instrumentieren* (1 a): die Komposition muss orchestriert werden; Damals blühte als Vorläufer der Disco-Ära auch der prächtige Philly-Soul mit seinen groß orchestrierten Hymnen auf Brüderlichkeit und Liebe (Woche 18. 4. 97, 36); Ü eine Reihe gut orchestrierter Solidaritätskundgebungen (Zeit 11. 8. 67, 1); **b)** *eine Komposition für Orchesterbesetzung umarbeiten:* ein Klavierquartett o.

Or|ches|trie|rung, die; -, -en (Musik): *das Orchestrieren; Orchestration.*

Or|ches|tri|on, das; -s, ...ien [zu ↑ Orchester (1)]: *größeres mechanisches Musikinstrument [mit dem Klang von Orgel, Klavier, Geige]:* Bei Landschaftsaufnahmen tritt das etwas zu laute O. in Tätigkeit: »Die Mühle im Schwarzwald« spielt es scheppernd (Kempowski, Zeit 134).

Or|chi|dee [...'de:(ə)], die; -, ...een [frz. orchidée, zu griech. órchis = Hoden; nach den hodenförmigen Wurzelknollen]: *(in den Tropen u. Subtropen in zahlreichen Arten vorkommende) Pflanze mit länglichen [fleischigen] Blättern, farbenprächtigen, kompliziert gebauten einzelnen od. in Ähren od. Trauben angeordneten Blüten.*

Or|chi|de|en|fach, das (Jargon): *ausgefallenes, ungewöhnliches u. deshalb nur von wenigen gewähltes Studienfach.*

¹Or|chis, der; -, ...ches [...çe:s] (Med.): *Hoden.*

²Or|chis, die; -, - [nach den hodenförmigen Wurzelknollen]: *Knabenkraut.*

Or|chi|tis, die; -, ...itiden (Med.): *entzündliche Erkrankung der Hoden; Hodenentzündung.*

Or|chi|to|mie, die; -, -n [zu griech. tomḗ = das Schneiden; Schnitt] (Med.): *operative Entfernung des Hodens.*

Or|dal, das; -s, -ien [mlat. ordalium < aengl. ordāl, eigtl. = das Ausgeteilte]: *Gottesurteil.*

Or|den, der; -s, - [1: mhd. orden < lat. ordo (Gen.: ordinis) = Reihe; Ordnung; Rang, Stand; 2: nach den (Ab)zeichen, die bes. die Zugehörigkeit zu einem Orden (1) kennzeichneten]: **1.** *[klösterliche] Gemeinschaft, deren Mitglieder nach Leistung bestimmter Gelübde unter einem gemeinsamen Oberen bzw. einer gemeinsamen Oberin u. nach bestimmten Vorschriften leben:* der Deutsche O.; der O. der Benediktiner; einen O. stiften, gründen; Ein Fuhrunternehmer betrieb hier (= in einem Nonnenkloster) sein Geschäft, seit der Minister Montgelas die O. säkularisiert hatte (Kühn, Zeit 24); einem O. angehören, beitreten; aus einem O. austreten; in einen O. eintreten; Ich ... beglückwünsche Sie, auch im Namen meiner Mutter, zur Aufnahme in den O. (Bieler, Mädchenkrieg 394); *** Dritter O.** (kath. Kirche; Tertiarierorden). **2.** *Ehrenzeichen, Abzeichen für besondere militärische, künstlerische, wissenschaftliche u. a. Verdienste:* einen O. stiften, erhalten, tragen, anlegen; jmdm. einen O. verleihen, anheften; der Träger, Inhaber des -s; er war mit vielen O. geschmückt, dekoriert; das verdient einen O. *(ist sehr zu loben).*

or|den|ge|schmückt ⟨Adj.⟩: *mit Orden dekoriert:* Damals

Or|dens|band, das ⟨Pl. ...bänder⟩: **1.** ¹*Band* (I 1), *an dem ein Orden* (2) *getragen wird.* **2.** *großer Schmetterling mit leuchtend roten, gelben, blauen od. weißen, schwarz gebänderten Hinterflügeln.*

Or|dens|bru|der, der: *Mitglied eines Mönchsordens.*

Or|dens|burg, die: *Burg eines Ritterordens.*

Or|dens|frau, die: *Ordensschwester.*

Or|dens|geist|li|che, der: *Geistlicher, der zugleich Mitglied eines Mönchsordens ist.*

Or|dens|ge|mein|schaft, die: *Gesamtheit der Mitglieder eines Ordens* (1).

Or|dens|ket|te, die: vgl. Ordensband (1).

Or|dens|kleid, das (geh.): *Ordenstracht.*

Or|dens|kreuz, das: *Orden* (2) *in Form eines Kreuzes.*

Or|dens|mann, der ⟨Pl. ...männer u. ...leute⟩: *Ordensbruder.*

Or|dens|pro|vinz, die: *Provinz eines katholischen Ordens (mit eigener Leitung u. eigenem Aufgabenbereich).*

Or|dens|re|gel, die: *verschiedene Vorschriften umfassende Regel für die Mitglieder eines Ordens* (1).

Or|dens|rit|ter, der: *Mitglied eines Ritterordens.*

Or|dens|schnal|le, die: vgl. Ordensspange.

Or|dens|schu|le, die: *Privatschule, die von einem Orden* (1) *od. einer ordensähnlichen Gemeinschaft getragen wird.*

Or|dens|schwes|ter, die: *Mitglied eines Frauenordens.*

Or|dens|span|ge, die: *Spange am Uniformrock zum Befestigen von Orden* (2).

Or|dens|stern, der [2: nach der sternförmigen Blüte]: **1.** *Orden* (2) *in Form eines Sterns.* **2.** *Stapelia.*

Or|dens|tracht, die: *Tracht eines Ordens* (1).

Or|dens|ver|lei|hung, die: *Verleihung eines Ordens* (2).

or|dent|lich [mhd. ordenlich, ahd. (Adv.) ordenlicho; zu ↑ Orden]: **I.** ⟨Adj.⟩ **1. a)** *auf Ordnung haltend; ordnungsliebend:* er ist ein sehr -er Mensch; In unserem -en *(auf Ordnung bedachten)* Land wird kein Auto oder Motorrad zugelassen, das nicht ... nachweislich versichert ist (ADAC-Motorwelt 10, 1986, 137); in ihrer Arbeit ist sie sehr o.; nicht sehr o. veranlagt sein; **b)** *geordnet, in eine bestimmte Ordnung gebracht, wie es sich gehört:* ein -es Zimmer; eine -e Handschrift; die Bücher o. ins Regal stellen; unter den Balkonen liegen o. gestapelte Scheite für den Kamin (a & r 2, 1997, 82). **2.** *den geltenden bürgerlichen Vorstellungen entsprechend; anständig, rechtschaffen:* ein netter, -er junger Mann; sie stammt aus einer -en Familie; ein -es Leben führen; Er selbst hatte nie einen -en Beruf (Strauß, Niemand 101). **3.** *nach einer bestimmten Ordnung eingesetzt, erfolgend o. ä.; planmäßig:* ein -er Arbeitsvertrag; ein -es Gerichts-, Strafverfahren; Anders als bei Heinrich Fink, der fristlos entlassen worden war, geht es bei den zu verhandelnden Fällen allerdings durchweg um -e Kündigungen (Woche 7. 3. 97, 45); -es Mitglied eines Vereins sein; ein -es Gericht *(Gericht für Straf- u. Zivilprozesse; im Unterschied zum Sonder-, Ausnahmegericht);* er ist -er Professor (früher; *Universitätsprofessor;* Abk.: o. P., o. Prof.); Die Finanzlage zwingt das Rektorat der Universität dazu, die -en Kredite ... auf dem Vorjahresstand einzufrieren (Tages Anzeiger 5. 11. 91, 11). **4.** (ugs.) **a)** *richtig; wie sich jmd. etw. wünscht od. vorstellt:* ohne Musik ist das kein -es Fest; das Stadion hat einen -en Rasen; Zu den Aufgaben der Stadt ... gehört es, dass unsere Kinder einen -en Unterricht bekommen (Kühn, Zeit 275); Danach in ein -es Hotel gegangen ... (Gregor-Dellin, Traumbuch 126); stell dich o. hin!; **b)** *gehörig, in vollem Maße:* er nahm einen -en Schluck; nun hielt er sich schon ganz in der Nähe ... auf, mit nassen Füßen und -em Hunger (Kronauer, Bogenschütze 354); greif nur o. zu!; daran hat er o. verdient; Er, der unter besagtem Titel ein Moral-Buch verfasst hatte, das o. Auflage machte (Woche 21. 8. 98, 31); dem hat er es o. gegeben!; die Emanzipation der Spanierinnen, die furios nach dem Tod des Diktators Franco einsetzte und das Weltbild der iberischen Machos o. ins Wanken brachte (a & r 2, 1997, 88); **c)** *[ganz] gut:*

ein -es Mittel; sein Aufsatz war ganz o.; Mein Einkommen ist zu dieser Zeit o.; es reicht für Miete und Haushalt (Frisch, Montauk 175); am Tage der Begegnung war das Wetter ganz o. (Jeversches Wochenblatt 30. 11. 84, 33); er hat seine Arbeit ganz o. gemacht; seine Frau verdient ganz o. **II.** ⟨Adv.⟩ (ugs.) *geradezu, regelrecht:* ich war o. gerührt; du bringst einen o. in Verlegenheit; Man hörte o. durch die Dunkelheit, wie es in ihren Schädeln knirschte (Tucholsky, Werke II, 313).

Or|der, die; -, -s u. -n [frz. ordre < lat. ordo, ↑ Orden; 2: wohl unter Einfluss von engl. order]: **1.** *[militärischer, dienstlicher] Befehl; Anweisung:* »Langsam anfahren!« heißt die O. (Frischmuth, Herrin 30); O. geben, bekommen, haben, den Abmarsch vorzubereiten; als Kiessling ... die Hand mit jener Lässigkeit an die Mütze legte, mit der ein erfahrener Soldat seine O. empfängt (Heym, Schwarzenberg 66); Sie haben ... seine -s ausgeführt (Simmel, Stoff 642); * O. parieren (veraltet; *einen Befehl ausführen; gehorchen*). **2.** ⟨Pl. -s⟩ (Kaufmannsspr., Börsenw.) *Bestellung, Auftrag:* telegrafisch erteilte -s; Warum sollen wir keine neuen -s annehmen? (Spiegel 26, 1989, 108); dass viele Anleger vor Zeichnungsschluss ihre -s zurückzogen (CCI 10, 1985, 67); Auch große -s für Aktien, von denen nur geringe Stückzahlen im Umlauf sind, erledigen die Händler gerne am Parkett (Woche 7. 11. 97, 16); Die bundesdeutsche Rüstungsindustrie profitiert ... von -n an Frankreich für die deutsch-französischen Panzerabwehrraketen (Basler Zeitung 9. 10. 85, 2).

Or|der|buch, das (Kaufmannsspr., Börsenw.): *Buch, in dem laufende Aufträge verzeichnet werden, Auftragsbuch:* Sogar ein gemeinsames O. (Skontro), in dem ein einheitlicher Kurs ermittelt wird, fehlte (Woche 7. 11. 97, 24).

Or|der|ein|gang, der (Kaufmannsspr.): *Eingang* (4 a) *von Aufträgen, Bestellungen.*

Or|der|klau|sel, die (Bankw.): *Vermerk auf Wertpapieren, mit dem eine andere Person als der eigentlich berechtigte Empfänger benannt werden kann.*

or|dern ⟨sw. V.; hat⟩ [wohl unter Einfluss von gleichbed. engl. to order] (Kaufmannsspr.): *einer Firma o. Ä. einen Auftrag über eine bestimmte [größere] Menge, Anzahl von etw. erteilen; (eine Ware) bestellen:* Ein Bote brachte ... Bücher und Schallplatten, die er je nach Katalog oder Preisliste orderte (Bieler, Mädchenkrieg 351); Zugleich kam der Verdacht auf, dass mit dieser Förderung nur bedacht wurde, wer genügend Herzklappen bei den jeweiligen Firmen orderte (Woche 28. 3. 97, 25); diese Artikel wurden vom Handel zügig geordert ⟨auch ohne Akk.-Obj.:⟩ ordern Sie jetzt!; Wer heute beim Handel ordert, ... (Capital 2, 1980, 220).

Or|der|pa|pier, das (Bankw.): *Wertpapier, in dem der Berechtigte einen andern als Berechtigten benennt.*

Or|der|scheck, der (Bankw.): *Scheck,*

der durch Indossament übertragen werden kann.

Or|di|na|le, das; -[s], ...lia ⟨meist Pl.⟩ [spätlat. (nomen) ordinale, eigtl. = eine Ordnung anzeigend(es Wort)]: *Ordinalzahl.*

Or|di|nal|zahl, die; -, -en: *Zahl, die die Reihenfolge kennzeichnet, die Stelle, an der etw. in einer nach bestimmten Gesichtspunkten geordneten Menge steht.*

or|di|när ⟨Adj.⟩ [frz. ordinaire = gewöhnlich, ordentlich < lat. ordinarius, ↑ Ordinarius]: **1. a)** (meist abwertend) *in seinem Benehmen, seiner Ausdrucksweise, Art sehr unfein, die Grenzen des Schicklichen missachtend:* eine -e Person; Ganz hübsch, aber ein etwas -er Typ (Danella, Hotel 379); eine -e Visage, Art haben; -e Verse, Redensarten; Kragora will von der gesprächigen Packerin einen -en Witz hören (Zenker, Froschfest 175); Sie ... brüllte einen -en Fluch hinter ihm her (Strauß, Niemand 169); sie ist ziemlich o.; sie ist so herrlich o.; jmdn. o. finden; o. wirken; o. lachen; **b)** *von schlechtem, billigem Geschmack [zeugend]:* ein -es Parfüm; der teuere und -e Brillantring, den er ausgerechnet auf dem kleinen Finger ... trug (Habe, Namen 12). **2.** *ganz alltäglich, ganz gewöhnlich, nicht besonders geartet:* wo es sich doch meist um ganz -e Interessenkonflikte handelt (Dönhoff, Ära 225); Das Inventar war aus -stem Tannenholz (A. Kolb, Daphne 17); Man konnte ihn nicht wie einen -en Straßenräuber in Ketten auf dem Marktplatz zerren (Süskind, Parfum 298); der Einzige, der den ehemaligen Chefspion in die Nähe eines -en Kriminellen rücken könnte (Woche 4. 4. 97, 8); Über eine -e Eisentreppe geht es in ein hoch qualifiziertes Atelier (Praunheim, Sex 124).

Or|di|na|ri|at, das; -[e]s, -e [zu ↑ Ordinarius]: **1.** (kath. Kirche) *oberste Verwaltungsstelle eines katholischen Bistums.* **2.** *Amt eines Professors an einer wissenschaftlichen Hochschule.*

Or|di|na|ri|en|uni|ver|si|tät, die: *(bes. im Urteil der 68er-Studentenbewegung) Universität in ihren herkömmlichen Strukturen, nach denen die Ordinarien alleine alle Entscheidungen treffen können:* Abendroth mochte die anarchistischen Züge der späten Studentenbewegung überhaupt nicht, aber er wirkte bei der Überwindung der O. kräftig mit (Zeit 26. 9. 97, 56); Neben einer Struktur, die von Anfang an nichts mit der O. alten Stils zu tun hatte, wagten sich die Ruhrgebietshochschulen an zahlreiche Modellstudiengänge (Wirtschaftswoche 32, 1984, 1).

Or|di|na|ri|um, das; -s, ...ien [mlat. ordinarium, zu lat. ordinarius, ↑ Ordinarius]: **1.** (kath. Kirche) *[handschriftliche] Gottesdienstordnung.* **2.** (Amtsspr.) *Haushalt [eines Staates, Landes, einer Gemeinde] mit den regelmäßig wiederkehrenden Ausgaben u. Einnahmen.*

Or|di|na|ri|um Mis|sae [- ...sɛ], das; -- [kirchenlat.] (kath. Kirche): *im ganzen Kirchenjahr gleich bleibende Gesänge der Messe.*

Or|di|na|ri|us, der; -, ...ien [1, 3: gekürzt

aus: Professor ordinarius, zu lat. ordinarius = ordentlich, zu: ordo, ↑Orden; 2: mlat. ordinarius = zuständiger Bischof]: **1.** *Inhaber eines Lehrstuhls an einer wissenschaftlichen Hochschule:* In den sechziger Jahren ist er O. an der Universität M. (Chotjewitz, Friede 128). **2.** (kath. Kirchenrecht) *Inhaber von Kirchengewalt auf territorialer Ebene (wie Papst, Diözesanbischof, Abt) od. personeller Ebene (wie der Obere eines Ordens).* **3.** (veraltet) *Klassenlehrer an einer höheren Schule.*

Or|di|när|preis, der [zu ↑ordinär (2)] (Kaufmannsspr.): *vom Verleger festgesetzter Verkaufspreis eines Buches.*

Or|di|na|te, die; -, -n [zu lat. (linea) ordinata = geordnet(e) Linie; vgl. ordinieren] (Math.): *Abstand von der horizontalen Achse, der Abszisse, gemessen auf der vertikalen Achse eines rechtwinkligen Koordinatensystems.*

Or|di|na|ten|ach|se, die (Math.): *Achse eines Koordinatensystems, auf der die Ordinate abgetragen wird.*

Or|di|na|ti|on, die; -, -en [(kirchen)lat. ordinatio = Anordnung; Einsetzung (in ein Amt); Weihe eines Priesters, zu: ordinare, ↑ordinieren]: **1. a)** (ev. Kirche) *feierliche Einsetzung eines Pfarrers in sein Amt;* **b)** (kath. Kirche) *sakramentale Weihe eines Diakons, Priesters, Bischofs.* **2.** (Med.) **a)** *ärztliche Verordnung;* **b)** (veraltet) *ärztliche Sprechstunde;* **c)** (österr.) *Arztpraxis* (a).

Or|di|na|ti|ons|hil|fe, die (Med. österr.): *Sprechstundenhilfe.*

Or|di|na|ti|ons|zim|mer, das (Med. veraltend): *Sprechzimmer.*

Or|di|nes: Pl. von ↑Ordo.

or|di|nie|ren ⟨sw. V.; hat⟩ [1: mhd. ordinieren, ordinieren = ordnen; einrichten, ausrüsten; ordinieren < (kirchen)lat. ordinare, zu lat. ordo, ↑Orden]: **1. a)** (ev. Kirche) *einen Pfarrer feierlich in sein Amt einsetzen;* **b)** (kath. Kirche) *zum Kleriker weihen:* jmdn. zum Priester o. **2.** (Med.) **a)** *(eine Arznei) verordnen;* **b)** *Sprechstunde halten.* ◆ **3.** *bestimmen, anordnen:* Wo ich bin, hat Ole Peters nichts zu o. (Storm, Schimmelreiter 139).

ord|nen ⟨sw. V.; hat⟩ [mhd. ordenen, ahd. ordinōn < lat. ordinare, ↑ordinieren]: **1. a)** *(etw., was Bestandteil einer bestimmten Menge ist) in einer bestimmten Weise in eine bestimmte, für das Genannte vorgesehene Reihenfolge, Lage o. Ä. bringen; anordnen:* Bücher, Akten o.; Auch ordne ich mitten unter der Schreibarbeit immer wieder Papiere (Stern, Mann 81); etw. chronologisch, sorgfältig, der Größe nach, nach dem Alphabet o.; Blumen zu einem Strauß o.; das Material in die Mappen o. *(nach einer bestimmten Ordnung hineintun);* Sie ordnete das Geschirr in die Spülmaschine *(ordnete es ein;* Handke, Frau 70); mit ihrem Instrumentiertisch, auf dem die Instrumente fein säuberlich geordnet liegen (Hackethal, Schneide 30); **b)** *(etw., was in einem bestimmten abstrakten Zusammenhang steht) nach bestimmten Gesichtspunkten, Überlegungen, Vorstellun-

gen o. Ä. systematisieren, übersichtlich zusammenfassen:* seine Gedanken o.; der Islam, der ... alle Aspekte des bürgerlichen Lebens ... ordnet (Dönhoff, Ära 164); der ordnende Verstand; **c)** *(etw., was in Unordnung geraten ist) in einen ordentlichen Zustand bringen:* seinen Anzug, die Kleidung o.; sie versuchte, ihr wirres Haar zu o.; Kris ordnete gelassen seine Mähne (Freizeitmagazin 12, 1978, 10). **2.** *in ordentlicher, angemessener, der erforderlichen, richtigen Weise regeln:* seinen Nachlass o.; ⟨meist im 2. Part.:⟩ einen geordneten Geschäftsablauf sichern; in geordneten Verhältnissen leben; ein geordneter (Milit.; planmäßiger) Rückzug. **3.** ⟨o. + sich⟩ *sich in einer bestimmten Reihenfolge aufstellen; sich formieren:* sich zum Festzug o.; der Demonstrationszug ordnet sich; Alles hatte sich sinnvoll geordnet *(zusammengefügt).* ◆ **4.** *anordnen:* Weiter wurde ... für ewige Zeiten beschlossen und geordnet: ... (Hebbel, Agnes Bernauer III, 13).

Ord|ner, der; -s, - [mhd. ordenære]: **1.** *jmd., der dafür zu sorgen hat, dass etw. (z. B. eine Veranstaltung) geordnet verläuft:* die O. mussten einschreiten; sie wurde von -n gepackt und abgeführt. **2.** *Hefter mit steifen Deckeln, breitem Rücken u. einer mechanischen Vorrichtung zum Abheften von gelochten Blättern:* einen neuen O. anlegen; Ein weiterer Saal war mit -n angefüllt, die Zeitungsausschnitte enthielten (Leonhard, Revolution 236); Immer wieder beschloss sie dann, in alten -n nach der Adresse des Dachdeckers zu suchen (Böll, Haus 82). **3.** (EDV) *(mit einem bestimmten Namen bezeichneter) Teil des Speicherplatzes einer Festplatte od. Diskette, in dem Dateien abgelegt werden:* einen neuen O. anlegen; eine Datei in einem Ordner abspeichern.

Ord|ner|bin|de, die: *den Ordner* (1) *kennzeichnende, von ihm um den Arm getragene Binde* (2).

Ord|ne|rin, die; -, -nen: w. Form zu ↑Ordner (1).

Ord|nung, die; -, -en ⟨Pl. selten⟩ [mhd. ordenunge, ahd. ordinunga]: **1.** ⟨o. Pl.⟩ *durch Ordnen* (1) *hergestellter Zustand, das Geordnetsein, ordentlicher, übersichtlicher Zustand:* eine mustergültige O.; hier herrscht ja eine schöne O.! (iron.; *ein fürchterliches Durcheinander!);* durch sie kam etwas mehr O. ins Haus; es gelang ihm nicht, O. in die Papiere zu bringen; O. machen, schaffen; sich an O. gewöhnen müssen; auf O. achten, bedacht sein; ich frage nur der O. halber/wegen *(weil es sich so gehört u. um Missverständnisse zu vermeiden);* die Kinder zur O. erziehen *(anhalten, ordentlich zu sein);* R alles muss seine O. haben; ein bisschen O. in das halbe Leben; * **etw. in O. bringen** (ugs.; 1. *etw. [wieder] in einen brauchbaren, ordentlichen Zustand bringen.* 2. *einen unangenehmen Vorfall o. Ä. zur Zufriedenheit aller Beteiligten klären);* **jmdn. in O. bringen** (ugs.; *dafür sorgen, dass jmd. wieder [physisch od. psychisch] gesund wird);* **[wieder] in O. kommen** (ugs.; *[wieder] in einen ordentlichen,

zufrieden stellenden Zustand gebracht werden):* ihre Ehe ist wieder in O. gekommen; **in O. sein** (ugs.; 1. *einwandfrei* (1 a) *sein):* ist dein Pass in O.?; das Fleisch ist nicht ganz in O.; dein Verhalten war nicht in O.; hier ist etwas nicht in O. 2. *gesund sein; sich wohl fühlen.* 3. *nett, zuverlässig, sympathisch sein:* Dann merkte ich aber, dass der neue Klassenlehrer schwer in O. war [Christiane, Zoo 320]; die war ganz in O., die hat alles mitgemacht, jeden Dreck [Schmidt, Strichjungengespräche 94]); **in schönster/bester O.** (ugs.; *so, wie es sein soll; so, wie es gewünscht wird):* alles, das Haus in bester O. vorfinden; **in O. gehen** (ugs.; *so, wie abgemacht, versprochen, auftragsgemäß erledigt werden):* das geht schon in O.; **etw. [ganz] in [der] O. finden** (ugs.; *etw. für völlig richtig, angebracht halten);* **in O.!** (ugs.; *[ein]verstanden!):* in O., ich komme mit. **2.** ⟨o. Pl.⟩ ⟨selten⟩ *das Ordnen* (1, 2). **3.** ⟨o. Pl.⟩ **a)** *geordnete Lebensweise:* ein Kind braucht seine O.; nicht stören; aus seiner gewohnten O. herausgerissen werden; **b)** *Einhaltung der Disziplin, bestimmter Regeln im Rahmen einer Gemeinschaft:* es gelang ihm nicht, O. in die Klasse zu bringen; Wie die Deutschen gern sagen: O. muss sein (Spiegel 32, 1988, 26); Deutsche haben im Lager strenge O. gehalten, und es durfte keiner aufmucken (Wimschneider, Herbstmilch 140); *** jmdn. zur O. rufen** (zurechtweisen, [offiziell] zur Disziplin ermahnen); **c)** *auf bestimmten Normen beruhende u. durch den Staat mittels Verordnungen, Gesetzgebung o. Ä. durchgesetzte u. kontrollierte Regelung des öffentlichen Lebens:* Ruhe und O. stören, wiederherstellen; die verfassungsmäßige O. gewährleisten, gefährden. **4.** ⟨o. Pl.⟩ **a)** *Gesellschaftsordnung:* Die Errichtung der neuen, volksdemokratischen O. führte dazu, ... (horizont 12, 1977, 26); Alle radikal-islamischen Bewegungen haben jedoch eines gemeinsam: die Ablehnung einer modernen, weltlichen Ordnung (Welt 25. 4. 97, 18); ..., der darin einen gerechten Lohn für sein Eintreten für die obrigkeitliche O. sah (Kühn, Zeit 52); **b)** *Gesetz* (3): die kirchliche, sittliche, kosmische O.; das ist, verstößt gegen jede O. **5. a)** ⟨o. Pl.⟩ *Art u. Weise, wie etw. geordnet, geregelt ist; Anordnung* (1): eine alphabetische, chronologische, vorbildliche O.; man kann die Stücke in beliebiger O. zusammenstellen; Ü Meist trug ich den Sieg davon. Das fand ich ganz in der natürlichen O. der Dinge (Stern, Mann 88); **b)** *Formation* (2 a): so ausgezeichnet hat der militärische O. noch nie geklappt (Ott, Haie 133). **6.** (Biol.) *größere Einheit, die aus mehreren verwandten Tier- od. Pflanzenfamilien besteht:* die O. der Raubtiere; einige Fleischfresser höherer O. nähren sich ausschließlich von Fleisch (Gruhl, Planet 32); ... als sie auf die strenge O. der subtropischen Flora ... hinweisen (natur 8, 1991, 49). **7.** ⟨o. Pl.⟩ (Math.) *Bestimmung mathematischer Größen, die nach bestimmten Einteilungen gegliedert sind:* Kurven, Ableitungen erster, zweiter O. **8.** (Mengenlehre) *Struktur einer geordneten Menge* (2). **9.** ⟨o. Pl.⟩ *bestimmte Stufe einer nach qualitativen Gesichtspunkten gegliederten Reihenfolge:* Straßen dritter, fünfter O.; * **erster O.** (ugs.; *von höchstem Grad, von bes. gründlicher Art*): ein Misserfolg, Ärgernis erster O.; dass der »Erfinder« der Weinstraße ... ein Nazi erster O. war (Rheinpfalz 7. 7. 84, 6).

Ọrd|nungs|amt, das: **a)** *städtische Behörde, die für die Erfassung aller für die ordnungsgemäße Regelung des öffentlichen Lebens notwendigen Daten, Angaben o. Ä. u. für die Ausgabe von entsprechenden Ausweisen, Genehmigungen o. Ä. zuständig ist;* **b)** *Gebäude, in dem ein Ordnungsamt (a) untergebracht ist.*

Ọrd|nungs|dienst, der: **a)** *Tätigkeit eines Ordners* (1): den O. beim Fußballspiel übernehmen, versehen, besorgen; **b)** *jmd., der den Ordnungsdienst (a) übernommen hat.*

Ọrd|nungs|fim|mel, der (ugs. abwertend): *übertriebene Ordnungsliebe.*

ọrd|nungs|ge|mäß ⟨Adj.⟩: *einer bestimmten Ordnung entsprechend, wie vorgesehen:* Der Citroën der Botschaft hatte keine -e Bremse (ADAC-Motorwelt 10, 1986, 89); Die Bestätigung des Auftritts in Acapulco, die Erlaubnis des Innenministeriums – alles war o. (Konsalik, Promenadendeck 131); etw. o. anmelden; o. vorgehen; die Tür war o. verschlossen; Nicht mal die Fahrt zum Flughafen hat sie o. mit der Bahn zurückgelegt (Kronauer, Bogenschütze 286).

ọrd|nungs|hal|ber ⟨Adv.⟩: *um der Form zu genügen, wie es sich gehört:* ich habe nur o. gefragt.

Ọrd|nungs|hü|ter, der (meist scherzh.): *Polizeibeamter.*

Ọrd|nungs|hü|te|rin, die (meist scherzh.): w. Form zu ↑Ordnungshüter.

Ọrd|nungs|kraft, die ⟨meist Pl.⟩: *jmd., der in bestimmten Bereichen für die Wahrung u. Wiederherstellung der öffentlichen Ordnung u. Sicherheit zuständig ist:* die Ordnungskräfte mussten den Saal räumen; Nach Ansicht der New Yorker Ordnungskräfte hatte die protestfreudige Italienerin vor dem UN-Gebäude etwas zu penetrant für eine liberale Drogenpolitik demonstriert (Woche 19. 12. 97, 21).

Ọrd|nungs|lie|be, die: *ausgeprägte Neigung, Ordnung* (3) *zu halten.*

ọrd|nungs|lie|bend ⟨Adj.⟩: *voller Ordnungsliebe, sehr ordentlich:* Die Menschen dieser Stadt ... sind genügsam, fleißig und o. (Jahnn, Nacht 133).

Ọrd|nungs|macht, die (Politik): *staatliche Institution* (1), *die für die Aufrechterhaltung u. Verteidigung der bestehenden Ordnung* (3 c) *zuständig ist, bes. Polizei, Militär o. Ä.*

ọrd|nungs|mä|ßig ⟨Adj.⟩: **1.** *nach einer bestimmten Ordnung:* verschiedene Arten von Pflanzen o. einteilen. **2.** (ugs.) *ordnungsgemäß.*

Ọrd|nungs|po|li|zei, die: *Verkehrs- u. Vollzugspolizei.*

Ọrd|nungs|prin|zip, das: *Prinzip, nach*

dem etw. geordnet ist, das einer bestimmten Ordnung zugrunde liegt.

Ọrd|nungs|ruf, der: *offizielle Ermahnung zur Disziplin, Zurechtweisung eines Versammlungsteilnehmers durch den Vorsitzenden:* einen O. erhalten; jmdm. einen O. erteilen.

Ọrd|nungs|sinn, der ⟨o. Pl.⟩: vgl. Ordnungsliebe.

Ọrd|nungs|stra|fe, die (Rechtsspr.): *[Geld]strafe für eine Ordnungswidrigkeit:* eine O. erhalten, verhängen; jmdn. mit einer O. belegen.

Ọrd|nungs|sys|tem, das: vgl. Ordnungsprinzip.

ọrd|nungs|wid|rig ⟨Adj.⟩ (Rechtsspr.): *gegen eine Verordnung, amtliche Vorschrift verstoßend:* -es Verhalten im Verkehr; Das schließt allerdings nicht aus, dass -e Kleinverstöße wie Vandalismus oder Graffiti-Sprayen dennoch konsequenter bekämpft werden (Woche 19.12. 97, 8).

Ọrd|nungs|wid|rig|keit, die (Rechtsspr.): *ordnungswidriges Verhalten:* Eine O. ist eine rechtswidrige und vorwerfbare Handlung (Straßenverkehrsrecht, OWiG 266); es ist nicht Ihre Sache als Privatmann, -en anderer Kraftfahrer zu verhindern (ADAC-Motorwelt 5, 1982, 5).

Ọrd|nungs|zahl, die: *Ordinalzahl.*

Ọr|do, der; -, Ordines [...ne:s; lat. ordo, ↑Orden]: **1.** *(im antiken Rom) Stand, Klasse* (2). **2.** ⟨o. Pl.⟩ *verwandte Familien zusammenfassende Einheit.* **3.** *Ordination* (1 b).

or|do|li|be|ral ⟨Adj.⟩: *einen durch straffe Ordnung gezügelten Liberalismus vertretend.*

Ọr|do Mịs|sae [- ...sɛ], der; - - (kirchenlat.] (kath. Kirche): *gleich bleibende Teile der* ¹*Messe* (1).

Or|don|nạnz, (auch:) Ordonanz, die; -, -en [frz. ordonnance, zu: ordonner < lat. ordinare, ↑ordinieren] (Milit.): **1.** *Offiziersanwärter, der im Offizierskasino bedient:* Bartsch winkte eine O. herbei und drückte der wortlos ... seinen leeren Teller in die Hand (Kirst, 08/15, 387). **2.** (veraltet) *Befehl.*

Or|don|nạnz|of|fi|zier, (auch:) Ordonanzoffizier, der (Milit.): *Offizier, der in höheren Stäben den Stabsoffizieren zugeordnet ist.*

Or dou|blé [ɔrduˈbleː], das; - - [frz. or doublé; or = Gold u. doublé, ↑Dublee]: *Dublee* (1).

or|do|vi|zisch ⟨Adj.⟩ (Geol.): *das Ordovizium betreffend.*

Or|do|vi|zi|um, das; -s [nach dem kelt. Volksstamm der Ordovices im heutigen nördlichen Wales wegen der dort gemachten Funde] (Geol.): *auf das Kambrium folgende Formation des Paläozoikums.*

Or|dre [ˈɔrdrə], die; -, -s: frz. Form von ↑Order.

Öre, das; -s, -, auch: die; -, - [dän., norw. øre, schwed. öre < lat. (nummus) aureus = Golddenar]: *Währungseinheit in Dänemark, Norwegen u. Schweden* (100 Öre = 1 Krone).

Ore|a|de, die; -, -n ⟨meist Pl.⟩ [lat. oreas

< griech. oreiás (Gen.: oreiádos) = die zum Berg Gehörende] (griech. Myth.): *auf einem Berg lebende Nymphe.*

ore|al ⟨Adj.⟩ (Geogr.): *zum Gebirgswald gehörend.*

Ore|ga|no, Origano, der; - [span. orégano, ital. origano < lat. origanum < griech. oríganon]: *als Gewürz verwendete getrocknete Blätter u. Zweigspitzen des Origanums.*

Ore|ga|num, Origanum, das; -[s]: *Dost, Wilder Majoran.*

Ore|gon [ˈɔrɪɡən]; -s: Bundesstaat der USA.

orẹk|tisch ⟨Adj.⟩ [griech. orektikós = die Begierde betreffend, sie erregend] (Psych.): *die Aspekte der Erfahrung wie Impuls, Haltung, Wunsch, Emotion betreffend.*

ore|mus [lat.]: *lasst uns beten!* (Gebetsaufforderung des katholischen Priesters [in der lateinischen Messe]).

Orẹn|da, das; -s [aus dem Indian.]: *übernatürlich wirkende Kraft in Menschen, Tieren u. Dingen.*

ORF [oɛrˈɛf], der; -[s]: Österreichischer Rundfunk.

Ọr|fe, die; -, -n [mhd. orfe, ahd. orvo < lat. orphus < griech. orphós]: *Aland.*

Ọr|gan, das; -s, -e [lat. organum = Werkzeug, (Musik)instrument, Orgel < griech. órganon, auch = Körperteil; 3, 4: wohl nach frz. organe]: **1.** *aus verschiedenen Geweben zusammengesetzter einheitlicher Teil des menschlichen, tierischen u. pflanzlichen Körpers mit einer bestimmten Funktion* (1 a): die inneren -e; ein lebenswichtiges, empfindliches, gesundes O.; Mit etwa 1,82 Quadratmetern ist die Haut ... unser größtes O. (Hörzu 26, 1984, 136); der Wurmfortsatz gehört zu den lymphatischen -en (Hackethal, Schneide 52); ein natürliches O. durch ein künstliches ersetzen; ein O. verpflanzen, spenden, einpflanzen; * **ein O. für etw. haben** (zugänglich, empfänglich für etw. sein): Für die Poesie des Nebeltags, der Herbststimmung ... hatte er kein O. (Friedell, Aufklärung 189). **2.** (ugs.) *Stimme:* eine laute, schrille, angenehmes O. haben. **3.** ⟨Pl. seltener⟩ (bildungsspr.) *Zeitung od. Zeitschrift, in der die offizielle Auffassung, der [politische] Standpunkt einer bestimmten Partei, eines bestimmten [Interessen]verbandes o. Ä. dargelegt wird:* das wöchentlich erscheinende O. der Gewerkschaft; In dem offiziellen O. der KPdSU schrieb Grigorjew ... (Welt 7. 5. 66, 3). **4.** (bildungsspr.) *[offizielle] Einrichtung od. [offiziell beauftragte] Person mit einer bestimmten Funktion als Teil eines größeren Ganzen:* ein übergeordnetes, ausführendes, beratendes O.; Oder habe ein Eingriff eines amtlichen -s stattgefunden? (Kafka, Schloß 212); ich bin nur ein vollziehendes O. Ich habe den Fall meiner vorgesetzten Dienststelle übergeben (Kirst, Aufruhr 170); ein O. der Rechtspflege; -e der Gesetzgebung; Die -e der Gemeinde sind länderweise ... verschieden ausgestaltet (Fraenkel, Staat 162); Die -e der Aktiengesellschaft sind die Hauptversammlung ..., der Vorstand ... und der ... Aufsichtsrat (Rittershausen, Wirtschaft 50). ◆ **5.** *Werkzeug, Hilfsmittel:* Ü soll ich dem Blutgericht zum O. (*Handlanger 2, Büttel* 3) dienen, soll ich das Vertrauen des unglücklichen Menschen missbrauchen (E. T. A. Hoffmann, Fräulein 43); Die Richter! ... Sind es etwa ... Verworfne, schamlose Zungendrescher, ... die sich zum O. der Unterdrückung willig dingen lassen (Schiller, Maria Stuart I, 7).

Or|ga|na: Pl. von ↑Organum.

or|ga|nal ⟨Adj.⟩ [spätlat. organalis = zur Orgel gehörend] (Musik): **1.** *das Organum* (1) *betreffend.* **2.** *orgelartig.*

Or|gan|aus|pflan|zung, die: *Explantation.*

Or|gan|bank, die ⟨Pl. ...banken⟩ (Med.): *Einrichtung, die der Aufbewahrung u. Abgabe von Organen* (1) *od. Teilen davon für Transplantationen dient.*

Or|gan|be|hand|lung, die (Med.): *Organotherapie.*

Or|gan|din, der; -s (österr.): *Organdy.*

Or|gan|dy [...di], der; -s [engl. organdy < frz. organdi, H. u.]: *durchscheinendes, gemustertes feines Baumwollgewebe in Pastellfarben.*

Or|gan|ein|pflan|zung, die (Med.): *Implantation.*

Or|ga|nell, das; -s, -en, **Or|ga|nel|le,** die; -, -n [zu ↑Organ] (Biol.): **a)** *in seiner Bedeutung mit einem Organ* (1) *vergleichbares Gebilde des Zellplasmas eines Einzellers;* **b)** *Feinstruktur einer tierischen od. pflanzlichen Zelle.*

Or|gan|emp|fän|ger, der (Med.): *jmd., dessen eigenes erkranktes Organ* (1) *operativ durch ein fremdes gesundes ersetzt wird.*

Or|gan|emp|fän|ge|rin, die (Med.): w. Form zu ↑Organempfänger.

Or|gan|ent|nah|me, die (Med.): *operative Entnahme eines Organs:* Nach den Erfahrungen des Gießener Neurochirurgen erfordert das Gespräch des Arztes über eine mögliche O. mit den Angehörigen des potenziellen Spenders viel Zeit und Einfühlungsvermögen des Arztes (Welt 2. 6. 89, 23).

Or|gan|fett, das (Biol., Med.): *Fett, das für den Zellstoffwechsel notwendig ist; Zellfett.*

Or|gan|funk|ti|on, die: *Funktion* (1 a) *eines Organs, von Organen.*

Or|gan|ge|sell|schaft, die (Wirtsch., Steuerw.): *rechtlich selbstständige Tochtergesellschaft, die wirtschaftlich, finanziell u. organisatorisch abhängig in ein anderes Unternehmen eingegliedert ist.*

Or|gan|gym|nas|tik, die: *Gymnastik, die der Kräftigung aller Organe* (1) *dient.*

Or|ga|ni|gramm, das; -s, -e [Kunstwort, ↑-gramm]: **1.** *Schema in Form eines Stammbaums, das den Aufbau einer wirtschaftlichen Organisation erkennen lässt u. über Arbeitseinteilung od. über die Zuweisung bestimmter Aufgabenbereiche an bestimmte Personen Auskunft gibt:* all das ist oft bedeutsamer für das Funktionieren eines Unternehmens als das O., die Stellenbeschreibungen und die offizielle Ablauforganisation (Woche 18. 12. 98, 10). **2.** *Organogramm* (1).

Or|ga|ni|ker, der; -s, -: *Spezialist auf dem Gebiet der organischen Chemie.*

Or|ga|ni|ke|rin, die; -, -nen: w. Form zu ↑Organiker.

or|ga|ni|sa|bel ⟨Adj.⟩ [frz. organisable, zu: organiser, ↑organisieren]: *organisierbar, beschaffbar; sich verwirklichen lassend.*

Or|ga|ni|sa|ti|on, die; -, -en [frz. organisation, zu: organiser, ↑organisieren]: **1.** ⟨o. Pl.⟩ *das Organisieren* (1): eine gute, reibungslose O.; ihr oblag die O. der Veranstaltung; Überall, wo Menschen wie Heringe zusammengepfercht werden, ist O. unerlässlich (Kirst, 08/15, 903); Weil die Bischöfe der Reformation versagten, vertraut er die O. der Kirche der weltlichen Obrigkeit an (Fraenkel, Staat 153); das ist alles nur eine Frage der O. **2.** ⟨o. Pl.⟩ *der Funktionstüchtigkeit einer Institution o. Ä. dienende [planmäßige] Zusammensetzung, Struktur, Beschaffenheit:* die O. der Gemeinden, der Polizei; der Konzern erhält eine neue O. **3. a)** *das [Sich]zusammenschließen zur Durchsetzung bestimmter Interessen, Zielsetzungen:* die O. der Arbeiter; durch die O. weiter Bevölkerungsschichten konnte der Bau des Kernkraftwerks verhindert werden; **b)** *einheitlich aufgebauter Verband, Zusammenschluss von Menschen zur Durchsetzung bestimmter Interessen, Zielsetzungen o. Ä.:* eine politische, illegale, internationale, revolutionäre O.; Nach Lenins Tod ... wuchs die O. zwar zahlenmäßig schnell ... (Leonhard, Revolution 55); eine O. gründen, aufbauen, verbieten; Es gibt heute in und um Bonn etwa 400 Büros verschiedener -en und Interessengruppen (Dönhoff, Ära 35); Auch in der Gegenwart wird in der Sowjetunion das Entstehen eigenständiger jüdischer -en unterdrückt (Fraenkel, Staat 143); sich in einer O. zusammenschließen. **4.** (Med.) *selbsttätige Umwandlung abgestorbenen Körpergewebes in gesundes Gewebe.*

Or|ga|ni|sa|ti|ons|bü|ro, das: **1.** *Büro, das für die Organisation* (1) *von etw. zuständig ist.* **2.** *Büro einer Organisation* (3 b).

Or|ga|ni|sa|ti|ons|feh|ler, der: *Fehler in der Organisation* (1).

Or|ga|ni|sa|ti|ons|form, die: *Art u. Weise, wie etw. organisiert ist.*

Or|ga|ni|sa|ti|ons|ga|be, die: vgl. Organisationstalent.

Or|ga|ni|sa|ti|ons|grad, der: *Grad* (1 a) *der Organisiertheit.*

Or|ga|ni|sa|ti|ons|plan, der (Wirtsch.): *grafische Darstellung von Organisationsstrukturen u. Arbeitsabläufen.*

Or|ga|ni|sa|ti|ons|struk|tur, die: vgl. Organisationsform.

Or|ga|ni|sa|ti|ons|ta|lent, das: **1.** *Talent zum Organisieren:* O. haben. **2.** *jmd., der Organisationstalent* (1) *besitzt:* sie ist ein O.

Or|ga|ni|sa|tor, der; -s, ...oren: **1. a)** *jmd., der etw. [verantwortlich] organisiert:* findige, geschickte -en; die -en eines Festivals; Beweise, dass er der O. der Gangsterschlacht in der Bleibtreustraße gewesen sei, ... (Prodöhl, Tod 85); Zugleich

zeigen diese Briefe, dass Thomas Mann von Anfang an ein virtuoser O. seines literarischen Erfolgs war (Reich-Ranicki, Th. Mann 24); **b)** *jmd., der Organisationstalent besitzt:* er war ein ausgezeichneter, ausgesprochener O. **2.** (Biol.) *bestimmter Teil eines Embryos, der die Entwicklung des Gewebes steuert.*

Or|ga|ni|sa|to|rin, die; -, -nen: w. Form zu ↑Organisator (1).

or|ga|ni|sa|to|risch ⟨Adj.⟩: *die Organisation* (1) *von etw. betreffend:* -e Aufgaben, Mängel, Vorbereitungen; die -e Leitung übernehmen; die Schwierigkeiten sind rein -er Natur; Jenen Ländern fehlt es ... an kaufmännischer, technischer, -er Erfahrung (Dönhoff, Ära 173); sich o. betätigen; o. begabt sein.

or|ga|nisch ⟨Adj.⟩ [lat. organicus < griech. organikós = als Werkzeug dienend; wirksam]: **1. a)** (bildungsspr.) *zum belebten Teil der Natur gehörend, ihn betreffend:* -e Substanzen; Bodenschätze, die keinen -en Ursprung haben (Gruhl, Planet 56); den Ekel erregenden, stinkenden, mit Fransen aus Würmern und Maden bestandenen Prozess des -en Verfalls (Ransmayr, Welt 158); **b)** (Chemie) *die Verbindungen des Kohlenstoffs betreffend:* die -e Chemie. **2.** (Med., Biol.) *ein Organ* (1) *od. die Organismus betreffend:* ein -es Leiden; -e Veränderungen; er ist o. gesund. **3.** (bildungsspr.) *einer bestimmten [natürlichen] Gesetzmäßigkeit folgend:* ein -es Wachstum; eine o. verlaufende Entwicklung. **4.** (bildungsspr.) *[mit etw. anderem] eine Einheit bildend; sich harmonisch in ein größeres Ganzes einfügend:* -e Bestandteile von etwas; der Romanaufbau ist nicht sehr o.; etw. fügt sich o. in etw. ein; Wir arbeiten Sie sorgfältig ein und vermitteln Ihnen die erforderlichen Fachkenntnisse, damit sie o. in Ihre Führungsaufgaben hineinwachsen (SZ 1. 3. 86, 92).

or|ga|nisch-bio|lo|gisch [nach einer in den 30er Jahren in der Schweiz begründeten Wirtschaftsweise] ⟨Adj⟩: *(bezogen auf die Bodenbearbeitung) frischen Stallmist als Dünger verwendend, künstlichen Dünger u. Herbizide vermeidend.*

or|ga|ni|sier|bar ⟨Adj.⟩: *geeignet, organisiert zu werden.*

Or|ga|ni|sier|bar|keit, die; -: *das Organisierbarsein.*

or|ga|ni|sie|ren ⟨sw. V.; hat⟩ [frz. organiser, zu: organe < lat. organum, ↑Organ]: **1. a)** *etw. sorgfältig u. systematisch vorbereiten, aufbauen; für einen bestimmten Zweck einheitlich gestalten:* eine Party, Ausstellung, Demonstration o.; Die KKR organisiert Seminare (ran 2, 1980, 26); den Widerstand o.; die Armee, das Schulwesen neu o.; Er hatte sein Leben, wie er ihr einmal sagte, »nur anders organisiert« (Bieler, Mädchenkrieg 52); Die Arbeit in den genannten Abteilungen kann besser organisiert ... werden (H. Gerlach, Demission 33); es ist alles hervorragend organisiert; die Verwaltung soll straffer organisiert werden; die neu organisierte Behörde; Organisierte Höhenwanderungen sind die beste Möglichkeit, das reizvolle Umland des Sees zu erkunden (a & r 2, 1997, 80); das war organisierter Massenselbstmord; das organisierte Verbrechen *(Bereich, Gesamtheit von Straftaten, die von fest in hierarchischer Ordnung zusammengeschlossenen, stark arbeitsteilig vorgehenden Personen[gruppen] begangen werden, wobei die Verwertung der Beute z. T. international erfolgt)* bekämpfen; **b)** ⟨o. + sich⟩ *zu systematischem Aufbau gelangen:* der Widerstand organisiert sich. **2. a)** *in einer Organisation* (3 b), *einem Verband o. Ä. od. zu einem bestimmten Zweck zusammenschließen:* Mitglieder in Untergruppen o.; *gewerkschaftlich, genossenschaftlich organisierte Arbeiter, Bauern;* **b)** ⟨o. + sich⟩ *sich zur Durchsetzung bestimmter Interessen, Zielsetzungen zusammenschließen:* sich zum Widerstand o.; viele Winzer haben sich in Genossenschaften organisiert; die Jugendlichen organisieren sich zu Banden; er will sich o. *(Mitglied in einer gewerkschaftlichen, politischen Organisation werden);* gewerkschaftlich organisiert sein; die nicht organisierten Angestellten. **3.** (ugs.) *[auf nicht ganz korrekte Art] beschaffen:* Zigaretten, Schokolade o.; ich habe mir ein Fahrrad organisiert; Loest organisiert Verpflegung für die Truppe (Loest, Pistole 74); Alex organisiert mir ein Taxi *(beordert es für mich her;* Sobota, Minus-Mann 318); Tags darauf war er krank ... Seine Kameraden organisierten (salopp; holten) einen Arzt (Loest, Pistole 75); damit ich nicht ganz allein bliebe, wurde eine Cousine Kanitz organisiert (salopp; hergebracht), mit der ich fortan zusammen unterrichtet werden sollte (Dönhoff, Ostpreußen 213); Ich klau' doch nicht, ... ick organisier' bloß manchmal ein bisschen (Fallada, Jeder 20). **4.** (Med.) *selbsttätig in gesundes Gewebe umwandeln:* Löst sich ein Thrombus nicht vom Orte seiner Entstehung ab, so wird er organisiert (Medizin II, 167). **5.** (Musik) *auf der Orgel zum Cantus firmus frei fantasieren.*

Or|ga|ni|siert|heit, die; -: *das Organisiertsein.*

Or|ga|ni|sie|rung, die; -, -en ⟨Pl. selten⟩: *das Organisieren.*

or|ga|nis|misch ⟨Adj.⟩ (bildungsspr.): *zum Organismus gehörend:* die Identifikation mit unseren ureigensten Körperempfindungen und -en Bedürfnissen (Siems, Coming out 34).

Or|ga|nis|mus, der; -, ...men [frz. organisme]: **1. a)** *gesamtes System der Organe* (1): *der menschliche, tierische, pflanzliche O.; der lebende O.; durch Grippe wird der gesamte O. geschwächt;* **b)** ⟨meist Pl.⟩ (Biol.) *tierisches od. pflanzliches Lebewesen:* Bakterien sind winzige Organismen; Zweifellos würden in Gruppen lebende Organismen miteinander konkurrieren (natur 6, 1991, 97); Im Laufe der Jahrmillionen wuchsen neben den üblichen Meerestieren riesige Mengen planktonisch lebender Organismen (Gruhl, Planet 54). **2.** (bildungsspr.) *größeres Ganzes, Gebilde, dessen Teile, Kräfte o. Ä. zusammenpassen, zusammenwirken:* ein politischer, sozialer O.;

Eine Stadt ist ein O., der um ein pulsierendes Herz, ein Zentrum ... gewachsen ... ist (K. Mann, Wendepunkt 169).

Or|ga|nist, der; -en, -en [mhd. organist(e) < mlat. organista, zu lat. organum, ↑Organ]: *jmd., der berufsmäßig Orgel spielt* (Berufsbez.).

Or|ga|nis|tin, die; -, -nen: w. Form zu ↑Organist.

Or|ga|nis|trum, das; -s, ...stren [mlat. organistrum, zu lat. organum, ↑Organ]: *Drehleier.*

Or|ga|ni|zer [ˈɔːɡənaɪzɐ], der; -s, - [engl.]: *Microcomputer, der bes. als Terminkalender sowie als Adressen- u. Telefonverzeichnis benutzt wird:* Die kleinen O. für die Hemdentasche ... lassen sich mit einem zusätzlichen Datenwandler und einem passenden Mobiltelefon zu einer universellen Nachrichtenzentrale ausbauen (FAZ 12. 1. 99, T2).

Or|gan|kla|ge, die (Rechtsspr.): *Klage eines Organs* (4) *des ¹Bundes* (1 b) *od. einer öffentlich-rechtlichen Körperschaft gegen ein anderes Organ derselben Institution vor dem Bundesverfassungsgericht über den Umfang bestimmter Rechte u. Pflichten.*

Or|gan|kon|ser|ve, die (Med.): *konserviertes Organ* (1).

Or|gan|kon|ser|vie|rung, die (Med.): *Konservierung eines Organs* (1).

Or|gan|man|dat, das (österr. Amtsspr.): *Strafe, die von der Polizei ohne Anzeige u. Verfahren verhängt wird.*

Or|gan|man|dats|weg, der ⟨o. Pl.⟩ (österr. Amtsspr.): *Möglichkeit der direkten Verhängung einer Strafe durch die Polizei.*

or|ga|no|gen ⟨Adj.⟩ [↑-gen]: **1.** (Chemie) *am Aufbau organischer Substanzen beteiligt.* **2.** (Biol.) *Organe* (1) *bildend.*

Or|ga|no|ge|ne|se, die; - (Biol.): *Prozess der Organbildung.*

Or|ga|no|gramm, das; -s, -e [↑-gramm]: **1.** (Psych.) *schaubildliche Wiedergabe der Verarbeitung von Informationen im Organismus.* **2.** Organigramm (1).

Or|ga|no|gra|phie, die; -, -n [↑-graphie]: **1.** (Med., Biol.) *Teilgebiet der Organologie, das sich mit der Beschreibung der äußeren Gestalt der Organe befasst.* **2.** (Musik) *Lehre vom Bau der Musikinstrumente.*

or|ga|no|gra|phisch ⟨Adj.⟩: *die Organographie betreffend.*

or|ga|no|id ⟨Adj.⟩ [zu griech. -eidḗs = gestaltet, ähnlich, zu: eîdos = Aussehen, Form] (Med., Biol.): *organähnlich.*

Or|ga|no|id, das; -[e]s, -e (Biol.): *Organelle.*

or|ga|no|lep|tisch ⟨Adj.⟩ [frz. organoleptique = Sinne u. Organe berührend, zu: organe = Organ u. leptique < griech. lēptikós = (er-, zu)greifend, zu lambánein = nehmen, (zu-, er)greifen] (Fachspr.): *Lebensmittel auf Eigenschaften wie Geschmack, Aussehen, Geruch, Farbe ohne Hilfsmittel, nur mit den Sinnen prüfend.*

Or|ga|no|lo|ge, der; -n, -n [↑-loge] (Musik): *Wissenschaftler auf dem Gebiet der Organologie* (2).

Or|ga|no|lo|gie, die; - [↑-logie]: **1.** (Med.,

Biol.) *Lehre vom Bau u. von der Funktion von Organen.* **2.** (Musik) *Lehre vom Bau, von der Konstruktion von Orgeln.*

Or|ga|no|lo|gin, die; -, -nen: w. Form zu ↑Organologe.

or|ga|no|lo|gisch ⟨Adj.⟩: *die Organologie betreffend.*

Or|ga|non, das; -s, ...na [griech. órganon = Werkzeug] (Philos.): **1.** ⟨o. Pl.⟩ *Gesamtheit der logischen Schriften des Aristoteles.* **2.** *(logische) Schrift zur Grundlegung der Erkenntnis.*

or|ga|no ple|no: ↑pleno organo.

Or|ga|no|sol, das; -s, -e [↑¹Sol] (Chemie): *Lösung eines Kolloids in einem organischen Lebensmittel.*

Or|ga|no|the|ra|pie, die; -, -n (Med.): *Behandlung von Krankheiten mit Arzneimitteln, die aus tierischen Organen od. Sekreten gewonnen werden.*

or|ga|no|trop ⟨Adj.⟩ [zu griech. tropḗ = (Hin)wendung] (Med.): *auf Organe* (1) *gerichtet, auf sie wirkend.*

Or|ga|no|zo|on, das; -s, ...zoen [zu griech. zōon = Lebewesen] (Med.): *im Innern eines Organs lebender Parasit.*

Or|gan|prä|pa|rat, das: *Präparat, Arzneimittel, das aus einem tierischen Organ* (1) *gewonnen worden ist.*

Or|gan|psy|cho|se, die (Psych., Med.): *körperliche Erkrankung mit psychotischem Hintergrund.*

Or|gan|schaft, die; -, -en (Wirtsch., Steuerw.): *das Eingegliedertsein einer Organgesellschaft in ein anderes Unternehmen.*

Or|gan|schwund, der (Med.): *Atrophie.*

Or|gan|sin, der od. das; -s [frz. organsin, viell. (über das Ital.) von Namen der Stadt Urgentsch (Usbekistan)] (Textilind.): *bei Seidengeweben als Kettgarn verwendeter Zwirn aus Naturseide.*

Or|gan|spen|de, die (Med.): *das Spenden eines Organs* (1) *od. Organteils für eine Transplantation.*

Or|gan|spen|der, der (Med.): *jmd., der eine Organspende leistet.*

Or|gan|spen|de|rin, die (Med.): w. Form zu ↑Organspender.

Or|gan|streit, der (Rechtsspr.): vgl. Organklage.

Or|gan|the|ra|pie, die (Med.): *Organotherapie.*

Or|gan|tin, der; -s (österr.): *Organdy.*

Or|gan|trans|plan|ta|ti|on, die (Med.): *Transplantation* (1) *eines Organs:* Heute ist die Nierentransplantation die erfolgreichste aller -en (Rheinpfalz 1. 6. 91, 3).

Or|gan|über|tra|gung, die (Med.): *Organtransplantation.*

Or|ga|num, das; -s, ...na [lat. organum] (Musik): **1.** *mehrstimmige Musik des Mittelalters.* **2.** *(in der mittelalterlichen Musik) Musikinstrument, bes. Orgel.*

Or|gan|ver|pflan|zung, die (Med.): *Organtransplantation.*

Or|gan|za, der; -s [ital. organza; vgl. Organsin]: *steifes, sehr dünnes Gewebe aus Seide.*

Or|gas|mus, der; -, ...men [zu griech. orgān = strotzen, schwellen; vor Liebesverlangen glühen]: *Höhepunkt der sexuellen Lust:* einen O. haben; den O. auslösen; Allein die bloße Berührung verschafft ihm einen O. (MM 15./16. 4. 89, 58); Es sind »Fälle« bekannt, wo Männer einen O. ohne Samenerguss und einen Samenerguss ohne O. erleben (Amendt, Sexbuch 115); zum O. kommen.

or|gas|tisch ⟨Adj.⟩ (bildungsspr.): *den Orgasmus betreffend, zu ihm gehörend.*

Or|gel, die; -, -n [mhd. orgel (organa, orgene), ahd. orgela (organa) < (kirchen)lat. organa; eigtl. = Nom. Pl. von: organum, ↑Organ]: *meist in Kirchen aufgebautes, sehr großes Tasteninstrument mit mehreren Manualen, einer Klaviatur für die Füße u. verschieden großen Pfeifen, die Registern zugeordnet sind, die die verschiedensten Instrumente nachahmen u. die verschiedensten Klangfarben erzeugen können:* eine mechanische, elektrische O.; Die O. brauste (Handke, Frau 80); eine O. bauen.

Or|gel|bau|er, der; -s, -: *jmd., der Orgeln baut* (Berufsbez.).

Or|gel|bau|e|rin, die; -, -nen: w. Form zu ↑Orgelbauer.

Or|gel|klang, der: *Klang einer Orgel:* Nachdem man ausgiebig gesungen hat, ... geht man unter O. hinaus (Kempowski, Zeit 231).

Or|gel|kon|zert, das: vgl. Orgelwerk.

Or|gel|mu|sik, die: vgl. Orgelwerk.

or|geln ⟨sw. V.; hat⟩ [1 a: mhd. orgel[e]n]: **1. a)** *Drehorgel spielen;* **b)** (landsch. abwertend) *langweilige, erbärmliche Musik machen.* **2.** (ugs.) *tief u. brausend, gurgelnd [er]tönen:* Sturm kam auf. Er orgelte in den Bäumen der Cecilienallee (Simmel, Affäre 201); Aus der Ecke des Raumes orgelte nun seine Stimme (Musil, Mann 1352); man hörte die Geschosse o.; ⟨subst.:⟩ das Orgeln des Anlassers. **3.** (derb) *koitieren.* **4.** (Jägerspr.) *(vom Hirsch) brünstig schreien:* ⟨subst.:⟩ Er ... machte eine Brunft im vollen Gange nach, vom Mahnen des Kälbertiers bis zum Orgeln des Platzhirsches (Löns, Gesicht 129).

Or|gel|pfei|fe, die: *rundes od. viereckiges [spitz zulaufendes] Rohr (aus Holz od. Metall) als Teil eines Orgelregisters, durch das ein bestimmter Ton in einer bestimmten Klangfarbe erzeugt wird:* einige -n müssen repariert, ausgetauscht werden; * [dastehen] wie die -n (in einer Reihe der Größe nach [dastehen]; gew. von Kindern).

Or|gel|pros|pekt, der: *Prospekt* (4).

Or|gel|punkt, der (Musik): *lang ausgehaltener* (4) *Ton im Bass* (4 a).

Or|gel|re|gis|ter, das: *Register* (3 a) *einer Orgel.*

Or|gel|spiel, das: *das Spielen auf der Orgel.*

Or|gel|spie|ler, der: *jmd., der Orgel spielt od. spielen kann.*

Or|gel|spie|le|rin, die: w. Form zu ↑Orgelspieler.

Or|gel|ton, der: *von einer Orgel herrührender* ²*Ton* (1 a).

Or|gel|werk, das: *Komposition für die Orgel.*

Or|gi|as|mus, der; -, ...men [griech. orgiasmós, zu: orgiázein = ein Fest orgiastisch feiern, zu: órgia, ↑Orgie] (bildungsspr.): *zügelloses, ausschweifendes*

Feiern *(bes. im Hinblick auf altgriechische Feste).*

Or|gi|ast, der; -en, -en [griech. orgiastḗs = der Orgien Feiernde] (bildungsspr.): *zügelloser Schwärmer.*

Or|gi|as|tin, die: w. Form zu ↑Orgiast.

or|gi|as|tisch ⟨Adj.⟩: *zügellos, hemmungslos:* -e Tänze; Auf das Konto der Männer gehen die ausschweifenden Feten und -en Gelage (Perrin, Frauen 210).

Or|gie, die; -, -n [lat. orgia = nächtliche Bacchusfeier < griech. órgia = heilige Handlung; (geheime) Gottesdienst]: *Fest mit hemmungslosen Ausschweifungen:* eine wilde, wüste, dionysische O.; nächtliche -n feiern, veranstalten; Ü -n des Hasses; Es war eine O. in Kitsch (Salomon, Boche 45); ich will in eine O. von Sentimentalität fallen (Remarque, Triomphe 359); * [wahre] -n feiern (keine Grenzen kennen, maßlos sein): die Neugier feierte -n (Jacob, Kaffee 81).

Org|ware ['ɔ:gwɛə], die; -, -s [Kunstwort aus engl. **org**anization = Organisation u. ware = Ware; Analogiebildung zu: Software] (EDV): *Betriebssystem [u. der damit befasste Personenkreis].*

Ori|ent [auch: o'ri̯ɛnt], der; -s [mhd. ōrient < lat. (sol) oriens (Gen.: orientis), eigtl. = aufgehend(e) Sonne), 1. Part. von: oriri = aufstehen, sich erheben; entstehen]: **1.** vorder- u. mittelasiatische Länder: den O. bereisen; * der Vordere O. (der Nahe Osten). **2.** (veraltet) *Osten.*

Ori|en|ta|le, der; -n, -n: *Bewohner des Orients* (1).

Ori|en|ta|lia ⟨Pl.⟩: *Werke über den Orient* (1).

Ori|en|ta|lin, die; -, -nen: w. Form zu ↑Orientale.

ori|en|ta|lisch ⟨Adj.⟩ [lat. orientalis]: *die Orientalen, den Orient betreffend, aus dem Orient stammend:* Auch die Moscheen auf europäischem Boden sind -en Vorbildern nachempfunden (Bild. Kunst III, 39).

ori|en|ta|li|sie|ren ⟨sw. V.; hat⟩: **a)** *orientalische Einflüsse aufnehmen:* orientalisierende Kunst; **b)** *einer Gegend o. Ä. ein orientalisches Gepräge geben:* Kreuzberg ... mit der schon ... orientalisierten Naunynstraße (MM 10. 11. 73, 57).

Ori|en|ta|list, der; -en, -en: *Wissenschaftler auf dem Gebiet der Orientalistik.*

Ori|en|ta|lis|tik, die; -: *Wissenschaft von den orientalischen Sprachen u. Kulturen.*

Ori|en|ta|lis|tin, die; -, -nen: w. Form zu ↑Orientalist.

ori|en|ta|lis|tisch ⟨Adj.⟩: *die Orientalistik betreffend, zu ihr gehörend.*

Ori|ent|beu|le, die; -, -n (Med.): *ansteckende tropische Hautkrankheit mit Knoten- u. Geschwürbildung.*

ori|en|tie|ren ⟨sw. V.; hat⟩ [frz. (s')orienter, zu: orient = Orient, urspr. = die Himmelsrichtung nach der aufgehenden Sonne bestimmen; 3 b: nach russ. orientirovat' na ...]: **1.** ⟨o. + sich⟩ *die richtige Richtung finden, sich in einer unbekannten Umgebung⟩ zurechtfinden:* sich in einer Stadt schnell, leicht o. können; ich orientierte mich an den Markierungen, am Stand der Sonne, nach der Karte; Es

gab keine Küste, an der sie sich o. konnten (Funke, Drachenreiter 200). **2.** (bes. schweiz.) **a)** *[jmdn.] in Kenntnis setzen, unterrichten:* jmdn. schlecht, falsch, unvollkommen o.; Die betroffenen Grundeigentümer sind bereits mit eingeschriebenem Brief schriftlich orientiert worden (Basler Zeitung 2. 10. 85,8); er hat mich über Einzelheiten, über die augenblickliche Lage orientiert; Dürfen wir Sie über diese vielfältige Aufgabe o.? (NZZ 29. 8. 86, 44); nur damit Sie orientiert sind ... (nur damit Sie Bescheid wissen); ⟨auch o. mit Akk.-Obj.:⟩ er orientierte über neue Tendenzen in der Literatur; Nach der Pause orientierte Andreas Grauwiler über das Eidgenössische Schützenfest in Chur (Nordschweiz 27. 3. 85,9); **b)** ⟨o. + sich⟩ *sich einen Überblick verschaffen; sich erkundigen, umsehen:* sich über den Verhandlungsstand, über die wirtschaftliche Lage der Bauern o.; ich habe mich bereits darüber orientiert, warum es nicht weitergeht. **3. a)** ⟨o. + sich⟩ (bildungsspr.) *sich, seine Aufmerksamkeit, Gedanken, seinen Standpunkt o. Ä. in bestimmter Weise, an, nach jmdm., etw. ausrichten:* Der Vorstandsvorsitzende eines großen Unternehmens, das so dezentral orientiert ist, hat nicht die Anweisungs- und Zentralgewalt wie ein Bundeskanzler (Woche 21. 8. 98, 18); sich am Gesamtwohl des Volkes o.; Die humanistische Bildung des Landes orientierte sich seither an Goethe oder doch an Weimar (Fest, Im Gegenlicht 260); Leitbilder, an denen sie sich sinnvoll o. können (Wiedemann, Liebe 189); Mit seinem ganzen Wesen orientierte sich mein Bruder eher an Mutter (nahm er sich eher Mutter zum Vorbild; Wilhelm, Unter 154); gewerkschaftlich orientierte Interessen; **b)** (regional) *auf etw. zielen, lenken; etw. im Auge haben; sich auf etw. konzentrieren:* das Programm orientierte [sich, die Teilnehmer] auf wirtschaftliche Schwerpunkte; Er macht noch viele Worte, sondern orientiert stets auf das Wesentliche (Neue Zeit 29. 6. 77,8); Ohne das Endziel aus dem Auge zu verlieren, orientierten deshalb die Kommunisten auf eine schrittweise Lösung des Problems (horizont 45, 1976,4); die ... Agrarreform, die auf möglichst intensive Ausnutzung jedes Quadratmeters Boden orientiert (NNN 21. 9. 87,5); eine auf intelligentes Wachstum orientierte »ökologische Dienstleistungsgesellschaft« (Woche 27. 3. 98, 9). **4.** (Bauw.) *ein Kultgebäude, eine Kirche in der West-Ost-Richtung anlegen.*

-ori|en|tiert: *drückt in Bildungen mit Substantiven – seltener mit Adjektiven oder Adverbien – aus, dass die beschriebene Person oder Sache auf etw. ausgerichtet, abgestellt ist:* bedarfs-, erfolgs-, konsumorientiert.

Ori|en|tiert|heit, die; -: *das Orientiertsein.*

Ori|en|tie|rung, die; -, -en: **1.** ⟨o. Pl.⟩ *Fähigkeit, sich zu orientieren* (1): er hat eine gute O.; jede O. verlieren. **2.** (bes. schweiz.) *das Orientieren* (2): die öffentliche O. über dringende Gemeindegeschäfte; In nächster Zeit erfolgt hoffentlich eine konkrete O. im Tessin durch die entsprechenden Sachbearbeiter und Regierungsstellen (NZZ 13. 10. 84, 26); Der Zugfunk erlaubt unter anderem auch die O. der Reisenden im Zuge von einer Betriebsleitstelle aus (NZZ 14. 4. 85, 22). **3. a)** (bildungsspr.) *das Sichorientieren* (3 a), *[geistige] Einstellung, Ausrichtung:* die O. der Regierung an der Politik des Nachbarlandes; Die O. an den USA schlägt sich auch in der Literatur nieder (FAZ 9. 1. 82, 21); Ein Drittel der Ost-Teenager sind im letzten Jahr in eine rechtsextreme O. abgedriftet (Woche 19. 12. 97, 6); **b)** (regional) *das Orientieren* (3 b): Mit der O., eng mit dem Handel ... zusammenzuwirken, hat das Kollektiv einen Erfolg versprechenden Weg eingeschlagen (Freie Presse 10. 2. 89,2); die O. der Regierung auf die Außenpolitik; ein Indiz für eine starke positive O. des Jugendlichen auf die SPD (Spiegel 9, 1981, 44). **4.** (Bauw.) *Anlage eines Kultgebäudes, einer Kirche in der West-Ost-Richtung.*

Ori|en|tie|rungs|da|ten ⟨Pl.⟩ (Wirtsch.): *Daten u. Aussagen über die wirtschaftliche Entwicklung [eines Staates].*

Ori|en|tie|rungs|hil|fe, die: *etw., was der Orientierung* (1), *dem Sichorientieren* (2 b, 3 a) *dient.*

Ori|en|tie|rungs|lauf, der (Sport): *Wettbewerb, bei dem die Teilnehmer mit einem Kompass zu Fuß od. auf Skiern bestimmte auf einer Karte angegebene Punkte im Gelände passieren müssen.*

ori|en|tie|rungs|los ⟨Adj.⟩: *ohne Fähigkeit der Orientierung* (3 a, b): -e Jugendliche.

Ori|en|tie|rungs|lo|sig|keit, die; -: *das Orientierungslossein.*

Ori|en|tie|rungs|marsch, der (Milit.): vgl. Orientierungslauf.

Ori|en|tie|rungs|punkt, der: *Punkt, an dem sich jmd. orientieren* (1, 3 a) *kann.*

Ori|en|tie|rungs|sinn, der: *Fähigkeit, sich zu orientieren* (1): keinen O. haben; einen guten, ausgeprägten O. besitzen.

Ori|en|tie|rungs|stu|fe, die (Schulw.): *[als Vorbereitung auf die Gesamtschule dienende] schulformunabhängige Organisationsform des 5. u. 6. Schuljahrs.*

Ori|en|tie|rungs|ver|mö|gen, das: vgl. Orientierungssinn.

Ori|en|tie|rungs|zei|chen, das: *der Orientierung* (1) *dienendes Zeichen.*

Ori|en|tel|pich, der: *handgeknüpfter Teppich aus Wolle mit türkischen od. persischen Mustern.*

Ori|fi|ci|um, das; -s, ...cia [lat. orificium = Mündung]: *Öffnung, Mund der Orgelpfeifen.*

◆ **Ori|flam|me,** die; - [frz. oriflamme, zu afrz. orie = golden (< lat. aureus) u. flamme = Flamme (< lat. flamma), eigtl. = Goldflamme, das Banner ist aus roter Seide u. an einer vergoldeten Lanze befestigt]: *(vom 12. bis 15. Jh.) Kriegsbanner der französischen Könige:* wenn Frankreich letztes Schicksal nun sich naht, dann wirst du meine O. tragen (Schiller, Jungfrau, Prolog 4).

Ori|ga|mi, das; -[s] [jap., eigtl. = gefaltetes Papier]: *alte japanische Kunst des Papierfaltens.*

Ori|ga|no: ↑Oregano.

Ori|ga|num: ↑Oreganum.

ori|gi|nal ⟨Adj.⟩ [lat. originalis = ursprünglich, zu: origo (Gen.: originis) = Ursprung, Quelle, Stamm, zu: oriri, ↑Orient]: **1.** *im Hinblick auf Beschaffenheit, Ursprung od. Herkunft echt u. unverfälscht; nicht imitiert, nachgemacht:* Vor allem vermied er es bei seiner Eigenarbeit, die -en Details auszutauschen (Augsburger Allgemeine 13./14. 5. 78, 44); Er hat sich bei seinen Darstellungen immer an die -en Texte gehalten (NZZ 3. 5. 83, 25); o. indische Seide; o. afrikanische Lederarbeiten; eine -e griechische Plastik; o. Schweizer Käse; o. Brüsseler Spitze; dieser Stoff ist o. englisch; die Grafik ist ein o. Beuys; die Urkunde ist o. *(von niemandem geändert od. kopiert);* Einigermaßen o. erhalten sind ... eigentlich nur die Orgeln (NZZ 30. 8. 86, 39). **2.** *in seiner Art eigenständig u. schöpferisch:* In der Gruppe der »Neuen« ist er der Mann mit der -sten Sprachkraft (Börsenblatt 97, 1967, 7009); Der Feuilletonist versucht, unentwegt originell zu sein, deshalb ist er nie o. (Marek, Notizen 132). **3.** *im Hinblick auf die Umstände ursprünglich, unmittelbar:* Historienstücke werden oft an den -en Umgebung *(direkt am Ort der dargestellten Begebenheit)* gespielt; der Rundfunk überträgt die zweite Halbzeit o. *(direkt vom Ort der Aufnahme);* Riesenbildschirme vermitteln ... das olympische Geschehen o. (NNN 27. 2. 88, 3). **4.** ⟨als adv. Bestimmung, meist bei Verben⟩ (ugs.) *wirklich, in der Tat, tatsächlich:* Die haben mir o. auf dem Arbeitsamt gesagt, ... (Klee, Pennbrüder 20); da stand ich ja nun o. nich' drauf (Schmidt, Strichjungengespräche 178).

Ori|gi|nal, das; -s, -e [1: mlat. = (exemplar) originale]: **1.** *vom Künstler, Verfasser o. Ä. selbst geschaffenes, unverändertes Werk, Exemplar o. Ä.:* das O. eines Zeugnisses, einer Handschrift, Partitur, eines Entwurfs; die Vase ist ein O. aus der Antike; das O. hängt im Louvre; eine Kopie des -s anfertigen; Sammler, denen eine Nachbildung das unerreichbare O. ersetzen muss (Bild. Kunst III, 77); er las Homer im O. *(in der Sprache, in der Homer geschrieben hat).* **2.** (bildungsspr.) *Modell* (2 a): sie war das O. des Gemäldes. **3.** (ugs.) *jmd., der unabhängig von der Meinung anderer in liebenswerter Weise durch seine Besonderheiten auffällt:* er ist ein richtiges, ein Berliner O.; Unser Klassenlehrer war ein O. (Kempowski, Immer 71).

Ori|gi|nal|auf|nah|me, die: **1.** *Aufnahme auf Tonband, Schallplatte od. Filmstreifen, die keine Kopie ist.* **2.** *Foto, das keine Kopie ist.*

Ori|gi|nal|aus|ga|be, die: *(von einem Druckwerk) erste, vom Autor selbst betreute Ausgabe eines Werkes.*

Ori|gi|nal|bei|trag, der: vgl. Originalausgabe.

Ori|gi|nal|do|ku|ment, das: vgl. Originalaufnahme.

Ori|gi|nal|druck, der ⟨Pl. ...drucke⟩: vgl. Originalausgabe.

Ori|gi|nal|fas|sung, die: vgl. Originalausgabe.

Ori|gi|nal|fla|sche, die: *Flasche, die vom Erzeuger des entsprechenden Getränks abgefüllt wird.*

Ori|gi|nal|ge|mäl|de, das: vgl. Originalausgabe.

ori|gi|nal|ge|treu ⟨Adj.⟩: *mit dem Original* (1) *übereinstimmend:* eine -e Wiedergabe der Zeichnung; -er Klang; Das Rathaus wurde ... im Zweiten Weltkrieg stark zerstört und in den sechziger Jahren nicht sehr o. wieder aufgebaut (Berger, Augenblick 31); Auf der Kanareninsel La Palma werden traditionelle Landhäuser mit Subventionen der Europäischen Union o. restauriert (a & r 2, 1997, 122); wobei die eigentlichen Arbeitsräume Schillers in der Mansarde o. erhalten blieben (Freie Presse 11. 11. 88, 1).

Ori|gi|na|li|en ⟨Pl.⟩: *originale* (1) *Aufsätze, Schriften o. Ä.*

Ori|gi|na|li|tät, die; -, -en ⟨Pl. selten⟩ [frz. originalité, zu: original < lat. originalis, ↑original] (bildungsspr.): **1.** *Echtheit:* an der O. des Dokuments, Bildes zweifelt niemand. **2.** *[auffällige] auf bestimmten schöpferischen Einfällen, eigenständigen Gedanken o. Ä. beruhende Besonderheit; einmalige Note:* die O. ihres Stils, einer Reportage; dem Schriftsteller fehlt es an O.; O. *(Einfallsreichtum)* ist für die Mode ein Segen (Dariaux [Übers.], Eleganz 82).

Ori|gi|nal|pa|ckung, die: *Packung, die vom Hersteller eines bestimmten Arzneimittels abgepackt wird* (Abk.: OP).

Ori|gi|nal|pro|gramm, das (Eiskunstlauf): *kurze Kür (die freier gestaltet werden kann u. etw. länger dauert als das frühere Kurzprogramm).*

Ori|gi|nal|spra|che, die: *ursprüngliche Sprache eines übersetzten Textes.*

Ori|gi|nal|text, der: vgl. Originalausgabe.

Ori|gi|nal|ton, der ⟨o. Pl.⟩: *unveränderte, nicht übersetzte, nicht manipulierte Tonaufzeichnung:* der O. eines Films; Ü Die trockene Anspielung auf seine »ewig feuchte Kehle« (O. Juhnke) brachte ihm minutenlanges Gelächter ein (Hörzu 42, 1981, 54).

Ori|gi|nal|treue, die: *originalgetreue Wiedergabe.*

Ori|gi|nal|über|tra|gung, die (Rundf., Ferns.): *Direktsendung.*

Ori|gi|nal|ver|pa|ckung, die: *Verpackung, in der die Ware vom Hersteller geliefert wird.*

Ori|gi|nal|ver|si|on, die: vgl. Originalaufnahme.

Ori|gi|nal|zeich|nung, die: vgl. Originalaufnahme.

ori|gi|när ⟨Adj.⟩ [frz. originaire < lat. originarius] (bildungsspr.): *grundlegend neu; eigenständig:* -e Erfindungen, Denkleistungen; Cocteau war eigentlich nicht o., sondern originell. Er war ein Ästhet, der virtuos und genial zu nutzen wusste, was andere erfanden (MM 5. 7. 89, 28); o. erarbeitete Werke (Börsenblatt 18, 1960, 948); Originär produzierte Programme sind jedoch eher selten (Wochenpresse 43, 1983, 44); Wo bleibt eigentlich der originäre Beitrag der Politik zu den Sparpaketen? (Woche 14. 2. 97, 10); dass der italienische Faschismus, im Gegensatz zum Nationalsozialismus, o. *(ursprünglich)* linke Ideen verfolgt habe, ... (Fest, Im Gegenlicht 322).

ori|gi|nell ⟨Adj.⟩ [frz. originel, zu: origine < lat. origo, ↑original]: **1.** *voller Originalität* (2): ein schlauer und -er Kopf; Vielleicht war er der letzte -e Mystiker in einem fasziniert die Oberfläche analysierenden Europa (Woche 3. 7. 98, 35); Sogar die größten Schriftsteller verdanken ihren Erfolg nicht nur den starken und -en Seiten ihres Talents (Reich-Ranicki, Th. Mann 100); die Story ist o.; o. schreiben. **2.** (ugs.) *sonderbar, eigenartig, komisch:* ein -er Kauz; er machte die -sten Bewegungen, Grimassen; seine Frau fand die Szene keineswegs o.

Ori|no|ko, der; -[s]: Fluss in Südamerika.

Ori|on, der; -s: Sternbild beiderseits des Himmelsäquators.

Ori|o|ni|den ⟨Pl.⟩: *aus dem Sternbild Orion kommende (in der zweiten Oktoberhälfte zu beobachtende) große Anzahl von Meteoren.*

Or|kan, der; -[e]s, -e [niederl. orkaan < span. huracán, ↑Hurrikan]: *sehr heftiger Sturm:* ein furchtbarer O. brach los, erhob sich, tobte; Der O. war vorübergezogen, der Himmel grau, und es regnete schwach (Simmel, Stoff 367); der Sturm entwickelte sich, steigerte sich zum O.; Ü ein O. des Beifalls, der Leidenschaft, der Entrüstung.

or|kan|ar|tig ⟨Adj.⟩: *einem Orkan ähnlich:* ein -er Sturm; Ü -er Beifall.

Or|kan|stär|ke, die: *Stärke, Gewalt eines Orkans:* Böen, die O. erreichen.

Or|kus, der; - [lat. Orcus, H. u., viell. zu orca = Tonne]: **1.** (röm. Myth.) *Hades:* ***jmdn., etw. in den O. schicken/stoßen/befördern** (geh.; *jmdn., etw. vernichten, beseitigen*): Wollen wir im Bewusstsein unserer Verantwortung vor Gott und den Menschen die DDR entweder in den O. schicken ... (Spiegel 18, 1985, 52). **2.** (ugs.) *Toilette* (2); *Lokus:* Er ging zum Klobecken zurück, um den Zettel in kleine Fetzen zu zerreißen, die er dann, lange nachspülend, in den O. versenkte (Prodöhl, Tod 82); Wenige Tage nur haben Bundesarchiv, Bundeskriminalamt und Bundesanstalt für Materialprüfung gebraucht, um die »größte journalistische Sensation der Nachkriegszeit« ... in den O. zu kippen (*verschwinden zu lassen;* Spiegel 19, 1983, 3).

Or|le|an, der; -s [nach der frz. Namensform des span. Entdeckers Francisco de Orellana (1. Hälfte 16. Jh.)]: *orangeroter pflanzlicher Farbstoff zum Färben von Nahrungs- u. Genussmitteln.*

Or|le|a|ner, der; -s, -: Ew. zu ↑Orleans.

Or|le|a|ne|rin, die; -, -nen: w. Form zu ↑Orleaner.

Or|le|a|nist, der; -en, -en [frz. orléaniste, nach den Herzögen von Orléans] (hist.): *Anhänger des Hauses Orléans u. Gegner des französischen Königsgeschlechts der Bourbonen.*

¹Or|le|ans [...leã], (französische Schreibung:) **Or|lé|ans** [ɔrleˈã]: französische Stadt an der Loire.

²Or|le|ans [...leã], der; - [...ã(:s)] (Textilind.): *halbwollenes Gewebe.*

Or|le|an|strauch, der [zu ↑Orlean]: *in tropischen Ländern wachsender Strauch, dessen Samen eine fleischige Außenschicht haben, aus der Orlean gewonnen wird.*

Or|log, der; -s, -e u. -s [niederl. oorlog] (veraltet): *Krieg:* Ich ... habe den Krieg mitgemacht, ... und nun möchte ich auch in diesem Land sterben, nachdem mich der große O. schon gnädig entlassen hat (Danella, Hotel 427).

Or|log|schiff, das [niederl. oorlogsschip] (veraltet): *Kriegsschiff.*

Or|lon®, das; -[s] [Kunstwort]: *Kunstfaser, die bes. zur Herstellung von Textilien verwendet wird.*

Or|low|tra|ber, der; -s, - [nach dem russ. Züchter A. G. Graf Orlow]: *kraftvolles, kompaktes, ausdauerndes Wagenpferd.*

Or|na|ment, das; -[e]s, -e [spätmhd. ornamentum < lat. ornamentum = Ausrüstung; Schmuck, Zierde, zu: ornare, ↑ornieren] (Kunst): *(skulptierte, eingelegte, gemalte o. ä.) Verzierung eines Gegenstandes mit meist geometrischen od. pflanzlichen Motiven:* -e aus Silberdraht; Die Wand eine rosa Tapete mit linearen -en (Ott, Haie 247).

or|na|men|tal ⟨Adj.⟩ (Kunst): *aus Ornamenten bestehend, mit Ornamenten versehen:* Westfrankreich, wo die Fassaden fast immer zur Gänze mit -er und figürlicher Dekoration überzogen werden (Bild. Kunst III, 53); Über den Säulen befindet sich ein Figurenfries, der stark o. wirkt (Berger, Augenblick 118).

or|na|men|tar|tig ⟨Adj.⟩: *einem Ornament ähnlich.*

Or|na|men|ten|stil, der: *ornamentaler [Kunst]stil.*

Or|na|ment|form, die: *Form von Ornamenten.*

or|na|men|tie|ren ⟨sw. V.; hat⟩ (Kunst): *mit Ornamenten versehen:* etw. mit Gold o.; Riesenkrüge, einst alle voll Öl, reich ornamentiert, kunstvoll gemustert (Ceram, Götter 80).

Or|na|men|tik, die; - (Kunst): **1.** *Gesamtheit der Ornamente im Hinblick auf ihre innerhalb eines bestimmten Stilepoche o. Ä. od. für einen bestimmten Kunstgenstand typischen Formen:* keltische O.; es war einer, ... oder sich in der Betrachtung einer Augenbraue od eines Stückes edler O. vertieft (Hildesheimer, Tynset 189). **2.** *Kunst der Verzierung:* die O. des Barocks.

Or|na|ment|stich, der (Grafik): *Kupferstich mit dem Entwurf eines Ornaments als Vorlage für Bildhauer o. Ä.*

Or|nat, der, auch: das; -[e]s, -e [mhd. ornāt < lat. ornatus = Ausrüstung; Schmuck; schmuckvolle Kleidung, zu: ornare, ↑ornieren] (bildungsspr.): *feierliche [kirchliche] Amtstracht:* er stand in vollem O. vor dem Sarg, und er sprach zu den Umstehenden, derselbe Pfarrer, der die Leichenreden hasste und außer Gebrauch gesetzt hatte (Andres, Die Ver-

mummten 117); Dann kam der Nikolaus in großem O. (Saarbr. Zeitung 19. 12. 79, 25).

or|na|tiv ⟨Adj.⟩ [spätlat. ornativus = schmückend] (Sprachw.): *das Ornativ betreffend, darauf bezogen:* -e Verben.

Or|na|tiv, das; -s, -e (Sprachw.): *Verb, das ein Versehen mit etw. od. ein Zuwenden ausdrückt* (z. B. kleiden = mit Kleidern versehen).

or|nie|ren ⟨sw. V.; hat⟩ [lat. ornare = ordnen, ausrüsten; schmücken] (veraltet): *schmücken.*

Or|nis, die; - [griech. órnis (Gen.: órnithos) = Vogel] (Zool., Biol.): *Vogelwelt einer bestimmten Landschaft.*

Or|ni|tho|ga|mie, die; - [zu griech. gamós = Befruchtung] (Biol.): *Ornithophilie.*

Or|ni|tho|lo|ge, der; -n, -n [↑-loge]: *Wissenschaftler auf dem Gebiet der Ornithologie.*

Or|ni|tho|lo|gie, die; - [↑-logie]: *Vogelkunde.*

Or|ni|tho|lo|gin, die; -, -nen: w. Form zu ↑Ornithologe.

or|ni|tho|lo|gisch ⟨Adj.⟩: *vogelkundlich.*

or|ni|tho|phil ⟨Adj.⟩ (Biol.): *(von bestimmten Pflanzen) den Blütenstaub durch Vögel übertragen lassend.*

Or|ni|tho|phi|lie, die; - [zu griech. philía = Liebe] (Biol.): *Befruchtung von Blüten durch Vögel.*

Or|ni|thop|ter, der; -s, - [zu griech. pterón = Feder, Flügel] (Flugw.): *experimentelles Zwecken dienendes Flugzeug, bei dem Auftrieb (1) u. Vortrieb (2) durch eine dem Flügelschlag der Vögel analoge Bewegung der Flügel (2b) erzeugt werden.*

Or|ni|tho|se, die; -, -n (Med.): *von Vögeln übertragene Infektionskrankheit.*

oro-, Oro- [griech. óros] ⟨Best. in Zus. mit der Bed.⟩: *Berg, Gebirge* (z. B. orographisch, Orogenese).

oro|gen ⟨Adj.⟩ [↑-gen] (Geol.): *durch Orogenese entstanden.*

Oro|gen, das; -s (Geol.): *durch Orogenese entstandenes Faltengebirge.*

Oro|ge|ne|se, die; -, -n [↑Genese] (Geol.): *in kurzen Zeiträumen ablaufende Verformung begrenzter Bereiche der Erdkruste.*

oro|ge|ne|tisch ⟨Adj.⟩ (Geol.): *die Orogenese betreffend.*

Oro|ge|nie, die; - [zu griech. genē = Abstammung] (Geol. veraltet): *Lehre von der Entstehung der Gebirge.*

Oro|gno|sie, die; -, -n [zu griech. gnōsis = das Erkennen; Erkenntnis] (Geol. veraltet): *Erforschung u. Beschreibung der Gebirge.*

Oro|gra|phie, (auch:) Orografie, die; -, -n [↑-graphie] (Geogr.): *beschreibende Darstellung des Reliefs der Erdoberfläche.*

oro|gra|phisch, (auch:) orografisch ⟨Adj.⟩ (Geogr.): **a)** *die Orographie betreffend;* **b)** *die Ebenheiten u. Unebenheiten der Erdoberfläche betreffend:* Orographisch *(in Bezug auf die Neigung, das Gefälle)* rechts des Baches (Alpinismus 2, 1980, 15).

Oro|hy|dro|gra|phie, (auch:) Orohydro-

grafie, die; -, -n [↑Hydrographie] (Geogr.): *Beschreibung des Laufs von Gebirgen u. Flüssen o. Ä.*

oro|hy|dro|gra|phisch, (auch:) orohydrografisch ⟨Adj.⟩ (Geogr.): *die Orohydrographie betreffend.*

Oro|lo|gie, die; - [↑-logie] (Geol. veraltet): *vergleichende Gebirgskunde.*

Oro|me|trie, die; - [↑-metrie] (Geogr.): *Methode, die alle charakteristischen Größen- u. Formenverhältnisse der Gebirge durch Mittelwerte ziffernmäßig erfasst (z. B. mittlere Kammhöhe).*

oro|me|trisch ⟨Adj.⟩ (Geogr.): *die Orometrie betreffend.*

Oro|plas|tik, die; - (Geol.): *Lehre von der äußeren Form der Gebirge.*

oro|plas|tisch ⟨Adj.⟩ (Geol.): *die Oroplastik betreffend.*

Or|phe|um, das; -s, ...een [nach Orpheus, dem mythischen Dichter u. Sänger (Sohn des Apoll)]: *Konzertsaal.*

Or|phik, die; - [griech. tà Orphiká, zu: Orphikós = zu Orpheus gehörend]: *(in der griechischen Antike) Erbsünde u. Seelenwanderung lehrende religiös-philosophische Geheimlehre.*

Or|phi|ker, der; -s, -: *Anhänger der Orphik.*

Or|phi|ke|rin, die; -, -nen: w. Form zu ↑Orphiker.

or|phisch ⟨Adj.⟩: **a)** *die Orphik betreffend;* **b)** (bildungsspr.) *geheimnisvoll, mystisch.*

Or|phis|mus, Or|phi|zis|mus, der; -: *Orphik.*

¹Or|ping|ton, ['ɔ:pɪŋtən], die; -, -s [nach der gleichnamigen engl. Stadt]: *Mastente.*

²Or|ping|ton, das; -s, -s: *Huhn mit kräftigem, schwerem Körper.*

Or|plid [auch: '--], das; -s [Kunstwort]: *(von Mörike u. seinen Freunden erfundenes) Märchen-, Traumland.*

Or|sat|ap|pa|rat, der; -[e]s, -e [nach dem Erfinder Orsat]: *physikalisch-chemisches Gasanalysegerät.*

Ör|sted, Oersted das; -[s], - [nach dän. Physiker H. Chr. Ørsted (1777–1851)] (Physik): *Maßeinheit für die magnetische Feldstärke;* Zeichen: Ö, Oe.

¹Ort, der; -[e]s, -e u. Örter [mhd., ahd. ort = Spitze; äußerstes Ende, auch: = Gegend, Platz]: **1. a)** ⟨Pl. -e, Seemannsspr., Math., Astron.: Örter⟩ *lokalisierbarer, oft auch im Hinblick auf seine Beschaffenheit bestimmbarer Platz [an dem sich jmd., etw. befindet, an dem etw. geschehen ist od. soll]:* O. und Zeit werden noch bekannt gegeben; Die Genfer Konferenz war für die Machthaber der Sezession nicht der geeignete O. (Dönhoff, Ära 184); einen neutralen O. für ein Treffen vorschlagen; die Einheit von O. und Zeit im Drama; an einem dritten O. *(an neutraler Stelle);* an öffentlichen -en *(auf Straßen, Plätzen);* etw. an seinem O. *(da, wo es steht, liegt, hingehört)* lassen; sich an einem vereinbarten O. treffen; an den O. des Verbrechens zurückkehren; Ü es ist hier nicht der O. *(nicht angebracht),* etwas dazu zu sagen; er ist jetzt am rechten O. *(richtig)* eingesetzt; ◆ kann unser

Wutz sich damit entschuldigen, dass seines Wissens die Örter öffentlicher Freude das Herz für alle Empfindungen, die viel Platz bedürfen, ... weiter machen (Jean Paul, Wutz 16); *** geometrischer O.** (Math.: *Punktmenge [z. B. Linie, Kreis o. Ä.], die gleichen geometrischen Bedingungen genügt);* **astronomischer O.** (Astron.: *durch Koordinaten angegebene Lage eines Gestirns am Himmelsglobus);* **an O. und Stelle** (1. *an der für etw. vorgesehenen Stelle:* die Turbinen waren endlich an O. und Stelle. 2. *unmittelbar, direkt am Ort des Geschehens; sofort:* jmdn. an O. und Stelle verprügeln; er tastete nach der Kommode und holte eine Sherryflasche daraus hervor. Nach einem großen Schluck an O. und Stelle ... [Kronauer, Bogenschütze 372]); **höheren -[e]s** *(bei einer höheren [Dienst]stelle):* Dass alle Demokratisierungsversuche im Polizeikader höheren -s niedergewalzt werden (Eppendorfer, Ledermann 95); **am angeführten/angegebenen/**(veraltet:) **angezogenen O.** (Schrift- u. Druckw.: *in dem bereits genannten Buch;* Abk.: a. a. O.); **der gewisse/stille/bewusste** o. ä. **O.** (ugs. verhüll.; *die Toilette).* **b)** ⟨Pl. -e⟩ *im Hinblick auf die Beschaffenheit besondere Stelle, besonderer Platz (innerhalb eines Raumes, eines Gebäudes o. Ä.):* ein windgeschützter, kühler, gespenstischer, viel besuchter O.; ein O. des Schreckens; Stanislaus rannte mit ihm (= Brief) auf den einzigen O., der in diesem Haus Ruhe versprach (Strittmatter, Wundertäter 134). **2. a)** ⟨Pl. -e⟩ *Ortschaft, Stadt o. Ä.:* ein größerer, mondäner, menschenleerer O.; ein O. an der Grenze, im Gebirge; an O. *(hier, nicht außerhalb)* leben, wohnen; Ich strich frierend und durchnässt durch den O. (Salomon, Boche 112); sie wohnen mitten im O.); **b)** *Gesamtheit der Bewohner eines Ortes* (2 a): der ganze O. lachte darüber. **3.** ⟨auch: das; Pl. -e⟩ (schweiz. früher) *Kanton:* die fünf inneren -e (Uri, Schwyz, Unterwalden, Luzern, Zug); die acht, dreizehn alten -e (die Glieder der Eidgenossenschaft 1353–1481 bzw. 1513–1798).

²Ort, der; ⟨auch: das; -[e]s, -e [eigtl. = Spitze, vgl. ¹Ort]⟩ (veraltet): *Ahle, Pfriem.*

³Ort, das; -[e]s, Örter (Bergmannsspr.): *[das Ende einer] Strecke (3):* meist in der Wendung **vor O.** (1. Bergmannsspr.; *im Bergwerk; an dem Punkt in der Grube, wo abgebaut wird:* vor O. arbeiten, liegen, sitzen; Wenn ich einfuhr, brach mir der Schweiß aus, und vor O. machte ich mir nur noch Gedanken, in welche Ecke ich mich retten müsste, wenn mal der Berg nachgäbe [Brot und Salz 221]. 2. ugs.; *unmittelbar, direkt am Ort des Geschehens:* sich vor O. über die Geschehnisse informieren; es war zu spüren, dass dieser Mann das Land und seine Völker vor O. studiert hat [MM 5. 5. 75, 24]); Denn während etwa Deutsche auf dem Weg in die USA eine umständliche Sicherheitsprozedur über sich ergehen lassen müssen, wird der Check vor O. lax gehandhabt (Woche 4. 4. 97, 37).

Ort|band, das ⟨Pl. ...bänder⟩: *Beschlag an der Scheide eines Säbels.*

Ört|chen, das; -s, -: **1.** Vkl. zu ↑¹Ort (1, 2). **2.** (fam. verhüll.) *Toilette:* ein stilles, gewisses Ö.; Besonders bei den Installationen zeigt sich der technische Fortschritt deutlich. Unseren Großeltern genügte noch ... die Waschgelegenheit in der Küche und das Ö. eine halbe Treppe höher (Westd. Zeitung 12. 5. 84, o. S.); aufs Ö. müssen.

or|ten ⟨sw. V.; hat⟩: **1.** (bes. Flugw., Seew.) *die Position, Lage von etw. ermitteln, bestimmen:* ein U-Boot, Heringe o.; eine Rakete o.; Ein Sondengänger ortete beim Bad Reichenhaller Ortsteil Nonn auf engem Raum vier Depotfunde der frühen Bronzezeit (Archäologie 2, 1997, 42); ... versuchten die aufgestiegenen sowjetischen Jäger den auf den Radarschirmen der sowjetischen Abwehr erkennbaren Jumbo zu o. (Bund 11. 10. 83, 3); unlängst geortete neue Deponien im nördlichen und östlichen Transvaal (NZZ 30. 8. 86, 14). **2.** *erkennen, ausmachen; bestimmen:* Versucht man gar als Soziologe das, was Bildung ist oder sein soll, zu betrachten und zu o., ... (Natur 107); Gleichzeitig ortet er einen deutlichen Trend zur teureren Ware (Wochenpresse 25. 4. 79, 15); Diesen Kommissar ... hatte er sofort als seinen Gegentyp geortet (Zwerenz, Quadriga 18).

Or|ter, der; -s, -: *jmd., der mit dem Orten (1) beauftragt ist.*

Ör|ter|bau, der; ⟨o. Pl.⟩ (Bergmannsspr.): *Abbauverfahren, bei dem ein Teil der Lagerstätte stehen bleibt.*

Or|te|rin, die; -, -nen: w. Form zu ↑Orter.

ör|tern ⟨sw. V.; hat⟩ [zu ↑²Ort] (Bergmannsspr.): *Strecken (3) anlegen.*

Ort|gang, der (Bauw.): *(bei Sattel- u. Pultdächern) Begrenzung des Giebels durch die schräge Kante des Daches.*

orth-, Orth-: ↑ortho-, Ortho-.

Or|the|se, die; -, -n [zu griech. orthós (↑ortho-, Ortho-); geb. nach ↑Prothese] (Med.): *Prothese, der zum Ausgleich von Funktionsausfällen der Extremitäten od. der Wirbelsäule eine Stützfunktion zukommt (z. B. bei spinaler Kinderlähmung).*

Or|the|tik, die; - (Med.): *medizinisch-technischer Wissenschaftszweig, der sich mit der Konstruktion von Orthesen befasst.*

or|the|tisch ⟨Adj.⟩ (Med.): **a)** *die Orthetik betreffend;* **b)** *die Orthese betreffend.*

Or|thi|kon, das; -s, ...one, auch: -s [engl. orthicon, zusgez. aus: orth- (↑ortho-, Ortho-) u. iconoscope = Ikonoskop] (Fernsehtechnik): *speichernde elektronische Röhre für die Aufnahme von Fernsehbildern.*

or|tho-, Or|tho-, (vor Vokalen auch:) orth-, Orth- [griech. orthós] ⟨Best. in Zus. mit der Bed.⟩: *gerade, aufrecht; richtig, recht (z. B. orthographisch, Orthopädie, orthonym, Orthoptik).*

Or|tho|chro|ma|sie, die; - [zu griech. chrõma = Farbe] (Fot.): *Fähigkeit einer fotografischen Schicht, alle Farben außer Rot richtig wiederzugeben.*

or|tho|chro|ma|tisch ⟨Adj.⟩ (Fot.): *die Orthochromasie betreffend.*

Or|tho|don|tie, die; -, -n [zu griech.

odoús (Gen.: odóntos) = Zahn] (Med.): *Behandlung angeborener Gebissanomalien (wie Fehlstellung eines Zahnes) durch kieferorthopädische Maßnahmen.*

or|tho|dox ⟨Adj.⟩ [1: spätlat. orthodoxus < griech. orthódoxos, zu: ↑ortho-, Ortho- u. griech. dóxa = Meinung; Lehre; Glaube]: **1.** (Rel.) *rechtgläubig, strenggläubig:* ein -er Rabbi; das Viertel der -en Juden (Hilsenrath, Nazi 292). **2.** *griechisch-orthodox:* die -e Kirche *(Ostkirche).* **3. a)** (bildungsspr.) *der strengen Lehrmeinung gemäß:* der -e Marxismus; die -en Prager Kommunisten sind nach sowjetischen Vorstellungen vom Einfluss auf die öffentliche Meinungsbildung abgeschnitten (MM 21. 8. 68, 2); **b)** (bildungsspr. abwertend) *starr, unnachgiebig:* das -e Festhalten an Dogmen; eine -e Position beziehen.

or|tho|dox-ana|to|lisch ⟨Adj.⟩ (veraltet): *griechisch-orthodox.*

Or|tho|do|xie, die; - [1: griech. orthodoxía]: **1.** (Rel.) *Rechtgläubigkeit, Strenggläubigkeit.* **2.** (ev. Theol.) *Richtung, die das Erbe der reinen Lehre (z. B. Luthers od. Calvins) zu wahren sucht (bes. in der Zeit nach der Reformation).* **3.** (bildungsspr. abwertend) *[engstirniges] Festhalten an Lehrmeinungen:* Der Beginn der Umkehrbewegung von dem ursprünglich »fortschrittlichen« Ansatz zu einer rückwärts gewandten O. lässt sich für die Neuzeit recht präzise datieren (Welt 25. 4. 97, 18); Wo die Grenzen zwischen planwirtschaftlicher O. und reformerischem New Look dereinst verlaufen werden, muss sich erst noch weisen (NZZ 14. 4. 85, 13).

or|tho|drom ⟨Adj.⟩ (Nautik): *die Orthodrome betreffend.*

Or|tho|dro|me, die; -, -n [zu griech. orthodromeîn = geradeaus laufen] (Nautik): *kürzeste Verbindungslinie zwischen zwei Punkten der als Kugel idealisierten Erdoberfläche.*

or|tho|dro|misch ⟨Adj.⟩ (Nautik): *auf der Orthodrome gemessen.*

Or|tho|epie, (auch:) Or|tho|epik, die; - [griech. orthoépeia, zu épos = das Sprechen; Rede; Wort (↑Epos)] (Sprachw.): *Lehre von der richtigen Aussprache der Wörter.*

or|tho|episch ⟨Adj.⟩ (Sprachw.): *die Orthoepie betreffend, zu ihr gehörend.*

Or|tho|ge|ne|se, die; -, -n (Biol.): *Hypothese, nach der die stammesgeschichtliche Entwicklung der Lebewesen durch zielgerichtete innere Faktoren bestimmt ist.*

Or|tho|ge|stein, das; -[e]s, -e (Geol.): *kristalliner Schiefer, der aus Erstarrungsgesteinen entstanden ist.*

or|tho|gnath ⟨Adj.⟩ (Med.): *einen normalen Biss bei gerader Stellung beider Kiefer aufweisend.*

Or|tho|gna|thie, die; - [zu griech. gnáthos = Kinnbacken] (Med.): *gerade Stellung beider Kiefer.*

Or|tho|gneis, der (Geol.): *aus magmatischen Gesteinen hervorgegangener Gneis.*

Or|tho|gon, das; -s, -e [lat. orthogonium < griech. orthogṓnion, zu: gōnía = Ecke, Winkel] (Geom.): *Rechteck.*

or|tho|go|nal ⟨Adj.⟩ (Geom.): **a)** *das Orthogon betreffend; rechtwinklig;* **b)** *senkrecht.*

Or|tho|gra|phie, (auch:) Orthografie, die; -, -n [lat. orthographia < griech. orthographía, zu: gráphein = schreiben]: *Rechtschreibung.*

or|tho|gra|phisch, (auch:) orthografisch ⟨Adj.⟩): *die Orthographie betreffend; rechtschreiblich:* -er Fehler *(Rechtschreibfehler);* Die Briefe in ihrer Schulmädchenschrift waren weder o. noch grammatikalisch richtig (Kuby, Rosemarie 149).

Or|tho|klas, der; -es, -e [zu griech. klásis = Bruch, nach der fast senkrecht verlaufenden Spaltungsebene der einzelnen Kristalle] (Geol.): *zu den Feldspäten gehörendes, farbloses bis rötlich braunes, gesteinsbildendes Mineral; Kalifeldspat.*

Or|tho|lo|gie, die; - [↑-logie] (Med.): *Wissenschaft vom Normalzustand u. von der normalen Funktion des Organismus od. seinen Teilen.*

or|tho|nym ⟨Adj.⟩ [zu griech. ónyma = Name] (bildungsspr.): *mit dem richtigen Namen des Autors versehen.*

Or|tho|pä|de, der; -n, -n: *Facharzt für Orthopädie.*

Or|tho|pä|die, die; - [frz. orthopédie, 2. Bestandteil zu griech. paideía = Erziehung]: *Wissenschaft von der Erkennung u. Behandlung angeborener od. erworbener Fehler des menschlichen Bewegungsapparats.*

Or|tho|pä|die|me|cha|ni|ker, der: *Handwerker, der künstliche Gliedmaßen, Korsetts u. a. für Körperbehinderte herstellt* (Berufsbez.).

Or|tho|pä|die|me|cha|ni|ke|rin, die: w. Form zu ↑Orthopädiemechaniker.

Or|tho|pä|die|schuh|ma|cher, der: *Handwerker, der (nach Anweisung eines Facharztes für Orthopädie) maßgefertigte Schuhe, Einlagen u. a. herstellt* (Berufsbez.).

Or|tho|pä|die|schuh|ma|che|rin, die: w. Form zu ↑Orthopädieschuhmacher.

Or|tho|pä|din, die; -, -nen: w. Form zu ↑Orthopäde.

or|tho|pä|disch ⟨Adj.⟩: *die Orthopädie betreffend:* -e Schuhe *(von einem Orthopädieschuhmacher nach Maß gefertigte Schuhe);* -es Turnen *(spezielle Turnübungen zur Behebung von Haltungsschäden).*

Or|tho|pä|dist, der; -en, -en: *Hersteller orthopädischer Apparate u. Geräte.*

Or|tho|pä|dis|tin, die; -, -nen: w. Form zu ↑Orthopädist.

Or|tho|pho|nie, die; -, -n [zu griech. phōnḗ = Ton, Stimme]: *nach bestimmten Regeln festgelegte Aussprache der Wörter.*

Or|tho|pnoe, die; - [zu griech. pnoḗ = das Wehen, Hauchen; Atem] (Med.): *Zustand höchster Atemnot, in dem nur bei aufgerichtetem Oberkörper genügend Atemluft in die Lunge gelangt.*

Or|thop|te|re, die; -, -n, Or|thop|te|ron, das; -s, ...pteren ⟨meist Pl.⟩ [zu griech. pterón = Flügel, nach der Stellung der Flügel] (Zool.): *Insekt mit zum Kauen ausgebildeten Mundwerkzeugen, mehrgliedrigen Fühlern u. zwei Paar Flü-*

geln; *Geradflügler* (z. B. Heuschrecke, Grille).

Or|thop|tik, die; - (Med.): *Behandlung des Schielens durch Training der Augenmuskeln.*

Or|thop|tist, der; -en, -en: vgl. Orthoptistin.

Or|thop|tis|tin, die; -, -nen: *Helferin des Augenarztes, die bes. Prüfungen der Sehschärfe vornimmt u. das Training der Augenmuskeln bei schielenden Kindern durchführt.*

Or|tho|säu|re, die (Chemie): *wasserreichste Form einer anorganischen Sauerstoffsäure.*

Or|tho|skop, das; -s, -e [zu griech. skopeîn = betrachten]: *Gerät für kristallographische Beobachtungen.*

Or|tho|sko|pie, die; -: *unverzeichnete, winkeltreue Abbildung durch Linsen.*

or|tho|sko|pisch ⟨Adj.⟩: **a)** *die Orthoskopie betreffend;* **b)** *das Orthoskop betreffend.*

Or|thos Lo|gos, der; -- [griech. orthós lógos = rechte Vernunft] (Philos.): *allgemeines Gesetz, das Göttern u. Menschen gemeinsam ist.*

Or|thos|ta|se, die; -, -n [zu griech. stásis = das Stehen; Stellung] (Med.): *aufrechte Körperhaltung.*

Or|thos|ta|ten ⟨Pl.⟩ [zu griech. statós = stehend; gestellt]: *hochkant stehende Quader od. starke stehende Platten als unterste Steinlage bei antiken Gebäuden.*

or|thos|ta|tisch ⟨Adj.⟩: **1.** *die Orthostase betreffend.* **2.** *die Orthostaten betreffend.*

Or|thos|tig|mat, der od. das; -[e]s, -e [zu griech. stígma = Zeichen, Brandmal, eigtl. = Stich] (Optik): *Objektiv, bes. für winkeltreue Abbildungen.*

Or|tho|to|nie, die; - [zu griech. tónos = das Spannen] (Musik): *richtige Betonung.*

or|tho|to|nie|ren ⟨sw. V.; hat⟩ (Sprachw.): *sonst enklitische Wörter mit einem Ton versehen.*

or|tho|trop ⟨Adj.⟩ [zu griech. tropḗ = (Hin)wendung] (Bot.): *(von Pflanzen od. Pflanzenteilen) senkrecht aufwärts od. abwärts wachsend.*

Or|tho|zen|trum, das; -s, ...ren (Geom.): *Schnittpunkt der Höhen eines Dreiecks.*

or|tho|ze|phal ⟨Adj.⟩ [zu griech. kephalḗ = Kopf] (Med.): *von mittelhoher Kopfform.*

Or|tho|ze|pha|le, der u. die; -n, -n (Med.): *Mensch mit mittelhoher Kopfform.*

Or|tho|ze|pha|lie, die; - (Med.): *mittelhohe Kopfform.*

ört|lich ⟨Adj.⟩: **1.** *auf eine bestimmte Stelle beschränkt, begrenzt:* -e (Med.): *auf eine bestimmte Stelle beschränkte) Betäubung.* **2.** *nur einen bestimmten* ¹Ort (2) *betreffend; nur in einem bestimmten* ¹Ort (2): -e *Besonderheiten;* im Foyer des Museums ..., wo sich eine Ausstellung über die -e Partisanenbewegung befindet (Berger, Augenblick 114); Es kommt nicht mehr das weit entfernten Brunnen und anderen Landschaften, sondern aus der -en Trinkwasserleitung (Tag & Nacht 2, 1997, 10); Nachdem im zwölften Jahrhundert die ersten mechanischen Uhren gefertigt wurden, setzten die -en Obrigkeiten die Zeit fest (natur 4, 1991, 101); ö. begrenzte Kämpfe; das ist ö. *(in den einzelnen Orten)* verschieden.

Ört|lich|keit, die; -, -en: **1. a)** *Gelände, Gegend:* mit den -en vertraut sein; **b)** ¹*Ort* (1): Da der Kaffeevorschlag nicht von mir stammt, muss ich mich nicht nach dem Wohin erkundigen ... und überlasse ihr die Wahl der Ö. (Becker, Irreführung 44); Der Pöbel treibt sich in den Vorstädten herum und grölt den Hinrichtungen auf dem Platz der Revolution zu, beides -en, wohin Robespierre nie kommt (Sieburg, Robespierre 63). **2.** (fam. verhüll.) *Toilette.*

Or|to|lan, der; -s, -e [ital. ortolano, eigtl. = Gärtner, zu spätlat. (h)ortulanus = Garten-]: *Ammer mit olivgrünem Kopf u. Hals u. gelber Kehle.*

Orts|ab|la|ge, die (schweiz.): *örtliche Zweigstelle o. Ä. von etw.*

Orts|äl|tes|te, der (Bergbau): *Bergmann vor* ³*Ort in der Stellung eines Vorarbeiters.*

Orts|an|ga|be, die: *Angabe des* ¹*Ortes* (1).

orts|an|säs|sig ⟨Adj.⟩: *an einem bestimmten* ¹*Ort* (2 a) *ansässig, wohnhaft, zu Hause:* Das ... Grundstück soll zur Ansiedlung von weiteren Arbeitsplätzen an eine Gruppe -er Fabrikanten und Gewerbetreibender veräußert werden (NZZ 21. 12. 86, 32); Vierschrötiges Deutschschweizer Jungvolk bemüht sich redlich, in Pidgin-Italienisch mit der -en halbwüchsigen Weiblichkeit anzubandeln (a & r 2, 1997, 75); Wenn Sie o. sind, ermöglichen wir Ihnen ... (Badische Zeitung 12. 5. 84, o. S.).

Orts|aus|gang, der: *Ausgang* (2 b) *eines* ¹*Ortes* (2 a): am O. auf jmdn. warten.

Orts|be|stim|mung, die: **1.** (Geogr.) *Ermittlung der genauen Lage eines* ¹*Ortes auf der Erdoberfläche durch die Angabe von Länge* (2) *u. Breite* (2 a): Ü Die Sozialdemokraten ... befinden sich in einer Phase der Wegsuche und der O. (Saarbr. Zeitung 3. 12. 79, 2). **2.** (Grammatik) *Umstandsangabe des* ¹*Ortes, lokale Umstandsangabe.*

orts|be|weg|lich ⟨Adj.⟩ (Technik): *(von Maschinen o. Ä.) nicht eingebaut:* -e Relais.

Orts|bild, das: *Ansicht, die eine Stadt, eine Ortschaft o. Ä. im Ganzen bietet:* Die Senioren und ihre Enkel bestimmen das O., die anderen sind malochen (a & r 2, 1997, 79).

Ort|schaft, die; -, -en [zu ¹*Ort]: kleinere Gemeinde.*

Ort|scheit, das ⟨Pl.: -e⟩: *Querholz zur Befestigung der Stränge des Geschirrs am Fuhrwerk.*

Orts|durch|fahrt, die: *durch einen* ¹*Ort* (2 a) *führende Durchfahrtsstraße.*

Orts|ein|gang, der: vgl. Ortsausgang.

orts|fest ⟨Adj.⟩ (Technik): *(von Maschinen o. Ä.) eingebaut; nicht beweglich:* -e Lautsprecher.

orts|fremd ⟨Adj.⟩: **a)** *nicht ortsansässig; nicht aus der Gegend stammend:* -e Personen; **b)** *nicht ortskundig:* o. sein.

Orts|ge|dächt|nis, das: *jmds. Gedächt-*

nis, die örtlichen Gegebenheiten betreffend: ein gutes O. besitzen, haben.

Orts|ge|spräch, das: *örtliches Telefongespräch.*

Orts|grup|pe, die: *organisatorische Einheit auf örtlicher Ebene als Teil einer bestimmten Partei, eines Verbandes o. Ä.*

Orts|kennt|nis, die: *jmds. Kenntnis der örtlichen Gegebenheiten.*

Orts|kern, der: *Kern* (6 a) *eines* ¹*Ortes* (2 a): historische -e.

Orts|klas|se, die: *Einstufung einer Gemeinde nach den Lebenshaltungskosten (nach der die Höhe der Ortszuschläge für Beschäftigte im öffentlichen Dienst bemessen wird).*

Orts|kran|ken|kas|se, die (Versicherungsw.): *Krankenkasse für Pflichtversicherungen auf der Ebene eines Stadt- od. Landkreises:* Allgemeine O. (Abk.: AOK).

orts|kun|dig ⟨Adj.⟩: Ortskenntnis besitzend.

Orts|na|me, der: *Name eines* ¹*Ortes* (2 a).

Orts|na|men|for|schung, Orts|na|men|kun|de, die: *Toponomastik, Toponymik.*

Orts|netz, das: **a)** (Fernspr.) *örtliches Telefonnetz;* **b)** *örtliches Netz von Rohren u. Leitungen zur Elektrizitätsversorgung.*

Orts|netz|kenn|zahl, die (Fernspr.): *Zahlenfolge, mit der bei einem Ferngespräch das gewünschte Ortsnetz* (a) *erreicht wird; Vorwahl-, Vorwählnummer.*

Orts|po|li|zei, die: *örtliche Polizei.*

Orts|prä|si|dent, der (schweiz.): *Vorsitzender des Stadtrats.*

Orts|prä|si|den|tin, die (schweiz.): w. Form zu ↑Ortspräsident.

Orts|sinn, der: *Orientierungssinn.*

orts|stän|dig ⟨Adj.⟩: *am* ¹*Ort* (1) *verbleibend.*

Orts|ta|fel, die: *Schild mit dem Ortsnamen am Eingang u. am Ausgang einer Ortschaft.*

Orts|teil, der: *eine gewisse Einheit darstellender Teil einer Stadt, einer Ortschaft o. Ä.*

Ort|stein, der [aus dem Niederd., wohl zu asächs. arut = Erz(stück)] (Geogr.): *(bes. bei Heideböden) mehr od. weniger starke undurchlässige Bodenschicht von rotbrauner bis schwarzer Farbe.*

orts|üb|lich ⟨Adj.⟩ (Amtsspr.): *in einem bestimmten* ¹*Ort, einer bestimmten Stadt üblich, gängig:* -e Mieten.

orts|un|kun|dig ⟨Adj.⟩: *keine Ortskenntnis besitzend:* Sie (= die Zukunft) mag ihnen nun so Furcht erregend erscheinen wie einem -en Piloten, dem der Sprit ausgeht, eine offensichtlich zu kurze Landebahn (Schreiber, Krise 18).

Orts|vek|tor, der (Geom., Physik): *Leitstrahl* (2 a, b).

Orts|ver|ein, der: vgl. Ortsgruppe.

Orts|ver|kehr, der: *Straßen-, Post-, Telefonverkehr innerhalb einer Stadt.*

Orts|vor|ste|her, der: *(in bestimmten Bundesländern) jmd., der einem Ortsteil, Stadtteil, Stadtbezirk o. Ä. vorsteht.*

Orts|vor|ste|he|rin, die: w. Form zu ↑Ortsvorsteher.

Orts|wech|sel, der: *Wechsel des Wohnortes:* einen O. vornehmen; sie braucht dringend einen O.

Orts|wehr, die (schweiz.): *Gesamtheit der in einem* ¹*Ort* (2 a) *wehrfähigen Männer.*

Orts|zeit, die: *von der Greenwicher Zeit abweichende Sonnenzeit eines* ¹*Ortes* (2 a).

Orts|zu|la|ge, die: *Ortszuschlag.*

Orts|zu|schlag, der: *nach der Ortsklasse bemessener Zuschlag zum [Tarif]gehalt der Beschäftigten im öffentlichen Dienst.*

Or|tung, die; -, -en (bes. Flugw., Seew.): *das Orten.*

Ort|zie|gel, der (veraltet): *Dachziegel.*

Oryk|to|ge|ne|se, die; - [zu griech. orýssein (Part.: oryktós) = graben u. ↑Genese] (veraltet): *Gesteinsbildung.*

Oryk|to|ge|nie, die; - [zu griech. genḗ = Abstammung] (veraltet): Oryktogenese.

Oryk|to|gno|sie, die; - [zu griech. gnôsis = Erkennen; Kenntnis] (veraltet): *Mineralogie.*

Oryk|to|gra|phie, (auch:) **Oryktografie,** die; - [↑-graphie] (veraltet): *Petrographie.*

Oryx|an|ti|lo|pe, die; -, -n [griech. óryx, eigtl. = spitziges Eisen zum Graben od. Bohren] (Zool.): *(in den offenen Landschaften südlich der Sahara u. Südarabiens vorkommende) Antilope mit langem, spießartigem Gehörn.*

Os = Osmium.

¹Os, der, auch: das; -[es], -er [schwed. ås, ↑Ås] (Geol.): *von Schmelzwässern der Eiszeit aufgeschütteter, einem Bahndamm ähnlicher Wall aus Sand od. Kies; Ås; Esker.*

²Os, das; -, Ossa [lat. os (Gen.: ossis)] (Anat.): *Knochen.*

³Os, das; -, Ora [lat. os (Gen.: oris) = Gesicht; Mund] (Anat.): **1.** *Mund.* **2.** (veraltet) *Öffnung eines Organs.*

Osa|ka: Stadt in Japan.

OSB, (auch:) **O.S.B.** = Ordinis Sancti Benedicti (vom Orden des hl. Benedikt; Benediktiner).

Os|car, der; -[s], -[s] [amerik.; H. u.] (ugs.): *jährlich verliehener amerikanischer Filmpreis für die beste künstlerische Leistung (in Form einer vergoldeten Statuette):* er bekam den O. für die männliche Hauptrolle, für das beste Drehbuch; einen Film für den O. nominieren.

Os|ce|do, die; - [lat. oscedo] (Med.): *Gähnkrampf.*

Öse, die; -, -n [spätmhd. (md.) ōse, wohl verw. mit ↑Ohr u. eigtl. = ohrartige Öffnung]: **1.** *kleine Schlinge, meist aus Metall (an Textilien, Lederwaren o. Ä.), zum Einhängen eines Hakens, zum Durchziehen einer Schnur o. Ä.* **2.** (Seemannsspr.) *zum Befestigen o. Ä. von etw. gelegte Schlinge in einem Tau.*

ösen ⟨sw. V.; hat⟩ [mniederd. osen; vgl. mhd. œsen, ahd. ōs(j)an] (nordd.): *in ein Boot eingedrungenes Wasser mit einem Gefäß ausschöpfen:* Ich öste das Wasser aus dem Boot (Spiegel 44, 1966, 44).

Osi|ris: altägyptischer Gott.

Os|kar: in der Fügung **frech wie O.** (salopp; *auf eine dreiste, kecke Art frech;*

H. u.; viell. nach Oskar Blumenthal [1852-1917], der sehr scharfe u. »freche« Kritiken schrieb).

Os|ker, der; -s, -: Angehöriger eines idg. Volksstammes in Mittelitalien.

Os|ke|rin, die; -, -nen: w. Form zu ↑Osker.

os|kisch ⟨Adj.⟩: die Osker betreffend, zu ihnen gehörend, von ihnen stammend.

Os|ku|la|ti|on, die; -, -en [lat. osculatio = das Küssen] (Math.): Berührung zweier Kurven.

Os|ku|la|ti|ons|kreis, der (Math.): Krümmungskreis.

os|ku|lie|ren ⟨sw. V.; hat⟩ [lat. osculari = küssen] (Math.): eine Oskulation bilden.

Os|lo: Hauptstadt Norwegens.

¹Os|lo|er, der; -s, -: Ew.

²Os|lo|er ⟨indekl. Adj.⟩.

Os|loe|rin, die; -, -nen: w. Form zu ↑¹Osloer.

Os|ma|ne, der; -n, -n: Bewohner des Osmanischen Reichs (der Türkei).

Os|ma|nin, die; -, -nen: w. Form zu ↑Osmane.

os|ma|nisch ⟨Adj.⟩: die Osmanen, ihr Reich betreffend, von den Osmanen stammend, zu ihnen gehörend: -e Literatur; das Osmanische Reich (historischer Name der Türkei).

Os|mi|um, das; -s [zu griech. osmḗ = Geruch, wegen des eigentümlichen, starken Geruchs]: seltenes, sehr schweres, sprödes, bläulich weißes Metall (chemisches Element; Zeichen: Os).

Os|mo|lo|gie, die; - [↑-logie]: Lehre von den Riechstoffen u. vom Geruchssinn.

os|mo|phil ⟨Adj.⟩ [zu ↑Osmose u. griech. phileīn = lieben] (Bot.): zur Osmose neigend.

os|mo|phor ⟨Adj.⟩ [zu griech. osmḗ = Geruch u. phoreīn = (in sich) tragen] (Chemie): Geruchsempfindungen hervorrufend.

Os|mo|se, die; -, -n [zu griech. ōsmós = Stoß, Schub] (Chemie, Bot.): das Hindurchdringen eines Lösungsmittels (z. B. Wasser) durch eine durchlässige, feinporige Scheidewand in eine gleichartige, aber stärker konzentrierte Lösung (das bewirkt ist durch das natürliche Bestreben, in beiden Lösungen einen Ausgleich der Konzentration des gelösten Stoffes herzustellen): die O. in pflanzlichen Zellen; Ü die kulturelle O. hat bei den osteuropäischen Juden eine wichtige Rolle gespielt (Saarbr. Zeitung 3. 10. 79, 6).

Os|mo|the|ra|pie, die; -, -n (Med.): therapeutisches Verfahren zur günstigen Beeinflussung gewisser Krankheiten durch Erhöhung des osmotischen Drucks des Blutes (durch Einspritzung hochkonzentrierter Salz- u. Zuckerlösungen ins Blut).

os|mo|tisch ⟨Adj.⟩ (Chemie, Bot.): Osmose bewirkend, auf Osmose beruhend, zu ihr gehörend: -er Druck; Ü dennoch empfand Cotta ... einen -en Austausch wirrer Gefühle (Ransmayr, Welt 115).

Os|na|brück: Stadt in Niedersachsen.

öso|pha|gisch ⟨Adj.⟩ [zu ↑Ösophagus] (Med.): zum Ösophagus gehörend.

Öso|pha|gis|mus, der; -, ...men (Med.): Speiseröhrenkrampf.

Öso|pha|gi|tis, die; -, ...itiden (Med.): Entzündung der Speiseröhre.

Öso|pha|go|skop, das; -s, -e [zu griech. skopeīn = betrachten] (Med.): spezielles Endoskop für die Untersuchung der Speiseröhre.

Öso|pha|go|to|mie, die; -, -n [zu griech. tomḗ = das Schneiden; Schnitt] (Med.): operative Öffnung der Speiseröhre.

Öso|pha|gus, (Fachspr.:) Oesophagus der; -, ...gi [griech. oisophágos, zu: oísein = tragen u. phágēma = Speise] (Anat.): Speiseröhre.

Os|phra|di|um, das; -s, ...ien [zu griech. ósphra = Geruch] (Zool.): Sinnesorgan der Weichtiere, das vermutlich als Geruchsorgan dient.

Os|phre|si|o|lo|gie, die; - [zu griech. ósphrēsis = Geruchssinn u. ↑-logie] (Med.): Lehre vom Geruchssinn.

os|sal, os|sär ⟨Adj.⟩ [zu ↑²Os] (Med.): die Knochen betreffend.

Os|sa|ri|um, Ossuarium, das; -s, ...ien [1: mlat. ossu|arium; 2: spätlat. oss(u)arium, eigtl. = Urne] (Fachspr.): **1.** Beinhaus auf Friedhöfen. **2.** (bes. im alten Palästina) Miniatursarg aus Stein od. Keramik zur Aufbewahrung der Gebeine eines Toten.

Os|se|in, das; -s (Biol.): Eiweiß enthaltende Substanz der Knochen.

¹Os|si, der; -s, -s (ugs., oft abwertend): aus Ostdeutschland, aus den neuen Bundesländern stammende männliche Person; Ostdeutscher: Deshalb habe ich mich in den vergangenen Jahren bewusst in andere Themen eingearbeitet: Forschungs- und Bildungspolitik, Industriepolitik, Informationsgesellschaft. Ich will mich nicht auf den O. reduzieren lassen (Woche 11. 4. 97, 46).

²Os|si, die; -, -s (ugs., oft abwertend): aus Ostdeutschland, aus den neuen Bundesländern stammende weibliche Person; Ostdeutsche.

os|sia [ital.] (Musik): oder, auch (Hinweis auf eine abweichende Lesart od. eine erleichterte Fassung im Notentext).

Os|si|fi|ka|ti|on, die; -, -en [zu lat. os (Gen.: ossis) = Knochen u. facere = bewirken] (Med.): Bildung von Knochen; Verknöcherung.

os|si|fi|zie|ren ⟨sw. V.; hat/ist⟩ (Med.): verknöchern.

Os|su|a|ri|um: ↑Ossarium.

Ost [verdeutlichend bei Angabe der Himmelsrichtung im Funkverkehr o. Ä. auch: o:st], der; -[e]s, -e [spätmhd. ōst, geb. in Analogie zu Nord u. Süd]: **1.** ⟨o. Pl.; unflekt.; o. Art.⟩ **a)** (bes. Seemannsspr., Met.) Osten (1) (gewöhnlich in Verbindung mit einer Präp.): der Wind kommt aus O., von O.; die Menschen kamen aus O. und West; unsere unmittelbaren Nachbarn in O. und West (Woche 28. 2. 97, 1); die Grenze zwischen O. und West (zwischen östlichen u. westlichen Gebieten, Landesteilen o. Ä.); der Konflikt zwischen O. und West (Politik; zwischen den [ehemals] sozialistischen Ländern Osteuropas u. Asiens u. den kapitalistischen Ländern der westlichen Welt); **b)** als nachgestellte nähere Bestimmung bei geographischen Namen o. Ä. zur Be-

zeichnung des östlichen Teils od. zur Kennzeichnung der östlichen Lage, Richtung: er wohnt in Neustadt (O)/ Neustadt-O.; die Arbeiter kamen aus dem Tor O.; Abk.: O; **c)** (salopp früher) kurz für ↑Ostmark, ↑Ostgeld: 10 Mark O.; in O. bezahlen. **2.** ⟨Pl. selten⟩ (Seemannsspr., dichter.) Ostwind: es wehte ein kühler O.

Ost|agent, der: Agent, der (im Kalten Krieg) für ein sozialistisches Land Osteuropas od. Asiens tätig ist.

Ost|agen|tin, die: w. Form zu ↑Ostagent.

Os|tal|gie, die; - [geb. aus Ost(deutschland) u. ↑Nostalgie]: Sehnsucht nach [bestimmten Lebensformen] der früheren DDR: Dazu leuchtet das DDR-Ampelmännchen als Symbol der O. – jenes Begriffes, der zwar im Kabarett erfunden wurde, heute aber für eine ernst zu nehmende Weltsicht steht (FAZ 4. 5. 99, 1).

Ost|asi|at, der: Ew.

Ost|asi|a|tin, die: w. Form zu ↑Ostasiat.

ost|asi|a|tisch ⟨Adj⟩: Ostasien, die Ostasiaten betreffend; von den Ostasiaten stammend, zu ihnen gehörend.

Ost|asi|en, -s: östlicher Teil des asiatischen Kontinents.

Ost|ber|lin: östlicher Teil Berlins.

¹Ost|ber|li|ner, der: Ew.

²Ost|ber|li|ner ⟨indekl. Adj.⟩.

Ost|block, der ⟨o. Pl.⟩ (früher): politisch eng zusammenarbeitende Gruppe von sozialistischen Staaten Osteuropas u. Asiens.

Ost|block|land, das ⟨Pl. ...länder; meist Pl.⟩ (früher): vgl. Ostblockstaat.

Ost|block|staat, der ⟨meist Pl.⟩ (früher): dem Ostblock angehörender Staat: Gerade hatten Manöver der -en in der Tschechoslowakei stattgefunden (W. Brandt, Begegnungen 278).

ost|deutsch ⟨Adj.⟩: Ostdeutschland, die Ostdeutschen betreffend; von den Ostdeutschen stammend, zu ihnen gehörend: -er Humor; die Beitragszahler müssen auch für Rentner aufkommen, die keine oder nur geringe Beiträge geleistet haben – so etwa für Übersiedler, -e Ruheständler (Woche 14. 11. 97, 13).

Ost|deut|sche, der u. die: Ew.

Ost|deutsch|land; -s: **a)** östlicher Teil Deutschlands; **b)** (früher in nicht offiziellem Sprachgebrauch) DDR.

Os|te|al|gie, die; -, -n [zu griech. ostéon = Knochen u. álgos = Schmerz] (Med.): von den Knochen ausgehender Schmerz.

Ost|el|bi|en; -s: Gebiet östlich der Elbe.

Ost|el|bi|er, der; -s, - (früher): Großgrundbesitzer, Junker aus den Gebieten östlich der Elbe.

Ost|el|bi|e|rin, die; -, -nen (früher): w. Form zu ↑Ostelbier.

ost|el|bisch ⟨Adj.⟩: die Ostelbier, die Gebiete östlich der Elbe betreffend.

¹osten ⟨sw. V.; hat⟩ (Bauw. selten): (von einem Bauwerk) nach Osten ausrichten: die Kirche, einen Chor o.

◆ **²osten** ⟨Präp. mit Gen.⟩ [mniederd., mhd. ōsten(e) = nach, im Osten, ahd. ōstana = von Osten]: östlich (II): Das lang gestreckte Haus ... war durch den höchstten Baum des Dorfes, eine gewaltige Esche, schon von weitem sichtbar; der Großvater ... hatte in seiner Jugend eine solche o. der Haustür hier gesetzt (Storm, Schimmelreiter 25).

Osten [verdeutlichend bei Angabe der Himmelsrichtung im Funkverkehr o. Ä. auch: ˈoːstn̩], der; -s [mhd. ōsten, ahd. ōstan, Substantivierung von mhd. ōsten(e) = nach, im Osten, ahd. ōstana = von Osten]: **1.** ⟨meist o. Art.⟩ *Himmelsrichtung, in der (bei Tagundnachtgleiche) die Sonne aufgeht* (gewöhnlich in Verbindung mit einer Präp.): wo ist O.?; die Grenze im O.; im O. zieht ein Gewitter auf; Im O. krochen die täglichen Abendkumuli dunkelblau über den Horizont (Rehn, Nichts 38); es dämmert, lichtet sich im O. *(der Morgen dämmert);* das Zimmer geht nach O.; der Wind kommt von O. (Abk.: O). **2.** *gegen Osten* (1), *im Osten gelegener Bereich, Teil (eines Gebietes, Landes, einer Stadt o. Ä.):* der O. des Landes, des Bezirks; Ausgedehnte Kokosplantagen überziehen den O. von Espiritu Santo (a & r 2, 1997, 100); im O. Frankfurts; nur hauste er nicht mehr im O., er war ins Zentrum der Stadt gedrungen (Fallada, Mann 230). **3. a)** *Gesamtheit der Länder Osteuropas u. Asiens:* die Völker des -s; Überlieferungen, Lieder, Märchen aus dem O.; ***der Ferne O.** *(die östlichen Gebiete Asiens);* **der Mittlere O.** *(die südlichen Gebiete Asiens);* **der Nahe O.** *(die arabischen Staaten in Vorderasien u. Israel [sowie Ägypten, die Türkei u. der Iran]);* **b)** *(früher) Gesamtheit der sozialistischen Länder Osteuropas u. Asiens, bes. die Ostblockstaaten im Unterschied zu den kapitalistischen westlichen Ländern:* wir haben alle Vorschläge des -s abgelehnt, auch die, über die man wenigstens hätte reden können (Dönhoff, Ära 145); Hinzu kam der Zusammenbruch des Ostens (Woche 14. 3. 97, 57); sie hat für den O. spioniert; im O. wird jetzt alles verstaatlicht (Bieler, Bonifaz 87).

Ost|en|de: Seebad in Belgien.

os|ten|si|bel ⟨Adj.; ...bler, -ste⟩ [frz. ostensible, zu lat. ostensum, 2. Part. von: ostendere = zeigen] (bildungsspr.): *auffällig, zur Schau gestellt:* In diesen Augenblicken des Rückzugs behandelte ihn Diotima mit jener sanften, vorsichtshalber ein wenig übertriebenen Zuvorkommenheit, die sie ihrem Mann abgelernt hatte (Musil, Mann 95).

os|ten|siv ⟨Adj.⟩ (bildungsspr. veraltend): **a)** *augenscheinlich, offensichtlich, offenkundig;* **b)** *ostentativ.*

Os|ten|so|ri|um, das; -s, ...ien (kath. Kirche): *Monstranz.*

Os|ten|ta|ti|on, die; -, -en [lat. ostentatio = Zurschaustellung, Prahlerei, zu: ostentare = darbieten, prahlend zeigen, Intensivbildung zu: ostendere = zeigen] (bildungsspr.): *das Zurschaustellen, Großtun, Renommieren:* In Spenglers welthistorischer Perspektive steckt ein Element von O. und Aufgeblasenheit, nicht unähnlich dem Geist der Wilhelminischen Siegesallee (Adorno, Prismen 54).

os|ten|ta|tiv ⟨Adj.⟩ (bildungsspr.): be-

wusst herausfordernd, zur Schau gestellt, betont; in herausfordernder, provozierender Weise: obwohl die durchschnittliche Weiblichkeit ... von einer -eren Männlichkeit angezogen wird (Habe, Namen 7); er schwieg o., wandte sich o. ab; Er räkelte sich o. auf dem Boden, um anzuzeigen, wie bequem es dort sei (Kronauer, Bogenschütze 72).

os|teo-, Os|teo- [griech. ostéon] ⟨Best. in Zus. mit der Bed.⟩: *Knochen* (z. B. osteoplastisch, Osteologie).

Os|te|o|blast, der; -en, -en ⟨meist Pl.⟩ [zu griech. blastós = Spross, Trieb] (Med.): *knochenbildende Zelle.*

Os|te|o|blas|tom, das; -s, -e (Med.): *Osteom.*

Os|te|o|dy|nie, die; -, -n [zu griech. odýnē = Schmerz, Qual] (Med.): *Ostealgie.*

Os|teo|ek|to|mie, die; -, -n [↑Ektomie] (Med.): *Ausmeißelung eines Knochenstücks.*

os|te|o|gen ⟨Adj.⟩ [↑-gen] (Med.): **a)** *(von Geweben) Knochen bildend;* **b)** *(von bestimmten Krankheiten) vom Knochen ausgehend.*

Os|te|o|ge|ne|se, die; -, -n [↑Genese] (Med.): *Knochenbildung.*

os|te|o|id ⟨Adj.⟩ [zu griech. -eidḗs = gestaltet, ähnlich, zu: eĩdos = Aussehen, Form] (Med.): *knochenähnlich.*

Os|te|o|kla|sie, die; -, -n [zu griech. klásis = das Zerbrechen; Bruch] (Med.): *operatives Zerbrechen verkrümmter Knochen (1 a) (um sie gerade zu richten).*

Os|te|o|klast, der; -en, -en [zu griech. klãn = (zer)brechen]: **1.** ⟨meist Pl.⟩ (Med., Biol.) *mehrkernige, das Knochengewebe zerstörende große Zelle.* **2.** ⟨auch: das; -s, -en⟩ (Med.) *Instrument zur Vornahme einer Osteoklasie.*

Os|te|o|lo|ge, der; -n, -n [↑-loge] (Med.): *Wissenschaftler auf dem Gebiet der Osteologie.*

Os|te|o|lo|gie, die; - [↑-logie] (Med.): *Lehre, Wissenschaft vom Knochenbau (als Teilgebiet der Anatomie).*

Os|te|o|lo|gin, die; -, -nen (Med.): w. Form zu ↑Osteologe.

os|te|o|lo|gisch ⟨Adj.⟩ (Med.): *die Osteologie betreffend.*

Os|te|o|ly|se, die; -, -n [↑Lyse] (Med.): *Auflösung von Knochengewebe.*

Os|te|om, das; -s, -e (Med.): *gutartige Knochengeschwulst.*

Os|te|o|ma|la|zie, die; -, -n [↑Malazie] (Med.): *Knochenerweichung.*

os|te|o|ma|la|zisch ⟨Adj.⟩ (Med.): *die Osteomalazie betreffend, auf ihr beruhend, für sie charakteristisch.*

Os|te|o|my|e|li|tis, die; -, ...itiden [zu griech. myelós = Knochenmark, ↑Myelitis] (Med.): *entzündliche Erkrankung des Knochenmarks.*

Os|te|on, das; -s, ...onen (Med.): *Baustein des Knochengewebes.*

Os|te|o|pa|thie, die; -, -n [↑-pathie] (Med.): *Erkrankung im Bereich der Knochen (1 a).*

Os|te|o|plas|tik, die; -, -en (Med.): *plastische Operation mit Teilen von Knochen (1 a).*

os|te|o|plas|tisch ⟨Adj.⟩ (Med.): *die Osteoplastik betreffend.*

Os|te|o|po|ro|se, die; -, -n [zu griech. porós, ↑Pore] (Med.): *stoffwechselbedingte, mit einem Abbau von Knochensubstanz einhergehende Erkrankung der Knochen (1 a).*

Os|teo|sar|kom, das; -s, -e (Med.): *bösartige Knochengeschwulst.*

Os|teo|syn|the|se, die; -, -n (Med.): *operative Verbindung der Endstellen eines Knochenbruchs durch mechanische Hilfsmittel (z. B. Marknagelung).*

os|teo|syn|the|tisch ⟨Adj.⟩ (Med.): *die Osteosynthese betreffend; mithilfe der Osteosynthese.*

Os|te|o|ta|xis, die; -, ...xen (↑ ¹Taxis] (Med.): *Einrenkung von Knochenbrüchen.*

Os|te|o|to|mie, die; -, -n [zu griech. tomḗ = das Schneiden; Schnitt] (Med.): *operative Durchtrennung eines Knochens (1 a).*

Os|ter|blu|me, die (volkst.): *im frühen Frühjahr blühende Pflanze unterschiedlicher Art* (z. B. Osterglocke, Buschwindröschen).

Os|ter|brauch, der: *österlicher, an Ostern geübter Brauch.*

Os|ter|ei, das: *gefärbtes, bemaltes gekochtes Hühnerei od. Ei aus Schokolade, Marzipan o. Ä., das an Ostern verschenkt wird:* -er verstecken, suchen; ein Nest mit bunten -ern.

Os|ter|fei|er|tag, der: *Feiertag des Osterfestes:* an beiden -en ist das Lokal geschlossen.

Os|ter|fe|ri|en ⟨Pl.⟩: *Schulferien in der Osterzeit.*

Os|ter|fest, das: *Ostern.*

Os|ter|feu|er, das: *am Vorabend des Osterfestes (auf Bergen) entzündetes Feuer.*

Os|ter|ge|läch|ter, das (früher): *Gelächter, in das die Gemeinde (3 a) durch das Vernehmen einer lustigen Geschichte während der österlichen Predigt ausbricht.*

Os|ter|glo|cke, die: *Narzisse mit leuchtend gelber, glockenförmiger Blüte.*

Os|ter|ha|se, der: **1.** *Hase, der nach einem Brauch in der Vorstellung der Kinder zu Ostern die Ostereier bringt.* **2.** *Figur aus Schokolade, die den Osterhasen (1) darstellt u. zur Osterzeit verkauft u. verschenkt wird.*

Os|te|ria, die; -, -s u. ...ien [ital. osteria, zu: oste = Wirt < afrz. oste < mlat. hospes (Gen.: hospitis)]: *Gasthaus (in Italien):* es gibt glücklicherweise noch ein anderes Venedig. Es ist das Venedig der Osterien, der engen, oft unscheinbaren Weinlokale (SZ 2. 3. 99, V).

Os|ter|in|sel, die: - [die Insel wurde am Ostersonntag 1722 entdeckt]: Insel im Pazifischen Ozean.

Os|ter|ker|ze, die (kath. Kirche): *in der Osternacht (2) geweihte Kerze.*

Os|ter|la|chen, das; -s (früher): *Ostergelächter.*

Os|ter|lamm, das: **1.** *Lamm, das zu Ostern geschlachtet u. gegessen wird.* **2.** *zu Ostern gebackenes, als kleines Lamm geformtes Backwerk.*

ös|ter|lich ⟨Adj.⟩ [mhd. österlich, ahd. ōstarlīh, zu ↑Ostern]: *Ostern, das Oster-*

fest betreffend, zu ihm gehörend; zur Osterzeit geschehen, zur Osterzeit üblich: -er Blumenschmuck; der -e Verkehr; die -e Zeit (kath. Kirche; *Zeit von der Osternacht bis zum Ende des Pfingstsonntags);* das in der Bibel beschriebene -e *(dem Osterfest zugrunde liegende, bes. die Auferstehung Christi beinhaltende)* Geschehen; das Zimmer war ö. geschmückt.

Os|ter|lu|zei [auch: – – –'–], die; -, -en [mhd. ostirlucie, spätahd. astrinza, unter lautlicher Anlehnung an »Ostern« < mlat. aristo-, astrolocia < lat. aristolochia < griech. aristolochia]: *Pflanze mit herzförmigen Blättern u. grünlichen od. gelblichen, in Büscheln wachsenden Blüten.*

Os|ter|marsch, der: *zur Osterzeit stattfindender, bes. gegen Krieg u. Atomrüstung gerichteter Demonstrationsmarsch.*

Os|ter|mar|schie|rer, der: *Teilnehmer an einem Ostermarsch:* Zwei Hundertschaften Polizei waren aufgeboten, um rund 800 O. am amerikanischen Wohnviertel vorbeizueskortieren (MM 29. 1. 68, 5).

Os|ter|mar|schie|re|rin, die: w. Form zu ↑ Ostermarschierer.

Os|ter|mo|nat, Os|ter|mond, der ⟨Pl. selten⟩ [mhd. ōstermānōt, ahd. ōstarmānōth] (veraltet): *April.*

Os|ter|mon|tag, der: *Montag des Osterfestes.*

Os|tern, das; -, - ⟨meist o. Art.; bes. südd., österr. u. schweiz. u. in bestimmten Wunschformeln u. Fügungen auch als Pl.⟩ [mhd. ōsteren, ahd. ōstarūn (Pl.); viell. nach einer germ. Frühlingsgöttin (zu ahd. ōstar = östlich; im Osten, d. h. in der Richtung der aufgehenden Sonne, des [Morgen]lichts)]: *Fest der christlichen Kirche, mit dem die Auferstehung Christi gefeiert wird:* O. ist dieses Jahr früh, fällt dieses Jahr in den März; es ist bald O.; was habt ihr [nächste] O. vor?; vorige, letzte O. war sie in Paris; wir hatten ein schönes O./schöne O.; ich wünsche euch frohe O.!; wir hatten weiße O. *(Ostern mit Schnee);* (bes. nordd.:) zu O./ (bes. südd.:) an O.; (landsch., bes. österr., schweiz.:) diese O. werde ich verreisen; bis O. ist es noch lange; kurz vor, nach O.; was willst du den Kindern zu O. schenken?; *wenn O. und Pfingsten/ Weihnachten zusammenfallen, auf einen Tag fallen (ugs.; *niemals*).

Os|ter|nacht, die: **1.** Nacht zum Ostersonntag. **2.** (kath. Kirche) *gottesdienstliche Feier in der Osternacht* (1).

Os|ter|putz, der: *gründlicher Hausputz vor Ostern.*

Ös|ter|reich; -s: *Staat im südlichen Mitteleuropa.*

Ös|ter|rei|cher, der; -s, -: Ew.

Ös|ter|rei|che|rin, die; -, -nen: w. Form zu ↑ Österreicher.

ös|ter|rei|chisch ⟨Adj.⟩: *Österreich, die Österreicher betreffend; von den Österreichern stammend, zu ihnen gehörend.*

ös|ter|rei|chisch-un|ga|risch ⟨Adj.⟩: *Österreich-Ungarn betreffend.*

Ös|ter|reich-Un|garn, -s: *ehemalige Doppelmonarchie.*

Os|ter|sams|tag (bes. südd., österr., schweiz.), **Os|ter|sonn|abend** (bes. nordd.), der: *Samstag vor dem Osterfest.*

Os|ter|sonn|tag, der: *erster Osterfeiertag.*

Os|ter|spiel, das (Literaturw.): *mittelalterliches geistliches Drama, das das dem Osterfest zugrunde liegende biblische Geschehen, bes. die Auferstehung Christi, zum Inhalt hat.*

Os|ter|ver|kehr, der: *[starker] Verkehr, bes. Straßenverkehr, zur Osterzeit.*

Os|ter|wo|che, die: **1.** *Woche nach Ostern.* **2.** *Karwoche.*

Os|ter|zeit, die ⟨o. Pl.⟩: *Zeit um Ostern, bes. vor dem Osterfest.*

Ost|eu|ro|pa, -s: *östlicher Teil Europas.*

Ost|eu|ro|pä|er, der: Ew.

Ost|eu|ro|pä|e|rin, die: w. Form zu ↑ Osteuropäer.

ost|eu|ro|pä|isch ⟨Adj.⟩: *Osteuropa, die Osteuropäer betreffend; von den Osteuropäern stammend, zu ihnen gehörend.*

Ost|fa|le, der; -n, -n: *Angehöriger eines altsächsischen Volksstammes.*

Ost|fa|lin, die; -, -nen: w. Form zu ↑ Ostfale.

Ost|flan|ke, die: *östliche Seite (bes. eines Hoch-, Tiefdruckgebietes).*

Ost|flücht|ling, der (früher): *Flüchtling aus einem der sozialistischen Länder Osteuropas u. Asiens, bes. aus der DDR.*

Ost|flü|gel, der: **a)** *östlicher Flügel* (4) *eines Gebäudes;* **b)** *östlicher Flügel* (3 a) *einer Armee o. Ä.*

Ost|frie|se, der: Ew. zu ↑ Ostfriesland.

Ost|frie|sen|witz, der: *Witz, dessen Gegenstand die Ostfriesen sind.*

Ost|frie|sin, die: w. Form zu ↑ Ostfriese.

ost|frie|sisch ⟨Adj.⟩: *Ostfriesland, die Ostfriesen betreffen; von den Ostfriesen stammend, zu ihnen gehörend:* -e Eigenschaften; die Ostfriesischen Inseln.

Ost|fries|land, -s: *Gebiet im nordwestlichen Niedersachsen.*

Ost|front, die: *(bes. im Ersten u. Zweiten Weltkrieg) im Osten verlaufende Front* (2).

Ost|ge|biet, das ⟨meist Pl.⟩: *im Osten gelegenes Gebiet einer Stadt, eines Landes o. Ä.:* im Gespräch über die verlorenen -e *(früher zu Deutschland gehörenden Gebiete jenseits der Oder-Neiße-Linie;* Praunheim, Sex 221).

Ost|geld, das ⟨o. Pl.⟩ (früher): vgl. Ostmark.

Ost|ger|ma|ne, der: *Angehöriger des östlichen Zweiges der Germanen (z. B. Gote).*

Ost|ger|ma|nin, die: w. Form zu ↑ Ostgermane.

ost|ger|ma|nisch ⟨Adj.⟩: *die Ostgermanen betreffend, von ihnen stammend, zu ihnen gehörend.*

Ost|gren|ze, die: *Grenze nach Osten.*

Ost|hang, der: *östlicher Hang (eines Berges o. Ä.).*

Os|ti|a|ri|er, der; -s, -, **Os|ti|a|ri|us,** der; -, ...ier [lat. ostiarius = Türhüter, zu: ostium = Tür] (kath. Kirche veraltet): *Kleriker des untersten Grades der niederen Weihen.*

os|ti|nat ⟨Adj.⟩ [ital. ostinato = hartnäckig < lat. obstinatum, 2. Part. von: obs-

tinare = beharren] (Musik): *ständig wiederholt, immer wiederkehrend:* ein -es Thema im Bass; -er Bass.

os|ti|na|to ⟨Adv.⟩ (Musik): *ostinat.*

Os|ti|na|to, der od. das; -s, -s u. ...ti (Musik): *Basso ostinato:* Bassist Frank Skriptschinski ... zupft hüpfende Ostinati und knallt den Bogen zum vorwärts drängenden Groove auf die Saiten (Woche 20. 12. 96, 42).

os|tisch ⟨Adj.⟩ [wohl zu griech. ostéon = Knochen]: *einem europiden Menschentypus angehörend, der bes. in westeuropäischen Gebirgen vorkommt u. für den untersetzter Körperbau u. dunkle bis schwarze Haare typisch sind.*

Os|ti|tis, die; -, ...titiden [zu griech. ostéon = Knochen] (Med.): *entzündliche Erkrankung der Knochensubstanz; Knochenhaut-, Knochenmarkentzündung.*

Os|ti|um, das; -s, ...ia u. ...ien [lat. ostium] (Med.): *Öffnung, Eingang, Mündung an einem Körperhohlraum od. Hohlorgan.*

Ost|ju|de, der: *osteuropäischer Jude.*

Ost|jü|din, die: w. Form zu ↑ Ostjude.

Ost|kir|che, die: *christliche Kirche in Osteuropa u. Vorderasien, die sich von der römisch-katholischen Kirche getrennt hat u. das Primat des Papstes nicht anerkennt.*

Ost|küs|te, die: *östliche, im Osten eines Landes, Gebietes o. Ä. gelegene Küste.*

Ost|ler, der; -s, - (abwertend): *Bewohner Ostdeutschlands, der DDR:* ... wie der O. sich hinter seiner Mauer vergnügt (Reinig, Schiffe 116); Die gefühlsechten O. mögen nicht die besseren Menschen sein, aber in der heraufziehenden gemeinsamen Misere die weniger unglücklichen (Woche 11. 4. 97, 25).

Ost|le|rin, die; -, -nen (abwertend): w. Form zu ↑ Ostler.

öst|lich: I. ⟨Adj.⟩ **1.** *im Osten* (1) *gelegen:* die -e Grenze; der -ste Zipfel des Landes; das -e Frankreich *(der östliche Teil Frankreichs);* als im Frühjahr 1944 der große antifaschistische Aufstand in der -en Slowakei ausbrach (Leonhard, Revolution 202); (Geogr.:) 15 Grad -er Länge; ⟨in Verbindung mit »von«:⟩ ö. von Mannheim; der Ort liegt ö. von hier. **2. a)** *nach Osten* (1) *gerichtet, dem Osten zugewandt:* in -er Richtung; einen noch -eren Kurs einschlagen; die Grenze verläuft genau ö.; **b)** *aus Osten* (1) *kommend:* -e Winde. **3. a)** *den Osten* (3 a) *betreffend; zu den Ländern Osteuropas u. Asiens gehörend, aus ihnen stammend:* -e Völker, Traditionen, Überlieferungen, Lieder; Gleichzeitig trennten sich nach der Reichsteilung von 395 die Wege der -en und der westliche Kirche (Fraenkel, Staat 150); **b)** *für die Länder Osteuropas u. Asiens, ihre Bewohner charakteristisch:* Tschaikowskis Musik ... mit ... der -en Mystik ewigen Leides (Simmel, Stoff 586); während das nordmesopotamische Rabulas-Evangeliar (von 586) spezifisch -e Züge trägt (Bild. Kunst III, 65); **c)** (früher) *zu den sozialistischen Ländern Osteuropas u. Asiens, bes. zu den Ostblockstaaten gehörend:* die -en Machthaber; Auf deutschem Boden stehen -e und westliche Truppen einander drohend gegenüber (Dönhoff, Ära 122); die ö. orientierten Länder. **II.** ⟨Präp. mit Gen.⟩ *weiter im Osten* (1), *gegen Osten [gelegen] als ...; östlich von ...:* ö. der Grenze; 3 km ö. der Stadt; eine endgültige Verzichterklärung auf die Gebiete ö. der Oder und Neiße (Dönhoff, Ära 155); ö. Frankfurts (selten; *östlich von Frankfurt*).

¹**Ọst|mark,** die; -, - (früher): ¹*Mark der Deutschen Demokratischen Republik.*

²**Ọst|mark,** die; -, -en: **1.** (hist.) *im MA. militärisch gesichertes Gebiet im Osten des Heiligen Römischen Reiches.* **2.** ⟨o. Pl.⟩ (nationalsoz.) 1938-1942 Bez. für Österreich.

ọst|mit|tel|deutsch ⟨Adj.⟩ (Sprachw.): *die Mundarten des östlichen Mitteldeutschlands betreffend.*

Ọst|mit|tel|deutsch, das u. ⟨nur mit best. Art.:⟩ **Ọst|mit|tel|deut|sche,** das: *ostmitteldeutsche Sprache.*

Ọst|nord|ọst, der: **1.** ⟨o. Pl.; unflekt.; o. Art.⟩ (Seemannsspr., Met.): *Ostnordosten* (gewöhnlich in Verbindung mit einer Präp.; Abk.: ONO). **2.** ⟨Pl. selten⟩ (Seemannsspr.) vgl. Ost (2).

Ọst|nord|ọs|ten, der ⟨meist o. Art.⟩: *Richtung zwischen Osten u. Nordosten* (gewöhnlich in Verbindung mit einer Präp.; Abk. ONO).

Ọst|po|li|tik, die (früher): *Politik gegenüber den sozialistischen Staaten Osteuropas u. Asiens:* die deutsche O.

Ọst|preu|ßen; -s: *ehemalige Provinz des Deutschen Reiches.*

ọst|preu|ßisch ⟨Adj.⟩: *Ostpreußen betreffend.*

Ọst|punkt, der (Geogr.): *in exakt östlicher Richtung liegender (gedachter) Punkt am Horizont.*

Os|tra|ko|de, der; -n, -n [zu griech. ostrakódēs = (ton)scherbenartig, nach den Muschelschalen]: *Muschelkrebs.*

Os|tra|kon, das; -s, ...ka [griech. óstrakon]: *(in der Antike) als Material zum Schreiben verwendete Scherbe von zerbrochenen Tongefäßen (anstelle von Papyrus).*

Ọst|rand, der: *östlicher Rand (bes. eines Gebietes, eines Gebirges, einer Stadt):* am O. der Stadt, des Parks.

Os|tra|zis|mus, der; - [griech. ostrakismós, zu: óstrakon = (Ei-, Muschel)schale, (Ton)scherbe; auf eine solche Scherbe wurde der Name der zu verbannenden Person geschrieben]: *(in der Antike, bes. im alten Athen) über die Verbannung, bes. eines missliebigen Politikers, beschließendes Volksgericht; Scherbengericht.*

Ọst|rom; -s: *das Oströmische Reich.*

Ös|tro|ma|nie, die; - [zu griech. oĩstros, ↑Östrogen u. ↑Manie]: *Nymphomanie.*

ọst|rö|misch ⟨Adj.⟩: *Ostrom betreffend.*

Ös|tron, das; -s [zu griech. oĩstros, ↑Östrogen] (Med.): *zu den Östrogenen gehörendes Steroidhormon; Follikelhormon.*

Ös|tron|grup|pe, die; - (Med.): *Gruppe der Follikelhormone.*

Ös|trus, der; - (Zool.): *Zustand gesteigerter geschlechtlicher Erregung u. Paarungsbereitschaft bei Tieren.*

Ọst|see, die; -: *Nebenmeer der Nordsee.*

Ọst|see|bad, das: *Badeort an der Ostsee.*

Ọst|sei|te, die: *östliche Seite:* an der O. des Hauses, des Sees, des Berges.

ọst|sei|tig ⟨Adj.⟩: *an, auf der Ostseite [gelegen, befindlich]:* während es noch heftig regnete, hellte sich der Himmel o. auf.

Ọst|sek|tor, der (früher): *östlicher Sektor (3):* Bis zum September 1960 durften die Westdeutschen in Berlin ungehindert in den O. gehen (Dönhoff, Ära 45).

Ọst|spit|ze, die: *östliche Spitze (bes. einer Insel, eines Sees o. Ä.).*

Ọst|süd|ọst, der: **1.** ⟨o. Pl.⟩; unflekt.; o. Art.) (Seemannsspr., Met.) *Ostsüdosten* (gewöhnlich in Verbindung mit einer Präp.; Abk.: OSO). **2.** ⟨Pl. selten⟩ (Seemannsspr.) vgl. Ost (2).

Ọst|süd|ọs|ten, der ⟨meist o. Art.⟩: *Richtung zwischen Osten u. Südosten* (gewöhnlich in Verbindung mit einer Präp.; Abk.: OSO).

Ọst|teil, der: *östlicher Teil (eines Gebäudes, Gewässers, Landes, einer Stadt o. Ä.).*

Ọst|ufer, das: *östliches Ufer (eines Sees, Flusses, einer Bucht o. Ä.).*

Ọs|tung, die; - (Bauw.): *das ¹Osten.*

Ọst|wand, die: *östliche Wand (eines Gebäudes, Berges o. Ä.).*

ọst|wärts ⟨Adv.⟩ [↑-wärts]: **a)** *in östliche[r] Richtung, nach Osten:* o. ziehen, blicken; in einem Zug, der sie o. brachte (Böll, Haus 13); **b)** (seltener) *im Osten:* ein o. gelegener Raum; o. [am Horizont] wetterleuchtet es.

Ọst-Wẹst-Dia|log, der (Politik früher): *die Probleme des Ost-West-Konflikts betreffend, dem Streben nach Bewältigung dieser Probleme dienender Dialog* (1 b) *zwischen den sozialistischen Ländern Osteuropas u. Asiens u. den kapitalistischen westlichen Ländern.*

Ọst-Wẹst-Ge|gen|satz, der (Politik früher): vgl. Ost-West-Konflikt.

Ọst-Wẹst-Ge|spräch, das (Politik früher): vgl. Ost-West-Dialog.

Ọst-Wẹst-Kon|flikt, der (Politik früher): *Gegensätze, die sich aus den unterschiedlichen politischen, wirtschaftlichsozialen o. ä. Auffassungen der kapitalistischen westlichen Länder u. der sozialistischen Länder Osteuropas u. Asiens nach dem Zweiten Weltkrieg ergeben haben.*

ọst|wẹst|lich ⟨Adj.⟩: *von Osten nach Westen [verlaufend]:* in -er Richtung.

Ọst|wẹst|rich|tung, die: *ostwestliche Richtung:* in O. verlaufen.

Ọst|wind, der: *aus Osten wehender Wind.*

ọst|zo|nal ⟨Adj.⟩ (veraltend): *die Ostzone betreffend, dazu gehörend, von dort stammend, kommend.*

Ọst|zo|ne, die: **a)** (veraltet) *(nach dem Zweiten Weltkrieg durch die Aufteilung Deutschlands in Zonen entstandene) sowjetische Besatzungszone;* **b)** (früher) *DDR:* Ich kann den Fuß nicht vom Gaspedal nehmen, ... Wir preschen an den

---

Vopos der O. vorbei (Kinski, Erdbeermund 258); meine Mutter mit meinem Stiefvater, ... die sind dann ausgewandert zur O. rüber (Schmidt, Strichjungengespräche 103).

OSZE [oɛstsɛtl'e:], die; -: **O**rganisation für **S**icherheit und **Z**usammenarbeit in **E**uropa.

Os|zil|la|ti|on, die; -, -en [lat. oscillatio = das Schaukeln]: **1.** (Physik) *das Oszillieren* (1); *Schwingung:* die Messung von -en; Ü Das Leben ist eine dauernde O. zwischen Verlangen und Überdruss (Musil, Mann 1581); Das Porträt, das am lebendigsten die -en der Zeit wiedergegeben hat, ... (Bild. Kunst I, 11); Die Pharmaindustrie ... hat längst gelernt, mit den -en staatlicher Preisregulationen flexibel und behände umzugehen (Woche 12. 12. 98, 23). **2.** (Geol.) **a)** *abwechselnde Hebung u. Senkung von Teilen der Erdkruste;* **b)** *Schwankung des Meeresspiegels;* **c)** *Schwankung in der Ausdehnung von Gletscherzungen.*

Os|zil|la|tor, der; -s, ...oren (Physik, Technik): *Gerät zur Erzeugung von [elektrischen] Schwingungen.*

os|zil|la|to|risch ⟨Adj.⟩ (Fachspr.): *die Oszillation betreffend, auf ihr beruhend, zu ihr gehörend; schwingend, schwankend, pendelnd.*

os|zil|lie|ren ⟨sw. V.; hat⟩ [lat. oscillare = schaukeln]: **1.** (Physik) *schwingen:* ein oszillierendes Gerät; Ü So oszillieren (bildungsspr.; *schwanken, pendeln*) geradе repräsentative Erscheinungen zwischen Ernst und Farce (Gehlen, Zeitalter 89); wie sehr die frühe Arbeiterbewegung noch zwischen Handwerkstradition und Lohnarbeiterperspektive oszillierte (Historische Zeitschrift 243, 1986, 352). **2.** (Geol.) **a)** *(von Teilen der Erdkruste) sich heben od. senken;* **b)** *(von Gletscherzungen) in der Ausdehnung schwanken.*

Os|zil|lo|gramm, das; -s, -e [↑-gramm] (Physik, Med.): *von einem Oszillographen aufgezeichnetes Bild bestimmter Schwingungen.*

Os|zil|lo|graph, der; -en, -en [↑-graph] (Physik, Med.): *Gerät zur Aufzeichnung des Verlaufs sich ändernder physikalischer Vorgänge* (z. B. Schwingungen).

Os|zil|lo|me|trie, die; -, -n [↑-metrie] (Med.): *Messung des Pulses* (1 a) *mithilfe eines Oszillographen.*

ot-, Ot-: ↑oto-.

Otal|gie, die; -, -n [zu griech. oũs (↑oto-, Oto-) u. álgos = Schmerz] (Med.): *Ohrenschmerz.*

OTC-Prä|pa|rat [ote'tse:...], das; -[e]s, -e [gek. aus engl. (to sell) **o**ver **t**he **c**ounter = über den Ladentisch (verkaufen)]: *nicht rezeptpflichtiges Präparat.*

Ot|häl|ma|tom, das; -s, -e [zu griech. oũs (↑oto-, Oto-) u. ↑Hämatom] (Med.): *Bluterguss im Bereich der Ohrmuschel.*

-o|the|k: ↑-thek.

Oti|a|ter, der; -s, - [zu griech. oũs (↑oto-, Oto-) u. iatrós = Arzt]: *Facharzt auf dem Gebiet der Otiatrie; Ohrenarzt.*

Oti|a|te|rin, die; -, -nen: w. Form zu ↑Otiater.

Oti|a|trie, die; - [zu griech. iatreía =

Heilkunde] (Med.): *Lehre von den Er-krankungen des Ohres; Ohrenheilkunde.*

oti|a|trisch ⟨Adj.⟩ (Med.): *die Otiatrie betreffend.*

Oti|tis, die; -, ...iti̱den (Med.): *entzündli-che Erkrankung des inneren Ohrs; Oh-renentzündung:* O. media *(Mittelohrent-zündung).*

Oti|um, das; -s [lat. otium] (veraltet): *Mu-ße.*

oto-, Oto-, (vor Vokalen u. vor h auch:) ot-, Ot- [griech. oûs (Gen. : ōtós)] ⟨Best. in Zus. mit der Bed.⟩: *Ohr* (z. B. otolo-gisch, Otalgie).

Oto|dy|ni̱e, die; -, -n [zu griech. odýnē = Schmerz; Qual] (Med.): *Otalgie.*

oto|ge̱n ⟨Adj.⟩ [↑-gen] (Med.): *vom Ohr ausgehend.*

Oto|li̱th [auch: ...li̱t], der; -s u. -en, -e[n] [↑-lith] (Med.): *kleiner prismatischer Kristall aus kohlensaurem Kalk im Gleichgewichtsorgan des Ohres.*

Oto|lo̱|ge, der; -n, -n [↑-loge]: *Otiater.*

Oto|lo̱|gie, die; - [↑-logie]: *Otiatrie.*

Oto|lo̱|gin, die; -, -nen: w. Form zu ↑Oto-loge.

oto|lo̱|gisch ⟨Adj.⟩: *otiatrisch.*

O-Ton, der (Jargon): *Originalton:* Warum können wir nicht ... »Harold und Maude« und »Rocky Horror«, notfalls auch »Dallas« im O-Ton sehen? (Spiegel 19, 1982, 90); eine (nicht strafbare) Bericht-erstattung unterscheidet sich von der (strafbaren) publizistischen Vorverurtei-lung manchmal nur durch wenige Worte oder die geschickte Kombination von Fernsehbildern mit O-Ton (Wirtschafts-woche 48, 1993, 64); Ü O-Ton Churchill am 3. 9. 39 im BBC: »Dieser Krieg ist ein englischer Krieg und sein Ziel die Ver-nichtung Deutschlands« (Focus 9, 1999, 268).

Oto|pho̱n, das; -s, -e [zu ↑oto-, Oto- u. griech. phōnē = Stimme, Ton, Schall]: *Hörrohr.*

Oto|plas|tik, die; -, -en: *Ohrstück eines Hörgeräts.*

Otor|rha|gi̱e, die; -, -n [zu griech. rhēg-nýnai = reißen, sprengen] (Med.): *Blu-tung aus dem Ohr.*

Oto|skle|ro̱|se, die; -, -n (Med.): *zur Schwerhörigkeit führende Verknöche-rung des Mittelohrs.*

oto|skle|ro̱|tisch ⟨Adj.⟩ (Med.): *die Otosklerose betreffend.*

Oto|skop, das; -s, -e [zu griech. sko-peîn = betrachten] (Med.): *Ohrenspie-gel.*

Oto|sko|pi̱e, die; -, -n (Med.): *Untersu-chung des Ohres mit dem Otoskop.*

Ot|ta̱|va, die; -, ...ve (Verslehre): *Ottave-rime.*

ot|ta̱|va: ↑all'ottava.

Ot|ta|ve|ri̱|me ⟨Pl.⟩ [ital. ottave rime = acht Reime (Verszeilen)] (Verslehre): *Stanze.*

Ot|ta̱|wa: Hauptstadt Kanadas.

¹Ot|ter, der; -s, - [mhd. ot(t)er, ahd. ottar, eigtl. = Wassertier] *(zu den Mardern ge-hörendes im u. am Wasser lebendes) klei-nes Säugetier mit Schwimmhäuten zwi-schen den Zehen, langem Schwanz u. dichtem, glänzendem Fell.*

²Ot|ter, die; -, -n [frühnhd. nōter, ostmd.

Nebenf. von mhd. nāter, ↑Natter]: *Viper* (1).

Ot|tern|brut, die, **Ot|tern|ge|zücht,** das: vgl. Natternbrut.

Ot|ter|zun|ge, die: *versteinerter Fisch-zahn.*

Ot|to, der; -s, -s [nach dem m. Vorn. Otto, der wegen seines früher häufigen Vor-kommens oft ugs. im Sinne von Dings (2) gebraucht wurde]: **1.** (salopp) *etw., was durch besondere Größe, durch seine Aus-gefallenheit o. Ä. Staunen, Aufsehen er-regt:* die Kürbisse in seinem Garten sind solche, sind ungeheure, riesige -s; das ist vielleicht ein O.!; er zieht sofort ein Sti-lett raus, so einen O. (Frings, Liebesdin-ge 210); da hat vielleicht einen O.! (gro-ßen Busen!). **2.** * **O. Normalverbraucher** *(der durchschnittliche, keine großen An-sprüche stellende Mensch, Bürger;* wohl nach der Hauptfigur des Spielfilms »Berliner Ballade« [1948]); **den flotten O. haben** (salopp; *Durchfall haben*).

Ot|to|man, der; -s, -e [frz. ottoman, eigtl. = osmanisch, türkisch, zu arab. 'uṯmān = Osmane] (Textilind.): *Gewebe mit breiten, ausgeprägten Rippen, das bes. als Dekorationsstoff verwendet wird.*

¹Ot|to|ma̱|ne, die; -, -n [frz. ottomane; eigtl. = türkische (Liege)] (früher): *zum Ausruhen im Liegen dienendes, niedri-ges, gepolstertes Möbelstück ohne Rü-ckenlehne:* Der Mann ... streckte sich auf der O. aus (Fels, Sünden 13).

²Ot|to|ma̱|ne, der; -n, -n: *Osmane.*

Ot|to|ma̱|nin, die; -, -nen: w. Form zu ↑²Ottomane.

Ot|to|mo̱|tor, der; -s, -e[n] [nach dem dt. Ingenieur N. Otto (1832–1891)]: *Ver-brennungsmotor, bei dem das im Zylin-der befindliche Gemisch aus Kraftstoff u. Luft durch einen elektrischen Funken ge-zündet wird.*

Ou|bli|et|ten ⟨Pl.⟩ [frz. oubliette, zu: ou-blier = vergessen] (hist.): *Burgverliese für die zu lebenslänglichem Kerker Ver-urteilten.*

Ounce [auns], die; -, -s [au̯nsız; engl. oun-ce, ↑¹Unze]: *englische Gewichtseinheit (28,35 g);* Abk.: oz.

out [au̯t] ⟨Adv.⟩ [engl. out]: **1.** (Ballspiele österr., sonst veraltet) *(vom Ball) außer-halb des Spielfeldes:* o.!; der Ball, das war o. **2. * o. sein** (ugs.; **1.** *nicht mehr im Brennpunkt des Interesses stehen, nicht mehr gefragt sein:* diese Künstlerin ist schon seit einiger Zeit völlig o. **2.** *[bes. von etw., was einmal sehr in Mode, im Schwange war] nicht mehr in Mode sein):* das Lokal ist total o.; Röcke sind einfach »out« [MM 28./29. 12. 68, 32]; München ist etabliert, Hamburg ist o. [Szene 8, 1985, 44]).

Out, das; -[s], -[s] (Ballspiele österr., sonst veraltet): *Aus* (1, 2).

Out|back [au̯tbɛk], das, auch: der [engl. (the) outback, eigtl. = draußen ganz hin-ten, weit außerhalb]: *wenig besiedeltes Landesinnere von Australien.*

Out|board [au̯tbɔːd], der; -[s], -s [engl. outboard, aus: out = draußen u. board = Bord]: *Außenbordmotor.*

Out|cast [au̯tkaːst], der; -s, -s [engl. out-cast, urspr. = außerhalb des Kastensys-

tems stehender Inder] (bildungsspr.): *jmd., der von der Gesellschaft ausgesto-ßen ist, verachtet wird:* Wer nicht schön brav ... mitgemacht hat, der war ... und bleibt ein O. (Kantorowicz, Tagebuch 523); Ich habe Heinrich Böll mehrmals in Gesprächen wegen seines Einsatzes für die -s der Gesellschaft verteidigt (Gregor-Dellin, Traumbuch 95).

Out|door [ˈau̯tdɔː], das; -s [zu engl. out-door = draußen, im Freien, außen-]: *Freizeitaktivitäten im Freien (wie Wan-dern, Bergsteigen o. Ä.):* Diese Ecke des Jura ist ein exzellentes Revier für O., Er-holung und – Genuss (a & r 2, 1998, 77).

Out|door|be|klei|dung, die: *für Frei-zeitaktivitäten im Freien bestimmte Klei-dung.*

Out|ein|wurf [ˈau̯t...], der (Ballspiele ös-terr.): *Einwurf aus dem Out.*

ou|ten [ˈau̯tn̩] ⟨sw. V.; hat⟩ [engl. to out, nach to come out = sich öffentlich zu seiner Homosexualität bekennen, urspr. = herauskommen, bekannt wer-den] (Jargon): **1.** *jmds. homosexuelle Ver-anlagung (bes. die einer prominenten Person) ohne dessen Zustimmung be-kannt machen:* Wenn die Homoszene es will, werde ich auch prominente Berliner o.! (Spiegel 51, 1991, 213); Ihr hat auch nicht geschadet, dass sie ... von homose-xuellen Aktivisten als angebliche Lesbie-rin »geoutet« wurde (Rheinpfalz 1. 4. 92, 6); weil »es Absprachen gab, nicht in der Sendung zu o.« (MM 18. 2. 92, 21); Ü die spektakuläre Liste, die Modeschöpfer Blackwell jährlich veröffentlicht und mit der er zehn Prominente »outet« (öffent-lich nennt), die besonders geschmacklos gekleidet sind (Sonntag Aktuell 13. 12. 92, 11). **2.** *sich öffentlich zu seinen homo-sexuellen Veranlagungen bekennen:* es fiel ihm nicht leicht, sich seine Homose-xualität zu o.; Ü An die Namen seiner Führungsoffiziere ... erinnerte er sich erst, als die sich selbst outeten (Spiegel 38, 1992, 33); Helmut Schmidt ... war der erste prominente Mitbürger, der sich ge-outet hat: Deutschlands oberster Welt-wirtschaftsexperte gab zu, er könne sein Stromrechnung nicht lesen (Rhein. Merkur 25. 6. 93, 1); Ein früherer Team-kollege hat nach Andis Koks-Affäre sei-ne ganze Drogenabhängigkeit geoutet (Woche 2. 1. 98, 47).

Ou|ter|space|for|schung [ˈau̯tə-ˈspeːs...], (auch:) **Ou|ter-Space-For-schung,** die; - [zu engl. outer space = Weltraum, aus: outer = äußer..., Außen-u. space = Raum]: *Weltraumforschung.*

Out|fit [ˈau̯tfɪt], das; -[s], -s [engl. outfit, zu: to fit out = ausstatten]: *das äußere Erscheinungsbild bestimmende Klei-dung, Ausstattung, Ausrüstung:* Dich frappiert mein O., was? (Bieler, Mäd-chenkrieg 314); vor Banken ver-langen von ihren Mitarbeitern ein kor-rektes O. (MM 19. 5. 89, 17); Hut und Sonnenbrille gehören neuerdings zum O. (Spiegel 32, 1985, 151); Ü Mehr als 2 Mil-liarden Mark wurden verplant und ver-baut, um dem Revier im Rahmen der In-ternationalen Bauausstellung ... ein neu-es O. zu geben (Woche 28. 3. 97, 12).

Out|fit|ter [ˈaʊtfɪtɐ], der; -s, - [engl. outfitter]: *Ausstatter, Ausrüster.*

Out|group [ˈaʊtgruːp], die; -, -s [engl. out-group, zu: group = Gruppe] (Soziol.): *[soziale] Gruppe, die nicht als zugehörig betrachtet wird, von der sich andere distanzieren.*

Ou|ting [ˈaʊtɪŋ], das; -s [engl. outing, zu: to out, ↑outen]: *das Outen, Sichouten:* »Outing« soll das probate Mittel sein gegen die herrschende Strategie des Schweigens (Spiegel 39, 1990, 104).

Out|law [ˈaʊtloː, engl.: ˈaʊtlɔː], der; -[s], -s [engl. outlaw, zu: law = Gesetz] (bildungsspr.): **a)** *jmd., der von der Gesellschaft geächtet, ausgestoßen ist; Verfemter;* **b)** *jmd., der sich nicht an die bestehende Rechtsordnung hält:* Gottfried John ... spielt einen bayrischen »Outlaw«, einen Mann, der zum Wilddieb und Kämpfer gegen die Obrigkeit wird (MM 5. 6. 71, 57).

Out|li|nie [ˈaʊt-], die; -, -n (Ballspiele österr., sonst veraltet): *Auslinie.*

out of area [ˈaʊt əf eərɪə; engl. out of area = (bezogen auf eine Militäroperation) außerhalb des Einsatz- od. Zuständigkeitsbereichs] (Politik, Milit.): *außerhalb der Gebiete des Bereichs der eigenen vertraglich festgelegten politischen Zuständigkeit:* Es gehe nicht an, kritisiert Simitis jetzt, dass die Nato auf eigene Initiative Militäraktionen »out of area« starte (FR 15. 5. 99, 5).

Out|place|ment [ˈaʊtpleɪsmənt], das; -[s], -s [engl. outplacement, zu: place-ment = Platzierung]: *Entlassung einer Führungskraft unter gleichzeitiger Vermittlung an ein anderes Unternehmen.*

Out|put [ˈaʊtpʊt], der, auch: das; -s, -s [engl. output = Ausstoß] **1.** (Wirtsch.) *Gesamtheit der von einem Unternehmen produzierten Güter:* Der jährliche O. steigt von sieben auf 20 Filme, die Hälfte Eigenproduktionen (Capital 4, 1999, 288); Ü Beamte werden auf einmal an ihrem O. *(an dem, was sie leisten)* gemessen, und über kurz oder lang dürften selbst Professoren leistungsorientiert entlohnt werden (Zeit 25. 2. 99, 47). **2.** (EDV) *Gesamtheit der Daten, Informationen als Arbeitsergebnis einer Rechenanlage; Ausgabe* (7), ²Ausdruck (1 b). **3.** (Elektrot., Elektronik) *von bestimmten Geräten ausgehende Leistung.*

ou|trie|ren [uˈtriːrən] ⟨sw. V.; hat⟩ [frz. outrer, zu: outre = über ... hinaus] (bildungsspr.): *übertrieben darstellen, übertreiben:* sie ist stets geneigt, die Dinge zu o.; ⟨meist im 2. Part.:⟩ Das outriert modern eingerichtete Hotelappartement (Zwerenz, Quadriga 238).

Ou|trie|rung, die; -, -en (bildungsspr.): *das Outrieren.*

Out|si|der [ˈaʊtsaɪdɐ], der; -s, - [engl. outsider, zu: outside = Außenseite, urspr. = das auf der (ungünstigen) Außenseite laufende Pferd] (bildungsspr.): *Außenseiter:* Die Realpolitiker, viel klüger und erfahrener als wir O. (Tucholsky, Werke I, 254); In diesen Zusammenhang gehört auch das Tätowieren. Man möchte das Kastenzeichen des -s zur Schau tragen (Ossowski, Bewährung 20).

Out|si|de|rin [ˈaʊtsaɪdərɪn], die; -, -nen: w. Form zu ↑Outsider.

out|sour|cen [ˈaʊtsoːɐ̯sn̩] ⟨sw. V.; hat⟩ (Wirtsch.): *durch Outsourcing weggeben, ausgliedern, nach außen verlegen:* Schreibarbeiten o.; immer mehr Unternehmen sourcen bestimmte Bereiche out; »Ein Unternehmen, das im großen Stile outsourct, baut auch immer radikal Arbeitsplätze ab« (Berliner Zeitung 9. 8. 97, 31); Telekommunikationsunternehmen ... haben fast ihre gesamten Dienstleistungen outgesourct (Wirtschaftswoche 52, 1997, 60); Mitarbeiter werden über Teleworking ausgelagert oder outgesourct (Wirtschaftswoche 9, 1995, 82).

Out|sour|cing [ˈaʊtsoːɐ̯sɪŋ], das; -[s], -s [engl. outsourcing, zu: out = aus u. source = Quelle] (Wirtsch.): *das Ausgeben von bisher in einem Unternehmen selbst erbrachten Leistungen an externe Dienstleister, bes. Übergabe von Firmenbereichen, die nicht zum Kernbereich gehören, an spezialisierte Dienstleistungsunternehmen:* Für die GfK eröffnet sich die Chance des O. ihres Rechenzentrums bei gleichzeitigem Verbleib in ihren Räumen (FAZ 22. 3. 93, B 11); Mit O. von DV-Leistungen sind die meisten Kunden zufrieden (VDI nachrichten 27. 8. 93, 1); Diese Entwicklung geht einher mit dem Trend zum O.: Firmen reduzieren ihr Geschäft auf das, was sie als Kernkompetenz definieren, und gliedern die übrigen Teile – von der Kantine bis zur Personalverwaltung – aus (Woche 11. 4. 97, 9).

Out|wach|ler [ˈaʊt...], der; -s, - [zu ↑wachen] (Ballspiele österr. ugs.): *Linienrichter.*

Out|wach|le|rin, die; -, -nen: w. Form zu ↑Outwachler.

Ou|ver|tü|re [uvɛr...], die; -, -n [frz. ouverture, eigtl. = Öffnung, Eröffnung, über das Vlat. zu lat. apertura = (Er)öffnung]: **a)** *instrumentales Musikstück als Einleitung zu größeren Musikwerken (bes. Oper u. Operette):* die O. zu »Carmen«; das Orchester spielte gerade die O., war noch bei der O.; Ü Als eine Art O. für den Geburtstag am Montag ... bereitete Washington dem noch immer unermüdlich Witze und Bonmots versprühenden Hope ein Programm, wie es einem Künstler in dieser Stadt selten geboten worden ist (Augsburger Allgemeine 27./28. 5. 78, 6); **b)** *aus einem Satz bestehendes Konzertwerk für Orchester.*

Ou|vrée [uˈvreː], die; - [zu frz. ouvrée, 2. Part. Fem. von: ouvrer = be-, verarbeiten]: *gezwirnte Rohseide.*

Ou|zo [ˈuːzo], der; -[s], -s [ngriech. oũzo(n)]: *griechischer Anisschnaps.*

Ova: Pl. von ↑Ovum.

oval ⟨Adj.⟩ [spätlat. ovalis, zu lat. ovum, ↑Ovum]: *die Form eines Eies, einer Ellipse habend; eirund; elliptisch:* ein -er Tisch; eine -e Gesichtsform; ein Bild in einem -en Rahmen; Die beiden mittleren Stäbe an der Vorderseite des Käfigs traten o. auseinander (Schneider, Erdbeben 18).

Oval, das; -s, -e: *ovale Form, Fläche, Anlage o. Ä.:* das O. der Radrennbahn; Ich

hatte ihr Gesicht noch nicht gesehen, ich sah nur ein blasses O. mit dunklen Punkten (v. d. Grün, Irrlicht 9).

Oval|zir|kel, der: *Gerät zum Zeichnen von Ellipsen.*

Ovar, das; -s, -e: *Ovarium* (1).

Ova|rek|to|mie: ↑Ovariektomie.

ova|ri|al ⟨Adj.⟩ (Med., Biol.): *das Ovarium betreffend.*

Ova|ri|al|gra|vi|di|tät, die (Med.): *Eierstockschwangerschaft.*

Ova|ri|al|hor|mon, das (Med.): *vom Eierstock gebildetes Hormon.*

Ova|ri|al|tu|mor, der (Med.): *Geschwulst der Eierstöcke.*

Ova|ri|ek|to|mie, Ovarektomie, die; -, -n [↑Ektomie] (Med.): *operative Entfernung des Ovariums.*

ova|ri|ell ⟨Adj.⟩: *ovarial.*

Ova|ri|um, das; -s, ...ien [spätlat. ovarium = Ei]: **1.** (Med., Zool.) *Eierstock.* **2.** (Bot.) *Fruchtknoten.*

Ova|ti|on, die; -, -en [lat. ovatio = kleiner Triumph (wenn der Feldherr nach dem Sieg nicht auf dem Wagen, wie beim üblichen Triumph, sondern nur zu Pferd od. zu Fuß mit einem Myrtenkranz auf dem Kopf Einzug hielt), zu: ovare = triumphieren, siegreich Einzug halten, jubeln] (bildungsspr.): *begeisterter Beifall, enthusiastische Zustimmung als Ehrung für jmdn., Huldigung:* stürmische, herzliche, begeisterte O.; Der Beifall ist fast eine O. (Saarbr. Zeitung 6. 12. 79, 3); -en erhalten, bekommen; jmdm. -en bereiten, bringen; 25 000 Zuschauer ... brachten der alten und neuen Rekordhalterin zehn Minuten lang stehende -en *(Ovationen, bei denen sich das Publikum von den Plätzen erhebt)* dar (MM 23. 8. 84, 8); jmdn. mit -en begrüßen, feiern.

OvD [ofaʊˈdeː], **O. v. D.,** der; -[s], -[s]: Offizier vom Dienst.

Over|all [ˈoʊvərɔːl], der; -s, -s [engl. overall, aus: over = über u. all = alles, also eigtl. = »Überalles«]: *einteiliger, den ganzen Körper bedeckender Anzug, der bes. zum Schutz bei bestimmten Arbeiten, Tätigkeiten getragen wird.*

over|dressed [ˈoʊvərdrɛst] ⟨Adj.⟩ [engl. overdressed, zu: over = über u. to dress = anziehen] (bildungsspr.): *(für einen bestimmten Anlass) zu gut, fein angezogen, zu feierlich gekleidet.*

Over|drive [ˈoʊvərdraɪv], der; -[s], -s [engl. overdrive, zu: over = über u. to drive = fahren] (Technik): *ergänzendes Getriebe in Kraftfahrzeugen, das nach Erreichen einer bestimmten Fahrgeschwindigkeit die Herabsetzung der Drehzahl des Motors ermöglicht; Schnellgang:* Die Zweiliterversionen ... können jetzt auf Wunsch mit O. als fünfter Fahrstufe ausgerüstet sein (ADAC-Motorwelt 10, 1980, 10).

Over|flow [ˈoʊvəfloʊ], der; -s [engl. overflow, eigtl. = das Überfließen] (EDV): *Überschreitung der Speicherkapazität von Computern.*

Over|head|pro|jek|tor [ˈoʊvəhɛd...], der [zu engl. overhead = oben, darüber]: *Projektor, mit dem großformatige transparente Vorlagen (z. B. Diagramme, Zeichnungen), die auf einer von unten beleuchteten Glasfläche liegen u. während* der Projektion beschriftet werden können, über den Kopf des Vortragenden auf eine hinter ihm liegende Fläche projiziert werden können.

Over|kill ['ouvəkɪl], das, auch: der; -[s] [engl. overkill, aus: over = über, darüber hinaus u. to kill = töten, eigtl. = mehr als einmal töten] (Milit.): *Situation, in der Staaten mehr Waffen (bes. Atomwaffen) besitzen, als nötig wären, um den Gegner zu vernichten:* dass auch ein Verteidigungskrieg im Zeitalter des atomaren -s eine fragwürdige Sache sei (MM 21. 10. 69, 6); Ü Doch damit war offenbar schon ein publizistischer O. *(ein publizistisches Übermaß)* erreicht (Spiegel 51, 1973, 118).

Over|knees ['ouvəni:s] ⟨Pl.⟩ [engl. overknee = über die Knie reichend, aus: over = über u. knee = Knie] (Jargon): *über die Knie hinausreichende Kniestrümpfe.*

over|sized ['ouvə'saɪzd] ⟨Adj.⟩ [engl. oversized = übergroß, zu: over = über u. size = Größe] (Jargon): *(von Kleidungsstücken) größer als tatsächlich nötig.*

Over|state|ment ['ouvə'steɪtmənt], das; -s, -s [engl. overstatement, aus: over = über u. statement = Aussage, Erklärung]: *Übertreibung:* Die Wichtigkeit von Leibesübungen, mit dem offiziell üblichen O.»Stählung des Körpers« genannt, wird ... propagiert (Spiegel 8, 1977, 121).

over|styled ['ouvəstaɪld] ⟨Adj.⟩ [zu engl. over = über u. to style, ↑stylen] (bildungsspr.): *(für einen bestimmten Anlass) zu perfekt gestylt; overdressed:* Der ist fesch und jugendlich angezogen, ohne o. zu wirken (Stern 19, 1998, 167).

Ovi|dukt, der; -[e]s, -e [zu lat. ovum (↑Ovum) u. ductum, 2. Part. von ducere = leiten] (Med.): *Eileiter.*

ovi|par ⟨Adj.⟩ [spätlat. oviparus, zu ↑Ovum u. lat. parere = gebären] (Biol.): *Eier legend.*

Ovi|pa|rie, die; - (Biol.): *Fortpflanzung, die durch Ablage von Eiern erfolgt.*

Ovi|zid, das; -[e]s, -e [zu lat. caedere (in Zus. -cidere) = töten] (Med.): *Mittel zur Abtötung von [Insekten]eiern.*

Ovo|ge|ne|se, die; -, -n (Med., Biol.): *Oogenese.*

ovo|id, ovo|i|disch ⟨Adj.⟩ [zu griech. -oeidḗs = ähnlich] (Biol.): *eiförmig.*

ovo|vi|vi|par ⟨Adj.⟩ (Biol.): *Eier mit mehr od. weniger entwickelten Embryonen ablegend.*

Ovo|vi|vi|pa|rie, die; - (Biol.): *Fortpflanzung durch Ablage von Eiern, in denen die Embryonen sich bereits in einem fortgeschrittenen Entwicklungsstadium befinden (sodass bei manchen Tieren die Embryonen unmittelbar nach der Eiablage ausschlüpfen).*

ÖVP [øfau'pe:], die; -: *Österreichische Volkspartei.*

Ovu|la|ti|on, die; -, -en [zu ↑Ovulum] (Zool., Med.): *Follikelsprung, Eisprung.*

Ovu|la|ti|ons|hem|mer, der; -s, - (Med.): *Antibabypille.*

Ovu|lum, das; -s, ...la [nlat. Vkl. von lat. ovum, ↑Ovum]: **1.** (Med.) *Ovum.* **2.** (Bot.)

Samenanlage. **3.** (Med. selten) *Zäpfchen, bes. zur Einführung in die Scheide.*

Ovum, das; -s, Ova [lat. ovum] (Biol., Med.): *weibliche Keimzelle, Ei(zelle).*

Oxa|lat, das; -[e]s, -e [zu lat. oxalis = Sauerampfer < griech. oxalís, zu: oxýs = scharf, sauer]: *Salz, Ester der Oxalsäure (z. B. im Sauerampfer).*

Oxal|säu|re, die ⟨o. Pl.⟩: *starke organische Säure, die in Form von Salzen in vielen Pflanzen enthalten ist; Kleesäure.*

Oxa|lu|rie, die; -, -n [zu griech. oûron = Harn] (Med.): *vermehrte Ausscheidung von Oxalsäure im Harn.*

Oxer, der; -s, - [engl. oxer, zu: ox = Ochse, wohl nach der Form]: **1.** (Reiten) *Hindernis, das aus Stangen, aus zwei Ricks besteht, zwischen die Buschwerk gestellt wird.* **2.** (selten) *Absperrung zwischen Viehweiden.*

¹**Ox|ford:** Stadt in England.

²**Ox|ford,** das; -s, -s: *bunter Baumwoll(hemden)stoff.*

³**Ox|ford,** das; -[s] (Geol.): *unterste Stufe des Malms.*

Ox|ford|be|we|gung, die; -: *(im 19. Jh. in ¹Oxford entstandene) eine tief greifende kirchliche Erneuerung anstrebende Bewegung* (3 a) *in der anglikanischen Kirche.*

Ox|ford|ein|heit, die (Med.): *internationales Maß für wirksame Penizillinmengen;* Abk.: OE.

Ox|for|di|en [ɔksfɔr'diɛ̃:], das; -[s] (Geol.): ³*Oxford.*

Ox|hoft, das; -[e]s, -e [aus dem Niederd. < mniederd. hukeshovet < engl. hogshead, eigtl. = Schweinekopf] (früher): *Hohlmaß unterschiedlicher Größe (bes. für Wein u. Spirituosen).*

Oxid, (auch:) Oxyd, das; -[e]s, -e [engl. oxid < frz. oxyde, zu griech. oxýs, ↑oxy-, Oxy-]: *Verbindung eines chemischen Elements mit Sauerstoff.*

Oxi|da|se, (auch:) Oxydase, die; -, -n (Chemie): *Enzym, das Sauerstoff aktiviert, überträgt, das oxidierend* (1) *wirkt.*

Oxi|da|ti|on, (auch:) Oxydation, die; -, -en [frz. oxydation]: **1.** (Chemie) *Reaktion, Verbindung eines chemischen Elements od. einer chemischen Verbindung mit Sauerstoff.* **2.** (Chemie, Physik) *Vorgang, bei dem ein chemisches Element od. eine chemische Verbindung Elektronen abgibt, die von einer anderen Substanz aufgenommen werden.*

Oxi|da|ti|ons|zo|ne, die (Geol.): *Bereich, in dem Erzlagerstätten durch Luft- u. Wassereinwirkung verwittern.*

oxi|da|tiv, (auch:) oxydativ ⟨Adj.⟩ (Chemie): *durch Oxidation bewirkt, auf ihr beruhend.*

Oxi|da|tor, (auch:) Oxydator, der; -s, ...oren (Technik): *Sauerstoff tragender Bestandteil von Raketentreibstoff.*

oxi|die|ren, (auch:) oxydieren ⟨sw. V.⟩ [frz. oxyder, die i-Schreibung beeinflusst von gleichbed. engl. to oxidize]: **1.** (Chemie) **a)** (ugs.) *sich mit Sauerstoff verbinden, Sauerstoff aufnehmen* ⟨hat/ist⟩: das Metall oxidiert sehr schnell an der Luft; Silber oxidiert (Horn, Gäste 33); **b)** *bewirken, dass sich eine Substanz mit Sau-*

erstoff verbindet ⟨hat⟩: Ozon oxidiert viele Metalle bereits bei Zimmertemperatur; das Metall wird oxidiert. **2.** (Chemie, Physik) *Elektronen abgeben, die von einer anderen Substanz aufgenommen werden* ⟨hat/ist⟩.

Oxi|die|rung, (auch:) Oxydierung, die; -, -en: *das Oxidieren.*

Oxi|di|me|ter, (auch:) Oxydimeter, das; -s, - [↑-meter (1)] (Chemie): *Gerät zur Maßanalyse bei der Vornahme einer Oxidimetrie.*

Oxi|di|me|trie, (auch:) Oxydimetrie, die; - [↑-metrie] (Chemie): *Bestimmung von Mengen eines Stoffes durch bestimmte Oxidationsvorgänge.*

oxi|disch (auch:) oxydisch ⟨Adj.⟩ (Chemie): *ein Oxid enthaltend.*

Ox|tail|sup|pe ['ɔksteɪl-], die [engl. oxtail soup]: *Ochsenschwanzsuppe.*

oxy-, Oxy- [1: griech. oxýs; 2: ↑Oxygenium] ⟨Best. in Zus. mit der Bed.⟩: **1.** *scharf, herb, sauer* (z. B. Oxymoron). **2.** *Sauerstoff enthaltend, brauchend* (z. B. Oxyhämoglobin).

Oxy|bi|o|se, die; - [zu griech. bíos = Leben]: *Aerobiose.*

Oxyd usw.: ↑Oxid usw.

Oxy|les|sig|säu|re, die; - (Chemie): *Glykolsäure.*

Oxy|gen, Oxy|ge|ni|um, das; -s [frz. oxygène, zu griech. oxýs (↑oxy-, Oxy-) u. ↑-gen, eigtl. = Säurebildner] (Chemie): *Sauerstoff;* Zeichen: O.

Oxy|hä|mo|glo|bin, das; -s (Med.): *sauerstoffhaltiges Hämoglobin.*

Oxy|mo|ron, das; -s, ...ra [griech. oxýmōron, zu: mōrós = stumpf, träge; dumm, töricht] (Rhet., Stilk.): *Zusammenstellung zweier sich widersprechender Begriffe in einem Kompositum od. in einer rhetorischen Figur* (z. B. bittersüß; Eile mit Weile!).

oxy|phil ⟨Adj.⟩ [zu griech. phileîn = lieben] (Chemie): *saure Farbstoffe bindend.*

Oxy|säu|re, die; - (Chemie): *Säure, die die Eigenschaften einer Säure u. eines Alkohols zugleich hat.*

Oxy|to|non, das; -s, ...tona [griech. oxýtonon, eigtl. = das scharf Klingende, zu tónos, ↑²Ton] (Sprachw.): *(im Griechischen) Wort mit Akut* (1) *auf der Endsilbe* (z. B. agrós = Acker).

Oxy|u|re, die; -, -n [zu griech. ourá = Schwanz] (Med.): *Madenwurm.*

Oxy|u|ri|a|sis, die; -, ...iasen (Med.): *Erkrankung an Madenwürmern.*

OZ = Oktanzahl; Ordnungszahl; Organisationszentrale; Organisationszentrum; Ortszahl; Ortszeit; Ortszuschlag.

o. Z., O. Z. = ohne Zeichnung, ohne Zensur.

o. Z. = ohne Zahl; ohne Zahlung.

Oza|lid®, das; -s [Kunstwort] (Fot.): *Papier, Gewebe, Film mit lichtempfindlicher Emulsion* (2).

Oza|lid|pa|pier, das (Fot.): *Papier mit lichtempfindlicher Emulsion* (2).

Oza|lid|ver|fah|ren, das (Fot.): *Diazotypie.*

Ozä|na, die; -, ...nen [griech. ózaina = übel riechender Nasenpolyp] (Med.): *mit der Absonderung eines übel riechen-*

den Sekrets einhergehende chronische Erkrankung der Nasenschleimhaut.

Ozelan, der; -s, -e [mhd. occene < mlat. occeanus < lat. oceanus < griech. ōkeanós]: *große zusammenhängende Wasserfläche zwischen den Kontinenten; riesiges Meer; Weltmeer:* er hat schon alle -e befahren; wir fliegen zum ersten Mal über den O.; Ü einem immer weiteren Blick ... über einen grünlichen und silbergrauen O. (dichter.; *riesige weite Fläche*) von Land (Frisch, Stiller 185).

Ozelalnalrilum, das; -s, ...ien [wohl geb. nach ↑Aquarium]: *Anlage mit Aquarienhäusern größeren Ausmaßes, in denen auch große Meerestiere gehalten werden können.*

Ozelalnaut, der; -en, -en [geb. nach ↑Astronaut]: *Aquanaut.*

Ozelalnaultin, die; -, -nen: w. Form zu ↑Ozeanaut.

Ozelan|damp|fer, der: *Dampfer, der auf einem Ozean im Überseeverkehr verkehrt.*

Ozelalner [auch: 'o:ts...], der; -s, -: *Ozeandampfer.*

Ozelan|frach|ter, der: vgl. Ozeandampfer.

Ozelalnilde: ↑Okeanide.

Ozelalnilen; -s: *Gesamtheit der pazifischen Inseln zwischen nördlichem und südlichem Wendekreis.*

ozelalnisch ⟨Adj.⟩ [lat. oceanicus]: **1.** *einen Ozean betreffend, durch ihn beeinflusst, bewirkt, zu ihm gehörend:* -es Klima; die -en Tiefen; Ü -e Gefühle (geh.; *Gefühle der Größe, Weite, der Unendlichkeit*). **2.** *Ozeanien betreffend, dazu gehörend:* die -en Sprachen; -e Fauna, Flora; die -e Kunst.

Ozelalnist, der; -en, -en: *Kenner u. Erforscher der Kulturen der ozeanischen Völker.*

Ozelalnisltik, die; -: *Wissenschaft von der Kultur der ozeanischen Völker.*

Ozelalnisltin, die; -, -nen: w. Form zu ↑Ozeanist.

Ozelalniltät, die; - (Geogr.): *Abhängigkeit des Küstenklimas von den großen Meeresflächen.*

Ozelalnolgraph, (auch:) Ozeanograf, der; -en, -en [zu griech. gráphein = schreiben]: *Meereskundler.*

Ozelalnolgralphie, (auch:) Ozeanografie, die; - [↑-graphie]: *Meereskunde.*

Ozelalnolgralphin, (auch:) Ozeanografin, die; -, -nen: w. Form zu ↑Ozeanograph.

ozelalnolgralphisch, (auch:) ozeanografisch ⟨Adj.⟩: *meereskundlich.*

Ozelalnollolge, der; -n, -n [↑-loge] (seltener): *Ozeanograph.*

Ozelalnolloglie, die; - [↑-logie] (seltener): *Ozeanographie.*

Ozelalnolloglin, die; -, -nen: w. Form zu ↑Ozeanologe.

ozelalnolloglisch ⟨Adj.⟩ (seltener): *ozeanographisch.*

Ozelanlrielse, der: *sehr großer Ozeandampfer:* Gemeint sind damit weniger die Luxuskabinen, die man auf den komfortabelsten -n für ihn reservierte (Reich-Ranicki, Th. Mann 52).

Ozellle, die; -, -n [lat. ocellus = kleines Auge, Vkl. von: oculus = Auge] (Zool.): *Punktauge.*

Ozellot [auch: 'ɔts...], der; -s, -e u. -s [frz. ocelot < Nahuatl (mittelamerik. Indianerspr.) ocelotl]: **1.** *(in Mittel- u. Südamerika heimisches) kleineres, katzenartiges Raubtier mit dichtem, gelbem bis ockerfarbenem, schwarzbraun geflecktem Fell; Pardelkatze.* **2. a)** *Fell des Ozelots* (1): ein Kragen aus O.; **b)** *Pelz aus Ozelot* (2 a): sie wünscht sich zu ihrem Geburtstag unsinnigerweise einen O.

Ozellot|kat|ze, die: *Tigerkatze.*

Ozo|ke|rit [auch: ...'rɪt], der; -s [zu griech. ózein = riechen u. kērós = Wachs]: *Erdwachs.*

Ozon, der; auch, bes. fachspr.: das; -s [griech. (tò) ózon = das Duftende, zu: ózein = riechen, duften]: **1.** *eine bestimmte Form des Sauerstoffs darstellendes [in hoher Konzentration tiefblaues] Gas mit charakteristischem Geruch, das sich in der Luft bei Einwirkung energiereicher Strahlung od. bei elektrischen Entladungen bildet.* **2.** (ugs. scherzh.) *frische, gute Luft:* etwas O. ins Zimmer lassen.

Ozon|ge|halt, der: *Gehalt, Anteil an Ozon:* den O. messen, kontrollieren.

Ozol|nid, das; -[e]s, -e: *dickes, stark oxidierendes Öl.*

ozo|ni|sie|ren ⟨sw. V.; hat⟩: *(zur Abtötung von Mikroorganismen) mit Ozon behandeln:* Trinkwasser o.

Ozon|loch, das: *Stelle in der Ozonschicht in der Stratosphäre bes. der Antarktis, an der das Ozon abgebaut ist:* das O. wird immer größer; Nicht mehr die alten Apokalypsen wie O., Waldsterben und saurer Regen bedrohen uns (natur 3, 1991, 94).

Ozo|no|sphä|re, die; - (Met.): *Ozonschicht.*

ozon|reich ⟨Adj.⟩: *reich an Ozon* (1).

Ozon|schicht, die (Met.): *Schicht der Erdatmosphäre, in der sich unter Einwirkung der UV-Strahlen der Sonne Ozon bildet.*

Ozon|the|ra|pie, die (o. Pl.) (Med.): *Therapie, bei der ein Ozon-Sauerstoff-Gemisch in Arterien, Venen od. Muskeln injiziert wird:* die O. war bei ihm nicht sonderlich erfolgreich.

o. Zw. = ohne Zweifel; ohne Zwischenfall, ohne Zwischenfälle.

MNO**P**QRSTU

p, P [pe:], das; - (ugs.: -s), - (ugs.: -s) [mhd.
p, ahd. p, p(h)]: *sechzehnter Buchstabe
des Alphabets, ein Konsonant:* ein kleines
p, ein großes P schreiben.
p = ¹Para; Penni; Penny; piano; Pond;
Punkt (6).
P = Papier (auf deutschen Kurszetteln;
= B[rief]); Phosphor; Poise.
π, Π: ↑ Pi.
p. = pinxit; Pagina.
P. = Pastor; Pater; ²Papa.
Pa = Protactinium; Pascal.
Pa, der; -s, -s (fam.): Kurzf. für ↑ ¹Papa.
p. a. = pro anno.
p. A. = per Adresse.
Pä|an, der; -s, -e [griech. paián]: **1.** *altgrie-
chische Hymne, bes. Bitt-, Dank- od.
Sühnelied.* **2.** (antike Metrik) *Päon.*
¹paar [mhd. pằr, urspr. ungenauer Gebrauch von ↑ Paar für eine kleinere An-
zahl] ⟨indekl. Indefinitpron.⟩: **1.** ⟨ge-
wöhnlich in Verbindung mit »ein«⟩ *einige:* ein p. Dinge, Wochen, Mark; Felix ist
Musiker, eigentlich Saxophonist, aber er
hatte ein p. Trommeln bei uns zu Hause,
auf denen er manchmal spielte (Thor
[Übers.], Ich 36); ein p. Hundert Bücher;
ein p. weniger Demos *(einige Demos weniger)* und dafür mehr persönliches En-
gagement ... wären angebracht (Freie
Presse 30. 12. 89, 1); etw. ein p. Mal[e]
wiederholen; er hat sich schon ein p.
Mal[e] geirrt; in ein p. Tagen; ich bedan-
ke mich mit ein p. Zeilen; nach ein p. Jahren; ein p. [der Anwesenden/von den An-
wesenden] protestierten; ein p. [gelangt]
kriegen (ugs.; *einige Ohrfeigen bekommen*); (landsch. auch ohne »ein«:) p.
Dinge, Wochen, Mark; ich hatte vor dem
Anruf p. Schlaftabletten genommen
(Schädlich, Nähe 48); etw. p. Mal[e] wiederholen; in p. Tagen; nach p. Jahren.
2. ⟨in Verbindung mit best. Art. od.
Pron.⟩ *wenige, nicht viele:* alle p. Wochen; die p. Minuten; die, diese, die ersten p. Mal[e]; mit den, diesen, deinen p.
Pfennigen kommst du nicht weit; Die p.
Autos stören dich doch sonst nicht (Brot
und Salz 287).
²paar ⟨Adj.⟩ (Biol. selten): *paarig:* -e Blätter.
Paar, das; -[e]s, -e u. (als Mengenangabe
zusammengehörender Dinge:) - [mhd.,
ahd. par = zwei Dinge von gleicher Beschaffenheit; (adj.:) einem anderen

gleich < lat. par = gleichkommend,
gleich; (subst.:) wer sich einem anderen,
der ihm gleicht, zugesellt; Genosse]:
1. a) *zwei zusammengehörende od. eng
miteinander verbundene Menschen:* ein
junges, verliebtes, glückliches P.; Krach
schadet der Gesundheit – wie -e kulti-
viert zanken lernen (Woche 3. 7. 98, 1);
gleiches Recht für homosexuelle -e (MM
8. 7. 91, 1); die beiden werden bald ein P.
(Ehepaar, werden bald heiraten); die beiden Musiker waren ein ungleiches, un-
zertrennliches P. *(Gespann 2);* bei diesem Spiel müssen zuerst -e gebildet *(jeweils zwei zusammen spielende Personen
bestimmt)* werden; wenige Minuten nach
Spielbeginn hatten sich die -e, die Pärchen (Fußball Jargon; *jeweils zwei gegnerische, einander bewachende Spieler)*
zusammengefunden; die -e *(Tanzpaare)*
drehen sich im Kreise; Kür der -e (im
Eiskunstlauf); sich in -en, zu -en aufstellen; das Familienleben, das Leben in -en,
Verwandtschaften, das sich so unaus-
weichlich in Hotels und Stränden offen-
barte (Kronauer, Bogenschütze 243); Ü
Alkohol und Straßenverkehr können
kein P. sein (NNN 22. 2. 88, 4); * **[mit
jmdm.] ein P., ein Pärchen werden**
(landsch. iron.; *in Streit geraten);* **b)** *zwei
[als Männchen u. Weibchen] zusammengehörende Tiere:* ein P., ein Pärchen Wel-
lensittiche; ein P. Ochsen vorspannen;
* **jmdn. zu -en treiben** (veraltend; *in die
Enge treiben, niederzwingen, [in die
Flucht] schlagen;* älter: zum Baren bringen, viell. eigtl. = ins Netz treiben; mhd.
bēr[e] = sackförmiges Fischnetz < lat.
pera = Beutel). **2.** *zwei zusammengehörende Dinge:* ein P. Ohrringe, Hausschu-
he; drei P. Würstchen; ein neues P.
Schuhe, ein P. neue Schuhe; ein P. seide-
ne/(geh.:) seidener Strümpfe; ein P.
Strümpfe kostet/kosten 12 Mark; der
Preis eines -s Schuhe; mit einem P. Schu-
he/Schuhen kommst du nicht aus; vier P.
(vier) Hosen; ein P. Augen; von diesen
Strümpfen habe ich noch drei P.; geord-
netes P. (Mengenlehre; *Zahlenpaar, bei
dem die Reihenfolge der beiden Elemente
eindeutig vorgeschrieben ist*); (Physik:) -e
gleichartiger Nukleonen; * **zwei P. Stiefel sein** (ugs.; ↑ Stiefel 1).
Paar|bil|dung, die: **1.** *Bildung von Paaren*
(1): Schon eine P. kann falsch sein, wenn

der Partner aus egoistischem Sicher-
heitsbedürfnis Wandlung und Entwicklung verweigert (Kelly, Um Hoffnung
170). **2.** (Physik) **a)** *Bildung von Paaren
aus Teilchen u. Antiteilchen bei der Umwandlung von Strahlungsenergie in Masse;* **b)** *Bildung von Paaren gleichartiger
Nukleonen mit entgegengesetzter Ladung
im Atomkern.*
paa|ren ⟨sw. V.; hat⟩ [spätmhd. paren =
gesellen, zu ↑ Paar]: **1. a)** ⟨p. + sich⟩ *(in
Bezug auf Tiere) sich begatten* (b): im
Frühjahr, wenn die Tiere sich paaren;
Löwen paaren sich unbekümmert (Hörzu 15, 1976, 8); Ü An den Abenden ...
paarten sich Knecht und Magd (Winckler, Bomberg 31); **b)** *(bei der Tierzucht)
zur Begattung zusammenbringen:* Tiere
mit verschiedenen Eigenschaften p.
2. a) ⟨meist im 2. Part.⟩ (Zool.) *sich zu einem Paar verbinden, ein Paar bilden:* Solange die Dohlen noch nicht fest gepaart
sind (Lorenz, Verhalten I, 65); **b)** *paar-
weise zusammenstellen:* man hat zwei
ungleiche Mannschaften [miteinander]
gepaart; rote und grüne Kugeln p. *(zu
Zweiergruppen zusammenstellen);* Ü Taler aus »gepufftem Reis« – gern von Di-
ätlern oder geschmacksunempfindli-
chen Säuglingen gegessen – wurden mit
Zucker und den Geschmacksaromen
von Schokolade, Karamell und Apfel
und Zimt gepaart *(verbunden;* Woche
9. 1. 98, 38); Verschiedene Firmen, die es
verstanden, diese Hochschularbeiten
mit ihren machtbezogenen Entwick-
lungstätigkeiten zu p. *(miteinander zu
verbinden;* Schweizer Maschinenbau
16. 8. 83, 67). **3. a)** *eine Verbindung, Vereinigung (von Verhaltensweisen, Eigenschaften usw.) zeigen, an den Tag legen:*
er paart [in seinem Verhalten] Höflich-
keit mit Unnachgiebigkeit; Zurückhal-
tung, gepaart mit Hochmut/mit Hoch-
mut gepaart; **b)** ⟨p. + sich⟩ *sich [zu einem
Paar von Dingen, Eigenschaften usw.]
verbinden:* eine Begabung, die sich mit
der Erfahrung paart; Kleinkriminalität
paart sich mit der Naturalwirtschaft,
die nur so lange funktioniert, wie man
kein Geld braucht (Woche 7. 11. 97, 34);
nicht nur paart sich seine Eitelkeit logi-
scherweise mit einem hohen Grad von
Verfolgungswahnsinn (Reich-Ranicki,
Th. Mann 183).

Paar|er|zeu|gung, die (Physik): vgl. Paarbildung (2 a).

Paar|hof, der: *Gehöft (bes. in den Ostalpen), bei dem Wohnhaus u. Stallungen getrennt nebeneinander errichtet sind.*

Paar|hu|fer, der; -s, - (Zool.): *Huftier, bei dem zwei Zehen stark entwickelt u. die übrigen zurückgebildet sind.*

paar|hu|fig ⟨Adj.⟩ (Zool.): *zu den Paarhufern gehörend, für sie charakteristisch:* -e Tiere.

paa|rig ⟨Adj.⟩ (bes. Biol., Anat.): *paarweise [vorhanden]:* -e Organe; p. angeordnete Blätter.

Paa|rig|keit, die; - (bes. Biol., Anat.): *das Paarigsein.*

Paar|kreuz|sys|tem, das (Tischtennis): *Spielsystem für Mannschaftswettkämpfe, bei dem Zweiergruppen gegeneinander aufgestellt werden, in denen jeder Spieler gegen jeden Spieler der gegnerischen Gruppe spielt.*

Paar|lauf, der: *Eis- od. Rollkunstlauf eines Paares.*

paar|lau|fen ⟨st. V.; ist/hat; bes. im Inf. u. 2. Part. gebr.⟩ (Eis-, Rollkunstlauf): *Paarlauf ausführen:* Sie sind seit sieben Jahre lang paargelaufen; um zu verhindern, dass meine Mutter mit anderen Bewerbern paarlief (Strittmatter, Der Laden 830).

Paar|läu|fer, der: *Eis- od. Rollkunstläufer, der mit einer Partnerin Paarlauf (1) ausführt.*

Paar|läu|fe|rin, die: w. Form zu ↑ Paarläufer.

paar|mal ⟨meist als adv. Bestimmung in Verbindung mit »ein«⟩: *wenige, nicht viele Male, ein paar Male:* etw. ein p. wiederholen; er hat sich schon ein p. geirrt; ⟨landsch. auch ohne »ein«:⟩ etw. p. wiederholen.

Paar|reim, der (Verslehre): *Reimform, bei der sich jeweils zwei aufeinander folgende Verse reimen.*

Paar|tanz, der: *von Paaren (1 a) ausgeführter Tanz.*

Paa|rung, die; -, -en: **1. a)** *das Sichpaaren* (1 a): die P. der Singvögel; **b)** *das (züchterische) Paaren* (1 b): durch P. bestimmter Tiere eine leistungsfähigere Rasse erzielen. **2. a)** *das Paaren* (2 b): durch [die] P. ungleicher Mannschaften entsteht eine Verzerrung des Wettkampfs; **b)** *das Sichpaaren* (3 b): die P. von Eigenschaften; die P. von Teilchen (Physik; Paarbildung). **3.** *durch Paaren, Sichpaaren entstandene, hergestellte Zuordnung, Verbindung, Zusammenstellung; Gepaartsein:* chemische Elemente in wechselnden Paarungen.

Paa|rungs|auf|for|de|rung, die (Zool.): *möglichen Partnern geltende auffällige Verhaltensweise paarungsbereiter Tiere.*

paa|rungs|be|reit ⟨Adj.⟩ (Zool.): *zur Paarung (1 a) bereit:* ein -es Weibchen.

Paa|rungs|trieb, der (Zool.): *Trieb (1 a) bei Tieren, sich zu paaren (1 a).*

Paa|rungs|ver|hal|ten, das (Zool.): *typisches Verhalten vor u. bei der Paarung* (1 a).

Paa|rungs|zeit, die (Zool., Jägerspr.): *Zeit der Paarung* (1 a).

Paar|ver|nich|tung, die (Physik): Ver-

nichtung von Paaren aus Teilchen u. Antiteilchen bei der Umwandlung von Masse in Strahlungsenergie.

paar|wei|se ⟨Adv.⟩: *in Paaren:* sich p. aufstellen; etw. p. anordnen; ⟨mit Verbalsubstantiven auch attr.:⟩ -s Zusammengehen.

Paar|ze|her, der; -s, - (Zool.): Paarhufer.

Pace [peɪs], die; - [engl. pace < mengl. pas < (a)frz. pas, ↑ Pas] (Sport): *Tempo eines Rennens, bes. eines Pferderennens, eines Ritts:* Er hielt die hohe P. bis eingangs der Zielkurve (NZZ 31. 8. 86, 33); [die] P. machen *(ein schnelles Tempo vorlegen u. damit das Tempo des Feldes bestimmen).*

Pace|ma|cher, der (Pferdesport): *Pferd, das die Pace macht.*

Pace|ma|ker [ˈpeɪsmeɪkə], der; -s, - [engl. pace-maker]: **1.** (Pferdesport) *Pacemacher.* **2.** (Med.) *Herzschrittmacher.*

Pa|cer [ˈpeɪsə], der; -s, - [engl. pacer] (Pferdesport): *Passgänger.*

Pacht, die; -, -en [in westmd. Lautung hochsprachlich geworden, mhd. pfaht(e) < vlat. pacta (Fem. Sg.), eigtl. Neutr. Pl. von lat. pactum, ↑ Pakt]: **1.** ⟨Pl. selten⟩ **a)** *mit dem Eigentümer gegen Entgelt vertraglich vereinbarte (befristete) Nutzung einer Sache:* in P. nehmen *(pachten);* etw. in P. haben *(gepachtet haben);* etw. in P. geben *(verpachten);* **b)** *bestehender Pachtvertrag:* die P. läuft ab. **2.** *Pachtzins:* eine hohe, niedrige P.; Da werden -en verlangt, die gibt es nicht einmal in München (Woche 27. 3. 98, 10); die P. zahlen, erhöhen, senken. ◆ **3.** *Vertrag, Pakt* (2): die Ritter nahm es wunder, welche P. die Bauren geschlossen und auf welche Weise die Buchen zur Stelle geschafft würden (Gotthelf, Spinne 52). ◆ **4.** ⟨auch: der; -[e]s, -e u. Pächte:⟩ nun im -e (nach dem Pachten 1) des verlass'nen Gutes mit dem Bruder freuet sich Helene (Goethe, Wandrer u. Pächterin); ich kann eben meinen P. *(Pachtzins)* diesmal nicht zusammenbringen (Iffland, Die Hagestolzen I, 3); Also nicht vom P. *(Pachtgut)* gewiesen? Gott sei Dank (Iffland, Die Hagestolzen IV, 9); Herr Baron, die Pächte *(Pachtzinsen)* und die Zinsen reichen nicht zu (Immermann, Münchhausen 88).

Pacht|be|trieb, der: vgl. Pachtgut.

Pacht|be|wer|ber, der: *jmd., der sich darum bewirbt, etw. in Pacht zu nehmen:* Bestens eingeführte bürgerliche Gaststätte ... -n werden günstige Bedingungen eingeräumt (Augsburger Allgemeine 10./11. 6. 78, 10).

Pacht|brief, der: *Urkunde, die den Pachtvertrag enthält.*

pach|ten ⟨sw. V.; hat⟩ [westmd. pachten, mhd. pfahten = gesetzlich od. vertraglich bestimmen]: *etw. im Rahmen einer Pacht* (1 a) *übernehmen:* Land, ein Grundstück, ein Gut, ein Lokal p.; eine Jagd gepachtet haben; Ü er tut so, als habe er die Klugheit für sich gepachtet (ugs.; *als sei nur er allein äußerst klug);* Ihr habt die Freiheit nicht allein gepachtet *(habt nicht allein Anspruch auf sie;* Fels, Sünden 43).

◆ **Päch|ter,** der; -s, -: *Pächter:* Wie geht's

auf unserm Gute, Herr P.? (Iffland, Die Hagestolzen I, 3); er hatte ... mit dem Vater ein Gespräch angesponnen, der ein P. war und einer der reichsten Leute im Dorfe (Tieck, Runenberg 36).

Päch|ter, der; -s, -: *jmd., der etw. gepachtet hat.*

Päch|te|rin, die; -, -nen: w. Form zu ↑ Pächter.

Pacht|geld, das: vgl. Pachtzins.

Pacht|gut, das: *gepachtetes bzw. verpachtetes [Land]gut.*

Pacht|hof, der: vgl. Pachtgut.

Pacht|land, das ⟨o. Pl.⟩: vgl. Pachtgut.

Pacht|sum|me, die: vgl. Pachtzins.

Pacht|tung, die; -, -en: *das Pachten.*

Pacht|ver|trag, der: *schriftlicher Vertrag über eine Pacht* (1 a).

pacht|wei|se ⟨Adv.⟩: *in Form einer Pacht* (1): jmdm. etw. p. überlassen; ⟨mit Verbalsubstantiven auch attr.:⟩ p. Überlassung.

Pacht|zeit, die: *Zeitraum, für den eine Pacht* (1 a) *gilt.*

Pacht|zins, der ⟨Pl. -en⟩: *vertraglich festgelegtes, regelmäßig zu zahlendes Entgelt für die Pacht* (1 a).

Pa|chul|ke, der; -n, -n [aus dem Slaw., vgl. poln. pachołek = Knecht] (landsch. salopp abwertend): *ungehobelter Bursche; Tölpel:* Die -n wollen wissen, was er in Radom und in Winniza getrieben hat (Bieler, Bär 405).

Pa|chy|akrie, die; -, -n [zu griech. pachýs = dick u. ákros = oberst...; Spitze] (Med.): **1.** *Verdickung der Finger u. Zehen.* **2.** *Akromegalie.*

Pa|chy|chei|lie, die; -, -n (Med.): *Makrocheilie.*

Pa|chy|dak|ty|lie, die; -, -n [zu griech. dáktylos = Finger] (Med.): *Pachyakrie* (1).

Pa|chy|der|mie, die; -, -n [zu griech. dérma = Haut] (Med.): *Elefantiasis.*

Pa|chy|me|ninx, die; -, ...ningen [↑ Meninx] (Med.): *Dura.*

Pa|chy|me|ter, das; -s, - [↑ -meter (1)] (Technik): *Gerät zum Messen der Dicke.*

Pa|chy|ony|chie, die; -, -n [zu griech. ónyx (Gen.: ónychos) = Nagel] (Med.): *Verdickung der Nagelplatten an Fingern u. Zehen.*

Pa|chy|ze|pha|lie, die; -, -n [zu griech. kephalē̄ = Kopf] (Med.): *verkürzte Schädelform mit gleichzeitiger abnormer Verdickung der Schädelknochen.*

¹Pack, der; -[e]s, -e u. Päcke [aus dem Niederl. < mniederl. pac]: *weniger umfänglicher Packen bes. von kleineren Dingen gleicher od. ähnlicher Art:* ein P. Briefe, Wäsche; ein P. alte[r] Bücher; Und geht dann dennoch ... mit seinem Gewehr und dem P. auf dem Rücken (Heym, Nachruf 237).

²Pack, das; -[e]s [urspr. = Gepäck, das im Tross mitgeführt wird; Tross, zu ↑ ¹Pack; vgl. Bagage (2)] (salopp abwertend): *Gruppe von Menschen, die als asozial, verkommen o. ä. verachtet, abgelehnt wird:* ein rohes, freches P.; so ein P.!; Ihr alle seid P., mit euch will ich nichts zu tun haben (Ziegler, Labyrinth 209); Spr P. schlägt sich, P. verträgt sich.

³Pack [pæk], das; -, -s [engl. pack, aus

dem Niederd., ↑¹Pack]: *englisches Gewicht für Wolle, Leinen u. Hanfgarn.*

Pa|ckage|tour [ˈpɛkɪtʃ..., engl.: ˈpækɪdʒ...], die; -, -en [engl. package tour, aus: package = Paket (zu: to pack = ein-, verpacken) u. tour = (Rund)reise]: *durch ein Reisebüro bis ins Einzelne organisierte Reise, die jmd. im eigenen Auto unternimmt:* weil Autoreisen ... unser Spezialgebiet sind, haben wir wieder eine große Palette von -en ausgearbeitet (ADAC-Motorwelt 1, 1982, 64).

Päck|chen, das; -s, -: **1. a)** *kleiner Pack[en]; etw. mit Papier Umhülltes [u. Verschnürtes]:* ein P. alter Briefe; die P. lagen schon alle unterm Weihnachtsbaum; **sein P. zu tragen haben* (ugs.; *seine Sorgen haben, seine Bürde zu tragen haben*); **b)** (Seemannsspr.) *Packen mit den Stücken der Uniform od. Arbeitskleidung.* **2.** *kleine Packung [aus weichem od. flexiblem Material], die eine bestimmte kleinere Menge einer Ware fertig abgepackt enthält:* ein P. Tabak, Zigaretten; Er wusste, dass sie Gelbe Blend rauchte. Er holte das P. und ich legte das Geld auf den Tresen (Thor [Übers.], Ich 28). **3.** *fest verpackte, nicht sehr große Postsendung, kleines Paket (mit einem bestimmten Höchstgewicht):* ein P. packen, zur Post bringen, von der Post abholen; jmdm. ein P. zustellen; Großmutter lebte in Düsseldorf und schickte manchmal P. (Rolf Schneider, November 16).

Pack|eis, das: *Eis[massen] aus zusammen- u. übereinander geschobenen Eisschollen:* im P. festsitzen.

Pa|cke|lei, die; -, -en (österr. ugs. abwertend): *[dauerndes] Packeln:* im Zusammenhang mit der P. zur Wiederwahl Dr. Gleißners am Landeshauptmann (profil 46, 1983, 7).

pa|ckeln ⟨sw. V.; hat⟩ [zu österr. Pack = Pakt] (österr. ugs. abwertend): *[heimlich] mit jmdm. paktieren:* das Doppelspiel der etablierten »Südtiroler Volkspartei«: mit Rom p. und trotzdem nach Wien schielen (Basta 7, 1983, 118).

Pa|ckeln ⟨Pl.⟩ [mundartl. Vkl. von Packe, Pl. von ↑¹Pack; urspr. = genagelte Bergschuhe, nach der unhandlichen, plumpen Form] (österr. salopp): *Fußballschuhe.*

pa|cken ⟨sw. V.; hat⟩ [1: aus dem Niederd. < mniederd. paken, zu ↑¹Pack; 2: gek. aus ↑anpacken; 3: eigtl. = sich bepacken, um fortzugehen]: **1. a)** *etw. füllen, indem hineingetan wird, was nötig ist, was hineingehört:* die Kisten für den Umzug p.; den Schulranzen p.; Pakete p. *(für den Versand o. Ä. fertig machen);* morgen müssen wir Päckchen p. (B. Vesper, Reise 433); seine Sachen p. *(zusammenpacken, -legen u. in etw. unterbringen, worin es transportiert werden soll);* ⟨auch o. Akk.-Obj.:⟩ ich muss noch p. *(Koffer o. Ä. für die Abreise packen);* Ü etw. ist gepackt (ugs.; *gedrängt*); die Tanzfläche ist so gepackt (ugs.; *gedrängt voll*), dass die Leute sich kaum bewegen können (Remarque, Obelisk 51); **b)** *etw. irgendwohin legen, stecken, schieben u. so dort unterbringen:* Bücher in die Mappe, Kleider in den Koffer p.; etw. oben-

auf p.; Wernicke packt einen Haufen Papiere beiseite (Remarque, Obelisk 284); immer klirrte die Frau mit dem Geschirr, packte wohl alles auf den Tisch, was er besaß (Kronauer, Bogenschütze 301); eine wasserundurchlässige Unterlage zu den Schneeketten p. (a & r 2, 1997, 125); Ü (ugs.:) den Kranken ins Bett, fest in eine Decke p.; sich aufs Sofa p. *(legen).* **2. a)** *mit festem Griff od. Biss fassen u. festhalten:* jmdn. p. und schütteln; das Raubtier packt mit seinen Zähnen die Beute; jmds. Arm, jmdn. am Arm, beim Arm p., gepackt halten; jmdn. an der, bei der Schulter p.; er packte mich, und ich Windseile war'n wir dann zur Grand-Bar gelaufen (Schmidt, Strichjungengespräche 170); Ü der Sturm packte ihn und riss ihn zu Boden; Auf der Höhe packte uns der Wind von der Seite, dass es schwer war, das Rad um die Pfützen zu steuern (Loest, Pistole 184); **b)** *(bes. von einem Gefühl, einer Gemütsbewegung, [körperlichen] Veränderung) heftig von jmdm. Besitz ergreifen, jmdn. überkommen:* Fieber packte ihn; von Entsetzen, Leidenschaft gepackt werden; er war von Abenteuerlust gepackt; auch sie hatte die Faszination gepackt, die von diesen Tagungen ausging (H. W. Richter, Etablissement 12); Plötzlich packte ihn eine ganz wilde Freude (Loest, Pistole 115); ⟨oft unpers.:⟩ es *(eine Krankheit, Leidenschaft o. Ä.)* hat ihn gepackt; die beiden hat es ganz schön gepackt (ugs.; *sie sind verliebt);* **c)** *jmds. Interesse, Aufmerksamkeit stark in Anspruch nehmen, fesseln (2):* das Theaterstück packte die Zuschauer; er versteht es, seine Zuhörer zu p.; ⟨oft im 1. Part.:⟩ ein packender Roman; ein packendes Rennen, Finish; **d)** *auf jmdn. einwirken u. ihn zu einem bestimmten Verhalten veranlassen:* er weiß genau, wo er einen p. kann; das ist seine schwache Stelle, da kann man ihn p. **e)** (ugs.) *(mit den verfügbaren Kräften, mit äußerster Anstrengung) schaffen, erreichen:* den Bus gerade noch p.; die Lehre, Dass er das Abi nicht packte, lag eher an Englisch (MM 16./17. 11. 85, 25); Wir packen den Aufstieg (Rheinische Post 12. 5. 84, 18); das Brötchen packe ich nicht mehr *(kann ich nicht mehr essen);* Wer dabei einige Flaschen Bier mehr packt *(mehr trinken kann)* als der nächsthöhere Dienstgrad ..., verschafft sich besonderes Ansehen (Spiegel 26, 1976, 75); packen wirs noch? *(schaffen wir es noch rechtzeitig?);* **f)** (salopp) *begreifen, verstehen:* hast dus endlich gepackt? 3 ⟨r + sich⟩ (ugs.) *sich fortscheren:* Bist drei Tage hier und willst das große Maul haben. Mach 'n Satz, pack dich (Klee, Pennbrüder 20).

Pa|cken, der; -s, - [älter: Packe, aus mniederd. packe, Nebenf. von ↑¹Pack]: *ein Ganzes von fest aufeinander gelegten, aufeinander geschichteten [u. zusammengebundenen, -gehaltenen] Dingen:* ein P. Wäsche, alte[r] Bücher; Haugk hatte noch Zeit, sich auf den dritten Stuhl zu setzen und einen P. Aufträge zu sich herüberzuziehen (H. Gerlach, Demission 151); Ü er hat sich einen großen

P. (ugs.; *eine Menge*) Arbeit aufgehalst; ein Mann dagegen braucht schon einen gewissen P. (ugs.; *ein gewisses Maß an*) Gerissenheit (H. Gerlach, Demission 154).

Pa|cke|ne||chen ⟨Pl.⟩ [aus ↑Packen u. dem nord(ost)d., (ost)md. Verkleinerungssuffix -elchen] (nordd.): *kleines Gepäck, mitgeführte Habseligkeiten:* zwei alte Leutchen mit ihren P. (Kempowski, Tadellöser 176).

pa|cken|wei|se ⟨Adv.⟩: *in Packen:* die Bücher p. wegtragen; ... als von einem Flugzeug p. Zettel auf die Wies'n herabregneten (Kühn, Zeit 307).

Pa|cker, der; -s, -: **1. a)** *Arbeiter, der in einem Betrieb Waren verpackt u. versandfertig macht* (Berufsbez.): als P. im Lager arbeiten; **b)** *Möbelpacker:* In einem plötzlichen Alterskoller ... bestellt er einen Möbelwagen, vier P. (Chotjewitz, Friede 241). **2.** (Jägerspr.) *Hetzhund zum Packen u. Festhalten von Sauen.*

Pa|cke|rei, die; -, -en: **1.** *Abteilung eines Betriebes, in der Waren verpackt u. versandfertig gemacht werden.* **2.** ⟨o. Pl⟩ (ugs. abwertend) *[dauerndes, lästiges] Packen* (1 a): Nachdem wir mit der P. fertig sind, baut Jojo auch noch das ganze Regal ab (Straessle, Herzradieschen 166).

Pa|cke|rin, die; -, -nen: w. Form zu ↑Packer (1 a).

Pack|esel, der (ugs.): vgl. Lastesel: wie ein P. beladen sein; Ü ich bin doch nicht dein P.!

Pack|film, der (Fot.): *in getrennte Lagen geteiltes Filmmaterial, das in einer Kassette in die Kamera eingelegt wird.*

Pack|fong, das; -s [engl. packfong, falsche Schreibweise von paktong < chines. (kantones.) pek t'ung, aus pek = weiß u. t'ung = Kupfer]: *(im 18. Jh. aus China eingeführte) Kupfer-Nickel-Zink-Legierung.*

Pack|kis|te, die: *Kiste zum Verpacken von etw.*

Pack|la|ge, die (Bauw.): *flach gewalzte Schicht aus Steinstücken u. grobem Sand als Straßenunterbau.*

Pack|lei|nen, das, **Pack|lein|wand,** die: *grobes [Leinen]gewebe als Verpackungsmaterial.*

Pack|ma|ße ⟨Pl.⟩ (Fachspr.): *Maße einer Sache in verpacktem Zustand.*

Pack|meis|ter, der: *Leiter der Packerei; Aufseher, Vorarbeiter in der Packerei* (Berufsbez.).

Pack|meis|te|rin, die: w. Form zu ↑Packmeister.

Pack|na|del, die: *sehr starke Nähnadel für grobe Stoffe o. Ä.*

Pack|pa|pier, das: *festes Papier zum Verpacken von Gegenständen.*

Pack|pferd, das: *Lastpferd.*

Pack|raum, der: *Raum, in dem Waren verpackt [u. versandfertig gemacht] werden.*

Pack|sat|tel, der: *Sattel zum Aufpacken von Lasten, Gepäck.*

Pack|schnee, der: *an der windabgewandten Seite von Hängen im Gebirge liegender [feiner] Schnee.*

Pack|set, das: *von der Post angebotener*

Faltkarton mit Kordel u. Aufkleber (in verschiedenen Größen) für Pakete u. Päckchen.

Pack|ta|sche, die: *Tasche zum Aufpacken, bes. auf ein Lasttier.*

Pack|tisch, der: *Arbeitstisch, auf dem Waren verpackt, eingepackt werden:* Der Lenker des 2 CV steht vor dem P., weil die Packerinnen gerade die letzten Bahnpakete für heute verschließen (Zenker, Froschfest 175).

Pa|ckung, die; -, -en [zu ↑packen (1)]: **1. a)** *Hülle, Umhüllung, worin eine Ware in abgezählter, abgemessener Menge fertig abgepackt ist:* Tee in einer grünen P.; *etw. aus der P. nehmen;* **b)** *Packung* (1 a), *Schachtel mit der Ware[nmenge], die sie enthält:* eine kleine, mittlere, große P.; eine P. Tee, feines Gebäck kaufen; reich mir bitte die P. [Pralinen]!; Taube zündete sich eine Zigarette an und war seltsamerweise geneigt, seinem Sohn eine anzubieten. Dann besann er sich und ließ die P. sinken (H. Weber, Einzug 421); er raucht täglich eine P. [Zigaretten] *(den Inhalt einer Packung).* **2.** *Umhüllung (von Körperteilen) mit Tüchern, um Feuchtigkeit, Hitze, Kälte usw. heilend od. kosmetisch auf den Körper einwirken zu lassen:* heiße, feuchte -en. **3. a)** (Sport Jargon) *hohe Niederlage:* die Mannschaft hat am Wochenende eine gehörige, böse P. bekommen, bezogen; **b)** *Tracht Prügel:* wenn er zu spät nach Hause kommt, erwartet ihn, kriegt er sicher wieder eine ganz schöne, tüchtige P. **4.** (schweiz.) **a)** *Gepäck:* nur die nötigste P. mitnehmen; **b)** (Milit.) *Ausrüstung:* Soldaten in leichter P. **5.** (Bauw.) *Steinschicht als Grund-, Unterlage.* **6.** (Technik) *aus dem dichtenden Material bestehender, eine Welle (5) o. Ä. ringförmig umgebender Teil einer* ¹*Dichtung* (2).

Pack|wa|gen, der: **1.** *Gepäckwagen.* **2.** (früher) *Wagen, Fuhrwerk für Gepäck.*

Pack|werk, das (Wasserbau): *Schichten von Faschinen u. Schotter o. Ä. in Buhnen u. Leitwerken.*

Pack|zet|tel, der (Wirtsch.): **1.** *verpackten Waren beigefügter Zettel mit einem Verzeichnis.* **2.** *Zettel in Packungen* (1 a) *mit Angaben, die die Qualitätskontrolle gewährleisten bzw. Nachprüfungen ermöglichen.*

Pad [pɛd], das; -s, -s [engl. pad = (Schreib)unterlage, (Schreib)block; Bausch, älter = Strohbündel, Streu, H. u., viell. aus dem Niederd.]: **1.** (EDV) *Mauspad.* **2.** (Kosmetik) *rundes Läppchen, kleiner Bausch aus Watte o. Ä. zum Reinigen des Gesichts od. zum Auftragen von Puder o. Ä.*

Pä|da|go|ge, der; -n, -n [lat. paedagogus < griech. paidagōgós = Betreuer, Erzieher der Knaben; urspr. = Sklave, der die Kinder aur dem Schulweg begleitete, zu: paîs (Gen.: paidós) = Kind, Knabe u. agōgós = führend; Führer, zu: ágein = führen] (bildungsspr.): **1.** *Erzieher, Lehrer (mit entsprechender pädagogischer Ausbildung):* ein guter P.; er ist P. an einem Internat. **2.** *Wissenschaftler auf dem Gebiet der Pädagogik.*

Pä|da|go|gik, die; - [griech. paidagōgikḗ

(téchnē) = Erziehungskunst]: *Wissenschaft von der Erziehung u. Bildung:* die moderne P.; die P. Kerschensteiners; P. lehren, studieren; Vorlesungen in P.

Pä|da|go|gi|kum, das; -s, ...ka [nlat. (testamen) paedagogicum]: *Prüfung in Erziehungswissenschaften für Lehramtskandidaten.*

Pä|da|go|gin, die; -, -nen: w. Form zu ↑Pädagoge.

pä|da|go|gisch ⟨Adj.⟩ [griech. paidagōgikós]: **1.** *die Pädagogik betreffend, zu ihr gehörend; auf dem Gebiet der Pädagogik; auf der Pädagogik beruhend, ihr eigentümlich:* -e Vorlesungen; die -en Hochschulen; eine gute -e Ausbildung haben; p. fundierte Überlegungen. **2. a)** *erzieherisch* (a): -e Gesichtspunkte, Fähigkeiten; dieses Verhalten ist p. klug, geschickt, richtig, falsch; er hat p. versagt; **b)** *erzieherisch* (b): -e Maßnahmen; dieser Film soll p. wirken; es ist nicht sehr p. von ihm, seinen Sohn vor anderen Leuten zu bestrafen.

pä|da|go|gi|sie|ren ⟨sw. V.; hat⟩: **a)** *unter pädagogischen Aspekten sehen;* **b)** *für pädagogische Zwecke auswerten.*

Pä|da|go|gi|sie|rung, die; -: *das Pädagogisieren.*

Pä|da|go|gi|um, das; -s, ...ien (früher): **1.** *Schule, die auf das Studium an einer pädagogischen Hochschule vorbereitet.* **2.** *Erziehungsanstalt.*

Päd|atro|phie, die; - [↑Atrophie] (Med.): *schwere Ernährungsstörung bei Kleinkindern.*

Pa|dauk: ↑Padouk.

Pad|de, die; -, -n [mniederd. padde, H.u.] (landsch., bes. berlin.): *Kröte; Frosch:* Der Mann, der wie eine P. auf der Luftmatratze liegt (Wochenpost 23. 7. 76, 18).

Pad|del, das; -s, - [engl. paddle, H. u.]: *Stange mit breitem Blatt an einem od. an jedem Ende zur Fortbewegung eines Bootes:* das P. eintauchen, durchreißen, gleichmäßig durchs Wasser ziehen.

Pad|del|boot, das: *kleines Boot, das mit Paddeln fortbewegt wird:* P., mit dem P. fahren.

Pad|del|boot|fah|rer, der: *jmd., der einem Paddelboot fährt.*

Pad|del|boot|fah|re|rin, die: w. Form zu ↑Paddelbootfahrer.

Pad|del|boot|fahrt, die: *Fahrt mit einem Paddelboot.*

Pad|del|fuß, der ⟨meist Pl.⟩ (Jugendspr. spött.): *übergroßer Fuß.*

pad|deln ⟨sw. V.⟩ [engl. to paddle]: **a)** *mit dem Paddel das Boot vorwärts bewegen; Paddelboot fahren* ⟨hat/ist⟩: wir haben/ (auch:) sind gestern [stundenlang] gepaddelt; Ü er paddelt mit den Händen in der Luft; **b)** *sich paddelnd, mit dem Paddel irgendwohin bewegen* ⟨ist⟩: wir sind über den See, ans andere Ufer gepaddelt; Ü der Hund paddelt ans Ufer; Nun aber riss ich mich zusammen und paddelte wie ein Hund zur Kaimauer (Dönhoff, Ostpreußen 215); er paddelte durch die Menschenmenge auf dem Marktplatz.

Pad|del|sport, der: *sportlich betriebenes Paddeln.*

Padd|ler, der; -s, -: *jmd., der paddelt.*

Padd|le|rin, die; -, -nen: w. Form zu ↑Paddler.

Pad|dock ['pɛdɔk], der; -s, -s [engl. paddock]: *an den Stall anschließender, umzäunter Auslauf* (2 b), *bes. für Pferde.*

¹**Pad|dy** ['pɛdi], der; -s [engl. paddy < malai. padi]: *ungeschälter Reis.*

²**Pad|dy** ['pɛdi], der; -s, -s u. ...dies [...dız; engl. Paddy, eigtl. = Kosef. des m. Vorn. Patrick (ir. Nationalheiliger)] (ugs. scherzh.): *Ire.*

Pä|de|rast, der; -en, -en [griech. paiderastḗs, zu: paîs (↑Pädagoge) u. erastḗs = Liebhaber]: *Homosexueller mit bes. auf männliche Jugendliche gerichtetem Sexualempfinden.*

Pä|de|ras|tie, die; - [griech. paiderastía]: *Sexualempfinden der Päderasten.*

Pä|di|a|ter, der; -s, - [zu griech. iatrós = Arzt] (Med.): *Facharzt für Pädiatrie, Kinderarzt.*

Pä|di|a|trie, die; - [zu griech. iatreia = Heilkunde] (Med.): *Kinderheilkunde.*

pä|di|a|trisch ⟨Adj.⟩: *die Pädiatrie betreffend, zu ihr gehörend.*

Pa|di|schah, der; -s, -s [pers. pādišāh, eigtl. = Beschützerkönig, zu: pād = Wache, Schutz u. šāh = Kaiser, König] (früher): **a)** ⟨o. Pl.⟩ *Titel eines islamischen Fürsten;* **b)** *Träger des Titels Padischah* (a).

Pä|do, der; -s, -s [kurz für ↑Pädosexuelle(r), -phile(r)] (Jargon): *pädosexueller, pädophiler Mensch.*

Pä|do|au|di|o|lo|ge, der; -n, -n [zu griech. paîs (Gen.: paidós) = Kind, Knabe, lat. audire = hören u. ↑-loge] (Med.): *Wissenschaftler auf dem Gebiet der Pädoaudiologie.*

Pä|do|au|di|o|lo|gie, die; - [↑-logie] (Med.): *Wissenschaft vom Hören und von den Hörstörungen im Kindesalter.*

Pä|do|au|di|o|lo|gin, die; -, -nen (Med.): w. Form zu ↑Pädoaudiologe.

pä|do|au|di|o|lo|gisch ⟨Adj.⟩ (Med.): *die Pädoaudiologie betreffend, auf ihr beruhend.*

Pä|do|don|tie, die; - [zu griech odoús (Gen.: odóntos) = Zahn] (Med.): *Kinderzahnheilkunde.*

Pä|do|ge|ne|se, (auch:) **Pä|do|ge|ne|sis,** die; - (Biol.): *Jungfernzeugung einer Form, bei der die Fortpflanzung im Larvenstadium erfolgt.*

pä|do|ge|ne|tisch ⟨Adj.⟩ (Biol.): *sich im Larvenstadium fortpflanzend.*

Pä|do|lin|gu|is|tik, die; - (Sprachw.): *Teilgebiet der Sprachwissenschaft, das sich mit den Stadien des Spracherwerbs u. der systematischen Entwicklung der Kindersprache beschäftigt.*

Pä|do|lo|ge, der; -n, -n [↑-loge]: *Wissenschaftler auf dem Gebiet der Pädologie.*

Pä|do|lo|gie, die; - [↑-logie]: *Wissenschaft vom gesunden Kind unter Berücksichtigung von Wachstum u. Entwicklung.*

Pä|do|lo|gin, die; -, -nen: w. Form zu ↑Pädologe.

pä|do|lo|gisch ⟨Adj.⟩: *die Pädologie betreffend.*

pä|do|phil ⟨Adj.⟩ (Med., Psych.): *die Pädophilie betreffend:* -e Neigungen, Handlungen, Beziehungen; Handel mit -er Literatur (Spiegel 45, 1990, 242); Eine Verfilmung von »Lolita« ist in dreifacher Hinsicht gefährlich: Die Geschichte handelt von einer -en Leidenschaft ... (Woche 2. 1. 98, 40).

Pä|do|phi|le, der u. die; -n, -n ⟨Dekl. ↑Abgeordnete⟩: *pädophil empfindender Mensch:* wenn Humbert Humbert Lolita nicht mehr als Nymphe, sondern als erwachsenen Menschen liebt. Das beweist, dass er nicht nur ein -r ist (Woche 2. 1. 98, 40).

Pä|do|phi|lie, die; - [zu griech. philía = Zuneigung] (Med., Psych.): *sexuelle Neigung Erwachsener zu Kindern od. Jugendlichen beiderlei Geschlechts:* Der Begriff P. wird im allgemeinen Sprachgebrauch oft als eine Spielart der Homosexualität missverstanden (Spiegel 30, 1980, 150).

Pä|do|se|xu|el|le, der u. die; -n, -n ⟨Dekl. ↑Abgeordnete⟩: *Pädophile.*

Pa|douk [pa'daʊk], Padauk, das; -s [engl. padouk, aus dem Birmanischen]: *braunrotes, hartes Edelholz eines in Afrika u. Asien beheimateten Baumes.*

Pa|dre, der; -, ...dri bzw. -s [ital., span. padre < lat. pater, ↑Pater]: *Titel der [Ordens]priester in Italien u. Spanien.*

Pa|dua: Stadt in Italien.

Pa|du|a|na, die; -, ...nen [nach der ital. Stadt]: **1.** *(im 16. Jh. verbreiteter) schneller Tanz im Dreiertakt.* **2.** *Pavane* (2).

Pa|du|a|ner, der; -s, -: Ew. zu ↑Padua.

Pa|du|a|ne|rin, die; -, -nen: w. Form zu ↑Paduaner.

pa|du|a|nisch ⟨Adj.⟩: *Padua, die Paduaner betreffend.*

Pa|el|la [pa'ɛlja], die; -, -s [span. paella, eigtl. = Kasserolle < afrz. paële < lat. patella = Schüssel, Platte]: **1.** *spanisches Gericht aus Reis mit verschiedenen Fleisch- u. Fischsorten, Muscheln, Krebsen, Gemüsen u. Gewürzen.* **2.** *zur Zubereitung der Paella (1) verwendete eiserne Pfanne.*

Pa|fe|se, Pofese, die; -, -n ⟨meist Pl.⟩ [spätmhd. pafese, pavese, zu ital. pavese = aus Pavia] (bayr., österr.): *zwei zusammengelegte, mit Marmelade od. einer anderen Füllung bestrichene Weißbrotschnitten, die in Fett gebacken werden.*

paff: 1. ⟨Interj.⟩ lautm. für den Knall bei einem Schuss o. Ä.: p. ging der Schuss los; piff, p.!; piff, p., puff! **2.** (landsch.) ↑baff.

paf|fen ⟨sw. V.; hat⟩ [lautm.] (ugs.): **a)** *Zigaretten, Pfeife o. Ä. rauchen [u. den Rauch dabei stoßweise ausblasen]:* er saß im Sessel und paffte [vor sich hin]; Jo Heinrich paffte wütend an seiner Zigarette (Bastian, Brut 58); er paffte dicke Wolken aus seiner Pfeife *(ließ beim Rauchen dicke Wolken aus seiner Pfeife aufsteigen);* er raucht nicht, er pafft *(raucht, ohne zu inhalieren);* musst du den ganzen Tag p. (abwertend; *rauchen)?;* **b)** *[stoßweise den Rauch ausblasend] rauchen:* eine Zigarre, gemütlich seine Pfeife p.; Tino hatte eine Zigarette nach der andern gepafft und gegrübelt (Borell, Romeo 277); »Tut gut«, sagte die Mutter, die den

letzten Rest Tabak paffte (Fels, Sünden 52).

pag. = Pagina.

Pa|gaie, die; -, -n [frz. pagaie < malai. pang(g)ayong] (Kanusport): *Stechpaddel mit sehr breitem Blatt* (5) *für den Kanadier* (2).

pa|gan ⟨Adj.⟩ [kirchenlat. paganus, zu lat. pagus = Dorf(gemeinde), Gau] (bildungsspr.): *heidnisch.*

pa|ga|ni|sie|ren ⟨sw. V.; hat⟩ [mlat. paganizare] (bildungsspr.): *dem Heidentum zuführen.*

Pa|ga|nis|mus, der; -, ...men [1: mlat. paganismus]: **1.** ⟨o. Pl.⟩ *Heidentum.* **2.** *heidnisches Element im christlichen Glauben u. Brauchtum.*

Pa|gat, der; -[e]s, -e [zu ital. bagattino = venezianische Münze von geringem Wert; das ital. Kartenblatt stellt einen Schuster mit einer solchen Münze (als Arbeitslohn) dar]: *niedrigster Trumpf im Tarock.*

pa|ga|to|risch ⟨Adj.⟩ [zu älter ital. pagatura = (Be)zahlung, zu: pagare = bezahlen > lat. pacare = friedlich machen] (Wirtsch.): *Zahlungen u. buchhalterische Verrechnungen betreffend, auf ihnen beruhend:* -e Buchhaltung.

Pa|ge ['pa:ʒə], der; -n, -n [frz. page = Edelknabe, H. u.]: **1.** *junger, livrierter [Hotel]diener:* der Fremde ... bückte sich nach seinem Koffer. Ein P. war zu dieser späten Stunde nicht mehr in der Halle (Danella, Hotel 283). **2.** (hist.) *Edelknabe, junger Adliger im Dienst an einem Fürstenhof.*

Pa|gen|dienst, der: *Dienst eines Pagen* (2) *an einem Fürstenhof.*

Pa|gen|fri|sur, die: vgl. Pagenkopf.

Pa|gen|kopf, der: *kurze, glatte Frisur, bei der das Haar Stirn u. Ohren bedeckt:* ein zierliches älteres Fräulein mit schwarzem P. (Strauß, Niemand 157).

Pa|ger ['peɪdʒə], der; -s, - [engl. pager, zu: to page = jmdn. ausrufen lassen] (Funkw.): *Funkgerät, das durch akustische od. optische Signale anzeigt, dass eine Meldung, ein Rückruf gewünscht wird.*

Pa|gi|na, die; -, -s u. ...nä [lat. pagina, zu: pangere = zusammenfügen] (veraltet): *[Buch]seite, bes. mit Zahlenangabe* (meist als Abk.: p[ag]. = S.): Band III, pag. 84.

pa|gi|nie|ren ⟨sw. V.; hat⟩ (Schrift- u. Buchw.): *mit Seitenzahlen versehen:* ein Manuskript p.

Pa|gi|nier|ma|schi|ne, die (Schrift- u. Buchw.): *Maschine, Gerät zum Paginieren.*

Pa|gi|nier|stem|pel, der (Schrift- u. Buchw.): vgl. Paginiermaschine.

Pa|gi|nie|rung, die; -, -en (Schrift- u. Buchw.): **1.** ⟨o. Pl.⟩ *das Paginieren.* **2.** *Seitenzahlen (mit denen Geschriebenes, Gedrucktes versehen ist).*

Pä|gni|um, das; -s, ...nia [griech. paígnion = Spiel, Scherz, eigtl. = etwas, was zum Spiel dient]: *(in der altgriechischen Dichtung) kleines lyrisches Gedicht meist scherzhaften Inhalts.*

Pa|go|de, die; -, -n [frz. pagode < port. pagode < drawidisch pagōdi < sanskr. bhagavatī = göttlich, heilig]: **1.** *ostasiati-*

scher Tempel von [vier]eckiger, turmartiger, sich nach oben verjüngender Form mit vielen Stockwerken, von denen jedes ein ausladendes Dach hat. **2.** ⟨auch: der; -n, -n⟩ (österr., sonst veraltet) *kleines ostasiatisches Götterbild (bes. in Form einer sitzenden Porzellanfigur mit nickendem Kopf u. beweglichen Händen).*

Pa|go|den|är|mel, der (Mode): vgl. Pagodenkragen.

Pa|go|den|haft ⟨Adj.⟩: *in der Art einer Pagode* (1): Die 1888 entstandene Frauenbadeanstalt mit ihren »Laubsägeornamenten« und p. geschwungenen Dächern (NZZ 9. 3. 98, 9).

Pa|go|den|kra|gen, der (Mode): *Kragen aus mehreren Teilen, die in Stufen übereinander liegen.*

pah ⟨Interj.⟩: *Ausruf der Geringschätzung:* p., diese Leute interessieren mich nicht; »Pah!«, sagte er. »Du trägst ja Kinderhandschuhe! Ich hasse Kinderhandschuhe!« (Mishima [Übers.], Maske 41).

Pahl|stek: ↑Palstek.

Pa|höll: ↑Bahöl.

Pai|deia, die; - [griech. paideía = Erziehung u. Unterricht des Kindes; Bildung, zu: païs (Gen.: paidós) = Kind, Knabe]: *altgriechisches Erziehungsideal, das vor allem die musische, gymnastische u. politische Erziehung umfasst.*

Pai|di|bett®, das; -[e]s, -en: *Kinderbett, dessen Boden verstellbar ist.*

pail|le ['pa:jə, auch: paɪ] ⟨indekl. Adj.⟩ [frz. paille]: *strohfarben, strohgelb.*

Pail|let|te [paɪ'jɛtə], die; -, -n [frz. paillette, eigtl. Vkl. von: paille = Stroh < lat. palea] (Mode): *glänzendes, gelochtes Metallblättchen für Applikationen (bes. auf Kleidern):* die älteren Frauen sieht man hier ... in ihren festlichsten Klamotten. In ausrangierten Taftkleidern, mit -n und Strass (Kronauer, Bogenschütze 313).

pail|let|ten|be|setzt ⟨Adj.⟩: *mit Pailletten besetzt.*

Pail|let|ten|kleid, das: *paillettenbesetztes Kleid:* die Tänzerinnen trugen -er.

Pain [pɛ̃], der od. das; -[s], -s [frz. pain < lat. panis = Brot] (Kochk.): *Pastete* (c) *aus Fleisch, Wild, Geflügel u. a.*

pair [pɛːɐ̯] ⟨Adj.⟩ [frz. pair < afrz. per < lat. par, ↑Paar]: *(von den Zahlen beim Roulette) gerade.*

Pair, der; -s, -s [frz. pair, eigtl. = Ebenbürtiger] (hist.): *Mitglied des französischen Hochadels.*

Pairs|wür|de, die: ↑Pairie.

Pais|ley ['peɪzlɪ], das; -s [nach der schottischen Stadt Paisley, wo Stoffe mit Mustern dieser Art hergestellt wurden] (Textilind., Mode): *Stoffmuster mit Streublumen bzw. mit ornamentalen, blattähnlichen Gebilden.*

Pak, die; -, -, auch: -s (Milit.): **1.** *Kurzwort für* ↑Panzerabwehrkanone. **2.** ⟨o. Pl.⟩ *mit*

Panzerabwehrkanonen ausgerüstete Artillerie.

Pa|ket, das; -[e]s, -e [frz. paquet, zu älter: pacque = Bündel, Ballen, Packen < niederl. pac, ↑¹Pack; 4: nach gleichbed. engl. package, zu: to pack = (ab-, ein-, ver)packen]: **1.** *mit Papier o. Ä. umhüllter [u. verschnürter] Packen; etw. in einen Karton o. Ä. Eingepacktes:* ein P. Bücher, Wäsche, Briefe; unterm Weihnachtsbaum lag ein grünes P.; das P. aufschnüren; Ü das Kind hat ein P. in der Hose (fam. scherzh.; *hat die Hose voll gemacht*); Hoffentlich hat er ein tüchtiges P. (salopp; *Geschlechtsteil*) in den Hosen (Ziegler, Konsequenz 148); das ist ja ein wonniges [kleines] P. (fam.; *Baby*). **2.** *größere Packung, die eine bestimmte größere Menge einer Ware fertig abgepackt enthält:* ein P. Waschpulver, Zündhölzer, billige Kerzen. **3.** *fest verpackte, größere Postsendung (mit einem nach Ober- u. Untergrenze festgelegten Gewicht):* ein P. mit Büchern; ein P. packen, verschnüren, auspacken, öffnen, aufgeben, [ab]schicken, zustellen; das P. enthält Spielzeug; in dem P. war ein Teddybär. **4.** (bes. Wirtsch., Politik Jargon) *größere Gesamtheit von Dingen, Teilen, Vorschlägen usw. in verbindlicher Zusammenstellung:* ein P. Fertigteile für den Ausbau eines Hauses; ein P. Aktien *(Aktienpaket);* Wir bieten ein attraktives Einkommen und ein umfangreiches P. interessanter Sozialleistungen (FR 1. 3. 85, A 52); ein P. von Forderungen; Um die Flieger zu füllen, lockt die Fluglinie ... mit Sonderangeboten – mit im P.: kostenlose Übernachtung in Hongkong (Woche 27. 3. 98, 17). **5.** (Rugby) *dichte Gruppierung von Spielern beider Mannschaften um den Spieler, der den Ball trägt.* **6. * P. setzen** (Druckerspr.; *durchgehende Zeilen setzen, die später umbrochen werden).*
Pa|ket|adres|se, die: *auf ein Postpaket aufzuklebendes, gummiertes, weißes Blatt mit Vordruck für die Eintragung von Adresse u. Absender.*
Pa|ket|an|nah|me, die: **1.** ⟨o. Pl.⟩ *Annahme u. Abfertigung von Paketen (3), die verschickt werden sollen.* **2.** *Paketschalter.*
Pa|ket|an|nah|me|stel|le, die: *Paketschalter.*
Pa|ket|auf|schrift, die: *Aufschrift, Adresse auf einem Postpaket.*
Pa|ket|aus|ga|be, die: **1.** ⟨o. Pl.⟩ *Ausgabe von eingetroffenen Paketen (3) an Abholer.* **2.** *Paketausgabestelle.*
Pa|ket|aus|ga|be|stel|le, die: *Stelle, Ort für die Paketausgabe (1).*
Pa|ket|boot, das (früher): *[Fahrgast]schiff, das im Liniendienst zwischen den Häfen Post beförderte.*
Pa|ket|dienst, der: vgl. Paketpost (1).
pa|ke|tie|ren ⟨sw. V.; hat⟩ (Fachspr.): *zu Paketen, Packungen ab-, verpacken:* Bausteine, Lebensmittel, Bücher p.
Pa|ke|tier|ma|schi|ne, die: *Maschine zum Paketieren von Waren.*
Pa|ke|tie|rung, die; -: *das Paketieren.*
Pa|ket|kar|te, die: *einem Postpaket beigegebene Karte für bestimmte Angaben (Adresse, Absender usw.).*

Pa|ket|lö|sung, die (bes. Wirtsch., Politik Jargon): *Lösung für etw. im Paket (4):* für etw. eine P. anbieten; Im Sommer vergangenen Jahres war die NetConsult Communications GmbH noch eine Klitsche. Im Pfarrhaus des Jenenser Paulussprengels bastelten sechs junge Leute aus Computern, Programmen und Zubehör -en für Firmenkunden (Woche 3. 1. 97, 43).
Pa|ket|post, die: **1.** *Postdienst für die Beförderung von Paketen u. Postgut.* **2.** *Fahrzeug u. Angestellte des Zustelldienstes der Paketpost.*
Pa|ket|schal|ter, der: *Postschalter für die Paketannahme (1).*
Pa|ket|sen|dung, die: *Postsendung in Form eines Paketes.*
Pa|ket|wa|gen, der: **1.** *Wagen der Paketpost, mit dem Pakete befördert u. zugestellt werden.* **2.** *Gepäckwagen.*
Pa|ket|zu|stel|ler, der: *Zusteller der Paketpost.*
Pa|ket|zu|stel|le|rin, die: w. Form zu ↑Paketzusteller.
Pa|ket|zu|stel|lung, die: *Zustellung von Paketpost.*
Pak|ge|schütz, das (Milit.): *Geschütz der Pak (2).*
Pa|kis|tan, -s: Staat in Vorderindien.
Pa|kis|ta|ner, der; -s, -: Ew.
Pa|kis|ta|ne|rin, die; -, -nen: w. Form zu ↑Pakistaner.
¹Pa|kis|ta|ni, der; -[s], -[s]: Ew.
²Pa|kis|ta|ni, die; -, -[s]: w. Form zu ↑¹Pakistani.
pa|kis|ta|nisch ⟨Adj.⟩: *Pakistan, die Pakistaner betreffend, von den Pakistanern stammend, zu ihnen gehörend.*
Pa|ko, der; -s, -s [span. paco < Ketschua (südamerik. Indianerspr.) paco]: ¹*Alpaka.*
Pa|ko|til|le [pako'tɪljə], die; -, -n [frz. pacotille, pacquotille, wahrsch. < span. pacotilla, zu: paca = Bündel, Pack] *auf einem Schiff frachtfreies Gepäck, das den Seeleuten gehört.*
Pakt, der; -[e]s, -e [lat. pactum, subst. 2. Part. von: pacisci = (vertraglich) vereinbaren]: **1.** *Bündnis zwischen Staaten:* der militärische P. zwischen den drei Ländern; einen P. mit einem Staat [ab]schließen; einem P. beitreten, angehören. **2.** *[vertragliche] Vereinbarung, Übereinkunft:* Fausts P. mit dem Teufel; Hitler hatte den P. mit der westlichen Schwerindustrie geschlossen (Niekisch, Leben 179); Ich schlage Ihnen ... einen P. vor: Sie fotografieren mich ... Ich fordere dafür ... (Strauß, Niemand 163).
pak|tie|ren ⟨sw. V.; hat⟩ (oft abwertend): *eine Vereinbarung, Übereinkunft treffen u. befolgen:* mit dem Feind p.; Ecclestone paktierte mit drei Rennfahrern, mit denen ihn mehr verband als kaltes Business (auto touring 2, 1979, 53); Gegen Liberale bestand damals eine Kontaktsperre, zumal sie in einer Koalition mit den Roten paktierten (Woche 4. 4. 97, 3).
Pak|tie|rer, der; -s, - (abwertend): *jmd., der mit jmdm. paktiert.*
Pak|tie|re|rin, die; -, -nen: w. Form zu ↑Paktierer.

Pak|tum, das; -s, ...ten (veraltet): *Pakt.*
pal|lä-, Pal|lä-: ↑paläo-, Paläo-.
Pa|lä|an|thro|po|lo|ge, der; -n, -n: *Wissenschaftler auf dem Gebiet der Paläanthropologie.*
Pa|lä|an|thro|po|lo|gie, die; - [zu griech. palaiós (↑paläo-, Paläo-) u. ↑Anthropologie]: *auf fossile Funde gegründete Wissenschaft vom vorgeschichtlichen Menschen u. seinen Vorgängern.*
Pa|lä|an|thro|po|lo|gin, die; -, -nen: w. Form zu ↑Paläanthropologe.
pa|lä|an|thro|po|lo|gisch ⟨Adj.⟩: *die Paläanthropologie betreffend, zu ihr gehörend, auf ihr beruhend.*
Pal|lä|ark|tis, die; - [↑Arktis] (Geogr.): *geozoologisches Gebiet, das Eurasien u. Nordafrika umfasst.*
pa|lä|ark|tisch ⟨Adj.⟩ (Geogr.): *die Paläarktis betreffend, zu ihr gehörend.*
Pal|la|din [auch: '– – –], der; -s, -e [frz. paladin < ital. paladino < mlat. (comes) palatinus, zu (spät)lat. palatinus = zum kaiserlichen Palast, Hof gehörig, zu: palatium, ↑Palast]: **1.** *(in der Karlssage) Ritter des Kreises von zwölf Helden am Hof Karls des Großen:* eine verlässliche Hausmacht stand ihm, wie Karl dem Großen dessen -e, zur Seite (Prödöhl, Tod 15). **2.** *(bildungsspr., oft spött.) treuer Gefolgsmann, Anhänger [aus dem Kreis um jmdn.]:* der Parteichef und sein P.; die -e der Regierung.
Pal|la|don®, das; -s [Kunstwort]: *Kunststoff für Zahnersatz.*
Pal|lais [pa'lɛ:], das; - [...ɛ:(s)], - [...ɛ:s; (a)frz. palais, ↑Palast]: *repräsentatives, schlossartiges [Wohn]gebäude.*
Pa|lan|kin, der; -s, -e u. -s [Hindi]: *indischer Tragsessel; Sänfte.*
pa|läo-, Pa|läo-, (vor Vokalen gelegtl.:) palä-, Palä- [griech. palaiós] ⟨Best. in Zus. mit der Bed.⟩: *alt, altertümlich, ur-, Ur-* (z. B. Paläanthropologie, paläographisch, Paläozoikum).
Pa|läo|an|thro|po|lo|gie usw.: ↑Paläanthropologie usw.
Pa|läo|ark|tis usw.: ↑Paläarktis usw.
Pa|läo|bio|lo|gie, die; -: *Wissenschaft von den fossilen tierischen u. pflanzlichen Organismen.*
Pa|läo|bo|ta|nik, die; -: *Wissenschaft von den fossilen Pflanzen.*
Pa|läo|bo|ta|ni|ker, der; -s, -: *Wissenschaftler auf dem Gebiet der Paläobotanik.*
Pa|läo|bo|ta|ni|ke|rin, die; -, -nen: w. Form zu ↑Paläobotaniker.
pa|läo|bo|ta|nisch ⟨Adj.⟩: *die Paläobotanik betreffend, zu ihr gehörend, auf ihr beruhend.*
Pa|läo|de|mo|gra|phie, die; - (auch:) Paläodemografie, die; -: *Teilgebiet der prähistorisch-historischen Anthropologie, das sich (aufgrund von Alters- u. Geschlechtsdiagnosen an Skelettüberresten) mit dem Sterblichkeitsverhältnissen, mit dem Umfang u. den Altersgliederungen menschlicher Populationen (1) befasst.*
pa|läo|gen ⟨Adj.⟩ (Geol.): *das Paläogen betreffend.*
Pa|läo|gen, das; -s [zu griech. -genḗs = hervorbringend] (Geol.): *Formation des Tertiärs.*

Pal|läo|geo|gra|phie, die; -: Wissenschaft von der geographischen Gestalt der Erdoberfläche in früheren erdgeschichtlichen Zeiten.

Pal|läo|graph, der; -en, -en: Wissenschaftler auf dem Gebiet der Paläographie.

Pal|läo|gra|phie, die; - [↑-graphie]: Wissenschaft von den Formen u. Mitteln sowie der Entwicklung der im Altertum u. Mittelalter gebräuchlichen Schriften.

Pal|läo|gra|phin, die; -, -nen: w. Form zu ↑Paläograph.

pal|läo|gra|phisch ⟨Adj.⟩: die Paläographie betreffend.

Pal|läo|his|to|lo|gie, die; -: Wissenschaft von den Geweben der fossilen Lebewesen.

Pal|läo|kli|ma|to|lo|gie, die; -: Lehre von den Klimaten der Erdgeschichte.

pal|läo|krys|tisch ⟨Adj.⟩ [zu griech. krýstallos = Eis] (Geogr.): die Aufeinanderhäufung gestauter Eismassen betreffend.

Pal|läo|lin|gu|is|tik, die; -: Wissenschaft, die sich mit einer (angenommenen) allen Völkern gemeinsamen Ursprache befasst.

pal|läo|lin|gu|is|tisch ⟨Adj.⟩: die Paläolinguistik betreffend, auf ihr beruhend.

Pal|läo|lith [auch: ...'lɪt], der; -s u. -en, -e[n] [↑-lith]: Steinwerkzeug des Paläolithikums.

Pal|läo|li|thi|ker [auch: ...'lɪt...], der; -s, -: Mensch des Paläolithikums.

Pal|läo|li|thi|kum [auch: ...'lɪt...], das; -s [zu griech. lithos = Stein]: ältester Abschnitt der Steinzeit; Altsteinzeit.

pal|läo|li|thisch [auch: ...'lɪt...] ⟨Adj.⟩: das Paläolithikum, die Altsteinzeit betreffend.

pal|läo|ma|gne|tisch ⟨Adj.⟩ (Geol.): die Induktion (2) des erdmagnetischen Feldes während des Auskristallisierens von Mineralien betreffend.

Pal|läo|on|to|lo|ge, der; -n, -n [↑-loge]: Wissenschaftler auf dem Gebiet der Paläontologie.

Pal|läo|on|to|lo|gie, die; - [zu griech. ŏn (Gen.: óntos) = seiend u. ↑-logie]: Wissenschaft von den Lebewesen vergangener Erdzeitalter.

Pal|läo|on|to|lo|gin, die; -, -nen: w. Form zu ↑Paläontologe.

pal|läo|on|to|lo|gisch ⟨Adj.⟩: die Paläontologie betreffend.

Pal|läo|phy|ti|kum, das; -s [zu griech. phytón = Pflanze]: das Altertum in der erdgeschichtlichen Entwicklung der Pflanzenwelt.

Pal|läo|phy|to|lo|gie, die; - [↑Phytologie] Paläobotanik.

Pal|läo|psy|cho|lo|gie, die; -: Psychologie von den Urzuständen des Seelischen.

Pal|läo|tro|pis, die; - [zu ↑²Tropen] (Geogr.): geobotanisches Gebiet, das die altweltlichen Tropen u. einen Teil der altweltlichen Subtropen umfasst.

Pal|läo|ty|pe, die; -, -n [↑Type] (selten): Inkunabel.

Pal|läo|ty|pie, die; -: Lehre von den Formen der gedruckten Buchstaben.

pal|läo|zän ⟨Adj.⟩ (Geol.): das Paläozän betreffend.

Pal|läo|zän, das; -s [zu griech. kainós = neu (= älteste Abteilung der Erdneu-

zeit)] (Geol.): älteste Abteilung des Tertiärs.

Pal|läo|zoi|kum, das; -s [zu griech. zōon = Lebewesen]: das Kambrium u. Perm umfassende erdgeschichtliche Altertum; Erdaltertum.

pal|läo|zo|isch ⟨Adj.⟩: das Paläozoikum betreffend.

Pal|läo|zo|o|lo|ge, der; -n, -n: Wissenschaftler auf dem Gebiet der Paläozoologie.

Pal|läo|zo|o|lo|gie, die; -: Wissenschaft von den fossilen Tieren.

Pal|läo|zo|o|lo|gin, die; -: w. Form zu ↑Paläozoologe.

pal|läo|zo|o|lo|gisch ⟨Adj.⟩: die Paläozoologie betreffend, zu ihr gehörend, auf ihr beruhend.

Pal|las, der; -, -se [↑Palast] (Archit.): Hauptgebäude der mittelalterlichen Burg mit Wohn- u. Festsaal.

Pal|last, der; -[e]s, Paläste [(mit frühnhd. zugefügtem -t für) mhd. palas < afrz. palais, pales < spätlat. palatium = kaiserlicher Hof < lat. Palatium = Name eines der sieben Hügel Roms, auf dem Kaiser Augustus u. seine Nachfolger ihre Wohnung hatten]: Schloss, großer Prachtbau (der Feudalzeit): der P. des Königs, der Dogen; Im Zentrum reiht sich ein P. von der Art der Oper an den anderen (Berger, Augenblick 119); Ü er hat einen P. (ugs. abwertend: eine pompöse Villa).

pal|last|ar|tig ⟨Adj.⟩: in, von der Art eines Palastes: ein -er Bau.

Pal|läs|ti|na, -s: Gebiet zwischen Mittelmeer u. Jordan.

Pal|läs|ti|nen|ser, der, -s, -: Araber, der aus Palästina stammt [u. dort jetzt noch lebt].

Pal|läs|ti|nen|ser|feu|del, der (salopp abwertend): Palästinensertuch.

Pal|läs|ti|nen|ser|füh|rer, der: Führer (1 a), Vorsitzender der palästinensischen Befreiungsbewegungen.

Pal|läs|ti|nen|se|rin, die; -, -nen: w. Form zu ↑Palästinenser.

Pal|läs|ti|nen|ser|tuch, das [nach dem von den Palästinensern getragenen Kopftuch]: großes, um Kopf, Hals u. Schultern geschlagenes Tuch in schwarzweißer o. ä. Musterung.

pal|läs|ti|nen|sisch, **pal|läs|ti|nisch** ⟨Adj.⟩: Palästina, die Palästinenser betreffend, von den Palästinensern stammend, zu ihnen gehörend.

Pal|läs|tra, die; -, ...stren [griech. palaístra]: (im Griechenland der Antike) Übungsplatz der Ringer.

Pal|last|re|vol|te, die: vgl. Palastrevolution.

Pal|last|re|vo|lu|ti|on, die (Politik): Umsturzversuch von Personen in der nächsten Umgebung eines Herrschers: eine gescheiterte P.; Im Betrieb gab es eine P. (lehnten sich die Angestellten gegen den Chef auf); Dem Deutschen Fußballbund ... steht eine P. ins Haus (Spiegel 42, 1984, 290).

Pal|last|wa|che, die: Wache, die den Palast bewacht.

pal|la|tal ⟨Adj.⟩ [zu lat. palatum = Gaumen]: 1. (Med.) den Gaumen betreffend.

2. (Sprachw.) (von Lauten) am vorderen Gaumen gebildet.

Pal|la|tal, der; -s, -e (Sprachw.): am vorderen Gaumen gebildeter Laut (z. B. k).

Pal|la|ta|lis, die; -, ...les [...le:s] (Sprachw. veraltet): Palatal.

pal|la|ta|li|sie|ren ⟨sw. V.; hat⟩ (Sprachw.): 1. Konsonanten durch Anhebung des vorderen Zungenrückens gegen den vorderen Gaumen erweichen. 2. einen nicht palatalen Laut in einen palatalen umwandeln.

Pal|la|ta|li|sie|rung, die; -, -en (Sprachw.): das Palatalisieren.

Pal|la|tal|laut, der (Sprachw.): Palatal.

Pal|la|tin, der; -s, -e [mlat. palatinus, ↑Paladin] (hist.): (im Mittelalter) Pfalzgraf.

Pal|la|ti|nat, das; -[e]s, -e (hist.): Würde eines Pfalzgrafen.

Pal|la|ti|ne, die; -, -n [frz. palatine, eigtl. = die Pfälzische < lat. palatinus, ↑Paladin; nach der Pfalzgräfin Elisabeth Charlotte (1652–1722)] (veraltet): 1. Umrandung des Ausschnitts (2 b) aus Pelz, leichtem Stoff od. Spitze. 2. Hals- u. Brusttuch.

pal|la|ti|nisch ⟨Adj.⟩: 1. den Palatin betreffend. 2. (bildungsspr., oft scherzh.) die Pfalz betreffend, pfälzisch: die -en Weinberge, Wälder.

Pal|la|to|dy|nie, die; -, -n [zu lat. palatum = Gaumen u. griech. odýnē = Schmerz, Qual] (Med.): Schmerz im Bereich des Gaumens.

Pal|la|to|gramm, das; -s, -e [↑-gramm] (Phonetik): Abbildung mit dem Palatographen.

Pal|la|to|graph, der; -en, -en [↑-graph] (Phonetik): Instrument zur Durchführung der Palatographie.

Pal|la|to|gra|phie, die; -, -n [↑-graphie] (Phonetik): Methode zur Ermittlung u. Aufzeichnung der Berührungsstellen zwischen Zunge u. Gaumen beim Sprechen eines Lautes.

Pal|la|to|schi|sis [palato'sçi:zɪs], die; - [zu griech. schizein = spalten] (Med.): angeborene Spaltung des harten Gaumens.

Pal|lat|schin|ke, die; -, -n ⟨meist Pl.⟩ [ung. palacsinta < rumän. plăcintă < lat. placenta, ↑Plazenta] (österr.): dünner, zusammengerollter [u. mit Marmelade o. Ä. gefüllter] Eierkuchen.

Pal|la|tum, das; -s, ...ta [lat. palatum] (Med.): Gaumen (1).

Pal|la|ver, das; -s, - [engl. palaver, über ein Wort einer afrik. Spr. mit der Bed. »religiöse od. gerichtliche Versammlung« < port. palavra = Wort; Erzählung < lat. parabola, ↑Parabel]: 1. (ugs. abwertend) endloses wortreiches, meist überflüssiges Gerede, nicht enden wollendes Verhandeln, Hin-und-her-Gerede: zwischen ihnen begann alsbald ein gewaltiges P. (Fussenegger, Haus 248); ein großes P. [um etw.] machen; ein langes P. (eine mit viel Gerede vor sich gehende Versammlung) abhalten; wenn die Unterhaltung in dieses unverständliche P. zweier ... Lobbyisten abzugleiten droht (Zeit 6. 6. 75, 35). 2. (landsch.) Geschrei, Gelärme.

pal|la|vern ⟨sw. V.; hat⟩ (ugs. abwertend):

sich lange in wortreichem, meist überflüssigem Gerede ergehen, lange, oft fruchtlose Verhandlungen führen: In den Salons palaverte man nur noch über Kometenbahnen und Expeditionen (Süskind, Parfum 75); mit jmdm. über etw. p.; ... sonst mischen sich die Stadtverordneten ein und palavern ewig und drei Tage (Bieler, Bär 155); Klarer Fall, Prora braucht Kultur. Da gibt's gar nichts zu p. (Woche 11. 4. 97, 43).

Pa|laz|zo, der; -[s], ...zzi [ital. palazzo < spätlat. palatium, ↑Palast]: ital. Bez. für Palast.

Pa|le, die; -, -n [H. u.] (nordd.): ¹Schote.

Pale Ale ['peil 'eil], das; --, (Sorten:) -- [engl. pale ale, aus: pale = blass, bleich u. ale, ↑Ale]: helles englisches obergäriges Bier.

pa|len ⟨sw. V.; hat⟩ [H. u.] (nordd.): (Erbsen o. Ä.) aus der Hülse herauslösen: Erbsen p.

Pa|le|o|zän: ↑Paläozän.

Pa|ler|mer, der; -s, -: Ew. zu ↑Palermo.

Pa|ler|me|rin, die; -, -nen: w. Form zu ↑Palermer.

pa|ler|misch ⟨Adj.⟩ Palermo, die Palermer betreffend, von den Palermern stammend, zu ihnen gehörend.

Pa|ler|mo: Stadt auf Sizilien.

Pa|le|tot ['palǝto, auch: pal'to:], der; -s, -s [frz. paletot = weiter Überrock < mengl. paltok = Überrock, Kittel, H. u.]: 1. leicht taillierter, zweireihiger Herrenmantel [mit Samtkragen]. 2. dreiviertellanger Damen- od. Herrenmantel.

Pa|let|te, die; -, -n [frz. palette, eigtl. = kleine Schaufel, zu lat. pala = Schaufel]: 1. a) [ovale] Platte, Scheibe mit einem Loch für den Daumen, die der Maler auf die Hand nimmt, um darauf die Farben zu mischen: Farben auf der P. mischen; Ü eine reiche P. (Vielfalt, Skala) von Farben; der Herbst zeigt seine [bunte] P.; eine bunte P. (Zusammenstellung) von Melodien; b) (bildungsspr., Werbespr.) reiche, vielfältige Auswahl; Vielfalt, wie sie angeboten wird bzw. sich anbietet, sich zeigt: Pölkner bietet die gesamte P. zukunftssicherer Informationstechniken (NJW 18, 1984, XVI); Dazu unsere ganze P. an Zubehör (CCI 8, 1985, 3); eine breite P. von Verbrauchsgütern; einige Beispiele aus dem P. unseres Angebots. 2. (Technik, Wirtsch.) flacher Untersatz für das Transportieren u. Stapeln von Gütern mit dem Gabelstapler: Männer ..., die sich abplagten mit Containern und -n (Fels, Afrika 23).

pa|let|ti [H. u.]: in der Verbindung [es ist] alles p. (ugs.; [es ist] alles in Ordnung).

pa|let|tie|ren, (auch:) **pa|let|ti|sie|ren** ⟨sw. V.; hat⟩ (Fachspr.): etw. auf Paletten (2) stapeln: Güter p.; palettierte Ladungen.

Pa|leu|ro|pa; -s [zu griech. palaiós = alt u. ↑Europa] (Geol.): vor dem Devon versteifter Teil Europas.

Pa|li, das; -[s] [sanskr. pālī (bhāsā) = Sprache der heiligen Schriften, aus: pālī = Reihe, Linie; (Buch)rolle u. bhāsā = Sprache]: Schriftsprache der Buddhisten in Sri Lanka u. Hinterindien.

Pa|li|la|lie, die; - [zu griech. pálin = wieder u. lalein = viel reden, schwatzen] (Med.): krankhafte Wiederholung desselben Wortes od. Satzes.

Pa|li|mne|se, die; - [zu griech. pálin = wieder u. mnēsis = das Erinnern] (Med.): Wiedererinnerung; Erinnerung an etw., was dem Gedächtnis bereits entfallen war.

Pa|limp|sest, der od. das; -[e]s, -e [lat. palimpsestos < griech. palímpsēstos, eigtl. = wieder abgekratzt]: 1. antikes od. mittelalterliches Schriftstück, von dem der ursprüngliche Text abgeschabt od. abgewaschen u. das danach neu beschriftet wurde. 2. (Geol.) Rest des alten Ausgangsgesteins in umgewandelten Gestein.

Pa|lin|drom, das; -s, -e [zu griech. palíndromos = rückwärts laufend]: sinnvolle Folge von Buchstaben, Wörtern od. Versen, die rückwärts gelesen gleich lauten bzw. ebenfalls einen Sinn ergeben (z. B. Geistsieg–Geistsieg, Regal–Lager).

pa|lin|gen ⟨Adj.⟩ [↑-gen] (Geol.): die Palingenese (3) betreffend, durch sie entstanden.

Pa|lin|ge|ne|se, die; -, -n [aus griech. pálin = wieder u. ↑Genese]: 1. (Rel.) Wiedergeburt der Seele (durch Seelenwanderung). 2. (Biol.) das Auftreten von Merkmalen stammesgeschichtlicher Vorfahren während der Keimesentwicklung. 3. (Geol.) zur Neubildung von Magma führende völlige Aufschmelzung eines Gesteins.

Pa|lin|ge|ne|sie, die; -, -n, **Pa|lin|ge|ne|sis**, die; -, ...nesen (Biol.): Palingenese (2).

pa|lin|ge|ne|tisch ⟨Adj.⟩: die Palingenese (1, 2) betreffend.

Pa|li|no|die, die; -, -n [griech. palinōdía = Widerruf] (Literaturw.): besonders in der Zeit des Humanismus u. des Barocks gepflegte Dichtungsart, bei der vom selben Verfasser die in einem früheren Werk aufgestellten Behauptungen mit denselben formalen Mitteln widerrufen werden.

Pa|li|sa|de, die; -, -n [frz. palissade, zu lat. palus = Pfahl]: 1. ⟨meist Pl.⟩ langer, oben zugespitzter Pfahl, der mit anderen zusammen zur Befestigung in dichter Reihe in den Boden gerammt wird: die -n niederreißen. 2. Befestigungsanlage, Wand aus Palisaden (1): Wie eine P. ragen die Bäume beiderseits der Straße (Berger, Augenblick 108). 3. (Pferdesport) hohes Hindernis aus dicht nebeneinander senkrecht angeordneten Brettern.

Pa|li|sa|den|ge|we|be, das (Bot.): an der Oberfläche von Blättern gelegene Schicht länglicher, senkrecht angeordneter Zellen, die viel Blattgrün enthalten.

Pa|li|sa|den|pfahl, der: Palisade (1).

Pa|li|sa|den|wand, die: Wand aus Palisaden (1).

Pa|li|sa|den|wurm, der [nach den die Mundöffnung umgebenden, palisadenartig angeordneten, länglichen Hautgebilden]: Blut saugender Fadenwurm, der bes. in Säugetieren u. Vögeln schmarotzt.

Pa|li|sa|den|zaun, der: vgl. Palisadenwand.

Pa|li|san|der, der; -s, (Sorten:) - [frz. palissandre < niederl. palissander, wohl <

span. palo santo, eigtl. = heiliger Pfahl]: rötlich braunes, von dunklen Streifen durchzogenes, hartes Edelholz eines vor allem in Brasilien beheimateten tropischen Baumes.

Pa|li|san|der|holz, das: Palisander.

pa|li|san|dern ⟨Adj.⟩: aus Palisander [bestehend].

pa|li|sie|ren ⟨sw. V.; ist⟩ [frz. palisser, zu: palis = Zaun; 2: eigtl. wohl = über einen Zaun springen u. davonlaufen]: 1. (Gartenbau) junge Bäume so anbinden, dass sie in einer bestimmten Richtung wachsen. 2. (österr. veraltend) davonlaufen.

Pall, das od. der; -[e]s, -en [niederd., zu: pal(l) = steif, fest, H. u.] (Seemannsspr.): Sperrklinke zum Blockieren des Zahnrades einer Winde od. eines Spills.

Pal|la, die; -, -s [lat. palla]: 1. altrömischer Frauenmantel. 2. (kath. Kirche) gesticktes Leinentuch über dem Messkelch.

Pal|la|di|a|nis|mus, der; - [nach dem ital. Architekten A. Palladio (1508 bis 1580)]: an die Bauten Palladios anknüpfender klassizistischer Architekturstil des 17. u. 18. Jh.s, bes. in Westeuropa u. England.

Pal|la|di|um, das; -s, ...ien [1: lat. Palladium, nach dem Namen der altgriech. Göttin Pallas Athene; 3: engl. palladium, nach dem 1 Jahr zuvor (1802) entdeckten Planetoiden Pallas]: 1. Darstellung der Göttin Pallas Athene als Kultbild, als schützendes Heiligtum (eines Hauses od. einer Stadt]. 2. (bildungsspr. selten) etw. heilig zu Haltendes, Unantastbares: Niederlagen dieser Art kann sich die Justiz nicht leisten, wenn sie als P. des Rechtsstaats verstanden werden will (Spiegel 8, 1980, 9). 3. ⟨o. Pl.⟩ silberweißes Edelmetall (chemisches Element; Zeichen: Pd).

Pal|las: Beiname Athenes.

Pal|lasch, der; -[e]s, -e [über das Slaw. < ung. pallos, zu lat. pala = Schwert]: schwerer Säbel mit Korb (3 e) (bes. der Kürassiere): ◆ ... grinste er mich so höhnisch an, dass ich den P. fester fasste und einen welschen Fluch brummte (Raabe, Chronik 40).

Pal|la|watsch, Ballawatsch, der; -s, -e [wohl entstellt aus ital. balordaggine = Tölpelei] (österr. ugs.): 1. ⟨o. Pl.⟩ Durcheinander. 2. ¹Niete (2).

Pal|li|a|ta, die; -, ...ten [lat. (fabula) palliata, zu: palliatus = mit einem Mantel angetan] (Literaturw.): altrömische Komödie mit griechischem Stoff (4 a) u. Kostüm (im Gegensatz zur Togata).

pal|li|a|tiv ⟨Adj.⟩ [zu spätlat. palliare = mit einem Mantel bedecken] (Med.): schmerzlindernd; die Beschwerden einer Krankheit lindernd, aber nicht die Ursachen einer Krankheit bekämpfend: -e Mittel; Die -e Behandlung diene in erster Linie einer Verbesserung der Lebensqualität (Nds. Ä. 22, 1985, 25).

Pal|li|a|tiv, das; -s, -e, **Pal|li|a|ti|vum**, das; -s, ...va (Med.): palliatives Medikament: jmdm. ein P. verschreiben; ein P. einnehmen; Ü Wenn diese Diagnose zutrifft, dann wären die Kommuniqués, die Rechtfertigungen, die »Bekennerbriefe«

nur als Palliative zu deuten (Enzensberger, Mittelmaß 248).

Pal|li|en|gel|der ⟨Pl.⟩ (kath. Kirche): an den Papst zu zahlende Abgabe beim Empfang des Palliums (1).

Pal|li|no, der; -s, -s [ital. pallino, Vkl. von: älter palla = Ball]: als Ziel dienende Kugel beim Boccia.

Pal|li|um, das; -s, ...ien [lat. pallium = weiter Mantel]: 1. (kath. Kirche) über dem Messgewand getragenes weißes Band mit sechs schwarzen Kreuzen als päpstliches u. erzbischöfliches Insigne. 2. a) (im MA.) [bei der Krönung getragener] Mantel der Könige u. Kaiser; b) (im antiken Rom) mantelartiger Umhang der Männer. 3. (Biol.) Großhirnrinde.

Pall-Mall [pɛl'mɛl], das; - [engl. pall-mall < älter frz. pallemaille < ital. pallamaglio, aus: palla = Ball u. maglio = Hammer]: schottisches Ballspiel.

Pal|lo|graph, der; -en, -en [zu griech. pállein = schwingen u. ↑-graph] (veraltet): Vibrograph.

Pal|lot|ti|ner, der; -s, - [nach dem Gründer, dem ital. Priester V. Pallotti (1795–1850)]: Mitglied einer katholischen Priestergemeinschaft (ohne Gelübde), die in Seelsorge u. Mission tätig ist (Abk.: SAC).

Pal|lot|ti|ne|rin, die; -, -nen: Mitglied einer ordensähnlichen Schwesterngemeinschaft.

Pal|lot|ti|ner|or|den, der ⟨o. Pl.⟩: Orden der Pallotiner.

Palm, der; -s, -e ⟨Pl. selten⟩ [landsch. Nebenf. von ↑Palme] (landsch.): Buchsbaumzweige o. Ä. (die nach katholischem Brauch am Palmsonntag gesegnet werden).

Palm|art: ↑Palmenart.

Pal|ma|rum ⟨o. Art.; indekl.⟩ [vgl. Palmsonntag] (ev. Kirche): Palmsonntag.

Palm|baum, der (veraltet): Palme (1).

Palm|blatt, Palmenblatt, das: Blatt einer Palme (1).

Palm|blatt|ka|pi|tell, das: Palmenkapitell.

Palm|bu|schen, der (südd., österr.): [an einer Stange befestigtes] bunt geschmücktes Gebinde aus verschiedenartigen Zweigen, das am Palmsonntag in der katholischen Kirche gesegnet wird.

Pal|me, die; -, -n [1: mhd. palm(e), ahd. palma < lat. palma, eigtl. = flache Hand; nach der Ähnlichkeit des Palmenblattes mit einer gespreizten Hand; 2: nach dem altröm. Brauch, den Sieger mit einem Palmzweig zu ehren]: 1. (in tropischen u. subtropischen Regionen beheimateter in zahlreichen Arten vorkommender) Baum mit meist langem, unverzweigtem Stamm u. großen gefiederten od. handförmig gefächerten [in einem Schopf (3) stehenden] Blättern: eine Reise in ein fremdes fernes Land, an dessen Ufern -n standen (H. Gerlach, Demission 159); *jmdn. auf die P. bringen (ugs.; jmdn. aufbringen, wütend machen, erzürnen): Ihr Herrschaftsdenken bringt mich auf die P. (Ossowski, Liebe ist 316); auf die P. gehen (ugs.; wütend werden); auf der P. sein (ugs.; aufgebracht, wütend sein): Er ist nicht ruhig, er ist immer ver-

dammt schnell auf der P. (H. Gerlach, Demission 79); von der P. [wieder] herunterkommen (ugs.; sich wieder beruhigen); sich ⟨Dativ⟩ einen von der P. locken/schütteln (derb; onanieren). 2. (geh.) Siegespreis: ihm gebührt die P. [des Siegers]; die P. erringen, erhalten; Er äußert sich spöttisch über Feuchtwanger, Emil Ludwig, Remarque und Stefan Zweig und fragt, welchem von ihnen »die P. der Minderwertigkeit zu reichen« sei (Reich-Ranicki, Th. Mann 58).

Pal|men|art, Palmart, die: Art (4 b) von Palmen.

pal|men|ar|tig ⟨Adj.⟩: einer Palme ähnlich: -e Blätter, Ornamente.

Pal|men|blatt: ↑Palmblatt.

Pal|men|blatt|ka|pi|tell, das: Palmenkapitell.

Pal|men|boh|rer, der: rotbrauner Rüsselkäfer, dessen Larven das Mark der Palmen aushöhlen.

Pal|men|dieb, der [die Tiere können mit ihren kräftigen Scheren Kokosnüsse öffnen]: Einsiedlerkrebs mit dunklem, rot gezeichnetem Körper an den Stränden der Südsee; Kokosdieb, Kokosnussräuber.

Pal|men|fa|ser: ↑Palmfaser.

Pal|men|hain, der: aus Palmen bestehender Hain.

Pal|men|haus, das: hohes Gewächshaus mit tropischen Pflanzen, bes. Palmen.

Pal|men|her|zen: ↑Palmherzen.

Pal|men|ka|pi|tell, das (ägypt. Archit.): Kapitell in Form eines Büschels leicht nach außen gebogener stilisierter Palmblätter, die unten durch Bänder zusammengehalten sind.

Pal|men|mark: ↑Palmmark.

Pal|men|rol|ler, der: südasiatische Schleichkatze mit bräunlichem, dunkel gezeichnetem Fell, die am Tage zusammengerollt auf Palmen schläft.

Pal|men|we|del: ↑Palmwedel.

Pal|men|wein: ↑Palmwein.

Pal|men|zweig: ↑Palmzweig (1).

Pal|mers|ton ['pɑːməstən], der; -[s] [nach H. J. Temple, Viscount Palmerston (1784–1865)]: schwerer, doppelt gewebter, gewalkter Mantelstoff.

Palm|esel, der: in der Fügung heraus-, aufgeputzt o. ä. wie ein P. (landsch. spött.; in übertriebener Weise herausgeputzt; nach dem geschmückten hölzernen Esel mit Christusfigur, wie er früher zur Erinnerung an den Einzug Jesu in Jerusalem in Palmsonntagsprozessionen mitgeführt wurde).

Pal|met|te, die; -, -n [frz. palmette, Vkl. von: palme < lat. palma, ↑Palme]: 1. (Kunstwiss.) palmblattähnliches, streng symmetrisches Ornament griechischen Ursprungs. 2. (Gartenbau) meist an Wandflächen gezogener Spalierobstbaum mit U-förmig wachsenden Zweigen.

Palm|farn, der: palmen- u. baumfarnähnlicher, Zapfen tragender Farn.

Palm|fa|ser, Palmenfaser, die: (gewerblich genutzte) grobe Blattfaser von bestimmten Palmen.

Palm|fett, das: aus dem Fruchtfleisch von Früchten der Ölpalme gewonnenes Fett.

Palm|her|zen, Palmenherzen ⟨Pl.⟩ (Gastr.): als Gemüse, Salat zubereitetes ³Mark (1 a) der Blattstiele bestimmter Palmen.

pal|mie|ren ⟨sw. V.; hat⟩ [zu lat. palma = (flache) Hand (↑Palme); vgl. gleichbed. engl. to palm]: 1. (bei einem Zaubertrick) in der Handfläche verbergen, hinter der Hand verschwinden lassen. 2. (Med.) beide Augen mit den Handflächen bedecken.

Palm|mi|tat, das; -[e]s, -e: Salz der Palmitinsäure.

Palm|mi|tin, das; -s: Ester der Palmitinsäure.

Palm|mi|tin|säu|re, die ⟨o. Pl.⟩: feste, gesättigte Fettsäure, die in zahlreichen pflanzlichen u. tierischen Fetten vorkommt.

Palm|kätz|chen, das: Kätzchen (4) der Salweide: Ostern, wenn alles grün wurde und die Kinder P. und blühende Zweige in die Kirche brachten (G. Roth, Winterreise 73).

Palm|kern, der: Samenkern der Ölpalme.

Palm|kohl, der: kohlähnliches Gemüse aus den Blattknospen bestimmter Palmen.

Palm|li|lie, die: [mittel]amerikanische Pflanze mit großen, weißen Blüten in Trauben u. kräftigen, in einem Schopf (3) wachsenden Blättern; Yucca.

Palm|mark, Palmenmark, das: ³Mark (1 a) der Palme (1) bzw. ihrer Blattstiele.

Palm|öl, das: aus flüssigem Palmfett bestehendes Öl.

Palm|sonn|tag [auch: '– – –], der [LÜ von mlat. dominica Palmarum; nach kath. Brauch werden an diesem Tag zur Erinnerung an den Einzug Jesu in Jerusalem Palmzweige o. Ä. geweiht] (christl. Kirche): Sonntag vor Ostern.

Palm|we|del, Palmenwedel, der: großes, gefiedertes od. gefächertes Blatt einer Palme.

Palm|wei|de, die: Salweide.

Palm|wein, Palmenwein, der: Wein aus dem gegorenen, zuckerhaltigen Saft bestimmter Palmen.

Pal|my|ra: Stadt in der Syrischen Wüste.

Palm|my|ra|pal|me, die: hohe Fächerpalme, deren Holz u. Blätter vielfach verwendet werden.

Palm|zu|cker, der: im Saft bestimmter Palmen enthaltener Zucker.

Palm|zweig, Palmenzweig, der: 1. Zweig einer Palme. 2. (landsch.) Palm.

Pa|lo|lo|wurm, der [polynes.]: (vor allem an den Korallenriffen Polynesiens lebender) langer, leuchtend grüner Ringelwurm.

pal|pa|bel ⟨Adj.; ...bler, -ste⟩ [spätlat. palpabilis, zu lat. palpare, ↑palpieren]: 1. (Med.) a) unter der Haut fühlbar (z. B. von Organen); b) greifbar, tastbar (z. B. vom Puls). 2. (veraltet) offenbar, deutlich.

Pal|pa|ti|on, die; -, -en [lat. palpatio] (Med.): Untersuchung durch Abtasten u. Befühlen von dicht unter der Körperoberfläche liegenden inneren Organen.

pal|pa|to|risch ⟨Adj.⟩ (Med.): abtastend, befühlend.

Pal|pe, die; -, -n (Zool.): Palpus.

pal|pie|ren ⟨sw. V.; hat⟩ [lat. palpare]

(Med.): *abtasten, betastend untersuchen:* Morell darf ihn p., ihm erlaubt er die Untersuchung durch Betasten der Haut (Spiegel 51, 1982, 70).

Pal|pi|ta|ti|on, die; -, -en [lat. palpitatio = schnelle Bewegung] (Med.): *Pulsschlag; Herzklopfen.*

pal|pi|tie|ren ⟨sw. V.; hat⟩ [lat. palpitare = zucken] (Med.): *(von Herz, Puls o. Ä.) pulsieren, schlagen, klopfen.*

Pal|pus, der; -, Palpi u. Palpen [lat. palpus = Klopfer] (Zool.): *bes. dem Tasten dienender Anhang am Kopf verschiedener Wirbelloser.*

Pal|stek ['pa:lstɛːk], der; -s, -s [aus niederd. Pa(h)l, mniederd. pāl = Pfahl u. ↑Stek] (Seemannsspr.): *leicht zu lösender Knoten, mit dem (bes. zum Festmachen eines Bootes) eine Schlinge gemacht wird, die sich nicht zusammenzieht.*

PAL-Sys|tem, das; -s [gek. aus engl. **P**hase **A**lternating **L**ine = phasenverändernde Zeile] (Ferns.): *System des Farbfernsehens, das zur richtigen Farbwiedergabe bei der Bildübertragung mit zeilenweiser Umkehrung der Phase eines bestimmten Signals arbeitet.*

Pa|lu|da|ri|um, das; -s, ...ien [zu lat. palus (Gen.: paludis) = Sumpf]: *Behälter, Anlage zur Haltung von Pflanzen u. Tieren, die in Moor u. Sumpf heimisch sind.*

Pa|ly|no|lo|gie, die; - [zu griech. palýnein = ausstreuen u. ↑-logie]: *Teilgebiet der Botanik, das sich mit der Erforschung des Blütenpollens befasst.*

Pa|mir [auch: ˈpaːmiːɐ̯], der, auch: das; -[s]: Hochland in Innerasien.

Pa|mir|schaf, das: *(im Hochland von Pamir beheimatetes) Wildschaf.*

Pamp, der; -s (nordd., ostd.): *Pamps.*

Pam|pa, die; -, -s ⟨meist Pl.⟩ [span. pampa < Quiché (mittelamerik. Indianerspr.) pampa = Ebene]: *ebene, baumarme Grassteppe in Südamerika, bes. in Argentinien:* die Tiere der P.; Ü er wohnt irgendwo in der P. (ugs., oft scherzh.; *ganz weit außerhalb*).

Pam|pa|gras, Pam|pas|gras, das: *(als Zierpflanze kultiviertes) in hohen Stauden wachsendes Gras mit schmalen, langen Blättern u. seidig glänzenden, silberweißen Blütenrispen.*

Pam|pas|ha|se, der: *(in Südamerika lebendes) einem Hasen ähnliches Nagetier.*

Pam|pe, die; - [wohl urspr. lautm.] (bes. nordd., md.): **1.** *dicke, breiige Masse aus Sand o. Ä. u. Wasser:* Man latscht verstimmt durch die mit Nieselregen angerührte P. (Eppendorfer, St. Pauli 114). **2.** (meist abwertend) *dicker od. zäher Brei:* das Gemüse war eine einzige P.; eine P. aus Nudeln und Kartoffeln; Dort wurde die P., die allenfalls für die Shampooproduktion hätte verwendet werden dürfen, in Nudelteig und Eierlikör, in Wurst, Speiseeis und Babynahrung vermanscht (Spiegel 34, 1985, 79).

Pam|pel, der; -s, - [landsch. Nebenf. von Bampel, ↑Hahnebampel] (landsch. abwertend): *ungeschickter, unbeholfener [junger] Mann:* Konnte er ... wie ein P. vor Lilian ... erscheinen? (Strittmatter, Wundertäter 336).

Pam|pel|mu|se [auch: ˈ----], die; -, -n [frz. pamplemousse < niederl. pompelmoes < Tamil bambolmas]: **1.** *sehr große, der Grapefruit ähnliche Zitrusfrucht.* **2.** *kleiner Baum mit großen, länglich-eiförmigen Blättern u. mit Pampelmusen* (1) *als Früchten.*

Pam|pel|mu|sen|saft, der: *aus Pampelmusen* (1) *gewonnener Saft.*

pam|peln ⟨sw. V.; ist⟩ [wohl Nebenf. von ↑bammeln] (landsch.): *aufprallen u. zurückschnellen.*

Pam|pe|ro, der; -[s], -s [span. pampero, zu: pampa, ↑Pampa]: *kalter, stürmischer Süd- bis Südwestwind in der argentinischen Pampa.*

Pampf, der; -s, (südd.): *Pamps.*

Pam|phlet, das; -[e]s, -e [frz. pamphlet < engl. pamphlet = Broschüre, H. u.] (bildungsspr., oft abwertend): *Streit- od. Schmähschrift:* ein politisches P.; ein P. gegen jmdn. schreiben, verfassen; Ich habe mein Leben lang geschrieben, um öffentliche Wirkungen zu erzielen – Briefe, Manifeste, -e, dem Zweck entsprechend sachlich, pathetisch oder polemisch (Stern, Mann 112).

Pam|phle|tist, der; -en, -en (bildungsspr., oft abwertend): *Verfasser von Pamphleten:* Dieser Dichter und P. hat den Deutschen zu viele und zu einfache Wahrheiten gesagt (Reich-Ranicki, Th. Mann 114).

Pam|phle|tis|tin, die; -, -nen: w. Form zu ↑Pamphletist.

pam|phle|tis|tisch ⟨Adj.⟩ (bildungsspr., oft abwertend): *in der Art eines Pamphlets [verfasst]:* eine -e Schrift.

pam|pig ⟨Adj.⟩ [zu ↑Pamp(e)]: **1.** (bes. nordd., ostd.) *breiig; wie Pampe:* die Suppe ist p.; Der Schweinsbraten kommt ohne -e Mehlsoße und Überdosis Fett, aber mit himmlischen Knödeln auf den Tisch (a & r 9, 98, 120). **2.** (ugs. abwertend) *in grober Weise frech, patzig:* ein -er Kellner; eine -e Antwort; er wurde richtig p.; wenn ich in einem Lokal p. bedient werde, weil ich keine Lust habe, auf die Schäkereien des Kellners einzugehen (Emma 3, 1977, 18).

Pamps, der; -[es] [wohl nasalierte Nebenf. von ↑Papp] (landsch., oft abwertend): *dicker, zäher Brei:* Einmal oder zweimal in der Woche kriegten wir diesen Hund, P. aus Nudeln, Gemüse und Kartoffeln (Eppendorfer, Kuß 18).

Pam|pu|sche [auch: ...ˈpuːʃə], die; -, -n (landsch., bes. nordd.): *Babusche.*

¹Pan (griech. Myth.): Schutzgott der Hirten u. Jäger.

²Pan, der; -s, -s [poln.] (in Polen): **1.** (früher) *Besitzer eines kleineren Landgutes.* **2.** ⟨o. Art.; o. Pl.⟩ *Anrede für einen Herrn* (in Verbindung mit dem Namen).

pan-, Pan- [griech. pãn (Gen.: pantós) = ganz, all, jeder, Neutr. von: pãs] bedeutet in Bildungen mit Substantiven od. Adjektiven *all, ganz, gesamt, völlig:* Pandemie, Pangermanismus; panamerikanisch.

Pa|na|ché [...ˈʃeː]: ↑Panaschee.

Pa|na|de, die; -, -n [frz. panade, eigtl. = Brotsuppe < provenz. panada, zu: pan < lat. panis = Brot] (Kochk.): **a)** *Brei*

aus Semmelbröseln bzw. Mehl u. geschlagenem Eigelb zum Panieren; **b)** *breiige Mischung (z. B. aus Mehl, Eiern, Fett u. Gewürzen) als Streck- u. Bindemittel für Farcen* (3).

Pa|na|del|sup|pe, die; -, -n (südd., österr.): *Suppe, Brühe mit einer Weißbroteinlage.*

pan|afri|ka|nisch ⟨Adj.⟩ [↑pan-, Pan-]: *den Panafrikanismus, alle afrikanischen Völker u. Staaten betreffend.*

Pan|afri|ka|nis|mus, der; -: *das Bestreben, die wirtschaftliche u. politische Zusammenarbeit aller afrikanischen Staaten zu verstärken.*

Pan|agia, Panhagia, die; -, ...ien [griech. panagía = das Allerheiligste, zu: pãn (↑pan-, Pan-) u. hágios = heilig] (orthodoxe Kirche): **1.** ⟨o. Pl.⟩ *Beiname Marias.* **2.** *liturgisches Marienmedaillon des Bischofs.* **3.** *Marienbild in der Ikonostase.* **4.** *Segnung von Brot zu Ehren Marias.*

Pan Am, die; - - [Abk. für engl. **Pan Am**erican **W**orld **A**irways]: *amerikanische Luftverkehrsgesellschaft.*

¹Pa|na|ma, -s: *Staat in Mittelamerika.*

²Pa|na|ma: *Hauptstadt von* ¹Panama.

³Pa|na|ma, der; -s, -s: **1.** (Textilind.) *Gewebe in Panamabindung.* **2.** kurz für ↑Panamahut.

Pa|na|ma|bin|dung, die (Weberei): *Bindung (3 a), bei der jeweils mehrere Kett- u. Schussfäden in gleicher Anzahl zusammengefasst sind, sodass ein würfelartiges Muster entsteht.*

Pa|na|ma|er, der; -s, -: Ew. zu ↑¹,²Panama.

Pa|na|ma|e|rin, die; -, -nen: w. Form zu ↑Panamaer.

Pa|na|ma|hut, der: *breitrandiger, aus den getrockneten Blättern der Panamapalme geflochtener Hut.*

pa|na|ma|isch ⟨Adj.⟩: ¹,²Panama, *die Panamaer betreffend, von den Panamaern stammend, zu ihnen gehörend.*

Pa|na|ma|ka|nal, der; -s: *Kanal in Mittelamerika.*

Pa|na|ma|pal|me, die: *(in Mittelamerika kultivierte) buschige Pflanze mit fächerförmig geteilten, langen Blättern.*

Pa|na|ma|rin|de, die: *Quillajarinde.*

pan|ame|ri|ka|nisch usw.: vgl. panafrikanisch usw.

pan|ara|bisch usw.: vgl. panafrikanisch usw.

Pa|na|ri|ti|um, das; -s, ...ien [spätlat. panaricium] (Med.): *Fingerentzündung.*

Pa|nasch, der; -[e]s, -e [frz. panache < ital. pennacchio, zu lat. penna, pinna = Feder, Mauerzinne]: *Federbusch* (b), *Helmbusch.*

Pa|na|schee, Panaché, das; -s, -s [frz. panaché, subst. 1. Part. von: panacher, ↑panaschieren]: **1.** (veraltet, noch landsch.) *Kompott, Gelee aus verschiedenen Früchten.* **2.** (veraltet, noch landsch.) *gemischtes Getränk, bes. Bier u. Limonade.* **3.** (veraltet) *mehrfarbiges Speiseeis:* ◆ ob der Schmelzzustand eines rot und weißen Panaché nicht noch etwas Vermeidenswerteres ist als die Hammelrücken im Zustande der Erstarrung (Fontane, Jenny Treibel 38). **4.** (Bot.) *Panaschierung* (2).

pa|na|schie|ren ⟨sw. V.; hat⟩ [frz. pana-cher = mit buntem Muster versehen; (bunt) mischen, eigtl. = mit einem (bun-ten) Federbusch zieren, zu: panache = Feder-, Helmbusch]: *bei einer Wahl sei-ne Stimme für Kandidaten verschiedener Parteien abgeben.*

Pa|na|schier|sys|tem, das ⟨o. Pl.⟩: *Wahlsystem, bei dem das Panaschieren zulässig ist.*

pa|na|schiert ⟨Adj.⟩ (Bot.): *(von grünen Pflanzenblättern) mit weißer Musterung, weißen Flecken.*

Pa|na|schie|rung, die; -, -en: **1.** *das Pa-naschieren.* **2.** (Bot.) *weiße Musterung, weiße Flecken od. Streifen auf grünen Pflanzenblättern.*

Pa|na|schü|re, die; -, -n [frz. pana-chure = (Farben)mischung]: *Panaschie-rung* (2).

Pan|athe|nä|en ⟨Pl.⟩ [griech. Panathḗ-naia]: *(im Athen der Antike) zu Ehren der Athene gefeiertes Fest.*

Pa|nax, der; -, - [lat. panax < griech. pá-nax] (Bot.): *(in mehreren Arten vorkom-mendes) Kraut mit dicker, knollenförmi-ger Wurzel, gefingerten Blättern u. gelben od. roten Beerenfrüchten, das z. T. in der Heilkunde verwendet wird.*

Pa|na|zee [pana'tse:(ə)], die; -, ...een [lat. panacea < griech. panákeia] (bil-dungsspr.): *Allheilmittel, Wundermittel.*

pan|chro|ma|tisch ⟨Adj.⟩ [aus griech. pān (↑pan-, Pan-) u. ↑chromatisch] (Fot.): *(von Filmen, Fotopapier u. Ä.) empfindlich für alle Farben u. spektralen Bereiche.*

Pan|da, der; -s, -s [aus einer nepalesi-schen Spr.]: **a)** *(vorwiegend im Himalaja heimisches) Raubtier mit fuchsrotem, an Bauch u. Beinen schwarzbraunem Pelz u. einem dicken, kurzen, katzenartigen Kopf; Katzenbär;* **b)** *Bambusbär.*

Pan|da|bär, der (volkst.): *Panda.*

Pan|dai|mo|ni|on, Pan|dä|mo|ni|um, das; -s, ...ien [älter ngriech. pandaimóni-on, zu griech. daímōn, ↑Dämon] (bil-dungsspr.): **a)** *Aufenthalt[sort] aller Dä-monen: ...* wird New York mit einem Mal zu einem labyrinthischen Pandämonium brutalster Gewalt (Spiegel 14, 1977, 210); **b)** *Gesamtheit aller Dämonen.*

Pan|dek|ten ⟨Pl.⟩ [spätlat. pandectes < griech. pandéktēs]: *Sammlung altrömi-scher Rechtssprüche (als Grundlage der Rechtswissenschaft):* Ü bei einem Leben, das zwischen P. *(Rechtswissenschaft)* und Dialektforschung verläuft (Thieß, Frühling 162).

Pan|de|mie, die; -, -n [zu griech. pān (↑pan-, Pan-) u. dēmos = Volk] (Med.): *sich weit ausbreitende, ganze Landstri-che, Länder erfassende Seuche; Epidemie großen Ausmaßes: das Aufkommen der neuen P., der unheimlichen Geißel Aids* (Scholl-Latour, Frankreich 166); der Medikamenten-Vorrat ... könnte nicht ausreichen, wenn bei einer P. die Nach-frage innerhalb weniger Tage explosions-artig zunimmt (Woche 12. 12. 98, 21).

pan|de|misch ⟨Adj.⟩ (Med.): *(von Seu-chen) sich weit ausbreitend.*

Pan|der|ma, der; -[s], -s [nach der türk. Hafenstadt Panderma (heute: Bandir-

ma)]: *vielfarbiger türkischer (Gebets)tep-pich ohne charakteristisches Muster u. meist von geringerer Qualität.*

Pan|der|mit [auch: ...'mɪt], der; -s, -e [nach der türk. Hafenstadt Panderma (heute: Bandirma)]: *in feinkörnigen Knollen vorkommendes seltenes Mineral.*

Pan|de|ro, der; -s, -s [span. pandero, wohl über das Vlat. < lat. pandura, ↑Bandura]: *baskische Schellentrommel.*

Pan|dit, der; -s, -e u. -s [Hindi pandit < sanskr. pandita = klug, gelehrt]: **1.** ⟨o. Pl.⟩ *Titel brahmanischer Gelehrter.* **2.** *Träger dieses Titels:* mit Hilfe gelehrter -s machten sie eine Fülle von Literatur in Sanskrit ... zugänglich (FR 12. 3. 91, 14).

Pan|do|ra: Gestalt der griechischen My-thologie; ↑Büchse (1 a).

Pand|schab, das; -s: Landschaft in Vor-derindien.

Pand|scha|bi, das; -[s]: *indogermanische Sprache in Nordindien u. Pakistan.*

Pan|dur, der; -en, -en [ung. pandúr] (in Ungarn früher): **a)** *[bewaffneter] Diener;* **b)** *Fußsoldat.*

Pa|neel, das; -s, -e [aus dem Niederd. < mniederd., mniederl. pan(n)ēl < afrz. panel, wohl zu lat. panis = Türfüllung, eigtl. = (flaches) Brot, Fladen]: **a)** *ver-tieft liegendes Feld einer Holztäfelung;* **b)** *gesamte Holztäfelung.*

pa|nee|lie|ren ⟨sw. V.; hat⟩: *mit Holz tä-feln:* die Wände, eine Decke p.

Pa|ne|gy|ri|ka: Pl. von ↑Panegyrikon.

Pa|ne|gy|ri|ken: Pl. von ↑Panegyrikus.

Pa|ne|gy|ri|ker, der; -s, -: *panegyrischer Schriftsteller, Verfasser von Panegyriken.*

Pa|ne|gy|ri|koi: Pl. von ↑Panegyrikos.

Pa|ne|gy|ri|kon, das; -[s], ...ka [griech. panēgyrikón = Buch mit Festreden]: *li-turgisches Buch der orthodoxen Kirche mit predigtartigen Lobreden auf die Hei-ligen.*

Pa|ne|gy|ri|kos, der; -, ...koi, **Pa|ne|gy-ri|kus,** der; -, ...ken u. ...zi [griech. panē-gyrikós, eigtl. = zur Versammlung, zum Fest gehörig, zu: pān (↑pan-, Pan-) u. ágyris = Versammlung] (Rhet., Litera-turw.): *Fest-, Lobrede, Lobgedicht.*

pa|ne|gy|risch ⟨Adj.⟩: *den Panegyrikus betreffend; rühmend, preisend.*

Pa|ne|gy|ri|zi: Pl. von ↑Panegyrikus.

Pa|nel [pɛnl], das; -s, -s [engl. panel, eigtl. = Feld < afrz. panel, ↑Paneel]: *[repräsentative] Personengruppe für [mehrmals durchgeführte] Befragungen u. Beobachtungen:* Der Leiter des ab-schließenden Podiumsgesprächs ... stell-te dem P., an dem außer ihm noch 10 Re-ferenten teilnahmen, vor allem die Frage nach der Rolle des Staates (Basler Zei-tung 12. 5. 84, 41).

Pa|nel|tech|nik, die ⟨o. Pl.⟩: *Methode der Meinungsforschung, die gleiche Perso-nengruppe innerhalb eines bestimmten Zeitraums mehrfach über ein und densel-ben Gegenstand zu befragen.*

pa|nem et cir|cen|ses [- - ...'tse:s; lat. = (das Volk erhebt nur den Anspruch auf) Brot und Zirkusspiele (die der Herr-scher der röm. Kaiserzeit zu erfüllen hat-ten); nach Juvenal, Satiren 10, 81]: Aus-spruch, mit dem zum Ausdruck gebracht wird, dass die Menschen zufrieden zu

stellen sind, wenn sie nur ihren Lebens-unterhalt u. ihre Vergnügungen haben.

Pan|en|the|is|mus, der; - [zu griech. pān (↑pan-, Pan-), en = in u. ↑Theismus] (Rel., Philos.): *Lehre, nach der das All in Gott eingeschlossen ist, in ihm seinen Halt hat.*

pan|en|the|is|tisch ⟨Adj.⟩: *den Panen-theismus betreffend.*

Pa|net|to|ne, der; -[s], ...ni [ital. panetto-ne, zu: pane = Brot < lat. panis]: *italie-nischer Kuchen mit gehackten kandierten Früchten.*

Pan|eu|ro|pa: -s [↑pan-, Pan-]: *erstrebte Gemeinschaft der europäischen Staaten.*

pan|eu|ro|pä|isch ⟨Adj.⟩: *Paneuropa, das Streben nach einer europäischen Ei-nigung betreffend.*

Pan|film, der; -[e]s, -e [Kurzf. von: pan-chromatischer Film] (Fot.): *Film mit panchromatischer Schicht.*

Pan|flö|te, (auch:) Pansflöte, die; -, -n [zu ↑¹Pan] (Musik): *aus verschieden lan-gen, nebeneinander gereihten Pfeifen oh-ne Grifflöcher bestehendes Holzblasin-strument; Syrinx.*

Pan|ge Lin|gua, das; -- [lat. = erklinge, Zunge!]: *oft vertonter, Thomas v. Aquin zugeschriebener Fronleichnamshymnus.*

Pan|ge|ne ⟨Pl.⟩ [zu griech. pān = ganz, all, jeder u. ↑Gen] (Biol.): *(nach Darwin) kleinste Zellteilchen, die eine Vererbung erworbener Eigenschaften ermöglichen sollen.*

Pan|ge|ne|sis|theo|rie, die; - (Biol.): *von Darwin aufgestellte Vererbungstheo-rie, nach der die Vererbung erworbener Eigenschaften durch kleinste Zellteilchen vonstatten gehen soll.*

Pan|ger|ma|nis|mus, der; - [↑pan-, Pan-] (hist.): **a)** *politische Haltung, die die Gemeinsamkeiten der Völker germa-nischen Ursprungs betont;* **b)** *alldeutsche Haltung mit dem Ziel einer Vereinigung aller Deutsch Sprechenden.*

Pan|hal|gia: ↑Panagia.

Pan|has, der; - [westfäl. pannhass, pann-harst, eigtl. = Pfannenbraten, zu mnie-derd. panne = Pfanne u. harst = Brat-fleisch] (Kochk.): *westfälisches Gericht aus Wurstbrühe, gehacktem Fleisch u. Buchweizenmehl, das zu einer festen Masse gekocht u. in Scheiben gebraten wird.*

pan|hel|le|nisch ⟨Adj.⟩ [↑pan-, Pan-]: *al-le Griechen betreffend.*

Pan|hel|le|nis|mus, der; -: *(im antiken Griechenland) Bestrebungen zur Vereini-gung aller Griechen in einem großen Reich.*

pan|hel|le|nis|tisch ⟨Adj.⟩: *den Panhel-lenismus betreffend:* -e Bestrebungen.

¹Pa|nier, das; -s, -e [frühmhd. Form von mhd. banier(e), ↑Banner]: **1.** (veraltet) *Banner, Fahne, Feldzeichen:* das P. auf-pflanzen, hochhalten; ***etw. auf sein P. schreiben** (geh.; *etw. unbeirrt als Ziel ver-folgen).* **2.** (geh.) *Wahlspruch, Parole:* Freiheit sei unser P.!

²Pa|nier, die; - (österr.): *Masse zum Pa-nieren.*

pa|nie|ren ⟨sw. V.; hat⟩ [frz. paner = mit geriebenem Brot bestreuen, zu: pain (afrz. pan) = Brot < lat. panis]

(Kochk.): *(Fleisch, Fisch o. Ä.) vor dem Braten in geschlagenes Eigelb, Milch o. Ä. tauchen u. mit Semmelbröseln bestreuen od. in Mehl wälzen:* panierte Schnitzel.

Pa|nier|mehl, das: *Brösel (b), Semmelmehl.*

Pa|nie|rung, die; -, -en: **1.** *das Panieren.* **2.** *Panade (a):* Klaus Buch fluchte auf das Essen. Erstens war ihm die P. zu dick ... (M. Walser, Pferd 83).

Pa|nik, die; -, -en ⟨Pl. selten⟩ [frz. panique (subst. Adj.), ↑panisch]: *durch eine plötzliche Bedrohung, Gefahr hervorgerufene übermächtige Angst, die das Denken lähmt u. zu kopflosen Reaktionen führt:* [eine] P. brach aus; Zum Jahreswechsel kam unter den Arzneimittelherstellern P. *(eine panikartige Stimmung)* auf. Erstmals seit drei Jahren hatten die Kassenärzte im November und Dezember weniger Medikamente verschrieben als in den Vorjahresmonaten (Woche 28. 1. 97, 15); P. erfasste, ergriff, befiel die Reisenden; der brennende Vorhang löste eine P. unter den Zuschauern aus; eine P. verhindern, verhüten; die P. kriegen (ugs.; *von Panik erfasst werden);* Ich hatte keine P. Ich war total ruhig (Christiane, Zoo 295); nur keine P.! (Beschwichtigung, wenn jmd. mit unangemessener Angst, Aufregung o. Ä. auf etw. reagiert); jmdn. in P. versetzen; er musste einsehen, dass der Bursche ... durch die Drohungen in P. geraten war (Prodöhl, Tod 206); er reagierte mit P.

pa|nik|ar|tig ⟨Adj.⟩: *in der Art einer Panik:* -e Reaktionen; eine -e Flucht; Eine Sicherheitsdrehtüre ..., deren vier Flügel sich bei einem -en Ansturm alle in Fluchtrichtung öffnen lassen (NZZ 2. 2. 83, 35).

Pa|nik|kauf, der (emotional übertreibend): *Angstkauf.*

Pa|nik|ma|che, die (abwertend): *Heraufbeschwören einer Panikstimmung durch aufgebauschte Darstellung eines Sachverhalts o. Ä.:* Eine der häufigsten Ursachen ist die ärztliche Rabiatstrategie bei Krebs in Form von P. (Spiegel 41, 1978, 198).

Pa|nik|re|ak|ti|on, die: *panikartige Reaktion.*

Pa|nik|stim|mung, die: *panikartige Stimmung:* in P. geraten.

♦ **Pa|nis|brief,** der; -[e]s, -e [zu lat. panis = Brot (im Sinne von »das tägliche Brot = Lebensunterhalt«), also eigtl. = Brotbrief]: *(seit dem 13. Jh.) vom Kaiser an einen Bedürftigen ausgegebene schriftliche Anweisung, aufgrund deren eine geistliche Stiftung für seinen Lebensunterhalt zu sorgen hatte:* Drum sei ... dir ein P. beschert (Bürger, Der Kaiser und der Abt).

pa|nisch ⟨Adj.⟩ [frz. panique < griech. panikós = von ¹Pan herrührend (Pan in Bocksgestalt wurde als Ursache für undeutbare Schrecken angesehen)]: *lähmend, in [der Art einer] Panik:* -er Schrecken; -e Angst; von -em Entsetzen befallen werden; der Hausherr rüste in -er Eile zur Flucht (Süskind, Parfum 262); Eine dritte Möglichkeit ist die -e Reaktion: ... jetzt noch die ganze Welt sehen

(Schreiber, Krise 52); sie wird auf die Nachricht p. reagieren.

Pan|is|la|mis|mus, der; - [↑pan-, Pan-]: *(im 19. Jh.) Streben nach Vereinigung aller islamischen Völker.*

Pan|je, der; -s, -s [poln. panie = Anredeform von: pan = Herr] (veraltet, noch scherzh.): *polnischer od. russischer Bauer.*

Pan|je|pferd, das: *mittelgroßes, sehr zähes u. genügsames Pferd Osteuropas.*

Pan|je|wa|gen, der: *einfacher, kleiner, von einem Pferd zu ziehender Holzwagen:* Soldaten in wannenartigen P. (Kempowski, Uns 12).

Pan|kar|di|tis, die; -, ...itiden [zu ↑pan-, Pan- u. griech. kardía = Herz] (Med.): *Entzündung aller Schichten der Herzwand.*

Pan|kra|ti|on, das; -s, -s [griech. pagkrátion, eigtl. = All-, Gesamtkampf]: *altgriechischer Zweikampf, der Freistilringen u. Faustkampf in sich vereinigte.*

Pan|kre|as, das; - [griech. págkreas (Gen.: pagkréatos, zu: pãn (↑pan-, Pan-) u. kréas = Fleisch, nach der fleischigen Beschaffenheit] (Med.): *Bauchspeicheldrüse.*

Pan|kre|a|tek|to|mie, die; -, -n [↑Ektomie] (Med.): *operative Entfernung der Bauchspeicheldrüse.*

Pan|kre|a|tin, das; -s (Pharm., Med.): *aus tierischen Bauchspeicheldrüsen hergestelltes Enzym.*

Pan|kre|a|ti|tis, die; -, ...itiden (Med.): *Entzündung der Bauchspeicheldrüse.*

Pan|lo|gis|mus, der; - [aus griech. pãn (↑pan-, Pan-) u. ↑Logismus] (Philos.): *Lehre von der logischen Struktur des Universums als Verwirklichung eines umgreifenden Vernunft.*

Pan|mi|xie, die; -, -n [zu griech. pãn (↑pan-, Pan-) u. mĩxis = Mischung] (Biol., Genetik): **1.** *Kreuzung durch Paarung mit jedem beliebigen Partner der gleichen Tierart ohne besondere Auswahl.* **2.** *Mischung guter u. schlechter Erbanlagen.*

Pan|my|e|lo|pa|thie, die; -, -n [zu griech. pãn (↑pan-, Pan-), myelós = Mark u. ↑-pathie] (Med.): *Panmyelophthise.*

Pan|my|e|loph|thi|se, die; -, -n [zu griech. phthísis = Auszehrung; Schwindsucht] (Med.): *völliger Schwund bzw. Versagen aller Blut bildenden Zellen des Knochenmarks.*

¹Pan|ne, die; -, -n [frz. panne, urspr. = das Steckenbleiben des Schauspielers, H. u.]: **a)** *Störung, technischer Schaden, der eine plötzliche Unterbrechung eines Vorgangs, Ablaufs verursacht:* eine P. legte die Stromversorgung lahm; eine P. beheben; unser Wagen hatte eine P.; Einmal hielt Boris, als sie eine P. hatten und auf den Abschleppwagen warteten (Becker, Tage 99); mit einer P. auf der Autobahn liegen bleiben; **b)** *Fehler, durch gedankenloses, unvorsichtiges Handeln verursachtes Missgeschick:* eine unverzeihliche P.; diplomatische -n; bei der Organisation gab es viele -n; Trotz solcher -n wollen die Rundfunkleute ihre Warnrufe nicht einstellen (ADAC-Mo-

torwelt 2, 1979, 20); warum es auch in ihrem Interesse liegt, über Ärger, -n, Meinungsverschiedenheiten usw. außerhalb des Hauses nicht zu sprechen (Delius, Siemens-Welt 92).

²Pan|ne [pan], der; -[s], -s [frz. panne < afrz. penne < lat. pinna, penna = Feder]: *Seidensamt mit gepresstem ²Flor (2).*

Pan|neau [pano:], der; -s, -s [frz. panneau, über das Vlat. zu lat. pannus = Lappen, Lumpen]: **1.** *Holzplatte, -täfelchen zum Bemalen.* **2.** *Sattelkissen für Kunstreiter.*

Pan|nen|dienst, der: *Hilfsdienst bei Autopannen:* Als der herbeigeholte P. erschien, brach die Brücke plötzlich zusammen (Bunte 33, 1976, 15).

pan|nen|frei ⟨Adj.⟩: *ohne eine [Auto]panne.*

Pan|nen|hil|fe, die: *Hilfe (1 a) bei einer [Auto]panne.*

Pan|nen|kof|fer, der (Kfz-W.): *Koffer mit dem zur Behebung von Autopannen notwendigen Werkzeug.*

Pan|nen|kurs, der (Kfz-W.): *Kurs, der Autofahrer in die Lage versetzen soll, eine Autopanne selbst zu beheben.*

Pan|nen|strei|fen, der (ugs.): *Standspur.*

Pan|ni|ku|li|tis, die; -, ...itiden [zu lat. panniculus, Vkl. von: pannus, ↑Panneau] (Med.): *Entzündung des Fettgewebes der Unterhaut.*

Pan|ni|sel|lus, der; -, ...li [kirchenlat. pannisellus, Vkl. von lat pannus, ↑Panneau]: *kleiner Leinenstreifen als Handgriff am Abtsstab.*

Pan|nus, der; - [zu lat. pannus, ↑Panneau] (Med.): *Hornhauttrübung durch eingewachsenes Bindehautgewebe als Folge einer Binde- od. Hornhautentzündung.*

Pan|ny|chis, die; - [griech. pannychís = nächtliches Fest, zu: pãn (↑pan-, Pan-) u. nýx = Nacht]: *[ganz]nächtliche Vorfeier höherer Feste in der Ostkirche.*

Pan|oph|thal|mie, die; -, -n [aus griech. pãn (↑pan-, Pan-) u. ↑Ophthalmie] (Med.): *eitrige Augenentzündung.*

Pan|op|ti|kum, das; -s, ...ken [zu griech. pãn = gesamt u. optikós (↑optisch), eigtl. = Gesamtschau]: *Kuriositäten-, Wachsfigurenkabinett:* ein P. besuchen; Ü Seine letzten Filme wurden denn auch als P. kollektiver Ängste interpretiert (Spiegel 35, 1977, 133).

pa|nop|tisch ⟨Adj.⟩: *von überall einsehbar:* -es System (Rechtsspr.); *der zentralen Überwachung dienende strahlenförmige Anordnung der Zellen 1 in Strafanstalten).*

Pa|no|ra|ma, das; -s, ...men [engl. panorama, zu griech. pãn (↑pan-, Pan-) u. hórama = das Geschaute]: **1.** *Rundblick (a):* *Ausblick von einem erhöhten Punkt aus in die Runde, über die Landschaft hin:* vom Turm aus öffnet sich ein herrliches P.; Villenlage in westl. Vorort, unverbaubares P. am Landschaftsschutzgebiet (Augsburger Allgemeine 29./30. 4. 78, 11); Ü Erstmalig präsentieren alle europäischen Nationen gemeinsam ein P. ihres Filmschaffens (zitty 13, 1984, 83).

2. *auf einen Rundhorizont gemaltes, perspektivisch-plastisch wirkendes Bild od. entsprechende Fotografie.*

Pa|no|ra|ma|auf|nah|me, die: *ein breites Panorama (1) darstellende fotografische Aufnahme.*

Pa|no|ra|ma|bild, das: *Panorama (2).*

Pa|no|ra|ma|blick, der: *Panorama (1):* Etwas landeinwärts genossen die Saarländer ... den P. vom 700 m hohen Achumberg (Saarbr. Zeitung 11. 7. 80, 22/24).

Pa|no|ra|ma|bus, der: *Reiseomnibus mit Panoramafenstern.*

Pa|no|ra|ma|fens|ter, das: *sehr großes, leicht gewölbtes Fenster, das ein breites Blickfeld freigibt.*

Pa|no|ra|ma|fern|rohr, das: *Fernrohr mit beweglichen Prismen (2) u. fest stehendem Okular zum Beobachten des ganzen Horizonts.*

Pa|no|ra|ma|kar|te, die: vgl. Panoramaaufnahme: *eine P. von den Ötztaler Alpen.*

Pa|no|ra|ma|kopf, der (Film, Fot.): *Kinokopf.*

Pa|no|ra|ma|ob|jek|tiv, das: *schwenkbar in einer Kamera angeordnetes Weitwinkelobjektiv.*

Pa|no|ra|ma|schei|be, die: *große [leicht gewölbte Windschutz]scheibe, die ein breites Blickfeld freigibt.*

Pa|no|ra|ma|spie|gel, der (Kfz-W.): *leicht gewölbter Rückspiegel, der ein breites Blickfeld freigibt.*

Pa|no|ra|ma|ver|fah|ren, das (Film): *Breitwand- u. Raumtonverfahren.*

pa|no|ra|mie|ren ⟨sw. V.; hat⟩ (Film, Fot.): *durch Schwenken der Kamera einen Rundblick wiedergeben.*

Pan|pho|bie, die; -, -n [aus griech. pān (↑ pan-, Pan-) u. ↑ Phobie] (Med., Psych.): *krankhafte Furcht vor allen Vorgängen der Außenwelt.*

Pan|ple|gie, die; -, -n [zu griech. pān (↑ pan-, Pan-) u. plēgḗ = Schlag] (Med.): *allgemeine, vollständige Lähmung der Muskulatur.*

Pan|psy|chis|mus, der; - [aus griech. pān (↑ pan-, Pan-) u.↑ Psychismus] (Philos.): *Vorstellung von der Beseelung auch der nicht belebten Natur.*

Pan|ro|man, das; -[s] [Kunstwort]: *Welthilfssprache.*

pan|schen ⟨sw. V.; hat⟩ [lautm., viell. nasalierte Nebenf. von ↑ patschen od. Vermischung von »patschen« mit ↑ manschen]: **1.** *(ein [alkoholisches] Getränk) mit etw. verfälschen, bes. mit Wasser verdünnen:* Wein p.; gepanschte Milch; Der Vorwurf, die Firma habe ... 5,6 Millionen Liter Wein mit dem Frostschutzmittel gepanscht ..., konnte nicht bewiesen werden (SZ 6. 4. 96, 2); ⟨auch ohne Akk.-Obj.:⟩ der Wirt hat gepanscht; Ü Unter den Billigenzinanbietern gibt es »schwarze Schafe«, die ... gelegentlich panschen (ADAC-Motorwelt 3, 1986, 3); Es ist mir schnurzegal, was der Stümper Pélissier in sein Parfum gepanscht hat (Süskind, Parfum 64). **2.** (ugs.) *im Wasser mit den Händen [u. Füßen] planschen.*

Pan|scher, der; -s, -: *jmd., der panscht*

(1): Den -n waren die Profite, die ihnen durch die Verfälschung minderwertiger Weinsorten ... in die Taschen flossen, immer noch zu gering (Welt 2. 8. 85, 24).

Pan|sche|rei, die; -, -en (ugs.): *[dauerndes] Panschen.*

Pan|sche|rin, die; -, -nen: w. Form zu ↑ Panscher.

Pan|sen, der; -s, - [mhd. panze (niederd. panse) < afrz. pance < lat. pantex, ↑ Panzer]: **1.** (Zool.) *erster großer Abschnitt des Magens bei Wiederkäuern.* **2.** (landsch. scherzh.) *Magen.*

Pan|se|xu|a|lis|mus, der; - [aus griech. pān (↑ pan-, Pan-) u. ↑ Sexualismus] (Psychoanalyse): *Richtung, die das menschliche Verhalten nahezu ausschließlich auf sexuelle Triebkräfte zurückführt.*

Pans|flö|te: ↑ Panflöte.

Pan|si|nu|si|tis, die; -, ...itiden [aus griech. pān (↑ pan-, Pan-) u. ↑ Sinusitis] (Med.): *Entzündung der Nasennebenhöhlen.*

Pan|sla|vis|mus usw.: ↑ Panslawismus usw.

Pan|sla|wis|mus, der; - [↑ pan-, Pan-]: *(im 19. Jh.) Streben nach kulturellem u. politischem Zusammenschluss aller slawischen Völker.*

Pan|sla|wist, der; -en, -en: *Anhänger des Panslawismus.*

Pan|sla|wis|tin, die; -, -nen: w. Form zu ↑ Panslawist.

pan|sla|wis|tisch ⟨Adj.⟩: *den Panslawismus betreffend, auf ihm beruhend.*

Pan|so|phie, die; - [zu griech. pān (↑ pan-, Pan-) u. sophia = Weisheit]: *religiös-[natur]philosophische Bewegung des 16. bis 18. Jh.s, die eine Zusammenfassung aller Wissenschaften zu einer Universalwissenschaft anstrebte.*

pan|so|phisch ⟨Adj.⟩: *die Pansophie betreffend.*

Pan|sper|mie, die; - [zu griech. pān (↑ pan-, Pan-) u. ↑ Sperma]: *Theorie von der Entstehung des Lebens auf der Erde durch Keime von anderen Planeten.*

pan|ta|gru|e|lisch ⟨Adj.⟩ [nach der Figur Pantagruel im Romanzyklus »Gargantua und Pantagruel« des frz. Dichters F. Rabelais (gestorben 1553)] (bildungsspr.): *derb, heftig; lebensvoll.*

Pan|ta|le|on, das; -s, -s [nach dem Erfinder Pantaleon Hebenstreit (1667–1750)] (Musik): *Hackbrett (2) mit doppeltem Resonanzboden u. Darm- od. Drahtsaiten (Vorläufer des Hammerklaviers).*

Pan|ta|lon, das; -s, -s: *Pantaleon.*

Pan|ta|lo|ne, der; -[s], -s u. ...ni [ital. Pantal(e)one, nach dem Namen des in Venedig bes. verehrten hl. Pantaleon (ital. Pantaleone)]: *spitzbärtige Gestalt des geizigen, verliebten, alten venezianischen Kaufmanns in der Commedia dell'Arte.*

Pan|ta|lons [pãta'lõ:s, auch: panta'lõ:s] ⟨Pl.⟩ [frz. pantalons, nach der mfrz. Wendung vestu en pantalon = gekleidet wie Pantalone (da dieser meist mit langen, engen Beinkleidern auftrat)]: *(in der Französischen Revolution aufgekommene) lange Männerhose mit röhrenförmigen Beinen.*

pan|ta rhei [griech. = alles fließt (dem

griech. Philosophen Heraklit, 6./5. Jh. v. Chr., zugeschriebener Grundsatz)] (bildungsspr.): *alles ist im Werden, in unaufhörlicher Bewegung.*

Pan|te|lis|mus, der; - [zu griech. pān (↑ pan-, Pan-) u. télos = Ende, Ziel] (Philos.): *Anschauung, nach der das gesamte Seiende teleologisch erklärbar ist.*

Pan|the|is|mus, der; - [aus griech. pān (↑ pan-, Pan-) u. ↑ Theismus] (Philos., Rel.): *Lehre, nach der Gott in allen Dingen der Welt existiert bzw. Gott u. Weltall identisch sind.*

Pan|the|ist, der; -en, -en: *Anhänger des Pantheismus.*

Pan|the|is|tin, die; -, -nen: w. Form zu ↑ Pantheist.

pan|the|is|tisch ⟨Adj.⟩: *den Pantheismus betreffend, auf ihm beruhend.*

Pan|the|lis|mus, der; - [aus griech. pān (↑ pan-, Pan-) u. ↑ Thelismus] (Philos.): *Lehre, nach der der Wille das innerste Wesen der Welt, aller Dinge ist.*

Pan|the|on, das; -s, -s [griech. Pánthe(i)on, zu: pān (↑ pan-, Pan-) u. theîos = göttlich]: **1. a)** *antiker Tempel für alle Götter (z. B. in Rom);* **b)** *einem Tempel ähnliche Gedächtnis- u. Begräbnisstätte nationaler Persönlichkeiten.* **2.** (Rel.) *Gesamtheit der Götter einer Religion.*

Pan|ther, der; -s, - [mhd. pantēr, pantier < lat. panther(a) < griech. pánthēr, H. u.]: *Leopard:* * **Graue P.** *(Organisation, die für die Interessen u. Rechte alter Menschen eintritt).*

Pan|ther|fell, das: *Leopardenfell.*

Pan|ther|pilz, der [nach der pantherartig gefleckten Oberseite des Hutes]: *giftiger Blätterpilz mit weißen Schuppen auf braunem Hut.*

Pan|ti|ne, die; -, -n [wohl unter Einfluss von ↑ Pantoffel zu niederd. patine < frz. patin = Schuh mit Holzsohle] (nordd.): *Pantoffel; Schuh mit Holzsohle:* Durch die Drehung war er aus seinen verlatschten -n gerutscht (Bieler, Bär 278); * **aus den -n kippen** (ugs.; ↑ Latschen).

Pan|tof|fel, der; -s, -n [frz. pantoufle, H. u.]: *[flacher] leichter Hausschuh ohne Fersenteil:* warme, gefütterte -n; die -n vor das Bett stellen; auf der Treppe verlor er den linken P.; sie lief immer in -n; in die -n schlüpfen; * **den P. schwingen** (ugs.; *den Ehemann beherrschen, als Frau die eigentliche Herrschaft im Hause ausüben*); **unter dem P. stehen** (ugs.; *als Ehemann von seiner Frau beherrscht werden; der Schuh bzw. der Fuß galt im alten dt. Recht als Symbol der Herrschaft*); **unter den P. kommen, geraten** (ugs.; *eine herrschsüchtige Frau heiraten; von seiner Frau mehr u. mehr beherrscht werden*).

Pan|tof|fel|blu|me, die: *(aus Mittel- u. Südamerika stammende, in vielen Arten kultivierte) Pflanze mit Dolden von goldgelben bis dunkelroten, oft getigerten, wie aufgeblasen wirkenden Blüten, deren Form an einen Pantoffel erinnert.*

Pan|tof|fel|chen, das; -s, -: Vkl. zu ↑ Pantoffel.

pan|tof|fel|för|mig ⟨Adj.⟩: *die Form eines Pantoffels aufweisend:* -e Blüten.

Pan|tof|fel|held, der (ugs. abwertend): *Ehemann, der sich seiner herrschsüchtigen Frau gegenüber nicht durchsetzen kann.*

Pan|tof|fel|ki|no, das (ugs. scherzh.): *Fernsehen, [häuslicher] Fernsehapparat:* Solange die Leute dafür Eintrittsgeld bezahlen, kommt der Streifen nicht ins P. (Hörzu 10, 1976, 8); Manchmal, wenn sie bis Mitternacht vor dem P. gesessen hatten (Borell, Lockruf 101).

pan|tof|feln ⟨sw. V.; hat⟩ [wohl nach dem pantoffelförmigen Holz, mit dem die Bearbeitung vorgenommen wird] (Gerberei): *Leder durch [mechanische] Bearbeitung, bei der den Narben außen liegt u. dadurch glatt bleibt, weich machen.*

Pan|tof|fel|tier|chen, das (Biol.): *in seiner Form an einen Pantoffel erinnerndes Wimpertierchen.*

Pan|to|graph, der; -en, -en [zu ↑pan-, Pan- u. ↑-graph]: *Storchschnabel* (3).

Pan|to|gra|phie, die; -, -n [↑-graphie]: *mit dem Pantographen hergestelltes Bild.*

Pan|to|kra|tor, der; -s, ...oren [griech. pantokrátōr = der Allherrscher, Allmächtige, zu: pān (↑pan-, Pan-) u. krateīn = herrschen]: **1.** ⟨o. Pl.⟩ *Ehrentitel für Gott, auch für den auferstandenen Christus.* **2.** (Kunstwiss.) *Darstellung des thronenden Christus in der christlichen, bes. in der byzantinischen Kunst.*

Pan|to|let|te, die; -, -n [Kunstwort aus ↑Pantoffel u. ↑Sandalette]: *leichter Sommerschuh ohne Fersenteil, aber meist mit [Keil]absatz.*

[1]Pan|to|mi|me, die; -, -n [frz. pantomime < lat. pantomima, zu: pantomimus, ↑[2]Pantomime]: *Darstellung einer Szene od. Handlung nur mit Gebärden-, Mienenspiel u. tänzerischer Bewegung:* eine P. einstudieren, aufführen, zeigen; die Kunst der P.; Ü Matthias Roth ... war sogleich im Zweifel, ob die P. der alten Frau nicht ein demonstrativer Auftritt zur Einleitung eines Themawechsels war (Kronauer, Bogenschütze 402).

[2]Pan|to|mi|me, der; -n, -n [lat. pantomimus < griech. pantómimos, eigtl. = der alles Nachahmende, zu: pān (↑pan-, Pan-) u. mīmos, ↑Mime]: *Künstler auf dem Gebiet pantomimischer Darstellung:* Als Gast ... plaudert der weltberühmte französische P. Marcel Marceau über sein Leben (Hörzu 35, 1984, 45).

Pan|to|mi|mik, die; -: **1.** *Kunst der [1]Pantomime.* **2.** (Psych.) *Gesamtheit der Ausdrucksbewegungen, zu denen neben Mienenspiel u. Gebärden auch Körperhaltung u. Gang gehören.*

Pan|to|mi|min, die; -, -nen: w. Form zu ↑[2]Pantomime.

pan|to|mi|misch ⟨Adj.⟩: **1.** *die [1]Pantomime betreffend, mit ihren Mitteln:* etw. p. darstellen. **2.** (Psych.) *die Ausdrucksbewegungen des Körpers betreffend:* Unten standen sie in Gruppen zusammen, und immer führte einer, p. ereifert, das Wort (Fest, Im Gegenlicht 16).

pan|to|phag ⟨Adj.⟩ [zu griech. pān (↑pan-, Pan-) u. phageīn = essen, fressen] (Zool.): *(von bestimmten Tieren) sowohl pflanzliche als auch tierische Nahrung fressend, verdauend.*

Pan|to|pha|ge, der, -, -n (Zool.): *Allesfresser.*

Pan|to|pha|gie, die; - (Zool.): *(bei bestimmten Tieren) Eigenschaft, sowohl pflanzliche als auch tierische Nahrung zu fressen.*

Pan|to|then|säu|re, die; -, -n [nach engl. pantothenic acid, zu griech. pántothen = von überall her; die Verbindung kann aus den verschiedensten Organismen isoliert werden]: *im Organismus von Tieren u. Pflanzen häufig vorkommende biochemische Verbindung.*

Pan|try [ˈpɛntri], die; -, -s [engl. pantry < mengl. pan(e)trie < afrz. paneterie < mlat. panetaria = Raum zur Aufbewahrung von Brot, zu lat. panis = Brot]: *Speisekammer, Anrichte* (b) *[auf Schiffen u. in Flugzeugen].*

pant|schen usw.: ↑panschen usw.

Pant|schen-La|ma, der; -[s], -s [tibet. pan-chen (b)lama; vgl. [2]Lama]: *religiöses Oberhaupt des Lamaismus.*

Pan|ty [ˈpɛnti], die; -, -s [...ti:s; engl. panty, Kurzf. von: pantaloons = Hosen < frz. pantalons, ↑Pantalons]: **1.** *Miederhose.* **2.** *Strumpfhose.*

Pä|nu|la, die; -, ...len [lat. paenula]: *rund geschnittenes römisches Übergewand.*

Pän|ul|ti|ma, die; -, ...mä u. ...men [lat. paenultima (syllaba), zu: paene = fast] (Sprachw.): *die vor der Ultima stehende, vorletzte Silbe eines Wortes.*

pan|ur|gisch ⟨Adj.⟩ [griech. panoûrgos, eigtl. = geschickt, gewandt, zu: pān (↑pan-, Pan-) u. ergázesthai = arbeiten, tätig sein) (veraltet): *listig, verschmitzt.*

Pan|vi|ta|lis|mus, der; - [aus griech. pān (↑pan-, Pan-) u. ↑Vitalismus] (Philos.): *naturphilosophische Lehre, nach der das ganze Weltall lebendig ist.*

◆**Pan|ze,** die; -, -n [Nebenf. von ↑Panzen] (landsch.): *kleines [ungezogenes] Kind:* Die Alte ... sagte lachend: »... ek mott düsse lüttgen -n waschen ...« (Raabe, Chronik 149).

Pan|zen, der; -s, - [Nebenf. von ↑Pansen] (landsch. abwertend): *Schmerbauch, Wanst:* sich einen P. anfressen.

Pan|zer, der; -s, - [mhd. panzier = Brustpanzer < afrz. pancier(e), über das Roman. (vgl. provenz. pansiera) zu lat. pantex (Gen.: panticis) = Wanst]: **1.** (früher) *[Ritter]rüstung, feste [metallene] Umhüllung* (2) *für den Körper als Schutz bei feindlichen Auseinandersetzungen od. im Turnier:* einen P. tragen, anlegen, umschnallen; das Schwert durchdrang den P.; das Standbild zeigt den Feldherrn im schweren P.; Ü einen P. um sich legen *(sich gegen seine Umgebung abschließen).* **2.** *harte, äußere Schutzhülle bei bestimmten Tieren, bes. den Weichtieren:* der P. einer Schildkröte. **3.** *Platte, Gehäuse* (3) *aus gehärtetem Stahl, Eisen u. Ä. (bes. zum Schutz von Kriegsschiffen, Kampffahrzeugen, Befestigungen usw.):* der P. des Geschützturmes ist 120 Millimeter stark; ein Kernreaktor muss einen besonders dicken P. haben. **4.** *gepanzertes, meist mit einem Geschütz u. Maschinengewehren ausgerüstetes, auf Ketten rollendes Kampffahrzeug [mit einem drehbaren Geschützturm]:* P. rollen vor, stoßen vor, rasseln an die Front, walzen durchs Gelände; P. und Maschinengewehre waren aufgefahren; einen P. abschießen, knacken (Soldatenspr.; kampfunfähig machen); sie wurden von einem P. überrollt. **5.** ⟨Pl.⟩ (Milit.) kurz für ↑Panzertruppe: er wurde zu den -n eingezogen.

Pan|zer|ab|wehr, die (Milit.): **a)** *Verteidigung gegen Panzer* (4): Spezialwaffen zur P.; **b)** *gegen Panzer* (4) *eingesetzte Truppe.*

Pan|zer|ab|wehr|ka|no|ne, die: *[auf einer fahrbaren Lafette montiertes] Geschütz mit langem Rohr zur Vernichtung von Panzern* (4); Kurzw.: ↑Pak (1).

Pan|zer|ab|wehr|ra|ke|te, die (Milit.): *zur Panzerabwehr* (a) *eingesetzte Rakete* (1 a).

Pan|zer|an|griff, der (Milit.): *mit Panzern* (4) *vorgetragener Angriff:* Wir mussten die Flanken beim P. sichern (Spiegel 9, 1977, 46).

Pan|zer|ar|til|le|rie, die (Milit.): *mit Spezialpanzern ausgerüsteter Truppenteil der Artillerie.*

Pan|zer|auf|klä|rer ⟨Pl.⟩ (Milit.): *Truppe innerhalb der Kampftruppen, deren Aufgabe es ist, mit gepanzerten Fahrzeugen weiträumige Aufklärung zu betreiben.*

pan|zer|bre|chend ⟨Adj.⟩ (Milit.): *geeignet, Panzerungen zu durchschlagen:* -e Munition.

Pan|zer|di|vi|si|on, die (Milit.): *Division* (2) *der Panzertruppe.*

Pan|zer|ech|se, die: *Krokodil.*

Pan|zer|ein|heit, die (Milit.): *Einheit* (3) *der Panzertruppe.*

Pan|zer|faust, die (Milit.): *Handfeuerwaffe zur Nahbekämpfung feindlicher gepanzerter Fahrzeuge, bei der eine auf einem dünnen Rohr sitzende Granate mittels eines Treibsatzes wie eine Rakete abgefeuert wird:* Das Flakregiment schickte einen Leutnant und zwei Unteroffiziere, die uns in der Handhabung der P. ... unterwiesen (Lentz, Muckefuck 249).

Pan|zer|fisch, der: *ausgestorbener, mit Knochenplatten gepanzerter Fisch.*

Pan|zer|för|de|rer, der (Bergbau): *Rinne aus Stahl, in der die gewonnene Kohle aus dem Streb transportiert wird.*

Pan|zer|glas, das ⟨o. Pl.⟩: *aus mehreren Schichten bestehendes schussfestes Sicherheitsglas.*

Pan|zer|gra|ben, der (Milit.): vgl. Panzersperre.

Pan|zer|gre|na|dier, der (Milit.): **1.** *Soldat der Panzergrenadiere* (2). **2.** ⟨Pl.⟩ *Truppe innerhalb der Kampftruppen, die im Zusammenwirken mit der Panzertruppe eingesetzt wird.*

Pan|zer|gre|na|dier|di|vi|si|on, die (Milit.): *Division* (2) *der Panzergrenadiere.*

Pan|zer|hemd, das: *Kettenhemd.*

Pan|zer|jä|ger, der (Milit.): **1.** *Soldat der Panzerjäger* (2). **2.** ⟨Pl.⟩ *Truppe innerhalb der Kampftruppen, die, bes. zum Schutz der eigenen Infanterie, mit Jagdpanzern ausgerüstet ist.*

Pan|zer|kampf|wa|gen, der: *Panzer* (4).

Pan|zer|ket|te, die: **1.** *Raupenkette eines Panzers* (4): Ich sah mich schon von den -n zermalmt (Spiegel 9, 1977, 46). **2.** *Kette* (1 a), *die in der Anordnung ihrer Glieder an die Raupenkette eines Panzers erinnert:* er trug stets eine schmale P. mit einem kleinen Goldbarren als Anhänger.

Pan|zer|ko|lon|ne, die: *Kolonne von Panzern* (4).

Pan|zer|kreu|zer, der (Milit. früher): *gepanzerter Kreuzer* (1).

Pan|zer|lurch, der: *ausgestorbenes Kriechtier mit festem, verknöchertem Schädeldach.*

pan|zern ‹sw. V.; hat› [zu ↑ Panzer (1–3)]: **a)** *mit einer Panzerung, mit Panzerplatten umgeben, befestigen:* ein Fahrzeug, [Kriegs]schiff p.; Eisbrecher müssen stark gepanzert sein; Für die Überführungen wird ein gepanzerter und vergitterter Spezialwagen benutzt (Chotjewitz, Friede 274); **b)** (früher) *die Rüstung, den Brustharnisch anlegen:* sich vor dem Kampf p.; gepanzerte Krieger; **c)** ‹p. + sich› *sich gegen etw. abschirmen, (seelisch) unempfindlich machen:* sich gegen jmds. Niedertracht p.; sie panzerte sich gegen alle Fragen; Er prahlt, panzert sich mit Überheblichkeit (Graber, Psychologie 72).

Pan|zer|pi|o|nier, der (Milit.): **1.** *Angehöriger der Panzerpioniere* (2). **2.** ‹Pl.› *Teil der Pioniertruppen, der mit Spezialpanzern (z. B. Bergepanzern) ausgerüstet ist.*

Pan|zer|plat|te, die: *zur Panzerung (bes. bei Kriegsschiffen) verwendete, dicke Platte aus bes. gehärtetem Stahl.*

Pan|zer|re|gi|ment, das (Milit.): *Regiment* (2) *der Panzertruppe:* Ruland ... kann es kaum erwarten, wieder bei seinem Haufen an der Front zu sein, bei einem P. der Heeresgruppe Nord (Zeller, Amen 91).

Pan|zer|schiff, das (früher): *gepanzertes Kriegsschiff.*

Pan|zer|schlacht, die: *Kampf, bei dem auf beiden Seiten Panzer* (4) *eingesetzt werden.*

Pan|zer|schrank, der: *Geldschrank.*

Pan|zer|schreck, der (Soldatenspr.): vgl. Bazooka.

Pan|zer|schüt|ze, der (Milit.): *Schütze* (3 a) *bei der Panzertruppe.*

Pan|zer|späh|wa|gen, der (Milit.): *leicht gepanzertes u. mit leichten Waffen ausgerüstetes Fahrzeug, das bes. der militärischen Aufklärung dient.*

Pan|zer|sper|re, die (Milit.): *Sperre, die feindlichen Panzern* (4) *das Vordringen unmöglich machen soll.*

Pan|zer|spit|ze, die ‹meist Pl.› (Milit.): *vorderer Teil einer vordringenden Panzerkolonne:* die deutschen -n näherten sich Moskau (Lentz, Muckefuck 189).

Pan|zer|stahl, der: *besonders gehärteter Stahl.*

Pan|zer|trup|pe, die (Milit.): *Truppe innerhalb der Kampftruppen, die mit Kampfpanzern ausgerüstet ist.*

Pan|zer|turm, der (Milit.): *drehbarer, gepanzerter Geschützturm.*

Pan|ze|rung, die; -, -en: **1.** *das Panzern.* **2.** *Panzer* (3): Am Ende der Versuche waren auch die Crashwagen trotz ihrer dicken P. schrottreif (ADAC-Motorwelt 11, 1983, 20).

Pan|zer|ver|band, der ‹meist Pl.› (Milit.): vgl. Panzerkolonne.

Pan|zer|wa|gen, der (Milit.): *Panzer* (4): Sie ist nicht aufzuhalten. Stur wie ein P. (Erné, Fahrgäste 230).

Pan|zer|wes|te, die: *kugelsichere Weste:* Dass sie noch leben, verdanken sie wohl ihrer Ausrüstung mit -n (Spiegel 9, 1980, 90).

Pan|zer|zug, der (Milit.): *gepanzerter, mit Waffen ausgerüsteter Eisenbahnzug.*

Pä|on, der; -s, -e [griech. paiōn] (antike Metrik): *im Plan* (1) *verwendeter antiker Versfuß mit drei kurzen Silben u. einer beliebig einsetzbaren langen Silbe.*

Pä|o|nie, die; -, -n [lat. paeonia < griech. paiōnía, eigtl. = die Heilende, nach dem Gott (Apóllōn) Paiēōn (Paiōn), der mit dieser Pflanze den von Herakles verwundeten Pluto geheilt haben soll]: *Pfingstrose.*

¹Pa|pa [veraltend, geh.: pa'pa:], der; -s, -s [frz. papa, Lallwort der Kinderspr.] (fam.): *Vater:* mein P. hat gesagt ...; Lehrling werden? Ich werde bald P.! (Spiegel 18, 1976, 170); wie geht es Ihrem Herrn P.?

²Pa|pa, der; -s [mlat. papa, ↑ Papst]: **1.** kirchliche Bez. für *Papst:* habemus -m! (lat. = wir haben einen Papst; Ausruf nach entschiedener Papstwahl). **2.** *Titel höherer Geistlicher in der orthodoxen Kirche* (Abk.: P.).

pa|pa|bel ‹Adj.› [ital. papabile, ↑ Papabili] (kath. Kirche): *für das Amt des Papstes infrage kommend:* bisher galt noch kein Kardinal aus Afrika als p.

Pa|pa|bi|li ‹Pl.› [ital. papabili, zu: papabile = zum Papst wählbar] (kath. Kirche): *als Kandidaten für das Amt des Papstes infrage kommende Kardinäle.*

Pa|pa|chen, das; -s, -: Kosef. von ↑ ¹Papa.

Pa|pa|gal|lo, der; -[s], -s u. ...lli [ital. pappagallo, eigtl. = Papagei]: *auf erotische Abenteuer bei Touristinnen ausgehender [südländischer, bes. italienischer, junger] Mann:* Gaston ist ein virtuoser Begleiter; eine Art P. der Prominenten (Spiegel 45, 1983, 289).

Pa|pa|gei [auch: '–––], der; -en u. -s, -en, seltener: im 15. Jh. < älter frz. papegai, H. u., viell. < arab. babbağā'; schon mhd. papegān]: *(in zahlreichen Arten vorkommender) bunt gefiederter tropischer Vogel mit kurzem, abwärts gebogenem Schnabel, der die Fähigkeit hat, Wörter nachzusprechen:* krächzende, kreischende -en; der P. sitzt auf der Stange; bunt wie ein P.; er plapperte wie ein P.

pa|pa|gei|en|grün ‹Adj.›: *grün wie das Gefieder mancher Papageien.*

Pa|pa|gei|en|grün, das ‹o. Pl.›: *papageiengrüne Farbe:* ein modernes Gemälde in P. und Himmelblau (Hörzu 11, 1977, 7).

pa|pa|gei|en|haft ‹Adj.›: *wie ein Papagei.*

Pa|pa|gei|en|krank|heit, die ‹o. Pl.› (Med.): *gefährliche bakterielle Infekti-* onskrankheit, die bes. von Papageien auf Menschen übertragen werden kann; Psittakose.

Pa|pa|gei|en|schna|bel, der: *Schnabel des Papageis.*

Pa|pa|gei|fisch, der; -[e]s, -e: *(vorwiegend in tropischen Meeren lebender) farbenprächtiger Fisch mit zu einer Art Papageienschnabel verwachsenen Zähnen.*

Pa|pa|gei|tau|cher, der: *(auf Inseln u. an Küsten des Nordatlantiks u. des Nordpolarmeers lebender, zu den Alken gehörender) mittelgroßer Vogel mit auf der Oberseite schwarzem, auf der Unterseite weißem Gefieder u. sehr hohem, seitlich zusammengedrücktem, leuchtend blau, rot u. gelb gefärbtem Schnabel.*

Pa|pa|in, das; -s [zu ↑ Papaya]: *aus dem Milchsaft unreifer Früchte des Melonenbaums gewonnenes, Eiweiß spaltendes Enzym.*

pa|pal ‹Adj.› [mlat. papalis, zu ↑ ²Papa] (selten): *päpstlich:* Dass die -e Gestalt für unfehlbar erklärt worden ist anstelle der früher unfehlbaren Konzilien (Spiegel 1/2, 1980, 35).

Pa|pa|lis|mus, der; - (kath. Kirche): *kirchenrechtliche Anschauung, nach der dem Papst die volle Kirchengewalt zusteht.*

Pa|pa|list, der; -en, -en: *Anhänger des Papalismus.*

pa|pa|lis|tisch ‹Adj.›: *im Sinne des Papalismus (denkend).*

Pa|pal|sys|tem, das ‹o. Pl.›: *katholisches System der päpstlichen Kirchenhoheit.*

Pa|pa|raz|zo, der; -s, ...zzi [ital. paparazzo, nach dem gleichnamigen Klatschkolumnisten in Fellinis Film »La dolce vita«] (scherzh.): ital. Bez. für *[aufdringlicher] Pressefotograf, Skandalreporter:* skrupellose Paparazzi auf der Jagd nach Sensationsfotos (Spiegel 46, 1989, 318).

Pa|pas, der; -, - [ngriech. papās < griech. páppas = Väterchen, Papa, zu: páppa, ↑ Papst]: *Weltgeistlicher in der orthodoxen Kirche.*

Pa|pat, der; auch: das; -[e]s [mlat. papatus, zu ↑ ²Papa] (kath. Kirche): *Amt u. Würde des Papstes.*

Pa|pa|ve|ra|ze|en ‹Pl.› [zu lat. papaver = Mohn] (Bot.): *Familie der Mohngewächse.*

Pa|pa|ve|rin, das; -s: *krampflösendes Alkaloid des Opiums.*

Pa|pa|ya, die; -, -s [span. papaya, aus dem Karib.]: **1.** *Melonenbaum.* **2.** *einer Melone ähnliche, kugelige bis eiförmige Frucht des Melonenbaumes mit orange Fleisch u. gelblich weißem Milchsaft.*

Pap|chen, das; -s, -: Kosef. von ↑ ¹Papa.

Pa|pel, die; -, -n, Papula, die; -, ...ae [...le; lat. papula] (Med.): *meist flache bis linsengroße, knötchenartige Verdickung der Haut:* Knötchen, Zysten, u. -n (Papeln) können bei Frauen durch Moorbäder völlig verschwinden (Hamburger Abendblatt 27. 8. 85, 11).

Pa|per ['peɪpə], das; -s, -s [engl. paper, eigtl. = Papier]: *schriftliche Unterlage, Schriftstück; Papier* (2): Handouts und -s als Unterlagen; der Vortragende hatte ein P. ausgegeben; ... bittet die Messe ...

Autoren, ihre -s bis spätestens 1. April ... einzusenden (CCI 5, 1989, 32).

Pa|per|back [...bæk], das; -s, -s [engl. paperback, eigtl. = Papierrücken]: *kartoniertes, meist in Klebebindung hergestelltes [Taschen]buch:* auch die -s passen sich der Edelausstattung an (Degener, Heimsuchung 163).

Pa|pe|te|rie, die; -, -n [frz. papeterie, zu: papier < lat. papyrus, ↑Papier] (schweiz.): a) *Papierwaren;* b) *Papierwarenhandlung.*

Pa|pe|te|rist, der; -en, -en (schweiz.): *Schreibwarenhändler.*

Pa|pe|te|ris|tin, die; -, -nen (schweiz.): w. Form zu ↑Papeterist.

Pa|pi, der; -s, -s: Kosef. von ↑ ¹Papa.

Pa|pi|a|men|to, das; - [span. (südamerik.) papiamento, zu Papiamento papia = Sprache, viell. zu port. papear = plappern]: *auf den Niederländischen Antillen gesprochene Mischsprache, die sich aus dem Portugiesischen entwickelt hat u. in der heute Elemente des Niederländischen, Englischen u. Spanischen vermischt sind.*

Pa|pier, das; -s, -e [spätmhd. papier < lat. papyrum, papyrus = Papyrus(staude) < griech. pápyros, H. u.]: **1.** *aus Pflanzenfasern [mit Stoff- u. Papierresten] durch Verfilzen u. Verleimen hergestelltes, zu einer dünnen, glatten Schicht gepresstes Material, das vorwiegend zum Beschreiben u. Bedrucken od. zum Verpacken gebraucht wird:* weißes, buntes, weiches, raues, glattes, holzfreies, handgeschöpftes, [un]bedrucktes, vergilbtes, steifes, durchscheinendes, glänzendes P.; unterschiedliche -e *(Sorten von Papier);* ein Blatt, Bogen, Stück P.; eine Rolle P.; ein Fetzen P.; P. mit Wasserzeichen; Das P. um die Wäsche war aufgegangen (H. Lenz, Tintenfisch 42); ein Stück P. abreißen; die P. verarbeitende Industrie; das P. zusammenknüllen, zerreißen; viel P. verbrauchen; ein Lampenschirm aus P.; [einen Bogen] P. in die Maschine spannen; auf diesem P. kann man nicht gut schreiben; etwas in P. einwickeln, einschlagen; das P. raschelt; das Fenster wurde notdürftig mit P. verklebt; R P. ist geduldig *(schreiben od. drucken kann man alles – dass es stimmt, ist damit noch lange nicht garantiert);* ** [nur] auf dem P. [be]stehen/existieren o. Ä. (nur der Form nach bestehen, praktisch nicht durchgeführt, verwirklicht werden):* diese Ehe besteht, existiert nur auf dem P.; Hinzu kommt, dass mit weniger als drei Auftritten pro Monat jede zweite Band vor allem auf dem P. existiert (Zivildienst 2, 1986, 34); *etw. aufs P. werfen* (geh.; *entwerfen* a, *skizzieren* 2 a): Was er aufs P. geworfen hatte, schickte er sogleich seinem Verleger (Reich-Ranicki, Th. Mann 117); *etw. zu P. bringen (aufschreiben, schriftlich formulieren, niederlegen):* jener Vorfall, den ich nun wohl endlich zu P. bringen muss (Stern, Mann 235). **2.** *Schriftstück, Aufzeichnung, schriftlich niedergelegter Entwurf, Brief, Aufsatz, Vertrag o. Ä.:* ein wichtiges politisches, amtliches P.; im Ministerium war ein P. [zur Steuerfrage] erarbei-

tet worden; ein P. unterzeichnen; die -e ordnen, abheften; ungeordnete -e lagen auf dem Schreibtisch; er hat alle -e *(Unterlagen)* vernichtet; Mit dem Austausch der -e ... begann die eigentliche, harte Verhandlungsphase (W. Brandt, Begegnungen 513); in alten -en kramen; Mehr davon gehört als eine Sache der großen Politik nicht in diese privaten -e (Stern, Mann 16). **3.** ⟨meist Pl.⟩ *Ausweis, Personaldokument:* gefälschte -e; seine -e sind nicht in Ordnung; ein P. mit Angaben zur seiner Identität war bei ihm nicht zu finden (Rolf Schneider, November 88); neue -e beantragen; er hat alle seine -e verloren; seine -e vorzeigen; die Polizei prüft die -e; er bekam seine -e (ugs.; *wurde entlassen).* **4.** (Finanzw.) *Wertpapier:* ein gutes, festverzinsliches, mündelsicheres P.; das P. verspricht eine hohe Rendite; die -e sind gestiegen, gefallen; sein Geld in -en anlegen.

Pa|pier|ab|fall, der: *aus Papier bestehender Abfall (1).*

pa|pier|ar|tig ⟨Adj.⟩: *wie Papier (1) aussehend, wirkend; die Eigenschaften von Papier besitzend.*

Pa|pier|bahn, die: vgl. Bahn (4).

Pa|pier|band, das ⟨Pl. ...bänder⟩: ¹Band (1) *aus Papier (1).*

Pa|pier|block, der ⟨Pl. ...blöcke u. -s⟩: *Block (5).*

Pa|pier|blu|me, die: *künstliche, aus Papier (1) gefertigte Blume.*

Pa|pier|bo|gen, der: *Bogen (6).*

Pa|pier|brei, der: *breiige Masse aus zermahlenen Fasern, Füllstoffen, Leim u. Harzen, aus der durch Pressen u. Entzug von Flüssigkeit das Papier gewonnen wird.*

Pa|pier|deutsch, das (abwertend): *papierenes (2) Deutsch.*

Pa|pier|ein|zug, der: *Vorrichtung an einem Drucker (2), einem Kopiergerät o. Ä., die dem Gerät Papier[bogen] zuführt.*

pa|pie|ren ⟨Adj.⟩: **1.** *aus Papier:* ein papier[e]nes Tischtuch; Ü ihre Haut sieht p. *(fahl u. dünn, gespannt u. trocken, so als ob sie aus Papier wäre)* aus, fühlt sich p. an. **2.** *trocken, unlebendig, steif (im Stil, Ausdruck):* eine papier[e]ne Ausdrucksweise; seine Worte waren viel zu p.

Pa|pier|er|zeu|gung, die: vgl. Papierfabrikation.

Pa|pier|fa|brik, die: *Fabrik, in der Papier hergestellt wird.*

Pa|pier|fa|bri|ka|ti|on, die: *Fabrikation von Papier (1).*

Pa|pier|fähn|chen, das: vgl. Fähnchen (1 a): Die Kinder schwenkten P. (Schädlich, Nähe 12).

Pa|pier|fet|zen, der: *Fetzen (1 a) Papier.*

Pa|pier|form, die (Sport Jargon): *Form, [Spiel]stärke, die ein Sportler, eine Mannschaft nach den zuletzt gezeigten Leistungen eigentlich haben müsste:* diese Partie lässt sich von der P. her jeden Ausgang zu (Saarbr. Zeitung 30. 11. 79, 48).

Pa|pier|for|mat, das: *Format (1) eines Papierbogens.*

Pa|pier|garn, das: *aus Papier (1) hergestelltes Garn (1 a).*

Pa|pier|geld, das ⟨o. Pl.⟩: *Geld in Scheinen, Banknoten.*

Pa|pier|ge|schäft, das: *Laden für den Verkauf von Papierwaren.*

Pa|pier|ge|wicht, das (Boxen, Ringen): **1.** ⟨o. Pl.⟩ *leichte Körpergewichtsklasse.* **2.** *Sportler der Körpergewichtsklasse Papiergewicht (1).*

Pa|pier|ge|wicht|ler, der; -s, - (Boxen, Ringen): *Papiergewicht (2).*

Pa|pier|gir|lan|de, die: vgl. Girlande.

Pa|pier|hand|lung, die: *Papiergeschäft.*

Pa|pier|hand|tuch, das: *Handtuch aus weicherem, saugfähigem Papier.*

Pa|pier|her|stel|lung, die: vgl. Papierfabrikation.

Pa|pier|in|dus|trie, die: *Zweig der Industrie, in dem Papier, Papierwaren hergestellt werden.*

Pa|pier|koh|le, die: *Dysodil.*

Pa|pier|korb, der: *Behälter für [Dinge aus] Papier (1), Papiere (2), die zum Wegwerfen bestimmt sind:* der P. läuft, quillt über *(ist übervoll);* etw. in den P. werfen; Reklamesendungen wandern bei mir gleich in den P.

Pa|pier|kra|gen, der: *Kragen aus Papier (1):* ein Faschingskostüm als Pierrot mit gefälteltem P.; ** jmdm. platzt der P.* (scherzh.; Erweiterung von: jmdm. platzt der Kragen; ↑Kragen 4).

Pa|pier|kram, der (ugs. abwertend): *als lästig empfundene [dienstliche] Briefe, Formalitäten schriftlicher Natur o. Ä.:* P. erledigen.

Pa|pier|krieg, der (ugs. abwertend): *übermäßiger, lange dauernder [als überflüssig empfundener] Schriftverkehr mit Behörden:* Ich saß über vier Monate in Auslieferungshaft ... Das war'n P., zum Kotzen (Ziegler, Kein Recht 223).

Pa|pier|ku|gel, die: *[kleine] Kugel aus [zusammengeknülltem] Papier:* die Kinder warfen mit -n.

Pa|pier|la|ter|ne, die: vgl. Lampion.

Pa|pier|ma|ché [papiema'ʃeː, österr.: pa'piːɐ̯...], das; -s, -s [frz. papier mâché, eigtl. = zerfetztes Papier]: *formbare Masse aus eingeweichtem, mit Leim, Stärke u. a. vermischtem Altpapier, die nach dem Trocknen fest wird:* Kasperpuppen aus P.; die (= Birne) war aus P. und hatte einen Schlitz zum Geldeinwerfen (Sommer, Und keiner 54).

Pa|pier|man|schet|te, die: *Manschette (1 a, 2) aus Papier.*

Pa|pier|ma|schi|ne, die: *in der Papierfabrikation verwendete Maschine.*

Pa|pier|mes|ser, das: **1.** (veraltet): *Brieföffner* (a). **2.** vgl. Papierschere.

Pa|pier|müh|le, die: vgl. a) *Holländer* (5); b) (veraltend) *Papierfabrik.*

Pa|pier|müt|ze, die: *aus Papier gefertigte Mütze:* die Kinder trugen alle bunte -n.

Pa|pier|rol|le, die: *aufgerollte [zum Abreißen einzelner Stücke perforierte] längere Papierbahn.*

Pa|pier|sack, der: a) *Sack aus festem Papier [für Müll u. Abfälle];* b) (österr.) *Papiertüte.*

Pa|pier|sche|re, die: *lange Schere speziell zum Schneiden von Papier.*

Pa|pier|schlan|ge, die: *Luftschlange:* Sylvester. Papierschlangen wanden sich vom Kronleuchter herunter (B. Vesper, Reise 441).

Pa|pier|schnip|sel, der od. das, **Pa|pier|schnit|zel**, der od. (österr. nur:) das: *Schnipsel, Schnitzel von Papier.*

Pa|pier|ser|vi|et|te, die: vgl. Papierhandtuch.

Pa|pier|stau|de, die: *Papyrusstaude.*

Pa|pier|strei|fen, der: *Streifen* (1 c) *von Papier.*

Pa|pier|ta|schen|tuch, das: vgl. Papierhandtuch.

Pa|pier|ti|ger, der [engl. paper tiger, LÜ von chin. zhilaohu, aus: zhi = Papier u. laohu = Tiger]: *nur dem Schein nach starke, gefährliche Person, Sache od. Macht:* Alle fürchten den Bayer – zu Unrecht, denn er hat sich ein weiteres Mal als P. erwiesen (Spiegel 6, 1984, 3); Ihre Hilfe ... braucht Senator Lange jedoch, wenn seine Wirtschaftsförderungsgesellschaft kein P. werden soll (Hamburger Abendblatt 12. 5. 84, 2).

Pa|pier|tuch, das ⟨Pl. ...tücher⟩: *kleines [Hand]tuch aus Papier.*

Pa|pier|tü|te, die: *Tüte aus festerem Papier.*

Pa|pier ver|ar|bei|tend: s. Papier (1).

Pa|pier|ver|ar|bei|tung, die: *Verarbeitung von Papier.*

Pa|pier|wäh|rung, die: vgl. Papiergeld.

Pa|pier|wa|ren ⟨Pl.⟩: *Handelsartikel aus Papier, Schreibwaren u. Ä.*

Pa|pier|wa|ren|hand|lung, die: *Papiergeschäft.*

pa|pier|weiß ⟨Adj.⟩ (selten): *kalkweiß.*

Pa|pier|win|del, die: *aus einem saugfähigen Vlies hergestellte, anstelle einer Windel verwendete Einlage.*

Pa|pier|wolf, der: vgl. Reißwolf.

Pa|pier|wol|le, die: *in feine Streifen geschnittenes, dünnes, festes Papier, das zur Füllung von Verpackungen verwendet wird.*

Pa|pil|la, die; -, ...lae: *Papille.*

pa|pil|lar ⟨Adj.⟩ [zu ↑Papille] (Med.): *warzenartig, -förmig.*

Pa|pil|lar|ge|schwulst, die (Med.): *Papillom.*

Pa|pil|lar|kör|per, der (Anat.): *Papillarschicht.*

Pa|pil|lar|li|ni|en ⟨Pl.⟩ (Anat.): *feine Hautlinien auf Hand- u. Fußflächen, bes. auf den Fingerkuppen.*

Pa|pil|lar|schicht, die (Anat.): *die mit Papillen versehene obere Schicht der Lederhaut.*

Pa|pil|le, die; -, -n [lat. papilla] (Anat.): *kleine, rundliche bis kegelförmige Erhebung an od. in Organen (z. B. Brustwarze).*

Pa|pil|lom, das; -s, -e (Med.): *aus gefäßhaltigem Bindegewebe bestehende [gutartige] Wucherung der [Schleim]haut.*

Pa|pil|lon [papiˈjõ:], der; -s, -s [frz. papillon < lat. papilio = Schmetterling; 1: nach der Form der Ohren; 2: nach dem Vergleich mit Schmetterlingsflügeln]: **1.** *einfarbig weißer bis brauner od. gefleckter Zwergspaniel mit langem, seidigem, leicht gewelltem Fell u. lang befransten, nach außen gerichteten, aufrecht stehenden Ohren.* **2.** *aus feinfädigem Kammgarn hergestellter, weicher, geschmeidiger Kleiderstoff mit feinen Rippen.* **3.** (veraltet) *flatterhafter Mensch.*

pa|pil|lös ⟨Adj.⟩ [zu ↑Papille] (Biol., Med.): *warzig.*

Pa|pil|lo|te [...ˈjo:tə], die; -, -n [1: frz. papillote, eigtl. = Bonbonpapier, zu papilloter = schimmern, glitzern, zu afrz. papillot, Vkl. von papillon, ↑Papillon; 2: übert. von 1]: **1.** (Kochk.) *Hülle aus herzförmig zugeschnittenem Pergamentpapier, die, mit Öl bestrichen, um kurz zu bratende od. zu grillende Fleisch- od. Fischstücke geschlagen wird.* **2.** *Haarwickel in Form einer biegsamen Rolle aus Schaumstoff, die an der einzelnen aufgerollten Haarsträhne befestigt wird, indem die Enden U-förmig eingebogen werden.*

pa|pil|lo|tie|ren [...joˈtiːrən] ⟨sw. V.; hat⟩: *die einzelnen (wie eine Kordel um sich selbst gedrehten) Haarsträhnen auf Papilloten (2) wickeln, um das Haar zu wellen.*

Pa|pi|ros|sa, die; -, ...ssy [...si; russ. papirosa < poln. papieros, zu: papier = Papier]: *Zigarette mit langem, hohlem Mundstück aus Pappe.*

Pa|pis|mus, der; - [zu ↑²Papa] (abwertend): **a)** *starrer Katholizismus;* **b)** *übertriebene Ergebenheit dem Papst gegenüber.*

Pa|pist, der; -en, -en (abwertend): *Anhänger des Papismus.*

◆ **Pa|pis|tin**, die; -, -nen: w. Form zu ↑Papist: ... wird England ... sich der P. in die Arme werfen (Schiller, Maria Stuart II, 3).

pa|pis|tisch ⟨Adj.⟩ (abwertend): *streng päpstlich* (c).

papp ⟨Interj.⟩: in der Verbindung **nicht mehr p. sagen können** (ugs.: *sehr satt sein;* wohl nach der Vorstellung, dass jmd., der den Mund sehr voll hat, nicht einmal »papp« sagen kann).

Papp, der; -s, -e ⟨Pl. selten⟩ [spätmhd. papp(e), Lallwort] (landsch.): **1.** *dicker [Mehl]brei.* **2.** *klebrige Masse, Kleister.*

Pap|pa|ta|ci|fie|ber [papaˈtaːtʃi...], das; -s [ital. pappataci = Moskito, Stechmücke] (Med.): *in den Tropen u. in Südeuropa auftretende, durch Moskitos übertragene Krankheit mit Fieber u. grippeartigen Symptomen.*

Papp|band, der ⟨Pl. ...bände⟩: *Buch mit einem Einband aus fester Pappe.*

Papp|be|cher, der: *aus Pappe hergestellter Trinkbecher (der nach Gebrauch weggeworfen wird):* In den frühen Morgenstunden gleicht die Batschkapp einem verlassenen Schlachtfeld – P. und Zigarettenstummel bedecken den Boden (Spiegel 21, 1980, 96).

Papp|de|ckel, Pappendeckel, der: *Stück Pappe, Karton [mit der etw. bedeckt wird].*

Pap|pe, die; -, -n [zu ↑Papp, eigtl. = aus grobem Papierbrei od. durch Pappen (1) von mehreren Papierschichten hergestellter Werkstoff]: **1. a)** *festes, ziemlich steifes [Verpackungs]material aus mehreren Schichten Papier, Karton (1):* dicke, feste, biegsame P.; ein Bogen P.; das Bild auf P. aufkleben; das Schild ist aus P.; die Fenster sind mit P. verklebt; er legte die Zeichnung zwischen zwei -n; **b)** (salopp) *Führerschein:* Hurra, die P. ist da! Aber die Freude über den frisch bestan-

denen Führerschein vergeht auf der »Jungfernfahrt« (Welt 7. 11. 79, I); So ein Mist. Ich habe den Radarwagen nicht gesehen. Jetzt ist die P. weg (Hamburger Morgenpost 21. 3. 84, 7). **2.** (ugs.) *Papp:* * **nicht von/aus P. sein** (ugs.; *stark, kräftig, nicht zu unterschätzen sein*): der Neue ist nicht von/aus P.; Du solltest mal meine Muskeln fühlen, Süße, die sind nicht aus P. (Tikkanen [Übers.], Mann 61); Nicht von P. waren die Vorwürfe (MM 14. 11. 88, 17); **jmdm. P. ums Maul schmieren** (landsch.; ↑Brei).

Pap|pel, die; -, -n [mhd. papel(e), ahd. popelboum < lat. populus]: **1.** *Laubbaum von schlankem, meist sehr hohem Wuchs mit lang gestielten, schwach herzförmigen Blättern u. nach unten hängenden, zweihäusigen Blütenkätzchen.* **2.** ⟨o. Pl.⟩ *weiches Holz der Pappel* (1): ein Hammerstiel aus P.

Pap|pel|al|lee, die: *von Pappeln gesäumte Allee.*

Pap|pel|bock, der: *Holzbock* (3).

Pap|pel|holz, das: *Pappel* (2).

pap|peln ⟨Adj.⟩: *aus Pappelholz.*

päp|peln ⟨sw. V.; hat⟩ [mhd. pepelen, zu ↑Papp (1)] (ugs.): *liebevoll ernähren [u. pflegen]; auffüttern:* ein verlassenes Rehkitz mit der Flasche p.; der Kranke muss noch tüchtig gepäppelt werden, damit er wieder zu Kräften kommt; Ü jmds. Eitelkeit p. (jmdm. schmeicheln); wie er gepäppelt (umworben) wurde von der Kriminalpolizei, nachdem er Boost belastet hatte (Noack, Prozesse 110).

Pap|pel|spin|ner, der: *glänzend weißer Schmetterling, dessen Raupen an den Blättern von Pappeln u. Weiden fressen.*

pap|pen ⟨sw. V.; hat⟩ (ugs.): **1.** *[an]kleben; so fest andrücken, dass es [mithilfe von Klebstoff] haftet:* »Bedienstete des Landes« dürfen Aufkleber »nach eigenem Ermessen« an ihre Fahrzeuge p. (Spiegel 46, 1977, 125). **2.** *[sich zusammenballen, klumpen u.] kleben, haften bleiben:* der Schnee pappt [unter den Schuhsohlen]; der Kaugummi pappt an den Zähnen; das Zeug pappt nicht.

Papp|en|de|ckel, der: ↑Pappdeckel.

Papp|en|hei|mer: in der Wendung **seine P. kennen** (ugs.; *wissen, mit welchen Menschen man es zu tun hat; die Eigenschaften, bes. die Schwächen anderer genau kennen;* nach Schiller, Wallensteins Tod III, 15; dort im anerkennenden Sinne bezogen auf das Kürassierregiment des Grafen von Pappenheim).

Papp|en|stiel, der [viell. gek. aus »Pappenblumenstiel« = Stiel des Löwenzahns (niederd. päpenblôme, eigtl. = Pfaffenblume); die im Wind verwehende Samenkrone galt als Sinnbild für Geringfügiges]: in den Wendungen **kein P. sein** (ugs.; *keine Kleinigkeit sein*): zehntausend Mark Schulden sind [doch/wahrhaftig] kein P.; 50000 nötige Unterschriften sind kein P. (Basler Zeitung 26. 7. 84, 7); **keinen P. wert sein** (ugs.; *gar nichts wert sein*); **für/(seltener:) um einen P.** (ugs.; *sehr billig*): etw. für/um einen P. verkaufen, bekommen; wo ein Budweiser Brauereidirektor ... seinen Wald ...

um einen P. abgestoßen hatte (Bieler, Mädchenkrieg 360).

pap|per|la|papp ⟨Interj.⟩: Ausruf der Abweisung von leerem, törichtem Gerede, Ausflüchten o. Ä.: Nervöse Störungen ... p. ... wir sind kein Kindergarten ... sei ein Mann, reiß dich zusammen (Sobota, Minus-Mann 103).

pap|pig ⟨Adj.⟩ [zu ↑Papp] (ugs.): **a)** *sich leicht zusammenballend [u. haften bleibend]:* Der Schnee blieb noch dick und p. und nass, schmolz auf der Haut (Bieler, Bär 179); **b)** *klebrig-feucht:* ein paar glücklich kreischende Kinder, die einen mit -en Fingern berühren (M. Walser, Pferd 19); Ü als er sich mit Witzen verteidigte, die ihm zusehends -er *(schlüpfriger)* gerieten (Kant, Impressum 207); **c)** *nicht od. schlecht durchgebacken; durch die Feuchtigkeit weich geworden u. nicht mehr knusprig:* Der Hamburger, eine -e, nach nichts schmeckende Sesamsemmel mit Hackfleischfladen (Spiegel 22, 1981, 72); das Brot ist mir zu p.; **d)** *breiig, formlos:* eine -e Masse; das Gemüse war zerkocht und p.

Papp|ka|me|rad, der (ugs.): *täuschend echt nachgebildete Figur aus Pappe (bes. für Schießübungen):* auf -en schießen; Ü Psychologen und Politiker ließen das ganze Heer der -en aus tausendjähriger Vergangenheit aufmarschieren (Spiegel 14, 1978, 105).

Papp|kar|ton, der: *Karton (2):* Seine Mutter hatte den kärglichen Inhalt eines im gemeinsamen Kleiderschrank versteckt (Fels, Sünden 11).

Papp|kas|ten, der: *Kasten (1) aus Pappe.*

Papp|kof|fer, der: *Koffer aus Pappe:* da nahm sie einen alten P. und packte alle Reichtümer ein, die sie in ihrem Leben erworben hatte (H. Weber, Einzug 154).

Papp|ma|ché, (auch:) **Papp|ma|schee** [...ma'ʃe:], das: *Papiermaché.*

Papp|na|se, die: *[lustig geformte] Nase aus Pappe, die bei Kostümierungen über die eigene Nase gestülpt werden kann.*

Papp|pla|kat, das: vgl. Pappschachtel.

Papp|schach|tel, die: *Schachtel aus Pappe.*

Papp|schild, das ⟨Pl. ...schilder⟩: vgl. Pappschachtel: eine Tür, an der ein P. hängt: Unter Ausschluss der Öffentlichkeit (Ziegler, Labyrinth 306).

Papp|schnee, der; -s: *pappiger, tauender Schnee.*

Papp|tel|ler, der: vgl. Pappbecher: Zigarettenkippen, Bierflaschen, Coca-Dosen, zusammengetretene P., wie in ein Mosaik geklebt (Ossowski, Flatter 139).

Pap|pus, der; -, - u. -se [lat. pappus < griech. páppos = Großvater; nach der meist grauweißen Behaarung] (Bot.): *aus Haaren, Borsten gebildeter Blütenkelch bei Korbblütlern, der auch an der Frucht noch erhalten bleibt.*

Pa|pri|ka, der; -s, -[s] [über das Ung. < serb. paprika, zu: papar = Pfeffer < lat. piper, ↑Pfeffer]: **1.** *(zu den Nachtschattengewächsen gehörende) als Kraut od. [Halb]strauch wachsende Pflanze mit kleinen, weißen Blüten u. länglichen od. rundlichen, vielsamigen, hohlen Früchten von sehr verschiedener Größe u. leuchten-* der grüner, roter od. gelber Farbe, die als Gemüse gegessen od. als Gewürz verwendet werden. **2.** ⟨auch: die; -, -[s]⟩ *Frucht des Paprikas (1) mit relativ dünner, wenig fleischiger, aber saftiger Wand* (2b); *Paprikaschote:* ein Pfund P. kaufen; gefüllte P. essen. **3.** *[scharfes] bräunlich rotes Gewürz in Pulverform, das aus reifen, getrockneten Paprika (2) gewonnen wird:* süßer, scharfer P.; an dem Essen ist zu viel P.; mit P. würzen.

Pa|pri|ka|ge|mü|se, das: *Paprika (2) als Gemüse gekocht.*

Pa|pri|ka|gu|lasch, das, auch: der: *mit Paprika (3) scharf gewürztes Gulasch.*

Pa|pri|ka|sa|lat, der: *Salat aus klein geschnittenem Paprika (2).*

Pa|pri|ka|schnit|zel, das (Kochk.): *reichlich mit Paprika (3) bestreutes [u. mit in Streifen geschnittenem Paprika (2) belegtes] Schnitzel.*

Pa|pri|ka|scho|te, die: *Paprika (2).*

pa|pri|zie|ren ⟨sw. V.; hat⟩ (Kochk. bes. österr.): *mit Paprika (3) würzen:* Gulasch p.; Ü paprizierte (österr.; *heftige*) Vorwürfe.

¹Paps, der; -, -e ⟨Pl. selten; meist als Anrede⟩: Koseform zu ↑¹Papa.

²Paps, der; -es, -e ⟨Pl. selten⟩ (landsch.): *Papp.*

Papst, der; -[e]s, Päpste [mhd. bābes(t), spätahd. bābes < kirchenlat. papa = Bischof (von Rom) < lat. papa < griech. páppa = Vater, Lallwort der Kinderspr.]: *Oberhaupt der katholischen Kirche (u. Bischof von Rom):* die Kardinäle wählen den P.; das Dogma von der Unfehlbarkeit des -es; die Ansprache P. Johannes Paul II. [des Zweiten]/des -es Johannes Paul II. [des Zweiten]; eine Audienz beim P.; ein Italiener wurde zum P. gewählt; R in Rom gewesen sein und nicht den P. gesehen haben (bildungsspr.; *die Hauptsache versäumt haben*); Ü er war ein P. (tonangebend, führend) *auf dem Gebiet der Literaturkritik;* Der Medienjurist und Rechtsanwalt verdankte seinen Aufstieg zum P. des deutschen Presserechts der Entdeckung einer Modernitätslücke (Spiegel 7, 1987, 212); * **päpstlicher sein als der P.** (*strenger, unerbittlicher sein als der dazu Berufene, der Verantwortliche*).

-papst, der; -[e]s, -päpste (scherzh.): *kennzeichnet in Bildungen mit Substantiven – seltener mit Verben – jmdn. als führend, richtungweisend, als höchste Autorität auf einem bestimmten Gebiet:* Kritiker-, Mode-, Musik-, Skipapst.

Papst|fa|mi|lie, die (kath. Kirche): *aus Klerikern u. Laien bestehende Umgebung des Papstes.*

Päps|tin, die; -, -nen: w. Form zu ↑Papst: Ü Gloria Steinem, die P. des amerikanischen Feminismus (Spiegel 14, 1993, 259).

Papst|ka|ta|log, der (kath. Kirche): *Papstliste.*

Papst|kro|ne, die: *Tiara.*

päpst|lich ⟨Adj.⟩ [mhd. bæbestlich]: **a)** *den Papst, das Papsttum betreffend, zu ihm gehörend:* die -e Würde; die -e Familie; **b)** *vom Papst ausgehend:* eine -e Enzyklika; der -e Segen; **c)** *dem Papst an-* hängend, das Papsttum befürwortend: p. gesinnt sein.

Papst|lis|te, die (kath. Kirche): *mit Petrus beginnendes Verzeichnis aller bisherigen Päpste.*

Papst|mes|se, die: *vom Papst zelebrierte ¹Messe (1).*

Papst|na|me, der (kath. Kirche): *von einem Papst nach seiner Wahl angenommener Name.*

Papst|or|nat, der: *Ornat des Papstes.*

Papst|tum, das; -s [spätmhd. bābestuom]: *Amt des Papstes als Oberhaupt der katholischen Kirche.*

Papst|ur|kun|de, die (kath. Kirche): *vom Papst selbst geschriebenes od. unterzeichnetes Dokument.*

Papst|wahl, die (kath. Kirche): *Wahl des Papstes.*

¹Pa|pua [auch: pa'pu:a], der; -[s], -[s]: Ureinwohner Neuguineas.

²Pa|pua, die; -, -[s]: Ureinwohnerin Neuguineas.

Pa|pua-Neu|gui|nea; -s: Staat auf Neuguinea.

Pa|pua-Neu|gui|ne|er, der; -s, -: Ew.

Pa|pua-Neu|gui|ne|e|rin, die; -, -nen: w. Form zu ↑Papua-Neuguineer.

pa|pua-neu|gui|ne|isch ⟨Adj.⟩: *Papua-Neuguinea, die Papua-Neuguineer betreffend.*

pa|pu|a|nisch ⟨Adj.⟩: zu ↑Papua.

Pa|pu|a|spra|che, die: *Sprache der Papua.*

Pa|pul|la: ↑Papel.

pa|pul|lös ⟨Adj.⟩ (Med.): *mit der Bildung von Papeln einhergehend; papelartig.*

Pa|py|ri: Pl. von ↑Papyrus.

Pa|py|rin, das; -s: *Pergamentpapier.*

Pa|py|ro|lo|ge, der; -n, -n [↑-loge]: *Wissenschaftler auf dem Gebiet der Papyrologie.*

Pa|py|ro|lo|gie, die; - [↑-logie]: *historische Hilfswissenschaft, die Papyri (3) erforscht, konserviert, entziffert u. datiert.*

Pa|py|ro|lo|gin, die; -, -nen: w. Form zu ↑Papyrologe.

pa|py|ro|lo|gisch ⟨Adj.⟩: *die Papyrologie betreffend.*

Pa|py|rus, der; -, ...ri [lat. papyrus, ↑Papier]: **1.** *Papyrusstaude.* **2.** *(im Altertum) aus dem Mark der Papyrusstaude gewonnenes, zu Blättern, Rollen verarbeitetes Schreibmaterial.* **3.** *Rolle, Blatt aus Papyrus mit Texten aus dem Altertum.*

Pa|py|rus|blatt, das: vgl. Papyrus (3).

Pa|py|rus|kun|de, die: *Papyrologie.*

Pa|py|rus|rol|le, die: vgl. Papyrus (3).

Pa|py|rus|samm|lung, die: *Sammlung (3 a) von Papyri:* umfangreiche Bestände in den großen ein noch unbearbeitet (horizont 12, 1977, 27).

Pa|py|rus|stau|de, die: *(zu den Riedgräsern gehörende) in Afrika heimische Pflanze mit sehr hohem, dreieckigem Halm, aus deren Mark der Papyrus (2) gewonnen wurde.*

Par [pa:], das; -[s], -s [engl. par < lat. par = gleich] (Golf): *für jedes Hole festgelegte Mindestanzahl von Schlägen.*

¹Pa|ra, der; -, - [serb. para < türk. para = Geld, Münze, wohl aus dem Pers.]: *Währungseinheit in Jugoslawien* (100 Para = 1 Dinar).

²Pa|ra, der; -s, -s [frz. para, Kurzf. von: parachutiste]: frz. Bez. für *Fallschirmjäger.*

pa|ra-, Pa|ra- [para-; griech. pará = neben; entlang; vorbei; über – hinaus; (ent)gegen]: bedeutet in Bildungen mit Adjektiven od. Substantiven *neben[her]:* Paramedizin; paralinguistisch.

Pa|ra|ba|se, die; -, -n [griech. parábasis, eigtl. = das Hervortreten (des Chors)] (Literaturw.): *(in der antiken griechischen Komödie) Einschub in Gestalt einer unmittelbar an das Publikum gerichteten, aus Gesang u. Rezitation gemischten Aussprache zwischen Chor u. Chorführer, die zu aktuellen Ereignissen Stellung nimmt.*

Pa|ra|bel, die; -, -n [lat. parabola, parabole < griech. parabolē = Gleichnis, auch: Parabel (2), eigtl. = das Nebeneinanderwerfen, zu: parabállein = danebenwerfen; vergleichen]: **1.** (bes. Literaturw.) *gleichnishafte belehrende Erzählung, Geschichte, Szene o. Ä.:* Es sei eigentlich viel mehr ein Lehrstück als ein Opernstoff, beendete Qu. die Geschichte, nur fehle ihr die moralische Nutzanwendung, die man an einer P. ungern vermisst (Fest, Im Gegenlicht 242); etw. durch eine, in einer P. ausdrücken, in eine P. kleiden. **2.** (Math.) *unendliche ebene Kurve (des Kegelschnitts), die der geometrische Ort aller Punkte ist, die von einem festen Punkt, dem Brennpunkt, u. einer festen Geraden, der Leitlinie, jeweils denselben Abstand haben:* eine P. konstruieren. **3.** (Physik) *Wurfbahn in einem Vakuum.*

Pa|ra|bel|lum®, die; -, -s [gek. aus lat. si vis pacem, para bellum = wenn du den Frieden willst, bereite den Krieg vor]: *Pistole mit Selbstladevorrichtung.*

Pa|ra|bel|lum|pis|to|le, die: *Parabellum.*

Pa|ra|bi|ont, der; -en, -en [zu griech. pará = nebeneinander u. biōn (Gen.: bioūntos), 1. Part. von: bioūn = leben] (Biol.): *Lebewesen, das mit einem anderen gleicher Art zusammengewachsen ist; in Parabiose lebender Organismus.*

Pa|ra|bi|o|se, die; -, -n [zu griech. biōsis = Leben] (Biol.): *Zusammenleben zweier miteinander verwachsener Lebewesen.*

Pa|ra|blacks [auch: ...blɛks] ⟨Pl.⟩ [engl.]: *auf den Skiern (zwischen Skispitze u. Bindung) angebrachte (Kunststoff)klötze, die das Überkreuzen der Skier verhindern sollen.*

Pa|ra|blep|sie, die; -, -n [zu griech. pará (↑para-, Para-) u. blépein = sehen] (Med.): *Sehstörung.*

Pa|ra|bol|an|ten|ne, die; -, -n (Technik): *Antenne in der Form eines Parabolspiegels, mit deren Hilfe Ultrakurzwellen gebündelt werden.*

pa|ra|bo|lisch ⟨Adj.⟩: **1.** (bildungsspr.) *die Parabel (1) betreffend, zu ihr gehörend; in der Art einer Parabel, gleichnishaft:* die -e Form, Aussage einer Erzählung; Müller hat in einem Brief an den Regisseur der Münchner Uraufführung den -en Charakter des Stückes betont (Raddatz, Traditionen II, 458); etw. p.

sagen. **2.** (Math.) *in der Art, Form einer Parabel (2), als Parabel (2) darstellbar.*

Pa|ra|bo|lo|id, das; -[e]s, -e [zu ↑Parabel u. griech. -oeidēs = ähnlich] (Math.): *gekrümmte Fläche ohne Mittelpunkt.*

Pa|ra|bol|spie|gel, der (Technik): *Hohlspiegel in der besonderen Form eines Paraboloids, der die Eigenschaft hat, alle parallel zur Achse einfallenden Lichtstrahlen im Brennpunkt zu sammeln.*

Pa|ra|de, die; -, -n [frz. parade (unter Einfluss von: parer = schmücken) < span. parada = Parade (3), zu: parar = anhalten, auch: herrichten < lat. parare, ↑¹parieren; 2: frz. parade, zu: parer = (einen Hieb) abwehren; schon spätmhd. pārāt < ital. parata < frz. parade, ↑Parade (1)]: **1.** (Milit.) *großer [prunkvoller] Aufmarsch militärischer Einheiten, Verbände:* eine P. der Luftstreitkräfte; am 1. Mai findet in Moskau die große P. statt; eine P. abhalten; der Präsident nahm die P. ab (ließ sie an sich vorüberziehen); Ü Gegen Ende des 38. Filmfestivals setzte in Cannes die große P. amerikanischer Werbegags ein (Hamburger Abendblatt 20. 5. 85, 9); ◆ ** mit etw. P. machen [in angeberischer Weise] der Öffentlichkeit präsentieren, zur Schau stellen; etw. offen zeigen, etw. an die Öffentlichkeit bringen):* wenn wir Gesetzgeber des Volks mit allen Lastern und allem Luxus der ehemaligen Höflinge P. machen (Büchner, Dantons Tod I, 4). **2. a)** (Fechten) *Abwehr eines Angriffs durch einen abdrängenden Schlag, Stich o. Ä. od. durch Ausweichen mit dem Körper:* eine P. schlagen, ausführen; Ü Premierminister Chirac hat gegen Mitterrands Überraschungscoup ... eine ebenso außergewöhnliche wie gewagte P. gefunden (NZZ 21. 12. 86, 3); ** jmdm. in die P. fahren (jmdm. energisch entgegentreten, scharf widersprechen [u. dadurch sein Vorhaben durchkreuzen]):* Man muss sich auch mal frei ergießen dürfen über den anderen. So wie er mir ja auch häufig genug in die P. fährt (Strauß, Niemand 120); **b)** (Ballspiele) *Abwehr durch den Torhüter:* eine glänzende, hervorragende, gewandte, gewagte P.; erstaunlich, wie wenige Torchancen sich die Holländer ... herausspielten. Lehmann wurde ... nur zu einer schwierigen P. gezwungen (Tages Anzeiger 12. 11. 91, 14); **c)** (Schach) *Abwehr eines Angriffs [bes. eines Angriffs, bei dem der Schach geboten wird].* **3.** (Reiten) *das ¹Parieren (2).*

Pa|ra|de|bei|spiel, das: *Beispiel, mit dem etw. bes. eindrucksvoll belegt, demonstriert werden kann:* jmd. ist das P. für etw.; P. für die gelungene Symbiose zwischen Volksbildung, Animation und Funktionalität ist die Haltestelle »Louvre« inzwischen Vorbild für U-Bahn-Bauer in aller Welt (Wochenpresse 5. 6. 84, 53).

Pa|ra|de|bett, das (veraltet): *großes prunkvolles Bett.*

Pa|ra|de|dis|zi|plin, die (Sport): *sportliche Disziplin, die jmds. besondere Stärke ist:* In seiner P., dem Steinstoßen, blieb er ... hinter seiner Bestleistung zurück (Saarbr. Zeitung 7. 7. 80, 15).

Pa|ra|deis|ap|fel, der [vgl. Paradeiser] (österr. veraltet): *Tomate.*

Pa|ra|dei|ser, der; -s, - [zu: Paradeis = ältere nhd. Form von ↑Paradies; nach dem Vergleich des kräftigen Rots mit der Schönheit der verbotenen Frucht im Paradies] (österr.): *Tomate.*

Pa|ra|deis|mark, das (österr.): *Tomatenmark.*

Pa|ra|deis|sa|lat, der (österr.): *Tomatensalat.*

Pa|ra|deis|sau|ce, Pa|ra|deis|so|ße, die (österr.): *Tomatensoße.*

Pa|ra|deis|sup|pe, die (österr.): *Tomatensuppe.*

Pa|ra|de|kis|sen, das (veraltend): *zur Zierde auf dem eigentlichen Kopfkissen liegendes, größeres Kissen mit Stickereien o. Ä.*

Pa|ra|de|marsch, der (Milit.): *Marsch im Paradeschritt:* sie zogen im P. vorüber.

Pa|ra|den|ti|tis (veraltet): *Parodontitis.*

Pa|ra|den|to|se (veraltet): *Parodontose.*

Pa|ra|de|pferd, das: **1.** *schönes, gutes, bes. zur Repräsentation geeignetes Pferd.* **2.** (ugs.) *Person, Sache, mit der man aufgrund ihrer besonderen Vorzüge renommieren kann:* -e des Vereins sind der Hochspringer ... und der Diskuswerfer (Augsburger Allgemeine 22./23. 4. 78, 26).

Pa|ra|de|rol|le, die: *Rolle (5 a), in der ein Schauspieler glänzen, seine Fähigkeiten zeigen kann.*

Pa|ra|de|schritt, der (Milit.): *(bes. bei militärischen Paraden ausgeführter) Marschschritt, bei dem die gestreckten Beine nach vorne [u. in die Höhe] gerissen werden.*

Pa|ra|de|stück, das: *etw., womit man wegen seines Wertes, seiner besonderen Schönheit o. Ä. renommieren kann:* das Gemälde ist das P., eines der -e seiner Sammlung.

Pa|ra|de|uni|form, die (Milit.): *prächtige Uniform.*

pa|ra|die|ren ⟨sw. V.; hat⟩ [frz. parader, zu: parade, ↑Parade]: **1.** (Milit.) *in einer Parade (1) auf-, vorbeimarschieren:* die Truppen paradierten vor dem Oberbefehlshaber; den Gruß der paradierenden Sturmabteilung (Grass, Hundejahre 251); Ü Wenn wir aber die ganze Reihe ihrer Ehestiftungen vor unserem Auge p. (vorbeiziehen) lassen (Thieß, Reich 568). **2.** (geh.) *aufgereiht, aufgestellt, zur Schau gestellt sein:* zwischen Unterteil und Oberteil des Küchenschrankes paradierten vier ... Deckeltöpfe (Kuby, Sieg 93); wo er (= der Zinksarg) zwischen umflorten Kandelabern und mannshohen Kerzen paradiert hatte (Th. Mann, Hoheit 85); Ahnenbilder paradierten an den Wänden. **3.** (geh.) *Eindruck zu machen suchen, prunken (2):* mit seinem Wissen p.; Horst habe sich nun sicherlich im Kopf gesetzt, mit dieser Mähne vor seiner Klasse zu p. (Loest, Pistole 174).

Pa|ra|dies, das; -es, -e [mhd. paradis(e), ahd. paradīs < kirchenlat. paradisus < griech. parádeisos = (Tier)park; Paradies, aus dem Pers., eigtl. = Einzäunung, eingezäuntes (Stück Land)]: **1.** ⟨o. Pl.⟩

(Rel.) **a)** *(nach dem Alten Testament) als eine Art schöner Garten mit üppigem Pflanzenwuchs u. friedlicher Tierwelt gedachte Stätte des Friedens, des Glücks u. der Ruhe, die den ersten Menschen von Gott als Lebensbereich gegeben wurde;* Garten Eden: *die Vertreibung des Menschen aus dem P.; ein Leben wie im P.;* **b)** *Bereich des Jenseits als Aufenthalt Gottes u. der Engel, in den die Seligen nach dem Tod aufgenommen werden;* Himmel (2 a): [dereinst] *ins P. kommen, eingehen;* * **das P. auf Erden haben** (↑ Himmel 2 a). **2. a)** *Ort, Bereich, der durch seine Gegebenheiten, seine Schönheit, seine guten Lebensbedingungen o. Ä. alle Voraussetzungen für ein schönes, glückliches, friedliches o. ä. Dasein erfüllt:* diese Südseeinsel ist ein P.; Ja Kinder, das ist also mein kleines P., mein Häusle (Ziegler, Kein Recht 378); **b)** *Eldorado:* ein P. für Angler, Wanderer, Skiläufer. **3.** *Atrium* (2).

-pa|ra|dies, das; -es, -e (häufig emotional): **a)** kennzeichnet in Bildungen mit Substantiven einen Ort, Bereich o. Ä., der als äußerst günstig, als ideal für jmdn. angesehen wird: Ganoven-, Kinderparadies; **b)** kennzeichnet in Bildungen mit Substantiven oder Verben (Verbstämmen) einen Ort, Bereich o. Ä., der als äußerst günstig, als ideal zu tun, etw. zu tun, angesehen wird: Bade-, Einkaufs-, Erholungsparadies; **c)** kennzeichnet in Bildungen mit Substantiven einen Ort, Bereich o. Ä., der als äußerst günstig, als ideal in Bezug auf etw., in Hinsicht auf etw. angesehen wird: Preis-, Ski-, Steuerparadies.

Pa|ra|dies|ap|fel, der [vgl. Paradeiser]: **1.** *(bes. auf der Balkanhalbinsel heimischer) kleiner, rundlicher, wild wachsender Apfel.* **2.** (landsch.) *Tomate.* **3.** (landsch. veraltend) *Granatapfel.*

Pa|ra|dies|fisch, der [vgl. Paradiesvogel (1)]: *kleinerer, zu den Labyrinthfischen gehörender Zierfisch mit prächtiger roter u. blauer bis blaugrüner Zeichnung u. mit lang ausgezogenen Flossen.*

Pa|ra|dies|gärt|lein, das; -s, - (bild. Kunst): *Darstellung Marias mit dem Jesuskind u. Heiligen in einem durch hohe Mauern von der übrigen Welt abgeschlossenen, blumenreichen Garten.*

pa|ra|die|sisch ⟨Adj.⟩: **1.** *das Paradies* (1 a) *betreffend, zu ihm gehörend:* der ursprüngliche, -e Zustand des Menschen. **2.** *in höchstem Maße erfreulich, jmds. Wohlbehagen hervorrufend; herrlich, himmlisch* (2), *wunderbar:* -e Zeiten; ein -es Leben führen; Gaby hat nämlich gerade einen -en Urlaub auf den Seychellen hinter sich (Freizeitmagazin 16, 1978, 44); So spricht es sich allmählich herum, dass dort hinten am Tannberg -e Schneehänge ... darauf warten, gefahren zu werden (Tagesspiegel 20. 10. 85, 46).

Pa|ra|dies|spiel, das (Literaturw.): *geistliches Spiel (des ausgehenden MA.s), das die Erschaffung des Menschen, den Sündenfall u. die Vertreibung aus dem Paradies zum Inhalt hat.*

Pa|ra|dies|vo|gel, der [1: nach dem prächtigen Gefieder]: **1.** *(in den tropischen Regenwäldern Neuguineas u. der Molukken heimischer) großer Singvogel mit prächtigem, buntem Gefieder u. oft sehr langen Schwanzfedern.* **2.** jmd., *der in seiner Umgebung durch ungewöhnliche Ideen, unangepasste Lebensweise, durch ausgefallene Kleidung o. Ä. auffällt:* Dazu allerdings brauche ich tolle Gesprächspartner, skurrile Typen, bunte Paradiesvögel (Hörzu 16, 1984, 13); Die Niedersachsen ... haben mit dem hauptamtlichen DGB-Sekretär ... den ersten P. in ihren Reihen (Spiegel 39, 1984, 29).

Pa|ra|dig|ma, das; -s, ...men, auch: -ta [lat. paradigma < griech. parádeigma, zu: paradeiknýnai = vorzeigen, sehen lassen]: **1.** (bildungsspr.) *Beispiel, Muster; Erzählung mit beispielhaftem Charakter:* »Julia und die Geister« ist das P. einer nicht überwundenen Kritik (Welt 6. 11. 65, Film); Es hat fast den Anschein, als verkörpere Aids genau zum richtigen Zeitpunkt ein neues, langsam gereiftes P. von Krankheit (Kursbuch 88, 1987, 131); Die völlig verfehlte, an animalischen Paradigmen orientierte »moderne« Sexualerziehung (Spiegel 34, 1981, 9). **2.** (Sprachw.) *Gesamtheit der Formen der Flexion eines Wortes, bes. als Muster für Wörter, die in gleicher Weise flektiert werden.* **3.** (Sprachw.) *Anzahl von sprachlichen Einheiten, zwischen denen in einem gegebenen Kontext zu wählen ist* (z. B. er steht hier, dort, oben, unten) *im Unterschied zu Einheiten, die zusammen vorkommen, ein Syntagma bilden* (z. B. er steht dort).

pa|ra|dig|ma|tisch ⟨Adj.⟩: **1.** (bildungsspr.) *ein Modell, Muster darstellend, als Vorbild, Beispiel dienend; modellhaft:* ein Prozess, der nicht nur dadurch, dass er überhaupt stattfand, -e Bedeutung gewann, sondern durch die Einzelheiten, die er enthüllte (Erné, Fahrgäste 148); der -e Fall einer umweltgesteuerten Anpassung (Wieser, Organismen 138); Sein Lebenslauf ist für die Ansiedlung der Intellektuellen in Whitechapel p. (Kisch, Reporter 348). **2.** (Sprachw.) *das Paradigma* (2) *betreffend, zu ihm gehörend; als Paradigma, in einem Paradigma dargestellt:* die -e Darstellung eines Wortes. **3.** *das Paradigma* (3) *betreffend, zu ihm gehörend:* -e Beziehungen sprachlicher Elemente.

Pa|ra|dig|men|wech|sel, der (Wissensch.): **a)** *Wechsel von einer wissenschaftlichen Grundauffassung zu einer anderen;* **b)** *(bes. im New Age) Wechsel von einer rationalistischen zu einer ganzheitlichen Weltsicht.*

Pa|ra|dor, der, auch: das; -s, -e [span. parador = Wirtshaus]: *staatliches spanisches Luxushotel für Touristen.*

pa|ra|dox ⟨Adj.⟩ [(spät)lat. paradoxus < griech. parádoxos, zu: pará = gegen, entgegen u. dóxa = Meinung]: **1.** (bildungsspr.) *einen [scheinbar] unauflöslichen Widerspruch in sich enthaltend; widersinnig, widersprüchlich:* ein -er Satz; eine -e Äußerung; Wenn ich also p. sein darf, möchte ich behaupten, dass die Weltgeschichte früher geschrieben wird,

als sie geschieht (Musil, Mann 977); etw. p. formulieren; In der Tat hatte der lang ersehnte Zusammenbruch des »Dritten Reiches« seine Stimmung – so p. dies im ersten Augenblick scheinen mag – eher auf einem Tiefpunkt anlangen lassen (Reich-Ranicki, Th. Mann 89). **2.** (ugs.) *sehr merkwürdig; ganz u. gar abwegig, unsinnig:* das ist aber eine ziemlich -e Geschichte; hör auf, das ist doch p.!

Pa|ra|dox, das; -es, -e: **1.** (bildungsspr.) *etw., was einen Widerspruch in sich enthält, paradox* (1) *ist:* Es ist ein für viele unerklärliches P.; dass sich immer wieder in Zeiten gemäßigter Regierungen ... der Konflikt zuspitzt (NZZ 20. 8. 83, 5). **2.** (Philos., Stilk.) ↑Paradoxon (2).

Pa|ra|do|xa: Pl. von ↑Paradoxon.

pa|ra|do|xal ⟨Adj.⟩ (bildungsspr.): *paradox* (1).

pa|ra|do|xer|wei|se ⟨Adv.⟩: **1.** (bildungsspr.) *in paradoxer* (1) *Weise:* Paradoxerweise wird nämlich die weltweite Wasserverknappung vor überfluteten Küsten begleitet (natur 2, 1991, 27). **2.** (ugs.) *merkwürdiger-, unsinnigerweise:* er hat sich p. freiwillig für diese Tätigkeit gemeldet.

Pa|ra|do|xie, die; -, -n [griech. paradoxía = Verwunderung über einen paradoxen Sachverhalt] (bildungsspr.): *paradoxer* (1) *Sachverhalt; etw. Widersinniges, Widersprüchliches:* die P. einer Aussage, seiner Handlungsweise.

Pa|ra|do|xi|tät, die; -, -en (bildungsspr. selten): *Paradoxie; das Paradoxsein.*

Pa|ra|do|xon, das; -s, ...xa [spätlat. paradoxon < griech. parádoxon]: **1.** (bildungsspr.) *Paradox* (1): Hunger in den Entwicklungsländern und Überschuss in den nördlichen Ländern sind weder ein P. noch ein »Versagen der Menschheit« ..., sondern ... das Resultat normaler menschlicher Verhaltensweisen (NZZ 19. 8. 83, 35). **2.** (Philos., Stilk.) *scheinbar unsinnige, falsche Behauptung, Aussage (oft in Form einer Sentenz od. eines Aphorismus), die aber bei genauerer Analyse auf eine höhere Wahrheit hinweist.*

Pa|raf|fin, das; -s, -e [zu lat. parum = zu wenig u. affinis = teilnehmend an etw., eigtl. = wenig reaktionsfähiger Stoff]: **1.** *(aus einem Gemisch wasserunlöslicher gesättigter Kohlenwasserstoffe bestehende) farblose bis weiße, wachsartige, weiche od. auch festere Masse, die bes. zur Herstellung von Kerzen, Bohnerwachs, Schuhcreme verwendet wird.* **2.** (meist Pl.) *gesättigter, aliphatischer Kohlenwasserstoff, der je nach Größe u. Form der Moleküle bei Zimmertemperatur als gasförmige, flüssige od. feste Substanz vorkommt.*

pa|raf|fi|nie|ren ⟨sw. V.; hat⟩ (Technik): *mit Paraffin* (1) *behandeln, bearbeiten, beschichten, tränken usw.*

pa|raf|fi|nisch ⟨Adj.⟩: *vorwiegend aus Paraffinen* (2) *bestehend; in der Art der Paraffine.*

Pa|raf|fin|ker|ze, die: *Kerze aus Paraffin* (1).

Pa|raf|fin|öl, das ⟨o. Pl.⟩: *aus Paraffin* (1) *gewonnenes, feines Öl.*

Pa|ra|gam|ma|zis|mus, der; -, ...men

[zu ↑para-, Para- u. ↑Gammazismus] (Med., Psych.): *Sprechstörung, bei der anstelle der Kehllaute g u. k die Laute d u. t ausgesprochen werden.*

Pa|ra|ge|ne|se, Pa|ra|ge|ne|sis, die; - (Geol.): *gesetzmäßiges Nebeneinandervorkommen bestimmter Minerale in Gesteinen.*

pa|ra|ge|ne|tisch ⟨Adj.⟩ (Geol.): *die Paragenese betreffend.*

Pa|ra|geu|sie, die; -, -n [zu ↑para-, Para- u. griech. geûsis = Geschmack] (Med.): *schlechter Geschmack im Mund; abnorme Geschmacksempfindung.*

Pa|ra|gi|tats|li|nie, die; -, -n (hist.): *mit einem Paragium abgefundene Nebenlinie eines regierenden Hauses* (3).

Pa|ra|gi|um, das; -s, ...ien [mlat. paragium, zu lat. par = gleich(kommend)] (hist.): *Abfindung nachgeborener Prinzen (mit Liegenschaften, Landbesitz).*

Pa|ra|glei|ter, der: *Gleitschirm.*

Pa|ra|gli|ding [...glaɪdɪŋ], das; -s [engl., zu: para- (< griech. pará, ↑para-, Para-), in Zus. kurz für: parachute = Fallschirm u. to glide = segelfliegen]: *das Fliegen von Berghängen mit einem Gleitschirm; Gleitschirmfliegen, Gleitsegeln.*

Pa|ra|gneis, der; -es, -e [zu ↑para-, Para- u. ↑Gneis] (Geol.): *aus Sedimentgesteinen hervorgegangener Gneis.*

Pa|ra|gno|sie, die; -, -n [zu griech. gnôsis = (Er)kenntnis] (Psych.): *außersinnliche Wahrnehmung.*

Pa|ra|gnost, der; -en, -en [zu griech. gnôstēs = Zeuge] (Parapsych.): *Medium mit hellseherischen Fähigkeiten.*

Pa|ra|gramm, das; -s, -e [spätlat. paragramma < griech. parágramma, aus: pará (↑para-, Para-) u. grámma = Buchstabe]: *Änderung von Buchstaben in einem Wort od. Namen, wodurch ein scherzhaft-komischer Sinn entstehen kann* (z. B. Biberius [= Trunkenbold, von lat. bibere = trinken] statt Tiberius).

Pa|ra|gram|mal|tis|mus, der; -, ...men (Med., Psych.): *Sprechstörung, die den Zerfall des Satzbaues zur Folge hat.*

Pa|ra|graph, der; -en, -en [mhd. paragraf = Zeichen, Buchstabe < spätlat. paragraphus < griech. parágraphos = Zeichen am Rande der antiken Buchrolle, zu: paragráphein = danebenschreiben]: **a)** *mit dem Paragraphzeichen u. der Zahl einen fortlaufenden Nummerierung gekennzeichneter Abschnitt, Absatz im Text von Gesetzbüchern, formellen Schriftstücken, Verträgen, wissenschaftlichen Werken o. Ä.:* ein umstrittener, verstaubter, nicht mehr zeitgemäßer P.; ein P. der Straßenverkehrsordnung; einen -en genau kennen; einen -en [in der Hausordnung] ändern, beseitigen, abschaffen; der Wortlaut eines -en; gegen einen -en verstoßen; ⟨ungebeugt u. o. Art. vor Zahlen:⟩ P. siebenundvierzig besagt, dass ein Ehegatte die Scheidung begehren kann, wenn der andere die Ehe gebrochen hat (Schwaiger, Wie kommt 161); gegen P. 1 der Straßenverkehrsordnung verstoßen; nach P. 8; das steht in P. 2, ist unter P. 2 zu lesen; ⟨aber mit Art.:⟩ Aber da gab es ein Schlupfloch: den -en 6 b des Einkom-

mensteuergesetzes (Spiegel 43, 1984, 26); das steht in den -en 6, 8, 11 u. 12 BGB; Zeichen: §; **b)** *Paragraphzeichen.*

Pa|ra|gra|phen|di|ckicht, das (abwertend): *(in Verträgen, Gesetzestexten o. Ä.) gehäufte Anzahl von Paragraphen, Vorschriften o. Ä., die bes. für den Laien verwirrend, nicht einsehbar sind.*

Pa|ra|gra|phen|dschun|gel, der, selten: das (abwertend): *Paragraphendickicht.*

Pa|ra|gra|phen|ge|strüpp, das (abwertend): *Paragraphendickicht.*

Pa|ra|gra|phen|hengst, der (salopp abwertend): *Jurist, Rechtsgelehrter.*

Pa|ra|gra|phen|la|by|rinth, das (abwertend): *Paragraphendickicht.*

Pa|ra|gra|phen|rei|ter, der (abwertend): *jmd., der sich in übertriebener, pedantischer Weise nur nach Vorschriften, Weisungen, Gesetzen richtet.*

Pa|ra|gra|phen|rei|te|rin, die: w. Form zu ↑Paragraphenreiter.

Pa|ra|gra|phen|zei|chen, das: *Paragraphzeichen.*

Pa|ra|gra|phie, die; -, -n [zu griech. pará = gegen u. gráphein = schreiben] (Med.): *Störung des Schreibvermögens, bei der Buchstaben, Silben od. Wörter vertauscht werden.*

pa|ra|gra|phie|ren ⟨sw. V.; hat⟩: *in Paragraphen einteilen.*

Pa|ra|gra|phie|rung, die; -, -en: *das Paragraphieren.*

Pa|ra|graph|zei|chen, das; -s, -: *Zeichen, das in Verbindung mit einer Zahl einen Paragraphen* (a) *kennzeichnet* (Zeichen: §, bei zwei u. mehr Paragraphen: §§).

¹Pa|ra|gu|ay, der; -[s]: *rechter Nebenfluss des Paraná.*

²Pa|ra|gu|ay; -s: *Staat in Südamerika.*

Pa|ra|gu|a|yer, der; -s, -: Ew.

Pa|ra|gu|a|ye|rin, die; -, -nen: w. Form zu ↑Paraguayer.

pa|ra|gu|a|yisch ⟨Adj.⟩: *Paraguay, die Paraguayer betreffend; aus Paraguay stammend.*

Pa|ra|gum|mi, der; -s: *Parakautschuk.*

Pa|ra|hi|dro|se, die; -, -n [zu ↑para-, Para- u. ↑Hidrose] (Med.): *Absonderung eines nicht normal beschaffenen Schweißes.*

pa|ra|karp ⟨Adj.⟩ [zu ↑para-, Para- u. griech. karpós = Frucht] (Bot.): *(vom Fruchtknoten bzw. Gynäzeum 2 einer Pflanze) nicht durch echte Scheidewände gefächert.*

Pa|ra|kaut|schuk, der; -s [nach der bras. Stadt Pará]: *aus dem Parakautschukbaum gewonnener Naturkautschuk.*

Pa|ra|kaut|schuk|baum, der; -[e]s, ...bäume: *zu den Wolfsmilchgewächsen gehörender, tropischer Baum, aus dessen Milchsaft Kautschuk gewonnen wird.*

Pa|ra|ke|ra|to|se, die; -, -n [zu ↑para-, Para- u. ↑Keratose] (Med.): *Keratose, bei der es zur Schuppenbildung kommt.*

Pa|ra|ki|ne|se, die; -, -n [zu griech. pará = gegen u. kínēsis = Bewegung] (Med.): *Störung in der Koordination einzelner Muskeln, die zu unharmonischen Bewegungsabläufen führt.*

Pa|ra|kla|se, die; -, -n [zu griech. pará =

entlang u. klásis = Bruch] (Geol.): *zum Spalt erweiterte Fuge im Gestein.*

Pa|ra|klet, der; -[e]s u. -en, -e[n] [kirchenlat. paracletus = Beistand < griech. paráklētos] (Theol.): *Helfer, Fürsprecher vor Gott, bes. der Heilige Geist.*

Pa|rak|me, die; -, -en [griech. parakmḗ = Zeit des Abnehmens der Kräfte im Alter, zu: akmḗ, ↑Akme] (Biol.): *in der Stammesgeschichte das Ende der Entwicklung einer Organismengruppe.*

Pa|ra|ku|sie, die; -, -n, **Pa|ra|ku|sis,** die; -, ...uses [...ze:s; griech. parákousis = das Verhören, zu: parakoúein = falsch hören, sich verhören, eigtl. = daneben hören, zu: pará (↑para-, Para-) u. akoúein = hören] (Med., Psych.): *Störung der akustischen Wahrnehmung, falsches Hören.*

Pa|ra|la|lie, die; - [zu ↑para-, Para- u. griech. laleîn = (viel) reden] (Med.): *Form der Paraphasie, bei der es zu Verwechslungen u. Entstellungen der Laute kommt.*

Pa|ra|le|xie, die; -, -n [zu griech. léxis = Wort] (Med., Psych.): *Störung des Lesevermögens, bei der die gelesenen Wörter mit anderen verwechselt werden.*

Par|al|ge|sie, die; -, -n [zu ↑para-, Para- u. ↑Algesie] (Med.): *Störung der Schmerzempfindung, bei der Schmerzreize als angenehm empfunden werden.*

Par|al|gie, die; -, -n [zu griech. álgos = Schmerz] (Med.): *Paralgesie.*

pa|ra|lin|gu|al ⟨Adj.⟩ [zu pará ↑para-, Para- u. ↑lingual] (Sprachw.): *(von Lauten) durch Artikulationsorgane hervorgebracht, aber keine sprachliche Funktion ausübend.*

Pa|ra|lin|gu|is|tik, die; -: *Zweig der Linguistik, der Erscheinungen untersucht, die das menschliche Sprachverhalten begleiten od. mit ihm verbunden sind, ohne im engeren Sinne sprachlich zu sein* (z. B. Sprechintensität, Mimik).

pa|ra|lin|gu|is|tisch ⟨Adj.⟩: *die Paralinguistik betreffend, zu ihr gehörend.*

Pa|ra|li|po|me|non, das; -s, ...na ⟨meist Pl.⟩ [griech. paralipómenon, zu: paraleípein = auslassen] (Literaturw.): *Ergänzung, Nachtrag.*

Pa|ra|li|pho|bie, die; - [zu griech. paraleípein (↑Paralipomenon) u. ↑Phobie] (Psych.): *Zwangsvorstellung, dass die Unterlassung bestimmter Handlungen Unheil bringe.*

Pa|ra|lip|se, die; -, -n [griech. paráleipsis = das Unterlassen] (Rhet.): *rhetorische Figur, die darin besteht, dass man etw. durch die Erklärung, es übergehen zu wollen, nachdrücklich hervorhebt.*

pa|ra|lisch ⟨Adj.⟩ [zu griech. páralos = Küstennähe] (Geol.): *in Küstennähe entstanden od. abgelagert:* -e Kohle.

pa|ral|lak|tisch ⟨Adj.⟩ (Physik, Astron., Fot.): *die Parallaxe betreffend, zu ihr gehörend, auf ihr beruhend.*

Pa|ral|la|xe, die; -, -n [griech. parállaxis = Vertauschung, Abweichung, zu: parallássein = vertauschen]: **1.** (Physik) *Winkel, der entsteht, wenn ein Objekt von zwei verschiedenen Standorten aus betrachtet wird, u. der als scheinbare Verschiebung des Objekts vor dem Hinter-*

grund zu beobachten ist. **2.** (Astron.) *Entfernung eines Gestirns, die mithilfe der Parallaxe* (1) *gemessen wird.* **3.** (Fot.) *Unterschied zwischen dem Ausschnitt eines Bildes im Sucher u. auf dem Film, der durch die von Sucher u. Objektiv gebildete Parallaxe* (1) *entsteht.*

Pa|ral|la|xen|aus|gleich, der (Fot.): *Einrichtung an fotografischen Suchern zum Ausgleich der Parallaxe* (1).

pa|ral|lel ⟨Adj.⟩ [lat. parallelus < griech. parállēlos, zu: pará = entlang, neben, bei u. allēlōn = einander]: **1.** *in gleicher Richtung u. in gleichem Abstand neben etw. anderem verlaufend, an allen Stellen in gleichem Abstand nebeneinander [befindlich]:* -e Linien, Kurven, Geraden, Straßen; ein -es Gleis; die Wege sind, verlaufen p.; die Bahn läuft mit der/zur Straße p.; p. laufende Geraden, Linien; *nach den Gesetzen der Logik ist p. nur, was in alle Ewigkeit p. ist, und wenn es das nicht ist, dann war es von Anfang an nicht p.* (Stern, Mann 130). **2.** *gleichzeitig in gleicher, ähnlicher Weise neben etw. anderem [vorhanden, erfolgend, geschehend]:* -e Entwicklungen, Interessen; zwei -e Handlungen in einem Roman; *zu dieser Ausbildung nahm sie Schauspielunterricht;* p. laufende Entwicklungen; Widerstände p. schalten (Elektrot.; *in einer Parallelschaltung verbinden; nebenschalten, nebeneinander schalten*); Die britische Währung sank p. zu fallenden Ölpreisen (NZZ 27. 1. 83, II); dass die deutsche Übersetzung fast p. zur englischen Originalausgabe auf den Markt kam (Szene 8, 1985, 30); Zum ersten Prozess läuft ein zweiter p. (Brot und Salz 405). **3.** (Musik) *im gleichen Intervallabstand fortschreitend.*

Pa|ral|le|le, die; -, -n ⟨aber: zwei -[n]⟩ [wohl unter Einfluss von frz. parallèle zu lat. parallelus, ↑ parallel]: **1.** (Math.) *Gerade, die zu einer anderen Geraden in stets gleichem Abstand verläuft; parallele* (1) *Gerade:* zu einer Geraden die P. ziehen; der Schnittpunkt zweier -n liegt im Unendlichen. **2.** *etw., was gleichartig, ähnlich geartet ist; parallel* (2) *gelagerter Fall:* eine geschichtliche, biologische, interessante, verblüffende, vergleichbare P.; So entsteht, baulich gesehen, eine profane P. zum Kloster (Bild. Kunst III, 38); die P. zur Gegenwart drängt sich hier geradezu auf; der Fall ist ohne P. in der Geschichte; ***** *jmdm., etw. mit jmdm., etw. in P. bringen/setzen/stellen* (jmdn., etw. mit jmdm., einer Sache vergleichen, jmdn., einer Sache vergleichend gegenüberstellen). **3.** (Musik) *auf- od. abwärts führende Bewegung einer Stimme mit einer anderen in gleich bleibenden Intervallen.*

Pa|ral|le|len|axi|om, das ⟨o. Pl.⟩ (Math.): *auf Euklid zurückgehender geometrischer Grundsatz, nach dem es zu einer gegebenen Geraden durch einen nicht auf ihr gelegenen Punkt nur eine Parallele gibt.*

Pa|ral|lel|ent|wick|lung, die: *gleichzeitig, in gleicher, ähnlicher Weise verlaufende Entwicklung.*

Pa|ral|lel|epi|ped [...pe:t], das; -[e]s, -e, **Pa|ral|lel|epi|pe|don,** das; -s, ...da u.

...peden [zu griech. epípedon = Fläche] (Math.): *Parallelflach.*

Pa|ral|lel|er|schei|nung, die: *parallele* (2) *Erscheinung* (1).

Pa|ral|lel|fall, der: *paralleler* (2) *Fall.*

Pa|ral|lel|flach, das (Math.): *Körper, dessen Oberfläche von sechs Parallelogrammen gebildet wird, von denen je zwei kongruent sind u. in parallelen Ebenen liegen.*

pa|ral|le|li|sie|ren ⟨sw. V.; hat⟩: *in Parallele* (2) *bringen; vergleichend nebeneinander stellen:* J. G. Fichte, den Heine treffend mit Napoleon parallelisierte (Sloterdijk, Kritik 59).

Pa|ral|le|lis|mus, der; -, ...men: **1.** *Übereinstimmung, gleichartige Beschaffenheit, genaue Entsprechung:* ein P. in der Entwicklung der beiden Völker. **2.** (Sprachw., Stilk.) *semantisch-syntaktisch gleichmäßiger Bau von Satzgliedern, Sätzen, Satzfolgen.*

Pa|ral|le|li|tät, die; -, -en: **1.** ⟨o. Pl.⟩ (Math.) *Eigenschaft paralleler Geraden.* **2.** *parallele* (2), *gleichartige Beschaffenheit, das Parallel-, Gleichartigsein:* die P. der Ereignisse; Unsere »eiserne Regel« der P. von währungs- und wirtschaftspolitischen Maßnahmen war immerhin bestätigt worden (W. Brandt, Begegnungen 358).

Pa|ral|lel|klas|se, die: *Klasse des gleichen Jahrgangs in einer Schule:* ihre Freundin geht in die P.

Pa|ral|lel|klem|me, die (Technik): *Froschklemme.*

Pa|ral|lel|kreis, der (Geogr.): *Breitenkreis.*

pa|ral|lel lau|fend: s. parallel (1).

Pa|ral|lel|li|nie, die: *parallel laufende Linie.*

Pa|ral|lel|lo, der; -[s], -s [ital. parallelo, eigtl. = parallel] (veraltet): *Pullover mit angeschnittenen Ärmeln u. mit durchgehend quer verlaufenden Rippen.*

Pa|ral|le|lo|gramm, das; -s, -e [spätlat. parallelogrammum < griech. parallēlógrammon, zu: parállēlos (↑ parallel) u. grammḗ = Linie] (Math.): *Viereck, bei dem je zwei sich gegenüberliegende Seiten parallel u. gleich lang sind.*

Pa|ral|lel|pro|jek|ti|on, die (Math.): *zeichnerische Darstellung eines räumlichen Gebildes auf einer Ebene durch parallele Strahlen.*

pa|ral|lel schal|ten: s. parallel (2).

Pa|ral|lel|schal|tung, die (Elektrot.): *elektrische Schaltung, bei der jedes Element der Schaltung (Stromquelle, Widerstand, Kondensator o. Ä.) an die gleiche Spannung angeschlossen ist.*

Pa|ral|lel|schwung, der (Ski): *Schwung, der mit parallel geführten Skiern gefahren wird.*

Pa|ral|lel|sla|lom, der (Sport): *Slalom, bei dem zwei Läufer auf zwei parallelen Strecken gleichzeitig starten.*

Pa|ral|lel|stra|ße, die: *zu einer Straße parallel verlaufende Straße, bes. in einer Ortschaft.*

Pa|ral|lel|ton|art, die (Musik): *Molltonart mit den gleichen Vorzeichen wie die entsprechende Durtonart bzw. Durtonart mit den gleichen Vorzeichen wie die ent-*

sprechende Molltonart (z. B. C-Dur u. a-Moll).

Pa|ra|lo|gie, die; -, -n [1: zu griech. paralógōs (Adv.) = auf unvernünftige Art; 2: zu ↑ para-, Para- u. griech. lógos = Wort, Rede]: **1.** (bildungsspr.) *Vernunftwidrigkeit.* **2.** (Med., Psych.) *Gebrauch falscher Wörter beim Bezeichnen von Gegenständen, das Vorbeireden an einer Sache, Verfehlen eines Problems aus Konzentrationsmangel.*

Pa|ra|lo|gis|mus, der; -, ...men [griech. paralogismós, aus: pará = gegen u. logismós, ↑ Logismus] (Logik): *auf einem Denkfehler beruhender Fehlschluss.*

Pa|ra|lo|gis|tik, die; - (Logik): *Verwendung von Trugschlüssen.*

Pa|ra|lym|pics [pærəˈlɪmpɪks] ⟨Pl.⟩ [engl. Paralympics, zusgez. aus: **para**plegic = doppelseitig gelähmt; paraplegisch; Paraplegiker u. (the) **Olympics** = Olympische Spiele]: *Olympiade für Behindertensportler.*

Pa|ra|ly|se, die; -, -n [mhd. paralis, parlys < lat. paralysis < griech. parálysis, eigtl. = Auflösung, zu: paralýein = (auf)lösen; lähmen] (Med.): *vollständige motorische* (1) *Lähmung von Muskeln:* eine P. der Beine; progressive P. *(fortschreitende Gehirnerweichung als Folge der Syphilis);* Ü die fortschreitende P. dieses Hauses (Plievier, Stalingrad 304).

pa|ra|ly|sie|ren ⟨sw. V.; hat⟩: **1.** (Med.) *bei jmdm., etw. zu einer Paralyse führen; lähmen:* etw. Gift hatte ihn, seine Gliedmaßen vollständig paralysiert; Bei Befreiungsversuchen sollten Stromschläge das Opfer (SZ 21. 6. 97, 29); Ü Rebecca wirkte in ihren Antworten wie paralysiert (Rolf Schneider, November 171). **2.** (bildungsspr.) *handlungsunfähig, unwirksam machen, völlig zerrütten u. ausschalten:* der Generalstreik hatte den Staat paralysiert; So paralysiert das Element der Angst schließlich alle Möglichkeiten einer spontanen und kreativen Weiterentfaltung der Gruppe (Richter, Flüchten 77).

Pa|ra|ly|ti|ker, der; -s, - (Med.): *jmd., der an einer Paralyse leidet.*

Pa|ra|ly|ti|ke|rin, die; -, -nen: w. Form zu ↑ Paralytiker.

pa|ra|ly|tisch ⟨Adj.⟩ (Med.): *die Paralyse betreffend, durch sie ausgelöst, an ihr leidend.*

pa|ra|ma|gne|tisch ⟨Adj.⟩ [aus griech. pará = über − hinaus u. ↑ magnetisch] (Physik): *Paramagnetismus aufweisend.*

Pa|ra|ma|gne|tis|mus, der; - (Physik): *Eigenschaft bestimmter Stoffe, beim Eintritt in ein Magnetfeld ihre Magnetisierung zu verstärken.*

Pa|ra|ma|ri|bo: Hauptstadt von ¹Suriname.

Pa|ra|me|di|zin, die; - [zu ↑ para-, Para-]: *von der Schulmedizin abweichende Lehre in Bezug auf die Erkennung u. Behandlung von Krankheiten.*

Pa|ra|me|di|zi|ner, der; - (Med.): *jmd., der Paramedizin betreibt, auf paramedizinischem Gebiet tätig ist:* Um nicht in die kopfstarke Mannschaft der P. und Scharlatane eingereiht zu werden ... (Spiegel 13, 1992, 249).

Pa|ra|me|di|zi|ne|rin, die: w. Form zu ↑ Paramediziner.

pa|ra|me|di|zi|nisch ⟨Adj.⟩: *die Paramedizin betreffend, auf ihr beruhend, zu ihr gehörend:* das Interesse der Deutschen an -en Heilweisen (Spiegel 49, 1985, 83).

Pa|ra|ment, das; -[e]s, -e ⟨meist Pl.⟩ [mlat. paramentum, zu lat. parare, ↑ ¹parieren]: *im christlichen Gottesdienst gebrauchter Gegenstand, der zu den liturgischen Gewändern u. Insignien, zur Ausstattung des gottesdienstlichen Raumes gehört.*

Pa|ra|men|tik, die; -: **1.** *wissenschaftliche Paramentenkunde.* **2.** *Kunst der Paramentenherstellung.*

Pa|ra|me|ren ⟨Pl.⟩ [zu griech. pará (↑ para-, Para-) u. méros = Teil] (Zool.): *spiegelbildlich gleiche Hälften bilateralsymmetrischer Tiere.*

Pa|ra|me|ter, der; -s, - [zu ↑ para-, Para- u. ↑ -meter (3)]: **1.** (Math.) **a)** *in Funktionen u. Gleichungen neben den eigentlichen Variablen auftretende, entweder unbestimmt gelassene od. konstant gehaltene Größe;* **b)** *bei Kegelschnitten im Brennpunkt die Hauptachse senkrecht schneidende Sehne.* **2.** (bes. Technik) *in technischen Prozessen o. Ä. kennzeichnende Größe, mit deren Hilfe Aussagen über Aufbau, Leistungsfähigkeit von etw., z. B. einer Maschine, eines Gerätes o. Ä., gewonnen werden:* Strömungszustand und Relativgeschwindigkeit ... müssen als P. in die Beurteilung einbezogen werden (CCI 9, 1986, 53); Somatische Kriterien und labortechnisch erfassbare P. stehen im Vordergrund des medizinischen Alltags (NNN 16. 7. 82, 12). **3.** (Wirtsch.) *veränderliche Größe wie Zeit, Materialkosten o. Ä., durch die ein ökonomischer Prozess beeinflusst wird:* Will man von einem Produkt sagen, es sei eine Weltspitzenleistung, so muss dieser Anspruch anhand unterschiedlichster P. belegt werden (NNN 4. 9. 86, 5). **4.** (Musik) *einzelne Dimension im Bereich musikalischer Wahrnehmung wie Tonhöhe, Lautstärke, Klangdichte, Klangfarbe:* Mit Klangraum, Klangdichte, Farbe verhält es sich ähnlich: In allen -n äußerstes Zurückgenommensein (Melos 3, 1984, 3).

pa|ra|me|tran ⟨Adj.⟩ [zu ↑ Parametrium] (Med.): *im Parametrium gelegen.*

pa|ra|me|tri|sie|ren ⟨sw. V.; hat⟩ [zu ↑ Parameter]: *mit einem Parameter versehen.*

Pa|ra|me|tri|sie|rung, die; -, -en: *das Parametrisieren.*

Pa|ra|me|tri|tis, die; ..., ...iti̱den (Med.): *Entzündung des Prametriums.*

Pa|ra|me|tri|um, das; -s [zu ↑ para-, Para- u. griech. me̱tra = Gebärmutter] (Med.): *die Gebärmutter umgebendes Bindegewebe im Becken* (2 c).

pa|ra|mi|li|tä|risch ⟨Adj.⟩ [zu ↑ para-, Para- u. ↑ militärisch]: *dem ¹Militär ähnlich, halbmilitärisch:* eine -e Organisation, Maschinengewehre und Handgranaten seien als p. einzustufen und für gezielte Polizeieinsätze ungeeignet (Saarbr. Zeitung 18. 12. 79, 21).

Pa|ra|mi|mie, die; - [zu ↑ para-, Para- u.

griech. mimeĩsthai = nachahmen] (Psych.): *Missverhältnis zwischen einem seelischen Affekt u. der entsprechenden Mimik.*

Pa|ra|mne|sie, die; -, -n [zu griech. pará = über – hinaus u. mne̱sis = Erinnerung] (Med., Psych.): *Gedächtnisstörung, bei der der Patient glaubt, sich an Ereignisse zu erinnern, die überhaupt nicht stattgefunden haben.*

Pa|ra|mo, der; -[s], -s [span. páramo = Ödland]: *durch Grasfluren gekennzeichneter Vegetationstyp über der Baumgrenze der tropischen Hochgebirge Süd- u. Mittelamerikas.*

Pa|ra|my|thie, die; -, -n [griech. paramythía = das Zureden; Ermunterung, Ermahnung]: *(von Herder eingeführte) Dichtungsart, die mit Darstellungen aus alten Mythen eine ethische od. religiöse Wahrheit ausspricht.*

Pa|ra|ná [...'na], der; -[s]: Fluss in Südamerika.

Pa|ra|ne|se, die; -, -n [spätlat. paraenesis < griech. paraínesis = Ermahnung] (bildungsspr.): *ermahnende Rede od. Schrift; ermahnender od. ermunternder Teil einer Predigt od. eines Briefes.*

pa|rä|ne|tisch ⟨Adj.⟩ (bildungsspr.): **1.** *die Paränese betreffend, in der Art einer Paränese.* **2.** *ermahnend.*

Pa|rang, der; -s, -s [malai.]: *malaiisches Buschmesser.*

Pa|ra|noia, die; - [griech. paránoia = Torheit; Wahnsinn, zu: pará = neben u. noũs = Verstand] (Med.): *sich in bestimmten Wahnvorstellungen äußernde Geistesgestörtheit:* er leidet an P.; Ü nicht die Strategie der großen Verweigerung stürzt das System in P. (B. Vesper, Reise 486).

pa|ra|no|id ⟨Adj.⟩ [zu griech. -oeide̱s = ähnlich] (Med.): *der Paranoia ähnlich; wahnhaft:* -e Zustände.

Pa|ra|no|i|ker, der; -s, - (Med.): *jmd., der an einer Paranoia leidet:* Ein P. wieder, der die Welt als dauernde Bedrohung empfindet, wird stets nach Anzeichen einer potenziellen Gefahr ... Ausschau halten (Dunkell, Körpersprache 60).

Pa|ra|no|i|ke|rin, die; -, -nen: w. Form zu ↑ Paranoiker.

pa|ra|no|isch ⟨Adj.⟩ (Med.): *die Paranoia betreffend, auf ihr beruhend, zu ihrem Erscheinungsbild gehörend; geistesgestört, verwirrt.*

Pa|ra|no|is|mus, der; - (Med.): *Form des Verfolgungswahns.*

Pa|ra|no|mie, die; -, -n [griech. paranomía, zu: pará = neben u. nómos = Gesetz] (veraltet): *Gesetzwidrigkeit.*

pa|ra|nor|mal ⟨Adj.⟩ [aus griech. pará = über – hinaus u. ↑ normal] (Parapsych.): *nicht auf natürliche Weise erklärbar; übersinnlich:* -e Fähigkeiten, Wahrnehmungen; Klaus Eckstein berichtet über -e Heilungen in Brasilien (Spiegel 46, 1985, 312).

Pa|ran|throp|us, der; -, ...pi [zu griech. pará = neben u. ánthrōpos = Mensch]: *südafrikanischer, robust gebauter Urmensch mit bes. kräftigem Gebiss u. relativ kleinem Hirnschädel.*

Pa|ra|nuss, die; -, ...nüsse [nach der

bras. Stadt Pará (Ausfuhrhafen)]: *dreikantige Nuss des Paranussbaums.*

Pa|ra|nuss|baum, der: *(in den Regenwäldern Südamerikas heimischer) sehr hoher Baum mit dicken, holzigen Kapselfrüchten, die als Samen die Paranüsse enthalten.*

Pa|ra|pett, das; -s, -s [ital. parapetto, zu: parare = schützen (< lat. parare = bereiten, sich zu etw. rüsten) u. petto < lat. pectus = Brust] (hist.): *Brustwehr eines Walles.*

Pa|raph, der; -s, -e (bildungsspr. selten): *Paraphe.*

Pa|ra|pha|ge, der; -n, -n [zu griech. pará = neben u. phage̱in = essen, fressen] (Zool.): *Tier, das auf einem anderen Tier od. in dessen nächster Umgebung lebt, ohne diesem zu nützen od. zu schaden.*

Pa|ra|pha|sie, die; -, -n [zu griech. pará = neben u. phásis = das Sprechen] (Med.): *Sprechstörung, bei der es zur Vertauschung von Wörtern, Silben od. Lauten kommt.*

Pa|ra|phe, die; -, -n [frz. paraphe, Nebenf. von: paragraphe < spätlat. paragraphus = Paragraph] (bildungsspr.): *Namenszug, -zeichen, -stempel, mit dem jmd. etw. als gesehen kennzeichnet, unterzeichnet o. Ä.:* Die Unterhändler setzten ihre -n unter das Verhandlungswerk (Welt 28. 7. 79, 3).

Pa|ra|pher|na|li|en ⟨Pl.⟩ [mlat. paraphernalia (bona), Neutr. Pl. von: paraphernalis < griech. parápherna, zu: pará = neben, über – hinaus u. phernḗ = Mitgift, Ausstattung, 2: engl. paraphernalia (Sg.)]: **1.** (Rechtsspr. veraltet) *außer der Mitgift einer Ehefrau gehörendes Sondervermögen einer Frau.* **2.** (bildungsspr.) **a)** *persönlicher Besitz;* **b)** *Zubehör, Ausrüstung.*

pa|ra|phie|ren ⟨sw. V.; hat⟩ [frz. parapher, zu: paraphe, ↑ Paraphe] (bildungsspr.): *mit der Paraphe versehen, abzeichnen, bes. im diplomatischen Dokument, einen Vertrag o. Ä. als Bevollmächtigter vorläufig unterzeichnen:* Im Plan der Sportveranstaltungen ..., den beide Delegationsleiter paraphierten, sind 112 Veranstaltungen ... vorgesehen (NNN 9. 12. 88, 4).

Pa|ra|phie|rung, die; -, -en (bildungsspr.): *das Paraphieren.*

pa|ra|phil ⟨Adj.⟩ (Psych.): *die Paraphilie betreffend, für sie charakteristisch.*

Pa|ra|phi|lie, die; -, -n [zu ↑ para-, Para- u. griech. philía = Liebe] (Psych.): *Verhaltensweise, die von der Form der von einer bestimmten Gesellschaft als normal angesehenen sexuellen Beziehung od. Betätigung abweicht.*

Pa|ra|pho|nie, die; -, -n [zu griech. phonḗ = Laut]: **1.** (Musik) **a)** *in der antiken Musiklehre die Intervalle der Quinte u. Quarte;* **b)** *das Singen in parallelen Quinten u. Quarten.* **2.** (Med.) *Veränderung des Stimmklangs* (z. B. im Stimmbruch).

Pa|ra|pho|re, die; -, -n ⟨meist Pl.⟩ [zu griech. paráphoros = vom rechten Wege seitab geführt, fortgerissen, abirrend, zu: pará (↑ para-, Para-) u. phoreĩn = tragen] (Geol.): *weite Horizontalverschiebung großer Schollen der Erdkruste.*

Pa|ra|phra|se, die; -, -n [lat. paraphrasis < griech. paráphrasis, zu: paraphrázein = umschreiben]: **1.** (Sprachw.) **a)** *Umschreibung eines sprachlichen Ausdrucks mit anderen Wörtern od. Ausdrücken:* In Anlehnung an den alten Amery begann Sellmann mit einer scherzhaften P. über seinen Vornamen (Bieler, Mädchenkrieg 118); **b)** *freie, nur sinngemäße Übertragung in eine andere Sprache.* **2.** (Musik) *ausschmückende Bearbeitung einer Melodie o. Ä.*

Pa|ra|phra|sie, die; -, -n (Med.): **1.** *Paraphasie.* **2.** *bei Geisteskrankheiten vorkommende Sprachstörung, die sich bes. in Wortneubildungen u. -abwandlungen äußert.*

pa|ra|phra|sie|ren ⟨sw. V.; hat⟩: **1.** (Sprachw.) **a)** *(einen sprachlichen Ausdruck) mit anderen Wörtern od. Ausdrücken umschreiben;* **b)** *(ein Wort, einen Text) frei, nur sinngemäß in eine andere Sprache übertragen, sinngemäß, nicht wortwörtlich wiederholen:* Tatsächlich wird in der zweiten Episode das, was wir aus der ersten schon wissen, paraphrasiert und mit neuen Beispielen illustriert (Reich-Ranicki, Th. Mann 96). **2.** (Musik) *(eine Melodie o. Ä.) ausschmücken, ausschmückend bearbeiten.*

Pa|ra|phra|sis, die; -, ...asen (veraltet): *Paraphrase.*

Pa|ra|phrast, der; -en, -en [griech. paraphrastḗs] (veraltet): *jmd., der einen Text paraphrasiert (1); Verfasser einer Paraphrase (1).*

pa|ra|phras|tisch ⟨Adj.⟩: *in der Art einer Paraphrase.*

Pa|ra|phre|nie, die; -, -n [zu ↑para-, Para- u. griech. phrḗn (Gen.: phrenós) = Zwerchfell; Geist, Gemüt] (Med.): *leichte Form der Schizophrenie, die durch das Auftreten von paranoiden Wahnvorstellungen gekennzeichnet ist.*

Pa|ra|phro|sy|ne, die; - [griech. paraphrosýnē = Verrücktheit, Wahnsinn] (Med.): *Fieberwahn.*

Pa|ra|phy|se, die; -, -n ⟨meist Pl.⟩ [griech. paráphysis = Nebenschössling] (Bot.): **1.** *sterile Zelle in den Fruchtkörpern vieler Pilze.* **2.** *haarähnliche Zelle bei Farnen u. Moosen.*

Pa|ra|phy|sik, die; - [zu ↑para-, Para- u. ↑Physik] (Parapsych.): *Teilgebiet der Parapsychologie, das sich mit physikalischen Vorgängen beschäftigt, die anscheinend mit Naturgesetzen nicht vereinbar sind.*

Pa|ra|pla|sie, die; -, -n [zu griech. plásis = Bildung] (Med.): *Fehlbildung.*

Pa|ra|plas|ma, das; -s, ...men [aus griech. pará = neben u. ↑Plasma] (Biol.): *Deutoplasma.*

Pa|ra|ple|gie, die; -, -n [zu griech. plēgḗ = Schlag] (Med.): *doppelseitige Lähmung.*

pa|ra|ple|gisch ⟨Adj.⟩ (Med.): *an Paraplegie leidend; auf Paraplegie beruhend, mit ihr zusammenhängend.*

Pa|ra|pluie, der [...'plỵ:], der, auch: das; -s, -s [frz. parapluie, aus griech. pará = gegen u. frz. pluie = Regen] (veraltet, noch scherzh.): *Regenschirm:* seinen P. aufspannen; den P. können wir zu Hause lassen.

pa|ra|pneu|mo|nisch ⟨Adj.⟩ [zu ↑para-, Para- u. ↑pneumonisch] (Med.): *im Verlauf einer Lungenentzündung als Begleitkrankheit auftretend (z. B. von einer Rippenfellentzündung).*

Pa|ra|po|di|um, das; -s, ...ien [zu griech. poús (Gen.: podós) = Fuß] (Zool.): **1.** *Stummelfuß der Borstenwürmer.* **2.** *seitlicher Lappen* (3 a) *der Flossenfüßer.*

Pa|ra|pro|te|in, das; -s, -e ⟨meist Pl.⟩ [zu ↑para-, Para- u. ↑Protein] (Med.): *entarteter Eiweißkörper im Blut, der sich bei bestimmten Blutkrankheiten bildet.*

Pa|rap|sis, die; - [zu griech. pará = neben u. hápsis = das Berühren] (Med.): *Unvermögen, Gegenstände durch Betasten zu erkennen.*

pa|ra|psy|chisch ⟨Adj.⟩ (Parapsych.): *übersinnlich:* wir kennen die Bedingungen zu wenig, die für die Entfaltung der -en Fähigkeiten notwendig sind (MM 16. 8. 72, 3).

Pa|ra|psy|cho|lo|gie, die; - [aus griech. pará = neben u. ↑Psychologie]: *Wissenschaft von den okkulten, außerhalb der normalen Wahrnehmungsfähigkeit liegenden, übersinnlichen Erscheinungen wie Telepathie, Materialisation, Spuk o. Ä.*

pa|ra|psy|cho|lo|gisch ⟨Adj.⟩ (Parapsych.): *die Parapsychologie betreffend, zu ihr gehörend.*

Par|ar|thrie, die; -, -n [zu griech. pará = neben u. arthroûn = gliedern; artikulierte Laute hervorbringen] (Med.): *durch eine fehlerhafte Artikulation von Lauten u. Silben gekennzeichnete Sprachstörung.*

Pa|ra|sai|ling ['pærəseɪlɪŋ], das; -s [engl. parasailing, aus: para-, in Zus. kurz für parachute = Fallschirm u. sailing = das Segeln]: *Freizeitsport, bei dem ein von einem Motorboot o. Ä. gezogener Sportler mit einem fallschirmartigen Segel über dem Wasser schwebt.*

Pa|ra|san|ge, die; -, -n [lat. parasanga < griech. parasángges < pers. farsang]: *altpersisches Wegemaß.*

Pa|ra|sche, die; -, -n [hebr. parāšā, eigtl. = Kapitel; Angelegenheit]: **1.** *Abschnitt der Thora.* **2.** *aus einer Parasche* (1) *gehaltene Lesung im jüdischen Gottesdienst.*

pa|ra|sem ⟨Adj.⟩ [zu ↑Parasem] (Sprachw.): *im Hinblick auf die Semantik* (2) *nebengeordnet* (z. B. Hengst/Stute).

Pa|ra|sem, das; -s, -e [zu ↑para-, Para- u. ↑Sem] (Sprachw.): *im Hinblick auf die Semantik* (2) *nebengeordneter Begriff.*

Pa|ra|sig|ma|tis|mus, der; - [zu ↑para-, Para- u. ↑Sigmatismus] (Med.): *Sigmatismus, bei dem die Zischlaute durch andere Laute* (z. B. d, t, w) *ersetzt werden.*

Pa|ra|sit, der; -en, -en [lat. parasitus < griech. parásitos = Tischgenosse; Schmarotzer, eigtl. = neben einem anderen essend, zu: pará = neben u. sîtos = Speise]: **1.** (Biol.) *tierischer od. pflanzlicher Schmarotzer; Lebewesen, das aus dem Zusammenleben mit anderen Lebewesen einseitig Nutzen zieht, das es oft auch schädigt u. bei denen es Krankhei-*

ten hervorrufen kann: Würmer sind offenbar schon seit urdenklichen Zeiten -en des Menschen (Medizin II, 136); Ü Man verlangt, dass diese -en am Leibe des Volkes dem Henker überliefert werden (Thieß, Reich 526); Bin schon ein ganz schöner P., dachte Jonas genüsslich. Alle wühlen, rennen sich gegenseitig um vor Eifer – und ich sitze hier und denke nach (H. Weber, Einzug 31). **2.** (Literatur.) *(in der antiken Komödie) Figur des gefräßigen, komisch-sympathischen Schmarotzers, der sich durch kleine Dienste in reiche Häuser einschmeichelt.* **3.** (Geol.) *kleiner, am Hang eines Vulkans auftretender Krater.*

pa|ra|si|tär ⟨Adj.⟩ [frz. parasitaire]: **1.** (Biol.) *Parasiten* (1)*, ihre Daseinsweise betreffend; durch Parasiten* (1) *hervorgerufen:* viele Würmer leben p. **2.** (bildungsspr. abwertend) *einem Parasiten* (1) *ähnlich auf Kosten anderer lebend; wie Parasiten* (1)*; schmarotzerhaft:* die sinnlosen Zuckungen der -en Gesellschaft (Gregor, Film 127); Kapitalistische Gesellschaften ... zehrten vom Traditionsbestand p. (Habermas, Spätkapitalismus 107).

Pa|ra|si|ten|tum, das; -s: *Schmarotzertum, Parasitismus.*

pa|ra|si|tie|ren ⟨sw. V.; hat⟩ (Biol.): *als Parasit* (1) *leben.*

pa|ra|si|tisch ⟨Adj.⟩: *parasitär.*

Pa|ra|si|tis|mus, der; - (Biol.): *parasitäre Lebensweise, Daseinsform:* More geißelte die feudalen Kriege, den P. der Kirche (Wochenpost 10. 9. 76, 16).

Pa|ra|si|to|lo|ge, der; -n, -n [↑-loge]: *Wissenschaftler auf dem Gebiet der Parasitologie.*

Pa|ra|si|to|lo|gie, die; - [↑-logie]: *Wissenschaft von den pflanzlichen u. tierischen Parasiten als Teilgebiet der Biologie.*

Pa|ra|si|to|lo|gin, die; -, -nen: w. Form zu ↑Parasitologe.

pa|ra|si|to|lo|gisch ⟨Adj.⟩: *die Parasitologie betreffend, zu ihr gehörend.*

pa|ra|si|to|trop ⟨Adj.⟩ [zu griech. tropḗ = (Hin)wendung] (Med.): *gegen Parasiten* (1) *wirkend.*

Pa|ra|ski, der; - [aus ↑²Para u. ↑Ski]: *Kombination aus Fallschirmspringen u. Riesenslalom als sportliche Disziplin.*

¹Pa|ra|sol, der od. das; -s, -s [frz. parasol, eigtl. = etw. gegen die Sonne] (veraltet): *Sonnenschirm:* ◆ ich flickte ein altes P. ... und steckte es gegen die Sonne wie ein chinesisches Lusthaus über mich (Eichendorff, Taugenichts 18).

²Pa|ra|sol, der; -s, -e u. -s: *Parasolpilz.*

Pa|ra|sol|pilz, der; -es, -e [zu ↑ ¹Parasol]: *großer nussartig schmeckender Pilz mit braunem bis grauem, schuppigem Hut, breiten weißen Lamellen u. schlankem, am unteren Ende knollenförmig verdicktem Stiel.*

Pa|räs|the|sie, die; -, -n [zu griech. pará = neben u. aísthēsis = Wahrnehmung] (Med.): *anomale Körperempfindung* (z. B. Taubheit der Glieder).

Pa|ra|stru|ma, die; -, ...men [zu ↑para-, Para- u. ↑Struma] (Med.): *Geschwulst der Nebenschilddrüse.*

Pa|ra|sym|pa|thi|kus, der; - [aus griech. pará = neben u. ↑Sympathikus] (Anat., Physiol.): *Teil des vegetativen Nervensystems, der bes. die für Aufbau u. Regeneration des Gewebes notwendigen Körperfunktionen steuert u. dabei bes. die Funktionen des Körpers in Ruhe fördert.*

pa|ra|sym|pa|thisch ⟨Adj.⟩ (Anat., Physiol.): *den Parasympathikus betreffend.*

Pa|ra|syn|the|tum, das; -s, ...ta [zu griech. pará = neben u. sýnthetos = zusammengesetzt] (Sprachw.): *Dekompositum.*

pa|rat ⟨Adj.⟩ [lat. paratus = bereit(stehend), gerüstet; ausgerüstet, adj. 2. Part. von: parare, ↑¹parieren] **a)** *bereit, in Bereitschaft, zur Verfügung:* die an drei großen Ständen -en Produktionen des kunsthandwerklichen Fleißes (Saarbr. Zeitung 6. 12. 79, 20); eine für den Notfall stets -e Taschenlampe; wenn es der eine doch wagte, war der andere p. zum Verrat (Fallada, Blechnapf 339); Schreibzeug p. haben, halten, legen; er hat immer eine Antwort, einen Scherz, eine Neuigkeit p.; er hat auch sofort Vorschläge p., wie verändert werden kann (Freie Presse 10. 2. 89,3); **b)** (veraltend) *bereit zum Aufbruch, reisefertig:* wir sind p.

pa|ra|tak|tisch ⟨Adj.⟩ (Sprachw.): *auf Parataxe beruhend, der Parataxe unterliegend; nebenordnend:* -e Sätze, Satzglieder; Im Vergleich zu Melanchthon fällt ihre Neigung zu -en Konstruktionen auf (Enzensberger, Mittelmaß 17); seine Sätze vorwiegend p. konstruieren.

Pa|ra|ta|xe, die; -, -n [griech. parátaxis = das Nebeneinanderstellen] (Sprachw.): *Nebenordnung von Sätzen od. Satzgliedern.*

Pa|ra|ta|xie, die; -, -n [zu griech. táxis = Ordnung]: **1.** *nicht perspektivische Wiedergabe von Gegenständen o. Ä.* (z. B. in Kinderzeichnungen). **2.** (Psych.) *Unangepasstheit des [sozialen] Verhaltens in den zwischenmenschlichen Beziehungen.*

Pa|ra|ta|xis, die; -, ...axen (Sprachw. veraltend): *Parataxe.*

pa|ra|to|nisch ⟨Adj.⟩ [zu griech. parátonos = daneben od. an der Seite ausgestreckt, zu: pará (↑para-, Para-) u. teinein, ↑²Ton] (Bot.): *(von bestimmten Pflanzenbewegungen) durch Reize der Umwelt ausgelöst.*

Pa|ra|ty|phus, der; - [aus griech. pará = neben u. ↑Typhus] (Med.): *durch Salmonellen hervorgerufene, dem Typhus ähnliche, aber leichter verlaufende Infektionskrankheit des Darms u. des Magens.*

pa|ra|ty|pisch ⟨Adj.⟩ [zu ↑para-, Para- u. ↑typisch] (Med.): *nicht erblich.*

Pa|ra|va|ri|a|ti|on, die; -, -en [zu ↑para-, Para- u. ↑Variation] (Biol.): *durch Umwelteinflüsse erworbene Eigenschaft, die nicht erblich ist.*

pa|ra|ve|nös ⟨Adj.⟩ [zu ↑para-, Para- u. ↑venös] (Med.): *neben einer Vene gelegen; in die Umgebung einer Vene* (z. B. von Injektionen).

Pa|ra|vent [...'vã:], der, auch: das; -s, -s [frz. paravent < ital. paravento, eigtl. = den Wind Abhaltender] (veraltend): *Wandschirm, Ofenschirm; spanische*

Wand: Wenn sie zur Anprobe kam, versteckte ich mich hinter einem P., um sie sodann mit den Augen zu verschlingen (Perrin, Frauen 17).

pa|ra|ver|te|bral ⟨Adj.⟩ [zu ↑para-, Para- u. ↑vertebral] (Med.): *neben einem Wirbel, der Wirbelsäule liegend; neben einen Wirbel, in die Umgebung eines Wirbels* (z. B. von Injektionen).

par avi|on [para'vjõ; frz., eigtl. = mit (dem) Flugzeug] (Postw.): *durch Luftpost* (Vermerk auf Auslandssendungen, die durch Luftpost befördert werden).

Pa|ra|zen|te|se, die; -, -n [zu griech. parakénteīn = daneben od. an einer Seite durchstechen, zu: pará (↑para-, Para-) u. kenteīn = (durch)stechen] (Med.): *das Durchstoßen des Trommelfells bei Mittelohrvereiterung (zur Schaffung einer Abflussmöglichkeit für den Eiter).*

pa|ra|zen|trisch ⟨Adj.⟩ [aus griech. pará = neben u. ↑zentrisch] (Math.): *um den Mittelpunkt liegend od. beweglich.*

par|bleu [...'blø:] ⟨Interj.⟩ [frz., entstellt aus: par Dieu! = bei Gott!] (veraltet): *Ausruf des Erstaunens, des Unwillens.*

par|boiled ['pa:(r)bɔyld; engl., zu: to parboil = ankochen] ⟨Kochk.⟩: *(von Reis) in bestimmter Weise vitaminschonend vorbehandelt.*

Par|ce|ria, die; -, ...ien [port. parceria, zu: parceiro = Teilhaber, über das Vlat. zu. lat. partitio = Teilung]: *(in Brasilien) Bewirtschaftung eines Landgutes durch zwei gleichberechtigte Teilhaber.*

Pär|chen, das; -s, -: Vkl. zu ↑Paar (1).

Par|cours [...'ku:ɐ̯], der; - [...ɐ̯(s)], - [...ɐ̯s; frz. parcours < spätlat. percursus = das Durchlaufen, zu lat. percurrere = durchlaufen]: **1.** (Pferdesport) *festgelegte Strecke mit verschiedenen Hindernissen für Jagdspringen od. Jagdrennen:* ein schwieriger, leichter P.; einen P. aufbauen, den P. fehlerfrei überwinden. **2.** (Sport, bes. schweiz.): *Lauf-, Rennstrecke:* Auf einem P., der vor allem in den Alpen einen außerordentlich hohen Schwierigkeitsgrad aufweist, sind aber noch weitere interessante Fahrer zu beachten (NZZ 30. 7. 84, 35).

Pard, der; -en, -en [mhd. part, parde, ahd. pardo < lat. pardus, ↑Leopard], **Pardel,** der; -s, - [lat. pardalis < griech. párdalis], **Parder,** der; -s, - [wohl unter Einfluss der Endung von Panther zu ↑Pard geb.] (veraltet): *Leopard.*

par|dauz ⟨Interj.⟩ [lautm. für ein beim Hinfallen von etw. verursachtes Geräusch] (veraltet): *Ausruf der Überraschung o. Ä., wenn jmd., etw. plötzlich hinfällt:* p.!, da lag er auf der Nase.

Par|del: ↑Pard.

Par|del|kat|ze, die; -, -n [LÜ des nlat. Namens felis pardalis, vgl. Pard, Pardel]: **1.** (veraltend) *Raubkatze.* **2.** (selten) *Ozelot.*

Par|der: ↑Pard.

par dis|tance [-...'tã:s; frz., zu: distance < lat. distantia, ↑Distanz] (bildungsspr.): *mit [dem notwendigen] Abstand; aus der Ferne.*

Par|don [par'dõ; österr.: par'do:n], der, auch: das; -s [frz. pardon, zu: pardonner = verzeihen < spätlat. perdonare =

vergeben] (veraltend): *Nachsicht, verzeihendes Verständnis, Verzeihung:* jmdm. P. geben, gewähren; Die Rädelsführer hätten keinen P. zu erwarten (NZZ 29. 8. 86, 4); keinen/(auch:) kein P. kennen *(keine Rücksicht kennen, schonungslos vorgehen);* er hoffte vergebens auf P.; um P. bitten; ich ersuche um Ihren P. (Hacks, Stücke 271); häufig noch als Formel der Entschuldigung: P. [österr. ebenfalls: par'dõ:], würden Sie mich bitte vorbeilassen?

par|do|na|bel ⟨Adj.; ...bler, -ste⟩ [frz. pardonnable] (veraltet): *verzeihlich.*

par|do|nie|ren ⟨sw. V.; hat⟩ [frz. pardonner, ↑Pardon] (veraltet): **a)** *verzeihen;* **b)** *begnadigen:* ◆ Ich werde mir deine Bestrafung zur Genugtuung ausbitten und dich dann vor den Augen der ganzen Republik p. (Schiller, Fiesco II, 9).

Par|dun, das; -[e]s, -s, **Par|du|ne,** die; -, -n [H. u.] (Seemannsspr.): *Vertäuung des Mastes von hinten (hinter den Wanten zum Heck).*

Pa|re|che|se, die; -, -n [griech. paréchēsis = das Nachahmen eines Tones, Wortes] (Rhet.): *Zusammenstellung lautlich gleicher od. ähnlicher Wörter von verschiedener Herkunft.*

Pa|ren|chym, das; -s, -e [zu griech. pará = neben(einander) u. égchyma = das Eingegossene, Aufguss]: **1.** (Med., Biol.) *für ein [kompaktes] Organ (z. B. die Leber) spezifisches Gewebe (im Unterschied zum Binde- u. Stützgewebe).* **2.** (Bot.) *pflanzliches Gewebe aus lebenden, wenig differenzierten Zellen, in dem die wichtigsten Stoffwechselprozesse ablaufen.* **3.** (Zool.) *bei Plattwürmern das die Leibeshöhle zwischen Darm- u. Körperwand ausfüllendes Gewebe.*

pa|ren|chy|ma|tös ⟨Adj.⟩ (Med., Biol.): *reich an Parenchym; zum Parenchym gehörend; das Parenchym betreffend.*

pa|ren|tal ⟨Adj.⟩ [lat. parentalis, zu: parentes = Eltern] (Genetik): **a)** *den Eltern, der Elterngeneration zugehörig;* **b)** *von der Elterngeneration stammend.*

Pa|ren|tal|ge|ne|ra|ti|on, die (Genetik): *Eltern od. einzelnes Wesen im Hinblick auf die direkten Nachkommen.*

Pa|ren|ta|li|en ⟨Pl.⟩ [lat. parentalia]: *altrömisches Totenfest im Februar (zu Ehren der Verwandten).*

Pa|ren|ta|ti|on, die; -, -en [spätlat. parentatio] (veraltet): *Totenfeier; Trauerrede.*

Pa|ren|tel, die; -, -en [spätlat. parentela = Verwandtschaft] (Rechtsspr.): *Gesamtheit der Abkömmlinge eines Stammvaters.*

Pa|ren|tel|sys|tem, das; -s (Rechtsspr.): *für die 1.–3. Ordnung gültige Erbfolge nach Stämmen.*

pa|ren|te|ral ⟨Adj.⟩ [zu griech. pará = neben u. ↑Enteron] (Med.): *(bes. von Medikamenten) unter Umgehung des Verdauungsweges [zugeführt]:* Know-how in Kunststofftechnologie und -er Ernährung (NZZ 21. 12. 86, 15).

Pa|ren|the|se, die; -, -n [spätlat. parenthesis < griech. parénthesis, zu: pará = neben u. énthesis = das Einfügen] (Sprachw.): **1.** *eingeschobener (außer-*

halb des eigentlichen Satzverbandes stehender) Satz od. Teil eines Satzes: der Text wird durch die vielen -n etwas unübersichtlich. **2.** *Gedankenstriche, Klammern, auch Kommas, die eine Parenthese (1) im geschriebenen Text vom übrigen Satz abheben:* ein Wort, einen Satz in P. setzen; * **in P.** (bildungsspr.; *nebenbei*): auf eine Feinheit dieser Triebhandlungen möchte ich hier in P. hinweisen (Lorenz, Verhalten I, 202).

pa|ren|the|tisch ⟨Adj.⟩: **1.** (Sprachw.) *die Parenthese betreffend, mithilfe der Parenthese konstruiert:* eine -e Klammer; ein p. eingeschalteter Satz. **2.** (bildungsspr.) *beiläufig [bemerkt], nebenbei:* eine -e Äußerung, Bemerkung, Floskel; etwas p. anmerken.

Pa|reo, der; -s, -s [polynes. pareo, pareu]: *großes Wickeltuch (1), das um die Hüften geschlungen wird.*

Pa|re|re, das; -[s], -[s] [zu lat. parere = offenbar, sichtbar sein]: **1.** (veraltet) *Gutachten unparteiischer Kaufleute od. Handelskammern in kaufmännischen Streitfällen.* **2.** (österr.) *amtsärztliches Gutachten, das die Einlieferung in eine psychiatrische Klinik erlaubt.*

Par|er|ga: Pl. von ↑ Parergon.

Par|er|gon, das; -s, ...ga ⟨meist Pl.⟩ [griech. párergon = Nebensache, Anhang] (veraltet): **a)** *Anhang, Nachtrag;* **b)** *Sammlung kleinerer Schriften* (meist als Titel).

Pa|re|se, die; -, -n [griech. páresis = Erschlaffung] (Med.): *leichte Lähmung; motorische Schwäche.*

pa|re|tisch ⟨Adj.⟩ (Med.): **a)** *leicht gelähmt;* **b)** *durch Parese bedingt:* -e Störungen des Bewegungsablaufs.

par ex|cel|lence [parɛksɛˈlãːs; frz.; ↑ Exzellenz] (bildungsspr.): *in typischer, mustergültiger Ausprägung, in höchster Vollendung; schlechthin* (immer nachgestellt): ein Renaissancefürst p. e.; Unfreiwillige Arbeitslosigkeit jedenfalls ist Stress p. e. (Spiegel 7, 1976, 55).

par ex|em|ple [parɛgˈzãːpl; frz., zu: exemple < lat. exemplum, ↑ Exempel] (veraltet): *zum Beispiel;* Abk.: p. e.

par ex|près [parɛksˈprɛ; frz., zu: exprès < expressus, ↑ express]: *durch Eilboten* (Vermerk auf Postsendungen).

Par|fait [parˈfɛ], das; -s, -s [1: übertr. von 2; 2: frz. parfait, eigtl. = Hervorragendes, Vollkommenes, Substantivierung von: parfait = hervorragend, vollkommen < lat. perfectus, ↑ perfekt] (Kochk.): **1.** *aus hochwertigem, fein gehacktem Fleisch od. Fisch zubereitete Speise.* **2.** *feine, aus hochwertigen Zutaten zubereitete [halb]gefrorene Süßspeise.*

par force [-...ˈfɔrs; frz.; ↑ Force] (bildungsspr.): *unbedingt, mit aller Gewalt, unter allen Umständen.*

Par|force|horn, das; -[e]s, ...hörner: *(bes. bei der Parforcejagd geblasenes) großes, ein- bis zweimal kreisförmig gewundenes Jagdhorn, das beim Spielen um die Schulter gelegt wird.*

Par|force|jagd, die; -, -en (Jagdw.): *zu Pferde u. mit einer Hundemeute durchgeführte Hetzjagd.*

Par|force|ritt, der; -[e]s, -e (bildungsspr.): *mit großer Anstrengung, unter Anspannung aller Kräfte bewältigte Leistung.*

Par|fum [parˈfœ:], das; -s, -s: ↑ Parfüm.

Par|füm, das; -s, -e u. -s [frz. parfum, zu: parfumer = durchduften < älter ital. perfumare, zu lat. per = durch u. fumare = dampfen, rauchen]: *alkoholische Flüssigkeit, in der Duftstoffe gelöst sind; Flüssigkeit mit intensivem, lang anhaltendem Geruch (als Kosmetikartikel):* ein schweres, starkes, liebliches, süßes, herbes, aufdringliches, aufregendes, betörendes P.; das P. entfaltet sich erst voll auf der Haut; Bis dahin waren Gewürze, Stoffe, -e, Medikamente und Farbmaterialien auf Kamelrücken ... transportiert worden (Konzelmann, Allah 214); kein P. nehmen, tragen; Der Meister erschien mit seiner Spraydose und sprühte Wolken schweren -s über ihn (Fels, Sünden 94); kleine Fläschchen mit indischen -s (M. Walser, Seelenarbeit 52); Ü (geh.:) das süße P. der Linden hing in der Luft.

Par|fü|me|rie, die; -, -n [zu ↑ Parfüm]: **1.** *Geschäft für Parfüms u. Kosmetikartikel.* **2.** *Betrieb, in dem Parfüms hergestellt werden.*

Par|fü|me|rie|wa|ren ⟨Pl.⟩: *Waren, die in einer Parfümerie verkauft werden.*

Par|fü|meur [...'møː̯ɐ̯], der; -s, -e [frz. parfumeur]: *Fachkraft für die Herstellung von Parfüms.*

Par|fü|meu|rin [...'møːrɪn], die; -, -nen: w. Form zu ↑ Parfümeur.

Par|fum|fla|kon usw.: ↑ Parfümflakon usw.

Par|füm|fla|kon, der, auch: das: vgl. Parfümflasche.

Par|füm|fla|sche, die: *kleine Flasche für, mit Parfüm.*

par|fü|mie|ren ⟨sw. V.; hat⟩ [frz. parfumer]: **a)** *mit Parfüm betupfen, besprühen:* sie parfümierte sich, ihr Haar, ihren Körper; ein Taschentuch, einen Schal leicht p.; **b)** *mit einem Duftstoff versetzen:* Seife p.; ⟨meist im 2. Part.:⟩ parfümiertes Briefpapier; die Zigarette ist, schmeckt zu parfümiert; Ü die parfümierte Welt der Revue; seine Gedichte sind allzu parfümiert *(süßlich, kitschig).*

Par|füm|öl, das: *mit Duftstoffen versetztes Öl zum Parfümieren.*

Par|füm|wol|ke, die: *Wolke (2) von Parfüm.*

Par|füm|zer|stäu|ber, der: *Zerstäuber für Parfüm.*

pa|ri [ital. pari < lat. par = gleich] ⟨Adv.⟩: **1.** * **zu, über, unter p.** (Börsenw.; *zum, über dem, unter dem Nennwert*): die Aktien stehen [weit] über/unter p., werden zu p. angeboten; Die Anleihe sei nach 3 Jahren zu p. kündbar (NZZ 30. 8. 86, 17). **2.** * **p. stehen** *(gleichstehen, unentschieden stehen):* die Chancen der beiden Mannschaften stehen p.

Pa|ria, der; -s, -s [engl. pariah < anglo-ind. parriar < Tamil paraiyar = Trommelschläger, zu: parai = Trommel; die Trommelschläger bei Hindufesten gehörten einer niederen Kaste an]: **1.** *der niedersten od. gar keiner Kaste angehörender Inder.* **2.** (bildungsspr.) *jmd., der*

unterprivilegiert, von der Gesellschaft ausgestoßen ist: die deutschen Juden, unter denen ich viele Freunde hatte, waren rechtlose -s geworden, ausgeplündert, verachtet, bespien (NZZ 26. 10. 86, 53).

¹**pa|rie|ren** ⟨sw. V.; hat⟩ [1: ital. parare, eigtl. = Vorkehrungen treffen, 2: frz. parer < span. parar = anhalten, zum Stehen bringen; beide Formen < lat. parare = bereiten, (aus)rüsten]: **1.** (Sport) *abwehren:* einen Hieb, Stoß (auch beim Fechten) p.; einen Schlag p.; der Torwart hat den Schuss glänzend pariert; ⟨auch o. Akk.-Obj.:⟩ ... ihr die Bälle so hinzusetzen, dass sie nicht zu pariern sind (Böll, Haus 216); Ü er konnte jede Frage aus dem Publikum p. *(wusste darauf zu antworten);* »Richtig«, parierte Reineboth kühl *(gab er kühl zurück;* Apitz, Wölfe 41); dass unsere Industriebranche im Allgemeinen den Konjunktureinbruch ... verhältnismäßig gut pariert *(gut überstanden)* hat (Schweizer Maschinenbau 16. 8. 83, 67). **2.** (Reiten) *(ein Pferd) zum Stehen od. in eine andere Gangart bringen:* sie pariert ihren bebenden Gaul dicht vor der angaloppierenden Stute (Fr. Wolf, Menetekel 77).

²**pa|rie|ren** ⟨sw. V.; hat⟩ [lat. parere, eigtl. = (auf jmds. Befehl) erscheinen, sichtbar sein]: *ohne Widerspruch gehorchen:* wer nicht pariert, fliegt raus!; willst du wohl p.!; Jeder tut seine Pflicht, und wer nicht pariert, dem wird nachgeholfen (Bieler, Bär 108); er pariert ihr aufs Wort; sie parierten blind seinem Kommando.

Pa|rier|stan|ge, die; -, -n [zu ↑ ¹parieren (1)]: *(bei Dolchen, Schwertern o. Ä.) schmaler, quer verlaufender Teil zwischen Griff u. Schneide, der diese seitlich überragt; Kreuz (11).*

pa|rie|tal [parje...] ⟨Adj.⟩ [spätlat. parietalis = zur Wand gehörig, zu lat. paries = Wand; 2: das Scheitelbein bildet teilweise die Seitenwand des Schädels]: **1.** (Biol., Med.) *zur Wand eines Organs od. Gefäßes gehörend; seitlich.* **2.** (Med.) *zum Scheitelbein gehörend.*

Pa|rie|tal|au|ge, das (Biol.): *vom Zwischenhirn gebildetes, lichtempfindliches Sinnesorgan niederer Wirbeltiere.*

Pa|rie|tal|or|gan, das (Biol.): *Parietalauge.*

Pa|ri|fi|ka|ti|on, die; -, -en [zu lat. par (Gen.: paris) = gleich u. -ficatio = das Machen, Bewirken] (veraltet): *Gleichstellung, Ausgleichung.*

Pa|ri|kurs, der [aus ↑ pari u. ↑ Kurs] (Wirtsch.): *den Nennwert eines Wertpapiers entsprechender Kurs.*

Pa|ris: Hauptstadt Frankreichs.

pa|risch ⟨Adj.⟩: zu ↑ Paros.

Pa|ri|sei|de, die; - [zu lat. par (Gen.: paris) = gleich(kommend)]: *entbastete Naturseide, die auf ihr ursprüngliches Gewicht beschwert wurde.*

¹**Pa|ri|ser,** der; -s, -: Ew. zu ↑ Paris.

²**Pa|ri|ser** ⟨indekl. Adj.⟩: P. Schinken; die P. Verträge.

³**Pa|ri|ser,** der; -s, - [im Sinne von »Verhütungsmittel aus Paris«] (salopp): *Präservativ.*

Pa|ri|se|rin, die; -, -nen: w. Form zu ↑¹Pariser.

pa|ri|se|risch ⟨Adj.⟩: in der Art der ¹Pariser, der Stadt Paris.

Pa|ri|si|enne [...'zi̯ɛn], die; - [frz. parisienne = aus Paris, wohl nach der Herkunft]: klein gemustertes, von Metallfäden durchzogenes Seidengewebe.

pa|ri|sisch ⟨Adj.⟩: zu ↑Paris.

Pa|ri|sis|mus, der; -, ...men (Sprachw.): der Pariser Umgangssprache eigentümlicher Ausdruck (od. eigentümliche Redewendung).

Pa|ri|son, das; -s, ...sa [zu griech. párisos = fast gleich] (antike Rhet.): nur annähernd gleiches Isokolon.

pa|ri|syl|la|bisch ⟨Adj.⟩ [zu lat. par (Gen.: paris) = gleich u. ↑syllabisch] (Sprachw.): in allen Beugungsfällen des Singulars u. Plurals die gleiche Anzahl von Silben aufweisend.

Pa|ri|syl|la|bum, das; -s, ...ba (Sprachw.): parisyllabisches Substantiv.

Pa|ri|tät, die; -, -en ⟨Pl. selten⟩ [lat. paritas = Gleichheit, zu: par (Gen.: paris) = gleich]: **1.** (bildungsspr.) Gleichsetzung, -stellung, [zahlenmäßige] Gleichheit: gesellschaftliche, rechtliche, wirtschaftliche P.; ... war in Biberach 1649 ... die konfessionelle P. eingeführt worden (NJW 19, 1984, 1094); Obwohl gesetzlich P. in den Kuratorien, den Aufsichtsgremien, vorgeschrieben ist ... (SZ 5. 1. 99, 16); die P. wahren, gewährleisten; wir haben das Tarifverfassungsgesetz mit der P. für Löhne, Arbeitszeit usw. (Bundestag 189, 1968, 10231). **2.** (Wirtsch.) im Wechselkurs zum Ausdruck kommendes Verhältnis einer Währung zu einer anderen od. zum Gold: Ein Euro für einen Dollar ... die P. eins zu eins ist wirklich problematisch (SZ 9. 6. 99, 4); Unter P. notierten die amerikanischen Aktien (Vaterland 27. 3. 85, 7).

pa|ri|tä|tisch ⟨Adj.⟩ (bildungsspr.): gleichgestellt, gleichwertig, gleichberechtigt, [zahlenmäßig] gleich; mit gleichen, gleichmäßig verteilten Rechten [ausgestattet]: -e Ausschüsse; die -e Mitbestimmung; die Ausschüsse müssen p. besetzt sein; Für jede Arbeitsplatzinvestition ... wollen Land und Bund p. 100 000 S beisteuern (Presse 16. 2. 79, 12).

Pa|ri|wert, der (Wirtsch.): vgl. Parikurs.

Park, der; -s, -s, seltener -e, schweiz. meist: Pärke [1: (engl. park <) frz. parc < mlat. parricus = Gehege, galloroman. Wort.; vgl Pferch] **1.** größere [einer natürlichen Landschaft ähnliche] Anlage mit [alten] Bäumen, Sträuchern, Rasenflächen, Wegen [u. Blumenrabatten]: ein großer, alter, öffentlicher P.; der P. gehört zum Schloss; die -s waren voll von Blumenkindern (Ch. Wolff [Übers.], Bisexualität 216); Bessere statt mehr Pärke (Bund 11. 10. 83, 4); im P. spazieren gehen. **2.** kurz für ↑Fuhrpark, Maschinenpark, Wagenpark.

Par|ka, der; -s, -s od.: die; -, -s [engl. parka < eskim. parka < russ. parka = Pelz (1 b), Kleidungsstück aus Fell]: knielanger, oft gefütterter Anorak mit Kapuze: Der vierte Täter trug eine grüne P. (MM

17./18. 1. 81, 28); Jesus trottet in seinem P. hinterher (Degener, Heimsuchung 44).

Park-and-ride-Sys|tem ['pɑːkənd-'raɪd...], das; -s [engl. park-and-ride system, zu: to park = parken u. to ride = fahren]: Regelung, nach der Kraftfahrer ihre Autos auf Parkplätzen am Stadtrand abstellen u. von dort (unentgeltlich) mit öffentlichen Verkehrsmitteln in das Stadtzentrum weiterfahren.

Park|an|la|ge, die: Park (1), parkartige Anlage.

park|ar|tig ⟨Adj.⟩: in der Art eines Parks (1): in der -en Aue, die von goldenem Nachmittagslicht überflutet ist (Berger, Augenblick 64).

Park|aus|weis, der: behördlicher Ausweis, der Anwohnern das Parken an einer bestimmten Straße in ihrer Nachbarschaft erlaubt.

Park|bahn, die (Raumf.): Umlaufbahn eines Satelliten, von der aus eine Raumsonde gestartet wird.

Park|bank, die ⟨Pl. ...bänke⟩: in einem [öffentlichen] Park (1) aufgestellte ¹Bank (1): Er nächtigte wieder auf Parkbänken (Rolf Schneider, November 87).

Park|bucht, die: vgl. Haltebucht.

Park|dau|er, die: Dauer des Parkens.

Park|deck, das: Stockwerk eines Parkhauses.

par|ken ⟨sw. V.; hat⟩ [engl. to park, zu: park = Abstellplatz]: **1.** (ein Fahrzeug) vorübergehend an einer Straße od. auf einem Platz abstellen: den Wagen [am Straßenrand, unter einer Laterne, vor einer Einfahrt] p.; Trevillio führte mich zu seinem hellblauen Maserati, den er etwas abseits vom Gartentor geparkt hatte (Ziegler, Labyrinth 132); (scherzh.:) den Kinderwagen, Einkaufswagen p.; ⟨auch ohne Akk.-Obj.:⟩ hier darf man nur eine Stunde lang p.; er hat schlecht, falsch geparkt; ⟨subst.:⟩ Parken verboten; Ü Inzwischen wird aber auch in fast allen anderen Fächern bis hin zur Theologie geparkt (ugs.; ein Parkstudium absolviert; Spiegel 15, 1976, 76). **2.** (von Fahrzeugen) vorübergehend an einer Straße od. auf einem Platz abgestellt sein: der Wagen parkt immer direkt vor der Haustür; parkende Autos.

Par|ker, der; -s, -: jmd., der ein Auto parkt.

Par|ke|rin, die; -, -nen: w. Form zu ↑Parker.

par|ke|ri|sie|ren, par|kern ⟨sw V.; hat⟩ [engl. parkerize, nach dem Namen der US-amerik. Firma Parker Rost-Proof Co., die dieses Verfahren entwickelt hat] (Technik): Eisen durch einen Phosphatüberzug gegen das Rosten schützen.

Par|kett, das; -[e]s, -e u. -s [frz. parquet, eigtl. = kleiner, abgegrenzter Raum, hölzerne Einfassung, Vkl. von: parc, ↑Park]: **1.** Fußboden aus schmalen, kurzen Holzbrettern, die in einem bestimmten Muster zusammengesetzt sind: ein glattes, spiegelndes P.; das P. bohnern, abziehen, versiegeln; sich P. legen lassen; Ü Er (= der Applaus) galt ... dem Handballteam ..., das als verdienter ... Sieger das P. (die Spielfläche) verließ

(NNN 28. 9. 87, 3); er konnte sich auf dem internationalen P. (im internationalen gesellschaftlichen u. politischen Bereich) sicher bewegen. **2.** zu ebener Erde liegender [vorderer] Teil eines Zuschauerraumes: [im] P. sitzen; Ü das P. (die Zuschauer im Parkett) applaudierte. **3.** (Börsenw.) offizieller Börsenverkehr.

Par|kett|bo|den, der: Parkett (1).

Par|ket|te, die; -, -n (österr.): einzelnes Brettchen eines Parketts (1): ◆ bald darauf knarrten Pavels schwere Stiefel auf den -n (Ebner-Eschenbach, Gemeindekind 175).

Par|kett|fuß|bo|den, der: Parkett (1).

par|ket|tie|ren ⟨sw. V.; hat⟩ [frz. parqueter]: mit Parkettboden versehen: einen Saal p.; parkettierte Gänge.

Par|kett|le|ger, der: Handwerker, der Parkett (1) verlegt (Berufsbez.).

Par|kett|le|ge|rin, die: w. Form zu ↑Parkettleger.

Par|kett|platz, der: Platz im Parkett (2).

Par|kett|rei|he, die: vgl. Parkettplatz.

Par|kett|sitz, der: vgl. Parkettplatz.

Par|kett|stab, der: einzelnes Brettchen eines Parketts (1).

Park|fest, das: Fest in einem Park (1).

Park|ge|bühr, die: Gebühr für das Parken auf einem Parkplatz od. an einer Parkuhr.

Park|haus, das: [mehrstöckiges] Gebäude, in dem Autos geparkt werden können.

Park|hoch|haus, das: vgl. Parkhaus.

par|kie|ren ⟨sw. V.; hat⟩ (schweiz.): parken.

Par|king|me|ter, der; -s, - [engl. parkingmeter, zu: to park = parken u. meter =] (Münz)zähler (schweiz.): Parkuhr.

Par|kin|so|nis|mus, der; -, ...men (Med. veraltet): Parkinsonsyndrom.

Par|kin|son|krank|heit, die; -, par|kin|son|sche Krank|heit, die; -n - [nach dem brit. Arzt J. Parkinson (1755–1824)]: Erkrankung des Gehirns, die in einem starken Zittern (bes. der Hände) bei gleichzeitiger Muskelstarre auslöst; Schüttellähmung.

Par|kin|son|syn|drom, das; -s, -e (Med.): der Parkinsonkrankheit ähnliche, jedoch auf verschiedenen Ursachen beruhende u. in Einzelheiten des Krankheitsbildes abweichende Erkrankung, die häufig als eine Folge anderer Krankheiten auftritt.

Park|kral|le, die: Kralle (2).

Park|land|schaft, die: einem Park (1) ähnliche, parkartige Landschaft.

Park|leit|sys|tem, das (Verkehrsw.): System, das den Verkehr einer Stadt im Hinblick auf freie Parkplätze, die die Autofahrer anfahren können, steuert.

Park|leuch|te, die: schwach leuchtende Lampe, die bei Dunkelheit auf einer Seite eines parkenden Autos eingeschaltet werden kann.

Park|licht, das: Parkleuchte.

Park|lü|cke, die: Lücke zwischen geparkten Autos, die einem od. zwei Autos noch Platz zum Parken bietet: eine P. suchen, finden; der alltägliche Kampf um die P. (MM 30./31. 1. 88, 10).

Par|ko|me|ter, das, ugs. auch: der; -s, - [zu ↑parken u. ↑ -meter (1)]: Parkuhr.

Park|pla|ket|te, die: *Plakette* (1) *für Fahrzeuge von Anliegern, die das Parken im Parkverbot erlaubt:* -n für Anwohner müssen erneuert werden (MM 30. 12. 85, 15).

Park|platz, der: **1.** *größerer Platz, auf dem Autos geparkt werden können:* Ein P. für mindestens hundert Wagen, zurzeit leer (Frisch, Montauk 7); neue Parkplätze bauen. **2.** *Stelle, an der man ein Auto parken kann:* er suchte vergebens einen P.

Park|platz|not, die: vgl. Parkraumnot.

Park|raum, der: *Raum, Platz zum Parken.*

Park|raum|be|wirt|schaf|tung, die: *das Bewirtschaften* (3) *von Parkraum:* Denn diese Fläche gehört immer noch der Stadt und die behält sich vor, es (= das Grundstück) in die städtische P. mit einzubeziehen (FR 3. 2. 99, 2).

Park|raum|not, die: *Mangel an Parkraum.*

Park|res|tau|rant, das: *in od. an einem Park* (1) *gelegenes Restaurant.*

Park|schei|be, die: *(hinter der Windschutzscheibe sichtbar zu platzierende) Karte mit einer einem Zifferblatt ähnlichen drehbaren Scheibe, mit der der Beginn des Parkens angezeigt wird u. die der Kontrolle der Parkdauer dient.*

Park|schein, der: *für gebührenpflichtige Parkplätze od. in Parkhäusern ausgegebener Schein, auf dem der Beginn od. das Ende der Parkzeit vermerkt ist.*

Park|schein|au|to|mat, der: *Automat, der Parkscheine ausgibt.*

Park|strei|fen, der: *entlang einer Fahrbahn verlaufender Seitenstreifen, der zum Parken dient.*

Park|stu|dent, der (ugs.): *jmd., der ein Parkstudium absolviert.*

Park|stu|den|tin, die: w. Form zu ↑Parkstudent.

Park|stu|di|um, das ⟨o. Pl.⟩ (ugs.): *Studium, das während der durch den Numerus clausus bedingten Wartezeit auf einen Studienplatz für das eigentlich angestrebte Fach in einem anderen [benachbarten] Fach durchgeführt wird.*

Park|sün|der, der (ugs.): *jmd., der im Parkverbot* (2) *parkt:* Wenn Politessen P. jagen (MM 18. 3. 86, 18).

Park|sün|de|rin, die: w. Form zu ↑Parksünder.

Park|teich, der: *Teich in einem Park* (1).

Park|tor, das: *Tor, durch das man in einen Park* (1) *hinein-, aus einem Park herausgehen kann.*

Park|uhr, die: *auf einer senkrechten Metallstange angebrachter kleiner Automat, der nach Einwurf einer Münze die Zeit anzeigt, die man an dieser Stelle parken darf:* die P. ist abgelaufen; Die -en in der Innenstadt sind nur bis 19 Uhr gebührenpflichtig (Stuttg. Zeitung 11. 10. 89, 27); einen Groschen in die P. werfen.

Park|ver|bot, das: **1.** *Verbot für ein [Kraft]fahrzeug, an einer bestimmten Stelle zu parken:* in der ganzen Straße besteht P. **2.** *Stelle, an der das Parken verboten ist:* Frau Heinz, Ihr Wagen steht im P., sagte der Beamte (Wohmann, Irrgast 27).

Park|ver|bots|schild, das ⟨Pl. -er⟩: *Verkehrsschild mit dem Zeichen für Parkverbot.*

Park|wäch|ter, der: **1.** *Wächter auf einem bewachten Parkplatz od. in einem Parkhaus:* Dem P., Herr über zwei fast leere graue Autodecks, schwant Böses (Degener, Heimsuchung 156). **2.** *Wächter in einem Park* (1): Die Penner, die frühmorgens aus der Aue schlichen, um Auseinandersetzungen mit den -n zu vermeiden (Chotjewitz, Friede 176).

Park|wäch|te|rin, die: w. Form zu ↑Parkwächter.

Park|weg, der: *in einem Park* (1) *angelegter Weg.*

Park|zeit, die: vgl. Parkdauer.

Park|zeit|uhr, die: *Parkuhr.*

Par|la|ment, das; -[e]s, -e [engl. parliament < afrz. parlement = Unterhaltung, Erörterung (daraus schon gleichbed. mhd. parlament, parlemunt), zu: parler, ↑parlieren]: **1.** *gewählte [Volks]vertretung mit beratender u. gesetzgebender Funktion:* das P. tritt zusammen, berät, verabschiedet ein Gesetz; das P. einberufen, zusammenrufen, auflösen; ein neues P. wählen; dem P. angehören; etw. im P. verhandeln; die neue Partei will ins P. einziehen; die Sozialisten haben die Mehrheit im P. **2.** *Gebäude, in dem ein Parlament* (1) *untergebracht ist:* das P. ist mit Fahnen geschmückt.

Par|la|men|tär, der; -s, -e [frz. parlementaire, zu: parlementer = in Unterhandlungen treten]: *bevollmächtigter Unterhändler zwischen feindlichen Heeren:* einen P. entsenden.

Par|la|men|tär|flag|ge, die: *weiße Flagge, die der entsandte Parlamentär als Zeichen der Unterhandlungsbereitschaft trägt.*

Par|la|men|ta|ri|er, der; -s, - [nach engl. parliamentarian]: *Abgeordneter, Mitglied eines Parlaments* (1): einzelne P. stimmten gegen das Gesetz; Es sei ja gerade Aufgabe von -n, Einfluss auf Entscheidungen der Regierung zu nehmen (Spiegel 43, 1984, 27).

Par|la|men|ta|ri|e|rin, die; -, -nen: w. Form zu ↑Parlamentarier.

Par|la|men|tä|rin, die; -, -nen: w. Form zu ↑Parlamentär.

par|la|men|ta|risch ⟨Adj.⟩ [nach engl. parliamentary]: *das Parlament betreffend, vom Parlament ausgehend, im Parlament erfolgend:* das -e System; die -e Demokratie; ein -er Untersuchungsausschuss; während der -en Sommerpause; Noch Jahre später waren die hier vorgeführten Lichtspielereien Gegenstand -er Untersuchungen (Prodöhl, Tod 28); etw. p. untersuchen.

Par|la|men|ta|ris|mus, der; -: *demokratische Regierungsform, in der die Regierung dem Parlament verantwortlich ist.*

par|la|men|tie|ren ⟨sw. V.; hat⟩ [1: frz. parlementer]: **1.** (veraltet) *verhandeln, unterhandeln.* **2.** (landsch.) *hin und her reden:* ♦ derweil der Alte auf der Straße parlamentierte, stand Pavel in der Stube (Ebner-Eschenbach, Gemeindekind 76).

Par|la|ments|ab|ge|ord|ne|te, der u. die: *Parlamentarier[in].*

Par|la|ments|auf|lö|sung, die: *(unter bestimmten Voraussetzungen mögliche) Auflösung* (2) *des Parlaments* (1).

Par|la|ments|aus|schuss, der: *parlamentarischer Ausschuss* (2).

Par|la|ments|be|schluss, der: *Beschluss des Parlaments* (1).

Par|la|ments|de|bat|te, die: vgl. Parlamentssitzung.

Par|la|ments|fe|ri|en ⟨Pl.⟩: *Periode, in der keine Parlamentssitzungen stattfinden, bes. parlamentarische Sommerpause.*

Par|la|ments|frak|ti|on, die: vgl. Parlamentsmitglied.

Par|la|ments|ge|bäu|de, das: *Parlament* (2).

Par|la|ments|mehr|heit, die: *Mehrheit im Parlament* (1): die konservative Fraktion hat die P.

Par|la|ments|mit|glied, das: *Mitglied des Parlaments* (1).

Par|la|ments|prä|si|dent, der: *Präsident* (2 a) *eines Parlaments* (1).

Par|la|ments|prä|si|den|tin, die: w. Form zu ↑Parlamentspräsident.

Par|la|ments|re|form, die: *Reform des Parlaments* (1).

Par|la|ments|sitz, der: *Sitz* (2) *in einem Parlament* (1).

Par|la|ments|sit|zung, die: *Sitzung des Parlaments* (1).

Par|la|ments|wahl, die ⟨meist Pl.⟩: *Wahl, bei der ein Parlament* (1) *gewählt wird.*

par|lan|do ⟨Adv.⟩ [ital., zu: parlare = sprechen] (Musik): *(vom Gesang) rhythmisch exakt u. mit Tongebung, dem Sprechen nahe kommend:* eine Arie p. singen.

Par|lan|do, das; -s, -s u. ...di (Musik): *parlando vorgetragener Gesang, Sprechgesang:* er beherrscht das P. ebenso wie das Heldenpathos; Ü ein neuer Typ Sachbuch: Wissenschaft im lockeren P. (Spiegel 39, 1978, 204).

par|lan|te ⟨Adv.⟩ [ital., 1. Part. von: parlare, ↑parlando] (Musik): *parlando.*

par|lie|ren ⟨sw. V.; hat⟩ [a: im 16. Jh. = französisch, vornehm, gewählt reden < frz. parler = reden, sprechen (über galloroman. Formen) < mlat. parabolare = sich unterhalten, zu lat. parabola, ↑Parabel; schon mhd. parlieren < (a)frz. parler = sprechen, reden] (bildungsspr.): **a)** (veraltend) *leicht, obenhin plaudern, Konversation machen:* zusammensitzen und munter p.; Seine Kinder kamen ihm schon verloren vor, wenn er sie mit diesem laut parlierenden Geschwisterpaar verglich (M. Walser, Seelenarbeit 143); **b)** *eine fremde Sprache sprechen [können], sich in einer fremden Sprache unterhalten:* Französisch p.

Par|lo|graph®, der; -en, -en [↑-graph]: *Diktiergerät zur Aufnahme u. Wiedergabe von Gesprächen.*

Par|ma: italienische Stadt.

Par|ma|er, der; -s, -: Ew.

Par|ma|e|rin, die; -, -nen: w. Form zu ↑Parmaer.

par|ma|isch ⟨Adj.⟩: *Parma, die Parmaer betreffend; aus Parma stammend.*

Par|mä|ne, die; -, -n [frz. permaine,

viell. = (Apfel) aus Parma]: kurz für
↑Goldparmäne.

Par|me̜|lia, die; -, ...ien [nlat., zu lat. parma = kleiner Schild, nach der Form] (Bot.): *dunkelgraue, auf Baumrinden u. Steinen lebende Flechte* (2).

Par|me|sa̜n, der; -[s] [frz. parmesan < ital. parmigiano, eigtl. = aus Parma]: *sehr fester, vollfetter italienischer [Reib]käse.*

Par|me|sa̜|ner, der; -s, -: Ew. zu ↑Parma.

Par|me|sa̜|ne|rin, die; -, -nen: w. Form zu ↑Parmesaner.

par|me|sa̜|nisch ⟨Adj.⟩: zu ↑Parma.

Par|me|sa̜n|kä̜|se, der: Parmesan.

Par|na̜ss, der; - u. ...nasses [nach griech. Parnas(s)ós, Name eines mittelgriech. Gebirgszuges, in der griech. Mythologie Sitz des Apollo u. der Musen] (dichter. veraltet): *Reich der Dichtkunst:* auf die Höhe des P. *(zu dichterischer Vollkommenheit) gelangen.*

par|na̜s|sisch ⟨Adj.⟩: *den Parnass betreffend.*

Par|na̜s|sos, Par|na̜s|sus, der; -: *Parnass.*

Par|nes, der; -, - [hebr. parnạs]: *jüdischer Gemeindevorsteher.*

Pa̜|ro|chi: Pl. von ↑Parochus.

pa|ro|chi|al ⟨Adj.⟩ [mlat. parochialis]: *die Parochie betreffend, zu ihr gehörend.*

Pa|ro|chi|al|kir|che, die: *Pfarrkirche.*

Pa|ro|chie̜, die; -, -n [mlat. parochia < griech paroikía = das Wohnen eines Fremden in einem Ort ohne Bürgerrecht; die Christen sahen das irdische Leben als Leben in der Fremde an]: *Amtsbezirk eines Pfarrers.*

Pa̜|ro|chus, der; -, ...chi [mlat. parochus < lat. parochus = Lieferant, Wirt < griech. pároikos = Nachbar; in einer Stadt ohne Bürgerrecht lebender Fremder] (selten): *Pfarrer als Inhaber einer Parochie.*

Pa|ro|die̜, die; -, -n [frz. parodie < griech. parōdía, eigtl. = Nebengesang, zu: pará = neben u. ō̜de̜, ↑Ode]: **1.** (bildungsspr.) *komisch-satirische Nachahmung od. Umbildung eines [berühmten, bekannten] meist künstlerischen, oft literarischen Werkes od. des Stils eines [berühmten] Künstlers:* eine gute, gelungene, schlechte P.; eine P. auf einen Roman, ein Drama schreiben; Ü dann mag auch der permanente Trubel in der kleinen Stadt als heitere Vision und sanfte P. demokratischer Sitten verstanden werden (Reich-Ranicki, Th. Mann 133). **2.** *[komisch-spöttische] Unterlegung eines neuen Textes unter eine Komposition.* **3.** (Musik) **a)** *Verwendung von Teilen einer eigenen od. fremden Komposition für eine andere Komposition;* **b)** *Vertauschung von geistlichen u. weltlichen Texten u. Kompositionen.*

Pa|ro|die̜|mes|se, die (Musik): *unter Verwendung schon vorhandener Musikstücke komponierte* ¹Messe (2).

pa|ro|die̜|ren ⟨sw. V.; hat⟩ [frz. parodier]: *in einer Parodie* (1) *nachahmen, verspotten:* ein Drama, jmds. Sprechweise, einen berühmten Dichter p.; Mendelssohns Stil, der an die Ausdrucksweise des Professors Unrat erinnert, an eine

Sprache also, die Heinrich Mann schon 1905 parodiert hat (Reich-Ranicki, Th. Mann 263).

pa|ro|disch ⟨Adj.⟩: *die Parodie* (2, 3) *betreffend, anwendend.*

Pa|ro|di̜st, der; -en, -en [frz. parodiste]: *jmd., der Parodien* (1) *verfasst od. vorträgt.*

Pa|ro|di̜s|tik, die; -: *Kunst, Art, Anwendung der Parodie* (1).

Pa|ro|di̜s|tin, die; -, -nen: w. Form zu ↑Parodist.

pa|ro|di̜s|tisch ⟨Adj.⟩: *die Parodie* (1) *betreffend, in der Form, der Art einer Parodie; komisch-satirisch nachahmend:* die -e Verfilmung eines Romans.

Pa|ro|don|ti̜|tis, die; -, ...iti̜den [zu griech. pará = neben u. odoús (Gen.: odóntos) = Zahn] (Zahnmed.): *[eitrige] Entzündung des Zahnbetts.*

Pa|ro|don|to̜|se, die; -, -n (Zahnmed.): *(ohne Entzündung verlaufende) Erkrankung des Zahnbettes, bei der das Zahnfleisch zurücktritt u. sich die Zähne lockern.*

Pa̜|ro|dos, der; -, - [griech. párodos, eigtl. = das Vorbeigehen, Entlangziehen]: *Einzugslied des Chores im altgriechischen Drama.*

Pa|rö̜|ke, der; -n, -n [griech. pároikos, ↑Parochus]: *Einwohner ohne od. mit geringerem Bürgerrecht im Byzantinischen Reich.*

¹Pa|ro̜|le, die; -, -n [frz. parole, eigtl. = Wort, Spruch, über das Vlat. zu lat. parabola, ↑Parabel]: **1.** *in einem Satz, Spruch einprägsam formulierte Vorstellungen, Zielsetzungen o. Ä. [politisch] Gleichgesinnter; motivierender Leitspruch:* politische, kommunistische -n; die P. lautet: ...; Überall in Orgosolo und den Nachbardörfern stehen -n an den Hauswänden: Sardinien den Sarden (Chotjewitz, Friede 192); einen Spruch als P. zum 1. Mai ausgeben; -n rufen, skandieren; der Parteitag stand unter der P.: ...; das war schon immer meine P. *(Motto).* **2.** *Kennwort* (2 a): die P. kennen, sagen, ausgeben; wie heißt die P.?; am Tor will ein Posten nach der P. fragen; sein Kiefer klappt töricht herab, als er in die Pistolenmündung starrt (Loest, Pistole 14). **3.** *[unwahre] Meldung, Behauptung:* aufwieglerische -n verbreiten; den -n des Gegners keinen Glauben schenken.

²Pa|role [pa'rɔl], die; - [frz. parole (↑¹Parole), eingef. von dem Schweizer Sprachwissenschaftler F. de Saussure (1857–1913)] (Sprachw.): *gesprochene, aktualisierte Sprache, Rede.*

Pa|role d'Hon|neur [parɔldɔ'nœ:r], das; - - [frz. parole d'honneur] (bildungsspr.): *Ehrenwort.*

Pa|ro̜|li: in der Wendung **jmdm., einer Sache P. bieten** (bildungsspr.; *jmdm., einer Sache gleich Starkes entgegenzusetzen haben u. damit Einhalt gebieten, wirksam Widerstand leisten;* urspr. im Kartenspiel Verdoppelung des Einsatzes; frz. paroli < ital. paroli, eigtl. = das Gleiche [wie beim ersten Einsatz], zu: paro < lat. par = gleich): dem Sturm, der Flut P. bieten; den Wissenschaftlern

wagt kein Volk P. zu bieten (Pilgrim, Mensch 82).

Pa|rö̜|mi̜|a|kus, der; -, ...zi [lat. paroemiacum < griech. paroimiakós, eigtl. = sprichwörtlich]: *altgriechischer [Sprichwort]vers.*

Pa|rö̜|mie̜, die; -, -n [spätlat. paroemia < griech. paroimía] (selten): *[altgriechisches] Sprichwort, Denkspruch.*

Pa|rö̜|mi̜o|graph, der; -en, -en ⟨meist Pl.⟩ [zu griech. gráphein = schreiben]: **a)** *altgriechischer Gelehrter, der die Parömien des griechischen Volkes zusammenstellte;* **b)** *jmd., der Sprichwörter sammelt.*

Pa|rö̜|mi̜o|lo|gie̜, die; - [↑-logie]: *Lehre von den Sprichwörtern.*

Pa|ro|no|ma|sie̜, die; -, -n [spätlat. paronomasia < griech. paronomasia] (Rhet., Stilk.): *Wortspiel durch Zusammenstellen lautlich gleicher od. ähnlicher Wörter [von gleicher Herkunft].*

pa|ro|no|ma̜s|tisch ⟨Adj.⟩ (Rhet., Stilk.): *die Paronomasie betreffend:* -er Intensitätsgenitiv (Genitiv der Steigerung, z. B. Buch der Bücher).

Pa|ro|ny|chie̜, die; -, -n [zu griech. pará = neben, bei u. ónyx (Gen.: ónychos) = Nagel] (Med.): *eitrige Entzündung des Nagelbetts.*

Pa|ro|ny|ma, Pa|ro|ny|me: Pl. von ↑Paronymon.

Pa|ro|ny|mie̜, die; - ⟨Sprachw. veraltet⟩: *Ableitung vom Stammwort.*

Pa|ro|ny|mik, die; - (veraltet): *die Paronymie betreffendes Teilgebiet der Sprachwissenschaft.*

pa|ro|ny|misch ⟨Adj.⟩ (Sprachw. veraltet): *die Paronymie betreffend, vom gleichen Wortstamm abgeleitet.*

Pa|ro|ny|mon, das; -s, ...ma u. ...yme [spätgriech. parṓnymon = Beiname, zu griech. pará = neben u. ónyma = Name] (Sprachw. veraltet): *mit anderen Wörtern vom gleichen Stamm abgeleitetes Wort.*

par or|dre [par'rɔrdr; frz., ↑Order] (bildungsspr.): *auf Befehl.*

par or|dre du muf|ti [- - du 'mʊfti; frz., eigtl. = auf Befehl des Muftis] (scherzh.): *durch Erlass, auf Anordnung von vorgesetzter Stelle:* die beschränkten rechtlichen Möglichkeiten ..., den Brüter p. o. du m. ans Netz zu bringen (Spiegel 30, 1988, 20).

Pa|ro|re|xie̜, die; -, -n [zu ↑para-, Para- u. griech. órexis = das Streben, Verlangen] (Med.): *krankhaftes Verlangen nach ungewöhnlichen, auch unverdaulichen Speisen (z. B. in der Schwangerschaft).*

Pa̜|ros; Paros': griechische Insel.

Pa|ros|mie̜, die; -, -n [zu griech. pará = neben u. osmē̜ = Geruch] (Med.): *Störung der Geruchswahrnehmung (z. B. in der Schwangerschaft).*

Pa|ros|phre|sie̜, die; -, -n [zu griech. ósphrēsis = das Riechen; Geruchssinn] (Med.): *Parosmie.*

Pa|ro|ti̜|tis, die; -, ...iti̜den [zu nlat. (glandula) parotis = Ohrspeicheldrüse, zu griech. pará = neben u. oûs (Gen.: ōtós) = Ohr] (Med.): *Mumps.*

pa|ro|xys|ma̜l ⟨Adj.⟩ [zu ↑Paroxysmus (1)] (Med.): *anfallartig auftretend, sich in der Art eines Anfalls steigernd.*

Pa|ro|xys|mus, der; -, ...men [griech. paroxysmós = (Fieber)anfall]: **1.** (Med.) *anfallartiges Auftreten einer Krankheitserscheinung, anfallartige starke Steigerung bestehender Beschwerden.* **2.** (Geol.) *gesteigerte tektonische od. vulkanische Aktivität.*

Pa|ro|xy|to|non, das; -s, ...tona [zu griech. paroxýtonos = auf der vorletzten Silbe betont] (Sprachw.): *(im Griechischen) Wort mit einem Akut (1) auf der betonten vorletzten Silbe.*

par pis|to|let [parpistɔˈlɛ; frz., eigtl. = (wie) mit der Pistole] (Billard): *aus freier Hand, ohne Auflegen der Hand spielend.*

par pré|fé|rence [parprefeˈrãːs; frz., ↑Präferenz] (veraltet): *vorzugsweise.*

par re|nom|mée [parrənoˈme; frz., ↑Renommee] (veraltet): *dem Ruf nach.*

Par|rhe|sie, die; - [griech. parrhēsía] (veraltet): *Freimütigkeit im Reden.*

Par|ri|ci|da, Par|ri|zi|da, der; -s, -s [lat. parricida, 1. Bestandteil verw. mit griech. (dorisch) paós = Verwandter, 2. Bestandteil zu lat. -cidere (in Zus.) = töten] (bildungsspr. selten): *Verwandten-, bes. Vatermörder.*

Par|se, der; -n, -n [pers. Pārsī = Perser, zu: Pārs = Persien]: *Anhänger des Parsismus [in Indien].*

Par|sec, das; -, - [Kurzwort aus engl. **pa**rallax se**c**ond] (Astron.): *Maß der Entfernung von [Fix]sternen (3,26 Lichtjahre; Abk.: pc).*

par|sen [engl. to parse, eigtl. = in Teile zerlegen, zu lat. pars = Teil] (EDV): *maschinenlesbare Daten analysieren, segmentieren u. kodieren.*

Par|ser, der; -s, - [engl. parser, zu: to parse, ↑parsen](EDV): *Programm (4), das eine syntaktische Analyse durchführt.*

Par|sing, das; -s [engl. parsing] (EDV): *das Parsen.*

par|sisch ⟨Adj.⟩: *die Parsen betreffend.*

Par|sis|mus, der; -: *von Zarathustra gestiftete altpersische Religion, bes. in ihrer heutigen indischen Form.*

Pars pro To|to, das; - - - [lat. = ein Teil für das Ganze] (Sprachw.): *Redefigur, bei der ein Teilbegriff anstelle eines Gesamtbegriffs gesetzt wird (z. B. unter einem Dach = in einem Haus).*

Part, der; -s, -s, auch: -e [mhd. part(e) < (a)frz. part < lat. pars, ↑Partei]: **1.** ⟨Pl. -s, auch: -e⟩ **a)** (Musik) *Stimme eines Instrumental- od. Gesangstücks:* sie saß vor dem Klavier und übte ihren P. für das Kammerkonzert; **b)** *Rolle in einem Theaterstück, in einem Film:* seinen P. einstudieren; den P. des Helden spielen; Die kleineren -s waren durchweg typenscharf besetzt, zum Schluss gab es ... Beifall (MM 17. 1. 66, 18); die Probeaufnahmen für einen Kriegsfilm, in dem er den P. des desertierten Helden übernommen hatte (Bieler, Mädchenkrieg 482); Ü Dann ist der Haushalt natürlich auch ihr P. Eine glatte Rechnung (Dierichs, Männer 252). **2.** ⟨Pl. -en⟩ (Kaufmannsspr.) *Anteil des Miteigentums an einem Schiff.*

part. = parterre.

Part. = Parterre (1).

par|ta|gie|ren [...ˈʒiːrən] ⟨sw. V.; hat⟩ [frz. partager, zu: partage = Teilung, zu

älter: partir, ↑Partei] (veraltet): *teilen, verteilen.*

¹Par|te, die; -, -n [kurz für ↑Partezettel, vgl. älter ital. dare parte = Nachricht geben] (österr.): *Todesanzeige.*

²Par|te, die; -, -n [ital. parte = Partei (3)]: **1.** (landsch.) *Mietpartei.* **2.** (Musik) *Part* (1 a).

Par|tei, die; -, -en [mhd. partīe = ²Abteilung (1) < frz. partie = Teil, ²Abteilung, Gruppe; Beteiligung, zu älter: partir = teilen < lat. partiri, zu: pars (Gen.: partis) = (An)teil]: **1. a)** *politische Organisation mit einem bestimmten Programm, in der sich Menschen mit gleichen politischen Überzeugungen zusammengeschlossen haben, um bestimmte Ziele zu verwirklichen:* die politischen -en; eine bürgerliche, konservative P.; Was die Bundesrepublik brauche, sei eine starke kommunistische P. (Chotjewitz, Friede 188); eine P. gründen, führen, auflösen, verbieten; eine bestimmte P. wählen; die P. wechseln; einer P. angehören, beitreten, seine Stimme geben; sich einer P. anschließen; Kandidat einer P. sein; aus einer P. austreten; er wurde aus der P. ausgeschlossen; in eine P. eintreten; Der Löffler hat mich hineingebracht ins Paketzustellamt. Dafür hab' ich in seine P. hineinmüssen (Kühn, Zeit 293); **b)** ⟨o. Pl.; nur mit bestimmtem Art.⟩ *Staats-, Einheitspartei:* die P. hat immer Recht; Er nehme an, dass Mehlig auch in der P. gewesen sei (Chotjewitz, Friede 148); Im Jahr 1992 sprach die P. das offizielle Verdikt über Zhao Ziyang (FAZ 4. 6. 99, 11). **2.** *einer der beiden Gegner in einem Rechtsstreit; einer von zwei Vertragspartnern:* die streitenden -en; die P. des Klägers, des Beklagten; die -en zu einem Vergleich bringen. **3.** kurz für ↑Mietpartei: am Samstagnachmittag kehrt die Frau das Trottoir und wischt noch die Stiegen für zwei -en (Sommer, Und keiner 51). **4.** *Gruppe [von Gleichgesinnten]:* im Verlauf der Diskussion bildeten sich zwei -en; die feindlichen -en einigten sich; Währenddessen dauert der Krieg mit Bränden, Hungersnot und vielen Toten ... und wechselndem Glück für beide -en (Kronauer, Bogenschütze 378); ***P. sein** *(voreingenommen, nicht neutral sein [weil man selbst betroffen ist]);* **jmds. P./für jmdn. P. ergreifen, nehmen** *(für jmdn. eintreten; jmds. Standpunkt verteidigen, jmds. Interessen vertreten);* **über den -en stehen** *(unparteiisch sein).*

Par|tei|ab|zei|chen, das: *Abzeichen (a), das jmdn. als Mitglied einer Partei (1) ausweist.*

Par|tei|ak|tiv, das (DDR): *Arbeitsgruppe in einer Partei (1) mit besonderen Aufgaben.*

Par|tei|amt, das: *Amt (1 a), Posten in einer Partei (1).*

par|tei|amt|lich ⟨Adj.⟩: *von einer Partei (1) als amtlich, offiziell ausgehend.*

Par|tei|an|hän|ger, der: *Anhänger einer bestimmten Partei (1).*

Par|tei|an|hän|ge|rin, die: *w. Form zu ↑Parteianhänger.*

Par|tei|ap|pa|rat, der: *Apparat (2) einer Partei (1).*

Par|tei|ar|beit, die ⟨o. Pl.⟩: *Arbeit, mit der ein Parteimitglied von seiner Partei (1) betraut worden ist.*

Par|tei|auf|bau, der ⟨o. Pl.⟩: **1.** *innerer Aufbau einer Partei (1).* **2.** *das Aufbauen einer Partei (1).*

Par|tei|auf|trag, der: *von einer Partei (1) erteilter Auftrag (1):* wichtige Parteiaufträge übernehmen, ausführen.

Par|tei|aus|schluss, der: *Ausschluss aus einer Partei (1):* jmds. P. beantragen; Eigentlich rechnete ich im Frühjahr 1964 nicht mehr mit meinem P. (Spiegel 41, 1978, 108).

Par|tei|aus|schluss|ver|fah|ren, das: *Verfahren (2), das einen Parteiausschluss zum Ziel hat.*

Par|tei|aus|weis, der: vgl. Parteibuch.

Par|tei|ba|sis, die: *Basis (5 b) einer Partei (1).*

Par|tei|be|schluss, der: vgl. Parteitagsbeschluss.

Par|tei|blatt, das: vgl. Parteiorgan.

Par|tei|bon|ze, der (abwertend): *Parteifunktionär:* -n sitzen in allen Aufsichtsräten (Salzburger Nachr. 17. 2. 86, 14).

Par|tei|buch, das: *Mitgliedsbuch einer Partei (1):* sein P. zurückgeben (ugs.; *aus der Partei austreten);* das falsche P. haben (ugs.; *aufgrund der Zugehörigkeit zu einer bestimmten Partei, Gruppierung [beruflich] nicht vorwärts kommen).*

Par|tei|bü|ro, das: **1.** *Büro (1 b) einer Partei (1).* **2.** *interne Organisation einer Partei (1), die für Verwaltung, Propaganda o. Ä. zuständig ist.*

Par|tei|bü|ro|kra|tie, die: *Bürokratie (1) einer Partei (1).*

Par|tei|chef, der: *Parteivorsitzender.*

Par|tei|che|fin, die: *w. Form zu ↑Parteichef.*

Par|tei|chi|ne|sisch, das; -[s] (abwertend): *dem Außenstehenden unverständlicher Jargon der Parteifunktionäre.*

Par|tei|dis|zi|plin, die: *Disziplin (1 a) der Parteimitglieder gegenüber den Beschlüssen der Partei (1).*

Par|tei|do|ku|ment, das (DDR): *Mitgliedsbuch für ein Mitglied einer marxistisch-leninistischen Partei.*

Par|tei|filz, der: *Filzokratie innerhalb von Parteien (1 a).*

Par|tei|en|fi|nan|zie|rung, die: *Finanzierung politischer Parteien aus Mitgliedsbeiträgen, Spenden von Mitgliedern, Spenden von Interessenverbänden o. Ä., durch öffentliche Mittel und Einnahmen aus Vermögen:* ein Gesetz zur Neuregelung der P.

Par|tei|en|hal|der, der: vgl. Parteienkampf.

Par|tei|en|kampf, der: *Kampf (2 b) zwischen Parteien (1 a).*

Par|tei|en|land|schaft, die: *Situation eines Landes in Bezug auf die bestehenden Parteien (1 a).*

Par|tei|en|raum, der: (österr.): *Raum, in dem bei Behörden der Publikumsverkehr abgewickelt wird.*

Par|tei|en|spek|trum, das: *Spektrum (2) von politischen Parteien eines Landes o. Ä.*

Par|tei|en|staat, der: *Staat, in dem die Parteien (1 a) eine wichtige Rolle spielen.*

Par|tei|en|sys|tem, das: *System* (2) *von Parteien* (1 a) *in einem Parteienstaat.*

Par|tei|en|ver|dros|sen|heit, die: *durch Skandale, zweifelhafte Vorkommnisse o. Ä. hervorgerufene große Unzufriedenheit der Bürger mit den politischen Parteien.*

Par|tei|en|ver|kehr, der (österr.): *Amtsstunden.*

Par|tei|en|zwist, der: *Streit, Auseinandersetzung zwischen den politischen Parteien:* und außerdem ... stünde ein »Oberhaus«, das mehr den Interessen des großen Ganzen verpflichtet sei als dem kleinlichen P., der Republik gar nicht schlecht zu Gesicht (FAZ 27. 9. 96, 8).

par|tei|fä|hig ⟨Adj.⟩ (Rechtsspr.): *fähig, in einem Rechtsstreit Partei* (2) *zu sein.*

Par|tei|fä|hig|keit, die ⟨o. Pl.⟩ (Rechtsspr.): *das Parteifähigsein.*

Par|tei|feind, der (kommunist.): *[ehemaliges] Mitglied einer marxistisch-leninistischen Partei, das zum Gegner der Partei geworden ist.*

Par|tei|fein|din, die: w. Form zu ↑ Parteifeind.

par|tei|feind|lich ⟨Adj.⟩ (kommunist.): *einen Parteifeind betreffend, für ihn charakteristisch, von ihm ausgehend.*

Par|tei|freund, der: *jmd., der in derselben Partei* (1) *ist.*

Par|tei|freun|din, die: w. Form zu ↑ Parteifreund.

Par|tei|füh|rer, der: *Führer, Vorsitzender einer Partei* (1).

Par|tei|füh|re|rin, die: w. Form zu ↑ Parteiführer.

Par|tei|füh|rung, die ⟨o. Pl.⟩: *Führung* (1 a, c) *einer Partei* (1).

Par|tei|funk|ti|on, die: *Funktion* (1 b) *einer Partei* (1).

Par|tei|funk|ti|o|när, der: *Funktionär einer Partei* (1).

Par|tei|funk|ti|o|nä|rin, die: w. Form zu ↑ Parteifunktionär.

Par|tei|gän|ger, der (oft abwertend): *Anhänger einer Partei, einer politischen Richtung od. Persönlichkeit.*

Par|tei|gän|ge|rin, die; -, -nen: w. Form zu ↑ Parteigänger.

Par|tei|ge|nos|se, der: **a)** *Mitglied der ehemaligen Nationalsozialistischen Deutschen Arbeiterpartei;* **b)** (heute selten) *Mitglied einer [Arbeiter]partei, bes. als Anrede.*

Par|tei|ge|nos|sin, die: w. Form zu ↑ Parteigenosse.

Par|tei|grün|dung, die: *Gründung* (1) *einer Partei* (1).

Par|tei|grup|pe, die (DDR): *kleinste organisatorische Einheit der Sozialistischen Einheitspartei Deutschlands.*

Par|tei|hoch|schu|le, die (DDR): *Hochschule zur Ausbildung leitender Kader einer marxistisch-leninistischen Partei.*

Par|tei|ide|o|lo|ge, der: *Ideologe* (1) *einer Partei* (1).

Par|tei|ide|o|lo|gin, die: w. Form zu ↑ Parteiideologe.

par|tei|in|tern ⟨Adj.⟩: *innerhalb einer Partei* (1) *stattfindend, erfolgend:* -e Auseinandersetzungen; p. sei das Echo darauf ... eindeutig positiv (Sonntagsblatt 20. 5. 84, 2).

par|tei|isch ⟨Adj.⟩: *einseitig für jmdn., eine Gruppe eingenommen; nicht neutral:* eine -e Haltung; Parteiische Stellungnahme kann dem Institut dabei wirklich nicht vorgeworfen werden (Wochenpresse 46, 1983, 22); der Schiedsrichter war p.; p. urteilen.

Par|tei|ka|bi|nett, das (DDR): *Lehr- u. Beratungszentrum der Sozialistischen Einheitspartei Deutschlands.*

Par|tei|ka|der, der: *Kader* (3).

Par|tei|kon|fe|renz, die: *Konferenz* (2) *einer Partei* (1).

Par|tei|kon|gress, der: *Kongress einer Partei* (1).

Par|tei|lehr|jahr, das (DDR): *obligatorische Schulung der SED-Mitglieder.*

Par|tei|lei|tung, die: vgl. Parteiführung.

par|tei|lich ⟨Adj.⟩ [2: nach russ. partijnyj]: **1.** *eine Partei* (1, 2, 4) *betreffend:* -e Interessen, Grundsätze. **2. a)** (kommunist.) *bewusst od. unbewusst die Interessen einer bestimmten Klasse vertretend:* -es Handeln; jede Wissenschaft ist p.; **b)** (DDR) *die Partei der Arbeiterklasse u. des Sozialismus entschieden vertretend u. danach handelnd.* **3.** (seltener) *parteiisch.*

Par|tei|lich|keit, die; -: *das Parteilichsein* (2).

Par|tei|li|nie, die: *politische Linie, die eine Partei* (1) *verfolgt:* sein Vorschlag entspricht nicht der P.

Par|tei|lo|kal, das: vgl. Lokal (2).

par|tei|los ⟨Adj.⟩: *keiner Partei* (1) *angehörend:* er ist der einzige -e Minister im Kabinett.

Par|tei|lo|se, der u. die; -n, -n ⟨Dekl. ↑ Abgeordnete⟩: *jmd., der parteilos ist.*

Par|tei|lo|sig|keit, die; -: *das Parteilossein.*

Par|tei|mann, der ⟨Pl. -leute, seltener: -männer⟩ (veraltend): *Mitglied, Angehöriger einer Partei* (1) *[der aktiv in der Partei mitarbeitet].*

par|tei|mä|ßig ⟨Adj.⟩: *den politischen Richtlinien einer Partei* (1) *gemäß:* ein -es Verhalten.

Par|tei|mit|glied, das: *Mitglied einer Partei* (1).

Par|tei|mit|glied|schaft, die: *Mitgliedschaft in einer Partei.*

Par|tei|nah|me, die; -, -n [↑ -nahme]: *das Parteinehmen, -ergreifen:* Die Leute zu warnen, das ist ja noch keine P. (Springer, Was 184); in ähnlichen Fällen fällt auf, dass P. für einen Betroffenen Seltenheitswert hat (Chic 9, 1984, 4).

Par|tei|or|gan, das: *Organ* (3, 4) *einer Partei* (1).

Par|tei|or|ga|ni|sa|ti|on, die ⟨o. Pl.⟩: *Organisation* (2) *einer Partei* (1).

Par|tei|po|li|tik, die ⟨o. Pl.⟩: **a)** *[eigennützig] die Interessen einer Partei* (1) *nach außen hin vertretende Politik:* die Zeitung als Kampfmittel der P.; **b)** *Politik innerhalb einer Partei* (1): interne P. ist nicht seine Sache.

par|tei|po|li|tisch ⟨Adj.⟩: *die Parteipolitik betreffend, ihr entsprechend:* -e Fragen.

Par|tei|prä|si|di|um, das: *Präsidium* (1 a) *einer Partei* (1).

Par|tei|pres|se, die: vgl. Parteiorgan.

Par|tei|pro|gramm, das: *Programm* (3) *einer Partei* (1).

Par|tei|pro|pa|gan|da, die: *parteipolitische Propaganda.*

par|tei|schä|di|gend ⟨Adj.⟩: *einer Partei* (1) *Schaden zufügend:* -es Verhalten; das, was du eben gesagt hast, ist auch p. (Spiegel 48, 1981, 101).

Par|tei|schu|le, die: *Bildungseinrichtung einer Partei* (1), *in der Parteimitglieder politisch geschult werden.*

Par|tei|se|kre|tär, der: *Sekretär* (2 a) *einer Partei* (1).

Par|tei|se|kre|tä|rin, die: w. Form zu ↑ Parteisekretär.

Par|tei|sol|dat, der (Jargon): *jmd., der seiner Partei* (1 a) *in meist langjähriger Arbeit treue Dienste geleistet hat.*

Par|tei|spen|den|af|fä|re, die: *durch illegale Spenden an eine Partei* (1 a), *Bestechungen o. Ä. ausgelöste politische Affäre.*

Par|tei|spit|ze, die: **1.** *Spitze* (4 b) *einer Partei* (1 a). **2.** ⟨Pl.⟩ *führende Persönlichkeiten einer Partei* (1 a).

Par|tei|sta|tut, das: *Statut einer Partei* (1).

Par|tei|stra|te|ge, der (Jargon): *Vordenker einer politischen Partei.*

Par|tei|stra|te|gin, die: w. Form zu ↑ Parteistratege.

Par|tei|tag, der: **1.** *oberstes Beschlussorgan einer Partei* (1): der P. hat einen einstimmigen Beschluss gefasst. **2.** *Tagung des Parteitags* (1): der P. findet jährlich statt.

Par|tei|tags|be|schluss, der: *auf einem Parteitag* (2) *gefasster Beschluss.*

par|tei|über|grei|fend ⟨Adj.⟩: *nicht auf eine politische Partei beschränkt; über die Grenzen einzelner Parteien hinausgreifend:* eine -e Einigung.

Par|tei|ung, die; -, -en: **1.** (seltener) *Zerfall in einander bekämpfende Parteien* (1 a, 4). **2.** *[politische] Gruppierung:* in voller Unabhängigkeit von irgendwelchen Parteien und -en (Heym, Nachruf 151).

Par|tei|ver|fah|ren, das: *gegen ein Parteimitglied eingeleitetes Verfahren.*

Par|tei|ver|neh|mung, die (Rechtsspr.): *Vernehmung der Partei* (2) *in einem Rechtsstreit.*

Par|tei|ver|rat, der (Rechtsspr.): *pflichtwidriges Tätigwerden eines Rechtsbeistandes für beide Parteien* (2) *in derselben Rechtssache.*

Par|tei|ver|samm|lung, die: vgl. Parteikongress.

Par|tei|vor|sit|zen|de, der u. die: *Vorsitzende[r] einer Partei* (1).

Par|tei|vor|stand, der: vgl. Parteipräsidium.

Par|tei|zei|tung, die: vgl. Parteiorgan.

Par|tei|zen|tra|le, die: *Zentrale* (1 a) *einer Partei* (1).

Par|tei|zu|ge|hö|rig|keit, die: vgl. Parteimitgliedschaft.

Par|te|ke, die; -, -n [zu lat. particula, Vkl. von: pars, ↑ Partei] (veraltet): *Stückchen, Stück (Almosen)brot.*

Par|ten|ree|de|rei, die; -, -en [zu ↑ Part (2)]: *Reederei, deren Schiffe mehreren Eigentümern gehören.*

par|terre [...'tɛr] ⟨Adv.⟩ [frz. par terre = zu ebener Erde]: *im Erdgeschoss, zu ebener Erde:* p. wohnen; Abk.: part.

Par|ter|re, das; -s, -s [2: frz. parterre]: **1.** *Erdgeschoss:* die Wohnung liegt im P.; Abk.: Part. **2.** (veraltend) *Sitzreihen zu ebener Erde im Kino od. Theater.*

Par|ter|re|akro|ba|tik [...'tɛr...], die; -: *artistisches Bodenturnen.*

Par|ter|re|woh|nung, die: *Wohnung im Parterre* (1)*.*

Pạr|te|zet|tel, der; -s, - (österr.): ¹*Parte:* Seine Angehörigen schreiben auf seinen P.: »Das Auto, mit dem er so innig verbunden war, wurde sein Schicksal« (Wiener 10, 1983, 38).

Par|the|ni|en ⟨Pl.⟩ [griech. parthéneia = Jungfrauengesänge, zu: parthéneios = jungfräulich] (Literaturw.): *altgriechische Hymnen für Jungfrauenchöre.*

Par|the|no|ge|ne|se, die; - [zu griech. parthénos = Jungfrau u. ↑Genese]: **1.** (Theol.) *Geburt eines Menschen ohne vorausgegangene Zeugung; Jungfrauengeburt.* **2.** (Biol.) *Jungfernzeugung.*

par|the|no|ge|ne|tisch ⟨Adj.⟩ (Biol.): *die Parthenogenese* (2) *betreffend; aus unbefruchteten Keimzellen entstehend.*

par|the|no|karp ⟨Adj.⟩ (Bot.): *die Parthenokarpie betreffend; ohne Befruchtung entstanden.*

Par|the|no|kar|pie, die; - [zu griech. karpós = Frucht] (Bot.): *Jungfernfrüchtigkeit.*

Pạr|ther, der; -s, -: Angehöriger eines nordiran. Volksstammes.

Par|the|rin, die; -, -nen: w. Form zu ↑Parther.

Pạr|thi|en; -s: Land der Parther.

par|ti|al [spätlat. partialis, zu lat. pars, ↑Partei]: *partiell:* Wir alle sind nur p. sozialisiert und müssen Verzichte leisten (Universitas 2, 1978, 119).

Par|ti|al|bruch, der (Math.): *Bruch, der bei Zerlegung eines Bruches mit zusammengesetztem Nenner entsteht.*

Par|ti|al|ge|fühl, das (Psych.): *(nach S. Freud) einzelner Bestandteil eines Gefühls, der sich mit anderen zum totalen Gefühl zusammenschließen kann.*

Par|ti|al|ob|li|ga|ti|on, die (Bankw.): *Teilschuldverschreibung.*

Par|ti|al|ton, der ⟨meist Pl.⟩: *Teilton.*

Par|ti|al|trieb, der (Psych.): *(nach S. Freud) einer der als Komponenten des Sexualtriebs angesehenen, sich nacheinander entwickelnden Triebe.*

par|ti|a|risch ⟨Adj.⟩ (Wirtsch., Rechtsspr.): *mit Gewinnbeteiligung.*

Par|ti|cell [...'tʃɛl], das; -s, -e, **Par|ti|cel|la** [...'tʃɛla], die; -, ...lle [ital. particella = Teilchen, Vkl. von: parte, ↑²Parte] (Musik): *Entwurf zu einer Partitur.*

Par|ti|cu|la pẹn|dens, die; - - [lat. particula pendens, eigtl. = (in der Luft) hängendes Teilchen] (Rhet., Stilk.): *ohne Entsprechung bleibende* ¹*Partikel* (2) *beim Anantapodoton.*

Par|tie, die; -, -n [frz. partie, ↑Partei; 6: frz. parti]: **1.** *Teil, Abschnitt, Ausschnitt aus einem größeren Ganzen:* die obere, untere P. des Gesichts; die neuen Eigentümer hatten große -n des Gebäudes modernisiert (Fest, Im Gegenlicht 92);

Während seine Romane große essayistische -n bieten (Reich-Ranicki, Th. Mann 69); die Erzählung zerfällt in drei -n; das Kleid sollte die schmalen -n der Figur betonen. **2.** *Durchgang, Runde in einem Spiel, in bestimmten sportlichen Wettkämpfen:* eine P. Schach, Billard, Bridge, Tennis spielen; eine gute, schlechte P. liefern *(gut, schlecht spielen);* eine P. gewinnen, verlieren; Wenn wir die P. gegen diese Topmannschaft auch noch gut über die Runden bringen, sieht die Zukunft wieder rosiger aus (Kicker 6, 1982, 47); Ü Wie man ihr so etwas zumuten könne, eröffnete sie geschickt die P. (Prodöhl, Tod 139). **3.** *Rolle in einem gesungenen [Bühnen]werk:* er übernahm die P. des Othello; für diese P. ist er nicht geeignet. **4.** (Kaufmannsspr.) *größere Menge einer Ware; Posten:* eine P. Hemden; von einem Buch drei -n bestellen; Im Lagerhaus gebe es nun karierte Arbeitshemden ... und eine P. verbilligter Gießkannen (Frischmuth, Herrin 41). **5.** (veraltend) *Ausflugsfahrt einer Gruppe von Menschen:* eine P. aufs Land machen; *** mit von der P. sein** (ugs.; *bei etw. mitmachen, dabei sein*): Mit von der P. war außer Lustigs Tochter auch ein Herr von Lilienthal (Bieler, Mädchenkrieg 20). **6.** *** eine gute, schlechte** o. ä. **P. sein** *(viel, wenig Geld o. Ä. mit in die Ehe bringen):* Direkt eine gute P. ist er ja wohl nicht (Danella, Hotel 307); **eine gute, schlechte** o. ä. **P. machen** *(einen vermögenden, unvermögenden o. ä. Ehepartner bekommen):* Es war auch eine prachtvolle P., die Gina gemacht hatte (Danella, Hotel 352). **7.** (österr.) *für eine bestimmte Arbeit zusammengestellte Gruppe von Arbeitern.*

Par|tie|be|zug, der (Kaufmannsspr.): *Bezug einer Ware in Partien* (4).

Par|tie|chef, der (Gastr.): *Koch, dem eine Abteilung untersteht.*

Par|tie|che|fin, die: w. Form zu ↑Partiechef.

Par|tie|fracht, die (Fachspr.): *aus einer Partie* (4)*, aus Partien* (4) *bestehende Fracht (im Unterschied zur Stückgutfracht).*

Par|tie|füh|rer, der (österr.): *Vorarbeiter einer Partie* (7): Er folgte dem P. in die Sortierhalle (Fels, Afrika 12).

Par|tie|füh|re|rin, die: w. Form zu ↑Partieführer.

par|ti|ell ⟨Adj.⟩ [frz. partiel, zu: part, ↑Part] (bildungsspr.): *teilweise [vorhanden]:* -e Lähmung; Wegen der -en Beendigung des bisher geltenden Mieterschutzes (NZZ 26. 8. 86, 3); Ausweichen würde die schützenswerten Gebiete zumindest p. zerstören (Badische Zeitung 12. 5. 84, 22).

Par|tie|mann, der (Bergmannsspr. veraltend): *Vorarbeiter, Sprecher für eine kleinere Gruppe von Bergleuten, die Arbeit nach Gedinge übernommen haben.*

par|ti|en|wei|se: ↑partieweise.

Par|tie|preis, der (Kaufmannsspr.): *Preis* (1) *für eine Partie* (4)*.*

par|tie|ren ⟨sw. V.; hat⟩ [lat. partire]: **1.** (veraltet) *teilen.* **2.** (Musik) *die einzelnen Stimmen in Partiturform anordnen.*

Par|tie|wa|re, die [älter = Massenware] (Kaufmannsspr.): *unmoderne od. unansehnliche Ware, die billiger verkauft wird.*

par|tie|wei|se, partienweise ⟨Adv.⟩ (Kaufmannsspr.): *in Partien* (4): Waren p. einkaufen.

¹**Par|ti|kel** [auch: ...'tɪkl̩], die; -, -n [lat. particula = Teilchen, Stück, Vkl. von: pars, ↑Partei] (Sprachw.): **1.** *unflektierbares Wort* (z. B. Präposition, Konjunktion, Adverb). **2.** *die Bedeutung einer Aussage modifizierendes [unbetontes] Wort ohne syntaktische Funktion [u. ohne eigene Bedeutung].* **3.** (kath. Kirche) **a)** *Teilchen der Hostie;* **b)** *als Reliquie verehrter Span des Kreuzes Christi.* ♦ **4.** *Ausdruck* (1): man findet immer ein besseres Wort, eine reinere P. (Goethe, Werther II, 24. Dezember 1771).

²**Par|ti|kel,** das; -s, -, auch: die; -, -n (Fachspr.): *sehr kleines Teilchen von einem Stoff:* radioaktive P.; Mächtige Rauchwolken behindern nicht nur die Sicht der Piloten, vulkanische -n gefährden auch die Triebwerke (NZZ 21. 8. 83, 7).

par|ti|ku|lar, par|ti|ku|lär ⟨Adj.⟩ [spätlat. particularis] (bildungsspr.): *einen Teil[aspekt], eine Minderheit [in einem Staat] betreffend:* -e Interessen; So steht alles unter dem Antriebsdruck partikularer Eigeninteressen (Gruhl, Planet 262); Denn die Wahrheiten, die der Spion zusammenträgt, geben sich von vornherein als ... partikulär zu erkennen (Sloterdijk, Kritik 607).

Par|ti|ku|lar, der; -s, -e (schweiz. veraltet): *Privatmann; Rentner.*

Par|ti|ku|la|ris|mus, der; - (meist abwertend): *Streben staatlicher Teilgebiete, ihre besonderen Interessen gegen allgemeine Interessen durchzusetzen:* Der politische P., um nicht zu sagen Opportunismus, denkt nicht an eine langfristige Politik (Gruhl, Planet 307).

Par|ti|ku|la|rist, der; -en, -en (meist abwertend): *Anhänger des Partikularismus.*

Par|ti|ku|la|ris|tin, die; -, -nen: w. Form zu ↑Partikularist.

par|ti|ku|la|ris|tisch ⟨Adj.⟩ (meist abwertend): *den Partikularismus betreffend.*

Par|ti|ku|lar|recht, das (veraltet): *Einzel-, Sonderrecht.*

Par|ti|ku|lier, der; -s, -e: *selbstständiger Schiffer in der Binnenschifffahrt.*

Par|ti|kü|li|er [...'lje:], der; -s, -s [frz. particulier] (veraltet): *Privatmann; Rentner.*

Par|ti|ku|lie|rer, der; -s, -: *Partikulier.*

Par|ti|ku|lie|rin, die; -, -nen: w. Form zu ↑Partikulierer.

Par|ti|ku|lie|rin, die; -, -nen: w. Form zu ↑Partikulier.

Par|ti|kü|lie|rin, die; -, -nen: w. Form zu ↑Partikülier.

Par|ti|mẹn, das; -[s], -[s] [provenz., zu: partir (un joc) = zur Wahl stellen] (Literaturw.): *altprovenzalisches Streitgedicht.*

Par|ti|mẹn|to, der; -[s], ...ti [ital. partimento = Teilung] (Musik): *(im 17./18. Jh.) Bassstimme* (2)*, zu der auf einem*

Tasteninstrument eine Melodie od. ein mehrstimmiger Satz (4 a) *improvisiert wurde.*

Par|ti|san, der; -s u. -en, -en [frz. partisan < ital. partigiano, eigtl. = Parteigänger, zu: parte = Teil, Partei < lat. pars, ↑Partei]: *jmd., der nicht als regulärer Soldat, sondern als Angehöriger bewaffneter, aus dem Hinterhalt operierender Gruppen od. Verbände gegen den in sein Land eingedrungenen Feind kämpft:* als P. kämpfen.

Par|ti|sa|ne, die; -, -n [älter frz.: partisane < ital. partigiana, eigtl. = Waffe eines partigiano = Partisan] (früher): *Stoßwaffe mit langem Stiel u. langer, schwertartiger Spitze, die am unteren Ende zwei seitlich abstehende Spitzen hat:* ◆ Söldner im Harnisch, die -n auf den Schultern, ziehen über den Markt (Raabe, Chronik 158).

Par|ti|sa|nen|ein|heit, die: *Einheit von Partisanen.*

Par|ti|sa|nen|ge|biet, das: *Gebiet* (1), *in dem Partisanenkämpfe stattfinden, sich Partisanen aufhalten.*

Par|ti|sa|nen|grup|pe, die: vgl. Partisaneneinheit.

Par|ti|sa|nen|kampf, der: *von Partisanen geführter Kampf.*

Par|ti|sa|nen|krieg, der: vgl. Partisanenkampf.

Par|ti|sa|nin, die; -, -nen: w. Form zu ↑Partisan.

Par|ti|ta, die; -, ...ten [ital. partita, zu: partire, ↑Partitur] (Musik): *Folge von mehreren in der gleichen Tonart stehenden Stücken.*

Par|ti|te, die; -, -n [ital. partita, ↑Partita] (veraltet): **1.** *Geldsumme, die in Rechnung gebracht wird.* **2.** *Schelmenstreich.*

Par|ti|ten|ma|cher, der (veraltet): *listiger Betrüger.*

Par|ti|ti|on, die; -, -en [lat. partitio, zu: partiri, ↑Partei] (Fachspr.): *Einteilung, Zerlegung (bes. eines Begriffsinhalts in seine Teile).*

par|ti|tiv ⟨Adj.⟩ [mlat. partitivus] (Sprachw.): *eine Teilung ausdrückend:* -er Artikel *(Teilungsartikel);* -er Genitiv *(Genitivus partitivus).*

Par|ti|tiv, der; -s, -e (Sprachw.): **1.** *Kasus zur Bezeichnung des Teils eines Ganzen (z. B. im Finnischen).* **2.** *Wort im Partitiv* (1).

Par|ti|tiv|zahl, die (selten): *Bruchzahl.*

Par|ti|tur, die; -, -en [ital. partitura, eigtl. = Einteilung, zu: partire < lat. partiri, ↑Partei] (Musik): *übersichtliche, Takt für Takt in Notenschrift auf einzelnen übereinander liegenden Liniensystemen angeordnete Zusammenstellung aller zu einer vielstimmigen Komposition gehörenden Stimmen:* Mit klarem Gespür für differenzierte und transparente Klangwirkungen folgt er der P. in ihre feinsten Verästelungen (Orchester 7/8, 1984, 665).

Par|ti|zip, das; -s, -ien [lat. participium, zu: particeps = teilhabend, zu: pars (↑Partei) u. capere = nehmen, fassen] (Sprachw.): *Verbform, die eine Mittelstellung zwischen Verb u. Adjektiv einnimmt; Mittelwort:* das P. Präsens/Perfekt; das

erste/zweite P.; die Form des -s Perfekt/ des P. Perfekts.

Par|ti|zi|pa|ti|on, die; -, -en [spätlat. participatio] (bildungsspr.): *das Teilhaben, Teilnehmen, Beteiligtsein:* Ihre (= der jungen Frauen) politische P. ist ... unbefriedigend (Rheinpfalz 19. 6. 93, 34).

Par|ti|zi|pa|ti|ons|ge|schäft, das (Wirtsch.): *auf der Basis vorübergehenden Zusammenschlusses von mehreren Personen getätigtes Handelsgeschäft.*

Par|ti|zi|pa|ti|ons|kon|to, das (Wirtsch.): *gemeinsames Konto der Teilhaber eines Partizipationsgeschäftes.*

par|ti|zi|pi|al ⟨Adj.⟩ [lat. participialis] (Sprachw.): *das Partizip betreffend.*

Par|ti|zi|pi|al|grup|pe, die (Sprachw.): *Partizipialsatz.*

Par|ti|zi|pi|al|kon|struk|ti|on, die (Sprachw.): *Konstruktion mithilfe eines Partizips.*

Par|ti|zi|pi|al|satz, der (Sprachw.): *satzwertiges Partizip; Mittelwortsatz.*

par|ti|zi|pie|ren ⟨sw. V.; hat⟩ [lat. participare, zu: particeps, ↑Partizip] (bildungsspr.): *von etw., was ein anderer hat, etw. abbekommen; teilhaben:* an jmds. Erfolg p.; er partizipiert am Gewinn des Unternehmens; An Olympischen Spielen selbst einmal dabei zu sein, beim Festival der Rekorde und Superlative p. zu können (Vaterland 1. 8. 84, 20).

Par|ti|zi|pi|um, das; -s, ...pia (veraltet): ↑Partizip.

Part|ner, der; -s, - [engl. partner, unter Einfluss von: part = Teil, umgebildet aus mengl. parcener < afrz. parçonier = Teilhaber, zu: parçon < lat. partitio (Gen.: partitionis) = Teilung, zu: partiri, ↑Partei] **1. a)** *jmd., der mit anderen etw. gemeinsam [zu einem bestimmten Zweck] unternimmt, sich mit anderen zusammentut:* der ideale P. beim Tanzen, für Wanderungen sein; sie sind seit längerer Zeit P. im Doppel; er war der P. von Rudi Altig beim Sechstagerennen; die P. an einer Gesprächsrunde vorstellen; Übernationale Bindungen sind aber dann am wertvollsten und dauerhaftesten, wenn die P. *(Bündnispartner, Partnerstaaten)* sich ergänzen (Gruhl, Planet 340); **b)** *jmd., der mit einem anderen zusammenlebt, ihm eng verbunden ist:* er ist ihr ständiger P.; einen P. fürs Leben suchen; Halten Sie in diesem Betracht einen Wechsel des Berufs, auch einen Wechsel des Partners für wünschenswert? (Schreiber, Krise 91); **c)** *jmd., der mit anderen auf der Bühne, im Film o. Ä. auftritt, spielt:* ihr [männlicher] P. war ...; als P. von jmdm. einspringen; **d)** (Sport) *Gegenspieler, Gegner* (b). **2.** *Teilhaber.*

Part|ner|ar|beit, die (Päd.): *Form des Unterrichts, bei der jeweils zwei Schüler(innen) zusammenarbeiten.*

Part|ner|be|zie|hung, die: *partnerschaftliche Verbindung, Liebesbeziehung:* eine P. eingehen.

Part|ne|rin, die; -, -nen: w. Form zu ↑Partner.

Part|ner|land, das ⟨Pl. ...länder⟩: vgl. Partnerstaat.

Part|ner|look, der: *Art der Kleidung, bei*

der Paare Kleidungsstücke gleicher Farbe u. Form tragen: P. tragen; im P. gehen.

Part|ner|schaft, die; -, -en: *das Partnersein.*

part|ner|schaft|lich ⟨Adj.⟩: *auf Partnerschaft gegründet:* ein -es Verhältnis; Bei einer 25-Stunden-Woche werde auch die -e Zusammenarbeit in der Familie gefördert (Allgemeine Zeitung 4. 6. 85, 5); p. mit jmdm. leben.

Part|ner|staat, der: *Staat, der zu einem anderen Staat enge wirtschaftliche, politische, kulturelle o. ä. Beziehungen unterhält.*

Part|ner|stadt, die: *Stadt, die zu einer anderen Stadt freundschaftliche, bes. kulturelle Beziehungen hat, im Verhältnis der Jumelage steht.*

Part|ner|tausch, der: *das gegenseitige Austauschen der Partner zwischen [Ehe]paaren zum sexuellen Verkehr:* sie haben Freunde in Stockholm, die jedes Wochenende P. machen (Tikkanen [Übers.], Mann 42); Partys mit P. veranstalten.

Part|ner|übung, die (Sport, bes. Gymnastik): *Übung, die zu zweit ausgeführt wird.*

Part|ner|wahl, die: *Entscheidung, mit einem bestimmten Partner* (1 b) *zusammenzuleben:* Herr Himly lässt sich von der Erwägung leiten, dass bei der P. nicht nur das Gefühl, sondern auch der Verstand zurate gezogen werden soll (Schädlich, Nähe 73).

Part|ner|wech|sel, der: *Wechsel des Partners* (1 a, b).

Par|ton, das; -s, ...onen [zu lat. pars (Gen.: partis) = Teil] (Kernphysik): *hypothetischer Bestandteil von Nukleonen u. anderen Elementarteilchen.*

par|tout [...'tu:] ⟨Adv.⟩ [frz. = überall; allenthalben, zu: par = durch u. tout = ganz] (ugs.): *unter allen Umständen; unbedingt:* das will mir p. nicht in den Kopf; warum will Andreas p. in Berlin studieren? (Danella, Hotel 100).

Par|tus, der; -, - [lat. partus, zu: partum, 2. Part. von: parere = gebären] (Med.): *Geburt, Entbindung.*

Part|work ['pɑ:twə:k], das; -s, -s [engl. part-work, eigtl. = Teilwerk] (Buchw.): *Buch o. Ä., das nach u. nach in einzelnen Lieferungen, Bänden o. Ä. veröffentlicht wird.*

Par|ty ['pɑ:ɐti, engl. 'pɑ:tɪ], die; -, -s [engl. party < frz. partie, ↑Partie]: *zwangloses, privates Fest [mit Musik u. Tanz]:* eine P. veranstalten, machen; eine P. verlassen; Vater und Mutter ... gaben -s oder zeigten sich auf -s (Riess, Cäsar 369); auf eine/zu einer P. gehen; sich auf einer P. treffen, kennen lernen.

Par|ty|dro|ge, die: *Droge* (2 b), *die bevorzugt auf Partys, in Diskotheken konsumiert wird:* Nach Angaben des Ministeriums fordert die P. Ecstasy jährlich etwa 20 Tote (FR 5. 1. 99, 26); Mehr Aufklärung über die vor allem bei jugendlichen Diskothekbesuchern zunehmend beliebte »Partydroge« Ecstasy verlangt der Nürnberger Drogenhilfeverein (SZ 21. 5. 96, 40).

Par|ty|girl, das (abwertend): *[leichtlebi-*

ges] Mädchen, das sich gern auf Partys vergnügt.

Par|ty|lö|we, der (oft iron.): *gewandter Mann, der auf Partys viel Wert auf Wirkung legt u. umschwärmt wird.*

Par|ty|mäd|chen, das: vgl. Partygirl.

Par|ty|ser|vice [...sə:vɪs], der [zu ↑²Service]: *Unternehmen, das auf Bestellung Speisen u. Getränke u. a. für Festlichkeiten ins Haus liefert.*

Par|ty|spieß|chen, das: *Spießchen mit kleinen Happen.*

Par|ty|tanz, der: *auf Partys, in Diskotheken o. Ä. beliebter Modetanz.*

Pa|ru|lis, die; - [griech. paroulis] (Med.): *Zahnfleischabszess.*

◆ **Pa|rü|re,** die; - [frz. parure, zu: parer < lat. parare = (zu)bereiten]: *Schmuck, Zierde:* wenn ich meinen Pinsel eintunke und ihnen damit vorfärbe die P. der Braut (Jean Paul, Wutz 37).

Pa|ru|sie, die; - [griech. parousia]: **1.** (christl. Rel.) *Wiederkunft Christi am Jüngsten Tag.* **2.** (Philos.) *Anwesenheit, Gegenwart, Dasein der Ideen in den Dingen.*

Par|ve|nü, (österr.:) **Par|ve|nu** [...'ny:], der; -s, -s [frz. parvenu, eigtl. 2. Part. von: parvenir = an-, emporkommen] (bildungsspr.): *Emporkömmling:* Brillanten, meinte Frau Farel, trügen heutzutage nur Parvenüs (Bieler, Mädchenkrieg 229); Der Bankier Gontard, noch jung, schielend, einäugig ... ein Parvenu (Brot und Salz 42).

Par|ze, die; -, -n ⟨meist Pl.⟩ [lat. Parca = Geburtsgöttin, zu: parere = gebären] (röm. Myth.): *eine der drei altrömischen Schicksalsgöttinnen.*

Par|zel|lar|ver|mes|sung, die: *Bodenvermessung zur Abteilung (1 a) von Parzellen.*

Par|zel|le, die; -, -n [frz. parcelle = Teilchen, Stückchen, über das Vlat. zu lat. particula, zu ↑¹Partikel]: *(vermessenes) kleines Stück Land zur landwirtschaftlichen Nutzung od. als Bauland:* Die Großfamilie verkaufte einige -n des reichlich vorhandenen Grundbesitzes (Spiegel 19, 1977, 98); das Gebiet ist in -n aufgeteilt.

Par|zel|len|bau|er, der (früher): *[armer] Bauer, der nur ein kleines Stück Land bewirtschaftet.*

Par|zel|len|wirt|schaft, die (früher): *Landwirtschaft, die auf Parzellen beruhte.*

par|zel|lie|ren ⟨sw. V.; hat⟩ [frz. parceller = in kleine Stücke teilen]: *(Land) in Parzellen aufteilen.*

Par|zel|lie|rung, die; -, -en: *das Parzellieren:* ... dass Grundstücksverkäufer die gestiegenen Bodenpreise durch -en vertuschten (Bieler, Mädchenkrieg 448).

Pas [pa], der; - [pa(s)], [pas; frz. pas < lat. passus, ↑Pass] (Ballett): *Tanzschritt.*

pa|sa|de|nisch ⟨Adj.⟩ [nach der kalifornischen Stadt Pasadena] (Geol.): *die Faltungsphase der Alpiden am Ende des Pliozäns betreffend, in ihr gehörend.*

Pas|cal, das; -s, - [nach dem frz. Philosophen u. Physiker Blaise Pascal (1623–1662)] (Physik): *Einheit des ¹Drucks* (1) (Zeichen: Pa).

PASCAL, das; -s [Kunstw.; angelehnt an den Namen des frz. Philosophen u. Physikers] (EDV): *aus ALGOL weiterentwickelte Programmiersprache.*

Pasch, der; -[e]s, -e u. Päsche [zu frz. passe-dix, eigtl. = »überschreite zehn« (bei dem frz. Spiel gewinnt, wer mehr als 10 Augen wirft)]: **1.** *(beim Würfelspiel) Wurf von mehreren Würfeln mit gleicher Augenzahl.* **2.** *Dominostein mit einer doppelten Zahl.*

¹Pa|scha, der; -s, -s [türk. paşa = Exzellenz]: **1.** (früher) **a)** ⟨o. Pl.⟩ *Titel hoher orientalischer Offiziere u. Beamter;* **b)** *Träger des Titels.* **2.** (abwertend) *Mann, der Frauen als dem Mann untergeordnet ansieht u. sich von ihnen gern bedienen, verwöhnen lässt:* Mütter sind sogar allein mit ihrem Kind, weil sie einem P. die Tür gewiesen haben (Wilhelm, Unter 158); Die Knaben werden nach wie vor zu ... -s erzogen (Dierichs, Männer 145).

²Pas|cha [...sça], das; -s [kirchenlat. pascha < griech. páscha usw. (ökum.): ↑Passah usw.

Pa|scha|lik, das; -s, -e u. -s [türk. paşalık] (früher): *[Amts]bezirk eines ¹Paschas* (1 b).

Pas|chal|stil [...s'ça:l...], der; -[e]s [zu kirchenlat. paschalis = zu Ostern gehörig]: *mittelalterliche Zeitbestimmung mit dem Jahresanfang zu Ostern.*

¹pa|schen ⟨sw. V.; hat⟩ [Gaunerspr., viell. aus der Zigeunerspr.] (ugs.): *schmuggeln:* das ... unentbehrlichen Patronen über die Grenze ... zu p. (Brod, Annerl 7).

²pa|schen ⟨sw. V.; hat⟩ [zu ↑Pasch]: *würfeln.*

³pa|schen ⟨sw. V.; hat⟩ [Nebenf. von ↑patschen] (österr.): *in die Hände klatschen.*

Pa|scher, der; -s, - [zu ↑¹paschen] (ugs.): *Schmuggler.*

Pa|sche|rei, die; -, -en (ugs.): *Schmuggelei.*

pa|scholl ⟨Interj.⟩ [russ. pošël = geh weg!] (ugs. veraltend): *vorwärts!*

Pasch|to, Pasch|tu, das; -s: *eine der Amtssprachen in Afghanistan.*

Pas de deux [padə'dø], der; ---, --- [frz. pas de deux, zu: pas (↑Pas) u. deux = zwei] (Ballett): *Tanz für eine Solotänzerin u. einen Solotänzer.*

Pas de qua|tre [pad'katr], der; ---, --- [frz. pas de quatre, zu: quatre = vier] (Ballett): *Tanz für vier Tänzer.*

Pas de trois [padə'trwa], der; ---, --- [frz. pas de trois, zu: trois = drei] (Ballett): *Tanz für drei Tänzer.*

Pa|si|gra|phie, die; -, -n [zu griech. pãs = all, jeder, ganz u. ↑-graphie]: *(theoretisch) allen Völkern verständliche Schrift ohne Hilfe der Laute; Ideographie.*

Pa|si|la|lie, die; - [zu griech. laleĩn = sprechen] (veraltet): *Wissenschaft von den künstlichen Welthilfssprachen.*

Pa|si|lin|gua, die; - [zu lat. lingua = Sprache]: *(1885 von Steiner entwickelte) Welthilfssprache.*

Pa|si|lo|gie, die; - [↑-logie]: *Pasilalie.*

Pas|lack, der; -s, -s [wohl aus dem Poln., zu poln. posłat = (hin)schicken (nordostd.): *jmd., der für andere schwer arbeiten muss.*

Pa|so, der; -, -s [span. paso < lat. passus, ↑Pass]: **1.** *Gebirgspass.* **2.** ⟨auch: das⟩ *komisches Zwischenspiel auf der klassischen spanischen Bühne.*

Pa|so do|ble, der; --, -- [span. paso doble, eigtl. = Doppelschritt]: *aus einem spanischen Volkstanz entstandener lateinamerik. Gesellschaftstanz in lebhaftem ²/₄- oder ³/₄-Takt.*

Pas|pel, die; -, -n, selten: der; -s, - [frz. passepoil, zu: passer = darüber hinausgehen (↑passieren) u. poil = Haar(franse)]: *schmale, farblich meist abstechende Borte in Form eines kleinen Wulstes, bes. an Nähten u. Rändern von Kleidungsstücken:* Sophie in einem weißen Leinenkleid mit dunkelblauen, gepunkteten Stulpen und -n (Bieler, Mädchenkrieg 72).

pas|pe|lie|ren ⟨sw. V.; hat⟩ [frz. passepoiler]: *mit Paspeln versehen:* Kragen, Taschen p.

Pas|pe|lie|rung, die; -, -en: **a)** *das Paspelieren;* **b)** *etw. Paspeliertes.*

pas|peln ⟨sw. V.; hat⟩: *paspelieren.*

Pas|quill, das; -s, -e [ital. pasquillo, nach einer im Volksmund »Pasquino« genannten Skulptur in Rom, an der (bes. im 16. u. 17. Jh.) Schmähschriften angebracht wurden] (bildungsspr. veraltend): *(meist anonyme) Schmäh-, Spottschrift.*

Pas|quil|lant, der; -en, -en (bildungsspr. veraltend): *Verfasser od. Verbreiter eines Pasquills:* ◆ ... an dem Unfall, der dem Poeten oder -en, wie man ihn nennen wolle, begegnet, habe ich nicht den mindesten Anteil (Goethe, Lehrjahre III, 9).

Pas|qui|na|de [paski...], die; -, -n [frz. pasquinade < ital. pasquinata] (selten): *Pasquill.*

Pass, der; -es, Pässe [1: gek. aus älter passbrief, passport < frz. passeport = Geleitbrief, Passierschein, zu: passer = überschreiten (↑passieren) u. port = Durchgang; 2: frz. pas (vgl. ital. passo, niederl. pas < lat. passus = Schritt; 3: engl. pass; 4: zu veraltet Pass = abgemessener Teil, Zirkel(schlag)]: **1.** *amtliches Dokument (mit Angaben zur Person, Lichtbild u. Unterschrift des Inhabers), das der Legitimation bes. bei Reisen ins Ausland dient:* ein französischer, deutscher P.; der P. ist abgelaufen, ungültig, gefälscht, ist auf ihren Mädchennamen ausgestellt; einen P. beantragen, verlängern, erneuern lassen, abholen, bekommen; den P. kontrollieren, vorzeigen; gefälschte, falsche Pässe besitzen; »Hat jemand anders möglicherweise den P. Ihrer Gattin benutzt?«, wurde jetzt im Telefon vermutet (Baum, Paris 162); Serbische Posten zerreißen alle Unterlagen vom P. über die Geburtsurkunde bis zu Grundbucheintragungen (Zeit 29. 4. 99, 10); Seit Anfang März benötigen Bundesbürger, die nach Estland, Lettland und Litauen reisen wollen, keinen Sichtvermerk mehr in ihrem P. (Zeit 18. 3. 99, 76); * jmdm. die Pässe zustellen *[der diplomatischen Vertretung eines Staates] das Agrément entziehen).* **2.** *(im Hochgebirge) niedrigster Punkt zwischen zwei Bergrücken od. Kämmen, der einen Übergang über einen Gebirgszug ermög-*

Passa   2866

licht: der P. ist verschneit, gesperrt; der P. liegt 3 000 m hoch, ist nur mit Winterausrüstung befahrbar; einen P. überqueren; Schon auf diesem ... Abschnitt müssen die Fahrer einen 1 150 Meter hohen P. ... überwinden (FAZ 25. 10. 61, 8). **3.** (Ballspiele, bes. Fußball) *gezieltes Zuspielen, gezielte Ballabgabe an einen Spieler der eigenen Mannschaft:* ein genauer, steiler P.; seine weiten Pässe sind gefürchtet; seine Pässe kamen nicht an, wurden vom Gegner abgefangen; Ein weicher P. zur Mitte, einer von uns nahm ihn auf (Walter, Spiele 62); einen P. geben, annehmen, schlagen, spielen; Bracht gibt sich alle Mühe, das Spiel ... mit klugem Abspiel und präzisen Pässen ... zu dirigieren (Kicker 82, 1981, 28). **4.** (Archit.) *aus mehreren Kreisbogen gebildete Figur des gotischen Maßwerks.* **5.** (Jägerspr.) *ausgetretener Pfad des niederen Haarwildes.* **6.** *Passgang:* im P. gehen.

Pạs|sa usw.: ↑ Passah usw.

pas|sa|bel ⟨Adj.; ...bler, -ste⟩ [frz. passable, eigtl. = gangbar, zu: passer, ↑ passieren]: *bestimmten Ansprüchen einigermaßen gerecht werdend; annehmbar:* eine passable Handschrift; Jeder kann innerhalb von zwei Jahren passables Tennis spielen (tennis magazin 10, 1986, 136); Cesare, ein ansonsten ganz passabler Mensch, gibt sich an diesem Morgen ... überaus wichtigtuerisch (Zivildienst 2, 1986, 20); das Hotel, die Verpflegung ist p.; ihre Zeugnisse sind ganz p.; er sieht p. aus; sie hat die Rolle p. gespielt.

Pas|sa|cal|glia [...'kalja], die; -, ...ien [...jən; ital. passacaglia < span. pasacalle = von der Gitarre begleiteter Gesang, zu: pasar = hindurchgehen u. calle = Straße; nach den durch die Straßen ziehenden Musikantengruppen] (Musik): *Instrumentalstück aus Variationen über eine vier- od. achttaktige, als Ostinato ständig wiederkehrende Bassmelodie.*

Pas|sa|cail|le [...'ka:jə], die; -, -n [frz. passacaille < span. pasacalle, ↑ Passacaglia] (Musik): *Passacaglia.*

Pas|sa|ge [pa'sa:ʒə], die; -, -n [frz. passage, zu: passer, ↑ passieren; schon mhd. passäsche = Weg, Furt]: **1.** ⟨o. Pl.⟩ *das Durchgehen, Durchfahren, Passieren* (1 b): dem Schiff wurde die P. durch den Kanal verwehrt; Die P. der neuen Brücke verringert sich für Reise- und Güterzüge um die Hälfte auf durchschnittlich acht Minuten (NNN 28. 9. 87, 1). **2. a)** *[schmale] Stelle zum Durchgehen, Durchfahren, Passieren* (1 b): eine gefährliche P.; der Lotse steuerte das Schiff sicher durch die enge P.; **b)** *überdachte kurze Ladenstraße für Fußgänger [die zwei Straßen verbindet]:* da ist eine P. ... Wenn Sie da durchgehen, kommen Sie in die Three-Lions-Street (Heim, Traumschiff 197); Er sprang aus dem Wagen, lief in die P. und blickte rechts und links in die Schaufenster (Bieler, Mädchenkrieg 281). **3.** *große Reise mit dem Schiff od. dem Flugzeug über das Meer:* eine P. buchen; Ich habe meine P. bezahlt ... Sie können mich nicht von Bord werfen (Konsalik, Promenaden-

deck 400); er musste das Geld für die P. nach Amerika erst noch verdienen. **4.** *fortlaufender, zusammenhängender Teil (bes. einer Rede od. eines Textes):* -n aus einer Rede abdrucken; eine längere P. aus einem Buch zitieren; einzelne -n auslassen, überlesen; sie hatte schwierige -n in ihrer Kür; Gelegentlich ... wurde er um die Übersetzung eines Wortes oder einer P. gebeten (W. Brandt, Begegnungen 131); die weniger gelungenen -n seines Lebens (H. Weber, Einzug 237); Winter mit außergewöhnlich milden -n (Saarbr. Zeitung 20. 12. 79, 16). **5.** (Musik) *auf- u. absteigende schnelle Tonfolge in solistischer Instrumental- od. Vokalmusik.* **6.** (Astron.) *(von einem Gestirn) das Überschreiten des Meridians.* **7.** (Reiten) *(als Übung der hohen Schule) Form des Trabes, bei der die erhobenen diagonalen Beinpaare länger in der Schwebe bleiben.*

Pas|sa|ge|in|stru|ment, das (Astron.): *Messinstrument zur Bestimmung der Durchgangszeiten der Sterne durch den Meridian.*

pas|sa|ger [...'ʒe:ɐ̯] ⟨Adj.⟩ [frz. passager] (Med.): *(in Bezug auf Symptome, Krankheiten o. Ä.) nur vorübergehend auftretend.*

Pas|sa|gier [...'ʒi:ɐ̯], der; -s, -e [(unter Einfluss von frz. passager = Passagier) ital. passaggiere, Nebenf. von: passeggero = Reisender, zu: passare = reisen, über das Vlat. zu lat. passus, ↑ Pass]: *Reisender in der Bahn, auf dem Schiff od. im Flugzeug, Flug-, Fahrgast:* die -e gehen über die Gangway; bei dem Bahnunglück wurden über 50 -e verletzt; Er würgte Taxifahrer (MM 20. 5. 85, 15); *blinder P.* (jmd., der sich heimlich bes. an Bord eines Schiffes, Flugzeuges versteckt hat und ohne Fahrkarte, ohne Erlaubnis mitreist; zu »blind« in der veralteten Bed. »versteckt, heimlich«); ◆ ⟨Pl. -s:⟩ Wer da? Was gibts da? -s ⟨Reisende 1⟩ im Walde? (Schiller, Räuber II, 3).

Pas|sa|gier|damp|fer, der: *Fahrgastschiff.*

Pas|sa|gier|flug|zeug, das: *Flugzeug, das zur Beförderung von Fluggästen dient.*

Pas|sa|gier|gut, das: *vom Fahrgast aufgegebenes Gepäck, das mit dem gleichen Beförderungsmittel mitgenommen wird wie der Passagier.*

Pas|sa|gie|rin, die; -, -nen: w. Form zu ↑ Passagier.

Pas|sa|gier|kai, der: *Kai für Passagierschiffe.*

Pas|sa|gier|lis|te, die: *Liste der Passagiere an Bord eines Schiffes, Flugzeugs.*

Pas|sa|gier|ma|schi|ne, die: vgl. Passagierflugzeug.

Pas|sa|gier|schiff, das: *Fahrgastschiff.*

Pas|sah, Passa, das; -s [hebr. pẹsah, eigtl. = Überschreitung] (jüd. Rel.): **1.** *Fest zum Gedenken an den Auszug aus Ägypten.* **2.** *Passahlamm.*

Pas|sah|fest, das: *Passah* (1).

Pas|sah|lamm, das: *Lamm, das beim Passahmahl gegessen wird; Passah* (2).

Pạs|sah|mahl, das ⟨Pl. ...mahle⟩: *Mahl am Passahfest.*

Pas|sal|me|ter, das; -s, - [zu lat. passum, 2. Part. von: pandere = ausbreiten, -spannen u. ↑ -meter (1)] (Technik): *Feinmessgerät für Messungen an der Außenfläche von Werkstücken.*

Pas|sal|mez|zo, der; -s, ...zzi [ital. passamezzo < älter passo e mezzo, eigtl. = anderthalb Schritt]: **1.** *alter italienischer Tanz.* **2.** (Musik) *Teil der Suite* (2).

Pạss|amt, das: *Behörde, die für das Ausstellen von Pässen (1) zuständig ist.*

Pas|sant, der; -en, -en [frz. passant, subst. 1. Part. von: passer, ↑ passieren]: **1.** *[vorbeigehender] Fußgänger:* neugierige, gaffende -en behinderten die Arbeiten an der Unglücksstelle; der Dieb konnte mithilfe einiger -en gestellt werden; Der Mann war ... mit einem -en in Streit geraten (MM 14. 10. 80, 17). **2.** (schweiz.) *Durchreisender:* Schöne Zimmer mit fl. Wasser für -en und Pensionäre (St. Galler Tagblatt 4. 10. 68, 27).

Pas|san|te, die; -, -n (Math.): *Gerade, die an einem Kreis vorbeigeht, ohne ihn zu berühren.*

Pas|san|tin, die: w. Form zu ↑ Passant.

Pạs|sat, der; -[e]s, -e [aus dem Niederd. < niederl. passaat(wind), H. u.]: *in Richtung Äquator gleichmäßig wehender Ostwind in den Tropen.*

Pas|sạt|wind, der: ebd. ↑ Passat.

Pạs|sau: Stadt an der Mündung von Inn u. Ilz in die Donau.

¹Pạs|sau|er, der; -s, -: Ew.

²Pạs|sau|er ⟨indekl. Adj.⟩: der P. Dom.

Pạs|sau|e|rin, die; -, -nen: w. Form zu ↑ ¹Passauer.

Pạss|bild, das: *für einen Pass (1), Ausweis bestimmte Porträtaufnahme in Kleinformat.*

passe [pas; frz. passe, eigtl. = übertrifft, von: den höheren Gewinn im Ggs. zu ↑ manque, 3. Pers. Sg. Präs. Ind. von: passer = übertreffen, vorbeigehen, ↑ passieren]: *die Zahlen von 19–36 betreffend (in Bezug auf eine Gewinnmöglichkeit im Roulette).*

pas|sé [pa'se:] ⟨Adj.⟩ [frz. passé, 2. Part. von: passer, ↑ passieren] (ugs.): *[im Rahmen der Entwicklung] vorbei; [als nicht mehr in die Zeit passend] abgetan:* diese Mode ist [endgültig] p.; der Rock 'n' Roll ist noch lange nicht p.; Mit sieben oder acht Jahren waren meine ersten Fass-Laubenbrettl gerade p. und neue fällig (Alpinismus 2, 1980, 19); Die Virustheorie, ein Jahrzehnt lang vorrangiges Forschungsziel, ist p. (überholt; Spiegel 8, 1978, 220); er ist als Politiker p. (hat als Politiker keine Chance mehr).

Pạs|se, die; -, -n [zu ↑ passen (1 a)]: *maßgerecht geschnittener Stoffteil, der bei einem Kleidungsstück im Bereich der Schulter angesetzt wird.*

Pạs|se: Pl. von ↑ Pass.

◆ **Pas|se|men|tar|beit** [pasə'mã:...], die; -, -en [zu frz. passement = Borte, Tresse, zu: passer, ↑ passieren]: *Posamentierarbeit:* Der Sammet ist gar zu herrlich, und die P. und das Gestickte! (Goethe, Egmont III).

Pas|se|men|te|rie [pasəmã:tə'ri:], die; -, -n [frz. passementerie] (veraltet): *Posamentierarbeit.*

pas|sen 〈sw. V.; hat〉 [mhd. (niederrhein.) passen = zum Ziel kommen, erreichen (durch niederl. Vermittlung) < frz. passer, ↑ passieren; 6: engl. to pass]: **1. a)** *(von Kleidung o. Ä.) jmdm. in Größe u. Schnitt angemessen sein; der Figur u. den Maßen entsprechen; nicht zu eng, zu weit, zu groß od. zu klein sein:* das Kleid, der Hut, der Mantel passt [mir] nicht, ausgezeichnet, wie angegossen; die Schuhe passen dem Kind erst in einem halben Jahr; **b)** *für jmdn., etw. geeignet sein; auf jmdn., etw. abgestimmt sein, sodass eine harmonische Gesamtwirkung entsteht:* die Farbe der Schuhe passt nicht zum Anzug; Auf der Straße merkte er, dass seine Kleidung nicht zu dem sommerlichen Wetter passte (Kronauer, Bogenschütze 191); das passt zu ihm! (ugs.; *ich habe nichts anderes erwartet, denn das ist seine Art*); er passt nicht zum Lehrer (veraltend; *er eignet sich nicht dazu, den Beruf des Lehrers zu ergreifen*); sie passt nicht zu uns, in unseren Kreis; die beiden jungen Leute passen gut zusammen, zueinander; dass die junge Frau nicht ganz nach Pommern passe (Fallada, Herr 254); 〈häufig im 1. Part.:〉 bei passender Gelegenheit; die passenden Worte finden; ich halte diese Methode nicht für passend; haben Sie es passend? (ugs.; *können Sie mir den Betrag abgezählt geben?*). **2. a)** *genau das Maß, die Form o. Ä. haben, dass es sich zu etw., in etw. [verbindend] bringen lässt:* dieser Deckel passt nicht auf den Topf; das Auto passt gerade noch in die Parklücke; der Koffer hat nicht mehr unter die Couch gepasst; der Ball, Strafstoß passte (Fußball Jargon; *ging ins Tor*); **b)** *einer Sache genau das Maß, die Form o. Ä. geben, dass sie sich zu etw., in etw. [verbindend] bringen lässt:* die Bolzen in die Bohrlöcher p.; Die Dichterei erfordert eben viel nüchterne Berechnung: das ja und jenes nein, und wie passe ich dieses zu dem (Heym, Nachruf 764). **3. a)** *(meist aus persönlichen Gründen o. Ä.) jmds. Einstellung entsprechen u. deshalb sehr angenehm sein:* der neue Mann passte dem Chef nicht; dein Benehmen passt mir schon lange nicht; würde Ihnen mein Besuch morgen Abend p.?; um 15 Uhr passt es mir gut; Falls der Beitrag zu spät kommt oder sonst nicht passt, werfen Sie ihn in den Papierkorb (Reich-Ranicki, Th. Mann 266); Wir sind doch kein Stundenhotel, ... wo jeder kommen und gehen kann, wie es ihm passt (*wann er will*; Chotjewitz, Friede 121); R das könnte dir (ihm usw.) so p. (spött.; *das hättest du [das hätte er usw.] wohl gerne so*); **b)** 〈p. + sich〉 (ugs.) *sich schicken, gehören:* eine Frau Oberrevident weiß, was sich passt (Werfel, Himmel 5); In Lübeck passt es sich nicht, so dunkle Augen zu haben (scherzh.; *fallen so dunkle Augen auf*; K. Mann, Wendepunkt 10); **c)** (landsch.) *richtig sein, stimmen:* Vielleicht meinst du Stadtmitte, das könnte noch eher p.! (Fallada, Jeder 201); **d)** *mit jmdm., etw. übereinstimmen:* Bätes passt auch ganz gut auf die Beschreibung, die Rabanus ... gegeben hat (Spoerl, Maulkorb 112). **4.** (landsch.)

a) *aufpassen* (1 b): »Bootsmann, pass auf deinen Jungen«, sagte Linchen Tammert (Nachbar, Mond 243); Maika muss p., dass sie ihren Pfeifenkopf nicht mit absichelt (Strittmatter, Der Laden 69); **b)** *auf jmdn., etw. gespannt warten, lauern:* den ganzen Vormittag habe ich auf dich, auf deinen Anruf gepasst; ◆ wenn nun der Mann zu seinem Weibe rühmt, ihr seinen Handel rühmt, die Kinder alle passen, bis der Zwerchsack aufgeht, darin auch was für sie sein mag (Mörike, Mozart 259); ◆ 〈auch ohne Obj.:〉 Hätten wir dort drüben eine Weile p. können (Goethe, Götz I). **5. a)** (Skat) *nicht [mehr] reizen* (u. *damit darauf verzichten, Alleinspieler zu werden):* [ich] passe!; er passte bei dreiunddreißig; **b)** (ugs.) *nicht weiterwissen, nicht weiterkönnen* (2), *keine Antwort wissen u. deshalb (in diesem Fall) aufgeben:* da muss ich p., das weiß ich nicht; er musste in der Prüfung mehrere Male p.; Schon nach zwölf Minuten musste er in Bremen p., wegen einer Knieverletzung (Kicker 6, 1982, 36). **6.** (Ballspiele, bes. Fußball) *(den Ball) einem Spieler der eigenen Mannschaft gezielt zuspielen:* den Ball zum Torwart p.; er passte steil zum Libero; als er ... das Leder quer durch den Strafraum auf den heranstürmenden Thomas Grether passte (Freie Presse 23. 11. 87, 5). ◆ **7.** 〈p. + sich〉 *zueinander passen* (1 b): Er bot einer jungen Dame den Arm, andere Herren bemühten sich um andere Schöne, es fand sich, was sich passte (Chamisso, Schlemihl 18).

Passe|par|tout [paspar'tu:], das, schweiz.: der; -s, -s [frz. passe-partout, eigtl. = etwas, was überall passt]: **1.** *Umrahmung aus leichter Pappe für Grafiken, Zeichnungen, Fotos o. Ä., die meist unter dem Glas eines Rahmens liegt:* Ein leerer Rahmen ohne Leinwand oder Pappe, Papier oder P., und trotzdem verglast? (Bieler, Mädchenkrieg 278). **2.** (schweiz., sonst veraltet) *Dauerkarte.* **3.** (schweiz., sonst selten) *Hauptschlüssel:* Die Tür schien nicht verschlossen zu sein. Auf den P. kann er also verzichten (Heim, Traumschiff 280).

Passe|pied [pas'pje:], der; -s, -s [frz. passe-pied, eigtl. = Tanz, bei dem ein Fuß über den anderen gesetzt wird]: **1.** *Rundtanz aus der Bretagne in schnellem, ungeradem Takt.* **2.** (Musik) *zu den nicht festen Teilen der Instrumentalsuite gehörender Tanz, der meist zwischen Sarabande u. Gigue eingeschoben ist.*

Passe|poil [pas'poal], der; -s, -s [frz. passepoil] (bes. österr., schweiz.): *Paspel.*

passe|poi|lie|ren [paspoa...] 〈sw. V.; hat〉 [frz. passepoiler] (bes. österr.): *paspelieren.*

Pas|ser, der; -s, - (Druckw.): *genaues Aufeinanderliegen der Druckformen o. Ä. bei mehrmaligem aufeinander folgendem Drucken, bes. beim Mehrfarbendruck.*

Pas|se|rel|le, die; -, -n [frz. passerelle, zu: passer, ↑ passieren] (schweiz.): *Brücke, Überführung für Fußgänger:* mit einer P. ... über die Grüningerstraße (NZZ 11. 8. 71, 15).

Pass|form, die 〈o. Pl.〉: *(von Kleidung,*

Wäsche) passender, maßgerechter Sitz: Damenhafter Popelinemantel von hervorragender P. (Hörzu 16, 1976, 11).

Pass|fo|to, das: *Passbild.*

Pass|gang, der 〈o. Pl.〉 [zu frz. pas = Gang, Schritt, ↑ Pass]: *Gangart von Vierbeinern, bei der beide Beine einer Körperseite gleichzeitig nach vorn gesetzt werden.*

Pass|gän|ger, der: *Vierbeiner, der sich im Passgang* (1) *fortbewegt.*

pass|ge|nau 〈Adj.〉: *(von einer Form) genau passend, sich einpassend:* auf Millimeter p. sein.

Pass|ge|nau|ig|keit, die: *das Passgenausein:* Mit modernster Messtechnik schafft Schöfer -en von 3 bis 4 Tausendstel Millimetern (ADAC-Motorwelt 9, 1980, 75).

pass|ge|recht 〈Adj.〉: *maßgerecht:* Jeans mit Weste fertig p. für Sie ... (Augsburger Allgemeine 11./12. 2. 78, 33).

Pass|hö|he, die: *höchster Punkt eines Passes* (2).

Pas|sier|ball, der (Tennis): *Passierschlag.*

pas|sier|bar 〈Adj.〉: *sich passieren* (1 a, b) *lassend.*

pas|sie|ren 〈sw. V.〉 [frz. passer, über das Roman. (vgl. ital. passare) zu lat. passus, ↑ Pass; 2: frz. se passer]: **1.** 〈hat〉 **a)** *(in Bezug auf eine Absperrung, Grenze o. Ä.) auf die andere Seite gehen, fahren:* der Zug hat gerade die Grenze passiert; der Posten ließ uns ungehindert [die Sperre] p.; Er zweifelte nicht mehr daran, jenes Fahrzeug, das vorhin den Kontrollpunkt passiert hatte, vor sich zu haben (Bastian, Brut 102); Ü der Film hat die Zensur passiert *(ist ohne Beanstandung durch die Zensur gegangen)*; diese Ware passiert zollfrei *(muss an der Grenze nicht verzollt werden)*; der Torwart musste den Ball p. lassen (bes. Fußball; *konnte ihn nicht halten*); **b)** *durch etw. hindurch-, über etw. hinweggehen, -fahren:* eine Brücke, einen Fluss, Tunnel p.; Er passierte unbekannte Straßen (Baum, Paris 89); Damit ist der natürliche Lauf des Mekong, der sechs Länder passiert *(durchfließt)*, gestoppt (natur 2, 1991, 22); **c)** *an jmdm., etw. vorbeigehen, -fahren:* die Pförtnerloge, den Wachtposten p.; Auf dem Wege passieren wir eine zerschossene Schule (Remarque, Westen 75). **2.** 〈ist〉 **a)** *geschehen* (1 a): dort ist ein Unglück passiert; Verkehrsunfälle passieren nicht einfach so. Sie werden ausnahmslos verursacht (NNN 2. 7. 85, 5); In den Chirurgiekliniken und -abteilungen unseres Landes passieren zu viele vermeidbare Fehler (Hackethal, Schneide 7); er tat so, als sei nichts passiert; wenn du nicht aufpasst, wird noch etwas p.; **b)** *geschehen* (1 b): in dieser Angelegenheit muss endlich was p.!; was passiert mit den alten Zeitungen?; So passiert ja Politik *(wird Politik gemacht)*, indem man Bewusstsein schafft (Wochenpresse 43, 1983, 17); **c)** *geschehen* (1 c): mir ist eine Panne passiert; seid vorsichtig, dass euch nichts passiert; das kann jedem mal p.!; Ich wurde durch die Luft geschleudert, sonst passierte mir nichts

(Danella, Hotel 205); so was ist mir in meinem ganzen Leben noch nicht passiert; falls mir etwas passiert (verhüll.; *wenn ich [unerwartet] sterben sollte*), findest du alle Papiere im Tresor; wenn du nicht gleich ruhig bist, passiert [dir] was! (Drohung). **3.** *von weichen Nahrungsmitteln eine Art Brei o. Ä. herstellen, indem man sie durch ein Sieb od. ein dazu geeignetes Gerät treibt* ⟨hat⟩: Spinat p.; Ü Sie passierten den kulturellen Eintopf Brasiliens durch das Sieb eines positiven nationalen Aufbruchdenkens (Saarbr. Zeitung 12./13. 7. 80, 5). **4.** (Tennis) *(am Gegner, der zum Netz vorgerückt ist) den Ball so vorbeischlagen, dass er für ihn unerreichbar ist* ⟨hat⟩: er passierte den Australier mit einem Drive.

Pas|sier|ge|wicht, das (Münzk.): *Gewicht, das eine Münze mindestens haben muss, um gültig zu sein.*

Pas|sier|ma|schi|ne, die: *[Küchen]gerät zum Passieren (3).*

Pas|sier|schein, der: *Schein, der zum Betreten eines Bereichs o. Ä. berechtigt, der einem bestimmten Personenkreis vorbehalten ist:* einen P. beantragen, bekommen; es ausgeben; den P. vorzeigen.

Pas|sier|schein|ab|kom|men, das: *in den 60er-Jahren zwischen der ehem. DDR u. dem Berliner Senat geschlossenes Abkommen, das es den Bewohnern Westberlins ermöglichte, zu bestimmten Zeiten Verwandte in Ostberlin zu besuchen.*

Pas|sier|schein|stel|le, die: *Behörde, staatliche Stelle (5), die Passierscheine ausstellt.*

Pas|sier|schlag, der (Tennis): *Schlag, mit dem der Ball an dem zum Netz vorgerückten Gegner so vorbeigeschlagen wird, dass er für ihn unerreichbar ist.*

Pas|sier|schuss, der (Tennis): vgl. Passierschlag.

Pas|sier|sieb, das: *feines Sieb zum Passieren (3).*

pas|sim ⟨Adv.⟩ [lat., zu: passum, ↑Passimeter] (Schrift- u. Druckw.): *(im angegebenen Werk) an verschiedenen Stellen.*

Pas|si|me|ter, das; -s, - [zu lat. passum, 2. Part. von: pandere = ausbreiten, -spannen u. ↑-meter (1)] (Technik): *Feinmessgerät für Messungen im Innern von Werkstücken.*

Pas|sio, die; - [spätlat. passio, ↑Passion] (Philos.): *das Erleiden, Erdulden.*

Pas|si|on, die; -, -en [1: frz. passion < spätlat. passio, ↑Passion (2); 2: spätmhd. passiōn < kirchenlat. passio < (spät)lat. passio = Leiden, Krankheit, zu lat. passum, 2. Part. von: pati, ↑Patient]: **1. a)** *starke, leidenschaftliche Neigung zu etw.; Vorliebe, Liebhaberei:* die Philatelie ist seine P.; eine P. für etw. haben; seinen -en nachgehen; Im privaten Bereich wandte er sich seiner P., dem Sammeln von Kunstgegenständen, zu (Dönhoff, Ostpreußen 31); er ist Philologe aus P.; **b)** *leidenschaftliche Hingabe:* er spielte mit P.; Heini Lehndorff ... hat mit viel Kompetenz und nie erlahmter P. die Wirtschaft modernisiert (Dönhoff, Ostpreußen 139). **2.** (christl. Rel.) **a)** ⟨o. Pl.⟩ *das Leiden u. die Leidensgeschichte Christi:* die P. Christi; Ü wie der Erlöser

selbst durchleidet er seine P. (Schneider, Leiden 112); die P. der osteuropäischen Juden; **b)** *künstlerische Darstellung der Leidensgeschichte Christi;* **c)** *Vertonung der Leidensgeschichte Christi als Chorwerk od. Oratorium.* ◆ **3.** (österr. landsch.) *Freude, Lust:* ... als der »Gelbe« auf den Fußsteig trat ... Nun wär's eine P., den Racker niederzubrennen aus sicherem Hinterhalt (Ebner-Eschenbach, Krambambuli 11).

Pas|si|o|nal, Pas|si|o|nar, das; -s, -e [mlat. passionale, passionarius]: **1.** *mittelalterliches liturgisches Buch mit Heiligengeschichten.* **2.** *größte Legendensammlung des deutschen Mittelalters (um 1300).*

pas|si|o|na|to [ital.] (Musik): ↑appassionato.

Pas|si|o|na|to, das; -s, -s u. ...ti (Musik): *leidenschaftlicher Vortrag.*

pas|si|o|niert ⟨Adj.⟩ [zu veraltet passionieren = sich für etw. leidenschaftlich einsetzen < frz. passionner]: *einer Sache mit leidenschaftlicher Begeisterung hingebend; aus Passion:* er ist ein -er Angler, Bastler, Sammler; er war ... ein großartiger Akteur, ein -er Komödiant (Reich-Ranicki, Th. Mann 33); Ü ein -er Junggeselle.

Pas|si|ons|blu|me, die [in den verschiedenen Teilen der Blüte glaubte man die Dornenkrone Christi u. die Nägel vom Kreuz zu erkennen]: *(bes. in Südamerika heimische) rankende Pflanze mit großen, gelappten bis gefingerten Blättern u. großen, strahligen Blüten.*

Pas|si|ons|frucht, die ⟨meist Pl.⟩: *Frucht verschiedener Arten der Passionsblume.*

Pas|si|ons|sonn|tag, der (kath. Kirche): *vorletzter Sonntag vor Ostern.*

Pas|si|ons|spiel, das: *volkstümliche dramatische Darstellung der Passion Christi.*

Pas|si|ons|weg, der (geh.): *Leidensweg.*

Pas|si|ons|werk|zeug, das ⟨meist Pl.⟩ (Kunstwiss.): *Leidenswerkzeug.*

Pas|si|ons|wo|che, die: *Karwoche.*

Pas|si|ons|zeit, die: **a)** (christl. Kirche) *die Zeit vom Passionssonntag bis Karfreitag;* **b)** *Fastenzeit* (b).

pas|siv [auch: -ˈ-] ⟨Adj.⟩ [wohl unter Einfluss von frz. passif < lat. passivus = duldend, empfindsam, zu: pati, ↑Passion]: **1. a)** *von sich aus nicht die Initiative ergreifend u. sich abwartend verhaltend, die Dinge an sich herankommen lassend, nicht tätig, rührig, zielstrebig, nicht tatkräftig od. unternehmungslustig:* sie ist eine -e Natur; er ist politisch stets p. geblieben, verhält sich in allen Dingen p.; **b)** *nicht selbst einer Sache tätig, sie nicht ausübend, sie erduldend; etwas mit sich geschehen lassend, auf sich einwirken lassend:* er wollte bei der Diskussion kein -er Teilnehmer, Zuhörer sein; jeder, der nicht rauchen will, wird in der Rolle des -en Rauchers gezwungen werden können (MM 5. 9. 69, 12); das Publikum ... saß nicht ... p. auf den Bänken und ließ sich berieseln, sondern bevölkerte in Massen die Tanzfläche (Oxmox 6, 1983, 45); lieber im Lehnstuhl bei Abendbeleuchtung das Buch in der Hand und sich ganz p. überschwemmen

lassen (Mayröcker, Herzzerreißende 37); **c)** *durch Einwirkungen von außen gekennzeichnet, beeinflusst; unter Einwirkung von außen funktionierend:* Die Techniker unterscheiden ganz allgemein nach aktiven Verfahren, bei denen der Bildschirm selbst leuchtet, und nach -en, die das Umgebungslicht nutzen (Hamburger Abendblatt 21. 5. 85, Beilage 11); Passive Solarhäuser benötigen eine längliche Grundrisskonzeption (CCI 7, 1984, 8); Die Bewegungsübungen auf der Pendelliege bieten die Möglichkeit des -en Turnens (Neue Kronen Zeitung 12. 5. 84, 39). **2.** *als Mitglied einer Vereinigung, einer Sportgemeinschaft nicht aktiv an dem, was diese Vereinigung gestaltet, durchführt, an Training od. Wettkämpfen o. Ä., teilnehmend:* ein -es (nur den Beitrag zahlendes, nicht am Vereinsleben teilnehmendes) Mitglied; mein Sport ist Schwimmerei ... Ich war früher aktiv, jetzt nur noch p. (Aberle, Stehkneipen 107). **3.** (selten) ↑passivisch.

Pas|siv, das; -s, -e ⟨Pl. selten⟩ [lat. (genus) passivum] (Sprachw.): *Verhaltensrichtung des Verbs, die von der im Satzgegenstand genannten Person od. Sache her gesehen wird, die von einer Handlung betroffen wird* (z. B. der Hund *wird* [von Fritz] *geschlagen*); *Leideform:* das Verb steht im P.

Pas|si|va ⟨Pl.⟩ [subst. Neutr. Pl. von lat. passivus, ↑Passiv] (Kaufmannsspr.): *auf der Passivseite der Bilanz eines Unternehmens stehende Eigen- u. Fremdkapital* (1); *Schulden, Verbindlichkeiten.*

Pas|siv|be|waff|nung, die: *das Tragen von Schutzhelm, kugelsicherer Weste o. Ä. zum Schutz gegen Gewalteinwirkung von außen* (z. B. bei Demonstrationen).

Pas|si|ven ⟨Pl.⟩ (bes. österr.): *Passiva.*

Pas|siv|ge|schäft, das (Bankw.): *Bankgeschäft, bei dem sich die Bank Geld beschafft, um Kredite gewähren zu können.*

Pas|siv|han|del, der (Kaufmannsspr.): *von Kaufleuten eines anderen Landes betriebener Außenhandel.*

pas|si|vie|ren ⟨sw. V.⟩; hat⟩: **1.** (Kaufmannsspr.) *Verbindlichkeiten aller Art auf der Passivseite der Bilanz erfassen u. ausweisen:* Anleihen sind mit dem Rückzahlungsbetrag, das Grundkapital mit dem Nennwert zu p. (Rittershausen, Wirtschaft 74). **2.** (Chemie) *unedle Metalle in den Zustand der chemischen Passivität* (2) *überführen (u. sie dadurch korrosionsbeständiger machen).*

Pas|si|vie|rung, die; -, -en: *das Passivieren.*

pas|si|visch [auch: – – –] ⟨Adj.⟩ (Sprachw.): *das Passiv betreffend; im Passiv stehend:* die -en Formen des Verbs; den Satz p. konstruieren.

Pas|si|vis|mus, der; -: *passive Haltung; Verzicht auf Aktivität.*

Pas|si|vi|tät, die; - [frz. passivité]: **1.** *passives Verhalten:* Apathie und P. entstehen oft, weil die Situation nicht änderbar erscheint (Klee, Pennbrüder 36); aus der politischen P. herausstreten. **2.** (Chemie) *(bei unedlen Metallen) herabgesetzte Reaktionsfähigkeit.*

Pas|siv|le|gi|ti|ma|ti|on, die (Rechtsspr.): *im Zivilprozess die sachliche Befugnis des Beklagten, seine Rechte geltend zu machen.*

Pas|siv|mas|se, die (Rechtsspr.): *Schuldenmasse (im Konkurs).*

Pas|siv|pos|ten, der (Kaufmannsspr.): *auf der Passivseite der Bilanz aufgeführter Posten* (3 b).

Pas|siv|pro|zess, der (Rechtsspr.): *Prozess, in dem jmd. als Beklagter auftritt.*

Pas|siv|rau|chen, das; -s: *Einatmen von Tabakrauch, der durch die Anwesenheit eines Rauchers verursacht wird:* Das so genannte P. sollte man eher als gesundheitliche Belästigung empfinden (Gesundheit 2, 1980, 65).

Pas|siv|sei|te, die (Kaufmannsspr.): *rechte Seite einer Bilanz, auf der Eigen- u. Fremdkapital* (1) *aufgeführt sind.*

Pas|si|vum, das; -s, ...va (Sprachw. veraltet): *Passiv.*

Pas|siv|zin|sen ⟨Pl.⟩ (Kaufmannsspr.): *Zinsen für Schulden, die auf der Passivseite einer Bilanz aufgeführt sind.*

Pass|kon|trol|le, die: **1.** *das Kontrollieren des Passes* (1): Die Pass- und Gepäckkontrollen ... werden glatt ... abgewickelt (Welt 27. 10. 62, 5). **2.** *offizielle Stelle, wo der Pass kontrolliert wird:* durch die P. gehen.

pass|lich ⟨Adj.⟩ [zu ↑ passen] (veraltet): *passend, bequem handhabbar; angemessen.*

Pas|so|me|ter, das; -s, - [zu lat. passus = Schritt u. ↑ -meter] (Technik): *Schrittzähler.*

pass|recht ⟨Adj.⟩: *passgerecht:* Der Wunsch, Charakter und Werk möchten einem p. aufeinander geklappten Sandwich entsprechen (Schnurre, Schattenfotograf 66).

◆ **Pass|schein,** der: *Passierschein:* Der Burgvogt ... fragte ... nach dem P. (Kleist, Kohlhaas 4).

Pass|spiel, das ⟨o. Pl.⟩ (Fußball): *das Spielen* (1 d) *von Pässen* (3).

Pass|stel|le, die: *Passamt.*

Pass|stra|ße, die: *Straße, die über einen Pass* (2) *führt.*

Pas|sung, die; -, -en (Technik): *Art u. Weise, wie zusammengehörende Teile, Werkstücke (z. B. Lager u. Welle) zusammenpassen.*

Pas|sus, der; -, - [ˈpasuːs] mlat. passus (im Sinne von »Abgemessenes, Umrissenes«) < lat. passus, ↑ Pass] (bildungsspr.): *Abschnitt, Stelle eines Textes:* einen P. streichen, auslassen; [in einen Text] einen zusätzlichen P. einfügen.

pass|wärts ⟨Adv.⟩ [↑ -wärts]: *in Richtung auf den Pass* (2); *zum Pass* (2) *hin.*

Pass|wort, das ⟨Pl. ...wörter⟩ [engl. password, aus: pass = Ausweis; Passierschein; Zugang (< frz. passe, zu: passer, ↑ passieren) u. word = Wort]: **1.** *Losung* (2), *Kennwort* (2 a). **2.** (EDV) *Kennwort* (2 b).

Pass|zwang, der ⟨o. Pl.⟩: *Verpflichtung, den Pass* (1) *mit sich zu führen.*

Pas|ta, die; -, Pasten [2: ital. pasta, ↑ Paste] **1.** (selten): *Paste.* **2.** ⟨o. Pl.⟩ ital. *Bez. für Teigwaren.*

Pas|ta asciut|ta [- aˈʃʊta], die; - -, ...te ...tte, **Pas|ta|sciut|ta** [pastaˈʃʊta], die; -, ...tte [ital. pasta asciutta, pastasciutta,

eigtl. = trockener Teig]: *Gericht aus Spaghetti u. einer Soße aus Hackfleisch, Tomaten u. a.*

Pas|te, die; -, -n [spätmhd. pasten (Pl.) < mlat., ital. pasta = Teig < spätlat. pasta = Art Eintopf < griech. pástē = Mehlteig, Brei, zu: pássein = streuen, besprengen u. eigtl. = Gestreutes]: **1.** *streichbare, teigartige Masse (z. B. aus Fisch od. Fleisch).* **2.** (Pharm.) *(aus Fett u. pulverisierten Stoffen bestehende) teigige Masse zur äußerlichen Anwendung.* **3. a)** *Abdruck von Gemmen* (1) *od. Medaillen in einer weichen Masse aus feinem Gips od. Schwefel;* **b)** *(antike) Nachbildung von Gemmen* (1) *in Glas.*

Pas|tell, das; -[e]s, -e [(frz. pastel <) ital. pastello = Farbstift, eigtl. = geformter Farbteig, Vkl. von: pasta, ↑ Paste]: **1.** ⟨o. Pl.⟩ *Technik des Malens mit Pastellfarben* (1): in P. malen. **2.** *mit Pastellfarben* (1) *gemaltes Bild:* der Künstler stellt -e und Aquarelle aus. **3.** *Pastellfarbe* (2): ein zartes P.

Pas|tell|bild, das: *Pastell* (2).

pas|tell|len ⟨Adj.⟩: **1.** *mit Pastellfarben gemalt.* **2.** *von zarten u. hellen Farbtönen; wie mit Pastellfarben gemalt:* ein -er Himmel.

Pas|tell|far|be, die: **1.** *aus Gips od. Kreide, Farbpulver u. Bindemitteln hergestellte Farbe, die auf Papier einen hellen, zarten, aber stumpfen Effekt hervorruft.* **2.** ⟨meist Pl.⟩ *zarter, heller Farbton.*

pas|tell|far|ben ⟨Adj.⟩: *zart u. hell, in pastellenen Farben gehalten.*

pas|tell|lig ⟨Adj.⟩ (seltener): *pastellfarben.*

Pas|tell|ma|ler, der: *Maler, der vorwiegend Pastelle* (2) *malt.*

Pas|tell|ma|le|rei, die: **1.** ⟨o. Pl.⟩ *Malerei* (1) *in Pastell* (1). **2.** *Pastell* (2).

Pas|tell|ma|le|rin, die: w. Form zu ↑ Pastellmaler.

Pas|tell|stift, der: *als Stift geformte Pastellfarbe* (1).

Pas|tell|ton, der: *Pastellfarbe* (2).

Pas|tell|zeich|nung, die: vgl. Pastell (2).

Pas|tet|chen, das; -s, -: *Pastete* (a, b).

Pas|te|te, die; -, -n [mhd. pastēde, mniederd. pasteide, wohl < mniederl. pasteide < afrz. pasté < spätlat. pasta, ↑ Paste]: **a)** *meist zylinderförmige Hülle aus Blätterteig für die Füllung mit Ragout;* **b)** *mit fein gewürztem Ragout gefüllte Pastete* (a), *die (im Backofen) erhitzt u. warm serviert wird;* **c)** *Speise aus gehacktem Fleisch, Wild, Geflügel od. Fisch, die in einer Hülle aus Teig gebacken od. in Terrinen o. Ä. serviert wird.*

Pas|teu|ri|sa|ti|on [pastø...], die; -, -en [frz. pasteurisation, nach dem frz. Chemiker L. Pasteur (1822–1895)]: *das Pasteurisieren.*

pas|teu|ri|sie|ren ⟨sw. V.⟩; hat) [frz. pasteuriser]: *(Nahrungsmittel) durch Erhitzen keimfrei u. haltbar machen:* Milch, Fruchtsäfte p.; Ü Sektierer, politisierende Pastoren und pasteurisierte *(sterile)* Politiker (Dönhoff, Ära 182).

Pas|teu|ri|sie|rung, die; -, -en: *Pasteurisation.*

Pas|tic|cio [pasˈtɪtʃo], das; -s, -s u. ...cci [...tʃi; ital. pasticcio, auch: Pfuscherei,

eigtl. = Pastete, über das Vlat. zu spätlat. pasta, ↑ Paste]: **1.** (bild. Kunst) *Bild, das [in betrügerischer Absicht] in der Manier eines berühmten Künstlers gemalt wurde.* **2.** (Musik) **a)** *(bes. im 18./19. Jh.) Zusammenstellung von Teilen aus Opern eines od. mehrerer Komponisten zu einem neuen Werk mit eigenem Titel u. Libretto;* **b)** *originäres, von verschiedenen Komponisten geschaffenes Bühnenwerk od. Instrumentalstück.*

Pas|tiche [pasˈtiːʃ], der; -s, -s [frz. pastiche < ital. pasticcio, ↑ Pasticcio] (veraltet): *Nachahmung des Stils u. der Ideen eines Autors.*

Pas|til|le, die; -, -n [lat. pastillus = = Kügelchen aus Mehlteig, Vkl. von: panis = Brot]: *meist Kügelchen zum Lutschen, dem Geschmacksstoffe od. Heilmittel zugesetzt sind.*

Pas|ti|nak, der; -s, -e, **Pas|ti|na|ke,** die; -, -n [mhd. pasternack(e), ahd. pestinac < lat. pastinaca]: **1.** *hoch wachsende Pflanze mit weißer, fleischiger Pfahlwurzel, kantigem, gefurchtem Stängel, gefiederten Blättern u. kleinen, goldgelben, in strahliger Dolde wachsenden Blüten.* **2.** *Wurzel der Pastinake* (1), *die als Gemüse u. Viehfutter verwendet wird.*

Pas|tis, der; -, - [frz. pastis, über das Aprovenz. u. Vlat. zu spätlat. pasta, ↑ Paste]: *Anisschnaps:* Vor einem Café standen Korbstühle in der Sonne. Sie setzten sich, bestellten einen P. (Lentz, Muckefuck 156).

Past|milch, die; - (schweiz.): *pasteurisierte Milch.*

Pas|tor [auch: pasˈtoːɐ], der; -s, ...oren, nordd. auch: ...ore, mundartl. auch: ...öre [mhd. pastor < mlat. pastor = Seelenhirt < lat. pastor = Hirt, zu: pascere (2. Part.: pastum) = weiden lassen] (regional, bes. nordd.): *Pfarrer:* ein streitbarer P.; in der niedersächsischen Gemeinde galt der P. immer als vorbildlicher Mensch, friedfertig und nächstenlieb (Spiegel 52, 1983, 52); ich zählte ihr Pastöre auf (Böll, Ansichten 267); Abk.: P.

pas|to|ral ⟨Adj.⟩ [3: lat. pastoralis = zu den Hirten gehörig]: **1.** *den Pastor u. sein Amt betreffend; seelsorgerlich, pfarramtlich:* Unterschiede in wichtigen Lehrfragen ... und in der Praxis (Tagesspiegel 13. 6. 84, 7); Pfarrer Stadelmann hat in seinem seelsorgerlichen und -en Wirken Spuren hinterlassen (Vaterland 1. 8. 84, 1). **2.** (oft abwertend) *(in Bezug auf jmds. Auftreten, Äußerungen o. Ä.) [in übertriebener, gekünstelter Weise] würdig u. feierlich:* Ein etwa vierzigjähriger Mann ... sprach nun zu den Menschen am Grab. Pastoraler Tonfall und ebenso -e Gebärden (Bastian, Brut 118). **3.** *ländlich, idyllisch:* -e Dichtungen.

Pas|to|ral, die; -: *Pastoraltheologie.*

Pas|to|ral|brief, der ⟨meist Pl.⟩ (christl. Rel.): *einer der dem Apostel Paulus zugeschriebenen, an Timotheus u. Titus gerichteten Briefe, der die Abwehr der Gnosis durch die frühe Kirche zum Gegenstand hat.*

¹Pas|to|ra|le, das; -s, -s, auch: die; -, -n [ital. pastorale, zu: pastorale = Hirten-

< lat. pastoralis, ↑pastoral]: **1.** (Musik) **a)** *Instrumentalstück (im Sechsachteltakt) bes. für Schalmei- u. Oboegruppen;* **b)** *kleines, ländlich-idyllisches Singspiel, das Stoffe aus dem idealisierten Hirtenleben zum Thema hat; musikalisches Schäferspiel.* **2.** (Literaturw.) *Schäferspiel.* **3.** (Malerei) *idyllische Darstellung aus dem Leben der Hirten.*
²Pas|to|ra|le, das; -s, -s [ital. (bastone) pastorale] (kath. Kirche): *Hirtenstab (2).*
Pas|to|ra|li|en ⟨Pl.⟩ [mlat. pastoralia]: *Pfarramtsangelegenheiten.*
Pas|to|ral|me|di|zin, die (bes. kath. Kirche): *Forschungsgebiet, das sich mit Grenzfragen zwischen Medizin u. Theologie beschäftigt u. sich um ein Zusammenwirken zwischen Arzt u. Seelsorger bemüht.*
Pas|to|ral|re|fe|rent, der (kath. Kirche): *Theologe, der hauptberuflich in der Seelsorge eingesetzt ist, ohne eine Weihe empfangen zu haben.*
Pas|to|ral|re|fe|ren|tin, die (kath. Kirche): *w. Form zu* ↑Pastoralreferent.
Pas|to|ral|sin|fo|nie, die (Musik): *Sinfonie mit Sätzen in der Art von* ¹Pastoralen *(1 a).*
Pas|to|ral|the|o|lo|gie, die (kath. Kirche): *praktische Theologie.*
Pas|to|rat, das; -[e]s, -e (regional, bes. nordd.): **1.** *Pfarramt.* **2.** *Wohnung des Pastors.*
Pas|to|ra|ti|on, die; -, -en: *seelsorgerische Betreuung einer Gemeinde od. Anstalt.*
Pas|to|rel|le, die; -, -n [ital. pastorella, Vkl. von: pastorale, ↑¹Pastorale]: *mittelalterliche Gedichtform, die das Werben eines Ritters um eine Schäferin, ein Mädchen auf dem Lande zum Gegenstand hat.*
Pas|to|ren|toch|ter, die: *Pfarrerstochter.*
Pas|to|rin, die; -, -nen (bes. nordd.): **a)** *Pfarrerin;* **b)** (ugs.) *Ehefrau eines Pastors.*
pas|tos ⟨Adj.⟩ [ital. pastoso = teigig, breiig, zu: pasta, ↑Paste]: **1.** *dickflüssig, breiig:* Eierlikör mit seinem -en Charakter (Quick 12, 1958, 37). **2.** (Malerei) *(von Ölfarben eines Gemäldes) dick aufgetragen, sodass eine reliefartige Fläche entsteht:* ein -es Bild (Rolf Schneider, November 94); Sironi hatte es ja gemalt ... p. und intensiv (Andersch, Rote 248).
pas|tös ⟨Adj.⟩: **1.** (Med.) *(bes. von der Haut bei Nierenerkrankungen) teigig-gedunsen, bleich u. aufgeschwemmt.* **2.** *pastos* (1): Kunststoffe, Holz, Rinde, Textil, Gummi, Papier und andere feste, flüssige, -e Reststoffe (VDI nachrichten 18. 5. 84, 24).
Pas|to|si|tät, die; - (Fachspr.): *Schriftbild mit dicken, teigigen Strichen.*
Pa|ta|go|ni|en; -s: südlichster Teil Südamerikas.
Patch [pætʃ], das; -[s], -s [engl. patch = Fleck, Flicken] (Med.): *Hautstück, das als Implantat od. Transplantat zur Abdeckung von Weichteil- od. Blutgefäßdefekten dient.*
Pät|chen, das; -s, - (fam.): *Patenkind.*

Patch|work [ˈpætʃwɜːk], das; -s, -s [engl. patchwork = Flickwerk]: **1.** ⟨o. Pl.⟩ *Technik zur Herstellung von Wandbehängen, Decken, Taschen o. Ä., bei der Stoff- od. Lederteile von verschiedener Farbe, Form u. Muster harmonisch zusammengefügt werden.* **2.** *Arbeit in der Technik des Patchworks* (1).
Patch|work|fa|mi|lie, die [nach den in Farbe, Form u. Muster völlig verschiedenen Teilen eines Patchworks] (ugs.): *Familie, in der außer dem gemeinsamen Kind, den gemeinsamen Kindern auch Kinder aus früheren Beziehungen der Mutter bzw. des Vaters od. beider Eltern leben:* In der Psychologie spricht man daher auch von der Fortsetzungs- oder Folgefamilie. Und in der Umgangssprache hat, angelehnt an die bunt zusammengewürfelten Patchwork- oder Flickenteppiche, die »Patchworkfamilie« Einzug gehalten (Tagesspiegel 10. 1. 99, 4); So bildeten wir von nun an eine farbenfrohe »Patchworkfamilie«, bestehend aus drei Kindern mit insgesamt fünf genetischen Elternteilen (Stern 12. 9. 96, 107).
¹Pa|te, der; -n, -n [mhd. pade, über mlat. pater spiritualis = geistlicher Vater, zu lat. pater, ↑Pater; 4: nach der dt. Übers. des Titels von F. Coppolas Spielfilm »The Godfather« (1969), der auf der Grundlage des gleichnamigen Romans von M. Puzo (*1920) das amerik. Mafiamilieu schildert]: **1.** *jmd., der (außer den Eltern) bei der Taufe eines Kindes als Zeuge anwesend ist u. für die christliche Erziehung des Kindes mitverantwortlich ist:* jmds. P. sein; [bei] jmdm. P. stehen; jmdn. zum - n bitten, nehmen, haben; Ü Die -n (Helfer u. Beschützer) fühlen sich verantwortlich ..., sorgen sich um ihre Schützlinge ... Die Vietnamesen brauchen diese ... Sie sind verloren in ihrem Schrecken aus der Vergangenheit (Saarbr. Zeitung 8./9. 12. 79, II); *bei etw. P. stehen* (ugs.; *[durch sein Wirken, sein Vorhandensein] auf etw. entscheidenden Einfluss nehmen, etw. anregen, hervorrufen):* bei diesem Stück hat offenbar Brecht P. gestanden; dass die erstmals im Jahre 1977 durchgeführte Aktion ... als Modell für ähnliche Aktionen P. stand (Saarbr. Zeitung. 30. 11. 79, 31); *jmdm. die -n sagen* (landsch. veraltend; *jmdm. die Leviten lesen;* H. u.). **2.** (landsch., sonst veraltet) *Patenkind.* **3.** (DDR) *jmd., der (außer den Eltern) bei der sozialistischen Namengebung eines Kindes als Zeuge anwesend ist u. für die Erziehung des Kindes im sozialistischen Sinne mitverantwortlich ist.* **4.** (Jargon) *Oberhaupt einer mafiosen Organisation:* erschossener Castellano: der P. starb wie im Film (Spiegel 52, 1985, 80); In Westeuropa, erst recht in Holland, führen fernöstliche -n ein gnadenloses Regiment (Spiegel 44, 1991, 114).
²Pa|te, die; -, -n: **a)** *Patin;* ◆ **b)** *Patenkind:* ich will hier ... warten, ... dann gehe ich zu meiner P. (Cl. Brentano, Kasperl 354).
Pa|tel|la, die; -, ...llen [lat. patella = Schüssel; Platte] (Med.): *Kniescheibe.*

pa|tel|lar ⟨Adj.⟩ (Med.): *zur Kniescheibe gehörend.*
Pa|tel|lar|re|flex, Pa|tel|lar|seh|nen|re|flex, der (Med.): *Kniesehnenreflex.*
Pa|ten|be|trieb, der (DDR): *Betrieb mit einem Patenschaftsvertrag.*
Pa|ten|brief, der (landsch.): *verzierte Karte, die als Urkunde über die Patenschaft* (1) *gestaltet ist u. dem Patenkind vom Paten mit einem [Geld]geschenk überreicht wird.*
Pa|ten|bri|ga|de, die (DDR): *vgl. Patenbetrieb.*
Pa|te|ne, die; -, -n [mhd. patēn(e) < mlat. patena < lat. patina = Schüssel, Pfanne < griech. patánē] (christl. Kirche): *flacher [goldener] Teller für die Hostien od. das Abendmahlsbrot.*
Pa|ten|ge|schenk, das: *Geschenk des Paten an sein Patenkind am Tag der Taufe.*
Pa|ten|kind, das: *Kind, für das jmd. die Patenschaft übernommen hat.*
Pa|ten|kin|der|gar|ten, der (DDR): *vgl. Patenschule.*
Pa|ten|klas|se, die (DDR): *vgl. Patenschule.*
Pa|ten|on|kel, der: *Pate* (1, 3).
Pa|ten|schaft, die; -, -en [2: nach russ. šefstvo]: **1.** *Mitverantwortung des Paten für die christliche Erziehung des Kindes:* jmdm. eine P. antragen; Ü die Klasse hat die P. für alte, behinderte Menschen übernommen *(hat die Verpflichtung übernommen, sich um sie zu kümmern);* Gewerkschaften haben -en für bestimmte Projekte übernommen (ran 2, 1980, 26). **2.** (DDR) *vertraglich festgelegte Mitverantwortung von Werktätigen u. Betrieben für jmdn., etw. zum Zweck der Unterstützung, der wirtschaftlichen, kulturellen u. politischen Förderung.*
Pa|ten|schafts|ver|trag, der (DDR): *Vertrag, der eine Patenschaft (2) regelt.*
Pa|ten|schu|le, die (DDR): *Schule, für die eine Person, ein Betrieb o. Ä. die Patenschaft (2) übernommen hat.*
Pa|ten|sohn, der: *männliches Patenkind.*
Pa|ten|stadt, die: *Partnerstadt.*
pa|tent ⟨Adj.⟩ [wohl herausgelöst aus Zus. wie »Patentknopf, Patentware«](ugs.): **1.** *praktisch (3) u. tüchtig u. dadurch großes Gefallen findend:* ein -er Kerl, Bursche; Die Gratulanten standen Schlange, um einer gütigen, -en, tapferen Frau Glückwünsche auszusprechen (MM 28./29. 1. 89, 31); die Kinder, die sind ja ganz p., die helfen mir dabei (Schwarzer, Unterschied 34). **2.** *äußerst praktisch (2), sehr brauchbar:* das ist eine -e Methode, Idee; Den -en Radanzieher gibt's in verschiedenen Ausführungen (ADAC-Motorwelt 10, 1986, 63); etw. ist ganz p.; er hat die Aufgabe p. gelöst. **3.** (landsch.) *fein, elegant:* p. gekleidet sein.
Pa|tent, das; -[e]s, -e [mlat. (littera) patens = landesherrlicher offener (d. h. offen vorzuzeigender) Brief, zu lat. patens = offen (liegend), 1. Part. von: patere = offen liegen]: **1. a)** *(amtlich zugesichertes) Recht zur alleinigen Benutzung u. gewerblichen Verwertung einer Erfindung; patentrechtlicher Schutz:* das P. ist erlo-

schen; ein P., etw. zum P. anmelden; auf diese Maschine haben wir ein P.; **b)** *Urkunde über ein Patent* (1 a); **c)** *Erfindung, die durch das Patentrecht geschützt ist:* ein neues P. entwickeln; Ü welch ein Glück, dass sie sich für die Notausstiege ein neues P. (ugs.; *eine neue Möglichkeit*) ausgedacht haben (Cotton, Silver-Jet 112). **2.** *Urkunde über eine erworbene berufliche Qualifikation (bes. eines Schiffsoffiziers); Bestallungs-, Ernennungsurkunde:* das P. als Steuermann erwerben; ein Kapitän mit dem P. für kleine, mittlere, große Fahrt. **3.** (schweiz.) *Erlaubnis[urkunde] zur Ausübung bestimmter Berufe od. Tätigkeiten:* die Turnhalle ... sollte ... ausschließlich für Veranstaltungen genutzt werden; das Wirten war ausgeschlossen, weil dafür das P. fehlte (NZZ 23. 10. 86, 33). **4.** (hist.) **a)** *Urkunde über die Gewährung bestimmter Rechte* (z. B. die Gewährung von Religionsfreiheit); ◆ **b)** *öffentlich bekannt gemachter behördlicher Erlass:* das P., das der Kurfürst erließ (Kleist, Kohlhaas 75).

Pa|tent|amt, das: *Behörde, die für die Anmeldung u. Erteilung von Patenten* (1) *zuständig ist.*

pa|tent|amt|lich ⟨Adj.⟩: *das Patentamt betreffend, von ihm ausgehend.*

Pa|tent|an|te, die: *Patin.*

Pa|tent|an|walt, der: *Anwalt, der zur Vertretung von Patentsachen o. Ä. vor dem Patentamt u. anderen Gerichten zugelassen ist* (Berufsbez.).

Pa|tent|an|wäl|tin, die: w. Form zu ↑ Patentanwalt.

pa|tent|fä|hig ⟨Adj.⟩: *die Voraussetzungen für die Erteilung eines Patents* (1) *erfüllend.*

Pa|tent|ge|setz, das: vgl. Patentrecht.

pa|ten|tier|bar ⟨Adj.⟩: *zum Patentieren* (1) *geeignet; geeignet zur Anmeldung als Patent* (1 a).

pa|ten|tie|ren ⟨sw. V.; hat⟩ [2: eigtl. wohl = den Draht patent (= gut) machen]: **1.** *(eine Erfindung) durch Patent* (1 a) *schützen:* Dabei versuchen die Konzerne verstärkt, genmanipulierte Pflanzen p. zu lassen (natur 8, 1991, 33). **2.** (Technik) *stark erhitzten Stahldraht durch Abkühlen im Bleibad veredeln.*

Pa|tent|in|ge|ni|eur, der: *[Diplom]ingenieur, der sich mit den technischen Daten patentfähiger Erfindungen u. patentrechtlichen Fragen beschäftigt* (Berufsbez.).

Pa|tent|in|ge|ni|eu|rin, die: w. Form zu ↑ Patentingenieur.

Pa|tent|in|ha|ber, der: *Inhaber eines Patents* (2).

Pa|tent|in|ha|be|rin, die: w. Form zu ↑ Patentinhaber.

Pa|tent|knopf, der: *Knopf aus Metall, der mithilfe eines Metallstiftes, der von der Gegenseite hineingedrückt wird, befestigt wird.*

Pa|tent|lö|sung, die: *Lösung, die mit einem Mal alle Schwierigkeiten behebt:* dass es -en ... für derart unterschiedliche Materien unmöglich gibt (Spiegel 46, 1976, 142).

Pa|ten|toch|ter, die: *weibliches Patenkind.*

Pa|tent|recht, das: **1.** *Gesamtheit der Rechtsvorschriften zur Regelung der mit Patenten* (1) *zusammenhängenden Fragen.* **2.** *Recht auf die Nutzung eines Patents.*

pa|tent|recht|lich ⟨Adj.⟩: *zum Patentrecht* (1) *gehörend, auf ihm beruhend.*

Pa|tent|re|gis|ter, das (österr., schweiz.): *Patentrolle.*

Pa|tent|re|zept, das: vgl. Patentlösung: dafür gibt es kein P.; Ein P. gegen Wildunfälle hat noch niemand gefunden (ADAC-Motorwelt 1, 1983, 31).

Pa|tent|rol|le, die: *(vom Patentamt geführte) Liste mit den Daten des Patentes* (1 c) *u. Angaben über den Patentinhaber.*

Pa|tent|sa|che, die: *juristische Behandlung einer patentfähigen Erfindung.*

Pa|tent|schrift, die: *einer Anmeldung zum Patent beigefügte Beschreibungen u. Zeichnungen.*

Pa|tent|schutz, der: *patentrechtlicher Schutz einer Erfindung.*

Pa|tent|ver|schluss, der: *Patent* (1 b, 2).

Pa|tent|ver|schluss, der: *patentierter* (1) *Verschluss[deckel].*

pa|ter, pec|ca|vi [lat. = Vater, ich habe gesündigt]: Gebetsformel, die das Geständnis eigener Schuld einleitet (Luk. 15, 18): **p., p. sagen* (bildungsspr. selten; *flehentlich um Verzeihung bitten*).

Pa|ter, der; -s, - u. Patres [...re:s; mlat. pater (monasterii) = Abt; Ordensgeistlicher < lat. pater = Vater]: *Geistlicher eines katholischen Ordens;* Abk.: P.

Pa|ter|fa|mi|li|as, der; -, - [lat. pater familias] (bildungsspr. scherzh.): *Familienoberhaupt; Hausherr.*

Pa|ter|na|lis|mus, der; - [zu mlat. paternalis = väterlich] (bildungsspr.): *Bestreben (eines Staates), andere (Staaten) zu bevormunden, zu gängeln.*

pa|ter|na|lis|tisch ⟨Adj.⟩ (bildungsspr.): *den Paternalismus betreffend, für ihn charakteristisch; bevormundend:* Shamir und seine Mannschaft wollen in ihrer -en Überheblichkeit auch nicht verstehen, dass sie die Palästinenser demütigen, sie als minderwertig darstellen (Tages-Anzeiger 5. 11. 91, 7).

pa|ter|ni|tär ⟨Adj.⟩ (veraltet): **1.** *die Paternität betreffend.* **2.** *von einer vaterrechtlichen Gesellschaftsform bestimmt.*

Pa|ter|ni|tät, die; - (veraltet): *Vaterschaft.*

¹Pa|ter|nos|ter, das; -s, - [lat. pater noster = unser Vater; Anfangsworte des Gebets (Matth. 6, 9)]: *Vaterunser.*

²Pa|ter|nos|ter, der; -s, - [kurz für: Paternosterwerk, meist Bez. für ein Wasserhebewerk mit einer endlosen Kette; nach den aneinander gereihten Perlen der Paternosterschnur (= älter für »Rosenkranz«)]: *Aufzug mit mehreren vorne offenen Kabinen, die ständig in der gleichen Richtung umlaufen.*

Pa|ter|nos|ter|auf|zug, der: ²Paternoster.

Pa|ter Pa|triae [lat. pater patriae]: *Vater des Vaterlandes* (Ehrentitel römischer Kaiser u. verdienter hoher Staatsbeamter).

Pa|ter|pec|ca|vi, das; -, - (bildungsspr. selten): *reuiges Geständnis.*

Pâte sur Pâte [pat syr 'pɑːt], das; --- [frz., eigtl. = Masse auf Masse]: *Porzellan- od. Steingutverzierung, bei der dünne, weiße Flachreliefs auf dem farbigen Untergrund von Porzellan od. Steingut angebracht werden.*

pa|te|ti|co ⟨Adv.⟩ [ital. patetico < spätlat. patheticus, ↑ pathetisch] (Musik): *leidenschaftlich, erhaben, feierlich.*

◆ **Pat|gen,** das; -s, - (landsch.): *Patchen:* er wolle noch eine Meile umreiten nach dem Orte, wo ein P. von mir auf den Edelhof diente (Cl. Brentano, Kasperl 352).

-path [vgl. Pathos], der; -en, -en, in Zus.: **1.** *in einer Krankheit Leidender* (z. B. Psychopath). **2.** *Vertreter einer medizinischen Schule od. Krankheitslehre; Facharzt* (z. B. Homöopath).

Pa|ther|gie, die; -, -n [zu ↑ patho-, Patho- u. griech. érgon = Werk, Tätigkeit] (Med.): *krankhafte Gewebsreaktion* (z. B. Entzündung, Allergie).

Pa|the|tik, die; - [zu ↑ pathetisch]: *unnatürliche, übertriebene, gespreizte Feierlichkeit:* in seinen Worten lag etwas P.; etwas mit P. vortragen.

pa|thé|tique [pate'tik] ⟨Adv.⟩ [frz. pathétique < spätlat. patheticus, ↑ pathetisch] (Musik): *pathetisch, leidenschaftlich.*

pa|the|tisch ⟨Adj.⟩ [spätlat. patheticus < griech. pathētikós = leidend; leidenschaftlich, zu: páthos, ↑ Pathos] (oft abwertend): *voller Pathos, [übertrieben] feierlich, allzu gefühlvoll:* eine -e Ausdrucksweise, Geste; sein Stil ist p.; p. schreiben; Wäre also das bewundernswerte Lebenswerk dieser Frau erkauft durch Verzicht, durch, wie es früher p. hieß, Entsagung? (Reich-Ranicki, Th. Mann 244).

-pa|thie [lat. -pathia < griech. -patheia, vgl. Pathos], die; -, -n [...i:ən], in Zus.: **1.** *Krankheit, Erkrankung* (z. B. Psychopathie). **2.** ⟨o. Pl.⟩ *medizinische Schule od. Krankheitslehre; Heilmethode* (z. B. Homöopathie). **3.** *Gefühl, Neigung* (z. B. Sympathie).

pa|tho-, Pa|tho- [griech. páthos, ↑ Pathos] ⟨Best. von Zus. mit der Bed.⟩: *Leiden, Krankheit* (z. B. pathogen, Pathopsychologie).

pa|tho|gen ⟨Adj.⟩ [↑-gen] (Med.): *(von Bakterien, chemischen Stoffen o. Ä.) Krankheiten verursachend, erregend.*

Pa|tho|ge|ne|se, die; -, -n (Med.): *Entstehung u. Entwicklung einer Krankheit.*

pa|tho|ge|ne|tisch ⟨Adj.⟩: *die Pathogenese betreffend, zu ihr gehörend.*

Pa|tho|ge|ni|tät, die; - (Med.): *(von bestimmten Substanzen, Mikroorganismen o. Ä.) Fähigkeit, krankhafte Veränderungen im Organismus hervorzurufen.*

Pa|tho|gno|mik, die; - [zu griech. gnōmē = Erkenntnis]: **1.** (Med.) *Pathognostik.* **2.** (Psych. früher) *Deutung des seelischen Zustandes aus Gesichts- u. Körperbewegungen.*

pa|tho|gno|mo|nisch ⟨Adj.⟩ [zu griech. gnōmonikós = einsichtsvoll] (Med.): *für eine Krankheit, ein Krankheitsbild charakteristisch.*

Pa|tho|gnos|tik, die; - [zu griech. gnōstikós = das Erkennen betreffend]

(Med.): *Erkennung einer Krankheit aus charakteristischen Symptomen.*
pa|tho|gnos|tisch ⟨Adj.⟩ (Med.): *pathognomonisch.*
Pa|tho|gra|phie, die; -, -n [↑-graphie] (Med., Psych.): *Untersuchung u. Darstellung von Krankheitseinflüssen auf Entwicklung und Leistungsfähigkeit eines Menschen.*
Pa|tho|lin|gu|is|tik, die; - (Sprachw.): *Teilgebiet der angewandten Sprachwissenschaft, das sich mit Sprachstörungen beschäftigt.*
Pa|tho|lo|ge, der; -n, -n [↑-loge] (Med.): *Wissenschaftler auf dem Gebiet der Pathologie.*
Pa|tho|lo|gie, die; -, -n [↑-logie] (Med.): **1.** ⟨o. Pl.⟩ (Med.) *Lehre von den Krankheiten, bes. von ihrer Entstehung u. den durch sie hervorgerufenen organisch-anatomischen Veränderungen.* **2.** *der Forschung, Lehre u. der Erfüllung von praktischen Aufgaben der Pathologie (1) dienende Abteilung eines [Universitäts]krankenhauses; Prosektur; pathologische Abteilung, pathologisches Institut.*
Pa|tho|lo|gin, die; -, -nen (Med.): w. Form zu ↑Pathologe.
pa|tho|lo|gisch ⟨Adj.⟩: **1.** (Med.) *die Pathologie betreffend, zu ihr gehörend.* **2.** (Med.) *krankhaft (1): -e Veränderungen des Gewebes.* **3.** (bildungsspr.) *krankhaft (2): seine geradezu -e Reizbarkeit; Er hatte sich mittlerweile in einen -en Verfolgungswahn hineingesteigert (Prodöhl, Tod 74).*
Pa|tho|pho|bie, die; -, -n [↑Phobie] (Med., Psych.): *Nosophobie.*
Pa|tho|phy|si|o|lo|ge, der; -n, -n: *Wissenschaftler auf dem Gebiet der Pathophysiologie.*
Pa|tho|phy|si|o|lo|gie, die; -: *Lehre von den Krankheitsvorgängen u. Funktionsstörungen [in einem Organ].*
Pa|tho|phy|si|o|lo|gin, die; -, -nen: w. Form zu ↑Pathophysiologie.
pa|tho|phy|si|o|lo|gisch ⟨Adj.⟩: *die Pathophysiologie betreffend.*
pa|tho|plas|tisch ⟨Adj.⟩ (Med.): **1.** *den Wandel eines Krankheitsbildes bewirkend.* **2.** *die Symptome einer Krankheit formend.*
Pa|tho|psy|cho|lo|gie, die; -: *Teilgebiet der Psychologie, das sich mit den Krankheiten u. ihren psychisch bedingten Ursachen sowie mit den durch Krankheiten bedingten psychischen Störungen befasst.*
Pa|thos, das; - [griech. páthos = Schmerz; Leiden; Leidenschaft, zu: páschein = erfahren, (er)leiden] (bildungsspr., oft abwertend): *feierliches Ergriffensein, leidenschaftlich-bewegter Gefühlsausdruck:* ein unechtes, hohles P.; etw. mit feierlichem P. vortragen; Da haben wir schon die wichtigsten Kennzeichen dieser essayistischen Prosa: majestätisches P., verschwenderische Rhetorik (Reich-Ranicki, Th. Mann 136); eine Rede voller P.; Ü Befremdend das P. solcher Gedenkstätten, das noch ganz dem 19. Jahrhundert entstammt (Fest, Im Gegenlicht 376).
Pa|ti|ence [pa'si̯ã:s], die; -, -n [...sn; frz. patience, eigtl. = Geduld < lat. patien-

tia, zu: pati, ↑Patient; 2: eigtl. = Gebäck, dessen Herstellung Geduld erfordert]: **1.** *Kartenspiel, bei dem die Karten so gelegt werden, dass Sequenzen in einer bestimmten Reihenfolge entstehen:* die P. geht nicht auf; eine P., -n legen; Mein Vater spielte an seinen freien Tagen nur P. (Zorn, Mars 55). **2.** (Fachspr.) *Gebäck in Form von Figuren.*
Pa|ti|ence|bä|cke|rei, die (österr.): *Patience (2).*
Pa|ti|ence|spiel, das: *Patience (1).*
Pa|ti|ens ['pa:tsi̯ens], das; -, - [lat. patiens, ↑Patient] (Sprachw.): *Ziel eines durch das Verb ausgedrückten aktiven Verhaltens.*
Pa|ti|ent, der; -en, -en [zu lat. patiens (Gen.: patientis), adj. 1. Part. von: pati = erdulden, leiden]: *vom Arzt od. einem Angehörigen anderer Heilberufe behandelte od. betreute Person (aus der Sicht dessen, der sie [ärztlich] behandelt od. betreut od. dessen, der diese Perspektive einnimmt):* im Wartezimmer sitzen noch drei -en; Diese -en werden sowohl begutachtet als auch therapiert (Schreiber, Krise 72); Ich habe mir angewöhnt, während einer Operation in Abständen von mehreren Minuten den Anästhesisten nach dem Befinden des -en zu fragen (Hackethal, Schneide 30); ich bin P. bei Dr. Beck.
Pa|ti|en|ten|iso|la|tor, der (Med.): *Lifeisland.*
Pa|ti|en|ten|tes|ta|ment, das: *(juristisch nicht abgesicherte) schriftliche Erklärung, in der jmd. festlegt, dass er für den Fall einer schweren, unheilbaren Krankheit od. eines schweren Unfalls, die ihn betreffen könnten, nicht künstlich am Leben erhalten werden möchte.*
Pa|ti|en|tin, die; -, -nen: w. Form zu ↑Patient.
Pa|tin, die; -, -nen: w. Form zu ↑Pate (1, 3).
¹**Pa|ti|na,** die; - [ital. patina, eigtl. = Firnis, Glanzmittel für Felle, H. u.]: *grünliche Schicht, die sich unter dem Einfluss der Witterung auf der Oberfläche von Kupfer od. Kupferlegierungen bildet; Edelrost:* die P. der Kuppel; Ü Da ist keine P., die man erst wegputzen müsste, um seine Essays ... zu genießen (Geist. Welt 13. 3. 65, o. S.); sein Charme hat P. angesetzt (ist mehr jugendlich, frisch).
²**Pa|ti|na,** Patine, die; -, ...inen [lat. patina gespr. patánē] (veraltet): *Schüssel.*
Pa|ti|ne, die; -, -n: ↑²Patina.
pa|ti|nie|ren ⟨sw. V.; hat⟩ (Fachspr.): *mit künstlicher ¹Patina versehen:* Außerdem hatte Mathis sein Werk grau patiniert (mit Bleistaub) - kurz ... (Muschg, Gegenzauber 196).
Pa|tio, der; -s, -s [span. patio < mlat. patium, H. u.] (Archit.): *(bes. in Spanien u. Lateinamerika) Innenhof eines Hauses, zu dem hin sich die Wohnräume öffnen.*
Pa|tis|se|rie, die; -, -n [frz. pâtisserie, zu: pâtisser = Teig machen, über das Vlat. zu spätlat. pasta, ↑Paste]: **1.** *Raum in einem Hotel, Restaurant, in dem die Süßspeisen hergestellt werden.* **2.** (schweiz., sonst veraltet) *Konditorei.* **3.** (schweiz., sonst

veraltet) *Feingebäck:* Richard nahm das Telefon, bestellte zwei Portionen Kaffee und P. (Borell, Romeo 236).
Pa|tis|sier [...'si̯e:], der; -s, -s [frz. pâtissier]: *[Hotel]konditor[in].*
Pat|mos; Patmos': griechische Insel.
Pat|na|reis, der; -es [nach der ind. Stadt Patna]: *langkörniger Reis.*
Pa|tois [pa'to̯a], das; - [...a(s)], - [...as; frz. patois, zu afrz. patoier = gestikulieren, zu: patte = Pfote] (bildungsspr. abwertend): *Mundart, Sprechweise der Landbevölkerung [Frankreichs].*
Pa|tres: Pl. von ↑Pater.
Pa|tri|arch, der; -en, -en [mhd. patriarc(he) < kirchenlat. patriarcha < griech. patriárchēs, eigtl. = Sippenoberhaupt, zu: patḗr (Gen.: patrós) = Vater u. árchein = der Erste sein, Führer sein, herrschen]: **1.** (Rel.) *Erzvater.* **2.** (kath. Kirche) **a)** ⟨o. Pl.⟩ *Amts- od. Ehrentitel einiger [Erz]bischöfe;* **b)** *[Erz]bischof, der diesen Titel trägt.* **3.** (orthodoxe Kirche) **a)** ⟨o. Pl.⟩ *Titel der obersten Geistlichen u. der leitenden Bischöfe;* **b)** *Geistlicher, Bischof, der diesen Titel trägt:* Der Papst und der orthodoxe P. in Rumänien haben in einem feierlichen Appell alle Parteien im Jugoslawien-Krieg aufgerufen, die Waffen niederzulegen (FR 10. 5. 99, 5). **4.** (oft abwertend) *ältestes männliches Familienmitglied, das Mitglied eines Familienverbandes, das das Familienoberhaupt die größte Autorität besitzt:* Dabei war es früher seine einstige Lieblingsvisionen gewesen, als alter P. auf dem üppigen Sterbebett zu lagern (Kronauer, Bogenschütze 187); dass Dietz zwar fleißig sozialistische Literatur verlegte, in seinem Privatleben indes den Habitus eines bürgerlichen Unternehmers pflegte, der ... sich im Kreise seiner Familie als P. aufführte (Zeit 4. 2. 99, 46).
Pa|tri|ar|cha|de, die; -, -n (Literaturw.): *epische Dichtung des 18. Jhs. über biblische Ereignisse, bes. aus der Zeit der Urväter.*
pa|tri|ar|chal ⟨Adj.⟩: *patriarchalisch (1).*
pa|tri|ar|cha|lisch ⟨Adj.⟩ [1 b: kirchenlat. patriarchalis]: **1. a)** *das Patriarchat (2) betreffend, auf ihm beruhend, zu ihm gehörend:* -e Gesellschaften; die -e Ordnung der Gesellschaft; ... mit den Emigranten aus Nordafrika, Jemen und Irak ... Hunderttausende, die in traditionell -en und religiösen Lebensformen aufgewachsen waren (Tages Anzeiger 28. 7. 84, 2); **b)** *den Patriarchen betreffend, zu ihm gehörend.* **2.** *im familiären o. ä. Bereich als Mann seine Autorität geltend machend, bestimmend:* -es Gebaren; Als pädagogisches Konzept das «Hausväterprinzip» und das »Prinzip Arbeit« (Klee, Pennbrüder 102); er ist, gibt sich sehr p.; p. reagieren.
Pa|tri|ar|chal|kir|che, die (kath. Kirche): *dem Papst unmittelbar unterstehende Kirche in Rom (z. B. Peterskirche).*
Pa|tri|ar|chat, das; -[e]s, -e: **1.** ⟨auch: der⟩ *Würde u. Amtsbereich eines Patriarchen (2, 3).* **2.** *Gesellschaftsordnung, bei der der Mann eine bevorzugte Stellung in Staat u. Familie innehat u. bei der in Erb-

folge u. sozialer Stellung die männliche Linie ausschlaggebend ist.

pa|tri|ar|chisch ⟨Adj.⟩ (veraltet): *patriarchalisch* (1 b).

pa|tri|li|ne|al, pa|tri|li|ne|ar ⟨Adj.⟩ [zu lat. pater (Gen.: patris) = Vater u. linea, ↑Linie] (Rechtsspr., Völkerk.): *in der Erbfolge der väterlichen Linie folgend.*

pa|tri|mo|ni|al ⟨Adj.⟩ [spätlat. patrimonialis]: **a)** *das Patrimonium betreffend, auf ihm beruhend;* **b)** *vom Vater ererbt, väterlich.*

Pa|tri|mo|ni|al|ge|richts|bar|keit, die [zu mlat. patrimonialis = grundherrschaftlich] (früher): *private Ausübung der Rechtsprechung vonseiten des Grundherrn über seine Hörigen:* Ursprünglich hieß dieser Raum die »Gerichtsstube«, eine Bezeichnung, die aus der Zeit stammte, in der meine Vorfahren noch die P. hatten (Dönhoff, Ostpreußen 207).

Pa|tri|mo|ni|al|staat, der: *(im MA.)* Staat, dessen gesamtes Gebiet vererbbares Eigentum des Herrschers war.

Pa|tri|mo|ni|um, das; -s, ...ien [lat. patrimonium] (römisches Recht): **a)** *Privatvermögen des Herrschers (im Ggs. zum Staatsvermögen):* das P. eines römischen Kaisers; **b)** *väterliches Erbgut:* Ü Wer freilich überhaupt so etwas wie ein kulturelles P. akzeptieren will, das für ein Staatsbewusstsein wichtig ist ..., muss für Deutschland wohl das Evangeliar Heinrichs des Löwen dazurechnen (Spiegel 49, 1983, 227).

Pa|tri|mo|ni|um Pe|tri, das; - - [lat. patrimonium Petri = Erbteil des heiligen Petrus]: *alter Grundbesitz der römischen Kirche als Grundlage des späteren Kirchenstaates.*

Pa|tri|ot, der; -en, -en [frz. patriote = Vaterlandsfreund < spätlat. patriota = Landsmann < griech. patriōtēs, eigtl. = jmd., der aus demselben Geschlecht stammt, zu: patēr (Gen.: patrós) = Vater] (oft auch abwertend): *jmd., der von Patriotismus erfüllt, patriotisch gesinnt ist:* ein überzeugter, begeisterter, fanatischer, verblendeter P.; er glaubte bei dieser Tat als P. zu handeln.

Pa|tri|o|tin, die; -, -nen: w. Form zu ↑Patriot.

pa|tri|o|tisch ⟨Adj.⟩ [frz. patriotique < spätlat. patrioticus = heimatlich < griech. patriōtikós] (oft auch abwertend): *auf Patriotismus beruhend, von ihm erfüllt, zeugend; national* (b), *vaterländisch:* eine -e Gesinnung; -e Lieder; der Anblick dieser -en Versammlung hatte sein Befinden nicht gebessert (Bieler, Mädchenkrieg 233); Ich bin Jahrgang 1903, ich wurde p. erzogen (Kempowski, Zeit 172); p. gesinnt sein.

Pa|tri|o|tis|mus, der; - [frz. patriotisme] (oft auch abwertend): *durch gefühlsmäßige Bindung an die Werte, Traditionen o. Ä. des eigenen Landes geprägte, oft mit Überheblichkeit, mit unkritisch übertriebenem Stolz verbundene [politische] Haltung, Einstellung; vaterländische Gesinnung:* Der P., mit dem auf die heldenhaften Leistungen ... hingewiesen wurde, war nicht nach jedermanns Geschmack

(NZZ 30. 8. 86, 2); Die »Betrachtungen eines Unpolitischen« sind schon frei von Kriegsrausch und simplem P. (Reich-Ranicki, Th. Mann 169).

Pa|tris|tik, die; - [zu lat. pater (Gen.: patris) = Vater] (christl. Theol.): *Wissenschaft von den Schriften u. Lehren der Kirchenväter; altchristliche Literaturgeschichte.*

Pa|tris|ti|ker, der; -s, -: *Wissenschaftler auf dem Gebiet der Patristik.*

Pa|tris|ti|ke|rin, die; -, -nen: w. Form zu ↑Patristiker.

pa|tris|tisch ⟨Adj.⟩: *die Patristik betreffend, zu ihr gehörend.*

Pa|tri|ze, die; -, -n [geb. nach ↑Matrize zu lat. pater = Vater] (Druckw.): *in Stahl geschnittener, erhabener Stempel einer Schrifttype, mit dem das negative Bild zur Vervielfältigung geprägt wird.*

pa|tri|zi|al ⟨Adj.⟩: *patrizisch.*

Pa|tri|zi|at, das; -[e]s, -e ⟨Pl. selten⟩ [lat. patriciatus = Würde eines Patriziers (1)]: **1.** *Gesamtheit der altrömischen adligen Geschlechter.* **2.** (selten) *Gesamtheit der Patrizier* (2).

Pa|tri|zi|er, der; -s, - [lat. patricius = Nachkomme eines römischen Sippenhauptes, zu: pater = Vater]: **1.** *Mitglied des altrömischen Adels.* **2.** *(bes. im Mittelalter) vornehmer, wohlhabender Bürger.*

Pa|tri|zi|er|ge|schlecht, das: *patrizisches Geschlecht* (3 c).

Pa|tri|zi|er|haus, das: *(durch differenzierte Gestaltung ausgezeichnetes) Wohnhaus eines Patriziers* (2).

Pa|tri|zi|e|rin, die; -, -nen: w. Form zu ↑Patrizier.

pa|tri|zisch ⟨Adj.⟩: *den Patrizier betreffend, zu ihm gehörend, von ihm stammend; für ihn, seine Lebensweise charakteristisch.*

Pa|tro|lo|ge, der; -n, -n [zu griech. patḗr (Gen.: patrós) = Vater u. ↑-loge]: *Patristiker.*

Pa|tro|lo|gie, die; - [↑-logie]: *Patristik.*

Pa|tro|lo|gin, die; -, -nen: w. Form zu ↑Patrologe.

pa|tro|lo|gisch ⟨Adj.⟩: *patristisch.*

¹Pa|tron, der; -s, -e [mhd. patrōn(e) < lat. patronus, zu: pater = Vater]: **1. a)** *(im alten Rom) Schutzherr seiner Freigelassenen;* **b)** (veraltet) *Schutz-, Schirmherr.* **2.** *Schutzheiliger einer Kirche, einer Berufs- od. Standesgruppe, einer Stadt o. Ä.* **3.** *Gründer, Erbauer, Stifter einer Kirche (dem dadurch Vorrechte u. Pflichten entstanden).* **4.** (ugs. abwertend) *Bursche, Kerl:* ein widerlicher, übler P.

²Pa|tron [pa'trɔ̃], der; -s, -s [frz. patron < lat. patronus, ↑¹Patron] (schweiz.): *Inhaber eines Geschäftes, einer Gaststätte o. Ä.:* die Trattoria ist nicht teuer ... und Alfredo, der P., weiß es zu schätzen, wenn jemand italienisch mit ihm redet (Frisch, Montauk 200).

³Pa|tron [pa'trɔ̃:], das; -s, -s [frz. patron, ↑Patrone] (Musik): *Modell eines Saiteninstruments.*

Pa|tro|na, die; -, ...nä [lat. patrona]: *[heilige] Beschützerin.*

Pa|tro|na|ge [...'na:ʒə], die; -, -n [frz. patronage = Patronat (2), zu: patron, ↑²Pa-

tron] (bildungsspr.): *Günstlingswirtschaft, Protektion.*

Pa|tro|nanz, die; -: **1.** (veraltet) *Patronage.* **2.** (österr.) *Patronat* (2).

Pa|tro|nat, das; -[e]s, -e [lat. patronatus]: **1.** *(im alten Rom) Würde u. Amt eines Patrons* (1). **2.** (bildungsspr.) *Schirmherrschaft:* Elsa Respighi, die Witwe des Komponisten Ottorino, hat das P. dieser Akademie übernommen (Bund 9. 8. 80, 21); die Ausstellung stand unter dem P. des Bundeskanzlers. **3.** (christl. Kirche) *kirchenrechtliche Stellung des Stifters einer Kirche od. seines Nachfolgers, mit der bestimmte Rechte u. Pflichten verbunden sind.*

Pa|tro|nats|fest, das (kath. Kirche): *Fest der Patronin, des Patrons* (2) *einer Kirche, dem sie geweiht ist:* Das traditionelle P. des katholischen Kirchenbauvereins ... übertraf in diesem Jahr alle Erwartungen (Saarbr. Zeitung 5./6. 6. 80, 21).

Pa|tro|nats|herr, der: *jmd., der ein Patronat* (3) *innehat.*

Pa|tro|ne, die; -, -n [frz. patron = Musterform (für Pulverladungen) < mlat. patronus = Musterform, eigtl. = Vaterform, zu lat. patronus, ↑¹Patron]: **1.** *Metallhülse mit Treibladung u. Geschoss (als Munition für Feuerwaffen):* eine P. einlegen; im Lauf des Gewehrs war, steckte eine P. **2.** *wasserdicht abgepackter Sprengstoff zum Einführen in Bohrlöcher für Sprengungen.* **3. a)** *Behälter aus Kunststoff für Tinte, Tusche, Toner o. Ä. zum Einlegen in einen Füllfederhalter, ein Kopiergerät, einen Drucker (2) o. Ä.;* **b)** *fest schließende, lichtundurchlässige Kapsel mit einem Kleinbildfilm, die in die Kamera eingelegt wird.* **4.** (Textilind.) *Zeichnung (auf kariertem Papier) für das Muster in der Bindung eines Gewebes.* **5.** (Gastr. veraltet) *(gefettetes) Papier, das zum Schutz vor zu starker Hitze über Speisen gedeckt wird.*

Pa|tro|nen|fül|ler, der (ugs.): *Patronenfüllhalter.*

Pa|tro|nen|füll|hal|ter, der: *Füllhalter, der durch Einsetzen von Patronen* (3 a) *gefüllt wird.*

Pa|tro|nen|gurt, der: **a)** *Gurt aus Metall, der in einzelne Glieder eingeteilt ist, in denen die Patronen* (1) *befestigt sind;* **b)** *Ledergürtel mit Schlaufen od. Taschen aus festem Leinen für die einzelnen Patronen* (1).

Pa|tro|nen|gür|tel, der: *Patronengurt* (b).

Pa|tro|nen|hül|se, die: *Metallhülse einer Patrone* (1).

Pa|tro|nen|kam|mer, die: *zylindrischer Teil einer Handfeuerwaffe, der die aus dem Magazin austretende Patrone* (1) *aufnimmt.*

Pa|tro|nen|la|ger, das: *Patronenkammer.*

Pa|tro|nen|ma|ga|zin, das: *Magazin* (3 a).

Pa|tro|nen|ta|sche, die: *am Gürtel befestigter Behälter für Patronen* (1).

Pa|tro|nen|trom|mel, die: *drehbare Trommel* (2 a) *eines Revolvers, in die die Patronen* (1) *gesteckt werden.*

pa|tro|nie|ren ⟨sw. V.; hat⟩ [frz. patronner; vgl. Patrone (4)] (österr.): *(Wände) mithilfe von Schablonen bemalen.*

Pa|tro|nin, die; -, -nen: w. Form zu Patron (2, 1 b).

pa|tro|ni|sie|ren ⟨sw. V.; hat⟩ (veraltet): *beschützen, begünstigen.*

Pa|tro|ny|mi|kon, Pa|tro|ny|mi|kum, das; -s, ...ka [zu griech. patrōnymikós = nach dem Vater benannt]: *vom Namen des Vaters abgeleiteter Name (z. B. Petersen = Peters Sohn).*

pa|tro|ny|misch ⟨Adj.⟩: *das Patronymikon betreffend, vom Namen des Vaters abgeleitet.*

Pa|trouil|le [pa'truljə], die; -, -n [frz. patrouille, eigtl. = Herumwaten im Schmutz, zu: patrouiller = patschen, zu: patte = Pfote]: **1.** *von (einer Gruppe) Soldaten durchgeführte Erkundung, durchgeführter Kontrollgang:* eine nächtliche P.; -n machen; auf P. sein, gehen, fahren; Sie werden also noch besser als ich, der ich nie Soldat geworden bin, die Stimmung kennen, die einen auf einsamer P. beschleicht (Heym, Schwarzenberg 165). **2.** *Gruppe von Soldaten, die etw. erkunden, einen Kontrollgang durchführen.*

Pa|trouil|len|boot, das: *Boot für Patrouillenfahrten.*

Pa|trouil|len|fahrt, die: *zur Erkundung, Kontrolle unternommene Fahrt.*

Pa|trouil|len|flug, der: vgl. Patrouillenfahrt.

Pa|trouil|len|füh|rer, der: *Führer einer Patrouille (2).*

Pa|trouil|len|füh|re|rin, die: w. Form zu ↑ Patrouillenführer.

Pa|trouil|len|gang, der: *Patrouille (1).*

pa|trouil|lie|ren [patrʊl'jiːrən] ⟨sw. V.; hat/ist⟩ [frz. patrouiller]: *als Posten od. Wache auf u. ab gehen, auf Patrouille gehen, fahren, fliegen:* Soldaten patrouillierten durch die Straßen; vor der Küste sind/haben Kriegsschiffe patrouilliert; Die Polizei- und Militärhubschrauber patrouillieren mit besonderer Häufigkeit über der Küste (Gregor-Dellin, Traumbuch 113); Ü sie patrouillierte an der Haltestelle auf und ab.

Pa|tro|zi|ni|um, das; -s, ...ien [lat. patrocinium = Beistand, zu: patronus, ↑ ¹Patron]: **1.** (kath. Kirche) **a)** *Schutzherrschaft eines Heiligen über eine Kirche;* **b)** *Patronatsfest:* Zum Abschluss des -s kam noch einmal die Gemeinde ins Festzelt (RNZ 6. 10. 92, 5). **2.** *(im alten Rom) Vertretung eines rechtsunfähigen Klienten durch einen* ¹*Patron (1 a).* **3.** *(im Mittelalter) Rechtsschutz, den der Gutsherr seinen Untergebenen gegen Staat u. Stadt gewährte.*

patsch ⟨Interj.⟩: lautm. für ein Geräusch, das entsteht, wenn man die Hände zusammenschlägt, wenn etw. klatschend auf eine Wasseroberfläche aufschlägt od. wenn etw. Weiches [Schweres] auf etw. Hartes fällt: p., da lag das Kind im Dreck; Patsch, hat er schon ein paar über die Löffel gehabt und noch eine und noch eine (Spiegel 39, 1984, 64).

¹Patsch, der; -[e]s, -e: **1.** *patschendes Geräusch:* mit einem P. fiel er in die Pfütze. **2.** ⟨o. Pl.⟩ (ugs.) *Matsch* (2 a).

²Patsch, der; -en, -en (österr. ugs.): *Tollpatsch.*

Pat|sche, die; -, -n [4: eigtl. = Matsch, aufgeweichte Straße] (ugs.): **1.** *Hand:* komm, gib mir deine P.! **2.** *Feuerpatsche.* **3.** ⟨o. Pl.⟩ ¹*Patsch* (2). **4.** ⟨Pl. selten⟩ *unangenehme, schwierige Lage, Bedrängnis:* in eine P. geraten, kommen; in der P. sein, stecken, sitzen; jmdm. aus der P. helfen; Je enger sie sich ... an den jungen Mann schmiegte, desto mehr wich dieser ... aus, bis er sich schließlich ... regelrecht in der P. fühlte und ... die Waffen streckte (Dunkell, Körpersprache 144).

pät|scheln ⟨sw. V.⟩ (landsch.): **1.** *rudern* (1) ⟨hat/ist⟩. **2.** *streicheln, tätscheln* ⟨hat⟩.

pat|schen ⟨sw. V.; hat/ist⟩ [zu ↑patsch] (ugs.): **1. a)** *ein klatschendes Geräusch hervorbringen* ⟨hat⟩: das Wasser patscht unter seinen Stiefeln; **b)** *mit einem* ¹*Patsch* (1) *auf etw. auftreffen* ⟨ist⟩: der Regen patscht gegen die Scheiben, auf das Dach; Ein anderes Mal patschte das kleine Mädchen vom Wickeltisch kopfüber auf den Boden (Fussenegger, Haus 67). **2.** *(mit der flachen Hand, dem Fuß od. einem flachen Gegenstand) klatschend auf etw. schlagen* ⟨hat⟩: jmdm. [mit den Händen] ins Gesicht p.; sich auf die Schenkel p.; Sogar Pauline verzog den Mund, Andreas patschte in die Hände (Danella, Hotel 27); Er patschte sich mit der flachen Hand an die Stirn (Bastian, Brut 92); ◆ Wir wollen sie p. *(in die Flucht schlagen).* Sie denken nicht, dass wir ihnen die Spitze bieten können (Goethe, Götz III). **3.** *(in Wasser, Schlamm o. Ä.) gehen, laufen u. dabei ein klatschendes Geräusch hervorbringen* ⟨ist⟩: das Kind ist durch die Pfützen gepatscht; Nach dreißig Metern patscht er mit seinem Paletotpaket ins Nasse (Kempowski, Zeit 329).

Pät|schen, der; -s - (österr.): **1.** ⟨meist Pl.⟩ *Hausschuh, Pantoffel.* **2.** *Reifenpanne:* einen P. haben.

pat|sche|nass: ↑patschnass.

Pät|scherl, das; -s, -n (österr. ugs.): *ungeschicktes, unbeholfenes Kind.*

pat|scherl ⟨Adj.⟩ (österr. ugs.): *unbeholfen, ungeschickt.*

Patsch|hand, die, Patsch|händ|chen, das (fam.): *kleine, weiche Kinderhand.*

patsch|nass, patschenass ⟨Adj.⟩ (ugs. emotional): *klatschnass.*

Pat|schu|li, das; -s, -s [frz., engl. patchouli < Tamil pacculi, eigtl. = grünes Blatt]: **a)** ⟨o. Pl.⟩ *Duftstoff aus der Patschulipflanze;* **b)** *Patschuliöl.*

Pat|schu|li|öl, das: *[zur Herstellung von Parfüm] aus den Blättern der Patschulipflanze gewonnenes Öl.*

Pat|schu|li|pflan|ze, die: *(zu den Lippenblütlern gehörende, im tropischen Asien heimische) als Kraut od. Halbstrauch wachsende Pflanze mit meist gestielten, gezähnten Blättern u. kleinen weißen u. violetten Blüten.*

Patsch|wet|ter, das ⟨o. Pl.⟩ (ugs.): *Matschwetter.*

patt ⟨Adj.⟩ [frz. pat, H. u.] (Schach): *nicht mehr in der Lage, einen Zug zu machen, ohne seinen König ins Schach zu bringen:* p. sein.

Patt, das; -s, -s: **1.** (Schach) *[als unentschieden gewertete] Stellung im Schachspiel, bei der eine Partei patt ist.* **2.** *Situation, in der keine Partei einen Vorteil erringen, den Gegner schlagen kann; Unentschieden:* ein nukleares, militärisches P.; England wählte ein politisches P.: Heath verlor seine Mehrheit, aber Labour gewann sie nicht (Spiegel 10, 1974, 78).

Pat|te, die; -, -n [frz. patte, eigtl. = Pfote, wohl nach der länglichen Form; H. u.]: *(bei Kleidung) abgefüttertes Stoffteil als Klappe an Taschen:* Safarijacke, 100 % Cotton. 4 aufgesetzte Taschen mit -n und Knopf (Hörzu 14, 1976, 51).

Pat|tern ['pɛtɐn], das; -s, -s [engl. pattern < mengl. patron < (a)frz. patron, ↑Patrone]: **1.** (bes. Psych., Soziol.) *[Verhaltens]muster; [Denk]modell; Schema.* **2.** (Sprachw.) *charakteristisches Sprachmuster, nach dem sprachliche Einheiten nachgeahmt u. weitergebildet werden.*

Pat|tern|pra|xis, die; [LÜ von engl. pattern practice] (Sprachw.): *Verfahren in der modernen Fremdsprachendidaktik, bei dem bei Lernenden durch systematisches Einprägen bestimmter wichtiger fremdsprachlicher Satzstrukturmuster die mechanischen Tätigkeiten beim Sprachgebrauch zu Sprachgewohnheiten verfestigt werden sollen.*

pat|tie|ren ⟨sw. V.; hat⟩ [frz. patter, zu: patte = Pfote] (Fachspr.): *rastern, mit Notenlinien versehen.*

Pat|ti|nan|do, das; -s, -s u. ...di [ital. pattinando, zu: pattinare = Schlittschuh laufen] (Fechten): *mit einem Schritt vorwärts verbundener Ausfall (4 a).*

Patt|si|tu|a|ti|on, die; -, -en: *Patt* (2): Die nukleare P. zwischen beiden Weltmächten besteht fort (Spiegel 34, 1976, 74); Falls es zur P. kommt, will er sich »von Fall zu Fall« Mehrheiten suchen (Hamburger Morgenpost 20. 3. 84, 2).

pat|zen ⟨sw. V.; hat⟩ [wohl zu ↑ Patzen (1), also eigtl. = klecksen, unsauber arbeiten]: **1.** (ugs.) *(bei der Ausführung einer Tätigkeit, Durchführung einer Aufgabe) kleinere Fehler machen:* die Meisterin patzte bei der Kür; Als der Tenor Minuten später abermals patzte, sang Stein ihm den Part laut und korrekt vor (Spiegel 45, 1976, 216); Aber selbst wenn Zibljew bei dem Manöver gepatzt haben sollte, trifft ihn keine Schuld (Spiegel 34, 1997, 140). **2.** (österr.) *klecksen:* beim Schreiben p.; Vera übernimmt die Fensterrahmen, weil sie nicht so oft auf die Glasscheiben patzt (Zenker, Froschfest 214).

Pat|zen, der; -s, - (bayr., österr.): **1.** *Klecks:* Xaver sah im Spiegel, dass er einen lächerlichen weißen P. mitten auf der Nasenspitze hatte (M. Walser, Seelenarbeit 109). **2.** *Klumpen.*

Pat|zer, der; -s, -: **1.** (ugs.) *[aus Unachtsamkeit gemachter] oft kleinerer Fehler bei der Ausführung einer Tätigkeit:* dem Pianisten sind einige P. unterlaufen; in dem Aufsatz sind zu viele P.; die Generalprobe läuft, kein P., man bleibt in der Zeit (Kraushaar, Lippen 202); **2.** (ugs.)

jmd., der oft patzt; Stümper. **3.** (österr.) *jmd., der viel kleckst.*

Pat|ze|rei, die; -, -en: **1.** (ugs.) *[dauerndes]* Patzen (1). **2.** (österr.) *Kleckserei.*

pat|zig ⟨Adj.⟩ [frühnhd. batzig = aufgeblasen, frech, eigtl. = klumpig, klebrig, feist, dick, zu ↑ Batzen] (ugs. abwertend): **1.** *in ungezogener Weise unwillig auffahrend, mit einer groben Antwort reagierend; unverschämt:* eine -e Bemerkung; Sie sind frech, geben -e Antworten, reden mit der Zigarette im Mund (Hörzu 37, 1981, 149); p. sein, antworten; »Mir egal.« – »Nun werd nicht p., Moni, bitte!« (Loest, Pistole 222). **2.** (österr.) *klebrig, verschmiert.*

Pat|zig|keit, die; -, -en: **a)** ⟨o. Pl.⟩ *patzige* (1) *Art, patziges Benehmen;* **b)** *einzelne patzige* (1) *Handlung.*

pätz|weich ⟨Adj.⟩ (österr.): *sehr weich:* -e Pflaumen; Ü er hat ein -es Herz.

Pau|kal, der; -s, -e [zu lat. paucus = wenig] (Sprachw.): *Numerus* (1), *der eine geringe Anzahl ausdrückt.*

Pau|kant, der; -en, -en [zu ↑ pauken (3); ↑ -ant] (Verbindungswesen): *Teilnehmer einer Mensur* (2): das unsägliche Mensurschlagen, bei dem sich die -en Schmisse beibringen, wird immer noch praktiziert.

Pauk|arzt, der (Verbindungswesen): *bei der Mensur* (2) *anwesender Arzt.*

Pauk|bo|den, der (Verbindungswesen): *Fechtboden einer schlagenden Verbindung.*

Pauk|bril|le, die (Verbindungswesen): *bei der Mensur* (2) *zu tragende Schutzbrille.*

Pau|ke, die; -, -n [mhd. pūke, H. u., viell. lautm.]: **1.** *Schlaginstrument mit kesselähnlichem Resonanzkörper u. einer meist aus gegerbtem Kalbfell bestehenden Membran, auf dem die Töne mit zwei hölzernen Schlägeln* (3) *hervorgebracht werden; Kesselpauke:* die P. schlagen; *** auf die P. hauen** (ugs.; **1.** *ausgelassen feiern:* Reizt ihn der fröhliche Jux nicht mehr, der Wunsch, mal richtig auf die P. zu hauen? [BM 27./28. 5. 76, 3]. **2.** *angeberisch auftreten.* **3.** *seiner Kritik o. Ä. lautstark Ausdruck geben*); **mit -n und Trompeten durchfallen** (ugs.; *bei einem Examen o. Ä. ganz u. gar versagen, durchfallen*): Als ‚hauptamtliche' Philologiestudentin ... war sie bei ihrem ersten Sprechertest mit -en und Trompeten durchgefallen (Hörzu 6, 1980, 75); **jmdn. mit -n und Trompeten empfangen** (ugs.; *jmdn. mit großen [u. übertriebenen] Ehren empfangen*). **2.** (selten) *Standpauke.*

pau|ken ⟨sw. V.; hat⟩ [1: wohl urspr. in der Bed. von »unterrichten« zu ↑ Pauker (2 a); 2: mhd. pūken; 3: nach der älteren Bed. »schlagen«]: **1.** (ugs.) **a)** *(bes. vor einer Prüfung o. Ä.) sich einen bestimmten Wissensstoff durch intensives, häufig mechanisches Lernen od. Auswendiglernen anzueignen suchen:* Vokabeln, den Prüfungsstoff, Französisch p.; **b)** *intensiv lernen:* für das Examen, vor der Prüfung [die ganze Nacht] p.; Tante Dörte war schließlich Lehrerin, die wird mit ihr p. (Danella, Hotel 134). **2.** *die Pauke schlagen:* sie paukt im Rundfunkorchester; Ü

er paukt jeden Abend auf dem Klavier (abwertend; *spielt darauf laut, lärmend u. ohne Gefühl*). **3.** (Verbindungswesen) *mit stumpfen Waffen fechten:* auch heute noch wird gepaukt. **4.** (ugs.) *herauspauken:* Anwälte ..., die Mass aus seinem ... Vertrag ... p. wollen (MM 5. 8. 74, 4).

Pau|ken|fell, das: **1.** vgl. Trommelfell (1). **2.** (Med.) *Trommelfell* (2).

Pau|ken|höh|le, die [nach der Form] (Anat.): *von den Wänden des Felsenbeins umschlossene Höhle des Mittelohrs, in der die Gehörknöchelchen liegen u. die durch die Ohrtrompete zur Rachenhöhle hin offen ist; Tympanum.*

Pau|ken|schlag, der: *(einzelner) Schlag auf die Pauke* (1): mit einem Wirbel von Paukenschlägen endete das Stück; Ü 1974 erschütterte ein P. den deutschen Automarkt (ADAC-Motorwelt 10, 1986, 13); Drei Jahre später ging diese Liebe mit einem P. zu Ende (Hörzu 49, 1976, 20).

Pau|ken|schlä|gel, der ⟨meist Pl.⟩: *Schlägel* (3) *zum Pauken* (2).

Pau|ken|schlä|ger, der (selten): *Paukist.*

Pau|ken|schlä|ge|rin, die: w. Form zu ↑ Paukenschläger.

Pau|ken|wir|bel, der: vgl. Trommelwirbel.

Pau|ker, der; -s, - [2 a: gek. aus Arschpauker, eigtl. = jmd., der beim Unterrichten Schläge auf das Gesäß austeilt]: **1.** *Paukist.* **2.** (Schülerspr.) **a)** *Lehrer:* warum bläst du ihn dann zum Philologen auf? 'n gewöhnlicher P. war er also (Prodöhl, Tod 167); **b)** *Schüler, der viel paukt* (b).

Pau|ke|rei, die; - (ugs. abwertend): *[dauerndes]* Pauken (1–3).

Pau|ke|rin, die; -, -nen: w. Form zu ↑ Pauker.

Pau|kist, der; -en, -en: *jmd., der [berufsmäßig] die Pauke schlägt.*

Pau|kis|tin, die; -, -nen: w. Form zu ↑ Paukist: reichte Frantz ... die ihm zugedachten Blumen an die P. des Orchesters weiter (MM 14. 10. 93, 52).

Pauk|tag, der (Verbindungswesen): *Tag, an dem Mensuren* (2) *geschlagen werden.*

pau|li|nisch ⟨Adj.⟩ [nach dem Apostel Paulus] (christl. Theol.): *der Lehre des Apostels Paulus entsprechend, auf ihr beruhend, von Paulus stammend:* die -e Lehre, Theologie; die -en Briefe.

Pau|li|nis|mus, der; - (christl. Theol.): *die Lehre des Apostels Paulus.*

Pau|lus|brief, der ⟨meist Pl.⟩: *vom Apostel Paulus verfasster od. ihm zugeschriebener Brief im Neuen Testament.*

Pau|me|spiel [ˈpoːm...], das; -[e]s, -e [zu frz. paume = Handfläche < lat. palma; das Spiel wurde urspr. ohne Schläger gespielt]: *dem Tennis verwandtes altes französisches Ballspiel.*

pau|pe|rie|ren ⟨sw. V.; hat⟩ [lat. pauperare = arm machen, zu: pauper = arm] (Biol.): *(z. B. von pflanzlichen Bastarden 2) sich kümmerlich entwickeln.*

pau|pe|ri|sie|ren ⟨sw. V.; hat⟩ [engl. pauperize, zu: pauper = Arme(r) < lat. pauper, Substantivierung von: pauper, ↑ pauperieren]: *jmds. Verarmung bewirken od. in Kauf nehmen:* Insbesondere

das Anwachsen eines städtischen Proletariats und die Zunahme pauperisierter Massen veränderten das Gesicht der Städte (FR 9. 2. 98, 8); Ü ⟨subst.:⟩ Außerdem gehören schließlich die Chefredakteure der meisten Wochenpublikationen in Deutschland, vorsichtig gesprochen, zu den kulturell Pauperisierten (SZ 25. 9. 97, 15).

Pau|pe|ri|sie|rung, die; -: *das Pauperisieren; das Pauperisiertwerden:* Ihr (= der 4. Weltfrauenkonferenz) großes Thema sind die Menschenrechte für Frauen und die wachsende P. besonders der Frauen als Folge der Globalisierung der Wirtschaft (Zeit 8. 9. 95, 2).

Pau|pe|ris|mus, der; - [zu lat. pauper = arm] (Fachspr.): *(bes. im 19. Jh.) Verarmung, Verelendung, bes. auch im intellektuellen u. seelischen Bereich, breiter Bevölkerungsschichten:* die Lage ... der anschwellenden Industrieproletariate und die Entwicklung des P. im Zeitalter der bürgerlichen Herrschaft (Sloterdijk, Kritik 444).

Pau|pe|ri|tät, die; - (veraltet): *Armut, Dürftigkeit.*

Pau|sa|form, die; -, -en [zu lat. pausa, ↑ Pause] (Phonetik): *Gestalt der Laute eines Wortes vor einer Pause, d. h., wenn es allein od. am Satzende steht (mit absolutem Auslaut, z. B. die Aussprache* [kɪnt] *für Kind).*

Paus|back, der; -s, -e [zu frühnhd. p(f)ausen, spätmhd. pfusen = pustend (mit aufgeblähten Wangen) atmen u. ↑ Backe] (fam.): *pausbäckiger Mensch, bes. Kind mit Pausbacken.*

Paus|ba|cke, die; -, -n ⟨meist Pl.⟩ (fam.): *runde, rote Backe (bes. bei einem Kind):* Daniel ist fünfzehn, hat -n wie ein Barockengel (Spiegel 51, 1976, 70).

paus|ba|ckig (seltener), **paus|bä|ckig** ⟨Adj.⟩: *mit Pausbacken:* ein -es Kind, Gesicht; Typ junger Metzgermeister: das Gesicht bubenhaft und pausbäckig, mit einem leicht qualtingerhaften Einschlag (SZ 21. 10. 95, 18).

pau|schal ⟨Adj.⟩ [zu ↑ Pauschale]: **1.** *im Ganzen, ohne Spezifizierung o. Ä.:* eine -e Summe, Bezahlung; etw. p. vergüten, versichern; die Werkstatt berechnet pro Inspektion p. 140 DM; die Gebühren werden p. festgesetzt; ohne Prüfung des Einzelfalls seien die Banken nicht bereit, p. neues Geld zur Verfügung zu stellen (Basler Zeitung 9. 10. 85, 13). **2.** (bildungsspr.) *allgemein [beurteilt], ohne näher zu differenzieren:* ein allzu -es Urteil; Ich halte ... nichts von -en Lebensweisheiten wie der, dass Geld den Charakter verdirbt (Wilhelm, Unter 72); Eine -e Schuldzuweisung ist nicht möglich (Freie Presse 30. 12. 89, 3).

Pau|schal|ab|fin|dung, die: *pauschale* (1) *Abfindung* (1): dass er eine P. für die entlassenen jüdischen Mitarbeiter durchgesetzt habe (Bieler, Mädchenkrieg 345).

Pau|schal|ab|schrei|bung, die (Wirtsch.): *für gleichartige od. im gleichen Zeitraum angeschaffte Gegenstände des Anlagevermögens zusammengefasst erfolgende Abschreibung.*

Pau|schal|be|trag, der: *Pauschale.*

Pau|schal|be|wer|tung, die: *Ermittlung des Wertes von mehreren, nach Preis bzw. Art verschiedenen Gegenständen eines betrieblichen Vermögens unter Zugrundelegung von Durchschnittspreisen.*

Pau|scha|le, die; -, -n, veraltet: das; -s, ...lien [aus der österr. Amtsspr., latinis. Bildung zu ↑Pausche, Nebenf. von ↑Bausch; vgl. veraltet »im Bausch« = im Ganzen genommen]: *Geldbetrag, durch den eine Leistung, die sich aus verschiedenen einzelnen Posten zusammensetzt, ohne Spezifizierung abgegolten wird:* für die Nebenkosten ist eine monatliche P. von 240 Mark zu zahlen; Ü die P. *(das Pauschalurteil)* »Die Frauen argumentieren mehr emotional, die Männer mehr sachbezogen« (Pilgrim, Mann 53).

Pau|schal|ge|bühr, die: vgl. Pauschale.

pau|scha|lie|ren ⟨sw. V.; hat⟩: *Teilsummen od. -leistungen zu einer Pauschale zusammenfassen:* die Nebenkosten p.; pauschalierte Leistungen, Vergütungen.

Pau|scha|lie|rung, die; -, -en: *das Pauschalieren.*

pau|scha|li|sie|ren ⟨sw. V.; hat⟩ (bildungsspr.): *etw. pauschal (2) behandeln, sehr stark verallgemeinern:* in seinem Urteil hat er zu stark pauschalisiert.

Pau|scha|li|sie|rung, die; -, -en: *das Pauschalisieren:* sich vor -en hüten.

Pau|scha|li|tät, die; - (bildungsspr.): *Pauschalsein; Undifferenziertheit.*

Pau|schal|preis, der (Wirtsch.): *ohne Rücksicht auf Einzelheiten nach überschlägiger Schätzung vereinbarter Preis (1).*

Pau|schal|rei|se, die: *vom Reisebüro vermittelte Reise, bei der die Kosten für Fahrt, Unterkunft, Verpflegung u. a. pauschal berechnet werden.*

Pau|schal|rei|sen|de, der u. die: *jmd., der eine Pauschalreise unternimmt.*

Pau|schal|sum|me, die: *Pauschale.*

Pau|schal|ta|rif, der: vgl. Pauschalpreis: *günstige* -e für Städtereisen (Welt 19. 4. 79, 1); Insbesondere solle noch 1999 in Deutschland ein ... P. für die Online-Dienste kommen (SZ 18. 3. 99, 2).

Pau|schal|tou|ris|mus, der: vgl. Pauschalreise.

Pau|schal|ur|teil, das (abwertend): *pauschales (2), verallgemeinerndes Urteil [durch das jmd., etw. abqualifiziert wird].*

Pau|schal|ver|gü|tung, die: vgl. Pauschalabfindung.

Pau|schal|ver|si|che|rung, die: *pauschale (1) Versicherung (2).*

Pausch|be|steu|e|rung, die (Steuerw.): *(in besonderen Ausnahmefällen zulässige) Form der Besteuerung, bei der ein vom Steuerpflichtigen zu zahlender Pauschbetrag festgesetzt wird.*

Pausch|be|trag, der: *Pauschalbetrag.*

Pau|sche, die; -, -n [1: vgl. Pauschale]: **1.** *(zu beiden Seiten) unter dem seitlichen Teil des Sattels angebrachte Polsterung.* **2.** (Turnen) *einer der beiden gebogenen Haltegriffe des Seitpferdes.*

Päu|schel: ↑Bäuschel.

Pau|schen|pferd, das; -[e]s, -e [zu ↑Pausche (2)] (Turnen, bes. schweiz.): *Seitpferd.*

Pausch|quan|tum, das: *geschätztes, nicht genau gemessenes, abgerundetes Quantum.*

Pausch|sum|me, die: *Pauschalsumme.*

¹Pau|se, die; -, -n [mhd. pûse, über das Roman. < lat. pausa, wahrsch. zu griech. paúein (Aorist: paûsai) = aufhören]: **1. a)** *kürzere Unterbrechung einer Tätigkeit, die der Erholung, Regenerierung o. Ä. dienen soll:* eine kurze P.; die große, kleine P. zwischen den Unterrichtsstunden; eine P. von 10 Minuten; wegen seiner Krankheit gab es eine unfreiwillige Pause für das ganze Team; wir brauchen eine P. der Besinnung, Erholung; [eine] P. machen; eine P. einlegen, einschieben, einschalten; wir haben gerade P.; sie gönnt sich keine P. *(Ruhepause);* Nach einer schöpferischen P. soll die Talk-Show ... wiederkommen (MM 29./30. 7. 78, 51); sie arbeiteten ohne P. *(Arbeitspause)* bis zum Abend; die Stunde ist vorbei, es klingelt zur P.; **b)** *[unbeabsichtigte] kurze Unterbrechung, vorübergehendes Aufhören von etw.:* Da eine verlegene P. entstand, wuchs der Druck von Raum und Mensch, der auf ihm lastete (Strauß, Niemand 82); der Redner machte eine [bedeutungsvolle] P. **2.** (Musik) **a)** *Taktteil innerhalb eines Musikwerks, der nicht durch Töne ausgefüllt ist:* die P. einhalten; eine P. von 3 Takten; **b)** *Pausenzeichen (1):* eine ganze, halbe P. **3.** (Verslehre) *vom metrischen Schema geforderte Takteinheit, die nicht durch Sprache ausgefüllt ist.*

²Pau|se, die; -, -n [zu ↑pausen]: *mithilfe von Pauspapier od. auf fotochemischem Wege hergestellte Kopie (eines Schriftstücks o. Ä.).*

pau|sen ⟨sw. V.; hat⟩ [älter: bausen, viell. (unter Einfluss von frz. ébaucher = grob skizzieren) < frz. poncer = pausen, eigtl. = mit Bimsstein abreiben, über das Vlat. zu lat. pumex, ↑³Bims]: *eine ²Pause anfertigen; durchpausen.*

Pau|sen|brot, das: *belegtes Brot o. Ä., das man in der ¹Pause (1 a) verzehrt:* Täglich landen 30 Tonnen -e im Müll und nicht im Magen (Hörzu 34, 1981, 95); Was bei Schultüte, Ranzen und P. zu beachten ist (MM 11. 8. 88, 27); Wenn 800 Schüler ein Jahr lang ihr P. nicht in Alufolie einwickeln, sondern in die gute alte Butterbrotdose packen, spart das 12 000 Kilogramm CO_2 (Zeit 17. 9. 98, 78).

Pau|sen|clown, der (abwertend): *sich (im Rahmen einer Veranstaltung, eines Programms o. Ä.) um Aufmerksamkeit bemühender Mensch, der nur als Belustigung wahrgenommen und nicht weiter ernst genommen wird.*

Pau|sen|fül|ler, der (Jargon): *Darbietung, [Kurz]film o. Ä., womit eine ¹Pause (1 a) in einem Programm (1 b) überbrückt, ausgefüllt wird.*

Pau|sen|gym|nas|tik, die: *Gymnastik als Ausgleich für einseitige Tätigkeit in bes. dafür vorgesehenen Arbeitspausen.*

Pau|sen|hal|le, die: *(bei Schulbauten) [offene] Halle, in der sich (bei Regenwetter) die Schüler während der Pause aufhalten können.*

Pau|sen|hof, der: *Schulhof.*

pau|sen|los ⟨Adj.⟩: **a)** *über eine gewisse Zeit ohne Unterbrechung bestehend, andauernd; ohne zeitweiliges Aussetzen:* -es Motorengedröhn; Wie gut vorbereitet trete ich nach einem -en Unterrichtstag vor die Schüler Böckmann (Brot und Salz 390); Seit Ende April ist die Truppe p. unterwegs (Freizeitmagazin 26, 1978, 19); **b)** (ugs.) *(in lästiger, ärgerlicher o. ä. Weise) immer wieder, dauernd, fortwährend:* seine -e Fragerei machte sie nervös; Ich habe euch p. belogen (Danella, Hotel 148); p. übergaben sich irgendwelche Kinder (Kempowski, Immer 66).

Pau|sen|pfiff, der (Sport): *Pfiff, mit dem der Schiedsrichter einen Spielabschnitt beendet u. den Beginn der Pause anzeigt.*

Pau|sen|raum, der: *Aufenthaltsraum, bes. in Betrieben, für Pausen:* Manchmal dachte ich während des gemeinsamen Gebets, das alle Tage im P. stattfand, darüber nach (Perrin, Frauen 119).

Pau|sen|stand, der (Sport): *Spielstand nach der ersten Spielzeithälfte.*

Pau|sen|tee, der (Sport Jargon): *das Trinken von Tee in der Spielpause [während der die Spieler taktische Anweisungen erhalten]:* beim P. sprach der Trainer einige deutliche Worte zur Spielweise der Mannschaft.

Pau|sen|zei|chen, das: **1.** (Musik) *(in der Notenschrift) grafisches Zeichen für die ¹Pause (2 a).* **2.** (in Hörfunk u. Fernsehen) *akustisches bzw. optisches Erkennungszeichen bes. für eine Sendeanstalt.*

pau|sie|ren ⟨sw. V.; hat⟩ [spätlat. pausare, zu lat. pausa, ↑¹Pause]: **a)** *eine Tätigkeit [für kurze Zeit] unterbrechen; innehalten:* Er wollte vor (= Ansprache) der neuen Zeit entsprechend beenden, setzte an ... pausierte einen Moment, blickte ratlos um sich (Dönhoff, Ostpreußen 73); **b)** *für einige Zeit ausruhen, aussetzen:* er musste wegen seines Rückenleidens [einige Zeit] p.; weil ich damals nicht gleich einen Studienplatz bekam ..., hab' ich zwei Jahre pausiert (Prodöhl, Tod 167).

Paus|pa|pier, das; -s, -e: **1.** *durchsichtiges Papier zum Durchpausen.* **2.** *Kohlepapier.*

Pa|va|ne, die; -, -n [frz. pavane < ital. pavana, eigtl. = (Tanz) aus Padua] (Musik): **1.** *langsamer höfischer Schreittanz.* **2.** *Einleitungssatz der Suite.*

Pa|ve|se, die; -, -n [wohl nach der ital. Stadt Pavia]: *(im MA.) ¹Schild (1), der mit einem eisernen Stachel in die Erde gestoßen wird.*

Pa|vi|an, der; -s, -e [im 15. Jh. bavian < niederl. baviaan < mniederl. baubijn < (a)frz. babouin, wahrsch. verw. mit: babine = Lefze, Lippe, nach der vorspringenden Schnauze des Tieres]: *(in Afrika heimischer) großer, vorwiegend am Boden lebender Affe mit vorspringender Schnauze, meist langer Mähne an Kopf u. Rücken u. einem unbehaarten [roten] Hinterteil.*

Pa|vil|lon ['pavɪljɔŋ, auch: 'pavɪljõ, ...'jõ:], der; -s, -s [frz. pavillon, zu lat. papilio = Schmetterling, auch: Zelt (nach dem Vergleich mit den aufgespannten Flügeln)]: **1.** *frei stehender, offener, meist runder Bau in Parks o. Ä.* **2.** (Archit.)

baulich bes. hervorgehobener Eck- od. Mitteltrakt eines größeren Gebäudes. **3.** (Archit.) *zu einem größeren Komplex gehörender selbstständiger Bau:* Der Portier ... schickte Janda nach ein paar Entschuldigungen auf P. zwei (Zenker, Froschfest 49). **4.** *[aus einem Raum bestehender] Einzelbau auf einem Ausstellungsgelände:* Besuchen Sie bitte unseren Stand im P. der UdSSR (Leipziger Volkszeitung 11. 3. 88, 9); Sogar mit dem wichtigsten Renommierprojekt der Niederlande, dem P. für die Expo in Hannover, hat man sie beauftragt (Zeit 20. 5. 99, 51). **5.** *großes viereckiges Festzelt.*

Pa|vil|lon|bau, der ⟨Pl. -ten⟩ (Archit.): *bauliche Anlage mit Pavillons (3).*

Pa|vil|lon|sys|tem, das (Archit.): *System (5) von mehreren, einem Hauptbau zugeordneten Pavillons (3).*

Pa|vo|naz|zo, der; - [ital. pavonazzo, paonazzo = violett; blau, zu: pavone < lat. pavo = Pfau; nach der Farbe]: *Abart des carrarischen Marmors.*

Pa|vor, der; -s [lat. pavor] (Med.): *[Anfall von] Angst, Schrecken.*

Pa|vor noc|tur|nus, der; -- [lat. nocturnus = nächtlich] (Med.): *nächtliches Aufschrecken aus dem Schlaf.*

Paw|lat|sche, die; -, -n [tschech. pavlač = offener Hausgang] (österr. ugs.): **a)** *offener Gang an der Hofseite eines [Wiener] Hauses;* **b)** *baufälliges Haus;* **c)** *Bretterbühne.*

Paw|lat|schen|the|a|ter, das (österr.): *[Vorstadt]theater auf einer einfachen Bretterbühne:* dies war ... ganz große Klasse, P., wie es eben nur in Wien denkbar ist (Wiener Kurier 28. 6. 78, 7).

¹Pax, die; - [lat. pax = Friede] (kath. Kirche): *Friedensgruß, bes. der Friedenskuss in der ¹Messe (1).*

²Pax, der; -es, -e [Abk. für engl. **p**assenger **x**] (Flugw. Jargon): *kurz für ↑ Passagier.*

Pax Chris|ti, die; -- [lat. pax Christi = der Friede Christi]: *(1944 in Frankreich gegründete) internationale katholische Friedensbewegung.*

Pax Ro|ma|na, die; -- [lat. pax Romana = römischer Friede]: **1.** *(in der römischen Kaiserzeit) befriedeter Bereich römisch-griechischer Kultur.* **2.** *(1921 gegründete) internationale katholische Studentenbewegung.*

Pax|ta|fel, die; -, -n [zu ↑ ¹Pax](kath. Kirche): *mit Darstellungen Christi, Mariens od. Heiliger verziertes Täfelchen, das früher zur Weitergabe des liturgischen Friedenskusses in der Messe diente.*

Pax vo|bis|cum: *Friede (sei) mit euch!* (Gruß in der kath. Messliturgie).

Pay|back, (auch:) **Pay-back** ['peɪbæk], das; -s [engl. payback, eigtl. = Rückzahlung, zu: to pay back = zurückzahlen] (Wirtsch.): *Payout.*

Pay|ing Guest ['peɪɪŋ 'gɛst], der; --, --s [engl. = zahlender Gast]: *jmd., der im Ausland gegen Entgelt bei einer Familie mit vollem Familienanschluss wohnt.*

Pay|out, (auch:) **Pay-out** ['peɪaʊt], das; -s [engl. payout = Auszahlung, aus: to pay out = auszahlen] (Wirtsch.): *Rückgewinnung investierten Kapitals.*

Pay-per-View ['peɪpə'vjuː], das; -s: [zu

engl. (to) pay per view = bezahlen pro (An)sicht]: *Verfahren, mit dem einzeln abrechnbare Fernsehangebote wahrgenommen werden können:* Pay-per-View: Spezielle Filme oder Fernsehübertragungen werden von Fall zu Fall »gemietet« und einzeln abgerechnet (Focus 22, 1998, 206).

Pay|sage in|time [peɪzaʒɛ̃'tim], das; -- [frz. paysage intime, eigtl. = intime Landschaft]: *(bes. im 19. Jh. in Frankreich) Landschaftsmalerei, die die stimmungshafte Darstellung bevorzugte.*

Pay-Sen|der, der: vgl. Pay-TV.

Pay-TV ['peɪtiː'viː], das; - [engl. pay TV, zu: engl. to pay = bezahlen u. ↑TV]: *Fernsehprogramm eines Privatsenders, das gegen Zahlung einer bestimmten Gebühr mithilfe eines zusätzlich benötigten Decoders empfangen werden kann:* Drei Systeme regieren fortan den Bildschirm. Das gebührenabhängige und das werbefinanzierte Fernsehen ..., und jetzt als dritte Schiene noch Bezahl-TV (Pay-TV), über das ganze Programm-Pakete abonniert ... werden (Woche 1. 11. 97, 1); die Direktübertragung des Finales ist nur im P. zu sehen.

Pa|zi|fik [auch: 'paːtsifɪk], der; -s [engl. Pacific (Ocean), eigtl. = friedlich(er Ozean), zu lat. pacificus = friedenschließend, friedlich (zu lat. pax, ↑pazifizieren u. facere = machen]; bezieht sich auf die ohne Sturm u. Unwetter verlaufene Reise des Seefahrers Magellan durch dieses Meer]: *Pazifischer Ozean.*

Pa|zi|fi|ka|ti|on, die; -, -en [lat. pacificatio] (veraltend): *Pazifizierung.*

◆ **Pa|zi|fi|ka|ti|ons|edikt,** das; -[e]s, -e [zu lat. pacificatio = Friedensstiftung, -vermittlung, zu: pax (↑pazifizieren) u. facere = machen]: *Edikt, das einen Frieden (1 b) anordnet:* Im Jahre 1570 gab das P. von St. Germain en Laye den Hugenotten in Frankreich Zutritt zu allen Ämtern (C. F. Meyer, Amulett 8).

pa|zi|fisch ⟨Adj.⟩: *den Pazifischen Ozean betreffend, zu ihm gehörend:* -e Inseln.

Pa|zi|fi|sche O|ze|an, der; -n -s: *zwischen dem amerikanischen Kontinent, Australien u. dem nordöstlichen Asien gelegener Ozean.*

Pa|zi|fis|mus, der; - [frz. pacifisme, zu: pacifique = friedlich, friedliebend, zu: pacifier, ↑pazifizieren] **a)** *weltanschauliche Strömung, die jeden Krieg als Mittel der Auseinandersetzung ablehnt u. den Verzicht auf Rüstung u. militärische Ausbildung fordert:* Die Soldaten hätten in der Kirche ... zunehmenden P. und Kritik am Friedensdienst mit der Waffe vorgehalten (MM 7. 1. 82, 5); Seit Srebrenica hat der P. seine Unschuld verloren (Zeit 20. 5. 99, 70); **b)** *jmds. Haltung, Einstellung, die durch den Pazifismus (a) bestimmt ist:* sein P. erlaubt ihm den Kriegsdienst nicht.

Pa|zi|fist, der; -en, -en [frz. pacifiste]: *Anhänger des Pazifismus (a):* Früher erschien der P. als ein verrückter Idealist in einer realen Welt; jetzt ist er Realist in einer verrückten Welt (Alt, Frieden 101).

Pa|zi|fis|tin, die; -, -nen: w. Form zu ↑ Pa-zifist: Vermeintlich linke Freunde hätten

ihr als Gegnerin der NATO-Angriffe in den vergangenen Wochen das Wort »Pazifistin« wie ein Schimpfwort entgegengeschleudert (taz 10. 5. 99, 21).

pa|zi|fis|tisch ⟨Adj.⟩: *zum Pazifismus gehörend, ihn betreffend; dem Pazifismus anhängend:* -es Denken; -e Literatur.

pa|zi|fi|zie|ren ⟨sw. V.; hat⟩ [nach frz. pacifier = Frieden geben < lat. pacificare, zu: pax (Gen.: pacis) = Friede u. facere = machen] (veraltend): *beruhigen, befrieden (1 a).*

Pa|zi|fi|zie|rung, die; -, -en (veraltend): *das Pazifizieren.*

Pa|zis|zent, der; -en, -en (Rechtsspr. veraltet): *jmd., der einen Vertrag schließt od. einen Vergleich mit einem anderen eingeht.*

Pa|zis|zen|tin, die; -, -nen: w. Form zu ↑Paziszent.

pa|zis|zie|ren ⟨sw. V.; hat⟩ [lat. pacisci = ein Abkommen treffen; einig werden, zu: pax, ↑pazifizieren] (Rechtsspr. veraltet): *einen Vertrag schließen bzw. einen Vergleich mit einem andern eingehen.*

Pb = Plumbum.

P. b. b. (österr.) = Postgebühr bar bezahlt.

pc = Parsec.

¹PC [peː'tseː], der; -[s], -[s]: *Personalcomputer.*

²PC [peː'tseː], die; -: *Political Correctness:* Worte wie Neger und Zigeuner sind nicht PC (ugs; *politisch nicht korrekt*).

p. c. = pro centum.

PCB [peːtseː'beː], das; -s: polychloriertes Biphenyl.

p. Chr. [n.] = post Christum [natum].

Pd = Palladium (2).

PdA [peːdeː'aː], die; -: Partei der Arbeit (kommunistische Partei in der Schweiz).

PDS [peːdeː'ɛs], die; -: Partei des Demokratischen Sozialismus.

Peak [piːk], der; -[s], -s [engl. peak = Gipfel; Höhepunkt]: **1.** (bes. Chemie) *relativ spitzes Maximum* (2 a) *im Verlauf einer Kurve* (1 a). **2.** (Fachspr.) *Signal* (1 a).

Pea|nuts ['piːnats] ⟨Pl.⟩ [engl. peanuts (Pl.), eigtl. = Erdnüsse, aus: pea = Erbse u. nut = Nuss] (Jargon): *Kleinigkeit* (a); *Dinge, die nicht der Rede wert sind:* 440 000 DM. Aber das sind wohl nur »Peanuts« im Vergleich zu den knapp 150 000 000 DM (!) für den vierspurigen Fahrlachtunnel (MM 16. 8. 93, 22); Dagegen sind Bestechungsgelder nur P. (Spiegel 23, 1994, 91); Und wegen solcher »Peanuts« stellt er jetzt den Fortbestand der ARD in Frage (Zeit 3. 2. 95, 1).

Peau d'An|ge [po'dãːʒ], die; -- [frz. peau d'ange = Engelshaut]: *weicher Crêpe Satin.*

Pe|can|nuss usw.: ↑ Pekannuss usw.

Pe-Ce-Fa|ser, die; -, -n [Kurzwort aus Polyvinylchlorid u. **Fa**ser]: *sehr beständige Kunstfaser.*

Pech, das; -s, seltener: -es, (Arten:) -e [mhd. bech, pech, ahd. beh, peh < lat. pix (Gen.: picis); 2: aus der Studentenspr., zu ↑Pechvogel, wohl auch unter Einfluss des älteren »höllisches Pech« = Hölle; 3: nach der zähflüssigen Beschaffenheit]: **1.** *zähflüssig-klebrige, braune* *bis schwarze Masse, die als Rückstand bei der Destillation von Erdöl u. Teer anfällt:* das Publikum solle durch den Dampf und das brennend abfliegende P. der Fackeln nicht belästigt werden (Fest, Im Gegenlicht 109); *etw. mit P. abdichten, bestreichen; ihre Haare sind schwarz wie* P.; Spr *wer P. angreift, besudelt sich* (nach Sir. 13, 1); *** zusammenhalten wie P. und Schwefel** (ugs.; *fest, unerschütterlich zusammenhalten*): Während des Krieges hat sich in Neapel eine Hausgemeinschaft gebildet, die wie P. und Schwefel zusammenhält (Hörzu 50, 1981, 71); **P. an den Hosen/**(ugs.:) **am Hintern/**(derb:) **am Arsch haben** (ugs.; *[als Gast] den richtigen Zeitpunkt zum Aufbrechen versäumen, zu lange bleiben*). **2.** ⟨o. Pl.⟩ *unglückliche Fügung; Missgeschick, das jmds. Vorhaben, Pläne durchkreuzt:* großes, unerhörtes P.; das war wirklich P.!; P. gehabt! (ugs.; *Feststellung eines Dritten, der jmds. Missgeschick mit Hohn od. Anteilnahme quittiert*); dein P. (ugs.; *da bist du selbst schuld*); P. für dich (ugs.; *nichts zu machen*); er hat viel P. gehabt in den letzten Jahren *(vieles ist nicht so gegangen, wie er es gewünscht hätte);* er hatte das P., nie einen richtigen Lehrmeister zu finden; sie hat P. gehabt beim Examen, im Spiel *(hat das Examen nicht bestanden, hat verloren);* mit jmdm.., etw. P. haben *(nicht den Richtigen, das Richtige getroffen haben);* Es ist schon ein hartes Leben, wenn man eine Zeit lang nur vom P. verfolgt ist (Wimschneider, Herbstmilch 111). **3.** (südd., österr.) *Harz:* aus den Stämmen tritt P. aus; ... die nach dem P. zersplitterter Bäume ... roch (Ransmayr, Welt 222).

Pech|blen|de, die: *schwarzes Mineral, aus dem Uran u. Radium gewonnen werden:* Es war die P. von Jáchymov, aus der Marie Curie-Sklodowska 1898 zum ersten Mal Radium gewann (Berger, Augenblick 95).

Pech|draht, der: *(bei der Schuhherstellung) zum Nähen verwendetes, mit Pech getränktes Hanfgarn.*

Pech|fa|ckel, die: *mit Pech getränkte Fackel.*

pech|fins|ter ⟨Adj.⟩: *sehr finster, sehr dunkel:* eine -e Nacht.

pe|chig ⟨Adj.⟩ (selten): *schwarz wie Pech:* Dunkelheit, p. und undurchdringlich (Nachbar, Mond 280).

Pech|koh|le, die: *der Steinkohle ähnliche, harte, glänzende Braunkohle.*

Pech|männ|lein, das (Volksk.): *Gestalt, die den Kindern beim Einschlafen die zufallenden Augen mit Pech schließt.*

Pech|na|se, die: *kleiner, nach unten offener Vorbau am Tor u. an der Ringmauer mittelalterlicher Burgen, aus dem siedendes Pech über Angreifer gegossen wird:* der Wehrgang ... mit Schießscharten, Kugelschlitzen, -n (Harig, Ordnung 365).

Pech|nel|ke, die: *wild wachsende Nelke mit roten Blüten in lockeren Rispen u. klebrigen Stängeln.*

pech|ra|ben|schwarz ⟨Adj.⟩ (ugs. emotional): *kohlrabenschwarz.*

pech|schwarz ⟨Adj.⟩ (ugs. emotional): *tiefschwarz:* Südfranzösin mit langem, -em Haar (Ziegler, Labyrinth 258).

◆ **Pech|schwit|zer,** der; -s, - [zu ↑schwitzen, anschauende Bildung zu ↑schweißen in der alten Bed. »rösten, sieden«]: (landsch.) *jmd., der Pech (1) herstellt; Pechsieder:* ein fremdes Männlein ... Es hatte ein schmutziges Schurzfell um ...: »Gott grüß' dich, Seppe! Ich bin der P. (Mörike, Hutzelmännlein 116).

◆ **Pech|sie|der,** der: *jmd., der Pech (1) herstellt:* er trieb allerlei Handwerk, ... half auch den Kohlenbrennern und -n in den Wäldern (Keller, Romeo 40).

Pech|stein, der ⟨o. Pl.⟩ (Mineral.): *dunkles, wie Pech (1) glänzendes vulkanisches Glas.*

Pech|sträh|ne, die: *Reihe unglücklicher Zufälle, von denen jmd. kurz nacheinander betroffen wird:* eine P. haben; Als es auch noch zu regnen anfing, kam Simrock sich wie in einer P. vor (Becker, Tage 133).

Pech|vo|gel, der [aus der Studentenspr., eigtl. = Vogel, der an einer Leimrute (älter: Pechrute) kleben bleibt] (ugs.): *jmd., der [oft] Pech (2) hat:* Erster olympischer P. ist der österreichische Mitfavorit ..., der schwer stürzte (BM 5. 2. 76, 10); Überhaupt misslingt ihm alles, er ist ein P., ein Versager (Reich-Ranicki, Th. Mann 227).

Peda: Pl. von ↑Pedum.

Pe|dal, das; -s, -e [zu lat. pedalis = zum Fuß gehörig, zu: pes (Gen.: pedis) = Fuß]: **1.** *mit dem Fuß zu bedienender Teil an der Tretkurbel des Fahrrads:* das linke P. ist abgebrochen; tüchtig, ordentlich, kräftig in die -e treten *(schnell[er] fahren);* sich in die -e legen (ugs.; *mit großer Kraftanstrengung fahren);* ein einzelner Radfahrer ... steigt – geneigten Hauptes – wuchtig in die -e (NZZ 3. 5. 83, 27). **2.** *(bei Kraftfahrzeugen) mit dem Fuß zu bedienender Hebel für Gas (3 a), Kupplung* (3 a) *u. Bremse:* das P. loslassen; den Fuß aufs P. setzen, vom P. nehmen. **3.** *(bei verschiedenen Maschinen o. Ä.) mit dem Fuß zu bedienende Vorrichtung, durch die etw. in Gang gesetzt wird o. Ä.:* ihre Füße traten das P. der Nähmaschine (Pilgrim, Mensch 190); ein Abfallkübel mit P. (Zenker, Froschfest 221). **4.** *(bei verschiedenen Musikinstrumenten wie Klavier, Harfe u. a.) Fußhebel, durch den der Klang der Töne beeinflusst werden kann:* mit P. spielen. **5. a)** *(bei der Orgel) neben dem Manual vorhandene Tastatur, die mit den Füßen gespielt wird;* **b)** *einzelne Taste des Pedals (5 a).* **6.** (ugs. scherzh.) *Fuß:* Da stehen sie auf sechs -en (= Herr u. Hund) (Grass, Hundejahre 442).

Pe|da|le, die; -, -n (landsch.): *Pedal (1):* sodass ich erst allmählich merkte, dass mich aufzehrend wer überholte und los ... meinerseits auch schon etwas stärker in die -n trat (Zeit 18. 7. 97, 38).

pe|da|len ⟨sw. V.; hat/ist⟩ (bes. schweiz.): *Rad fahren:* Einige pedalen mit Fahrrädern von Ort zu Ort (NZZ 5. 9. 88, 31).

Pe|da|le|rie, die; -, -n (Kfz-T. Jargon): *Gesamtheit der Pedale (in einem Kraftfahrzeug):* in einen Fahrschulwagen eine

zweite P. einbauen; Gangschaltung ... und P. bereiten keinerlei Mühe (ADAC-Motorwelt 11, 1985, 26).

Pe|da|leur [peda'løːɐ̯], der; -s, -s u. -e [frz. pedaleur, zu: pédaler = Rad fahren] (meist scherzh.): *Radfahrer, Radsportler.*

Pe|da|leu|rin [...'løːrɪn], die; -, -nen: w. Form zu ↑Pedaleur.

Pe|dal|flü|gel, der: vgl. Pedalklavier.

Pe|dal|har|fe, die: *Harfe mit Pedalen (4).*

Pe|dal|kla|via|tur, die: *mit den Füßen gespielte Tastatur.*

Pe|dal|kla|vier, das: *Klavier mit einer zusätzlichen Pedalklaviatur.*

Pe|dal|pau|ke, die: vgl. Pedalharfe.

Pe|dal|rit|ter, der (scherzh.): *Rad[renn]fahrer:* Etwa 20 P. machten eine Bauchlandung (Welt 24. 7. 78, 20); Demonstration der P. für Beibehaltung der Fernstraße (MM 13. 8. 79, 10).

Pe|dal|rit|te|rin, die; -, -nen: w. Form zu ↑Pedalritter.

Pe|dal|weg, der ⟨Pl. selten⟩ (Kfz-T.): *Weg, den ein Pedal (2) bei der Betätigung bis zum Anschlag (9) zurücklegt.*

pe|dant ⟨Adj.⟩ (österr. ugs.): *pedantisch.*

Pe|dant, der; -en, -en [frz. pédant < ital. pedante, eigtl. = Lehrer, wohl zu griech. paideúein = erziehen, unterrichten] (abwertend): *pedantischer Mensch:* er ist ein schrecklicher P.

◆ **Pe|dan|te|rei:** ↑Pedanterie: sich ... vor P. und Bocksbeutelei zu hüten (Goethe, Wanderjahre 3, 12).

Pe|dan|te|rie, die; -, -n ⟨Pl. selten⟩ [frz. pédanterie < ital. pedanteria]: **a)** ⟨o. Pl.⟩ *pedantisches Wesen, Verhalten:* mit äußerster P. vorgehen; **b)** (abwertend) *einzelne von Pedanterie (a) zeugende Handlung:* Ich ertappe mich, wie ich ... in nichtige -n flüchte (Stern, Mann 80).

Pe|dan|tin, die; -, -nen: w. Form zu ↑Pedant.

pe|dan|tisch ⟨Adj.⟩ [nach frz. pédantesque < ital. pedantesco] (abwertend): *in übertriebener Weise genau; alle Dinge mit peinlicher, kleinlich wirkender Exaktheit ausführend o. Ä.:* ein -er Mensch; eine -e Ordnung; p. [genau] sein; So verzeichnet er p. jede Erkältung, jedes Unwohlsein, jede Blasenreizung (Reich-Ranicki, Th. Mann 39).

Pe|dan|tis|mus, der; - (veraltend): *Pedanterie (a).*

Ped|dig|rohr, das; -[e]s [aus dem Niederd. < mniederd. pe(d)dik = ³Mark (1 a)]: *Rohr (1 a) aus den Stängeln bestimmter Rotangpalmen, das bes. zur Herstellung von Korbwaren verwendet wird:* ein Sessel, Stuhlsitze aus P.

Pe|dell, der; -s, -e, österr. meist: -en, -en [spätmhd. pedell, bedell < mlat. pedellus, bedellus = (Gerichts)diener < ahd. bitil, butil, ↑Büttel] (veraltend): *Hausmeister einer Schule od. Hochschule:* Wissen Sie, erklärte er, wir haben nämlich zwei -en hier im Haus (Jonke, Schule 174).

Pe|dest, das od. der; -[e]s, -e (veraltet): *Podest.*

pe|des|trisch ⟨Adj.⟩ [zu lat. pedester = zu Fuß] (veraltet): *niedrig, gewöhnlich; prosaisch.*

Pe|di|ca|tio, die; - [zu lat. pedicare = sexuell mit Knaben verkehren, verw. mit: podex, ↑Podex] (Sexualk.): *Analverkehr.*

Pe|di|gree [ˈpɛdigri], der; -s, -s [engl. pedigree = Stammbaum < mengl. pedegru < mfrz. pié de gru = Kranichfuß; die genealogischen Linien ähneln einem stilisierten Vogelfuß]: *(bei Tieren u. Pflanzen) Stammbaum.*

Pe|di|gree|züch|tung, die: *Stammbaumzüchtung.*

Pe|di|ku|lo|se, die; -, -n [zu lat. pediculus = kleine Laus] (Med.): *Läusebefall beim Menschen u. die dadurch hervorgerufenen krankhaften Erscheinungen.*

Pe|di|kü|re, die; -, -n [frz. pédicure, zu lat. pes (Gen.: pedis) = Fuß u. cura = Pflege]: **1.** ⟨o. Pl.⟩ *Pflege der Füße, bes. der Fußnägel; Fußpflege:* P. machen; zur P. gehen. **2.** *Fußpflegerin.*

pe|di|kü|ren ⟨sw. V.; hat⟩: *die Füße, bes. die Fußnägel pflegen:* sich, seine Füße p. lassen.

Pe|di|ment, das; -s, -e [wohl zu lat. pes (Gen.: pedis) = Fuß, geb. nach ↑Fundament] (Geogr.): *[mit Sand bedeckte] Fläche am Fuß von Gebirgen.*

Pe|di|zel|la|rie, die; -, -n [nlat. Bildung zu lat. pediculus, Vkl. von: pes, ↑Pediküre] (Zool.): *zangenartiges Greiforgan der Stachelhäuter.*

Pe|do|graph, der; -en, -en [↑-graph] (Fachspr.): *Wegmesser.*

Pe|do|lo|gie, die; - [zu griech. pédon = (Erd)boden u. ↑-logie]: *Bodenkunde.*

pe|do|lo|gisch ⟨Adj.⟩: *die Pedologie betreffend.*

Pe|do|me|ter, das; -s, - [zu lat. pes (Gen.: pedis) = Fuß u. ↑-meter (1)] (Fachspr.): *Schrittmesser, Schrittzähler.*

Pe|do|sphä|re, die; - [zu griech. pédon = (Erd)boden u. ↑Sphäre] (Fachspr.): *von Lebewesen besiedelte oberste Schicht der Lithosphäre.*

Pe|dro Xi|mé|nez [ˈpeðro xiˈmeneθ], der; -- [span. pedrojiménez]: *likörähnlicher spanischer Süßwein.*

Pe|dum, das; -s, Peda [lat. pedum, zu: pes (Gen.: pedis) = Fuß] (kath. Kirche): *Hirtenstab (2).*

Pee|ling [ˈpiːlɪŋ], das; -s, -s [engl. peeling = das (Ab)schälen, zu: to peel = schälen]: *kosmetische Schälung der [Gesichts]haut zur Beseitigung von Hautunreinheiten:* Ein P. zur besseren und intensiveren Reinigung (neuform Kurier 7, 1991, 46); Für alle -s gilt: Anwendung höchstens zweimal die Woche (Hörzu 12, 1986, 128).

Pee|ne, die; -: *Fluss in Mecklenburg-Vorpommern.*

pee|pen [ˈpiːpn̩] ⟨sw. V.; hat⟩ [zu ↑Peepshow] (ugs.): **a)** *in einer Peepshow auftreten:* Wir wollen weiter p. (Spiegel 16, 1983, 91); **b)** *Peepshows besuchen:* »Ich fahre eben ab auf dem Visuellen«, sagt einer, der auch schon in anderen Städten peepte (Spiegel 9, 1979, 87).

Peep|show [ˈpiːp...], die; -, -s [engl. peep show, zu: to peep = verstohlen gucken u. show, ↑Show]: **a)** *auf sexuelle Stimulation zielendes Sich-zur-Schau-Stellen einer nackten, bes. einer weiblichen Person, die gegen Geldeinwurf durch das Guckfenster einer Kabine betrachtet werden kann:*

Diese Art Erotik ist trister und lebloser als eine P. (Dierichs, Männer 286); **b)** *Einrichtung für Peepshows (a):* Mittlerweile gibt es rund 40 -s in der Bundesrepublik (Spiegel 36, 1981, 97); Mit Razzien, Schließung von -s und gezielter Personenfahndung (MM 9. 3. 82, 10).

Peer [piːɐ̯, auch: pɪə], der; -s, -s [engl. peer, eigtl. = Gleichrangiger < afrz. per < lat. par = gleich]: **1.** *Angehöriger des hohen Adels in Großbritannien.* **2.** *Mitglied des britischen Oberhauses.*

Pee|rage [ˈpɪərɪdʒ], die; - [engl. peerage]: **1.** *Würde eines Peers.* **2.** *Gesamtheit der Peers.*

Pee|ress [ˈpiːrɛs, auch: ˈpɪərɪs], die; -, -es [...rɛsɪs, auch: ...rɪsɪz]: *Frau eines Peers.*

Peer|group [ˈpiːɐ̯ˈgruːp], die; -, -s [engl. peer group] (Päd.): *Gruppe von etwa gleichaltrigen Kindern od. Jugendlichen, die als primäre soziale Bezugsgruppe neben das Elternhaus tritt.*

Peers|wür|de [ˈpiːɐ̯s...], die; -: *Peerage (1).*

Pe|ga|sos, der; -: ↑Pegasus (1).

Pe|ga|sus, der; - [lat. Pegasus <griech. Pḗgasos = geflügeltes Pferd der griech. Sage] (bildungsspr.): **1.** *geflügeltes Pferd als Sinnbild der Dichtkunst; Dichterross:* *den P. besteigen/reiten (bildungsspr. scherzh.; sich als Dichter versuchen; dichten).* **2.** *Sternbild am nördlichen Sternenhimmel.*

Pe|ge, die; -, -n [griech. pēgḗ] (Geowissenschaft): *kalte Quelle (Wassertemperatur unter 20°).*

Pe|gel, der; - [aus dem Niederd. < mniederd. pegel = Eichstrich; Pegel (1 a), H. u.]: **1. a)** *Messlatte, Messgerät zur Feststellung des Wasserstandes:* der P. zeigt, misst Hochwasser; **b)** *Pegelstand:* das Wasser sollte nicht unter einen gewissen P. sinken; Ü Sobald Benno einen gewissen P. (ugs.; Alkoholspiegel) erreicht, muss er singen (Bieler, Bär 260); Mit der Geburt der Kinder hatte ihr Glück seinen obersten P. erreicht (Strauß, Niemand 109). **2.** (Technik, Physik) *Logarithmus des Verhältnisses zweier Größen der gleichen Größenart.*

Pe|gel|hö|he, die: *Pegelstand.*

Pe|gel|stand, der: *Wasserstand, den der Pegel (1 a) anzeigt:* das Wasser sollte einen gewissen P. nicht überschreiten; Ü Der P. an Verflechtung und Verfilzung von Privatinteressen und politischen Interessen ist durchaus im Normalwert (profil 17, 1979, 18).

Peg|ma|tit [auch: ...ˈtɪt], der; -s, -e [zu griech. pḗgma = Festgewordenes] (Geol.): *sehr grobkörniges, meist helles Ganggestein.*

Peh|le|wi [ˈpɛçlevi], das; -s [pers. pahlawī]: *mittelpersische Sprache.*

Pei|es ⟨Pl.⟩ [jidd. pejess, zu hebr. peˈôt = Ecken]: *lange Schläfenlocken orthodoxer Juden.*

Pei|gnoir [pɛnˈjo̯aːɐ̯], der; -s, -s [frz. peignoir, zu: peigner = kämmen] (veraltet): *Frisiermantel.*

Peil|an|ten|ne, die (Funkt., Seew.): *bei der Funkpeilung benutzte Antenne (1).*

Peil|deck, das (Seew.): *über dem Steuerhaus gelegener oberster Teil des Schiffs-*

aufbaus, auf dem sich u. a. die Antennen der Radar- u. Sprechfunkanlage befinden.

pei|len ⟨sw. V.; hat⟩ [aus dem Niederd. < mniederd. pegelen = die Wassertiefe messen, zu ↑Pegel]: **1.** (bes. Seew.) *mit Kompass od. mittels funktechnischer Einrichtungen Lage od. Richtung zu etw. bestimmen:* den Standort eines Schiffes, einen festen Punkt am Ufer p.; Eisberge mit Ultraschall p.; ⟨auch o. Akk.-Obj.:⟩ der Kutter peilt. **2.** (Seew.) *die Wassertiefe mit dem Peilstock feststellen.* **3.** (ugs.) *seinen Blick irgendwohin richten:* neugierig durchs Schlüsselloch, um die Ecke p.; weil sie lieber zu Hause bleiben möchte, im Garten sitzen und lesen und ab und zu mal p., ob nebenan der Berliner Junge noch da ist (Kempowski, Zeit 57).

Pei|ler, der; -s, -s [engl. ...]: **1.** *jmd., der die Peilungen vornimmt.* **2.** *Funkgerät, mit dem Peilungen vorgenommen werden.*

Pei|le|rin, die; -, -nen: *w. Form zu* ↑Peiler (1).

Peil|fre|quenz, die: *zur Funkpeilung benutzte Frequenz (2 a).*

Peil|ge|rät, das: *Peiler (2).*

Peil|rah|men, der (Funkw.): *um eine vertikale Achse drehbare Rahmenantenne.*

Peil|stab, der, **Peil|stan|ge,** die, **Peil|stock,** der (Seew.): *Stab, Stange, Stock zur Peilung der Wassertiefe.*

Pei|lung, die; -, -en (Seew.): *das Peilen (1, 2).*

Pein, die; -, -en ⟨Pl. selten⟩ [mhd. pīne, ahd. pīna < mlat. pena < lat. poena = Sühne, Buße; Bußgeld; Strafe; Qual < griech. poinḗ]: **a)** (geh.) *heftiges körperliches, seelisches Unbehagen; etw., was jmdn. quält:* körperliche, seelische P.; Mein Größenwahn musste ihm oft eine P. gewesen sein (Frisch, Montauk 45); etw. verursacht, bringt, macht, bereitet jmdm. P.; sie litt furchtbare P. bei dieser Vorstellung; Sie sollen das schreckliche Gericht Gottes fürchten, damit sie nicht um der Fleischeslust willen ewige Qualen und -en sich zuziehen (Ranke-Heinemann, Eunuchen 226); er machte seiner Familie das Leben zur P.; der Ort der ewigen P. (dichter.; die Hölle mit ihren Qualen); Portugals Sozialisten sind in arger P. Ihnen sind Gegner erwachsen (Basler Zeitung 9. 10. 85,2); das die Lust ... jeden Augenblick im Begriffe ist, zur P. zu werden (Reich-Ranicki, Th. Mann 143); ◆ **b)** *zeitliche od. ewige Sündenstrafe:* Heiland, tu meine verstorbenen Eltern erretten, wenn sie noch in der P. *(im Fegefeuer)* sind (Rosegger, Waldbauernbub 72).

pei|ni|gen ⟨sw. V.; hat⟩ [mhd. pīnegen] (geh.): **a)** (veraltend) *jmdm., einem Tier Schmerzen, Qualen zufügen:* Haben Sie einmal Lust verspürt, jemanden anzufallen, zu p., zu morden? (Kirst, 08/15, 254); diese von ihren beiden Männern gedemütigte und gepeinigte ... Frau (Richter, Flüchten 309); der Aufschrei der gepeinigten Kreatur; **b)** *plagen (1 a); jmdm. heftig (mit etw.) zusetzen:* jmdn. mit seinen Fragen p.; er genoss es ja auch, wenn er ... uns peinigte mit seinen Andeutungen (Heym, Schwarzenberg 251); **c)** *bei* *jmdm. quälende* (3 a), *unangenehme Empfindungen hervorrufen:* der Durst, Hunger peinigte sie; Die erste Zeit nach dem Krieg ... peinigte sie das Heimweh nach dem Schloss, nach der glücklichen Zeit dort (Danella, Hotel 85); **d)** *innerlich stark beunruhigen:* ein Gedanke, das schlechte Gewissen, die Ungewissheit peinigt ihn; von Neugier gepeinigt sein; peinigende *(quälende)* Zweifel.

Pei|ni|ger, der; -s, - [spätmhd. pīneger] (geh.): *jmd., der einen anderen peinigt* (a, b).

Pei|ni|ge|rin, die; -, -nen: w. Form zu ↑ Peiniger.

Pei|ni|gung, die; -, -en (geh.): *das Peinigen, Gepeinigtwerden.*

pein|lich ⟨Adj.⟩ [mhd. pīnlich = schmerzlich; strafwürdig]: **1.** *ein Gefühl der Verlegenheit, des Unbehagens, der Beschämung o. Ä. auslösend:* ein -er Zwischenfall; ein -es Versehen, Vorkommnis, eine -e Lage, Situation; es herrschte -es Schweigen; die -e Panne ist auf den Übereifer des Parteisekretärs zurückzuführen (NZZ 26. 2. 86, 34); Auf den Berliner Senat ... kommen -e Fragen zu über Bauwesen (Saarbr. Zeitung 27. 6. 80, 13); sein Benehmen war, wirkte, berührte p.; es ist mir furchtbar p., dass ich zu spät komme; von etw. p. berührt, überrascht, betroffen sein; Reinisepie schien überrascht, dann p. berührt (Heym, Schwarzenberg 43); ⟨subst.:⟩ das Peinliche an der Sache war ... **2. a)** *mit einer sich bis ins Kleinste erstreckenden Sorgfalt; äußerst genau:* eine -e Beachtung aller Vorsichtsmaßregeln; eine -e *(sehr große, pedantische)* Ordnung; -ste Sauberkeit; er hat alles p. geordnet; etw. p. befolgen; er ... achtete ... p. darauf, nicht womöglich als arrogant oder außenseiterisch zu gelten (Süskind, Parfum 230); ⟨subst.:⟩ alles wurde aufs Peinlichste/(auch:) peinlichste geregelt; ich halte mein Fenster Tag und Nacht aufs -ste verschlossen (Hofmann, Fistelstimme 47); **b)** ⟨intensivierend bei Adj.⟩ *sehr, aufs Äußerste, überaus:* er ist p. genau; man kann Regeln so p. genau befolgen (Kemelman [Übers.], Mittwoch 23); alles ist p. sauber. **3.** (Rechtsspr. veraltet) *Strafen über Leib u. Leben betreffend:* das -e Gericht (früher; *Gericht, das Strafen über Leib u. Leben verhängte)*; ein -es Verhör *(Verhör unter Anwendung der Folter).* ◆ **4.** *voller Pein, schmerzvoll:* nach dem Krankenlager einiger p. zugebrachten Wochen (Kleist, Kohlhaas 98).

pein|li|cher|wei|se ⟨Adv.⟩: *in peinlicher, beschämender, für jmdn. unangenehmer Weise:* Weit unter alles Niveau abgetaucht aber sind, p., Bühnenbild und Regie (Zeit 9. 8. 96, 39).

Pein|lich|keit, die; -, -en: **1.** ⟨o. Pl.⟩ *das Peinlichsein:* die P. dieser Situation. **2.** *peinliche* (1) *Äußerung, Handlung, Situation:* dass Staatschef und Kanzler über die Pannen und -en Carters einer Meinung sind (Saarbr. Zeitung 2. 10. 79, 2).

pein|sam ⟨Adj.⟩ (selten): **1.** *peinlich* (1). **2.** *peinlich* (2 b): ... die Phrase vom klirrenden Frost lässt sich in diesen Januar-

tagen ungestraft beim Wort nehmen. Auf der p. glatten Bahnhofstraße kommen ... Touristen aus aller Herren Ländern schmerzhaft zu Fall (FAZ 17. 1. 95, 29).

Pein|tre-Gra|veur [pɛtrəgra'vœːr], der; -s, -e [frz. peintre-graveur, aus: peintre = Maler u. graveur, ↑ Graveur]: *nach eigener Erfindung stechender od. radierender Künstler.*

Pein|ture [pɛ̃'tyːʀ], die; - [frz. peinture = Farbe, Anstrich; Gemälde; Malerei < vlat. pinctura, zu lat. pingere = malen] (Malerei): *kultivierte, meist zarte Farbgebung, Malweise.*

pein|voll ⟨Adj.⟩ (geh.): *schmerzlich, schmerzvoll:* eine -e Zeit der Ungewissheit; es war p., dir zuzuschauen, wie du dich plagtest (Heym, Nachruf 616).

Pei|re|skia: ↑ Pereskia.

Peit|sche, die; -, -n [spätmhd. (ostmd.) pītsche, pīcze, aus dem Slaw., vgl. poln. bicz, tschech. bič]: *aus einem längeren biegsamen Stock u. einer an dessen einem Ende befestigten Schnur bestehender Gegenstand, der bes. zum Antreiben von [Zug]tieren verwendet wird:* die P. schwingen; dem Pferd die P. geben *(es mit der Peitsche antreiben)*; die P. knallen; die Pferde mit der P. antreiben, schlagen; Ü wie kommt es, dass die Welle fortstürmt unter der P. des Windes (Stern, Mann 49); Das Personal muss die P. im Rücken fühlen *(muss in Zucht gehalten werden;* Brecht, Groschen 130).

peit|schen ⟨sw. V.⟩: **1.** *(bes. im [Zug]tier)* *mit der Peitsche schlagen* ⟨hat⟩: die Pferde p.; der Sklave wurde brutal gepeitscht; Ü Otto starb ..., von widerstrebenden Priestern ... mit Ruten blutig ins Jenseits gepeitscht *(so lange gepeitscht, bis er tot war;* Stern, Mann 174); Ü Ein stürmischer Nordwind peitschte die Bäume (Fels, Sünden 95); Die brechenden Wellen würden den Körper p. (Frisch, Montauk 95); Die Vorstellung all ihrer vergangenen Lüste peitsche seine Sinne (Reich-Ranicki, Th. Mann 119); von Angst gepeitscht. **2.** ⟨ist⟩ **a)** *auf, gegen etw. prasseln, von heftiger Luftbewegung geschleudert werden:* der Regen peitsche [an/gegen die Scheiben, über das Land]; Spritzer peitschten in sein Gesicht (Hausmann, Abel 57); **b)** *wie ein Peitschenknall hörbar werden:* Schüsse peitschten [durch die Nacht]. **3.** (Tischtennis Jargon) *mit äußerster Wucht u. meist mit Effet schlagen* ⟨hat⟩: den Ball p.; eine gepeitschte Vorhand. **4.** (ugs. abwertend) vgl. durchpeitschen: Gleichwohl wurde das Gesetz letzte Woche durchs Parlament gepeitscht (Spiegel 51, 1982, 54).

Peit|schen|hieb, der: *Hieb mit der Peitsche.*

Peit|schen|knall, der: *Knall einer mit Kraft geschwungenen Peitsche.*

Peit|schen|lam|pe, Peit|schen|leuch|te, die: *Straßenlampe, deren Mast im oberen Teil zur Straßenseite hin so gebogen ist, dass das Licht unmittelbar auf die Straße fällt.*

Peit|schen|mast, der: **1.** (Seemannsspr.) *im oberen Teil in Richtung Heck gekrümmter Mast.* **2.** vgl. Peitschenlampe.

Peit|schen|schlag, der: vgl. Peitschenhieb.

Peit|schen|schnur, die: *Schnur einer Peitsche.*

Peit|schen|stiel, der: *biegsamer Stock einer Peitsche.*

Peit|schen|wurm, der: *im Darm des Menschen schmarotzender Fadenwurm.*

Pe|jo|ra|ti|on, die; -, -en (Sprachw.): *(bei einem Wort) das Abgleiten in eine abwertende, negative Bedeutung.*

pe|jo|ra|tiv ⟨Adj.⟩ [zu lat. peioratum, 2. Part. von: peiorare = verschlechtern, zu: peior, Komp. von: malus = schlecht] (bes. Sprachw.): *abwertend, eine negative Bedeutung besitzend:* ein Stiefkind jener Kreise ..., denen das, was sie mit -em Unterton Unterhaltungskino nennen, suspekt ist (NZZ 30. 1. 83, 7).

Pe|jo|ra|ti|vum, das; -s, ...va (Sprachw.): *pejoratives Wort; Deteriorativum* (z. B. Jüngelchen, frömmeln): ... wird aus der demokratischen Bewegung das P. einer Revolution, die Revolte nämlich (FAZ 10. 5. 96, 13).

Pe|kan|nuss, die; -, ...nüsse [engl. pecan, frz. pacane < Algonkin (Indianerspr. des nordöstl. Nordamerika) pakan]: *Frucht des Pekannussbaums.*

Pe|kan|nuss|baum, der: *in Nordamerika heimischer, wegen seiner Nüsse kultivierter Baum mit gefiederten Blättern u. hellbraunen, langen, glatten, dünnschaligen Samen.*

Pe|ke|sche, die; -, -n [1: poln. bekiesza]: **1.** *(in der polnischen Tracht) mit Knebeln geschlossener, oft mit Pelz verarbeiteter Überrock für Männer.* **2.** *zu bestimmten Anlässen getragene geschnürte Jacke der Verbindungsstudenten.*

Pe|ki|ne|se, der; -n, -n [eigtl. = ¹Pekinger (alte Ew.), der Hund wurde früher ausschließlich im Kaiserpalast von Peking gezüchtet]: *kleiner, kurzbeiniger Hund mit großem Kopf, Hängeohren u. seidigem, sehr langem Haar.*

Pe|king: Hauptstadt der Volksrepublik China.

Pe|king|en|te, die (Kochk.): *chinesisches* ²*Gericht, bei dem eine mit Honig bestrichene Ente gebraten od. gegrillt u. die Haut anschließend gelöst u. getrennt vom Fleisch serviert wird.*

¹Pe|kin|ger, der; -s, -: Ew.

²Pe|kin|ger ⟨indekl. Adj.⟩: die P. Volkszeitung.

Pe|kin|ge|rin, die; -, -nen: w. Form zu ↑ ¹Pekinger.

Pe|king|mensch, der (Anthrop.): *aus in der Nähe von Peking gefundenen Knochenresten erschlossener Typ eines urzeitlichen Menschen.*

Pe|king|oper, die: *in Peking weiterentwickeltes chinesisches Bühnenspiel, das sich aus verschiedenen Formen der Darbietung (Singen, Gestikulieren, Rezitieren u. a.) zusammensetzt:* Das Stück, mit dem sie berühmt geworden sind und das sie seitdem immer wieder spielen, ist die traditionelle P. »Farewell to My Concubine« (FAZ 21. 5. 93, 33).

Pe|koe ['piːkou], der; -[s] [engl. pekoe, aus dem Chin.]: *aus bestimmten Blättern des Teestrauchs hergestellte Teesorte.*